367日誕生日大事典

●データブック●

同じ日生まれの有名人

日外アソシエーツ

The Birthday Book

Compiled by
Nichigai Associates, Inc.

©2007 by Nichigai Associates, Inc.
Printed in Japan

本書はディジタルデータでご利用いただくことができます。詳細はお問い合わせください。

●編集担当●安藤 真由子
装　丁：赤田 麻衣子

刊行にあたって

　「今日は誰の誕生日？」「自分と同じ誕生日の人はどんな人？」といった関心は多くの人が持っており、歓談やスピーチの話題に使われることも多い。これに応えて1年365日の出来事や誕生日の人物を紹介する書物は多く、またインターネット上にも多くの情報が掲載されている。しかしそれらは、出来事を中心とした簡単な情報だけであったり、誕生日をとりあげても占いがテーマであったり、人物を紹介する場合もメディアで話題の有名人が中心であったり、名前だけの列挙であったり、と断片的・一面的であることが多い。

　本書は、誕生日の判明している人物をできるだけ幅広く収録する方針の下、類書中最大の3万人近くを収録した誕生日事典である。対象人物は、紀元前から21世紀までの2000年以上、日本・東洋・西洋の幅広い地域・階層にわたる。歴史上の人物に加え、小説や漫画の登場人物も収録した。本文は月日順に構成しており、閏年の2月29日、旧暦にあった2月30日を含む367日の1日ごとに、記念日・忌日の暦情報と、その日に生まれた人物を一覧できる。本文で関心のある月日のページを開いて人物を一覧する、人名五十音順の索引を手がかりにある人物やキャラクターと同じ誕生日の人物を調べる、など人によって色々な使い方、発見があるであろう。

　編集にあたっては遺漏のないよう、また年月日や記述は正確を期すよう努めたが、不十分な点もあるかと思われる。お気づきの点はご教示いただければ幸いである。

　本書が人物の誕生日を調べる最大のツールとして、また歴史に親しむ参考書として、広く活用されることを期待したい。

　2007年8月

　　　　　　　　　　　　　　　　　　　　　　　　日外アソシエーツ

凡　例

1. 本書の内容

　　　本書は、古今東西の有名人を367日の誕生日毎に一覧できるようにした事典である。

2. 収録対象
   1) 古代から現在までの著名な人物のうち、誕生日が判明している人物を収録した。また、小説・漫画等の登場人物で誕生日が知られている人物も収録した。
   2) 収録人数は28,653人である。

3. 排　列
   1) 全体を誕生日の日付順に構成した。
   2) 日毎に収録人物を生年順に排列し、生年が同じ場合は名前の五十音順に排列した。小説・漫画等の登場人物は、生年順の末尾にまとめた。

4. 記載事項
   1) 見出し
   　　月日／記念日・忌日
   2) 人物
   　　人名／生年／プロフィール（／没年）

5. 記載形式
   1) 人名は、本名、別名、筆名などのうち、一般に最も多く使用されているものを採用した。

2) 日本人の誕生日については、原則として明治5年（1872年）までは太陰太陽暦（旧暦）、明治6年以降は太陽暦（新暦）に拠った。
3) 年表示は西暦で記載した。明治5年（1872年）以前の日本人の生没年は、和暦（元号）の年から換算した西暦を記載した。
4) 誕生した月が閏月の場合には、生年の後に(閏1月)のように示した。
5) プロフィールは、職業・肩書き等を簡潔な形で記載した。

6. 参考資料

「外国人物レファレンス事典　古代-19世紀」日外アソシエーツ　1999
「外国人物レファレンス事典　20世紀」日外アソシエーツ　2002
「新訂増補人物レファレンス事典　古代・中世・近世編」日外アソシエーツ　1996
「新訂増補人物レファレンス事典　明治・大正・昭和（戦前）編」日外アソシエーツ　2000
「新訂増補人物レファレンス事典　昭和（戦後）・平成編」日外アソシエーツ　2003
「新訂増補人物レファレンス事典　古代・中世・近世編II」日外アソシエーツ　2007
データベース「WHO」日外アソシエーツ

1月
January
睦月

◎誕生石◎　ガーネット

◎星　座◎　やぎ座／みずがめ座

1月1日

○記念日○　元旦
　　　　　　恵方詣り
　　　　　　神戸港記念日
○忌　日○　役行者忌

良忍　りょうにん　1073生。平安時代後期の浄土教の僧。1132没。

蔵山順空　ぞうざんじゅんくう　1233生。鎌倉時代後期の臨済宗の僧。1308没。

俊聖　しゅんじょう　1239生。鎌倉時代後期の念仏僧。1287没。

一休宗純　いっきゅうそうじゅん　1394生。室町時代の臨済宗の僧。1481没。

アレクサンデル6世　1431生。教皇(在位1492～1503)。1503没。

メーディチ,ロレンツォ・デ　1449生。イタリア,フィレンツェの政治家,文人。1492没。

ジグムント1世　1467生。ポーランド国王(在位1506～48)。1548没。

ツウィングリ,フルドライヒ　1484生。スイスの宗教改革指導者,チューリヒ教会司祭。1531没。

高倉永家　たかくらながいえ　1496生。戦国時代,安土桃山時代の公卿。1578没。

グレゴリウス13世　1502生。教皇(在位1572～85)。1585没。

天海　てんかい　1536生。安土桃山時代,江戸時代前期の天台宗の僧。1643没。

最上義光　もがみよしあき　1546生。安土桃山時代,江戸時代前期の大名。1614没。

津軽為信　つがるためのぶ　1550生。安土桃山時代,江戸時代前期の大名。1608没。

神谷宗湛　かみやそうたん　1553生。安土桃山時代,江戸時代前期の筑前博多の豪商,茶人。1635没。

三宅寄斎　みやけきさい　1580生。江戸時代前期の儒者。1649没。

ムリーリョ,バルトロメ・エステバン　1618生。スペインの画家。1682没。

バルディヌッチ,フィリッポ　1624生。イタリアの美術研究家。1696没。

鉄眼道光　てつげんどうこう　1630生。江戸時代前期の黄檗宗の僧。1682没。

ステノ,ニコラウス　1631生。デンマークの解剖学者,地質学者,鉱物学者,神学者。1687没。

松下見林　まつしたけんりん　1637生。江戸時代前期,中期の歴史家。1704没。

トマージウス,クリスティアン　1655生。ドイツの哲学者,法学者。1728没。

三井高房　みついたかふさ　1684生。江戸時代中期の豪商,三井惣領家の3代目。1748没。

デュプレクス　1697生。フランスの植民地政治家。1763没。

大槻伝蔵　おおつきでんぞう　1703生。江戸時代中期の加賀藩士。1748没。

井上蘭台　いのうえらんだい　1705生。江戸時代中期の漢学者,備前岡山藩士。1761没。

桜町天皇　さくらまちてんのう　1720生。江戸時代中期の第115代の天皇。1750没。

斎静斎　いつきせいさい　1729生。江戸時代中期の儒学者。1778没。

リヴィア,ポール　1735生。アメリカの愛国者。1818没。

内山真竜　うちやままたつ　1740生。江戸時代中期,後期の国学者。1821没。

月僊　げっせん　1741生。江戸時代中期,後期の画僧。1809没。

ウェイン,アンソニー　1745生。アメリカの軍人。1796没。

鎌田柳泓　かまだりゅうおう　1754生。江戸時代後期の心学者。1821没。

エッジワース,マライア　1767生。イギリスの女流作家。1849没。

高田屋嘉兵衛　たかだやかへえ　1769生。江戸時代中期,後期の海運業者。1827没。

ジョルダーニ,ピエートロ　1774生。イタリアの評論家。1848没。

佐竹義和　さたけよしまさ　1775生。江戸時代後期の大名。1815没。

石川依平　いしかわよりひら　1791生。江戸時代末期の歌人。1859没。

1月1日

千葉周作　ちばしゅうさく　1794生。江戸時代末期の剣術家。1856没。

男谷精一郎　おだにせいいちろう　1798生。江戸時代末期の幕臣，剣術家，講武所奉行並。1864没。

安井息軒　やすいそくけん　1799生。江戸時代，明治時代の儒学者。1876没。

諸岳奕堂　もろたけえきどう　1805生。江戸時代，明治時代の曹洞宗僧侶。大宅寺住持，総持寺独住1世。1879没。

ルヌヴィエ，シャルル　1815生。フランスの哲学者。1903没。

クラフ，アーサー・ヒュー　1819生。イギリスの詩人。1861没。

シャッフ，フィリップ　1819生。スイス生まれのアメリカの神学者，教会史学者。1893没。

秋元正一郎　あきもとしょういちろう　1823生。江戸時代末期の国学者，洋学家。1862没。

ペテーフィ・シャーンドル　1823生。ハンガリーの詩人。1849没。

林金兵衛　はやしきんべえ　1825生。江戸時代，明治時代の志士。1881没。

ロリース・メーリコフ　1826生。ロシアの政治家，伯爵。1888没。

河井継之助　かわいつぐのすけ　1827生。江戸時代末期の越後長岡藩家老。1868没。

阿部正外　あべまさと　1828生。江戸時代末期，明治時代の大名。1887没。

サルヴィーニ　1829生。イタリアの俳優。1915没。

坂本乙女　さかもとおとめ　1832生。江戸時代，明治時代の女性。坂本龍馬の姉。1879没。

伊藤竜太郎　いとうりゅうたろう　1835生。江戸時代末期の剣術家。1867没。

時山直八　ときやまなおはち　1838生。江戸時代の志士。長州藩士。1868没。

ウィーダ　1839生。イギリスの女流作家。1908没。

中丸精⼀郎　なかまるせいじゅうろう　1840生。明治時代の洋画家。1895没。

豊沢広助（6代目）　とよざわひろすけ　1842生。大正時代の義太夫三味線方。1924没。

石川台嶺　いしかわたいれい　1843生。江戸時代，明治時代の真宗僧侶。三河護法会幹事。1872没。

三輪田真佐子　みわたまさこ　1843生。明治時代，大正時代の女子教育者。1927没。

沖野忠雄　おきのただお　1854生。明治時代，大正時代の土木学者。工学博士，大阪土木監督署署長。1921没。

高平小五郎　たかひらこごろう　1854生。明治時代の外交官。1926没。

フレイザー，ジェイムズ　1854生。イギリスの人類学者，民俗学者，古典文献学者。1941没。

豊年斎梅坊主　ほうねんさいうめぼうず　1854生。明治時代，大正時代の寄席芸人。1927没。

加藤時次郎　かとうときじろう　1858生。明治時代，大正時代の医師，社会運動家。1930没。

ブール，マルセラン　1861生。フランスの考古学者。1942没。

クーベルタン　1863生。フランスの教育家。1937没。

川上音二郎　かわかみおとじろう　1864生。明治時代の俳優，興行師。1911没。

スティーグリッツ，アルフレッド　1864生。アメリカの写真家。1946没。

プサン　1869生。ベルギーの仏教学者。1938没。

アスエラ，マリアノ　1873生。メキシコの作家。1952没。

香取秀真　かとりほずま　1874生。明治時代−昭和時代の鋳金家，金工史家，歌人。東京美術学校教授。1954没。

リスト　1874生。フランスの経済学者。1955没。

西義一　にしよしかず　1878生。明治時代−昭和時代の陸軍軍人。大将。1941没。

横瀬夜雨　よこせやう　1878生。明治時代−昭和時代の詩人。1934没。

フォースター，E.M.　1879生。イギリスの小説家，批評家。1970没。

フォックス　1879生。アメリカの映画制作者。1952没。

塩野季彦　しおのすえひこ　1880生。明治時代−昭和時代の検察官，政治家。法相，大審院次長検事。1949没。

ラーマ6世　1881生。タイのチャクリ朝第6代の王（在位1910〜25）。1925没。

トッツィ，フェデリーゴ　1883生。イタリアの詩人，小説家。1920没。

鳩山一郎　はとやまいちろう　1883生。大正時代，昭和時代の政治家。首相，自民党初代総裁。1959没。

ジョーンズ，イーライ・スタンリー　1884生。アメリカ出身のメソジスト派宣教師。1973没。

1月1日

中村又五郎(初代) なかむらまたごろう 1885生。明治時代,大正時代の歌舞伎役者。1920没。

藤井真信 ふじいさだのぶ 1885生。大正時代,昭和時代の大蔵官僚。大蔵大臣。1935没。

木下利玄 きのしたりげん 1886生。大正時代の歌人。1925没。

園正造 そのまさぞう 1886生。大正時代,昭和時代の数学者。京都大学教授,京都府立大学長。1969没。

カナーリス,ヴィルヘルム 1887生。ドイツの軍人。1945没。

清水登之 しみずとし 1887生。昭和時代の洋画家。1945没。

古河虎之助 ふるかわとらのすけ 1887生。大正時代,昭和時代の実業家。古河鉱業・古河商事社長。1940没。

津島寿一 つしまじゅいち 1888生。大正時代,昭和時代の政治家。衆議院議員,日本オリンピック委員会委員長。1967没。

西沢笛畝 にしざわてきほ 1889生。大正時代,昭和時代の日本画家,人形工芸家。1965没。

岡野清豪 おかのきよひで 1890生。昭和時代の銀行家,政治家。三和銀行頭取,衆議院議員。1981没。

原田三夫 はらだみつお 1890生。大正時代,昭和時代の科学評論家。日本宇宙旅行協会理事長。1977没。

阪本清一郎 さかもとせいいちろう 1892生。大正時代,昭和時代の部落解放運動家,政治家。1987没。

ロハス 1892生。フィリピンの政治家,初代大統領(1946～48)。1948没。

武部六蔵 たけべろくぞう 1893生。大正時代,昭和時代の官僚。満州国国務院総務長官。1958没。

ボース,サチェンドラ・ナス 1894生。インドの物理学者。1974没。

ロジンスキー,アルトゥール 1894生。ポーランド生まれのアメリカの指揮者。1958没。

岡本文弥 おかもとぶんや 1895生。大正時代,昭和時代の新内節演奏家・作曲家。新内節岡本流家元。1996没。

フーヴァー,J.E. 1895生。アメリカの連邦捜査局(FBI)育ての親。1972没。

衣笠貞之助 きぬがさていのすけ 1896生。大正時代,昭和時代の映画監督。1982没。

中浜哲 なかはまてつ 1897生。大正時代の無政府主義者。1926没。

三島通陽 みしまみちはる 1897生。大正時代,昭和時代の少年団体指導者。ボーイスカウト日本連盟創設者。1965没。

イェンゼン 1899生。ドイツの民族学者。1965没。

クレショフ,レフ 1899生。ソ連の映画監督。1970没。

北村サヨ きたむらさよ 1900生。昭和時代の宗教家。天照皇大神宮教教祖。1967没。

クガート,ザヴィア 1900生。アメリカのラテン・バンドの指揮者。1990没。

杉原千畝 すぎはらちうね 1900生。昭和時代の外交官。1986没。

古田大次郎 ふるだいじろう 1900生。大正時代のアナキスト。1925没。

田中美知太郎 たなかみちたろう 1902生。昭和時代の文明批評家,哲学者。京都大学教授。1985没。

桜田一郎 さくらだいちろう 1904生。昭和時代の高分子化学者。京都大学教授,同志社大学教授。1986没。

程硯秋 ていけんしゅう 1904生。中国の京劇俳優。1958没。

仁井田陞 にいだのぼる 1904生。昭和時代の東洋史学者。東京大学教授。1966没。

吉原治良 よしはらじろう 1905生。昭和時代の洋画家。具体美術協会代表。1972没。

唐島基智三 からしまきちぞう 1906生。昭和時代の政治評論家,ジャーナリスト。東京新聞社論説委員。1976没。

北原泰作 きたはらたいさく 1906生。大正時代,昭和時代の部落解放運動家。1981没。

人見絹枝 ひとみきぬえ 1907生。昭和時代の陸上競技選手。1931没。

佐貫亦男 さぬきまたお 1908生。昭和時代,平成時代の航空宇宙評論家,航空工学者。東京大学教授。1997没。

寒川光太郎 さむかわこうたろう 1908生。昭和時代の小説家。1977没。

ゴールドウォーター,バリー・モリス 1909生。アメリカの政治家。1998没。

シャーバン 1909生。タンザニアの作家,スワヒリ文学者。1962没。

伊達秋雄 だてあきお 1909生。昭和時代,平成時代の裁判官,法学者。法政大学教授。1994没。

1月1日

埴谷雄高　はにやゆたか　1910生。昭和時代，平成時代の小説家，評論家。1997没。

古屋徳兵衛(3代目)　ふるやとくべえ　1911生。昭和時代の実業家。松屋社長。1992没。

ルイバコフ，アナトーリー・ナウモヴィチ　1911生。ソ連の小説家。1998没。

太田薫　おおたかおる　1912生。昭和時代の労働運動家。1998没。

来栖三郎　くるすさぶろう　1912生。昭和時代，平成時代の法学者。東京大学教授。1998没。

荒正人　あらまさひと　1913生。昭和時代の評論家。法政大学教授。1979没。

佐治賢使　さじただし　1914生。昭和時代，平成時代の漆芸家。日本工匠会会長。1999没。

畑中武夫　はたなかたけお　1914生。昭和時代の天文学者。東京大学教授，国連宇宙空間平和利用特別委員会政府代表代理。1963没。

原智恵子　はらちえこ　1915生。昭和時代のピアニスト。2001没。

有田一寿　ありたかずひさ　1916生。昭和時代，平成時代の実業家，政治家。日本クラウン社長，参議院議員。1999没。

根本進　ねもとすすむ　1916生。昭和時代，平成時代の漫画家。2002没。

もののべながおき　もののべながおき　1916生。昭和時代，平成時代の市民運動家。1996没。

チャーニー，ジュール・グレゴリー　1917生。アメリカの理論気象学者。1981没。

原田大六　はらだだいろく　1917生。昭和時代の考古学者。1985没。

サリンジャー，J.D.　1919生。アメリカの作家。

進藤純孝　しんどうじゅんこう　1922生。昭和時代，平成時代の文芸評論家。1999没。

橋川文三　はしかわぶんぞう　1922生。昭和時代の評論家，政治学者。明治大学教授。1983没。

ジャクソン，ミルト　1923生。アメリカのジャズ(ビブラフォーン)演奏者。1999没。

平山雄　ひらやまたけし　1923生。昭和時代，平成時代の疫学者。予防がん学研究所所長，予防老化学研究所所長。1995没。

中野孝次　なかのこうじ　1925生。昭和時代，平成時代の作家，ドイツ文学者。2004没。

早乙女貢　さおとめみつぐ　1926生。昭和時代，平成時代の作家。

林リリ子　はやしりりこ　1926生。昭和時代のフルート奏者。1974没。

ベジャール，モーリス　1927生。フランスのバレエ振付師・演出家，元・バレエダンサー。

坂崎乙郎　さかざきおつろう　1928生。昭和時代の美術評論家，美術史家。早稲田大学教授。1985没。

ライェ，カマラ　1928生。ギニアの小説家。1980没。

岡村昭彦　おかむらあきひこ　1929生。昭和時代の報道写真家。1985没。

長岡弘芳　ながおかひろよし　1932生。昭和時代の評論家，詩人。1989没。

植田紳爾　うえだしんじ　1933生。昭和時代，平成時代の演出家，劇作家。

白木秀雄　しらきひでお　1933生。昭和時代のジャズドラマー。1972没。

児玉清　こだまきよし　1934生。昭和時代，平成時代の俳優，司会者，エッセイスト。

角野栄子　かどのえいこ　1935生。昭和時代，平成時代の児童文学作家。

香山美子　かやまよしこ　1944生。昭和時代，平成時代の女優。

沢田亜矢子　さわだあやこ　1949生。昭和時代，平成時代の女優。

Mr.マリック　みすたーまりっく　1949生。昭和時代，平成時代の超魔術師。

高橋源一郎　たかはしげんいちろう　1951生。昭和時代，平成時代の小説家。

村上秀一　むらかみしゅういち　1951生。昭和時代，平成時代のジャズドラマー。

夢枕獏　ゆめまくらばく　1951生。昭和時代，平成時代の作家。

大友康平　おおともこうへい　1956生。昭和時代，平成時代のロック歌手，俳優。

役所広司　やくしょこうじ　1956生。昭和時代，平成時代の俳優。

しりあがり寿　しりあがりことぶき　1958生。昭和時代，平成時代の漫画家。

塚本晋也　つかもとしんや　1960生。昭和時代，平成時代の映画監督，演出家，俳優。

ジミー大西　じみーおおにし　1964生。昭和時代，平成時代の画家，タレント。

増田明美　ますだあけみ　1964生。昭和時代，平成時代のスポーツジャーナリスト，元・マラソン選手。

堂本光一　どうもとこういち　1979生。平成時代のタレント，歌手，俳優。

ジュンス　1987生。韓国の歌手。

1月2日

○記念日○　皇室一般参賀
　　　　　　箱根駅伝
○忌　日○　才麿忌

道元　どうげん　1200生。鎌倉時代前期の僧。1253没。

ベッサリオン, ヨハネス　1403生。ビザンチン出身の人文主義者, 神学者。1472没。

足利義政　あしかがよしまさ　1436生。室町時代, 戦国時代の室町幕府第8代の将軍。1490没。

蜂須賀至鎮　はちすかよししげ　1586生。江戸時代前期の大名。1620没。

三条公富　さんじょうきんとみ　1620生。江戸時代前期の公家。1677没。

理昌女王　りしょうじょおう　1631生。江戸時代前期の女性。尼僧。1656没。

ベーコン, ナサニエル　1647生。アメリカのベーコンの乱の指導者。1676没。

似雲　じうん　1673生。江戸時代中期の歌人。1753没。

ジョフラン　1699生。フランスの名流。1777没。

ウルフ, ジェイムズ　1727生。イギリスの軍人。1759没。

フリノー, フィリップ　1752生。アメリカの詩人。1832没。

カベ, エチエンヌ　1788生。フランスの空想的社会主義者。1856没。

坪井信道　つぼいしんどう　1795生。江戸時代後期の蘭方医。1848没。

ホブソン, ベンジャミン　1816生。イギリスの医療宣教師。1893没。

クラウジウス, ルドルフ・ユリウス・エンマヌエル　1822生。ドイツの物理学者。1888没。

バラキレフ, ミリー・アレクセエヴィチ　1837生。ロシアの作曲家。1910没。

コンペーレ　1843生。フランスの教育行政家, 教育学者。1913没。

デュトルイユ・ド・ランズ　1846生。フランスの探検家。1894没。

山際七司　もたいたけし　1849生。明治時代の自由民権家。衆議院議員。1891没。

アブドゥル・ハック・ハミト　1852生。トルコの詩人, 文学者, 外交官。1937没。

瓜生外吉　うりゅうそときち　1857生。明治時代の海軍軍人。大将, 男爵。1937没。

カインツ, ヨーゼフ　1858生。ドイツの俳優。1910没。

フォルレンダー　1860生。ドイツの哲学者。1928没。

ドリーヴォ・ドブロヴォーリスキィ　1862生。ドイツの電気工学者。1919没。

斎藤秀三郎　さいとうひでさぶろう　1866生。明治時代, 大正時代の英語学者。第一高等学校教授。1929没。

マリー, ギルバート　1866生。オーストラリア出身のイギリスの古典学者。1957没。

バルラッハ, エルンスト　1870生。ドイツの彫刻家, 版画家, 著作家。1938没。

テレーズ　1873生。フランスの修道女。1897没。

八代国治　やしろくにじ　1873生。明治時代, 大正時代の歴史学者。国学院大学教授, 東京帝国大学史料編纂官, 文学博士。1924没。

島田翰　しまだかん　1879生。明治時代, 大正時代の書誌学者。1915没。

杉山元　すぎやまはじめ　1880生。昭和時代の陸軍軍人。1945没。

ブレゲ　1880生。フランスの飛行機設計家。1955没。

石山賢吉　いしやまけんきち　1882生。大正時代, 昭和時代の出版人。日本雑誌協会会長, 衆議院議員。1964没。

シャルドンヌ, ジャック　1884生。フランスの小説家。1968没。

中村孝也　なかむらこうや　1885生。大正時代, 昭和時代の日本史学者。東京帝国大学教授。1970没。

山村耕花　やまむらこうか　1885生。大正時代, 昭和時代の日本画家。1942没。

アダムズ, ロジャー　1889生。アメリカの有機化学者。1971没。

木村謹治　きむらきんじ　1889生。大正時代, 昭和時代のドイツ文学者。東京帝国大学教

授。1948没。

スキーパ, ティート　1889生。イタリアのテノール歌手。1965没。

ネイサン, ロバート　1894生。アメリカの小説家, 詩人。1985没。

黒正巌　こくしょういわお　1895生。大正時代, 昭和時代の経済史学者。京都帝国大学教授。1949没。

野溝七生子　のみぞなおこ　1897生。昭和時代の小説家, 近代文学研究家。東洋大学教授。1987没。

伊丹万作　いたみまんさく　1900生。昭和時代の映画監督, 脚本家。1946没。

服部卓四郎　はっとりたくしろう　1901生。昭和時代の陸軍軍人。大佐, 史実研究所所長。1960没。

山内清男　やまのうちすがお　1902生。昭和時代の考古学者。成城大学教授。1970没。

稲山嘉寛　いなやまよしひろ　1904生。昭和時代の実業家。新日本製社長, 経団連会長。1987没。

富田常雄　とみたつねお　1904生。昭和時代の小説家。1967没。

ハイトラー　1904生。ドイツの理論物理学者。1981没。

ザンパ, ルイジ　1905生。イタリアの映画監督。1991没。

三島雅夫　みしままさお　1906生。昭和時代の俳優。1973没。

岩上順一　いわがみじゅんいち　1907生。昭和時代の文芸評論家, 翻訳家。日ソ親善協会理事。1958没。

秋元松代　あきもとまつよ　1911生。昭和時代, 平成時代の劇作家。2001没。

横路節雄　よこみちせつお　1911生。昭和時代の政治家。衆院議員。1967没。

石垣純二　いしがきじゅんじ　1912生。昭和時代の医事評論家。1976没。

木村庄之助(26代目)　きむらしょうのすけ　1912生。大正時代, 昭和時代の大相撲行司。1984没。

グットゥーゾ, レナート　1912生。イタリアの画家。1987没。

剣持勇　けんもちいさむ　1912生。昭和時代のインテリア・デザイナー。多摩美術大学教授。

1971没。

春野鶴子　はるのつるこ　1915生。昭和時代の消費者運動家, 婦人運動家。主婦連合会副会長。1981没。

柳家小さん(5代目)　やなぎやこさん　1915生。昭和時代, 平成時代の落語家。2002没。

安原美穂　やすはらよしほ　1919生。昭和時代, 平成時代の検察官, 弁護士。国際研修協力機構理事長, 検事総長。1997没。

アシモフ, アイザック　1920生。ソ連生まれのアメリカの生化学者, SF作家。1992没。

丹下キヨ子　たんげきよこ　1920生。昭和時代の女優。1998没。

河合雅雄　かわいまさお　1924生。昭和時代, 平成時代の霊長類学者。

寿岳章子　じゅがくあきこ　1924生。昭和時代, 平成時代の国語学者, エッセイスト。2005没。

天本英世　あまもとひでよ　1926生。昭和時代, 平成時代の俳優。2003没。

梶山季之　かじやまとしゆき　1930生。昭和時代の小説家, ルポライター。1975没。

海部俊樹　かいふとしき　1931生。昭和時代, 平成時代の政治家, 元・首相。

森村誠一　もりむらせいいち　1933生。昭和時代, 平成時代の小説家。

立川談志　たてかわだんし　1936生。昭和時代, 平成時代の落語家。

津川雅彦　つがわまさひこ　1940生。昭和時代, 平成時代の俳優。

古谷一行　ふるやいっこう　1944生。昭和時代, 平成時代の俳優。

ラナリット, ノロドム　1944生。カンボジアの政治家。

高野悦子　たかのえつこ　1949生。昭和時代の詩人。1969没。

浦沢直樹　うらさわなおき　1960生。昭和時代, 平成時代の漫画家。

速水けんたろう　はやみけんたろう　1962生。昭和時代, 平成時代の歌手。

竹野内豊　たけのうちゆたか　1971生。平成時代の俳優。

さとう珠緒　さとうたまお　1974生。平成時代のタレント。

1月2日

1月3日

○記念日○ 瞳の日
○忌　日○ 義朝忌
　　　　　 幻吁忌
　　　　　 慈恵大師忌

キケロ, マルクス・トゥッリウス　前106生。ローマの雄弁家, 政治家, 哲学者。前43没。

済高　さいこう　870生。平安時代前期, 中期の真言宗の僧。943没。

アル・アンバーリー　885生。アラビアの言語学者。940没。

三条天皇　さんじょうてんのう　976生。平安時代中期の第67代の天皇。1017没。

定海　じょうかい　1074生。平安時代後期の真言宗の僧。1149没。

大友能直　おおともよしなお　1172生。鎌倉時代前期の武士。1223没。

清拙正澄　せいせつしょうちょう　1274生。鎌倉時代後期, 南北朝時代の臨済宗破庵派の渡来禅僧。1339没。

大友宗麟　おおともそうりん　1530生。戦国時代, 安土桃山時代のキリシタン, 大名。1587没。

クラッセ, ジャン　1618生。フランスのイエズス会士, 修徳神学者。1692没。

野坡　やば　1662生。江戸時代中期の俳人。1740没。

荷田春満　かだのあずままろ　1669生。江戸時代中期の国学者。1736没。

ツィンマーマン, ヨハン・バプティスト　1680生。ドイツの画家。1758没。

メタスタージョ, ピエートロ　1698生。イタリアの詩人。1782没。

谷真潮　たにましお　1729?生。江戸時代中期の国学者。1797没。

トレヤール　1742生。フランスの法律学者, 政治家。1810没。

ミュラー, ヨハネス・フォン　1752生。ドイツの歴史家。1809没。

モット, ルクリーシア　1793生。アメリカの社会改革運動家, 女権運動家。1880没。

青木周弼　あおきしゅうすけ　1803生。江戸時代末期の医師, 蘭学者, 長州（萩）藩士。1864没。

白井織部　しらいおりべ　1820生。江戸時代末期の水戸藩の家老。1865没。

ホワイトヘッド　1823生。イギリスの工学者。1905没。

ドゥーデン　1829生。ドイツの言語学者。1911没。

甲賀源吾　こうがげんご　1839生。江戸時代, 明治時代の幕臣。1869没。

ダミアン, ジョゼフ神父　1840生。ハワイへ渡ったベルギー人カトリック宣教師。1889没。

中野武営　なかのぶえい　1848生。明治時代, 大正時代の実業家, 政治家。関西鉄道社長, 東京商業会議所会頭, 衆議院議員。1918没。

田中源太郎　たなかげんたろう　1853生。明治時代, 大正時代の実業家, 政治家。衆議院議員, 貴族院議員。1922没。

西ノ海嘉治郎（初代）　にしのうみかじろう　1855生。明治時代の力士（第16代横綱）。1908没。

加藤高明　かとうたかあき　1860生。明治時代, 大正時代の政治家, 外交官。内閣総理大臣。1926没。

野沢喜左衛門（初代）　のざわきざえもん　1860生。明治時代－昭和時代の義太夫節の三味線方。1936没。

八代六郎　やしろろくろう　1860生。明治時代, 大正時代の海軍軍人。大将, 枢密顧問官。1930没。

大工原銀太郎　だいくはらぎんたろう　1868生。明治時代－昭和時代の農学者。九州帝国大学総長, 同志社大学総長。1934没。

リチャードソン, ヘンリー・ハンデル　1870生。オーストラリアの女流小説家。1946没。

小林一三　こばやしいちぞう　1873生。明治時代－昭和時代の実業家（阪急グループ創始者）, 政治家。1957没。

ピーク, ヴィルヘルム　1876生。ドイツ民主共和国の政治家, 初代大統領。1960没。

パヴロヴァ, アンナ　1881生。ロシアのバレリーナ。1931没。

1月3日

アトリー, クレメント　1883生。イギリスの首相。1967没。

鶴見祐輔　つるみゆうすけ　1885生。大正時代, 昭和時代の政治家, 評論家。参議院議員。1973没。

フレッチャー, ジョン・グールド　1886生。アメリカの詩人, 評論家。1950没。

パーカースト　1887生。アメリカの教育家, ドールトン・プランの創案者。1959没。

マッケ, アウグスト　1887生。ドイツの画家。1914没。

ブライディ, ジェイムズ　1888生。イギリスの劇作家。1951没。

河上丈太郎　かわかみじょうたろう　1889生。昭和時代の政治家。日本社会党委員長, 衆議院議員。1965没。

川上三太郎　かわかみさんたろう　1891生。大正時代, 昭和時代の川柳作家。1968没。

トールキン, J.R.R.　1892生。イギリスの文献学者, 小説家。1973没。

馬島僩　まじまかん　1893生。大正時代, 昭和時代の医師, 社会運動家。1969没。

金重陶陽　かねしげとうよう　1896生。昭和時代の陶芸家。1967没。

三笑亭可楽(8代目)　さんしょうていからく　1898生。大正時代, 昭和時代の落語家。1964没。

ゴー・ディン・ジェム　1901生。ベトナム共和国の政治家, 初代大統領。1963没。

ベック, アレクサンドル・アリフレドヴィチ　1903生。ソ連の作家。1972没。

竹本綱太夫(8代目)　たけもとつなたゆう　1904生。明治時代-昭和時代の義太夫節太夫。1969没。

高松宮宣仁　たかまつのみやのぶひと　1905生。明治時代-昭和時代の皇族, 大正天皇第三皇男子。1987没。

三岸節子　みぎしせつこ　1905生。大正時代-平成時代の洋画家。1999没。

スタハノフ, アレクセイ・グリゴリエヴィチ　1906生。ソ連邦の炭鉱労働者, 技術家。1977没。

田中伊三次　たなかいさじ　1906生。昭和時代の政治家, 弁護士。衆議院議員, 法務大臣。1987没。

豊田四郎　とよだしろう　1906生。昭和時代の映画監督。1977没。

霧立のぼる　きりたちのぼる　1917生。昭和時代の女優。1972没。

実川延若(3代目)　じつかわえんじゃく　1921生。昭和時代の歌舞伎役者。1991没。

三尾公三　みおこうぞう　1924生。昭和時代, 平成時代の洋画家。2000没。

中平康　なかひらこう　1926生。昭和時代の映画監督。1978没。

道場六三郎　みちばろくさぶろう　1931生。昭和時代, 平成時代の料理人。

三遊亭円楽(5代目)　さんゆうていえんらく　1933生。昭和時代, 平成時代の落語家。

蕭万長　しょうまんちょう　1939生。台湾の政治家。

所美都子　ところみつこ　1939生。昭和時代の反戦運動家。1968没。

森村桂　もりむらかつら　1940生。昭和時代, 平成時代の小説家。2004没。

岩下志麻　いわしたしま　1941生。昭和時代, 平成時代の女優。

横路孝弘　よこみちたかひろ　1941生。昭和時代, 平成時代の衆院議員副議長, 衆院議員。元・北海道知事。

鳥居ユキ　とりいゆき　1943生。昭和時代, 平成時代のファッションデザイナー。

ギブソン, メル　1956生。オーストラリアの俳優, 映画監督。

小堺一機　こさかいかずき　1956生。昭和時代, 平成時代のタレント, 俳優。

山崎浩子　やまさきひろこ　1960生。昭和時代, 平成時代のスポーツライター, 新体操インストラクター。

柳葉敏郎　やなぎばとしろう　1961生。昭和時代, 平成時代の俳優。

若村麻由美　わかむらまゆみ　1967生。平成時代の女優。

シューマッハー, ミハエル　1969生。ドイツの元・F1ドライバー。

吉田栄作　よしだえいさく　1969生。平成時代の俳優。

小沢真珠　おざわまじゅ　1977生。平成時代の女優。

1月4日

○記念日○ 官公庁御用始め
取引所大発会
石の日

ヴァルデマール1世　1131生。デンマーク王（在位1157〜82）。1182没。

道玄　どうげん　1237生。鎌倉時代後期の僧。1304没。

ギルランダイオ，リドルフォ　1483生。イタリアの画家。1561没。

ダン，ジョン　1572生。イギリスの詩人，聖職者。1631没。

テーリンク，ウィレム　1578生。オランダの改革派神学者，敬虔主義の先駆者。1629没。

アッシャー，ジェイムズ　1581生。アイルランドの神学者。1656没。

松平忠輝　まつだいらただてる　1592生。江戸時代前期の大名。1683没。

久米平内　くめのへいない　1616生。江戸時代前期の武士。1683没。

松平頼純　まつだいらよりずみ　1641生。江戸時代前期，中期の大名。1711没。

三宅尚斎　みやけしょうさい　1662生。江戸時代中期の武蔵忍藩士，播磨明石藩士，儒学者。1741没。

牧野忠辰　まきのただとき　1665生。江戸時代中期の大名。1722没。

山科李蹊　やましなりけい　1702生。江戸時代中期の医師。1747没。

ペルゴレージ，ジョヴァンニ・バッティスタ　1710生。イタリアの作曲家。1736没。

林諸鳥　はやしもろとり　1720生。江戸時代中期の国学者。1790没。

ギトン・ド・モルヴォー（男爵），ルイ・ベルナール　1737生。フランスの化学者。1816没。

前田治脩　まえだはるなが　1745生。江戸時代中期，後期の大名。1810没。

ドノン，ドミニック・ヴィヴァン・ド　1747生。フランスの画家，版画家，考古学者，外交官。1825没。

岩倉具選　いわくらとものぶ　1757生。江戸時代中期，後期の公家。1824没。

クーリエ，ポール-ルイ　1772生。フランスの政治諷刺作家，ギリシア研究者。1825没。

ティボー，アントン・フリードリヒ　1772生。ドイツの法学者。1840没。

村田壱岐　むらたいき　1781生。江戸時代後期の女性，歌人。1840没。

リュード，フランソワ　1784生。フランスの彫刻家。1855没。

ランディ，ベンジャミン　1789生。アメリカの博愛主義者。1839没。

ベーア，ヴィルヘルム　1797生。ドイツの天文学者。1850没。

三浦梧門　みうらごもん　1808生。江戸時代末期の画家。1860没。

ブライユ，ルイ　1809生。フランスの盲目教育家，オルガン奏者。1852没。

難波伝兵衛　なんばでんべえ　1811生。江戸時代末期，明治時代の長州(萩)藩寄組。1888没。

バッハ　1813生。オーストリアの政治家。1893没。

ピットマン，サー・アイザック　1813生。イギリスの教育家，ピットマン式速記法の発明者。1897没。

板倉勝静　いたくらかつきよ　1823生。江戸時代末期，明治時代の大名，老中。1889没。

モリゾ，ベルト　1841生。フランスの女流画家。1895没。

梅村速水　うめむらはやみ　1842生。明治時代の政治家。高山県知事。1870没。

ローゼンバッハ　1851生。ドイツの医者。1907没。

コール，エミール　1857生。フランスのアニメーション映画作家。1938没。

グラス，カーター　1858生。アメリカの政治家。1946没。

ギョーマ　1862生。フランスの軍人。1940没。

中川小十郎　なかがわこじゅうろう　1866生。明治時代-昭和時代の官僚，教育家。貴族院議員，立命館大学総長。1944没。

中部幾次郎　なかべいくじろう　1866生。明治時代-昭和時代の実業家。1946没。

1月4日

セーレンセン, ソーレン・ペーテル・ラウリッツ 1868生。デンマークの生化学者。1939没。

スーク, ユゼフ 1874生。チェコのヴァイオリン奏者, 作曲家。1935没。

ジョン, オーガスタス 1878生。イギリスの画家。1961没。

レームブルック, ヴィルヘルム 1881生。ドイツの彫刻家。1919没。

梅津美治郎 うめづよしじろう 1882生。大正時代, 昭和時代の陸軍軍人。大将, 関東軍総司令官。1949没。

池田輝方 いけだてるかた 1883生。明治時代, 大正時代の日本画家。1921没。

伊藤吉之助 いとうきちのすけ 1885生。大正時代, 昭和時代の哲学者。北海道帝国大学教授。1961没。

高畠素之 たかばたけもとゆき 1886生。大正時代の国家社会主義者。1928没。

コッセル, ヴァルター 1888生。ドイツの物理学者。1956没。

ブリーク, オーシプ・マクシモヴィチ 1888生。ソ連の文芸理論家, 劇作家。1945没。

夢野久作 ゆめのきゅうさく 1889生。大正時代, 昭和時代の小説家。1936没。

神野金之助(2代目) かみのきんのすけ 1893生。大正時代, 昭和時代の実業家。1961没。

ダークセン, エヴァレット(・マッキンリー) 1896生。アメリカの政治家。1969没。

マッソン, アンドレ 1896生。フランスの画家。1987没。

山県昌夫 やまがたまさお 1898生。昭和時代の造船工学者。東京大学教授。1981没。

橋浦はる子 はしうらはるこ 1899生。大正時代, 昭和時代の社会運動家。1975没。

今村方策 いまむらほうさく 1900生。昭和時代の陸軍軍人。1949没。

奥村喜和男 おくむらきわお 1900生。昭和時代の官僚。内閣情報局次長。1969没。

北村小松 きたむらこまつ 1901生。大正時代, 昭和時代の脚本家。1964没。

古井喜実 ふるいよしみ 1903生。昭和時代の政治家。衆議院議員, 日中友好会館会長。1995没。

石田竜次郎 いしだりゅうじろう 1904生。昭和時代の地理学者。1979没。

福井伸二 ふくいしんじ 1908生。昭和時代の機械工学者。東京大学教授。1990没。

井出一太郎 いでいちたろう 1912生。昭和時代の政治家, 歌人。衆議院議員。1996没。

香椎瑞穂 かしいみずほ 1912生。昭和時代の学生野球指導者。日本大学野球部監督。1988没。

コンティーニ, ジャンフランコ 1912生。イタリアのロマンス語学者, 文芸評論家。1990没。

竹本越路大夫(4代目) たけもとこしじだゆう 1913生。昭和時代, 平成時代の義太夫節太夫(文楽)。2002没。

マリエトア・タヌマフィリ2世 1913生。サモアの大首長(元首)。2007没。

桑野通子 くわのみちこ 1915生。昭和時代の女優。1946没。

関主税 せきちから 1919生。昭和時代, 平成時代の日本画家。日展理事長。2000没。

平野愛子 ひらのあいこ 1919生。昭和時代の歌手。1981没。

コルビー 1920生。アメリカの官僚。1996没。

山田風太郎 やまだふうたろう 1922生。昭和時代, 平成時代の小説家。2001没。

中村俊一 なかむらしゅんいち 1926生。昭和時代の演出家。1980没。

坂上昭一 さかがみしょういち 1927生。昭和時代, 平成時代の昆虫社会学者。北海道大学教授。1996没。

シュラ, ドン 1930生。アメリカの元・プロフットボール監督。

シュステル, ルドルフ 1934生。スロバキアの政治家。

パターソン, フロイド 1935生。アメリカのプロボクサー。2006没。

藤田小女姫 ふじたこととめ 1938生。昭和時代, 平成時代の占い師, 経営コンサルタント。1994没。

高行健 こうこうけん 1940生。中国出身のフランスの作家, 劇作家, 画家。

宮本亜門 みやもとあもん 1958生。昭和時代, 平成時代の演出家, 振付師。

竹内力 たけうちりき 1964生。昭和時代, 平成時代の俳優。

中村達也 なかむらたつや 1965生。平成時代のミュージシャン。

1月5日

○記念日○　囲碁の日
　　　　　　魚河岸初競り
○忌　日○　小楠公忌

藤原嬉子　ふじわらのきし　1007生。平安時代中期の女性。東宮敦良親王（後朱雀天皇）の妃。1025没。
九条教実　くじょうのりざね　1210生。鎌倉時代前期の公卿。摂政・関白・太政大臣。1235没。
日朝　にっちょう　1422生。室町時代、戦国時代の日蓮宗の僧。身延山第11世の貫主。1500没。
立入宗継　たてりむねつぐ　1528生。戦国時代、安土桃山時代の商人。天皇家の家産を司る。1622没。
スアレス，フランシスコ　1548生。スペインの哲学者、神学者。1617没。
シャー・ジャハーン　1592生。インド、ムガール帝国第5代皇帝（在位1627～58）。1666没。
サン-テヴルモン，シャルル・ド　1614生。フランスの思想家、評論家、劇作家。1703没。
尚純　しょうじゅん　1660生。江戸時代前期、中期の琉球の王族。1707没。
ビビエーナ，ジュゼッペ　1696生。フィレンツェの建築家。バイロイト宮廷劇場の設計者。1756没。
ホベリャノス，ガスパル・メルチョル・デ　1744生。スペインの政治家、詩人。1811没。
カトリノー，ジャック　1759生。バンデーの反乱（1793.5）の指導者。1793没。
セー，ジャン・バティスト　1767生。フランスの経済学者。1832没。
斎藤彦麿　さいとうひこまろ　1768生。江戸時代中期、後期の国学者、石見浜田藩士。1854没。
モリソン，ロバート　1782生。イギリスの宣教師、中国学者。1834没。
高橋新五郎（2代目）　たかはししんごろう　1791生。江戸時代末期の機業家。1857没。
幟仁親王　たかひとしんのう　1812生。江戸時代、明治時代の皇族。明治天皇の習字師範。1886没。
ジョルダン，カミーユ　1838生。フランスの数学者。1921没。

オイケン，ルドルフ・クリストフ　1846生。ドイツの哲学者。1908年ノーベル文学賞受賞。1926没。
ジレット，キング・C　1855生。アメリカの発明家、企業家。1901年安全かみそりを発明。1932没。
坪井正五郎　つぼいしょうごろう　1863生。明治時代、大正時代の人類学者。コロボックル説を提唱。1913没。
入沢達吉　いりさわたつきち　1865生。明治時代、大正時代の医学者。東京帝国大学教授、宮内省侍医頭。1938没。
夏目漱石　なつめそうせき　1867生。明治時代、大正時代の小説家、英文学者、評論家。第一高等学校教授。1916没。
アーランガー，ジョゼフ　1874生。アメリカの生理学者。1965没。
グラープマン，マルティーン　1875生。ドイツのカトリック神学者、中世哲学史家。1949没。
アデナウアー，コンラート　1876生。西ドイツの初代首相（1949～63）。1967没。
沖野岩三郎　おきのいわさぶろう　1876生。明治時代−昭和時代の小説家、牧師。1956没。
ゴロデツキー，セルゲイ・ミトロファノヴィチ　1884生。ロシア、ソ連の詩人。1967没。
山本実彦　やまもとさねひこ　1885生。大正時代、昭和時代の出版人、政治家。改造社創業者、東京毎日新聞社長、衆院議員。1952没。
リーチ，バーナード　1887生。イギリスの陶芸家。1979没。
鈴木翠軒　すずきすいけん　1889生。大正時代、昭和時代の書家。1976没。
永瀬義郎　ながせよしろう　1891生。大正時代、昭和時代の版画家。1978没。
大達茂雄　おおだちしげお　1892生。大正時代、昭和時代の政治家。参議院議員。1955没。
ブルーメ，フリードリヒ　1893生。ドイツの音楽学者。1975没。

1月5日

片岡良一　かたおかよしかず　1897生。昭和時代の国文学者。日本近代文学研究の基礎を確立。1957没。

小出正吾　こいでしょうご　1897生。昭和時代の児童文学作家。明治学院大学教授、日本児童文学者協会会長。1990没。

三木清　みききよし　1897生。昭和時代の哲学者、評論家、思想家。1945没。

山高しげり　やまたかしげり　1899生。大正時代、昭和時代の女性運動家。参議院議員、全国地域婦人団体連絡協議会会長。1977没。

タンギー、イヴ　1900生。フランス生まれのアメリカの画家、シュールレアリスト。1955没。

片岡球子　かたおかたまこ　1905生。昭和時代、平成時代の日本画家。

モリーニ、エリカ　1906生。オーストリアの女流ヴァイオリン演奏家。1995没。

佐藤次郎　さとうじろう　1908生。昭和時代のテニス選手。1934没。

津村信夫　つむらのぶお　1909生。昭和時代の詩人。1944没。

能村登四郎　のむらとしろう　1911生。昭和時代、平成時代の俳人。「沖」主宰。2001没。

スタール、ニコラ・ド　1914生。ロシア生まれのフランスの画家。1955没。

北条誠　ほうじょうまこと　1918生。昭和時代の小説家、放送作家。1976没。

桐竹勘十郎(2代目)　きりたけかんじゅうろう　1920生。昭和時代の人形浄瑠璃の人形遣い。1986没。

多賀谷真稔　たがやしんねん　1920生。昭和時代、平成時代の政治家。衆議院副議長、社会主義理論センター所長。1995没。

ジャン大公　1921生。ルクセンブルク大公(元首)。

デュレンマット、フリードリヒ　1921生。スイスの劇作家。1990没。

土井勝　どいまさる　1921生。昭和時代、平成時代の料理研究家。土井勝料理学校校長。1995没。

江上信雄　えがみのぶお　1925生。昭和時代の動物学者。東京大学教授、国立公害研究所所長。1989没。

持田栄一　もちだえいいち　1925生。昭和時代の教育学者。1978没。

浜野卓也　はまのたくや　1926生。昭和時代、平成時代の児童文学作家、文芸評論家。2003没。

猪瀬博　いのせひろし　1927生。昭和時代、平成時代の情報工学者。東京大学教授、文部省学術情報センター所長。2000没。

ブット、ズルフィカール・アリー　1928生。パキスタンの弁護士、大統領(1971～72)。1979没。

エイリー、アルヴィン　1931生。黒人舞踊家。1989没。

観世銕之丞(8代目)　かんぜてつのじょう　1931生。昭和時代、平成時代の能楽師(観世流シテ方)。2000没。

田村孟　たむらつとむ　1933生。昭和時代、平成時代の脚本家、小説家。1997没。

フアン・カルロス1世　1938生。スペイン国王。

宮崎駿　みやざきはやお　1941生。昭和時代、平成時代のアニメーション映画監督。

安房直子　あわなおこ　1943生。昭和時代、平成時代の児童文学作家。1993没。

キートン、ダイアン　1946生。アメリカの女優。

三笠宮寛仁　みかさのみやともひと　1946生。昭和時代、平成時代の皇族。

渡辺えり子　わたなべえりこ　1955生。昭和時代、平成時代の女優、劇作家、演出家、歌手。

榎木孝明　えのきたかあき　1956生。昭和時代、平成時代の俳優。

片山恭一　かたやまきょういち　1959生。昭和時代、平成時代の小説家。

マンソン、マリリン　1969生。アメリカのロック歌手。

高田万由子　たかたまゆこ　1971生。平成時代のタレント。

桜井淳子　さくらいあつこ　1973生。平成時代の女優。

元ちとせ　はじめちとせ　1979生。平成時代の歌手。

青木宣親　あおきのりちか　1982生。平成時代のプロ野球選手。

小池徹平　こいけてっぺい　1986生。平成時代の俳優、ミュージシャン。

1月6日

○記念日○ 佐久鯉誕生の日
東京消防出初め式の日
○忌　日○ 夕霧忌（1.7とも）
良寛忌

リチャード　1209生。イングランド国王ジョンの第2子。1272没。

ゲルトルーディス・マグナ　1255生。ドイツ、ヘルフタのベネディクト修女。1301没。

中巌円月　ちゅうがんえんげつ　1300生。鎌倉時代後期，南北朝時代の臨済宗の僧。1375没。

リチャード2世　1367生。プランタジネット朝最後のイングランド王（在位1377〜99）。1400没。

聖ジャンヌ・ダルク　1412生。フランスの聖女。1431没。

ヘス，ヘーリウス・エオバーヌス　1488生。ドイツの人文主義者，詩人。1540没。

ペートリ，オラーヴス　1493生。スウェーデンの聖職者。1552没。

武田信虎　たけだのぶとら　1494生。戦国時代，安土桃山時代の武将。1574没。

フアン-デ-アビラ　1500生。スペインの祭司，神秘派神学者。1569没。

カノ，メルチョル　1509生。スペインの神学者。1560没。

顕如　けんにょ　1543生。安土桃山時代の真宗の僧。1592没。

藤堂高虎　とうどうたかとら　1556生。安土桃山時代，江戸時代前期の武将，大名。1630没。

ヴォージュラ，クロード・ファーヴル・ド　1585生。フランスの文法学者。1650没。

オリバレス，ガスパル・デ・グスマン・イ・ピメンタル，伯公爵　1587生。スペイン王国の政治家。1645没。

大潮元皓　だいちょうげんこう　1676生。江戸時代中期の黄檗僧。1768没。

堀田正亮　ほったまさすけ　1712生。江戸時代中期の老中。1761没。

ポット，パーシヴァル　1714生。イギリスの外科医。1788没。

モンゴルフィエ，ジャック・エティエンヌ　1745生。フランスの発明家。1799没。

フランシア，ホセ・ガスパール・ロドリゲス　1766生。パラグアイの独裁者。1840没。

境野求馬　さかいのもとめ　1810生。江戸時代末期の志士。1864没。

サムナー，チャールズ　1811生。アメリカの政治家。1874没。

シャプドレーヌ，オギュスト　1814生。フランスのカトリック宣教師。1856没。

シュリーマン，ハインリヒ　1822生。ドイツの考古学者。1890没。

武井柯亭　たけいかてい　1823生。江戸時代，明治時代の会津藩士。1894没。

グリム　1828生。ドイツの美術史・文学史家。1901没。

原市之進　はらいちのしん　1830生。江戸時代末期の幕臣。1867没。

ドレ，ギュスターヴ　1832生。フランスの版画家，画家。1883没。

スタッケンバーグ　1835生。ドイツ生まれのアメリカの社会学者。1903没。

近藤長次郎　こんどうちょうじろう　1838生。江戸時代末期の商人大黒屋伝次の子，勝海舟の門弟。1866没。

ブルフ，マックス　1838生。ドイツの作曲家，指揮者。1920没。

ラームズドルフ　1845生。ロシアの政治家，外相（1900〜06），伯爵。1907没。

ベルンシュタイン，エドゥアルト　1850生。ドイツ社会民主党の理論家，修正主義の提唱者。1932没。

田中稲城　たなかいなぎ　1856生。明治時代，大正時代の図書館学者。帝国図書館初代館長。1925没。

アレグザンダー，サミュエル　1859生。イギリスの哲学者。1938没。

オルタ，ヴィクトル，男爵　1861生。ベルギーの建築家。1947没。

ロッチ　1861生。アメリカの気象学者。1912没。

牛島謹爾　うしじまきんじ　1864生。明治時代，大正時代のアメリカ移民。在米日本人会初

1月6日

代会長。1926没。
マール, ニコライ・ヤーコヴレヴィチ　1865生。ソ連の言語学者, 考古学者。1934没。
菅原通敬　すがわらみちたか　1869生。明治時代－昭和時代の官僚, 政治家。貴族院議員。1946没。
バウアー, グスタフ　1870生。ドイツの首相(1919)。1944没。
スクリャービン, アレクサンドル・ニコラエヴィチ　1872生。ロシアの作曲家。1915没。
サンドバーグ, カール　1878生。アメリカの詩人。1967没。
ジュネ　1878生。デンマーク生まれのイギリスのバレリーナ。1970没。
オルブラフト, イヴァン　1882生。チェコスロバキアの作家, ジャーナリス。1952没。
ノリ, ファン・スティリアン　1882生。アルバニアの作家, 政治家。1965没。
レーボラ, クレメンテ　1885生。イタリアの詩人。1957没。
堀口捨己　ほりぐちすてみ　1895生。大正時代, 昭和時代の建築家, 建築史家。明治大学教授, 神奈川大学教授。1984没。
サーラシ・フェレンツ　1897生。ハンガリーの政治家。1946没。
ノルトホフ　1899生。西ドイツの産業家。1968没。
今西錦司　いまにしきんじ　1902生。昭和時代, 平成時代の人類学者, 動物学者, 探検家, 登山家。1992没。
杉村春子　すぎむらはるこ　1906生。昭和時代, 平成時代の女優。1997没。
クヌシェヴィツキー, スヴャトスラフ　1908生。ソ連のチェリスト。1963没。
クルイーモフ, ユーリー・ソロモノヴィチ　1908生。ソ連邦の作家。1941没。
市川団十郎(11代目)　いちかわだんじゅうろう　1909生。大正時代, 昭和時代の歌舞伎役者。1965没。
杉村春子　すぎむらはるこ　1909生。昭和時代, 平成時代の女優。1997没。
ソフローノフ, アナトーリー・ウラジーミロヴィチ　1911生。ソ連邦の詩人で劇作家。1990没。
ギェレク, エドヴァルト　1913生。ポーランドの政治家。2001没。
ヤング, ロレッタ　1913生。アメリカの女優。2000没。

加藤東一　かとうとういち　1916生。昭和時代, 平成時代の日本画家。日展理事長。1996没。
野口二郎　のぐちじろう　1920生。昭和時代, 平成時代のプロ野球選手。2007没。
カーク, ノーマン・エリック　1923生。ニュージーランドの政治家。1974没。
吉田満　よしだみつる　1923生。昭和時代の小説家。日本銀行監事。1979没。
伊藤肇　いとうはじめ　1926生。昭和時代の経済評論家。1980没。
立原正秋　たちはらまさあき　1926生。昭和時代の小説家。1980没。
カールマル, バブラク　1929生。アフガニスタンの政治家。1996没。
八千草薫　やちぐさかおる　1931生。昭和時代, 平成時代の女優。
花輪莞爾　はなわかんじ　1936生。昭和時代, 平成時代の小説家, 翻訳家。
古川勝　ふるかわまさる　1936生。昭和時代, 平成時代の水泳選手, 水泳指導者。1993没。
松原智恵子　まつばらちえこ　1945生。昭和時代, 平成時代の女優。
バレット, シド　1946生。イギリスのロック歌手, ロックギタリスト。2006没。
中畑清　なかはたきよし　1954生。昭和時代, 平成時代の野球評論家, 元・プロ野球選手。
アトキンソン, ローワン　1955生。イギリスの俳優, コメディアン。
ロペス, ナンシー　1957生。アメリカのプロゴルファー。
CHAGE　ちゃげ　1958生。昭和時代, 平成時代のシンガー・ソングライター。
大場久美子　おおばくみこ　1960生。昭和時代, 平成時代のタレント。
菊地凛子　きくちりんこ　1981生。平成時代の女優。
亀田大毅　かめだだいき　1989生。平成時代のプロボクサー。

登場人物

ホームズ, シャーロック　1854生。コナン・ドイルの探偵小説の主人公。
古畑任三郎　ふるはたにんざぶろう　1949生。TVドラマ『古畑任三郎』の主人公。

1月7日

○記念日○ 七草
　　　　　人日の節供
○忌　日○ 義政忌
　　　　　慈照院殿忌
　　　　　豊国忌

アブドゥル・ラフマーン3世　891生。後ウマイヤ朝第8代の君主(在位912～961)。961没。

関山慧玄　かんざんえげん　1277生。鎌倉時代後期, 南北朝時代の臨済宗の僧。1361没。

グロスター公爵, トーマス・オブ・ウッドストック　1355生。イギリスの大貴族。1397没。

徳大寺公俊　とくだいじきんとし　1371生。南北朝時代, 室町時代の公卿。1428没。

ジャンヌ・ダルブレー　1528生。ナヴァール公妃。フランス王アンリ4世の母。1572没。

ハリントン, ジェームズ　1611生。イギリスのユートピア思想家。1677没。

パトナム, イズレイアル　1718生。アメリカの軍人。独立戦争で大陸会議から少将に任命された。1790没。

銭大昕　せんだいきん　1728生。中国, 清の学者。『二十二史攷異』100巻など。1804没。

羅聘　らへい　1733生。中国, 清中期の画家。1799没。

河原崎権之助(4代目)　かわらざきごんのすけ　1735生。江戸時代中期の歌舞伎役者, 歌舞伎座本。1796没。

蔦屋重三郎　つたやじゅうざぶろう　1750生。江戸時代中期の書物・地本問屋。1797没。

ボナパルト, ジョセフ　1768生。ナポレオン1世の兄。ナポリ王(06～08), スペイン王(08～13)。1844没。

草場佩川　くさばはいせん　1787生。江戸時代後期の漢詩人, 肥前佐賀藩の儒官。1867没。

ミッチェルリッヒ, アイルハルト　1794生。ドイツの化学者。1863没。

フィルモア, ミラード　1800生。アメリカ合衆国第13代大統領。1874没。

鯉淵要人　こいぶちかなめ　1810生。江戸時代末期の水戸藩の尊攘志士。桜田門外の変に参加。1860没。

アウフレヒト　1822生。ドイツのインド学者, 言語学者。1907没。

野口幽谷　のぐちゆうこく　1827生。江戸時代, 明治時代の南画家。1898没。

フレミング, サー・サンドフォード　1827生。カナダの鉄道技師。1915没。

シュテファン, ハインリヒ・フォン　1831生。ドイツの郵政家。1897没。

ロスコー, サー・ヘンリー・エンフィールド　1833生。イギリスの化学者。1915没。

佐倉常七　さくらつねしち　1835生。明治時代の西陣織職人。京都府職工場教授。1899没。

前島密　まえじまひそか　1835生。明治時代の官吏, 実業家。東京専門学校校長, 男爵。1919没。

マイヤース, ウィリアム・フレデリック　1839生。イギリスの外交官, 中国研究家。1878没。

前田香雪　まえだこうせつ　1841生。明治時代の鑑識家, 収集家, 新聞記者。1916没。

ベルナデット・スビルー　1844生。フランスの聖女。1879没。

ルートヴィヒ3世　1845生。バイエルン王(在位1913～18)。1921没。

菊池貫平　きくちかんぺい　1847生。明治時代の社会運動家。困民党指導者。1914没。

グリアーソン, ジョージ・エイブラハム　1851生。イギリスのインド言語学者。1941没。

平瀬作五郎　ひらせさくごろう　1856生。明治時代の植物学者, 図学者。1925没。

ベン-イェフダ, エリエゼル　1858生。ユダヤ人の現代ヘブライ語辞典編纂者, 医師。1922没。

秋山好古　あきやまよしふる　1859生。明治時代, 大正時代の陸軍軍人。大将。1930没。

セラフィモーヴィチ, アレクサンドル・セラフィーモヴィチ　1863生。ソ連の小説家。1949没。

セローフ, ヴァレンティン・アレクサンドロヴィチ　1865生。ロシアの画家。1911没。

1月7日

上田万年　うえだかずとし　1867生。明治時代–昭和時代の言語学者。帝国大学教授, 神宮皇学館館長。1937没。

川崎芳太郎　かわさきよしたろう　1869生。明治時代, 大正時代の実業家。川崎汽船社長。1920没。

ボレル, フェリックス　1871生。フランスの数学者, 政治家。1956没。

ズーカー, アドルフ　1873生。アメリカの映画製作者, 企業家。1976没。

ペギー, シャルル　1873生。フランスの詩人, 評論家。1914没。

鶴沢友次郎 (6代目)　つるざわともじろう　1874生。明治時代–昭和時代の浄瑠璃三味線方。1951没。

白柳秀湖　しらやなぎしゅうこ　1884生。明治時代–昭和時代の小説家, 評論家。1950没。

シュナイダー, クルト　1887生。ドイツの精神病理学者。1967没。

原田熊雄　はらだくまお　1888生。大正時代, 昭和時代の政治家。西園寺公望の秘書。1946没。

橘瑞超　たちばなずいちょう　1890生。明治時代–昭和時代の僧, 探検家。1968没。

久保角太郎　くぼかくたろう　1892生。昭和時代の宗教家。1944没。

佐藤藤佐　さとうとうすけ　1894生。大正時代, 昭和時代の弁護士, 司法官。秋田経済大学教授, 検事総長。1985没。

ハスキル, クララ　1895生。ルーマニア生まれのスイスのピアニスト。1960没。

プーランク, フランシス　1899生。フランスの作曲家。1963没。

イサコフスキー, ミハイル・ワシリエヴィチ　1900生。ソ連邦の詩人。「カチューシャ」など多くの叙情詩および歌謡がある。1973没。

住井すゑ　すみいすえ　1902生。昭和時代, 平成時代の小説家, 児童文学作家。1997没。

森茉莉　もりまり　1903生。昭和時代の小説家, 随筆家。森鴎外の長女。1987没。

岡林辰雄　おかばやしたつお　1904生。昭和時代の弁護士, 社会運動家。1990没。

瀬戸山三男　せとやまみつお　1904生。昭和時代の政治家。衆院議員 (自民党), 日本厚生保護協会会長。1997没。

篠原鳳作　しのはらほうさく　1906生。昭和時代の俳人。1936没。

ドミンゲス, オスカル　1906生。スペイン生まれのフランスの画家。1958没。

久野久　くのひさし　1910生。昭和時代の岩石学者。東京大学教授, 国際火山学会会長。1969没。

白洲正子　しらすまさこ　1910生。昭和時代, 平成時代の随筆家, 評論家。1998没。

中村俊男　なかむらとしお　1910生。昭和時代の実業家。全国銀行協会連合会会長。1998没。

笠置山勝一　かさぎやまかついち　1911生。昭和時代の力士。関脇, 日本相撲協会理事。1971没。

鷲巣繁男　わしすしげお　1915生。昭和時代の詩人。1982没。

チャウシェスク, エレナ　1919生。ルーマニアの政治家。1989没。

多岐川恭　たきがわきょう　1920生。昭和時代, 平成時代の推理作家。1994没。

ランパル, ジャン-ピエール　1922生。フランスのフルート奏者。2000没。

三好徹　みよしとおる　1931生。昭和時代, 平成時代の小説家。

山崎朋子　やまざきともこ　1932生。昭和時代, 平成時代のノンフィクション作家, 女性史研究家。

巌谷国士　いわやくにお　1943生。昭和時代, 平成時代の批評家, エッセイスト。

佐々木禎子　ささきさだこ　1943生。昭和時代の原爆被爆者。1955没。

吉田日出子　よしだひでこ　1944生。昭和時代, 平成時代の女優。

水木一郎　みずきいちろう　1948生。昭和時代の歌手。

朱川湊人　しゅかわみなと　1963生。昭和時代, 平成時代の小説家, 編集者。

ケージ, ニコラス　1964生。アメリカの俳優。

マラーホフ, ウラジーミル　1968生。ソ連出身のバレエダンサー, 振付師。

高橋由美子　たかはしゆみこ　1974生。平成時代の女優。

1月8日

○記念日○　外国郵便の日
　　　　　　勝負事の日
　　　　　　平成スタートの日
○忌　日○　団水忌

蘇軾　そしょく　1037生。中国、北宋の文学者、政治家。1101没。

明恵　みょうえ　1173生。鎌倉時代前期の華厳宗の学僧。1232没。

規庵祖円　きあんそえん　1261生。鎌倉時代後期の臨済宗仏光派の僧。1313没。

智仁親王　としひとしんのう　1579生。安土桃山時代、江戸時代前期の皇族。1629没。

エピスコピウス, シモン　1583生。オランダのアルミニウス派神学者。1643没。

土御門泰重　つちみかどやすしげ　1586生。江戸時代前期の公家。1661没。

クーン, ヤン・ピーテルスゾーン　1587生。東インド会社の第4代および第6代総督。1629没。

グンドゥリッチ, イヴァン　1589生。中世のドブロブニーク（ユーゴスラビア）の劇詩人。1638没。

グラシアン, バルタサル　1601生。スペインの作家。1658没。

リュクサンブール, フランソワ・アンリ・ド・モンモランシー-ブートヴィル, 公爵　1628生。フランスの軍人。1695没。

プッフェンドルフ, サムエル, 男爵　1632生。ドイツの法学者、歴史家。1694没。

細川綱利　ほそかわつなとし　1643生。江戸時代前期、中期の大名。1714没。

忍澂　にんちょう　1645生。江戸時代前期、中期の浄土宗学僧。1711没。

徳川綱吉　とくがわつなよし　1646生。江戸時代前期、中期の江戸幕府第5代の将軍。1709没。

融観　ゆうかん　1649生。江戸時代中期の僧。1716没。

松平乗邑　まつだいらのりさと　1686生。江戸時代中期の大名。1746没。

紀上太郎　きのじょうたろう　1747生。江戸時代中期の豪商、浄瑠璃作者、狂歌師。1799没。

大田垣蓮月　おおたがきれんげつ　1791生。江戸時代、明治時代の歌人。1875没。

後藤松陰　ごとうしょういん　1797生。江戸時代末期の儒学者。1864没。

溝口直諒　みぞぐちなおあき　1799生。江戸時代末期の大名。1858没。

柴田花守　しばたはなもり　1809生。江戸時代、明治時代の神道家。不二道の10世教主、実行社初代管長。1890没。

来島又兵衛　きじままたべえ　1817生。江戸時代末期の長州（萩）藩士。1864没。

ウォレス, アルフレッド・ラッセル　1823生。イギリスの博物学者。1913没。

コリンズ, ウィルキー　1824生。イギリスの小説家。1889没。

ジファール, アンリ　1825生。フランスの技術者。1882没。

ブラック　1827生。イギリスのジャーナリスト。1880没。

ビューロー, ハンス・グイード・フォン　1830生。ドイツの指揮者、ピアニスト。1894没。

アルマ-タデマ, サー・ローレンス　1836生。イギリス（オランダ生まれ）の画家。1912没。

中野梧一　なかのごいち　1842生。明治時代の官僚、実業家。1883没。

岩崎弥之助　いわさきやのすけ　1851生。明治時代の実業家。男爵、三菱商会社長。1908没。

渡辺廉吉　わたなべれんきち　1854生。明治時代、大正時代の官僚。貴族院議員、行政裁判所評定官。1925没。

石川千代松　いしかわちよまつ　1860生。明治時代-昭和時代の動物学者、生物学者。理学博士、帝大農科大学教授。1935没。

エリオット　1862生。イギリスの外交官、東洋学者。1931没。

センプル　1863生。アメリカの人文地理学者。1932没。

郷誠之助　ごうせいのすけ　1865生。明治時代-昭和時代の実業家。日本運輸社長、日本商工会議所会頭。1942没。

1月8日

プリモ・デ・リベラ, M. 1870生。スペインの軍人, 独裁者(1923〜30)。1930没。
芦田恵之助 あしだえのすけ 1873生。明治時代–昭和時代の教育家。1951没。
カペー, リュシアン 1873生。フランスのヴァイオリン奏者。1928没。
三宅克己 みやけかつみ 1874生。明治時代–昭和時代の洋画家。1954没。
ヴァロキエ, アンリ・ド 1881生。フランスの画家。1948没。
クーラント, リヒャルト 1888生。アメリカ(ドイツ生まれ)のポーランド系の数学者。1972没。
野村秀雄 のむらひでお 1888生。昭和時代の実業家, 新聞人。NHK会長, 朝日新聞社代表取締役。1964没。
ニジンスカ, ブロニスラヴァ 1891生。ロシアのバレリーナ。1972没。
ボーテ, ヴァルター・ヴィルヘルム・ゲオルク・フランツ 1891生。ドイツの物理学者。1957没。
松本恵子 まつもとけいこ 1891生。昭和時代の翻訳家。1976没。
堀口大学 ほりぐちだいがく 1892生。大正時代, 昭和時代の詩人, フランス文学者, 翻訳家。1981没。
コルベ, マクシミリアン・マリア 1894生。ポーランド生まれの神父。1941没。
ヴァインベルガー, ヤロミール 1896生。チェコの作曲家。1967没。
バンダラナイケ, ソロモン・ウェスト・リッジウェイ・ディアス 1899生。スリランカの首相。1959没。
兪平伯 ゆへいはく 1900生。中国の文学者。1990没。
河上徹太郎 かわかみてつたろう 1902生。昭和時代の文芸評論家。1980没。
マレンコフ, ゲオルギー・マクシミリアノヴィチ 1902生。ソ連の政治家。1988没。
ロジャズ, カール ランサム 1902生。アメリカの臨床心理学者。1987没。
イポリット, ジャン 1907生。フランスの哲学者。1968没。
林敬三 はやしけいぞう 1907生。昭和時代の官僚。日本赤十字社社長, 防衛庁統幕議長。1991没。
沢村宗十郎(8代目) さわむらそうじゅうろう 1908生。大正時代, 昭和時代の歌舞伎役者。1975没。
今井正 いまいただし 1912生。昭和時代, 平成時代の映画監督。1991没。
内藤誉三郎 ないとうよさぶろう 1912生。昭和時代の官僚, 政治家。大妻女子大学長, 参院議員。1986没。
フェラー, ホセ 1912生。アメリカの俳優, 演出家。1992没。
佐々木良作 ささきりょうさく 1915生。昭和時代の政治家。衆議院議員, 民社党委員長。2000没。
シャッシャ, レオナルド 1921生。イタリアの小説家。1989没。
森英恵 もりはなえ 1926生。昭和時代, 平成時代のファッションデザイナー。
初井言栄 はついことえ 1929生。昭和時代の女優。1990没。
稲畑汀子 いなばたていこ 1931生。昭和時代, 平成時代の俳人, 随筆家。
プレスリー, エルヴィス 1935生。アメリカのポピュラー歌手。1977没。
落合信彦 おちあいのぶひこ 1942生。昭和時代, 平成時代の国際ジャーナリスト, 作家。
角川春樹 かどかわはるき 1942生。昭和時代, 平成時代の映画プロデューサー, 映画監督, 俳人。
小泉純一郎 こいずみじゅんいちろう 1942生。昭和時代, 平成時代の政治家, 元・首相。
ホーキング, スティーブン 1942生。イギリスの理論物理学者, 天文物理学者。
田村正敏 たむらまさとし 1947生。昭和時代, 平成時代の学生運動家, 酪農業者。日大全共闘書記長。1998没。
ボウイ, デビッド 1947生。イギリスのロック歌手, 俳優。
南佳孝 みなみよしたか 1950生。昭和時代, 平成時代のシンガーソングライター。
田尾安志 たおやすし 1954生。昭和時代, 平成時代の野球評論家, 元・プロ野球選手。
ゾオンヒー, ジェイソン 1971生。アメリカの大リーグ選手。
田村亮 たむらりょう 1972生。平成時代のコメディアン。
市川染五郎(7代目) いちかわそめごろう 1973生。昭和時代, 平成時代の歌舞伎俳優。
ポーリー, サラ 1979生。カナダの女優。

1月9日

○記念日○ とんちの日
風邪の日

豊原英秋　とよはらひであき　1347生。南北朝時代の楽人。1387没。

ヨアヒム2世　1505生。ブランデンブルク選挙侯(在位1535～71)。1571没。

グレゴリウス15世　1554生。教皇(在位1621～23)。1623没。

スミス，ジョン　1579生。イギリスの軍人，探検家，作家。1631没。

ヴーエ，シモン　1590生。フランスの画家。1649没。

ランセ，アルマン-ジャン・ル・ブチリエ・ド　1626生。シトー会の修道士。1700没。

松平忠喬　まつだいらただたか　1683生。江戸時代中期の大名。1756没。

ヘムステルホイス　1685生。オランダの古典学者。1766没。

京極高或　きょうごくたかもち　1692生。江戸時代中期の大名。1724没。

ポティエ　1699生。フランスの指導的な法学者。1772没。

ウォートン，トマス　1728生。イギリスの学者，詩人。1790没。

セント・ヴィンセント，ジョン・ジャーヴィス，伯爵　1735生。イギリスの軍人。1823没。

松平容頌　まつだいらかたのぶ　1744生。江戸時代中期，後期の大名。1805没。

池田治政　いけだはるまさ　1750生。江戸時代中期，後期の大名。1818没。

ブラウン，トマス　1778生。イギリスの哲学者。1820没。

渡辺又日庵　わたなべゆうじつあん　1792生。江戸時代末期，明治時代の文人。1871没。

ウランゲリ，フェルジナンド・ペトロヴィチ，男爵　1796生。ロシアの軍人，航海者。1870没。

エスマルヒ　1823生。ドイツの外科医。1908没。

杉浦誠　すぎうらまこと　1826生。江戸時代，明治時代の幕臣，官吏。箱館奉行。1900没。

山本渓愚　やまもとけいぐ　1827生。江戸時代後期，末期，明治時代の本草学者。1903没。

ロバートソン　1829生。イギリスの劇作家。1871没。

コリングズ，ジェシー　1831生。イギリスの政治家，農業改良家。1920没。

黒田孝富　くろだたかとみ　1834生。江戸時代末期の亀山藩士。1868没。

坪井玄道　つぼいげんどう　1852生。明治時代，大正時代の体育家。1922没。

松村任三　まつむらじんぞう　1856生。明治時代の植物学者。帝大理科大学教授。1928没。

キャット，キャリー・チャップマン　1859生。アメリカの婦人参政権運動と平和運動の指導者。1947没。

グレーボー　1870生。アメリカの地質学者。1946没。

ビアリック，ハイム・ナフマン　1873生。ロシア系ユダヤ人のヘブライ詩人。1934没。

ミッヘルス　1876生。ドイツの社会学者。1936没。

深尾隆太郎　ふかおりゅうたろう　1877生。大正時代，昭和時代の実業家。日清汽船社長，南洋拓殖社長。1948没。

ウォトソン，ジョン・B　1878生。アメリカの心理学者。1958没。

アバクロンビー，ラッセルズ　1881生。イギリスの詩人，評論家。1938没。

パピーニ，ジョヴァンニ　1881生。イタリアの小説家，評論家。1956没。

比嘉春潮　ひがしゅんちょう　1883生。大正時代，昭和時代の郷土史家。1977没。

石黒忠篤　いしぐろただあつ　1884生。昭和時代の農政家。参議院議員，農林水産大臣。1960没。

北見志保子　きたみしおこ　1885生。大正時代，昭和時代の歌人，作詞家。1955没。

ビーリ-ベロツェルコフスキー，ウラジーミル・ナウモヴィチ　1885生。ロシア，ソ連の小説家，劇作家。1970没。

ガスリー　1886生。アメリカの心理学者。1959没。

1月9日

パワー　1889生。イギリスの女流経済史学者。1940没。

チャペック, カレル　1890生。チェコスロバキアの小説家, 劇作家。1938没。

トゥホルスキー, クルト　1890生。ドイツの小説家, 評論家。1935没。

朝比奈宗源　あさひなそうげん　1891生。大正時代, 昭和時代の僧侶。円覚寺管長。1979没。

田島隆純　たじまりゅうじゅん　1892生。大正時代, 昭和時代の真言宗豊山派僧侶, 仏教学者。大正大学教授, 大僧正。1957没。

増本量　ますもとはかる　1895生。大正時代, 昭和時代の金属物理学者。東北大学教授, 金属材料研究所所長。1987没。

市川忍　いちかわしのぶ　1897生。昭和時代の実業家。丸紅社長。1973没。

レーヴィト, カール　1897生。ドイツの哲学者。1973没。

王魯彦　おうろげん　1902生。中国のエスペランチスト・小説家。1944没。

玉塚栄次郎(2代目)　たまづかえいじろう　1902生。昭和時代の経営者。玉塚証券社長, 東京証券取引所理事長。1962没。

青山圭男　あおやまよしお　1903生。昭和時代の舞踊振付師, 演出家。1976没。

ガイダール, アルカージー・ペトローヴィチ　1904生。ソ連の童話作家。1941没。

祖父江寛　そぶえひろし　1904生。昭和時代の高分子化学者。東京大学教授, 成蹊大学教授。1979没。

橘弘一郎　たちばなこういちろう　1904生。大正時代, 昭和時代の出版人, 印刷研究家。映画の友社社長。1967没。

バランシン, ジョルジュ　1904生。ロシアの舞踊家。1983没。

楫西光速　かじにしみつはや　1906生。昭和時代の日本経済史家。法政大学教授, 東京教育大学教授。1964没。

蘆原英了　あしはらえいりょう　1907生。昭和時代の音楽・舞踊評論家。1981没。

結城孫三郎(10代目)　ゆうきまごさぶろう　1907生。昭和時代の糸操り人形遣い。1997没。

ボーヴォワール, シモーヌ・ド　1908生。フランスの小説家, 評論家, 劇作家。1986没。

ニクソン, リチャード　1913生。第37代アメリカ大統領。1994没。

高木晴子　たかぎはるこ　1915生。昭和時代, 平成時代の俳人。「晴居」主宰。2000没。

西沢爽　にしざわそう　1919生。昭和時代, 平成時代の作詞家。日本作詞家協会会長, 日本歌謡学会常任理事。2000没。

中川新一　なかがわしんいち　1920生。昭和時代の労働運動家。国労委員長。1973没。

中山あい子　なかやまあいこ　1922生。昭和時代, 平成時代の小説家。2000没。

高橋正衛　たかはしまさえ　1923生。昭和時代, 平成時代の編集者, 昭和史研究家。みすず書房取締役。1999没。

高柳重信　たかやなぎしげのぶ　1923生。昭和時代の俳人。「俳句評論」代表。1983没。

藤村正太　ふじむらしょうた　1924生。昭和時代の推理小説家。1977没。

モドゥーニョ　1928生。イタリアのカンツォーネ歌手, 作詞・作曲家。1994没。

ミュラー, ハイナー　1929生。東ドイツの劇作家。1995没。

森祇晶　もりまさあき　1937生。昭和時代, 平成時代の元・プロ野球監督, 元・プロ野球選手。

大林宣彦　おおばやしのぶひこ　1938生。昭和時代, 平成時代の映画作家。

田島征三　たしませいぞう　1940生。昭和時代, 平成時代の絵本作家, 画家, 版画家, エッセイスト。

東君平　ひがしくんぺい　1940生。昭和時代の漫画家, イラストレーター。1986没。

中尾都山(2代目)　なかおとざん　1944生。昭和時代の尺八奏者。1974没。

ペイジ, ジミー　1944生。イギリスのロック歌手, ギタリスト。

岸部一徳　きしべいっとく　1947生。昭和時代, 平成時代の俳優。

一路真輝　いちろまき　1965生。昭和時代, 平成時代の女優, 歌手。

清水市代　しみずいちよ　1969生。昭和時代, 平成時代の棋士。

岡本真夜　おかもとまよ　1974生。平成時代のシンガーソングライター。

A.J.　えいじぇい　1978生。アメリカの歌手(バックストリート・ボーイズ)。

井上真央　いのうえまお　1987生。平成時代の女優。

1月10日

○記念日○　110番の日
　　　　　明太子の日

藤原通房　ふじわらのみちふさ　1025生。平安時代中期の公卿。1044没。

アブー・シャーマ　1203生。シリアの歴史家,文学者。1268没。

コッホレーウス(コッホラエウス),ヨハネス　1479生。ドイツのカトリック神学者。1552没。

マルガレーテ・フォン・エステルライヒ　1480生。ネーデルラント総督(1507～30)。1530没。

慈昌　じしょう　1544生。安土桃山時代,江戸時代前期の浄土宗の僧。1620没。

鈴木正三　すずきしょうさん　1579生。安土桃山時代,江戸時代前期の仮名草紙作者。1655没。

中川久清　なかがわひさきよ　1615生。江戸時代前期の大名。1681没。

片山北海　かたやまほっかい　1723生。江戸時代中期の儒学者,漢詩人。1790没。

スパランツァーニ,ラザロ　1729生。イタリアの牧師,生理学者。1799没。

アレン,イーサン　1737生。バーモントの政治家。1789没。

ブレゲ　1747生。フランスの時計製造業者。1823没。

夏目成美　なつめせいび　1749生。江戸時代中期,後期の俳人。1817没。

アースキン,トマス・アースキン,男爵　1750生。イギリスの法律家。1823没。

ネー,ミシェル,エルヒンゲン公爵　1769生。フランスの陸軍軍人。1815没。

杵屋六三郎(4代目)　きねやろくさぶろう　1780生。江戸時代後期の長唄三味線方。1856没。

ドロステ-ヒュルスホフ,アンネッテ・フォン　1797生。ドイツの女流詩人。1848没。

アクトン,ジョン・エマリッチ・エドワード・ダルバーグ　1834生。イギリスの歴史家。1902没。

肥塚龍　こいづかりゅう　1848生。明治時代,大正時代の政治家。衆議院議員。1920没。

清水晴風　しみずせいふう　1851生。明治時代の郷土玩具研究家。1913没。

沢辺正修　さわべせいしゅう　1856生。明治時代の自由民権家。京都府議会議員。1886没。

星野天知　ほしのてんち　1862生。明治時代-昭和時代の評論家,小説家。1950没。

フローレンツ　1865生。ドイツの日本学者。1939没。

アショフ,カール・アルベルト・ルードヴィヒ　1866生。ドイツの病理学者。1942没。

水野錬太郎　みずのれんたろう　1868生。明治時代-昭和時代の政治家。1949没。

金子馬治　かねこうまじ　1870生。明治時代-昭和時代の文芸評論家,哲学者。1937没。

山本悌二郎　やまもとていじろう　1870生。明治時代-昭和時代の実業家,政治家。台湾製糖社長,衆議院議員。1937没。

島村抱月　しまむらほうげつ　1871生。明治時代,大正時代の評論家,美学者,新劇運動家,演出家。1918没。

高山樗牛　たかやまちょぎゅう　1871生。明治時代の評論家。1902没。

松浦鎮次郎　まつうらしげじろう　1872生。大正時代,昭和時代の官僚。貴族院議員。1945没。

二木謙三　ふたきけんぞう　1873生。明治時代-昭和時代の細菌学者,伝染病学者。日本伝染病学会長。1966没。

マティエ　1874生。フランスの歴史家。1932没。

塩原又策　しおばらまたさく　1877生。明治時代-昭和時代の実業家。三共社長。1955没。

アサーニャ,マヌエル　1880生。スペイン第2共和制下の首相。1940没。

トルストイ,アレクセイ・ニコラエヴィチ　1883生。ソ連の小説家。1945没。

山村暮鳥　やまむらぼちょう　1884生。大正時代の詩人,伝道師。1924没。

加能作次郎　かのうさくじろう　1885生。大正時代,昭和時代の小説家。「文章世界」主筆。

1月10日

1941没。
矢野庄太郎　やのしょうたろう　1886生。昭和時代の政治家。蔵相、衆院議員。1949没。
ジェファーズ，ロビンソン　1887生。アメリカの詩人。1962没。
プラサード，ジャエシャンカル　1889生。インドのヒンディー語詩人、劇作家。1937没。
小野清一郎　おのせいいちろう　1891生。大正時代、昭和時代の刑法学者、弁護士。東京大学教授、第一東京弁護士会会長。1986没。
岩淵辰雄　いわぶちたつお　1892生。昭和時代の新聞記者、政治評論家。貴族院議員、読売新聞主筆。1975没。
佐藤輝夫　さとうてるお　1899生。昭和時代、平成時代のフランス文学者。1994没。
大下正男　おおしたまさお　1900生。昭和時代の美術雑誌編集者。美術出版社長。1966没。
小谷喜美　こたにきみ　1901生。大正時代、昭和時代の宗教家。霊友会会長。1971没。
直良信夫　なおらのぶお　1902生。昭和時代の考古学者、古生物学者。早稲田大学教授。1985没。
宮城仁四郎　みやぎじんしろう　1902生。昭和時代、平成時代の実業家。琉天会会長、リウエン社長。1997没。
山口文象　やまぐちぶんぞう　1902生。大正時代、昭和時代の建築家。1978没。
磯村英一　いそむらえいいち　1903生。昭和時代、平成時代の社会学者。1997没。
ヘップワース，バーバラ　1903生。イギリスの女流彫刻家。1975没。
滝内礼作　たきうちれいさく　1905生。昭和時代の弁護士。1993没。
宇治紫文(6代目)　うじしぶん　1908生。昭和時代の浄瑠璃演奏家。1974没。
伴淳三郎　ばんじゅんざぶろう　1908生。昭和時代の喜劇俳優。1981没。
ウラーノヴァ，ガリーナ・セルゲエヴナ　1910生。ソ連のバレリーナ。1998没。
マルティノン，ジャン　1910生。フランスの指揮者。1976没。
シェーフ　1913生。アルバニアの軍人、政治家。1981没。
田中英光　たなかひでみつ　1913生。昭和時代の小説家。1949没。
フサーク，グスタフ　1913生。チェコスロバキアの大統領。1991没。

兪国華　ゆこくか　1914生。台湾の政治家。2000没。
福武哲彦　ふくたけてつひこ　1916生。昭和時代の出版経営者。福武書店社長。1986没。
ベリストレーム，スーネ・カール　1916生。スウェーデンの生化学者。2004没。
森山欽司　もりやまきんじ　1917生。昭和時代の政治家。衆院議員、自民党総務会副会長、運輸相。1987没。
下平正一　しもだいらしょういち　1918生。昭和時代の政治家。衆院議員。1995没。
竹内良知　たけうちよしとも　1919生。昭和時代、平成時代の哲学者。1991没。
照国万蔵　てるくにまんぞう　1919生。昭和時代の力士(第38代横綱)。1977没。
藤本能道　ふじもとよしみち　1919生。昭和時代、平成時代の陶芸家。東京芸術大学学長。1992没。
森毅　もりつよし　1928生。昭和時代、平成時代の評論家。
山下耕作　やましたこうさく　1930生。昭和時代、平成時代の映画監督。1998没。
小塩節　おしおたかし　1931生。昭和時代、平成時代のドイツ文学者。
田宮裕　たみやひろし　1933生。昭和時代、平成時代の法学者。立教大学教授。1999没。
長門裕之　ながとひろゆき　1934生。昭和時代、平成時代の俳優。
嵐山光三郎　あらしやまこうざぶろう　1942生。昭和時代、平成時代の作家。
小松政夫　こまつまさお　1942生。昭和時代、平成時代の俳優、タレント。
スチュアート，ロッド　1945生。イギリスのロック歌手。
あおい輝彦　あおいてるひこ　1948生。昭和時代、平成時代の俳優、歌手。
田中裕二　たなかゆうじ　1965生。平成時代の漫才師。
財前直見　ざいぜんなおみ　1966生。昭和時代、平成時代の女優。
山口達也　やまぐちたつや　1972生。平成時代のタレント、歌手、俳優。
akko　あっこ　1973生。平成時代のミュージシャン。
ボンヤスキー，レミー　1976生。オランダの格闘家。

1月11日

○記念日○　塩の日
　　　　　鏡開き

- 省吾　しょうご　1310生。南北朝時代の臨済宗の僧。1381没。
- パルミジャニーノ　1503生。イタリアの画家。1540没。
- 九条稙通　くじょうたねみち　1507生。戦国時代，安土桃山時代の公卿。1594没。
- 園基任　そのもととう　1573生。安土桃山時代，江戸時代前期の公家。1613没。
- ヴァンロー，ジャン・バティスト　1684生。フランスの画家。1745没。
- 冷泉為久　れいぜいためひさ　1686生。江戸時代中期の歌人・公家。1741没。
- アユイ　1745生。フランスの聾唖教育者。1822没。
- 伊能忠敬　いのうただたか　1745生。江戸時代後期の地理学者，測量家。1818没。
- ラ・ロシュフコー・リアンクール　1747生。フランスの政治家。1827没。
- 福井常右衛門　ふくいつねえもん　1753生。江戸時代後期の公益家。1806没。
- ハミルトン，アレグザンダー　1755生。アメリカの政治家。1804没。
- コリアー　1789生。イギリスの批評家，古文書研究家。1883没。
- 浦靱負　うらゆきえ　1795生。江戸時代末期，明治時代の長州（萩）藩留組。1870没。
- ペルシニ　1808生。フランスの政治家。1872没。
- 南里有鄰　なんりゆうりん　1812生。江戸時代末期の国学者，肥前藩士。1864没。
- パジェット，サー・ジェイムズ　1814生。イギリスの外科医，生理学者。1899没。
- マクドナルド，**J.A.**　1815生。カナダの初代首相（1867～73, 78～91）。1891没。
- テイラー，ベイヤード　1825生。アメリカの旅行記作家，詩人，小説家，外交官。1878没。
- メルケル　1836生。ドイツの刑法学者。1896没。
- 池辺吉十郎　いけべきちじゅうろう　1838生。江戸時代，明治時代の熊本藩士。1877没。
- オストス，エウヘニオ・マリア・デ　1839生。プエルト・リコの哲学者，教育家。1903没。
- ギールゲ　1841生。ドイツの法学者。1921没。
- ジェイムズ，ウィリアム　1842生。アメリカの哲学者，心理学者。1910没。
- 貝島太助　かいじまたすけ　1845生。明治時代，大正時代の実業家，炭鉱事業家。貝島砿業合名社長。1916没。
- 野口小蘋　のぐちしょうひん　1847生。江戸時代－大正時代の日本画家。1917没。
- 古沢滋　ふるさわしげる　1847生。江戸時代，明治時代の政治家，民権論者。大阪日報社長。1911没。
- 神尾光臣　かみおみつおみ　1855生。明治時代，大正時代の陸軍軍人。大将，男爵。1927没。
- シンディング，クリスチャン　1856生。ノルウェーの作曲家。1941没。
- 富本豊前（初代）　とみもとぶぜん　1857生。江戸時代－昭和時代の富本節浄瑠璃家元。1933没。
- カーゾン（ケドルストンの），ジョージ・ナサニエル・カーゾン，侯爵　1859生。イギリスの政治家。1925没。
- ティチェナー　1867生。アメリカの心理学者。1927没。
- 有坂鉊蔵　ありさかしょうぞう　1868生。明治時代－昭和時代の考古学者，海軍軍人。工学博士，中将，東京帝国大学教授。1941没。
- 蔡元培　さいげんばい　1868生。中国の倫理学者，教育家。1940没。
- 清水紫琴　しみずしきん　1868生。明治時代の小説家。1933没。
- ピアース　1872生。アメリカの電気学者。1956没。
- グリエール，レインゴリド・モリツェヴィチ　1875生。ソ連邦の作曲家。1956没。
- 雉本朗造　きじもとときぞう　1876生。明治時代，大正時代の法学者。京都帝国大学法科大学教授。1922没。
- 種田健蔵　おいたけんぞう　1878生。大正時代，昭和時代の実業家。東洋紡績社長。

1月11日

1960没。

垣内松三 かいとまつぞう 1878生。大正時代,昭和時代の国語教育学者,国文学者。1952没。

ベルトラメッリ, アントーニオ 1879生。イタリアの小説家。1930没。

ヴェーゲナー, アルフレッド・ロタール 1880生。ドイツの地質学者,気象学者。1930没。

中島知久平 なかじまちくへい 1884生。大正時代,昭和時代の実業家,政治家。衆議院議員。1949没。

内山完造 うちやまかんぞう 1885生。大正時代,昭和時代の日中友好運動家。1959没。

ポール, アリス 1885生。アメリカの社会運動家。1977没。

キーナン 1888生。アメリカの法律家。1954没。

アシュトン 1889生。イギリスの経済史家。1968没。

大田黒元雄 おおたぐろもとお 1893生。大正時代,昭和時代の音楽評論家。1979没。

今井兼次 いまいけんじ 1895生。大正時代,昭和時代の建築家。早稲田大学教授。1987没。

きだみのる きだみのる 1895生。昭和時代の小説家。1975没。

諸井貫一 もろいかんいち 1896生。昭和時代の経営者,財界人。秩父セメント社長。1968没。

デヴォート, バーナード 1897生。アメリカの評論家,歴史家。1955没。

キアク, ハンス 1898生。デンマークのプロレタリア作家。1962没。

ブリアンション, モーリス 1899生。フランスの画家。1979没。

横田正俊 よこたまさとし 1899生。昭和時代の裁判官。最高裁長官,公正取引委員会委員長。1984没。

ペイトン, アラン 1903生。南アフリカのイギリス系白人作家,政治家。1988没。

聴濤克巳 きくなみかつみ 1904生。昭和時代の労働運動家,ジャーナリスト。全日本新聞通信放送労組委員長。1965没。

吉田資治 よしだすけはる 1904生。昭和時代の労働運動家。日本共産党幹部。1992没。

クイーン, エラリー 1905生。アメリカの推理小説家。1971没。

クラックホーン, クライド・K・M 1905生。アメリカの人類学者。1960没。

駒井和愛 こまいかずちか 1905生。昭和時代の東洋考古学者。東京大学教授。1971没。

マンデス-フランス, ピエール 1907生。フランスの政治家。1982没。

山岡荘八 やまおかそうはち 1907生。昭和時代の小説家。1978没。

鈴木善幸 すずきぜんこう 1911生。昭和時代,平成時代の政治家,首相。2004没。

山口良忠 やまぐちよしただ 1913生。昭和時代の裁判官。1947没。

加太こうじ かたこうじ 1918生。昭和時代,平成時代の評論家。思想の科学社社長,日本福祉大学教授。1998没。

谷桃子 たにももこ 1921生。昭和時代,平成時代のバレリーナ。

岡本忠成 おかもとただなり 1932生。昭和時代,平成時代のアニメーション作家。1990没。

岡田茉莉子 おかだまりこ 1933生。昭和時代,平成時代の女優。

クレティエン, ジャン 1934生。カナダの政治家。元首相。

江利チエミ えりちえみ 1937生。昭和時代の歌手,女優。1982没。

河原崎長一郎 かわらざきちょういちろう 1939生。昭和時代,平成時代の俳優。2003没。

ちばてつや ちばてつや 1939生。昭和時代,平成時代の漫画家。

連城三紀彦 れんじょうみきひこ 1948生。昭和時代,平成時代の小説家,僧侶。

輪島大士 わじまひろし 1948生。昭和時代,平成時代のアメリカンフットボール監督,元・力士(第54代横綱)。

氷室冴子 ひむろさえこ 1957生。昭和時代,平成時代の小説家。

深津絵里 ふかつえり 1973生。平成時代の女優。

持田真樹 もちだまき 1975生。平成時代の女優。

松岡昌宏 まつおかまさひろ 1977生。平成時代のタレント,歌手,俳優。

浜口京子 はまぐちきょうこ 1978生。平成時代のレスリング選手。

1月12日

○記念日○ スキーの日
桜島の日

- 小田治久　おだはるひさ　1283生。鎌倉時代後期、南北朝時代の武将。1352没。
- カルロ・エマヌエレ1世　1562生。サボイア公（1580）。1630没。
- 前田利長　まえだとしなが　1562生。安土桃山時代、江戸時代前期の大名。1614没。
- ヘルモント、ヤン・バプティスタ・ヴァン　1579生。オランダの生理学者、化学者、医師。1644没。
- 松平乗寿　まつだいらのりなが　1600生。江戸時代前期の大名。1654没。
- カイザー、ラインハルト　1674生。ドイツの作曲家。1739没。
- バーク、エドマンド　1729生。イギリスの政治家、著述家、美学者。1797没。
- ハンコック、ジョン　1737生。アメリカ独立戦争の指導者。1793没。
- ペスタロッチ、ヨハン・ハインリヒ　1746生。スイスの教育家。1827没。
- フェルディナンド1世　1751生。両シチリア国王（1816～25）。1825没。
- レンツ、ヤーコプ・ミヒャエル・ラインホルト　1751生。ドイツの劇作家。1792没。
- ダリュ、ピエール・アントワーヌ　1767生。フランスの軍事行政官。1829没。
- スペランスキー、ミハイル・ミハイロヴィチ、伯爵　1772生。ロシアの政治家。1839没。
- フケー、フリードリヒ・ド・ラ・モット　1777生。フランス系ドイツの作家。1843没。
- 山登検校（初代）　やまとけんぎょう　1782生。江戸時代後期の山田流箏曲家。1863没。
- イェイイェル、エーリック・グスタヴ　1783生。スウェーデンの詩人、歴史家。1847没。
- アフェドソン　1792生。スウェーデンの化学者。1841没。
- オドンネル　1808生。スペインの軍人、政治家。首相。1867没。
- フェルディナンド2世　1810生。両シチリア国王（在位1830～59）。1859没。
- ウェストコット、ブルック・フォス　1825生。イギリスの神学者。1901没。
- ウェッブ、フィリップ　1831生。イギリスの建築家。1915没。
- デューリング　1833生。ドイツの哲学者、経済学者。1921没。
- コペ、フランソワ　1842生。フランスの詩人、劇作家。1908没。
- スーリコフ、ヴァシリー・イヴァノヴィチ　1848生。ロシアの画家。1916没。
- ジョフル、ジョゼフ・ジャック・セゼール　1852生。フランスの将軍。1931没。
- リッチ、クルバストロ　1853生。イタリアの数学者。1925没。
- サージェント、ジョン・シンガー　1856生。フィレンツェ生まれの画家。1925没。
- ボールドウィン、ジェイムズ　1861生。アメリカの哲学者、心理学者。1934没。
- ヴィヴェーカーナンダ　1863生。インドの哲学者、宗教家。1902没。
- 嵯峨の屋おむろ　さがのやおむろ　1863生。明治時代-昭和時代の小説家、詩人。1947没。
- 安藤和風　あんどうわふう　1866生。明治時代-昭和時代のジャーナリスト、俳人。秋田魁新報社長。1936没。
- 河口慧海　かわぐちえかい　1866生。明治時代-昭和時代の仏教学者、探検家。東洋大学教授。1945没。
- フォルケ　1867生。ドイツの中国学者。1944没。
- 岡田三郎助　おかださぶろうすけ　1869生。明治時代-昭和時代の洋画家。東京美術学校教授。1939没。
- 章炳麟　しょうへいりん　1869生。中国、清末民国初の学者、革命家。1936没。
- 明峰正夫　あけみねまさお　1876生。明治時代-昭和時代の育種学者。北海道帝国大学教授。1948没。
- ヴォルフ-フェラーリ、エルマンノ　1876生。イタリアの作曲家。1948没。
- 光田健輔　みつだけんすけ　1876生。明治時代-昭和時代の医学者。長島愛生園園長。

1月12日

1964没。
ロンドン, ジャック　1876生。アメリカの小説家。1916没。
西川一草亭　にしかわいっそうてい　1878生。大正時代, 昭和時代の華道家。1938没。
モルナール・フェレンツ　1878生。ハンガリーの劇作家, 小説家。1952没。
レシミャン, ボレスワフ　1878生。ポーランドの詩人。1937没。
新美卯一郎　にいみういちろう　1879生。明治時代の新聞記者, 編集者。1911没。
ノビレ, ウンベルト　1885生。イタリアの軍人, 航空技術者。1978没。
ガウス　1887生。アメリカの外交官。1960没。
ズバルバロ, カミッロ　1888生。イタリアの詩人。1967没。
ゲーリング, ヘルマン　1893生。ナチス・ドイツの政治家。1946没。
ローゼンベルク, アルフレート　1893生。ドイツの国家社会主義理論家, 政治家。1946没。
ヴェルトフ, ジガ　1896生。ソ連の映画監督。1954没。
吉屋信子　よしやのぶこ　1896生。大正時代, 昭和時代の小説家。1973没。
ミュラー, パウル・ヘルマン　1899生。スイスの化学者。1965没。
柳瀬正夢　やなせまさむ　1900生。大正時代, 昭和時代の洋画家。1945没。
志賀義雄　しがよしお　1901生。昭和時代の社会運動家, 政治家。衆議院議員。1989没。
ヨース, クルト　1901生。ドイツの舞踊家。1979没。
岩橋英遠　いわはしえいえん　1903生。昭和時代, 平成時代の日本画家。東京芸術大学教授。1999没。
加瀬俊一　かせとしかず　1903生。昭和時代, 平成時代の外交官, 外交評論家。2004没。
クルチャトフ, イゴール・ヴァシリェヴィッチ　1903生。ソ連の物理学者。1960没。
カラスラヴォフ, ゲオルギ　1904生。ブルガリアの作家。1980没。
トルストフ, セルゲイ　1907生。ソ連の民族学者, 考古学者。1969没。
リモン, ホセ　1908生。メキシコ生まれのアメリカの舞踊家。1972没。
アーモンド　1911生。アメリカの政治学者。2002没。
磯田一郎　いそだいちろう　1913生。昭和時代, 平成時代の実業家。住友銀行頭取。1993没。
加藤嘉　かとうよし　1913生。昭和時代の俳優。1988没。
神谷美恵子　かみやみえこ　1914生。昭和時代の精神医学者。津田塾大学教授。1979没。
岡晴夫　おかはるお　1915生。昭和時代の歌手。1970没。
三国一朗　みくにいちろう　1921生。昭和時代, 平成時代の司会者。2000没。
重松敬一　しげまつけいいち　1924生。昭和時代の教育評論家。生活科学調査会会長。1968没。
フェルドマン, モートン　1926生。アメリカの作曲家。1987没。
三浦朱門　みうらしゅもん　1926生。昭和時代, 平成時代の作家。
ブラウン, ルース　1928生。アメリカの歌手。2006没。
安藤美紀夫　あんどうみきお　1930生。昭和時代の児童文学作家, イタリア児童文学研究家。日本女子大学家政学部児童学科教授。1990没。
ラフード, エミール　1936生。レバノンの大統領, 軍人。
ムッシュかまやつ　1939生。昭和時代, 平成時代のミュージシャン。
デレオン・カルピオ, ラミロ　1942生。グアテマラの大統領, 法学者。2002没。
橋本大二郎　はしもとだいじろう　1947生。昭和時代, 平成時代の政治家。
羽田健太郎　はねだけんたろう　1949生。昭和時代, 平成時代のピアニスト, 作曲家, 編曲家。2007没。
楠田枝里子　くすたえりこ　1952生。昭和時代, 平成時代の司会者, エッセイスト。
松ケ根六男　まつがねむつお　1957生。昭和時代, 平成時代の元・力士(大関)。
井上雄彦　いのうえたけひこ　1967生。昭和時代, 平成時代の漫画家。
中谷美紀　なかたにみき　1976生。平成時代の女優, 歌手。
藤巻亮太　ふじまきりょうた　1980生。平成時代のミュージシャン。
田中美保　たなかみほ　1983生。平成時代のモデル。

1月13日

○記念日○　たばこの日
○忌　日○　一蝶忌
　　　　　　頼朝忌

コレット（コレッタ），ニコレット・ボワレ　1381生。フランスの聖女。1447没。

パルミエーリ，マッテーオ　1406生。イタリアの歴史家，詩人。1475没。

狩野永徳　かのうえいとく　1543生。安土桃山時代の画家。狩野派全盛の基礎を築いた。1590没。

ファン・ゴイエン，ヤン　1596生。オランダの画家。1656没。

マンサール，フランソワ　1598生。フランスの建築家。1666没。

ブリニョン，アントワネット　1616生。ベルギーの宗教家，静寂主義者。1680没。

ゲーリンクス，アルノルド　1624生。オランダのデカルト派哲学者。1669没。

ペロー，シャルル　1628生。フランスの童話作家，詩人，評論家。1703没。

シュペーナー，フィーリップ・ヤーコプ　1635生。ルター派牧師。1705没。

卍山道白　まんざんどうはく　1636生。江戸時代前期，中期の曹洞宗の僧。1715没。

毛利吉広　もうりよしひろ　1673生。江戸時代中期の大名。1707没。

ミュラー，フリードリヒ　1749生。ドイツの詩人。1825没。

ロビケ　1780生。フランスの化学者。1840没。

斎藤弥九郎（初代）　さいとうやくろう　1798生。江戸時代，明治時代の剣術家，会計官権判事。1871没。

津軽順承　つがるゆきつぐ　1800生。江戸時代末期の大名。1865没。

ガヴァルニ，ポール　1804生。フランスの版画家，水彩画家。1864没。

チェイス，S.P.　1808生。アメリカの法律家，政治家。1873没。

長谷川敬　はせがわけい　1808生。江戸時代末期，明治時代の勤王家。1886没。

権田直助　ごんだなおすけ　1809生。江戸時代，明治時代の医師，国学者。1887没。

ボイスト，フリードリヒ・フェルディナント，伯爵　1809生。オーストリアの政治家。宰相，外相として，反プロシア政策を推進。1886没。

トラウベ　1818生。ドイツの医師。1876没。

向山黄村　むこうやまこうそん　1826生。江戸時代，明治時代の幕臣，漢詩人。1897没。

レオンチエフ，コンスタンチン・ニコラエヴィチ　1831生。ロシアの宗教思想家，文学者。1891没。

アルジャー，ホレイショー　1832生。アメリカの児童文学者，牧師。1899没。

シーシキン，イワン　1832生。ロシアの風景画家。1898没。

有川恒槌　ありかわつねづち　1846生。江戸時代末期の長門長府藩士。1864没。

ベルツ　1849生。ドイツの医師。1913没。

長岡外史　ながおかがいし　1858生。明治時代，大正時代の陸軍軍人，政治家。中将，衆議院議員。1933没。

パシー，ポル　1859生。フランスの音声学者。1940没。

パラマス，コスティス　1859生。ギリシアの詩人。1943没。

ブライプトロイ，カール　1859生。ドイツ自然主義の小説家，評論家。1928没。

有栖川宮威仁親王　ありすがわのみやたけひとしんのう　1862生。明治時代，大正時代の皇族，海軍軍人。元帥。1913没。

ヴィーン，ヴィルヘルム・カール・ヴェルナー・オットー・フリッツ・フランツ　1864生。ドイツの物理学者。1928没。

ハリソン，ロス・グランヴィル　1870生。アメリカの生物学者。1959没。

ヴァンドリエス　1875生。フランスの言語学者。1960没。

大熊喜邦　おおくまよしくに　1877生。明治時代-昭和時代の建築家，建築学者。建築学会会長。1952没。

1月13日

アッシャー　1883生。アメリカの経済史家。1965没。
河原田稼吉　かわらだかきち　1886生。大正時代,昭和時代の政治家。文部大臣,衆議院議員。1955没。
ドルジーニン　1886生。ソ連の歴史家。1986没。
ゴーガルテン,フリードリヒ　1887生。ドイツの福音派の神学者。1967没。
エリセーエフ,セルゲイ・グリゴリエヴィチ　1889生。アメリカの日本学者。1975没。
ギリェン,ホルヘ　1893生。スペインの詩人。1984没。
サルマン,ジャン　1897生。フランスの劇作家,小説家。1976没。
ムンク,カイ　1898生。デンマークの劇作家。1944没。
佐伯梅友　さえきうめとも　1899生。昭和時代,平成時代の国語学者。東京教育大学教授,大東文化大学学長。1994没。
田谷力三　たやりきぞう　1899生。大正時代,昭和時代の声楽家。1988没。
清瀬保二　きよせやすじ　1900生。昭和時代の作曲家。日本現代音楽協会委員長,日本音楽舞踊会議委員長。1981没。
増原恵吉　ますはらけいきち　1903生。昭和時代の官僚,政治家。参議院議員,防衛庁長官。1985没。
アディンセル,リチャード　1904生。イギリスの劇場・映画音楽作曲家。1977没。
宇田道隆　うだみちたか　1905生。昭和時代の海洋学者。東京水産大学教授,日本海洋学会会長。1982没。
古田晁　ふるたあきら　1906生。昭和時代の出版人。筑摩書房を創業。1973没。
沢村源之助(5代目)　さわむらげんのすけ　1907生。昭和時代の歌舞伎役者。1982没。
ホイーラー　1908生。アメリカの軍人。1975没。
森雅之　もりまさゆき　1911生。昭和時代の俳優。1973没。
田中一光　たなかいっこう　1913生。昭和時代,平成時代のグラフィックデザイナー。田中一光デザイン室主宰。2002没。
山口武秀　やまぐちたけひで　1915生。昭和時代の農民運動家。常東農民組合委員長。1992没。

泉茂　いずみしげる　1922生。昭和時代,平成時代の洋画家。大阪芸術大学教授。1995没。
小野木学　おのぎがく　1924生。昭和時代の洋画家,版画家。1976没。
ファイヤーアーベント,パウル・カール　1924生。ウィーン生まれアメリカの科学哲学者。1994没。
プティ,ローラン　1924生。フランスの振付師,バレエダンサー。
田中英夫　たなかひでお　1927生。昭和時代,平成時代の法学者。東京大学法学部長,成蹊大学教授。1992没。
阿刀田高　あとうただたかし　1935生。昭和時代,平成時代の小説家。第15代日本ペンクラブ会長。
野沢那智　のざわなち　1938生。昭和時代,平成時代の俳優,声優,演出家。
松原誠　まつばらまこと　1944生。昭和時代,平成時代の元・プロ野球選手。
相米慎二　そうまいしんじ　1948生。昭和時代,平成時代の映画監督。2001没。
いがらしみきお　いがらしみきお　1955生。昭和時代,平成時代の漫画家。
伊藤蘭　いとうらん　1955生。昭和時代,平成時代の女優。
太川陽介　たがわようすけ　1959生。昭和時代,平成時代の俳優,タレント。
ボーン,マシュー　1960生。イギリスの振付師,ダンサー。
SAM　さむ　1962生。昭和時代,平成時代のダンサー。
Chara　ちゃら　1968生。昭和時代,平成時代の歌手。
長山洋子　ながやまようこ　1968生。昭和時代,平成時代の歌手。
三浦りさ子　みうらりさこ　1968生。昭和時代,平成時代のタレント。
真矢　しんや　1970生。平成時代のミュージシャン。
大塚晶則　おおつかあきのり　1972生。平成時代の大リーグ選手。
ブルーム,オーランド　1977生。イギリスの俳優。
加地亮　かじあきら　1980生。平成時代のサッカー選手。

1月14日

○記念日○　タロとジロの日
左義長（どんど焼き）
飾納

ポライウオロ, アントニオ　1433生。イタリアの鋳金家, 彫刻家, 画家, 版画家。1498没。
園基継　そのもとつぐ　1526生。戦国時代, 安土桃山時代の公家・歌人。1602没。
ジェンティーリ　1552生。国際法の創始者。1608没。
狩野探幽　かのうたんゆう　1602生。江戸時代前期の画家。1674没。
岩城吉隆　いわきよしたか　1609生。江戸時代前期の大名。1671没。
ビドル, ジョン　1615生。イギリスの宗教改革者。1662没。
ジルバマン, ゴットフリート　1683生。ドイツの鍵盤楽器製作者。1753没。
吉田兼雄　よしだかねお　1705生。江戸時代中期の公家。1787没。
慧雲　えうん　1730生。江戸時代中期の浄土真宗の学僧。1782没。
アーノルド, ベネディクト　1741生。アメリカの軍人。1801没。
チャルトリスキ, アダム・イェルジ　1770生。ポーランドの政治家。1861没。
コスタ, イサーク・ダ　1798生。オランダの文学者。1860没。
トルベッケ　1798生。オランダの法学者, 政治家。1872没。
ケッヘル, ルートヴィヒ・リッター・フォン　1800生。オーストリアの音楽史家。1877没。
ブロニャール　1801生。フランスの古植物学者。1876没。
モーリー, マシュー・フォンテイン　1806生。アメリカの海軍軍人, 海洋学者, 地理学者。1873没。
小野素水　おのそすい　1814生。江戸時代, 明治時代の俳人。1897没。
トペリウス, サカリアス　1818生。フィンランドの歴史学者, 詩人, 小説家, 児童文学者。1898没。
岡松甕谷　おかまつおうこく　1820生。江戸時代, 明治時代の儒学者。大学少博士, 東京帝国大学教授。1895没。
スターソフ, ウラジーミル・ワシリエヴィチ　1824生。ロシアの美術および音楽批評家, 芸術史家, 文学史家。1906没。
ファンタン-ラトゥール, アンリ　1836生。フランスの肖像, 静物画家。1904没。
ランズダウン第5代侯爵, ペティ・フィッツモーリス　1845生。イギリスの政治家。1927没。
ロチ, ピエール　1850生。フランスの小説家。1923没。
前田慧雲　まえだえうん　1857生。明治時代, 大正時代の仏教学者。高輪仏教大学学長, 東洋大学学長, 文学博士。1930没。
三井高棟　みついたかみね　1857生。明治時代-昭和時代の実業家。1948没。
リーグル, アーロイス　1858生。オーストリアの美術史家。1905没。
カーム, ジョージ・オリヴァー　1860生。アメリカの文法家。1948没。
久津見蕨村　くつみけっそん　1860生。明治時代, 大正時代のジャーナリスト。1925没。
シュヴァイツァー, アルベルト　1875生。フランスのプロテスタント神学者, 音楽家, 哲学者, 医師。1965没。
中村梅玉（3代目）　なかむらばいぎょく　1875生。明治時代-昭和時代の歌舞伎役者。1948没。
川越茂　かわごえしげる　1881生。大正時代, 昭和時代の外交官。1969没。
ヴァン・ルーン, ヘンドリック・ウィレム　1882生。オランダ生まれのアメリカの歴史家, 美術史家。1944没。
永田鉄山　ながたてつざん　1884生。大正時代, 昭和時代の陸軍軍人。陸軍省軍務局長, 中将。1935没。
ロフティング, ヒュー　1886生。イギリスの鉄道技師, 児童文学者。1947没。
棚橋小虎　たなはしことら　1889生。大正時代, 昭和時代の社会運動家, 政治家。参議院議員。1973没。

1月14日

河原春作 かわはらしゅんさく 1890生。昭和時代の文部官僚。文部次官、枢密顧問官、東京文理科大学学長。1971没。

ホームズ, アーサー 1890生。イギリスの岩石学者。1965没。

ニーメラー, マルティーン 1892生。ドイツのルター派神学者。1984没。

秦豊吉 はたとよきち 1892生。昭和時代の演劇プロデューサー, 随筆家。1956没。

三鬼隆 みきたかし 1892生。昭和時代の経営者。八幡製鉄社長。1952没。

ネムチノフ 1894生。ソ連の経済学者。1964没。

ドス・パソス, ジョン 1896生。アメリカの小説家。1970没。

金井寛人 かないひろと 1897生。昭和時代の実業家。帝国ホテル会長, 京都ホテル社長。1977没。

東海林武雄 しょうじたけお 1900生。昭和時代の実業家。経済同友会代表幹事, 日本専売公社総裁。1988没。

ロムロ 1901生。フィリピンの政治家。1985没。

安部栄四郎 あべえいしろう 1902生。昭和時代の手漉和紙製作者。人間国宝。1984没。

タルスキー, アルフレッド 1902生。ポーランド生まれのアメリカの論理学者, 数学者。1983没。

ビートン, セシル 1904生。イギリスの舞台美術家。1980没。

佐野碩 さのせき 1905生。昭和時代の演出家。1966没。

福田赳夫 ふくだたけお 1905生。昭和時代, 平成時代の政治家。首相。1995没。

小谷正雄 こたにまさお 1906生。昭和時代, 平成時代の物理学者。東京大学教授, 東京理科大学学長。1993没。

コロレフ, セルゲイ・パヴロヴィッチ 1907生。ソ連のロケット工学者。1966没。

栗山理一 くりやまりいち 1909生。昭和時代の国文学者, 俳句評論家。成城大学教授。1989没。

ロージー, ジョーゼフ 1909生。アメリカ出身のイギリスの映画監督。1984没。

畔柳二美 くろやなぎふみ 1912生。昭和時代の小説家。1965没。

ハーゲルシュタンゲ, ルードルフ 1912生。ドイツの詩人, 小説家。1984没。

浦野幸男 うらのさちお 1914生。昭和時代の政治家。1977没。

駒田信二 こまだしんじ 1914生。昭和時代, 平成時代の小説家, 中国文学者。桜美林大学教授, 早稲田大学客員教授。1994没。

来栖良夫 くるすよしお 1916生。昭和時代, 平成時代の児童文学作家。日本児童文学者協会理事長。2001没。

安達生恒 あだちいくつね 1918生。昭和時代, 平成時代の農村問題評論家。島根大学教授, 社会農学研究所所長。2000没。

アンドレオッティ, ジュリオ 1919生。イタリアの政治家。

三島由紀夫 みしまゆきお 1925生。昭和時代の小説家, 劇作家。1970没。

原口統三 はらぐちとうぞう 1927生。昭和時代の詩人。1946没。

フワスコ, マレク 1934生。ポーランドの小説家。1969没。

毒島章一 ぶすじましょういち 1936生。昭和時代, 平成時代のプロ野球解説者, 元・プロ野球選手。

細川護熙 ほそかわもりひろ 1938生。昭和時代, 平成時代の政治家, 元・首相。

佐藤雅美 さとうまさよし 1941生。昭和時代, 平成時代の作家。

ダナウェイ, フェイ 1941生。アメリカの女優。

田中真紀子 たなかまきこ 1944生。昭和時代, 平成時代の政治家。

石田純一 いしだじゅんいち 1955生。昭和時代, 平成時代の俳優。

柴田理恵 しばたりえ 1959生。昭和時代, 平成時代の女優, タレント。

ソダーバーグ, スティーブン 1963生。アメリカの映画監督。

松居直美 まついなおみ 1968生。昭和時代, 平成時代のタレント。

北川悠仁 きたがわゆうじん 1977生。平成時代のミュージシャン。

玉木宏 たまきひろし 1980生。平成時代の俳優。

上原多香子 うえはらたかこ 1983生。平成時代の歌手, 女優。

1月15日

○記念日○　小正月（女正月）
　　　　　上元
　　　　　半襟の日

善算　ぜんさん　708生。奈良時代の僧。769没。
善仲　ぜんちゅう　708生。奈良時代の僧。768没。
仏御前　ほとけごぜん　1160生。平安時代後期の女性。白拍子。1180没。
アフォンソ5世　1432生。ポルトガル王（在位1438〜81）。1481没。
蓮教　れんきょう　1451生。室町時代，戦国時代の真宗の僧。1492没。
長谷川角行　はせがわかくぎょう　1541生。安土桃山時代，江戸時代前期の富士行者。1646没。
伊東祐兵　いとうすけたか　1559生。安土桃山時代の大名。1600没。
宗義成　そうよしなり　1604生。江戸時代前期の大名。1657没。
鵜飼石斎　うかいせきさい　1615生。江戸時代前期の儒学者。1664没。
モリエール　1622生。フランスの劇作家，俳優。1673没。
サン-シモン，ルイ・ド・ルーヴロワ・ド　1675生。フランスの軍人，文筆家。1755没。
成島錦江　なるしまきんこう　1689生。江戸時代中期の歌人，儒学者，詩人。1760没。
ブリソー，ジャック・ピエール　1754生。フランス革命期のジロンド派の指導者。1793没。
帆足万里　ほあしばんり　1778生。江戸時代後期の儒学者。1852没。
プラウト，ウィリアム　1785生。イギリスの医者，化学者。1850没。
グリルパルツァー，フランツ　1791生。オーストリアの劇作家。1872没。
グリボエードフ，アレクサンドル・セルゲーヴィチ　1795生。ロシアの劇作家，外交官。1829没。
カンプハウゼン，ゴットフリート　1803生。プロシアの首相。1890没。
ルームコルフ　1803生。ドイツの物理学者。1877没。

プルードン，ピエール-ジョゼフ　1809生。フランスの社会哲学者，社会改革論者。1865没。
アスビョルンセン，ペーテル・クリステン　1812生。ノルウェーの民話研究家。1885没。
セミョーノフ・チャンシャンスキー　1827生。ロシアの地理学者。1914没。
豊竹古靭太夫（初代）　とよたけこつぼだゆう　1827生。江戸時代，明治時代の人形浄瑠璃太夫。1878没。
赤根武人　あかねたけと　1838生。江戸時代末期の志士，長州（萩）藩士。1866没。
ラファルグ　1842生。フランスの社会主義運動家。1911没。
遠藤利貞　えんどうとしさだ　1843生。明治時代の和算史家。1915没。
青木周蔵　あおきしゅうぞう　1844生。明治時代の外交官，政治家。子爵，貴族院議員。1914没。
シュタウディンガー　1849生。ドイツの社会主義哲学者。1921没。
コワレフスカヤ，ソフィヤ・ワシリエヴナ　1850生。ロシアの女性数学者，作家。1891没。
セガンティーニ，ジョヴァンニ　1858生。イタリアの画家。1899没。
元田肇　もとだはじめ　1858生。明治時代–昭和時代の政治家。衆議院議長。1938没。
マルクス，ヴィルヘルム　1863生。ドイツの首相（23〜24，26〜28）。1946没。
セーデルブロム，ナータン　1866生。スウェーデンのルター派神学者，大主教。1931没。
ワシントン　1867生。アメリカの地質学者。1934没。
ヴィスピャンスキ，スタニスワフ　1869生。ポーランドの劇作家，詩人，画家。1907没。
坂口昂　さかぐちたかし　1872生。明治時代，大正時代の西洋史学者。京都帝国大学教授。1928没。
平櫛田中　ひらぐしでんちゅう　1872生。明治時代–昭和時代の彫刻家。東京美術学校教授。

1月15日

1979没。
渡辺海旭　わたなべかいきょく　1872生。明治時代, 大正時代の浄土宗僧侶, 仏教学者。1933没。
アドラー　1873生。オーストリアの社会民主主義者。1937没。
バーブシキン　1873生。ロシアの革命家。1906没。
小平浪平　おだいらなみへい　1874生。大正時代, 昭和時代の実業家。日立製作所社長。1951没。
高島米峰　たかしまべいほう　1875生。明治時代-昭和時代の仏教運動家。1949没。
ターマン, ルイス・M　1877生。アメリカの心理学者。1956没。
石原純　いしはらじゅん　1881生。明治時代-昭和時代の物理学者, 科学思想家。岩波書店顧問。1947没。
川田順　かわだじゅん　1882生。大正時代, 昭和時代の歌人, 実業家。住友総本社常務理事。1966没。
ズナニエツキ　1882生。アメリカの社会学者。1958没。
藤井武　ふじいたけし　1888生。大正時代, 昭和時代のキリスト教伝道者。1930没。
土田杏村　つちだきょうそん　1891生。大正時代, 昭和時代の思想家。1934没。
マンデリシターム, オーシプ・エミリエヴィチ　1891生。ソ連の詩人。1938没。
西条八十　さいじょうやそ　1892生。大正時代, 昭和時代の詩人, 作詞家, フランス文学者。1970没。
山下徳治　やましたとくじ　1892生。大正時代, 昭和時代の教育者。1965没。
ヴィルタネン, アルットゥリ・イルマリ　1895生。フィンランドの生化学者。1973没。
黒川利雄　くろかわとしお　1897生。昭和時代の内科学者。東北帝国大学教授, 東北大学長。1988没。
徐志摩　じょしま　1807生。中国の詩人。1031没。
赤尾敏　あかおびん　1899生。大正時代, 昭和時代の右翼活動家。1990没。
橋本多佳子　はしもとたかこ　1899生。昭和時代の俳人。「七曜」主宰。1963没。
梅原北明　うめはらほくめい　1900生。大正時代, 昭和時代の編集者, 翻訳者。1946没。
サウード・ブン・アブド・アルアズィーズ　1902生。サウジアラビア2代目の国王(在位1953~64)。1969没。
菅原卓　すがわらたかし　1903生。昭和時代の演出家, 演劇評論家。劇団民芸演出家, 国際演劇協会常務理事。1970没。
市村羽左衛門(16代目)　いちむらうざえもん　1905生。明治時代-昭和時代の歌舞伎役者。1952没。
オナシス　1906生。ギリシャの船舶王。1975没。
テラー, エドワード　1908生。ハンガリー生まれのアメリカの原子物理学者。2003没。
中村武志　なかむらたけし　1909生。昭和時代, 平成時代の小説家, 随筆家。東京間借人協会会長。1992没。
ドブレ　1912生。フランスの政治家。1996没。
高橋磌一　たかはししんいち　1913生。昭和時代の日本史学者。歴史教育者協議会委員長, 東京平和委員会会長。1985没。
トレヴァー-ローパー, ヒュー　1914生。イギリスの歴史学者。2003没。
ナーセル, ガマール・アブド　1918生。エジプトの軍人, 大統領。1970没。
李登輝　りとうき　1923生。台湾の政治家。
キング, マーティン・ルーサー　1929生。アメリカの黒人牧師, 人種差別撤廃運動家。1968没。
新珠三千代　あらたまみちよ　1930生。昭和時代, 平成時代の女優。2001没。
今江祥智　いまえよしとも　1932生。昭和時代, 平成時代の児童文学者。
河野洋平　こうのようへい　1937生。昭和時代, 平成時代の政治家。衆院議長, 衆院議員, 日本陸上競技連盟会長。元・外相, 自民党総裁。
冨士真奈美　ふじまなみ　1938生。昭和時代, 平成時代の女優。
樹木希林　きききりん　1943生。昭和時代, 平成時代の女優。
落合恵子　おちあいけいこ　1945生。昭和時代, 平成時代の作家, エッセイスト。
石原良純　いしはらよしずみ　1962生。昭和時代, 平成時代の俳優, タレント, 気象予報士。
町田康　まちだこう　1962生。昭和時代, 平成時代の小説家, ミュージシャン, 俳優。
田中和将　たなかかずまさ　1974生。平成時代のミュージシャン(GRAPEVINE)。

1月16日

○記念日○　初閻魔（閻魔賽日・十王詣）
念仏の口開け

鳥羽天皇　とばてんのう　1103生。平安時代後期の第74代の天皇。1156没。
藤原頼経　ふじわらのよりつね　1218生。鎌倉時代前期の鎌倉幕府第4代の将軍。1256没。
ランカスター伯　1245生。イングランドの貴族。1296没。
宗規　しゅうき　1285生。鎌倉時代後期，南北朝時代の臨済宗の僧。1361没。
義堂周信　ぎどうしゅうしん　1325（閏1月）生。南北朝時代の臨済宗の僧。1388没。
ルネ1世　1409生。フランスの皇太子。1480没。
太極　たいきょく　1421生。室町時代，戦国時代の臨済宗の僧。1486没。
松平忠利　まつだいらただとし　1582生。江戸時代前期の大名。1632没。
薮嗣良　やぶつぐよし　1593生。江戸時代前期の公家。1653没。
道周法親王　どうしゅうほうしんのう　1613生。江戸時代前期の後陽成天皇の皇子。1635没。
明石次郎　あかしじろう　1620生。江戸時代前期の伝説上の人物。1679没。
モンフォーコン，ベルナール・ド　1655生。フランスの古典学者，ベネディクト会修道士。1741没。
ピッチーニ，ニッコロ　1728生。イタリアの作曲家。1800没。
ピオッツィ，ヘスター・リンチ　1741生。イギリスの著述家。1821没。
アルフィエーリ，ヴィットーリオ　1749生。イタリアの詩人，劇作家。1803没。
タルマ，フランソワ・ジョゼフ　1763生。フランスの俳優。1826没。
千家俊信　せんげとしざね　1764生。江戸時代後期の国学者。1831没。
藤林普山　ふじばやしふざん　1781生。江戸時代後期の蘭学者。1836没。
デムビンスキ，ヘンリク　1791生。ポーランドの将軍。1864没。
シュタール，フリードリヒ・ユーリウス　1802生。ドイツの政治学者，ロマン的国家観の代表者。1861没。
オーマル，アンリ-ユージェーヌ-フィリップ-ルイ・ドルレアン，公爵　1822生。フランスの将軍，歴史家。1895没。
戸田三弥　とださんや　1822生。江戸時代末期，明治時代の美濃大垣藩士。1891没。
フランチェスコ2世　1836生。両シチリア国王，最後のナポリ王（在位1859～61）。1894没。
ブレンターノ，フランツ　1838生。オーストリアの哲学者，心理学者。1917没。
柏木貨一郎　かしわぎかいちろう　1841生。江戸時代，明治時代の工匠，古美術鑑定・収集家。1898没。
デーニフレ，ハインリヒ・ゾイゼ　1844生。オーストリアの歴史家，中世哲学史家。1905没。
小松宮彰仁親王　こまつのみやあきひとしんのう　1846生。江戸時代後期，末期，明治時代の皇族，軍人。1870年軍事学を学ぶためイギリスに渡る。1903没。
ベリ，ジョン・キューティング　1847生。アメリカの眼科医，プロテスタント宣教師。1936没。
ミクサート・カールマーン　1847生。ハンガリーの小説家。1910没。
豊川良平　とよかわりょうへい　1852生。明治時代の実業家。第百十九国立銀行頭取，三菱合資管事，貴族院議員。1920没。
ソロヴィヨフ，ウラジーミル・セルゲーヴィチ　1853生。ロシアの哲学者。1900没。
フォーブス-ロバートソン，ジョンストン　1853生。イギリスの俳優，劇場経営者。1937没。
ホジー　1853生。イギリスの外交官。1925没。
古賀廉造　こがれんぞう　1858生。明治時代-昭和時代の官僚，政治家。貴族院議員。1942没。
阪谷芳郎　さかたによしろう　1863生。明治時代-昭和時代の財政家。東京市長，貴族院議員。

1月16日

1941没。
グリアソン, ハーバート　1866生。イギリスの文芸批評家。1960没。
ヴェレサーエフ, ヴィケンチー・ヴィケンチエヴィチ　1867生。ロシア, ソ連の小説家。1945没。
石坂公歴　いしざかまさつぐ　1868生。明治時代の自由民権運動家。1944没。
クレイグ, ゴードン　1872生。イギリスの俳優, 演出家, 舞台装置家, 演劇理論家。1966没。
サーヴィス, ロバート・W.　1874生。カナダの詩人, 著述家。1958没。
ミハエリス, レオノール　1875生。ドイツ系アメリカの医学者, 生化学者。1949没。
長岡春一　ながおかしゅんいち　1877生。大正時代, 昭和時代の外交官。1949没。
ガリマール　1881生。フランスの大出版社の創業者。1975没。
坂東玉三郎(3代目)　ばんどうたまさぶろう　1883生。明治時代の歌舞伎役者。1905没。
人見東明　ひとみとうめい　1883生。明治時代-昭和時代の詩人。昭和女子大学教授・理事長, 日本詩人クラブ理事。1974没。
シュペルヴィエル, ジュール　1884生。フランスの詩人, 小説家, 劇作家。1960没。
タイクマン　1884生。イギリスの外交官。1944没。
周作人　しゅうさくじん　1885生。中国の随筆家, 翻訳家。1967没。
葛西善蔵　かさいぜんぞう　1887生。大正時代の小説家。1928没。
東龍太郎　あずまりょうたろう　1893生。大正時代, 昭和時代の政治家, 医師。東京都知事, 東邦大学学長。1983没。
カターエフ, ワレンチン・ペトローヴィチ　1897生。ソ連の作家。1986没。
椎名悦三郎　しいなえつさぶろう　1898生。昭和時代の政治家。衆議院議員。1979没。
網野菊　あみのきく　1900生。大正時代, 昭和時代の小説家。1978没。
林不忘　はやしふぼう　1900生。大正時代, 昭和時代の小説家, 翻訳家。1935没。
バティスタ(・イ・サルディバル), フルヘンシオ　1901生。キューバの軍人, 独裁者。1973没。
シモン, ピエール-アンリ　1903生。フランスの評論家, 小説家。1972没。
藤永元作　ふじながもとさく　1903生。昭和時代の水産学者。水産庁調査研究部長, 藤永くるまえび研究所理事長。1973没。
伊藤整　いとうせい　1905生。昭和時代の小説家, 評論家, 詩人。1969没。
井元麟之　いもとりんし　1905生。大正時代, 昭和時代の水平運動家。1984没。
吉河光貞　よしかわみつさだ　1907生。昭和時代の司法官。1988没。
花柳徳兵衛　はなやぎとくべえ　1908生。昭和時代の日本舞踊家, 創作舞踊家。花柳徳兵衛舞踊団主宰。1968没。
グリーンバーグ, クレメント　1909生。アメリカの美術評論家。1994没。
マーマン, エセル　1909生。アメリカの女優。1984没。
フレイ, エドゥアルド　1911生。チリ大統領。1982没。
土田直鎮　つちだなおしげ　1924生。昭和時代, 平成時代の日本史学者。東京大学教授, 国立歴史民俗博物館館長。1993没。
蔭山和夫　かげやまかずお　1927生。昭和時代のプロ野球選手。1965没。
東松照明　とうまつしょうめい　1930生。昭和時代, 平成時代の写真家。
中谷千代子　なかたにちよこ　1930生。昭和時代の童画家。1981没。
武田友寿　たけだともじゅ　1931生。昭和時代, 平成時代の文芸評論家。清泉女子大学教授。1991没。
ラウ, ヨハネス　1931生。ドイツの政治家。2006没。
藤田敏八　ふじたとしや　1932生。昭和時代, 平成時代の映画監督, 俳優。1997没。
ソンタグ, スーザン　1933生。アメリカの作家, 批評家。2004没。
カーペンター, ジョン　1948生。アメリカの映画監督, 脚本家。
かんべむさし　かんべむさし　1948生。昭和時代, 平成時代の小説家。
堀内恒夫　ほりうちつねお　1948生。昭和時代, 平成時代の元プロ野球監督, 元・プロ野球選手。
池上季実子　いけがみきみこ　1959生。昭和時代, 平成時代の女優。
ダンディ坂野　だんでぃさかの　1967生。昭和時代, 平成時代のコメディアン。
プホルス, アルバート　1980生。大リーグ選手。

1月17日

○記念日○　おむすびの日
　　　　　阪神・淡路大震災記念日
　　　　　防災とボランティアの日

倪瓚　げいさん　1301生。中国，元末の画家。1374没。

フィリップ2世　1342生。フランス王ジャン2世の第4子。1404没。

ザクセン公フリードリヒ　1463生。ザクセン選帝侯。1525没。

シュパーラティーン，ゲオルク　1484生。ドイツの宗教改革者。1545没。

フックス，レオンハルト　1501生。ドイツの植物学者。1566没。

ピウス5世　1504生。教皇（在位1566～72），聖人。1572没。

水谷正村　みずのやまさむら　1524生。戦国時代，安土桃山時代の武士。1598没。

雅朝王　まさともおう　1555生。安土桃山時代，江戸時代前期の公卿。1631没。

カルデロン-デ-ラ-バルカ，ペドロ　1600生。スペインの劇作家，宮廷詩人。1681没。

フェアファックス（キャメロンの），トマス・フェアファックス，3代男爵　1612生。イギリス清教徒革命の議会軍総司令官。1671没。

グアリーニ，グアリーノ　1624生。イタリア・バロックの代表的建築家。1683没。

食行身禄　じきぎょうみろく　1671生。江戸時代中期の富士護身禄派の祖。1733没。

フランクリン，ベンジャミン　1706生。アメリカの政治家，科学者。1790没。

シュレーゲル，ヨハン・エリーアス　1719生。ドイツ啓蒙主義の劇作家，評論家。1749没。

スタニスワフ2世　1732生。ポーランド最後の国王（在位1764～95）。1798没。

ゴセック，フランソワ・ジョゼフ　1734生。ベルギー生まれのフランスの作曲家，教育家。1829没。

片倉鶴陵　かたくらかくりょう　1751生。江戸時代後期の産科医。1822没。

ホール，サー・ジェイムズ　1761生。スコットランドの地質学者。1832没。

津軽寧親　つがるやすちか　1765生。江戸時代中期，後期の大名。1833没。

エーケベリ，アンデルス・グスタフ　1767生。スウェーデンの化学者，鉱物学者。1813没。

ブラウン，チャールズ・ブロックデン　1771生。アメリカ最初の職業小説家。1810没。

薩埵徳軒　さったとくけん　1778生。江戸時代後期の心学者。1836没。

ネアンダー，ヨーハン・アウグスト・ヴィルヘルム　1789生。ドイツのプロテスタント神学者。1850没。

クッシング，ケイレブ　1800生。アメリカの法律家，政治家。1879没。

ヴィントホルスト，ルートヴィヒ　1812生。ドイツの政治家。1891没。

ブロンテ，アン　1820生。イギリスの女流小説家。1849没。

ヴァイスマン，アウグスト・フリードリヒ・レオポルト　1834生。ドイツの動物学者。1914没。

ラドロフ　1837生。ロシアの東洋学者。1918没。

デイヴィス，ジェローム・ディーン　1838生。アメリカのアメリカン・ボード宣教師。1910没。

ジュコーフスキー　1847生。ソ連邦の物理学者。1921没。

カリエール，ユージェーヌ　1849生。フランスの画家，彫刻家。1906没。

宮川経輝　みやがわつねてる　1857生。明治時代－昭和時代の牧師。1936没。

スタニスラフスキー，コンスタンチン・セルゲーヴィチ　1863生。ソ連の演出家，俳優。1938没。

ロイド・ジョージ，デビッド　1863生。イギリスの政治家。1945没。

ベルナール　1866生。フランスの彫刻家。1931没。

佐々木安五郎　ささきやすごろう　1872生。明治時代，大正時代の政治家。衆議院議員。1934没。

1月17日

ラドクリフ・ブラウン, アルフレッド・レジナルド　1881生。イギリスの社会人類学者。1955没。
大杉栄　おおすぎさかえ　1885生。大正時代の社会運動家, 著述家。無政府主義者。1923没。
ファーバンク, ロナルド　1886生。イギリスの小説家。1926没。
マーティン, グレン・L　1886生。アメリカの飛行機設計家, 製造業者, 飛行家。1955没。
チャヤーノフ, アレクサンドル・ワシリエヴィチ　1888生。ロシアの農業経済学者。1937没。
益谷秀次　ますたにしゅうじ　1888生。大正時代, 昭和時代の政治家, 弁護士。衆議院議長, 副総理, 衆議院議員。1973没。
ファウラー　1889生。イギリスの数学者, 物理学者。1944没。
オイケン　1891生。ドイツの経済学者。1950没。
ホワイト　1891生。アメリカの行政学者。1958没。
北川民次　きたがわたみじ　1894生。大正時代, 昭和時代の洋画家, 児童画教育者。二科会会長。1989没。
坂本孝三郎　さかもとこうざぶろう　1894生。大正時代, 昭和時代の工具, 労働運動家。1935没。
鈴木義男　すずきよしお　1894生。大正時代, 昭和時代の法律学者, 政治家。衆議院議員(民社党), 専修大学学長。1963没。
後藤得三　ごとうとくぞう　1897生。昭和時代の能楽師(喜多流シテ方)。1991没。
カポネ, アル　1899生。1920年代のシカゴのギャング団のボス。1947没。
菊原初子　きくはらはつこ　1899生。昭和時代, 平成時代の地唄箏曲家。2001没。
ハッチンズ　1899生。アメリカの教育者, 法学者。1977没。
福田勝治　ふくだかつじ　1899生。昭和時代の写真家。1991没。
間宮精一　まみやせいいち　1899生。昭和時代の実業家。マミヤ光機取締役技師長。1989没。
細川隆元　ほそかわりゅうげん　1900生。昭和時代の政治評論家。1994没。
森脇将光　もりわきまさみつ　1900生。昭和時代の金融業者。吹原産業社長。1991没。
和田伝　わだつとう　1900生。昭和時代の小説家。1985没。
伊藤整　いとうせい　1905生。昭和時代の小説家, 評論家。日本近代文学館理事長, 東京工業大学教授。1969没。
植田敏郎　うえだとしろう　1908生。昭和時代, 平成時代のドイツ文学者。学習院大学教授, 一橋大学教授。1992没。
塩谷アイ　しおやあい　1912生。昭和時代の保育運動家。労働者クラブ保育園園長。1978没。
洲之内徹　すのうちとおる　1913生。昭和時代の美術評論家, 画商。現代画廊経営者。1987没。
赤木蘭子　あかぎらんこ　1914生。昭和時代の女優。1973没。
三浦光子　みうらみつこ　1917生。昭和時代の映画女優。1969没。
鹿島保夫　かしまやすお　1924生。昭和時代のロシア文学者。1976没。
ハンソン, ドゥエイン　1925生。アメリカの彫刻家。1996没。
シアラー, モイラ　1926生。イギリスの女優, バレリーナ。2006没。
村田英雄　むらたひでお　1929生。昭和時代, 平成時代の歌手。2002没。
香山健一　こうやまけんいち　1933生。昭和時代, 平成時代の社会工学者。学習院大学教授, 全学連委員長。1997没。
大久保清　おおくぼきよし　1935生。昭和時代の連続婦女暴行殺人事件の犯人。1976没。
寺内タケシ　てらうちたけし　1939生。昭和時代, 平成時代のギタリスト, 作曲家。
アリ, モハメド　1942生。アメリカの元・プロボクサー。
横山秀夫　よこやまひでお　1957生。昭和時代, 平成時代のミステリー作家。
山口百恵　やまぐちももえ　1959生。昭和時代, 平成時代の元・歌手, 元・女優。
キャリー, ジム　1962生。アメリカの俳優。
工藤夕貴　くどうゆうき　1971生。平成時代の女優。
平井堅　ひらいけん　1972生。平成時代の歌手。
りょう　りょう　1973生。平成時代の女優, モデル。

1月18日

○記念日○　振袖火事の日
　　　　　都バス記念日
○忌　日○　秀哉忌
　　　　　土芳忌

醍醐天皇　だいごてんのう　885生。平安時代中期の第60代の天皇。930没。

悦翁建間　えつおうけんぎん　1320生。南北朝時代, 室町時代の臨済宗の僧。1418没。

澄照良源　ちょうしょうりょうげん　1354生。南北朝時代, 室町時代の曹洞宗の僧。1427没。

玉岡慶琳　ぎょっこうけいりん　1410生。室町時代の曹洞宗の僧。1487没。

足利義視　あしかがよしみ　1439(閏1月)生。室町時代, 戦国時代の武将。第8代将軍足利義政の弟。1491没。

フェラボスコ, アルフォンソ　1543生。イタリア生まれのイギリスの作曲家。1588没。

安東省庵　あんどうせいあん　1622生。江戸時代前期, 中期の儒学者。1701没。

ルヴォワ, フランソワ・ミシェル・ル・テリエ, 侯爵　1639生。フランスの政治家。1691没。

ラモット・ウダール　1672生。フランスの劇詩人。1731没。

モンテスキュー, シャルル-ルイ・ド・スゴンダ・ド　1689生。フランスの啓蒙思想家, 法学者, 歴史家。1755没。

モーザ, ヨーハン・ヤーコプ　1701生。ドイツの法学者。1785没。

ヴォルフ, カスパール・フリードリヒ　1734生。ドイツの医学者。1794没。

サン-マルタン, ルイ-クロード・ド　1743生。フランスの光明派神秘家。1803没。

ウェブスター, ダニエル　1782生。アメリカの法律家。1852没。

キーン, チャールズ　1811生。イギリスの俳優。1868没。

ティッシェンドルフ, コンスタンティーン・フォン　1815生。ドイツの聖書文献学者。1874没。

ドン・カルロス　1818生。スペインの王位継承者。1861没。

間秀矩　はざまひでのり　1822生。江戸時代, 明治時代の国学者。1876没。

フランクランド, サー・エドワード　1825生。イギリスの化学者。1899没。

キュイ, ツェザリ・アントノヴィチ　1835生。フランス系のロシアの作曲家。1918没。

シャブリエ, エマニュエル　1841生。フランスの作曲家。1894没。

ピッシェル　1849生。ドイツのインド学者。1908没。

レサビー, ウィリアム・リチャード　1857生。イギリスの建築家, 著述家, 教育者。1931没。

グッドノー　1859生。アメリカの行政法学者。1939没。

ゴルトシュミット, ハンス　1861生。ドイツの化学者。1923没。

西川嘉義　にしかわかぎ　1864生。明治時代, 大正時代の日本舞踊家。1921没。

ダリーオ, ルベン　1867生。ニカラグアの詩人。1916没。

中村十作　なかむらじゅうさく　1867生。大正時代, 昭和時代の実業家, 農民運動家。1943没。

宮武外骨　みやたけがいこつ　1867生。明治時代-昭和時代のジャーナリスト, 明治文化史研究家, 新聞雑誌研究家。1955没。

阿部房次郎　あべふさじろう　1868生。明治時代-昭和時代の実業家。東洋紡績社長。1937没。

狩野直喜　かのうなおき　1868生。明治時代-昭和時代の中国学者。京都帝国大学教授。1947没。

川崎卓吉　かわさきたくきち　1871生。昭和時代の内務官僚, 政治家。内務次官。1936没。

レオトー, ポール　1872生。フランスの劇評家, 随筆家。1956没。

森田正馬　もりたまさたけ　1874生。明治時代-昭和時代の精神医学者。慈恵医大教授。1938没。

鈴木虎雄　すずきとらお　1878生。大正時代, 昭和時代の中国文学者。1963没。

ジロー, アンリ・オノレ　1879生。フランスの軍人。1949没。

1月18日

エーレンフェスト　1880生。オーストリアの理論物理学者。1933没。

ミルン, A.A.　1882生。イギリスの随筆家, 詩人, 劇作家。1956没。

レヴィ, ラザール　1882生。フランスのピアニスト, 作曲家。1964没。

ボイセン・イェンセン　1883生。デンマークの植物生理学者。1959没。

ランサム, アーサー　1884生。イギリスの小説家, 新聞記者。1967没。

ペヴスナー, アントワーヌ　1886生。ロシア構成主義の彫刻家。1962没。

満川亀太郎　みつかわかめたろう　1888生。大正時代, 昭和時代の国家主義者。拓殖大学教授。1936没。

石原莞爾　いしはらかんじ　1889生。明治時代-昭和時代の陸軍軍人。陸軍中尉。1949没。

花柳禄寿　はなやぎろくじゅ　1891生。大正時代, 昭和時代の日本舞踊家。1976没。

高群逸枝　たかむれいつえ　1894生。大正時代, 昭和時代の女性史研究家, 評論家。1964没。

太田聴雨　おおたちょうう　1896生。大正時代, 昭和時代の日本画家。東京芸術大学助教授。1958没。

ゼーデルマイヤ, ハンス　1896生。オーストリアの美術史家。1984没。

谷中安規　たになかやすのり　1897生。大正時代, 昭和時代の版画家。1946没。

福沢一郎　ふくざわいちろう　1898生。大正時代, 昭和時代の洋画家。女子美術大学教授, 多摩美術大学教授。1992没。

三遊亭円馬(4代目)　さんゆうていえんば　1899生。大正時代, 昭和時代の落語家。1984没。

村山知義　むらやまともよし　1901生。大正時代, 昭和時代の劇作家, 演出家。1977没。

グラント, ケーリー　1904生。アメリカの俳優。1986没。

荒井竜男　あらいたつお　1905生。昭和時代の洋画家。1955没。

高田なほ子　たかだなほこ　1905生。昭和時代の婦人運動家, 平和運動家。退職婦人教職員全国連絡協議会長, 参議院議員。1991没。

朝山新一　あさやましんいち　1908生。昭和時代の性学, 発生生物学。大阪市立大学教授。1978没。

ボールディング　1910生。アメリカの近代経済学者, 未来学や平和研究の開拓者。1993没。

アルゲダス, ホセ・マリア　1911生。ペルーの作家, 文化人類学者。1969没。

坂田昌一　さかたしょういち　1911生。昭和時代の物理学者。名古屋大学教授。1970没。

堀井利勝　ほりいとしかつ　1911生。昭和時代の労働運動家。海道交通運輸労連委員長。1975没。

サンソム, ウィリアム　1912生。イギリスの小説家。1976没。

ケイ, ダニー　1913生。アメリカのヴォードヴィリアン, 喜劇映画俳優。1987没。

ドゥルーズ, ジル　1925生。フランスの哲学者。1995没。

磯田光一　いそだこういち　1931生。昭和時代の文芸評論家。東京工業大学教授, 日本近代文学館理事。1987没。

全斗煥　ぜんとかん　1931生。韓国の政治家。

遠藤幸雄　えんどうゆきお　1937生。昭和時代, 平成時代の元・体操選手。

三木富雄　みきとみお　1938生。昭和時代の彫刻家。1978没。

小椋佳　おぐらけい　1944生。昭和時代, 平成時代のシンガーソングライター。

おすぎ　おすぎ　1945生。昭和時代, 平成時代の映画評論家, タレント。

ピーコ　1945生。昭和時代, 平成時代のファッションジャーナリスト, タレント, シャンソン歌手。

衣笠祥雄　きぬがさちお　1947生。昭和時代, 平成時代の野球解説者, 元・プロ野球選手。

ビートたけし　1947生。昭和時代, 平成時代のタレント, 映画監督, 俳優。

笑福亭鶴光　しょうふくていつるこう　1948生。昭和時代, 平成時代の落語家, タレント。

森山良子　もりやまりょうこ　1948生。昭和時代, 平成時代の歌手。

コスナー, ケビン　1955生。アメリカの俳優, 映画監督。

秋野暢子　あきのようこ　1957生。昭和時代, 平成時代の女優。

片桐はいり　かたぎりはいり　1963生。昭和時代, 平成時代の女優。

宮沢和史　みやざわかずふみ　1966生。昭和時代, 平成時代の歌手。

登場人物

マイメロディ　サンリオのキャラクター。

1月19日

○記念日○ カラオケの日
　　　　　家庭消火器点検の日
○忌　日○ 遍昭忌
　　　　　明慧忌
　　　　　徂徠忌

プルケリア，アウグスタ・アエリア　399生。東ローマ皇帝マルキアヌスの妃。453没。

輔仁親王　すけひとしんのう　1073生。平安時代後期の後三条天皇の第3皇子。1119没。

四条隆益　しじょうたかます　1531生。戦国時代の公卿。1567没。

フランソア2世　1544生。フランス王（在位1559～60）。1560没。

パスカル，ブレーズ　1623生。フランスの科学者，思想家。1662没。

三宅石庵　みやけせきあん　1665生。江戸時代中期の儒学者。1730没。

瑞光女王　ずいこうじょおう　1674生。江戸時代中期の女性。後西天皇の第13皇女。1706没。

竜草廬　りゅうそうろ　1714生。江戸時代中期の漢詩人。1792没。

屋嘉比朝寄　やかびちょうき　1716生。江戸時代中期の沖縄古典音楽の演奏者。1775没。

ブラッドフォード，W.　1722生。アメリカの出版業者。1791没。

戴震　たいしん　1724生。中国，清の学者，考証学の研究法の確立者。1777没。

ワット，ジェイムズ　1736生。スコットランドの技術者。1819没。

ベルナルダン・ド・サン-ピエール，ジャック-アンリ　1737生。フランスの作家。1814没。

ボーデ，ヨハン・エラート　1747生。ドイツの天文学者。1826没。

アッテルボム，ペール・ダニエル・アマデウス　1790生。スウェーデンの作家。1855没。

コント，オーギュスト　1798生。フランスの実証派哲学者。1857没。

リー，ロバート・E　1807生。アメリカの軍人，教育者。1870没。

ポー，エドガー・アラン　1809生。アメリカの詩人，評論家，小説家。1849没。

ベッセマー，サー・ヘンリー　1813生。イギリスの発明家。1898没。

セクレタン，シャルル　1815生。スイスの哲学者。1895没。

グレゴローヴィウス，フェルディナント　1821生。ドイツの歴史家。1891没。

クレプシュ　1833生。ドイツの数学者，数理物理学者。1872没。

セザンヌ，ポール　1839生。フランスの画家。1906没。

千阪高雅　ちさかたかまさ　1841（閏1月）生。江戸時代-大正時代の官僚，政治家。貴族院議員。1912没。

ウェッブ，マシュー　1848生。イギリスの冒険家。1883没。

グラーフ，アルトゥーロ　1848生。イタリアの詩人，評論家。1913没。

クレッチュマー，ヘルマン　1848生。ドイツの音楽史家，音楽家。1924没。

園田孝吉　そのだこうきち　1848生。明治時代の実業家。横浜正金銀行頭取。1923没。

ビレル，オーガスティン　1850生。イギリスの政治家，文人。1933没。

カプタイン，ヤコブス・コルネリウス　1851生。オランダの天文学者。1922没。

ジョーダン　1851生。アメリカの教育家。1931没。

近藤陸三郎　こんどうりくさぶろう　1857生。明治時代，大正時代の実業家。1917没。

ブリュー，ウージェーヌ　1858生。フランスの劇作家。1932没。

ベロー，ゲオルク　1858生。ドイツの歴史家。1927没。

村井知至　むらいともよし　1861生。明治時代の社会主義者，英語教育者。1944没。

森鴎外　もりおうがい　1862生。明治時代，大正時代の陸軍軍医，小説家，評論家。陸軍軍医総監。1922没。

ゾムバルト　1863生。ドイツの経済学者，社会学者。1941没。

1月19日

マイリンク, グスタフ 1868生。オーストリアの小説家。1932没。

堺為子 さかいためこ 1872生。明治時代–昭和時代の社会運動家。1959没。

常陸山谷右衛門 ひたちやまたにえもん 1874生。明治時代の力士（第19代横綱）。1922没。

バウフ 1877生。ドイツの哲学者。1942没。

ロープシン, V. 1879生。ロシアの革命家, 作家。1925没。

アーベントロート, ヘルマン 1883生。ドイツの音楽家。1956没。

国分勘兵衛（10代目） こくぶかんべえ 1883生。大正時代, 昭和時代の実業家。カルピス食品工業社長。1975没。

山崎楽堂 やまざきがくどう 1885生。大正時代, 昭和時代の建築家, 能楽評論家。1944没。

ムーシナック, レオン 1890生。フランスの詩人, ジャーナリスト, 映画理論家。1964没。

中山マサ なかやままさ 1891生。昭和時代の政治家。衆議院議員。1976没。

長勇 ちょういさむ 1895生。大正時代, 昭和時代の陸軍軍人。陸軍中将。1945没。

青木孝義 あおきたかよし 1897生。昭和時代の経済学者, 政治家。日本大学教授, 衆議院議員。1962没。

ケレーニー, カール 1897生。ハンガリー出身の神話学者。1973没。

ベズイメンスキー, アレクサンドル・イリイチ 1898生。ソ連の詩人。1972没。

ホワイト, レズリー・A 1900生。アメリカの文化人類学者。1975没。

ダニエル-ロプス, アンリ 1901生。フランスの文学者, 宗教史家。1965没。

オストロゴルスキー, ゲオルギイェ 1902生。ユーゴスラヴィアの歴史家。1976没。

ブラッハー, ボリス 1903生。ドイツの作曲家。1975没。

裴文中 はいぶんちゅう 1904生。中国の古生物学, 人類学, 考古学者。1982没。

高津春繁 こうつはるしげ 1908生。昭和時代の言語学者。東京大学教授, 武蔵大学教授。1973没。

小野忠重 おのただしげ 1909生。昭和時代の版画家, 版画史研究家。1990没。

ホッター, ハンス 1909生。ドイツのバスおよびバリトン歌手。2003没。

水原茂 みずはらしげる 1909生。昭和時代のプロ野球選手, 監督。1982没。

苅田久徳 かりたひさのり 1910生。昭和時代のプロ野球選手。2001没。

高辻正己 たかつじまさみ 1910生。昭和時代, 平成時代の弁護士。最高裁判事, 法相。1997没。

カントロヴィチ, レオニード・ヴィタリエヴィチ 1912生。ソ連の数理経済学者。1986没。

風間完 かざまかん 1919生。昭和時代, 平成時代の挿絵画家, 洋画家。2003没。

デクエヤル, ハビエル・ペレス 1920生。ペルーの政治家。首相, 国連事務総長。

巌本真理 いわもとまり 1926生。昭和時代のバイオリニスト。東京音楽学校教授。1979没。

柴田翔 しばたしょう 1935生。昭和時代, 平成時代の小説家。

ジョプリン, ジャニス 1943生。アメリカの女性ロック歌手。1970没。

佐高信 さたかまこと 1945生。昭和時代, 平成時代の評論家。

松任谷由実 まつとうやゆみ 1954生。昭和時代, 平成時代のシンガーソングライター。

柴門ふみ さいもんふみ 1957生。昭和時代, 平成時代の漫画家。

白井貴子 しらいたかこ 1959生。昭和時代, 平成時代のシンガーソングライター。

松重豊 まつしげゆたか 1963生。昭和時代, 平成時代の俳優。

エドベリ, ステファン 1966生。スウェーデンの元・テニス選手。

川井郁子 かわいいくこ 1968生。平成時代のバイオリニスト。

ウド鈴木 うどすずき 1970生。平成時代のコメディアン。

中川家礼二 なかがわれいじ 1972生。平成時代のコメディアン。

バトン, ジェンソン 1980生。イギリスのF1ドライバー。

宇多田ヒカル うただひかる 1983生。平成時代の歌手。

石川梨華 いしかわりか 1985生。平成時代の歌手。

1月20日

○記念日○ 二十日正月
○忌　日○ 乙字忌
　　　　　 義仲忌

月泉性印　げっせんしょういん　1408生。室町時代の曹洞宗の僧。1470没。

ミュンスター, ゼバスティアン　1488生。ドイツの地理学者, 数学者, 天文学者, ヘブライ語学者。1552没。

フランク, ゼバスティアン　1499生。ドイツの人文主義者, 心霊論者。1542没。

セバスティアン　1554生。ポルトガル王(1557〜78)。1578没。

リヌッチーニ, オッターヴィオ　1562生。イタリアの詩人, オペラ台本作家。1621没。

コックス　1566生。平戸のイギリス商館長。1624没。

マリウス　1573生。ドイツの天文学者。1624没。

シャイン, ヨーハン・ヘルマン　1586生。ドイツの作曲家。1630没。

カルロス3世　1716生。スペイン王(在位1759〜88)。1788没。

リー　1732生。アメリカの政治家。1794没。

カロンヌ　1734生。フランスの政治家。1802没。

倫子女王　ともこじょおう　1738生。江戸時代中期の女性。10代将軍徳川家治の正室。1771没。

野呂介石　のろかいせき　1747生。江戸時代中期, 後期の南画家。1828没。

松浦静山　まつらせいざん　1760生。江戸時代中期, 後期の大名。1841没。

阮元　げんげん　1764生。中国, 清の学者, 書家, 文学者。1849没。

シェーン　1772生。プロシアの政治家。1856没。

ヨハン　1782生。オーストリア大公, オーストリアの軍人。1859没。

ヒュースケン　1832生。オランダ人の駐日アメリカ公使館通訳官。1861没。

ジュベール, ピート　1834生。南アフリカの軍人, 政治家。1900没。

イナマ・シュテルネック　1843生。ドイツ歴史学派の経済学者。1908没。

石本新六　いしもとしんろく　1854生。明治時代の陸軍軍人。中将, 男爵。1912没。

ショーソン, アメデ-エルネスト　1855生。フランス近代の作曲家。1899没。

植木枝盛　うえきえもり　1857生。明治時代の自由民権思想家。1892没。

ベーフテレフ, ウラジーミル・ミハイロヴィチ　1857生。ロシアの神経病理学者。1927没。

荘清次郎　しょうせいじろう　1862生。明治時代, 大正時代の実業家。1926没。

クーニャ, エウクリデス・ダ　1866生。ブラジルの小説家, ジャーナリスト。1909没。

水野年方　みずのとしかた　1866生。明治時代の日本画家。1908没。

ギルベール, イヴェット　1867生。フランスの歌手。1944没。

シェーファー, ヴィルヘルム　1868生。ドイツの作家。1952没。

イェンセン, ヨハネス・ヴィルヘルム　1873生。デンマークの小説家。1950没。

岩野泡鳴　いわのほうめい　1873生。明治時代, 大正時代の小説家, 評論家。雑誌「日本主義」主幹。1920没。

エルウッド　1873生。アメリカの社会学者。1946没。

ハイム, カール　1874生。ドイツの福音主義的神学者。1958没。

富士田音蔵(5代目)　ふじたおとぞう　1874生。明治時代, 大正時代の長唄唄方。1928没。

中村雀右衛門(3代目)　なかむらじゃくえもん　1875生。明治時代-昭和時代の歌舞伎役者。1927没。

赤松麟作　あかまつりんさく　1878生。明治時代-昭和時代の洋画家。関西女子美術学校校長, 大阪市立美術研究所教授。1953没。

佐分利貞男　さぶりさだお　1879生。明治時代-昭和時代の外交官。1929没。

宮島清次郎　みやじませいじろう　1879生。大正時代，昭和時代の実業家。1963没。

尾佐竹猛　おさたけたけき　1880生。明治時代–昭和時代の司法官僚，日本史学者。法学博士，大審院検事。1946没。

セント・デニス，ルース　1880生。アメリカの女性舞踊家。1968没。

田中寛一　たなかかんいち　1882生。大正時代，昭和時代の教育心理学者。田中教育研究所所長，日本大学教授。1962没。

尾崎放哉　おざきほうさい　1885生。大正時代の俳人。1926没。

下条康麿　しもじょうやすまろ　1885生。大正時代，昭和時代の内務官僚，政治家。参議院議員，郡山女子短期大学学長。1966没。

エルマン，ミーシャ　1891生。アメリカ（ウクライナ生まれ）のバイオリン奏者。1967没。

南洋一郎　みなみよういちろう　1893生。昭和時代の児童文学作家。1980没。

西脇順三郎　にしわきじゅんざぶろう　1894生。大正時代，昭和時代の詩人，英文学者。慶応義塾大学教授，日本女子大教授。1982没。

ピストン，ウォルター　1894生。アメリカの作曲家。1976没。

有賀喜左衛門　あるがきざえもん　1897生。昭和時代の社会学者，民俗学者。日本女子大学学長，日本社会学会会長。1979没。

高垣眸　たかがきひとみ　1898生。大正時代，昭和時代の児童文学作家，小説家。1983没。

高柳健次郎　たかやなぎけんじろう　1899生。大正時代，昭和時代の電子工学者。日本ビクター副社長。1990没。

徳永直　とくながすなお　1899生。昭和時代の小説家。1958没。

ナズム・ヒクメト・ラン　1902生。トルコの詩人，劇作家。1963没。

片岡千恵蔵　かたおかちえぞう　1904生。昭和時代の映画俳優。1983没。

四家文子　よつやふみこ　1906生。昭和時代のアルト歌手。国立音楽大学教授。1981没。

渋谷実　しぶやみのる　1907生。昭和時代の映画監督。

吉識雅夫　よしきまさお　1908生。昭和時代の船舶工学者。東京大学教授。1993没。

山野愛子　やまのあいこ　1909生。昭和時代，平成時代の美容家。山野美容専門学校創立者，山野美容芸術短期大学学長，国際美容協会会長。1995没。

アダムソン，ジョイ　1910生。オーストリア生まれの動物学者。1980没。

小坂徳三郎　こさかとくさぶろう　1916生。昭和時代，平成時代の政治家，実業家。衆議院議員，信越化学工業社長。1996没。

中村歌右衛門（6代目）　なかむらうたえもん　1917生。昭和時代，平成時代の歌舞伎役者。2001没。

フェッリーニ，フェデリーコ　1920生。イタリアの映画監督。1993没。

吉田正　よしだただし　1921生。昭和時代，平成時代の作曲家。日本作曲家協会会長。1998没。

三国連太郎　みくにれんたろう　1923生。昭和時代，平成時代の俳優。

ニール，パトリシア　1926生。アメリカの女優。

いずみたく　いずみたく　1930生。昭和時代，平成時代の作曲家，演出家，プロデューサー。1992没。

有吉佐和子　ありよしさわこ　1931生。昭和時代の小説家，劇作家。1984没。

中村八大　なかむらはちだい　1931生。昭和時代，平成時代の作曲家，ピアニスト。1992没。

鈴木その子　すずきそのこ　1932生。昭和時代，平成時代の美容研究家，料理研究家。2000没。

北原亜以子　きたはらあいこ　1938生。昭和時代，平成時代の作家。

リンチ，デービッド　1946生。アメリカの映画監督。

スタンレー，ポール　1952生。アメリカのロックギタリスト（KISS）。

桜井賢　さくらいまさる　1955生。昭和時代，平成時代のミュージシャン。

上島竜兵　うえしまりゅうへい　1961生。昭和時代，平成時代のコメディアン。

南果歩　みなみかほ　1964生。昭和時代，平成時代の女優。

花田勝　はなだまさる　1971生。平成時代のタレント，元・力士（第66代横綱）。

張栩　ちょうう　1980生。台湾出身の棋士。

矢口真里　やぐちまり　1983生。平成時代のタレント，歌手。

1月20日

1月21日

○記念日○　料理番組の日
○忌　日○　久女忌
　　　　　　日朗忌

シャルル5世　1338生。フランス王（在位1364～80）。1380没。

上杉謙信　うえすぎけんしん　1530生。戦国時代，安土桃山時代の武将，関東管領。1578没。

貞康親王　さだやすしんのう　1547生。戦国時代の伏見宮第8代当主。1568没。

ギレスピ，ジョージ　1613生。スコットランド長老制維持同盟の指導的牧師の一人。1648没。

野中兼山　のなかけんざん　1615生。江戸時代前期の土佐藩士，政治家，儒者。1664没。

鍋島直朝　なべしまなおとも　1622生。江戸時代前期の大名。1709没。

真田幸弘　さなだゆきひろ　1740生。江戸時代中期，後期の大名。1815没。

フィッチ，ジョン　1743生。アメリカ初期の汽船開発家。1798没。

矢島敏彦　やじまとしひこ　1763生。江戸時代後期の数学者。1828没。

ドロステ・ツー・フィッシャリング，クレーメンス・アウグスト　1773生。ドイツのカトリック聖職者。1845没。

シュヴィント，モーリッツ・フォン　1804生。オーストリア生まれのドイツの画家，版画家。1871没。

ヘス，モーゼス　1812生。ユダヤ系ドイツ人の社会主義者。1875没。

小河一敏　おがわかずとし　1813生。江戸時代，明治時代の豊後岡藩士。堺県知事。1886没。

フリーモント，ジョン・C（チャールズ）　1813生。アメリカの探検家，軍人，政治家。1890没。

ウェルズ，ホレイス　1815生。アメリカの歯科医。1848没。

ブレッキンリッジ，ジョン・キャベル　1821生。アメリカの法律家，政治家，軍人。J.ブキャナンの副大統領。1875没。

マダーチ，イムレ　1823生。ハンガリーの詩人，劇作家。1864没。

ジャクソン，トマス・ジョナサン　1824生。アメリカの陸軍軍人。1863没。

オスカル2世　1829生。スウェーデン王（在位1872～1907），ノルウェー王（在位1872～1905）。1907没。

キオッソーネ，エドアルド　1832生。イタリアの銅版彫刻家。1898没。

奥平謙輔　おくだいらけんすけ　1841生。江戸時代，明治時代の荻藩士。1876没。

ラヴィニャック，アルベール　1846生。フランスの音楽理論家，教育家。1916没。

ル・ベル，ジョゼフ・アシル　1847生。フランスの化学者。1930没。

デュパルク，アンリ　1848生。フランスの作曲家。1933没。

ブラウニング，ジョン・モーゼス　1855生。アメリカの銃器発明家。1926没。

鎌田栄吉　かまたえいきち　1857生。明治時代，大正時代の教育家，政治家。慶応義塾塾長。1934没。

小山正太郎　こやましょうたろう　1857生。明治時代，大正時代の洋画家。1916没。

妻木頼黄　つまきよりなか　1859生。明治時代の建築家。1916没。

菊池安　きくちやすし　1862生。明治時代の地質学者，鉱物学者。東京帝国大学教授。1894没。

ミュラー，フリードリヒ・ヴィルヘルム　1863生。ドイツの東洋学者。1930没。

ザングウィル，イズレイル　1864生。イギリス系ユダヤ人小説家，ジャーナリスト。1926没。

ウェイガン，マクシム　1867生。フランスの軍人。1965没。

トーマ，ルートヴィヒ　1867生。ドイツの小説家，劇作家。1921没。

岡田啓介　おかだけいすけ　1868生。明治時代－昭和時代の軍人，政治家。首相。1952没。

アルバレス－キンテロ，ホアキン　1873生。スペインの劇作家。1944没。

44

1月21日

福井繁子 ふくいしげこ 1874生。明治時代–昭和時代の産婦人科学者。1961没。

桂文治(8代目) かつらぶんじ 1883生。明治時代–昭和時代の落語家。1955没。

シュミット, ヴィルヘルム 1883生。オーストリアの気象学者。1936没。

板垣征四郎 いたがきせいしろう 1885生。大正時代, 昭和時代の陸軍軍人。大将。1948没。

レッドベター, ハディ 1885生。アメリカの黒人フォーク歌手, ギタリスト。1949没。

ウェッブ, ウィリアム 1887生。オーストラリアの法律実務家。1973没。

ケーラー, ヴォルフガング 1887生。ドイツの心理学者。1967没。

ソローキン, ピチリム・A(アレクサンドロヴィチ) 1889生。アメリカの社会学者。1968没。

伊藤野枝 いとうのえ 1895生。大正時代の婦人運動家, 無政府主義者。1923没。

バレンシアーガ, クリストバル 1895生。フランスの服飾デザイナー。1972没。

チェレプニン, アレクサンドル 1899生。ロシアのピアニスト, 作曲家。1977没。

江口隆哉 えぐちたかや 1900生。昭和時代の舞踊家。1977没。

天野末治 あまのすえじ 1901生。昭和時代の社会運動家, 弁護士。1976没。

崔曙海 さいしょかい 1901生。朝鮮の小説家。1932没。

ブラックマー, リチャード・P. 1904生。アメリカの批評家・詩人。1965没。

金子武蔵 かねこたけぞう 1905生。昭和時代の哲学者, 倫理学者。1987没。

ディオール, クリスチャン 1905生。フランスのファッションデザイナー。1957没。

ワシレフスカヤ, ワンダ・リヴォーヴナ 1905生。ソ連邦の女流作家, 社会活動家。1964没。

植松正 うえまつただし 1906生。昭和時代, 平成時代の弁護士。一橋大学教授, 日本尊厳死協会会長。1999没。

阪本越郎 さかもとえつろう 1906生。大正時代, 昭和時代の詩人, ドイツ文学者。お茶の水女子大学教授, 日本児童文芸家協会理事。1969没。

永田雅一 ながたまさいち 1906生。昭和時代の映画プロデューサー。日本テレビ放送網取締役, 大毎オリオンズオーナー。1985没。

藤後惣兵衛 とうごそうべえ 1908生。昭和時代の医師, 反公害運動家。左右理事長, 「天街」代表。1991没。

篠島秀雄 しのじまひでお 1910生。昭和時代の実業家。三菱化成社長。1975没。

ブロッホ, コンラート・エミール 1912生。アメリカの生化学者。2000没。

宇佐美誠次郎 うさみせいじろう 1915生。昭和時代, 平成時代の経済学者。法政大学教授, 大原社会問題研究所長。1997没。

ヤニグロ, アントニオ 1918生。イタリアのチェリスト・指揮者。1989没。

石川忠雄 いしかわただお 1922生。昭和時代, 平成時代の慶応義塾大学名誉教授, 元・慶應義塾塾長。

江崎誠致 えざきまさのり 1922生。昭和時代, 平成時代の小説家。2001没。

スコフィールド, ポール 1922生。イギリスの俳優。

波多野爽波 はたのそうは 1923生。昭和時代, 平成時代の俳人, 実業家。「青」主宰, 藤沢薬品工業監査役。1991没。

西本敦 にしもとあつし 1924生。昭和時代の平和活動家, 僧侶。1962没。

黒田俊雄 くろだとしお 1926生。昭和時代, 平成時代の日本史学者。大谷大学教授, 大阪大学教授。1993没。

ビニョーネ, レイナルド・ベニト 1928生。アルゼンチンの政治家。

久我美子 くがよしこ 1931生。昭和時代, 平成時代の女優。

ニクラウス, ジャック 1940生。アメリカのプロゴルファー。

竜雷太 りゅうらいた 1940生。昭和時代, 平成時代の俳優。

ドミンゴ, プラシド 1941生。スペインのテノール歌手。

高田純次 たかだじゅんじ 1947生。昭和時代, 平成時代の俳優, タレント。

デービス, ジーナ 1957生。アメリカの女優。

京本政樹 きょうもとまさき 1959生。昭和時代, 平成時代の俳優, シンガーソングライター。

平尾誠二 ひらおせいじ 1963生。昭和時代, 平成時代のラグビー監督(神戸製鋼)。

1月22日

○記念日○ カレーの日
　　　　　ジャズの日
　　　　　飛行船の日

イブン-タイミーヤ　1263生。ハンバル派のイスラム神学者, 法学者。1328没。

ヴィンケンティウス・フェレリウス　1350生。スペインのドミニコ会宣教師, 聖人。1419没。

イヴァン3世　1440生。モスクワ大公(1462〜1505)。1505没。

毛利輝元　もうりてるもと　1553生。安土桃山時代, 江戸時代前期の大名, 五大老。1625没。

ベイコン, フランシス　1561生。イギリスの哲学者。1626没。

コットン, サー・ロバート・ブルース　1571生。イギリスの政治家, 古物収集家。1631没。

荷田延次　かだのぶつぐ　1577生。安土桃山時代, 江戸時代前期の神職。1651没。

ウィンスロップ, ジョン　1587生。アメリカの法律家。1649没。

栗山大膳　くりやまたいぜん　1591生。江戸時代前期の武士, 筑前福岡藩家老。1652没。

ガッサンディ, ピエール　1592生。フランスの哲学者, 科学者, 司祭。1655没。

増山正弥　ますやままさみつ　1653生。江戸時代前期, 中期の大名。1704没。

ランクレ, ニコラ　1690生。フランスの画家。1743没。

メユール, エティエンヌ-ニコラ　1763生。フランスの作曲家。1817没。

ピクセレクール, ルネ・シャルル・ギルベール・ド　1773生。フランスの劇作家。1844没。

アンペール, アンドレ-マリー　1775生。フランスの数学者, 物理学者。1836没。

ヒューム, ジョゼフ　1777生。イギリスの政治家, 社会改革家。1855没。

バイロン, ジョージ・ゴードン　1788生。イギリス・ロマン主義を代表する詩人。男爵。1824没。

猿渡盛章　さわたりもりあき　1790生。江戸時代後期の国学者。1863没。

大塩平八郎　おおしおへいはちろう　1793生。江戸時代後期の儒学者, 大坂東町奉行所与力。1837没。

アップジョン, リチャード　1802生。アメリカの建築家。1878没。

ファーガスン, ジェームズ　1808生。スコットランドの建築史家。1886没。

ツェラー, エードゥアルト　1814生。ドイツの哲学者, 哲学史家, 神学者。1908没。

カッテンディーケ, ウィレム　1816生。オランダの海軍士官, 海軍大臣。1866没。

ルノワール, ジャン・ジョゼフ・エティエンヌ　1822生。フランスの技術者。1900没。

ユーバーヴェーク　1826生。ドイツの哲学者。1871没。

尾崎三良　おざきさぶろう　1842生。明治時代の官吏。太政官, 泉炭鉱社長。1918没。

ヴィダル・ド・ラ・ブラシュ, ポール　1845生。フランスの地理学者。1918没。

ストリンドベリ, アウグスト　1849生。スウェーデンの劇作家, 小説家。1912没。

ゴア, チャールズ　1853生。英国教会の神学者, 主教。1932没。

ナイサー, アルベルト・ルートヴィヒ・ジークムン　1855生。ドイツの皮膚科学者, 細菌学者。1916没。

イーストレイク(イーストレーキ), フランク・ウォリントン　1858生。アメリカの言語学者, 英語教育家。1905没。

ウェッブ, ビアトリス　1858生。イギリスのフェビアン主義の代表的理論家。1943没。

ルーガード(アビンジャーの), フレデリック・ジョン・デルトリー, 男爵　1858生。イギリスの植民地行政官。1945没。

加藤恒忠　かとうつねただ　1859生。明治時代, 大正時代の外交官, 政治家。松山市長, 衆議院議員。1923没。

ヒューレット, モーリス　1861生。イギリスの小説家, 随筆家, 詩人。1923没。

村井吉兵衛　むらいきちべえ　1864生。明治時代, 大正時代の実業家。1926没。

1月22日

パーシェン　1865生。ドイツの実験物理学者。1947没。
シャハト, ヒャルマー　1877生。ドイツ財政家。1970没。
ピカビア, フランシス　1879生。フランスの画家。1953没。
リース, フリジェシュ　1880生。ハンガリーの数学者。1956没。
アントネッリ, ルイージ　1882生。イタリアの劇作家。1942没。
加藤完治　かとうかんじ　1884生。大正時代, 昭和時代の教育家, 農本主義者。日本国民高等学校校長。1967没。
バウマイスター, ヴィリー　1889生。ドイツの画家。1955没。
広瀬久忠　ひろせひさただ　1889生。昭和時代の官僚, 政治家。厚生大臣, 貴族院議員。1974没。
ヴィンソン, フレデリック・ムーア　1890生。アメリカの政治家。1953没。
ランドスベルク, グリゴリー　1890生。ソ連邦の物理学者。1957没。
アレグザンダー, フランツ　1891生。アメリカ（ハンガリー生まれ）の精神分析学者, 精神病学者。1964没。
キスリング, モイーズ　1891生。フランスの画家。1953没。
ファイト, コンラート　1893生。ドイツの俳優。1943没。
佐藤喜一郎　さとうきいちろう　1894生。昭和時代の銀行家。三井銀行社長, 経団連副会長。1974没。
モーガン, チャールズ　1894生。イギリスの小説家, 劇評家。1958没。
田畑忍　たばたしのぶ　1902生。昭和時代, 平成時代の法学者。同志社大学長。1994没。
椋鳩十　むくはとじゅう　1905生。昭和時代の児童文学作家。1987没。
フンタウ, レフ・ダヴィドヴィチ　1908生。ソ連の理論物理学者。1968没。
ウ・タント　1909生。ビルマの政治家, 第3代国際連合事務総長。1974没。
スワデシュ, モリス　1909生。アメリカの言語学者。1967没。
クライスキー, ブルーノ　1911生。オーストリアの政治家。1990没。

菅原克己　すがわらかつみ　1911生。昭和時代の詩人。1988没。
ルッサン, アンドレ　1911生。フランスの劇作家。1987没。
コーチェトフ, フセヴォロド・アニシモヴィチ　1912生。ソ連の作家。1973没。
森敦　もりあつし　1912生。昭和時代の小説家。1989没。
板倉勝正　いたくらかつまさ　1915生。昭和時代, 平成時代の古代オリエント史学者。1992没。
小野田勇　おのだいさむ　1920生。昭和時代, 平成時代の劇作家, 脚本家。1997没。
名和好子　なわよしこ　1920生。昭和時代, 平成時代の美容家。日本ヘアデザイン協会理事長。1994没。
花田圭介　はなだけいすけ　1922生。昭和時代, 平成時代の西洋哲学者。北海道大学教授, 札幌学院大学教授。1996没。
網野善彦　あみのよしひこ　1928生。昭和時代, 平成時代の歴史家。2004没。
鳥井信一郎　とりいしんいちろう　1938生。昭和時代, 平成時代の実業家。サントリー社長, 関西経済連合会副会長。2004没。
千葉真一　ちばしんいち　1939生。昭和時代, 平成時代の俳優。
湯川れい子　ゆかわれいこ　1939生。昭和時代, 平成時代の音楽評論家, 作詞家。
鳳蘭　おおとりらん　1946生。昭和時代, 平成時代の女優。
星野仙一　ほしのせんいち　1947生。昭和時代, 平成時代のプロ野球監督。
海老沢泰久　えびさわやすひさ　1950生。昭和時代, 平成時代の小説家。
ジャームッシュ, ジム　1953生。アメリカの映画監督, 脚本家。
チョン・ミョンフン　1953生。韓国の指揮者, ピアニスト。
高橋恵子　たかはしけいこ　1955生。昭和時代, 平成時代の女優。
レイン, ダイアン　1965生。アメリカの女優。
中田英寿　なかたひでとし　1977生。平成時代の元・サッカー選手。

1月23日

○記念日○ 電子メールの日
　　　　　八甲田山の日
○忌　日○ 羅山忌

顕尊　けんそん　1564生。安土桃山時代の浄土真宗の僧。1599没。

シャンタル, ジャンヌ・フランソワ・フレミオー　1572生。フランスの宗教家, 聖女。1641没。

大高坂芝山　おおたかさかしざん　1647生。江戸時代前期, 中期の伊予松山藩士, 土佐藩士, 南学派の儒者。1713没。

酒井忠相　さかいただみ　1667生。江戸時代前期, 中期の大名。1708没。

性慶　しょうけい　1667生。江戸時代中期の天台宗寺門派の僧。1737没。

ビルフィンガー, ゲオルク・ベルンハルト　1693生。ドイツの哲学者。1750没。

宇佐美灊水　うさみしんすい　1710生。江戸時代中期の儒者。1776没。

クレメンティ, ムジオ　1752生。イタリアのピアニスト, 教育家, 作曲家。1832没。

マティソン, フリードリヒ　1761生。ドイツの詩人。1831没。

タリアン, ジャン・ランベール　1767生。フランスの革命家。1820没。

スタンダール　1783生。フランスの小説家。1842没。

古賀侗庵　こがどうあん　1788生。江戸時代後期の儒学者。1847没。

グロッシ, トンマーゾ　1790生。イタリアの詩人, 小説家。1853没。

穂井田忠友　ほいだただとも　1791生。江戸時代後期の国学者, 考古学者, 歌人。1847没。

コレット, カミッラ　1813生。ノルウェーの女流作家。1895没。

カニンガム, アレグザンダー　1814生。イギリスの軍人, インド史研究家。1893没。

小木曽猪兵衛　おぎそいへえ　1815生。江戸時代, 明治時代の義民, 神官。1889没。

キャッセル, ジョン　1817生。イギリスの出版業者。1865没。

セローフ, アレクサンドル・ニコラーエヴィチ　1820生。ロシアの作曲家, 音楽批評家。1871没。

ヴァーベック(フルベッキ), ギード・ヘルマン・フリードリーン　1830生。オランダ人宣教師, 教育家。1898没。

ガリフェ　1830生。フランスの将軍。1909没。

マネ, エドゥアール　1832生。フランスの画家。1883没。

アッベ, エルンスト　1840生。ドイツの物理学者。1905没。

オフシャニコ＝クリコフスキー, ドミートリー・ニコラエヴィチ　1853生。ロシアの文学史家, 言語学者。1920没。

佐々友房　さっさともふさ　1854生。明治時代の政治家。衆議院議員。1906没。

森山芳平　もりやまよしへい　1854生。明治時代の機業家。1915没。

モホロヴィチッチ, アンドリヤ　1857生。ユーゴスラビアの地震学者。1936没。

ヒルベルト, ダヴィド　1864生。ドイツの数学者, 論理学者。1943没。

ラスプーチン, グリゴーリイ・エフィーモヴィチ　1871生。ロシアの怪僧。1916没。

比田井天来　ひだいてんらい　1872生。明治時代－昭和時代の書家。1939没。

ランジュヴァン, ポール　1872生。フランスの物理学者。1946没。

プリーシヴィン, ミハイル・ミハイロヴィチ　1873生。ロシア, ソ連の小説家。1954没。

グリフィス, デイヴィッド・ウオーク　1875生。アメリカの映画監督。1948没。

ディールス, オットー　1876生。ドイツの有機化学者。1954没。

ジュパンチッチ, オトン　1878生。スロベニア(ユーゴスラビア)の詩人。1949没。

プール, アーネスト　1880生。アメリカのジャーナリスト, 小説家。1950没。

上村進　かみむらすすむ　1883生。大正時代, 昭和時代の弁護士, 政治家。自由法曹団団長, 衆議院議員。1969没。

1月23日

竹本綾之助（2代目）　たけもとあやのすけ　1885生。明治時代–昭和時代の女義太夫。1959没。

グラムシ，アントーニオ　1891生。イタリアの共産党指導者，マルクス主義思想家。1937没。

シャルロット　1896生。ルクセンブルクの王族。1985没。

佐々弘雄　さっさひろお　1897生。大正時代，昭和時代の法学者，政治評論家。九州帝大教授，参議院議員。1948没。

ボース，スバース・チャンドラ　1897生。インドの民族独立運動家。1945没。

エイゼンシテイン，セルゲイ・ミハイロヴィチ　1898生。ソ連の映画監督，映画理論家。1948没。

ガイタン　1898生。コロンビアの政治家。1948没。

クーレンカンプ，ゲオルク　1898生。ドイツのヴァイオリン奏者。1948没。

寺尾豊　てらおゆたか　1898生。昭和時代の政治家，実業家。衆議院議員，参議院議員。1972没。

林正之助　はやししょうのすけ　1899生。昭和時代，平成時代の実業家。吉本興業会長，大成土地社長。1991没。

ベトッキ，カルロ　1899生。イタリアのカトリック詩人。1986没。

ボガート，ハンフリー　1899生。アメリカの俳優。1957没。

堀田庄三　ほったしょうぞう　1899生。昭和時代の経営者。住友銀行相談役会長。1990没。

高坂正顕　こうさかまさあき　1900生。昭和時代の哲学者。東京学芸大学学長，京都大学人文科学研究所所長。1969没。

ガウチンスキ，コンスタンティ・イルデフォンス　1905生。ポーランドの詩人。1953没。

マウラー，オーヴァル・ホワバート　1907生。アメリカの心理学者。1982没。

湯川秀樹　ゆかわひでき　1907生。昭和時代の理論物理学者。日本人初のノーベル賞受賞者。1981没。

ラインハルト，ジャンゴ　1910生。フランスのジャズ・ギタリスト。1953没。

摩寿意善郎　ますいよしろう　1911生。昭和時代の美術史家，小説家。東京芸術大学教授。1977没。

宇野雪村　うのせっそん　1912生。昭和時代，平成時代の書家。奎星会長，大東文化大学教授。1995没。

小坂善太郎　こさかぜんたろう　1912生。昭和時代，平成時代の政治家。日本国際連合協会会長，衆議院議員。2000没。

ルイス，サー・アーサー　1915生。イギリスの経済学者。1991没。

玉野井芳郎　たまのいよしろう　1918生。昭和時代の経済学者。沖縄国際大学教授。1985没。

ピアス，フィリッパ　1920生。イギリスの児童文学作家。2006没。

田中六助　たなかろくすけ　1923生。昭和時代の政治家。衆議院議員，自民党幹事長。1985没。

鴨川清作　かもがわせいさく　1925生。昭和時代の演出家。1976没。

篠田一士　しのだはじめ　1927生。昭和時代の文芸評論家，英文学者。東京都立大学教授。1989没。

モロー，ジャンヌ　1928生。フランスの女優，映画監督。

リベラ，チタ　1933生。アメリカのミュージカル女優，元・バレリーナ。

ジャイアント馬場　じゃいあんとばば　1938生。昭和時代，平成時代のプロレスラー。1999没。

丸山和也　まるやまかずや　1946生。昭和時代，平成時代の弁護士，弁理士。

メガワティ・スカルノプトリ　1947生。インドネシアの政治家。

吉田照美　よしだてるみ　1951生。昭和時代，平成時代のアナウンサー。

小日向文世　こひなたふみよ　1954生。昭和時代，平成時代の俳優。

坂東三津五郎（10代目）　ばんどうみつごろう　1956生。昭和時代，平成時代の歌舞伎俳優。

錦織健　にしきおりけん　1060生。昭和時代，平成時代の声楽家。

葉加瀬太郎　はかせたろう　1968生。昭和時代，平成時代のバイオリニスト。

川村カオリ　かわむらかおり　1971生。平成時代のミュージシャン。

ティンバーレイク，ジャスティン　1981生。アメリカの歌手。

1月24日

○記念日○ 初地蔵
法律扶助の日
郵便制度施行記念日

ハドリアヌス, ププリウス・アエリウス　76生。ローマ皇帝（在位117～138）。138没。

奝然　ちょうねん　938生。平安時代中期の東大寺の僧。1016没。

ベリー　1287生。イギリスの聖職者, 政治家。1345没。

コニンクスロー, ヒリス・ヴァン　1544生。フランドルの風景画家。1607没。

二条康道　にじょうやすみち　1607生。江戸時代前期の公家。1666没。

ヴァンブラ, ジョン　1664生。イギリスの建築家。1726没。

コングリーヴ, ウィリアム　1670生。イギリスの劇作家。1729没。

梁田蛻巌　やなだぜいがん　1672生。江戸時代中期の漢学者, 漢詩人。1757没。

ヴォルフ, クリスティアン　1679生。ドイツ哲学者, 数学者。1754没。

フリードリヒ2世　1712生。プロシア王（在位1740～86）。1786没。

ボーマルシェ, カロン・ド　1732生。フランスの劇作家。1799没。

グスタフ3世　1746生。スウェーデン王（1771～92）。1792没。

フォックス, チャールズ・ジェイムズ　1749生。イギリスの政治家。1806没。

ホフマン, エルンスト・テーオドア・アマデーウス　1776生。ドイツの小説家, 作曲家, 音楽評論家, 画家, 法律家。1822没。

ベリー, シャルル・フェルディナン, 公爵　1778生。フランスのルイ18世の王弟アルトア伯の次子。1820没。

新清和院　しんせいわいん　1779生。江戸時代後期の女性。光格天皇の皇后。1846没。

シュタウト　1798生。ドイツの数学者。1867没。

ホルタイ, カール・フォン　1798生。ドイツの詩人, 劇作家, 小説家, 俳優。1880没。

村田滝子　むらたたきこ　1807生。江戸時代, 明治時代の女性。吉田松陰の母。1889没。

バーナード　1811生。アメリカの教育改革者。1900没。

コレンゾー, ジョン・ウィリアム　1814生。英国教会の南アフリカのナタール主教。1883没。

コーン, フェルディナント・ユーリウス　1828生。ドイツの植物学者。1898没。

正親町公董　おおぎまちきんただ　1839生。江戸時代, 明治時代の公家, 陸軍軍人。奥羽追討総督府参謀。1879没。

吉田稔麿　よしだとしまろ　1841（閏1月）生。江戸時代末期の長州（萩）藩士。1864没。

関矢孫左衛門　せきやまござえもん　1844生。江戸時代, 明治時代の勤王の志士, 実業家。衆議院議員。1917没。

エビングハウス, ヘルマン　1850生。ドイツの心理学者。1909没。

ナートルプ, パウル　1854生。ドイツの哲学者, 社会教育学者。1924没。

和田秀豊　わだしゅうほう　1854生。明治時代-昭和時代の牧師, 社会事業家。1946没。

本郷房太郎　ほんごうふさたろう　1860生。明治時代-昭和時代の陸軍軍人。大将, 青島守備軍司令官。1931没。

ウォートン, イーディス　1862生。アメリカの女流作家。1937没。

大町桂月　おおまちけいげつ　1869生。明治時代の詩人, 評論家。1925没。

阪井久良伎　さかいくらき　1869生。明治時代-昭和時代の川柳作歌。1945没。

トラヴァーズ, モリス・ウィリアム　1872生。イギリスの化学者。1961没。

芳沢謙吉　よしざわけんきち　1874生。大正時代, 昭和時代の外交官。外相, 貴院議員。1965没。

斯波孝四郎　しばこうしろう　1875生。大正時代, 昭和時代の実業家。三菱重工業初代会長, 造船統制会会長。1971没。

小原直　おはらなおし　1877生。大正時代, 昭和時代の司法官僚, 弁護士, 政治家。法相, 内

1月24日

相。1966没。
石割松太郎　いしわりまつたろう　1881生。大正時代，昭和時代の文楽研究家，劇評家。1937没。
河本大作　こうもとだいさく　1882生。昭和時代の陸軍軍人。1955没。
シーヴァッツ，シーグフリド　1882生。スウェーデンの小説家。1970没。
松村謙三　まつむらけんぞう　1883生。大正時代，昭和時代の政治家。衆院議員，農相，文相，厚相。1971没。
宮地直一　みやぢなおいち　1886生。大正時代，昭和時代の神道学者。1949没。
ハインケル，エルンスト　1888生。ドイツの飛行機設計家。1958没。
ボーム，ヴィッキ　1888生。オーストリアの女流作家。1960没。
シクロフスキー，ヴィクトル・ボリソヴィチ　1893生。ソ連の文芸評論家。1984没。
ロート，オイゲン　1895生。ドイツの詩人，小説家。1976没。
野宮初枝　ののみやはつえ　1898生。昭和時代の平和運動家。婦人国際平和自由連盟日本支部会長。1978没。
ヴァンデンバーグ　1899生。アメリカの軍人。1954没。
小林ハル　こばやしはる　1900生。昭和時代，平成時代の瞽女唄継承者。2005没。
石館守三　いしだてもりぞう　1901生。昭和時代の薬学者。1996没。
田島ひで　たじまひで　1901生。大正時代，昭和時代の婦人運動家。衆議院議員。1976没。
ロンム，ミハイル　1901生。ソ連の映画監督。1971没。
モルゲンシュテルン　1902生。アメリカの経済学者。1977没。
小泉純也　こいずみじゅんや　1904生。昭和時代の政治家。衆議院議員，防衛庁長官。1969没。
バラージュ，エティエンヌ　1905生。ハンガリー生まれの中国学者。1963没。
赤地友哉　あかじゆうさい　1906生。昭和時代の漆芸家。人間国宝。1984没。
中野鈴子　なかのすずこ　1906生。昭和時代の詩人。1958没。
クーヴ・ド・ミュルヴィル，モーリス-　1907生。フランスの外交官，政治家。1999没。

小幡謙三　おばたけんぞう　1910生。昭和時代，平成時代の実業家。積水化学工業会長，積水ハウス会長。1992没。
関英雄　せきひでお　1912生。昭和時代の児童文学作家，批評家。日本児童文学者協会会長。1996没。
マザーウェル，ロバート　1915生。アメリカの画家。1991没。
アイネム，ゴットフリート・フォン　1918生。オーストリアの作曲家，指揮者。1996没。
隅谷正峯　すみたにまさみね　1921生。昭和時代，平成時代の刀匠。1998没。
ガードナー，エヴァ　1922生。アメリカの女優。1990没。
江川卓　えがわたく　1927生。昭和時代，平成時代のロシア文学者。2001没。
野際陽子　のぎわようこ　1936生。昭和時代，平成時代の女優。
尾崎将司　おざきまさし　1947生。昭和時代，平成時代のプロゴルファー。
里中満智子　さとなかまちこ　1948生。昭和時代，平成時代の漫画家。
ジュディ・オング　1950生。昭和時代，平成時代の歌手，女優，版画家。
五輪真弓　いつわまゆみ　1951生。昭和時代，平成時代のシンガー・ソングライター。
渡辺正行　わたなべまさゆき　1956生。昭和時代，平成時代のタレント。
段田安則　だんたやすのり　1957生。昭和時代，平成時代の俳優。
前田日明　まえだあきら　1959生。昭和時代，平成時代の元・プロレスラー。
いのうえひでのり　いのうえひでのり　1960生。昭和時代，平成時代の演出家，俳優。
キンスキー，ナスターシャ　1961生。ドイツ出身の女優。
岩井俊二　いわいしゅんじ　1963生。昭和時代，平成時代の映画監督，テレビディレクター。
久保純子　くぼじゅんこ　1972生。平成時代のアナウンサー。
バートン，ミーシャ　1986生。イギリス出身の女優。
市原悦子　いちはらえつこ　昭和時代，平成時代の女優。

1月25日

○記念日○　左遷の日
　　　　　　初天神
○忌　日○　契沖忌

レオ4世　749生。ビザンチン皇帝（在位775〜80）。780没。

隆尭　りゅうぎょう　1369生。南北朝時代, 室町時代の僧。1449没。

アンヌ・ド・ブルターニュ　1477生。ブルターニュ公フランソア2世の娘。1514没。

キャンピオン, 聖エドマンド　1539生。イギリスのイエズス会士。1581没。

雲居希膺　うんごきよう　1582生。江戸時代前期の臨済宗の僧。1659没。

松平定綱　まつだいらさだつな　1592生。江戸時代前期の大名。1652没。

山本春正（初代）　やまもとしゅんしょう　1610生。江戸時代前期の蒔絵師。1682没。

松木荘左衛門　まつきしょうざえもん　1625生。江戸時代前期の若狭小浜藩百姓一揆の指導者。1652没。

ボイル, ロバート　1627生。イギリスの物理学者。1691没。

ローエンシュタイン, ダーニエル・カスパー　1635生。ドイツの詩人, 劇作家, 小説家。1683没。

足羽敬明　あすわもりあき　1672生。江戸時代中期の国学者, 神道家。1759没。

水野忠周　みずのただちか　1673生。江戸時代中期の大名。1718没。

アンナ・イヴァノヴナ　1693生。ロシア女帝（在位1730〜40）。1740没。

バトーニ, ポンペオ・ジロラモ　1708生。イタリアの画家。1787没。

クレロン嬢　1723生。フランスの悲劇女優。1803没。

ラグランジュ, ジョゼフ・ルイ, 帝政伯爵　1736生。イタリア生まれのフランスの数学者。1813没。

デュムーリエ, シャルル・フランソワ　1739生。フランスの将軍, 政治家。1823没。

ゼンメリング　1755生。ドイツの解剖学者。1830没。

バーンズ, ロバート　1759生。スコットランドの詩人。1796没。

ガーゲルン　1766生。ドイツの政治家。1852没。

ゲレス, ヨーゼフ　1776生。ドイツの学者, 思想家。1848没。

轟武兵衛　とどろきぶへえ　1818生。江戸時代末期, 明治時代の尊攘派志士。1873没。

ダット, マイケル・マドゥー・スダン　1824生。インドのベンガル語詩人。1873没。

フィッシャー, ジョン・アーバスノット, 男爵　1841生。イギリスの軍人, 政治家。1920没。

トムセン　1842生。デンマークの言語学者。1927没。

笹森儀助　ささもりぎすけ　1845生。明治時代の探検家。青森市長。1915没。

シュヴァルツ　1845生。ドイツの数学者。1921没。

ガーボルグ, アーネ・エヴェンソン　1851生。ノルウェーの小説家, 劇作家。1924没。

マイアー, エードゥアルト　1855生。ドイツの歴史家。1930没。

御木本幸吉　みきもとこうきち　1858生。明治時代-昭和時代の実業家, 真珠養殖家。1954没。

徳富蘇峰　とくとみそほう　1863生。明治時代-昭和時代のジャーナリスト, 評論家。1957没。

ヴァンデルヴェルデ　1866生。ベルギーの政治家。1938没。

岩村透　いわむらとおる　1870生。明治時代, 大正時代の美術評論家。男爵。1917没。

ボルドー, アンリ　1870生。フランスの小説家。1963没。

内田銀蔵　うちだぎんぞう　1872生。明治時代, 大正時代の歴史学者。1919没。

ジョンソン, ヒューレット　1874生。イギリス国教会聖職者, 司祭者。1966没。

1月25日

- モーム, ウィリアム・サマセット　1874生。イギリスの小説家, 劇作家。1965没。
- オイレンベルク, ヘルベルト　1876生。ドイツの劇作家。1949没。
- アレグザンダーソン, エルンスト・F・W　1878生。アメリカ(スウェーデン生まれ)の電気技師, 発明家。1975没。
- ルートヴィヒ, エーミール　1881生。ドイツの小説家, 劇作家。1948没。
- ウルフ, バージニア　1882生。イギリスの作家。1941没。
- 北原白秋　きたはらはくしゅう　1885生。明治時代–昭和時代の詩人, 歌人, 童謡作家。1942没。
- フルトヴェングラー, ヴィルヘルム　1886生。ドイツの指揮者。1954没。
- ラッセル, モーガン　1886生。アメリカの画家。1953没。
- 中村憲吉　なかむらけんきち　1889生。明治時代–昭和時代の歌人。1934没。
- 百田宗治　ももたそうじ　1893生。大正時代, 昭和時代の詩人。1955没。
- 鈴木御水　すずきぎょすい　1898生。昭和時代の挿絵画家。1982没。
- スパーク, ポール・アンリ　1899生。ベルギーの政治家。1972没。
- ドブジャンスキー, テオドシウス　1900生。アメリカ(ロシア系)の動物学者。1975没。
- 金子文子　かねこふみこ　1902生。大正時代の虚無主義者。1926没。
- 中野重治　なかのしげはる　1902生。昭和時代の詩人, 小説家。参議院議員。1979没。
- 西川寧　にしかわやすし　1902生。昭和時代の書家。日展顧問。1989没。
- 野沢松之輔　のざわまつのすけ　1902生。大正時代, 昭和時代の義太夫節三味線方, 作曲家。豊本節宗家。1975没。
- ボーフル　1902生。フランスの軍人。1975没。
- 今井誉次郎　いまいたかじろう　1906生。昭和時代の綴方教育研究家, 児童文学作家。1977没。
- 川瀬一馬　かわせかずま　1906生。昭和時代の書誌学者, 国文学者。1999没。
- 火野葦平　ひのあしへい　1907生。昭和時代の小説家。1960没。
- 木谷実　きたにみのる　1909生。大正時代, 昭和時代の棋士。囲碁9段。1975没。
- ルトスワフスキ, ヴィトルト　1913生。ポーランドの作曲家。1994没。
- 旭堂南陵(3代目)　きょくどうなんりょう　1917生。昭和時代, 平成時代の講談師。2005没。
- クアドロス　1917生。ブラジル大統領。1992没。
- 斎藤隆介　さいとうりゅうすけ　1917生。昭和時代の児童文学作家。1985没。
- プリゴジン, イリヤ　1917生。ベルギーの物理学者, 化学者。2003没。
- 横山操　よこやまみさお　1920生。昭和時代の日本画家。1973没。
- 池波正太郎　いけなみしょうたろう　1923生。昭和時代, 平成時代の小説家。1990没。
- 西村晃　にしむらこう　1923生。昭和時代, 平成時代の俳優。1997没。
- シェワルナゼ, エドアルド　1928生。グルジアの大統領, 元・ソ連外相。
- 田久保英夫　たくぼひでお　1928生。昭和時代, 平成時代の小説家。2001没。
- 柴田侑宏　しばたゆきひろ　1932生。昭和時代, 平成時代のミュージカル作家・演出家。
- アキノ, コラソン　1933生。フィリピンの大統領。
- 生島治郎　いくしまじろう　1933生。昭和時代, 平成時代の小説家。2003没。
- 岩川隆　いわかわたかし　1933生。昭和時代, 平成時代のノンフィクション作家, 競馬評論家。2001没。
- 市川雄一　いちかわゆういち　1935生。昭和時代, 平成時代の政治家。
- 石ノ森章太郎　いしのもりしょうたろう　1938生。昭和時代, 平成時代の漫画家。1998没。
- エウゼビオ　1942生。ポルトガルの元・サッカー選手。
- 干刈あがた　ひかりあがた　1943生。昭和時代, 平成時代の小説家。1992没。
- 江守徹　えもりとおる　1944生。昭和時代, 平成時代の俳優, 演出家, 劇作家, 翻訳家。
- 森田芳光　もりたよしみつ　1950生。昭和時代, 平成時代の映画監督。
- 北野誠　きたのまこと　1959生。昭和時代, 平成時代のタレント。
- キーズ, アリシア　1981生。アメリカのシンガーソングライター。
- 桜井翔　さくらいしょう　1982生。平成時代のタレント, 歌手, 俳優。
- ロビーニョ　1984生。ブラジルのサッカー選手。

1月26日

○記念日○ 文化財防火デー
○忌　日○ 梅花忌

洞院公定　とういんきんさだ　1340生。南北朝時代,室町時代の公卿。1399没。

ビュデ, ギヨーム　1467生。フランスのヒューマニスト, 古典学者。1540没。

仙石秀久　せんごくひでひさ　1551生。安土桃山時代, 江戸時代前期の武将, 大名。1614没。

ランフランコ, ジョヴァンニ　1582生。イタリアの画家。1647没。

中院通村　なかのいんみちむら　1588生。江戸時代前期の公家。1653没。

藤堂高久　とうどうたかひさ　1638生。江戸時代前期, 中期の大名。1703没。

建部賢明　たけべかたあきら　1661生。江戸時代中期の天文・暦算家。1716没。

ピガル, ジャン・バティスト　1714生。フランスの彫刻家。1785没。

エルヴェシウス, クロード-アドリヤン　1715生。フランスの哲学者。1771没。

カルル14世　1763生。スウェーデン, ノルウェー王(在位1818～44)。1844没。

アルニム, アヒム・フォン　1781生。ドイツの詩人, 小説家, 劇作家。1831没。

本居清島　もとおりきよしま　1789生。江戸時代後期の国学者。1821没。

モートン　1799生。アメリカの解剖学者, 人類学者。1851没。

シュー, ウージェーヌ　1804生。フランスの小説家。1857没。

ゴダン　1817生。フランスの工業家, 社会改革家。1888没。

ジョーンズ　1819生。イギリスのチャーティスト運動の指導者, 詩人, 小説家。1869没。

キルヒホフ　1826生。ドイツの古典文献学者。1908没。

ド・バリー, ハインリヒ・アントン　1831生。ドイツの植物学者。1888没。

南部五竹　なんぶごちく　1831生。江戸時代末期の志士。1867没。

諸戸清六　もろとせいろく　1846生。明治時代の実業家。1906没。

シエラ・メンデス, フスト　1848生。メキシコの歴史家, 詩人, 教育者, 政治家。1912没。

有馬新一　ありましんいち　1851生。明治時代の海軍軍人。佐世保鎮守府司令長官, 男爵。1909没。

ブラザ, ピエール・サヴォルニャン・ド　1852生。フランスの探検家, 行政官, 仏領コンゴの創設者。1905没。

石川倉次　いしかわくらじ　1859生。明治時代, 大正時代の教育者。1944没。

野村龍太郎　のむらりゅうたろう　1859生。明治時代, 大正時代の鉄道工学者。工学博士, 満州鉄道社長。1943没。

小川正孝　おがわまさたか　1865生。明治時代-昭和時代の化学者。理学博士, 東北帝国大学教授。1930没。

ストルーヴェ, ピョートル・ベルンガールド ヴィチ　1870生。ロシアの経済学者, 政治家, 評論家。1944没。

ヴァン・ドンゲン, キース　1877生。フランスに帰化したオランダの画家。1968没。

田中都吉　たなかときち　1877生。大正時代, 昭和時代の外交官, 新聞人。中外商業新報社長, 貴族院議員。1961没。

シュレーダー, ルードルフ・アレクサンダー　1878生。ドイツの詩人, 翻訳家, 画家, 建築家, 作曲家。1962没。

佐藤寛次　さとうかんじ　1879生。明治時代-昭和時代の農業経済学者。東京大学教授。1967没。

マッカーサー, ダグラス　1880生。アメリカの軍人。1964没。

アンドリューズ, ロイ・チャップマン　1884生。アメリカの動物学者, 探検家。1960没。

サピア, エドワード　1884生。アメリカの言語学者, 人類学者。1939没。

向井忠晴　むかいただはる　1885生。昭和時代の実業家。蔵相, 三井物産会長, ゼネラル石油顧問。1982没。

持田盛二　もちだもりじ　1885生。明治時代-昭和時代の剣道家。10段範士。1974没。

1月26日

石原広一郎　いしはらこういちろう　1890生。大正時代,昭和時代の実業家。石原産業社長。1970没。

甘粕正彦　あまかすまさひこ　1891生。大正時代,昭和時代の陸軍軍人。憲兵大尉。1945没。

ペンフィールド,ワイルダー・グレイヴズ　1891生。カナダの脳神経外科学者。1976没。

蓑田胸喜　みのだむねき　1894生。大正時代,昭和時代の国家主義者。原理日本社主宰。1946没。

工藤好美　くどうよしみ　1898生。昭和時代の英文学者。京都大学教授,青山学院大教授。1992没。

頼母木真六　たのもぎしんろく　1899生。昭和時代のジャーナリスト,政治家。衆議院議員。1968没。

宮地伝三郎　みやちでんざぶろう　1901生。昭和時代の動物生態学者。京都大学教授,日本モンキーセンター所長。1988没。

市川小太夫(2代目)　いちかわこだゆう　1902生。大正時代,昭和時代の歌舞伎俳優。舞踊琴吹流家元。1976没。

華頂宮博忠　かちょうのみやひろただ　1902生。明治時代,大正時代の皇族。1924没。

蔵原惟人　くらはらこれひと　1902生。昭和時代の文芸評論家。日本共産党名誉幹部会委員。1991没。

ブラーク,メンノー・テル　1902生。オランダの評論家,小説家。1940没。

永田貞雄　ながたさだお　1904生。大正時代,昭和時代の興行師。1993没。

マックブライド　1904生。アイルランドの平和運動家。1988没。

早川二郎　はやかわじろう　1906生。昭和時代の歴史学者,翻訳家。唯物論研究会幹事。1937没。

セリエ,ハンス　1907生。オーストリア生まれ,カナダに帰化した内分泌学者。1982没。

エチヤンブル,ルネ　1909生。フランスの批評家,小説家。2002没。

クーシュ,ポリカープ　1911生。アメリカの物理学者。1993没。

グラックマン,マックス　1911生。南アフリカ生まれのイギリスの社会人類学者。1975没。

柴田勝治　しばたかつじ　1911生。昭和時代のスポーツ指導者。日本大学理事長。1994没。

中山正男　なかやままさお　1911生。昭和時代の小説家,実業家。第一世論社社長。1969没。

チャウシェスク,ニコラエ　1918生。ルーマニアの大統領。1989没。

塩田英二郎　しおたえいじろう　1921生。昭和時代の漫画家。1991没。

盛田昭夫　もりたあきお　1921生。昭和時代,平成時代の経営者。ソニー社長。1999没。

佐多芳郎　さたよしろう　1922生。昭和時代,平成時代の日本画家。1997没。

ニューマン,ポール　1925生。アメリカの俳優,映画監督。

児島襄　こじまのぼる　1927生。昭和時代,平成時代の戦史研究家,小説家。2001没。

ヴァディム,ロジェ　1928生。フランスの映画監督。2000没。

小此木彦三郎　おこのぎひこさぶろう　1928生。昭和時代,平成時代の政治家。衆議院議員。1991没。

戸田芳実　とだよしみ　1929生。昭和時代,平成時代の日本史学者。神戸大学教授。1991没。

川崎洋　かわさきひろし　1930生。昭和時代,平成時代の詩人,脚本家。2004没。

不破哲三　ふわてつぞう　1930生。昭和時代,平成時代の日本共産党常任幹部会委員。元・衆院議員(共産党),日本共産党議長。

藤本義一　ふじもとぎいち　1933生。昭和時代,平成時代の小説家,放送作家,テレビ司会者。

モモ,ジョゼフ　1937生。シエラレオネの大統領。2003没。

デュ・プレ,ジャクリーヌ　1945生。イギリス生まれのチェリスト。1987没。

小川知子　おがわともこ　1949生。昭和時代,平成時代の女優。

所ジョージ　ところじょーじ　1955生。昭和時代,平成時代のタレント,歌手。

ヴァン・ヘイレン,エドワード　1957生。アメリカのロックギタリスト。

山下久美子　やましたくみこ　1959生。昭和時代,平成時代の歌手。

長嶋一茂　ながしまかずしげ　1966生。平成時代のスポーツキャスター,俳優,元・プロ野球選手。

嶽本野ばら　たけもとのばら　1968生。昭和時代,平成時代の小説家。

hitomi　ひとみ　1976生。平成時代の歌手。

小柳ゆき　こやなぎゆき　1982生。平成時代の歌手。

1月27日

○記念日○　国旗制定記念日
○忌　日○　実朝忌

小笠原長基　おがさわらながもと　1347生。南北朝時代，室町時代の武将，信濃守護。1407没。
徳大寺公胤　とくだいじきんたね　1487生。戦国時代の公卿。1526没。
アッバース1世　1571生。ペルシアのサファビー朝第5代王(在位1587～1629)。1629没。
フーケ，ニコラ　1615生。フランス，ルイ14世期の財務卿。1680没。
ウィリス，トマス　1621生。イギリスの解剖学者，医師。1675没。
ベントリー，リチャード　1662生。イギリスの古典学者。1742没。
ビング，ジョージ，初代トリントン子爵　1663生。イギリスの提督。1733没。
綾部絅斎　あやべけいさい　1676生。江戸時代中期の儒学者。1750没。
フェブロニウス　1701生。ドイツのカトリック聖職者。1790没。
ラコンダミン，シャルル・マリー・ド　1701生。フランスの数学者，探検旅行家。1774没。
戸板保佑　といたやすすけ　1708生。江戸時代中期の陸奥仙台藩の天文家，和算家。1784没。
朽木昌綱　くつきまさつな　1750生。江戸時代中期，後期の大名，蘭学者。1802没。
モーツァルト，ヴォルフガング・アマデウス　1756生。オーストリアの作曲家。1791没。
鈴木牧之　すずきぼくし　1770生。江戸時代後期の随筆家，文人。1842没。
シェリング，フリードリヒ・ヴィルヘルム・ヨーゼフ・フォン　1775生。ドイツの哲学者。1854没。
パーマー，サミュエル　1805生。イギリスの画家，版画家。1881没。
シュトラウス，ダーフィト・フリードリヒ　1808生。ドイツの神学者，哲学者，伝記作家。1874没。
ヴィオレ-ル-デュック，ウージェーヌ・エマニュエル　1814生。フランスの建築家。1879没。

プラーティ，ジョヴァンニ　1814生。イタリアの詩人。1884没。
ラロ，エドゥアール　1823生。フランス(スペイン系)の作曲家。1892没。
イスラエルス，ヨーゼフ　1824生。オランダの画家。1911没。
サルトゥイコフ-シチェドリン，ミハイル・エウグラフォヴィチ　1826生。ロシアの諷刺作家。1889没。
キャロル，ルイス　1832生。イギリスの文学者，数学者。1898没。
ザッハー-マゾッホ，レーオポルト・フォン　1836生。オーストリアの小説家。1895没。
クロネッカー　1839生。スイスの生理学者。1914没。
ウォード，ジェイムズ　1843生。イギリスの哲学者，心理学者。1925没。
クラーク　1847生。アメリカの経済学者。1938没。
ゴンパーズ，サミュエル　1850生。アメリカの労働運動指導者。1924没。
ミンスキー　1855生。ロシアの詩人，小説家。1937没。
神田乃武　かんだないぶ　1857生。明治時代，大正時代の英学者。東京帝国大学教授。1923没。
ウィルヘルム2世　1859生。ドイツ帝国最後の皇帝。1941没。
ミリューコフ　1859生。ロシアの歴史家，政治家。1943没。
シュタイナハ　1861生。オーストリアの生理学者。1944没。
ユンケル，アウグスト　1870生。ドイツのヴァイオリン奏者，指揮者。1944没。
御木徳一　みきとくはる　1871生。大正時代，昭和時代の宗教家。1938没。
三田定則　みたさだのり　1876生。明治時代-昭和時代の法医学者。1950没。
泉二新熊　もとじしんくま　1876生。明治時代-昭和時代の司法官。大審院長，検事総長，枢密顧問官。1947没。

1月27日

カジェス, プルタルコ・エリーアス　1877生。メキシコの政治家。1945没。

バジョーフ, パーヴェル・ペトローヴィチ　1879生。ソ連の作家。1950没。

プレッツォリーニ, ジュゼッペ　1882生。イタリアの著作家。1982没。

魚住折蘆　うおずみせつろ　1883生。明治時代の評論家。1910没。

カーン, ジェローム　1885生。アメリカのミュージカル作曲家。1945没。

前田青邨　まえだせいそん　1885生。明治時代-昭和時代の日本画家。東京芸術大学教授。1977没。

モギレフスキー, アレクサンドル　1885生。ロシアのヴァイオリン奏者。1953没。

佐々木到一　ささきとういち　1886生。大正時代, 昭和時代の陸軍軍人。中将。1955没。

パル, ラダ・ビノード　1886生。インドの法学者。東京裁判判事。1967没。

ブレーゲン, カール・ウィリアム　1887生。アメリカの考古学者。1971没。

ゴルトシュミット, ヴィクトール・モリッツ　1888生。ノルウェーの鉱物学者, 地球化学者。1947没。

エレンブルグ, イリヤ・グリゴリエヴィチ　1891生。ソ連の作家。1967没。

細田民樹　ほそだたみき　1892生。大正時代, 昭和時代の小説家。1972没。

宋慶齢　そうけいれい　1893生。中国の政治家。1981没。

矢内原忠雄　やないはらただお　1893生。大正時代, 昭和時代の経済学者。東京大学総長。1961没。

山口益　やまぐちすすむ　1895生。大正時代, 昭和時代の仏教学者, 真宗大谷派僧侶。大谷大学学長。1976没。

ローゼンストック, ジョゼフ　1895生。アメリカ(ポーランド生まれ)の指揮者。1985没。

リッコーヴァー, ハイマン・G　1900生。アメリカの海軍軍人。原子力潜水艦の生みの親。1986没。

伊吹武彦　いぶきたけひこ　1901生。昭和時代のフランス文学者。京都大学教授。1982没。

千宗左(表千家13代目)　せんそうさ　1901生。大正時代, 昭和時代の茶道家。茶道表千家13世家元, 不審庵理事長。1979没。

高野実　たかのみのる　1901生。大正時代, 昭和時代の労働運動家。総評事務局長, 全国金属労働組合副委員長。1974没。

エックルズ, サー・ジョン・カルー　1903生。オーストラリアの生理学者。1997没。

山根銀二　やまねぎんじ　1906生。昭和時代の音楽評論家。1982没。

ハースト, ウィリアム・ランドルフ(Jr.)　1908生。アメリカの新聞経営者, ジャーナリスト。1993没。

カルデリ, エドヴァルド　1910生。ユーゴスラビアの政治家, 副大統領。1979没。

森下正明　もりしたまさあき　1913生。昭和時代の動物生態学者。京都大学教授。1997没。

亀岡高夫　かめおかたかお　1920生。昭和時代の政治家。衆議院議員(自民党), 農林水産大臣。1989没。

ノーサヴァン　1920生。ラオスの軍人, 政治家。1985没。

アルビーノ, ジョヴァンニ　1927生。イタリアの作家。1987没。

小汀良久　おばまよしひさ　1932生。昭和時代, 平成時代の実業家。1999没。

クレッソン, エディット　1934生。フランスの政治家。

牛島秀彦　うしじまひでひこ　1935生。昭和時代, 平成時代のノンフィクション作家。1999没。

バリシニコフ, ミハイル　1948生。アメリカの舞踊家, バレエダンサー。

清水ミチコ　しみずみちこ　1960生。昭和時代, 平成時代のタレント。

折原みと　おりはらみと　1964生。昭和時代, 平成時代の小説家, 漫画家。

フォンダ, ブリジット　1964生。アメリカの女優。

三田寛子　みたひろこ　1966生。昭和時代, 平成時代の女優。

小山田圭吾　おやまだけいご　1969生。平成時代のミュージシャン。

安貞桓　アンジョンファン　1976生。韓国のサッカー選手。

雛形あきこ　ひながたあきこ　1978生。平成時代のタレント。

1月28日

○記念日○ コピーライターの日
初不動

北条宗政 ほうじょうむねまさ 1253生。鎌倉時代後期の武将。1281没。

真盛 しんせい 1443生。室町時代, 戦国時代の天台宗の僧。1495没。

ヘンリー7世 1457生。チューダー朝初代のイングランド王(在位1485～1509)。1509没。

ケーレン, ルドルフ・ファン 1540生。オランダの数学者。1610没。

バークリー, ジョン 1582生。スコットランドの詩人。1621没。

浅野長晟 あさのながあきら 1586生。江戸時代前期の大名。1632没。

クレーメンス9世 1600生。ローマ教皇。1669没。

ヘヴェリウス, ヨハネス 1611生。ドイツの天文学者。1687没。

吉川惟足 よしかわこれたり 1616生。江戸時代前期の神道学者。1695没。

薫的 くんてき 1625生。江戸時代前期の曹洞宗の僧。1671没。

安藤東野 あんどうとうや 1683生。江戸時代中期の儒者。1719没。

冷泉為村 れいぜいためむら 1712生。江戸時代中期の歌人・公家。1774没。

ムスタファ3世 1717生。オスマン・トルコ帝国の第26代スルタン(在位1757～74)。1774没。

ケアリ, マシュー 1760生。アメリカの出版者, 政治評論家。1839没。

フレデリク6世 1768生。デンマーク王(在位1808～39), ノルウェー王(在位1808～14)。1839没。

アバディーン, ジョージ・ハミルトン・ゴードン, 4代伯爵 1784生。イギリスの首相。1860没。

エロール, ルイ・ジョゼフ・フェルディナン 1791生。フランスの作曲家。1833没。

カスティーリョ, フェリシアーノ・デ 1800生。ポルトガルの詩人, 小説家。1875没。

ベンファイ, テオドール 1809生。ドイツの言語学者, サンスクリット語学者。1881没。

久邇宮朝彦親王 くにのみやあさひこしんのう 1824生。江戸時代, 明治時代の皇族。1891没。

ゴードン, チャールズ・ジョージ 1833生。イギリスの軍人。1885没。

浦田長民 うらたながたみ 1840生。江戸時代, 明治時代の神道家。伊勢神宮少宮司。1893没。

スタンリー, サー・ヘンリー・モートン 1841生。アメリカの探検家, ジャーナリスト。1904没。

曽禰荒助 そねあらすけ 1849生。明治時代の政治家, 官僚。子爵, 衆議院議員, 貴族院議員。1910没。

マルティ, ホセ 1853生。キューバの詩人, 独立運動の指導者。1895没。

デュボア, マリー・ウジューヌ・フランソワ・トーマス 1858生。オランダの医学者, 人類学者。1940没。

ベディエ, ジョゼフ 1864生。フランスの文学研究家, 文献学者。1938没。

ストールベリ, カールロ・ユホ 1865生。初代フィンランド大統領(1919～25)。1952没。

山本玄峰 やまもとげんぽう 1866生。明治時代-昭和時代の臨済宗妙心寺派僧侶。妙心寺派管長。1961没。

コレット, シドニー-ガブリエル 1873生。フランスの女流小説家。1954没。

メイエルホリド, フセヴォロド・エミリエヴィチ 1874生。ソ連の俳優, 演出家。1940没。

小山松寿 こやましょうじゅ 1876生。大正時代, 昭和時代の政治家。衆議院議員, 名古屋新聞社長。1959没。

フロイントリッヒ, ヘルベルト・マックス・フィンレ 1880生。ドイツの化学者。1941没。

岩崎俊弥 いわさきとしや 1881生。明治時代-昭和時代の実業家。旭硝子創業者。1930没。

柴田雄次 しばたゆうじ 1882生。大正時代, 昭和時代の化学者。東京帝国大学教授, 東京

1月28日

都立大学総長。1980没。

百武源吾　ひゃくたけげんご　1882生。明治時代-昭和時代の海軍軍人。大将。1976没。

菊池秋雄　きくちあきお　1883生。大正時代,昭和時代の園芸学者。1951没。

トラフテンベールク　1883生。ソ連の経済学者。1960没。

ピカール, オーギュスト　1884生。スイスの物理学者。1962没。

ピカール, ジャン・フェリックス　1884生。アメリカの化学者。1963没。

八木秀次　やぎひでつぐ　1886生。大正時代,昭和時代の電気通信工学者,政治家。大阪大学総長,八木アンテナ社長,参院議員。1976没。

ルビンシュタイン, アルトゥル　1887生。ポーランド生まれのアメリカのピアニスト。1982没。

川上貫一　かわかみかんいち　1888生。昭和時代の政治家。衆議院議員,共産党中央委員。1968没。

ルビッチ, エルンスト　1892生。ドイツ,アメリカの映画監督。1947没。

尾津喜之助　おづきのすけ　1898生。昭和時代の露天商。関東尾津組組長。1977没。

安田徳太郎　やすだとくたろう　1898生。昭和時代の医師,社会運動家。1983没。

尾高朝雄　おだかともお　1899生。昭和時代の法哲学者,社会思想家。1956没。

ケステン, ヘルマン　1900生。ドイツの小説家,劇作家,詩人。1996没。

高橋新吉　たかはししんきち　1901生。大正時代,昭和時代の詩人,小説家。1987没。

斎藤昇　さいとうのぼる　1903生。昭和時代の官僚,政治家。参議院議員,運輸大臣。1972没。

西堀栄三郎　にしぼりえいざぶろう　1903生。昭和時代の化学者,登山家。第一次南極観測越冬隊長。日本山岳会第13代会長。1989没。

堀江薫雄　ほりえしげお　1903生。昭和時代の銀行家。東京銀行頭取。2000没。

中山省三郎　なかやましょうざぶろう　1904生。昭和時代の詩人,ロシア文学者。1947没。

高橋信次　たかしししんじ　1912生。昭和時代の放射線医学者。1985没。

ポロック, ジャクソン　1912生。アメリカの画家。1956没。

菊島隆三　きくしまりゅうぞう　1914生。昭和時代の脚本家,映画プロデューサー。1989没。

三木鶏郎　みきとりろう　1914生。昭和時代の作詞・作曲家。1994没。

望月優子　もちづきゆうこ　1917生。昭和時代の女優。参院議員。1977没。

ホリー, ロバート・ウィリアム　1922生。アメリカの遺伝生化学者。1993没。

勅使河原宏　てしがはらひろし　1927生。昭和時代,平成時代の映画監督,華道家,陶芸家。2001没。

馬場あき子　ばばあきこ　1928生。昭和時代,平成時代の歌人,文芸評論家。

小松左京　こまつさきょう　1931生。昭和時代,平成時代のSF作家。

白川義員　しらかわよしかず　1935生。昭和時代,平成時代の写真家。

笑福亭仁鶴　しょうふくていにかく　1937生。昭和時代,平成時代の落語家,タレント。

川崎のぼる　かわさきのぼる　1941生。昭和時代,平成時代の漫画家。

福留功男　ふくとめのりお　1942生。昭和時代,平成時代のアナウンサー。

市村正親　いちむらまさちか　1949生。昭和時代,平成時代の俳優。

ムーア, マイケル　1949生。ニュージーランドの政治家。

ハマド・ビン・イサ・アル・ハリファ　1950生。バーレーン国王。

三浦友和　みうらともかず　1952生。昭和時代,平成時代の俳優。

サルコジ, ニコラ　1955生。フランスの政治家。フランス大統領,フランス民衆運動連合(UMP)党首。

新庄剛志　しんじょうつよし　1972生。平成時代の元・プロ野球選手,元・大リーグ選手。

佐藤琢磨　さとうたくま　1977生。平成時代のF1ドライバー。

川畑要　かわばたかなめ　1979生。平成時代の歌手。

ニック　1980生。アメリカの歌手(バックストリート・ボーイズ)。

ウッド, イライジャ　1981生。アメリカの俳優。

乙葉　おとは　1981生。平成時代のタレント。

1月29日

○記念日○　タウン情報の日
　　　　　昭和基地開設記念日
　　　　　人口調査記念日
○忌　日○　草城忌

藤原忠通　ふじわらのただみち　1097（閏1月）生。平安時代後期の公卿。1164没。
北畠親房　きたばたけちかふさ　1293生。鎌倉時代後期，南北朝時代の公卿，武将。1354没。
黒田孝高　くろだよしたか　1546生。安土桃山時代の武将，大名。1604没。
フレデリック・ヘンドリック　1584生。オラニェ＝ナッソウ公，ネーデルラント総督（在位1625～47）。1647没。
ハッチンソン　1620生。イギリスの女流作家。1680没。
グレヴィウス　1632生。ドイツの古代語学者。1703没。
スヴェーデンボリ，エマヌエル　1688生。スウェーデンの科学者，哲学者，神学者。1772没。
ヴァーゲンザイル，ゲオルク・クリストフ　1715生。オーストリアの作曲家，ピアニスト。1777没。
アマースト，ジェフリー・アマースト，男爵　1717生。イギリスの軍人。1797没。
ラボー，ポル　1718生。フランスのユグノー派牧師。1794没。
ペイン，トマス　1737生。イギリス生まれのアメリカの思想家，著述家。1809没。
長町竹石　ながまちちくせき　1757生。江戸時代中期，後期の南画家。1806没。
ガラティン，アルバート　1761生。アメリカの政治家，外交官。1849没。
ジロデ-トリオゾン　1767生。フランスの画家。1824没。
アマースト（アラカンの），ウィリアム・ピット，初代伯爵　1773生。イギリスの政治家，外交官。1857没。
モース，フリードリヒ　1773生。ドイツの鉱物学者。1839没。
オベール，ダニエル-フランソワ-エスプリ　1782生。フランスの作曲家。1871没。
ラスパイユ　1794生。フランスの化学者，政治家。1878没。

ゲラン，ウージェニー・ド　1805生。フランスの女流文学者。1848没。
クンマー，エルンスト・エドゥアルト　1810生。ドイツの数学者。1893没。
フェレル，ウィリアム　1817生。アメリカの気象学者。1891没。
リストーリ　1822生。イタリアの女優。1906没。
イグナチエフ，ニコライ・パヴロヴィチ，伯爵　1832生。ロシアの外交官，政治家。1908没。
ベックマン　1832生。ドイツの建築家。1902没。
クーリッジ，スーザン　1835生。アメリカの女流作家。1905没。
モーリー，エドワード・ウィリアムズ　1838生。アメリカの化学者。1923没。
江原素六　えばらそろく　1842生。明治時代，大正時代の政治家，教育家。1921没。
マッキンリー，ウィリアム　1843生。アメリカ合衆国25代大統領。1901没。
ハワード，サー・エビニーザー　1850生。イギリスの田園都市運動の創始者。1928没。
荻江ひさ　おぎえひさ　1852生。明治時代-昭和時代の荻江節の唄方。1936没。
チェーホフ，アントン・パーヴロヴィチ　1860生。ロシアの小説家，劇作家。1904没。
ディーリアス，フレデリック　1862生。イギリスの作曲家。1934没。
ロラン，ロマン　1866生。フランスの小説家，劇作家。1944没。
ブラスコ-イバニェス，ビセンテ　1867生。スペインの小説家。1928没。
小金井喜美子　こがねいきみこ　1871生。明治時代-昭和時代の翻訳家，小説家。1956没。
ローセンスタイン，サー・ウィリアム　1872生。イギリスの画家。1945没。
アブルッツィ　1873生。イタリアの海将，北極探検家。1933没。

1月29日

ロックフェラー2世　1874生。アメリカの富豪，慈善家。1960没。
カトルー，ジョルジュ　1877生。フランスの軍人。1969没。
ストルミーリン　1877生。ソ連の経済学者。1974没。
杉山直治郎　すぎやまなおじろう　1878生。大正時代，昭和時代の法学者。1966没。
吉野作造　よしのさくぞう　1878生。明治時代−昭和時代の政治学者。1933没。
ヴント　1879生。ドイツの哲学者。没年不詳。
ゴールデンワイザー　1880生。アメリカの人類学者。1940没。
関口鯉吉　せきぐちりきち　1886生。大正時代，昭和時代の天文学者，気象学者。1951没。
チャップマン，シドニー　1888生。イギリスの地球物理学者。1970没。
広川松五郎　ひろかわまつごろう　1889生。大正時代，昭和時代の染色工芸家，画家。1952没。
パステルナーク，ボリス・レオニードヴィチ　1890生。ソ連の詩人。1960没。
藤田武雄　ふじたたけお　1891生。昭和時代の実業家。大成建設社長。1964没。
ゾルゲ，ラインハルト・ヨハネス　1892生。ドイツの劇作家。1916没。
マハーラノビス　1893生。インドの統計学者。1972没。
下飯坂潤夫　しもいいざかますお　1894生。大正時代，昭和時代の裁判官。1971没。
山本修二　やまもとしゅうじ　1894生。大正時代，昭和時代の英文学者，演劇評論家。1976没。
バーリ，アドルフ・オーガスタス　1895生。アメリカの法律家，外交官。1971没。
ツィザルツ，ヘルベルト　1896生。オーストリアの文学史家。1985没。
山田盛太郎　やまだもりたろう　1897生。大正時代，昭和時代の経済学者。1980没。
瞿秋白　くしゅうはく　1899生。中国の革命家，文学者。1935没。
中川以良　なかがわもちなが　1900生。昭和時代，平成時代の実業家，政治家。1997没。
梶野悳三　かじのとくぞう　1901生。昭和時代の小説家。1984没。
武藤清　むとうきよし　1903生。昭和時代の建築学者。武藤構造力学研究所所長。1989没。

ゲーレン　1904生。ドイツの社会心理学者，哲学者。1976没。
大河内一男　おおこうちかずお　1905生。昭和時代の経済学者。東京大学総長。1984没。
ニューマン，バーネット　1905生。アメリカの画家，彫刻家。1970没。
宮城喜代子　みやぎきよこ　1905生。大正時代，昭和時代の箏曲家。1991没。
川喜田愛郎　かわきたよしお　1909生。昭和時代のウイルス学者。千葉大学教授。1996没。
野上素一　のがみそいち　1910生。昭和時代，平成時代のイタリア文学者，語学者。日本イタリア京都会館理事長。2001没。
吉江誠一　よしえせいいち　1911生。昭和時代の軍人，自衛官。陸上自衛隊幕僚長，陸将。2000没。
深沢七郎　ふかざわしちろう　1914生。昭和時代の小説家。1987没。
ムニャチコ，ラジスラウ　1919生。チェコスロバキアのスロバキア語作家。1994没。
ノーノ，ルイジ　1924生。イタリアの作曲家。1990没。
サラム，アブダス　1926生。パキスタンの物理学者。1996没。
薩摩忠　さつまただし　1931生。昭和時代，平成時代の詩人。2000没。
マードル・フェレンツ　1931生。ハンガリーの法学者，元・大統領。
松岡信夫　まつおかのぶお　1932生。昭和時代，平成時代の市民運動家。1993没。
田宮高麿　たみやたかまろ　1943生。昭和時代，平成時代の赤軍派活動家。1995没。
毛利衛　もうりまもる　1948生。昭和時代，平成時代の宇宙飛行士。
テレサ・テン　1953生。台湾の歌手。1995没。
岡村孝子　おかむらたかこ　1962生。昭和時代，平成時代のシンガーソングライター。
ロマーリオ　1966生。ブラジルのサッカー選手。
小野正利　おのまさとし　1967生。昭和時代，平成時代の歌手。
グラハム，ヘザー　1970生。アメリカの女優。
浜口優　はまぐちまさる　1972生。平成時代のコメディアン。
宝生舞　ほうしょうまい　1977生。平成時代の女優。

1月30日

○記念日○　3分間電話の日

ゴマルス，フランシスクス　1563生。オランダのカルバン派神学者。1641没。

サンクロフト，ウィリアム　1617生。イギリスの聖職者。1693没。

バッキンガム，ジョージ・ヴィラーズ，2代公爵　1628生。イギリスの貴族。1687没。

智幽　ちゅう　1666生。江戸時代中期の僧。1752没。

ノイマン，ヨハン・バルタザール　1687生。ドイツの建築家。1753没。

クヴァンツ，ヨーハン・ヨーアヒム　1697生。ドイツのフルート奏者，作曲家。1773没。

カナレット，ベルナルド・ベッロット　1720生。イタリアの画家，銅版画家。1780没。

ベロット，ベルナルド　1720生。イタリアの画家。1780没。

武川幸順　たけかわこうじゅん　1725生。江戸時代中期の医師。1780没。

シュタットラー，ベーネディクト　1728生。ドイツのカトリック神学者，哲学者。1797没。

ランドー，ウォルター・サヴェッジ　1775生。イギリスの詩人。1864没。

シャミッソー，アーデルベルト・フォン　1781生。ドイツの詩人，植物学者。1838没。

青木北海　あおきほくかい　1782生。江戸時代後期の国学者。1865没。

メトカーフ，チャールズ・セオフィラス　1785生。イギリスの植民地行政官。1846没。

ローテ，リヒャルト　1799生。ルター派の神学者。1867没。

フォール，フェリックス　1841生。フランス第3共和制の第6代大統領。1899没。

ブラッドリー，F.H.　1846生。イギリスの哲学者。1924没。

マンリッヒャー，フェルディナンド・リッター・フォン　1848生。オーストリアの兵器発明家。1904没。

カラジャーレ，イオン・ルカ　1852生。ルーマニアの劇作家。1912没。

ダムロッシュ，ヴァルター　1862生。アメリカの指揮者。1950没。

矢野道也　やのみちや　1876生。明治時代–昭和時代の印刷工学者。1946没。

鳥井信治郎　とりいしんじろう　1879生。明治時代–昭和時代の実業家。サントリー創業者。1962没。

小酒井五一郎　こさかいごいちろう　1881生。明治時代–昭和時代の出版人。研究社会長。1962没。

ルーズベルト，フランクリン　1882生。第32代アメリカ大統領。1945没。

秋田雨雀　あきたうじゃく　1883生。明治時代–昭和時代の劇作家，児童文学作家。1962没。

上山草人　かみやまそうじん　1884生。大正時代，昭和時代の俳優。1954没。

東儀哲三郎　とうぎてつさぶろう　1884生。明治時代–昭和時代の雅楽師，指揮者。毎日音楽コンクール審査員。1952没。

高田蝶衣　たかだちょうい　1886生。明治時代–昭和時代の俳人。1930没。

緒方竹虎　おがたたけとら　1888生。大正時代，昭和時代の政治家，新聞人。衆議院議員，朝日新聞社副社長。1956没。

賀屋興宣　かやおきのり　1889生。昭和時代の大蔵官僚，政治家。大蔵大臣，法務大臣，日本遺族会会長。1977没。

ハイラー，フリードリヒ　1892生。ドイツの宗教学者，高教会主教。1967没。

ボリス3世　1894生。ブルガリア国王（在位1918〜43）。1943没。

後藤夜半　ごとうやはん　1895生。大正時代，昭和時代の俳人。1976没。

佐々木孝丸　ささきたかまる　1898生。大正時代，昭和時代の演出家，俳優。1986没。

タイラー，マックス　1899生。アメリカの微生物学者。1972没。

小日向白朗　こひなたはくろう　1900生。大正時代，昭和時代の作家。1982没。

ドゥナエーフスキー，イサーク・オーシポヴィチ　1900生。ソ連邦の作曲家。1955没。

檜垣文市　ひがきぶんいち　1900生。昭和時代の実業家。1968没。

1月30日

呂振羽　りょしんう　1900生。中国の歴史家。1980没。

ノサック, ハンス・エーリヒ　1901生。西ドイツの小説家。1977没。

ペヴスナー, ニコラウス　1902生。ドイツ生まれのイギリスの美術史家, 建築史家。1983没。

色川幸太郎　いろかわこうたろう　1903生。昭和時代, 平成時代の弁護士, 裁判官。最高裁判事。1993没。

近藤真柄　こんどうまがら　1903生。大正時代, 昭和時代の婦人運動家, 評論家。日本婦人有権者同盟会長。1983没。

三瓶孝子　さんぺいこうこ　1903生。昭和時代の経済史学者。日本労働科学研究所研究員。1978没。

長沖一　ながおきまこと　1904生。昭和時代の放送作家。帝塚山学院大学教授, 帝塚山学院短期大学学長。1976没。

斎藤寅二郎　さいとうとらじろう　1905生。昭和時代の映画監督。1982没。

懸田克躬　かけたかつみ　1906生。昭和時代, 平成時代の精神医学者。医学教育振興財団理事長, 順天堂大学教授。1996没。

高見順　たかみじゅん　1907生。昭和時代の小説家, 詩人。日本ペンクラブ専務理事, 日本近代文学館理事長。1965没。

壬生照順　みぶしょうじゅん　1908生。昭和時代の天台宗僧侶。日本宗教者平和協議会理事長。1987没。

ユパンキ, アタウアルパ　1908生。アルゼンチンのギタリスト, 歌手。1992没。

李秉喆　りへいてつ　1910生。韓国の大財閥・三星グループ総帥。1987没。

宮木高明　みやきこうめい　1911生。昭和時代の薬学者。千葉大学教授,「ファルマシア」初代編集長。1974没。

川上源一　かわかみげんいち　1912生。昭和時代, 平成時代の実業家。日本楽器製造社長, ヤマハ発動機社長, ヤマハ音楽振興会名誉会長。2002没。

アジャーエフ, ワシーリー・ニコラエヴィチ　1915生。ソ連の作家。1968没。

伊藤憲治　いとうけんじ　1915生。昭和時代, 平成時代のグラフィックデザイナー。2001没。

長谷川町子　はせがわまちこ　1920生。昭和時代の漫画家。1992没。

大溝節子　おおみぞせつこ　1925生。昭和時代の教育者。1985没。

夏堀正元　なつぼりまさもと　1925生。昭和時代, 平成時代の小説家。1999没。

パルメ,（スヴェン・）オーロフ　1927生。スウェーデンの政治家。1986没。

プリンス, ハロルド　1928生。アメリカの演出家, 演劇プロデューサー。

ハックマン, ジーン　1930生。アメリカの俳優。

小沢和一　おざわいち　1931生。昭和時代, 平成時代の出版経営者。青春出版社社長。1991没。

稲盛和夫　いなもりかずお　1932生。昭和時代, 平成時代の京セラ名誉会長, KDDI最高顧問, 稲盛財団理事長。

横山ノック　よこやまのっく　1932生。昭和時代, 平成時代のタレント。2007没。

ブローティガン, リチャード　1935生。アメリカの小説家。1984没。

カリモフ, イスラム　1938生。ウズベキスタン大統領。

チェイニー, ディック　1941生。アメリカの政治家, 実業家。

みつはしちかこ　みつはしちかこ　1941生。昭和時代, 平成時代の漫画家。

北原照久　きたはらてるひさ　1948生。昭和時代, 平成時代のブリキのおもちゃ鑑定家, 日本の広告物鑑定家。

コリンズ, フィル　1951生。イギリスのロック・ミュージシャン。

石川さゆり　いしかわさゆり　1958生。昭和時代, 平成時代の歌手。

アブドラ・ビン・フセイン　1962生。ヨルダン国王。

ベール, クリスチャン　1974生。イギリス人の俳優。

吉村由美　よしむらゆみ　1975生。平成時代の歌手。

尾上松也（2代目）　おのえまつや　1985生。平成時代の歌舞伎俳優。

1月31日

○記念日○ 晦日正月（晦日節）
生命保険の日

レジース, ジャン・フランソワ 1597生。フランスのイエズス会司祭, 対ユグノー宣教者, 聖人。1640没。

グリニョン・ド・モンフォール, ルイ 1673生。フランスの司祭, 聖人。1716没。

エーゲデ, ハンス 1686生。ノルウェーの伝道家。グリーンランドで布教。1758没。

モリス, ロバート 1734生。アメリカの財政家, 政治家。1806没。

クレヴクール, セント・ジョン・ド 1735生。フランス系アメリカの著述家。1813没。

モリス, ガヴァヌーア 1752生。アメリカの政治家。財政専門家として貨幣制度を確立し, ドル, セントという名称を提唱。1816没。

シューベルト, フランツ 1797生。ドイツ・ロマン派の代表的作曲家の一人。「歌曲の王」と呼ばれる。1828没。

デプレーティス, アゴスティーノ 1813生。イタリアの首相。1887没。

ブレイン, ジェイムズ・G（ギレスピー） 1830生。アメリカの政治家。1893没。

キダー, メアリ・エディ 1834生。アメリカの改革派教会婦人宣教師。フェリス和英女学校を創立。1910没。

スタンボロフ, ステファン 1854生。ブルガリアの首相。1895没。

パストーア, ルートヴィヒ・フォン 1854生。ドイツの教会史家。1928没。

アントワーヌ, アンドレ 1858生。フランスの俳優, 演出家。1943没。

ハネカー, ジェイムズ（・ギボンズ） 1860生。アメリカの評論家。1921没。

シェストーフ, レーフ・イサアーコヴィチ 1866生。ロシアの哲学者, 批評家。1938没。

シュトラウス, エーミル 1866生。ドイツの作家。1960没。

リチャーズ, セオドア・ウィリアム 1868生。アメリカの化学者。ノーベル化学賞受賞。1918没。

グレイ, ゼイン 1872生。アメリカの小説家。1939没。

山口喜三郎 やまぐちきさぶろう 1874生。大正時代, 昭和時代の実業家。1947没。

スパルゴー 1876生。アメリカ（イギリス生まれ）の社会民主主義者。1966没。

ヌスバウム, アーサー 1877生。ドイツ生まれのアメリカの法学者。1964没。

ストレート, ウィラード 1880生。アメリカの外交官。1918没。

ヴォリンガー, ヴィルヘルム 1881生。ドイツの美術史家。1965没。

カッシュマン, ジョゼフ・オーガスティン 1881生。アメリカの生物学者, 古生物学者。1949没。

パヴロワ, アンナ 1881生。ロシアのバレリーナ。1931没。

ラングミュア, アーヴィング 1881生。アメリカの物理化学者。1957没。

緒方知三郎 おがたともさぶろう 1883生。大正時代, 昭和時代の病理学者。東京帝国大学教授, 東京医科大学学長。1973没。

フヴィステク, レオン 1884生。ポーランドの哲学者, 画家。1944没。

ホイス, テオドール 1884生。西ドイツの初代大統領。1963没。

重藤千秋 しげとうちあき 1885生。大正時代, 昭和時代の陸軍軍人。中将。1942没。

ニンク, カスパル 1885生。ドイツの哲学者。1975没。

三笑亭可楽(7代目) さんしょうていからく 1886生。大正時代, 昭和時代の落語家。1944没。

田宮猛雄 たみやたけお 1889生。大正時代, 昭和時代の公衆衛生学者。東京大学教授, 国立がんセンター総長。1963没。

尾崎喜八 おざきはち 1892生。大正時代, 昭和時代の詩人, 随筆家。1974没。

カンター, エディ 1892生。アメリカの俳優。1964没。

小島政二郎 こじままさじろう 1894生。大正時代, 昭和時代の小説家。1994没。

1月31日

ストローズ, ルイス　1896生。アメリカの実業家。1974没。

和栗明　わくりあきら　1899生。大正時代, 昭和時代の機械工学者。九州大学教授。1986没。

斎藤朔郎　さいとうさくたろう　1900生。昭和時代の裁判官。最高裁判事。1964没。

カシュニッツ, マリー・ルイーゼ　1901生。ドイツの女流作家。1974没。

クズネツォーフ, ヴァシリー　1901生。ソ連の政治家。1990没。

スチュワート, ジュリアン・H（ヘインズ）　1902生。アメリカの社会人類学者。1972没。

ミュルダール, アルヴァ　1902生。スウェーデンの女性政治家。1986没。

田口㳕三郎　たぐちりゅうざぶろう　1903生。昭和時代の音響工学者。1971没。

バンクヘッド, タルーラ　1903生。アメリカの女優。1968没。

オハーラ, ジョン　1905生。アメリカの小説家。1970没。

ブラマン, アンナ　1905生。オランダの作家。1960没。

万城目正　まんじょうめただし　1905生。昭和時代の作曲家。「リンゴの唄」「東京キッド」など。1968没。

前田義典　まえだよしのり　1906生。昭和時代のジャーナリスト, 放送人。NHK会長。1983没。

尾上菊之丞（初代）　おのえきくのじょう　1909生。大正時代, 昭和時代の日本舞踊家, 歌舞伎役者。1964没。

マートン, トマス　1915生。アメリカの詩人, 司祭, 社会評論家。1968没。

ローマックス, アラン　1915生。アメリカの民謡研究者。2002没。

木暮実千代　こぐれみちよ　1918生。昭和時代の女優。1990没。

ロビンソン, ジャッキー　1919生。アメリカのプロ野球選手。1972没。

関根弘　せきねひろし　1920生。昭和時代の詩人, 評論家, 小説家。1994没。

ランツァ, マリオ　1921生。イタリア系アメリカのテノール歌手。1959没。

メイラー, ノーマン　1923生。アメリカの作家。

アブラーゼ, テンギス　1924生。グルジアの映画監督。1994没。

中村卓彦　なかむらたくひこ　1928生。昭和時代の労働運動家。1995没。

シモンズ, ジーン　1929生。イギリスの女優。

メスバウアー, ルドルフ　1929生。ドイツの物理学者。

小此木啓吾　おこのぎけいご　1930生。昭和時代, 平成時代の精神科医。2003没。

大江健三郎　おおえけんざぶろう　1935生。昭和時代, 平成時代の小説家, 評論家。ノーベル文学賞受賞。

成田三樹夫　なりたみきお　1935生。昭和時代の俳優。1990没。

兼松熙太郎　かねまつきたろう　1937生。昭和時代, 平成時代の映画撮影監督。

グラス, フィリップ　1937生。アメリカの作曲家。

ベアトリクス女王　1938生。オランダ女王。

加古隆　かこたかし　1947生。昭和時代, 平成時代の音楽家, 作曲家, ピアニスト。

ライアン, ノーラン　1947生。アメリカの元・大リーグ選手。

鈴木宗男　すずきむねお　1948生。昭和時代, 平成時代の政治家。

石野真子　いしのまこ　1961生。昭和時代, 平成時代の女優。

真矢みき　まやみき　1965生。昭和時代, 平成時代の女優, 元・宝塚スター。

石黒賢　いしぐろけん　1966生。昭和時代, 平成時代の俳優。

星野伸之　ほしののぶゆき　1966生。昭和時代, 平成時代のプロ野球コーチ, 元・プロ野球選手。

イ・ヨンエ　1971生。韓国の女優。

ドライバー, ミニー　1971生。イギリスの女優。

片山晋呉　かたやましんご　1973生。平成時代のプロゴルファー。

香取慎吾　かとりしんご　1977生。平成時代のタレント, 歌手, 俳優。

森本稀哲　もりもとひちょり　1981生。平成時代のプロ野球選手。

2月
February
如月

◎誕生石◎　アメジスト

◎星　座◎　みずがめ座／うお座

2月1日

○記念日○ テレビ放送記念日
　　　　　 京都市電開業記念日
○忌　日○ 寒明忌
　　　　　 碧梧桐忌

足利政知　あしかがまさとも　1435生。室町時代, 戦国時代の堀越公方。1491没。

ツェルティス, コンラート　1459生。ドイツの人文主義者, ラテン語詩人。1508没。

トリテミウス, ヨハネス　1462生。ドイツの人文学者, 聖職者。1516没。

ブキャナン, ジョージ　1506生。スコットランドの歴史家, 学者。1582没。

ラヨシュ2世　1506生。ハンガリー王（在位1516〜26）。1526没。

コーク, サー・エドワード　1552生。イギリスの法律家。1634没。

内藤忠興　ないとうただおき　1592生。江戸時代前期の大名。1674没。

湛海　たんかい　1629生。江戸時代前期, 中期の修験僧。1716没。

お伝の方　おでんのかた　1658生。江戸時代前期, 中期の女性。5代将軍徳川綱吉の側室。1738没。

デュ・アルド, ジャン-バティスト　1674生。フランスの聖職者。1743没。

アッカーマン, コンラート・エルンスト　1710生。ドイツの俳優。1771没。

西洞院時名　にしのとういんときな　1730生。江戸時代中期の堂上公家。1798没。

ケンブル, ジョン・フィリップ　1757生。イギリスの俳優。1823没。

沢田清兵衛　さわだせいべえ　1764生。江戸時代中期, 後期の新田開発, 治水功労者。1829没。

塚田五郎右衛門　つかだごろうえもん　1768生。江戸時代中期, 後期の越後国高田城下の惣年寄。1827没。

ホジソン　1800生。イギリスの東洋学者, 外交官。1894没。

コール, トマス　1801生。アメリカの風景画家。1848没。

リトレ, エミール　1801生。フランスの文献学者, 哲学者。1881没。

ブランキ, オーギュスト　1805生。フランスの社会主義者, 革命家。1881没。

物集高世　もずめたかよ　1817生。江戸時代, 明治時代の国学者。宣教権少博士。1883没。

五姓田芳柳（初代）　ごせだほうりゅう　1827生。江戸時代, 明治時代の洋画家。1892没。

グッゲンハイム, マイアー　1828生。アメリカの実業家。1905没。

シュトラスブルガー, エドゥアルト・アドルフ　1844生。ドイツの植物学者。1912没。

ホール, グランヴィル・スタンリ　1846生。アメリカの心理学者。1924没。

レームケ　1848生。ドイツの哲学者。1930没。

田村成義　たむらなりよし　1851生。明治時代, 大正時代の興行師。1920没。

ハーバート, ヴィクター　1859生。アイルランド生まれのアメリカの作曲家。1924没。

金井延　かないのぶる　1865生。明治時代, 大正時代の社会政策学者。法学博士, 東京帝国大学教授。1933没。

野口幽香　のぐちゆか　1866生。明治時代−昭和時代の幼児教育家。華族女学校（のちの女子学習院）教授。1950没。

フォール, ポール　1872生。フランスの詩人, 劇作家。1960没。

米田庄太郎　よねだしょうたろう　1873生。明治時代−昭和時代の社会学者。同志社大学教授, 京都帝国大学教授, 文学博士。1945没。

ホーフマンスタール, フーゴー・フォン　1874生。オーストリアの詩人, 劇作家, 小説家, 随筆家。1929没。

湯浅倉平　ゆあさくらへい　1874生。大正時代, 昭和時代の官僚, 政治家。貴族院議員, 内務大臣。1940没。

荒木古童（3代目）　あらきこどう　1879生。明治時代−昭和時代の琴古流尺八奏者。1935没。

臼田亜浪　うすだあろう　1879生。大正時代, 昭和時代の俳人。1951没。

遠藤清子　えんどうきよこ　1882生。明治時代, 大正時代の小説家, 婦人運動家。1920没。

サン・ローラン，ルイ　1882生。カナダの首相。NATO創設者の一人。1973没。
マイェロヴァー，マリエ　1882生。チェコスロバキアの女流小説家。1967没。
ワフタンゴフ，エヴゲーニー・バグラチオノヴィチ　1883生。ソ連の演出家。1922没。
ザミャーチン，エヴゲーニー・イワノヴィチ　1884生。ロシアの小説家。1937没。
ショータン，カミーユ　1885生。フランスの首相。1963没。
長田新　おさだあらた　1887生。大正時代，昭和時代の教育学者，教育家。広島文理科大学学長。1961没。
中野友礼　なかのとものり　1887生。大正時代，昭和時代の実業家。日本曹達社長，興亜石油会長。1965没。
カラハン　1889生。ソ連邦の外交官。1937没。
李光洙　イグァンス　1892生。朝鮮の小説家。没年不詳。
子母沢寛　しもざわかん　1892生。昭和時代の小説家。1968没。
太田垣士郎　おおたがきしろう　1894生。昭和時代の実業家。関西電力社長，電気事業連合会会長。1964没。
フォード，ジョン　1895生。アメリカの映画監督。1973没。
ソモサ（・ガルシア），アナスタシオ　1896生。ニカラグアの軍人，大統領（1937～47，51～56）。1956没。
金子佐一郎　かねこさいちろう　1900生。昭和時代の実業家。十条製紙社長，日本製紙連合会会長。1978没。
ゲイブル，クラーク　1901生。アメリカの映画俳優。1960没。
五所平之助　ごしょへいのすけ　1902生。大正時代，昭和時代の映画監督，俳人。日本映画監督協会理事長。1981没。
ヒューズ，ラングストン　1902生。アメリカの黒人詩人，小説家。1967没。
神川茂未　かみやましげみ　1905生。昭和時代の社会運動家，政治家。日本共産党中央委員，衆議院議員。1974没。
セグレ，エミリオ・ジーノ　1905生。アメリカの物理学者。1989没。
アイヒ，ギュンター　1907生。ドイツの詩人，放送劇作家。1972没。
暉峻康隆　てるおかやすたか　1908生。昭和時代，平成時代の国文学者，随筆家。2001没。
北森嘉蔵　きたもりかぞう　1916生。昭和時代，平成時代の神学者。1998没。

沢村栄治　さわむらえいじ　1917生。昭和時代のプロ野球選手。1944没。
テバルディ，レナータ　1922生。イタリアのソプラノ歌手。2004没。
榊莫山　さかきばくざん　1926生。昭和時代，平成時代の書家。
須賀敦子　すがあつこ　1929生。昭和時代，平成時代のイタリア文学者，随筆家。1998没。
エリツィン，ボリス　1931生。ロシアの政治家。大統領。2007没。
海老一染太郎　えびいちそめたろう　1932生。昭和時代，平成時代の曲芸師。2002没。
渡辺貞夫　わたなべさだお　1933生。昭和時代，平成時代のジャズサックス奏者，作曲家。
吉村作治　よしむらさくじ　1943生。昭和時代，平成時代の考古学者。
猫田勝敏　ねこたかつとし　1944生。昭和時代のバレーボール選手，監督。1983没。
清水哲太郎　しみずてつたろう　1948生。昭和時代，平成時代の舞踊家，演出家，振付師。
山本譲二　やまもとじょうじ　1950生。昭和時代，平成時代の歌手。
中村雅俊　なかむらまさとし　1951生。昭和時代，平成時代の俳優，歌手。
唯川恵　ゆいかわけい　1955生。昭和時代，平成時代の小説家，エッセイスト。
みうらじゅん　みうらじゅん　1958生。昭和時代，平成時代のイラストレーター，漫画家，エッセイスト，ミュージシャン。
布袋寅泰　ほていともやす　1962生。昭和時代，平成時代のギタリスト，ミュージシャン，音楽プロデューサー。
磯野貴理　いそのきり　1964生。昭和時代，平成時代のタレント。
桂あやめ　かつらあやめ　1964生。昭和時代，平成時代の落語家。
デーブ大久保　でーぶおおくぼ　1967生。昭和時代，平成時代の野球解説者，タレント。
押尾コータロー　おしおこーたろー　1968生。昭和時代，平成時代のミュージシャン，アコースティック・ギタリスト。
綿矢りさ　わたやりさ　1984生。平成時代の小説家。

登場人物

ボンド，ジェームズ　1922生。007シリーズの主人公。

2月2日

○記念日○　交番設置記念日
　　　　　　国際航空業務再開の日
　　　　　　頭痛の日

馨子内親王　けいしないしんのう　1029生。平安時代中期，後期の女性。後三条天皇の中宮，賀茂斎院。1093没。

西院皇后宮　さいいんこうごうぐう　1029生。平安時代中期，後期の後三条天皇の皇后。1093没。

ハイメ1世　1208生。アラゴン王（在位1213～76）。1276没。

徹通義介　てっつうぎかい　1219生。鎌倉時代後期の曹洞宗の僧。1309没。

後二条天皇　ごにじょうてんのう　1285生。鎌倉時代後期の第94代の天皇。1308没。

善如　ぜんにょ　1333生。南北朝時代の真宗の僧。1389没。

ベンツェスラウス4世　1361生。ボヘミア王（在位1378～1400，04～19），神聖ローマ皇帝（1378～1400）。1419没。

邦高親王　くにたかしんのう　1456生。戦国時代の伏見宮貞常親王（後崇光太上天皇）の第1皇子。1532没。

ザンキウス，ヒエローニムス　1516生。イタリアのプロテスタント神学者。1590没。

フェラリ　1522生。イタリアの代数学者。1565没。

向井元升　むかいげんしょう　1609生。江戸時代前期の医師，儒者。1677没。

ベネディクツス13世　1649生。教皇（在位1724～30）。1730没。

グウィン，ネル　1650生。イギリスの女優。1687没。

フィップス，サー・ウィリアム　1651生。アメリカ植民地時代のイギリスの官吏。1695没。

レジース，ジャン-バティスト　1663生。フランスのイエズス会宣教師。1738没。

ゴットシェート，ヨハン・クリストフ　1700生。ドイツの文学理論家，評論家。1766没。

カウニッツ，ヴェンツェル・アントン，公爵　1711生。オーストリアの政治家。1794没。

モア，ハンナ　1745生。イギリスの女流劇作家，小説家，社会運動家。1833没。

菅茶山　かんさざん　1748生。江戸時代中期，後期の漢詩人。1827没。

ボス　1780生。オランダ東インド総督（在任1830～33）。1844没。

ブサンゴー，ジャン・バティスト　1802生。フランスの農芸化学者。1887没。

ジョンストン，アルバート・シドニー　1803生。アメリカ南北戦争時代の南部連合の将軍。1862没。

ルドリュ・ローラン　1807生。フランスの政治家。1874没。

堤磯右衛門　つつみいそえもん　1833生。明治時代の実業家。1891没。

長井雲坪　ながいうんぺい　1833生。明治時代の南画家。1899没。

細川潤次郎　ほそかわじゅんじろう　1834生。江戸時代-大正時代の法学者，官僚。貴族院議員，文学博士，男爵。1923没。

フォーレル　1841生。スイスの湖沼学者。1912没。

岩谷松平　いわやまつへい　1849生。明治時代，大正時代の実業家。日本家畜市場社長，衆議院議員。1920没。

フヴィエズドスラフ，パヴォル・オルシャーグ　1849生。スロバキアの代表的詩人。1921没。

ポサーダ，ホセー-グァダルーペ　1851生。メキシコの銅版画家，挿絵画家。1913没。

原胤昭　はらたねあき　1853生。明治時代のキリスト教社会事業家。1942没。

エリス，ハヴロック　1859生。イギリスの思想家，心理学者。1939没。

メフメット6世　1861生。オスマン・トルコ帝国の第36代スルタン（1918～22）。1926没。

ゲルラハ　1866生。ドイツの政治家。1935没。

ノイラート，コンスタンティン，男爵　1873生。ナチス・ドイツの政治家。1956没。

クライスラー，フリッツ　1875生。オーストリアのヴァイオリン奏者，作曲家。1962没。

鈴木忠治　すずきちゆうじ　1875生。明治時代–昭和時代の経営者。1950没。

田中伝左衛門(10代目)　たなかでんざえもん　1880生。明治時代–昭和時代の歌舞伎囃子方。1955没。

ジョイス, ジェイムズ　1882生。アイルランドの小説家。1941没。

梨本伊都子　なしもといつこ　1882生。明治時代–昭和時代の皇族。1976没。

今井田清徳　いまいだきよのり　1884生。大正時代, 昭和時代の官僚。朝鮮総督府政務総監, 貴族院議員。1940没。

パラッツェスキ, アルド　1885生。イタリアの詩人, 小説家。1974没。

嶋中雄作　しまなかゆうさく　1887生。大正時代, 昭和時代の出版人。中央公論社長, 国民生活協会理事長。1949没。

木村小左衛門　きむらこざえもん　1888生。大正時代, 昭和時代の政治家, 実業家。衆議院副議長, 日本硝子窯業社長。1952没。

松田竹千代　まつだたけちよ　1888生。昭和時代の政治家。衆議院議員, ベトナム孤児福祉教育財団理事長。1980没。

ラトル・ド・タシニー, ジャン・ド　1889生。フランスの陸軍軍人, 大将。1952没。

上田辰之助　うえだたつのすけ　1892生。昭和時代の経済学者。一橋大学教授。1956没。

島本久恵　しまもとひさえ　1893生。大正時代, 昭和時代の小説家, 歌人。1985没。

片岡鉄兵　かたおかてっぺい　1894生。昭和時代の小説家, 評論家。1944没。

阿部豊　あべゆたか　1895生。大正時代, 昭和時代の映画監督。1977没。

鹿島守之助　かじまもりのすけ　1896生。昭和時代の実業家, 政治家, 外交史研究家。鹿島建設社長, 参議院議員。1975没。

ティルトマン　1897生。イギリスのジャーナリスト。1976没。

常磐津文字太夫(7代目)　ときわづもじたゆう　1897生。大正時代, 昭和時代の浄瑠璃太夫。1951没。

東畑精一　とうはたせいいち　1899生。大正時代, 昭和時代の農業経済学者, 農政家。1983没。

木村禧八郎　きむらきはちろう　1901生。昭和時代の経済評論家, 政治家。木村禧八郎経済研究所所長, 参議院議員。1975没。

中村翫右衛門(3代目)　なかむらかんえもん　1901生。大正時代, 昭和時代の歌舞伎役者。1982没。

ハイフェッツ, ヤッシャ　1901生。アメリカのバイオリニスト。1987没。

ヒュッシュ, ゲルハルト　1901生。ドイツのバリトン歌手。1984没。

ヴァールデン, ファン・デル, バルテル・レーンデルト　1903生。オランダ生まれの数学者。1996没。

長谷川素逝　はせがわそせい　1907生。昭和時代の俳人。1946没。

おのちゅうこう　おのちゅうこう　1908生。昭和時代, 平成時代の詩人, 児童文学作家。1990没。

リクール, ポール　1913生。フランスの哲学者。2005没。

エバン, アッバ　1915生。イスラエルの政治家。2002没。

吉村雄輝　よしむらゆうき　1923生。昭和時代, 平成時代の日本舞踊家。吉村流家元(4代目)。1998没。

ジスカール・デスタン, ヴァレリー　1926生。フランスの政治家。

ゲッツ, スタン　1927生。アメリカのジャズ・テナーサックス奏者。1991没。

小泉喜美子　こいずみきみこ　1934生。昭和時代の推理作家, 翻訳家。1985没。

舟崎克彦　ふなざききよしひこ　1945生。昭和時代, 平成時代の作家, 絵本作家, 挿絵画家。

天龍源一郎　てんりゅうげんいちろう　1950生。昭和時代, 平成時代のプロレスラー。

錣山矩幸　しころやまつねゆき　1963生。昭和時代, 平成時代の大相撲年寄, 元・力士(関脇)。

ピエトラガラ, マリ・クロード　1963生。フランスの振付師, バレリーナ。

グーヤン, レティーフ　1969生。南アフリカのプロゴルファー。

HISASHI　ひさし　1972生。平成時代のギタリスト。

劇団ひとり　げきだんひとり　1977生。平成時代のコメディアン。

シャキーラ　1977生。コロンビアの歌手。

宮地真緒　みやじまお　1982生。平成時代の女優。

2月2日

2月3日

○記念日○　大岡越前の日
○忌　日○　光悦忌

クヌート1世　995生。シャフツベリ＝イングランド王（在位1016/17～35）。1035没。

エレオノール（アキテーヌの, ギュイエンヌの）1122生。フランス王妃, のちにイングランド王妃。1204没。

グローステスト, ロバート　1168生。イギリスの聖職者, スコラ学者。1253没。

松嶺道秀　しょうれいどうしゅう　1330生。南北朝時代, 室町時代の臨済宗の僧。1417没。

ウィントン, アンドルー　1350生。スコットランドの年代記作家。1423没。

オールドカッスル, サー・ジョン　1378生。ヘレフォードシャー出身の宗教改革者。1417没。

パレストリーナ, ジョヴァンニ・ピエールルイージ・ダ　1525生。イタリアの作曲家。1594没。

木庵性瑫　もくあんしょうとう　1611生。江戸時代前期の黄檗宗の渡来僧。1684没。

水野忠友　みずのただとも　1731生。江戸時代中期, 後期の大名。1802没。

クラシツキ, イグナツィ　1735生。ポーランドの詩人。1801没。

アルブレヒツベルガー, ヨハン・ゲオルグ　1736生。オーストリアの作曲家, オルガン奏者, 教育家。1809没。

橋本経亮　はしもとつねあきら　1755生。江戸時代中期, 後期の国学者, 有識故実家。1805没。

ヴォルネー　1757生。フランスのアンシクロペディスト哲学者。1820没。

本居春庭　もとおりはるにわ　1763生。江戸時代中期, 後期の国学者。1828没。

チェーン　1777生。スコットランドの医者。1836没。

スクレ, アントニオ・ホセ・デ　1795生。ラテンアメリカ独立運動の指導者。1830没。

ショット　1802生。ドイツの東洋学者。1889没。

マントイフェル, オットー　1805生。プロシア, ドイツの首相兼外相。1882没。

ジョンストン, ジョゼフ・E　1807生。アメリカ南北戦争時代の南部連合の将軍。1891没。

メンデルスゾーン-バルトルディ, ヤーコプ・ルートヴィヒ・フェーリクス　1809生。ドイツの作曲家, 指揮者, ピアニスト。1847没。

グリーリー, ホラス　1811生。アメリカの新聞編集者, 政治指導者。1872没。

ロバートソン, フレドリク・ウィリアム　1816生。イギリス国教会の説教者。1853没。

ブラックウェル, エリザベス　1821生。アメリカの医者。1910没。

マクドナルド　1824生。インディアンの血をひいたアメリカの探検家。1894没。

北原稲雄　きたはらいなお　1825生。江戸時代, 明治時代の国学者。伊那県出仕。1881没。

ソールズベリ, ロバート　1830生。イギリスの首相。1903没。

ワーグマン, チャールズ　1834生。イギリスの新聞記者, 漫画家。1891没。

渡辺内蔵太　わたなべくらた　1836生。江戸時代末期の長州（萩）藩士。1865没。

ラニアー, シドニー　1842生。アメリカの詩人。1881没。

ヴィルデンブルッフ, エルンスト・フォン　1845生。ドイツの劇作家, 詩人。1909没。

小泉信吉　こいずみのぶきち　1849生。明治時代の銀行家。慶応義塾塾長。1894没。

コルサコフ　1854生。ロシアの精神病理学者。1900没。

ヨハンセン, ヴィルヘルム・ルードヴェイ　1857生。デンマークの植物学者。1927没。

コンバリュー, ジュール　1859生。フランスの音楽学者。1916没。

ユンカース, フーゴ　1859生。ドイツの工業技術家, 飛行機設計・製造家。1935没。

キャナン　1861生。イギリスの経済学者。1935没。

一龍斎貞山（5代目）　いちりゅうさいていざん　1864生。明治時代–昭和時代の講談師。1935没。

ネーグリ, アーダ 1870生。イタリアの女流作家。1945没。

吉田恒三 よしだつねぞう 1872生。明治時代-昭和時代の音楽教育家, 声明研究家。1957没。

スタイン, ガートルード 1874生。アメリカの女流詩人, 小説家。1946没。

小栗風葉 おぐりふうよう 1875生。明治時代, 大正時代の小説家。1926没。

出口すみ でぐちすみ 1883生。明治時代-昭和時代の宗教家。大本教主。1952没。

ボンボワ, カミーユ 1883生。フランスの画家。1970没。

田辺元 たなべはじめ 1885生。大正時代, 昭和時代の哲学者。京都大学教授。1962没。

マッケンジー 1885生。アメリカの都市社会学者。1940没。

東家楽燕 あずまやらくえん 1887生。明治時代-昭和時代の浪曲師。1950没。

斎藤勇 さいとうたけし 1887生。昭和時代の英文学者。東京大学教授, 東京女子大学学長。1982没。

トラークル, ゲオルク 1887生。オーストリアの詩人。1914没。

チェーピン 1888生。アメリカの社会学者。1974没。

ドライアー, カール・テオドア 1889生。デンマークの映画監督。1968没。

シェラー 1890生。スイスの実験物理学者。1969没。

許地山 きょちさん 1894生。中国の学者, 小説家。1941没。

リージン, ウラジーミル・ゲルマノヴィチ 1894生。ソ連の小説家。1979没。

アールト, フーゴー・アルヴァー・ヘンリック 1898生。フィンランドの建築家, デザイナー, 都市設計家。1976没。

老舎 ろうしゃ 1899生。中国の小説家, 劇作家。1966没。

レイマン, ロザモンド 1901生。イギリスの女流小説家。1990没。

センデル, ラモン 1902生。スペインの小説家, ジャーナリスト, 大学教授。1982没。

八木保太郎 やぎやすたろう 1903生。昭和時代の脚本家。1987没。

ダラピッコラ, ルイジ 1904生。イタリアの作曲家。1975没。

目加田誠 めかだまこと 1904生。昭和時代, 平成時代の中国文学者。九州大学教授。1994没。

ミッチェナー, ジェイムズ 1907生。アメリカの小説家。1997没。

永井隆 ながいたかし 1908生。昭和時代の放射線医学者。長崎医科大学教授。1951没。

ヴェイユ, シモーヌ 1909生。フランスの社会思想家, 神秘家。1943没。

宮島義勇 みやじまよしお 1910生。昭和時代, 平成時代の映画撮影監督。1998没。

スーテル, ジャック 1912生。フランスの科学者, 政治家。1990没。

檀一雄 だんかずお 1912生。昭和時代の小説家。1976没。

石川利光 いしかわりこう 1914生。昭和時代, 平成時代の小説家, 評論家。次元社社長。2001没。

伊藤栄樹 いとうしげき 1925生。昭和時代の検事。最高検察庁検事総長。1988没。

トレス・レストレーポ, カミーロ 1929生。コロンビアの聖職者, 社会学者, 革命家。1966没。

金谷晴夫 かなたにはるお 1930生。昭和時代の生物学者。岡崎国立共同研究機構基礎生物学研究所所長, 東京大学教授。1984没。

桶谷秀昭 おけたにひであき 1932生。昭和時代, 平成時代の文芸評論家。

生田浩二 いくたこうじ 1933生。昭和時代の社会主義運動家。共産同創立者。1966没。

秋山登 あきやまのぼる 1934生。昭和時代の野球評論家, プロ野球選手。大洋監督。2000没。

大島みちこ おおしまみちこ 1942生。昭和時代の恋人との書簡の「愛と死をみつめて」の著者。顔面軟骨肉腫で死亡。1963没。

根岸季衣 ねぎしとしえ 1954生。昭和時代, 平成時代の女優。

烏丸せつこ からすませつこ 1955生。昭和時代, 平成時代の女優。

小西康陽 こにしやすはる 1959生。昭和時代, 平成時代のミュージシャン。

川合俊一 かわいしゅんいち 1963生。昭和時代, 平成時代のスポーツキャスター, タレント, 元・バレーボール選手。

有田哲平 ありたてっぺい 1971生。平成時代のコメディアン。

登場人物

エルモ 『セサミ・ストリート』のキャラクター。

2月4日

○記念日○　銀閣寺の日
　　　　　西の日

劉知遠　りゅうちえん　895生。中国, 五代後漢の建国者(在位947〜948)。948没。
唐寅　とういん　1470生。中国, 明の画家, 文学者。1523没。
レイ, ミコワイ　1505生。ポーランドの作家。1569没。
徐渭　じょい　1521生。中国, 明の文人。1593没。
ベリュル, ピエール・ド　1575生。フランスの聖職者, 政治家。1629没。
相生五右衛門　あいおいごえもん　1680生。江戸時代中期の力士。1755没。
ベットガー, ヨーハン・フリードリヒ　1682生。ドイツの錬金術師, 陶芸家。1719没。
エフナー, ヨーゼフ　1687生。ドイツの建築家。1745没。
マリヴォー, ピエール・ド　1688生。フランスの劇作家, 小説家。1763没。
リロー, ジョージ　1693生。イギリスの劇作家。1739没。
ベルマン, カール・ミカエル　1740生。スウェーデンの詩人。1795没。
恭礼門院　きょうらいもんいん　1743生。江戸時代中期, 後期の女性。桃園天皇の女御。1795没。
コシチューシコ, タデウシュ　1746生。ポーランドの軍人, 政治家。1817没。
クインシー, ジョサイア　1772生。アメリカの政治家, 教育者。1864没。
カンドル, オーギュスタン・ピラム・ド　1778生。スイスの植物学者。1841没。
ガレット, アルメイダ　1779生。ポルトガルの小説家, 詩人, 劇作家, 政治家。1854没。
エインズワース, ウィリアム・ハリソン　1805生。イギリスの作家。1882没。
ニェムツォヴァー, ボジェナ　1820生。チェコスロバキアの女流作家。1862没。
ウェストレーク　1828生。イギリスの国際法学者。1913没。
ダイシー　1835生。イギリスの憲法学者。1922没。

松田敦朝　まつだあつとも　1837生。江戸時代末期, 明治時代の銅版画家。1903没。
松田緑山　まつだろくざん　1837生。江戸時代, 明治時代の銅版画家, 画家。1903没。
クリュチェフスキー, ワシーリー・オーシポヴィチ　1841生。ロシア帝政期の代表的歴史家。1911没。
ブランデス, ゲオウ・モリス・コーエン　1842生。ユダヤ系デンマークの思想家, 文芸評論家。1927没。
大谷光尊　おおたにこうそん　1850生。明治時代の真宗大谷派僧侶。本願寺21代法主。1903没。
金子堅太郎　かねこけんたろう　1853生。明治時代の伯爵, 官僚, 政治家。首相秘書官。1942没。
井上円了　いのうええんりょう　1858生。明治時代の仏教哲学者。1919没。
デュギ　1859生。フランスの法学者。1928没。
モリソン　1862生。オーストラリア生まれのイギリスのジャーナリスト, 医者。1920没。
安部磯雄　あべいそお　1865生。明治時代–昭和時代のキリスト教社会主義者, 社会運動家, 政治家, 教育者。1949没。
白鳥庫吉　しらとりくらきち　1865生。明治時代–昭和時代の東洋史学者。1942没。
バイイ　1865生。スイスの言語学者。1947没。
西郷四郎　さいごうしろう　1866生。明治時代の柔道家。1922没。
村上直次郎　むらかみなおじろう　1868生。明治時代–昭和時代の日本史学者。1966没。
米山梅吉　よねやまうめきち　1868生。明治時代–昭和時代の銀行家。三井信託社長。1946没。
エーベルト, フリードリヒ　1871生。ドイツの政治家, 社会民主主義者。1925没。
リーフマン　1874生。ドイツの経済学者。1941没。
プラントル, ルートヴィヒ　1875生。ドイツの応用物理学者。1953没。

74

豊沢広助(7代目) とよざわひろすけ 1878生。明治時代–昭和時代の浄瑠璃三味線方。1957没。

コポー, ジャック 1879生。フランスの演出家。1949没。

藤田元春 ふじたもとはる 1879生。大正時代, 昭和時代の歴史地理学者。山梨大学教授, 立命館大学教授。1958没。

ヴォローシロフ, クリメント・エフレモヴィチ 1881生。ソ連の軍人, 政治家。1969没。

レジェ, フェルナン 1881生。フランスの画家。1955没。

冠松次郎 かんむりまつじろう 1883生。明治時代–昭和時代の登山家, 随筆家。1970没。

プラット, E.J. 1883生。カナダの詩人。1964没。

吉田善吾 よしだぜんご 1885生。明治時代–昭和時代の海軍軍人。1966没。

リース・ロス 1887生。イギリスの財政家。1968没。

アルトハウス, パウル 1888生。ドイツルター派のプロテスタント神学者。1966没。

三上於菟吉 みかみおときち 1891生。大正時代, 昭和時代の小説家, 作家。1944没。

キルピネン, ユルヨ 1892生。フィンランドの作曲家。1959没。

ベッティ, ウーゴ 1892生。イタリアの劇作家, 詩人。1953没。

ダート, レイモンド・アーサー 1893生。オーストリア生まれの人類学者。1988没。

エアハルト, ルートヴィヒ 1897生。ドイツ連邦共和国の政治家。1977没。

伊東深水 いとうしんすい 1898生。大正時代, 昭和時代の日本画家, 木版画家。1972没。

プレヴェール, ジャック 1900生。フランスの詩人, シナリオライター。1977没。

津久井龍雄 つくいたつお 1901生。大正時代, 昭和時代の国家社会主義者, ジャーナリスト。1989没。

リンドバーグ, チャールズ・A 1902生。アメリカの飛行家。1974没。

武原はん たけはらはん 1903生。大正時代–平成時代の日本舞踊家, 俳人。1998没。

サドゥール, ジョルジュ 1904生。フランスのジャーナリスト, 映画評論家。1967没。

トンボー, クライド・ウィリアム 1906生。現代アメリカの天文学者。1997没。

ボンヘッファー, ディートリヒ 1906生。ヒトラー暗殺計画に参加したドイツのプロテスタント神学者。1945没。

ラインズドルフ, エーリヒ 1912生。オーストリアの指揮者。1993没。

阿部展也 あべのぶや 1913生。昭和時代の洋画家, 美術評論家。1971没。

パークス, ローザ 1913生。アメリカの公民権運動家。2005没。

アンデルシュ, アルフレート 1914生。西ドイツの作家。1980没。

デディイエル, ヴラディミル 1914生。ユーゴスラヴィアの歴史家。1990没。

川島雄三 かわしまゆうぞう 1918生。昭和時代の映画監督。1963没。

木島始 きじまはじめ 1928生。昭和時代, 平成時代の詩人, 評論家, 小説家。2004没。

牛山純一 うしやまじゅんいち 1930生。昭和時代, 平成時代のテレビプロデューサー。日本映像記録センター社長。1997没。

鳥羽屋里長(7代目) とばやりちょう 1936生。昭和時代, 平成時代の長唄豊後節三味線方。

猪熊功 いのくまいさお 1938生。昭和時代, 平成時代の柔道選手, 実業家。2001没。

金芝河 キムジハ 1941生。韓国の詩人, 劇作家。

黒沢年雄 くろさわとしお 1944生。昭和時代, 平成時代の俳優, 歌手。

宮城谷昌光 みやぎたにまさみつ 1945生。昭和時代, 平成時代の小説家。

武蔵川晃偉 むさしがわあきひで 1948生。昭和時代の元・力士(第57代横綱)。

スピッツ, マーク 1950生。アメリカの元・水泳選手。

喜多郎 きたろう 1953生。昭和時代, 平成時代のシンセサイザー奏者, 作曲家。

山下達郎 やましたたつろう 1953生。昭和時代, 平成時代のミュージシャン。

時任三郎 ときとうさぶろう 1958生。昭和時代, 平成時代の俳優。

東野圭吾 ひがしのけいご 1958生。昭和時代, 平成時代の推理作家。

小泉今日子 こいずみきょうこ 1966生。昭和時代, 平成時代の女優, 歌手。

草野満代 くさのみつよ 1967生。昭和時代, 平成時代のニュースキャスター。

佐々木蔵之介 ささきくらのすけ 1968生。昭和時代, 平成時代の俳優。

2月4日

2月5日

○記念日○　プロ野球の日
○忌　日○　高山右近忌

イブン・サイード　1208生。アラブ系歴史家, 地理学者。1286没。

恭愍王　きょうびんおう　1330生。朝鮮, 高麗朝の第31代王(在位1352〜74)。1374没。

徳大寺公有　とくだいじきんあり　1422生。室町時代, 戦国時代の公卿。1486没。

了庵桂悟　りょうあんけいご　1425生。室町時代, 戦国時代の臨済宗の僧。1514没。

朝倉貞景　あさくらさだかげ　1473生。戦国時代の越前の大名。1512没。

勘解由小路在富　かでのこうじありとみ　1490生。戦国時代の公卿。1565没。

チューディ　1505生。スイスの歴史家。1572没。

随翁舜悦　ずいおうしゅんえつ　1507生。戦国時代, 安土桃山時代の曹洞宗の僧。1626没。

カモンイス, ルイース・ヴァズ・デ　1524生。ポルトガルの詩人。1580没。

バルディ, ジョヴァンニ・デ　1534生。イタリアの作曲家, 音楽研究家。1612没。

ラカン, オノラ・ド　1589生。フランスの詩人。1670没。

アルノー, アントワーヌ　1612生。フランスの神学博士, 哲学者。1694没。

セヴィニェ, マリー・ド・ラビュタン‐シャンタル, 侯爵夫人　1626生。フランスの女流書簡文作家。1696没。

土屋政直　つちやまさなお　1641生。江戸時代前期, 中期の大名。1722没。

ブロンニャール, アレクサンドル　1770生。フランスの地質学者, 鉱物学者。1847没。

調所広郷　ずしょひろさと　1776生。江戸時代後期の薩摩藩の財政家。1849没。

ピール, サー・ロバート　1788生。イギリスの政治家。1850没。

ルーネベリ, ヨハン・ルードヴィグ　1804生。フィンランドのロマン派詩人。1877没。

今村文吾　いまむらぶんご　1808生。江戸時代末期の医師。1864没。

ドブロリューボフ, ニコライ・アレクサンドロヴィチ　1836生。ロシアの評論家。1861没。

ムーディ, ドワイト・ライマン　1837生。アメリカの福音伝道者。1899没。

ダンロップ, ジョン・ボイド　1840生。イギリスの空気タイヤ発明家。1921没。

マクシム, サー・ハイラム　1840生。アメリカ生まれ, イギリスの兵器発明家。1916没。

ユイスマンス, ジョリス‐カルル　1848生。フランスの小説家。1907没。

今西林三郎　いまにしりんざぶろう　1852生。明治時代, 大正時代の実業家, 政治家。衆議院議員, 大阪市議会議員。1924没。

寺内正毅　てらうちまさたけ　1852(閏2月)生。明治時代–昭和時代の陸軍軍人。初代朝鮮総督, 伯爵。1919没。

ブラーム, オットー　1856生。ドイツの文芸批評家, 劇団主宰者。1912没。

エーレンベルク　1857生。ドイツの経済学者。1921没。

ミュラー・リアー　1857生。ドイツの社会学者, 心理学者。1916没。

松岡寿　まつおかひさし　1862生。明治時代–昭和時代の洋画家, 美術教育家。東京高等工芸校長。1944没。

池辺三山　いけべさんざん　1864生。明治時代の新聞人。1912没。

藤浪与兵衛(2代目)　ふじなみよへえ　1865生。明治時代, 大正時代の演劇小道具製作者。1921没。

キース, サー・アーサー　1866生。イギリスの解剖学者, 人類学者。1955没。

若槻礼次郎　わかつきれいじろう　1866生。大正時代, 昭和時代の政治家。内閣総理大臣, 憲政党総裁。1949没。

新海竹太郎　しんかいたけたろう　1868生。明治時代, 大正時代の彫刻家。1927没。

近藤栄蔵　こんどうえいぞう　1883生。大正時代, 昭和時代の社会運動家。全国戦災者事業団理事長, 春陽会理事長。1965没。

高木市之助　たかぎいちのすけ　1888生。大正時代, 昭和時代の国文学者。愛知県立女子大

学長, フェリス女学院大教授。1974没。
難波英夫 なんばひでお 1888生。大正時代, 昭和時代の社会運動家。1972没。
栃木山守也 とちぎやまもりや 1892生。大正時代の力士(第27代横綱)。1959没。
インガルデン, ロマン 1893生。ポーランドの文芸学者, 美学者, 哲学者。1970没。
三木静次郎 みきしずじろう 1893生。大正時代, 昭和時代の部落解放運動家, 農民運動家。全国水平社中央委員。1936没。
槇有恒 まきありつね 1894生。大正時代, 昭和時代の登山家。日本山岳会会長。1989没。
大河内伝次郎 おおこうちでんじろう 1898生。大正時代, 昭和時代の俳優。1962没。
尾崎士郎 おざきしろう 1898生。大正時代, 昭和時代の小説家。1964没。
スティーヴンソン, アドレー 1900生。アメリカの政治家。1965没。
内藤多喜夫 ないとうたきお 1900生。昭和時代の薬学者, 俳人。名城大学教授, 名古屋市立大学教授。1976没。
宇佐美洵 うさみまこと 1901生。昭和時代の銀行家。三菱銀行頭取。1983没。
野間仁根 のまひとね 1901生。昭和時代の洋画家。1979没。
前川佐美雄 まえかわさみお 1903生。昭和時代, 平成時代の歌人。「日本歌人」主宰。1990没。
美濃部亮吉 みのべりょうきち 1904生。昭和時代の経済学者, 政治家。参議院議員, 東京都知事。1984没。
白井晟一 しらいせいいち 1905生。昭和時代の建築家。1983没。
ボズマン, ハーマン 1905生。南アフリカの短編作家, 随筆家, 小説家。1951没。
葛原妙子 くずはらたえこ 1907生。昭和時代の歌人, 随筆家。1985没。
藤舎呂船(初代) とうしゃろせん 1909生。昭和時代の歌舞伎囃子方。1977没。
鳥見迅彦 とみはやひこ 1910生。昭和時代の詩人。1990没。
中村光夫 なかむらみつお 1911生。昭和時代の文芸評論家, 小説家。明治大学教授, 日本近代文学館常務理事。1988没。
ビョルリング, ユッシ 1911生。スウェーデンのテノール歌手。1960没。

何其芳 かきほう 1912生。中国の詩人, 評論家。1977没。
古沢岩美 ふるさわいわみ 1912生。昭和時代, 平成時代の洋画家。池坊御茶の水学院教授。2000没。
バローズ, ウィリアム・S. 1914生。アメリカの小説家。1997没。
ホジキン, アラン・ロイド 1914生。イギリスの生理学者。1998没。
ホーフスタッター, ロバート 1915生。アメリカの物理学者。1990没。
山田五十鈴 やまだいすず 1917生。昭和時代, 平成時代の女優。
パパンドレウ, アンドレアス 1919生。ギリシャの政治家。1996没。
清崎敏郎 きよさきとしろう 1922生。昭和時代, 平成時代の俳人, 日本文学者。「若葉」主宰, 俳人協会副会長。1999没。
結城昌治 ゆうきしょうじ 1927生。昭和時代, 平成時代の小説家。1996没。
田中希代子 たなかきよこ 1932生。昭和時代, 平成時代のピアニスト。1996没。
アーロン, ハンク 1934生。アメリカの元・大リーグ選手。
玉の海正洋 たまのうみまさひろ 1944生。昭和時代の力士(第51代横綱)。1971没。
マーリー, ボブ 1945生。ジャマイカの歌手, ギタリスト, 作曲家。1981没。
西郷輝彦 さいごうてるひこ 1947生。昭和時代, 平成時代の俳優, 歌手。
花村萬月 はなむらまんげつ 1955生。昭和時代, 平成時代の小説家。
大地真央 だいちまお 1956生。昭和時代, 平成時代の女優。
竹内都子 たけうちみやこ 1964生。昭和時代, 平成時代のタレント。
森脇健児 もりわきけんじ 1907生。平成時代のタレント。
ブラウン, ボビー 1969生。アメリカの歌手。
長州小力 ちょうしゅうこりき 1972生。平成時代のコメディアン。
尾上松緑(4代目) おのえしょうろく 1975生。平成時代の歌舞伎俳優, 日本舞踊家。
クリスティアーノ・ロナウド 1985生。ポルトガルのサッカー選手。

2月5日

2月6日

○記念日○　海苔の日
　　　　　　抹茶の日
○忌　日○　句仏忌

ヴィエイラ, アントニオ　1608生。ポルトガルの宗教学者。1697没。
ハイモア　1613生。イギリスの医師, 解剖学者。1685没。
九条兼晴　くじょうかねはる　1641生。江戸時代前期の公家。1677没。
酒井忠隆　さかいただたか　1651生。江戸時代前期の大名。1686没。
アン　1665生。イギリス, スチュアート朝最後の国王(1702〜14)。1714没。
ツィック, ヤヌアリウス　1730生。ドイツの画家。1797没。
麻田剛立　あさだごうりゅう　1734生。江戸時代中期の天文暦学者, 医学者。1799没。
ドゾー　1744生。フランスの外科医。1795没。
加古川周蔵　かこがわしゅうぞう　1747生。江戸時代中期, 後期の儒学者。1817没。
ヴァイスハウプト, アーダム　1748生。ドイツの哲学者。1830没。
賀茂季鷹　かものすえたか　1754生。江戸時代中期, 後期の歌人, 国学者。1841没。
バー, エアロン　1756生。アメリカの政治家。1836没。
ニェムツェーヴィチ　1757生。ポーランドの詩人, 劇作家, 社会活動家。1841没。
石原正明　いしはらまさあきら　1764生。江戸時代後期の国学者, 有職故実家。1821没。
フォスコロ, ウーゴ　1778生。イタリアの詩人, 小説家。1827没。
キシュファルディ・カーロイ　1788生。ハンガリーの劇作家, 小説家。1830没。
黒田斉清　くろだなりきよ　1795生。江戸時代末期の大名。1851没。
ラードヴィツ, ヨーゼフ・マリーア・フォン　1797生。プロシアの軍人, 政治家。1853没。
リデル, ヘンリー・ジョージ　1811生。イギリスのギリシア語学者。1898没。
エヴァーツ, ウィリアム・マクスウェル　1818生。アメリカの政治家, 法律家。1910没。

松浦武四郎　まつうらたけしろう　1818生。江戸時代, 明治時代の探検家。1888没。
ペレーダ, ホセ・マリア・デ　1833生。スペインの小説家。1906没。
クレプス　1834生。ドイツの細菌学者, 病理学者。1913没。
アーヴィング, ヘンリー　1838生。イギリスの俳優。1905没。
松尾臣善　まつおしげよし　1843生。明治時代, 大正時代の財政家, 官僚。日本銀行総裁, 男爵。1916没。
モーガン, C.L.　1852生。イギリスの動物学者, 比較心理学者。1936没。
ザッパー　1866生。ドイツの火山学者, 地理学者, 人類学者。1945没。
モンベルト, アルフレート　1872生。ドイツの詩人。1942没。
シュミットボン, ヴィルヘルム　1876生。ドイツの劇作家, 童話作家。1952没。
アギーレ・セルダ　1879生。チリの大統領(1938〜41)。1941没。
フリエス, エミール-オトン　1879生。フランスの画家。1949没。
ラムザウアー　1879生。ドイツの物理学者。1955没。
西ノ海嘉治郎(2代目)　にしのうみかじろう　1880生。明治時代の力士(第25代横綱)。1931没。
江副孫右衛門　えぞえまごえもん　1885生。昭和時代の実業家。東洋陶器会長。1964没。
大川周明　おおかわしゅうめい　1886生。大正時代, 昭和時代の国家主義者。1957没。
コラッツィーニ, セルジョ　1886生。イタリアの詩人。1907没。
石射猪太郎　いしいいたろう　1887生。大正時代, 昭和時代の外交官。外務省東亜局長。1954没。
ストヤノフ, リュドミル　1888生。ブルガリアの作家。1973没。

2月6日

三谷隆正　みたにたかまさ　1889生。大正時代、昭和時代のキリスト教育者、法哲学者。1944没。

テーラー　1890生。アメリカ(イギリス生まれ)の化学者。1974没。

マーフィー、ウィリアム・パリー　1892生。アメリカの医師。1987没。

プドフキン、フセヴォロド　1893生。ソ連の映画監督。1953没。

和田久太郎　わだきゅうたろう　1893生。大正時代の無政府主義者。1928没。

ルース、ベーブ　1895生。アメリカの大リーグ選手。1948没。

カヴァルカンティ、アルベルト　1897生。ブラジル生まれの映画監督。1982没。

向坂逸郎　さきさかいつろう　1897生。大正時代、昭和時代の経済学者。1985没。

グルニエ、ジャン　1898生。フランスの小説家、哲学者。1971没。

笹沢美明　ささざわよしあき　1898生。大正時代、昭和時代の詩人、ドイツ文学者。1984没。

岸田日出刀　きしだひでと　1899生。大正時代、昭和時代の建築家、随筆家。東京大学教授、日本建築学会会長。1966没。

五条珠実(初代)　ごじょうたまみ　1899生。大正時代、昭和時代の日本舞踊家。五条流家元、珠実会主宰。1987没。

銭杏邨　せんきょうそん　1900生。中国の評論家、文学史家。1977没。

アラウ、クラウディオ　1903生。チリのピアニスト。1991没。

ゴムウカ、ウワディスワフ　1905生。ポーランドの政治家。1982没。

岩佐凱実　いわさよしざね　1906生。昭和時代、平成時代の実業家。富士銀行頭取、経済同友会代表幹事。2001没。

亀井勝一郎　かめいかついちろう　1907生。昭和時代の文芸評論家。1966没。

原健三郎　はらけんざぶろう　1907生。昭和時代、平成時代の政治家。2004没。

永積安明　ながずみやすあき　1908生。昭和時代、平成時代の日本文学者。1995没。

ボグザ、ジェオ　1908生。ルーマニアの詩人、ジャーナリスト。1993没。

前川春雄　まえかわはるお　1911生。昭和時代、平成時代の銀行家、経営者。国際電信電話会長、日本銀行総裁。1989没。

リーガン、ロナルド　1911生。アメリカの第40代大統領。2004没。

ブラウン、エヴァ　1912生。ナチ総統アドルフ・ヒトラーの妻。1945没。

やなせたかし　やなせたかし　1919生。昭和時代、平成時代の漫画家、イラストレーター、作詞家。

トリュフォー、フランソワ　1923生。フランスの映画監督。1984没。

ヴォルポーニ、パーオロ　1924生。イタリアの小説家。1994没。

大川慶次郎　おおかわけいじろう　1929生。昭和時代、平成時代の競馬評論家。1999没。

寿美花代　すみはなよ　1932生。昭和時代、平成時代のタレント。

トリュフォー、フランソワ　1932生。フランスの映画監督。1984没。

本多延嘉　ほんだのぶよし　1934生。昭和時代の革命運動家。革共同中核派書記長。1975没。

高梨豊　たかなしゆたか　1935生。昭和時代、平成時代の写真家。

デヴィ・スカルノ　1940生。平成時代のタレント。

コール、ナタリー　1950生。アメリカのジャズ歌手。

キャシー中島　きゃしーなかじま　1952生。昭和時代、平成時代のタレント、キルト作家。

高村薫　たかむらかおる　1953生。昭和時代、平成時代の作家。

石塚英彦　いしずかひでひこ　1962生。昭和時代、平成時代のタレント。

ローズ、アクセル　1962生。アメリカのロック歌手。

大槻ケンヂ　おおつきけんじ　1966生。昭和時代、平成時代のミュージシャン、小説家。

坂井泉水　さかいいずみ　1967生。平成時代の歌手。2007没。

福山雅治　ふくやままさはる　1969生。平成時代のシンガーソングライター、俳優。

川瀬智子　かわせともこ　1975生。平成時代のミュージシャン。

加藤条治　かとうじょうじ　1985生。平成時代のスピードスケート選手。

登場人物

アンパンマン　『アンパンマン』の主人公。

2月7日

○記念日○　長野の日/オリンピックメモリアルデー
北方領土の日

ハージュー, キャマーロッディーン・アボル・アター・マフムード・モルシェディー　1281生。イランの詩人。1352没。

綱厳　こうごん　1334生。南北朝時代, 室町時代の僧。1419没。

慈観　じかん　1334生。南北朝時代, 室町時代の僧。1419没。

モア, トマス　1477生。イギリスの人文学者, 政治家。1535没。

フンク, ヨハネス　1518生。ドイツのルター派神学者, 説教家。1566没。

秋月種長　あきづきたねなが　1567生。安土桃山時代, 江戸時代前期の大名。1614没。

キリグルー, トマス　1612生。イギリスの劇場経営者, 劇作家。1683没。

松平頼寛　まつだいらよりひろ　1703生。江戸時代中期の大名。1763没。

フューゼリ, ヘンリー　1741生。スイスの画家。1825没。

横山政孝　よこやままさたか　1789生。江戸時代後期の加賀藩士, 詩家。1836没。

柴田是真　しばたぜしん　1807生。江戸時代, 明治時代の日本画家。1891没。

パルダン-ミューラー, フレデリック　1809生。デンマークの詩人。1876没。

ディケンズ, チャールズ　1812生。イギリスの小説家。1870没。

島津籌峰　しまづちゅうほう　1824生。江戸時代, 明治時代の尼僧。1911没。

ハギンズ, サー・ウィリアム　1824生。イギリスの天文学者。1910没。

マクレイ, ロバート・サミュエル　1824生。アメリカのメソジスト監督派教会宣教師。1907没。

メービウス, カール・アウグスト　1825生。ドイツの動物学者。1908没。

津田吉之助　つだきちのすけ　1827生。江戸時代後期, 末期, 明治時代の大工棟梁。1890没。

パルマ, リカルド　1833生。ペルーの作家, 政治家。1919没。

メンデレーエフ, ドミトリー・イヴァノヴィチ　1834生。ロシアの化学者, 周期律の発見者。1907没。

マリー, ジェイムズ　1837生。イギリスの言語学者。1915没。

ドヴェリア, ジャン・ガブリエル　1844生。フランスの外交官。1899没。

岡谷惣助　おかやそうすけ　1851生。明治時代, 大正時代の実業家。1927没。

池内信嘉　いけのうちのぶよし　1858生。大正時代の能楽研究家。1934没。

友国晴子　ともくにはるこ　1858生。明治時代, 大正時代の教育家。1925没。

ブラウン, エドワード・グランヴィル　1862生。イギリスの東洋学者。1926没。

平沼淑郎　ひらぬまよしろう　1864生。明治時代-昭和時代の経済学者。法学博士, 早稲田大学学長。1938没。

奥愛次郎　おくあいじろう　1865生。明治時代の教育家。1903没。

佐藤鉄太郎　さとうてつたろう　1866生。明治時代-昭和時代の海軍軍人。中将。1942没。

ワイルダー, ローラ・インガルズ　1867生。アメリカの女流小説家。1957没。

アドラー, アルフレート　1870生。オーストリアの精神病学者, 心理学者。1937没。

千石興太郎　せんごくこうたろう　1874生。大正時代, 昭和時代の産業組合指導者。1950没。

山階宮常子　やましなのみやひさこ　1874生。明治時代-昭和時代の山階宮菊麿王妃。1938没。

蟹江一太郎　かにえいちたろう　1875生。明治時代-昭和時代の実業家。カゴメ株式会社社長, 愛知県ソース工業組合理事長。1971没。

ハーディ, ゴッドフリー・ハロルド　1877生。イギリスの数学者。1947没。

鳩山秀夫　はとやまひでお　1884生。大正時代, 昭和時代の民法学者, 政治家。東京帝国大学教授, 衆議院議員(立憲政友会)。1946没。

高碕達之助　たかさきたつのすけ　1885生。大正時代, 昭和時代の政治家, 実業家。衆院議員（自民党）, 大日本水産会会長。1964没。

田中喜作　たなかきさく　1885生。大正時代, 昭和時代の美術史家。1945没。

ルイス, シンクレア　1885生。アメリカの小説家。1951没。

安斎桜磈子　あんざいおうかいし　1886生。明治時代–昭和時代の俳人。1953没。

木村篤太郎　きむらとくたろう　1886生。昭和時代の政治家, 弁護士。参議院議員, 東京弁護士会会長。1982没。

シュピッツァ, レオ　1887没。オーストリアの言語学者。1960没。

中西伊之助　なかにしいのすけ　1887生。大正時代, 昭和時代の社会主義運動家, 小説家。1958没。

宇野宗甕（初代）　うのそうよう　1888生。大正時代, 昭和時代の陶芸家。1973没。

鶴沢清六（4代目）　つるざわせいろく　1889生。明治時代–昭和時代の浄瑠璃三味線方。1960没。

干潟竜祥　ひかたりゅうしょう　1892生。大正時代–平成時代のインド哲学者。九州帝国大学教授。1991没。

鈴木茂三郎　すずきもさぶろう　1893生。大正時代, 昭和時代の政治家, 社会運動家。日本社会党委員長, 衆議院議員。1970没。

ルース, ベーブ　1894生。アメリカの代表的プロ野球選手。1948没。

氏家寿子　うじいえひさこ　1898生。昭和時代の家政学者。日本女子大学教授。1985没。

ペリシェ, アーヴィッド　1899生。ソ連の革命運動家, 政治家。1983没。

矢野一郎　やのいちろう　1899生。昭和時代の経営者。第一生命保険社長。1995没。

伊志井寛　いしいかん　1901生。大正時代, 昭和時代の俳人。1972没。

ニザン, ポール　1905生。フランスの小説家。1940没。

波多野完治　はたのかんじ　1905生。昭和時代, 平成時代の児童心理学者, 教育心理学者。お茶の水女子大学学長, 日仏教育学会初代会長。2001没。

フォン・オイラー, ウルフ・スヴァンテ　1905生。スウェーデンの生理学者。1983没。

愛新覚羅溥儀　あいしんかくらふぎ　1906生。中国, 清朝最後の皇帝宣統帝（在位1908～12）。1967没。

周揚　しゅうよう　1908生。中国の評論家, 政治家。1989没。

中村地平　なかむらちへい　1908生。昭和時代の小説家。1963没。

吉田耕作　よしだこうさく　1909生。昭和時代の数学者。東京大学教授。1990没。

米原昶　よねはらいたる　1909生。昭和時代の政治家。衆院議員。1982没。

ベンゼ, マックス　1910生。ドイツの哲学者, 美学者。1990没。

入江たか子　いりえたかこ　1911生。昭和時代の女優。1995没。

朝吹三吉　あさぶきさんきち　1914生。昭和時代, 平成時代の翻訳家。慶応義塾大学教授, ユネスコ事務局次長。2001没。

田島震　たじましん　1915生。昭和時代, 平成時代の実業家。ミツウロコ社長。1997没。

西沢文隆　にしざわふみたか　1915生。昭和時代の建築家。坂倉建築研究所所長。1986没。

ブラウ, ピーター　1918生。アメリカの社会学者。2002没。

山彦節子　やまびこせつこ　1920生。昭和時代, 平成時代の河東節太夫。

三根山隆司　みつねやまたかし　1922生。昭和時代の力士。大関。1989没。

吉田とし　よしだとし　1925生。昭和時代の児童文学作家。1988没。

津島恵子　つしまけいこ　1926生。昭和時代, 平成時代の女優。

沼正作　ぬましょうさく　1929生。昭和時代, 平成時代の生化学者。京都大学教授。1992没。

アダミ, エドワード・フェネク　1934生。マルタの政治家。

阿久悠　あくゆう　1937生。昭和時代, 平成時代の作詞家, 小説家。

小林稔侍　こばやしねんじ　1943生。昭和時代, 平成時代の俳優。

香坂みゆき　こうさかみゆき　1963生。昭和時代, 平成時代のタレント。

藤原ヒロシ　ふじわらひろし　1964生。昭和時代, 平成時代のDJ, 音楽プロデューサー。

オットー, クリスティン　1966生。ドイツの元・水泳選手。

宮本恒靖　みやもとつねやす　1977生。平成時代のサッカー選手。

2月7日

2月8日

○記念日○ テマークの日
御事始め
針供養の日
○忌　日○ 節忌

プロクロス　412生。新プラトン派（アテネ派）の代表的哲学者。485没。

アフォンソ4世　1291生。ポルトガル王（在位1325〜57）。1357没。

コンスタンティヌス11世　1405生。東ローマ帝国最後の皇帝（在位1449〜53）。1453没。

ウルリヒ　1487生。ビュルテンベルク公。1550没。

冷泉為純　れいぜいためずみ　1530生。戦国時代、安土桃山時代の公卿。1578没。

相良義陽　さがらよしひ　1544生。安土桃山時代の武将。1581没。

ドービニェ, アグリッパ　1552生。フランスの詩人、小説家。1630没。

結城秀康　ゆうきひでやす　1574生。安土桃山時代、江戸時代前期の大名、徳川家康の次男。1607没。

バートン, ロバート　1577生。イギリスの古典文学研究家、牧師。1640没。

ゲルチーノ, イル　1591生。イタリアの画家。1666没。

バトラー, サミュエル　1612生。イギリスの諷刺詩人。1680没。

ユエ, ピエール-ダニエル　1630生。フランスの哲学者, 科学者。1721没。

月江宗澄　げっこうそうちょう　1639生。江戸時代前期の女性。後水尾天皇第12皇女。1678没。

隆光　りゅうこう　1649生。江戸時代前期, 中期の新義真言宗の僧。1724没。

ルニャール, ジャン-フランソワ　1655生。フランスの喜劇作家。1709没。

永谷義弘　ながたによしひろ　1681生。江戸時代中期の製茶業者。1778没。

ベルヌーイ, ダニエル　1700生。スイスの理論物理学者。1782没。

黒沢雉岡　くろさわちこう　1713生。江戸時代中期の儒学者。1797没。

伊藤若冲　いとうじゃくちゅう　1716生。江戸時代中期, 後期の画家。1800没。

グレトリー, アンドレ・エルネスト・モデスト　1741生。ベルギーのオペラ作曲家。1813没。

ダールベルク　1744生。ドイツの貴族。1817没。

十返舎一九　じっぺんしゃいっく　1765生。江戸時代中期, 後期の黄表紙・洒落本・合巻作者。1831没。

クールトワ, ベルナール　1777生。フランスの化学者。1838没。

熊谷直好　くまがいなおよし　1782生。江戸時代後期の歌人。1862没。

グロ　1793生。フランスの外交官。1870没。

ルンゲ, フリードリープ・フェルディナント　1794生。ドイツの有機化学者。1867没。

アンファンタン, バルテルミ-プロスペル　1796生。フランスの社会主義者。1864没。

ラスキン, ジョン　1819生。イギリスの評論家, 画家。1900没。

シャーマン, ウィリアム・テカムサ　1820生。アメリカの陸軍軍人。1891没。

ベイツ, ヘンリー・ウォルター　1825生。イギリスの昆虫学者。1892没。

ヴェルヌ, ジュール　1828生。フランスの小説家。1905没。

カノバス-デル-カスティリョ, アントニオ　1828生。スペインの首相。1897没。

バーネット, サミュエル・オーガスタス　1844生。イギリス国教会牧師, 社会改良家。1913没。

エッジワース　1845生。イギリスの経済学者。1926没。

沢村田之助（3代目）　さわむらたのすけ　1845生。江戸時代, 明治時代の歌舞伎役者。1878没。

田健治郎　でんけんじろう　1855生。明治時代, 大正時代の官僚, 政治家。貴族院議員, 衆議院議員, 枢密官顧問。1930没。

スヌーク・ヒュルフロニエ 1857生。オランダのイスラム研究家, 蘭領インドネシアの行政官。1936没。

有栖川宮慰子 ありすがわのみややすこ 1864生。明治時代, 大正時代の皇族。慈恵病院総裁。1923没。

デソアール 1867生。ドイツの美学者。1947没。

田熊常吉 たくまつねきち 1872生。明治時代−昭和時代の発明家, 実業家。1953没。

小池張造 こいけちょうぞう 1873生。明治時代, 大正時代の外交官。1921没。

モーダーゾーン-ベッカー, パウラ 1876生。ドイツの女流画家。1907没。

ブーバー, マルティン 1878生。オーストリア生まれのユダヤ系宗教哲学者, 社会学者。1965没。

マルク, フランツ 1880生。ドイツの画家。1916没。

及川古志郎 おいかわこしろう 1883生。大正時代, 昭和時代の海軍軍人。大将。1958没。

シュンペーター, ジョーゼフ・アロイス 1883生。アメリカの経済学者。1950没。

タルグレン 1885生。フィンランドの考古学者。1945没。

コッパース, ヴィルヘルム 1886生。オーストリアの人類学者。1961没。

鳥養利三郎 とりかいりさぶろう 1887生。大正時代, 昭和時代の電気工学者。京都大学総長, 電気学会会長。1976没。

ウンガレッティ, ジュゼッペ 1888生。イタリアの詩人。1970没。

エヴァンズ, イーディス 1888生。イギリスの女優。1976没。

翁久允 おきなきゅういん 1888生。大正時代, 昭和時代の小説家, ジャーナリスト。1973没。

カイザー, ヤーコプ 1888生。ドイツの政治家。1961没。

クラカウアー, ジークフリート 1889生。アメリカの社会学者。1966没。

清沢洌 きよさわきよし 1890生。大正時代, 昭和時代の外交史家。1945没。

レクト, クラロ 1890生。フィリピンの政治家。1960没。

バー・モー 1893生。ビルマの初代首相。1977没。

ヴィダー, キング 1894生。アメリカの映画監督。1982没。

マルクーゼ, ルートヴィヒ 1894生。ドイツの評論家。1971没。

シンチンガー 1898生。ドイツの哲学者。1988没。

塚本善隆 つかもとぜんりゅう 1898生。大正時代, 昭和時代の仏教史学者, 僧侶。華頂短期大学学長, 京都大学教授。1980没。

ラーマン, アブドゥル 1903生。マレーシアの政治家。1990没。

カールソン, チェスター・フロイド 1906生。アメリカの技術者。1968没。

シュタイガー, エーミル 1908生。スイスの文芸学者。1987没。

ビショップ, エリザベス 1911生。アメリカの詩人。1979没。

吉賀大眉 よしがたいび 1915生。昭和時代, 平成時代の陶芸家。日展常務理事。1991没。

レモン, ジャック 1925生。アメリカの俳優。2001没。

百目鬼恭三郎 どうめききょうさぶろう 1926生。昭和時代, 平成時代の文芸評論家。共立女子短期大学教授, 朝日新聞社編集委員。1991没。

青木日出雄 あおきひでお 1927生。昭和時代の航空評論家。航空ジャーナル社社長。1988没。

ディーン, ジェイムズ 1931生。アメリカの映画俳優。1955没。

吉田史子 よしだふみこ 1932生。昭和時代の演劇プロデューサー。1974没。

ノルティ, ニック 1941生。アメリカの俳優。

柴田勲 しばたいさお 1944生。昭和時代, 平成時代の野球解説者, 元・プロ野球選手。

船戸与一 ふなどよいち 1944生。昭和時代, 平成時代の小説家。

山本寛斎 やまもとかんさい 1944生。昭和時代, 平成時代のファッションデザイナー, イベントプロデューサー。

浅野中郎 あさのしろう 1948生。昭和時代, 平成時代の政治家。

三遊亭楽太郎 さんゆうていらくたろう 1950生。昭和時代, 平成時代の落語家。

山田詠美 やまだえいみ 1959生。昭和時代, 平成時代の小説家。

望月理恵 もちづきりえ 1972生。平成時代のアナウンサー。

田中卓志 たなかたくし 1976生。平成時代のコメディアン。

2月8日

2月9日

○記念日○　服の日
　　　　　福の日

足利義勝　あしかがよしかつ　1434生。室町時代の室町幕府第7代の将軍。1443没。

ヴァリニャーノ, アレッサンドロ　1539生。イタリアのイエズス会宣教師。1606没。

松平康信　まつだいらやすのぶ　1600生。江戸時代前期の大名。1682没。

中村惕斎　なかむらてきさい　1629生。江戸時代前期, 中期の朱子学者。1702没。

田辺希賢　たなべまれかた　1653生。江戸時代前期, 中期の陸奥仙台藩士, 儒学者。1738没。

壷井義知　つぼいよしちか　1657生。江戸時代前期, 中期の故実家。1735没。

小笠原長胤　おがさわらながたね　1668生。江戸時代前期, 中期の大名。1709没。

喜早清在　きそきよあり　1682生。江戸時代中期の国学者, 神道家。1736没。

日下生駒　くさかいこま　1712生。江戸時代中期の漢学者, 勧業家。1752没。

加藤千蔭　かとうちかげ　1735生。江戸時代中期, 後期の歌人, 国学者。1808没。

ハリソン, ウィリアム・ヘンリー　1773生。第9代アメリカ大統領。1841没。

ボーヤイ・ファルカシュ　1775生。ハンガリーの数学者。1856没。

ジュコフスキー, ワシーリー・アンドレーヴィチ　1783生。ロシア・ロマン主義の代表的詩人。1852没。

ガベルスベルガー, フランツ・クサーファー　1789生。ドイツの速記術考案者。1849没。

クリュヴィエ, ジャン　1791生。フランスの病理学者。1874没。

島津久本　しまづひさもと　1803生。江戸時代末期の薩摩藩都城領主。1868没。

スミス　1808生。イギリスの発明家。1874没。

藤堂高猷　とうどうたかゆき　1813生。江戸時代末期, 明治時代の大名。1895没。

ティルデン, サミュエル・ジョーンズ　1814生。アメリカの政治家。1886没。

ウィットニー, ウィリアム・ドワイト　1827生。アメリカの言語学者。1894没。

アブデュル-アジズ　1830生。オスマン・トルコ帝国第32代スルタン(在位1861～76)。1876没。

ダーン, フェーリクス　1834生。ドイツの作家, 法制史研究家。1912没。

梅ケ谷藤太郎(初代)　うめがたにとうたろう　1845生。明治時代の力士(第15代横綱)。1928没。

ジェイムソン, サー・リアンダー・スター　1853生。南アフリカの政治家。1917没。

永江純一　ながえじゅんいち　1853生。明治時代, 大正時代の政治家, 実業家。衆議院議員, 立憲政友会幹事長。1917没。

大沢善助　おおさわぜんすけ　1854生。明治時代, 大正時代の実業家。京都電灯社長。1934没。

カーソン, エドワード・ヘンリー　1854生。アイルランド出身のイギリスの政治家, 弁護士。1935没。

原敬　はらたかし　1856生。明治時代, 大正時代の政治家。1921没。

ジャックソン　1862生。アメリカの言語学者。1937没。

ホープ, アントニー　1863生。イギリスの小説家。1933没。

キャンベル, パトリック夫人　1865生。イギリスの女優。1940没。

ドリガルスキー, エーリヒ・ダゴベルト・フォン　1865生。ドイツの地理学者, 極地探検家。1949没。

ベントリー　1865生。アメリカの雪研究家。1931没。

中馬庚　ちゅうまんかなえ　1867生。明治時代の野球選手。1932没。

小川尚義　おがわなおよし　1869生。明治時代-昭和時代の言語学者。台北帝大教授。1947没。

中馬庚　ちゅうまかのえ　1870生。明治時代, 大正時代の野球選手。1932没。

朝永三十郎　ともながさんじゅうろう　1871生。明治時代-昭和時代の哲学者。1951没。

ローウェル, エイミー　1874生。アメリカの女流詩人。1925没。
コンチャロフスキー, ピョートル　1876生。ソ連, ロシア共和国の人民画家。1956没。
矢田挿雲　やだそううん　1882生。大正時代, 昭和時代の小説家, 俳人。俳誌「挿雲」を主宰。1961没。
ベルク, アルバン　1885生。オーストリアの作曲家。1935没。
クルチョーヌイフ, アレクセイ・エリセーヴィチ　1886生。ロシアの詩人。1968没。
土田麦僊　つちだばくせん　1887生。大正時代, 昭和時代の日本画家。1936没。
高木憲次　たかぎけんじ　1888生。大正時代, 昭和時代の整形外科学者。東京大学教授, 日本肢体不自由児協会会長。1963没。
山崎匡輔　やまざききょうすけ　1888生。大正時代, 昭和時代の土木工学者, 教育行政家。文部次官, 成城大学学長。1963没。
谷正之　たにまさゆき　1889生。昭和時代の外交官。1962没。
アウト, ヤコブス・ヨハネス・ピーテル　1890生。オランダの建築家, デザイナー。1963没。
横山松三郎　よこやままつさぶろう　1890生。大正時代, 昭和時代の心理学者。慶應義塾大学教授, 日本心理学会会長。1966没。
赤木桁平　あかぎこうへい　1891生。大正時代, 昭和時代の評論家, 政治家。衆議院議員。1949没。
石井満　いしいみつる　1891生。昭和時代の社会評論家, 出版人。日本出版協会会長。1977没。
コールマン, ロナルド　1891生。イギリスの映画俳優。1958没。
ネンニ, ピエトロ　1891生。イタリアの政治家。1980没。
小島新一　おじまあらかず　1893生。昭和時代の官僚, 実業家。八幡製鉄社長, 商工省事務次官。1987没。
香山蕃　かやましげる　1894生。昭和時代のラグビー指導者。日本ラグビーフットボール協会会長。1969没。
パンクラートワ　1897生。ソ連の歴史家。1957没。
八木重吉　やぎじゅうきち　1898生。大正時代の詩人。1927没。
マシーセン, F.O.　1902生。アメリカの批評家。1950没。

ムバ, レオン　1902生。ガボンの初代大統領（1960～67）。1967没。
塚田十一郎　つかだじゅういちろう　1904生。昭和時代の政治家。衆議院議員。1997没。
杉本良吉　すぎもとりょうきち　1907生。昭和時代の演出家。1939没。
ラスク, ディーン　1909生。アメリカの政治家。1994没。
デュフレンヌ　1910生。フランスの美学者。1995没。
モノー, ジャック　1910生。フランスの生化学者。1976没。
吉住留五郎　よしずみとめごろう　1911生。昭和時代の特務機関員。1947没。
双葉山定次　ふたばやまさだじ　1912生。昭和時代の力士（35代横綱）。1968没。
ハナ肇　はなはじめ　1930生。昭和時代, 平成時代の俳優。1993没。
井上雪　いのうえゆき　1931生。昭和時代, 平成時代の作家, 俳人。1999没。
広岡達朗　ひろおかたつろう　1932生。昭和時代, 平成時代の野球解説者, 元・プロ野球監督。
千之赫子　ちのかくこ　1934生。昭和時代の女優。1985没。
クッツェー, J.M.　1940生。南アフリカの作家, 批評家。
ファロー, ミア　1945生。アメリカの女優。
伊集院静　いじゅういんしずか　1950生。昭和時代, 平成時代の小説家, 作詞家。
山田昇　やまだのぼる　1950生。昭和時代の登山家。1989没。
ラモス瑠偉　らもするい　1957生。昭和時代, 平成時代のサッカー監督, 元・サッカー選手。
諏訪内晶子　すわないあきこ　1972生。平成時代のバイオリニスト。
谷佳知　たによしとも　1973生。平成時代のプロ野球選手。
田中美里　たなかみさと　1977生。平成時代の女優。
スルツカヤ, イリーナ　1979生。ロシアのフィギュアスケート選手。
チャン・ツィイー　1979生。中国の女優。
知念里奈　ちねんりな　1981生。平成時代の歌手, 女優。
鈴木亜美　すずきあみ　1982生。平成時代の歌手。

2月9日

2月10日

○記念日○　ニットの日
　　　　　海の安全祈念日
　　　　　観劇の日

実仁親王　さねひとしんのう　1071生。平安時代後期の後三条天皇の第2皇子。1085没。

真仏　しんぶつ　1209生。鎌倉時代前期の浄土真宗の僧。1258没。

誓海　せいかい　1266生。鎌倉時代後期の浄土真宗の僧。1316没。

プラッター(プラーター)，トーマス　1499生。スイスの作家，人文主義者。1582没。

種子島時尭　たねがしまときたか　1528生。戦国時代，安土桃山時代の武将，種子島の領主。1579没。

青山忠俊　あおやまただとし　1578生。安土桃山時代，江戸時代前期の大名。1643没。

サクリング，ジョン　1609生。イギリスの詩人，劇作家。1642没。

新井白石　あらいはくせき　1657生。江戸時代前期，中期の学者，政治家。1725没。

筒井村作兵衛　つついむらさくべえ　1688生。江戸時代中期の伊予国の篤農家。1732没。

ベーニグセン　1745生。ロシアの将軍。1826没。

会田安明　あいだやすあき　1747生。江戸時代中期の和算家。1817没。

松平信明　まつだいらのぶあきら　1763生。江戸時代中期，後期の大名。1817没。

市野迷庵　いちのめいあん　1765生。江戸時代中期，後期の儒学，考証学者。1826没。

ラム，チャールズ　1775生。イギリスの随筆家。1834没。

鉄翁祖門　てつとうそもん　1791生。江戸時代，明治時代の画僧。春徳寺住職。1872没。

中山績子　なかやまいさこ　1795生。江戸時代，明治時代の女官。1875没。

シュヴェーグラー，アルベルト　1819生。ドイツの哲学者，哲学史家。1857没。

毛利敬親　もうりたかちか　1819生。江戸時代，明治時代の萩藩主。1871没。

ヘンゼン，ウィクトル　1835生。ドイツの生理学者，水産学者。1924没。

村岡良弼　むらおかりょうすけ　1845生。明治時代，大正時代の官僚，地誌学者。宮内省御用掛。1917没。

ベリズフォード，チャールズ・ウィリアム，男爵　1846生。イギリス(アイルランド生まれ)の提督。1919没。

レムゼン，アイラ　1846生。アメリカの有機化学者。1927没。

ミルラン　1859生。フランスの政治家。1943没。

萩岡松韻(初代)　はぎおかしょういん　1864生。明治時代–昭和時代の箏曲家。1936没。

アルタミラ・イ・クレベア　1866生。スペインの歴史家，法律家。1951没。

串田万蔵　くしだまんぞう　1867生。明治時代–昭和時代の銀行家。三菱銀行会長。1939没。

荻原雲来　おぎわらうんらい　1869生。明治時代–昭和時代の仏教学者，梵語学者。文学博士，大正大教授。1937没。

西田天香　にしだてんこう　1872生。明治時代–昭和時代の宗教家，政治家。一燈園創始者，参議院議員(緑風会)。1968没。

平田禿木　ひらたとくぼく　1873生。明治時代–昭和時代の英文学者，翻訳家，随筆家。1943没。

松村みね子　まつむらみねこ　1878生。明治時代–昭和時代の歌人，翻訳家。1957没。

ザイツェフ，ボリス・コンスタンチノヴィチ　1881生。ロシアの小説家。1972没。

堀文平　ほりぶんぺい　1882生。大正時代，昭和時代の実業家。富士瓦斯紡績社長，大阪商工会議所顧問。1958没。

平塚らいてう　ひらつからいちょう　1886生。明治時代–昭和時代の婦人解放運動家，評論家。1971没。

唐沢俊樹　からさわとしき　1891生。大正時代，昭和時代の政治家，内務官僚。衆議院議員(自民党)，法務大臣。1967没。

ザーリン　1892生。スイスの経済学者，社会学者。1974没。

ティルデン，ビル　1893生。アメリカのテニス選手。1953没。

イワシキエヴィッチ，ヤロスワフ　1894生。ポーランドの小説家，詩人。1980没。

フレンケリ　1894生。ソ連邦の物理学者。1952没。

マクミラン，モーリス・ハロルド，初代ストックトン伯爵　1894生。イギリスの首相。1986没。

田中塊堂　たなかかいどう　1896生。昭和時代の書家。帝塚山学院大学教授，日本書芸院理事長。1976没。

椿貞雄　つばきさだお　1896生。大正時代，昭和時代の洋画家。1957没。

エンダーズ，ジョン・フランクリン　1897生。アメリカのウイルス学者。1985没。

除村吉太郎　よけむらよしたろう　1897生。大正時代，昭和時代のロシア文学者。日ソ学院院長。1975没。

吉田謙吉　よしだけんきち　1897生。大正時代，昭和時代の舞台装置家。1982没。

アンダーソン，デイム・ジュディス　1898生。アメリカの女優。1992没。

ケッセル，ジョゼフ　1898生。フランスの小説家，ジャーナリスト。1979没。

ブレヒト，ベルトルト　1898生。ドイツの劇作家，詩人。1956没。

前川正一　まえかわしょういち　1898生。大正時代，昭和時代の農民運動家。衆議院議員。1949没。

阿波野青畝　あわのせいほ　1899生。大正時代，昭和時代の俳人。1992没。

田河水泡　たがわすいほう　1899生。昭和時代の漫画家。1989没。

住木諭介　すみきゆすけ　1901生。昭和時代の農芸化学者。東京大学教授。1974没。

小宮山明敏　こみやまあきとし　1902生。昭和時代の翻訳家。ロシア文学者。1931没。

宮城与徳　みやぎよとく　1903生。昭和時代の画家，反戦活動家。1943没。

吉田富三　よしだとみぞう　1903生。昭和時代の病理学者。1973没。

平田森三　ひらたもりぞう　1906生。昭和時代の物理学者。1966没。

津田恭介　つだきょうすけ　1907生。昭和時代，平成時代の薬学者，有機化学者。東京大学教授，共立薬科大学長。1999没。

マルシャン，アンドレ　1907生。フランスの画家。1987没。

渡辺照宏　わたなべしょうこう　1907生。昭和時代の仏教学者。成田山仏教研究所首席研究員。1977没。

ピール，ドミニク　1910生。ベルギーのドミニコ会士。1969没。

野間寛二郎　のまかんじろう　1912生。昭和時代の作家，ジャーナリスト。アフリカ問題懇話会主宰。1975没。

アドラー，ラリー　1914生。アメリカのハーモニカ奏者。2001没。

コンフォート，アレックス　1920生。イギリスの詩人，作家。2000没。

カニグズバーグ，E.L.　1930生。アメリカの児童文学作家。

ベルンハルト，トーマス　1931生。ドイツのカトリック詩人，小説家。1989没。

金平正紀　かねひらまさき　1934生。昭和時代，平成時代のボクシング指導者。協栄ボクシングジム会長，日本ボクシング協会長。1999没。

鈴木史朗　すずきしろう　1938生。昭和時代，平成時代のアナウンサー。

高橋英樹　たかはしひでき　1944生。昭和時代，平成時代の俳優。

島田洋七　しまだようしち　1950生。昭和時代，平成時代の漫才師。

ノーマン，グレッグ　1955生。オーストラリアのプロゴルファー。

萩原健太　はぎわらけんた　1956生。昭和時代，平成時代の音楽評論家。

水原紫苑　みずはらしおん　1959生。昭和時代，平成時代の歌人。

玄月　げんげつ　1965生。昭和時代，平成時代の小説家。

登場人物

浅見光彦　あさみみつひこ　内田康夫の推理小説シリーズの主人公。

2月10日

2月11日

○記念日○ 建国記念の日
文化勲章制定記念日
万歳三唱の日

サムアーニー 1113生。アラブのシャーフィイー派法学者, 伝承学者。1167没。

ポッジョ・ブラッチョリーニ, ジョヴァンニ・フランチェスコ 1380生。イタリアの人文学者, 文献学の開拓者。1459没。

上井覚兼 うわいかくけん 1545生。安土桃山時代の武将, 島津氏家臣。1589没。

ウーテンボーハルト(アイテンボーハールト), ヤン 1557生。オランダの神学者。1644没。

井伊直孝 いいなおたか 1590生。江戸時代前期の大名。1659没。

フォントネル, ベルナール・ル・ボヴィエ・ド 1657生。フランスの劇作家, 思想家。1757没。

ラ・ブルドネ 1699生。フランスの軍人。1753没。

佐藤中陵 さとうちゅうりょう 1762生。江戸時代中期, 後期の本草学者。1848没。

カポ-ディストリアス 1776生。ギリシアとロシアの外交官, 政治家。1831没。

ギュンデローデ, カロリーネ・フォン 1780生。ドイツロマン主義の女流詩人。1806没。

トールボット, ウィリアム・ヘンリー・フォックス 1800生。イギリスの科学者, 写真の発明者, 言語学者。1877没。

キレーエフスキー, ピョートル・ワシリエヴィチ 1808生。ロシアの哲学者, 歴史家。1856没。

スティーヴンズ, アレグザンダー 1812生。アメリカの政治家。南北戦争中の南部側の副大統領。1883没。

長岡監物 ながおかけんもつ 1813生。江戸時代末期の肥後熊本藩家老。1859没。

マリエット, オーギュスト 1821生。フランスのエジプト学者。1881没。

グラッデン, ウォシントン 1836生。アメリカの牧師, 著述家。1918没。

ギブズ, ジョサイア・ウィラード 1839生。アメリカの物理学者, 理論化学者。1903没。

グリーン, ダニエル・クロスビ 1843生。アメリカの組合派教会宣教師。1913没。

石黒忠悳 いしぐろただのり 1845生。明治時代-昭和時代の医学者。日本赤十字社社長, 貴族院議員。1941没。

エディソン, トマス・アルヴァ 1847生。アメリカの発明家。1931没。

小野鵞堂 おのがどう 1862生。明治時代, 大正時代の書家。大蔵省書記, 東宮御用掛。1922没。

中野逍遙 なかのしょうよう 1867生。明治時代の漢詩人。1894没。

内田良平 うちだりょうへい 1874生。明治時代-昭和時代の右翼運動指導者。大日本共産党総裁。1937没。

ベスコフ, エルサ 1874生。スウェーデンの画家, 童話作家。1953没。

カチャーロフ 1875生。ソ連の俳優。1948没。

ラスカー-シューラー, エルゼ 1876生。ドイツの女流詩人。1945没。

マレーヴィチ, カジミール・ゼヴェリノヴィチ 1878生。ソ連の画家。1935没。

安藤紀三郎 あんどうきさぶろう 1879生。明治時代-昭和時代の陸軍軍人, 政治家。陸軍中将, 内務大臣。1954没。

カラ, カルロ 1881生。イタリアの画家, 美術評論家。1966没。

小林古径 こばやしこけい 1883生。明治時代-昭和時代の日本画家。東京芸術大学教授。1957没。

中村星湖 なかむらせいこ 1884生。明治時代-昭和時代の小説家, 評論家。1974没。

山脇信徳 やまわきしんとく 1886生。明治時代-昭和時代の洋画家。1952没。

折口信夫 おりくちしのぶ 1887生。明治時代-昭和時代の国文学者, 民俗学者, 歌人, 詩人。1953没。

河原崎国太郎(4代目) かわらざきくにたろう 1888生。明治時代, 大正時代の歌舞伎役者。1919没。

2月11日

阿部重孝　あべしげたか　1890生。昭和時代の教育学者。東京帝国大学教授。1939没。

ヴェルナー　1890生。ドイツ，アメリカの心理学者。1964没。

戸塚文卿　とつかぶんけい　1892生。大正時代，昭和時代のカトリック司祭，医師。1939没。

大矢市次郎　おおやいちじろう　1894生。大正時代，昭和時代の俳優。1972没。

重宗雄三　しげむねゆうぞう　1894生。昭和時代の政治家，実業家。参議院議員，明電社社長。1976没。

ビアンキ，ヴィターリー・ワレンチノヴィチ　1894生。ソ連の児童文学者。1959没。

ジラード，リーオ　1898生。ハンガリー生まれのアメリカの物理学者。1964没。

花柳寿美(初代)　はなやぎすみ　1898生。大正時代，昭和時代の日本舞踊家。1947没。

山手樹一郎　やまてきいちろう　1899生。昭和時代の小説家。1978没。

ガーダマー，ハンス-ゲオルク　1900生。ドイツの哲学者。2002没。

戸田城聖　とだじょうせい　1900生。昭和時代の宗教家。創価学会第2代会長。1958没。

ヤコプセン，アーネ　1902生。デンマークの建築家，家具デザイナー。1971没。

森田元子　もりたもとこ　1903生。昭和時代の洋画家。女子美術大学教授。1969没。

ホリオーク，サー・キース　1904生。ニュージーランドの政治家。1983没。

加藤正　かとうただし　1906生。昭和時代の哲学者，評論家。1949没。

アリシャバナ　1908生。インドネシアの詩人，小説家，随筆家，国語学者。1994没。

勝間田清一　かつまたせいいち　1908生。昭和時代の官僚，政治家。衆議院副議長，日本社会党委員長。1989没。

フックス，サー・ヴィヴィアン・アーネスト　1908生。イギリスの地理学者，探検家。1999没。

マンキアヴィチュ，ジョーゼフ・L.　1909生。アメリカの映画監督。1993没。

大江美智子(初代)　おおえみちこ　1910生。大正時代，昭和時代の女優。1939没。

法眼晋作　ほうげんしんさく　1910生。昭和時代の外交官，弁護士。外務事務次官，国際協力事業団総裁。1999没。

永山時雄　ながやまときお　1912生。昭和時代，平成時代の官僚，実業家。昭和シェル石油会長。1999没。

フラー，ロイ　1912生。イギリスの詩人，小説家。1991没。

丸木俊　まるきとし　1912生。昭和時代，平成時代の洋画家。2000没。

カザケーヴィチ，エマヌイル・ゲンリホヴィチ　1913生。ソ連の作家。1962没。

清川正二　きよかわまさじ　1913生。昭和時代の水泳選手，実業家。IOC委員，兼松社長。1999没。

鈴木正四　すずきまさし　1914生。昭和時代の歴史家。愛知大学教授。2001没。

シェルダン，シドニー　1917生。アメリカの作家，脚本家。2007没。

デ・サンティス，ジュゼッペ　1917生。イタリアの映画監督。1997没。

河原崎権十郎(3代目)　かわらさきごんじゅうろう　1918生。昭和時代，平成時代の歌舞伎役者。1998没。

井上正治　いのうえまさはる　1920生。昭和時代，平成時代の弁護士。1997没。

ファールーク1世　1920生。エジプトの最後の国王。1965没。

リュシエール，コリンヌ　1921生。フランスの女優。1950没。

レイノルズ，バート　1936生。アメリカの俳優，映画監督。

野添ひとみ　のぞえひとみ　1937生。昭和時代，平成時代の女優。1995没。

唐十郎　からじゅうろう　1940生。昭和時代，平成時代の劇作家，演出家，俳優，小説家。

ノリエガ，マヌエル・アントニオ　1940生。パナマの政治家，軍人。

メンデス，セルジオ　1941生。ブラジルのミュージシャン。

鳩山由紀夫　はとやまゆきお　1947生。昭和時代，平成時代の民主党幹事長，衆院議員。元・民主党代表。

桂宮宜仁　かつらのみやよしひと　1948生。昭和時代，平成時代の皇族。

クロウ，シェリル　1962生。アメリカのロック歌手。

アニストン，ジェニファー　1969生。アメリカの女優。

緒川たまき　おがわたまき　1972生。平成時代の女優。

2月12日

○記念日○　ボブスレーの日
○忌　日○　菜の花忌

イマーム-アルハラマイン　1028生。イスラム法学, 神学の大家。1085没。

四条天皇　しじょうてんのう　1231生。鎌倉時代前期の第87代の天皇。1242没。

ジギスムント　1368生。ハンガリー王(在位1387～1437), 神聖ローマ皇帝(在位1411～37), ボヘミア王(在位19～37)。1437没。

足利義持　あしかがよしもち　1386生。室町時代の室町幕府第4代の将軍。1428没。

尼子晴久　あまこはるひさ　1514生。戦国時代の武将。1561没。

キャンピオン, トマス　1567生。イギリスの医師, 詩人, 作曲家, フルート奏者。1620没。

バルトリ, ダニエッロ　1608生。イタリアのイエズス会宣教師, 文学者, 歴史家。1685没。

スヴァンメルダム, ヤン　1637生。オランダの医学者, 博物学者。1680没。

跡部良顕　あとべよしあき　1658生。江戸時代中期の垂加神道家, 旗本。1729没。

マザー, コトン　1663生。アメリカの牧師。1728没。

田中桐江　たなかとうこう　1668生。江戸時代中期の漢詩人。1742没。

ホワイトヘッド, ウィリアム　1715生。イギリスの詩人。1788没。

ブレー, エティエンヌ-ルイ　1728生。フランスの建築家。1799没。

ドゥシーク, ヤン・ラジスラフ　1760生。チェコの作曲家, ピアニスト。1812没。

フランツ2世　1768生。神聖ローマ帝国の最後の皇帝(在位1792～1806)。1835没。

デュロン, ピエール・ルイ　1785生。フランスの化学者, 物理学者。1838没。

ライヘンバッハ, カール, 男爵　1788生。ドイツの工業家。1869没。

クーパー, ピーター　1791生。アメリカの工業家, 発明家, 慈善家。1883没。

ブリュギエール, バルテルミー　1792生。パリ外国宣教会所属カトリック司祭。1835没。

鵜飼吉左衛門　うがいきちざえもん　1798生。江戸時代末期の水戸藩京都留守居役。1859没。

レンツ, ハインリヒ・フリードリヒ・エミール　1804生。ドイツの物理学者。1865没。

ダーウィン, チャールズ　1809生。イギリスの博物学者。1882没。

リンカーン, エイブラハム　1809生。アメリカ合衆国第16代大統領。1865没。

ディナ, ジェイムズ・ドワイト　1813生。アメリカの鉱物学者, 地質学者。1895没。

ルートヴィヒ, オットー　1813生。ドイツの小説家, 劇作家。1865没。

メレディス, ジョージ　1828生。イギリスの詩人, 小説家。1909没。

藤間勘右衛門(2代目)　ふじまかんえもん　1840生。江戸時代, 明治時代の振付師, 日本舞踊家。1925没。

マイル　1841生。ドイツの統計学者, 経済学者。1925没。

フォガッツァーロ, アントーニオ　1842生。イタリアの小説家。1911没。

デイヴィス, ウィリアム・モリス　1850生。アメリカの地理学者, 地形学者。1934没。

ベーム・バヴェルク　1851生。オーストリアの経済学者。1914没。

アッジェ, ウージェーヌ　1856生。フランスの写真家。1927没。

新井章吾　あらいしょうご　1856生。明治時代の政治家。衆議院議員。1906没。

土方寧　ひじかたやすし　1859生。明治時代-昭和時代の法学者。東京帝国大学教授, 法学博士。1939没。

メイエルソン　1859生。ポーランド生まれのフランスの哲学者。1933没。

ソーン, アンデシュ・レオナード　1860生。スウェーデンの画家, 版画家, 彫刻家。1920没。

アンドレーアス-ザロメ, ルー　1861生。ドイツの女流作家。1937没。

市川新蔵(5代目)　いちかわしんぞう　1861生。明治時代の歌舞伎役者。1897没。

テトマイエル，カジミェシュ・プシェルヴァ　1865生。ポーランドの詩人，小説家。1940没。

シュティンネス　1870生。ドイツ，ルール地方の実業家。1924没。

北村四海　きたむらしかい　1871生。明治時代‒昭和時代の大理石彫刻家。1927没。

本多精一　ほんだせいいち　1871生。明治時代，大正時代のジャーナリスト。東京日日新聞社長・主筆。1920没。

ペレ，オーギュスト　1874生。ブリュッセル生まれのフランスの建築家。1954没。

ルイス，ジョン・L　1880生。アメリカの労働運動指導者。1969没。

ベックマン，マックス　1884生。ドイツの画家。1950没。

シュトライヒャー，ユリウス　1885生。ナチス・ドイツの政治家。1946没。

風見章　かざみあきら　1886生。昭和時代の政治家。法相，衆議院議員。1961没。

中野正剛　なかのせいごう　1886生。大正時代，昭和時代の政治家。衆議院議員。1943没。

直木三十五　なおきさんじゅうご　1891生。明治時代‒昭和時代の小説家，映画監督，出版プロデューサー。1934没。

プリヴィエ，テーオドア　1892生。ドイツの作家。1955没。

ブラッドリー，O．　1893生。アメリカの軍人。1981没。

木村毅　きむらき　1894生。大正時代，昭和時代の文芸評論家，小説家。松陰女子大学教授，明治文化研究会会長。1979没。

板倉勝宣　いたくらかつのぶ　1897生。大正時代の登山家。1923没。

許広平　きょこうへい　1898生。中国の文学者魯迅夫人。1968没。

ハリス，ロイ　1898生。アメリカの作曲家。1979没。

ブルース，デイヴィド・K・E　1898生。アメリカの外交官。1977没。

チュイコフ　1900生。ソ連の軍人。1982没。

三遊亭円遊（6代目）　さんゆうていえんゆう　1902生。昭和時代の落語家。1984没。

ミンコフ，スヴェトスラフ　1902生。ブルガリアの作家。1966没。

巽聖歌　たつみせいか　1905生。大正時代，昭和時代の童謡詩人，歌人。1973没。

田辺茂一　たなべもいち　1905生。昭和時代の出版人，随筆家。紀伊国屋書店社長。1981没。

ピニョン，エドゥワール　1905生。フランスの画家。1993没。

藪内清　やぶうちきよし　1906生。昭和時代の天文学者，科学史家。京都大学教授。2000没。

豊田三郎　とよださぶろう　1907生。昭和時代の小説家。1959没。

武田泰淳　たけだたいじゅん　1912生。昭和時代の小説家，中国文学研究家。1976没。

西野辰吉　にしのたつきち　1916生。昭和時代，平成時代の小説家，評論家。「民主文学」編集長。1999没。

恩地三保子　おんちみおこ　1917生。昭和時代の翻訳家。1984没。

福武直　ふくたけただし　1917生。昭和時代の社会学者。東京大学教授。1989没。

駱賓基　らくひんき　1917生。中国の作家。1994没。

シュウィンガー，ジュリアン・シーモア　1918生。アメリカの理論物理学者。1994没。

山口淑子　やまぐちよしこ　1920生。昭和時代，平成時代の元・女優，元・歌手。

大松博文　だいまつひろふみ　1921生。昭和時代のバレーボール監督。東京五輪女子バレーボール代表監督，参議院議員。1978没。

ゼッフィレッリ，フランコ　1923生。イタリアの演出家，映画監督。

鴨居羊子　かもいようこ　1925生。昭和時代の服飾デザイナー，随筆家。チュニック社長。1991没。

生松敬三　いきまつけいぞう　1928生。昭和時代の思想史家，哲学者。中央大学文学部教授。1984没。

木村太郎　きむらたろう　1938生。昭和時代，平成時代のジャーナリスト，ニュースキャスター。

植村直己　うえむらなおみ　1941生。昭和時代の登山家，冒険家。1984没。

岡田奈々　おかだなな　1959生。昭和時代，平成時代の女優。

洪明甫　ホンミョンボ　1969生。韓国の元・サッカー選手。

高木虎之介　たかぎとらのすけ　1974生。平成時代のレーシングドライバー。

リッチ，クリスティーナ　1980生。アメリカの女優。

栄倉奈々　えいくらなな　1988生。平成時代の女優。

2月12日

2月13日

○記念日○ 銀行強盗の日
地方公務員法施行記念日
苗字制定記念日

アレアンドロ, ジローラモ　1480生。イタリア人の枢機卿, 人文主義者。1542没。

三好長慶　みよしながよし　1522生。戦国時代の武将。1564没。

阿茶局　あちゃのつぼね　1554生。安土桃山時代, 江戸時代前期の女性。徳川家康の側室。1637没。

アレクサンデル7世　1599生。教皇(在位1655～67)。1667没。

ラバディ, ジャン・ド　1610生。フランスの神学者。1674没。

顕子女王　あきこじょおう　1639生。江戸時代前期の女性。伏見宮貞清親王の第7王女。1676没。

クレビヨン, プロスペール・ジョリヨ・ド　1674生。フランスの悲劇作家。1762没。

ピアッツェッタ, ジョヴァンニ・バッティスタ　1682生。イタリアの画家。1754没。

井伊直定　いいなおさだ　1702生。江戸時代中期の大名。1760没。

ドズリー, ロバート　1703生。イギリスの出版業者。1764没。

ハンター, ジョン　1728生。スコットランドの外科医, 解剖学者。1793没。

バンクス, サー・ジョゼフ　1743生。イギリスの博物学者。1820没。

タレラン-ペリゴール, シャルル・モーリス・ド　1754生。フランスの政治家。1838没。

ドビュクール, フィリベール-ルイ　1755生。フランスの風俗画家, 版画家。1832没。

モルティエ　1768生。フランスの軍人。1835没。

クルイローフ, イワン・アンドレーヴィチ　1769生。ロシアの寓話作家, 劇作家。1844没。

ソル, フェルナンド　1778生。スペインの作曲家, ギター奏者。1839没。

ペーペ　1783生。イタリアの軍人。1855没。

グネージチ, ニコライ・イワノヴィチ　1784生。ロシアの詩人, 翻訳家。1833没。

ブランディス　1790生。ドイツの哲学史家。1867没。

五十嵐文吉　いがらしぶんきち　1805生。江戸時代末期, 明治時代の志士。1881没。

ディリクレ, ペーター・グスタフ・ルジューヌ　1805生。ドイツの数学者。1859没。

バゼーヌ, アシル　1811生。フランスの将軍。1888没。

一条忠香　いちじょうただか　1812生。江戸時代末期の公家。1863没。

白土右門　しらとうもん　1815生。江戸時代, 明治時代の篤学者, 詩人。1881没。

金子重輔　かねこじゅうすけ　1831生。江戸時代末期の江戸藩邸小吏。1855没。

カロ, ハインリヒ　1834生。ドイツの有機化学技術者。1910没。

渋沢栄一　しぶさわえいいち　1840生。明治時代-昭和時代の実業家, 財界人, 子爵。1931没。

チャーチル, ロード・ランドルフ　1849生。イギリスの政治家。1895没。

鈴木舎定　すずきしゃてい　1856生。明治時代の自由民権家, 政治家。自由党幹事・党議員。1884没。

波多野鶴吉　はたのつるきち　1858生。明治時代の実業家。郡是製糸社長。1918没。

内村鑑三　うちむらかんぞう　1861生。明治時代, 大正時代のキリスト教伝道者, 思想家。1930没。

パーヴロフ　1869生。ロシアの歴史家。1908没。

ゴドフスキー, レオポルド　1870生。アメリカのピアニスト, 作曲家。1938没。

シャリアピン, フョードル・イヴァノヴィチ　1873生。ロシアのバス歌手。1938没。

ナイドゥ, サロウジニ　1879生。インドの女流詩人, 社会運動家, 政治家。1949没。

矢吹慶輝　やぶきけいき　1879生。明治時代-昭和時代の宗教学者, 社会事業家。宗教大学教授。1939没。

2月13日

ファージョン, エリナー　1881生。イギリスの童話作家。1965没。
グイラルデス, リカルド　1886生。アルゼンチンの詩人, 小説家。1927没。
河合栄治郎　かわいえいじろう　1891生。大正時代, 昭和時代の社会思想家, 経済学者。東京帝国大学教授。1944没。
ウッド, グラント・デヴォルスン　1892生。アメリカの画家。1942没。
ネグリン, ファン　1892生。スペインの首相兼蔵相(1937〜39)。1956没。
児島善三郎　こじまぜんざぶろう　1893生。大正時代, 昭和時代の洋画家。1962没。
安岡正篤　やすおかまさひろ　1898生。大正時代, 昭和時代の思想家, 陽明学者。1983没。
山階武彦　やましなたけひこ　1898生。明治時代−昭和時代の皇族, 海軍少佐。1987没。
宮本百合子　みやもとゆりこ　1899生。大正時代, 昭和時代の小説家, 評論家。1951没。
徳安実蔵　とくやすじつぞう　1900生。昭和時代の政治家。衆議院議員。1988没。
ハロッド, サー・ロイ　1900生。イギリスの経済学者。1978没。
ラザースフェルト, ポール　1901生。アメリカの社会心理学者。1976没。
佐藤和三郎　さとうわさぶろう　1902生。昭和時代の相場師。合同証券社長。1980没。
平川唯一　ひらかわただいち　1902生。昭和時代のアナウンサー。1993没。
ラスウェル, ハロルド・ドワイト　1902生。アメリカの政治学者。1978没。
シムノン, ジョルジュ　1903生。ベルギー生まれのフランスの小説家。1989没。
唐木順三　からきじゅんぞう　1904生。昭和時代の評論家, 中世文学者。明治大学教授。1980没。
春日正一　かすがしょういち　1907生。昭和時代の政治家。日本共産党幹部会委員, 参議院議員。1995没。
ショックレー, ウィリアム　ブラッドフォード　1910生。アメリカの物理学者。1989没。
ファイズ, ファイズ・アフマド　1911生。パキスタンのウルドゥー語詩人。1984没。
倉金章介　くらかねしょうすけ　1914生。昭和時代の漫画家。1973没。
アウン・サン　1915生。ビルマの政治家, 独立運動指導者。1947没。
吉阪隆正　よしざかたかまさ　1917生。昭和時代の建築家。早稲田大学教授, 首都圏総合開発研究所理事長。1980没。
木原孝一　きはらこういち　1922生。昭和時代の詩人。1979没。
服部達　はっとりたつ　1922生。昭和時代の文芸評論家。1956没。
佐藤さとる　さとうさとる　1928生。昭和時代, 平成時代の児童文学作家。
トリホス　1929生。パナマの軍人, 政治家。1981没。
フランキー堺　ふらんきーさかい　1929生。昭和時代, 平成時代の俳優。大阪芸術大学教授。1996没。
由良君美　ゆらきみよし　1929生。昭和時代, 平成時代の英文学者。東洋英和女学院大学教授, 東京大学教授。1990没。
ウンガロ, エマニュエル　1933生。フランスのファッションデザイナー。
辻静雄　つじしずお　1933生。昭和時代, 平成時代の料理研究家。辻調理師専門学校理事長, 辻製菓専門学校校長。1993没。
ノバク, キム　1933生。アメリカの女優。
小林千登勢　こばやしちとせ　1937生。昭和時代, 平成時代の女優。2003没。
森本レオ　もりもとれお　1943生。昭和時代, 平成時代の俳優。
佐藤B作　さとうびーさく　1949生。昭和時代, 平成時代の俳優, ボードビリアン。
南こうせつ　みなみこうせつ　1949生。昭和時代, 平成時代のシンガーソングライター。
竹宮惠子　たけみやけいこ　1950生。昭和時代, 平成時代の漫画家。
島田洋八　しまだようはち　1951生。昭和時代, 平成時代の漫才師。
中島梓　なかじまあずさ　1953生。昭和時代, 平成時代の小説家, 文芸評論家, 演出家, 脚本家, エッセイスト, 作詞家, 作曲家。
矢野顕子　やのあきこ　1955生。昭和時代, 平成時代のシンガーソングライター, ピアニスト。
出川哲朗　でがわてつろう　1964生。平成時代のタレント。
南原清隆　なんばらきよたか　1965生。平成時代のコメディアン。
ヒロミ　1965生。昭和時代, 平成時代のタレント。
大村直之　おおむらなおゆき　1976生。平成時代のプロ野球選手。

2月14日

○記念日○　チョコレートの日
　　　　　バレンタインデー
　　　　　煮干の日
○忌　日○　祇王忌

智泉　ちせん　789生。平安時代前期の真言宗の僧。825没。
バーブル, ザヒールッディーン・ムハンマド　1483生。インド, ムガル帝国の創始者（在位1526～30）。1530没。
トロッツェンドルフ, ヴァーレンティーン　1490生。ドイツの教育家, プロテスタント系人文主義者。1556没。
フリードリヒ3世　1515生。プファルツ選帝侯。1576没。
マティアス　1557生。ハプスブルク家出身の神聖ローマ皇帝（在位1612～19）。1619没。
承快法親王　しょうかいほうしんのう　1591生。安土桃山時代, 江戸時代前期の後陽成天皇の第2皇子。1610没。
カヴァッリ, ピエル・フランチェスコ　1602生。イタリアのオペラ作曲家。1676没。
大眉性善　だいびしょうぜん　1616生。江戸時代前期の黄檗宗の渡来僧。1673没。
藤堂高堅　とうどうたかかた　1650生。江戸時代前期, 中期の大名。1715没。
クレビヨン, クロード・プロスペール・ジョリヨ・ド　1707生。フランスの小説家。1777没。
永富独嘯庵　ながとみどくしょうあん　1732生。江戸時代中期の医師。1766没。
池田政香　いけだまさか　1741生。江戸時代中期の大名。1768没。
安藤継明　あんどうつぐあき　1747生。江戸時代中期の伊予三河吉田藩家老。1793没。
松平治郷　まつだいらはるさと　1751生。江戸時代中期, 後期の大名。1818没。
モロー, ヴィクトール　1763生。フランスの軍人。1813没。
マルサス, トマス・ロバート　1766生。イギリスの経済学者。1834没。
羽田野敬雄　はたのたかお　1798生。江戸時代末期, 明治時代の国学者, 神官。1882没。
バッチャーニュ・ラヨシュ　1806生。ハンガリーの政治家。責任内閣制の初代首相。1849没。
サルミエント, ドミンゴ・ファウスティノ　1811生。アルゼンチンの政治家, 作家, 教育者。1888没。
ダルゴムイシスキー, アレクサンドル・セルゲエヴィチ　1813生。ロシアの作曲家, ピアニスト。1869没。
村田氏寿　むらたうじひさ　1821生。江戸時代, 明治時代の福井藩士, 官吏。1899没。
坊城伸子　ぼうじょうただこ　1830生。江戸時代後期の女性。孝明天皇の宮人。1850没。
ハンケル　1839生。ドイツの数学者。1873没。
小布施新三郎　おぶせしんざぶろう　1845生。明治時代, 大正時代の実業家, 証券業者。1925没。
上田有沢　うえだありさわ　1850生。明治時代, 大正時代の陸軍人。大将, 男爵。1921没。
清浦奎吾　きようらけいご　1850生。明治時代, 大正時代の官僚, 政治家。貴族院議員, 伯爵。1942没。
ペリー　1850生。イギリスの数学者。1920没。
ガルシン, フセヴォロド・ミハイロヴィチ　1855生。ロシアの小説家。1888没。
ハリス, フランク　1856生。アメリカの文筆家, 法律家。1931没。
トムソン, ジョゼフ　1858生。イギリスの探検家。1895没。
リンドグレン　1860生。アメリカ（スウェーデン生まれ）の地質学者。1939没。
乾新兵衛　いぬいしんべえ　1862生。明治時代-昭和時代の実業家。神戸信託社長。1934没。
パーク, ロバート・E　1864生。アメリカの社会学者。1944没。
野間口兼雄　のまぐちかねお　1866生。明治時代, 大正時代の海軍人。大将, 教育本部長。1943没。
豊田佐吉　とよだささきち　1867生。明治時代, 大正時代の織機発明家。1930没。

ウィルソン，チャールズ・トムソン・リース　1869生。イギリスの物理学者。1959没。
クルプスカヤ　1869生。ソ連の教育家，教育学者。1939没。
グローヴ，フレデリック・フィリップ　1871生。イギリス系カナダの小説家。1948没。
岸辺福雄　きしべふくお　1873生。明治時代–昭和時代の教育者，口演童話家。1958没。
ベルグ　1876生。ソ連邦の地理学者，生物学者。1950没。
ランダウ　1877生。ドイツの数学者。1938没。
ニューランド，ジュリアス・アーサー　1878生。アメリカの化学者。1936没。
広田弘毅　ひろたこうき　1878生。大正時代，昭和時代の外交官，政治家。総理大臣。1948没。
藤原松三郎　ふじわらまつさぶろう　1881生。明治時代–昭和時代の数学者。1946没。
ネイサン，ジョージ　1882生。アメリカの文芸批評家，劇評家。1958没。
木内キヤウ　きうちきょう　1884生。明治時代–昭和時代の教育家，政治家。参議院議員，鳩の家園長。1964没。
影山庄平　かげやましょうへい　1886生。大正時代，昭和時代の超国家主義者。神道修成派権大教正。1945没。
青木正児　あおきまさる　1887生。大正時代，昭和時代の中国文学者。1964没。
ファーブル，リュシヤン　1889生。フランスの詩人，小説家。1952没。
エンゲル，エーリヒ　1891生。ドイツの舞台，映画監督。1966没。
中川一政　なかがわかずまさ　1893生。大正時代，昭和時代の洋画家，随筆家。1991没。
安倍源基　あべげんき　1894生。昭和時代の官僚。内相，警視総監。1989没。
ホルクハイマー，マックス　1895生。西ドイツの社会学者，哲学者。1973没。
徳岡神泉　とくおかしんせん　1896生。昭和時代の日本画家。1972没。
ミルン，エドワード・アーサー　1896生。イギリスの天文学者。1950没。
花菱アチャコ　はなびしあちゃこ　1897生。大正時代，昭和時代の漫才師，喜劇俳優。1974没。
青木均一　あおきんいち　1898生。昭和時代の実業家。東京電力社長。1976没。
マタチッチ，ロヴロ・フォン　1899生。ユーゴスラヴィアの指揮者。1985没。

中井正一　なかいまさかず　1900生。昭和時代の美学者，文化運動家。1952没。
小松摂郎　こまつせつろう　1908生。昭和時代の哲学者。東海大学短期大学部教授。1975没。
クライン，A.M.　1909生。カナダの詩人。1972没。
関野克　せきのまさる　1909生。昭和時代の建築史家。2001没。
高屋窓秋　たかやそうしゅう　1910生。昭和時代，平成時代の俳人。1999没。
ホッファ，ジミー　1913生。アメリカの労働運動家。1975没。
小松崎茂　こまつざきしげる　1915生。昭和時代，平成時代の挿絵画家。2001没。
小林正樹　こばやしまさき　1916生。昭和時代の映画監督。1996没。
有馬頼義　ありまよりちか　1918生。昭和時代の小説家。1980没。
佐竹五三九　さたけごさく　1918生。昭和時代の労働運動家。総評副議長。1977没。
鮎川哲也　あゆかわてつや　1919生。昭和時代，平成時代の推理作家。2002没。
薗部澄　そのべきよし　1921生。昭和時代の写真家。フォトス・ソノベ主宰。1996没。
邦光史郎　くにみつしろう　1922生。昭和時代，平成時代の小説家。1996没。
野村秋介　のむらしゅうすけ　1935生。昭和時代，平成時代の右翼運動家。風の会代表，大悲会会長。1993没。
林与一　はやしよいち　1942生。昭和時代，平成時代の俳優。
ハンス・アダム2世　1945生。リヒテンシュタイン大公（元首）。
大川豊　おおかわゆたか　1962生。昭和時代，平成時代のコメディアン。
河内家菊水丸　かわちやきくすいまる　1963生。昭和時代，平成時代の歌手。
マルシア　1969生。平成時代のタレント，歌手，女優。
酒井法子　さかいのりこ　1971生。昭和時代，平成時代の女優，歌手。
藤島武人　ふじしまたけひと　1972生。平成時代の大相撲年寄，元・力士（大関）。
山田純大　やまだじゅんだい　1973生。平成時代の俳優。

2月14日

2月15日

○記念日○ お菓子の日
　　　　　涅槃会
○忌　日○ 兼好忌
　　　　　西行忌
　　　　　仏忌

一遍　いっぺん　1239生。鎌倉時代後期の時宗の僧。1289没。

無文元選　むもんげんせん　1323生。南北朝時代の臨済宗の僧。1390没。

メネンデス・デ・アビレース　1519生。スペインの航海者。1574没。

秦宗巴　はたそうは　1550生。江戸時代前期の医師。1607没。

ガリレーイ, ガリレーオ　1564生。イタリアの物理学者, 天文学者。1642没。

プレトリウス, ミヒャエル　1571生。ドイツの作曲家, 音楽理論家。1621没。

深見玄岱　ふかみげんたい　1649生。江戸時代前期, 中期の漢学者。1722没。

鳳潭　ほうたん　1659生。江戸時代前期, 中期の華厳宗の学僧。1738没。

ルイ15世　1710生。フランス国王(在位1715〜74)。1774没。

加賀美光章　かがみみつあき　1711生。江戸時代中期の神官, 国学者。1782没。

柿右衛門(7代目)　かきえもん　1711生。江戸時代中期の赤絵磁器の陶工。1764没。

徳川重好　とくがわしげよし　1745生。江戸時代中期の御三卿の一つ清水家の初代当主。1795没。

ハインゼ, ヴィルヘルム　1746生。ドイツの小説家。1803没。

ベンタム, ジェレミー　1748生。イギリスの法学者, 倫理学者, 経済学者。1832没。

ティシュバイン, ハインリヒ・ヴィルヘルム　1751生。ドイツ, ヘッセンの画家。1829没。

コルヴィサール, ジャン-ニコラ　1755生。フランスの医学者。1821没。

ヴォルフ, F.　1759生。ドイツの古典学者。1824没。

成島司直　なるしまもとなお　1778生。江戸時代後期の儒学者, 歌人。1862没。

西原晁樹　にしはらちょうじゅ　1781生。江戸時代後期の国学者, 筑後柳川藩士, 国学師範。1859没。

遠藤高璟　えんどうたかのり　1784生。江戸時代後期の天文暦算家。1864没。

ナヴィエ, クロード　1785生。フランスの工学者。1836没。

スタインウェイ, ヘンリー　1797生。アメリカのピアノ製造家。1871没。

三条実万　さんじょうさねつむ　1802生。江戸時代末期の公家。1859没。

サッター, ジョン・オーガスタス　1803生。アメリカの開拓者。1880没。

戸賀崎熊太郎(3代目)　とがさきくまたろう　1807生。江戸時代末期の剣術師。1865没。

マッコーミック, サイラス　1809生。アメリカの発明家, 実業家。1884没。

脇坂安宅　わきざかやすおり　1809生。江戸時代末期, 明治時代の大名。1874没。

ティファニー, チャールズ　1812生。アメリカの宝石業者。1902没。

ドービニー, シャルル・フランソワ　1817生。フランスの画家, 版画家。1878没。

アンソニー, スーザン・B　1820生。アメリカの女性社会運動家。1906没。

李鴻章　りこうしょう　1823生。中国, 清末の政治家。1901没。

ストーニー, ジョージ・ジョンストン　1826生。アイルランドの物理学者。1911没。

ミッチェル, サイラス・ウィア　1829生。アメリカの医学者, 小説家。1914没。

島地黙雷　しまぢもくらい　1838生。明治時代の僧侶。1911没。

服部撫松　はっとりぶしょう　1841生。明治時代の戯文家, ジャーナリスト。1908没。

石川理紀之助　いしかわりきのすけ　1845生。明治時代の農業指導者, 勧農家。1915没。

ルート, イライヒュー　1845生。アメリカの政治家。1937没。

箕浦勝人　みのうらかつんど　1854生。明治時代, 大正時代の政治家。衆議院副議長。

1929没。

クレッペリン, エーミール 1856生。ドイツの精神医学者。1926没。

和井内貞行 わいないさだゆき 1858生。明治時代,大正時代の養魚事業家。1922没。

ギョーム, シャルル・エドゥアール 1861生。フランスの実験物理学者。1938没。

ホワイトヘッド, A.N. 1861生。イギリスの哲学者,数学者。1947没。

マッキンダー, サー・ハルフォード・ジョン 1861生。イギリスの地理学者。1947没。

伊藤痴遊(初代) いとうちゆう 1867生。明治時代-昭和時代の講釈師,政治家。1938没。

クヌーセン 1871生。デンマークの海洋学者。1949没。

オイラー-ケルピン, ハンス 1873生。ドイツ系スウェーデンの生化学者。1964没。

シャクルトン, サー・アーネスト・ヘンリー 1874生。イギリスの探検家。1922没。

堤清六 つつみせいろく 1880生。明治時代,大正時代の実業家。1931没。

ハーゲスハイマー, ジョーゼフ 1880生。アメリカの小説家。1954没。

バリモア, ジョン 1882生。アメリカの俳優。1942没。

九鬼周造 くきしゅうぞう 1888生。大正時代,昭和時代の哲学者。1941没。

呼出し太郎 よびだしたろう 1888生。大正時代,昭和時代の大相撲呼出し。1971没。

宇垣纏 うがきまとめ 1890生。大正時代,昭和時代の海軍軍人。中将。1945没。

フォレスタル, ジェイムズ 1892生。アメリカの閣僚,初代国防長官。1949没。

アラーニャ 1894生。ブラジルの政治家,外交官。1960没。

平泉澄 ひらいずみきよし 1895生。昭和時代の日本史学者。1984没。

井伏鱒二 いぶせますじ 1898生。昭和時代,平成時代の小説家。1993没。

オーリック, ジョルジュ 1899生。フランスの作曲家。1983没。

内田巌 うちだいわお 1900生。大正時代,昭和時代の洋画家。1953没。

神吉晴夫 かんきはるお 1901生。昭和時代の出版人。光文社社長,日本ジャーナリスト会議副議長。1977没。

更科源蔵 さらしなげんぞう 1904生。昭和時代のアイヌ文化研究家,詩人。1985没。

近藤日出造 こんどうひでぞう 1908生。昭和時代の漫画家。1979没。

吾妻徳穂 あづまとくほ 1909生。大正時代-平成時代の日本舞踊家。吾妻流宗家。1998没。

梅崎春生 うめざきはるお 1915生。昭和時代の小説家。1965没。

小佐野賢治 おさのけんじ 1917生。昭和時代の実業家。国際興行社主。1986没。

久保亮五 くぼりょうご 1920生。昭和時代,平成時代の物理学者。東京大学教授,仁科記念財団理事長。1995没。

斎藤眞 さいとうまこと 1921生。昭和時代,平成時代の政治学者。

カーン 1922生。アメリカの物理学者,数学者,戦略研究家。1983没。

松谷みよ子 まつたにみよこ 1926生。昭和時代,平成時代の児童文学作家。

シュレシンジャー, ジェームズ 1929生。アメリカのエコノミスト。

立川清登 たちかわすみと 1929生。昭和時代の声楽家。バリトン歌手。1985没。

黒田清 くろだきよし 1931生。昭和時代,平成時代のジャーナリスト。2000没。

松下竜一 まつしたりゅういち 1937生。昭和時代,平成時代の小説家。2004没。

近藤正臣 こんどうまさおみ 1942生。昭和時代,平成時代の俳優。

清水章吾 しみずしょうご 1943生。昭和時代,平成時代の俳優。

ホーフスタッター, リチャード 1945生。アメリカの歴史家。1970没。

立川志の輔 たてかわしのすけ 1954生。昭和時代,平成時代の落語家。

浅田美代子 あさだみよこ 1956生。昭和時代,平成時代の女優。

坂トみき さかじょうみき 1959生。昭和時代,平成時代のDJ,司会者,ナレーター。

堀ちえみ ほりちえみ 1967生。昭和時代,平成時代のタレント。

山崎邦正 やまさきほうせい 1968生。昭和時代,平成時代のコメディアン。

セフォー, レイ 1971生。ニュージーランドの格闘家。

2月15日

2月16日

○記念日○　全国狩猟禁止
　　　　　　天気図記念日

オルデリークス・ヴィターリス　1075生。ノルマンディーの修道士。1143没。

熙子内親王　きしないしんのう　1205生。鎌倉時代前期の女性。?没。

日蓮　にちれん　1222生。鎌倉時代後期の僧。1282没。

日向　にこう　1253生。鎌倉時代後期の僧。1314没。

サルターティ, リーノ・コルッチョ　1331生。イタリアの人文主義者。1406没。

メランヒトン, フィーリップ　1497生。ドイツの神学者, 宗教改革者, 教育者。1560没。

レティクス　1514生。オーストリアの数学者, 天文学者。1574没。

コリニー, ガスパール2世, シャティヨン卿　1519生。フランスの提督。1572没。

位子女王　いしじょおう　1529生。戦国時代, 安土桃山時代, 江戸時代前期の女性。伏見宮貞敦親王の王女。1616没。

佐竹義重　さたけよししげ　1547生。安土桃山時代, 江戸時代前期の武将, 常陸太田城主, 義昭の子。1612没。

フリードリヒ・ヴィルヘルム　1620生。ブランデンブルク選帝侯 (在位1640～88)。1688没。

荻生徂徠　おぎゅうそらい　1666生。江戸時代中期の儒者。1728没。

ブーゲール, ピエール　1698生。フランスの天文学者, 数学者。1758没。

ビューロー　1755生。プロシアの軍人。1816没。

ジーボルト, カール・テオドール・エルンスト・フォン　1804生。ドイツの動物学者。1885没。

ホフマン　1805生。ドイツの日本学者。1878没。

モレリ, ジョヴァンニ　1816生。イタリアの政治家, 美術評論家。1891没。

バルト, ハインリヒ　1821生。ドイツの地理学者, 歴史家, 言語学者, アフリカ探検家。1865没。

ゴールトン, サー・フランシス　1822生。イギリスの遺伝学者。1911没。

シェッフェル, ヨーゼフ・ヴィクトーア　1826生。ドイツの詩人, 小説家。1886没。

トムスン, ハンス・ペーテル・ヨルゲン・ユリウス　1826生。デンマークの化学者。1909没。

レスコフ, ニコライ・セミョーノヴィチ　1831生。ロシアの小説家。1895没。

ヘッケル, エルンスト・ハインリヒ　1834生。ドイツの生物学者。1919没。

成島柳北　なるしまりゅうほく　1837生。江戸時代, 明治時代の漢詩人, 随筆家, 新聞記者。1884没。

アダムズ, ヘンリー　1838生。アメリカの歴史家, 小説家。1918没。

ギヨーマン, アルマン　1841生。フランスの印象派画家。1927没。

ビュッヒャー　1847生。ドイツの経済学者, 新歴史学派の代表者。1930没。

能久親王　よしひさしんのう　1847生。江戸時代, 明治時代の皇族, 陸軍軍人。中将。1895没。

ド・フリース, フーゴー　1848生。オランダの植物学者, 遺伝学者。1935没。

ミルボー, オクターヴ　1850生。フランスの小説家, 劇作家, ジャーナリスト。1917没。

小松原英太郎　こまつばらえいたろう　1852生。明治時代, 大正時代の新聞人, 政治家。文部大臣, 枢密顧問官。1919没。

藤沢幾之輔　ふじさわいくのすけ　1859生。明治時代-昭和時代の政治家, 弁護士。衆議院議長。1940没。

シュテーア, ヘルマン　1864生。ドイツの作家。1940没。

長原孝太郎　ながはらこうたろう　1864生。明治時代-昭和時代の洋画家。東京美術学校教授。1930没。

シュミット, ヴィルヘルム　1868生。ドイツの民族学者, カトリックの聖職者, 人類学者。1954没。

高安月郊　たかやすげっこう　1869生。明治時代，大正時代の詩人，劇作家。1944没。

アムンゼン，ロアルド　1872生。ノルウェーの極地探検家。1928没。

三上義夫　みかみよしお　1875生。明治時代-昭和時代の数学史家。東京物理学校教授。1950没。

トレヴェリアン，G.M.　1876生。イギリスの歴史家。1962没。

保井コノ　やすいこの　1880生。大正時代，昭和時代の植物学者。1971没。

フラハティ，ロバート　1884生。アメリカの映画監督。1951没。

安田靫彦　やすだゆきひこ　1884生。明治時代-昭和時代の日本画家。東京芸術大学教授，日本美術院理事長。1978没。

ブルックス，ヴァン・ワイク　1886生。アメリカの評論家。1963没。

トゥハチェフスキー，ミハイル・ニコラエヴィチ　1893生。ソ連の軍人。1937没。

菅原通済　すがはらつうさい　1894生。昭和時代の実業家，文筆家。1981没。

塚原健二郎　つかはらけんじろう　1895生。大正時代，昭和時代の児童文学作家，童話作家。日本児童文学者協会会長。1965没。

有沢広巳　ありさわひろみ　1896生。昭和時代の経済学者，統計学者。法政大学総長，日本学士院院長。1988没。

パンゼラ，シャルル　1896生。フランスのバリトン歌手。1976没。

日高第四郎　ひだかだいしろう　1896生。昭和時代の教育者，官僚。文部省事務次官，国立教育研究所所長。1977没。

ブライロフスキー，アレグザンダー　1896生。ロシアのピアノ演奏家。1976没。

森島守人　もりしまもりと　1896生。大正時代，昭和時代の外交官，政治家。衆院議員。1975没。

野村実　のむらみのる　1901生。昭和時代，平成時代の医師。日本シュワイツァー友の会会長，白十字会村山サナトリウム院長。1996没。

真船豊　まふねゆたか　1902生。昭和時代の劇作家，小説家。1977没。

ケナン，ジョージ　1904生。アメリカの外交官，外交評論家。2005没。

鶴岡政男　つるおかまさお　1907生。昭和時代の洋画家。1979没。

ファンファーニ，アミントーレ　1908生。イタリアの政治家，経済学者。1999没。

熊谷寛夫　くまがいひろお　1911生。昭和時代の物理学者。日本物理学会会長。1977没。

中原淳一　なかはらじゅんいち　1913生。昭和時代の画家，イラストレーター，服飾研究家，雑誌編集者。1983没。

華国鋒　かこくほう　1921生。中国の首相。

荒巻淳　あらまきあつし　1926生。昭和時代のプロ野球コーチ，選手。1971没。

シュレージンガー，ジョン　1926生。イギリスの映画監督。2003没。

大岡信　おおおかまこと　1931生。昭和時代，平成時代の詩人，文芸批評家。

高倉健　たかくらけん　1931生。昭和時代，平成時代の俳優。

哥沢芝金(5代目)　うたざわしばきん　1934生。昭和時代のうた沢節演奏家。1986没。

宮脇檀　みやわきまゆみ　1936生。昭和時代，平成時代の建築家。1998没。

金正日　キムジョンイル　1942生。北朝鮮の政治家。

中部銀次郎　なかべぎんじろう　1942生。昭和時代，平成時代のゴルファー，会社員。2001没。

逸見政孝　いつみまさたか　1945生。昭和時代，平成時代のアナウンサー，司会者。1993没。

梅若六郎(56代目)　うめわかろくろう　1948生。昭和時代，平成時代の能楽師。

多岐川裕美　たきがわゆみ　1951生。昭和時代，平成時代の女優。

マッケンロー，ジョン　1959生。アメリカの元・テニス選手。

伊藤俊人　いとうとしひと　1962生。昭和時代，平成時代の俳優。2002没。

西田尚美　にしだなおみ　1972生。平成時代の女優。

相川七瀬　あいかわななせ　1975生。平成時代の歌手。

オダギリ・ジョー　1976生。平成時代の俳優。

佐伯日菜子　さえきひなこ　1977生。平成時代の女優。

ロッシ，ヴァレンティーノ　1979生。イタリアのオートバイライダー。

香椎由宇　かしいゆう　1987生。平成時代の女優。

2月16日

2月17日

○忌　日○　安吾忌

- コンスタンティヌス1世　272生。ローマ皇帝（在位306～337）。337没。
- 国阿　こくあ　1314生。室町時代の僧。1405没。
- 智久女王　ちくにょおう　1417生。室町時代の女性。?没。
- ブルボン，シャルル・ド　1490生。フランスの軍人。1527没。
- ギーズ，フランソワ，2代公爵　1519生。フランスの将軍。1563没。
- フォンタネー，ジャン・ド　1643生。フランスのイエズス会士。1710没。
- ボワギルベール，ピエール・ル・プザン・ド　1646生。フランスの行政官，経済学者。1714没。
- コレリ，アルカンジェロ　1653生。イタリアの作曲家，ヴァイオリン奏者。1713没。
- カメラリウス，ルドルフ・ヤーコプ　1665生。ドイツの植物学者，医者。1721没。
- クノーベルスドルフ，ゲオルク・ヴェンツェスラウス・フォン　1699生。ドイツの画家，建築家。1753没。
- 朝日丹波　あさひたんば　1705生。江戸時代中期の出雲松江藩家老。1783没。
- 尊乗女王　そんじょうじょおう　1730生。江戸時代中期，後期の女性。中御門天皇の第6皇女。1788没。
- ソシュール，オラス・ベネディクト・ド　1740生。スイスの植物学者，地質学者，登山家。1799没。
- クリンガー，フリードリヒ・マクシミーリアン　1752生。ドイツの小説家，劇作家。1831没。
- 本居大平　もとおりおおひら　1756生。江戸時代中期，後期の国学者。1833没。
- ラエンネック，ルネ・テオフィル・イアサント　1781生。フランスの医師。1826没。
- ベーア，カール・エルンスト・フォン　1792生。ドイツの動物学者。1876没。
- ジーボルト，フィリップ・フランツ・フォン　1796生。ドイツの医者。1866没。
- ビーチィ　1796生。イギリスの海軍軍人，地理学者。1856没。
- キネ，エドガール　1803生。フランスの詩人，歴史家，哲学者，政治家。1875没。
- ヴュタン，アンリ　1820生。ベルギーのヴァイオリン奏者。1881没。
- モンテス，ローラ　1821生。アイルランド生まれの女優・高級娼婦。バイエルン王ルードヴィヒ1世の愛人として知られる。1861没。
- ベッケル，グスタボ・アドルフォ　1836生。スペインの詩人。1870没。
- バイルシュタイン，フリードリヒ・コンラート　1838生。ドイツの化学者。1906没。
- 大島貞益　おおしまさだます　1845生。明治時代の経済学者。1914没。
- ガフキー，ゲオルク・テオドール・アウグスト　1850生。ドイツの細菌学者。1918没。
- ヴルフリツキー，ヤロスラフ　1853生。チェコの詩人。1912没。
- クルップ，フリードリヒ・アルフレート　1854生。ドイツの製鉄業主。1902没。
- 村雲日栄　むらくもにちえい　1855生。明治時代，大正時代の尼僧。1920没。
- 市島謙吉　いちじまけんきち　1860生。明治時代－昭和時代の政治家，随筆家。読売新聞主筆，日本図書館協会会長。1944没。
- 都筑馨六　つづきけいろく　1861生。江戸時代，明治時代の内務官僚。男爵，貴族院議員。1923没。
- グロッツ　1862生。フランスの歴史家。1935没。
- 呉秀三　くれしゅうぞう　1865生。明治時代－昭和時代の精神病医師，医史学者。東京帝国大学教授。1932没。
- トレルチュ，エルンスト　1865生。ドイツのプロテスタント神学者，歴史哲学者。1923没。
- 尾高次郎　おだかじろう　1866生。明治時代，大正時代の銀行資本家。1920没。
- 山崎朝雲　やまざきちょううん　1867生。明治時代－昭和時代の彫刻家。1954没。
- ガポーン，ゲオールギイ・アポローノヴィチ　1870生。ロシア正教会の神父，労働組合運動家。1906没。

2月17日

小野塚喜平次　おのづかきへいじ　1871生。明治時代–昭和時代の政治学者。法学博士, 東京帝国大学教授, 貴族院議員。1944没。

ドゥチッチ, ヨヴァン　1871生。セルビア(ユーゴスラビア)の詩人, 外交官。1943没。

島崎藤村　しまざきとうそん　1872生。明治時代–昭和時代の詩人, 小説家。1943没。

マジノ, アンドレ　1877生。フランスの政治家, マジノ線の提案者。1932没。

前田米蔵　まえだよねぞう　1882生。大正時代, 昭和時代の政治家。衆議院議員。1954没。

グァルディーニ, ロマーノ　1885生。ドイツのカトリック神学者, 哲学者。1968没。

シュターン, オットー　1888生。ドイツ系のアメリカの物理学者。1969没。

ノックス, ロナルド　1888生。イギリスのカトリック神学者。1957没。

フィッシャー, サー・ロナルド・エイルマー　1890生。イギリスの統計学者, 遺伝学者。1962没。

ヴェンツェル　1898生。アメリカ(ドイツ系)の物理学者。1978没。

櫛田フキ　くしだふき　1899生。昭和時代の女性運動家。2001没。

小林中　こばやしあたる　1899生。昭和時代の実業家, 財界人。アラビア石油相談役, 日本開発銀行初代総裁。1981没。

梶井基次郎　かじいもとじろう　1901生。昭和時代の小説家。1932没。

アンダーソン, マリアン　1902生。アメリカの黒人アルト歌手。1993没。

白洲次郎　しらすじろう　1902生。昭和時代の実業家。帝国水産統制会理事, 貿易庁長官。1985没。

中村鴈治郎(2代目)　なかむらがんじろう　1902生。明治時代–昭和時代の歌舞伎役者。1983没。

サデク・ヘダーヤト　1903生。イランの作家。1951没。

松尾静磨　まつおしずま　1903生。昭和時代の実業家, 運輸官僚。日本航空社長, 航空保安庁長官。1972没。

和田博雄　わだひろお　1903生。昭和時代の官僚, 政治家。社会党副委員長, 参院議員。1967没。

モーゲンソー　1904生。ドイツ生まれのアメリカの国際政治学者。1980没。

永瀬清子　ながせきよこ　1906生。昭和時代, 平成時代の詩人。「女人随筆」主宰。1995没。

プラサ・ラソ, ガロ　1906生。エクアドルの政治家, 外交官。

小林宏治　こばやしこうじ　1907生。昭和時代, 平成時代の実業家。日本電気会長。1996没。

レーボヴィッツ, ルネ　1913生。ポーランド生まれのフランスの作曲家, 理論家, 指揮者。1972没。

黄長燁　ファンジャンヨプ　1923生。朝鮮出身の思想家, 政治家。

岡本喜八　おかもときはち　1924生。昭和時代, 平成時代の映画監督。2005没。

渡辺清　わたなべきよし　1925生。昭和時代の作家, 反戦運動家。わだつみ会常任理事・事務局長。1981没。

菊地昌典　きくちまさのり　1930生。昭和時代, 平成時代のソ連史学者。東京大学教授, 千葉敬愛短期大学学長。1997没。

二階俊博　にかいとしひろ　1939生。昭和時代, 平成時代の政治家, 衆院議員。

竹脇無我　たけわきむが　1944生。昭和時代, 平成時代の俳優。

乙川優三郎　おとかわゆうざぶろう　1953生。昭和時代, 平成時代の作家。

ルッソ, レネ　1954生。アメリカの女優。

ジョーダン, マイケル　1963生。アメリカの元・バスケットボール選手。

吹越満　ふきこしみつる　1965生。昭和時代, 平成時代の俳優。

岸谷香　きしたにかおり　1967生。昭和時代, 平成時代の歌手。

舞の海秀平　まいのうみしゅうへい　1968生。昭和時代, 平成時代のタレント, 相撲解説者, 元・力士(小結)。

キャンデローロ, フィリップ　1972生。フランスのプロスケーター, 元・フィギュアスケート選手。

YUKI　ゆき　1972生。平成時代のミュージシャン。

ヒルトン, パリス　1981生。アメリカのモデル, 女優。

2月18日

○記念日○ エアメールの日
　　　　　嫌煙運動の日
　　　　　冥王星の日
○忌　日○ かの子忌
　　　　　元政忌

勝賢　しょうけん　1138生。平安時代後期, 鎌倉時代前期の真言宗の僧。1196没。

金光房　こんこうぼう　1155生。平安時代後期, 鎌倉時代前期の浄土宗の僧。1217没。

トゥースィー, ナスィーロッディーン　1201生。イランの哲学者, 天文学者, 政治家。1274没。

後堀河天皇　ごほりかわてんのう　1212生。鎌倉時代前期の第86代の天皇。1234没。

セルカンビ, ジョヴァンニ　1347生。イタリアの小説家, 年代記作家。1424没。

アルベルティ, レオン・バッティスタ　1404生。イタリアの建築家, 芸術理論家, 人文主義者。1472没。

聖観　しょうかん　1414生。室町時代の僧。1479没。

メアリー1世　1516生。イギリス, チューダー朝の女王(在位1553～58)。1558没。

カゾーボン, イザーク　1559生。フランスの古典学者。1614没。

クラレンドン, エドワード・ハイド, 初代伯爵　1609生。イギリスの政治家。1674没。

レーディ, フランチェスコ　1626生。イタリアの医師, 博物学者, 詩人。1697没。

ヴィターリ, ジョヴァンニ・バッティスタ　1632生。イタリアの音楽家。1692没。

サン-ピエール, シャルル・イレネ・カステル・ド　1658生。フランスの著述家。1743没。

ロラン・ド・ラ・プラティエール, ジャン・マリー　1734生。フランスの政治家。1793没。

ヴォルタ, アレッサンドロ　1745生。イタリアの物理学者。1827没。

藤田幽谷　ふじたゆうこく　1774生。江戸時代後期の儒学者, 水戸藩士, 彰考館総裁立原翠軒門下。1826没。

ガーティン, トマス　1775生。イギリスの水彩風景画家。1802没。

ホール, マーシャル　1790生。イギリスの生理学者。1857没。

ピーボディ, ジョージ　1795生。アメリカの実業家, 慈善家。1869没。

門田樸斎　もんでんぼくさい　1797生。江戸時代末期, 明治時代の漢詩人, 備後福山藩儒。1873没。

ヨーカイ・モール　1825生。ハンガリーの小説家。1904没。

マッハ, エルンスト　1838生。オーストリアの物理学者, 哲学者。1916没。

ティファニー, ルイス・カムフォート　1848生。アメリカの工芸家。1933没。

朝吹英二　あさぶきえいじ　1849生。明治時代の実業家。1918没。

ヒェラン, アレクサンデル　1849生。ノルウェーの小説家。1906没。

有坂成章　ありさかなりあきら　1852生。明治時代の陸軍軍人。中尉。1915没。

高村光雲　たかむらこううん　1852生。明治時代－昭和時代の彫刻家。東京美術学校教授。1934没。

下山順一郎　しもやまじゅんいちろう　1853生。明治時代の薬学者。日本薬剤師会初代会長, 東京薬学会副会頭。1912没。

フェノロサ, アーネスト　1853生。アメリカの哲学者, 日本美術研究家。1908没。

フロート　1854生。オランダの中国学者。1921没。

クリンガー, マックス　1857生。ドイツの版画家, 画家, 彫刻家。1920没。

ショレム・アレイヘム　1859生。イディシュ(近代ユダヤ語)の作家。1916没。

原嘉道　はらよしみち　1867生。明治時代－昭和時代の弁護士, 政治家。法務大臣, 中央大学総長, 法学博士。1944没。

小川芋銭　おがわうせん　1868生。明治時代－昭和時代の画家。1938没。

松居松翁　まついしょうおう　1870生。明治時代, 大正時代の劇作家。1933没。

松永和風（4代目） まつながわふう　1874生。明治時代–昭和時代の長唄唄方。1962没。

佐藤義亮　さとうぎりょう　1878生。明治時代–昭和時代の出版人。富士印刷社長。1951没。

嶋中雄三　しまなかゆうぞう　1880生。大正時代,昭和時代の社会運動家。社会民衆党中央執行委員,東京市議会議員。1940没。

カザンザキス,ニコス　1883生。ギリシアの詩人,小説家,劇作家。1957没。

吉川守圀　よしかわもりくに　1883生。明治時代–昭和時代の社会主義者。1939没。

ワーゲマン　1884生。チリ生まれのドイツの経済学者,統計学者。1956没。

ローランス,アンリ　1885生。フランスの彫刻家。1954没。

市河三喜　いちかわさんき　1886生。大正時代,昭和時代の英語学者。1970没。

奥村土牛　おくむらどぎゅう　1889生。大正時代,昭和時代の日本画家。1990没。

ウィルキー,ウェンデル　1892生。アメリカの実業家,政治家。1944没。

ネフスキー,ニコライ・アレクサンドロヴィチ　1892生。ソ連の東洋学者。1937没。

大熊信行　おおくまのぶゆき　1893生。大正時代,昭和時代の経済学者,歌人。1977没。

チモシェンコ,セミョーン・コンスタンチノヴィチ　1895生。ソ連の陸軍軍人。1970没。

ブルトン,アンドレ　1896生。フランスの詩人。1966没。

岡田時彦　おかだときひこ　1903生。大正時代,昭和時代の映画俳優。1934没。

ポドゴルヌイ,ニコライ・ヴィクトロヴィチ　1903生。ソ連の政治家。1983没。

加東大介　かとうだいすけ　1911生。昭和時代の俳優。1975没。

児玉誉士夫　こだまよしお　1911生。昭和時代の右翼運動家,実業家。ロッキード航空機会社秘密代理人。1984没。

ニコラーエワ,ガリーナ・エヴゲニエヴナ　1911生。ソ連の女流小説家。1963没。

ヴァロ,マールクス・テレンティウス　1915生。ローマの百科全書的著作家。1971没。

ホヴェイダー　1919生。イランの政治家。1979没。

鈴木均　すずきひとし　1922生。昭和時代の評論家,ジャーナリスト。1998没。

越路吹雪　こしじふぶき　1924生。昭和時代の歌手,女優。1980没。

陳舜臣　ちんしゅんしん　1924生。昭和時代,平成時代の小説家。

田沼武能　たぬまたけよし　1929生。昭和時代,平成時代の写真家。

福島正実　ふくしままさみ　1929生。昭和時代の小説家,評論家。1976没。

モリソン,トニ　1931生。アメリカの作家,編集者。

フォアマン,ミロス　1932生。アメリカの映画監督。

オノ・ヨーコ　1933生。昭和時代,平成時代の音楽家,前衛芸術家。

佐田の山晋松　さだのやましんまつ　1938生。昭和時代の元・力士（第50代横綱）。

中村敦夫　なかむらあつお　1940生。昭和時代,平成時代の俳優,作家,脚本家,情報番組キャスター,政治家。

須賀勇介　すがゆうすけ　1942生。昭和時代,平成時代のヘアデザイナー。「スガ・サロン」主宰。1990没。

奥村チヨ　おくむらちよ　1947生。昭和時代,平成時代の歌手。

ロペス,カルロス　1947生。ポルトガルのマラソン選手。

山本一力　やまもといちりき　1948生。昭和時代,平成時代の小説家。

陳水扁　ちんすいへん　1951生。台湾の政治家。

トラボルタ,ジョン　1954生。アメリカの俳優。

影山ヒロノブ　かげやまひろのぶ　1961生。昭和時代,平成時代の歌手。

ディロン,マット　1964生。アメリカの俳優。

斎藤雅樹　さいとうまさき　1965生。昭和時代,平成時代のプロ野球コーチ,元・プロ野球選手。

馳星周　はせせいしゅう　1965生。昭和時代,平成時代の推理作家。

バッジョ,ロベルト　1967生。イタリアの元・サッカー選手。

ティモシェンコ,アレクサンドラ　1972生。ウクライナの新体操選手。

中村一義　なかむらかずよし　1975生。平成時代のミュージシャン。

2月18日

2月19日

○記念日○　プロレスの日
　　　　　　万国郵便連合加盟記念日

源翁心昭　げんのうしんしょう　1329生。南北朝時代,室町時代の曹洞宗の僧。1400没。
コペルニクス,ニコラウス　1473生。ポーランドの天文学者。1543没。
バイフ,ジャン-アントワーヌ・ド　1532生。フランスの詩人。1589没。
クレースル,メルヒオル　1552生。オーストリアの聖職者。1630没。
井伊直政　いいなおまさ　1561生。安土桃山時代の大名。1602没。
九条幸家　くじょうゆきいえ　1586生。江戸時代前期の公家。1665没。
戴曼公　たいまんこう　1596生。江戸時代前期の明からの渡来医。1672没。
後藤程乗　ごとうていじょう　1603生。江戸時代前期の装剣金工家。1673没。
脇坂安政　わきざかやすまさ　1633生。江戸時代前期の大名。1694没。
ホフマン,フリードリヒ　1660生。ドイツの医学者。1742没。
アレクセイ2世　1690生。ロシア皇太子。1718没。
ギャリック,デイヴィッド　1717生。イギリスの俳優。1779没。
カンバランド,リチャード　1732生。イギリスの劇作家。1811没。
ボッケリーニ,ルイージ　1743生。イタリアの作曲家,チェリスト。1805没。
モンティ,ヴィンチェンツォ　1754生。イタリアの詩人,劇作家。1828没。
賀藤清右衛門　かとうせいえもん　1768生。江戸時代後期の林政家。1834没。
フェアベアン,サー・ウィリアム　1789生。イギリスの技術家。1874没。
マーチソン,サー・ロデリック・インピー　1792生。イギリスの地質学者。1871没。
亀井小琴　かめいしょうきん　1798生。江戸時代末期の女性。漢詩人。1857没。
吉川忠行　きっかわただゆき　1799生。江戸時代末期の出羽秋田藩士。1864没。

ライヒ,フェルディナンド　1799生。ドイツの化学者,物理学者。1882没。
間部詮勝　まなべあきかつ　1804生。江戸時代,明治時代の鯖江藩主。1884没。
ロキタンスキ,カール,男爵　1804生。オーストリアの病理学者。1878没。
クラシンスキ,ジグムント　1812生。ポーランドのロマン主義文学者。1859没。
萩原広道　はぎわらひろみち　1815生。江戸時代末期の国学者。1864没。
平山省斎　ひらやませいさい　1815生。江戸時代,明治時代の幕臣。1890没。
ウィレム3世　1817生。ネーデルラント国王(在位1849～90)。1890没。
シュライヒャー,アウグスト　1821生。ドイツの言語学者。1868没。
ミケル　1828生。ドイツの政治家。1901没。
熾仁親王　たるひとしんのう　1835生。江戸時代,明治時代の皇族。参謀総長。1895没。
ペドレル,フェリペ　1841生。スペインの音楽学者,作曲家。1922没。
パッティ,アデリーナ　1843生。イタリアのソプラノ歌手。1919没。
クレルモン・ガノー　1846生。フランスの考古学者,東洋学者。1923没。
ベルンハイム　1850生。ドイツの歴史家。1942没。
シュタムラー　1856生。ドイツの法哲学者。1938没。
アレニウス,スヴァンテ・アウグスト　1859生。スウェーデンの化学者,物理学者。1927没。
ハーカー　1859生。イギリスの岩石学者,地質学者。1939没。
岡野知十　おかのちじゅう　1860生。明治時代-昭和時代の俳人。1932没。
レギーア　1863生。ペルーの大統領(1919～30)。1932没。
小堀鞆音　こぼりともと　1864生。明治時代,大正時代の日本画家。1931没。
鈴木荘六　すずきそうろく　1865生。明治時代-昭和時代の陸軍軍人。大将。1940没。

ヘディン, スヴェン・アンデシュ　1865生。スウェーデンの地理学者, 探検家。1952没。

ホフマン, ヨーゼフ　1870生。オーストリアの建築家。1956没。

ブランクーシ, コンスタンティン　1876生。ルーマニアの彫刻家。1957没。

オブレゴン, アルバロ　1880生。メキシコ革命指導者, 大統領(1920～24)。1928没。

戸張孤雁　とばりこがん　1882生。明治時代, 大正時代の彫刻家, 版画家, 挿絵画家。1927没。

デイヴィス, クレメント　1884生。イギリスの政治家。1962没。

小畑敏四郎　おばたとししろう　1885生。明治時代–昭和時代の陸軍軍人。中将, 国務大臣。1947没。

リベーラ, ホセ・エウスタシオ　1889生。コロンビアの詩人, 小説家。1928没。

橋本欣五郎　はしもときんごろう　1890生。大正時代, 昭和時代の陸軍軍人, 政治家。大佐, 衆議院議員(無所属倶楽部)。1957没。

パンクラーツィ, ピエートロ　1893生。イタリアの評論家。1952没。

南喜一　みなみきいち　1893生。大正時代, 昭和時代の労働運動家, 実業家。日本国策パルプ工業社長。1970没。

オレーシャ, ユーリー・カルロヴィチ　1899生。ソ連の作家。1960没。

菊井維大　きくいつなひろ　1899生。昭和時代, 平成時代の法学者。1991没。

フォンターナ, ルーチョ　1899生。イタリアの画家, 彫刻家。1968没。

鶴田知也　つるたともや　1902生。昭和時代の小説家。「農業・農民」編集長。1988没。

ブラッタン, ウォルター・ハウザー　1902生。アメリカの物理学者。1987没。

ボイル, ケイ　1902生。アメリカの女流小説家・詩人。1992没。

武田文吾　たけだぶんご　1907生。大正時代, 昭和時代の調教師, 騎手。日本調教師会会長。1986没。

白木茂　しらきしげる　1910生。昭和時代の児童文学翻訳家, 児童文学作家。1977没。

関野英夫　せきのひでお　1910生。昭和時代の軍事評論家。(財)史料調査会会長。1994没。

ケントン, スタン　1912生。アメリカのジャズ楽団指揮者, 作曲, 編曲家。1979没。

ルドニツキ, アドルフ　1912生。ユダヤ系ポーランドの小説家。1990没。

アーキャロ, エディー　1916生。アメリカの騎手。1997没。

ズオン・ヴァン・ミン　1916生。ベトナム共和国の軍人, 政治家。2001没。

峠三吉　とうげさんきち　1917生。昭和時代の詩人。広島青年文化連盟委員長。1953没。

マカラーズ, カーソン　1917生。アメリカの女流小説家。1967没。

砂原美智子　すなはらみちこ　1923生。昭和時代の声楽家。昭和音楽大学教授。1987没。

マービン, リー　1924生。アメリカの映画俳優。1987没。

フランケンハイマー, ジョン　1930生。アメリカの映画監督。2002没。

ウラジーモフ, ゲオールギー・ニコラエヴィチ　1931生。ソ連の作家。2003没。

ニヤゾフ, サパルムラド　1940生。トルクメニスタンの初代大統領。2006没。

藤岡弘、　ふじおかひろし　1946生。昭和時代, 平成時代の俳優。

財津和夫　ざいつかずお　1948生。昭和時代, 平成時代のシンガー・ソングライター。

貴ノ花利彰　たかのはなとしあき　1950生。昭和時代の元・力士(大関)。2005没。

村上龍　むらかみりゅう　1952生。昭和時代, 平成時代の小説家。

ソクラテス　1954生。ブラジルの医師, サッカー監督, 元・サッカー選手。

如月小春　きさらぎこはる　1956生。昭和時代, 平成時代の劇作家, 演出家。2000没。

マンドリコワ, ハナ　1962生。オーストラリアの元・テニス選手。

華丸裕英　やくまるひろひで　1966生。昭和時代, 平成時代のタレント。

森且行　もりかつゆき　1974生。平成時代のオートレーサー, 元・タレント。

琴欧洲勝紀　ことおうしゅうかつのり　1983生。ブルガリア出身の力士(大関)。

中島美嘉　なかしまみか　1983生。平成時代の歌手, 女優。

2月19日

2月20日

○記念日○ 歌舞伎の日
普通選挙の日
旅券の日
○忌　日○ 多喜二忌
鳴雪忌

蘇轍　そてつ　1039生。中国，北宋の文学者。1112没。

マルティヌス5世　1368生。教皇（在位1417～31）。1431没。

カイェターヌス，ヤコーブス　1469生。ルネサンスの神学者，ドミニコ会修道士。1534没。

庭田重通　にわだしげみち　1547生。安土桃山時代の公卿。1598没。

リオラン　1580生。フランスの解剖学者，生理学者。1657没。

リーズ，トマス・オズボーン，公爵　1632生。イギリスの政治家。1712没。

ボルコフ　1729生。ロシアの劇団組織者，俳優。1763没。

フォス，ヨハン・ハインリヒ　1751生。ドイツの詩人，翻訳家。1826没。

青柳種信　あおやぎたねのぶ　1766生。江戸時代中期，後期の国学者，筑前福岡藩士。1836没。

ベリオ，シャルル・オーギュスト・ド　1802生。ベルギーのヴァイオリン奏者，作曲家。1870没。

後藤碩田　ごとうせきでん　1805生。江戸時代，明治時代の国学者。1882没。

ドーミエ，オノレ　1808生。フランスの画家，版画家。1879没。

ジェファソン，ジョーゼフ　1829生。イギリス系のアメリカの俳優。1905没。

ハート　1834生。イギリスの外交官。1911没。

ラーマクリシュナ　1834生。インドの宗教家。1886没。

井原応輔　いはらおうすけ　1842生。江戸時代末期の志士。1865没。

ボルツマン，ルートヴィヒ・エドゥアルト　1844生。オーストリアの物理学者。1906没。

ムンカーチ・ミハーイ　1844生。ハンガリーの画家。1900没。

古川太四郎　ふるかわたしろう　1845生。明治時代の盲唖教育者。大阪盲唖院院長。1907没。

小野梓　おのあずさ　1852生。明治時代の政治家，法学者。太政官少書記官。1886没。

ガーリン-ミハイロフスキー，ニコライ・ゲオルギエヴィチ　1852生。ロシアの作家。1906没。

山崎弁栄　やまざきべんねい　1859生。明治時代，大正時代の僧。1920没。

ジェンクス　1861生。イギリスの法学者，政治学者。1939没。

中村太八郎　なかむらたはちろう　1868生。明治時代－昭和時代の社会運動家。1935没。

ジャッド　1873生。インド生まれのアメリカの心理学者，教育学者。1946没。

ガーデン，メアリ　1874生。イギリスのソプラノ歌手。1967没。

ハルトマン，ニコライ　1882生。ドイツの哲学者。1950没。

志賀直哉　しがなおや　1883生。大正時代，昭和時代の小説家。1971没。

片上伸　かたがみのぶる　1884生。大正時代の文芸評論家，ロシア文学者。早稲田大学文学部教授。1928没。

杉道助　すぎみちすけ　1884生。大正時代，昭和時代の実業家，財界人。八木商店社長，大阪商工会議所会頭。1964没。

辻永　つじひさし　1884生。明治時代－昭和時代の洋画家。日展理事長。1974没。

石川啄木　いしかわたくぼく　1886生。明治時代の歌人，詩人。1912没。

石田礼助　いしだれいすけ　1886生。昭和時代の実業家。国鉄総裁，三井物産代表取締役。1978没。

アイスラー　1887生。ドイツの政治家。1968没。

マッシー，ヴィンセント　1887生。カナダの政治家，外交官。1967没。

2月20日

ベルナノス, ジョルジュ　1888生。フランスの小説家。1948没。

ランバート, デイム・マリー　1888生。ポーランド生まれのイギリスの舞踊家。1982没。

川西竜三　かわにしりょうぞう　1892生。大正時代, 昭和時代の実業家。1955没。

左卜全　ひだりぼくぜん　1894生。昭和時代の俳優。1971没。

山本懸蔵　やまもとけんぞう　1895生。大正時代, 昭和時代の労働運動家。1942没。

松田喜一　まつだきいち　1899生。大正時代, 昭和時代の部落解放運動家。1965没。

間宮茂輔　まみやもすけ　1899生。大正時代, 昭和時代の小説家。1975没。

アイリング, ヘンリー　1901生。アメリカの物理化学者。1981没。

カーン, ルイス・イザドア　1901生。アメリカの建築家。1974没。

ナギーブ, ムハンマド　1901生。エジプトの軍人, 初代大統領。1984没。

アダムス, アンセル　1902生。アメリカの写真家。1984没。

望月太左衛門(9代目)　もちづきたざえもん　1902生。大正時代, 昭和時代の歌舞伎囃方。1946没。

コスイギン, アレクセイ・ニコラエヴィチ　1904生。ソ連の政治家, 首相。1980没。

武藤富男　むとうとみお　1904生。昭和時代, 平成時代の官僚, 教育家。東京神学大学理事長。1998没。

本庄陸男　ほんじょうむつお　1905生。昭和時代の小説家, 教育評論家。1939没。

デュボス, ルネ・ジュール　1906生。アメリカの細菌学者, 実験病理学者。1982没。

セルゲーエフ　1910生。ソ連の舞踊家, 振付師。1992没。

山本幸一　やまもとこういち　1910生。昭和時代の労働運動家, 政治家。衆院議員。1996没。

山本茂実　やまもとしげみ　1917生。昭和時代, 平成時代の小説家。1998没。

本島等　もとしまひとし　1922生。昭和時代, 平成時代の長崎市長。

バーナム, フォーブズ　1923生。ガイアナの政治家。1985没。

栃錦清隆　とちにしききよたか　1925生。昭和時代の力士(第44代横綱)。1990没。

ラ・グーマ, アレックス　1925生。南アフリカの小説家。1985没。

浅香光代　あさかみつよ　1928生。昭和時代, 平成時代の女優。

黛敏郎　まゆずみとしろう　1929生。昭和時代, 平成時代の作曲家。日本作曲家協議会会長, 日本音楽著作権協会会長。1997没。

ブラトヴィチ, ミオドラグ　1930生。ユーゴスラヴィア(ツルナ・ゴーラ系)の小説家。1991没。

藤木英雄　ふじきひでお　1932生。昭和時代の刑法学者。東京大学教授。1977没。

高松次郎　たかまつじろう　1936生。昭和時代, 平成時代の美術家。1998没。

長嶋茂雄　ながしましげお　1936生。昭和時代, 平成時代の元・プロ野球監督。

山藤章二　やまふじしょうじ　1937生。昭和時代, 平成時代のイラストレーター。

アントニオ猪木　あんとにおいのき　1943生。昭和時代, 平成時代の格闘技プロデューサー, 元・プロレスラー。

林望　はやしのぞむ　1949生。昭和時代, 平成時代の作家, エッセイスト。

志村けん　しむらけん　1950生。昭和時代, 平成時代のコメディアン。

ブラウン, ゴードン　1951生。イギリスの首相, 英国労働党党首。

美内すずえ　みうちすずえ　1951生。昭和時代, 平成時代の漫画家。

有田芳生　ありたよしふ　1952生。昭和時代, 平成時代のジャーナリスト, ノンフィクション作家。

真島昌利　ましままさとし　1962生。昭和時代, 平成時代のギタリスト, ロック歌手。

クロフォード, シンディ　1966生。アメリカのファッションモデル, 女優。

コバーン, カート　1967生。アメリカのロック歌手。1994没。

いしのようこ　いしのようこ　1968生。昭和時代, 平成時代の女優。

ブライアン　1975生。アメリカの歌手(バックストリート・ボーイズ)。

森田剛　もりたごう　1979生。平成時代のタレント, 歌手, 俳優。

小出恵介　こいでけいすけ　1984生。平成時代の俳優。

ジュリア　1985生。ロシアの歌手(t.A.T.u.)。

2月21日

○記念日○ 食糧管理法公布記念日
日刊新聞創刊の日

大内持世　おおうちもちよ　1394生。室町時代の武将，周防・長門・豊前の守護。1441没。
ルートウィヒ9世(富裕公)　1417生。バイエルン=ランツフート公(在位1450～79)。1479没。
ヨアヒム1世　1484生。ブランデンブルク選挙侯(在位1499～1535)。1535没。
山科言緒　やましなときお　1577生。安土桃山時代，江戸時代前期の公家。1620没。
デザルグ，ジラール　1593生。フランスの数学者。1661没。
宣如　せんにょ　1604生。江戸時代前期の浄土真宗の僧。1658没。
モンテクッコリ　1609生。イタリア系のオーストリアの軍人。1680没。
王翬　おうき　1632生。中国，清代の画家。1717没。
ピョートル3世　1728生。ロシアの皇帝(在位1762.1.～7.)。1762没。
ザヴィニー，フリードリヒ・カール・フォン　1779生。ドイツの歴史法学派の創始者。1861没。
ファルンハーゲン・フォン・エンゼ　1785生。ドイツの作家。1858没。
チェルニー，カール　1791生。オーストリアのピアニスト，教育家，作曲家。1857没。
サンタ・アナ，アントニオ・ロペス・デ　1794生。メキシコの軍人，政治家，大統領。1876没。
仁孝天皇　にんこうてんのう　1800生。江戸時代後期の第120代の天皇。1846没。
ニューマン，ジョン・ヘンリー　1801生。アングリカン・チャーチのオックスフォード運動指導者。1890没。
山田方谷　やまだほうこく　1805生。江戸時代末期，明治時代の儒学者。1877没。
メッソニエ，ジャン-ルイ-エルネスト　1815生。フランスの画家。1891没。
ソリーリャ，ホセ　1817生。スペインの劇作家，詩人。1893没。
スクリブナー，チャールズ　1821生。アメリカの実業家。1871没。
ドリーブ，クレマン・フィリベール・レオ　1836生。フランスの作曲家。1891没。
チェフ，スヴァトプルク　1846生。チェコスロバキアの詩人，小説家。1908没。
日比谷平左衛門　ひびやへいざえもん　1848生。明治時代，大正時代の実業家。日清紡績会長。1921没。
末広鉄腸　すえひろてっちょう　1849生。明治時代のジャーナリスト，小説家。衆議院議員。1896没。
マシューズ，ブランダー　1852生。アメリカの文芸評論家。1929没。
松村雄之進　まつむらゆうのしん　1852生。明治時代，大正時代の政治家。衆議院議員，北海道宗谷支庁長。1921没。
ベルラーヘ，ヘンドリック・ペトルス　1856生。オランダの建築家。1934没。
中島力造　なかじまりきぞう　1858生。明治時代，大正時代の倫理学者。東京帝国大学教授。1918没。
ランズベリー，ジョージ　1859生。イギリスの政治家。1940没。
神戸挙一　かんべきょいち　1862生。明治時代，大正時代の実業家。東京電灯社長。1926没。
ヴァッセルマン，アウグスト・パウル・フォン　1866生。ドイツの細菌学者。1925没。
ジェミエ，フィルマン　1869生。フランスの俳優，演出家。1933没。
落合謙太郎　おちあいけんたろう　1870生。明治時代，大正時代の外交官。駐伊大使。1926没。
横山源之助　よこやまげんのすけ　1871生。明治時代の社会問題研究家。1915没。
ガリグー-ラグランジュ，レジナル　1877生。フランスの神学者，哲学者。1964没。
橋口五葉　はしぐちごよう　1880生。明治時代，大正時代の洋画家，版画家。1921没。
ボンゼルス，ヴァルデマル　1881生。ドイツの作家。1952没。

ボガーダス　1882生。アメリカの社会学者。1973没。

川村花菱　かわむらかりょう　1884生。大正時代, 昭和時代の劇作家, 演出家。1954没。

ギトリ, サッシャ　1885生。フランスの俳優, 劇作家。1957没。

阿南惟幾　あなみこれちか　1887生。昭和時代の陸軍軍人。大将。1945没。

北沢新次郎　きたざわしんじろう　1887生。大正時代, 昭和時代の経済学者。早稲田大学教授, 東京経済大学学長。1980没。

エスティガリビア, ホセ・フェリックス　1888生。パラグアイの軍人, 政治家, 大統領(1939〜40)。1940没。

サリヴァン, ハリ・スタック　1892生。アメリカの精神医学者。1949没。

セゴヴィア, アンドレス　1893生。スペインのギタリスト。1987没。

神田茂　かんだしげる　1894生。大正時代, 昭和時代の天文学者。日本天文研究会会長。1974没。

ダム, カール・ペーター・ヘンリック　1895生。デンマークの生化学者。1976没。

永田耕衣　ながたこうい　1900生。昭和時代, 平成時代の俳人。「琴座」主宰。1997没。

藤野忠次郎　ふじのちゅうじろう　1901生。昭和時代の実業家。三菱商事社長, 東京商工会議所副会頭。1985没。

クノー, レーモン　1903生。フランスの小説家, 詩人。1976没。

中島健蔵　なかじまけんぞう　1903生。昭和時代の評論家, フランス文学者。日中文化交流協会理事長。1979没。

ニン, アナイス　1903生。アメリカの女流作家。1977没。

ルノー, マドレーヌ　1903生。フランスの女優。1994没。

木村義雄　きむらよしお　1905生。大正時代, 昭和時代の棋士。将棋第14世名人, 日本将棋連盟会長。1986没。

オーデン, W.H.　1907生。イギリスの詩人。1973没。

上林猷夫　かんばやしみちお　1914生。昭和時代, 平成時代の詩人。日本現代詩人会会長。2001没。

石垣りん　いしがきりん　1920生。昭和時代, 平成時代の詩人。2004没。

清野善兵衛　せいのぜんべえ　1921生。昭和時代の気象技術者。第13次南極観測越冬隊長。1978没。

ロールズ, ジョン　1921生。アメリカの哲学者。2002没。

ムガベ, ロバート・ガブリエル　1924生。ジンバブエの政治家。

ペキンパー, サム　1925生。アメリカの映画監督。1984没。

ジバンシー, ユベール・ド　1927生。フランスのファッションデザイナー。

田尻宗昭　たじりむねあき　1928生。昭和時代, 平成時代の公害問題評論家, 反公害活動家。東京都公害研究所次長。1990没。

飯島清　いいじまきよし　1930生。昭和時代, 平成時代の政治評論家。1996没。

榎本滋民　えのもとしげたみ　1930生。昭和時代, 平成時代の劇作家, 演出家, 小説家。2003没。

シモン, ニーナ　1933生。アメリカの黒人女性ジャズ歌手。2003没。

大前研一　おおまえけんいち　1943生。昭和時代, 平成時代の経営コンサルタント。

前田吟　まえだぎん　1944生。昭和時代, 平成時代の俳優。

坂田明　さかたあきら　1945生。昭和時代, 平成時代のジャズ・アルトサックス奏者, クラリネット奏者。

井上順　いのうえじゅん　1947生。昭和時代, 平成時代のタレント, 俳優, 歌手。

ハイヒール・モモコ　1964生。昭和時代, 平成時代の漫才師。

酒井美紀　さかいみき　1978生。平成時代の女優。

ヒューイット, ジェニファー・ラブ　1979生。アメリカの女優, 歌手。

ワンチュク, ジグメ・ケサル・ナムゲル　1980生。ブータン国王(第5代)。

要潤　かなめじゅん　1981生。平成時代の俳優。

和田毅　わだつよし　1981生。平成時代のプロ野球選手。

香里奈　かりな　1984生。平成時代の女優。

2月21日

2月22日

○記念日○ 国際友愛の日
　　　　食器洗い乾燥機の日
　　　　猫の日

新室町院　しんむろまちいん　1311生。鎌倉時代後期，南北朝時代の女性。後醍醐天皇の妃。1337没。

シャルル7世　1403生。フランス王（在位1422～61）。1461没。

ラースロー5世　1440生。ハンガリー王（在位1452～7）。1457没。

ロイヒリン, ヨハネス　1455生。ドイツの代表的な人文学者，法律学者，詩人，古典語学者。1522没。

タフマースプ1世　1514生。イランのサファビー朝第2代の王（在位1524～76）。1576没。

尊覚　そんかく　1608生。江戸時代前期の法相宗の僧。1661没。

五井持軒　ごいじけん　1641生。江戸時代前期，中期の儒学者。1721没。

トレジアコフスキー, ワシーリー・キリロヴィチ　1703生。ロシアの詩人。1768没。

ワシントン, ジョージ　1732生。アメリカの軍人，政治家，合衆国初代大統領。1799没。

フォルケル, ヨーハン・ニーコラウス　1749生。ドイツの音楽史家。1818没。

小西篤好　こにしあつよし　1767生。江戸時代中期，後期の篤農家。1837没。

トゥーク　1774生。イギリスの経済学者，実業家。1858没。

ペルティエ, ジャン・シャルル・アタナーズ　1785生。フランスの物理学者，気象学者。1845没。

ショーペンハウアー, アルトゥーア　1788生。ドイツの哲学者。1860没。

ケトレ, ランベール・アドルフ・ジャック　1796生。ベルギーの統計学者，天文学者，気象学者。1874没。

ショパン, フレデリク・フランソワ　1810生。ポーランドの作曲家。1849没。

ゲーゼ, ニルス・ヴィルヘルム　1817生。デンマークの作曲家。1890没。

ローウェル, ジェイムズ・ラッセル　1819生。アメリカの詩人，評論家。1891没。

ロッシ, ジョヴァンニ・バッティスタ・デ　1822生。イタリアの考古学者，碑文研究者。1894没。

ジャンセン, ピエール・ジュール・セザール　1824生。フランスの天体物理学者。1907没。

ベーベル, フェルディナント・アウグスト　1840生。ドイツの政治家。1913没。

ベイデン-パウエル, ロバート・スティーヴンソン・スミス・ベイデン-パウエル, 男爵　1857生。イギリスの軍人。1941没。

ヘルツ, ハインリヒ・ルドルフ　1857生。ドイツの物理学者。1894没。

元田作之進　もとださくのしん　1862生。明治時代-昭和時代の牧師，教育者。立教大学学長，日本聖公会初代邦人主教。1928没。

本野一郎　もとのいちろう　1862生。明治時代，大正時代の外交官。子爵。1918没。

アンドルーズ　1863生。アメリカの歴史家，教育者。1943没。

加藤友三郎　かとうともさぶろう　1863生。明治時代，大正時代の子爵，海軍軍人，元帥。総理大臣。1923没。

ルナール, ジュール　1864生。フランスの小説家，劇作家。1910没。

岡倉由三郎　おかくらよしさぶろう　1868生。明治時代-昭和時代の英語学者。高師教授。1936没。

高浜虚子　たかはまきょし　1874生。明治時代-昭和時代の俳人，小説家。1959没。

リッツ　1878生。スイスの物理学者。1909没。

ブレンステズ, ヨハネス・ニコラウス　1879生。デンマークの物理化学者。1947没。

浜田耕作　はまだこうさく　1881生。明治時代-昭和時代の考古学者。京都帝国大学総長。1938没。

ギル, エリック　1882生。イギリスの彫刻家，美術評論家。1940没。

大類伸　おおるいのぶる　1884生。大正時代，昭和時代の歴史学者。日本女子大教授，明治

大学教授。1975没。

三浦環 みうらたまき 1884生。明治時代–昭和時代のソプラノ歌手。1946没。

バル, フーゴー 1886生。ドイツの文学者, 演劇家。1927没。

コリングウッド, R.G. 1889生。イギリスの哲学者, 歴史学者, 考古学者。1943没。

日夏耿之介 ひなつこうのすけ 1890生。大正時代, 昭和時代の詩人, 英文学者。1971没。

フェルドロス, アルフレート 1890生。オーストリアの国際法学者, 法哲学者。1980没。

モイセイヴィチ, ベンノ 1890生。ロシア生まれのピアニスト。1963没。

天野辰夫 あまのたつお 1892生。大正時代, 昭和時代の国家主義者。1974没。

佐野学 さのまなぶ 1892生。大正時代, 昭和時代の社会運動家, 経済学者。日本共産党中央委員長, 早稲田大学教授。1953没。

ミレー, エドナ・セント・ヴィンセント 1892生。アメリカの女流詩人, 劇作家。1950没。

杵屋栄左衛門 きねやえいざえもん 1894生。大正時代, 昭和時代の長唄三味線方。長唄協会理事。1982没。

浅原六朗 あさはらろくろう 1895生。昭和時代の小説家。日本大学教授。1977没。

アヤ・デ・ラ・トーレ, ビクトル・ラウル 1895生。ペルーの政治理論家, 政治家。1979没。

近藤憲二 こんどうけんじ 1895生。大正時代, 昭和時代のアナキスト。1969没。

オフェイロン, ショーン 1900生。アイルランドの作家。1991没。

シュトラースマン, フリッツ 1902生。ドイツの物理化学者。1980没。

ラムジー, フランク 1903生。イギリスの哲学者, 数学者。1930没。

シューマン 1904生。アメリカの国際政治学者。1981没。

春日井梅鶯(初代) かすがいばいおう 1905生。昭和時代の浪曲師。1974没。

ジーハ, ボフミル 1907生。チェコスロヴァキアの小説家。1987没。

ベタンクール 1908生。ベネズエラ大統領。1981没。

ミルズ, ジョン 1908生。イギリスの俳優, 演出家。2005没。

勝田竜夫 しょうだたつお 1912生。昭和時代の銀行家。1991没。

小池岩太郎 こいけいわたろう 1913生。昭和時代, 平成時代のデザイン教育者, インダストリアルデザイナー。1992没。

マシーナ, ジュリエッタ 1920生。イタリアの女優。1994没。

ボカサ, ジャン・ベデル 1921生。中央アフリカ共和国大統領。1996没。

山下元利 やましたがんり 1921生。昭和時代, 平成時代の政治家。衆院議員, 防衛庁長官。1994没。

稲村隆正 いなむらたかまさ 1923生。昭和時代の写真家。1989没。

山口修 やまぐちおさむ 1924生。昭和時代, 平成時代の東洋史学者。聖心女子大学教授, 仏教大学教授。1998没。

後藤靖 ごとうやすし 1926生。昭和時代, 平成時代の日本史学者。京都橘女子大学教授, 立命館大学教授。1998没。

谷啓 たにけい 1932生。昭和時代, 平成時代の俳優, トロンボーン奏者。

アンダーソン, スパーキー 1934生。アメリカの元・大リーグ監督。

大藪春彦 おおやぶはるひこ 1935生。昭和時代, 平成時代の小説家。1996没。

沢田教一 さわだきょういち 1936生。昭和時代の報道写真家。1970没。

加納典明 かのうてんめい 1942生。昭和時代, 平成時代の写真家。

山口二矢 やまぐちおとや 1943生。昭和時代の右翼運動家。1960没。

都はるみ みやこはるみ 1948生。昭和時代, 平成時代の歌手。

ラウダ, ニキ 1949生。オーストリアの実業家, 元・F1ドライバー。

イッセー尾形 いっせーおがた 1952生。昭和時代, 平成時代の俳優, タレント。

佐々木主浩 ささきかずひろ 1968生。平成時代の野球評論家, 元・プロ野球選手, 元・大リーグ選手。

鈴木早智子 すずきさちこ 1969生。平成時代の歌手, 女優。

陣内智則 じんないとものり 1974生。平成時代のタレント。

バリモア, ドリュー 1975生。アメリカの女優, 映画プロデューサー。

2月23日

○記念日○　ふろしきの日
　　　　　税理士記念日
　　　　　富士山の日

パウルス2世　1417生。教皇(在位1464～71)。1471没。

マーチャーシュ1世　1440生。ハンガリー王(在位1458～90)，ボヘミア王(在位1469～78)。1490没。

山科言国　やましなときくに　1452生。戦国時代の公卿。1503没。

有馬則頼　ありまのりより　1533生。戦国時代，安土桃山時代の大名。1602没。

多賀谷重経　たがやしげつね　1558生。安土桃山時代，江戸時代前期の大名。1618没。

元政　げんせい　1623生。江戸時代前期の日蓮宗の僧。1668没。

ピープス，サミュエル　1633生。イギリスの政治家。1703没。

ブロー，ジョン　1649生。イギリスの作曲家，オルガン奏者。1708没。

ヘンデル，ゲオルク・フリードリヒ　1685生。ドイツ生まれのイギリスの作曲家。1759没。

チェンバーズ，サー・ウィリアム　1723生。イギリスの建築家。1796没。

プライス，リチャード　1723生。イギリスの宗教家，哲学者。1791没。

坊城俊逸　ぼうじょうとしはや　1727生。江戸時代中期の公家。1773没。

ウィラード，エマ　1787生。アメリカの女流教育家。1870没。

本居内遠　もとおりうちとお　1792生。江戸時代末期の国学者。1855没。

ウォッツ，ジョージ・フレデリック　1817生。イギリスの画家，彫刻家。1904没。

フォンタネージ，アントーニオ　1818生。イタリアの風景画家。1882没。

アブドゥル・マジド1世　1823生。オスマントルコ帝国の第31代スルタン(在位1839～61)。1861没。

バジョット，ウォルター　1826生。イギリスのジャーナリスト，経済学者。1877没。

ナハティガル　1834生。ドイツのサハラ探検家，医者。1885没。

メンガー　1840生。オーストリアの経済学者。1921没。

ハルトマン，エードゥアルト・フォン　1842生。ドイツの哲学者。1906没。

リーベルマン　1842生。ドイツの化学者。1914没。

金玉均　きんぎょくきん　1851生。李氏朝鮮末期の開明的政治家。1894没。

加藤正義　かとうまさよし　1854生。明治時代，大正時代の官吏，実業家。湖南汽船社長。1923没。

山極勝三郎　やまぎわかつさぶろう　1863生。明治時代，大正時代の病理学者。日本病理学会初代会長。1930没。

デュ・ボイス，ウィリアム・エドワード・バーガート　1868生。アメリカの著述家，編集者，黒人運動指導者。1963没。

本多光太郎　ほんだこうたろう　1870生。明治時代–昭和時代の物理学者，冶金学者。東北帝国大学総長，東京理科大学学長。1954没。

安井てつ　やすいてつ　1870生。明治時代–昭和時代の女子教育者。東京女子大学学長。1945没。

梁啓超　りょうけいちょう　1873生。中国，清末～民国初期の啓蒙思想家，ジャーナリスト，政治家。1929没。

林銑十郎　はやしせんじゅうろう　1876生。大正時代，昭和時代の陸軍軍人，政治家。総理大臣。1943没。

武林無想庵　たけばやしむそうあん　1880生。明治時代–昭和時代の小説家，翻訳家。1962没。

ヤスパース，カール　1883生。ドイツの哲学者。1969没。

フンク，カジミエシュ　1884生。アメリカ(ポーランド生まれ)の化学者。1967没。

内田祥三　うちだよしぞう　1885生。大正時代，昭和時代の建築学者。東京大学総長，日本建築学会会長。1972没。

岡崎文夫　おかざきふみお　1888生。大正時代，昭和時代の東洋史学者。1950没。

2月23日

森下雨村　もりしたうそん　1890生。大正時代，昭和時代の小説家。1965没。

倉田百三　くらたひゃくぞう　1891生。大正時代，昭和時代の劇作家，評論家。1943没。

パシュカニス, エヴゲニー・ブロニスラヴォヴィチ　1891生。ソ連の法学者。1937没。

ケストナー, エーリヒ　1899生。ドイツの作家。1974没。

ランゲッサー, エリーザベト　1899生。ドイツの女流詩人, 小説家。1950没。

喜多実　きたみのる　1900生。昭和時代の能楽師シテ方。喜多流15代目家元, 日本能楽会会長。1986没。

北島忠治　きたじまちゅうじ　1901生。昭和時代, 平成時代のラグビー指導者。日本ラグビー協会副会長。1996没。

アレクサンドロフ, グリゴーリー　1903生。ソ連の映画監督。1983没。

フチーク, ユリウス　1903生。チェコスロヴァキアの政治家, ジャーナリスト。1943没。

生方たつゑ　うぶかたたつゑ　1905生。昭和時代, 平成時代の歌人。2000没。

藤井丙午　ふじいへいご　1906生。昭和時代の実業家, 政治家。参議院議員。1980没。

本阿弥日洲　ほんあみにっしゅう　1908生。昭和時代, 平成時代の刀剣研磨師。本阿弥宗家22代目, 人間国宝。1996没。

マクマホン, サー・ウィリアム　1908生。オーストラリアの政治家。1988没。

野間宏　のまひろし　1915生。昭和時代の小説家, 評論家。1991没。

ペトローフ, イワン・イワーノヴィチ　1920生。ソヴィエトのバス歌手。2003没。

コーマック, アラン・マクラウド　1924生。アメリカの医学物理学者。1998没。

白籏史朗　しらはたしろう　1933生。昭和時代, 平成時代の写真家, 文筆家。

池田満寿夫　いけだますお　1934生。昭和時代, 平成時代の版画家, 作家, 映画監督。1997没。

工藤哲巳　くどうてつみ　1935生。昭和時代の画家, オブジェ作家。東京芸術大学教授。1990没。

内海好江　うつみよしえ　1936生。昭和時代, 平成時代の漫才師。1997没。

フォンダ, ピーター　1939生。アメリカの俳優, 映画監督。

大宅映子　おおやえいこ　1941生。昭和時代, 平成時代のジャーナリスト, 評論家。

北大路欣也　きたおおじきんや　1943生。昭和時代, 平成時代の俳優。

麿赤児　まろあかじ　1943生。昭和時代, 平成時代の舞踏家, 俳優。

宇崎竜童　うざきりゅうどう　1946生。昭和時代, 平成時代のロック歌手, 俳優, 音楽プロデューサー。

月亭八方　つきていはっぽう　1948生。昭和時代, 平成時代の落語家, タレント。

森重文　もりしげふみ　1951生。昭和時代, 平成時代の数学者。

中島みゆき　なかじまみゆき　1952生。昭和時代, 平成時代のシンガーソングライター。

中嶋悟　なかじまさとる　1953生。昭和時代, 平成時代のレーシングチーム総監督, 元・F1ドライバー。

ユーシェンコ, ヴィクトル　1954生。ウクライナの政治家, エコノミスト。

斉藤明夫　さいとうあきお　1955生。昭和時代, 平成時代のプロ野球コーチ, 元・プロ野球選手。

野口五郎　のぐちごろう　1956生。昭和時代, 平成時代の歌手。

ブラザーTOM　ぶらざーとむ　1956生。昭和時代, 平成時代のタレント, 歌手。

シルビアン, デビッド　1958生。イギリスのロック歌手。

皇太子徳仁　こうたいしなるひと　1960生。昭和時代, 平成時代の皇族。

ギエム, シルヴィ　1965生。フランスのバレリーナ。

相田翔子　あいだしょうこ　1970生。平成時代のタレント。

亀梨和也　かめなしかずや　1986生。平成時代のタレント, 歌手。

二倉佳奈　みくらかな　1986生。平成時代の女優, タレント。

三倉茉奈　みくらまな　1986生。平成時代の女優, タレント。

ファニング, ダコタ　1994生。アメリカの女優。

2月24日

○記念日○　クロスカントリーの日
　　　　　　鉄道ストの日
○忌　日○　丈草忌
　　　　　　不器男忌

陸象山　りくしょうざん　1139生。中国，宋の思想家。1192没。

イブン・バットゥータ，ムハンマド・イブン・アブドゥッラー　1304生。アラブ化したベルベル系の旅行家。1368没。

スフォルツァ，ガレアッツオ・マリア　1444生。ミラノ公。1476没。

ピーコ・デッラ・ミランドラ，ジョヴァンニ　1463生。イタリアの人文主義者。1494没。

カール5世　1500生。神聖ローマ皇帝(在位1519～56)，スペイン国王カルロス1世(在位16～56)。1558没。

クレメンス8世　1536生。教皇(在位1592～1605)。1605没。

勧修寺晴豊　かじゅうじはるとよ　1544生。安土桃山時代の公卿。1603没。

ドン・ファン・デ・アウストリア　1547生。スペインの軍人。1578没。

トゥルン　1567生。オーストリアの政治家。1640没。

カストロ，ギリェン・デ　1569生。スペインの劇作家。1631没。

ヴォワチュール，ヴァンサン　1597生。フランスの詩人，書簡作家。1648没。

ル・ブラン，シャルル　1619生。フランスの画家。1690没。

クラウベルク，ヨーハン・クリストフ　1622生。ドイツの哲学者，神学者。1665没。

久保太郎右衛門　くぼたろうえもん　1676生。江戸時代中期の水利開発者。1711没。

アルビーヌス，ベルンハルト・ジークフリート　1697生。ドイツの解剖学者，生理学者，外科医。1770没。

バーゴイン，ジョン　1723生。イギリスの軍人，政治家，劇作家。1792没。

ラーマ2世　1767生。タイのバンコク王朝第2代王(在位1809～24)。1824没。

クラーマー，ヨーハン・バプティスト　1771生。イギリスのピアニスト，教育家。1858没。

グリム，ヴィルヘルム・カール　1786生。ドイツの言語学者。1859没。

マントイフェル　1809生。プロシア，ドイツの軍人，外交官。1885没。

デュクロ　1817生。フランスの軍人。1882没。

パークス，ハリー・スミス　1828生。駐日イギリス全権公使。1885没。

シュピールハーゲン，フリードリヒ　1829生。ドイツの小説家，文芸評論家。1911没。

カプリーヴィ，ゲオルク・レオ，伯爵　1831生。ドイツの政治家，軍人。1899没。

シェッフレ　1831生。ドイツの社会学者，経済学者，財政学者。1903没。

ホーマー，ウィンズロー　1836生。アメリカの画家。1910没。

カストロ，ロサリア・デ　1837生。スペインの女流詩人。1885没。

ミットフォード，B.F.　1837生。イギリスの外交官，著作家。1916没。

棚橋絢子　たなはしあやこ　1839生。明治時代-昭和時代の教育者。1939没。

グレーベ，カール　1841生。ドイツの化学者。1927没。

ボーイト，アッリーゴ　1842生。イタリアの詩人，作曲家。1918没。

ブラガ，テオフィロ　1843生。ポルトガルの詩人，文学史家，臨時大統領(1910, 15)。1924没。

ヴィドール，シャルル・マリー　1844生。フランスのオルガン奏者，作曲家。1937没。

ローゼン　1847生。ロシアの外交官。1922没。

ヴォギュエ，ウージェーヌ・メルキヨール・ド　1848生。フランスの作家，外交官。1910没。

宇田川文海　うだがわぶんかい　1848生。明治時代の小説家，新聞記者。1930没。

ムア，ジョージ　1852生。アイルランドの文学者。1933没。

ドルメッチ，アーノルド　1858生。イギリスの音楽学者。1940没。

大山捨松　おおやますてまつ　1860生。明治時代，大正時代の社会奉仕家。1919没。

鈴木馬左也　すずきまさや　1861生。明治時代，大正時代の官僚。1922没。

シェーンヘル，カール　1867生。オーストリアの劇作家。1943没。

ラロ　1877生。フランスの美学者。1953没。

ホア，サー・サミュエル，チェルシーのテンプルウッド子爵　1880生。イギリスの政治家。1959没。

多田駿　ただはやお　1882生。大正時代，昭和時代の陸軍軍人。陸軍大将。1948没。

ヴィトキエヴィッチ，スタニスワフ・イグナツィ　1885生。ポーランドの劇作家，小説家，文芸評論家，哲学者，画家。1939没。

ニミッツ，チェスター・W　1885生。アメリカの海軍軍人。1966没。

青野季吉　あおのすえきち　1890生。大正時代，昭和時代の文芸評論家。日本文芸家協会会長。1961没。

滝川幸辰　たきがわゆきとき　1891生。大正時代，昭和時代の刑法学者。京都大学総長，日本刑法学会理事長。1962没。

フェージン，コンスタンチン・アレクサンドロヴィチ　1892生。ソ連の小説家。1977没。

三島徳七　みしまとくしち　1893生。大正時代，昭和時代の金属工学者。東京大学教授。1975没。

木下孝則　きのしたたかのり　1894生。大正時代，昭和時代の洋画家。1973没。

イワーノフ，フセヴォロド・ヴャチェスラヴォヴィチ　1895生。ソ連の作家。1963没。

蜷川虎三　にながわとらぞう　1897生。昭和時代の経済学者，政治家。京都府知事，京都帝国大学教授。1981没。

フランクフォート，ヘンリ　1897生。オランダの考古学者。1954没。

新明正道　しんめいまさみち　1898生。昭和時代の社会学者。東北大学教授，日本社会学会会長。1984没。

ファイナー　1898生。イギリスの行政学者。1969没。

岡野正道　おかのしょうどう　1900生。大正時代，昭和時代の宗教家。孝道教団教組。1978没。

梅中軒鶯童　ばいちゅうけんおうどう　1902生。大正時代，昭和時代の浪曲師。1984没。

小杉勇　こすぎいさむ　1904生。大正時代，昭和時代の俳優，映画監督。1983没。

日向方斉　ひゅうがほうさい　1906生。昭和時代，平成時代の実業家。関西経済連合会会長。1993没。

頭山秀三　とうやまひでぞう　1907生。昭和時代の国家主義者。天行会会長，日本主義青年会議結成者。1952没。

知里真志保　ちりましほ　1909生。昭和時代の言語学者。北海道大学教授。1961没。

山村聡　やまむらそう　1910生。昭和時代，平成時代の俳優，映画監督。2000没。

トゥルンカ，イジー　1912生。チェコスロバキアのアニメーション作家，挿絵画家。1969没。

堀米庸三　ほりごめようぞう　1913生。昭和時代の西洋史学者。東京大学教授。1975没。

山家和子　やんべかずこ　1915生。昭和時代，平成時代の社会運動家。1993没。

安川加寿子　やすかわかずこ　1922生。昭和時代，平成時代のピアニスト。東京芸術大学教授。1996没。

小田稔　おだみのる　1923生。昭和時代，平成時代の天文学者。2001没。

淡島千景　あわしまちかげ　1924生。昭和時代，平成時代の女優。

ポワティエ，シドニー　1924生。アメリカの俳優，映画監督。

日下武史　くさかたけし　1931生。昭和時代，平成時代の俳優。

ルグラン，ミシェル　1932生。フランスの作曲家，編曲家，ジャズピアニスト。

クラクシ，ベッティーノ　1934生。イタリアの政治家。2000没。

佐久間良子　さくまよしこ　1939生。昭和時代，平成時代の女優。

草野仁　くさのひとし　1944生。昭和時代，平成時代の司会者，テレビキャスター。

ジョブズ，スティーブ　1955生。アメリカの実業家。アップルコンピュータ設立者。

プロスト，アラン　1955生。フランスの元・F1ドライバー。

飛鳥涼　あすかりょう　1958生。昭和時代，平成時代のシンガー・ソングライター。

ヒューイット，ライトン　1981生。オーストラリアのテニス選手。

2月24日

2月25日

○記念日○ 箱根用水完成の日
　　　　　夕刊紙の日
○忌　日○ 茂吉忌

無著妙融　むじゃくみょうゆう　1333生。南北朝時代の曹洞宗の僧。1393没。

蓮如　れんにょ　1415生。室町時代，戦国時代の浄土真宗の僧。1499没。

デュ・ベレー，ジョアシャン　1522生。フランスの詩人。1560没。

山口重政　やまぐちしげまさ　1564生。安土桃山時代，江戸時代前期の大名。1635没。

シュペー・フォン・ランゲンフェルト，フリードリヒ　1591生。ドイツの詩人。1635没。

モルガーニ，ジョヴァンニ・バッティスタ　1682生。イタリアの解剖学者。1771没。

薮慎庵　やぶしんあん　1689生。江戸時代中期の儒学者，肥後熊本藩士。1744没。

ゴルドーニ，カルロ　1707生。イタリアの劇作家。1793没。

モープー　1714生。フランスの政治家。1792没。

ピンクニー，チャールズ　1746生。アメリカの法律家，軍人，政治家，外交官。1825没。

伴信友　ばんのぶとも　1773生。江戸時代後期の国学者。1846没。

サン・マルティン，ホセ・デ　1778生。アルゼンチンの軍人，政治家。1850没。

新朔平門院　しんさくへいもんいん　1811生。江戸時代後期の女性。仁孝天皇の妃。1847没。

黒沢覚介　くろさわかくすけ　1817生。江戸時代末期の志士。1865没。

リープマン　1840生。ドイツの新カント学派の哲学者。1912没。

ルノワール，ピエール・オーギュスト　1841生。フランスの画家。1919没。

マイ，カール　1842生。ドイツの小説家。1912没。

ハリマン　1848生。アメリカの実業家。1909没。

久保田米僊　くぼたべいせん　1852生。明治時代の日本画家。1906没。

児玉源太郎　こだまげんたろう　1852(閏2月)生。明治時代の陸軍軍人。1906没。

フェリ　1856生。イタリアの刑法学者，政治家。1929没。

ランプレヒト　1856生。ドイツの歴史家。1915没。

アシュリー　1860生。イギリスの経済史家，経済学者。1927没。

穂積八束　ほづみやつか　1860生。明治時代の法学者。東京帝大法科大学長，貴族院議員，法学博士。1912没。

クローチェ，ベネデット　1866生。イタリアの哲学者，文芸評論家，政治家。1952没。

寺崎広業　てらさきこうぎょう　1866生。明治時代，大正時代の日本画家。1919没。

柳亭燕枝(2代目)　りゅうていえんし　1869生。明治時代-昭和時代の落語家。1935没。

レヴィーン，フェーブス・アーロン・テオドール　1869生。ロシア生まれのアメリカの生化学者。1940没。

ウクラインカ，レーシャ　1871生。ウクライナの女流詩人。1913没。

ホルンボステル，エーリヒ・モーリツ・フォン　1877生。オーストリアの心理学者。1935没。

松根東洋城　まつねとうようじょう　1878生。明治時代-昭和時代の俳人。「渋柿」主宰。1964没。

江藤源九郎　えとうげんくろう　1879生。明治時代-昭和時代の陸軍軍人，政治家。少将，衆議院議員。1957没。

平沼亮三　ひらぬまりょうぞう　1879生。大正時代，昭和時代の政治家，スポーツ功労者。衆議院議員，日本体育協会会長。1959没。

奥田艶子　おくだつやこ　1880生。大正時代，昭和時代の女子教育家。東京女子高等職業学校長。1936没。

フォスター，W.　1881生。アメリカの政治家。1961没。

藤懸静也　ふじかけしずや　1881生。大正時代，昭和時代の美術史学者。文化財保護委員会委員長，東京帝国大学教授。1958没。

2月25日

- ルイコフ, アレクセイ・イヴァノヴィチ　1881生。ソ連の共産主義指導者, 政治家。1938没。
- ダレス, ジョン・フォスター　1888生。アメリカの外交官, 政治家。1959没。
- 石橋正二郎　いしばしょうじろう　1889生。大正時代, 昭和時代の実業家。ブリヂストンタイヤ社長, 日本合成ゴム社長。1976没。
- 鴨下晁湖　かもしたちょうこ　1890生。明治時代-昭和時代の日本画家。1967没。
- ヘス, デイム・マイラ　1890生。イギリスのピアニスト。1965没。
- 加藤勘十　かとうかんじゅう　1892生。大正時代, 昭和時代の政治家, 労働運動家。衆議院議員, 労相。1978没。
- 上田音市　うえだおといち　1897生。大正時代, 昭和時代の部落解放運動家, 政治家。1999没。
- アストベリー, ウィリアム・トマス　1898生。イギリスの生物物理学者。1961没。
- バイスゲルバー　1899生。ドイツの言語学者。1985没。
- 大塚敬節　おおつかよしのり　1900生。昭和時代の医師。漢方医, 北里研究所付属東洋医学総合研究所長。1980没。
- 北浦千太郎　きたうらせんたろう　1901生。大正時代, 昭和時代の労働運動家。1961没。
- マルクス, ゼッポ　1901生。アメリカの喜劇映画俳優。1979没。
- 風間丈吉　かざまじょうきち　1902生。昭和時代の社会運動家。1968没。
- コメレル, マックス　1902生。ドイツの文学史家, 詩人。1944没。
- 正田建次郎　しょうだけんじろう　1902生。昭和時代の数学者。大阪大学学長, 京都大学教授。1977没。
- 曽我廼家五郎八　そがのやごろはち　1902生。大正時代-平成時代の喜劇俳優。1998没。
- 窪川鶴次郎　くぼかわつるじろう　1903生。昭和時代の文芸評論家。1974没。
- 安藤輝三　あんどうてるぞう　1905生。昭和時代の陸軍軍人。大尉。1936没。
- ミラー, ペリー　1905生。アメリカの批評家, 思想家。1963没。
- 山田孝野次郎　やまだこのじろう　1906生。昭和時代の社会運動家。1931没。
- 市川右太衛門　いちかわうたえもん　1907生。大正時代, 昭和時代の俳優。1999没。
- 田口利八　たぐちりはち　1907生。昭和時代の実業家。西濃運輸社長, 全日本トラック協会会長。1982没。
- 阿部行蔵　あべこうぞう　1908生。昭和時代の宗教家, 歴史学者。東京都立大学教授, 立川市長。1981没。
- 宮川一夫　みやがわかずお　1908生。昭和時代, 平成時代の映画カメラマン。大阪芸術大学教授。1999没。
- 寒川道夫　さがわみちお　1909生。昭和時代の教育者。明星学園小学校校長。1977没。
- 内田義彦　うちだよしひこ　1913生。昭和時代の経済学者。専修大学教授。1989没。
- 木村忠太　きむらちゅうた　1917生。昭和時代の洋画家。1987没。
- バージェス, アントニー　1917生。イギリスの作家。1993没。
- リッグズ, ボビー　1918生。アメリカのテニス選手。1995没。
- 小川徹　おがわとおる　1923生。昭和時代, 平成時代の映画評論家, ジャーナリスト。映画芸術新社社長。1991没。
- 黒岩重吾　くろいわじゅうご　1924生。昭和時代, 平成時代の小説家。2003没。
- 飯島耕一　いいじまこういち　1930生。昭和時代, 平成時代の詩人。
- 山川方夫　やまかわまさお　1930生。昭和時代の小説家。1965没。
- ハリソン, ジョージ　1943生。イギリスのロック・ギタリスト, シンガーソングライター。2001没。
- ジョーダン, ニール　1950生。アイルランドの映画監督, 脚本家, 作家。
- 近田春夫　ちかだはるお　1951生。昭和時代, 平成時代のミュージシャン。
- 寺脇康文　てらわきやすふみ　1962生。昭和時代, 平成時代の俳優。
- 有野晋哉　ありのしんや　1972生。平成時代のコメディアン。
- 中沢佑二　なかざわゆうじ　1978生。平成時代のサッカー選手。

2月26日

○記念日○ 血液銀行開業記念日
二・二六事件の日
咸臨丸の日

貞暁　じょうぎょう　1186生。鎌倉時代前期の真言宗の僧。1231没。

後嵯峨天皇　ごさがてんのう　1220生。鎌倉時代前期の第88代の天皇。1272没。

房仙　ぼうせん　1288生。鎌倉時代後期, 南北朝時代の天台宗の僧。1364没。

足利直義　あしかがただよし　1306生。鎌倉時代後期, 南北朝時代の武将, 副将軍。1352没。

マーロー, クリストファー　1564生。イギリスの劇作家, 詩人。1593没。

ラ・イール, ロラン・ド　1606生。フランスの画家。1656没。

花山院定誠　かざんいんさだのぶ　1640生。江戸時代前期, 中期の公家。1704没。

室鳩巣　むろきゅうそう　1658生。江戸時代前期, 中期の儒者。1734没。

シャフツベリー, アントニー・アシュリー・クーパー, 3代伯爵　1671生。イギリスの哲学者。1713没。

谷川士清　たにかわことすが　1709生。江戸時代中期の国学者, 神道家。1776没。

ボーメ, アントワーヌ　1728生。フランスの化学者。1804没。

ボドーニ, ジャンバッティスタ　1740生。イタリアの印刷者, 活字彫刻者。1813没。

レイハ, アントニーン　1770生。フランスの音楽理論家, 作曲家。1836没。

アラゴ, ドミニク・フランソワ・ジャン　1786生。フランスの天文学者, 物理学者。1853没。

ホジキンソン, イートン　1789生。イギリスの機械学者。1861没。

ハッセンプフルーク　1794生。ドイツ(ヘッセン)の政治家。1862没。

クラペイロン, ブノワ・ポール・エミール　1799生。フランスの物理学者。1864没。

カラトゥイーギン　1802生。ロシアの悲劇俳優。1853没。

ユゴー, ヴィクトール　1802生。フランスの詩人, 小説家, 劇作家。1885没。

三条西季知　さんじょうにしすえとも　1811生。江戸時代, 明治時代の公家。1880没。

カルボ　1824生。アルゼンチンの法学者, 外交官。1893没。

吉井友実　よしいともざね　1828生。江戸時代, 明治時代の鹿児島藩士, 政治家。枢密顧問官, 日本鉄道社長。1891没。

クローマー, イヴリン・ベアリング, 初代伯爵　1841生。イギリスの植民地政治家。1917没。

コーディ, ウィリアム・フレデリック　1846生。アメリカの開拓者, ショー演出家。1917没。

川村景明　かわむらかげあき　1850生。明治時代, 大正時代の陸軍軍人。大将, 元帥。1926没。

クエ, エミール　1857生。フランスの自己暗示療法の創始者。1926没。

フェルディナント1世　1861生。ブルガリア王(在位1908〜18)。1948没。

ダウ, ヘンリー　1866生。アメリカの工業化学者。1930没。

増田次郎　ますだじろう　1868生。大正時代, 昭和時代の政治家, 実業家。1951没。

原勝郎　はらかつろう　1871生。明治時代, 大正時代の史学者。京都帝国大学教授, 文学博士。1924没。

河東碧梧桐　かわひがしへきごとう　1873生。明治時代–昭和時代の俳人。1937没。

与謝野鉄幹　よさのてっかん　1873生。明治時代–昭和時代の歌人。1935没。

フスト　1876生。アルゼンチンの軍人, 政治家, 大統領(1932〜38年)。1943没。

スヘルテマ　1877生。オランダの文学者。1924没。

エヴレイノフ, ニコライ・ニコラエヴィチ　1879生。ソ連の劇作家。1953没。

キンメル, ハズバンド・エドワード　1882生。アメリカ海軍軍人。1968没。

マッコルラン, ピエール　1882生。フランスの小説家。1970没。

2月26日

イエンシュ　1883生。ドイツの心理学者。1940没。
植田寿蔵　うえだじゅぞう　1886生。大正時代, 昭和時代の美術評論家。京都帝国大学教授, 九州大国大学教授。1973没。
正木不如丘　まさきふじょきゅう　1887生。大正時代, 昭和時代の小説家, 俳人, 医師。慶応義塾大学助教授, 信州富士見高原療養所所長。1962没。
ラウ　1887生。インドの外交官。1953没。
ニグリ　1888生。スイスの鉱物学者。1953没。
リチャーズ, I.A.　1893生。イギリスの批評家, 詩人。1979没。
ジダーノフ, アンドレイ・アレクサンドロヴィチ　1896生。ソ連の政治家。1948没。
島田清次郎　しまだせいじろう　1899生。大正時代の小説家。1930没。
上野益三　うえのますぞう　1900生。昭和時代の動物学者。1989没。
稲田周一　いなだしゅういち　1902生。昭和時代の政治家, 官僚。滋賀県知事, 侍従長。1973没。
ヴェルコール　1902生。フランスの小説家。1991没。
ウィンゲイト, オード　1903生。イギリス陸軍軍人。1944没。
ナッタ, ジュリオ　1903生。イタリアの化学者。1979没。
池田理英(2代目)　いけだりえい　1906生。昭和時代の華道家。古流松藤会家元。1999没。
木村健康　きむらたけやす　1909生。昭和時代の経済学者。東京大学教授, 成蹊大学教授。1973没。
ゴルシコフ, セルゲイ・ゲオルギエヴィチ　1910生。ソ連邦の提督。1988没。
岡本太郎　おかもとたろう　1911生。昭和時代, 平成時代の芸術家, 評論家。1996没。
スムルコフスキー　1911生。チェコスロヴァキアの政治家。1974没。
浅蔵五十古　あさくらいそきち　1913生。昭和時代, 平成時代の陶芸家。1998没。
バーカー, ジョージ・グランヴィル　1913生。イギリスの詩人。1975没。
本田実　ほんだみのる　1913生。昭和時代のアマチュア天文家。倉敷天文台長, 保育園「若竹の園」園長。1990没。
黒田三郎　くろださぶろう　1919生。昭和時代の詩人, 評論家。詩人会議運営委員長, 日本放送協会研修所教授。1980没。
秋山さと子　あきやまさとこ　1923生。昭和時代, 平成時代の著述家。東洋ユング研究会主宰。1992没。
竹下登　たけしたのぼる　1924生。昭和時代, 平成時代の政治家。衆議院議員, 首相。2000没。
山田桂子　やまだけいこ　1925生。昭和時代の女優。1973没。
武内つなよし　たけうちつなよし　1926生。昭和時代の漫画家。1988没。
丸山康雄　まるやまやすお　1926生。昭和時代の労働運動家。1994没。
早野寿郎　はやのとしろう　1927生。昭和時代の演出家, 俳優。1983没。
シャロン, アリエル　1928生。イスラエルの政治家, 元・軍人。
五社英雄　ごしゃひでお　1929生。昭和時代, 平成時代のフジTVプロデューサー, 映画監督。五社プロ代表。1992没。
山花貞夫　やまはなさだお　1936生。昭和時代, 平成時代の政治家。1999没。
愛新覚羅慧生　あいしんかくらえいせい　1938生。旧満州国皇帝溥儀の姪。1957没。
山下洋輔　やましたようすけ　1942生。昭和時代, 平成時代のジャズ・ピアニスト。
門田博光　かどたひろみつ　1948生。昭和時代, 平成時代の元・プロ野球選手。
コベリ, エンリコ　1952生。イタリアのファッションデザイナー。
桑田佳祐　くわたけいすけ　1956生。昭和時代, 平成時代のミュージシャン。
南美希子　みなみみきこ　1956生。昭和時代, 平成時代のキャスター, エッセイスト。
三浦知良　みうらかずよし　1967生。昭和時代, 平成時代のサッカー選手・監督補佐(横浜FC・FW)。
ローブ, セバスチャン　1974生。フランスのラリードライバー。
藤本美貴　ふじもとみき　1985生。平成時代の歌手。

2月27日

○記念日○ 新選組の日（壬生組結成）

- 北条長時　ほうじょうながとき　1230生。鎌倉時代前期の鎌倉幕府第6代の執権。1264没。
- 甘露寺伊長　かんろじこれなが　1484生。戦国時代の公卿。1548没。
- カストロ　1500生。ポルトガルの軍人。1548没。
- ファブリティウス, カレル　1622生。オランダの画家。1654没。
- 典仁親王　すけひとしんのう　1733生。江戸時代中期の閑院宮直仁親王の第2皇子。1794没。
- 蜂須賀重喜　はちすかしげよし　1738生。江戸時代中期, 後期の大名。1801没。
- 貞子女王　さだこじょおう　1750生。江戸時代中期, 後期の女性。伏見宮貞建親王の王女。1820没。
- デュポン・ド・ルール　1767生。フランスの法律家, 臨時政府首相。1855没。
- エスパルテロ　1792生。スペインの軍人, 政治家。1879没。
- ベンティンク, ロード・ジョージ　1802生。イギリスの政治家。1848没。
- ロングフェロー, ヘンリー・ワッズワス　1807生。アメリカの詩人。1882没。
- 愛宕通致　おたぎみちむね　1828生。江戸時代, 明治時代の公家。1886没。
- 渡辺宗助　わたなべそうすけ　1837生。江戸時代末期の近江膳所藩士。1865没。
- ムネ-シュリ　1841生。フランスの俳優。1916没。
- メーリング, フランツ　1846生。ドイツの文芸評論家, 歴史家。1919没。
- テリー, エレン　1847生。イギリスの女優。1928没。
- パリー, チャールズ・ヒューバート・ヘースティングズ　1848生。イギリスの作曲家。1918没。
- 清元斎兵衛(4代目)　きよもとさいべえ　1852生。江戸時代, 明治時代の清元節演奏家, 作曲家。1909没。
- 市川中車(7代目)　いちかわちゅうしゃ　1860生。明治時代-昭和時代の歌舞伎役者。1936没。
- シュタイナー, ルドルフ　1861生。ドイツの思想家, 哲学者。1925没。
- ソロリャ・イ・バスティダ, ホアキン　1863生。スペインの画家。1923没。
- ミード, ジョージ・ハーバート　1863生。アメリカの社会学者, 哲学者, 心理学者。1931没。
- フィッシャー　1867生。アメリカの経済学者, 統計学者。1947没。
- 望月圭介　もちづきけいすけ　1867生。明治時代-昭和時代の政治家。衆議院議員。1941没。
- カルーソー, エンリコ　1873生。イタリアのテノール歌手。1921没。
- 吉田熊次　よしだくまじ　1874生。明治時代-昭和時代の教育学者。1964没。
- 大谷光演　おおたにこうえん　1875生。明治時代-昭和時代の真宗大谷派僧侶。本願寺23代法主。1943没。
- ビョルンソン, スヴェイン　1881生。アイスランド初代大統領。1952没。
- ブラウアー, ロイツェン・エグベルトゥス・ヤン　1881生。オランダの数学者。1966没。
- バスコンセロス, ホセ　1882生。メキシコの教育家。1959没。
- 観世喜之(初代)　かんぜよしゆき　1885生。明治時代-昭和時代の能楽師。観世流シテ方。1940没。
- シュレージンガー, アーサー・M　1888生。アメリカの歴史学者。1965没。
- 藤波収　ふじなみおさむ　1888生。昭和時代の実業家。電源開発総裁, 北海道電力社長。1972没。
- レーマン, ロッテ　1888生。ドイツ生まれのアメリカのソプラノ歌手。1976没。
- 白鳥省吾　しらとりしょうご　1890生。大正時代, 昭和時代の詩人。日本農民文学会会長。1973没。
- サーノフ, デイヴィド　1891生。ロシア生まれのアメリカの無線技術者, 実業家。1971没。
- リントン, ラルフ　1893生。アメリカの社会人類学者。1953没。

宮城山福松　みやぎやまふくまつ　1895生。明治時代-昭和時代の力士（第29代横綱）。1943没。

ラドフォード, アーサー　1896生。アメリカの軍人。1973没。

リオ, ベルナール・フェルディナン　1897生。フランスの天文学者。1952没。

植竹春彦　うえたけはるひこ　1898生。昭和時代の政治家、実業家。参議院議員、東野鉄道社長。1988没。

三浦義一　みうらぎいち　1898生。昭和時代の国家主義者。全日本愛国者団体会議最高顧問、大東塾顧問。1971没。

ベスト, チャールズ・ハーバート　1899生。カナダの生理学者。1978没。

森岩雄　もりいわお　1899生。昭和時代の映画製作者。東宝副社長。1979没。

西谷啓治　にしたにけいじ　1900生。昭和時代の宗教哲学者。京都大学教授、大谷大学教授。1990没。

岡田光玉　おかだこうたま　1901生。昭和時代の宗教家。世界真光文明教団教組。1974没。

マリーニ, マリーノ　1901生。イタリアの彫刻家。1980没。

コスタ, ルシオ　1902生。ブラジルの建築家、都市計画家。1998没。

サラゼン, ジーン　1902生。アメリカのプロゴルファー。1999没。

スタインベック, ジョン　1902生。アメリカの小説家。1968没。

杉捷夫　すぎとしお　1904生。昭和時代のフランス文学者。東京大学教授。1990没。

ファレル, ジェイムズ・T.　1904生。アメリカの小説家。1979没。

藤田武夫　ふじたたけお　1905生。昭和時代の財政学者。立教大学教授。1988没。

橋本宇太郎　はしもとうたろう　1907生。大正時代-平成時代の棋士。囲碁9段、関西棋院理事長。1994没。

長谷川一夫　はせがわかずお　1908生。昭和時代の俳優。1984没。

土橋寛　つちはしゆたか　1909生。昭和時代、平成時代の国文学者。同志社大学教授。1998没。

久野忠治　くのちゅうじ　1910生。昭和時代、平成時代の政治家。衆議院議員、郵政相。1998没。

ダレル, ロレンス　1912生。イギリスの小説家、詩人。1990没。

ショー, アーウィン　1913生。アメリカの劇作家、小説家。1984没。

朝吹登水子　あさぶきとみこ　1917生。昭和時代、平成時代の翻訳家、作家、フランス文学者。2005没。

山根有三　やまねゆうぞう　1919生。昭和時代、平成時代の美術史家。東京大学教授、「国華」主幹。2001没。

西田公一　にしだこういち　1925生。昭和時代、平成時代の弁護士。第二東京弁護士会会長、日弁連副会長。2000没。

松本誠也　まつもとせいや　1929生。昭和時代、平成時代の経営者。パイオニア社長。1999没。

ウッドワード, ジョアン　1930生。アメリカの女優。

村上泰亮　むらかみやすすけ　1931生。昭和時代、平成時代の経済学者。東京大学教授。1993没。

テイラー, エリザベス　1932生。アメリカの女優。

山川静夫　やまかわしずお　1933生。昭和時代、平成時代のアナウンサー、司会者、エッセイスト。

夏木陽介　なつきようすけ　1936生。昭和時代、平成時代の俳優。

高田賢三　たかだけんぞう　1939生。昭和時代、平成時代のファッションデザイナー。

グッチ裕三　ぐっちゆうぞう　1952生。昭和時代、平成時代のタレント、エンターテイナー。

ド・キャステラ, ロバート　1957生。オーストラリアの元・マラソン選手。

徳永英明　とくながひであき　1961生。昭和時代、平成時代の歌手。

遙洋子　はるかようこ　1961生。昭和時代、平成時代のタレント、作家。

富田靖子　とみたやすこ　1969生。昭和時代、平成時代の女優。

パンサー, マーク　1970生。平成時代のミュージシャン。

清水宏保　しみずひろやす　1974生。平成時代のスピードスケート選手。

2月27日

2月28日

○記念日○ エッセイ記念日
ビスケットの日
○忌　日○ 利休忌
逍遙忌

石敬瑭　せきけいとう　892生。中国, 五代後晋の初代皇帝(在位936～942)。942没。

加賀美遠光　かがみとおみつ　1143生。平安時代後期, 鎌倉時代前期の武将, 信濃守。1230没。

後高倉院　ごたかくらいん　1179生。鎌倉時代前期の上皇。1223没。

モンテーニュ, ミシェル・ド　1533生。フランスのモラリスト, 政治家。1592没。

ビュルギ　1552生。スイスの宮廷時計師, 数学者, 天文学者。1632没。

日経　にっきょう　1560生。安土桃山時代, 江戸時代前期の日蓮宗の僧。1620没。

ホル, エリアス　1573生。ドイツの建築家。1646没。

小笠原忠真　おがさわらただざね　1596生。江戸時代前期の大名。1667没。

ピアスン, ジョン　1613生。イギリスの聖職者。1686没。

ベーア, ヨハン　1655生。ドイツの小説家。1700没。

レオミュール, ルネ・アントワーヌ・フェルショー・ド　1683生。フランスの物理学者。1757没。

モンカルム(・ド・サン・ヴェラン), ルイ・ジョゼフ・ド・モンカルム-グロゾン, 侯爵　1712生。フランスの軍人。1759没。

ドミトレフスキー　1734生。ロシアの俳優, 演出家。1821没。

アユイ, ルネ・ジュスト　1743生。フランスの鉱物学者, 結晶学の建設者。1822没。

ボワイエ, ジャン・ピエール　1776生。ハイティの政治家。1850没。

ライアン　1797生。アメリカの教育家。1849没。

デリンガー, ヨハン・イグナツ・フォン　1799生。ドイツの教会史学者, 司祭。1890没。

前田利保　まえだとしやす　1800生。江戸時代末期の大名。1859没。

佐久間象山　さくましょうざん　1811生。江戸時代末期の思想家, 信濃松代藩士。1864没。

アウアーバッハ, ベルトルト　1812生。ドイツの作家。1882没。

キングストン, ウィリアム・ヘンリ・ギルス　1814生。イギリスの作家。1880没。

テニエル, ジョン　1820生。イギリスの挿絵画家, 諷刺画家。1914没。

ラシェル　1820生。フランスの女優。1858没。

グスマン・ブランコ, アントニオ　1829生。ベネズエラの大統領。1899没。

マンスフェルト　1832生。オランダの海軍軍医。1912没。

シュリーフェン, アルフレート, 伯爵　1833生。ドイツの陸軍軍人。1913没。

ヒルティ, カール　1833生。スイスの法学者, 哲学者。1909没。

マン, アドリアン・アルベール-マリー・ド　1841生。フランスの政治家。1914没。

中村雄次郎　なかむらゆうじろう　1852生。明治時代–昭和時代の陸軍軍人。中将, 男爵。1928没。

ロワジ, アルフレッド・フィルマン　1857生。フランスの神学者, 聖書学者。1940没。

カジョリ　1859生。アメリカ(スイス生まれ)の科学史家。1930没。

二葉亭四迷　ふたばていしめい　1864生。明治時代の小説家, 翻訳家。1909没。

ヴァロトン, フェリックス　1865生。スイス出身のフランスの画家。1925没。

シモンズ, アーサー　1865生。イギリスの詩人, 批評家。1945没。

イワーノフ, ヴァチェスラフ・イワノヴィチ　1866生。ロシア象徴派の代表的詩人, 神学者, 古典学者。1949没。

木下謙次郎　きのしたけんじろう　1869生。明治時代–昭和時代の政党政治家。衆議院議員。1947没。

正田貞一郎　しょうだていいちろう　1870生。明治時代–昭和時代の実業家。日清製粉社長。

俵国一　たわらくにいち　1872生。明治時代–昭和時代の金属工学者。1958没。

サイモン, ジョン・サイモン, 初代子爵　1873生。イギリスの政治家, 法律家。1954没。

カーペンター, ジョン・オールデン　1876生。アメリカの作曲家。1951没。

ブルイユ, アンリ・エドゥアール・プロスペル　1877生。フランスの考古学者。1961没。

宇治紫文(4代目)　うじしぶん　1881生。明治時代–昭和時代の一中節宇治派太夫。四代家元。1943没。

左右田喜一郎　そうだきいちろう　1881生。明治時代, 大正時代の哲学者, 経済学者。貴族院議員。1927没。

ファラー, ジェラルディーン　1882生。アメリカの歌劇ソプラノ歌手。1967没。

足立正　あだちただし　1883生。大正時代, 昭和時代の実業家。王子製紙社長, ラジオ東京社長。1973没。

小野玄妙　おのげんみょう　1883生。大正時代, 昭和時代の僧侶, 仏教学者。文学博士, 高野山大学教授。1939没。

加藤一夫　かとうかずお　1887生。大正時代, 昭和時代の詩人, 評論家。1951没。

ニジンスキー, ヴァツラフ　1888生。ロシアの舞踊家, 振付師。1950没。

本庄栄治郎　ほんじょうえいじろう　1888生。大正時代, 昭和時代の経済学者。1973没。

アッバース・マフムード・アッカード　1889生。エジプトの哲学者・小説家・詩人。1964没。

福田平八郎　ふくだへいはちろう　1892生。大正時代, 昭和時代の日本画家。1974没。

ヘクト, ベン　1894生。アメリカの小説家, 劇作家。1964没。

パニョル, マルセル　1895生。フランスの劇作家。1974没。

ヘンチ, フィリップ・ショワルター　1896生。アメリカの医師。1965没。

浅原健三　あさはらけんぞう　1897生。昭和時代の労働運動家, 政治家。衆議院議員。1967没。

中河与一　なかがわよいち　1897生。大正時代, 昭和時代の小説家。1994没。

馬連良　ばれんりょう　1901生。京劇の俳優。1966没。

ポーリング, ライナス・カール　1901生。アメリカの物理化学者。1994没。

北原武夫　きたはらたけお　1907生。昭和時代の小説家, 評論家。1973没。

山川惣治　やまかわそうじ　1908生。昭和時代の絵物語作家。1992没。

スペンダー, スティーヴン　1909生。イギリスの詩人, 批評家。1995没。

アミル・ハムザ　1911生。インドネシアの詩人。1946没。

コーイング　1912生。ドイツの法学者。2000没。

ミネリ, ヴィンセント　1913生。アメリカの映画監督。1986没。

メダワー, サー・ピーター・ブライアン　1915生。イギリスの生物学者。1987没。

ロートマン, ユーリー・ミハイロヴィチ　1922生。ソ連邦の文芸学者, 記号学者。1993没。

赤尾兜子　あかおとうし　1925生。昭和時代の俳人。1981没。

黒田喜夫　くろだきお　1926生。昭和時代の詩人, 評論家。1984没。

菅井きん　すがいきん　1926生。昭和時代, 平成時代の女優。

山川暁夫　やまかわあきお　1927生。昭和時代, 平成時代の国際政治評論家。大阪経済法科大学教授。2000没。

兼高かおる　かねたかかおる　1928生。昭和時代, 平成時代の旅行家, 評論家, ジャーナリスト。

二谷英明　にたにひであき　1930生。昭和時代, 平成時代の俳優。

アンドレッティ, マリオ　1940生。アメリカのF1ドライバー。

ジョーンズ, ブライアン　1942生。アメリカのロックギタリスト。1969没。

村下孝蔵　むらしたこうぞう　1953生。昭和時代, 平成時代の歌手。1999没。

タトゥーロ, ジョン　1957生。アメリカの俳優, 映画監督。

円原俊彦　たはらとしひこ　1961生。昭和時代, 平成時代の歌手, 俳優。

菊川怜　きくかわれい　1978生。平成時代の女優。

326　みつる　1978生。平成時代のポップアーティスト。

登場人物

Q太郎　きゅーたろう　『オバケのQ太郎』の主人公。

2月28日

2月29日

○記念日○ 閏日
肉の日
富士急の日
○忌　日○ 三汀忌（閏）

アルブレヒト5世　1528生。バイエルン公（1550〜79）。1579没。
バニエス, ドミンゴ　1528生。スペインの神学者。1604没。
キーチ, ベンジャミン　1640生。イギリスのバプテスト教会牧師。1704没。
斎藤定易　さいとうさだやす　1657生。江戸時代中期の馬術家, 大坪本流の祖。1744没。
バイアラム, ジョン　1692生。イギリスの詩人。1763没。
ブランシャール, エスプリ・アントワーヌ　1696生。フランスの作曲家。1770没。
松平長煕　まつだいらながひろ　1720生。江戸時代中期の大名。1735没。
ベイジ, ロバート　1728生。イギリスの小説家。1801没。
リー, アン　1736生。アメリカのシェイカー派創始者。1784没。
加藤敦善　かとうあつよし　1741生。江戸時代中, 後期の大坂の歌人。1815没。
桃園天皇　ももぞのてんのう　1741生。江戸時代中期の第116代の天皇。1762没。
久世広誉　くぜひろやす　1751生。江戸時代中期, 後期の大名。1821没。
ハンセン, クリスティアン・フレデリック　1756生。デンマークの建築家。1845没。
ディンター, グスタフ・フリードリヒ　1760生。ドイツの牧師, 教育家。1831没。
北小路俊矩　きたのこうじとしのり　1768生。江戸時代中期, 後期の公家。1832没。
ジェランドー, ジョゼフ・マリー・ド　1772生。フランスの政治家, 哲学者。1842没。
宗義功　そうよしかつ　1773生。江戸時代後期の大名。1813没。
クレンツェ, レオ・フォン　1784生。ドイツの建築家, 考古学者。1864没。
岡部長慎　おかべながちか　1787生。江戸時代後期の大名。1858没。
ロッシーニ, ジョアッキーノ　1792生。イタリアの作曲家。1868没。

フォークナー, ヒュー　1808生。スコットランドの古生物学者, 植物学者。1865没。
プリチャード, チャールズ　1808生。イギリスの天文学者。1893没。
富田礼彦　とみたやひこ　1811生。江戸時代, 明治時代の高山県判事。1877没。
山内豊煕　やまうちとよてる　1815生。江戸時代後期の大名。1848没。
ギッフォード（ギフォード）, アダム　1820生。スコットランドの判事,「ギッフォード講演」基金の創設者。1887没。
小笠原忠嘉　おがさわらただひろ　1839生。江戸時代末期の大名。1860没。
ホランド, ジョン（・フィリップ）　1840生。アイルランド生まれのアメリカの発明家。1914没。
増山正同　ましやままさとも　1843生。江戸時代, 明治時代の長島藩主, 長島藩知事。1887没。
黒田長徳　くろだながのり　1848生。江戸時代, 明治時代の秋月藩主。秋月藩知事。1892没。
松平直哉　まつだいらなおとし　1848生。江戸時代, 明治時代の藩主。出雲国母里藩知事。1897没。
宇田成一　うだせいいち　1850生。明治時代の自由民権家。福島県会議員, 関柴村長。1926没。
林董　はやしただす　1850生。明治時代の外交官, 政治家。外務大臣, 伯爵。1913没。
富士松加賀太夫（7代目）　ふじまつかがたゆう　1856生。明治時代, 大正時代の新内節の家元。1930没。
富士松加賀太夫（8代目）　ふじまつかがたゆう　1859生。明治時代, 大正時代の新内節の家元。1934没。
ホレリス, ハーマン　1860生。アメリカの機械技術者。1929没。

マッケンジー, ジョン・スチュアート　1860生。スコットランドの哲学者。1935没。
落合豊三郎　おちあいとよさぶろう　1861生。明治時代, 大正時代の陸軍軍人。中将, 東京湾要塞司令官。1934没。
マッハル, ヨゼフ・スヴァトプルク　1864生。チェコスロヴァキアの詩人, 評論家。1942没。
クラース, ハインリヒ　1868生。ドイツの政治家。1953没。
荒岩亀之助　あらいわかめのすけ　1871生。明治時代の力士。大関。1920没。
建畠大夢　たてはたたいむ　1880生。大正時代, 昭和時代の彫刻家。東京美術学校教授。1942没。
リーゼマン, ベルンハルト・オスカー・フォン　1880生。ドイツの指揮者, 音楽学者。1934没。
グラネ, マルセル　1884生。フランスの中国学者。1940没。
センドリー, アルフレッド　1884生。アメリカの指揮者, 作曲家。1976没。
イェーリング, ヘルベルト　1888生。ドイツの劇評家。1977没。
エルディ, ファニー　1888生。フランスのソプラノ歌手。1973没。
カシアーン　1892生。ロシア正教会の神学者。1965没。
岸本水府　きしもとすいふ　1892生。大正時代, 昭和時代の川柳作家, 広告文案家。番傘川柳社会長。1965没。
ウエルマン, ウイリアム・A　1896生。アメリカの映画監督。1975没。
ニラーラー, スーリヤカーント・トリパーティー　1896生。インド, ヒンディー語の詩人。1961没。
セフェリアデス, イオルゴス　1900生。ギリシアの外交官, 詩人。1971没。
ネグレスコ, ジーン　1900生。アメリカの映画監督。1993没。
ドーシー, ジミー　1904生。アメリカのジャズ・クラリネット・サクソホーン奏者。1957没。
バルテュス　1908生。フランスの画家。2001没。
マキノ雅弘　まきのまさひろ　1908生。昭和時代の映画監督。1993没。
アブラーモフ, フョードル・アレクサンドロヴィチ　1920生。ソ連の小説家。1983没。
ゴールドスミス, ジェリー　1929生。アメリカの作曲家。2004没。
原田芳雄　はらだよしお　1940生。昭和時代, 平成時代の俳優。
赤川次郎　あかがわじろう　1948生。昭和時代, 平成時代の推理作家。
飯島直子　いいじまなおこ　1968生。昭和時代, 平成時代の女優, タレント。

2月29日

2月30日

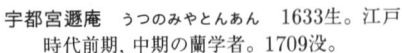

○忌　日○　**其角忌**

宇都宮遯庵　うつのみやとんあん　1633生。江戸時代前期, 中期の蘭学者。1709没。

安藤抱琴　あんどうほうきん　1654生。江戸時代前期, 中期の国学者, 有職故実家。1717没。

徳川宗将　とくがわむねのぶ　1720生。江戸時代中期の大名。1765没。

唐橋在久　からはしありひさ　1809生。江戸時代末期の公家。1850没。

武者小路実建　むしゃのこうじさねたけ　1810生。江戸時代末期の公家。1863没。

清岡長煕　きよおかながてる　1814生。江戸時代末期, 明治時代の公家(非参議)。1873没。

木原桑宅　きはらそうたく　1816生。江戸時代末期, 明治時代の安芸広島藩校教授。1881没。

安藤通故　あんどうみちふる　1833生。江戸時代, 明治時代の延岡藩士, 国学者。1898没。

毛利元承　もうりもとつぐ　1833生。江戸時代後期の大名。1849没。

宮本小一　みやもとおかず　1836生。明治時代, 大正時代の外交官。元老院議官, 貴族院議員。1916没。

高山善右衛門　たかやまぜんえもん　1863生。明治時代, 大正時代の政治家。1928没。

2月30日?!――奇異に思われるかもしれない。現在の暦(太陽暦)では、2月は28日か29日(閏年)であり「2月30日」はない。しかし旧暦(太陰太陽暦)には2月30日があった。

太陰太陽暦では月の満ち欠けの周期(一朔望月)を1カ月とする。一朔望月は約29日半なので、1カ月は30日か29日になる。30日の月は「大の月」、29日の月は「小の月」と呼ばれる。月の日数は太陽暦のように固定せず、同じ月でも年によって大小が異なる。だから2月も大の月なら30日まで、小の月なら29日まであった。日本で太陽暦に改暦された明治5年(1872)末までの10年間の2月をみると、大の月が文久3年(1863)、慶応3年(1867)〜明治5年(1872)の7回、小の月が元治元年(1864)、慶応元年(1865)、慶応2年(1866)の3回あった。4年に一度の閏年だけ29日がある現在の感覚と比べても、2月30日は珍しくなかった。また、太陰太陽暦では2月29日は必ずあり、28日までで終わることはなかった。

2月30日には上に挙げたような人物が生まれている。亡くなった人物には俳人の宝井其角(1707没)がいる。其角は蕉門十哲の筆頭で、忌日は俳句の季語として歳時記にも載っている。2月29日生まれは4年に一度しか誕生日がこない、と冗談まじりで言われる。2月30日に生まれた人・亡くなった人は、4年に一度どころか、太陽暦では誕生日や忌日が永遠に巡ってこない。このため、一月遅れの3月30日に行事を行うことが多いようだ。

3月
March
弥生

◎誕生石◎　アクアマリン
　　　　　珊瑚

◎星　座◎　うお座／おひつじ座

3月1日

○記念日○　ビキニ・デー
　　　　　　マーチの日（行進曲の日）
　　　　　　労働組合法施行記念日

マルティアリス, マルクス・ウァレリウス　38生。ローマのエピグラム詩人。104没。

アントニヌス　1389生。フィレンツェの大司教（1446～）, 聖人。1459没。

ボッティチェリ, サンドロ　1444生。イタリアの画家。1510没。

飛鳥井雅章　あすかいまさあき　1611生。江戸時代前期の歌人, 公家。1679没。

キャロライン（アンスバッハの）, ヴィルヘルミーナ　1683生。イギリス王ジョージ2世の妃。1737没。

ブライティンガー, ヨハン・ヤーコプ　1701生。スイスの神学者, 哲学者, 教育者, 美学者。1776没。

南宮大湫　なんぐうたいしゅう　1728生。江戸時代中期の漢学者。1778没。

横井千秋　よこいちあき　1738生。江戸時代中期, 後期の国学者。1801没。

ロミリー, サー・サミュエル　1757生。イギリスの法律改革者。1818没。

荒木田久守　あらきだひさもり　1779生。江戸時代後期の国学者, 伊勢内宮の祠官。1853没。

多紀元胤　たきもとつぐ　1789生。江戸時代後期の寄合医師。1827没。

マカロック　1789生。イギリスの経済学者。1864没。

ピュージン, オーガスタス・ウェルビー・ノースモアー　1812生。イギリスの建築家, 著述家。1852没。

ゴラール　1818生。ブラジルの政治家, 大統領。1876没。

クリャンガ, イオン　1837生。ルーマニアの作家。1889没。

ハウエルズ, ウィリアム・ディーン　1837生。アメリカの小説家, 評論家。1920没。

ドクチャエフ, ヴァシリィ・ヴァシリエヴィッチ　1846生。ロシアの土壌学者。1903没。

塚原渋柿園　つかはらじゅうしえん　1848生。明治時代の小説家。1917没。

デルカッセ, テオフィル　1852生。フランスの政治家。1923没。

ジンメル, ゲオルク　1853生。ドイツの哲学者, 社会学者。1918没。

ソログープ, フョードル・クジミッチ　1863生。ロシアの詩人, 小説家。1927没。

山梨半造　やまなしはんぞう　1864生。明治時代-昭和時代の陸軍人。陸軍大臣。1944没。

若松賤子　わかまつしずこ　1864生。明治時代の翻訳家。1896没。

志村源太郎　しむらげんたろう　1867生。明治時代, 大正時代の銀行家。貴族院議員。1930没。

武藤山治　むとうさんじ　1867生。明治時代-昭和時代の実業家, 政治家。衆議院議員, 鐘淵紡績社長。1934没。

ホテク, ゾフィー　1868生。ハプスブルク帝国の皇太子フランツ・フェルディナントの妻。1914没。

曾樸　そうぼく　1872生。中国, 清末民初の小説家, 翻訳家。1935没。

中田薫　なかだかおる　1877生。明治時代-昭和時代の法制史学者。東京帝国大学教授。1967没。

スタンボリースキ　1879生。ブルガリアの政治家, 農民党首領。1923没。

ストレイチー, リットン　1880生。イギリスの批評家, 伝記作家。1932没。

朝倉文夫　あさくらふみお　1883生。明治時代-昭和時代の彫刻家。東京美術学校教授, 日展審査員。1964没。

原安三郎　はらやすさぶろう　1884生。大正時代, 昭和時代の実業家。日本化薬社長, 経団連税制委員会委員長。1982没。

ココシュカ, オスカル　1886生。オーストリア出身のイギリスの画家, 詩人, 舞台美術家, 劇作家。1980没。

長田幹彦　ながたみきひこ　1887生。明治時代-昭和時代の小説家。1964没。

3月1日

辰野隆　たつのゆたか　1888生。大正時代,昭和時代のフランス文学者,随筆家。東京大学教授。1964没。

岡本かの子　おかもとかのこ　1889生。大正時代,昭和時代の小説家,歌人。1939没。

倉田主税　くらたちから　1889生。昭和時代の実業家。日立製作所会長,経団連常任理事。1969没。

グルリット,ヴィリバルト　1889生。ドイツの音楽学者。1963没。

和辻哲郎　わつじてつろう　1889生。明治時代-昭和時代の哲学者,倫理学者,文化史家,評論家。1960没。

コンラド,ニコライ・ヨシフォヴィチ　1891生。ソ連の東洋学者。1970没。

芥川龍之介　あくたがわりゅうのすけ　1892生。大正時代の小説家。1927没。

高杉晋一　たかすぎしんいち　1892生。昭和時代の実業家。三菱電機社長,海外経済協力基金総裁。1978没。

帰山教正　かえりやまのりまさ　1893生。大正時代の映画監督,映画技術研究者。1964没。

ドリュ・ラ・ロシェル,ピエール　1893生。フランスの小説家。1945没。

小倉遊亀　おぐらゆき　1895生。昭和時代,平成時代の日本画家。2000没。

ミトロプロス,ディミトリ　1896生。ギリシア生まれのアメリカの指揮者。1960没。

菊川忠雄　きくかわただお　1901生。昭和時代の労働運動家,政治家。総同盟総主事,衆議院議員。1954没。

ミラー,グレン　1904生。アメリカのジャズ楽団指揮者,トロンボーン奏者。1944没。

森泰吉郎　もりたいきちろう　1904生。昭和時代,平成時代の経営者,商学者。森ビル社長。1993没。

川又克二　かわまたかつじ　1905生。昭和時代の実業家,財界人。日産自動車社長,経団連副会長。1986没。

渋川驍　しぶかわぎょう　1905生。昭和時代,平成時代の小説家,文芸評論家。1993没。

菊田一夫　きくたかずお　1908生。昭和時代の劇作家,演劇プロデューサー。1973没。

若林忠志　わかばやしただし　1908生。昭和時代のプロ野球選手,監督。1965没。

マーティン,アーチャー・ジョン・ポーター　1910生。イギリスの生化学者。2002没。

ニヴン,デイヴィド　1911生。アメリカの俳優。1983没。

西山夘三　にしやまうぞう　1911生。昭和時代,平成時代の建築学者。京都大学教授,日本建築学会副会長。1994没。

矢野健太郎　やのけんたろう　1912生。昭和時代の数学者。東京工業大学教授。1993没。

エリソン,ラルフ　1914生。アメリカの黒人小説家,評論家,教師。1994没。

ローウェル,ロバート　1917生。アメリカの詩人。1977没。

フェノッリオ,ベッペ　1922生。イタリアの小説家。1963没。

ラビン,イツハーク　1922生。イスラエルの軍人,政治家。1995没。

向秀男　むかいひでお　1923生。昭和時代,平成時代のアートディレクター。向デザイン企画室代表,東京アートディレクターズクラブ会長。1992没。

ベラフォンテ,ハリー　1927生。アメリカの歌手,俳優。

常盤新平　ときわしんぺい　1931生。昭和時代,平成時代の翻訳家,随筆家,小説家。

滝田ゆう　たきたゆう　1932生。昭和時代,平成時代の漫画家。1990没。

加藤茶　かとうちゃ　1943生。昭和時代,平成時代のコメディアン。

峰竜太　みねりゅうた　1952生。昭和時代,平成時代のタレント,俳優。

ハワード,ロン　1954生。アメリカの映画監督。

飯田譲治　いいだじょうじ　1959生。昭和時代,平成時代の映画監督,脚本家。

川崎麻世　かわさきまよ　1963生。昭和時代,平成時代の俳優。

中山美穂　なかやまみほ　1970生。昭和時代,平成時代の女優,歌手。

小島聖　こじまひじり　1976生。平成時代の女優。

3月2日

○記念日○　ミニチュアの日
　　　　　遠山左衛門尉景元北町奉行任名
○忌　日○　俊寛忌

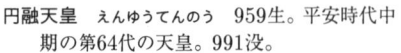

円融天皇　えんゆうてんのう　959生。平安時代中期の第64代の天皇。991没。

千葉成胤　ちばなりたね　1155生。鎌倉時代前期の武将。1218没。

ロバート2世　1316生。スコットランド王（在位1371～90）。1390没。

後光厳天皇　ごこうごんてんのう　1338生。南北朝時代の北朝第4代の天皇。1374没。

ハドリアヌス6世　1459生。唯一のオランダ人教皇（在位1522～23）。1523没。

ジッキンゲン，フランツ・フォン　1481生。ドイツの騎士。1523没。

ラブレー，フランソワ　1496生。フランスの物語作家。1553没。

羽柴秀長　はしばひでなが　1540生。安土桃山時代の武将，豊臣秀吉の異母弟。1591没。

ボドリー，サー・トマス　1545生。イギリスの学者，外交官。1613没。

徳姫　とくひめ　1559生。戦国時代，安土桃山時代，江戸時代前期の女性。松平信康の正室。1636没。

サンズ，ジョージ　1578生。イギリスの旅行家，詩人。1644没。

貞子内親王　さだこないしんのう　1607生。江戸時代前期の女性。後陽成天皇の皇女。1675没。

マンスフィールド（カン・ウッドの），ウィリアム・マリー，初代伯爵　1705生。イギリスの法律家，政治家。1793没。

楫取魚彦　かとりなひこ　1723生。江戸時代中期の国学者。1782没。

下鳥富次郎　しもとりとみじろう　1745生。江戸時代中期，後期の越後国頸城郡川浦村の庄屋。1815没。

デムーラン，カミーユ　1760生。フランス革命期のジャーナリスト。1794没。

クリントン，デ・ウィット　1769生。アメリカの政治家。1828没。

安積艮斎　あさかごんさい　1791生。江戸時代末期の儒学者，陸奥二本松藩士。1861没。

ハーシェル，サー・ジョン・フレデリック・ウィリアム　1792生。イギリスの天文学者。1871没。

ヒューストン，サム　1793生。アメリカの軍人，政治家，テキサス共和国初代大統領（36～44）。1863没。

バラトゥインスキー，エヴゲーニー・アブラモヴィチ　1800生。ロシアの詩人。1844没。

レオ13世　1810生。教皇（在位1878～1903）。1903没。

フォルカード，テオドール・オギュスタン　1816生。フランスのカトリック司祭，司教。1885没。

アラニュ・ヤーノシュ　1817生。ハンガリーの詩人。1882没。

ムルタトゥリ　1820生。オランダの小説家。1887没。

ウシンスキー　1824生。革命前ロシアの教育思想家。1871没。

スメタナ，ベドジヒ　1824生。チェコスロバキアの作曲家。1884没。

シュルツ，カール　1829生。アメリカの政治家，ジャーナリスト。1906没。

ネルデケ，テーオドーア　1836生。ドイツのセム語学者。1930没。

松村文治郎　まつむらぶんじろう　1839生。明治時代の政治家。衆議院議員。1913没。

リスト　1851生。ドイツの刑法学者。1919没。

ローザノフ，ワシーリー・ワシリエヴィチ　1856生。ロシアの宗教思想家，批評家。1919没。

村松愛蔵　むらまつあいぞう　1857生。明治時代の政治家。衆議院議員。1939没。

藤井宣正　ふじいせんしょう　1859生。明治時代の僧，仏教学者。西本願寺文学寮教授。1903没。

林権助　はやしごんすけ　1860生。明治時代，大正時代の外交官。男爵。1939没。

末永純一郎　すえながじゅんいちろう　1867生。明治時代，大正時代のジャーナリスト。1913没。

サン-フォア, マリー-オリヴィエ-ジョルジュ・プーラン・ド　1874生。フランスの音楽史家。1954没。

リーツマン, ハンス　1875生。ドイツのプロテスタント神学者, 教会史家。1942没。

畑井新喜司　はたいしんきし　1876生。明治時代-昭和時代の動物学者。東北帝大教授, 東京家政大学学長。1963没。

ピウス12世　1876生。教皇(在位1939～58)。1958没。

行友李風　ゆきともりふう　1877生。明治時代-昭和時代の小説家, 劇作家。1959没。

田中貢太郎　たなかこうたろう　1880生。大正時代, 昭和時代の小説家, 随筆家。1941没。

米内光政　よないみつまさ　1880生。明治時代-昭和時代の軍人, 政治家。首相, 海相。1948没。

坂本繁二郎　さかもとはんじろう　1882生。明治時代-昭和時代の洋画家。1969没。

武田久吉　たけだひさよし　1883生。明治時代-昭和時代の植物学者, 登山家。1972没。

小笠原長幹　おがさわらながよし　1885生。大正時代, 昭和時代の華族政治家。式部官。1935没。

杉野芳子　すぎのよしこ　1892生。大正時代, 昭和時代の服飾デザイナー。杉野女子大学学長, 杉野学園ドレスメーカー学院創立者。1978没。

オパーリン, アレクサンドル・イヴァノヴィッチ　1894生。ソ連の生化学者。1980没。

村田実　むらたみのる　1894生。大正時代, 昭和時代の映画監督。1937没。

加藤シヅエ　かとうしづえ　1897生。昭和時代, 平成時代の女性運動家, 政治家。日本家族計画連盟会長。2001没。

ヴァイル, クルト　1900生。ドイツ生まれのアメリカの作曲家。1950没。

森本六爾　もりもとろくじ　1903生。大正時代, 昭和時代の考古学者。1936没。

山崎謙　やまざきけん　1903生。昭和時代の哲学者。1990没。

ドレフュス, ヘンリー　1904生。アメリカの工業デザイナー。1972没。

ブリッツスタイン, マーク　1905生。アメリカの作曲家。1964没。

矢動丸宏　やどうまるひろし　1913生。昭和時代の高等学校教諭, 市民運動家。佐世保ペンクラブ会長。1999没。

須田正巳　すだまさみ　1915生。昭和時代の生化学者。大阪大学教授, 愛媛大学教授。1998没。

石井幸之助　いしいこうのすけ　1916生。昭和時代の写真家。首相官邸写真室長。1997没。

三隅研次　みすみけんじ　1921生。昭和時代の映画監督。1975没。

大島哲以　おおしまてつい　1926生。昭和時代, 平成時代の日本画家。1999没。

ゴルバチョフ, ミハイル　1931生。ロシアの政治家。

藤木悠　ふじきゆう　1931生。昭和時代, 平成時代の俳優。2005没。

水戸巌　みといわお　1933生。昭和時代の物理学者, 市民運動家。芝浦工業大学教授。1986没。

島津貴子　しまずたかこ　1939生。昭和時代, 平成時代の元・皇族。

柳瀬尚紀　やなせなおき　1943生。昭和時代, 平成時代の英文学者, 翻訳家, エッセイスト。

リード, ルー　1943生。アメリカのロック・ミュージシャン。

三遊亭小遊三　さんゆうていこゆうざ　1947生。昭和時代, 平成時代の落語家。

カールトン, ラリー　1948生。アメリカのジャズ・ギタリスト。

カーペンター, カレン　1950生。アメリカのミュージシャン。1983没。

ボン・ジョビ, ジョン　1962生。アメリカのロック歌手, 俳優。

伊沢利光　いざわとしみつ　1968生。昭和時代, 平成時代のプロゴルファー。

島崎和歌子　しまざきわかこ　1973生。平成時代のタレント。

中田大輔　なかただいすけ　1974生。平成時代のトランポリンプレーヤー。

3月2日

3月3日

○記念日○ 耳の日
桃の節句（上巳）
平和の日

源親治 みなもとのちかはる 1116生。平安時代後期の武士。1186没。
後伏見天皇 ごふしみてんのう 1288生。鎌倉時代後期の第93代の天皇。1336没。
大拙祖能 だいせつそのう 1313生。南北朝時代の臨済宗幻住派の僧。1377没。
麟翁永祥 りんおうえいしょう 1404生。室町時代の曹洞宗の僧。1475没。
プール, レジナルド, 枢機卿 1500生。イギリス, カンタベリー大司教。1558没。
フラーキウス, マティーアス 1520生。ドイツのルター派宗教改革者。1575没。
筒井順慶 つついじゅんけい 1549生。安土桃山時代の武将。1584没。
経範 きょうはん 1559生。安土桃山時代の浄土真宗の僧。1591没。
トリゴー, ニコラ 1577生。フランスのイエズス会士。1628没。
ハーバート, エドワード 1583生。イギリスの哲学者, 軍人, 外交官, 詩人, 歴史家。1648没。
ダヴィナント, ウィリアム 1606生。イギリスの劇作家, 劇場支配人。1668没。
吉野太夫 よしのだゆう 1606生。江戸時代前期の女性。京都の遊女。1643没。
オトウェイ, トマス 1652生。イギリスの劇作家。1685没。
マルクグラーフ, アンドレアス・ジギスムント 1709生。ドイツの化学者。1782没。
川上不白（初代）かわかみふはく 1719生。江戸時代中期, 後期の茶匠。1807没。
大田南畝 おおたなんぽ 1749生。江戸時代中期, 後期の戯作者, 狂歌師。1823没。
ゴドウィン, ウィリアム 1756生。イギリスの思想家。1836没。
鈴木朖 すずきあきら 1764生。江戸時代中期, 後期の国学者。1837没。
中村歌右衛門（3代目）なかむらうたえもん 1778生。江戸時代後期の歌舞伎役者。1838没。

上野俊之丞 うえのとしのじょう 1790生。江戸時代末期の蘭学者, 技術者。1851没。
オースティン, ジョン 1790生。イギリスの法学者。1859没。
後藤一乗 ごとういちじょう 1791生。江戸時代末期, 明治時代の装剣金工家。1876没。
シールズフィールド, チャールズ 1793生。オーストリアの作家。1864没。
平尾魯仙 ひらおろせん 1808生。江戸時代, 明治時代の文人, 画家。1880没。
林洞海 はやしどうかい 1813生。江戸時代, 明治時代の蘭方医。大阪医学校校長。1895没。
カウフマン 1818生。ロシアの軍人。1882没。
メーソン, ルーサー・ホワイティング 1818生。アメリカの音楽教育家。1896没。
アンドラーシ・ジュラ 1823生。ハンガリーの政治家, 初代首相, 伯爵。1890没。
不知火光右衛門 しらぬいみつえもん 1825生。江戸時代, 明治時代の力士。横綱。1879没。
デルンブルク 1829生。ドイツの法学者。1907没。
プルマン, ジョージ 1831生。アメリカの発明家, 企業家。1897没。
ヒル, ジョージ 1838生。アメリカの数理天文学者。1914没。
マレイ, サー・ジョン 1841生。イギリスの海洋学者, 動物学者。1914没。
エングラー, アドルフ 1844生。ドイツの植物学者。1930没。
幸野楳嶺 こうのばいれい 1844生。明治時代の日本画家。1895没。
カントール, ゲオルク 1845生。ドイツの数学者。1918没。
渡辺国武 わたなべくにたけ 1846生。明治時代の官僚, 政治家。子爵。1919没。
ベル, アレグザンダー・グレアム 1847生。アメリカの物理学者。1922没。
平田東助 ひらたとうすけ 1849生。明治時代, 大正時代の政治家。内務大臣, 伯爵。

1925没。
荻野吟子　おぎのぎんこ　1851生。明治時代の医師。1913没。
杉浦重剛　すぎうらじゅうごう　1855生。明治時代、大正時代の教育者。衆議院議員。1924没。
山本達雄　やまもとたつお　1856生。明治時代–昭和時代の銀行家，政治家。日銀総裁。1947没。
関根正直　せきねまさなお　1860生。明治時代–昭和時代の国文学者，教育家。1932没。
鳥谷部春汀　とやべしゅんてい　1865生。明治時代の評論家，ジャーナリスト。1908没。
アラン　1868生。フランスの哲学者。1951没。
ウッド，ヘンリー　1869生。イギリスの作曲家，音楽指揮者。1944没。
板谷波山　いたやはざん　1872生。明治時代–昭和時代の陶芸家。帝展工芸部審査員。1963没。
木村曙　きむらあけぼの　1872生。明治時代の小説家。1890没。
山崎紫紅　やまざきしこう　1875生。明治時代，大正時代の劇作家。1939没。
岡麓　おかふもと　1877生。明治時代–昭和時代の歌人，書家。大日本歌道会幹事。1951没。
イェスナー，レーオポルト　1878生。ドイツの表現主義の代表的演出家。1945没。
トマス，エドワード　1878生。イギリスの詩人。1917没。
正宗白鳥　まさむねはくちょう　1879生。明治時代–昭和時代の小説家，劇作家，評論家。1962没。
三淵忠彦　みぶちただひこ　1880生。明治時代–昭和時代の裁判官。最高裁初代長官。1950没。
伊藤晴雨　いとうせいう　1882生。明治時代–昭和時代の日本画家。1961没。
バート，シリル・ロドヴィク　1883生。イギリスの心理学者。1971没。
和田三造　わださんぞう　1883生。明治時代–昭和時代の洋画家，色彩研究家。1967没。
有本芳水　ありもとほうすい　1886生。明治時代–昭和時代の詩人，歌人。1976没。
坪田譲治　つぼたじょうじ　1890生。大正時代，昭和時代の児童文学作家，小説家。1982没。
ベチューン，ノーマン　1890生。カナダの外科医。1939没。
高野素十　たかのすじゅう　1893生。大正時代，昭和時代の俳人，医師。「芹」主宰。1976没。

フリッシュ　1895生。ノルウェーの経済学者，統計学者。1973没。
リッジウェイ，マシュー・B　1895生。アメリカの軍人，元帥。1993没。
アルティン，エーミール　1898生。ドイツの数学者。1962没。
稲垣稔次郎　いながきとしじろう　1902生。昭和時代の染織家。1963没。
鈴木安蔵　すずきやすぞう　1904生。昭和時代の憲法学者。1983没。
袁牧之　えんぼくし　1909生。中国の演劇家。1978没。
北山茂夫　きたやましげお　1909生。昭和時代の日本史学者。立命館大学教授。1984没。
ハーロー，ジーン　1911生。アメリカの女優。1937没。
カイヨワ，ロジェ　1913生。フランスの評論家。1978没。
金史良　きんしりょう　1914生。朝鮮の小説家。1950没。
いぬいとみこ　いぬいとみこ　1924生。昭和時代，平成時代の児童文学作家。2002没。
村山富市　むらやまとみいち　1924生。昭和時代，平成時代の政治家，元・首相。
天知茂　あまちしげる　1931生。昭和時代の俳優。1985没。
三橋節子　みつはしせつこ　1939生。昭和時代の日本画家。1975没。
竹中平蔵　たけなかへいぞう　1951生。昭和時代，平成時代の経済学者。
大森一樹　おおもりかずき　1952生。昭和時代，平成時代の映画監督，シナリオライター。
ジーコ　1953生。ブラジルのサッカー監督（フェネルバフチェ），元・サッカー選手。
デリカット，ケント　1955生。米国ユタ州出身のタレント，企業コンサルタント。
ストイコビッチ，ドラガン　1965生。旧ユーゴスラビア（セルビア）の元・サッカー選手。
小松千春　こまつちはる　1974生。平成時代の女優。

|登場人物|
両津勘吉　りょうづかんきち　『こちら葛飾区亀有公園前派出所』の主人公。

3月3日

3月4日

○記念日○　サッシの日
　　　　　ミシンの日
　　　　　円の日

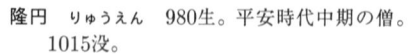

隆円　りゅうえん　980生。平安時代中期の僧。1015没。

守覚法親王　しゅかくほっしんのう　1150生。平安時代後期，鎌倉時代前期の真言宗の僧。1202没。

エンリケ　1394生。ポルトガルの王子。通称"エンリケ航海王子"。1460没。

一華碩由　いっかせきゆ　1447生。室町時代，戦国時代の臨済宗の僧。1507没。

ゲオルク(敬虔候)　1484生。ドイツの宗教改革を支持した辺境伯。1543没。

ラヨール　1492生。イタリア生まれの作曲家。1540没。

脇坂安元　わきざかやすもと　1584生。江戸時代前期の大名。1654没。

東儀兼頼　とうぎかねより　1632生。江戸時代前期，中期の楽人。1712没。

細川行孝　ほそかわゆきたか　1637生。江戸時代前期の大名。1690没。

清水谷実業　しみずだにさねなり　1648生。江戸時代前期，中期の歌人・公家。1709没。

ソマーズ(イーヴシャムの)，ジョン・ソマーズ，男爵　1651生。イギリスの政治家。1716没。

ギスランディ，ジュゼッペ　1655生。イタリアの肖像画家。1743没。

ヴィヴァルディ，アントーニオ　1678生。イタリアの作曲家，ヴァイオリン奏者。1741没。

テレマン，ゲオルク・フィリップ　1681生。ドイツの作曲家。1767没。

賀茂真淵　かものまぶち　1697生。江戸時代中期の国学者，歌人。1769没。

シェパード，ジャック　1702生。イギリスの犯罪者。1724没。

芥川丹邱　あくたがわたんきゅう　1710生。江戸時代中期の漢学者。1785没。

井上翼章　いのうえよくしょう　1753生。江戸時代中期，後期の越前福井藩右筆，学者。1820没。

レイバーン，サー・ヘンリ　1756生。スコットランドの画家。1823没。

ジャコトー，ジャン・ジョゼフ　1770生。フランスの教育家。1840没。

ヴィース，ヨハン・ルドルフ　1782生。スイスの著作家。1830没。

ラッハマン，カール　1793生。ドイツの言語学者，評論家。1851没。

ヤズィーコフ，ニコライ・ミハイロヴィチ　1803生。ロシアの詩人。1846没。

藤田孝之　ふじたたかゆき　1812生。江戸時代後期，末期，明治時代の陶業家、歌人。1891没。

安藤野雁　あんどうのかり　1815生。江戸時代末期の国学者，歌人。1867没。

リサジュー，ジュール・アントワーヌ　1822生。フランスの物理学者。1880没。

太田六右衛門　おおたろくえもん　1823生。江戸時代末期の庄屋。1865没。

一橋慶寿　ひとつばしよしとし　1823生。江戸時代後期の三卿一橋家の7代。1847没。

ゴウブル(ゴーブル)，ジョナサン　1827生。アメリカのバプテスト派宣教師。1896没。

エンデ，ヘルマン　1829生。ドイツの建築家。1907没。

ガーディナー，サミュエル・ローソン　1829生。イギリスの歴史家。1902没。

児玉雄一郎　こだまゆういちろう　1832生。江戸時代末期の薩摩藩士。1868没。

フェルラータ，ドメーニコ　1847生。イタリアの電気技術者。1914没。

中野二郎三郎　なかのじろうさぶろう　1853生。明治時代の自由民権家。1918没。

ショー，サー・(ウィリアム・)ネイピア　1854生。イギリスの気象学者。1945没。

川田竜吉　かわだりょうきち　1856生。明治時代-昭和時代の実業家。1951没。

小藤文次郎　ことうぶんじろう　1856生。明治時代-昭和時代の地質学者。帝国大学教授。1935没。

ウィグモア，ジョン・ヘンリー　1863生。アメリカの代表的な訴訟法学者。1943没。

留岡幸助　とめおかこうすけ　1864生。昭和時代の社会事業家。1934没。
山屋他人　やまやたにん　1866生。明治時代–昭和時代の海軍軍人。大将、連合艦隊司令長官。1940没。
林森　りんしん　1868生。中国の政治家。1943没。
稀音家浄観（2代目）　きねやじょうかん　1874生。明治時代–昭和時代の長唄三味線方。東京音楽学校（現東京芸術大学）教授。1956没。
ラレータ，エンリケ・ロドリゲス　1875生。アルゼンチンの小説家。1961没。
ファルグ，レオン–ポール　1876生。フランスの詩人，評論家。1947没。
グレーブナー，（ロベルト・）フリッツ　1877生。ドイツの民族学者。1934没。
有島武郎　ありしまたけお　1878生。大正時代の小説家，評論家。1923没。
菅楯彦　すがたてひこ　1878生。明治時代–昭和時代の日本画家。1963没。
ケラーマン，ベルンハルト　1879生。東ドイツの小説家。1951没。
松岡洋右　まつおかようすけ　1880生。大正時代，昭和時代の外交官，政治家。衆議院議員，南満州鉄道総裁。1946没。
桑島主計　くわじましゅけい　1884生。大正時代，昭和時代の外交官。1958没。
ベリャーエフ，アレクサンドル・ロマノヴィチ　1884生。ソビエトSFの創始者の1人。1942没。
後藤格次　ごとうかくじ　1889生。大正時代，昭和時代の農芸化学者。東京大学教授，北里大学教授。1969没。
林譲治　はやしじょうじ　1889生。昭和時代の政治家，俳人。副総理，自由党幹事長。1960没。
三宅晴輝　みやけせいき　1896生。昭和時代の経済評論家。1900没。
オドール，フランク　1897生。アメリカの大リーグ選手，大リーグ監督。1969没。
ゲッツィ，B.フォン　1897生。ハンガリー系ドイツ人のヴァイオリン奏者，指揮者。1971没。
デュメジル，ジョルジュ　1898生。フランスの言語学者，神話学者。1986没。
鳥海青児　ちょうかいせいじ　1902生。大正時代，昭和時代の洋画家。1972没。
岩倉政治　いわくらまさじ　1903生。昭和時代，平成時代の小説家。2000没。

ボイド，ウィリアム・クラウザー　1903生。アメリカの免疫学者。1983没。
ガモフ，ジョージ　1904生。アメリカの物理学者，科学啓蒙家。1968没。
ヴェクスラー，ヴラディミール・ヨーソフィッチ　1907生。ソ連の物理学者。1966没。
城間栄喜　しろまえいき　1908生。昭和時代の染色家。紅型（びんがた）宗家13代目。1992没。
竹田恒徳　たけだつねよし　1909生。昭和時代，平成時代の皇族。1992没。
大野昭和斎　おおのしょうわさい　1912生。昭和時代，平成時代の木工芸家。1996没。
緑川洋一　みどりかわよういち　1915生。昭和時代，平成時代の写真家，歯科医。2001没。
アイゼンク，ハンス（・ユルゲン）　1916生。イギリスの心理学者。1997没。
バッサーニ，ジョルジョ　1916生。イタリアの小説家。2000没。
小桜葉子　こざくらようこ　1918生。大正時代，昭和時代の女優，美容体操家。1970没。
ルカニュエ，ジャン　1920生。フランスの政治家。1993没。
永井道雄　ながいみちお　1923生。昭和時代，平成時代の教育社会学者。国連大学協力会理事長，上智大学教授。2000没。
モーリア，ポール　1925生。フランスの指揮者，ピアニスト，作曲家，編曲家。2006没。
中条きよし　なかじょうきよし　1946生。昭和時代，平成時代の俳優，歌手。
山本リンダ　やまもとりんだ　1951生。昭和時代，平成時代の歌手。
佐野史郎　さのしろう　1955生。昭和時代，平成時代の俳優。
浅野温子　あさのあつこ　1961生。昭和時代，平成時代の女優。
小谷真生子　こたにまおこ　1965生。昭和時代，平成時代のニュースキャスター。
ふじいあきら　ふじいあきら　1967生。昭和時代，平成時代のマジシャン。
ケンジット，パッツィ　1968生。イギリスの女優，歌手。
オルテガ，アリエル　1974生。アルゼンチンのサッカー選手。

3月4日

3月5日

○記念日○ スチュワーデスの日
ミスコンの日
珊瑚の日

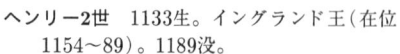

ヘンリー2世　1133生。イングランド王（在位1154〜89）。1189没。

小笠原長清　おがさわらながきよ　1162生。平安時代後期，鎌倉時代前期の武将。1242没。

武田信光　たけだのぶみつ　1162生。平安時代後期，鎌倉時代前期の武将。1248没。

法助　ほうじょ　1227生。鎌倉時代後期の真言僧。1284没。

デーヴィド2世　1324生。スコットランド王（在位1329〜71）。1371没。

ラヨシュ1世　1326生。ハンガリー王（1342〜82），ポーランド王（70〜82）。1382没。

増吽　ぞううん　1366生。南北朝時代，室町時代の真言宗の僧。1452没。

小田朝久　おだともひさ　1417生。室町時代の武将，常陸小田城主。1455没。

広橋守光　ひろはしもりみつ　1471生。戦国時代の公卿。1526没。

足利義晴　あしかがよしはる　1511生。戦国時代の室町幕府第12代の将軍。1550没。

メルカトル，ゲラルドゥス　1512生。ルネサンス期最大の地理学者。1594没。

尚元　しょうげん　1528生。戦国時代の琉球の国王。1572没。

フリードリヒ4世　1574生。ドイツのプファルツ選帝侯。1610没。

オートレッド，ウィリアム　1575生。イギリスの数学者。1660没。

ヨハン・ゲオルク1世　1585生。ザクセン選帝侯（在位1611〜56）。1656没。

セドリー，チャールズ　1639生。イギリスの詩人，劇作家。1701没。

雲室　うんしつ　1753生。江戸時代中期，後期の南画僧。1827没。

中島広足　なかじまひろたり　1792生。江戸時代末期の国学者，歌人。1864没。

ギーゼブレヒト　1814生。ドイツの歴史家。1889没。

レヤード，オースティン・ヘンリー　1817生。イギリスの考古学者，外交官。1894没。

宜湾朝保　ぎわんちょうほ　1823生。江戸時代，明治時代の琉球の政治家。1876没。

阿閉権之丞　あべごんのじょう　1827生。江戸時代末期の志士，近江膳所藩士。1865没。

エンネル，ジャン-ジャック　1829生。フランスの画家。1905没。

加藤徳成　かとうとくなり　1830生。江戸時代末期の尊王攘夷派志士。1865没。

トムソン，チャールズ・ワイヴィル　1830生。イギリスの博物学者，海洋学者。1882没。

柏原省三　かしわばらしょうぞう　1835生。江戸時代末期の医師。1864没。

フリッチュ，グスタフ・テオドール　1838生。ドイツの解剖学者，人類学者。1927没。

ベネデン，エドゥアール・ヴァン　1846生。ベルギーの動物学者。1910没。

グレゴリー，イザベラ・オーガスタ・レイディ　1852生。アイルランドの劇作家。1932没。

神津専三郎　こうづせんざぶろう　1852生。明治時代の音楽教育者。東京音楽学校教授。1897没。

ベーリング，エミール・アドルフ・フォン　1854生。ドイツの細菌学者。1917没。

ヴルーベリ，ミハイル・アレクサンドロヴィチ　1856生。ソ連の画家。1910没。

ウィルソン，サー・ヘンリー・ヒューズ　1864生。イギリスの将軍，政治家。1922没。

松井慶四郎　まついけいしろう　1868生。明治時代-昭和時代の外交官。1946没。

川上眉山　かわかみびざん　1869生。明治時代の小説家。1908没。

ノリス，フランク　1870生。アメリカの小説家。1902没。

ルクセンブルク，ローザ　1870生。ドイツの革命家，マルクス主義理論家。1919没。

松村松年　まつむらしょうねん　1872生。明治時代-昭和時代の昆虫学者。1960没。

スヘンデル，アルトゥール・ファン　1874生。オランダの小説家。1946没。

3月5日

永井松三　ながいまつぞう　1877生。大正時代，昭和時代の外交官。1957没。

柳川春葉　やながわしゅんよう　1877生。明治時代の小説家。1918没。

ベヴァリッジ，ウィリアム・ヘンリー・ベヴァリッジ，男爵　1879生。イギリスの法律，経済学者。1963没。

ヴィラ-ロボス，エイトル　1887生。ブラジルの作曲家。1959没。

シュナック，フリードリヒ　1888生。ドイツの作家。1977没。

黒川武雄　くろかわたけお　1893生。大正時代，昭和時代の実業家，政治家。虎屋会長。1975没。

玉川勝太郎（2代目）　たまがわかつたろう　1896生。大正時代，昭和時代の浪曲師。1969没。

平野義太郎　ひらのよしたろう　1897生。大正時代，昭和時代の法学者，平和運動家。龍谷大学教授，日本平和委員会会長。1980没。

周恩来　しゅうおんらい　1898生。中国の政治家，首相。1976没。

山田抄太郎　やまだしょうたろう　1899生。大正時代，昭和時代の長唄三味線方，作曲家。東京芸術大学教授。1970没。

橋本登美三郎　はしもととみさぶろう　1901生。昭和時代の政治家。衆議院議員（自民党），運輸相。1990没。

プシボシ，ユリアン　1901生。ポーランドの詩人。1970没。

飯島正　いいじまただし　1902生。昭和時代の映画評論家。1996没。

奥村綱雄　おくむらつなお　1903生。昭和時代の実業家。野村証券社長。1972没。

ラーナー，カール　1904生。西ドイツのカトリック神学者。1984没。

田中清玄　たなかきよはる　1906生。昭和時代，平成時代の実業家。田中技術開発社長，総合人間科学研究会理事長。1993没。

宮本又次　みやもとまたじ　1907生。昭和時代の経済史学者。大阪大学教授。1991没。

ハリソン，レックス　1908生。イギリスの俳優。1990没。

小夜福子　さよふくこ　1909生。大正時代，昭和時代の宝塚スター，女優。1989没。

安藤百福　あんどうももふく　1910生。昭和時代，平成時代の実業家。2007没。

植草圭之助　うえくさけいのすけ　1910生。昭和時代，平成時代のシナリオライター。1993没。

岡三郎　おかさぶろう　1914生。昭和時代の労働運動家，政治家。1999没。

会田雄次　あいだゆうじ　1916生。昭和時代，平成時代の歴史学者。1997没。

トービン，ジェイムズ　1918生。アメリカの経済学者。2002没。

中村真一郎　なかむらしんいちろう　1918生。昭和時代，平成時代の小説家，文芸評論家。日本近代文学館理事長，全国文学館協議会会長。1997没。

林忠彦　はやしただひこ　1918生。昭和時代の写真家。日本写真学園校長。1990没。

藤沢朋斎　ふじさわほうさい　1919生。昭和時代の囲碁棋士。囲碁9段。1992没。

梁瀬義亮　やなせぎりょう　1920生。昭和時代，平成時代の医師。1993没。

山本猛夫　やまもとたけお　1921生。昭和時代の実業家。山善創業者。1991没。

小森敏之　こもりとしゆき　1922生。昭和時代の実業家。丸大食品創業者。1981没。

パゾリーニ，ピエール・パーオロ　1922生。イタリアの映画監督，詩人，小説家。1975没。

松濤明　まつなみあきら　1922生。昭和時代の登山家。1949没。

島田一男　しまだかずお　1923生。昭和時代，平成時代の社会心理学者。1995没。

中島誠之助　なかじませいのすけ　1938生。昭和時代，平成時代の古美術商・鑑定家，エッセイスト，タレント。

大杉勝男　おおすぎかつお　1945生。昭和時代のプロ野球選手。1992没。

栗原はるみ　くりはらはるみ　1947生。昭和時代，平成時代の料理研究家。

榊原るみ　さかきばらるみ　1951生。昭和時代，平成時代の女優。

パーカー，サラ・ジェシカ　1965生。アメリカの女優。

熊川哲也　くまかわてつや　1972生。平成時代のバレエダンサー。

山田まりや　やまだまりや　1980生。平成時代のタレント。

3月6日

○記念日○　スポーツ新聞の日
　　　　　世界一周記念日

バハー・アッディーン　1145生。アラブ系の歴史家。1234没。

凝然　ぎょうねん　1240生。鎌倉時代後期の律僧, 東大寺戒壇院主。1321没。

フッガー, ヤーコプ2世　1459生。ドイツ, アウクスブルクの大商人。1525没。

ミケランジェロ・ブオナッローティ　1475生。イタリアの画家, 彫刻家, 建築家。1564没。

グィッチャルディーニ, フランチェスコ　1483生。イタリアの歴史家, 政治家。1540没。

ビーベス, フアン・ルイス　1492生。スペインの人文主義者, 哲学者。1540没。

松平信康　まつだいらのぶやす　1559生。安土桃山時代の武将。1579没。

シラノ・ド・ベルジュラック, サヴィニヤン・ド　1619生。フランスの詩人, 劇作家, 小説家。1655没。

近衛基煕　このえもとひろ　1648生。江戸時代前期, 中期の公家。1722没。

井伊直興　いいなおおき　1656生。江戸時代前期, 中期の大名, 大老。1717没。

アタベリー, フランシス　1663生。イギリスの高位聖職者。1732没。

ラーシャロテー　1701生。フランスの法律家。1785没。

関口黄山　せきぐちこうざん　1718生。江戸時代の書家。1745没。

山村蘇門　やまむらそもん　1742生。江戸時代中期, 後期の漢学者。1823没。

フロリヤン, ジャン・ピエール・クラリス・ド　1755生。フランスの寓話作家, 小説家。1794没。

ジョミニ, アントアーヌ・アンリ　1779生。フランス, のちにロシアの将軍, 軍事作家。1869没。

ネイピア, サー・チャールズ　1786生。イギリスの海軍軍人。1860没。

フラウンホーファー, ヨーゼフ・フォン　1787生。ドイツの物理学者, 光学機器技術者。1826没。

スミス, ゲリット　1797生。アメリカの政治家, 奴隷解放論者。1874没。

野本白巌　のもとはくがん　1797生。江戸時代末期の豊前中津藩士, 儒学者。1856没。

アトキンソン, トマス・ウィットラム　1799生。イギリスの建築家, 旅行家。1861没。

ブラウニング, エリザベス・バレット　1806生。イギリスの女流詩人。1861没。

ヒルデブラント　1812生。ドイツの経済学者, 統計学者。1878没。

清麿　きよまろ　1813生。江戸時代末期の刀工。1855没。

エルショーフ, ピョートル・パーヴロヴィチ　1815生。ロシアの作家。1869没。

松島剛蔵　まつしまごうぞう　1825生。江戸時代末期の長州(萩)藩士。1865没。

シェリダン, フィリップ・H　1831生。アメリカの陸軍軍人。1888没。

デュ・モーリエ, ジョージ　1834生。イギリスの画家, 小説家。1896没。

コルニュ　1841生。フランスの物理学者。1902没。

河島醇　かわしまあつし　1847生。明治時代の外務省官吏, 滋賀・福岡県知事。日本勧業銀行総裁。1911没。

大島宇吉　おおしまうきち　1852生。明治時代-昭和時代の政治家, 新聞経営者。「国民新聞」経営者。1940没。

ドニケル　1852生。フランスの人類学者。1918没。

ヴィーズ, グスタヴ　1858生。デンマークの作家。1914没。

中村鴈治郎(初代)　なかむらがんじろう　1860生。明治時代-昭和時代の歌舞伎役者。1935没。

斎藤万吉　さいとうまんきち　1862生。明治時代の農学者。帝国大学助教授。1914没。

段祺瑞　だんきずい　1865生。中国の軍閥。1936没。

デュマ　1866生。フランスの心理学者, 生理学者。1946没。

岡田温 おかだゆたか 1870生。明治時代–昭和時代の農民・農政指導者。帝国農会幹事。1949没。

シュトラウス, オスカー 1870生。オーストリア生まれのアメリカの作曲家, 指揮者。1954没。

ボイエル, ヨーハン 1872生。ノルウェーの小説家。1959没。

ベルジャーエフ, ニコライ・アレクサンドロヴィチ 1874生。ロシアの哲学者。1948没。

清水六兵衛(5代目) きよみずろくべえ 1875生。明治時代–昭和時代の陶芸家。1959没。

木島桜谷 このしまおうこく 1877生。明治時代, 大正時代の日本画家。京都市立絵画専門学校教授。1938没。

パーマー 1877生。イギリスの音声学者, 語学教育家。1949没。

小堀誠 こぼりまこと 1885生。明治時代–昭和時代の舞台俳優。1957没。

ジェラルディ, ポール 1885生。フランスの詩人, 劇作家。1983没。

ラードナー, リング 1885生。アメリカのジャーナリスト, 小説家。1933没。

イールズ 1886生。アメリカの教育家。1963没。

来栖三郎 くるすさぶろう 1886生。昭和時代の外交官。駐ドイツ大使。1954没。

戸田貞三 とだていぞう 1887生。大正時代, 昭和時代の社会学者。東京大学教授。1955没。

高橋元吉 たかはしもときち 1893生。大正時代, 昭和時代の詩人。煥乎堂書店社長。1965没。

ユング 1894生。ドイツの政治評論家。1934没。

門馬直衛 もんまなおえ 1897生。大正時代, 昭和時代の音楽評論家。武蔵野音楽大学教授。1961没。

宮沢俊義 みやざわとしよし 1899生。昭和時代の憲法学者。東京大学教授, プロ野球コミッショナー。1976没。

ドンスコイ, マルク 1901生。ソ連の映画監督。1981没。

深川正一郎 ふかがわしょういちろう 1902生。昭和時代の俳人。「ホトトギス」会長。1987没。

香淳皇后 こうじゅんこうごう 1903生。大正時代–平成時代の皇族。昭和天皇の皇后。2000没。

藤岡由夫 ふじおかよしお 1903生。大正時代, 昭和時代の物理学者。東京教育大学教授, 国連原子力局アイソトープ部長。1976没。

大岡昇平 おおおかしょうへい 1909生。昭和時代の小説家, フランス文学者。1988没。

都留重人 つるしげと 1912生。昭和時代, 平成時代の理論経済学者。2006没。

コンドラーシン, キリール・ペトローヴィチ 1914生。ソ連出身の指揮者。1981没。

ブルレ, ジゼル 1915生。フランスの音楽美学者, ピアニスト。1973没。

結城信一 ゆうきしんいち 1916生。昭和時代の小説家。1984没。

荒木道子 あらきみちこ 1917生。昭和時代の女優。1989没。

ワイダ, アンジェイ 1926生。ポーランドの映画監督, 演出家。

しかたしん しかたしん 1928生。昭和時代, 平成時代の劇作家, 児童文学者。2003没。

砂沢ビッキ すなざわびっき 1931生。昭和時代の彫刻家。1989没。

吉田竜夫 よしだたつお 1932生。昭和時代の漫画家, アニメーション作家。竜の子プロダクション社長。1977没。

加瀬邦彦 かせくにひこ 1941生。昭和時代, 平成時代のミュージシャン, 作曲家。

戸塚洋二 とつかようじ 1942生。昭和時代, 平成時代の物理学者。

ギルモア, デーブ 1947生。イギリスのロックギタリスト。

加藤保男 かとうやすお 1949生。昭和時代の登山家。1982没。

高橋真梨子 たかはしまりこ 1949生。昭和時代, 平成時代の歌手。

田中健 たなかけん 1951生。昭和時代, 平成時代の俳優, ケーナ奏者。

春風亭小朝 しゅんぷうていこあさ 1955生。昭和時代, 平成時代の落語家。

柳沢慎吾 やなぎさわしんご 1962生。昭和時代, 平成時代の俳優。

重松清 しげまつきよし 1963生。昭和時代, 平成時代の作家, フリーライター。

オニール, シャキール 1972生。アメリカのバスケットボール選手。

ベッキー 1984生。平成時代のタレント。

3月6日

3月7日

○記念日○　花粉症記念日
　　　　　警察制度改正記念日
　　　　　消防記念日

ブースィーリー　1213生。エジプトの詩人。1296没。

如覚　にょかく　1250生。鎌倉時代後期の浄土真宗の僧。1311没。

ペルッツィ, バルダッサーレ　1481生。イタリアの画家, 建築家。1536没。

貞安　ていあん　1539生。安土桃山時代, 江戸時代前期の浄土宗の僧。1615没。

デュ・ヴェール, ギヨーム　1556生。フランスの哲学者, 政治家。1621没。

ウィルビー, ジョン　1574生。イギリスの作曲家。1638没。

徳川頼宣　とくがわよりのぶ　1602生。江戸時代前期の大名。1671没。

中江藤樹　なかえとうじゅ　1608生。江戸時代前期の儒学者。1648没。

ヴィターリ, トンマーゾ・アントニオ　1663生。イタリアの音楽家。1745没。

ユヴァーラ, フィリッポ　1678生。イタリアの建築家, 舞台装置家。1736没。

クレメンス13世　1693生。教皇(在位1758～69)。1769没。

大岡忠光　おおおかただみつ　1709生。江戸時代中期の大名, 側用人, 若年寄。1760没。

小林義兄　こばやしよしえ　1743生。江戸時代中期, 後期の国学者。1821没。

ニエプス, ジョゼフ・ニセフォア　1765生。フランスの写真発明家。1833没。

マンゾーニ, アレッサンドロ　1785生。イタリアの詩人, 小説家, 劇作家。1873没。

ブルンチュリ, ヨハネス・カスパル　1808生。スイスの法学者, 政治家。1881没。

フェラーリ　1811生。イタリアの哲学者, 政治家。1876没。

白石正一郎　しらいししょういちろう　1812生。江戸時代末期, 明治時代の豪商, 志士。1880没。

真木和泉　まきいずみ　1813生。江戸時代末期の尊攘派志士。1864没。

大谷光勝　おおたにこうしょう　1817生。江戸時代, 明治時代の真宗大谷派僧侶。1894没。

モンド, ルートヴィヒ　1839生。イギリス(ドイツ生まれ)の化学者。1909没。

クナップ　1842生。ドイツの経済学者。1926没。

ハインドマン　1842生。イギリスの社会民主主義者。1921没。

モノ　1844生。フランスの歴史家。1912没。

バーバンク, ルーサー　1849生。アメリカの園芸家。1926没。

マサリック, トマーシュ・ガリッグ　1850生。チェコスロバキアの哲学者, 政治家。1937没。

セラーオ, マティルデ　1856生。イタリアの女流小説家。1927没。

ヴァグナー-ユアレック, ユリウス　1857生。オーストリアの精神病医。1940没。

ハンチュ, アルトゥル・ルドルフ　1857生。ドイツの化学者。1935没。

宮部金吾　みやべきんご　1860生。明治時代-昭和時代の植物学者。1951没。

エルンスト, パウル　1866生。ドイツの小説家, 劇作家。1933没。

モンドリアン, ピート　1872生。オランダの画家。1944没。

田中萃一郎　たなかすいいちろう　1873生。明治時代, 大正時代の東洋史家。1923没。

ラヴェル, モーリス　1875生。フランスの作曲家。1937没。

後藤文夫　ごとうふみお　1884生。大正時代, 昭和時代の政治家。内相, 参議院議員。1980没。

小宮豊隆　こみやとよたか　1884生。大正時代, 昭和時代のドイツ文学者, 文芸評論家。1966没。

宇治紫文(5代目)　うじしぶん　1886生。明治時代-昭和時代の浄瑠璃演奏家。1970没。

テイラー, サー・ジェフリー・イングラム　1886生。イギリスの気象学者, 物理学者。1975没。

ゴメス-デ-ラ-セルナ，ラモン　1888生。スペインの小説家。1963没。
堤康次郎　つつみやすじろう　1889生。大正時代，昭和時代の実業家，政治家。衆議院議員。1964没。
堀内干城　ほりうちたてき　1889生。大正時代，昭和時代の外交官。駐華全権公使。1951没。
影佐禎昭　かげささだあき　1893生。昭和時代の陸軍軍人。第三八団長。1948没。
各務鉱三　かがみこうぞう　1896生。昭和時代のガラス工芸家。カガミクリスタル社長，日展参事。1985没。
石川淳　いしかわじゅん　1899生。昭和時代の小説家。1987没。
加藤土師萌　かとうはじめ　1900生。昭和時代の陶芸家。人間国宝。1968没。
カポグロッシ，ジュゼッペ　1900生。イタリアの抽象画家。1972没。
英百合子　はなぶさゆりこ　1900生。大正時代，昭和時代の女優。1970没。
ロンドン，フリッツ　1900生。アメリカ(ドイツ生まれ)の理論物理学者。1954没。
フォルスト，ヴィリ　1903生。ドイツ，オーストリアの映画監督。1980没。
ハイドリヒ，ラインハルト　1904生。ナチス・ドイツの政治家。1942没。
アッギェーエ，サッチダーナンド・ヒラーナンド・ヴァーツヤーヤン　1911生。インドのヒンディー語詩人。1987没。
長谷川テル　はせがわてる　1912生。昭和時代のエスペランティスト，反戦活動家。1947没。
シャバン-デルマス，ジャック　1915生。フランスの政治家，首相。2000没。
モードリング，レジナルド　1917生。イギリスの政治家。1979没。
花柳寿楽(2代目)　はなやぎじゅらく　1918生。昭和時代，平成時代の日本舞踊家。2007没。
藤原審爾　ふじわらしんじ　1921生。昭和時代の小説家。1984没。
嶋中鵬二　しまなかほうじ　1923生。昭和時代，平成時代の出版人。中央公論社社長。1997没。
安部公房　あべこうぼう　1924生。昭和時代，平成時代の小説家，劇作家。1993没。
パオロッツィ，エデュアルド　1924生。イギリスの彫刻家。2005没。

萩原延寿　はぎはらのぶとし　1926生。昭和時代，平成時代の歴史家，評論家。2001没。
重兼芳子　しげかねよしこ　1927生。昭和時代，平成時代の小説家。1993没。
砂田明　すなだあきら　1928生。昭和時代，平成時代の劇作家，俳優。不知火座(劇団)主宰。1993没。
仁木悦子　にきえつこ　1928生。昭和時代の推理作家。1986没。
杵屋佐吉(5代目)　きねやさきち　1929生。昭和時代の長唄三味線方。1993没。
萩元晴彦　はぎもとはるひこ　1930生。昭和時代，平成時代のテレビプロデューサー，音楽プロデューサー。2001没。
河内桃子　こうちももこ　1932生。昭和時代，平成時代の女優。1998没。
村崎義正　むらさきよしまさ　1933生。昭和時代の猿回し。周防猿まわしの会会長。1989没。
岸本重陳　きしもとしげのぶ　1937生。昭和時代，平成時代の経済学者。1999没。
上条恒彦　かみじょうつねひこ　1940生。昭和時代，平成時代の歌手，俳優。
上村一夫　かみむらかずお　1940生。昭和時代の劇画家。1986没。
ドゥチュケ　1940生。西ドイツの1960年代学生運動の指導者。1979没。
谷垣禎一　たにがきさだかず　1945生。昭和時代，平成時代の弁護士。
オール阪神　おーるはんしん　1957生。昭和時代，平成時代の漫才師。
レンドル，イワン　1960生。アメリカの元・テニス選手。
加藤敬二　かとうけいじ　1962生。昭和時代，平成時代の俳優，振付家。
広田レオナ　ひろたれおな　1963生。平成時代の女優。
櫻井敦司　さくらいあつし　1966生。昭和時代，平成時代のミュージシャン。
矢沢あい　やざわあい　1967生。昭和時代，平成時代の漫画家。
チャン・ドンゴン　1972生。韓国の俳優。
山川恵里佳　やまかわえりか　1982生。平成時代のタレント。

3月7日

3月8日

○記念日○ エスカレーターの日
ミツバチの日
国際女性デー
○忌　日○ 俊芿忌

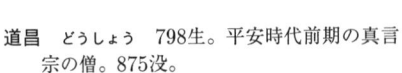

道昌　どうしょう　798生。平安時代前期の真言宗の僧。875没。

ザマフシェリー　1075生。イスラムの神学者，言語学者。1144没。

日興　にっこう　1246生。鎌倉時代後期の日蓮宗の僧。1333没。

天鷹祖祐　てんようそゆう　1336生。南北朝時代，室町時代の曹洞宗の僧。1413没。

ロッソ，フィオレンティーノ　1494生。イタリアの画家。1540没。

月渓聖澄　げっけいしょうちょう　1536生。戦国時代，江戸時代前期の僧。1615没。

渡辺守綱　わたなべもりつな　1542生。安土桃山時代，江戸時代前期の武将。1620没。

道晃法親王　どうこうほうしんのう　1612生。江戸時代前期の僧。1679没。

盤珪永琢　ばんけいようたく　1622生。江戸時代前期の僧。1693没。

伊達綱村　だてつなむら　1659生。江戸時代前期の大名。1719没。

バッハ，カール・フィーリプ・エマーヌエル　1714生。ドイツの作曲家。1788没。

ハウ，リチャード・ハウ，初代伯爵　1726生。イギリスの軍人。1799没。

ウィレム5世　1748生。オランダ共和国の総督（1751～95）。1806没。

間重富　はざましげとみ　1756生。江戸時代中期，後期の暦算家。1816没。

ポッツォ・ディ・ボルゴ　1764生。ロシアの外交官，伯爵。1842没。

グレーフェ　1787生。ポーランド生まれのドイツの外科医，軍医。1840没。

ハミルトン，サー・ウィリアム　1788生。イギリスの哲学者。1856没。

クラーク　1804生。アメリカの天文機械製造家。1887没。

村尾元融　むらおげんゆう　1805生。江戸時代末期の考証家。1852没。

中村直三　なかむらなおぞう　1819生。江戸時代，明治時代の農事改良家。1882没。

秋元志朝　あきもとゆきとも　1820生。江戸時代末期，明治時代の大名。1876没。

ホームズ，オリヴァー・ウェンデル，ジュニア　1841生。アメリカの法律家。1935没。

川端玉章　かわばたぎょくしょう　1842生。明治時代，大正時代の画家。東京美術学校教官。1913没。

マカロフ　1849生。ロシアの提督。1904没。

ローベルト，カール　1850生。ドイツの古典学者，考古学者。1922没。

ゲーベル　1855生。ドイツの植物学者。1932没。

レオンカヴァロ，ルッジェーロ　1857生。イタリアの作曲家。1919没。

グレアム，ケネス　1859生。イギリスの銀行家。1932没。

レベデフ，ピョートル・ニコラエヴィッチ　1866生。ロシアの物理学者。1912没。

斯波忠三郎　しばちゅうざぶろう　1872生。明治時代-昭和時代の機械工学者。帝国大学教授，貴族院議員。1934没。

植田謙吉　うえだけんきち　1875生。明治時代-昭和時代の陸軍軍人。陸軍大将。1962没。

平賀譲　ひらがゆずる　1878生。明治時代-昭和時代の船舶工学者，海軍軍人。東京帝国大学総長，海軍技術研究所所長。1943没。

ハーン，オットー　1879生。ドイツの化学者。1968没。

シュタウディンガー，ヘルマン　1881生。ドイツの化学者。1965没。

嶋田青峰　しまだせいほう　1882生。明治時代-昭和時代の俳人。1944没。

ケンドール，エドワード・カルヴィン　1886生。アメリカの生化学者。1972没。

松井須磨子　まついすまこ　1886生。明治時代，大正時代の女優。1919没。

長谷川勘兵衛（16代目）　はせがわかんべえ　1889生。大正時代，昭和時代の歌舞伎大道具方。1964没。

3月8日

大竹博吉　おおたけひろきち　1890生。昭和時代のソビエト研究家, 出版人。ナウカ社社長, 日ソ協会理事。1958没。

保科善四郎　ほしなぜんしろう　1891生。大正時代, 昭和時代の政治家, 海軍中将。衆議院議員(自民党)。1991没。

ウィロビー　1892生。GHQの参謀第2部部長。1972没。

アッザーム　1893生。エジプトの政治家。1976没。

山根翠堂　やまねすいどう　1893生。大正時代, 昭和時代の華道家。真生流初代家元。1966没。

若松只一　わかまつただかず　1893生。大正時代, 昭和時代の陸軍軍人。中将。1959没。

アールトーネン, ヴァイネ　1894生。フィンランドの彫刻家。1966没。

イバルボウロウ, フアナ・デ　1895生。ウルグアイの女流詩人。1979没。

安田青風　やすだせいふう　1895生。大正時代, 昭和時代の歌人。「白珠」主宰。1983没。

富岡定俊　とみおかさだとし　1897生。昭和時代の海軍軍人。海軍軍令部第一部長, 史料調査会理事長。1970没。

リンクレーター, エリック　1899生。イギリス(スコットランド)の作家。1974没。

西村栄一　にしむらえいいち　1904生。昭和時代の政治家。民社党委員長, 衆議院議員(民社党)。1971没。

藤田健治　ふじたけんじ　1904生。昭和時代, 平成時代の哲学者。1993没。

岩佐東一郎　いわさとういちろう　1905生。大正時代, 昭和時代の詩人, 随筆家。1974没。

高橋貞樹　たかはしさだき　1905生。大正時代, 昭和時代の社会活動家。1935没。

エリアーデ, ミルチャ　1907生。ルーマニア生まれの宗教学者, 神話学者。1986没。

守田勘弥(14代目)　もりたかんや　1907生。大正時代, 昭和時代の歌舞伎役者。1975没。

中田孝　なかだたかし　1908生。昭和時代, 平成時代の機械工学者。東京工業大学教授, 東京精密測器社長。2000没。

宮城音弥　みやぎおとや　1908生。昭和時代, 平成時代の心理学者。2005没。

菊岡久利　きくおかくり　1909生。昭和時代の詩人, 小説家。1970没。

滝沢克己　たきざわかつみ　1909生。昭和時代の哲学者, 神学者。九州大学教授。1984没。

ライク・ラースロー　1909生。ハンガリーの政治家。1949没。

ホヴァネス, アラン　1911生。アメリカの作曲家, 指揮者, オルガン奏者。2000没。

岡田誠三　おかだせいぞう　1913生。昭和時代, 平成時代の小説家。1994没。

ゼルドーヴィチ　1914生。ソ連邦の物理学者。1987没。

水上勉　みずかみつとむ　1919生。昭和時代, 平成時代の小説家。2004没。

キップハルト, ハイナー　1922生。西ドイツの劇作家, 小説家。1992没。

水木しげる　みずきしげる　1922生。昭和時代, 平成時代の漫画家, 劇画家。

木村浩　きむらひろし　1925生。昭和時代, 平成時代のロシア文学者。1992没。

サラフディン・アブドル・アジズ・シャー　1926生。マレーシア国王(第11代)。2001没。

野口達二　のぐちたつじ　1928生。昭和時代, 平成時代の劇作家。「歌舞伎」編集長。1999没。

沢村宗十郎(9代目)　さわむらそうじゅうろう　1933生。昭和時代, 平成時代の歌舞伎役者。2001没。

高木ブー　たかぎぶー　1933生。昭和時代, 平成時代のコメディアン, ウクレレ奏者。

宮尾すすむ　みやおすすむ　1934生。昭和時代, 平成時代の司会者, テレビリポーター。

はらたいら　はらたいら　1943生。昭和時代の漫画家。2006没。

大沢在昌　おおさわありまさ　1956生。昭和時代, 平成時代の推理作家。

佳那晃子　かなあきこ　1956生。昭和時代, 平成時代の女優。

江川達也　えがわたつや　1961生。昭和時代, 平成時代の漫画家。

平松愛理　ひらまつえり　1964生。昭和時代, 平成時代のシンガーソングライター。

角田光代　かくたみつよ　1967生。昭和時代, 平成時代の作家。

桜井和寿　さくらいかずとし　1970生。平成時代のミュージシャン(Mr.Children)。

プリンツ, フレディ(Jr.)　1976生。アメリカの俳優。

3月9日

○記念日○　レコード針の日
　　　　　　記念切手記念日

- ヴェスプッチ, アメリゴ　1451生。イタリアの探検家, 地理学者。1512没。
- 町資将　まちすけまさ　1518生。戦国時代の公卿。1555没。
- 常胤　じょういん　1548生。安土桃山時代, 江戸時代前期の天台宗の僧。1621没。
- ファブリツィウス, ダーヴィト　1564生。ドイツの神学者, 天文学者。1617没。
- 吉田兼治　よしだかねはる　1565生。安土桃山時代, 江戸時代前期の神道家。1616没。
- ゴンザーガ, ルイジ　1568生。ローマのイエズス会士。1591没。
- 常子内親王　つねこないしんのう　1642生。江戸時代前期, 中期の女性。関白近衛基熙の室。1702没。
- ノイバー, フリデリーケ・カロリーネ　1697生。ドイツの女優。1760没。
- 新中和門院　しんちゅうかもんいん　1702生。江戸時代中期の女性。中御門天皇の女御, 桜町天皇の母。1720没。
- ミラボー, オノレ・ガブリエル・リケティ, 伯爵　1749生。フランス革命期における立憲王政派の政治家。1791没。
- ティッシュバイン, ヨハン・フリードリヒ・アウグスト　1750生。ドイツ, ヘッセンの画家。1812没。
- クレーベル, ジャン・バティスト　1753生。フランス革命期の将軍。1800没。
- ガル, フランツ・ヨーゼフ　1758生。ドイツの解剖学者, 生理学者。1828没。
- コベット, ウィリアム　1763生。イギリスの文筆家, 政治家。1835没。
- 榊原政令　さかきばらまさのり　1776生。江戸時代後期の大名。1861没。
- 寺西元栄　てらにしもとなが　1782生。江戸時代後期の幕臣。1840没。
- 岡熊臣　おかくまおみ　1783生。江戸時代後期の神官, 国学者。1851没。
- 宇田川榕庵　うだがわようあん　1798生。江戸時代後期の蘭学医。1846没。
- フォレスト, エドウィン　1806生。アメリカの俳優。1872没。
- リカーソリ, ベッティーノ　1809生。イタリアの首相。1880没。
- シェフチェンコ, タラス・フリホロヴィチ　1814生。ロシア, ウクライナの詩人, 画家。1861没。
- スタンフォード, リーランド　1824生。アメリカの政治家, 鉄道建設者。1893没。
- グンプロヴィッツ　1838生。オーストリアの社会学者。1909没。
- プフェッファー, ヴィルヘルム・フリードリヒ・フィリップ　1845生。ドイツの植物生理学者。1920没。
- ヴァールブルク　1846生。ドイツの物理学者。1931没。
- コーラー　1849生。ドイツの法学者。1919没。
- アチソン, エドワード・グッドリッチ　1856生。アメリカの化学者, 発明家。1931没。
- アルテンベルク, ペーター　1859生。オーストリアの短篇作家。1919没。
- 柏木義円　かしわぎぎえん　1860生。昭和時代のキリスト教思想家, 牧師。安中教会牧師, 熊本英学校校長代理。1938没。
- ヴィダル　1862生。フランスの医師, 細菌学者。1929没。
- 幸田成友　こうだしげとも　1873生。明治時代-昭和時代の歴史学者。慶応義塾大学教授。1954没。
- 梨本守正　なしもともりまさ　1874生。明治時代-昭和時代の皇族, 陸軍元帥。1951没。
- 守正王　もりまさおう　1874生。明治時代-昭和時代の皇族, 軍人(元帥)。1951没。
- アブデルハルデン　1877生。スイスの生化学者。1950没。
- 田辺南竜(5代目)　たなべなんりゅう　1878生。明治時代-昭和時代の講談師。1954没。
- ミーゲル, アグネス　1879生。ドイツの女流詩人。1964没。
- ベヴィン, アーネスト　1881生。イギリスの労働運動指導者, 政治家。1951没。

オーデブレヒト　1883生。ドイツの美学者。1945没。
金子喜代太　かねこきよた　1883生。大正時代，昭和時代の事業家。浅野セメント専務。1971没。
サーバ，ウンベルト　1883生。イタリアの詩人。1957没。
アイケルバーガー　1886生。アメリカの陸軍軍人。1961没。
秋山安三郎　あきやまやすさぶろう　1886生。昭和時代の演劇評論家，随筆家。1975没。
川島理一郎　かわしまりいちろう　1886生。大正時代，昭和時代の洋画家。1971没。
沢村宗之助(初代)　さわむらそうのすけ　1886生。明治時代，大正時代の歌舞伎役者。1924没。
梅原龍三郎　うめはらりゅうざぶろう　1888生。大正時代，昭和時代の洋画家。東京美術学校(現・東京芸術大学)教授。1986没。
新居格　にいいたる　1888生。大正時代，昭和時代の評論家，社会運動家。杉並区長，日本ユネスコ協会理事。1951没。
モロトフ，ヴャチェスラフ・ミハイロヴィチ　1890生。ソ連の政治家。1986没。
ラウレル　1891生。フィリピンの政治家，大統領(1943〜45)。1959没。
ヴァインヘーバー，ヨーゼフ　1892生。オーストリアの詩人。1945没。
サックヴィル-ウェスト，ヴィタ　1892生。イギリスの女流詩人，小説家。1962没。
高瀬荘太郎　たかせそうたろう　1892生。大正時代，昭和時代の会計学者，政治家。文部大臣，参議院議員(緑風会)。1966没。
マルイシキン，アレクサンドル・ゲオルギエヴィチ　1892生。ソ連の小説家。1938没。
福島繁太郎　ふくしましげたろう　1895生。昭和時代の美術評論家，美術蒐集家。1960没。
安西冬衛　あんざいふゆえ　1898生。大正時代，昭和時代の詩人。1965没。
スタンプ，サー・ローレンス・ダドリ　1898生。イギリスの地理学者。1966没。
大塚末子　おおつかすえこ　1902生。昭和時代，平成時代のきもの研究家・デザイナー。大塚学院院長，大塚テキスタイル専門学校校長。1998没。
ウォーナー，レックス　1905生。イギリスの古典学者，小説家。1986没。

クェネル，ピーター　1905生。イギリスの詩人，批評家。1993没。
鵜飼信成　うかいのぶしげ　1906生。昭和時代の法学者。東京大学教授，国際基督教大学学長。1987没。
スミス，デイヴィッド　1906生。アメリカの金属彫刻家。1965没。
荒船清十郎　あらふねせいじゅうろう　1907生。昭和時代の政治家。衆議院議員，運輸大臣。1980没。
シニズガッリ，レオナルド　1908生。イタリアの詩人。1981没。
夏川静枝　なつかわしずえ　1909生。大正時代，昭和時代の女優。1999没。
紺野与次郎　こんのよじろう　1910生。昭和時代の政治家，社会運動家。衆議院議員。1977没。
バーバー，サミュエル　1910生。アメリカの作曲家。1981没。
佐和隆研　さわりゅうけん　1911生。昭和時代の美術史家，僧侶(真言宗醍醐派)。京都市立芸術大学学長，醍醐寺霊宝館館長。1983没。
クレージュ，アンドレ　1923生。フランスのファッションデザイナー。
中川一郎　なかがわいちろう　1925生。昭和時代の政治家。衆議院議員，農林大臣。1983没。
土方巽　ひじかたたつみ　1928生。昭和時代の舞踏家。1986没。
篠田正浩　しのだまさひろ　1931生。昭和時代，平成時代の映画監督。
ガガーリン，ユーリー　1934生。ソ連の宇宙飛行士。1968没。
ゴーン，カルロス　1954生。フランスの実業家。
未唯　みい　1958生。昭和時代，平成時代の歌手，女優。
木梨憲武　きなしのりたけ　1962生。昭和時代，平成時代のタレント。
ビノシュ，ジュリエット　1964生。フランスの女優。
サカ，アントニオ　1965生。エルサルバドルの政治家，元・スポーツキャスター。
露鵬幸生　ろほうゆきお　1980生。ロシア出身の力士(小結)。

3月9日

3月10日

○記念日○　サボテンの日
　　　　　　砂糖の日
　　　　　　農山漁村女性の日

安田義定　やすだよしさだ　1134生。平安時代後期の武将。1194没。
フェルナンド5世　1452生。スペイン統一を実現した王。1516没。
蓮秀　れんしゅう　1481生。戦国時代の浄土真宗の僧。1552没。
フェルディナント1世　1503生。ハプスブルク家出身の神聖ローマ皇帝(在位1558～64)。1564没。
足利義輝　あしかがよしてる　1536生。戦国時代の室町幕府第13代の将軍。1565没。
ノーフォーク公　1538生。イギリスの貴族。1572没。
幸阿弥(11代目)　こうあみ　1628生。江戸時代前期の蒔絵師。1682没。
マルピーギ,マルチェロ　1628生。イタリアの生理学者,顕微解剖学の創始者。1694没。
シュテラー,ゲオルク・ヴィルヘルム　1709生。ドイツの自然科学者。1746没。
荒木田麗　あらきだれい　1732生。江戸時代中期,後期の女性。文学者。1806没。
モンロー,アレクサンダー　1733生。スコットランドの医師。1817没。
プレイフェア,ジョン　1748生。イギリスの数学者,地質学者。1819没。
ダ・ポンテ,ロレンツォ　1749生。イタリアの歌劇台本作者。1838没。
モラティン,レアンドロ・フェルナンデス・デ　1760生。スペインの劇作家。1828没。
シュレーゲル,カール・ヴィルヘルム・フリードリヒ・フォン　1772生。ドイツ・ロマン主義芸術運動の指導者。1829没。
ルイゼ　1776生。プロイセン王妃。1810没。
エティ,ウィリアム　1787生。イギリスの画家。1849没。
マルティネス-デ-ラ-ロサ,フランシスコ　1787生。スペインの劇作家,政治家。1862没。
アイヒェンドルフ,ヨーゼフ・フォン　1788生。ドイツの詩人,小説家。1857没。

リバス公爵　1791生。スペインの劇作家,詩人。1865没。
ウェーバー　1806生。ドイツの生理学者。1871没。
栗本鋤雲　くりもとじょうん　1822生。江戸時代,明治時代の幕臣,新聞人。1897没。
上田寅吉　うえだとらきち　1823生。江戸時代,明治時代の造船技術者。横須賀造船所大工長。1890没。
アラルコン-イ-アリーサ,ペドロ・アントニオ・デ　1833生。スペインの作家。1891没。
ミラー,ホワーキン　1839生。アメリカの詩人。1913没。
サラサーテ,パブロ・デ　1844生。スペインのヴァイオリン奏者,作曲家。1908没。
アレクサンドル3世　1845生。ロマノフ朝最後の皇帝(在位1881～94)。1894没。
浅野総一郎(初代)　あさのそういちろう　1848生。明治時代,大正時代の実業家。浅野財閥創業者。1930没。
ファウラー,ヘンリー・ウォトソン　1858生。イギリスの言語学者,辞典編集者。1933没。
島川文八郎　しまかわぶんはちろう　1864生。明治時代,大正時代の陸軍軍人。大将。1921没。
高瀬文淵　たかせぶんえん　1864生。明治時代の評論家,小説家。1940没。
菅沼貞風　すがぬまていふう　1865生。明治時代の歴史家。北松浦郡衙書記。1889没。
石井菊次郎　いしいきくじろう　1866生。明治時代-昭和時代の外交官。外務大臣,貴族院議員。1945没。
ギマール,エクトール・ジェルマン　1867生。フランスの建築家,デザイナー。1942没。
浜田国松　はまだくにまつ　1868生。明治時代-昭和時代の弁護士,政治家。衆議院議員・議長。1939没。
杉贋阿弥　すぎがんあみ　1870生。明治時代,大正時代の劇評家。1917没。
山崎直方　やまざきなおまさ　1870生。明治時代-昭和時代の地理学者。東京帝国大学教授,

146

- 日本地理学会初代会長。1929没。
- リャザノフ 1870生。ソ連邦のマルクス主義文献学者。1938没。
- 加藤正治 かとうまさはる 1871生。明治時代-昭和時代の法学者。1952没。
- 吉岡弥生 よしおかやよい 1871生。明治時代-昭和時代の医師。東京女子医科大学創立者。1959没。
- ヴァッサーマン, ヤーコプ 1873生。ユダヤ系ドイツの小説家。1934没。
- 橋戸信 はしどのこと 1879生。明治時代-昭和時代の野球人。早大野球部主将。1936没。
- デュルタン, リュック 1881生。フランスの詩人, 小説家, 評論家。1959没。
- カルサヴィナ, タマーラ 1885生。ロシアのバレリーナ。1978没。
- 中村岳陵 なかむらがくりょう 1890生。大正時代, 昭和時代の日本画家。1969没。
- 出隆 いでたかし 1892生。大正時代, 昭和時代の哲学者。東京大学教授。1980没。
- オネゲル, アルテュール 1892生。フランス生まれのスイスの作曲家。1955没。
- 亀尾英四郎 かめおえいしろう 1895生。大正時代, 昭和時代のドイツ文学者, 教育家。旧制東京高校教授。1945没。
- 守随憲治 しゅずいけんじ 1899生。大正時代, 昭和時代の日本文学者。東京大学教授, 実践女子大学長。1983没。
- バイダーベック, ビックス 1903生。アメリカのジャズ・ピアノ, コルネット奏者。1931没。
- 森山啓 もりやまけい 1904生。昭和時代の詩人, 小説家。1991没。
- 石井桃子 いしいももこ 1907生。昭和時代, 平成時代の児童文学作家, 翻訳家。
- 和島誠一 わじませいいち 1909生。昭和時代の考古学者。埋蔵文化財保護対策委員会委員長。1971没。
- 野々村一雄 ののむらかずお 1913生。昭和時代, 平成時代の経済学者。1998没。
- グローヴズ, チャールズ 1915生。イギリスの指揮者。1992没。
- ヴィヤン, ボリス 1920生。フランスの小説家, 劇作家, ジャズ演奏家。1959没。
- 大出俊 おおいでしゅん 1922生。昭和時代, 平成時代の政治家。衆議院議員。2001没。
- 山下清 やましたきよし 1922生。昭和時代の画家。1971没。
- 瀬戸わんや せとわんや 1926生。昭和時代の漫才師。1993没。
- 稲葉三千男 いなばみちお 1927生。昭和時代, 平成時代の評論家。2002没。
- 渥美清 あつみきよし 1928生。昭和時代, 平成時代の俳優。1996没。
- 藤子不二雄A ふじこふじおえい 1934生。昭和時代, 平成時代の漫画家, 映画プロデューサー。
- 古今亭志ん朝（3代目） ここんていしんちょう 1938生。昭和時代, 平成時代の落語家。2001没。
- 月亭可朝 つきていかちょう 1938生。昭和時代, 平成時代の落語家。
- 大空真弓 おおぞらまゆみ 1940生。昭和時代, 平成時代の女優。
- 徳光和夫 とくみつかずお 1941生。昭和時代, 平成時代のアナウンサー。
- 田中泯 たなかみん 1945生。昭和時代, 平成時代の舞踏家, 演出家, 俳優。
- キャンベル, キム 1947生。カナダの政治家。
- ストーン, シャロン 1958生。アメリカの女優。
- 熊谷真実 くまがいまみ 1960生。昭和時代, 平成時代の女優。
- 松田聖子 まつだせいこ 1962生。昭和時代, 平成時代の歌手。
- 藤谷美和子 ふじたにみわこ 1963生。昭和時代, 平成時代の女優。
- 鈴木大地 すずきだいち 1967生。昭和時代, 平成時代の元・水泳選手。
- つぶやきシロー つぶやきしろー 1971生。平成時代のコメディアン。
- 藤井隆 ふじいたかし 1972生。平成時代のタレント。
- 山田花子 やまだはなこ 1975生。平成時代のタレント。
- 魔裟斗 まさと 1979生。平成時代の格闘家。
- エトオ, サミュエル 1981生。カメルーンのサッカー選手。

3月10日

3月11日

○記念日○　パンダ発見の日

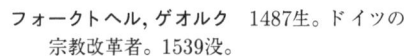

フォークトヘル, ゲオルク　1487生。ドイツの宗教改革者。1539没。

タッソ, トルクァート　1544生。イタリアの詩人。1595没。

三浦正次　みうらまさつぐ　1599生。江戸時代前期の大名。1641没。

松平昌勝　まつだいらまさかつ　1636生。江戸時代前期の大名。1693没。

成瀬正親　なるせまさちか　1639生。江戸時代前期, 中期の尾張藩家老。1703没。

谷秦山　たにしんざん　1663生。江戸時代中期の儒学者, 神道家。1718没。

松浦誠信　まつらさねのぶ　1712生。江戸時代中期の大名。1779没。

阿部正允　あべまさちか　1722生。江戸時代中期の大名。1780没。

エピネー, ルイーズ・フローレンス　1726生。フランスの女流作家。1783没。

公仁親王妃寿子　きんひとしんのうひじゅし　1743生。江戸時代中期, 後期の女性。権大納言徳川宗直の女。1789没。

レーベントロー, クリスチャン　1748生。デンマークの政治家。1827没。

高岡養拙　たかおかようせつ　1753生。江戸時代中期, 後期の儒者。1824没。

館柳湾　たちりゅうわん　1762生。江戸時代中期, 後期の漢詩人。1844没。

大矢尚斎(2代目)　おおやしょうさい　1765生。江戸時代中期, 後期の医師。1826没。

ハスキッソン, ウィリアム　1770生。イギリスの政治家, 財政家。1830没。

クレレ, アウグスト・レオポルト　1780生。ドイツの数学者。1855没。

樋口寿康　ひぐちひさやす　1790生。江戸時代後期の公家。1839没。

摩島松南　ましましょうなん　1791生。江戸時代後期の儒者。1839没。

ウェイランド, フラーンシス　1796生。アメリカのバプテスト教会牧師, 教育者, 道徳哲学者。1865没。

藤森弘庵　ふじもりこうあん　1799生。江戸時代末期の儒学者。1862没。

徳川斉昭　とくがわなりあき　1800生。江戸時代末期の大名。1860没。

ルヴェリエ, ユルバン・ジャン・ジョゼフ　1811生。フランスの天文学者。1877没。

サント-クレール・ドヴィル, アンリ・エティエンヌ　1818生。フランスの化学者。1881没。

プティパ, マリウス　1819生。フランス生まれのロシアの舞踊家。1910没。

野上運海　のがみうんかい　1829生。江戸時代後期, 末期, 明治時代の僧。1904没。

橋本左内　はしもとさない　1834生。江戸時代末期の越前福井藩士, 改革論者。1859没。

ヘフディング, ハーラル　1843生。デンマークの哲学者。1931没。

ソンニーノ, (ジョルジョ・)シドニー, 男爵　1847生。イタリアの政治家。1924没。

近藤基樹　こんどうもとき　1864生。明治時代, 大正時代の海軍軍人, 教育者。工学博士, 造船総監。1930没。

水町袈裟六　みずまちけさろく　1864生。明治時代-昭和時代の官僚。会計検査院長, 枢密顧問官。1934没。

坂本嘉治馬　さかもとかじま　1866生。明治時代-昭和時代の出版人。1938没。

小柳司気太　こやなぎしきた　1870生。明治時代-昭和時代の中国哲学者。文学博士, 大東文化学院学長。1940没。

嵐璃寛(5代目)　あらしりかん　1871生。明治時代, 大正時代の歌舞伎役者。1920没。

梅ケ谷藤太郎(2代目)　うめがたにとうたろう　1878生。明治時代, 大正時代の力士(第20代横綱)。1927没。

花田大五郎　はなだだいごろう　1882生。明治時代-昭和時代のジャーナリスト, 教育者, 歌人。「あけび」主宰。1967没。

加藤鐐五郎　かとうりょうごろう　1883生。大正時代, 昭和時代の政治家, 医師。衆議院議長, 喜安病院長。1970没。

ウオルシュ, ラオール　1887生。アメリカの映画監督。1980没。
由谷義治　ゆたによしはる　1888生。大正時代, 昭和時代の政治家, 経営者。衆院議員, 鳥取電機製造社長。1958没。
福永恭助　ふくながきょうすけ　1889生。昭和時代の小説家, 国語学者。1971没。
矢代東村　やしろとうそん　1889生。大正時代, 昭和時代の歌人。1952没。
ブッシュ, ヴァニーヴァー　1890生。アメリカの電気工学者。1974没。
フレデリク9世　1890生。デンマーク王, ノルウェー王(在位1947～72年)。1972没。
安井誠一郎　やすいせいいちろう　1891生。昭和時代の官僚, 政治家。東京都知事, 衆院議員。1962没。
高柳光寿　たかやなぎみつとし　1892生。大正時代, 昭和時代の日本史学者。1969没。
矢野峰人　やのほうじん　1893生。大正時代, 昭和時代の詩人, 英文学者。1988没。
グローテヴォール, オットー　1894生。東ドイツの初代首相。1964没。
木村素衛　きむらもともり　1895生。昭和時代の哲学者, 教育学者。1946没。
山野千枝子　やまのちえこ　1895生。大正時代, 昭和時代の美容家。東京高等美容学校長。1970没。
カウエル, ヘンリー・ディクソン　1897生。アメリカの作曲家, ピアニスト。1965没。
御手洗毅　みたらいたけし　1901生。昭和時代の実業家。キヤノン創業者。1984没。
深田久弥　ふかだきゅうや　1903生。昭和時代の山岳紀行家, ヒマラヤ研究家。1971没。
お葉　およう　1904生。大正時代のモデル。竹久夢二の恋人。1980没。
海後勝雄　かいごかつお　1905生。昭和時代の教育学者。福島大学学長。1972没。
加藤文太郎　かとうぶんたろう　1905生。昭和時代の登山家, 製図技師。1936没。
チュコフスカヤ, リージヤ・コルネーヴナ　1907生。ソ連邦の作家, 文芸批評家。1996没。
吉川秀男　きっかわひでお　1908生。昭和時代の遺伝学者。日本遺伝学会長。1990没。
杉村春三　すぎむらしゅんぞう　1910生。昭和時代, 平成時代の社会福祉家。1994没。
ハーベマン, ロベルト　1910生。東ドイツの化学者。1982没。
市川誠　いちかわまこと　1912生。昭和時代の労働運動家。総評議長。1999没。

石川きぬ子　いしかわきぬこ　1915生。昭和時代の歌人。1967没。
クローロ, カール　1915生。ドイツの抒情詩人。1999没。
ウィルソン, ジェームズ・ハロルド　1916生。イギリスの首相。1995没。
原田伴彦　はらだともひこ　1917生。昭和時代の日本史学者。大阪市立大学教授。1983没。
エンライト, D.J.　1920生。イギリスの詩人, 文学者。2002没。
ピアソラ, アストル　1921生。アルゼンチンのタンゴ楽団指揮者・バンドネオン奏者・作曲家。1992没。
福井敏雄　ふくいとしお　1921生。昭和時代, 平成時代の気象キャスター。2005没。
ラザク, アブドゥル　1922生。マレーシアの政治家。1976没。
和田寿郎　わだじゅろう　1922生。昭和時代, 平成時代の医師。
バーバラ, アガタ　1923生。マルタの政治家。2002没。
アバナシ, ラルフ・デイヴィド　1926生。アメリカの牧師, 黒人運動家。1990没。
中村芝翫(7代目)　なかむらしかん　1928生。昭和時代, 平成時代の歌舞伎俳優(女方)。
宮本忠雄　みやもとただお　1930生。昭和時代, 平成時代の精神医学者。1999没。
梅宮辰夫　うめみやたつお　1938生。昭和時代, 平成時代の俳優。
周富徳　しゅうとみとく　1943生。昭和時代, 平成時代の料理人。
麻実れい　あさみれい　1950生。昭和時代, 平成時代の女優。
BORO　ぼろ　1954生。昭和時代, 平成時代のシンガーソングライター。
中井美穂　なかいみほ　1965生。昭和時代, 平成時代のアナウンサー。
三木谷浩史　みきたにひろし　1965生。昭和時代, 平成時代の実業家。
大沢たかお　おおさわたかお　1968生。昭和時代, 平成時代の俳優。
中村江里子　なかむらえりこ　1969生。平成時代のタレント, アナウンサー。
UA　うーあ　1972生。平成時代の歌手。
土屋アンナ　つちやあんな　1984生。平成時代の女優, モデル, ロック歌手。
白鵬翔　はくほうしょう　1985生。モンゴル出身の力士(第69代横綱)。

3月11日

3月12日

○記念日○　サイフの日
半ドンの日（サンデーホリデーの日）
モスの日

イブン・アル・ファーリド　1182生。イスラム教徒の神秘主義詩人。1235没。

ゲーアハルト, パウル　1607生。ドイツの宗教家。1676没。

ル・ノートル, アンドレ　1613生。フランスの造園家。1700没。

後光明天皇　ごこうみょうてんのう　1633生。江戸時代前期の第110代の天皇。1654没。

梅津忠宴　うめづただよし　1643生。江戸時代前期の出羽秋田藩士, 兵学者。1695没。

烏丸光雄　からすまるみつお　1647生。江戸時代前期の歌人, 公家。1690没。

スティール, リチャード　1672生。イギリスのジャーナリスト, 劇作家。1729没。

バークリー, ジョージ　1685生。イギリスの哲学者, 聖職者。1753没。

湯浅常山　ゆあさじょうざん　1708生。江戸時代中期の儒者, 備前岡山藩士。1781没。

ダービー2世　1711生。イギリスの製鉄業者。1763没。

ゲルトナー　1732生。ドイツの植物学者。1791没。

中田高寛　なかだたかひろ　1739生。江戸時代中期, 後期の数学者。1802没。

大石千引　おおいしちびき　1770生。江戸時代後期の国学者。1834没。

ダヴィド, ピエール・ジャン　1788生。フランスの彫刻家。1856没。

ダニエル, ジョン・フレデリック　1790生。イギリスの化学者, 物理学者。1845没。

マッケンジー, ウィリアム・ライアン　1795生。スコットランド出身のカナダのジャーナリスト, 政治家, 反乱指導者。1861没。

宇都宮竜山　うつのみやりゅうざん　1803生。江戸時代, 明治時代の儒学者。山林奉行, 新谷藩藩校教授, 私塾朝陽館教師。1886没。

コモンフォルト　1812生。メキシコ大統領（1855～58）。1863没。

鈴木主税　すずきちから　1814生。江戸時代末期の越前福井藩士, 経世家。1856没。

キルヒホッフ, グスタフ・ロベルト　1824生。ドイツの物理学者。1877没。

フリーデル, シャルル　1832生。フランスの化学者, 鉱物学者。1899没。

ボイコット, チャールズ・カニンガム　1832生。イギリスの貴族領地管理人。1897没。

ニューカム, サイモン　1835生。カナダ出身のアメリカの天文学者。1909没。

パーキン, サー・ウィリアム・ヘンリー　1838生。イギリスの有機化学者, 化学技術者。1907没。

タルド, ガブリエル　1843生。フランスの社会学者。1904没。

前田正名　まえだまさな　1850生。明治時代の官吏, 農政家。山梨県知事, 男爵。1921没。

鳥井駒吉　とりいこまきち　1853生。明治時代の実業家。南海鉄道・大阪麦酒・堺酒造社長。1909没。

オクス　1858生。アメリカのジャーナリスト。1935没。

西川扇蔵(8代目)　にしかわせんぞう　1859生。明治時代, 大正時代の振付師, 日本舞踊家。1923没。

大竹貫一　おおたけかんいち　1860生。明治時代-昭和時代の政党政治家。進歩党, 衆議院議員。1944没。

ディ・ジャーコモ, サルヴァトーレ　1860生。イタリアの詩人, 小説家, 劇作家。1934没。

ヴェルナツキー, ウラジーミル・イワノヴィチ　1863生。ソ連の地球化学者, 鉱物学者。1945没。

ダンヌンツィオ, ガブリエーレ　1863生。イタリアの詩人, 小説家, 劇作家。1938没。

リヴァーズ, ウィリアム・ホールス・リヴァーズ　1864生。イギリスの医者, 心理・生理学者, 人類学者。1922没。

磯野長蔵　いそのちょうぞう　1874生。明治時代-昭和時代の実業家。麒麟麦酒社長, 明治屋社長。1967没。

島薗順次郎　しまぞのじゅんじろう　1877生。大正時代,昭和時代の内科医師。京都帝国大学・東京帝国大学教授。1937没。

ノヴィコフ-プリボイ,アレクセイ・シールイチ　1877生。ソ連の作家。1944没。

岩城準太郎　いわきじゅんたろう　1878生。明治時代–昭和時代の日本文学者。奈良女高師教授。1957没。

新田融　にったとおる　1880生。明治時代の機械職工,無政府主義者。1937没。

タンネル　1881生。フィンランドの首相。1966没。

山鹿清華　やまがせいか　1885生。大正時代,昭和時代の染織家。1981没。

クナッパーツブッシュ,ハンス　1888生。ドイツの指揮者。1965没。

ロータッカー,エーリヒ　1888生。ドイツの哲学者。1965没。

浜村米蔵　はまむらよねぞう　1890生。大正時代,昭和時代の演劇評論家。舞台芸術学院学長,大勢新聞社会部長。1978没。

ポランニー,マイケル　1891生。ハンガリーの物理化学者,社会科学者。1976没。

ポリワーノフ,エヴゲーニー・ドミトリエヴィチ　1891生。ソ連の言語学者,音声学者。1938没。

生田春月　いくたしゅんげつ　1892生。大正時代の詩人,翻訳家。1930没。

ポポフ　1892生。ソ連の演出家,俳優。1961没。

岩田藤七　いわたとうしち　1893生。昭和時代のガラス工芸家。岩田工芸硝子会長。1980没。

植村甲午郎　うえむらこうごろう　1894生。大正時代,昭和時代の財界人,官僚。経済団体連合会長,ニッポン放送社長。1978没。

葉山嘉樹　はやまよしき　1894生。大正時代,昭和時代の小説家。1945没。

田漢　でんかん　1898生。中国の劇作家。1968没。

ロハス・ピニーリャ　1900生。コロンビアの軍人,政治家,大統領。1975没。

朴烈　ぼくれつ　1902生。朝鮮の政治家。1974没。

志村喬　しむらたかし　1905生。昭和時代の俳優。1982没。

守屋典郎　もりやふみお　1907生。昭和時代,平成時代の弁護士,経済学者。1996没。

内藤頼博　ないとうよりひろ　1908生。昭和時代,平成時代の裁判官。2000没。

上田英雄　うえだひでお　1910生。昭和時代,平成時代の内科学者。横綱審議委員会委員長,世界核医学会会長。1993没。

大平正芳　おおひらまさよし　1910生。昭和時代の政治家。衆議院議員。1980没。

チャヴァン　1913生。インドの政治家。1984没。

青山虎之助　あおやまとらのすけ　1914生。昭和時代の出版人。新生社社長。1989没。

山本孝　やまもとたかし　1920生。昭和時代の画商。東京画廊創設者。1988没。

アニェッリ　1921生。イタリアの財界人。2003没。

ケルアック,ジャック　1922生。アメリカの小説家,詩人。1969没。

江崎玲於奈　えさきれおな　1925生。昭和時代,平成時代の物理学者。ノーベル物理学賞受賞。

オールビー,エドワード　1928生。アメリカの劇作家。

花登筐　はなとこばこ　1928生。昭和時代の放送作家,劇作家。東宝芸能常務,劇団喜劇主幹。1983没。

林家こん平　はやしやこんぺい　1943生。昭和時代,平成時代の落語家。

ミネリ,ライザ　1946生。アメリカの女優,歌手。

吉永みち子　よしながみちこ　1950生。昭和時代,平成時代のノンフィクション作家。

奥寺康彦　おくでらやすひこ　1952生。昭和時代,平成時代の元・サッカー選手。

池波志乃　いけなみしの　1955生。昭和時代,平成時代の女優,エッセイスト。

DIAMOND・YUKAI　だいやもんどゆかい　1962生。昭和時代,平成時代のロック歌手。

陣内貴美子　じんないきみこ　1964生。昭和時代,平成時代のスポーツキャスター。

勝俣州和　かつまたくにかず　1965生。昭和時代,平成時代のタレント。

佐藤賢一　さとうけんいち　1968生。昭和時代,平成時代の小説家。

ユースケ・サンタマリア　1971生。平成時代の俳優,歌手。

椎名へきる　しいなへきる　1974生。平成時代の声優,歌手。

3月12日

3月13日

○記念日○　サンドイッチ・デー
　　　　　　青函トンネル開業記念日
○忌　日○　蒼虬忌

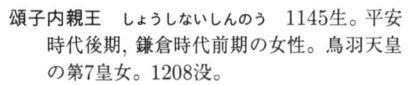

頌子内親王　しょうしないしんのう　1145生。平安時代後期，鎌倉時代前期の女性。鳥羽天皇の第7皇女。1208没。

鍋島直茂　なべしまなおしげ　1538生。安土桃山時代，江戸時代前期の大名。1618没。

阿野実顕　あのさねあき　1581生。江戸時代前期の公家。1645没。

モンドリー　1594生。フランスの俳優。1651没。

インノケンチウス12世　1615生。教皇（在位1691～1700）。1700没。

慈胤入道親王　じいんにゅうどうしんのう　1617生。江戸時代前期，中期の後陽成天皇の皇子。1700没。

松浦鎮信　まつらしげのぶ　1622生。江戸時代前期，中期の大名。1703没。

オーブリー，ジョン　1626生。イギリスの好事家。1697没。

狩野常信　かのうつねのぶ　1636生。江戸時代前期，中期の画家。1713没。

依田貞鎮　よださだしず　1681生。江戸時代中期の神道家。1764没。

ベルンシュトルフ　1712生。デンマークの政治家。1772没。

ボネ，シャルル　1720生。スイスの博物学者，哲学者。1793没。

プリーストリー，ジョゼフ　1733生。イギリスの化学者。1804没。

ヨーゼフ2世　1741生。神聖ローマ皇帝（在位1765～90）。1790没。

グレイ，チャールズ・グレイ，2代伯爵　1764生。イギリスの政治家。1845没。

ゲラン，ピエール・ナルシス，男爵　1774生。フランスの画家。1833没。

ロビンソン，ヘンリー・クラップ　1775生。イギリスのジャーナリスト，日記作者。1867没。

シンケル，カール・フリードリヒ　1781生。ドイツの建築家。1841没。

キプレンスキー，オレスト・アダモヴィチ　1782生。ロシアの画家。1836没。

新宮凉庭　しんぐうりょうてい　1787生。江戸時代後期の蘭方医。1854没。

ムスタファ・レシト・パシャ　1800生。オスマン・トルコ帝国の政治家。1858没。

ステーンストルプ，イェペトゥス　1813生。デンマークの動物学者，考古学者。1897没。

ヘボン，ジェイムズ・カーティス　1815生。アメリカ長老派の医療宣教師。1911没。

ヴェルデ　1824生。フランスの物理学者。1866没。

ギューリック，ジョン・トマス　1832生。アメリカのアメリカン・ボード宣教師。1923没。

ボードゥアン・ド・クルトネ，ヤン・ニェツィスワフ　1845生。ポーランドの言語学者。1929没。

ヘヴィサイド，オリヴァー　1850生。イギリスの電気工学者，物理学者。1925没。

ローウェル，パーシヴァル　1855生。アメリカの天文学者。1916没。

ヴォルフ，フーゴー　1860生。ドイツのロマン派リートの代表的作曲家。1903没。

メネンデス-ピダル，ラモン　1869生。スペインの言語学者，文学史家。1968没。

フォーコンネ　1874生。フランスの社会学者。1938没。

渡辺世祐　わたなべよすけ　1874生。明治時代-昭和時代の日本史学者。1957没。

金光庸夫　かねみつねお　1877生。大正時代，昭和時代の政治家，実業家。衆議院議員（自由党），厚生大臣。1955没。

河合武雄　かわいたけお　1877生。明治時代-昭和時代の新派俳優，女形。1942没。

シュミット　1882生。ドイツの経営経済学者。1950没。

松平慶民　まつだいらよしたみ　1882生。明治時代-昭和時代の政治家。宮内府長官，宮内大臣。1948没。

高村光太郎　たかむらこうたろう　1883生。明治時代-昭和時代の彫刻家，詩人。1956没。

トゼリ，エンリーコ 1883生。イタリアのピアニスト，作曲家。1926没。

ウォルポール，ヒュー 1884生。イギリスの小説家。1941没。

クロイツァー，レオニード 1884生。ロシアのピアニスト，指揮者，作曲家。1953没。

レルケ，オスカル 1884生。ドイツの詩人。1941没。

ヨセリン・デ・ヨング 1886生。オランダの人類学者。1964没。

マカーレンコ，アントン・セミョーノヴィチ 1888生。ソ連の教育家，文学者。1939没。

モラン，ポール 1888生。フランスの作家。1976没。

ティース，フランク 1890生。ドイツの小説家，劇作家。1977没。

佐藤千夜子 さとうちやこ 1897生。昭和時代の歌手。1968没。

ヴァン・ヴレック，ジョン・ハスブルーク 1899生。アメリカの理論物理学者。1980没。

咸錫憲 かんしゃくけん 1901生。韓国の宗教思想家。1989没。

柳家金語楼 やなぎやきんごろう 1901生。大正時代，昭和時代の落語家，喜劇俳優。1972没。

里村欣三 さとむらきんぞう 1902生。昭和時代の小説家。1945没。

ベルメール，ハンス 1902生。フランスの美術家。1975没。

サマヴィル 1905生。アメリカの哲学者。1994没。

秋元寿恵夫 あきもとすえお 1908生。昭和時代，平成時代の医師。1994没。

金井喜久子 かないきくこ 1911生。昭和時代の作曲家。金井音楽研究所主宰。1986没。

国分一太郎 こくぶんいちたろう 1911生。昭和時代の教育評論家，児童文学者。1985没。

赤羽雲庭 あかばうんてい 1912生。昭和時代の書家。1975没。

石野信一 いしのしんいち 1912生。昭和時代，平成時代の官僚，実業家。大蔵省事務次官，太陽神戸銀行頭取。1996没。

山路ふみ子 やまじふみこ 1912生。昭和時代，平成時代の女優，社会事業家。2004没。

江間章子 えましょうこ 1913生。昭和時代，平成時代の詩人。2005没。

渡海元三郎 とかいもとさぶろう 1915生。昭和時代の政治家。衆議院議員。1985没。

菅井汲 すがいくみ 1919生。昭和時代，平成時代の美術家，洋画家。1996没。

大山康晴 おおやまやすはる 1923生。昭和時代，平成時代の棋士。将棋第15世名人。1992没。

藤田田 ふじたでん 1926生。昭和時代，平成時代の実業家。日本マクドナルド創業者。2004没。

横谷輝 よこたにてる 1929生。昭和時代の児童文学評論家。1973没。

宮川淳 みやかわあつし 1933生。昭和時代の美術評論家。成城大学教授。1977没。

宇野亜喜良 うのあきら 1934生。昭和時代，平成時代のイラストレーター，グラフィックデザイナー。

栃ノ海晃嘉 とちのうみてるよし 1938生。昭和時代の元・力士（第49代横綱）。

鳥越俊太郎 とりごえしゅんたろう 1940生。昭和時代，平成時代のジャーナリスト，ニュースキャスター。

スキャットマン・ジョン 1942生。アメリカのミュージシャン。1999没。

吉永小百合 よしながさゆり 1945生。昭和時代，平成時代の女優。

バース，ランディ 1954生。アメリカの政治家，元・大リーグ選手，元・プロ野球選手。

佐野元春 さのもとはる 1956生。昭和時代，平成時代のロック歌手。

高橋慶彦 たかはしよしひこ 1957生。昭和時代，平成時代のプロ野球コーチ。

田中義剛 たなかよしたけ 1958生。昭和時代，平成時代のタレント，酪農家。

コロッケ 1960生。昭和時代，平成時代のタレント（ものまね）。

増岡浩 ますおかひろし 1960生。昭和時代，平成時代のレーシングドライバー。

島田雅彦 しまだまさひこ 1961生。昭和時代，平成時代の小説家。

今田耕司 いまだこうじ 1966生。昭和時代，平成時代のコメディアン。

船木誠勝 ふなきまさかつ 1969生。平成時代の俳優，元・プロレスラー。

ダーヴィッツ，エドハー 1973生。オランダのサッカー選手。

3月13日

3月14日

○記念日○　ホワイトデー
　　　　　　国際結婚の日
　　　　　　数学の日
○忌　日○　善導忌

勧子内親王　かんしないしんのう　899生。平安時代中期の醍醐天皇の第1皇女。?没。

毛利元就　もうりもとなり　1497生。戦国時代の大名。1571没。

相良頼福　さがらよりとみ　1649生。江戸時代前期,中期の大名。1720没。

ミュッセンブルーク,ピーター・ファン　1692生。オランダの物理学者。1761没。

マブリー,ガブリエル・ボノ・ド　1709生。フランスの歴史家,哲学者。1785没。

福永十三郎　ふくながじゅうざぶろう　1721生。江戸時代中期の義民。1774没。

田山敬儀　たやまたかのり　1766生。江戸時代後期の歌人。1814没。

ベントン,トマス・ハート　1782生。アメリカの政治家,文筆家。1858没。

ベム　1794生。ポーランドの軍人。1850没。

ロンゴワルシト,ラデン・ンガベヒ　1802生。インドネシア,ジャワのスラカルタ王朝の宮廷詩人。1883没。

シュトラウス,ヨハン　1804生。オーストリアの作曲家,指揮者,ヴァイオリン奏者。1849没。

松平左近　まつだいらさこん　1809生。江戸時代の武士。1868没。

日柳燕石　くさなぎえんせき　1817生。江戸時代末期の勤皇博徒。1868没。

藤井高雅　ふじいたかつね　1819生。江戸時代後期の国学者。1863没。

ヴィットリオ・エマヌエーレ2世　1820生。イタリア,サルジニア国王(在位1849〜61),イタリア国王(在位61〜78)。1878没。

ヴォルソー,イエンス・ヤコブ・アスムッセン　1821生。デンマークの考古学者。1885没。

バンヴィル,テオドール・ド　1823生。フランスの詩人,劇作家。1891没。

一橋慶昌　ひとつばしよしまさ　1825生。江戸時代後期の三卿一橋家の6代。1838没。

スキャパレリ,ジョヴァンニ・ヴィルジーニョ　1835生。イタリアの天文学者。1910没。

杵屋六左衛門(12代目)　きねやろくざえもん　1839生。江戸時代-大正時代の長唄三味線方,唄方。1912没。

ウンベルト1世　1844生。イタリア国王(在位1878〜1900)。1900没。

松前徳広　まつまえのりひろ　1844生。江戸時代末期の大名。1868没。

ホドラー,フェルディナンド　1853生。スイスの画家。1918没。

エールリヒ,パウル　1854生。ドイツの細菌学者,化学者。1915没。

門野幾之進　かどのいくのしん　1856生。明治時代,大正時代の教育者,実業家。1938没。

藤岡市助　ふじおかいちすけ　1857生。明治時代の電気工学者,実業家。1918没。

都々逸坊扇歌(5代目)　どどいつぼうせんか　1858生。明治時代の寄席芸人,落語家。1912没。

沢村源之助(4代目)　さわむらげんのすけ　1859生。明治時代-昭和時代の歌舞伎役者。1936没。

高田早苗　たかだきなえ　1860生。明治時代-昭和時代の教育家,政治家。早稲田大学総長,衆議院議員。1938没。

ビャークネス,ウィルヘルム　1862生。ノルウェーの気象学者,海洋学者。1951没。

ブラックウッド,アルジャーノン　1869生。イギリスの小説家。1951没。

北田薄氷　きただうすらい　1876生。明治時代の小説家。1900没。

アインシュタイン,アルベルト　1879生。ドイツ生まれのアメリカの理論物理学者。1955没。

マンロー,ハロルド　1879生。イギリスの詩人。1932没。

野村八良　のむらはちろう　1881生。大正時代,昭和時代の日本文学者。1966没。

佐々木象堂　ささきしょうどう　1882生。明治時代-昭和時代の鋳金家。1961没。

小倉金之助　おぐらきんのすけ　1885生。大正時代,昭和時代の数学者,随筆家。1962没。
下田光造　しもだみつぞう　1885生。大正時代,昭和時代の精神医学者。鳥取大学学長,米子医科大学学長。1978没。
大石順教　おおいしじゅんきょう　1888生。昭和時代の尼僧,社会事業家。勧修寺(真言宗階山派大本山)門跡院主。1968没。
ラーコシ・マーチャーシュ　1892生。ハンガリーの首相,第一書記。1971没。
田中惣五郎　たなかそうごろう　1894生。昭和時代の歴史家,社会運動家。1961没。
小野アンナ　おのあんな　1896生。大正時代,昭和時代のバイオリニスト。1979没。
佐藤篤二郎　さとうとくじろう　1898生。大正時代,昭和時代の実業家。九州電力社長。1964没。
マーシュ,レジナルド　1898生。アメリカの画家。1954没。
小栗虫太郎　おぐりむしたろう　1901生。昭和時代の小説家。1946没。
ゴットリーブ,アドルフ　1903生。アメリカの画家。1974没。
ボルノー,オットー・フリードリヒ　1903生。ドイツの哲学者,教育学者。1991没。
関屋敏子　せきやとしこ　1904生。昭和時代のソプラノ歌手。1941没。
アロン,レーモン　1905生。フランスの政治・社会学者,ジャーナリスト。1983没。
メルロ-ポンティ,モーリス　1908生。フランスの哲学者。1961没。
ピエール・ド・マンディアルグ,アンドレ　1909生。フランスの詩人,作家。1991没。
落合聡三郎　おちあいそうざぶろう　1910生。昭和時代,平成時代の児童劇作家。1995没。
野辺地勝久　のべちかつひさ　1910生。昭和時代のピアニスト。1966没。
北裏喜一郎　きたうらきいちろう　1911生。昭和時代の実業家。野村証券社長。1985没。
芦田伸介　あしだしんすけ　1917生。昭和時代,平成時代の俳優。芦田プロダクションズ代表。1999没。
豊田穣　とよだみのる　1920生。大正時代,昭和時代の小説家。「季刊作家」編集主幹。1994没。
武蔵野次郎　むさしのじろう　1921生。昭和時代,平成時代の文芸評論家。1997没。

アーバス,ダイアン　1923生。アメリカの写真家。1971没。
赤木春恵　あかぎはるえ　1924生。昭和時代,平成時代の女優。
ウェイン,ジョン　1925生。イギリスの小説家,評論家。1994没。
菅原謙次　すがわらけんじ　1926生。昭和時代,平成時代の俳優。1999没。
大沢啓二　おおさわけいじ　1932生。昭和時代,平成時代の野球解説者,元・プロ野球監督。
ケイン,マイケル　1933生。イギリスの俳優。
ジョーンズ,クインシー　1933生。アメリカの作曲家,編曲家,オーケストラ・リーダー,プロデューサー。
原笙子　はらしょうこ　1933生。昭和時代,平成時代の舞楽家。2005没。
ローシャ,グラウベル　1938生。ブラジルの映画監督。1981没。
片岡仁左衛門(15代目)　かたおかにざえもん　1944生。昭和時代,平成時代の歌舞伎俳優。
栗原小巻　くりはらこまき　1945生。昭和時代,平成時代の女優。
クリスタル,ビリー　1947生。アメリカのコメディアン,俳優。
五木ひろし　いつきひろし　1948生。昭和時代,平成時代の歌手。
カルデロン,ラファエル・アンヘル　1949生。コスタリカの政治家。
藤堂志津子　とうどうしづこ　1949生。昭和時代,平成時代の小説家。
杉真理　すぎまさみち　1954生。昭和時代,平成時代のシンガーソングライター。
デュポン,パトリック　1959生。フランスのバレエダンサー。
フォローズ,ミーガン　1968生。カナダの女優。
山口智充　やまぐちともみつ　1909生。平成時代の漫才師,俳優。
姿月あさと　しづきあさと　1970生。昭和時代,平成時代の歌手。
ファンデンホーヘンバント,ピーター　1978生。オランダの水泳選手。
渋井陽子　しぶいようこ　1979生。平成時代のマラソン選手。

3月14日

3月15日

○記念日○ オリーブの日
　　　　　靴の記念日
　　　　　世界消費者権利デー

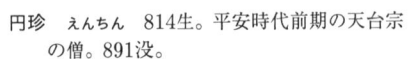

- 円珍　えんちん　814生。平安時代前期の天台宗の僧。891没。
- 垂水広信　たるみひろのぶ　1260生。鎌倉時代後期、南北朝時代の著述家。河内守。1356没。
- 綽如　しゃくにょ　1350生。南北朝時代の真宗の僧。1393没。
- モンモランシー, アン・リュク・ド　1493生。フランスの貴族。1567没。
- 北条氏堯　ほうじょううじたか　1522生。戦国時代、安土桃山時代の北条氏の一族。?没。
- 佃十成　つくだかずなり　1553生。安土桃山時代、江戸時代前期の武将。1634没。
- 四辻季満　よつつじすえみつ　1566生。安土桃山時代、江戸時代前期の公家。1608没。
- 大森宗勲　おおもりそうくん　1570生。安土桃山時代、江戸時代前期の一節切尺八中興の祖。1625没。
- 南部利直　なんぶとしなお　1576生。安土桃山時代、江戸時代前期の大名。1632没。
- 独言性聞　どくごんしょうもん　1586生。安土桃山時代、江戸時代前期の黄檗宗の僧。1655没。
- ロード, アレクサンドル・ド　1591生。フランスのイエズス会司祭、宣教師。1660没。
- シルヴィウス, フランシスクス　1614生。ドイツの医師、解剖学者。1672没。
- 田中丘隅　たなかきゅうぐ　1662生。江戸時代中期の農政家。1730没。
- クルムス　1687生。ドイツの医学者。1745没。
- 川崎定孝　かわさきさだたか　1694生。江戸時代中期の農政家。1767没。
- 天一坊　てんいちぼう　1705生。江戸時代中期の修験者。1729没。
- ラカイユ, ニコラ・ルイ・ド　1713生。フランスの天文学者。1762没。
- 松村理兵衛　まつむらりへえ　1721生。江戸時代中期の治水家。1785没。
- 高芙蓉　こうふよう　1722生。江戸時代中期の篆刻家。1784没。
- 坂本市之丞　さかもといちのじょう　1736生。江戸時代中期、後期の新田開発者。1809没。
- ベッカリーア, チェーザレ　1738生。イタリアの刑法学者, 哲学者, 経済学者。1794没。
- 呉春　ごしゅん　1752生。江戸時代中期, 後期の画家。1811没。
- 岸駒　がんく　1756生。江戸時代中期, 後期の画家。1839没。
- ジャクソン, アンドリュー　1767生。アメリカの第7代大統領 (1829〜37)。1845没。
- 沼尻墨僊　ぬまじりぼくせん　1775生。江戸時代後期の地理学者。1856没。
- メルバーン, ウィリアム・ラム, 2代子爵　1779生。イギリスの政治家。1848没。
- 梁川紅蘭　やながわこうらん　1804生。江戸時代, 明治時代の漢詩人。1879没。
- ヘーフェレ, カール・ヨーゼフ・フォン　1809生。ドイツのカトリック神学者, 教会史家。1893没。
- 葛原勾当　くずはらこうとう　1812生。江戸時代, 明治時代の箏曲家。1882没。
- パナーエフ, イワン・イワノヴィチ　1812生。ロシアの作家, ジャーナリスト。1862没。
- 養鸕徹定　うがいてつじょう　1814生。江戸時代, 明治時代の浄土宗僧侶。浄土宗管長, 知恩院住職七十五世。1891没。
- 是枝柳右衛門　これえだりゅうえもん　1817生。江戸時代末期の歌人。1864没。
- ロシュミット, ヨハン・ヨゼフ　1821生。オーストリアの物理学者。1895没。
- 徳川慶勝　とくがわよしかつ　1824生。江戸時代, 明治時代の名古屋藩主。1883没。
- ハイゼ, パウル　1830生。ドイツの小説家, 劇作家, 詩人, 翻訳家。1914没。
- ルクリュ　1830生。フランスの地理学者。1905没。
- 竹添進一郎　たけぞえしんいちろう　1842生。明治時代の漢学者, 外交官。1917没。
- 有地品之允　ありちしなのじょう　1843生。明治時代の海軍軍人。男爵, 中将。1919没。

3月15日

佐竹作太郎　さたけさくたろう　1849生。明治時代,大正時代の実業家,政治家。東京電灯社長,衆議院議員。1915没。
岡崎邦輔　おかざきくにすけ　1854生。明治時代-昭和時代の政治家。衆議院議員。1936没。
ミケルセン,クリスチャン　1857生。ノルウェーの首相。ノルウェー王国建設。1925没。
楠瀬幸彦　くすのせさちひこ　1858生。明治時代,大正時代の陸軍軍人。陸軍大臣。1927没。
六合新三郎(6代目)　ろくごうしんざぶろう　1859生。明治時代,大正時代の長唄囃子方。1927没。
田中義成　たなかよしなり　1860生。明治時代,大正時代の歴史学者。1919没。
荒木十畝　あらきじっぽ　1872生。大正時代,昭和時代の日本画家。1944没。
立作太郎　たちさくたろう　1874生。明治時代-昭和時代の国際法・外交史学者。1943没。
ゲオン,アンリ　1875生。フランスの詩人,劇作家,小説家。1944没。
伊波普猷　いはふゆう　1876生。明治時代-昭和時代の民俗学者,言語学者。1947没。
橋田邦彦　はしだくにひこ　1882生。大正時代,昭和時代の生理学者,政治家。文相。1945没。
長谷川伸　はせがわしん　1884生。大正時代,昭和時代の小説家,劇作家。1963没。
ボース　1886生。インドの独立運動家。1945没。
飯塚琅玕斎　いいづかろうかんさい　1890生。大正時代,昭和時代の竹工芸家。1958没。
三宅やす子　みやけやすこ　1890生。大正時代,昭和時代の小説家,評論家。1932没。
フレイレ,ジルベルト　1900生。ブラジルの思想家,評論家。1987没。
ロンゴ　1900生。イタリアの政治家。1980没。
栗島すみ子　くりしますみこ　1902生。大正時代,昭和時代の女優,日本舞踊家。1987没。
山本嘉次郎　やまもとかじろう　1902生。昭和時代の映画監督。1974没。
石井小浪　いしいこなみ　1905生。大正時代,昭和時代の舞踊家。1978没。
朝海浩一郎　あさかいこういちろう　1906生。昭和時代の外交官。駐米大使。1995没。
尾崎庄太郎　おざきしょうたろう　1906生。昭和時代の政治・経済評論家。1991没。

川田晴久　かわだはるひさ　1907生。昭和時代の歌手,俳優。1957没。
真壁仁　まかべじん　1907生。昭和時代の詩人,評論家。1984没。
井上友一郎　いのうえともいちろう　1909生。昭和時代,平成時代の小説家,実業家。霞台カントリークラブ社長。1997没。
グリューベル,フランシス　1912生。フランスの画家。1948没。
五味川純平　ごみかわじゅんぺい　1916生。昭和時代,平成時代の小説家。1995没。
ジェームズ,ハリー　1916生。アメリカのジャズ・トランペッター。1983没。
安西均　あんざいひとし　1919生。昭和時代,平成時代の詩人。日本現代詩人会会長。1994没。
和田春生　わだはるお　1919生。昭和時代の労働運動家,政治家。衆院議員,参院議員。1999没。
貝谷八百子　かいたにやおこ　1921生。昭和時代のバレリーナ。1991没。
唐飛　とうひ　1932生。台湾の政治家,軍人。
平岩弓枝　ひらいわゆみえ　1932生。昭和時代,平成時代の小説家,劇作家。
正司照枝　しょうじてるえ　1933生。昭和時代,平成時代の女優。
針すなお　はりすなお　1933生。昭和時代,平成時代の漫画家。
安藤元雄　あんどうもとお　1934生。昭和時代,平成時代の詩人。
高村正彦　こうむらまさひこ　1942生。昭和時代,平成時代の政治家。
クローネンバーグ,デービッド　1943生。カナダの映画監督。
伊東たけし　いとうたけし　1954生。昭和時代,平成時代のジャズサックス奏者。
肥後克広　ひごかつひろ　1963生。昭和時代,平成時代のコメディアン。
武豊　たけゆたか　1969生。昭和時代,平成時代の騎手。
純名りさ　じゅんなりさ　1971生。平成時代の女優。
山本"KID"徳郁　やまもときっどのりふみ　1977生。平成時代の格闘家,レスリング選手。
カヒミ・カリィ　平成時代の歌手。

3月16日

○記念日○ 万国赤十字加盟記念日

- キサーイー 953生。イランのサーマーン朝時代の詩人。1002没。
- ゴンサルボ・デ・コルドバ 1443生。スペイン軍の指揮者。1515没。
- ガイラー・フォン・カイザースベルク, ヨハネス 1445生。ドイツの民衆的説教者。1510没。
- マルティネス・モンタニェース, ファン 1568生。スペインの彫刻家。1649没。
- ホーフト, P.C. 1581生。オランダの詩人, 劇作家, 歴史家。1647没。
- ブレーデロー, ヘルブラント 1585生。オランダの詩人, 画家。1618没。
- 菅梅宇 かんばいう 1626生。江戸時代前期, 中期の儒者。1707没。
- デフェンテル 1651生。オランダの医者。1724没。
- クレスピ, ジュゼッペ・マリーア 1665生。イタリアの風俗画家。1747没。
- 松平朝矩 まつだいらとものり 1738生。江戸時代中期の大名。1768没。
- ハーシェル, キャロライン 1750生。ドイツ生まれのイギリスの女流天文学者。1848没。
- マディソン, ジェイムズ 1751生。アメリカの第4代大統領。1836没。
- サンテール 1752生。フランスの革命家, 軍人。1809没。
- 渡辺重名 わたなべしげな 1759生。江戸時代中期, 後期の国学者。1831没。
- グロ, アントワーヌ・ジャン, 男爵 1771生。フランスの画家。1835没。
- フリンダーズ, マシュー 1774生。イギリスの探検家。1814没。
- オーム, ゲオルク・ジーモン 1787生。ドイツの物理学者。1854没。
- 羽倉可亭 はくらかてい 1799生。江戸時代, 明治時代の篆刻家。1887没。
- 藤田東湖 ふじたとうこ 1806生。江戸時代末期の水戸藩士, 後期水戸学の大成者。1855没。
- 水谷民彦 みずたにたみひこ 1818生。江戸時代, 明治時代の養蚕家, 名古屋藩士。1891没。
- カステーロ・ブランコ, カミーロ 1825生。ポルトガルの小説家。1890没。
- 古河市兵衛 ふるかわいちべえ 1832生。明治時代の実業家。古河鉱業(足尾銅山)社長。1903没。
- シュリ・プリュドム, アルマン 1839生。フランスの詩人。1907没。
- 黒木為楨 くろきためもと 1844生。明治時代の陸軍軍人。伯爵。1923没。
- リード 1848生。イギリスの哲学者。1931没。
- ブルークマン, カール 1849生。ドイツの言語学者。1919没。
- ヒッツェ, フランツ 1851生。ドイツのカトリック神学者。1921没。
- カイザー 1853生。ドイツの物理学者。1940没。
- ポポフ, アレクサンドル・ステパノヴィチ 1859生。ロシアの物理学者。1905没。
- 望月太左衛門(7代目) もちづきたざえもん 1862生。明治時代-昭和時代の江戸長唄囃子方。1938没。
- チェインバーズ, E.K. 1866生。イギリスの文学者, 文芸評論家。1954没。
- ボガート 1870生。アメリカの経済史家。1958没。
- 磯村春子 いそむらはるこ 1877生。明治時代, 大正時代のジャーナリスト, 新聞記者。1918没。
- レザー・シャー・パーレビ 1878生。イランの軍人, 政治家。1944没。
- 山川智応 やまかわちおう 1879生。明治時代-昭和時代の仏教学者。1956没。
- クラチコフスキー 1883生。ソ連邦のアラビア学者。1951没。
- 深見重助(13代目) ふかみじゅうすけ 1885生。明治時代-昭和時代の組紐師。1974没。
- バリェーホ, セサル・アブラム 1892生。ペルーの詩人。1938没。
- 小畑忠良 おばたただよし 1893生。昭和時代の平和運動家, 実業家, 官僚。1977没。

3月16日

村山長挙　むらやまながたか　1894生。大正時代,昭和時代の新聞経営者。朝日新聞社主。1977没。

馬淵美意子　まぶちみいこ　1896生。大正時代,昭和時代の詩人。1970没。

劉海粟　りゅうかいぞく　1896生。中国の洋画家。1994没。

岩橋武夫　いわはしたけお　1898生。昭和時代の盲人福祉事業家。1954没。

小池厚之助　こいけこうのすけ　1899生。昭和時代の実業家。高千穂学園理事長,山一証券社長。1985没。

フォード, ダリル　1902生。イギリスの人類学者。1973没。

小塩力　おしおつとむ　1903生。昭和時代の牧師,聖書学者。1958没。

マンスフィールド　1903生。アメリカの政治家。2001没。

三井礼子　みついれいこ　1905生。昭和時代の女性史研究家。1989没。

ウィーナー　1907生。アメリカの血清学者。1976没。

パルヴィーン・エッテサーミー　1907生。イランの女流詩人。1941没。

ドーマル, ルネ　1908生。フランスの詩人。1944没。

小泉正夫　こいずみまさお　1910生。昭和時代の化学者。東北大学教授。1974没。

松平国十郎　まつだいらくにじゅうろう　1910生。昭和時代,平成時代の浪曲家。1997没。

黒田了一　くろだりょういち　1911生。昭和時代,平成時代の憲法学者,弁護士,評論家。2003没。

メンゲレ, ヨーゼフ　1911生。ナチの医師・医学者。1979没。

愛新覚羅浩　あいしんかくらひろ　1914生。満州国皇帝溥儀の弟溥傑の妻。1987没。

小平邦彦　こだいらくにひこ　1915生。昭和時代,平成時代の数学者。東京大学教授。1997没。

寺田透　てらだとおる　1915生。昭和時代,平成時代のフランス文学者。1995没。

前田寿　まえだひさし　1918生。昭和時代,平成時代の政治学者。1991没。

小泉一兵衛　こいずみいちべえ　1920生。昭和時代の実業家。小泉グループ総帥。1977没。

椿忠雄　つばきただお　1921生。昭和時代の神経内科学者。東京都立神経病院長。1987没。

佐川清　さがわきよし　1922生。昭和時代,平成時代の実業家。佐川急便創業者。2002没。

鳳啓助　おおとりけいすけ　1923生。昭和時代,平成時代のコメディアン。1994没。

石井藤吉郎　いしいとうきちろう　1924生。昭和時代,平成時代の社会人野球選手,大学野球監督。1999没。

正木良明　まさきよしあき　1925生。昭和時代の政治家。1997没。

辻久子　つじひさこ　1926生。昭和時代,平成時代のバイオリニスト。

モイニハン, ダニエル・パトリック　1927生。アメリカの学者,行政官。2003没。

斎藤茂男　さいとうしげお　1928生。昭和時代,平成時代のジャーナリスト,ノンフィクション作家。1999没。

若乃花幹士(初代)　わかのはなかんじ　1928生。昭和時代の元・力士(第45代横綱)。

大平修三　おおひらしゅうぞう　1930生。昭和時代,平成時代の棋士。囲碁9段。1998没。

京塚昌子　きょうづかまさこ　1930生。昭和時代の女優。1994没。

高橋昌也　たかはしまさや　1930生。昭和時代,平成時代の俳優,演出家。

坂本賢三　さかもとけんぞう　1931生。昭和時代,平成時代の科学哲学者。1991没。

ブレイザー, ドン　1932生。アメリカのプロ野球選手・監督。2005没。

浅利慶太　あさりけいた　1933生。昭和時代,平成時代の演出家,演劇プロデューサー。

ベルトルッチ, ベルナルド　1941生。イタリアの映画監督。

姫神　ひめかみ　1946生。昭和時代,平成時代のシンセサイザー奏者,作曲家。2004没。

白鳥英美子　しらとりえみこ　1950生。昭和時代,平成時代の歌手。

ストルテンベルグ, イエンス　1959生。ノルウェーの政治家。

小比類巻かほる　こひるいまきかおる　1967生。昭和時代,平成時代のロック歌手。

木村多江　きむらたえ　1971生。平成時代の女優。

柏原崇　かしわばらたかし　1977生。平成時代の俳優。

高橋大輔　たかはしだいすけ　1986生。平成時代のフィギュアスケート選手。

3月17日

○記念日○ 漫画週刊誌の日
○忌　日○ 月斗忌

ジェームズ4世（スコットランド王）　1473生。スコットランド王（在位1488〜1513年）。1513没。

戸次鑑連　べっきあきつら　1513生。戦国時代, 安土桃山時代の武士。1585没。

コメンドーネ, ジョヴァンニ・フランチェスコ　1524生。イタリアの枢機卿, 教皇使節。1584没。

アルバーニ, フランチェスコ　1578生。イタリアの画家, ボローニャ派。1660没。

京極高三　きょうごくたかみつ　1607生。江戸時代前期の大名。1636没。

角屋七郎兵衛　かどやしちろうべえ　1610生。江戸時代前期の貿易家。1672没。

酒井忠能　さかいただよし　1628生。江戸時代前期, 中期の大名。1705没。

ジラルドン, フランソワ　1628生。フランスの彫刻家。1715没。

建部政宇　たけべまさのき　1647生。江戸時代前期, 中期の大名。1715没。

高津伊兵衛（初代）　たかついへえ　1679生。江戸時代中期の鰹節商。1729没。

ナティエ, ジャン・マルク　1685生。フランスの画家。1766没。

鍋島直英　なべしまなおひで　1699生。江戸時代中期の大名。1744没。

ニーブール, カルステン　1733生。ドイツの旅行家。1815没。

安藤伊右衛門　あんどういえもん　1751生。江戸時代後期の水利, 新田開発の功労者。1827没。

ロラン夫人　1754生。フランスの婦人。"ジロンド派の女王"と呼ばれた。1793没。

ルクレール, シャルル　1772生。フランスの軍人。1802没。

トーニー, ロジャー・ブルック　1777生。アメリカの第5代連邦最高裁判所長官。1864没。

チャーマーズ, トマス　1780生。イギリスの神学者。1847没。

エリオット, エベニーザー　1781生。イギリスの詩人。1849没。

小山田与清　おやまだともきよ　1783生。江戸時代後期の国学者, 文人。1847没。

キーン, エドマンド　1787生。イギリスの俳優。1833没。

山川菫園　やまかわりつえん　1790生。江戸時代末期の国学者。1863没。

大原幽学　おおはらゆうがく　1797生。江戸時代末期の思想家。1858没。

レーヴィッヒ, カール　1803生。ドイツの化学者。1890没。

西川練造　にしかわれんぞう　1807生。江戸時代末期の志士。1862没。

玉松操　たまつみさお　1810生。江戸時代, 明治時代の公卿, 国学者。1872没。

グツコー, カール　1811生。ドイツの小説家, 劇作家。1878没。

藤本鉄石　ふじもとてっせき　1816生。江戸時代末期の尊攘派志士。1863没。

ネーゲリ, カール・ヴィルヘルム・フォン　1817生。スイスの植物学者。1891没。

熊谷五一　くまやごいち　1818生。江戸時代, 明治時代の実業家。1882没。

インジロー, ジーン　1820生。イギリスの女流詩人。1897没。

ヴァイツ, テオドール　1821生。ドイツの民族学者, 哲学者。1864没。

ペッシェル, オスカー　1826生。ドイツの地理学者。1875没。

ダイムラー, ゴットリープ・ヴィルヘルム　1834生。ドイツの機械技術者, 発明家。1900没。

大蘇芳年　たいそよしとし　1839生。江戸時代, 明治時代の浮世絵師。1892没。

月岡芳年　つきおかよしとし　1839生。江戸時代末期, 明治時代の浮世絵師。1892没。

ラインベルガー, ヨーゼフ　1839生。ドイツの作曲家, オルガン奏者。1901没。

グリーナウェイ, ケイト　1846生。イギリスの女流画家, 絵本作家。1901没。

塩野義三郎（初代）　しおのぎさぶろう　1854生。明治時代, 大正時代の実業家, 薬品業者。塩

野義商店社長。1931没。
イスヴォルスキー，アレクサンドル　1856生。ロシアの外交官，政治家。1919没。
ゲゼル，シルヴィオ　1862生。ドイツの商人，経済学者。1930没。
谷口尚真　たにぐちなおみ　1870生。大正時代，昭和時代の海軍軍人。大将。1941没。
三田村鳶魚　みたむらえんぎょ　1870生。明治時代–昭和時代の江戸風俗研究家。1952没。
白滝幾之助　しらたきいくのすけ　1873生。明治時代–昭和時代の洋画家。1960没。
ボンドフィールド，マーガレット・グレイス　1873生。イギリスの女流政治家。1953没。
西川藤吉　にしかわとうきち　1874生。明治時代の実業家。1909没。
ヘス，ヴァルター・ルドルフ　1881生。スイスの生理学者。1973没。
シェルピンスキ，ヴァツワフ　1882生。ポーランドの数学者。1969没。
金森徳次郎　かなもりとくじろう　1886生。大正時代，昭和時代の官僚，憲法学者。国立国会図書館館長，国務相，貴族院議員。1959没。
グリーン，ポール　1894生。アメリカの劇作家。1981没。
マーケット，ウィリアム・フレデリック　1894生。GHQ経済科学局長。1960没。
石川欣一　いしかわきんいち　1895生。昭和時代のジャーナリスト，翻訳家，評論家。日本ライオンズ・クラブ初代ガバナー。1959没。
山名文夫　やまなあやお　1897生。昭和時代のグラフィックデザイナー。資生堂顧問。1980没。
堀木鎌三　ほりきけんぞう　1898生。昭和時代の運輸官僚，政治家。厚生大臣，参議院議員（自民党）。1974没。
横光利一　よこみつりいち　1898生。大正時代，昭和時代の小説家。1947没。
ニューマン，アルフレッド　1901生。アメリカの映画音楽作曲家。1970没。
ジョンズ，ボビ　1902生。米のゴルファー，弁護士。1971没。
桜田武　さくらだたけし　1904生。昭和時代の実業家，財界人。日清紡績社長，日経連会長。1985没。
三木武夫　みきたけお　1907生。昭和時代の政治家。衆院議員，首相。1988没。
ポレヴォーイ，ボリス・ニコラエヴィチ　1908生。ソ連の作家。1981没。

淡島雅吉　あわしままさきち　1913生。昭和時代のガラス工芸家。1979没。
宮入行平　みやいりゆきひら　1913生。昭和時代の刀工。1977没。
会田綱雄　あいだつなお　1914生。昭和時代の詩人。1990没。
オンガニア，ファン・カルロス　1914生。アルゼンチンの軍人，大統領。1995没。
武藤光朗　むとうみつろう　1914生。昭和時代，平成時代の社会思想家。民社研議長。1998没。
カッソーラ，カルロ　1917生。イタリアの作家。1987没。
コール，ナット・キング　1917生。アメリカのジャズ歌手，ピアニスト，映画俳優。1965没。
高橋幹夫　たかはしみきお　1917生。昭和時代の官僚。日本自動車連盟会長，警察庁長官。1989没。
ラフマーン，シェイク・ムジーブル　1920生。バングラデシュの初代首相。1975没。
桐原久　きりはらひさし　1925生。昭和時代の実業家。南日本放送社長。1987没。
ヌレーエフ，ルドルフ　1938生。オーストリアのバレエ・ダンサー，振付師。1993没。
山本陽子　やまもとようこ　1942生。昭和時代，平成時代の女優。
マギー司郎　まぎーしろう　1946生。昭和時代，平成時代のマジック漫談師。
鵜山仁　うやまひとし　1953生。昭和時代，平成時代の演出家。
小池修一郎　こいけしゅういちろう　1955生。昭和時代，平成時代の演出家，脚本家。
シニーズ，ゲーリー　1955生。アメリカの俳優，映画監督。
ランバート，クリストファー　1957生。俳優。
甲本ヒロト　こうもとひろと　1963生。昭和時代，平成時代のロック歌手。
コーガン，ビリー　1967生。アメリカのロックギタリスト，ロック歌手。
新出恵利　にったえり　1968生。昭和時代，平成時代のタレント，フリーライター。
マックイーン，アレクサンダー　1969生。イギリスのファッションデザイナー。
レコバ，アルヴァロ　1976生。ウルグアイのサッカー選手。

3月17日

3月18日

○記念日○　精霊の日
○忌　日○　小町忌
　　　　　人麿忌

加納御前　かのうごぜん　1560生。安土桃山時代, 江戸時代前期の女性。徳川家康の長女。1625没。
土井利勝　どいとしかつ　1573生。安土桃山時代, 江戸時代前期の大名, 大老。1644没。
大河内秀元　おおこうちひでもと　1576生。安土桃山時代, 江戸時代前期の武将。1666没。
エルスハイマー, アダム　1578生。ドイツの画家。1610没。
竹内孝治　たけのうちたかはる　1586生。江戸時代前期の公家。1660没。
好仁親王　よしひとしんのう　1603生。江戸時代前期の皇族。後陽成天皇の第7皇子。1638没。
ジョアン4世　1604生。ポルトガル王(在位1640～56)。1656没。
フレデリク3世　1609生。デンマーク, ノルウェー王(在位1648～70)。1670没。
了翁道覚　りょうおうどうかく　1630生。江戸時代前期, 中期の黄檗僧。1707没。
ラ・ファイエット夫人, マリー・マドレーヌ　1634生。フランスの小説家。1693没。
イール, フィリップ・ド・ラ　1640生。フランスの数学者, 天文学者。1718没。
康熙帝　こうきてい　1654生。中国, 清の第4代皇帝(在位1661～1722)。1722没。
ニコライ, クリストフ・フリードリヒ　1733生。ドイツ啓蒙期の通俗哲学者。1811没。
ヴォストーコフ　1781生。ロシアの言語学者。1864没。
カルフーン, ジョン・C　1782生。アメリカの政治家, 副大統領。1850没。
シュタイナー, ヤーコプ　1796生。スイスの数学者。1863没。
楢林宗建　ならばやしそうけん　1802生。江戸時代末期の蘭方医。1852没。
ヘッベル, フリードリヒ　1813生。ドイツの詩人, 劇作家。1863没。
リピンコット, ジョシュア　1813生。アメリカの出版業者。1886没。
松平斉貴　まつだいらなりたけ　1815生。江戸時代後期の大名。1863没。
フュステル・ド・クーランジュ, ニュマ-ドニ　1830生。フランスの歴史家。1889没。
島村光津　しまむらみつ　1831生。江戸時代, 明治時代の祈祷師。連門教女性教祖。1904没。
クリーヴランド, グローヴァー　1837生。第22, 24代アメリカ大統領(1885～89, 93～97)。1908没。
クリーマー, サー・ランダル　1838生。イギリスの労働組合指導者, 平和運動家。1908没。
マラルメ, ステファーヌ　1842生。フランスの詩人。1898没。
リムスキー-コルサコフ, ニコライ・アンドレーヴィチ　1844生。ロシアの作曲家。1908没。
ディーゼル, ルドルフ・クリスティアン・カール　1858生。ドイツの機械技術者。1913没。
宇都宮太郎　うつのみやたろう　1861生。明治時代, 大正時代の陸軍軍人。大将, 軍事参議官。1922没。
チェンバリン, A.N.　1869生。イギリスの政治家。1940没。
園部ひでを　そのべひでお　1870生。明治時代-昭和時代の武道家。1963没。
デーリー　1871生。アメリカの地質学者。1957没。
稲田竜吉　いなだりゅうきち　1874生。明治時代-昭和時代の内科学者。1950没。
タロー, ジェローム　1874生。フランスの小説家, 回想録作者。1953没。
一松定吉　ひとつまつさだよし　1875生。大正時代, 昭和時代の政治家, 弁護士。衆議院議員, 参議院議員。1973没。
都一広(2代目)　みやこいちひろ　1879生。明治時代-昭和時代の浄瑠璃太夫。1970没。
マリピエロ, ジャン・フランチェスコ　1882生。イタリアの作曲家。1973没。

3月18日

茅野蕭々　ちのしょうしょう　1883生。明治時代–昭和時代のドイツ文学者, 歌人。1946没。

次田大三郎　つぎただいさぶろう　1883生。明治時代–昭和時代の内務官僚, 政治家。茨城県知事, 内務次官。1960没。

遠藤柳作　えんどうりゅうさく　1886生。大正時代, 昭和時代の官僚, 政治家。内閣書記官長, 参議院議員。1963没。

コフカ, クルト　1886生。ドイツの心理学者。1941没。

斎藤知一郎　さいとうちいちろう　1889生。昭和時代の実業家。大昭和製紙創設者。1961没。

瀬藤象二　せとうしょうじ　1891生。大正時代, 昭和時代の電気工学者。東京大学教授, 日本原子力事業社長。1977没。

オーエン, ウィルフレッド　1893生。イギリスの詩人。1918没。

橘孝三郎　たちばなこうざぶろう　1893生。昭和時代の国家主義者, 農本主義者。1974没。

田中新一　たなかしんいち　1893生。大正時代, 昭和時代の陸軍軍人。陸軍中将。1976没。

佐々木味津三　ささきみつぞう　1896生。大正時代, 昭和時代の小説家。1934没。

白石古京　しらいしこきょう　1898生。昭和時代の実業家。京都新聞社主。1991没。

イレムニツキー, ペテル　1901生。チェコスロバキアの作家。1949没。

三宅藤九郎(9代目)　みやけとうくろう　1901生。昭和時代の狂言師(和泉流)。1990没。

月形龍之介　つきがたりゅうのすけ　1902生。大正時代, 昭和時代の映画俳優。1970没。

チャーノ, ガレアッツォ, コルテラッツォ伯爵　1903生。イタリアの政治家, 外交官。1944没。

吉川幸次郎　よしかわこうじろう　1904生。昭和時代の中国文学者。1980没。

本田安次　ほんだやすじ　1906生。昭和時代, 平成時代の芸能史研究家。2001没。

田辺五兵衛(14代目)　たなべごへえ　1908生。昭和時代の実業家。田辺製薬社長。1972没。

蒋経国　しょうけいこく　1910生。台湾の軍人, 政治家。1988没。

不二洋子　ふじようこ　1912生。昭和時代の舞台女優。1980没。

石田波郷　いしだはきょう　1913生。昭和時代の俳人。1969没。

クレマン, ルネ　1913生。フランスの映画監督。1996没。

田村隆一　たむらりゅういち　1923生。昭和時代, 平成時代の詩人。1998没。

金井直　かないちょく　1926生。昭和時代, 平成時代の詩人, 随筆家。1997没。

光瀬竜　みつせりゅう　1928生。昭和時代, 平成時代のSF作家。1999没。

ラモス, フィデル　1928生。フィリピンの政治家, 軍人。

山田精吾　やまだせいご　1930生。昭和時代, 平成時代の労働運動家。1996没。

小池朝雄　こいけあさお　1931生。昭和時代の俳優。1985没。

アップダイク, ジョン　1932生。アメリカの作家, 詩人。

細江英公　ほそええいこう　1933生。昭和時代, 平成時代の写真家。

デクラーク, フレデリク　1936生。南アフリカの政治家。

横山やすし　よこやまやすし　1944生。昭和時代, 平成時代の漫才師。1996没。

奥田瑛二　おくだえいじ　1950生。昭和時代, 平成時代の俳優, 映画監督。

島崎俊郎　しまざきとしろう　1955生。昭和時代, 平成時代のタレント。

ステンマルク, インゲマル　1956生。スウェーデンの元・スキー選手。

ベッソン, リュック　1959生。フランスの映画監督, 脚本家, 映画プロデューサー。

村田雄浩　むらたたけひろ　1960生。昭和時代, 平成時代の俳優。

豊川悦司　とよかわえつし　1962生。昭和時代, 平成時代の俳優。

ウィリアムス, バネッサ　1963生。アメリカの歌手, 女優。

ブレア, ボニー　1964生。アメリカの元・スピードスケート選手。

洞口依子　どうぐちよりこ　1965生。昭和時代, 平成時代の女優。

芳本美代子　よしもとみよこ　1969生。昭和時代, 平成時代のタレント。

大家友和　おおかともかず　1976生。平成時代の大リーグ選手。

ヤグディン, アレクセイ　1980生。ロシアの元・フィギュアスケート選手。

3月19日

○記念日○ ミュージックの日

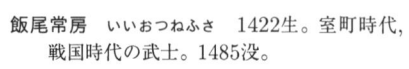

飯尾常房 いいおつねふさ 1422生。室町時代,戦国時代の武士。1485没。

小笠原長棟 おがさわらながむね 1492生。戦国時代の武士。1549没。

ヴァルキ, ベネデット 1503生。イタリアの詩人, 宮廷学者。1565没。

アンチエタ, ホセ 1534生。ブラジルのイエズス会修道士。1597没。

ブラッドフォード, ウィリアム 1590生。初期アメリカ移民の一人。1657没。

ラ・トゥール, ジョルジュ・ド 1593生。フランスの画家。1652没。

カノ, アロンソ 1601生。スペインの画家, 彫刻家, 建築家。1667没。

アストリュク, ジャン 1684生。フランスの医学者。1766没。

カラス, ジャン 1698生。フランスの商人。1762没。

五条寛子 ごじょうひろこ 1718生。江戸時代中期の女性。?没。

スモレット, トバイアス 1721生。イギリスの小説家。1771没。

フランク 1745生。ドイツの医師。1821没。

トロピーニン, ヴァシーリイ 1776生。ロシアの画家。1857没。

ミロス・オブレノビチ 1780生。セルビア公 (1815〜39, 58〜60)。1860没。

エヴァレット 1790生。アメリカの著述家, 外交官。1847没。

清水敦之助 しみずあつのすけ 1796生。江戸時代後期の三卿清水家の2代当主。1799没。

ドーズ, ウィリアム・ラター 1799生。イギリスの天文学者。1868没。

レーオ, ハインリヒ 1799生。ドイツの歴史家。1878没。

ウルキーサ, フスト・ホセ・デ 1810生。アルゼンチンの軍人, 政治家, 大統領。1870没。

リヴィングストン, デイヴィド 1813生。イギリスの探検家, 伝道師。1873没。

相馬充胤 そうまみつたね 1819生。江戸時代末期, 明治時代の大名。1887没。

バートン, リチャード 1821生。イギリスの探検家, 外交官, 東洋学者。1890没。

アリンガム, ウィリアム 1824生。アイルランドの詩人。1889没。

カント, ミンナ 1844生。フィンランドの女流小説家, 劇作家。1897没。

野田とせ のだとせ 1844生。江戸時代–大正時代の女性。主家に忠実に仕え人の模範と愛知県から表彰され, 緑綬褒章受章。1917没。

クラーク, フランク 1847生。アメリカの地球化学者。1931没。

ライダー, アルバート・ピンカム 1847生。アメリカの画家。1917没。

ティルピッツ, アルフレート・フォン 1849生。プロシア, ドイツの海軍軍人。1930没。

康有為 こうゆうい 1858生。中国, 清末の思想家, 政治家。1927没。

ブライアン, ウィリアム・ジェニングズ 1860生。アメリカの政治家。1925没。

デ・ボーノ, エミリオ 1866生。イタリアの軍人。1944没。

幸田延 こうだのぶ 1870生。明治時代–昭和時代のバイオリニスト, ピアニスト, 音楽教育家。1946没。

ヴェッツェラ, マリー 1871生。オーストリア皇太子と心中した貴族の娘。1889没。

高田実 たかたみのる 1871生。明治時代の新派劇俳優。1916没。

レーガー, マックス 1873生。ドイツの作曲家, 音楽教師。1916没。

マーシャル, サー・ジョン・ヒューバート 1876生。イギリスの考古学者。1960没。

ヤコービ 1876生。ドイツの古典学者。1959没。

フィッシャー 1877生。ドイツの化学者。1948没。

森田草平 もりたそうへい 1881生。明治時代–昭和時代の小説家, 翻訳家。1949没。

沢口悟一 さわぐちごいち 1882生。大正時代, 昭和時代の漆工芸研究家。1961没。

ラシェーズ, ガストン　1882生。アメリカの彫刻家, 画家。1935没。
磯井如真　いそいじょしん　1883生。明治時代-昭和時代の漆芸家。1964没。
スティルウェル, ジョゼフ・W　1883生。アメリカの軍人。1946没。
ハウアー, ヨーゼフ・マティーアス　1883生。オーストリアの作曲家。1959没。
ハワース, サー・ウォルター・ノーマン　1883生。イギリスの有機化学者。1950没。
原石鼎　はらせきてい　1886生。大正時代, 昭和時代の俳人。1951没。
越野栄松(初代)　こしのえいしょう　1887生。大正時代, 昭和時代の筝曲家。1965没。
斎藤昌三　さいとうしょうぞう　1887生。大正時代, 昭和時代の書物研究家, 随筆家。1961没。
竹下しづの女　たけしたしづのじょ　1887生。大正時代, 昭和時代の俳人。1951没。
アルバース, ジョゼフ　1888生。ドイツ生まれのアメリカの画家, 版画家, デザイナー。1976没。
鈴木文史朗　すずきぶんしろう　1890生。大正時代, 昭和時代のジャーナリスト, 政治家。朝日新聞社常務, 参院議員。1951没。
ウォレン, アール　1891生。アメリカの第14代連邦最高裁判所長官。1974没。
市橋鐸　いちはしたく　1893生。昭和時代の俳文学者, 郷土史家。1983没。
ベラスコ・イバーラ　1893生。エクアドルの大統領, 法律家。1979没。
芝祐泰　しばすけひろ　1898生。大正時代, 昭和時代の雅楽師, 雅楽研究家。国立音楽大学教授, 宮内庁式部職楽部楽長。1982没。
サンネモーセ, アクセル　1899生。デンマーク生まれのノルウェーの小説家。1965没。
時雨音羽　しぐれおとは　1899生。大正時代, 昭和時代の作詞家, 詩人。1980没。
ジョリオ-キュリー, フレデリック　1900生。フランスの核物理学者。1958没。
中村梅吉　なかむらうめきち　1901生。昭和時代の政治家。衆議院議員, 法務大臣。1984没。
ミールジナー, ジョー　1901生。アメリカの舞台装置家。1976没。
シハーブ　1903生。レバノンの軍人, 政治家, 大統領。1973没。
シュペーア, アルベルト　1905生。ナチス・ドイツ軍需相。1981没。

アイヒマン, カール・アドルフ　1906生。元ナチス秘密警察ユダヤ課長, 親衛隊中佐。1962没。
近藤益雄　こんどうえきお　1907生。昭和時代の教育家, 童謡詩人。1964没。
堀一郎　ほりいちろう　1910生。昭和時代の宗教学者。日本民族学会代表理事。1974没。
江口朴郎　えぐちぼくろう　1911生。昭和時代の歴史学者。1989没。
松田瓊子　まつだけいこ　1916生。昭和時代の児童文学作家。1939没。
小林美代子　こばやしみよこ　1917生。昭和時代の小説家。1973没。
リパッティ, ディヌ　1917生。ルーマニアのピアニスト。1950没。
福永武彦　ふくながたけひこ　1918生。昭和時代の小説家, 評論家。1979没。
アパカ　1919生。ハワイアン歌手。1960没。
鶴見正夫　つるみまさお　1926生。昭和時代, 平成時代の童謡詩人, 児童文学作家。1995没。
大谷暢順　おおたにちょうじゅん　1929生。昭和時代, 平成時代の僧侶。
林承賢　はやししょうけん　1929生。昭和時代の僧。1956没。
斎藤寿一　さいとうじゅいち　1931生。昭和時代, 平成時代の版画家。1992没。
ウィリス, ブルース　1955生。アメリカの俳優。
尾崎亜美　おざきあみ　1957生。昭和時代, 平成時代のシンガーソングライター。
いとうせいこう　いとうせいこう　1961生。昭和時代, 平成時代のクリエーター, 小説家, タレント, 劇作家, 演出家。
君島誉幸　きみじまたかゆき　1965生。昭和時代, 平成時代の実業家。
蛯名正義　えびなまさよし　1969生。平成時代の騎手。
稲森いずみ　いなもりいずみ　1972生。平成時代の女優。
スー, ビビアン　1975生。平成時代の女優, 歌手。
市川実和子　いちかわみわこ　1976生。平成時代の女優。
岡田義徳　おかだよしのり　1977生。平成時代の俳優。

3月19日

3月20日

○記念日○ LPレコードの日
　　　　　電卓の日
○忌　日○ 大石忌
　　　　　竹冷忌

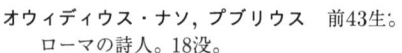

オウィディウス・ナソ, プブリウス　前43生。ローマの詩人。18没。

京極為教　きょうごくためのり　1227（閏3月）生。鎌倉時代前期の歌人, 公卿。1279没。

大内教弘　おおうちのりひろ　1420生。室町時代の武将, 周防・長門・豊前の守護。1465没。

邦輔親王　くにすけしんのう　1513生。戦国時代の伏見宮貞敦親王の第1王子。1563没。

徐光啓　じょこうけい　1562生。中国, 明末の政治家, 学者。1633没。

白川雅陳王　しらかわまさつらおう　1592生。江戸時代前期の神祇伯。1663没。

松平頼道　まつだいらよりみち　1657生。江戸時代前期, 中期の大名。1721没。

脇坂安照　わきざかやすてる　1658生。江戸時代前期, 中期の大名。1722没。

アストルガ, エマヌエーレ, 男爵　1680生。イタリア（シチリア）の作曲家。1757没。

北沢遜斎　きたざわそんさい　1706生。江戸時代中期, 後期の儒者。1788没。

ベリマン, トルビョルン・オラフ　1735生。スウェーデンの化学者, 鉱物学者。1784没。

ウドン, ジャン・アントワーヌ　1741生。フランスの彫刻家。1828没。

ダウプ, カール　1765生。ドイツのプロテスタント神学者。1836没。

ヘルダーリン, フリードリヒ　1770生。ドイツ最大の詩人の一人。1843没。

浜三嶺　はまさんれい　1793生。江戸時代, 明治時代の筑前福岡藩儒。1878没。

ウェイクフィールド, エドワード・ギボン　1796生。イギリスの政治家。1862没。

ニザール, デジレ　1806生。フランスの批評家, ジャーナリスト。1888没。

ナポレオン2世　1811生。フランス皇帝ナポレオン（1世）の息子。1832没。

クーザ　1820生。ルーマニア公（1859～66）。1873没。

イプセン, ヘンリック　1828生。ノルウェーの劇作家。1906没。

エリオット, チャールズ・ウィリアム　1834生。アメリカのハーバード大学学長。1926没。

バチェラー, ジョン　1854生。イギリスの宣教師, アイヌ研究家。1944没。

ホプキンス　1854生。イギリスの外交官, 東洋学者。1952没。

テイラー, フレデリック・W　1856生。アメリカの機械技師。1915没。

ベルトラン, ルイ-マリ-エミール　1866生。フランスの小説家, 評論家。1941没。

六角紫水　ろっかくしすい　1867生。明治時代-昭和時代の漆芸家。1950没。

秋山真之　あきやまさねゆき　1868生。明治時代, 大正時代の海軍軍人。中将。1918没。

コトヴィッチ　1872生。ソ連のアルタイ諸言語学者。1944没。

ミュンヒハウゼン　1874生。ドイツの詩人。1945没。

曽我量深　そがりょうじん　1875生。明治時代-昭和時代の宗教家, 仏教学者。大谷大学長, 東本願寺侍董寮頭。1971没。

牧野英一　まきのえいいち　1878生。明治時代-昭和時代の刑法学者。1970没。

児玉一造　こだまいちぞう　1881生。明治時代-昭和時代の実業家。1930没。

章士釗　しょうししょう　1881生。中国の学者・政治家。1973没。

加藤隆義　かとうたかよし　1883生。大正時代, 昭和時代の海軍軍人。大将, 子爵。1955没。

鎌田弥寿治　かまだやすじ　1883生。明治時代-昭和時代の写真学者。東京美術学校教授, 東京写真短期大学学長。1977没。

近藤浩一路　こんどうこういちろ　1884生。大正時代, 昭和時代の日本画家。1962没。

ヘリゲル　1884生。ドイツの哲学者。1955没。

ジーリ, ベニアミーノ　1890生。イタリアのテノール歌手。1957没。

メルキオー, ラウリッツ　1890生。デンマーク生まれのアメリカのテノール歌手。

1973没。
市川正一　いちかわしょういち　1892生。大正時代，昭和時代の社会運動家。1945没。
山浦貫一　やまうらかんいち　1893生。大正時代，昭和時代のジャーナリスト，政治評論家。1967没。
董作賓　とうさくひん　1895生。中国の考古学者。1963没。
野村兼太郎　のむらかねたろう　1896生。大正時代，昭和時代の経済史学者。1960没。
吉田源十郎　よしだげんじゅうろう　1896生。昭和時代の漆芸家。日本漆工芸会主宰。1958没。
荒木俊馬　あらきとしま　1897生。大正時代，昭和時代の天文学者。京都産業大学総長，京都大学名誉教授。1978没。
重政誠之　しげまさせいし　1897生。昭和時代の官僚，政治家。衆議院議員，農林事務次官。1981没。
島田謹二　しまだきんじ　1901生。昭和時代，平成時代の比較文学者。1993没。
高橋等　たかはしひとし　1903生。昭和時代の官僚，政治家。衆議院議員。1965没。
柳亮　やなぎりょう　1903生。昭和時代の美術評論家。トキワ松学園女子短期大学学長。1978没。
スキナー，B.F.　1904生。アメリカの心理学者。1990没。
パノーワ，ヴェーラ・フョードロヴナ　1905生。ソ連の女流作家。1973没。
高島春雄　たかしまはるお　1907生。昭和時代の動物学者。1962没。
マクレナン，ヒュー　1907生。イギリス系のカナダの小説家。1990没。
岡綾　おかあや　1908生。昭和時代の社会運動家。1996没。
レッドグレイヴ，マイケル　1908生。イギリスの俳優。1985没。
金一　キムイル　1910生。北朝鮮の政治家。1984没。
伊藤不二男　いとうふじお　1911生。昭和時代の法学者。九州大学教授。1987没。
川口光太郎　かわぐちみつたろう　1911生。昭和時代の弁護士。名古屋高検検事長。1995没。
斎藤喜博　さいとうきはく　1911生。昭和時代の教育評論家，歌人。1981没。

小笠原日英　おがさわらにちえい　1914生。昭和時代の尼僧。1988没。
キルヒシュレーガー，ルドルフ　1915生。オーストリアの政治家，元・外交官。2000没。
リヒテル，スヴャトスラフ　1915生。ソ連のピアニスト。1997没。
武藤武雄　むとうたけお　1916生。昭和時代の労働運動家。総評初代議長，衆院議員。1978没。
ツィンマーマン，ベルント・アーロイス　1918生。ドイツの作曲家。1970没。
森みつ　もりみつ　1922生。昭和時代の詩人。1967没。
梅原猛　うめはらたけし　1925生。昭和時代，平成時代の哲学者。
安野光雅　あんのみつまさ　1926生。昭和時代，平成時代の洋画家，絵本作家。
タパ，スーリャ・バハドール　1928生。ネパールの政治家。
中村きい子　なかむらきいこ　1928生。昭和時代，平成時代の小説家。1996没。
野平祐二　のひらゆうじ　1928生。昭和時代，平成時代の騎手，調教師。2001没。
雪村いづみ　ゆきむらいづみ　1937生。昭和時代，平成時代の歌手。
マルルーニー，マーティン・ブライアン　1939生。カナダの政治家。
景山民夫　かげやまたみお　1947生。昭和時代，平成時代の放送作家，小説家，エッセイスト。1998没。
ハート，ウィリアム　1950生。アメリカの俳優。
竹内まりや　たけうちまりや　1955生。昭和時代，平成時代のシンガーソングライター。
竹中直人　たけなかなおと　1956生。昭和時代，平成時代の俳優，映画監督。
リー，スパイク　1957生。アメリカの映画監督，脚本家。
ハンター，ホリー　1958生。アメリカの女優。
大石恵　おおいしめぐみ　1973生。平成時代のタレント。
阿部慎之助　あべしんのすけ　1979生。平成時代のプロ野球選手。
野村佑香　のむらゆうか　1984生。平成時代の女優。

3月20日

3月21日

○記念日○　ランドセルの日
　　　　　催眠術の日
　　　　　世界詩歌記念日
○忌　日○　弘法忌

ゾイゼ, ハインリヒ　1295生。ドイツの神秘主義者。1366没。
ニコラウス（フリューエの）　1417生。スイスの隠者, 国民聖人。1487没。
モーリッツ　1521生。ザクセン大公ハインリヒの子。1553没。
日侃　にちかん　1525生。戦国時代, 安土桃山時代の日蓮宗の僧。1601没。
スプランゲル, バルトロメウス　1546生。フランドルの画家。1611没。
小笠原秀政　おがさわらひでまさ　1569生。安土桃山時代, 江戸時代前期の大名。1615没。
津軽信枚　つがるのぶひら　1586生。江戸時代前期の大名。1631没。
ヤン2世　1609生。ポーランド王（在位1648～68）。1672没。
名古屋玄医　なごやげんい　1628生。江戸時代前期の医師。1696没。
チュリゲーラ, ドン・ホセ　1665生。スペインの建築家, 画家。1725没。
憲子内親王　のりこないしんのう　1669生。江戸時代前期, 中期の女性。霊元天皇の第2皇女。1688没。
バッハ, ヨハン・ゼバスティアン　1685生。ドイツのオルガン奏者, 作曲家。1750没。
朋誠堂喜三二　ほうせいどうきさんじ　1735（閏3月）生。江戸時代中期, 後期の黄表紙・洒落本・狂歌師。1813没。
ルドゥー, クロード・ニコラ　1736生。フランスの建築家。1806没。
ジャン・パウル　1763生。ドイツの作家。1825没。
フーリエ, J.B.J.　1768生。フランスの数学者, 物理学者。1830没。
コリオリ, ギュスターヴ-ガスパール　1792生。フランスの物理学者。1843没。
フアレス, ベニト・パブロ　1806生。メキシコの政治家。1872没。
ファーヴル　1809生。フランスの政治家, 弁護士。1880没。

佐久良東雄　さくらあずまお　1811生。江戸時代末期の歌人, 志士。1860没。
グラノフスキー, チモフェイ・ニコラエヴィチ　1813生。ロシアの歴史学者。1855没。
エンゲル　1821生。ドイツの統計学者。1896没。
宝山左衛門（2代目）　たからさんざえもん　1835生。明治時代の長唄囃子方。1910没。
ムソルグスキー, モデスト・ペトローヴィチ　1839生。ロシアの作曲家。1881没。
シェア　1846生。スイス生まれのドイツの経済学者。1924没。
三浦謹之助　みうらきんのすけ　1864生。明治時代-昭和時代の内科学者。1950没。
権藤成卿　ごんどうせいきょう　1868生。明治時代-昭和時代の制度学者, 農本主義思想家。農本連盟顧問。1937没。
カーン, アルバート　1869生。ドイツ生まれのアメリカの建築家。1942没。
ジーグフェルド, フローレンツ　1869生。アメリカの興行師。1932没。
建部遯吾　たけべとんご　1871生。明治時代, 大正時代の社会学者。衆議院議員, 貴族院議員, 東京帝国大学教授。1945没。
押川春浪　おしかわしゅんろう　1876生。明治時代の小説家。1914没。
岡田忠彦　おかだただひこ　1878生。大正時代, 昭和時代の政治家。衆議院議員。1958没。
ホフマン, ハンス　1880生。ドイツ生まれのアメリカの画家。1966没。
バーコフ, ジョージ・デヴィッド　1884生。アメリカの数学者。1944没。
マシス, アンリ　1886生。フランスの評論家。1970没。
キーリン, デイヴィド　1887生。イギリスの生化学者。1963没。
メンデルゾーン, エーリヒ　1887生。アメリカで活躍したユダヤ系の建築家。1953没。

シャギニャン, マリエッタ・セルゲーヴナ　1888生。ソ連の女流作家。1982没。
柳宗悦　やなぎむねよし　1889生。大正時代, 昭和時代の哲学者, 民芸運動の創始者。日本民芸館初代館長。1961没。
藤浪与兵衛(3代目)　ふじなみよへえ　1891生。大正時代, 昭和時代の演劇・舞踊の小道具方。1952没。
荒川豊蔵　あらかわとよぞう　1894生。大正時代, 昭和時代の陶芸家。1985没。
中村大三郎　なかむらだいざぶろう　1898生。大正時代, 昭和時代の日本画家。1947没。
松本謙三　まつもとけんぞう　1899生。大正時代, 昭和時代の能楽師ワキ方。1980没。
水島三一郎　みずしまさんいちろう　1899生。昭和時代の物理化学者。東京大学教授。1983没。
クレツキ, パウル　1900生。スイス(ポーランド生まれ)の作曲家, 指揮者。1973没。
寿岳文章　じゅがくぶんしょう　1900生。昭和時代の英文学者, 和紙研究家。甲南大学教授, 関西学院大学教授。1992没。
河野鷹思　こうのたかし　1906生。昭和時代, 平成時代のグラフィックデザイナー, 舞台美術家。愛知県立芸術大学教授。1999没。
ロックフェラー, ジョン・デビソン, III　1906生。アメリカの実業家。1978没。
川喜多かしこ　かわきたかしこ　1908生。昭和時代の映画文化活動家。東和映画社長, 川喜多記念映画文化財団理事長。1993没。
佐賀潜　さがせん　1909生。昭和時代の小説家, 弁護士。1970没。
青山秀夫　あおやまひでお　1910生。昭和時代, 平成時代の経済学者。京都大学教授。1992没。
西田修平　にしだしゅうへい　1910生。昭和時代, 平成時代の棒高跳び選手, 陸上競技指導者。日本陸上競技連盟理事長。1997没。
柳原義達　やなぎはらよしたつ　1910生。昭和時代, 平成時代の彫刻家。2004没。
ディアス・オルダス, グスタボ　1911生。メキシコの政治家。
宮本忍　みやもとしのぶ　1911生。昭和時代の外科学者。日本胸部外科学会会長。1987没。
布施健　ふせたけし　1912生。昭和時代の検察官。検事総長。1988没。
トルトリエ, ポール　1914生。フランスのチェロ奏者, 指揮者, 作曲家。1990没。
小沼文彦　こぬまふみひこ　1916生。昭和時代, 平成時代のロシア文学者。1998没。

斎藤茂太　さいとうしげた　1916生。昭和時代, 平成時代の精神科医, 随筆家。2006没。
升田幸三　ますだこうぞう　1918生。昭和時代の棋士。将棋9段, 実力制第4代名人。1991没。
グリュミオー, アルチュール　1922生。ベルギーのヴァイオリン奏者。1986没。
ブルック, ピーター　1925生。イギリスの演出家, 映画監督。
杉本春生　すぎもとはるお　1926生。昭和時代の詩人, 評論家。1990没。
宮城まり子　みやぎまりこ　1927生。昭和時代, 平成時代の女優, 記録映画作家。
種村季弘　たねむらすえひろ　1933生。昭和時代, 平成時代のドイツ文学者, 文芸評論家, 翻訳家。2004没。
本田靖春　ほんだやすはる　1933生。昭和時代, 平成時代のノンフィクション作家。2004没。
加藤和彦　かとうかずひこ　1947生。昭和時代, 平成時代のミュージシャン, 音楽プロデューサー。
チョー・ヨンピル　1950生。韓国の歌手。
岩城滉一　いわきこういち　1951生。昭和時代, 平成時代の俳優。
トルシエ, フィリップ　1955生。フランスのサッカー監督。
クリスチャンセン, イングリッド　1956生。ノルウェーの陸上選手。
オールドマン, ゲーリー　1958生。イギリスの俳優。
セナ, アイルトン　1960生。ブラジルのF1ドライバー。1994没。
ブロデリック, マシュー　1962生。アメリカの俳優。
江國香織　えくにかおり　1964生。昭和時代, 平成時代の小説家。
石井正則　いしいまさのり　1973生。平成時代のコメディアン, 俳優。
ロナウジーニョ　1980生。ブラジルのサッカー選手。

|登場人物|
ジョーンズ, ブリジット　『ブリジット・ジョーンズの日記』の主人公。

3月21日

3月22日

○記念日○　国連水の日
　　　　　　放送記念日

明義門院　めいぎもんいん　1217生。鎌倉時代前期の女性。順徳天皇の第2皇女。1243没。

ウルグ・ベグ　1394生。中央アジアのチムール王家のサマルカンド王(在位1447〜9)。1449没。

マクシミリアン1世　1459生。ドイツ王(在位1486〜1519)、神聖ローマ皇帝(在位1493〜1519)。1519没。

グラッツィーニ、アントン・フランチェスコ　1504生。イタリアの詩人、物語作家。1584没。

千葉邦胤　ちばくにたね　1557生。安土桃山時代の武将。1585没。

ヴァン・ダイク、アントニー　1599生。フランドルの画家。1641没。

三浦明敬　みうらあきひろ　1658生。江戸時代前期、中期の大名。1725没。

佐々木文山　ささきぶんざん　1659生。江戸時代前期、中期の書家。1735没。

フランケ、アウグスト・ヘルマン　1663生。ドイツの敬虔主義者、教育者。1727没。

プルトニ　1684生。イギリスの政治家。1764没。

猪飼敬所　いかいけいしょ　1761生。江戸時代中期、後期の儒学者。1845没。

チョッケ、ハインリヒ・ダーニエル　1771生。ドイツ系スイスの小説家、劇作家。1848没。

一条忠良　いちじょうただよし　1774生。江戸時代後期の公家。1837没。

セジウィック、アダム　1785生。イギリスの地質学者。1873没。

レレヴェル　1786生。ポーランドの歴史家、政治家。1861没。

ペルティエ、ピエール・ジョゼフ　1788生。フランスの化学者。1842没。

ウィルヘルム1世　1797生。ドイツ帝国の初代皇帝(1871〜88)、プロシア王(1861〜88)。1888没。

アルゲランダー、フリードリヒ・ヴィルヘルム・アウグスト　1799生。ドイツの天文学者。1875没。

キレーエフスキー、イワン・ワシリエヴィチ　1806生。ロシアの哲学者、ジャーナリスト。1856没。

クローフォド、トマス　1813生。アメリカの彫刻家。1857没。

ケアド、エドワード　1835生。イギリスの哲学者。1908没。

コルディコット、ランドルフ　1846生。イギリスの挿絵画家。1886没。

沢山保羅　さわやまぽうろ　1852生。明治時代の牧師、教育家。1887没。

寿万宮　すまのみや　1859生。江戸時代末期の女性。孝明天皇の第3皇女。1861没。

ミリカン、ロバート・アンドリューズ　1868生。アメリカの物理学者。1953没。

大谷繞石　おおたにじょうせき　1875生。明治時代–昭和時代の俳人。1933没。

小倉正恒　おぐらまさつね　1875生。明治時代–昭和時代の実業家、政治家。住友財閥総帥、貴族院議員。1961没。

グリム、ハンス　1875生。ドイツの国粋主義的作家。1959没。

シャトーブリヤン、アルフォンス・ド　1877生。フランスの小説家。1951没。

藍沢弥八　あいざわやはち　1880生。大正時代、昭和時代の実業家。藍沢証券社長、貴族院議員。1969没。

クーパー　1880生。アメリカのジャーナリスト。1965没。

小磯国昭　こいそくにあき　1880生。大正時代、昭和時代の陸軍軍人、政治家。朝鮮総督、首相。1950没。

コティ、ルネ　1882生。フランスの政治家、第4共和制最後の大統領。1962没。

大錦大五郎　おおにしきだいごろう　1883生。明治時代、大正時代の力士(第28代横綱)。1943没。

ヴァンデンバーグ、アーサー・H　1884生。アメリカの政治家。1951没。

吉村万治郎　よしむらまんじろう　1886生。大正時代,昭和時代の実業家。古河鉱業社長,富士電機製造社長。1969没。

小村雪岱　こむらせったい　1887生。大正時代,昭和時代の日本画家。1940没。

中山晋平　なかやましんぺい　1887生。明治時代–昭和時代の作曲家。1952没。

山岡孫吉　やまおかまごきち　1888生。大正時代,昭和時代の技術者,実業家。ヤンマーディーゼル社長。1962没。

小原英一　おはらえいいち　1889生。大正時代,昭和時代の実業家,運輸官僚。鉄道省貨物課長,南海電鉄会長。1959没。

セイフーリナ,リージヤ・ニコラエヴナ　1889生。ソ連の女流作家。1954没。

マルクス,シコ　1891生。アメリカの喜劇映画俳優。1961没。

山内義雄　やまのうちよしお　1894生。大正時代,昭和時代のフランス文学者。1973没。

赤松月船　あかまつげっせん　1897生。大正時代–平成時代の詩人,曹洞宗僧侶。洞松寺住職。1997没。

牛原虚彦　うしはらきよひこ　1897生。大正時代,昭和時代の映画監督,劇作家。1985没。

馬場敬治　ばばけいじ　1897生。昭和時代の経営学者。千葉工業大学学長。1961没。

細野三千雄　ほそのみちお　1897生。大正時代,昭和時代の労働運動家,政治家。衆議院議員(社会党)。1955没。

パヴロバ,エリアナ　1899生。昭和時代のロシア出身の舞踊家。1941没。

楢橋渡　ならはしわたる　1902生。昭和時代の政治家,弁護士。衆議院議員。1973没。

アフィノゲーノフ,アレクサンドル・ニコラエヴィチ　1904生。ソ連邦の劇作家。1941没。

山花秀雄　やまはなひでお　1904生。大正時代,昭和時代の政治家。衆院議員,社会党副委員長。1987没。

コージンツェフ,グリゴーリー・ミハイロヴィチ　1905生。ソ連の映画監督。1973没。

二上卓　みかみたく　1905生。昭和時代の軍人,国家主義者。1971没。

ブラン,ロジェ　1907生。フランスの俳優,演出家。1984没。

ゲース,アルブレヒト　1908生。西ドイツの詩人,小説家。2000没。

ロワ,ガブリエル　1909生。カナダのフランス系女性小説家。1983没。

穴沢喜美男　あなざわきみお　1911生。昭和時代の舞台照明家。1974没。

田畑茂二郎　たばたしげじろう　1911生。昭和時代,平成時代の法学者。2001没。

宮津博　みやつひろし　1911生。昭和時代,平成時代の劇作家,演出家。東童会会長。1998没。

安井謙　やすいけん　1911生。昭和時代の政治家。参院議員,自民党最高顧問。1986没。

鈴木友二　すずきともじ　1912生。昭和時代の薬学者,生化学者。1997没。

松井久吉　まついひさきち　1913生。昭和時代,平成時代の部落解放運動家。1992没。

松崎芳伸　まつざきほうしん　1913生。昭和時代,平成時代の官僚,実業家。大阪労働基準局長,日本携帯電話社長。1997没。

丸山真男　まるやまさお　1914生。昭和時代,平成時代の政治学者,政治思想史家。1996没。

佐野辰雄　さのたつお　1916生。昭和時代の医師。1992没。

辻昶　つじとおる　1916生。昭和時代,平成時代のフランス文学者。2000没。

ジェーガン　1918生。ガイアナの政治家。1997没。

小津次郎　おづじろう　1920生。昭和時代の英文学者。明星大学教授,東京大学教授。1988没。

マルソー,マルセル　1923生。フランスのパントマイム俳優。

大橋巨泉　おおはしきょせん　1934生。昭和時代,平成時代のタレント,著述業。

ベンソン,ジョージ　1943生。アメリカの歌手,ジャズギタリスト。

山根基世　やまねもとよ　1948生。昭和時代,平成時代のアナウンサー。

ロイド・ウェバー,アンドルー　1948生。イギリスの作曲家。

モディーン,マシュー　1959生。アメリカの俳優,画家。

有働由美子　うどうゆみこ　1969生。平成時代のアナウンサー。

ウィザースプーン,リーズ　1976生。アメリカの女優。

ナイトレイ,キーラ　1985生。イギリスの女優。

3月22日

3月23日

○記念日○　世界気象デー

貞純親王　さだずみしんのう　873生。平安時代前期,中期の清和天皇の皇子。916没。

中原師尚　なかはらもろひさ　1131生。平安時代後期,鎌倉時代前期の明法家。1197没。

マルグリット　1430生。イングランド王ヘンリ6世の妃。1482没。

義堯　ぎぎょう　1505生。戦国時代,安土桃山時代の醍醐寺三宝院の門跡。1564没。

覚定　かくじょう　1607生。江戸時代前期の僧。1661没。

酒井忠直　さかいただなお　1630生。江戸時代前期の大名。1682没。

ルイシュ　1638生。オランダの解剖学者。1731没。

伊藤東里　いとうとうり　1757生。江戸時代後期の儒学者。1817没。

ロストプチーン　1763生。ロシアの政治家,伯爵。1826没。

スミス,ウィリアム　1769生。イギリスの地質学者。1839没。

アミーチ,ジョヴァンニ・バッティスタ　1786生。イタリアの天文学者,光学者。1868没。

アンベール,ロラン・ジョゼフ・マリー　1797生。フランスの宣教師。1839没。

フランドラン,イポリット　1809生。フランスの画家。1864没。

古橋暉児　ふるはしてるのり　1813生。江戸時代末期,明治時代の篤農家。1892没。

ピーセムスキー,アレクセイ・フェオフィラクトヴィチ　1821生。ロシアの小説家。1881没。

有馬頼永　ありまよりとお　1822生。江戸時代後期の大名。1846没。

周布政之助　すふまさのすけ　1823生。江戸時代末期の長州(萩)藩の指導者。1864没。

古橋暉皃　ふるはしてるのり　1827生。江戸時代,明治時代の篤農家。1892没。

安達清風　あだちせいふう　1835生。江戸時代,明治時代の鳥取藩士。1884没。

ハン　1839生。オーストリアの気象学者,気候学者。1921没。

福地源一郎　ふくちげんいちろう　1841生。明治時代の新聞人,劇作家。東京日日新聞社長,衆議院議員。1906没。

日高壮之丞　ひたかそうのじょう　1848生。明治時代–昭和時代の海軍軍人。提督,大将。1932没。

柳原前光　やなぎはらさきみつ　1850生。江戸時代,明治時代の公卿,外交官。宮中顧問官,伯爵。1894没。

ミルナー,アルフレッド・ミルナー,初代子爵　1854生。イギリスの政治家。1925没。

ギディングズ　1855生。アメリカの社会学者。1931没。

阪正臣　ばんまさおみ　1855生。明治時代–昭和時代の歌人,書家。1931没。

クイッデ　1858生。ドイツの歴史家,平和主義者。1941没。

鳩山春子　はとやまはるこ　1861生。明治時代–昭和時代の女子教育者。共立女子職業学校校長。1938没。

小久保喜七　こくぼきしち　1865生。明治時代,大正時代の自由民権家,政治家。衆議院議員。1939没。

ハイマンス　1865生。ベルギーの政治家。1941没。

アギナルド,エミリオ　1869生。フィリピン革命の最高指導者。1964没。

秦佐八郎　はたさはちろう　1873生。明治時代–昭和時代の細菌学者。1938没。

マンギャン,アンリ　1874生。フランスの画家。1943没。

ズィヤ・ギョカルプ　1876生。トルコの社会学者,思想家。1924没。

タキン・コードーフマイン　1876生。ビルマの小説家,詩人,平和運動家。1964没。

シュレーカー,フランツ　1878生。ドイツの作曲家,教育者。1934没。

ペトリ,エゴン　1881生。オランダのピアノ演奏家。1962没。

マルタン・デュ・ガール,ロジェ　1881生。フランスの小説家。1958没。

ネーター, エミー　1882生。ドイツの女性数学者。1935没。

北大路魯山人　きたおおじろさんじん　1883生。明治時代–昭和時代の陶芸家, 書家, 篆刻家, 料理研究家。1959没。

徳川家正　とくがわいえまさ　1884生。大正時代, 昭和時代の外交官, 政治家。貴族院議員, 公爵。1963没。

グリス, フアン　1887生。スペインの画家。1927没。

チャペック, ヨゼフ　1887生。チェコスロヴァキアの画家・挿絵画家, 美術評論家, 作家。1945没。

吉田甲子太郎　よしだきねたろう　1894生。昭和時代の児童文学作家, 英米文学者。1957没。

福島敏行　ふくしまとしゆき　1895生。昭和時代の経営者。日本通運社長。1983没。

御手洗辰雄　みたらいたつお　1895生。大正時代, 昭和時代のジャーナリスト, 政治評論家。1975没。

ハイネマン, グスタフ　1899生。ドイツ連邦共和国の政治家, 大統領。1976没。

フロム, エーリッヒ　1900生。アメリカの社会心理学者, 精神分析学者。1980没。

橘家円蔵(7代目)　たちばなやえんぞう　1902生。大正時代, 昭和時代の落語家。1980没。

カソーナ, アレハンドロ・ロドリゲス　1903生。スペインの劇作家。1965没。

サージソン, フランク　1903生。ニュージーランドの小説家。1983没。

ブッシュ　1904生。ボリビアの軍人, 政治家, 大統領。1939没。

クローフォド, ジョーン　1906生。アメリカの女優。1977没。

ボヴェ, ダニエル　1907生。イタリアの薬理学者。1992没。

梅若万二郎(2代目)　うめわかまんざぶろう　1908生。昭和時代, 平成時代の能楽師。1991没。

小林提樹　こばやしていじゅ　1908年。昭和時代, 平成時代の小児科医師, 医学者。1993没。

黒沢明　くろさわあきら　1910生。昭和時代, 平成時代の映画監督。1998没。

古波蔵保好　こばくらやすよし　1910生。昭和時代の新聞記者, 評論家。2001没。

ローヒアー　1910生。インドの政治家。1967没。

杉森久英　すぎもりひさひで　1912生。昭和時代, 平成時代の小説家, 評論家。日本ペンクラブ副会長。1997没。

平野三郎　ひらのさぶろう　1912生。昭和時代の政治家。岐阜県知事, 衆議院議員。1994没。

フォン・ブラウン, ヴェルナー　1912生。ドイツ生まれのロケット工学者。1977没。

麻生三郎　あそうさぶろう　1913生。昭和時代, 平成時代の洋画家。2000没。

柴田睦陸　しばたむつむ　1913生。昭和時代の声楽家。東京芸術大学教授。1988没。

水戸光子　みとみつこ　1919生。昭和時代の映画女優。1981没。

川上哲治　かわかみてつはる　1920生。昭和時代, 平成時代の野球評論家, 元・プロ野球監督。

野沢節子　のざわせつこ　1920生。昭和時代, 平成時代の俳人。「蘭」主宰。1995没。

福田須磨子　ふくだすまこ　1922生。昭和時代の詩人。1974没。

中川米造　なかがわよねぞう　1926生。昭和時代, 平成時代の医事評論家。1997没。

津本陽　つもとよう　1929生。昭和時代, 平成時代の小説家。

村松剛　むらまつたけし　1929生。昭和時代, 平成時代の評論家。筑波大学教授。1994没。

戸川昌子　とがわまさこ　1931生。昭和時代, 平成時代の推理作家, シャンソン歌手。

山田智彦　やまだともひこ　1936生。昭和時代, 平成時代の小説家。2001没。

中村英子　なかむらえいこ　1951生。昭和時代の女優。1975没。

数住岸子　すずみきしこ　1952生。昭和時代, 平成時代のバイオリニスト。1997没。

バロゾ, ジョゼ・マヌエル・ドゥラン　1956生。ポルトガルの政治家。

浅田彰　あさだあきら　1957生。昭和時代, 平成時代の学者。

グティエレス, ルシオ　1957生。エクアドルの政治家, 元軍人。

多和田葉子　たわだようこ　1960生。昭和時代, 平成時代の小説家。

瀬川晶司　せがわしょうじ　1970生。平成時代の棋士。

ハント, マーク　1974生。ニュージーランドの格闘家。

本田武史　ほんだたけし　1981生。平成時代のプロスケーター。

3月23日

3月24日

○記念日○　マネキン記念日
世界結核デー

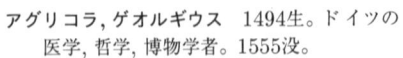

アグリコラ, ゲオルギウス　1494生。ドイツの医学, 哲学, 博物学者。1555没。

ロイテル, ミヒール・アドリアーンスゾーン・デ　1607生。オランダの海軍軍人。1676没。

独本性源　どくほんしょうげん　1618生。江戸時代前期の黄檗僧。1689没。

奥平昌章　おくだいらまさあきら　1668生。江戸時代前期, 中期の大名。1695没。

ハリソン, ジョン　1693生。イギリスの時計師。1776没。

シューバルト, クリスティアン・フリードリヒ・ダーニエル　1739生。ドイツの詩人, ジャーナリスト, 音楽家。1791没。

バーロー, ジョーエル　1754生。アメリカの詩人。1812没。

キング, ルーファス　1755生。アメリカ合衆国の上院議員, 外交官。1827没。

フウォピツキ, ユゼフ　1772生。ポーランドの軍人。1854没。

ロスミーニ-セルバーティ, アントーニオ　1797生。イタリアの哲学者, 司祭。1855没。

レンネップ, ヤーコプ・ファン　1802生。オランダの詩人, 小説家。1868没。

ホイップル, スクワイア　1804生。アメリカの土木技術者。1888没。

江馬活堂　えまかつどう　1806生。江戸時代末期, 明治時代の蘭方医, 本草学者。1891没。

江馬元益　えまげんえき　1806生。江戸時代, 明治時代の医師。大垣藩藩医。1891没。

ララ, マリアノ・ホセ・デ　1809生。スペインのジャーナリスト, 劇作家。1837没。

リュヴィル, ジョゼフ　1809生。フランスの数学者。1882没。

レーヴァルト, ファニー　1811生。ドイツの女流小説家。1889没。

ドイティンガー, マルティーン　1815生。ドイツの哲学者。1864没。

斎藤弥兵衛　さいとうやへえ　1817生。江戸時代, 明治時代の武術家。1885没。

フレリヒス　1819生。ドイツの病理学者。1885没。

クロスビー, ファニー　1820生。アメリカの女流詩人, 讃美歌作者。1915没。

マルケージ・デ・カストローネ, マティルデ　1821生。ドイツのメゾ・ソプラノ歌手, 声楽教師。1913没。

ミュルジェール, アンリ　1822生。フランスの小説家。1861没。

ハーメルリング　1830生。オーストリアの詩人。1889没。

パウエル, ジョン・ウェズレー　1834生。アメリカの民族学者, 地質学者。1902没。

モリス, ウィリアム　1834生。イギリスの詩人, 画家, 社会主義者。1896没。

シュテファン, ヨーゼフ　1835生。オーストリアの物理学者。1893没。

ルモニエ, カミーユ　1844生。ベルギーの小説家。1913没。

アイアン　1855生。南アフリカの女流作家。1920没。

シュライナー, オリーヴ(・エミリー・アルバーティナ)　1855生。南アフリカの小説家。1920没。

メロン, アンドリュー・W（ウィリアム）　1855生。アメリカの財政家。1937没。

近角常観　ちかずみじょうかん　1870生。明治時代, 大正時代の真宗大谷派僧侶。1941没。

クラパレド, エドゥアール　1873生。スイスの心理学者。1940没。

森広蔵　もりこうぞう　1873生。大正時代, 昭和時代の財界人。東京手形交換所理事長, 安田銀行副頭取。1944没。

エイナウディ, ルイジ　1874生。イタリアの政治家, 経済学者。1961没。

黒田チカ　くろだちか　1884生。大正時代, 昭和時代の化学者。お茶の水女子大学教授。1968没。

デバイ, ペーター・ジョゼフ・ウィリアム　1884生。オランダ生まれのアメリカの物理化学者。1966没。

ウェストン, エドワード　1886生。アメリカの写真家。1958没。

中村吉右衛門(初代)　なかむらきちえもん　1886生。明治時代–昭和時代の歌舞伎役者。1954没。

宮川曼魚　みやがわまんぎょ　1886生。大正時代, 昭和時代の随筆家。1957没。

赤木正雄　あかぎまさお　1887生。大正時代, 昭和時代の政治家, 森林砂防学者。貴族院議員, 参議院議員。1972没。

尾上松助(5代目)　おのえまつすけ　1887生。明治時代–昭和時代の歌舞伎役者。1937没。

ヴァヴィロフ, セルゲイ　1891生。ソ連邦の物理学者。1951没。

シスラー, ジョージ　1893生。アメリカの大リーグ選手。1973没。

挟間茂　はざましげる　1893生。大正時代, 昭和時代の官僚。内務次官, 日本出版会会長。1987没。

バーデ, ヴィルヘルム・ハインリヒ・ヴァルター　1893生。ドイツの天文学者。1960没。

茂木惣兵衛(3代目)　もぎそうべえ　1893生。大正時代, 昭和時代の実業家。1935没。

竹田儀一　たけだぎいち　1894生。昭和時代の実業家, 政治家。衆議院議員, 竹田産業社長。1973没。

藤間身加栄　とうまみかえ　1896生。昭和時代の医師, 平和運動家。日本女性同盟理事長。1968没。

ブリュッヘル, フランツ　1896生。ドイツの政治家。1959没。

マンツィーニ, ジャンナ　1896生。イタリアの女流小説家。1974没。

ライヒ, ヴィルヘルム　1897生。オーストリア, アメリカの精神分析学者。1957没。

宮田東峰　みやたとうほう　1898生。大正時代, 昭和時代のハーモニカ奏者。日本コロムビア常任顧問。1986没。

小山冨士夫　こやまふじお　1900生。昭和時代の陶磁史学者, 陶芸家。和光大学教授, 出光美術館理事。1975没。

後藤清　ごとうきよし　1902生。昭和時代の法学者。和歌山大学教授。1991没。

デューイ, トーマス・エドマンド　1902生。アメリカの政治家, 法律家。1971没。

ブーテナント, アドルフ・フリードリヒ・ヨハン　1903生。ドイツの生化学者。1995没。

水野清一　みずのせいいち　1905生。昭和時代の考古学者。京都大学教授。1971没。

渡辺白泉　わたなべはくせん　1913生。俳人。1969没。

江口榛一　えぐちしんいち　1914生。昭和時代の詩人。1979没。

諸星静次郎　もろほしせいじろう　1914生。昭和時代, 平成時代の蚕糸学者。東京農工大学教授, 日本蚕糸学会会長。2001没。

玉上琢弥　たまがみたくや　1915生。昭和時代, 平成時代の日本文学者。大阪女子大学教授, 大谷女子大学。1996没。

ケンドリュー, サー・ジョン・カウドリー　1917生。イギリスの物理化学者, 分子生物学者。1997没。

小峰元　こみねはじめ　1921生。昭和時代, 平成時代の推理小説家。1994没。

叶敏　かのうさとし　1925生。昭和時代の陶芸家, クラフト運動家。京都クラフト理事。1975没。

ダッコ, デービッド　1930生。中央アフリカの政治家。2003没。

マクウィーン, スティーヴ　1930生。アメリカの俳優。1980没。

マックィーン, スティーブ　1930生。アメリカの俳優。1980没。

神楽坂はん子　かぐらざかはんこ　1931生。昭和時代の女優。1995没。

コシュトニツァ, ボイスラフ　1944生。セルビア・モンテネグロの政治家, 憲法学者。

梶芽衣子　かじめいこ　1947生。昭和時代, 平成時代の女優。

島田紳助　しまだしんすけ　1956生。昭和時代, 平成時代のタレント。

ゼッターランド, ヨーコ　1969生。平成時代の元・バレーボール選手。

天野ひろゆき　あまのひろゆき　1970生。平成時代のコメディアン。

原田泰造　はらだたいぞう　1970生。平成時代のコメディアン, 俳優。

持田香織　もちだかおり　1978生。平成時代の歌手。

SHOGO　しょうご　1980生。平成時代のロック歌手。

綾瀬はるか　あやせはるか　1985生。平成時代の女優。

3月24日

3月25日

○記念日○　電気記念日
○忌　日○　蓮如忌

清和天皇　せいわてんのう　850生。平安時代前期の第56代の天皇。881没。
コンラディーン　1252生。ドイツ皇帝フリードリヒ2世の孫。1268没。
カタリナ(シエーナの，聖)　1347生。イタリアのドミニコ会修道女，聖女。1380没。
アンドレーエ，ヤーコプ　1528生。ドイツのルター派神学者。1590没。
松平直基　まつだいらなおもと　1604生。江戸時代前期の大名。1648没。
エヴリヤ・チェレビィ　1611生。オスマン・トルコ帝国の旅行家。1683没。
カレーニョ・デ・ミランダ，フアン　1614生。スペインの宮廷画家。1685没。
幸徳井友親　こうとくいともちか　1671生。江戸時代中期の陰陽師，暦博士。1729没。
三宅嘯山　みやけしょうざん　1718生。江戸時代中期，後期の俳人。1801没。
正親町公明　おおぎまちきんあき　1744生。江戸時代中期，後期の公家。1813没。
ミュラ，ジョアシム　1767生。フランスの軍人，ナポレオン1世の義弟。1815没。
ヴィガーノ　1769生。イタリアの舞踊家。1821没。
荒井鳴門　あらいめいもん　1775生。江戸時代後期の漢学者。1853没。
エスプロンセダ，ホセ・デ　1808生。スペインロマン主義の詩人。1842没。
リッチュル，アルブレヒト・ベンヤミン　1822生。ドイツの福音主義神学者。1889没。
シュルツェ，マックス・ヨーハン・ジギスムント　1825生。ドイツの医学者，組織学者。1874没。
ヴァーグナー，アードルフ・ハインリヒ・ゴットヒルフ　1835生。ドイツの経済学者，政治家。1917没。
雲井竜雄　くもいたつお　1844生。江戸時代，明治時代の米沢藩士。1871没。
木越安綱　きごしやすつな　1854生。明治時代の陸軍軍人，政治家。陸軍大臣男爵。1932没。

ナウマン，フリードリヒ　1860生。ドイツの政治家，ルター派の神学者。1919没。
フレックスナー，サイモン　1863生。アメリカの病理学者。1946没。
ヤヴレーンスキイ，アレクセーイ・ゲオールギエヴィチ　1864生。ロシアの画家。1941没。
呉敬恒　ごけいこう　1865生。中国の国民党の政治家，思想家。1953没。
ワイス　1865生。フランスの物理学者。1940没。
トスカニーニ，アルトゥーロ　1867生。イタリアの指揮者。1957没。
野口寧斎　のぐちねいさい　1867生。明治時代の漢詩人。1905没。
井上準之助　いのうえじゅんのすけ　1869生。大正時代，昭和時代の財政家，政治家。日本銀行総裁，大蔵大臣。1932没。
アーベルト，ヘルマン　1871生。ボヘミア出身のドイツの音楽学者。1927没。
今井慶松　いまいけいしょう　1871生。明治時代-昭和時代の箏曲家。東京音楽学校教授，日本三曲協会会長。1947没。
木下竹次　きのしたたけじ　1872生。大正時代，昭和時代の新教育運動の指導者。奈良女子高等師範学校付属小学校主事。1946没。
樋口一葉　ひぐちいちよう　1872生。明治時代の小説家，歌人。1896没。
ウェッブ，メアリー　1881生。イギリスの小説家，詩人。1927没。
バルトーク・ベーラ　1881生。ハンガリーの作曲家，民族音楽研究家。1945没。
荻野久作　おぎのきゅうさく　1882生。明治時代-昭和時代の医師。産婦人科，竹山病院院長。1975没。
藤井甚太郎　ふじいじんたろう　1883生。大正時代，昭和時代の日本史学者。法政大学教授，文部省維新史料首席編纂官。1958没。
松坂広政　まつさかひろまさ　1884生。昭和時代の司法官僚，弁護士。検事総長。1960没。
金剛巌(初代)　こんごういわお　1886生。明治時代-昭和時代の能楽師シテ方。1951没。

南雲忠一 なぐもちゅういち 1887生。大正時代，昭和時代の海軍人。中部太平洋方面艦隊長官。1944没。

小川菊松 おがわきくまつ 1888生。明治時代–昭和時代の出版人。誠文堂新光社を創設。1962没。

ゲーノ，ジャン 1890生。フランスの小説家，評論家。1978没。

清水善造 しみずぜんぞう 1891生。大正時代のテニス選手。1977没。

正木亮 まさきあきら 1892生。大正時代，昭和時代の刑事政策学者，弁護士。名古屋控訴院検事長，第二東京弁護士会会長。1971没。

コナント，ジェイムズ・ブライアント 1893生。アメリカの化学者，教育家。1978没。

当間重剛 とうまじゅうごう 1895生。昭和時代の政治家。那覇市長。1971没。

前田一 まえだはじめ 1895生。昭和時代の財界人。日経連専務理事，日本石炭鉱業連盟常任理事。1978没。

中部謙吉 なかべけんきち 1896生。大正時代，昭和時代の実業家。大洋漁業社長，大日本水産会会長。1977没。

エプスタン，ジャン 1897生。フランスの映画理論家，監督。1953没。

オーディベルチ，ジャック 1899生。フランスの劇作家，詩人，小説家。1965没。

森永太平 もりながたへい 1900生。昭和時代の実業家。森永製菓会長。1983没。

ファース 1901生。イギリスの人類学者。2002没。

田実渉 たじつわたる 1902生。昭和時代の銀行家。三菱銀行頭取，国家公安委員。1982没。

春日庄次郎 かすがしょうじろう 1903生。昭和時代の労働運動家。1976没。

佐伯勇 さえきいさむ 1903生。昭和時代の実業家。大阪商工会議所会頭，近畿日本鉄道会長。1989没。

ウェルツェル 1904生。西ドイツの刑法学者，法哲学者。1977没。

大野林火 おおのりんか 1904生。大正時代，昭和時代の俳人。俳人協会会長。1982没。

瀬川菊之丞(6代目) せがわきくのじょう 1907生。大正時代，昭和時代の歌舞伎役者。1976没。

リーン，デイヴィッド 1908生。イギリスの映画監督。1991没。

春日一幸 かすがいっこう 1910生。昭和時代の政治家。衆議院議員，民社党委員長。1989没。

ヴィラール，ジャン 1912生。フランスの俳優，演出家，演劇指導者。1971没。

梅本克己 うめもとかつみ 1912生。昭和時代の哲学者，マルクス主義思想家。1974没。

戸塚文子 とつかあやこ 1913生。昭和時代，平成時代の旅行評論家，随筆家。「旅」編集長。1997没。

大野誠夫 おおののぶお 1914生。昭和時代の歌人。1984没。

十返肇 とがえりはじめ 1914生。昭和時代の評論家，小説家。1963没。

近藤啓太郎 こんどうけいたろう 1920生。昭和時代，平成時代の作家，美術評論家。2002没。

シニョレ，シモーヌ 1921生。フランスの女優。1985没。

京マチ子 きょうまちこ 1924生。昭和時代，平成時代の女優。

倉田令二朗 くらたれいじろう 1931生。昭和時代，平成時代の数学者。九州大学助教授。2001没。

馬場伸也 ばんばのぶや 1937生。昭和時代の国際政治学者。大阪大学教授，日本カナダ学会初代会長。1989没。

志茂田景樹 しもだかげき 1940生。昭和時代，平成時代の作家，タレント。

李麗仙 りれいせん 1942生。昭和時代，平成時代の女優。

佐藤オリエ さとうおりえ 1943生。昭和時代，平成時代の女優。

ジョン，エルトン 1947生。イギリスのロック歌手。

橋本治 はしもとおさむ 1948生。昭和時代，平成時代の作家。

ジャンボ鶴田 じゃんぼつるた 1951生。昭和時代，平成時代のプロレスラー。2000没。

嘉門達大 かもんたつお 1959生。昭和時代，平成時代の歌手。

毬谷友子 まりやともこ 1960生。昭和時代，平成時代の女優。

小曽根真 おぞねまこと 1961生。昭和時代，平成時代のジャズピアニスト。

織田信成 おだのぶなり 1987生。平成時代のフィギュアスケート選手。

3月25日

3月26日

○忌　日○　犀星忌

ゲスナー, コンラート・フォン　1516生。スイスの博物学者, 医者。1565没。

尊円城間　そんえんぐすくま　1542生。安土桃山時代, 江戸時代前期の琉球・第二尚氏時代の書家, 政治家。1612没。

浅野長治　あさのながはる　1614生。江戸時代前期の大名。1675没。

橋村正身　はしむらまさのぶ　1714生。江戸時代中期の神官, 国学者。1771没。

尚穆　しょうぼく　1739生。江戸時代中期の琉球国王。1794没。

トンプソン, サー・ベンジャミン, ランフォード伯爵　1753生。ドイツ（アメリカ生まれ）の政治家, 物理学者。1814没。

泉豊洲　いずみほうしゅう　1758生。江戸時代後期の儒者。1809没。

蜂須賀寿代　はちすかすよ　1772生。江戸時代後期の女性。画家。1838没。

春日花叔　かすがかしゅく　1774生。江戸時代中期, 後期の俳人。1824没。

ボナパルト, カロリーヌ　1782生。ナポレオン1世の妹。1839没。

シュノル・フォン・カロルスフェルト, ユリウス　1794生。ドイツの画家。1872没。

日輝　にちき　1800生。江戸時代末期の日蓮宗の僧。1859没。

オーバネル, テオドール　1829生。フランスの詩人。1886没。

ブレアル, ミシェル　1832生。フランスの言語学者。1915没。

レッキー, ウィリアム・エドワード・ハートポール　1838生。アイルランドの歴史家。1903没。

スミス　1840生。イギリスのアッシリア研究家。1876没。

スナール　1847生。フランスのインド学・仏教学者。1928没。

ベラミー, エドワード　1850生。アメリカの小説家。1898没。

ブラッドリー, A.C.　1851生。イギリスの文学者, 批評家。1935没。

ブールジュ, エレミール　1852生。フランスの小説家, 詩人。1925没。

ハウスマン, A.E.　1859生。イギリスの古典学者, 詩人。1936没。

フアード1世　1868生。メフメット・アリー朝第10代君主（1917〜22, 22〜36）。1936没。

アルバレス-キンテロ, セラフィン　1871生。スペインの劇作家。1938没。

大谷登　おおたにのぼる　1874生。大正時代, 昭和時代の実業家。日本郵船社長。1955没。

フロスト, ロバート・リー　1874生。アメリカの詩人。1963没。

アブラハム　1875生。ドイツの理論物理学者。1922没。

李承晩　りしょうばん　1875生。韓国の政治家, 初代大統領。1965没。

長沼賢海　ながぬまけんかい　1883生。昭和時代, 平成時代の日本史学者。九州帝国大学教授。1980没。

バックハウス, ヴィルヘルム　1884生。ドイツ生まれのピアニスト。1969没。

ジョルソン, アル　1886生。アメリカのポピュラー歌手。1950没。

菅野序遊(5代目)　すがのじょゆう　1886生。明治時代-昭和時代の一中節演奏家。一中節菅野派家元。1961没。

ダグラス　1892生。アメリカの経済学者, 政治家。1976没。

佐々部晩穂　ささべくれお　1893生。昭和時代の実業家。名古屋商工会議所会頭, 松坂屋会長。1979没。

トリアッチ, パルミーロ　1893生。イタリア共産党の指導者。1964没。

福田正夫　ふくだまさお　1893生。大正時代, 昭和時代の詩人。1952没。

素木しづ　しらきしづ　1895生。大正時代の作家。1918没。

野村芳兵衛　のむらよしべえ　1896生。大正時代, 昭和時代の生活綴方教育運動家。岐阜大学付属小学校校長, 岐阜市立徹明小学校校長。1986没。

傅斯年　ふしねん　1896生。中国の歴史学者。1950没。

178

今東光　こんとうこう　1898生。大正時代, 昭和時代の小説家, 僧侶。天台宗権大僧正, 中尊寺貫主。1977没。

迫静二　さこせいじ　1898生。昭和時代の銀行家。安田銀行(現・富士銀行)社長。1983没。

小川正子　おがわまさこ　1902生。昭和時代の医師。1943没。

アベッツ　1903生。ドイツ(ナチス)の政治家。1958没。

木山捷平　きやましょうへい　1904生。昭和時代の小説家, 詩人。1968没。

フェルナンデス, エミリオ　1904生。メキシコの映画監督, 俳優。1986没。

クリュイタンス, アンドレ　1905生。ベルギーの指揮者。1967没。

フランクル, ヴィクトル・エーミール　1905生。オーストリアの精神分析学者。1997没。

カンポラ　1909生。アルゼンチンの政治家。1980没。

ウィリアムズ, テネシー　1911生。アメリカの劇作家。1983没。

オースティン, ジョン・ラングシャム　1911生。イギリスの哲学者。1960没。

カッツ, サー・バーナード　1911生。イギリスの生理学者。2003没。

柳本美雄　やなぎもとよしお　1912生。昭和時代の労働運動家。総評常任幹事。1963没。

ウェストモーランド, ウィリアム・C　1914生。アメリカの軍人。2005没。

公文公　くもんとおる　1914生。昭和時代, 平成時代の教育者, 塾経営社。公文教育研究会会長。1995没。

杉全直　すぎまたただし　1914生。昭和時代, 平成時代の洋画家。多摩美術大学教授, 東京芸術大学教授。1994没。

アンフィンセン, クリスチャン・ベーマー　1916生。アメリカの生化学者。1995没。

谷村裕　たにむらひろし　1916生。昭和時代, 平成時代の官僚。大蔵省主計局長, 資本市場振興財団理。1990没。

浜口隆一　はまぐちりゅういち　1916生。昭和時代, 平成時代の建築評論家。早稲田大学教授。1995没。

柴田錬三郎　しばたれんざぶろう　1917生。昭和時代の小説家。1978没。

矢崎源九郎　やざきげんくろう　1921生。昭和時代の北欧文学者, 言語学者。1967没。

コーソー, グレゴリー　1930生。アメリカのビート・ジェネレーションの詩人。2001没。

芝田進午　しばたしんご　1930生。昭和時代, 平成時代の哲学者。広島大学教授。2001没。

諸井薫　もろいかおる　1931生。昭和時代, 平成時代の作家, エッセイスト, 出版プロデューサー。2001没。

野村沙知代　のむらさちよ　1932生。昭和時代, 平成時代のタレント　。

山崎正和　やまざきまさかず　1934生。昭和時代, 平成時代の劇作家, 評論家, 演出家。

アッバス, マフムド　1935生。パレスチナの政治家。

海老原博幸　えびはらひろゆき　1940生。昭和時代のプロボクサー。ワールド・スポーツ会長。1991没。

緑魔子　みどりまこ　1944生。昭和時代, 平成時代の女優。

ロス, ダイアナ　1944生。アメリカの歌手, 女優。

いしだあゆみ　いしだあゆみ　1948生。昭和時代, 平成時代の女優。

タイラー, スティーブン　1951生。アメリカのロック歌手。

フランクル, ピーター　1953生。ハンガリー出身の数学者, 大道芸人。

飯沢耕太郎　いいざわこうたろう　1954生。昭和時代, 平成時代の写真評論家。

京極夏彦　きょうごくなつひこ　1963生。昭和時代, 平成時代の小説家, グラフィックデザイナー。

イハ, ジェームス　1968生。アメリカのロックギタリスト, ファッションデザイナー。

安野モヨコ　あんのもよこ　1971生。平成時代の漫画家。

後藤久美子　ごとうくみこ　1974生。平成時代の女優。

石塚義之　いしずかよしゆき　1975生。平成時代のコメディアン。

上原ひろみ　うえはらひろみ　1979生。平成時代のジャズピアニスト。

柳楽優弥　やぎらゆうや　1990生。平成時代の俳優。

3月26日

3月27日

○記念日○ さくらの日
○忌　日○ 赤彦忌

聖フランチェスコ（パオラの）　1416生。イタリアのフランシスコ会士, 聖人。1507没。

オードラン, クロード2世　1639生。フランスの銅版画家。1684没。

佚斎樗山　いっさいちょざん　1659生。江戸時代前期, 中期の談義本作者。1741没。

朽木稙元　くつきたねもと　1664生。江戸時代中期の大名。1721没。

ラーコーツィ・フェレンツ2世　1676生。ハンガリー独立運動指導者。1735没。

松平君山　まつだいらくんざん　1697生。江戸時代中期の漢学者。1783没。

藤江竜山　ふじえりゅうざん　1728生。江戸時代中期の播磨竜野藩士, 儒学者。1798没。

薮孤山　やぶこざん　1735(閏3月)生。江戸時代中期, 後期の儒学者。1802没。

津軽信寧　つがるのぶやす　1739生。江戸時代中期の大名。1784没。

ベル, アンドルー　1753生。イギリス, スコットランド生まれの牧師, 教育家。1838没。

ヴェストリス, オーギュスト　1760生。イタリアの舞踊家, 舞踊教師。1842没。

バーダー, フランツ・クサーヴァー・フォン　1765生。ドイツの哲学者, 神学者。1841没。

ルイ17世　1785生。フランスの名目上の王（1793〜95）。1795没。

ヴィニー, アルフレッド・ド　1797生。フランスの詩人, 小説家。1863没。

グレイヴズ, ロバート・ジェイムズ　1797生。アイルランドの医者。1853没。

オスマン, ジョルジュ・ユージェーヌ, 男爵　1809生。フランスの政治家。1891没。

ヒットルフ, ヨハン・ヴィルヘルム　1824生。ドイツの物理学者, 物理化学者。1914没。

ロッシ　1829生。イタリアの悲劇俳優。1896没。

オーチャードソン, サー・ウィリアム・クイラー　1832生。イギリスの画家。1910没。

ジェインズ（ゼンス）, リロイ・ランシング　1838生。アメリカの宣教師。1909没。

グリーリー, アドルファス　1844生。アメリカの陸軍士官, 極地探検家。1935没。

レントゲン, ヴィルヘルム・コンラート・フォン　1845生。ドイツの物理学者。1923没。

ヴァラッハ, オットー　1847生。ドイツの有機化学者。1931没。

ダンディ, ポール-マリー-テオドール・ヴァンサン　1851生。フランスの作曲家, 指揮者, 教育家。1931没。

グラッシ, ジョヴァンニ・バティスタ　1854生。イタリアの動物学者。1925没。

ユーイング, サー・ジェイムズ・アルフレッド　1855生。スコットランドの物理学者。1935没。

ピアソン, カール　1857生。イギリスの数学者。1936没。

ワイルド　1870生。イギリスの言語学者。1945没。

マン, ハインリヒ　1871生。ドイツの小説家, 評論家。1950没。

内海月杖　うつみげつじょう　1872生。明治時代, 大正時代の歌人, 国文学者。1935没。

マルケ, アルベール　1875生。フランスの画家。1947没。

スタイケン, エドワード　1879生。アメリカの写真家。1973没。

本山荻舟　もとやまてきしゅう　1881生。明治時代–昭和時代の随筆家。1958没。

ウンテル, マリエ　1883生。エストニアの女流詩人。1980没。

キーロフ, セルゲイ・ミロノヴィチ　1886生。ロシアの革命運動家, ソ連初期の共産党指導者。1934没。

ミース, ヴァン・デル・ローエ, ルートヴィヒ　1886生。ドイツの建築家。1969没。

カラオスマンオール, ヤクブ・カドゥリ　1889生。トルコの作家, 外交官。1974没。

ジラヒ・ラヨシュ　1891生。ハンガリーの小説家, 劇作家。1974没。

ヘラー　1891生。ドイツの国法学者。1933没。

3月27日

グローフェ, ファーデ　1892生。アメリカの作曲家。1972没。

マンハイム, カール　1893生。ハンガリー生まれのドイツの社会学者。1947没。

ミハイロヴィチ, ドラゴリュブ　1893生。ユーゴスラヴィアの軍人。1946没。

岡部楠男　おかべくすお　1894生。昭和時代の実業家。日本鉱業社長。1972没。

岡部金治郎　おかべきんじろう　1896生。大正時代, 昭和時代の電子工学者。1984没。

ハートリー, ダグラス・レイナー　1897生。イギリスの理論物理学者。1958没。

前田雀郎　まえだじゃくろう　1897生。大正時代, 昭和時代の川柳作家。日本川柳協会創立委員長。1960没。

スウォンソン, グロリア　1898生。アメリカの映画女優。1983没。

ポンジュ, フランシス　1899生。フランスの詩人, 評論家。1988没。

佐藤栄作　さとうえいさく　1901生。昭和時代の政治家。衆議院議員, 内閣総理大臣。1975没。

スレサー, ケネス　1901生。オーストラリアの詩人。1971没。

小林勇　こばやしいさむ　1903生。大正時代, 昭和時代の出版人, 随筆家。岩波書店会長。1981没。

小沢栄太郎　おざわえいたろう　1909生。昭和時代の俳優, 演出家。1988没。

艾青　がいせい　1910生。中国の詩人, 評論家。1996没。

ピアース, ジョン・ロビンソン　1910生。アメリカの電気技師。2002没。

堀内正和　ほりうちまさかず　1911生。昭和時代, 平成時代の彫刻家。2001没。

キャラハン, ジェイムズ　1912生。イギリスの首相。2005没。

吉田健一　よしだけんいち　1912生。昭和時代の英文学者, 文芸評論家。1977没。

植田正治　うえだしょうじ　1913生。昭和時代, 平成時代の写真家。2000没。

高橋義孝　たかはしよしたか　1913生。昭和時代, 平成時代のドイツ文学者, 文芸評論家。1995没。

ヴァンス, サイラス　1917生。アメリカの政治家。2002没。

遠藤周作　えんどうしゅうさく　1923生。昭和時代, 平成時代の小説家。1996没。

金子信雄　かねこのぶお　1923生。昭和時代, 平成時代の俳優, 料理研究家。1995没。

ヴォーン, サラ　1924生。アメリカの女性ジャズ歌手。1990没。

高峰秀子　たかみねひでこ　1924生。昭和時代, 平成時代の女優, 随筆家。

夢路いとし　ゆめじいとし　1925生。昭和時代, 平成時代の漫才師。2003没。

梶山静六　かじやませいろく　1926生。昭和時代, 平成時代の政治家。衆院議員, 内閣官房長官。2000没。

ロストロポーヴィチ, ムスティスラフ　1927生。ロシアのチェロ奏者, 指揮者, ピアニスト。2007没。

田辺聖子　たなべせいこ　1928生。昭和時代, 平成時代の小説家。

久坂葉子　くさかようこ　1931生。昭和時代の小説家, シナリオライター。1952没。

岸洋子　きしようこ　1935生。昭和時代, 平成時代の歌手。1992没。

赤瀬川原平　あかせがわげんぺい　1937生。昭和時代, 平成時代の画家, 小説家。

小林克也　こばやしかつや　1941生。昭和時代, 平成時代のディスクジョッキー, 司会業。

宮本信子　みやもとのぶこ　1945生。昭和時代, 平成時代の女優。

左時枝　ひだりときえ　1947生。昭和時代, 平成時代の女優。

高中正義　たかなかまさよし　1953生。昭和時代, 平成時代のギタリスト。

山口良一　やまぐちりょういち　1955生。昭和時代, 平成時代の俳優。

タランティーノ, クエンティン　1963生。アメリカの映画監督, 脚本家, 俳優。

小橋建太　こばしけんた　1967生。昭和時代, 平成時代のプロレスラー。

キャリー, マライア　1970生。アメリカの歌手。

青木さやか　あおきさやか　1973生。平成時代のタレント。

松本孝弘　まつもとたかひろ　ギタリスト。

3月28日

○記念日○ 三つ葉の日
○忌　日○ 鑑三忌
　　　　　宗因忌

バルトロメオ, フラ　1472生。イタリアの画家。1517没。
テレーサ・デ・ヘスス, サンタ　1515生。スペインのキリスト教神秘家, 女子カルメル会改革者, 聖女, 最初の女性教会博士。1582没。
コメンスキー, ヤン・アモス　1592生。ボヘミアの教育思想家, 教育改革者。1670没。
二山伯養　ふたやまはくよう　1623生。江戸時代前期, 中期の儒者。1709没。
シューアル, サミュエル　1652生。アメリカ植民地時代のセーレムの商人, 裁判官。1730没。
ハウブラーケン, アルノルト　1660生。オランダの画家。1719没。
庄司勝富　しょうじかつとみ　1668生。江戸時代中期の町人。1745没。
北条氏朝　ほうじょううじとも　1669生。江戸時代中期の大名。1735没。
バード2世　1674生。アメリカ植民地時代の政治家。1744没。
平秩東作(初代)　へずつとうさく　1726生。江戸時代中期の戯作者。1789没。
クルス, ラモン・デ・ラ　1731生。スペインの劇作家。1794没。
ダシコヴァ, エカテリーナ・ロマノヴナ　1744生。ロシアの公爵夫人。1810没。
ラプラス, ピエール・シモン, 侯爵　1749生。フランスの数学者。1827没。
クラークスン, トマス　1760生。イギリスの奴隷廃止論者。1846没。
璞巌衍曜　はくがんえんよう　1767生。江戸時代中期, 後期の黄檗宗の僧。1836没。
本木庄左衛門　もときしょうざえもん　1767生。江戸時代中期, 後期のオランダ通詞。1822没。
ブレンターノ, ゾフィー　1770生。ドイツの女流作家。1806没。
ペルツ　1795生。ドイツの歴史家。1876没。
バセドー　1799生。ドイツの医者。1854没。

小林良典　こばやしよしすけ　1806生。江戸時代末期の公家家臣。1859没。
エルクラーノ, アレシャンドレ　1810生。ポルトガルの小説家, 詩人, 歴史家。1877没。
デ・サンクティス, フランチェスコ　1817生。イタリアの文学史家, 評論家。1883没。
万屋兵四郎　よろずやへいしろう　1818生。江戸時代, 明治時代の書肆。1894没。
ラッセル, サー・ウィリアム・ハワード　1821生。イギリスのジャーナリスト。1907没。
ビューヒナー, ルートヴィヒ　1824生。ドイツの医師, 唯物論哲学者。1899没。
ジクヴァルト　1830生。ドイツの哲学者, 論理学者。1904没。
キューネ, ヴィルヘルム・フリードリヒ　1837生。ドイツの生理学者, 組織学者。1900没。
ローランス, ジャン-ポール　1838生。フランスの歴史画家。1921没。
メッケル, ヤコブ　1842生。ドイツの軍人。日本の陸軍大学校教育の基礎を築く。1906没。
ラールソン, カール　1853生。スウェーデンの画家。1919没。
ブリアン, アリスティド　1862生。フランスの政治家。1932没。
レヴィ　1863生。フランスの東洋学者, インド学者。1935没。
ゴーリキー, マクシム　1868生。ロシア, ソ連の小説家, 劇作家。1936没。
メンゲルベルク, ヴィレム　1871生。オランダの指揮者。1951没。
及川平治　おいかわへいじ　1875生。大正時代の教育者。1939没。
佐々木惣一　ささきそういち　1878生。明治時代-昭和時代の法学者。京都大学教授, 立命館大学学長, 元・貴院議員。1965没。
ロゾフスキー　1878生。ソ連邦の政治家。1952没。
石井柏亭　いしいはくてい　1882生。明治時代-昭和時代の洋画家, 美術評論家。1958没。

黒沢酉蔵　くろさわとりぞう　1885生。大正時代，昭和時代の酪農家。札幌市議会副議長，北海タイムス社長。1982没。

ホワイトマン，ポール　1890生。アメリカのジャズ・バンドリーダー。1967没。

西尾末広　にしおすえひろ　1891生。大正時代，昭和時代の政治家。衆議院議員。1981没。

ハイマンス，コルネイユ・ジャン・フランソワ　1892生。ベルギーの生理学者。1968没。

高田保　たかたたもつ　1895生。大正時代，昭和時代の随筆家，演出家。1952没。

里見岸雄　さとみきしお　1897生。昭和時代の国家主義者。立命館大学教授。1974没。

萩原雄祐　はぎわらゆうすけ　1897生。大正時代，昭和時代の天文学者。国際天文学連合副会長，東京大学教授。1979没。

香川綾　かがわあや　1899生。昭和時代，平成時代の栄養学者。香川栄養学園学園長，女子栄養大学学長。1997没。

寿岳文章　じゅがくぶんしょう　1900生。昭和時代，平成時代の英文学者，書誌学者，和紙研究家，随筆家。1992没。

桂三木助（3代目）　かつらみきすけ　1902生。大正時代，昭和時代の落語家。1961没。

ロブスン，フローラ　1902生。イギリスの女優。1984没。

清水宏　しみずひろし　1903生。大正時代，昭和時代の映画監督。1966没。

ゼルキン，ルドルフ　1903生。オーストリア生まれのアメリカのピアニスト。1991没。

藪内嘉一郎　やぶたかいちろう　1905生。昭和時代の出版人，古代史研究家。綜芸舎創立者。1976没。

伊藤真乗　いとうしんじょう　1906生。昭和時代の宗教家。真如苑救主，真言宗醍醐派大僧上。1989没。

加藤橘夫　かとうきつお　1907生。昭和時代の体育家。大阪体育大学学長，東京大学教授。1992没。

オルグレン，ネルソン　1909生。アメリカの作家。1981没。

イングリッド皇太后　1910生。デンマーク国王フレデリック9世王妃。2000没。

梶谷善久　かじたによしひさ　1911生。昭和時代の国際問題評論家。日朝文化交流協会理事長，ジャーナリスト懇話会会長。1990没。

扇谷正造　おうぎやしょうぞう　1913生。昭和時代の評論家，ジャーナリスト。日本青少年研究所理事長，週刊朝日編集長。1992没。

尾上松緑（2代目）　おのえしょうろく　1913生。大正時代，昭和時代の歌舞伎役者。尾上菊五郎劇団を結成。1989没。

田岡一雄　たおかかずお　1913生。昭和時代の山口組組長。1981没。

マスキー，エドマンド・S　1914生。アメリカの政治家。1996没。

浜谷浩　はまやひろし　1915生。昭和時代，平成時代の写真家。1999没。

ボガード，ダーク　1921生。イギリスの俳優。1999没。

邱永漢　きゅうえいかん　1924生。昭和時代，平成時代の作家，経済評論家，経営コンサルタント。

スモクトゥノフスキー，インノケンティ　1925生。ソ連の俳優。1994没。

別宮貞徳　べっくさだのり　1927生。昭和時代，平成時代の翻訳家。

色川武大　いろかわたけひろ　1929生。昭和時代の小説家。1989没。

バルガス・リョサ，マリオ　1936生。ペルーの作家，政治家。

北の富士勝昭　きたのふじかつあき　1942生。昭和時代，平成時代の相撲解説者，元・力士（第52代横綱）。

伊武雅刀　いぶまさとう　1949生。昭和時代，平成時代の俳優。

オリベイラ，ジョアン・カルロス・デ　1954生。ブラジルの三段跳び選手。1999没。

石田衣良　いしだいら　1960生。平成時代の小説家。

アナニアシヴィリ，ニーナ　1963生。グルジアのバレリーナ。

的場浩司　まとばこうじ　1969生。平成時代の俳優。

水野真紀　みずのまき　1970生。平成時代の女優。

神田うの　かんだうの　1975生。平成時代のタレント。

青木治親　あおきはるちか　1976生。平成時代のオートレーサー，元・オートバイライダー。

3月28日

3月29日

○記念日○ マリモの日

千葉常重　ちばつねしげ　1083生。平安時代後期の武士。1180没。

アーサー王子　1187生。ブルターニュ公。1203没。

煕永親王　よしながしんのう　1362生。南北朝時代、室町時代の後光厳天皇の第5皇子。1437没。

称光天皇　しょうこうてんのう　1401生。室町時代の第101代の天皇。1428没。

サントリオ　1561生。イタリアの医師。1636没。

東久世博子　ひがしくぜひろこ　1672生。江戸時代中期の女性。霊元天皇の宮人。1752没。

姉小路実紀　あねがこうじさねえ　1679生。江戸時代前期、中期の公家・歌人。1746没。

リッパ，マッテーオ　1682生。イタリアのカトリック宣教師。1745没。

ムゼーウス，ヨハン・カール・アウグスト　1735生。ドイツの小説家。1787没。

ボナパルト，シャルル　1746生。ナポレオン1世の父。1785没。

スルト，ニコラ・ジャン・ド・デュー　1769生。フランスの軍人。1851没。

ドン・カルロス　1788生。スペイン王フェルナンド7世の弟。1855没。

ヴェルカー　1790生。ドイツの法学者。1869没。

タイラー，ジョン　1790生。アメリカの第10代大統領（1841～45）。1862没。

ダービー，エドワード・ジェフリー・スミス・スタンリー，14代伯爵　1799生。イギリスの首相。1869没。

シュネデル　1805生。フランスの政治家，産業家。1875没。

ドレーク　1819生。アメリカの石油掘鑿者。1880没。

クニース　1821生。ドイツの経済学者。1898没。

リープクネヒト　1826生。ドイツ社会主義運動の指導者。1900没。

平野国臣　ひらのくにおみ　1828生。江戸時代末期の筑前福岡藩士，尊攘派志士。1864没。

マイヤー　1846生。ドイツ行政法の父と呼ばれる公法学者。1924没。

クロパトキン，アレクセイ・ニコラエヴィチ　1848生。ロシア軍人。1925没。

松野勇雄　まつのいさお　1852生。江戸時代，明治時代の国学者。1893没。

佐々城豊寿　ささきとよじゅ　1853生。明治時代の婦人運動家。婦人矯風会副会長。1901没。

トムソン，イライヒュー　1853生。アメリカの電気工学者，発明家。1937没。

ヤング，サイ　1867生。アメリカの大リーグ選手。1955没。

フルドリチカ，アーレシュ　1869生。アメリカの自然人類学者。1943没。

西晋一郎　にししんいちろう　1873生。明治時代－昭和時代の倫理学者。広島文理科大学教授，文学博士。1943没。

レヴィ・チヴィータ，トゥリオ　1873生。イタリアの数学者。1941没。

津田信吾　つだしんご　1881生。昭和時代の経営者。1948没。

ヴァン・スライク　1883生。アメリカの生化学者。1971没。

阿部真之助　あべしんのすけ　1884生。大正時代，昭和時代のジャーナリスト，政治評論家。明治大学教授，NHK会長。1964没。

コストラーニ・デジェー　1885生。ハンガリーの詩人，小説家。1936没。

沢崎梅子　さわざきうめこ　1886生。昭和時代の料理研究家。1977没。

沢田茂　さわだしげる　1887生。大正時代，昭和時代の陸軍軍人。陸軍中将。1980没。

リンゼー　1889生。アメリカの俳優，劇作家。1968没。

ジョーンズ，サー・ハロルド・スペンサー　1890生。イギリスの天文学者。1960没。

山田昌作　やまだしょうさく　1890生。大正時代，昭和時代の実業家。北陸電力社長。

1963没。
ゴル, イヴァン　1891生。ドイツのシュールレアリスム詩人。1950没。
志賀勝　しがまさる　1892生。昭和時代のアメリカ文学者。関西学院大学教授。1955没。
ミンゼンティ・ヨージェフ枢機卿　1892生。ハンガリーのカトリック聖職者。1975没。
三雲英之助　みくもえいのすけ　1894生。昭和時代の鉱山学者。京都大学教授。1972没。
ユンガー, エルンスト　1895生。ドイツの小説家, 評論家。1998没。
笠井彦乃　かさいひこの　1896生。明治時代, 大正時代に活躍した画家竹久夢二の恋人。1920没。
太刀光電右エ門　たちひかりでんえもん　1897生。昭和時代の力士。1952没。
冨士月子　ふじつきこ　1898生。大正時代, 昭和時代の浪曲師。1976没。
ヴォルケル, イジー　1900生。チェコスロバキアの詩人。1924没。
エルトン, チャールズ・サザーランド　1900生。イギリスの動物学者, 生態学者。1991没。
羽仁五郎　はにごろう　1901生。昭和時代の歴史学者, 政治家。世界平和評議会評議員, 参議院議員。1983没。
ウォルトン, ウィリアム　1902生。イギリスの作曲家。1983没。
エーメ, マルセル　1902生。フランスの作家。1967没。
川崎大治　かわさきだいじ　1902生。昭和時代の児童文学者。東京家政大学教授, 日本児童文学者協会長。1980没。
富沢有為男　とみさわういお　1902生。大正時代, 昭和時代の画家, 小説家。1970没。
上野次郎男　うえのじろう　1903生。昭和時代の実業家。関西経済連合会常任理事。1971没。
村井正誠　むらいまさなり　1905生。昭和時代, 平成時代の洋画家。武蔵野美術大学教授。1999没。
小山祐士　こやまゆうし　1906生。昭和時代の劇作家。1982没。
花田清輝　はなだきよてる　1909生。昭和時代の評論家, 小説家, 劇作家。「新日本文学」編集長。1974没。
加藤新平　かとうしんぺい　1912生。昭和時代, 平成時代の法哲学者。京都大学教授。

1999没。
トマス, R.S.　1913生。イギリスの詩人。2000没。
糸賀一雄　いとがかずお　1914生。昭和時代の児童福祉活動家。1968没。
マッカーシー, ユージン　1916生。アメリカの政治家, コラムニスト。2005没。
伊藤三郎　いとうさぶろう　1920生。昭和時代, 平成時代の政治家。川崎市長。1997没。
本田実信　ほんだみのぶ　1923生。昭和時代, 平成時代の東洋史学者。京都大学教授。1999没。
村島健一　むらしまけんいち　1925生。昭和時代の社会評論家。1990没。
中村正也　なかむらまさや　1926生。昭和時代, 平成時代の写真家。日本広告写真家協会会長。2001没。
小泉文夫　こいずみふみお　1927生。昭和時代の音楽学者。東京芸術大学教授。1983没。
ジュグノート, アネルード　1930生。モーリシャスの政治家。
新橋遊吉　しんばしゆうきち　1933生。昭和時代, 平成時代の小説家。
実相寺昭雄　じっそうじあきお　1937生。昭和時代, 平成時代の映画監督, 演出家, 著述業。2006没。
メージャー, ジョン　1943生。イギリスの政治家。
江口寿史　えぐちひさし　1956生。昭和時代, 平成時代の漫画家, イラストレーター。
桂三木助(4代目)　かつらみきすけ　1957生。昭和時代, 平成時代の落語家。2001没。
野沢直子　のざわなおこ　1963生。昭和時代, 平成時代のタレント。
鈴木ほのか　すずきほのか　1965生。昭和時代, 平成時代の女優, 歌手。
戸田弥生　とだやよい　1968生。昭和時代, 平成時代のバイオリニスト。
西島秀俊　にしじまひでとし　1971生。平成時代の俳優。
篠原ともえ　しのはらともえ　1979生。平成時代の歌手, タレント。
滝沢秀明　たきざわひであき　1982生。平成時代のタレント, 歌手。

3月29日

185

3月30日

○記念日○ マフィアの日

- マイモニデス, モーセス 1135生。ユダヤ人哲学者, 立法学者, 医者, ユダヤ教ラビ。1204没。
- 功子内親王 こうしないしんのう 1176生。平安時代後期の女性。高倉天皇の第1皇女。1176没。
- メフメット2世 1432生。オスマン・トルコ帝国の第7代スルタン(在位1451～81)。1481没。
- カベソン, アントニオ・デ 1510生。スペインのオルガン奏者, 作曲家。1566没。
- ウォットン, ヘンリー 1568生。イギリスの詩人, 外交官。1639没。
- 冢田大峯 つかだたいほう 1745生。江戸時代中期, 後期の儒学者。1832没。
- ゴヤ・イ・ルシエンテス, フランシスコ・ホセ・デ 1746生。スペインの画家, 版画家。1828没。
- ハーディング(ラホールの), ヘンリー・ハーディング, 初代子爵 1785生。イギリスの将軍, 政治家。1856没。
- ロサス, ホアン・マヌエル 1793生。アルゼンチンの政治家。1877没。
- ビュシェ, フィリップ 1796生。フランスの哲学者, 政治家。1865没。
- 北浦定政 きたうらさだまさ 1817生。江戸時代, 明治時代の歴史家。1871没。
- ライフアイゼン 1818生。ドイツの農業協同組合の創始者。1888没。
- シューエル, アナ 1820生。イギリスの女流作家。1878没。
- ブース, チャールズ 1840生。イギリスの海運業経営者, 統計学者, 社会改良家。1916没。
- フィスク, ジョン 1842生。アメリカの歴史家。1901没。
- ヴェルレーヌ, ポール-マリ 1844生。フランスの詩人。1896没。
- オッペンハイム 1858生。ドイツ生まれのイギリスの法学者。1919没。
- 湯浅半月 ゆあさはんげつ 1858生。明治時代-昭和時代の詩人, 聖書学者, 図書館学者。1943没。
- カイヨー, ジョゼフ 1863生。フランスの政治家。1944没。
- 町田忠治 まちだちゅうじ 1863生。明治時代-昭和時代の政治家。山口銀行総理事, 報知新聞社長。1946没。
- オッペンハイマー 1864生。ユダヤ系のドイツ社会学者。1943没。
- ルーベンス 1865生。ドイツの実験物理学者。1922没。
- 川崎九淵 かわさききゅうえん 1874生。明治時代-昭和時代の能楽囃子方(葛野流大鼓方)。1961没。
- 清水南山 しみずなんざん 1875生。明治時代-昭和時代の彫金家。東京美術学校(現東京芸術大学)教授。1948没。
- シュミット, ベルンハルト・フォルデマー 1879生。ドイツの光学機械製作者。1935没。
- 西村真次 にしむらしんじ 1879生。大正時代, 昭和時代の歴史学者, 人類学者。早稲田大学教授。1943没。
- オケイシー, ショーン 1880生。アイルランドの劇作家。1964没。
- 小坂順造 こさかじゅんぞう 1881生。明治時代-昭和時代の実業家, 政治家。信越化学工業社長。1960没。
- 久野寧 くのやす 1882生。明治時代-昭和時代の生理学者。名古屋大学教授, 京都府立医科大学教授。1977没。
- クライン, メラニー 1882生。イギリスの女流精神分析家。1960没。
- 清水藤太郎 しみずとうたろう 1886生。大正時代, 昭和時代の和漢薬研究家, 薬史学者。東邦大学教授, 清水平安堂薬局経営者。1976没。
- 富士松加賀太夫(9代目) ふじまつかがたゆう 1889生。大正時代, 昭和時代の浄瑠璃太夫。1971没。
- 野坂参三 のさかさんぞう 1892生。大正時代, 昭和時代の政治家, 社会運動家。日本共産党議長, 衆議院議員。1993没。

バナッハ, ステファン　1892生。ポーランドの数学者。1945没。

パノフスキー, エルヴィン　1892生。ドイツ生まれのアメリカの美術史学者。1968没。

世耕弘一　せこうこういち　1893生。昭和時代の政治家, 学校経営者。衆議院議員（自民党）, 近畿大学総長。1965没。

平田のぶ　ひらたのぶ　1895生。大正時代, 昭和時代の教育家, 婦人運動家。1958没。

波多野鼎　はたのかなえ　1896生。大正時代, 昭和時代の経済学者, 政治家。九州帝国大学教授, 参議院議員。1976没。

山口将吉郎　やまぐちしょうきちろう　1896生。大正時代, 昭和時代の挿絵画家。1972没。

青木茂　あおきしげる　1897生。大正時代, 昭和時代の児童文学作家。1982没。

坂東秀調(4代目)　ばんどうしゅうちょう　1901生。明治時代–昭和時代の歌舞伎役者。1985没。

梁川剛一　やながわごういち　1902生。昭和時代の彫刻家, 挿絵画家。1986没。

織田幹雄　おだみきお　1905生。昭和時代, 平成時代のスポーツ評論家, 元・三段跳び選手。1998没。

佐々木達三　ささきたつぞう　1906生。昭和時代, 平成時代の工業デザイナー。武蔵野美術大学教授。1998没。

花村仁八郎　はなむらにはちろう　1908生。昭和時代の財界人。経団連事務総長, 日本航空会長。1997没。

ゴンブリック, サー・エルンスト・ハンス・ヨーゼフ　1909生。イギリスの美術史学者。2001没。

星野芳樹　ほしのよしき　1909生。昭和時代のジャーナリスト。静岡新聞編集主幹, 参議院議員（労農党）。1992没。

松居桃楼　まついとうる　1910生。昭和時代, 平成時代の随筆家。1994没。

井本農一　いもとのういち　1913生。昭和時代, 平成時代の日本文学者, 俳人。お茶の水女子大学教授, 実践女子大学学長。1998没。

斎藤進六　さいとうしんろく　1919生。昭和時代, 平成時代の材料工学者。東京工業大学教授, 長岡技術科学大学学長。1994没。

バンディ, マクジョージ　1919生。アメリカの国際問題専門家, 大統領特別補佐官。1996没。

芥川比呂志　あくたがわひろし　1920生。昭和時代の俳優, 演出家。1981没。

幾代通　いくよとおる　1923生。昭和時代の法学者。上智大学法学部教授。1991没。

高田好胤　たかだこういん　1924生。昭和時代, 平成時代の僧侶。薬師寺管主, 法相宗管長。1998没。

長野重一　ながのしげいち　1925生。昭和時代, 平成時代の写真家。

日下実男　くさかじつお　1926生。昭和時代の科学評論家, 科学読物作家。1979没。

中条静夫　ちゅうじょうしずお　1926生。昭和時代, 平成時代の俳優。1994没。

堤清二　つつみせいじ　1927生。昭和時代, 平成時代の実業家, 作家。

川崎寿彦　かわさきとしひこ　1929生。昭和時代の英文学者。名古屋大学文学部教授。1989没。

井上浩　いのうえひろし　1932生。昭和時代の植物学者。国立科学博物館植物研究部長。1989没。

柴田道子　しばたみちこ　1934生。昭和時代の部落解放運動家, 児童文学者。1975没。

ビーティ, ウォーレン　1937生。アメリカの俳優, 映画監督・プロデューサー。

島倉千代子　しまくらちよこ　1938生。昭和時代, 平成時代の歌手。

クラプトン, エリック　1945生。イギリスのロックギタリスト, ロック歌手。

森山達也　もりやまたつや　1956生。昭和時代, 平成時代のミュージシャン。

坂東真砂子　ばんどうまさこ　1958生。昭和時代, 平成時代の作家。

カール, ダニエル　1960生。米国出身のタレント。

村上里佳子　むらかみりかこ　1966生。平成時代のタレント。

坂本冬美　さかもとふゆみ　1967生。昭和時代, 平成時代の歌手。

林原めぐみ　はやしばらめぐみ　1967生。平成時代の声優, 歌手。

ディオン, セリーヌ　1968生。カナダの歌手。

ジョーンズ, ノラ　1979生。アメリカのジャズ歌手, ジャズピアニスト。

3月30日

3月31日

○記念日○ 教育基本法・学校教育法公布記念日

ピウス4世　1499生。教皇(在位1559〜65)。1565没。

アンリ2世　1519生。フランス国王(在位1547〜59)。1559没。

デカルト，ルネ　1596生。フランスの哲学者。1650没。

リュッケルス，アンドレーアス2世　1607生。フランドルのチェンバロ・ヴァージナル製作者。1667没。

マーヴェル，アンドルー　1621生。イギリスの詩人，政治家。1678没。

ゴルドン　1635生。スコットランド兵士。1699没。

ベネディクツス14世　1675生。教皇(在位1740〜58)。1758没。

ドゥランテ，フランチェスコ　1684生。イタリアの作曲家。1755没。

フレデリク5世　1723生。デンマーク，ノルウェー王(1746〜66)。1766没。

ルカン　1729生。フランスの俳優。1778没。

ハイドン，フランツ・ヨーゼフ　1732生。オーストリアの作曲家。1809没。

カニャール・ド・ラ・トゥール，シャルル　1777生。フランスの物理学者，技術者。1859没。

ケプロン　1804生。アメリカの農政家。1885没。

フィッツジェラルド，エドワード　1809生。イギリスの詩人，翻訳家。1883没。

ブンゼン，ロベルト・ヴィルヘルム　1811生。ドイツの化学者。1899没。

ホーエンローエ　1819生。ドイツの首相。1901没。

マクラウド　1821生。イギリスの経済学者。1902没。

ミュラー　1821生。ドイツの動物学者。1897没。

クーパー，アーチボルド・スコット　1831生。イギリスの化学者。1892没。

ラ・ファージュ，ジョン　1835生。アメリカの画家。1910没。

ラング，アンドルー　1844生。スコットランドの古典学者，著述家，人類学者。1912没。

フェスカ　1846生。ドイツの農学者。1917没。

ウォルコット，チャールズ・ドゥーリトル　1850生。アメリカの古生物学者。1927没。

コックス　1870生。アメリカの政治家，新聞業者。1957没。

グリフィス，アーサー　1872生。アイルランド独立運動の指導者。1922没。

ディアギレフ，セルゲイ・パーヴロヴィチ　1872生。ロシアのバレエのプロデューサー，舞台美術家。1929没。

中村春二　なかむらはるじ　1877生。明治時代，大正時代の教育者。1924没。

明石照男　あかしてるお　1881生。大正時代，昭和時代の銀行家，財界人。帝国銀行会長，貴族院議員。1956没。

チュコフスキー，コルネイ・イワノヴィチ　1882生。ソ連の評論家，詩人。1969没。

ウェルクマイスター，ハインリヒ　1883生。ドイツのチェリスト。1936没。

クイユ，アンリ　1884生。フランスの首相(1848, 50, 51)。1970没。

河野安通志　こうのあつし　1884生。明治時代-昭和時代の野球選手，評論家。1946没。

パスキン，ジュール　1885生。ブルガリア生まれのアメリカの画家。1930没。

ブラッグ，サー・ウィリアム・ローレンス　1890生。イギリスの物理学者。1971没。

斎藤百合　さいとうゆり　1891生。大正時代，昭和時代の教育者。1947没。

伊奈信男　いなのぶお　1893生。昭和時代の写真評論家。1978没。

クラウス，クレメンス　1893生。オーストリアの指揮者。1954没。

林家正蔵(7代目)　はやしやしょうぞう　1894生。大正時代，昭和時代の落語家。1949没。

下総皖一　しもふさかんいち　1898生。昭和時代の作曲家，音楽教育家。東京芸術大学教授。1962没。

グロスター，プリンス・ヘンリー，公爵 1900生。イギリス王ジョージ五世の三男。1974没。
松井如流 まついじょりゅう 1900生。大正時代，昭和時代の歌人，書家。大東文化大学教授，日展参事。1988没。
三田幸夫 みたゆきお 1900生。大正時代，昭和時代の登山家。日本山岳会会長。1991没。
広川弘禅 ひろかわこうぜん 1902生。昭和時代の政治家。衆議院議員。1967没。
瀬川美能留 せがわみのる 1906生。昭和時代の経営者。野村証券社長。1991没。
朝永振一郎 ともながしんいちろう 1906生。昭和時代の物理学者。ノーベル物理学賞受賞。東京教育大学教授，日本学術会議会長。1979没。
難波田春夫 なにわだはるお 1906生。昭和時代の経済学者。関東学園大学長。1991没。
赤尾好夫 あかおよしお 1907生。昭和時代の出版人，放送事業家。旺文社社長，テレビ朝日社長。1985没。
細見綾子 ほそみあやこ 1907生。昭和時代，平成時代の俳人。「風」編集・発行人。1997没。
三上次男 みかみつぎお 1907生。昭和時代の東洋史学者。中近東文化センター理事長，東京大学教授。1987没。
大森智弁 おおもりちべん 1909生。昭和時代の宗教家。智弁学園園長。1967没。
ブラジャック，ロベール 1909生。フランスの小説家，評論家，詩人。1945没。
パス，オクタビオ 1914生。メキシコの詩人，批評家，元・外交官。1998没。
船山馨 ふなやまかおる 1914生。昭和時代の小説家。1981没。
横井庄一 よこいしょういち 1915生。昭和時代の軍人。1997没。
大橋正 おおはしただし 1916生。昭和時代，平成時代のグラフィックデザイナー，イラストレーター。1998没。
天中軒雲月(4代目) てんちゅうけんうんげつ 1916生。昭和時代，平成時代の浪曲師。日本浪曲協会会長。1995没。
三戸部スエ みとべすえ 1924生。昭和時代の女優。1986没。
森川哲郎 もりかわてつろう 1924生。昭和時代の作家。平沢貞通氏を救う会事務局長。1982没。

永井路子 ながいみちこ 1925生。昭和時代，平成時代の小説家。
今泉今右衛門(13代目) いまいずみいまえもん 1926生。昭和時代，平成時代の陶芸家。2001没。
ファウルズ，ジョン 1926生。イギリスの小説家。2005没。
古江綾子 ふるえあやこ 1926生。昭和時代の教育者。日本女子体育大学教授，日本女子体育連盟副理事長。1980没。
関寛治 せきひろはる 1927生。昭和時代，平成時代の国際政治学者。東京大学教授，立命館大学教授。1997没。
チャベス，シーザー 1927生。アメリカのメキシコ系労働者の指導者。1993没。
平井照敏 ひらいてるとし 1931生。昭和時代，平成時代の俳人，詩人，文芸評論家。2003没。
大島渚 おおしまなぎさ 1932生。昭和時代，平成時代の映画監督。
毒蝮三太夫 どくまむしさんだゆう 1936生。昭和時代，平成時代のタレント，俳優。
村松英子 むらまつえいこ 1938生。昭和時代，平成時代の女優，詩人，随筆家。
ウォーケン，クリストファー 1944生。アメリカの俳優。
出久根達郎 でくねたつろう 1944生。昭和時代，平成時代の作家。
ゴア，アルバート(Jr.) 1948生。アメリカの政治家，環境問題専門家。
舘ひろし たちひろし 1950生。昭和時代，平成時代の俳優，歌手。
戸川純 とがわじゅん 1961生。昭和時代の女優，歌手。
小川直也 おがわなおや 1968生。平成時代のプロレスラー，格闘家，元・柔道選手。
宮迫博之 みやさこひろゆき 1970生。平成時代の漫才師，俳優。
筒井道隆 つついみちたか 1971生。平成時代の俳優。
マクレガー，ユアン 1971生。イギリスの俳優。
上原さくら うえはらさくら 1977生。平成時代の女優。
坂本真綾 さかもとまあや 1980生。平成時代の声優，歌手。
真鍋かをり まなべかおり 1981生。平成時代のタレント。

4月
April
卯月

◎誕生石◎　ダイヤモンド

◎星　座◎　おひつじ座／おうし座

4月1日

○記念日○　エイプリルフール
　　　　　　トレーニングの日
　　　　　　児童福祉法記念日
○忌　日○　西東忌

千葉胤正　ちばたねまさ　1141生。平安時代後期，鎌倉時代前期の御家人。1203没。

親鸞　しんらん　1173生。鎌倉時代前期の僧。1263没。

ルートウィヒ4世　1287生。バイエルン公(1294～1347)，神聖ローマ皇帝(在位14～47)。1347没。

リッチョ　1470生。イタリアの彫刻家，金工家。1532没。

山科言綱　やましなときつな　1486生。戦国時代の公卿。1530没。

ザモイスキ　1541生。ポーランドの政治家。1605没。

ハーヴィー，ウィリアム　1578生。イギリスの医学者，生理学者。1657没。

ハイスマンス，コルネリス　1648生。オランダの画家。1727没。

プレヴォー，アントワーヌ・フランソワ　1697生。フランスの作家。1763没。

ゲスナー，ザーロモン　1730生。スイスの詩人，風景画家。1788没。

ポルタリス　1746生。フランスの法律家，政治家。1807没。

メーストル，ジョゼフ・ド　1754生。フランスの政治家，哲学者。1821没。

雲華　うんげ　1773生。江戸時代後期の真宗の僧。1850没。

ブリヤ-サヴァラン，ジャン-アンテルム　1775生。フランスの司法官，文人。1826没。

グリム，ヤーコプ・ルートヴィヒ・カール　1785生。ドイツの言語学者。1863没。

ゴーゴリ，ニコライ・ワシリエヴィチ　1809生。ロシアの小説家，劇作家。1852没。

村上忠順　むらかみただまさ　1812生。江戸時代，明治時代の国学者，歌人。1884没。

ビスマルク，オットー・エドゥアルト・レオポルト，公爵　1815生。プロシア，ドイツの政治家。1898没。

フィスク　1834生。アメリカの金融業者，投機業者。1872没。

イサアクス，ホルヘ　1837生。コロンビアの詩人，小説家。1895没。

長谷純孝　はせばすみたか　1854生。明治時代の政治家。衆議院議長，文部大臣。1914没。

ロックヒル　1854生。アメリカの東洋学者，外交官。1914没。

モスカ　1858生。イタリアの政治学者。1941没。

川面凡児　かわづらぼんじ　1862生。明治時代-昭和時代の神道家。1929没。

シャーリエ　1862生。スウェーデンの天文学者。1934没。

中西梅花　なかにしばいか　1866生。明治時代の詩人，小説家。1898没。

ブゾーニ，フェッルッチョ・ベンヴェヌート　1866生。イタリアの作曲家，ピアニスト。1924没。

関根金次郎　せきねきんじろう　1868生。明治時代-昭和時代の将棋棋士。1946没。

ロスタン，エドモン　1868生。フランスの劇作家，詩人。1918没。

浜口雄幸　はまぐちおさち　1870生。大正時代，昭和時代の財政家，政治家。総理大臣，大蔵大臣。1931没。

コロンタイ，アレクサンドラ・ミハイロヴナ　1872生。ソ連の婦人革命家，外交官。1952没。

マルトンヌ　1873生。フランスの地理学者。1955没。

ラフマニノフ，セルゲイ・ヴァシリエヴィチ　1873生。ロシアの作曲家，ピアニスト，指揮者。1943没。

チボーデ，アルベール　1874生。フランスの文芸評論家。1936没。

シュテルンハイム，カール　1878生。ドイツの劇作家。1942没。

ゴガ，オクタヴィアン　1881生。ルーマニアの詩人，政治家。1938没。

ブルームフィールド，レナード　1887生。アメリカの言語学者。1949没。

丹羽保次郎　にわやすじろう　1893生。大正時代，昭和時代の電気工学者。東京電機大学学長，日本電気専務。1975没。

能勢朝次　のせあさじ　1894生。大正時代，昭和時代の国文学者，能楽研究家。東京教育大学教授，奈良学芸大学学長。1955没。

友松円諦　ともまつえんたい　1895生。昭和時代の宗教家，仏教学者。全日本仏教会初代事務総長，神田寺主管。1973没。

我妻栄　わがつまさかえ　1897生。大正時代，昭和時代の民法学者。東京大学教授。1973没。

岩田義道　いわたよしみち　1898生。昭和時代の社会運動家。1932没。

宋美齢　そうびれい　1901生。蒋介石国府総統夫人。2003没。

市川寿美蔵（7代目）　いちかわすみぞう　1902生。大正時代，昭和時代の歌舞伎役者。1985没。

福田一　ふくだはじめ　1902生。昭和時代の政治家。衆議院議長。1997没。

村山リウ　むらやまりう　1903生。昭和時代，平成時代の評論家。1994没。

竹中郁　たけなかいく　1904生。大正時代，昭和時代の詩人。1982没。

永田広志　ながたひろし　1904生。昭和時代の哲学者，唯物論者。1947没。

磯部浅一　いそべあさいち　1905生。昭和時代の陸軍軍人。1等主計，中尉。1937没。

ムーニエ，エマニュエル　1905生。フランスの人格主義哲学者。1950没。

小松芳喬　こまつよしたか　1906生。昭和時代，平成時代の経済史学者。早稲田大学教授。2000没。

犬養孝　いぬかいたかし　1907生。昭和時代，平成時代の日本文学者。大阪大学教授，甲南女子大学教授。1998没。

亀井文夫　かめいふみお　1908生。昭和時代の映画監督，記録映画作家。日本ドキュメントフィルム社代表。1987没。

マズロウ，エイブラハム・ハロルド　1908生。アメリカの心理学者。1970没。

檜山義夫　ひやまよしお　1909生。昭和時代の水産学者。東京大学教授，日本水産学会会長。1988没。

安井琢磨　やすいたくま　1909生。昭和時代，平成時代の経済学者。大阪大学教授。1995没。

三船敏郎　みふねとしろう　1920生。昭和時代，平成時代の映画俳優。三船プロダクション社長。1997没。

土田国保　つちだくにやす　1922生。昭和時代の官僚。警視総監，防衛大学校長。1999没。

マイヨール，ジャック　1927生。フランスのダイバー。2001没。

古在由秀　こざいよしひで　1928生。昭和時代，平成時代の天文学者。

クンデラ，ミラン　1929生。フランスの詩人，小説家，劇作家。

絓秀実　すがひでみ　1949生。昭和時代，平成時代の文芸評論家。

堀ひろ子　ほりひろこ　1949生。昭和時代のオートレーサー，リポーター。日本の女性レーサー第1号。1985没。

林真理子　はやしまりこ　1954生。昭和時代，平成時代の作家。

川上弘美　かわかみひろみ　1958生。昭和時代，平成時代の小説家。

高橋克実　たかはしかつみ　1961生。昭和時代，平成時代の俳優。

羽場裕一　はばゆういち　1961生。昭和時代，平成時代の俳優。

鷲尾いさ子　わしおいさこ　1967生。昭和時代，平成時代の女優。

桑田真澄　くわたますみ　1968生。平成時代の大リーグ選手，元・プロ野球選手。

中野信治　なかのしんじ　1971生。平成時代のレーシングドライバー。

八木沼純子　やぎぬまじゅんこ　1973生。平成時代のプロスケーター，スポーツキャスター。

竹内結子　たけうちゆうこ　1980生。平成時代の女優。

登場人物

キン肉マン　きんにくまん　1960生。『キン肉マン』の主人公。

桜木花道　さくらぎはなみち　『スラムダンク』の主人公。

パタリロ・ド・マリネール8世　『パタリロ!』の主人公。

4月1日

4月2日

○記念日○ 歯列矯正の日
　　　　　週刊誌の日
○忌　日○ 光太郎忌
　　　　　行基菩薩忌（4.2～4.3）

カルル1世　742生。フランク王（在位768～814），神聖ローマ皇帝（在位800～814）。814没。

尊快入道親王　そんかいにゅうどうしんのう　1204生。鎌倉時代前期の後高倉天皇の第7皇子。1246没。

策彦周良　さくげんしゅうりょう　1501生。戦国時代，安土桃山時代の臨済宗の僧。1579没。

マリアナ，フアン・デ　1536生。スペインの歴史家，神学者。1624没。

グリマルディ，フランチェスコ・マリーア　1618生。イタリアの数学者。1663没。

スマイバート，ジョン　1688生。アメリカの初期の肖像画家。1751没。

グライム，ヨハン・ヴィルヘルム・ルートヴィヒ　1719生。ドイツの詩人。1803没。

カサノーヴァ，ジョヴァンニ・ジャーコモ　1725生。流浪と漁色の旅に生きたイタリア人。1798没。

栄恕女王　えいじょじょおう　1749生。江戸時代中期の女性。有栖川宮職仁親王の第3王女。1776没。

ガルッピ，パスクァーレ　1770生。イタリアの哲学者。1846没。

ペシオン　1770生。ハイチ独立運動の指導者，初代大統領。1818没。

一心　いっしん　1771生。江戸時代後期の木曽御岳の行者。1821没。

藤堂高兌　とうどうたかさわ　1781生。江戸時代後期の大名。1825没。

サンタンデル，フランシスコ・デ・パウラ　1792生。コロンビアの政治家，南米独立運動の指導者。1840没。

ホフマン・フォン・ファラースレーベン，アウグスト・ハインリヒ　1798生。ドイツの詩人，文学者。1874没。

アナセン，ハンス・クリスチャン　1805生。デンマークの作家。1875没。

黒田増熊　くろだますくま　1807生。江戸時代，明治時代の福岡藩士，福岡藩大参事上席。1889没。

ケンブル　1807生。イギリスの言語学者，歴史家。1857没。

ニール　1810生。イギリスのキリスト教社会主義者，協同組合運動の指導者。1892没。

森春涛　もりしゅんとう　1819生。江戸時代，明治時代の漢詩人。1889没。

武谷祐之　たけやゆうし　1820生。江戸時代，明治時代の蘭方医。1894没。

ゲオルク2世　1826生。ザクセン＝マイニンゲン公。1914没。

ハント，ホルマン　1827生。イギリスの画家。1910没。

鞍懸寅二郎　くらかけとらじろう　1834生。江戸時代末期，明治時代の播磨赤穂藩足軽。1871没。

鞍懸吉寅　くらかけよしとら　1834生。江戸時代，明治時代の赤穂藩士。1871没。

バルトルディ，フレデリック-オーギュスト　1834生。フランスの彫刻家。1904没。

ゾラ，エミール　1840生。フランスの小説家。1902没。

岡内重俊　おかうちしげとし　1842生。明治時代の官僚。高等法院陪席判事。1915没。

ロイーブ　1844生。ドイツの生理化学者。1941没。

村上専精　むらかみせんしょう　1851生。明治時代，大正時代の仏教史学者。大谷大学学長。1929没。

バトラー，ニコラス　1862生。アメリカの教育家。1947没。

岡村金太郎　おかむらきんたろう　1867生。明治時代-昭和時代の海藻学者，水産学者。水産講習所教授。1935没。

ドゥンクマン　1868生。ドイツの社会学者。1932没。

クライスラー，ウォルター　1875生。アメリカの自動車技術者。1940没。

岩本栄之助　いわもとえいのすけ　1877生。明治時代, 大正時代の株式相場師。仲買人組合委員長。1916没。

カザミアン, ルイ　1877生。フランスの文学者。1965没。

シェリング, アルノルト　1877生。ドイツの音楽家, 音楽美学者。1941没。

山本森之助　やまもともりのすけ　1877生。明治時代–昭和時代の洋画家。1928没。

西山翠嶂　にしやますいしょう　1879生。明治時代–昭和時代の日本画家。1958没。

熊谷守一　くまがいもりかず　1880生。明治時代–昭和時代の洋画家。1977没。

モイッシ　1880生。オーストリアの俳優。1935没。

ディルクセン　1882生。ドイツの外交官。1955没。

スクワイア, J.C.　1884生。イギリスの詩人, 批評家, 編集者。1958没。

安成貞雄　やすなりさだお　1885生。明治時代, 大正時代の評論家, 新聞記者。1924没。

エルンスト, マックス　1891生。フランスの画家。1976没。

新関八洲太郎　にいぜきやすたろう　1897生。大正時代, 昭和時代の実業家。1978没。

菅沢重彦　すがさわしげひこ　1898生。昭和時代の薬学者。東京大学教授。1991没。

ベッセラー, ハインリヒ　1900生。ドイツの音楽学者。1969没。

結城令聞　ゆうきれいもん　1902生。昭和時代の仏教学者。東京大学教授。1992没。

羽仁説子　はにせつこ　1903生。昭和時代の教育評論家, 社会運動家。日本子どもを守る会会長, 婦人之友社取締役。1987没。

リファール, セルジュ　1905生。ロシア生まれのフランスの舞踊家。1986没。

高橋くら子　たかはしくらこ　1907生。昭和時代の社会運動家。1938没。

猪野謙二　いのけんじ　1913生。昭和時代, 平成時代の日本文学研究者, 文芸評論家。神戸大学教授, 学習院大学教授。1997没。

ギネス, アレック　1914生。イギリスの俳優。2000没。

飛鳥田一雄　あすかたいちお　1915生。昭和時代の政治家, 弁護士。社会党委員長, 横浜市長。1990没。

安倍治夫　あべはるお　1920生。昭和時代, 平成時代の弁護士。1999没。

タイナン, ケネス　1927生。イギリスの劇評家。1980没。

プスカシュ・フェレンツ　1927生。ハンガリーのサッカー選手。2006没。

ゲンズブール, セルジュ　1928生。フランスの作曲家, 作詞家, 歌手, 俳優, 映画監督, 作家。1991没。

清水広一郎　しみずこういちろう　1935生。昭和時代の西洋史学者。一橋大学教授。1988没。

谷克彦　たにかつひこ　1937生。昭和時代の自然塩運動家。1985没。

ゲイ, マービン　1939生。アメリカのソウル歌手。1984没。

富田隆　とみたたかし　1949生。昭和時代, 平成時代の心理学者。

浅茅陽子　あさじようこ　1951生。昭和時代, 平成時代の女優。

忌野清志郎　いまわのきよしろう　1951生。昭和時代, 平成時代のロック歌手。

岡本綾子　おかもとあやこ　1951生。昭和時代, 平成時代のプロゴルファー。

松沢成文　まつざわしふみ　1958生。昭和時代, 平成時代の政治家。神奈川県知事。元・衆院議員(民主党)。

森絵都　もりえと　1968生。昭和時代, 平成時代の作家。

堀幸一　ほりこういち　1969生。平成時代のプロ野球選手。

ZEEBRA　じぶら　1971生。平成時代のミュージシャン。

竹山隆範　たけやまたかのり　1971生。平成時代のコメディアン。

高橋尚成　たかはしひさのり　1975生。平成時代のプロ野球選手。

【登場人物】

ガチャピン　『ひらけ!ポンキッキ』のキャラクター。

ムック　『ひらけ!ポンキッキ』のキャラクター。

4月2日

4月3日

○記念日○ いんげん豆の日
　　　　　　シーサーの日
○忌　日○ 隠元忌

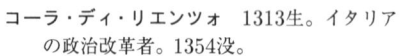

コーラ・ディ・リエンツォ　1313生。イタリアの政治改革者。1354没。
ヘンリー4世　1366生。ランカスター家出身の初のイングランド王（在位1399～1413）。1413没。
スフォルツァ, ルドヴィーコ　1451生。ミラノ公。1508没。
ハーバート, ジョージ　1593生。イギリスの詩人、聖職者。1633没。
亀姫　かめひめ　1617生。江戸時代前期の女性。徳川家康の長女。1681没。
平胤満　たいらたねまろ　1691生。江戸時代中期の国学者。1764没。
アバネシー, ジョン　1764生。イギリスの外科学者、解剖学者。1831没。
木村黙老　きむらもくろう　1774生。江戸時代後期の讃岐高松藩家老。1856没。
ブレトノー, ピエール・フィデール　1778生。フランスの伝染病学者。1862没。
小森桃塢　こもりとうう　1782生。江戸時代後期の蘭方医。1843没。
アーヴィング, ワシントン　1783生。アメリカの作家。1859没。
ウィルクス, チャールズ　1794生。アメリカ海軍士官。1877没。
カーペンター, メアリ　1807生。イギリスの女性社会事業家。1877没。
土井利忠　どいとしただ　1811生。江戸時代末期の大名。1869没。
島田虎之助　しまだとらのすけ　1814生。江戸時代末期の武士、剣術家。1852没。
ウィムズハースト　1832生。イギリスの電気工学者。1903没。
ガンベッタ, レオン・ミシェル　1838生。フランスの首相（1881～2）。1882没。
フォーゲル, ヘルマン・カール　1841生。ドイツの天体物理学開拓者の一人。1907没。
村山龍平　むらやまりょうへい　1850生。明治時代-昭和時代の新聞人。1933没。

鳩山和夫　はとやまかずお　1856生。明治時代の政治家、弁護士。外務大臣、法学博士。1911没。
サマン, アルベール　1858生。フランス象徴派の詩人。1900没。
エーデン, フレデリック・ファン　1860生。オランダの詩人、小説家、随筆家、劇作家、医師。1932没。
ヴァン・ド・ヴェルド, アンリ・クレマン　1863生。ベルギーの画家、建築家、デザイナー。1957没。
ヘルツォーク, ジェイムズ・バリー・マニク　1866生。南アフリカの政治家、1924年首相に就任。1942没。
平出修　ひらいでしゅう　1878生。明治時代、大正時代の歌人、小説家、弁護士。1914没。
長塚節　ながつかたかし　1879生。明治時代の歌人。1915没。
ヴァイニンガー, オットー　1880生。オーストリアの哲学者。1903没。
児島虎次郎　こじまとらじろう　1881生。明治時代、大正時代の洋画家。1929没。
デ・ガスペリ, アルシーデ　1881生。イタリアの首相。1954没。
コルフ　1882生。ドイツの文学史家。1963没。
北一輝　きたいっき　1883生。大正時代、昭和時代の社会活動家、著述家。1937没。
安藤利吉　あんどうりきち　1884生。明治時代-昭和時代の陸軍軍人。大将。1946没。
吉植庄亮　よしうえしょうりょう　1884生。大正時代、昭和時代の歌人、政治家。1958没。
タタールキエヴィチ　1886生。ポーランドの哲学者、哲学史家。1980没。
樋貝詮三　ひがいせんぞう　1890生。昭和時代の政治家。衆議院議員。1953没。
ハワード, レズリー　1893生。イギリスの俳優。1943没。
カステルヌオーヴォ-テデスコ, マリオ　1895生。アメリカのイタリア人作曲家。1968没。

4月3日

ゲルドロード, ミシェル・ド　1898生。ベルギーの劇作家, 小説家。1962没。

山川秀峰　やまかわしゅうほう　1898生。大正時代, 昭和時代の日本画家。1944没。

ルース, ヘンリー　1898生。アメリカのジャーナリスト, 出版業者。1967没。

関根正二　せきねしょうじ　1899生。大正時代の洋画家。1919没。

シャムウーン　1900生。レバノンの政治家, 大統領。1987没。

アキーモフ　1901生。ソ連の舞台装置家, 演出家。1968没。

砂原格　すなはらかく　1902生。昭和時代の実業家, 政治家。衆議院議員(自民党)。1972没。

フーヘル, ペーター　1903生。ドイツの詩人, ジャーナリスト。1981没。

井本台吉　いもとだいきち　1905生。昭和時代, 平成時代の弁護士, 検察官。検事総長。1995没。

クラウス, リリ　1905生。ハンガリー, のちイギリスのピアニスト。1986没。

飯塚浩二　いいづかこうじ　1906生。昭和時代の地理学者。1970没。

円城寺次郎　えんじょうじじろう　1907生。昭和時代の新聞経営者。日本経済新聞社長。1994没。

下田武三　しもだたけぞう　1907生。昭和時代の外交官。最高裁判所判事, 駐米大使。1995没。

杉浦茂　すぎうらしげる　1908生。昭和時代, 平成時代の漫画家。2000没。

金田一春彦　きんだいちはるひこ　1913生。昭和時代, 平成時代の国語学者, 邦楽研究家。2004没。

ナギービン, ユーリー・マルコヴィチ　1920生。ソ連の小説家。1994没。

吉葉山潤之輔　よしばやまじゅんのすけ　1920生。昭和時代の力士(第43代横綱)。1977没。

町春草　まちしゅんそう　1922生。昭和時代, 平成時代の書家, 俳人。なにはづ書芸社主宰。1995没。

ブランド, マーロン　1924生。アメリカの映画俳優。2004没。

若林真　わかばやししん　1929生。昭和時代, 平成時代のフランス文学者。慶応義塾大学教授。2000没。

コール, ヘルムート　1930生。ドイツの政治家。

有馬稲子　ありまいねこ　1932生。昭和時代, 平成時代の女優。

橘家円蔵(8代目)　たちばなやえんぞう　1934生。昭和時代, 平成時代の落語家。

芳村真理　よしむらまり　1935生。昭和時代, 平成時代の司会者。

高柳先男　たかやなぎさきお　1937生。昭和時代, 平成時代の国際政治学者。中央大学教授。1999没。

鴨武彦　かもたけひこ　1942生。昭和時代, 平成時代の国際政治学者。東京大学大学院法学政治学研究科教授。1996没。

大谷直子　おおたになおこ　1950生。昭和時代, 平成時代の女優。

森田正光　もりたまさみつ　1950生。昭和時代, 平成時代の気象解説者, ウエザーキャスター。

岩本恭生　いわもときょうせい　1952生。昭和時代, 平成時代のタレント。

中島らも　なかじまらも　1952生。昭和時代, 平成時代の作家, コピーライター。2004没。

仁科亜季子　にしなあきこ　1953生。昭和時代, 平成時代の女優。

間垣勝晴　まがきかつはる　1953生。昭和時代の元・力士(第56代横綱)。

マーフィ, エディー　1961生。アメリカのコメディアン, 俳優。

千住真理子　せんじゅまりこ　1962生。昭和時代, 平成時代のバイオリニスト。

冨永みーな　とみながみーな　1966生。昭和時代, 平成時代の声優。

金本知憲　かねもとともあき　1968生。平成時代のプロ野球選手。

田辺誠一　たなべせいいち　1969生。平成時代の俳優。

黒沢薫　くろさわかおる　1971生。平成時代の歌手(ゴスペラーズ)。

大泉洋　おおいずみよう　1973生。平成時代のタレント, 俳優。

上原浩治　うえはらこうじ　1975生。平成時代のプロ野球選手。

高橋由伸　たかはしよしのぶ　1975生。平成時代のプロ野球選手。

仲根かすみ　なかねかすみ　1982生。平成時代のタレント。

4月4日

○記念日○ あんぱんの日
　　　　　ピアノ調律の日
　　　　　獅子の日
○忌　日○ 牡丹花忌
　　　　　肖柏忌

カラカラ，マールクス・アウレーリウス・セウェールス・アントーニーヌス　186生。ローマ皇帝(在位198〜217)。217没。

八条院　はちじょういん　1137生。平安時代後期，鎌倉時代前期の女性。鳥羽天皇の第3皇女。1211没。

ゲオールギオス・トラペズーンティオス　1395生。ギリシアの学者。1486没。

エルコレ2世　1508生。フェララ公。1559没。

道増　どうぞう　1508生。戦国時代の僧。1571没。

邦房親王　くにのぶしんのう　1566生。安土桃山時代，江戸時代前期の伏見宮貞康親王の第1王子。1621没。

諏訪忠恒　すわただつね　1595生。江戸時代前期の大名。1657没。

池田光政　いけだみつまさ　1609生。江戸時代前期の大名。1682没。

ガラン，アントワーヌ　1646生。フランスの東洋学者。1715没。

ギボンズ，グリンリング　1648生。イギリスの彫刻家。1721没。

鬼貫　おにつら　1661生。江戸時代中期の俳人。1738没。

プリュドン，ピエール・ポール　1758生。フランスの画家。1823没。

ホップナー，ジョン　1758生。イギリスの肖像画家。1810没。

ハウゲ，ハーンス・ニルセン　1771生。ノルウェーの説教者，敬虔派の創始者。1824没。

アルニム，ベッティーナ・フォン　1785生。ドイツの女流作家。1859没。

江馬細香　えまさいこう　1787生。江戸時代末期の女性。漢詩人，南画家。1861没。

ケーレシ・チョマ・シャーンドル　1798生。ハンガリーの旅行家，言語学者，チベット学者。1842没。

ディクス，ドロシ・リンド　1802生。アメリカの女流慈善家，社会改革者。1887没。

田結荘千里　たゆいのしょうちさと　1815生。江戸時代，明治時代の砲術家。1896没。

リード，メイン，大尉　1818生。北アイルランド出身のイギリスの小説家。1883没。

マリア2世　1819生。ポルトガル女王(在位1826〜53)。1853没。

中川久昭　なかがわひさあき　1820生。江戸時代末期，明治時代の大名。1889没。

シーメンズ，チャールズ・ウィリアム　1823生。ドイツ生まれのイギリス人。1883没。

グラム，ゼノブ・テオフィル　1826生。ベルギーの電気学者。1901没。

佐藤尚中　さとうしょうちゅう　1827生。江戸時代，明治時代の医師。1882没。

オリファント，マーガレット　1828生。スコットランドの女流作家。1897没。

赤松小三郎　あかまつこさぶろう　1831生。江戸時代末期の洋学者，兵法家。1867没。

ジャクソン，ジョン・ヒューリングズ　1835生。イギリスの神経病学者。1911没。

バウディッチ，ヘンリー　1840生。アメリカの生理学者。1911没。

リヒター，ハンス　1843生。ドイツの指揮者。1916没。

ピクテー，ラウール・ピエール　1846生。スイスの物理学者。1929没。

ロートレアモン，伯爵　1846生。フランスの詩人。1870没。

則子女王　のりこじょおう　1850生。江戸時代，明治時代の女性。和歌山藩主徳川茂承の妻。1874没。

桜井ちか子　さくらいちかこ　1855生。明治時代，大正時代の教育者。1928没。

グールモン，レミ・ド　1858生。フランスの評論家，小説家。1915没。

岡野喜太郎　おかのきたろう　1864生。明治時代−昭和時代の銀行家。1965没。

横川省三　よこがわしょうぞう　1865生。明治時代の志士。1904没。

ベイカー, ジョージ・ピアス　1866生。アメリカの演劇学者。1935没。

一木喜徳郎　いちききとくろう　1867生。明治時代-昭和時代の法学者, 政治家。東京帝国大学教授, 枢密院議長。1944没。

松瀬青々　まつせせいせい　1869生。明治時代-昭和時代の俳人。1937没。

鳥居竜蔵　とりいりゅうぞう　1870生。明治時代-昭和時代の人類学者, 考古学者。1953没。

安川雄之助　やすかわゆうのすけ　1870生。大正時代, 昭和時代の実業家。東洋拓殖会社総裁。1944没。

ヴェーネルト　1871生。ドイツの実験物理学者。1944没。

バタイユ, アンリ　1872生。フランスの詩人, 劇作家。1922没。

フォール, エリ　1873生。フランスの美術史家, 批評家。1937没。

モントゥー, ピエール　1875生。フランス生まれのアメリカの指揮者。1964没。

ヴラマンク, モーリス・ド　1876生。フランスの画家。1958没。

古今亭志ん生(4代目)　ここんていしんしょう　1877生。明治時代, 大正時代の落語家。1926没。

山本五十六　やまもといそろく　1884生。大正時代, 昭和時代の海軍軍人。大将。1943没。

中里介山　なかざとかいざん　1885生。明治時代-昭和時代の小説家。1944没。

本居長世　もとおりながよ　1885生。大正時代, 昭和時代の作曲家。1945没。

服部嘉香　はっとりよしか　1886生。明治時代-昭和時代の詩人, 国語学者。1975没。

永井幸太郎　ながいこうたろう　1887生。昭和時代の実業家。日商社長, 貿易庁長官。1983没。

哥沢芝金(4代目)　うたざわしばきん　1892生。明治時代-昭和時代のうた沢節演奏家。1981没。

セーデルグラーン, エディス　1892生。フィンランドの女流詩人。1923没。

小泉苳三　こいずみとうぞう　1894生。大正時代, 昭和時代の歌人, 国文学者。1956没。

滝井孝作　たきいこうさく　1894生。大正時代, 昭和時代の小説家, 俳人。1984没。

シャーウッド, ロバート　1896生。アメリカの劇作家。1955没。

フレネー, ピエール　1897生。フランスの俳優。1975没。

レルシュ　1898生。ドイツの心理学者, 哲学者。1972没。

市村清　いちむらきよし　1900生。昭和時代の実業家。理研光学工業社長。1968没。

佐佐木隆　ささきたかし　1909生。昭和時代の新劇演出家。1967没。

チューダー, アントニー　1909生。イギリスの舞踊家, 振付師。1987没。

デュラス, マルグリット　1914生。フランスの女流小説家。1996没。

丸山儀四郎　まるやまぎしろう　1916生。昭和時代の数学者。東京電機大学教授。1986没。

三木一平　みきいっぺい　1917生。昭和時代の部落解放運動家。1981没。

ロメール, エリック　1920生。フランスの映画監督, 映画批評家。

マンデル　1923生。ベルギーの経済学者。1995没。

小泉文夫　こいずみふみお　1927生。昭和時代の民族音楽学者。1983没。

宮本陽吉　みやもとようきち　1927生。昭和時代, 平成時代のアメリカ文学者。1996没。

若城希伊子　わかしろきいこ　1927生。昭和時代, 平成時代の脚本家, 小説家。1998没。

後藤明生　ごとうめいせい　1932生。昭和時代, 平成時代の小説家。近畿大学教授。1999没。

タルコフスキー, アンドレイ・アルセニエヴィチ　1932生。ソ連の映画監督。1986没。

及川正通　おいかわまさみち　1939生。昭和時代, 平成時代のイラストレーター。

あき竹城　あきたけじょう　1947生。昭和時代, 平成時代の女優。

フン・セン　1951生。カンボジアの政治家。

松田弘　まつだひろし　1956生。昭和時代, 平成時代のドラム奏者。

桑野信義　くわののぶよし　1957生。昭和時代, 平成時代のタレント, トランペット奏者。

照英　しょうえい　1974生。平成時代の俳優, モデル。

4月4日

4月5日

○記念日○　ヘアカットの日
　　　　　　横町の日
○忌　日○　達治忌

証如　しょうにょ　781生。平安時代前期の僧。867没。
郁芳門院　いくほうもんいん　1076生。平安時代後期の女性。白河天皇の第1皇女。1096没。
存牛　ぞんぎゅう　1469生。戦国時代の僧。1549没。
ホッブズ, トマス　1588生。イギリスの哲学者, 政治思想家。1679没。
准秀　じゅんしゅう　1607(閏4月)生。江戸時代前期の浄土真宗の僧。1660没。
月舟宗胡　げっしゅうそうこ　1618生。江戸時代前期の曹洞宗の僧。1696没。
ヴィヴィアーニ, ヴィンチェンツォ　1622生。イタリアの物理学者, 数学者。1703没。
柿右衛門(4代目)　かきえもん　1641生。江戸時代前期の赤絵磁器の陶工。1679没。
イェール, イライヒュー　1649生。イギリスの東インド会社役員。1721没。
ルクヴルール, アドリエンヌ　1692生。フランスの女優。1730没。
一宮長常　いちのみやながつね　1721生。江戸時代中期の装剣金工家。1786没。
フラゴナール, ジャン・オノレ　1732生。フランスの画家。1806没。
吉田篁墩　よしだこうとん　1745生。江戸時代中期の儒者。1798没。
エラール, セバスティアン　1752生。フランスの楽器製作者。1831没。
シュポア, ルイス　1784生。ドイツ・ロマン派初期の作曲家。1859没。
ハヴロック(・アラン), サー・ヘンリー　1795生。イギリスの将軍。1857没。
ジョベルティ, ヴィンチェンツォ　1801生。イタリアの哲学者, 政治家。1852没。
デュジャルダン, フェリクス　1801生。フランスの生物学者。1860没。
シュライデン, マティアス・ヤコプ　1804生。ドイツの植物学者。1881没。
高橋草坪　たかはしそうへい　1804生。江戸時代後期の南画家。1835没。

セルウィン, ジョージ・オーガスタス　1809生。アングリカン・チャーチの神学者, 宣教師。1878没。
デュプレ, ジュール　1811生。フランスの風景画家。1889没。
ナダール　1820生。フランスの写真家, 漫画家, 文筆家。1910没。
ジラール, プリュダンス・セラファン・バルテルミー　1821生。フランスのパリ外国宣教会宣教師。1867没。
リスター, ジョゼフ　1827生。イギリスの外科医。1912没。
前倉温理　まえくらおんり　1828生。江戸時代, 明治時代の志士。1886没。
フェリー, ジュール　1832生。フランスの首相。1893没。
ストックトン, フランク・リチャード　1834生。アメリカの小説家。1902没。
ハーレック, ヴィーチェスラフ　1835生。チェコの詩人。1874没。
入江九一　いりえくいち　1837生。江戸時代末期の志士, 長州(萩)藩士。1864没。
スウィンバーン, アルジャーノン・チャールズ　1837生。イギリスの詩人。1909没。
ハイヤット　1838生。アメリカの古生物学者。1902没。
エッケルト, フランツ　1852生。ドイツ人の軍楽長。1916没。
ヴェンゲーロフ, セミョーン・アファナシエヴィチ　1855生。ロシアの文学史家, 批評家, 書誌学者。1920没。
ウォシントン, ブッカー・トリヴァー　1856生。アメリカの黒人教育家。1915没。
アレクサンドル1世　1857生。ブルガリア公(1879〜86)。1893没。
内田魯庵　うちだろあん　1868(閏4月)生。明治時代, 大正時代の批評家, 小説家。1929没。
ルーセル, アルベール　1869生。フランスの作曲家。1937没。

4月5日

赤羽一 あかばはじめ 1875生。明治時代の社会主義者、ジャーナリスト。1912没。

石川寅治 いしかわとらじ 1875生。明治時代–昭和時代の洋画家。1964没。

ミスタンゲット 1875生。フランスのシャンソン歌手、踊り子。1956没。

春日政治 かすがまさじ 1878生。大正時代、昭和時代の国語学者。九州帝国大学教授。1962没。

ミッシュ 1878生。ドイツの哲学者。1965没。

多忠朝 おおのただとも 1883生。明治時代–昭和時代の雅楽師、作曲家。宮内省楽部楽長。1956没。

小笠原三九郎 おがさわらさんくろう 1885生。昭和時代の政治家。衆議院議員。1967没。

原田淑人 はらだよしと 1885生。大正時代、昭和時代の考古学者。聖心女子大学教授、東京大学教授。1974没。

石丸梧平 いしまるごへい 1886生。大正時代、昭和時代の小説家、評論家。1969没。

兼重寛九郎 かねしげかんくろう 1899生。昭和時代の機械工学者。東京大学教授、日本学術会議会長。1989没。

寿々木米若 すずきよねわか 1899生。大正時代、昭和時代の浪曲師、俳人。日本浪曲協会長。1979没。

ブレイロック, アルフレッド 1899生。アメリカの外科医。1964没。

トレイシー, スペンサー 1900生。アメリカの映画、舞台俳優。1967没。

ボールズ, チェスター 1901生。アメリカの政治家。1986没。

マロッタ, ジュゼッペ 1902生。イタリアの小説家。1963没。

石堂清倫 いしどうきよとも 1904生。昭和時代の評論家。2001没。

南部圭之助 なんぶけいのすけ 1904生。昭和時代の映画評論家。1987没。

寺尾威夫 てらおたけお 1905生。昭和時代の銀行家。大和銀行頭取。1974没。

ロシェ 1905生。フランスの政治家、共産党書記長。1983没。

カラヤン, ヘルベルト・フォン 1908生。オーストリアの指揮者。1989没。

デイヴィス, ベティ 1908生。アメリカの映画女優。1989没。

デービス, ベティ 1908生。アメリカの女優。1989没。

浜口陽三 はまぐちようぞう 1909生。昭和時代、平成時代の版画家。2000没。

川崎弘子 かわさきひろこ 1912生。昭和時代の女優。1976没。

クラヴェー, アントニ 1913生。スペインの画家。2005没。

グルニツキー, ニコラス 1913生。トーゴ共和国大統領。1969没。

佐橋滋 さはししげる 1913生。昭和時代の官僚。通産省事務次官。1993没。

辻清明 つじきよあき 1913生。昭和時代の政治学者。東京大学教授、日本行政学会理事長。1991没。

ペック, グレゴリー 1916生。アメリカの俳優。2003没。

ヘイリー, アーサー 1920生。イギリス出身の小説家。2004没。

グエン・ヴァン・ティウ 1923生。ベトナム共和国大統領。2001没。

パウエル, コリン 1937生。アメリカの政治家、軍人。

板東英二 ばんどうえいじ 1940生。昭和時代、平成時代のタレント、元・プロ野球選手。

ファイティング原田 ふぁいてぃんぐはらだ 1943生。昭和時代、平成時代の元・プロボクサー。

原田大二郎 はらだだいじろう 1944生。昭和時代、平成時代の俳優。

吉田拓郎 よしだたくろう 1946生。昭和時代、平成時代のシンガーソングライター。

アロヨ, グロリア・マカパガル 1947生。フィリピンの政治家、経済学者。

アグネッタ 1950生。スウェーデンの元・歌手。

鳥山明 とりやまあきら 1955生。昭和時代、平成時代の漫画家。

谷口浩美 たにぐちひろみ 1960生。昭和時代、平成時代の元・マラソン選手。

野村萬斎（2代目） のむらまんさい 1966生。昭和時代、平成時代の狂言師（和泉流）。

伊藤たかみ いとうたかみ 1971生。平成時代の作家。

川原亜矢子 かわはらあやこ 1971生。平成時代の女優、モデル。

小笠原満男 おがさわらみつお 1979生。平成時代のサッカー選手。

4月6日

○記念日○　コンビーフの日
　　　　　　新聞をヨム日
　　　　　　北極の日

巧如　ぎょうにょ　1376生。室町時代の僧。1440没。

細井芝山　ほそいしざん　1656生。江戸時代中期の勤王志士。1697没。

クーナウ, ヨーハン　1660生。ドイツのオルガン奏者, 作曲家, 著述家。1722没。

フールン　1664生。スウェーデンの政治家。1742没。

ルソー, ジャン-バチスト　1671生。フランスの抒情詩人。1741没。

牧野明成　まきのあきしげ　1704生。江戸時代中期の大名。1750没。

シャンフォール, セバスティアン・ロシュ・ニコラ　1740生。フランスのモラリスト。1794没。

ラ・アルプ　1754生。スイスの政治家。1838没。

ウォラストン, ウィリアム・ハイド　1766生。イギリスの化学者, 物理学者。1828没。

コーブル, ヴィルヘルム・フォン　1766生。ドイツの画家。1855没。

ミル, ジェイムズ　1773生。イギリスの歴史家, 経済学者, 心理学者。1836没。

清岡道香　きよおかみちか　1790生。江戸時代末期の国学者。1865没。

平松楽斎　ひらまつがくさい　1792生。江戸時代末期の伊勢津藩士。1852没。

長梅外　ちょうばいがい　1810生。江戸時代, 明治時代の医者, 儒学者。1885没。

武部敏行　たけべとしゆき　1811生。江戸時代, 明治時代の加賀藩十村役。1887没。

ゲルツェン, アレクサンドル・イワノヴィチ　1812生。ロシアの思想家, 作家。1870没。

宮内善左衛門　みやうちぜんざえもん　1815生。江戸時代後期, 末期, 明治時代の社会事業家。1891没。

ワイリ, アレグザーンダ　1815生。イギリスの宣教師, 中国学者。1887没。

モロー, ギュスターヴ　1826生。フランスの画家。1898没。

ケルン　1833生。オランダのインド学者, 仏教学者。1917没。

アミール-アリー　1849生。インドのイスラム教学者。1928没。

ラリック, ルネ　1860生。フランスの工芸家。1945没。

松方巌　まつかたいわお　1862生。大正時代の銀行家。貴族院議員, 公爵。1942没。

セー　1864生。フランスの経済史学者。1936没。

フェランティ, セバスチャン・ジアーニ・ド　1864生。イギリスの電気技術者。1930没。

ステフェンズ, リンカーン　1866生。アメリカのジャーナリスト。1936没。

仲吉朝助　なかよしちょうじょ　1867生。明治時代, 大正時代の官吏, 政治家。首里市長, 沖縄県農工銀行頭取。1926没。

奈良武次　ならたけじ　1868生。明治時代–昭和時代の陸軍軍人。大将。1962没。

草野清民　くさのきよたみ　1869生。明治時代の文法学者。中学教師。1899没。

尚順　しょうじゅん　1873生。明治時代–昭和時代の政治家。男爵。1945没。

斎藤隆三　さいとうりゅうぞう　1875生。明治時代–昭和時代の風俗史家, 美術評論家。日本美術院常務理事。1961没。

長与又郎　ながよまたお　1878生。明治時代–昭和時代の病理学者。伝染病研究所所長, 癌研究会癌研究所所長, 医学博士。1941没。

秦真次　はたしんじ　1879生。明治時代–昭和時代の陸軍軍人。中将。1950没。

ダンディー, ウォルター　1886生。アメリカの脳外科医。1946没。

アンダション, ダーン　1888生。スウェーデンの詩人, 小説家。1920没。

市川厚一　いちかわこういち　1888生。大正時代, 昭和時代の病理学者, 畜産学者。獣医学博士, 北海道帝大農学部教授。1948没。

高畠華宵　たかばたけかしょう　1888生。大正時代, 昭和時代の挿絵画家。1966没。

リッター, ゲーアハルト　1888生。西ドイツの歴史家。1967没。

リヒター, ハンス 1888生。ドイツの映画監督, 画家。1976没。
フォッカー, アントニー・ヘルマン・ゲラルト 1890生。オランダの航空設計家, 飛行機製作者。1939没。
荷見安 はすみやすし 1891生。大正時代, 昭和時代の官僚, 農協役員。産業組合中央金庫（後の農林中金）理事長, 全国農協中央会初代会長。1964没。
平良辰雄 たいらたつお 1892生。昭和時代の政治家。沖縄群島政府知事, 沖縄社会大衆党委員長。1969没。
ダグラス, ドナルド・ウィリス 1892生。米航空機会社マグドネル・ダグラス社名誉会長。1981没。
市川義雄 いちかわよしお 1894生。大正時代, 昭和時代の社会運動家。日本共産党中央委員。1971没。
兵頭精 ひょうどうただし 1899生。大正時代, 昭和時代の飛行家。1980没。
木村守江 きむらもりえ 1900生。昭和時代の政治家。福島県知事, 衆議院議員。1996没。
白井鉄造 しらいてつぞう 1900生。大正時代, 昭和時代の演出家。宝塚歌劇団理事。1983没。
高橋掬太郎 たかはしきくたろう 1901生。昭和時代の作詞家。1970没。
久生十蘭 ひさおじゅうらん 1902生。昭和時代の小説家, 劇作家。1957没。
赤岩栄 あかいわさかえ 1903生。昭和時代のキリスト教思想家, 牧師。1966没。
矢島せい子 やじませいこ 1903生。昭和時代の社会福祉運動家。1988没。
八住利雄 やすみとしお 1903生。昭和時代の脚本家。日本シナリオ作家協会理事長。1991没。
キージンガー, クルト・ゲオルク 1904生。ドイツ連邦共和国の政治家。1988没。
ベッチマン, ジョン 1906生。イギリスの詩人, 地誌作者。1984没。
和田芳恵 わだよしえ 1906生。昭和時代の小説家, 評論家。日本近代文学館常務理事, 日本文芸家協会理事。1977没。
天野清 あまのきよし 1907生。昭和時代の物理学者, 科学史研究者。1945没。
ウォンウィチット 1909生。ラオスの民族解放運動指導者。1994没。

三井愛 みついあい 1911生。昭和時代の婦人運動家。1976没。
リューネン, フェオドル 1911生。ドイツの生化学者。1979没。
塩出英雄 しおでひでお 1912生。昭和時代, 平成時代の日本画家。武蔵野美術大学教授。2001没。
亀倉雄策 かめくらゆうさく 1915生。昭和時代のグラフィックデザイナー。亀倉デザイン研究室主宰, 日本グラフィックデザイナー協会会長。1997没。
カントール, タデウシュ 1915生。ポーランドの演出家, 舞台装置家。1990没。
サン・ユ 1919生。ビルマの軍人, 大統領。1996没。
高村倉太郎 たかむらくらたろう 1921生。昭和時代, 平成時代の映画撮影監督。2005没。
飯田徳治 いいだとくじ 1924生。昭和時代のプロ野球選手。2000没。
小沢昭一 おざわしょういち 1929生。昭和時代, 平成時代の俳優, 演出家, 芸能研究家。
プレビン, アンドレ 1929生。アメリカの指揮者, ピアニスト, 作曲家。
ヘーシンク, アントン 1934生。オランダの柔道家。
別役実 べつやくみのる 1937生。昭和時代, 平成時代の劇作家, 童話作家。
田嶋陽子 たじまようこ 1941生。昭和時代, 平成時代の女性学者。
上月晃 こうづきのぼる 1942生。昭和時代, 平成時代の舞台女優。1999没。
マーリー, ボブ 1945生。ジャマイカ出身の歌手。1981没。
伊東ゆかり いとうゆかり 1947生。昭和時代, 平成時代の歌手, 女優。
ジャネット・リン 1953生。アメリカの元・フィギュアスケート選手。
秋山幸二 あきやまこうじ 1962生。昭和時代, 平成時代のプロ野球コーチ（ソフトバンク）。
谷川浩司 たにがわこうじ 1962生。昭和時代, 平成時代の棋士。
宮沢りえ みやざわりえ 1973生。平成時代の女優。
乙武洋匡 おとたけひろただ 1976生。平成時代のスポーツライター。

4月6日

4月7日

○記念日○　世界保健デー
　　　　　農林水産省創立記念日
○忌　日○　放哉忌

法然　ほうねん　1133生。平安時代後期，鎌倉時代前期の浄土宗の開祖。1212没。

ハビエル，フランシスコ　1506生。スペイン出身のイエズス会士。1552没。

葉室頼房　はむろよりふさ　1527生。戦国時代，安土桃山時代の公卿。1576没。

徳川秀忠　とくがわひでただ　1579生。安土桃山時代，江戸時代前期の江戸幕府第2代の将軍。1632没。

狩野貞信　かのうさだのぶ　1597生。江戸時代前期の狩野宗家の画家。1623没。

ダウ，ヘラルド　1613生。オランダの画家。1675没。

ヴィルロア　1644生。フランスの軍人。1730没。

クレメンス12世　1652生。教皇（在位1730〜40）。1740没。

林晋軒　はやししんけん　1654生。江戸時代前期の儒者。1676没。

バーニー，チャールズ　1726生。イギリスのオルガン奏者，音楽学者。1814没。

アダンソン，ミシェル　1727生。フランスの植物学者。1806没。

ベル，ヘンリー　1767生。スコットランドの技術家。1830没。

東久世通庸　ひがしくぜみちやす　1769生。江戸時代中期，後期の公家。1818没。

ワーズワス，ウィリアム　1770生。イギリスの詩人。1850没。

フーリエ，シャルル　1772生。フランスの空想的社会主義者。1837没。

市橋長昭　いちはしながあき　1773生。江戸時代後期の大名。1814没。

チャニング，ウィリアム・エラリー　1780生。アメリカの牧師，著述家。1842没。

テネント　1804生。アイルランドのセイロン行政官，旅行家。1869没。

グレイシャー，ジェイムズ　1809生。イギリスの気象学者。1903没。

日下部伊三次　くさかべいそうじ　1815生。江戸時代末期の薩摩藩士，水戸藩士。1858没。

グリーン，トマス・ヒル　1836生。イギリスの哲学者。1882没。

シームア　1840生。イギリスの軍人。1929没。

ヤコブセン，J.P.　1847生。デンマークの小説家。1885没。

三井八郎次郎　みついはちろうじろう　1849生。明治時代，大正時代の実業家。三井物産社長。1919没。

ローブ，ジャック　1859生。ドイツ生まれのアメリカの実験生物学者。1924没。

ビゴー，ジョルジュ　1860生。フランスの画家。1927没。

龍野周一郎　たつのしゅういちろう　1864生。明治時代，大正時代の政治家。衆議院議員，長野県議長。1928没。

フレドホルム，エリック・イヴァル　1866生。スウェーデンの数学者。1927没。

財部彪　たからべたけし　1867生。明治時代-昭和時代の海軍軍人。1949没。

ペーダーセン，ホルガー　1867生。デンマークの言語学者。1953没。

森島庫太　もりしまくらた　1868生。明治時代-昭和時代の薬理学者。京都帝国大学教授，医学博士。1943没。

マッグロー，ジョン　1873生。アメリカの職業野球の選手，監督。1934没。

鈴木梅太郎　すずきうめたろう　1874生。明治時代-昭和時代の農芸化学者。1943没。

岩田宙造　いわたちゅうぞう　1875生。明治時代-昭和時代の弁護士，政治家。貴族院議員，日本弁護士連合会会長。1966没。

ソッフィチ，アルデンゴ　1879生。イタリアの画家，小説家，詩人。1964没。

小川未明　おがわみめい　1882生。明治時代-昭和時代の小説家，児童文学作家。1961没。

シュライヒャー，クルト・フォン　1882生。ドイツの軍人，ワイマール共和国最後の首相。1934没。

セヴェリーニ, ジーノ　1883生。イタリアの画家。1966没。
ドッド, チャールズ・ハロルド　1884生。イギリスのプロテスタント神学者。1973没。
マリノフスキー, ブロニスロー・カスパー　1884生。ポーランド生まれのイギリスの人類学者。1942没。
菊池知勇　きくちちゆう　1889生。大正時代, 昭和時代の綴方教育指導者, 歌人。1972没。
ミストラル, ガブリエラ　1889生。チリの女流詩人。1957没。
シゲリスト　1891生。スイスの医学史家。1957没。
ダレス, アレン・W　1893生。アメリカの法律家, 外交官。1969没。
ナジムッ・ディーン　1894生。パキスタンの首相。1964没。
宮城道雄　みやぎみちお　1894生。大正時代, 昭和時代の箏曲家。東京音楽学校教授。1956没。
清水辰次郎　しみずたつじろう　1897生。昭和時代の数学者。神戸大学教授, 大阪府立大学教授。1992没。
カザドシュ, ロベール　1899生。フランスのピアニスト, 作曲家。1972没。
フィーザー　1899生。アメリカの有機化学者。1977没。
安田幾久男　やすだきくお　1900生。昭和時代の経営者。日本軽金属社長。1978没。
丸尾長顕　まるおちょうけん　1901生。昭和時代の演出家, 小説家。1986没。
村上勇　むらかみいさむ　1902生。昭和時代の政治家, 実業家。衆院議員, 郵政相, 建設相。1991没。
アリソン　1905生。アメリカの外交官。1978没。
始関伊平　しせきいへい　1907生。昭和時代の弁護士, 政治家。衆議院議員。1991没。
斯波四郎　しばしろう　1910生。昭和時代の小説家。1989没。
カルヴィン, メルヴィン　1911生。アメリカの有機化学者, 生化学者。1997没。
北川省一　きたがわせいいち　1911生。昭和時代, 平成時代の良寛研究者。1993没。
マズロフ　1914生。ソ連の政治家。1989没。
灰原茂雄　はいばらしげお　1915生。昭和時代の労働運動家。三井三池労働組合書記長, 社会主義協会組織部長。2000没。
ホリデイ, ビリー　1915生。アメリカのジャズ歌手。1959没。
大西鉄之祐　おおにしてつのすけ　1916生。昭和時代, 平成時代のラグビー指導者。日本ラグビー協会常任理事。1995没。
団伊玖磨　だんいくま　1924生。昭和時代, 平成時代の作曲家, 指揮者。日本中国文化交流協会会長, 神奈川芸術文化財団理事長。2001没。
藤島宇内　ふじしまうだい　1924生。昭和時代, 平成時代の詩人, 評論家。1997没。
マッカーサー, ロバート・ヘルマー　1930生。アメリカの生態学者。1972没。
バーセルミ, ドナルド　1931生。アメリカの雑誌編集者, 小説家。1989没。
パンチョ伊東　ぱんちょいとう　1934生。昭和時代, 平成時代の野球評論家, 大リーグ解説者。2002没。
コッポラ, フランシス　1939生。アメリカの映画監督, 映画プロデューサー, 脚本家。
シュレーダー, ゲアハルト　1944生。ドイツの政治家。
オーツ, ジョン　1949生。アメリカのミュージシャン。
イアン, ジャニス　1951生。アメリカのシンガー・ソングライター。
甲斐よしひろ　かいよしひろ　1953生。昭和時代, 平成時代のミュージシャン。
チェン, ジャッキー　1954生。香港の俳優。
ドーセット, トニー　1954生。アメリカの元・プロフットボール選手。
クロウ, ラッセル　1964生。ニュージーランドの俳優。
玉山鉄二　たまやまてつじ　1980生。平成時代の俳優。
仁絵　ひとえ　1981生。平成時代の歌手, イラストレーター。
hiro　ひろ　1984生。平成時代の歌手。

> 登場人物

鉄腕アトム　てつわんあとむ　2003生。『鉄腕アトム』の主人公。

4月7日

4月8日

○記念日○　花祭り（灌仏会）
　　　　　参考書の日
　　　　　忠犬ハチ公の日
○忌　日○　虚子忌

ブッダ　前560生。インドの聖者。前480没。

日朗　にちろう　1245生。鎌倉時代後期の日蓮宗の僧。1320没。

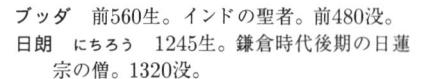

如道　にょどう　1253生。鎌倉時代後期, 南北朝時代の真宗の僧。1340没。

島津貞久　しまづさだひさ　1269生。鎌倉時代後期, 南北朝時代の武将, 三郎左衛門尉, 上総介。1363没。

慈妙　じみょう　1291生。鎌倉時代後期, 南北朝時代の僧。1368没。

ペドロ1世　1320生。ポルトガル王（在位1357～67）。1367没。

月庵宗光　げったんそうこう　1326生。南北朝時代の禅僧。1389没。

ティムール　1336生。チムール帝国の創建者。1405没。

月庵良円　げつあんりょうえん　1348生。南北朝時代, 室町時代の僧。1425没。

日秀　にっしゅう　1383生。室町時代の日蓮宗の僧。1450没。

吾宝宗璨　ごほうそうさん　1388生。室町時代の曹洞宗の僧。1457没。

瑚海仲珊　こかいちゅうさん　1390生。室町時代の曹洞宗の僧。1469没。

田代三喜　たしろさんき　1465生。戦国時代の医師。1537没。

ラファエルロ, サンティ　1483生。イタリアの画家。1520没。

霊巌　れいがん　1554生。安土桃山時代, 江戸時代前期の浄土宗の僧。1641没。

愚堂東寔　ぐどうとうしょく　1577生。江戸時代前期の臨済宗の僧。1661没。

小倉三省　おぐらさんせい　1604生。江戸時代前期の儒学者。1654没。

フェリペ4世　1605生。スペイン王（在位1621～65）。1665没。

服部安休　はっとりあんきゅう　1619生。江戸時代前期の儒学者, 神道家。1681没。

祐天　ゆうてん　1637生。江戸時代前期, 中期の浄土宗の僧。1718没。

増穂残口　ますほざんこう　1655生。江戸時代前期, 中期の神道家。1742没。

タルティーニ, ジュゼッペ　1692生。イタリアのヴァイオリン奏者, 作曲家。1770没。

ギュンター, ヨハン・クリスティアン　1695生。ドイツの詩人。1723没。

関通　かんつう　1696生。江戸時代中期の浄土宗の僧。1770没。

五井蘭洲　ごいらんしゅう　1697生。江戸時代中期の儒学者。1762没。

レザノフ, ニコライ・ペトロビッチ　1764生。ロシアの事業家, 外交官。1807没。

ゴロヴニーン, ワシーリー・ミハイロヴィチ　1776生。ロシアの海軍将官。1831没。

朝川善庵　あさかわぜんあん　1781生。江戸時代後期の儒学者。1849没。

橘守部　たちばなもりべ　1781生。江戸時代後期の国学者。1849没。

モール, フーゴー・フォン　1805生。ドイツの植物学者。1872没。

ブラウン-セカール, シャルル-エドゥアール　1817生。イギリスの生理学者。1894没。

クリスティアン9世　1818生。デンマーク王（1863～1906）。1906没。

佐田介石　さだかいせき　1818生。江戸時代, 明治時代の真宗本願寺派僧侶, 国粋主義者。1882没。

ホフマン, アウグスト・ヴィルヘルム・フォン　1818生。ドイツの有機化学者。1892没。

徳川家定　とくがわいえさだ　1824生。江戸時代末期の江戸幕府13代の将軍。1858没。

中原猶介　なかはらなおすけ　1832生。江戸時代の軍制家。大砲隊長。1868没。

入江文郎　いりえふみお　1834生。江戸時代, 明治時代のフランス語学者。1878没。

松平定安　まつだいらさだやす　1835生。江戸時代, 明治時代の松江藩主。1882没。

境川浪右衛門　さかいがわなみえもん　1841生。江戸時代, 明治時代の力士（第14代横綱）。

1887没。

安藤太郎 あんどうたろう 1846生。明治時代の外交官,禁酒運動家。1924没。

福原有信 ふくはらありのぶ 1848生。明治時代,大正時代の実業家。日本薬剤師連合会委員長。1924没。

フッサール,エドムント 1859生。ドイツの哲学者。1938没。

沢村訥子(6代目) さわむらとっし 1860生。明治時代,大正時代の歌舞伎役者。1926没。

鶯亭金升 おうていきんしょう 1868生。明治時代,大正時代の新聞記者,戯作者。1954没。

クッシング,ハーヴィー・ウィリアムズ 1869生。アメリカの外科医。1939没。

常盤大定 ときわだいじょう 1870生。明治時代–昭和時代の仏教学者,真宗大谷派の僧。東京帝国大学教授,東洋大学教授。1945没。

アルベール1世 1875生。ベルギー王(在位1909〜34)。1934没。

内ケ崎作三郎 うちがさきさくさぶろう 1877生。明治時代–昭和時代の教育者,政治家。早稲田大学教授,衆議院議員。1947没。

大島伯鶴(2代目) おおしまはっかく 1877生。明治時代–昭和時代の講談師。1946没。

小原国芳 おばらくによし 1887生。大正時代,昭和時代の教育家。玉川大学学長。1977没。

松岡駒吉 まつおかこまきち 1888生。大正時代,昭和時代の労働運動家,政治家。衆議院議長,総同盟会長。1958没。

ボールト,エードリアン 1889没。イギリスの指揮者。1983没。

ノイトラ,リチャード・ジョーゼフ 1892生。オーストリア出身のアメリカの建築家。1970没。

ピックフォード,メアリ 1893生。アメリカの映画女優。1979没。

金子洋文 かねこようぶん 1894生。大正時代,昭和時代の小説家,劇作家。参議院議員,松竹歌舞伎審議会専門委員。1985没。

御木徳近 みきとくちか 1900生。昭和時代の宗教家。PL教団2代目教主。1983没。

ヒックス,サー・ジョン・リチャード 1904生。イギリスの経済学者。1989没。

藤山一郎 ふじやまいちろう 1911生。昭和時代,平成時代の歌手,指揮者。1993没。

ヘニー,ソニヤ 1912生。ノルウェーのフィギュアスケート選手,女優。1969没。

池辺陽 いけべきよし 1920生。昭和時代の建築家。東京大学教授。1979没。

コレッリ,フランコ 1921生。イタリアのテノール歌手。2003没。

ブレル,ジャック 1929生。ベルギーのシャンソン歌手。1978没。

イスカンダル・シャー 1932生。マレーシア国王(第8代)。

黒川紀章 くろかわきしょう 1934生。昭和時代,平成時代の建築家。

アナン,コフィ・アッタ 1938生。国連事務総長(第7代)。

ウェストウッド,ビビアン 1941生。イギリスのファッションデザイナー。

侯孝賢 こうこうけん 1947生。台湾の映画監督,映画プロデューサー。

千昌夫 せんまさお 1947生。昭和時代,平成時代の歌手。

桃井かおり ももいかおり 1952生。昭和時代,平成時代の女優。

萩原流行 はぎわらながれ 1953生。昭和時代,平成時代の俳優。

泉麻人 いずみあさと 1956生。昭和時代,平成時代のコラムニスト,作家。

幸田シャーミン こうだしゃーみん 1956生。昭和時代,平成時代のジャーナリスト。

田中好子 たなかよしこ 1956生。昭和時代,平成時代の女優。

森下愛子 もりしたあいこ 1958生。昭和時代,平成時代の女優。

オロゴン,ボビー 1966生。ナイジェリア出身のタレント,格闘家。

松本明子 まつもとあきこ 1966生。昭和時代,平成時代のタレント,女優。

ピエール滝 ぴえるたき 1967生。昭和時代,平成時代のミュージシャン。

遠藤久美子 えんどうくみこ 1978生。平成時代のタレント。

沢尻エリカ さわじりえりか 1986生。平成時代の女優。

4月8日

4月9日

○記念日○ フォークの日
左官の日
大仏の日

クリューガー, ヨーハン 1598生。ドイツの作曲家, 音楽理論家, オルガン奏者。1662没。
モレート, アグスティン 1618生。スペインの劇作家。1669没。
クープラン, シャルル2世 1638生。フランスの音楽家。1679没。
モンマス, ジェイムズ・スコット, 公爵 1649生。イギリス国王チャールズ2世の庶子。1685没。
蜂須賀宗英 はちすかむねてる 1684没。江戸時代中期の大名。1743没。
ゲスナー 1691生。ドイツの言語学者。1761没。
パトナム, ルーファス 1738生。アメリカの軍人, オハイオ開拓者。1824没。
ナリーニョ 1765生。コロンビアの革命家。1823没。
ゼーベック, トマス・ヨハン 1770生。ドイツの物理学者。1831没。
ピーコック 1791生。イギリスの数学者。1858没。
ベーム, テオバルト 1794生。ドイツのフルート奏者, 作曲家。1881没。
川西函洲 かわにしかんしゅう 1801生。江戸時代後期の儒学者。1842没。
松川弁之助 まつかわべんのすけ 1802生。江戸時代, 明治時代の北海道開拓家。1876没。
ロンルート, エリアス 1802生。フィンランドの民俗学者。1884没。
ブルーネル, イザンバード・キングダム 1806生。イギリスの造船, 土木技術者。1859没。
福田行誡 ふくだぎょうかい 1809生。江戸時代, 明治時代の浄土宗僧侶。知恩院門主, 浄土宗管長。1888没。
水野忠徳 みずのただのり 1815生。江戸時代末期の幕府官僚。1868没。
ドローネー 1816生。フランスの天文学者。1872没。
ボードレール, シャルル 1821生。フランスの詩人, 評論家。1867没。

マイブリッジ, エドワード 1830生。イギリスの写真家。1904没。
レオポルド2世 1835生。ベルギーの国王(在位1865〜1909)。1909没。
跡見花蹊 あとみかけい 1840生。明治時代, 大正時代の女子教育家。1926没。
アストン, ウィリアム・ジョージ 1841生。イギリスの外交官。1911没。
トスティ, フランチェスコ・パオロ 1846生。イタリアの作曲家。1916没。
加藤木重教 かとうぎしげのり 1857生。明治時代–昭和時代の電気技術者。1940没。
スタインメッツ, チャールズ 1865生。ドイツ系アメリカの電気工学者。1925没。
ルーデンドルフ, エーリヒ・フォン 1865生。ドイツの軍人。1937没。
山下亀三郎 やましたかめさぶろう 1867生。明治時代–昭和時代の実業家。1944没。
カルタン, エリー・ジョゼフ 1869生。フランスの数学者。1951没。
ブルム, レオン 1872生。フランスの人民戦線内閣首相。1950没。
中村明石(5代目) なかむらあかし 1873生。明治時代–昭和時代の歌舞伎役者。1940没。
田中親美 たなかしんび 1875生。明治時代–昭和時代の古筆研究家, 古美術研究家。1975没。
ヨトゥニ, マリア 1880生。フィンランドの女流小説家。1943没。
杉森孝次郎 すぎもりこうじろう 1881生。大正時代, 昭和時代の評論家, 哲学者。1968没。
森田恒友 もりたつねとも 1881生。明治時代, 大正時代の洋画家。帝国美術学校教授。1933没。
大倉邦彦 おおくらくにひこ 1882生。大正時代, 昭和時代の社会思想家, 実業家。東洋大学学長, 大倉洋紙店社長。1971没。
水野葉舟 みずのようしゅう 1883生。明治時代–昭和時代の歌人, 詩人, 小説家。1947没。

戸田正三 とだしょうぞう 1885生。大正時代,昭和時代の衛生学者。京都大学教授,金沢大学学長。1961没。

ジンバリスト,エフレム 1889生。ロシア生まれのアメリカのバイオリニスト。1979没。

望月太左衛門(8代目) もちづきたざえもん 1891生。大正時代の歌舞伎囃子方。望月流家元。1926没。

佐藤春夫 さとうはるお 1892生。大正時代,昭和時代の詩人,小説家。1964没。

田中恭吉 たなかきょうきち 1892生。大正時代の版画家。1915没。

西村陽吉 にしむらようきち 1892生。大正時代,昭和時代の歌人。1959没。

今中次麿 いまなかつぎまろ 1893生。大正時代,昭和時代の政治学者。広島大学教授,九州大学教授。1980没。

坂東三津代(2代目) ばんどうみつよ 1895生。明治時代–昭和時代の日本舞踊家。1970没。

ロブソン,ポール 1898生。アメリカの黒人俳優,歌手。1976没。

マクドネル,ジェイムズ・S 1899生。アメリカの企業経営者。1980没。

吉野源三郎 よしのげんざぶろう 1899生。昭和時代のジャーナリスト。岩波書店編集顧問,「世界」編集長。1981没。

大間知篤三 おおまちとくぞう 1900生。昭和時代の民俗学者。満州建国大学教授。1970没。

松井翠声 まついすいせい 1900生。昭和時代の漫談家。1973没。

安芸皎一 あきこういち 1902生。昭和時代の河川工学者。東京大学教授。1985没。

セシル,デイヴィッド 1902生。イギリスの文学者。1986没。

フルブライト,ジェイムズ・ウィリアム 1905生。アメリカの政治家。1995没。

ゲイツケル,ヒュー 1906生。イギリスの政治家,経済学者。1963没。

稲葉秀三 いなばひでぞう 1907生。昭和時代,平成時代の経済評論家。産経新聞社社長,産業研究所理事長。1996没。

ヴァザレリー,ヴィクトル 1908生。フランスの造形家。1997没。

宗像誠也 むなかたせいや 1908生。昭和時代の教育学者。東京大学教授。1970没。

佐藤欣治 さとうきんじ 1909生。昭和時代の実業家。佐藤工業社長。1991没。

ヘルプマン,ロバート 1909生。オーストラリア生まれの舞踊家。1986没。

野間省一 のましょういち 1911生。昭和時代の出版人。講談社社長,日本書籍出版協会会長。1984没。

東井義雄 とういよしお 1912生。昭和時代の教育者,僧侶。東光寺(浄土真宗本願寺派)住職,八鹿町立八鹿小学校長。1991没。

向坂正男 さきさかまさお 1915生。昭和時代の経済学者。日本エネルギー経済研究所会長。1987没。

ボブロフスキー,ヨハネス 1917生。東ドイツの詩人。1965没。

エッカート,ジョン・プロスパー2世 1919生。アメリカの電気工学者。1995没。

金原亭馬の助 きんげんていうまのすけ 1928生。昭和時代の落語家。1976没。

大川橋蔵 おおかわはしぞう 1929生。昭和時代の俳優。1984没。

広中平祐 ひろなかへいすけ 1931生。昭和時代,平成時代の数学者。

ベルモンド,ジャン・ポール 1933生。フランスの俳優。

カナファーニー,ガッサーン 1936生。パレスチナ・PFLPのスポークスマン,作家,ジャーナリスト。1972没。

チェルノムイルジン,ヴィクトル 1938生。ロシアの政治家,実業家。元・首相。

小林研一郎 こばやしけんいちろう 1940生。昭和時代,平成時代の指揮者。

高樹のぶ子 たかぎのぶこ 1946生。昭和時代,平成時代の小説家。

クエイド,デニス 1953生。アメリカの俳優。

三笠宮信子 みかさのみやのぶこ 1955生。昭和時代,平成時代の皇族。

本多俊之 ほんだとしゆき 1957生。昭和時代,平成時代のジャズ・サックス奏者,作曲家,編曲家。

ジェーコブズ,マーク 1963生。アメリカのファッションデザイナー。

ビルヌーブ,ジャック 1971生。カナダのF1ドライバー。

山下智久 やましたともひさ 1985生。平成時代のタレント,歌手。

4月10日

○記念日○ 女性の日
婦人参政記念日

- テオドシウス2世　401生。東ローマ皇帝（在位408〜450）。450没。
- ネザーモル・モルク　1018生。ペルシアの政治家。1092没。
- 神宗（宋）　しんそう　1048生。中国，北宋の第6代皇帝（在位1067〜85）。1085没。
- スフォルツァ，ジャコムッツォ・アッテンドロ　1369生。イタリアの貴族。1424没。
- ジェームズ5世　1512生。スコットランド王（在位1513〜42年）。1542没。
- グロティウス，フーゴ　1583生。オランダの政治家，法律家，神学者，詩人。1645没。
- ウィルモット，ジョン　1647生。イギリスの詩人。1680没。
- チルンハウゼン　1651生。ドイツの哲学者，数学者，科学者。1708没。
- 稲垣昭賢　いながきあきかた　1698生。江戸時代中期の大名。1752没。
- プリングル　1707生。イギリスの医師。1782没。
- ハーネマン，サムエル　1755生。ドイツの医師。1843没。
- 香川景樹　かがわかげき　1768生。江戸時代後期の歌人。1843没。
- ハズリット，ウィリアム　1778生。イギリスの批評家，随筆家。1830没。
- ルーデン　1780生。ドイツの歴史家。1847没。
- ボアルネ，オルタンス・ユージェニー・セシル　1783生。オランダ王妃（1806〜10）。1837没。
- ペリー，マシュー・ガルブレイス　1794生。アメリカ海軍軍人。1858没。
- ロビンソン，エドワード　1794生。アメリカの聖書学者。1863没。
- 井上淑蔭　いのうえよしかげ　1804生。江戸時代，明治時代の国学者。1886没。
- 青山忠良　あおやまただなが　1807生。江戸時代末期の大名。1864没。
- アクサーコフ，コンスタンチン・セルゲーヴィチ　1817生。ロシアの思想家，歴史家，文学者。1860没。
- 政子女王　まさこじょおう　1817生。江戸時代，明治時代の皇族。1894没。
- ウォレス，ルー　1827生。アメリカの将軍，外交官，大衆小説家。1905没。
- マーティン，ウィリアム・アレグザーンダ・パースンズ　1827生。アメリカの長老派宣教師。1916没。
- ブース，ウィリアム　1829生。イギリスの救世軍創立者。1912没。
- ヤンセン，ヨハネス　1829生。ドイツの歴史家。1891没。
- 土倉庄三郎　どぐらしょうざぶろう　1840生。明治時代の山林大地主。1917没。
- オンケン　1844生。ドイツの経済学者。1911没。
- 伊東陶山（初代）　いとうとうざん　1846生。江戸時代，明治時代の陶工。帝室技芸員。1920没。
- ピュリッツァ，ジョーゼフ　1847生。ハンガリー生まれのアメリカの新聞経営者。1911没。
- レヴィ-ブリュール，リュシヤン　1857生。フランスの哲学者，人類学者。1939没。
- 佐久間信恭　さくまのぶやす　1861生。明治時代，大正時代の英語学者，英語教師。1923没。
- エルー，ポール・ルイ・トゥサン　1863生。フランスの冶金技術者。1914没。
- 吉田東伍　よしだとうご　1864生。明治時代の歴史地理学者。早稲田大学教授。1918没。
- 小池国三　こいけくにぞう　1866生。明治時代，大正時代の実業家。1925没。
- ラッセル，ジョージ・ウィリアム　1867生。アイルランドの詩人，随筆家，ジャーナリスト。1935没。
- 安藤嶺丸　あんどうれいがん　1870生。明治時代-昭和時代の浄土真宗大谷派僧侶。1943没。
- レーニン，ヴラジーミル・イリイチ　1870生。ロシアの革命家。1924没。
- 井上友一　いのうえともいち　1871生。明治時代，大正時代の金沢藩士，官吏。神社局長。1919没。

下村観山　しもむらかんざん　1873生。明治時代，大正時代の日本画家。1930没。

クービン，アルフレート　1877生。オーストリアの画家。1959没。

施肇基　しちょうき　1877生。中国の外交官。1958没。

パーキンズ，フランシス　1882生。アメリカの婦人社会運動家。1965没。

栗原玉葉　くりはらぎょくよう　1883生。明治時代，大正時代の画家。日本女子美術学校教授。1922没。

中山昌樹　なかやままさき　1886生。明治時代-昭和時代の宗教家，翻訳家，文学者。明治学院大学教授。1944没。

久松喜世子　ひさまつきよこ　1886生。大正時代，昭和時代の女優。1977没。

ウッサイ，ベルナルド・アルベルト　1887生。アルゼンチンの生理学者。1971没。

原久一郎　はらひさいちろう　1890生。大正時代，昭和時代のロシア文学者，翻訳家。1971没。

サバタ，ヴィクトル・デ　1892生。イタリアの指揮者，作曲家。1967没。

星野直樹　ほしのなおき　1892生。昭和時代の官僚，政治家。内閣書記官長，貴院議員(勅選)。1978没。

日高信六郎　ひだかしんろくろう　1893生。大正時代，昭和時代の外交官，登山家。駐イタリア大使，日本山岳会会長。1976没。

ニコルソン，ベン　1894生。イギリスの画家。1982没。

川上澄生　かわかみすみお　1895生。大正時代，昭和時代の版画家。1972没。

ゾルゲ，リヒャルト　1895生。ドイツの新聞記者，ソ連のスパイ。1944没。

加藤まさを　かとうまさを　1897生。大正時代，昭和時代の挿絵画家，童謡詩人，小説家。1977没。

歌沢寅右衛門(5代目)　うたざわとらえもん　1901生。大正時代，昭和時代のうた沢節演奏家，作曲家。1983没。

ガードギール　1901生。インドの経済学者。1971没。

ルース，クレア・ブース　1903生。アメリカの女流劇作家。1987没。

四宅ヤエ　したくやえ　1904生。昭和時代のアイヌ文化伝承者。1980没。

フェザー(ブラッドフォード市の)，ヴィク・フェザー，男爵　1908生。イギリスの労働運動家。1976没。

淀川長治　よどがわながはる　1909生。昭和時代，平成時代の映画評論家。1998没。

シューマン　1911生。フランスの政治家。1998没。

氷上英広　ひかみひでひろ　1911生。昭和時代のドイツ文学者。東京大学教授。1986没。

霜川遠志　しもかわえんじ　1916生。昭和時代の劇作家。1991没。

ウッドワード，ロバート・バーンズ　1917生。アメリカの化学者。1979没。

宇野光雄　うのみつお　1917生。昭和時代のプロ野球選手，プロ野球監督。1994没。

矢代静一　やしろせいいち　1927生。昭和時代，平成時代の劇作家。1998没。

シャリフ，オマー　1932生。エジプトの俳優。

永六輔　えいろくすけ　1933生。昭和時代，平成時代の放送作家，作詞家，随筆家，タレント。

ハルバースタム，デービッド　1934生。アメリカのジャーナリスト，作家。2007没。

水島新司　みずしましんじ　1939生。昭和時代，平成時代の漫画家。

村松友視　むらまつともみ　1940生。昭和時代，平成時代の小説家。

和田アキ子　わだあきこ　1949生。昭和時代，平成時代の歌手，タレント。

さだまさし　さだまさし　1952生。昭和時代，平成時代のシンガー・ソングライター，小説家。

ベイビーフェイス　1958生。アメリカの音楽プロデューサー，歌手。

ロベルト・カルロス　1973生。ブラジルのサッカー選手。

赤星憲広　あかほしのりひろ　1976生。平成時代のプロ野球選手。

木村佳乃　きむらよしの　1976生。平成時代の女優。

堂本剛　どうもとつよし　1979生。平成時代のタレント，歌手，俳優。

オスメント，ハーレイ・ジョエル　1988生。アメリカの俳優。

4月10日

4月11日

○記念日○　ガッツポーズの日
　　　　　メートル法公布記念日

セウェルス, ルキウス・セプティミウス　146生。ローマ皇帝（在位193〜211）。211没。

承子内親王　しょうしないしんのう　948生。平安時代中期の女性。村上天皇の皇女。951没。

惟明親王　これあきらしんのう　1179生。鎌倉時代前期の親王。1221没。

マルグリット・ド・ナヴァール　1492生。フランス, ナバル公妃。1549没。

エリオット, サー・ジョン　1592生。イギリスの政治家, 弁論家。1632没。

千姫　せんひめ　1597生。江戸時代前期の女性。豊臣秀頼の妻。1666没。

慧極道明　えごくどうみょう　1632生。江戸時代前期, 中期の黄檗宗の僧。1721没。

松平吉品　まつだいらよしのり　1640生。江戸時代前期, 中期の大名。1711没。

コワペル, アントワーヌ　1661生。フランスの画家。1722没。

池田村子　いけだむらこ　1706生。江戸時代中期の女性。備前岡山藩主池田継政の妻。1746没。

レーナル, ギョーム・トマ・フランソワ　1713生。フランスの著述家。1796没。

スマート, クリストファー　1722生。イギリスの詩人。1771没。

メルク, ヨハン・ハインリヒ　1741生。ドイツの小説家, 評論家。1791没。

パーキンソン, ジェイムズ　1755生。イギリスの医者。1824没。

イザベイ, ジャン・バティスト　1767生。フランスの画家, 細密画家, 石版画家。1855没。

ランヌ, ジャン　1769生。フランスの軍人。1809没。

キャニング, ジョージ　1770生。イギリスの首相。1827没。

キンタナ, マヌエル・ホセ　1772生。スペインの詩人, 政治家。1857没。

コズローフ, イワン・イワノヴィチ　1779生。ロシアの詩人。1840没。

渡辺崋輔　わたなべけいすけ　1781生。江戸時代後期の儒医, 本草家。1832没。

広瀬淡窓　ひろせたんそう　1782生。江戸時代後期の儒者, 教育家。1856没。

エヴァレット, エドワード　1794生。アメリカのユニテリアン派の牧師, 教育者。1865没。

グリューン, アナスタージウス　1806生。オーストリアの詩人。1876没。

ル・プレー, フレデリク・ピエール・ギヨーム　1806生。フランスの社会学者, 採鉱技師。1882没。

ローリンソン, サー・ヘンリー・クレジック　1810生。イギリスの軍人, 東洋学者。1895没。

ゲルバー, カール　1823生。ドイツの法学者, 政治家。1891没。

ラサール, フェルディナント　1825生。ドイツの初期労働運動の指導者。1864没。

磯崎眠亀　いそざきみんき　1834生。江戸時代後期, 末期, 明治時代の実業家。1908没。

成淳女王　せいじゅんじょう　1834生。江戸時代末期の女性。伏見宮貞敬親王の第21王女。1865没。

浜田謹吾　はまだきんご　1854生。江戸時代末期の肥前大村藩士。1868没。

大石正己　おおいしまさみ　1855生。明治時代, 大正時代の政治家。衆議院議員。1935没。

大関和　おおぜきちか　1858生。明治時代–昭和時代の看護教育者。知命堂病院婦長, 東京看護婦会々頭。1932没。

ロイマン　1859生。スイスの東洋学者, 言語学者。1931没。

クーノウ　1862生。ドイツの経済史家, 人類学者, 社会学者。1936没。

ヒューズ, C.E.　1862生。アメリカの法律家, 政治家。1948没。

岩井勝次郎　いわいかつじろう　1863生。明治時代, 大正時代の実業家。1935没。

石井十次　いしいじゅうじ　1865生。明治時代のキリスト教社会事業家。1914没。

笹野吉郎　ささむらきちろう　1867生。明治時代-昭和時代の機械技術者。1960没。

ヴィーゲラン，アドルフ・グスタヴ　1869生。ノルウェーの彫刻家。1943没。

ベーカー　1869生。アメリカの法律家。1915没。

山岡万之助　やまおかまんのすけ　1876生。明治時代-昭和時代の官僚，政治家。日本大学総長，貴院議員。1968没。

佐野利器　さのとしかた　1880生。明治時代-昭和時代の建築構造学者。東京帝国大学教授。1956没。

穂積重遠　ほづみしげとお　1883生。明治時代-昭和時代の民法学者，男爵。最高裁判事，東宮大夫。1951没。

ヤイエル，ピエーロ　1884生。イタリアの詩人，小説家。1966没。

正力松太郎　しょうりきまつたろう　1885生。大正時代，昭和時代の実業家，政治家。読売新聞社主，衆議院議員。1969没。

中村明人　なかむらあけと　1889生。大正時代，昭和時代の陸軍軍人。中将。1966没。

リディール，サー・エリック・キートリー　1890生。イギリスの化学者。1974没。

アチソン，ディーン・グッダラム　1893生。アメリカの元国務長官，弁護士。1971没。

リージ，ニコーラ　1893生。イタリアの小説家。1975没。

椎熊三郎　しいくまさぶろう　1895生。昭和時代の政治家。衆議院議員。1965没。

中里太郎右衛門(12代目)　なかざとたろうえもん　1895生。大正時代，昭和時代の陶芸家。1985没。

観世鉄之丞(7代目)　かんぜてつのじょう　1898生。大正時代，昭和時代の能楽師シテ方。1988没。

中村汀女　なかむらていじょ　1900生。昭和時代の俳人。1989没。

小林秀雄　こばやしひでお　1902生。昭和時代の文芸評論家。1083没。

金子みすゞ　かねこみすず　1903生。大正時代，昭和時代の童謡詩人。1930没。

橋本夢道　はしもとむどう　1903生。昭和時代の俳人。現代俳句協会顧問。1974没。

ブリアン，エミル・フランティシェク　1904生。チェコの作曲家，演出家，著述家。1959没。

岡秀行　おかひでゆき　1905生。昭和時代，平成時代のデザイナー。1995没。

ヨージェフ・アッティラ　1905生。ハンガリーの詩人。1937没。

アンチェルル，カレル　1908生。チェコスロヴァキアの指揮者。1973没。

井深大　いぶかまさる　1908生。昭和時代，平成時代の実業家，電子工学者。ソニー社長，ソニー教育振興財団理事長。1997没。

田中澄江　たなかすみえ　1908生。昭和時代，平成時代の劇作家，小説家。2000没。

マニャーニ，アンナ　1908生。イタリアの女優。1973没。

井手俊郎　いでとしろう　1910生。昭和時代のシナリオライター。1988没。

マクラレン，ノーマン　1914生。カナダのアニメイション作家。1987没。

大島正　おおしまただし　1918生。昭和時代のスペイン文学者。同志社大学教授。1984没。

ジャンセン　1922生。アメリカの歴史学者，日本史研究家。2000没。

ヒーゼン，ブルース・チャールズ　1924生。アメリカの海洋学者，地質学者。1977没。

三木のり平　みきのりへい　1924生。昭和時代，平成時代の喜劇俳優。1999没。

中西太　なかにしふとし　1933生。昭和時代，平成時代の元・プロ野球監督，元・プロ野球選手。

加山雄三　かやまゆうぞう　1937生。昭和時代，平成時代の俳優，歌手。

猪俣公章　いのまたこうしょう　1938生。昭和時代，平成時代の作曲家。1993没。

加堂秀三　かどうしゅうぞう　1940生。昭和時代，平成時代の小説家。2001没。

山本益博　やまもとますひろ　1948生。昭和時代，平成時代の料理評論家。

武田鉄矢　たけだてつや　1949生。昭和時代，平成時代の俳優，歌手。

フェルホフスタット，ヒー　1953生。ベルギーの政治家。

森高千里　もりたかちさと　1969生。平成時代の歌手。

琴光喜啓司　ことみつきけいじ　1976生。平成時代の力士(関脇)。

玉田圭司　たまだけいじ　1980生。平成時代のサッカー選手。

4月11日

4月12日

○記念日○　パンの記念日
　　　　　世界宇宙飛行の日

小笠原貞宗　おがさわらさだむね　1292生。鎌倉時代後期, 南北朝時代の武将, 信濃守護, 小笠原流礼法の祖。1347没。

ブラーラー(ブラウラー), アンブロシウス　1492生。ドイツの宗教改革者。1564没。

カメラリウス, ヨアヒム　1500生。ドイツの古典学者, ルター派の神学者。1574没。

ムレトゥス　1526生。フランスの人文主義者, 古典学者。1585没。

ガルシラーソ・デ・ラ・ベーガ　1539生。ペルーの歴史家。1616没。

ボンフレール, ジャーク　1573生。ベルギーの聖書学者, イエズス会士。1642没。

クリスティアン4世　1577生。デンマーク, ノルウェー王(1588〜1648)。1648没。

バッソンピエール, フランソワ・ド　1579生。フランスの廷臣, 軍人。1646没。

三条実秀　さんじょうさねひで　1598生。江戸時代前期の公家。1671没。

森川俊胤　もりかわとしたね　1670生。江戸時代中期の大名。1746没。

ナルディーニ, ピエトロ　1722生。イタリアのヴァイオリン奏者。1793没。

ブステッリ, フランツ・アントン　1723生。スイスの陶器原型作者。1763没。

奥平昌敦　おくだいらまさあつ　1724生。江戸時代中期の大名。1758没。

宇井黙斎　ういもくさい　1725生。江戸時代中期の儒者。1781没。

ジュシュー, アントワーヌ-ローラン・ド　1748生。フランスの植物学者。1836没。

平山東山　ひらやまとうさん　1762生。江戸時代中期, 後期の対馬藩士。1816没。

小国重年　おぐにしげとし　1766生。江戸時代後期の遠江の国学者。1819没。

クレイ, ヘンリー　1777生。アメリカの政治家。1852没。

ダラム, ジョン, ジョージ・ラムトン, 伯爵　1792生。イギリスの政治家。1840没。

ランナー, ヨーゼフ　1801生。オーストリアの作曲家。1843没。

クルティウス　1813生。オランダの外交官。1879没。

ダフィ, サー・チャールズ・ガヴァン　1816生。アイルランドの政治家。1903没。

オストロフスキー, アレクサンドル・ニコラエヴィチ　1823生。ロシアの劇作家。1886没。

ムーニエ, コンスタンタン　1831生。ベルギーの彫刻家, 画家。1905没。

プルジェヴァリスキー, ニコライ・ミハイロヴィチ　1839生。ロシアの探検家, 帝政ロシアの将校。1888没。

リッペルト　1839生。チェコスロヴァキアの文化史家。1909没。

松田正久　まつだまさひさ　1845生。明治時代, 大正時代の政治家。衆議院議長。1914没。

ハイム　1849生。スイスの地質学者。1937没。

ザッパー, アグネス　1852生。ドイツの女流児童文学作家。1929没。

リンデマン, カール・ルイ・フェルディナンド・フォン　1852生。ドイツの数学者。1939没。

頭山満　とうやまみつる　1855生。明治時代-昭和時代の国家主義者。1944没。

コンウェー　1856生。イギリスの美術史家。1937没。

ガーヴィン　1868生。イギリスのジャーナリスト。1947没。

エンデル, アウグスト　1871生。ドイツの建築・工芸家。1925没。

メタクサス, イオアンニス　1871生。ギリシアの軍人, 首相。1941没。

ユルバン, ジョルジュ　1872生。フランスの化学者。1938没。

小幡酉吉　おばたゆうきち　1873生。大正時代, 昭和時代の外交官。駐独大使。1947没。

クック, スタンリー・アーサー　1873生。イギリスの神学者。1949没。

ジンツハイマー　1875生。ドイツの法学者。1945没。

曽我廼家五九郎　そがのやごくろう　1876生。明治時代-昭和時代の喜劇俳優。1931没。

ブレイエ　1876生。フランスの哲学史家。1952没。
ベッカー, カール・ハインリヒ　1876生。ドイツの近東学者, 政治家。1933没。
ゴルトシュミット, リヒャルト・ベネディクト　1878生。アメリカの動物学者, 遺伝学者。1958没。
ボール, アリ　1880生。フランスの舞台, 映画俳優。1943没。
ルイス　1883生。アメリカの論理学者。1964没。
マイアーホーフ, オットー・フリッツ　1884生。ドイツの生化学者。1951没。
ドローネー, ロベール　1885生。フランスの画家。1941没。
井上日召　いのうえにっしょう　1886生。明治時代–昭和時代の国家主義者。1967没。
渡辺義介　わたなべぎすけ　1888生。大正時代, 昭和時代の経営者。八幡製鉄社長。1956没。
フランダン　1889生。フランスの首相兼外相。1958没。
ルッス, エミーリオ　1890生。イタリアの社会主義運動家。1975没。
近藤経一　こんどうけいいち　1897生。大正時代, 昭和時代の劇作家, 小説家。1986没。
ポンス, リリー　1898生。アメリカのソプラノ歌手。1976没。
シュッツ, アルフレッド　1899生。オーストリア生まれのアメリカの社会学者。1959没。
富士田音蔵(6代目)　ふじたおとぞう　1899生。大正時代, 昭和時代の長唄唄方。1972没。
丹沢豊子　たんざわとよこ　1900生。大正時代, 昭和時代の歌人。1985没。
ベール　1902生。オランダの政治家。1977没。
ティンバーゲン, ヤン　1903生。オランダの経済学者。1994没。
阿部六郎　あべろくろう　1904生。昭和時代のドイツ文学者, 文芸評論家。1957没。
川島芳子　かわしまよしこ　1906生。大正時代, 昭和時代の満蒙独立活動家。1948没。
ジェーラス・レストレーポ　1908生。コロンビアの大統領(1966〜70)。1994没。
ハンプトン, ライオネル　1909生。アメリカのジャズ・バイブ, ドラム奏者, ビッグ・バンドリーダー。2002没。
環昌一　たまきしょういち　1912生。昭和時代, 平成時代の弁護士。最高裁判事。1993没。
バール, レモン　1924生。フランスの政治家。
桂文枝(5代目)　かつらぶんし　1930生。昭和時代, 平成時代の落語家。2005没。
上村淳之　うえむらあつし　1933生。昭和時代, 平成時代の日本画家。
松井やより　まついやより　1934生。昭和時代, 平成時代のジャーナリスト。2002没。
エイクボーン, アラン　1939生。イギリスの劇作家, 演出家。
坪内ミキ子　つぼうちみきこ　1940生。昭和時代, 平成時代の女優。
ハンコック, ハービー　1940生。アメリカのジャズピアニスト, 作曲家, 編曲家。
園まり　そのまり　1944生。昭和時代, 平成時代の歌手。
本条秀太郎　ほんじょうひでたろう　1945生。昭和時代, 平成時代の三味線奏者。
金田たつえ　かねだたつえ　1948生。昭和時代, 平成時代の歌手。
フィッシャー, ヨシュカ　1948生。ドイツの政治家。
藤田宜永　ふじたよしなが　1950生。昭和時代, 平成時代の小説家, エッセイスト, 翻訳家。
松村雄策　まつむらゆうさく　1951生。昭和時代, 平成時代の音楽評論家。
ガルシア, アンディ　1956生。アメリカの俳優。
田中康夫　たなかやすお　1956生。昭和時代, 平成時代の小説家。
高田延彦　たかだのぶひこ　1962生。昭和時代, 平成時代の格闘家, 俳優。
森川由加里　もりかわゆかり　1963生。昭和時代, 平成時代の歌手。
広瀬香美　ひろせこうみ　1966生。昭和時代, 平成時代のシンガー・ソングライター。
デーンズ, クレア　1979生。アメリカの女優。
岩隈久志　いわくまひさし　1981生。平成時代のプロ野球選手。
ドキッチ, エレナ　1983生。セルビア・モンテネグロのテニス選手。
吉沢ひとみ　よしざわひとみ　1985生。平成時代の歌手。

4月12日

4月13日

○記念日○ 喫茶店の日
決闘の日
十三詣り
○忌　日○ 啄木忌

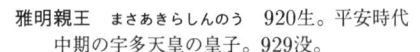

雅明親王　まさあきらしんのう　920生。平安時代中期の宇多天皇の皇子。929没。
ファーベル, ペトルス　1506生。フランス生まれのイエズス会創立者のひとり。1546没。
カトリーヌ・ド・メディシス　1519生。フランス, アンリ2世の王妃。1589没。
聖興女王　しょうこうじょおう　1590生。安土桃山時代の女性。後陽成天皇の第1皇女。1594没。
ストラフォード, トマス・ウェントワース, 初代伯爵　1593生。イギリスの政治家。1641没。
中院通茂　なかのいんみちしげ　1631生。江戸時代前期, 中期の公家。1710没。
ギュイヨン, ジャンヌ・マリー・ド・ラ・モット　1648生。フランスの女性神秘思想家。1717没。
一条兼輝　いちじょうかねてる　1652生。江戸時代前期, 中期の公家。1705没。
二条綱平　にじょうつなひら　1672生。江戸時代中期の公家。1732没。
村井見朴　むらいけんぼく　1702生。江戸時代中期の医師。1760没。
パーシー, トマス　1729生。イギリスの聖職者, 古典研究家。1811没。
ノース, フレデリック, 8代ノース男爵　1732生。イギリスの政治家。大蔵総裁(首相)。1792没。
増賞入道親王　ぞうしょうにゅうどうしんのう　1734生。江戸時代中期の有栖川宮第5代職仁親王の第4王子。1770没。
ジェファソン, トマス　1743生。第3代アメリカ大統領(1801～09)。1826没。
オルレアン, ルイ・フィリップ・ジョゼフ, 公爵　1747生。フランス最後の国王ルイ・フィリップ(在位1830～48)の父。1793没。
ブラマ, ジョゼフ　1748生。イギリスの技術家, 発明家。1814没。
石城南隊　いしがきなんがい　1755生。江戸時代中期, 後期の儒者。1822没。

トレヴィシック, リチャード　1771生。イギリスの技術家, 発明家。1833没。
ヴランゲル　1784生。プロシアの元帥。1877没。
フルーラン, ジャン・ピエール・マリー　1794生。フランスの生理学者。1867没。
充真院　じゅうしんいん　1800(閏4月)生。江戸時代, 明治時代の大名夫人, 尼僧。1880没。
カルノー　1801生。フランスの政治家。1888没。
ベネット, サー・ウィリアム・スターンデイル　1816生。イギリスのピアニスト, 指揮者, 作曲家。1875没。
ホリオーク, ジョージ(・ジェイコブ)　1817生。イギリスの協同組合運動指導者, ジャーナリスト。1906没。
ブスラーエフ, フョードル・イワノヴィチ　1818生。ロシアの言語学者。1897没。
マッギー, トマス・ダーシー　1825生。アイルランド, カナダの政治家, 文筆家。1868没。
バトラー, ジョゼフィーン・エリザベス　1828生。イギリスの女流社会改革家。1906没。
ライトフット, ジョウゼフ・バーバー　1828生。イギリスの神学者。1889没。
モンタルボ, ファン　1832生。エクアドルの作家。1889没。
中岡慎太郎　なかおかしんたろう　1838生。江戸時代末期の尊攘・討幕派志士, 土佐藩郷士。1867没。
ブローダースト　1840生。イギリスの政治家。1911没。
中山忠光　なかやまただみつ　1845生。江戸時代末期の公家。1864没。
ウルワース, フランク・W(ウィンフィールド)　1852生。アメリカの実業家。1919没。
イーリ, リチャード・セアドア　1854生。アメリカの経済学者, 社会改良家。1943没。
デュルケム, エミール　1858生。フランス社会学の創設者。1917没。

アンソール, ジェイムズ　1860生。ベルギーの画家。1949没。
土子金四郎　つちこきんしろう　1864生。明治時代, 大正時代の経済学者, 実業家。横浜生命保険重役, 東京高等商業学校教授。1917没。
松井米太郎　まついよねたろう　1869生。明治時代–昭和時代の牧師。1946没。
市来乙彦　いちきおとひこ　1872生。明治時代–昭和時代の大蔵官僚, 政治家。日本銀行総裁, 参議院議員。1954没。
佐々木月樵　ささきげっしょう　1875生。明治時代, 大正時代の真宗大谷派の僧。真宗大学教授, 大谷大学長。1926没。
高野辰之　たかのたつゆき　1876生。明治時代–昭和時代の国文学者, 作詞家。東京音楽学校教授, 大正大学教授。1947没。
コルベ, ゲオルク　1877生。ドイツの彫刻家。1945没。
セヴェーリ　1879生。イタリアの数学者。1961没。
高須梅渓　たかすばいけい　1880生。明治時代–昭和時代の評論家。1948没。
久保田敬一　くぼたけいいち　1881生。昭和時代の官僚, 実業家。貴族院議員, 日本通運社長。1976没。
ビンスヴァンガー, ルートヴィヒ　1881生。スイスの精神病理学者。1966没。
ベードヌイ, デミヤン　1883生。ソ連の詩人。1945没。
エステルリング, アンダシュ　1884生。スウェーデンの詩人, 文芸評論家。1981没。
ルカーチ, ジェルジュ　1885生。ハンガリーの哲学者, 文芸理論家。1971没。
ウォトソン-ウォット, サー・ロバート・アレグザンダー　1892生。イギリスの物理学者。1973没。
伊藤道郎　いとうみちお　1893生。明治時代–昭和時代の舞踊家。1961没。
徳川夢声　とくがわむせい　1894生。大正時代, 昭和時代の放送芸能家, 随筆家。1971没。
薩摩治郎八　さつまじろはち　1901生。大正時代, 昭和時代の随筆家。1976没。
ラカン, ジャック　1901生。フランスの精神分析哲学者。1981没。
藪田義雄　やぶたよしお　1902生。詩人。「沙羅」主宰。1984没。

重藤文夫　しげとうふみお　1903生。昭和時代の医師。放射線科, 広島原爆病院長。1982没。
木村秀政　きむらひでまさ　1904生。昭和時代の航空工学者。航空政策研究会会長, 日本大学教授。1986没。
水田三喜男　みずたみきお　1905生。昭和時代の政治家。蔵相, 通産相, 衆院議員。1976没。
ベケット, サミュエル　1906生。アイルランドの劇作家, 小説家。1989没。
村川堅太郎　むらかわけんたろう　1907生。昭和時代の西洋史学者。東京大学教授, 地中海学会会長。1991没。
ウェルティ, ユードラ　1909生。アメリカの女流作家。2001没。
大宮敏充　おおみやとしみつ　1913生。昭和時代の喜劇俳優。デン助劇団座長。1976没。
コスグレーブ, リアム　1920生。アイルランドの政治家。
ブレイン, ジョン　1922生。イギリスの小説家。1986没。
吉行淳之介　よしゆきじゅんのすけ　1924生。昭和時代, 平成時代の小説家。1994没。
宮尾登美子　みやおとみこ　1926生。昭和時代, 平成時代の小説家。
藤田まこと　ふじたまこと　1933生。昭和時代, 平成時代の俳優。
西野和子　にしのかずこ　1938生。昭和時代のバレリーナ, 振付師。1980没。
ヒーニー, シェイマス　1939生。アイルランドの詩人。
上沼恵美子　かみぬまえみこ　1955生。昭和時代, 平成時代のタレント。
西城秀樹　さいじょうひでき　1955生。昭和時代, 平成時代の歌手, 俳優。
萬田久子　まんだひさこ　1958生。昭和時代, 平成時代の女優。
つみきみほ　つみきみほ　1071生。昭和時代, 平成時代の女優。

登場人物

諸星あたる　もろぼしあたる　『うる星やつら』の主人公。

4月13日

4月14日

○記念日○　オレンジデー
　　　　　タイタニック号の日

マーニー（マニ，マネス）　216生。ペルシアの宗教家，マニ教の創始者。277没。

仁宗（宋）　じんそう　1010生。中国，北宋の第4代皇帝（在位1022～63）。1063没。

頼印　らいいん　1323生。南北朝時代の真言宗の僧。1392没。

徳大寺実時　とくだいじさねとき　1338生。南北朝時代，室町時代の公卿。1404没。

オルテリウス，アブラハム　1527生。ベルギーの骨董品収集家，製図家，地理学者。1598没。

フェリペ3世　1578生。スペイン王（在位1598～1621）。1621没。

鷹司信尚　たかつかさのぶひさ　1590生。江戸時代前期の公家。1621没。

安藤朴翁　あんどうぼくおう　1627生。江戸時代前期の国学者。1702没。

ホイヘンス，クリスティアーン　1629生。オランダの物理学者，天文学者，数学者。1695没。

ダービー1世　1678生。イギリスの製鉄業者。1715没。

伊藤竜洲　いとうりょうしゅう　1683生。江戸時代中期の漢学者。1755没。

本居宣長の母　もとおりのりながのはは　1705生。江戸時代中期の女性。伊勢国の豪商の娘。1768没。

マカートニー　1737生。イギリスの外交家，政治家。1806没。

ベンティンク，ウィリアム・ヘンリー・キャヴェンディッシュ，3代ポートランド伯爵　1738生。イギリスの政治家。1809没。

フォンヴィージン，デニス・イワノヴィチ　1744生。ロシアの作家。1792没。

ヴィレール　1773生。フランスの政治家。1854没。

篠崎小竹　しのざきしょうちく　1781生。江戸時代後期の儒学者，漢詩人。1851没。

ルイ，ピエール・シャルル・アレクサンドル　1787生。フランスの医師，病理解剖学者，医用統計学の開拓者。1872没。

ブッシュネル，ホラス　1802生。アメリカの神学者。1876没。

モリル　1810生。アメリカの政治家。1898没。

ブルース　1814生。イギリスの外交官。1867没。

ピット-リヴァーズ，オーガスタス　1827生。イギリスの軍人，考古学者。1900没。

ロールフス，ゲルハルト　1831生。ドイツのアフリカ探検家。1896没。

能勢達太郎　のせたつたろう　1842生。江戸時代末期の志士。1864没。

アッスマン　1845生。ドイツの気象学者。1918没。

樽井藤吉　たるいとうきち　1850生。明治時代の政治家，社会運動家。衆議院議員。1922没。

江木千之　えぎかずゆき　1853生。明治時代，大正時代の官僚，政治家。貴族院議員，文相。1932没。

小崎弘道　こざきひろみち　1856生。明治時代-昭和時代のキリスト教伝道者，牧師。同志社英学校社長。1938没。

ホーズリー，サー・ヴィクター　1857生。イギリスの外科医，生理学者。1916没。

ストルイピン，ピョートル・アルカジエヴィチ　1862生。ロシアの政治家。1911没。

ボワレーヴ，ルネ　1867生。フランスの小説家。1926没。

マクレナン，サー・ジョン・カニンガム　1867生。カナダの物理学者。1935没。

ベーレンス，ペーター　1868生。ドイツの建築家，工業デザイナー。1940没。

杵屋勘五郎（5代目）　きねやかんごろう　1875生。明治時代，大正時代の長唄三味線方。1917没。

マントゥー　1877生。フランスの歴史家。1956没。

斎藤野の人　さいとうののひと　1878生。明治時代の評論家。1909没。

キャベル，ジェイムズ・ブランチ　1879生。アメリカの小説家，詩人，歴史家。1958没。

シュリック, モーリッツ　1882生。ドイツの哲学者。1936没。

十河信二　そごうしんじ　1884生。大正時代, 昭和時代の官僚。国鉄総裁, 日本交通協会会長。1981没。

滝正雄　たきまさお　1884生。昭和時代の政治家。衆議院議員。1969没。

グミリョーフ, ニコライ・ステパノヴィチ　1886生。ロシアの詩人。1921没。

クルツィウス, エルンスト・ローベルト　1886生。ドイツの文学研究家, ラテン語学者。1956没。

トールマン, エドワード・C　1886生。アメリカの心理学者。1959没。

トインビー, アーノルド　1889生。イギリスの歴史家, 文明批評家。1975没。

アンベードカル, B.R.　1891生。インドの政治家。1956没。

高倉輝　たかくらてる　1891生。大正時代, 昭和時代の社会運動家, 小説家。1986没。

チャイルド, ゴードン　1892生。オーストラリア生まれの考古学者。1957没。

石黒宗麿　いしぐろむねまろ　1893生。大正時代, 昭和時代の陶芸家。1968没。

ギーディオン, ジークフリート　1893生。スイスの建築史家。1968没。

相良守峯　さがらもりお　1895生。昭和時代のドイツ文学者。東京大学教授, 日本独文学会理事長。1989没。

富田木歩　とみたもっぽ　1897生。明治時代, 大正時代の俳人。1923没。

黒田寿男　くろだひさお　1899生。昭和時代の弁護士, 政治家。労農党主席。1986没。

佐左木俊郎　ささきとしろう　1900生。昭和時代の小説家。1933没。

宮本ミツ　みやもとみつ　1900生。昭和時代の宗教家。妙智会教祖。1984没。

小川鼎三　おがわていぞう　1901生。昭和時代の解剖学者, 医史学者。東京大学教授。1984没。

田坂具隆　たさかともたか　1901生。大正時代, 昭和時代の映画監督。1974没。

松下正寿　まつしたまさとし　1901生。大正時代, 昭和時代の国際法学者, 政治家。立教大学総長, 参議院議員。1986没。

高橋貞次　たかはしさだつぐ　1902生。大正時代, 昭和時代の刀匠。1968没。

デュヴァリエ, フランソワ　1907生。ハイチの大統領（1957～71）。1971没。

安田一　やすだはじめ　1907生。昭和時代の経営者。安田生命保険取締役会長。1991没。

依田義賢　よだよしかた　1909生。昭和時代の脚本家。大阪芸術大学教授。1991没。

古島敏雄　ふるしまとしお　1912生。昭和時代, 平成時代の農業経済史学者。東京大学教授, 農業経済学会会長。1995没。

林屋辰三郎　はやしやたつさぶろう　1914生。昭和時代, 平成時代の日本史学者。京都大学教授, 京都国立博物館長。1998没。

香川茂　かがわしげる　1920生。昭和時代, 平成時代の作家, 児童文学者。1991没。

長井勝一　ながいかついち　1921生。昭和時代の出版人。青林堂社長。1996没。

スタイガー, ロッド　1925生。アメリカの俳優。2002没。

松浦竹夫　まつうらたけお　1926生。大正時代, 昭和時代の演出家。テアトロ海主宰。1998没。

クリスティー, ジュリー　1940生。イギリスの女優。

ローズ, ピート　1941生。アメリカの元・大リーグ監督, 元・大リーグ選手。

大友克洋　おおともかつひろ　1954生。昭和時代, 平成時代のアニメーション作家, 漫画家, 映画監督。

中谷彰宏　なかたにあきひろ　1959生。昭和時代, 平成時代の作家。

今井美樹　いまいみき　1963生。昭和時代, 平成時代の歌手, 女優。

小沢健二　おざわけんじ　1968生。昭和時代, 平成時代のミュージシャン。

工藤静香　くどうしずか　1970生。昭和時代, 平成時代の歌手, タレント。

奥野史子　おくのふみこ　1972生。平成時代の元・シンクロナイズドスイミング選手, スポーツコメンテーター。

ブロディ, エイドリアン　1973生。アメリカの俳優。

ゲラー, サラ・ミシェル　1977生。アメリカの女優。

村治佳織　むらじかおり　1978生。平成時代のギタリスト。

4月14日

4月15日

○記念日○　ヘリコプターの日
　　　　　遺言の日
○忌　日○　阿国忌
　　　　　梅若忌

慈円　じえん　1155生。平安時代後期, 鎌倉時代前期の天台宗の僧。1225没。

行清　ぎょうしょう　1229生。鎌倉時代前期, 後期の社僧・歌人。1279没。

レオナルド・ダ・ヴィンチ　1452生。イタリアの画家, 彫刻家, 建築家, 科学者。1519没。

良筠　りょうきん　1458生。戦国時代の曹洞宗の僧。1541没。

ナーナク　1469生。シク教の開祖。1539没。

弾誓　たんぜい　1552生。安土桃山時代, 江戸時代前期の浄土宗の僧。1613没。

サルマシウス, クラウディウス　1588生。フランスの古典学者。1653没。

エカテリーナ1世　1684生。ロシア女帝(在位1725〜27)。1727没。

鄭秉哲　ていへいてつ　1695生。江戸時代中期の琉球国の上級役人。1760没。

オイラー, レオンハルト　1707生。スイスの数学者。1783没。

カマルゴ, マリア・アンナ・ド　1710生。フランスのバレリーナ。1770没。

カレン, ウィリアム　1710生。スコットランドの医師。1790没。

ピール, チャールズ・ウィルソン　1741生。アメリカの画家。1827没。

シュヴァルツェンベルク, カール・フィリップ, 公爵　1771生。オーストリアの軍人。1820没。

ジョフロワ・サン-ティレール, エティエンヌ　1772生。フランスの動物学者, 奇形学者。1844没。

ストルーヴェ, フリードリヒ・ゲオルク・ヴィルヘルム　1793生。ドイツ生まれのロシアの天文学者。1864没。

チエール, アドルフ　1797生。フランスの政治家, 歴史家。1877没。

ロス, サー・ジェイムズ・クラーク　1800生。イギリスの海軍軍人, 北極, 南極探検家。1862没。

グラスマン, ヘルマン　1809生。ドイツの数学者, 言語学者。1877没。

帆足杏雨　ほあしきょうう　1810生。江戸時代, 明治時代の南画家。1884没。

モンタランベール, シャルル・ド　1810生。フランスの政治家, ジャーナリスト。1870没。

ルソー, テオドール　1812生。フランスの画家, 版画家。1867没。

鎌田出雲　かまたいずも　1816生。江戸時代末期の勤王家。1858没。

ジョーエット, ベンジャミン　1817生。イギリスの古典学者, 神学者, 教育者。1893没。

河崎董　かわさきただす　1823生。江戸時代, 明治時代の砲術家。1871没。

ブッシュ, ヴィルヘルム　1832生。ドイツの詩人, 諷刺画家。1908没。

ジェイムズ, ヘンリー　1843生。アメリカの小説家, 批評家。1916没。

内藤鳴雪　ないとうめいせつ　1847生。明治時代, 大正時代の俳人。1926没。

佐双左仲　さそうさちゅう　1852生。明治時代の造船技師。造船総監, 工学博士。1905没。

モレアス, ジャン　1856生。フランスの詩人。1910没。

南方熊楠　みなかたくまぐす　1867生。明治時代-昭和時代の生物学者, 民俗学者, 人類学者。1941没。

シュタルク, ヨハネス　1874生。ドイツの物理学者。1957没。

有吉明　ありよしあきら　1876生。大正時代, 昭和時代の外交官。1937没。

辻善之助　つじぜんのすけ　1877生。明治時代-昭和時代の日本史学者。1955没。

ヴァルザー, ローベルト　1878生。スイスの詩人, 小説家。1956没。

坂元雪鳥　さかもとせっちょう　1879生。明治時代-昭和時代の能楽評論家, 国文学者。日本大学教授。1938没。

ヴェルトハイマー, マックス　1880生。ドイツの心理学者。1943没。

正富汪洋　まさとみおうよう　1881生。明治時代–昭和時代の詩人, 歌人。1967没。

オザンファン, アメデ　1886生。フランスのピュリスムの画家, 美術評論家。1966没。

浅田長平　あさだちょうへい　1887生。大正時代, 昭和時代の実業家, 技術者。神戸製鋼所社長。1970没。

ベントン, トーマス・ハート　1889生。アメリカの風俗画家, 壁画家。1975没。

アルヴァーロ, コッラード　1895生。イタリアの詩人, 小説家。1956没。

スミス, ベッシー　1895生。アメリカの黒人ブルース歌手。1937没。

飯田蝶子　いいだちょうこ　1897生。大正時代, 昭和時代の女優。1972没。

川俣清音　かわまたせいおん　1899生。大正時代, 昭和時代の社会運動家。衆議院議員（社会党）。1972没。

吉野せい　よしのせい　1899生。昭和時代の小説家。1977没。

山本丘人　やまもときゅうじん　1900生。昭和時代の日本画家。1986没。

プレヴァン　1901生。フランスの政治家。1993没。

ペン・ヌート　1903生。カンボジアの政治家。1985没。

遠藤三郎　えんどうさぶろう　1904生。昭和時代の官僚, 政治家。衆議院議員。1971没。

ティンバーゲン, ニコラース　1907生。オランダ生まれのイギリスの動物行動学者。1988没。

保田与重郎　やすだよじゅうろう　1910生。昭和時代の文芸評論家。1981没。

金日成　キムイルソン　1912生。北朝鮮の政治家, 国家主席, 朝鮮労働党総書記。1994没。

戸川幸夫　とがわゆきお　1912生。昭和時代, 平成時代の小説家。2004没。

古谷綱正　ふるやつなまさ　1912生。昭和時代の評論家, ニュースキャスター。TBSキャスター, 毎日新聞論説委員。1989没。

那須良輔　なすりょうすけ　1913生。昭和時代の漫画家。1989没。

白石勝巳　しらいしかつみ　1918生。昭和時代のプロ野球選手, 監督。2000没。

ナモーラ, フェルナンド　1919生。ポルトガルの小説家。1989没。

吉岡実　よしおかみのる　1919生。昭和時代の詩人。1990没。

ヴァイツゼッカー, リヒャルト・フォン　1920生。ドイツの政治家。元・大統領。

伴義雄　ばんよしお　1921生。昭和時代, 平成時代の薬学者。北海道大学教授。1994没。

染谷恭次郎　そめやきょうじろう　1923生。昭和時代の会計学者。早稲田大学教授, 日本会計学会会長。2000没。

近藤巨士　こんどうひろし　1930生。昭和時代の学生運動家。1952没。

照喜名朝一　てるきなちょういち　1932生。昭和時代, 平成時代の三線奏者, 胡弓奏者。

田原総一朗　たはらそういちろう　1934生。昭和時代, 平成時代のジャーナリスト, ノンフィクション作家, テレビキャスター。

アマコスト, マイケル・ヘイドン　1937生。アメリカの政治学者, 外交官。

佐木隆三　さきりゅうぞう　1937生。昭和時代, 平成時代の小説家。

小出義雄　こいでよしお　1939生。昭和時代, 平成時代のマラソン監督。

アーチャー, ジェフリー　1940生。イギリスの作家, 政治家。

釜本邦茂　かまもとくにしげ　1944生。昭和時代, 平成時代の元・サッカー選手。

范文雀　はんぶんじゃく　1948生。昭和時代, 平成時代の女優。2002没。

ヨネスケ　1948生。昭和時代, 平成時代の落語家, タレント。

酒井和歌子　さかいわかこ　1949生。昭和時代, 平成時代の女優。

兵藤ゆき　ひょうどうゆき　1952生。昭和時代, 平成時代のタレント, エッセイスト。

坂崎幸之助　さかざきこうのすけ　1954生。昭和時代, 平成時代のミュージシャン。

アシュフォード, エベリン　1957生。アメリカの陸上選手。

トンプソン, エマ　1959生。イギリスの女優。

楢崎正剛　ならざきせいごう　1976生。平成時代のサッカー選手。

ワトソン, エマ　1990生。イギリスの女優。

4月15日

4月16日

○記念日○ 国民年金法公布記念日
　　　　　 女子マラソンの日
○忌　日○ 康成忌

虎関師錬　こかんしれん　1278生。鎌倉時代後期，南北朝時代の臨済宗聖一派の僧。1346没。

ジャン2世　1319生。フランス王（在位1350～64）。1364没。

アピアヌス　1495生。ドイツの地理学者，天文学者。1552没。

二条晴良　にじょうはれよし　1526生。戦国時代，安土桃山時代の公卿。1579没。

ウィレム1世　1533生。スペインに対抗し，オランダの独立に尽した指導者。1584没。

フォークス，ガイ　1570生。イギリスの「火薬陰謀事件」の実行担当者。1606没。

寺田正重　てらだまさしげ　1618生。江戸時代前期の柔術家。1674没。

ファン・ミーリス，フランス　1635生。オランダの画家。1681没。

マンサール，ジュール・アルドゥアン　1646生。フランスの建築家。1708没。

ハリファックス，チャールズ・モンタギュー，初代伯爵　1661生。イギリスの政治家。1715没。

ロー　1671生。イギリスの財政家。1729没。

ティエポロ，ジョヴァンニ・バッティスタ　1696生。イタリアの画家。1770没。

服部蘇門　はっとりそもん　1724生。江戸時代中期の漢学者。1769没。

ブラック，ジョゼフ　1728生。スコットランドの化学者。1799没。

ヴィジェ・ルブラン，エリザベト　1755生。フランスの女流画家。1842没。

ノアイユ，ルイ・マリー・アントアヌ　1756生。フランスの政治家，軍人。1804没。

フランクリン，サー・ジョン　1786生。イギリスの北極探検家。1847没。

クルップ，アルフレート　1812生。ドイツの製鋼業者，兵器工場の経営者。1887没。

デルブリュック　1817生。プロシアの政治家。1903没。

クルティウス，ゲオルク　1820生。ドイツの言語学者。1885没。

ブラウン，フォード・マドックス　1821生。イギリスの画家。1893没。

アイゼンシュタイン　1823生。ドイツの数学者。1852没。

荒川久太郎　あらかわきゅうたろう　1827生。江戸時代，明治時代の久保藩士。1882没。

クレマジー，オクターヴ　1827生。フランス系カナダの愛国詩人。1879没。

ソルヴェー，エルネスト　1838生。ベルギーの化学者。1922没。

フランス，アナトール　1844生。フランスの小説家，評論家。1924没。

ヒルト　1845生。ドイツの東洋史学者。1927没。

フィラートフ　1847生。ロシアの小児科医。1902没。

町田梅之進　まちだうめのしん　1848生。江戸時代，明治時代の西南役の勇士。1877没。

トーマス，シドニー・ギルクリスト　1850生。イギリスの製鋼技術者，発明家。1885没。

ブッチャー　1850生。イギリスのギリシア学者。1910没。

柳原愛子　やなぎわらなるこ　1855生。大正天皇生母，皇太后宮典侍。1943没。

ライト，ウィルバー　1867生。アメリカの発明家。1912没。

曾我廼家十郎　そがのやじゅうろう　1869生。明治時代，大正時代の喜劇俳優。1925没。

シング，J.M.　1871生。アイルランドの劇作家。1909没。

北村季晴　きたむらすえはる　1872生。明治時代-昭和時代の作曲家，演出家。1931没。

渡辺錠太郎　わたなべじょうたろう　1874生。明治時代-昭和時代の陸軍軍人。大将。1936没。

久板卯之助　ひさいたうのすけ　1878生。明治時代，大正時代の社会運動家。1922没。

斎藤瀏　さいとうりゅう　1879生。明治時代-昭和時代の歌人，陸軍軍人。少将。1953没。

朝比奈泰彦　あさひなやすひこ　1881生。明治時代-昭和時代の天然物有機化学者。東京大

学教授。1975没。

永井柳太郎　ながいりゅうたろう　1881生。大正時代, 昭和時代の政治家。早稲田大学教授, 拓務相, 逓信相, 鉄道相。1944没。

ハリファックス, エドワード・フレデリック・リンドリー・ウッド, 初代伯爵　1881生。イギリスの政治家。1959没。

富安風生　とみやすふうせい　1885生。大正時代, 昭和時代の俳人。「若葉」主宰。1979没。

三木治朗　みきじろう　1885生。大正時代, 昭和時代の労働運動家。参院副議長。1963没。

テールマン　1886生。ドイツの政治家。1944没。

チャップリン, チャールズ　1889生。イギリスの喜劇俳優, 映画監督。1977没。

トルベツコイ, ニコライ・セルゲーヴィチ　1890生。ロシアの言語学者。1938没。

島津久基　しまづひさもと　1891生。大正時代, 昭和時代の国文学者。東京帝国大学教授。1949没。

村田嘉久子　むらたかくこ　1893生。明治時代–昭和時代の舞台女優。1969没。

ネイマン　1894生。アメリカ(ルーマニア生まれ)の推計学者。1981没。

セミョーノフ, ニコライ・ニコラエヴィチ　1896生。ソ連の化学者。1986没。

ツァラ, トリスタン　1896生。ルーマニア生まれのフランスの詩人。1963没。

岡崎嘉平太　おかざきかへいた　1897生。昭和時代の実業家。全日本空輸社長。1989没。

グラッブ, サー・ジョン・バゴット　1897生。イギリスの軍人。1986没。

土方与志　ひじかたよし　1898生。大正時代, 昭和時代の演出家, 俳優。日ソ文化連絡協会会長。1959没。

上甲米太郎　じょうこうよねたろう　1902生。大正時代, 昭和時代の教育実践家, 社会運動家。1987没。

本間順治　ほんまじゅんじ　1904生。昭和時代の日本刀研究家。日本美術刀剣保存協会会長。1991没。

愛新覚羅溥傑　あいしんかくらふけつ　1907生。清朝最後の皇帝, 溥儀の弟。1994没。

ジャベス, エドモン　1912生。エジプト生まれのユダヤ作家, 思想家。1991没。

バッキー白片　ばっきーしらかた　1912生。昭和時代, 平成時代のハワイアン演奏家。1994没。

中村八朗　なかむらはちろう　1914生。昭和時代, 平成時代の小説家。1999没。

上杉佐一郎　うえすぎさいちろう　1919生。昭和時代, 平成時代の部落解放運動家。1996没。

ユスティノフ, ピーター　1921生。イギリスの俳優, 劇作家。2004没。

エイミス, キングズリー　1922生。イギリスの小説家, 評論家。1995没。

マンシーニ, ヘンリー　1924生。アメリカの映画音楽作曲家。1994没。

金山康喜　かなやまやすき　1926生。昭和時代の洋画家。1959没。

森部一　もりべはじめ　1926生。昭和時代の実業家。ミツミ電機創業者。1991没。

マリガン, ジェリー　1927生。アメリカのジャズ・バリトンサックス奏者, ピアニスト, 編曲者。1996没。

加守田章二　かもたしょうじ　1933生。昭和時代の陶芸家。1983没。

坂上二郎　さかがみじろう　1934生。昭和時代, 平成時代の俳優, コメディアン。

紀田順一郎　きだじゅんいちろう　1935生。昭和時代, 平成時代の評論家, 作家。

岡八朗　おかはちろう　1938生。昭和時代, 平成時代のコメディアン。2005没。

水谷八重子(2代目)　みずたにやえこ　1939生。昭和時代, 平成時代の女優。

マルグレーテ2世　1940生。デンマーク女王。

アブドル・ジャバー, カリーム　1947生。アメリカのバスケットボール選手。

なぎら健壱　なぎらけんいち　1952生。昭和時代, 平成時代のフォーク歌手, タレント, エッセイスト。

アンリ大公　1955生。ルクセンブルク大公(元首)。

リトバルスキー, ピエール　1960生。ドイツのサッカー監督(アビスパ福岡), 元・サッカー選手。

大西順子　おおにしじゅんこ　1967生。昭和時代, 平成時代のジャズピアニスト。

BONNIE PINK　ぼにーぴんく　1973生。平成時代のシンガーソングライター。

4月16日

4月17日

○記念日○　ハローワークの日（職安記念日）
　　　　　　恐竜の日
○忌　日○　家康忌

禎子内親王　しんしないしんのう　1081生。平安時代後期の女性。白河天皇の皇女。1156没。

李燾　りとう　1115生。中国，南宋の史学者。1184没。

シュティンマー，トビアス　1539生。スイスの画家，木版およびガラス絵の下絵画家。1584没。

ゴッソン　1554生。イギリスの作家，牧師。1624没。

マクシミリアン1世　1573生。バイエルン大公（1597～1651）。1651没。

フォード，ジョン　1586生。イギリスの劇作家。1639没。

リッチォーリ，ジョヴァンニ・バティスタ　1598生。イタリアの天文学者。1671没。

ペルス，チーロ・ディ　1599生。イタリア，バロック期の文人貴族。1663没。

ヴォーン，ヘンリー　1622生。イギリスの詩人。1695没。

ボーン　1622生。イギリスの作家，錬金術学者。1666没。

スティリングフリート，エドワード　1635生。イギリスの聖職者。1699没。

三上千那　みかみせんな　1651生。江戸時代前期，中期の俳人。1723没。

モリヌークス　1656生。アイルランドの哲学者，政治家。1698没。

ファレンタイン　1666生。オランダの改革派教会宣教師。1727没。

ブレア，ロバート　1699生。スコットランドの詩人。1746没。

チェイス，サミュエル　1741生。アメリカの法律家。1811没。

中原蕉斎　なかはらしょうさい　1753生。江戸時代後期の儒者。1838没。

有馬誉純　ありましげすみ　1769生。江戸時代中期，後期の大名。1836没。

ケーニッヒ　1774生。ドイツの印刷技術者。1833没。

柏淵蛙亭　かしぶちあてい　1785生。江戸時代後期の漢詩人。1835没。

ルルー　1797生。フランスの哲学者。1871没。

関根矢作　せきねやさく　1803生。江戸時代，明治時代の篤農家。1896没。

シムズ，ウィリアム・ギルモア　1806生。アメリカの小説家。1870没。

塩谷宕陰　しおのやとういん　1809生。江戸時代末期の儒学者。1867没。

セッテンブリーニ，ルイージ　1813生。イタリアの評論家，文学史家。1876没。

サン‐レオン，（シャルル・ヴィクトール・）アルテュール　1821生。フランスの舞踊家。1870没。

藤原春朔　ふじわらしゅんじゃく　1830生。江戸時代後期，末期，明治時代の医師。1896没。

安場保和　やすばやすかず　1835生。明治時代の官僚，政治家。男爵，貴族院議員。1899没。

モーガン，J.P.　1837生。アメリカの大金融資本家。1913没。

キャンベル，ウィリアム　1841生。スコットランド出身の台湾宣教師。1921没。

ルーヴィエ，ピエール　1842生。フランスの首相。1911没。

大内青巒　おおうちせいらん　1845生。明治時代の曹洞宗僧侶。東洋大学長。1918没。

安川敬一郎　やすかわけいいちろう　1849生。明治時代，大正時代の実業家。1934没。

萩野由之　はぎのよしゆき　1860生。明治時代，大正時代の国史・国文学者。東京帝国大学教授。1924没。

スターリング，アーネスト・ヘンリー　1866生。イギリスの生理学者。1927没。

コノウ　1867生。ノルウェーのインド，イラン学者。1948没。

山口喜一郎　やまぐちきいちろう　1872生。明治時代–昭和時代の日本語教育家。1952没。

松平恒雄　まつだいらつねお　1877生。明治時代–昭和時代の外交官，政治家。宮内相。1949没。

224

ウーリ，チャールズ・レナード　1880生。イギリスの考古学者。1960没。

ヴィルトガンス，アントン　1881生。オーストリアの詩人，劇作家。1932没。

神山政良　かみやませいりょう　1882生。大正時代，昭和時代の官僚，大衆運動家。沖縄祖国復帰促進協議会会長。1978没。

シュナーベル，アルトゥル　1882生。オーストリアのピアニスト。1951没。

マッキーヴァー　1882生。スコットランド生まれのアメリカの社会学者，政治学者。1970没。

カメンスキー，ワシーリー・ワシリエヴィチ　1884生。ソ連の詩人，小説家。1961没。

孫伝芳　そんでんぽう　1885生。中国の軍人。1935没。

ブリクセン，カーレン　1885生。デンマークの女流作家。1962没。

ミンコフスキー　1885生。フランスの精神医学者。1972没。

フルシチョフ，ニキータ・セルゲーヴィチ　1894生。ソ連の政治家。党第一書記，首相。1971没。

西光万吉　さいこうまんきち　1895生。大正時代，昭和時代の社会運動家，劇作家。1970没。

プロップ，ウラジーミル・ヤーコヴレヴィチ　1895生。ソ連邦の民俗学者。1970没。

ワイルダー，ソーントン　1897生。アメリカの小説家，劇作家。1975没。

ブルクハルト，カール・ヤーコプ　1900生。スイスの歴史家，外交官，随筆家。1955没。

プレビッシュ　1901生。アルゼンチンの経済学者。1986没。

トレス-ボデー，ハイメ　1902生。メキシコの文学者，政治家。1974没。

ピャティゴルスキー，グレゴール　1903生。ロシア生まれのアメリカのチェリスト。1976没。

石川輝　いしかわてる　1904生。昭和時代のボクシング評論家。日本アマチュアボクシング連盟顧問。1987没。

八木隆一郎　やぎりゅういちろう　1906生。昭和時代の劇作家。1965没。

嵐芳三郎（5代目）　あらしよしさぶろう　1907生。大正時代，昭和時代の歌舞伎役者。1977没。

小林秀恒　こばやしひでつね　1908生。昭和時代の挿絵画家。1942没。

三宅泰雄　みやけやすお　1908生。昭和時代の地球化学者。地球化学研究協会理事長，東京教育大学教授。1990没。

ポエール，アラン　1909生。フランスの政治家。1996没。

バザン，エルヴェ　1911生。フランスの小説家。1996没。

斉藤了英　さいとうりょうえい　1916生。昭和時代，平成時代の実業家。大昭和製紙社長。1996没。

バンダラナイケ，シリマボ　1916生。スリランカの政治家。2000没。

川田信一郎　かわたしんいちろう　1918生。昭和時代の農学者。東京大学教授，日本学術会議会員。1984没。

ホールデン，ウィリアム　1918生。アメリカの俳優。1981没。

藤城清治　ふじしろせいじ　1924生。昭和時代，平成時代の画家，影絵作家。

桑田次郎　くわたじろう　1935生。昭和時代の漫画家。代表作に「月光仮面」。

畑正憲　はたまさのり　1935生。昭和時代，平成時代の随筆家，動物文学者。

矢野暢　やのとおる　1936生。昭和時代，平成時代の政治生態学者。京都大学東南アジア研究センター教授。1999没。

市川森一　いちかわしんいち　1941生。昭和時代，平成時代の作家，脚本家。

大泉逸郎　おおいずみいつろう　1942生。昭和時代，平成時代の歌手。

若松勉　わかまつとむ　1947生。昭和時代，平成時代の元・プロ野球監督，元・プロ野球選手。

ハッセー，オリビア　1951生。女優。

高見沢俊彦　たかみざわとしひこ　1954生。昭和時代，平成時代のミュージシャン。

ゴルゴ松本　ごるごまつもと　1967生。昭和時代，平成時代のコメディアン。

ベッカム，ビクトリア　1975生。イギリスの歌手。

玉城千春　たましろちはる　1977生。平成時代の歌手。

萩原智子　はぎわらともこ　1980生。平成時代のスポーツコメンテイター，元・水泳選手。

4月17日

4月18日

○記念日○　お香の日
　　　　　　発明の日
　　　　　　良い歯の日
○忌　日○　北斎忌

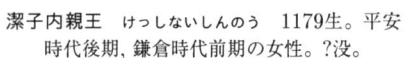

潔子内親王　けっしないしんのう　1179生。平安時代後期，鎌倉時代前期の女性。?没。

ボルジア，ルクレツィア　1480生。ローマ教皇アレクサンデル6世の娘，チェーザレ・ボルジアの妹。1519没。

ハリソン　1534生。イギリスの地誌学者，社会史学者。1593没。

丹羽長重　にわながしげ　1571生。安土桃山時代，江戸時代前期の大名。1637没。

冷泉為頼　れいぜいためより　1592生。江戸時代前期の公家。1627没。

カリッシミ，ジャーコモ　1605生。イタリアの作曲家。1674没。

小原大丈軒　おはらだいじょうけん　1637生。江戸時代前期，中期の備前岡山藩士。1712没。

土井利知　どいとしとも　1674生。江戸時代中期の大名。1745没。

タウンゼント，C.　1675生。イギリスの政治家，農業経営専門家。1738没。

石王塞軒　いしおうそっけん　1701生。江戸時代中期の儒者。1780没。

萱生由章　かようよしあき　1717生。江戸時代中期の国学者。1775没。

ヴェストリス　1729生。イタリア生まれの舞踊家。1808没。

コールマン，ジョージ　1732生。イギリスの劇作家。1794没。

片岡徳　かたおかとく　1785生。江戸時代末期の国学者，備前岡山藩士。1856没。

中山みき　なかやまみき　1798生。江戸時代，明治時代の宗教家。1887没。

加藤雪潭　かとうせったん　1809生。江戸時代末期の画家。1864没。

ルイス，ジョージ・ヘンリー　1817生。イギリスの著作家，評論家。1878没。

メルガレホ　1818生。ボリビアの軍人，政治家。1871没。

古東領左衛門　ことうりょうざえもん　1819生。江戸時代末期の志士。1864没。

ズッペ，フランツ・フォン　1819生。オーストリアのオペレッタ作曲家。1895没。

ペーテルマン　1822生。ドイツの地理学者，地図作製家。1878没。

原勤堂　はらきんどう　1825生。江戸時代，明治時代の医師。1896没。

島本仲道　しまもとなかみち　1833生。江戸時代，明治時代の高知藩士，政治家。1893没。

太田源三郎　おおたげんざぶろう　1835生。江戸時代，明治時代の通詞。1895没。

吉村寅太郎　よしむらとらたろう　1837生。江戸時代末期の土佐藩士，天誅組幹部。1863没。

ボワボードラン，ポール・エミール・ルコック・ド　1838生。フランスの化学者。1912没。

リットル　1838生。イギリスの実業家。1908没。

ケンドル，ヘンリー　1839生。オーストラリアの詩人。1882没。

足利喜三郎　あしかがきさぶろう　1842生。江戸時代後期，末期，明治時代の農民。1930没。

ケンタル，アンテーロ・デ　1842生。ポルトガルの詩人。1891没。

ゲルトナー　1848生。ドイツの細菌学者。1934没。

クローゼン，ジョージ　1852生。イギリスの画家。1944没。

ココーヴツォフ，ウラディミール　1853生。ロシアの首相。1943没。

中村精男　なかむらきよお　1855生。明治時代-昭和時代の気象学者。東京物理学校校長，理学博士。1930没。

ダロー，クラレンス（・シーワド）　1857生。アメリカの弁護士。1938没。

カレンダー，ヒュー・ロングボーン　1863生。イギリスの実験物理学者。1930没。

ベルヒトールト　1863生。オーストリアの政治家。1942没。

中条精一郎　ちゅうじょうせいいちろう　1868生。明治時代-昭和時代の建築家。国民美術協

会頭。1936没。
シミアン　1873生。フランスの社会経済学者。1935没。
ヴェーバー, マックス　1881生。アメリカの画家。1961没。
五島慶太　ごとうけいた　1882生。大正時代, 昭和時代の実業家。東京急行電鉄会長, 運輸通信相。1959没。
ストコフスキー, レオポルド　1882生。イギリス生まれのアメリカの指揮者。1977没。
神保格　じんぼうかく　1883生。大正時代, 昭和時代の言語学者, 音声学者。東京文理科大学教授, 東洋大学教授。1965没。
前田普羅　まえだふら　1884生。大正時代, 昭和時代の俳人。1954没。
北白川宮成久　きたしらかわのみやなるひさ　1887生。明治時代, 大正時代の皇族, 陸軍大佐。1923没。
宮川竹馬　みやかわたけま　1887生。大正時代, 昭和時代の実業家。四国電力初代社長。1964没。
柳家小さん(4代目)　やなぎやこさん　1888生。大正時代, 昭和時代の落語家。落語協会会長。1947没。
阿部勝雄　あべかつお　1891生。昭和時代の海軍軍人。第3艦隊参謀。1948没。
佐野文夫　さのふみお　1892生。大正時代, 昭和時代の社会運動家。1931没。
沼田多稼蔵　ぬまたたけぞう　1892生。大正時代, 昭和時代の陸軍軍人。中将。1961没。
ビエルート, ボレスワフ　1892生。ポーランドの政治家, 大統領。1956没。
西原一策　にしはらいっさく　1893生。明治時代-昭和時代の陸軍軍人。中将。1945没。
大木惇夫　おおきあつお　1895生。大正時代, 昭和時代の詩人。1977没。
沢村宏　さわむらひろし　1895生。大正時代, 昭和時代の金属工学者。京都大学教授。1987没。
森田慶一　もりたけいいち　1895生。昭和時代の建築学者。京都大学教授。1983没。
間庭末吉　まにわすえきち　1898生。大正時代, 昭和時代の職業的革命家。共産党中央事務局員。1938没。
大久保謙　おおくぼけん　1899生。昭和時代の実業家。三菱電機社長, 日本電気工業会会長。1986没。

嵯峨信之　さがのぶゆき　1902生。昭和時代, 平成時代の詩人。1997没。
芝不器男　しばふきお　1903生。昭和時代の俳人。1930没。
三岸好太郎　みぎしこうたろう　1903生。大正時代, 昭和時代の洋画家。1934没。
平野利太郎　ひらのとしたろう　1904生。大正時代, 昭和時代の染色家。1994没。
高山岩男　こうやまいわお　1905生。昭和時代, 平成時代の哲学者。秋田経済法科大学学長, 京都大学教授。1993没。
中川信夫　なかがわのぶお　1905生。昭和時代の映画監督。1984没。
菅忠道　かんただみち　1909生。昭和時代の児童文学評論家, 児童文化運動の指導者。日本子どもを守る会副会長。1979没。
東勇作　あずまゆうさく　1910生。昭和時代のバレエ・ダンサー, 振付家。1971没。
島村俊広　しまむらとしひろ　1912生。昭和時代の棋士。囲碁9段。1991没。
小沢喜美子　おざわきみこ　1914生。昭和時代の服飾デザイナー。1983没。
島尾敏雄　しまおとしお　1917生。昭和時代の小説家。鹿児島純心女子短期大学教授。1986没。
神島二郎　かみしまじろう　1918生。昭和時代, 平成時代の政治学者。立教大学教授, 日本政治学会理事長。1998没。
マゾヴィエツキ, タデウシ　1927生。ポーランドの政治家。
内藤正敏　ないとうまさとし　1938生。昭和時代, 平成時代の写真家。
ワシリエフ, ウラジーミル　1940生。ロシアのバレエ振付師・演出家, 元・バレエダンサー。
岸田敏志　きしだとしし　1953生。昭和時代, 平成時代のシンガーソングライター, 俳優。
宅麻伸　たくましん　1956生。昭和時代, 平成時代の俳優。
小宮悦子　こみやえつこ　1958生。昭和時代, 平成時代のニュースキャスター。
黒田清子　くろださやこ　1969生。昭和時代, 平成時代の元・皇族。
伊藤裕子　いとうゆうこ　1974生。平成時代の女優。
fayray　ふぇいれい　1976生。平成時代の歌手。

4月18日

4月19日

○記念日○ 地図の日
○忌　日○ 御忌（4.19～4.25）

- フェリクス　1127生。フランスのキリスト教聖職者，聖人。1212没。
- 朝倉孝景　あさくらたかかげ　1428生。室町時代，戦国時代の越前の大名，家景の子。1481没。
- ジョーヴィオ，パーオロ　1483生。イタリアの歴史家，人文主義者。1552没。
- シュティーフェル，ミヒャエル　1487生。ドイツの数学者。1567没。
- ブライティンガー，ヨーハン・ヤーコプ　1575生。スイスの神学者，チューリヒ教会の指導者。1645没。
- ヘイルズ，ジョン　1584生。英国教会の神学者。1656没。
- タルノ，ヨーハン　1586生。ドイツのルター派神学者。1629没。
- ル・テリエ　1603生。フランスの政治家。1685没。
- ベネーヴォリ，オラツィオ　1605生。イタリアの作曲家。1672没。
- 阿部正邦　あべまさくに　1658生。江戸時代前期，中期の大名。1715没。
- 五条庸子　ごじょうようこ　1660生。江戸時代前期の女性。霊元天皇の宮人。1683没。
- 松平忠周　まつだいらただちか　1661生。江戸時代中期の大名，老中。1728没。
- 鍋島吉茂　なべしまよししげ　1664生。江戸時代中期の大名。1730没。
- 安代　やすよ　1680生。江戸時代中期の薩摩の刀工。1728没。
- 長沢求吾　ながさわきゅうご　1710生。江戸時代中期の武士，儒者。1776没。
- シャーマン，ロジャー　1721生。アメリカの法律家，政治家。1793没。
- ストーントン　1737生。イギリスの外交官。1801没。
- 伊達重村　だてしげむら　1742生。江戸時代中期の大名。1796没。
- 文如　ぶんにょ　1744生。江戸時代中期の浄土真宗本願寺派の僧。1799没。
- 松平康哉　まつだいらやすちか　1752生。江戸時代中期の大名。1794没。
- イフラント，アウグスト・ヴィルヘルム　1759生。ドイツの俳優，劇作家。1814没。
- リカード，デイヴィド　1772生。イギリス古典派経済学の完成者。1823没。
- 水谷豊文　みずたにほうぶん　1779生。江戸時代後期の本草学者。1833没。
- フェルディナント1世　1793生。オーストリア皇帝（在位3～48）。1875没。
- エーレンベルク，クリスティアン・ゴットフリート　1795生。ドイツの生物学者。1876没。
- 井上文雄　いのうえふみお　1800生。江戸時代，明治時代の国学者，歌人。1871没。
- フェヒナー，グスタフ・テオドール　1801生。ドイツの科学者，哲学者，心理学者。1887没。
- 井上長次郎　いのうえちょうじろう　1811生。江戸時代，明治時代の商人。1890没。
- 小谷古蔭　こだにふるかげ　1821生。江戸時代，明治時代の国学者。1882没。
- エチェガライ，ホセ　1832生。スペインの劇作家，数学者，政治家。1916没。
- チェルマーク　1836生。オーストリアの岩石学者，鉱物学者。1927没。
- ムラヴィヨフ　1845生。ロシアの政治家。1900没。
- デタディング　1866生。オランダの石油王。1939没。
- シリングス，マックス・フォン　1868生。ドイツの作曲家，指揮者。1933没。
- 西田幾多郎　にしだきたろう　1870生。明治時代–昭和時代の哲学者。1945没。
- 磯貝一　いそがいはじめ　1871生。明治時代，大正時代の柔道家。講道館十段。1947没。
- 加藤敬三郎　かとうけいざぶろう　1873生。大正時代，昭和時代の銀行家。九州通信局長，日本勧業銀行理事。1939没。
- 神戸正雄　かんべまさお　1877生。明治時代–昭和時代の財政学者，政治家。京都帝国大学法科大学教授，京都市長。1959没。

バルガス, ジェトゥリオ・ドルネーレス　1883生。ブラジルの政治家。1954没。

ミーゼス, リヒャルト・フォン　1883生。オーストリアの数学者。1953没。

山口孤剣　やまぐちこけん　1883生。明治時代, 大正時代の社会主義者。1920没。

志喜屋孝信　しきやこうしん　1884生。大正時代, 昭和時代の教育者。琉球大学学長。1955没。

大島浩　おおしまひろし　1886生。明治時代-昭和時代の陸軍軍人, 外交官。中将, ドイツ大使。1975没。

バンデイラ, マヌエル　1886生。ブラジルの詩人。1968没。

メンギン　1888生。オーストリアの考古学者, 歴史家。1973没。

バッケッリ, リッカルド　1891生。イタリアの詩人, 小説家, 劇作家, 評論家。1985没。

ロゼー, フランソワズ　1891生。フランスの女優。1974没。

タイユフェール, ジェルメーヌ　1892生。フランスの女流作曲家。1983没。

山田守　やまだまもる　1894生。大正時代, 昭和時代の建築家。1966没。

藤巻卓次　ふじまきたくじ　1899生。昭和時代の農業, 安中公害反対運動指導者。1990没。

ヒューズ, リチャード　1900生。イギリスの詩人, 小説家, 劇作家。1976没。

岡潔　おかきよし　1901生。昭和時代の数学者, 随筆家。奈良女子大学教授。1978没。

森三千代　もりみちよ　1901生。昭和時代の詩人, 小説家。1977没。

カヴェーリン, ヴェニアミン・アレクサンドロヴィチ　1902生。ソ連の作家。1989没。

モリソン, ジェイムズ(・アラン)　1905生。イギリスの飛行家。1959没。

カイルベルト, ヨーゼフ　1908生。ドイツの指揮者。1968没。

宮崎輝　みやざきかがやき　1909生。昭和時代の経営者。旭化成工業社長, 旭リサーチセンター社長。1992没。

源氏鶏太　げんじけいた　1912生。昭和時代の小説家。日本文芸家協会理事。1985没。

シーボーグ, グレン・セオドア　1912生。アメリカの物理化学者。1999没。

松本竣介　まつもとしゅんすけ　1912生。昭和時代の洋画家。1948没。

高橋展子　たかはしのぶこ　1916生。昭和時代の評論家, 官僚。女性職業財団会長, 駐デンマーク大使。1990没。

千玄室　せんげんしつ　1923生。昭和時代, 平成時代の茶道家。裏千家15代千宗室。

正田昭　しょうだあきら　1929生。昭和時代の受刑者。1969没。

深代惇郎　ふかしろじゅんろう　1929生。昭和時代の新聞人。1975没。

山中郁子　やまなかいくこ　1932生。昭和時代, 平成時代の政治家。参院議員。

マンスフィールド, ジェイン　1933生。アメリカの女優。1967没。

久世光彦　くぜてるひこ　1935生。昭和時代, 平成時代の演出家, 作家, テレビプロデューサー, 作詞家。2006没。

ムーア, ダッドリー　1935生。イギリスのジャズ・ピアニスト, 俳優。2002没。

マルテンス, ウィルフリート　1936生。ベルギーの政治家。

エストラダ, ジョセフ　1937生。フィリピンの政治家, 元・俳優。

庄司薫　しょうじかおる　1937生。昭和時代, 平成時代の小説家。

沼田義明　ぬまたよしあき　1945生。昭和時代のプロボクサー。WBC世界ジュニアライト級王者。

村野武範　むらのたけのり　1945生。昭和時代, 平成時代の俳優。

ピカソ, パロマ　1949生。ジュエリーデザイナー。

長谷川集平　はせがわしゅうへい　1955生。平成時代の絵本作家, ロック・ミュージシャン。

石原伸晃　いしはらのぶてる　1957生。平成時代の政治家。

ジャッド, アシュレイ　1968生。アメリカの女優。

ムスワティ3世　1968生。スワジランド国王。

小沢なつき　おざわなつき　1972生。平成時代の女優。

リバウド　1972生。ブラジルのサッカー選手。

坂下千里子　さかしたちりこ　1976生。平成時代のタレント。

クリステンセン, ヘイデン　1981生。カナダの俳優。

シャラポワ, マリア　1987生。ロシアのテニス選手。

4月19日

4月20日

○記念日○ 女子大の日
青年海外協力隊の日
逓信記念日
○忌　日○ 百閒忌

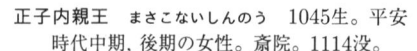

正子内親王　まさこないしんのう　1045生。平安時代中期, 後期の女性。斎院。1114没。
栄西　えいさい　1141生。平安時代後期, 鎌倉時代前期の臨済宗の僧。1215没。
アレティーノ, ピエートロ　1492生。イタリアの詩人, 劇作家。1556没。
アグリーコラ, ヨハネス　1494生。ドイツ人のルター派の宗教改革者。1566没。
吉田兼右　よしだかねすけ　1516生。戦国時代の神道家, 公卿。1573没。
正親町三条公仲　おおぎまちさんじょうきみなか　1557生。安土桃山時代の公卿。1594没。
ポジャールスキィ　1578生。ロシアの公爵。1642没。
西園寺公益　さいおんじきんます　1582生。江戸時代前期の公家。1640没。
ロサ・デ・リマ　1586生。ペルーの聖女。1617没。
レーヴェンシュテルン, マテーウス・アペレス・フォン　1594生。ドイツの讃美歌作者。1648没。
円忍　えんにん　1609生。江戸時代前期の律宗の僧。1677没。
小笠原真方　おがさわらさねかた　1652生。江戸時代前期, 中期の大名。1709没。
梅津其雫　うめづきだ　1672生。江戸時代中期の俳人。1720没。
パオリ　1726生。コルシカの愛国者。1807没。
岩倉尚具　いわくらひさとも　1737生。江戸時代中期の公家。1799没。
ピネル, フィリープ　1745生。フランスの精神病医。1826没。
マーシュマン, ジョシュア　1768生。イギリスのバプテスト派宣教師。1837没。
トリクーピス　1788生。ギリシアの政治家, 歴史家。首相(32)。1873没。
オボレンスキー　1798生。ロシアの公爵。1865没。
ヴィンターハルター, フランツ・クサーファー　1805生。ドイツの画家, 版画家。1873没。

藤井竹外　ふじいちくがい　1807生。江戸時代末期の漢詩人。1866没。
ベルトラン, アロイジウス　1807生。フランスの詩人。1841没。
ナポレオン3世　1808生。フランス第二帝政の皇帝(在位1852〜70)。1873没。
平出修甫　ひらでしゅうほ　1809生。江戸時代末期の医師。1861没。
藤田権兵衛　ふじたごんべえ　1814生。江戸時代, 明治時代の若狭小浜藩士。1877没。
ティールシュ　1822生。ドイツの外科医。1895没。
ミュロック　1826生。イギリスの女流作家。1887没。
ライデン　1832生。ドイツの神経学者。1910没。
カロル1世　1839生。ルーマニア初代の国王(在位1881〜1914)。1914没。
ルドン, オディロン　1840生。フランスの画家, 版画家。1916没。
パトノートル　1845生。フランスの外交官。1925没。
プレーヴェ　1846生。ロシアの内相, 憲兵長官(1902〜04)。1904没。
浜尾新　はまおあらた　1849生。明治時代の教育家。東京大学総長, 枢密院議長, 子爵。1925没。
ラファエリ, ジャン-フランソワ　1850生。フランスの画家, 彫刻家, 銅版画家。1924没。
ケアリ(ケーリ), オウティス　1851生。アメリカのアメリカン・ボード宣教師。1932没。
山葉寅楠　やまはとらくす　1851生。明治時代, 大正時代の実業家。1916没。
犬養毅　いぬかいつよし　1855生。明治時代-昭和時代の政治家。内閣総理大臣。1932没。
ガッターマン, ルートヴィヒ　1860生。ドイツの化学者。1920没。
カーティス, チャールズ(・ゴードン)　1860生。アメリカの発明家, 実業家。1953没。

トルールストラ　1860生。オランダの政治家。1930没。
ムテジウス，ヘルマン　1861生。ドイツの建築家。1927没。
モーラス，シャルル　1868生。フランスの作家，政治家。1952没。
三角錫子　みすみすずこ　1872生。明治時代，大正時代の女子教育家。東京高等女学校教師。1921没。
リンド，ロバート　1879生。イギリスの随筆家，ジャーナリスト。1949没。
渡辺大濤　わたなべだいとう　1879生。明治時代-昭和時代の思想家。1957没。
ミャスコフスキー，ニコライ・ヤコヴレヴィチ　1881生。ソ連の作曲家，教育家。1950没。
今中楓渓　いまなかふうけい　1883生。大正時代，昭和時代の歌人。1963没。
ヒトラー，アドルフ　1889生。ドイツの政治家。ナチス党首。1945没。
高津正道　たかつせいどう　1893生。大正時代，昭和時代の社会運動家，政治家。社会党顧問。1974没。
ミロ，ジョアン　1893生。スペインの画家，版画家。1983没。
ロイド，ハロルド　1893生。アメリカの喜劇映画俳優。1971没。
デルテイユ，ジョゼフ　1894生。フランスの詩人，小説家。1978没。
三輪休和　みわきゅうわ　1895生。昭和時代の陶芸家。日本工芸会正会員。1981没。
浜尾四郎　はまおしろう　1896生。昭和時代の推理小説家，弁護士。子爵。1935没。
松田権六　まつだごんろく　1896生。大正時代，昭和時代の漆芸家。東京芸術大学教授。1986没。
竹本小津賀（初代）　たけもとこつが　1899生。大正時代，昭和時代の女義太夫の太夫。1972没。
山本政喜　やまもとまさき　1899生。昭和時代の英文学者，翻訳家。1960没。
河出孝雄　かわでたかお　1901生。昭和時代の出版人。河出書房新社社長。1965没。
レーリス，ミシェル　1901生。フランスの詩人，エッセイスト，民俗学者。1990没。
槌田竜太郎　つちだりゅうたろう　1903生。昭和時代の化学者。大阪帝国大学教授。1962没。
秋山清　あきやまきよし　1904生。大正時代，昭和時代の詩人，評論家。1988没。
辰巳柳太郎　たつみりゅうたろう　1905生。昭和時代の俳優。1989没。
高山英華　たかやまえいか　1910生。昭和時代，平成時代の都市計画家。日本地域開発センター会長，東京大学教授。1999没。
面屋庄三　めんやしょうぞう　1910生。昭和時代，平成時代の彫刻家，人形作家。京人形司13世，大阪芸術大学教授。1994没。
クックリット・プラーモート　1911生。タイの政治家，小説家。1995没。
田丸秀治　たまるひではる　1914生。昭和時代の実業家。電通社長。1990没。
福見秀雄　ふくみひでお　1914生。昭和時代の微生物学者。長崎大学教授，国立予防衛生研究所所長。1998没。
松岡洋子　まつおかようこ　1916生。昭和時代のジャーナリスト，婦人運動家。婦人民主クラブ委員長，日本ペンクラブ事務局長。1979没。
横山正彦　よこやままさひこ　1917生。昭和時代の経済学者。東京大学教授。1986没。
池田実　いけだみのる　1920生。昭和時代，平成時代の実業家。フランスベッド創業者，全日本ベッド工業会会長。1999没。
小笠原貞子　おがさわらさだこ　1920生。昭和時代，平成時代の政治家。参議院議員。1995没。
プエンテ　1925生。アメリカのティンバレス奏者・バンドリーダー。2000没。
杉村隆　すぎむらたかし　1926生。昭和時代，平成時代の癌生化学者。
前田愛　まえだあい　1932生。昭和時代の国文学者，評論家。立教大学教授。1987没。
伊藤誠　いとうまこと　1936生。昭和時代，平成時代の経済学者。
ブルントラント，グロ・ハルレム　1939生。ノルウェーの政治家。
ダレーマ，マッシモ　1949生。イタリアの政治家。
フンゾ，ジェシカ　1949生。アメリカの女優。
紀里谷和明　きりやかずあき　1968生。昭和時代，平成時代の映像作家，写真家。
大沢樹生　おおさわみきお　1969生。平成時代の俳優。

4月21日

○記念日○　民放の日

勝道　しょうどう　735生。奈良時代,平安時代前期の僧。817没。
祐子内親王　ゆうしないしんのう　1038生。平安時代中期,後期の女性。後朱雀天皇の第3皇女。1105没。
日陣　にちじん　1339生。南北朝時代,室町時代の日蓮宗の僧。1419没。
キャップグレイヴ, ジョン　1393生。イギリスの年代記作者,神学者,イギリスのアウグスティヌス会の管区長。1464没。
フッテン, ウルリヒ・フォン　1488生。ドイツの人文主義者,諷刺詩人,騎士。1523没。
尊鎮法親王　そんちんほうしんのう　1504生。戦国時代の後柏原天皇の第5皇子。1550没。
上杉藤王丸　うえすぎふじおうまる　1518生。戦国時代の人。扇谷上杉朝良の子。1532没。
カラッチ, ルドヴィコ　1555生。イタリアの画家。1619没。
リーベック　1619生。オランダの外科医,探検家。1677没。
ロル　1652生。フランスの数学者。1719没。
松平直員　まつだいらなおかず　1695生。江戸時代中期の大名。1768没。
溝口直温　みぞぐちなおあつ　1714生。江戸時代中期の大名。1780没。
レプトン, ハンフリー　1752生。イギリスの建築家,庭園技師。1818没。
橘南谿　たちばななんけい　1753生。江戸時代中期,後期の儒医。1805没。
パキエ　1767生。フランスの政治家。1862没。
ビオー, ジャン・バティスト　1774生。フランスの物理学者。1862没。
中村重勝　なかむらしげかつ　1775生。江戸時代後期の近江彦根藩士。1824没。
フレーベル, フリードリヒ　1782生。ドイツの教育家,幼稚園の創立者。1852没。
川崎清厚　かわさききよあつ　1788生。江戸時代後期の国学者。1846没。
マーティノー, ジェイムズ　1805生。イギリスの哲学者,ユニテリアン派牧師。1900没。

ヴィーヒャーン, ヨーハン・ヒンリヒ　1808生。ドイツの宗教家。1881没。
ブロンテ, シャーロット　1816生。イギリスの女流小説家。1855没。
サマーリン　1819生。ロシアの思想家。1876没。
テーヌ, イポリット-アドルフ　1828生。フランスの評論家,歴史家,哲学者。1893没。
バイエル　1837生。デンマークの政治家,著作家,平和主義者。1922没。
フレミング, ヴァルター　1843生。ドイツの生物学者,解剖学者,細胞学者。1905没。
シュトゥンプフ, カルル　1848生。ドイツの心理学者,音楽学者,音声学者。1936没。
ヘルトヴィッヒ　1849生。ドイツの動物学者。1922没。
バング, ヘアマン　1857生。デンマークの小説家。1912没。
ヴォルインスキー, A.L.　1861生。ロシアの文芸批評家。1926没。
ウェーバー, マックス　1864生。ドイツの思想家,社会学者,経済学者。1920没。
ヴェーバー, マックス　1864生。ドイツの社会科学者。1920没。
坂田虎之助　さかたとらのすけ　1866生。明治時代の陸軍軍人。大佐。1908没。
ベヌアー, アレクサンドル・ニコラエヴィチ　1870生。ロシアの画家,美術評論家。1960没。
ブレッヒ, レオ　1871生。ドイツの作曲家,指揮者。1958没。
シーグフリード　1875生。フランスの経済学者。1959没。
高木貞治　たかぎていじ　1875生。明治時代-昭和時代の数学者。東京帝国大学教授,フィールズ賞選考委員。1960没。
カルティニ, R.A.　1879生。ジャワ上級貴族の娘。1904没。
中村新太郎　なかむらしんたろう　1881生。明治時代-昭和時代の地質学者。京都帝国大学教授。1941没。

生田長江　いくたちょうこう　1882生。明治時代-昭和時代の評論家, 小説家。1936没。

ブリッジマン, パーシー・ウィリアムズ　1882生。アメリカの物理学者。1961没。

三船久蔵　みふねきゅうぞう　1883生。明治時代-昭和時代の柔道家。1965没。

四賀光子　しがみつこ　1885生。明治時代-昭和時代の歌人。1976没。

カーラー, パウル　1889生。スイスの化学者。1971没。

プラド・ウガルテーチェ　1889生。ペルーの政治家, 大統領（1939～45, 56～62）。1967没。

戸塚道太郎　とつかみちたろう　1890生。大正時代, 昭和時代の海軍軍人。中将。1966没。

慶世村恒仁　きよむらこうにん　1891生。大正時代, 昭和時代の教育者, 沖縄郷土史家, 宮古史研究家, 新聞記者。1929没。

クリスタラー, ヴァルター　1893生。ドイツの地理学者。1969没。

ゲッデス　1893生。アメリカの舞台装置家。1958没。

モンテルラン, アンリ・ド　1896生。フランスの小説家, 劇作家。1972没。

佐藤弘　さとうひろし　1897生。昭和時代の経済地理学者。東京大学教授, 大東文化大学教授。1962没。

ブルンナー　1898生。西ドイツの歴史家。1982没。

吉田瑞穂　よしだみずほ　1898生。昭和時代の詩人, 児童文学者。1996没。

遠地輝武　おんちてるたけ　1901生。大正時代, 昭和時代の詩人, 美術評論家。1967没。

岡田嘉子　おかだよしこ　1902生。昭和時代の女優。1992没。

打木村治　うちきむらじ　1904生。小説家, 児童文学作家。1990没。

清元栄寿郎　きよもとえいじゅろう　1904生。昭和時代の清元節三味線方。1963没。

中野嘉一　なかのかいち　1907生。昭和時代, 平成時代の詩人, 医師。中野神経科医院院長。1998没。

渡辺義雄　わたなべよしお　1907生。昭和時代, 平成時代の写真家。日本写真家協会会長, 日本写真芸術学会会長。2000没。

宇野利泰　うのとしやす　1909生。昭和時代, 平成時代の翻訳家。1997没。

ゲイン　1909生。アメリカのジャーナリスト。1981没。

ゼルジンスキー　1909生。ソ連のピアニスト, 作曲家。1978没。

松下井知夫　まつしたいちお　1910生。昭和時代の漫画家。1990没。

小倉謙　おぐらけん　1911生。昭和時代の官僚。警視総監。1977没。

新城常三　しんじょうつねぞう　1911生。昭和時代, 平成時代の日本史学者。成城大学教授, 九州大学教授。1996没。

千宗守（武者小路千家10代目）　せんそうしゅ　1913生。昭和時代, 平成時代の茶道家。1999没。

クイン, アンソニー　1915生。アメリカの俳優。2001没。

平尾収　ひらおおさむ　1915生。昭和時代, 平成時代の自動車工学者。東京大学教授。1995没。

池浦喜三郎　いけうらきさぶろう　1916生。昭和時代, 平成時代の実業家。日本興業銀行頭取, 日本パナマ交流協会会長。1998没。

マデルナ, ブルーノ　1920生。イタリア, のちにドイツの指揮者, 作曲家。1973没。

興津要　おきつかなめ　1924生。昭和時代, 平成時代の日本文学者。早稲田大学教授。1999没。

エリザベス2世　1926生。英国女王。

三浦圭一　みうらけいいち　1929生。昭和時代の日本史学者。立命館大学教授。1988没。

パーマー, ジェフリー　1942生。ニュージーランドの政治家。

輪島功一　わじまこういち　1943生。昭和時代, 平成時代の元・プロボクサー。

ポップ, イギー　1947生。アメリカのロック歌手。

エバート, クリス　1954生。アメリカの元・テニス選手。

今井雅之　いまいまさゆき　1961生。昭和時代, 平成時代の俳優, 脚本家, 演出家, 映画監督。

久宝留理子　くぼうるりこ　1969生。平成時代のロック歌手。

西本はるか　にしもとはるか　1978生。平成時代のタレント。

4月21日

4月22日

○記念日○ アースデー
清掃デー

崇光天皇 すこうてんのう 1334生。南北朝時代の北朝第3代の天皇。1398没。

ジョアン1世 1357生。ポルトガル王(在位1385～1433)。1433没。

イサベル1世 1451生。カスティリア女王(在位1474～1504)。1504没。

ドゥンゲルスハイム,ヒエローニムス 1465生。ドイツの宗教改革期の哲学者,神学者。1540没。

ザルリーノ,ジョゼッフォ 1517生。イタリアの作曲家,理論家。1590没。

細川幽斎 ほそかわゆうさい 1534生。安土桃山時代,江戸時代前期の武将。1610没。

シッカルト,ヴィルヘルム 1592生。ドイツの科学者。1635没。

佐々木道求 ささきどうきゅう 1596生。安土桃山時代,江戸時代前期の藩士。1673没。

五条為遂 ごじょうためゆき 1597生。江戸時代前期の公家。1652没。

アレクサンデル8世 1610生。教皇(在位1689～91)。1691没。

トレッリ,ジュゼッペ 1658生。イタリアの作曲家,ヴァイオリン奏者。1709没。

グランヴィル 1690生。イギリスの政治家。1763没。

フィールディング,ヘンリー 1707生。イギリスの小説家,劇作家。1754没。

ウォートン,ジョーゼフ 1722生。イギリスの評論家。1800没。

カント,イマーヌエル 1724生。ドイツの哲学者。1804没。

米倉昌晴 よねくらまさはる 1728生。江戸時代中期の大名。1785没。

高木永年 たかぎながとし 1740生。江戸時代中期の漢学者。1797没。

マリー,リンドリー 1745生。アメリカ(スコットランド系)の文法家。1826没。

三井高陰 みついたかかげ 1759生。江戸時代後期の国学者。1839没。

スタール夫人 1766生。フランスの女流評論家,小説家。1817没。

ヘルメス,ゲオルグ 1775生。ドイツのカトリック神学者。1831没。

ボナパルト,マリー・ポーリーヌ 1780生。ナポレオン1世の妹。1825没。

ロバーツ,リチャード 1789生。イギリスの発明家。1864没。

ポアゼイユ 1797生。フランスの医師。1869没。

広幡基豊 ひろはたもととよ 1800生。江戸時代末期の公家。1857没。

ブリッジマン,イライジャ・コウルマン 1801生。プロテスタント会衆派宣教師。1861没。

ヘッセ 1811生。ドイツの数学者。1874没。

ダルハウジー,ジェイムズ・アンドリュー・ブラウン・ラムジー,初代侯爵 1812生。イギリスの政治家。1860没。

プランテ,ガストン 1834生。フランスの電気学者。1889没。

石坂宗哲 いしざかそうてつ 1841生。江戸時代後期の鍼術家。1907没。

石坂昌孝 いしざかまさたか 1841生。明治時代の自由民権運動家,政治家。神奈川県会議員初代議長,衆議院議員。1907没。

平田安吉 ひらたやすきち 1857生。明治時代の事業家,農事指導者。町会議員,第六十七国立銀行取締役。1896没。

ティサ・イシュトヴァーン 1861生。ハンガリーの首相。1918没。

ゼークト 1866生。ドイツの軍人。1936没。

ミュンツァー 1868生。ドイツの古典学者,古代史家。1942没。

レーニン,ウラジーミル 1870生。ソ連の革命家,政治家。首相(初代)。1924没。

紀淑雄 きのとしお 1872生。明治時代–昭和時代の美術研究家。東京専門学校教授。1936没。

グラスゴー,エレン 1873生。アメリカの女流小説家。1945没。

呉佩孚　ごはいふ　1874生。中国, 湖南, 湖北を地盤とする直隷派軍閥の総帥。1939没。

樺島礼吉　かばしまれいきち　1876生。明治時代, 大正時代の実業家。帝国電灯社長。1925没。

バーラーニ, ロベルト　1876生。スウェーデンの医師。1936没。

ロウルヴァーグ, オール・エドヴァート　1876生。アメリカの小説家。1931没。

フランクル, パウル　1878生。ドイツの建築史家, 美術批評家。1962没。

リペール　1880生。フランスの法学者。1958没。

河田嗣郎　かわたしろう　1883生。明治時代–昭和時代の経済学者。法学博士, 京都帝国大学教授。1942没。

キューン　1885生。ドイツの動物学者。1968没。

辻村伊助　つじむらいすけ　1886生。明治時代, 大正時代の登山家, 園芸家。1923没。

レン, ルートヴィヒ　1889生。東ドイツの小説家。1979没。

椿本説三　つばきもとせつぞう　1890生。大正時代, 昭和時代の実業家。椿本チェイン社長。1966没。

ジェフリーズ, サー・ハロルド　1891生。イギリスの天文学者, 地球物理学者。1989没。

前田久吉　まえだひさきち　1893生。大正時代, 昭和時代の実業家。サンケイ新聞社長, 参議院議員。1986没。

三浦一雄　みうらかずお　1895生。昭和時代の官僚, 政治家。衆院議員。1963没。

高岡智照尼　たかおかちしょうに　1896生。明治時代–昭和時代の舞妓, 尼僧。真言宗大覚寺派祇王寺庵主。1994没。

横山エンタツ　よこやまえんたつ　1896生。昭和時代の漫才師, 俳優。1971没。

饗光華　にこうそん　1903生。昭和時代の宗教家。饗宇教教主。1983没。

オッペンハイマー, ジュリアス・ロバート　1904生。アメリカの物理学者。1967没。

エフレーモフ, イワン・アントノヴィチ　1907生。ソ連のSF作家, 古生物学者。1972没。

山田光成　やまだみつなり　1907生。昭和時代の実業家。日本信販社長, 日本クレジット産業協会会長。1987没。

波多野善大　はたのよしひろ　1909生。昭和時代, 平成時代の東洋史学者。名古屋大学教授。1998没。

梁雅子　やなまさこ　1911生。昭和時代の小説家, 随筆家。1986没。

新藤兼人　しんどうかねと　1912生。昭和時代, 平成時代の映画監督, 脚本家。

フェリア, キャスリーン　1912生。イギリスのアルト歌手。1953没。

後宮虎郎　うしろくとらお　1914生。昭和時代の外交官。韓国駐在大使。1992没。

メニューイン, ユーディ・メニューイン, 男爵　1916生。アメリカのバイオリニスト。1999没。

ノーラン, シドニー　1917生。オーストラリアの画家。1992没。

クラム, ドナルド　1919生。アメリカの有機化学者。2001没。

ミンガス, チャーリー　1922生。アメリカのジャズ・ベース奏者, 作曲家。1979没。

加賀乙彦　かがおとひこ　1929生。昭和時代, 平成時代の小説家, 医師。

カブレラ-インファンテ, ギリェルモ　1929生。キューバの小説家。2005没。

冨田勲　とみたいさお　1932生。昭和時代, 平成時代の作曲家, 編曲家, シンセサイザー奏者。

増山江威子　ますやまえいこ　1936生。昭和時代, 平成時代の声優。

三宅一生　みやけいっせい　1938生。昭和時代, 平成時代のファッションデザイナー。

鰐淵晴子　わにぶちはるこ　1945生。昭和時代, 平成時代の女優。

ウォーターズ, ジョン　1946生。アメリカの映画監督。

バガバンディ, ナツァギーン　1950生。モンゴルの政治家。

荻原規子　おぎわらのりこ　1959生。昭和時代, 平成時代の児童文学作家。

ラル, マルト　1960生。エストニアの政治家, 歴史学者。

井上京子　いのうえきょうこ　1969生。平成時代の女子プロレスラー。

川合千春　かわいちはる　1973生。平成時代の女優。

カカ　1982生。ブラジルのサッカー選手。

4月22日

4月23日

○記念日○ 子ども読書の日
　　　　　 地ビールの日

- 伏見天皇　ふしみてんのう　1265生。鎌倉時代後期の第92代の天皇。1317没。
- イジー・ス・ポジェブラド　1420生。ボヘミアの王（在位1453〜71）。1471没。
- ジャンヌ（フランスの，ヴァロワの）　1464生。フランス王妃，聖人。1505没。
- フェアファクス，ロバート　1464生。イギリスの作曲家。1521没。
- スカリジェ，ユリウス・カエサル　1484生。イタリア出身の人文学者，自然科学者。1558没。
- アレシウス，アレクサンデル　1500生。スコットランド出身の神学者。1565没。
- シュトゥンプ　1500生。スイスの歴史家。1578没。
- カタリーナ（リッチの）　1522生。ドミニコ会女子修道院長，聖女。1590没。
- 誠仁親王　さねひとしんのう　1552生。安土桃山時代の正親町の第1子。1586没。
- リンカルト，マルティーン　1586生。ドイツのルター派牧師，讃美歌作詞者。1649没。
- トロンプ，マールテン（・ハルペルスゾーン）1598生。オランダの提督。1653没。
- ペン　1621生。イギリスの提督。1670没。
- 祇空　ぎくう　1663生。江戸時代中期の俳人。1733没。
- アンソン，ジョージ・アンソン，男爵　1697生。イギリスの提督。1762没。
- 黒田直純　くろだなおずみ　1705生。江戸時代中期の大名。1775没。
- ハーゲドルン，フリードリヒ・フォン　1708生。ドイツの詩人。1754没。
- 熊坂台洲　くまさかたいしゅう　1739生。江戸時代中期，後期の儒者。1803没。
- ミントー　1751生。イギリスの外交官，政治家。1814没。
- ビヨー・ヴァレンヌ　1756生。フランスの革命家。1819没。
- アルバレス，ホセ　1768生。スペインの彫刻家。1827没。
- 桜田虎門　さくらだこもん　1774生。江戸時代後期の儒学者。1839没。
- ターナー，J.M.W.　1775生。イギリスの風景画家。1851没。
- ブキャナン，ジェイムズ　1791生。第15代アメリカ大統領（1857〜61）。1868没。
- タリオーニ　1804生。ロマンチック・バレエ期を代表するバレリーナ。1884没。
- オザナン，アントワーヌ-フレデリク　1813生。フランスの文学史家，カトリック運動主導者。1853没。
- ダグラス，スティーブン　1813生。アメリカの政治家。1861没。
- 三宅董庵　みやけとうあん　1814生。江戸時代末期の蘭方医。1859没。
- フルード，ジェイムズ　1818生。イギリスの歴史家。1894没。
- ポミャロフスキー，ニコライ・ゲラシモヴィチ　1835生。ロシアの作家。1863没。
- ドール，サンフォード　1844生。ハワイ共和国大統領（1893〜1900）。1926没。
- 中井庄五郎　なかいしょうごろう　1847生。江戸時代末期の十津川郷士。1867没。
- ペイジ，トマス・ネルソン　1853生。アメリカの小説家，歴史家，外交官。1922没。
- マルグレス　1856生。オーストリアの気象学者。1920没。
- アレン，ホリス・ニュートン　1858生。アメリカのプロテスタント宣教師，医師，外交官。1932没。
- プランク，マックス　1858生。ドイツの理論物理学者。1947没。
- アレンビー，エドマンド・ヘンリー・ハインマン・アレンビー，初代子爵　1861生。イギリスの軍人。1936没。
- 沢柳政太郎　さわやなぎまさたろう　1865生。明治時代，大正時代の教育家。東北帝国大学・京都帝国大学総長。1927没。
- フィビガー，ヨハネス・アンドレアス・グリブ　1867生。デンマークの病理学者。1928没。

高橋栄清（初代）　たかはしえいせい　1868生。明治時代−昭和時代の箏曲家。1939没。

竹本小土佐　たけもとことさ　1872生。明治時代−昭和時代の女義太夫の太夫。1977没。

ヴァン・ジェネップ，アルノルト　1873生。フランス（オランダ系）の民俗学者。1957没。

上村松園　うえむらしょうえん　1875生。明治時代−昭和時代の日本画家。1949没。

アンプ　1876生。フランスの作家。1962没。

メラー・ヴァン・デン・ブルック　1876生。ドイツの美術史家，政治評論家。1925没。

コーツ，アルバート　1882生。イギリス（ロシア生まれ）の指揮者，作曲家。1953没。

フライ，ダゴベルト　1883生。オーストリアの美術史家。1962没。

牧野信之助　まきのしんのすけ　1884生。大正時代，昭和時代の歴史家。石川県立師範学校教諭。1939没。

高倉徳太郎　たかくらとくたろう　1885生。大正時代，昭和時代の牧師，神学者。東京神学社校長。1934没。

猪俣津南雄　いのまたつなお　1889生。大正時代，昭和時代の経済学者，社会主義者。1942没。

プロコーフィエフ，セルゲイ・セルゲーヴィチ　1891生。ソ連の作曲家。1953没。

綾川武治　あやかわたけじ　1892生。大正時代，昭和時代の国家主義運動家，弁護士。衆議院議員。1966没。

波多腰ヤス　はたこしやす　1893生。大正時代，昭和時代の食品化学者。奈良女子大学家政学部長，佐保女子学院短期大学長。1972没。

ボーザージ，フランク　1893生。アメリカの映画監督。1961没。

クレイ，ルーシャス（・デュビニョン）　1897生。アメリカの軍人，実業家。1978没。

ピアソン，レスター・ボールズ　1897生。カナダの政治家。1972没。

ドヴィンガ，エトヴィン・エーリレ　1898生。ドイツの小説家，年代記作家。1981没。

オリーン，ベルティル（・ゴットハルド）　1899生。スウェーデンの経済学者，政治家。1979没。

ナボコフ，ウラジミル　1899生。アメリカの小説家，詩人，評論家，昆虫学者。1977没。

穎田島一二郎　えたじまいちじろう　1901生。大正時代，昭和時代の歌人。1993没。

三好十郎　みよしじゅうろう　1902生。昭和時代の劇作家。1958没。

ラックスネス，ハルドゥル・キリヤン　1902生。アイスランドの小説家。1998没。

中山正善　なかやましょうぜん　1905生。大正時代，昭和時代の宗教家。天理教真柱（2代目）。1967没。

見田石介　みたせきすけ　1906生。昭和時代の哲学者。日本福祉大学教授。1975没。

鈴木朝英　すずきともひで　1909生。昭和時代の教育学者。北海道大学教授。2000没。

岩田一男　いわたかずお　1910生。昭和時代の英語学者，英文学者。一橋大教授。1977没。

ツィランキエヴィチ，ユゼフ　1911生。ポーランドの政治家。1989没。

野村芳太郎　のむらよしたろう　1919生。昭和時代，平成時代の映画監督。2005没。

川上宗薫　かわかみそうくん　1924生。昭和時代の小説家。1985没。

ブラック，シャーリー・テンプル　1928生。アメリカの元・女優。

円谷一　つぶらやはじめ　1931生。昭和時代の特撮監督。1973没。

園山俊二　そのやましゅんじ　1935生。昭和時代，平成時代の漫画家。1993没。

リッポネン，パーボ　1941生。フィンランドの政治家。

大月みやこ　おおつきみやこ　1946生。昭和時代，平成時代の歌手。

河島英五　かわしまえいご　1952生。昭和時代，平成時代のシンガーソングライター。2001没。

国広富之　くにひろとみゆき　1953生。昭和時代，平成時代の俳優。

ムーア，マイケル　1954生。アメリカの映画監督，ジャーナリスト。

平野文　ひらのふみ　1955生。昭和時代，平成時代の声優，エッセイスト。

叶和貴子　かのうわきこ　1956生。昭和時代，平成時代の女優。

北原遙子　きたはらようこ　1961生。昭和時代の女優。1985没。

前田亘輝　まえだのぶてる　1965生。昭和時代，平成時代の歌手。

IZAM　いざむ　1972生。平成時代のミュージシャン，俳優。

森山直太朗　もりやまなおたろう　1976生。平成時代のシンガーソングライター。

4月23日

4月24日

○記念日○　植物学の日
　　　　　日本ダービー記念日

選子内親王　せんしないしんのう　964生。平安時代中期の女性。村上天皇の第10皇女。1035没。

ベーメ，ヤーコブ　1575生。ドイツの神秘主義的哲学者。1624没。

聖ヴァンサン・ド・ポール　1581生。カトリック聖職者，聖人。1660没。

グラント　1620生。イギリスの統計学者，商人。1674没。

一乗院宮真敬法親王　いちじょういんのみやしんけいほうしんのう　1649生。江戸時代前期，中期の法相宗の僧。1706没。

隆慶　りゅうけい　1649生。江戸時代中期の新義真言宗の僧。1719没。

イスラ，ホセ・フランシスコ・デ　1703生。スペインの作家。1781没。

マルティーニ，ジョヴァンニ・バッティスタ　1706生。イタリアの作曲家，音楽理論家。1784没。

町尻説久　まちじりときひさ　1715生。江戸時代中期の公家。1783没。

バレッティ，ジュゼッペ　1719生。イタリアの文芸評論家。1789没。

カートライト，エドマンド　1743生。イギリスの自動織機の発明者。1823没。

トランブル，ジョン　1750生。アメリカの詩人，法律家。1831没。

シュミット　1761生。ドイツの哲学者。1812没。

土佐光孚　とさみつざね　1780生。江戸時代後期の土佐派の画家。1852没。

インマーマン，カール・レーベレヒト　1796生。ドイツの作家。1840没。

京極高朗　きょうごくたかあきら　1798生。江戸時代末期，明治時代の大名。1874没。

フレール・オルバン　1812生。ベルギーの自由主義的政治家。首相（68～70，78～84外相兼任）。1896没。

トロロップ，アントニー　1815生。イギリスの小説家。1882没。

グロート，クラウス　1819生。ドイツの詩人。1899没。

バランタイン，R.M.　1825生。イギリスの小説家。1894没。

シュレンク　1826生。ロシアの動物学者。1894没。

矢島楫子　やじまかじこ　1833生。明治時代，大正時代の女子教育者，女性運動家。女子学院院長。1925没。

錦小路頼徳　にしきのこうじよりのり　1835生。江戸時代末期の公家。1864没。

永山武四郎　ながやまたけしろう　1837生。明治時代の陸軍軍人。男爵，中将。1904没。

ホルシュタイン　1837生。ドイツの外交官。1909没。

シュピッテラー，カール　1845生。スイスの詩人，小説家。1924没。

ガリエニ，ジョゼフ・シモン　1849生。フランスの軍人。1916没。

ベルティヨン，アルフォンス　1853生。フランスの人類学者。1914没。

ペタン，フィリップ　1856生。フランスの軍人，政治家。1951没。

セリグマン　1861生。アメリカの経済学者，財政学者。1939没。

牧野富太郎　まきのとみたろう　1862生。明治時代-昭和時代の植物学者。1957没。

武田千代三郎　たけだちよさぶろう　1867生。明治時代，大正時代の体育・スポーツ指導者，政治家。兵庫県知事。1932没。

伊原青々園　いはらせいせいえん　1870生。明治時代-昭和時代の演劇評論家，劇作家。1941没。

ボーシャン，アンドレ　1873生。フランスの画家，舞台装置家。1958没。

浜口儀兵衛（10代目）　はまぐちぎへえ　1874生。大正時代，昭和時代の実業家。ヤマサ醬油社長。1962没。

レーダー，エーリヒ　1876生。ナチス・ドイツの提督。1960没。

伊藤小坡　いとうしょうは　1877生。明治時代–昭和時代の画家。1968没。
ヤーベルク　1877生。スイスの言語学者。1958没。
佐波亘　さばわたる　1881生。明治時代–昭和時代の牧師。1958没。
ハシェク, ヤロスラフ　1883生。チェコの小説家, ジャーナリスト。1923没。
春風亭柳好(3代目)　しゅんぷうていりゅうこう　1888生。大正時代, 昭和時代の落語家。1956没。
クリップス, サー・スタッフォード　1889生。イギリスの政治家, 労働党員。1952没。
山下太郎　やましたたろう　1889生。大正時代, 昭和時代の実業家。アラビア石油創業者。1967没。
新木栄吉　あらきえいきち　1891生。大正時代, 昭和時代の銀行家。日銀総裁, 駐米大使。1959没。
中田瑞穂　なかだみずほ　1893生。大正時代, 昭和時代の外科医学者, 俳人。新潟大学教授, 日本外科学会長。1975没。
野田信夫　のだのぶお　1893生。昭和時代の経営学者。成蹊大学学長, 日本消費者協会理事長。1993没。
山本為三郎　やまもとためさぶろう　1893生。大正時代, 昭和時代の実業家。朝日麦酒社長, 東京交響楽団理事長。1966没。
船田中　ふなだなか　1895生。昭和時代の政治家。衆議院議長, 自民党副総裁。1979没。
西雅雄　にしまさお　1896生。大正時代, 昭和時代の社会運動家。1944没。
ウォーフ, ベンジャミン・リー　1897生。アメリカ生まれの言語学者。1941没。
カマチョ　1897生。メキシコの軍人, 大統領(1940～46)。1955没。
ザボロツキー, ニコライ・アレクセーヴィチ　1903生。ソ連の詩人。1958没。
プリモ・デ・リベラ, J.A.　1903生。スペインの政治家。1936没。
デ・クーニング, ヴィレム　1904生。アメリカの画家。1997没。
ウォレン, ロバート・ペン　1905生。アメリカの詩人, 小説家, 批評家。1989没。
小葉田淳　こばたあつし　1905生。昭和時代, 平成時代の日本史学者。京都大学教授, 住友史料館館長。2001没。
山本陶秀　やまもととうしゅう　1906生。昭和時代, 平成時代の陶芸家。1994没。
青地晨　あおちしん　1909生。昭和時代の編集者, 評論家。1984没。
シラー　1911生。西ドイツの政治家。1994没。
テーズ, ルー　1916生。アメリカのプロレスラー。2002没。
クレリデス, グラフコス　1919生。キプロスの政治家。
神津辰巳　くましろたつみ　1927生。昭和時代, 平成時代の映画監督, シナリオライター。1995没。
服部公一　はっとりこういち　1933生。昭和時代, 平成時代の作曲家, 音楽評論家。
マクレーン, シャーリー　1934生。アメリカの女優。
ヘンダーソン, ジョー　1937生。アメリカのジャズ・テナーサックス奏者。2001没。
須田一政　すだいっせい　1940生。昭和時代, 平成時代の写真家。
ストライサンド, バーブラ　1942生。アメリカの女優, 歌手, 映画監督。
つかこうへい　つかこうへい　1948生。昭和時代, 平成時代の劇作家, 小説家, 演出家。
ゴルチエ, ジャン・ポール　1952生。フランスのファッションデザイナー。
嶋田久作　しまだきゅうさく　1955生。昭和時代, 平成時代の俳優。
山咲千里　やまざきせんり　1962生。昭和時代, 平成時代の女優。
田島貴男　たじまたかお　1966生。昭和時代, 平成時代のミュージシャン。
大鶴義丹　おおつるぎたん　1968生。昭和時代, 平成時代の小説家, 俳優。
永田裕志　ながたゆうじ　1968生。昭和時代, 平成時代のプロレスラー。
村上てつや　むらかみてつや　1971生。平成時代の歌手(ゴスペラーズ)。
田中マルクス闘莉王　たなかまるくすとぅーりお　1981生。平成時代のサッカー選手。
高橋マリ子　たかはしまりこ　1984生。平成時代のモデル, 女優。

4月24日

4月25日

○記念日○　拾得物の日
　　　　　　歩道橋の日

- エッツェリーノ・ダ・ロマーノ　1194生。イタリアの大領主。1259没。
- ルイ9世　1214生。フランス国王（在位1226～70）。1270没。
- エドワード2世　1284生。イングランド王（在位1307～27）。1327没。
- 貞成親王　さだふさしんのう　1372生。南北朝時代，室町時代の伏見宮栄仁親王の子。1456没。
- 三条西実隆　さんじょうにしさねたか　1455生。戦国時代の歌人・公卿。1537没。
- 呑竜　どんりゅう　1556生。安土桃山時代，江戸時代前期の浄土宗の僧。1623没。
- 冷泉為満　れいぜいためみつ　1559生。安土桃山時代，江戸時代前期の歌人・公家。1619没。
- クロムウェル，オリヴァー　1599生。イギリスの政治家。1658没。
- オルレアン，ガストン　1608生。フランスの貴族。1660没。
- テンプル，サー・ウィリアム　1628生。イギリスの政治家，外交官，著述家。1699没。
- 朝倉景衡　あさくらかげひら　1660生。江戸時代中期の国学者。?没。
- 徳川家宣　とくがわいえのぶ　1662生。江戸時代中期の江戸幕府第6代の将軍。1712没。
- クストゥー，ギヨーム　1677生。フランスの彫刻家。1746没。
- バーリントン，リチャード・ボイル，3代伯爵　1695生。イギリスの建築家。1753没。
- バッテル　1714生。スイスの法学者。1767没。
- ウーディノ　1767生。レギオ公。1847没。
- ブルーネル，サー・マーク・イザンバード　1769生。イギリス（フランス生まれ）の技術者，発明家。1849没。
- フォン・ブッフ，クリスティアン・レオポルト　1774生。ドイツの地質学者，地理学者。1853没。
- キーブル，ジョン　1792生。イギリスの説教者，神学者，詩人。1866没。
- 川路聖謨　かわじとしあきら　1801生。江戸時代の幕府官僚。勘定奉行。1868没。
- チャーチ，リチャード・ウィリアム　1815生。イギリスの神学者。1890没。
- ハラタマ　1831生。オランダの化学者，陸軍軍医。1888没。
- 島津久治　しまづひさはる　1841生。江戸時代，明治時代の鹿児島藩士。1872没。
- 玉利喜造　たまりきぞう　1856生。明治時代，大正時代の農学者。東京帝国大学教授。1931没。
- 横山又次郎　よこやままたじろう　1860生。明治時代-昭和時代の地質学者。1942没。
- 朝比奈知泉　あさひなちせん　1862生。明治時代-昭和時代の新聞記者。「東京日日新聞」主筆。1939没。
- グレー　1862生。イギリスの政治家。1933没。
- 藤沢浅二郎　ふじさわあさじろう　1866生。明治時代，大正時代の俳優。1917没。
- 大森金五郎　おおもりきんごろう　1867生。明治時代-昭和時代の日本史学者。学習院教授。1937没。
- 安宅弥吉　あたかやきち　1873生。明治時代-昭和時代の実業家。安宅産業社長，貴族院議員。1949没。
- デ・ラ・メア，ウォルター　1873生。イギリスの詩人，小説家。1956没。
- デレル，フェリックス　1873生。カナダの細菌学者。1949没。
- マルコーニ，グリエルモ　1874生。イタリアの電気技師。1937没。
- 哥沢芝勢以(2代目)　うたざわしばせい　1883生。明治時代-昭和時代のうた沢節演奏家。1971没。
- 鳥潟右一　とりがたういち　1883生。明治時代，大正時代の電気工学者。電気試験所所長。1923没。
- ブジョーンヌイ，セミョーン・ミハイロヴィチ　1883生。ソ連の軍人，元帥。1973没。
- 山口吉郎兵衛(4代目)　やまぐちきちろべえ　1883生。明治時代-昭和時代の銀行家。1950没。

田村俊子　たむらとしこ　1884生。明治時代，大正時代の小説家。1945没。

ヴェントゥーリ，リオネッロ　1885生。イタリアの美術史家。1961没。

古賀峯一　こがみねいち　1885生。大正時代，昭和時代の海軍軍人。1944没。

北林トモ　きたばやしとも　1886生。昭和時代の社会活動家，洋裁業。1945没。

武井大助　たけいだいすけ　1887生。昭和時代の海軍軍人，実業家。主計中将。1972没。

水沼辰夫　みずぬまたつお　1892生。大正時代，昭和時代の労働運動家。1965没。

小砂丘忠義　ささおかただよし　1897生。昭和時代の民間教育運動家。1937没。

清元志寿太夫　きよもとしずたゆう　1898生。昭和時代，平成時代の清元節太夫（高輪派）。1999没。

小保内虎夫　おぼないとらお　1899生。昭和時代の知覚心理学，実験心理学。東京教育大学教授。1968没。

パウリ，ヴォルフガング　1900生。スイスの理論物理学者。1958没。

コルモゴロフ，アンドレイ・ニコラエヴィチ　1903生。ソ連の数学者。1987没。

スパーク　1903生。フランスのシナリオライター。1975没。

フォーテス　1906生。イギリスの社会人類学者。1983没。

ブレナン，ウィリアム・J，ジュニア　1906生。アメリカの法律家、1952〜56年ニューヨーク州最高裁判事，61年連邦最高裁准判事。1997没。

松本克平　まつもとかっぺい　1906生。昭和時代の俳優，新劇史家。1995没。

安井郁　やすいかおる　1907生。昭和時代の国際法学者。法政大学教授、原水爆禁止日本協議会理事長。1980没。

山本和夫　やまもとかずお　1907生。昭和時代，平成時代の詩人，児童文学作家。福井県立若狭歴史民俗資料館館長。1996没。

大林清　おおばやしきよし　1908生。昭和時代，平成時代の小説家，劇作家。日本脚本家連盟理事長。1999没。

マロー，エド・R　1908生。アメリカのジャーナリスト。1965没。

土橋治重　どはしはるしげ　1909生。昭和時代，平成時代の詩人，小説家。「風」主宰，八潮文芸懇談会会長。1993没。

岩堀喜之助　いわほりきのすけ　1910生。昭和時代の出版人，実業家。平凡出版社社長。1982没。

高橋忠弥　たかはしちゅうや　1912生。昭和時代，平成時代の洋画家。2001没。

ペレス・ヒメネス　1914生。ベネズエラの軍人，大統領。2001没。

宗広力三　むねひろりきぞう　1914生。昭和時代の染織家。1989没。

モーリヤック，クロード　1914生。フランスの評論家，小説家，劇作家。1996没。

フィッツジェラルド，エラ　1918生。アメリカのジャズ歌手。1996没。

西本幸雄　にしもとゆきお　1920生。昭和時代，平成時代の野球解説者，元・プロ野球監督。

岩井章　いわいあきら　1922生。昭和時代，平成時代の労働運動家。総評事務局長。1997没。

三浦綾子　みうらあやこ　1922生。昭和時代，平成時代の小説家。1999没。

岩垂寿喜男　いわたれすきお　1929生。昭和時代，平成時代の政治家。衆議院議員，環境庁長官。2001没。

丸山圭三郎　まるやまけいざぶろう　1933生。昭和時代，平成時代のフランス文学者，言語学者。中央大学教授。1993没。

和泉宗章　いずみそうしょう　1936生。昭和時代の占い師。2001没。

パチーノ，アル　1940生。アメリカの俳優。

ビョルン　1945生。スウェーデンのミュージシャン。

大島武雄　おおしまたけお　1947生。昭和時代，平成時代の元・力士（大関）。

クライフ，ヨハン　1947生。オランダの元・サッカー選手。

游錫堃　ゆうしゃくこん　1948生。台湾の政治家。

坂東玉三郎（5代目）　ばんどうたまさぶろう　1950生。昭和時代，平成時代の歌舞伎俳優（女方），舞台演出家，映画監督。

鳥羽一郎　とばいちろう　1952生。昭和時代，平成時代の歌手。

熊谷達也　くまがいたつや　1958生。昭和時代，平成時代の小説家。

ゼルウィガー，レニー　1969生。アメリカの女優。

鶴田真由　つるたまゆ　1970生。平成時代の女優。

4月25日

4月26日

○記念日○　よい風呂の日
　　　　　リメンバー・チェルノブイリ・デー

- マルクス・アウレリウス・アントニヌス　121生。ローマ皇帝（在位161～80）。180没。
- ラーズィー　888生。アンダルシアのアラブ歴史家。955没。
- コンラート4世　1228生。ドイツ国王（在位1237～54）。1254没。
- 山科言継　やましなときつぐ　1507生。戦国時代，安土桃山時代の公卿。1579没。
- ロマッツォ，ジョヴァンニ・パーオロ　1538生。イタリアの画家，著作家。1600没。
- シェイクスピア，ウィリアム　1564生。イギリスの詩人，劇作家。1616没。
- 亀寿　かめじゅ　1571生。安土桃山時代，江戸時代前期の女性。島津義久の三女で島津家久の正室。1630没。
- マリー（メディシス，メディチの）　1573生。フランス国王アンリ4世の妃。1642没。
- 一条昭良　いちじょうあきよし　1605生。江戸時代前期の公家。1672没。
- 冷泉為景　れいぜいためかげ　1612生。江戸時代前期の歌人，公卿。1652没。
- ペドロ2世　1648生。ポルトガル王（在位1683～1706）。1706没。
- リード，トマス　1710生。イギリスの哲学者，常識学派の創始者。1796没。
- シューベルト，ゴットヒルフ・ハインリヒ　1780生。ドイツの哲学者。1860没。
- 村田清風　むらたせいふう　1783生。江戸時代後期の長州（萩）藩士，藩政改革の指導者。1855没。
- オーデュボン，ジョン・ジェイムズ　1785生。アメリカの動物画家。1851没。
- ウーラント，ルートヴィヒ　1787生。ドイツロマン派の詩人。1862没。
- シャンガルニエ，ニコラ　1793生。フランスの将軍，政治家。1877没。
- ドラクロワ，ウージェーヌ　1798生。フランス，ロマン派の画家。1863没。
- ダフ，アレグザーンダ　1806生。スコットランド国教会の外国宣教師。1878没。
- フロトー，フリードリヒ，男爵　1812生。ドイツのオペラ作曲家。1883没。
- 巣内式部　すのうちしきぶ　1818生。江戸時代，明治時代の志士。1872没。
- オルムステッド，フレデリック・ロー　1822生。アメリカの農業実際家，庭園建築家。1903没。
- ビルロート，クリスティアン・アルベルト・テオドール　1829生。オーストリアの外科医。1894没。
- シェーラー　1841生。ドイツの言語学者，文学者。1886没。
- マーガリー　1846生。インド生まれのイギリス駐華領事館員。1875没。
- 川村清雄　かわむらきよお　1852生。明治時代－昭和時代の洋画家。1934没。
- 詹天佑　せんてんゆう　1861生。中国，鉄道建設の先駆者。1919没。
- 鈴木梅四郎　すずきうめしろう　1862生。明治時代，大正時代の実業家，政治家。衆議院議員，立憲国民党幹事長。1940没。
- ホルツ，アルノー　1863生。ドイツの詩人，劇作家。1929没。
- ガッレン-カッレラ，アクセリ　1865生。フィンランドの画家。1931没。
- ヘリック，ロバート　1868生。アメリカの小説家，英文学者。1938没。
- ロザミア　1868生。イギリスの新聞経営者。1940没。
- リチャードソン，サー・オーウェン・ウィランズ　1879生。イギリスの物理学者。1959没。
- フォーキン，ミハイル　1880生。ロシアの舞踊家。1942没。
- 飯田蛇笏　いいだだこつ　1885生。明治時代－昭和時代の俳人。1962没。
- 成瀬無極　なるせむきょく　1885生。大正時代，昭和時代のドイツ文学者，随筆家。京都大学教授。1958没。
- 小日山直登　こひやまなおと　1886生。大正時代，昭和時代の実業家，政治家。運輸相，南満州鉄道総裁。1949没。

新村忠雄　にいむらただお　1887生。明治時代の社会運動家。1911没。

ヴィトゲンシュタイン, ルートヴィヒ　1889生。イギリスを中心に活躍したオーストリアの哲学者。1951没。

崔南善　さいなんぜん　1890生。朝鮮の歴史家, 文学者。1957没。

スリオ　1892生。フランスの哲学者, 美学者。1979没。

ヘス, ヴァルター・リヒャルト・ルドルフ　1894生。ドイツの政治家。1987没。

アレイクサンドレ, ビセンテ　1898生。スペインの詩人。1984没。

内田吐夢　うちだとむ　1898生。昭和時代の映画監督。1970没。

グリアソン, ジョン　1898生。イギリスにおける記録映画の確立者。1972没。

リヒター, チャールズ・フランシス　1900生。アメリカの地震学者。1985没。

越後正一　えちごまさかず　1901生。昭和時代の実業家。伊藤忠商事社長, 京都全日空ホテル会長。1991没。

有山兼孝　ありやまかねたか　1904生。昭和時代の物理学者。名古屋大学理学部長, 名古屋市立女子短大学長。1992没。

仲宗根政善　なかそねせいぜん　1907生。昭和時代, 平成時代の教育者, 言語学者。琉球大学副学長, 沖縄言語研究センター代表。1995没。

山本健吉　やまもとけんきち　1907生。昭和時代の文芸評論家。日本文芸家協会会長。1988没。

田中友幸　たなかともゆき　1910生。昭和時代, 平成時代の映画プロデューサー。東宝映画会長。1997没。

ヴァン・ヴォート, A.E.　1912生。カナダ系アメリカ人のSF作家。2000没。

マラマッド, バーナード　1914生。アメリカの小説家。1986没。

瀬田貞二　せたていじ　1916生。昭和時代の児童文学者, 翻訳家。1979没。

ブランケルス-クーン, ファニー　1918生。オランダの女子陸上選手。2004没。

橋本芳郎　はしもとよしお　1920生。昭和時代の水産化学者。東京大学教授。1976没。

小沢清　おざわきよし　1922生。昭和時代, 平成時代の小説家。1995没。

佐伯彰一　さえきしょういち　1922生。昭和時代, 平成時代の文芸評論家, 英文学者。

南都雄二　なんとゆうじ　1923生。昭和時代の漫才師。1973没。

胡桃沢耕史　くるみざわこうし　1925生。昭和時代, 平成時代の小説家。1994没。

中島潔　なかしまきよし　1943生。昭和時代, 平成時代の絵本画家, 日本画家。

近衛甯子　このえやすこ　1944生。昭和時代, 平成時代の元・皇族。

アーミテージ, リチャード・リー　1945生。アメリカの外交官。

セラノ, ホルヘ　1945生。グアテマラの政治家, 実業家。

風間杜夫　かざまもりお　1949生。昭和時代, 平成時代の俳優。

大木こだま　おおきこだま　1951生。昭和時代, 平成時代の漫才師。

新井宏昌　あらいひろまさ　1952生。昭和時代, 平成時代のプロ野球選手・コーチ。

大橋純子　おおはしじゅんこ　1952生。昭和時代, 平成時代の歌手。

有栖川有栖　ありすがわありす　1959生。昭和時代, 平成時代の推理作家。

栗山英樹　くりやまひでき　1961生。昭和時代, 平成時代のスポーツキャスター, 元・プロ野球選手。

伊秩弘将　いじちひろまさ　1963生。昭和時代, 平成時代の音楽プロデューサー, ミュージシャン。

リー, ジェット　1963生。中国の俳優。

加藤浩次　かとうこうじ　1969生。平成時代のタレント, 俳優。

田中直樹　たなかなおき　1971生。平成時代のコメディアン。

品川祐　しながわひろし　1972生。平成時代のコメディアン。

団長安田　だんちょうやすだ　1974生。平成時代のコメディアン。

福留孝介　ふくどめこうすけ　1977生。平成時代のプロ野球選手。

綾小路翔　あやのこうじしょう　ロック歌手。

4月26日

4月27日

○記念日○　哲学の日
　　　　　　婦人警官記念日

九条基家　くじょうもといえ　1203生。鎌倉時代前期の歌人・公卿。1280没。

烏丸光広　からすまるみつひろ　1579生。安土桃山時代，江戸時代前期の歌人，公家。1638没。

ラインケン，ヨーハン・アーダム　1623生。ドイツのオルガン奏者，作曲家。1722没。

三井高平　みついたかひら　1653生。江戸時代前期，中期の豪商。1738没。

ジロー，クロード　1673生。フランスの画家，装飾美術家。1722没。

蘆草拙　ろそうせつ　1675生。江戸時代中期の天文学者。1729没。

タンサン夫人　1682生。フランスのルイ15世時代の貴婦人，作家。1749没。

細川宗孝　ほそかわむねたか　1716生。江戸時代中期の大名。1747没。

安達清河　あだちせいか　1726生。江戸時代中期の漢詩人。1792没。

市野東谷　いちのとうこく　1727生。江戸時代中期の儒者，江戸の豪商。1761没。

柳沢保卓　やなぎさわやすたか　1727生。江戸時代中期の大名。1774没。

ケルロイター　1733生。ドイツの植物学者。1806没。

服部栗斎　はっとりりっさい　1736生。江戸時代中期，後期の儒学者。1800没。

コライス，アザマンディオス　1748生。ギリシアの文学者。1833没。

ウルストンクラーフト，メアリー　1759生。イギリスの女権拡張論者。1797没。

コッタ，ヨハン・フリードリヒ　1764生。ドイツの出版業者。1832没。

コドリントン　1770生。イギリスの提督。1851没。

渡辺質　わたなべただす　1777生。江戸時代後期の儒者。1848没。

コンスタンチーン　1779生。ロシアの大公。1831没。

鹿持雅澄　かもちまさずみ　1791生。江戸時代末期の国学者，歌人。1858没。

モールス，サミュエル　1791生。アメリカの画家，発明家。1872没。

オードワン，ジャン・ヴィクトール　1797生。フランスの昆虫学者。1841没。

ニデルメイエール，ルイ　1802生。スイスの作曲家。1861没。

マリア・クリスティナ　1806生。スペイン王フェルナンド7世の妃。1878没。

コルベ，アドルフ・ヴィルヘルム・ヘルマン　1818生。ドイツの有機化学者。1884没。

光子女王　あきこじょおう　1819（閏4月）生。江戸時代後期，末期，明治時代の女性。孝仁親王の第3王女。1906没。

教仁法親王　きょうにんほうしんのう　1819（閏4月）生。江戸時代末期の閑院宮孝仁親王の第2王子。1852没。

ミューア　1819生。イギリスの行政官，イスラム史家。1905没。

スペンサー，ハーバート　1820生。イギリスの哲学者。1903没。

グラント，ユリシーズ・S（シンプソン）　1822生。アメリカの南北戦争時の連邦軍総司令官，第18代大統領（1869〜77）。1885没。

藤堂高泰　とうどうたかやす　1828生。江戸時代，明治時代の実業家。1887没。

ウィンパー，エドワード　1840生。イギリスの木版画家，登山家。1911没。

クニッピング　1844生。ドイツの気象学者。1922没。

リール　1844生。オーストリアの哲学者。1924没。

阿部泰蔵　あべたいぞう　1849生。明治時代，大正時代の実業家。明治生命社長，明治火災保険社長。1924没。

ドルワール・ド・レゼー　1849生。フランスのカトリック司祭。1930没。

ルメートル，ジュール　1853生。フランスの評論家，劇作家。1914没。

スラヴェイコフ，ペンチョ　1866生。ブルガリアの作家。1912没。

ブロイ, モーリス　1875生。フランスの物理学者。1960没。

ファレール, クロード　1876生。フランスの小説家。1957没。

堀江帰一　ほりえきいち　1876生。明治時代, 大正時代の経済学者。法学博士。1927没。

ジェームズ　1880生。アメリカの化学者。1928没。

守山恒太郎　もりやまつねたろう　1880生。明治時代の野球選手, 医師。1912没。

小菅丹治　こすげたんじ　1882生。大正時代, 昭和時代の実業家。1961没。

エーヴェルラン, アルヌルフ　1889生。ノルウェーの詩人。1968没。

久保田豊　くぼたゆたか　1890生。大正時代, 昭和時代の実業家。日本工営会長。1986没。

鷲尾雨工　わしおうこう　1892生。大正時代, 昭和時代の小説家。1951没。

柳田泉　やなぎだいずみ　1894生。大正時代, 昭和時代の英文学者, 日本文学者, 翻訳家。早稲田大学教授。1969没。

カロザース, ウォーレス・ヒューム　1896生。アメリカの有機化学者。1937没。

ホーンスビー, ロジャース　1896生。アメリカの大リーグ選手。1963没。

小野宮吉　おのみやきち　1900生。大正時代, 昭和時代の俳優, 演出家。1936没。

鈴木武雄　すずきたけお　1901生。昭和時代の経済学者。武蔵大学長。1975没。

ラビノビッチ　1901生。アメリカの物理学者, 化学者。1973没。

龍胆寺雄　りゅうたんじゆう　1901生。昭和時代, 平成時代の小説家。1992没。

デイ-ルイス, セシル　1904生。イギリスの詩人, 批評家。1972没。

バーンズ, アーサー・フランク　1904生。アメリカの経済学者。1987没。

小崎政房　おざきまさふさ　1907生。劇作家, 演出家。1982没。

斎藤清　さいとうきよし　1907生。昭和時代, 平成時代の版画家。1997没。

江上フジ　えがみふじ　1911生。昭和時代の婦人問題研究家。東郷女子学生会館館長。1980没。

アーベルソン, フィリップ・ハウゲ　1913生。アメリカの物理化学者。2004没。

ソブール　1914生。フランスの歴史家。1982没。

カンテッリ, グイード　1920生。イタリアの指揮者。1956没。

石尾芳久　いしおよしひさ　1924生。法学者。関西大学教授。1992没。

曽和博朗　そわひろし　1925生。昭和時代, 平成時代の能楽囃子方(幸流小鼓方)。

青木治男　あおきはるお　1931生。昭和時代, 平成時代の画商。南天子画廊社長。1998没。

エーメ, アヌーク　1932生。フランスの女優。

矢野絢也　やのじゅんや　1932生。昭和時代, 平成時代の政治評論家。

天野祐吉　あまのゆうきち　1933生。昭和時代, 平成時代のコラムニスト, 評論家, 児童文学作家。

マイク真木　まいくまき　1944生。昭和時代, 平成時代の歌手。

柴俊夫　しばとしお　1947生。昭和時代, 平成時代の俳優。

セディジョ, エルネスト　1951生。メキシコの政治家, エコノミスト。

チェ・ミンシク　1962生。韓国の俳優。

加藤雅也　かとうまさや　1963生。昭和時代, 平成時代の俳優。

松野明美　まつのあけみ　1968生。平成時代のタレント, 元・マラソン選手。

原千晶　はらちあき　1974生。平成時代の女優。

船木和喜　ふなきかずよし　1975生。平成時代のスキー選手。

岸田繁　きしだしげる　1976生。平成時代のミュージシャン。

鈴木杏　すずきあん　1987生。平成時代の女優。

4月27日

4月28日

○記念日○ サンフランシスコ講和記念日
シニアの日
象の日

オトー, マルクス・サルウィウス 32生。ローマ皇帝(在位69)。69没。

日目 にちもく 1260生。鎌倉時代後期の日蓮宗の僧。1333没。

日什 にちじゅう 1314生。南北朝時代の日蓮宗の僧。1392没。

トゥーラ, コズメ 1430生。イタリアの画家。1495没。

エドワード4世 1442生。イングランド王(在位1461〜83)。1483没。

アングレーム 1573生。シャルル9世の庶子。1650没。

度会延佳 わたらいのぶよし 1615生。江戸時代前期の神道家。1690没。

コトン, チャールズ 1630生。イギリスの詩人。1687没。

性真 しょうしん 1639生。江戸時代前期, 中期の真言宗の僧。1696没。

伊藤東涯 いとうとうがい 1670生。江戸時代中期の儒学者。1736没。

阿部正喬 あべまさたか 1672生。江戸時代中期の大名。1750没。

フレデリク1世 1676生。スウェーデン王(在位1720〜51)。1751没。

川田琴卿 かわだきんけい 1684生。江戸時代中期の漢学者。1761没。

鍋島直堅 なべしまなおかた 1695生。江戸時代中期の大名。1727没。

阿部正敏 あべまさとし 1732生。江戸時代中期の大名。1787没。

ダンダス 1742生。イギリスの政治家。1811没。

アシャール, フランツ 1753生。ドイツの化学者。1821没。

山田検校 やまだけんぎょう 1757生。江戸時代中期, 後期の箏曲家。1817没。

モンロー, ジェイムズ 1758生。アメリカの政治家, 外交官, 第5代大統領(1816〜25)。1831没。

ラクロア 1765生。フランスの数学者。1843没。

藤井方亭 ふじいほうてい 1778生。江戸時代後期の蘭方医。1845没。

コカレル, チャールズ・ロバート 1788生。イギリスの建築家, 考古学者。1863没。

シャフツベリー, アントニー・アシュリー・クーパー, 7代伯爵 1801生。イギリスの政治家。1885没。

下村善太郎 しもむらぜんたろう 1827生。江戸時代, 明治時代の実業家, 政治家。初代前橋市長。1893没。

テイト, ピーター・ガスリー 1831生。スコットランドの数学者, 物理学者。1901没。

本居豊穎 もとおりとよかい 1834生。明治時代の国文学者, 歌人。女子高等師範教授。1913没。

ベック, アンリ 1837生。フランスの劇作家。1899没。

五姓田義松 ごせだよしまつ 1855生。明治時代, 大正時代の洋画家。1915没。

ミュアヘッド 1855生。スコットランドの哲学者。1940没。

伏見宮貞愛 ふしみのみやさだなる 1858生。江戸時代−大正時代の皇族, 陸軍大将・元帥。1923没。

相生由太郎 あいおいよしたろう 1867生。明治時代, 大正時代の実業家。1930没。

ベルナーレ, エミール 1868生。フランスの画家, 著述家。1941没。

リーツ 1868生。ドイツの教育者, 田園家塾の創立者。1919没。

河井荃廬 かわいせんろ 1871生。明治時代−昭和時代の篆刻家, 書道史家。1945没。

渋川玄耳 しぶかわげんじ 1872生。明治時代, 大正時代のジャーナリスト。東京朝日新聞社会部長。1926没。

名取和作 なとりわさく 1872生。大正時代, 昭和時代の実業家。富士電機製造社長。1959没。

百武三郎　ひゃくたけさぶろう　1872生。明治時代–昭和時代の海軍軍人。大将。1963没。
クラウス, カール　1874生。オーストリアの詩人, 劇作家, 評論家。1936没。
梅若実(2代目)　うめわかみのる　1878生。明治時代–昭和時代の能楽師。1959没。
バリモア, ライオネル　1878生。アメリカの俳優。1954没。
大賀一郎　おおがいちろう　1883生。明治時代–昭和時代の植物学者, ハス研究者。関東学院大教授。1965没。
神川松子　かみかわまつこ　1885生。明治時代–昭和時代の社会運動家, 翻訳家。1936没。
斎藤佳三　さいとうよしぞう　1887生。大正時代, 昭和時代の図案装飾家。1955没。
栗田健男　くりたたけお　1889生。大正時代, 昭和時代の海軍軍人。第二艦隊長官。1977没。
サラザル, アントニオ・デ・オリヴェイラ　1889生。ポルトガルの政治家。1970没。
井之口政雄　いのぐちまさお　1895生。大正時代, 昭和時代の政治家, 社会運動家。衆議院議員。1967没。
東郷青児　とうごうせいじ　1897生。大正時代, 昭和時代の洋画家。二科会会長。1978没。
野崎清二　のざきせいじ　1897生。昭和時代の部落解放運動家。1962没。
橋本凝胤　はしもとぎょういん　1897生。昭和時代の僧侶, 仏教学者。大僧正, 薬師寺長老。1978没。
葉剣英　ようけんえい　1897生。中国の政治家, 軍人。1986没。
神田伯山(5代目)　かんだはくざん　1898生。大正時代, 昭和時代の講談師。1976没。
佐伯祐三　さえきゆうぞう　1898生。大正時代, 昭和時代の洋画家。1928没。
相模太郎(初代)　さがみたろう　1898生。昭和時代の浪曲師。1972没。
アーピッツ, ブルーノ　1900生。ドイツ民主共和国の作家。1979没。
オールト, ヤン・ヘンドリック　1900生。オランダの天文学者。1992没。
トレーズ　1900生。フランス共産党の指導者。1964没。
森滝市郎　もりたきいちろう　1901生。昭和時代, 平成時代の倫理学者, 原水禁運動家。原水爆禁止日本国民会議議長, 広島大学教授。1994没。

ボルゲン, ヨーハン　1902生。ノルウェーの小説家, 劇作家。1979没。
富永貢　とみながみつぎ　1903生。昭和時代, 平成時代の歌人, 医師。東京造幣局病院長。1995没。
ゲーデル, クルト　1906生。アメリカの数学者, 論理学者。1978没。
赤松俊秀　あかまつとしひで　1907生。昭和時代の日本史学者。京都大学教授。1979没。
岸沢式佐(10代目)　きしざわしきさ　1909生。昭和時代の浄瑠璃三味線方。1962没。
瑛九　えいきゅう　1911生。昭和時代の洋画家。1960没。
曽田範宗　そだのりむね　1911生。昭和時代, 平成時代の機械工学者。東京大学教授, 日本潤滑学会長。1995没。
田島英三　たじまえいぞう　1913生。昭和時代, 平成時代の物理学者。立教大学教授, 原子力安全研究協会理事長。1998没。
バトラー, レッグ　1913生。イギリスの彫刻家。1981没。
楊朔　ようさく　1913生。中国の作家。1968没。
千秋実　ちあきみのる　1917生。昭和時代, 平成時代の俳優。1999没。
マクリーン, アリステア　1922生。イギリスの小説家。1987没。
カウンダ, ケネス・デービッド　1924生。ザンビアの民族主義運動指導者, 政治家。
鶴見良行　つるみよしゆき　1926生。昭和時代, 平成時代の評論家。龍谷大学教授, アジア太平洋資料センター理事。1994没。
クライン, イーヴ　1928生。フランスの美術家。1962没。
ベーカー, ジェームズ(3世)　1930生。アメリカの政治家, 弁護士。
山村新治郎　やまむらしんじろう　1933生。昭和時代, 平成時代の政治家。1992没。
ニコルソン, ジャック　1937生。アメリカの俳優, 映画監督。
フセイン, サダム　1937生。イラクの政治家, 軍人。2006没。
竹本孝之　たけもとたかゆき　1965生。昭和時代, 平成時代の歌手, 俳優。
生稲晃子　いくいなあきこ　1968生。昭和時代, 平成時代の女優。
クルス, ペネロペ　1974生。スペインの女優。
アルバ, ジェシカ　1981生。アメリカの女優。

4月28日

4月29日

○記念日○ 昭和の日

惟康親王 これやすしんのう 1264生。鎌倉時代後期の鎌倉幕府第7代の将軍。1326没。

広橋兼秀 ひろはしかねひで 1506生。戦国時代の公卿。1567没。

松平広忠 まつだいらひろただ 1526生。戦国時代の武将。1549没。

伊勢貞興 いせさだおき 1559生。安土桃山時代の武士。1582没。

池田輝澄 いけだてるずみ 1604生。江戸時代前期の大名。1662没。

前田利次 まえだとしつぐ 1617生。江戸時代前期の大名。1674没。

穏仁親王 やすひとしんのう 1643生。江戸時代前期の皇族。1665没。

カッフィエーリ, ジャン・ジャーコモ 1725生。フランスの彫刻家, 鋳金家, 彫金家。1792没。

ノヴェール, ジャン-ジョルジュ 1727生。フランスの舞踊家。1810没。

伊達村良 だてむらよし 1743生。江戸時代中期の陸奥仙台藩の門閥。1786没。

エルズワース, オリヴァー 1745生。アメリカ, コネティカットの法律家, 政治家。1807没。

ジュルダン, ジャン-バティスト, 伯爵 1762生。フランスの軍人。1833没。

コックス, デイヴィド 1783生。イギリスの風景画家。1859没。

ドライス 1785生。ドイツの山林官。1851没。

メドハースト, ウォルター・ヘンリ 1796生。イギリスの組合教会伝道師。1857没。

ブルック, ジェームズ 1803生。イギリスの軍人, 探検家。1868没。

栗原順平 くりはらじゅんぺい 1817生。江戸時代末期, 明治時代の志士。1880没。

アレクサンドル2世 1818生。ロシア皇帝(在位1855〜81)。1881没。

荒井郁之助 あらいいくのすけ 1835生。江戸時代, 明治時代の幕臣, 中央気象台台長。1909没。

ブーランジェ, ジョルジュ 1837生。フランスの将軍, 政治家。1891没。

エミン・パシャ 1840生。ドイツのアフリカ探検家。1892没。

白井遠平(初代) しらいえんぺい 1846生。江戸時代-大正時代の政治家, 実業家。興風社社長, 衆議院議員。1927没。

ポワンカレ, アンリ 1854生。フランスの数学者, 科学思想家。1912没。

レンネンカンプフ, パーヴェル・カルロヴィチ・フォン 1854生。ロシアの将軍。1918没。

田口卯吉 たぐちうきち 1855生。明治時代の歴史家, 経済学者, 実業家。衆議院議員。1905没。

大和田建樹 おおわだたけき 1857生。明治時代の詩人, 国文学者。女高師教授。1910没。

カヴァフィス, コンスタンディノス 1863生。ギリシアの詩人。1933没。

ハースト, ウィリアム・ランドルフ 1863生。アメリカの新聞経営者。1951没。

シュテルン 1871生。ドイツの心理学者。1938没。

吉田栄三(初代) よしだえいざ 1872生。明治時代-昭和時代の文楽人形遣。1945没。

西川光二郎 にしかわこうじろう 1876生。明治時代, 大正時代の社会主義者, 精神修養家。1940没。

ビーチャム, サー・トマス 1879生。イギリスの指揮者。1961没。

エルバン, オーギュスト 1882生。フランスの画家。1960没。

キッシュ, エーゴン・エルヴィン 1885生。チェコ出身のジャーナリスト, 作家。1948没。

鷹司信輔 たかつかさのぶすけ 1889生。大正時代, 昭和時代の鳥類学者, 華族。公爵, 日本鳥学会会頭。1959没。

竜粛 りょうすすむ 1890生。大正時代, 昭和時代の日本史学者。東京大学教授。1964没。

石川謙 いしかわけん 1891生。昭和時代の教育学者, 教育史家。お茶の水女子大学教授, 日本大学教授。1969没。

西春彦 にしはるひこ 1893生。大正時代, 昭和時代の外交官。駐英大使, ホテルニューグ

ランド会長。1986没。
ユーリイ, ハロルド・クレイトン　1893生。アメリカの物理化学者。1981没。
メーリング, ヴァルター　1896生。ドイツの詩人, 劇作家。1981没。
エリントン, デューク　1899生。アメリカのジャズ作曲家, 楽団指揮者。1974没。
尾崎秀実　おざきほつみ　1901生。昭和時代の政治運動家, 中国問題研究家。1944没。
昭和天皇　しょうわてんのう　1901生。大正時代, 昭和時代の皇族。1989没。
三津田健　みつだけん　1902生。昭和時代, 平成時代の俳優。1997没。
日比野士朗　ひびのしろう　1903生。昭和時代の小説家。1975没。
武田長兵衛(6代目)　たけだちょうべえ　1905生。昭和時代の実業家。1980没。
マッテイ　1906生。イタリアの実業家。1962没。
ジンネマン, フレッド　1907生。アメリカの映画監督。1997没。
鈴木清　すずききよし　1907生。昭和時代の作家, 評論家。エサ米研究全国連絡会代表委員, 元・全日農副会長。1993没。
中原中也　なかはらちゅうや　1907生。昭和時代の詩人。1937没。
ロッシ, ティノ　1907生。フランスのシャンソン歌手。1983没。
高原滋夫　たかはらしげお　1908生。昭和時代の耳鼻咽喉科学者。岡山大学教授。1994没。
ドンブロフスキー, ユーリー・オーシポヴィチ　1909生。ソ連の作家。1978没。
岡本良一　おかもとりょういち　1913生。昭和時代の歴史家。堺市立博物館初代館長, 大阪城天守閣主任。1988没。
原文兵衛　はらぶんべえ　1913生。昭和時代, 平成時代の官僚, 政治家。参議院議員, 警視総監。1999没。
コルバルト, L.　1916生。ノルウェーの政治家。
秋岡芳夫　あきおかよしお　1920生。昭和時代, 平成時代のインダストリアルデザイナー。東北工業大学教授, 共立女子大学教授。1997没。
牧羊子　まきようこ　1923生。昭和時代, 平成時代の詩人, 随筆家。2000没。

安倍晋太郎　あべしんたろう　1924生。昭和時代, 平成時代の政治家。衆議院議員, 外相。1991没。
諏訪優　すわゆう　1925生。昭和時代, 平成時代の詩人。日本福祉大学教授。1992没。
田中小実昌　たなかこみまさ　1925生。昭和時代, 平成時代の小説家, 翻訳家。2000没。
志水楠男　しみずくすお　1926生。昭和時代の画商。南画廊主。1979没。
竹内昭夫　たけうちあきお　1929生。昭和時代, 平成時代の商法学者。東京大学教授, 筑波大学教授。1996没。
宝田明　たからだあきら　1934生。昭和時代, 平成時代の俳優。
ピレス, ペドロ　1934生。カボベルデの政治家。
仰木彬　おおぎあきら　1935生。昭和時代, 平成時代のプロ野球監督。2005没。
蓮実重彦　はすみしげひこ　1936生。昭和時代, 平成時代の批評家, フランス文学者。
メータ, ズビン　1936生。インドの指揮者。
ミラー, ジョニー　1947生。アメリカのプロゴルファー。
米原万里　よねはらまり　1950生。昭和時代, 平成時代の作家, エッセイスト, 翻訳家, 通訳。2006没。
田中裕子　たなかゆうこ　1955生。昭和時代, 平成時代の女優。
デイ・ルイス, ダニエル　1957生。イギリスの俳優。
ファイファー, ミシェル　1958生。アメリカの女優。
coba　こば　1959生。昭和時代, 平成時代のアコーディオン奏者, 作曲家。
アガシ, アンドレ　1970生。アメリカのテニス選手。
サーマン, ユマ　1970生。アメリカの女優。
北村有起哉　きたむらゆきや　1974生。平成時代の俳優。
千代大海龍二　ちよたいかいりゅうじ　1976生。平成時代の力士(大関)。
二岡智宏　におかともひろ　1976生。平成時代のプロ野球選手。
一色紗英　いっしきさえ　1977生。平成時代の女優。

4月29日

4月30日

○記念日○ 図書館記念日
○忌　日○ 荷風忌
　　　　　義経忌（閏）

- フィリップ3世　1245生。フランス王(在位1270～85)。1285没。
- カジーミエシュ3世　1310生。ポーランド国王(在位1333～70)。1370没。
- プリマティッチオ, フランチェスコ　1505生。イタリアの画家, 彫刻家, 建築家, 室内装飾家。1570没。
- ラヴァル-モンモランシー, フランソワ・クサヴィエ　1623生。フランスのカトリック聖職者。1708没。
- 鷹司房輔　たかつかさふさすけ　1637生。江戸時代前期, 中期の公家。1700没。
- ラ・サール, 聖ジャン・バティスト・ド　1651生。フランスのカトリック聖職者, 教育改革者。1719没。
- メアリー2世　1662生。イギリス, スチュアート朝の女王(在位1689～94)。1694没。
- ダヴィド, ジャック・ルイ　1748生。フランスの画家。1825没。
- アンツィロン, ヨーハン・ペータ・フリードリヒ　1767生。プロシアの政治家, 歴史家。1837没。
- トンプソン, デイヴィド　1770生。カナダの探検家, 地理学者, 毛皮商人。1857没。
- バルー, ホジーア　1771生。アメリカの聖職者。1852没。
- ガウス, カール・フリードリヒ　1777生。ドイツの数学者。1855没。
- ローン, アルブレヒト(・テオドール・エーミール), 伯爵　1803生。プロシア, ドイツの軍人, 政治家。1879没。
- レッドグレイヴ, リチャード　1804生。イギリスの画家。1888没。
- ハウザー, カスパー　1812生。ドイツ人の捨て子,"野生児"。1833没。
- ジャネ　1823生。フランスの哲学者。1899没。
- フィッカー　1826生。ドイツの歴史家, 法律家。1902没。
- ルボック, ジョン(エイヴベリー男爵初代公)　1834生。イギリスの銀行家, 著述家。1913没。
- デフレッガー　1835生。オーストリアの画家。1921没。
- パーマー　1838生。イギリスの技術者。1893没。
- ペイショート　1839生。ブラジルの軍人, 政治家, 大統領(1891～94)。1895没。
- ラマン　1851生。ドイツの土壌学者。1926没。
- ブロイラー, オイゲン　1857生。スイスの精神医学者。1939没。
- 服部宇之吉　はっとりうのきち　1867生。明治時代-昭和時代の漢学者, 中国哲学者, 文教行政家。国学院大学長, 文学博士。1939没。
- ペルツィヒ, ハンス　1869生。ドイツの建築家。1936没。
- レハール, フランツ　1870生。オーストリアの作曲家。1948没。
- 紀平正美　きひらただよし　1874生。大正時代, 昭和時代の哲学者。学習院大学教授。1949没。
- ツィーグラー　1881生。ドイツの哲学者。1958没。
- サンテリーア, アントーニオ　1888生。イタリアの建築家。1916没。
- 中村清太郎　なかむらせいたろう　1888生。明治時代-昭和時代の山岳画家, 登山家。1967没。
- ランサム, ジョン・クロー　1888生。アメリカの詩人, 評論家。1974没。
- リッベントロープ, ヨアヒム・フォン　1893生。ドイツの政治家。1946没。
- エヴァット, ハーヴァート・ヴィア　1894生。オーストラリアの政治家。1965没。
- ランゲ　1895生。カナダの小説家。1960没。
- 野呂栄太郎　のろえいたろう　1900生。昭和時代の経済学者, 社会運動家。1934没。
- 有田喜一　ありたきいち　1901生。昭和時代の政治家。衆議院議員, 防衛庁長官。1986没。
- クズネッツ, サイモン(・スミス)　1901生。ロシア生まれのアメリカの経済学者, 統計学

者。1985没。
川喜多長政　かわきたながまさ　1903生。昭和時代の映画事業家。東和映画社長，外国映画輸入配給協会会長。1981没。
大山定一　おおやまていいち　1904生。昭和時代のドイツ文学者，評論家。京都大学教授。1974没。
任弼時　にんひつじ　1904生。中国の政治家。1950没。
福田栄一　ふくだえいいち　1909生。大正時代，昭和時代の歌人。日本出版会主事，「ユネスコ新聞」編集長。1975没。
ユリアナ　1909生。オランダ女王。2004没。
リンザー，ルイーゼ　1911生。ドイツの女流小説家。2002没。
アーデン，イブ　1912生。アメリカの女優。1990没。
岡山たづ子　おかやまたずこ　1916生。昭和時代，平成時代の歌人，茶道教授。1995没。
シャノン，クロード・エルウッド　1916生。アメリカの電気工学者，数学者。2001没。
ショー，ロバート　1916生。アメリカの指揮者。1999没。
野見山朱鳥　のみやまあすか　1917生。昭和時代の俳人。「菜殻火」主宰。1970没。
児玉数夫　こだまかずお　1920生。昭和時代，平成時代の映画評論家。
小畑実　おばたみのる　1923生。昭和時代の歌手。1979没。
鏡里喜代治　かがみさときよじ　1923生。昭和時代の力士（第42代横綱）。2004没。
河野多惠子　こうのたえこ　1926生。昭和時代，平成時代の小説家。
綿貫民輔　わたぬきたみすけ　1927生。昭和時代，平成時代の政治家。衆院議員，国民新党代表。
柳家つばめ（5代目）　やなぎやつばめ　1929生。昭和時代の落語家。1974没。
戸浦六宏　とうらろっこう　1930生。昭和時代，平成時代の俳優。1993没。

亀井善之　かめいよしゆき　1936生。昭和時代，平成時代の政治家。2006没。
ハリソン，トニー　1937生。イギリスの詩人。
マクダウェル，デービッド　1937生。ニュージーランドの外交官，国際自然保護連合事務総長。
ブロッカ，リノ　1939生。フィリピンの映画監督，反体制活動家。1991没。
弦念丸呈　つるねんまるてい　1940生。フィンランド出身の平成時代の政治家。参院議員。
ナバロ，ガルシア　1941生。スペインの指揮者。2001没。
チルバ，フレデリック　1943生。ザンビアの政治家。
裴泓勲　ベスフン　1943生。韓国の実業家，政治家。
カール16世　1946生。スウェーデン国王。
ショランダー，ドン　1946生。アメリカの元・水泳選手。
グテレス，アントニオ　1949生。ポルトガルの政治家。
グテレス，アントニオ　1949生。ポルトガルの政治家。国民難民高等弁務官，元首相。
トリアー，ラルス・フォン　1956生。デンマークの映画監督。
トーマス，アイザイア　1961生。アメリカの元・バスケットボール選。
前原誠司　まえはらせいじ　1962生。昭和時代，平成時代の政治家。
井上彩名　いのうえあやな　1967生。昭和時代，平成時代の女優。
常盤貴子　ときわたかこ　1972生。平成時代の女優。
ATSUSHI　あつし　1980生。平成時代の歌手（EXILE）。
ダンスト，キルスティン　1982生。アメリカの女優。

4月30日

5月
May
皐月

◎誕生石◎　エメラルド
　　　　　　翡翠

◎星　座◎　おうし座／ふたご座

5月1日

○記念日○ スズランの日
メーデー
扇の日

ルドルフ1世　1218生。ハプスブルク家最初の神聖ローマ皇帝(在位1273〜91)。1291没。
了源　りょうげん　1295生。鎌倉時代後期, 南北朝時代の真宗の僧。1335没。
文伯仁　ぶんはくじん　1502生。中国, 明代の文人画家。1575没。
小幡景憲　おばたかげのり　1572生。江戸時代前期の兵学者。1663没。
シャル・フォン・ベル, ヨーハン・アーダム　1592生。ドイツ人のイエズス会士。1666没。
由井正雪　ゆいしょうせつ　1605生。江戸時代前期の楠流軍学者。1651没。
慧猛　えみょう　1613生。江戸時代前期の律僧。1675没。
八千代太夫　やちよだゆう　1635生。江戸時代前期の女性。京都島原の遊女。1658没。
露沾　ろせん　1655生。江戸時代前期, 中期の俳人。1733没。
アディソン, ジョーゼフ　1672生。イギリスの随筆家, 評論家, 政治家。1719没。
マクリン, チャールズ　1690生。アイルランド生まれのイギリスの俳優。1797没。
伊藤蘭嵎　いとうらんぐう　1694生。江戸時代中期の儒者, 紀伊和歌山藩儒。1778没。
円山応挙　まるやまおうきょ　1733生。江戸時代中期の画家。1795没。
ラトローブ, ベンジャミン・ヘンリー　1764生。イギリス生まれのアメリカの建築家, エンジニア。1820没。
ウェリントン, アーサー・ウェルズリー, 初代公爵　1769生。イギリスの軍人, 政治家。1852没。
ホミャコーフ, アレクセイ・ステパノヴィチ　1804生。帝政ロシアの哲学者, 神学者, スラブ主義者。1860没。
長井雅楽　ながいうた　1819生。江戸時代末期の長州(萩)藩士。1863没。
ユール　1820生。イギリスの歴史地理学者。1889没。
ウィリアムソン, アレグザンダー・ウィリアム　1824生。イギリスの化学者。1904没。
イネス, ジョージ　1825生。アメリカの風景画家。1894没。
バルマー, ヨハン・ヤーコプ　1825生。スイスの物理学者。1898没。
アレンカール, ジョゼ・デ　1829生。ブラジルの小説家, ジャーナリスト, 政治家, 法曹家。1877没。
ヘゼッレ, ヒド　1830生。ベルギーの詩人。1899没。
ウイリス　1837生。イギリスの外科医。1894没。
シャルドネ, イレール・ベリニョー, 伯爵　1839生。フランスの化学者。1924没。
テート　1845生。スコットランドの外科医, 婦人科医。1899没。
ローズ　1848生。アメリカの実業家, 歴史家。1927没。
上村彦之丞　かみむらひこのじょう　1849生。明治時代の軍人。海軍大将。1916没。
コノート, プリンス・アーサー, 公爵　1850生。イギリスの王子, 陸軍軍人。1942没。
カラミティ・ジェイン　1852生。開拓時代のアメリカ西部の無法女。1903没。
ラモン・イ・カハル, サンティアゴ　1852生。スペインの組織学者, 病理解剖学者。1934没。
プレヴォー, マルセル　1862生。フランスの小説家, 評論家。1941没。
ツィグモンディー, リヒャルト・アドルフ　1865生。オーストリアの化学者。1929没。
林毅陸　はやしきろく　1872生。明治時代-昭和時代の外交史家。1950没。
大角岑生　おおすみみねお　1876生。明治時代-昭和時代の海軍人。大将, 男爵。1941没。
渡辺千冬　わたなべちふゆ　1876生。明治時代-昭和時代の政治家, 実業家。枢密顧問官, 子爵。1940没。

高田慎吾　たかだしんご　1880生。明治時代–昭和時代の児童福祉研究家。大原社会事業研究所幹事。1927没。

テイヤール・ド・シャルダン, ピエール　1881生。フランスの古生物学者, 哲学者, 神学者。1955没。

カルダレッリ, ヴィンチェンツォ　1887生。イタリアの詩人。1959没。

欧陽予倩　おうようよせん　1889生。中国の劇作家。1962没。

柴山兼四郎　しばやまかねしろう　1889生。大正時代, 昭和時代の陸軍軍人。陸軍中将。1956没。

田口運蔵　たぐちうんぞう　1892生。大正時代, 昭和時代の社会運動家。1933没。

土井正治　どいまさはる　1894生。昭和時代の実業家。住友化学工業社長。1997没。

クラーク, マーク　1896生。アメリカの軍人。1984没。

ブラック, ユージン・ロバート　1898生。アメリカの銀行家。1992没。

豊嶋弥左衛門　てしまやざえもん　1899生。大正時代, 昭和時代の能楽師（金剛流シテ方）。1978没。

林謙三　はやしけんぞう　1899生。大正時代, 昭和時代の彫刻家, 音楽学者。奈良学芸大付属山学校長, 東洋音楽学会理事・関西支部長。1976没。

シローネ, イニャツィオ　1900生。イタリアの小説家。1978没。

井本熊男　いもとくまお　1903生。昭和時代の陸軍軍人。防衛庁統合幕僚会議事務局長。2000没。

鹿地亘　かぢわたる　1903生。昭和時代の小説家, 評論家。1982没。

武内竜次　たけうちりゅうじ　1903生。昭和時代の外交官。1999没。

三木行治　みきゆきはる　1903生。昭和時代の官僚, 政治家。岡山県知事。1964没。

武藤糸治　むとういとじ　1903生。昭和時代の実業家。鐘紡社長。1970没。

貝塚茂樹　かいづかしげき　1904生。昭和時代の中国史家。京都大学教授, 東方学会会長。1987没。

佐藤達夫　さとうたつお　1904生。昭和時代の官僚。人事院総裁。1974没。

ノイマン　1904生。アメリカに帰化したドイツの政治学者。1962没。

ファム・ヴァン・ドン　1906生。ベトナム社会主義共和国の政治家。2000没。

ファン・バン・ドン　1906生。ベトナムの政治家。2000没。

杉山誠　すぎやままこと　1907生。昭和時代の演劇評論家。共立女子大学教授。1968没。

グァレスキ, ジョヴァンニ　1908生。イタリアの小説家。1968没。

鈴木力衛　すずきりきえ　1911生。昭和時代のフランス文学者。学習院大学教授, 日仏演劇協会会長。1973没。

山本荘毅　やまもとそうき　1914生。昭和時代, 平成時代の陸水学者。筑波大学教授。1999没。

一色次郎　いっしきじろう　1916生。昭和時代の小説家。1988没。

スタルヒン, ビクトル　1916生。ロシア生まれのプロ野球投手。1957没。

美土路達雄　みどろたつお　1917生。昭和時代, 平成時代の農業経済学者。北海道大学教授。1992没。

吉田光邦　よしだみつくに　1921生。昭和時代, 平成時代の科学技術史学者。京都文化博物館館長, 京都大学教授。1991没。

ヘラー, ジョーゼフ　1923生。アメリカの小説家, 劇作家。1999没。

北杜夫　きたもりお　1927生。昭和時代, 平成時代の小説家。

吉村昭　よしむらあきら　1927生。昭和時代, 平成時代の小説家。2006没。

山内一弘　やまうちかずひろ　1932生。昭和時代, 平成時代の野球解説者, 元・プロ野球選手。

武部勤　たけべつとむ　1941生。昭和時代, 平成時代の政治家。

阿木燿子　あきようこ　1945生。昭和時代, 平成時代の作詞家, 女優, エッセイスト。

青木まゆみ　あおきまゆみ　1053生。昭和時代, 平成時代の元・水泳選手。

加藤鷹　かとうたか　1962生。昭和時代, 平成時代の俳優。

本上まなみ　ほんじょうまなみ　1975生。平成時代の女優。

原沙知絵　はらさちえ　1978生。平成時代の女優。

5月1日

5月2日

○記念日○　エンピツ記念日
　　　　　交通広告の日
　　　　　郵便貯金の日

アブドゥッラー・ビン・アルズバイル　624生。ウマイヤ朝時代初期の僭称カリフ。692没。
文天祥　ぶんてんしょう　1236生。中国、南宋末の宰相。1282没。
細川頼有　ほそかわよりあり　1332生。南北朝時代の武将。1391没。
オスヴァルト・フォン・ヴォルケンシュタイン　1367生。中世ドイツの抒情詩人。1445没。
島津忠国　しまづただくに　1403生。室町時代の薩摩・大隅・日向国守護。1470没。
キャムデン、ウィリアム　1551生。イギリスの好古家、歴史家。1623没。
フォーブズ(フォービス)、ジョン　1593生。スコットランドの神学者、「アバディーンの博士たち」のひとり。1648没。
近衛信尋　このえのぶひろ　1599生。江戸時代前期の公家。1649没。
キルヒャー、アタナージウス　1601生。スイスの自然科学者、数学者、考古学者。1680没。
永宗女王　えいそうじょおう　1609生。江戸時代前期の女性。後陽成天皇の第6皇女。1690没。
スカルラッティ、アレッサンドロ　1660生。イタリアの歌劇および教会音楽の作曲家。1725没。
間部詮言　まなべあきとき　1690生。江戸時代中期の大名。1724没。
セルヴァンドーニ、ジョヴァンニ・ニコロ　1695生。イタリアの建築家、舞台美術家、画家。1766没。
エカテリーナ2世　1729生。ロシアの女帝(在位1762～96)。1796没。
ゲンツ、フリードリヒ　1764生。ドイツの政治評論家、政治家。1832没。
マコーリ、ザカリ　1768生。イギリスの博愛主義者、奴隷制廃止運動家。1838没。
小川泰山　おがわたいざん　1769生。江戸時代中期の儒者。1785没。
マルカム　1769生。イギリスのインド行政官。1833没。

ノヴァーリス　1772生。ドイツ初期ロマン派の代表的詩人、小説家。1801没。
シュテフェンス、ヘンリク　1773生。ノルウェー生まれの哲学者、ルター派の宗教哲学者、詩人。1845没。
森田幸恒　もりたゆきつね　1813生。江戸時代、明治時代の書家。1872没。
山本道斎　やまもとどうさい　1814生。江戸時代末期の医師、勤王家。1855没。
三沢富子　みさわとみこ　1821生。江戸時代、明治時代の歌人。1915没。
シューラー、エーミール　1844生。ドイツのプロテスタント新約学者。1910没。
マウラ、アントニオ　1853生。スペインの首相。1925没。
角田竹冷　つのだちくれい　1856生。明治時代、大正時代の俳人、政治家。衆議院議員。1919没。
ジェローム、ジェローム・K.　1859生。イギリスのユーモア作家。1927没。
トンプソン、サー・ダーシー・ウェントウォース　1860生。イギリスの生物学者。1948没。
根津一　ねづはじめ　1860生。明治時代–昭和時代の陸軍軍人。少佐、東亜同文書院長。1927没。
ベイリス、サー・ウィリアム・マドック　1860生。イギリスの生理学者。1924没。
ヘルツル、テオドール　1860生。オーストリアのユダヤ人作家。1904没。
飯田旗軒　いいだきけん　1866生。フランス文学者、実業家。1938没。
今村力三郎　いまむらりきさぶろう　1866生。明治時代–昭和時代の弁護士。1954没。
下田菊太郎　しもだきくたろう　1866生。明治時代、大正時代の建築家。1931没。
ウッド、ロバート・ウィリアムズ　1868生。アメリカの実験物理学者。1955没。
稲田三之助　いなださんのすけ　1876生。明治時代–昭和時代の電気通信工学者。1952没。

256

高峰筑風　たかみねちくふう　1879生。明治時代，大正時代の筑前琵琶演奏家。筑前琵琶高峰流創始者。1936没。

バーンズ，ジェイムズ・F(フランシス)　1879生。アメリカの政治家。1972没。

クリューゲル　1880生。スウェーデンの実業家，金融資本家。1932没。

タウト，ブルーノ　1880生。ドイツの建築家。1938没。

丸山幹治　まるやまかんじ　1880生。明治時代-昭和時代のジャーナリスト。1955没。

野上俊夫　のがみとしお　1882生。明治時代-昭和時代の青年心理学者。京都帝国大学教授，京都女子大学教授。1963没。

サモスード，サムイル　1884生。ソ連の指揮者。1964没。

黒崎幸吉　くろさきこうきち　1886生。大正時代，昭和時代のキリスト教伝導者。1970没。

ベン，ゴットフリート　1886生。ドイツの詩人。1956没。

高野松山　たかのしょうざん　1889生。大正時代，昭和時代の漆芸家。人間国宝，新綜工芸会主宰。1976没。

岡治道　おかはるみち　1891生。昭和時代の病理学者。東京大学教授，日本病理学会総会会長。1978没。

ブルガーコフ，ミハイル・アファナシエヴィチ　1891生。ソ連の作家。1940没。

下川凹天　しもかわおうてん　1892生。大正時代，昭和時代の漫画家。1973没。

リヒトホーフェン，マンフレート，男爵　1892生。ドイツの空軍軍人，男爵。1918没。

三宅鳳白　みやけこうはく　1893生。大正時代，昭和時代の日本画家。「耕人社」理事。1957没。

ブレーデル，ヴィリー　1901生。東ドイツの小説家。1964没。

スポック，ベンジャミン・マクレイン　1903生。アメリカの医者，社会運動家。1998没。

午島祐利　やじまあすけとし　1903生。昭和時代の科学史家。東京理科大学教授。1995没。

エステーヴ，モーリス　1904生。フランスの抽象画家。2001没。

クロスビー，ビング　1904生。アメリカの歌手，俳優。1977没。

石橋辰之助　いしばしたつのすけ　1909生。昭和時代の俳人。新俳句人連盟委員長。1948没。

シュプリンガー，アクセル・ツェーザル　1912生。西ドイツのマスコミ・コンツェルンの支配者。1985没。

河野南畦　こうのなんけい　1913生。昭和時代，平成時代の俳人。1995没。

黒木清次　くろきせいじ　1915生。昭和時代の詩人，小説家。エフエム宮崎社長，宮崎日日新聞社社長。1988没。

張基栄　ちょうきえい　1916生。韓国の政治家。1977没。

矢内原伊作　やないはらいさく　1918生。昭和時代の哲学者，評論家。法政大学教授。1989没。

レイ，サタジット　1921生。インドの映画監督，作家。1992没。

久慈あさみ　くじあさみ　1922生。昭和時代，平成時代の女優。1996没。

加藤一郎　かとういちろう　1925生。昭和時代，平成時代のロボット工学者。早稲田大学教授，日本ロボット学会会長。1994没。

バラデュール，エドゥアール　1929生。フランスの政治家。

ファイサル2世　1935生。イラクの国王(在位1939〜58)。1958没。

モショエショエ2世　1938生。レソト国王。1996没。

なべおさみ　なべおさみ　1939生。昭和時代，平成時代の俳優，司会，タレント。

レガリ，ファルーク　1940生。パキスタンの政治家。

ウェイデンボス，シュール　1941生。スリナムの政治家。

鮎川誠　あゆかわまこと　1948生。昭和時代，平成時代のロック歌手，ロックギタリスト。

夏木マリ　なつきまり　1952生。昭和時代，平成時代の女優，歌手。

ロドリゲス，エドゥアルド　1956生。ボリビアの政治家，法律家。

武蔵丸光洋　むさしまるこうよう　1971生。平成時代の大相撲年寄，元・力士(第67代横綱)。

ザ・ロック　1972生。アメリカのプロレスラー。

野村祐人　のむらゆうじん　1972生。平成時代の俳優。

ベッカム，デービッド　1975生。イギリスのサッカー選手。

5月2日

5月3日

○記念日○　ゴミの日
○忌　日○　歌麿忌（陰暦閏）

中原師光　なかはらもろみつ　1206生。鎌倉時代前期, 後期の官人・歌人。1265没。

ジョアン2世　1455生。ポルトガル王（在位1481～95）。1495没。

マキアヴェッリ, ニッコロ　1469生。イタリアの政治家, 政治思想家。1527没。

張居正　ちょうきょせい　1525生。中国, 明の政治家。1582没。

猿渡盛道　さわたろもりみち　1577生。安土桃山時代, 江戸時代前期の神職。1628没。

油小路隆真　あぶらのこうじたかざね　1660生。江戸時代中期の公家。1729没。

ヴァリスニエリ, アントニオ　1661生。イタリアの医者, 博物学者。1730没。

河浪質斎　かわなみしっさい　1672生。江戸時代中期の儒学者。1734没。

山県周南　やまがたしゅうなん　1687生。江戸時代中期の古文辞学派の儒者。1752没。

山崎北華　やまざきほっか　1700生。江戸時代中期の俳人, 狂文家。1746没。

シエース, エマニュエル・ジョゼフ, 伯爵　1748生。フランスの政治家。1836没。

コッツェブー, アウグスト　1761生。ドイツの劇作家。1819没。

テナント, チャールズ　1768生。イギリスの化学工業家。1838没。

近藤富蔵　こんどうとみぞう　1805生。江戸時代, 明治時代の地史家。1887没。

亀田鶯谷　かめだおうこく　1807生。江戸時代, 明治時代の儒学者。下総国関宿藩の儒臣。1881没。

大村益次郎　おおむらますじろう　1824生。江戸時代, 明治時代の兵学者, 萩藩士。軍制改革のリーダー。1869没。

カルル15世　1826生。スウェーデン, ノルウェー王（在位1859～72）。1872没。

スピーク, ジョン・ハニング　1827生。イギリスのアフリカ探検家。1864没。

陣幕久五郎　じんまくきゅうごろう　1829生。江戸時代の力士（第12代横綱）。1903没。

奥村五百子　おくむらいおこ　1845生。明治時代の社会運動家。1907没。

ヴァスネツォフ, ヴィクトル　1848生。ロシアの画家。1926没。

ビュッチュリ　1848生。ドイツの動物学者, 細胞学者。1920没。

ビューロー, ベルンハルト, 公爵　1849生。ドイツの政治家。プロシア首相。1929没。

川島忠之助　かわしまちゅうのすけ　1853生。明治時代の翻訳家, 銀行家。1938没。

ベヘーゲル　1854生。ドイツの言語学者。1936没。

柴五郎　しばごろう　1859生。明治時代-昭和時代の陸軍軍人。大将。1945没。

ヴォルテラ, ヴィト　1860生。イタリアの数学者, 物理学者。1940没。

ホールデイン, ジョン・スコット　1860生。イギリスの生理学者。1936没。

丸山晩霞　まるやまばんか　1867生。明治時代-昭和時代の水彩画家, 洋画家。日本水彩画会理事。1942没。

ブノア　1870生。ロシア生まれの舞台装置家。1960没。

エークマン, ヴァグン・ヴァルフリッド　1874生。スウェーデンの海洋物理学者。1954没。

上田貞次郎　うえだていじろう　1879生。大正時代, 昭和時代の経済学者。法学博士, 東京商科大学長。1940没。

森しげ　もりしげ　1880生。明治時代の小説家。1936没。

金子大栄　かねこだいえい　1881生。大正時代, 昭和時代の僧侶, 仏教学者。東洋大学教授, 大谷大学教授。1976没。

デュプレ, マルセル　1886生。フランスの作曲家, オルガン奏者。1971没。

シュミットヘンナー　1887生。ドイツの地理学者, 地質学者。1957没。

加藤武雄　かとうたけお　1888生。大正時代, 昭和時代の小説家。1956没。

中島重　なかじましげる　1888生。大正時代, 昭和時代の政治学者。1946没。

トレイヴン, B. 1890生。メキシコ在住の小説家。1969没。

ヴァイナー 1892生。アメリカ（カナダ生まれ）の経済学者。1970没。

トムソン, サー・ジョージ・ペイジェット 1892生。イギリスの物理学者。1975没。

林要 はやしかなめ 1894生。大正時代, 昭和時代の経済学者。愛知大学教授。1991没。

クリシュナ・メノン, ヴェーンガリール・クリシュナン 1897生。インドの政治家。1974没。

メイル, ゴルダ 1898生。イスラエルの政治家。1978没。

島田啓三 しまだけいぞう 1900生。昭和時代の漫画家。児童漫画会会長。1973没。

平野威馬雄 ひらのいまお 1900生。昭和時代の詩人, 小説家。1986没。

コリア, ジョン 1901生。イギリスの小説家, 詩人。1980没。

新井泉 あらいせん 1902生。昭和時代のグラフィックデザイナー。女子美術大学教授, 九州産業大学教授。1983没。

カストラー 1902生。フランスの物理学者。1984没。

大塚久雄 おおつかひさお 1907生。昭和時代, 平成時代の経済史学者。東京大学教授, 国際基督教大学教授。1996没。

森荘已池 もりそういち 1907生。昭和時代の詩人, 小説家。1999没。

菊池一雄 きくちかずお 1908生。昭和時代の彫刻家。東京芸術大学教授, 京都市立美術大学教授。1985没。

山城章 やましろあきら 1908生。昭和時代の経営学者。一橋大学教授, 創価大学教授。1993没。

赤羽末吉 あかばすえきち 1910生。昭和時代の絵本作家。1990没。

ザヒル, アブドゥル 1910生。アフガニスタンの政治家。

池田恒雄 いけだつねお 1911生。昭和時代, 平成時代のベースボール・マガジン社社長, 恒文社会長。2002没。

インジ, ウィリアム 1913生。アメリカの劇作家。1973没。

大堀弘 おおほりひろむ 1913生。昭和時代の官僚, 実業家。共同石油会長。1985没。

高橋浩一郎 たかはしこういちろう 1913生。昭和時代の気象学者。気象庁長官, 筑波大学教授。1991没。

田代素魁 たしろそかい 1913生。昭和時代, 平成時代の洋画家, 挿絵画家。1996没。

アントーノフ, セルゲイ・ペトローヴィチ 1915生。ソ連の作家。1995没。

エマニュエル, ピエール 1916生。フランスの詩人, 評論家。1984没。

西条嫩子 さいじょうふたばこ 1919生。昭和時代の詩人, 随筆家, 児童文学者。1990没。

シーガー, ピート 1919生。アメリカのフォーク歌手, 作詞家, 作曲家。

池内一 いけうちはじめ 1920生。昭和時代の新聞学者, 社会心理学者。東京大学教授, 東京大学新聞研究所長。1976没。

ロビンソン, シュガー・レイ 1921生。プロボクサー。1989没。

遠藤豊吉 えんどうとよきち 1924生。昭和時代, 平成時代の教育評論家, 小学校教師。1997没。

ブラウン, ジェームス 1933生。アメリカのソウル歌手。2006没。

クワント, マリー 1934生。イギリスのファッションデザイナー。

チャスラフスカ, ベラ 1942生。チェコの元・体操選手。

橋幸夫 はしゆきお 1943生。昭和時代, 平成時代の歌手。

阿部薫 あべかおる 1949生。昭和時代のジャズサックス奏者。1978没。

カーリー西条 1949生。米国出身の料理研究家, フードコーディネーター。

三宅裕司 みやけゆうじ 1951生。昭和時代, 平成時代のコメディアン, 俳優, 演出家。

松尾伴内 まつおばんない 1963生。昭和時代, 平成時代のコメディアン。

野村宏伸 のむらひろのぶ 1965生。昭和時代, 平成時代の俳優。

グレコ, サム 1967生。オーストラリアの格闘家。

為末大 ためすえだい 1978生。平成時代の陸上選手。

5月3日

登場人物

香山リカ かやまりか 着せ替え人形キャラクター。

5月4日

○記念日○　みどりの日
ラムネの日
競艇の日

アンサーリー, アブドゥッラー　1006生。イランの詩人, 神秘主義者。1088没。

近衛兼経　このえかねつね　1210生。鎌倉時代前期の公卿。1259没。

伊勢貞宗　いせさだむね　1444生。室町時代, 戦国時代の幕府吏僚, 政所執事。1509没。

真壁房幹　まかべふさもと　1569生。安土桃山時代, 江戸時代前期の武将。1612没。

相良長毎　さがらながつね　1574生。安土桃山時代, 江戸時代前期の大名。1636没。

ライナルディ, カルロ　1611生。イタリアの建築家。1691没。

向象賢　しょうしょうけん　1617生。江戸時代前期の琉球国の政治家。1676没。

シャープ, ジェイムズ　1618生。イギリス(スコットランド)の宗教家。1679没。

バルデス・レアール, フアン・デ　1622生。スペインの画家。1690没。

一柳直治　ひとつやなぎなおはる　1642生。江戸時代前期, 中期の大名。1716没。

クリストフォリ, バルトロメーオ　1655生。イタリアのハープシコード製作者。1731没。

戸沢正庸　とざわまさつね　1664生。江戸時代中期の大名。1740没。

加藤景範　かとうかげのり　1720生。江戸時代中期の歌人。1796没。

池大雅　いけのたいが　1723生。江戸時代中期の文人画家, 書家。1776没。

松崎観海　まつざきかんかい　1725生。江戸時代中期の漢学者。1776没。

ボルダ, ジャン・シャルル・ド　1733生。フランスの数学者, 天文学者, 物理学者。1799没。

法岸　ほうがん　1744生。江戸時代中期, 後期の浄土宗の捨世僧。1815没。

ローレンス, サー・トマス　1769生。イギリスの肖像画家。1830没。

ジェラール, フランソワ　1770生。フランスの画家。1837没。

ブロックハウス, フリードリヒ・アルノルト　1772生。ドイツの出版業者。1823没。

ヘルバルト, ヨハン・フリードリヒ　1776生。ドイツの哲学者, 心理学者。1841没。

テナール, ルイ・ジャック　1777生。フランスの化学者。1857没。

ポリニャック, オーギュスト・ジュール・アルマン・マリー, 公爵　1780生。フランス, 復古王政期の政治家。1847没。

マン, ホラス　1796生。アメリカの教育家。1859没。

クック, サー・ウィリアム・フォザギル　1806生。イギリスの電気技術者。1879没。

ハックスリー, T.H.　1825生。イギリスの生物学者, 哲学者。1895没。

前田慶寧　まえだよしやす　1830生。江戸時代, 明治時代の大名。1874没。

クリフォード, ウイリアム　1845生。イギリスの哲学者, 数学者。1879没。

ガレ, エミール　1846生。フランスのアール・ヌーヴォーを代表するガラス工芸家。1904没。

リデル, アリス　1852生。イギリスの女性。『不思議の国のアリス』の主人公のモデルとして知られる。1934没。

野村宗十郎　のむらそうじゅうろう　1857生。明治時代, 大正時代の印刷業者。1925没。

レズニチェク, エーミル・ニコラウス・フォン　1860生。オーストリアの作曲家, 指揮者。1945没。

岡田良平　おかだりょうへい　1864生。明治時代-昭和時代の文部官僚, 政治家。京都帝国大学総長。1934没。

カーロイ・ミハーイ　1875生。ハンガリーの政治家, 国家元首(1919)。1955没。

吉川霊華　きっかわれいか　1875生。明治時代-昭和時代の日本画家。1929没。

関屋貞三郎　せきやていざぶろう　1875生。明治時代-昭和時代の官僚, 政治家。静岡県知事, 貴族院議員。1950没。

近松秋江　ちかまつしゅうこう　1876生。明治時代, 大正時代の小説家, 評論家。1944没。

ケレンスキー，アレクサンドル・フョードロヴィチ　1881生。ロシアの政治家。首相。1970没。
堀切善兵衛　ほりきりぜんべえ　1882生。大正時代，昭和時代の政治家。慶応義塾大学教授，衆議院議長。1946没。
レーマン，ヴィルヘルム　1882生。ドイツの詩人，小説家。1968没。
川村多実二　かわむらたみじ　1883生。大正時代，昭和時代の動物学者。京都帝国大学教授，京都岡崎動物園長。1964没。
佐々木邦　ささきくに　1883生。明治時代–昭和時代の小説家，英文学者。明治学院大学教授。1964没。
汪兆銘　おうちょうめい　1885生。中国の政治家。1944没。
海東要造　かいとうようぞう　1887生。大正時代，昭和時代の実業家。東京都立大学名誉教授。1953没。
小泉信三　こいずみしんぞう　1888生。大正時代，昭和時代の経済学者，教育者。慶応義塾大学塾長，東宮御所参与。1966没。
スペルマン，フラーンシス・ジョウゼフ　1889生。アメリカの宗教家。1967没。
鈴木惣太郎　すずきそうたろう　1890生。昭和時代の野球評論家。1982没。
大村清一　おおむらせいいち　1892生。昭和時代の政治家。衆議院議員。1968没。
松下芳男　まつしたよしお　1892生。大正時代，昭和時代の軍事評論家。工学院大学教授。1983没。
マイエール，ルネ　1895生。フランスの首相。1972没。
芹沢光治良　せりざわこうじろう　1896生。昭和時代の小説家。日本ペンクラブ会長。1993没。
福田雅之助　ふくだまさのすけ　1897生。大正時代，昭和時代のテニス選手，テニス評論家。1974没。
沼知福三郎　ぬまちふくさぶろう　1898生。昭和時代の機械工学者。東北帝国大学教授，東北帝国大学高速力学研究所所長。1982没。
笹川良一　ささかわりょういち　1899生。昭和時代，平成時代の日本船舶振興会会長，全国モーターボート競走会連合会名誉会長，福岡工業大学名誉理事長。1995没。
富永太郎　とみながたろう　1901生。大正時代の詩人。1925没。

鏡岩善四郎　かがみいわぜんしろう　1902生。昭和時代の力士。大関。1950没。
胡也頻　こやひん　1903生。中国の小説家。1931没。
斎藤義重　さいとうよししげ　1904生。昭和時代，平成時代の洋画家，美術家。多摩美術大学教授。2001没。
大江巳之助（4代目）　おおえみのすけ　1907生。昭和時代，平成時代の文楽人形。1997没。
メールス　1907生。フランスの作家。1951没。
坂東好太郎　ばんどうこうたろう　1911生。昭和時代の俳優。1981没。
森繁久弥　もりしげひさや　1913生。昭和時代，平成時代の俳優。
井筒俊彦　いづつとしひこ　1914生。昭和時代，平成時代のイスラム学者。慶應義塾大学教授，イラン王室哲学研究所教授。1993没。
スミス　1914生。アメリカの外交官。1994没。
前田山英五郎　まえだやまえいごろう　1914生。昭和時代の力士（第39代横綱）。1971没。
田中角栄　たなかかくえい　1918生。昭和時代の政治家。内閣総理大臣。1993没。
ムバラク，ムハンマド・ホスニ　1928生。エジプトの政治家。
仲谷昇　なかやのぼる　1929生。昭和時代，平成時代の俳優。2006没。
ヘップバーン，オードリー　1929生。ベルギー生まれのアメリカの映画女優。1993没。
正司花江　しょうじはなえ　1936生。昭和時代，平成時代の女優。
カーター，ロン　1937生。アメリカのジャズベース奏者。
近藤房之助　こんどうふさのすけ　1951生。昭和時代，平成時代の歌手。
菊池桃子　きくちももこ　1968生。昭和時代，平成時代の女優，歌手。
大黒将志　おおぐろまさし　1980生。平成時代のサッカー選手。

　登場人物
五代裕作　ごだいゆうさく　1961生。『めぞん一刻』の登場人物。
江戸川コナン　えどがわこなん　『名探偵コナン』の主人公。

5月4日

5月5日

○記念日○　こどもの日
　　　　　児童憲章制定記念日
　　　　　端午の節句（菖蒲の節句）

パウラ　347生。聖女。404没。
宇多天皇　うだてんのう　867生。平安時代前期の第59代の天皇。931没。
ハマザーニー　969生。アラビアの詩人，文学者。1007没。
藤原時朝　ふじわらのときあさ　1204生。鎌倉時代前期の歌人。1265没。
藤原時朝　ふじわらのときとも　1204生。鎌倉時代前期, 後期の武将，歌人。1265没。
アフォンソ3世　1210生。ポルトガル王（在位1248～79）。1279没。
フアン・マヌエル, ドン　1282生。スペインの政治家，著作家。1348没。
専空　せんくう　1292生。鎌倉時代後期の浄土真宗の僧。1343没。
ルプレヒト1世　1352生。神聖ローマ皇帝（在位1400～10）。1410没。
真壁宗幹　まかべむねもと　1496生。戦国時代，安土桃山時代の常陸国の国衆。真壁城主。1565没。
ホシウス, スタニスラウス　1504生。ポーランドのカトリック神学者，聖職者。1579没。
内藤信成　ないとうのぶなり　1545生。安土桃山時代, 江戸時代前期の大名。1612没。
筒井定次　つついさだつぐ　1562生。安土桃山時代, 江戸時代前期のキリシタン，大名。1615没。
江崎善左衛門　えざきぜんざえもん　1593生。江戸時代前期の尾張入鹿新田の開発者。1675没。
シヴァージー　1627生。インド, マラータ王国の創始者（在位1674～80）。1680没。
キノー, フィリップ　1635生。フランスの詩人, 劇作家。1688没。
佐々十竹　さっさじっちく　1640生。江戸時代前期の歴史家。1698没。
素堂　そどう　1642生。江戸時代前期, 中期の俳人。1716没。
天桂伝尊　てんけいでんそん　1648生。江戸時代前期, 中期の曹洞宗の僧。1736没。

塙保己一　はなわほきいち　1746生。江戸時代中期, 後期の国学者。1821没。
レオポルト2世　1747生。神聖ローマ皇帝（在位1790～92）。1792没。
小林一茶　こばやしいっさ　1763生。江戸時代中期, 後期の俳人。1828没。
柴田鳩翁　しばたきゅうおう　1783生。江戸時代後期の石門心学者。1839没。
高野長英　たかのちょうえい　1804生。江戸時代末期の蘭学者。1850没。
ドレイパー, ジョン・ウィリアム　1811生。イギリス生まれの化学者, 生理学者。1882没。
鈴木重胤　すずきしげたね　1812生。江戸時代末期の国学者。1863没。
キアケゴー, セーレン　1813生。デンマークの哲学者, 神学者。1855没。
ラビッシュ, ウージェーヌ　1815生。フランスの劇作家。1888没。
マルクス, カール　1818生。ドイツの経済学者, 哲学者, 革命指導者。1883没。
ソロヴィヨフ, セルゲイ・ミハイロヴィチ　1820生。ロシアの歴史学者。1879没。
月形洗蔵　つきがたせんぞう　1828生。江戸時代末期の筑前福岡藩士。1865没。
本因坊秀策　ほんいんぼうしゅうさく　1829生。江戸時代末期の囲碁棋士。1862没。
ポンペ　1829生。オランダの医師。1908没。
マレー, エティエンヌ・ジュール　1830生。フランスの生理学者, 発明家。1904没。
フォン・リヒトホーフェン, フェルディナント　1833生。ドイツの地理地質学者。1905没。
土方歳三　ひじかたとしぞう　1835生。江戸時代末期の新撰組副長, 箱館五稜郭政権の陸軍奉行並。1869没。
シェンキエヴィッチ, ヘンリク　1846生。ポーランドの小説家。1916没。
笠原研寿　かさはらけんじゅ　1852生。明治時代の仏教学者, 僧侶。真宗大谷派。1883没。
ヒューゲル, フリードリヒ・フォン　1852生。イギリスのカトリック神学者, 哲学者,

262

1925没。
国分青厓　こくぶせいがい　1857生。明治時代–昭和時代の漢詩人。1944没。
桂田富士郎　かつらだふじろう　1867生。明治時代–昭和時代の病理学者。1946没。
プフィッツナー, ハンス　1869生。ドイツの作曲家。1949没。
日下部四郎太　くさかべしろうた　1875生。明治時代, 大正時代の物理学者。東北帝国大学教授。1924没。
佐々木隆興　ささきたかおき　1878生。明治時代–昭和時代の医学者。杏雲堂医院院長, 京都帝国大学教授。1966没。
金田一京助　きんだいちきょうすけ　1882生。明治時代–昭和時代の言語学者, 国語学者。1971没。
ウェイヴェル, アーチボルド・パーシヴァル・ウェイヴェル, 初代伯爵　1883生。イギリス軍人。1950没。
武田祐吉　たけだゆうきち　1886生。大正時代, 昭和時代の国文学者。国学院大学教授。1958没。
モーリー, クリストファー　1890生。アメリカの詩人, 小説家。1957没。
バーク, ケネス　1897生。アメリカの文芸評論家。1993没。
勝本清一郎　かつもとせいいちろう　1899生。昭和時代の文芸評論家, 近代文学研究家。日本ユネスコ連盟理事長。1967没。
シュミット-イッサーシュテット, ハンス　1900生。ドイツの指揮者, 作曲家。1973没。
パノムヨン　1901生。タイの政治家。1983没。
城夏子　じょうなつこ　1902生。昭和時代の小説家。1995没。
丸岡秀子　まるおかひでこ　1903生。昭和時代の評論家。日本農村婦人協会理事長。1990没。
松平頼則　まつだいらよりつね　1907生。昭和時代, 平成時代の作曲家。上野学園大学教授。2001没。
三門博　みかどひろし　1907生。昭和時代の浪曲師。1998没。
古谷綱武　ふるやつなたけ　1908生。昭和時代の文芸評論家。東洋大学学長。1984没。
中島敦　なかじまあつし　1909生。昭和時代の小説家。1942没。
清水金一　しみずきんいち　1912生。昭和時代の喜劇俳優。1966没。

トレス　1919生。ボリビアの軍人, 政治家, 大統領。1976没。
パパドプーロス, ゲオルギオス　1919生。ギリシアの軍人, 大統領。1999没。
ショーロウ, アーサー・レナード　1921生。アメリカの物理学者。1999没。
ミス・ワカサ　1921生。昭和時代の漫才師。1974没。
増沢洵　ますざわまこと　1925生。昭和時代の建築家。増沢建築設計事務所代表, 日本建築家協会理事。1990没。
木戸蓊　きどしげる　1932生。昭和時代, 平成時代の国際政治学者。神戸学院大学教授, 神戸大学教授。2000没。
嶌信彦　しまのぶひこ　1942生。昭和時代, 平成時代のジャーナリスト。
地井武男　ちいたけお　1942生。昭和時代, 平成時代の俳優。
Dr.コパ　どくたーこぱ　1947生。昭和時代, 平成時代の建築家。
モト冬樹　もとふゆき　1951生。昭和時代, 平成時代のタレント。
スペクター, デーブ　1954生。米国出身のタレント, テレビプロデューサー, 放送プロデューサー。
馳浩　はせひろし　1961生。昭和時代, 平成時代の元・プロレスラー。
工藤公康　くどうきみやす　1963生。昭和時代, 平成時代のプロ野球選手。
佐藤竹善　さとうちくぜん　1963生。昭和時代, 平成時代のミュージシャン。
渡部篤郎　わたべあつろう　1968生。昭和時代, 平成時代の俳優。
伊良部秀輝　いらぶひでき　1969生。平成時代の元・プロ野球選手, 元・大リーグ選手。
中川翔子　なかがわしょうこ　1985生。平成時代のタレント。
高山みなみ　たかやまみなみ　声優, 歌手。

登場人物

野原しんのすけ　のはらしんのすけ　『クレヨンしんちゃん』の主人公。
山田太郎　やまだたろう　『ドカベン』の主人公。
ルフィ　『ONE PIECE』の主人公。

5月5日

5月6日

○記念日○ ゴムの日
○忌　日○ 鑑真忌
　　　　　春夫忌
　　　　　万太郎忌

ハインリヒ2世　973生。ザクセン朝最後のドイツ王, 神聖ローマ皇帝（在位1002〜24）。1024没。

弁長　べんちょう　1162生。平安時代後期, 鎌倉時代前期の僧。1238没。

二条持通　にじょうもちみち　1416生。室町時代, 戦国時代の公卿。1493没。

マルケルス2世　1501生。教皇（在位1555..4.10〜5.1）教会改革の指導者の一人。1555没。

中院通勝　なかのいんみちかつ　1556生。安土桃山時代, 江戸時代前期の公家。1610没。

インノケンチウス10世　1574生。教皇（在位1644〜55）。1655没。

ベッヒャー, ヨハン・ヨアヒム　1635生。ドイツの化学者。1682没。

伏原宣幸　ふせはらのぶゆき　1637生。江戸時代前期, 中期の公家。1705没。

南部直政　なんぶなおまさ　1661生。江戸時代前期, 中期の大名。1699没。

エーティンガー, フリードリヒ・クリストフ　1702生。ドイツのM.ルター派神学者。1782没。

バトゥー, シャルル　1713生。フランスの美学者。1780没。

法住　ほうじゅう　1723生。江戸時代中期, 後期の真言宗の僧。1800没。

スヌビエ, ジャン　1742生。スイスの牧師, 植物学者。1809没。

マセナ, アンドレ　1758生。フランスの軍人。1817没。

ロベスピエール, マクシミリアン・フランソワ・マリ・イジドール・ド　1758生。フランス革命の指導者。1794没。

フェルディナンド3世　1769生。トスカナ大公。1824没。

クラウゼ, カール・クリスティアン・フリードリヒ　1781生。ドイツの哲学者。1832没。

ベルネ, ルートヴィヒ　1786生。ユダヤ系ドイツのジャーナリスト, 自由主義的革命思想家。1837没。

メーラー, ヨーハン・アーダム　1796生。ドイツのローマ・カトリック神学者。1838没。

リール, ヴィルヘルム・ハインリヒ　1823生。ドイツの文化史家, 民俗学者, 小説家。1897没。

楠本イネ　くすもといね　1827生。江戸時代, 明治時代の医師。産婦人科, 宮内庁御用掛。1903没。

シェレシェフスキー, サミュエル・アイザク　1831生。アメリカの聖公会宣教師。1906没。

ギルバート, グローヴ　1843生。アメリカの地質学者。1918没。

大浦兼武　おおうらかねたけ　1850生。明治時代の政治家, 官僚。熊本県知事, 警視総監, 子爵。1918没。

ノックス, P.　1853生。アメリカの法律家, 政治家。1921没。

ピアリー, ロバート　1856生。アメリカ合衆国の北極探検家, 海軍の軍人。1920没。

フロイト, ジグムント　1856生。オーストリアの精神医学者。1939没。

クロース, ウィレム　1859生。オランダの詩人, 評論家。1938没。

タゴール, ラビンドラナート　1861生。インドの詩人, 思想家, 劇作家, 小説家, 作曲家。1941没。

ネルー, モーティーラール　1861生。インドの政治家。1931没。

山田鬼斎　やまだきさい　1864生。明治時代の彫刻家。東京美術学校教授。1901没。

ルルー, ガストン　1868生。フランスの小説家, ジャーナリスト。1927没。

ジアニーニ, アマデオ・ピーター　1870生。アメリカの銀行家。1949没。

太田玉茗　おおたぎょくめい　1871生。明治時代の詩人, 小説家。1927没。

グリニャール, フランソワ・オーギュスト・ヴィクトル　1871生。フランスの化学者。

1935没。

モルゲンシュテルン, クリスティアン 1871生。ドイツの詩人。1914没。

佐々醒雪 さっさせいせつ 1872生。明治時代, 大正時代の国文学者, 俳人。東京高等師範学校教授。1917没。

ド・シッテル, ヴィレム 1872生。オランダの天文学者, 宇宙学者。1934没。

藤村作 ふじむらつくる 1875生。明治時代-昭和時代の国文学者。1953没。

フロズニー 1879生。チェコスロバキアの言語学者。1952没。

キルヒナー, エルンスト・ルートヴィヒ 1880生。ドイツ表現主義の画家。1938没。

茅野雅子 ちのまさこ 1880生。明治時代-昭和時代の歌人。1946没。

マルティネス-シエラ, グレゴリオ 1881生。スペインの劇作家。1947没。

ヴィルヘルム 1882生。前ドイツ帝国およびプロイセン王国皇太子。1951没。

野上弥生子 のがみやえこ 1885生。明治時代-昭和時代の小説家。1985没。

明石国助 あかしくにすけ 1887生。明治時代-昭和時代の染織工芸研究家。文化財保護審議会専門委員。1959没。

ヴァレンティノ, ルドルフ 1895生。アメリカの映画俳優。1926没。

アルヴェルデス, パウル 1897生。ドイツの詩人, 小説家。1979没。

木々高太郎 きぎたかたろう 1897生。昭和時代の探偵小説家, 生理学者。慶応大学教授。1969没。

ヘンライン, コンラート 1898生。ドイツの政治家。1945没。

オピュルス, マックス 1902生。フランスの映画監督。1957没。

マッティンソン, ハリィ 1904生。スウェーデンの小説家。1978没。

沙羅双樹 さらそうじゅ 1905生。昭和時代の小説家。1983没。

ヴェイユ, アンドレ 1906生。フランスの数学者。1998没。

井上靖 いのうえやすし 1907生。昭和時代, 平成時代の小説家。日本ペンクラブ会長, 日中文化交流協会会長。1991没。

スペンス 1907生。アメリカの心理学者。1967没。

岡倉古志郎 おかくらこしろう 1912生。昭和時代, 平成時代の国際政治学者。同志社大学教授, 大阪外国語大学教授。2001没。

ステュアート, ダグラス 1913生。オーストラリアの詩人, 劇作家, 批評家。1985没。

ジャレル, ランダル 1914生。アメリカの詩人, 批評家。1965没。

ウェルズ, オーソン 1915生。アメリカの映画監督, 俳優, プロデューサー, 脚本家。1985没。

東久邇盛厚 ひがしくにもりあつ 1916生。昭和時代の皇族。帝都高速度交通営団監事, 日本ドミニカ協会会長。1969没。

東久邇盛厚 ひがしくにもりひろ 1916生。昭和時代の皇族。1969没。

キャバレロ 1917生。アメリカのピアニスト。1989没。

コロムビア・トップ 1922生。昭和時代, 平成時代の漫才師。2004没。

上原卓 うえはらたく 1926生。昭和時代の日本画家。京都市立芸術大学教授。1986没。

ナンシー梅木 なんしーうめき 1929生。昭和時代, 平成時代の女優, ジャズ歌手。

メイズ, ウィリー 1931生。アメリカの元・大リーグ選手。

白木みのる しらきみのる 1934生。昭和時代, 平成時代の喜劇俳優。

オシム, イヴィチャ 1941生。サッカー監督, 元・サッカー選手。

ブレア, トニー 1953生。イギリスの政治家。

クルーニー, ジョージ 1961生。アメリカの俳優, 映画監督・プロデューサー。

フェリ, アレッサンドラ 1963生。イタリアのバレリーナ。

荒木大輔 あらきだいすけ 1964生。昭和時代, 平成時代のプロ野球コーチ, 元・プロ野球選手。

吉田美和 よしだみわ 1965生。昭和時代, 平成時代の歌手。

高橋尚子 たかはしなおこ 1972生。平成時代のマラソン選手。

押尾学 おしおまなぶ 1978生。平成時代の歌手, 俳優。

5月6日

5月7日

○記念日○ 博士の日
粉の日

一条兼良　いちじょうかねよし　1402生。室町時代,戦国時代の歌学者・公卿。1481没。
ポンターノ, ジョヴァンニ　1429生。イタリアの詩人, 人文主義者, 政治家。1503没。
九条政基　くじょうまさもと　1445生。室町時代, 戦国時代の公卿。1516没。
エラストゥス, トマス　1524生。スイスの医学者, ツウィングリ派神学者。1583没。
コンデ, ブルボンのルイ1世, 親王　1530生。フランスの新教徒の政治的軍事的指導者。1569没。
本理院　ほんりいん　1602生。江戸時代前期の女性。3代将軍徳川家光の正室。1674没。
ニコン　1605生。ロシアの総主教。1681没。
徳川忠長　とくがわただなが　1606生。江戸時代前期の大名。1634没。
保科正之　ほしなまさゆき　1611生。江戸時代前期の大名。1673没。
松平光通　まつだいらみつみち　1636生。江戸時代前期の大名。1674没。
小笠原長重　おがさわらながしげ　1650生。江戸時代中期の大名, 老中。1732没。
定姫　さだひめ　1655生。江戸時代前期の女性。権大納言広幡忠幸の娘。1683没。
ボフラン, ガブリエル－ジェルマン　1667生。フランスの建築家。1754没。
ジャンノーネ, ピエートロ　1676生。イタリアの歴史家, 法律家。1748没。
ファン・スウィーテン　1700生。オランダの医師。1772没。
グラウン, カール・ハインリヒ　1704生。ドイツの作曲家, 歌手。1759没。
ヒューム, デイヴィッド　1711生。スコットランドの外交官, 歴史家, 哲学者。1776没。
クレイロー, アレクシ・クロード　1713生。フランスの数学者。1765没。
信性　しんしょう　1723生。江戸時代中期の僧。?没。
本居宣長　もとおりのりなが　1730生。江戸時代中期, 後期の国学者。1801没。

ジュベール, ジョゼフ　1754生。フランスのモラリスト。1824没。
ポニャトフスキ, ユゼフ公　1763生。ポーランドの貴族。1813没。
鍋島直温　なべしまなおはる　1766生。江戸時代中期, 後期の大名。1825没。
金易右衛門　こんやすえもん　1776生。江戸時代後期の殖産家。1839没。
ベルジェニ・ダーニエル　1776生。ハンガリーのロマン派詩人。1836没。
土方義苗　ひじかたよしたね　1778生。江戸時代後期の大名。1845没。
バーナム, P.T.　1810生。アメリカの興行師。1891没。
ブラウニング, ロバート　1812生。イギリスの詩人。1889没。
カストレン　1813生。フィンランドの言語学者。1852没。
ストルーベ, オットー・ウィルヘルム　1819生。ドイツの天文学者。1905没。
樋口謙之亮　ひぐちけんのすけ　1825生。江戸時代末期の対馬藩士。1866没。
海後磋磯之介　かいごさきのすけ　1828生。江戸時代, 明治時代の神官。1903没。
小池雅人　こいけまさんど　1828生。江戸時代, 明治時代の家老。1889没。
田岡俊三郎　たおかしゅんざぶろう　1829生。江戸時代末期の槍術師範。1864没。
ショー, リチャード・ノーマン　1831生。イギリスの建築家。1912没。
ノイマン, カール　1832生。ドイツの数学者, 理論物理学者。1925没。
ブラームス, ヨハネス　1833生。ドイツの作曲家。1897没。
カノン　1836生。アメリカの政治家。1926没。
チャイコフスキー, ピョートル・イリイチ　1840生。ロシアの作曲家。1893没。
ル・ボン　1841生。フランスの思想家, 社会心理学者。1931没。
三好退蔵　みよしたいぞう　1845生。明治時代の官僚, 弁護士。貴族院議員。1908没。

ローズベリー, アーチボルド・フィリップ・プリムローズ, 5代伯爵　1847生。イギリスの政治家。首相。1929没。

ハルナック, アードルフ・フォン　1851生。ドイツの神学者, 教会史家。1930没。

モロゾフ, ニコラーイ　1854生。ロシアの革命家, 科学者。1940没。

アルメイダ, フィアーリョ・デ　1857生。ポルトガルの作家。1911没。

伊東巳代治　いとうみよじ　1857生。明治時代–昭和時代の政治家, 官僚。伯爵。1934没。

合田清　ごうだきよし　1862生。明治時代–昭和時代の版画家。1938没。

メイソン, A.E.W.　1865生。イギリスの小説家, 劇作家。1948没。

レイモント, ヴワディスワフ・スタニスワフ　1867生。ポーランドの小説家。1925没。

俵孫一　たわらまごいち　1869生。大正時代, 昭和時代の官僚, 政治家。三重・宮城各県知事, 衆議院議員。1944没。

金沢庄三郎　かなざわしょうぶろう　1872生。明治時代–昭和時代の言語学者, 国語学者。1967没。

美濃部達吉　みのべたつきち　1873生。明治時代–昭和時代の憲法学者, 行政法学者。1948没。

河井酔茗　かわいすいめい　1874生。明治時代–昭和時代の詩人。1965没。

ケムズリー, ジェイムズ・ゴーマー・ベリー, 初代子爵　1883生。イギリスの新聞チェーン経営者。1968没。

長谷川清　はせがわきよし　1883生。明治時代–昭和時代の海軍軍人。大将。1970没。

デルボス　1885生。フランスの政治家。1956没。

マクリーシュ, アーチボルド　1892生。アメリカの詩人。1982没。

アレクサンドロフ, パーヴェル・セルゲエヴィチ　1896生。ソ連の数学者。1982没。

広田寿一　ひろたひさかず　1899生。昭和時代の実業家。1984没。

クーパー, ゲーリー　1901生。アメリカの映画俳優。1961没。

ランド, エドウィン・ハーバート　1909生。アメリカの発明家。1991没。

西山英雄　にしやまひでお　1911生。昭和時代の日本画家。京都学芸大学教授, 京都日本画家協会理事長。1989没。

芝木好子　しばきよしこ　1914生。昭和時代, 平成時代の小説家。1991没。

宮崎康平　みやざきこうへい　1917生。昭和時代の作家, 経営者。島原鉄道の常務取締役, 「九州文学」世話人。1980没。

モヘディン, ザカリヤ　1918生。エジプトの軍人, 政治家。

ペロン, マリア・エヴァ　1919生。アルゼンチンの女性政治家, 社会運動家。通称エビータ。1952没。

バクスター, アン　1923生。アメリカの女優。1985没。

ビーネック, ホルスト　1930生。西ドイツの詩人, 小説家。1990没。

早崎治　はやさきおさむ　1933生。昭和時代, 平成時代の写真家。ハヤサキスタジオ主宰, 日本広告写真家協会会長。1993没。

ユナイタス, ジョニー　1933生。アメリカのプロフットボール選手。2002没。

児玉隆也　こだまたかや　1937生。昭和時代のジャーナリスト。「女性自身」副編集長。1975没。

岸本忠三　きしもとただみつ　1939生。昭和時代, 平成時代の免疫学者。

山田脩二　やまだしゅうじ　1939生。昭和時代, 平成時代の淡路瓦師。

ルベルス, ルドルフス・フランス・マリー　1939生。オランダの政治家。

萩本欽一　はぎもときんいち　1941生。昭和時代, 平成時代のコメディアン。

バルケネンデ, ヤン・ペーター　1956生。オランダの政治家。

野沢尚　のざわひさし　1960生。昭和時代, 平成時代の脚本家, 小説家。2004没。

上川隆也　かみかわたかや　1965生。昭和時代, 平成時代の俳優。

上田晋也　うえだしんや　1970生。平成時代のコメディアン。

窪塚洋介　くぼづかようすけ　1979生。平成時代の俳優。

紺野あさ美　こんのあさみ　1987生。平成時代の歌手。

5月7日

5月8日

○記念日○　ゴーヤーの日
　　　　　　松の日
　　　　　　世界赤十字デー
○忌　日○　道頓忌

僖宗　きそう　862生。中国, 唐の第18代皇帝(在位873〜888)。888没。
中御門宣治　なかみかどのぶはる　1517生。戦国時代の公卿。1555没。
カニーシウス, ペトルス　1521生。ドイツの神学者, 教会博士, 聖人。1597没。
日護　にちご　1580生。江戸時代前期の日蓮宗の僧, 仏師。1649没。
高橋宗好　たかはしむねよし　1589生。安土桃山時代, 江戸時代前期の公家。1647没。
クォールズ, フランシス　1592生。イギリスの詩人。1644没。
バチッチア, イル　1639生。イタリアの画家。1709没。
ヴィラール, クロード・ルイ・エクトール, 公爵　う゛ぃらーる, くろーど・るい・えくとーる, こうしゃく　1653生。ルイ14世時代のフランスの軍人。1734没。
田村建顕　たむらたけあき　1656生。江戸時代前期, 中期の大名。1708没。
平元梅隣　ひらもとばいりん　1660生。江戸時代中期の医師, 俳人。1743没。
松平綱昌　まつだいらつなまさ　1661生。江戸時代前期, 中期の大名。1699没。
近衛家久　このえいえひさ　1687生。江戸時代中期の公家。1737没。
ボスコヴィチ, ルッジェーロ・ジュゼッペ　1711生。イタリアの数学者, 天文学者, 物理学者。1787没。
円珠庵羅城　えんしゅあんらじょう　1734生。江戸時代中期, 後期の俳人。1807没。
ギボン, エドワード　1737生。イギリスの歴史家。1794没。
ノヴィコフ, ニコライ・イワノヴィチ　1744生。ロシアの啓蒙思想家。1818没。
吉田謙斎　よしだけんさい　1744生。江戸時代中期の儒者。1795没。
イダルゴ・イ・コスティージャ, ミゲル　1753生。メキシコの牧師, 革命家。1811没。

上原世美　うえはらせいび　1756生。江戸時代後期の美作津山藩大目付。1831没。
青山忠裕　あおやまただやす　1768生。江戸時代後期の大名。1836没。
稲葉雍通　いなばてるみち　1776生。江戸時代後期の大名。1847没。
ヴィアネー, 聖ジャン-バティスト-マリー　1786生。フランスのアルス村の主任司祭, 聖人。1859没。
ミニェ　1796生。フランスの歴史家。1884没。
ラヴェット　1800生。イギリスのチャーティスト。1877没。
ラッセル, ジョン・スコット　1808生。スコットランドの造船家, 造船学者。1882没。
ティリー　1818生。カナダの政治家。1896没。
市橋長義　いちはしながよし　1821生。江戸時代末期, 明治時代の大名。1882没。
吉雄圭斎　よしおけいさい　1822生。江戸時代, 明治時代の医師。外科, 熊本病院院長。1894没。
デュナン, ジャン-アンリ　1828生。スイスの人道主義者, 国際赤十字の創始者。1910没。
ルグロ, アルフォンス　1837生。フランスの画家, 銅版画家。1911没。
本多政均　ほんだまさちか　1838生。江戸時代, 明治時代の加賀藩士。1869没。
ハンセン　1842生。デンマークの植物学者。1909没。
ドレーフス, パウル・ゴットフリート　1858生。ドイツのプロテスタント神学者。1912没。
遠藤波津子(初代)　えんどうはつこ　1862生。明治時代, 大正時代の美容師, 東京婦人美容協会会長。1933没。
エンジェル　1869生。アメリカの心理学者。1949没。
戸田海市　とだかいいち　1871生。明治時代, 大正時代の経済学者。京都帝国大学教授。1924没。
シジウィック, ネヴィル・ヴィンセント　1873生。イギリスの化学者。1952没。

松岡荒村　まつおかこうそん　1879生。明治時代の詩人, 評論家。1904没。

トルーマン, ハリー・S　1884生。アメリカの政治家, 第33代大統領(1945～53)。1972没。

鈴木乃婦　すずきのぶ　1885生。明治時代–昭和時代のアルト歌手。自由学園・東京家政学院短期大学教授。1970没。

デュラン, シャルル　1885生。フランスの俳優, 演出家。1949没。

川崎小虎　かわさきしょうこ　1886生。大正時代, 昭和時代の日本画家。東京美術学校教授。1977没。

スリヤニングラット　1889生。インドネシアの民族運動家。1959没。

宋鎮禹　そうちんう　1889生。朝鮮の政治家。1945没。

斎藤静　さいとうしずか　1891生。昭和時代の英語学者。福井大学教授, 東北学院大学教授。1970没。

ニクーリン, レフ・ヴェニアミノヴィチ　1891生。ソ連の小説家。1967没。

岩切章太郎　いわきりしょうたろう　1893生。昭和時代の実業家。宮崎交通社長, 宮崎商工会議所会頭。1985没。

顧頡剛　こけつごう　1893生。中国の歴史学者。1980没。

ウィルソン, エドマンド　1895生。アメリカの批評家。1972没。

ハイエク, フリードリヒ・A(アウグスト・フォン)　1899生。オーストリアの経済学者。1992没。

ルウォフ, アンドレ・ミシェル　1902生。フランスの微生物学者。1994没。

フェルナンデル　1903生。フランスの喜劇俳優。1971没。

ロッセッリーニ, ロベルト　1906生。イタリアの映画監督。1977没。

ロッヤリーニ, ロベルト　1906生。イタリアの映画監督。1977没。

敦子女王　あつこじょおう　1907生。明治時代–昭和時代の皇族。1936没。

桜内義雄　さくらうちよしお　1912生。昭和時代, 平成時代の政治家。2003没。

ガリ, ロマン　1914生。フランスの作家, 映画監督。1980没。

籾山政子　もみやままさこ　1918生。昭和時代の生気象学者。医学地理研究所所長, 女子栄養大学教授。1989没。

フェスティンガー, リーオン　1919生。アメリカの心理学者。1989没。

バス, ソウル　1920生。アメリカのグラフィック・デザイナー。1996没。

大西民子　おおにしたみこ　1924生。昭和時代, 平成時代の歌人。1994没。

ムウィニ, アリ・ハッサン　1925生。タンザニアの政治家。

渋沢龍彦　しぶさわたつひこ　1928生。昭和時代の文芸評論家, フランス文学者。1987没。

神吉敬三　かんきけいぞう　1932生。昭和時代, 平成時代の美術評論家。上智大学教授。1996没。

高坂正堯　こうさかまさたか　1934生。昭和時代, 平成時代の国際政治学者。京都大学教授。1996没。

赤木圭一郎　あかぎけいいちろう　1939生。昭和時代の俳優。1961没。

ヌティバンツンガニャ, シルベストゥル　1956生。ブルンジの政治家。

かたせ梨乃　かたせりの　1957生。昭和時代, 平成時代の女優。

榊原郁恵　さかきばらいくえ　1959生。昭和時代, 平成時代のタレント。

池田貴族　いけだきぞく　1963生。昭和時代, 平成時代のロック歌手, 霊能者, 評論家。1999没。

さくらももこ　さくらももこ　1965生。昭和時代, 平成時代の漫画家。

曙　あけぼの　1969生。昭和時代, 平成時代の格闘家, 元・力士(第64代横綱)。

林家きく姫　はやしやきくひめ　1970生。平成時代の落語家。

赤坂晃　あかさかあきら　1973生。平成時代の俳優。

イグレシアス, エンリケ　1975生。スペイン出身の歌手。

田島寧子　たじまやすこ　1981生。平成時代のタレント, 元・水泳選手。

NAOTO　なおと　1983生。平成時代のミュージシャン。

5月8日

5月9日

○記念日○ アイスクリームの日
　　　　　メイクの日
　　　　　黒板の日
○忌　日○ 泡鳴忌

敦明親王　あつあきらしんのう　994生。平安時代中期の三条天皇の第1皇子。1051没。

オスマン1世　1258生。オスマン・トルコの建国者。1326没。

恒明親王　つねあきしんのう　1303生。鎌倉時代後期, 南北朝時代の亀山天皇の皇子。1351没。

水野勝種　みずのかつたね　1661生。江戸時代前期, 中期の大名。1697没。

黒田宣政　くろだのぶまさ　1685生。江戸時代中期の大名。1744没。

石野広通　いしのひろみち　1718生。江戸時代中期, 後期の歌人, 幕臣。1800没。

梅荘顕常　ばいそうけんじょう　1719生。江戸時代中期, 後期の臨済宗相国寺派の僧。1801没。

河口信任　かわぐちしんにん　1736生。江戸時代中期, 後期の蘭方医。1811没。

ウォルコット　1738生。イギリスの諷刺詩人。1819没。

パイジェッロ, ジョヴァンニ　1740生。イタリアの作曲家。1816没。

増島澧水　ますじまれいすい　1743生。江戸時代中期, 後期の幕府書物奉行。1812没。

川村華陽　かわむらかよう　1744生。江戸時代中期の江戸の儒者。1784没。

モンジュ, ガスパール, ペリューズ伯爵　1746生。フランスの数学者, 技術者。1818没。

奥平棲遅庵　おくだいらせいちあん　1769生。江戸時代後期の武蔵忍藩儒。1850没。

シスモンディ　1773生。スイスの歴史家, 経済学者。1842没。

二条斉通　にじょうなりみち　1781(閏5月)生。江戸時代中期, 後期の公家。1798没。

エスピー, ジェイムズ・ポラード　1785生。アメリカの気象学者。1860没。

パウリ, アウグスト　1796生。ドイツの古典文献学者。1845没。

マイアー　1796生。ドイツの出版業者, 実業家。1856没。

ブラウン, ジョン　1800生。アメリカの奴隷制廃止論者。1859没。

コシュタ・カブラル　1803生。ポルトガルの政治家, 独裁的首相。1889没。

ドノーソ-コルテス, フアン　1809生。スペインの外交官, 哲学者。1853没。

藤野正啓　ふじのまさひら　1826生。明治時代の漢学者, 歴史家。4等編修官。1888没。

小川直子　おがわなおこ　1840生。明治時代の教育者。青森女子師範教頭。1919没。

ド-ラバル　1845生。スウェーデンの技師。1913没。

ラヴァル, カール・グスタフ・パトリック・ド　1845生。スウェーデンの技術者, 発明家。1913没。

ウェストン　1850生。アメリカの電気技術者。1936没。

河瀬英子　かわせひでこ　1855生。江戸時代, 明治時代の女性。外交官河瀬真孝の妻。1911没。

ポンポン, フランソワ　1855生。フランスの彫刻家。1933没。

大島健一　おおしまけんいち　1858生。明治時代, 大正時代の軍人。1947没。

バリー, J.M.　1860生。イギリスの劇作家, 小説家。1937没。

ドゥヴィヴェーディー, マハーヴィールプラサード　1864生。インドのヒンディー語編集者, 評論家。1938没。

ゴーカレー　1866生。インドの政治家。1915没。

伊能嘉矩　いのうかのり　1867生。明治時代, 大正時代の歴史学者, 民族学者。1925没。

井出謙治　いでけんじ　1870生。明治時代, 大正時代の海軍軍人。大将, 軍事参議官。1946没。

マドラン　1871生。フランスの歴史家。1956没。

カーター, ハワード　1873生。イギリスのエジプト考古学者。1939没。

タロー, ジャン　1877生。フランスの小説家, 回想録作者。1952没。

カイザー, H.J.　1882生。アメリカの実業家。1967没。

オルテガ-イ-ガセー, ホセ　1883生。スペインの哲学者。1955没。

高橋誠一郎　たかはしせいいちろう　1884生。明治時代-昭和時代の経済学者, 浮世絵研究家。慶応義塾大学教授, 日本芸術院院長。1982没。

北村徳太郎　きたむらとくたろう　1886生。昭和時代の政治家, 実業家。衆議院議員, 親和銀行頭取。1968没。

駒井卓　こまいたく　1886生。大正時代, 昭和時代の動物学者, 遺伝学者。京都大学教授。1972没。

三輪常次郎　みわつねじろう　1886生。大正時代, 昭和時代の実業家。興和紡績社長, 名古屋商工会議所会頭。1963没。

鹿島鳴秋　かしまめいしゅう　1891生。大正時代, 昭和時代の童謡詩人, 童話作家。1954没。

ガーネット, デイヴィッド　1892生。イギリスの作家。1981没。

ハプスブルク, ツィタ・フォン　1892生。ハプスブルク最後の皇帝カール1世の皇后。1989没。

ブラガ, ルチアン　1895生。ルーマニアの詩人, 哲学者。1961没。

細井和喜蔵　ほそいわきぞう　1897生。大正時代の小説家。1925没。

武田麟太郎　たけだりんたろう　1904生。昭和時代の小説家。1946没。

ベイトソン, グレゴリー　1904生。アメリカ(イギリス生まれ)の人類学者。1980没。

舎子鴎亭　かねこおうてい　1906生。昭和時代, 平成時代の書家。創玄書道会会長。2001没。

シラッハ, バルドゥル・フォン　1907生。ナチス・ドイツの政治家。1974没。

渡辺勉　わたなべつとむ　1908生。昭和時代の写真評論家。「世界画報」編集長。1978没。

田辺竹雲斎(2代目)　たなべちくうんさい　1910生。昭和時代, 平成時代の竹工芸家。2000没。

伊藤友司　いとうともし　1912生。昭和時代の宗教家。真如苑苑主, 真言宗醍醐派大僧正。1967没。

嶋津千利世　しまずちとせ　1914生。昭和時代, 平成時代の社会学者。群馬大学教授。2000没。

ジュリーニ, カルロ・マリア　1914生。イタリアの指揮者。2005没。

スノー　1914生。カナダ生まれのアメリカのウェスタン歌手。1999没。

森光子　もりみつこ　1920生。昭和時代, 平成時代の女優。

遠藤剛介　えんどうこうすけ　1921生。昭和時代の新聞人。1975没。

オクジャワ, ブラート・シャルヴォヴィチ　1924生。ソ連の詩人, 作家。1997没。

花柳有洸　はなやぎゆうこう　1924生。昭和時代の日本舞踊家。1971没。

伊谷純一郎　いたにじゅんいちろう　1926生。昭和時代, 平成時代の霊長類・人類学者。京都大学教授, 神戸学院大学教授。2001没。

泡坂妻夫　あわさかつまお　1933生。昭和時代, 平成時代の推理小説家, 紋章上絵師。

ジャクソン, グレンダ　1936生。イギリスの女優, 政治家。

菅谷規矩雄　すがやきくお　1936生。昭和時代の詩人, 文芸評論家。1989没。

ジョエル, ビリー　1949生。アメリカのシンガーソングライター。

掛布雅之　かけふまさゆき　1955生。昭和時代, 平成時代の野球解説者, 元・プロ野球選手。

メレス・ゼナウィ　1955生。エチオピアの政治家。

片山さつき　かたやまさつき　1959生。昭和時代, 平成時代の政治家。

原田雅彦　はらだまさひこ　1968生。平成時代の元・スキー選手。

小林桂　こばやしけい　1979生。平成時代のジャズ歌手。

横山裕　よこやまゆう　1981生。平成時代のタレント, 歌手。

松田龍平　まつだりゅうへい　1983生。平成時代の俳優。

平原綾香　ひらはらあやか　1984生。平成時代の歌手。

5月9日

5月10日

○記念日○ コットンの日
愛鳥の日
日本気象協会設立記念日
○忌　日○ 四迷忌

クラウディウス2世　219生。ローマ皇帝（在位268～270）。270没。
メーレ，ジャン　1604生。フランスの劇作家。1686没。
ルクレール，ジャン-マリー　1697生。フランスのヴァイオリン奏者，作曲家。1764没。
グアルディ，フランチェスコ　1712生。イタリアの風景画家。1793没。
デュルゴー，アンヌ・ロベール・ジャック　1727生。フランスの経済学者，政治家。1781没。
ヘーベル，ヨハン・ペーター　1760生。ドイツの詩人，小説家。1826没。
ダヴー，ルイ・ニコラ　1770生。フランスの軍人。1823没。
フレネル，オーギュスタン・ジャン　1788生。フランスの物理学者。1827没。
チエリー，オーギュスタン　1795生。フランスの歴史家。1856没。
二宮敬作　にのみやけいさく　1804生。江戸時代末期の蘭方医。1862没。
飯田俊子　いいだとしこ　1817生。江戸時代，明治時代の歌人。1883没。
上杉斉憲　うえすぎなりのり　1820生。江戸時代末期，明治時代の大名。1889没。
シャーマン，ジョン　1823生。アメリカの政治家。1900没。
ソービー，ヘンリー・クリフトン　1826生。イギリスの地質学者。1908没。
ラウール，フランソワ・マリー　1830生。フランスの化学者。1901没。
ブース，ジョン・ウィルクス　1838生。アメリカの俳優，リンカーン大統領の暗殺犯。1865没。
ブライス，ジェームズ　1838生。イギリスの法学者，政治学者，政治家。1922没。
ヴァエイコフ　1842生。ロシアの気候学者。1916没。
ペレス-ガルドス，ベニート　1843生。スペインの小説家，劇作家。1920没。

和宮　かずのみや　1846（閏5月）生。江戸時代末期，明治時代の女性。1877没。
静寛院宮　せいかんいんのみや　1846（閏5月）生。江戸時代，明治時代の皇族。1877没。
中村富十郎（3代目）　なかむらとみじゅうろう　1859生。明治時代の歌舞伎役者。1901没。
樺山愛輔　かばやまあいすけ　1865生。明治時代-昭和時代の実業家，政治家。1953没。
バクスト，レオン　1866生。ロシアの舞台装置家。1924没。
瀬戸口藤吉　せとぐちとうきち　1868生。明治時代，大正時代の軍楽隊指揮者，作曲家。海軍軍楽隊楽長。1941没。
モース，マルセル　1872生。フランスの社会学者，社会人類学者。1950没。
山田孝雄　やまだよしお　1873生。明治時代-昭和時代の国語学者。神宮皇学館大学学長，東京帝国大学教授。1958没。
横田成年　よこたせいねん　1875生。明治時代-昭和時代の航空学者，造船学者。1953没。
ツァンカル，イヴァン　1876生。スロベニア（ユーゴスラビア）の詩人，小説家，劇作家。1918没。
本庄繁　ほんじょうしげる　1876生。大正時代，昭和時代の陸軍軍人。1945没。
南梅吉　みなみうめきち　1877生。大正時代，昭和時代の部落解放運動家。全国水平社初代委員長。1947没。
シュトレーゼマン，グスタフ　1878生。ドイツの政治家。1929没。
吉田石松　よしだいしまつ　1879生。大正時代，昭和時代の冤罪被害者。1963没。
ウンルー，フリッツ・フォン　1885生。ドイツの劇作家。1970没。
河合良成　かわいよしなり　1886生。大正時代，昭和時代の実業家，政治家。小松製作所社長，衆院議員，厚生大臣。1970没。
バルト，カール　1886生。スイスの神学者。1968没。

272

市川猿翁　いちかわえんおう　1888生。大正時代, 昭和時代の歌舞伎俳優。日本俳優協会理事長。1963没。

市川猿之助（2代目）　いちかわえんのすけ　1888生。明治時代-昭和時代の歌舞伎役者。1963没。

レイモンド, アントニン　1888生。チェコスロバキア生まれのアメリカの建築家。1976没。

室伏高信　むろぶせこうしん　1892生。大正時代, 昭和時代の評論家。1970没。

山口青邨　やまぐちせいそん　1892生。大正時代, 昭和時代の俳人, 鉱山学者。「夏草」主宰, 東京大学教授。1988没。

鈴木泉三郎　すずきせんざぶろう　1893生。大正時代の劇作家。1924没。

岸輝子　きしてるこ　1895生。昭和時代の女優。1990没。

ゲルハルセン　1897生。ノルウェーの政治家。1987没。

アステア, フレッド　1899生。アメリカのミュージカル俳優。1987没。

ティオムキン, ディミトリ　1899生。ロシア生まれのアメリカの映画音楽作曲家。1979没。

中村福助（5代目・成駒屋）　なかむらふくすけ　1900生。明治時代-昭和時代の歌舞伎役者。1933没。

バーナル, ジョン・デズモンド　1901生。イギリスの生物物理学者。1971没。

セルズニック, デイヴィド・O　1902生。アメリカの映画製作者。1965没。

桑原武夫　くわばらたけお　1904生。昭和時代のフランス文学者, 文芸評論家。京都大学教授, 京都大学人文科学研究所長。1988没。

吉行エイスケ　よしゆきえいすけ　1906生。昭和時代の小説家。1940没。

バラクラフ　1908生。イギリスの歴史学者。1984没。

椎野悦朗　しいのえつろう　1911生。昭和時代の社会運動家。1993没。

藤本英雄　ふじもとひでお　1918生。昭和時代のプロ野球選手。1997没。

宮坂哲文　みやさかてつふみ　1918生。昭和時代の教育学者。東京大学教授, 日本教育学会常任理事。1965没。

千葉茂　ちばしげる　1919生。昭和時代, 平成時代の野球評論家, 元・プロ野球監督, 元・プロ野球選手。2002没。

マーク, ペーター　1919生。スイスの指揮者。2001没。

アリエフ, ヘイダル　1923生。アゼルバイジャンの政治家。2003没。

木島則夫　きじまのりお　1925生。昭和時代のニュースキャスター, 政治家。参議院議員。1990没。

バンセル, ウゴ　1926生。ボリビアの政治家, 軍人。2002没。

安良城盛昭　あらきもりあき　1927生。昭和時代の日本経済史学者。沖縄大学学長。1993没。

リュイテリ, アルノルド　1928生。エストニアの政治家, 農学者。

大林太良　おおばやしりょう　1929生。昭和時代, 平成時代の民俗学者。東京大学教授, 国立民族博物館教授。2001没。

扇千景　おうぎちかげ　1933生。昭和時代, 平成時代の元・女優。

高見映　たかみえい　1934生。昭和時代, 平成時代の俳優, ダンサー, 放送作家。

プレス, タマラ　1937生。ロシアの元・陸上選手。

山口洋子　やまぐちようこ　1937生。昭和時代, 平成時代の小説家, 作詞家。

豊竹咲大夫　とよたけさきたゆう　1944生。昭和時代, 平成時代の義太夫節太夫（文楽）。

山口果林　やまぐちかりん　1947生。昭和時代, 平成時代の女優。

ボノ　1960生。アイルランドのロック歌手。

藤あや子　ふじあやこ　1961生。昭和時代, 平成時代の歌手。

草刈民代　くさかりたみよ　1965生。昭和時代, 平成時代のバレリーナ。

武田修宏　たけだのぶひろ　1967生。昭和時代, 平成時代のサッカー解説者。

ベルカンプ, デニス　1969生。オランダのサッカー選手。

志田未来　しだみらい　1993生。平成時代の女優。

5月10日

5月11日

○記念日○ めんの日
　　　　　長良川鵜飼開きの日
○忌　日○ たかし忌
　　　　　朔太郎忌

ユスティニアヌス1世　482生。ビザンチン皇帝（在位527～65）。565没。
ハティーブ・アルバグダーディー　1002生。アラブの歴史家。1071没。
千葉氏胤　ちばうじたね　1337生。南北朝時代の武将。1365没。
烏丸資慶　からすまるすけよし　1622生。江戸時代前期の歌人、公家。1669没。
ケーグラー, イグナーツェ　1680生。ドイツのイエズス会司祭。1746没。
松平頼明　まつだいらよりあき　1691生。江戸時代中期の大名。1733没。
屋代師道　やしろしどう　1710生。江戸時代中期の書家。1786没。
杉浦国満　すぎうらくにまろ　1715生。江戸時代中期の歌人。1766没。
バッハ, ヨハン・ゴットフリート・ベルンハルト　1715生。ドイツのオルガン奏者。1739没。
ミュンヒハウゼン男爵, カール・フリードリヒ・ヒエロニムス　1720生。ドイツの軍人、狩猟家、冒険家。1797没。
カンペル　1722生。オランダの解剖学者。1789没。
伊達村候　だてむらとき　1725生。江戸時代中期の大名。1794没。
ブルーメンバッハ, ヨハン・フリードリヒ　1752生。ドイツの生理学者、比較解剖学者。1840没。
ヴィンディッシュ・グレーツ　1787生。オーストリアの将軍。1862没。
古屋竹原　ふるやちくげん　1788生。江戸時代後期の画家。1861没。
ラブルースト, アンリ　1801生。フランスの建築家。1875没。
大加久の方　おかくのかた　1803生。江戸時代後期の女性。12代将軍徳川家慶の側室。1826没。
仲尾次政隆　なかおしせいりゅう　1810生。江戸時代末期、明治時代の宗教家。1871没。

ファルー・デュ・クドレー, フレデリク・アルベール・ピエール　1811生。フランスの政治家。1886没。
グランヴィル　1815生。イギリスの政治家。1891没。
市川兼恭　いちかわかねのり　1818生。江戸時代、明治時代の洋学者。東京学士会院会員。1899没。
小笠原長行　おがさわらながみち　1822生。江戸時代末期、明治時代の幕府老中。1891没。
ステヴァンス, アルフレッド　1823生。ベルギーの画家。1906没。
マイーフスキー　1823生。ロシアの砲術技術者。1892没。
ジェローム, ジャン・レオン　1824生。フランスの画家、彫刻家。1904没。
大島高任　おおしまたかとう　1826生。江戸時代、明治時代の鋳造家、冶金学者。工部省出仕。1901没。
カルポー, ジャン-バティスト　1827生。フランスの彫刻家。1875没。
デニソン　1846生。アメリカの外交官。1914没。
三崎嘯輔　みさきしょうすけ　1847生。江戸時代、明治時代の洋学者、化学者。1873没。
ヴィンデルバント, ヴィルヘルム　1848生。ドイツの哲学者、哲学史家。1915没。
恒松隆慶　つねまつたかよし　1853生。明治時代、大正時代の政治家。1920没。
スモール　1854生。アメリカの社会学者。1926没。
マクドネル　1854生。イギリスのサンスクリット学者。1930没。
リチャード, アナトーリー・コンスタンチーノヴィチ　1855生。ロシアの作曲家。1914没。
三浦守治　みうらもりはる　1857生。明治時代の病理学者。1916没。
ハウプトマン, カール　1858生。ドイツの小説家、劇作家。1921没。

富士川游　ふじかわゆう　1865生。明治時代-昭和時代の医史学者。中山文化研究所所長,日本医師学会理事長。1940没。

下村海南　しもむらかいなん　1875生。大正時代,昭和時代の新聞人,政治家。朝日新聞副社長,貴族院議員。1957没。

カルマン,テオドール・フォン　1881生。アメリカの流体力学,航空力学の理論家。1963没。

前田多門　まえだたもん　1884生。明治時代-昭和時代の政治家,実業家。公明選挙連盟理事長,東京通信工業(現・ソニー)社長。1962没。

オリヴァー,キング　1885生。アメリカのジャズコルネット奏者。1938没。

長谷川昇　はせがわのぼる　1886生。大正時代,昭和時代の洋画家。日展理事。1973没。

高柳賢三　たかやなぎけんぞう　1887生。大正時代,昭和時代の法学者。成蹊大学学長。1967没。

バーリン,アーヴィング　1888生。アメリカの作曲家,作詞家。1989没。

ナッシュ,ポール　1889生。イギリスの画家。1946没。

野辺地慶三　のべちけいぞう　1890生。大正時代,昭和時代の細菌学者,公衆衛生学者。1978没。

逸見梅栄　へんみばいえい　1891生。大正時代,昭和時代の仏教美術家。曹洞宗大本山総持寺宝物殿館長。1977没。

モーゲンソー II,ヘンリー　1891生。アメリカの政治家。1967没。

グラハム,マーサ　1894生。アメリカの舞踊家,振付師。1991没。

グレアム,マーサ　1894生。アメリカの舞踊家。1991没。

小牧近江　こまきおうみ　1894生。大正時代,昭和時代の評論家,フランス文学者。1978没。

東久邇稔彦　ひがしくにしげこ　1896生。大正時代,昭和時代の皇族。1978没。

マードック,ジョージ・P　1897生。アメリカの文化人類学者。1985没。

山口喜久一郎　やまぐちきくいちろう　1897生。大正時代,昭和時代の政治家。衆議院議員,国務相。1981没。

鹿島一谷　かしまいっこく　1898生。昭和時代,平成時代の彫金家。人間国宝,日本工芸会理事。1996没。

上田桑鳩　うえだそうきゅう　1899生。昭和時代の書家。1968没。

ヴァイゲル,ヘレーネ　1900生。ドイツの女優。1971没。

福島慶子　ふくしまけいこ　1900生。昭和時代の随筆家,画廊主。1983没。

ダリ,サルバドール　1904生。スペインの画家。1989没。

北川義行　きたがわよしゆき　1907生。昭和時代の労働運動家。総評常任幹事,全国金属労組書記長。1971没。

萩原尊礼　はぎわらたかひろ　1908生。昭和時代,平成時代の地震学者。地震予知総合研究振興会会長。1999没。

林伊佐緒　はやしいさお　1912生。昭和時代,平成時代の歌手,作曲家。日本歌手協会会長。1995没。

マントー,サアーダット・ハサン　1912生。パキスタンのウルドゥー語作家。1955没。

田村邦夫　たむらくにお　1913生。昭和時代の実業家。田村電機製作所社長。1976没。

セラ,カミロ・ホセ　1916生。スペインの作家。2002没。

ウッドハウス　1917生。イギリスの小説家,政治家。2001没。

伊藤五百亀　いとういおき　1918生。昭和時代,平成時代の彫刻家。日展理事,日本彫刻会理事。1992没。

ファインマン,リチャード・フィリップス　1918生。アメリカの理論物理学者。1988没。

加倉井駿一　かくらいしゅんいち　1920生。昭和時代の官僚。厚生省公衆衛生局長。1974没。

ヴァレンティノ　1932生。イタリアのファッションデザイナー。

豊田行二　とよだこうじ　1936生。昭和時代,平成時代の小説家。1996没。

泉谷しげる　いずみやしげる　1948生。昭和時代,平成時代のロック歌手,俳優。

松尾貴史　まつおたかし　1960生。昭和時代,平成時代の俳優,タレント。

浜田雅功　はまだまさとし　1963生。昭和時代,平成時代のコメディアン。

松井大輔　まついだいすけ　1981生。平成時代のサッカー選手。

バランス,ホリー　1983生。オーストラリアの歌手,女優。

5月11日

5月12日

○記念日○　ナイチンゲールデー
　　　　　　海上保安の日
　　　　　　看護の日
○忌　日○　北枝忌

サンチョ4世(勇猛王)　1258生。カスティリア王，レオン王(在位1284〜95)。1295没。

良清　りょうしょう　1258生。鎌倉時代後期の杜僧。1299没。

雲章一慶　うんしょういっけい　1386生。室町時代の臨済宗の僧。1463没。

グスタフ1世　1496生。スウェーデン王(在位1523〜60)。1560没。

織田信長　おだのぶなが　1534生。安土桃山時代の武将。1582没。

勝姫君　かつひめぎみ　1601生。江戸時代前期の女性。2代将軍徳川秀忠の娘。1672没。

高田の方　たかだのかた　1601生。江戸時代前期の女性。松平忠直の妻。1672没。

ザントラルト，ヨアヒム・フォン　1606生。ドイツ，バロック期の画家。1688没。

フリードリヒ・アウグスト1世　1670生。ザクセン選帝侯(在位1694〜1733)。1733没。

テュミヒ　1697生。ドイツの哲学者。1728没。

青木昆陽　あおきこんよう　1698生。江戸時代中期の儒学者，書誌学者，蘭学者。1769没。

ヴィオッティ，ジョヴァンニ・バッティスタ　1755生。イタリアの作曲家，ヴァイオリン奏者。1824没。

脇愚山　わきぐざん　1764生。江戸時代中期，後期の儒学者。1814没。

ハミルトン，エマ　1765生。イギリスの外交官の夫人。ネルソン提督の愛人。1815没。

ゴドイ，マヌエル・デ　1767生。スペインの首相。1851没。

柳亭種彦(初代)　りゅうていたねひこ　1783生。江戸時代後期の合巻作者。1842没。

ラコルデール，アンリ・ドミニーク　1802生。フランスの聖職者，説教家。1861没。

リービヒ，ユストゥス，男爵　1803生。ドイツの化学者。1873没。

ジュスティ，ジュゼッペ　1809生。イタリアの詩人。1850没。

リア，エドワード　1812生。イギリスの詩人，画家。1888没。

ロセッティ，ダンテ・ゲイブリエル　1828生。イギリスの詩人，画家。1882没。

マスネ，ジュール　1842生。フランスの作曲家。1912没。

リス・デーヴィッズ　1843生。イギリスの仏教学者。1922没。

フォーレ，ガブリエル　1845生。フランスの作曲家。1924没。

フォーサイス，ピーター・テイラー　1848生。スコットランド会衆派の代表的神学者。1921没。

柴田承桂　しばたしょうけい　1849生。明治時代の薬学者，官僚。1910没。

南条文雄　なんじょうぶんゆう　1849生。明治時代，大正時代の梵語学者，僧侶。真宗大学学長。1927没。

ロッジ，ヘンリー・キャボット　1850生。アメリカの政治家。1924没。

有栖川宮董子　ありすがわのみやただこ　1855生。明治時代の皇族。慈恵病院幹事長。1923没。

シンパー，アンドレアス・フランツ・ヴィルヘルム　1856生。ドイツの植物学者。1901没。

ラブソン　1861生。イギリスのインド学者。1937没。

松本幸四郎(7代目)　まつもとこうしろう　1870生。明治時代–昭和時代の歌舞伎役者。1949没。

ボンテンペッリ，マッシモ　1878生。イタリアの小説家，詩人。1960没。

エルズワース，リンカーン　1880生。アメリカの極地探検家。1951没。

シローニ，マリオ　1885生。イタリアの画家。1961没。

武者小路実篤　むしゃのこうじさねあつ　1885生。明治時代–昭和時代の小説家，劇作家，随筆家，詩人，画家。1976没。

大久保留次郎　おおくぼとめじろう　1887生。昭和時代の政治家。衆議院議員。1966没。

276

常光浩然　つねみつこうねん　1891生。昭和時代の仏教家, ジャーナリスト。仏教タイムス社社長, 世界仏教徒会議事務局長。1973没。

ジオーク, ウィリアム・フランシス　1895生。アメリカの物理化学者。1982没。

木村健二郎　きむらけんじろう　1896生。昭和時代の分析化学者。東京大学教授, 東京女子大学学長。1988没。

ザハーヴァ　1896生。ソ連の俳優, 演出家。1976没。

相田二郎　あいだにろう　1897生。昭和時代の日本史学者。東京帝国大学史料編纂官。1945没。

草野心平　くさのしんぺい　1903生。大正時代, 昭和時代の詩人。1988没。

コルネイチューク, アレクサンドル・エヴドキモヴィチ　1905生。ソ連の劇作家。1972没。

鈴木敬信　すずきけいしん　1905生。昭和時代の天文学者。東京学芸大学教授。1993没。

松島詩子　まつしまうたこ　1905生。昭和時代の歌手。1996没。

ユーイング, ウィリアム・モーリス　1906生。アメリカの地球物理学者。1974没。

ヘプバーン, キャサリン　1907生。アメリカの女優。2003没。

カルドア, ニコラス　1908生。ハンガリー系イギリスの経済学者。1986没。

藤田まさと　ふじたまさと　1908生。昭和時代の作詞家。1982没。

久保貞次郎　くぼさだじろう　1909生。昭和時代, 平成時代の美術評論家, 美術収集家。跡見学園短期大学学長, 町田市立国際版画美術館館長。1996没。

ホジキン, ドロシー・メアリ　1910生。イギリスの結晶学者。1994没。

松永藤雄　まつながふじお　1911生。昭和時代の医師。内科。1997没。

稲垣史生　いながきしせい　1912生。昭和時代, 平成時代の時代考証家, 小説家。1996没。

鳥尾鶴代　とりおつるよ　1912生。昭和時代の女性。銀座にバー「鳥尾夫人」を開店。1970没。

羽田春兔　はねだはると　1915生。昭和時代, 平成時代の医師。内科, 中央社会保険医療協議会委員。1995没。

長沢節　ながさわせつ　1917生。昭和時代, 平成時代のイラストレーター。セツモードセミナー主宰。1999没。

山本英一郎　やまもとえいいちろう　1919生。昭和時代, 平成時代の経営者, 野球人。日本野球連盟会長, 全日本アマチュア野球連盟会長, 光永実業社長。2006没。

ボイス, ヨーゼフ　1921生。西ドイツの彫刻家。1986没。

ベラ, ヨギ　1925生。アメリカの元・大リーグ選手。

バカラック, バート　1928生。アメリカの作曲家。

ヌジョマ, サム・ダニエル　1929生。ナミビアの政治家, 黒人解放運動家。

牧阿佐美　まきあさみ　1933生。昭和時代, 平成時代のバレリーナ, 振付師。

東由多加　ひがしゆたか　1945生。昭和時代, 平成時代の演出家, 映画監督。2000没。

萩尾望都　はぎおもと　1949生。昭和時代, 平成時代の漫画家。

西川のりお　にしかわのりお　1951生。昭和時代, 平成時代の漫才師, タレント。

秋川リサ　あきかわりさ　1952生。昭和時代, 平成時代の女優, ビーズ刺繍作家。

風吹ジュン　ふぶきじゅん　1952生。昭和時代, 平成時代の女優。

余貴美子　よきみこ　1956生。昭和時代, 平成時代の女優。

EPO　えぽ　1960生。昭和時代, 平成時代のシンガーソングライター。

渡辺徹　わたなべとおる　1961生。昭和時代, 平成時代の俳優。

奥田民生　おくだたみお　1965生。昭和時代, 平成時代のミュージシャン。

裕木奈江　ゆうきなえ　1970生。平成時代の女優。

高見盛精彦　たかみさかりせいけん　1976生。平成時代の力士(幕内)。

石黒彩　いしぐろあや　1978生。平成時代のタレント。

カバエワ, アリーナ　1983生。ロシアの新体操選手。

5月12日

5月13日

○記念日○　愛犬の日
　　　　　　母の日

- イブン・アル・アシール　1160生。アラブの歴史家。1233没。
- マラッティ, カルロ　1625生。イタリアの画家。1713没。
- シモン, リシャール　1638生。フランスの聖書学者。1712没。
- 水野忠春　みずのただはる　1641生。江戸時代前期の大名。1692没。
- インノケンチウス13世　1655生。教皇（在位1721～24）。1724没。
- ポンバル, セバスティアン・デ・カルヴァリョ, 侯爵　1699生。ポルトガルの政治家。1782没。
- マリア・テレジア　1717生。ハプスブルク家の女帝, オーストリア大公, ハンガリーおよびボヘミアの女王。1780没。
- 手島堵庵　てじまとあん　1718生。江戸時代中期の石門心学者。1786没。
- 中井竹山　なかいちくざん　1730生。江戸時代中期, 後期の儒学者。1804没。
- ロッキンガム, チャールズ・ウォトソン・ウェントワース, 2代侯爵　1730生。イギリスの政治家。1782没。
- シェルバーン, ウィリアム・ペティ・フィッツモーリス, 2代伯爵　1737生。イギリスの首相。1805没。
- カルノー, ラザール　1753生。フランスの政治家, 数学者。1823没。
- 石川桃蹊　いしかわとうけい　1756生。江戸時代後期の儒学者。1837没。
- 和田泰沖　わだたいちゅう　1766生。江戸時代後期の医師。1815没。
- ジョアン6世　1767生。ポルトガル王（在位1816～26）。1826没。
- ダールマン　1785生。ドイツの歴史家, 政治家。1860没。
- スコット, ウィンフィールド　1786生。アメリカの陸軍軍人。1866没。
- ピウス9世　1792生。教皇。1878没。
- シャファーリク, パヴォル・ヨゼフ　1795生。チェコスロバキアのスラブ文献学者, 歴史家。1861没。
- ブース, ジューニアス・ブルータス　1796生。イギリス生まれのアメリカの俳優。1852没。
- 江川太郎左衛門（36代目）　えがわたろうざえもん　1801生。江戸時代末期の代官, 洋式砲術家。1855没。
- マニン　1804生。イタリア, ベネチアの愛国的政治家。1857没。
- シュラーギントヴァイト, ヘルマン　1826生。ドイツの探検家。1882没。
- ドーデ, アルフォンス　1840生。フランスの小説家, 劇作家。1897没。
- サリヴァン, アーサー　1842生。イギリスの作曲家。1900没。
- ロス, サー・ロナルド　1857生。イギリスの病理学者, 寄生虫学者。1932没。
- 三宅米吉　みやけよねきち　1860生。明治時代-昭和時代の考古学者。東京文理科大学初代学長。1929没。
- ティーレ, フリードリヒ・カール・ヨハンネス　1865生。ドイツの有機化学者。1918没。
- ブラングヴィン, サー・フランク　1867生。イギリスの画家。1956没。
- 杵屋六左衛門（13代目）　きねやろくざえもん　1870生。明治時代, 大正時代の長唄三味線方。1940没。
- 矢野仁一　やのじんいち　1872生。明治時代-昭和時代の東洋史学者。1970没。
- シュピートホフ　1873生。ドイツの経済学者。1957没。
- ブラック, ジョルジュ　1882生。フランスの画家。1963没。
- 寺田精一　てらだせいいち　1884生。大正時代の犯罪心理学者。1922没。
- 長田秀雄　ながたひでお　1885生。明治時代-昭和時代の劇作家, 詩人。1949没。
- 池田蕉園　いけだしょうえん　1886生。明治時代, 大正時代の日本画家。1917没。
- ナウマン　1886生。ドイツの文学史家, 民俗学者。1951没。

保田竜門　やすだりゅうもん　1891生。大正時代，昭和時代の彫刻家。和歌山大学教授，大阪市立美術研究所教授。1965没。

フラシオン　1893生。フランスの労働運動指導者。1975没。

アスゲールソン　1894生。アイスランド大統領（1952～68）。1972没。

芹沢銈介　せりざわけいすけ　1895生。大正時代，昭和時代の染色家。1984没。

実藤恵秀　さねとうけいしゅう　1896生。昭和時代の中国研究者。早稲田大学教授。1985没。

石黒武重　いしぐろたけしげ　1897生。大正時代，昭和時代の官僚，政治家。衆議院議員，日本協同組合貿易社長。1995没。

井上房一郎　いのうえふさいちろう　1898生。昭和時代の実業家。井上工業社長，群馬交響楽団理事長。1993没。

フリードマン　1902生。フランスの社会学者。1977没。

シュナイダー，ラインホルト　1903生。ドイツの詩人，随筆家。1958没。

笠智衆　りゅうちしゅう　1904生。昭和時代，平成時代の俳優。1993没。

井上薫　いのうえかおる　1906生。昭和時代の銀行家。第一銀行頭取。1993没。

兪鎮午　ゆちんご　1906生。朝鮮の小説家・法学者。1987没。

笠智衆　りゅうちしゅう　1906生。昭和時代，平成時代の俳優。1993没。

デュ・モーリア，ダフネ　1907生。イギリスの女流作家。1989没。

椿繁夫　つばきしげお　1910生。昭和時代の労働運動家，政治家。参議院議員。1991没。

エヴァンズ，ギル　1912生。カナダ生まれのジャズ編曲家。1988没。

シルヴェストリ，コンスタンティン　1913生。ルーマニア，のちイギリスの指揮者。1969没。

ルイス，ジョー　1914生。アメリカのプロボクサー。1981没。

岸野雄三　きしのゆうぞう　1918生。昭和時代，平成時代の体育学者。筑波大学教授，日本体育学会理事長。2001没。

マラ，カミセセ　1920生。フィジーの政治家。2004没。

由利徹　ゆりとおる　1921生。昭和時代，平成時代の俳優，コメディアン。日本喜劇人協会会長。1999没。

生野幸吉　しょうのこうきち　1924生。昭和時代の詩人，ドイツ文学者。千葉大学教授，東京大学教授。1991没。

中村正義　なかむらまさよし　1924生。昭和時代の日本画家。1977没。

ボラニョス，エンリケ　1928生。ニカラグアの政治家，実業家。

金子嗣郎　かねこつぐお　1930生。昭和時代，平成時代の精神科医。東京都立松沢病院院長。1997没。

ショー，バーノン　1930生。ドミニカの政治家。

中村メイコ　なかむらめいこ　1934生。昭和時代，平成時代の女優，タレント，エッセイスト。

アマート，ジュリアーノ　1938生。イタリアの政治家。

カイテル，ハーベイ　1939生。アメリカの俳優。

円谷幸吉　つぶらやこうきち　1940生。昭和時代のマラソン選手。1968没。

山田パンダ　やまだぱんだ　1945生。昭和時代，平成時代の音楽家，エッセイスト。

ファスビンダー，ライナー・ヴェルナー　1946生。西ドイツの映画監督。1982没。

バレンタイン，ボビー　1950生。米国出身のプロ野球監督（ロッテ），元・大リーグ監督。

ワンダー，スティービー　1950生。アメリカのシンガーソングライター，キーボード奏者。

鈴木光司　すずきこうじ　1957生。昭和時代，平成時代の小説家。

ロッドマン，デニス　1961生。アメリカのバスケットボール選手，格闘家。

太田光　おおたひかり　1965生。昭和時代，平成時代の漫才師。

加藤晴彦　かとうはるひこ　1975生。平成時代の俳優。

モートン，サマンサ　1977生。イギリスの女優。

井上和香　いのうえわか　1980生。平成時代のタレント。

野波麻帆　のなみまほ　1980生。平成時代の女優。

熊田曜子　くまだようこ　1982生。平成時代のタレント。

黒川芽以　くろかわめい　1987生。平成時代の女優。

5月13日

5月14日

○記念日○　ゴールドデー
　　　　　　温度計の日
　　　　　　種痘記念日

北条時頼　ほうじょうときより　1227生。鎌倉時代前期の鎌倉幕府第5代の執権。1263没。
カルル4世　1316生。神聖ローマ皇帝(在位1347～78)。1378没。
マルグリット・ド・フランス　1553生。マルゴ公妃(ナバル公妃)。1615没。
中御門資胤　なかみかどすけたね　1569生。安土桃山時代,江戸時代前期の公家。1626没。
即非如一　そくひにょいち　1616生。江戸時代前期の渡来僧。1671没。
ギヒテル,ヨーハン・ゲオルク　1638生。ドイツのプロテスタント神秘主義者。1710没。
長仁親王　おさひとしんのう　1655生。江戸時代前期の皇族。1675没。
ビットリオ・アマデオ2世　1666生。イタリアのサヴォイア公(在位1675～1730)。1732没。
仲野安雄　なかのやすお　1694生。江戸時代中期の淡路三原郡伊加利村の里正,和漢の学者。1778没。
ゲインズバラ,トマス　1727生。イギリスの画家。1788没。
テーア　1752生。ドイツの農学者。1828没。
ドワイト,ティモシー　1752生。アメリカの教育家,神学者,詩人。1817没。
オーウェン,ロバート　1771生。イギリスの社会思想家。1858没。
ラウマー　1781生。ドイツの歴史家。1873没。
徳川家慶　とくがわいえよし　1793生。江戸時代末期の江戸幕府第12代の将軍。1853没。
プレスコット,ウィリアム・ヒックリング　1796生。アメリカの歴史家。1859没。
ベルヌー,シメオン・フランソワ　1814生。フランスのパリ外国伝道協会宣教師。1866没。
新宮涼閣　しんぐうりょうかく　1828生。江戸時代,明治時代の蘭方医。1885没。
バンクロフト,サー・スクワイア　1841生。イギリスの俳優,劇場支配人。1926没。
ファイヨル　1852生。フランスの軍人。1928没。

ケイン,ホール　1853生。イギリスの小説家。1931没。
カイザーリング,エードゥアルト・フォン　1855生。ドイツの作家。1918没。
大森鍾一　おおもりしょういち　1856生。明治時代,大正時代の官僚。太政官権書記官,兵庫県知事。1927没。
リリエフォルス,ブルーノ　1860生。スウェーデンの画家。1939没。
アイスナー,クルト　1867生。ドイツの社会主義者。バイエルン首相。1919没。
芳賀矢一　はがやいち　1867生。明治時代,大正時代の国文学者,国語学者。東京帝国大学教授。1927没。
ヒルシュフェルト　1868生。ドイツの性科学者。1935没。
ツウェット,ミハイル・セミョーノヴィチ　1872生。イタリア生まれのロシア人植物生理学者。1919没。
チョカーノ,ホセ・サントス　1875生。ペルーの詩人。1934没。
樋口龍峡　ひぐちりゅうきょう　1875生。明治時代-昭和時代の評論家,政治家。衆議院議員。1929没。
斎藤茂吉　さいとうもきち　1882生。大正時代,昭和時代の歌人,医師。精神科,青山脳病院院長。1953没。
ドルニエ,クロード　1884生。ドイツの航空工学者,航空機製造事業家。1969没。
クレンペラー,オットー　1885生。ドイツの指揮者。1973没。
大谷武一　おおたにぶいち　1887生。大正時代,昭和時代の体育指導者。東京教育大学教授,日本体育指導者連盟会長。1966没。
野田俊作　のだしゅんさく　1888生。昭和時代の政治家。1968没。
ギンズバーグ　1889生。イギリスの社会学者。1970没。
西尾実　にしおみのる　1889生。大正時代,昭和時代の日本文学者,国語教育家。国立国

研究所所長, 法政大学教授。1979没。
ブルガーコフ, ミハイル　1891生。ソ連の作家, 劇作家。1940没。
ピッツート, アントーニオ　1893生。イタリアの小説家。1976没。
ティリー　1894生。イギリスの岩石学者, 鉱物学者。1973没。
広瀬政次　ひろせまさじ　1894生。昭和時代の能楽研究家。1952没。
中村研一　なかむらけんいち　1895生。大正時代, 昭和時代の洋画家。1967没。
山田徳兵衛　やまだとくべえ　1896生。大正時代, 昭和時代の経営者, 人形研究家。1983没。
ベシェ, シドニー　1897生。アメリカのジャズ・ソプラノサックス, クラリネット奏者。1959没。
蔡暢　さいちょう　1900生。中国の婦人運動指導者。1990没。
河野謙三　こうのけんぞう　1901生。昭和時代の政治家。参議院議長, 日本体育協会会長。1983没。
カターエフ, イワン・イワノヴィチ　1902生。ソ連の小説家。1939没。
長沢規矩也　ながさわきくや　1902生。昭和時代の書誌学者。法政大学教授。1980没。
ボートン　1903生。アメリカの日本学者。1995没。
ジュノー　1904生。スイスの医師, 赤十字活動家。1961没。
井上八千代(4代目)　いのうえやちよ　1905生。昭和時代, 平成時代の日本舞踊家。2004没。
チーホノフ, ニコライ・アレクサンドロヴィチ　1905生。ソ連邦の政治家。1997没。
前川国男　まえかわくにお　1905生。昭和時代の建築家。前川国男建築設計事務所代表取締役。1986没。
西宮弘　にしみやひろし　1906生。昭和時代の政治家。2003没。
バンダ, ヘイスティングズ　1906生。マラウィの初代大統領。1997没。

アユーブ・カーン, ムハンマド　1907生。パキスタンの政治家, 大統領。1974没。
ネ・ウィン, ウー　1911生。ビルマの軍人, 大統領。2002没。
ドクシアディス, コンスタンティノス　1913生。ギリシャの都市計画家。1975没。
竹本津大夫(4代目)　たけもとつだゆう　1916生。昭和時代の義太夫節太夫(文楽)。1987没。
田間　でんかん　1916生。中国の詩人。1985没。
ハリソン, ルー　1917生。アメリカの作曲家, 打楽器奏者, 民族音楽学者。2003没。
ツジマン, フラニオ　1922生。クロアチアの政治家。大統領。1999没。
バタイユ, ニコラ　1926生。フランスの演出家。
坂東三津五郎(9代目)　ばんどうみつごろう　1929生。昭和時代, 平成時代の歌舞伎役者。1999没。
ブルース, ジャック　1943生。イギリスのベース奏者, 歌手。
ルーカス, ジョージ　1944生。アメリカの映画監督, 映画プロデューサー。
シハモニ, ノロドム　1953生。カンボジア国王。
佐戸井けん太　さといけんた　1957生。昭和時代, 平成時代の俳優。
古尾谷雅人　ふるおやまさと　1957生。昭和時代, 平成時代の俳優。2003没。
ウィリアムス, スティーブ　1958生。アメリカのプロレスラー。
ロス, ティム　1961生。イギリスの俳優, 映画監督。
ブランシェット, ケイト　1969生。オーストラリアの女優。
コッポラ, ソフィア　1971生。アメリカの女優, 映画監督, 映画プロデューサー, 脚本家。
柴田亜衣　しばたあい　1982生。平成時代の水泳選手。
吉野紗香　よしのさやか　1982生。平成時代のタレント。

5月14日

5月15日

○記念日○ ヨーグルトの日
　　　　　沖縄返還の日
○忌　日○ 犬養忌

オマル・ハイヤーム　1048生。ペルシアの詩人, 科学者。1131没。
北条時宗　ほうじょうときむね　1251生。鎌倉時代後期の鎌倉幕府第8代の執権。1284没。
寂室元光　じゃくしつげんこう　1290生。鎌倉時代後期, 南北朝時代の臨済宗の禅僧。1367没。
ケイゼル, ヘンドリック・デ　1565生。オランダの建築家, 彫刻家。1621没。
モンテヴェルディ, クラウディオ　1567生。イタリアの作曲家。1643没。
ヨルダーンス, ヤーコプ　1593生。フランドルの画家。1678没。
チニャーニ, カルロ　1628生。イタリアの画家。1719没。
慧空　えくう　1644生。江戸時代前期, 中期の真宗の僧。1722没。
チェザロッティ, メルキオッレ　1730生。イタリアの詩人, 評論家。1808没。
メッタニヒ, クレーメンス・ヴェンツェル・フォン　1773生。オーストリアの政治家, 外交官。1859没。
ガズデン, ジェイムズ　1788生。アメリカの政治家。1858没。
宮本尚一郎　みやもとしょういちろう　1793生。江戸時代末期の水戸藩郷士, 学者。1862没。
大槻磐渓　おおつきばんけい　1801生。江戸時代, 明治時代の儒者, 砲術家。1878没。
バルフ, マイケル・ウィリアム　1808生。アイルランドの歌手, オペラ作曲家。1870没。
ナイティンゲイル, フローレンス　1820生。イギリスの看護婦。1910没。
藤田伝三郎　ふじたでんざぶろう　1841生。江戸時代, 明治時代の実業家。男爵。1912没。
海野勝珉　うんのしょうみん　1844生。明治時代の彫金家。東京美術学校教授, 帝室技芸員。1915没。
山口素臣　やまぐちもとおみ　1846生。明治時代の陸軍軍人。大将, 子爵。1904没。

ランケスター, サー・エドウィン・レイ　1847生。イギリスの動物学者。1929没。
馬場辰猪　ばばたつい　1850生。明治時代の政治家, 民権論者。1888没。
青山胤通　あおやまたねみち　1859生。明治時代, 大正時代の医学者。東京帝国大学教授, 医学博士, 男爵。1917没。
キュリー, ピエール　1859生。フランスの物理学者。1906没。
シュニッツラー, アルトゥール　1862生。オーストリアの劇作家, 小説家。1931没。
田中正平　たなかしょうへい　1862生。明治時代-昭和時代の音楽学者, 物理学者。1945没。
フェルヴェイ, アルベルト　1865生。オランダの詩人, 評論家。1937没。
ジューリング　1866生。ドイツの気象学者。1950没。
ホル, カール　1866生。ドイツの神学者。1926没。
杉浦非水　すぎうらひすい　1876生。明治時代-昭和時代の商業美術家, グラフィックデザイナー。多摩美術短期大学理事長。1965没。
山本英輔　やまもとえいすけ　1876生。明治時代-昭和時代の海軍軍人。大将。1962没。
植原悦二郎　うえはらえつじろう　1877生。大正時代, 昭和時代の政治家。衆議院議員。1962没。
中村吉蔵　なかむらきちぞう　1877生。明治時代-昭和時代の劇作家, 演劇研究家。文学博士。1941没。
アウレーン, グスターヴ・エマーヌエル・ヒルデブランド　1879生。スウェーデンの神学者。1977没。
ディベリウス, カール・フリードリヒ・オットー　1880生。ドイツ福音主義教会の指導者, ベルリンの監督。1967没。
市川団蔵(8代目)　いちかわだんぞう　1882生。明治時代-昭和時代の歌舞伎役者。1966没。
羽田亨　はねだとおる　1882生。大正時代, 昭和時代の東洋史学者。京都大学総長, 貴族院

議員。1955没。
岡村寧次　おかむらやすじ　1884生。明治時代‐昭和時代の陸軍軍人。大将。1966没。
水野利八　みずのりはち　1884生。明治時代‐昭和時代の実業家。ミズノ創業者。1970没。
野村直邦　のむらなおくに　1885生。大正時代，昭和時代の海軍軍人。大将，愛郷連盟会長。1973没。
細木原青起　ほそきばらせいき　1885没。明治時代‐昭和時代の漫画家，挿絵画家。1958没。
ミュア，エドウィン　1887生。イギリスの詩人，小説家，批評家。1959没。
ポーター，キャサリン・アン　1890生。アメリカの女流小説家。1980没。
村野藤吾　むらのとうご　1891生。大正時代，昭和時代の建築家。日本建築家協会会長。1984没。
大塚金之助　おおつかきんのすけ　1892生。大正時代，昭和時代の経済学者，歌人。一橋大学教授。1977没。
市川房枝　いちかわふさえ　1893生。大正時代，昭和時代の政治家，婦人運動家。参議院議員，日本婦人有権者同盟会長。1981没。
大谷紅子　おおたにきぬこ　1893生。大正時代，昭和時代の教育者。浄土真宗本願寺派大裏方，西本願寺仏教婦人総連盟総裁。1974没。
アルレッティ　1898生。フランスの女優。1992没。
西東三鬼　さいとうさんき　1900生。昭和時代の俳人，医師。歯科，大阪女子医大附属病院歯科部長。1962没。
ハーバート，ザヴィア　1901生。オーストラリアの小説家。1984没。
福田蘭童　ふくだらんどう　1905生。昭和時代の尺八奏者，作曲家。1976没。
乾信一郎　いぬいしんいちろう　1906生。昭和時代，平成時代の小説家，翻訳家。2000没。
佐々木哲蔵　ささきてつぞう　1906生。昭和時代，平成時代の弁護士，裁判官。佐々木法律事務所所長。1994没。
島田一男　しまだかずお　1907生。昭和時代，平成時代の推理作家。1996没。
井野川潔　いのかわきよし　1909生。昭和時代，平成時代の評論家。教育運動史研究会会長。1995没。
メイソン，ジェイムズ　1909生。イギリスの俳優。1984没。
丹羽兵助　にわひょうすけ　1911生。昭和時代の政治家。衆議院議員（自民党），労相。1990没。
フリッシュ，マックス　1911生。スイスの作家。1991没。
瀬戸内寂聴　せとうちじゃくちょう　1922生。昭和時代，平成時代の小説家，尼僧。
アヴェドン，リチャード　1923生。アメリカの写真家。2004没。
菊村到　きくむらいたる　1925生。昭和時代，平成時代の小説家。1999没。
井上光晴　いのうえみつはる　1926生。昭和時代，平成時代の小説家，詩人。1992没。
シェーファー，ピーター　1926生。イギリスの劇作家。
伊丹十三　いたみじゅうぞう　1933生。昭和時代，平成時代の映画監督，俳優。1997没。
宝生閑　ほうしょうかん　1934生。昭和時代，平成時代の能楽師（下掛宝生流ワキ方）。
美輪明宏　みわあきひろ　1935生。昭和時代，平成時代の歌手，俳優，演出家。
オルブライト，マデレーン　1937生。アメリカの国際政治学者。
鹿内春雄　しかないはるお　1945生。昭和時代の放送経営者。1988没。
美川憲一　みかわけんいち　1946生。昭和時代，平成時代の歌手。
イーノ，ブライアン　1948生。イギリスの音楽家，音楽・ビデオプロデューサー。
江夏豊　えなつゆたか　1948生。昭和時代，平成時代の野球評論家，元・プロ野球選手。
ブレット，ジョージ　1953生。アメリカの元・大リーグ選手。
巽孝之　たつみたかゆき　1955生。昭和時代，平成時代のSF評論家。
辰吉丈一郎　たつよしじょういちろう　1970生。昭和時代，平成時代のプロボクサー。
井上康生　いのうえこうせい　1978生。平成時代の柔道選手。
藤原竜也　ふじわらたつや　1982生。平成時代の俳優。

5月15日

5月16日

○記念日○　旅の日
○忌　日○　透谷忌
　　　　　　枇杷園忌

ヒペーリウス, アンドレーアス　1511生。ドイツのルター派神学者, 説教者。1564没。

ドーニ, アントン・フランチェスコ　1513生。イタリアの著述家。1574没。

ディグビ, エヴェラード　1578生。イギリスの「火薬陰謀事件」共謀者, イングランドの王ジェイムズ1世の廷臣。1606没。

インノケンチウス11世　1611生。教皇（在位1676〜89）。1689没。

黒田光之　くろだみつゆき　1628生。江戸時代前期, 中期の大名。1707没。

ノース　1641生。イギリスの自由貿易論者。1691没。

間部詮房　まなべあきふさ　1666生。江戸時代中期の大名。1720没。

売茶翁　ばいさおう　1675生。江戸時代中期の僧, 煎茶人。1763没。

ジルバーマン, アンドレアス　1678生。ドイツのオルガンおよびピアノ製作者。1734没。

間部詮茂　まなべあきとお　1739生。江戸時代中期の大名。1786没。

ヴォクラン, ニコラ・ルイ　1763生。フランスの化学者。1829没。

柿右衛門（9代目）　かきえもん　1776生。江戸時代後期の赤絵磁器の陶工。1836没。

コットマン, ジョン・セル　1782生。イギリスの風景画家。1842没。

シーワド, ウィリアム・H（ヘンリー）　1801生。アメリカの政治家。1872没。

関橋守　せきはしもり　1804生。江戸時代, 明治時代の歌人。1883没。

ピーボディ　1804生。アメリカの女流教育家。1894没。

バーンズ　1805生。イギリスの探検家, 行政官。1841没。

毛利斉広　もうりなりとう　1814生。江戸時代後期の大名。1836没。

シュタインタール　1823生。ドイツの言語学者。1899没。

モートン, リーヴァイ（・パーソンズ）　1824生。アメリカの銀行家, 政治家。1920没。

カイペルス, ペトルス・ヨゼフス・ヒュベルトゥス　1827生。オランダの建築家。1921没。

ヒューズ, デイヴィド（・エドワード）　1831生。イギリス生まれのアメリカの発明家, 物理学者。1900没。

アーマー　1832生。アメリカの精肉業者, 穀物商。1901没。

川北朝鄰　かわきたちょうりん　1840生。江戸時代後期, 末期, 明治時代の数学者。1919没。

川北朝鄰　かわきたともちか　1840生。江戸時代‒大正時代の数学教育家。1919没。

シェーファー　1845生。ドイツの歴史家。1929没。

メチニコフ, イリヤ　1845生。ロシアの生物学者。1916没。

ミクリッチ・ラデツキ　1850生。オーストリアの医者。1905没。

アンツァー, ヨーハン・バプティスト・フォン　1851生。ドイツのプロテスタント宣教師。1903没。

シェノン　1857生。フランスの法制史学者。1927没。

伊東義五郎　いとうよしごろう　1858生。明治時代, 大正時代の海軍軍人, 実業家。大日本石油鉱業社長, 男爵。1919没。

タンマン　1861生。ドイツの物理化学者。1938没。

フォールシ, オリガ・ドミトリエヴナ　1873生。ソ連邦の女流作家。1961没。

木村錦花　きむらきんか　1877生。大正時代, 昭和時代の演劇研究家, 劇作家。松竹取締役。1960没。

ヘーズ　1882生。アメリカの歴史学者。1964没。

加藤介春　かとうかいしゅん　1885生。明治時代, 大正時代の詩人。1946没。

久保田不二子　くぼたふじこ　1886生。大正時代, 昭和時代の歌人。1965没。

バージェス　1886生。アメリカの都市社会学者。1966没。

ホダセーヴィチ, ウラジスラフ・フェリツィアノヴィチ　1886生。ロシア生まれの詩人, 批評家。1939没。

北原千鹿　きたはらせんろく　1887生。大正時代, 昭和時代の彫金家。日展参事, 日本美術協会展審査員。1951没。

タウバー, リヒャルト　1891生。イギリス（オーストリア生まれ）のテノール歌手。1948没。

石川興二　いしかわこうじ　1892生。大正時代, 昭和時代の経済哲学者。京都大学教授。1976没。

ケンペン, パウル・ヴァン　1893生。オランダの指揮者。1955没。

スペンサー　1893生。アメリカの画家。1952没。

林家正蔵（8代目）　はやしやしょうぞう　1895生。大正時代, 昭和時代の落語家。1982没。

エールリヒ　1896生。ドイツの哲学者, 美学者。1968没。

フォートリエ, ジャン　1898生。フランスの画家。1964没。

溝口健二　みぞぐちけんじ　1898生。昭和時代の映画監督。1956没。

原田武一　はらだたけいち　1899生。大正時代, 昭和時代のテニス選手。1978没。

イグナトフ　1901生。ソ連の政治家。1966没。

石川善助　いしかわぜんすけ　1901生。詩人。1932没。

キェプラ, ヤン　1902生。ポーランド, のちにアメリカのテノール歌手。1966没。

野副鉄男　のぞえてつお　1902生。昭和時代, 平成時代の有機化学者。東北大学教授, 日本化学会長。1996没。

ジェニングズ　1903生。イギリスの法学者, 政治学者。1965没。

ラ・マルファ　1903生。イタリアの政治家。1979没。

フォンダ, ヘンリー　1905生。アメリカの俳優。1982没。

ベイツ, H.E.　1905生。イギリスの小説家。1974没。

砂原茂一　すなはらしげいち　1908生。昭和時代の医師。国立療養所東京病院院長。1988没。

ベルゴーリツ, オリガ・フョードロヴナ　1910生。ソ連の女流詩人。1975没。

西崎緑（初代）　にしざきみどり　1911生。昭和時代の日本舞踊家。1957没。

ハーマン, ウッディ　1913生。アメリカのジャズ・バンドリーダー, クラリネット奏者。1987没。

カツィール, エフライム　1916生。イスラエルの生物物理学者, 政治家。

ルルフォ, フアン　1918生。メキシコの小説家。1986没。

永谷嘉男　ながたよしお　1923生。昭和時代, 平成時代の実業家。永谷園創業者。2005没。

ジャワラ, ダウダ　1924生。ガンビアの政治家。

シェーファー　1926生。イギリスの劇作家。2001没。

サイドシラジュディン・サイドプトラ・ジャマルライル　1943生。マレーシア国王（第12代）。

荒川強啓　あらかわきょうけい　1946生。昭和時代, 平成時代のアナウンサー。

フリップ, ロバート　1946生。イギリスのロックギタリスト。

ラクロワ, クリスチャン　1951生。フランスのファッションデザイナー。

北の湖敏満　きたのうみとしみつ　1953生。昭和時代の元・力士（第55代横綱）。

ブロスナン, ピアース　1953生。イギリスの俳優。

ベノイト・サミュエルソン, ジョーン　1957生。アメリカの元・マラソン選手。

山崎銀之丞　やまざきぎんのじょう　1962生。昭和時代, 平成時代の俳優。

ジャクソン, ジャネット　1966生。アメリカの歌手。

遠山景織子　とおやまきょうこ　1975生。平成時代の女優。

酒井彩名　さかいあやな　1985生。平成時代のタレント。

5月16日

5月17日

○記念日○　世界電気通信記念日
　　　　　　生命・きずなの日

- 陸游　りくゆう　1125生。中国、南宋の詩人。1209没。
- 良栄　りょうえい　1342生。南北朝時代、室町時代の浄土宗の僧。1428没。
- 徳大寺実淳　とくだいじさねあつ　1445生。室町時代、戦国時代の公卿。1533没。
- アルブレヒト　1490生。最後のドイツ騎士団長、最初のプロシア公。1568没。
- 永高女王　えいこうじょおう　1540生。戦国時代の女性。正親町天皇の第2皇女。1551没。
- 雨森芳洲　あめのもりほうしゅう　1668生。江戸時代中期の儒学者。1755没。
- クール、アントワーヌ　1695生。フランス改革派教会の牧師。1760没。
- ジェンナー、エドワード　1749生。イギリスの臨床医。1823没。
- アングルシー、ヘンリー・ウィリアム・パジェット、初代侯爵　1768生。イギリスの軍人。1854没。
- キャロライン（ブラウンシュヴァイクの）、アメリア・エリザベス　1768生。イギリス王ジョージ4世の妃。1821没。
- 沢近嶺　さわちかね　1788生。江戸時代後期の歌人。1838没。
- サーティーズ、ロバート　1803生。イギリスのユーモア作家。1864没。
- 広瀬旭荘　ひろせきょくそう　1807生。江戸時代末期の儒者、詩人。1863没。
- 茂山千五郎（9代目）　しげやませんごろう　1810生。江戸時代、明治時代の狂言師。1886没。
- イェシュケ、ハインリヒ・アウグスト　1817生。ドイツの宣教師、チベット語学者。1883没。
- 川村迂叟　かわむらうそう　1822生。江戸時代、明治時代の商人。1885没。
- ホルツマン、ハインリヒ・ユーリウス　1832生。ドイツのプロテスタント神学者。1910没。
- ロッキアー、サー・ジョゼフ・ノーマン　1836生。イギリスの天文学者。1920没。
- 植村テイ　うえむらてい　1840生。江戸時代、明治時代の女性。牧師植村正久の母。1888没。
- ヴェルハウゼン、ユリウス　1844生。ドイツのオリエントおよび旧約学者。1918没。
- 小泉又次郎　こいずみまたじろう　1865生。明治時代-昭和時代の政治家。1951没。
- ゾルマ、アグネス　1865生。ドイツの女優。1927没。
- 村上鬼城　むらかみきじょう　1865生。明治時代-昭和時代の俳人。1938没。
- リコルディ、ティート2世　1865生。イタリアの音楽出版業者。1933没。
- サティ、エリック　1866生。フランスの作曲家。1925没。
- 高楠順次郎　たかくすじゅんじろう　1866生。明治時代-昭和時代のインド学者、仏教学者。東京帝国大学教授、東京外国語学校校長。1945没。
- 神保小虎　じんぼことら　1867生。明治時代、大正時代の地質鉱物学者。東京地質学会会長、東京地学協会会長。1924没。
- ベルトラン　1867生。フランスの生化学者。1962没。
- 畔柳都太郎　くろやなぎくにたろう　1871生。明治時代、大正時代の英語学者、文芸評論家。1923没。
- 石井露月　いしいろげつ　1873生。明治時代-昭和時代の医師、俳人。1928没。
- バルビュス、アンリ　1873生。フランスの小説家。1935没。
- リチャードソン、ドロシー　1873生。イギリスの女流小説家。1957没。
- 内山愚童　うちやまぐどう　1874生。明治時代の曹洞宗僧侶、無政府主義者。箱根林泉寺住職。1911没。
- スピンガーン、J.E.　1875生。アメリカの著述家、文芸批評家。1939没。
- 高島菊次郎　たかしまきくじろう　1875生。明治時代-昭和時代の実業家。1969没。
- 宮本英修　みやもとひでなが　1882生。明治時代-昭和時代の刑法学者。京都大学教授、法学博士。1944没。

杉浦翠子　すぎうらすいこ　1885生。明治時代–昭和時代の歌人。1960没。

アルフォンソ13世　1886生。スペイン王（在位1886〜1931）。1941没。

権田保之助　ごんだやすのすけ　1887生。大正時代，昭和時代の社会学者，ドイツ語学者。NHK常務理事。1951没。

栗田淳一　くりたじゅんいち　1888生。昭和時代の実業家。日本石油社長。1965没。

豊竹若太夫（10代目）　とよたけわかたゆう　1888生。明治時代–昭和時代の義太夫節太夫（文楽）。1967没。

安井曽太郎　やすいそうたろう　1888生。大正時代，昭和時代の洋画家。東京芸術大学教授。1955没。

ラマディエ，ポール　1888生。フランスの政治家。第4共和制初代首相。1961没。

モイーズ，マルセル　1889生。フランスのフルート奏者。1984没。

レイエス，アルフォンソ　1889生。メキシコの批評家，作家。1959没。

西岡虎之助　にしおかとらのすけ　1895生。大正時代，昭和時代の日本史学者。早稲田大学教授，東京大学史料編纂所史料編纂官。1970没。

ハッセル，オッド　1897生。ノルウェーの化学者。1981没。

中野秀人　なかのひでと　1898生。大正時代，昭和時代の詩人，小説家。1966没。

神崎ひで　かんざきひで　1899生。昭和時代の日本舞踊家。神崎流宗家（1代目）。1985没。

ホメイニー，アーヤトッラー・ルーホッラー　1900生。イランのイスラム教シーア派の最高指導者。1989没。

占仕由重　こざいよししげ　1901生。昭和時代の哲学者，社会運動家。名古屋大学教授。1990没。

ギャバン，ジャン　1904生。フランスの俳優。1976没。

青木恵一郎　あおきけいいちろう　1905生。昭和時代の農民運動家。1988没。

井口基成　いぐちもとなり　1908生。昭和時代のピアニスト，教育家。桐朋学園大学学長。1983没。

プローコシュ，フレデリック　1908生。アメリカの小説家。1989没。

横山隆一　よこやまりゅういち　1909生。昭和時代，平成時代の漫画家。おとぎプロダクション社長。2001没。

オサリバン，モーリーン　1911生。アメリカの女優。1998没。

西村秀雄　にしむらひでお　1912生。昭和時代，平成時代の解剖学者。京都大学教授，実験動物中央研究所学術顧問。1995没。

石沢英太郎　いしざわえいたろう　1916生。昭和時代の小説家。1988没。

フォック・イエネー　1916生。ハンガリーの首相。2001没。

ブレイン，デニス　1921生。イギリスのホルン奏者。1957没。

氏家斉一郎　うじいえせいいちろう　1926生。昭和時代，平成時代の日本テレビ放送網代表取締役・取締役会議長，東京都現代美術館館長，東京都歴史文化財団理事長。元・日本テレビ会長。

松尾和子　まつおかずこ　1935生。昭和時代，平成時代の歌手。1992没。

安部譲二　あべじょうじ　1937生。昭和時代，平成時代の作家。

ドルノウシェク，ヤネズ　1950生。スロベニアの政治家。

島田陽子　しまだようこ　1953生。昭和時代，平成時代の女優。

レナード，シュガー・レイ　1956生。アメリカの元・プロボクサー。

山形由美　やまがたゆみ　1959生。昭和時代，平成時代のフルート奏者。

エンヤ　1901生。アイルランドの歌手。

斎藤陽子　さいとうようこ　1968生。昭和時代，平成時代の女優。

城之内早苗　じょうのうちさなえ　1968生。昭和時代，平成時代の歌手。

坂井真紀　さかいまき　1971生。平成時代の女優。

井ノ原快彦　いのはらよしひこ　1976生。平成時代のタレント，歌手，俳優。

5月17日

5月18日

○記念日○ ことばの日
国際親善デー
国際博物館の日

令子内親王 れいしないしんのう 1078生。平安時代後期の女性。白河天皇の第3皇女。1144没。

近衛天皇 このえてんのう 1139生。平安時代後期の第76代の天皇。1155没。

行観 ぎょうかん 1241生。鎌倉時代の浄土宗西山派の僧。1325没。

真壁義幹 まかべよしもと 1552生。安土桃山時代, 江戸時代前期の武将。1630没。

ベラ, ステファノ・デラ 1610生。イタリアの銅版画家。1664没。

益子内親王 ますこないしんのう 1669生。江戸時代中期の女性。後西天皇の第10皇女。1738没。

伊達三姫 だてさんひめ 1671生。江戸時代中期の女性。陸奥仙台藩3代藩主伊達綱宗の娘。1753没。

バトラー, ジョゼフ 1692生。イギリスの神学者, 哲学者。1752没。

松平宣維 まつだいらのぶずみ 1698生。江戸時代中期の大名。1731没。

エールトマンスドルフ, フリードリヒ・ヴィルヘルム・フォン 1736生。ドイツの建築家。1800没。

寂室堅光 じゃくしつけんこう 1753生。江戸時代中期, 後期の臨済宗の僧。1830没。

赤尾可官 あかおよしたか 1764生。江戸時代後期の国学者、林丘寺宮の家司。1852没。

松平康任 まつだいらやすとう 1780生。江戸時代後期の大名。1841没。

リュッツォー 1782生。プロシアの軍人, ナポレオン軍に対するゲリラ戦の指導者として知られる。1834没。

クラッパートン, ヒュー 1788生。イギリスのアフリカ探検家。1827没。

リュッケルト, フリードリヒ 1788生。ドイツの詩人。1866没。

ヴェルポー 1795生。フランスの医者。1867没。

フリードリヒ・アウグスト2世 1797生。ザクセン王 (在位1836~54)。1854没。

ホフマイスター, ヴィルヘルム・フリードリヒ・ベネディクト 1824生。ドイツの植物学者。1877没。

島津久籌 しまづひさとし 1827生。江戸時代末期, 明治時代の薩摩藩家老。1911没。

ゴルドマルク・カーロイ 1830生。ハンガリーの作曲家。1915没。

小藤平蔵 こふじへいぞう 1839生。江戸時代末期の筑前福岡藩士。1866没。

ディールス 1848生。ドイツの古典文献学者, 哲学史家。1922没。

遠山品右衛門 とおやましなえもん 1851生。明治時代, 大正時代の山人。1920没。

ダニエルズ 1862生。アメリカのジャーナリスト, 政治家, 外交官。1948没。

松井簡治 まついかんじ 1863生。明治時代–昭和時代の国文学者。東京文理大学教授。1945没。

斎藤宇一郎 さいとううちろう 1866生。大正時代, 昭和時代の政治家, 農政家。衆議院議員。1926没。

ニコライ2世 1868生。帝制ロシア最後の皇帝 (在位1894~1917)。1918没。

ラッセル, バートランド 1872生。イギリスの哲学者, 数学者, 論理学者, 社会思想家, 平和運動家。1970没。

庄司乙吉 しょうじおときち 1873生。昭和時代の実業家。東洋紡績社長, 大日本紡績連合会会長。1944没。

モスクヴィーン 1874生。ソ連の舞台俳優。1946没。

ミュラー 1876生。ドイツの政治家。1931没。

松崎天民 まつざきてんみん 1878生。明治時代, 大正時代の新聞記者, 文筆家。1934没。

川瀬巴水 かわせはすい 1883生。大正時代, 昭和時代の版画家。1957没。

グロピウス, ヴァルター 1883生。ドイツ生まれのアメリカの建築家。1969没。

ドゥトラ　1885生。ブラジルの大統領（1946～51）。1974没。

吉田玉造（4代目）　よしだたまぞう　1885生。明治時代-昭和時代の人形浄瑠璃の人形遣い。1948没。

笹森順造　ささもりじゅんぞう　1886生。大正時代,昭和時代の政治家,教育者。参議院議員,衆議院議員,青山学院院長。1976没。

ヴィーヒェルト,エルンスト　1887生。ドイツの作家。1950没。

グンナルソン,グンナル　1889生。アイスランドの小説家。1975没。

桜間弓川　さくらまきゅうせん　1889生。明治時代-昭和時代の能楽師。1957没。

ミジリー,トマス,ジュニア　1889生。アメリカの工業化学者。1944没。

カルナップ,ルドルフ　1891生。ドイツ生まれのアメリカの論理学者,論理実証主義あるいは論理経験主義の代表者。1970没。

ピンツァ,エツィオ　1892生。アメリカのオペラ歌手。1957没。

柳兼子　やなぎかねこ　1892生。大正時代,昭和時代のアルト歌手。国立音楽大学教授。1984没。

吉田鉄郎　よしだてつろう　1894生。昭和時代の建築家。1956没。

キャプラ,フランク　1897生。アメリカの映画監督。1991没。

湯河元威　ゆかわもとたけ　1897生。大正時代,昭和時代の農林官僚。東京都次長,農林中央金庫理事長。1958没。

片倉衷　かたくらただし　1898生。昭和時代の陸軍軍人。少将。1991没。

チェンバリン,エドワード・ヘイスティングズ　1899生。アメリカの経済学者。1967没。

広沢虎造（2代目）　ひろさわとらぞう　1899生。大正時代,昭和時代の浪曲師。1964没。

デュ・ヴィニョー,ヴィンセント　1901生。アメリカの生化学者。1978没。

松山文雄　まつやまふみお　1902生。大正時代,昭和時代の漫画家。プロレタリア美術家同盟書記長。1982没。

ジャビッツ　1904生。アメリカの政治家。1986没。

カーゾン,サー・クリフォード　1907生。イギリスの代表的ピアニスト。1982没。

清棲敦子　きよすあつこ　1907生。昭和時代の伯爵清棲幸保伯夫人,伏見宮博恭王第二王女。1936没。

コモ,ペリー　1912生。アメリカのポピュラー歌手。2001没。

南部あき　なんぶあき　1912生。昭和時代の服飾評論家。1974没。

トルネ,シャルル　1913生。フランスのシャンソン歌手,作詞家,作曲家。2001没。

クリストフ,ボリス　1919生。ブルガリアのバス歌手。1993没。

フォンテイン,マーゴット　1919生。イギリスのバレリーナ。1991没。

ヨハネ・パウロ2世　1920生。ローマ法王（第264代）。2005没。

加藤九祚　かとうきゅうぞう　1922生。昭和時代,平成時代の考古学者。

松村勝男　まつむらかつお　1923生。昭和時代,平成時代の家具デザイナー。1991没。

フランソワ,サンソン　1924生。フランスのピアニスト。1970没。

ゴウダ,H.D.デーベ　1933生。インドの政治家。

畑山博　はたやまひろし　1935生。昭和時代,平成時代の小説家,放送作家。2001没。

サンテール,ジャック　1937生。ルクセンブルクの政治家。

寺尾聡　てらおあきら　1947生。昭和時代,平成時代の俳優,シンガーソングライター。

ブルートン,ジョン　1947生。アイルランドの政治家。

東尾修　ひがしおおさむ　1950生。昭和時代,平成時代の元・プロ野球監督。

チョウ・ユンファ　1955生。香港の俳優。

尾崎直道　おざきなおみち　1956生。昭和時代,平成時代のプロゴルファー。

山崎ハコ　やまさきはこ　1957生。昭和時代,平成時代のシンガーソングライター。

槇原敬之　まきはらのりゆき　1969生。平成時代のシンガーソングライター。

島本理生　しまもとりお　1983生。平成時代の小説家。

中村七之助（2代目）　なかむらしちのすけ　1983生。平成時代の歌舞伎俳優。

5月18日

5月19日

○記念日○ ボクシング記念日

イブン・アッ・ルーミー 836生。アッバース朝の詩人。896没。

敦儀親王 あつのりしんのう 997生。平安時代中期の公卿。1054没。

リューディンガー, エスローム 1523生。ドイツのルター派神学者, 教育者。1590没。

広橋国光 ひろはしくにみつ 1526生。戦国時代の公卿。1568没。

フローベルガー, ヨハン・ヤーコプ 1616生。ドイツのオルガン奏者, 作曲家。1667没。

戸田茂睡 とだもすい 1629生。江戸時代前期, 中期の歌人。1706没。

朽木稙昌 くちきたねまさ 1643生。江戸時代前期, 中期の大名。1714没。

大和山甚左衛門(初代) やまとやまじんざえもん 1677生。江戸時代中期の歌舞伎役者, 歌舞伎座本。1721没。

ミュニヒ 1683生。ドイツ生まれのロシアの軍人, 陸軍元帥。1767没。

菊玉 きくぎょく 1704生。江戸時代中期の女性。江戸吉原角町中藤高屋勘兵衛抱えの遊女。1727没。

榊原政岑 さかきばらまさみね 1715生。江戸時代中期の大名。1743没。

山田鼎石 やまだていせき 1720生。江戸時代中期, 後期の漢詩人。1800没。

伊東長詮 いとうながとし 1736生。江戸時代中期の大名。1778没。

唐崎常陸介 からさきひたちのすけ 1737生。江戸時代中期の神官, 国学者, 勤皇志士。1796没。

樋口宣康 ひぐちよしやす 1754生。江戸時代中期, 後期の公家。1822没。

外山光実 とやまみつざね 1756生。江戸時代中期, 後期の歌人・公家。1821没。

フィヒテ, ヨハン・ゴットリープ 1762生。ドイツの哲学者。1814没。

パスケーヴィチ 1782生。ロシアの将軍。1856没。

梅辻規清 うめつじのりきよ 1798生。江戸時代後期の神学者。1861没。

伊藤東峯 いとうとうほう 1799生。江戸時代後期の儒者。1845没。

高良斎 こうりょうさい 1799生。江戸時代後期の播磨明石藩士。1846没。

グリゴローヴィチ, ドミートリー・ワシリエヴィチ 1822生。ロシアの作家。1899没。

大主耕雨 おおぬしこうう 1835生。江戸時代後期, 末期, 明治時代の神職, 俳人。1915没。

サンズ 1844生。イギリスの古典学者。1922没。

エイベル, ジョン・ジェイコブ 1857生。アメリカの生化学者。1938没。

青木宣純 あおきのぶずみ 1859生。明治時代, 大正時代の陸軍軍人。中将, 清国公使館付。1924没。

オルランド, ヴィトリオ 1860生。イタリアの首相。1952没。

三宅雪嶺 みやけせつれい 1860生。明治時代-昭和時代の評論家, 哲学者。1945没。

メルバ, デイム・ネリー 1861生。オーストラリアのソプラノ歌手。1931没。

ダンタス 1876生。ポルトガルの劇作家, 小説家。1962没。

薄田泣菫 すすきだきゅうきん 1877生。明治時代, 大正時代の詩人, 随筆家。1945没。

アスター, ナンシー・(ウィッチャー・)アスター, 子爵夫人 1879生。イギリスの女流政治家。1964没。

ハドソン, マンリー(・オトマー) 1886生。アメリカの法学者。1960没。

マラニョン, グレゴリオ 1887生。スペインの医学者, 評論家。1960没。

亀山直人 かめやまなおと 1890生。大正時代, 昭和時代の応用化学者。東京帝大教授, 日本学術会議初代会長。1963没。

ホー・チ・ミン 1890生。北ベトナムの政治家。1969没。

アレッサンドリ・ロドリゲス, ホルヘ 1896生。チリの大統領, 実業家, 経済学者。1986没。

マイナルディ, エンリーコ 1897生。イタリアのチェロ奏者, 作曲家。1976没。

大下常吉　オオシタツネキチ　1898生。大正時代,昭和時代の野球選手,早大野球部監督。1972没。
久米井束　くめいつかね　1898生。教育者。日本文学教育連盟会長。1989没。
曽田長宗　そだたけむね　1902生。昭和時代の公衆衛生行政官。国立公衆衛院長,財団法人ひかり協会理事長。1984没。
島津忠承　しまづただつぐ　1903生。昭和時代の公共事業家。公爵,日本赤十字社社長。1990没。
ゲラン　1904生。アナキズムにつらなるフランスの政治思想家。1988没。
秋庭太郎　あきばたろう　1907生。昭和時代の演劇史研究家。1985没。
佐々木直　ささきただし　1907生。昭和時代の銀行家。日本銀行総裁,経済同友会代表幹事。1988没。
鍋島直紹　なべしまなおつぐ　1912生。昭和時代の政治家。参議院議員。1981没。
山崎圭次　やまざきけいじ　1912生。昭和時代の市民運動家。山崎技研社長,全国自然保護連合会会長。1997没。
ペルーツ,マックス・フェルディナント　1914生。オーストラリア生まれのイギリスの化学者。2002没。
佐藤昇　さとうのぼる　1916生。昭和時代,平成時代の評論家,経済学者。岐阜経済大学教授。1993没。
パイス,エイブラハム　1918生。アメリカの物理学者,科学史家。2000没。
西垣脩　にしがきおさむ　1919生。昭和時代の俳人,詩人。明治大学教授。1978没。
アルバトフ,ゲオルギー　1923生。ロシアの歴史学者。
マルコム・エックス　1925生。アメリカの黒人指導者。1965没。
大川功　おおかわいさお　1926生。昭和時代,平成時代の実業家。コンピューターサービス(現CSK)社長。2001没。

賀来竜三郎　かくりゅうざぶろう　1926生。昭和時代,平成時代の経営者。キヤノン会長,キヤノン販売会長。2001没。
安井誠　やすいまこと　1926生。昭和時代の官僚,経営者。東邦生命保険会長,大蔵省証券局長。1997没。
ユースフ・イドリース　1927生。エジプトの作家。1991没。
ポル・ポト　1928生。民主カンボジア軍最高会議議長,総司令官。1998没。
池田健太郎　いけだけんたろう　1929生。昭和時代のロシア文学者,評論家。1979没。
アードマン,ポール　1932生。アメリカの作家,エコノミスト。
岩瀬順三　いわせじゅんぞう　1933生。昭和時代の出版人。KKベストセラーズ社長。1986没。
ジエギス,カルロス　1940生。ブラジルの映画監督,映画評論家。
エフロン,ノラ　1941生。アメリカの作家,脚本家,映画監督。
タウンゼント,ピート　1945生。イギリスのロックギタリスト,ロック歌手。
モラフチク,ヨゼフ　1945生。スロバキアの政治家。
モラフチク,ヨゼフ　1945生。スロバキアの政治家。元・首相。
アンドレ・ザ・ジャイアント　1946生。プロレスラー。1993没。
ラモーン,ジョーイ　1951生。アメリカのロック歌手。2001没。
鈴木博文　すずきひろぶみ　1954生。昭和時代,平成時代のミュージシャン。
安藤政信　あんどうまさのぶ　1975生。平成時代の俳優。
鬼頭あゆみ　きとうあゆみ　1976生。平成時代のアナウンサー。
神木隆之介　かみきりゅうのすけ　1993生。平成時代の俳優。

5月19日

5月20日

○記念日○　ローマ字の日
　　　　　森林の日
　　　　　世界計量記念日

パーシー　1364生。イングランドのノーサンバランド伯の長子。1403没。
呉偉　ごい　1459生。中国、明の画家。1508没。
ベンボ, ピエートロ　1470生。イタリアの人文主義者, 詩人。1547没。
ファブリキウス, ヒエロニュムス　1537生。イタリアの解剖学者。1619没。
山内俊之　やまのうちとしゆき　1562生。安土桃山時代, 江戸時代前期の村役。1628没。
小笠原忠雄　おがさわらただたか　1647生。江戸時代前期, 中期の大名。1725没。
ブラッドフォード, W.　1663生。アメリカ(イギリス生まれ)の印刷業者。1752没。
宇野明霞　うのめいか　1698生。江戸時代中期の儒者。1745没。
松平頼恭　まつだいらよりたか　1711生。江戸時代中期の大名。1771没。
アブドゥル・ハミト1世　1725生。オスマン・トルコ帝国の第27代スルタン(在位1774～89)。1789没。
二条宗基　にじょうむねもと　1727生。江戸時代中期の公家。1754没。
シャドウ, ヨハン・ゴットフリート　1764生。ドイツの彫刻家。1850没。
コングリーヴ, サー・ウィリアム　1772生。イギリスの技術者。1828没。
リバダビア, ベルナルディーノ　1780生。アルゼンチンの政治家, 共和国初代大統領。1845没。
デュノアイエ　1786生。フランスの経済学者。1862没。
バルザック, オノレ・ド　1799生。フランスの小説家。1850没。
広川晴軒　ひろかわせいけん　1803生。江戸時代, 明治時代の洋学者。1884没。
ゲルヴィーヌス, ゲオルク・ゴットフリート　1805生。ドイツの歴史家。1871没。
ミル, ジョン・ステュアート　1806生。イギリスの思想家, 経済学者。1873没。

メヴィッセン　1815生。ドイツの実業家, 政治家。1899没。
トートレーベン　1818生。ロシアの将軍, 貴族。1884没。
パシ　1822生。フランスの経済学者。1912没。
箕作せき　みつくりせき　1823生。江戸時代, 明治時代の女性。蘭学者箕作阮甫の長女。1886没。
吉井信発　よしいのぶおき　1824生。江戸時代, 明治時代の上野国吉井藩主。1890没。
ボンド, ジョージ・フィリップス　1825生。アメリカの天文学者。1865没。
マロ, エクトール・アンリ　1830生。フランスの小説家, 評論家。1907没。
マンデス, カチュル　1841生。フランスの詩人, 劇作家。1909没。
渡辺千秋　わたなべちあき　1843生。江戸時代, 明治時代の信濃高島藩士, 官僚。伯爵, 貴族院議員。1921没。
ロウマーニズ, ジョージ・ジョン　1848生。カナダ生まれのイギリスの生物学者。1894没。
ポルト-リッシュ, ジョルジュ・ド　1849生。フランスの劇作家。1930没。
バーリナー, イーミル　1851生。ドイツ系アメリカの発明家。1929没。
清元梅吉(2代目)　きよもとうめきち　1854生。明治時代の清元三味線方。1911没。
クロス, アンリ-エドモン　1856生。フランスの画家。1910没。
ブフナー, エドゥアルト　1860生。ドイツの生化学者。1917没。
高木壬太郎　たかぎみずたろう　1864生。明治時代, 大正時代の神学者, 牧師。青山学院院長。1921没。
宮崎民蔵　みやざきたみぞう　1865生。明治時代, 大正時代の社会運動家。1928没。
本多静六　ほんだせいろく　1866生。明治時代-昭和時代の林学者。東京帝国大学教授。1952没。

本田美禅　ほんだびぜん　1868生。明治時代‐昭和時代の小説家。1946没。
コルン　1870生。ドイツの物理学者。1945没。
桐生悠々　きりゅうゆうゆう　1873生。明治時代‐昭和時代のジャーナリスト。1941没。
高頭仁兵衛　たかとうじんべえ　1877生。明治時代‐昭和時代の登山家。1958没。
ウンセット，シーグリ　1882生。ノルウェーの女流作家。1949没。
川村驥山　かわむらきざん　1882生。大正時代，昭和時代の書家。日本書道美術院顧問，日展参事。1969没。
中野金次郎　なかのきんじろう　1882生。大正時代，昭和時代の実業家。興亜火災海上社長。1957没。
岡崎忠雄　おかざきただお　1884生。大正時代，昭和時代の実業家。神戸銀行頭取，神戸商工会議所会頭。1963没。
ファイサル1世　1885生。イラクの国王（在位1921～33）。1933没。
モンドール，アンリ　1885生。フランスの医者，文学者。1962没。
湯沢三千男　ゆざわみちお　1888生。大正時代，昭和時代の官僚，政治家。参院議員，貴院議員，内相。1963没。
モレーノ，ヤーコプ・L.　1889生。ルーマニア生まれのアメリカの精神病理学者，社会心理学者。1974没。
ブラウダー　1891生。アメリカの政治家。1973没。
三枝博音　さいぐさひろと　1892生。大正時代，昭和時代の哲学者，日本科学史家。横浜市立大学学長，日本科学史学会会長。1963没。
並河功　なみかわいさお　1892生。大正時代，昭和時代の農学者。京都帝国大学教授。1972没。
中戸川吉二　なかとがわきちじ　1896生。大正時代，昭和時代の小説家。1942没。
デイネーカ，アレクサンドル・アレクサントロヴィチ　1899生。ソ連の画家。1969没。
島秀雄　しまひでお　1901生。大正時代‐平成時代の鉄道技術者。宇宙開発事業団理事長，国鉄技師長。1998没。
石田和外　いしだかずと　1903生。昭和時代の裁判官。最高裁判所長官。1979没。

アリンガム，マージェリー　1904生。イギリスの女流推理作家，社会歴史学者。1966没。
永井龍男　ながいたつお　1904生。昭和時代の小説家。1990没。
山辺健太郎　やまべけんたろう　1905生。大正時代，昭和時代の労働運動家。1977没。
ステューアト，ジェイムズ　1908生。アメリカの俳優。1997没。
クンツ，エーリヒ　1909生。オーストリアのバスバリトン歌手。1995没。
前畑秀子　まえはたひでこ　1914生。昭和時代の水泳選手，指導者。1995没。
ダヤン，モシェ　1915生。イスラエルの軍人，政治家。1981没。
岩沢靖　いわさわおさむ　1919生。昭和時代の実業家。北海道テレビ放送社長，日経連常任理事。1993没。
ゴールド，トマス　1920生。アメリカ在住のイギリスの天文学者。2004没。
相田みつを　あいだみつを　1924生。昭和時代，平成時代の書家，商業デザイナー。1991没。
玉川勝太郎（3代目）　たまがわかつたろう　1933生。昭和時代，平成時代の浪曲師。日本浪曲協会会長。2000没。
王貞治　おうさだはる　1940生。昭和時代，平成時代のプロ野球全権終身監督（ソフトバンク）。
シェール　1946生。アメリカの歌手，女優。
アホ，エスコ　1954生。フィンランドの政治家。
益子直美　ますこなおみ　1966生。平成時代のタレント，元・バレーボール選手。
高橋和也　たかはしかずや　1969生。平成時代の俳優。
河村隆一　かわむらりゅういち　1970生。平成時代のミュージシャン，音楽プロデューサー，俳優。
光浦靖子　みつうらやすこ　1973生。平成時代のタレント。
里崎智也　さとざきともや　1976生。平成時代のプロ野球選手。
永井大　ながいまさる　1978生。平成時代の俳優。
長瀬実夕　ながせみゆ　1988生。平成時代の歌手。

5月20日

5月21日

○記念日○　リンドバーグ翼の日
　　　　　小学校開校の日
　　　　　小満

高宗（宋）　こうそう　1107生。中国，南宋の初代皇帝（在位1127～62）。1187没。
貞慶　じょうけい　1155生。平安時代後期，鎌倉時代前期の法相宗の学僧。1213没。
英仲法俊　えいちゅうほうしゅん　1340生。南北朝時代，室町時代の禅僧。1416没。
クリスチャン1世　1426生。デンマーク王（1448～81），ノルウェー王（50～81），スウェーデン王（57～71）。1481没。
バルバロ，エルモーラオ（小）　1454生。イタリアの聖職者，人文主義者，外交官。1493没。
デューラー，アルブレヒト　1471生。ドイツの画家，版画家，美術理論家。1528没。
三条西公条　さんじょうにしきんえだ　1487生。戦国時代の歌人・公卿。1563没。
シナン　1489生。トルコの建築家。1578没。
覚音女王　かくおんじょおう　1506生。戦国時代の女性。？没。
フェリペ2世　1527生。スペイン王（1556～98）。1598没。
保科正貞　ほしなまささだ　1588生。江戸時代前期の大名。1661没。
ポープ，アレグザンダー　1688生。イギリスの詩人，批評家。1744没。
榊原政祐　さかきばらまさすけ　1705生。江戸時代中期の大名。1732没。
ブリッジウォーター公　1736生。イギリス最初の内陸航行運河の建設者。1803没。
村瀬栲亭　むらせこうてい　1744生。江戸時代中期，後期の漢学者。1819没。
植村家長　うえむらいえなが　1754生。江戸時代中期，後期の大名。1828没。
フーシェ，ジョゼフ，オトラント公爵　1759生。フランスの政治家。1820没。
ボナパルト，リュシアン　1775生。ナポレオン1世の弟。1840没。
筒井政憲　つついまさのり　1778生。江戸時代後期の幕臣。1859没。
フライ，エリザベス　1780生。イギリスの女性博愛家。1845没。

ベッカー　1785生。ドイツの古典学者。1871没。
三津理山　みつりざん　1799生。江戸時代，明治時代の僧侶。1877没。
ロッツェ，ルドルフ・ヘルマン　1817生。ドイツの哲学者，医学者。1881没。
プレイフェア（男爵），ライアン1世　1819生。イギリスの化学者。1898没。
ライディッヒ　1821生。ドイツの動物学者。1908没。
ダーニーロ1世　1826生。モンテネグロの君主（在位1851～60）。1860没。
天野桑古　あまのそうこ　1828生。江戸時代後期，末期，明治時代の俳人。1897没。
テイラー，ジェイムズ・ハドソン　1832生。イギリスの牧師。1905没。
ゴバ　1834生。スイスの政治家。1914没。
ドゥネール，ニルス・クリストフェル　1839生。スウェーデンの天文学者。1914没。
喜久宮　きくのみや　1842生。江戸時代末期の伏見宮邦家親王の第7王子。1851没。
ルノー　1843生。フランスの法学者。1918没。
ルソー，アンリ・ジュリアン・フェリックス　1844生。フランスの画家。1910没。
兼松房治郎　かねまつふさじろう　1845生。明治時代の実業家。1913没。
ブールジョア　1851生。フランスの政治家。1925没。
ヴェラーレン，エミール　1855生。ベルギーの詩人。1926没。
ドブロジーヌ・ゲレア　1855生。ルーマニアの政治・文学評論家，社会主義運動指導者。1920没。
バジェ・イ・オルドニェス，ホセ　1856生。ウルグアイのジャーナリスト，政治家。1929没。
グルサ　1858生。フランスの数学者。1936没。
松石安治　まついしやすはる　1859生。明治時代，大正時代の陸軍軍人。中将，参謀本部第1部長。1915没。

アイントホーフェン, ヴィレム　1860生。オランダの生理学者。1927没。
シュテファニー　1864生。ベルギー王レオポルド2世の次女。オーストリアのルドルフ皇太子妃。1945没。
高木顕明　たかぎけんみょう　1864生。僧侶。1914没。
下村為山　しもむらいざん　1865生。画家, 俳人。1949没。
ベルガー, ハンス　1873生。ドイツの精神病, 神経病学者。1941没。
伊上凡骨　いがみぼんこつ　1875生。明治時代, 大正時代の版画家。木版画, 洋画家。1933没。
畑中蓼坡　はたなかりょうは　1877生。俳優, 演出家, 映画監督。1963没。
カーティス, グレン(・ハモンド)　1878生。アメリカの発明家, 飛行家, 実業家。1930没。
勝正憲　かつまさのり　1879生。大正時代, 昭和時代の官僚, 政治家。九州鉱山会長, 日本実業取締役。1957没。
アルゲージ, トゥドル　1880生。ルーマニアの詩人。1967没。
三宅恒方　みやけつねかた　1880生。明治時代, 大正時代の昆虫学者, 文人。1921没。
池田亀三郎　いけだかめさぶろう　1884生。昭和時代の事業家。三菱油化社長, 三菱化成社長。1977没。
古今亭今輔(4代目)　ここんていいますけ　1886生。明治時代-昭和時代の落語家。1935没。
松旭斎天勝(初代)　しょうきょくさいてんかつ　1886生。明治時代-昭和時代の女流奇術師。1944没。
クラウス, ヨハネス・バプティスタ　1892生。ドイツの聖職者, 経済史家。1946没。
斎藤悠輔　さいとうゆうすけ　1892生。大正時代, 昭和時代の裁判官。最高裁判事。1981没。
ビショップ, ジョン・ピール　1892生。アメリカの詩人。1944没。
カルデナス, ラサロ　1895生。メキシコ大統領(1934~40)。1970没。
伊福部隆輝　いふくべたかてる　1898生。大正時代, 昭和時代の文芸評論家, 詩人。1968没。
ハマー, アーマンド　1898生。アメリカの企業経営者。1990没。

上原専禄　うえはらせんろく　1899生。昭和時代の歴史学者, 思想家。一橋大学学長。1975没。
山下英男　やましたひでお　1899生。大正時代-平成時代の電気工学者。東京大学教授。1993没。
サストロアミジョヨ　1903生。インドネシアの政治家, 左翼民族主義者。1975没。
ウォラー, ファッツ　1904生。アメリカのジャズ・ピアニスト, 歌手, 作曲家。1943没。
弘世現　ひろせげん　1904生。昭和時代の実業家。日本生命保険社長。1996没。
ゲラーシモフ, セルゲイ　1906生。ソ連の映画監督, 脚本家。1984没。
浪江虔　なみえけん　1910生。昭和時代の農村文化運動家。私立鴨川図書館館長。1999没。
サハロフ, アンドレイ　1921生。ソ連の原子物理学者, 反体制活動家。1989没。
ボルヒェルト, ヴォルフガング　1921生。ドイツの詩人, 小説家。1947没。
クリーリー, ロバート　1926生。アメリカの詩人。2005没。
フレーザー, ジョン　1930生。オーストラリアの政治家。
バシリウ, ゲオルギオス　1931生。キプロスの政治家, 実業家。
中村泰士　なかむらたいじ　1939生。昭和時代, 平成時代の作曲家, 作詞家, 歌手。
ロビンソン, メアリー　1944生。アイルランドの政治家。
白井晃　しらいあきら　1957生。昭和時代, 平成時代の俳優, 演出家。
観世清和　かんぜきよかず　1959生。昭和時代, 平成時代の能楽師(観世流シテ方)。
原田貴和子　はらだきわこ　1965生。昭和時代, 平成時代の女優。
岡本健一　おかもとけんいち　1969生。昭和時代, 平成時代の俳優。
梨花　りんか　1973生。平成時代のタレント, モデル。
米良美一　めらよしかず　声楽家。

5月21日

5月22日

○記念日○ ガールスカウトの日
国際生物多様性の日

藻壁門院　そうへきもんいん　1209生。鎌倉時代前期の女性。後堀河天皇の皇后。1233没。

フロントナック, ルイ・ド・ビュアド, 伯爵　1622生。フランスの軍人。1698没。

シュリューター, アンドレアス　1664生。ドイツ, バロックの代表的建築家, 彫刻家。1714没。

メングス, アントン・ラファエル　1728生。ドイツの画家。1779没。

ロベール, ユベール　1733生。フランスの風景画家。1808没。

池田瑞仙(初代)　いけだずいせん　1735生。江戸時代中期, 後期の痘科医, 幕府医師。1816没。

徳川家治　とくがわいえはる　1737生。江戸時代中期の江戸幕府第10代の将軍。1786没。

坂本天山　さかもとてんざん　1745生。江戸時代中期, 後期の砲術家, 信濃高遠藩士。1803没。

奥田鶯谷　おくだおうこく　1760生。江戸時代後期の漢学者。1830没。

スタージョン, ウィリアム　1783生。イギリスの電気学者。1850没。

土井利位　どいとしつら　1789生。江戸時代後期の大名。1848没。

甘露寺妍子　かんろじきよこ　1806生。江戸時代後期の女性。仁孝天皇の宮人。1851没。

ネルヴァル, ジェラール・ド　1808生。フランスの詩人, 小説家。1855没。

ヴァーグナー, ヴィルヘルム・リヒャルト　1813生。ドイツの作曲家, 音楽理論家。1883没。

浅田宗伯　あさだそうはく　1815生。江戸時代, 明治時代の漢方医。1894没。

谷頭有寿　たにずありとし　1820生。江戸時代, 明治時代の漢学者, 豊前小倉藩士。1881没。

雨森精翁　あめのもりせいおう　1822生。江戸時代末期, 明治時代の出雲松江藩士。1882没。

グレーフェ　1828生。ドイツの眼科学者。1870没。

ブラックモン, フェリックス　1833生。フランスの画家, 版画家。1914没。

カサット, メアリ　1844生。アメリカの女流画家, 版画家。1926没。

ウーデ, フリッツ・フォン　1848生。ドイツの画家。1911没。

織田純一郎　おだじゅんいちろう　1851生。明治時代の翻訳家, 新聞記者。大阪朝日新聞主筆。1919没。

木村長七　きむらちょうしち　1852生。明治時代の実業家。1922没。

川島甚兵衛(2代目)　かわしまじんべえ　1853生。明治時代の織物業者。帝室技芸員。1910没。

坪内逍遙　つぼうちしょうよう　1859生。明治時代, 大正時代の小説家, 劇作家。早稲田大学講師。1935没。

ドイル, アーサー・コナン　1859生。イギリスの作家。1930没。

清棲家教　きよすいえのり　1862生。江戸時代-大正時代の華族, 清棲家の始祖。1923没。

富士松薩摩掾(2代目)　ふじまつさつまのじょう　1862生。江戸時代の浄瑠璃太夫。1939没。

黒井悌二郎　くろいていじろう　1866生。明治時代-昭和時代の海軍軍人。大将, 海軍陸戦隊重砲隊指揮官。1937没。

平生釟三郎　ひらおはちさぶろう　1866生。明治時代-昭和時代の実業家, 政治家。1945没。

レオニードフ　1873生。ソ連の俳優。1941没。

マラン, ダニエル(・フランソワ)　1874生。南アフリカ連邦の政治家。1959没。

オッペンハイマー, サー・アーネスト　1880生。イギリスの企業家。1957没。

三宅光治　みやけみつはる　1881生。大正時代, 昭和時代の陸軍軍人。中将。1945没。

ラリオノフ, ミハイル・フョードロヴィチ　1881生。ソ連の画家, 舞台美術家。1964没。

豊田副武　とよだそえむ　1885生。昭和時代の海軍軍人。海軍総司令長官, 軍令部総長。1957没。

中勘助　なかかんすけ　1885生。大正時代, 昭和時代の小説家, 詩人。1965没。
マッテオッティ, ジャコモ　1885生。イタリアの政治家。1924没。
青山熊治　あおやまくまじ　1886生。明治時代–昭和時代の洋画家。1932没。
瀬越憲作　せごえけんさく　1889生。大正時代, 昭和時代の棋士。囲碁9段, 日本棋院理事長。1972没。
ベッヒャー, ヨハネス・ローベルト　1891生。東ドイツの詩人, 小説家。1958没。
ルーウェリン　1893生。アメリカの法理学者。1962没。
有末精三　ありすえせいぞう　1895生。大正時代, 昭和時代の軍人。陸軍中将, 日本郷友会連盟会長。1992没。
オソウスキ　1897生。ポーランドの社会学者。1963没。
小野三千麿　おのみちまろ　1897生。大正時代, 昭和時代の野球選手。1956没。
ノイマン　1897生。オーストリアの小説家。1975没。
藤山愛一郎　ふじやまあいいちろう　1897生。昭和時代の政治家, 実業家。衆議院議員, 大日本製糖社長。1985没。
西角井正慶　にしつのいまさよし　1900生。昭和時代の日本文学者, 歌人。国学院大学教授, 大宮市氷川神社宮司。1971没。
風巻景次郎　かざまきけいじろう　1902生。昭和時代の国文学者。北海道大学教授。1960没。
ブロイヤー, マルセル　1902生。ハンガリー生まれのアメリカの建築家。1981没。
マルトゥイノフ, レオニード・ニコラエヴィチ　1905生。ソ連の詩人。1980没。
オリヴィエ, ローレンス　1907生。イギリスの代表的俳優, 演出家。1989没。
冨士茂子　ふじしげこ　1910生。昭和時代の徳島市のラジオ商殺人事件容疑者として有罪判決。1979没。
川端実　かわばたみのる　1911生。昭和時代, 平成時代の洋画家。2001没。
松田智雄　まつだともお　1911生。昭和時代, 平成時代の経済史学者。図書館情報大学学長。1995没。
ブラウン, ハーバート・チャールズ　1912生。アメリカの有機化学者。2004没。
外山八郎　とやまはちろう　1913生。昭和時代, 平成時代のナショナル・トラスト運動家。天神崎保全市民協議会専務理事。1996没。
千葉徳爾　ちばとくじ　1916生。昭和時代, 平成時代の地理学者, 民俗学者。筑波大学教授, 日本民俗学会代表理事。2001没。
村松喬　むらまつたかし　1917生。昭和時代の新聞記者, 教育評論家。東海大学教授, 毎日新聞論説委員。1982没。
ファン・デン・ボイナンツ, ポール　1919生。ベルギーの政治家。2001没。
ナームギャル　1923生。シッキムの最後の国王。1982没。
荒田吉明　あらたよしあき　1924生。昭和時代, 平成時代の溶接工学, 高温工学者。
タングリー, ジャン　1925生。スイスの彫刻家。1991没。
熊倉啓安　くまくらひろやす　1927生。昭和時代, 平成時代の平和運動家。日本平和委員会事務局長, 日本原水協担当常務理事。1995没。
秋山邦晴　あきやまくにはる　1929生。昭和時代, 平成時代の音楽評論家, 詩人。多摩美術大学教授。1996没。
ストラスバーグ, スーザン　1938生。アメリカの女優。1999没。
中村吉右衛門(2代目)　なかむらきちえもん　1944生。昭和時代, 平成時代の歌舞伎俳優。
ベスト, ジョージ　1946生。イギリスのサッカー選手。2005没。
車範根　チャブングン　1953生。韓国のサッカー監督, 元・サッカー選手。
中村修二　なかむらしゅうじ　1954生。昭和時代, 平成時代の電子工学者。
森末慎二　もりすえしんじ　1957生。昭和時代, 平成時代のタレント, 元・体操選手。
庵野秀明　あんのひであき　1960生。昭和時代, 平成時代のアニメーション監督, 映画監督。
嶋大輔　しまだいすけ　1964生。昭和時代, 平成時代の俳優, ロック歌手。
錦織一清　にしきおりかずきよ　1965生。昭和時代, 平成時代の歌手, 俳優。
キャンベル, ナオミ　1970生。イギリスのファッションモデル。
ゴリ　1972生。平成時代のコメディアン, 俳優。
田中麗奈　たなかれな　1980生。平成時代の女優。

5月22日

5月23日

○記念日○　ラブレターの日
　　　　　　乳酸菌の日
○忌　日○　丈山忌

房聖　ぼうしょう　1322生。南北朝時代の天台宗の僧。1396没。
トラウトマンスドルフ　1584生。オーストリアの政治家。1650没。
黙子如定　もくすにょじょう　1597生。江戸時代前期の黄檗宗の渡来僧。1657没。
フレマール, ベルトレー　1614生。フランドルの歴史画家。1675没。
アシュモール, イライアス　1617生。イギリスの考古学者, 古物収集家。1692没。
大姫　おおひめ　1627生。江戸時代前期の女性。加賀藩主前田光高の妻。1656没。
鍋島光茂　なべしまみつしげ　1632生。江戸時代前期, 中期の大名。1700没。
戸部一閑斎　とべいっかんさい　1645生。江戸時代中期の著述家。1707没。
テッシーン, ニコデムス　1654生。スウェーデンの建築家。1728没。
安藤為章　あんどうためあきら　1659生。江戸時代前期, 中期の国学者。1716没。
細川有孝　ほそかわありたか　1676生。江戸時代中期の大名。1733没。
大玄　だいげん　1680生。江戸時代中期の浄土宗の僧。1756没。
岡本大蔵　おかもとおおくら　1704生。江戸時代中期の安芸広島藩士。1755没。
リンネー, カール・フォン　1707生。スウェーデンの植物ならびに動物の分類学者。1778没。
ハンター, ウィリアム　1718生。スコットランドの医者。1783没。
パリーニ, ジュゼッペ　1729生。イタリアの詩人。1799没。
メスマー, フランツ・アントン　1734生。オーストリアの医者。1815没。
武藤平道　むとうひらみち　1778生。江戸時代後期の土佐藩士, 国学者, 歴史家。1830没。
デュモン・デュルヴィル, ジュール・セバスティアン・セザール　1790生。フランスの航海者。1842没。

徳大寺実堅　とくだいじさねみ　1790生。江戸時代末期の公家。1858没。
モシェレス, イグナッツ　1794生。オーストリアのピアニスト, 指揮者, 作曲家。1870没。
バリー, サー・チャールズ　1795生。イギリスの建築家。1860没。
フッド, トマス　1799生。イギリスの詩人, ジャーナリスト。1845没。
フラー, マーガレット　1810生。アメリカの女流評論家, 女権論者。1850没。
福岡惣助　ふくおかそうすけ　1831生。江戸時代末期の加賀藩与力。1864没。
槇村正直　まきむらまさなお　1834生。明治時代の官僚, 萩藩士。京都府知事, 貴族院議員。1896没。
今村長賀　いまむらちょうが　1837生。明治時代の刀剣鑑定家。1910没。
コノプニツカ, マリア　1842生。ポーランドの女流児童文学者, 詩人。1910没。
エスピナス　1844生。フランスの哲学者。1922没。
戸田忠恕　とだただゆき　1847生。江戸時代の武士。宇都宮藩主, 越前守。1868没。
松本荘一郎　まつもとそういちろう　1848生。明治時代の官僚, 鉄道庁長官, 工学博士。1903没。
リリエンタール, オットー　1848生。ドイツ航空のパイオニア。1896没。
ハウスクネヒト　1853生。ドイツの教育家。1927没。
坩和為昌　はがためまさ　1856生。明治時代, 大正時代の化学者。東京帝国大学教授。1914没。
福本日南　ふくもとにちなん　1857生。明治時代, 大正時代のジャーナリスト, 史論家。九州日報社長, 衆議院議員。1921没。
村上彰一　むらかみしょういち　1857(閏5月)生。明治時代, 大正時代の鉄道家。上野駅長, 運輸課貨物掛長。1916没。

298

グンケル, ヘルマン　1862生。ドイツの旧約学者。1932没。
スローン, A.P.　1875生。アメリカの企業家。1966没。
石川三四郎　いしかわさんしろう　1876生。明治時代–昭和時代の社会運動家, 評論家。1956没。
コミサージェフスキー, シオドア　1882生。イギリスで活躍したロシアの演出家。1954没。
フェアバンクス, ダグラス　1883生。アメリカの映画俳優。1939没。
ナードラー, ヨーゼフ　1884生。オーストリアの文学史家。1963没。
長谷川零余子　はせがわれいよし　1886生。大正時代の俳人。1928没。
仲吉良光　なかよしりょうこう　1887生。大正時代, 昭和時代のジャーナリスト, 地方自治体首長。首里市長。1974没。
洪命憙　こうめいき　1888生。朝鮮の独立運動家・政治家。1968没。
ロラント・ホルスト, アドリアーン　1888生。オランダの詩人。1976没。
佐成謙太郎　さなりけんたろう　1890生。大正時代, 昭和時代の国文学者, 能楽研究家。大東文化大学教授, 鎌倉女学院理事長。1966没。
中原延平　なかはらのぶへい　1890生。昭和時代の実業家。東亜燃料工業社長。1977没。
ラーゲルクヴィスト, パール　1891生。スウェーデンの小説家, 詩人, 劇作家。1974没。
高橋俊乗　たかはししゅんじょう　1892生。大正時代, 昭和時代の教育学者。1948没。
池田克　いけだかつ　1893生。大正時代, 昭和時代の裁判官。司法官僚, 最高裁判事。1977没。
山口玲煕　やまぐちれいき　1894生。大正時代, 昭和時代の日本画家。1979没。
グリヴァス, ゲオルギオス　1898生。キプロスのギリシャ系民族運動指導者。1974没。
萩原恭次郎　はぎわらきょうじろう　1899生。大正時代, 昭和時代の詩人。1938没。
春木栄　はるきさかえ　1899生。昭和時代の実業家。富士写真フィルム社長。2000没。
ノイマン　1900没。ドイツの政治学者。1954没。
モリス　1901生。アメリカの哲学者。1979没。

斎藤秀雄　さいとうひでお　1902生。昭和時代の指揮者, 音楽教育者, チェリスト。桐朋学園大学学長。1974没。
サトウ・ハチロー　1903生。大正時代, 昭和時代の詩人, 児童文学作家。1973没。
滝口武士　たきぐちたけし　1904生。大正時代, 昭和時代の詩人。1982没。
鈴木竹雄　すずきたけお　1905生。昭和時代, 平成時代の商法学者弁護士。東京大学教授。1995没。
宮本三郎　みやもとさぶろう　1905生。昭和時代の洋画家。金沢美術工芸大学教授, 日本美術家連盟理事長。1974没。
影山光洋　かげやまこうよう　1907生。昭和時代の写真家。1981没。
新内志賀大掾　しんないしがのだいじょう　1907生。昭和時代, 平成時代の新内節太夫。新内研進派家元。1996没。
バーディーン, ジョン　1908生。アメリカの物理学者。1991没。
クライン, フランツ　1910生。アメリカの画家。1962没。
ショー, アーティー　1910生。アメリカのダンス・バンド指揮者, クラリネット奏者。2004没。
豊増昇　とよますのぼる　1912生。昭和時代のピアニスト。東京音楽学校教授。1975没。
フランセ, ジャン　1912生。フランスの作曲家。1997没。
阪倉篤義　さかくらあつよし　1917生。昭和時代, 平成時代の国語学者。新村出記念財団理事長, 京都大学教授。1994没。
相良亨　さがらとおる　1921生。昭和時代, 平成時代の倫理学者。東京大学教授, 共立女子大学教授。2000没。
高橋治　たかはしおさむ　1929生。昭和時代, 平成時代の小説家, 映画監督。
ガルシア, アラン　1949生。ペルーの政治家。
根本要　ねもとかなめ　1957生。昭和時代, 平成時代のミュージシャン。
西川峰子　にしかわみねこ　1958生。昭和時代, 平成時代のタレント, 歌手, 女優。
バリチェロ, ルーベンス　1972生。ブラジルのF1ドライバー。
阿武教子　あんののりこ　1976生。平成時代の元・柔道選手。

5月23日

5月24日

○記念日○　ゴルフ場記念日
○忌　日○　らいてう忌
　　　　　　蝉丸忌

冷泉天皇　れいぜいてんのう　950生。平安時代中期の第63代の天皇。1011没。
千葉常胤　ちばつねたね　1118生。平安時代後期,鎌倉時代前期の御家人。1201没。
君仁親王　きみひとしんのう　1125生。平安時代後期の鳥羽天皇の第3皇子。1143没。
安禅寺宮　あんぜんじのみや　1476生。戦国時代の女性。後土御門天皇の第3皇女。1497没。
ポントルモ, ヤコボ・ダ　1494生。イタリアの画家。1557没。
ジューエル, ジョン　1522生。英国教会の聖職,ソールズベリ主教。1571没。
パスクアル・バイロン　1540生。スペイン出身のフランシスコ会修道士, 聖人。1592没。
ギルバート, ウィリアム　1544生。イギリスの医者,物理学者。1603没。
カルプツォフ, ベーネディクト　1595生。ドイツの刑法学者。1666没。
荒木田盛徴　あらきだもりずみ　1596生。江戸時代前期の国学者, 伊勢内宮の祠官。1663没。
ローダーデイル, ジョン・メイトランド, 公爵　1616生。イギリスの政治家, スコットランド貴族の出身。1682没。
ヴァウヴェルマン, フィリップス　1619生。オランダの風景, 風俗, 動物画家。1668没。
メイヨー, ジョン　1640生。イギリスの医者,化学者。1679没。
徳川綱重　とくがわつなしげ　1644生。江戸時代前期の大名。1678没。
津軽信寿　つがるのぶひさ　1669生。江戸時代中期の大名。1746没。
ファーレンハイト, ガブリエル・ダニエル　1686生。ドイツの物理学者。1736没。
ドンナー, ゲオルク・ラファエル　1693生。オーストリアの彫刻家。1741没。
ツィーテン　1699生。プロシアの軍人。1786没。
田村村顕　たむらむらあき　1707生。江戸時代中期の大名。1755没。

マラー, ジャン・ポール　1743生。フランス革命の指導者の一人。1793没。
関元洲　せきげんしゅう　1753生。江戸時代中期,後期の尾張藩士, 儒学者。1806没。
ショーメット　1763生。フランスの革命家。1794没。
河合寸翁　かわいすんおう　1767生。江戸時代中期,後期の播磨姫路藩家老。1841没。
治五右衛門(9代目)　じごえもん　1787生。江戸時代後期の漆工。1859没。
ヒューエル, ウィリアム　1794生。イギリスの哲学者。1866没。
種子女王　たねこじょおう　1810生。江戸時代後期,末期の女性。伏見宮貞敬親王第6王女。1863没。
ロイツェ, エマニュエル(・ゴットリーブ)　1816生。ドイツ生まれのアメリカの画家。1868没。
ヴィクトリア　1819生。イギリスの女王。1901没。
枝吉経種　えだよしつねたね　1822生。江戸時代末期の志士, 肥前佐賀藩校弘道館教諭。1862没。
工藤剛太郎　くどうごうたろう　1833生。江戸時代末期の武将。1868没。
マカートニー　1833生。清末の中国官界で活動したスコットランド人。1906没。
甲斐大蔵　かいおおくら　1838生。江戸時代末期の志士。1864没。
ラバント　1838生。ドイツの法学者。1918没。
アレクセーエフ　1843生。ロシアの軍人, 提督。1909没。
徳川家茂　とくがわいえもち　1846(閏5月)生。江戸時代末期の江戸幕府第14代の将軍。1866没。
カニンガム・グレアム, ロバート・ボンタイン　1852生。スペイン系イギリス人の物語作家,歴史家。1936没。
ハッドン, アルフレッド・コート　1855生。イギリスの人類学者。1940没。

ピネロー, アーサー　1855生。イギリスの劇作家。1934没。
カッテル　1860生。アメリカの心理学者。1944没。
湯川寛吉　ゆかわかんきち　1868生。明治時代-昭和時代の実業家。貴族院議員。1931没。
カストロ, エウジェニオ・デ　1869生。ポルトガルの人。1944没。
カルドーゾ, ベンジャミン(・ネイサン)　1870生。アメリカの法律学者。1938没。
スマッツ, ヤン・クリスティアーン　1870生。南アフリカの政治家, 軍人。1950没。
喜田貞吉　きたさだきち　1871生。明治時代, 大正時代の歴史学者。文学博士, 京都帝国大学教授。1939没。
田村虎蔵　たむらとらぞう　1873生。明治時代, 大正時代の作曲家, 教育家。1943没。
水野広徳　みずのひろのり　1875生。明治時代-昭和時代の軍人, 軍事評論家。1945没。
結城豊太郎　ゆうきとよたろう　1877生。大正時代, 昭和時代の財政家。大蔵大臣, 日本銀行総裁。1951没。
フォズディク, ハリ・エスマン　1878生。アメリカのプロテスタント神学者。1969没。
鈴木為次郎　すずきためじろう　1883生。明治時代-昭和時代の囲碁棋士。1960没。
オーダム　1884生。アメリカの社会学者。1954没。
ハル, クラーク　1884生。アメリカの心理学者。1952没。
パレー, ポール　1886生。フランスの指揮者。1979没。
麻生久　あそうひさし　1891生。大正時代, 昭和時代の社会運動家, 政治家。衆議院議員, 日本労農党書記長, 社会大衆党委員長。1940没。
オールブライト, ウィリアム・フォックスウェル　1891生。アメリカの考古学者, 聖書研究者。1971没。
花柳章太郎　はなやぎしょうたろう　1894生。大正時代, 昭和時代の俳優。1965没。
ミショー, アンリ　1899生。フランスの詩人。1984没。
デ・フィリッポ, エドゥアルド　1900生。イタリアの俳優, 劇作家。1984没。
宋影　そうえい　1903生。北朝鮮の劇作家, 小説家。1979没。
南部忠平　なんぶちゅうへい　1904生。昭和時代, 平成時代の陸上競技選手, 教育者。1997没。
ショーロホフ, ミハイル　1905生。ソ連の作家。1984没。
ヘス, ハリー・ハモンド　1906生。アメリカの地質学者, 地球物理学者。1969没。
フェアバンク, ジョン・K(キング)　1907生。アメリカの歴史家, 中国研究者。1991没。
ミルズ, ウィルバー(・デイ)　1909生。アメリカの政治家。1992没。
島田賢一　しまだけんいち　1910生。昭和時代の実業家。日本窒素肥料社長。1978没。
栗原一登　くりはらかずと　1911生。昭和時代, 平成時代の児童劇作家, 演出家。1994没。
ネ・ウィン　1911生。ミャンマーの政治家, 軍人。2002没。
谷勝馬　たにかつま　1919生。昭和時代, 平成時代の実業家。ティアック社長。1994没。
藤間紫　ふじまむらさき　1923生。昭和時代, 平成時代の日本舞踊家, 女優。
小堺昭三　こさかいしょうぞう　1928生。昭和時代, 平成時代の小説家。1995没。
加藤武　かとうたけし　1929生。昭和時代, 平成時代の俳優。
ブロツキー, ヨシフ・アレクサンドロヴィチ　1940生。ロシアの詩人。1996没。
ディラン, ボブ　1941生。アメリカのシンガー・ソングライター。
小沢一郎　おざわいちろう　1942生。昭和時代, 平成時代の民主党代表, 衆院議員。元・自由党党首。
田村亮　たむらりょう　1946生。昭和時代, 平成時代の俳優。
加藤英司　かとうひでじ　1948生。昭和時代, 平成時代の元・プロ野球選手。
カスタニェーダ, ホルヘ　1953生。メキシコの政治学者, コラムニスト。
哀川翔　あいかわしょう　1961生。昭和時代, 平成時代の俳優, 歌手。
小林聡美　こばやしさとみ　1965生。昭和時代, 平成時代の女優。
汐風幸　しおかぜこう　1970生。平成時代の女優。
小林雅英　こばやしまさひで　1974生。平成時代のプロ野球選手。
河相我聞　かあいがもん　1975生。平成時代の俳優。

5月24日

5月25日

○記念日○　広辞苑記念日
　　　　　　食堂車の日

北条有時　ほうじょうありとき　1200生。鎌倉時代前期の武将。1270没。

後土御門天皇　ごつちみかどてんのう　1442生。室町時代，戦国時代の第103代の天皇。1500没。

守矢頼実　もりやよりざね　1505生。戦国時代，安土桃山時代の信濃国諏訪大社上社神長官。1597没。

カミルス　1550生。カミロ会の創設者，聖人。1614没。

小笠原長次　おがさわらながつぐ　1615生。江戸時代前期の大名。1666没。

ドルチ，カルロ　1616生。イタリアの画家。1686没。

霊元天皇　れいげんてんのう　1654生。江戸時代前期，中期の第112代の天皇。1732没。

ビュート，ジョン・スチュアート，3代伯爵　1713生。イギリスの首相。1792没。

中山愛親　なかやまなるちか　1741生。江戸時代中期，後期の公家。1814没。

会沢正志斎　あいざわせいしさい　1782生。江戸時代後期の儒学者，水戸藩士。1863没。

近藤芳樹　こんどうよしき　1801生。江戸時代，明治時代の国学者。1880没。

伊達千広　だてちひろ　1802生。江戸時代，明治時代の歌人。1877没。

エマソン，ラルフ・ウォルドー　1803生。アメリカの詩人，哲学者。1882没。

ブルワー・リットン，エドワード　1803生。イギリスの小説家，劇作家。1873没。

竹川竹斎　たけがわちくさい　1809生。江戸時代，明治時代の商人。1882没。

松尾多勢子　まつおたせこ　1811生。江戸時代，明治時代の勤王家。1894没。

白神新一郎（初代）　しらがしんいちろう　1818生。江戸時代，明治時代の布教者。1882没。

ブルクハルト，ヤーコプ　1818生。スイスの歴史家，美術研究家。1897没。

鈴木久太夫　すずききゅうだゆう　1829生。江戸時代，明治時代の篤農家。1891没。

オジェシュコヴァ，エリザ　1841生。ポーランドの女流作家。1910没。

フラシャリ，ナイム　1846生。アルバニアの詩人。1900没。

モルトケ，ヘルムート・フォン　1848生。プロシア，ドイツの軍人。1916没。

諏訪蘇山（初代）　すわざん　1852生。明治時代，大正時代の陶工。1922没。

西村総左衛門　にしむらそうぞえもん　1855生。明治時代–昭和時代の染織家。1935没。

山下りん　やましたりん　1857生。明治時代–昭和時代の聖像（イコン）画家。1939没。

リッケルト，ハインリヒ　1863生。ドイツの哲学者，新カント学派の西南ドイツ学派（バーデン学派）の代表者。1936没。

ゼーマン，ピーテル　1865生。オランダの物理学者。1943没。

モット，ジョン・ローリ　1865生。アメリカのキリスト教伝道者，慈善運動家。1955没。

福田雅太郎　ふくだまさたろう　1866生。明治時代，大正時代の陸軍軍人。1932没。

石井亮一　いしいりょういち　1867生。明治時代–昭和時代の社会事業家。東京府児童研究所所長。1937没。

今井嘉幸　いまいよしゆき　1878生。大正時代，昭和時代の弁護士，政治家。衆議院議員，東京地裁判事。1951没。

川島義之　かわしまよしゆき　1878生。明治時代–昭和時代の陸軍軍人。大将。1945没。

ゲーデ　1878生。ドイツの実験物理学者。1945没。

ビーヴァーブルック（ビーヴァーブルックとチャークリーの），マックス・エイトケン，男爵　1879生。イギリスの政治家，新聞経営者。1964没。

ブロック，ジャン–リシャール　1884生。フランスの小説家，劇作家，評論家。1947没。

平野万里　ひらのばんり　1885生。明治時代–昭和時代の歌人。1947没。

マレー　1886生。アメリカの労働運動指導者。1952没。

ヴァール, ジャン　1888生。フランスの哲学者。1974没。
月輪賢隆　つきのわけんりゅう　1888生。大正時代, 昭和時代の僧侶, 仏教学者。高野山大学教授, 竜谷大学教授。1969没。
シコルスキー, イーゴリ　1889生。ロシア生まれのアメリカの航空技術者。1972没。
モーザー, ハンス・ヨアヒム　1889生。ドイツの音楽学者。1967没。
吉田三郎　よしださぶろう　1889生。明治時代–昭和時代の彫刻家。1962没。
チトー, ヨシップ・ブロズ　1892生。ユーゴスラビアの大統領。1980没。
高折宮次　たかおりみやじ　1893生。大正時代, 昭和時代のピアニスト。北海道大学教授, 洗足学園大学教授。1963没。
浜田広介　はまだひろすけ　1893生。大正時代, 昭和時代の児童文学作家。日本児童文芸家協会初代理事長。1973没。
塩田良平　しおだりょうへい　1899生。昭和時代の国文学者, 随筆家。日本近代文学館理事長, 二松学舎大学学長。1971没。
佐々木更三　ささきこうぞう　1900生。昭和時代の政治家。衆議院議員, 日本社会党委員長。1985没。
朝田善之助　あさだぜんのすけ　1902生。大正時代, 昭和時代の部落解放運動家。1983没。
横溝正史　よこみぞせいし　1902生。昭和時代の小説家。1981没。
佐藤美子　さとうよしこ　1903生。昭和時代の声楽家。創作オペラ協会会長。1982没。
田村実造　たむらじつぞう　1904生。昭和時代, 平成時代の東洋史学者。京都大学教授, 京都女子大学教授。1999没。
トーマス, クルト　1904生。ドイツの指揮者, 作曲家。1973没。
郷田悳　ごうだとく　1905生。昭和時代の劇作家, 演出家。1966没。
角田喜久雄　つのだきくお　1906生。昭和時代の小説家。1994没。
村上朝一　むらかみともかず　1906生。昭和時代の司法官。最高裁長官（第6代）。1987没。
ウー・ヌ　1907生。ビルマの政治家。1995没。
根本竜太郎　ねもとりゅうたろう　1907生。昭和時代の官僚, 政治家。1990没。
牧島象二　まきしましょうじ　1907生。昭和時代の応用化学者。東京大学教授。2000没。

レトキ, シオドア　1908生。アメリカの詩人。1963没。
沼田稲次郎　ぬまたいねじろう　1914生。昭和時代, 平成時代の法学者。東京学芸大学教授, 東京都立大学総長。1997没。
ミュンヒンガー, カール　1915生。ドイツの指揮者。1990没。
白崎秀雄　しらさきひでお　1920生。昭和時代, 平成時代の小説家, 美術評論家。1993没。
知念栄喜　ちねんえいき　1920生。昭和時代, 平成時代の詩人。2005没。
ベルリンゲル, エンリコ　1922生。イタリアの政治家。1984没。
デーヴィス, マイルズ　1926生。アメリカのジャズ・トランペット奏者。1991没。
リキエル, ソニア　1930生。フランスのファッションデザイナー。
マッケラン, イアン　1939生。イギリスの俳優, 舞台監督。
荒木経惟　あらきのぶよし　1940生。昭和時代, 平成時代の写真家。
西木正明　にしきまさあき　1940生。昭和時代, 平成時代の小説家, ノンフィクション作家。
ウォロニン, ウラジーミル　1941生。モルドバの政治家。
小倉智昭　おぐらともあき　1947生。昭和時代, 平成時代のタレント, 司会。
中原俊　なかはらしゅん　1951生。昭和時代, 平成時代の映画監督。
ストヤノフ, ペータル　1952生。ブルガリアの政治家。
江川卓　えがわすぐる　1955生。昭和時代, 平成時代の野球評論家, 元・プロ野球選手。
桂小枝　かつらこえだ　1955生。昭和時代, 平成時代の落語家, タレント。
マイヤーズ, マイク　1963生。カナダの俳優, コメディアン。
石田ひかり　いしだひかり　1972生。平成時代の女優。
上野樹里　うえのじゅり　1986生。平成時代の女優。

登場人物
グーフィー　1932生。ディズニーのキャラクター。

5月25日

5月26日

○記念日○　ラッキーゾーンの日
○忌　日○　頼政忌

クレメンス7世　1478生。教皇（在位1523〜34）。1534没。
シャンペーニュ, フィリップ・ド　1602生。フランスの画家。1674没。
ペティ, サー・ウィリアム　1623生。イギリスの経済学者, 統計学者。1687没。
アマーティ, ジローラモ2世　1649生。イタリア・クレモナの弦楽器製作家。1740没。
マールバラ, ジョン・チャーチル, 初代公爵　1650生。イギリスの軍人。1722没。
ド・モワヴル, アブラアム　1667生。イギリスの数学者。1754没。
理豊女王　りほうにょおう　1672生。江戸時代中期の後西天皇の第11皇女。1745没。
モンタギュー, メアリー　1689生。イギリスの女流作家。1762没。
ツィンツェンドルフ, ニコラウス・ルートヴィヒ・フォン　1700生。ドイツの宗教指導者。1760没。
桂川甫三　かつらがわほさん　1730生。江戸時代中期の幕府医師。1783没。
中井履軒　なかいりけん　1732生。江戸時代中期, 後期の儒学者。1817没。
一柳頼寿　ひとつやなぎよりかず　1733生。江戸時代中期の大名。1784没。
エドワーズ, ジョナサン　1745生。アメリカのプロテスタント神学者。1801没。
蠣崎波響　かきざきはきょう　1764生。江戸時代中期, 後期の画家。1826没。
ストーントン　1781生。イギリスの東インド会社員。1859没。
コーピッシュ　1799生。ドイツの画家, 詩人。1853没。
プーシキン, アレクサンドル・セルゲーヴィチ　1799生。ロシアの詩人。1837没。
ガイスラー, ハインリヒ　1814生。ドイツの機械技師。1879没。
チェブイショフ, パフヌチー・リヴォヴィチ　1821生。ロシアの数学者。1894没。
ゴンクール, エドモン　1822生。フランスの作家。1896没。

頼三樹三郎　らいみきさぶろう　1825生。江戸時代末期の儒学者, 志士。1859没。
キャリントン, リチャード・クリストファー　1826生。イギリスの天文学者。1875没。
オズーフ, ピエール-マリー　1829生。フランスのパリ外国宣教会宣教師。1906没。
松井康直　まついやすなお　1830生。江戸時代末期, 明治時代の大名, 老中。1904没。
ゴドウィン, エドワード・ウィリアム　1833生。イギリスの建築家。1886没。
ローブリング　1837生。アメリカの土木技師。1926没。
ヘルコマー, サー・ヒューバート・フォン　1849生。ドイツ生まれのイギリスの画家。1914没。
三井高保　みついたかやす　1850生。江戸時代-大正時代の実業家。三井銀行社長。1922没。
シュマルゾー, アウグスト　1853生。ドイツの美術史学者。1936没。
マシューズ, シェイラー　1863生。アメリカの教育家, 神学者。1941没。
ラングロア　1863生。フランスの歴史家。1929没。
ヴィエレ-グリファン, フランシス　1864生。フランスの詩人。1937没。
ファルマン, アンリ　1874生。フランスの飛行家, 飛行機製造家。1958没。
ヤーキズ　1876生。アメリカの心理学者。1956没。
荒木貞夫　あらきさだお　1877生。大正時代, 昭和時代の政治家。陸軍大臣, 文部大臣。1966没。
シュランベルジェ, ジャン　1877生。フランスの小説家, 随筆家。1968没。
デコブラ　1885生。フランスの作家。1973没。
バチ, ガストン　1885生。フランスの演出家。1952没。
牧野良三　まきのりょうぞう　1885生。大正時代, 昭和時代の政治家。法相, 衆議院議員。

1961没。
牛込ちゑ　うしごめちゑ　1886生。昭和時代，平成時代の教育者。昭和女子大学教授。1975没。
生田蝶介　いくたちょうすけ　1889生。明治時代-昭和時代の歌人，小説家。1976没。
ハレツキ　1891生。ポーランドの歴史家。1973没。
グーセンス，サー・ユージェーヌ　1893生。イギリスの管絃楽指揮者，作曲家。1962没。
谷川徹三　たにかわてつぞう　1895生。昭和時代の哲学者，文芸・美術評論家。「婦人公論」主幹，法政大学総長。1989没。
滝川政次郎　たきかわまさじろう　1897生。昭和時代の弁護士，法制史学者。国学院大学教授，近畿大学教授。1992没。
ネズヴァル，ヴィーチェスラフ　1900生。チェコの詩人。1958没。
藤原道子　ふじわらみちこ　1900生。昭和時代の婦人運動家，政治家。参議院議員。1983没。
湯木貞一　ゆきていいち　1901生。昭和時代，平成時代の料理人。吉兆創業者，湯木美術館館長。1997没。
ペルルミュテール，ヴラド　1904生。フランスのピアニスト。2002没。
ホープ，ボブ　1904生。アメリカの喜劇俳優。2003没。
加藤楸邨　かとうしゅうそん　1905生。昭和時代，平成時代の俳人。「寒雷」主宰，青山学院女子短期大学教授。1993没。
フォーンビー，ジョージ　1905生。イギリスのコメディアン。1961没。
ウェイン，ジョン　1907生。アメリカの俳優。1979没。
アルブーゾフ，アレクセイ・ニコラエヴィチ　1908生。ソ連の劇作家。1986没。
フレミング，イアン　1908生。イギリスのスパイ小説家。1964没。
三坂耿一郎　みさかこういちろう　1908生。昭和時代，平成時代の彫刻家。日展顧問。1995没。
モーリー，ロバート　1908生。イギリスの俳優。1992没。
ロックフェラー，ローランス・S．　1910生。アメリカの実業家。2004没。

ロペス・マテオス　1910生。メキシコの政治家，大統領。1969没。
渡辺慧　わたなべさとし　1910生。昭和時代，平成時代の物理学者。ハワイ大学教授，国際時間学会会長。1993没。
カーダール，ヤーノシュ　1912生。ハンガリーの首相，第一書記。1989没。
ダニノス，ピエール　1913生。フランスのユーモア作家，ジャーナリスト。2005没。
リー，ペギー　1920生。アメリカのジャズ歌手，作詞・作曲家。2002没。
住田正二　すみたしょうじ　1922生。昭和時代，平成時代の官僚，経営者。
玉城徹　たまきとおる　1924生。昭和時代，平成時代の歌人，詩人。
遠山一　とおやまはじめ　1930生。昭和時代，平成時代の歌手（ダーク・ダックス）。
砂田弘　すなだひろし　1933生。昭和時代，平成時代の児童文学者。
東海林のり子　しょうじのりこ　1934生。昭和時代，平成時代のテレビリポーター，キャスター。
四方洋　しかたひろし　1935生。昭和時代，平成時代のジャーナリスト。
加藤一彦　かとうかずひこ　1937生。昭和時代，平成時代の漫画家（モンキーパンチ）。
メンギスツ・ハイレ・マリアム　1937生。エチオピアの政治家，軍人。
黛ジュン　まゆずみじゅん　1948生。昭和時代，平成時代の歌手。
トミーズ健　とみーずけん　1959生。昭和時代，平成時代の漫才師。
クラビッツ，レニー　1964生。アメリカのミュージシャン。
ボナム・カーター，ヘレナ　1966生。イギリスの女優。
TAKURO　たくろう　1971生。平成時代のギタリスト。
つるの剛士　つるのたけし　1975生。平成時代の俳優。
ヒル，ローリン　1975生。アメリカの歌手，女優。
伊東美咲　いとうみさき　1977生。平成時代の女優。

5月26日

5月27日

○記念日○　百人一首の日

亀山天皇　かめやまてんのう　1249生。鎌倉時代後期の第90代の天皇。1305没。

九条師教　くじょうもろのり　1273生。鎌倉時代後期の公卿。1320没。

イブン・ハルドゥーン，アブドゥル・ラフマーン　1332生。アラビアの歴史学者。1406没。

アーデルマン，ベルンハルト　1459生。ドイツの人文主義学者，宗教改革の支持者。1523没。

メイ　1519生。イタリアの人文主義者，音楽理論家。1594没。

清閑寺共房　せいかんじともふさ　1589生。江戸時代前期の公家。1661没。

貞致親王　さだゆきしんのう　1632生。江戸時代前期の伏見宮邦尚親王の第1王子。1694没。

シャルロッテ・エリザベト　1652生。フランス王ルイ14世の弟，オルレアン公フィリップの妃。1722没。

前田利興　まえだとしおき　1678生。江戸時代中期の大名。1733没。

伊達宗村　だてむねむら　1718生。江戸時代中期の大名。1756没。

本庄道倫　ほんじょうみちとも　1720生。江戸時代中期の大名。1756没。

ボーフォート，サー・フランシス　1774生。イギリスの海軍人，気象学者，海洋学者。1857没。

北村季文　きたむらきぶん　1778生。江戸時代後期の国学者。1850没。

林檉宇　はやしていう　1793生。江戸時代後期の幕府儒官。1846没。

ヴァンダービルト，コーニーリアス　1794生。アメリカの実業家。1877没。

チャアダーエフ，ピョートル・ヤーコヴレヴィチ　1794生。ロシアの思想家。1856没。

アレヴィ，ジャック・フロマンタル　1799生。フランスの作曲家。1862没。

パークス，サー・ヘンリー　1815生。オーストラリアの政治家。1896没。

ドンデルス　1818生。オランダの眼科医。1889没。

ブルーマー，アミーリア　1818生。アメリカの女性解放運動家。1894没。

ゲオルク5世　1819生。ハノーバー国王（在位1851～66）。1878没。

ハウ，ジュリア・ウォード　1819生。アメリカの作家，社会運動家。1910没。

ラシュリエ，ジュール　1832生。フランスの観念論哲学者。1918没。

グールド，ジェイ　1836生。アメリカの企業家。1892没。

クラムスコーイ，イヴァン・ニコラエヴィチ　1837生。ロシアの画家。1887没。

ニルソン，ラルス・フレデリック　1840生。スウェーデンの化学者。1899没。

クルティウス，テオドール　1857生。ドイツの化学者。1928没。

シャルク，フランツ　1863生。オーストリアの指揮者。1931没。

今村恵猛　いまむらえみょう　1867生。明治時代，大正時代の宗教家。1932没。

河合新蔵　かわいしんぞう　1867生。明治時代－昭和時代の洋画家。関西美術院教授。1936没。

ベネット，アーノルド　1867生。イギリスの小説家。1931没。

広瀬武夫　ひろせたけお　1868生。明治時代の海軍軍人。1904没。

ルオー，ジョルジュ　1871生。フランスの画家。1958没。

綱島梁川　つなしまりょうせん　1873生。明治時代の宗教思想家，評論家。1907没。

ダンカン，イサドラ　1878生。アメリカの舞踊家。1927没。

ビューラー　1879生。ドイツ，オーストリア，アメリカの心理学者。1963没。

グルー　1880生。アメリカの外交官。1965没。

パンヴィッツ，ルードルフ　1881生。ドイツの詩人，思想家。1969没。

ウティッツ　1883生。ドイツの美学者。1956没。

オストワルト　1883生。ドイツのコロイド学者。1943没。
ブロート,マックス　1884生。オーストリア系イスラエルの作家,評論家。1968没。
松本昇　まつもとのぼる　1886生。大正時代,昭和時代の経営者,政治家。資生堂社長,参院議員。1954没。
ファヤンス,カシミル　1887生。アメリカ(ポーランド生まれ)の化学者。1975没。
丸山千代　まるやまちよ　1887生。大正時代,昭和時代の福祉活動家。1967没。
デュレ,ルイ　1888生。フランスの作曲家。1979没。
山本一清　やまもといっせい　1889生。大正時代,昭和時代の天文学者。1959没。
劉復　りゅうふく　1891生。中国の言語学者,民俗学者,文学者。1934没。
沢田正二郎　さわだしょうじろう　1892生。明治時代,大正時代の俳優。1929没。
セリーヌ,ルイ・フェルディナン　1894生。フランスの小説家。1961没。
ハメット,ダシール　1894生。アメリカの推理小説作家。1961没。
谷川昇　たにかわのぼる　1896生。昭和時代の官僚,政治家。衆議院議員。1955没。
コッククロフト,サー・ジョン・ダグラス　1897生。イギリスの実験物理学者。1967没。
ポルトマン　1897生。スイスの動物学者。1982没。
トルナイ,カーロイ　1899生。ハンガリー出身の美術史家。1981没。
エルヴィエム,コンラッド・アーノルド　1901生。アメリカの生化学者。1962没。
森諦円　もりたいえん　1901生。明治時代–昭和時代の真言宗僧侶。大僧正,仁和寺最高顧問,種智院大学教授。1990没。
バンヴェニスト,エミール　1902生。フランスの言語学者。1976没。
カーソン,レイチェル　1907生。アメリカの海洋生物学者,作家。1064没。
坪井善勝　つぼいよしかつ　1907生。昭和時代の建築構造学者。東京大学教授,東北大学教授。1990没。
小堀杏奴　こぼりあんぬ　1909生。昭和時代の随筆家,小説家。1998没。
ハンフリー,ヒューバート・ホレイシオ　1911生。アメリカの政治家,副大統領。1978没。

池田克己　いけだかつみ　1912生。昭和時代の詩人。1953没。
スニード,サム　1912生。アメリカのプロゴルファー。2002没。
チーヴァー,ジョン　1912生。アメリカの小説家。1982没。
ヴォルス　1913生。ベルリン生まれのパリ派の画家。1951没。
片岡吉雄　かたおかよしお　1916生。昭和時代,平成時代の能楽師(森田流笛方)。2000没。
中尾進　なかおすすむ　1916生。昭和時代の洋画家。1971没。
中曽根康弘　なかそねやすひろ　1918生。昭和時代,平成時代の政治家。
村上信夫　むらかみのぶお　1921生。昭和時代,平成時代の料理人。2005没。
キーズ,シドニー　1922生。イギリスの詩人。1943没。
キッシンジャー,ヘンリー　1923生。アメリカの政治家,政治学者。
真田重蔵　さなだじゅうぞう　1923生。昭和時代のプロ野球選手。1994没。
ルシンチ,ハイメ　1924生。ベネズエラの政治家。
内藤国夫　ないとうくにお　1937生。昭和時代,平成時代のジャーナリスト,評論家。1999没。
植田まさし　うえだまさし　1947生。昭和時代,平成時代の漫画家。
内藤剛志　ないとうたかし　1955生。昭和時代,平成時代の俳優。
いっこく堂　いっこくどう　1963生。昭和時代,平成時代の腹話術師,俳優。
ファインズ,ジョセフ　1970生。イギリスの俳優。
堀内敬子　ほりうちけいこ　1971生。平成時代の女優。
オリバー,ジェイミー　1975生。イギリスの料理人。
山根良顕　やまねよしあき　1976生。平成時代のコメディアン。
柳沢敦　やなぎさわあつし　1977生。平成時代のサッカー選手。
小向美奈子　こむかいみなこ　1985生。平成時代のタレント。

5月27日

5月28日

○記念日○　ゴルフ記念日
　　　　　　国際アムネスティ記念日
○忌　日○　業平忌
　　　　　　辰雄忌

崇徳天皇　すとくてんのう　1119生。平安時代後期の第75代の天皇。1164没。
通仁親王　みちひとしんのう　1124生。平安時代後期の鳥羽天皇の第2皇子。1129没。
北条時輔　ほうじょうときすけ　1248生。鎌倉時代前期の六波羅探題。1272没。
雅尊親王　まさたかしんのう　1254（閏5月）生。鎌倉時代前期の後嵯峨天皇の皇子。1256没。
ジャン　1371生。フランスの百年戦争中のブルゴーニュ公（在位1404～19）。1419没。
プロディ，レモン　1435生。フランス出身の枢機卿。1505没。
ノース，トマス　1535生。イギリスの翻訳家。1603没。
堀杏庵　ほりきょうあん　1585生。江戸時代前期の尾張藩士，安芸広島藩士，儒学者。1643没。
顧炎武　こえんぶ　1613生。中国，明末清初の学者。1682没。
長沼宗敬　ながぬまむねよし　1635生。江戸時代前期の兵学者。1690没。
ウィチャリー，ウィリアム　1641生。イギリスの劇作家。1715没。
ジョージ1世　1660生。イギリス，ハノーバー朝初代国王（在位1714～27）。1727没。
蜂須賀綱矩　はちすかつなのり　1661生。江戸時代中期の大名。1730没。
リッカティ，ヤコポ　1676生。イタリアの数学者。1754没。
並河天民　なみかわてんみん　1679生。江戸時代中期の儒学者。1718没。
アーン，トマス・オーガスティン　1710生。イギリスの作曲家。1778没。
松平宗衍　まつだいらむねのぶ　1729生。江戸時代中期の大名。1782没。
ケレルマン　1735生。フランスの将軍。1820没。
ギヨタン，ジョゼフ・イニャス　1738生。フランスの医者，政治家。1814没。

ピット，ウィリアム　1759生。イギリスの首相。通称"小ピット"。1806没。
ボアルネ，アレクサンドル，子爵　1760生。フランスの貴族。1794没。
バルディーリ　1761生。ドイツの哲学者。1808没。
リヴィングストン　1764生。アメリカの法律家，政治家。1836没。
勘解由小路資善　かでのこうじすけよし　1778生。江戸時代後期の公家。1848没。
ムア，トマス　1779生。アイルランド生まれの詩人。1852没。
奥劣斎　おくれっさい　1780生。江戸時代後期の産科医。1835没。
インゲマン，ベアンハート・セヴェリン　1789生。デンマークの詩人。1862没。
孝仁親王　たつひとしんのう　1792生。江戸時代後期の閑院宮美仁親王の第1王子。1824没。
池田長溥　いけだながひろ　1803生。江戸時代末期の幕府大目付。1853没。
今尾清香　いまおきよか　1805生。江戸時代，明治時代の国学者。1873没。
アガシ，ルイ　1807生。アメリカの地質学者，動物学者。1873没。
林孚一　はやしふいち　1811生。江戸時代，明治時代の勤王志士。1892没。
鈴木百年　すずきひゃくねん　1825生。江戸時代，明治時代の日本画家。1891没。
桂久武　かつらひさたけ　1830生。江戸時代，明治時代の鹿児島藩士。都城県参事。1877没。
カプアーナ，ルイージ　1839生。イタリアの小説家，評論家。1915没。
物集高見　もずめたかみ　1847生。明治時代，大正時代の国学者。1928没。
三遊亭円遊(初代)　さんゆうていえんゆう　1850生。明治時代の落語家。初代。1907没。
メイトランド，フレドリク・ウィリアム　1850生。イギリスの法史学者，歴史家。1906没。

岩下清周　いわしたせいしゅう　1857生。明治時代、大正時代の実業家、政治家。衆議院議員、北浜銀行頭取。1928没。

フィッシャー, テオドル　1862生。ドイツの建築家。1938没。

アドラー　1863生。ドイツの社会経済学者、社会主義史家。1908没。

スモルコフスキー　1872生。ポーランドの物理化学者。1917没。

志田順　しだとし　1876生。明治時代–昭和時代の地球物理学者。1936没。

ペリオ, ポール　1878生。フランスの東洋学者。1945没。

タリヒ, ヴァーツラフ　1883生。チェコスロヴァキアの指揮者。1961没。

ベネシュ, エドヴァルト　1884生。チェコスロバキアの首相、大統領。1948没。

伊沢ヱイ　いざわえい　1885生。大正時代、昭和時代の体育指導者。東京女子体育短期大学校長。1965没。

ソープ, ジム　1887生。アメリカの大リーグ選手、プロフットボール選手、陸上選手。1953没。

柳亜子　りゅうあし　1887生。中国の革命的詩人。1958没。

吉井義次　よしいよしじ　1888生。大正時代、昭和時代の植物学者。東北大学教授、日本生態学会会長。1977没。

若山喜志子　わかやまきしこ　1888生。明治時代–昭和時代の歌人。1968没。

北沢敬二郎　きたざわけいじろう　1889生。大正時代、昭和時代の実業家。大丸百貨店社長、大阪日米協会会長。1970没。

山本宣治　やまもとせんじ　1889生。大正時代、昭和時代の生物学者、政治家。京都労働学校長。1929没。

西岡竹次郎　にしおかたけじろう　1890生。大正時代、昭和時代の政治家、新聞人。衆議院議員。1958没。

菊田多利男　きくんたりお　1893生。昭和時代の金属学者。日立化成工業社長、日立製作所日立中央研究所長。1963没。

加藤謙一　かとうけんいち　1896生。大正時代、昭和時代の編集者。「少年倶楽部」編集長。1975没。

荻野一　おぎのはじめ　1898生。昭和時代の実業家。山陽特殊製鋼社長。1981没。

服部正次　はっとりしょうじ　1900生。昭和時代の実業家。服部時計店(のち服部セイコー)社長、日本時計協会理事長。1974没。

阿部定　あべさだ　1905生。昭和時代の阿部定事件の犯人。?没。

浜井信三　はまいしんぞう　1905生。昭和時代の政治家。広島市長。1968没。

沖ツ海福雄　おきつうみふくお　1910生。昭和時代の力士。関脇。1933没。

ホワイト, パトリック　1912生。オーストラリアの小説家。1990没。

猪飼道夫　いかいみちお　1913生。昭和時代の生理学者。東京大学教授。1972没。

シュナイダーハン, ヴォルフガング　1915生。オーストリアのバイオリニスト。2002没。

パーシー, ウォーカー　1916生。アメリカの作家。1990没。

山田典吾　やまだてんご　1916生。昭和時代、平成時代の映画プロデューサー、監督。現代ぷろだくしょん会長。1998没。

黒井千次　くろいせんじ　1932生。昭和時代、平成時代の小説家。

立花隆　たちばなたかし　1940生。昭和時代、平成時代のノンフィクション作家、評論家。

大石芳野　おおいしよしの　1944生。昭和時代、平成時代の写真家。

ジュリアーニ, ルドルフ　1944生。アメリカの実業家、政治家、法律家。

喜多嶋洋子　きたじまようこ　1950生。昭和時代、平成時代の女優、作家。

杉本章子　すぎもとあきこ　1953生。昭和時代、平成時代の小説家。

村上ショージ　むらかみしょーじ　1955生。昭和時代、平成時代のタレント。

水沼貴史　みずぬまたかし　1960生。昭和時代、平成時代のサッカーコーチ(横浜Fマリノス)。

辛島美登里　からしまみどり　1961生。昭和時代、平成時代のシンガーソングライター。

中尊寺ゆつこ　ちゅうそんじゆつこ　1962生。昭和時代、平成時代の漫画家。2005没。

ミノーグ, カイリー　1968生。オーストラリアの歌手、女優。

若槻千夏　わかつきちなつ　1984生。平成時代のタレント。

黒木メイサ　くろきめいさ　1988生。平成時代の女優。

5月28日

5月29日

○記念日○ こんにゃくの日
　　　　　　呉服の日
○忌　日○ 晶子忌
　　　　　　青峰忌
　　　　　　多佳子忌

足利満詮　あしかがみつあき　1364生。南北朝時代,室町時代の武将。1418没。

山名持豊　やまなもちとよ　1404生。室町時代の武将。1473没。

正親町天皇　おおぎまちてんのう　1517生。戦国時代,安土桃山時代の第106代の天皇。1593没。

トトネス伯　1555生。イギリスの軍人,政治家。1629没。

覚深入道親王　かくじんにゅうどうしんのう　1588生。江戸時代前期の後陽成天皇の第1皇子。1648没。

セギエ,ピエール　1588生。フランスの行政官。1672没。

パッペンハイム　1594生。ドイツの将軍。1632没。

林鵞峰　はやしがほう　1618生。江戸時代前期の儒学者。1680没。

モンパンシエ,アンヌ・マリー・ルイーズ・ドルレアン,女公爵　1627生。ルイ13世の弟ガストン・ドルレアンの娘。1693没。

チャールズ2世　1630生。イギリス,スチュアート朝の国王(在位1660～85)。1685没。

今出川伊季　いまでがわこれすえ　1660生。江戸時代前期,中期の公家。1709没。

マールバラ　1660生。マールバラ公ジョン・チャーチルの妻。1744没。

バインケルスフーク　1673生。オランダの法律家。1743没。

ブーシャルドン,エドム　1698生。フランスの彫刻家。1762没。

多田東渓　ただとうけい　1702生。江戸時代中期の上野館林藩士,儒学者。1764没。

三条実顕　さんじょうさねあき　1708生。江戸時代中期の公家。1772没。

萩野鳩谷　はぎのきゅうこく　1717生。江戸時代中期,後期の蘭学者。1817没。

ジャクスン,ウィリアム　1730生。イギリスの音楽家。1803没。

ヘンリー,パトリック　1736生。アメリカの政治家。1799没。

マールヴィッツ　1777生。プロシアの軍人,政治家。1837没。

尚灝王　しょうこうおう　1787生。江戸時代中期,後期の琉球の国王。1834没。

バーチュシコフ,コンスタンチン・ニコラエヴィチ　1787生。ロシアの詩人。1855没。

中垣謙斎　なかがきけんさい　1805生。江戸時代,明治時代の小田原藩士。小田原藩少参事。1876没。

伊能景晴　いのうかげはる　1808生。江戸時代後期,末期,明治時代の公共事業家。1886没。

亀岡勝知　かめおかかつとも　1823生。江戸時代,明治時代の実業家。第百四十六国立銀行頭取。1890没。

ミシェル,ルイーズ　1830生。フランスの女性革命家。1905没。

モールズワース,メアリー・ルイーザ　1839生。オランダ生まれのイギリス作家。1921没。

マカルト,ハンス　1840生。オーストリアの画家。1884没。

アポニ,アルベルト・ゲオルク,伯爵　1846生。ハンガリーの政治家,伯爵。1933没。

浜岡光哲　はまおかこうてつ　1853生。明治時代,大正時代の実業家。京都商工会議所会頭,衆議院議員。1936没。

ブルース,サー・デイヴィド　1855生。イギリスの病理,細菌学者。1931没。

ヨウンソン,フィンヌル　1858生。アイスランドの言語学者。1934没。

ブールダハ　1859生。ドイツのゲルマン学者。1936没。

アルベニス,イサーク　1860生。スペインのピアニスト,作曲家。1909没。

箕作元八　みつくりげんぱち　1862生。明治時代,大正時代の西洋史学者。東京帝国大学教授。1919没。

呉沃尭　ごよくぎょう　1866生。中国，清末の小説家。1910没。

岡田朝太郎　おかだあさたろう　1868生。明治時代，大正時代の刑法学者，古川柳研究家。東京大学教授，法学博士。1936没。

ブロックドルフ・ランツァウ　1869生。ドイツの外交官。1928没。

チェスタトン，G.K.　1874生。イギリスのジャーナリスト，著作家。1936没。

ガーディナー　1879生。イギリスのエジプト学者，言語学者。1963没。

ハーマン　1879生。ドイツの美学者，美術史学者。1961没。

シュペングラー，オスヴァルト　1880生。ドイツの哲学者，文化哲学者。1936没。

野口雨情　のぐちうじょう　1882生。大正時代，昭和時代の詩人。1945没。

デュークス　1885生。イギリスの劇作家，劇評家，劇場支配人。1959没。

サーストン，ルイス・リーオン　1887生。アメリカの心理学者。1955没。

内田百閒　うちだひゃっけん　1889生。大正時代，昭和時代の小説家，随筆家。1971没。

長坂好子　ながさかよしこ　1891生。大正時代，昭和時代の声楽家。1970没。

スターンバーグ，ヨーゼフ・フォン　1894生。アメリカの映画監督。1969没。

李箕永　りきえい　1895生。北朝鮮の小説家。1984没。

カンドウ（カンドー），ソヴール　1897生。カトリックのパリ外国宣教会士。1955没。

コルンゴルト，エーリヒ・ヴォルフガング　1897生。オーストリアの作曲家。1957没。

周仏海　しゅうふつかい　1897生。中国の政治家。1948没。

青柳瑞穂　あおやぎみずほ　1899生。昭和時代のフランス文学者，詩人。1971没。

坂倉準三　さかくらじゅんぞう　1901生。昭和時代の建築家。日本建築家協会会長。1969没。

トーランド　1904生。アメリカの映画カメラマン，撮影監督。1948没。

ホワイト，T.H.　1906生。イギリスの小説家。1964没。

服部四郎　はっとりしろう　1908生。昭和時代，平成時代の言語学者。東京大学教授。1995没。

戸村一作　とむらいっさく　1909生。昭和時代の社会運動家，彫刻家。三里塚芝山連合空港反対同盟委員長。1979没。

シュバイツァー　1912生。フランスの金融専門家。1994没。

ジョンソン，パメラ・ハンスフォード　1912生。イギリスの小説家。1981没。

鈴木永二　すずきえいじ　1913生。昭和時代，平成時代の経営者。三菱化成社長，日経連会長。1994没。

宇野収　うのおさむ　1917生。昭和時代，平成時代の実業家。帝塚山学院理事長。2000没。

ケネディ，ジョン・F.　1917生。アメリカの政治家。1963没。

クセナキス，イアンニス　1922生。ギリシャ，後にフランスの作曲家，建築家。2001没。

ワッド，アブドゥラエ　1926生。セネガルの政治家，法律学者，経済学者。

佐藤勝　さとうまさる　1928生。昭和時代，平成時代の作曲家。1999没。

高野悦子　たかのえつこ　1929生。昭和時代，平成時代のエッセイスト。

芦屋雁之助　あしやがんのすけ　1931生。昭和時代，平成時代の喜劇俳優。2004没。

リッダーブッシュ，カルル　1932生。西ドイツのバス歌手。1997没。

美空ひばり　みそらひばり　1937生。昭和時代，平成時代の歌手。1989没。

大鵬幸喜　たいほうこうき　1940生。昭和時代，平成時代の大相撲年寄，元・力士（第48代横綱）。

北野大　きたのまさる　1942生。昭和時代，平成時代のコメンテーター。

バーガー，ヘルムート　1944生。オーストリア出身の俳優。

エベレット，ルパート　1960生。イギリスの俳優。

大桃美代子　おおももみよこ　1965生。昭和時代，平成時代のタレント，キャスター。

ギャラガー，ノエル　1967生。イギリスのロックミュージシャン，ギタリスト。

伊勢谷友介　いせやゆうすけ　1976生。平成時代の俳優。

5月29日

5月30日

○記念日○　ごみゼロの日
消費者の日
文化財保護法公布記念日

チボー・ド・シャンパーニュ　1201生。ナバール王チボー4世(在位1234～53)。1253没。

アレクサンドル・ネフスキー　1220生。古代ロシアの英雄, 聖人。1263没。

プールバッハ, ゲオルク・フォン　1423生。オーストリアの数学者, 天文学者。1461没。

ボシャール, サミュエル　1599生。フランスの改革派聖書学者。1667没。

ピョートル1世　1672生。ロシアのツァーリ, 皇帝。1725没。

コナルスキ　1700生。ポーランドの作家, 教育改革者。1773没。

フィッツウィリアム　1748生。イギリスの政治家。1833没。

シドマス, ヘンリー・アディントン, 初代子爵　1757生。イギリスの首相。1844没。

ヴォロンツォフ, ミハイル　1782生。ロシアの将軍, 政治家。1856没。

スペンサー　1782生。イギリスの政治家。1845没。

菅波惟縄　すがなみこれつな　1810生。江戸時代末期の漢学者, 備後福山藩士。1860没。

ベリンスキー, ヴィサリオン・グリゴリエヴィチ　1811生。ロシアの評論家。1848没。

バクーニン, ミハイル・アレクサンドロヴィチ　1814生。ロシア生まれの無政府主義思想家。1876没。

ジャマン　1818生。フランスの物理学者。1886没。

クロス　1823生。イギリスの政治家。1914没。

ゴルトシュミット　1829生。ドイツの商法学者。1897没。

オースティン, アルフレッド　1835生。イギリスの詩人, 評論家, ジャーナリスト。1913没。

アマデオ1世　1845生。アオスタ公, スペイン王(在位1870～73)。1890没。

エルトマン　1851生。ドイツの哲学者, 論理学者。1921没。

ゴッホ, フィンセント・ファン　1853生。オランダの画家。1890没。

モライス, ヴェンセズラウ・デ　1854生。ポルトガルの海軍士官, 外交官。1929没。

ジャネ, ピエール　1859生。フランスの心理学者, 精神病理学者。1947没。

ドゥーエ, ジュリオ　1869生。イタリアの軍人, 航空戦略理論家。1930没。

ジャンソン　1872生。ベルギーの政治家。1944没。

ジェンティーレ, ジョヴァンニ　1875生。イタリアの哲学者, 政治家。1944没。

ナゾル, ヴラディミル　1876生。ユーゴスラビアの詩人, 小説家。1949没。

塩谷鵜平　えんやうへい　1877生。俳人。1940没。

ルイゾーン　1882生。アメリカの小説家, 批評家。1955没。

ザンドナーイ, リッカルド　1883生。イタリアの作曲家。1944没。

アーキペンコ, アレグザンダー・ポルフィリエヴィチ　1887生。ロシア生まれの彫刻家。1964没。

杉田久女　すぎたひさじょ　1890生。大正時代, 昭和時代の俳人。1946没。

朱家驊　しゅかか　1893生。中国の政治家。1963没。

田中誠二　たなかせいじ　1897生。昭和時代, 平成時代の法学者。一橋大学教授, 青山学院大学教授。1994没。

及川貞　おいかわてい　1898生。昭和時代, 平成時代の俳人。1993没。

フランク, ハンス　1900生。ドイツの政治家, 弁護士。1946没。

正木清　まさききよし　1900生。大正時代, 昭和時代の政治家, 社会運動家。衆議院議員。1961没。

フェルゼンシュタイン, ヴァルター　1901生。オーストリアの演出家, 劇場監督。1975没。

鳴山草平　なるやまそうへい　1902生。昭和時代の小説家。1972没。
カレン，カウンティー　1903生。アメリカの詩人。1946没。
林房雄　はやしふさお　1903生。昭和時代の小説家，評論家。1975没。
尾崎喜左雄　おざききさお　1904生。昭和時代の考古学者。群馬大学教授，東国古文化研究所所長。1978没。
カークウッド　1907生。アメリカの化学者。1959没。
松尾隆　まつおたかし　1907生。昭和時代のロシア文学者。早稲田大学教授。1956没。
アルフヴェン，ハンス・ウーラフ・イェースタ　1908生。スウェーデンの物理学者。1995没。
伊馬春部　いまはるべ　1908生。昭和時代の放送作家，歌人。日本放送作家協会理事。1984没。
戒能通孝　かいのうみちたか　1908生。昭和時代の法学者，弁護士。東京都立大学教授，東京都公害研究所初代所長。1975没。
グッドマン，ベニー　1909生。アメリカのジャズ・クラリネット奏者，楽団指揮者。1986没。
アクセルロッド，ジュリアス　1912生。アメリカの薬理学者。2004没。
シモンズ，ジュリアン　1912生。イギリスの詩人。1994没。
デラー，アルフレッド　1912生。イギリスのカウンターテノール歌手。1979没。
仮谷忠男　かりやただお　1913生。昭和時代の政治家。衆議院議員（自民党），建設大臣。1976没。
安芸ノ海節男　あきのうみせつお　1914生。昭和時代の力士（第37代横綱）。1979没。
平田義正　ひらたよしまさ　1915生。昭和時代，平成時代の有機化学者。名古屋大学教授。2000没。
バリエントス　1919生。ボリビアの軍人，政治家。1969没。
ビナイサ，ゴドフレー　1920生。ウガンダの政治家。
安岡章太郎　やすおかしょうたろう　1920生。昭和時代，平成時代の小説家。
柳亭痴楽　りゅうていちらく　1921生。昭和時代の落語家。1993没。
キノ・トール　1922生。昭和時代，平成時代の劇作家，演出家。1999没。

渡辺恒雄　わたなべつねお　1926生。昭和時代，平成時代の読売グループ本社会長・主筆，読売巨人軍会長。
竹中労　たけなかつとむ　1930生。昭和時代，平成時代の評論家。1991没。
荒木博　あらきひろし　1931生。昭和時代の編集者。「週刊ポスト」初代編集長。1985没。
岩浪洋三　いわなみようぞう　1933生。昭和時代，平成時代の音楽評論家。
小坂一也　こさかかずや　1935生。昭和時代，平成時代の歌手，俳優。1997没。
左とん平　ひだりとんぺい　1937生。昭和時代，平成時代の俳優。
四宮鉄男　しのみやてつお　1940生。昭和時代，平成時代の映画監督。
大野雄二　おおのゆうじ　1941生。昭和時代，平成時代のジャズ・ピアニスト，作曲家，編曲家。
ヒロ・ヤマガタ　1948生。昭和時代，平成時代の洋画家，版画家。
山岸映子　やまぎしえいこ　1948生。昭和時代，平成時代の女優。
火野正平　ひのしょうへい　1949生。昭和時代，平成時代の俳優。
三ツ木清隆　みつぎきよたか　1953生。昭和時代，平成時代の俳優。
神崎愛　かんざきあい　1954生。昭和時代，平成時代の女優，歌手，フルート奏者。
中村勘三郎（18代目）　なかむらかんざぶろう　1955生。昭和時代，平成時代の歌舞伎俳優。
春風亭柏枝　しゅんぷうていはくし　1956生。昭和時代，平成時代の落語家。
中村久美　なかむらくみ　1961生。昭和時代，平成時代の女優。
宮嶋茂樹　みやじましげき　1961生。昭和時代，平成時代の報道カメラマン。
片山右京　かたやまうきょう　1963生。昭和時代，平成時代の元・F1ドライバー，冒険家。
吉川十和子　よしかわとわこ　1966生。昭和時代。
矢口史靖　やぐちしのぶ　1967生。昭和時代，平成時代の映画監督。
河瀬直美　かわせなおみ　1969生。平成時代の映画監督，映画作家。

5月30日

5月31日

○記念日○　世界禁煙デー

カプラーニカ，ドメーニコ　1400生。イタリア人の枢機卿，神学者，教会法学者。1458没。

ボーフォート，レイディ・マーガレット，リッチモンド伯爵夫人　1443生。イングランド王ヘンリー7世の母。1509没。

マヌエル1世　1469生。ポルトガル王（在位1495～1521）。1521没。

フョードル1世　1557生。ロシアの皇帝（在位1584～98）。1598没。

クプレー，フィリップ　1624生。ベルギーのイエズス会士。1692没。

ドシテオス　1641生。エルサレムの総主教。1707没。

マレ，マラン　1656生。フランスの作曲家，ビオラ・ダ・ガンバ奏者。1728没。

アルベローニ，ジュリオ　1664生。イタリアの枢機卿，政治家。スペイン首相。1752没。

クルーデン，アレグザンダー　1701生。ロンドンの書籍商。1770没。

ハルデンベルク，カール・アウグスト，公爵　1750生。プロシアの政治家。1822没。

ヴェルニョー，ピエール・ヴィクテュルニアン　1753生。フランスの政治家。1793没。

ティーク，ルードヴィヒ　1773生。ドイツ，前期ロマン派の小説家，劇作家。1853没。

ヘルヴェーク，ゲオルク　1817生。ドイツの詩人。1875没。

ホイットマン，ウォルト　1819生。アメリカの詩人。1892没。

シジウィック，ヘンリー　1838生。イギリスの倫理学者。1900没。

キールホルン　1840生。ドイツのインド学者。1908没。

ウィリス　1857生。アメリカの構造地質学者。1949没。

ピウス11世　1857生。教皇（在位1922～39）。1939没。

シッカート，ウォルター・リチャード　1860生。イギリスの画家。1942没。

ヤングハズバンド，サー・フランシス・エドワード　1863生。インド生まれのイギリスの探検家，軍人。1942没。

アボット，チャールズ・グリーリー　1872生。アメリカの天文学者。1973没。

小野寺直助　おのでらなおすけ　1883生。明治時代–昭和時代の内科医学者。九州帝国大学教授，久留米医科大学長。1968没。

サン・ジョン・ペルス　1887生。フランスの詩人，外交官。1975没。

サン・ジョン・ペルス　1887生。フランスの詩人，外交官。1975没。

志垣寛　しがきひろし　1889生。明治時代–昭和時代の雑誌編集者，教育評論家。1965没。

今井邦子　いまいくにこ　1890生。大正時代，昭和時代の歌人。1948没。

シュトラッサー，グレーゴル　1892生。ドイツのジャーナリスト，政治家。1934没。

パウストフスキー，コンスタンチン・ゲオルギエヴィチ　1892生。ソ連の小説家。1968没。

徳川宗敬　とくがわむねよし　1897生。昭和時代の政治家，林学者。参議院議員，日本博物館協会長。1989没。

コリツォーフ，ミハイル・エフィモヴィチ　1898生。ソ連のルポルタージュ作家。1942没。

シュトローベル，ハインリヒ　1898生。ドイツの音楽批評家。1970没。

赤間文三　あかまぶんぞう　1899生。昭和時代の官僚，政治家。参議院議員。1973没。

レオーノフ，レオニード・マクシモヴィチ　1899生。ソ連の小説家。1994没。

細谷松太　ほそやまつた　1900生。大正時代，昭和時代の労働運動家。新産別中央執行委員。1990没。

丸山定夫　まるやまさだお　1901生。大正時代，昭和時代の新劇俳優。1945没。

シロキ　1902生。チェコスロヴァキアの政治家。1971没。

遠藤嘉基　えんどうよしもと　1905生。昭和時代，平成時代の国語学者。親和女子大学長，京都大学教授。1992没。

モース　1907生。アメリカの労働問題専門家。1990没。

アレ，モーリス 1911生。フランスの経済学者。

ジャクソン 1912生。アメリカの政治家。1983没。

伊福部昭 いふくべあきら 1914生。昭和時代, 平成時代の作曲家。2006没。

ライト，ジュディス 1915生。オーストラリアの詩人。2000没。

ルーシュ，ジャン 1917生。フランスの映画監督，人類学者。2004没。

コーエン 1918生。アメリカのGHQ経済科学局労働課長。1983没。

エリオット，デンホルム 1922生。イギリス生まれの俳優。1992没。

キノトール 1922生。昭和時代の劇作家，演出家。1999没。

井上梅次 いのうえうめつぐ 1923生。昭和時代, 平成時代の映画監督, 映画脚本家, 放送作家。

ケリー，エルスワース 1923生。アメリカの画家，版画家，彫刻家。

レーニエ3世 1923生。モナコ大公国元首。2005没。

オットー，フライ 1925生。ドイツの建築家。

ベック，ジュリアン 1925生。アメリカの俳優，演出家。1985没。

菊田昇 きくたのぼる 1926生。昭和時代, 平成時代の産婦人科医師。菊田産婦人科肛門科医院院長。1991没。

クリュス，ジェームス 1926生。ドイツの児童文学作家。

エバリー，ジェームス 1927生。イギリスの元・軍人。英国王立国際問題研究所(RIIA)所長。

蔵原惟繕 くらはらこれよし 1927生。昭和時代, 平成時代の映画監督。2002没。

イーストウッド，クリント 1930生。アメリカの俳優, 映画監督・プロデューサー。

シュリーファー，ジョン・ロバート 1931生。アメリカの理論物理学者。

玉田元康 たまだもとやす 1934生。昭和時代, 平成時代の歌手。

ボルジャー，ジェームズ 1935生。ニュージーランドの政治家, 外交官。

東八郎 あずまはちろう 1936生。昭和時代のコメディアン。1988没。

菅原義正 すがわらよしまさ 1941生。昭和時代, 平成時代のラリードライバー。

金梅子 キムメジャ 1943生。韓国の舞踊家, 振付師。

バグボ，ローラン 1945生。コートジボワールの政治家。

ボーナム，ジョン 1948生。イギリスのロックドラマー。1980没。

出来山双一 できやまそういち 1951生。昭和時代, 平成時代の大相撲年寄, 元・力士(関脇)。

ボー，ローラ 1955生。アメリカのプロゴルファー。

日高のり子 ひだかのりこ 1962生。昭和時代, 平成時代の声優。

オルバーン・ヴィクトル 1963生。ハンガリーの元・首相。

シールズ，ブルック 1965生。アメリカの女優。

田村明浩 たむらあきひろ 1967生。昭和時代, 平成時代のベース奏者。

鈴木京香 すずききょうか 1968生。昭和時代, 平成時代の女優。

有吉弘行 ありよしひろいき 1974生。平成時代のコメディアン。

マック鈴木 まっくすずき 1975生。平成時代の大リーグ選手, 元・プロ野球選手。

ファレル，コリン 1976生。アイルランドの俳優。

5月31日

6月
June
水無月

◎誕生石◎　真珠
　　　　　　ムーンストーン

◎星　座◎　ふたご座／かに座

6月1日

○記念日○　衣替え（更衣）
　　　　　気象記念日
　　　　　電波の日

一条天皇　いちじょうてんのう　980生。平安時代中期の第66代の天皇。1011没。

洞院実夏　とういんさねなつ　1315生。南北朝時代の公卿。1367没。

大石定重　おおいしさだしげ　1467生。戦国時代の武将。1527没。

セシル　1563生。イギリスの政治家。1612没。

藤堂高吉　とうどうたかよし　1579生。安土桃山時代、江戸時代前期の武将、伊勢津藩士。1670没。

ミレスク, ニコラエ・スパタール　1636生。モルドバ公国(のちのルーマニア)出身の政治家, 文学者。1708没。

ムッファト, ゲオルク　1653生。ドイツの作曲家, オルガン奏者。1704没。

松平信庸　まつだいらのぶつね　1666生。江戸時代中期の老中。1717没。

マッフェイ, シピオーネ　1675生。イタリアの詩人, 劇作家。1755没。

セギュール, アンリ・フランソア　1689生。フランスの将軍。1751没。

ベストゥージェフ・リューミン　1693生。ロシアの政治家, 外交官, 伯爵。1766没。

烏丸光胤　からすまるみつたね　1721生。江戸時代中期の公家。1780没。

ザルツマン, クリスチャン・ゴットヒルフ　1744生。ドイツの福音派神学者, 牧師, 教育家。1811没。

関喜内　せききない　1759生。江戸時代中期、後期の出羽国雄勝郡川連村の肝煎。1837没。

クラウゼヴィッツ, カルル・フォン　1780生。プロシアの軍人, 戦史家。1831没。

ライムント, フェルディナント　1790生。オーストリアの劇作家, 演出家。1836没。

グレアム, サー・ジェイムズ・ロバート・ジョージ, 准男爵　1792生。イギリスの政治家。1861没。

カルノー, ニコラ・レオナール・サディ　1796生。フランスの物理学者。1832没。

並河寒泉　なみかわかんせん　1797生。江戸時代, 明治時代の儒学者。懐徳堂教授。1879没。

大谷光沢　おおたにこうたく　1798生。江戸時代, 明治時代の真宗大谷派僧侶。本願寺20代法主。1871没。

ヤング, ブリガム　1801生。アメリカのモルモン教会指導者。1877没。

グリンカ, ミハイル・イワノヴィチ　1804生。ロシアの作曲家。1857没。

富田高慶　とみたたかよし　1814生。江戸時代, 明治時代の農政家。1890没。

オットー1世　1815生。ギリシア王(1832～62)。1867没。

橋本一至(初代)　はしもといっし　1820生。江戸時代後期, 末期, 明治時代の彫金家。1896没。

森山多吉郎　もりやまたきちろう　1820生。江戸時代末期, 明治時代の通詞。1871没。

ベヒシュタイン, フリードリヒ・ヴィルヘルム・カール　1826生。ドイツのピアノ製作者。1900没。

ミュンスターベルク　1863生。ドイツ生まれのアメリカの心理学者, 哲学者。1916没。

森永太一郎　もりながたいちろう　1865生。大正時代の実業家。1937没。

パティーニョ　1867生。ボリビアの大資本家, 外交官。1947没。

李宝嘉　りほうか　1867生。中国, 清末の小説家。1906没。

コーガン, ピョートル・セミョーノヴィチ　1872生。ロシア, ソ連の文学史家, 評論家。1932没。

メイスフィールド, ジョン　1878生。イギリスの詩人。1967没。

宇井伯寿　ういはくじゅ　1882生。大正時代, 昭和時代のインド哲学者, 仏教学者。東京帝国大学教授, 駒沢大学総長。1963没。

ドリンクウォーター, ジョン　1882生。イギリスの詩人, 劇作家。1937没。

318

6月1日

アモン　1883生。オーストリアの経済学者。1962没。

クルト，エルンスト　1886生。オーストリアの音楽学者。1946没。

赤井米吉　あかいよねきち　1887生。大正時代，昭和時代の教育者。1974没。

原阿佐緒　はらあさお　1888生。明治時代–昭和時代の歌人。1969没。

遠藤新　えんどうあらた　1889生。大正時代，昭和時代の建築家。1951没。

オグデン，C.K.　1889生。イギリスの言語心理学者。1957没。

細田源吉　ほそだげんきち　1891生。大正時代，昭和時代の小説家。1974没。

アマヌッラー・ハーン　1892生。アフガニスタンのバーラクザーイー朝第6代の王（在位1919〜29）。1960没。

島袋光裕　しまぶくろこうゆう　1893生。昭和時代の琉球舞踊家，琉球芸能家。沖縄俳優協会会長，沖縄芸能協会会長。1987没。

佐藤賢了　さとうけんりょう　1895生。大正時代，昭和時代の陸軍軍人，実業家。中将，東急管財社長。1975没。

杉山平助　すぎやまへいすけ　1895生。昭和時代の評論家。1946没。

林倭衛　はやししずえ　1895生。大正時代，昭和時代の洋画家。1945没。

宇田新太郎　うだしんたろう　1896生。大正時代，昭和時代の電気通信工学者。東北大学教授，法政大学教授。1976没。

石川準十郎　いしかわじゅんじゅうろう　1899生。昭和時代の社会思想家。早稲田大学教授。1980没。

小島勗　こじまつとむ　1900生。大正時代，昭和時代の小説家，劇作家。1933没。

青山二郎　あおやまじろう　1901生。昭和時代の美術評論家，装幀家。1979没。

ドルーテン，ジョン・ヴァン　1901生。イギリス生まれのアメリカの劇作家。1957没。

野村平爾　のむらへいじ　1902生。昭和時代の法学者，弁護士。早稲田大学教授，"明るい革新都政をつくる会"幹事。1979没。

沢村国太郎　さわむらくにたろう　1905生。大正時代，昭和時代の映画俳優。1974没。

ウィットル，サー・フランク　1907生。イギリスの航空技術者。1996没。

ゴルトベルク，シモン　1909生。ポーランド生まれのヴァイオリニスト。1993没。

坪野哲久　つぼのてつきゅう　1909生。大正時代，昭和時代の歌人。「氷河」主宰。1988没。

加藤治郎　かとうじろう　1910生。昭和時代の将棋観戦記者，棋士。日本将棋連盟会長，将棋名誉9段。1996没。

高橋幸八郎　たかはしこうはちろう　1912生。昭和時代の経済史学者。創価大学教授，東京大学教授。1982没。

槇村浩　まきむらひろし　1912生。昭和時代の詩人。1938没。

中村清　なかむらきよし　1913生。昭和時代のマラソンコーチ。日本陸上競技連盟理事。1985没。

デ・ハビランド，オリビア　1916生。アメリカの女優。

モジャーエフ，ボリス・アンドレーヴィチ　1923生。ソ連の小説家。1996没。

モンロー，マリリン　1926生。アメリカの映画女優。1962没。

熊井啓　くまいけい　1930生。昭和時代，平成時代の映画監督，脚本家。2007没。

福地泡介　ふくちほうすけ　1937生。昭和時代，平成時代の漫画家。1995没。

フリーマン，モーガン　1937生。アメリカの俳優。

伊東豊雄　いとうとよお　1941生。昭和時代，平成時代の建築家。

九重貢　ここのえみつぐ　1955生。昭和時代，平成時代の元・力士（第58代横綱）。

山下泰裕　やましたやすひろ　1957生。昭和時代，平成時代の柔道家。

エンフバヤル，ナンバリン　1958生。モンゴルの政治家，作家。

坂上忍　さかがみしのぶ　1967生。昭和時代，平成時代の俳優。

夏川結衣　なつかわゆい　1968生。平成時代の女優。

モリセット，アラニス　1974生。カナダのロック歌手。

玉置成実　たまきなみ　1988生。平成時代の歌手。

6月2日

○記念日○ 横浜港・長崎港開港記念日
　　　　　路地の日
○忌　日○ 光琳忌

村上天皇　むらかみてんのう　926生。平安時代中期の第62代の天皇。967没。
カレピーノ, アンブロージョ　1435生。イタリアの辞書編集者, アウグスティノ会修道士。1511没。
コンラート（ヘレスバハの）　1496生。ドイツのギリシア語学者, 人文主義者。1576没。
レオ11世　1535生。ローマ教皇。1605没。
日審　にっしん　1599生。江戸時代前期の日蓮宗の僧。1666没。
稲葉正則　いなばまさのり　1623生。江戸時代前期の大名, 老中。1696没。
ヤン3世　1624生。ポーランド国王（在位1674～96）。1696没。
徳川宗勝　とくがわむねかつ　1705生。江戸時代中期の大名。1761没。
ワシントン　1731生。アメリカ合衆国初代大統領夫人。1802没。
伊良子光顕　いらこみつあき　1737生。江戸時代中期の外科医。1799没。
サド, ドナシヤン-アルフォンス-フランソワ-ド　1740生。フランスの小説家。通称"サド侯爵"。1814没。
ランドルフ, ジョン　1773生。アメリカの政治家。1833没。
デボルド-ヴァルモール, マルスリーヌ　1786生。フランスのロマン派女流詩人。1859没。
野村安趙　のむらあんちょう　1805生。江戸時代, 明治時代の沖縄古典音楽奏者。1871没。
コーリス, ジョージ・ヘンリー　1817生。アメリカの機械技術者。1888没。
獅子吼観定　ししくかんじょう　1819生。江戸時代, 明治時代の浄土宗僧侶。1899没。
中村黒水　なかむらこくすい　1820生。江戸時代, 明治時代の儒者, 教育者。1884没。
ブラチアヌ, イオン・コンスタンチン　1821生。ルーマニアの政治家。1891没。
香取繁右衛門　かんどりしげえもん　1823生。江戸時代, 明治時代の祈祷師。香取金光教祖。1889没。
ゴルスツンスキー　1831生。ロシアの東洋学者, 蒙古語学者。1899没。
ピウス10世　1835生。教皇（在位1903～14）, 聖人。1914没。
ギメ, エミール　1836生。フランスの実業家, 美術工芸品収集家。1918没。
ハーディ, トマス　1840生。イギリスの小説家, 詩人。1928没。
マッカーサー, アーサー　1845生。アメリカの軍人, フィリピン軍政長官。1912没。
ベナール, アルベール　1849生。フランスの画家。1934没。
杉田定一　すぎたていいち　1851生。明治時代-昭和時代の政治家。衆議院議員, 北海道庁長官。1929没。
飯塚森蔵　いいづかもりぞう　1854生。明治時代の自由民権運動家。1893没。
ルーブナー, マックス　1854生。ドイツの衛生学者, 生理学者。1932没。
アヴネル　1855生。フランスの歴史家, 経済史家。1939没。
エルガー, エドワード・ウィリアム　1857生。イギリスの作曲家。1934没。
ゲーラロップ, カール　1857生。デンマークの小説家。1919没。
仙石貢　せんごくみつぐ　1857生。明治時代-昭和時代の政治家。衆議院議員, 鉄道相。1931没。
キリアン　1860生。ドイツの耳鼻咽喉科学者。1921没。
マール, エミール　1862生。フランスの美術史家。1954没。
ヴァインガルトナー, フェーリクス・パウル・フォン　1863生。オーストリアの指揮者, 作曲家。1942没。
白井光太郎　しらいみつたろう　1863生。明治時代-昭和時代の植物学者。東京帝国大学教授。1932没。

ガードナー, A.G. 1865生。イギリスのジャーナリスト, 随筆家。1946没。

石橋思案 いしばししあん 1867生。明治時代の小説家。1927没。

マヤール, ロベール 1872生。スイスの建築技師。1940没。

有吉忠一 ありよしちゅういち 1873生。明治時代–昭和時代の内務官僚。横浜市長, 貴族院議員。1947没。

トレニョフ, コンスタンチン・アンドレーヴィチ 1878生。ロシア, ソ連の劇作家, 小説家。1945没。

服部伸 はっとりしん 1880生。明治時代–昭和時代の講談師, 浪曲師。1974没。

アントネスク, イオン 1882生。ルーマニアの将軍。1946没。

ブーショル, エルンスト 1886生。ドイツの考古学者。1961没。

安川第五郎 やすかわだいごろう 1886生。大正時代, 昭和時代の実業家。安川電機製作所創立者。1976没。

大西滝治郎 おおにしたきじろう 1891生。昭和時代の海軍軍人。中将, 軍需省航空兵器総局総務局長。1945没。

森谷均 もりやひとし 1897生。昭和時代の出版人。昭森社主宰。1969没。

河野一郎 こうのいちろう 1898生。昭和時代の政治家。建設相, 衆議院議員。1965没。

久保田宵二 くぼたしょうじ 1899生。童話作家, 詩人。1947没。

岩生成一 いわおせいいち 1900生。昭和時代の日本史学者。東京大学教授。1988没。

アウブ, マックス 1903生。スペインの劇作家, 小説家, 評論家。1972没。

馮雪峰 ふうせっぽう 1903生。中国の文学評論家。1976没。

艾蕪 がいぶ 1904生。中国の作家。1992没。

ワイズミューラー, ジョニー 1904生。アメリカのオリンピック水泳選手。1984没。

ワイズミューラー, ジョニー 1904生。アメリカの映画俳優, 水泳選手。1984没。

橋本竜伍 はしもとりょうご 1906生。昭和時代の政治家。1962没。

米沢嘉圃 よねざわよしほ 1906生。昭和時代, 平成時代の東洋美術史家。東京大学教授,「国華」主幹。1993没。

一龍斎貞山(7代目) いちりゅうさいていざん 1907生。昭和時代の講談師。1966没。

ケロール, ジャン 1911生。フランスの詩人, 小説家。2005没。

蕭紅 しょうこう 1911生。中国の女流小説家。1942没。

森赫子 もりかくこ 1914生。昭和時代の女優。1986没。

飯干晃一 いいぼしこういち 1924生。昭和時代, 平成時代の小説家。1996没。

千代の山雅信 ちよのやままさのぶ 1926生。昭和時代の力士(第41代横綱)。1977没。

宮次男 みやつぎお 1928生。昭和時代, 平成時代の美術史家。東京国立文化財研究所研究員。1994没。

小田実 おだまこと 1932生。昭和時代, 平成時代の小説家, 評論家。

コンスタンチノス2世 1940生。ギリシャ国王。

三沢あけみ みさわあけみ 1945生。昭和時代, 平成時代の歌手。

鷲尾真知子 わしおまちこ 1949生。昭和時代, 平成時代の女優。

ノゲイラ, アントニオ・ホドリゴ 1976生。ブラジルの柔術家, 格闘家。

政井マヤ まさいまや 1976生。平成時代のアナウンサー(フジテレビ)。

柳沼淳子 やぎぬまじゅんこ 1978生。平成時代のキャスター。

末続慎吾 すえつぐしんご 1980生。平成時代の陸上選手。

6月2日

6月3日

○記念日○ 山の日
　　　　　測量の日
○忌　日○ 紅緑忌

真壁久幹　まかべひさもと　1522生。戦国時代, 安土桃山時代の常陸国真壁郡の国衆。佐竹氏の家臣。1589没。

ツィンクグレーフ, ユーリウス・ヴィルヘルム　1591生。ドイツの詩人。1635没。

松平康尚　まつだいらやすひさ　1623生。江戸時代前期の大名。1696没。

有馬頼旨　ありまよりむね　1685生。江戸時代中期の大名。1706没。

職仁親王妃淳子　よりひとしんのうひあつこ　1713生。江戸時代中期の女性。左大臣二条吉忠の第1女。1774没。

山本日下　やまもとにっか　1725生。江戸時代中期の漢学者。1788没。

ハットン, ジェイムズ　1726生。イギリスの化学, 地質学者。1797没。

フック, ジェイムズ　1746生。イギリスの作曲家, オルガン奏者。1827没。

相馬祥胤　そうまよしたね　1765生。江戸時代中期, 後期の大名。1816没。

ベルグラーノ　1770生。アルゼンチンの革命指導者。1820没。

スミス, シドニー　1771生。イギリスの著述家, 聖職者。1845没。

那波祐生　なばゆうせい　1772生。江戸時代後期の秋田の豪商那波家の9代目当主。1837没。

金正喜　きんせいき　1786生。朝鮮の思想家, 考古学者, 書家, 画家。1856没。

長戸得斎　ながととくさい　1802生。江戸時代末期の美濃加納藩士, 儒学者。1854没。

コブデン, リチャード　1804生。イギリスの政治家。1865没。

デイヴィス, ジェファソン　1808生。アメリカの政治家, 南部連合の一代限りの大統領。1889没。

ジェイムズ, ヘンリー　1811生。アメリカの哲学者, 著述家。1882没。

フェデルブ, ルイ・レオン・セザール　1816生。フランスの軍人。1889没。

ヨンキント, ヨハン・バルトルト　1819生。オランダの画家, 銅板画家。1891没。

室谷賀ъзく　むろたによしちか　1826生。江戸時代, 明治時代の歌人。1870没。

徳川慶篤　とくがわよしあつ　1832生。江戸時代の武士。第10代水戸藩主。1868没。

桂誉恕　かつらたかひろ　1838生。江戸時代, 明治時代の志士。青海神社の祠官。1881没。

チミリャーゼフ　1843生。ロシアの植物生理学者。1920没。

フレデリク8世　1843生。デンマーク王(在位1906～12)。1912没。

リーリエンクローン, デートレフ・フォン　1844生。ドイツの詩人, 小説家, 劇作家。1909没。

大岡育造　おおおかいくぞう　1856生。明治時代-昭和時代の政治家。中央新聞社社長, 衆議院議員。1928没。

モルガン, ジャック・ド　1857生。フランスの考古学者, オリエント先史考古学の先駆者。1924没。

エルトン　1861生。イギリスの学者, 文学史家。1945没。

能勢静太　のせしずた　1864生。明治時代の医学者。医学博士, 第3師団付第3野戦病院長。1912没。

ハルトレーベン, オットー・エーリヒ　1864生。ドイツの劇作家, 詩人。1905没。

ジョージ5世　1865生。イギリス国王(在位1910～36), インド皇帝。1936没。

松平容大　まつだいらかたはる　1869生。明治時代の斗南藩主, 政治家。貴族院議員, 子爵。1910没。

井上剣花坊　いのうえけんかぼう　1870生。明治時代-昭和時代の川柳作家。1934没。

坂田三吉　さかたさんきち　1870生。明治時代-昭和時代の棋士。1946没。

中山平次郎　なかやまへいじろう　1871生。明治時代-昭和時代の病理学者, 考古学者。1956没。

佐佐木信綱　ささきのぶつな　1872生。明治時代-昭和時代の歌人，歌学者。1963没。
西原亀三　にしはらかめぞう　1873生。明治時代-昭和時代の実業家。1954没。
レーヴィ，オットー　1873生。アメリカ（ドイツ生まれ）の薬学者。1961没。
煙山専太郎　けむやませんたろう　1877生。明治時代-昭和時代の西洋史学者。早稲田大学教授。1954没。
デュフイ，ラウル　1877生。フランスの画家，デザイナー。1953没。
東家楽遊(2代目)　あずまやらくゆう　1881生。明治時代-昭和時代の浪曲師。1960没。
ポンテン，ヨーゼフ　1883生。ドイツの作家。1940没。
石坂泰三　いしざかたいぞう　1886生。昭和時代の実業家，財界人。経団連会長，東芝社長。1975没。
小林俊三　こばやししゅんぞう　1888生。大正時代，昭和時代の弁護士，裁判官。最高裁判事，日本法律家協会会長。1982没。
辻井民之助　つじいたみのすけ　1893生。大正時代，昭和時代の労働運動家。京都労働金庫理事長。1972没。
プイマノヴァー，マリエ　1893生。チェコの女流小説家。1958没。
鈴木信太郎　すずきしんたろう　1895生。大正時代，昭和時代のフランス文学者。東京大学教授。1970没。
パニッカル　1895生。インドの外交官。1963没。
島津保次郎　しまづやすじろう　1897生。大正時代，昭和時代の映画監督。1945没。
左藤義詮　さとうぎせん　1899生。昭和時代の政治家。参議院議員。1985没。
ベーケーシ，ゲオルク・フォン　1899生。ハンガリー生まれのアメリカの物理学者，生理学者。1972没。
渡辺邦男　わたなべくにお　1899生。昭和時代の映画監督。1981没。
北川冬彦　きたがわふゆひこ　1900生。大正時代，昭和時代の詩人，映画評論家。「時間」主宰，日本現代詩人会幹事長。1990没。
エヴァンズ，モーリス　1901生。イギリスの俳優。1989没。
張学良　ちょうがくりょう　1901生。台湾の軍人，政治家。2001没。
高見沢潤子　たかみさわじゅんこ　1904生。昭和時代，平成時代の劇作家，評論家，随筆家。

2004没。
ピアース，ジャン　1904生。アメリカのテノール歌手。1984没。
八田一朗　はったいちろう　1906生。昭和時代のレスラー，政治家。日本アマチュアレスリング協会長，参議院議員。1983没。
ベイカー，ジョセフィン　1906生。アメリカ生まれのフランスの歌手，舞踊家。1975没。
ベーカー，ジョセフィン　1906生。フランスのシャンソン歌手，ダンサー。1975没。
山主敏子　やまぬしとしこ　1907生。昭和時代，平成時代の児童文学者，翻訳家。2000没。
曽我廼家明蝶　そがのやめいちょう　1908生。昭和時代の俳優。日本喜劇人協会会長。1999没。
ゴダード，ポーレット　1911生。アメリカの女優。1990没。
亀井孝　かめいたかし　1912生。昭和時代の国語学者，言語学者。一橋大学教授。1995没。
泉靖一　いずみせいいち　1915生。昭和時代の文化人類学者。東京大学教授，東洋文化研究所所長。1970没。
前田真三　まえだしんぞう　1922生。昭和時代，平成時代の写真家。丹渓主宰。1998没。
エーフロス，アナトーリー・ワシリエヴィチ　1925生。ソ連邦の代表的演出家。1987没。
カーティス，トニー　1925生。アメリカの俳優。
ギンズバーグ，アレン　1926生。アメリカの詩人，反戦運動家。1997没。
ジャッド，ドナルド　1928生。アメリカの美術家。1994没。
和田勉　わだべん　1930生。昭和時代，平成時代の演出家，元・テレビディレクター。
アルヌール，フランソワーズ　1931生。フランスの女優。
黒田知永子　くろだちえこ　1961生。昭和時代，平成時代のタレント，モデル。
唐沢寿明　からさわとしあき　1963生。昭和時代，平成時代の俳優。
貝木博之　たかみひろゆき　1969生。平成時代のミュージシャン，俳優。
鈴木桂治　すずきけいじ　1980生。平成時代の柔道選手。
ナダル，ラファエル　1986生。スペインのテニス選手。
長沢まさみ　ながさわまさみ　1987生。平成時代の女優。

6月3日

6月4日

○記念日○ 虫の日
　　　　　虫歯予防デー
○忌　日○ 最澄忌

存覚　ぞんかく　1290生。鎌倉時代後期、南北朝時代の真宗の僧。1373没。

後水尾天皇　ごみずのおてんのう　1596生。江戸時代前期の第108代の天皇。1680没。

木下順庵　きのしたじゅんあん　1621生。江戸時代前期の儒学者。1699没。

近衛家熙　このえいえひろ　1667生。江戸時代中期の公家。1736没。

東坊城資長　ひがしぼうじょうすけなが　1679生。江戸時代中期の公家。1724没。

ケネー、フランソワ　1694生。フランスの医者、経済学者。1774没。

笹屋騏六　ささやきろく　1736生。江戸時代中期、後期の俳人。1810没。

ジョージ3世　1738生。イギリス、ハノーバー朝第3代国王(在位1760～1820)。1820没。

ベックマン　1739生。ドイツの技術学の創始者。1811没。

エルドン　1751生。イギリスの政治家、大法官(1801～6、7～27)。1838没。

今出川実種　いまでがわさねたね　1754生。江戸時代中期、後期の公家。1801没。

シャプタル、ジャン・アントワーヌ・クロード　1756生。フランスの化学者、政治家。1832没。

本庄宗尹　ほんじょうそういん　1765生。江戸時代後期の茶人。1821没。

若林正旭　わかばやしまさあきら　1767生。江戸時代後期の国学者。1845没。

山元荘兵衛　やまもとそうべえ　1795生。江戸時代後期の薩摩藩の林政家。1856没。

椿椿山　つばきちんざん　1801生。江戸時代末期の南画家。1854没。

兼重譲蔵　かねしげじょうぞう　1817生。江戸時代末期、明治時代の長州(萩)藩士。1897没。

三上是庵　みかみぜあん　1818生。江戸時代末期、明治時代の松山藩士。1876没。

マイコフ、アポロン・ニコラエヴィチ　1821生。ロシアの詩人。1897没。

沢田頼徳　さわだよりのり　1823生。江戸時代後期、末期、明治時代の神職、国学者。1896没。

ウルズリー、ガーネット・(ジョゼフ・)ウルズリー、初代子爵　1833生。イギリス陸軍軍人。1913没。

ビンディング　1841生。ドイツの法学者、歴史学者。1920没。

コーエン、ヘルマン　1842生。ドイツの新カント派哲学者、マールブルク学派の創立者。1918没。

熊谷直行　くまがいなおゆき　1843生。明治時代の実業家、社会事業家。1907没。

後藤新平　ごとうしんぺい　1857生。明治時代、大正時代の政治家。貴族院議員。1929没。

フィールカント　1867生。ドイツ形式社会学の代表者の一人。1953没。

マンネルハイム、カール・グスタヴ(・エーミル)、男爵　1867生。フィンランドの軍人、政治家、大統領。1951没。

山脇房子　やまわきふさこ　1867生。明治時代-昭和時代の女子教育者。山脇女子実修学校校長。1935没。

大橋乙羽　おおはしおとわ　1869没。明治時代の小説家。1901没。

久原房之助　くはらふさのすけ　1869生。明治時代-昭和時代の実業家、政治家。衆議院議員。1965没。

三浦周行　みうらひろゆき　1871生。明治時代-昭和時代の歴史学者。京都帝国大学教授。1931没。

片岡安　かたおかやすし　1876生。明治時代-昭和時代の建築家。1946没。

ヴィーラント、ハインリヒ・オットー　1877生。ドイツの化学者。1957没。

ブックマン、フランク・ネイサン・ダニエル　1878生。アメリカの宗教家、MRA(道徳再武装)運動の創始者。1961没。

ナジモヴァ、アラ　1879生。ロシアの女優。1945没。

324

ヘッカー, テーオドア　1879生。ドイツの哲学の著述家。1945没。
松谷与二郎　まつたによじろう　1880生。大正時代, 昭和時代の社会運動家, 政治家, 弁護士。衆議院議員, 勤労日本党総理。1937没。
ヴァレンティン, カール　1882生。ドイツの寄席芸人, 作家。1948没。
ゴンチャロヴァ, ナタリヤ・セルゲエヴナ　1883生。ロシアの女流画家, 舞台美術家。1962没。
諸橋轍次　もろはしてつじ　1883生。大正時代, 昭和時代の漢学者。東京教育大学教授, 都留文科大学初代学長。1982没。
スヴェルドロフ　1885生。ロシアの革命家, 共産主義者。1919没。
鼈甲斎虎丸(3代目)　べっこうさいとらまる　1885生。大正時代, 昭和時代の浪曲師。1938没。
グーテンベルク, ベーノ　1889生。ドイツ生まれのアメリカの地球物理学者。1960没。
皆川月華　みながわげっか　1892生。昭和時代の染色家。1987没。
小林久雄　こばやしひさお　1895生。大正時代, 昭和時代の考古学研究家。1961没。
萩原正吟　はぎわらせいきん　1900生。昭和時代の地歌箏曲家(生田流)。京都市当道会理事, 日本箏曲連盟総務。1977没。
北脇昇　きたわきのぼる　1901生。昭和時代の洋画家。日本美術会京都支部長。1951没。
スヴェトローフ, ミハイル・アルカジエヴィチ　1903生。ソ連の詩人。1964没。
高桑純夫　たかくわすみお　1903生。昭和時代の哲学者, 平和運動家。愛知大教授, 原水爆禁止国民会議事務局長。1979没。
末広恭雄　すえひろやすお　1904生。昭和時代の魚類学者。東京大学教授, 京急油壺マリンパーク水族館長。1988没。
冊淵行男　たぶちゆきお　1905生。昭和時代の山岳写真家, 高山蝶研究家。1989没。
ムラヴィンスキー, エフゲーニー・アレクサントロヴィナ　1906生。ソ連の指揮者。1988没。
ルーマン, ジャック　1907生。ハイチ現代文学の始祖。1944没。
ラウバル, アンゲラ　1908生。ナチ総統アドルフ・ヒトラーの姪。1931没。

渡辺直己　わたなべなおき　1908生。昭和時代の歌人。1939没。
コカレル, サー・クリストファー(・シドニー)　1910生。イギリスの技術者。1999没。
島岡吉郎　しまおかきちろう　1911生。昭和時代の大学野球監督。1989没。
森本薫　もりもとかおる　1912生。昭和時代の劇作家。1946没。
ケイタ, モビド　1915生。マリ共和国大統領。1977没。
大山倍達　おおやまますたつ　1923生。昭和時代, 平成時代の空手家。極真会館(国際空手道連盟)総裁。1994没。
三笠宮百合子　みかさのみやゆりこ　1923生。昭和時代, 平成時代の皇族。
中村富十郎(5代目)　なかむらとみじゅうろう　1929生。昭和時代, 平成時代の歌舞伎俳優。
パプリアス, カロロス　1929生。ギリシャの政治家。
梓みちよ　あずさみちよ　1943生。昭和時代, 平成時代の歌手。
山村浩二　やまむらこうじ　1964生。昭和時代, 平成時代のアニメーション作家, イラストレーター。
バルトリ, チェチーリア　1966生。イタリアのメゾソプラノ歌手。
榊英雄　さかきひでお　1970生。平成時代の俳優。
前田登　まえだのぼる　1970生。平成時代の漫才師。
和泉元弥　いずみもとや　1974生。平成時代の狂言師(和泉流)。
岩本公水　いわもとくみ　1975生。平成時代の歌手。
ジョリー, アンジェリーナ　1975生。アメリカの女優。
高原直泰　たかはらなおひろ　1979生。平成時代のサッカー選手。
秋山純　あきやまじゅん　1980生。平成時代の俳優。

6月4日

6月5日

○記念日○ 世界環境デー
　　　　　熱気球記念日

無準師範　むじゅんしはん　1177生。中国、南宋の臨済宗僧侶。1249没。
ヨーク、エドマンド　1341生。初代ヨーク公。1415没。
マネッティ、ジャンノッツォ　1396生。イタリアの人文学者。1459没。
ヨーナス、ユストゥス　1493生。ドイツのプロテスタント。1555没。
角倉素庵　すみのくらそあん　1571生。安土桃山時代、江戸時代前期の京都の豪商、文化人。1632没。
酒井忠世　さかいただよ　1572生。安土桃山時代、江戸時代前期の大名。1636没。
白川顕成　しらかわあきなり　1584生。安土桃山時代、江戸時代前期の公家。1618没。
賀子内親王　がしないしんのう　1632生。江戸時代前期の女性。後水尾天皇の第6皇女。1696没。
トゥルヌフォール、ジョゼフ・ピトン・ド　1656生。フランスの植物学者。1708没。
ムスタファ2世　1664生。オスマン・トルコ帝国の第22代スルタン（在位1695〜1703）。1703没。
土佐光芳　とさみつよし　1700生。江戸時代中期の土佐派の画家。1772没。
チッペンデイル、トマス　1718生。イギリスの家具意匠家。1779没。
スミス、アダム　1723生。イギリスの経済学者、哲学者。1790没。
芝山持豊　しばやまもちとよ　1742生。江戸時代中期、後期の歌人・公家。1815没。
カバニス、ジョルジュ　1757生。フランスの哲学者、医学者。1808没。
ガドリン、ヨハン　1760生。フィンランドの化学者。1852没。
脇坂安董　わきざかやすただ　1768生。江戸時代中期、後期の大名。1841没。
エルンスト・アウグスト　1771生。ハノーバー王（在位1837〜51）。1851没。
アダムズ、ジョン・クーチ　1819生。イギリスの天文学者。1892没。

シュプルング　1848生。ドイツの気象学者。1909没。
スクリバ　1848生。ドイツの外科医。1905没。
キャロル、ジェイムズ　1854生。アメリカ陸軍の軍医。1907没。
弘田長　ひろたつかさ　1859生。明治時代、大正時代の医学者。熊本県立医学校校長・病院長。1928没。
木村清四郎　きむらせいしろう　1861生。明治時代–昭和時代の実業家。日本銀行副総裁。1934没。
ガルストランド、アルヴァー　1862生。スウェーデンの眼科医。1930没。
フリートレンダー、マックス　1867生。ドイツの美術史家。1958没。
コノリー、ジェイムズ　1870生。アイルランド独立運動の指導者。1916没。
カウフマン　1871生。ドイツの物理学者。1947没。
フィッシャー　1874生。ドイツの人類学者。1967没。
ノイマン、スタニスラフ・コストカ　1875生。チェコの社会主義詩人。1947没。
加藤武男　かとうたけお　1877生。大正時代、昭和時代の銀行家。三菱銀行頭取。1963没。
ビリャエスペサ、フランシスコ　1878生。メキシコ革命の農民軍指導者。1923没。
ブック　1880生。デンマークの体操家。1950没。
ケインズ、ジョン・メイナード　1883生。イギリスの経済学者。1946没。
アリー　1885生。アメリカの生態学者。1955没。
前田利為　まえだとしなり　1885生。大正時代、昭和時代の陸軍軍人。1942没。
富本憲吉　とみもとけんきち　1886生。大正時代、昭和時代の陶芸家。東京美術学校教授、京都市立美術大学教授。1963没。
仲尾権四郎　なかおごんしろう　1886生。明治時代–昭和時代の移民、実業家。1974没。

石井鶴三　いしいつるぞう　1887生。大正時代, 昭和時代の彫刻家, 洋画家。東京美術学校教授。1973没。

稲毛金七　いなげきんしち　1887生。大正時代, 昭和時代の教育学者, 評論家。早稲田大学教授。1946没。

ベネディクト, ルース　1887生。アメリカの文化人類学者。1948没。

ピカート　1888生。スイスの文明批評家。1965没。

伊藤謙二　いとうけんじ　1889生。大正時代, 昭和時代の銀行家。日本興業銀行総裁, 復興金融金庫理事長。1970没。

ティーミヒ, ヘレーネ　1889生。オーストリアの女優。1974没。

久松真一　ひさまつしんいち　1889生。大正時代, 昭和時代の宗教哲学者。京都大学教授。1980没。

山川良一　やまかわりょういち　1891生。昭和時代の経営者。身延山鉄道社長, 三井鉱山社長, 参院議員。1982没。

コンプトン-バーネット, アイヴィ　1892生。イギリスの女流小説家。1969没。

トムソン, ロイ・トムソン, 男爵　1894生。カナダ生まれのイギリスの新聞経営者。1976没。

ホークス, ハウアド　1896生。アメリカの映画監督。1977没。

ムーベリ, ヴィルヘルム　1896生。スウェーデンの小説家。1978没。

岡正雄　おかまさお　1898生。昭和時代の民俗学者。東京外国語大学アジア・アフリカ言語文化研究所長。1982没。

ガルシア-ロルカ, フェデリコ　1898生。スペインの詩人, 劇作家。1936没。

山西英一　やまにしえいいち　1899生。昭和時代の英米文学者, 翻訳家。1984没。

ガボール, デニス　1900生。イギリスの電子物理学者。1979没。

フリードリヒ, カール・J　1901生。アメリカ(ドイツ生まれ)の行政学者。1984没。

ラブロフスキー　1905生。ソ連の舞踊家。1967没。

山口正義　やまぐちまさよし　1906生。昭和時代, 平成時代の官僚。結核予防会会長。1997没。

柏村信雄　かしわむらのぶお　1907生。昭和時代の官僚。警察庁長官, 警察育英会理事長。1989没。

パイエルス, サー・ルドルフ・エルンスト　1907生。イギリス(ドイツ生まれ)の理論物理学者。1995没。

井島勉　いじまつとむ　1908生。昭和時代の美学者, 美術評論家。京都市立美術館館長, 京都大学教授。1978没。

中島河太郎　なかじまかわたろう　1917生。昭和時代, 平成時代の文芸評論家, 推理小説研究家。和洋女子大学学長, 日本推理作家協会理事長。1999没。

渡辺暁雄　わたなべあけお　1919生。昭和時代の指揮者。東京芸術大学教授。1990没。

古川薫　ふるかわかおる　1925生。昭和時代, 平成時代の小説家。

安東仁兵衛　あんどうじんべえ　1927生。昭和時代, 平成時代の出版編集者, 社会運動家。現代の理論社代表, 社会民主連合政策委員長。1998没。

リチャードソン, トニー　1928生。イギリスの演出家, 映画監督。1991没。

ヌゲマ・テオドロ・オビアン　1942生。赤道ギニアの政治家。

ガッツ石松　がっついしまつ　1949生。昭和時代, 平成時代のタレント, 元・プロボクサー。

三笑亭夢之助　さんしょうていゆめのすけ　1949生。昭和時代, 平成時代の落語家。

檀ふみ　だんふみ　1954生。昭和時代, 平成時代の女優, エッセイスト。

アン・ルイス　1956生。昭和時代, 平成時代の歌手。

東ちづる　あずまちづる　1960生。昭和時代, 平成時代の女優, タレント。

ウォールバーグ, マーク　1971生。アメリカの俳優。

中嶋朋子　なかじまともこ　1971生。昭和時代, 平成時代の女優。

波田陽区　はたようく　1975生。平成時代のコメディアン。

鈴木隆行　すずきたかゆき　1976生。平成時代のサッカー選手。

大河内奈々子　おおこうちななこ　1977生。平成時代の女優。

6月5日

6月6日

○記念日○ かえるの日
梅の日

- 北条重時 ほうじょうしげとき 1198生。鎌倉時代前期の武将。1261没。
- 津守国冬 つもりくにふゆ 1270生。鎌倉時代後期の神官, 歌人。1320没。
- レギオモンタヌス 1436生。ドイツの天文学者, 数学者。1476没。
- メロッツォ・ダ・フォルリ 1438生。イタリアの画家。1494没。
- ジョアン3世 1502生。ポルトガル王(在位1521～57)。1557没。
- チェザルピーノ, アンドレア 1519生。イタリアの博物学者。1603没。
- ベラスケス, ディエゴ・ロドリゲス・デ・シルバ・イ 1599生。スペインの画家。1660没。
- コルネイユ, ピエール 1606生。フランスの劇作家。1684没。
- 遠山友春 とおやまともはる 1661生。江戸時代中期の大名。1714没。
- 後藤通乗 ごとうつうじょう 1663生。江戸時代中期の金工。1721没。
- 阿部正福 あべまさとみ 1700生。江戸時代中期の大名。1769没。
- ジョゼ1世 1714生。ポルトガル王(在位1750～77)。1777没。
- メルシエ, ルイ-セバスチヤン 1740生。フランスの劇作家, ジャーナリスト, 小説家。1814没。
- 島津天錫 しまづてんしゃく 1752生。江戸時代中期, 後期の武士, 漢詩人。1809没。
- 仁井田南陽 にいだなんよう 1770生。江戸時代後期の漢学者。1848没。
- モニエ, アンリ-ボナヴァンテュール 1799生。フランスの漫画家, 劇作家。1877没。
- 滝沢路 たきざわみち 1806生。江戸時代後期, 末期の女性。医師滝沢宗伯の妻(宗伯は滝沢馬琴の長男)。1858没。
- 高橋新五郎(3代目) たかはししんごろう 1816生。江戸時代後期の武蔵国足立郡塚越村の機業家。1867没。
- ブリュッケ 1819生。ドイツの生理学者。1892没。
- ヒューム 1829生。イギリスのインド行政官。1912没。
- グラバー 1838生。イギリス商人。1911没。
- おりょう おりょう 1841生。幕末の志士坂本龍馬の妻。1906没。
- 西山志澄 にしやましちょう 1842生。明治時代の自由民権運動家, 政治家。衆議院議員, 警視総監。1911没。
- 西山志澄 にしやまゆきずみ 1842生。江戸時代後期, 末期, 明治時代の武士、政治家。1911没。
- マッケイ, スティール 1842生。アメリカの俳優, 劇作家, 演出家。1894没。
- ブラウン, カール・フェルディナント 1850生。ドイツの物理学者。1918没。
- レジャーヌ 1856生。フランスの女優。1920没。
- 三升家小勝(5代目) みますやこかつ 1858生。明治時代-昭和時代の落語家。1939没。
- イング, ウィリアム・ラーフ 1860生。イギリスの神学者, 聖ポール寺院の司祭長(1911～34)。1954没。
- 三島通良 みしまみちよし 1866生。明治時代, 大正時代の医師。1925没。
- ヴァーグナー, ジークフリート 1869生。ドイツの作曲家, 指揮者。1930没。
- 巌谷小波 いわやさざなみ 1870生。明治時代, 大正時代の小説家, 児童文学作家。1933没。
- 牧口常三郎 まきぐちつねさぶろう 1871生。明治時代-昭和時代の宗教家, 教育者。創価教育学会会長。1944没。
- アレクサンドラ・フョードロヴナ 1872生。最後のロシア皇帝ニコライ2世の皇后。1918没。
- 佐香ハル さこうはる 1874生。明治時代-昭和時代の教育者。1958没。
- 小田内通敏 おだうちみちとし 1875生。大正時代, 昭和時代の地理学者。1954没。
- マン, トーマス 1875生。ドイツの作家。1955没。

石橋和訓　いしばしわくん　1876生。明治時代,大正時代の洋画家。1928没。
篠原助市　しのはらすけいち　1876生。大正時代,昭和時代の教育学者。1957没。
ザックス　1877生。ドイツの細菌学者。1945没。
加藤仡夫　かとういさお　1878生。明治時代の志士,陸軍軍人。広東講務学堂教官。1911没。
レイノ,エイノ　1878生。フィンランドの抒情詩人。1926没。
橋本虎之助　はしもととらのすけ　1883生。明治時代-昭和時代の陸軍軍人。中将。1952没。
川端龍子　かわばたりゅうし　1885生。大正時代,昭和時代の日本画家。1966没。
神近市子　かみちかいちこ　1888生。大正時代,昭和時代の婦人解放運動家,政治家。衆議院議員。1981没。
クイビシェフ　1888生。ソ連邦の政治家。1935没。
須田国太郎　すだくにたろう　1891生。昭和時代の洋画家,美術史家。京都市立美術大学教授。1961没。
根本博　ねもとひろし　1891生。大正時代,昭和時代の陸軍軍人。中将、第3軍司令官。1966没。
尾竹紅吉　おたけこうきち　1893生。明治時代-昭和時代の随筆家,文芸評論家。「風花」発行人。1966没。
中村時蔵(3代目)　なかむらときぞう　1895生。明治時代-昭和時代の歌舞伎役者。1959没。
シェリフ,R.C.　1896生。イギリスの劇作家。1975没。
バルボ,イタロ　1896生。イタリアの軍人,飛行家,ファシスト政治家。1940没。
務台光雄　むたいみつお　1896生。昭和時代の新聞経営者。読売新聞社長。1991没。
早川種三　はやかわたねぞう　1897生。昭和時代の実業家。仙台放送社長,日本建鉄管財人。1991没。
ド・ヴァロワ　1898生。イギリスの舞踊家,振付師。2001没。
シャンソン,アンドレ　1900生。フランスの小説家。1983没。
風間道太郎　かざまみちたろう　1901生。昭和時代の平和運動家,評論家。1988没。
スカルノ,アフマド　1901生。インドネシアの初代大統領(1945～67)。1970没。
木下彰　きのしたあきら　1903生。昭和時代の経済学者。東北大学教授,長野中央学園理事長。1982没。
ハチャトゥリヤン,アラム・イリイチ　1903生。ソ連の作曲家。1978没。
高宮晋　たかみやすすむ　1908生。昭和時代の経営学者。組織学会会長,日本学術会議会員,産業能率大学学長。1986没。
バーリン,アイザイア　1909生。イギリスの政治哲学者,政治思想史家。1997没。
青山杉雨　あおやまさんう　1912生。昭和時代,平成時代の書家。1993没。
新田次郎　にったじろう　1912生。昭和時代の小説家。1980没。
小森邦夫　こもりくにお　1917生。昭和時代,平成時代の彫刻家。日展常務理事。1993没。
久松保夫　ひさまつやすお　1919生。昭和時代の俳優。日本芸能実演家団体協議会(芸団協)専務理事。1982没。
大滝秀治　おおたきひでじ　1925生。昭和時代,平成時代の俳優。
篠沢秀夫　しのざわひでお　1933生。昭和時代,平成時代のフランス文学者。
アルベール2世　1934生。ベルギー国王。
山田太一　やまだたいち　1934生。昭和時代,平成時代の脚本家,小説家。
那須正幹　なすまさもと　1942生。昭和時代,平成時代の児童文学作家。
中尾ミエ　なかおみえ　1946生。昭和時代,平成時代の歌手。
高橋幸宏　たかはしゆきひろ　1952生。昭和時代,平成時代のミュージシャン。
ボルグ,ビヨルン　1956生。スウェーデンの元・テニス選手。
ペレーズ,ヴァンサン　1964生。フランスの俳優,映画監督。
葛西紀明　かさいのりあき　1972生。平成時代のスキー選手。
SHIHO　しほ　1976生。平成時代のモデル。
平山相太　ひらやまそうた　1985生。平成時代のサッカー選手。
斎藤佑樹　さいとうゆうき　1988生。平成時代の野球選手。

6月6日

登場人物

山中正太郎(ハカセ)　やまなかしょうたろう　那須正幹の『ズッコケ三人組』シリーズの主人公。

6月7日

○記念日○　母親大会記念日

藤原教通　ふじわらののりみち　996生。平安時代中期の公卿。1075没。

シュパンゲンベルク, ツィーリアクス　1528生。ドイツのプロテスタント神学者, 歴史家。1604没。

パーキエ, エチエンヌ　1529生。フランスの司法官, 文筆家。1615没。

安倍季尚　あべすえひさ　1622生。江戸時代前期, 中期の雅楽演奏者。1709没。

木下𦾔定　きのしたきんさだ　1653生。江戸時代前期, 中期の大名。1730没。

佐久間洞巌　さくまどうがん　1653生。江戸時代中期の儒学者, 書画家。1736没。

誠子内親王　ともこないしんのう　1654生。江戸時代前期の女性。後西天皇の第1皇女。1686没。

水野忠之　みずのただゆき　1669生。江戸時代中期の大名。1731没。

元如尼　げんにょに　1680生。江戸時代中期の女性。?没。

高橋善蔵　たかはしぜんぞう　1684生。江戸時代中期の勧農家。1761没。

マウルベルチュ, フランツ・アントン　1724生。オーストリアの画家。1796没。

コーブル, フェルディナント　1740生。ドイツの画家。1799没。

菊池衡岳　きくちこうがく　1747生。江戸時代中期, 後期の儒者。1805没。

レニー, ジョン　1761生。イギリスの土木技師。1821没。

真仁法親王　しんにんほうしんのう　1768生。江戸時代後期の閑院宮典仁親王(慶光天皇)の第5王子。1805没。

リヴァプール, ロバート・バンクス・ジェンキンソン, 2代伯爵　1770生。イギリスの首相。1828没。

ブラメル, ジョージ・ブライアン　1778生。イギリスの代表的ダンディ。1840没。

東条琴台　とうじょうきんだい　1795生。江戸時代, 明治時代の儒学者, 考証学者。1878没。

シンプスン, ジェイムズ・ヤング　1811生。スコットランドの自然科学者。1870没。

ヘーゲル　1813生。ドイツの歴史家。1901没。

梅田雲浜　うめだうんぴん　1815生。江戸時代末期の尊攘派志士。1859没。

林主税　はやしちから　1819生。江戸時代末期, 明治時代の長州(萩)藩士。1882没。

ブラックモア, R.D.　1825生。イギリスの小説家, 詩人。1900没。

ボアソナード・ド・フォンタラビー, ギュスターブ・エミール　1825生。フランスの法学者。1910没。

プフリューガー　1829生。ドイツの生理学者。1910没。

金原明善　きんばらめいぜん　1832生。明治時代, 大正時代の実業家。1923没。

カルロタ　1840生。ベルギー王レオポルド1世の娘, メキシコ皇帝マクシミリアンの妃。1927没。

百武兼行　ひゃくたけかねゆき　1842生。江戸時代, 明治時代の洋画家, 官吏。1884没。

ゴーガン, ポール　1848生。フランスの画家。1903没。

バング, バーンハー(・ラウリッツ・フレデリック)　1848生。デンマークの獣医学者。1932没。

ロドリゲス・アルヴェス　1848生。ブラジルの政治家, 大統領(02～06)。1919没。

正親町実正　おおぎまちさねまさ　1855生。明治時代, 大正時代の官僚, 政治家。宮内省御用掛, 埼玉県知事。1923没。

清水正健　しみずまさたけ　1856生。明治時代–昭和時代の歴史学者。彰考館勤務。1934没。

梅謙次郎　うめけんじろう　1860生。明治時代の法学者。法学博士, 帝国法科大学教授。1910没。

レーナルト, フィリップ・エドゥアルト・アントン　1862生。ドイツの物理学者。1947没。

柏扇之助(初代)　かしわせんのすけ　1868生。明治時代, 大正時代の歌舞伎囃子方。囃子頭。1917没。

タウンゼンド，サー・ジョン・シーリィ・エドワード　1868生。イギリスの物理学者。1957没。
マッキントッシュ，チャールズ・レニー　1868生。スコットランドの建築家，デザイナー，水彩画家。1928没。
ヴァイデンライヒ，フランツ　1873生。ドイツの人類学者，解剖学者。1948没。
ロナルド，サー・ランドン　1873生。イギリスの指揮者，作曲家，ピアニスト。1938没。
ラスムッセン，クヌード(・ヨハン・ヴィクトア)　1879生。デンマークの探検家，民族学者。1933没。
管野すが　かんのすが　1881生。明治時代の社会主義革命家，記者。1911没。
シャドゥルヌ　1890生。フランスの小説家。1925没。
中村直勝　なかむらなおかつ　1890生。大正時代，昭和時代の日本史学者。大手前女子大学学長，日本古文書学会会長。1976没。
ラシュリー，カール・S(スペンサー)　1890生。アメリカの心理学者。1958没。
シンデウォルフ　1896生。ドイツの古生物学者。1971没。
ナジ・イムレ　1896生。ハンガリーの首相。1958没。
マリケン，ロバート・サンダーソン　1896生。アメリカの物理化学者。1986没。
セル，ジョージ　1897生。ハンガリー生まれのアメリカの指揮者。1970没。
松本俊一　まつもとしゅんいち　1897生。大正時代，昭和時代の外交官，政治家。松本建設社長，外務事務次官，衆院議員。1987没。
ボーエン，エリザベス　1899生。イギリスの女流作家。1973没。
比嘉秀平　ひがしゅうへい　1901生。昭和時代の官僚，政治家。琉球政府行政主席(初代)。1956没。
芳賀檀　はがまゆみ　1903生。昭和時代の評論家，ドイツ文学者。関西学院大学教授。1991没。
井口新次郎　いぐちしんじろう　1904生。大正時代，昭和時代の野球人。日本高等学校野球連盟評議員，全日本軟式野球連盟副会長。1985没。
帯刀貞代　たてわきさだよ　1904生。昭和時代の婦人運動家，女性史研究家。1990没。

渋谷天外(2代目)　しぶやてんがい　1906生。大正時代，昭和時代の喜劇俳優，劇作家。1983没。
タンディ，ジェシカ　1909生。イギリス生まれのアメリカの女優。1994没。
長谷川四郎　はせがわしろう　1909生。昭和時代の作家，詩人。法政大学教授。1987没。
森亮　もりりょう　1911生。昭和時代，平成時代の英文学者。島根大学教授。1994没。
八木一男　やぎかずお　1911生。昭和時代の政治家。衆院議員。1976没。
西出大三　にしでだいぞう　1913生。昭和時代，平成時代の截金家，工芸家。日本工芸会会長。1995没。
マルシェ，ジョルジュ(・ルネ・ルイ)　1920生。フランスの政治家。1997没。
アイボリー，ジェームズ　1928生。アメリカの映画監督。
若山セツ子　わかやませつこ　1929生。昭和時代の女優。1985没。
エリチベイ，アブルファズ　1938生。アゼルバイジャンの政治家。2000没。
中島啓之　なかじまひろゆき　1943生。昭和時代の騎手(日本中央競馬会)。日本騎手クラブ関東支部長。1985没。
シュッセル，ウォルフガング　1945生。オーストリアの政治家。
岸部四郎　きしべしろう　1949生。昭和時代，平成時代のタレント，俳優。
ニーソン，リーアム　1952生。イギリスの俳優。
プリンス　1958生。アメリカのミュージシャン，俳優。
小林武史　こばやしたけし　1959生。昭和時代，平成時代の音楽プロデューサー，編曲家，ミュージシャン。
手塚理美　てづかさとみ　1961生。昭和時代，平成時代の女優。
穴井夕子　あないゆうこ　1974生。平成時代のタレント。
矢部美穂　やべみほ　1977生。平成時代のタレント。
クルニコワ，アンナ　1981生。ロシアのテニス選手。
塩谷瞬　しおやしゅん　1982生。平成時代の俳優。

6月7日

6月8日

○記念日○ へその緒の日
バイキングの日

山科教言　やましなのりとき　1328生。南北朝時代, 室町時代の公卿。1411没。

トゥルバル, プリモジュ　1508生。スロヴァキアの聖職者, 文学者。1586没。

日奥　にちおう　1565生。安土桃山時代, 江戸時代前期の日蓮宗の僧。1630没。

全海　ぜんかい　1602生。江戸時代前期の湯殿山系の即身仏。1687没。

カッシーニ, ジョヴァンニ・ドメニコ　1625生。イタリア生まれのフランスの天文学者, 地図学者。1712没。

良応法親王　りょうおうほうしんのう　1678生。江戸時代中期の皇族。1708没。

プロコポーヴィチ, フェオファーン　1681生。ロシアの宗教家, 政治家, 作家。1736没。

加藤千卞　かとうじっせん　1699生。江戸時代中期の安芸広島藩士, 儒学者。1778没。

山内豊敷　やまうちとよのぶ　1712生。江戸時代中期の大名。1767没。

スミートン, ジョン　1724生。イギリスの土木技術者。1792没。

乗竹東谷　のりたけとうこく　1730生。江戸時代中期の藩士。1794没。

カリオストロ, アレッサンドロ, 伯爵　1743生。イタリアの眼科医, 錬金術師, 魔術師。1795没。

立原翠軒　たちはらすいけん　1744生。江戸時代中期, 後期の儒学者, 水戸藩士。1823没。

コンサルヴィ, エルコレ　1757生。イタリアの枢機卿。1824没。

リックマン, トマス　1776生。イギリスの建築家。1841没。

田中葵園　たなかきえん　1782生。江戸時代後期の漢学者。1845没。

サリー, トマス　1783生。イギリス生まれのアメリカの画家。1872没。

ブロディー, サー・ベンジャミン・コリンズ　1783生。イギリスの外科医。1862没。

シューマン, ローベルト　1810生。ドイツ・ロマン派の作曲家。1856没。

尾高高雅　おだかたかまさ　1812生。江戸時代, 明治時代の歌人。1887没。

リード, チャールズ　1814生。イギリスの小説家。1884没。

大炊御門家信　おおいみかどいえこと　1818生。江戸時代, 明治時代の公家。右大臣, 国事御用掛。1885没。

ベイカー, サー・サミュエル(・ホワイト)　1821生。イギリスの探検家。1893没。

手塚律蔵　てづかりつぞう　1822生。江戸時代, 明治時代の洋学者。1878没。

ミレイ, ジョン・エヴァレット　1829生。イギリスの画家。1896没。

ヴォロンツォーフ・ダーシコフ　1837生。ロシアの軍人, 政治家。1916没。

野村助作　のむらすけさく　1844生。江戸時代末期の筑前福岡藩士。1867没。

アルソンヴァル, (ジャック-)アルセーヌ・ド　1851生。フランスの物理学者。1940没。

ピートリ, ウィリアム・マシュー・フリンダーズ　1853生。イギリスの考古学者。1942没。

広津柳浪　ひろつりゅうろう　1861生。明治時代の小説家。1928没。

津田米次郎　つだよねじろう　1862生。明治時代, 大正時代の発明家。1915没。

ラシッヒ　1863生。ドイツの化学者, 工業家。1928没。

栃内曽次郎　とちないそうじろう　1866生。明治時代-昭和時代の海軍軍人。大将, 貴族院議員。1932没。

ライト, フランク・ロイド　1867生。アメリカの建築家。1959没。

棚橋源太郎　たなはしげんたろう　1869生。明治時代-昭和時代の理科教育者, 博物館研究者。東京国立博物館長。1961没。

アソリン　1874生。スペインの随筆家, 評論家, 小説家。1967没。

窪田空穂　くぼたうつぼ　1877生。明治時代-昭和時代の歌人, 国文学者。早稲田大学教授。1967没。

ワグナー　1877生。アメリカ(ドイツ生まれ)の政治家。1953没。
土岐善麿　ときぜんまろ　1885生。明治時代–昭和時代の歌人，国文学者。国語審議会会長。1980没。
今井登志喜　いまいとしき　1886生。大正時代，昭和時代の歴史学者。東京大学教授。1950没。
犬丸徹三　いぬまるてつぞう　1887生。大正時代，昭和時代の実業家。帝国ホテル社長，日本高架電鉄社長。1981没。
白鳥敏夫　しらとりとしお　1887生。昭和時代の外交官，政治家。衆議院議員。1949没。
カンバン，グヴュズムンドル・ヨウンソン　1888生。アイスランドの劇作家，小説家。1945没。
千家元麿　せんけもとまろ　1888生。大正時代，昭和時代の詩人。1948没。
町田嘉章　まちだかしょう　1888生。大正時代，昭和時代の邦楽研究者，作曲家。1981没。
フロマートカ，ヨゼフ・ルクル　1889生。チェコスロバキアのプロテスタント神学者。1969没。
トレチャコフ，セルゲイ・ミハイロヴィチ　1892生。ソ連の詩人，劇作家。1939没。
松尾国三　まつおくにぞう　1899生。昭和時代の実業家，興行師。雅叙園観光社長，日本ドリーム観光社長。1984没。
丸山薫　まるやまかおる　1899生。昭和時代の詩人。1974没。
岩田専太郎　いわたせんたろう　1901生。大正時代，昭和時代の挿絵画家。1974没。
知里幸恵　ちりゆきえ　1903生。大正時代のアイヌ文学伝承者。1922没。
ユルスナール，マルグリット　1903生。ベルギー生まれのフランスの女流小説家。1987没。
崔賢　さいけん　1907生。北朝鮮の政治家。1982没。
岩村三千夫　いわむらみちお　1908生。昭和時代の中国研究者，日中友好運動家。読売新聞社論説委員，中国研究所常務理事。1977没。
キャンベル，ジョン　1910生。アメリカのSF作家，雑誌編集者。1971没。
オノサト・トシノブ　1912生。昭和時代の洋画家。1986没。
クリック，フランシス・ハリー・コンプトン　1916生。イギリスの生化学者。2004没。
秋山庄太郎　あきやましょうたろう　1920生。昭和時代，平成時代の写真家。2003没。
三輪善雄　みわよしお　1920生。昭和時代の経営者。東京青年会議所(のち日本青年会議所)理事長。2000没。
スハルト　1921生。インドネシアの政治家，軍人。
青木幹雄　あおきみきお　1934生。昭和時代，平成時代の政治家。
スキャッグス，ボズ　1944生。アメリカのロック歌手，ギタリスト。
沼野充義　ぬまのみつよし　1954生。昭和時代，平成時代の文学者。
翔　しょう　1958生。昭和時代，平成時代のロック歌手。
森尾由美　もりおゆみ　1966生。昭和時代，平成時代のタレント，女優。
三村マサカズ　みむらまさかず　1967生。昭和時代，平成時代のコメディアン。
TERU　てる　1971生。平成時代の歌手。
城島健司　じょうじまけんじ　1976生。平成時代の大リーグ選手。
ダベンポート，リンゼイ　1976生。アメリカのテニス選手。
クライシュテルス，キム　1983生。ベルギーのテニス選手。

6月8日

6月9日

○記念日○　リサイクルの日

- ヘーゲロン, ペーダー・イェンセン　1542生。デンマークの監督, 教育家。1614没。
- ヘルプスト　1588生。ドイツの音楽理論家, 作曲家。1666没。
- ジーベル, カスパル　1590生。ドイツの改革派神学者, オランダ語聖書翻訳者。1658没。
- サーンレダム, ピーテル　1597生。オランダの画家。1665没。
- フリードリヒ2世　1633生。ヘッセン・ホンブルク地方伯(在位1681〜1708)。1708没。
- レオポルト1世　1640生。神聖ローマ皇帝(在位1658〜1705)。1705没。
- フョードル3世　1661生。ロシアの皇帝(在位1676〜82)。1682没。
- オステルマン　1686生。ロシアの外交官, 政治家。1747没。
- 松平定喬　まつだいらさだたか　1716生。江戸時代中期の大名。1763没。
- ミランダ, フランシスコ・デ　1756生。ベネズエラの革命家。1816没。
- 滝沢馬琴　たきざわばきん　1767生。江戸時代中期, 後期の読本・合巻作者。1848没。
- スレイター, サミュエル　1768生。アメリカ紡績業の父。1835没。
- ハンマー-プルクシュタル, ヨーゼフ　1774生。オーストリアの東洋学者, 外交官。1856没。
- グローテフェント　1775生。ドイツの言語学者。1853没。
- スティーヴンソン, ジョージ　1781生。イギリスの技術者。1848没。
- ペイン, ジョン・ハワード　1791生。アメリカの俳優, 劇作家。1852没。
- 黒川春村　くろかわはるむら　1799生。江戸時代後期の国学者, 狂歌師。1867没。
- ニコライ, オットー　1810生。ドイツの作曲家。1849没。
- ガレ, ヨハン・ゴットフリート　1812生。ドイツの天文学者。1910没。
- フェーリング, ヘルマン・フォン　1812生。ドイツの化学者。1885没。
- 浅野梅堂　あさのばいどう　1816生。江戸時代末期, 明治時代の書画家, 京都町奉行。1880没。
- 秋月種殷　あきづきたねとみ　1817生。江戸時代, 明治時代の高鍋藩主, 高鍋藩知事。1874没。
- 清水清太郎　しみずせいたろう　1843生。江戸時代末期の長州(萩)藩士。1865没。
- ズットナー, ベルタ, 男爵夫人　1843生。オーストリアの女流作家, 平和主義者。1914没。
- ルー, ヴィルヘルム　1850生。ドイツの解剖学者, 動物発生学者。1924没。
- ボラント　1854生。オランダの哲学者。1922没。
- ボアズ, フランツ　1858生。アメリカの文化人類学者。1942没。
- ニルセン, カール　1865生。デンクークの作曲家。1931没。
- 土肥慶蔵　どひけいぞう　1866生。明治時代-昭和時代の医学者。東京帝国大学医科大学教授。1931没。
- 二宮忠八　にのみやちゅうはち　1866生。明治時代の発明家。大阪製薬社長。1936没。
- 安達峰一郎　あだちみねいちろう　1869生。明治時代-昭和時代の外交官, 国際法学者。常設国際司法裁判所長。1934没。
- 富士松薩摩掾(3代目)　ふじまつさつまのじょう　1870生。明治時代-昭和時代の新内節富士松派演奏家。1942没。
- マチョス　1871生。ドイツの工学者, 技術史家。1942没。
- デール, サー・ヘンリー・ハレット　1875生。イギリスの医学者, 生化学者。1968没。
- 小川郷太郎　おがわごうたろう　1876生。大正時代, 昭和時代の財政学者, 政治家。法学博士, 第二次近衛内閣鉄道相。1945没。
- ボルヒャルト, ルードルフ　1877生。ドイツの作家。1945没。
- 日野熊蔵　ひのくまぞう　1878生。明治時代-昭和時代の陸軍軍人。中佐, 十条火薬製造所長。1946没。

リトルウッド, ジョン・エンザー　1885生。イギリスの数学者。1977没。
武内義雄　たけうちよしお　1886生。大正時代, 昭和時代の中国哲学者。東北大学教授。1966没。
山田耕筰　やまだこうさく　1886生。大正時代, 昭和時代の作曲家。1965没。
真野毅　まのつよし　1888生。大正時代, 昭和時代の弁護士, 裁判官。最高裁判事。1986没。
上野山清貢　うえのやまきよつぐ　1889生。洋画家。1960没。
河竹繁俊　かわたけしげとし　1889生。大正時代, 昭和時代の演劇研究家。早稲田大学教授・演劇博物館初代館長。1967没。
ゴエルグ, エドゥワール　1893生。フランスの画家, 版画家。1969没。
ベアマン, S.N.　1893生。アメリカの劇作家。1973没。
ポーター, コール　1893生。アメリカのポピュラー音楽作曲家。1964没。
里見勝蔵　さとみかつぞう　1895生。大正時代, 昭和時代の洋画家。1981没。
銭穆　せんぼく　1895生。中国の歴史学者。1990没。
小岩井浄　こいわいきよし　1897生。大正時代, 昭和時代の政治学者, 弁護士。愛知大学学長。1959没。
マラパルテ, クルツィオ　1898生。イタリアの小説家, 記録作家。1957没。
シャイン　1902生。アメリカ(チェコ生まれ)の物理学者。1960没。
オヴェーチキン, ワレンチン・ウラジーミロヴィチ　1904生。ソヴェトの作家。1968没。
竹中靖一　たけなかやすかず　1906生。昭和時代の実業家。近畿大学教授。1986没。
藤蔭絃枝　ふじかげいとえ　1907生。昭和時代の日本舞踊家。藤蔭流理事長, 日本舞踊協会参与。1975没。
大沢一郎　おおさわいちろう　1910生。昭和時代の司法官, 弁護士。検事総長。1986没。
杉浦明平　すぎうらみんぺい　1913生。昭和時代, 平成時代の小説家, 評論家。2001没。
土井憲治　どいけんじ　1913生。昭和時代, 平成時代の美術商。梅田近代美術館館長。1997没。
マクナマラ, ロバート　1916生。アメリカの政治家, 実業家。
田英夫　でんひでお　1923生。昭和時代, 平成時代の政治家, ジャーナリスト。
西山嘉孝　にしやまよしたか　1923生。昭和時代の俳優。
藤浪与兵衛(4代目)　ふじなみよへえ　1926生。昭和時代の演劇・舞踊の小道具方。1975没。
西尾忠久　にしおただひさ　1930生。昭和時代, 平成時代のエッセイスト。
丸山尚　まるやまひさし　1936生。昭和時代, 平成時代の市民運動家。
柳田邦男　やなぎたくにお　1936生。昭和時代, 平成時代のノンフィクション作家。
内田忠男　うちだただお　1939生。昭和時代, 平成時代のジャーナリスト。
渋谷陽一　しぶやよういち　1951生。昭和時代, 平成時代の音楽評論家, DJ。
柏葉幸子　かしわばさちこ　1953生。昭和時代, 平成時代の児童文学作家。
フォックス, マイケル・J.　1961生。アメリカの俳優。
デップ, ジョニー　1963生。アメリカの俳優。
薬師丸ひろ子　やくしまるひろこ　1964生。昭和時代, 平成時代の女優。
渋谷琴乃　しぶやことの　1975生。平成時代の女優。
内田恭子　うちだきょうこ　1976生。平成時代のアナウンサー。
沢村国矢　さわむらくにや　1978生。平成時代の歌舞伎役者。
国仲涼子　くになかりょうこ　1979生。平成時代の女優。
ポートマン, ナタリー　1981生。アメリカの女優。
大久保嘉人　おおくぼよしと　1982生。平成時代のサッカー選手。

登場人物

ドナルドダック　1934生。ディズニーのキャラクター。

6月9日

6月10日

○記念日○ 時の記念日
歩行者天国の日
路面電車の日
○忌　日○ 源信忌

アブ・ル・ワファー　940生。イスラム教徒の数学,天文学者。997没。
藤原済時　ふじわらのなりとき　941生。平安時代中期の公卿。995没。
後深草天皇　ごふかくさてんのう　1243生。鎌倉時代後期の第89代の天皇。1304没。
イブン・イヤース　1448生。エジプトの歴史家。1524没。
津軽信建　つがるのぶたけ　1574生。安土桃山時代の武将。1607没。
松平忠直　まつだいらただなお　1595生。江戸時代前期の大名。1650没。
徳川光圀　とくがわみつくに　1628生。江戸時代前期,中期の大名。1701没。
フレシエ,ヴァランタン・エスプリー　1632生。フランスの聖職者。1710没。
津軽采女正　つがるうねめのしょう　1667生。江戸時代中期の大名。1743没。
スチュアート,ジェイムズ,王子　1688生。イギリスの王位僭称者。1766没。
ドロンド,ジョン　1706生。イギリスの光学者。1761没。
田能村竹田　たのむらちくでん　1777生。江戸時代後期の南画家。1835没。
バラント,ギヨーム・プロスペール・ブリュジエール　1782生。フランスの歴史家,外交官。1866没。
飯沼慾斎　いいぬまよくさい　1783生。江戸時代後期の蘭方医,植物学者。1865没。
チェインバーズ,ロバート　1802生。スコットランドの出版者,著述家。1871没。
有村連寿尼　ありむられんじゅに　1809生。江戸時代後期,明治時代の女性。桜田門外の変の有村兄弟を育てた母。1895没。
広田憲寛　ひろたけんかん　1818生。江戸時代,明治時代の蘭学者,教育者。1888没。
クールベ,ギュスターヴ　1819生。フランスの画家。1877没。
高橋作也　たかはしさくや　1825生。江戸時代末期の近江膳所藩士。1865没。

入沢恭平　いりさわきょうへい　1831生。江戸時代,明治時代の洋方医教育者,陸軍軍医。陸軍一等軍医副。1874没。
アーノルド,エドウィン　1832生。イギリスの詩人,ジャーナリスト。1904没。
フェルディナンド4世　1835生。トスカナ大公（在位1859〜60）。1908没。
ハーゲンベック　1844生。ドイツの動物園経営者。1913没。
本庄宗武　ほんじょうむねたけ　1846生。江戸時代,明治時代の武士。丹後国宮津藩主。1893没。
井深梶之助　いぶかかじのすけ　1854生。明治時代–昭和時代のプロテスタント教育家。明治学院総理。1940没。
キュレル,フランソワ・ド　1854生。フランスの劇作家。1928没。
デュエム,ピエール・モーリス・マリー　1861生。フランスの理論物理学者,哲学者,科学史家。1916没。
ラグーザ玉　らぐーざたま　1861生。明治時代–昭和時代の洋画家。1939没。
市川門之助(6代目)　いちかわもんのすけ　1862生。明治時代,大正時代の歌舞伎役者。1914没。
有松英義　ありまつひでよし　1863生。明治時代,大正時代の官僚政治家,枢密顧問官。1927没。
クペールス,ルイス　1863生。オランダの小説家。1923没。
マイアー-グレーフェ,ユーリウス　1867生。ドイツの美術史家,美術評論家。1935没。
竹本綾之助(初代)　たけもとあやのすけ　1875生。明治時代,大正時代の義太夫節女流太夫。1942没。
ドラン,アンドレ　1880生。フランスの画家。1954没。
長谷部言人　はせべことんど　1882生。大正時代,昭和時代の人類学者,解剖学者。東京帝大

教授, 日本人類学会会長。1969没。
ヘンダーソン　1882生。イギリスの外交官。1942没。
駒井徳三　こまいとくぞう　1885生。昭和時代の官僚, 実業家。富士開発会長。1961没。
早川雪洲　はやかわせっしゅう　1886生。大正時代, 昭和時代の映画俳優。1973没。
酒井忠正　さかいただまさ　1893生。大正時代, 昭和時代の政治家。貴族院議員, 農林大臣。1971没。
古川竜生　ふるかわたつお　1893生。昭和時代の版画家。1968没。
河野通勢　こうのつうせい　1895生。大正時代, 昭和時代の洋画家。1950没。
土田耕平　つちだこうへい　1895生。大正時代, 昭和時代の歌人, 童話作家。1940没。
中村敬三　なかむらけいぞう　1896生。昭和時代の細菌学者。国立予防衛生研究所長。1993没。
サラン　1899生。フランスの軍人。1984没。
吉尾なつ子　よしおなつこ　1899生。昭和時代の小説家。1968没。
安藤更生　あんどうこうせい　1900生。大正時代, 昭和時代の美術史家。早稲田大学教授, 中国文化振興会理事長。1970没。
深川武　ふかがわたけし　1900生。大正時代, 昭和時代の水平社運動指導者。1962没。
赤星六郎　あかぼしろくろう　1901生。大正時代, 昭和時代のアマチュアゴルファー。1944没。
斎藤達雄　さいとうたつお　1902生。昭和時代の俳優。1968没。
城左門　じょうさもん　1904生。大正時代, 昭和時代の詩人, 小説家。1976没。
土家由岐雄　つちやゆきお　1904生。昭和時代, 平成時代の児童文学作家。1999没。
有泉亨　ありいずみとおる　1906生。昭和時代, 平成時代の弁護士。東京大学社会科学研究所教授。1999没。
木村知石　きむらちせき　1907生。昭和時代の書家。日展常務理事, 毎日書道会総務。1983没。
瀬長亀次郎　せながかめじろう　1907生。昭和時代, 平成時代の政治家。日本共産党幹部会副委員長, 衆議院議員。2001没。
デルフィーニ, アントーニオ　1907生。イタリアの小説家。1963没。
久野収　くのおさむ　1910生。昭和時代, 平成時代の評論家, 哲学者。1999没。

カークパトリック, ラルフ　1911生。アメリカのハープシコード, クラヴィコード, ピアニスト。1984没。
ラティガン, テレンス　1911生。イギリスの劇作家。1977没。
小森武　こもりたけし　1912生。昭和時代の政治顧問。都政調査会常務理事。1999没。
岡本良雄　おかもとよしお　1913生。昭和時代の児童文学者。1963没。
ベロー, ソール　1915生。ユダヤ系のアメリカの小説家。2005没。
近喜代一　ちかきよいち　1917生。昭和時代の社会運動家。1973没。
エディンバラ公　1921生。英国女王エリザベス2世の夫。
ガーランド, ジュディ　1922生。アメリカのポピュラー歌手, 女優。1969没。
一条さゆり　いちじょうさゆり　1929生。昭和時代のストリッパー。1997没。
上坂冬子　かみさかふゆこ　1930生。昭和時代, 平成時代のノンフィクション作家, 社会評論家。
藤原雄　ふじわらゆう　1932生。昭和時代, 平成時代の陶芸家。倉敷芸術科学大学教授。2001没。
ジェームス三木　じぇーむすみき　1935生。昭和時代, 平成時代の脚本家, 作家。
稲尾和久　いなおかずひさ　1937生。昭和時代, 平成時代の野球評論家, 元・プロ野球監督。
米長邦雄　よねながくにお　1943生。昭和時代, 平成時代の棋士。
喜納昌吉　きなしょうきち　1948生。昭和時代, 平成時代の音楽家。
ワグノリュス, ゲディミナス　1957生。リトアニアの政治家, 経済学者。
チェンバレン, ジミー　1964生。アメリカのロックドラマー。
大神いずみ　おおがみいずみ　1969生。平成時代のタレント。
忍足亜希子　おしだりあきこ　1970生。平成時代の女優。
松たか子　まつたかこ　1977生。平成時代の女優, 歌手。
ソビエスキー, リーリー　1982生。アメリカの女優。

6月10日

6月11日

○記念日○ 国立銀行設立の日

泰澄　たいちょう　682生。飛鳥時代, 奈良時代の山岳修行者。767没。
妙清　みょうしょう　1239生。鎌倉時代前期, 後期の杜僧。1305没。
メディチ, コジモ1世　1519生。イタリアの財閥。1574没。
ザッコーニ　1555生。イタリアの歌手, 作曲家, 理論家。1627没。
ジョンソン, ベン　1573生。イギリスの劇作家, 詩人, 批評家。1637没。
ウィザー, ジョージ　1588生。イギリスの詩人。1667没。
ジェルビヨン, ジャン・フランソワ　1654生。フランス出身のイエズス会士, 医学者。1707没。
山本常朝　やまもとつねとも　1659生。江戸時代前期, 中期の思想家。1719没。
井上通女　いのうえつうじょ　1660生。江戸時代中期の女性。歌人, 文学者。1738没。
林一烏　はやしいちう　1680生。江戸時代中期の医師。1768没。
ケイペル, エドワード　1713生。イギリスのシェークスピア学者。1781没。
本木良永　もときよしなが　1735生。江戸時代中期のオランダ通詞, 蘭学者。1794没。
ハウクウィッツ　1752生。プロシアの政治家。1832没。
高野春華　たかのしゅんか　1761生。江戸時代中期, 後期の越前福井藩士, 儒学者。1839没。
井伊直中　いいなおなか　1766生。江戸時代中期, 後期の大名。1831没。
コンスタブル, ジョン　1776生。イギリスの風景画家。1837没。
賀川南竜　かがわなんりゅう　1781生。江戸時代後期の産科医。1838没。
小関三英　こせきさんえい　1787生。江戸時代後期の蘭学者。1839没。
ヴィルマン, アベル-フランソワ　1790生。フランスの評論家, 政治家。1870没。
井伊直亮　いいなおあき　1794生。江戸時代末期の大名, 大老。1850没。

キャメロン, ジュリア・マーガレット　1815生。イギリスの女流写真家。1879没。
ベートリンク　1815生。ドイツのサンスクリット学者。1904没。
斎田明善　さいだめいぜん　1827生。江戸時代末期, 明治時代の上野館林藩家老。1889没。
ヴァレス, ジュール　1832生。フランスの小説家, ジャーナリスト。1885没。
黒田桃民　くろだとうみん　1838生。江戸時代, 明治時代の医師, 尊攘派志士。1895没。
フォルトゥニー・イ・マルサル, マリアーノ　1838生。スペインの画家。1874没。
リンデ, カール・フォン　1842生。ドイツの工学者。1934没。
ホプキンズ, ジェラード・マンリー　1844生。イギリスの聖職者, 詩人。1889没。
フォーセット, デイム・ミリセント　1847生。イギリスの婦人参政権運動の指導者。1929没。
フォルラニーニ　1847生。イタリアの医師。1918没。
ウォード, メアリ・オーガスタ　1851生。イギリスの女流作家。1920没。
瓜生震　うりゅうしん　1853生。明治時代の実業家。1920没。
マーティン, ヴァイオレット・フローレンス　1862生。アイルランドの女流作家。1915没。
シュトラウス, リヒャルト　1864生。ドイツの作曲家, 指揮者。1949没。
ファブリ, マリー・ポール・オーギュスト・シャルル　1867生。フランスの物理学者。1945没。
クローバー, アルフレッド・ルイス　1876生。アメリカの文化人類学者。1960没。
桜井忠温　さくらいただよし　1879生。明治時代-昭和時代の軍人, 小説家。1965没。
石上露子　いそのかみつゆこ　1882生。明治時代-昭和時代の歌人。1959没。
田中館秀三　たなかだてひでぞう　1884生。明治時代-昭和時代の地質学者, 火山学者。

1951没。

宮地嘉六　みやぢかろく　1884生。大正時代，昭和時代の小説家。1958没。

岡本一平　おかもといっぺい　1886生。大正時代，昭和時代の漫画家。洋漫画。1948没。

長野国助　ながのくにすけ　1887生。大正時代，昭和時代の弁護士。日本弁護士連合会会長，全国人権擁護委員連合会会長。1971没。

那須皓　なすしろし　1888生。大正時代，昭和時代の農業経済学者。アジア救ライ協会理事長。1984没。

豊田喜一郎　とよだきいちろう　1894生。大正時代，昭和時代の実業家。トヨタ自動車工業創立者。1952没。

鄭伯奇　ていはくき　1895生。中国の小説家。1979没。

ブルガーニン，ニコライ・アレクサンドロヴィチ　1895生。ソ連の政治家。1975没。

田中薫　たなかかおる　1898生。昭和時代の地理学者，登山研究家。神戸大学教授，田中千代学園副理事長。1982没。

川端康成　かわばたやすなり　1899生。大正時代，昭和時代の小説家。1972没。

三田村武夫　みたむらたけお　1899生。昭和時代の政治家。衆院議員。1964没。

シェバリン，ヴィサリオン・ヤコヴレヴィチ　1902生。ソ連邦の作曲家。1963没。

山崎峯次郎　やまざきみねじろう　1903生。昭和時代の実業家。エスビー食品社長。1974没。

品川工　しながわたくみ　1908生。昭和時代，平成時代の版画家。

中村富十郎(4代目)　なかむらとみじゅうろう　1908生。昭和時代の歌舞伎役者。1960没。

殷夫　いんふ　1910生。中国の詩人。1931没。

クストー，ジャック・イヴ　1910生。フランスの海洋探検家，海洋学者。1997没。

バジオーティズ，ウィリアム　1912生。アメリカの画家。1963没。

ファン・フン　1912生。ベトナムの政治家。1988没。

諏訪博　すわひろし　1915生。昭和時代のテレビディレクター。東京放送社長。1989没。

小山内宏　おさないひろし　1916生。昭和時代の軍事評論家。1978没。

宮沢章二　みやざわしょうじ　1919生。昭和時代の詩人。

吉国二郎　よしくにじろう　1919生。昭和時代，平成時代の官僚，経営者。大蔵事務次官，全国地方銀行協会長。1997没。

ゴフマン，アーヴィング　1922生。アメリカの社会学者。1982没。

高井節子　たかいせつこ　1929生。昭和時代の児童文学作家。

阿部進　あべすすむ　1930生。昭和時代，平成時代の教育・児童評論家。

綱淵昭三　つなぶちしょうぞう　1934生。昭和時代，平成時代のジャーナリスト，経営評論家。

原ひろ子　はらひろこ　1934生。昭和時代，平成時代の文化人類学者。

渡辺みどり　わたなべみどり　1935生。昭和時代，平成時代のテレビプロデューサー。

山元清多　やまもときよかず　1939生。昭和時代，平成時代の演出家，劇作家。

西永良成　にしながよしなり　1944生。昭和時代，平成時代のフランス文学者。

林家小染(4代目)　はやしやこそめ　1947生。昭和時代の落語家。1984没。

モンタナ，ジョー　1956生。アメリカの元・プロフットボール選手。

アレジ，ジャン　1964生。フランスの元・F1ドライバー。

沢口靖子　さわぐちやすこ　1965生。昭和時代，平成時代の女優。

川本淳一　かわもとじゅんいち　1970生。平成時代の俳優。

北川えり　きたがわえり　1975生。平成時代のタレント。

チェ・ジウ　1975生。韓国の女優。

土佐礼子　とされいこ　1976生。平成時代のマラソン選手。

山口もえ　やまぐちもえ　1977生。平成時代のタレント。

新垣結衣　あらがきゆい　1988生。平成時代の女優。

6月11日

6月12日

○記念日○　バザー記念日
　　　　　　育児の日
　　　　　　宮城県防災の日

黄庭堅　こうていけん　1045生。中国, 北宋の詩人, 書家。1105没。
マヌティウス, パウルス　1512生。イタリアの印刷業者。1574没。
ギュルダン　1577生。スイスの数学者。1643没。
柳沢時睦　やなぎさわときちか　1696生。江戸時代中期の大名。1750没。
原南陽　はらなんよう　1753生。江戸時代中期, 後期の医師。1820没。
ル・シャプリエ　1754生。フランスの政治家。1794没。
高尾蕉鹿　たかおしょうろく　1779生。江戸時代末期の浮世絵師。1845没。
マーティノー, ハリエット　1802生。イギリスの女流文学者。1876没。
フォルトラーゲ　1806生。ドイツの哲学者。1881没。
ローブリング, ジョン・オーガスタス　1806生。ドイツ生まれのアメリカの橋梁技術者。1869没。
ケメーニュ・ジグモンド　1814生。ハンガリーの小説家。1875没。
キングズリー, チャールズ　1819生。イギリスの牧師, 小説家。1875没。
為永春友　ためながしゅんゆう　1826生。江戸時代の作者。1898没。
ドローネー, ジュール-エリー　1828生。フランスの画家。1891没。
シュピーリ, ヨハンナ　1829生。スイスの女流作家。1901没。
ウィーヴァー　1833生。アメリカの法律家, 軍人, 政治家。1912没。
シャンツ　1842生。ドイツの古典学者。1914没。
ギル, サー・デイヴィド　1843生。スコットランドの天文学者。1914没。
ギルマー(ギルモア), ジェイムズ　1843生。イギリスの宣教師。1891没。

ロッジ, サー・オリヴァー・ジョゼフ　1851生。イギリスの物理学者。1940没。
マクドナルド　1852生。イギリスの外交官。1915没。
ジョンストン, サー・ハリー・ハミルトン　1858生。イギリスの探検家。1927没。
朴泳孝　ぼくえいこう　1861生。明治時代-昭和時代の政治家。貴族院議員, 侯爵。1939没。
マイアー-フェルスター, ヴィルヘルム　1862生。ドイツの小説家, 劇作家。1934没。
小林丑三郎　こばやしうしさぶろう　1866生。明治時代, 大正時代の経済学者。法政局参事官。1930没。
シュアレス, アンドレ　1868生。フランスの詩人, 随筆家, 劇作家。1948没。
花井卓蔵　はないたくぞう　1868生。明治時代-昭和時代の弁護士, 政治家。衆議院議員, 東京弁護士会会長, 法学博士。1931没。
ルーカス, エドワード・ヴェラル　1868生。イギリスの随筆家。1938没。
松井等　まついひとし　1877生。明治時代-昭和時代の東洋史学者。国学院大學教授。1937没。
下中弥三郎　しもなかやさぶろう　1878生。大正時代, 昭和時代の出版人, 教育運動家。平凡社社長, 日本書籍出版協会初代会長。1961没。
橋本増吉　はしもとますきち　1880生。大正時代, 昭和時代の東洋史学者。東洋大学学長, 慶応義塾大学教授。1956没。
ロウィー, ロバート・ハリー　1883生。オーストリア生まれのアメリカの文化人類学者。1957没。
牛山充　うしやまみつる　1884生。大正時代, 昭和時代の音楽評論家, 舞踊評論家。1963没。
伊藤忠兵衛　いとうちゅうべえ　1886生。大正時代, 昭和時代の実業家。伊藤忠商事社長, 東洋パルプ会長。1973没。

内藤多仲　ないとうたちゅう　1886生。大正時代，昭和時代の建築家，建築構造学者。早稲田大学教授。1970没。

コトフスキー　1887生。ソ連の軍人。1925没。

シーレ，エゴン　1890生。オーストリアの画家。1918没。

辻村太郎　つじむらたろう　1890生。大正時代，昭和時代の地理学者。東京大学教授，日本地理学会会長。1983没。

山内得立　やまうちとくりゅう　1890生。大正時代，昭和時代の哲学者。京都大学教授，京都教育大学長。1982没。

倉井敏麿　くらいとしまろ　1895生。昭和時代の実業家。貴族院議員。1982没。

和田完二　わだかんじ　1896生。昭和時代の経営者。丸善石油社長。1968没。

イーデン，サー・アントニー　1897生。イギリスの首相（1955～57）。1977没。

潮みどり　うしおみどり　1897生。大正時代の歌人。1927没。

グーセンス，レオン　1897生。イギリスのオーボエ奏者。1988没。

新海竹蔵　しんかいたけぞう　1897生。大正時代，昭和時代の彫刻家。1968没。

タンスマン，アレクサンドル　1897生。ポーランドの作曲家，指揮者，ピアニスト。1986没。

古今亭今輔（5代目）　ここんていいますけ　1898生。大正時代，昭和時代の落語家。1976没。

リップマン，フリッツ・アルベルト　1899生。アメリカの生化学者。1986没。

山際正道　やまぎわまさみち　1901生。昭和時代の官僚，銀行家。日銀総裁，大蔵事務次官。1975没。

日影丈吉　ひかげじょうきち　1908生。昭和時代，平成時代の推理作家，フランス料理研究家。1991没。

影山正治　かげやままさはる　1910生。昭和時代の国家主義者，歌人。1979没。

ホヴランド　1912生。アメリカの心理学者。1961没。

オアナ，モーリス　1914生。フランスのピアニスト，作曲家。1992没。

池見酉次郎　いけみゆうじろう　1915生。昭和時代の医学者。心身医学，国際心身医学会会長。1999没。

中村時雄　なかむらときお　1915生。昭和時代，平成時代の政治家。衆議院議員。2001没。

田中正巳　たなかまさみ　1917生。昭和時代の政治家。衆議院議員，参議院議員。2005没。

竹内実　たけうちみのる　1923生。昭和時代，平成時代の文芸評論家。

ブッシュ，ジョージ　1924生。アメリカの政治家。

大田昌秀　おおたまさひで　1925生。昭和時代，平成時代の政治家。

ショーミン，ヴィターリー・ニコラエヴィチ　1927生。ソ連の小説家。1978没。

茨木のり子　いばらぎのりこ　1926生。昭和時代，平成時代の詩人。2006没。

小幡欣治　おばたきんじ　1928生。昭和時代，平成時代の劇作家，演出家。

フランク，アンネ　1929生。「アンネの日記」で知られるユダヤ系オランダ人少女。1945没。

ブローフィ，ブリジッド　1929生。イギリスの作家。1995没。

船村徹　ふなむらとおる　1932生。昭和時代，平成時代の作曲家。日本作曲家協会会長。

江副浩正　えぞえひろまさ　1936生。昭和時代，平成時代の実業家。リクルート会長。

坂東吉弥（2代目）　ばんどうきちや　1937生。昭和時代，平成時代の歌舞伎役者。2004没。

鎌田慧　かまたさとし　1938生。昭和時代，平成時代のルポライター。

コリア，チック　1941生。アメリカのジャズピアニスト。

モラウタ，メケレ　1946生。パプアニューギニアの政治家。

佐藤文志　さとうたけし　1947生。昭和時代の軍人。アメリカ陸軍一等兵。1969没。

沖雅也　おきまさや　1952生。昭和時代の俳優。1983没。

レオン，トニー　1962生。香港の俳優。

宮本浩次　みやもとひろじ　1966生。昭和時代，平成時代のミュージシャン。

松井秀喜　まついひでき　1974生。平成時代の大リーグ選手。

里谷多英　さとやたえ　1976生。平成時代のスキー選手。

釈由美子　しゃくゆみこ　1978生。平成時代の女優。

6月12日

6月13日

○記念日○　FMの日
　　　　　小さな親切運動スタートの日
○忌　日○　桜桃忌
　　　　　杉風忌

文帝（隋）　ぶんてい　541生。中国，隋朝の初代皇帝（在位581～604）。604没。
高宗（唐）　こうそう　628生。中国，唐の第3代皇帝（在位649～683）。683没。
カルル2世　823生。西フランク王（在位843～877）。877没。
足利義教　あしかがよしのり　1394生。室町時代の室町幕府第6代の将軍。1441没。
申叔舟　しんしゅくしゅう　1417生。朝鮮，李朝の学者，政治家。1475没。
広橋綱光　ひろはしつなみつ　1431生。室町時代の公卿。1477没。
アマン，ヨースト　1539生。スイスの木版画家，銅版画家。1591没。
伊東祐慶　いとうすけのり　1589生。江戸時代前期の大名。1636没。
ゴリーツィン，ドミートリイ　1665生。ロシアの貴族，政治家。1737没。
聖祝女王　しょうしゅくじょおう　1709生。江戸時代中期の女性。東山天皇の第4皇女。1721没。
バーニー，ファニー　1752生。イギリスの女流小説家，日記作者。1840没。
ヤング，トマス　1773生。イギリスの医師，物理学者，考古学者。1829没。
パエス，ホセ・アントニオ　1790生。ベネズエラの政治家，大統領（31～35, 39～43）。1873没。
アーノルド，トマス　1795生。イギリスの教育家。1842没。
エルトマン　1805生。ドイツの哲学者，哲学史家。1892没。
マクマオン，マリー・エドム・パトリス・モーリス・ド，マジェンタ公爵　1808生。フランスの軍人，政治家，大統領。1893没。
ブロイ，アルベール・ヴィクトル　1821生。フランスの政治家，歴史家。1901没。
池尻胤房　いけじりたねふさ　1830生。江戸時代末期，明治時代の公家。1870没。

マクスウェル，ジェイムズ・クラーク　1831生。イギリスの物理学者。1879没。
速水堅曹　はやみけんそう　1839生。明治時代の製糸指導者。1913没。
レンツ　1850生。ドイツの歴史家。1932没。
パーソンズ，サー・チャールズ・アルジャーノン　1854生。イギリスの技術者。1931没。
大熊氏広　おおくまうじひろ　1856生。明治時代，大正時代の彫刻家，文展審査委員。1934没。
小山健三　こやまけんぞう　1858生。明治時代，大正時代の官僚，実業家。三十四銀行頭取，貴族院議員。1923没。
白瀬矗　しらせのぶ　1861生。明治時代の探検家。1946没。
高野佐三郎　たかのささぶろう　1862生。明治時代-昭和時代の剣道家。1950没。
チェレーン　1864生。スウェーデンの政治学者，地政学者。1922没。
イェイツ，W.B.　1865生。アイルランドの詩人，劇作家。1939没。
ヴァールブルク，アビー　1866生。ドイツの美術史家，文化史家。1929没。
金子直吉　かねこなおきち　1866生。明治時代-昭和時代の実業家。鈴木商店番頭。1944没。
マレット，ロバート・ラナルフ　1866生。イギリスの哲学者，人類学者。1943没。
セイバイン，ウォーレス・クレメント・ウェア　1868生。アメリカの物理学者。1919没。
ボルデー，ジュール・ジャン・バティスト・ヴァンサン　1870生。ベルギーの細菌学者。1961没。
ドマンジョン　1872生。フランスの地理学者。1940没。
林鶴一　はやしつるいち　1873生。明治時代，大正時代の数学者。東北帝国大学名誉教授，理学博士。1935没。
ルゴネス，レオポルド　1874生。アルゼンチンの詩人。1938没。

ゴセット　1876生。イギリスの醸造技術者，数理統計学者。1937没。
ゴーティオ　1876生。フランスの比較言語学者，イラン語学者。1916没。
ステラ，ジョゼフ　1877生。アメリカの画家。1946没。
ジルソン，エチエンヌ　1884生。フランスの哲学者，哲学史家。1978没。
バチェラー八重子　ばちぇらーやえこ　1884生。明治時代–昭和時代のキリスト教伝道者。1962没。
シューマン，エリーザベト　1885生。ドイツのソプラノ歌手。1952没。
中島弥団次　なかじまやだんじ　1886生。大正時代，昭和時代の官僚，政治家。衆議院議員。1962没。
岡本帰一　おかもときいち　1888生。大正時代の画家，童画家。1930没。
ペソア，フェルナンド　1888生。ポルトガルの詩人。1935没。
賀集益蔵　かしゅうえきぞう　1889生。昭和時代の実業家。三菱レイヨン社長，日本化学繊維協会長。1974没。
セイヤーズ，ドロシー・L.　1893生。イギリスの女流小説家，劇作家。1957没。
ヴァン・ドーレン，マーク　1894生。アメリカの詩人，評論家，小説家。1972没。
須永好　すながこう　1894生。大正時代，昭和時代の農民運動家。日本社会党中央委員，衆議院議員。1946没。
山田清三郎　やまだせいざぶろう　1896生。大正時代，昭和時代の小説家，評論家。1987没。
ヌルミ，パーヴォ　1897生。フィンランドのマラソン選手。1973没。
チャヴェス，カルロス　1899生。メキシコの作曲家，指揮者。1978没。
小松清　こまつきよし　1900生。昭和時代の文芸評論家，フランス文学者。1962没。
二村定一　ふたむらていいち　1900生。大正時代，昭和時代のジャズ歌手，俳優。1940没。
エルランデル　1901生。スウェーデンの政治家。1985没。
プレヴォー，ジャン　1901生。フランスの小説家，評論家。1944没。
グレーンジ，レッド　1903生。アメリカのプロフットボール選手。1991没。
野沢吉兵衛(9代目)　のざわきちべえ　1903生。昭和時代の義太夫節三味線方。1980没。
陳雲　ちんうん　1905生。中国の政治家。1995没。

水沢謙三　みずさわけんぞう　1907生。昭和時代の経営者。東京海上火災保険社長。1978没。
アルヴァレス，ルイス・ウォルター　1911生。アメリカの物理学者。1988没。
ミュラー，エルウィン・ウィルヘルム　1911生。ドイツ生まれのアメリカの物理学者。1977没。
ガルノー，エクトール・ド・サン-ドニ　1912生。カナダの詩人。1943没。
バッジ，ドン　1915生。アメリカのテニス選手。2000没。
和歌森太郎　わかもりたろう　1915生。昭和時代の日本史学者，民俗学者。東京教育大学教授。1977没。
梅棹忠夫　うめさおただお　1920生。昭和時代，平成時代の民族学者，比較文明学者。
岡田英次　おかだえいじ　1920生。昭和時代，平成時代の俳優。1995没。
奈良光枝　ならみつえ　1923生。昭和時代の歌手。1977没。
デウバ，シェール・バハドル　1946生。ネパールの政治家。
上村智子　かみむらともこ　1956生。昭和時代の水俣病裁判の原告。1977没。
山田邦子　やまだくにこ　1960生。昭和時代，平成時代のタレント。
河合美智子　かわいみちこ　1968生。昭和時代，平成時代の女優。
森口博子　もりぐちひろこ　1968生。昭和時代，平成時代のタレント，歌手。
川本ゆかり　かわもとゆかり　1972生。平成時代のスポーツコメンテーター，元・新体操選手。
市川実日子　いちかわみかこ　1978生。平成時代の女優。
伊調馨　いちょうかおり　1984生。平成時代のレスリング選手。
オルセン，アシュレイ　1986生。アメリカの女優。
オルセン，メアリー・ケート　1986生。アメリカの女優。

6月13日

登場人物

ジェイソン　映画『13日の金曜日』の登場人物。

343

6月14日

○記念日○　開発支援ツールの日

醍醐冬基　だいごふゆもと　1648生。江戸時代前期の公家。1697没。
アルビノーニ,トマゾ　1671生。イタリアの作曲家。1751没。
クーロン,シャルル・オーギュスタン・ド　1736生。フランスの物理学者。1806没。
奥平昌男　おくだいらまさお　1763生。江戸時代中期の大名。1786没。
塩谷大四郎　しおのやだいしろう　1769生。江戸時代中期,後期の西国筋郡代。1836没。
竹内武信　たけのうちぶしん　1784生。江戸時代後期の和算家,上田藩士。1853没。
喬子女王　たかこじょおう　1795生。江戸時代後期の女性。12代将軍徳川家慶の正室。1840没。
パラツキー　1798生。チェコスロバキア,チェコの歴史家,政治家。1876没。
ストー,ハリエット・ビーチャー　1811生。アメリカの女流小説家。1896没。
エリス,アレグザンダー・ジョン　1814生。イギリスの数学者,音響学者,音楽理論家。1890没。
尊常法親王　そんじょうほうしんのう　1818生。江戸時代後期の伏見宮貞敬親王の第8王子。1836没。
バートレット,ジョン　1820生。アメリカの辞書編集者。1905没。
アレクサンドリ,ヴァシーレ　1821生。ルーマニアの劇作家,詩人。1890没。
ラヴロフ,ピョートル・ラヴロヴィチ　1823生。ロシアの革命家,哲学者。1900没。
プティジャン,ベルナール・タデー　1829生。フランス人宣教師。1884没。
孝明天皇　こうめいてんのう　1831生。江戸時代末期の第121代の天皇。1867没。
オットー,ニコラウス　1832生。ドイツの技術者。1891没。
ルビンシテイン,ニコライ・グリゴリエヴィチ　1835生。ロシアの音楽家。1881没。
児玉次郎彦　こだまじろひこ　1842生。江戸時代末期の周防徳山藩士。1864没。

林与　はやしたすく　1843生。江戸時代末期の周防徳山藩士。1869没。
マセオ・イ・グラハレス　1845生。キューバの独立運動家。1896没。
伊藤次郎左衛門(14代目)　いとうじろうざえもん　1848生。明治時代,大正時代の実業家。松坂屋百貨店店主,伊藤銀行取締役。1930没。
鈴木松年　すずきしょうねん　1848生。明治時代,大正時代の日本画家。1918没。
ボウズンキット,バーナード　1848生。イギリス新ヘーゲル主義の最後の哲学者。1923没。
松平忠礼　まつだいらただなり　1850生。上田藩主,上田藩知事,子爵。1895没。
マルコフ,アンドレイ・アンドレエヴィチ　1850生。ソ連邦の数学者。1922没。
ラ・フォレット,ロバート・M(マリオン)　1855生。アメリカの政治家。1925没。
ブラゴエフ　1856生。ブルガリアの思想家。1924没。
奥田義人　おくだよしと　1860生。明治時代,大正時代の政治家,法学者。衆議院議員,中央大学学長。1917没。
ラントシュタイナー,カール　1868生。オーストリアの病理学者。1943没。
今村明恒　いまむらあきつね　1870生。明治時代-昭和時代の地震学者。1948没。
ドヴォルジャーク,マックス　1874生。オーストリアの美術史学者。1921没。
原夫次郎　はらふじろう　1875生。明治時代-昭和時代の政治家,官僚。衆議院議員。1953没。
バトリ,ジャーヌ　1877生。フランスのメゾソプラノ歌手。1970没。
モーロ,ヴァルター・フォン　1880生。オーストリアの小説家。1958没。
古河力作　ふるかわりきさく　1884生。明治時代の無政府主義者。1911没。
マコーマック,ジョン　1884生。アイルランド生まれのテナー歌手。1945没。

河上弘一　かわかみこういち　1886生。大正時代,昭和時代の銀行家。日本輸出入銀行総裁,日本興業銀行総裁。1957没。

山脇敏子　やまわきとしこ　1887生。大正時代,昭和時代の服飾手芸家。1960没。

オグニョーフ, ニコライ　1888生。ソ連邦の作家。1938没。

ヒルシュ, エマーヌエル　1888生。ドイツのルター派の神学者。1972没。

ペンツォルト, エルンスト　1892生。ドイツの作家。1955没。

北川千代　きたがわちよ　1894生。大正時代,昭和時代の児童文学作家,小説家。1965没。

駒村資正　こむらすけまさ　1894生。大正時代,昭和時代の実業家。日本貿易振興会理事長,江商社長。1969没。

フライシャー, ディヴ　1894生。アメリカの漫画映画作家。没年不詳。

マリアテギ, ホセ・カルロス　1894生。ペルーの革命家,思想家。1930没。

川端康成　かわばたやすなり　1899生。大正時代,昭和時代の小説家。ノーベル文学賞受賞。1972没。

小野さつき　おのさつき　1901生。明治時代,大正時代の教育者。1922没。

千谷利三　ちたにとしぞう　1901生。昭和時代の化学者。大阪大学教授,東京都立大学教授。1973没。

添田さつき　そえださつき　1902生。昭和時代の小説家。1980没。

バーク-ホワイト, マーガレット　1906生。アメリカの女流写真家。1971没。

シャール, ルネ　1907生。フランスの詩人。1988没。

周郷博　すごうひろし　1907生。昭和時代の教育学者。お茶の水女子大学教授。1980没。

ハイゼラー, ベルント・フォン　1907生。ドイツの小説家,劇作家。1969没。

レイン, キャスリーン　1908生。イギリスの女流詩人。2003没。

アイヴズ, バール　1909生。アメリカの歌手,俳優。1995没。

ケンペ, ルドルフ　1910生。ドイツの指揮者。1976没。

大江宏　おおえひろし　1913生。昭和時代の建築家。法政大学教授,日本建築家協会会長。1989没。

ワナメイカー, サム　1919生。アメリカの俳優,映画監督,舞台演出家。1993没。

駒井哲郎　こまいてつろう　1920生。昭和時代の銅版画家。東京芸術大学教授。1976没。

ソロウーヒン, ウラジーミル・アレクセーヴィチ　1924生。ソ連の詩人・作家。1997没。

ゲバラ, エルネスト・チェ　1928生。キューバの革命家。1967没。

日野啓三　ひのけいぞう　1929生。昭和時代,平成時代の小説家,評論家。2002没。

コジンスキー, ジャージ　1933生。ポーランド生まれのユダヤ系アメリカ人作家。1991没。

杉原輝雄　すぎはらてるお　1937生。昭和時代,平成時代のプロゴルファー。

椎名誠　しいなまこと　1944生。昭和時代,平成時代の作家。

ハイデン, エリック　1958生。アメリカの整形外科医,元・スピードスケート選手。

ボーイ・ジョージ　1961生。イギリスの歌手。

永井美奈子　ながいみなこ　1965生。平成時代のアナウンサー。

大塚寧々　おおつかねね　1968生。昭和時代,平成時代の女優。

中島史恵　なかじまふみえ　1968生。昭和時代,平成時代のタレント。

グラフ, シュテフィ　1969生。ドイツの元・テニス選手。

前田健　まえだけん　1971生。平成時代のコメディアン。

前田智徳　まえだとものり　1971生。平成時代のプロ野球選手。

6月14日

6月15日

○記念日○　暑中見舞いの日
　　　　　　信用金庫の日
○忌　日○　季吟忌

空海　くうかい　774生。平安時代前期の真言宗の開祖。835没。
エドワード黒太子　1330生。エドワード3世の長子。1376没。
プーサン，ニコラ　1594生。フランスの画家。1665没。
ランドルフ，トマス　1605生。イギリスの詩人，劇作家。1635没。
幸地賢忠　こうちけんちゅう　1623生。江戸時代前期の琉球三味線音楽の確立者，湛水流の祖。1684没。
湛水　たんすい　1623生。江戸時代前期の琉球古典三線の名人。1684没。
東久世通廉　ひがしくぜみちかど　1630生。江戸時代前期の公家。1684没。
随庸　ずいよう　1634生。江戸時代前期の浄土真宗の僧。1689没。
ラ・フォッス，シャルル・ド　1636生。フランスの画家。1716没。
阿部正武　あべまさたけ　1649生。江戸時代前期，中期の大名。1704没。
メリエ，ジャン　1664生。フランスの聖職者，自由主義者。1729没。
フールクロワ，アントワーヌ・フランソワ・ド　1755生。フランスの化学者。1809没。
コールブルック　1765生。イギリスのインド学者。1837没。
佐藤信淵　さとうのぶひろ　1769生。江戸時代中期，後期の経世家。1850没。
山東京山　さんとうきょうざん　1769生。江戸時代中期，後期の戯作者。1858没。
ポルタ，カルロ　1775生。イタリアの詩人。1821没。
カッターネオ，カルロ　1801生。イタリアの文学者，数学者，法律学者，言語学者，民族学者。1869没。
浜口梧陵　はまぐちごりょう　1820生。江戸時代，明治時代の官吏。和歌山県議会議長。1885没。

丹波修治　たんばしゅうじ　1828生。江戸時代，明治時代の本草学者。1908没。
広田亀次　ひろたかめじ　1840生。江戸時代，明治時代の農業技術改良家。1896没。
藤本清兵衛(初代)　ふじもとせいべえ　1841生。江戸時代，明治時代の実業家。大阪商船取締役。1891没。
国司信濃　くにししなの　1842生。江戸時代末期の長州(萩)藩家老。1864没。
グリーグ，エドヴァルド・ハーゲループ　1843生。ノルウェーの作曲家，ピアニスト。1907没。
千屋金策　ちやきんさく　1843生。江戸時代末期の志士。1865没。
中原邦平　なかはらくにへい　1852生。明治時代，大正時代の修史家。毛利家編輯所員。1921没。
松沢求策　まつざわきゅうさく　1855生。明治時代の自由民権家。1887没。
三遊亭円右(初代)　さんゆうていえんう　1860生。明治時代，大正時代の落語家。1924没。
根津嘉一郎(初代)　ねづかいちろう　1860生。明治時代–昭和時代の実業家，政治家。東武鉄道社長。1940没。
シューマン–ハインク，アーネスティン　1861生。オーストリア生まれのアメリカのアルト歌手。1936没。
巌本善治　いわもとよしはる　1863生。明治時代–昭和時代の女子教育家。明治女学院校長，「基督教新聞」主筆。1942没。
足立文太郎　あだちぶんたろう　1865生。明治時代–昭和時代の解剖学者，人類学者。京都帝国大学教授，医学博士。1945没。
バーリモント，コンスタンチン・ドミトリエヴィチ　1867生。ロシアの詩人。1942没。
山崎覚次郎　やまざきかくじろう　1868生。明治時代–昭和時代の経済学者。東京帝国大学経済学部長。1945没。
ナハス・パシャ　1876生。エジプトの政治家。1965没。

346

ワロン　1879生。フランスの心理学者, 精神医学者。1962没。

永野修身　ながのおさみ　1880生。明治時代–昭和時代の海軍軍人。海軍大臣, 軍令部総長, 元帥。1947没。

石倉小三郎　いしくらこさぶろう　1881生。大正時代, 昭和時代の音楽評論家, ドイツ文学者。相愛女子短期大学教授。1965没。

井上正夫　いのうえまさお　1881生。明治時代–昭和時代の俳優。1950没。

中島今朝吾　なかじまけさご　1882生。大正時代, 昭和時代の陸軍軍人。旧陸軍第16師団師団長。1945没。

ドルジュレス, ロラン　1886生。フランスの小説家, 回想録作者。1973没。

山崎猛　やまざきたけし　1886生。大正時代, 昭和時代の政治家。衆院議長, 内相, 運輸相, 民主自由党幹事長。1957没。

バーンズ　1889生。アメリカの歴史学者, 社会学者。1968没。

古畑種基　ふるはたたねもと　1891生。大正時代, 昭和時代の法医学者, 血清学者。東京大学教授, 元・警察庁科学警察研究所長。1975没。

高山義三　たかやまぎぞう　1892生。大正時代, 昭和時代の政治家, 弁護士。国立京都国際会館初代館長。1974没。

米川文子　よねかわふみこ　1894生。明治時代–昭和時代の地歌・箏曲家。1995没。

音丸耕堂　おとまるこうどう　1898生。大正時代, 昭和時代の漆芸家。1997没。

エリクソン, エリック　1902生。アメリカの精神分析者。1994没。

フラー　1902生。アメリカの法哲学者。1978没。

海野建夫　うんのたけお　1905生。昭和時代の金工家。東京学芸大学教授。1982没。

熊王徳平　くまおうとくへい　1906生。昭和時代の小説家。1991没。

アンドロポフ, ユーリー　1914生。ソ連の政治家。1984没。

川尻泰司　かわじりたいじ　1914生。昭和時代, 平成時代の人形劇演出家・脚本家。人形劇団プーク代表, 日本人形研究所所長。1994没。

スタインバーグ, ソール　1914生。ルーマニア生まれのアメリカの漫画家, 商業美術家。1999没。

山本夏彦　やまもとなつひこ　1915生。昭和時代, 平成時代のコラムニスト, 作家。2002没。

サイモン, ハーバート　1916生。アメリカの経営学者。2001没。

丸山邦男　まるやまくにお　1920生。昭和時代, 平成時代の評論家。1994没。

ガーナー, エロール　1921生。アメリカのジャズ・ピアニスト。1977没。

ワイツマン, エゼル　1924生。イスラエルの政治家, 軍人。2005没。

内村健一　うちむらけんいち　1926生。昭和時代の実業家。天下一家の会会長。1995没。

萱野茂　かやのしげる　1926生。昭和時代, 平成時代の著述家。アイヌ民族初の国会議員。2006没。

ジョージ川口　じょーじかわぐち　1927生。昭和時代, 平成時代のジャズ・ドラマー。2003没。

藤山寛美　ふじやまかんび　1929生。昭和時代, 平成時代の俳優。1990没。

松本礼二　まつもとれいじ　1929生。昭和時代の社会運動家。共産同議長。1986没。

平山郁夫　ひらやまいくお　1930生。昭和時代, 平成時代の日本画家。

伊東四朗　いとうしろう　1937生。昭和時代, 平成時代の俳優。

ラスムセン, ポール・ニュルップ　1943生。デンマークの政治家。

細川たかし　ほそかわたかし　1950生。昭和時代, 平成時代の歌手。

ハント, ヘレン　1963生。アメリカの女優。

ラッシャー板前　らっしゃーいたまえ　1963生。昭和時代, 平成時代のコメディアン。

ラウドルップ, ミカエル　1964生。デンマークの元・サッカー選手。

大林素子　おおばやしもとこ　1967生。平成時代のスポーツキャスター, 元・バレーボール選手。

カーン, オリバー　1969生。ドイツのサッカー選手。

ミムラ　1984生。平成時代の女優。

笹本玲奈　ささもとれな　1985生。平成時代の女優。

6月15日

6月16日

○記念日○　ケーブルテレビの日
　　　　　家庭裁判所創立記念日
　　　　　和菓子の日

チーク, サー・ジョン　1514生。イギリスのギリシア語学者。1557没。
オクセンシェルナ, アクセル・グスタフソン, 伯爵　1583生。スウェーデンの政治家。1654没。
酒井忠勝　さかいただかつ　1587生。江戸時代前期の大名, 大老。1662没。
五郎八姫　いろはひめ　1594生。江戸時代前期の女性。陸奥仙台藩主伊達政宗と正室愛姫の長女。1661没。
クリーヴランド, ジョン　1613生。イギリスの詩人。1658没。
京姫　きょうひめ　1626生。江戸時代前期の女性。初代尾張藩主徳川義直の娘。1674没。
アンリエッタ・アン, オルレアン公爵夫人　1644生。イギリス国王チャールズ1世の娘。1670没。
九条輔実　くじょうすけざね　1669生。江戸時代中期の公家。1729没。
森長記　もりながのり　1687生。江戸時代中期の大名。1767没。
田辺晋斎　たなべしんさい　1692生。江戸時代中期の儒者。1772没。
村中中漸　むらいちゅうぜん　1708生。江戸時代中期の和算家, 儒医。1797没。
ヘンミ　1747生。長崎出島のオランダ商館長（1792～98）。1798没。
市河寛斎　いちかわかんさい　1749生。江戸時代中期, 後期の漢詩人, 儒者, 越中富山藩士。1820没。
伊達済子　だてせいこ　1749生。江戸時代中期の女性。陸奥仙台藩6代藩主伊達宗村の娘。1775没。
丁若鏞　ていじゃくよう　1762生。朝鮮, 李朝後期の実学者。1836没。
山本亡羊　やまもとぼうよう　1778生。江戸時代後期の本草家。1859没。
林孚尹　はやしふいん　1781生。江戸時代後期の儒者。1836没。

トイプナー　1784生。ドイツの出版業者。1856没。
シュヴァープ, グスタフ　1792生。ドイツの作家。1850没。
河野守弘　こうのもりひろ　1793生。江戸時代末期の国学者, 歌人。1863没。
プリュッカー, ユリウス　1801生。ドイツの物理学者, 数学者。1868没。
ブルームハルト, ヨーハン・クリストフ　1805生。ドイツの宗教家。1880没。
ブラウン, サミュエル・ロビンズ　1810生。アメリカのアメリカン・オランダ改革派教会宣教師。1880没。
ヤーン, オットー　1813生。ドイツの考古学, 古典学者。1869没。
嘉納治兵衛（5代目）　かのうじへえ　1821生。江戸時代, 明治時代の酒造業者。1870没。
松本良順　まつもとりょうじゅん　1832生。江戸時代, 明治時代の医師。初代陸軍軍医総監。1907没。
脇坂文助　わきさかぶんすけ　1842生。江戸時代後期, 末期, 明治時代の治水家。1892没。
ポッパー, ダーヴィト　1843生。チェコスロヴァキアのチェロ奏者, 作曲家。1913没。
アウアー, レオポルド　1845生。ハンガリーのヴァイオリン奏者, 教育者。1930没。
イェリネック　1851生。ドイツの公法学者。1911没。
ティーミヒ, フーゴー　1854生。オーストリアの俳優。1944没。
グスタフ5世　1858生。スウェーデン王（1907～50）。1950没。
プラトーノフ, セルゲイ・フョードロヴィチ　1860生。ロシアの歴史家。1933没。
渡辺祐策　わたなべゆうさく　1864生。明治時代, 大正時代の実業家。宇部鉄工所社長, 宇部銀行取締役。1934没。
東儀鉄笛　とうぎてってき　1869生。明治時代, 大正時代の俳優, 音楽家。1925没。

348

藤井種太郎　ふじいたねたろう　1870生。明治時代、大正時代の右翼活動家。1914没。
ミーエン、アーサー　1874生。カナダの首相。1960没。
藤村トヨ　ふじむらとよ　1877生。明治時代–昭和時代の体育指導者。1955没。
トマ　1878生。フランスの政治家、歴史家。1932没。
沢木興道　さわきこうどう　1880生。明治時代–昭和時代の僧侶（曹洞宗）、仏教学者。駒沢大学教授。1965没。
大倉喜七郎　おおくらきしちろう　1882生。大正時代、昭和時代の実業家、作曲家。帝国ホテル社長、大日本音楽協会会長。1963没。
渡辺水巴　わたなべすいは　1882生。明治時代–昭和時代の俳人。1946没。
荻原井泉水　おぎわらせいせんすい　1884生。明治時代–昭和時代の俳人。昭和女子大学教授。1976没。
村岡嘉六　むらおかかろく　1884生。大正時代、昭和時代の実業家。大隈鉄工所会長。1976没。
武井直也　たけいなおや　1893生。大正時代、昭和時代の彫刻家。1940没。
水木京太　みずききょうた　1894生。大正時代、昭和時代の劇作家、演劇評論家。1948没。
石森延男　いしもりのぶお　1897生。昭和時代の児童文学者、国語教育家。1987没。
ヴィティヒ、ゲオルク　1897生。西ドイツの有機化学者。1987没。
安藤覚　あんどうかく　1899生。昭和時代の政治家、僧侶。衆院議員、安竜寺（曹洞宗）住職。1967没。
瀬戸英一（2代目）　せとえいいち　1901生。昭和時代の舞台俳優。1962没。
桂寿一　かつらじゅいち　1902生。昭和時代の哲学者。東京大学教授、中央大学教授。1985没。
シンプソン、ジョージ・ゲイロード　1902生。アメリカの古生物学者。1984没。
ルフェーヴル、アンリ　1905生。フランスの哲学者。1991没。
キャントリル　1906生。アメリカの社会心理学者。1969没。
土岐雄三　ときゆうぞう　1907生。昭和時代の小説家、実業家。三井信託銀行取締役、日本ペンクラブ専務理事。1989没。
タナラット　1908生。タイの軍人、政治家。1963没。

ボスコフスキー、ヴィリー　1909生。オーストリアのヴァイオリニスト・指揮者。1991没。
ベラスコ・アルバラード　1910生。ペルーの軍人、大統領。1977没。
山本達郎　やまもとたつろう　1910生。昭和時代、平成時代の東洋史学者。東京大学教授。2001没。
早川尚洞　はやかわしょうどう　1911生。昭和時代、平成時代の華道家。清風瓶華家元（2代目）、日本いけばな芸術協会副理事長。1997没。
ルモール　1915生。イタリアの政治家。1990没。
ディオリ、ハマニ　1916生。ニジェールの初代大統領。1989没。
ロペス・ポルティーヨ、ホセ　1920生。メキシコの政治家。2004没。
林義郎　はやしよしろう　1927生。昭和時代、平成時代の政治家。
ジャビル・アル・アハマド・アル・サバハ　1929生。クウェート首長。2006没。
高原須美子　たかはらすみこ　1933生。昭和時代、平成時代の経済評論家。経済企画庁長官、プロ野球セ・リーグ会長。2001没。
サクスコブルクゴツキ、シメオン　1937生。ブルガリアの政治家。
山本晋也　やまもとしんや　1939生。昭和時代、平成時代の映画監督、俳優、タレント。
東関大五郎　あずまぜきだいごろう　1944生。昭和時代、平成時代の元・力士（関脇）。
ねじめ正一　ねじめしょういち　1948生。昭和時代、平成時代の詩人、小説家。
Char　ちゃー　1955生。昭和時代、平成時代のギタリスト、ロック歌手。
蔵野孝洋　くらのたかひろ　1963生。昭和時代、平成時代のコメディアン。
ミケルソン、フィル　1970生。アメリカのプロゴルファー。
嶋重宣　しましげのぶ　1976生。平成時代のプロ野球選手。
ブリュール、ダニエル　1978生。ドイツの俳優。

登場人物

上杉和也　うえすぎかずや　1968生。『タッチ』の登場人物。
上杉達也　うえすぎたつや　1968生。『タッチ』の登場人物。

6月16日

6月17日

○記念日○ おまわりさんの日
砂漠化および干ばつと闘う世界デー
薩摩の日
○忌　日○ 青羅忌

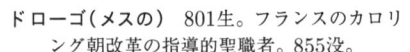

ドローゴ（メスの）　801生。フランスのカロリング朝改革の指導的聖職者。855没。

覚鑁　かくばん　1095生。平安時代後期の真言宗の僧、新義真言宗の開祖。1143没。

二条天皇　にじょうてんのう　1143生。平安時代後期の第78代の天皇。1165没。

エドワード1世　1239生。イングランド王（在位1272～1307）。1307没。

桃源瑞仙　とうげんずいせん　1430生。室町時代、戦国時代の臨済宗夢窓派の僧。1489没。

マン　1571生。イギリスの経済著述家。1641没。

ヨハン・マウリッツ　1604生。オランダの軍人。1679没。

前田利意　まえだとしもと　1625生。江戸時代前期の大名。1685没。

カルル12世　1682生。スウェーデン王（在位1697～1718）。1718没。

ウェズリー、ジョン　1703生。メソジスト教会の創設者。1791没。

カンボン、ジョゼフ　1754生。フランスの政治家、革命家。1820没。

ヴィネ、アレクサンドル　1797生。スイスの新教神学者、文芸批評家。1847没。

ロス、ウィリアム・パーソンズ（ロス伯爵三代公）　1800生。イギリスの天文学者。1867没。

尊宝法親王　そんぼうほうしんのう　1804生。江戸時代後期の伏見宮貞敬親王の第2王子。1832没。

ネラトン　1807生。フランスの外科医。1873没。

ヴェルゲラン、ヘンリック　1808生。ノルウェーの詩人。1845没。

フライリヒラート、フェルディナント　1810生。ドイツの詩人。1876没。

シギュルドソン、ヨウン　1811生。アイスランド独立運動の指揮者。1879没。

グノー、シャルル・フランソワ　1818生。フランスの作曲家。1893没。

クルックス、サー・ウィリアム　1832生。イギリスの化学者、物理学者。1919没。

ミクルーハ・マクライ　1846生。ロシアの旅行家。1888没。

ウィッテ　1849生。ロシアの政治家。1915没。

コラン、ラファエル　1850生。フランスの画家。1916没。

千葉卓三郎　ちばたくさぶろう　1852生。明治時代の社会活動家。自由民権家、勧能学校教員。1883没。

岩倉具経　いわくらともつね　1853生。明治時代の官吏。外務書記官、男爵。1890没。

ヴィッソーヴァ　1859生。ドイツの古典文献学者。1931没。

ハイド、ダグラス　1860生。アイルランドのナショナリスト、初代大統領、作家。1949没。

パーキン、ウィリアム・ヘンリー2世　1860生。イギリスの有機化学者。1929没。

飯島魁　いいじまいさお　1861生。明治時代、大正時代の動物学者。東京帝国大学教授。1921没。

右田年英　みぎたとしひで　1863生。浮世絵師。1925没。

ローソン、ヘンリー　1867生。オーストラリアの短篇小説家、詩人。1922没。

島津源蔵（2代目）　しまづげんぞう　1869生。明治時代–昭和時代の発明家、実業家。島津製作所社長。1951没。

鶴沢道八（初代）　つるざわどうはち　1869生。明治時代–昭和時代の義太夫節三味線方。1944没。

藤原銀次郎　ふじわらぎんじろう　1869生。大正時代、昭和時代の実業家、政治家。王子製紙社長、貴族院議員。1960没。

ジョンソン、ジェイムズ・ウェルドン　1871生。アメリカの著述家。1938没。

加藤玄智　かとうげんち　1873生。明治時代–昭和時代の宗教学者。1965没。

古谷久綱　ふるやひさつな　1874生。明治時代，大正時代の官吏，政治家。東京高等商科大学教授，衆議院議員。1919没。

ヴァン・ヴェクテン，カール　1880生。アメリカの作家，批評家。1964没。

ストラヴィンスキー，イーゴリ・フョードロヴィチ　1882生。ロシア生まれの作曲家。1971没。

ストラビンスキー，イーゴリ　1882生。アメリカの作曲家。1971没。

ハウゼンシュタイン，ヴィルヘルム　1882生。ドイツの美術史家，外交官。1957没。

グデーリアン，ハインツ（・ヴィルヘルム）　1888生。ドイツ陸軍軍人。1954没。

ファース，ジョン・ルパート　1890生。イギリスの言語学者。1960没。

三谷隆信　みたにたかのぶ　1892生。大正時代，昭和時代の官僚。昭和天皇侍従長。1985没。

コストフ　1897生。ブルガリアの政治家。1949没。

エッシャー，モーリス　1898生。オランダのグラフィック・アーティスト。1972没。

キャグニー，ジェイムズ　1899生。アメリカの俳優。1986没。

ボルマン，マルティン　1900生。ナチス・ドイツの政治家。1945没。

蔡万植　さいまんしょく　1902生。朝鮮の作家。1950没。

ホッジ，サー・ウィリアム・ヴァランス・ダグラス　1903生。イギリスの数学者。1975没。

臼井吉見　うすいよしみ　1905生。昭和時代の評論家，ジャーナリスト。1987没。

イームズ，チャールズ　1907生。アメリカのデザイナー。1978没。

橘秋子　たちばなあきこ　1907生。昭和時代のバレリーナ，振付師。1971没。

志賀暁子　しがあきこ　1910生。昭和時代の映画女優。1990没。

高橋竹山　たかはしちくざん　1910生。昭和時代の津軽三味線演奏家。1998没。

谷山茂　たにやましげる　1910生。昭和時代，平成時代の日本文学者。大阪市立大学教授，京都女子大学教授。1994没。

ネクラーソフ，ヴィクトル・プラトノヴィチ　1911生。ソ連の作家。1987没。

ハーシー，ジョン　1914生。アメリカの雑誌記者，作家。1993没。

マーチン，ディーン　1917生。アメリカのポピュラー歌手，映画俳優。1995没。

マーティン，ディーン　1917生。アメリカの歌手，俳優，エンターテイナー。1995没。

細川宏　ほそかわひろし　1922生。昭和時代の解剖学者。東京大学医学部教授。1967没。

有川貞昌　ありかわさだまさ　1925生。昭和時代，平成時代の映画特撮監督。2005没。

我妻洋　わがつまひろし　1927生。昭和時代の社会心理学者，文化人類学者。東京工業大学教授。1985没。

ボルダベリー，フアン　1928生。ウルグアイの政治家。

フェラス，クリスティアン　1933生。フランスのヴァイオリン奏者。1982没。

加藤紘一　かとうこういち　1939生。昭和時代，平成時代の政治家。

トラサルディ，ニコラ　1942生。イタリアのファッションデザイナー。1999没。

マニロウ，バリー　1946生。アメリカの歌手。

今くるよ　いまくるよ　1947生。昭和時代，平成時代の漫才師。

ショー・コスギ　1948生。昭和時代，平成時代の俳優。

山寺宏一　やまでらこういち　1961生。昭和時代，平成時代の声優。

TETSUYA　てつや　1962生。昭和時代，平成時代のアーティスト，ミュージシャン，詩人。

ILMARI　いるまり　1975生。平成時代のミュージシャン。

城彰二　じょうしょうじ　1975生。平成時代の元・サッカー選手。

麻生久美子　あそうくみこ　1978生。平成時代の女優。

内柴正人　うちしばまさと　1978生。平成時代の柔道選手。

ウィリアムズ，ビーナス　1980生。アメリカのテニス選手。

風間俊介　かざましゅんすけ　1983生。平成時代のタレント。

二宮和也　にのみやかずなり　1983生。平成時代のタレント，歌手，俳優。

辻希美　つじのぞみ　1987生。平成時代の歌手。

6月17日

6月18日

○記念日○ 海外移住の日

曇照 どんしょう 1187生。鎌倉時代前期の律僧。1259没。

足利義詮 あしかがよしあきら 1330生。南北朝時代の室町幕府第2代の将軍。1367没。

華叟正曇 かそうしょうがく 1412生。室町時代の曹洞宗の僧。1482没。

後花園天皇 ごはなぞのてんのう 1419生。室町時代の第102代の天皇。1471没。

ペトルッチ, オッタヴィアーノ 1466生。イタリアの出版業者。1539没。

モルツァ, フランチェスコ・マリーア 1489生。イタリアの宮廷的人文主義者。1544没。

アンマナーティ, バルトロメーオ 1511生。イタリアの建築家, 彫刻家。1592没。

キアブレーラ, ガブリエッロ 1552生。イタリアの詩人。1638没。

オーヴァベリー, トマス 1581生。イギリスの詩人。1613没。

田中正玄 たなかまさはる 1613生。江戸時代前期の陸奥会津藩士。1672没。

池田光仲 いけだみつなか 1630生。江戸時代前期の大名。1693没。

本多忠統 ほんだただむね 1691生。江戸時代中期の大名。1757没。

鍋島直興 なべしまなおおき 1730生。江戸時代中期の大名。1757没。

宇津木昆岳 うつぎこんがく 1761生。江戸時代中期, 後期の近江彦根藩家老。1812没。

カースルレイ, ロバート・スチュワート, 子爵 1769生。イギリスの政治家。1822没。

徳川治宝 とくがわはるとみ 1771生。江戸時代後期の大名。1853没。

広大夫人 こうだいふじん 1773生。江戸時代後期の女性。11代将軍徳川家斉の正室。1844没。

梁川星巌 やながわせいがん 1789生。江戸時代後期の詩人。1858没。

ラッセル, ウィリアム 1799生。イギリスの天文学者。1880没。

一柳亀峰 ひとつやなぎきほう 1804生。江戸時代末期の伊予小松藩士, 書家。1855没。

阿万鉄嵬 あまんてつがい 1810生。江戸時代末期の日向飫肥藩士。1876没。

尾崎忠征 おざきただゆき 1810生。江戸時代末期, 明治時代の尾張藩士。1890没。

ゴンチャローフ, イワン・アレクサンドロヴィチ 1812生。ロシアの小説家。1891没。

塩谷簣山 しおのやきざん 1812生。江戸時代, 明治時代の漢学者, 幕府儒官。1874没。

ミリューチン 1818生。ロシアの政治家, 伯爵。1872没。

佐古高郷 さこたかさと 1830生。江戸時代末期, 明治時代の大和十津川郷士。1883没。

ゴンサレス 1833生。メキシコの軍人, 大統領 (1880～84)。1893没。

モース, エドワード・シルヴェスター 1838生。アメリカの動物学者。1925没。

ウォード, L. 1841生。アメリカ社会学の創始者。1913没。

ラヴェラン, シャルル・ルイ・アルフォンス 1845生。フランスの軍医, 寄生虫学者。1922没。

佐藤助九郎(初代) さとうすけくろう 1847生。江戸時代後期, 末期, 明治時代の実業家。1904没。

小松宮頼子 こまつのみやよりこ 1852生。江戸時代–大正時代の皇族。篤志看護婦人会総裁。1914没。

バンティ 1852生。イタリアの医師。1925没。

スクリップス 1854生。アメリカの新聞記者, 新聞経営者。1926没。

大島道太郎 おおしまみちたろう 1860生。明治時代の採鉱冶金技師。東京帝国大学教授。1921没。

ホルティ・ミクローシュ 1868生。ハンガリーの政治家, 軍人, 国家元首。1957没。

ル・ロワ, エドゥアール 1870生。フランスの哲学者。1954没。

ヨルガ, ニコラエ 1871生。ルーマニアの歴史家, ジャーナリスト, 政治家。1940没。

高橋広湖 たかはしこうこ 1875生。明治時代の日本画家。1912没。

荻江寿々　おぎえすず　1876生。明治時代–昭和時代の荻江節唄方。1964没。

ゴンボツ, ゾルターン　1877生。ハンガリーの言語学者。1935没。

島田俊雄　しまだとしお　1877生。大正時代, 昭和時代の政治家, 弁護士。衆議院議員。1947没。

ディミトロフ, ゲオルギ・ミハイロヴィチ　1882生。ブルガリアの政治家。1949没。

松濤泰巖　まつなみたいがん　1883生。明治時代–昭和時代の教育学。九州大学教授, 宝松院住職。1962没。

ダラディエ, エドゥアール　1884生。フランスの政治家。1970没。

原田鶴子　はらぐちつるこ　1886生。明治時代, 大正時代の心理学者。1915没。

マロリー, ジョージ　1886生。イギリスの登山家。1924没。

松本治一郎　まつもとじいちろう　1887生。大正時代, 昭和時代の社会運動家, 政治家。部落解放同盟初代委員長, 参院副議長。1966没。

佐藤垢石　さとうこうせき　1888生。昭和時代の随筆家, 釣り師。1956没。

古賀春江　こがはるえ　1895生。大正時代, 昭和時代の洋画家。1933没。

ロマショーフ, ボリス・セルゲーヴィチ　1895生。ソ連の劇作家。1958没。

バリー, フィリップ　1896生。アメリカの劇作家。1949没。

伏見晁　ふしみあきら　1900生。大正時代, 昭和時代の脚本家。1970没。

ルゴフスコーイ, ウラジーミル・アレクサンドロヴィチ　1901生。ソ連の詩人。1957没。

田中彰治　たなかしょうじ　1903生。昭和時代の政治家, 実業家。衆議院議員。1975没。

ラディゲ, レーモン　1903生。フランスの小説家, 詩人。1923没。

上田広　うえだひろし　1905生。昭和時代の小説家。1966没。

名和統一　なわとういち　1906生。昭和時代の経済学者。大阪市立大学教授, 岐阜経済大学学長。1978没。

ブロック　1907生。アメリカの言語学者。1965没。

天野忠　あまのただし　1909生。昭和時代, 平成時代の詩人, 随筆家。奈良女子大学図書館事務長。1993没。

市井三郎　いちいさぶろう　1922生。昭和時代の哲学者。成蹊大学教授。1989没。

キーン, ドナルド　1922生。アメリカの日本文学者。

カルドゾ, フェルナンド・エンリケ　1931生。ブラジルの政治家, 社会学者。

小鹿番　こじかばん　1932生。昭和時代, 平成時代の俳優。2004没。

横山光輝　よこやまみつてる　1934生。昭和時代, 平成時代の漫画家。2004没。

大槻義彦　おおつきよしひこ　1936生。昭和時代, 平成時代の物理学者。

フェネティアン, ルナルド・ロナルド　1936生。スリナムの政治家。

ブロック, ルー　1939生。アメリカの元・大リーグ選手。

マッカートニー, ポール　1942生。イギリスのロック歌手, シンガーソングライター。

ムベキ, ターボ　1942生。南アフリカの政治家。

福沢幸雄　ふくざわさちお　1943生。昭和時代のレーシングドライバー。1969没。

三田誠広　みたまさひろ　1948生。昭和時代, 平成時代の小説家。

カチンスキ, レフ　1949生。ポーランドの政治家。

田口信教　たぐちのぶたか　1951生。昭和時代, 平成時代の元・水泳選手。

野中ともよ　のなかともよ　1954生。昭和時代, 平成時代のジャーナリスト。

藤真利子　ふじまりこ　1955生。昭和時代, 平成時代の女優。

三沢光晴　みさわみつはる　1962生。昭和時代, 平成時代のプロレスラー。

フセイン, ウダイ　1964生。イラクの政治家, 実業家。2003没。

かかずゆみ　かかずゆみ　1973生。平成時代の声優。

細川直美　ほそかわなおみ　1974生。平成時代の女優。

久保竜彦　くぼたつひこ　1976生。平成時代のサッカー選手。

KREVA　くれば　1976生。平成時代のミュージシャン。

後藤理沙　ごとうりさ　1983生。平成時代の女優。

6月18日

6月19日

○記念日○ 元号の日
朗読の日

具平親王 ともひらしんのう 964生。平安時代中期の文人。1009没。

白河天皇 しらかわてんのう 1053生。平安時代後期の第72代の天皇。1129没。

ジェームズ1世 1566生。イギリス,スチュアート朝初代の国王(在位1603～25),スコットランド王としてはジェームズ6世(1567～1625)。1625没。

ハミルトン,ジェイムズ 1606生。スコットランドの政治家。1649没。

森尚謙 もりしょうけん 1653(閏6月)生。江戸時代前期、中期の儒学者,水戸藩士。1721没。

尚敬 しょうけい 1700生。江戸時代中期の琉球王国の第二尚氏王朝13代の王。1751没。

シュターミツ,ヨハン・ヴェンツェル・アント ン 1717生。ドイツ,マンハイム楽派の代表的作曲家の一人。1757没。

内田頑石 うちだがんせき 1736生。江戸時代中期の儒者。1796没。

コロー・デルボワ,ジャン・マリー 1749生。フランス,ジャコバン党の革命家。1796没。

芝全交(初代) しばぜんこう 1750生。江戸時代中期の黄表紙作者。1793没。

アルティガス,ホセ・ヘルバシオ 1764生。ウルグアイ建国の父。1850没。

バロー,サー・ジョン 1764生。イギリスの地理学者,政治家。1848没。

徳大寺公迪 とくだいじきんみち 1771生。江戸時代後期の公家。1811没。

藤田嘉言 ふじたよしとき 1772生。江戸時代後期の和算家。1828没。

ラムネー,フェリシテ-ロベール・ド 1782生。フランスの哲学者,宗教思想家。1854没。

ゼルチュルナー,フリードリヒ・ヴィルヘルム・アダム・フェルディナント 1783生。ドイツの薬剤師。1841没。

ギブソン,ジョン 1790生。イギリスの彫刻家。1866没。

ダッロンガロ,フランチェスコ 1808生。イタリアの詩人,劇作家。1873没。

英子女王 ひでこじょおう 1808生。江戸時代後期の女性。伏見宮貞敬親王の第4王女。1857没。

ミルンズ,モンクトン 1809生。イギリスの政治家,詩人。1885没。

アンネンコフ,パーヴェル・ワシリエヴィチ 1813生。ロシアの批評家。1887没。

堀利熙 ほりとしひろ 1818生。江戸時代末期の幕臣。1860没。

スパージョン,チャールズ・ハッドン 1834生。イギリスのバプテスト派説教師。1892没。

今泉雄作 いまいずみゆうさく 1850生。明治時代,大正時代の美術行政家,美術教育家。大倉集古館館長。1931没。

ローフス,フリードリヒ 1858生。リッチェル学派に属するドイツのプロテスタント神学者。1928没。

ヘイグ(ビマーサイドの),ダグラス・ヘイグ,初代伯爵 1861生。イギリスの軍人。1928没。

リサール,ホセ 1861生。フィリピンの愛国者,医者,著作家。1896没。

伊集院彦吉 いじゅういんひこきち 1864生。明治時代,大正時代の外交官。第二次山本内閣外務大臣。1924没。

フーゲンベルク 1865生。ドイツの実業家,政治家。1951没。

アディソン,クリストファー・アディソン,初代子爵 1869生。イギリスの医者,政治家。1951没。

久留島武彦 くるしまたけひこ 1874生。明治時代-昭和時代の児童文学者。1960没。

ジャルー,エドモン 1878生。フランスの小説家。1949没。

山崎達之輔 やまざきたつのすけ 1880生。昭和時代の官僚,政治家。衆議院議員。1948没。

今関天彭 いまぜきてんぼう 1882生。明治時代-昭和時代の詩人,中国学術文芸研究家。1970没。

原邦造 はらくにぞう 1883生。大正時代,昭和時代の実業家。愛国生命社長,室町物産

（現・三井物産）会長。1958没。

物部長穂　もののべながほ　1888生。大正時代，昭和時代の土木工学者，官僚。東京帝国大学教授，内務省土木試験所長。1941没。

ハートフィールド，ジョン　1891生。東ドイツの画家。1968没。

アントコリスキー，パーヴェル・グリゴリエヴィチ　1896生。ソ連邦の詩人。1978没。

シンプソン，ウォリス（ウィンザー公爵夫人）1896生。アメリカ出身の女性。元英国国王エドワード8世の妻。1986没。

ダット　1896生。イギリスの共産党指導者，ジャーナリスト。1974没。

ヒンシェルウッド，サー・シリル・ノーマン　1897生。イギリスの物理化学者。1967没。

岡田正弘　おかだまさひろ　1900生。昭和時代の薬理学者。東京医科歯科大学学長。1993没。

ゴベッティ，ピエーロ　1901生。イタリアの政治思想家。1926没。

木村京太郎　きむらきょうたろう　1902生。大正時代，昭和時代の部落解放運動家。1988没。

ゲーリッグ，ルー　1903生。アメリカの大リーグ選手。1941没。

チェイン，サー・エルンスト・ボリス　1906生。イギリスに亡命したドイツの生化学者。1979没。

平塚益徳　ひらつかますのり　1907生。昭和時代の教育学者。国立教育研究所所長，九州大学教授。1981没。

森暁　もりさとる　1907生。昭和時代の経営者。昭和電工社長，衆院議員。1982没。

矢田津世子　やだつせこ　1907生。昭和時代の小説家。1944没。

山田精一　やまだせいいち　1908生。昭和時代の官僚。公正取引委員会委員長。1991没。

太宰治　だざいおさむ　1909生。昭和時代の小説家。1948没。

村山古郷　むらやまこきょう　1909生。昭和時代の俳人。大磯鴨立庵庵主。1986没。

フローリー，ポール・ジョン　1910生。アメリカの物理化学者。1985没。

ラック，デヴィッド・ランバー　1910生。イギリスの鳥類学者。1973没。

セナナヤケ　1911生。スリランカの政治家。1973没。

秀村欣二　ひでむらきんじ　1912生。昭和時代，平成時代の西洋史学者。東京大学教授，東洋英和女学院短期大学学長。1997没。

和田信賢　わだしんけん　1912生。昭和時代のアナウンサー。1952没。

斎藤栄三郎　さいとうえいざぶろう　1913生。昭和時代，平成時代の経済評論家，政治家。科学技術庁長官。2000没。

エンコモ，ジョシュア（・ムカブコ・ニョンゴロ）1917生。ローデシアの黒人解放勢力の指導者。1999没。

田原陶兵衛（12代目）　たはらとうべえ　1925生。昭和時代，平成時代の陶芸家。1991没。

大内山平吉　おおうちやまへいきち　1926生。昭和時代の力士。1985没。

倉田哲治　くらたてつはる　1926生。昭和時代，平成時代の弁護士。自由人権協会理事，東京弁護士会人権擁護委員会委員長。1998没。

アンジェリ，ピア　1932生。イタリアの女優。1971没。

ボルハ，ロドリゴ　1935生。エクアドルの政治家，政治学者。

張本勲　はりもといさお　1940生。昭和時代，平成時代の野球評論家，元・プロ野球選手。

クラウス，ヴァツラフ　1941生。チェコの政治家，経済学者。

アウン・サン・スー・チー　1945生。ミャンマーの民主化運動指導者。

ラシュディ，サルマン　1947生。イギリスの作家。

小沢仁志　おざわひとし　1962生。昭和時代，平成時代の俳優，映画監督。

温水洋一　ぬくみずよういち　1964生。昭和時代，平成時代の俳優。

KABA.ちゃん　かばちゃん　1969生。平成時代のタレント，振付師，ダンサー。

中沢裕子　なかざわゆうこ　1973生。平成時代の歌手。

大山加奈　おおやまかな　1984生。平成時代のバレーボール選手。

AKINA　あきな　1985生。平成時代の歌手。

宮里藍　みやざとあい　1985生。平成時代のプロゴルファー。

6月19日

6月20日

○記念日○　ペパーミントデー
難民の日

松殿師家　まつどのもろいえ　1172生。鎌倉時代前期の公卿。1238没。
島津以久　しまづゆきひさ　1550生。安土桃山時代, 江戸時代前期の武将, 大名。1610没。
ジグムント3世　1566生。ポーランド国王(在位1587～1632)。1632没。
ローザ, サルヴァトール　1615生。イタリアの画家, 銅版画家, 詩人, 音楽家。1673没。
文智女王　ぶんちじょおう　1619生。江戸時代前期, 中期の女性。後水尾天皇の第1皇女。1697没。
土御門泰福　つちみかどやすとみ　1655生。江戸時代前期, 中期の陰陽家, 公家。1717没。
松平輝貞　まつだいらてるさだ　1665生。江戸時代中期の大名。1747没。
ロー, ニコラス　1674生。イギリスの劇作家, 詩人。1718没。
伊達智恵　だてちえ　1675生。江戸時代中期の女性。陸奥仙台藩3代藩主伊達綱宗の5女。1724没。
二条吉忠　にじょうよしただ　1689生。江戸時代中期の公家。1737没。
ファーガソン, アダム　1723生。イギリスの哲学者, 歴史学者。1816没。
土屋篤直　つちやあつなお　1732生。江戸時代中期の大名。1776没。
バーボールド, アナ・レティシア　1743生。イギリスの女流詩人。1825没。
ウェルズリー, リチャード(・コリー), 初代侯爵　1760生。イギリスの政治家。1842没。
小川守中　おがわもりなか　1763生。江戸時代中期, 後期の雅楽研究家, 尾張藩医。1823没。
トーン, (シオボルド・)ウルフ　1763生。アイルランド独立運動者。1798没。
巨勢利和　こせのとしかず　1767生。江戸時代後期の国文学者。1834没。
フレドロ, アレクサンデル　1793生。ポーランドの劇作家, 詩人。1876没。
ドルナー, イーザーク・アウグスト　1809生。ドイツのルター派の神学者。1884没。

オフェンバック, ジャック　1819生。フランスのオペラ・ブッファの作曲家。1880没。
ボードイン　1820生。オランダの軍医。1885没。
ストリート, ジョージ・エドマンド　1824生。イギリスの建築家。1881没。
ヴァイス, ベルンハルト　1827生。ドイツの神学者。1918没。
ボナ, レオン-ジョゼフ-フロランタン　1833生。フランスの画家。1922没。
長井長義　ながいながよし　1845生。明治時代, 大正時代の薬学者。東京大学教授, 大日本製薬会社社長。1929没。
橋本綱常　はしもとつなつね　1845生。明治時代の陸軍軍医。日本赤十字社病院初代院長, 子爵。1909没。
一戸兵衛　いちのへひょうえ　1855生。明治時代, 大正時代の陸軍軍人。大将, 教育総監。1931没。
末岡精一　すえおかせいいち　1855生。明治時代の法学者。法学博士, 法科大学教授。1894没。
チェスナット, チャールズ・W.　1858生。アメリカの黒人小説家。1932没。
ロッソ, メダルド　1858生。イタリアの彫刻家。1928没。
エーレンフェルス　1859生。ドイツの哲学者。1932没。
ホプキンズ, サー・フレデリック・ゴーランド　1861生。イギリスの生化学者。1947没。
カーナヴォン, ジョージ・エドワード・スタナップ・モリニュークス・ハーバート, 5代伯爵　1866生。イギリスのエジプト学者。1923没。
塚本ハマ　つかもとはま　1866生。明治時代, 大正時代の教育者。大阪府師範学校教諭。1941没。
杉本鉞子　すぎもとえつこ　1873生。明治時代-昭和時代の小説家。1950没。
アーベル　1875生。古生物学者。1946没。

ベルンスタン, アンリ 1876生。フランスの劇作家。1953没。

ピンダー, ヴィルヘルム 1878生。ドイツの美術史家。1947没。

グンドルフ, フリードリヒ 1880生。ドイツの文学家。1931没。

シュヴィッタース, クルト 1887生。ドイツの画家。1948没。

赤城泰舒 あかぎやすのぶ 1889生。明治時代–昭和時代の水彩画家。1955没。

コステロ, ジョン(・アロイシアス) 1891生。アイルランドの政治家。1976没。

関義長 せきよしなが 1892生。大正時代,昭和時代の実業家。三菱電機社長,三菱原子力工業初代社長。1970没。

竹鶴政孝 たけつるまさたか 1894生。大正時代,昭和時代の実業家。ニッカウヰスキー会長。1979没。

菅野和太郎 かんのわたろう 1895生。昭和時代の政治家,経済史学者。衆議院議員(自民党),大阪経済大教授。1976没。

井上康文 いのうえやすぶみ 1897生。大正時代,昭和時代の詩人。1973没。

ポスペーロフ 1898生。ソ連の共産党の理論家。1979没。

山本善雄 やまもとよしお 1898生。大正時代,昭和時代の軍人。海軍軍務局長。1978没。

トローベル, ヘレン 1899生。アメリカのソプラノ歌手。1972没。

春野百合子(初代) はるのゆりこ 1900生。大正時代,昭和時代の浪曲師。1946没。

丸木位里 まるきいり 1901生。昭和時代,平成時代の日本画家。1995没。

袖山喜久雄 そでやまきくお 1902生。昭和時代の経営者。東洋レーヨン社長,関経連理事。1960没。

土川元夫 つちかわもとお 1903生。昭和時代の実業家。名古屋鉄道社長,名古屋商工会議所会頭。1974没。

ブレンタノ, ハインリヒ・フォン 1904生。ドイツ連邦共和国の政治家。1964没。

ヘルマン, リリアン 1905生。アメリカの女流劇作家。1984没。

フリン, エロル 1909生。アメリカの映画俳優。1959没。

水上武 みなかみたけし 1909生。昭和時代の火山学者。東京大学教授。1985没。

吉岡隆徳 よしおかたかのり 1909生。昭和時代の陸上競技選手,指導者。東京女子体育大学教授。1984没。

林百郎 はやしひゃくろう 1912生。昭和時代の弁護士,政治家。衆議院議員。1992没。

島本虎三 しまもととらぞう 1914生。昭和時代の政治家。仁木町(北海道)町長,衆議院議員。1989没。

チュツオーラ, エイモス 1920生。英語で書くナイジェリアの小説家。1997没。

モンドラーネ 1920生。モザンビークの解放運動の指導者。1969没。

冨田博之 とみたひろゆき 1922生。昭和時代,平成時代の演劇評論家。白百合女子大学教授,日本児童文学学会会長。1994没。

大木正興 おおきまさおき 1924生。昭和時代の音楽評論家。跡見学園女子大学教授。1983没。

山口牧生 やまぐちまきお 1927生。昭和時代,平成時代の彫刻家。2001没。

ロジェストヴェンスキー, ロベルト・イワノヴィチ 1932生。ソ連の詩人。1994没。

斎藤惇夫 さいとうあつお 1940生。昭和時代,平成時代の児童文学作家。

石坂浩二 いしざかこうじ 1941生。昭和時代,平成時代の俳優。

グスマン, シャナナ 1946生。東ティモールの独立運動家。

リッチー, ライオネル 1949生。アメリカの歌手,ソングライター。

ローパー, シンディ 1953生。アメリカのロック歌手。

趙治勲 ちょうちくん 1956生。昭和時代,平成時代の棋士。

カニア, カリン 1961生。ドイツのスピードスケート選手。

キッドマン, ニコール 1967生。アメリカの女優。

鷺沢萠 さぎさわめぐむ 1968生。平成時代の小説家。2004没。

リー, ミッシェル 1970生。香港の女優。

山田麻衣子 やまだまいこ 1981生。平成時代の女優。

相武紗季 あいぶさき 1985生。平成時代の女優。

6月20日

6月21日

○記念日○ スナックの日

レオ9世　1002生。教皇(在位1049〜54),聖人。1054没。
欧陽修　おうようしゅう　1007生。中国,北宋の政治家,学者,文学者。1072没。
尊清女王　そんせいじょおう　1613生。江戸時代前期の女性。後陽成天皇の第9皇女。1669没。
マザー,インクリース　1639生。アメリカの牧師。1723没。
吉良富子　きらとみこ　1643生。江戸時代前期,中期の女性。旗本高家筆頭吉良義央の妻。1704没。
コリンズ,ジョン・アンソニ　1676生。イギリスの理神論者,自由思想家。1729没。
入江昌喜　いりえまさよし　1722生。江戸時代中期,後期の国学者。1800没。
バッハ,ヨーハン・クリストフ・フリードリヒ　1732生。ドイツの作曲家。1795没。
林子平　はやししへい　1738生。江戸時代中期の経世家。1793没。
ロワイエ・コラール　1763生。フランスの政治家,哲学者。1845没。
ラス・カーズ,エマニュエル・ド　1766生。フランスの歴史家。1842没。
ポワソン,シメオン・ドニ　1781生。フランスの数学者,物理学者。1840没。
井関隆子　いせきたかこ　1785生。江戸時代後期の旗本庄田安僚の娘,日記作者。1844没。
バウル,フェルディナント・クリスティアン　1792生。ドイツの神学者。1860没。
キュヘリベーケル,ヴィリゲリム・カルロヴィチ　1797生。ロシアの詩人。1846没。
メンツェル,ヴォルフガング　1798生。ドイツの評論家,文学史家。1873没。
野田笛浦　のだてきほ　1799生。江戸時代末期の漢学者。1859没。
ジラルダン,エミール・ド　1806生。フランスの新聞経営者,政治家。1881没。
エルンスト2世　1818生。ドイツのザクセン・コーブルク・ゴータ公。1893没。

黒住宗信　くろずみむねのぶ　1822生。江戸時代末期の黒住教第2世の祖。1856没。
スタッブズ,ウィリアム　1825生。イギリスの聖職者,歴史家。1901没。
ダファリン　1826生。イギリスの政治家。1902没。
ブルンナー　1840生。オーストリアの法制史学者。1915没。
ブリネル,ヨハン・アウグスト　1849生。スウェーデンの技術者。1925没。
チェケッティ,エンリコ　1850生。イタリアの舞踊家,舞踊教師。1928没。
浅井忠　あさいちゅう　1856生。明治時代の洋画家。京都高等工芸学校教授,関西美術院初代会長。1907没。
クルーゲ　1856生。ドイツのゲルマン語学者。1926没。
シュラーフ,ヨハネス　1862生。ドイツの小説家,劇作家,翻訳家。1941没。
ダムロン親王　1862生。タイの歴史・考古・民俗学者。1943没。
ヴォルフ,マクシミリアン・フランツ・ヨーゼフ・コルネリウス　1863生。ドイツの天文学者。1932没。
早川千吉郎　はやかわせんきちろう　1863生。明治時代の銀行家。満州鉄道社長。1922没。
ヴェルフリン,ハインリヒ　1864生。スイスの美術史家。1945没。
宇垣一成　うがきかずしげ　1868生。明治時代-昭和時代の軍人,政治家。1956没。
北島多一　きたじまたいち　1870生。明治時代-昭和時代の細菌学者。北里研究所所長,慶応義塾大学教授。1956没。
若柳吉蔵(初代)　わかやぎきちぞう　1879生。明治時代-昭和時代の日本舞踊家。1944没。
ゲゼル,アーノルド　1880生。アメリカの児童心理学者。1961没。
ケント,ロックウェル　1882生。アメリカの画家。1971没。
グラトコフ,フョードル・ワシリエヴィチ　1883生。ソ連の小説家。1958没。

358

大島正満　おおしままさみつ　1884生。大正時代,昭和時代の動物学者,随筆家。東京府立学校教授。1965没。

大妻コタカ　おおつまこたか　1884生。明治時代-昭和時代の家事評論家。1970没。

イズメイ(ワーミントンの),ヘイスティングズ・ライオネル・イズメイ,男爵　1887生。イギリスの軍人,政治家。1965没。

ボーウェン,ノーマン・L　1887生。アメリカの岩石学者。1956没。

ヴァンチュラ,ヴラジスラフ　1891生。チェコの作家,医者。1942没。

シェルヘン,ヘルマン　1891生。ドイツの作曲家,指揮者,評論家。1966没。

ネルヴィ,ピエール・ルイジ　1891生。イタリアの建築家,エンジニア。1979没。

橋浦時雄　はしうらときお　1891生。明治時代-昭和時代の社会運動家。1969没。

ニーバー,ラインホルト　1892生。アメリカのプロテスタント神学者,文明批評家。1971没。

ハーバ,アロイス　1893生。チェコスロバキアの作曲家。1973没。

村岡花子　むらおかはなこ　1893生。大正時代,昭和時代の児童文学者。日本ユネスコ協会連盟副会長。1968没。

スナイダー　1895生。アメリカの銀行家,政治家。1985没。

西阪専慶(16代目)　にしざかせんけい　1897生。昭和時代の華道家。1977没。

菊池勇夫　きくちいさお　1898生。大正時代,昭和時代の法学者。九州大学総長,日本法哲学会理事。1975没。

ケッセルリング　1902生。アメリカの劇作家,音楽家。1963没。

シェーベルイ,アルフ　1903生。スウェーデンの映画監督。1981没。

苅田アサノ　かんだあさの　1905生。昭和時代の婦人運動家。衆院議員(共産党),国際民主婦人連盟名誉議員。1973没。

サルトル,ジャン-ポール　1905生。フランスの哲学者,文学者。1980没。

島秀之助　しまひでのすけ　1908生。昭和時代のプロ野球審判。セ・リーグ審判部長,野球機構規則委員。1995没。

高沢信一郎　たかさわしんいちろう　1908生。昭和時代の神官,神道研究家。神社本庁長老,明治神宮名誉宮司。1998没。

トワルドフスキー,アレクサンドル・トリフォノヴィチ　1910生。ソ連の詩人。1971没。

マカーシー,メアリー　1912生。アメリカの女流小説家。1989没。

ハイセンビュッテル,ヘルムート　1921生。西ドイツの詩人,評論家。1996没。

パップ,ジョー　1921生。アメリカの演出家。1991没。

相沢忠洋　あいざわただひろ　1926生。昭和時代,平成時代の考古学者。1989没。

横山理子　よこやまさとこ　1927生。昭和時代の自然保護運動家。多摩川の自然を守る会代表。1988没。

佐瀬稔　させみのる　1932生。昭和時代,平成時代の評論家,ノンフィクション作家。1998没。

サガン,フランソワーズ　1935生。フランスの作家,劇作家。2004没。

カーマイケル,ストークリー　1941生。アメリカの黒人解放運動家。1998没。

スコット,トニー　1944生。イギリスの映画監督。

鈴木ヒロミツ　すずきひろみつ　1946生。昭和時代,平成時代の俳優。2007没。

クレーマー,ジョーイ　1950生。アメリカのロックドラム奏者。

ブット,ベナジール　1953生。パキスタンの政治家。

大木ひびき　おおきひびき　1955生。昭和時代,平成時代の漫才師。

長谷川初範　はせがわはつのり　1955生。昭和時代,平成時代の俳優。

プラティニ,ミシェル　1955生。フランスの元・サッカー選手。

松本伊代　まつもといよ　1965生。昭和時代,平成時代のタレント。

ルイス,ジュリエット　1973生。アメリカの女優。

笛木優子　ふえきゆうこ　1979生。平成時代の女優。

ウィリアム王子　1982生。英国王子。

6月21日

登場人物

ミッフィー　1955生。ディック・ブルーナの絵本の主人公。

6月22日

○記念日○　かにの日
　　　　　　ボウリングの日
　　　　　　日韓条約調印記念日
○忌　日○　李由忌

北条政村　ほうじょうまさむら　1205生。鎌倉時代前期の鎌倉幕府第7代の執権。1273没。

小笠原持長　おがさわらもちなが　1396生。室町時代の武将, 信濃守護。1462没。

小田成治　おだしげはる　1449生。室町時代, 戦国時代の地方豪族・土豪。1514没。

リバルタ, フランシスコ　1555生。スペインの画家。1628没。

尹善道　いんぜんどう　1587生。朝鮮, 李朝中期の時調作家。1671没。

島津光久　しまづみつひさ　1616生。江戸時代前期の大名。1695没。

毛利元知　もうりもととも　1631生。江戸時代前期の大名。1683没。

聖安女王　しょうあんじょおう　1668生。江戸時代中期の女性。後西天皇の第9皇女。1712没。

アースキン, エビニーザー　1680生。スコットランドの分離派教会の創立者。1754没。

諦忍　たいにん　1705生。江戸時代中期の真言律僧。1786没。

近衛内前　このえうちさき　1728生。江戸時代中期の公家。1785没。

ドリール, ジャック　1738生。フランスの詩人, 神父。1813没。

ヴァンクーヴァー, ジョージ　1757生。イギリスの航海者。1798没。

徳本　とくほん　1758生。江戸時代後期の浄土宗の僧。1818没。

津軽信明　つがるのぶあきら　1762生。江戸時代中期の大名。1791没。

フンボルト, ヴィルヘルム・フォン　1767生。ドイツの言語学者, 外交官。1835没。

ニールソン　1792生。イギリスの技術者。1865没。

ポレヴォーイ, ニコライ・アレクセーヴィチ　1796生。ロシアの評論家, 作家。1846没。

有馬頼徳　ありまよりのり　1797生。江戸時代後期の大名。1844没。

松平頼恕　まつだいらよりひろ　1798生。江戸時代後期の大名。1842没。

マッツィーニ, ジュゼッペ　1804生。イタリアの革命家。1872没。

野沢方嶺　のざわほうれい　1806生。江戸時代, 明治時代の教育家。1893没。

ブラウン, ネイサン　1807生。アメリカのバプテスト派教会宣教師。1886没。

藤原忠朝　ふじわらただとも　1820生。江戸時代, 明治時代の国学者。1893没。

レシェティツキー, テーオドル　1830生。ポーランドのピアニスト, 音楽教師, 作曲家。1915没。

アイマー　1843生。ドイツの動物学者。1898没。

マッキューアン, サー・ウィリアム　1848生。イギリスの外科医。1924没。

ゴルトツィーハー・イグナーツ　1850生。ハンガリーの東洋学者。1921没。

キュストナー　1856生。ドイツの天文学者。1936没。

ハガード, ライダー　1856生。イギリスの小説家。1925没。

シュペー, マクシミリアン(・ヨハネス・マリア・フーベルト), 伯爵　1861生。ドイツの提督。1914没。

田中義一　たなかぎいち　1864生。明治時代–昭和時代の陸軍軍人, 政治家。貴族院議員, 首相。1929没。

ミンコフスキー, ヘルマン　1864生。ロシア, ドイツの数学者。1909没。

ザレ　1865生。ドイツの考古学者, 美術史家。1945没。

コリーン　1869生。オランダの政治家。1944没。

マクドゥーガル, ウィリアム　1871生。イギリス, アメリカの心理学者。1938没。

和田三郎　わださぶろう　1871生。明治時代, 大正時代の中国革命援助者。1926没。

ウィリアムズ　1876生。アメリカの社会学者。1973没。

斎藤豊作　さいとうとよさく　1880生。明治時代–昭和時代の洋画家。1951没。

ネスキオ　1882生。オランダの小説家。1961没。

マクストン　1885生。イギリス(スコットランド)の政治家。1946没。

水守亀之助　みずもりかめのすけ　1886生。大正時代, 昭和時代の小説家。1958没。

ハクスレー, サー・ジュリアン・ソレル　1887生。イギリスの生物学者。1975没。

野淵昶　のぶちあきら　1896生。昭和時代の演出家, 映画監督。同志社高等商業教授。1968没。

レマルク, エーリヒ・マリーア　1898生。ドイツの小説家。1970没。

崔庸健　さいようけん　1900生。北朝鮮の政治家。1976没。

オブラスツォフ, セルゲイ・V.　1901生。ソ連の人形劇演出家。1992没。

市原豊太　いちはらとよた　1902生。昭和時代のエッセイスト。獨協大学学長, 東京大学教授。1990没。

原弘　はらひろむ　1903生。昭和時代のグラフィック・デザイナー。武蔵野美術大学教授。1986没。

堀越二郎　ほりこしじろう　1903生。昭和時代の航空機設計者, 航空評論家。三菱重工業名古屋航空機製作所技師長。1982没。

山本周五郎　やまもとしゅうごろう　1903生。昭和時代の小説家。1967没。

長野泰一　ながのやすいち　1906生。昭和時代, 平成時代のウイルス学者。東京大学教授。1998没。

リンドバーグ, アン・モロー　1906生。アメリカの女流作家。2001没。

ワイルダー, ビリー　1906生。アメリカの映画監督。2002没。

トッド, マイク　1907生。アメリカの映画製作者。1958没。

岡野祐　おかのたすく　1909生。昭和時代の野球人。パ・リーグ会長。1988没。

カレツキ, ミハウ　1910生。ポーランドの経済学者。1970没。

ハント(ランフェア・ウォーターダインの), (ヘンリー・セシル・)ジョン・ハント, 男爵　1910生。イギリスの軍人, 登山家。1998没。

ピアーズ, ピーター　1910生。イギリスのテノール歌手。1986没。

河本敏夫　こうもととしお　1911生。昭和時代, 平成時代の実業家, 政治家。衆議院議員(自民党), 通産相。2001没。

木村功　きむらいさお　1923生。昭和時代の俳優。1981没。

西川扇蔵(10代目)　にしかわせんぞう　1928生。昭和時代, 平成時代の日本舞踊家。

ヘルマンソン, スタイングミュール　1928生。アイスランドの政治家。

柚木学　ゆのきまなぶ　1929生。昭和時代, 平成時代の日本史学者。大阪明浄大学学長, 関西学院大学教授。2000没。

ハマディ, サアドン　1930生。イラクの政治家, 経済学者。

安達瞳子　あだちとうこ　1936生。昭和時代, 平成時代の花道家。2006没。

キアロスタミ, アッバス　1940生。イランの映画監督。

ローリングス, ジェリー　1947生。ガーナの政治家, 軍人。

笹野高史　ささのたかし　1948生。昭和時代, 平成時代の俳優。

ストリープ, メリル　1949生。アメリカの女優。

チャウ・シンチー　1962生。香港の俳優, 映画監督, 脚本家。

八角信芳　はっかくのぶよし　1963生。昭和時代, 平成時代の元・力士(第61代横綱)。

阿部寛　あべひろし　1964生。昭和時代, 平成時代の俳優。

斉藤和義　さいとうかずよし　1966生。昭和時代, 平成時代のシンガーソングライター。

玉袋筋太郎　たまぶくろすじたろう　1967生。昭和時代, 平成時代の漫才師。

川上憲伸　かわかみけんしん　1975生。平成時代のプロ野球選手。

平野啓一郎　ひらのけいいちろう　1975生。平成時代の小説家。

泉浩　いずみひろし　1982生。平成時代の柔道選手。

加藤ローサ　かとうろーさ　1985生。平成時代の女優。

加藤ミリヤ　かとうみりや　1988生。平成時代のシンガーソングライター。

6月22日

6月23日

○記念日○ オリンピックデー
　　　　　沖縄慰霊の日
○忌　日○ 独歩忌

禧子内親王　きしないしんのう　1122生。平安時代後期の女性。鳥羽天皇の第1皇女。1133没。

ヨアネス（マタの）　1160生。三位一体会の創始者。1213没。

ヨアネス（カンティの）　1390生。ポーランドの聖書学者、聖人。1473没。

シュテッセル，ヨーハン　1524生。ドイツのルター派神学者。1576没。

ショッテル，ユウトゥス・ゲオルク　1612生。ドイツの言語学者，詩人。1676没。

ヴィーコ，ジャンバッティスタ　1668生。イタリアの哲学者，文学者。1744没。

尊呆女王　そんこうじょおう　1675生。江戸時代中期の女性。後西天皇の第14皇女。1719没。

松平宗昌　まつだいらむねまさ　1675生。江戸時代中期の大名。1724没。

フールモン　1683生。フランスの東洋学者。1745没。

京極高通　きょうごくたかみち　1691生。江戸時代中期の大名。1743没。

マリー・レシチンスカ　1703生。フランス国王ルイ15世の妃。1768没。

藤貞幹　とうていかん　1732生。江戸時代中期の国学者。1797没。

ロビネ　1735生。フランスの哲学者。1820没。

ドロミュ，デオダ・ギー・グラテ・ド　1750生。フランスの鉱物学者，地質学者。1801没。

大島贄川　おおしません　1762生。江戸時代後期の儒者。1838没。

ジョゼフィーヌ・ド・ボアルネ　1763生。フランス皇帝ナポレオン1世の妃。1814没。

林述斎　はやしじゅつさい　1768生。江戸時代中期、後期の儒者。1841没。

マリユス，エティエンヌ・ルイ　1775生。フランスの物理学者。1812没。

水野忠邦　みずのただくに　1794生。江戸時代末期の大名，老中。1851没。

鈴木佐内　すずきさない　1802生。江戸時代，明治時代の数学者。1879没。

ボルジヒ　1804生。ドイツの機械製造業者。1854没。

エルスラー　1810生。オーストリアのバレリーナ。1884没。

シュトリュンペル　1812生。ドイツの哲学者，教育学者。1899没。

パヴェ・ド・クールチーユ　1821生。フランスの東洋学者。1889没。

ライネッケ，カルル　1824生。ドイツのピアニスト，作曲家，指揮者。1910没。

大島友之允　おおしまとものじょう　1826生。江戸時代，明治時代の対馬藩士。1882没。

奈良原喜左衛門　ならはらきざえもん　1831生。江戸時代末期の薩摩藩士。1865没。

ワグナー　1840生。ドイツの地理学者。1929没。

相浦紀道　あいのうらのりみち　1841生。明治時代の海軍軍人。男爵，中将。1911没。

グロート　1843生。ドイツの鉱物学者，結晶学者。1927没。

マスペロ，ガストン　1846生。フランスの考古学者。1916没。

松岡康毅　まつおかやすたけ　1846生。明治時代，大正時代の法曹家，政治家。農商務大臣，貴族院議員。1923没。

平岡浩太郎　ひらおかこうたろう　1851生。明治時代の実業家，政治家。衆議院議員，玄洋社社長。1906没。

成瀬仁蔵　なるせじんぞう　1858生。明治時代，大正時代の教育家。1919没。

大庭二郎　おおばじろう　1864生。明治時代–昭和時代の陸軍軍人。大将。1935没。

石井研堂　いしいけんどう　1865生。明治時代，大正時代の明治文化研究家，ジャーナリスト。1943没。

ミレス，カール　1875生。スウェーデンの彫刻家。1955没。

川島元次郎　かわしまもとじろう　1877生。明治時代, 大正時代の歴史家。長崎高等商業学校教授, 京都市第一商業学校長。1922没。

クラウス, ヴェルナー　1884生。オーストリアの俳優。1959没。

ゲーリング, ラインハルト　1887生。ドイツの劇作家, 小説家。1936没。

アフマートワ, アンナ・アンドレーヴナ　1889生。ロシア, ソ連の女流詩人。1966没。

三木露風　みきろふう　1889生。明治時代–昭和時代の詩人。1964没。

鈴木三郎助　すずきさぶろうすけ　1890生。明治時代–昭和時代の実業家。1973没。

岸田劉生　きしだりゅうせい　1891生。明治時代–昭和時代の洋画家。1929没。

エドワード8世(ウィンザー公)　1894生。イギリスの元国王。1972没。

キンゼイ, アルフレッド・チャールズ　1894生。アメリカの動物学者。1956没。

末永雅雄　すえながまさお　1897生。昭和時代の考古学者。関西大学教授, 奈良県立橿原考古学研究所所長。1991没。

古田重二良　ふるたじゅうじろう　1901生。昭和時代の私学経営者。日本大学会頭, 大学審議会会長。1970没。

村田久造　むらたきゅうぞう　1902生。昭和時代, 平成時代の盆栽作家。九霞園(造園)主。1991没。

ブラナー, H.C.　1903生。デンマークの作家。1966没。

ケッペン, ヴォルフガング　1906生。西ドイツの社会派作家。1996没。

ミード, ジェイムズ・エドワード　1907生。イギリスの経済学者。1995没。

李先念　りせんねん　1909生。中国の政治家。1992没。

アヌイ, ジャン　1910生。フランスの劇作家。1987没。

長門美保　ながとみほ　1911生。昭和時代, 平成時代の声楽家。1994没。

チューリング, アラン・マシソン　1912生。イギリスの数学者, 物理学者。1954没。

ロジャーズ, ウィリアム　1913生。アメリカの政治家, 弁護士。2001没。

ワース, アイリーン　1916生。アメリカの女優。2002没。

プレマダサ, ラナシンハ　1924生。スリランカの政治家。1993没。

フォッシー, ボブ　1925生。アメリカの映画監督, 振付師。1987没。

神田伯竜(6代目)　かんだはくりゅう　1926生。昭和時代の講談師。2006没。

青木定雄　あおきさだお　1928生。昭和時代, 平成時代の実業家。エムケイタクシー会長。

河合隼雄　かわいはやお　1928生。昭和時代, 平成時代の臨床心理学者。2007没。

妹尾河童　せのおかっぱ　1930生。昭和時代, 平成時代の舞台美術家, エッセイスト。

岡松和夫　おかまつかずお　1931生。昭和時代, 平成時代の小説家。

二葉百合子　ふたばゆりこ　1931生。昭和時代, 平成時代の浪曲師, 歌手。

浅井信雄　あさいのぶお　1935生。昭和時代, 平成時代の評論家。

筑紫哲也　ちくしてつや　1935生。昭和時代, 平成時代のジャーナリスト, ニュースキャスター。

シミティス, コンスタンティノス　1936生。ギリシャの政治家。

アハティサーリ, マルティ　1937生。フィンランドの政治家, 外交官。

浜田紀政　はまだのりまさ　1940生。昭和時代の映画監督。

ルドルフ, ウィルマ　1940生。アメリカの陸上選手。1994没。

須永慶　すながけい　1943生。昭和時代, 平成時代の俳優。

仲宗根美樹　なかそねみき　1944生。昭和時代の歌手。

マクドーマンド, フランシス　1957生。アメリカの女優。

高田みづえ　たかだみずえ　1960生。昭和時代の歌手。

南野陽子　みなみのようこ　1967生。昭和時代, 平成時代の女優。

上地等　うえちひとし　1968生。昭和時代, 平成時代のキーボード奏者。

ジダン, ジネディーヌ　1972生。フランスの元・サッカー選手。

6月23日

6月24日

○記念日○ UFO記念日
ドレミの日

フェルナンド3世　1198生。カスティリア王（在位1217～52），レオン王（在位30～52）。1252没。
空谷明応　くうこくみょうおう　1328生。南北朝時代，室町時代の臨済宗の僧。1407没。
ペレイラ　1360生。ポルトガルの軍人。1431没。
カピストラヌス　1383生。聖人。1456没。
ブーゲンハーゲン，ヨーハン　1485生。ドイツの宗教改革者。1558没。
ブレンツ，ヨハン　1499生。ドイツの宗教改革者。1570没。
ベーズ，テオドール・ド　1519生。フランスの改革派神学者。1605没。
レスター，ロバート・ダドリー，伯爵　1532生。イギリス女王エリザベス1世の寵臣。1588没。
クルス，聖フアン・デ・ラ　1542生。スペインの詩人。1591没。
ペドロ・バプチスタ　1542生。スペイン人のフランシスコ会司祭。1597没。
パーソンズ，ロバート　1546生。イギリスのイエズス会宣教師。1610没。
加藤清正　かとうきよまさ　1562生。安土桃山時代，江戸時代前期の武将，大名。1611没。
万里小路充房　までのこうじあつふさ　1562生。安土桃山時代，江戸時代前期の公家。1626没。
ボル，フェルディナンド　1616生。オランダの画家。1680没。
マシヨン，ジャン-バチスト　1663生。フランスの聖職者。1742没。
ベンゲル，ヨーハン・アルブレヒト　1687生。ドイツの神学者。1752没。
クローツ　1755生。プロシア生まれの狂信的革命家。1794没。
ロス，サー・ジョン　1777生。スコットランド海軍軍人，北極探検家。1856没。
テューネン　1783生。ドイツの農業経済学者。1850没。

ヴェーバー，エルンスト・ハインリヒ　1795生。ドイツの解剖学者，生理学者。1878没。
クザン・モントーバン　1796生。フランスの軍人。1878没。
色川三中　いろかわみなか　1801生。江戸時代末期の国学者，薬商。1855没。
エントリヒャー，シュテファン　1804生。オーストリアの植物分類学者。1849没。
秋本新蔵　あきもとしんぞう　1812生。江戸時代末期，明治時代の庄屋。1877没。
ミュラー，レーオポルト・ベンヤミン・カール　1824生。ドイツの陸軍軍医。1893没。
伊東貫斎　いとうかんさい　1826生。江戸時代，明治時代の蘭方医。1893没。
ヴィスリツェヌス，ヨハンネス　1835生。ドイツの化学者。1902没。
ローゼンブッシュ　1836生。ドイツの岩石学者。1914没。
シュモラー　1838生。ドイツ歴史学派の代表的経済学者。1917没。
スウィフト，グスターヴァス・フランクリン　1839生。アメリカの精肉業者。1903没。
ビアス，アンブローズ　1842生。アメリカのジャーナリスト，作家。1914没。
土居光華　どいこうか　1847生。明治時代の漢学者，自由民権家，ジャーナリスト。北辰社社長，衆議院議員。1918没。
アダムズ，ブルックス　1848生。アメリカの歴史家。1927没。
キッチナー（ハルツームとブルームの），ハーバート・キッチナー，初代伯爵　1850生。イギリスの軍人，政治家。1916没。
アードラー　1852生。オーストリアの社会民主主義者。1918没。
伊藤伝七（10代目）　いとうでんしち　1852生。明治時代，大正時代の実業家。東洋紡績社長。1924没。
レフラー，フリードリヒ・アウグスト・ヨハネス　1852生。ドイツの細菌学者。1915没。
ミュシャ，アルフォンス　1860生。チェコスロヴァキアの画家，挿絵画家，舞台美術家。

1939没。
シゲーレ　1868生。イタリアの社会心理学者。1913没。
柏井園　かしわいえん　1870生。明治時代，大正時代の牧師，神学者。明治学院講師。1920没。
本因坊秀哉　ほんいんぼうしゅうさい　1874生。明治時代–昭和時代の囲碁家元。1940没。
麻生慶次郎　あそうけいじろう　1875生。明治時代–昭和時代の農芸化学者。東京大学教授，東京農林学校長。1953没。
レーミゾフ，アレクセイ・ミハイロヴィチ　1877生。ロシアの小説家。1957没。
ヴェブレン　1880生。アメリカの数学者。1960没。
アスラン　1882生。フランスの画家。1947没。
馬寅初　ばいんしょ　1882生。中国の経済学者。1982没。
ヘス，ヴィクトル・フランシス　1883生。オーストリア系アメリカの物理学者。1964没。
メッツァンジェ，ジャン　1883生。フランスの画家。1956没。
劉師培　りゅうしばい　1884生。中国，清末の学者。1919没。
タイーロフ，アレクサンドル・ヤーコヴレヴィチ　1885生。ソ連の演出家。1950没。
リートフェルト，ヘリット・トマス　1888生。オランダの建築家。1964没。
片多徳郎　かただとくろう　1889生。明治時代–昭和時代の洋画家。1934没。
岡田弥一郎　おかだやいちろう　1892生。昭和時代の動物学者。三重大学教授，東海大学水産研究所長。1976没。
デンプシー，ジャック　1895生。アメリカのプロボクサー。1983没。
浅見淵　あさみふかし　1899生。昭和時代の小説家，文芸評論家。1973没。
クーゼンベルク，クルト　1904生。ドイツの小説家，随筆家。1983没。
近藤東　こんどうあずま　1904生。大正時代，昭和時代の詩人。日本詩人会会長。1988没。
谷口吉郎　たにぐちよしろう　1904生。昭和時代の建築家，美学者。東京工業大学教授。1979没。
フルニエ，ピエール　1906生。フランスのチェリスト。1986没。
靉光　あいみつ　1907生。昭和時代の洋画家。1946没。

ディストラー，フーゴー　1908生。ドイツの作曲家。1942没。
秋田貞夫　あきたていお　1909生。昭和時代，平成時代の出版経営者。1996没。
渋谷黎子　しぶやれいこ　1909生。昭和時代の社会運動家。1934没。
森田子竜　もりたしりゅう　1912生。昭和時代の書家。1998没。
永田武　ながたたけし　1913生。昭和時代の地球物理学者。東京大学教授，国立極地研究所長。1991没。
カズンズ，ノーマン　1915生。アメリカのジャーナリスト，平和運動家。1990没。
ホイル，フレッド　1915生。イギリスの天文学者，作家。1971没。
チャーディ，ジョン　1916生。アメリカの詩人。1986没。
許南麒　きょなんき　1918生。朝鮮の詩人。1988没。
清元栄三郎　きよもとえいざぶろう　1927生。昭和時代，平成時代の清元節三味線方。2002没。
西広整輝　にしひろせいき　1930生。昭和時代，平成時代の官僚。防衛庁事務次官，第一勧業銀行顧問。1995没。
後藤竜二　ごとうりゅうじ　1943生。昭和時代，平成時代の児童文学作家。
ベック，ジェフ　1944生。イギリスのロックギタリスト。
犬童一心　いぬどういっしん　1960生。昭和時代，平成時代の映画監督，脚本家。
清水圭　しみずけい　1961生。昭和時代，平成時代のタレント。
六角精児　ろっかくせいじ　1962生。昭和時代，平成時代の俳優。
野々村真　ののむらまこと　1964生。昭和時代，平成時代のタレント。
八木亜希子　やぎあきこ　1965生。昭和時代，平成時代のアナウンサー。
中井広恵　なかいひろえ　1969生。平成時代の棋士。
中村俊輔　なかむらしゅんすけ　1978生。平成時代のサッカー選手。
メッシ，リオネル　1987生。アルゼンチンのサッカー選手。

6月24日

6月25日

○記念日○　住宅デー

菅原道真　すがわらのみちざね　845生。平安時代前期の学者、歌人、公卿。903没。
ウサーマ・イブン・ムンキズ　1095生。シリアの軍人、文学者。1188没。
一条冬良　いちじょうふゆら　1464生。戦国時代の公卿。1514没。
ファブリキウス・ヒルダヌス　1560生。ドイツの外科医。1634没。
徳力善雪　とくりきぜんせつ　1599生。江戸時代前期の京都の画家。1680没。
前田利直　まえだとしなお　1672生。江戸時代中期の大名。1710没。
沢田鹿鳴　さわだろくめい　1726生。江戸時代中期の漢学者。1779没。
上田秋成　うえだあきなり　1734生。江戸時代中期、後期の歌人、国学者、読本作者。1809没。
公仁親王妃室子　きんひとしんのうひしつし　1736生。江戸時代中期の歌人。1756没。
室子女王　しつこじょおう　1736生。江戸時代中期の女性。閑院宮直仁親王の第4王女。1756没。
オシュ　1768生。革命期のフランスの将軍。1797没。
ペッリコ、シルヴィオ　1789生。イタリアの作家、愛国者。1854没。
ドブレ、ガブリエル・オーギュスト　1814生。フランスの地質学者、鉱物学者。1896没。
万里小路博房　までのこうじひろふさ　1824生。江戸時代、明治時代の公卿。1884没。
ガウディ・イ・コルネ、アントニ　1852生。スペインの建築家。1926没。
松井直吉　まついなおきち　1857生。明治時代の化学者、教育行政家。東京帝国大学教授。1911没。
クールトリーヌ、ジョルジュ　1858生。フランスの小説家、劇作家。1929没。
荒尾精　あらおせい　1859生。明治時代の軍人、アジア主義者。1896没。
シャルパンティエ、ギュスターヴ　1860生。フランスの作曲家。1956没。

奥繁三郎　おくしげさぶろう　1861生。明治時代、大正時代の政治家、弁護士。衆議院議員。1924没。
戸水寛人　とみずひろんど　1861生。明治時代、大正時代の法学者、政治家。東京帝国大学教授、衆議院議員。1935没。
ネルンスト、ヴァルター・ヘルマン　1864生。ドイツの物理化学者。1941没。
佐伯定胤　さえきじょういん　1867生。明治時代-昭和時代の法相宗僧侶、仏教学者。法隆寺住職。1952没。
福沢桃介　ふくざわももすけ　1868生。明治時代、大正時代の実業家。大同電力社長。1938没。
福原鐐二郎　ふくはらりょうじろう　1868生。明治時代、大正時代の官吏。東北帝国大学総長、帝国美術院長。1932没。
梶田半古　かじたはんこ　1870生。明治時代、大正時代の日本画家。富山県立工芸学校教頭。1917没。
三土忠造　みつちちゅうぞう　1871生。明治時代-昭和時代の政治家。衆院議員、内相。1948没。
桑木厳翼　くわきげんよく　1874生。明治時代-昭和時代の哲学者。文学博士、東京帝国大学教授。1946没。
ヴァンシタート(デナムの)、ロバート・ギルバート・ヴァンシタート、男爵　1881生。イギリスの外交官。1957没。
山本忠興　やまもとただおき　1881生。明治時代-昭和時代の電気工学者。早稲田大学教授。1951没。
クパーラ、ヤンカ　1882生。白ロシアの詩人。1942没。
万代順四郎　まんだいじゅんしろう　1883生。明治時代-昭和時代の銀行家。帝国銀行頭取。1959没。
貞明皇后　ていめいこうごう　1884生。明治時代-昭和時代の大正天皇后。1951没。
葛原しげる　くずはらしげる　1886生。大正時代、昭和時代の童謡詩人、童話作家。至誠女子

高校長。1961没。
アボット, ジョージ 1887生。アメリカの劇作家, 演出家。1995没。
河崎なつ かわさきなつ 1889生。大正時代, 昭和時代の教育者, 婦人運動家。参議院議員（社会党）。1966没。
神田伯竜 かんだはくりゅう 1889生。大正時代, 昭和時代の講談師。1949没。
石井四郎 いしいしろう 1892生。昭和時代の陸軍軍医, 細菌医学者。中将。1959没。
オーベルト, ヘルマン・ユリウス 1894生。ドイツの宇宙工学の父。1989没。
武井武雄 たけいたけお 1894生。大正時代, 昭和時代の童画家, 版画家。日本童画家協会代表。1983没。
鈴木東民 すずきとうみん 1895生。昭和時代のジャーナリスト。釜石市長, 読売新聞編集局長。1979没。
長崎惣之助 ながさきそうのすけ 1896生。大正時代, 昭和時代の官僚。国鉄総裁。1962没。
キャルヴァートン, V.F. 1900生。アメリカの評論家。1940没。
鈴木重吉 すずきしげよし 1900生。大正時代, 昭和時代の映画監督。1976没。
マウントバッテン, ルイス, 初代伯爵 1900生。イギリスの軍人。1979没。
秩父宮雍仁 ちちぶのみややすひと 1902生。大正時代, 昭和時代の皇族。1953没。
オーウェル, ジョージ 1903生。イギリスの作家。1950没。
与田準一 よだじゅんいち 1905生。昭和時代, 平成時代の児童文学者。「赤い鳥」代表, 日本児童文学者協会会長。1997没。
イェンゼン, ヨハネス・ハンス・ダニエル 1907生。ドイツの理論物理学者。1973没。
クワイン, ウィラード・ヴァン・オーマン 1908生。アメリカの論理学者, 哲学者。2000没。
ディモフ, ディミタル 1909生。ブルガリアの小説家。1966没。
杉浦幸雄 すぎうらゆきお 1911生。昭和時代, 平成時代の漫画家。2004没。
スタイン, ウィリアム・ハワード 1911生。アメリカの生化学者。1980没。
北野善朗 きたのよしろう 1915生。昭和時代の実業家。日本ビクター社長。1975没。
トインビー, フィリップ 1916生。イギリスの小説家, 批評家。1981没。

石田瑞麿 いしだみずまろ 1917生。昭和時代, 平成時代の仏教学者。東海大学教授。1999没。
フランシス, サム 1923生。アメリカの画家。1994没。
丹阿弥谷津子 たんあみやつこ 1924生。昭和時代, 平成時代の女優。
加藤芳郎 かとうよしろう 1925生。昭和時代, 平成時代の漫画家。2006没。
ポポフ, ディミタル 1927生。ブルガリアの政治家, 元・裁判官。
カール, エリック 1929生。アメリカの絵本作家。
シン, ビシュワナート・プラタプ 1931生。インドの政治家。
荻村伊智朗 おぎむらいちろう 1932生。昭和時代, 平成時代の卓球選手。国際卓球連盟会長。1994没。
愛川欽也 あいかわきんや 1934生。昭和時代, 平成時代の俳優, タレント, 司会者。
小川紳介 おがわしんすけ 1935生。昭和時代, 平成時代の記録映画監督。1992没。
ハビビ, バハルディン・ユスフ 1936生。インドネシアの政治家, 実業家。
小渕恵三 おぶちけいぞう 1937生。昭和時代, 平成時代の政治家。首相。2000没。
本宮ひろ志 もとみやひろし 1947生。昭和時代, 平成時代の漫画家。
沢田研二 さわだけんじ 1948生。昭和時代, 平成時代の歌手, 俳優。
高田文夫 たかだふみお 1948生。昭和時代, 平成時代の放送作家, タレント。
トライコフスキ, ボリス 1956生。マケドニアの政治家。2004没。
松居一代 まついかずよ 1957生。昭和時代, 平成時代の女優。
マイケル, ジョージ 1963生。イギリスのロック歌手。
塚原直也 つかはらなおや 1977生。平成時代の体操選手。
Rain(ピ) れいん 1982生。韓国の歌手, 俳優。
松浦亜弥 まつうらあや 1986生。平成時代の歌手。

6月25日

6月26日

○記念日○ 国際麻薬乱用撲滅デー
国民憲章調印記念日

神子栄尊 しんしえいそん 1195生。鎌倉時代前期の天台兼修の臨済僧。1272没。

フェルディナンド2世 1467生。アラゴン家出身のナポリ王。1496没。

エルンスト（告白公） 1497生。ドイツのブラウンシュヴァイク-リューネブルク大公。1546没。

正親町公通 おおぎまちきんみち 1653（閏6月）生。江戸時代前期、中期の神道家、公家。1733没。

フルーリー, アンドレ-エルキュール・ド 1653生。フランスの枢機卿、政治家。1743没。

松平直丘 まつだいらなおたか 1665生。江戸時代中期の大名。1712没。

広幡豊忠 ひろはたとよただ 1666生。江戸時代中期の公家。1737没。

黒田長清 くろだながきよ 1667生。江戸時代中期の大名。1720没。

田中適所 たなかてきしょ 1725生。江戸時代中期、後期の越前の医師。1801没。

ビットリオ・アマデオ3世 1726生。サヴォイア公、サルデーニャ王（1773〜96）。1796没。

メシエ, シャルル 1730生。フランスの天文学者。1817没。

モリー, ジャン・シフラン 1746生。フランスの聖職者。1817没。

リヴァロール, アントワーヌ 1753生。フランスの作家。1801没。

リーヒテンシュタイン 1760生。オーストリアの軍人。1836没。

モーランド, ジョージ 1763生。イギリスの画家。1804没。

岩崎灌園 いわさきかんえん 1786生。江戸時代後期の本草学者、博物学者、幕府御家人。1842没。

スントーン・プー 1786生。タイの近世詩人。1856没。

キャトリン, ジョージ 1796生。アメリカの画家, 旅行家, 作家。1872没。

ヴィントシャイト 1817生。ドイツの民法学者。1892没。

ダブルデイ, アブナー 1819生。アメリカの軍人。1893没。

新発田収蔵 しばたしゅうぞう 1820生。江戸時代末期の蘭方医, 篆刻家。1859没。

柴田拗斎 しばたようさい 1820生。江戸時代末期の地理学者。1859没。

森川杜園 もりかわとえん 1820生。江戸時代, 明治時代の彫刻家。1894没。

ミトレ, バルトロメ 1821生。アルゼンチンの軍人, 歴史家, 大統領。1906没。

トムスン, ウィリアム 1824生。イギリスの物理学者。1907没。

バスティアン, アドルフ 1826生。ドイツの民族学者。1905没。

青木新三郎 あおきしんざぶろう 1833生。江戸時代末期の加賀藩料理人。1864没。

木村鐙子 きむらとうこ 1848生。明治時代の教育者。明治女学校取締。1886没。

ビカーステス, エドワード 1850生。英国国教会宣教師。1897没。

井上伝蔵 いのうえでんぞう 1854生。明治時代の自由民権運動家。1918没。

ボーデン, サー・ロバート（・レアード） 1854生。カナダの政治家。1937没。

日比翁助 ひびおうすけ 1860生。明治時代, 大正時代の実業家。三越呉服店会長。1931没。

清沢満之 きよざわまんし 1863生。明治時代の僧侶。真宗大学監。1903没。

近衛篤麿 このえあつまろ 1863生。明治時代の政治家。貴族院議員, 公爵。1904没。

河辺貞吉 かわべていきち 1864生。明治時代-昭和時代の牧師。1953没。

ベレンソン, バーナード 1865生。アメリカの美術史家。1959没。

フィンク 1867生。ドイツの言語学者。1910没。

リーマーシュミット, リヒャルト 1868生。ドイツの工芸デザイナー, 建築家。1957没。

ネクセー，マーティン・アナセン　1869生。デンマークの小説家。1954没。

山崎延吉　やまざきのぶよし　1873生。明治時代−昭和時代の農業教育者，農政家。帝国農会副会長，衆院議員，貴院議員。1954没。

寒川恒貞　さむかわつねさだ　1875生。明治時代−昭和時代の技術者，実業家。1945没。

ガイガー　1880生。ドイツの哲学者，美学者。1938没。

木村文助　きむらぶんすけ　1882生。大正時代，昭和時代の綴方教育者。北海道大野小学校校長。1953没。

ペーターゼン　1884生。ドイツの教育学者。1952没。

シモンソン　1888生。アメリカの舞台装置家。1967没。

田中武雄　たなかたけお　1888生。大正時代，昭和時代の政治家。衆議院議員。1970没。

ハワード，シドニー　1891生。アメリカの劇作家，小説家。1939没。

バック，パール　1892生。アメリカの作家。1973没。

山鹿泰治　やまがたいじ　1892生。大正時代，昭和時代のアナキスト，エスペランティスト。1970没。

ブルーンジー，ビッグ・ビル　1893生。アメリカのブルース歌手，ギタリスト。1958没。

小倉謙　おぐらゆずる　1895生。昭和時代の植物学者。1981没。

落合英二　おちあいえいじ　1898生。大正時代，昭和時代の薬学者。東京大学教授。1974没。

メッサーシュミット，ウィリー　1898生。ドイツの航空機設計者，航空機製造業者。1978没。

阿部金剛　あべこんごう　1900生。昭和時代の洋画家。1968没。

サイミントン，スチュアート　1901生。アメリカの政治家。1988没。

阿部知二　あべともじ　1903生。昭和時代の小説家，評論家，英文学者。1973没。

鹿島卯女　かじまうめ　1903生。昭和時代の実業家。鹿島建設社長。1982没。

柴生田稔　しぼうたみのる　1904生。昭和時代の歌人，国文学者。明治大学教授。1991没。

楢崎宗重　ならざきむねしげ　1904生。昭和時代，平成時代の美術史家。立正大学教授，国際浮世絵学会会長。2001没。

ローリー，ピーター　1904生。ハンガリー生まれの映画俳優。1964没。

アンドレス，シュテファン　1906生。ドイツの小説家，詩人。1970没。

峯村光郎　みねむらてるお　1906生。昭和時代の労働法・経済法学者，法哲学者。慶応義塾大学教授，国学院大学教授。1978没。

ノーランド　1908生。アメリカの政治家，新聞発行人。1974没。

斎藤邦吉　さいとうくにきち　1909生。昭和時代の官僚，政治家。衆議院議員，厚生大臣。1992没。

ウィリアムズ，サー・フレデリック(・キャランド)　1911生。イギリスの電気技師。1977没。

井尻正二　いじりしょうじ　1913生。昭和時代の古生物学者，科学作家。東京経済大学教授。1999没。

クッシング，ピーター　1913生。イギリスの俳優。1994没。

ディドリクソン，ベイブ　1913生。アメリカの女子スポーツ万能選手。1956没。

ヴィントガッセン，ヴォルフガング　1914生。スイスのテノール歌手。1974没。

スピッツァー，ライマン，ジュニア　1914生。アメリカの天文学者，物理学者。1997没。

桂英澄　かつらひでずみ　1918生。昭和時代，平成時代の小説家，文芸評論家。2001没。

名東孝二　なとうたかつぐ　1919生。昭和時代，平成時代の経済学者。九州保健福祉大学学長，日本大学教授。2002没。

杉本苑子　すぎもとそのこ　1925生。昭和時代，平成時代の小説家。

具志堅用高　ぐしけんようこう　1955生。昭和時代，平成時代の元・プロボクサー。

角盈男　すみみつお　1956生。昭和時代，平成時代のタレント，元・プロ野球選手。

ルジマートフ，ファルフ　1963生。ロシアのバレエダンサー。

甲木雅裕　こうもとまさひろ　1965生。昭和時代，平成時代の俳優。

オドネル，クリス　1970生。アメリカの俳優。

ジーター，デレック　1974生。アメリカの大リーグ選手。

登場人物

十津川省三　とづがわしょうぞう　西村京太郎の推理小説に多く登場する警部。

6月26日

6月27日

○記念日○ 演説の日
　　　　　日照権の日
○忌　日○ 秋成忌

ラースロー1世　1040生。ハンガリー王(在位1077～95)。1095没。
後小松天皇　ごこまつてんのう　1377生。室町時代の第100代(北朝第6代)の天皇。1433没。
ルイ12世　1462生。フランスの国王(在位1498～1515)。1515没。
フィレンツオーラ, アーニョロ　1493生。イタリアの文学者。1543没。
岩松昌純　いわまつまさずみ　1495生。室町時代の上野岩松郷の地頭。?没。
シャルル9世　1550生。フランス王(在位1560～74)。1574没。
堀田正信　ほったまさのぶ　1631生。江戸時代前期の大名。1680没。
作宮　さくのみや　1689生。江戸時代中期の霊元天皇の第8皇子。1692没。
宗義暢　そうよしなが　1741生。江戸時代中期の大名。1778没。
近藤玄瑞　こんどうげんずい　1749生。江戸時代後期の医師。1807没。
フェレンベルク　1771生。スイスの教育家。1844没。
ホップハウス　1786生。イギリスの政治家。1869没。
ジルヒャー, フィーリップ・フリードリヒ　1789生。ドイツの作曲家。1860没。
ニューマン, フランシス・ウィリアム　1805生。イギリスの文学者, 神学者。1897没。
伴洞庵　ばんどうあん　1806生。江戸時代末期, 明治時代の儒者。1873没。
ポトヒーテル, E.J.　1808生。オランダの文学者。1875没。
カンロベール　1809生。フランスの軍人。1895没。
盛仁親王　たけひとしんのう　1810生。江戸時代後期の光格天皇の第5皇子。1811没。
スパウェンタ　1817生。イタリアのヘーゲル左派哲学者, 哲学史家。1883没。
フランソア　1817生。ドイツの女流作家。1893没。

シュヴァーロフ　1827生。ロシアの政治家。1889没。
ボンキムチョンドロ・チョットパッダエ　1838生。インドの小説家。1894没。
パーネル, チャールズ・スチュワート　1846生。アイルランドの政治家。1891没。
ヴァゾフ, イヴァン　1850生。ブルガリアの小説家, 民族詩人, 劇作家。1921没。
ハーン, ラフカディオ　1850生。イギリスの文学者, 随筆家。1904没。
森久保作蔵　もりくぼさくぞう　1855生。明治時代, 大正時代の政治家。衆議院議員。1926没。
ヘルクナー　1863生。ドイツの経済学者。1932没。
今泉嘉一郎　いまいずみかいちろう　1867生。明治時代–昭和時代の鉄鋼技術者, 実業家。衆議院議員。1941没。
古今亭今輔(3代目)　ここんていいますけ　1869生。明治時代, 大正時代の落語家。1924没。
シュペーマン, ハンス　1869生。ドイツの生物学者。1941没。
リリー　1870生。アメリカの動物学者。1947没。
ダンバー, ポール・ロレンス　1872生。アメリカの詩人, 小説家。1906没。
ブランコ-フォンボナ, ルフィーノ　1874生。ベネズエラの詩人, 小説家, 外交官。1944没。
バークラ, チャールズ・グラヴァー　1877生。イギリスの物理学者。1944没。
左近司政三　さこんじせいぞう　1879生。大正時代, 昭和時代の海軍軍人, 政治家。中将, 貴族院議員。1969没。
本野亨　もとのとおる　1879生。明治時代–昭和時代の電気工学者。1951没。
ケラー, ヘレン　1880生。アメリカの福祉活動家, 著述家。1968没。
シュプランガー, エードゥアルト　1882生。ドイツの哲学者, 心理学者, 教育学者。1963没。

ネトケ・レーヴェ, マルガレーテ　1884生。ドイツのソプラノ歌手。1971没。
バシュラール, ガストン　1884生。フランスの哲学者。1962没。
モンテ, ピエール　1885生。フランスのエジプト学者。1966没。
マイ, エルンスト　1886生。ドイツの建築家, 都市設計家。1970没。
三宅正太郎　みやけしょうたろう　1887生。大正時代, 昭和時代の司法官。大阪控訴院院長。1949没。
ネイミア, ルイス　1888生。イギリスの歴史家。1960没。
野沢喜左衛門　のざわきざえもん　1891生。昭和時代の義太夫三味線方。1976没。
木内克　きのうちよし　1892生。大正時代, 昭和時代の彫刻家。1977没。
辻靖剛　つじせいごう　1892生。昭和時代の薩摩琵琶奏者。1981没。
バンティ, アンナ　1895生。イタリアの女流作家。1985没。
ダル・モンテ, トーティ　1898生。イタリアのソプラノ歌手。1975没。
トリップ, ジュアン・テリー　1899生。アメリカの航空会社の創設者。1981没。
岸本英夫　きしもとひでお　1903生。昭和時代の宗教学者。東京大学教授。1964没。
カッシーリ, レフ・アブラモヴィチ　1905生。ソ連の児童文学者。1970没。
ウォトキンズ, ヴァーノン　1906生。イギリスの詩人。1967没。
竹村奈良一　たけむらならいち　1906生。昭和時代の農民運動家。1978没。
ギマランイス・ローザ, ジョアン　1908生。ブラジルの小説家。1967没。
ローザ　1908生。ブラジルの作家。1967没。
猪俣勝人　いのまたかつひと　1911生。昭和時代の脚本家, 映画監督。1979没。
秋好馨　あきよしかおる　1912生。昭和時代の漫画家。1989没。
伊藤律　いとうりつ　1913生。昭和時代の社会運動家。日本共産党政治局員。1989没。

アルミランテ, ジョルジョ　1914生。イタリアの政治家。1988没。
霧島昇　きりしまのぼる　1914生。昭和時代の歌手。1984没。
植芝吉祥丸　うえしばきっしょうまる　1921生。昭和時代, 平成時代の合気道道主。1999没。
竹田喜之助　たけだきのすけ　1923生。昭和時代のあやつり人形師。1979没。
ペロー, ロス　1930生。アメリカの実業家。
キケロ, オイゲン　1940生。ルーマニア生まれのジャズピアニスト。1997没。
キェシロフスキ, クシシュトフ　1941生。ポーランドの映画監督。1996没。
オフト, ハンス　1947生。オランダの元・サッカー選手, 元・サッカー日本監督。
永山則夫　ながやまのりお　1949生。昭和時代, 平成時代の小説家。1997没。
アジャーニ, イザベル　1955生。フランスの女優。
ユン・ピョウ　1957生。香港の俳優。
大高洋夫　おおたかひろお　1959生。昭和時代, 平成時代の俳優。
阿武松広生　おうのまつひろお　1961生。昭和時代, 平成時代の元・力士(関脇)。阿武松部屋親方。
手塚とおる　てづかとおる　1962生。昭和時代, 平成時代の俳優。
渡辺真理　わたなべまり　1967生。昭和時代, 平成時代のキャスター。
片岡篤史　かたおかあつし　1969生。平成時代の元・プロ野球選手。
ペトレンコ, ヴィクトル　1969生。ウクライナのフィギュアスケート選手。
六角慎司　ろっかくしんじ　1972生。平成時代の俳優, コメディアン。
マグワイア, トビー　1975生。アメリカの俳優。
ラウル　1077生。スペインのサッカー選手。
優香　ゆうか　1980生。平成時代のタレント。

6月27日

6月28日

○記念日○　にわとりの日
　　　　　　貿易記念日
○忌　日○　芙美子忌

九条道家　くじょうみちいえ　1193生。鎌倉時代前期の歌人・公卿。1252没。
継仁親王　つぐひとしんのう　1279生。鎌倉時代後期の亀山天皇の皇子。1280没。
小川宮　おがわのみや　1404生。室町時代の後小松天皇の皇子。1425没。
パウルス4世　1476生。教皇(在位1555～59)。1559没。
陳淳　ちんじゅん　1484生。中国，明代の画家。1544没。
アルブレヒト2世(ブランデンブルク，またはマインツの)　1490生。マインツの大司教。1545没。
ヘンリー8世　1491生。チューダー朝第2代のイングランド王(在位1509～47)。1547没。
バーガ　1501生。イタリアの画家。1547没。
デッラ・カーサ，ジョヴァンニ　1503生。イタリアの詩人，思想家。1556没。
ベルリンターニ，マッティーア・ダ・サロ　1534生。イタリアのカプチン会説教者，霊的著述家。1611没。
ルーベンス，ペーテル・パウル　1577生。フランドルの画家，外交官。1640没。
ル・ポートル，ジャン　1618生。フランスの金工家，工芸意匠家，銅版彫刻家。1682没。
寂如　じゃくにょ　1651生。江戸時代前期，中期の声明法式変革者。1725没。
伊達吉村　だてよしむら　1680生。江戸時代中期の大名。1752没。
ルソー，ジャン・ジャック　1712生。フランスの文学者，思想家。1778没。
ショワズル(-アンボワーズ)，エティエンヌ・フランソワ，公爵　1719生。フランスの外交家。1785没。
細井平洲　ほそいへいしゅう　1728生。江戸時代中期，後期の尾張藩儒。1801没。
マレ　1754生。フランスの軍人。1812没。
フブオストフ　1776生。ロシアの外交官。1809没。

銈姫　りつひめ　1780生。江戸時代後期の女性。肥後人吉藩主相良頼徳の正室。1829没。
レクラム　1807生。ドイツの出版業者。1896没。
岩谷九十老　いわやくじゅうろう　1808生。江戸時代，明治時代の農政家。石見安濃郡川合村総年寄。1895没。
フランツ，ローベルト　1815生。ドイツの作曲家。1892没。
神吉寿平(3代目)　かみよしじゅへい　1817生。江戸時代，明治時代の鐔工。1884没。
グリジ　1819生。イタリアのバレリーナ。1899没。
ブローカ，ピエール・ポール　1824生。フランスの医者，自然人類学者。1880没。
エルレンマイヤー，リヒァルト・アウグスト・カール-エミール　1825生。ドイツの化学者。1909没。
倉次亨　くらなみとおる　1829生。江戸時代，明治時代の公益家。1905没。
ヨアヒム，ヨーゼフ　1831生。ハンガリーのヴァイオリン奏者。1907没。
広田精一　ひろたせいいち　1840生。江戸時代末期の下野宇都宮藩士。1864没。
シチュールメル　1848生。ロシアの政治家。1917没。
長岡半太郎　ながおかはんたろう　1865生。明治時代–昭和時代の物理学者。帝国大学教授。1950没。
ビーアバウム，オットー・ユーリウス　1865生。ドイツの作家，ジャーナリスト。1910没。
ピランデッロ，ルイージ　1867生。イタリアの劇作家，小説家。1936没。
カレル，アレクシス　1873生。フランスの外科医，社会学者，生物学者。1944没。
コネンコフ，セルゲイ　1874生。ロシアの彫刻家。1971没。
ルベーグ，アンリ・レオン　1875生。フランスの数学者。1941没。

6月28日

西川義方　にしかわよしかた　1880生。大正時代、昭和時代の内科医学者。東京医科大学病院長、宮内庁侍医。1968没。

岩井半四郎(9代目)　いわいはんしろう　1882生。明治時代–昭和時代の歌舞伎役者。1945没。

滝田樗陰　たきたちょいん　1882生。明治時代、大正時代の雑誌編集者。「中央公論」主幹。1925没。

ラヴァル, ピエール　1883生。フランスの政治家。1945没。

今村均　いまむらひとし　1886生。明治時代–昭和時代の陸軍軍人。陸軍大将。1968没。

デル, フロイド　1887生。アメリカの小説家、ジャーナリスト。1969没。

小坂狷二　おさかけんじ　1888生。大正時代、昭和時代のエスペラント学者、工学者。神奈川大学教授、日本エスペラント学会会長。1969没。

アセーエフ, ニコライ・ニコラエヴィチ　1889生。ソ連邦の詩人。1963没。

郡虎彦　こおりとらひこ　1890生。明治時代、大正時代の劇作家、小説家。1924没。

古今亭志ん生(5代目)　ここんていしんしょう　1890生。大正時代、昭和時代の落語家。1973没。

スパーツ, カール　1891生。アメリカ空軍軍人。1974没。

カー, E.H.　1892生。イギリスの国際政治学者、歴史学者。1982没。

中沢佑　なかざわたすく　1894生。大正時代、昭和時代の海軍軍人。中将、第1航空隊参謀長。1977没。

ニコル　1894生。イギリスの演劇学者。1976没。

クルチコフスキ, レオン　1900生。ポーランドの劇作家、小説家。1962没。

ミコワイチク　1901生。ポーランドの政治家。1966没。

中山玄雄　なかやまげんゆう　1902生。大正時代、昭和時代の僧侶、仏教音楽研究家。大台宗探題。1977没。

ロジャーズ, リチャード　1902生。アメリカのミュージカル作曲家。1979没。

メイヤー, マリア・ゲッパート　1906生。ドイツ生まれのアメリカの女流物理学者。1972没。

アンブラー, エリック　1909生。イギリスのスパイ小説作家。1998没。

中島治康　なかじまはるやす　1909生。昭和時代の野球評論家、プロ野球選手。1987没。

チェリビダッケ, セルジウ　1912生。ルーマニアの指揮者。1996没。

加藤喜美枝　かとうきみえ　1913生。昭和時代の美空ひばりの母。1981没。

錦米次郎　にしきよねじろう　1914生。昭和時代、平成時代の詩人。2000没。

呉昌征　ごしょうせい　1916生。昭和時代のプロ野球選手。1987没。

陸井三郎　くがいさぶろう　1918生。昭和時代、平成時代の国際評論家。アメリカ研究所長。2000没。

ホワイトロー, ウィリアム・(スティーヴン・イアン・)ホワイトロー, 初代子爵　1918生。イギリスの政治家。1999没。

ラオ, ナラシマ　1921生。インドの政治家、詩人。2004没。

神彰　じんあきら　1922生。昭和時代、平成時代の国際プロモーター、実業家。アート・ライフ社長、居酒屋「北の家族」オーナー。1998没。

大関早苗　おおぜきさなえ　1925生。昭和時代の美容家。1989没。

三波伸介　みなみしんすけ　1930生。昭和時代のコメディアン。1982没。

フランコ, イタマル　1931生。ブラジルの政治家。

佐々木たづ　ささきたづ　1932生。昭和時代、平成時代の児童文学作家。1998没。

吉原幸子　よしはらさちこ　1932生。昭和時代、平成時代の詩人。2002没。

ベーツ, キャシー　1948生。アメリカの女優。

遠藤憲一　えんどうけんいち　1961生。昭和時代、平成時代の俳優。

藤原紀香　ふじわらのりか　1971生。平成時代の女優。

パク・トンハ　1974生。韓国の俳優。

水野美紀　みずのみき　1974生。平成時代の女優。

浅越しのぶ　あさごえしのぶ　1976生。平成時代のテニス選手。

GooF　ぐーふ　1980生。平成時代のミュージシャン。

6月29日

○記念日○　佃煮の日

大清宗渭　たいせいそうい　1321生。南北朝時代の僧。1391没。
エボリ　1540生。スペインのフェリペ2世の寵姫。1592没。
ホワイト　1590生。イギリスの政治家。1645没。
モリノス, ミゲル・デ　1628生。スペインの聖職者。1696没。
ハイド　1636生。イギリスの東洋学者。1703没。
義延法親王　ぎえんほうしんのう　1662生。江戸時代中期の後西天皇の第4皇子。1706没。
秋山玉山　あきやまぎょくざん　1702生。江戸時代中期の漢学者。1764没。
カンペ, ヨアヒム・ハインリヒ　1746生。ドイツの教育家, 文学者。1818没。
稲垣定穀　いながきさだよし　1764生。江戸時代後期の天文地理研究家。1836没。
鷹見泉石　たかみせんせき　1785生。江戸時代後期の行政家, 蘭学者。1858没。
ウィリアムズ, ジョン　1796生。イギリスの非国教会の宣教師。1839没。
アレクシス, ヴィリバルト　1798生。ドイツの作家, 歴史小説家。1871没。
レオパルディ, ジャーコモ　1798生。イタリアの詩人。1837没。
サンタナ　1801生。ドミニカ共和国大統領（1844～48, 53～57, 58～61）。1864没。
バスティア　1801生。フランスの経済学者, 自由貿易論者。1850没。
ラッタッツィ　1810生。イタリアの政治家。1873没。
オイレンブルク　1815生。プロイセン（ドイツ）の政治家。1881没。
セッキ, ピエトロ・アンジェロ　1818生。イタリアの天文学者。1878没。
バルチェスク, ニコラエ　1819生。ルーマニアの政治家, 歴史家。1852没。
ウォーゲ, ペーター　1833生。ノルウェーの化学者。1900没。

村井政礼　むらいまさのり　1835生。江戸時代末期の地下。1867没。
カルプ　1837生。ルーマニアの政治家。1919没。
トカチョーフ, ピョートル・ニキーチチ　1844生。ロシアの革命家, ナロードニキの理論家。1885没。
ジード　1847生。フランスの経済学者, 消費協同組合の理論的指導者。1932没。
モント　1848生。チリの政治家。1910没。
田尻稲次郎　たじりいなじろう　1850生。明治時代, 大正時代の財政学者。子爵。1923没。
伊沢修二　いざわしゅうじ　1851生。明治時代, 大正時代の音楽教育家, 近代的教育の指導者。東京音楽学校校長, 貴族院議員。1917没。
マクマスター, ジョン（・バック）　1852生。アメリカの教育家, 歴史家。1932没。
新家孝正　にいのみたかまさ　1857生。明治時代, 大正時代の建築家。1922没。
ゴーサルズ, ジョージ・ワシントン　1858生。アメリカの技師。1928没。
メイヨー, ウィリアム・ジェイムズ　1861生。アメリカの医者。1939没。
ロビンソン　1863生。アメリカの歴史家。1936没。
泉重千代　いずみしげちよ　1865生。鹿児島県徳之島出身の世界最長寿の人物（当時）。1986没。
ボラー, ウィリアム・E（エドガー）　1865生。アメリカの法律家, 政治家。1940没。
アディケス　1866生。ドイツの哲学者。1928没。
黒田清輝　くろだせいき　1866生。明治時代, 大正時代の洋画家。子爵, 貴族院議員。1924没。
ヘイル, ジョージ・エラリー　1868生。アメリカの天文学者。1938没。
テトラッツィーニ, ルイザ　1871生。イタリアのソプラノ歌手。1940没。
豊原又男　とよはらまたお　1872生。大正時代, 昭和時代の職業紹介事業の先駆者。

1947没。
フロベーニウス, レーオ　1873生。ドイツの民族学者。1938没。
ケメラー　1875生。アメリカの経済学者。1945没。
ベック　1880生。ドイツの上級大将。1944没。
ザックス, クルト　1881生。アメリカ(ドイツ生まれ)の音楽学者。1959没。
アサーフィエフ, ボリース・ウラジーミロヴィチ　1884生。ソ連邦のバレー作曲家。1949没。
ヤング, フランシス・ブレット　1884生。イギリスの小説家, 詩人。1954没。
オグバーン　1886生。アメリカの文化社会学者。1959没。
シューマン, ロベール　1886生。フランスの政治家。1963没。
金島桂華　かなしまけいか　1892生。大正時代, 昭和時代の日本画家。1974没。
大中寅二　おおなかとらじ　1896生。昭和時代の作曲家。1982没。
ベネシュ, オットー　1896生。オーストリアの美術史家。1964没。
土浦亀城　つちうらかめき　1897生。大正時代, 昭和時代の建築家。1996没。
長谷部文雄　はせべふみお　1897生。昭和時代の経済学者, 翻訳者。龍谷大学教授, 経済理論学会幹事。1979没。
山崎覚太郎　やまざきかくたろう　1899生。大正時代, 昭和時代の漆芸家。東京美術学校教授, 日展会長, 現代工芸美術家協会会長。1984没。
サン-テグジュペリ, アントワーヌ・ド　1900生。フランスの小説家, 飛行士。1944没。
サン-テグジュペリ, アントワーヌ・ド　1900生。フランスの作家, 飛行家。1944没。
川島順平　かわしまじゅんぺい　1903生。昭和時代の劇作家。早稲田大学教授。1985没。
金基鎮　きんきちん　1903生。朝鮮民主主義人民共和国の詩人・小説家・評論家。1985没。
入江相政　いりえすけまさ　1905生。昭和時代の官僚, 随筆家。宮内庁侍従長。1985没。
丸岡明　まるおかあきら　1907生。昭和時代の小説家, 能楽評論家。1968没。
渡瀬譲　わたせゆずる　1907。昭和時代の物理学者。大阪市立大学教授。1978没。
アンダソン, リロイ　1908生。アメリカの指揮者, 作・編曲家。1975没。

朝倉季雄　あさくらすえお　1909生。昭和時代, 平成時代の仏語学者。東京大学教授。2001没。
足立巻一　あだちけんいち　1913生。昭和時代の詩人, 作家。神戸女子大学教授。1985没。
清岡卓行　きよおかたかゆき　1922生。昭和時代, 平成時代の詩人, 小説家, 評論家, フランス文学者。2006没。
稲垣栄三　いながきえいぞう　1926生。昭和時代, 平成時代の建築史家。東京大学教授, 明治大学教授。2001没。
バクスター, ジェイムズ・K.　1926生。ニュージーランドの詩人, 劇作家, 批評家。1972没。
左幸子　ひだりさちこ　1930生。昭和時代, 平成時代の女優。2001没。
野村克也　のむらかつや　1935生。昭和時代, 平成時代のプロ野球監督(楽天)。
冬柴鉄三　ふゆしばてつぞう　1936生。昭和時代, 平成時代の政治家。
倍賞千恵子　ばいしょうちえこ　1941生。昭和時代, 平成時代の女優, 歌手。
クマラトゥンガ, チャンドリカ・バンダラナイケ　1945生。スリランカの政治家。
バジャダレス, エルネスト・ペレス　1946生。パナマの政治家。
清水アキラ　しみずあきら　1954生。昭和時代, 平成時代のタレント(ものまね)。
引田天功(2代目)　ひきたてんこう　1959生。昭和時代, 平成時代の奇術師。
清水よし子　しみずよしこ　1960生。昭和時代, 平成時代のタレント。
パパイヤ鈴木　ぱぱいやすずき　1966生。昭和時代, 平成時代のダンサー, 振付師, タレント。
橋下徹　はしもととおる　1969生。平成時代の弁護士。
福嶋晃子　ふくしまあきこ　1973生。平成時代のプロゴルファー。
井川遙　いがわはるか　1976生。平成時代の女優。
ケンプ, ウィル　1977生。イギリスのバレエダンサー, 俳優。
HIROKI　ひろき　1983生。平成時代のミュージシャン。
木村昴　きむらすばる　1990生。平成時代の声優。

6月29日

6月30日

○記念日○ 夏越の祓（大祓）

- ヨハン（堅忍不抜公） 1468生。ザクセンの選挙侯（1525〜32）。1532没。
- シャルル8世 1470生。フランス王（在位1483〜98）。1498没。
- ヨハン（宏量公） 1503生。ザクセンの選挙侯（1532〜47）。1554没。
- 清水谷実任 しみずだにさねとう 1587生。江戸時代前期の公家。1664没。
- 柳原資廉 やなぎわらすけかど 1644生。江戸時代前期，中期の公家。1712没。
- ヨーハン・ゲオルク3世 1647生。ドイツのザクセン大公（在位1680〜1691）。1691没。
- クラーキン 1676生。ロシアの軍人，政治家，外交官。1727没。
- ツィンマーマン，ドミニクス 1685生。ドイツの建築家。1766没。
- ベンダ，イルジー・アントニーン 1722生。ドイツの作曲家。1795没。
- 誠拙周樗 せいせつしゅうちょ 1745生。江戸時代中期，後期の臨済宗の僧。1820没。
- 頼春水 らいしゅんすい 1746生。江戸時代中期，後期の安芸広島藩儒。1816没。
- 佐野山陰 さのさんいん 1751生。江戸時代中期，後期の儒者。1818没。
- バラス，ポール・フランソワ・ジャン・ニコラ，伯爵 1755生。フランスの政治家，テルミドール派の指導者。1829没。
- ミュラー，アーダム・ハインリヒ 1779生。ドイツの保守的国家学者，経済学者。1829没。
- ヴェルネ，オラース 1789生。フランスの画家。1863没。
- サヴァール，フェリックス 1791生。フランスの物理学者。1841没。
- カヴァントゥー，ジャン・ビアンエイム 1795生。フランスの薬学者。1877没。
- ワグナー 1805生。ドイツの生理学者，解剖学者。1864没。
- リード 1806生。アメリカの法律家，外交官。1876没。
- フィッシャー，フリードリヒ・テーオドア 1807生。ドイツの美学者。1887没。
- ボレル，ペトリュス 1809生。フランスの詩人，小説家。1859没。
- アフンドフ，ミルザ・ファタリ 1812生。アゼルバイジャンの作家，思想家。1878没。
- ディンゲルシュテット，フランツ 1814生。ドイツの詩人，小説家。1881没。
- フッカー，サー・ジョゼフ・ドルトン 1817生。イギリスの植物学者。1911没。
- サートウ，アーネスト・メイスン 1843生。イギリスの外交官。1929没。
- ドリーゴ，リッカルド 1846生。イタリアの作曲家，指揮者。1930没。
- 山木千賀（初代） やまきせんが 1846生。明治時代，大正時代の山田流箏曲家元。1921没。
- フルトヴェングラー，アドルフ 1853生。ドイツの考古学者。1907没。
- 亀井忠一 かめいちゅういち 1856生。明治時代–昭和時代の出版業者。1936没。
- ノット 1856生。イギリスの地震学者。1922没。
- アンドラーシ・ジュラ 1860生。ハンガリーの政治家，伯爵。1929没。
- 石川登喜治 いしかわときじ 1879生。明治時代–昭和時代の冶金学者，機械学者。早稲田大学鋳物研究所所長。1964没。
- 末次信正 すえつぐのぶまさ 1880生。昭和時代の海軍軍人。1944没。
- ファーガスン，デイヴィド 1882生。スコットランドの宗教改革者。1955?没。
- 滝谷善一 たきたにぜんいち 1883生。明治時代–昭和時代の商学者。神戸経済大学教授，東洋紡績経済研究所所長。1947没。
- デュアメル，ジョルジュ 1884生。フランスの小説家，評論家，詩人。1966没。
- 穂積真六郎 ほずみしんろくろう 1889生。大正時代，昭和時代の実業家，政治家。1970没。
- ペファー 1890生。アメリカの極東問題研究家。1964没。
- スペンサー，サー・スタンリー 1891生。イギリスの画家。1959没。

弘田龍太郎　ひろたりゅうたろう　1892生。昭和時代の作曲家。1952没。
ミリヴィリス, ストラティス　1892生。ギリシアの散文作家。1969没。
ウルプリヒト, ワルター　1893生。東ドイツの政治家。1973没。
ラスキ, ハロルド・J.　1893生。イギリスの政治学者。1950没。
プリンツィプ, ガヴリロ　1894生。セルビアの愛国者。1918没。
宇田荻邨　うだてきそん　1896生。大正時代, 昭和時代の日本画家。京都市立絵画専門学校教授。1980没。
土居明夫　どいあきお　1896生。大正時代, 昭和時代の陸軍軍人。中将。1976没。
ブランシャール, ピエール　1896生。フランスの俳優。1963没。
コルム　1897生。アメリカの経済学者, 財政学者。1968没。
トマーシェク, フランティシェク　1899生。チェコスロバキアのカトリック枢機卿。1992没。
石田英一郎　いしだえいいちろう　1903生。昭和時代の民族学者, 文化人類学者。多摩美術大学学長, 東京大学東洋文化研究所教授。1968没。
田辺繁子　たなべしげこ　1903生。昭和時代の法学者。専修大学教授。1986没。
マン, アンソニー　1906生。アメリカの映画監督。1967没。
内田常雄　うちだつねお　1907生。昭和時代の政治家。自民党幹事長, 衆議院議員。1977没。
楢原健三　ならはらけんぞう　1907生。昭和時代, 平成時代の洋画家。示現会理事長。1999没。
ボッシュ, フアン　1909生。ドミニカの政治家, 作家。2001没。
ミウォシュ, チェスワフ　1911生。アメリカの作家。2004没。
ゴメス, フランシスコ　1914生。ポルトガルの政治家, 軍人。2001没。
西川辰美　にしかわたつみ　1916生。昭和時代の漫画家。1971没。

ホーン, リナ　1917生。アメリカのジャズ歌手, 女優。
リッチ, バディ　1917生。アメリカのジャズ・バンド・リーダー, ドラマー。1987没。
ヘイワード, スーザン　1919生。アメリカの女優。1975没。
マヘーンドラ　1920生。ネパールの国王(在位1955～72)。1972没。
アイディット　1923生。インドネシアの革命家。1965没。
村松貞次郎　むらまつていじろう　1924生。昭和時代, 平成時代の建築史家。博物館明治村館長, 東京大学教授。1997没。
華山謙　はなやまゆずる　1939生。昭和時代の都市工学者。東京工業大学教授。1985没。
エリセ, ヴィクトル　1940生。スペインの映画監督。
南伸坊　みなみしんぼう　1947生。昭和時代, 平成時代のイラストライター。
山本和行　やまもとかずゆき　1949生。昭和時代, 平成時代の野球解説者, 元・プロ野球選手。
田中雅之　たなかまさゆき　1951生。昭和時代, 平成時代の歌手(クリスタルキング)。
チャールズ, ピエール　1954生。ドミニカの政治家。2004没。
サロネン, エサ・ペッカ　1958生。フィンランドの指揮者, 作曲家。
マルムスティーン, イングヴェイ　1963生。スウェーデンのロックギタリスト。
タイソン, マイク　1966生。アメリカのプロボクサー。
シューマッハー, ラルフ　1975生。ドイツのF1ドライバー。
フェルプス, マイケル　1985生。アメリカの水泳選手。
ブレハッチ, ラファウ　1985生。ポーランドのピアニスト。

|登場人物|

月野うさぎ　つきのうさぎ　『美少女戦士セーラームーン』の主人公。

6月30日

7月
July
文月

◎誕生石◎　ルビー

◎星　座◎　かに座／しし座

7月1日

○記念日○ 国民安全の日
山開き
○忌　日○ 支倉忌

日保　にほ　1258生。鎌倉時代後期，南北朝時代の日蓮宗の僧。1340没。
クリスティアン2世　1481生。デンマーク，ノルウェー王(1513〜23)，スウェーデン王(20〜21)。1559没。
フレデリク2世　1534生。デンマーク，ノルウェー王(1559〜88)。1588没。
ホール，ジョーゼフ　1574生。イギリス国教会の聖職者，諷刺家。1656没。
松平頼重　まつだいらよりしげ　1622生。江戸時代前期の大名。1695没。
ハイデガー，ヨーハン・ハインリヒ　1633生。スイスの神学者。1698没。
光子内親王　みつこないしんのう　1634生。江戸時代前期，中期の女性。後水尾天皇の皇女。1727没。
カティナ　1637生。フランス最初の元帥。1712没。
大谷旧旅　おおたにきゅうりょ　1649生。江戸時代中期の貞徳系の俳人，僧。1700没。
ヴァンドーム，ルイ・ジョゼフ，公爵　1654生。フランスの貴族。1712没。
高栄女王　こうえいじょおう　1661生。江戸時代前期，中期の女性。後西天皇の第4皇女。1722没。
田畑佐文仁　たばたさぶんに　1678生。江戸時代中期の奄美大島の開拓者，郷士。1764没。
浅野吉長　あさのよしなが　1681生。江戸時代中期の大名。1752没。
香川修徳　かがわしゅうとく　1683生。江戸時代中期の医師。1755没。
カンポマネス　1723生。スペインの政治家，経済学者。1802没。
ロシャンボー　1725生。フランスの軍人。1807没。
シアーズ，アイザック　1730生。アメリカ植民地時代の商人，貿易業者。1786没。
ダンカン　1731生。イギリスの海軍提督。1804没。

リヒテンベルク，ゲオルク・クリストフ　1742生。ドイツ啓蒙主義の作家，物理学者。1799没。
曇栄宗曄　どんえいそうよう　1750生。江戸時代後期の臨済宗の僧。1816没。
酒井抱一　さかいほういつ　1761生。江戸時代中期，後期の琳派の画家。1829没。
ポンスレ，ジャン－ヴィクトール　1788生。フランスの数学者，機械工学者。1867没。
サンド，ジョルジュ　1804生。フランスの女流小説家。1876没。
三木与吉郎(9代目)　みきよきちろう　1808生。江戸時代，明治時代の藍商。1885没。
植原六郎左衛門　うえはらろくろうざえもん　1816生。江戸時代末期の美作津山藩士，勤王家，砲術家。1868没。
ゼンメルヴァイス・イグナーツ・フィリップ　1818生。ハンガリーの産科医。1865没。
冷泉為理　れいぜいためただ　1824生。江戸時代，明治時代の公家。1885没。
チェルヌイシェフスキー，ニコライ・ガブリーロヴィチ　1828生。ロシアの小説家，哲学者。1889没。
ハワース　1842生。イギリスの東洋史研究家，考古学者。1926没。
キャメロン，ヴァーニー・ラヴィット　1844生。イギリスの探検家。1894没。
クラフチンスキー，セルゲイ・ミハイロヴィチ　1851生。ロシアの作家，革命家。1895没。
張謇　ちょうけん　1853生。中国の実業家，政治家。1926没。
マルティン　1864生。スイスの人類学者。1925没。
岸本賀昌　きしもとがしょう　1868生。明治時代-昭和時代の行政官，政治家。那覇市長，「沖縄毎日新報」社長。1928没。
ブレリオ，ルイ　1872生。フランスの飛行家，飛行機設計家。1936没。
鹿島精一　かじませいいち　1875生。明治時代-昭和時代の実業家。鹿島組会長。1947没。

市川団之助(6代目) いちかわだんのすけ 1876生。明治時代-昭和時代の歌舞伎役者。1963没。
駒田好洋 こまだこうよう 1877生。明治時代-昭和時代の活動写真弁士。1935没。
ジューオー 1879生。フランスの労働運動家。1954没。
グラスペル, スーザン 1882生。アメリカの女流劇作家, 小説家。1948没。
太田亮 おおたあきら 1884生。大正時代, 昭和時代の歴史学者。立命館大学教授, 専修大学教授。1956没。
マニエルリ, アルベルト 1888生。イタリアの抽象画家。1971没。
明石順三 あかしじゅんぞう 1889生。明治時代-昭和時代の宗教家。1965没。
高村豊周 たかむらとよちか 1890生。大正時代, 昭和時代の鋳金家, 歌人。東京美術学校教授, 人間国宝。1972没。
多田等観 ただとうかん 1890生。大正時代, 昭和時代の仏教学者。アメリカ・アジア研究所教授。1967没。
ケイン, ジェイムズ・M. 1892生。アメリカの小説家。1977没。
リュルサ, ジャン 1892生。フランスの画家。1966没。
城戸幡太郎 きどまんたろう 1893生。大正時代, 昭和時代の心理学者, 教育者。北海道大学教授, 北海道教育大学学長。1985没。
獅子文六 ししぶんろく 1893生。昭和時代の小説家, 劇作家。1969没。
高良とみ こうらとみ 1896生。昭和時代の婦人運動家, 政治家。タゴール会会長, 参議院議員。1993没。
田中勝雄 たなかかつお 1898生。昭和時代, 平成時代の早稲田大学野球部監督。1995没。
ロートン, チャールズ 1899生。イギリスの俳優。1962没。
信夫韓一郎 しのぶかんいちろう 1900生。昭和時代の新聞人。1976没。
森正蔵 もりしょうぞう 1900生。昭和時代の新聞記者。毎日新聞社社長。1953没。
春山行夫 はるやまゆきお 1902生。昭和時代, 平成時代の詩人, 随筆家。1994没。
ワイラー, ウィリアム 1902生。アメリカの映画監督。1981没。

安住敦 あずみあつし 1907生。昭和時代の俳人。俳人協会理事長。1988没。
オネッティ, ファン・カルロス 1909生。ウルグアイの作家。1994没。
香山滋 かやましげる 1909生。昭和時代の小説家。1975没。
増村益城 ますむらましき 1910生。昭和時代, 平成時代の漆芸家。人間国宝。1996没。
ブラウアー, デビッド 1912生。アメリカの自然保護運動の指導者。2000没。
横井英樹 よこいひでき 1913生。昭和時代, 平成時代の実業家。ホテルニュージャパン社長。1998没。
スタッフォード, ジーン 1915生。アメリカの女流小説家。1979没。
ルイス, アラン 1915生。イギリスの詩人。1944没。
カーマ, セレツェ 1921生。ボツワナの初代大統領。1980没。
シェカール, チャンドラ 1927生。インドの政治家。2007没。
サンチェス, ゴンサロ 1930生。ボリビアの政治家。
浅井慎平 あさいしんぺい 1937生。昭和時代, 平成時代の写真家。
車谷長吉 くるまたにちょうきつ 1945生。昭和時代, 平成時代の小説家。
中村征夫 なかむらいくお 1945生。昭和時代, 平成時代の写真家。
エイクロイド, ダン 1952生。アメリカの俳優。
田丸美寿々 たまるみすず 1952生。昭和時代, 平成時代のニュースキャスター。
明石家さんま あかしやさんま 1955生。昭和時代, 平成時代のタレント。
香山リカ かやまりか 1960生。昭和時代, 平成時代の精神科医。
ダイアナ 1961生。英国皇太子妃。1997没。
ルイス, カール 1961生。アメリカの元・陸上選手(短距離), 元・走り幅跳び選手。
江頭2:50 えがしらにじごじゅっぷん 1965生。昭和時代, 平成時代のコメディアン。
クライファート, パトリック 1976生。オランダのサッカー選手。
タイラー, リブ 1977生。アメリカの女優。

7月1日

7月2日

○記念日○　たわしの日
　　　　　　ユネスコ加盟記念の日

ヴァレンティニアヌス3世　419生。西ローマ皇帝（在位425～455）。455没。
サンソヴィーノ, ヤコポ　1486生。イタリアの彫刻家, 建築家。1570没。
クランマー, トマス　1489生。イギリスの宗教改革者。1556没。
佐竹義篤　さたけよしあつ　1507生。戦国時代の武将。1545没。
山科言経　やましなときつね　1543生。安土桃山時代, 江戸時代前期の公家。1611没。
度会益弘　わたらいますひろ　1641生。江戸時代中期の神官, 神道学者。1732没。
アブラハム・ア・ザンクタ・クラーラ　1644生。ドイツの説教者。1709没。
狩野周信　かのうちかのぶ　1660生。江戸時代中期の画家。1728没。
グルック, クリストフ・ヴィリバルト　1714生。ドイツの作曲家。1787没。
クロップシュトク, フリードリヒ・ゴットリープ　1724生。ドイツの詩人。1803没。
後桃園天皇　ごももぞのてんのう　1758生。江戸時代中期の第118代の天皇。1779没。
ランズダウン, ヘンリー・ペティ・フィッツモーリス, 3代侯爵　1780生。イギリスの政治家。1863没。
鷹司政通　たかつかさまさみち　1789生。江戸時代後期の公家。1868没。
福田半香　ふくだはんこう　1804生。江戸時代末期の南画家。1864没。
アノン, シャルル・ルイ　1819生。フランスのピアニスト, オルガン奏者, 教育家。1900没。
アンダーソン, トマス　1819生。スコットランドの化学者。1874没。
秋月悌次郎　あきづきていじろう　1824生。江戸時代, 明治時代の会津藩士, 教育者。1900没。
オリヴィエ　1825生。フランスの政治家。1913没。
丹羽正雄　にわまさお　1834生。江戸時代末期の勤王志士。1864没。

ランボー　1842生。フランスの歴史家。1905没。
上真行　うえさねみち　1851生。明治時代-昭和時代の雅楽家, 作曲家。雅楽局楽長。1937没。
竹田黙雷　たけだもくらい　1854生。明治時代, 大正時代の仏教家。建仁寺官長。1930没。
ブラッグ, サー・ウィリアム・ヘンリー　1862生。イギリスの物理学者。1942没。
セーデルベリ, ヤルマル　1869生。スウェーデンの小説家。1941没。
マイヤー　1875生。ドイツの法学者。1923没。
クーノー　1876生。ドイツの実業家, 政治家。1933没。
ヘッセ, ヘルマン　1877生。ドイツの詩人, 小説家。1962没。
佐藤功一　さとうこういち　1878生。大正時代, 昭和時代の建築家。早稲田大学教授, 工学博士。1941没。
三島海雲　みしまかいうん　1878生。大正時代, 昭和時代の実業家。カルピス食品創立者。1974没。
古武弥四郎　こたけやしろう　1879生。明治時代-昭和時代の生化学者。大阪帝国大学教授。1968没。
関三十郎（5代目）　せきさんじゅうろう　1879生。明治時代-昭和時代の歌舞伎役者。1931没。
モーリツ・ジグモンド　1879生。ハンガリーの小説家。1942没。
レーデラー　1882生。ドイツの経済学者。1939没。
小野賢一郎　おのけんいちろう　1888生。明治時代-昭和時代のジャーナリスト, 陶器研究家。NHK文芸部長。1943没。
サウスウェル　1888生。イギリスの工学者。1970没。
ワクスマン, セルマン・アブラハム　1888生。ロシア生まれのアメリカの生化学者。1973没。
逸見重雄　へんみしげお　1889生。昭和時代の経済学者, 社会運動家。法政大学教授。

1977没。
吉岡禅寺洞　よしおかぜんじどう　1889生。明治時代-昭和時代の俳人。1961没。
恩地孝四郎　おんちこうしろう　1891生。大正時代,昭和時代の版画家,装幀家。1955没。
北岡寿逸　きたおかじゅいつ　1894生。大正時代,昭和時代の官僚,経済学者。東京帝国大学教授,東宝砧撮影所長。1989没。
ツッカーカンドル　1896生。ドイツ(オーストリア説あり)の音楽美学者。1965没。
黒田正夫　くろだまさお　1897生。大正時代,昭和時代の登山家。1981没。
岡鹿之助　おかしかのすけ　1898生。昭和時代の洋画家。1978没。
式場隆三郎　しきばりゅうざぶろう　1898生。大正時代,昭和時代の精神医学者,美術評論家。静岡脳病院長,国立国府台病院院長。1965没。
ガスリ,ウィリアム　1900生。スコットランドの長老派牧師。1971没。
倉石忠雄　くらいしただお　1900生。昭和時代の政治家。衆議院議員。1986没。
宝生九郎(17代目)　ほうしょうくろう　1900生。大正時代,昭和時代の能楽師シテ方。東京音楽学校(現東京芸術大学)教授。1974没。
長谷部忠　はせべただし　1901生。昭和時代のジャーナリスト,新聞実業家。1981没。
リーガル千太　りーがるせんた　1901生。昭和時代の漫才師。1980没。
淡野安太郎　だんのやすたろう　1902生。昭和時代の哲学者,社会思想史家。東京大学教授,学習院大学教授。1967没。
山内恭彦　やまのうちたかひこ　1902生。昭和時代の物理学者。東京大学教授。1986没。
オラフ5世　1903生。ノルウェーの国王。1991没。
ヒューム,アレクサンダー　1903生。イギリスの首相。1995没。
三角寛　みすみかん　1903生。昭和時代の小説家。文芸坐創設者。1971没。
石川達三　いしかわたつぞう　1905生。昭和時代の小説家。日本ペンクラブ会長。1985没。
泉井久之助　いずいひさのすけ　1905生。昭和時代の言語学者。京都帝国大学教授,京都産業大学教授。1983没。
ベーテ,ハンス・アルブレヒト　1906生。ドイツ系アメリカの理論物理学者。2005没。

宝生弥一　ほうしょうやいち　1908生。昭和時代の能楽師(下掛宝生流ワキ方)。1985没。
マーシャル,サーグッド　1908生。アメリカ史上初の黒人最高裁判事。1993没。
ファッブリ,ディエーゴ　1911生。イタリアの劇作家,ジャーナリスト。1980没。
宮岡政雄　みやおかまさお　1913生。昭和時代の市民運動家。砂川闘争行動副隊長。1982没。
柳青　りゅうせい　1916生。中国の小説家。1978没。
竹内均　たけうちひとし　1920生。昭和時代,平成時代の地球物理学者,科学ジャーナリスト。2004没。
カルダン,ピエール　1922生。フランスのファッションデザイナー,実業家。
シンボルスカ,ビスワバ　1923生。ポーランドの詩人,ジャーナリスト。
宇治田一也　うじたかずや　1925生。昭和時代の市民運動家。エネルギー問題市民会議代表。1984没。
ルムンバ,パトリス　1925生。ザイールの政治家,民族運動指導者。1961没。
マルコス,イメルダ　1929生。フィリピンの下院議員,元大統領夫人。
石井進　いしいすすむ　1931生。昭和時代,平成時代の日本史学者。東京大学教授,国立歴史民俗博物館館長。2001没。
浅丘ルリ子　あさおかるりこ　1940生。昭和時代,平成時代の女優。
フォックス,ビセンテ　1942生。メキシコの政治家,実業家。
西川きよし　にしかわきよし　1946生。昭和時代,平成時代のタレント。
小柳ルミ子　こやなぎるみこ　1952生。昭和時代,平成時代の歌手,女優。
南沙織　みなみさおり　1954生。昭和時代,平成時代の歌手。
田口壮　たぐちそう　1969生。平成時代の大リーグ選手。
シャン,ダレン　1972生。アイルランドの作家。
三宅健　みやけけん　1979生。平成時代のタレント,歌手,俳優。

7月2日

7月3日

○記念日○ ソフトクリームの日
通天閣の日
波の日

雲岫宗竜 うんしゅうそうりゅう 1394生。室町時代の曹洞宗の僧。1478没。
ルイ11世 1423生。フランス国王(在位1461～83)。1483没。
慈澄 じちょう 1489生。戦国時代の浄土真宗の僧。1573没。
梵舜 ぼんしゅん 1553生。安土桃山時代,江戸時代前期の神道家,僧。1632没。
片桐貞隆 かたぎりさだたか 1560生。安土桃山時代,江戸時代前期の武将,大名。1627没。
バネール 1596生。スウェーデンの軍人。1641没。
板垣聊爾斎 いたがきりょうじさい 1639生。江戸時代前期の国学者。1698没。
ライプニッツ,ゴットフリート・ヴィルヘルム 1646生。ドイツの哲学者,数学者。1716没。
レオポルト1世 1676生。アンハルト・デッサウ公(在位1693～1747)。1747没。
ヤング,エドワード 1683生。イギリスの詩人。1765没。
元秀女王 げんしゅうじょおう 1696生。江戸時代中期の女性。霊元天皇の皇子代明親王の三女。1752没。
徳川家継 とくがわいえつぐ 1709生。江戸時代中期の江戸幕府第7代の将軍。1716没。
秋山章 あきやまあきら 1723生。江戸時代中期,後期の国学者。1808没。
アダム,ロバート 1728生。イギリスの建築家,室内装飾家。1792没。
コプリー,ジョン・シングルトン 1738生。アメリカの画家。1815没。
グラタン,ヘンリー 1746生。アイルランドの政治家。1820没。
オーヴェルベック,ヨハン・フリードリヒ 1789生。ドイツの画家。1869没。
平賀元義 ひらがもとよし 1800生。江戸時代末期の歌人,国学者。1866没。
中根雪江 なかねゆきえ 1807生。江戸時代末期,明治時代の越前福井藩士。1877没。

松平頼升 まつだいらよりのり 1830生。江戸時代,明治時代の陸奥守山藩主。1872没。
大沢謙二 おおさわけんじ 1852生。明治時代の医学者。生理学,帝大医科大学学長。1927没。
嘉納治郎右衛門 かのうじろうえもん 1853生。明治時代-昭和時代の実業家,醸造家。1935没。
ヤナーチェク,レオシュ 1854生。チェコスロバキアの作曲家。1928没。
片岡直輝 かたおかなおてる 1856生。明治時代-昭和時代の実業家。大阪瓦斯社長。1927没。
中小路廉 なかしょうじれん 1866生。明治時代,大正時代の司法官吏,政治家。1924没。
斎藤季治郎 さいとうすえじろう 1867生。明治時代,大正時代の陸軍人。中将,第11師団長。1921没。
ベネット,リチャード・ベッドフォード・ベネット,初代子爵 1870生。カナダの政治家。1947没。
デイヴィス,W.H. 1871生。イギリスの詩人。1940没。
牧野虎次 まきのとらじ 1871生。明治時代-昭和時代の牧師,社会事業家。同志社総長。1964没。
山階宮菊麿 やましなのみやきくまろ 1873生。明治時代の山階宮第2代。1908没。
アンデルソン,ヨハン・グンナル 1875生。スウェーデンの考古学者,地質学者。1960没。
ザウエルブルフ 1875生。ドイツの外科医。1951没。
ペリ 1876生。アメリカの実在論哲学者。1957没。
コーアン,ジョージ 1878生。アメリカの劇作家,劇場支配人。1942没。
コージブスキー,アルフレッド 1879生。アメリカの哲学者。1950没。
シューリヒト,カール 1880生。ドイツの指揮者。1967没。

カフカ, フランツ 1883生。チェコの作家。1924没。
梁田貞 やなだただし 1885生。大正時代, 昭和時代の作曲家, 音楽教育家。1959没。
カルコ, フランシス 1886生。フランスの詩人, 小説家, 美術評論家。1958没。
上代タノ じょうだいたの 1886生。大正時代, 昭和時代の平和運動家。日本女子大学学長。1982没。
デリンジャー 1886生。アメリカの物理学者。1962没。
中村彝 なかむらつね 1887生。大正時代の洋画家。1924没。
村上華岳 むらかみかがく 1888生。大正時代, 昭和時代の日本画家。1939没。
鮫島実三郎 さめじまじつさぶろう 1890生。大正時代, 昭和時代の物理学者。埼玉大学教授。1973没。
坂内義雄 ばんないよしお 1891生。大正時代, 昭和時代の実業家。京都新聞会長, 九州電力取締役。1960没。
タム, イーゴリ・エヴゲニエヴィチ 1895生。ソ連の物理学者。1971没。
木内四郎 きうちしろう 1896生。大正時代, 昭和時代の官僚, 政治家。専売局長官, 参議院議員。1988没。
久板栄二郎 ひさいたえいじろう 1898生。昭和時代の劇作家。1976没。
フィッシャー, エルンスト 1899生。オーストリアの作家, 政治家。1972没。
加藤将之 かとうまさゆき 1901生。昭和時代の歌人, 哲学者。山梨大学教授, 「水甕」主宰。1975没。
リンス・ド・レーゴ・カヴァルカンティ, ジョゼー 1901生。ブラジルの小説家。1957没。
吉野秀雄 よしのひでお 1902生。昭和時代の歌人。1967没。
蕭軍 しょうぐん 1907生。中国の小説家。1988没。
高橋八郎 たかはしはちろう 1011生。昭和時代の陸軍軍人。大尉, ビルマ国防省歴史研究所顧問。1986没。
ナーザン, S.R. 1924生。シンガポールの政治家。
日沼倫太郎 ひぬまりんたろう 1925生。昭和時代の文芸評論家。1968没。

吉村証子 よしむらあかしこ 1925生。昭和時代の科学史研究家。日本子どもの本研究会副会長。1979没。
ボゴモーロフ, ウラジーミル・オーシポヴィチ 1926生。ソ連の作家。2003没。
クライバー, カルロス 1930生。オーストリアの指揮者。2004没。
原卓也 はらたくや 1930生。昭和時代, 平成時代のロシア文学者。2004没。
深作欣二 ふかさくきんじ 1930生。昭和時代, 平成時代の映画監督。2003没。
真鍋博 まなべひろし 1932生。昭和時代, 平成時代のイラストレーター。2000没。
引田天功(初代) ひきたてんこう 1934生。昭和時代の奇術師。1979没。
皆川睦雄 みながわむつお 1935生。昭和時代, 平成時代のプロ野球選手。2005没。
戸田奈津子 とだなつこ 1936生。昭和時代, 平成時代の映画字幕翻訳家。
ストッパード, トム 1937生。イギリスの劇作家。
ブゼック, イエジ 1940生。ポーランドの政治家, 化学者。
ゼルーアル, ラミン 1941生。アルジェリアの政治家, 軍人。
池乃めだか いけのめだか 1943生。昭和時代, 平成時代のコメディアン。
ミレル, レシェク 1946生。ポーランドの政治家。
原田眞人 はらだまさと 1949生。昭和時代, 平成時代の映画監督, 脚本家。
クルーズ, トム 1963生。アメリカの俳優。
芦田多恵 あしだたえ 1964生。昭和時代, 平成時代のファッションデザイナー。
橋本真也 はしもとしんや 1965生。平成時代のプロレスラー。2005没。
岡村隆史 おかむらたかし 1970生。平成時代のコメディアン。
シウバ, ヴァンダレイ 1976生。ブラジルの格闘家。
野口みずき のぐちみずき 1978生。平成時代のマラソン選手。
サニエ, リュディヴィーヌ 1979生。フランスの女優。

7月3日

7月4日

○記念日○ 梨の日
○忌　日○ キュリー忌

覚山尼　かくさんに　1252生。鎌倉時代後期の女性。執権北条時宗の妻。1306没。

アヴェンティーヌス, ヨハネス　1477生。ドイツの人文主義者, 歴史家。1534没。

ヴィデブラム, フリードリヒ・W　1532生。ドイツの改革派の神学者, 詩人。1585没。

ロペス, グレゴリオ　1542生。スペインの神秘的静寂主義者。1596没。

スカロン, ポール　1610生。フランスの詩人, 小説家, 劇作家。1660没。

中江常省　なかえじょうせい　1648生。江戸時代前期の儒学者。1709没。

安見晩山　やすみばんざん　1664生。江戸時代中期の儒者。1731没。

小笠原忠基　おがさわらただもと　1682生。江戸時代中期の大名。1752没。

ダカン, ルイ-クロード　1694生。フランスのオルガン奏者, 作曲家。1772没。

ゲラート, クリスティアン・フュルヒテゴット　1717生。ドイツの詩人。1769没。

スデーヌ, ミシェル-ジャン　1719生。フランスの劇作家。1797没。

須賀直見　すがなおみ　1742生。江戸時代中期の歌人。1776没。

藤堂高嶷　とうどうたかさど　1746生。江戸時代中期, 後期の大名。1806没。

ブランシャール, ジャン・ピエール・フランソワ　1753生。フランスの気球操縦者。1809没。

甲谷道庵　こうたにどうあん　1764生。江戸時代中期, 後期の大和芝村藩医。1837没。

武田信温　たけだのぶあつ　1776生。江戸時代後期の武士。1824没。

エヴェレスト, サー・ジョージ　1790生。イギリスの数学者, 測地学者。1866没。

オスカル1世　1799生。スウェーデンおよびノルウェー王 (1844～59)。1859没。

ホーソーン, ナサニエル　1804生。アメリカの小説家。1864没。

浦添朝憙　うらそえちょうき　1805生。江戸時代末期の琉球王府の摂政, 歌人, 詩人。1854没。

ガリバルディ, ジュゼッペ　1807生。イタリアの愛国者, ゲリラ戦指導者。1882没。

奥宮慥斎　おくのみやぞうさい　1811生。江戸時代, 明治時代の儒学者。1877没。

フォスター, スティーヴン・コリンズ　1826生。アメリカの作曲家, 作詞家。1864没。

ドレッサー, クリストファー　1834生。イギリス最初の職業的工業デザイナーの一人。1904没。

プライヤー　1841生。ドイツの生理学者, 心理学者。1897没。

ラッツェンホーファー　1842生。オーストリアの軍人, 政治学者, 社会学者。1904没。

ホフメア　1845生。南アフリカの政治家。1909没。

北尾次郎　きたおじろう　1853生。明治時代の気象学者。東京帝国大学教授。1907没。

ベックマン, エルンスト・オットー　1853生。ドイツの化学者。1923没。

ディール, シャルル　1859生。フランスの美術史家。1944没。

ヴィンクラー, フーゴー　1863生。ドイツのアッシリア学者。1913没。

岸清一　きしせいいち　1867生。大正時代, 昭和時代の日本体育協会設立者, 弁護士。1933没。

鳥居素川　とりいそせん　1867生。明治時代, 大正時代のジャーナリスト。1928没。

織田万　おだよろず　1868生。明治時代-昭和時代の行政法学者。法学博士, ハーグ国際司法裁判所判事。1945没。

レヴィット, ヘンリエッタ・スワン　1868生。アメリカの女流天文学者。1921没。

セシュエ　1870生。スイスの言語学者。1946没。

モファット, ジェイムズ　1870生。スコットランドの聖書学者。1944没。

クーリッジ, (ジョン・) カルヴィン　1872生。第30代アメリカ大統領。1933没。

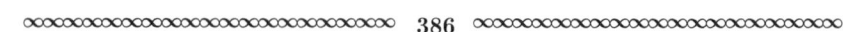

ドーザ　1877生。フランスの言語学者。1955没。
バコ　1877生。フランスの東洋学者。1965没。
ゴベール, フィリップ　1879生。フランスのフルート奏者, 指揮者, 作曲家。1941没。
坂本清馬　さかもとせいま　1885生。明治時代-昭和時代の社会運動家, 政治家。高知県中村町会議員。1975没。
伊東茂光　いとうしげみつ　1886生。大正時代, 昭和時代の教育家, 弁護士。1966没。
稲垣平太郎　いながきへいたろう　1888生。大正時代, 昭和時代の政治家, 実業家。参議院議員, 通産大臣。1976没。
ズラータペル, シーピオ　1888生。イタリアの小説家, 評論家。1915没。
マラーシキン, セルゲイ・イワノヴィチ　1888生。ソ連の作家。1988没。
柿本豊次　かきもととよじ　1893生。昭和時代の能楽囃子方（金春流太鼓方）。1989没。
福本和夫　ふくもとかずお　1894生。昭和時代の社会思想家。日本共産党中央委員政治部長。1983没。
カンピーリ, マッシモ　1895生。イタリアの具象画家。1971没。
茅盾　ぼうじゅん　1896生。中国の小説家, 評論家。1981没。
カインツ　1897生。オーストリアの哲学者, 美学者。1977没。
中村震太郎　なかむらしんたろう　1897生。明治時代-昭和時代の陸軍人。少佐。1931没。
ローレンス, ガートルード　1898生。アメリカの女優。1952没。
ペレ, バンジャマン　1899生。フランスの詩人, 評論家。1959没。
デスノス, ロベール　1900生。フランスの詩人。1945没。
中谷宇吉郎　なかやうきちろう　1900生。大正時代, 昭和時代の物理学者, 随筆家。1962没。
岡村二一　おかむらにいち　1901生。大正時代, 昭和時代の詩人。東京タイムズ社長。1978没。
キセリョフ, セルゲイ　1905生。ソ連邦の考古学者。1962没。
トリリング, ライオネル　1905生。アメリカの英文学者, 評論家。1975没。
ペッチェイ　1908生。イタリアの実業家, 国際民間団体「ローマ・クラブ」の創始者。1984没。
小沼靖　おぬません　1909生。昭和時代の放送人。青森放送社長, 共同通信社放送協議会副会長。1983没。
山本義一　やまもとぎいち　1909生。昭和時代の気象学者。東北大学教授。1980没。
野口冨士男　のぐちふじお　1911生。昭和時代, 平成時代の小説家。日本文芸家協会理事長。1993没。
モリナーリ・プラデリ, フランチェスコ　1911生。イタリアの指揮者。1996没。
ツボウ4世　1918生。トンガ国王。2006没。
八木一夫　やぎかずお　1918生。昭和時代の陶芸家。京都市立芸術大学教授。1979没。
和田英夫　わだひでお　1918生。昭和時代, 平成時代の法学者。明治大学教授。2001没。
嘉手苅林昌　かでかるりんしょう　1920生。昭和時代, 平成時代の民謡歌手。1999没。
ディステファノ, アルフレッド　1926生。スペインの元・サッカー選手。
サイモン, ニール　1927生。アメリカの劇作家, 脚本家。
バーベリアン, キャシー　1928生。アメリカのソプラノ歌手。1983没。
梶村秀樹　かじむらひでき　1935生。昭和時代の東洋史学者。神奈川大学教授。1989没。
ウリベ・ベレ, アルバロ　1952生。コロンビアの政治家。
おりも政夫　おりもまさお　1953生。昭和時代, 平成時代のタレント, 歌手。
真野あずさ　まのあずさ　1957生。昭和時代, 平成時代の女優。
加藤大治郎　かとうだいじろう　1976生。平成時代のオートバイライダー。2003没。
CRYSTAL BOY　くりすたるぼーい　1977生。平成時代のミュージシャン。
赤西仁　あかにしじん　1984生。平成時代のタレント, 歌手。
あびる優　あびるゆう　1986生。平成時代のタレント。
Gackt　がくと　平成時代のミュージシャン。

　登場人物
ホーンブロワー, ホレイショ　1776生。海洋冒険小説シリーズの主人公。

7月4日

7月5日

○記念日○　ビキニスタイルの日
○忌　日○　栄西忌

鄭玄　ていげん　127生。中国，後漢の学者。200没。
ボルドーネ，パリス　1500生。イタリアの画家。1571没。
マドルッツォ，クリストーフォロ　1512生。イタリア出身のカトリック聖職者。1578没。
ロドリゲス，アルフォンソ　1531生。スペインの神秘思想家，聖人。1617没。
シュトイアライン，ヨーハン　1546生。ドイツの宗教詩人，作曲家，オルガン奏者。1613没。
ピット，トマス　1653生。イギリスの商人。1726没。
シルエット，エティエンヌ・ド　1709没。フランスの政治家。1767没。
シュレーツァー　1735生。ドイツの歴史家。1809没。
シドンズ，セアラ　1755生。イギリスの女優。1831没。
池尻暉房　いけじりてるふさ　1762生。江戸時代中期，後期の公家。1852没。
種姫　たねひめ　1765生。江戸時代中期，後期の女性。田安宗武の娘。1794没。
外村与左衛門(9代目)　とのむらよざえもん　1788生。江戸時代後期の商人。1842没。
ペステリ　1793生。ロシアの軍人，デカブリストの一人。1826没。
ゴルチャコフ，アレクサンドル・ミハイロヴィチ公爵　1798生。ロシアの政治家。1883没。
久世広運　くぜひろたか　1799生。江戸時代後期の大名。1830没。
高崎五郎右衛門　たかさきごろうえもん　1801生。江戸時代後期の薩摩藩士。1849没。
ファラガット，デイヴィド(・グラスゴー)　1801生。アメリカの海軍人。1870没。
ナヒモフ　1803生。ロシアの海軍提督。1855没。
ボロー，ジョージ　1803生。イギリスの旅行家，文献学者，文筆家。1881没。
ガルシア-グティエレス，アントニオ　1813生。スペインの劇作家。1884没。

フォークト　1817生。ドイツの自然科学者。1895没。
ランキン，ウィリアム・ジョン・マッコーン　1820生。イギリスの工学者，物理学者。1872没。
城竹窓　じょうちくそう　1828生。江戸時代，明治時代の高鍋藩大参事。1900没。
西邑虎四郎　にしむらとらしろう　1830生。明治時代の銀行家。三井銀行理事。1898没。
ワグネル　1831生。ドイツの化学者，工芸家。1892没。
高杉左膳　たかすぎさぜん　1835生。江戸時代末期の陸奥弘前藩士。1869没。
ホイットニー　1841生。アメリカの実業家，政治家。1904没。
クライトン，マンデル　1843生。イギリスの国教会聖職者，歴史家。1901没。
ステッド　1849生。イギリスのジャーナリスト。1912没。
山本芳翠　やまもとほうすい　1850生。明治時代の洋画家。1906没。
ローズ，セシル・ジョン　1853生。イギリス生まれの南アフリカの政治家。1902没。
ツェトキン，クララ　1857生。ドイツの婦人革命家。1933没。
宗方小太郎　むなかたこたろう　1864生。明治時代の大陸浪人。1923没。
ブライジヒ　1866生。ドイツの歴史家，社会学者。1940没。
津村重舎　つむらじゅうしゃ　1871生。大正時代，昭和時代の実業家。第一製薬及び津村順天堂社長，貴族院議員。1941没。
田原淳　たわらすなお　1873生。明治時代–昭和時代の病理学者。1952没。
ホルブルック，ジョゼフ(・チャールズ)　1878生。イギリスの作曲家。1958没。
デイヴィス，ドワイト・F(フィリー)　1879生。アメリカの政治家。1945没。
ランドフスカ，ヴァンダ　1879生。ポーランドのチェンバロ奏者。1959没。

クベリーク，ヤン　1880生。ハンガリーのヴァイオリン奏者，作曲家。1940没。

清瀬一郎　きよせいちろう　1884生。大正時代，昭和時代の政治家，弁護士。衆議院議長，文部大臣。1967没。

ロート，アンドレ　1885生。フランスの画家，美術批評家。1962没。

ティンメルマンス，フェリックス　1886生。ベルギーのオランダ語の小説家。1947没。

ドレース，ヴィレム　1886生。オランダの政治家。1988没。

ガッサー，ハーバート・スペンサー　1888生。アメリカの生理学者。1963没。

山崎佐　やまざきたすく　1888生。大正時代，昭和時代の弁護士，医事法制学者。日本弁護士連合会会長。1967没。

コクトー，ジャン　1889生。フランスの詩人，小説家，劇作家，映画監督。1963没。

ノースロップ，ジョン・ハワード　1891生。アメリカの生化学者。1987没。

大屋晋三　おおやしんぞう　1894生。昭和時代の実業家，政治家。帝人社長，参議院議員。1980没。

浅野長武　あさのながたけ　1895生。昭和時代の貴族院議員，美術史家。侯爵，東京国立博物館長。1969没。

ベン-ハイム，パウル　1897生。イスラエルの指揮者，作曲家。1984没。

田崎勇三　たざきゆうぞう　1898生。昭和時代の医師。癌研究会付属病院長，大相撲横綱審議会委員。1963没。

長谷川秀治　はせがわしゅうじ　1898生。大正時代，昭和時代の細菌学，血清学者。1981没。

アルラン，マルセル　1899生。フランスの小説家，評論家。1986没。

矢次一夫　やつぎかずお　1899生。大正時代，昭和時代の政治家。国策研究会代表常任理事。1983没。

アシャール，マルセル　1900生。フランスの劇作家。1974没。

小田岳夫　おだたけお　1900生。大正時代，昭和時代の外交官，小説家。1979没。

山階芳麿　やましなよしまろ　1900生。昭和時代の鳥類学者。山階鳥類研究所理事長。1989没。

明石海人　あかしかいじん　1901生。昭和時代の歌人，詩人，画家。1939没。

岡本潤　おかもとじゅん　1901生。大正時代，昭和時代の詩人。1978没。

円谷英二　つぶらやえいじ　1901生。大正時代，昭和時代の特撮監督，映画監督。1970没。

伊藤次郎左衛門（14代目）　いとうじろうざえもん　1902生。昭和時代の実業家。松坂屋社長。1984没。

三品彰英　みしなしょうえい　1902生。昭和時代の古代史学者。大阪市立博物館館長。1971没。

ロッジ　1902生。アメリカの政治家，外交官。1985没。

近藤信男　こんどうのぶお　1903生。昭和時代の実業家。近藤紡績所社長。1973没。

マイア，エルンスト・ヴァルター　1904生。アメリカの動物学者。2005没。

平畑静塔　ひらはたせいとう　1905生。昭和時代，平成時代の俳人，医師。精神科，宇都宮病院院長。1997没。

ケーニヒ　1906生。ドイツの社会学者。1992没。

マートン，ロバート　1910生。アメリカの社会学者。2003没。

ポンピドゥー，ジョルジュ（・ジャン・レモン）　1911生。フランス大統領。1974没。

斎藤鎮男　さいとうしずお　1914生。昭和時代，平成時代の国連大使。1998没。

モーロワ，ピエール　1928生。フランスの政治家。

ホルン・ジュラ　1932生。ハンガリーの元・首相。

仲本工事　なかもとこうじ　1941生。昭和時代，平成時代のコメディアン，俳優。

スミス，ポール　1946生。イギリスのファッションデザイナー。

藤圭子　ふじけいこ　1951生。昭和時代，平成時代の歌手。

クレスポ，エルナン　1975生。アルゼンチンのサッカー選手。

杉山愛　すぎやまあい　1975生。平成時代のテニス選手。

小椋久美子　おぐらくみこ　1983生。平成時代のバドミントン選手。

山田優　やまだゆう　1984生。平成時代の女優，モデル，歌手。

7月5日

7月6日

○記念日○　ピアノの日
　　　　　　記念日の日
　　　　　　公認会計士の日

陽明門院　ようめいもんいん　1013生。平安時代中期，後期の女性。後朱雀天皇の皇后。1094没。
覚乗　かくじょう　1221生。鎌倉時代後期の天台宗の僧。1299没。
呉鎮　ごちん　1280生。中国，元の画家。1354没。
マネッティ，アントーニオ・ディ・トゥッチョ　1423生。イタリアの建築家，彫刻家。1497没。
シュトベーウス，ヨーハン　1580生。ドイツの作曲家，教会音楽家。1646没。
心月女王　しんげつじょおう　1580生。安土桃山時代の女性。陽光太上天皇の第3王女。1590没。
吉川広嘉　きっかわひろよし　1621生。江戸時代前期の武士。1679没。
ブルマン　1668生。オランダの古典語学者。1741没。
ジュシュー　1686生。フランスの植物学者。1758没。
毛利宗広　もうりむねひろ　1717生。江戸時代中期の大名。1751没。
上杉重定　うえすぎしげさだ　1720生。江戸時代中期の大名。1798没。
松平定功　まつだいらさだなり　1733生。江戸時代中期の大名。1765没。
ジャコブ，ジョルジュ　1739生。フランスの家具製造業者。1814没。
ジョーンズ，ジョン・ポール　1747生。アメリカの海軍軍人。1792没。
フラクスマン，ジョン　1755生。イギリスの彫刻家。1826没。
ウィルソン，アレグザンダー　1766生。イギリスの鳥類学者，詩人。1813没。
ラッフルズ，トマス・スタンフォード　1781生。イギリスの植民地統治者。1826没。
ドロイゼン　1808生。ドイツの歴史家。1884没。

レルド・デ・テハーダ，ミゲル　1812生。メキシコの政治家。1861没。
ケリカー，ルドルフ・アルベルト・フォン　1817生。スイスの動物学者，解剖学者。1905没。
毛利登人　もうりのぼる　1821生。江戸時代末期の長州(萩)藩士。1865没。
ジルマン　1831生。アメリカの教育家。1908没。
ゼンパー　1832生。ドイツの動物学者。1893没。
マクシミリアン，フェルディナント - ヨーゼフ　1832生。メキシコ皇帝(在位1864～67)。1867没。
バーンダールカル　1837生。インドの東洋学者。1925没。
ヤギッチ，ヴァトロスラヴ　1838生。クロアティアのスラヴ語学者。1923没。
ベラスコ，ホセー・マリーア　1840生。メキシコの風景画家。1912没。
田原良純　たわらよしずみ　1855生。明治時代，大正時代の薬化学者。東京衛生試験所所長。1935没。
ホブソン　1857生。イギリスの改良主義的経済学者。1940没。
ヘイデンスタム，ヴァーネル・フォン　1859生。スウェーデンの詩人，小説家。1940没。
蔵原惟郭　くらはらこれひろ　1861生。明治時代-昭和時代の政治家，教育家。衆議院議員。1949没。
大西祝　おおにしはじめ　1864生。明治時代の哲学者，教員。文学博士，高等師範学校講師。1900没。
ジャック - ダルクローズ，エーミール　1865生。スイスの音楽教育家，作曲家。1950没。
ポター，ビアトリクス　1866生。イギリスの童話作家，挿絵家。1943没。
マンジャン　1866生。フランスの軍人。1925没。
佐々木駒之助　ささきこまのすけ　1873生。明治時代-昭和時代の実業家。1954没。

7月6日

佐藤紅緑　さとうこうろく　1874生。明治時代–昭和時代の小説家，俳人。1949没。

椎尾弁匡　しいおべんきょう　1876生。明治時代–昭和時代の宗教家，仏教学者。増上寺（浄土宗大本山）第82世法主，大正大学学長。1971没。

塩谷温　しおのやおん　1878生。明治時代–昭和時代の中国文学者。東京大学教授。1962没。

ジャクソン，バリー　1879生。イギリスの演出家。1961没。

ヴィンクラー，ヨーゼフ　1881生。ドイツの詩人，小説家。1966没。

クリーク　1882生。ドイツの教育学者。1947没。

スゴンザック，アンドレ・デュノワイエ・ド　1884生。フランスの画家。1974没。

ドゥドック，ヴィレム・マリヌス　1884生。オランダの建築家。1974没。

ブロック，マルク　1886生。フランスの歴史家。1944没。

フレクス　1887生。ドイツの作家。1917没。

勝目テル　かつめてる　1894生。昭和時代の婦人運動家，消費組合運動家。新日本婦人の会代表委員。1984没。

アイスラー，ハンス　1898生。ドイツの作曲家。1962没。

冨吉栄二　とみよしえいじ　1899生。大正時代，昭和時代の農民運動家，政治家。衆議院議員。1954没。

テオレル，アクセル・フーゴー・テオドール　1903生。スウェーデンの生化学者。1982没。

細谷恒夫　ほそやつねお　1904生。昭和時代の教育哲学者。東北大学教授，山形大学学長。1970没。

向山雅重　むかいやままさしげ　1904生。大正時代，昭和時代の郷土史家。1990没。

カーロ，フリーダ　1907生。メキシコの画家。1954没。

小林陽之助　こばやしようのすけ　1908生。昭和時代の社会運動家。1942没。

グロムイコ，アンドレイ・アンドレエヴィチ　1909生。ソ連の外交官。1989没。

江戸家猫八（2代目）　えどやねこはち　1911生。昭和時代の寄席芸人。1986没。

ミヤコ蝶々　みやこちょうちょう　1920生。昭和時代，平成時代の漫才師，女優。2000没。

斎藤真一　さいとうしんいち　1922生。昭和時代，平成時代の洋画家。1994没。

ヤルゼルスキ，ウォイチェフ　1923生。ポーランドの政治家，軍人。

大川悦生　おおかわえつせい　1930生。昭和時代，平成時代の児童文学者，民話作家。1998没。

鈴木常司　すずきつねし　1930生。昭和時代，平成時代の経営者。ポーラ化粧品本舗会長，ポーラ化成工業会長。2000没。

遠藤実　えんどうみのる　1932生。昭和時代，平成時代の作曲家，作詞家。

ダライ・ラマ（14世）　1935生。政治家，宗教指導者。

桐島洋子　きりしまようこ　1937生。昭和時代，平成時代のノンフィクション作家，評論家。

ヘッド，ベッシー　1937生。南アフリカの作家。1986没。

中平卓馬　なかひらたくま　1938生。昭和時代，平成時代の写真家，評論家。

ナザルバエフ，ヌルスルタン　1940生。カザフスタンの政治家。

長塚京三　ながつかきょうぞう　1945生。昭和時代，平成時代の俳優。

スタローン，シルベスター　1946生。アメリカの俳優，映画監督，脚本家。

ブッシュ，ジョージ（Jr.）　1946生。アメリカの政治家。

瀬川瑛子　せがわえいこ　1948生。昭和時代，平成時代の歌手。

ラッシュ，ジェフリー　1951生。オーストラリアの俳優。

安治川正也　あじがわせいや　1960生。昭和時代の元・力士（第63代横綱）。

とよた真帆　とよたまほ　1967生。昭和時代，平成時代の女優。

大西結花　おおにしゆか　1968生。昭和時代，平成時代の女優。

井上芳雄　いのうえよしお　1979生。平成時代の俳優，声楽家。

7月7日

○記念日○　七夕
　　　　　川の日

李煜　りいく　937生。中国、五代十国南唐の第3代王(在位961～975)。978没。

アブール・フサイン・ビン・マトゥルーフ　1196生。エジプトのアラブ系詩人。1251没。

仁悟法親王　にんごほうしんのう　1482(閏7月)生。戦国時代の僧。1515没。

四辻季遠　よつつじすえとお　1513生。戦国時代、安土桃山時代の公卿。1575没。

フッカー, トマス　1586生。アメリカの組合教会牧師。1647没。

立花忠茂　たちばなただしげ　1612生。江戸時代前期の大名。1675没。

岸本武太夫　きしもとぶだゆう　1742生。江戸時代後期の代官。1810没。

ジャカール, ジョゼフ・マリー　1752生。フランスの発明家、ジャカード織機の発明者。1834没。

義門　ぎもん　1786生。江戸時代後期の真宗の僧。1843没。

ニコライ1世　1796生。ロシアの皇帝(在位1825～55)。1855没。

アマーリ　1806生。イタリアの政治家、東方学者、歴史家。1889没。

ヴォルフ, ヨハン・ルドルフ　1816生。スイスの天文学者。1893没。

イングラム　1823生。アイルランドの経済学者。1907没。

リデル, フェリークス・クレール　1830生。パリ外国宣教所属のフランス人カトリック司祭、朝鮮代牧。1884没。

星野恒　ほしのひさし　1839生。明治時代の史学者、漢学者。東京帝国大学教授、文学博士。1917没。

御堀耕助　みほりこうすけ　1841生。江戸時代末期、明治時代の長州(萩)藩士、志士、御楯隊総督。1871没。

ゴルジ, カミロ　1843生。イタリアの医師、神経学者。1926没。

陸奥宗光　むつむねみつ　1844生。明治時代の外交官。衆議院議員、伯爵。1897没。

河野広中　こうのひろなか　1849生。明治時代、大正時代の政治家。衆議院議員、農商務大臣。1923没。

片山国嘉　かたやまくにか　1855生。明治時代、大正時代の医学者。医学博士、東京帝国大学助教授。1931没。

麻生太吉　あそうたきち　1858生。明治時代−昭和時代の実業家、政治家。九州水力電気社長、衆議院議員。1933没。

マーラー, グスタフ　1860生。オーストリアの作曲家。1911没。

秋山定輔　あきやまていすけ　1868生。明治時代−昭和時代のジャーナリスト、政治家。1950没。

ギルブレス, フランク・　1868生。アメリカの技師。1924没。

ラウントリー, ベンジャミン・シーボーム　1871生。イギリスの社会学者。1954没。

喜多六平太　きたろっぺいた　1874生。明治時代−昭和時代の能楽師。喜多流シテ方、喜多流14世家元。1971没。

児玉花外　こだまかがい　1874生。明治時代の詩人。1943没。

内藤濯　ないとうあろう　1883生。大正時代、昭和時代のフランス文学者、翻訳家。昭和女子大学教授。1977没。

キアレッリ, ルイージ　1884生。イタリアの劇作家。1947没。

フォイヒトヴァンガー, リーオン　1884生。ドイツの小説家、劇作家。1958没。

守屋東　もりやあずま　1884生。明治時代−昭和時代の社会事業家。1975没。

シャガール, マルク　1887生。フランスの画家、版画家。1985没。

大麻唯男　おおあさただお　1889生。大正時代、昭和時代の政治家。衆議院議員。1957没。

栗林忠道　くりばやしただみち　1891生。昭和時代の陸軍軍人。大将。1945没。

中沢弁次郎　なかざわべんじろう　1891生。大正時代、昭和時代の農民運動家。全日本農民組合会長。1946没。

クルレジャ, ミロスラヴ　1893生。クロアチア（ユーゴスラヴィア）の詩人, 劇作家, 小説家。1981没。
佐伯米子　さえきよねこ　1897生。大正時代, 昭和時代の洋画家。1972没。
長岡正男　ながおかまさお　1897生。昭和時代の実業家。日本光学工業社長。1974没。
キューカー, ジョージ　1899生。アメリカの映画監督。1983没。
ターマン, フレッド　1900生。アメリカの電気学者。1982没。
円谷英二　つぶらやえいじ　1901生。昭和時代の特撮監督, 映画監督。円谷特技プロ社長。1970没。
デ・シーカ, ヴィットーリオ　1901生。イタリアの映画監督, 俳優。1974没。
今泉篤男　いまいずみあつお　1902生。昭和時代の美術評論家。京都国立近代美術館館長。1984没。
朴世永　ぼくせいえい　1902生。朝鮮の詩人。1989没。
ポッパー, サー・カール・ライムンド　1902生。オーストリア生まれのイギリスの哲学者。1994没。
宇野信夫　うのののぶお　1904生。昭和時代の劇作家, 演出家。1991没。
与謝野秀　よさのしげる　1904生。昭和時代の外交官。東京五輪組織委員会事務総長。1971没。
フェラー, ウィリアム　1906生。アメリカの数学者。1970没。
ペイジ, サチェル　1906生。アメリカの大リーグ選手。1982没。
ハインライン, ロバート・A.　1907生。アメリカのSF小説作家。1988没。
秋草篤二　あきくさとくじ　1909生。昭和時代の官僚。電電公社総裁。2001没。
松本幸四郎（8代目）　まつもとこうしろう　1910生。昭和時代の歌舞伎役者。1982没。
松本白鸚（初代）　まつもとはくおう　1910生。昭和時代の歌舞伎俳優。1982没。
伊藤久男　いとうひさお　1911生。昭和時代の歌手。1983没。
久米愛　くめあい　1911生。昭和時代の弁護士, 婦人運動家。日本婦人法律家協会会長。1976没。
高木養根　たかぎやすもと　1912生。昭和時代の経営者。日本航空社長。1999没。

松野友　まつのとも　1912生。昭和時代, 平成時代の政治家。穂積町（岐阜県）町長。1997没。
郡司正勝　ぐんじまさかつ　1913生。昭和時代, 平成時代の演劇評論家。早稲田大学教授。1998没。
サンチェス, フィデル　1917生。エルサルバドルの軍人, 政治家。2003没。
芦原義信　あしはらよしのぶ　1918生。昭和時代, 平成時代の建築家。2003没。
近江俊郎　おうみとしろう　1918生。昭和時代の歌手, 映画監督。1992没。
生田耕作　いくたこうさく　1924生。昭和時代, 平成時代のフランス文学者。1994没。
乙骨淑子　おつこつよしこ　1929生。昭和時代の児童文学作家。1980没。
塩野七生　しおのななみ　1937生。昭和時代, 平成時代の作家。
スター, リンゴ　1940生。イギリスのロック歌手, 俳優。
青江三奈　あおえみな　1945生。昭和時代, 平成時代の歌手。2000没。
池澤夏樹　いけざわなつき　1945生。昭和時代, 平成時代の小説家, 詩人, 評論家, 翻訳家。
ギャネンドラ・ビル・ビクラム・シャー・デブ　1947生。ネパール国王。
上田正樹　うえだまさき　1949生。昭和時代, 平成時代のロック歌手。
研ナオコ　けんなおこ　1953生。昭和時代, 平成時代の歌手。
横山剣　よこやまけん　1960生。昭和時代, 平成時代のロック歌手。
ナンシー関　なんしーせき　1962生。昭和時代, 平成時代の消しゴム版画家, コラムニスト。2002没。
堤真一　つつみしんいち　1964生。昭和時代, 平成時代の俳優。
河原雅彦　かわはらまさひこ　1969生。平成時代の劇作家, 演出家, 俳優。
MISIA　みーしゃ　1978生。平成時代の歌手。
クワン, ミシェル　1980生。アメリカのフィギュアスケート選手。
原田夏希　はらだなつき　1984生。平成時代の女優。

7月7日

7月8日

○記念日○　屋根の日

- トリッシノ, ジャン・ジョルジョ　1478生。イタリアの文学者。1550没。
- ドン・カルロス　1545生。スペイン王位継承者。1568没。
- 玉木吉保　たまきよしやす　1552生。安土桃山時代, 江戸時代前期の武士。1633没。
- アルベルト, ハインリヒ　1604生。ドイツの詩人, オルガン奏者, 作曲家。1651没。
- 松平隆政　まつだいらたかまさ　1648生。江戸時代前期の大名。1673没。
- 寺田臨川　てらだりんせん　1678生。江戸時代中期の安芸広島藩士, 儒学者。1744没。
- 若林強斎　わかばやしきょうさい　1679生。江戸時代中期の儒学者。1732没。
- 本多正珍　ほんだまさよし　1710生。江戸時代中期の大名。1786没。
- ラレー　1766生。フランスの軍医。1842没。
- 岡本豊彦　おかもととよひこ　1773生。江戸時代後期の四条派の画家。1845没。
- 広田正方　ひろたまさすけ　1778(閏7月)生。江戸時代後期の祠官, 伊勢外宮権禰宜。1863没。
- 立花鑑賢　たちばなあきかた　1789生。江戸時代後期の大名。1830没。
- ヴェリトマン, アレクサンドル・フォミチ　1800生。ロシアの小説家。1870没。
- ギュツラフ, カール・フリードリヒ・アウグスト　1803生。ドイツのルター派の牧師。1851没。
- モーゼン, ユーリウス　1803生。ドイツの作家。1867没。
- グロス　1805生。アメリカの外科医, 病理学者。1885没。
- ガイ, リュウデヴィト　1809生。クロアチア(ユーゴスラビア)の民族詩人。1872没。
- 喜代姫　きよひめ　1818生。江戸時代後期の女性。11代将軍徳川家斉の娘。1844没。
- クリザンダー, フリードリヒ　1826生。ドイツの音楽史家, ヘンデルの伝記作者, 楽譜編集者。1901没。
- 根岸主馬　ねぎしすめ　1826生。江戸時代, 明治時代の大村藩士。1886没。
- チェンバレン, ジョゼフ　1836生。イギリスの政治家。1914没。
- ツェッペリン, フェルディナント(・アドルフ・アウグスト・ハインリヒ), 伯爵　1838生。ドイツのツェッペリン飛行船の創始者。1917没。
- ロックフェラー, ジョン・デイヴィスン　1839生。アメリカの実業家, 慈善家。1937没。
- レスキーン　1840生。ドイツの言語学者。1916没。
- ラグーザ, ヴィンチェンツォ　1841生。イタリアの彫刻家。1927没。
- エヴァンズ, アーサー・ジョン　1851生。イギリスの考古学者。1941没。
- ビネ, アルフレッド　1857生。フランスの心理学者。1911没。
- トムソン　1861生。イギリスの生物学者, 動物学者。1933没。
- 伊藤快彦　いとうよしひこ　1867生。明治時代, 大正時代の洋画家。関西美術院教授。1942没。
- ケチュケ　1867生。ドイツの経済史家。1949没。
- コルヴィッツ, ケーテ　1867生。ドイツの女流画家, 版画家, 彫刻家。1945没。
- 鈴木力　すずきちから　1867生。明治時代の政治家。衆議院議員。1926没。
- 山田美妙　やまだびみょう　1868生。明治時代の小説家, 詩人, 国語学者。1910没。
- 相馬半治　そうまはんじ　1869生。明治時代‐昭和時代の実業家。1946没。
- ムーディ, ウィリアム・ヴォーン　1869生。アメリカの詩人, 劇作家。1910没。
- マカリスター　1870生。アイルランドの考古学者。1950没。
- 小笠原菊次郎　おがさわらきくじろう　1875生。明治時代‐昭和時代の実業家。王子製紙取締役。1933没。
- アンダソン　1882生。イギリス(スコットランド)の政治家。1958没。

グレンジャー，パーシー・オールドリッジ　1882生。アメリカ（オーストラリア生まれ）の作曲家，ピアノ演奏家。1961没。
ル・センヌ，ルネー　1882生。フランスの唯心論哲学者。1954没。
堀新　ほりしん　1883生。昭和時代の実業家。関西電力会長。1969没。
コスケンニエミ，ヴェイッコ　1885生。フィンランドの近代詩を開いた抒情詩人。1962没。
ブロッホ，エルンスト　1885生。ドイツの哲学者。1977没。
小栗一雄　おぐりかずお　1886生。昭和時代の官僚。台湾総督府内務局長。1973没。
亀高文子　かめたかふみこ　1886生。明治時代−昭和時代の洋画家。1977没。
足立源一郎　あだちげんいちろう　1889生。大正時代，昭和時代の洋画家。1973没。
ハーゼンクレーヴァー，ヴァルター　1890生。ドイツの抒情詩人，劇作家。1940没。
峰地光重　みねじみつしげ　1890生。大正時代，昭和時代の教育者。1968没。
ヨースト，ハンス　1890生。ドイツの劇作家。1978没。
オールディントン，リチャード　1892生。イギリスの詩人，小説家。1962没。
カーレマン　1892生。スウェーデンの数学者。1949没。
森口多里　もりぐちたり　1892生。大正時代，昭和時代の美術評論家。岩手大学教授。1984没。
カピーツァ，ピョートル・レオニードヴィチ　1894生。ソ連の物理学者。1984没。
マーフィ，ガードナー　1895生。アメリカの心理学者。1979没。
ウォー，アレック　1898生。イギリスの小説家。1981没。
リリエンソール　1899生。アメリカの公共事業行政官。1981没。
アンタイル，ジョージ　1900生。ポーランド系のアメリカのピアニスト，作曲家。1959没。
堀久作　ほりきゅうさく　1900生。昭和時代の実業家，映画製作者。日活社長，江ノ島振興社長。1974没。
西田ハル　にしだはる　1905生。昭和時代の社会運動家。1945没。

ジョンソン，フィリップ　1906生。アメリカの建築家。2005没。
平尾貴四男　ひらおきしお　1907生。昭和時代の作曲家。1953没。
東山魁夷　ひがしやまかいい　1908生。昭和時代，平成時代の日本画家。日展理事長。1999没。
ロックフェラー，ネルソン・オールドリッチ　1908生。アメリカの政治家，副大統領。1979没。
藤田五郎　ふじたごろう　1911生。昭和時代，平成時代のドイツ語学者。東京外国語大学教授，麗沢大学教授。1997没。
福田昌子　ふくだまさこ　1912生。昭和時代の医師，政治家。産婦人科，東和大学理事長。1975没。
エクスタイン，ビリー　1914生。アメリカのジャズ歌手，トランペッター。1993没。
コー，ジャン　1925生。フランスの小説家，詩人，ジャーナリスト。1993没。
佐藤誠三郎　さとうせいざぶろう　1932生。昭和時代，平成時代の政治学者。東京大学教授。1999没。
石田郁夫　いしだいくお　1933生。昭和時代，平成時代のルポライター。1993没。
永島慎二　ながしましんじ　1937生。昭和時代，平成時代の漫画家。2005没。
小川甲子　おがわかつこ　1942生。昭和時代，平成時代の女優。
三枝成彰　さえぐさしげあき　1942生。昭和時代，平成時代の作曲家。
大谷昭宏　おおたにあきひろ　1945生。昭和時代，平成時代のジャーナリスト。
中村有志　なかむらゆうじ　1956生。昭和時代，平成時代のタレント。
ベーコン，ケビン　1958生。アメリカの俳優。
川口和久　かわぐちかずひさ　1959生。昭和時代，平成時代の野球評論家，元・プロ野球選手。
三谷幸喜　みたにこうき　1961生。昭和時代，平成時代の脚本家。
SUGIZO　すぎぞう　1969生。平成時代のギタリスト。
ベック　1970生。アメリカのミュージシャン。
谷原章介　たにはらしょうすけ　1972生。平成時代の俳優。

7月8日

7月9日

○記念日○ くじらの日
○忌　日○ 鴎外忌

アベラール，ピエール　1072生。フランスの神学者，哲学者。1142没。
堀河天皇　ほりかわてんのう　1079生。平安時代後期の第73代の天皇。1107没。
光厳天皇　こうごんてんのう　1313生。南北朝時代の北朝初代の天皇。1364没。
芳春院　ほうしゅんいん　1547生。戦国時代，安土桃山時代，江戸時代前期の女性。加賀藩主前田利家の正室。1617没。
フェルディナント2世　1578生。神聖ローマ皇帝（在位1619～37）。1637没。
ホアン（聖トマスの）　1589生。スペインのトマス主義神学者。1644没。
初姫　はつひめ　1602生。江戸時代前期の女性。徳川秀忠の4女。1630没。
梅津梅叟　うめづばいそう　1637生。江戸時代前期の出羽秋田藩士，兵学者。1690没。
モルパ　1701生。フランスの政治家。1781没。
土佐光貞　とさみつさだ　1738生。江戸時代中期，後期の画家。1806没。
ラドクリフ，アン　1764生。イギリスの女流小説家。1823没。
ブリエンヌ　1769生。フランスの政治家，外交官。1834没。
ルイス，マシュー・グレゴリー　1775生。イギリスの小説家。1818没。
ハラム　1777生。イギリスの歴史家。1859没。
中島宜門　なかしまぎもん　1807生。江戸時代，明治時代の歌人。1894没。
渡辺たか　わたなべたか　1807生。江戸時代，明治時代の女性。渡辺崋山の妻。1871没。
酒井忠義　さかいただあき　1813生。江戸時代，明治時代の小浜藩知事。1873没。
草場船山　くさばせんざん　1819生。江戸時代末期，明治時代の東原庠舎教官。1887没。
ハウ，イライアス　1819生。アメリカの発明家。1867没。
大津唯雪　おおつただゆき　1825生。江戸時代末期，明治時代の長州（萩）藩士。1887没。
ヒス，ヴィルヘルム　1831生。スイス系のドイツの解剖学者，発生学者。1904没。
ネルダ，ヤン　1834生。チェコの詩人，小説家。1891没。
パルマ　1835生。キューバ大統領（1902～06）。1908没。
内藤忠太郎　ないとうちゅうたろう　1844生。江戸時代，明治時代の清末藩大参事。1871没。
ダーウィン，サー・ジョージ・ハワード　1845生。イギリスの天文学者。1912没。
ミントー　1845生。イギリスの植民地行政官。1914没。
ヴィジェ，レオン　1856生。フランスのイエズス会士，中国学者。1933没。
テスラ，ニコラ　1856生。アメリカの電気工学者，発明家。1943没。
竹内久一　たけうちきゅういち　1857生。明治時代の彫刻家。東京美術学校教授。1916没。
ハルヴァックス　1859生。ドイツの物理学者。1922没。
小室三吉　こむろさんきち　1863生。明治時代，大正時代の実業家。1920没。
島貫兵太夫　しまぬきひょうだゆう　1866生。明治時代，大正時代の牧師。1913没。
ノスケ　1868生。ドイツの政治家。1946没。
大下藤次郎　おおしたとうじろう　1870生。明治時代の洋画家。1911没。
島崎赤太郎　しまざきあかたろう　1874生。明治時代–昭和時代の音楽教育者，オルガン奏者。1933没。
小金井蘆洲（3代目）　こがねいろしゅう　1876生。明治時代，大正時代の講釈師。1925没。
アドラー　1879生。オーストリアの社会主義者。1960没。
レスピーギ，オットリーノ　1879生。イタリアの作曲家。1936没。
川村曼舟　かわむらまんしゅう　1880生。大正時代，昭和時代の日本画家。京都市立絵画専門学校教授。1942没。
松岡映丘　まつおかえいきゅう　1881生。大正時代，昭和時代の日本画家。東京美術学校教授。1938没。

ボロディン　1884生。ソ連の政治家。1951没。
井上知治　いのうえともはる　1886生。昭和時代の政治家。衆議院議員，参議院議員。1962没。
斎藤惣一　さいとうそういち　1886生。大正時代，昭和時代の宗教家，YMCA運動指導者。日本YMCA同盟総主事。1960没。
モリソン　1887生。アメリカの歴史家。1976没。
川路柳虹　かわじりゅうこう　1888生。明治時代-昭和時代の詩人。1959没。
三松正夫　みまつまさお　1888生。明治時代-昭和時代の火山研究家。1977没。
大道憲二　おおみちけんじ　1890生。大正時代，昭和時代の労働運動家。全労議長。1970没。
長谷川利行　はせがわとしゆき　1891生。大正時代，昭和時代の洋画家。1940没。
田中隆吉　たなかりゅうきち　1893生。大正時代，昭和時代の陸軍軍人。陸軍少将。1972没。
尾高豊作　おだかほうさく　1894生。大正時代，昭和時代の実業家，教育運動家。郷土教育連盟理事，日本技術教育協会会長。1944没。
川西英　かわにしひで　1894生。大正時代，昭和時代の版画家。1965没。
川北禎一　かわきたていいち　1896生。昭和時代の銀行家。日本銀行副総裁，日本興業銀行頭取。1981没。
ウェデマイアー，アルバート　1897生。アメリカの軍人。1989没。
カスー，ジャン　1897生。フランスの小説家，美術評論家。1986没。
竹本土佐広　たけもととさひろ　1897生。明治時代-平成時代の女義太夫節太夫。土佐会主宰，義太夫節保存会技芸員代表。1992没。
長谷川路可　はせがわろか　1897生。昭和時代の画家。1967没。
神谷正太郎　かみやしょうたろう　1898生。昭和時代の経営者。トヨタ自動車販売社長。1980没。
和田巌　わだいわお　1898生。大正時代の社会運動家。1923没。
実方清　さねかたきよし　1907生。昭和時代，平成時代の国文学者。関西学院大学教授。1993没。
清水幾太郎　しみずいくたろう　1907生。昭和時代の思想家，評論家。清水研究室主宰，学習院大学教授。1988没。

朝比奈隆　あさひなたかし　1908生。昭和時代，平成時代の指揮者。大阪フィルハーモニー交響楽団音楽総監督・常任指揮者，日本指揮者協会会長。2001没。
岡藤次郎　おかとうじろう　1908生。昭和時代の実業家。三菱油化社長，情報センター理事長。1996没。
ピーク，マーヴィン　1911生。イギリスのファンタジー作家，詩人，挿絵画家。1968没。
シュトフ　1914生。東ドイツの政治家。1999没。
ヒース，エドワード　1916生。イギリスの政治家。2005没。
ユール　1917生。コンゴの初代大統領。1972没。
橋本公亘　はしもときみのぶ　1919生。昭和時代，平成時代の憲法学者。中央大学教授。1998没。
ディオプ，ダヴィッド・マンデシ　1927生。フランス語で書くアフリカの詩人。1960没。
ハッサン2世　1929生。モロッコ国王，モロッコ軍最高司令官，モロッコ首相。1999没。
ラムズフェルド，ドナルド　1932生。アメリカの政治家。
藤原正彦　ふじわらまさひこ　1943生。昭和時代，平成時代の数学者，作家。
シンプソン，O.J.　1947生。アメリカの俳優，元・プロフットボール選手。
細野晴臣　ほそのはるおみ　1947生。昭和時代，平成時代のミュージシャン，ベース奏者。
ヒューストン，アンジェリカ　1951生。アメリカの女優。
稲垣潤一　いながきじゅんいち　1953生。昭和時代，平成時代の歌手。
ハンクス，トム　1956生。アメリカの俳優。
久本雅美　ひさもとまさみ　1958生。昭和時代，平成時代のタレント，女優。
浅野ゆう子　あさのゆうこ　1960生。昭和時代，平成時代の女優。
ラブ，コートニー　1965生。アメリカのロック歌手，女優。
松下由樹　まつしたゆき　1968生。昭和時代，平成時代の女優。
草彅剛　くさなぎつよし　1974生。平成時代のタレント，歌手，俳優。
中田浩二　なかたこうじ　1979生。平成時代のサッカー選手。

7月9日

7月10日

○記念日○ 納豆の日

恒統親王 つねむねしんのう 829生。平安時代前期の淳和天皇の皇子。842没。

聖聡 しょうそう 1366生。南北朝時代,室町時代の浄土宗の僧。1440没。

存如 ぞんにょ 1396生。室町時代の真宗の僧。1457没。

カルヴァン,ジャン 1509生。フランスの宗教改革者。1564没。

今村正員 いまむらまさかず 1628生。江戸時代前期の出羽秋田藩士,兵学者。1694没。

溝口重雄 みぞぐちしげかつ 1632生。江戸時代前期,中期の大名。1708没。

ベイン,アフラ 1640生。イギリスの劇作家,小説家。1689没。

エヴドキヤ 1670生。ロシアの皇后。1731没。

コーツ,ロジャー 1682生。イギリスの数学者。1716没。

ブラックストン,サー・ウィリアム 1723生。イギリスの法学者。1780没。

岡本甚左衛門 おかもとじんざえもん 1774生。江戸時代後期の石見国の新田開発の功労者。1842没。

亀田綾瀬 かめだりょうらい 1778生。江戸時代後期の儒者。1853没。

マリアット,フレデリック 1792生。イギリスの海軍軍人,海洋小説家。1848没。

尊超入道親王 そんちょうにゅうどうしんのう 1802生。江戸時代後期の有栖川宮織仁親王の王子,知恩院門室。1852没。

桑田立斎 くわたりゅうさい 1811生。江戸時代の蘭方医,小児科。1868没。

前田斉泰 まえだなりやす 1811生。江戸時代末期,明治時代の大名。1884没。

岡田佐平治 おかださへいじ 1812生。江戸時代,明治時代の農政家。1878没。

今北洪川 いまきたこうせん 1816生。江戸時代,明治時代の臨済宗僧侶。1892没。

ミリューチン 1816生。ロシアの軍人,政治家。1912没。

ベニヒゼン 1824生。ドイツの政治家。1902没。

池田重治郎 いけだじゅうじろう 1825生。江戸時代,明治時代の刀工,鍛冶職。1879没。

ピサロ,カミーユ 1830生。フランスの画家。1903没。

ロップス,フェリシアン 1833生。ベルギーの画家,銅版画家。1898没。

ホイッスラー,ジェイムズ・マックニール 1834生。アメリカの画家。1903没。

ヴィエニャフスキ,ヘンリク 1835生。ポーランドのヴァイオリン奏者,作曲家。1880没。

ゴルツ 1836生。ドイツの農政学者。1905没。

川崎正蔵 かわさきしょうぞう 1837生。明治時代の実業家,造船業者。1912没。

ヴィーザー 1851生。オーストリアの経済学者,社会学者。1926没。

中村不折 なかむらふせつ 1866生。明治時代-昭和時代の洋画家,書家。太平洋美術学校校長。1943没。

ダン,フィンリー・ピーター 1867生。アメリカのユーモア作家。1936没。

マクシミリアン 1867生。ドイツの政治家。1929没。

プルースト,マルセル 1871生。フランスの作家。1922没。

小糸源六郎 こいとげんろくろう 1883生。大正時代,昭和時代の実業家。小糸製作所会長。1974没。

相馬御風 そうまぎょふう 1883生。明治時代-昭和時代の詩人,文芸評論家。1950没。

高島象山 たかしましょうざん 1886生。大正時代,昭和時代の易者。1959没。

柴田清 しばたきよし 1887生。昭和時代の実業家。日本麦酒社長。1961没。

賀川豊彦 かがわとよひこ 1888生。大正時代,昭和時代のキリスト教社会運動家,牧師,社会事業家。1960没。

キリコ,ジョルジオ・デ 1888生。イタリアの画家。1978没。

今和次郎　こんわじろう　1888生。大正時代，昭和時代の建築学者，風俗研究家。早稲田大学教授。1973没。

トゥルンアイゼン，エードゥアルト　1888生。スイスの改革派神学者，牧師。1974没。

インベル，ヴェーラ・ミハイロヴナ　1890生。ソ連の女流詩人。1972没。

川島正次郎　かわしましょうじろう　1890生。昭和時代の政治家。衆院議員(自民党)，自民党副総裁。

土方成美　ひじかたせいび　1890生。大正時代，昭和時代の経済学者。中央大学教授。1975没。

ファリントン　1891生。イギリスの古典学者，科学史家。1974没。

小西得郎　こにしとくろう　1894生。昭和時代のプロ野球監督，解説者。1977没。

武知勇記　たけちゆうき　1894生。大正時代，昭和時代の政治家。衆議院議員，愛媛新聞社長。1963没。

オルフ，カール　1895生。ドイツの作曲家，指揮者，音楽教育家。1982没。

小西得郎　こにしとくろう　1896生。明治時代–昭和時代のプロ野球監督，野球解説者。1977没。

山上正義　やまがみまさよし　1896生。昭和時代のジャーナリスト。新聞連合社発信部長。1938没。

岡崎勝男　おかざきかつお　1897生。昭和時代の政治家，外交官。衆議院議員。1965没。

初山滋　はつやましげる　1897生。大正時代，昭和時代の童画家，版画家。1973没。

花菱アチャコ　はなびしあちゃこ　1897生。大正時代，昭和時代の漫才師，俳優。1974没。

足立康　あだちこう　1898生。大正時代，昭和時代の建築史家。日本古文化研究所理事。1941没。

命丸重褚　かなまるしげhe　1900生。昭和時代の写真家，写真教育者。日本写真協会副会長，日本大学教授。1977没。

麻生義輝　あそうよしてる　1901生。昭和時代の美学者，日本哲学史家，アナーキスト。1938没。

アルダー，クルト　1902生。ドイツの有機化学者。1958没。

ヴァイゼンボルン，ギュンター　1902生。ドイツの小説家，劇作家。1969没。

ギリェン–バティスタ，ニコラス　1902生。キューバの詩人。1989没。

甲田栄佑　こうだえいすけ　1902生。大正時代，昭和時代の染織家。1970没。

芦田泰三　あしだたいぞう　1903生。昭和時代の実業家。住友生命社長。1979没。

ウィンダム，ジョン　1903生。イギリスのSF作家。1969没。

大庭さち子　おおばさちこ　1904生。昭和時代の小説家。1997没。

イカーサ，ホルヘ　1906生。エクアドルの作家。1978没。

田中伝左衛門(11代目)　たなかでんざえもん　1907生。昭和時代，平成時代の歌舞伎囃子方。歌舞伎囃子協会会長。1997没。

井上幸治　いのうえこうじ　1910生。昭和時代の歴史学者。津田塾大学教授，立教大学教授。1989没。

グエン・フウ・トオ　1910生。ベトナム社会主義共和国の政治家，副大統領。1996没。

宝月欣二　ほうげつきんじ　1913生。昭和時代の植物生態学者。東京都立大学教授。1999没。

ボボ・ブラジル　1924生。アメリカのプロレスラー。1998没。

ビュッフェ，ベルナール　1928生。フランスの画家。1999没。

市田ひろみ　いちだひろみ　1932生。昭和時代，平成時代の服飾評論家，エッセイスト。

米倉斉加年　よねくらまさかね　1934生。昭和時代，平成時代の俳優，演出家，画家。

吉田ルイ子　よしだるいこ　1938生。昭和時代，平成時代のフォト・ジャーナリスト。

アッシュ，アーサー(Jr.)　1943生。アメリカのテニス選手。1993没。

松島トモ子　まつしまともこ　1945生。昭和時代，平成時代のタレント，女優。

鈴木いづみ　すずきいづみ　1949生。昭和時代の小説家，女優。1986没。

高円宮久子　たかまどのみやひさこ　1953生。昭和時代，平成時代の皇族。

布施博　ふせひろし　1958生。昭和時代，平成時代の俳優。

村山由佳　むらやまゆか　1964生。昭和時代，平成時代の小説家，童話作家。

沢村一樹　さわむらいっき　1967生。昭和時代，平成時代の俳優。

小泉孝太郎　こいずみこうたろう　1978生。平成時代の俳優。

7月10日

7月11日

○記念日○　世界人口デー
○忌　日○　蘆庵忌

知仁親王　ともひとしんのう　1265生。鎌倉時代前期の亀山天皇の皇子。1267没。
ロバート1世　1274生。スコットランド王(在位1306～29)。1329没。
小笠原政長　おがさわらまさなが　1319生。南北朝時代の武将。1365没。
グリーン, ロバート　1558生。イギリスの劇作家, 物語作家, 詩人, パンフレット作家。1592没。
ゴンゴラ, ルイス・デ　1561生。スペインの詩人。1627没。
ディグビー, サー・ケネルム　1603生。イギリスの廷臣。1665没。
守澄入道親王　しゅちょうにゅうどうしんのう　1634(閏7月)生。江戸時代前期の後水尾天皇の第6皇子。1680没。
フリードリヒ1世　1657生。プロイセン国王(在位1701～13)。1713没。
マクシミリアン2世　1662生。バイエルン選帝侯(1679～1726)。1726没。
アンヴィル, ジャン・バティスト・ブルギニョン・ド　1697生。フランスの地理学者。1782没。
徳川宗堯　とくがわむねたか　1705生。江戸時代中期の大名。1730没。
マルモンテル, ジャン-フランソワ　1723生。フランスの作家, 文学者。1799没。
ラランド, ジョゼフ・ジェローム・ル・フランセ・ド　1732生。フランスの天文学者。1807没。
リーゼネル, ジャン・アンリ　1734生。ドイツの家具作家。1806没。
ブロニ, ガスパール・フランソワ・クレール・マリー・リッシュ, 男爵　1755生。フランスの土木および機械技術者。1839没。
アダムズ, ジョン・クインシー　1767生。第6代アメリカ大統領(1824～28)。1848没。
巌垣東園　いわがきとうえん　1774生。江戸時代後期の漢学者。1849没。
村上範致　むらかみのりむね　1808生。江戸時代末期, 明治時代の洋式兵学者, 造船家。1872没。

グローヴ, サー・ウィリアム・ロバート　1811生。イギリスの法律家, 物理学者。1896没。
松平忠優　まつだいらただます　1812生。江戸時代末期の大名。1859没。
フォースター, ウィリアム・エドワード　1818生。イギリスの政治家。1886没。
ワナメーカー　1838生。アメリカの大百貨店主。1922没。
久米邦武　くめくにたけ　1839生。明治時代の歴史学者。帝国大学教授, 早稲田大学教授。1931没。
ペタル1世　1844生。セルビア王(在位1903～21)。1921没。
ブロワ, レオン　1846生。フランスの小説家, ジャーナリスト。1917没。
穂積陳重　ほづみのぶしげ　1856生。明治時代, 大正時代の法学者。東京帝国大学教授, 枢密院議長, 法学博士, 男爵。1926没。
ラーモア, サー・ジョゼフ　1857生。イギリスの物理学者。1942没。
プリングスハイム, エルンスト　1859生。ドイツの物理学者。1917没。
ノリス, G.W.　1861生。アメリカの政治家。1944没。
徳川家達　とくがわいえさと　1863生。明治時代-昭和時代の華族, 公爵, 政治家。貴族院議員, 済生会会長, 日本赤十字社長。1940没。
ベーア-ホーフマン, リヒャルト　1866生。オーストリアの作家。1945没。
市川誠次　いちかわせいじ　1872生。明治時代-昭和時代の実業家。日本窒素肥料会長。1947没。
重宗芳水　しげむねほうすい　1873生。明治時代, 大正時代の実業家, 電気機械技術者。明電舎社長。1917没。
金九　きんきゅう　1876生。朝鮮の独立運動家, 政治家。1949没。
桑田芳蔵　くわだよしぞう　1882生。大正時代, 昭和時代の心理学者。東京大学教授, 大阪大学教授。1967没。

ネルゾン　1882生。ドイツの批判哲学者，新フリース学派創始者。1927没。

福原百之助(5代目)　ふくはらひゃくのすけ　1884生。大正時代，昭和時代の歌舞伎囃子方。1962没。

ラ・フレネー，ロジェ・ド　1885生。フランスの画家。1925没。

橋本伝左衛門　はしもとでんざえもん　1887生。大正時代，昭和時代の農業経営学者。京都帝国大学教授，滋賀県立農業短期大学学長。1977没。

シュミット，カルル　1888生。西ドイツの公法学者，政治学者。1985没。

岩崎憲　いわさきけん　1891生。大正時代，昭和時代の生化学者。金沢医科大学教授。1978没。

フィールリンゲル　1891生。チェコスロヴァキアの政治家。1976没。

吉田洋一　よしだよういち　1898生。昭和時代の数学者，随筆家。立教大学教授。1989没。

パヴレンコ，ピョートル・アンドレーヴィチ　1899生。ソ連の小説家。1951没。

ハウトスミット，サムエル・アブラハム　1902生。オランダ生まれのアメリカの物理学者。1978没。

大塚弥之助　おおつかやのすけ　1903生。昭和時代の地質学者。東京大学教授。1950没。

松村一人　まつむらかずと　1905生。昭和時代の哲学者。法政大学教授，日中友好協会正統本部理事。1977没。

ヴェーナー　1906生。フランスの物理学者。1990没。

福島正夫　ふくしままさお　1906生。昭和時代の法学者。東京大学教授。1989没。

井本稔　いもとみのる　1908生。昭和時代の化学者。大阪市立大学教授，日本化学会会長。1999没。

本田延三郎　ほんだえんざぶろう　1908生。昭和時代，平成時代の演劇・映画プロデューサー。五月舎主宰。1995没。

星加要　ほしかかなめ　1909生。昭和時代の労働運動家。1989没。

十七巳之助　となみのすけ　1910生。昭和時代の市民運動家。大阪空港公害訴訟原告団代表。1990没。

熊谷尚夫　くまがいひさお　1914生。昭和時代，平成時代の経済学者。大阪大学教授，関西大学教授。1996没。

ブリンナー，ユル　1914生。アメリカの俳優。1985没。

市村羽左衛門(17代目)　いちむらうざえもん　1916生。大正時代–平成時代の歌舞伎役者。2001没。

プロホロフ，アレクサンドル・ミハイロヴィチ　1916生。ソ連の物理学者。2002没。

ホイットラム，エドワード　1916生。オーストラリアの政治家。

ブリナー，ユル　1920生。アメリカの俳優。1985没。

北条浩　ほうじょうひろし　1923生。昭和時代の宗教家，政治家。公明党副委員長，参議院議員(公明党)。1981没。

ボワデフル，ピエール・ド　1926生。フランスの評論家。2002没。

林雅子　はやしまさこ　1928生。昭和時代，平成時代の建築家。2001没。

プライ，ヘルマン　1929生。ドイツのバリトン歌手。1998没。

松原治郎　まつばらはるお　1930生。昭和時代の社会学者。東京大学教授。1984没。

山田信夫　やまだのぶお　1932生。昭和時代，平成時代の脚本家。1998没。

アルマーニ，ジョルジョ　1934生。イタリアのファッションデザイナー。

岩國哲人　いわくにてつんど　1936生。昭和時代，平成時代の政治家。

鶴賀若狭掾　つるがわかさのじょう　1938生。昭和時代，平成時代の新内節太夫。

木の実ナナ　きのみなな　1946生。昭和時代，平成時代の女優，歌手。

沢田雅美　さわだまさみ　1949生。昭和時代，平成時代の女優。

斉藤洋介　さいとうようすけ　1951生。昭和時代，平成時代の俳優。

藤井フミヤ　ふじいふみや　1962生。昭和時代，平成時代の歌手，アーティスト。

ホースト，アーネスト　1965生。オランダのムエタイ選手。

奥田俊作　おくだしゅんさく　1971生。平成時代のミュージシャン。

葉月里緒奈　はずきりおな　1975生。平成時代の女優。

7月11日

7月12日

○記念日○ 人間ドックの日
○忌　日○ 了以忌

エンシナ, ファン・デル　1468生。スペインの劇作家, 詩人。1529没。
サドレート, ジャーコポ(ヤーコポ)　1477生。枢機卿, 人文主義的教育学者。1547没。
天王寺屋五兵衛(初代)　てんのうじやごへえ　1623生。江戸時代前期の大坂両替商の創始者。1695没。
ウェッジウッド, ジョサイア　1730生。イギリスの陶芸家。1795没。
元敞女王　げんしょうじょおう　1750生。江戸時代中期, 後期の女性。閑院宮直仁親王の第7王女。1797没。
カトルメール　1782生。フランスの東洋学者。1857没。
ハンゼマン　1790生。ドイツの政治家。1864没。
ヴァーゼムスキー, ピョートル・アンドレーヴィチ　1792生。ロシアの詩人, 批評家。1878没。
パンデル, フリスチアン・ゲンリヒ　1794生。ロシア(ドイツ生まれ)の動物学者。1865没。
奈良宮司　ならみやじ　1803生。江戸時代末期, 明治時代の陸奥盛岡藩財政家。1872没。
ベルナール, クロード　1813生。フランスの生理学者。1878没。
ソロー, ヘンリー・デイヴィッド　1817生。アメリカの随筆家, 詩人, 思想家。1862没。
ブーダン, ウージェーヌ　1824生。フランスの画家。1898没。
アファナーシエフ, アレクサンドル・ニコラエヴィチ　1826生。ロシアの民族学者。1871没。
シュヴァイツァー　1833生。ドイツの労働運動指導者。1875没。
楢崎弥八郎　ならざきやはちろう　1837生。江戸時代末期の長州(萩)藩士。1865没。
オスラー, サー・ウィリアム　1849生。イギリスの内科医。1919没。
イリゴージェン, イポリト　1852生。アルゼンチンの大統領(1916~22, 28~30)。1933没。

イーストマン, ジョージ　1854生。アメリカの発明家。1932没。
古市公威　ふるいちこうい　1854生。明治時代, 大正時代の土木工学者。東京帝大工科大学初代学長, 土木学会初代会長。1934没。
コンラーディ, ヘルマン　1862生。ドイツの自然主義詩人, 小説家。1890没。
カルメット, (レオン・シャルル・)アルベール　1863生。フランスの細菌学者。1933没。
コッテ, シャルル　1863生。フランスの画家。1925没。
ドルーデ　1863生。ドイツの理論物理学者。1906没。
ゲオルゲ, シュテファン　1868生。ドイツの詩人。1933没。
出口王仁三郎　でぐちおにさぶろう　1871生。明治時代-昭和時代の宗教家。大本教聖師。1948没。
ハーハ, エミル　1872生。チェコスロヴァキアの政治家, 法学者。1945没。
ニルソン, マッティン・ペアション　1874生。スウェーデンの古典文献学者。1967没。
ジャコブ, マックス　1876生。ユダヤ系フランスの詩人, 画家。1944没。
暁烏敏　あけがらすはや　1877生。明治時代-昭和時代の僧侶, 仏教学者。明達寺(浄土真宗大谷派)住職, 東本願寺の宗務総長。1954没。
韓竜雲　かんりゅううん　1879生。朝鮮の独立運動家。1944没。
デファント　1884生。オーストリアの海洋学者, 気象学者。1974没。
橋岡久太郎　はしおかきゅうたろう　1884生。明治時代-昭和時代の能楽師シテ方。1963没。
モディリアーニ, アメデオ　1884生。イタリアの画家, 彫刻家。1920没。
市川寿海(3代目)　いちかわじゅかい　1886生。明治時代-昭和時代の歌舞伎俳優。1971没。

オルソー　1888生。フランスの東洋学者。1929没。

沢瀉久孝　おもだかひさたか　1890生。大正時代, 昭和時代の国文学者。京都帝国大学教授, 万葉学会会長。1968没。

清水武雄　しみずたけお　1890生。大正時代, 昭和時代の物理学者。日本物理学会委員長, 清水研究所所長。1976没。

シュルツ, ブルーノ　1892生。ポーランドのユダヤ系小説家。1942没。

ザワツキー　1894生。ソ連邦の演出家, 俳優。1977没。

ハマースタイン2世, オスカー　1895生。アメリカのミュージカルの作詞家, 台本作者。1960没。

フラグスタート, ヒルステン　1895生。ノルウェーのソプラノ歌手。1962没。

フラー, バックミンスター　1895生。アメリカの技術家, 建築家。1983没。

五島美代子　ごとうみよこ　1898生。昭和時代の歌人。晩香女学校校長, 専修大学教授。1978没。

川勝伝　かわかつでん　1901生。昭和時代の実業家。南海電気鉄道社長, 桃山学院理事長。1988没。

西竹一　にしたけいち　1902生。昭和時代の馬術家, 陸軍軍人, 男爵。通称"バロン西"。1945没。

河角広　かわすみひろし　1904生。昭和時代の地震学者。東京大学教授, 東京都防災会議地震部会長。1972没。

サソーリット　1904生。ラオスの右派政治家。1959没。

ネルーダ, パブロ　1904生。チリの詩人, 外交官。1973没。

藤沢桓夫　ふじさわたけお　1904生。大正時代-平成時代の小説家。1989没。

バール, ミルトン　1908生。アメリカの俳優。2002没。

熊谷元一　くまがいもといち　1909生。昭和時代の写真家, 童画家。

奥野誠亮　おくのせいすけ　1913生。昭和時代, 平成時代の元・衆院議員(自民党), 法相, 文相。

丸山静　まるやましずか　1914生。昭和時代の文芸評論家。1987没。

安藤良雄　あんどうよしお　1917生。昭和時代の経済学者。成城大学学長。1985没。

ヴェントリス, マイクル　1922生。イギリスの考古学者。1956没。

藤松博　ふじまつひろし　1922生。昭和時代, 平成時代の洋画家。1996没。

千石剛賢　せんごくたけよし　1923生。昭和時代, 平成時代の宗教家。イエスの方舟主宰。2001没。

芥川也寸志　あくたがわやすし　1925生。昭和時代の作曲家, 指揮者。日本音楽著作権協会理事長。1989没。

京唄子　きょううたこ　1927生。昭和時代, 平成時代の女優, 司会者, 漫才師。

川田正子　かわだまさこ　1934生。昭和時代, 平成時代の歌手。2006没。

ジョスパン, リオネル　1937生。フランスの政治家。

中村玉緒　なかむらたまお　1939生。昭和時代, 平成時代の女優。

四谷シモン　よつやしもん　1944生。昭和時代, 平成時代の人形作家。

エドワーズ, ガレス　1947生。イギリスの実業家, テレビ解説者, 元・ラグビー選手。

上野千鶴子　うえのちづこ　1948生。昭和時代, 平成時代の社会学者。

真弓明信　まゆみあきのぶ　1953生。昭和時代, 平成時代の元・プロ野球選手, 解説者。

北別府学　きたべっぷまなぶ　1957生。昭和時代, 平成時代の元・プロ野球選手。

森永卓郎　もりながたくろう　1957生。昭和時代, 平成時代の経済アナリスト。

梅垣義明　うめがきよしあき　1959生。昭和時代, 平成時代の俳優, コメディアン。

片平なぎさ　かたひらなぎさ　1959生。昭和時代, 平成時代の女優。

渡辺美里　わたなべみさと　1966生。昭和時代, 平成時代の歌手。

イ・ビョンホン　1970生。韓国の俳優。

亀田和毅　かめだともき　1991生。平成時代のボクサー。

7月12日

7月13日

○記念日○　日本標準時刻記念日
盆迎え火

フォンテーヌ, シャルル　1514生。フランス, ルネサンスの詩人。1570没。
ディー, ジョン　1527生。イギリスの錬金術師, 地理学者, 数学者。1608没。
クレーメンス10世　1590生。ローマ教皇。1676没。
ホラー, ヴェンツェル　1607生。ボヘミアの銅版画家。1677没。
フェルディナント3世　1608生。ドイツ皇帝(在位1637～57)。1657没。
治子女王　はるこじょおう　1720生。江戸時代中期の女性。閑院宮直仁親王の第1王女。1747没。
シュフレーン　1729生。フランスの海軍提督, 戦術家。1788没。
霊潭魯竜　れいたんろりゅう　1746生。江戸時代中期, 後期の曹洞宗の僧。1806没。
ヴァッケンローダー, ヴィルヘルム・ハインリヒ　1773生。ドイツの作家, 評論家。1798没。
ロッシ, ペルレグリーノ　1787生。イタリアの政治家, 法学者, 経済学者。1848没。
クレア, ジョン　1793生。イギリスの詩人。1864没。
川田保則　かわだほうそく　1796生。江戸時代, 明治時代の算家。1882没。
シャラー　1807生。ドイツの哲学者。1868没。
前川文太郎　まえかわぶんたろう　1808生。江戸時代, 明治時代の鳴門和布の改良家。1882没。
ヤング, ジェイムズ　1811生。イギリスの化学技術者, パラフィン工業の創立者。1883没。
フライターク, グスタフ　1816生。ドイツの批評家, 劇作家。1895没。
海間十郎　かいまじゅうろう　1818生。江戸時代, 明治時代の志士。岡山藩, 尊攘派。1873没。
フォレスト, ネイサン・ベッドフォード　1821生。アメリカの軍人。1877没。
シュプリンガー, アントーン　1825生。ドイツの美術史学者。1891没。
カニッツァーロ, スタニスラオ　1826生。イタリアの化学者。1910没。

高橋敬一　たかはしけいいち　1836生。江戸時代末期, 明治時代の庄屋。1871没。
山中惣左衛門　やまなかそうざえもん　1836生。江戸時代後期, 末期, 明治時代の農業指導者。1920没。
池田慶徳　いけだよしのり　1837生。江戸時代, 明治時代の大名。鳥取藩知事。1877没。
何礼之　がのりゆき　1840生。明治時代の官吏, 洋学者。開成所御用掛, 訳官。1923没。
ヴァーグナー, オットー　1841生。オーストリアの建築家。1918没。
シュミット　1845生。ドイツの薬学者。1921没。
フーバー　1849生。スイスの法律学者。1923没。
柴山矢八　しばやまやはち　1850生。明治時代, 大正時代の海軍軍人。大将, 男爵。1924没。
ランボー　1852生。ベルギーの彫刻家。1908没。
ボンヴァロ　1853生。フランスの探検家, 著述家。1933没。
御法川直三郎　みのりかわなおさぶろう　1856生。明治時代-昭和時代の発明家。1930没。
ウェッブ, シドニー　1859生。イギリスのフェビアン主義の指導的理論家。1947没。
山下源太郎　やましたげんたろう　1863生。明治時代-昭和時代の海軍軍人。大将, 男爵。1931没。
クーセヴィツキー, サージ　1874生。ロシア生まれのアメリカの指揮者, コントラバス奏者。1951没。
中川幸庵　なかがわこうあん　1874生。明治時代-昭和時代の医師, 寄生虫学者。1959没。
馬場恒吾　ばばつねご　1875生。明治時代-昭和時代の新聞実業家, 政治評論家。読売新聞社社長, 日本新聞協会会長。1956没。
木村武山　きむらぶざん　1876生。明治時代-昭和時代の日本画家。1942没。
ウェース　1879生。イギリスの考古学者。1957没。

フレシネ, マリー・ユージェーヌ・レオン　1879生。フランスの建築技師。1962没。
手塚岸衛　てづかきしえ　1880生。大正時代の教育家。1941没。
ウィルソン, ジョン・ドーヴァー　1881生。イギリスのシェークスピア学者。1969没。
青木繁　あおきしげる　1882生。明治時代の洋画家。1911没。
フラナガン, エドワード・ジョウゼフ　1886生。アメリカのカトリック神父。1948没。
小絲源太郎　こいとげんたろう　1887生。昭和時代の洋画家。1978没。
川本宇之介　かわもとうのすけ　1888生。大正時代, 昭和時代の聾唖教育者。東京聾唖学校校長, 国立聾唖教育学校校長。1960没。
江木理一　えぎりいち　1890生。昭和時代のラジオ体操指導。1970没。
中野登美雄　なかのとみお　1891生。大正時代, 昭和時代の公法学者。1948没。
スルタン-ガリエフ　1892生。ヴォルガ・タタール出身のムスリム民族共産主義の理論家。1939没。
バーベリ, イサーク・エマヌイロヴィチ　1894生。ロシア, ソ連の小説家。1941没。
伊藤幾久造　いとうきくぞう　1901生。大正時代, 昭和時代の挿絵画家。1985没。
小山いと子　こやまいとこ　1901生。昭和時代の小説家。1989没。
高橋栄清(2代目)　たかはしえいせい　1901生。大正時代, 昭和時代の箏曲家。1989没。
クラーク, ケネス　1903生。イギリスの美術史家・評論家。1983没。
高島善哉　たかしまぜんや　1904生。昭和時代の経済学者, 社会学者。一橋大学教授。1990没。
スパヌウォン　1907生。ラオスの初代大統領兼最高人民評議会議長。1995没。
トッド, ガーフィールド　1908生。ジンバブエの政治家, 宣教師。2002没。
井手文了　いでふみし　1920生。昭和時代, 平成時代の婦人史研究家。1999没。
ヨーゲンセン, アンカー　1922生。デンマークの政治家。
マンゾーニ, ピエロ　1933生。イタリアの美術家。1963没。

ショインカ, ウォーレ　1934生。ナイジェリアの劇作家, 作家, 詩人。
堺屋太一　さかいやたいち　1935生。昭和時代, 平成時代の作家, 経済評論家。
ラカジェ, ルイス　1941生。ウルグアイの政治家。
フォード, ハリソン　1942生。アメリカの俳優。
関口宏　せきぐちひろし　1943生。昭和時代, 平成時代の司会者, 俳優。
飯田栄彦　いいだよしひこ　1944生。昭和時代, 平成時代の児童文学者。
かぜ耕士　かぜこうじ　1944生。昭和時代, 平成時代のDJ, 作詞家, 放送作家。
尾上松助(6代目)　おのえまつすけ　1946生。昭和時代, 平成時代の歌舞伎役者。2005没。
小松和彦　こまつかずひこ　1947生。昭和時代, 平成時代の文化人類学者。
中山千夏　なかやまちなつ　1948生。昭和時代, 平成時代のタレント, 政治家。
長谷川きよし　はせがわきよし　1949生。昭和時代, 平成時代のシンガーソングライター。
達川光男　たつかわみつお　1955生。昭和時代, 平成時代の元・プロ野球選手, 元・プロ野球監督, 野球評論家。
スピンクス, マイケル　1956生。アメリカの元・プロボクサー。
中森明菜　なかもりあきな　1965生。昭和時代, 平成時代の歌手。
北斗晶　ほくとあきら　1967生。昭和時代, 平成時代のタレント, 元・女子プロレスラー。
葉山レイコ　はやまれいこ　1969生。平成時代の女優。
遠藤章造　えんどうしょうぞう　1971生。平成時代のコメディアン。
川本成　かわもとなる　1974生。平成時代のタレント。
鈴木紗理奈　すずきさりな　1077生。平成時代のタレント。
井川慶　いがわけい　1979生。平成時代の大リーグ選手。
五嶋龍　ごとうりゅう　1988生。平成時代のバイオリニスト。
道重さゆみ　みちしげさゆみ　1989生。平成時代の歌手(モーニング娘。)。

7月13日

7月14日

○記念日○　ひまわりの日
　　　　　　検疫記念日

後鳥羽天皇　ごとばてんのう　1180生。鎌倉時代前期の第82代の天皇。1239没。

恵鎮　えちん　1281(閏7月)生。鎌倉時代後期，南北朝時代の天台宗の僧・歌人。1356没。

円観　えんかん　1281(閏7月)生。鎌倉時代後期，南北朝時代の天台宗の僧。1356没。

ポリツィアーノ，アンジェロ　1454生。イタリアの詩人，人文主義者，古典学者。1494没。

マザラン，ジュール　1602生。イタリア生まれのフランスの枢機卿，政治家。1661没。

鄭成功　ていせいこう　1624生。中国，明末清初の人。1662没。

鄭成功　ていせいこう　1624生。江戸時代前期の明の遺臣。1662没。

松平頼元　まつだいらよりもと　1629生。江戸時代前期の大名。1693没。

ケネル，パーキエ　1634生。フランスのヤンセン派神学者。1719没。

野宮定基　ののみやさだもと　1669生。江戸時代中期の公家。1711没。

クンバラジュ・アフメト・パシャ　1675生。フランスの軍人，冒険者。1747没。

ゴビル，アントワーヌ　1689生。フランスのイエズス会士。1759没。

ロドリーゲス・ティソン，ベントゥーラ　1717生。スペインの建築家。1785没。

デルジャーヴィン，ガヴリーラ・ロマノヴィチ　1743生。ロシアの詩人。1816没。

織子女王　おりすじょおう　1780生。江戸時代後期の有栖川宮織仁親王の第1王女。1796没。

グリーン，ジョージ　1793生。イギリスの数学者。1841没。

ロックハート，ジョン　1794生。スコットランド生まれの伝記作者。1854没。

横山蘭蝶　よこやまらんちょう　1795生。江戸時代後期の女性。漢詩人。1815没。

デュマ，ジャン・バティスト・アンドレ　1800生。フランスの化学者。1884没。

ミュラー，ヨハネス・ペーター　1801生。ドイツの生理学者，比較解剖学者。1858没。

ベネデク，ルートヴィヒ・フォン　1804生。オーストリアの軍人。1881没。

赤松宗旦　あかまつそうたん　1806生。江戸時代末期の医師，地理学者。1862没。

近衛忠煕　このえただひろ　1808生。江戸時代，明治時代の公家。1898没。

緒方洪庵　おがたこうあん　1810生。江戸時代末期の医師，蘭学者。1863没。

ゴビノー，ジョゼフ-アルチュール・ド　1816生。フランスの東洋学者，人類学者，外交官，小説家。1882没。

常磐井厳戈　ときわいいかしほこ　1819生。江戸時代末期の国学者。1863没。

ベンスン，エドワード・ホワイト　1820生。イギリスのカンタベリー大主教。1896没。

鈴木長翁斎(2代目)　すずきちょうおうさい　1824生。江戸時代，明治時代の鋳師。1899没。

世良修蔵　せらしゅうぞう　1835生。江戸時代の長州藩士。第二奇兵隊軍監。1868没。

織田信成　おだのぶしげ　1843生。江戸時代末期，明治時代の大名。1888没。

鶴沢清七(6代目)　つるざわせいしち　1852生。江戸時代-大正時代の義太夫節三味線演奏者。1920没。

パンクハースト，エミリーン　1858生。イギリスの婦人参政権運動家。1928没。

中村伝九郎(6代目)　なかむらでんくろう　1859生。明治時代，大正時代の歌舞伎役者。1923没。

ウィスター，オーエン　1860生。アメリカの作家，大学の同窓生ルーズベルトの回想録『ルーズベルト―友情物語』なども執筆。1938没。

和田垣謙三　わだがきけんぞう　1860生。明治時代，大正時代の経済学者。東京帝国大学教授。1919没。

クリムト，グスタフ　1862生。オーストラリアの画家。1918没。

ストゥーチカ　1865生。ソ連の法学者。1932没。

エストベリ, ラングナール　1866生。スウェーデンの建築家。1945没。

藤井乙男　ふじいおとお　1868生。明治時代-昭和時代の国文学者。京都大学教授。1945没。

チェッキ, エミーリオ　1884生。イタリアの評論家, 文学史家。1966没。

シサバン・ボン　1885生。ラオスのルアンプラバン王国第12代の国王(在位1904～45, 46～53)。1959没。

福井盛太　ふくいもりた　1885生。大正時代, 昭和時代の政治家, 弁護士。検事総長, 衆議院議員。1965没。

塚田攻　つかだおさむ　1886生。大正時代, 昭和時代の陸軍軍人。大将。1942没。

里見弴　さとみとん　1888生。明治時代-昭和時代の小説家。1983没。

ラクルテル, ジャック・ド　1888生。フランスの小説家。1985没。

平沢計七　ひらさわけいしち　1889生。大正時代の労働運動家, 劇作家, 小説家。1923没。

ザツキン, オシップ　1890生。ロシアに生まれ, フランスで活躍した彫刻家。1967没。

サンチェス・カントーン, フランシスコ・ハビエール　1891生。スペインの美術研究者。1971没。

リーヴィス, F.R.　1895生。イギリスの文学批評家。1978没。

ピブーンソンクラーム　1897生。タイの軍人, 政治家。1964没。

ブライト, グレゴリー　1899生。アメリカの理論物理学者。1981没。

河上鈴子　かわかみすずこ　1902生。大正時代, 昭和時代の舞踊家。現代舞踊協会会長, 河上鈴子バレエアカデミー主宰。1988没。

富沢赤黄男　とみざわかきお　1902生。昭和時代の俳人。1962没。

ストーン, アーヴィング　1903生。アメリカの作家。1989没。

シンガー, アイザック・バシェビス　1904生。アメリカの作家。1991没。

田中二郎　たなかじろう　1906生。昭和時代の行政法学者, 裁判官。東京大学教授, 最高裁判事。1982没。

岸盛一　きしせいいち　1908生。昭和時代の裁判官。最高裁判事。1979没。

アナベラ　1910生。フランスの女優。1996没。

松本正夫　まつもとまさお　1910生。昭和時代, 平成時代の哲学者。慶応義塾大学教授, 日本哲学会会長。1998没。

ガスリー, ウッディ　1912生。アメリカのシンガー・ソングライター。1967没。

フライ, ノースロップ　1912生。カナダの批評家。1991没。

モトレー　1912生。アメリカの小説家。1965没。

フォード, ジェラルド　1913生。アメリカの政治家。2006没。

ギンツブルグ, ナタリーア　1916生。イタリアの女流小説家。1991没。

平垣美代司　ひらがきみよし　1917生。昭和時代の労働運動家。日教組書記長。1984没。

ベルイマン, イングマール　1918生。スウェーデンの映画監督, 演出家。2007没。

アブズグ, ベラ　1920生。ウーマンリブの闘士, ニューヨーク選出米下院議員。1998没。

ガーフィルド, レオン　1921生。イギリスの児童文学作家。1996没。

ドゥラン・バジェン, シクスト　1921生。エクアドルの政治家。

水木かおる　みずきかおる　1926生。昭和時代, 平成時代の作詞家。1998没。

森喜朗　もりよしろう　1937生。昭和時代, 平成時代の政治家, 元・首相。

ルービン　1938生。アメリカの対抗文化(カウンター・カルチュア)運動推進者。1994没。

久米宏　くめひろし　1944生。昭和時代, 平成時代のニュースキャスター, 司会者。

水谷豊　みずたにゆたか　1952生。昭和時代, 平成時代の俳優。

岡田克也　おかだかつや　1953生。昭和時代, 平成時代の衆院議員。元・民主党代表。

あいはら友子　あいはらともこ　1954生。昭和時代, 平成時代の女優, 株式評論家。

斉藤慶子　さいとうけいこ　1961生。昭和時代, 平成時代の女優。

椎名桔平　しいなきっぺい　1964生。昭和時代, 平成時代の俳優。

YO-KING　よーきんぐ　1967生。昭和時代, 平成時代のミュージシャン。

桜庭和志　さくらばかずし　1969生。平成時代のプロレスラー。

佐藤弘道　さとうひろみち　平成時代のタレント。

7月14日

7月15日

○記念日○ 中元
　　　　　盂蘭盆会
○忌　日○ 吉野秀雄忌
　　　　　艸心忌

了海房　りょうかいぼう　1239生。鎌倉時代の僧。1320没。

ジョーンズ, イニゴー　1573生。イギリスの建築家, 舞台美術家。1652没。

中川久盛　なかがわひさもり　1594生。江戸時代前期の大名。1653没。

徳大寺公信　とくだいじきんのぶ　1606生。江戸時代前期の公家。1684没。

レンブラント, ハルメンス・ヴァン・レイン　1606生。オランダの画家。1669没。

井伊直澄　いいなおずみ　1625生。江戸時代前期の大名, 大老。1676没。

カンバーランド, リチャード　1631生。イギリスの宗教家, 倫理学者。1718没。

プランタウアー, ヤーコプ　1660生。オーストリアの建築家。1726没。

難波宗建　なんばむねたけ　1697生。江戸時代中期の公家。1768没。

奥平昌鹿　おくだいらまさか　1744生。江戸時代中期の大名。1780没。

熊坂適山　くまさかてきざん　1796生。江戸時代末期の画家。1864没。

マニング, ヘンリー・エドワード, 枢機卿　1808生。イギリスの枢機卿。1892没。

パレート, ヴィルフレード　1848生。イタリアの経済学者, 社会学者。1923没。

大島正健　おおしままさたけ　1859生。明治時代-昭和時代の教育者, 牧師。文学博士, 同志社大学教授。1938没。

ノースクリフ　1865生。イギリスの新聞経営者。1922没。

武藤信義　むとうのぶよし　1868生。明治時代-昭和時代の陸軍軍人。元帥。1933没。

オイエッティ, ウーゴ　1871生。イタリアの作家。1946没。

国木田独歩　くにきだどっぽ　1871生。明治時代の詩人, 小説家。1908没。

エリオ, エドゥアール　1872生。フランスの政治家。1957没。

ロドー, ホセ・エンリケ　1872生。ウルグアイの代表的哲学者。1917没。

ショルツ, ヴィルヘルム・フォン　1874生。ドイツの小説家, 詩人, 劇作家, 随筆家。1969没。

高橋竜太郎　たかはしりゅうたろう　1875生。昭和時代の実業家, 政治家。大日本麦酒社長, 参議院議員。1967没。

ラヴェル, ルイ　1883生。フランスの唯心論哲学者。1951没。

喜舎場永珣　きしゃばえいじゅん　1885生。明治時代-昭和時代の郷土史家, 民俗学者。1972没。

リヴィエール, ジャック　1886生。フランスの評論家。1925没。

原竜三郎　はらりゅうざぶろう　1888生。大正時代, 昭和時代の応用化学者。東北帝国大学教授, 日本化学会会長。1968没。

川村音次郎　かわむらおとじろう　1890生。大正時代, 昭和時代の実業家。麒麟麦酒社長。1973没。

仲原善忠　なかはらぜんちゅう　1890生。大正時代, 昭和時代の歴史・地理学者, 沖縄研究家。1964没。

ベンヤミン, ヴァルター　1892生。ドイツの評論家。1940没。

喜多川平朗　きたがわへいろう　1898生。昭和時代の染織工芸家。俵屋17代目。1988没。

江崎悌三　えさきていぞう　1899生。昭和時代の昆虫学者。九州帝国大学教授, 日本昆虫学会会長。1957没。

関敬吾　せきけいご　1899生。昭和時代の民俗学者。東京学芸大学教授, 東洋大学教授。1990没。

武井武　たけいたけし　1899生。昭和時代の電気化学者。東京工業大学教授, 慶応義塾大学教授。1992没。

永野重雄　ながのしげお　1900生。昭和時代の実業家, 財界人。日本商工会議所会頭。1984没。

服部竜太郎　はっとりりゅうたろう　1900生。昭和時代の音楽評論家。新交響楽団機関誌編集主任，ニットー・レコード洋楽部長。1977没。

渡部義通　わたなべよしみち　1901生。昭和時代の日本史学者，社会運動家。1982没。

カーマラージ　1903生。インドの政治家。1975没。

君島夜詩　きみしまよし　1903生。大正時代，昭和時代の歌人。1991没。

大曽根辰夫　おおそねたつお　1904生。昭和時代の映画監督。1963没。

千田是也　せんだこれや　1904生。昭和時代，平成時代の俳優，演出家。劇団俳優座代表，日本演出家協会理事長。1994没。

秋田実　あきたみのる　1905生。昭和時代の漫才作家。1977没。

村山俊太郎　むらやまとしたろう　1905生。昭和時代の教育運動家。1948没。

ゴルバートフ，ボリス・レオンチエヴィチ　1908生。ソ連の小説家。1954没。

野田英夫　のだひでお　1908生。昭和時代の洋画家。1939没。

香川進　かがわすすむ　1910生。昭和時代，平成時代の歌人。「地中海」代表。1998没。

藤本真澄　ふじもとさねずみ　1910生。昭和時代の映画プロデューサー。東宝副社長，東宝映画社長。1979没。

山本薩夫　やまもとさつお　1910生。昭和時代の映画監督。1983没。

中村幸彦　なかむらゆきひこ　1911生。昭和時代，平成時代の日本文学者。九州大学教授。1998没。

入江徳郎　いりえとくろう　1913生。昭和時代のジャーナリスト，経済・政治評論家。TBSニュースキャスター。1989没。

田中路子　たなかみちこ　1913生。昭和時代の声楽家。1988没。

林富士馬　はやしふじま　1914生。昭和時代，平成時代の文芸評論家，医師。小児科医。2001没。

花井蘭子　はないらんこ　1918生。昭和時代の映画女優。1961没。

マードック，アイリス　1919生。イギリスの作家，哲学者。1999没。

松園尚巳　まつぞのひさみ　1922生。昭和時代，平成時代の実業家。長崎新聞社長。1994没。

辻勲　つじいさお　1923生。昭和時代，平成時代の料理研究家。2003没。

香山彬子　かやまあきこ　1924生。昭和時代，平成時代の児童文学者。1999没。

中村歌六（4代目）　なかむらかろく　1925生。昭和時代の歌舞伎役者。1973没。

ガルティエリ，レオポルド・フォルトナト　1926生。アルゼンチンの政治家，軍人。2003没。

デリダ，ジャック　1930生。フランスの哲学者。2004没。

小池滋　こいけしげる　1931生。昭和時代，平成時代の英文学者，鉄道史研究家。

深田祐介　ふかだゆうすけ　1931生。昭和時代，平成時代の小説家，評論家。

金子功　かねこいさお　1939生。昭和時代，平成時代のファッションデザイナー。

カバコ・シルバ，アニバル　1939生。ポルトガルの政治家，経済学者。

ボルキア，ハサナル　1946生。ブルネイの政治家。

小池百合子　こいけゆりこ　1952生。平成時代の政治家。

アリスティド，ジャン・ベルトラン　1953生。ハイチの政治家，解放の神学派神父。

ケンペス，マリオ　1954生。アルゼンチンのサッカー選手。

瀬古利彦　せことしひこ　1956生。昭和時代，平成時代の元・マラソン選手。

ウィテカー，フォレスト　1961生。アメリカの俳優，映画監督。

永瀬正敏　ながせまさとし　1966生。昭和時代，平成時代の俳優。

比嘉栄昇　ひがえいしょう　1968生。昭和時代，平成時代の歌手（BEGIN）。

RYO-Z　りょーじ　1974生。平成時代のミュージシャン（RIP SLYME）。

久住小春　くすみこはる　1992生。平成時代の歌手（モーニング娘。）。

　　　　　登場人物

奥田三吉（モーちゃん）　おくださんきち　那須正幹の『ズッコケ三人組』シリーズの主人公。

7月15日

7月16日

○記念日○ 国土交通デー
盆送り火
閻魔賽日（十王詣）

- クララ（アッシージの, 聖） 1194生。イタリアの修道女。1253没。
- 忍性 にんしょう 1217生。鎌倉時代後期の僧。1303没。
- 真壁治幹 まかべはるもと 1466生。室町時代, 戦国時代の常陸国真壁郡の国衆。真壁城主。1539没。
- サルト, アンドレア・デル 1486生。イタリアの画家。1531没。
- 佐竹義宣 さたけよしのぶ 1570生。安土桃山時代, 江戸時代前期の大名。1633没。
- カンペン, ヤーコプ・ファン 1595生。オランダの建築家, 画家。1657没。
- 松平吉透 まつだいらよしとお 1668生。江戸時代前期, 中期の大名。1705没。
- ゼッケンドルフ 1673生。ドイツの軍人, 外交官。1763没。
- 松浦篤信 まつらあつのぶ 1684生。江戸時代中期の大名。1756没。
- ケイ, ジョン 1704生。イギリスの飛杼（とびひ）発明家。1764没。
- 青山忠朝 あおやまただとも 1708生。江戸時代中期の大名。1760没。
- スピーズ 1715生。フランスの軍人。1787没。
- 徳川宗尹 とくがわむねただ 1721（閏7月）生。江戸時代中期の一橋家の初代当主。1765没。
- レノルズ, ジョシュア 1723生。イギリスの画家。1792没。
- 村井琴山 むらいきんざん 1733生。江戸時代中期, 後期の医師。1815没。
- ピアッツィ, ジュゼッペ 1746生。イタリアの天文学者。1826没。
- 服部中庸 はっとりなかつね 1757生。江戸時代中期, 後期の国学者。1824没。
- 渡辺政香 わたなべまさか 1776生。江戸時代後期の国学者, 漢学者。1840没。
- デーヴィス 1795生。イギリスの外交官, 植民地政治家。1890没。
- コロー, ジャン-バティスト-カミーユ 1796生。フランスの画家。1875没。
- イヴァーノフ, アレクサンドル・アンドレエヴィチ 1806生。ロシアの画家。1858没。
- 近藤南海 こんどうなんかい 1807生。江戸時代末期の小松藩士。1862没。
- 林勇蔵 はやしゆうぞう 1813生。江戸時代, 明治時代の志士。1899没。
- 千種有文 ちぐさありふみ 1815生。江戸時代末期の公家。1869没。
- ヘノッホ 1820生。ドイツの小児科医。1910没。
- 印南丈作 いんなみじょうさく 1831生。江戸時代, 明治時代の開拓功労者。那須開墾社初代社長。1888没。
- 歌川広近（2代目） うたがわひろちか 1835生。江戸時代末期, 明治時代の浮世絵師。?没。
- 尾崎健三 おざきけんぞう 1841生。江戸時代末期の因幡鳥取藩老臣池田式部家人。1864没。
- 市田左右太 いちだそうた 1843生。江戸時代後期, 末期, 明治時代の写真家。1896没。
- 西洞院信愛 にしのとういんのぶなる 1846生。江戸時代後期, 末期, 明治時代の公家, 華族。1904没。
- パウルゼン, フリードリヒ 1846生。ドイツの哲学者, 教育学者。1908没。
- 倉富勇三郎 くらとみゆうざぶろう 1853生。明治時代–昭和時代の官僚, 政治家。貴族院議員。1948没。
- ガイテル 1855生。ドイツの物理学者。1923没。
- ロデンバック, ジョルジュ 1855生。ベルギーの詩人。1898没。
- 関直彦 せきなおひこ 1857生。明治時代–昭和時代の政治家。衆議院議員, 貴族院議員。1934没。
- イザイ, ウジェーヌ 1858生。ベルギーのヴァイオリン奏者, 指揮者, 作曲家。1931没。
- イェスペルセン, オットー 1860生。デンマークの言語学者, 英語学者。1943没。

池田成彬　いけだしげあき　1867生。明治時代–昭和時代の銀行家，政治家。日銀総裁，大蔵相兼商工相。1950没。

ブルガーコフ，セルゲイ・ニコラエヴィチ　1871生。ロシアの経済学者，神学者。1944没。

アムンゼン，ロアルド　1872生。ノルウェーの探検家。1928没。

アッバース・ヒルミー2世　1874生。エジプトのムハンマド・アリー王朝第7代王（在位1892～1914）。1914没。

クーデンホーフ光子　くーでんほーふみつこ　1874生。明治時代–昭和時代の伯爵夫人。1941没。

中川健蔵　なかがわけんぞう　1875生。大正時代，昭和時代の官僚。貴族院議員，大日本航空総裁。1944没。

シック　1877生。アメリカの小児科医，細菌学者。1967没。

シーラー，チャールズ　1883生。アメリカの画家，写真家。1965没。

ナーブル　1883生。オーストリアの小説家。1974没。

ハイネ・ゲルデルン　1885生。オーストリアの民族・古代学者。1968没。

ブノワ，ピエール　1886生。フランスの小説家。1962没。

美土路昌一　みどろますいち　1886生。昭和時代の新聞経営者。朝日新聞社社長，全日本空輸創立者。1973没。

ゼルニケ，フリッツ　1888生。オランダの物理学者。1966没。

ジャクソン，ジョー　1889生。アメリカの大リーグ選手。1951没。

後藤武男　ごとうたけお　1893生。大正時代，昭和時代の新聞人。茨城放送社長。1974没。

ロンバルド・トレダーノ　1894生。メキシコの労働運動指導者。1968没。

リー，T.　1896生。ノルウェーの政治家。1968没。

凸沢平作　こざわへいさく　1897生。昭和時代の精神分析学者。日本精神分析学会会長。1968没。

成仿吾　せいほうご　1897生。中国の評論家，教育者。1984没。

山田無文　やまだむもん　1900生。昭和時代の僧。花園大学学長，禅文化研究所長，臨済宗妙心寺派管長。1988没。

梯明秀　かけはしあきひで　1902生。昭和時代の哲学者。立命館大学教授，橘女子大学教授。1996没。

山岸外史　やまぎしがいし　1904生。昭和時代の文芸評論家。1977没。

市丸　いちまる　1906生。昭和時代の歌手。1997没。

スタンウィック，バーバラ　1907生。アメリカの女優。1990没。

ロジャーズ，ジンジャー　1911生。アメリカの女優。1995没。

氷川瓏　ひかわろう　1913生。昭和時代の推理作家。1989没。

毛利松平　もうりまつへい　1913生。昭和時代の政治家。日本武道館理事長，衆院議員。1985没。

崔圭夏　チェギュハ　1919生。韓国の政治家。2006没。

水之江忠臣　みずのえただおみ　1921生。昭和時代の家具デザイナー。日本室内設計家協会理事。1977没。

朝倉摂　あさくらせつ　1922生。昭和時代，平成時代の舞台美術家，画家，イラストレーター。

福田康夫　ふくだやすお　1936生。昭和時代，平成時代の政治家。

加茂さくら　かもさくら　1937生。昭和時代，平成時代の女優。

浮谷東次郎　うきやとうじろう　1942生。昭和時代のレーシングドライバー。1965没。

桂三枝　かつらさんし　1943生。昭和時代，平成時代の落語家，司会者。

松本隆　まつもとたかし　1949生。昭和時代，平成時代の作家，作詞家。

コープランド，スチュアート　1952生。イギリスのドラム奏者。

古手川祐子　こてがわゆうこ　1959生。昭和時代，平成時代の女優。

土佐正道　とさまさみち　1965生。昭和時代，平成時代のアーティスト。

児嶋一哉　こじまかずや　1972生。平成時代のコメディアン。

袴田吉彦　はかまだよしひこ　1973生。平成時代の俳優。

中村真衣　なかむらまい　1979生。平成時代の水泳選手。

7月16日

7月17日

○記念日○ 漫画の日
○忌　日○ 応挙忌
　　　　　茅舎忌

一条内経　いちじょううちつね　1291生。鎌倉時代後期の公卿。1325没。
石屋真梁　せきおくしんりょう　1345生。南北朝時代, 室町時代の曹洞宗の僧。1423没。
イスマーイール1世　1487生。イランのサファビー朝の創始者(在位1501～24年)。1524没。
島津忠長　しまづただなが　1551生。安土桃山時代, 江戸時代前期の武士。1610没。
徳川家光　とくがわいえみつ　1604生。江戸時代前期の江戸幕府第3代の将軍。1651没。
其角　きかく　1661生。江戸時代前期, 中期の詩人。1707没。
プレマール, ジョゼフ・マリー・ド　1666生。フランスのイエズス会士。1735没。
ウォッツ, アイザック　1674生。イギリスの讃美歌作者, 非国教徒神学者。1748没。
バウムガルテン, アレクサンダー・ゴットリープ　1714生。ドイツの哲学者, 美学者。1762没。
豊子女王　とよこじょおう　1721(閏7月)生。江戸時代中期の女性。柱宮家仁親王の王女。1774没。
ゲリー, エルブリッジ　1744生。アメリカの政治家。1814没。
アスター, ジョン・ジェイコブ　1763生。アメリカの毛皮業者。1848没。
クルップ, フリードリヒ　1787生。ドイツの製鋼業者。1871没。
ドラロッシュ, ポール　1797生。フランスの歴史画家。1856没。
貞鏡尼　じょうきょうに　1816生。江戸時代, 明治時代の尼。1873没。
アイヴァゾーフスキー, イヴァン・コンスタンティノヴィチ　1817生。ロシアの海洋画家。1900没。
毛受洪　めんじゅひろし　1825生。江戸時代末期, 明治時代の越前福井藩士。1900没。
エイベル, サー・フレデリック・オーガスタス　1827生。イギリスの化学者。1902没。

有馬慶頼　ありまよしより　1828生。江戸時代, 明治時代の久留米藩主。1881没。
ナーシル・ウッディーン　1831生。イランのカージャール朝第4代の王(在位1848～96)。1896没。
バリオス, フスト・ルフィーノ　1835生。グアテマラの大統領(1873～85)。1885没。
コートープ　1842生。イギリスの文学者。1917没。
シェーネラー　1842生。オーストリアの政治家。1921没。
ロカ　1843生。アルゼンチンの軍人, 大統領。1914没。
マイノング, アレクシウス　1853生。オーストリアの哲学者, 心理学者。1920没。
上野清　うえのきよし　1854(閏7月)生。明治時代の数学啓蒙家。1924没。
山川健次郎　やまかわけんじろう　1854(閏7月)生。明治時代の物理学者, 教育家。東京帝国大学総長, 貴族院議員。1931没。
ルンマー, オットー　1860生。ドイツの物理学者。1925没。
川村竹治　かわむらたけじ　1871生。大正時代, 昭和時代の内務官僚, 政治家。内務次官, 満鉄社長。1955没。
ファイニンガー, ライオネル　1871生。アメリカの画家。1956没。
水田政吉　みずたまさきち　1873生。大正時代, 昭和時代の経営者。日本石油社長。1960没。
渡辺政太郎　わたなべまさたろう　1873生。明治時代, 大正時代の社会主義者, 無政府主義者。1918没。
箭内亘　やないわたり　1875生。明治時代, 大正時代の東洋史学者。文学博士。1926没。
リトビノフ, マクシム・マクシーモビッチ　1876生。ソ連の外交官。1951没。
クッチャー　1878生。ドイツの演劇学者。1960没。

昇曙夢　のぼるしょむ　1878生。明治時代–昭和時代のロシア文学者。1958没。
マシコフ, イリヤ　1881生。ソ連邦の画家。1944没。
辛島浅彦　からしまあさひこ　1882生。昭和時代の経営者。1965没。
スティレル, マウリッツ　1883生。スウェーデンの無声映画時代を代表する監督。1928没。
鳥山喜一　とりやまきいち　1887生。大正時代, 昭和時代の東洋史学者。富山大学学長, 金沢大学教授。1959没。
アグノン, シュムエル・ヨセフ　1888生。イスラエルの作家。1970没。
ガードナー, アール・スタンリー　1889生。アメリカの推理小説作家。1970没。
ラヴレニョーフ, ボリス・アンドレーヴィチ　1891生。ソ連の小説家, 劇作家。1959没。
木村廉　きむられん　1893生。大正時代, 昭和時代の細菌学者。1983没。
ルメートル, アッベ・ジョルジュ・エドゥアール　1894生。ベルギーの天文学者。1966没。
荒木万寿夫　あらきますお　1901生。昭和時代の政治家。国家公安委員長, 衆議院議員。1973没。
ベガン, アルベール　1901生。フランスの批評家。1957没。
ヤセンスキー, ブルーノ　1901生。ポーランド, のちソ連邦の作家。1939没。
江戸英雄　えどひでお　1903生。昭和時代, 平成時代の実業家。三井不動産社長。1997没。
竹山道雄　たけやまみちお　1903生。昭和時代のドイツ文学者, 評論家。1984没。
須山計一　すやまけいいち　1905生。昭和時代の洋画家, 漫画家。日本プロレタリア美術家同盟（ヤップ）書記長。1975没。
平井太郎　ひらいたろう　1905生。昭和時代の実業家, 政治家。四国商工会議所連合会長。1973没。
藤原定　ふじわらさだむ　1905生。昭和時代の詩人, 評論家。法政大学教授, 「オルフェ」発行人。1990没。
田中伝左衛門（11代目）　たなかでんざえもん　1907生。昭和時代, 平成時代の歌舞伎長唄囃子方。1997没。
葦津珍彦　あしづうずひこ　1909生。昭和時代, 平成時代の思想家, 神道研究家。1992没。

ガット, アルフォンソ　1909生。イタリアの詩人。1976没。
伊藤武郎　いとうたけろう　1910生。昭和時代, 平成時代の映画プロデューサー。独立プロ名画保存会事務局長。2001没。
細川護貞　ほそかわもりさだ　1912生。昭和時代, 平成時代の美術収集家, 首相秘書官。2005没。
松沢卓二　まつざわたくじ　1913生。昭和時代, 平成時代の実業家。富士銀行頭取。1997没。
村瀬興雄　むらせおきお　1913生。昭和時代, 平成時代の西洋史学者。2000没。
ロシュフォール, クリスチヤーヌ　1917生。フランスの女流小説家, ジャーナリスト。1998没。
堀田善衛　ほったよしえ　1918生。昭和時代, 平成時代の作家, 文芸評論家。1998没。
丹波哲郎　たんばてつろう　1922生。昭和時代, 平成時代の俳優。2006没。
青島幸男　あおしまゆきお　1932生。昭和時代, 平成時代のタレント, 作家。2006没。
淡路恵子　あわじけいこ　1933生。昭和時代, 平成時代の女優。
矢追純一　やおいじゅんいち　1935生。昭和時代, 平成時代の作家, テレビプロデューサー・ディレクター。
ニコル, C.W.　1940生。昭和時代, 平成時代の作家, 探検家, ナチュラリスト。
高木守道　たかぎもりみち　1941生。昭和時代, 平成時代の元・プロ野球選手, 元・プロ野球監督。
峰岸徹　みねぎしとおる　1943生。昭和時代, 平成時代の俳優。
メルケル, アンゲラ　1954生。ドイツの政治家。
大竹しのぶ　おおたけしのぶ　1957生。昭和時代, 平成時代の女優。
ウォン　カ　ヴァイ　1958生。香港の映画監督。
ニッカネン, マッチ　1963生。フィンランドの元・スキー選手。
レツィエ3世　1963生。レソト国王。
北村一輝　きたむらかずき　1969生。平成時代の俳優。
田中律子　たなかりつこ　1971生。昭和時代, 平成時代のタレント。

7月17日

7月18日

○記念日○　光化学スモッグの日

ヘルマヌス・コントラクトゥス　1013生。中世ドイツの年代記作者。1053没。

後三条天皇　ごさんじょうてんのう　1034生。平安時代中期、後期の第71代の天皇。1073没。

アルテフェルデ　1340生。フランドルの愛国者。1382没。

千葉孝胤　ちばたかたね　1443生。室町時代、戦国時代の武将。1505没。

ブリンガー、ハインリヒ　1504生。スイスの宗教改革者。1575没。

ウルジーヌス、ツァハリーアス　1534生。ドイツの神学者。1583没。

ルドルフ2世　1552生。ハプスブルク家出身の神聖ローマ皇帝（在位1576～1612）。1612没。

フック、ロバート　1635生。イギリスの物理学者。1702没。

津軽信政　つがるのぶまさ　1646生。江戸時代前期、中期の大名。1710没。

ブヴェー、ジョアシャン　1656生。フランス出身のイエズス会宣教師。1730没。

リゴー、イアサント　1659生。フランスの画家。1743没。

ボノンチーニ、ジョヴァンニ　1670生。イタリアの作曲家。1747没。

亀井茲満　かめいこれみつ　1713生。江戸時代中期の大名。1736没。

開明門院　かいめいもんいん　1717生。江戸時代中期の女性。桜町天皇の宮人。1789没。

ホワイト、ギルバート　1720生。イギリスの博物学者、聖職者。1793没。

アルガン、ジャン-ロベール　1768生。スイスの数学者。1822没。

ロテック　1775生。ドイツの歴史家、政治家。1840没。

オコンナー　1796生。アイルランドのチャーティスト運動指導者。1855没。

河合屏山　かわいへいざん　1803生。江戸時代、明治時代の播磨姫路藩士。一時大参事。1876没。

ロイス、エデュワール（エードゥアルト）　1804生。ドイツのプロテスタント聖書学者。1891没。

サッカリー、ウィリアム・メイクピース　1811生。イギリスの小説家。1863没。

シーフナー　1818生。ドイツ生まれのロシアの東洋学者。1879没。

井上宇右衛門　いのうえうえもん　1820生。江戸時代後期、末期、明治時代の農民。1888没。

ウィリアムズ、チャニング・ムーア　1829生。アメリカの聖公会宣教師。1910没。

レフスキ　1837生。ブルガリアの革命家。1873没。

コルビエール、トリスタン　1845生。フランスの詩人。1875没。

スミス、アーサー・ヘンダスン　1845生。アメリカの宣教師。1932没。

リーマン、フーゴー　1849生。ドイツの音楽学者。1919没。

ローレンツ、ヘンドリック・アントーン　1853生。オランダの物理学者。1928没。

モース　1855生。中国官吏として活躍したアメリカ人。1934没。

スノーデン　1864生。イギリス労働党政治家。1937没。

フーフ、リカルダ・オクターヴィア　1864生。ドイツの新ロマン主義を代表する女流作家、歴史家。1947没。

ハウスマン、ロレンス　1865生。イギリスの作家、劇作家、挿絵画家。1959没。

川上貞奴　かわかみさだやっこ　1871生。明治時代の新派女優。1946没。

ハモンド、J.L.　1872生。イギリスのジャーナリスト、経済史家。1952没。

エリン・ペリン　1877生。ブルガリアの作家。1949没。

ヴェイマルン　1879生。ロシアの化学者。1935没。

ピエロン　1881生。フランスの心理学者。1964没。

ガルベス, マヌエル　1882生。アルゼンチンの作家。1962没。

江亢虎　こうこうこ　1883生。中国の政治家。没年不詳。

グラース　1884生。アメリカの経済史家。1956没。

古荘四郎彦　ふるしょうしろうひこ　1884生。昭和時代の銀行家。千葉銀行頭取。1967没。

モレッティ, マリーノ　1885生。イタリアの詩人, 小説家。1979没。

クィスリング, ビドクン　1887生。ノルウェーの政治家。1945没。

武田二郎　たけだじろう　1887生。大正時代, 昭和時代の薬学者, 実業家。武田薬品社長, 武田薬品工業副社長。1957没。

木戸幸一　きどこういち　1889生。昭和時代の政治家。貴族院議員, 内大臣。1977没。

ホール　1896生。アメリカの人文地理学者。1975没。

栗本義彦　くりもとよしひこ　1897生。大正時代, 昭和時代のマラソン選手, 体育行政家。日本体育大学長, 日本体操協会会長。1974没。

日野草城　ひのそうじょう　1901生。大正時代, 昭和時代の俳人。1956没。

植中清次　うえだせいじ　1902生。昭和時代の哲学者。早稲田大学教授。1963没。

川合義虎　かわいよしとら　1902生。大正時代の労働運動家。南葛労働会理事。1923没。

サロート, ナタリー　1902生。フランスの女流小説家。1999没。

竹本大隅太夫(5代目)　たけもとおおすみだゆう　1903生。大正時代, 昭和時代の浄瑠璃太夫。1980没。

オデッツ, クリフォード　1906生。アメリカの劇作家。1963没。

ハヤカワ　1906生。アメリカの言語学者。1992没。

ハート　1907生。イギリスの哲学者, 法哲学者。1992没。

高木俊朗　たかぎとしろう　1908生。昭和時代, 平成時代の小説家, 映画監督。1998没。

勝見勝　かつみまさる　1909生。昭和時代の美術評論家。グラフィックデザイン社代表, 日本デザイン学会会長。1983没。

朝日茂　あさひしげる　1913生。昭和時代の社会運動家。日本患者同盟中央委員。1964没。

アーミテジ, ケネス　1916生。イギリスの彫刻家。2002没。

坂田道太　さかたみちた　1916生。昭和時代, 平成時代の衆院議員, 厚相, 文相, 防衛庁長官, 法相。2004没。

石田達郎　いしだたつろう　1918生。昭和時代の実業家。ニッポン放送社長, 産経新聞社長。1990没。

マンデラ, ネルソン　1918生。南アフリカの政治家, 黒人解放運動指導者。

牛山善政　うしやまよしまさ　1922生。昭和時代の実業家。ヤシカコーポレーション社長。2000没。

クーン, トマス　1922生。アメリカの科学史家。1996没。

森嶋通夫　もりしまみちお　1923生。昭和時代, 平成時代の理論経済学者。2004没。

草柳大蔵　くさやなぎだいぞう　1924生。昭和時代, 平成時代の評論家, ジャーナリスト。2002没。

能見正比古　のみまさひこ　1925生。昭和時代の血液型研究家。学習研究社百科事典編集長。1981没。

ジェニングズ, エリザベス　1926生。イギリスの女流詩人。2001没。

ローレンス, マーガレット　1926生。カナダの小説家。1987没。

和泉元秀　いずみもとひで　1937生。昭和時代, 平成時代の狂言師。和泉流19代目宗家。1995没。

高木仁三郎　たかぎじんざぶろう　1938生。昭和時代, 平成時代の科学評論家。原子力資料情報室代表。2000没。

バーホーベン, ポール　1938生。オランダの映画監督。

松原のぶえ　まつばらのぶえ　1961生。昭和時代, 平成時代の歌手。

板尾創路　いたおいつじ　1963生。昭和時代, 平成時代のコメディアン, 俳優。

ディーゼル, ビン　1967生。アメリカの俳優。

ザ・グレート・サスケ　1969生。平成時代のプロレスラー。

大倉孝二　おおくらこうじ　1974生。平成時代の俳優。

千葉真子　ちばまさこ　1976生。平成時代のマラソン選手。

広末涼子　ひろすえりょうこ　1980生。平成時代の女優, 歌手。

7月18日

7月19日

○記念日○　北壁の日

- ブハーリー　810生。イラン系のイスラム伝承学者。870没。
- 藤原嫄子　ふじわらのげんし　1016生。平安時代中期の女性。後朱雀天皇の中宮。1039没。
- 准如　じゅんにょ　1577生。安土桃山時代，江戸時代前期の僧，本願寺第12世宗主。1631没。
- 阿部忠秋　あべただあき　1602生。江戸時代前期の大名。1675没。
- 堀田正虎　ほったまさとら　1662生。江戸時代中期の大名。1729没。
- 堀田正仲　ほったまさなか　1662生。江戸時代前期，中期の大名。1694没。
- カスティリョーネ，ジュゼッペ　1688生。イタリアのイエズス会士，画家。1766没。
- ボードマー，ヨハン・ヤーコプ　1698生。スイスの評論家，作家。1783没。
- 堀内蘇斎　ほりうちそさい　1701生。江戸時代中期の眼科医。1772没。
- 中院通維　なかのいんみちこれ　1738生。江戸時代中期，後期の公卿。1823没。
- ボイエ，ハインリヒ・クリスティアン　1744生。ドイツの詩人。1806没。
- 松浦東渓　まつうらとうけい　1752生。江戸時代後期の儒者。1820没。
- 杉山熊台　すぎやまゆうだい　1755生。江戸時代中期，後期の儒者。1822没。
- セラフィーム・サローフスキー　1759生。ロシアの司祭。1833没。
- 芝山国豊　しばやまくにとよ　1781生。江戸時代後期の公家。1821没。
- マーティン，ジョン　1789生。イギリスの画家，版画家。1854没。
- バロー　1791生。フランスの政治家。1873没。
- ダウティ　1793生。アメリカの風景画家。1856没。
- セギュール，ソフィ・ド　1799生。ロシア生まれのフランスの女流小説家。1874没。
- フローレス　1800生。ベネズエラ生まれの軍人，エクアドルの政治家。1864没。
- 中井長居　なかいちょうきょ　1807生。江戸時代後期，末期の武士。1859没。
- ヘンレ，フリードリヒ・グスタフ・ヤーコプ　1809生。ドイツの解剖学者，病理学者。1885没。
- 丹山青海　たんざんせいかい　1813生。江戸時代，明治時代の京都の陶工。1886没。
- コルト，サミュエル　1814生。アメリカの兵器発明家。1862没。
- 赤井陶然(3代目)　あかいとうねん　1818生。江戸時代末期，明治時代の陶工。1890没。
- ケラー，ゴットフリート　1819生。ドイツ系スイスの小説家。1890没。
- プラット　1827生。アメリカの法律家，政治家。1905没。
- 山内甚五郎　やまうちじんごろう　1828生。江戸時代後期，末期，明治時代の武士，神職。1903没。
- ドガ，エドガー　1834生。フランスの画家。1917没。
- スレプツォーフ，ワシーリー・アレクセーヴィチ　1836生。ロシアの作家。1878没。
- ビューラー　1837生。オーストリアの東洋学者，インド学者。1898没。
- バルマセダ，ホセ・マヌエル　1840生。チリの政治家。1891没。
- ピッカリング，エドワード・チャールズ　1846生。アメリカの天文学者。1919没。
- オーラル　1849生。フランス革命研究家。1928没。
- ブリュンチエール，フェルディナン　1849生。フランスの評論家。1906没。
- 戸田欽堂　とだきんどう　1850生。明治時代の小説家。1890没。
- 辜鴻銘　ここうめい　1857生。中国の学者。1928没。
- アンダウッド，ホリス・グラント　1859生。アメリカの宣教師。1919没。
- バール，ヘルマン　1863生。オーストリアの評論家，劇作家。1934没。

ラランド　1867生。フランスの合理主義哲学者。1963没。
ニッティ　1868生。イタリアの経済学者，政治家。1953没。
藤岡作太郎　ふじおかさくたろう　1870生。明治時代の国文学者。第三高等学校教授，文学博士。1910没。
ラプラード，ピエール　1875生。フランスの画家，版画家。1931没。
児玉秀雄　こだまひでお　1876生。大正時代，昭和時代の官僚，政治家。貴族院議員。1947没。
ザイペル，イグナーツ　1876生。オーストリアの政治家，聖職者。1932没。
ニックリッシュ　1876生。ドイツの経営経済学の創始者。1946没。
フリッシュアイゼン・ケーラー　1878生。ドイツの哲学者，教育学者。1923没。
モーラ・フェレンツ　1879生。ハンガリーの作家，児童文学者，ジャーナリスト。1934没。
山川登美子　やまかわとみこ　1879生。明治時代の歌人。1909没。
熊谷岱蔵　くまがいたいぞう　1880生。明治時代-昭和時代の医学者。東北大学総長，抗酸菌病研究所所長。1962没。
デッサウアー，フリードリヒ　1881生。ドイツの生物物理学者，哲学者。1963没。
鯨井恒太郎　くじらいつねたろう　1884生。明治時代-昭和時代の電気工学者。東京帝国大学教授，電気学会副会長。1935没。
野依秀市　のよりひでいち　1885生。明治時代-昭和時代のジャーナリスト，政治家。衆議院議員(自民党)，帝都日日新聞社長。1968没。
ゲオルギオス2世　1890生。ギリシア国王(在位1922～23)。1947没。
マヤコフスキー，ウラジーミル・ウラジーミロヴィチ　1893生。ソ連の詩人。1930没。
ヒンチン，アレクサンドル・ヤコヴレヴィチ　1894生。ソ連邦の数学者。1959没。
クロニン，A.J.　1890生。イギリスの小説家。1981没。
加藤唐九郎　かとうとうくろう　1897生。大正時代，昭和時代の陶芸家。1985没。
江川英文　えがわひでぶみ　1898生。昭和時代の法学者。東京大学教授，立教大学教授。1966没。
マルクーゼ，ヘルベルト　1898生。ドイツ生まれのアメリカの哲学者。1979没。

荒垣秀雄　あらがきひでお　1903生。昭和時代のジャーナリスト，社会評論家。日本自然保護協会名誉会長，朝日新聞論説委員。1989没。
スノー，エドガー　1905生。アメリカのジャーナリスト，中国通。1972没。
マグロワール，ポール　1907生。ハイチの政治家，軍人。2001没。
菅季治　かんすえはる　1917生。昭和時代の哲学者。1950没。
パンジェ，ロベール　1919生。フランスの小説家。1997没。
プロッティ，アルド　1920生。イタリアのバリトン歌手。1995没。
マクガバン，ジョージ　1922生。アメリカの政治家。
三波春夫　みなみはるお　1923生。昭和時代，平成時代の歌手。2001没。
高野伸二　たかのしんじ　1926生。昭和時代の鳥類研究家。日本野鳥の会東京支部長，日本鳥類保護連盟理事。1984没。
水野晴郎　みずのはるお　1931生。昭和時代，平成時代の映画評論家，国際警察評論家，アメリカ研究家，映画演劇監督，脚本家。
影万里江　かげまりえ　1935生。昭和時代の女優。1981没。
常陸宮華子　ひたちのみやはなこ　1940生。昭和時代，平成時代の皇族。
安岡力也　やすおかりきや　1946生。昭和時代，平成時代の俳優。
メイ，ブライアン　1947生。イギリスのギタリスト。
イカンガー，ジュマ　1957生。タンザニアのマラソン選手。
近藤真彦　こんどうまさひこ　1964生。昭和時代，平成時代の歌手，レーシングドライバー。
杉本彩　すぎもとあや　1968生。昭和時代，平成時代の女優，タレント。
宮藤官九郎　くどうかんくろう　1970生。平成時代の脚本家，俳優，演出家。
藤木直人　ふじきなおひと　1972生。平成時代の俳優，歌手。
菊池麻衣子　きくちまいこ　1974生。平成時代の女優。
小嶺麗奈　こみねれな　1980生。平成時代の女優。

7月19日

417

7月20日

○記念日○　ハンバーガーの日
　　　　　　勤労青少年の日
○忌　日○　文覚忌

覚性法親王　かくしょうほうしんのう　1129(閏7月)生。平安時代後期の真言宗の僧。1169没。
ペトラルカ, フランチェスコ　1304生。イタリアの詩人。1374没。
ラムージオ, ジョヴァン・バッティスタ　1485生。イタリアの地理学者, 歴史家。1557没。
伊藤仁斎　いとうじんさい　1627生。江戸時代前期, 中期の京都町衆。1705没。
野田忠粛　のだただのり　1648生。江戸時代前期, 中期の国学者。1719没。
ベンティンク, ウィリアム, 初代ポートランド伯爵　1649生。イギリスの政治家。1709没。
フィッシャー, フォン・エルラッハ, ヨハン・ベルナルト　1656生。オーストリアの建築家。1723没。
上杉治憲　うえすぎはるのり　1751生。江戸時代中期, 後期の大名。1822没。
デスチュット・ド・トラシー, アントワーヌ・ルイ・クロード　1754生。フランスの哲学者。1836没。
マルティノヴィチ・イグナーツ　1755生。ハンガリーの化学者。1795没。
マフムト2世　1785生。オスマン・トルコ帝国の第31代スルタン(在位1808～39)。1839没。
栗原信充　くりはらのぶみつ　1794生。江戸時代末期, 明治時代の故実家。1870没。
苞子女王　すがこじょおう　1798生。江戸時代後期の女性。有栖川宮織仁親王の第11王女。1819没。
ベドーズ, トマス・ラヴェル　1803生。イギリスの詩人, 劇作家, 医師。1849没。
オーウェン, サー・リチャード　1804生。イギリスの動物学者, 古生物学者。1892没。
エルギン　1811生。イギリスの外交官。1863没。
ボーマン, サー・ウィリアム　1816生。イギリスの解剖学者, 生理学者, 眼科医。1892没。

白石廉作　しらいしれんさく　1828生。江戸時代末期の志士。1863没。
トレヴェリアン, サー・ジョージ・オットー　1838生。イギリスの歴史家, 政治家。1928没。
コーンハイム, ユリウス・フリードリヒ　1839生。ドイツの病理学者。1884没。
リーベルマン, マックス　1847生。ドイツの画家, 銅版画家。1935没。
ミュラー　1850生。ドイツの心理学者。1934没。
天田愚庵　あまたぐあん　1854生。明治時代の歌人, 漢詩人, 僧。1904没。
森田思軒　もりたしけん　1861生。明治時代の翻訳者, 新聞記者。1897没。
カールフェルト, エーリック・アクセル　1864生。スウェーデンの詩人。1931没。
牧田環　まきたたまき　1871生。明治時代-昭和時代の実業家, 技術者。三池炭鉱会長。1943没。
神田伯山(3代目)　かんだはくざん　1872生。明治時代の講談師。1932没。
サントス-ドゥモント, アルベルト　1873生。ブラジルの飛行家。1932没。
北沢楽天　きたざわらくてん　1876生。明治時代-昭和時代の漫画家。漫画奉公会会長。1955没。
カイザーリング, ヘルマン　1880生。ドイツの哲学者, 社会学者。1946没。
ウラジーミルツォフ　1884生。ソ連の東洋学者。1931没。
田沢義鋪　たざわよしはる　1885生。昭和時代の官僚, 教育家。貴族院議員, 大日本連合青年団理事長。1944没。
松井須磨子　まついすまこ　1886生。明治時代, 大正時代の女優。1919没。
江口渙　えぐちきよし　1887生。大正時代, 昭和時代の小説家, 評論家。1975没。
梶井剛　かじいたけし　1887生。大正時代, 昭和時代の官僚, 実業家。電電公社総裁, 東海大学総長, 日本電気会長。1976没。

ポマー，エーリヒ　1889生。ドイツ無声映画の黄金時代を築いた大プロデューサー。1966没。
モランディ，ジョルジョ　1890生。イタリアの画家，銅版画家。1964没。
猪俣浩三　いのまたこうぞう　1894生。昭和時代，平成時代の政治家，弁護士。衆議院議員，アムネスティ・インターナショナル日本支部長。1993没。
モホイ・ナジ，ラースロー　1895生。ハンガリー生まれのアメリカの画家，写真家，美術教育家。1946没。
アダチ竜光　あだちりゅうこう　1896生。昭和時代の奇術師。日本奇術協会会長。1982没。
世礼国男　せれいくにお　1897生。大正時代，昭和時代の教育家，沖縄研究家。知念高校校長，コザ高校校長。1950没。
ソコロフスキー　1897生。ソ連の軍人。1968没。
ライヒシュタイン，タデウシュ　1897生。スイスの化学者。1996没。
セリグマン，クルト　1900生。スイス生まれのアメリカの画家。1961没。
田口芳五郎　たぐちよしごろう　1902生。昭和時代のカトリック枢機卿。大阪教区大司教，英知大学学長。1978没。
鈴木万平　すずきまんぺい　1903生。昭和時代の実業家，政治家。三共製薬社長，参議院議員(自民党)。1975没。
前嶋信次　まえじましんじ　1903生。昭和時代の東洋史学者。慶応義塾大学教授，言語文化研究所長。1983没。
猪野省三　いのしょうぞう　1905生。昭和時代の児童文学者。1985没。
大牟羅良　おおむらりょう　1909生。昭和時代の作家，農村問題研究家。1993没。
渥美かをる　あつみかおる　1911生。昭和時代の国文学者。愛知県立大学教授。1977没。
糸川英夫　いとかわひでお　1912生。昭和時代，平成時代の航空工学者。東京大学教授，ランド・システム社長，組織工学研究所長。1999没。
今村成和　いまむらしげかず　1913生。昭和時代，平成時代の法学者。北海道大学教授，北海学園大学教授。1996没。
ゴルドマン，リュシヤン　1913生。フランスの哲学者，評論家。1970没。

滝崎安之助　たきざきやすのすけ　1914生。昭和時代の独文学者，評論家。東京大学教授。1980没。
景浦将　かげうらまさる　1915生。昭和時代のプロ野球選手。1945没。
ヒラリー，エドムント　1919生。ニュージーランドの探検家，外交官，作家。
リチャードソン，エリオット　1920生。アメリカの政治家。1999没。
松登晟郎　まつのぼりしげお　1924生。昭和時代の力士。1986没。
ドロール，ジャック　1925生。フランスの政治家，労組市民活動家。
ファノン，フランツ　1925生。黒人の精神科医。1961没。
粟辻博　あわつじひろし　1929生。昭和時代，平成時代のテキスタイル・デザイナー。多摩美術大学教授。1995没。
穂積隆信　ほづみたかのぶ　1931生。昭和時代，平成時代の俳優。
ヨーンゾン，ウーヴェ　1934生。ドイツの小説家。1984没。
西尾幹二　にしおかんじ　1935生。昭和時代，平成時代のドイツ文学者，評論家。
緒形拳　おがたけん　1937生。昭和時代，平成時代の俳優。
ウッド，ナタリー　1938生。アメリカの女優。1981没。
サンタナ，カルロス　1947生。アメリカのロックギタリスト。
間寛平　はざまかんぺい　1949生。昭和時代，平成時代のコメディアン。
鈴木聖美　すずききよみ　1952生。昭和時代，平成時代の歌手。
松坂慶子　まつざかけいこ　1952生。昭和時代，平成時代の女優。
石橋凌　いしばしりょう　1956生。昭和時代，平成時代の俳優，ミュージシャン。
ロドリゲス，ロバート　1968生。アメリカの映画監督。
小川範子　おがわのりこ　1973生。平成時代の女優。
はなわ　はなわ　1976生。平成時代のタレント。
三都主アレサンドロ　さんとすあれさんどろ　1977生。平成時代のサッカー選手。

7月20日

7月21日

○記念日○　月面着陸の日
　　　　　　日本三景の日

千葉兼胤　ちばかねたね　1392生。室町時代の武将，千葉介，下総守護，清胤の子。1430没。

シクスツス4世　1414生。教皇(在位1471～84)。1484没。

アルフォンソ1世(エステ家の)　1476生。フェララ，モデナ，レッジオの公。1534没。

ネーリ，聖フィリッポ　1515生。イタリアの宗教家。1595没。

小笠原忠知　おがさわらただとも　1599生。江戸時代前期の大名。1663没。

ピカール，ジャン　1620生。フランスの天文学者。1682没。

プライアー，マシュー　1664生。イギリスの詩人，外交官。1721没。

ウィーバー　1673生。イギリスのパントマイムの開拓者。1760没。

ブラント，ゲオルク(イェオリ)　1694生。スウェーデンの化学者。1768没。

アダム，ジェイムズ　1730生。イギリスの建築家，室内装飾家。1794没。

井伊直幸　いいなおひで　1731生。江戸時代中期の大名，大老。1789没。

モントロン，シャルル・トリスタン，侯爵　1783生。フランスの軍人。1853没。

西田直養　にしだなおかい　1793生。江戸時代末期の国学者。1865没。

シェルシェル　1804生。フランスの政治家。1893没。

ルニョー，アンリ・ヴィクトル　1810生。フランスの化学者，物理学者。1878没。

宮脇睡仙　みやわきすいせん　1815生。江戸時代，明治時代の地方開発者。1882没。

毛利梅園　もうりばいえん　1815生。江戸時代末期の博物家。1882没。

ロイター，パウル・ユリウス，男爵　1816生。イギリス(ドイツ生まれ)の通信事業家。1899没。

玉乃世履　たまのせいり　1825生。明治時代の司法官。1886没。

ダービー　1826生。イギリスの政治家。1893没。

サガスタ　1827生。スペインの政治家。1903没。

カルドゥッチ，ジョズエ　1835生。イタリアの詩人，古典文学者。1907没。

フォルケルト　1848生。ドイツの哲学者，美学者。1930没。

小室信介　こむろしんすけ　1852生。明治時代の政治家。外務省准奏任御用掛。1885没。

目賀田種太郎　めがたたねたろう　1853生。明治時代，大正時代の官僚。貴族院議員，大蔵省主税局長。1926没。

三好晋六郎　みよししんろくろう　1857生。明治時代の造船学者。東京帝国大学工科大学教授，工学博士。1910没。

コリント，ロヴィス　1858生。ドイツの画家。1925没。

マリア・クリスティナ　1858生。スペイン王アルフォンソ12世の妃。1929没。

ロニー，セラファン・ジュスタン・フランソワ・ボエス　1859生。フランスの小説家，Josephの弟。1948没。

白石元治郎　しらいしもとじろう　1867生。明治時代-昭和時代の実業家。1945没。

中村進午　なかむらしんご　1870生。明治時代-昭和時代の法学者。早稲田大学教授，法学博士。1939没。

フェレーロ　1871生。イタリアの歴史家。1942没。

波多野精一　はたのせいいち　1877生。明治時代-昭和時代の宗教哲学者。京都帝大教授，玉川大学学長。1950没。

南薫造　みなみくんぞう　1883生。明治時代-昭和時代の洋画家。東京美術学校教授。1950没。

横尾竜　よこおしげみ　1883生。大正時代，昭和時代の経営者，政治家。通産相，参院議員，播磨造船社長。1957没。

北昤吉　きたれいきち　1885生。大正時代，昭和時代の政治家，哲学者。衆議院議員，多摩美術大学創立者。1961没。

フェデール, ジャック　1885生。フランスの映画監督。1948没。
石井茂吉　いしいもきち　1887生。大正時代, 昭和時代の印刷技術者。1963没。
膳桂之助　ぜんけいのすけ　1887生。大正時代, 昭和時代の実業家。経済安定本部総務長官, 貴族院議員。1951没。
樺島勝一　かばしまかついち　1888生。大正時代, 昭和時代の挿絵画家。1965没。
宮田文子　みやたふみこ　1888生。大正時代, 昭和時代の随筆家。1966没。
遠山元一　とおやまげんいち　1890生。大正時代, 昭和時代の実業家。日興證券社長, 日本証券業協会連合会会長。1972没。
ジルムンスキー, ヴィクトル・マクシモヴィチ　1891生。ソ連邦の文献学者。1971没。
瀬戸英一(初代)　せとえいいち　1892生。大正時代, 昭和時代の劇作家, 劇評家, 小説家。1934没。
ファラダ, ハンス　1893生。ドイツの小説家。1947没。
栗栖赳夫　くるすたけお　1895生。昭和時代の銀行家, 政治家。蔵相, 参議院議員, 日本興業銀行総裁。1966没。
麻生磯次　あそういそじ　1896生。昭和時代の国分学者。東京大学教授, 学習院大学教授。1979没。
クレイン, ハート　1899生。アメリカの詩人。1932没。
摂津茂和　せっつもわ　1899生。昭和時代の小説家, ゴルフ評論家。日本ゴルフ協会ミュージアム運営副委員長。1988没。
ヘミングウェイ, アーネスト　1899生。アメリカの作家。1961没。
相川道之助　あいかわみちのすけ　1900生。昭和時代の実業家。東邦亜鉛社長。1994没。
下田天映　しもだてんえい　1900生。昭和時代の華道家。大和華道家元。1983没。
一楽照雄　いちらくてるお　1906生。昭和時代, 平成時代の有機農業研究家。(財)協同組合経営研究所理事長。1994没。
ホープ, A.D.　1907生。オーストラリアの詩人。2000没。
中村福助(5代目)　なかむらふくすけ　1910生。大正時代, 昭和時代の歌舞伎俳優。1969没。
マクルーハン, マーシャル　1911生。カナダの社会学者, 教育家。1980没。

中村又五郎(2代目)　なかむらまたごろう　1914生。昭和時代, 平成時代の歌舞伎俳優。
水口宏三　みなくちこうぞう　1914生。昭和時代の社会運動家。参院議員, 全農林委員長。1973没。
シトレ, ヌダバニンギ師　1920生。ローデシアの解放勢力の指導者。2000没。
スターン, アイザック　1920生。ソ連生まれのアメリカのバイオリニスト。2001没。
コセリウ　1921生。ルーマニア生まれの言語学者。2002没。
上田三四二　うえだみよじ　1923生。昭和時代の歌人, 文芸評論家。1989没。
宇沢弘文　うざわひろふみ　1928生。昭和時代, 平成時代の経済学者。
ガードナー, ジョン　1933生。アメリカの小説家。1982没。
川谷拓三　かわたにたくぞう　1941生。昭和時代, 平成時代の俳優。1995没。
柳家小さん(6代目)　やなぎやこさん　1947生。昭和時代, 平成時代の落語家。
ウィリアムズ, ロビン　1951生。アメリカの俳優, コメディアン。
黒田福美　くろだふくみ　1956生。昭和時代, 平成時代の女優。
こはたあつこ　こはたあつこ　1960生。昭和時代, 平成時代のパーソナリティ, タレント, 画家。
船越英一郎　ふなこしえいいちろう　1960生。昭和時代, 平成時代の俳優。
武内享　たけうちとおる　1962生。昭和時代, 平成時代のギタリスト。
羽賀研二　はがけんじ　1962生。昭和時代, 平成時代のタレント, ジュエリーデザイナー。
勝村政信　かつむらまさのぶ　1963生。昭和時代, 平成時代の俳優。
杉木哲太　すぎもとてった　1965生。昭和時代, 平成時代の俳優。
ゲンズブール, シャルロット　1971生。フランスの女優。
岩崎恭子　いわさききょうこ　1978生。平成時代のタレント, 元・水泳選手。
ハートネット, ジョシュ　1978生。アメリカの俳優。
小林麻央　こばやしまお　1982生。平成時代のキャスター, タレント。

7月21日

7月22日

○記念日○　げたの日

尊恵法親王　そんえほっしんのう　1164生。平安時代後期の三条天皇の皇子。1192没。

頼仁親王　よりひとしんのう　1201生。鎌倉時代前期の皇族。後鳥羽天皇の第5皇子。1264没。

フェリペ1世　1478生。カスティリア王（在位1504～06）。1506没。

任助　にんじょ　1525生。戦国時代，安土桃山時代の真言宗の僧。1584没。

ラウレンティウス（ブリンディジの）　1559生。イタリアのカプチン会修道士，聖人。1619没。

トリグラント，ヤーコービュス　1583生。オランダの改革派教会神学者。1654没。

ミハイル・ロマノフ　1596生。ロシアの皇帝（在位1613～45）。1645没。

シャフツベリー，アントニー・アシュリー・クーパー，初代伯爵　1621生。イギリスの政治家。1683没。

アラコク，聖マルグリート・マリー　1647生。フランスの聖女。1690没。

文察女王　ぶんさつじょおう　1654生。江戸時代前期，中期の女性。後水尾天皇の第18皇女。1683没。

スフロ，ジャック・ジェルマン　1713生。フランスの建築家。1780没。

ベッセル，フリードリヒ・ヴィルヘルム　1784生。ドイツの天文学者，数学者。1846没。

鶴峯戊申　つるみねしげのぶ　1788生。江戸時代後期の国学者，究理学者。1859没。

ラメ　1795生。フランスの数学者。1870没。

イザベイ，ウージェーヌ　1803生。フランスの画家，石版画家。1886没。

ツォイス，ヨハン・カスパー　1806生。ドイツの言語学者。1856没。

グラント　1808生。イギリスの軍人。1875没。

フェドートフ，パーヴェル・アンドレエヴィチ　1815生。ロシアの画家。1852没。

メンデル，グレゴール・ヨハン　1822生。オーストリアの遺伝学者。1884没。

バンベルガー　1823生。ドイツの財政家。1899没。

ベルンハルディ　1849生。ドイツの軍人，軍事著述家。1930没。

ラザラス，エマ　1849生。アメリカの女流詩人。1887没。

ポール，ウィリアム　1852生。イギリスの俳優，演出家。1934没。

メッセル　1853生。ドイツの建築家。1909没。

アムラン　1856生。フランスの哲学者。1907没。

内藤久寛　ないとうひさひろ　1859生。明治時代，大正時代の実業家。衆議院議員，貴族院議員，日本石油社長。1945没。

ロルフ，フレデリック　1860生。イギリスの小説家。1913没。

マビーニ　1864生。フィリピンの弁護士，政治家。1903没。

ヘルフェリッヒ　1872生。ドイツの政治家，資本家。1924没。

コルチャック，ヤヌシュ　1878生。ポーランドの教育者，児童文学者。1942没。

フェーヴル，リュシアン　1878生。フランスの歴史家。1956没。

ホッパー，エドワード　1882生。アメリカの画家。1967没。

カーメネフ，レフ・ボリソヴィチ　1883生。ソ連の政治家。1936没。

ヘルツ，グスタフ　1887生。ドイツの物理学者。1975没。

島村民蔵　しまむらたみぞう　1888生。大正時代，昭和時代の劇作家，演劇研究家。静岡女子短期大学教授。1970没。

青山杉作　あおやますぎさく　1889生。大正時代，昭和時代の演出家，俳優。1956没。

笠木良明　かさぎよしあき　1892生。大正時代，昭和時代の国家主義者。1955没。

ザイス-インクヴァルト，アルトゥル　1892生。オーストリアの政治家。1946没。

三宅周太郎　みやけしゅうたろう　1892生。大正時代，昭和時代の演劇評論家。1967没。

松本潤一郎　まつもとじゅんいちろう　1893生。大正時代, 昭和時代の社会学者。1947没。

マンスン, トマス・ウォールター　1893生。イギリスの新約学者。1958没。

メニンガー(メニンジャー), カール・アウグストゥス　1893生。アメリカの精神病学者。1963没。

グラーフ, オスカル・マリーア　1894生。ドイツの作家。1967没。

ロスバウト, ハンス　1895生。オーストリアの指揮者。1962没。

ペトロフ, ウラジーミル　1896生。ソ連の映画監督。1966没。

金春惣右衛門国泰　こんぱるそうえもんくにやす　1897生。大正時代, 昭和時代の能楽師。金春流太鼓方20世家元。1942没。

天野芳太郎　あまのよしたろう　1898生。昭和時代の考古学研究家, 実業家。天野博物館(リマ市)名誉館長。1982没。

コールダー, アレクサンダー　1898生。アメリカの彫刻家。1976没。

野村万蔵(6代目)　のむらまんぞう　1898生。明治時代-昭和時代の能楽師狂言方, 能面作家。1978没。

ベネー, スティーヴン・ヴィンセント　1898生。アメリカの詩人, 小説家。1943没。

ソブフザ2世　1899生。スワジランド国王。1982没。

メッツガー　1899生。ドイツの心理学者。1979没。

ダールバーグ, エドワード　1900生。アメリカの小説家。1977没。

蒲原稔治　かもはらとしじ　1901生。昭和時代の動物学者。高知大学教授。1972没。

ワイドマン, チャールズ(・エドワード), ジュニア　1901生。アメリカの舞踊家。1975没。

キューネン　1902生。オランダの地質学者。1976没。

ヘッブ, ドナルド(・オールディング)　1904生。カナダの心理学者。1985没。

密田博孝　みつだひろたか　1907生。昭和時代の経営者。石油連盟会長。1994没。

畑井小虎　はたいことら　1909生。昭和時代の地質学者, 古生物学者。斎藤報恩会自然史博物館長。1977没。

高尾光子　たかおみつこ　1915生。大正時代, 昭和時代の女優。1980没。

浜口庫之助　はまぐちくらのすけ　1917生。昭和時代の作曲家, 作詞家。1990没。

ハイリル・アンワル　1922生。インドネシアの詩人。1949没。

三村陶伯　みむらとうはく　1929生。昭和時代の陶芸家。

デマルコ, グイド　1931生。マルタの政治家, 刑法学者。

山際永三　やまぎわえいぞう　1932生。昭和時代, 平成時代の映画監督。

滝大作　たきだいさく　1933生。昭和時代, 平成時代の放送作家, 劇作家。

中原ひとみ　なかはらひとみ　1936生。昭和時代, 平成時代の女優。

安西水丸　あんざいみずまる　1942生。昭和時代, 平成時代のイラストレーター, 作家, エッセイスト。

庄司三朗　しょうじさぶろう　1945生。昭和時代, 平成時代の俳優。

岡林信康　おかばやしのぶやす　1946生。昭和時代, 平成時代のフォーク歌手。

江本孟紀　えもとたけのり　1947生。昭和時代, 平成時代の野球評論家, 元・プロ野球選手。

丘夏子　おかなつこ　1950生。昭和時代, 平成時代の女優。

大熊正二　おぐましょうじ　1951生。昭和時代のプロボクサー。世界フライ級王者。

原辰徳　はらたつのり　1958生。昭和時代, 平成時代のプロ野球監督(巨人)。

森公美子　もりくみこ　1959生。昭和時代, 平成時代の女優, 声楽家。

内村光良　うちむらてるよし　1964生。昭和時代, 平成時代のコメディアン。

渡辺典子　わたなべのりこ　1965生。昭和時代, 平成時代の女優。

薬師寺保栄　やくしじやすえい　1968生。昭和時代, 平成時代のタレント, 元・プロボクサー。

クーパー, アダム　1971生。イギリス人のバレエダンサー。

長谷川京子　はせがわきょうこ　1978生。平成時代の女優。

7月22日

7月23日

○記念日○　ふみの日

上西門院　じょうさいもんいん　1126生。平安時代後期の女性。鳥羽天皇の皇女。1189没。

性助入道親王　しょうじょにゅうどうしんのう　1247生。鎌倉時代後期の後嵯峨天皇の第6皇子。1282没。

大道一以　だいどういちい　1292生。鎌倉時代後期、南北朝時代の僧。1370没。

庭田重保　にわたしげやす　1525生。戦国時代、安土桃山時代の公卿。1595没。

島津義弘　しまづよしひろ　1535生。安土桃山時代、江戸時代前期の大名。1619没。

サバタイ・ツビ　1626生。スペイン系ユダヤ人のカバラ学者、偽メシア。1676没。

日講　にちこう　1626生。江戸時代前期の日蓮宗の僧。1698没。

クレメンス11世　1649生。教皇（在位1700～21）。1721没。

後藤艮山　ごとうこんざん　1659生。江戸時代前期、中期の医師。1733没。

ヴェルネイ，ルイス・アントニオ　1713生。ポルトガルの啓蒙作家。1792没。

松村九山　まつむらきゅうざん　1743生。江戸時代の越前大野藩の漢学者。1822没。

デュコ　1754生。フランスの政治家。1816没。

ボイエン　1771生。プロシアの軍人。1848没。

ルンゲ，フィリップ・オットー　1777生。ドイツの画家。1810没。

二宮尊徳　にのみやそんとく　1787生。江戸時代後期の農政家。1856没。

ベールヴァルト，フランス・アードルフ　1796生。スウェーデンの音楽家。1868没。

池田草庵　いけだそうあん　1813生。江戸時代、明治時代の儒学者、漢学者。1878没。

小石中蔵　こいしちゅうぞう　1817生。江戸時代、明治時代の蘭方医。1894没。

パトモア，コヴェントリー　1823生。イギリスの詩人。1896没。

フィッシャー　1824生。ドイツの哲学者、哲学史家。1907没。

ハチンソン，サー・ジョナサン　1828生。イギリスの外科医、病理学者。1913没。

キャヴェンディッシュ，スペンサー・コンプトン，8代デヴォンシャー公爵　1833生。イギリスの政治家。1908没。

ギボンズ，ジェイムズ　1834生。アメリカの枢機卿。1921没。

池田長発　いけだながおき　1837生。江戸時代末期、明治時代の幕臣。1879没。

ティラク　1856生。インド民族運動の指導者。1920没。

シュミット　1860生。ドイツの地磁気学者。1944没。

西村天囚　にしむらてんしゅう　1865生。明治時代、大正時代の小説家、新聞記者、漢学者。1924没。

石塚英蔵　いしづかえいぞう　1866生。明治時代–昭和時代の官僚、政治家。貴族院議員、東洋拓殖会社総裁。1942没。

幸田露伴　こうだろはん　1867生。明治時代–昭和時代の小説家。1947没。

坂本龍之輔　さかもとりゅうのすけ　1870生。明治時代–昭和時代の教育家。東京市万年尋常小学校校長。1942没。

喜多村緑郎　きたむらろくろう　1871生。明治時代–昭和時代の新派俳優。1961没。

ドクロリー，オヴィド　1871生。ベルギーの教育学者、心理学者、医学者。1932没。

久邇宮邦彦　くにのみやくによし　1873生。明治時代–昭和時代の皇族、陸軍大将。1929没。

邦彦王　くによしおう　1873生。明治時代–昭和時代の皇族，陸軍軍人。元帥、大将。1929没。

菊地武夫　きくちたけお　1875生。明治時代、大正時代の陸軍軍人、政治家。1955没。

久保天随　くぼてんずい　1875生。明治時代–昭和時代の漢文学者。台北帝国大学教授。1934没。

永田秀次郎　ながたひでじろう　1876生。大正時代、昭和時代の内務官僚、政治家、俳人。三重県知事、拓殖大学学長。1943没。

ヘルツフェルト，エルンスト　1879生。ドイツの考古学者。1948没。

7月23日

大蔵公望　おおくらきんもち　1882生。大正時代，昭和時代の団体役員。男爵。1968没。

小橋三四子　こばしみよこ　1883生。明治時代，大正時代のジャーナリスト。主婦の友社文化事業部主任。1922没。

ヤニングス，エーミル　1884生。ドイツの俳優。1950没。

ショットキー　1886生。ドイツ（スイス生まれ）の物理学者。1976没。

マダリアガ，サルバドル・デ　1886生。スペインの評論家，外交官。1978没。

チャンドラー，レイモンド　1888生。アメリカの推理小説作家。1959没。

ボネ　1889生。フランスの政治家，外交官。1973没。

山本飼山　やまもとしざん　1890生。明治時代，大正時代の男性。1913没。

ハイレ・セラシエ1世　1892生。エチオピア皇帝。1975没。

青木楠男　あおきくすお　1893生。昭和時代の官僚，土木工学者。早稲田大学教授。1987没。

中村貞以　なかむらていい　1900生。大正時代，昭和時代の日本画家。1982没。

下山定則　しもやまさだのり　1901生。昭和時代の運輸官僚。国鉄総裁。1949没。

プレログ，ヴラディーミル　1906生。スイスの有機化学者。1998没。

宮武三郎　みやたけさぶろう　1907生。昭和時代のプロ野球選手。1956没。

ヴィットリーニ，エーリオ　1908生。イタリアの小説家，評論家。1966没。

飯沢匡　いいざわただす　1909生。昭和時代，平成時代の劇作家，演出家。1994没。

平良幸市　たいらこういち　1909生。昭和時代の政治家。沖縄県知事，沖縄社会大衆党委員長。1982没。

吉田玉五郎（2代目）　よしだたまごろう　1910生。大正時代–平成時代の人形浄瑠璃の人形遣い。1996没。

神谷宣郎　かみやのぶろう　1913生。昭和時代の生物学者。大阪大学教授，国立基礎生物学研究所教授。1999没。

小林与三次　こばやしよそじ　1913生。昭和時代，平成時代の官僚，実業家。日本テレビ放送網会長，読売新聞社会長。1999没。

プリョイセン，アルフ　1914生。ノルウェーの児童文学作家，作詞家，歌手。1970没。

南博　みなみひろし　1914生。昭和時代，平成時代の社会心理学者。一橋大学教授。2001没。

リース，ハロルド　1918生。アメリカの大リーグ選手。1999没。

ロドリゲス，アマリア　1920生。ポルトガルの女性歌手。1999没。

山田稔　やまだみのる　1921生。昭和時代，平成時代の経営者。ダイキン工業社長。1995没。

篠崎かよ　しのざきかよ　1923生。昭和時代のテレビディレクター。1981没。

清水純一　しみずじゅんいち　1924生。昭和時代のイタリア文学者。京都大学教授，イタリア学会会長。1988没。

マシーレ，クェット・ケトゥミレ・ジョニ　1925生。ボツワナの政治家。

磯崎新　いそざきあらた　1931生。昭和時代，平成時代の建築家，都市デザイナー。

石原まき子　いしはらまきこ　1933生。昭和時代，平成時代の元・女優。

朝丘雪路　あさおかゆきじ　1935生。昭和時代，平成時代の女優，舞踊家，歌手。

ミッキー・カーチス　1938生。昭和時代，平成時代の音楽プロデューサー，歌手，俳優。

松方弘樹　まつかたひろき　1942生。昭和時代，平成時代の俳優。

井崎脩五郎　いさきしゅうごろう　1947生。昭和時代，平成時代の競馬評論家。

岡田史子　おかだふみこ　1949生。昭和時代，平成時代の漫画家。2005没。

ホフマン，フィリップ・シーモア　1967生。アメリカの俳優。

倉田真由美　くらたまゆみ　1971生。平成時代の漫画家。

村上淳　むらかみじゅん　1973生。平成時代の俳優。

山木貴司　やまもとたかし　1978生。平成時代の水泳選手。

ラドクリフ，ダニエル　1989生。イギリスの俳優。

阿部知代　あべちよ　アナウンサー（フジテレビ）。

三上博史　みかみひろし　俳優。

7月24日

○記念日○　劇画の日
○忌　日○　河童忌

朱雀天皇　すざくてんのう　923生。平安時代中期の第61代の天皇。952没。
足利義量　あしかがよしかず　1407生。室町時代の室町幕府第5代の将軍。1425没。
シュルーズベリ　1660生。イギリスの政治家。1718没。
松平近禎　まつだいらちかよし　1665生。江戸時代中期の大名。1725没。
岡部稠朶　おかべちょうだ　1679生。江戸時代中期の算者。1769没。
マルチェロ，ベネデット　1686生。イタリアの作曲家。1739没。
岩倉恒具　いわくらつねとも　1701生。江戸時代中期の公家。1760没。
植松賞雅　うえまつよしまさ　1705生。江戸時代中期の公家。1785没。
ニュートン，ジョン　1725生。イギリスの讃美歌作家。1807没。
ビットリオ・エマヌエレ1世　1759生。イタリア，サルジニア国王(在位1802～21)。1824没。
ビドック　1775生。フランスの警察長官，回想記作者。1857没。
ボリーバル，シモン　1783生。ラテンアメリカ独立運動の指導者。1830没。
クレイトン，ジョン(・ミドルトン)　1796生。アメリカの政治家。1856没。
デュマ，アレクサンドル　1802生。フランスの小説家，劇作家。1870没。
アダン，アドルフ−シャルル　1803生。フランスの作曲家。1856没。
尚育　しょういく　1813生。江戸時代後期の琉球国王。1847没。
ホーランド　1819生。アメリカの編集者，小説家，詩人。1881没。
ロペス　1827生。パラグアイの軍人，政治家，独裁者。1870没。
ベールナールト　1829生。ベルギーの政治家。1912没。
アブニー，サー・ウィリアム(・ド・ウィヴレズリー)　1843生。イギリスの化学者。1920没。

釧姫　せんひめ　1843生。江戸時代，明治時代の女性。名古屋藩主徳川斉荘の4女。1871没。
ジレット，ウィリアム　1853生。アメリカの俳優，劇作家。1937没。
イレチェク　1854生。チェコスロヴァキアの歴史家。1916没。
バーベス　1854生。ルーマニアの細菌学者。1926没。
ルストレンジ　1854生。イギリスの東洋学者。1933没。
ピカール，(シャルル・)エミール　1856生。フランスの数学者。1941没。
ポントピダン，ヘンリック　1857生。デンマークの小説家。1943没。
村田峰次郎　むらたみねじろう　1857生。明治時代−昭和時代の歴史家。1945没。
カップ　1858生。ドイツの政治家。1922没。
ヴェーデキント，フランク　1864生。ドイツの劇作家，俳優。1918没。
チーリコフ，エヴゲーニー・ニコラエヴィチ　1864生。ロシアの作家。1932没。
藤代禎輔　ふじしろていすけ　1868生。明治時代，大正時代のドイツ文学者。文学博士。1927没。
クラウス　1872生。チェコスロバキアの哲学者。1942没。
中島久万吉　なかじまくまきち　1873生。大正時代，昭和時代の実業家，政治家。古河電工社長，貴族院議員。1960没。
田添鉄二　たぞえてつじ　1875生。明治時代の社会主義者。1908没。
ウェブスター，ジーン　1876生。アメリカの女流作家。1916没。
スコールズ，パーシー・アルフレッド　1877生。オックスフォードの音楽博士。1958没。
ダンセイニ，ロード　1878生。アイルランドの詩人，劇作家。1957没。
ブロッホ，アーネスト　1880生。スイスに生まれのユダヤ人作曲家。1959没。
大谷米太郎　おおたによねたろう　1881生。大正時代，昭和時代の実業家。大谷重工業社長。

1968没。
プリングスハイム，クラウス　1883生。ドイツの指揮者，作曲家，音楽学者。1972没。
徳川好敏　とくがわよしとし　1884生。明治時代–昭和時代の陸軍軍人，飛行家。男爵。1963没。
颯田琴次　さったことじ　1886生。昭和時代の音声学者，医師。耳鼻咽喉科，東京大学教授，東京芸術大学教授。1975没。
谷崎潤一郎　たにざきじゅんいちろう　1886生。明治時代–昭和時代の小説家。1965没。
グロメール，マルセル　1892生。フランスの画家。1971没。
千宗室(裏千家14代目)　せんそうしつ　1893生。明治時代–昭和時代の茶道家。茶道裏千家14世家元。1964没。
カーザック，ヘルマン　1896生。ドイツの小説家，詩人。1966没。
フィッツジェラルド，ゼルダ　1900生。アメリカの作家スコット・フィッツジェラルドの妻。1948没。
古賀良彦　こがよしひこ　1901生。昭和時代の放射線医学者。東北大学教授。1967没。
中村草田男　なかむらくさたお　1901生。昭和時代の俳人。成蹊大学教授。1983没。
宮尾しげを　みやおしげお　1902生。大正時代，昭和時代の漫画家，江戸風俗研究家。1982没。
平塚武二　ひらつかたけじ　1904生。昭和時代の児童文学作家。1971没。
大江満雄　おおえみつお　1906生。昭和時代の詩人。1991没。
ブランカーティ，ヴィタリアーノ　1907生。イタリアの小説家，評論家。1954没。
チャンス，ブリトン　1913生。アメリカの生物物理学者，生化学者。
塚本重頼　つかもとしげより　1913生。昭和時代の弁護士，裁判官。中央労働基準審議会会長，中央大学教授。1992没。
磯部俶　いそべとし　1917生。昭和時代，平成時代の作曲家，合唱指揮者。いそべとし男声合唱団主宰。1998没。

渥美健夫　あつみたけお　1919生。昭和時代の実業家。鹿島建設相談役名誉会長。1993没。
コーエン，アレクサンダー　1920生。アメリカの演劇・テレビプロデューサー。2000没。
矢島信男　やじまのぶお　1928生。昭和時代，平成時代の映画特撮監督。
ロックフェラー，デービッド　1941生。アメリカの実業家。
青池保子　あおいけやすこ　1948生。昭和時代，平成時代の漫画家。
バン・サント，ガス　1952生。アメリカの映画監督，脚本家。
酒井ゆきえ　さかいゆきえ　1954生。昭和時代，平成時代のアナウンサー。
河合奈保子　かわいなおこ　1963生。昭和時代，平成時代の歌手，女優。
マローン，カール　1963生。アメリカの元・バスケットボール選手。
ボンズ，バリー　1964生。アメリカの大リーグ選手。
よしもとばなな　よしもとばなな　1964生。昭和時代，平成時代の小説家。
植草克秀　うえくさかつひで　1966生。昭和時代，平成時代の歌手，俳優。
ロペス，ジェニファー　1970生。アメリカの女優，歌手。
坂本昌行　さかもとまさゆき　1971生。平成時代のタレント，歌手，俳優。
魁皇博之　かいおうひろゆき　1972生。平成時代の力士(大関)。
中村紀洋　なかむらのりひろ　1973生。平成時代のプロ野球選手。
須藤理彩　すどうりさ　1976生。平成時代の女優。
パキン，アンナ　1982生。アメリカの女優。
水川あさみ　みずかわあさみ　1983生。平成時代の女優。
hiroko　ひろこ　1984生。平成時代の歌手。
久保田利伸　くぼたとしのぶ　昭和時代，平成時代のミュージシャン。

7月24日

7月25日

○記念日○　かき氷の日
　　　　　最高気温記念日
○忌　日○　不死男忌

ティエトマール　975生。ドイツの年代記作者。1018没。
カジーミエシュ1世　1016生。ポーランド国王（在位1038～58）。1058没。
花園天皇　はなぞのてんのう　1297生。鎌倉時代後期の第95代の天皇。1348没。
フィレルフォ, フランチェスコ　1398生。イタリアの詩人。1481没。
ヴィンプフェリング, ヤーコブ　1450生。ドイツの人文主義者。1528没。
シャイナー, クリストフ　1575生。ドイツの天文学者, カトリック聖職者。1650没。
無著道忠　むじゃくどうちゅう　1653生。江戸時代前期, 中期の臨済宗の僧。1744没。
ステッファーニ, アゴスティーノ　1654生。イタリアの作曲家, 外交官。1728没。
ソーンヒル, サー・ジェイムズ　1675生。イギリスの装飾画家。1734没。
徳川宗直　とくがわむねなお　1682生。江戸時代中期の大名。1757没。
シュトイドリーン, カール・フリードリヒ　1761生。ドイツの神学者, 道徳哲学者。1826没。
ザゴースキン, ミハイル・ニコラエヴィチ　1789生。ロシアの小説家。1852没。
九条尚忠　くじょうひさただ　1798生。江戸時代末期, 明治時代の公家。1871没。
バイヤー, フェルディナント　1803生。ドイツのピアニスト, 作曲家。1863没。
シダル, エリザベス　1829生。イギリスのモデル, 詩人, 画家。ラファエロ前派のミューズ。1862没。
水野忠誠　みずのただのぶ　1834生。江戸時代末期の大名, 老中。1866没。
ガルニエ, フランシス　1839生。フランスの海軍士官, 探検家。1873没。
イーキンズ, トマス　1844生。アメリカの画家。1916没。
ランゲルハンス　1847生。ドイツの病理学者。1888没。

バルフォア, アーサー・ジェイムズ・バルフォア, 初代伯爵　1848生。イギリスの首相。1930没。
高宗 (李氏朝鮮)　こうそう　1852生。李氏朝鮮26代国王。大韓帝国初代皇帝, 大日本帝国の李太王。1919没。
ベラスコ, デイヴィッド　1853生。アメリカの演出家, 劇作家, 劇場経営者。1931没。
大迫尚道　おおさこなおみち　1854生。明治時代, 大正時代の陸軍軍人。大将, 陸大教官。1934没。
古城管堂　こじょうかんどう　1857生。明治時代-昭和時代の医師, 実業家。1934没。
村野常右衛門　むらのつねえもん　1859生。明治時代, 大正時代の政治家。衆議院議員。1927没。
ダウテンダイ, マックス　1867生。ドイツの小説家, 詩人。1918没。
杉村楚人冠　すぎむらそじんかん　1872生。明治時代, 大正時代の新聞人, 評論家。東京朝日新聞社相談役。1945没。
畑英太郎　はたえいたろう　1872生。明治時代, 大正時代の陸軍軍人。大将。1930没。
姉崎正治　あねざきまさはる　1873生。明治時代-昭和時代の宗教学者, 文明評論家。東京帝国大学教授, 日本宗教学会長。1949没。
葛生能久　くずうよしひさ　1874生。明治時代-昭和時代の国家主義者。1958没。
真田増丸　さなだますまる　1877生。明治時代, 大正時代の僧, 宗教活動家。1926没。
出淵勝次　でぶちかつじ　1878生。明治時代-昭和時代の外交官。1947没。
コーエン, M.R.　1880生。アメリカの哲学者, 法哲学者。1947没。
カゼッラ, アルフレード　1883生。イタリアの作曲家・ピアニスト・指揮者・評論家。1947没。
福原信三　ふくはらしんぞう　1883生。大正時代, 昭和時代の写真家, 実業家。1948没。

マシニョン, ルイ 1883生。フランスの近東学者。1962没。
遊佐幸平 ゆさこうへい 1883生。明治時代–昭和時代の軍人, 馬術家。1966没。
ブラック 1884生。カナダの解剖学者, 古生物学者。1934没。
河田重 かわたしげ 1887生。昭和時代の実業家。日本鋼管社長。1974没。
高間惣七 たかまそうしち 1889生。大正時代, 昭和時代の洋画家。1974没。
武藤貞一 むとうていいち 1892生。昭和時代の評論家。報知新聞主筆, 大阪朝日新聞論説委員。1983没。
鈴木剛 すずきこう 1896生。昭和時代の経営者。朝日放送社長, ホテルプラザ会長。1986没。
ウィリー, バジル 1897生。イギリスの学者。1978没。
浅野研真 あさのけんしん 1898生。昭和時代の教育運動家, 浄土真宗大谷派僧侶。1939没。
井上なつゑ いのうえなつえ 1898生。大正時代, 昭和時代の看護教育家, 政治家。参議院議員, 日本看護協会会長。1980没。
今松治郎 いままつじろう 1898生。昭和時代の官僚, 政治家。衆議院議員, 総務長官。1967没。
白石凡 しらいしぼん 1898生。昭和時代の評論家, 新聞人。1984没。
石坂洋次郎 いしざかようじろう 1900生。昭和時代の小説家。1986没。
芳村五郎治(2代目) よしむらごろうじ 1901生。大正時代–平成時代の長唄唄方。1993没。
田中東馬 たなかとうま 1902生。昭和時代の実業家。日本曹達社長, 日曹油化工業副社長。1976没。
小磯良平 こいそりょうへい 1903生。昭和時代の洋画家。東京芸術大学教授。1988没。
三木栄 みきさかえ 1903生。昭和時代の医師, 医史学者。1992没。
スティーヴンズ, ジョージ 1904生。アメリカの映画監督。1975没。
松本かつぢ まつもとかつぢ 1904生。昭和時代の童画家, 漫画家。1986没。
カネッティ, エリアス 1905生。イギリスの作家, 思想家。1994没。
ホッジズ, ジョニー 1906生。アメリカのアルトサックス奏者。1970没。

菅井一郎 すがいいちろう 1907生。昭和時代の俳優, 映画監督。1973没。
秋野不矩 あきのふく 1908生。昭和時代, 平成時代の日本画家。京都市立芸術大学教授。2001没。
吉井忠 よしいただし 1908生。昭和時代, 平成時代の洋画家。1999没。
中村勘三郎(17代目) なかむらかんざぶろう 1909生。大正時代, 昭和時代の歌舞伎役者。1988没。
喜屋武真栄 きやんしんえい 1912生。昭和時代, 平成時代の政治家。参議院議員, 二院クラブ代表。1997没。
早船ちよ はやふねちよ 1914生。昭和時代, 平成時代の小説家, 児童文学作家, 児童文化運動家。2005没。
池田重善 いけだしげよし 1915生。昭和時代の陸軍軍人。憲兵曹長。1988没。
フランクリン, ロザリンド 1920生。イギリス出身のX線結晶解析学者。1958没。
内田忠夫 うちだただお 1923生。昭和時代の経済学者。東京大学教授。1986没。
奥野健男 おくのたけお 1926生。昭和時代, 平成時代の文芸評論家。多摩美術大学教授。1997没。
バッハマン, インゲボルク 1926生。オーストリアの女流詩人, 小説家。1973没。
シュクシーン, ワシーリー・マカーロヴィチ 1929生。ソ連の映画監督, 俳優。1974没。
観世元正 かんぜもとまさ 1930生。昭和時代の能楽師シテ方。1990没。
宇能鴻一郎 うのこういちろう 1934生。昭和時代, 平成時代の小説家。
中村紘子 なかむらひろこ 1944生。昭和時代, 平成時代のピアニスト, ノンフィクション作家。
ペイトン, ウォルタ 1954生。アメリカのプロフットボール選手。1999没。
KONTA こんた 1960生。昭和時代, 平成時代のミュージシャン, 俳優。
高島礼子 たかしまれいこ 1964生。昭和時代, 平成時代の女優。
駒野友一 こまのゆういち 1981生。平成時代のサッカー選手。
レンフロ, ブラッド 1982生。アメリカの俳優。

7月25日

7月26日

○記念日○　ポツダム宣言記念日
　　　　　　幽霊の日
○忌　日○　道灌忌

スタニスワフ　1030生。ポーランドの守護聖人。1079没。
クラベル, ペドロ　1580生。スペインの聖職者, 聖人。1654没。
了尊　りょうそん　1582生。江戸時代前期の浄土真宗の僧。1638没。
広橋兼賢　ひろはしかねかた　1595生。江戸時代前期の公家。1669没。
鉄牛道機　てつぎゅうどうき　1628生。江戸時代前期, 中期の黄檗僧。1700没。
中川久恒　なかがわひさつね　1641生。江戸時代前期の大名。1695没。
ヨーゼフ1世　1678生。神聖ローマ皇帝(在位1705~11)。1711没。
溝口直治　みぞぐちなおはる　1707生。江戸時代中期の大名。1732没。
ゲイツ, ホレイシオ　1729生。アメリカ合衆国独立戦争期の将軍。1806没。
クリントン, ジョージ　1739生。アメリカの政治家。1812没。
スロート　1781生。アメリカの海軍軍人。1867没。
伊達謹子　だてきんこ　1787生。江戸時代後期の女性。陸奥仙台藩6代藩主伊達重村の末娘。1821没。
狩野養信　かのうおさのぶ　1796生。江戸時代後期の画家。1846没。
木村俊左衛門　きむらとしざえもん　1797生。江戸時代末期の石見津和野藩士。1858没。
バビット, アイザック　1799生。アメリカの技術者。1862没。
プレイド, ウィンスロップ・マクワース　1802生。イギリスの詩人。1839没。
柘植葛城　つげかつらぎ　1804生。江戸時代, 明治時代の社会活動家。1874没。
横井豊山　よこいほうざん　1814生。江戸時代末期の儒者。1855没。
野宮定功　ののみやさだいさ　1815生。江戸時代, 明治時代の公家。1881没。
クールベ　1827生。フランスの提督。1885没。

デルブリュック　1842生。ドイツの言語学者。1922没。
マーシャル, A.　1842生。イギリスの経済学者。1924没。
テニエス, フェルディナント　1855生。ドイツの社会学者。1936没。
ショー, ジョージ・バーナード　1856生。イギリスの劇作家。1950没。
ハウス, エドワード・M(マンデル)　1858生。アメリカの外交官, 政治家。1938没。
ビュノー-ヴァリーヤ, フィリップ・ジャン　1859生。フランスの技師。1940没。
ブリュックナー　1862生。オーストリアの地理学者, 気候学者。1927没。
ワルデン, パウル　1863生。ドイツの化学者。1957没。
シャイデマン, フィリップ　1865生。ドイツ共和国初代首相。1939没。
光永星郎　みつながほしお　1866生。明治時代, 大正時代の実業家。貴族院議員, 日本電報通信社社長。1945没。
スロアガ, イグナシオ　1870生。スペインの画家。1945没。
徐謙　じょけん　1871生。中国の政治家。1940没。
野口遵　のぐちしたがう　1873生。明治時代-昭和時代の実業家。1944没。
マチャード, アントニオ　1875生。スペインの詩人。1939没。
ユング, カール・グスタフ　1875生。スイスの心理学者, 精神病学者。1961没。
山梨勝之進　やまなしかつのしん　1877生。明治時代-昭和時代の軍人。学習院院長。1967没。
中村良三　なかむらりょうぞう　1878生。大正時代, 昭和時代の海軍軍人。大将, 軍事参議官兼艦政本部長。1945没。
畑俊六　はたしゅんろく　1879生。明治時代-昭和時代の陸軍軍人。元帥。1962没。

小山内薫　おさないかおる　1881生。明治時代，大正時代の演出，小説家。慶応義塾大学教授，松竹キネマ研究所。1928没。
馬君武　ばくんぶ　1881生。中国，民国の政治家・教育家・翻訳家。1940没。
モーロワ，アンドレ　1885生。フランスの作家。1967没。
ジュアンドー，マルセル　1888生。フランスの小説家，随筆家。1979没。
伊藤整一　いとうせいいち　1890生。大正時代，昭和時代の海軍軍人。大将。1945没。
宇野浩二　うのこうじ　1891生。大正時代，昭和時代の小説家。1961没。
グロス，ゲオルゲ　1893生。ドイツ生まれのアメリカの画家，版画家。1959没。
佐佐木行忠　ささきゆきただ　1893生。大正時代，昭和時代の神道家。国学院大学学長。1975没。
ハックスリー，オールダス　1894生。イギリスの小説家。1963没。
グレイヴズ，ロバート　1895生。イギリスの詩人，小説家。1985没。
栗木幹　くりきかん　1896生。昭和時代の実業家。三井鉱山社長，三井アルミニウム工業社長。1981没。
吉岡金市　よしおかきんいち　1902生。昭和時代の農学者。農業公害研究所長，金沢経済大学教授。1986没。
キーフォーヴァー　1903生。アメリカの政治家。1963没。
アジェンデ（・ゴーセンス），サルバドル　1908生。チリの大統領。1973没。
島村修　しまむらおさむ　1912生。昭和時代の化学者。東京大学教授。1993没。
中山正　なかやまただし　1912生。昭和時代の数学者。名古屋帝国大学教授。1964没。
福永光司　ふくながみつじ　1918生。昭和時代，平成時代の中国哲学者。京都大学教授，東京大学教授。2001没。
近藤健男　こんどうたけお　1922生。昭和時代の航空技術者，実業家。1986没。
ロバーズ，ジェイソン　1922生。アメリカの俳優。2000没。
キューブリック，スタンリー　1928生。アメリカの映画監督。1999没。
牧野茂　まきのしげる　1928生。昭和時代のプロ野球コーチ。1984没。
鍵谷幸信　かぎやゆきのぶ　1930生。昭和時代の詩人，音楽評論家，英文学者。慶応義塾大学教授。1989没。
山際俊男　やまぎわとしお　1931生。昭和時代の経営者。ヤマギワ電気会長。1973没。
吉田義男　よしだよしお　1933生。昭和時代，平成時代の元・プロ野球監督，元・プロ野球選手。
森山周一郎　もりやましゅういちろう　1934生。昭和時代，平成時代の俳優，声優。
ハワード，ジョン　1939生。オーストラリアの政治家。
メチアル，ウラジミル　1942生。スロバキアの政治家。
ジャガー，ミック　1943生。イギリスのロック歌手。
ミレン，ヘレン　1945生。イギリスの女優。
松岡弘　まつおかひろむ　1947生。昭和時代，平成時代の元・プロ野球選手。
タクシン・シナワット　1949生。タイの政治家，実業家。
テイラー，ロジャー　1949生。イギリスのドラム奏者。
梶原しげる　かじわらしげる　1950生。昭和時代，平成時代のアナウンサー，司会業，タレント。
萩原健一　はぎわらけんいち　1950生。昭和時代，平成時代の俳優，歌手。
ハミル，ドロシー　1957生。アメリカの元・フィギュアスケート選手。
高泉淳子　たかいずみあつこ　1958生。昭和時代，平成時代の女優，劇作家。
牧原俊幸　まきはらとしゆき　1958生。昭和時代，平成時代のアナウンサー。
スペーシー，ケビン　1959生。アメリカの俳優，映画監督。
杜けあき　もりけあき　1960生。昭和時代，平成時代の女優，元・宝塚スター。
ブロック，サンドラ　1967生。アメリカの女優，映画プロデューサー。
ベッキンセール，ケート　1974生。イギリスの女優。
吉田良一郎　よしだりょういちろう　1977生。平成時代の津軽三味線奏者。
イ・ドンゴン　1980生。韓国の俳優。
加藤夏希　かとうなつき　1985生。平成時代の女優。

7月26日

7月27日

○記念日○　政治を考える日

良忠　りょうちゅう　1199生。鎌倉時代前期の浄土宗の僧。1287没。
ベレス-デ-ゲバーラ, ルイス　1579生。スペインの劇作家, 小説家。1644没。
サンドウィッチ, エドワード・モンタギュー, 初代伯爵　1625生。イギリスの軍人, 提督。1672没。
カラ・ムスタファ・パシャ　1634生。オスマン・トルコの政治家。1683没。
稲生若水　いのうじゃくすい　1655生。江戸時代中期の本草学者。1715没。
オプノール, ジル-マリー　1672生。フランスの建築装飾家, 彫刻家。1742没。
アッセマーニ, ジュゼッペ・シモーネ　1687生。シリア出身の東洋学者, 司教。1768没。
栗本瑞見　くりもとずいけん　1756生。江戸時代中期, 後期の本草学者, 医師。1834没。
渡辺一　わたなべかず　1767生。江戸時代中期, 後期の和算家。1839没。
コルデ, シャルロット　1768生。フランスのジロンド党員。マラーの暗殺者。1793没。
キャンベル, トマス　1777生。イギリスの詩人。1844没。
エアリー, サー・ジョージ・ビッデル　1801生。イギリスの天文学者。1892没。
モーニッケ　1814生。ドイツのオランダ陸軍軍医。1887没。
デュマ, アレクサンドル　1824生。フランスの劇作家, 小説家。1895没。
佐竹義堯　さたけよしたか　1825生。江戸時代, 明治時代の出羽久保田藩主, 侯爵。1884没。
尾高惇忠　おだかあつただ　1830生。明治時代の養蚕製糸業者。1901没。
エトヴェシュ・ロラーンド　1848生。ハンガリーの実験物理学者。1919没。
パッハマン, ヴラディミル・ド　1848生。ロシアのピアニスト。1933没。
ザスーリチ, ヴェーラ・イワノヴナ　1849生。ロシアの婦人革命家。1919没。

大谷光瑩　おおたにこうえい　1852生。明治時代の僧侶。真宗大谷派東本願寺法主, 二十二代。1923没。
コロレンコ, ウラジーミル・ガラクチオノヴィチ　1853生。ロシアの小説家。1921没。
グラナドス, エンリケ　1867生。スペインの作曲家, ピアニスト。1916没。
立花家橘之助　たちばなやきつのすけ　1868生。明治時代-昭和時代の寄席音曲演奏家。1935没。
ベロック, ヒレア　1870生。イギリスの詩人, 歴史家, 随筆家。1953没。
ボルトウッド, バートラム・ボーデン　1870生。アメリカの化学者, 物理学者。1927没。
ツェルメロ, エルンスト・フリードリヒ・フェルディナント　1871生。ドイツの数学者。1953没。
大庭柯公　おおばかこう　1872生。明治時代, 大正時代の新聞記者, 社会評論家。読売新聞編集局長。1924没。
ドホナーニ, エルンスト・フォン　1877生。ハンガリーの作曲家, ピアニスト, 指揮者。1960没。
松井石根　まついいわね　1878生。大正時代, 昭和時代の陸軍軍人。大将。1948没。
赤木格堂　あかぎかくどう　1879生。明治時代-昭和時代の俳人, 歌人, 政治家。衆議院議員。1948没。
フィッシャー, ハンス　1881生。ドイツの有機化学者。1945没。
小南又一郎　こみなみまたいちろう　1883生。大正時代, 昭和時代の法医学者。京都大学教授, 日本法医学会会長。1954没。
玉井潤次　たまいじゅんじ　1883生。昭和時代の弁護士, 政治家。衆議院議員。1958没。
前田夕暮　まえだゆうぐれ　1883生。明治時代-昭和時代の歌人。1951没。
ベルトラム, エルンスト　1884生。ドイツの詩人, 文学史家, 随筆家。1957没。
山本有三　やまもとゆうぞう　1887生。大正時代, 昭和時代の劇作家, 小説家。参院議員。

7月27日

千金良宗三郎　ちぎらそうざぶろう　1891生。昭和時代の銀行家。千代田銀行（現三菱銀行）頭取，全国銀行協会連合会会長。1985没。

フェヒナー　1892生。ドイツの政治家。1973没。

カラワーエワ，アンナ・アレクサンドロヴナ　1893生。ソ連の女流作家。1979没。

舟木重信　ふなきしげのぶ　1893生。大正時代，昭和時代のドイツ文学者，小説家。学芸自由同盟書記長。1975没。

大泉黒石　おおいずみこくせき　1894生。大正時代，昭和時代の小説家，ロシア文学者。1957没。

清水多嘉示　しみずたかし　1897生。大正時代，昭和時代の彫刻家。1981没。

山口草堂　やまぐちそうどう　1898生。昭和時代の俳人。「南風」主宰。1985没。

レーベジェフ-クマーチ，ワシーリー・イワノヴィチ　1898生。ソ連邦の詩人。1949没。

上田茂樹　うえだしげき　1900生。大正時代，昭和時代の社会運動家。1932没。

小野十三郎　おのとおざぶろう　1903生。大正時代-平成時代の詩人。大阪文学学校校長，帝塚山学院短期大学教授。1996没。

チェルカーソフ，ニコライ　1903生。ソ連の俳優。1966没。

徳山璉　とくやまたまき　1903生。大正時代，昭和時代のバリトン歌手。1942没。

ドーリン，アントン　1904生。イギリスの舞踊家。1983没。

ランゲ　1904生。ポーランドの経済学者。1965没。

横山美智子　よこやまみちこ　1905生。昭和時代の小説家，児童文学作家。1986没。

白川渥　しらかわあつし　1907生。昭和時代の小説家。神戸市教育委員長，明石短期大学教授。1986没。

ピオヴェーネ，グイード　1907生。イタリアの小説家，評論家。1974没。

マルケーヴィチ，イーゴリ・ボリーソヴィチ　1912生。ロシア生まれイタリアの指揮者・作曲家。1983没。

セレーニ，ヴィットーリオ　1913生。イタリアの詩人。1983没。

デル・モナコ，マリオ　1915生。イタリアのオペラ歌手。1982没。

鶴岡一人　つるおかかずと　1916生。昭和時代の野球評論家，プロ野球監督。2000没。

中沢護人　なかざわもりと　1916生。昭和時代，平成時代の科学技術史家。2000没。

山村雄一　やまむらゆういち　1918生。昭和時代の内科学者。大阪大学教授，日本免疫学会会長。1990没。

大辻清司　おおつじきよじ　1923生。昭和時代，平成時代の写真家。2001没。

高島忠夫　たかしまただお　1930生。昭和時代，平成時代の俳優，司会業。

矢川澄子　やがわすみこ　1930生。昭和時代，平成時代の小説家，詩人，翻訳家。2002没。

キュー・サムファン　1931生。カンボジアの政治家。

バウシュ，ピナ　1940生。ドイツの舞踊家，振付師。

かわぐちかいじ　かわぐちかいじ　1948生。昭和時代，平成時代の漫画家。

フレミング，ペギー　1948生。アメリカのプロフィギュアスケート選手。

勝野洋　かつのひろし　1949生。昭和時代，平成時代の俳優。

ディーン，クリストファー　1958生。イギリスのフィギュアスケート選手。

麻倉未稀　あさくらみき　1960生。昭和時代，平成時代の歌手。

渡嘉敷勝男　とかしきかつお　1960生。昭和時代，平成時代のタレント，元・プロボクサー。

寺田恵子　てらだけいこ　1963生。昭和時代，平成時代のロック歌手。

チラベルト，ホセ・ルイス　1965生。パラグアイの元・サッカー選手。

長崎宏子　ながさきひろこ　1968生。昭和時代，平成時代のスポーツコンサルタント，元・水泳選手。

榊原利彦　さかきばらとしひこ　1969生。平成時代の俳優。

上妻宏光　あがつまひろみつ　1973生。平成時代の津軽三味線奏者。

ロドリゲス，アレックス　1975生。アメリカの大リーグ選手。

星野真里　ほしのまり　1981生。平成時代の女優。

7月28日

○記念日○　菜っ葉の日

郭威　かくい　904生。中国、五代後周の初代皇帝。954没。

イブン・アル・アラビー　1165生。スペインのアラブ系神秘派思想家、詩人。1240没。

サンナザーロ、ヤーコポ　1456生。イタリアの詩人。1530没。

クローツィウス、ヨーハン　1590生。ドイツの神学者、調停的カルヴァン主義者。1659没。

アンション　1659生。フランスの歴史家。1715没。

天真法親王　てんしんほうしんのう　1664生。江戸時代前期、中期の後西天皇の第5皇子。1690没。

松平基知　まつだいらもとちか　1679生。江戸時代中期の大名。1729没。

慈雲　じうん　1718生。江戸時代中期、後期の真言宗の僧。1805没。

大塚孝綽　おおつかたかやす　1719生。江戸時代中期の儒学者。1792没。

ストラット　1726生。イギリスの木綿紡績業者、靴下編機改良家。1797没。

ロー　1769生。イギリスの軍人。1844没。

長野豊山　ながのほうざん　1783生。江戸時代後期の儒者。1837没。

菊池淡雅　きくちたんが　1789生。江戸時代後期の商人。1853没。

太田資始　おおたすけもと　1799生。江戸時代末期の大名、老中。1867没。

ルメートル、フレデリック　1800生。フランスの俳優。1876没。

フォイアバハ、ルートヴィヒ・アンドレーアス　1804生。ドイツの唯物論哲学者。1872没。

加藤桜老　かとうおうろう　1811生。江戸時代、明治時代の儒学者。藩校明倫館教授。1884没。

クラシェフスキ、ユゼフ・イグナツィ　1812生。ポーランドの小説家、文芸評論家、歴史家、社会活動家。1887没。

前田孫右衛門　まえだまごえもん　1818生。江戸時代末期の長州(萩)藩士。1865没。

アルピニー、アンリ　1819生。フランスの風景画家。1916没。

高崎正風　たかさきまさかぜ　1836生。江戸時代、明治時代の歌人。御歌所所長。1912没。

コープ、エドワード・ドリンカー　1840生。アメリカの脊椎動物化石の研究家。1897没。

ブッシェル　1844生。イギリスの東洋学者。1908没。

ブトルー、エティエンヌ・エミール　1845生。フランスの唯心論哲学者。1921没。

マシャド　1851生。ポルトガルの首相(1914, 21)、大統領(15～17, 25～26)。1944没。

リップス、テーオドア　1851生。ドイツの心理学者、哲学者。1914没。

菊池武夫　きくちたけお　1854生。明治時代の法律学者。法学博士、司法省民事局長。1912没。

田中壌　たなかさかい　1858生。江戸時代、明治時代の森林植物学者。1903没。

ヒルプレヒト、ヘルマン・フォルラート　1859生。アメリカ(ドイツ生まれ)のアッシリア学者。1925没。

蓼沼丈吉　たでぬまじょうきち　1863生。明治時代、大正時代の実業家、政治家。衆議院議員。1919没。

フィリップス　1864生。イギリスの詩人、劇作家。1915没。

狩野亨吉　かのうこうきち　1865生。明治時代の哲学者、教育者。文学博士。1942没。

キューネマン　1868生。ドイツの哲学者、文学史家。1946没。

スピール、アンドレ　1868生。フランスの詩人。1966没。

ラガーツ、レオンハルト　1868生。スイスのプロテスタント神学者。1945没。

サロー、アルベール　1872生。フランス急進社会党の政治家。首相。1962没。

奥村甚之助　おくむらじんのすけ　1874生。明治時代-昭和時代の無産運動家。1930没。

カッシーラー、エルンスト　1874生。ドイツのユダヤ人哲学者。1945没。

大原孫三郎　おおはらまごさぶろう　1880生。大正時代，昭和時代の実業家。倉敷紡績社長。1943没。

長井真琴　ながいまこと　1881生。大正時代，昭和時代の仏教学者。東京帝国大学教授。1970没。

メイチェン，ジョン・グレシャム　1881生。アメリカの長老派神学者。1937没。

岸たまき　きしたまき　1882生。明治時代，大正時代に活躍した画家竹久夢二の妻。1945没。

片山哲　かたやまてつ　1887生。大正時代，昭和時代の政治家，社会運動家。首相，社会党委員長。1978没。

デュシャン，マルセル　1887生。フランスの画家，彫刻家。1968没。

北山河　きたさんが　1893生。昭和時代の俳人。1958没。

藤沢友吉（2代目）　ふじさわともきち　1895生。昭和時代の実業家。藤沢薬品工業社長。1972没。

犬養健　いぬかいたける　1896生。大正時代，昭和時代の政治家，小説家。法相，衆議院議員。1960没。

小田切武林　おだぎりたけしげ　1897生。昭和時代の銀行家。協和銀行頭取。1965没。

是川銀蔵　これかわぎんぞう　1897生。昭和時代の相場師。是川福祉基金理事長。1992没。

マーティン，（バジル・）キングズリー　1897生。イギリスのジャーナリスト。1969没。

田中慎次郎　たなかしんじろう　1900生。昭和時代のジャーナリスト，評論家。朝日新聞社取締役出版局長。1993没。

田原春次　たはらはるじ　1900生。昭和時代の社会運動家，政治家。衆議院議員。1973没。

フメリョーフ　1901生。ソ連の俳優，演出家。

チェレンコフ，パーヴェル・アレクセイエヴィッチ　1904生。ソ連の物理学者。1990没。

蓮田善明　はすだぜんめい　1904生。昭和時代の国文学者。1945没。

ロイド　1904生。イギリスの政治家。1978没。

木俣修　きまたおさむ　1906生。昭和時代の歌人，日本文学者。実践女子大学教授。1983没。

フリック，ゴットロープ　1906生。ドイツのバス歌手。1994没。

殿木圭一　とのきけいいち　1909生。昭和時代，平成時代の社会学者。(財)新聞通信調査会理事長，東京大学新聞研究所所長。1994没。

長洲一二　ながすかずじ　1919生。昭和時代，平成時代の政治家，経済学者。神奈川県知事，横浜国立大学教授。1999没。

渡辺美智雄　わたなべみちお　1923生。昭和時代，平成時代の政治家。衆院議員，副総理，外相，蔵相。1995没。

オナシス，ジャクリーヌ・ケネディ　1929生。米国・ケネディ大統領夫人。1994没。

坪井洋文　つぼいひろふみ　1929生。昭和時代の民俗学者。国学院大学教授，国立歴史民俗博物館教授・民俗研究部長。1988没。

小山正明　こやままさあき　1934生。昭和時代，平成時代の野球解説者，元・プロ野球選手。

チュアン・リークパイ　1938生。タイの政治家。

フジモリ，アルベルト　1938生。ペルーの政治家。

渡瀬恒彦　わたせつねひこ　1944生。昭和時代，平成時代の俳優。

セルジオ越後　せるじおえちご　1945生。昭和時代，平成時代のサッカー解説者。

大滝詠一　おおたきえいいち　1948生。昭和時代，平成時代の歌手，音楽プロデューサー。

チャベス，ウゴ　1954生。ベネズエラの政治家，元・軍人。

桂銀淑　ケイウンスク　1962生。韓国出身の歌手。

ライオネス飛鳥　らいおねすあすか　1963生。昭和時代，平成時代の元・女子プロレスラー。

スガ・シカオ　1966生。昭和時代，平成時代のシンガーソングライター。

高田聖子　たかだしょうこ　1967生。昭和時代，平成時代の女優。

畑山隆則　はたけやまたかのり　1975生。平成時代の元・プロボクサー。

雅山哲士　みやびやまてつし　1977生。平成時代の力士（幕内）。

徳重聡　とくしげさとし　1978生。平成時代の俳優。

矢井田瞳　やいだひとみ　1978生。平成時代のシンガーソングライター。

登場人物

大空翼　おおぞらつばさ　『キャプテン翼』の主人公。

7月28日

7月29日

○記念日○　アマチュア無線の日

モーキ, フランチェスコ　1580生。イタリアの彫刻家。1654没。

ダッハ, ジーモン　1605生。ドイツの詩人。1659没。

徳川光友　とくがわみつとも　1625生。江戸時代前期, 中期の大名。1700没。

道仁　どうにん　1689生。江戸時代中期の天台宗の僧。1733没。

伊藤蘭嵎　いとうらんえん　1727生。江戸時代中期の備後福山藩士。1788没。

小坂実信　こさかさねのぶ　1776生。江戸時代後期の美濃武儀郡上有知村の長者。1852没。

コラール, ヤーン　1793生。チェコスロバキアの詩人, スラブ古代史家。1852没。

ヴィンター, クリスチャン　1796生。デンマークの自然詩人。1876没。

矢沢頼亮　やざわよりたか　1796生。江戸時代後期の信濃松代藩士。1841没。

岡本保孝　おかもとやすたか　1797生。江戸時代, 明治時代の国学者。大学中博士。1878没。

ドルー　1797生。アメリカの実業家, 証券投機業者。1879没。

ブレッヒェン, カール　1798生。ドイツの画家。1840没。

トックヴィル, アレクシス・ド　1805生。フランスの歴史家, 政治家。1859没。

岡谷瑳磨介　おかのやさまのすけ　1807生。江戸時代末期の家老。1865没。

浅野長訓　あさのながみち　1812生。江戸時代末期, 明治時代の大名。1872没。

松平斉民　まつだいらなりたみ　1814生。江戸時代, 明治時代の津山藩主。1891没。

ハンセン, アルマウエル・ゲルハルト・ヘンリク　1841生。ノルウェーの医学者, 癩菌の発見者。1912没。

シュミット　1843生。ドイツの言語学者。1901没。

ノルダウ, マックス　1849生。ハンガリーのユダヤ人小説家, 評論家, 医師。1923没。

シュトルツ　1850生。オーストリアのラテン語学者。1915没。

ケルシェンシュタイナー　1854生。ドイツの教育学者, 教育改革家。1932没。

グロッセ　1862生。ドイツの民族学者, 芸術学者。1927没。

大橋新太郎　おおはししんたろう　1863生。明治時代–昭和時代の実業家, 出版人。博文館社長。1944没。

コラディーニ　1865生。イタリアの政治家, 評論家。1931没。

ターキントン, ブース　1869生。アメリカの小説家, 劇作家。1946没。

ウッズワース, ジェイムズ・シェイヴァー　1874生。カナダの人道主義者, 改革者。1942没。

シュトラム, アウグスト　1874生。ドイツの詩人。1915没。

松尾国松　まつおくにまつ　1874生。明治時代–昭和時代の官吏, 政治家。岐阜市長, 貴族院議員。1958没。

河井道　かわいみち　1877生。明治時代–昭和時代の教育者。1953没。

ビービ, (チャールズ・) ウィリアム　1877生。アメリカの動物学者, 探検家。1962没。

マークィス, ドン　1878生。アメリカの小説家。1937没。

大須賀乙字　おおすがおつじ　1881生。明治時代, 大正時代の俳人。東京音楽学校教授。1920没。

ムッソリーニ, ベニト　1883生。イタリアの政治家, ファシズム運動の指導者。1945没。

重光葵　しげみつまもる　1887生。大正時代, 昭和時代の外交官, 政治家。駐英大使, 衆議院議員。1957没。

ロンバーグ, シグマンド　1887生。ハンガリー生まれのアメリカの作曲家。1951没。

ロイター　1889生。西ドイツの政治家。1953没。

レッペ　1892生。ドイツの有機化学者。1969没。

カトリン　1896生。イギリスの政治学者。1979没。

ラービ, イジドール・アイザック　1898生。オーストリア生まれのアメリカの物理学者。1988没。
ユーンソン, エイヴィンド　1900生。スウェーデンの小説家。1976没。
ラティモア, オーウェン　1900生。アメリカのアジア研究家。1989没。
レッドマン, ドン　1900生。アメリカのジャズ・バンド・リーダー, サックス奏者。1964没。
谷口豊三郎　たにぐちとよさぶろう　1901生。昭和時代の実業家。東洋紡績社長。1994没。
グレーザー, エルンスト　1902生。ドイツの作家。1963没。
藤枝丈夫　ふじえだたけお　1903生。大正時代, 昭和時代の評論家, 社会運動家。1985没。
ターター　1904生。インドの財界人。1993没。
ハマーショルド, ダグ　1905生。スウェーデンの政治家。1961没。
ボー, クララ　1905生。アメリカの映画女優。1965没。
角田儀平治　つのだぎへいじ　1906生。昭和時代の社会運動家, 弁護士。群馬弁護士会会長。1997没。
江田三郎　えださぶろう　1907生。昭和時代の政治家。衆議院議員。1977没。
船山信一　ふなやましんいち　1907生。昭和時代, 平成時代の哲学者。立命館大学教授。1994没。
大原総一郎　おおはらそういちろう　1909生。昭和時代の実業家, 社会・文化事業家。倉敷紡績社長, 関西経済連合会副会長。1968没。
中村勘三郎(17代目)　なかむらかんざぶろう　1909生。昭和時代の歌舞伎俳優。1988没。
田中文雄　たなかふみお　1910生。昭和時代の実業家。王子製紙社長, 日本製紙連合会会長。1998没。
木村睦男　きむらむつお　1913生。昭和時代の政治家。参議院議長, 運輸相。2001没。
玉城康四郎　たまきこうしろう　1915生。昭和時代, 平成時代の仏教学者。東京大学教授, 日本大学教授。1999没。
クリスティアン, チャーリー　1916生。アメリカのジャズ・ギタリスト。1942没。
ドゥジンツェフ, ウラジーミル・ドミトリエヴィチ　1918生。ソ連の小説家。1998没。

グールドナー　1920生。アメリカの社会学者。1980没。
古屋能子　ふるやよしこ　1920生。昭和時代の反戦・市民運動家。1983没。
中村秀吉　なかむらひできち　1922生。昭和時代の哲学者。千葉大学教授。1986没。
江熊要一　えぐまよういち　1924生。昭和時代の精神神経科学者。1974没。
ワインストック(バウデンの), アーノルド, 男爵　1924生。イギリスの財界人。2002没。
橋本龍太郎　はしもとりゅうたろう　1937生。昭和時代, 平成時代の政治家, 首相。2006没。
安奈淳　あんなじゅん　1947生。昭和時代, 平成時代の女優。
せんだみつお　せんだみつお　1947生。昭和時代, 平成時代のタレント。
山際淳司　やまぎわじゅんじ　1948生。昭和時代, 平成時代のノンフィクション作家, 小説家。1995没。
山田久志　やまだひさし　1948生。昭和時代, 平成時代の野球評論家, 元・プロ野球選手。
マワ, ジャミル　1949生。エクアドルの政治家。
秋吉久美子　あきよしくみこ　1954生。昭和時代, 平成時代の女優。
志位和夫　しいかずお　1954生。昭和時代, 平成時代の政治家。
ハイマン, フローラ　1954生。アメリカのバレーボール選手。1986没。
三屋裕子　みつやゆうこ　1958生。昭和時代, 平成時代のスポーツアドバイザー, 元・バレーボール選手。
小野リサ　おのりさ　1962生。昭和時代, 平成時代のボサノバ歌手。
高木美保　たかぎみほ　1962生。昭和時代, 平成時代のタレント, エッセイスト。
斎藤友佳理　さいとうゆかり　1967生。昭和時代, 平成時代のバレリーナ。
坂ト香織　さかがみかおり　1974生。平成時代の女優。
アロンソ, ノエルナンド　1981生。スペインのF1ドライバー。

7月29日

7月30日

○記念日○ 梅干の日
○忌　日○ 左千夫忌
　　　　　宗祇忌
　　　　　潤一郎忌

足利義稙　あしかがよしたね　1466生。戦国時代の室町幕府第10代の将軍。1523没。
ヴァザーリ, ジョルジョ　1511生。イタリアの画家, 建築家, 文筆家。1574没。
柳原淳光　やなぎはらあつみつ　1541生。安土桃山時代の公卿。1597没。
竜渓性潜　りゅうけいしょうせん　1602生。江戸時代前期の僧。1670没。
フラーフ, レイニール・デ　1641生。オランダの医師, 解剖学者。1673没。
ゴリーツィン, ボリス　1654生。ロシアの貴族, 政治家。1713没。
松平長孝　まつだいらながたか　1725生。江戸時代中期の大名。1762没。
加藤東郡　かとうとうぐん　1732生。江戸時代中期の儒者。1751没。
ロジャーズ, サミュエル　1763生。イギリスの詩人。1855没。
松前章広　まつまえあきひろ　1775生。江戸時代後期の大名。1833没。
岩松徳純　いわまつよしずみ　1777生。江戸時代中期, 後期の武士。1825没。
グロールマン　1777生。ドイツ(プロイセン)の軍人。1843没。
ムラヴィヨーフ　1796生。ロシアの軍人, 近衛大尉, デカブリスト。1843没。
レマーク, ロベルト　1815生。ドイツ(ユダヤ系)生理学者, 神経病学者。1865没。
ブロンテ, エミリー　1818生。イギリスの女流小説家。1848没。
ディーコン, ヘンリー　1822生。イギリスのアルカリ工業技術者。1876没。
リヒター　1838生。ドイツの政治家。1906没。
マルティーニ, フェルディナンド　1841生。イタリアの政治家, 劇作家, 評論家, 小説家。1928没。
オブライエン　1842生。アメリカの外交官。没年不詳。
ホールデイン(クローンの), リチャード・バードン・ホールデイン, 初代子爵　1856生。イギリスの政治家。1928没。
ヴェブレン, ソースタイン(・ブンデ)　1857生。アメリカの経済学者, 社会学者。1929没。
ユデーニチ　1862生。ロシアの陸軍軍人。1933没。
ライ　1862生。ドイツの教育学者, 実験教育学の創始者。1926没。
フォード, ヘンリー　1863生。アメリカの実業家(自動車王)。1947没。
ウェーバー　1868生。ドイツの経済地理学者。1958没。
コルニロフ, ラヴル・ゲオルギエヴィチ　1870生。ロシアの軍人。1918没。
三島霜川　みしまそうせん　1876生。明治時代-昭和時代の小説家, 劇評家。1934没。
岩野平三郎(初代)　いわのへいざぶろう　1878生。大正時代, 昭和時代の和紙製作家。1960没。
雁金準一　かりがねじゅんいち　1879生。明治時代-昭和時代の囲碁棋士。1959没。
マコーミック　1880生。アメリカのジャーナリスト。1955没。
シャンプティエ・ド・リブ　1882生。フランスの政治家。1947没。
ヴェニング・マイネツ, フェリックス・アンドリエス　1887生。オランダの地球物理学者。1966没。
ステンゲル, ケーシー　1889生。アメリカの大リーグ監督。1975没。
ツヴォリキン, ウラディミール・コズマ　1889生。ロシア生まれのアメリカの物理学者。1982没。
マセレール, フランス　1889生。ベルギーの画家, 木版画家。1972没。
ステンゲル, ケイシー　1890生。アメリカの野球監督。1975没。
工藤昭四郎　くどうしょうしろう　1894生。昭和時代の銀行家, 財界人。東京都民銀行頭取, 復興金融公庫理事長。1977没。

中河幹子　なかがわみきこ　1895生。大正時代,昭和時代の歌人。共立女子大学教授。1980没。

ムア,ヘンリー　1898生。イギリスの彫刻家。1986没。

木内信胤　きうちのぶたね　1899生。昭和時代の経済評論家,政治評論家。世界経済調査会理事長。1993没。

ムーア,ジェラルド　1899生。イギリスのピアニスト。1987没。

スタフスキー,ウラジーミル・ペトローヴィチ　1900生。ソ連の小説家。1943没。

原田慶吉　はらだけいきち　1903生。昭和時代の法学者。東京帝国大学教授。1950没。

那須辰造　なすたつぞう　1904生。昭和時代の小説家,児童文学者。1975没。

新規矩男　あたらしきくお　1907生。昭和時代,平成時代の西洋美術史家。東京芸術大学教授。1977没。

厨川文夫　くりやがわふみお　1907生。昭和時代の英文学者。慶応義塾大学教授,成城大学教授。1978没。

千草恒男　ちくさつねお　1908生。昭和時代の市民運動家。1983没。

パーキンソン,シリル・ノースコート　1909生。イギリスの歴史学者,経営研究者。1993没。

山本清二郎　やまもとせいじろう　1910生。昭和時代,平成時代の検察官,弁護士。大阪高検検事長,中央大学理事長。1995没。

盛田嘉徳　もりたよしのり　1912生。昭和時代の同和教育研究者。大阪教育大学教授。1981没。

小野光敬　おのこうけい　1913生。昭和時代,平成時代の刀剣研磨師。日本美術刀剣研磨保存会幹事長,日本美術刀剣保存協会刀剣審査員。1994没。

新美南吉　にいみなんきち　1913生。昭和時代の児童文学者,詩人。1943没。

加藤曾吉　かとうしょうきち　1914生。昭和時代の作詞家,童謡詩人。2000没。

上林吾郎　かんばやしごろう　1914生。昭和時代,平成時代の編集者。文芸春秋社長。2001没。

キラニン　1914生。アイルランドのキラニン男爵家3代目当主。1999没。

立原道造　たちはらみちぞう　1914生。昭和時代の詩人。1939没。

善竹幸四郎　ぜんちくこうしろう　1916生。昭和時代,平成時代の狂言師(大蔵流)。1999没。

真山美保　まやまみほ　1922生。昭和時代,平成時代の劇作家,演出家。2006没。

荒井注　あらいちゅう　1928生。昭和時代,平成時代のコメディアン,俳優。2000没。

大橋保夫　おおはしやすお　1929生。昭和時代,平成時代のフランス文学者。京都大学教授。1998没。

関直人　せきなおと　1929生。昭和時代,平成時代の振付師,元・バレエダンサー。

池上忠治　いけがみちゅうじ　1936生。昭和時代,平成時代の美術史家。神戸大学教授。1994没。

宮城能鳳　みやぎのうほう　1938生。昭和時代,平成時代の琉球舞踊家。

高橋美智子　たかはしみちこ　1939生。昭和時代,平成時代のマリンバ奏者,パーカッション奏者。

ボグダノビッチ,ピーター　1939生。アメリカの映画監督。

斎藤晴彦　さいとうはるひこ　1940生。昭和時代,平成時代の俳優,演出家。

アンカ,ポール　1941生。アメリカのポピュラー歌手,作詞・作曲家。

サンボーン,デービッド　1945生。アメリカのジャズ・アルトサックス奏者。

シュワルツェネッガー,アーノルド　1947生。アメリカの俳優,政治家,元・ボディビルダー。

レノ,ジャン　1948生。フランスの俳優。

ブッシュ,ケイト　1958生。イギリスのミュージシャン。

クリンスマン,ユルゲン　1964生。ドイツのサッカー監督,元・サッカー選手。

スワンク,ヒラリー　1974生。アメリカの女優。

7月30日

7月31日

○記念日○ パラグライダー記念日
蓄音機の日

フィリップ3世　1396生。フランス，第3代ブルゴーニュ公(1419〜67)。1467没。
アウグスト1世　1526生。ザクセン選帝侯(在位1553〜86)。1586没。
マクシミリアン2世　1527生。神聖ローマ帝国皇帝(在位1564〜76)。1576没。
カントン, ジョン　1718生。イギリスの自然科学者。1772没。
モンセー　1754生。フランスの軍人。1842没。
ケント　1763生。アメリカの法学者。1847没。
サヴォーリ　1794生。アメリカの小笠原諸島最初の移住者。1874没。
ド ビュロー, ジャン-バチスト-ガスパール　1796生。フランスのパントマイムの俳優。1846没。
ヴェーラー, フリードリヒ　1800生。ドイツの化学者。1882没。
エリクソン, ジョン　1803生。アメリカの造船家, 発明家。1889没。
トマス, ジョージ・H(ヘンリー)　1816生。アメリカの軍人。1870没。
モンパンシエ　1824生。フランスの軍人。1890没。
クラーク, ウィリアム・スミス　1826生。アメリカの教育家, 化学鉱物学者。1886没。
オイレンブルク　1831生。ドイツの政治家。1912没。
ブリソン　1835生。フランスの政治家。1912没。
メルヴィル, G.　1841生。アメリカの北極探検家, 海軍技術家。1912没。
ローゼガー, ペーター　1843生。オーストリアの小説家。1918没。
カナレハス・イ・メンデス　1854生。スペインの政治家。1912没。
グリュンヴェーデル, アルバート　1856生。ドイツの人類学者。1935没。
スミス, シオボルド　1859生。アメリカの獣医学者, 病理学者。1934没。
ブレモン, アンリ　1865生。フランスの宗教, 文学の研究家。1933没。

ブランデンブルク　1868生。ドイツの歴史家。1946没。
ヴィヨン, ジャック　1875生。フランスの画家。1963没。
柳田国男　やなぎたくにお　1875生。明治時代-昭和時代の民俗学者。国学院大学大学院教授。1962没。
食満南北　けまなんぼく　1880生。明治時代-昭和時代の劇作家。1957没。
プレームチャンド　1880生。インド, ヒンディー語の小説家。1936没。
プレームチャンド　1880生。インドの作家。1936没。
ゲラーシモフ, アレクサンドル・ミハイロヴィチ　1881生。ソ連邦の画家。1963没。
ヘッケル, エーリヒ　1883生。ドイツの画家。1970没。
ペルメケ, コンスタント　1886生。ベルギーの画家, 彫刻家。1952没。
牛島満　うしじまみつる　1887生。大正時代, 昭和時代の陸軍軍人。大将。1945没。
フライアー　1887生。ドイツの社会学者。1969没。
松平里子　まつだいらさとこ　1896生。大正時代, 昭和時代のソプラノ歌手。1931没。
中村高一　なかむらたかいち　1897生。大正時代, 昭和時代の政治家, 弁護士。衆議院議員。1981没。
スラーンスキー　1901生。チェコスロヴァキアの政治家。1951没。
デュビュフェ, ジャン　1901生。フランスの画家。1985没。
尾崎陞　おざきすすむ　1904生。昭和時代, 平成時代の社会運動家, 弁護士。尾崎法律事務所長。1994没。
コーサンビー　1907生。インドの数学者, 歴史家。1969没。
白鳥由栄　しらとりよしえ　1907生。昭和時代の脱獄囚。1979没。

440

小谷正一　こたにまさかず　1912生。昭和時代のイベントプロデューサー，広告プロデューサー。デスクK社長，電通ラジオテレビ局長。1992没。
中村立行　なかむらりっこう　1912生。昭和時代，平成時代の写真家。1995没。
フリードマン，ミルトン　1912生。アメリカの経済学者。2006没。
ド・フュネス，ルイ　1914生。フランスの喜劇俳優。1983没。
アプセーカー，ハーバート　1915生。アメリカの歴史家，哲学者。
ジョーンズ，ハンク　1918生。アメリカのジャズピアニスト。
ボイヤー，ポール　1918生。アメリカの化学者。
デル・マー，ノーマン　1919生。イギリスの指揮者。1994没。
レーヴィ，プリーモ　1919生。イタリアの小説家。1987没。
藤原弘達　ふじわらひろたつ　1921生。昭和時代，平成時代の政治評論家。明治大学教授。1999没。
ベネンソン，ピーター　1921生。イギリスの人権活動家。アムネスティ創設者。2005没。
バウアー，ハンク　1922生。アメリカの大リーグ選手。2007没。
ニコルズ，ピーター　1927生。イギリスの劇作家。
内田栄一　うちだえいいち　1930生。昭和時代，平成時代の劇作家，演出家。1994没。
堂本暁子　どうもとあきこ　1932生。平成時代の政治家。
天沢退二郎　あまざわたいじろう　1936生。昭和時代，平成時代の詩人，評論家。
石立鉄男　いしだてててつお　1942生。昭和時代，平成時代の俳優。2007没。
チャップリン，ジェラルディン　1944生。アメリカの女優。

マートン，ロバート　1944生。アメリカの経済学者。
ランシング，シェリー　1944生。アメリカの映画プロデューサー。
和泉雅子　いずみまさこ　1947生。昭和時代，平成時代の女優，極地冒険家。
大山平一郎　おおやまへいいちろう　1947生。昭和時代，平成時代の指揮者，ビオラ奏者。
ベドリヌ，ユベール　1947生。フランスの政治家。元・外相。
岡崎友紀　おかざきゆき　1953生。昭和時代，平成時代の女優，タレント。
古谷徹　ふるやとおる　1953生。昭和時代，平成時代の声優。
黛まどか　まゆずみまどか　1962生。昭和時代，平成時代の俳人。
ローリング，J.K.　1965生。イギリスの児童文学作家。
ウォン，ジョイ　1967生。台湾の女優，歌手。
中山秀征　なかやまひでゆき　1967生。昭和時代，平成時代のタレント。
本田美奈子　ほんだみなこ　1967生。昭和時代，平成時代の歌手，女優。2005没。
島田律子　しまだりつこ　1968生。平成時代のタレント，エッセイスト。
ワンチョペ，パウロ　1976生。コスタリカのサッカー選手。
愛内里菜　あいうちりな　1980生。平成時代の歌手。
栗原恵　くりはらめぐみ　1984生。平成時代のバレーボール選手。
中村美律子　なかむらみつこ　歌手。

　　　　　　登場人物
ポッター，ハリー　1980生。J・K・ローリングのファンタジー小説の主人公。

7月31日

8月
August
葉月

◎誕生石◎　ペリドット

◎星　座◎　しし座／おとめ座

8月1日

○記念日○　観光の日
　　　　　水の日

- クラウディウス，ネロ・ゲルマーニクス・ティベリウス　前10生。ローマ皇帝(在位41〜54)。54没。
- ペルティナクス　126生。ローマ皇帝(在位193.1.〜193.3.)。193没。
- 性信　しょうしん　1005生。平安時代中期，後期の真言宗の僧。1085没。
- 尊円入道親王　そんえんにゅうどうしんのう　1298生。鎌倉時代後期，南北朝時代の僧。1356没。
- 近衛政家　このえまさいえ　1444生。室町時代，戦国時代の公卿。1505没。
- スホーレル，ヤン・ヴァン　1495生。オランダの画家。1562没。
- ジグムント2世　1520生。ポーランド国王(在位1548〜72)。1572没。
- メルヴィル，アンドリュー　1545生。スコットランドの学者，宗教改革者。1622没。
- ラ・モット・ル・ヴァイエ，フランソワ・ド　1588生。フランスの哲学者。1672没。
- 逸然　いつねん　1601生。江戸時代前期の渡来僧，南画伝来者。1668没。
- クリフォード　1630生。イギリス王政復古期の政治家。1673没。
- 河崎延貞　かわさきのぶさだ　1634生。江戸時代前期の国学者，伊勢の祠官。1709没。
- リッチ，セバスティアーノ　1660生。イタリアの画家。1734没。
- ウィルソン，リチャード　1714生。イギリスの画家。1782没。
- 利根姫　とねひめ　1717生。江戸時代中期の女性。陸奥仙台藩主伊達宗村の妻。1745没。
- ラマルク，ジャン・バティスト・ピエール・アントワーヌ・ド・モネ，シュヴァリエ・ド　1744生。フランスの博物学者。1829没。
- 佐竹義躬　さたけよしみ　1749生。江戸時代中期，後期の画家。1800没。
- ハラー，カール・ルートヴィヒ　1768生。スイスの政治学者。1854没。
- オーケン，ローレンツ　1779生。ドイツの生理学者，哲学者。1851没。
- 野崎武左衛門　のざきぶざえもん　1789生。江戸時代後期の塩業家。1864没。
- 木下逸雲　きのしたいつうん　1800生。江戸時代後期の画家。1866没。
- 柿右衛門(10代目)　かきえもん　1805生。江戸時代末期の赤絵磁器の陶工。1860没。
- 堀田正睦　ほったまさよし　1810生。江戸時代末期の大名，老中。1864没。
- デイナ，リチャード・ヘンリー，2世　1815生。アメリカの小説家，弁護士。1882没。
- メルヴィル，ハーマン　1819生。アメリカの小説家。1891没。
- グリゴーリエフ，アポロン・アレクサンドロヴィチ　1822生。ロシアの評論家，詩人。1864没。
- 呉昌碩　ごしょうせき　1844生。中国，清末から中華民国初めの書家，画家，篆刻家。1927没。
- シュヴァルベ　1844生。ドイツの人類学者，解剖学者。1916没。
- 小林清親　こばやしきよちか　1847生。明治時代の版画家。1915没。
- 団琢磨　だんたくま　1858生。明治時代–昭和時代の実業家。三井合名理事長。1932没。
- バルト　1858生。ドイツの哲学者，教育学者，社会学者。1922没。
- ドゥーメルグ，ガストン　1863生。フランスの大統領。1937没。
- 藤山雷太　ふじやまらいた　1863生。明治時代–昭和時代の実業家。大日本製糖社長，貴族院議員。1938没。
- 明石元二郎　あかしもとじろう　1864生。明治時代，大正時代の陸軍軍人。大将。1919没。
- 古島一雄　こじまかずお　1865生。明治時代–昭和時代の政治家。1952没。
- 安藤広太郎　あんどうひろたろう　1871生。明治時代–昭和時代の農学者，農事改良指導者。東京帝大教授，農商務省農事試験場長。1958没。

444

岡鬼太郎　おかおにたろう　1872生。明治時代–昭和時代の劇作家，演劇評論家。1943没。

会津八一　あいづやいち　1881生。大正時代，昭和時代の歌人，美術史家，書家。早稲田大学教授。1956没。

ウォーナー，ラングドン　1881生。アメリカの東洋美術研究家。1955没。

石原謙　いしはらけん　1882生。大正時代，昭和時代のキリスト教学者。東京女子大学学長，青山学院大学教授。1976没。

木下杢太郎　きのしたもくたろう　1885生。明治時代–昭和時代の詩人，劇作家，医学者。1945没。

ヘヴェシー，ゲオルク・カール・フォン　1885生。ハンガリーの化学者。1966没。

宮嶋資夫　みやじますけお　1886生。大正時代，昭和時代の小説家。1951没。

ゲルラハ　1889生。ドイツの物理学者。1979没。

室生犀星　むろうさいせい　1889生。大正時代，昭和時代の詩人，小説家。1962没。

豊竹団司　とよたけだんし　1891生。昭和時代の女義太夫節太夫。1989没。

蟹江ぎん　かにえぎん　1892生。長寿で国民的アイドルとなった双子姉妹の妹。2001没。

成田きん　なりたきん　1892生。長寿で国民的アイドルとなった双子姉妹の姉。2000没。

伊藤熹朔　いとうきさく　1899生。大正時代，昭和時代の舞台美術家。1967没。

松方三郎　まつかたさぶろう　1899生。大正時代，昭和時代の登山家，ジャーナリスト。日本山岳会会長，共同通信社専務理事。1973没。

水谷八重子　みずたにやえこ　1905生。大正時代，昭和時代の女優。1979没。

耕治人　こうはると　1906生。昭和時代の詩人，小説家。1988没。

シプトン，エリック　1907生。イギリスの登山家，探検家。1977没。

宮本常一　みやもとつねいち　1907生。昭和時代の民俗学者。1981没。

窪田章一郎　くぼたしょういちろう　1908生。昭和時代，平成時代の歌人，国文学者。「まひる野」主宰，早稲田大学教授。2001没。

今井田勲　いまいだいさお　1915生。昭和時代の評論家，編集者。文化学園出版局局長。1989没。

エベール，アンヌ　1916生。フランス系カナダの詩人，小説家。2000没。

内田朝雄　うちだあさお　1920生。昭和時代，平成時代の俳優。1996没。

大森荘蔵　おおもりしょうぞう　1921生。昭和時代，平成時代の哲学者。東京大学教授，放送大学教授。1997没。

中田喜直　なかだよしなお　1923生。昭和時代，平成時代の作曲家。日本童謡協会会長，フェリス女学院短期大学教授。2000没。

町田欣一　まちだきんいち　1925生。昭和時代の心理学者。1987没。

富小路禎子　とみのこうじよしこ　1926生。昭和時代，平成時代の歌人。「沃野」発行人。2002没。

三塚博　みつづかひろし　1927生。昭和時代，平成時代の政治家。2004没。

青木貞伸　あおきさだのぶ　1929生。昭和時代，平成時代の評論家。2000没。

イーグルバーガー，ローレンス　1930生。アメリカの外交専門家。

川本輝夫　かわもとてるお　1931生。昭和時代の市民運動家。水俣市議，チッソ水俣病患者連盟委員長。1999没。

金田正一　かねだまさいち　1933生。昭和–平成時代の野球評論家，元・プロ野球選手・監督。

サン・ローラン，イヴ　1936生。フランスのファッションデザイナー。

田村正和　たむらまさかず　1943生。昭和時代，平成時代の俳優。

法村牧緒　ほうむらまきお　1945生。昭和時代，平成時代のバレエダンサー，振付師。

つのだ☆ひろ　つのだひろ　1949生。昭和時代，平成時代のミュージシャン。

バキエフ，クルマンベク　1949生。キルギスの大統領。

ジンジッチ，ゾラン　1952生。セルビア・モンテネグロの政治家。2003没。

永野一男　ながのかずお　1952生。昭和時代の商品取引業者。豊田商事グループ総帥。1985没。

長谷川滋利　はせがわしげとし　1968生。平成時代の元・大リーグ選手，元・プロ野球選手。

米倉涼子　よねくらりょうこ　1975生。平成時代の女優。

尾上菊之助(5代目)　おのえきくのすけ　1977生。平成時代の歌舞伎俳優。

冨永愛　とみながあい　1982生。平成時代のファッションモデル。

8月1日

8月2日

○記念日○ 学制発布記念日
○忌　日○ 鬼貫忌

范仲淹　はんちゅうえん　989生。中国，北宋の政治家，文学者。1052没。

真壁氏幹　まかべうじもと　1550生。安土桃山時代，江戸時代前期の武将。1622没。

酒井田円西　さかいだえんせい　1574生。安土桃山時代，江戸時代前期の陶工柿右衛門の父。1651没。

小倉実起　おぐらさねおき　1622生。江戸時代前期の公家。1684没。

オードラン，ジェラール1世　1640生。フランスの銅版画家。1703没。

前田正甫　まえだまさとし　1649生。江戸時代前期，中期の大名。1706没。

徳川綱誠　とくがわつなまさ　1652生。江戸時代前期，中期の大名。1699没。

亮範　りょうはん　1670生。江戸時代中期の新義真言宗の僧。1739没。

オルレアン，フィリップ2世　1674生。フランスの摂政（1715～23）。1723没。

玉城朝薫　たまぐすくちょうくん　1684生。江戸時代中期の琉球王国の宮廷演劇「組踊」の大成者。1734没。

三浦梅園　みうらばいえん　1723生。江戸時代中期の哲学者，経済学者。1789没。

レ・クイ・ドン　1726生。ヴェトナム黎朝末期の文学者，政治家。1784没。

亀台尼　きだいに　1736生。江戸時代中期，後期の女性。俳人。1810没。

ランファン，ピエール・シャルル　1754生。フランス生まれのアメリカの建築家，工学者。1825没。

アンギアン　1772生。フランスの貴族。1804没。

シュトローマイヤー，フリードリヒ　1776生。ドイツの化学者，薬学者，鉱物分析家。1835没。

高杉宮内　たかすぎくない　1783生。江戸時代後期の近江彦根藩の兵学者。1823没。

グメリン，レオポルト　1788生。ドイツの化学者。1853没。

広瀬久兵衛　ひろせきゅうべえ　1790生。江戸時代，明治時代の実業家。1871没。

ピュージ，エドワード・ブーヴェリ　1800生。イギリスの神学者，オックスフォード運動の指導者。1882没。

ワイズマン，ニコラス・パトリク・スティーヴン　1802生。イギリスのカトリックの枢機卿。1865没。

牧野権六郎　まきのごんろくろう　1819生。江戸時代末期の備前岡山藩士。1869没。

ティンダル，ジョン　1820生。アイルランドの物理学者。1893没。

石河正養　いしこまさかい　1821生。江戸時代，明治時代の国学者。1891没。

フリーマン　1823生。イギリスの歴史学者。1892没。

パビア　1827生。スペインの軍人，政治家。1895没。

グレイ，イライシャ　1835生。アメリカの発明家。1901没。

小金井蘆州(2代目)　こがねいろしゅう　1848生。江戸時代，明治時代の講釈師。1908没。

河喜多能達　かわきたみちただ　1853生。明治時代，大正時代の応用化学者。工学博士。1924没。

松野クララ　まつのくらら　1853生。明治時代の幼児教育家。女子師範附属幼稚園主席保母。1941没。

蝶花楼馬楽(2代目)　ちょうかろうばらく　1864生。明治時代，大正時代の落語家。1914没。

山本東次郎(2代目)　やまもととうじろう　1864生。明治時代，大正時代の狂言師。狂言大蔵流山本家〔2代〕。1935没。

中村長八　なかむらちょうはち　1865生。大正時代，昭和時代のカトリック司祭。1940没。

バビット，アーヴィング　1865生。アメリカの評論家。1933没。

巌谷孫蔵　いわやまごぞう　1867生。明治時代，大正時代の法律学者。京都帝国大学教授，中華民国大総統府法律諮議。1918没。

ダウソン, アーネスト　1867生。イギリスの詩人, 短篇小説家。1900没。
コンスタンチノス1世　1868生。ギリシア国王（在位1913〜17, 20〜22）。1923没。
スローン, ジョン　1871生。アメリカの画家。1951没。
鵜沢総明　うざわふさあき　1872生。明治時代–昭和時代の弁護士, 政治家。明治大学総長, 衆議院議員。1955没。
河上清　かわかみきよし　1873生。明治時代–昭和時代のジャーナリスト。1949没。
アレクサンダル・オブレノビッチ5世　1876生。セルビア王（在位1889〜1903）。1903没。
大塚武松　おおつかたけまつ　1878生。明治時代–昭和時代の歴史学者。文部省維新史料編纂官。1946没。
カッラス, アイノ　1878生。フィンランドの作家。1956没。
ガリェゴス, ロムロ　1884生。ベネズエラの大統領, 小説家, 教育者。1969没。
塚本虎二　つかもととらじ　1885生。大正時代, 昭和時代のキリスト教伝道者, 聖書学者。1973没。
ブリス, アーサー　1891生。イギリスの作曲家。1975没。
速水御舟　はやみぎょしゅう　1894生。大正時代, 昭和時代の日本画家。1935没。
田辺南鶴(12代目)　たなべなんかく　1895生。大正時代, 昭和時代の講談師。1968没。
スーポー, フィリップ　1897生。フランスの詩人, ジャーナリスト。1990没。
桟敷芳子　さんじきよしこ　1902生。昭和時代の看護婦, 労働運動家。1992没。
大山義年　おおやまよしとし　1903生。昭和時代の応用化学者。東京工業大学教授, 東京大学教授。1977没。
中野好夫　なかのよしお　1003生。昭和時代の評論家, 英文学者。東京大学教授。1985没。
伊藤武雄　いとうたけお　1905生。昭和時代の声楽家。桐朋学園大学教授。1987没。
新村猛　しんむらたけし　1905生。昭和時代, 平成時代のフランス文学者, 平和運動家。名古屋大学教授。1992没。
高村象平　たかむらしょうへい　1905生。昭和時代の経済史学者。慶応義塾塾長, 中央教育審議会会長。1989没。
飯沼正明　いいぬまさあき　1912生。昭和時代の飛行士。1941没。

殿村藍田　とのむららんでん　1913生。昭和時代, 平成時代の書家。青藍社主幹, 読売書法会常任総務。2000没。
大江季雄　おおえすえお　1914生。昭和時代の陸上選手。1941没。
木下順二　きのしたじゅんじ　1914生。昭和時代, 平成時代の劇作家。2006没。
塚田正夫　つかだまさお　1914生。昭和時代の棋士。将棋名人, 日本将棋連盟会長。1977没。
氏原正治郎　うじはらしょうじろう　1920生。昭和時代の経済学者。東京大学教授, 雇用促進事業団雇用職業総合研究所長。1987没。
中内功　なかうちいさお　1922生。昭和時代, 平成時代の実業家。ダイエーグループ創業者。2005没。
ボールドウィン, ジェイムズ　1924生。アメリカの黒人小説家。1987没。
ビデラ, ホルヘ・ラファエル　1925生。アルゼンチンの大統領, 軍人。
谷洋子　たにようこ　1928生。昭和時代, 平成時代の女優。1999没。
ペイトン, キャサリーン　1929生。イギリスの児童文学作家。
オトゥール, ピーター　1932生。イギリスの俳優。
高橋悦史　たかはしえつし　1935生。昭和時代, 平成時代の俳優。1996没。
井尻千男　いじりかずお　1938生。昭和時代, 平成時代の評論家, コラムニスト。
パッテン, エドワード　1939生。アメリカの歌手。2005没。
ポール牧　ぽーるまき　1941生。昭和時代, 平成時代のコメディアン。2005没。
中上健次　なかがみけんじ　1946生。昭和時代, 平成時代の小説家。熊野大学出版局代表。1992没。
鴻上尚史　こうかみしょうじ　1958生。昭和時代, 平成時代の劇作家, 演出家, 作家, 映画監督。
柳家花緑　やなぎやかろく　1971生。平成時代の落語家。
オニール, スーザン　1973生。オーストラリアの元・水泳選手。
友近　ともちか　1973生。平成時代のタレント。

8月2日

8月3日

○記念日○ はさみの日
　　　　　はちみつの日
○忌　日○ 寂厳忌

後冷泉天皇　ごれいぜいてんのう　1025生。平安時代中期の第70代の天皇。1068没。

ドレ, エチエンヌ　1509生。フランスのユマニスト, 詩人, 出版者。1546没。

伊達政宗　だてまさむね　1567生。安土桃山時代, 江戸時代前期の大名。1636没。

モラッツォーネ　1573生。イタリアの画家。1626没。

豊臣秀頼　とよとみひでより　1593生。江戸時代前期の大名。1615没。

徳川家綱　とくがわいえつな　1641生。江戸時代前期の江戸幕府第4代の将軍。1680没。

緒方宗哲　おがたそうてつ　1645生。江戸時代前期, 中期の儒学者。1722没。

烏丸光栄　からすまるみつひで　1689生。江戸時代中期の歌人, 公家。1748没。

後桜町天皇　ごさくらまちてんのう　1740生。江戸時代中期, 後期の第117代の天皇。1813没。

ワイアット, ジェイムズ　1746生。イギリスの建築家。1813没。

スタナップ, チャールズ・スタナップ, 3代伯爵　1753生。イギリスの政治家, 自然科学者。1816没。

シュプレンゲル, クルト　1766生。ドイツの植物学者, 医学者。1833没。

フリードリヒ・ウィルヘルム3世　1770生。プロシア王(在位1797〜1840)。1840没。

高階枳園　たかしなしえん　1773生。江戸時代後期の医師。1843没。

松田直兄　まつだなおえ　1783生。江戸時代後期の歌学者。1854没。

パクストン, サー・ジョゼフ　1801生。イギリスの造園家, 建築家。1865没。

原口針水　はらぐちしんすい　1808生。江戸時代, 明治時代の真宗本願寺派僧侶。1893没。

フィッシュ, ハミルトン　1808生。アメリカの政治家。1893没。

春日潜庵　かすがせんあん　1811生。江戸時代, 明治時代の儒学者。奈良県知事。1878没。

後藤方乗　ごとうほうじょう　1816生。江戸時代後期, 末期の装剣金工。1856没。

アルブレヒト　1817生。オーストリア大公。1895没。

スティーヴンズ　1821生。アメリカの労働運動家。1882没。

小川鈴之　おがわすずゆき　1822生。江戸時代, 明治時代の下総結城藩士。1893没。

中村九郎　なかむらくろう　1828生。江戸時代末期の長州(萩)藩士, 尊攘運動家。1864没。

河内全節　こうちぜんせつ　1834生。明治時代の漢方医。1908没。

ブラック　1836生。アメリカの歯科医, 歯科病理学者, 細菌学者。1915没。

ユーイング, ジュリアーナ　1841生。イギリスの女流児童文学者。1885没。

デュラフォア, マルセル　1844生。フランスの考古学者。1920没。

フィッツジェラルド, ジョージ・フランシス　1851生。イギリスの物理学者。1901没。

ディーキン, アルフレッド　1856生。オーストラリアの政治家。1919没。

柳家小さん(3代目)　やなぎやこさん　1857生。明治時代, 大正時代の落語家。1930没。

サバティエ, ポル　1858生。フランスのプロテスタント教会史家。1928没。

キュルペ　1862生。ドイツの心理学者, 哲学者。1915没。

ガールドニ, ゲーザ　1863生。ハンガリーの作家。1922没。

ボールドウィン, S.　1867生。イギリスの政治家。1947没。

茅原華山　かやはらかざん　1870生。明治時代−昭和時代の評論家。1952没。

パリントン, ヴァーノン・ルイス　1871生。アメリカの文芸評論家, 歴史家。1929没。

ホーコン7世　1872生。ノルウェー王(在位1905〜57)。1957没。

岩崎小弥太　いわさきこやた　1879生。大正時代, 昭和時代の実業家。三菱合資会社社長。

1945没。
マテジウス 1882生。チェコスロバキアの言語学者,英文学者。1945没。
小野武夫 おのたけお 1883生。大正時代,昭和時代の農学者。法政大学教授。1949没。
ブラウン・ブランケ 1884生。スイスの生態学者。1980没。
ブルック,ルーパート 1887生。イギリスの詩人。1915没。
伊吹震 いぶきしん 1888生。大正時代,昭和時代の実業家。大日本製糖社長。1961没。
織田信恒 おだのぶつね 1889生。大正時代,昭和時代の漫画作家,政治家。貴族院議員,京浜自動車工業社長。1967没。
中山岩太 なかやまいわた 1895生。大正時代,昭和時代の写真家。1949没。
三井高公 みついたかきみ 1895生。大正時代,昭和時代の実業家。三井家当主。1992没。
嘉治隆一 かじりゅういち 1896生。昭和時代の評論家,ジャーナリスト。朝日新聞論説主幹。1978没。
楳茂都陸平 うめもとりくへい 1897生。大正時代,昭和時代の日本舞踊家。楳茂都流3代目家元。1985没。
岡西為人 おかにしためと 1898生。大正時代,昭和時代の医史学者,本草学者。瀋陽医学院教授,塩野義研究所顧問。1973没。
韓雪野 かんせつや 1900生。北朝鮮の作家。1962没。
パイル,アーニー 1900生。アメリカのジャーナリスト。1945没。
ヴィシンスキ,ステファン,枢機卿 1901生。ポーランドの宗教家。1981没。
閑院純仁 かんいんすみひと 1902生。大正時代,昭和時代の皇族,陸軍大将。1988没。
ブルギバ,ハビブ 1903生。チュニジアの大統領。2000没。
シマック,クリフォード 1904生。アメリカのSF作家。1988没。
藤井斉 ふじいひとし 1904生。大正時代,昭和時代の海軍軍人。少佐。1932没。
梅若六郎(55代目) うめわかろくろう 1907生。大正時代,昭和時代の能楽師。1979没。
三鬼陽之助 みきようのすけ 1907生。昭和時代,平成時代の経営評論家。2002没。
本島百合子 もとじまゆりこ 1907生。昭和時代の政治家。衆院議員。1972没。

ガイゼル,エルネスト 1908生。ブラジルの軍人,大統領。1996没。
三升家小勝(6代目) みますやこかつ 1908生。昭和時代の落語家。1971没。
伊藤佐喜雄 いとうさきお 1910生。昭和時代の小説家。1971没。
藤枝晃 ふじえだあきら 1911生。昭和時代,平成時代の東洋史学者。京都大学教授,文化財保護審議会専門委員。1998没。
岡田茂 おかだしげる 1914生。昭和時代の実業家。三越社長。1995没。
伊藤雄之助 いとうゆうのすけ 1919生。昭和時代の俳優。1980没。
サンプソン 1926生。イギリスのジャーナリスト。2004没。
観世榮夫 かんぜひでお 1927生。昭和時代,平成時代の能楽師(観世流シテ方),演出家,俳優。2007没。
望月カズ もちづきかず 1927生。昭和時代の福祉活動家。1983没。
サヴィンビ,ジョナス 1934生。アンゴラの解放勢力の指導者。2002没。
三遊亭小円遊(4代目) さんゆうていこえんゆう 1937生。昭和時代の落語家。1980没。
森内幸子 もりうちさちこ 1937生。昭和時代の栄養生理学者。日本女子大学教授。1987没。
シーン,マーティン 1940生。アメリカの俳優。
黒鉄ヒロシ くろがねひろし 1945生。昭和時代,平成時代の漫画家。
ラファラン,ジャンピエール 1948生。フランスの政治家。
サンペル・ピサノ,エルネスト 1950生。コロンビアの大統領。
チェルピンスキー,ワルデマール 1950生。ドイツの元・マラソン選手,マラソントレーナ
田中耕一 たなかこういち 1959生。昭和時代,平成時代の科学者。ノーベル化学賞受賞。
藤田朋子 ふじたともこ 1965生。昭和時代,平成時代の女優。
伊藤英明 いとうひであき 1975生。平成時代の俳優。
安藤希 あんどうのぞみ 1982生。平成時代のタレント。

8月3日

8月4日

○記念日○ 橋の日
　　　　　箸の日
○忌　日○ 夕爾忌

法蓮院宮　ほうれんいんのみや　1484生。戦国時代の後土御門天皇の第4皇子。1494没。

三条西実世　さんじょうにしさねよ　1511生。戦国時代、安土桃山時代の歌人・公卿。1579没。

ウルバーヌス7世　1521生。ローマ教皇。1590没。

スカリジェール, ジョゼフ-ジュスト　1540生。フランスの人文主義者。1609没。

ドービニャック, フランソワ・エドラン　1604生。フランスの小説家, 劇評家。1676没。

サンダランド　1640生。イギリスの政治家。1702没。

三宅おきう　みやけおきゅう　1673生。江戸時代中期の女性。荻生祖来の先妻。1705没。

エルネスティ, ヨーハン・アウグスト　1707生。ドイツの神学者, 文献学者。1781没。

鍋島治茂　なべしまはるしげ　1745生。江戸時代中期, 後期の大名。1805没。

菅井覇陵　すがいはりょう　1747生。江戸時代中期の儒者。1784没。

山梨稲川　やまなしとうせん　1771生。江戸時代後期の漢学者。1826没。

ラーデマッハー　1772生。ドイツの医師。1850没。

ウォードロップ　1782生。イギリスの外科医。1869没。

井上正鉄　いのうえまさかね　1790生。江戸時代後期の神道家。1849没。

アーヴィング, エドワード　1792生。スコットランド教会の牧師, 説教者。1834没。

シェリー, パーシー・ビッシュ　1792生。イギリスの詩人。1822没。

竹本染太夫(6代目)　たけもとそめたゆう　1797生。江戸時代, 明治時代の義太夫節の太夫。1869没。

ナルバエス　1800生。スペインの軍人政治家。1868没。

ハミルトン, サー・ウィリアム・ローワン　1805生。イギリスの数学者, 物理学者, 天文学者。1865没。

ヴンダーリヒ, カール・アウグスト　1815生。ドイツの医者。1877没。

モレッリ, ドメーニコ　1826生。イタリアの画家。1901没。

吉田松陰　よしだしょういん　1830生。江戸時代末期の長州(萩)藩士。1859没。

ヴェン, ジョン　1834生。イギリスの論理学者。1923没。

仲家太郎吉　なかやたろきち　1839生。江戸時代末期, 明治時代の漁業改良者。1901没。

ペイター, ウォルター　1839生。イギリスの批評家, 随筆家。1894没。

ハドソン, W.H.　1841生。イギリスの文筆家, 博物学者。1922没。

小西六右衛門　こにしろくえもん　1847生。明治時代, 大正時代の実業家。1921没。

神鞭知常　こうむちともつね　1848生。明治時代の官僚, 政治家。衆議院議員。1905没。

安達憲忠　あだちけんちゅう　1857生。明治時代, 大正時代の社会事業家。東京市養育院幹事。1930没。

ハムスン, クヌート　1859生。ノルウェーの作家。1952没。

ヘッド, サー・ヘンリー　1861生。イギリスの神経病学者。1940没。

ポール・ボンクール　1873生。フランスの政治家。1972没。

豊竹呂昇　とよたけろしょう　1874生。明治時代, 大正時代の女義太夫。1930没。

中沢弘光　なかざわひろみつ　1874生。明治時代-昭和時代の洋画家。1964没。

フィリップ, シャルル-ルイ　1874生。フランスの小説家。1909没。

桂春団治(初代)　かつらはるだんじ　1878生。明治時代-昭和時代の上方落語家。1934没。

長寿吉　ちょうひさよし　1880生。明治時代-昭和時代の歴史学者。学習院大学教授, 上智大学教授。1971没。

シッケレ, ルネ　1883生。ドイツの作家。1940没。

田部重治　たなべじゅうじ　1884生。大正時代，昭和時代の英文学者，登山家。東洋大学教授，実践女子大学教授。1972没。

新関良三　にいぜきりょうぞう　1889生。大正時代，昭和時代のドイツ文学者，演劇研究家。埼玉大学長。1979没。

殖田俊吉　うえだしゅんきち　1890生。昭和時代の政治家，官僚。法務総裁，行政管理庁長官。1960没。

清水良雄　しみずよしお　1891生。大正時代，昭和時代の洋画家，童画家。1954没。

アイメルト，ヘルベルト　1897生。ドイツの音楽理論家，作曲家，評論家。1972没。

大越諄　おおこしまこと　1899生。昭和時代の機械工学者。東京大学教授，機械試験所所長。1969没。

エリザベス皇太后　1900生。英国・ジョージ6世王妃。2002没。

アームストロング，ルイ　1901生。アメリカのジャズ・トランペット奏者，歌手，指揮者。1971没。

ゴンブローヴィッチ，ヴィトルド　1904生。ポーランドの最も前衛的なユダヤ系小説家，劇作家。1969没。

マリア・ジョゼ　1906生。イタリア国王ウンベルト2世王妃。2001没。

荒川秀俊　あらかわひでとし　1907生。昭和時代の気象学者。東海大学教授，気象研究所所長。1984没。

藤井隆　ふじいたかし　1909生。昭和時代の生物学者。東京大学教授。2000没。

和田徹三　わだてつぞう　1909生。昭和時代の詩人，英文学者。「湾」主宰，北海道薬科大学教授。1999没。

シューマン，ウィリアム　1910生。アメリカの作曲家。1992没。

糸園和三郎　いとぞのわさぶろう　1911生。昭和時代，平成時代の洋画家。2001没。

今成拓三　いまなりたくぞう　1912生。昭和時代の実業家，政治家。六日町資源開発社長。1980没。

クイスト，アドリアン・カール　1913生。オーストラリアのテニス選手。1991没。

吉田忠三郎　よしだちゅうざぶろう　1917生。昭和時代の労働運動家，政治家。参院議員，国労委員長。1994没。

杉山博　すぎやまひろし　1918生。昭和時代の日本史学者。駒沢大学教授。1988没。

寺田ヒロオ　てらだひろお　1931生。昭和時代の漫画家。1992没。

沢村田之助(6代目)　さわむらたのすけ　1932生。昭和時代，平成時代の歌舞伎俳優（女形）。

石塚克彦　いしずかかつひこ　1937生。昭和時代，平成時代の演出家，ミュージカル作家。

ワヒド，アブドゥルラフマン　1940生。インドネシアの政治家，イスラム教指導者。

ロンギー，デイヴィド（・ラッセル）　1942生。ニュージーランドの政治家。2005没。

ベルジンシュ，アンドリス　1951生。ラトビアの政治家。

キナフ，アナトーリー　1954生。ウクライナの政治家。

ソーントン，ビリー・ボブ　1955生。アメリカの映画監督，脚本家，俳優。

美保純　みほじゅん　1960生。昭和時代，平成時代の女優。

ロドリゲス・サパテロ，ホセ・ルイス　1960生。スペインの政治家。

クレメンス，ロジャー　1962生。アメリカの大リーグ選手。

沢田知可子　さわだちかこ　1963生。昭和時代，平成時代のシンガーソングライター。

布川敏和　ふかわとしかず　1965生。昭和時代，平成時代のタレント。

佐々木健介　ささきけんすけ　1966生。昭和時代，平成時代のプロレスラー。

檀れい　だんれい　1971生。平成時代の女優，元・宝塚スター。

水田わさび　みずたわさび　1974生。平成時代の声優。

山本美憂　やまもとみゆう　1974生。平成時代のタレント，元・レスリング選手。

鈴木蘭々　すずきらんらん　1975生。平成時代の女優。

谷本歩実　たにもとあゆみ　1981生。平成時代の柔道選手。

大和悠河　やまとゆうが　平成時代の宝塚スター。

8月4日

8月5日

○記念日○　タクシーの日
　　　　　月見

玄宗(唐)　げんそう　685生。中国, 唐の第6代皇帝(在位712〜756)。762没。
徳大寺実盛　とくだいじさねもり　1400生。室町時代の公卿。1428没。
小野寺義道　おのでらよしみち　1566生。安土桃山時代, 江戸時代前期の出羽国の武将。1645没。
松平直政　まつだいらなおまさ　1601生。江戸時代前期の大名。1666没。
松平輝綱　まつだいらてるつな　1620生。江戸時代前期の大名。1671没。
チェスティ, ピエトロ　1623生。イタリアの作曲家。1669没。
ストルーエンセ　1737生。デンマークの政治改革者。1772没。
島富重　しまとみしげ　1753生。江戸時代後期の出雲大社の祠官。1808没。
白尾国柱　しらおくにはしら　1762生。江戸時代中期, 後期の国学者, 薩摩藩士。1821没。
堀親寚　ほりちかしげ　1786生。江戸時代後期の大名。1849没。
アーベル, ニルス・ヘンリック　1802生。ノルウェーの数学者。1829没。
菅野八郎　かんのはちろう　1810生。江戸時代, 明治時代の一揆指導者。1888没。
ゲラン, モーリス・ド　1810生。フランスの詩人。1839没。
トマ, アンブロワーズ　1811生。フランスの作曲家。1896没。
オーセン, イーヴァル　1813生。ノルウェーの言語学者, 詩人。1896没。
遠藤足穂　えんどうたるほ　1814生。江戸時代, 明治時代の歌人, 国学者。1890没。
伊豆長八　いずのちょうはち　1815生。江戸時代末期, 明治時代の左官。1889没。
入江長八　いりえちょうはち　1815生。江戸時代, 明治時代の左官。1889没。
エア, エドワード・ジョン　1815生。イギリスの近代の探検家。1901没。
シナースィ, イブラヒム　1826生。トルコのジャーナリスト, 詩人。1871没。

フォンセカ, マヌエル・デオドロ・ダ　1827生。ブラジルの軍人, 臨時大統領に就任(1889〜91)。1892没。
ヘリング　1834生。ドイツの生理学者, 心理学者。1918没。
ロニー　1837生。フランスの東洋学者, 民族学者。1914没。
レーピン, イリヤ・エフィモヴィチ　1844生。ロシアの画家。1930没。
ルノルマン, アンリ-ルネ　1846生。フランスの劇作家。1932没。
モーパッサン, ギー・ド　1850生。フランスの作家。1893没。
華頂宮郁子　かちょうのみやいくこ　1853生。江戸時代, 明治時代の皇族。1908没。
ダインズ　1855生。イギリスの気象学者。1927没。
アハド・ハ-アム　1856生。ロシア系ユダヤ人のタルムッド学者, 哲学者, 随筆家。1927没。
ランソン, ギュスターヴ　1857生。フランスの評論家, 文学史家。1934没。
オズボーン　1859生。アメリカの生物化学者。1929没。
マルタン, アンリ　1860生。フランスの画家。1943没。
大木遠吉　おおきえんきち　1871生。明治時代, 大正時代の政治家。1926没。
新垣弓太郎　あらかきゆみたろう　1872生。明治時代−昭和時代の自由民権運動家。1964没。
歌沢寅右衛門(4代目)　うたざわとらえもん　1872生。明治時代−昭和時代の邦楽家。うた沢寅派家元。1943没。
ミッチェル　1874生。アメリカの経済学者。1948没。
市村光恵　いちむらみつえ　1875生。明治時代, 大正時代の法学者。1928没。
工藤鉄男　くどうてつお　1875生。明治時代−昭和時代の政治家。衆議院議員, 参議院議員。1953没。

金光摂胤　こんこうせつたね　1880生。明治時代-昭和時代の宗教家。金光教教主。1963没。

太田四州　おおたししゅう　1881生。明治時代-昭和時代の野球人，運動記者の先覚者。1940没。

野村隈畔　のむらわいはん　1884生。明治時代，大正時代の評論家，思想家。1921没。

市山七十郎(5代目)　いちやまなそろう　1889生。明治時代-昭和時代の日本舞踊家。1968没。

エイキン，コンラッド　1889生。アメリカの詩人，作家。1973没。

島田武夫　しまだたけお　1889生。大正時代，昭和時代の弁護士。日本大学教授。1982没。

杉山長谷夫　すぎやまはせお　1889生。大正時代，昭和時代のバイオリニスト，作曲家。1952没。

ガボ，ナウム　1890生。ロシア出身の抽象彫刻家。1977没。

クライバー，エーリヒ　1890生。オーストリアの指揮者。1956没。

新妻イト　にいづまいと　1890生。大正時代，昭和時代の社会運動家。関東婦人同盟委員長。1963没。

和田小六　わだころく　1890生。大正時代，昭和時代の航空工学者。1952没。

石川知福　いしかわともよし　1891生。大正時代，昭和時代の労働衛生学者。1950没。

吉田晴風　よしだせいふう　1891生。大正時代，昭和時代の尺八奏者，作曲家。1950没。

西山弥太郎　にしやまやたろう　1893生。昭和時代の実業家。川崎製鉄社長。1966没。

桂春団治(2代目)　かつらはるだんじ　1894生。大正時代，昭和時代の落語家。1953没。

大辻司郎　おおつじしろう　1896生。大正時代，昭和時代の漫談家，活動写真弁士。1952没。

スラッファ　1898生。イタリア生まれの経済学者。1983没。

壺井栄　つぼいさかえ　1899生。大正時代，昭和時代の小説家，童話作家。1907没。

茂木啓三郎　もぎけいざぶろう　1899生。昭和時代の実業家。キッコーマン社長。1993没。

陰山寿　かげやまひさし　1901生。昭和時代の労働運動家。1959没。

迫水久常　さこみずひさつね　1902生。昭和時代の政治家，大蔵官僚。参議院議員，衆議院議員，郵政大臣。1977没。

伊東俊夫　いとうとしお　1904生。昭和時代の解剖学者。群馬大学教授。1991没。

橋本明治　はしもとめいじ　1904生。昭和時代の日本画家。日展常務理事。1991没。

ミコヤン，アルチョム・イヴァノヴィチ　1905生。ソ連の政治家。1970没。

ヒューストン，ジョン　1906生。アメリカの映画監督，俳優。1987没。

レオンティエフ，ヴァシリー　1906生。アメリカの計量経済学者。1999没。

ホルト，ハロルド　1908生。オーストラリアの政治家。1967没。

福永健司　ふくながけんじ　1910生。昭和時代の政治家。厚生大臣，労働大臣。1988没。

リンデグレン，エーリック　1910生。スウェーデンの詩人。1968没。

田宮虎彦　たみやとらひこ　1911生。昭和時代の小説家。1988没。

テイラー，ロバート　1911生。アメリカの映画俳優。1969没。

原田義人　はらだよしと　1918生。昭和時代のドイツ文学者，文芸評論家。1960没。

デバン・ナイア，C.V.　1923生。シンガポールの労働運動家，政治家。

比嘉和子　ひかずこ　1924生。昭和時代の女性。"アナタハンの女王"と呼ばれた。1974没。

寺島珠雄　てらしまたまお　1925生。昭和時代，平成時代の詩人，労働運動家。1999没。

コヴァチ，ミハル　1930生。スロバキアの大統領，エコノミスト。

古賀誠　こがまこと　1940生。昭和時代，平成時代の政治家。

藤吉久美子　ふじよしくみこ　1961生。昭和時代，平成時代の女優。

マイケル富岡　まいけるとみおか　1961生。昭和時代，平成時代のタレント。

森口瑤子　もりぐちようこ　1966生。昭和時代，平成時代の女優。

安岡優　やすおかゆたか　1974生。平成時代の歌手(ゴスペラーズ)。

柴咲コウ　しばさきこう　1981生。平成時代の女優，歌手。

クリーマー，ポーラ　1986生。アメリカのプロゴルファー。

登場人物

金田一一　きんだいちはじめ　『金田一少年の事件簿』の主人公。

8月5日

8月6日

○記念日○　ハムの日
　　　　　　広島平和記念日
○忌　日○　原爆忌（広島忌）

イブン・スィーナー, アブー・アリー　980生。ペルシアの哲学者, 医者。1037没。
マリク・シャー　1055生。セルジューク帝国第3代のスルタン（在位1072/3～92）。1092没。
パーカー, マシュー　1504生。イギリスの神学者, カンタベリー大主教。1575没。
青山忠成　あおやまただなり　1551生。安土桃山時代, 江戸時代前期の大名, 関東総奉行。1613没。
菊池耕斎　きくちこうさい　1618生。江戸時代前期の儒学者。1682没。
マルブランシュ, ニコラ　1638生。フランスの哲学者。1715没。
ラ・ヴァリエール, ルイーズ-フランソワーズ・ド・ラ・ボーム・ル・ブラン, 女公爵　1644生。フランスの貴婦人。1710没。
内藤清枚　ないとうきよかず　1645生。江戸時代前期, 中期の大名。1714没。
フェヌロン, フランソワ・ド・サリニャック・ド・ラ・モット　1651生。フランスの宗教家, 神秘的神学者。1715没。
ベルヌーイ, ヨハン　1667生。スイスの数学者。1748没。
脇坂安清　わきざかやすきよ　1685生。江戸時代中期の大名。1722没。
ヘロルト, ヨハン・グレゴール　1696生。ドイツの陶画家。1775没。
カルル7世　1697生。バイエルン選帝侯。1745没。
サルヴィ, ニッコロ　1697生。イタリアの建築家。1751没。
水野忠恒　みずのただつね　1701生。江戸時代中期の大名。1739没。
ヴォーヴナルグ, リュック・ド・クラピエ・ド　1715生。フランスのモラリスト。1747没。
伊達昌子　だてまさこ　1735生。江戸時代中期の女性。陸奥仙台藩5代藩主伊達吉村の娘。1752没。
寿子女王　ひさこじょおう　1742生。江戸時代中期の伏見宮貞建親王の第4王女。1790没。

牧野貞喜　まきのさだはる　1758生。江戸時代後期の大名。1822没。
アングレーム, ルイ・アントワーヌ・ド・ブルボン, 公爵　1775生。フランスの最後の王太子。1844没。
オコンネル, ダニエル　1775生。アイルランドの政治家。1847没。
リスト　1789生。ドイツの経済学者。1846没。
ローゼ　1795生。ドイツの化学者。1864没。
デーリヴィグ, アントン・アントノヴィチ　1798生。ロシアの詩人。1831没。
青木昆山　あおきこんざん　1805生。江戸時代末期の画家。1871没。
韶子女王　つぐこじょおう　1805生。江戸時代後期の伏見宮貞敬親王の第2王女。1841没。
テニソン, アルフレッド　1809生。イギリスの詩人。1896没。
クランプトン, トマス・ラッセル　1816生。イギリスの技術者。1888没。
トンプソン　1820生。イギリスの外科医。1904没。
千葉良平　ちばりょうへい　1826生。江戸時代末期, 明治時代の十津川藩士。1897没。
スティル　1828生。アメリカの医師。1917没。
堀庄次郎　ほりしょうじろう　1830生。江戸時代末期の因幡鳥取藩。1864没。
近衛忠房　このえただふさ　1838生。江戸時代, 明治時代の公家。1873没。
アリアーガ　1840生。ポルトガル共和国初代大統領（1911～15）。1917没。
野村靖　のむらやすし　1842生。江戸時代, 明治時代の政治家。子爵, 内務大臣, 通信大臣。1909没。
塚本里子　つかもとさとこ　1843生。大正時代, 昭和時代の教育者。1928没。
千家尊福　せんげたかとみ　1845生。明治時代の神道家, 政治家。東京府知事, 西園寺内閣法相。1918没。
三須宗太郎　みすそうたろう　1855生。明治時代, 大正時代の海軍軍人。男爵, 大将。1921没。

オットー, ベルトルト　1859生。ドイツの教育家。1933没。

ヘットナー　1859生。ドイツの地理学者。1941没。

藤田文蔵　ふじたぶんぞう　1861生。明治時代–昭和時代の彫刻家。1934没。

シュミット　1864生。ドイツの考古学者。1933没。

松原岩五郎　まつばらいわごろう　1866生。明治時代のジャーナリスト, 記録文学者。1935没。

ローブ, ジェイムズ　1867生。アメリカの銀行家, 学者。1933没。

クローデル, ポール　1868生。フランスの詩人, 劇作家, 外交官（駐日大使）。1955没。

ルフェーヴル　1874生。フランスの歴史家。1959没。

河原崎権十郎（2代目）　かわらさきごんじゅうろう　1880生。明治時代–昭和時代の歌舞伎役者。1955没。

フレミング, サー・アレグザンダー　1881生。イギリスの細菌学者。1955没。

藤井日達　ふじいにったつ　1885生。大正時代, 昭和時代の僧侶, 平和運動家。日本山妙法寺山主。1985没。

シュルスヌス, ハインリヒ　1888生。ドイツのバリトン歌手。1952没。

長与善郎　ながよよしろう　1888生。大正時代, 昭和時代の小説家, 評論家。1961没。

河目悌二　かわめていじ　1889生。大正時代, 昭和時代の挿絵画家。1958没。

マリー, ジョン・ミドルトン　1889生。イギリスの批評家。1957没。

ガスコイン　1893生。イギリスの外交官。1970没。

横田喜三郎　よこたきさぶろう　1896生。昭和時代の法学者。東京大学教授, 最高裁判所長官。1993没。

金素月　きんそげつ　1902生。朝鮮の詩人。1935没。

植村諦　うえむらたい　1903生。昭和時代の詩人, アナキスト。1959没。

石川桂郎　いしかわけいろう　1909生。昭和時代の俳人, 小説家, 随筆家。「風土」主宰者。1975没。

原ひさ子　はらひさこ　1909生。昭和時代, 平成時代の女優。2005没。

田所太郎　たどころたろう　1911生。昭和時代の編集者, 新聞経営者。図書新聞社社長。1975没。

園井恵子　そのいけいこ　1913生。昭和時代の女優。1945没。

ダンカン, ロナルド　1914生。イギリスの詩人, 劇作家。1982没。

ミッチャム, ロバート　1917生。アメリカの俳優。1997没。

ミッチャム, ロバート　1917生。アメリカの俳優。1997没。

山端庸介　やまはたようすけ　1917生。昭和時代の写真家。1966没。

古山高麗雄　ふるやまこまお　1920生。昭和時代, 平成時代の小説家。2002没。

笑福亭松之助　しょうふくていまつのすけ　1925生。昭和時代, 平成時代の落語家, 俳優。

ウォーホル, アンディ　1928生。アメリカの画家, 映画製作者。1987没。

ヤシーヌ, カテブ　1929生。アルジェリアリアの詩人, 小説家, 劇作家。1989没。

スチンダ・クラプラユーン　1933生。タイの軍人, 政治家。

柄谷行人　からたにこうじん　1941生。昭和時代, 平成時代の文芸評論家。

串田和美　くしだかずよし　1942生。昭和時代, 平成時代の演出家, 劇作家, 俳優。

市川団十郎（12代目）　いちかわだんじゅうろう　1946生。昭和時代, 平成時代の歌舞伎俳優。

堺正章　さかいまさあき　1946生。昭和時代, 平成時代の歌手, 俳優, タレント。

盧武鉉　ノムヒョン　1946生。韓国の大統領。

辰巳琢郎　たつみたくろう　1958生。昭和時代, 平成時代の俳優。

ヨー, ミシェル　1962生。中国系の女優。

古田敦也　ふるたあつや　1965生。平成時代のプロ野球監督・選手, 日本プロ野球選手会会長。

シャマラン, M.ナイト　1970生。アメリカの映画監督, 脚本家。

奥菜恵　おきなめぐみ　1979生。平成時代の女優。

8月6日

8月7日

○記念日○ バナナの日
花の日
鼻の日

- コンスタンティウス2世　317生。ローマ皇帝（在位337～361）。361没。
- 尋尊　じんそん　1430生。室町時代, 戦国時代の法相宗の僧。1508没。
- アークヴィラ（アドラー）, カスパル　1488生。ドイツのルター派説教者。1560没。
- エルシリャ, アロンソ・デ　1533生。スペインの詩人, 軍人。1594没。
- バートリ, エリーザベト　1560生。ハンガリーの貴族。"血の伯爵夫人"などとよばれる。1614没。
- ダッドリー　1574生。イギリスの航海家。1649没。
- 広橋総光　ひろはしふさみつ　1580生。江戸時代前期の公家。1629没。
- 中御門尚良　なかみかどなおよし　1590生。江戸時代前期の公家。1641没。
- シャーンイェルム, イェオリ　1598生。スウェーデンの詩人, 学者。1672没。
- 武田梅竜　たけだばいりゅう　1716生。江戸時代中期の儒者。1766没。
- 難波宗城　なんばむねき　1724生。江戸時代中期, 後期の公家。1805没。
- 梶原景山　かじわらけいざん　1727生。江戸時代中期の讃岐木田郡潟元村の塩田開拓者。1773没。
- グリーン, ナサニエル　1742生。アメリカ独立戦争期の将軍。1786没。
- ウィッテンバッハ　1746生。オランダで活躍したドイツ人の古典学者。1820没。
- 杉田伯元　すぎたはくげん　1763生。江戸時代中期, 後期の蘭方医。1833没。
- 小栗広伴　おぐりひろとも　1778生。江戸時代後期の国学者, 歌人。1851没。
- フレシネ　1779生。フランスの海軍軍人, 探検家。1842没。
- リッター, カール　1779生。ドイツの地理学者。1859没。
- 京極高琢　きょうごくたかてる　1811生。江戸時代末期の大名。1867没。
- ルーミス, エライアス　1811生。アメリカの数学者, 天文学者。1889没。
- パウル　1846生。ドイツの言語学者。1921没。
- 九鬼隆一　くきりゅういち　1852生。明治時代の美術行政家。帝国博物館総長。1931没。
- ハーン　1856生。ドイツの経済史家。1928没。
- 北白川宮富子　きたしらかわのみやとみこ　1862生。江戸時代-昭和時代の皇族。1936没。
- 五姓田芳柳（2代目）　ごせだほうりゅう　1864生。明治時代-昭和時代の洋画家。1943没。
- ノルデ, エーミール　1867生。ドイツの画家, 版画家。1956没。
- バントック, グランヴィル　1868生。イギリスの作曲家。1946没。
- ボルトキエーヴィチ　1868生。ドイツの経済学者, 統計学者。1931没。
- クルップ, グスタフ　1870生。ドイツの実業家。1950没。
- 笹川臨風　ささがわりんぷう　1870生。明治時代-昭和時代の美術評論家, 俳人。明治大学教授, 駒澤大学教授。1949没。
- マタ・ハリ　1876生。マレー系オランダ人のスパイ。1917没。
- 野村徳七　のむらとくしち　1878生。明治時代-昭和時代の実業家。1945没。
- ダルラン, （ジャン・ルイ・グザヴィエ・）フランソワ　1881生。フランスの軍人, 政治家。1942没。
- モルガン・ユキ　1881生。明治時代-昭和時代の祇園の芸妓。1963没。
- ミュラー・フライエンフェルス　1882生。ドイツの心理学者, 哲学者。1949没。
- 伊藤誠哉　いとうせいや　1883生。大正時代, 昭和時代の植物病理学者, 菌学者。北海道大学教授。1962没。
- リンゲルナッツ, ヨアヒム　1883生。ドイツの詩人, 画家。1934没。
- 小寺菊子　こでらきくこ　1884生。明治時代-昭和時代の小説家。1956没。

柴田かよ　しばたかよ　1884生。大正時代,昭和時代の新聞記者。1958没。
豊田貞次郎　とよだていじろう　1885生。大正時代,昭和時代の海軍軍人,政治家。海軍大将,貴族院議員。1961没。
三ケ島葭子　みかしまよしこ　1886生。明治時代,大正時代の歌人。1927没。
ブリュアン　1889生。フランスの理論物理学者。1969没。
マラ・ルスリ　1889生。インドネシアの小説家。1968没。
川原田政太郎　かわらだまさたろう　1890生。大正時代,昭和時代の電気工学者。早稲田大学教授,(財)電磁応用研究所理事長。1983没。
朝香宮允子　あさかのみやのぶこ　1891生。明治時代−昭和時代の皇族。1933没。
允子内親王　のぶこないしんのう　1891生。明治時代−昭和時代の皇族。1933没。
平貞蔵　たいらていぞう　1894生。大正時代,昭和時代の経済評論家,労働運動家。法政大教授,第一経済大学学長。1978没。
赤松要　あかまつかなめ　1896生。昭和時代の経済学者。一橋大学教授,世界経済研究協会理事長。1974没。
レクオーナ　1896生。キューバのポピュラー作曲家,ピアニスト。1963没。
高瀬清　たかせきよし　1901生。昭和時代の社会運動家。1973没。
諸井三郎　もろいさぶろう　1903生。昭和時代の作曲家。洗足学園大学教授。1977没。
リーキー,ルイス・シーモア・バゼット　1903生。ケニヤ生まれのイギリスの古生物学者,人類学者。1972没。
沢瀉久敬　おもだかひさゆき　1904生。昭和時代の哲学者,医学哲学者。大阪大学教授。1995没。
武見太郎　たけみたろう　1904生。昭和時代の医師。日本医師会長。1983没。
バンチ,ラルフ(・ジョンソン)　1904生。アメリカの政治学者。1971没。
デッシ,ジュゼッペ　1909生。イタリアの小説家,劇作家。1977没。
北島正元　きたじままさもと　1912生。昭和時代の日本史学者。東京都立大学教授,関東近世史研究会会長。1983没。

鈴木正久　すずきまさひさ　1912生。昭和時代の牧師。日本基督教団議長。1969没。
塚本邦雄　つかもとくにお　1920生。昭和時代,平成時代の歌人,小説家,評論家。2005没。
池田敏雄　いけだとしお　1923生。昭和時代のコンピューター技術者。富士通専務。1974没。
上野英信　うえのひでのぶ　1923生。昭和時代のノンフィクション作家。1987没。
司馬遼太郎　しばりょうたろう　1923生。昭和時代,平成時代の小説家。1996没。
道田信一郎　みちだしんいちろう　1924生。昭和時代の法学者。京都大学教授。1988没。
梶原正昭　かじはらまさあき　1927生。昭和時代,平成時代の国文学者。早稲田大学教授。1998没。
山下和夫　やましたかずお　1928生。昭和時代,平成時代の外交官。宮内庁東宮侍従長。1996没。
藤田元司　ふじたもとし　1931生。昭和時代,平成時代のプロ野球監督。2006没。
アベベ・ビキラ　1932生。エチオピアのマラソン選手。1973没。
杉山登志　すぎやまとし　1936生。昭和時代のCMディレクター。1973没。
デハーネ,ジャン・リュック　1940生。ベルギーの政治家。
アンリ菅野　あんりすがの　1948生。昭和時代,平成時代のジャズ歌手。2000没。
桑名正博　くわなまさひろ　1953生。昭和時代,平成時代のミュージシャン,俳優。
内田春菊　うちだしゅんぎく　1959生。昭和時代,平成時代の作家,漫画家,女優。
ドゥカブニー,デービッド　1960生。アメリカの俳優。
セロン,シャーリーズ　1975生。アメリカの女優。
ウ　,バネス　1978生。アメリカの歌手,俳優。
寺内健　てらうちけん　1980生。平成時代の飛び込み選手。

登場人物

野比のび太　のびのびた　1964生。『ドラえもん』の主人公。

8月7日

8月8日

○記念日○　そろばんの日
　　　　　ひょうたんの日
　　　　　ヒゲの日
○忌　日○　守武忌
　　　　　世阿弥忌
　　　　　柳叟忌

聖秀女王　しょうしゅうじょおう　1552生。戦国時代,安土桃山時代,江戸時代前期の女性。後奈良天皇の第7皇女。1623没。
大炊御門経光　おおいのみかどつねみつ　1638生。江戸時代前期,中期の公家。1704没。
伊達綱宗　だてつなむね　1640生。江戸時代前期,中期の大名。1711没。
クネラー,サー・ゴドフリー　1646生。ドイツ生まれのイギリスの肖像画家。1723没。
日寛　にちかん　1665生。江戸時代中期の日蓮宗の学僧。1726没。
前田吉徳　まえだよしのり　1690生。江戸時代中期の大名。1745没。
ハチソン,フランシス　1694生。イギリスの哲学者。1746没。
中山蘭渚　なかやまらんしょ　1697生。江戸時代中期の医師。1779没。
辻高房　つじたかふさ　1702生。江戸時代中期の雅楽家。1744没。
加々美鶴灘　かがみかくだん　1704生。江戸時代中期の熊本の儒者。1751没。
イムホフ　1705生。オランダの東インド会社総督(1743～50)。1750没。
石島筑波　いしじまつくば　1708生。江戸時代中期の漢詩人。1758没。
土御門泰邦　つちみかどやすくに　1711生。江戸時代中期の暦学者,公家。1784没。
アーデルング　1732生。ドイツの言語学者。1806没。
石川香山　いしかわこうざん　1736生。江戸時代中期の儒学者。1810没。
谷風梶之助(2代目)　たにかぜかじのすけ　1750生。江戸時代中期の力士。1795没。
ブルフィンチ,チャールズ　1763生。アメリカの建築家。1844没。
シリマン,ベンジャミン　1779生。アメリカの化学者,地質学者。1864没。
ヘス,ジェルマン・アンリ　1802生。スイスの化学者。1850没。

桃井儀八　もものいぎはち　1803生。江戸時代末期の農民。1864没。
デイナ,チャールズ・A　1819生。アメリカの新聞編集者,社会改革者。1897没。
小林義直　こばやしよしなお　1844生。明治時代の医師。1905没。
コルディエ　1849生。フランスの東洋学者。1925没。
佐々木勇之助　ささきゆうのすけ　1854生。明治時代,大正時代の銀行家。1943没。
下田歌子　しもだうたこ　1854生。明治時代-昭和時代の女子教育家。愛国婦人会会長。1936没。
オズボーン,ヘンリー・フェアフィールド　1857生。アメリカの古生物学者。1935没。
中島幾三郎　なかじまいくさぶろう　1858生。明治時代,大正時代の工業家。印刷技術者。1924没。
ベイトソン,ウィリアム　1861生。イギリスの動物学者,遺伝学者。1926没。
新渡戸稲造　にとべいなぞう　1862生。明治時代-昭和時代の農学者,教育者。第一高等学校校長,東京女子大学初代総長。1933没。
松本剛吉　まつもとごうきち　1862生。明治時代,大正時代の政治家,官僚。貴族院議員。1929没。
久米桂一郎　くめけいいちろう　1866生。明治時代,大正時代の洋画家。1934没。
木口小平　きぐちこへい　1872生。明治時代の軍人。ラッパ手。1894没。
吉田草紙庵　よしだそうしあん　1875生。大正時代,昭和時代の作曲家。1946没。
マッカラン　1876生。アメリカの法律家,政治家。1954没。
寺内寿一　てらうちひさいち　1879生。大正時代,昭和時代の陸軍軍人。1946没。
桜井兵五郎　さくらいひょうごろう　1880生。大正時代,昭和時代の政治家,実業家。衆議院

議員, 日本タイプライター社長。1951没。

土肥原賢二 どいはらけんじ 1883生。昭和時代の陸軍軍人。1948没。

ティーズデイル, セアラ 1884生。アメリカの女流詩人。1933没。

春日弘 かすがひろし 1885生。大正時代, 昭和時代の実業家。ダイキン工業会長, 住友金属工業社長, 日本陸連会長。1970没。

榊原紫峰 さかきばらしほう 1887生。明治時代−昭和時代の日本画家。京都市立絵画専門学校教授。1971没。

コサック, ゾフィア 1890生。ポーランドのカトリック系女流作家。1968没。

務台理作 むたいりさく 1890生。大正時代, 昭和時代の哲学者。東京教育大学教授, 日本哲学会会長。1974没。

ブッシュ, アドルフ 1891生。ドイツのヴァイオリン演奏家, 作曲家。1952没。

金正米吉 かねまさよねきち 1892生。大正時代, 昭和時代の労働運動家。総同盟会長。1963没。

ローリングズ, マージョリー・キナン 1896生。アメリカの女流小説家。1953没。

シーオドマク, ロバート 1900生。ドイツの, のちアメリカの映画監督。1973没。

ヤング, ヴィクター 1900生。アメリカのポピュラー音楽作曲家。1956没。

佐薙毅 さなぎさだむ 1901生。昭和時代の海軍軍人, 自衛官。大佐, 航空自衛隊航空幕僚長。1990没。

ローレンス, アーネスト・オーランドー 1901生。アメリカの物理学者。1958没。

ディラック, ポール・エイドリアン・モーリス 1902生。イギリスの理論物理学者。1984没。

古賀了 こがさとる 1904生。昭和時代の政治家。衆議院議員。1997没。

ジョリヴェ, アンドレ 1905生。フランスの作曲家。1974没。

カーター, ベニー 1907生。アメリカのジャズ・アルトサックス奏者, 作曲家。2003没。

長谷川周重 はせがわのりしげ 1907生。昭和時代の実業家。住友化学工業会長, 日本経営者団体連盟理事。1998没。

植草甚一 うえくさじんいち 1908生。昭和時代の評論家, エッセイスト。1979没。

ゴールドバーグ, アーサー・J 1908生。アメリカの法律家, 政治家。1990没。

ストイカ 1908生。ルーマニアの政治家。1975没。

玉置明善 たまきあきよし 1908生。昭和時代の実業家。千代田化工建設会長・社長。1981没。

皆川理 みながわおさむ 1908生。昭和時代の宇宙線物理学者。神戸大学教授。1994没。

三上誠 みかみまこと 1919生。昭和時代の日本画家。1972没。

イゼトベゴビッチ, アリヤ 1925生。ボスニア・ヘルツェゴビナの政治家。2003没。

カザコーフ, ユーリー・パーヴロヴィチ 1927生。ソ連の作家。1982没。

麻田鷹司 あさだたかし 1928生。昭和時代の日本画家。武蔵野美術大学教授。1987没。

宇治紫文(7代目) うじしぶん 1933生。昭和時代, 平成時代の一中節三味線方。

ホフマン, ダスティン 1937生。アメリカの俳優。

前田美波里 まえだびばり 1948生。昭和時代, 平成時代のミュージカル女優。

池畑慎之介 いけはたしんのすけ 1952生。昭和時代, 平成時代の俳優, 歌手。

隈研吾 くまけんご 1954生。昭和時代, 平成時代の建築家。

マンセル, ナイジェル 1954生。イギリスの元・F1ドライバー。

新井素子 あらいもとこ 1960生。昭和時代, 平成時代のSF作家。

東野幸治 ひがしのこうじ 1967生。昭和時代, 平成時代のコメディアン。

田中誠 たなかまこと 1975生。平成時代のサッカー選手。

猫ひろし ねこひろし 1977生。平成時代のコメディアン。

白石美帆 しらいしみほ 1978生。平成時代の女優。

飯田圭織 いいだかおり 1981生。平成時代の歌手。

フェデラー, ロジャー 1981生。スイスのテニス選手。

金原ひとみ かねはらひとみ 1983生。平成時代の小説家。

8月8日

8月9日

○記念日○ 世界の先住民の国際デー
　　　　　長崎平和記念日
　　　　　薬草の日
○忌　日○ 原爆忌（長崎忌）
　　　　　太祇忌

源実朝　みなもとのさねとも　1192生。鎌倉時代前期の鎌倉幕府第3代の将軍。1219没。
良助法親王　りょうじょほっしんのう　1268生。鎌倉時代後期の皇族。亀山天皇の第7皇子。1318没。
狩野元信　かのうもとのぶ　1476生。戦国時代の画家。1559没。
薄以緒　すすきもちお　1494生。戦国時代の公卿。1555没。
ウォルトン，アイザック　1593生。イギリスの随筆家，伝記作者。1683没。
コクツェーユス（コッホ），ヨハネス　1603生。ドイツの改革派神学者。1669没。
ドライデン，ジョン　1631生。イギリスの詩人，劇作家，批評家。1700没。
コンデ，ルイ・ジョゼフ　1736生。フランスの軍人。1818没。
西洞院長子　にしのとういんながこ　1737生。江戸時代中期，後期の女性。後花園天皇の頃の女官。1803没。
テルフォード，トマス　1757生。スコットランドの建築，土木技術者。1834没。
グーツムーツ　1759生。ドイツの教育家。1839没。
伊勢貞春　いせさだはる　1760生。江戸時代後期の有職故実家。1812没。
アヴォガドロ，アメデオ　1776生。イタリアの物理学者，化学者。1856没。
ジャドソン，アドナイラム　1788生。アメリカのバプテスト派の宣教師。1850没。
富永華陽　とみながかよう　1816生。江戸時代，明治時代の漢学者。1879没。
モートン，ウィリアム・トーマス・グリーン　1819生。アメリカの歯科外科医。1868没。
モレスコット　1822生。オランダ生まれのドイツの生理学者，哲学者。1893没。
クーロチキン，ワシーリー・ステパノヴィチ　1831生。ロシアの詩人，ジャーナリスト。1875没。

早矢仕有的　はやしゆうてき　1837生。明治時代の実業家。丸屋書店社長。1901没。
パリス，ガストン　1839生。フランスの文学者。1903没。
中村仙巌尼　なかむらせんがんに　1849生。江戸時代末期，明治時代の尼僧。1929没。
横田国臣　よこたくにおみ　1850生。明治時代，大正時代の司法官。大審院長。1923没。
田村直臣　たむらなおおみ　1858生。明治時代-昭和時代のプロテスタント牧師。1934没。
矢田績　やだせき　1860生。明治時代-昭和時代の実業家。三井銀行名古屋支店長。1940没。
市村瓚次郎　いちむらさんじろう　1864生。明治時代-昭和時代の東洋史学者。1947没。
ドモフスキ　1864生。ポーランドの政治家。1939没。
吉川祐輝　きっかわすけてる　1868生。明治時代-昭和時代の作物学者。農学博士，東京帝国大学教授。1945没。
バング・カウプ　1869生。ドイツの言語学者。1934没。
森岡守成　もりおかもりしげ　1869生。明治時代-昭和時代の陸軍人。陸大教官。1945没。
船津辰一郎　ふなづたついちろう　1873生。明治時代，大正時代の外交官。1947没。
根岸佶　ねぎしただし　1874生。大正時代，昭和時代の経済学者。1971没。
アーン，レイナルド　1875生。ヴェネズエラの作曲家。1947没。
大塚楠緒子　おおつかくすおこ　1875生。明治時代の歌人，小説家。1910没。
ケテルビー，アルバート・ウィリアム　1875生。イギリスの作曲家，指揮者。1959没。
リットン，ビクター　1876生。イギリスの政治家。1947没。
ペレス-デ-アヤーラ，ラモン　1881生。スペインの詩人，小説家。1962没。

高木武　たかぎたけし　1883生。大正時代, 昭和時代の銀行家。1974没。

ラトゥアレット, ケネス・スコット　1884生。アメリカの東洋学者, 歴史家, バプテスト教会宣教師。1968没。

川端千枝　かわばたちえ　1887生。大正時代, 昭和時代の歌人。1933没。

谷萩那華雄　やはぎなかお　1895生。大正時代, 昭和時代の陸軍軍人。少将。1949没。

ピアジェ, ジャン　1896生。スイスの心理学者, 教育学者。1980没。

ヒュッケル, エーリヒ・アルマント・アルトゥール・ヨセフ　1896生。ドイツの物理化学者。1980没。

マシーン, レオニード　1896生。ロシア生まれの舞踊家。1979没。

麻生豊　あそうゆたか　1898生。大正時代, 昭和時代の漫画家。1961没。

サラクルー, アルマン　1899生。フランスの劇作家。1989没。

トラヴァーズ, P.L.　1899生。イギリスの女流作家, ジャーナリスト, 舞踊家, シェイクスピア劇の女優。1996没。

杉本栄一　すぎもとえいいち　1901生。昭和時代の理論経済学者。一橋大学教授。1952没。

フランシェスカッティ, ジノ　1902生。フランスのヴァイオリン奏者。1991没。

ポノマレンコ　1902生。ソ連の政治家。1984没。

板野長八　いたのちょうはち　1905生。昭和時代, 平成時代の東洋史学者。広島大学教授, 北海道大学教授。1993没。

クロソウスキー, ピエール　1905生。フランスの小説家, 評論家。2001没。

山崎栄治　やまざきえいじ　1905生。昭和時代, 平成時代のフランス文学者, 詩人。横浜国立大学教授。1991没。

田中千代　たなかちよ　1906生。昭和時代, 平成時代のファッションデザイナー。田中千代学園理事長, 田中千代服飾専門学校校長。1999没。

鵜沢寿　うざわひさし　1908生。昭和時代, 平成時代の能楽囃子方(大倉流小鼓方)。1997没。

周立波　しゅうりっぱ　1908生。中国の小説家。1979没。

ランドルフィ, トンマーゾ　1908生。イタリアの小説家。1979没。

野口久光　のぐちひさみつ　1909生。昭和時代, 平成時代の音楽評論家, 映画評論家。ホット・クラブ・オブ・ジャパン会長。1994没。

熊沢光子　くまざわてるこ　1911生。昭和時代の社会運動家。1935没。

後藤田正晴　ごとうだまさはる　1914生。昭和時代, 平成時代の政治家。2005没。

フリッチャイ, フェレンツ　1914生。ハンガリーの指揮者。1963没。

ヤンソン, トーヴェ　1914生。フィンランドの児童文学作家, 画家。2001没。

オールドリッチ, ロバート　1918生。アメリカの映画監督。1983没。

菊池章一　きくちしょういち　1918生。昭和時代, 平成時代の文芸評論家。2001没。

デン・アイル　1919生。オランダの政治家。1987没。

ラーキン, フィリップ　1922生。イギリスの詩人。1985没。

キイス, ダニエル　1927生。アメリカの作家。

石川潭月　いしかわたんげつ　1929生。昭和時代の邦楽作詞家。1983没。

磯村尚徳　いそむらひさのり　1929生。昭和時代, 平成時代の外交評論家。

アナン・パンヤラチュン　1932生。タイの政治家, 実業家, 元・外交官。

吉行和子　よしゆきかずこ　1935生。昭和時代, 平成時代の女優。

クチマ, レオニード　1938生。ウクライナの大統領。

プローディ, ロマーノ　1939生。イタリアの政治家, 経済学者。

石橋蓮司　いしばしれんじ　1941生。昭和時代, 平成時代の俳優。

田山涼成　たやまりょうせい　1951生。昭和時代, 平成時代の俳優。

ハイヒール・リンゴ　1961生。昭和時代, 平成時代の漫才師。

ヒューストン, ホイットニー　1963生。アメリカの歌手, 女優。

インザーギ, フィリッポ　1973生。イタリアのサッカー選手。

トトゥ, オドレイ　1978生。フランスの女優。

8月9日

8月10日

○記念日○ 宿の日
道の日
帽子の日
○忌　日○ 西鶴忌

俊芿　しゅんじょう　1166生。平安時代後期, 鎌倉時代前期の僧。1227没。

田中宗清　たなかそうせい　1190生。鎌倉時代前期の石清水八幡宮寺別当。1237没。

日像　にちぞう　1269生。鎌倉時代後期, 南北朝時代の日蓮宗の僧。1342没。

ヨハン（盲目王）　1296生。ベーメン王（在位1310～46）。1346没。

アルブレヒト2世　1397生。ドイツ王。1439没。

実如　じつにょ　1458生。戦国時代の真宗の僧。1525没。

オレヴィアーヌス（オレヴィアーン）, カスパル　1536生。ドイツの神学者。1587没。

ロベルヴァル　1602生。フランスの数学者。1675没。

徳川頼房　とくがわよりふさ　1603生。江戸時代前期の大名。1661没。

キーノ（キーニ）, エウセビオ・フランシスコ　1645生。北メキシコ, アメリカ南西部の開拓者。1711没。

ディッペル, ヨハン・コンラート　1673生。ドイツの錬金術師, 化学者。1734没。

ハウ, ウィリアム・ハウ, 5代子爵　1729生。イギリスの将軍。1814没。

ランドルフ, エドマンド　1753生。アメリカの法律家。1813没。

ゲレーロ, ビセンテ　1783生。メキシコ独立運動の指導者。1831没。

ツンツ　1794生。ユダヤ人の学者。1886没。

福住検校　ふくずみけんぎょう　1806生。江戸時代, 明治時代の筝曲, 平曲演奏者。1886没。

カヴール, カミーロ・ベンソ, 伯爵　1810生。イタリアの政治家。1861没。

ペロー　1810生。フランスの舞踊家。1892没。

白石照山　しらいししょうざん　1815生。江戸時代, 明治時代の教育家。1883没。

山田文右衛門　やまだぶんえもん　1820生。江戸時代, 明治時代の漁業功労者。1883没。

ディアス, ゴンサルヴェス　1823生。ブラジルの詩人。1864没。

ゴーシェン　1831生。イギリスの政治家。1907没。

横山猶蔵　よこやまゆうぞう　1835生。江戸時代末期の越前福井藩士。1858没。

栗栖天山　くりすてんざん　1839生。江戸時代末期の武士。1866没。

大井憲太郎　おおいけんたろう　1843生。明治時代の政治家, 社会運動家。代言人。1922没。

アバイ・クナンバーエフ　1845生。カザフの詩人, 啓蒙家。1904没。

ライン, ヴィルヘルム　1847生。ドイツの教育学者。1929没。

本山彦一　もとやまひこいち　1853生。明治時代, 大正時代の新聞経営者。毎日新聞社社長。1932没。

井口省吾　いぐちしょうご　1855生。明治時代, 大正時代の陸軍軍人。大将, 第15師団長。1925没。

青木琴水　あおきんすい　1856生。明治時代の漢詩人。1890没。

佐々木忠次郎　ささきちゅうじろう　1857生。明治時代-昭和時代の昆虫学者。東京帝国大学教授。1938没。

ピション　1857生。フランスの政治家, 外交官。1933没。

モーザー, カール　1860生。スイスの建築家。1936没。

サゾーノフ　1861生。ロシアの外交官, 政治家。1927没。

ライト, サー・アルムロース・エドワード　1861生。イギリスの病理学者, 細菌学者。1947没。

内田康哉　うちだこうさい　1865生。明治時代-昭和時代の政治家, 外交官。外務大臣, 満鉄総裁。1936没。

グラズノーフ, アレクサンドル・コンスタンチーノヴィチ　1865生。ロシアの作曲家。1936没。

ホイスラー 1865生。スイスのゲルマン学者。1940没。
エッケナー, フーゴ 1868生。ドイツの飛行船設計者, 操縦者。1954没。
早山与三郎 はやまよさぶろう 1869生。大正時代, 昭和時代の実業家。1942没。
ビニョン, ロレンス 1869生。イギリスの美術研究家, 詩人, 劇作家。1943没。
青井鋮男 あおいえつお 1872生。明治時代の野球選手。1937没。
南助松 みなみすけまつ 1873生。明治時代, 大正時代の労働運動家。1964没。
クリューガー, フェーリクス 1874生。ドイツの心理学者。1948没。
フーバー, ハーバート 1874生。第31代アメリカ大統領。1964没。
南次郎 みなみじろう 1874生。大正時代, 昭和時代の軍人。大将, 貴族院議員。1955没。
ヒルファーディング 1877生。ドイツ(ユダヤ系)の医者, 経済学者, 政治家。1941没。
ベネッリ, セム 1877生。イタリアの劇作家, 詩人。1949没。
デーブリーン, アルフレート 1878生。ドイツのユダヤ系小説家。1957没。
河野省三 こうのせいぞう 1882生。大正時代, 昭和時代の神官, 神道学者。玉敷神社宮司, 国学院大学教授。1963没。
セデス 1886生。フランスの東南アジア史学者。1969没。
後藤守一 ごとうもりかず 1888生。大正時代, 昭和時代の考古学者。明治大学教授, 文化財保護委員会専門委員。1960没。
ドレーパー 1894生。アメリカの実業家。1974没。
志方益三 しかたますぞう 1895生。大正時代, 昭和時代の電気化学者, 林産化学者。名古屋大学教授。1964没。
ゾーシチェンコ, ミハイル・ミハイロヴィチ 1895生。ソ連の小説家。1958没。
石黒敬七 いしぐろけいしち 1897生。大正時代, 昭和時代の柔道家, 随筆家。1974没。
藤原あき ふじわらあき 1897生。昭和時代のタレント, 政治家。参議院議員, 資生堂美容室顧問。1967没。
風早八十二 かざはややそじ 1899生。昭和時代の弁護士, 社会主義学者。九州大学教授, 衆議院議員。1989没。

エー 1900生。フランスの精神医学者。1977没。
クルヴェル, ルネ 1900生。フランスの作家。1935没。
村田勝四郎 むらたかつしろう 1901生。大正時代–平成時代の彫刻家。1989没。
ティセリウス, アルネ・ヴィルヘルム・カウリン 1902生。スウェーデンの生化学者。1971没。
安藤一郎 あんどういちろう 1907生。昭和時代の詩人, 英米文学者。青山学院大学教授。1972没。
小川和夫 おがわかずお 1909生。昭和時代, 平成時代の評論家, 翻訳家。成蹊大学教授。1994没。
ムハンマド5世 1909生。モロッコ国王(在位1957〜61)。1961没。
田宮虎彦 たみやとらひこ 1911生。昭和時代の小説家。1988没。
アマード, ジョルジェ 1912生。ブラジルの作家。2001没。
ミナーチ, ヴラジミール 1922生。チェコスロバキア, スロバキアの小説家。1996没。
京山幸枝若 きょうやまこうしわか 1926生。昭和時代, 平成時代の浪曲師。1991没。
唐牛健太郎 かろうじけんたろう 1937生。昭和時代の学生運動家。全学連委員長。1984没。
角野卓造 かどのたくぞう 1948生。昭和時代, 平成時代の俳優。
杏子 きょうこ 1960生。昭和時代, 平成時代の歌手。
バンデラス, アントニオ 1960生。スペインの俳優。
筧利夫 かけいとしお 1962生。昭和時代, 平成時代の俳優。
北沢豪 きたざわつよし 1968生。平成時代のスポーツキャスター, 元・サッカー選手。
キーン, ロイ 1971生。アイルランドのサッカー監督(サンダーランド)。
マンスズ, イルハン 1975生。トルコのサッカー選手。
安倍なつみ あべなつみ 1981生。平成時代の歌手。
速水もこみち はやみもこみち 1984生。平成時代の俳優。

8月10日

8月11日

○記念日○　ガンバレの日

- ハインリヒ5世　1081生。ドイツ王（在位1098～1125），神聖ローマ皇帝（在位06～25）。1125没。
- フリードリヒ1世　1371生。ブランデンブルクの総督。1440没。
- 覚道　かくどう　1500生。戦国時代の真言宗の僧。1527没。
- 結城晴朝　ゆうきはるとも　1534生。安土桃山時代，江戸時代前期の武将。1614没。
- 松平信興　まつだいらのぶおき　1630生。江戸時代前期の大名。1691没。
- 林梅洞　はやしばいどう　1643生。江戸時代前期の儒学者，漢詩人。1666没。
- 黒田綱政　くろだつなまさ　1659生。江戸時代前期，中期の大名。1711没。
- 浅野長矩　あさのながのり　1667生。江戸時代前期，中期の大名。1701没。
- 黒田継高　くろだつぐたか　1703生。江戸時代中期の大名。1775没。
- 酒井忠寄　さかいただより　1704生。江戸時代中期の大名。1766没。
- 音仁親王　おとひとしんのう　1729生。江戸時代中期の有栖川宮職仁親王の第1王子。1755没。
- ノレケンズ，ジョゼフ　1737生。イギリスの彫刻家。1823没。
- レントゲン，ダーヴィト　1743生。ドイツの家具製作者。1807没。
- ヒル　1772生。イギリスの軍人。1842没。
- 亀井昭陽　かめいしょうよう　1773生。江戸時代後期の古文辞系の儒者。1836没。
- ヤーン，フリードリヒ・ルートヴィヒ　1778生。ドイツの教育者，愛国者。1852没。
- 近衛基前　このえもとさき　1783生。江戸時代後期の公家。1820没。
- オドエフスキー，ウラジーミル・フョードロヴィチ　1804生。ロシアの小説家，音楽評論家。1869没。
- 小島省斎　こじましょうさい　1804生。江戸時代末期，明治時代の漢学者。1884没。
- 戸田忠至　とだただゆき　1809生。江戸時代，明治時代の下野高徳藩主。1883没。
- フイエ，オクターヴ　1821生。フランスの小説家，劇作家。1890没。
- ヤング，シャーロット　1823生。イギリスの女流小説家，歴史物語の作者。1901没。
- 鄭永寧　ていえいねい　1829生。明治時代の外交官。権大書記官。1897没。
- 海部ハナ　かいふはな　1831生。江戸時代後期，末期，明治時代の染織家。1919没。
- インガソル，ロバート・グリーン　1833生。アメリカの法律家，不可知論者。1899没。
- グルベルグ，カトー・マキシミリアン　1836生。ノルウェーの化学者，数学者。1902没。
- カルノー，マリー・フランソワ　1837生。フランス第3共和制の第4代大統領（1887～94）。1894没。
- エイクマン，クリスティアーン　1858生。オランダの生理学者。1930没。
- アレンスキー，アントン・ステパノヴィチ　1861生。ロシアの作曲家，ピアニスト。1906没。
- 幣原喜重郎　しではらきじゅうろう　1872生。大正時代，昭和時代の政治家，外交官。男爵，衆議院議員。1951没。
- グリーン，アレクサンドル・ステパノヴィチ　1880生。ソ連の作家。1932没。
- 潮恵之輔　うしおしげのすけ　1881生。大正時代，昭和時代の内務官僚，政治家。内務次官，内相。1955没。
- 木村泰賢　きむらたいけん　1881生。大正時代，昭和時代のインド哲学・仏教学者。東京帝国大学教授。1930没。
- グラツィアーニ，ロドルフォ，ネゲリ侯爵　1882生。イタリア陸軍軍人。1955没。
- ゲオルギエフ　1882生。ブルガリアの政治家。1969没。
- シュタードラー，エルンスト　1883生。ドイツの文学史家，詩人。1914没。
- イストラチ，パナイト　1884生。ルーマニアの作家。1935没。

岡田要　おかだよう　1891生。大正時代，昭和時代の動物学者。東京帝国大学教授，国立科学博物館長。1973没。

マクディアミッド，ヒュー　1892生。スコットランド生まれの詩人。1978没。

吉川英治　よしかわえいじ　1892生。大正時代，昭和時代の小説家。1962没。

檜垣麟三　ひがきりんぞう　1893生。昭和時代の歯科医学者。東京医科歯科大学教授。1970没。

城戸四郎　きどしろう　1894生。大正時代，昭和時代の映画プロデューサー，実業家。松竹社長，日本映画製作者連盟会長。1977没。

福永年久　ふくながとしひさ　1894生。昭和時代の実業家。石炭協会会長，経団連理事。1960没。

赤松常子　あかまつつねこ　1897生。大正時代，昭和時代の労働運動家，政治家。参議院議員。1965没。

小山敬三　こやまけいぞう　1897生。大正時代，昭和時代の洋画家。一水会委員，日展顧問。1987没。

ボーガン，ルイーズ　1897生。アメリカの女流詩人，評論家。1970没。

袴田里見　はかまださとみ　1904生。昭和時代の社会運動家。日本共産党副委員長。1990没。

シャルガフ，エルウィン　1905生。米の科学者。2002没。

古関裕而　こせきゆうじ　1909生。昭和時代の作曲家。1989没。

ホーマンズ，ジョージ　1910生。アメリカの社会学者。1989没。

小名木綱夫　おなぎつなお　1911生。昭和時代の歌人。1948没。

キッティカチョーン　1911生。タイの軍人，政治家。2004没。

タノム・キッティカチョーン　1911生。タイの政治家，軍人。2004没。

寺下力三郎　てらしたりきさぶろう　1912生。昭和時代，平成時代の政治家。六ケ所村（青森県）村長。1999没。

ウィルソン，アンガス　1913生。イギリスの小説家。1991没。

高安国世　たかやすくによ　1913生。昭和時代の歌人，ドイツ文学者。京都大学教授，梅花女子大学教授，「塔」主宰。1984没。

ヌヴー，ジネット　1919生。フランスのバイオリニスト。1949没。

ヘイリー，アレックス　1921生。アメリカの小説家，ジャーナリスト。1992没。

安西篤子　あんざいあつこ　1927生。昭和時代，平成時代の小説家。

早坂暁　はやさかあきら　1929生。昭和時代，平成時代の作家，脚本家，演出家。

岸恵子　きしけいこ　1932生。昭和時代，平成時代の女優，作家。

小林亜星　こばやしあせい　1932生。昭和時代，平成時代の作曲家，タレント。

グロトフスキ，イエジィ　1933生。ポーランドの演出家。1999没。

広松渉　ひろまつわたる　1933生。昭和時代，平成時代の哲学者。東京大学教授。1994没。

鈴木武樹　すずきたけじゅ　1934生。昭和時代のエッセイスト，翻訳家。明治大学教授。1978没。

中尾彬　なかおあきら　1942生。昭和時代，平成時代の俳優。

ムシャラフ，ペルベズ　1943生。パキスタンの大統領，軍人。

ベルシェ，オスカル　1946生。グアテマラの大統領。

孫正義　そんまさよし　1957生。昭和時代，平成時代の実業家。ソフトバンク社長，ソフトバンクBB社長，ソフトバンクモバイル社長・CEO・取締役会議長，福岡ソフトバンク・ホークスオーナー。

手塚眞　てずかまこと　1961生。昭和時代，平成時代のビジュアリスト，映画監督。

槙原寛己　まきはらひろみ　1963生。昭和時代，平成時代の野球解説者，元・プロ野球選手。

吉田戦車　よしだせんしゃ　1963生。昭和時代，平成時代の漫画家。

山本昌広　やまもとまさひろ　1965生。昭和時代，平成時代のプロ野球選手。

松村邦洋　まつむらくにひろ　1967生。昭和時代，平成時代のタレント。

喜多嶋舞　きたじままい　1972生。平成時代の女優。

小林綾子　こばやしあやこ　1972生。平成時代の女優。

千葉すず　ちばすず　1975生。平成時代の元・水泳選手。

轟悠　とどろきゆう　昭和時代，平成時代の宝塚スター，宝塚歌劇団理事。

8月11日

8月12日

○記念日○　太平洋横断記念日

源頼家　みなもとのよりいえ　1182生。鎌倉時代前期の鎌倉幕府第2代の将軍。1204没。

ジェッリ, ジャンバッティスタ　1498生。イタリアの文学者。1563没。

クリスティアン3世　1503生。デンマーク, ノルウェー王 (1534〜59)。1559没。

小笠原貞慶　おがさわらさだよし　1546生。安土桃山時代の武将。1595没。

レグレンツィ, ジョヴァンニ　1626生。イタリアの作曲家。1690没。

ビーバー, ハインリヒ・イグナーツ・フランツ・フォン　1644生。ボヘミアのヴァイオリン奏者, 作曲家。1704没。

杉浦国頭　すぎうらくにあきら　1678生。江戸時代中期の歌人, 浜松諏訪神社の神主。1740没。

平田靭負　ひらたゆきえ　1704生。江戸時代中期の薩摩藩勝手方家老, 木曾川治水工事の総奉行。1755没。

エークホフ, コンラート　1720生。ドイツの俳優。1778没。

和田東郭　わだとうかく　1744生。江戸時代中期, 後期の医師。1803没。

ビューイック, トマス　1753生。イギリスの版画家。1828没。

ナイト　1759生。イギリスの植物学者, 園芸学者。1838没。

ジョージ4世　1762生。イギリス, ハノーバー朝第4代国王 (在位1820〜30)。1830没。

フーフェラント　1762生。ドイツの医師。1836没。

サウジー, ロバート　1774生。イギリスの詩人, 伝記作家。1843没。

マスプラット, ジェイムズ　1793生。イギリスの化学工業家。1886没。

大河内存真　おおこうちそんしん　1796生。江戸時代末期, 明治時代の漢方医, 本草学者。1883没。

ビュルヌーフ　1801生。フランスの言語学者, 東洋学者。1852没。

グェッラッツィ, フランチェスコ・ド メーニコ　1804生。イタリアの小説家。1873没。

ロトベルトゥス, ヨハン・カール　1805生。ドイツの経済学者, 社会主義者。1875没。

伊東祐相　いとうすけとも　1812生。江戸時代, 明治時代の飫肥藩主, 飫肥藩知事。1874没。

ブラヴァツキー, ヘレナ・ペトロヴナ　1831生。ロシア生まれの女流神智学者。1891没。

ゴルツ　1843生。ドイツの軍人。1916没。

ムハンマド・アフマド (マフディー, 救世主)　1844生。スーダンの宗教運動の指導者。1885没。

今尾景年　いまおけいねん　1845生。明治時代, 大正時代の日本画家。1924没。

早川龍介　はやかわりゅうすけ　1853生。明治時代, 大正時代の政治家, 実業家。衆議院議員。1933没。

ギルバート, サー・アルフレッド　1854生。イギリスの彫刻家。1934没。

湯原元一　ゆはらもといち　1863生。明治時代, 大正時代の教育家。東京音楽学校長, 東京女子高等師範学校長。1931没。

ジーク　1866生。ドイツのインド学者, 中央アジア研究家。1951没。

ベナベンテ, ハシント　1866生。スペインの劇作家。1954没。

清水澄　しみずとおる　1868生。大正時代, 昭和時代の官僚。学習院大学教授。1947没。

チェルムスフォード, フレデリック・ジョン・ネイピア・セシジャー, 初代子爵, 3代男爵　1868生。イギリスの政治家。1933没。

江見水蔭　えみすいいん　1869生。明治時代, 大正時代の劇作家, 小説家。1934没。

小倉武之助　おぐらたけのすけ　1870生。明治時代-昭和時代の実業家。1964没。

境野黄洋　さかいのこうよう　1871生。明治時代-昭和時代の僧侶, 仏教学者。文学博士, 東洋大学長。1933没。

藤岡勝二　ふじおかかつじ　1872生。明治時代-昭和時代の言語学者。東京帝国大学教授,

文学博士。1935没。
宮島幹之助　みやじまかんのすけ　1872生。明治時代–昭和時代の寄生虫学者。医学博士, 北里研究所寄生虫部長。1944没。
ルシュール　1872生。フランスの政治家, 実業家。1931没。
三浦新七　みうらしんしち　1877生。大正時代, 昭和時代の歴史学者。1947没。
デミル, セシル・B　1881生。アメリカの映画監督, 製作者。1959没。
山上武雄　やまがみたけお　1881生。大正時代, 昭和時代の農民運動家。日本農民組合理事。1943没。
成石平四郎　なるいしへいしろう　1882生。明治時代の社会運動家, 社会主義者。1911没。
ベローズ, ジョージ・ウェスリー　1882生。アメリカの画家。1925没。
スウィナートン, フランク　1884生。イギリスの作家。1982没。
竹本素女　たけもともとめ　1885生。明治時代–昭和時代の女義太夫節太夫。1966没。
ハイムゼート　1886生。ドイツの哲学者, 哲学史家。1975没。
シュレーディンガー, エルヴィン　1887生。オーストリアの理論物理学者。1961没。
中野与之助　なかのよのすけ　1887生。大正時代, 昭和時代の宗教家。三五教教祖, 精神文化国際機構総裁。1974没。
杜月笙　とげつしょう　1888生。中国, チンパンの首領, 実業家。1951没。
一万田尚登　いちまだひさと　1893生。昭和時代の銀行家, 政治家。日本銀行総裁, 衆議院議員。1984没。
一力次郎　いちりきじろう　1893生。大正時代, 昭和時代の新聞経営者。河北新報社長, 東北放送社長。1970没。
ストルーヴェ, オットー　1897生。ロシア系のアメリカの天文学者。1963没。
山岸巳代蔵　やまぎしみよぞう　1901生。大正時代, 昭和時代の社会思想家。山岸会創始者。1961没。
岡田宗司　おかだそうじ　1902生。昭和時代の社会運動家, 政治家。参議院議員。1975没。
ハッタ, モハマッド　1902生。インドネシアの初代副大統領, 経済学者。1980没。
宝月圭吾　ほうげつけいご　1906生。昭和時代の日本史学者。東京大学教授, 日本古文書学

会会長。1987没。
淡谷のり子　あわやのりこ　1907生。昭和時代, 平成時代の歌手。1999没。
トルガ, ミゲル　1907生。ポルトガルの詩人, 小説家。1995没。
中尾佐助　なかおさすけ　1916生。昭和時代, 平成時代の栽培植物学者。大阪府立大学教授, 鹿児島大学教授。1993没。
島田虔次　しまだけんじ　1917生。昭和時代, 平成時代の中国哲学者。京都大学教授。2000没。
渡辺茂　わたなべしげる　1918生。昭和時代, 平成時代のシステム工学者。東京大学教授。1992没。
オコナー, フラネリ　1925生。アメリカ南部の女流作家。1964没。
コリンバ, アンドレ　1936生。中央アフリカの大統領, 軍人。
コロル・デ・メロ, フェルナンド　1949生。ブラジルの大統領。
陣内孝則　じんないたかのり　1958生。昭和時代, 平成時代の俳優, ロック歌手。
角松敏生　かどまつとしき　1960生。昭和時代, 平成時代のシンガーソングライター, 音楽プロデューサー, 映像プロデューサー。
北尾光司　きたおこうじ　1963生。昭和時代, 平成時代の元・格闘家, 元・力士(第60代横綱)。
デビット伊東　でびっといとう　1966生。昭和時代, 平成時代のタレント。
武田久美子　たけだくみこ　1968生。昭和時代, 平成時代の女優。
東幹久　あずまみきひさ　1969生。平成時代の俳優。
J　じぇい　1970生。平成時代のミュージシャン, 音楽プロデューサー。
諸星和己　もろほしかずみ　1970生。昭和時代, 平成時代の歌手, タレント。
吉岡秀隆　よしおかひでたか　1970生。平成時代の俳優。
松岡充　まつおかみつる　1971生。平成時代の歌手, 俳優。
貴乃花光司　たかのはなこうじ　1972生。平成時代の大相撲年寄, 元・力士(第65代横綱)。
パク・ヨンハ　1977生。韓国の俳優, 歌手。

8月12日

8月13日

○記念日○　左利きの日
○忌　日○　水巴忌

中原師宗　なかはらもろむね　1239生。鎌倉時代前期, 後期の官人・歌人。1319没。
洞院公賢　とういんきんかた　1291生。鎌倉時代後期, 南北朝時代の公卿。1360没。
ゲオルク3世(敬虔公)　1507生。ドイツ宗教改革期のアンハルト−デッサウ公, 聖職者。1553没。
立花宗茂　たちばなむねしげ　1569生。安土桃山時代, 江戸時代前期の武将, 大名。1643没。
王時敏　おうじびん　1592生。中国, 明末清初の画家。1680没。
藤谷為賢　ふじたにためかた　1593生。江戸時代前期の公家。1653没。
ボランドゥス, ヨハネス　1596生。フランドルのイエズス会士。1665没。
林又七　はやしまたしち　1605生。江戸時代前期の刀装金工家。1691没。
バルトリン, エラスムス　1625生。デンマークの物理学者。1698没。
浅見絅斎　あさみけいさい　1652生。江戸時代中期の儒学者。1712没。
殿村平右衛門(初代)　とのむらへいえもん　1680生。江戸時代中期の両替商。1721没。
テイラー, ブルック　1685生。イギリスの数学者。1731没。
乾隆帝　けんりゅうてい　1711生。中国, 清朝の第6代皇帝(在位1735〜96)。1799没。
イワン6世　1740生。ロシア皇帝(在位1740〜41)。1764没。
マリア・カロリーナ　1752生。ハプスブルク＝ロートリンゲン家出身のナポリ王妃。1814没。
ナポレオン1世　1769生。フランス第一帝政の皇帝(在位1804〜14)。1821没。
レーナウ, ニコラウス　1802生。オーストリアの詩人。1850没。
宍戸左馬之介　ししどさまのすけ　1804生。江戸時代末期の長州(萩)藩の藩士。1864没。
林鶴梁　はやしかくりょう　1806生。江戸時代, 明治時代の儒学者。1878没。

横井小楠　よこいしょうなん　1809生。江戸時代, 明治時代の熊本藩士, 論策家。1869没。
ジーニン　1812生。ロシアの有機化学者。1880没。
オングストレーム, アンデルス・ヨンス　1814生。スウェーデンの物理学者。1874没。
長連弘　ちょうつらひろ　1815生。江戸時代末期の加賀藩士。1857没。
グナイスト　1816生。ドイツの法学者, 政治家。1895没。
ストーン, ルーシー　1818生。アメリカの婦人参政権論者。1893没。
ストークス, サー・ジョージ・ゲイブリエル　1819生。イギリスの数学者, 物理学者。1903没。
グローヴ, ジョージ　1820生。イギリスの音楽学者。1900没。
ヤーダスゾーン, ザロモン　1831生。ドイツの音楽理論家, 作曲家。1902没。
ド・フーイェ　1836生。オランダの東洋学者。1909没。
ソレル, A.　1842生。フランスの歴史家。1906没。
ダット　1848生。インドの歴史家, 文学者。1909没。
クローグ, クリスチャン　1852生。ノルウェーの画家。1925没。
中上川彦次郎　なかみがわひこじろう　1854生。明治時代の実業家。外務省公信局長, 三井銀行理事。1901没。
平賀敏　ひらがさとし　1859生。明治時代, 大正時代の実業家。日本簡易火災保険社長。1931没。
清元延寿太夫(5代目)　きよもとえんじゅだゆう　1862生。明治時代−昭和時代の清元節太夫。1943没。
トマス, W.I.　1863生。アメリカの社会学者。1947没。
クレイギー, サー・ウィリアム・アレグザンダー　1867生。イギリスの言語学者。1957没。

ビンディング, ルードルフ・ゲオルク　1867生。ドイツの詩人, 小説家。1938没。
ガルニエ, トニー　1869生。フランスの建築家。1948没。
千葉勇五郎　ちばゆうごろう　1870生。明治時代–昭和時代の牧師, 神学者。1946没。
リープクネヒト, カール　1871生。ドイツの左派社会主義運動の指導者。1919没。
ヴィルシュテッター, リヒャルト　1872生。ドイツの有機化学者。1942没。
マンニネン, オット　1872生。フィンランドの詩人。1950没。
春山作樹　はるやまさくき　1876生。明治時代–昭和時代の教育学者。東京帝国大学教授, 文学博士。1935没。
アイアランド, ジョン　1879生。イギリスの作曲家。1962没。
渡嘉敷守良　とかしきしゅりょう　1880生。明治時代–昭和時代の琉球芸能役者, 琉球舞踊家。1953没。
長崎英造　ながさきえいぞう　1881生。大正時代, 昭和時代の財界人。日本証券投資協会長, 日本石油社長。1953没。
ポーイス, ルーエリン　1884生。イギリスの随筆家, 小説家。1939没。
落合太郎　おちあいたろう　1886生。大正時代, 昭和時代のフランス文学者。奈良女子大学学長, 京都大学教授。1969没。
ベアード, ジョン・ロージー　1888生。イギリスの発明家。1946没。
梅原末治　うめはらすえじ　1893生。大正時代, 昭和時代の考古学者。京都大学教授。1983没。
矢崎美盛　やざきよしもり　1895生。大正時代, 昭和時代の哲学者, 美術史家。東京大学教授。1953没。
ヒッチコック, アルフレッド　1899生。アメリカの映画監督。1980没。
ヴァンケル, フェリックス　1902生。西ドイツの技術者。1988没。
ジャンケレヴィッチ, ヴラディミール　1903生。フランスの哲学者。1985没。
古川緑波　ふるかわろっぱ　1903生。昭和時代の喜劇俳優。1961没。
難波田竜起　なんばたたつおき　1905生。昭和時代, 平成時代の洋画家。1997没。

飯守重任　いいもりしげとう　1906生。昭和時代の裁判官。鹿児島地家裁所長。1980没。
一龍斎貞丈(5代目)　いちりゅうさいていじょう　1906生。昭和時代の講談師。1968没。
クルップ, アルフリート　1907生。西ドイツの財界人。1967没。
山口薫　やまぐちかおる　1907生。昭和時代の洋画家。東京芸術大学教授。1968没。
ホーガン, ベン　1912生。アメリカのプロゴルファー。1997没。
ルリア, サルヴァドール・エドワード　1912生。アメリカの分子生物学者。1991没。
チャコフスキー, アレクサンドル・ボリソヴィチ　1913生。現代ソ連邦の小説家。1994没。
マカリオス3世　1913生。キプロスの初代大統領, ギリシア正教の大主教。1977没。
佐野浅夫　さのあさお　1925生。昭和時代, 平成時代の俳優, 童話作家。
カストロ, フィデル　1926生。キューバの革命家, 政治家。
正司歌江　しょうじうたえ　1929生。昭和時代, 平成時代の女優。
あまんきみこ　あまんきみこ　1931生。昭和時代, 平成時代の児童文学作家。
桂枝雀(2代目)　かつらしじゃく　1939生。昭和時代, 平成時代の落語家。1999没。
バトル, キャスリーン　1948生。アメリカのソプラノ歌手。
キング, ベッツィ　1955生。アメリカのプロゴルファー。
高橋ジョージ　たかはしじょーじ　1958生。昭和時代, 平成時代のロック歌手。
ドルチェ, ドメニコ　1958生。イタリアのファッションデザイナー。
伊藤みどり　いとうみどり　1969生。昭和時代, 平成時代のフィギュアスケート選手。
シアラー, アラン　1970生。イギリスのサッカー選手。
篠原涼子　しのはらりょうこ　1973生。平成時代の女優, 歌手。
小西美帆　こにしみほ　1977生。平成時代の女優。
林家パー子　はやしやぱーこ　昭和時代, 平成時代のタレント。

8月13日

8月14日

○記念日○ 特許の日

ダールベルク，ヨハネス・フォン 1455生。ドイツの貴族。1503没。

島津忠隆 しまづただたか 1497生。戦国時代の武将。1519没。

ファン・アールスト，ピーテル 1502生。フランドルの画家，建築家。1550没。

ベネデッテイ，ジョヴァンニ 1530生。イタリアの物理学者。1590没。

湯顕祖 とうけんそ 1550生。中国，明代末の文学者。1616没。

サルピ，パーオロ 1552生。イタリアのカトリック神学者，科学者，歴史家，政治家。1623没。

許六 きょりく 1656生。江戸時代前期，中期の俳人，近江彦根藩士，彦根俳壇の指導者。1715没。

ヴェルネ，クロード・ジョゼフ 1714生。フランスの画家。1789没。

海量 かいりょう 1733生。江戸時代中期，後期の漢学者。1817没。

サムター，トマス 1734生。アメリカ独立戦争期の軍人。1832没。

松平勝長 まつだいらかつなが 1737生。江戸時代中期，後期の武士。1811没。

ピウス7世 1742生。教皇(在位1800～23)。1823没。

得閑斎(初代) とくかんさい 1748生。江戸時代中期の狂歌師。1813没。

ヴェルネ，カルル 1758生。フランスの画家。1836没。

エルステッド，ハンス・クリスティアン 1777生。デンマークの物理学者。1851没。

ジョアンヴィル，フランソワ 1818生。フランスの軍人。1900没。

グラモン，アントワーヌ 1819生。フランスの政治家。1880没。

竹沢弥七(7代目) たけざわやしち 1831生。江戸時代，明治時代の義太夫節三味線方。1876没。

バージェス，ジェームズ 1832生。イギリスの考古学者，インド学者。1917没。

ゴルツ，フリードリヒ 1834生。ドイツの生理学者。1902没。

ベザント，ウォルター 1836生。イギリスの小説家，博愛事業家。1901没。

クラフト-エービング，リヒャルト，男爵 1840生。ドイツの精神病学者。1902没。

ダルブー，ジャン・ガストン 1842生。フランスの数学者。1917没。

平野富二 ひらのとみじ 1846生。江戸時代，明治時代の実業家，技術者。1892没。

岡本柳之助 おかもとりゅうのすけ 1852生。明治時代の陸軍軍人。少佐。1912没。

ポラード，アルフレッド・ウィリアム 1859生。イギリスの書誌学者。1944没。

シートン，アーネスト・トムソン 1860生。アメリカの作家。1946没。

安藤仲太郎 あんどうなかたろう 1861生。明治時代の洋画家。1912没。

カステルヌオヴォ，グイド 1865生。イタリアの数学者。1952没。

メレシコフスキー，ドミートリー・セルゲーヴィチ 1865生。ロシアの詩人，小説家，評論家。1941没。

ジョウンズ，ジョージ・ヒーバー 1867生。アメリカの宣教師。1919没。

イェーネフェルト，エドヴァルト・アルマス 1869生。スウェーデンの指揮者，作曲家。1958没。

光緒帝 こうしょてい 1871生。中国清朝の11代皇帝。1908没。

桜内幸雄 さくらうちゆきお 1880生。大正時代，昭和時代の政治家，実業家。衆議院議員，出雲電気社長。1947没。

柿内三郎 かきうちさぶろう 1882生。明治時代-昭和時代の生化学者。1967没。

小野秀雄 おのひでお 1885生。大正時代，昭和時代の新聞学者。日本新聞学会会長，上智大学教授，東京大学新聞研究所所長。1977没。

清野謙次 きよのけんじ 1885生。大正時代，昭和時代の病理学者，人類学者。京都大学教

授, 東京医科大学教授。1955没。

荒畑寒村　あらはたかんそん　1887生。明治時代-昭和時代の社会主義運動家, 評論家。衆議院議員。1981没。

小林和作　こばやしわさく　1888生。大正時代, 昭和時代の洋画家。1974没。

中江丑吉　なかえうしきち　1889生。大正時代, 昭和時代の中国学者。1942没。

三富朽葉　みとみくちは　1889生。明治時代, 大正時代の詩人。1917没。

江原万里　えばらばんり　1890生。大正時代, 昭和時代のキリスト教無教会伝道者, 経済学者。東京帝国大学助教授。1933没。

浜本浩　はまもとひろし　1890生。昭和時代の小説家, ジャーナリスト。1959没。

島田嘉七　しまだかしち　1895生。大正時代, 昭和時代の俳優。歌舞伎, 映画で活躍。

福島経人　ふくしまけいじん　1899生。大正時代, 昭和時代の華道家。1960没。

ウォーン　1900生。アメリカの消費者運動のリーダー。1987没。

コンヴィチュニー, フランツ　1901生。ドイツの指揮者。1962没。

マジェア, エドゥアルド　1903生。アルゼンチンの小説家。1982没。

水沢澄夫　みずさわすみお　1905生。昭和時代の美術評論家。1975没。

ホルテル, コルネリウス　1907生。オランダの物理学者。1980没。

広瀬秀雄　ひろせひでお　1909生。昭和時代の天文学者。東京大学教授, 東京天文台長。1981没。

関根正雄　せきねまさお　1912生。昭和時代, 平成時代の聖書学者。無教会新宿集会主宰, 東京教育大学教授。2000没。

タリアヴィーニ, フェルッチョ　1913生。イタリアのテノール歌手。1995没。

ハルトリンク, ポウル　1914生。デンマークの政治家。2000没。

藤村富美男　ふじむらふみお　1916生。昭和時代, 平成時代のプロ野球選手。1992没。

ストレーレル, ジョルジョ　1921生。イタリアの演出家。1997没。

リシャール, モーリス　1924生。カナダのアイスホッケー選手。2000没。

藤井康男　ふじいやすお　1930生。昭和時代, 平成時代の実業家。龍角散社長, 北里大学助教授。1996没。

亀井俊介　かめいしゅんすけ　1932生。昭和時代, 平成時代の比較文学者。

江国滋　えくにしげる　1934生。昭和時代, 平成時代の随筆家, 俳人。1997没。

桂歌丸　かつらうたまる　1936生。昭和時代, 平成時代の落語家。

ゴーマン美智子　ゴーマンみちこ　1936生。昭和時代, 平成時代のマラソン選手。

辻征夫　つじゆきお　1939生。昭和時代, 平成時代の詩人, 小説家。2000没。

入江美樹　いりえみき　1944生。昭和時代, 平成時代の女優。

杉良太郎　すぎりょうたろう　1944生。昭和時代, 平成時代の俳優, 歌手。

ヴェンダース, ヴィム　1945生。ドイツの映画監督。

片桐竜次　かたぎりりゅうじ　1948生。昭和時代, 平成時代の俳優。

益田幹夫　ますだみきお　1949生。昭和時代, 平成時代のジャズピアニスト。

ジョンソン, アービン　1959生。アメリカの元・バスケットボール選手。

ブライトマン, サラ　1960生。イギリスの歌手, ミュージカル女優。

都並敏史　つなみさとし　1961生。昭和時代, 平成時代のサッカー監督。

岡村靖幸　おかむらやすゆき　1965生。昭和時代, 平成時代のロックミュージシャン。

ベアール, エマニュエル　1965生。フランスの女優。

鈴木保奈美　すずきほなみ　1966生。昭和時代, 平成時代の女優。

平畠啓史　ひらはたけいじ　1968生。昭和時代, 平成時代の漫才師。

ベリー, ハル　1968生。アメリカの女優。

ボーランジェ, ロマーヌ　1973生。フランスの女優。

8月14日

8月15日

○記念日○　終戦記念日
○忌　日○　素堂忌
　　　　　敗戦忌

平城天皇　へいぜいてんのう　774生。平安時代前期の第51代の天皇。824没。
武田信義　たけだのぶよし　1128生。平安時代後期の武将。1186没。
偉仙芳裔　いせんほうえい　1334生。南北朝時代、室町時代の僧。1414没。
プルチ，ルイージ　1432生。イタリアの詩人。1484没。
大寧了忍　だいねいりょうにん　1452生。戦国時代の僧。1505没。
カラッチ，アゴスティノ　1557生。イタリアの画家。1602没。
水野勝成　みずのかつなり　1564生。安土桃山時代、江戸時代前期の大名。1651没。
テイラー，ジェレミー　1613生。イギリスの聖職者、著作者。1667没。
メナージュ，ジル　1613生。フランスの言語学者。1692没。
尚質　しょうしつ　1629生。江戸時代前期の琉球国王。1668没。
村山伝兵衛（初代）　むらやまでんべえ　1683生。江戸時代中期の商人。1757没。
フリードリヒ・ウィルヘルム1世　1688生。プロシア王（在位1713～40）。1740没。
普寂　ふじゃく　1707生。江戸時代中期の浄土宗律僧。1781没。
中沢道二　なかざわどうに　1725生。江戸時代中期、後期の石門心学者。1803没。
混沌軒国丸　こんとんけんくにまる　1734生。江戸時代中期の狂歌師。1790没。
クラウディウス，マティーアス　1740生。ドイツの詩人。1815没。
山東京伝　さんとうきょうでん　1761生。江戸時代中期、後期の黄表紙・洒落本・読本・合巻作者。1816没。
光格天皇　こうかくてんのう　1771生。江戸時代後期の第119代の天皇。1840没。
スコット，ウォルター　1771生。スコットランド生まれの詩人、小説家。1832没。

ド・クインシー，トマス　1785生。イギリスの批評家、随筆家。1859没。
高島秋帆　たかしましゅうはん　1798生。江戸時代末期の砲術家、洋式兵学者。1866没。
グレヴィ，ジュール　1807生。フランス第3共和制の第3代大統領（1879～87）。1891没。
広瀬青邨　ひろせせいそん　1819生。江戸時代、明治時代の儒学者。学習院教授。1884没。
メイン　1822生。イギリスの法学者、歴史学者。1888没。
松崎渋右衛門　まつざきしぶえもん　1827生。江戸時代、明治時代の讃岐高松藩士。1869没。
臥雲辰致　がうんたつち　1842生。明治時代の発明家。1900没。
ティルデン，サー・ウィリアム・オーガスタス　1842生。イギリスの化学者。1926没。
中島信行　なかじまのぶゆき　1846生。江戸時代、明治時代の政治家。男爵、貴族院議員。1899没。
ケーベル，ラファエル・フォン　1848生。ロシア生まれのドイツの哲学者。1923没。
高嶺秀夫　たかみねひでお　1854生。明治時代の教育者。東京師範学校・女子高等師範学校校長。1910没。
饗庭篁村　あえばこうそん　1855生。明治時代の小説家、劇評家。1922没。
ハーディ，キア　1856生。イギリス労働党の指導者。1915没。
フランコ，イワン・ヤコヴィチ　1856生。ウクライナの作家、社会評論家、言語学者、社会運動家。1916没。
金森通倫　かなもりみちとも　1857生。明治時代－昭和時代の牧師、社会教育家。1945没。
カルヴェ，エンマ　1858生。フランスのソプラノ歌手。1942没。
ネズビット，イーディス　1858生。イギリスの女流児童文学者。1924没。
小川一真　おがわかずまさ　1860生。明治時代－昭和時代の写真家。1929没。

林田亀太郎　はやしだかめたろう　1863生。明治時代, 大正時代の政治家。衆議院議員, 衆議院書記官長。1927没。

杉山茂丸　すぎやましげまる　1864生。明治時代–昭和時代の浪人。1935没。

添田寿一　そえだじゅいち　1864生。明治時代–昭和時代の財政経済学者, 官僚。法学博士, 貴族院議員。1929没。

粕谷義三　かすやぎぞう　1866生。明治時代, 大正時代の政治家。衆議院議員。1930没。

今西龍　いまにしりゅう　1875生。大正時代, 昭和時代の朝鮮史家。京都帝国大学教授, 京城帝国大学教授。1932没。

太刀山峰右衛門　たちやまみねえもん　1877生。明治時代, 大正時代の力士（第22代横綱）。1941没。

荒井寛方　あらいかんぽう　1878生。明治時代–昭和時代の日本画家。1945没。

ウランゲリ, ピョートル・ニコラエヴィチ, 男爵　1878生。ロシアの軍人, 男爵。1928没。

バリモア, エセル　1879生。アメリカの女優。1959没。

メシュトロヴィチ, イヴァン　1883生。ユーゴスラビアの彫刻家。1962没。

三木武吉　みきぶきち　1884生。大正時代, 昭和時代の政治家。衆議院議員。1956没。

ファーバー, エドナ　1887生。アメリカの女流小説家, 劇作家。1968没。

中村歌扇（初代）　なかむらかせん　1889生。明治時代–昭和時代の女優。1942没。

イベール, ジャック　1890生。フランスの作曲家。1962没。

ブロイ, ルイ・ヴィクトル　1892生。フランスの理論物理学者。1987没。

コリ, ゲルティ・テレザ・ラドニッツ　1896生。アメリカの生化学者。1957没。

古田穂　よしだいっすい　1898生。大正時代, 昭和時代の詩人。1973没。

ブジェフヴァ, ヤン　1900生。ポーランドの詩人・童話作家。1966没。

淡徳三郎　だんとくさぶろう　1901生。昭和時代の評論家, 社会運動家。1977没。

荒木古童（4代目）　あらきこどう　1902生。昭和時代の琴古流尺八奏者。1943没。

相川春喜　あいかわはるき　1909生。昭和時代の技術史家, 社会運動家。プロレタリア科学同盟中央常任委員。1953没。

内村直也　うちむらなおや　1909生。昭和時代の劇作家。国際演劇協会日本センター会長。1989没。

鶴田錦史　つるたきんし　1911生。昭和時代, 平成時代の薩摩琵琶奏者。1995没。

藤森栄一　ふじもりえいいち　1911生。昭和時代の考古学者。長野県考古学会会長。1973没。

田島直人　たじまなおと　1912生。昭和時代の三段跳び選手。中京大学教授, 日本陸連常務理事。1990没。

油井正一　ゆいしょういち　1918生。昭和時代, 平成時代の音楽評論家。1998没。

大辻清司　おおつじきよじ　1923生。昭和時代, 平成時代の写真家。筑波大学教授。2001没。

ボールト, ロバート　1924生。イギリスの劇作家。1995没。

カッチェン, ジュリアス　1926生。アメリカのピアニスト。1969没。

クランコ, ジョン　1927生。イギリスのバレエ振付師。1973没。

増見利清　ますみとしきよ　1928生。昭和時代, 平成時代の演出家。劇団俳優座演出部長。2001没。

フェレ, ジャンフランコ　1944生。イタリアのファッションデザイナー。2007没。

サンプラザ中野　さんぷらざなかの　1960生。昭和時代, 平成時代のロック歌手。

宇梶剛士　うかじたかし　1962生。昭和時代, 平成時代の俳優。

イニャリトゥ, アレハンドロ・ゴンサレス　1963生。メキシコの映画監督。

アフレック, ベン　1972生。アメリカの俳優, 脚本家。

ヘンストリッジ, ナターシャ　1974生。カナダの女優。

川口能活　かわぐちよしかつ　1975生。平成時代のサッカー選手。

中村剛也　なかむらたけや　1983生。平成時代のプロ野球選手。

麻生祐未　あそうゆみ　昭和時代, 平成時代の女優。

登場人物

本郷猛　ほんごうたけし　『仮面ライダー1号』の主人公。

8月15日

8月16日

○記念日○　女子大生の日

三条公忠　さんじょうきんただ　1324生。南北朝時代の公卿。1383没。

正親町公叙　おおぎまちきんのぶ　1514生。戦国時代の公卿。1549没。

徳大寺実久　とくだいじさねひさ　1583生。安土桃山時代,江戸時代前期の公家。1616没。

ベルンハルト,ヴァイマール公爵　1604生。ドイツの三十年戦争新教派将軍。1639没。

山鹿素行　やまがそこう　1622生。江戸時代前期の儒学者,兵学者。1685没。

済深入道親王　さいじんにゅうどうしんのう　1671生。江戸時代中期の霊元天皇の第1皇子。1701没。

文仁親王　あやひとしんのう　1680生。江戸時代中期の霊元天皇の第8皇子。1711没。

狩野栄川　かのうえいせん　1696生。江戸時代中期の画家。1731没。

ダルジャンソン,マルク・ピエール　1696生。フランスの貴族。1764没。

松平容貞　まつだいらかたさだ　1724生。江戸時代中期の大名。1750没。

徳川治保　とくがわはるもり　1751生。江戸時代中期,後期の大名。1805没。

佐々木松雨　ささきしょうう　1752生。江戸時代後期の俳人。1830没。

フレデリック(・オーガスタス),ヨーク公爵　1763生。イギリスの軍人。1827没。

杉山宗立　すぎやまそうりゅう　1776生。江戸時代後期の蘭方医。1859没。

マルシュナー,ハインリヒ　1795生。ドイツの作曲家。1861没。

鷹羽雲涛　たかのはうんそう　1796生。江戸時代末期の漢詩人。1866没。

クーパー　1809生。イギリスの提督。1885没。

川手文治郎　かわてぶんじろう　1814生。江戸時代,明治時代の宗教家。金光教教祖。1883没。

ケイリー,アーサー　1821生。イギリスの数学者。1895没。

マルタン,ピエール・エミール　1824生。フランスの製鋼技術者。1915没。

加藤勇　かとういさむ　1828生。江戸時代,明治時代の肥前大村藩士。1890没。

ヴント,ヴィルヘルム　1832生。ドイツの心理学者,哲学者。1920没。

堀直虎　ほりなおとら　1836生。江戸時代の武士。須坂藩主,外国総奉行。1868没。

リップマン,ガブリエル　1845生。フランスの物理学者。1921没。

シーボルト　1846生。ドイツの外交官。1911没。

スホムリーノフ　1848生。ロシアの軍人。1926没。

ダイエル　1848生。イギリスの工学者。1918没。

ダーウィン　1848生。イギリスの植物学者。1925没。

シュラッター,アードルフ　1852生。ドイツのプロテスタント神学者。1938没。

ラフォルグ,ジュール　1860生。フランスの詩人。1887没。

ピエルネ,ガブリエル　1863生。フランスの作曲家,指揮者。1937没。

シラー　1864生。イギリスの哲学者。1937没。

伊井蓉峰　いいようほう　1871生。明治時代-昭和時代の新派俳優。1932没。

田中茂穂　たなかしげほ　1878生。大正時代,昭和時代の動物学者。東京大学教授。1974没。

スピンデン,ハーバート　1879生。アメリカの人類学者。1967没。

青木文一郎　あおきぶんいちろう　1883生。大正時代,昭和時代の動物学者。台北帝国大学教授,岐阜大学学長。1954没。

田辺尚雄　たなべひさお　1883生。明治時代-昭和時代の音楽学者,音楽評論家。東洋音楽学会会長。1984没。

堀悌吉　ほりていきち　1883生。明治時代-昭和時代の海軍軍人。中将。1959没。

成田順　なりたじゅん　1887生。大正時代,昭和時代の家政学者。文化女子大学長。1976没。

鑓田研一　やりたけんいち　1892生。大正時代、昭和時代の評論家、小説家。1969没。

ミーニー、ジョージ　1894生。アメリカの労働組合指導者。1980没。

鈴木信太郎　すずきしんたろう　1895生。大正時代、昭和時代の洋画家。1989没。

ラウターパハト，サー・ヘルシュ　1897生。イギリスの国際法学者。1960没。

宮本正清　みやもとまさきよ　1898生。昭和時代のフランス文学者。大阪市立大学教授。1982没。

井上五郎　いのうえごろう　1899生。昭和時代の実業家。中部電力社長。1981没。

町村金五　まちむらきんご　1900生。昭和時代、平成時代の官僚、政治家。参議院議員、北海道知事。1992没。

小林正次　こばやしまさつぐ　1902生。昭和時代の電気技術者。日本電気専務、日本ロッキードモノレール取締役。1975没。

津村紀三子　つむらきみこ　1902生。大正時代、昭和時代の能楽師シテ方。1974没。

源田実　げんだみのる　1904生。昭和時代の海軍軍人、政治家。参議院議員、防衛庁航空幕僚長。1989没。

スタンレー、ウェンデル・メレディス　1904生。アメリカの生化学者で、ウイルス学創立者の一人。1971没。

杉浦健一　すぎうらけんいち　1905生。昭和時代の文化人類学者。東京大学教授。1954没。

オハブ　1906生。ポーランドの政治家。1989没。

フランツ・ヨーゼフ2世　1906生。リヒテンシュタイン大公(元首)。1989没。

平岡養一　ひらおかよういち　1907生。昭和時代の木琴奏者。1981没。

松永健哉　まつながけんや　1907生。昭和時代、平成時代の教育家、小説家。1996没。

シューマッハー、E.F.　1911生。ドイツ生まれの経済思想家。1977没。

磯崎叡　いそざきさとし　1912生。昭和時代、平成時代の官僚、実業家。サンシャインシティ社長、国鉄総裁。1997没。

小浪義明　こなみよしあき　1912生。昭和時代の経営者。1981没。

ベギン、メナヘム(・ヴォルフォヴィチ)　1913生。イスラエルの政治家、ジャーナリスト。1992没。

川俣晃自　かわまたこうじ　1917生。昭和時代の小説家、劇作家。東京都立大学教授、独協大学教授。1999没。

桑山正一　くわやましょういち　1922生。昭和時代の俳優、演出家。「民衆舞台」主宰。1983没。

李季　りき　1922生。中国の詩人。1980没。

ペレス、シモン　1923生。イスラエルの政治家。

猪熊葉子　いのくまようこ　1928生。昭和時代、平成時代の翻訳家、児童文学者。

上野瞭　うえのりょう　1928生。昭和時代、平成時代の児童文学作家・評論家。2002没。

ガルシア・マルケス、ガブリエル　1928生。コロンビアの作家。

エヴァンズ、ビル　1929生。アメリカのジャズ・ピアニスト。1980没。

エリック、フリッツ・フォン　1929生。アメリカのプロレスラー。1997没。

ラーン、ヘルムート　1929生。ドイツのサッカー選手。2003没。

鈴木章治　すずきしょうじ　1932生。昭和時代、平成時代のジャズ・クラリネット奏者。リズム・エース主宰。1995没。

菅原文太　すがわらぶんた　1933生。昭和時代、平成時代の俳優。

ミシェル、ジェームス・アリックス　1944生。セーシェルの大統領。

ハムネット、キャサリン　1948生。イギリスのファッションデザイナー。

キャメロン、ジェームズ　1954生。アメリカの映画監督、脚本家。

マドンナ　1959生。アメリカのロック歌手、女優。

金山一彦　かなやまかずひこ　1967生。昭和時代、平成時代の俳優、歌手。

前田耕陽　まえだこうよう　1968生。昭和時代、平成時代の俳優。

小木博明　おぎひろあき　1971生。平成時代のコメディアン。

四出ひかる　にしだひかる　1972生。平成時代の女優、歌手。

ダルビッシュ有　だるびっしゅゆう　1986生。平成時代のプロ野球選手。

水夏希　みずなつき　平成時代の宝塚スター。

8月16日

8月17日

○記念日○ パイナップルの日
○忌　日○ 蕃山忌

エウテュキオス　877生。アレクサンドリア総主教，メルキタイ派の歴史家，神学者。940没。

藤原生子　ふじわらのせいし　1014生。平安時代中期の女性。後朱雀天皇の女御。1068没。

中御門宣秀　なかみかどのぶひで　1469生。戦国時代の公卿。権大納言。1531没。

御薗意斎　みそのいさい　1557生。安土桃山時代，江戸時代前期の鍼術家。正親町天皇，後陽成天皇に仕える。1616没。

ハスラー，ハンス・レーオ　1562生。ドイツの作曲家，オルガン奏者。1612没。

アンドレーエ，ヨハン・ヴァレンティン　1586生。ドイツのルター派神学者，宗教的著作家，詩人。1654没。

松平忠国　まつだいらただくに　1597生。江戸時代前期の大名。丹波篠山藩主，播磨明石藩主。1659没。

フェルマ，ピエール・ド　1601生。フランスの数学者。1665没。

トルステンソン　1603生。スウェーデンの軍人。1651没。

ラ・ブリュイエール，ジャン・ド　1645生。フランスのモラリスト。1696没。

ポルポラ，ニコラ　1686生。イタリアの作曲家，声楽教師。1768没。

ジュシュー，ベルナール・ド　1699生。フランスの植物学者。1777没。

西山拙斎　にしやませっさい　1735生。江戸時代中期の儒学者，漢詩人。1798没。

ドブロフスキー，ヨゼフ　1753生。チェコの言語学者。スラブ諸言語の比較研究の基礎を築く。1829没。

ストザード，トマス　1755生。イギリスの画家，デザイナー。1834没。

ケアリー，ウィリアム　1761生。イギリスのバプテスト教会の牧師，東洋学者。1834没。

ドゥゼ・ド・ヴェグー　1768生。フランスの将軍。ナポレオンのエジプト遠征に参加。1800没。

クロケット，デイヴィー　1786生。アメリカの辺境開拓者，政治家。1836没。

ホジキン，トマス　1798生。イギリスの医師。1866没。

モール　1799生。ドイツの公法学者，政治家。1875没。

ブレーメル，フレドリーカ　1801生。スウェーデンの女流作家。1865没。

倉石典太　くらいしてんた　1815生。江戸時代，明治時代の勤王家，儒者。1876没。

アウトナソン，ヨウン　1819生。アイスランドの民話収集家，民俗学者。1888没。

海妻甘蔵　かいづまかんぞう　1824生。江戸時代末期，明治時代の筑前福岡藩士。1909没。

菊池教中　きくちきょうちゅう　1828生。江戸時代末期の豪商，志士。1862没。

池上隼之助　いけがみはやのすけ　1829生。江戸時代末期の佐渡原藩士。1864没。

レアンダー，リヒャルト　1830生。ドイツの外科医，作家。1889没。

ブラント，ウィルフリッド　1840生。イギリスの詩人。1922没。

林有造　はやしゆうぞう　1842生。明治時代の政治家。衆議院議員。1921没。

大槻如電　おおつきじょでん　1845生。明治時代，大正時代の蘭学者。文部省字書取調掛。1931没。

レヒネル・エデン　1845生。ハンガリーの建築家。ハンガリーにおける分離派建築を代表する人物。1914没。

クーリー　1864生。アメリカの社会学者。1929没。

内藤湖南　ないとうこなん　1866生。明治時代－昭和時代の東洋史学者。京都大学教授。1934没。

斯波貞吉　しばていきち　1869生。明治時代－昭和時代のジャーナリスト，政治家。万朝報社取締役，衆議院議員。1939没。

高橋健自　たかはしけんじ　1871生。明治時代－昭和時代の考古学者。東京帝室博物館歴史課長。1929没。

石川半山　いしかわはんざん　1872生。明治時代, 大正時代の新聞雄者, 政治家。衆議院議員。1925没。

森田茂　もりたしげる　1872生。明治時代−昭和時代の政治家, 弁護士。衆議院議員, 同議長。1932没。

岡田武松　おかだたけまつ　1874生。明治時代−昭和時代の気象学者。中央気象台長, 東京帝国大学教授。1956没。

久邇宮多嘉　くにのみやたか　1875生。明治時代−昭和時代の皇族。1937没。

ドイブラー, テーオドア　1876生。ドイツの詩人。1934没。

ゴールドウィン, サミュエル　1882生。アメリカの映画プロデューサー。1974没。

岩本素白　いわもとそはく　1883生。昭和時代の日本文学者, 随筆家。早稲田大学教授, 跡見学園短期大学教授。1961没。

クラーク　1884生。アメリカの化学者。1964没。

ガーヴェイ, マーカス　1887生。アメリカの黒人運動指導者。1940没。

カール1世　1887生。オーストリア＝ハンガリー帝国最後の皇帝(在位1916～18)。1922没。

野長瀬晩花　のながせばんか　1889生。大正時代, 昭和時代の日本画家。1964没。

ホプキンズ, ハリー　1890生。アメリカの政治家, 大統領補佐官。1946没。

ウェスト, メイ　1892生。アメリカの女優, コメディアン。1980没。

東宮鉄男　とうみやかねお　1892生。大正時代, 昭和時代の陸軍軍人。大佐。1937没。

ノダック, ヴァルター　1893生。ドイツの化学者。1960没。

川端茅舎　かわばたぼうしゃ　1897生。大正時代, 昭和時代の俳人。1941没。

下村寅太郎　しもむらとらたろう　1902生。昭和時代, 平成時代の哲学者。東京教育大学教授。1995没。

大渡順二　おおわたりじゅんじ　1904生。昭和時代の医事評論家。保健同人事業団理事長。1989没。

カエターノ, マルセロ　1906生。ポルトガルの首相。1980没。

李健吾　りけんご　1906生。中国の劇作家, 小説家。1982没。

高木史朗　たかぎしろう　1915生。昭和時代の演出家。1985没。

ナーガル, アムリットラール　1916生。インド, ヒンディー語の小説家。1990没。

笑福亭松鶴(6代目)　しょうふくていしょうかく　1918生。昭和時代の落語家。1986没。

常磐津文字太夫(8代目)　ときわづもじたゆう　1918生。昭和時代, 平成時代の浄瑠璃太夫。1991没。

平田清明　ひらたきよあき　1922生。昭和時代, 平成時代の経済学者。鹿児島経済大学学長, 京都大学教授。1995没。

ホークス, ジョン　1925生。アメリカの小説家。1998没。

江沢民　こうたくみん　1926生。中国の政治家。

ヒューズ, テッド　1930生。イギリスの詩人。1998没。

ナイポール, ビディアダール・スーラジプラサド　1932生。イギリスの作家。

笠谷幸生　かさやゆきお　1943生。昭和時代, 平成時代の元・スキー選手。

デ・ニーロ, ロバート　1943生。アメリカの俳優, 映画監督。

メイダニ, レジェプ　1944生。アルバニアの大統領, 物理学者。

マニング, パトリック　1946生。トリニダードトバゴの政治家。

ベンガル　1951生。昭和時代, 平成時代の俳優。

パストラナ, アンドレス　1954生。コロンビアの大統領。

赤井英和　あかいひでかず　1959生。昭和時代, 平成時代の俳優, 元・プロボクサー。

ペン, ショーン　1960生。アメリカの俳優, 映画監督。

はたけ　はたけ　1968生。昭和時代, 平成時代のギタリスト。

華原朋美　かはらともみ　1974生。平成時代の歌手。

アンリ, ティエリ　1977生。フランスのサッカー選手。

蒼井優　あおいゆう　1985生。平成時代の女優。

8月17日

8月18日

○記念日○　高校野球記念日
○忌　日○　太閤忌

最澄　さいちょう　767生。奈良時代, 平安時代前期の僧。822没。

マルリチ, マルコ　1450生。クロアティアの人文主義者, 詩人, モラリスト。1524没。

フランチェスコ・ダ・ミラノ　1497生。イタリアのリュート奏者, 作曲家。1543没。

島津勝久　しまづかつひさ　1503生。戦国時代の武将。1573没。

ボルロメーオ, フェデリーゴ　1564生。イタリアの枢機卿, カトリック改革の指導者。1631没。

クヴィストルプ, ヨーハン　1584生。ドイツのルター派神学者。1648没。

王原祁　おうげんき　1642生。中国, 清初期の文人画家。1715没。

ノエル, フランソワ　1651生。ベルギーのイエズス会士。1729没。

ビビエーナ, フェルディナンド　1657生。フェレンツェの建築家。1743没。

真宮理子　さなのみやさとこ　1691生。江戸時代中期の女性。徳川吉宗の正室, 伏見宮貞致親王の第4王女。1710没。

ブルボン公, ルイ・アンリ　1692生。フランスの政治家。1740没。

山脇東門　やまわきとうもん　1736生。江戸時代中期の医師。1782没。

緒方春朔　おがたしゅんさく　1748生。江戸時代中期, 後期の医学者。1810没。

サリエリ, アントニオ　1750生。イタリアの作曲家, オペラ指揮者。1825没。

ドヌー, ピエール・クロード・フランソワ　1761生。フランスの政治家, 歴史家。1840没。

ルイス, メリウェザー　1774生。アメリカの探検家。1809没。

中川自休　なかがわじきゅう　1778生。江戸時代後期の歌人。1841没。

ラッセル, ジョン　1792生。イギリスの首相。1878没。

奥村得義　おくむらのりよし　1793生。江戸時代末期の尾張藩士。1862没。

アダムズ, チャールズ・フランシス　1807生。アメリカの外交官。1886没。

マジュラニッチ, イヴァン　1814生。ユーゴスラビア, クロアチアの詩人, 政治家。1890没。

ミッデンドルフ, アレクサンドル　1815生。ロシアの探検家, 博物学者。1894没。

フランツ・ヨーゼフ1世　1830生。オーストリア皇帝(在位1848〜1916)。実質的なオーストリア帝国最後の皇帝。1916没。

フィールド, マーシャル　1834生。アメリカの実業家。1906没。

日下部鳴鶴　くさかべめいかく　1838生。明治時代, 大正時代の書家。1922没。

新井竹次郎　あらいたけじろう　1839生。江戸時代末期の志士。1864没。

メネリク2世　1844生。エチオピアの皇帝(在位1889〜1913)。1913没。

ゴダール, バンジャマン　1849生。フランスのビオラ奏者, 作曲家。1895没。

小野金六　おのきんろく　1852生。明治時代, 大正時代の実業家。第十国立銀行東京支店長。1923没。

桜井錠二　さくらいじょうじ　1858生。明治時代-昭和時代の化学者。東京大学長, 日本学術振興会理事長。1939没。

藤井較一　ふじいこういち　1858生。明治時代, 大正時代の海軍軍人。大将, 軍事参議官。1926没。

伊藤左千夫　いとうさちお　1864生。明治時代の歌人, 小説家。1913没。

バッシュ　1865生。フランスの美学者。1944没。

和田万吉　わだまんきち　1865生。明治時代-昭和時代の国文学者, 図書館学者。東京帝国大学教授。1934没。

五島清太郎　ごとうせいたろう　1867生。明治時代-昭和時代の動物学者。東京帝国大学教授。1935没。

斎藤隆夫　さいとうたかお　1870生。明治時代-昭和時代の政治家, 弁護士。衆議院議員。1949没。

バラ，ジャコモ　1871生。イタリアの画家。1958没。
スレザーク，レオ　1873生。ドイツのテノール歌手。1946没。
野村美智子　のむらみちこ　1875生。明治時代–昭和時代の社会事業家。1960没。
松林桂月　まつばやしけいげつ　1876生。明治時代–昭和時代の日本画家。1963没。
上杉慎吉　うえすぎしんきち　1878生。明治時代，大正時代の憲法学者。東京帝国大学教授。1929没。
石山徹郎　いしやまてつろう　1888生。大正時代，昭和時代の国文学者，文芸評論家。1945没。
佐藤朝山　さとうちょうざん　1888生。大正時代，昭和時代の彫刻家。1963没。
鍋井克之　なべいかつゆき　1888生。大正時代，昭和時代の洋画家，随筆家。1969没。
石井光次郎　いしいみつじろう　1889生。昭和時代の政治家。衆議院議員，衆議院議長。1981没。
フンク，ヴァルター　1890生。ドイツの経済学者。1960没。
大西俊夫　おおにしとしお　1896生。大正時代，昭和時代の農民運動家。1947没。
夏川嘉久次　なつかわかくじ　1898生。昭和時代の実業家。近江絹糸紡績社長。1959没。
パンディット，ヴィジャヤ・ラクシュミー　1900生。インドの政治家，外交官。1990没。
山里永吉　やまざとえいきち　1902生。大正時代，昭和時代の画家，作家。1989没。
フォール，エドガール　1908生。フランスの政治家，弁護士。1988没。
カルネ，マルセル　1909生。フランスの映画監督。1996没。
小林行雄　こばやしゆきお　1911生。昭和時代の考古学者。京都大学教授。1989没。
太田静子　おおたしずこ　1913生。昭和時代の歌人，作家。太宰治『斜陽』のモデルとして知られる。1982没。
東郷文彦　とうごうふみひこ　1915生。昭和時代の外交官。駐米大使。1985没。
モランテ，エルサ　1915生。イタリアの女流作家。1985没。

ワインバーガー，キャスパー　1917生。アメリカの政治家，出版人。2006没。
シェレーピン，アレクサンドル・ニコラエヴィッチ　1918生。ソ連の政治家。1994没。
青木龍山　あおきりゅうざん　1926生。昭和時代，平成時代の陶芸家。
城山三郎　しろやまさぶろう　1927生。昭和時代，平成時代の小説家。2007没。
小野二郎　おのじろう　1929生。昭和時代の英文学者，編集者。明治大学教授。1982没。
クズネツォーフ，アナトーリー・ワシリエヴィチ　1929生。ソ連の小説家。1979没。
仲吉良新　なかよしりょうしん　1931生。昭和時代，平成時代の労働運動家。1991没。
ポランスキー，ロマン　1933生。フランスの映画監督，脚本家，俳優。
ポハンバ，ヒフィケプニェ　1935生。ナミビアの大統領。
レッドフォード，ロバート　1937生。アメリカの俳優，映画監督。
柴田恭兵　しばたきょうへい　1951生。昭和時代，平成時代の俳優。
名取裕子　なとりゆうこ　1957生。昭和時代，平成時代の女優。
水道橋博士　すいどうばしはかせ　1962生。昭和時代，平成時代の漫才師。
いとうまい子　いとうまいこ　1964生。昭和時代，平成時代の女優，歌手。
吉川晃司　きっかわこうじ　1965生。昭和時代，平成時代の歌手，俳優。
清原和博　きよはらかずひろ　1967生。平成時代のプロ野球選手。
ノートン，エドワード　1969生。アメリカの俳優。
KEIKO　けいこ　1972生。平成時代の歌手。
中居正広　なかいまさひろ　1972生。平成時代のタレント，歌手，俳優。
李承燁　イスンヨプ　1976生。韓国のプロ野球選手。
成海璃子　なるみりこ　1992生。平成時代の女優。

8月18日

8月19日

○記念日○ バイクの日
　　　　　俳句の日
○忌　日○ 義秀忌

プロブス，マールクス・アウレーリウス　232生。ローマ皇帝(在位276～282)。282没。

禖子内親王　ばいしないしんのう　1039生。平安時代中期，後期の女性。後朱雀天皇の第4皇女。1096没。

サンティリャナ侯爵　1398生。スペインの詩人。1458没。

クライトン，ジェイムズ　1560生。イギリス，スコットランド出身の学者，体育家。1585没。

アレクセイ1世　1629生。ロシア皇帝(在位1645～76)。1676没。

フラムスティード，ジョン　1646生。イギリスの天文学者。1719没。

伊藤梅宇　いとうばいう　1683生。江戸時代中期の古義学派の儒学者。1745没。

リチャードソン，サミュエル　1689生。イギリスの小説家。1761没。

仲村渠致元　なかんだかりちげん　1696生。江戸時代中期の琉球の陶工。1754没。

松平頼邑　まつだいらよりさと　1732生。江戸時代中期の大名。1781没。

ドーベルヴァル　1742生。フランスの舞踊家。1806没。

デュ・バリー，マリー・ジャンヌ・ゴマール・ド・ヴォーベルニエ，伯爵夫人　1743生。ルイ15世の寵妾。1793没。

ガーン，ヨハン・ゴットリーブ　1745生。スウェーデンの化学者，鉱物学者。1818没。

ベランジェ，ピエール-ジャン・ド　1780生。フランスのシャンソン作者。1857没。

バルテルミ・サンティレール，ジュール　1805生。フランスの哲学者，政治家。1895没。

ネイスミス，ジェイムズ　1808生。スコットランドの技術者。1890没。

マイヤー，ユリウス・ロタール　1830生。ドイツの化学者。1895没。

ヒルデブラント・ヒルデブランスソン　1838生。スウェーデンの気象学者。1925没。

内海忠勝　うつみただかつ　1843生。江戸時代，明治時代の政治家，萩藩士。貴族院議員，内相。1905没。

カイユボット，ギュスターヴ　1848生。フランスの画家，印象派絵画の蒐集家。1894没。

ナブーコ・デ・アラウージョ，ジョアキン　1849生。ブラジルの政治家，外交官，著作家。1910没。

ブルシロフ，アレクセイ・アレクセエヴィチ　1853生。ロシアの将軍。1926没。

城間正安　ぐすくませいあん　1860生。明治時代の農民運動指導者。1944没。

高田畊安　たかだこうあん　1861生。明治時代-昭和時代の医師。南湖院院長。1945没。

バレス，モーリス　1862生。フランスの小説家，政治家。1923没。

太田清蔵　おおたせいぞう　1863生。明治時代-昭和時代の実業家，政治家。徴兵保険社長，衆議院議員。1946没。

横山大観　よこやまたいかん　1868生。明治時代-昭和時代の日本画家。1958没。

バルーク，バーナード　1870生。アメリカの政治家，財務官。1965没。

ライト，オーヴィル　1871生。アメリカの発明家。1948没。

黒沢準　くろさわひとし　1878生。明治時代-昭和時代の陸軍軍人。中将，参謀本部総務部長。1927没。

ケソン，マヌエル・ルイス　1878生。フィリピン連邦初代大統領。1944没。

エネスコ，ジョルジュ　1881生。ルーマニアのバイオリニスト，作曲家。1955没。

明珍恒男　みょうちんつねお　1882生。大正時代，昭和時代の彫刻家。1940没。

シャネル，ココ　1883生。通称ココ・シャネル。1971没。

ヴォロンスキー，アレクサンドル・コンスタンチノヴィチ　1884生。ソ連邦の文芸評論家，文学理論家，社会評論家。1937没。

伊藤述史　いとうのぶふみ　1885生。昭和時代の外交官。貴族院議員，アジア連絡協会理事長。1960没。

大谷尊由　おおたにそんゆ　1886生。明治時代–昭和時代の真宗大谷派僧侶, 政治家。近衛内閣拓務相。1939没。

天羽英二　あもうえいじ　1887生。大正時代, 昭和時代の外交官。外務事務次官, 内閣情報局総裁。1968没。

岡谷惣助　おかやそうすけ　1887生。大正時代, 昭和時代の実業家。1965没。

トン・ドゥック・タン　1888生。ベトナム民主共和国大統領。1980没。

ウェイリー, アーサー　1889生。イギリスの東洋文学研究者, 詩人。1966没。

安東聖空　あんどうせいくう　1893生。大正時代, 昭和時代の書家。1983没。

刈米達夫　かりよねたつお　1893生。昭和時代の生薬学者。京都大学教授。1977没。

伊藤卯四郎　いとううしろう　1894生。大正時代, 昭和時代の政治家, 労働運動家。衆議院議員。1974没。

ブロンネン, アルノルト　1895生。オーストリアの劇作家, 小説家。1959没。

松尾俊郎　まつおとしろう　1897生。大正時代, 昭和時代の地理学者。1979没。

トムリン, ブラッドレイ・ウォーカー　1899生。アメリカの画家。1953没。

高田博厚　たかたひろあつ　1900生。昭和時代の彫刻家, 評論家。1987没。

ライル, ギルバート　1900生。イギリスの哲学者。1976没。

佐藤観次郎　さとうかんじろう　1901生。昭和時代のジャーナリスト, 政治家。衆議院議員。1970没。

キルション, ウラジーミル・ミハイロヴィチ　1902生。ソ連の劇作家。1938没。

ナッシュ, オグデン　1902生。アメリカの詩人, ジャーナリスト。1971没。

カズンズ, ジェイムズ・グールド　1903生。アメリカの作家。1978没。

奥田東　おくだあずま　1905生。昭和時代, 平成時代の農芸化学者。京都大学総長。1999没。

千家哲麿　せんげてつまろ　1907生。昭和時代の官僚。国立公園協会会長。1995没。

ドゥヴィヴェーディー, ハザーリープラサード　1907生。インドのヒンディー語文学研究者, 評論家。1979没。

松丸志摩三　まつまるしまぞう　1907生。昭和時代の農業評論家。1973没。

アンジェイエフスキ, イエジィ　1909生。ポーランドの作家。1983没。

乾孝　いぬいたかし　1911生。昭和時代, 平成時代の心理学者。法政大学教授。1994没。

古川進　ふるかわすすむ　1913生。昭和時代の銀行家。1991没。

早坂文雄　はやさかふみお　1914生。昭和時代の作曲家。1955没。

石川光男　いしかわみつお　1918生。昭和時代の児童文学作家。1981没。

島田修二　しまだしゅうじ　1928生。昭和時代, 平成時代の歌人。2004没。

シューメーカー, ウィリー　1931生。アメリカの騎手。2003没。

バンハーン・シンラパアーチャ　1932生。タイの政治家。

八名信夫　やなのぶお　1935生。昭和時代, 平成時代の俳優。

ヴァンピーロフ, アレクサンドル・ワレンチノヴィチ　1937生。ソ連の劇作家。1972没。

ベーカー, ジンジャー　1939生。イギリスのドラム奏者。

松本幸四郎(9代目)　まつもとこうしろう　1942生。昭和時代, 平成時代の歌舞伎俳優。

榛名由梨　はるなゆり　1945生。昭和時代, 平成時代の女優。

クリントン, ビル　1946生。第24代アメリカ大統領。

前川清　まえかわきよし　1948生。昭和時代, 平成時代の歌手。

ディーコン, ジョン　1951生。イギリスのロックギタリスト。

乃南アサ　のなみあさ　1960生。昭和時代, 平成時代の作家。

風間トオル　かざまとおる　1962生。昭和時代, 平成時代の俳優。

飯島夏樹　いいじまなつき　1966生。平成時代のプロボードセイラー。2005没。

立浪和義　たつなみかずよし　1969生。昭和時代, 平成時代のプロ野球選手, 元・プロ野球選手。

ふかわりょう　ふかわりょう　1974生。平成時代のコメディアン。

小橋賢児　こはしけんじ　1979生。平成時代の俳優。

8月19日

8月20日

○記念日○ 交通信号の日
○忌　日○ 定家忌

藤原長家　ふじわらのながいえ　1005生。平安時代中期の歌人・公卿。1064没。

ボレスワフ3世　1085生。ポーランド国王（在位1102～38）。1138没。

シャー・ルフ　1377生。チムール王朝第3代の王（在位1404～47）。1447没。

承道法親王　しょうどうほっしんのう　1408生。室町時代の僧。1453没。

グランヴェル，アントワーヌ・ペルノー・ド　1517生。スペイン皇帝フェリペ2世時代の枢機卿。1586没。

尊朝法親王　そんちょうほっしんのう　1552生。安土桃山時代の天台宗の僧。1597没。

義演　ぎえん　1558生。安土桃山時代，江戸時代前期の真言宗の僧，醍醐寺座主。1626没。

ペーリ，ヤーコポ　1561生。イタリアの作曲家。1633没。

コルネイユ，トマ　1625生。フランスの劇作家。1709没。

メーナ・イ・メドラーノ，ペドロ・デ　1628生。スペインの彫刻家。1688没。

ブルダルー，ルイ　1632生。フランスのイエズス会修道士，説教師。1704没。

永亨女王　えいこうじょおう　1657生。江戸時代前期の女性。後水尾天皇第19皇女。1686没。

松平頼豊　まつだいらよりとよ　1680生。江戸時代中期の大名。1735没。

シンプソン，トマス　1710生。スコットランドの数学者。1761没。

加舎白雄　かやしらお　1738生。江戸時代中期の俳人，中興五傑の一人。1791没。

アズベリー，フランシス　1745生。アメリカでのメソジスト監督教会の最初の監督。1816没。

オヒギンス，ベルナルド　1778生。チリの軍人，政治家。1842没。

ベルセーリウス，ヨンス・ヤーコブ，男爵　1779生。スウェーデンの化学者。1848没。

モット　1785生。アメリカの外科医。1865没。

ヒットルフ，ヤーコプ・イグナーツ　1792生。フランスの建築家，考古学者。1867没。

ガーゲルン　1799生。ドイツの政治家。1880没。

プリンセプ　1799生。イギリスの東洋学者，インド考古学者。1840没。

ディアズ・ド・ラ・ペーニャ，ナルシス・ヴィルジル　1807生。フランスの画家。1876没。

ジュース，エドゥアルト　1831生。イギリスの地質学者，古生物学者。1914没。

ハリソン，ベンジャミン　1833生。第23代アメリカ大統領。1901没。

高杉晋作　たかすぎしんさく　1839生。江戸時代末期の長州（萩）藩士。1867没。

田村宗立　たむらそうりゅう　1846生。明治時代の洋画家。1918没。

プルス，ボレスワフ　1847生。ポーランドの小説家（本名Aleksander glowacki）。1912没。

稲垣示　いながきしめす　1849生。明治時代の政治家。衆議院議員。1902没。

末松謙澄　すえまつけんちょう　1855生。明治時代の政治家，評論家。貴族院議員，内務大臣。1920没。

海老名弾正　えびなだんじょう　1856生。明治時代，大正時代の牧師，キリスト教指導者。同志社総長。1937没。

ポワンカレ，レモン　1860生。フランスの大統領，弁護士。1934没。

ブラチアヌ，小イオン　1864生。ルーマニアの政治家。1927没。

志田鉀太郎　しだこうたろう　1868生。明治時代-昭和時代の商法学者。明治大学総長。1951没。

山室軍平　やまむろぐんぺい　1872生。明治時代-昭和時代のキリスト教伝道者。1940没。

サーリネン，エリエル　1873生。フィンランドの生まれのアメリカの建築家。1950没。

シュマーレンバッハ　1873生。ドイツ経営経済学の確立者。1955没。

新城新蔵　しんじょうしんぞう　1873生。明治時代–昭和時代の天文学者。京都帝国大学総長，中華民国上海自然科学研究所所長。1938没。

尾上柴舟　おのえさいしゅう　1876生。明治時代–昭和時代の歌人，国文学者。東京女子高等師範学校教授。1957没。

鳥潟隆三　とりがたりゅうぞう　1878生。明治時代–昭和時代の外科学・免疫学者。1952没。

ブルトマン，ルードルフ・カール　1884生。ドイツのプロテスタント神学者，聖書学者。1976没。

カンパーナ，ディーノ　1885生。イタリアの詩人。1932没。

ティリヒ，パウル・ヨハンネス　1886生。ドイツ生まれの神学者，哲学者。1965没。

ヴェルナツキー，ゲオールギー・ウラジーミロヴィチ　1887生。アメリカ(ロシア生まれ)の歴史家。1973没。

樋口季一郎　ひぐちきいちろう　1888生。明治時代–昭和時代の陸軍軍人。中将。1970没。

ラヴクラフト，H.P.　1890生。アメリカの怪奇小説作家。1937没。

金栗四三　かなぐりしぞう　1891生。明治時代–昭和時代のマラソン選手。全国マラソン連盟会長，熊本県体育協会会長，熊本県教育委員長。1983没。

田中徳次郎　たなかとくじろう　1894生。昭和時代の実業家。東京海上火災保険社長。1992没。

重森三玲　しげもりみれい　1896生。大正時代，昭和時代の庭園研究家，花道家。京都林泉協会会長。1975没。

ヴェーソース，タリエイ　1897生。ノルウェーの作家。1970没。

インフェルト　1898生。アメリカ(ポーランド生まれ)の理論物理学者。1968没。

クァジーモド，サルヴァトーレ　1901生。イタリアの詩人。1968没。

宮崎市定　みやざきいちさだ　1901生。昭和時代，平成時代の東洋史学者。京都大学教授。1995没。

ベラール，クリスティアン　1902生。フランスの画家，舞台美術家。1949没。

末松保和　すえまつやすかず　1904生。昭和時代の朝鮮史学者。学習院大学教授。1992没。

成瀬巳喜男　なるせみきお　1905生。昭和時代の映画監督。1969没。

清水慶子　しみずけいこ　1906生。昭和時代の評論家。日本子供を守る会常任理事。1991没。

ハンセン，マーチン・A.　1909生。デンマークの小説家。1955没。

サーリネン，エーロ　1910生。フィランド生まれのアメリカの建築家。1961没。

灰田勝彦　はいだかつひこ　1911生。昭和時代の歌手，俳優。日本自動車連盟理事。1982没。

菱沼五郎　ひしぬまごろう　1912生。昭和時代の国家主義者。1990没。

武田繁太郎　たけだしげたろう　1919生。昭和時代の小説家。1986没。

中村雀右衛門(4代目)　なかむらじゃくえもん　1920生。昭和時代，平成時代の歌舞伎俳優。

司葉子　つかさようこ　1934生。昭和時代，平成時代の女優。

白川英樹　しらかわひでき　1936生。昭和時代，平成時代の化学者。ノーベル化学賞受賞。

ミロシェビッチ，スロボダン　1941生。セルビア・モンテネグロの政治家。2006没。

ガンディー，ラジーヴ　1944生。インドの政治家。1991没。

ファビウス，ローラン　1946生。フランスの政治家。

プラント，ロバート　1948生。イギリスのロック歌手。

バラカン，ピーター　1951生。英国出身の音楽評論家，ディスクジョッキー，ブロードキャスター。

アグネス・チャン　1955生。昭和時代，平成時代の歌手，作家。

桐島かれん　きりしまかれん　1964生。昭和時代，平成時代のモデル，タレント，イラストレーター。

梅宮アンナ　うめみやあんな　1972生。平成時代のタレント。

米田功　よねだいさお　1977生。平成時代の体操選手。

森山未来　もりやまみらい　1984生。平成時代の俳優。

勝地涼　かつじりょう　1986生。平成時代の俳優。

Akira　あきら　1988生。平成時代のダンサー，歌手。

8月20日

8月21日

○記念日○ 献血記念日
噴水の日

- フィリップ2世　1165生。フランス王(在位1180～1223)。1223没。
- 尊道入道親王　そんどうにゅうどうしんのう　1332生。南北朝時代, 室町時代の後伏見天皇の第11皇子。1403没。
- 持明院基孝　じみょういんもとたか　1520生。戦国時代, 安土桃山時代の公卿。1611没。
- 久我敦通　こがあつみち　1565生。安土桃山時代, 江戸時代前期の公家(権大納言)。1624没。
- サル, サン・フランソワ・ド　1567生。フランスの宗教家, 教会博士, 聖人。1622没。
- ロアン　1579生。フランスの将軍。1638没。
- 心越興儔　しんえつこうちゅう　1639生。江戸時代前期の来朝した中国の禅僧。1695没。
- 諏訪忠晴　すわただはる　1639生。江戸時代前期の大名。1695没。
- 新上西門院　しんじょうさいもんいん　1653生。江戸時代前期, 中期の女性。霊元天皇の皇后。1712没。
- 伊藤好義斎　いとうこうぎさい　1658生。江戸時代中期の儒学者。1728没。
- ベリック, ジェイムズ・フィッツジェイムズ, 初代公爵　1670生。フランスの武将。1734没。
- 鷹見爽鳩　たかみそうきゅう　1690生。江戸時代中期の三河田原藩家老。1735没。
- グアルニエリ, ジュゼッペ　1698生。イタリアのヴァイオリン制作者。1744没。
- 公弁法親王　こうべんほっしんのう　1699生。江戸時代中期の後西天皇の第6皇子。1716没。
- 宮崎筠圃　みやざききんぽ　1717生。江戸時代中期の漢学者。1775没。
- 仙石政辰　せんごくまさとき　1723生。江戸時代中期の大名。1779没。
- グルーズ, ジャン・バティスト　1725生。フランスの画家。1805没。
- 小野蘭山　おのらんざん　1729生。江戸時代中期, 後期の本草博物学者。1810没。
- 幾子女王　いくこじょおう　1737生。江戸時代中期の女性。閑院宮直仁親王の第6王女。1764没。
- マードック, ウィリアム　1754生。イギリスの発明家。1839没。
- ウィリアム4世　1765生。イギリスのハノーバー朝第5代目の王(在位1830～37)。1837没。
- コピタル, イェルネイ　1780生。スロヴェニアの言語学者。1844没。
- コーシー, オーギュスタイン・ルイ, 男爵　1789生。フランスの数学者。1857没。
- ミシュレ, ジュール　1798生。フランスの歴史家。1874没。
- ブルノンヴィル, オーギュスト　1805生。デンマークの舞踊家, 振付師。1879没。
- スタース, ジャン・セルヴェ　1813生。ベルギーの化学者。1891没。
- ジェラール, シャルル・フレデリック　1816生。フランスの化学者。1856没。
- 金大建　きんたいけん　1821生。朝鮮, 李朝, 憲宗朝のカトリック司祭。1846没。
- 福住正兄　ふくずみまさえ　1824生。江戸時代, 明治時代の農政家, 旅館経営者。1892没。
- ゲーゲンバウエル, カール　1826生。ドイツの比較解剖学者。1903没。
- アメリカ彦蔵　あめりかひこぞう　1837生。明治時代の漂流者, 通訳, 貿易商。1897没。
- 浜田彦蔵　はまだひこぞう　1837生。江戸時代末期, 明治時代の通詞, 貿易商。1897没。
- イング, ジョン　1840生。アメリカのメソジスト監督派教会宣教師。1920没。
- スコット　1843生。アメリカの教育者。1922没。
- 志賀泰山　しがたいざん　1854生。明治時代, 大正時代の林学者, 農林技師。東京帝国大学教授。1934没。
- 木村貞子　きむらさだこ　1856生。明治時代, 大正時代の教育者。華族女学校教授。1926没。
- 和田英　わだえい　1857生。明治時代–昭和時代の製糸工女。1929没。
- ルドルフ　1858生。ハプスブルク帝国の皇太子。1889没。

平出鏗二郎　ひらでこうじろう　1869生。明治時代の国史・国文学者。東京帝国大学史料編纂員。1911没。

アンドレーエフ, レオニード・ニコラエヴィチ　1871生。ロシアの小説家, 劇作家。1919没。

ビアズリー, オーブリー・ヴィンセント　1872生。イギリスの画家。1898没。

市川翠扇(2代目)　いちかわすいせん　1881生。明治時代–昭和時代の舞踊家。市川流家元。1944没。

岩村通世　いわむらみちよ　1883生。昭和時代の司法官, 政治家。検事総長, 法務大臣。1965没。

川上多助　かわかみたすけ　1884生。大正時代, 昭和時代の歴史学者。東京商科大学教授。1959没。

リプシッツ, ジャック　1891生。フランス, アメリカで活躍したロシアの彫刻家。1973没。

木村荘八　きむらしょうはち　1893生。大正時代, 昭和時代の洋画家, 随筆家。1958没。

須田清基　すだせいき　1894生。大正時代, 昭和時代のキリスト教伝道者。1981没。

妹沢克惟　せざわかつただ　1895生。大正時代, 昭和時代の地球物理学者。東京帝国大学地震研究所所長。1944没。

吉田益三　よしだますぞう　1895生。昭和時代の国家主義者。1967没。

森宏一　もりこういち　1901生。昭和時代, 平成時代の哲学者。1993没。

ベイシー, カウント　1904没。アメリカのジャズ楽団指揮者, ピアニスト, ビブラフォーン奏者。1984没。

吉村信吉　よしむらしんきち　1907生。昭和時代の湖沼学者。中央気象台海洋課技官。1947没。

ボゴリューボフ, ニコライ・ニコラエヴィッチ　1908生。ソ連の理論物理学者。1992没。

ディロン　1909生。アメリカの実業家, 外交官, 政治家。2003没。

遠山啓　とおやまひらく　1909生。昭和時代の数学者, 数学教育運動家。東京工業大学教授。1979没。

今村太平　いまむらたいへい　1911生。昭和時代の映画評論家。1986没。

小林正　こばやしただし　1911生。昭和時代のフランス文学者, 比較文学者。東京大学教授,

成城大学教授。1975没。

ドジンスカヤ　1912生。ソ連のバレリーナ。2003没。

五島昇　ごとうのぼる　1916生。昭和時代, 平成時代の実業家。1989没。

早川崇　はやかわたかし　1916生。昭和時代の政治家。衆議院議員(自民党), 労相。1982没。

竹内直一　たけうちなおかず　1918生。昭和時代, 平成時代の消費者運動家。日本消費者連盟代表。2001没。

吾妻ひな子　あづまひなこ　1924生。昭和時代の漫才師, 漫談家。1980没。

芦田淳　あしだじゅん　1930生。昭和時代, 平成時代のファッションデザイナー。

マーガレット王女　1930生。イギリスの王女。2002没。

チェンバレン, ウィルト　1936生。アメリカのバスケットボール選手。1999没。

モハエ, フェスタス　1939生。ボツワナの政治家。

稲川淳二　いながわじゅんじ　1947生。昭和時代, 平成時代のタレント, 工業デザイナー。

関根勤　せきねつとむ　1953生。昭和時代, 平成時代のタレント。

円広志　まどかひろし　1953生。昭和時代, 平成時代の歌手, タレント。

野村玲子　のむらりょうこ　1961生。昭和時代, 平成時代の女優。

イェラビッチ, アンテ　1963生。ボスニア・ヘルツェゴビナの政治家。

高樹沙耶　たかぎさや　1963生。昭和時代, 平成時代の女優。

モハメド6世　1963生。モロッコ国王。

西村和彦　にしむらかずひこ　1966生。昭和時代, 平成時代の俳優。

中井亜希　なかいあき　1967生。平成時代のアナウンサー。

モス, キャリー・アン　1967生。女優。

萩原聖人　はぎわらまさと　1971生。平成時代の俳優。

野口健　のぐちけん　1973生。平成時代のアルピニスト。

VERBAL　う゛ぁーばる　1975生。平成時代のミュージシャン, 音楽プロデューサー。

8月21日

8月22日

○記念日○　チンチン電車の日

足利義満　あしかがよしみつ　1358生。南北朝時代、室町時代の室町幕府第3代の将軍。1408没。

レナーヌス、ベアートゥス　1485生。アルザス出身の人文学者。1547没。

悦山道宗　えつさんどうしゅう　1629生。江戸時代前期、中期の黄檗宗の僧。1709没。

理忠女王　りちゅうじょおう　1641生。江戸時代前期、中期の女性。尼僧。1689没。

パパン、ドニ　1647生。フランスの物理学者。1712没。

盛胤法親王　せいいんほうしんのう　1651生。江戸時代前期の後水尾天皇の第18皇子。1680没。

ヴィデルー、クロード・ド　1656生。フランスのイエズス会士。1737没。

吉子内親王　よしこないしんのう　1714生。江戸時代中期の女性。霊元天皇の第12皇女。1758没。

小笠原忠総　おがさわらただふさ　1727生。江戸時代中期の大名。1790没。

デュシス、ジャン-フランソワ　1733生。フランスの劇作家。1816没。

ラ・ペルーズ、ジャン・フランソワ・ド・ガロ、伯爵　1741生。フランスの航海者。1788没。

松平重昌　まつだいらしげまさ　1743生。江戸時代中期の大名。1758没。

レオ12世　1760生。教皇（在位1823～29）。1829没。

ペルシエ、シャルル　1764生。フランスの建築家、家具デザイナー。1838没。

飛騨屋久兵衛（4代目）　ひだやきゅうべえ　1765生。江戸時代中期、後期の材木商、蝦夷地の山請負・場所請負人。1827没。

モーズリー、ヘンリー　1771生。イギリスの機械技術者。1831没。

穂積重麿　ほづみしげまろ　1774生。江戸時代後期の伊予宇和島藩士。1837没。

ポールディング、ジェイムズ・カーク　1778生。アメリカの小説家、歴史家、官吏。1860没。

バートン　1809生。スコットランドの歴史家。1881没。

ブリズベーン、アルバート　1809生。アメリカの社会思想家。1890没。

大鳥居理兵衛　おおとりいりへえ　1817生。江戸時代末期の志士。1862没。

イェーリング、ルドルフ・フォン　1818生。ドイツの法学者。1892没。

ピサカーネ、カルロ　1818生。イタリアのリソルジメントの指導者。1857没。

シュトラウス、ヨーゼフ　1827生。オーストリアの作曲家、指揮者。1870没。

ラングリー、サミュエル・ピアポント　1834生。アメリカの天文・物理学者。1906没。

ニコライ　1836生。ロシア正教会大主教、日本ハリストス正教会創立者。1912没。

ド・ロング、ジョージ・ワシントン　1844生。アメリカの北極探検家。1881没。

小島直次郎　こじまなおじろう　1846生。江戸時代末期の探偵方。1867没。

スクラム、アマーリー　1846生。ノルウェーの女流小説家。1905没。

フォレスト（バンベリーの）、ジョン・フォレスト、男爵　1847生。オーストラリアの政治家、探検家。1918没。

オリアーニ、アルフレード　1852生。イタリアの小説家、思想家。1909没。

辰野金吾　たつのきんご　1854生。明治時代、大正時代の建築家。東京帝国大学工科大学長、建築学会会長。1919没。

ミラン・オブレノビッチ4世　1854生。セルビア王（1882～89）。1901没。

波多野伝三郎　はたのでんざぶろう　1856生。明治時代の政治家。衆議院議員、福井県知事。1907没。

ドゥメール　1857生。フランスの大統領（1931～32）。1932没。

ニプコー、パウル　1860生。ロシア生まれのドイツのテレビジョンの開拓者。1940没。

フレーディング、グスタヴ　1860生。スウェーデンの詩人。1911没。

ドビュッシー, クロード　1862生。フランスの作曲家。1918没。

ペリー, ノエル　1865生。フランスのパリ外国宣教会宣教師, 日本音楽研究家。1922没。

野中至　のなかいたる　1867生。明治時代–昭和時代の気象観測者。1955没。

米原雲海　よねはらうんかい　1869生。明治時代, 大正時代の彫刻家。1925没。

横田千之助　よこたせんのすけ　1870生。明治時代, 大正時代の政治家, 弁護士。衆議院議員。1925没。

ボグダーノフ, アレクサンドル・アレクサンドロヴィチ　1873生。ロシアの思想家, 医師。1928没。

キュンメル　1874生。ドイツの東洋美術研究家。1952没。

シェーラー, マックス　1874生。ドイツの哲学者, 社会哲学者。1928没。

吉沢義則　よしざわよしのり　1876生。明治時代–昭和時代の国語学者, 歌人。京都帝国大学教授, 帚木会を主宰。1954没。

中島董一郎　なかじまとういちろう　1883生。大正時代, 昭和時代の実業家。キユーピー(株)創業者。1973没。

正宗得三郎　まさむねとくさぶろう　1883生。明治時代–昭和時代の洋画家。1962没。

出光佐三　いでみつさぞう　1885生。明治時代–昭和時代の実業家。1981没。

坂田一男　さかたかずお　1889生。大正時代, 昭和時代の洋画家。1956没。

オルポート　1890生。アメリカの社会心理学者。1948没。

パーカー, ドロシー　1893生。アメリカの女流詩人, 小説家。1967没。

飯田清三　いいだせいぞう　1894生。昭和時代の実業家。野村証券社長。1976没。

沢田政広　さわだせいこう　1894生。大正時代, 昭和時代の彫刻家。日本彫塑家連盟理事長。1988没。

具志堅宗精　ぐしけんそうせい　1896生。昭和時代の実業家。琉球工業連合会会長, 宮古民政府知事。1979没。

桐原真二　きりはらしんじ　1901生。大正時代, 昭和時代の大学野球選手。1945没。

秋月康夫　あきづきやすお　1902生。昭和時代の数学者。京都大学教授。1984没。

リーフェンシュタール, レニ　1902生。ドイツの映画監督, 元女優。2003没。

安里積千代　あさとつみちよ　1903生。昭和時代の政治家, 弁護士。衆議院議員, 沖縄社会大衆党委員長。1986没。

バーチ　1903生。アメリカの地球物理学者。1992没。

鄧小平　とうしょうへい　1904生。中国の政治家。1997没。

カルティエ-ブレッソン, アンリ　1908生。フランスの写真家。2004没。

有島暁子　ありしまあきこ　1911生。昭和時代の有島生馬の長女。1982没。

フッカー, ジョン・リー　1917生。アメリカの歌手, ギタリスト。2001没。

ジョハル, サイド・モハメド　1918生。コモロの政治家。2006没。

ブラッドベリー, レイ　1920生。アメリカのSF作家。

北原怜子　きたはらさとこ　1929生。昭和時代の福祉活動家。1958没。

嵐芳三郎(6代目)　あらしよしさぶろう　1935生。昭和時代, 平成時代の歌舞伎役者。1996没。

ムラデノフ, ペタル　1936生。ブルガリアの政治家。2000没。

土居まさる　どいまさる　1940生。昭和時代, 平成時代のアナウンサー, 司会者。1999没。

みのもんた　みのもんた　1944生。昭和時代, 平成時代の司会者, アナウンサー。

タモリ　1945生。昭和時代, 平成時代のタレント, 司会者。

岡田有希子　おかだゆきこ　1967生。昭和時代の歌手。1986没。

なべやかん　なべやかん　1970生。平成時代のタレント, ベンチプレス選手。

ハウィー・D　1973生。アメリカの歌手(バックストリート・ボーイズ)。

菅野美穂　かんのみほ　1977生。平成時代の女優。

森田智己　もりたともみ　1984生。平成時代の水泳選手。

8月22日

8月23日

○忌　日○　一遍忌

- アグリコラ，ルドルフス　1443生。オランダの人文主義者。1485没。
- オットマン，フランソワ　1524生。フランスの法律学者。1590没。
- 佐竹義昭　さたけよしあき　1531生。戦国時代の武将，常陸太田城城主，義篤の子。1565没。
- デンプスター，トマス　1579生。スコットランドの教会史家。1625没。
- 南源性派　なんげんしょうは　1631生。江戸時代前期の黄檗宗の僧。1692没。
- 太田翠陰　おおたすいいん　1676生。江戸時代中期の儒者。1754没。
- ルイ16世　1754生。フランスの国王（在位1774～93）。1793没。
- シュルツェ　1761生。ドイツの哲学者。1833没。
- モース，ジェディディア　1761生。アメリカの組合教会派牧師，地理学者。1826没。
- ラングレ　1763生。フランスの東洋学者。1824没。
- クーパー，サー・アストリー　1768生。イギリスの外科医，解剖学者。1841没。
- キュヴィエ，ジョルジュ（・レオポルド・クレティアン・フレデリック・ダゴベール），男爵　1769生。フランスの博物学者。1832没。
- フリース，ヤーコプ・フリードリヒ　1773生。ドイツの新カント派に属する哲学者。1843没。
- ペリー，オリヴァー・ハザード　1785生。アメリカの海軍軍人。1819没。
- サン・ヴェナン，（バレ・ドゥ・セント・ヴェナン）　1797生。フランスの物理学者。1886没。
- 国友与五郎　くにともよごろう　1801生。江戸時代末期の水戸藩士。1862没。
- シュメルリング　1805生。オーストリアの政治家。1893没。
- 船越清蔵　ふなこしせいぞう　1805生。江戸時代末期の長門清末藩士。1862没。
- ムラヴィヨフ　1809生。ロシアの将軍，政治家，伯爵。1881没。
- 山崎富子　やまざきとみこ　1827生。江戸時代，明治時代の賢婦，京都堺町六角の豪商山崎儀助の娘。1905没。
- カントル，モーリッツ　1829生。ドイツの数学史家。1920没。
- ランケ　1836生。ドイツの生理学者，人類学者。1916没。
- ダグラス　1838生。イギリスの中国および日本研究家。1913没。
- レイノルズ，オズボーン　1842生。イギリスの工学者。1912没。
- ヘンリー，W.E.　1849生。イギリスの詩人，批評家，劇作家。1903没。
- ヨードル　1849生。ドイツの哲学者，倫理学者。1914没。
- イラーセック，アロイス　1851生。チェコスロバキアの歴史小説家，劇作家。1930没。
- トインビー，アーノルド　1852生。イギリスの経済学者，社会改良家。1883没。
- モシュコフスキー，モーリツ　1854生。ドイツのピアニスト，ピアノ教師，作曲家。1925没。
- 山口半六　やまぐちはんろく　1858生。明治時代の建築家，都市計画家。1900没。
- ベニゼロス，エレフセリオス　1864生。ギリシアの政治家。1936没。
- シュウォブ，マルセル　1867生。フランスの随筆家，小説家，ジャーナリスト。1905没。
- 原三渓　はらさんけい　1868生。明治時代–昭和時代の実業家，美術収集家，茶人。1939没。
- マスターズ，エドガー・リー　1868生。アメリカの詩人。1950没。
- エクスナー　1876生。オーストリアの気象学者。1930没。
- リッペルト，ペーター　1879生。ドイツのイエズス会士，神学者，説教家。1936没。
- 松村武雄　まつむらたけお　1883生。大正時代，昭和時代の神話学者。1969没。
- ティザード，サー・ヘンリー（・トーマス）　1885生。イギリスの科学者。1959没。

ハンセン　1887生。アメリカのケインズ学派の経済学者。1975没。
野村無名庵　のむらむめいあん　1888生。明治時代–昭和時代の演芸作家,評論家。1945没。
リヒテンシュタイン,アルフレート　1889生。ドイツの詩人。1914没。
犬田卯　いぬたしげる　1891生。大正時代,昭和時代の小説家,農民運動家。1957没。
栗田確也　くりたかくや　1894生。大正時代,昭和時代の出版人,書籍取次業。栗田出版販売社長,図書普及会社取締役。1977没。
リュエフ　1896生。フランスの経済学者。1978没。
レーパチ,レオーニダ　1898生。イタリアの小説家,劇作家。1985没。
木川田一隆　きかわだかずたか　1899生。昭和時代の実業家。東京電力社長,経済同友会代表幹事。1977没。
クルシェネック,エルンスト　1900生。ユダヤ系アメリカの作曲家。1991没。
田中寛次　たなかかんじ　1900生。昭和時代の新聞・放送経営者。神戸新聞社社長。1972没。
三好達治　みよしたつじ　1900生。昭和時代の詩人。1964没。
芳村伊十郎(7代目)　よしむらいじゅうろう　1901生。大正時代,昭和時代の長唄方。長唄協会会長。1973没。
プリムローズ,ウィリアム　1903生。イギリスのヴィオラ奏者。1982没。
ヤミン　1903生。インドネシアの政治家・歴史家。1962没。
ランバート,コンスタント　1905生。イギリスの作曲家,指揮者,音楽評論家。1951没。
アダモフ,アルチュール　1908生。フランスの劇作家。1970没。
沢柳大五郎　さわやなぎだいごろう　1911生。昭和時代,平成時代の美術史家。東京教育大学教授。1995没。
林文雄　はやしふみお　1911生。昭和時代の医師。内科,敬愛園園長。1947没。
ルード,ビルゲル　1911生。ノルウェーの元・スキー選手。
ケリー,ジーン　1912生。アメリカの俳優,舞踊家。1996没。
宮柊二　みやしゅうじ　1912生。昭和時代の歌人。「コスモス」主宰。1986没。

下村正夫　しもむらまさお　1913生。昭和時代の演出家,評論家。1977没。
橋口隆吉　はしぐちりゅうきち　1914生。昭和時代,平成時代の金属物理学者。東京大学教授,東京理科大学教授。1996没。
川路龍子　かわじりゅうこ　1915生。昭和時代の女優。SKDスター。1996没。
香川登枝緒　かがわとしお　1917生。昭和時代,平成時代の放送作家。1994没。
鮎川信夫　あゆかわのぶお　1920生。昭和時代の詩人,評論家。1986没。
古川泰龍　ふるかわたいりゅう　1920生。昭和時代の僧侶,死刑廃止運動家。2000没。
別当薫　べっとうかおる　1920生。昭和時代のプロ野球選手,監督。1999没。
菱田安彦　ひしだやすひこ　1927生。昭和時代のジュエリー作家。武蔵野美術大学教授。1981没。
ブーメディエン,ウアリ　1927生。アルジェリアの軍人,大統領(1976～78)。1978没。
ロカール,ミシェル　1930生。フランスの政治家。
クバス,ラウル・グラウ　1943生。パラグアイの政治家。
カディロフ,アフマト　1951生。ロシアの政治家,イスラム指導者。2004没。
岡江久美子　おかえくみこ　1956生。昭和時代,平成時代の女優。
山田隆夫　やまだたかお　1956生。昭和時代,平成時代のタレント,俳優。
見沢知廉　みさわちれん　1959生。昭和時代,平成時代の作家,新右翼活動家。2005没。
高橋ひとみ　たかはしひとみ　1961生。昭和時代,平成時代の女優。
フェニックス,リバー　1970生。アメリカの俳優。1993没。
山咲トオル　やまざきとおる　1972生。平成時代の漫画家,タレント。
酒井はな　さかいはな　1974生。平成時代のバレリーナ。
ブライアント,コービー　1978生。アメリカのバスケットボール選手。

8月23日

8月24日

○記念日○　ラグビーの日
　　　　　ポンペイ最後の日

ジョフロア・プランタジュネ　1113生。アンジュー伯（在位1129〜51）。1151没。
アイプ　1420生。ドイツの人文主義者。1475没。
スコット，トマス　1423生。イングランドのローマ・カトリック教会大司教。1500没。
ベルンハルディ，バルトロメーウス　1487生。宗教改革期のドイツの神学者，牧師。1551没。
サフォーク伯　1561生。イギリスの廷臣。1626没。
ピティスクス　1561生。ドイツの聖職者，数学者。1613没。
グティエレス　1580生。スペインのアウグスティノ会宣教師。1632没。
ヘリック，ロバート　1591生。イギリスの詩人。1674没。
バルダッサーレ（シエーナの聖カタリーナの）　1597生。イタリアの跣足カルメル会司祭，神秘主義著作者。1673没。
植田艮背　うえだごんはい　1651生。江戸時代中期の儒学者。1735没。
鵜飼称斎　うがいしょうさい　1652生。江戸時代中期の儒学者。1720没。
トゥルレッティーニ，ジャン・アルフォンス　1671生。スイスのプロテスタント神学者。1737没。
毛利吉元　もうりよしもと　1677生。江戸時代中期の大名。1731没。
松岡仲良　まつおかちゅうりょう　1701生。江戸時代中期の神道家。1783没。
ハンティンドン，セリーナ・ヘイスティングズ，伯爵夫人　1707生。イギリスの伯爵夫人。1791没。
牧野貞通　まきのさだみち　1710（閏8月）生。江戸時代中期の大名。1749没。
青綺門院　せいきもんいん　1716生。江戸時代中期，後期の女性。桜町天皇の妃。1790没。
スタッブズ，ジョージ　1724生。イギリスの解剖学者，画家，版画家。1806没。

伊藤東所　いとうとうしょ　1730生。江戸時代中期，後期の儒学者，三河挙母藩士。1804没。
ウィルバーフォース，ウィリアム　1759生。イギリスの政治家，社会事業家。1833没。
ウィレム1世　1772生。ネーデルラント国王（在位1814〜40）。1843没。
ライヘンバッハ，ゲオルク・（フリードリヒ・）フォン　1772生。ドイツの土木技師，光学機械製作者。1826没。
平田篤胤　ひらたあつたね　1776生。江戸時代後期の出羽久保田藩士，備中松山藩士，国学者。1843没。
パーカー，シオドア　1810生。アメリカのユニテリアン派牧師，説教家，神学者，社会改良家。1860没。
青木平輔　あおきへいすけ　1820生。江戸時代末期，明治時代の近江彦根藩士。1897没。
川田小一郎　かわだこいちろう　1836生。明治時代の実業家。日銀総裁。1896没。
デュボワ，フランソワ・クレマン・テオドール　1837生。フランスの作曲家，オルガン奏者，音楽理論家。1924没。
パリ　1838生。オルレアン公フェルディナンの長子，フランス王ルイ・フィリップの孫。1894没。
太田健太郎　おおたけんたろう　1845生。江戸時代の勤王家。神主。1868没。
マッキム，チャールズ・フォレン　1847生。アメリカの建築家。1909没。
モットル，フェーリクス　1856生。オーストリアの指揮者。1911没。
シェロシエフスキ，ヴァツワフ　1858生。ポーランドの小説家。1945没。
フェルディナント1世　1865生。ルーマニア王（在位1914〜27）。1927没。
ビアボウム，マックス　1872生。イギリスの文学者。1956没。
岡繁樹　おかしげき　1878生。明治時代-昭和時代のジャーナリスト。新聞社主。1959没。
滝廉太郎　たきれんたろう　1879生。明治時代の作曲家。1903没。

島上勝次郎　しまがみかつじろう　1881生。明治時代, 大正時代の労働運動家。市電車掌。1923没。

生方敏郎　うぶかたとしろう　1882生。明治時代-昭和時代の随筆家, 評論家。1969没。

高橋三吉　たかはしさんきち　1882生。大正時代, 昭和時代の海軍軍人。大将。1966没。

マイアー　1883生。ドイツの経済史家。1972没。

野口源三郎　のぐちげんざぶろう　1884生。大正時代, 昭和時代のスポーツ指導者, 体育学者。東京教育大学教授, 順天堂大学教授。1967没。

小熊捍　おぐままもる　1885生。大正時代, 昭和時代の遺伝学者, 動物学者。北海道帝国大学教授, 国立遺伝学研究所所長。1971没。

若山牧水　わかやまぼくすい　1885生。明治時代-昭和時代の歌人。1928没。

加藤正人　かとうまさんど　1886生。昭和時代の実業家, 政治家。大和紡績社長, 参議院議員。1963没。

植村環　うえむらたまき　1890生。昭和時代の宗教家。日本YWCA会長。1982没。

河井寛次郎　かわいかんじろう　1890生。大正時代, 昭和時代の陶芸家, 随筆家。1966没。

サウスワース　1890生。アメリカの物理学者, 電気学者。1972没。

中山巍　なかやまたかし　1893生。昭和時代の洋画家。1978没。

リース, ジーン　1894生。イギリスの女流小説家。1979没。

浜口雄彦　はまぐちかつひこ　1896生。昭和時代の銀行家。東京銀行頭取, 国際商業会議所日本国内委員会会長。1976没。

内田亨　うちだとおる　1897生。昭和時代の動物学者。北海道大学教授。1981没。

カウリー, マルカム　1898生。アメリカの評論家。1989没。

クロード, アルベール　1899生。アメリカの細胞学者。1983没。

シャウマン, ルート　1899生。ドイツの女流詩人, 小説家, 彫刻家。1975没。

ボルヘス, ホルヘ・ルイス　1899生。アルゼンチンの作家, 詩人, 批評家。1986没。

大須賀喬　おおすがたかし　1901生。昭和時代の彫刻家。1987没。

ブローデル, フェルナン　1902生。フランスの歴史家。1985没。

サザーランド, グレアム・ヴィヴィアン　1903生。イギリスの画家。1980没。

スティーヴンズ, シアカ・プロビン　1905生。シエラレオネの初代大統領。1988没。

広岡知男　ひろおかともお　1907生。昭和時代, 平成時代の新聞人。朝日新聞社長, 日本学生野球協会会長。2002没。

加藤泰　かとうたい　1916生。昭和時代の映画監督, シナリオライター。1985没。

三越左千夫　みつこしさちお　1916生。昭和時代の詩人, 児童文学者。1992没。

ラップ　1917生。アメリカの物理学者。2004没。

アロセメナ, カルロス・フリオ　1919生。エクアドルの政治家, 弁護士。2004没。

レヴェック, ルネ　1922生。カナダのジャーナリスト, 政治家。1987没。

フレイム, ジャネット　1924生。ニュージーランドの女流作家。2004没。

アラファト, ヤセル　1929生。パレスチナの政治家。2004没。

貝原俊民　かいはらとしたみ　1933生。昭和時代, 平成時代のひょうご震災記念21世紀研究機構理事長。元・兵庫県知事。

羽田孜　はたつとむ　1935生。昭和時代, 平成時代の民主党最高顧問, 衆院議員。元・首相, 外相。

平野長靖　ひらのちょうせい　1935生。昭和時代の山小屋経営者, 自然保護運動家。1971没。

北村治　きたむらおさむ　1936生。昭和時代, 平成時代の能楽囃子方(大倉流小鼓方)。

コエーリョ, パウロ　1947生。ブラジルの作家, 作詞家。

久野綾希子　くのあきこ　1950生。昭和時代, 平成時代の女優。

岡田美里　おかだみり　1961生。昭和時代, 平成時代のタレント。

高嶋ちさ子　たかしまちさこ　1968生。昭和時代, 平成時代のバイオリニスト。

キタキ・マユ　1982生。平成時代の歌手。

三浦大知　みうらだいち　1987生。平成時代の歌手。

グリント, ルパート　1988生。イギリスの俳優。

8月24日

8月25日

○記念日○ 川柳発祥の日
○忌　日○ 吉野忌
　　　　　藤樹忌
　　　　　道元忌

季弘大叔　きこうだいしゅく　1421生。室町時代の臨済宗の僧, 東福寺の第174世。1487没。
高辻長雅　たかつじながまさ　1515生。戦国時代, 安土桃山時代の公卿。1580没。
イワン4世　1530生。モスクワ大公(在位1533～84)。1584没。
アルヘンソーラ, バルトロメ・ルオナルド・デ　1562生。スペインの詩人。1631没。
ラシェーズ, フランソワ・デクス　1624生。フランスの聖職者。1709没。
オードラン, クロード3世　1658生。フランスの銅版画家。1734没。
伊達村和　だてむらより　1661生。江戸時代中期の大名。1722没。
伏原宣通　ふせはらのぶみち　1667生。江戸時代中期の公家。1741没。
カフィエリ, ジャック　1678生。フランスの彫刻家, 鋳金家, 彫金家。1755没。
山崎蘭洲　やまざきらんしゅう　1733生。江戸時代中期の陸奥弘前藩士。1799没。
バーアト, カール・フリードリヒ　1741生。ドイツのプロテスタント神学者。1792没。
亀井南冥　かめいなんめい　1743生。江戸時代中期, 後期の儒学者, 漢詩人。1814没。
ヘルダー, ヨハン・ゴットフリート　1744生。ドイツの哲学者, 美学者, 批評家, 言語学者。1803没。
サン・ジュスト, ルイ・アントワーヌ・レオン・フロレル・ド　1767生。フランス革命期の政治家。1794没。
十河親盈　そごうちかみつ　1774生。江戸時代後期の馬術家, 伊予松山藩士。1860没。
本多忠епノ　ほんだただのり　1774生。江戸時代後期の故実家。1823没。
カルロタ　1775生。ポルトガル王ジョアン6世の妃。1830没。
オークランド伯　1784生。イギリスの政治家。1849没。
ルートウィヒ1世　1786生。バイエルン王(在位1825～48)。1868没。

ブンゼン(バンスン), クリスティアン・カール・ヨージアス・フォン　1791生。ドイツの外交官, 神学者, 言語学者。1860没。
業合大枝　なりあいおおえ　1792生。江戸時代末期の国学者。1851没。
ラトケ, マルティン・H(ハインリヒ)　1793生。ドイツの動物学者。1860没。
ヘルツ, ヘンリック　1797生。ユダヤ系デンマークの詩人, 劇作家, 小説家。1870没。
カシアス公　1803生。ブラジルの政治家, 軍人。1880没。
ウェイド, サー・トマス(・フランシス)　1818生。イギリスの外交官, 中国語学者。1895没。
ピンカートン, アラン　1819生。アメリカの探偵。1884没。
ビクーニャ・マケーナ　1831生。チリの歴史家, 政治家。1886没。
ハート, ブレット　1836生。アメリカの小説家, 外交官。1902没。
マーリス, ヤーコプ・ヘンリクス　1837生。オランダの画家。1899没。
松平健子　まつだいらたけこ　1839生。江戸時代, 明治時代の歌人。1918没。
コッハー, エミール・テオドール　1841生。スイスの外科医。1917没。
ルートウィヒ2世　1845生。バイエルン王(在位1864～86)。1886没。
ゴーチエ, ジュディット　1850生。フランスの女流小説家。1917没。
バルトゥー　1862生。フランスの政治家, 弁護士。1934没。
岩崎久弥　いわさきひさや　1865生。明治時代–昭和時代の実業家。1955没。
埴原正直　はにはらまさなお　1876生。明治時代, 大正時代の外交官。駐米大使。1934没。
シュトルツ, ローベルト　1880生。オーストリアの指揮者, 作曲家。1975没。
鰭崎英朋　ひれざきえいほう　1881生。明治時代–昭和時代の挿絵画家。1968没。

フランク　1889生。アメリカの批評家，小説家。1967没。
田中比左良　たなかひさら　1891生。大正時代，昭和時代の挿絵画家，漫画家。1974没。
ワン・ワンタヤコーン　1891生。タイの政治家。1976没。
藤田亮策　ふじたりょうさく　1892生。大正時代，昭和時代の考古学者，朝鮮史学者。東京芸術大学教授，奈良国立文化財研究所所長。1960没。
渋沢敬三　しぶさわけいぞう　1896生。昭和時代の実業家，財界人。日銀総裁，日本民族学協会会長。1963没。
三田村四郎　みたむらしろう　1896生。大正時代，昭和時代の労働運動家。民主労働者協会会長。1964没。
堀柳女　ほりりゅうじょ　1897生。大正時代，昭和時代の人形作家。日本伝統工芸鑑査・審査委員，全日本伝統工芸選抜作家展運営・選考委員。1984没。
大鹿卓　おおしかたく　1898生。昭和時代の詩人，小説家。1959没。
ハッセ　1898生。ドイツの数学者。1979没。
クレブス，サー・ハンス・アドルフ　1900生。イギリスの生化学者。1981没。
ヌヴー，ジョルジュ　1900生。フランスの劇作家。1983没。
アベル，ケル　1901生。デンマークの劇作家。1961没。
菊池正士　きくちせいし　1902生。昭和時代の物理学者。大阪大学教授，東京大学原子核研究所所長。1974没。
水木洋子　みずきようこ　1910生。昭和時代，平成時代のシナリオライター，劇作家。2003没。
ルロワ-グーラン，アンドレ　1911生。フランスの人類学（民族学・先史学）者。1987没。
福田恆存　ふくだつねあり　1912生。昭和時代の評論家，劇作家。1994没。
ホネッカ，エーリヒ　1912生。ドイツ民主共和国の政治家。1994没。
村上三島　むらかみさんとう　1912生。昭和時代，平成時代の書家。2005没。
徳永正利　とくながまさとし　1913生。昭和時代の政治家。参議院議員。1990没。
笠置シヅ子　かさぎしづこ　1914生。昭和時代の歌手，女優。1985没。

ロビンズ，フレデリック・チャプマン　1916生。アメリカの小児科医。2003没。
バーンスタイン，レナード　1918生。アメリカの指揮者，作曲家。1990没。
ウォレス，G.　1919生。アメリカの政治家。1998没。
葛原繁　くずはらしげる　1919生。昭和時代，平成時代の歌人。「コスモス」編集長，日新運輸倉庫取締役。1993没。
三好豊一郎　みよしとよいちろう　1920生。昭和時代の詩人。1992没。
中義勝　なかよしかつ　1921生。昭和時代，平成時代の法学者。関西大学学長。1993没。
増村保造　ますむらやすぞう　1924生。昭和時代の映画監督。1986没。
荻昌弘　おぎまさひろ　1925生。昭和時代の映画評論家。1988没。
ギブソン，アルシア　1927生。アメリカのテニス選手。2003没。
コネリー，ショーン　1930生。イギリスの俳優。
山村美紗　やまむらみさ　1934生。昭和時代，平成時代の推理作家。1996没。
ラフサンジャニ，アリ・アクバル・ハシェミ　1934生。イランの政治家，イスラム神学者。
田宮二郎　たみやじろう　1935生。昭和時代の俳優。1978没。
シモンズ，ジーン　1949生。アメリカのミュージシャン，俳優。
きたろう　きたろう　1951生。昭和時代，平成時代のタレント，俳優。
シト，テブロロ　1953生。キリバスの政治家。
コステロ，エルビス　1954生。イギリスのロック歌手。
岡田武史　おかだたけし　1956生。昭和時代，平成時代のサッカー監督。
バートン，ティム　1958生。アメリカの映画監督。
三井ゆり　みついゆり　1968生。平成時代のタレント。
石井琢朗　いしいたくろう　1970生。平成時代のプロ野球選手。
シファー，クラウディア　1970生。ドイツのファッションモデル。

8月25日

8月26日

○記念日○　人権宣言記念日
○忌　日○　許六忌

コロンブス，クリストファー　1451生。イタリアの航海者。1506没。

理秀女王　りしゅうじょおう　1489生。戦国時代の女性。後土御門天皇の皇女。1532没。

日辰　にっしん　1508生。戦国時代，安土桃山時代の日蓮宗の僧，茶人。1577没。

フリードリヒ5世　1596生。ライン・ファルツ選帝侯兼ボヘミア王。1632没。

徳川綱条　とくがわつなえだ　1656生。江戸時代前期，中期の大名。1718没。

徳川綱教　とくがわつなのり　1665生。江戸時代前期，中期の大名。1705没。

ウォルポール，サー・ロバート，オーフォード伯爵　1676生。イギリスの初代首相。1745没。

高橋宗直　たかはしむねなお　1703生。江戸時代中期の有職家。1785没。

毛利師就　もうりもろたか　1706生。江戸時代中期の大名。1735没。

伊達徳子　だてとくこ　1710生。江戸時代中期の女性。陸奥仙台藩5代藩主伊達吉村の娘。1747没。

溝口素丸　みぞぐちそがん　1713生。江戸時代中期の俳人。1795没。

松波甸斎　まつなみていさい　1718生。江戸時代中期，後期の漢詩人。1793没。

松平直道　まつだいらなおみち　1724生。江戸時代中期の大名。1776没。

ランバート，ヨハン・ハインリヒ　1728生。ドイツの哲学者，物理学者，天文学者，数学者。1777没。

エムリ，ジャーク-アンドレー　1732生。フランスのサン・スュルピス修道院長。1811没。

モンゴルフィエ，ジョゼフ・ミシェル　1740生。フランスの発明家。1810没。

ラヴォワジエ，アントワーヌ・ローラン　1743生。フランスの化学者。1794没。

マッケンジー，ヘンリー　1745生。スコットランド生まれの小説家。1831没。

柴田洞元　しばたどうげん　1767生。江戸時代後期の本草学者。1845没。

メンシコフ　1787生。ロシアの将軍。1869没。

シュヴァンターラー，ルートヴィヒ・フォン　1802生。ドイツの彫刻家。1848没。

慈性法親王　じしょうほっしんのう　1813生。江戸時代末期の皇族。1867没。

三浦義質　みうらよしかた　1813生。江戸時代末期，明治時代の守山藩士。1878没。

レ・ファニュ，シェリダン　1814生。アイルランドの小説家，ジャーナリスト。1873没。

アルバート公　1819生。イギリス女王ヴィクトリアの夫。1861没。

シャスラー　1819生。ドイツの美学者。1903没。

落合直亮　おちあいなおあき　1827生。江戸時代，明治時代の勤王家。刑法官監察司。1894没。

ル・ジャンドル　1830生。フランス生まれのアメリカの外交官。1899没。

金井寿平　かないじゅへい　1839生。江戸時代末期の志士。？没。

土屋光春　つちやみつはる　1848生。明治時代，大正時代の陸軍軍人。大将。1920没。

長谷川好道　はせがわよしみち　1850生。明治時代，大正時代の陸軍軍人。大将，元帥。1924没。

リシェ，シャルル・ロベール　1850生。フランスの生理学者。1935没。

野呂景義　のろかげよし　1854生。明治時代，大正時代の冶金学者。東京帝国大学教授，工学博士。1923没。

フレデリック，レオン　1856生。ベルギーの画家。1940没。

マケール　1859生。イギリスの古典学者，文学史家。1945没。

石榑千亦　いしくれちまた　1869生。明治時代-昭和時代の歌人。1942没。

デ・フォレスト，リー　1873生。アメリカの電気工学者。1961没。

ゲイル，ゾーナ　1874生。アメリカの女流小説家。1938没。

大橋光吉　おおはしこうきち　1875生。明治時代-昭和時代の印刷事業家。共同印刷社主。1946没。

バカン, ジョン　1875生。スコットランドの著述家。1940没。

ヴェッキョ　1878生。イタリアの法学者。1970没。

アポリネール, ギヨーム　1880生。フランスの詩人。1918没。

大西愛治郎　おおにしあいじろう　1881生。大正時代, 昭和時代の宗教家。1958没。

フランク, ジェイムズ　1882生。ドイツ系アメリカの物理学者。1964没。

尾上菊五郎(6代目)　おのえきくごろう　1885生。明治時代-昭和時代の歌舞伎役者。1949没。

ロマン, ジュール　1885生。フランスの詩人, 劇作家, 小説家。1972没。

ドールトン, (エドワード・)ヒュー・(ジョン・ニール)ドールトン, 男爵　1887生。イギリスの政治家, 経済学者。1962没。

加藤五一　かとうごいち　1891生。昭和時代の実業家。三井造船社長, 日本造船工業会会長。1989没。

ブルックナー, フェルディナント　1891生。オーストリアの劇作家。1958没。

今野賢三　いまのけんぞう　1893生。大正時代, 昭和時代の小説家。1969没。

今田恵　いまためぐみ　1894生。昭和時代の心理学者。関西学院大学教授, 関西学院院長。1970没。

クリウォビッチ　1895生。ポーランドの言語学者。1978没。

市川左団次(3代目)　いちかわさだんじ　1898生。明治時代-昭和時代の歌舞伎役者。1969没。

タマヨ, ルフィノ　1899生。メキシコの画家。1991没。

テイラー, マクスウェル・D(ダヴンポート)　1901生。アメリカの陸軍軍人。1987没。

山上伊太郎　やまがみいたろう　1903生。大正時代, 昭和時代のシナリオ・ライター, 映画監督。1945没。

イシャウッド, クリストファー　1904生。アメリカの作家。1986没。

セービン, アルバート・ブルース　1906生。アメリカで活躍しているロシア生まれの細菌学者。1993没。

上原敏　うえはらびん　1908生。昭和時代の歌手。1944没。

宮原誠一　みやはらせいいち　1909生。昭和時代の教育学者。東京大学教授。1978没。

コルタサル, フリオ　1914生。アルゼンチンの小説家。1984没。

坂井三郎　さかいさぶろう　1916生。昭和時代の海軍軍人, 小説家。中尉。2000没。

隅谷三喜男　すみやみきお　1916生。昭和時代, 平成時代の労働経済学者。2003没。

フェレ, レオ　1916生。サンジェルマン・デ・プレの鬼才と呼ばれるフランスの作詞家, 作曲家, 歌手。1998没。

渡辺敏子　わたなべとしこ　1916生。昭和時代の社会事業家。1975没。

プレム・ティンスラノン　1920生。タイの政治家, 軍人。

鷹司平通　たかつかさとしみち　1923生。昭和時代の交通研究家。1966没。

ペールフィット　1925生。フランスの政治家。1999没。

安部真知　あべまち　1926生。昭和時代, 平成時代の舞台美術家。1993没。

出口保夫　でぐちやすお　1929生。昭和時代, 平成時代の英文学者。

片山九郎右衛門(9代目)　かたやまくろうえもん　1930生。昭和時代, 平成時代の能楽師(観世流シテ方)。

武村正義　たけむらまさよし　1934生。昭和時代, 平成時代の政治家。

安江良介　やすえりょうすけ　1935生。昭和時代, 平成時代の編集者, 出版経営者。岩波書店社長。1998没。

国府弘子　こくぶひろこ　1959生。昭和時代, 平成時代のジャズピアニスト。

野村万之丞(5代目)　のむらまんのじょう　1959生。昭和時代, 平成時代の狂言師(和泉流)。2004没。

佐々岡真司　ささおかしんじ　1967生。平成時代のプロ野球選手。

中川敬輔　なかがわけいすけ　1909生。平成時代のベース奏者(Mr.Children)。

中島知子　なかじまともこ　1971生。平成時代のタレント。

カルキン, マコーレー　1980生。アメリカの俳優。

[登場人物]

グランディエ, アンドレ　1754生。『ベルサイユのばら』の登場人物。

8月26日

8月27日

○記念日○ 仏壇の日

大内政弘 おおうちまさひろ 1446生。室町時代, 戦国時代の武将。周防・長門・筑前などの守護。1495没。

ゲオルク(髭公) 1471生。ドイツの宗教改革期のザクセン大公(在位1500～39)。1539没。

シュタフィルス, フリードリヒ 1512生。ドイツの神学者。1564没。

ファルネーゼ, アレッサンドロ 1545生。パルマ公(在位1586～92)。1592没。

佐々木池庵 ささきちあん 1650生。江戸時代中期の書家。1723没。

イワン5世 1666生。ロシア皇帝(在位1682～96)。ピョートル1世と帝位を共有。1696没。

尊勝女王 そんしょうじょおう 1676生。江戸時代中期の女性。後西天皇の第15皇女。1703没。

市川正好 いちかわまさよし 1679生。江戸時代中期の林政家。1757没。

タウンゼンド, チャールズ 1725生。イギリスの政治家。W.ピット内閣の蔵相。1767没。

ハーマン, ヨハン・ゲオルク 1730生。ドイツの哲学者。1788没。

ヘーゲル, ゲオルク・ヴィルヘルム・フリードリヒ 1770生。ドイツの哲学者。ドイツ観念論を大成。1831没。

ニーブール, バルトルト・ゲオルク 1776生。ドイツの歴史家。1831没。

アングル, ジャン・オーギュスト・ドミニク 1780生。フランスの画家。1867没。

カスティージャ, ラモン 1797生。ペルーの軍人, 大統領(1845～51, 54～62)。1867没。

小出兼政 こいでかねまさ 1797生。江戸時代末期の暦学者, 算学者, 阿波徳島藩士。1865没。

ポエリョ 1802生。イタリアのリソルジメント運動家。1848没。

ベイキー, ウィリアム・バルフォア 1825生。イギリスのアフリカ探検家。1864没。

ジェッブ 1841生。イギリスの古典学者。1905没。

アヌーチン 1843生。ロシアの人類学者, 考古学者, 地理学者。1923没。

リーギ, アウグスト 1850生。イタリアの物理学者。1920没。

ペアノ, ジュゼッペ 1858生。イタリアの数学者, 論理学者。1932没。

ヒンツェ 1861生。ドイツの歴史家。1940没。

ドーズ, チャールズ・G(ゲイツ) 1865生。アメリカの副大統領(1925～29), 外交官, 財政家。1951没。

ブレステッド, ジェイムズ・ヘンリー 1865生。アメリカの歴史家, 近東学者。1935没。

ハウスホーファー 1869生。ドイツの政治地理学者。1946没。

ネルボ, アマード・ルイス・デ 1870生。メキシコの詩人。1919没。

ドライサー, シオドア 1871生。アメリカの小説家。1945没。

秦豊助 はたとよすけ 1872生。明治時代–昭和時代の政治家。衆議院議員。犬飼毅内閣の拓相。1933没。

ボッシュ, カール 1874生。ドイツの工業化学者。1940没。

ロールズ, チャールズ・スチュワート 1877生。イギリスの自動車工業家, 飛行家。1910没。

ヘーニッシュ 1880生。ドイツのモンゴル学者。1966没。

岩波茂雄 いわなみしげお 1881生。大正時代, 昭和時代の出版人, 政治家。貴族院議員。古書店・岩波書店を開業, 出版界に独自の地位を確立。1946没。

阿部次郎 あべじろう 1883生。大正時代, 昭和時代の哲学者, 美学者。東北帝国大学教授。1959没。

オリオル, ヴァンサン 1884生。フランスの政治家, 第4共和制初代大統領(1947～54)。1966没。

パープスト, ゲオルク・ヴィルヘルム 1885生。ドイツの映画監督。1967没。

コーツ, エリック　1886生。イギリスの作曲家。1957没。

石浜純太郎　いしはまじゅんたろう　1888生。大正時代, 昭和時代の東洋史学者。関西大学教授, 日本西蔵学会会長。1968没。

島善鄰　しまよしちか　1889生。大正時代, 昭和時代の農学者。1964没。

レイ, マン　1890生。アメリカの写真家, 画家, オブジェ作家, 映像作家。1976没。

アルフェルディ, アンドラーシュ　1895生。現代ハンガリーの古代史家。1981没。

丹羽周夫　にわかねお　1895生。昭和時代の実業家。三菱造船社長, 日本原子力研究所理事長。1979没。

稲田正純　いなだまさずみ　1896生。大正時代, 昭和時代の陸軍軍人。陸軍中将。1986没。

宮沢賢治　みやざわけんじ　1896生。大正時代, 昭和時代の詩人, 童話作家。「注文の多い料理店」「銀河鉄道の夜」など。1933没。

トローハ, エドゥアルド　1899生。スペインの構造技術家, 建築家。1961没。

フォレスター, C.S.　1899生。イギリスの作家。1966没。

ジョンソン, リンドン　1908生。第36代アメリカ大統領。1973没。

三橋一夫　みつはしかずお　1908生。昭和時代, 平成時代の小説家。玄道輝行会長, 身心法学研究所長。1995没。

ヤング, レスター　1909生。アメリカのジャズ・テナーサクソフォーン奏者。1959没。

マザー・テレサ　1910生。インドのカトリック修道女, 社会奉仕活動家。1997没。

カーメン, マーティン・デヴィッド　1913生。アメリカの生化学者。2002没。

高橋甫　たかはしはじめ　1913生。昭和時代の軍事評論家, 平和運動家。原水協元常任理事。1981没。

清水晶　しみずあきら　1916生。昭和時代, 平成時代の映画評論家。1997没。

八ー島義之助　やそしまよしのすけ　1919生。昭和時代, 平成時代の鉄道工学者。帝京平成大学学長, 鉄道総合技術研究所会長, 東京大学教授。1998没。

中薗英助　なかぞのえいすけ　1920生。昭和時代, 平成時代の小説家。2002没。

宇野宗佑　うのそうすけ　1922生。昭和時代, 平成時代の政治家。首相。1998没。

中山太郎　なかやまたろう　1924生。昭和時代, 平成時代の政治家。元・外相。

丸谷才一　まるやさいいち　1925生。昭和時代, 平成時代の作家, 評論家。

山岡久乃　やまおかひさの　1926生。昭和時代, 平成時代の女優。1999没。

アラファト, ヤセル　1929生。パレスチナ・ゲリラの指導者。2004没。

桂千穂　かつらちほ　1929生。昭和時代, 平成時代の脚本家, 映画評論家, 翻訳家。

フレーザー, アントニア　1932生。イギリスの作家。

広瀬叔功　ひろせよしのり　1936生。昭和時代, 平成時代の元・プロ野球選手。

連戦　れんせん　1936生。台湾の政治家, 政治学者。

鴨田勝雄　かもだかつお　1939生。昭和時代, 平成時代の野球監督。2002没。

ゼンクハース, ディーター　1940生。ドイツのブレーメン大学教授。

エバーズ, バーナード　1941生。アメリカの実業家。

藤竜也　ふじたつや　1941生。昭和時代, 平成時代の俳優。

甘利明　あまりあきら　1949生。昭和時代, 平成時代の政治家。

渡部絵美　わたなべえみ　1959生。昭和時代, 平成時代のタレント, 元・フィギュアスケート選手。

津田寛治　つだかんじ　1965生。昭和時代, 平成時代の俳優。

SATOSHI　さとし　1977生。平成時代の歌手（山嵐）。

デコ　1977生。ポルトガルのサッカー選手。

田亮　でんりょう　1979生。中国の飛び込み選手。

チェン・ボーリン　1983生。台湾の俳優。

8月27日

8月28日

○記念日○　バイオリンの日

- ラージー　865生。イスラムの医学者, 哲学者, 錬金術師。925没。
- ミランダ, サ・デ　1481生。ポルトガルの詩人。1558没。
- バッキンガム, ジョージ・ヴィラーズ, 初代公爵　1592生。イギリスの貴族。1628没。
- イントルチェッタ, プロスペロ　1625生。イタリアのイエズス会士。1696没。
- 王士禎　おうしてい　1634生。中国, 清の詩人。1711没。
- スターク, ジョン　1728生。アメリカ独立戦争時代の将軍。1822没。
- ベアンストーフ　1735生。デンマークの政治家。1797没。
- ゲーテ, ヨーハン・ヴォルフガング　1749生。ドイツ最大の詩人。1832没。
- シートン, 聖エリザベス・アン　1774生。アメリカの女子修道会創設者。1821没。
- 田中大秀　たなかおおひで　1777生。江戸時代後期の国学者。1847没。
- ミュラー　1797生。ドイツの古代学者。1840没。
- クールノー　1801生。フランスの数学者, 経済学者, 哲学者。1877没。
- ジムロック, カール　1802生。ドイツの文学史家, 詩人。1876没。
- トロワイヨン, コンスタン　1810生。フランスの画家。1865没。
- 福原越後　ふくはらえちご　1815生。江戸時代末期の長州(萩)藩家老。1864没。
- 小出粲　こいでつばら　1833生。明治時代の歌人。1908没。
- バーン-ジョーンズ, エドワード　1833生。イギリスの画家, デザイナー。1898没。
- 長与専斎　ながよせんさい　1838生。明治時代の医学者, 医政家。東京医学校校長, 衛生局長, 貴族院議員。1902没。
- 榊俶　さかきはじめ　1857生。明治時代の医学者。巣鴨病院医長, 医学博士。1897没。
- 高橋箒庵　たかはしそうあん　1861生。明治時代–昭和時代の実業家, 数寄者。1937没。
- ジョルダーノ, ウンベルト　1867生。イタリアの作曲家。1948没。
- 杵屋勝三郎(4代目)　きねやかつさぶろう　1868生。明治時代, 大正時代の長唄演奏家。1929没。
- 添田敬一郎　そえだけいいちろう　1871生。大正時代, 昭和時代の政治家。衆議院議員。1953没。
- 三遊亭円遊(3代目)　さんゆうていえんゆう　1878生。明治時代–昭和時代の落語家。1945没。
- ホイップル, ジョージ・ホイト　1878生。アメリカの病理学者。1976没。
- 中村七三郎(5代目)　なかむらしちさぶろう　1879生。明治時代–昭和時代の歌舞伎役者。1948没。
- 堆朱楊成(20代目)　ついしゅようぜい　1880生。明治時代–昭和時代の漆芸作家。1952没。
- 中村孝太郎　なかむらこうたろう　1881生。明治時代–昭和時代の陸軍軍人。大将。1947没。
- 岡部長景　おかべながかげ　1884生。大正時代, 昭和時代の官僚, 政治家。貴族院議員, 国際文化新興会会長。1970没。
- 勝沼精蔵　かつぬませいぞう　1886生。大正時代, 昭和時代の医学者。名古屋大学学長。1963没。
- 浅野良三　あさのりょうぞう　1889生。昭和時代の実業家。日本鋼管社長。1965没。
- 佐藤市郎　さとういちろう　1889生。大正時代, 昭和時代の海軍軍人。中将。1958没。
- 藤森成吉　ふじもりせいきち　1892生。大正時代, 昭和時代の小説家, 俳人。1977没。
- ベーム, カール　1894生。オーストリアの指揮者。1981没。
- オフラハティ, リーアム　1896生。アイルランドの作家。1984没。
- 西村英一　にしむらえいいち　1897生。昭和時代の政治家。自民党副総裁, 衆議院議員。1987没。
- ワース　1897生。ドイツ生まれのアメリカの社会学者。1952没。

川鍋秋蔵　かわなべあきぞう　1899生。昭和時代の実業家。1983没。
小林武治　こばやしたけじ　1899生。昭和時代の官僚，政治家。参議院議員，法相。1988没。
杉原荒太　すぎはらあらた　1899生。昭和時代の外交官，政治家。参議院議員（自民党）。1982没。
張勉　ちょうべん　1899生。朝鮮の政治家。1966没。
ボワイエ，シャルル　1899生。フランスの映画俳優。1978没。
小堀甚二　こぼりじんじ　1901生。昭和時代の小説家，評論家。1959没。
平塚直秀　ひらつかなおひで　1903生。昭和時代，平成時代の植物病理学者。東京教育大学教授。2000没。
ベッテルハイム，ブルーノ　1903生。アメリカで活躍している精神分析学者，教育心理学者。1990没。
太田青丘　おおたせいきゅう　1909生。昭和時代，平成時代の歌人，中国文学者。法政大学教授。1996没。
菱山修三　ひしやましゅうぞう　1909生。昭和時代の詩人，フランス文学者。1967没。
グレイヴズ，モリス　1910生。アメリカの画家。2001没。
コープマンズ，チャリング・C　1910生。アメリカ（オランダ生まれ）の経済学者。1985没。
ルンス　1911生。オランダの政治家。2002没。
阿閉吉男　あとじよしお　1913生。昭和時代，平成時代の評論家。名古屋大学教授，創価大学教授。1997没。
田川飛旅子　たがわひりょし　1914生。昭和時代，平成時代の俳人，応用化学者。現代俳句協会副会長，古河電池専務。1999没。
テューダー，ターシャ　1914生。アメリカの挿絵画家，絵本作家。
ロワ，クロード　1915生。フランスの評論家，小説家。1997没。
内山竜雄　うちやまりょうゆう　1916生。昭和時代の物理学者。1990没。
ミルズ，チャールズ・ライト　1916生。アメリカの社会学者。1962没。
ラヌッセ，アレハンドロ　1918生。アルゼンチンの軍人，大統領。1996没。
ホーンズフィールド，ゴドフリー・ニューボールド　1919生。イギリスの技術者。2004没。

大槻健　おおつきたけし　1920生。昭和時代，平成時代の教育学者。早稲田大学教授，日本教育学会常任理事。2001没。
蔦文也　つたふみや　1923生。昭和時代，平成時代の高校野球監督。2001没。
千田夏光　せんだかこう　1924生。昭和時代，平成時代の評論家，ノンフィクション作家。2000没。
トリーフォノフ，ユーリー・ワレンチノヴィチ　1925生。ソ連の作家。1981没。
草鹿外吉　くさかそときち　1928生。昭和時代，平成時代の翻訳家，評論家。日本福祉大学教授。1993没。
広重徹　ひろしげてつ　1928生。昭和時代の科学史家。日本大学教授。1975没。
ボロッシュ・ペーテル　1928生。ハンガリーの元・首相。
ケルテース・アンドレ　1929生。ハンガリーの写真家。1973没。
ケルテース，イシュトヴァーン　1929生。ハンガリー，のちドイツの指揮者。1973没。
岡野俊一郎　おかのしゅんいちろう　1931生。昭和時代，平成時代のサッカー指導者。
坂根進　さかねすすむ　1931生。昭和時代，平成時代のアートディレクター，映像プロデューサー。サン・アド社長。1998没。
マーティン，ポール　1938生。カナダの政治家。
ハンソン，イーデス　1939生。昭和時代，平成時代のタレント。
ドス・サントス，ジョゼ・エドゥアルド　1942生。アンゴラの政治家。
鈴木慶一　すずきけいいち　1951生。昭和時代，平成時代のミュージシャン，音楽プロデューサー。
宮川花子　みやがわはなこ　1955生。昭和時代，平成時代の漫才師。
城戸真亜子　きどまあこ　1961生。昭和時代，平成時代のタレント，洋画家。
香西かおり　こうざいかおり　1963生。昭和時代，平成時代の歌手。
松下浩二　まつしたこうじ　1967生。昭和時代，平成時代の卓球選手。
エバンス，ジャネット　1971生。アメリカの元・水泳選手。

8月28日

8月29日

○記念日○ ケーブルカーの日
文化財保護法施行記念日
○忌　日○ 竹田忌

ムハンマド　570生。イスラム教の創始者。632没。
中原師安　なかはらもろやす　1088生。平安時代後期の官人。1154没。
中御門宣胤　なかみかどのぶたね　1442生。室町時代, 戦国時代の歌人・公卿。1525没。
コルベール, ジャン・バティスト　1619生。フランスの政治家。1683没。
ロングビル夫人　1619生。フランスの貴婦人。1679没。
ロック, ジョン　1632生。イギリスの哲学者。1704没。
ダリーン, ウーロヴ・フォン　1708生。スウェーデンの詩人, 評論家。1763没。
大河内輝高　おおこうちてるたか　1725生。江戸時代中期の大名, 老中。1781没。
香川景柄　かがわかげもと　1745生。江戸時代中期, 後期の歌人。1821没。
ドンブロフスキ　1755生。ポーランドの将軍。1818没。
スニャデッキー　1756生。ポーランドの数学者, 天文学者, 哲学者。1830没。
頼梅颸　らいばいし　1760生。江戸時代中期, 後期の女性。儒学者頼山陽の母。1843没。
モリス, ジョン・フレデリク・デニスン　1805生。イギリスの神学者。1872没。
シュルツェ・デリッチ　1808生。ドイツの政治家, 経済学者。1883没。
ホームズ, オリヴァー・ウェンデル　1809生。アメリカの医師, 詩人, ユーモア作家。1894没。
アルベルディ, フアン・バウティスタ　1810生。アルゼンチンの法律学者。1884没。
リーチ, ジョン　1817生。イギリスの諷刺漫画家。1864没。
モルティエ　1821生。フランスの考古学者。1898没。
カーペンター, エドワード　1844生。イギリスの著述家, 社会改革家。1929没。

バルトロメ, ポール・アルベール　1848生。フランスの画家, 彫刻家。1928没。
ベルントゼン　1855生。ドイツの化学者。1931没。
フィッシャー, アンドリュー　1862生。オーストラリアの首相(1908〜09, 10〜13, 14〜15)。1928没。
メーテルランク, モーリス　1862生。ベルギーの劇作家, 詩人, 思想家。1949没。
モイマン　1862生。ドイツの心理学者, 教育学者。1915没。
横田秀雄　よこたひでお　1862生。明治時代-昭和時代の法学者, 裁判官。大審院長, 明治大学学長。1938没。
レーンス, ヘルマン　1866生。ドイツの詩人, 小説家。1914没。
ポクローフスキー　1868生。ソ連の歴史家。1932没。
ルブラン, アルベール　1871生。フランスの大統領。1950没。
アルセーニエフ, ウラジーミル・クラヴジエヴィチ　1872生。ソ連の探検家, 民俗学者。1930没。
神田鐳蔵　かんだらいぞう　1872生。明治時代-昭和時代の実業家。1934没。
マチャード, マヌエル　1874生。スペインの詩人。1947没。
田宮嘉右衛門　たみやかえもん　1875生。明治時代-昭和時代の実業家。1959没。
クレブス　1876生。ドイツの地理学者。1947没。
秋田清　あきたきよし　1881生。大正時代, 昭和時代の政治家。衆議院議員。1944没。
山下新太郎　やましたしんたろう　1881生。明治時代-昭和時代の洋画家。1966没。
ラルボー, ヴァレリー　1881生。フランスの作家。1957没。
武者小路公共　むしゃのこうじきんとも　1882生。大正時代, 昭和時代の外交官。駐ドイツ大使, 日独協会会長。1962没。

海野普吉　うんのふきち　1885生。大正時代, 昭和時代の弁護士。第二東京弁護士会会長, 自由人権協会会長。1968没。

山井基清　やまのいもときよ　1885生。明治時代-昭和時代の雅楽家。1970没。

土居光知　どいこうち　1886生。大正時代, 昭和時代の英文学者, 古典学者。東北大学教授, 津田塾大学教授。1979没。

中村順平　なかむらじゅんぺい　1887生。大正時代, 昭和時代の建築家。1977没。

大内兵衛　おおうちひょうえ　1888生。大正時代, 昭和時代の経済学者, 財政学者。東京大学教授, 社会保障制度審議会会長。1980没。

ケイシー, リチャード・ガーディナー・ケイシー, 男爵　1890生。オーストラリアの政治家。1976没。

コイレ, アレクサンドル　1892生。フランスの哲学者。1964没。

桑原幹根　くわはらみきね　1895生。昭和時代の政治家。愛知県知事。1991没。

スタージズ, プレストン　1898生。アメリカの劇作家, 脚本家, 映画監督。1959没。

レムニツァー　1899生。アメリカの軍人。1988没。

牛島憲之　うしじまのりゆき　1900生。昭和時代, 平成時代の洋画家。東京芸術大学教授。1997没。

森田優三　もりたゆうぞう　1901生。昭和時代の統計学者。統計審議会会長, 一橋大学教授。1994没。

クロイダー, エルンスト　1903生。ドイツの小説家, 評論家。1972没。

フォラン, ジャン　1903生。フランスの詩人。1971没。

フォルスマン, ヴェルナー　1904生。ドイツの外科医。1979没。

イシコフ　1905生。ソ連の政治家。1988没。

庄司光　しょうじひかる　1905生。昭和時代, 平成時代の環境衛生学者。京都大学教授, 関西大学教授。1994没。

ティーガーデン, ジャック　1905生。アメリカのジャズ。1964没。

村社講平　むらこそこうへい　1905生。昭和時代, 平成時代の陸上競技選手, 指導者。1998没。

メルル, ロベール　1908生。フランスの作家。2004没。

牟田弘国　むたひろくに　1910生。昭和時代の自衛官。航空幕僚長, 統合幕僚会議議長。1987没。

孫基禎　そんきてい　1912生。韓国のマラソン選手。2002没。

バーグマン, イングリッド　1915生。アメリカ, イタリアで活躍したスウェーデン出身の映画女優。1982没。

クロスランド, トニー　1918生。イギリスの政治家, 労働党の理論家。1977没。

パーカー, チャーリー　1920生。アメリカのサキソフォン奏者。1955没。

アッテンボロー, リチャード　1923生。イギリスの映画監督, 俳優。

田中完一　たなかさだかず　1923生。昭和時代の自然保護運動家, 医師。1985没。

ガン, トム　1929生。イギリスの詩人。2004没。

市川雷蔵(8代目)　いちかわらいぞう　1931生。昭和時代の歌舞伎役者, 映画俳優。1969没。

フリードキン, ウィリアム　1939生。アメリカの映画監督。

谷岡ヤスジ　たにおかやすじ　1942生。昭和時代, 平成時代の漫画家。1999没。

バガザ, ジャン・バプチスト　1946生。ブルンジの政治家。

ビーモン, ボブ　1946生。アメリカの元・走り幅跳び選手。

ハンセン, スタン　1949生。アメリカの元・プロレスラー。

八代亜紀　やしろあき　1950生。昭和時代, 平成時代の歌手。

大浦みずき　おおうらみずき　1956生。昭和時代, 平成時代の女優, 元・宝塚スター。

ジャクソン, マイケル　1958生。アメリカの歌手。

堀内元　ほりうちげん　1964生。昭和時代, 平成時代のバレエダンサー, 振付師。

堀内充　ほりうちじゅう　1964生。昭和時代, 平成時代のバレエダンサー, 振付師。

ペ・ヨンジュン　1972生。韓国の俳優。

高橋かおり　たかはしかおり　1975生。平成時代の女優。

8月29日

8月30日

○記念日○　富士山測候所記念日

源有治　みなもとのありはる　1139生。平安時代後期、鎌倉時代前期の武士。1221没。

ペドロ1世　1334生。レオン＝カスティリア王(在位1350～69)。1369没。

コルレッジョ、アントーニオ　1494生。イタリアの画家。バロック絵画の先駆者。1534没。

アラマンニ、コスモ　1559生。イタリアの哲学者、神学者。1634没。

ジャハンギール　1569生。インド、ムガル帝国第4代皇帝(在位1605～27)。ムガル帝国の全盛時代を実現した。1627没。

センツィ・モルナール、アルベルト　1574生。ハンガリーの改革派神学者。1634没。

クェリヌス、アルテュス1世　1609生。フランドルの彫刻家。1668没。

蔡国器　さいこっき　1632生。江戸時代前期、中期の琉球の官吏。1702没。

大塚精斎　おおつかせいさい　1729生。江戸時代中期、後期の日向高鍋藩儒。1808没。

藤堂竜山　とうどうりゅうざん　1770生。江戸時代中期、後期の儒者。1844没。

ラ・ロシュジャクラン、アンリ　1772生。フランスの貴族。バンデーの王党派の反乱に参加。1794没。

狩野栄信　かのうながのぶ　1775生。江戸時代後期の画家。木挽町狩野家の8代目。1828没。

シェリー、メアリー　1797生。イギリスの小説家。『フランケンシュタイン』(1818)など。1851没。

ポレジャーエフ、アレクサンドル・イワノヴィチ　1804生。ロシアの詩人。1838没。

千秋藤篤　せんしゅうふじあつ　1815生。江戸時代末期の尊皇論者、儒学者。1864没。

レヴィートフ、アレクサンドル・イワノヴィチ　1835生。ロシアの小説家。主著『懲罰』(62)。1877没。

ラッツェル、フリードリヒ　1844生。ドイツの地理学者、人類学者。いわゆる人文地理学の創始者の一人。1904没。

ピラール、マルセーロ・H.デル　1850生。フィリピンの改革運動および反教団運動の指導者。1896没。

ファント・ホフ、ヤコブス・ヘンリクス　1852生。オランダの化学者。ノーベル化学賞受賞。1911没。

ケア、ウィリアムP.　1855生。イギリスの文学者。1923没。

レヴィタン、イサク　1860生。ロシアの風景画家。移動派に属する。1900没。

原田直次郎　はらだなおじろう　1863生。明治時代の洋画家。1899没。

石光真清　いしみつまきよ　1868生。明治時代-昭和時代の陸軍軍人。少佐。1942没。

ラザフォード、アーネスト　1871生。イギリスの物理学者。ノーベル化学賞受賞。1937没。

アザール、ポール　1878生。フランスの評論家。1944没。

ドゥースブルフ、テオ・ファン　1883生。オランダの画家、美術理論家、建築家。1931没。

スヴェードベリ、テオドル　1884生。スウェーデンの化学者。ノーベル化学賞受賞。1971没。

ペンク　1888生。ドイツの地形学者。1923没。

花村四郎　はなむらしろう　1891生。昭和時代の政治家、弁護士。衆議院議員(自民党)、東京弁護士会副会長。1963没。

ロング、ヒューイ(・ピアース)　1893生。アメリカの政治家。1935没。

茂山千作(3代目)　しげやませんさく　1896生。大正時代、昭和時代の能楽師狂言方。1986没。

マッシー、レイモンド　1896生。アメリカの俳優。1983没。

廉想渉　れんそうしょう　1897生。韓国の小説家。号、横歩。1963没。

山本正房　やまもとまさふさ　1898生。昭和時代の新聞経営者。中国新聞社長、広島球団代表。1971没。

鈴木正文　すずきまさぶみ　1899生。昭和時代のジャーナリスト、政治家。衆議院議員(自由党)、労務大臣。1978没。

張聞天　ちょうぶんてん　1900生。中国の政治家,文学者。駐ソ大使,全国人民代表大会中央委員。1976没。

ウィルキンズ,ロイ　1901生。アメリカの黒人運動指導者。全国黒人地位向上協会(NAACP)事務局長。1981没。

ガンサー,ジョン　1901生。アメリカのジャーナリスト。1970没。

シュテルン,カート(クルト)　1902生。ドイツ生まれのアメリカの動物学者。1981没。

ボヘニスキ,ユゼフ　1902生。ポーランド生まれの哲学者。1995没。

ヴァルマー,バグワティーチャラン　1903生。インド,ヒンディー語の小説家。1981没。

ブース,シャーリー　1907生。アメリカの女優。1992没。

モークリー,ジョン・ウィリアム　1907生。アメリカの電子工学技術者。1980没。

パーセル,エドワード・ミルズ　1912生。アメリカの物理学者。ノーベル物理学賞受賞。1997没。

ストーン,サー(ジョン・)リチャード(・ニコラス)　1913生。イギリスの経済学者。1991没。

ウィリアムズ,テッド　1918生。アメリカの大リーグ選手。2002没。

サブリ,アリ　1920生。エジプトの軍人,政治家。1991没。

ペティフォード,オスカー　1922生。アメリカのジャズ・ベース奏者。1960没。

パーカー,ピーター　1924生。イギリスの実業家。2002没。

永山武臣　ながやまたけおみ　1925生。昭和時代,平成時代の実業家。松竹会長として戦後の歌舞伎の発展に寄与。2006没。

島桂次　しまけいじ　1927生。昭和時代,平成時代の放送人。NHK会長。1996没。

ビーン,ジェフリー　1927生。アメリカのファッション・デザイナー。2004没。

バフェット,ウォーレン　1930生。アメリカの株式投資家,経営者,慈善家。

ミード,シルビア・アール　1935生。アメリカの海洋生物学者,潜水家。

阿子島たけし　あこじまたけし　1940生。昭和時代,平成時代の音楽評論家。2005没。

野川由美子　のがわゆみこ　1944生。昭和時代,平成時代の女優。

井上陽水　いのうえようすい　1948生。昭和時代,平成時代のミュージシャン。

マグロウ,ハロルド　1948生。アメリカの実業家。マグロウヒル会長。

ルカシェンコ,アレクサンドル　1954生。ベラルーシの大統領。

大野豊　おおのゆたか　1955生。昭和時代,平成時代の元・プロ野球選手,野球日本代表コーチ。

ポリトコフスカヤ,アンナ　1958生。ロシアのジャーナリスト。チェチェン問題の取材で知られる。2006没。

神野美伽　しんのみか　1965生。昭和時代,平成時代の歌手。

中川安奈　なかがわあんな　1965生。昭和時代,平成時代の女優。

小谷実可子　こたにみかこ　1966生。昭和時代,平成時代のスポーツジャーナリスト,元・シンクロナイズドスイミング選手。

ディアス,キャメロン　1972生。アメリカの女優。

ネドヴェド,パヴェル　1972生。チェコのサッカー選手。

佐藤アツヒロ　さとうあつひろ　1973生。平成時代の俳優。

内藤大助　ないとうだいすけ　1974生。平成時代のプロボクサー。

あんじ　あんじ　1975生。平成時代のモデル,女優。

吉沢悠　よしざわひさし　1978生。平成時代の俳優。

松本潤　まつもとじゅん　1983生。平成時代のタレント,歌手,俳優。

8月30日

8月31日

○記念日○　野菜の日

- カリグラ, ガーイウス・ユーリウス・カエサル・ゲルマーニクス　12生。ローマ皇帝(在位37～41)。41没。
- コンモドゥス, ルキウス・アウレリウス　161生。ローマ皇帝(在位180～192)。192没。
- アモントン, ギヨーム　1663生。フランスの実験物理学者。1705没。
- エーバハルト, ヨーハン・ハインリヒ・アウグスト　1739生。ドイツ啓蒙期の哲学者, 神学者。1809没。
- オベルラン, ジャン・フレデリク　1740生。ドイツの汎愛主義教育家。1826没。
- マルティーニ, ジャン・ポール・エジッド　1741生。フランス(ドイツ生まれ)の作曲家。1816没。
- ラジーシチェフ, アレクサンドル・ニコラエヴィチ　1749生。ロシアの小説家, 思想家。1802没。
- シュヴルール, ミシェル・ユージェーヌ　1786生。フランスの化学者。1889没。
- プフタ　1798生。ドイツの法学者。1846没。
- リーヴァー, チャールズ　1806生。アイルランドの小説家。1872没。
- ゴーチエ, テオフィル　1811生。フランスの詩人, 小説家。1872没。
- ヘルムホルツ, ヘルマン・ルートヴィヒ・フェルディナンド・フォン　1821生。ドイツの生理学者, 物理学者。1894没。
- 岡田呉陽　おかだごよう　1825生。江戸時代, 明治時代の教育家。1885没。
- ポンキエッリ, アミルカレ　1834生。イタリアの作曲家。1886没。
- ベルゲーニュ　1838生。フランスのインド学者, 言語学者。1888没。
- ヴェルガ, ジョヴァンニ　1840生。イタリアの小説家, 劇作家。1922没。
- ディッテンベルガー　1840生。ドイツの古典学者。1906没。
- ヘルトリング, ゲオルク・フォン　1843生。ドイツの政治家, 哲学者。1919没。
- マルベ　1869生。ドイツの心理学者。1953没。
- レルヒ　1869生。オーストリアの軍人。1945没。
- モンテッソリ, マリア　1870生。イタリアの女医, 教育家。1952没。
- 小室翠雲　こむろすいうん　1874生。明治時代-昭和時代の日本画家。1945没。
- ソーンダイク, エドワード・L(リー)　1874生。アメリカの心理学者。1949没。
- 天沼俊一　あまぬましゅんいち　1876生。大正時代, 昭和時代の建築史家。京都帝国大学教授。1947没。
- 鏑木清方　かぶらぎきよかた　1878生。明治時代-昭和時代の日本画家。1972没。
- 大正天皇　たいしょうてんのう　1879生。大正時代の第123代天皇。1926没。
- マーラー, アルマ　1879生。オーストリアの音楽家グスタフ・マーラーの妻。1964没。
- ウィルヘルミナ　1880生。オランダの女王(在位1890～1948)。1962没。
- 竹内茂代　たけうちしげよ　1881生。明治時代-昭和時代の医師, 政治家。衆議院議員。1975没。
- 張継　ちょうけい　1882生。中国, 清末・民国の政治家。1947没。
- サートン, ジョージ・アルフレッド・レオン　1884生。ベルギー生まれのアメリカの科学史学者。1956没。
- ヘイワード, (エドウィン・)デュボーズ　1885生。アメリカの詩人, 小説家, 劇作家。1940没。
- パネット, フリードリヒ・アドルフ　1887生。イギリス(オーストリア生まれ)の化学者。1958没。
- ラスキーヌ, リリ　1893生。フランスのハープ奏者。1988没。
- 泉甲二　いずみこうじ　1894生。大正時代, 昭和時代の歌人。1980没。
- 岡田紅陽　おかだこうよう　1895生。大正時代, 昭和時代の風景写真家。1972没。
- 今井直一　いまいなおいち　1896生。大正時代, 昭和時代の印刷研究家。三省堂社長。

1963没。
サヴァール, フェリックス-アントワーヌ　1896生。カナダの作家。1982没。
マーチ, フレドリック　1897生。アメリカの俳優。1975没。
小林貞一　こばやしていいち　1901生。昭和時代の地質学者。東京大学教授。1996没。
二出川延明　にでがわのぶあき　1901生。昭和時代のプロ野球審判員。プロ野球審判部長。1989没。
大友よふ　おおともよう　1904生。昭和時代の婦人運動家。埼玉県地婦連会長, 全国地域婦人団体連合会会長。1988没。
神崎清　かんざききよし　1904生。昭和時代の社会評論家, ジャーナリスト。日本子どもを守る会副会長, 第五福竜丸保存平和協会理事。1979没。
マグサイサイ, ラモン　1907生。フィリピンの大統領。1957没。
サロイアン, ウィリアム　1908生。アメリカの小説家, 劇作家。1981没。
森野米三　もりのよねぞう　1908生。昭和時代, 平成時代の物理化学者。東京大学教授, 相模中央化学研究所理事。1995没。
神田山陽(2代目)　かんださんよう　1909生。昭和時代, 平成時代の講談師。講談協会会長, 日本講談協会会長。2000没。
草笛美子　くさぶえよしこ　1909生。昭和時代の女優。1977没。
水島早苗　みずしまさなえ　1909生。昭和時代のジャズ歌手。1978没。
田中克己　たなかかつみ　1911生。昭和時代の詩人, 東洋史学者。成城大学教授。1982没。
平岩外四　ひらいわがいし　1914生。昭和時代, 平成時代の経済人。東京電力社長, 日本経団連名誉会長。2007没。
尾上梅幸(7代目)　おのえばいこう　1915生。大正時代–平成時代の歌舞伎役者。1995没。
西崎英雄　にしざきひでお　1918生。昭和時代, 平成時代の映画録音技師。2000没。
ウィリアムズ, レイモンド　1921生。イギリスの学者, 評論家。1988没。
高橋剛　たかはしごう　1921生。昭和時代, 平成時代の彫刻家。東京家政大学教授, 日展理事。1991没。
江橋節郎　えばしせつろう　1922生。昭和時代, 平成時代の薬理学, 生物物理学, 分子生理学者。2006没。
岡稔　おかみのる　1924生。昭和時代の経済学者。一橋大学教授。1973没。
天谷直弘　あまやなおひろ　1925生。昭和時代, 平成時代の経済評論家。国際経済交流財団会長, 電通総研社長・所長。1994没。
福田宏年　ふくだひろとし　1927生。昭和時代, 平成時代の文芸評論家。中央大学教授;立教大学教授。1997没。
田村高広　たむらたかひろ　1928生。昭和時代, 平成時代の俳優。2006没。
高橋和巳　たかはしかずみ　1931生。昭和時代の小説家, 評論家。京都大学助教授。1971没。
青木功　あおきいさお　1942生。昭和時代, 平成時代のプロゴルファー。
アニマル浜口　あにまるはまぐち　1947生。昭和時代, 平成時代の元・プロレスラー。
大島弓子　おおしまゆみこ　1947生。昭和時代, 平成時代の漫画家。
ギア, リチャード　1949生。アメリカの俳優。
藤原清登　ふじわらきよと　1953生。昭和時代, 平成時代のベース奏者。
コチャリャン, ロベルト　1954生。アルメニアの大統領。
モーゼス, エドウィン　1955生。アメリカの財務アナリスト, 陸上選手。
杏里　あんり　1961生。昭和時代, 平成時代の歌手。
神津はづき　こうづはづき　1962生。昭和時代, 平成時代の女優。
中村橋之助(3代目)　なかむらはしのすけ　1965生。昭和時代, 平成時代の歌舞伎俳優。
別所哲也　べっしょてつや　1965生。昭和時代, 平成時代の俳優。
野茂英雄　のもひでお　1968生。平成時代の大リーグ選手。
フニア王妃　1970生。ヨルダン王妃。
タッカー, クリス　1973生。アメリカの俳優, コメディアン。

8月31日

9月
September
長月

◎誕生石◎　サファイア

◎星　座◎　おとめ座／てんびん座

9月1日

○記念日○ キウイの日
　　　　　防災の日
○忌　日○ 震災忌
　　　　　木歩忌

イブン・ジュバイル　1145生。スペインのアラブ系旅行家, 文筆家。1217没。
ツッカーリ, タッデオ　1529生。イタリアの画家。1566没。
アレン, エドワード　1566生。イギリスの名優。1626没。
海山元珠　かいさんげんしゅ　1566生。安土桃山時代, 江戸時代前期の臨済宗の僧。1642没。
トレッリ, ジャーコモ　1608生。イタリアの舞台装置家。1678没。
賀島松　かしままつ　1627生。江戸時代前期の女性。対馬藩士賀島成日の母。1662没。
パッヘルベル, ヨハン　1653生。ドイツのオルガン奏者, 作曲家。1706没。
柿右衛門(5代目)　かきえもん　1660生。江戸時代中期の赤絵磁器の陶工。1691没。
パルナン, ドミニーク　1665生。フランスのイエズス会宣教師。1741没。
アザム, エーギット・クヴィリン　1692生。ドイツ, ババリアの建築家, 彫刻家。1750没。
エンベリ, フィリプ　1728生。アメリカ最初のメソジスト説教者。1775没。
暁台　きょうたい　1732生。江戸時代中期の俳人。1792没。
ニーマイアー, アウグスト・ヘルマン　1754生。ドイツのプロテスタント神学者。1828没。
ベネット, ジェイムズ・ゴードン　1795生。アメリカの新聞編集者。1872没。
清水六兵衛(3代目)　きよみずろくべえ　1822生。江戸時代末期, 明治時代の京焼の陶工。1883没。
浜田弥兵衛　はまだやひょうえ　1825生。江戸時代末期, 明治時代の肥前大村藩士。1887没。
ジェヴォンズ, ウィリアム・スタンリー　1835生。イギリスの経済学者, 論理学者。1882没。
田中久重(2代目)　たなかひさしげ　1846生。明治時代の技術者, 実業家。1905没。

フォレル, オーギュスト・アンリ　1848生。スイスの精神病学者, 昆虫学者。1931没。
フンパーディンク, エンゲルベルト　1854生。ドイツの作曲家。1921没。
アウアー, カール, ヴェルスバッハ男爵　1858生。オーストリアの化学者。1929没。
アッピア, アードルフ　1862生。スイスの舞台装置家。1928没。
ケイスメント, サー・ロジャー・デイヴィド　1864生。アイルランドの独立運動家。1916没。
石橋忍月　いしばしにんげつ　1865生。明治時代, 大正時代の文芸評論家, 小説家。1926没。
長野宇平治　ながのうへいじ　1867生。明治時代−昭和時代の建築家。長野建築事務所長, 日本建築士会長, 日本銀行技師長。1937没。
信夫淳平　しのぶじゅんぺい　1871生。明治時代−昭和時代の国際法学者。早稲田大学教授。1962没。
バローズ, エドガー・ライス　1875生。アメリカの小説家。1950没。
アストン, フランシス・ウィリアム　1877生。イギリスの化学者, 物理学者。1945没。
国木田収二　くにきだしゅうじ　1878生。明治時代, 大正時代の筆論家。「読売新聞」の主筆。1931没。
セラフィン, トゥッリオ　1878生。イタリアの指揮者。1968没。
フラー, ジョン・フレデリック・チャールズ　1878生。イギリスの軍人, 軍事評論家。1966没。
豊道春海　ぶんどうしゅんかい　1878生。明治時代−昭和時代の書家, 僧侶。天台宗大僧正。1970没。
真山青果　まやませいか　1878生。明治時代−昭和時代の劇作家。1948没。
サンドラール, ブレーズ　1887生。フランスの詩人, 小説家。1961没。
金原省吾　きんばらせいご　1888生。昭和時代の美学者, 歌人。帝国美術学校教授。1958没。

リプソン　1888生。イギリスの経済史家。1960没。
国吉康雄　くによしやすお　1889生。大正時代,昭和時代の洋画家。アメリカ芸術家組合会長。1953没。
白井喬二　しらいきょうじ　1889生。大正時代,昭和時代の小説家。1980没。
浅原源七　あさはらげんしち　1891生。昭和時代の実業家。石炭綜合研究所理事長。1970没。
河村黎吉　かわむられいきち　1897生。大正時代,昭和時代の俳優。1952没。
田辺三重松　たなべみえまつ　1897生。昭和時代の洋画家。1971没。
田崎広助　たざきひろすけ　1898生。大正時代,昭和時代の洋画家。一水会運営委員,日展顧問。1984没。
タレフ,ディミタル　1898生。マケドニア生まれのブルガリアの作家。1966没。
藤浦洸　ふじうらこう　1898生。昭和時代の詩人,作詞家。日本作詞家協会会長。1979没。
ユンガー,フリードリヒ・ゲオルク　1898生。ドイツの詩人,小説家。1977没。
プラトーノフ,アンドレイ・プラトノヴィチ　1899生。ソ連の作家。1951没。
ドーテル,アンドレ　1900生。フランスの小説家。1991没。
鍋山貞親　なべやまさだちか　1901生。大正時代,昭和時代の社会主義運動家,政治評論家。1979没。
柳家三亀松(初代)　やなぎやみきまつ　1901生。大正時代,昭和時代の漫談家。東京演芸協会会長,東京ボーイズ協会会長。1968没。
ブラウワー,ディルク　1902生。オランダの天文学者。1966没。
三原スヱ　みはらすえ　1903生。昭和時代の社会事業家。瀬戸青少年会館理事長,丸亀少女の家院長。1986没。
幸田文　こうだあや　1904生。昭和時代の小説家,随筆家。1990没。
坂本遼　さかもとりょう　1904生。昭和時代の詩人,児童文学者。1970没。
バラゲール,ホアキン　1906生。ドミニカ大統領,弁護士,著述家。2002没。
畑中政春　はたなかまさはる　1907生。昭和時代のジャーナリスト,平和運動家。原水爆禁止日本協議会代表理事,日朝協会理事長。1973没。

ルーサー,ウォルター　1907生。アメリカの労働組合指導者。1970没。
ノーマン,ハーバート　1909生。カナダの外交官,歴史家。1957没。
永田敬生　ながたけいお　1911生。昭和時代の実業家。日立造船社長。1998没。
緒方景俊　おがたかげとし　1913生。昭和時代の自衛官,。航空幕僚長,東芝エレクトロニクスシステムズ取締役。1982没。
西沢道夫　にしざわみちお　1921生。昭和時代のプロ野球選手。プロ野球監督。1977没。
阿利莫二　ありばくじ　1922生。昭和時代,平成時代の政治学者。法政大学総長,日本行政学会理事長。1995没。
ガスマン,ヴィットリオ　1922生。イタリアの俳優。2000没。
マルシアーノ,ロッキー　1923生。プロ＝ボクシング元世界ヘビー級チャンピオン。1969没。
橋本峰雄　はしもとみねお　1924生。昭和時代の哲学者,僧侶。神戸大学教授,法然院貫主。1984没。
石井ふく子　いしいふくこ　1926生。昭和時代,平成時代のテレビプロデューサー,演出家。
若山富三郎　わかやまとみさぶろう　1929生。昭和時代,平成時代の俳優。1992没。
団鬼六　だんおにろく　1931生。昭和時代,平成時代の作家。
小沢征爾　おざわせいじ　1935生。昭和時代,平成時代の指揮者。
吉本直志郎　よしもとなおしろう　1943生。昭和時代,平成時代の児童文学作家。
田中令子　たなかれいこ　1946生。昭和時代のバイオリニスト。1986没。
ギブ,バリー　1947生。オーストラリアの歌手。
フラトコフ,ミハイル　1950生。ロシアの政治家。
ブヤノビッチ,フィリップ　1954生。セルビア・モンテネグロの政治家。
エステファン,グロリア　1957生。アメリカの歌手。
土田晃之　つちだてるゆき　1972生。平成時代のコメディアン。
三浦理恵子　みうらりえこ　1973生。平成時代のタレント,歌手。
福西崇史　ふくにしたかし　1976生。平成時代のサッカー選手。

9月1日

9月2日

○記念日○ 宝くじの日

空性 くうしょう 1140生。平安時代後期の真言宗の僧。1162没。

重仁親王 しげひとしんのう 1140生。平安時代後期の崇徳天皇の第1皇子。1162没。

グロスター，ギルバート 1243生。ヘンリー3世時代のイギリスの大貴族。1295没。

玉姫宮 たまひめのみや 1511生。戦国時代の女性。伏見宮邦高親王第3王女。1547没。

吉良義央 きらよしなか 1641生。江戸時代前期，中期の高家。1703没。

ベーム，ゲオルク 1661生。ドイツのオルガン奏者，作曲家。1733没。

足代立渓 あじろりっけい 1703生。江戸時代中期の漢学者。1761没。

ヘルツベルク 1725生。プロシアの政治家。1795没。

ハワード，ジョン 1726生。イギリスの監獄改革の先駆者。1790没。

伊達惇子 だてあつこ 1739生。江戸時代中期の女性。陸奥仙台藩6代藩主伊達宗村の長女。1761没。

ヤコービ，ヨハン・ゲオルク 1740生。ドイツの詩人。1814没。

シュレーゲル，カロリーネ 1763生。ドイツの婦人。1809没。

ブルモン 1773生。フランスの元帥。1846没。

ボナパルト，ルイ 1778生。ナポレオン1世の弟。1846没。

マーシュ，ジェイムズ 1789生。イギリスの化学者。1846没。

真田幸貫 さなだゆきつら 1791生。江戸時代末期の大名。1852没。

エチェベリア，エステバン 1805生。アルゼンチンの作家，詩人。1851没。

橋本直香 はしもとただか 1807生。江戸時代，明治時代の国学研究者，機業。1889没。

クルティウス，エルンスト 1814生。ドイツの考古学者，歴史家。1896没。

桂誉重 かつらたかしげ 1817生。江戸時代，明治時代の国学者。1871没。

大高善兵衛 おおたかぜんべえ 1822生。江戸時代後期，末期，明治時代の社会事業家。1894没。

山中献 やまなかけん 1822生。江戸時代，明治時代の志士，文人。1885没。

益田右衛門介 ますだうえもんのすけ 1833生。江戸時代末期の長州（萩）藩家老。1864没。

土肥大作 どひだいさく 1837生。江戸時代，明治時代の丸亀藩士。丸亀藩権大参事，新治県参事。1872没。

リリウオカラーニ，リディア・カメケハ 1838生。独立ハワイの最後の女王。1917没。

ジョージ，ヘンリー 1839生。アメリカの社会改革論者。1897没。

ヴィヨン（ヴィリオン），エメー（アマトゥス） 1843生。フランス人宣教師。1932没。

フォークト 1850生。ドイツの理論物理学者。1919没。

ブールジェ，ポール 1852生。フランスの小説家，評論家。1935没。

オストヴァルト，フリードリヒ・ヴィルヘルム 1853生。ドイツの化学者。1932没。

エルヴィユ 1857生。フランスの小説家，劇作家。1915没

広井勇 ひろいいさむ 1862生。明治時代，大正時代の土木工学者。東京帝国大学教授，土木学会会長，工学博士。1928没。

セラフィーヌ 1864生。フランスの女流画家。1942没。

高野岩三郎 たかのいわさぶろう 1871生。明治時代–昭和時代の社会統計学者，社会運動家。日本放送協会会長，東京帝国大学教授。1949没。

ソディー，フレデリック 1877生。イギリスの化学者。1956没。

シンプソン，サー・ジョージ・クラーク 1878生。イギリスの気象学者。1965没。

安重根 アンジュングン 1879生。朝鮮の独立運動家。1910没。

黒田英雄 くろだひでお 1879生。明治時代–昭和時代の官僚，政治家。参議院議員，東洋

510

火災海上保険社長。1956没。
四王天延孝　しおうてんのぶたか　1879生。大正時代, 昭和時代の陸軍軍人, 政治家。衆議院議員。1962没。
石原米太郎　いしわらよねたろう　1882生。昭和時代の実業家。特殊製鋼社長。1961没。
井上伊之助　いのうえいのすけ　1882生。明治時代–昭和時代のキリスト教伝道者。1966没。
寺尾博　てらおひろし　1883生。大正時代, 昭和時代の農学者。農商務省農事試験場長, 参院議員(緑風会)。1961没。
堀切善次郎　ほりきりぜんじろう　1884生。大正時代, 昭和時代の内務官僚。内相, 内閣書記官長。1979没。
吉田茂　よしだしげる　1885生。大正時代, 昭和時代の官僚, 政治家。厚相, 貴院議員, 内閣調査局長官。1954没。
吉浜智改　よしはまちかい　1885生。昭和時代の沖縄県久米島具志川村民。久米島農業会会長, 具志川村(沖縄県島尻郡)村長。1957没。
ボーイネ, ジョヴァンニ　1887生。イタリアの小説家, 評論家。1917没。
柳田誠二郎　やなぎたせいじろう　1893生。昭和時代の経営者。日本航空社長, 東京静座会主宰。1993没。
柴田宵曲　しばたしょうきょく　1897生。大正時代, 昭和時代の俳人。1966没。
バイエ　1898生。フランスの美学者, 哲学者。1959没。
柴田敬　しばたけい　1902生。昭和時代の経済学者。京都大学教授。1986没。
田畑修一郎　たばたしゅういちろう　1903生。昭和時代の小説家。1943没。
生島遼一　いくしまりょういち　1904生。昭和時代の文芸評論家, フランス文学者。京都大学教授, 九州大学教授。1991没。
ファッシ　1906生。モロッコの政治家。1974没。
細谷源二　ほそやげんじ　1906生。昭和時代の俳人。1970没。
宮口しつえ　みやぐちしづえ　1907生。昭和時代, 平成時代の児童文学作家。信州児童文学会長。1994没。
スアン・トゥイ　1912生。北ベトナムの政治家。1985没。
相良和子　さがらやすこ　1913生。昭和時代の童話作家。1956没。

蘭郁二郎　らんいくじろう　1913生。昭和時代の小説家。1944没。
ジョージ・ブラウン, 男爵　1914生。イギリスの政治家。1985没。
吉国一郎　よしくにいちろう　1916生。昭和時代, 平成時代の元官僚, プロ野球の第9代コミッショナー。
沢村光博　さわむらみつひろ　1921生。昭和時代の詩人, 評論家。1989没。
トム, ルネ・フレデリック　1923生。フランスの数学者。2002没。
ビーハン, ブレンダン　1923生。アイルランドの劇作家。1964没。
村木忍　むらきしのぶ　1923生。昭和時代, 平成時代の映画美術監督。1997没。
出井知恵子　いずいちえこ　1929生。昭和時代の俳人。1986没。
小松崎邦雄　こまつざきくにお　1931生。昭和時代, 平成時代の洋画家。1992没。
佐藤重臣　さとうしげちか　1932生。昭和時代の映画評論家。「映画評論」編集長。1988没。
ケレク, マチュー　1933生。ベニンの政治家, 軍人。
なかにし礼　なかにしれい　1938生。昭和時代, 平成時代の小説家, 作詞家, 演出家。
矢崎滋　やざきしげる　1947生。昭和時代, 平成時代の俳優。
いしいひさいち　いしいひさいち　1951生。昭和時代, 平成時代の漫画家。
コナーズ, ジミー　1952生。アメリカのテニス選手。
増田恵子　ますだけいこ　1957生。昭和時代, 平成時代の歌手, 女優。
リーブス, キアヌ　1964生。アメリカの俳優, ベース奏者。
早見優　はやみゆう　1966生。昭和時代, 平成時代のタレント。
弘山晴美　ひろやまはるみ　1968生。平成時代のマラソン選手, 陸上選手。
横山めぐみ　よこやまめぐみ　1969生。昭和時代, 平成時代の女優。
細川ふみえ　ほそかわふみえ　1971生。平成時代のタレント。
国分太一　こくぶんたいち　1974生。平成時代のタレント, 歌手, 俳優。

9月2日

9月3日

○記念日○ ベッドの日
　　　　　草野球の日
○忌　日○ 迢空忌

良源　りょうげん　912生。平安時代中期の天台宗の僧。985没。
高倉天皇　たかくらてんのう　1161生。平安時代後期の第80代の天皇。1181没。
真壁政幹　まかべまさもと　1317生。鎌倉時代後期，南北朝時代の武士。1353没。
陶弘護　すえひろもり　1455生。室町時代，戦国時代の武将。1482没。
ディアンヌ・ド・ポワティエ　1499生。フランスの貴族。アンリ2世の愛妾として有名。1566没。
松前慶広　まつまえよしひろ　1548生。安土桃山時代，江戸時代前期の大名。1616没。
武田信吉　たけだのぶよし　1583生。安土桃山時代の大名。1603没。
毛利就隆　もうりなりたか　1602生。江戸時代前期の大名。1679没。
土岐頼殷　ときよりたか　1642生。江戸時代前期，中期の大名。1722没。
東山天皇　ひがしやまてんのう　1675生。江戸時代中期の第113代の天皇。1710没。
ロカテッリ，アンドレーア　1695生。イタリアのヴァイオリン奏者，作曲家。1764没。
ジュースミル　1707生。ドイツの統計学者。1767没。
正親町三条公積　おおぎまちさんじょうきんつむ　1721生。江戸時代中期の公家。1777没。
ボールトン，マシュー　1728生。イギリスの技術者，企業家。1809没。
ライト，ジョゼフ　1734生。イギリスの画家。1797没。
深励　じんれい　1749生。江戸時代中期，後期の真宗の僧。1817没。
カール-アウグスト　1757生。ザクセン＝ワイマール＝アイゼナハ公，ウィーン会議後大公。1828没。
マッカーサー，ジョン　1767生。オーストラリアの牧羊の創始者。1834没。
ボアルネ，ユージェーヌ・ローズ・ド　1781生。フランスの政治家，軍人。1824没。

エトヴェシュ・ヨージェフ　1813生。ハンガリーの作家。1871没。
シルヴェスター，ジェイムズ・ジョゼフ　1814生。イギリスの数学者。1897没。
青山小三郎　あおやまこさぶろう　1826生。江戸時代，明治時代の官吏。貴族院議員，男爵。1898没。
吉川経幹　きっかわつねもと　1829生。江戸時代の周防国岩国藩主。皇居整備。1867没。
沢村喜久子　さわむらきくこ　1833生。明治時代，大正時代の女性。歌舞伎俳優7代目沢村宗十郎の養母。1913没。
ジューイット，セアラ・オーン　1849生。アメリカの女流小説家，詩人。1909没。
広岡浅子　ひろおかあさこ　1849生。明治時代，大正時代の実業家。1919没。
デーリッチュ，フリードリヒ　1850生。ドイツのアッシリア学者。1922没。
サリヴァン，ルイス・ヘンリー　1856生。アメリカの建築家。1924没。
ジョレス，ジャン　1859生。フランスの政治家。1914没。
ブセット，ヴィルヘルム　1865生。ドイツの福音主義神学者。1920没。
町田経宇　まちだけいう　1865生。明治時代-昭和時代の陸軍軍人。大将，軍事参議官。1939没。
鳳凰馬五郎　ほうおううまごろう　1866生。明治時代の力士。大関。1907没。
プレーグル，フリッツ　1869生。オーストリアの化学者。1930没。
川瀬里子　かわせさとこ　1873生。明治時代-昭和時代の箏曲家。1957没。
黒板勝美　くろいたかつみ　1874生。明治時代-昭和時代の歴史学者。東京帝国大学教授。1946没。
田中仙樵　たなかせんしょう　1875生。明治時代-昭和時代の茶道家。1960没。
加藤繁　かとうしげし　1880生。明治時代-昭和時代の東洋史学者。文学博士，東京帝国大

学教授。1946没。
レフシェッツ, ソロモン 1884生。アメリカ(ロシア生まれ)の数学者。1972没。
磯谷廉介 いそがいれんすけ 1886生。大正時代, 昭和時代の陸軍軍人。1967没。
ブルンク, ハンス・フリードリヒ 1888生。ドイツの小説家, 劇作家。1961没。
暉峻義等 てるおかぎとう 1889生。大正時代, 昭和時代の医学者。日本労働科学研究所顧問。1966没。
ラルー 1889生。フランスの評論家。1960没。
大場磐雄 おおばいわお 1899生。大正時代, 昭和時代の考古学者。国学院大学教授, 日本考古学協会委員長。1975没。
バーネット, サー・フランク・マクファーレン 1899生。オーストラリアの医師, 免疫学者。1985没。
ヴァン・ベイヌム, エドゥアルト 1900生。オランダの指揮者。1959没。
ケッコネン, ウルホ・カレヴァ 1900生。フィンランドの首相, 大統領。1986没。
三遊亭円生(6代目) さんゆうていえんしょう 1900生。大正時代, 昭和時代の落語家。1979没。
剣木亨弘 けんのきとしひろ 1901生。昭和時代の官僚, 政治家。1992没。
紙恭輔 かみきょうすけ 1902生。昭和時代の作曲家, 指揮者。1981没。
長谷川保 はせがわたもつ 1903生。昭和時代, 平成時代の社会事業家, 政治家。聖隷学園理事長, 衆議院議員。1994没。
アンダーソン, カール・デヴィッド 1905生。アメリカの物理学者。1991没。
田中吉六 たなかきちろく 1907生。昭和時代の哲学者。1985没。
ポントリャーギン, レフ・セミョーノヴィチ 1908生。ソ連の数学者。1988没。
宇治山哲平 うじやまてっぺい 1910生。昭和時代の洋画家。大分県立芸術短期大学学長, 別府大学教授。1986没。
名取洋之助 なとりようのすけ 1910生。昭和時代の写真家, アートディレクター。1962没。
桂田芳枝 かつらだよしえ 1911生。昭和時代の数学者。北海道大学教授。1980没。
牧瀬菊枝 まきせきくえ 1911生。昭和時代, 平成時代の生活記録運動家。1997没。

宮崎辰雄 みやざきたつお 1911生。昭和時代, 平成時代の政治家。神戸都市問題研究所理事長, 神戸市長。2000没。
家永三郎 いえながさぶろう 1913生。昭和時代, 平成時代の歴史学者。2002没。
ラッド, アラン 1913生。アメリカの映画俳優。1964没。
松村明 まつむらあきら 1916生。昭和時代, 平成時代の国語学者。東京大学教授,「大辞林」責任編集長。2001没。
吉田穂高 よしだほだか 1926生。昭和時代, 平成時代の版画家。1995没。
小笠原克 おがさわらまさる 1931生。昭和時代, 平成時代の文芸評論家。藤女子大学教授, 小樽市立小樽文学館館長。1999没。
金森馨 かなもりかおる 1933生。昭和時代の舞台美術家。1980没。
上坪隆 かみつぼたかし 1935生。昭和時代, 平成時代のテレビプロデューサー。RKB毎日放送監査役。1997没。
楳図かずお うめずかずお 1936生。昭和時代, 平成時代の漫画家。
ベン・アリ, ジン・エル・アビディン 1936生。チュニジアの政治家, 軍人。
野依良治 のよりりょうじ 1938生。昭和時代, 平成時代の化学者。ノーベル化学賞受賞。
ホイ, マイケル 1942生。香港の映画監督, 俳優。
ボンデヴィック, ヒェル・マグネ 1947生。ノルウェーの政治家。
ムワナワサ, レビ 1948生。ザンビアの政治家, 弁護士。
ジョニー大倉 じょにーおおくら 1952生。昭和時代, 平成時代のロック歌手, 俳優。
野田聖子 のだせいこ 1960生。平成時代の政治家, 衆院議員。
シーン, チャーリー 1965生。アメリカの俳優。
中田久美 なかだくみ 1965生。平成時代のスポーツキャスター, 元・バレーボール選手。
吉田秀彦 よしだひでひこ 1969生。平成時代の柔道家, 格闘家。

登場人物

ドラえもん 2112生。『ドラえもん』の主人公。

9月3日

9月4日

○記念日○　くしの日
　　　　　クラシック音楽の日

ビールーニー, アブー・アル・ライハーン　973生。アフガニスタン, ガズニー朝の宮廷文人。1050没。
道深法親王　どうしんほっしんのう　1206生。鎌倉時代前期の僧。1249没。
アマデウス5世　1249生。イタリアの王室サヴォイア家の祖。1323没。
フェリクス5世　1383生。最後の対立教皇（在位1439～49）。1451没。
佐竹義長　さたけよしなが　1655生。江戸時代前期, 中期の大名。1740没。
横井也有　よこいやゆう　1702生。江戸時代中期の俳人。1783没。
宗真女王　そうしんじょおう　1715生。江戸時代中期の女性。伏見宮邦永親王の第5王女。1763没。
ヴォロンツォフ, アレクサンドル　1741生。ロシアの政治家。1805没。
荒木田経雅　あらきだつねただ　1742生。江戸時代中期, 後期の神官, 国学者。1805没。
河村殷根　かわむらしげね　1749生。江戸時代中期の歌人。1768没。
シャトーブリヤン, フランソワ-ルネ・ド　1768生。フランスの小説家, 政治家。1848没。
上杉斉定　うえすぎなりさだ　1788生。江戸時代後期の大名。1839没。
小川鷗亭　おがわおうてい　1792生。江戸時代末期の出羽秋田藩士, 漢学者。1858没。
ウォルター, トーマス・アースティック　1804生。アメリカの建築家。1887没。
スウォヴァツキ, ユリウシュ　1809生。ポーランドの詩人。1849没。
秋良貞温　あきらさだあつ　1811生。江戸時代末期, 明治時代の志士。1890没。
白井宣左衛門　しらいせんざえもん　1811生。江戸時代末期の志士。1868没。
米良東嶠　めらとうきょう　1811生。江戸時代末期, 明治時代の豊後日出藩家老, 藩儒。1871没。
ブルックナー, アントン　1824生。オーストリアの作曲家, オルガン奏者。1896没。

ナオロジー　1825生。インドの政治家。1917没。
松本楓湖　まつもとふうこ　1840生。明治時代の日本画家日。1923没。
宮島栄太郎　みやじまえいたろう　1842生。江戸時代後期, 末期, 明治時代の果樹園芸家。1905没。
ディルク, サー・チャールズ・ウェントワース　1843生。イギリスの自由党政治家。1911没。
バーナム, ダニエル・ハドソン　1846生。アメリカの建築家。1912没。
宮崎道三郎　みやざきみちさぶろう　1855生。明治時代, 大正時代の法学者。東京帝国大学教授。1928没。
ヴェントゥーリ, アドルフォ　1856生。イタリアの美術史家。1941没。
和田雄治　わだゆうじ　1859生。明治時代の気象学者, 海洋学者。1918没。
棚橋寅五郎　たなはしとらごろう　1866生。明治時代-昭和時代の工業化学者, 実業家。1955没。
レイク, サイモン　1866生。アメリカの造船機械技師。1945没。
向野堅一　こうのけんいち　1868生。明治時代-昭和時代の実業家。1931没。
平良新助　たいらしんすけ　1876生。明治時代-昭和時代のアメリカ移民。日本人会会長, 沖縄県人会会長。1970没。
フランク, レーオンハルト　1882生。ドイツの小説家, 劇作家。1961没。
ピトエフ　1884生。フランスの俳優, 演出家。1939没。
鈴木文治　すずきぶんじ　1885生。大正時代, 昭和時代の労働運動家, 政治家。日本労働総同盟会長, 衆議院議員。1946没。
シュレンマー, オスカー　1888生。ドイツの画家, 舞台美術家。1943没。
伊藤保次郎　いとうやすじろう　1890生。昭和時代の実業家。三菱鉱業社長。1972没。

プレスナー, ヘルムート　1892生。西ドイツの哲学者。1985没。
ミヨー, ダリユス　1892生。フランスの作曲家。1974没。
下村千秋　しもむらちあき　1893生。大正時代,昭和時代の小説家。1955没。
アルトー, アントナン　1896生。フランスの劇作家, 詩人, 俳優, 演出家。1948没。
松田尚之　まつだなおゆき　1898生。大正時代–平成時代の彫刻家。金沢美術工芸大学教授,京都学芸大学教授。1995没。
大島亮吉　おおしまりょうきち　1899生。大正時代,昭和時代の登山家。1928没。
蔵原伸二郎　くらはらしんじろう　1899生。昭和時代の詩人, 小説家。1965没。
クリスチャン–ジャック　1904生。フランスの映画監督。1994没。
デルブリュック, マックス　1906生。アメリカの生物, 物理学者。1981没。
都太夫一中(11代目)　みやこだゆういっちゅう　1906生。昭和時代,平成時代の浄瑠璃三味線方。1991没。
ギラン　1908生。フランスのジャーナリスト。1998没。
ドミトリク, エドワード　1908生。アメリカの映画監督。1999没。
西岡常一　にしおかつねかず　1908生。昭和時代の宮大工。1995没。
ライト, リチャード　1908生。アメリカの黒人小説家。1960没。
時実利彦　ときざねとしひこ　1909生。昭和時代の大脳生理学者。東京大学教授, 京都霊長類研究所教授。1973没。
プルーチェク　1909生。ソビエトの演出家, 俳優。2002没。
佐川英三　さがわえいぞう　1913生。昭和時代の詩人。1002没。
高橋政知　たかはしまさとも　1913生。昭和時代,平成時代の実業家。オリエンタルランド社長。2000没。
丹下健三　たんげけんぞう　1913生。昭和時代,平成時代の建築家, 都市計画家。2005没。
ムーア, スタンフォード　1913生。アメリカの化学者。1982没。
坪内寿夫　つぼうちひさお　1914生。昭和時代,平成時代の実業家。佐世保重工業社長, 来島どつく社長。1999没。

フォード, H, II　1917生。アメリカの実業家。1987没。
萩原葉子　はぎわらようこ　1920生。昭和時代,平成時代の小説家, エッセイスト。2005没。
楢林博太郎　ならばやしひろたろう　1922生。昭和時代,平成時代の神経学者。2001没。
ハラウィ, エリアス　1925生。レバノンの政治家。2006没。
イリイチ, イヴァン　1926生。オーストリア生まれの社会思想家。2002没。
坪根哲郎　つぼねてつろう　1927生。昭和時代の口腔衛生学者。日本歯科大学教授, ボン大学教授(西ドイツ)。1976没。
藤岡琢也　ふじおかたくや　1930生。昭和時代,平成時代の俳優。2006没。
阿部牧郎　あべまきお　1933生。昭和時代,平成時代の小説家。
すまけい　すまけい　1935生。昭和時代,平成時代の俳優。
藤原保信　ふじわらやすのぶ　1935生。昭和時代,平成時代の政治学者。早稲田大学教授。1994没。
梶原一騎　かじわらいっき　1936生。昭和時代の劇画作家。1988没。
フレーザー, ドーン　1937生。オーストラリアの元・水泳選手。
岡田隆彦　おかだたかひこ　1939生。昭和時代,平成時代の美術評論家, 詩人。慶應義塾大学教授。1997没。
旭堂南陵(4代目)　きょくどうなんりょう　1949生。昭和時代,平成時代の講談師。
ワトソン, トム　1949生。アメリカのプロゴルファー。
小林薫　こばやしかおる　1951生。昭和時代,平成時代の俳優。
荻野目慶子　おぎのめけいこ　1964生。昭和時代,平成時代の女優。
島谷ひとみ　しまたにひとみ　1980生。平成時代の歌手。
ビヨンセ　1981生。アメリカの歌手, 女優。

登場人物

ピーター・ラビット　1893生。ビアトリクス・ポターの絵本の主人公。

9月4日

9月5日

○記念日○ 石炭の日
　　　　　（クリーン・コール・デー）

ルイ8世　1187生。フランス国王（在位1223～26）。1226没。
如仲天誾　じょちゅうてんぎん　1365生。南北朝時代，室町時代の曹洞宗の禅僧。1440没。
サバレッラ　1533生。イタリアの論理学者，自然哲学者。1589没。
カンパネッラ，トンマーゾ　1568生。イタリアの哲学者。1639没。
花山院忠長　かざんいんただなが　1588生。江戸時代前期の公家。1662没。
ルイ14世　1638生。フランス国王（在位1643～1715）。1715没。
アルノルト，ゴットフリート　1666生。ドイツの神学者。1714没。
サッケリ　1667生。イタリアの数学者。1733没。
ラ・トゥール，モーリス・カンタン・ド　1704生。フランスの画家。1788没。
ヴィーラント，クリストフ・マルティン　1733生。ドイツ啓蒙主義の作家。1813没。
バッハ，ヨーハン・クリスティアン　1735生。ドイツの作曲家。1782没。
シュレーゲル，アウグスト・ヴィルヘルム　1767生。ドイツ・ロマン主義芸術運動の指導者。1845没。
カルル　1771生。オーストリアの将軍。1847没。
フリードリヒ，カスパル・ダーヴィト　1774生。ドイツの画家。1840没。
松村景文　まつむらけいぶん　1779生。江戸時代後期の四条派の画家。1843没。
北条霞亭　ほうじょうかてい　1780生。江戸時代後期の漢詩人。1823没。
レミューザ　1788生。フランスの中国学者。1832没。
マイアーベーア，ジャコモ　1791生。ドイツのオペラ作曲家。1864没。
フォレン，カール・テオドーア・クリスティアン　1795生。ドイツの詩人，政治家。1840没。
橘東世子　たちばなとせこ　1806生。江戸時代，明治時代の歌人。1882没。
トルストイ，アレクセイ・コンスタンチノヴィチ　1817生。ロシアの小説家，劇作家，詩人。1875没。
レシェートニコフ，フョードル・ミハイロヴィチ　1841生。ロシアの小説家。1871没。
阿部興人　あべおきんど　1845生。明治時代，大正時代の実業家，政治家。北海道セメント社長，衆議院議員。1920没。
雨宮敬次郎　あめのみやけいじろう　1846生。明治時代の実業家。1911没。
ジェームズ，J.　1847生。アメリカの犯罪者。1882没。
ゴルトシュタイン，オイゲン　1850生。ドイツの物理学者。1930没。
ジョルダン　1852生。イギリスの外交官。1925没。
立花寛治　たちばなともはる　1857生。明治時代の農業指導者，旧柳川藩主。1929没。
古今亭志ん生（3代目）　ここんていしんしょう　1863生。明治時代，大正時代の落語家。1918没。
岡田正之　おかだまさゆき　1864生。明治時代，大正時代の文学者。文学博士，学習院大学教授。1927没。
コツュビンスキー，ミハイロ・ミハイロヴィチ　1864生。ウクライナの作家。1913没。
三木竹二　みきたけじ　1867生。明治時代の劇評家，医師。1908没。
宮城長五郎　みやぎちょうごろう　1878生。大正時代，昭和時代の官僚。名古屋控訴院検事長，貴族院議員。1942没。
吉江喬松　よしえたかまつ　1880生。明治時代－昭和時代の詩人，仏文学者。文学博士。1940没。
バウアー，オットー　1881生。オーストリア社会民主党の指導的理論家。1938没。
正岡芸陽　まさおかげいよう　1881生。明治時代，大正時代の評論家，ジャーナリスト。1920没。
マソン・ウルセル　1882生。フランスの哲学者，東洋学者。1956没。

笑福亭松鶴(5代目)　しょうふくていしょかく　1884生。明治時代-昭和時代の落語家。1950没。
グルッセ　1885生。フランスの東洋学者。1952没。
ラーダークリシュナン,サー・サルヴェパリー　1888生。インドの哲学者，第2代大統領。1975没。
南原繁　なんばらしげる　1889生。大正時代，昭和時代の政治学者，評論家。東京大学総長，日本学士院院長。1974没。
ベッカー　1889生。ドイツの哲学者，美学者。1964没。
永野護　ながのまもる　1890生。大正時代，昭和時代の政治家。参議院議員。1970没。
勝俣稔　かつまたみのる　1891生。昭和時代の公衆衛生学者，政治家。衆院議員，参院議員。1969没。
シゲティ，ヨーゼフ　1892生。アメリカのバイオリニスト。1973没。
林逸郎　はやしいつろう　1892生。昭和時代の弁護士。日本弁護士連合会会長。1965没。
ドーデラー，ハイミート・フォン　1896生。オーストリアの小説家。1966没。
伊東茂平　いとうもへい　1898生。昭和時代の服飾デザイナー。1967没。
豊田雅孝　とよだまさたか　1898生。昭和時代の官僚，政治家。参議院議員，商工中金理事長。1991没。
加藤閲男　かとうえつお　1900生。昭和時代の労働運動家，政治家。国鉄労働組合委員長，参議院議員。1975没。
望月百合子　もちづきゆりこ　1900生。大正時代-平成時代の評論家。2001没。
ザナック，ダリル・F　1902生。アメリカの映画製作者。1979没。
棟方志功　むなかたしこう　1903生。昭和時代の版画家。1975没。
ケストラー，アーサー　1905生。ハンガリー系イギリス人の小説家。1983没。
キルサーノフ，セミョーン・イサーコヴィチ　1906生。ソ連邦の詩人。1972没。
フィゲレス・フェレ，ホセ　1906生。コスタリカの大統領。1990没。
正村竹一　まさむらたけいち　1906生。昭和時代の実業家。1975没。
日吉小三八　ひよしこさはち　1907生。昭和時代，平成時代の長唄唄方。1995没。

有坂秀世　ありさかひでよ　1908生。昭和時代の言語学者，国語学者。1952没。
平田敬一郎　ひらたけいいちろう　1908生。昭和時代の官僚。大蔵事務次官，日本開発銀行総裁。1992没。
モミリアーノ，アッティーリオ　1908生。イタリアの文芸評論家。1952没。
竹脇昌作　たけわきしょうさく　1910生。昭和時代のニュースショー解説者，ニュース映画ナレーター。1959没。
伊藤逸平　いとういっぺい　1912生。昭和時代の漫画・写真評論家。1992没。
ケージ，ジョン・ミルトン(Jr.)　1912生。アメリカの作曲家，前衛思想家。1992没。
霜多正次　しもたせいじ　1913生。昭和時代，平成時代の小説家，評論家。1995没。
ミッチェル，ジョン　1913生。アメリカの元司法長官。1988没。
ミノー　1923生。フランスの画家。1986没。
浜田幸一　はまだこういち　1928生。昭和時代，平成時代の政治評論家。
渡辺千恵子　わたなべちえこ　1928生。昭和時代，平成時代の平和運動家。1993没。
アタースィー　1929生。シリアの大統領。1992没。
子安美知子　こやすみちこ　1933生。昭和時代，平成時代のドイツ文学者。
利根川進　とねがわすすむ　1939生。昭和時代，平成時代の分子生物学者。ノーベル生理学・医学賞受賞。
若林豪　わかばやしごう　1939生。昭和時代，平成時代の俳優。
ハウエル，マーガレット　1946生。イギリスのファッションデザイナー。
マーキュリー，フレディ　1946生。イギリスのロック歌手。1991没。
草刈正雄　くさかりまさお　1952生。昭和時代，平成時代の俳優。
仲村トオル　なかむらとおる　1965生。昭和時代，平成時代の俳優。
吉野公佳　よしのきみか　1975生。平成時代の女優。

9月5日

9月6日

○記念日○　黒の日
　　　　　黒豆の日
○忌　日○　広重忌
　　　　　高台院忌

セルリオ, セバスティアーノ　1475生。イタリアの建築家, 建築理論家。1554没。
ソテロ, ルイス　1574生。スペイン出身の司祭, フランシスコ会士。1624没。
デュボワ, ギョーム　1656生。フランスの枢機卿, 政治家。1723没。
関長治　せきながはる　1657生。江戸時代前期, 中期の大名。1738没。
松平定英　まつだいらさだひで　1696生。江戸時代中期の大名。1733没。
東久世通積　ひがしくぜみちつむ　1708生。江戸時代中期の公家。1764没。
ホイット, ロバート　1714生。イギリスの生理学者。1766没。
メンデルスゾーン, モーゼス　1729生。ドイツのユダヤ人哲学者。1786没。
ラ・ファイエット侯, マリ・ジョゼフ・ポール・イブ・ロック・ジルベール・デュ・モティエ　1757生。フランスの軍人, 政治家。1834没。
ドールトン, ジョン　1766生。イギリスの化学者, 物理学者。1844没。
市河米庵　いちかわべいあん　1779生。江戸時代後期の書家。1858没。
ディアベッリ, アントン　1781生。オーストリアの作曲家, 出版業者。1858没。
ノヴェロ, ヴィンセント　1781生。イギリスの音楽家。1861没。
ドービニー　1802生。フランスの古生物学者, 層序学者。1857没。
グリーノー, ホレイシオ　1805生。アメリカの彫刻家。1852没。
野村望東　のむらぼうとう　1806生。江戸時代末期の女性。歌人。1867没。
バウアー, ブルーノ　1809生。ドイツの神学者, 哲学者, 歴史家。1882没。
カルティエ, サー・ジョルジュ・エティエンヌ　1814生。フランス系カナダの政治家。1873没。
ゴールト, サー・アレグザンダー・ティロッホ　1817生。カナダの政治家。1893没。

速水行道　はやみゆきみち　1822生。江戸時代末期の国学者, 美濃八幡藩士。1896没。
伊達慶邦　だてよしくに　1825生。江戸時代末期, 明治時代の大名。1874没。
長谷川佐太郎　はせがわさたろう　1827生。江戸時代, 明治時代の篤農家。1899没。
ブトレロフ, アレクサンドル・ミハイロヴィチ　1828生。ロシアの有機化学者。1886没。
グリース, ペーター・ヨハン　1829生。ドイツの有機化学者。1888没。
コンブ　1835生。フランスの政治家。1921没。
田中市兵衛　たなかいちべえ　1838生。明治時代の実業家, 政治家。日本綿花社長, 衆議院議員。1910没。
江田国通　えだくにみち　1848生。江戸時代, 明治時代の鹿児島藩士, 陸軍軍人。少佐。1877没。
アダムズ, ジェイン　1860生。アメリカの女流社会事業家。1935没。
野沢吉兵衛(6代目)　のざわきちべえ　1868生。明治時代, 大正時代の文楽三味線方。1924没。
ザルテン, フェーリクス　1869生。オーストリアの作家。1945没。
アレヴィ　1870生。フランスのイギリス史家。1937没。
杉野喜精　すぎのきせい　1870生。明治時代–昭和時代の実業家。東京株式取引所理事長。1939没。
ドンナン, フレデリック・ジョージ　1870生。イギリス(アイルランド)の化学者。1956没。
ノーマン　1871生。イギリスの銀行家。1950没。
フォスラー　1872生。ドイツの言語学者, ロマンス語学者。1949没。
マクラウド, ジェイムズ・リカード　1876生。イギリスの生理学者。1935没。
漢那憲和　かんなけんわ　1877生。大正時代, 昭和時代の海軍軍人, 政治家。少将, 衆議院

518

議員（日本進歩党）。1950没。
曾我廼家五郎 そがのやごろう　1877生。明治時代-昭和時代の喜劇俳優。1948没。
林頼三郎 はやしらいざぶろう　1878生。明治時代-昭和時代の司法官，教育者。貴族院議員，私立学校振興会長。1958没。
ヴィルト　1879生。ドイツの政治家。1956没。
郡場寛 こおりばかん　1882生。大正時代，昭和時代の植物学者。弘前大学学長，京都大学教授。1957没。
西村伊作 にしむらいさく　1884生。大正時代，昭和時代の教育家。文化学院創立者。1963没。
池田大伍 いけだたいご　1885生。明治時代-昭和時代の劇作家。1942没。
ルビン　1886生。デンマークの心理学者。1951没。
相沢三郎 あいざわさぶろう　1889生。大正時代，昭和時代の陸軍軍人。中佐。1936没。
綾部健太郎 あやべけんたろう　1890生。昭和時代の政治家。日本鉄道建設公団総裁。1972没。
グルリット，マンフレート　1890生。日本在住のドイツ人指揮者，作曲家。1972没。
シェンノールト，クレア　1890生。アメリカの軍人。1958没。
アップルトン，サー・エドワード・ヴィクター　1892生。イギリスの実験物理学者。1965没。
ニコルズ，ロバート　1893生。イギリスの詩人，劇作家。1944没。
八木秋子 やぎあきこ　1895生。昭和時代の社会運動家。
ヴィットフォーゲル　1896生。ドイツ系の社会科学者。1990没。
佐竹晴記 さたけはるき　1896生。昭和時代の政治家，弁護士。衆議院議員，民主社会党高知支部長。1962没。
プラーツ，マーリオ　1896生。イタリアの文化史家。1982没。
ローズ，ビリー　1899生。アメリカのプロデューサー。1966没。
木村友衛（初代） きむらともえ　1900生。大正時代，昭和時代の浪曲師。日本浪曲協会会長。1977没。
グリーン，ジュリヤン　1900生。フランスの作家（国籍はアメリカ）。1998没。
チェルベンコフ　1900生。ブルガリアの政治家。1980没。

滝沢英輔 たきざわえいすけ　1902生。昭和時代の映画監督。1965没。
柳つる やなぎつる　1903生。大正時代，昭和時代の社会運動家。1990没。
長谷川三郎 はせがわさぶろう　1906生。昭和時代の洋画家。カリフォルニア美術大学客員教授。1957没。
レロワール，ルイス・フェデリコ　1906生。アルゼンチンの生化学者。1987没。
八杉竜一 やすぎりゅういち　1911生。昭和時代の生物学史家，生物学啓蒙家。東京工業大学教授，早稲田大学教授。1997没。
シュトラウス　1915生。ドイツ連邦共和国の政治家。1988没。
水野惣平 みずのそうへい　1923生。昭和時代の経営者。アラビア石油会長。1983没。
星新一 ほししんいち　1926生。昭和時代，平成時代のSF作家。1997没。
西村京太郎 にしむらきょうたろう　1930生。昭和時代，平成時代の推理作家。
ウォーターズ，ロジャー　1944生。イギリスのロックベース奏者，ロック歌手。
市毛良枝 いちげよしえ　1950生。昭和時代，平成時代の女優。
チチ松村 ちちまつむら　1954生。昭和時代，平成時代のギタリスト，エッセイスト。
大江千里 おおえせんり　1960生。昭和時代，平成時代のミュージシャン，俳優。
黒岩彰 くろいわあきら　1961生。昭和時代，平成時代の元・スピードスケート選手。
パンツェッタ・ジローラモ　1962生。イタリア出身のタレント，エッセイスト。
谷亮子 たにりょうこ　1975生。平成時代の柔道選手。
リー，デレク　1975生。アメリカの大リーグ選手。
氷川きよし ひかわきよし　1977生。平成時代の歌手。
沢穂希 さわほまれ　1978生。平成時代のサッカー選手。
阿部勇樹 あべゆうき　1981生。平成時代のサッカー選手。
秋篠宮悠仁 あきしののみやひさひと　2006生。平成時代の皇族。
ROLLY ろーりー　平成時代のミュージシャン。

9月6日

9月7日

○記念日○ 国際青年デー
○忌　日○ 呑龍忌（9.7〜9.9）
　　　　　蓼太忌

嵯峨天皇　さがてんのう　786生。平安時代前期の第52代の天皇。842没。
尊海　そんかい　1472生。戦国時代の真言宗の僧。1543没。
松平清康　まつだいらきよやす　1511生。戦国時代の武将。1535没。
エリザベス1世　1533生。イギリス、チューダー朝の女王（在位1558〜1603）。1603没。
池田利隆　いけだとしたか　1584生。安土桃山時代、江戸時代前期の武将、大名。1616没。
シャーリー、ジェイムズ　1596生。イギリスの劇作家。1666没。
エックハルト　1664生。ドイツの歴史家。1730没。
ビュフォン、ジョルジュ-ルイ・ド　1707生。フランスの博物学者。1788没。
フィリドール、フランソワ・アンドレ　1726生。フランスの音楽家。1795没。
ビルデルデイク、ウィレム　1756生。オランダの詩人、弁護士。1831没。
井伊詮子　いいあきこ　1770生。江戸時代後期の女性。陸奥仙台藩主伊達重村の3女。1844没。
箕作阮甫　みつくりげんぽ　1799生。江戸時代末期の蘭学者。1863没。
ゴッセン　1810生。ドイツの経済学者。1858没。
バタフィールド、ウィリアム　1814生。イギリスの建築家。1900没。
中島ます　なかじまます　1815生。江戸時代、明治時代の女性。高村光雲の母。1884没。
ヘブラ　1816生。オーストリアの皮膚科医。1880没。
タヴィッド、アルマン　1826生。フランスのラザルス派宣教師、植物学者。1900没。
松平慶憲　まつだいらよしのり　1826生。江戸時代、明治時代の明石藩主。1897没。
ケクレ・フォン・シュトラドニッツ、フリードリヒ・アウグスト　1829生。ドイツの化学者。1896没。

サルドゥー、ヴィクトリヤン　1831生。フランスの劇作家。1908没。
ファルギエール、ジャン・アレクサンドル・ジョゼフ　1831生。フランスの彫刻家。1900没。
バラ、ジェイムズ・ハミルトン　1832生。アメリカの改革派（カルバン系）教会宣教師。1920没。
キャンベル-バナマン、サー・ヘンリー　1836生。イギリスの政治家、自由党内閣首相（1905〜08）。1908没。
テプラー　1836生。ドイツの物理学者。1912没。
花山院家理　かざんいんいえのり　1839生。江戸時代、明治時代の公家。正三位。1880没。
長岡護美　ながおかもりよし　1842生。江戸時代、明治時代の外交官、裁判官。子爵、興亜会会長。1906没。
リーランド　1850生。アメリカの医学者。1924没。
モーゼズ、アンナ・メアリ　1860生。アメリカの女流画家。1961没。
テュアヨン　1862生。ドイツの彫刻家。1919没。
ベルナール、トリスタン　1866生。フランスの劇作家、小説家。1947没。
田島錦治　たじまきんじ　1867生。明治時代、大正時代の経済学者。京都帝国大学教授、立命館大学学長。1934没。
バッサーマン、アルベルト　1867生。ドイツの俳優。1952没。
ペサーニャ、カミーロ　1867生。ポルトガルの象徴主義の詩人。1926没。
モーガン、ジョン・ピアポント、2世　1867生。アメリカのモーガン財閥の3代目。1943没。
クプリーン、アレクサンドル・イワノヴィチ　1870生。ロシアの小説家。1938没。
ベッカー、カール（・ロータス）　1873生。アメリカの歴史家。1945没。
デシュ、シリル・ヘンリー　1874生。イギリスの化学者、冶金学者。1958没。

大江スミ　おおえすみ　1875生。明治時代–昭和時代の女子教育者。1948没。

常磐津松尾太夫（3代目）　ときわづまつおだゆう　1875生。明治時代–昭和時代の浄瑠璃太夫。1947没。

永岡秀一　ながおかひでかず　1876生。明治時代–昭和時代の柔道家。1952没。

野々村戒三　ののむらかいぞう　1877生。明治時代–昭和時代の歴史学者，能楽研究家。早稲田大学教授，立教大学教授。1973没。

小寺源吾　こでらげんご　1879生。大正時代，昭和時代の実業家。日本紡績社長。1959没。

フォシヨン，アンリ　1881生。フランスの美術史家。1943没。

ティーネマン　1882生。ドイツの湖沼学者，動物学者。1960没。

ワイリー，エリノア　1885生。アメリカの女流詩人，小説家。1928没。

シットウェル，イーディス　1887生。イギリスの女流詩人。1964没。

佐久間鼎　さくまかなえ　1888生。大正時代，昭和時代の心理学者，言語学者。東洋大学学長。1970没。

杵屋六三郎（11代目）　きねやろくさぶろう　1890生。大正時代，昭和時代の長唄三味線方。1967没。

桂文治（9代目）　かつらぶんじ　1892生。大正時代，昭和時代の落語家。1978没。

石川栄耀　いしかわひであき　1893生。大正時代，昭和時代の都市工学者。日本都市計画学会，東京都建設局長。1955没。

ファイコー，アレクセイ・ミハイロヴィチ　1893生。ソ連の劇作家。1978没。

ホーア-ベリシャ，レズリー・ホーア-ベリシャ，男爵　1895生。イギリスの政治家。1957没。

稲富栄次郎　いなとみえいじろう　1897生。昭和時代の哲学者，教育哲学者。上智大学教授，日本教育学会会長。1975没。

大谷敬二郎　おおたにけいじろう　1897生。大正時代，昭和時代の軍人。憲兵大佐。1976没。

ユージン　1899生。ソ連邦の哲学者，外交官。1968没。

渡辺政之輔　わたなべまさのすけ　1899生。大正時代，昭和時代の労働運動家。共産党中央委員長。1928没。

松沢一鶴　まつざわいっかく　1900生。昭和時代の水泳選手，水泳指導者。東京都教育委員長，東京五輪事務局次長。1965没。

島木健作　しまきけんさく　1903生。昭和時代の小説家。1945没。

小山久二郎　おやまひさじろう　1905生。昭和時代の実業家。小山書店代表。1984没。

吉村順三　よしむらじゅんぞう　1908生。昭和時代，平成時代の建築家。吉村順三設計事務所所長，東京芸術大学教授。1997没。

カザン，エリア　1909生。アメリカの映画監督，演出家。2003没。

ジフコフ，トドル　1911生。ブルガリアの政治家。1998没。

伊藤清　いとうきよし　1915生。昭和時代，平成時代の数学者。

チェシャー，レナード・チェシャー，男爵　1917生。イギリスの軍人。1992没。

大関松三郎　おおぜきまつさぶろう　1926生。昭和時代の詩人，生活綴方児童。1944没。

ビエドゥー，フランソワ　1927生。フランスの劇作家。1991没。

市川門之助（7代目）　いちかわもんのすけ　1928生。昭和時代，平成時代の歌舞伎役者。1990没。

ボードワン1世　1930生。ベルギー国王（第5代）。1993没。

ディウフ，アブド　1935生。セネガルの政治家。

ホリー，バディー　1936生。アメリカのロック-ミュージシャン。1959没。

藤田憲子　ふじたのりこ　1947生。昭和時代，平成時代の女優。

山本コウタロー　やまもとこうたろー　1948生。昭和時代，平成時代の音楽プロデューサー，エコロジスト，歌手，タレント，作家。

長渕剛　ながぶちつよし　1956生。昭和時代，平成時代の歌手，俳優。

清水由貴子　しみずゆきこ　1959生。昭和時代，平成時代の女優。

テイ・トウワ　1964生。平成時代のミュージシャン，音楽プロデューサー。

フグ，アンディ　1964生。スイスの空手家，格闘家。2000没。

岡崎朋美　おかざきともみ　1971生。平成時代のスピードスケート選手。

9月7日

9月8日

○記念日○ サンフランシスコ平和条約調印記念日
国際識字デー
○忌　日○ 千代尼忌

リチャード1世　1157生。プランタジネット朝第2代のイングランド王（在位1189～99）。1199没。

ベルナルディーノ（シエーナの, 聖）　1380生。イタリアのフランシスコ会神学者, 聖人。1444没。

真壁秀幹　まかべひでもと　1380生。室町時代の武将。1424没。

アリオスト, ルドヴィーコ　1474生。イタリアの詩人, 劇作家。1533没。

ヴェルミーリ, ピエートロ・マルティーレ　1500生。イタリアの宗教改革家。1562没。

メルセンヌ, マラン　1588生。フランスの哲学者, 数学者。1648没。

朝山意林庵　あさやまいりんあん　1589生。江戸時代前期の儒者。1664没。

慧林性機　えりんしょうき　1609生。江戸時代前期の黄檗宗の僧。1681没。

コンデ, ブルボンのルイ2世, 親王　1621生。アンガン公。1686没。

森長俊　もりながとし　1649生。江戸時代前期, 中期の大名。1735没。

バリーヴィ　1668生。イタリアの解剖学者。1707没。

ブロンデル, ジャック-フランソワ　1705生。フランスの建築家, 建築史学者。1774没。

セルゲル, ユーハン・トビアス　1740生。スウェーデンの彫刻家。1814没。

ポリニャック伯爵夫人　1749生。フランスの貴族。王妃マリー・アントワネットの寵臣。1793没。

ランバル　1749生。フランスの貴婦人。1792没。

ケルビーニ, ルイージ・カルロ・ザノービオ・サルヴァトーレ・マリーア　1760生。イタリアの作曲家。1842没。

エメリヒ, アンナ・カタリナ　1774生。ドイツの聖痕をもつ見神者, 修道女。1824没。

ブレンターノ, クレーメンス　1778生。ドイツ後期ロマン派の詩人, 小説家。1842没。

グルントヴィ, ニコライ・フレデリック・セヴェリン　1783生。デンマークの宗教家, 詩人。1872没。

クリスティアン8世　1786生。デンマーク王（1839～48）。1848没。

ロー　1790生。イギリスの政治家。1871没。

メーリケ, エードゥアルト　1804生。ドイツの詩人。1875没。

クーコリニク, ネストル・ワシリエヴィチ　1809生。ロシアの作家。1868没。

モント　1809生。チリの政治家, 法学者。1880没。

ミストラル, フレデリック　1830生。フランスの詩人。1914没。

ラーベ, ヴィルヘルム　1831生。ドイツの小説家。1910没。

パンペリー　1837生。アメリカの地質学者。1923没。

林賢徳　はやしけんとく　1838生。明治時代の実業家。1914没。

ドヴォルジャーク, アントニーン　1841生。チェコの作曲家。1904没。

マイアー, ヴィクトール　1848生。ドイツの化学者。1897没。

ウンナ　1850生。ドイツの皮膚科学者。1929没。

コヴァレーフスキィ　1851生。ロシアの歴史家。1916没。

ミヒャエーリス, ゲオルク　1857生。ドイツのキリスト者政治家。1936没。

ル・コック, アルバート・フォン　1860生。ドイツの東洋学者。1930没。

池田菊苗　いけだきくなえ　1864生。明治時代-昭和時代の物理化学者。1936没。

ホブハウス　1864生。イギリスの哲学者, 社会学者。1929没。

ユクスキュル　1864生。ドイツの動物学者。1944没。

永井建子　ながいけんし　1865生。明治時代，大正時代の指揮者，作曲家。陸軍戸山学校軍楽隊長。1940没。

木下尚江　きのしたなおえ　1869生。明治時代-昭和時代のジャーナリスト，小説家。1937没。

サルヴェミーニ　1873生。イタリアの歴史学者。1957没。

ジャリ，アルフレッド　1873生。フランスの劇作家，詩人。1907没。

羽仁もと子　はにもとこ　1873生。明治時代-昭和時代の教育者，運動家。自由学園創設者，「家庭の友」（のち「婦人之友」に改題）創刊者。1957没。

ラインハルト，マックス　1873生。ドイツの演出家。1943没。

谷津直秀　やつなおひで　1877生。明治時代-昭和時代の動物学者。1947没。

カステラーニ　1878生。イタリアの病理学者，細菌学者。1971没。

井戸泰　いどやすし　1881生。明治時代，大正時代の医学者。1919没。

神田松鯉（2代目）　かんだしょうり　1885生。明治時代-昭和時代の講談師。1967没。

サスーン，シーグフリード　1886生。イギリスの詩人。1967没。

タフト，ロバート・アルフォンソ　1889生。アメリカの政治家。1953没。

矢野橋村　やのきょうそん　1890生。大正時代，昭和時代の日本画家。日本南画院会長。1965没。

舞出長五郎　まいいでちょうごろう　1891生。大正時代，昭和時代の経済学者。1964没。

坪井誠太郎　つぼいせいたろう　1893生。大正時代，昭和時代の地質学者，鉱物学者。1986没。

関鑑子　せきあきこ　1899生。大正時代，昭和時代の声楽家，合唱指導者。国際チャイコフスキー・コンクール声楽部門審査員。1973没。

カズンズ，フランク　1900生。イギリスの労働運動家。1986没。

フェルヴールト，ヘンドリック　1901生。南アフリカ共和国の政治家。1966没。

松丸東魚　まつまるとうぎょ　1901生。昭和時代の篆刻家。1975没。

和達清夫　わだちきよお　1902生。昭和時代，平成時代の気象学者。環境庁顧問，埼玉大学学長。1995没。

田村孝之介　たむらこうのすけ　1903生。昭和時代の洋画家。二紀会理事長。1986没。

キリレンコ　1906生。ソ連の政治家。1990没。

ルージュモン，ドニ・ド　1906生。スイスの哲学者，評論家。1985没。

坂本徳松　さかもととくまつ　1908生。昭和時代の評論家。愛知大学教授。1988没。

酒井寅吉　さかいとらきち　1909生。昭和時代のジャーナリスト，評論家。1969没。

バロー，ジャン・ルイ　1910生。フランスの俳優，演出家。1994没。

西谷能雄　にしたによしお　1913生。昭和時代，平成時代の出版評論家，実業家。未来社社長，未来社会長。1995没。

ディミトリオス1世　1914生。ギリシア正教大主教。1991没。

ガムザートフ，ラスール・ガムザートヴィチ　1923生。ソ連ダゲスタン自治共和国の詩人。2003没。

セラーズ，ピーター　1925生。イギリスの俳優。1980没。

堅田喜三久（3代目）　かただきさく　1935生。昭和時代，平成時代の歌舞伎長唄囃子方，重要無形文化財保持者。

紺野美沙子　こんのみさこ　1960生。昭和時代，平成時代の女優。

鈴木亜久里　すずきあぐり　1960生。昭和時代，平成時代の元・F1ドライバー。

松本人志　まつもとひとし　1963生。昭和時代，平成時代のコメディアン。

服部道子　はっとりみちこ　1968生。昭和時代，平成時代のプロゴルファー。

中西哲生　なかにしてつお　1969生。平成時代のスポーツキャスター，元・サッカー選手。

関智一　せきともかず　1972生。平成時代の声優。

本仮屋ユイカ　もとかりやゆいか　1987生。平成時代の女優。

9月8日

9月9日

○記念日○　救急の日
○忌　日○　桃水忌

アウレーリアーヌス, ルーキウス・ドミティウス　214生。ローマ皇帝(在位270～275)。275没。

ホノリウス, フラウィウス　384生。西ローマ皇帝(在位393～423)。423没。

聖アンスガール　801生。ハンブルク, ブレーメンの最初の大司教, 聖人。865没。

明宗(後唐)　めいそう　867生。中国, 五代後唐の第2代皇帝(在位926～933)。933没。

石雯円柱　せきそうえんちゅう　1389生。室町時代の曹洞宗の僧。1457没。

万里集九　ばんりしゅうく　1428生。室町時代の臨済宗の僧, 漢詩人, 相国寺雲頂院, 大圭宗价の弟子。?没。

フレスコバルディ, ジロラモ　1583生。イタリアのオルガン奏者, 作曲家。1643没。

リシュリュー, アルマン・ジャン・デュ・プレシ, 枢機卿, 公爵　1585生。フランスの政治家, 枢機卿。1642没。

堀河康胤　ほりかわやすたね　1592生。江戸時代前期の公家。1673没。

トロンプ, コルネリス(・マールテンスゾーン)　1629生。オランダの提督。1691没。

荒木田盛員　あらきだもりかず　1632生。江戸時代前期の国学者, 伊勢内宮権禰宜。1687没。

松井元泰　まついげんたい　1689生。江戸時代中期の墨工。1743没。

モンロー, アレクサンダー　1697生。スコットランドの医師。1767没。

直仁親王　なおひとしんのう　1704生。江戸時代中期の東山天皇の第6皇子。1753没。

ハッチンソン, T.　1711生。マサチューセッツ植民地総督。1780没。

津金文左衛門　つがねぶんざえもん　1727生。江戸時代中期, 後期の尾張藩士。1802没。

ガルヴァーニ, ルイジ　1737生。イタリアの生理学者。1798没。

谷文晁　たにぶんちょう　1763生。江戸時代中期, 後期の南画家。1841没。

大槻玄幹　おおつきげんかん　1785生。江戸時代後期の蘭方医, 陸奥仙台藩医。1838没。

伴林光平　ともばやしみつひら　1813生。江戸時代末期の志士。1864没。

山田宇右衛門　やまだうえもん　1813生。江戸時代末期の長州(萩)藩士。1867没。

ボナパルト, ナポレオン・ジョゼフ・シャル・ポール　1822生。ナポレオン1世の甥。1891没。

フリードリヒ1世　1826生。バーデン大公(在位1852～1907)。1907没。

四条隆謌　しじょうたかうた　1828生。江戸時代, 明治時代の公卿, 陸軍軍人。侯爵。1898没。

トルストイ, レフ・ニコラエヴィチ　1828生。ロシアの小説家, 思想家。1910没。

楠瀬喜多　くすのせきた　1836生。明治時代の女性民権家。1920没。

藤沢南岳　ふじさわなんがく　1842生。江戸時代, 明治時代の儒学者。1920没。

モンテリウス　1843生。スウェーデンの考古学者。1921没。

ポインティング, ジョン・ヘンリー　1852生。イギリスの物理学者。1914没。

チェンバリン, H.S.　1855生。ドイツの政治哲学者。1927没。

キッド　1858生。イギリスの社会哲学者。1916没。

酒井雄三郎　さかいゆうざぶろう　1860生。明治時代の政治評論家。1900没。

藤沢利喜太郎　ふじさわりきたろう　1861生。明治時代, 大正時代の数理学者。東京帝国大学教授, 貴族院議員。1933没。

門野重九郎　かどのじゅうくろう　1867生。明治時代-昭和時代の実業家。日本商工会議所会頭。1958没。

岡松参太郎　おかまつさんたろう　1871生。明治時代, 大正時代の法学者。京都帝国大学教授。1921没。

ホジソン, ラーフ　1871生。イギリスの詩人。1962没。

柳家紫朝(初代)　やなぎやしちょう　1873生。明治時代，大正時代の新内節の太夫。1918没。

鈴木鼓村　すずきこそん　1875生。明治時代，大正時代の箏曲家，作曲家，画家。1931没。

オスメニア　1878生。フィリピン亡命政権の大統領。1961没。

桑木彧雄　くわきあやお　1878生。大正時代，昭和時代の物理学者，科学史家。九州帝国大学教授，日本科学史学会初代会長。1945没。

片岡仁左衛門(12代目)　かたおかにざえもん　1882生。明治時代-昭和時代の歌舞伎役者。1946没。

小泉親彦　こいずみちかひこ　1884生。大正時代，昭和時代の陸軍軍医，政治家。1945没。

レヴィン　1890生。ドイツ出身でアメリカに移住した心理学者。1947没。

渥美清太郎　あつみせいたろう　1892生。大正時代，昭和時代の日本舞踊・演劇評論家，日本舞踊・演劇研究家。1959没。

須磨弥吉郎　すまやきちろう　1892生。昭和時代の外交官，政治家。衆議院議員，自民党政調副会長。1970没。

曾宮一念　そみやいちねん　1893生。大正時代，昭和時代の画家，随筆家。1994没。

胡愈之　こゆし　1896生。中国の国際政治学者。1986没。

ネスメヤーノフ　1899生。ソ連の有機化学者。1980没。

ヒルトン，ジェイムズ　1900生。イギリスの小説家。1954没。

小熊秀雄　おぐまひでお　1901生。昭和時代の詩人。1940没。

坪井忠二　つぼいちゅうじ　1902生。昭和時代の地球物理学者。東京大学教授，測地審議会会長。1982没。

吉田栄三(2代目)　よしだえいざ　1903生。大正時代，昭和時代の文楽の人形遣。1974没。

逸見猶吉　へんみゆうきち　1907生。昭和時代の詩人。1946没。

パヴェーゼ，チェーザレ　1908生。イタリアの小説家，詩人。1950没。

ロルジュ，ベルナール　1908生。フランスの画家。1986没。

秩父宮勢津子　ちちぶのみやせつこ　1909生。昭和時代，平成時代の秩父宮雍仁親王の妃。1995没。

森永貞一郎　もりながていいちろう　1910生。昭和時代の官僚，銀行家。日本銀行総裁。1986没。

グッドマン，ポール　1911生。アメリカの小説家，精神分析学者，社会評論家。1972没。

吉村公三郎　よしむらこうざぶろう　1911生。昭和時代の映画監督。2000没。

石母田正　いしもだしょう　1912生。昭和時代の日本史学者。法政大学教授。1986没。

今西寿雄　いまにしとしお　1914生。昭和時代，平成時代の登山家，実業家。今西組社長，日本山岳会会長。1995没。

小沼丹　おぬまたん　1918生。昭和時代，平成時代の小説家。早稲田大学教授。1996没。

高橋圭三　たかはしけいぞう　1918生。昭和時代，平成時代の司会者，アナウンサー。2002没。

ロバートソン，クリフ　1925生。アメリカの俳優。

平井道子　ひらいみちこ　1935生。昭和時代の女優。1984没。

ポルタ，アントーニオ　1935生。イタリアの詩人。1989没。

谷隼人　たにはやと　1946生。昭和時代，平成時代の俳優。

弘兼憲史　ひろかねけんし　1947生。昭和時代，平成時代の漫画家。

ユドヨノ，スシロ・バンバン　1949生。インドネシアの政治家，元・軍人。

グラント，ヒュー　1960生。イギリスの俳優。

高杢禎彦　たかもくよしひこ　1962生。昭和時代，平成時代のタレント。

バスマイヤー，マルクス　1963生。ドイツの元・スキー選手。

サンドラー，アダム　1966生。アメリカの俳優，コメディアン。

TAKUYA　たくや　1971生。平成時代のギタリスト。

石井一久　いしいかずひさ　1973生。平成時代のプロ野球選手，元・大リーグ選手。

酒井若菜　さかいわかな　1980生。平成時代の女優。

大塚愛　おおつかあい　1982生。平成時代のシンガーソングライター。

9月9日

登場人物

島耕作　しまこうさく　1947生。弘兼憲史の漫画の主人公。

9月10日

○記念日○ 下水道の日
　　　　　全国下水道促進デー
○忌　日○ 去来忌
　　　　　若冲忌

順徳天皇　じゅんとくてんのう　1197生。鎌倉時代前期の第84代の天皇。1242没。

マサイス，クエンティン　1466生。フランドルの画家。1530没。

ユリウス3世　1487生。教皇(在位1550～55)。1555没。

メディナ-シドニア，アロンソ・ペレス・デ・グスマン，公爵　1550生。スペインの大貴族，海軍軍人。1615没。

シデナム，トマス　1624生。イギリスの実地医家。1689没。

梅峰竺信　ばいほうじくしん　1633生。江戸時代前期，中期の曹洞宗の僧，禅定家，思想家。1707没。

マリー・テレーズ　1638生。フランス国王ルイ14世の妃。1683没。

石井三朶花　いしいさんだか　1649生。江戸時代中期の漢学者。1724没。

ゲイ，ジョン　1685生。イギリスの劇作家，詩人。1732没。

カンテミール，アンチオフ・ドミトリエヴィチ　1708生。ロシアの詩人，外交官。1744没。

職仁親王　よりひとしんのう　1713生。江戸時代中期の皇族。有栖川宮家第5代。1769没。

ヨンメッリ，ニッコロ　1714生。イタリアの作曲家。1774没。

ソーン，サー・ジョン　1753生。イギリスの建築家。1837没。

バレール(・ド・ヴュザック)，ベルトラン　1755生。フランスの政治家。1841没。

パーク，マンゴ　1771生。スコットランドの探検家，外科医。1806没。

宮負定雄　みやおいやすお　1797生。江戸時代末期の国学者。1858没。

シャンフルーリ　1821生。フランスの大衆小説家。1889没。

カション，メルメー・ド　1828生。フランスのイエズス会宣教師。1871没。

シーリ，ジョン・ロバート　1834生。イギリスの歴史学者。1895没。

パース，チャールズ・サンダーズ　1839生。アメリカの哲学者。1914没。

セーニョボス　1854生。フランスの歴史家。1942没。

ママリー　1855生。イギリスの登山家。1895没。

富井政章　とみいまさあき　1858生。明治時代-昭和時代の法律学者。東京帝国大学教授，枢密顧問官。1935没。

中橋徳五郎　なかはしとくごろう　1861生。明治時代-昭和時代の政治家，実業家。大阪商船社長。1934没。

スピアマン，チャールズ・エドワード　1863生。イギリスの心理学者。1945没。

和田英松　わだひでまつ　1865生。明治時代-昭和時代の歴史学者。学習院教授。1937没。

木村栄　きむらひさし　1870生。明治時代-昭和時代の天文学者。水沢緯度観測所所長。1943没。

アニアンズ，チャールズ・トールバット　1873生。イギリスの言語学者。1965没。

黒木勘蔵　くろきかんぞう　1882生。大正時代，昭和時代の演劇研究家。1930没。

ヴァン・ドーレン，カール・クリントン　1885生。アメリカの評論家，文学史家。1950没。

ドゥーリトル，ヒルダ　1886生。アメリカの女流詩人。1961没。

半田良平　はんだりょうへい　1887生。大正時代，昭和時代の歌人。1945没。

フランク　1889生。アメリカの裁判官，法学者。1957没。

ウィーラー，モーティマー　1890生。イギリスの考古学者。1976没。

ヴェルフェル，フランツ　1890生。ドイツの作家。1945没。

熊谷一弥　くまがいいちや　1890生。大正時代，昭和時代のテニス選手。日本庭球協会副会長。1968没。

コンプトン, アーサー・ホリー　1892生。アメリカの物理学者。1962没。
池田蘭子　いけだらんこ　1893生。大正時代, 昭和時代の小説家。1976没。
原信子　はらのぶこ　1893生。大正時代, 昭和時代の声楽家。1979没。
渡辺順三　わたなべじゅんぞう　1894生。大正時代, 昭和時代の歌人。新日本歌人協会会員。1972没。
ハースコヴィッツ, メルヴィル・J　1895生。アメリカの文化人類学者。1963没。
スキャパレリ, エルザ　1896生。パリで活躍したイタリアの女流デザイナー。1973没。
楠部弥弌　くすべやいち　1897生。大正時代, 昭和時代の陶芸家。芸術院会員, 文化功労者。1984没。
シュトラッサー　1897生。ドイツの政治家, 評論家。1974没。
バタイユ, ジョルジュ　1897生。フランスの思想家, 作家。1962没。
ハウスマン, マンフレート　1898生。ドイツの詩人, 小説家。1986没。
室原知幸　むろはらともゆき　1899生。昭和時代の住民運動家。1970没。
海後宗臣　かいごときおみ　1901生。昭和時代の教育学者。東京大学教授。1987没。
ペッカネン, トイヴォ　1902生。フィンランドのプロレタリア作家。1957没。
コノリー, シリル　1903生。イギリスの批評家。1974没。
アレバロ, フアン・ホセ　1904生。グアテマラの大統領, 教育者。1990没。
生野祥雲斎　しょうのしょううんさい　1904生。大正時代, 昭和時代の竹工芸家。1974没。
柘植秀臣　つげひでおみ　1905生。昭和時代の大脳生理学者。法政大学教授, 日本精神医療センター理事長。1983没。
関鑑子　せきとしこ　1908生。昭和時代の社会運動家。1935没。
家城巳代治　いえきみよじ　1911生。昭和時代の映画監督。1976没。
ワイズ, ロバート　1914生。アメリカの映画監督。2005没。

木村政彦　きむらまさひこ　1917生。昭和時代の柔道家, プロレスラー。拓殖大学教授。1993没。
伊達得夫　だてとくお　1920生。昭和時代の出版人。書肆ユリイカ社主。1961没。
芳賀日出男　はがひでお　1921生。昭和時代, 平成時代の写真家。
パーマー, アーノルド　1929生。アメリカのプロゴルファー。
矢代秋雄　やしろあきお　1929生。昭和時代の作曲家。東京芸術大学教授。1976没。
山田康雄　やまだやすお　1932生。昭和時代, 平成時代の俳優, 声優。1995没。
マリス, ロジャー　1934生。アメリカの大リーグ選手。1985没。
内館牧子　うちだてまきこ　1948生。昭和時代, 平成時代の脚本家。
小林光一　こばやしこういち　1952生。昭和時代, 平成時代の棋士。
ペリー, ジョー　1952生。アメリカのロックギタリスト。
綾戸智絵　あやどちえ　1957生。昭和時代, 平成時代のジャズ歌手。
コロンバス, クリス　1959生。アメリカの映画監督。
ファース, コリン　1960生。イギリスの俳優。
ジョンソン, ランディ　1963生。アメリカの大リーグ選手。
斉藤由貴　さいとうゆき　1966生。昭和時代, 平成時代の女優。
進藤晶子　しんどうまさこ　1971生。平成時代のアナウンサー。
フィリップ, ライアン　1974生。アメリカの俳優。
ミルコ・クロコップ　1974生。クロアチアの格闘家, 政治家。
永谷喬夫　ながたにたかお　1976生。平成時代のミュージシャン。
松田翔太　まつだしょうた　1985生。平成時代の俳優。

9月10日

9月11日

○記念日○ **警察相談の日**
公衆電話の日

- 後一条天皇　ごいちじょうてんのう　1008生。平安時代中期の第68代の天皇。1036没。
- 藤原師通　ふじわらのもろみち　1062生。平安時代後期の公卿。1099没。
- 後白河天皇　ごしらかわてんのう　1127生。平安時代後期の第77代の天皇。1192没。
- 雅成親王　まさなりしんのう　1200生。鎌倉時代前期の後鳥羽天皇の皇子。1255没。
- 久明親王　ひさあきしんのう　1276生。鎌倉時代後期の鎌倉幕府第8代の将軍。1328没。
- ルイーズ・ド・サボア　1476生。フランス, アングレーム公妃。1531没。
- アルドロヴァンディ, ウリッセ　1522生。イタリアの博物学者。1605没。
- ロンサール, ピエール・ド　1524生。フランスの詩人。1585没。
- デュレンヌ, アンリ・ド・ラ・トゥール・ドーヴェルニュ, 子爵　1611生。フランスの軍人。1675没。
- 松平頼雄　まつだいらよりお　1630生。江戸時代前期の大名。1697没。
- 牧野英成　まきのひでしげ　1671生。江戸時代中期の大名。1741没。
- トムソン, ジェイムズ　1700生。イギリスの詩人。1748没。
- 朽木玄綱　くつきとうつな　1709生。江戸時代中期の大名。1770没。
- バーゼドー, ヨハン・ベルンハルト　1723生。ドイツ啓蒙期の教育改革者。1790没。
- ヤング, アーサー　1741生。イギリスの農業理論家。1820没。
- ベーリー　1762生。スコットランドの女流詩人, 劇作家。1851没。
- クーラウ, ダニエル・フリーズリク　1786生。ドイツの作曲家。1832没。
- テーラー　1791生。イギリスの文筆家。1844没。
- ノイマン, フランツ　1798生。ドイツの物理学者。1895没。
- デュリュイ　1811生。フランスの歴史家。1894没。
- ツァイス, カール　1816生。ドイツの光学機械製作者。1888没。
- 杉山なつ　すぎやまなつ　1824生。江戸時代, 明治時代の女性。病床にあった夫の看護のかたわら, 貧しい婚家のために昼夜働き家計を支えた。1907没。
- ハンスリック, エードゥアルト　1825生。ドイツの音楽美学者。1904没。
- パルド - バサン, エミリア　1851生。スペインの女流小説家。1921没。
- 高松豊吉　たかまつとよきち　1852生。明治時代, 大正時代の応用化学者。東京大学教授, 東京工業試験所所長。1937没。
- ナウマン　1854生。ドイツの地質学者。1927没。
- カストナー, ハミルトン・ヤング　1858生。アメリカの化学技術者。1898没。
- アホ, ユハニ　1861生。フィンランドの作家。1921没。
- ファルケンハイン, エーリヒ・(ゲオルク・アントン・セバスティアン・)フォン　1861生。ドイツの軍人。1922没。
- O.ヘンリー　1862生。アメリカの作家。1910没。
- ライニス, ヤーニス　1865生。ラトヴィアの作家。1929没。
- カスナー, ルードルフ　1873生。オーストリアの思想家, 評論家。1959没。
- 片山正夫　かたやままさお　1877生。明治時代−昭和時代の物理化学者。1961没。
- 喜多又蔵　きたまたぞう　1877生。明治時代−昭和時代の実業家。日本綿花社長。1932没。
- ジェルジンスキー, フェリクス・エドムンドヴィチ　1877生。ソ連初期の党活動家, 政治家。1926没。
- ジーンズ, サー・ジェイムズ・ホップウッド　1877生。イギリスの数学者, 天文学者。1946没。

川村麟也　かわむらりんや　1879生。大正時代,昭和時代の病理学者。医学博士,慶応義塾大学教授。1947没。

ベッカー,パウル　1882生。ドイツの音楽批評家,指揮者。1937没。

ニールゼン,アスタ　1883生。デンマークの映画女優。1972没。

ロレンス,デヴィッド・ハーバート　1885生。イギリスの小説家,詩人。1930没。

竹本住太夫(6代目)　たけもとすみたゆう　1886生。明治時代–昭和時代の義太夫節太夫(文楽)。1959没。

久留島秀三郎　くるしまひでさぶろう　1888生。昭和時代の実業家。同和鉱業社長,ボーイスカウト連盟理事長。1970没。

スヴェシニコフ,アレクサンドル　1890生。ソ連の合唱指揮者。1980没。

バーヴェー,ヴィノバー　1895生。インドの社会活動家。1982没。

森銑三　もりせんぞう　1895生。大正時代,昭和時代の書誌学者。1985没。

ガントナー,ヨーゼフ　1896生。スイスの美術史家。1988没。

蒋光慈　しょうこうじ　1901生。中国の小説家,詩人,評論家。1931没。

マース,ヨアヒム　1901生。ドイツの小説家。1972没。

アドルノ,テーオドール・ヴィーゼングルント　1903生。ドイツの哲学者,美学者,社会学者。1969没。

山之口貘　やまのぐちばく　1903生。昭和時代の詩人。1963没。

オボリン,レフ　1907生。ソ連のピアニスト。1974没。

益田喜頓　ますだきいとん　1909生。昭和時代,平成時代のコメディアン、俳優。1993没。

シュレーダー　1910生。西ドイツの政治家。1989没。

照屋敏子　てるやとしこ　1915生。昭和時代の実業家。1984没。

岩沢健吉　いわさわけんきち　1917生。昭和時代の数学者。プリンストン大学教授。1998没。

轟夕起子　とどろきゆきこ　1917生。昭和時代の女優。1967没。

マルコス,フェルディナンド　1917生。フィリピンの政治家。1989没。

マルコーニ,プリーニオ　1917生。フィリピンの大統領。1989没。

佐藤了　さとうりょう　1923生。昭和時代,平成時代の生化学者。大阪大学教授。1996没。

虫明亜呂無　むしあけあろむ　1923生。昭和時代の評論家,小説家。1991没。

小谷剛　こたにつよし　1924生。昭和時代,平成時代の小説家,医師。「作家」主宰。1991没。

殿田保輔　とのだやすすけ　1926生。昭和時代,平成時代の能楽師(下掛宝生流ワキ方)。1991没。

神吉拓郎　かんきたくろう　1928生。昭和時代,平成時代の小説家,劇作家,随筆家。1994没。

サトウ・サンペイ　1929生。昭和時代,平成時代の漫画家。

水島弘　みずしまひろし　1932生。昭和時代,平成時代の俳優。2005没。

スールシュ・マーチャシュ　1933生。ハンガリーの元・大統領。

チトフ　1935生。ソ連の宇宙飛行士。2000没。

デ・パルマ,ブライアン　1940生。アメリカの映画監督。

ベッケンバウアー,フランツ　1945生。ドイツの元・サッカー選手。

泉ピン子　いずみぴんこ　1947生。昭和時代,平成時代の女優。

佐藤義則　さとうよしのり　1954生。昭和時代,平成時代のプロ野球コーチ,元・プロ野球選手。

涼風真世　すずかぜまよ　1960生。昭和時代,平成時代の女優。

アサド,バッシャール・アル　1965生。シリアの政治家,軍人。

秋篠宮紀子　あきしののみやきこ　1966生。平成時代の皇族。秋篠宮文仁親王妃。

矢萩兼　やはぎけん　1971生。平成時代のコメディアン。

虻川美穂子　あぶかわみほこ　1974生。平成時代のタレント。

今岡誠　いまおかまこと　1974生。平成時代のプロ野球選手。

9月11日

9月12日

○記念日○ 宇宙の日
　　　　　水路記念日
○忌　日○ 保己一忌

フランソア1世　1494生。フランス王（在位1515～47）。1547没。
バンクロフト, リチャード　1544生。イギリス, カンタベリー大主教。1610没。
水野忠直　みずのただなお　1652生。江戸時代中期の大名。1713没。
東久世博高　ひがしくぜひろたか　1659生。江戸時代前期, 中期の公家。1724没。
古月禅材　こげつぜんざい　1667生。江戸時代中期の臨済宗の僧。1751没。
寛隆　かんりゅう　1672生。江戸時代中期の真言宗の僧。1707没。
ヒューム, ジョン　1722生。スコットランドの牧師, 劇作家。1808没。
ユング-シュティリング, ヨハン・ハインリヒ　1740生。ドイツの作家。1817没。
エステルハージ・ニコラウス2世　1765生。オーストリアの元帥。1833没。
ブレーンビル　1777生。フランスの博物学者。1850没。
キャンベル, アレグザンダー　1788生。アメリカの宗教指導者。1866没。
ゲルラハ, レーオポルト・フォン　1790生。ドイツの政治家。1861没。
新見正路　しんみまさみち　1791生。江戸時代後期の幕臣, 蔵書家。1848没。
柳園種春　りゅうえんたねはる　1800生。江戸時代末期, 明治時代の歌人。1871没。
コンコーネ, ジュゼッペ　1801生。イタリアの作曲家, 声楽教師。1861没。
ホール, ジェイムズ　1811生。アメリカの地質学者。1898没。
公紹入道親王　こうしょうにゅうどうしんのう　1815生。江戸時代後期の有栖川宮第7代韶仁親王の第3王子。1846没。
二条斉敬　にじょうなりゆき　1816生。江戸時代, 明治時代の公卿。左大臣関白。1878没。
ガットリング, リチャード・ジョーダン　1818生。アメリカの発明家。1903没。

島義勇　しまよしたけ　1822生。江戸時代, 明治時代の佐賀藩士, 政治家。1874没。
木幡栄周　こはたえいしゅう　1825生。江戸時代, 明治時代の学者。1880没。
フォイエルバッハ, アンゼルム・フォン　1829生。ドイツの画家。1880没。
アウヴェルス　1838生。ドイツの位置天文学者。1915没。
メンガー　1841生。オーストリアの法学者。1906没。
クラーク, フラーンシス・エドワード　1851生。アメリカのプロテスタント牧師, キリスト教青年運動の指導者。1927没。
シュスター, サー・アーサー　1851生。ドイツ系のイギリスの物理学者。1934没。
アスキス, ハーバート　1852生。イギリスの首相。1928没。
ベルリオーズ, アレクサンドル　1852生。フランスのパリ外国宣教会宣教師。1929没。
藤波言忠　ふじなみことただ　1853生。明治時代の宮内官僚。子爵, 貴族院議員。1926没。
シャープ, ウィリアム　1855生。スコットランドの作家。1905没。
横井玉子　よこいたまこ　1855生。明治時代の女子教育家。1903没。
小山益太　こやまますた　1861生。明治時代, 大正時代の果樹園芸家。1924没。
ヴィゼヴァ, テオドール・ド　1862生。フランスの評論家, 音楽学者。1917没。
クラウセン, ソーフス　1865生。デンマークの詩人。1935没。
カエターニ　1869生。イタリアのイスラム学者。1935没。
田中義能　たなかよしとう　1872生。明治時代-昭和時代の神道学者。1946没。
岡実　おかみのる　1873生。明治時代-昭和時代の新聞経営者。1939没。
バウマー, ゲルトルーデ　1873生。ドイツの女流作家, 評論家。1954没。

尾上松之助(2代目) おのうえまつのすけ 1875生。明治時代の歌舞伎役者，映画俳優。1926没。

相馬黒光 そうまこっこう 1876生。明治時代–昭和時代の随筆家，実業家。1955没。

富崎春昇 とみざきしゅんしょう 1880生。明治時代–昭和時代の地歌・箏曲家。1958没。

メンケン，H.L. 1880生。アメリカの批評家，ジャーナリスト。1956没。

木村小舟 きむらしょうしゅう 1881生。明治時代–昭和時代の児童文学者，編集者。1954没。

ジョーンズ，ダニエル 1881生。イギリスの音声学者。1967没。

野田律太 のだりつた 1881生。大正時代，昭和時代の労働運動家。「工場世界」編集主幹，社会党香川県連労働組合部長。1948没。

堅山南風 かたやまなんぷう 1887生。昭和時代，平成時代の日本画家。1980没。

銭玄同 せんげんどう 1887生。中国，民国の学者。1939没。

シュヴァリエ，モーリス 1888生。フランスのシャンソン歌手，俳優。1972没。

レルシュ，ハインリヒ 1889生。ドイツの詩人。1936没。

ローハイム 1891生。アメリカの精神分析的文化人類学者。1953没。

クノップ，アルフレッド 1892生。アメリカの出版業者。1984没。

ドヴジェンコ，アレクサンドル 1894生。ソビエトの映画監督。1956没。

徳田球一 とくだきゅういち 1894生。大正時代，昭和時代の政治家。日本共産党書記長，衆議院議員。1953没。

河野与一 こうのよいち 1896生。昭和時代の哲学者，翻訳家。東北大学教授。1984没。

ジョリオ-キュリー，イレーヌ 1897生。フランスの物理学者。1956没。

シャーン，ベン 1898生。アメリカの画家。1969没。

有馬大五郎 ありまだいごろう 1900生。昭和時代の音楽教育家，作曲家。NHK交響楽団副理事長，国立音楽大学学長。1980没。

巌谷槇一 いわやしんいち 1900生。昭和時代の劇作家，演出家。1975没。

越智勇一 おちゆういち 1902生。昭和時代の獣医学者。麻布大学学長，東京大学教授。1992没。

クビチェック(・デ・オリヴェイラ)，ジュセリーノ 1902生。ブラジルの大統領(1956～60)。1976没。

梅根悟 うめねさとる 1903生。昭和時代の教育学者。東京教育大教授，和光大学学長。1980没。

マクニース，ルイ 1907生。イギリスの詩人。1963没。

竹沢弥七(10代目) たけざわやしち 1910生。大正時代，昭和時代の浄瑠璃三味線方。1976没。

真鍋元之 まなべもとゆき 1910生。昭和時代の小説家。1987没。

オーウェンズ，ジェシー 1913生。アメリカの黒人陸上競技選手。1980没。

オーエンス，ジェシー 1913生。アメリカの陸上選手。1980没。

豊田英二 とよだえいじ 1913生。昭和時代，平成時代の実業家。

カブラル 1924生。ギニア・ビサウ共和国の解放闘争の指導者。1973没。

藤田弓子 ふじたゆみこ 1945生。昭和時代，平成時代の女優。

あがた森魚 あがたもりお 1948生。昭和時代，平成時代の歌手，映画監督。

アハーン，バーティ 1951生。アイルランドの政治家。

チャン，レスリー 1956生。香港の俳優，歌手。2003没。

戸田恵子 とだけいこ 1957生。昭和時代，平成時代の女優，声優。

田中美奈子 たなかみなこ 1967生。昭和時代，平成時代の女優。

丸山茂樹 まるやましげき 1969生。平成時代のプロゴルファー。

八塩圭子 やしおけいこ 1969生。平成時代のアナウンサー。

姚明 ようめい 1980生。中国のバスケットボール選手。

ハドソン，ジェニファー 1981生。アメリカの女優，歌手。

三船美佳 みふねみか 1982生。平成時代の女優。

丹羽麻由美 にわまゆみ 1984生。平成時代の歌手。

9月12日

9月13日

○記念日○　月見
　　　　　司法保護記念日
　　　　　世界法の日
○忌　日○　乃木忌
　　　　　白雄忌

貞保親王　さだやすしんのう　870生。平安時代前期, 中期の清和天皇の皇子。924没。

娟子内親王　けんしないしんのう　1032生。平安時代中期, 後期の女性。後朱雀天皇の第2皇女。1103没。

日親　にっしん　1407生。室町時代, 戦国時代の日蓮宗の僧。1488没。

ボルジア, チェーザレ　1475生。イタリアの政治家。1507没。

セシル, ウィリアム, 初代バーリー男爵　1520生。イギリスの政治家。1598没。

フィッシャー・フォン・エルラッハ, ヨーゼフ・エマヌエル　1693生。オーストリアの建築家。1742没。

細川興文　ほそかわおきのり　1723生。江戸時代中期の大名。1785没。

杉田玄白　すぎたげんぱく　1733生。江戸時代中期, 後期の蘭方医, 外科医。1817没。

エヴァンズ, オリヴァー　1755生。アメリカの発明家。1819没。

円山応瑞　まるやまおうずい　1766生。江戸時代後期の画家。1829没。

カッポーニ, ジーノ　1792生。イタリアの歴史家, 政治家。1876没。

ルーゲ, アルノルト　1802生。ドイツの思想家, ジャーナリスト。1880没。

本庄宗秀　ほんじょうむねひで　1809生。江戸時代, 明治時代の大名。1873没。

懐玉斎正次　かいぎょくさいまさつぐ　1813生。江戸時代, 明治時代の根付江。1892没。

マクミラン, ダニエル　1813生。スコットランドの出版業者。1859没。

ベーツ, ニコラース　1814生。オランダの作家, 牧師。1903没。

シューマン, クララ　1819生。ドイツの女流ピアニスト。1896没。

奈良専二　ならせんじ　1822生。明治時代の篤農家。1892没。

与謝野礼厳　よさのれいごん　1823生。江戸時代, 明治時代の僧侶, 歌人。1898没。

エーブナー-エッシェンバッハ, マリー・フォン　1830生。オーストリアの女流作家。1916没。

デュシェーヌ, ルイ　1843生。フランスのカトリック教会史家。1922没。

富松正安　とまつまさやす　1849生。明治時代の自由民権家。1886没。

リード, ウォルター　1851生。アメリカの陸軍軍医。1902没。

サルヴィオリ　1857生。イタリアの法制史家。1928没。

パーシング, ジョン・J　1860生。アメリカの陸軍軍人。1948没。

マイアー, アドルフ　1866生。アメリカの精神病学者。1950没。

山本瑞雲　やまもとずいうん　1867生。明治時代-昭和時代の彫刻家。1941没。

カラテオドリ　1873生。ドイツの数学者。1950没。

クラパム　1873生。イギリスの経済史家。1946没。

シェーンベルク, アルノルト　1874生。オーストリアの作曲家。1951没。

アンダーソン, シャーウッド　1876生。アメリカの作家。1941没。

フィルヒナー, ヴィルヘルム　1877生。ドイツの探検家。1957没。

安藤正次　あんどうまさつぐ　1878生。明治時代-昭和時代の国語学者, 言語学者。東洋大学学長, 台北帝国大学総長。1952没。

佐久間勉　さくまつとむ　1879生。明治時代の海軍軍人。1910没。

竹田省　たけだせい　1880生。明治時代-昭和時代の弁護士。京都大学教授。1954没。

津田青楓　つだせいふう　1880生。明治時代-昭和時代の洋画家, 随筆家。1978没。

岩永裕吉　いわながゆうきち　1883生。大正時代,昭和時代の実業家。貴族院議員。1939没。

斎藤与里　さいとうより　1885生。明治時代–昭和時代の洋画家。1959没。

リベイロ, アキリーノ　1885生。ポルトガルの小説家。1963没。

ロビンソン, サー・ロバート　1886生。イギリスの有機化学者。1975没。

ルチツカ, レオポルト　1887生。スイスの化学者。1976没。

ルヴェルディ, ピエール　1889生。フランスの詩人。1960没。

森於菟　もりおと　1890生。大正時代,昭和時代の解剖学者,随筆家。1967没。

平野小剣　ひらのしょうけん　1891生。大正時代,昭和時代の印刷工,社会運動家。1940没。

トゥヴィム, ユリアン　1894生。ポーランドの詩人。1953没。

プリーストリー, J.B.　1894生。イギリスの劇作家,小説家,批評家。1984没。

高田せい子　たかだせいこ　1895生。大正時代,昭和時代の舞踊家。現代舞踊家協会会長。1977没。

盛永俊太郎　もりながとしたろう　1895生。大正時代,昭和時代の農学者。九州大学教授,日本育種学会初代会長。1980没。

デゾルミエール, ロジェ　1898生。フランスのオーケストラ指揮者。1963没。

コドリャヌ　1899生。ルーマニアの政治家。1938没。

大宅壮一　おおやそういち　1900生。昭和時代の評論家。1970没。

清水六兵衛(6代目)　きよみずろくべえ　1901生。昭和時代の陶芸家。1980没。

フォルストホフ　1902生。ドイツの公法学者。1974没。

エルナンデス, アマド・V.　1903生。フィリピンの現代タガログ語文学の作家,詩人,労働運動の指導者。1970没。

海老原喜之助　えびはらきのすけ　1904生。昭和時代の洋画家。1970没。

コルベール, クローデット　1905生。アメリカの女優。1996没。

藤田藤太郎　ふじたとうたろう　1910生。昭和時代の労働運動家,政治家。総評議長,参議院議員。1976没。

モンロー, ビル　1911生。アメリカのフラット・マンドリン奏者,作詞,作曲家。1996没。

益田哲夫　ますだてつお　1913生。昭和時代の労働運動家。全自動車労組委員長。1964没。

ダール, ロアルド　1916生。アメリカの短編小説家。1990没。

和田夏十　わだなつと　1920生。昭和時代の脚本家。1983没。

小田切進　おだぎりすすむ　1924生。昭和時代,平成時代の文芸評論家。日本近代文学館理事長,立教大学教授。1992没。

有馬朗人　ありまあきと　1930生。昭和時代,平成時代の物理学者,俳人。

山田洋次　やまだようじ　1931生。昭和時代,平成時代の映画監督。

小堀桂一郎　こぼりけいいちろう　1933生。昭和時代,平成時代の評論家。

アリアス・サンチェス, オスカル　1940生。コスタリカの政治家,弁護士。

安藤忠雄　あんどうただお　1941生。昭和時代,平成時代の建築家。

セゼル, アフメット　1941生。トルコの政治家,法律家。

鳩山邦夫　はとやまくにお　1948生。昭和時代,平成時代の政治家。

伊藤比呂美　いとうひろみ　1955生。昭和時代,平成時代の詩人,小説家。

玉置浩二　たまきこうじ　1958生。昭和時代,平成時代のシンガーソングライター,俳優。

カーター, ケビン　1960生。南アフリカの写真家。1994没。

三原じゅん子　みはらじゅんこ　1964生。昭和時代,平成時代の女優,歌手。

マッカートニー, ステラ　1971生。イギリスのファッションデザイナー。

カンナヴァロ, ファビオ　1973生。イタリアのサッカー選手。

チャン, ケリー　1973生。香港の歌手,女優。

旭天鵬勝　きょくてんほうまさる　1974生。平成時代の力士(幕内)。

武田美保　たけだみほ　1976生。平成時代の元・シンクロナイズドスイミング選手。

アップル, フィオナ　1977生。アメリカのロック歌手。

松坂大輔　まつざかだいすけ　1980生。平成時代の大リーグ選手。

9月13日

9月14日

○記念日○　グリーンデー
○忌　日○　雲浜忌

法守法親王　ほうしゅほっしんのう　1308生。鎌倉時代後期，南北朝時代の後伏見天皇の皇子。1391没。

アグリッパ・フォン・ネッテスハイム，ヘンリクス・コルネリウス　1486生。ルネサンスのドイツ哲学者。1535没。

アクアヴィーヴァ，クラウディウス　1543生。イタリアの聖職者。1615没。

オルデンバルネヴェルト　1547生。オランダの政治家。1619没。

マストリーリ　1603生。イタリアのイエズス会宣教師。1637没。

リーリー，サー・ピーター　1618生。オランダ生まれのイギリスの画家。1680没。

福子内親王　とみこないしんのう　1676生。江戸時代中期の女性。霊元天皇の第4皇女。1707没。

太宰春台　だざいしゅんだい　1680生。江戸時代中期の儒学者。1747没。

デュ・フェイ，シャルル・フランソワ・ド・システルニ　1698生。フランスの物理学者。1739没。

光子女王　みつこじょおう　1699生。江戸時代中期の女性。伏見宮邦永親王第2王女。1738没。

ハイドン，ミヒャエル　1737生。オーストリアの作曲家。1806没。

ヌムール　1739生。フランスの経済学者，政治家。1817没。

ウィルソン，ジェイムズ　1742生。アメリカの法律学者，政治家。1798没。

フンボルト，アレクサンダー・フォン　1769生。ドイツの博物学者，旅行家，地理学者。1859没。

ベンティンク，ロード・ウィリアム　1774生。イギリスの軍人。1839没。

シュトルム，テーオドア　1817生。ドイツの詩人，小説家。1888没。

エアトン，ウィリアム・エドワード　1847生。イギリスの電気工学者，物理学者。1908没。

ヤブロチコフ　1847生。ロシアの電気技術者。1894没。

クヌッセン，ヤコブ　1858生。デンマークの小説家。1917没。

ガーランド，ハムリン　1860生。アメリカの作家。1940没。

大林芳五郎　おおばやしよしごろう　1864生。明治時代，大正時代の実業家。1916没。

セシル，E.A.R.　1864生。イギリスの政治家。1958没。

野口援太郎　のぐちえんたろう　1868生。大正時代，昭和時代の教育家。城西学園園長。1941没。

土方久徴　ひじかたひさあきら　1870生。大正時代，昭和時代の銀行家。日本銀行総裁，貴族院議員。1942没。

八田嘉明　はったよしあき　1879生。昭和時代の政治家，財界人。日本商工会議所会頭，日本縦貫高速自動車道協会長。1964没。

岡村柿紅　おかむらしこう　1881生。明治時代，大正時代の劇作家，劇評家。「演芸倶楽部」編集主任。1925没。

野上豊一郎　のがみとよいちろう　1883生。大正時代，昭和時代の能楽研究者，英文学者。法政大学総長，ケンブリッジ大学教授。1950没。

早坂久之助　はやさかきゅうのすけ　1883生。明治時代–昭和時代のカトリック司教。長崎純心聖母会創立者，駐日ローマ教皇使ジャルディニ大司教秘書。1959没。

石川光春　いしかわみつはる　1884生。大正時代，昭和時代の植物学者。1968没。

マサリク，ヤン　1886生。チェコスロバキアの政治家。1948没。

増井清　ますいきよし　1887生。大正時代，昭和時代の畜産学者。東京大学教授，名古屋大学教授。1981没。

岩村清一　いわむらせいいち　1889生。明治時代–昭和時代の海軍軍人，実業家。海軍中将，帝国繊維社長。1970没。

ヴィノグラードフ, イワン・マトレーヴィッチ 1891生。ソ連邦の数学者。1983没。
土師清二 はじせいじ 1893生。大正時代, 昭和時代の小説家, 俳人。1977没。
井藤半弥 いとうはんや 1894生。大正時代, 昭和時代の経済学者。一橋大学学長。1974没。
小倉ミチヨ おぐらみちよ 1894生。大正時代, 昭和時代の性研究家。1967没。
石坂修一 いしざかしゅういち 1895生。大正時代, 昭和時代の弁護士, 裁判官。最高裁判事。1969没。
中原和郎 なかはらわろう 1896生。大正時代, 昭和時代の医学者, 生化学者。癌研究会癌研究所長, 国立がんセンター総長。1976没。
桜間道雄 さくらまみちお 1897生。大正時代, 昭和時代の能楽師。1983没。
三宮四郎 さんのみやしろう 1897生。昭和時代の実業家。京王帝都電鉄社長。1973没。
須藤五郎 すどうごろう 1897生。大正時代, 昭和時代の作曲家, 政治家。日本作曲家協議会委員, 参議院議員。1988没。
薄田研二 すすきだけんじ 1898生。大正時代, 昭和時代の俳優。1972没。
ベニオフ 1899生。アメリカの地球物理学者。1968没。
安藤楢六 あんどうならろく 1900生。昭和時代の実業家。小田急百貨店会長。1984没。
岩野市兵衛(8代目) いわのいちべえ 1901生。昭和時代の手漉和紙製紙人。1976没。
橋本国彦 はしもとくにひこ 1904生。昭和時代の作曲家, バイオリニスト。東京音楽学校教授。1949没。
プルーシェク 1906生。チェコスロヴァキアの中国史・中国文学者。1980没。
ダムディンスレン, ツェンディーン 1908生。モンゴルの作家, 詩人, 文献学者。1986没。
中村伸郎 なかむらのぶお 1908生。昭和時代, 平成時代の俳優。1001没。
井上究一郎 いのうえきゅういちろう 1909生。昭和時代, 平成時代のフランス文学者。東京大学教授, 武蔵大学教授。1999没。
スコット, サー・ピーター 1909生。イギリスの画家, 鳥類学者, テレビ番組出演者。1989没。
平沢和重 ひらさわかずしげ 1909生。昭和時代のジャーナリスト, 外交評論家。ジャパンタイムズ主幹, 東京オリンピック招致使節。1977没。
山元一郎 やまもといちろう 1910年。昭和時代の哲学者, 言語学者。立命館大学教授。1972没。
川崎秀二 かわさきひでじ 1911生。昭和時代の政治家。衆議院議員(自民党), 厚生大臣。1978没。
ジェルミ, ピエートロ 1914生。イタリアの映画監督。1974没。
デイーツ 1914生。アメリカの海洋地質学者。1995没。
藤川一秋 ふじかわいっしゅう 1914生。昭和時代の実業家, 政治家。トビー工業社長, 参議院議員。1992没。
三木淳 みきじゅん 1919生。昭和時代, 平成時代の写真家。土門拳記念館館長, 日本写真作家協会会長。1992没。
花柳寿南海 はなやぎとしなみ 1924生。昭和時代, 平成時代の日本舞踊家。
赤塚不二夫 あかつかふじお 1935生。昭和時代, 平成時代の漫画家。
ニール, サム 1947生。ニュージーランドの俳優。
矢沢永吉 やざわえいきち 1949生。昭和時代, 平成時代のロック歌手。
あさのあつこ あさのあつこ 1954生。昭和時代, 平成時代の小説家, 児童文学作家。
パッパラー河合 ぱっぱらーかわい 1960生。昭和時代, 平成時代のギタリスト, 歌手。
福沢朗 ふくざわあきら 1963生。昭和時代, 平成時代のアナウンサー。
駒田徳広 こまだのりひろ 1964生。昭和時代, 平成時代の元・プロ野球選手, プロ野球コーチ(楽天)。
吉田修一 よしだしゅういち 1968生。昭和時代, 平成時代の小説家。
中村獅童(2代目) なかむらしどう 1972生。平成時代の歌舞伎俳優。
安達祐実 あだちゆみ 1981生。平成時代の女優。
成宮寛貴 なりみやひろき 1982生。平成時代の俳優。
上戸彩 うえとあや 1985生。平成時代の女優, 歌手。
高橋愛 たかはしあい 1986生。平成時代の歌手(モーニング娘。)。

9月14日

9月15日

○記念日○ ひじきの日
○忌　日○ 覚猷忌

朱子　しゅし　1130生。中国, 南宋の学者, 官僚, 思想家。1200没。

ヴェッカーリン　1584生。ドイツの詩人。1653没。

ラ・ロシュフコー, フランソワ・ド　1613生。フランスのモラリスト。1680没。

内藤風虎　ないとうふうこ　1619生。江戸時代前期の大名。1685没。

尚賢　しょうけん　1625生。江戸時代前期の琉球国王。1647没。

オーツ, タイタス　1648生。イギリス国教会の聖職者。1705没。

吉見幸和　よしみゆきかず　1673生。江戸時代中期の神道家。1761没。

石田梅岩　いしだばいがん　1685生。江戸時代中期の石門心学の始祖。1744没。

タービン, ディック　1705生。イギリスの盗賊。1739没。

バイイ, ジャン・シルヴァン　1736生。フランスの政治家, 天文学者。1793没。

亀田鵬斎　かめだほうさい　1752生。江戸時代中期, 後期の儒学者。1826没。

モーリッツ, カール・フィーリップ　1756生。ドイツの小説家。1793没。

クーパー, ジェイムズ・フェニモア　1789生。アメリカの小説家。1851没。

八田知紀　はったとものり　1799生。江戸時代, 明治時代の歌人。1873没。

ラツァルス　1824生。ドイツの哲学者。1903没。

岩倉具視　いわくらともみ　1825生。江戸時代, 明治時代の公卿, 政治家。1883没。

武田成章　たけだなりあき　1827生。江戸時代, 明治時代の兵学者。士官学校教授。1880没。

ディアス, ポルフィリオ　1830生。メキシコの軍人, 独裁者, 大統領（1877〜80, 84〜1911）。1915没。

トライチュケ, ハインリヒ・フォン　1834生。ドイツの歴史家。1896没。

オルニー　1835生。アメリカ合衆国司法長官, 国務長官。1917没。

ルンゲ　1839生。ドイツの化学者。1923没。

スウィート, ヘンリー　1845生。イギリスの言語学者。1912没。

三笑亭可楽(6代目)　さんしょうていからく　1846生。明治時代, 大正時代の落語家。1924没。

高木兼寛　たかぎかねひろ　1849生。明治時代, 大正時代の海軍軍医。海軍軍医総監, 男爵, 貴族院議員。1920没。

福島安正　ふくしまやすまさ　1852生。明治時代の陸軍軍人。大将, 男爵。1919没。

タフト, ウィリアム・ハワード　1857生。アメリカの第27代大統領。1930没。

フーコー, シャルル・ユージェーヌ, 子爵　1858生。フランスの軍人, 聖職者。1916没。

フバイ・イェネー　1858生。ハンガリーのヴァイオリン奏者, 作曲家。1937没。

川原茂輔　かわはらもすけ　1859生。明治時代, 大正時代の政治家。衆議院議員, 佐賀日日新聞社長。1929没。

竹本土佐太夫(6代目)　たけもととさたゆう　1863生。明治時代–昭和時代の義太夫の太夫。1941没。

橘周太　たちばなしゅうた　1865生。明治時代の陸軍軍人。1904没。

ヘンダーソン　1865生。イギリスの政治家。1935没。

松本亦太郎　まつもとまたたろう　1865生。明治時代–昭和時代の心理学者。東京帝国大学教授, 日本心理学会初代会長。1943没。

大森房吉　おおもりふさきち　1868生。明治時代, 大正時代の地震学者。理学博士。1923没。

勝田主計　しょうだかずえ　1869生。明治時代–昭和時代の官僚, 政治家。1948没。

藤田豊八　ふじたとよはち　1869生。明治時代, 大正時代の東洋史学者。東京帝国大学教授, 文学博士。1929没。

ヴァルター, ブルーノ　1876生。ドイツ生まれのアメリカの指揮者。1962没。

旭堂南陵(2代目)　きょくどうなんりょう　1877生。明治時代–昭和時代の講談師。1965没。

山崎今朝弥　やまざきけさや　1877生。明治時代–昭和時代の弁護士。1954没。

ライアンズ, ジョゼフ・アロイシアス　1879生。オーストラリアの政治家。1939没。

春日とよ　かすがとよ　1881生。大正時代, 昭和時代の小唄演奏家。小唄春日派家元。1962没。

木村重友(初代)　きむらしげとも　1882生。大正時代, 昭和時代の浪曲師。1939没。

砂田重政　すなだしげまさ　1884生。大正時代, 昭和時代の政治家, 弁護士。衆議院議員(自民党), 全国遺族援護協議会会長。1957没。

オノーフリ, アルトゥーロ　1885生。イタリアの詩人。1928没。

ザイデル, イーナ　1885生。ドイツの女流詩人, 小説家。1974没。

堀口由己　ほりぐちよしき　1885生。大正時代, 昭和時代の気象学者。神戸海洋気象台長。1959没。

クリスティ, アガサ　1890生。イギリスの女流推理小説家。1976没。

マルタン, フランク　1890生。スイスの作曲家。1974没。

コーン　1891生。アメリカの歴史学者, 政治学者。1971没。

橋本徳寿　はしもととくじゅ　1894生。大正時代, 昭和時代の歌人, 造船技師。通産省中小企業近代化審議会中小造船業分科会長, 現代歌人協会理事。1989没。

ルノワール, ジャン　1894生。フランスの映画監督。1979没。

クライン　1895生。スエーデンの物理学者。1977没。

土光敏夫　どこうとしお　1896生。昭和時代の実業家。日本原子力事業会会長, 経団連会長。1988没。

村山槐多　むらやまかいた　1896生。大正時代の洋画家, 詩人。1919没。

スラウエルホフ, ヤン　1898生。オランダの詩人, 小説家。1936没。

アイゼンハワー, ミルトン　1899生。アメリカの学者, アイゼンハワー大統領の弟。1985没。

ウンベルト2世　1904生。イタリア国王。1983没。

西川正身　にしかわまさみ　1904生。昭和時代のアメリカ文学者。東京大学教授, 一橋大学教授。1988没。

ユトケーヴィチ, セルゲイ　1904生。ソ連の映画監督。1985没。

ベッケル, ジャック　1906生。フランスの映画監督。1960没。

ガイザー, ゲルト　1908生。西ドイツの作家。1976没。

山西きよ　やまにしきよ　1909生。昭和時代の社会運動家。小川町(茨城県)町長。1996没。

成田知巳　なりたともみ　1912生。昭和時代の政治家。衆議院議員。1979没。

クラウ　1914生。デンマークの政治家。1978没。

ゲオルギウ, ヴィルジル　1916生。ルーマニアの作家。1992没。

中村博直　なかむらひろなお　1916生。昭和時代, 平成時代の彫刻家。1991没。

岸俊男　きしとしお　1920生。昭和時代の日本史学者。京都大学教授, 橿原考古学研究所長。1987没。

楳茂都梅治　うめもとうめじ　1927生。昭和時代の日本舞踊家。1968没。

志水速雄　しみずはやお　1935生。昭和時代の政治学者。東京外国語大学教授。1985没。

デラルア, フェルナンド　1937生。アルゼンチンの政治家, 法学者。

ジョーンズ, トミー・リー　1946生。アメリカの俳優。

ストーン, オリバー　1946生。アメリカの映画監督, 脚本家。

藤野真紀子　ふじのまきこ　1949生。昭和時代, 平成時代の料理研究家, エッセイスト。

竹下景子　たけしたけいこ　1953生。昭和時代, 平成時代の女優。

酒井順子　さかいじゅんこ　1966生。昭和時代, 平成時代のエッセイスト, コラムニスト。

深沢邦之　ふかさわくにゆき　1966生。昭和時代, 平成時代のコメディアン。

藤谷美紀　ふじたにみき　1973生。平成時代の女優, 歌手。

アンジェラ・アキ　1977生。平成時代のシンガーソングライター。

ヘンリー王子　1984生。英国王子。

9月15日

9月16日

○記念日○　マッチの日（戦後文明開化の日）
　　　　　　国連・国際平和デー

ヘンリー5世　1387生。イングランド王（在位1413〜22）。1422没。

ポンポナッツィ，ピエートロ　1464生。イタリアの哲学者。1525没。

マウロリーコ（マルルロ），フランチェスコ　1494生。イタリアの数学者。1575没。

日我　にちが　1508生。戦国時代，安土桃山時代の日蓮宗の僧。1586没。

教如　きょうにょ　1558生。安土桃山時代，江戸時代前期の真宗の僧。1614没。

ケンペル　1651生。ドイツの医者，博物学者。1716没。

松平近貞　まつだいらちかさだ　1733生。江戸時代中期の大名。1785没。

藤田貞資　ふじたさだすけ　1734生。江戸時代中期，後期の和算家。1807没。

テーテンス　1736生。ドイツの哲学者，心理学者，経済学者。1807没。

小石元俊　こいしげんしゅん　1743生。江戸時代中期，後期の医師，解剖学者。1809没。

クトゥーゾフ，ミハイル・イラリオノヴィチ，公爵　1745生。ロシアの将軍。1813没。

向山周慶　さきやましゅうけい　1746生。江戸時代中期，後期の讃岐国大内郡湊村の医師。1819没。

内藤学文　ないとうさとふみ　1751生。江戸時代中期の大名。1794没。

鈴木白藤　すずきはくとう　1767生。江戸時代中期の儒者。1851没。

ロスチャイルド，ネーサン・マイヤー　1777生。ユダヤ系の国際的金融資本家。1836没。

渡辺崋山　わたなべかざん　1793生。江戸時代後期の武士，画家，経世家。1841没。

ブイヨー　1796生。フランスの医師。1881没。

パニッツィ，サー・アントニー　1797生。イギリス（イタリア生まれ）の文学史家，司書官。1879没。

ブラウンソン，オレスティーズ・オーガスタス　1803生。アメリカの聖職者，文筆家。1876没。

石黒千尋　いしぐろちひろ　1804生。江戸時代末期，明治時代の国学者。1872没。

細川斉護　ほそかわなりもり　1804生。江戸時代末期の大名。1860没。

ボズボーム・トゥーサン　1812生。オランダの女流小説家。1886没。

井上八郎　いのうえはちろう　1816生。江戸時代，明治時代の地方功労者。1897没。

ニュートン　1816生。イギリスの考古学者。1894没。

北畠道龍　きたばたけどうりゅう　1820生。明治時代の僧侶。1907没。

パークマン，フランシス　1823生。アメリカの歴史家。1893没。

ペドロ5世　1837生。ポルトガル王（在位1853〜61）。1861没。

ヒル，ジェイムズ（・ジェローム）　1838生。アメリカの鉄道業者。1916没。

デルター　1850生。オーストリアの鉱物学者。1930没。

コッセル，アルブレヒト　1853生。ドイツの生化学者。1927没。

ボイムカー，クレーメンス　1853生。ドイツの哲学史家。1924没。

小村寿太郎　こむらじゅたろう　1855生。明治時代の外交官。外務大臣，公爵。1911没。

小林樟雄　こばやしくすお　1856生。明治時代の自由民権家。衆議院議員。1920没。

賀田金三郎　かだきんざぶろう　1857生。明治時代，大正時代の実業家。大倉組台湾支配人。1922没。

ロー，アンドリュー・ボナー　1858生。イギリスの政治家。1923没。

袁世凱　えんせいがい　1859生。中国の軍人，政治家。中華民国大総統。1916没。

米井源治郎　よねいげんじろう　1861生。明治時代，大正時代の実業家。明治屋社長。1919没。

太田覚眠　おおたかくみん　1866生。明治時代–昭和時代の真宗本願寺派僧侶。1944没。

クレメンツ　1874生。アメリカの植物生態学者。1945没。
ハンティントン　1876生。アメリカの地理学者。1947没。
八杉貞利　やすぎさだとし　1876生。明治時代-昭和時代のロシア語学者。東京外国語学校教授，日本ロシヤ文学会初代会長。1966没。
ノイズ，アルフレッド　1880生。イギリスの詩人。1958没。
ベル，クライヴ　1881生。イギリスの美術評論家。1964没。
ヒューム，T.E.　1883生。イギリスの詩人，批評家，哲学者。1917没。
竹久夢二　たけひさゆめじ　1884生。明治時代，大正時代の画家，詩人。1934没。
豊田実　とよだみのる　1885生。大正時代，昭和時代の英文学者。青山学院大学学長，日本英学史学会初代会長。1972没。
ホルネー，カレン　1885生。ドイツ生まれのアメリカの女流精神分析学者。1952没。
アルプ，ハンス　1887生。フランスの画家，彫刻家。1966没。
ブーランジェ，ナディア　1887生。フランスの女流作曲家，指揮者。1979没。
シッランパー，フランス・エーミル　1888生。フィンランドの小説家。1964没。
米窪満亮　よねくぼみつすけ　1888生。大正時代，昭和時代の労働運動家，政治家。労相，衆院議員（社会党），日本海員組合副会長。1951没。
デーニッツ，カール　1891生。ドイツの海軍軍人。無没。
ベルゲングリューン，ヴェルナー　1892生。ドイツの詩人，小説家。1964没。
コルダ，サー・アレグザンダー　1893生。イギリスの映画監督，プロデューサ。1956没。
セント-ジョルジ，アルベルト・フォン・ナジラポルト　1893生。アメリカの生化学者。1986没。
山崎巌　やまざきいわお　1894生。昭和時代の官僚，政治家。衆院議員，自治相。1968没。
柳永二郎　やなぎえいじろう　1895生。大正時代，昭和時代の俳優。1984没。
河西三省　かさいさんせい　1898生。昭和時代のアナウンサー。日本放送出版協会社長。1970没。

留岡清男　とめおかきよお　1898生。昭和時代の教育者，教育学者。北海道家庭学校校長，北海道大学教授。1977没。
中山文甫（初代）　なかやまぶんぽ　1899生。昭和時代の花道家。未生流中山文甫会会長。1986没。
島原帆山　しまばらはんざん　1901生。昭和時代，平成時代の尺八奏者（都山流）。日本尺八連盟会長。2001没。
塚本憲甫　つかもとけんぽ　1904生。昭和時代の放射線医学者。国立がんセンター総長，国際放射線医学会会長。1974没。
リシエ，ジェルメーヌ　1904生。フランスの女流彫刻家。1959没。
ホラン，ヴラジミール　1905生。チェコの代表的詩人，翻訳家。1980没。
トールベルク　1908生。オーストリアの小説家，詩人。1979没。
高田敏子　たかだとしこ　1914生。昭和時代の詩人。生活と詩をつなぐ野火の会主宰，「野火」主宰。1989没。
前田透　まえだとおる　1914生。昭和時代の歌人。明星大学教授，「詩歌」主宰。1984没。
リー・クアンユー　1923生。シンガポールの政治家。
B・B・キング　1925生。アメリカのブルース・ギタリスト・歌手。
ホーヒー，チャールズ　1925生。アイルランドの政治家。2006没。
緒方貞子　おがたさだこ　1927生。昭和時代，平成時代の国際協力機構理事長，上智大学名誉教授，元・国連難民高等弁務官。
フォーク，ピーター　1927生。アメリカの俳優。
古橋広之進　ふるはしひろのしん　1928生。昭和時代，平成時代の元・水泳選手。
カッパーフィールド，デービッド　1956生。アメリカのイリュージョニスト。
上田義彦　うえだよしひこ　1957生。昭和時代，平成時代の写真家。
東国原英夫　ひがしこくばるひでお　1957生。昭和時代，平成時代のタレント，政治家。
内野聖陽　うちのまさあき　1968生。昭和時代，平成時代の俳優。
沢野大地　さわのだいち　1980生。平成時代の棒高跳び選手。

9月16日

9月17日

○記念日○ モノレール開業記念日
○忌　日○ 鬼城忌
　　　　　鳳作忌

シャルル3世　879生。カロリング朝末期のフランス王（在位893～923）。929没。
パウルス5世　1552生。教皇（在位1605～21）。1621没。
ケベード, フランシスコ・ゴメス・デ　1580生。スペインの詩人, 小説家。1645没。
ヘイルズ, スティーヴン　1677生。イギリスの生理・化学・植物学者, 牧師。1761没。
稲葉迂斎　いなばうさい　1684生。江戸時代中期の儒学者, 肥前唐津藩士。1760没。
寂厳　じゃくごん　1702生。江戸時代中期の真言宗の僧。1771没。
ホプキンズ, サミュエル　1721生。アメリカの神学者。1803没。
竹俣当綱　たけまたまさつな　1729生。江戸時代中期の武士。1793没。
ストゥーベン, フレデリック・ウィリアム, 男爵　1730生。プロシアの軍人。1794没。
カートライト, ジョン　1740生。イギリスの議会改革主義者。1824没。
コンドルセ, マリ-ジャン-アントワーヌ-ニコラ・ド・カリタ・ド　1743生。フランスの哲学者, 数学者, 革命家。1794没。
一条輝良　いちじょうてるよし　1756生。江戸時代中期の公家。1795没。
レイン, エドワード　1801生。イギリスのアラビア学者。1876没。
デュシェンヌ・ド・ブーローニュ　1806生。フランスの神経病学者。1875没。
アンブロス, アウグスト・ヴィルヘルム　1816生。オーストリアの音楽史家, 音楽批評家, 作曲家。1876没。
スホヴォー-コブイリン, アレクサンドル・ワシリエヴィチ　1817生。ロシアの劇作家。1903没。
岡田為恭　おかだためちか　1823生。江戸時代末期の復古大和絵派の画家。1864没。
リーマン, ゲオルク・フリードリヒ・ベルンハルト　1826生。ドイツの数学者。1866没。

関口隆吉　せきぐちたかよし　1836生。江戸時代, 明治時代の官吏。静岡県知事。1889没。
グリフィス, ウィリアム・エリオット　1843生。アメリカの科学者, 教育者。1928没。
スコベレフ　1843生。ロシアの将軍。1882没。
チャンドラー, セス・カルロ　1846生。アメリカの天文学者。1913没。
落合寅市　おちあいとらいち　1850生。明治時代の自由民権運動家。1936没。
ジュンケイロ, ゲーラ　1850生。ポルトガルの詩人。1923没。
ツィオルコフスキー, コンスタンチン・エドゥアルドヴィチ　1857生。ロシア, ソ連の物理学者。1935没。
菊池芳文　きくちほうぶん　1862生。明治時代, 大正時代の日本画家。京都市立絵画専門学校教授。1918没。
正岡子規　まさおかしき　1867生。明治時代の俳人, 歌人。1902没。
ブロッケルマン, カール　1868生。ドイツの東洋学者, セム語学者。1956没。
ランゲ, クリスティアン・ロウス　1869生。ノルウェーの国際平和運動家。1938没。
ウィリアムズ, ウィリアム・カーロス　1883生。アメリカの詩人。1963没。
林癸未夫　はやしきみお　1883生。大正時代, 昭和時代の経済学者。早稲田大学総長代理。1947没。
杵屋佐吉(4代目)　きねやさきち　1884生。明治時代-昭和時代の長唄三味線方。1945没。
グリフェス, チャールズ・トムリンソン　1884生。アメリカの近代音楽作曲家。1920没。
吉野信次　よしのしんじ　1888生。大正時代, 昭和時代の官僚, 政治家。運輸相, 参院議員（自民党）。1971没。
山名義鶴　やまなよしつる　1891生。大正時代, 昭和時代の社会運動家。日本労働者教育協会理事長。1967没。
石本巳四雄　いしもとみしお　1893生。大正時代, 昭和時代の地震学者。地震研究所所長。

1940没。

木下良順　きのしたりょうじゅん　1893生。昭和時代の病理学者。シティ・オブ・ホープ医学研究所所長，大阪市立医科大学学長。1977没。

鈴木栄太郎　すずきえいたろう　1894生。昭和時代の社会学者。北海道大学教授。1966没。

チチェスター, サー・フランシス　1901生。イギリスの航行者，海洋冒険家。1972没。

堀内寿郎　ほりうちじゅろう　1901生。昭和時代の化学者。北海道大学長。1979没。

オコナー, フランク　1903生。アイルランドの小説家。1966没。

男女ノ川登三　みなのがわとうぞう　1903生。大正時代，昭和時代の力士（第34代横綱）。1971没。

美作太郎　みまさかたろう　1903生。昭和時代の出版人。新評論会長，日本出版学会常任理事。1989没。

アシュトン, サー・フレデリック　1904生。イギリスの振付師，ロイヤル・バレエ団芸術監督。1988没。

クチーンスキー　1904生。ドイツ民主共和国のマルクス主義経済学者，統計学者。1997没。

荒木正三郎　あらきしょうざぶろう　1906生。昭和時代の労働組合運動家，教育者。参議院議員，日教組初代委員長。1969没。

ヴォロンコワ, リュボーフィ・フョードロヴナ　1906生。ソ連の女流児童文学者。1976没。

ジャヤワナダナ, ジュニアス・リチャード　1906生。スリランカの首相，大統領。1996没。

東野英治郎　とうのえいじろう　1907生。昭和時代，平成時代の俳優，随筆家。日本新劇俳優協会会長。1994没。

バーガー, ウォレン・E　1907生。アメリカの法律家。1995没。

オイストラフ, ダヴィド・フョードロヴィチ　1908生。ソ連のバイオリニスト。1974没。

原田鋼　はらだこう　1909生。昭和時代，平成時代の政治学者。中央大学教授，国際大学特任教授。1992没。

前田俊彦　まえだとしひこ　1909生。昭和時代，平成時代の著述業，社会運動家。延永村村長。1993没。

フルビーン, フランチシェク　1910生。チェコの詩人。1971没。

オーダム　1913生。アメリカの生態学者。2002没。

益田兼利　ましたかねとし　1913生。昭和時代の陸軍軍人，自衛官。少佐，陸上自衛隊東部方面総監。1973没。

金丸信　かねまるしん　1914生。昭和時代，平成時代の政治家。自民党副総裁，副総理。1996没。

塚本幸一　つかもとこういち　1920生。昭和時代，平成時代の実業家。ワコール社長，京都商工会議所会頭。1998没。

中井英夫　なかいひでお　1922生。昭和時代，平成時代の小説家，詩人。「短歌」（角川書店）編集長。1993没。

芦部信喜　あしべのぶよし　1923生。昭和時代，平成時代の憲法学者。東京大学教授，学習院大学教授。1999没。

ウィリアムズ, ハンク　1923生。アメリカのウェスタン歌手。1953没。

杉下茂　すぎしたしげる　1925生。昭和時代，平成時代の野球解説者，元・プロ野球選手。

曽野綾子　そのあやこ　1931生。昭和時代，平成時代の小説家。

バンクロフト, アン　1931生。アメリカの女優。2005没。

杉浦忠　すぎうらただし　1935生。昭和時代，平成時代のプロ野球選手，野球評論家。福岡ダイエーホークス球団常務・編成部長。2001没。

橋爪功　はしづめいさお　1941生。昭和時代，平成時代の俳優。

ちあきなおみ　ちあきなおみ　1947生。昭和時代，平成時代の歌手，女優。

大島さと子　おおしまさとこ　1959生。昭和時代，平成時代の女優。

蝶野正洋　ちょうのまさひろ　1963生。昭和時代，平成時代のプロレスラー。

三瀬真美子　みせまみこ　1969生。平成時代のタレント。

アナスタシア　1973生。アメリカの歌手。

徳山昌守　とくやままさもり　1974生。平成時代の元・プロボクサー。

なかやまきんに君　なかやまきんにくん　1978生。平成時代のコメディアン。

福藤豊　ふくふじゆたか　1982生。平成時代のアイスホッケー選手。

9月17日

9月18日

○記念日○ かいわれ大根の日
○忌　日○ 昭乗忌
　　　　　露月忌

トラヤヌス, マルクス・ウルピウス　52生。ローマ皇帝(在位98～117)。117没。

良快　りょうかい　1185生。鎌倉時代前期の僧。1242没。

小笠原長秀　おがさわらながひで　1366生。室町時代の武将。1424没。

広橋兼顕　ひろはしかねあき　1449生。室町時代の公卿。1479没。

小笠原貞朝　おがさわらさだとも　1461生。戦国時代の射術家。1515没。

曲直瀬道三(初代)　まなせどうさん　1507生。戦国時代, 安土桃山時代の医師。1594没。

正親町季俊　おおぎまちすえとし　1586生。江戸時代前期の公家。1625没。

バーネット, ギルバート　1643生。イギリスの聖職者。1715没。

ヴァルター, ヨーハン・ゴットフリート　1684生。ドイツのオルガン奏者, 作曲家, 辞典編集者。1748没。

ジョンソン, サミュエル　1709生。イギリスの批評家, 詩人。1784没。

尊梁女王　そんりょうじょおう　1711生。江戸時代中期の女性。京極宮文仁親王第2王女。1731没。

聖珊女王　しょうさんじょおう　1721生。江戸時代中期の女性。中御門天皇の御1皇女。1759没。

イリアルテ, トマス・デ　1750生。スペインの詩人。1791没。

ルジャンドル, アドリアン-マリー　1752生。フランスの数学者。1833没。

兼子天鸞　かねこてんろう　1759生。江戸時代後期の儒者。1829没。

グレゴリウス16世　1765生。教皇(在位1831～46)。1846没。

ストーリー, ジョゼフ　1779生。アメリカの法律家。1845没。

ケルナー, ユスティーヌス　1786生。ドイツの詩人, 医者。1862没。

ラウベ, ハインリヒ　1806生。ドイツの作家。1884没。

ミュレンホフ　1818生。ドイツのゲルマン学者。1884没。

新貞老　あたらしさだおい　1827生。江戸時代, 明治時代の歌人。1899没。

鈴木昌司　すずきしょうじ　1841生。明治時代の政治家。県議会議長, 衆議院議員。1895没。

織田完之　おだかんし　1842生。明治時代の農政史家。1923没。

ライン　1843生。ドイツの地理学者。1918没。

ニッツェ　1848生。ドイツの泌尿器科医。1906没。

田中館愛橘　たなかだてあいきつ　1856生。明治時代-昭和時代の物理学者。帝国大学教授。1952没。

片岡直温　かたおかなおはる　1859生。明治時代-昭和時代の実業家, 政治家。日本生命社長, 衆議院議員。1934没。

長尾雨山　ながおうざん　1864生。明治時代-昭和時代の書家, 漢学者。東京高等師範学校教授。1942没。

藤島武二　ふじしまたけじ　1867生。明治時代-昭和時代の洋画家。東京美術学校教授。1943没。

横山大観　よこやまたいかん　1868生。明治時代-昭和時代の日本画家。1958没。

蓼胡蝶(初代)　たでこちょう　1869生。明治時代-昭和時代の小唄の家元。1958没。

トゥルンバルト　1869生。ドイツの機能主義を代表する民族学者, 社会学者。1954没。

ウィスラー　1870生。アメリカの人類学者。1947没。

木村鷹太郎　きむらたかたろう　1870生。明治時代, 大正時代の評論家, 翻訳家。1931没。

幣原坦　しではらひろし　1870生。昭和時代の教育者, 官僚。枢密顧問官, 台北帝国大学総長。1953没。

セルゲーエフ-ツェンスキー, セルゲイ・ニコラエヴィチ　1875生。ソ連の小説家。1958没。

村岡典嗣　むらおかつねつぐ　1884生。明治時代-昭和時代の歴史学者。東北帝国大学教授。1946没。

岩下壮一　いわしたそういち　1889生。大正時代, 昭和時代の司祭, カトリック神学者。神山復生病院院長。1940没。

土屋文明　つちやぶんめい　1890生。昭和時代の歌人, 国文学者。1990没。

安井英二　やすいえいじ　1890生。昭和時代の官僚, 政治家。文部大臣, 内務大臣, 貴院議員。1982没。

浅野三千三　あさのみちぞう　1894生。大正時代, 昭和時代の化学者。東京帝国大学教授。1948没。

中村三之丞　なかむらさんのじょう　1894生。昭和時代の政治家。1979没。

武岡鶴代　たけおかつるよ　1895生。大正時代, 昭和時代のソプラノ歌手。1966没。

ディーフェンベイカー, ジョン・G　1895生。カナダの政治家。1979没。

クルーアマン, ハロルド　1901生。アメリカの演出家, 劇評家。1980没。

高橋健二　たかはしけんじ　1902生。昭和時代, 平成時代のドイツ文学者。中央大学教授。1998没。

富永惣一　とみながそういち　1902生。昭和時代の美術評論家。学習院大学教授, 国立西洋美術館長。1980没。

新田潤　にったじゅん　1904生。昭和時代の小説家。1978没。

ガルボ, グレタ　1905生。スウェーデン生まれのアメリカの映画女優。1990没。

マクミラン, エドウィン・マッティソン　1907生。アメリカの物理学者。1991没。

三巻秋子　みつまきあきこ　1907生。昭和時代の消費者運動家。消費科学センター理事長, 消費科学連合会会長。1993没。

ンクルマ, クワメ　1909生。ガーナの政治家。1972没。

中西功　なかにしこう　1910生。昭和時代の社会運動家, 政治家。参議院議員。1973没。

ベルンシュタム, アレクサンドル　1910生。ソ連の考古学者。1956没。

北住敏夫　きたずみとしお　1912生。昭和時代の国文学者。東北大学教授。1988没。

古畑正秋　ふるはたまさあき　1912生。昭和時代の天文学者。東京大学教授, 東京天文台長。1988没。

グリシン　1914生。ソ連の政治家。1992没。

バートン, サー・デレク・ハロルド・リチャード　1918生。イギリスの有機化学者。1998没。

小松勇五郎　こまつゆうごろう　1920生。昭和時代, 平成時代の官僚, 実業家。通産事務次官, 神戸製鋼所社長。1995没。

斎藤裕　さいとうひろし　1920生。昭和時代, 平成時代の実業家。新日本製鉄社長, 経団連副会長。2000没。

矢田明　やだあきら　1927生。昭和時代の気象技術者。気象庁気象衛星室長。1978没。

サンパイオ, ジョルジェ　1939生。ポルトガルの政治家。

森本毅郎　もりもとたけろう　1939生。昭和時代, 平成時代のキャスター, 司会者, エッセイスト。

神谷明　かみやあきら　1946生。昭和時代, 平成時代の声優。

平山秀幸　ひらやまひでゆき　1950生。昭和時代, 平成時代の映画監督。

五十嵐めぐみ　いがらしめぐみ　1954生。昭和時代, 平成時代の女優。

うじきつよし　うじきつよし　1957生。昭和時代, 平成時代の俳優, ミュージシャン。

トムソン, アンナ　1957生。アメリカの女優。

中井貴一　なかいきいち　1961生。昭和時代, 平成時代の俳優。

井原正巳　いはらまさみ　1967生。昭和時代, 平成時代の元・サッカー選手。

アームストロング, ランス　1971生。アメリカの元・自転車選手。

大貫亜美　おおぬきあみ　1973生。平成時代の歌手。

マーズデン, ジェームズ　1973生。アメリカの俳優。

稲本潤一　いなもとじゅんいち　1979生。平成時代のサッカー選手。

9月18日

9月19日

○記念日○　苗字の日
○忌　日○　子規忌

アントーニヌス・ピウス, ティトゥス(・アエリウス・ハドリアーヌス)　86生。ローマ皇帝(在位137〜161), 5賢帝の一人。161没。
レオ6世　866生。ビザンチン皇帝(在位886〜912)。912没。
後嵯峨院大納言典侍　ごさがいんのだいなごんてんじ　1233生。鎌倉時代前期, 後期の歌人。1263年?没。
遊義門院　ゆうぎもんいん　1270生。鎌倉時代後期の女性。後深草天皇の皇女。1307没。
アーサー王子　1486生。ヘンリー7世の長子。1502没。
アンリ3世　1551生。バロア朝最後のフランス国王(在位1574〜89)ユグノー戦争の渦中に即位。1589没。
ブーゼンバウム, ヘルマン　1600生。ドイツ生まれのイエズス会神学者。1668没。
平田通典　ひらたつうてん　1641生。江戸時代前期の琉球の陶工。1722没。
ノアイユ, アドリアン・モーリス　1678生。フランスの軍人, 貴族。1766没。
ロバートスン, ウィリアム　1721生。スコットランドの歴史家, 長老派の聖職者。1793没。
パジュー, オーギュスト　1730生。フランスの彫刻家。1809没。
茅原定　ちはらさだむ　1774生。江戸時代後期の医師, 本草家。1840没。
ブルーム, ヘンリー・ピーター, ブルーム・アンド・ヴォクス男爵　1778生。イギリスの政治家。1868没。
バザール　1791生。フランス, 炭焼党の創立者。1832没。
コールリッジ, (デイヴィド・)ハートリー　1796生。イギリスの詩人。1849没。
カイエ　1799生。フランスの探検家。1838没。
コシュート・ラヨシュ　1802生。ハンガリーの政治家, 1848年革命の指導者。1894没。
ジュフラール　1806生。ハイチの軍人, 政治家, 大統領。1879没。
伊藤惣兵衛　いとうそうべえ　1814生。江戸時代末期の志士, 長州(萩)藩大島の庄屋, 豪農。1865没。
フーコー, ジャン・ベルナール・レオン　1819生。フランスの物理学者。1868没。
蜂須賀斉裕　はちすかなりひろ　1821生。江戸時代末期の大名。1868没。
平瀬露香　ひらせろこう　1839生。江戸時代, 明治時代の神道家。大阪博物場長, 中教正。1908没。
真木菊四郎　まききくしろう　1843生。江戸時代末期の志士。1865没。
土佐光章　とさみつあき　1848生。江戸時代, 明治時代の土佐派画家。1875没。
矢田部良吉　やたべりょうきち　1851生。明治時代の植物学者, 詩人。東京大学教授。1899没。
リーヴァーヒューム(ウェスタン・アイルズの), ウィリアム・ヘスキス・リーヴァー, 初代子爵　1851生。イギリスの実業家。1925没。
江木衷　えぎちゅう　1858生。明治時代, 大正時代の法律家。東京弁護士会会長。1925没。
コレンス, カール・エーリヒ　1864生。ドイツの植物学者, 遺伝学者。1933没。
小杉天外　こすぎてんがい　1865生。明治時代-昭和時代の小説家。1952没。
シチェルバツコイ　1866生。ロシアのインドおよび仏教学者。1942没。
東伏見宮依仁　ひがしふしみのみやよりひと　1867生。明治時代, 大正時代の海軍大将・元帥。1922没。
依仁親王　よりひとしんのう　1867生。明治時代, 大正時代の海軍軍人。大将。1922没。
シャウディン, フリッツ・リヒャルト　1871生。ドイツの微生物学者。1906没。
式守蝸牛(7代目)　しきもりかぎゅう　1875生。明治時代-昭和時代の茶道家。1946没。
杉山金太郎　すぎやまきんたろう　1875生。大正時代, 昭和時代の実業家。1973没。
吉田博　よしだひろし　1876生。明治時代-昭和時代の洋画家, 版画家。年太平洋画会会長。

張人傑　ちょうじんけつ　1877生。中国の政治家。1950没。
中井宗太郎　なかいそうたろう　1879生。明治時代-昭和時代の美術史学者, 美術評論家。1966没。
中沢良夫　なかざわよしお　1883生。大正時代, 昭和時代の応用化学者, 全国高校野球連盟会長。1966没。
脇本楽之軒　わきもとらくしけん　1883生。明治時代-昭和時代の美術史家。1963没。
佐武安太郎　さたけやすたろう　1884生。大正時代, 昭和時代の生理学者。東北大学学長。1959没。
星野あい　ほしのあい　1884生。大正時代, 昭和時代の女子教育家。津田塾大学学長, 汎太平洋東南アジア婦人協会日本委員。1972没。
栖原豊太郎　すはらとよたろう　1886生。大正時代, 昭和時代の機械工学者。慶応義塾大教授。1968没。
高木作太　たかぎさくた　1894生。昭和時代の実業家。三菱鉱業社長, 武甲セメント社長。1966没。
ナイト, ジョージ・ウィルソン　1897生。イギリスの学者, 批評家, 俳優, 演出家, 劇作家。1985没。
サラガート, ジュセッペ　1898生。イタリアの大統領。1988没。
岡崎清一郎　おかざきせいいちろう　1900生。大正時代, 昭和時代の詩人。1986没。
山室民子　やまむろたみこ　1900生。昭和時代の社会事業家。国際基督教大学評議員, 東京女子大学理事, 救世軍大佐補。1981没。
沢田美喜　さわだみき　1901生。昭和時代の社会事業家。エリザベス・サンダース・ホーム園長。1980没。
ベルタランフィー　1901生。オーストリア生まれのアメリカの理論生物学者。1972没。
ブランク　1905生。ドイツの政治家。1072没。
岡田謙　おかだゆずる　1906生。昭和時代の社会学者, 社会人類学者。東京教育大学教授。1969没。
ヴァイスコップ　1908生。アメリカの物理学者。2002没。
吉田忠雄　よしだただお　1908生。昭和時代の実業家。吉田工業社長。1993没。
ワルタリ, ミカ　1908生。フィンランドの小説家。1979没。

ゴールディング, ウィリアム　1911生。イギリスの作家。1993没。
古武弥正　こたけやしょう　1912生。昭和時代, 平成時代の心理学者。兵庫医科大学理事長, 関西学院大学学長。1997没。
西口敏夫　にしぐちとしお　1913生。昭和時代の社会運動家。奈良県同和教育研究会会長, 全国同和教育研究協議会委員長。1984没。
井上光貞　いのうえみつさだ　1917生。昭和時代の歴史家。東京大学教授, 国立歴史民俗博物館長。1983没。
利根山光人　とねやまこうじん　1921生。昭和時代, 平成時代の洋画家。日本美術家連盟理事。1994没。
ザトペック, エミール　1922生。チェコの陸上選手(長距離), マラソン選手。2000没。
小柴昌俊　こしばまさとし　1926生。昭和時代, 平成時代の物理学者。ノーベル物理学賞受賞。
オーター, アル　1936生。アメリカの元・円盤投げ選手。
荒木とよひさ　あらきとよひさ　1943生。昭和時代, 平成時代の作詞家, 歌手。
小野寺昭　おのでらあきら　1943生。昭和時代, 平成時代の俳優。
平松政次　ひらまつまさじ　1947生。昭和時代, 平成時代の野球解説者, 元・プロ野球選手。
芳志戸幹雄　ほうしどみきお　1947生。昭和時代, 平成時代のギター奏者。1996没。
アイアンズ, ジェレミー　1948生。イギリスの俳優。
ツイッギー　1949生。イギリスのモデル, 女優。
MALTA　まるた　1949生。昭和時代, 平成時代のジャズサックス奏者。
加藤久仁彦　かとうくにひこ　1956生。昭和時代, 平成時代の歌手。
島田歌穂　しまだかほ　1963生。昭和時代, 平成時代の女優, 歌手。
野村謙二郎　のむらけんじろう　1966生。昭和時代, 平成時代の野球解説者, 元・プロ野球選手。
西川貴教　にしかわたかのり　1970生。平成時代の歌手。
朝日健太郎　あさひけんたろう　1975生。平成時代のビーチバレー選手。

9月19日

9月20日

○記念日○ お手玉の日
バスの日
空の日

九条良輔　くじょうよしすけ　1185生。鎌倉時代前期の公卿。1218没。

拈笑宗英　ねんしょうそうえい　1409生。室町時代，戦国時代の曹洞宗の僧。1482没。

貞把　ていは　1515生。戦国時代の僧。1574没。

オリエ，ジャン-ジャック　1608生。フランスのカトリック神学者。1657没。

レス，ジャン・フランソワ・ポル・ド・ゴンディ　1613生。フランスの政治家，文筆家。1679没。

大石久敬　おおいしひさたか　1725生。江戸時代中期の農政学者。1794没。

徳川宗睦　とくがわむねちか　1733生。江戸時代中期の大名。1800没。

フォンテーヌ，ピエール-フランソワ-レオナール　1762生。フランスの建築家。1853没。

ベリングスハウゼン，ファビアン・ゴットリープ・ベンヤミン・フォン　1778生。ロシアの海将，探検家。1852没。

ジュリアン　1799生。フランスの東洋学者。1873没。

杉田玄端　すぎたげんたん　1818生。江戸時代，明治時代の蘭方医。1889没。

シャセリオー，テオドール　1819生。フランスの画家。1856没。

モネータ　1833生。イタリアのジャーナリスト，平和運動家。1918没。

デュアー，サー・ジェイムズ　1842生。イギリスの化学者，物理学者。1923没。

ネチャーエフ，セルゲイ・ゲンナジエヴィチ　1847生。ロシアの陰謀的革命家。1882没。

本因坊秀栄　ほんいんぼうしゅうえい　1852生。明治時代の囲碁家元。1907没。

ラーマ5世　1853生。タイ，チャクリ王朝の第5代王（在位1868～1910）。1910没。

島村速雄　しまむらはやお　1858生。明治時代，大正時代の海軍軍人。男爵，元帥。1923没。

金田徳光　かねだとくみつ　1863生。大正時代の宗教家。徳光教の教祖。1919没。

宮崎湖処子　みやざきこしょし　1864生。明治時代，大正時代の詩人，小説家。1922没。

青木信光　あおきのぶみつ　1869生。明治時代-昭和時代の政治家。貴族院議員，子爵。1949没。

カシャン　1869生。フランスの共産党指導者。1958没。

ガムラン，モーリス・ギュスターヴ　1872生。フランスの将軍。1958没。

保科孝一　ほしなこういち　1872生。明治時代-昭和時代の国語学者。東京文理科大学教授，国語審議会幹事長。1955没。

エルツベルガー，マティアス　1875生。ドイツ中央党の政治家。1921没。

柴田桂太　しばたけいた　1877生。明治時代-昭和時代の生化学者。東京帝国大学教授，岩田植物生理化学研究所長。1949没。

シンクレア，アプトン　1878生。アメリカの小説家。1968没。

ショーストレーム，ヴィクトル　1879生。スウェーデン無声映画時代の代表的な監督。1960没。

大山郁夫　おおやまいくお　1880生。大正時代，昭和時代の政治学者，政治家。早稲田大学教授，参・衆議院議員。1955没。

ピッツェッティ，イルデブランド　1880生。イタリアの作曲家。1968没。

杉本京太　すぎもときょうた　1882生。大正時代，昭和時代の電話技術者。1972没。

アルト，アルブレヒト　1883生。ドイツの旧約学者。1956没。

モートン，ジェリー・ロール　1885生。アメリカのジャズ・ピアニスト，作曲家，歌手。1941没。

ウィリアムズ，チャールズ　1886生。イギリスの文学者。1945没。

野沢吉兵衛（8代目）　のざわきちべえ　1888生。明治時代-昭和時代の浄瑠璃三味線方。1950没。

大野伴睦　おおのばんぼく　1890生。昭和時代の政治家。衆議院議員。1964没。

シャロウン, ハンス　1893生。ドイツの建築家。1972没。

中島慶次　なかじまけいじ　1894生。昭和時代の実業家。王子製紙社長。1973没。

中山伊知郎　なかやまいちろう　1898生。昭和時代の経済学者。一橋大学学長。1980没。

カステロ・ブランコ　1900生。ブラジルの軍人、軍事政権最初の大統領。1967没。

立石一真　たていしかずま　1900生。昭和時代の実業家。立石電機社長、日経連常任理事。1991没。

古垣鉄郎　ふるかきてつろう　1900生。昭和時代のジャーナリスト、外交官。日本ユニセフ協会会長、駐仏大使。1987没。

ザヴァッティーニ, チェーザレ　1902生。イタリア・ネオレアリズモの代表的なシナリオライター。1989没。

杉本健吉　すぎもとけんきち　1905生。昭和時代、平成時代の洋画家。2004没。

石塚友二　いしづかともじ　1906生。昭和時代の小説家、俳人。1986没。

林霊法　はやしれいほう　1906生。昭和時代、平成時代の僧侶、教育者。東海学園女子短期大学学長、大僧正。2000没。

上条信山　かみじょうしんざん　1907生。昭和時代、平成時代の書家。東京教育大学教授。1997没。

吉田堯文　よしだたかふみ　1908生。昭和時代の茶道家。表千家流吉田家5代目。1970没。

田中竜夫　たなかたつお　1910生。昭和時代、平成時代の政治家。山口県知事。1998没。

安里清信　あさとせいしん　1913生。昭和時代の社会運動家。1982没。

辻まこと　つじまこと　1913生。昭和時代の画家、詩人。1975没。

藤堂明保　とうどうあきやす　1915生。昭和時代の中国文学者。日中学院院長、東京大学教授。1985没。

小田切秀雄　おだぎりひでお　1916生。昭和時代、平成時代の文芸評論家。日本近代文学研究所代表、法政大学教授。2000没。

堤千代　つつみちよ　1917生。昭和時代の小説家。1955没。

根上淳　ねがみじゅん　1923生。昭和時代、平成時代の俳優。2005没。

梅沢博臣　うめざわひろおみ　1924生。昭和時代、平成時代の理論物理学者。アルバータ大学教授。1995没。

アーナンタマヒドン　1925生。タイ国王。1946没。

金岡幸二　かなおかこうじ　1925生。昭和時代、平成時代の実業家。インテック社長・会長、第一薬品社長、チューリップテレビ社長。1993没。

石井庄八　いしいしょうはち　1926生。昭和時代のレスリング選手。日本アマチュアレスリング協会常務理事。1980没。

阿部正路　あべまさみち　1931生。昭和時代、平成時代の歌人、文芸評論家。国学院大学教授。2001没。

ローレン, ソフィア　1934生。フランスの女優。

野呂邦暢　のろくにのぶ　1937生。昭和時代の小説家。1980没。

麻生太郎　あそうたろう　1940生。昭和時代、平成時代の政治家。

アバチャ, サニ　1943生。ナイジェリアの政治家、軍人。1998没。

村井国夫　むらいくにお　1944生。昭和時代、平成時代の俳優。

小田和正　おだかずまさ　1947生。昭和時代、平成時代のミュージシャン。

五十嵐淳子　いがらしじゅんこ　1952生。昭和時代、平成時代の女優。

石川ひとみ　いしかわひとみ　1959生。昭和時代、平成時代の歌手。

チャン, マギー　1964生。香港の女優。

鈴木砂羽　すずきさわ　1972生。平成時代の女優。

新藤晴一　しんどうはるいち　1974生。平成時代のギタリスト（ポルノグラフィティ）。

一青窈　ひととよう　1970生。平成時代の歌手。

安室奈美恵　あむろなみえ　1977生。平成時代の歌手。

9月20日

9月21日

○記念日○ 国際平和デー,世界停戦日
世界アルツハイマーデー

倫子女王 りんしじょおう 1265生。鎌倉時代後期の女性。?没。

ヨーク,リチャード,3代公爵 1411生。ヨーク公家の第3代。1460没。

フリードリヒ3世 1415生。神聖ローマ皇帝(在位1440〜93)。1493没。

サヴォナローラ,ジローラモ 1452生。イタリアの聖職者,宗教改革者。1498没。

カルパッチョ,ヴィットーレ 1472生。イタリアのベネチア派の画家。1527没。

チーゴリ,ロドヴィーコ・カルディ・ダ 1559生。イタリアの画家,建築家。1613没。

ナバレテ 1571生。スペインのドミニコ会宣教師。1617没。

ジョリエ 1645生。フランスの探検家。1700没。

バルトロッツィ,フランチェスコ 1727生。イタリアの彫板師。1815没。

バルナーヴ,アントワーヌ 1761生。フランスの革命家。1793没。

ニッチュ,カール・イマーヌエル 1787生。ドイツのプロテスタント神学者。1868没。

セーチェーニ・イシュトヴァーン 1791生。ハンガリーの政治家。1860没。

エッカーマン,ヨハン・ペーター 1792生。ゲーテの晩年10年間の秘書。1854没。

ヤコービ 1801生。ロシアの物理学,電気工学者。1874没。

ギヨー,アーノルド・ヘンリー 1807生。スイスの地理,地質学者。1884没。

ノルヴィト,ツィプリアン・カミル 1821生。ポーランドの詩人,作家。1883没。

三井高喜 みついたかよし 1823生。江戸時代,明治時代の実業家。三井銀行総長。1894没。

ニキーチン,イワン・サヴィチ 1824生。ロシアの詩人。1861没。

カイユテ,ルイ・ポール 1832生。フランスの物理学者,工学者。1913没。

エーベルト 1835生。ドイツの病理学者,解剖学者。1926没。

ムラト5世 1840生。オスマン・トルコ帝国の第33代スルタン(1876.5〜同.9)。1904没。

アブドゥル・ハミト2世 1842生。オスマントルコ帝国第34代のスルタン(在位1876〜1909)。1918没。

潮田千勢子 うしおだちせこ 1844生。明治時代の婦人運動家。矯風会会頭。1903没。

藤井能三 ふじいのうぞう 1846生。明治時代,大正時代の港湾改良家。1913没。

マルコヴィチ,スヴェトザル 1846生。ユーゴスラビアのセルビアの文学評論家,思想家。1875没。

ゴス,エドマンド 1849生。イギリスの批評家,文学史家。1928没。

カーメルリング・オンネス,ヘイケ 1853生。オランダの物理学者。1926没。

岡野敬次郎 おかのけいじろう 1865生。明治時代,大正時代の法学者,政治家。帝国大学教授,文部大臣。1925没。

橘家円喬(4代目) たちばなやえんきょう 1865生。明治時代の落語家。1912没。

ウェルズ,H.G. 1866生。イギリスの作家,思想家,文明批評家。1946没。

ニコル,シャルル・ジュール・アンリ 1866生。フランスの細菌学者。1936没。

スティムソン,ヘンリー・L 1867生。アメリカの共和党政治家,弁護士。1950没。

クニッペル・チェーホワ 1868生。ソ連の女優。1959没。

鹿島房次郎 かしまふさじろう 1869生。明治時代–昭和時代の実業家。神戸市長、川崎造船所社長。1932没。

シシコーフ,ヴァチェスラフ・ヤーコヴレヴィチ 1873生。ソ連の小説家。1945没。

菱田春草 ひしだしゅんそう 1874生。明治時代の日本画家。1911没。

ホールスト,グスターヴ 1874生。イギリス(スウェーデン系)の作曲家。1934没。

慶松勝左衛門 けいまつかつざえもん 1876生。明治時代–昭和時代の薬学者。日本薬剤師協

会会長,参議院議員。1954没。
ゴンサレス, フリオ　1876生。スペインの彫刻家。1943没。
坂東三津五郎(7代目)　ばんどうみつごろう　1882生。明治時代−昭和時代の歌舞伎役者。1961没。
有田八郎　ありたはちろう　1884生。明治時代−昭和時代の外務官僚,政治家。外務大臣。1965没。
尾上多賀之丞(3代目)　おのえたがのじょう　1887生。明治時代−昭和時代の歌舞伎役者。1978没。
村松梢風　むらまつしょうふう　1889生。大正時代,昭和時代の小説家。1961没。
シエルバ, フアン・デ・ラ　1895生。スペインの飛行家,航空機設計家。1936没。
倉石武四郎　くらいしたけしろう　1897生。昭和時代の中国語学者,中国文学者。東京大学教授,京都大学教授,日中学院院長。1975没。
浜口厳根　はまぐちいわね　1897生。昭和時代の銀行家。日本長期信用銀行頭取。1976没。
ゼブロウスキ　1898生。ポーランド生まれのカトリック労働修士。1982没。
ダビ, ウージェーヌ　1898生。フランスの小説家。1936没。
坂本武　さかもとたけし　1899生。昭和時代の俳優。1974没。
樫山純三　かしやまじゅんぞう　1901生。昭和時代の実業家。樫山会長。1986没。
エヴァンズ-プリチャード, サー・エドワード・エヴァン　1902生。イギリスの社会人類学者。1973没。
石垣綾子　いしがきあやこ　1903生。昭和時代,平成時代の評論家。石垣記念館理事長。1996没。
正田英三郎　しょうだひでさぶろう　1903生。昭和時代,平成時代の実業家。日清製粉社長。1999没。
アルトゥング, ハンス　1904生。ドイツ生まれのフランスの抽象画家。1989没。
黒田辰秋　くろだたつあき　1904生。昭和時代の木工芸家,漆芸家。人間国宝。1982没。
百合山羽公　ゆりやまうこう　1904生。大正時代−平成時代の俳人。1991没。
ブラード, サー・エドワード・クリスプ　1907生。イギリスの地球物理学者。1980没。
高川格　たかかわかく　1915生。昭和時代の囲碁棋士。1986没。

ジルー, フランソワーズ　1916生。フランスの女性ジャーナリスト。2003没。
伊藤正己　いとうまさみ　1919生。昭和時代,平成時代の英米法学者,憲法学者。
村上武雄　むらかみたけお　1919生。昭和時代の経営者。東京瓦斯社長。1981没。
イドルス　1921生。インドネシアの小説家,劇作家。1979没。
鯨岡阿美子　くじらおかあみこ　1922生。昭和時代のデザイナー,服飾評論家。アミコ・ファッションズ代表,ザ・ファッショングループ会長。1988没。
ネト, アゴスティノ　1922生。アンゴラ人民共和国初代大統領,詩人。1979没。
綱淵謙錠　つなぶちけんじょう　1924生。昭和時代,平成時代の小説家。日本ペンクラブ事務局長。1996没。
ブール　1924生。オーストリアの登山家。1957没。
宮川透　みやかわとおる　1927生。昭和時代,平成時代の哲学者。東京外国語大学教授。1999没。
新井直之　あらいなおゆき　1929生。昭和時代,平成時代の評論家。東京女子大学教授。1999没。
林家正楽(2代目)　はやしやしょうらく　1935生。昭和時代,平成時代の寄席芸人。1998没。
桂文楽(9代目)　かつらぶんらく　1938生。昭和時代,平成時代の落語家。
ジョー山中　じょーやまなか　1946生。昭和時代,平成時代のロック歌手。
桂ざこば(2代目)　かつらざこば　1947生。昭和時代,平成時代の落語家。
キング, スティーブン　1947生。アメリカの作家。
松田優作　まつだゆうさく　1950生。昭和時代,平成時代の俳優。1989没。
マレー, ビル　1950生。アメリカの俳優,タレント,脚本家。
マスハドフ, アスラン　1951生。ロシアの政治家,軍人。2005没。
安倍晋三　あべしんぞう　1954生。昭和時代,平成時代の首相,衆院議員。元・内閣官房長官。
有坂来瞳　ありさかくるめ　1979生。平成時代の女優。

9月21日

9月22日

○記念日○　国際ビーチクリーンアップデー

李克用　りこくよう　856生。中国，五代後唐の始祖。908没。
アン（クレーヴズの）　1515生。イギリス王ヘンリー8世の4番目の妃。1557没。
飛鳥井雅教　あすかいまさのり　1520生。戦国時代，安土桃山時代の公卿。1594没。
フリッシュリン，ニコデームス　1547生。ドイツの詩人，文献学者。1590没。
アンヌ・ドートリシュ　1601生。フランス国王ルイ13世の王妃。1666没。
牧野康重　まきのやすしげ　1677生。江戸時代中期の大名。1723没。
ブロッケス，バルトルト・ハインリヒ　1680生。ドイツの詩人。1747没。
ベリール，シャルル・ルイ・フーケ，公爵　1684生。フランスの軍人。1761没。
チェスターフィールド，フィリップ・ドーマー・スタナップ，4代伯爵　1694生。イギリスの政治家，外交官。1773没。
ゲタール，ジャン・エティエンヌ　1715生。フランスの地質学者。1786没。
パルラース，ペーター・ジーモン　1741生。ドイツの博物学者。1811没。
シュプレンゲル　1750生。ドイツの植物，博物学者。1816没。
サシー　1758生。フランスの東洋学者。1838没。
ファラデイ，マイケル　1791生。イギリスの化学者，物理学者。1867没。
竹本長門太夫（3代目）　たけもとながとだゆう　1800生。江戸時代末期の浄瑠璃作者，歌舞伎作者。1864没。
ウィリアムズ，サミュエル・ウェルズ　1814生。アメリカの宣教師。1884没。
ヴァッテンバハ　1819生。ドイツの歴史家。1897没。
メネル，アリス　1847生。イギリスの女流詩人，随筆家。1922没。
明治天皇　めいじてんのう　1852生。第122代天皇。諱は睦仁（むつひと）。1912没。

白山松哉　しらやましょうさい　1853生。明治時代，大正時代の漆工家。東京美術学校教授。1923没。
奥好義　おくよしいさ　1857生。明治時代−昭和時代の雅楽家，作曲家。1933没。
二宮わか　にのみやわか　1861生。明治時代−昭和時代の教育者。1930没。
イェルサン，アレクサンドル・エミール・ジョン　1863生。スイス系のフランスの細菌学者。1943没。
閑院宮載仁　かんいんのみやことひと　1865生。江戸時代−昭和時代の皇族，元帥。1945没。
窪田静太郎　くぼたしずたろう　1865生。明治時代−昭和時代の官僚，社会事業家。1946没。
タルデュー　1876生。フランスの首相（29〜30, 30, 32）。1945没。
高石真五郎　たかいししんごろう　1878生。明治時代−昭和時代のジャーナリスト，新聞経営者。毎日新聞社社長，IOC委員。1967没。
牧野省三　まきのしょうぞう　1878生。明治時代−昭和時代の映画製作者，映画監督。1929没。
吉田茂　よしだしげる　1878生。明治時代−昭和時代の外交官，政治家。首相，自由党総裁。1967没。
カイテル，ヴィルヘルム　1882生。ドイツの軍人。1946没。
竹田宮恒久　たけだのみやつねひさ　1882生。明治時代，大正時代の陸軍少将。1919没。
アスプルンド，エリック・グンナル　1885生。スウェーデンの建築家。1940没。
チフリー，ジョゼフ・ベネディクト　1885生。オーストラリアの首相。1951没。
フォン・シュトロハイム，エリッヒ　1885生。アメリカの映画監督，俳優。1957没。
田村文吉　たむらぶんきち　1886生。昭和時代の実業家，政治家。参議院議員，北越製紙社長。1963没。
有栖川宮栽仁　ありすがわのみやたねひと　1887生。明治時代の皇族。1908没。

杵屋勝三郎（6代目） きねやかつさぶろう　1888生。昭和時代の長唄三味線方。1964没。

ビシエール，ロジェ　1888生。フランスの画家。1964没。

ライプ　1893生。ドイツの詩人，小説家，劇作家，画家。1983没。

ムーニ，ポール　1895生。アメリカの俳優。1967没。

キースラー，フレデリック・ジョン　1896生。アメリカの建築家。1965没。

成田忠久　なりたただひさ　1897生。昭和時代の教育運動家。1960没。

ハギンズ，チャールズ・ブレントン　1901生。アメリカの医学者，外科医，泌尿器科医。1997没。

マウレル　1902生。ルーマニアの政治家。2000没。

キャラハン，モーリー　1903生。カナダの作家。1990没。

倉沢剛　くらさわたかし　1903生。昭和時代の教育学者。東京学芸大学教授。1986没。

神原周　かんばらしゅう　1906生。昭和時代の応用科学者。東京工業大学教授，日本化学会会長。1999没。

川本信正　かわもとのぶまさ　1907生。昭和時代のスポーツ評論家。JOC委員。1996没。

宮沢縦一　みやざわじゅういち　1907生。昭和時代，平成時代の音楽評論家。2000没。

本多秋五　ほんだしゅうご　1908生。昭和時代，平成時代の文芸評論家。明治大学教授。2001没。

松山崇　まつやまたかし　1908生。昭和時代の映画・舞台美術家。1977没。

リースマン，デイヴィド　1909生。アメリカの社会科学者。2002没。

清水崑　しみずこん　1912生。昭和時代の漫画家。1974没。

平塚八兵衛　ひらつかはちべえ　1913生。昭和時代の刑事。警視庁警視。1979没。

北条民雄　ほうじょうたみお　1914生。昭和時代の小説家。1937没。

三遊亭歌笑（3代目）　さんゆうていかしょう　1917生。昭和時代の落語家。1950没。

シェリング，ヘンリク　1918生。ポーランド生まれのメキシコのバイオリニスト。1988没。

田中艸太郎　たなかそうたろう　1923生。昭和時代の小説家，評論家。佐賀女子短期大学教授。1993没。

金春惣右衛門（22代目）　こんぱるそうえもん　1924生。昭和時代，平成時代の能楽囃子方（金春流太鼓方）。

ブラザウスカス，アルギルダス　1932生。リトアニアの政治家。

阿部昭　あべあきら　1934生。昭和時代の小説家。1989没。

岡田真澄　おかだますみ　1935生。昭和時代，平成時代の俳優。2006没。

カリーナ，アンナ　1940生。フランスの女優。

鈴木雅之　すずきまさゆき　1956生。昭和時代，平成時代の歌手。

近藤典子　こんどうのりこ　1957生。昭和時代，平成時代のアメニティーアドバイザー。

石井竜也　いしいたつや　1959生。昭和時代，平成時代のミュージシャン，映画監督，アーティスト。

緒形直人　おがたなおと　1967生。昭和時代，平成時代の俳優。

サップ，ボブ　1974生。アメリカの格闘家，元・プロフットボール選手。

ロナウド　1976生。ブラジルのサッカー選手。

渋谷すばる　しぶたにすばる　1981生。平成時代のタレント，歌手。

北島康介　きたじまこうすけ　1982生。平成時代の水泳選手。

今井絵理子　いまいえりこ　1983生。平成時代の歌手，女優。

成田童夢　なりたどうむ　1985生。平成時代のスノーボード選手。

登場人物

バギンズ，ビルボ　小説『ホビットの冒険』『指輪物語』の登場人物。

バギンズ，フロド　小説『指輪物語』の登場人物。

9月22日

9月23日

○記念日○　不動産の日
　　　　　万年筆の日

アウグストゥス, ガイユス・ユリウス・カエサル・オクタウィアヌス　前62生。ローマ帝国初代皇帝(在位前27〜後14)。14没。

善子内親王　よしこないしんのう　1077生。平安時代後期の女性。白河天皇の第2皇女。1133没。

イブン・ハッリカーン　1211生。アラブの伝記作者。1282没。

フランチェスコ・ディ・ジョルジョ　1439生。イタリアの画家, 彫刻家, 建築家。1502没。

島津忠良　しまづただよし　1492生。戦国時代の薩摩の武将。1568没。

東園基賢　ひがしぞのもとかた　1626生。江戸時代前期, 中期の公家。1704没。

劉東閣　りゅうとうかく　1633生。江戸時代前期の儒学者。1695没。

ボノンチーニ, ジョヴァンニ・マリア　1642生。イタリアの音楽家。1678没。

コリア, ジェレミー　1650生。イギリスの牧師。1726没。

大月履斎　おおつきりさい　1674生。江戸時代中期の伊予松山藩士, 儒学者。1734没。

フェルナンド6世　1713生。スペイン王(在位1746〜59)。1759没。

マカダム, ジョン・ラウドン　1756生。スコットランドの発明家。1836没。

葛飾北斎　かつしかほくさい　1760生。江戸時代後期の浮世絵師。1849没。

アラクチェーエフ　1769生。ロシアの軍人, 政治家。1834没。

コルネリウス, ペーター・フォン　1783生。ドイツの画家。1867没。

テーラー　1783生。イギリスの女流児童文学者。1824没。

エンケ, ヨハン・フランツ　1791生。ドイツの天文学者。1865没。

ケルナー, テーオドア　1791生。ドイツの詩人。1813没。

西村郡司　にしむらぐんじ　1814生。江戸時代末期, 明治時代の商人, 開拓事業家。1895没。

西村七右衛門　にしむらしちえもん　1814生。江戸時代, 明治時代の開墾家。1895没。

フィゾー, アルマン・イポリット・ルイ　1819生。フランスの物理学者。1896没。

フィードラー, コンラート　1841生。ドイツの芸術学者。1895没。

ゼーリガー　1849生。ドイツの天文学者。1924没。

ヘルトヴィッヒ　1850生。ドイツの動物学者。1937没。

春風亭柳枝(3代目)　しゅんぷうていりゅうし　1852生。明治時代の落語家。1900没。

ハルステッド, ウィリアム・スチュワート　1852生。アメリカの外科医。1922没。

アーチャー, ウィリアム　1856生。イギリスの演劇評論家。1924没。

クルムバハー, カール　1856生。ドイツのビザンチン学者。1909没。

長沼守敬　ながぬまもりよし　1857生。明治時代, 大正時代の彫刻家。東京美術学校教授。1942没。

オズボーン　1859生。アメリカの行刑改良家。1926没。

沢田吾一　さわだごいち　1861生。明治時代, 大正時代の数学者。1931没。

ヴァラドン, シュザンヌ　1865生。フランスの女流画家。1938没。

橋本圭三郎　はしもとけいざぶろう　1865生。明治時代–昭和時代の官僚, 実業家。1959没。

バロネス・オルツィ　1865生。ハンガリー生まれのイギリスの女流作家。1947没。

クプカ, フランチシェク　1871生。チェコの画家。1957没。

幸徳秋水　こうとくしゅうすい　1871生。明治時代の社会主義者。1911没。

西郷孤月　さいごうこげつ　1873生。明治時代の日本画家。東京美術学校助教授。1912没。

バーカー, サー・アーネスト　1874生。イギリスの政治哲学者。1960没。

クズミーン, ミハイル・アレクセーヴィチ　1875生。ロシアの詩人, 小説家。1936没。

伍堂卓雄　ごどうたくお　1877生。大正時代, 昭和時代の政治家, 海軍軍人。造兵中将, 貴族院議員。1956没。

ボイド・オア(ブリーヒン・マーンズの), ジョン・ボイド・オア, 男爵　1880生。イギリスの農業科学者。1971没。

田中万逸　たなかまんいつ　1882生。大正時代, 昭和時代の政治家。衆議院議員, 国務大臣。1963没。

寺島健　てらしまけん　1882生。大正時代, 昭和時代の海軍軍人, 政治家。貴族院議員。1972没。

豊沢小住(2代目)　とよざわこすみ　1885生。明治時代–昭和時代の女義太夫三味線方。1977没。

市川松蔦(2代目)　いちかわしょうちょう　1886生。明治時代–昭和時代の歌舞伎役者。1940没。

下村定　しもむらさだむ　1887生。大正時代, 昭和時代の陸軍軍人, 政治家。陸軍大将。1968没。

キッテル, ゲーアハルト　1888生。ドイツのプロテスタント新約学者。1948没。

リップマン, ウォルター　1889生。アメリカのジャーナリスト, 政治評論家。1974没。

パウルス, フリードリヒ　1890生。ドイツの陸軍軍人。1957没。

高橋亀吉　たかはしかめきち　1894生。大正時代, 昭和時代の経済評論家。高橋経済研究所所長, 拓殖大学教授。1977没。

野村光一　のむらこういち　1895生。昭和時代の音楽評論家。日本ショパン協会会長。1988没。

デルヴォー, ポール　1897生。ベルギーのシュールレアリスムの画家。1994没。

ネーヴェルソン, ルイーズ　1899生。ロシア生まれのアメリカの女流彫刻家。1988没。

広瀬孝六郎　ひろせこうろくろう　1899生。昭和時代の衛生工学者。東京大学教授。1964没。

サイフェルト, ヤロスラフ　1901生。チェコの代表的詩人。1986没。

細川一　ほそかわはじめ　1901生。昭和時代の医師。チッソ水俣工場付属病院長。1970没。

稲嶺一郎　いなみねいちろう　1905生。昭和時代の実業家, 政治家。琉球石油社長, 参議院議員。1989没。

清水博　しみずひろし　1907生。昭和時代のアメリカ史学者。立教大学教授。1993没。

木下光三　きのしたみつぞう　1912生。昭和時代, 平成時代のサーカス経営者。木下サーカス社長。1996没。

千沢楨治　ちざわていじ　1912生。昭和時代の美術史家。上智大学教授, 町田市立博物館長, 山梨県立美術館長。1984没。

ホール　1916生。アメリカの歴史学者, 日本研究家。1997没。

モロ, アルド　1916生。イタリアの法学者, 政治家。1978没。

金子兜太　かねことうた　1919生。昭和時代, 平成時代の俳人。

コルトレーン, ジョン　1926生。アメリカのジャズ・テナーサックス奏者。1967没。

チャールズ, レイ　1930生。アメリカのソウル・ミュージシャン。2004没。

アチャンポン　1931生。ガーナの軍人, 政治家。1979没。

竹本駒之助　たけもとこまのすけ　1935生。昭和時代, 平成時代の女義太夫節太夫。

パニアグア, バレンティン　1936生。ペルーの政治家, 法学者。2006没。

イグレシアス, フリオ　1943生。スペインのシンガー・ソングライター。

スプリングスティーン, ブルース　1949生。アメリカのロック・ミュージシャン。

ロッシ, パオロ　1956生。イタリアの元・サッカー選手。

川平慈英　かびらじえい　1963生。昭和時代, 平成時代の俳優。

床嶋佳子　とこしまよしこ　1964生。昭和時代, 平成時代の女優, 元・バレリーナ。

立川談笑　たてかわだんしょう　1965生。昭和時代, 平成時代の落語家, リポーター。

中山雅史　なかやままさし　1967生。平成時代のサッカー選手。

鈴木杏樹　すずきあんじゅ　1969生。平成時代の女優。

井上晴美　いのうえはるみ　1974生。平成時代の女優。

後藤真希　ごとうまき　1985生。平成時代の歌手。

稲葉浩志　いなばこうし　ロック歌手。

9月23日

9月24日

○記念日○ 清掃の日
○忌　日○ 逆髪忌
　　　　　 言水忌
　　　　　 西郷忌

ウィテリウス, アウルス　15生。ローマ皇帝(在位69)。69没。

柴栄　さいえい　921生。中国, 五代後周の第2代皇帝(在位954〜959)。959没。

フルンツベルク　1473生。ハプスブルク家に仕えたドイツの軍人。1528没。

カルダーノ, ジロラモ　1501生。イタリアの数学者, 医者。1576没。

朝倉義景　あさくらよしかげ　1533生。戦国時代の越前の大名。1573没。

アダムズ, ウィリアム　1564生。日本に来た最初のイギリス人。1620没。

三浦按針　みうらあんじん　1564生。安土桃山時代, 江戸時代前期の日本に来た最初のイギリス人。1620没。

ヴァレンシュタイン, アルブレヒト・ヴェンツェル・オイゼービウス・フォン　1583生。ドイツの軍人。1634没。

松浦棟　まつらたかし　1646生。江戸時代前期, 中期の大名。1713没。

服部南郭　はっとりなんかく　1683生。江戸時代中期の古文辞学派の儒者, 文人。1759没。

ダウン　1705生。オーストリアの軍人。1766没。

ウォルポール, ホラス　1717生。イギリスの小説家。1797没。

ポチョムキン, グリゴリー・アレクサンドロヴィチ　1739生。ロシアの政治家, 軍人, 元帥, 公爵。1791没。

マーシャル, ジョン　1755生。アメリカの法学者, 政治家。1835没。

シメオン, チャールズ　1759生。イギリス国教会聖職者。1836没。

バリー, アントワーヌ・ルイ　1796生。フランスの彫刻家。1875没。

玉木文之進　たまきぶんのしん　1810生。江戸時代末期, 明治時代の長州(萩)藩士。1876没。

ツァイジング　1810生。ドイツの美学者。1876没。

村垣範正　むらがきのりまさ　1813生。江戸時代末期, 明治時代の幕臣。1880没。

カンポアモル, ラモン・デ　1817生。スペインの詩人。1901没。

リポン　1827生。イギリスの政治家。1909没。

近藤真琴　こんどうまこと　1831生。江戸時代, 明治時代の洋学者, 教育者。1886没。

大倉喜八郎　おおくらきはちろう　1837生。明治時代, 大正時代の実業家。大倉商会。1928没。

ハナ, マーク　1837生。アメリカの資本家, 政治家。1904没。

密田林蔵(9代目)　みつだりんぞう　1837生。江戸時代後期, 末期, 明治時代の実業家。1881没。

中村清二　なかむらせいじ　1869生。明治時代-昭和時代の物理学者。1960没。

望月信亨　もちづきしんこう　1869生。明治時代-昭和時代の仏教学者。大正大学教授, 浄土宗管長, 知恩院門跡。1948没。

クロード, ジョルジュ　1870生。フランスの化学者, 物理学者。1960没。

千葉亀雄　ちばかめお　1878生。大正時代, 昭和時代の文芸評論家, 新聞記者。1935没。

ラミュ, シャルル-フェルディナン　1878生。スイスの小説家。1947没。

河田烈　かわだいさお　1883生。大正時代, 昭和時代の大蔵官僚。大蔵大臣, 貴院議員(勅選), 台湾拓殖社長。1963没。

嶋田繁太郎　しまだしげたろう　1883生。大正時代, 昭和時代の海軍軍人。海軍大将。1976没。

イノニュ, イスメト　1884生。トルコの大統領(1938〜50)。1973没。

佐藤繁彦　さとうしげひこ　1887生。明治時代-昭和時代の神学者。1935没。

中塚一碧楼　なかつかいっぺきろう　1887生。明治時代-昭和時代の俳人。1946没。

竹友藻風　たけともそうふう　1891生。大正時代, 昭和時代の詩人, 英文学者。1954没。

フィッツジェラルド, F.スコット　1891生。アメリカの小説家。1940没。

久留間鮫造　くるまさめぞう　1893生。大正時代, 昭和時代の経済学者。法政大学教授。1982没。

クールナン, アンドレ・フレデリック　1895生。フランス生まれの生理学者。1988没。

フローリー(アデレードの), サー・ハワード・ウォルター・フローリー, 男爵　1898生。オーストラリアの病理学者。1968没。

服部之総　はっとりしそう　1901生。昭和時代の日本史学者。日本近代史研究会主宰, 法政大学教授。1956没。

大石秀典　おおいししゅうてん　1903生。昭和時代, 平成時代の宗教家。国際宗教研究所常務理事。1996没。

大沢昌助　おおさわしょうすけ　1903生。昭和時代, 平成時代の洋画家。多摩美術大学教授。1997没。

田中於菟弥　たなかおとや　1903生。昭和時代のインド文学者。早稲田大学教授, 日印文化協会理事長。1989没。

谷崎松子　たにざきまつこ　1903生。昭和時代の随筆家。1991没。

オチョア, セベロ　1905生。スペイン生まれのアメリカの生化学者。1993没。

小糸のぶ　こいとのぶ　1905生。昭和時代の小説家。1995没。

宇都宮徳馬　うつのみやとくま　1906生。昭和時代, 平成時代の政治家。衆議院議員, 日中友好協会会長。2000没。

趙樹理　ちょうじゅり　1906生。中国の小説家。1970没。

森恭三　もりきょうぞう　1907生。昭和時代の新聞記者。朝日新聞論説主幹。1984没。

岡倉士朗　おかくらしろう　1909生。昭和時代の演出家。1959没。

呉晗　ごがん　1909生。中国の歴史学者。1969没。

曹禺　そうぐう　1910生。中国の劇作家。1996没。

チェルネンコ, コンスタンチン・ウスチノヴィチ　1911生。旧ソ連の政治家。1985没。

カー, サー・ジョン(・ロバート)　1914生。オーストラリアの第18代連邦総督。1991没。

李煥　りかん　1916生。台湾の政治家。

山崎富栄　やまざきとみえ　1919生。作家太宰治と共に自殺したことで知られる愛人。1948没。

村上一郎　むらかみいちろう　1920生。昭和時代の文芸評論家。1975没。

バスティアニーニ, エットーレ　1922生。イタリアのバリトン歌手。1967没。

辻邦生　つじくにお　1925生。昭和時代, 平成時代の小説家, フランス文学者。東京農工大学教授, 学習院大学教授。1999没。

加山又造　かやままたぞう　1927生。昭和時代, 平成時代の日本画家。2004没。

長新太　ちょうしんた　1927生。昭和時代, 平成時代の絵本作家, 漫画家。2005没。

向井敏　むかいさとし　1930生。昭和時代, 平成時代のエッセイスト, 文芸評論家。2002没。

ヴェルナー, マンフレート　1934生。ドイツの政治家。1994没。

筒井康隆　つついやすたか　1934生。昭和時代, 平成時代の小説家, 俳優。

田淵幸一　たぶちこういち　1946生。昭和時代, 平成時代の元・プロ野球選手。

山岸凉子　やまぎしりょうこ　1947生。昭和時代, 平成時代の漫画家。

楊德昌　ようとくしょう　1947生。台湾の映画監督。2007没。

川原泉　かわはらいずみ　1960生。昭和時代, 平成時代の漫画家。

KAN　かん　1962生。昭和時代, 平成時代のシンガーソングライター。

羽田美智子　はだみちこ　1968生。昭和時代, 平成時代の女優。

田原健一　たはらけんいち　1969生。平成時代のロックギタリスト (Mr.Children)。

ディゾン, リア　1986生。米国出身のタレント。

桜塚やっくん　さくらづかやっくん　コメディアン。

9月24日

9月25日

○記念日○　介護の日
○忌　日○　光起忌

メリアン, マトイス　1593生。スイスの版画家, 出版業者。1650没。

酒井田柿右衛門（初代）　さかいだかきえもん　1596生。江戸時代前期の伊万里焼の陶工。1629没。

ボロミーニ, フランチェスコ　1599生。イタリアの建築家, 彫刻家。1667没。

ペロー, クロード　1613生。フランスの建築家, 科学者。1688没。

レーマー, オーレ・クリステンセン　1644生。デンマークの天文学者。1710没。

テケイ・イムレ　1657生。ハンガリーのプロテスタントの指導者。1705没。

天野信景　あまのさだかげ　1663生。江戸時代中期の国学者。1733没。

蔡温　さいおん　1682生。江戸時代中期の琉球の政治家。1762没。

ラモー, ジャン-フィリップ　1683生。後期バロック時代のフランスの作曲家, 音楽理論家。1764没。

キュニョー, ニコラ・ジョゼフ　1725生。フランスの軍事技術者。1804没。

ハイネ, クリスティアン・ゴットローブ　1729生。ドイツの古典学者。1812没。

フリードリヒ・ウィルヘルム2世　1744生。プロシア王（在位1786～97）。1797没。

ヴェルナー, アブラハム・ゴットロープ　1750生。ドイツの地質, 鉱物学者。1817没。

ヘマンズ, フェリシア　1793生。イギリスの女流詩人。1835没。

菊池海荘　きくちかいそう　1799生。江戸時代, 明治時代の志士。1881没。

徳川吉子　とくがわよしこ　1804生。江戸時代, 明治時代の女性。徳川斉昭夫人。1893没。

ジェニー, ウィリアム・ル・バロン　1832生。アメリカの建築家。1907没。

田中光顕　たなかみつあき　1843（閏9月）生。江戸時代, 明治時代の高知藩士, 政治家。子爵, 宮内相。1939没。

チェンバレン, トーマス・クローダー　1843生。アメリカの地質学者。1928没。

ケッペン, ヴラディミル・ペーター　1846生。ロシア生まれのドイツの気候学者。1940没。

大江卓　おおえたく　1847生。明治時代, 大正時代の政治家, 社会事業家。衆議院議員。1921没。

ファインガー, ハンス　1852生。ドイツの哲学者。1933没。

寺尾寿　てらおひさし　1855生。明治時代, 大正時代の天文学者。東京帝国大学教授, 日本天文学会初代会長。1923没。

赤井景韶　あかいかげあき　1859生。明治時代の自由民権運動家。1885没。

一力健治郎　いちりきけんじろう　1863生。明治時代, 大正時代の実業家, 新聞経営者。1929没。

ヒューズ, W.M.　1864生。イギリス生まれのオーストラリアの政治家。1952没。

モーガン, トマス・ハント　1866生。アメリカの生物学者。1945没。

オットー, ルドルフ　1869生。ドイツの神学教授。1937没。

コクラン, サー・チャールズ・ブレイク　1872生。イギリスの興行師。1951没。

スフォルツァ　1872生。イタリアの政治家, 外交官。1952没。

ラスク　1875生。ドイツの哲学者。1915没。

安藤正純　あんどうまさずみ　1876生。大正時代, 昭和時代の政治家, 僧侶。文部大臣, 国務大臣。1955没。

石原忍　いしはらしのぶ　1879生。大正時代, 昭和時代の眼科医学者。東京帝国大学教授。1963没。

岩佐作太郎　いわささくたろう　1879生。明治時代–昭和時代の社会運動家, アナキスト。1967没。

魯迅　ろじん　1881生。中国の作家, 思想家, 文学史家。1936没。

石橋湛山　いしばしたんざん　1884生。大正時代, 昭和時代の政治家。首相, 自民党総裁。1973没。

コール，**G.D.H.** 1889生。イギリスの社会主義理論家。1959没。

田村栄太郎 たむらえいたろう 1893生。昭和時代の日本史家。1969没。

トリヨレ，エルザ 1896生。フランスの女流小説家。1970没。

今泉今右衛門（**12代目**） いまいずみいまえもん 1897生。昭和時代の陶芸家。1975没。

フォークナー，ウィリアム 1897生。アメリカの小説家。1962没。

渡辺一夫 わたなべかずお 1901生。昭和時代のフランス文学者，評論家。東京大学教授。1975没。

ロスコ，マーク 1903生。アメリカの画家。1970没。

佐多稲子 さたいねこ 1904生。昭和時代，平成時代の小説家。1998没。

ショスタコーヴィチ，ドミートリー・ドミトリエヴィチ 1906生。ソ連の作曲家。1975没。

園部三郎 そのべさぶろう 1906生。昭和時代の音楽評論家。1980没。

廖承志 りょうしょうし 1906生。中国の政治家。1983没。

ブレッソン，ロベール 1907生。フランスの映画監督。1999没。

友枝喜久夫 ともえだきくお 1908生。昭和時代，平成時代の能楽師。1996没。

久保勘一 くぼかんいち 1910生。昭和時代の政治家。参議院議員。1993没。

ウィリアムズ，エリック 1911生。トリニダード・トバゴの社会学者，政治家。1981没。

小宮山英蔵 こみやまえいぞう 1912生。昭和時代の実業家。平和相互銀行会長。1979没。

高木彬光 たかぎあきみつ 1920生。昭和時代，平成時代の推理作家。1995没。

ボンダルチュク，セルゲイ 1920生。ソ連の映画俳優，監督。1994没。

マルドゥーン，サー・ロバート 1021生。ニュージーランドの政治家。1992没。

武田百合子 たけだゆりこ 1925生。昭和時代，平成時代の随筆家。1993没。

グールド，グレン 1932生。カナダのピアニスト。1982没。

北村総一朗 きたむらそういちろう 1935生。昭和時代，平成時代の俳優。

渡辺浩子 わたなべひろこ 1935生。昭和時代，平成時代の演出家。新国立劇場演劇部門芸術監督。1998没。

難波利三 なんばとしぞう 1936生。昭和時代，平成時代の小説家。

ダグラス，マイケル 1944生。アメリカの俳優，映画プロデューサー。

ドン，ジョルジュ 1947生。アルゼンチン生まれのバレエダンサー。1992没。

木内みどり きうちみどり 1950生。昭和時代，平成時代の女優。

アルモドヴァル，ペドロ 1951生。スペインの映画監督。

ポルティジョ，アルフォンソ 1951生。グアテマラの政治家。

リーブ，クリストファー 1952生。アメリカの俳優。2004没。

ルンメニゲ，カール・ハインツ 1955生。ドイツの元・サッカー選手。

久和ひとみ くわひとみ 1960生。昭和時代，平成時代のキャスター。2001没。

豊原功補 とよはらこうすけ 1965生。昭和時代，平成時代の俳優。

ブーニン，スタニスラフ 1966生。ソ連出身のピアニスト。

スミス，ウィル 1968生。アメリカの俳優，ラップ歌手。

ゼタ・ジョーンズ，キャサリン 1969生。イギリスの女優。

アジャ・コング 1970生。平成時代の女子プロレスラー，タレント。

清水美砂 しみずみさ 1970生。平成時代の女優。

ステッグマイヤー，リサ 1971生。米国出身のタレント。

内山信二 うちやましんじ 1981生。平成時代のタレント。

MEGUMI めぐみ 1981生。平成時代のタレント。

浅田真央 あさだまお 1990生。平成時代のフィギュアスケート選手。

登場人物

神津恭介 かみづきょうすけ 1920生。高木彬光の推理小説に登場する探偵。

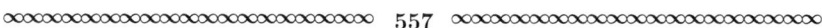

9月25日

9月26日

○記念日○　ワープロ記念日
○忌　日○　秀野忌
　　　　　　素行忌

応胤法親王　おういんほうしんのう　1521生。戦国時代，安土桃山時代の伏見宮貞敦親王の第5王子。1598没。

サッセッティ，フィリッポ　1540生。イタリアの文学者，商人。1588没。

プルースト，ジョゼフ・ルイ　1754生。フランスの化学者。1826没。

ヨルク・フォン・ヴァルテンブルク　1759生。プロシアの軍人。1830没。

徳竜　とくりゅう　1772生。江戸時代後期の真宗大谷派の学僧。1858没。

ウィルソン　1786生。イギリスの東洋学者，インド学者。1860没。

シーニアー　1790生。イギリスの経済学者。1864没。

ジェリコー，テオドール　1791生。フランスの画家。1824没。

田村貞彦　たむらさだひこ　1802生。江戸時代末期，明治時代の因幡鳥取藩士。1875没。

三井高福　みついたかよし　1808生。江戸時代，明治時代の実業家。第一国立銀行頭取。1885没。

ヨリー　1809生。ドイツの物理学者。1884没。

アクサーコフ，イワン・セルゲーヴィチ　1823生。ロシアの思想家，詩人，社会活動家。1886没。

ベドー　1826生。イギリスの医師，人類学者。1911没。

上田円増　うえだえんぞう　1827生。江戸時代後期，末期，明治時代の儒者。1906没。

ブラッドロー，チャールズ　1833生。イギリスの社会改革家。1891没。

福原乙之進　ふくはらおとのしん　1837生。江戸時代末期の長州（萩）藩士。1864没。

ファーフィ，ジョーゼフ　1843生。オーストラリアの作家。1912没。

パヴロフ，イヴァン・ペトロヴィチ　1849生。ソ連の生理学者。1936没。

高島北海　たかしまほっかい　1850生。明治時代，大正時代の日本画家。1931没。

林泰輔　はやしたいすけ　1854生。明治時代の歴史学者。1922没。

稲垣満次郎　いながきまんじろう　1861生。明治時代の外交官。1908没。

オルテンブルク　1863生。ソ連の東洋学者，インド学者。1934没。

河合操　かわいみさお　1864生。明治時代-昭和時代の陸軍軍人。陸軍大将。1941没。

桃川如燕（2代目）　ももかわじょえん　1866生。江戸時代-大正時代の講釈師。1929没。

外山亀太郎　とやまかめたろう　1867生。明治時代，大正時代の遺伝学者。東京帝国大学教授。1918没。

クリスティアン10世　1870生。デンマーク王（1912～47），アイスランド王（18～44）。1947没。

小坂象堂　こさかしょうどう　1870生。明治時代の日本画家。東京美術学校西洋画科助教授。1899没。

チェルニン　1872生。オーストリアの政治家。1932没。

関一　せきはじめ　1873生。大正時代，昭和時代の社会政策学者。貴族院議員，戦前の大阪市長。1935没。

太田半六　おおたはんろく　1874生。大正時代，昭和時代の実業家。東京瓦斯社長。1960没。

ハイン，ルイス（・ウィックス）　1874生。アメリカの写真家。1940没。

コルトー，アルフレッド　1877生。フランスのピアニスト，指揮者。1962没。

ガーステフ，アレクセイ・カピトノヴィチ　1882生。ソ連の詩人。1939没。

馮玉祥　ふうぎょくしょう　1882生。中国の軍人。1948没。

古泉千樫　こいずみちかし　1886生。大正時代の歌人。1927没。

ヒル，アーチボルド・ヴィヴィアン　1886生。イギリスの生理学者。1977没。

ラン・ボスィレク　1886生。ブルガリアの児童文学者。1958没。

入江波光　いりえはこう　1887生。大正時代, 昭和時代の日本画家。京都市立絵画専門学校教授。1948没。

ウォリス, バーンズ・ネヴィル　1887生。イギリスの航空機設計者。1979没。

エリオット, T.S.　1888生。イギリスの詩人, 批評家, 劇作家。1965没。

ハイデッガー, マルティン　1889生。ドイツの哲学者。1976没。

ミュンシュ, シャルル　1891生。フランスの指揮者。1968没。

ライヘンバッハ, ハンス　1891生。ドイツ生まれのアメリカの科学哲学者。1953没。

ツヴェターエワ, マリーナ・イワノヴナ　1892生。ソ連の女流詩人。1941没。

リンド　1892生。アメリカの社会学者。1970没。

清原斉　きよはらひとし　1896生。日本画家。1956没。

パウルス6世　1897生。教皇(在位1963〜78)。1978没。

大森義太郎　おおもりよしたろう　1898生。大正時代, 昭和時代のマルクス主義哲学者, 経済学者。東京帝国大学経済学部助教授。1940没。

ガーシュイン, ジョージ　1898生。アメリカの作曲家, ピアニスト。1937没。

ガーシュウィン, ジョージ　1898生。アメリカのピアニスト, 作曲家。1937没。

山本東次郎(3代目)　やまもととうじろう　1898生。昭和時代の能楽師狂言方。1964没。

松本員枝　まつもとかずえ　1899生。昭和時代の女性運動家。婦人民主新聞大阪支局長。1994没。

森克己　もりかつみ　1903生。昭和時代の日本史学者。中央大学教授。1981没。

浅見隆三　あさみりゅうぞう　1904生。昭和時代の陶芸家。1987没。

バジャン, ミコラ　1904生。ソ連邦(ウクライナ)の詩人。1983没。

岩村忍　いわむらしのぶ　1905生。昭和時代の東洋史学者。京都大学教授, 日本モンゴル学会会長。1988没。

落合京太郎　おちあいきょうたろう　1905生。歌人。1991没。

張天翼　ちょうてんよく　1906生。中国の小説家, 童話作家。1985没。

木本誠二　きもとせいじ　1907生。昭和時代, 平成時代の外科学者。東京大学教授, 東京大学病院院長。1995没。

ブラント, アンソニー・フレデリック　1907生。イギリスの美術史家。1983没。

尾高尚忠　おだかひさただ　1911生。昭和時代の指揮者, 作曲家。NHK交響楽団常任指揮者。1951没。

ヴンダーリヒ, フリッツ　1930生。ドイツのテノール歌手。1966没。

シン, マンモハン　1932生。インドの政治家, エコノミスト。

牧伸二　まきしんじ　1934生。昭和時代, 平成時代の漫談家。

新内仲三郎　しんないなかさぶろう　1940生。昭和時代, 平成時代の新内節三味線方。

フェリー, ブライアン　1945生。イギリスのロック歌手。

ニュートン・ジョン, オリビア　1948生。歌手, 女優。

黒岩祐治　くろいわゆうじ　1954生。昭和時代, 平成時代のニュースキャスター。

木根尚登　きねなおと　1957生。昭和時代, 平成時代のギタリスト, 小説家。

天童よしみ　てんどうよしみ　1957生。昭和時代, 平成時代の歌手。

池谷幸雄　いけたにゆきお　1970生。平成時代のタレント, 元・体操選手。

西口文也　にしぐちふみや　1972生。平成時代のプロ野球選手。

佐藤藍子　さとうあいこ　1977生。平成時代の女優。

ウィリアムズ, セリーナ　1981生。アメリカのテニス選手。

9月26日

9月27日

○記念日○　世界観光の日

メディチ, コジモ・デ　1389生。イタリア, フィレンツェの政治家。1464没。

ロンドレ　1507生。フランスの博物学者。1566没。

イシュトバン・バトリ　1533生。ポーランド国王(在位1576～86)。1586没。

ルイ13世　1601生。フランスの国王(在位1610～43)。1643没。

ボシュエ, ジャック・ベニーニュ　1627生。フランスの聖職者, 説教家, 神学者。1704没。

独湛性瑩　どくたんしょうけい　1628生。江戸時代前期, 中期の黄檗僧。1706没。

ヴィルマン, ミヒャエル・ルーカス・レーオポルト　1630生。ドイツの画家。1706没。

ソフィア・アレクセーエヴナ　1657生。ロシアの摂政(在位1682～89)。1704没。

道祐入道親王　どうゆうにゅうどうしんのう　1670生。江戸時代中期の僧。1691没。

リグオーリ, 聖アルフォンソ・マリア・デ　1696生。イタリアのカトリック神学者, 救世主会の創設者。1787没。

アダムズ, サミュエル　1722生。アメリカ独立戦争における愛国派の指導者。1803没。

デニス　1729生。オーストリアの宗教詩人。1800没。

江馬蘭斎　えまらんさい　1747生。江戸時代中期, 後期の蘭方医。1838没。

黒田長舒　くろだながのぶ　1765生。江戸時代中期, 後期の大名。1807没。

松崎慊堂　まつざきこうどう　1771生。江戸時代後期の儒学者, 遠江掛川藩儒。1844没。

イトゥルビデ, アグスティン・デ　1783生。メキシコの軍人, 皇帝(在位1822～23)。1824没。

吉田瑶泉　よしだようせん　1783生。江戸時代後期の篤行家。1844没。

クルックシャンク, ジョージ　1792生。イギリスの諷刺画家, 挿絵画家。1878没。

アフル, ドニー・オギュスト　1793生。フランスの聖職者。1848没。

セムズ, ラフェアル　1809生。アメリカ海軍軍人。1877没。

ロッシュ, レオン　1809生。フランスの駐日公使。1901没。

スタンケーヴィチ, ニコライ・ウラジーミロヴィチ　1813生。ロシアの詩人, 思想家。1840没。

田丸慶忍　たまるきょうにん　1816生。江戸時代, 明治時代の浄土真宗本願寺派学僧。勧学。1883没。

月性　げっしょう　1817生。江戸時代末期の真宗の勤王僧。1858没。

アミエル, アンリ-フレデリック　1821生。フランス系スイスの文学者, 哲学者。1881没。

グールド, ベンジャミン・アプソープ　1824生。アメリカの天文学者。1896没。

武市瑞山　たけちずいざん　1829生。江戸時代末期の土佐藩の剣術家, 尊王家。1865没。

トムスン(タムソン), デイヴィド　1835生。アメリカの長老派教会宣教師。1915没。

マハン, アルフレッド・セアー　1840生。アメリカの海軍軍人, 歴史家。1914没。

外山正一　とやままさかず　1848生。明治時代の教育者, 詩人。東京帝国大学総長, 貴族院議員。1900没。

ペーテルス　1856生。ドイツの植民地政治家。1918没。

マードック　1856生。イギリスの日本研究家。1921没。

滝本誠一　たきもとせいいち　1857生。大正時代の経済史学者。同志社大学教授, 慶応義塾大学教授。1932没。

ギル, ルネ　1862生。ベルギー生まれのフランスの詩人。1925没。

ブッセ　1862生。ドイツの哲学者。1907没。

ボータ, ルイス　1862生。南アフリカの軍人, 政治家。1919没。

コルネリウス　1863生。ドイツの哲学者。1947没。

茂山千作(2代目)　しげやませんさく　1864生。明治時代-昭和時代の大蔵流狂言方。1950没。

松井茂　まついしげる　1866生。明治時代–昭和時代の官僚。1945没。
上山満之進　かみやまみつのしん　1869生。明治時代, 大正時代の内務官僚, 政治家。農務省次官。1938没。
デレッダ, グラツィア　1871生。イタリアの女流小説家。1936没。
スコット, シリル・マイア　1879生。イギリスの作曲家, 詩人。1970没。
ティボー, ジャック　1880生。フランスのヴァイオリン奏者, 教育者。1953没。
丸山鶴吉　まるやまつるきち　1883生。明治時代–昭和時代の官僚。1956没。
クリューエフ, ニコライ・アレクセーヴィチ　1884生。ロシアの詩人。1937没。
塚田公太　つかだこうた　1885生。昭和時代の実業家。1966没。
ブハーリン, ニコライ・イワノヴィチ　1888生。ソ連の政治家。1938没。
細川嘉六　ほそかわかろく　1888生。昭和時代の評論家, 社会運動家。参議院議員(共産党)。1962没。
竹本土佐太夫(7代目)　たけもととさたゆう　1894生。昭和時代の浄瑠璃太夫。1968没。
伊藤貞市　いとうていいち　1898生。大正時代, 昭和時代の鉱物学者。1980没。
戸坂潤　とさかじゅん　1900生。昭和時代の哲学者, 評論家。1945没。
秋山逸生　あきやまいっせい　1901生。大正時代, 昭和時代の木工芸家。人間国宝。1988没。
赤松明子　あかまつあきこ　1902生。大正時代, 昭和時代の社会運動家。1991没。
大槻文平　おおつきぶんぺい　1903生。昭和時代の実業家, 財界人。日経連会長, 三菱鉱業セメント社長。1992没。
藤野天光　ふじのてんこう　1903生。昭和時代の彫刻家。1974没。
帆足計　ほあしけい　1905生。昭和時代の政治家。衆議院議員(社会党), 元・参議院議員(緑風会)。1989没。
エンプソン, ウィリアム　1906生。イギリスの批評家, 詩人。1984没。
佐々木俊一　ささきしゅんいち　1907生。昭和時代の作曲家。1957没。
星襄一　ほしじょういち　1913生。昭和時代の木版画家。1979没。
吉利和　よしとしやわら　1913生。昭和時代, 平成時代の内科学者。東京大学教授。1992没。

宇野重吉　うのじゅうきち　1914生。昭和時代の俳優, 演出家。1988没。
名寄岩静男　なよろいわしずお　1914生。昭和時代の力士。大関。1971没。
ライル, サー・マーティン　1918生。イギリスの物理学者, 電波天文学者。1984没。
ペン, アーサー　1922生。アメリカの映画監督, 演出家。
田中清助　たなかせいすけ　1923生。昭和時代, 平成時代の社会学者。1995没。
パウエル, バド　1924生。アメリカのジャズ・ピアニスト。1966没。
清元延寿太夫(6代目)　きよもとえんじゅだゆう　1926生。昭和時代の浄瑠璃太夫。1987没。
吉村仁　よしむらひとし　1930生。昭和時代の官僚。1986没。
川口ゆり子　かわぐちゆりこ　1950生。昭和時代, 平成時代のバレリーナ。
大杉漣　おおすぎれん　1951生。昭和時代, 平成時代の俳優。
星野道夫　ほしのみちお　1952生。昭和時代, 平成時代の写真家。1996没。
松永浩美　まつながひろみ　1960生。昭和時代, 平成時代の元・プロ野球選手。
ラウ, アンディ　1961生。香港の俳優, 歌手。
川相昌弘　かわいまさひろ　1964生。昭和時代, 平成時代のプロ野球選手。
岸谷五朗　きしたにごろう　1964生。昭和時代, 平成時代の俳優, 演出家。
羽生善治　はぶよしはる　1970生。昭和時代, 平成時代の棋士。
八嶋智人　やしまのりと　1970生。平成時代の俳優。
大路恵美　おおじめぐみ　1975生。平成時代の女優。
トッティ, フランチェスコ　1976生。イタリアのサッカー選手。
小野伸二　おのしんじ　1979生。平成時代のサッカー選手。
朝青龍明徳　あさしょうりゅうあきのり　1980生。モンゴル出身の力士(第68代横綱)。
ラビーン, アブリル　1984生。カナダのシンガー・ソングライター。

登場人物
浜野あさり　はまのあさり　『あさりちゃん』の主人公。

9月27日

9月28日

○記念日○　パソコン記念日

智円　ちえん　1486生。戦国時代の女性。後土御門天皇の第5皇女。1513没。
アレマン, マテーオ　1547生。スペインの作家。1615没。
タッソーニ, アレッサンドロ　1565生。イタリアの詩人。1635没。
カラヴァッジョ, ミケランジェロ　1573生。イタリアの画家。1610没。
冷泉為親　れいぜいためちか　1575生。安土桃山時代, 江戸時代前期の公家・歌人。1610没。
マッテゾン, ヨーハン　1681生。ドイツの作曲家, 音楽理論家。1764没。
アザム, コスマス・ダミアン　1686生。ドイツ, ババリアの建築家, 彫刻家。1739没。
モーペルチュイ, ピエール・ルイ・ド　1698生。フランスの数学者, 天文学者。1759没。
松室仲子　まつむろなかこ　1707生。江戸時代中期の女性。霊元天皇の後宮。1751没。
太田資愛　おおたすけよし　1745生。江戸時代中期, 後期の大名。1805没。
ジョーンス, サー・ウィリアム　1746生。イギリスの法学者, インド学者。1794没。
大槻玄沢　おおつきげんたく　1757生。江戸時代後期の陸奥一関藩士, 陸奥仙台藩士, 蘭学者。1827没。
ブライト, リチャード　1789生。イギリスの医師。1858没。
賀来惟熊　かくこれくま　1796生。江戸時代末期, 明治時代の社会事業家, 造兵家。1880没。
メリメ, プロスペール　1803生。フランスの小説家。1870没。
リヒター, アドリアン・ルートヴィヒ　1803生。ドイツの画家, 版画家。1884没。
島津斉彬　しまづなりあきら　1809生。江戸時代末期の大名。1858没。
カバネル, アレクサンドル　1823生。フランスの画家。1889没。
パルグレイヴ, フランシス・ターナー　1824生。イギリスの詩人。1897没。
ランゲ, フリードリヒ・アルベルト　1828生。ドイツの哲学者, 哲学史家。1875没。

ラムルー, シャルル　1834生。フランスの音楽家。1899没。
クレマンソー, ジョルジュ　1841生。フランスの首相(1906～09, 17～20)。1929没。
広岡久右衛門(9代目)　ひろおかきゅうえもん　1844生。明治時代の実業家。加島銀行頭取, 大同生命保険初代社長。1909没。
ジョーンズ, ヘンリー・アーサー　1851生。イギリスの劇作家。1929没。
伊集院五郎　いじゅういんごろう　1852生。明治時代, 大正時代の海軍軍人。大将, 男爵。1921没。
コンドル, ジョサイア　1852生。イギリスの建築家。1920没。
フレンチ, ジョン, イープル伯爵　1852生。イギリスの軍人。1925没。
モアッサン, フェルディナン・フレデリック・アンリ　1852生。フランスの化学者。1907没。
タウト　1855生。イギリスの歴史家。1929没。
カルロス1世　1863生。ポルトガル王(在位1889～1908)。1908没。
横河民輔　よこがわたみすけ　1864生。明治時代-昭和時代の建築家, 実業家。1945没。
謝花昇　じゃはなのぼる　1865生。明治時代の自由民権運動家。1908没。
三上参次　みかみさんじ　1865生。明治時代-昭和時代の歴史学者。東京帝国大学教授。1939没。
平沼騏一郎　ひらぬまきいちろう　1867生。明治時代-昭和時代の司法官僚, 政治家。総理大臣, 男爵。1952没。
小山松吉　こやままつきち　1869生。大正時代, 昭和時代の官僚。貴族院議員, 法政大学総長。1948没。
シュミット, フロラン　1870生。フランスの作曲家。1958没。
バドリオ, ピエトロ　1871生。イタリアの軍人, 政治家。1956没。
池内宏　いけうちひろし　1878生。明治時代-昭和時代の東洋史学者。1952没。

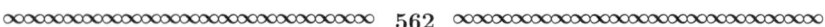

562

後宮淳　うしろくじゅん　1884生。明治時代–昭和時代の陸軍軍人。大将。1973没。

杉村陽太郎　すぎむらようたろう　1884生。大正時代, 昭和時代の外交官。1939没。

蘇曼殊　そまんしゅ　1884生。中国, 清末, 民国初の小説家, 詩人。1918没。

青木文教　あおきぶんきょう　1886生。大正時代, 昭和時代のチベット学者。東京大学講師。1956没。

ブランディッジ, エイヴァリー　1887生。アメリカの体育家。1975没。

木村兵太郎　きむらへいたろう　1888生。昭和時代の陸軍軍人。1948没。

松岡譲　まつおかゆずる　1891生。大正時代, 昭和時代の小説家, 随筆家。1969没。

ライス, エルマー　1892生。アメリカの劇作家。1967没。

ハリソン, ウォーレス・カークマン　1895生。アメリカの建築家。1981没。

野坂龍　のさかりょう　1896生。大正時代, 昭和時代の共産党婦人運動家。共産党婦人部長。1971没。

アウエーゾフ, ムフタル・オマルハノヴィチ　1897生。ソ連邦カザフ共和国の作家。1961没。

岡田謙三　おかだけんぞう　1902生。昭和時代の洋画家。1982没。

柔石　じゅうせき　1902生。中国の小説家。1931没。

和歌山富十郎（初代）　わかやまとみじゅうろう　1902生。大正時代, 昭和時代の長唄唄方。1978没。

加藤建夫　かとうたてお　1903生。昭和時代の陸軍軍人。少将。1942没。

カレーラ - アンドラデ, ホルヘ　1903生。エクアドルの詩人, 外交官。1978没。

マカパガル, ディオスダド　1910生。フィリピンの大統領。1997没。

大原富枝　おおはらとみえ　1912生。昭和時代, 平成時代の小説家。2000没。

久保田正文　くぼたまさふみ　1912生。昭和時代, 平成時代の文芸評論家。日本文芸家協会理事, 日本大学教授, 大正大学教授。2001没。

トフストノーゴフ, ゲオールギー・アレクサンドロヴィチ　1915生。ソ連の演出家。1989没。

藤田五郎　ふじたごろう　1915生。昭和時代の経済史学者。広島大学教授, 福島大学教授。1952没。

曲直部寿夫　まなべひさお　1921生。昭和時代, 平成時代の心臓外科学者。循環器病研究振興財団理事長。1996没。

マストロヤンニ, マルチェロ　1924生。イタリアの俳優。1996没。

森谷司郎　もりたにしろう　1931生。昭和時代の映画監督。1984没。

バルドー, ブリジット　1934生。フランスの女優, 動物愛護運動家。

シュナイダー, ロミー　1938生。オーストリアの女優。1982没。

ハシナ, シェイク　1946生。バングラデシュの政治家。

鈴木啓示　すずきけいし　1947生。昭和時代, 平成時代の野球解説者, 元・プロ野球監督, 元・プロ野球選手。

大塚範一　おおつかのりかず　1948生。昭和時代, 平成時代のアナウンサー。

クリステル, シルビア　1952生。オランダの女優, 画家。

ハスラー, オットマル　1953生。リヒテンシュタインの政治家。

松井今朝子　まついけさこ　1953生。昭和時代, 平成時代の作家, 小説家。

小西博之　こにしひろゆき　1959生。昭和時代, 平成時代の俳優。

徳井優　とくいゆう　1959生。昭和時代, 平成時代の俳優。

ワッツ, ナオミ　1968生。女優。

仙道敦子　せんどうのぶこ　1969生。昭和時代, 平成時代の女優。

渡辺美奈代　わたなべみなよ　1969生。昭和時代, 平成時代のタレント。

伊達公子　だてきみこ　1970生。平成時代のテニス選手。

パルトロウ, グウィネス　1972生。アメリカの女優。

朴セリ　パクセリ　1977生。韓国のプロゴルファー。

吹石一恵　ふきいしかずえ　1982生。平成時代の女優。

ダフ, ヒラリー　1987生。アメリカの歌手。

9月28日

9月29日

○記念日○ 招き猫の日
○忌　日○ 宣長忌

ポンペーイウス・マグヌス，グナエウス　前106生。ローマの軍人，政治家。前48没。

昱子内親王　あきこないしんのう　1231生。鎌倉時代前期の女性。後堀河天皇の第3皇女。1246没。

セルヴェトゥス，ミカエル　1511生。スペインの医学者，神学者。1553没。

ティントレット　1518生。イタリアの画家。1594没。

ヴィルヘルム5世（バイエルンの）　1548生。バイエルン王。1626没。

伊藤坦庵　いとうたんあん　1623生。江戸時代前期，中期の漢学者，越前福井藩儒。1708没。

ラッセル，ウィリアム，卿　1639生。イギリスの政治家。1683没。

コワズヴォックス，アントワーヌ　1640生。フランスの彫刻家。1720没。

尊光親王　そんこうしんのう　1645生。江戸時代前期の後水尾天皇の皇子。1680没。

松平綱近　まつだいらつなちか　1659生。江戸時代前期，中期の大名。1709没。

中井甃庵　なかいしゅうあん　1693生。江戸時代中期の儒学者。1758没。

ブーシェ，フランソワ　1703生。フランスの画家。1770没。

松平乗佑　まつだいらのりすけ　1715生。江戸時代中期の大名。1769没。

パーニン　1718生。ロシアの政治家，外交官，伯爵。1783没。

クライブ，ロバート　1725生。イギリスの軍人，政治家。1774没。

松前資広　まつまえすけひろ　1726生。江戸時代中期の大名。1765没。

ネルソン，ホレイシオ　1758生。イギリスの海軍軍人。1805没。

原古処　はらこしょ　1767生。江戸時代中期，後期の漢詩人。1827没。

小野重賢　おのしげかた　1776生。江戸時代後期の国学者。1834没。

マコーリー，キャサリン　1778生。アイルランドの宗教活動家。1841没。

南部利敬　なんぶとしたか　1782生。江戸時代後期の大名。1820没。

ネベニウス　1784生。ドイツの経済学者，政治家。1857没。

ルイレーエフ，コンドラーチー・フョードロヴィチ　1795生。ロシアの詩人。1826没。

ストゥルム，（ジャック・）シャルル・フランソワ　1803生。フランス（スイス系）の数学者。1855没。

ギャスケル，エリザベス　1810生。イギリスの女流作家。1865没。

シャンボール　1820生。フランス，ブルボン家最後の王位相続人。1883没。

吉田武親　よしだたけちか　1827生。江戸時代後期，末期，明治時代の装剣金工。1887没。

リチャードソン，ヘンリー・ホブソン　1838生。アメリカの建築家。1886没。

劉鶚　りゅうがく　1857生。中国，清末の小説家。1909没。

リシャール　1860生。フランスの社会学者。1945没。

ドゥイスベルク　1861生。ドイツの化学者，工業家。1935没。

黒岩涙香　くろいわるいこう　1862生。明治時代，大正時代の新聞人，翻訳家。1920没。

ウナムノ，ミゲル・デ　1864生。スペインの哲学者，文学者。1936没。

ラーテナウ，ヴァルター　1867生。ドイツの政治家，実業家。1922没。

マチャード・イ・モラーレス　1871生。キューバの軍人，第5代大統領（1924〜33）。1939没。

加藤精神　かとうせいしん　1872生。明治時代－昭和時代の仏教学者，僧侶。東洋大学長。1956没。

田丸卓郎　たまるたくろう　1872生。明治時代，大正時代の物理学者。東京帝国大学教授。1932没。

乙竹岩造　おとたけいわぞう　1875生。明治時代－昭和時代の教育学者，教育史学者。東京文

理大学教授。1953没。
ミーゼス　1881生。アメリカの経済学者。1973没。
鈴木三重吉　すずきみえきち　1882生。明治時代, 大正時代の小説家, 童話作家。1936没。
プシカリ, エルネスト　1883生。フランスの小説家, 軍人。1914没。
ライン, ジョゼフ・バンクス　1895生。アメリカの心理学者。1980没。
正木ひろし　まさきひろし　1896生。昭和時代の弁護士。1975没。
スミルネンスキ, フリスト　1898生。ブルガリアの詩人。1923没。
ルイセンコ, トロフィム・デニソヴィチ　1898生。ソ連の生物学者, 農学者。1976没。
ヴェショールイ, アルチョム　1899生。ソ連の小説家。1939没。
小島徹三　こじまてつぞう　1899生。昭和時代の政治家, 弁護士。1988没。
アレマン・バルデス　1900生。メキシコの大統領, 弁護士。1983没。
フェルミ, エンリコ　1901生。イタリア系アメリカの物理学者。1954没。
オストロフスキー, ニコライ・アレクセーヴィチ　1904生。ソ連の作家。1936没。
尾上菊次郎(4代目)　おのえきくじろう　1904生。大正時代, 昭和時代の歌舞伎役者。1981没。
小原豊雲　おはらほううん　1908生。昭和時代, 平成時代の華道家。華道家元, 日本いけばな芸術協会副理事長。1995没。
茂田井武　もだいたけし　1908生。昭和時代の童画家。1956没。
畑和　はたやわら　1910生。昭和時代, 平成時代の政治家, 弁護士。衆議院議員。1996没。
麻生太賀吉　あそうたかきち　1911生。昭和時代の実業家, 政治家。麻生セメント会長, 衆議院議員。1980没。
アントニオーニ, ミケランジェロ　1912生。イタリアの映画監督。2007没。
クレイマー, スタンリー　1913生。アメリカの映画製作者, 監督。2001没。
柴田南雄　しばたみなお　1916生。昭和時代, 平成時代の作曲家, 音楽評論家。東京芸術大学教授。1996没。
ブエロ-バリェーホ, アントニオ　1916生。スペインの劇作家。2000没。

ノイマン, ヴァーツラフ　1920生。チェコスロヴァキアの指揮者。1995没。
ミッチェル, ピーター・デニス　1920生。イギリスの生化学者。1992没。
広沢虎造(3代目)　ひろさわとらぞう　1922生。大正時代, 昭和時代の浪曲家。1993没。
越智健三　おちけんぞう　1929生。昭和時代の鍛金家。東京学芸大学教授, 日本新工芸家連盟委員。1981没。
新妻実　にいづまみのる　1930生。昭和時代, 平成時代の彫刻家。ニューヨークストーン研究所長。1998没。
井出孫六　いでまごろく　1931生。昭和時代, 平成時代の小説家。
中川李枝子　なかがわりえこ　1935生。昭和時代, 平成時代の児童文学作家。
ベルルスコーニ, シルヴィオ　1936生。イタリアの政治家, 実業家。
コック, ウィム　1938生。オランダの政治家。
林隆三　はやしりゅうぞう　1943生。昭和時代, 平成時代の俳優。
ワレサ, レフ　1943生。ポーランドの政治家, 労働組合運動家。
ゼマン, ミロシュ　1944生。チェコの政治家。
鳴戸俊英　なるととしひで　1952生。昭和時代の元・力士(第59代横綱)。
クロマティ, ウォーレン　1953生。アメリカの元・プロ野球選手。
コー, セバスチャン　1956生。イギリスの政治家, 元・陸上選手。
マキノ・ノゾミ　1959生。昭和時代, 平成時代の劇作家, 演出家。
INORAN　いのらん　1970生。平成時代のギタリスト。
ビビる大木　びびるおおき　1974生。平成時代のコメディアン。
林家きくお　はやしやきくお　1975生。平成時代の落語家。
シェフチェンコ, アンドレイ　1976生。ウクライナのサッカー選手。
ウォンビン　1977生。韓国の俳優。
榎本加奈子　えのもとかなこ　1980生。平成時代の女優。

9月29日

9月30日

○記念日○　くるみの日
　　　　　クレーンの日
○忌　日○　夢窓忌

イブン-バシュクワール　1101生。アラブ系歴史家。1183没。
ルーミー，ジャラーロッディーン・モハンマド　1207生。ペルシアの詩人。1273没。
ニコラウス4世　1227生。教皇(在位1288～92)。1292没。
カストロ　1527生。スペインのドミニコ会宣教師。1592没。
メストリン　1550生。ドイツの天文学者。1631没。
サン-タマン，アントワーヌ・ジラール・ド　1594生。フランスの詩人。1661没。
コンディヤック，エチエンヌ・ボノ・ド　1715生。フランスの哲学者。1780没。
ネッケル，ジャック　1732生。フランス，ルイ16世時代の財務総監。1804没。
モレーロス・イ・パボン，ホセ・マリア　1765生。メキシコ独立運動の指導者。1815没。
ラグラン(ラグランの)，ロード・フィッツロイ・ジェイムズ・ヘンリー・サマーセット，男爵　1788生。イギリスの軍人。1855没。
バラール，アントワーヌ・ジェローム　1802生。フランスの化学者。1876没。
アウグスタ　1811生。プロシア王，ドイツ皇帝ウィルヘルム1世の皇后。1890没。
ゴットシャル　1823生。ドイツの作家。1909没。
ルーロー　1829生。ドイツの機械工学者。1905没。
ロバーツ(カンダハル，プレトリア，およびウォーターフォードの)，フレデリック・スレイ・ロバーツ，初代伯爵　1832生。イギリスの軍人。1914没。
ショルレンマー　1834生。ドイツ系イギリスの化学者。1892没。
ホイスラー　1834生。スイスの法学者。1921没。
ラップワース，チャールズ　1842生。イギリスの地質学者。1920没。

高浜鉄之助　たかはまてつのすけ　1843(閏9月)生。江戸時代末期の因幡鳥取藩士。1866没。
カフタン，ユーリウス　1848生。ドイツのルター派神学者。1926没。
スタンフォード，チャールズ・ヴィリアーズ　1852生。アイルランドの作曲家。1924没。
ズーダーマン，ヘルマン　1857生。ドイツの劇作家，小説家。1928没。
シェール，ラインハルト　1863生。ドイツ海軍の軍人。1928没。
ベンディクセン　1864生。ドイツの銀行家，経済学者。1920没。
ゼーテ　1869生。ドイツのエジプト学者。1934没。
田中阿歌麿　たなかあかまろ　1869生。明治時代-昭和時代の湖沼学者。日本陸水学会初代会長，中央大学教授。1944没。
ペラン，ジャン・バティスト　1870生。フランスの化学者，物理学者。1942没。
南日恒太郎　なんにちつねたろう　1871生。明治時代，大正時代の英語学者。富山高校高長。1928没。
野中千代子　のなかちよこ　1871生。明治時代，大正時代の女性。「芙蓉日記」を著す。1923没。
ホール，ハリー　1873生。イギリスの考古学者。1930没。
宮下太吉　みやしたたきち　1875生。明治時代の無政府主義者，機械工。1911没。
ファルクベルゲ，ヨーハン　1879生。ノルウェーの小説家。1967没。
栂尾祥雲　とがのおしょううん　1881生。大正時代，昭和時代の僧侶(真言宗)，仏教学者。真言宗連合京都大学教授，高野山大学学長。1953没。
ガイガー，ハンス・ヴィルヘルム　1882生。ドイツの物理学者。1945没。
天野貞祐　あまのていゆう　1884生。昭和時代の哲学者，教育家。1980没。

566

金春八条　こんぱるはちじょう　1886生。明治時代–昭和時代の能楽師。金春流宗家（78代目）。1962没。
ラモン　1886生。フランスの微生物学者。1963没。
岡部直三郎　おかべなおさぶろう　1887生。明治時代–昭和時代の陸軍軍人。大将。1946没。
藤木九三　ふじきくぞう　1887生。大正時代，昭和時代の登山家，ジャーナリスト。1970没。
竹田宮昌子　たけだのみやまさこ　1888生。明治時代–昭和時代の皇族。1940没。
昌子内親王　まさこないしんのう　1888生。明治時代–昭和時代の皇族。1940没。
ゲラーシモフ，ミハイル・プロコフィエヴィチ　1889生。ソ連の詩人。1939没。
東山千栄子　ひがしやまちえこ　1890生。昭和時代の女優。日本新劇俳優協会会長。1980没。
シュミット　1891生。ソ連邦の数学者，地理学者，探検家。1956没。
藤田斗南　ふじたとなん　1891生。大正時代，昭和時代の邦楽評論家。1952没。
デノワイエ，フランソワ　1894生。フランスの画家。1972没。
ヴァシレーフスキー　1895生。ソ連邦の軍人，元帥。1977没。
高田雅夫　たかだまさお　1895生。大正時代，昭和時代の舞踊家。高田舞踊研究所。1929没。
カサド，ガスパル　1897生。スペインのチェリスト，作曲家。1966没。
稲村順三　いなむらじゅんぞう　1900生。大正時代，昭和時代の政治家，農民運動家。衆議院議員。1955没。
川口一郎　かわぐちいちろう　1900生。昭和時代の劇作家，演出家。1971没。
井堀繁雄　いほりしげお　1902生。大正時代，昭和時代の労働運動家，政治家。衆議院議員。1983没。
笹淵友一　ささぶちともいち　1902生。昭和時代，平成時代の日本文学者。東京女子大学教授，ノートルダム清心女子大学教授。2001没。
パウエル，マイケル　1905生。イギリスの映画監督。1990没。
モット，サー・ネヴィル・フランシス　1905生。イギリスの物理学者。1996没。
スメターチェク，ヴァーツラフ　1906生。チェコスロヴァキアの指揮者，オーボエ奏者。1986没。
シャーパー，エツァルト　1908生。ドイツの作家。1984没。
村田武雄　むらたたけお　1908生。昭和時代，平成時代の音楽評論家。国立音楽大学教授，日本バッハ・アカデミー協会会長。1997没。
飯島与志雄　いいじまよしお　1911生。昭和時代の右翼運動家。1945没。
朴正煕　パクチョンヒ　1917生。韓国の軍人，大統領。1979没。
カー，デボラ　1921生。イギリスの女優。
隆慶一郎　りゅうけいいちろう　1923生。昭和時代，平成時代の脚本家，小説家。1989没。
岡藤五郎　おかふじごろう　1924生。昭和時代の動物学者。1978没。
カポーティ，トルーマン　1924生。アメリカの作家。1984没。
並木路子　なみきみちこ　1924生。昭和時代，平成時代の歌手。2001没。
広瀬正　ひろせただし　1924生。昭和時代の小説家。1972没。
鷹司和子　たかつかさかずこ　1929生。昭和時代，平成時代の皇族。伊勢神宮祭主。1989没。
石原慎太郎　いしはらしんたろう　1932生。昭和時代，平成時代の作家。
五木寛之　いつきひろゆき　1932生。昭和時代，平成時代の小説家。
小野正一　おのしょういち　1933生。昭和時代，平成時代のプロ野球選手。2003没。
依田郁子　よだいくこ　1938生。昭和時代の陸上競技選手。1983没。
ボラン，マーク　1947生。イギリスのロック歌手。1977没。
ライカールト，フランク　1963生。オランダのサッカー監督（バルセロナ），元・サッカー選手。
東山紀之　ひがしやまのりゆき　1966生。昭和時代，平成時代の俳優，歌手。
斉藤こず恵　さいとうこずえ　1967生。昭和時代，平成時代の女優，ブルース歌手。
ベルッチ，モニカ　1968生。イタリアの女優。
小島麻由美　こじままゆみ　1972生。平成時代のシンガーソングライター。
ヒンギス，マルチナ　1980生。スイスのテニス選手。
潮田玲子　しおたれいこ　1983生。平成時代のバドミントン選手。

9月30日

10月
October
神無月

◎誕生石◎　オパール
　　　　　トルマリン

◎星　座◎　てんびん座／さそり座

10月1日

○記念日○　衣替え（更衣）
　　　　　　国際音楽の日
　　　　　　法の日

アレクサンデル・セウェールス, マールクス・アウレーリウス　208生。ローマ皇帝（在位222〜235）。235没。

ヘンリー3世　1207生。イングランド王（在位1216〜72）。1272没。

シュトゥルム, ヨハネス　1507生。ドイツのプロテスタント神学者。1589没。

柳成竜　りゅうせいりゅう　1542生。朝鮮、李朝の政治家、学者。1607没。

レシーユス（レイス）, レーオンハルト　1554生。ベルギーの神学者。1623没。

ベルヘム, ニコラース・ピーテルスゾーン　1620生。オランダの画家。1683没。

ストラデラ, アレッサンドロ　1644生。イタリアの作曲家、ヴァイオリン奏者、歌手。1682没。

セント-ジョン, ヘンリー　1678生。イギリスの政治家、文人。1751没。

カルル6世　1685生。神聖ローマ皇帝（在位1711〜40）。1740没。

伴蒿蹊　ばんこうけい　1733生。江戸時代中期、後期の歌人、和文作者。1806没。

グラフトン, オーガスタス・ヘンリー・フィッツロイ, 3代公爵　1735生。イギリスの政治家。1811没。

パーベル1世　1754生。ロシアの皇帝（在位1796〜1801）。1801没。

ベックフォード, ウィリアム　1759生。イギリスの小説家。1844没。

スマーク, サー・ロバート　1781生。イギリスの建築家。1867没。

アクサーコフ, セルゲイ・チモフェーヴィチ　1791生。ロシアの作家。1859没。

清宮秀堅　せいみやひでかた　1809生。江戸時代、明治時代の国学者。1879没。

フェー, エルヴェ・オーギュスト・エティエンヌ　1814生。フランスの天文学者。1902没。

水野忠央　みずのただなか　1814生。江戸時代末期の紀伊和歌山藩士、新宮城主、江戸家老。1865没。

中山元成　なかやまもとなり　1818生。江戸時代、明治時代の茶業家。1892没。

モッセ　1846生。ドイツの公法学者。1925没。

荘田平五郎　しょうだへいごろう　1847生。明治時代の実業家。東京海上会長、明治生命会長。1922没。

ベザント, アニー　1847生。イギリスの女性社会改革家。1933没。

有賀長雄　ありがながお　1860生。明治時代、大正時代の国際法学者、社会学者。陸軍大学校教授。1921没。

デュカ, ポール　1865生。フランスの作曲家、教師、評論家。1935没。

アトウッド　1873生。アメリカの地理学者、地質学者。1949没。

小林躋造　こばやしせいぞう　1877生。明治時代-昭和時代の海軍軍人、政治家。海軍大将、貴族院議員。1962没。

沼波瓊音　ぬなみけいおん　1877生。明治時代、大正時代の国文学者、俳人。第一高等学校教授。1927没。

黄炎培　こうえんばい　1878生。中国の教育家、政治家。1965没。

シュパン, オトゥマル　1878生。オーストリアの社会学者、経済学者、哲学者。1950没。

長谷川時雨　はせがわしぐれ　1879生。明治時代、大正時代の劇作家、小説家。1941没。

サバーネエフ, レオニート・レオニドヴィチ　1881生。ロシア生まれの音楽評論家。1968没。

ボーイング, ウィリアム・E　1881生。アメリカの航空機企業の創立者。1956没。

カッツ　1884生。ドイツの心理学者。1953没。

田中静壱　たなかしずいち　1887生。大正時代、昭和時代の陸軍軍人。大将。1945没。

酒井朝彦　さかいあさひこ　1894生。大正時代、昭和時代の児童文学者。児童文学者協会会長。1969没。

高畠達四郎　たかばたけたつしろう　1895生。大正時代、昭和時代の洋画家。東京芸術大学、

武蔵野美術大学教授。1976没。
リアカト・アリー　1895生。パキスタンの政治家。1951没。
前田寛治　まえたかんじ　1896生。大正時代，昭和時代の洋画家。1930没。
久慈次郎　くじじろう　1898生。大正時代，昭和時代の社会人野球選手。1939没。
川口松太郎　かわぐちまつたろう　1899生。昭和時代の小説家，劇作家，演出家。1985没。
スルコーフ，アレクセイ・アレクサンドロヴィチ　1899生。ソ連の詩人。1983没。
野口弥太郎　のぐちやたろう　1899生。大正時代，昭和時代の洋画家。日本大学教授。1976没。
中谷孝雄　なかたにたかお　1901生。昭和時代，平成時代の小説家。1995没。
鶴田義行　つるたよしゆき　1903生。昭和時代の水泳選手。1984没。
長谷川才次　はせがわさいじ　1903生。昭和時代のジャーナリスト，外交評論家。NHK放送番組審議会委員長，内外ニュース社長。1978没。
ホロヴィッツ，ヴラディミア　1904生。ロシア生まれのアメリカのピアニスト。1989没。
李広田　りこうでん　1906生。中国の詩人，小説家。1968没。
服部良一　はっとりりょういち　1907生。昭和時代，平成時代の作曲家，指揮者。1993没。
古賀専　こがあつし　1908生。大正時代，昭和時代の労働運動家。造船重機労連委員長。1993没。
椎名麟三　しいなりんぞう　1911生。昭和時代の小説家，劇作家。1973没。
河井信太郎　かわいのぶたろう　1913生。昭和時代の弁護士，検察官。大阪高検検事長，東京地検特捜部長。1982没。
清水慎三　しみずしんぞう　1913生。昭和時代の評論家，労働運動家。日本鉄鋼産業労働組合連合会書記長，日本福祉大学教授。1006没。
梅沢浜夫　うめざわはまお　1914生。昭和時代の細菌学者，生化学者。東京大学教授，微生物化学研究所長。1986没。

高林武彦　たかばやしたけひこ　1919生。昭和時代，平成時代の物理学者。名古屋大学教授。1999没。
江戸家猫八(3代目)　えどやねこはち　1921生。昭和時代，平成時代の寄席芸人。2001没。
別所毅彦　べっしょたけひこ　1922生。昭和時代の野球評論家，元・プロ野球選手。1999没。
乙羽信子　おとわのぶこ　1924生。昭和時代，平成時代の女優。1994没。
カーター，ジミー　1924生。アメリカの政治家。
山田常山(3代目)　やまだじょうざん　1924生。昭和時代，平成時代の陶芸家。2005没。
エフレーモフ，オレーグ　1927生。ソ連の俳優，舞台演出家。2000没。
朱鎔基　しゅようき　1928生。中国の政治家。首相。
海老一染之助　えびいちそめのすけ　1934生。昭和時代，平成時代の曲芸師。
アンドルース，ジュリー　1935生。アメリカの女優，童話作家。
アノー，ジャン・ジャック　1943生。フランスの映画監督。
うつみ宮土理　うつみみどり　1943生。昭和時代，平成時代のタレント，司会，小説家。
ワイツ，グレテ　1953生。ノルウェーのマラソン選手。
中村正人　なかむらまさと　1958生。昭和時代，平成時代のベース奏者，作曲家，編曲家。
マグワイア，マーク　1963生。アメリカの元・大リーグ選手。
松浦勝人　まつうらまさと　1964生。昭和時代，平成時代の音楽プロデューサー。
柏原芳恵　かしわばらよしえ　1965生。昭和時代，平成時代の歌手，女優。
河口恭吾　かわぐちきょうご　1974生。平成時代のシンガーソングライター。
滝川クリステル　たきがわくりすてる　1977生。平成時代のアナウンサー。
RYO　りょう　1985生。平成時代のミュージシャン(ORANGE RANGE)。
神田沙也加　かんださやか　1986生。平成時代のタレント，歌手。

10月1日

10月2日

○記念日○　豆腐の日
　　　　　　望遠鏡の日
○忌　日○　慈眼忌
　　　　　　宗鑑忌
　　　　　　道詮忌

一条実経　いちじょうさねつね　1223生。鎌倉時代後期の公卿。1284没。

リチャード3世　1451生。イングランド王(在位1483〜85)。1485没。

ボロメオ, 聖カルロ　1538生。イタリアのカトリック聖職者, 聖人。1584没。

グリューフィウス, アンドレーアス　1616生。ドイツの詩人, 劇作家。1664没。

タルマン・デ・レオー, ジェデオン　1619生。フランスの作家。1692没。

工藤三助　くどうさんすけ　1661生。江戸時代中期の水利功労者。1758没。

モンタギュー, エリザベス　1720生。イギリスの女流文学者。1800没。

ホプキンソン, フランシス　1737生。アメリカの著述家, 音楽家, 政治家。1791没。

良寛　りょうかん　1758生。江戸時代中期, 後期の歌人, 漢詩人。1831没。

ベリズフォード, ウィリアム・カー・ベリズフォード, 初代子爵　1768生。イギリスの軍人。1854没。

プティ, アレクシ-テレーズ　1791生。フランスの実験物理学者。1820没。

佐藤卯兵衛　さとううへえ　1795生。江戸時代後期の陸奥牡鹿郡門脇村の商人。1845没。

カルロ-アルベルト　1798生。サルジニア国王(在位1831〜49)。1849没。

シュヴァルツェンベルク, フェリックス・フリートリッヒ　1800生。オーストリアの軍人, 政治家。1852没。

ターナー, ナット　1800生。アメリカの黒人奴隷。1831没。

吉沢検校(2代目)　よしざわけんぎょう　1808生。江戸時代, 明治時代の箏曲家。1872没。

ヴィーデマン　1826生。ドイツの物理学者。1899没。

清岡治之助　きよおかじのすけ　1826生。江戸時代末期の勤王志士。1864没。

岩井半四郎(8代目)　いわいはんしろう　1829生。江戸時代, 明治時代の歌舞伎役者。1882没。

ザクス, ユリウス・フォン　1832生。ドイツの植物学者。1897没。

タイラー, エドワード　1832生。イギリスの人類学者。1917没。

トーマ, ハンス　1839生。ドイツの画家。1924没。

ヒンデンブルク, パウル・フォン　1847生。ワイマール共和国第2代大統領。1934没。

オブライエン, ウィリアム　1852生。アイルランド独立運動の指導者。1928没。

ラムジー, サー・ウィリアム　1852生。イギリスの化学者。1916没。

井上保次郎　いのうえやすじろう　1863生。明治時代の実業家。1910没。

早速整爾　はやみせいじ　1868生。明治時代, 大正時代の政治家。農林水産大臣, 大蔵大臣。1926没。

ガンジー, モハンダス　1869生。インドの政治家。1948没。

加藤寛治　かとうひろはる　1870生。明治時代-昭和時代の海軍軍人。大将。1939没。

ハル, コーデル　1871生。アメリカの政治家。1955没。

登張竹風　とばりちくふう　1873生。明治時代-昭和時代のドイツ文学者, 評論家。1955没。

スティーヴンズ, ウォレス　1879生。アメリカの詩人。1955没。

柳川平助　やながわへいすけ　1879生。明治時代-昭和時代の陸軍軍人。中将。1945没。

田中豊蔵　たなかとよぞう　1881生。大正時代, 昭和時代の美術史家。国立博物館付属美術研究所長, 東京都美術館長。1948没。

小沢治三郎　おざわじさぶろう　1886生。昭和時代の海軍軍人。中将。1966没。

572

朝香鳩彦　あさかやすひこ　1887生。明治時代–昭和時代の皇族、陸軍大将。1981没。

グリーゼ, フリードリヒ　1890生。ドイツの農民文学作家。1975没。

額田六福　ぬかだろっぷく　1890生。大正時代, 昭和時代の劇作家。1948没。

上条愛一　かみじょうあいいち　1894生。大正時代, 昭和時代の労働運動家。参議院議員（民社党), 総同盟副会長。1969没。

マルクス, グルーチョ　1895生。アメリカの喜劇映画俳優。1977没。

デュクロ　1896生。フランスの政治家。1975没。

パンフョーロフ, フョードル・イワノヴィチ　1896生。ソ連の小説家。1960没。

リーベルマン　1897生。ソ連の経済学者。1981没。

久富達夫　ひさとみたつお　1898生。昭和時代の新聞人, スポーツ功労者。内閣情報局次長, 日本出版協会会長。1968没。

松本重治　まつもとしげはる　1899生。昭和時代のジャーナリスト。国際文化会館理事長。1989没。

金東仁　きんとうじん　1900生。朝鮮の小説家。1951没。

キャンベル, ロイ　1901生。イギリスの詩人。1957没。

プラン, アリス　1901生。フランスの歌手, 女優, モデル, 画家。"モンパルナスのキキ"として有名。1953没。

フィグル　1902生。オーストリアの政治家。1965没。

大隅健一郎　おおすみけんいちろう　1904生。昭和時代, 平成時代の法学者, 裁判官。京都帝国大学教授, 最高裁判事。1998没。

グリーン, グレアム　1904生。イギリスの作家, 劇作家。1991没。

シャーストリー, ラール　1904生。インドの政治家。1966没。

円地文子　えんちふみこ　1905生。昭和時代の小説家。1986没。

トッド（トランピントンの), アレグザンダー・ロバータス・トッド, 男爵　1907生。イギリスの有機化学者。1997没。

パス・エステンソロ, ビクトル　1907生。ボリビアの大統領, 弁護士。2001没。

三宅正太郎　みやけしょうたろう　1907生。昭和時代のジャーナリスト, 美術評論家。帝京大学教授。1992没。

金沢嘉市　かなざわかいち　1908生。昭和時代の教育評論家, 児童教育研究者。文民教育協会子どもの文化研究所長, 代沢小学校校長。1986没。

増田四郎　ますだしろう　1908生。昭和時代, 平成時代の歴史学者。一橋大学教授, 東京経済大学教授。1997没。

山中康雄　やまなかやすお　1908生。昭和時代, 平成時代の法学者, 弁護士。愛知大学教授。1998没。

佐久間澄　さくまきよし　1910生。昭和時代の物理学者, 平和運動家。広島大学教授, 日本原水協代表理事。1991没。

竹内好　たけうちよしみ　1910生。昭和時代の中国文学者, 評論家。東京都立大学教授。1977没。

武谷三男　たけたにみつお　1911生。昭和時代, 平成時代の物理学者, 科学評論家。立教大学教授。2000没。

茨木憲　いばらきただし　1912生。昭和時代, 平成時代の演劇評論家。1998没。

近藤貞雄　こんどうさだお　1925生。昭和時代, 平成時代のプロ野球監督。2006没。

鈴木通夫　すずきみちお　1926生。昭和時代, 平成時代の数学者。イリノイ大学教授。1998没。

ナンフィ, アンリ　1932生。ハイチの政治家, 軍人。

尾上菊五郎（7代目) おのえきくごろう　1942生。昭和時代, 平成時代の歌舞伎俳優。

室伏重信　むろふしげのぶ　1945生。昭和時代, 平成時代の元・ハンマー投げ選手。

キャラン, ダナ　1948生。アメリカのファッションデザイナー。

スティング　1951生。イギリスのロック歌手, ベーシスト。

プリティ長嶋　ぷりていながしま　1954生。昭和時代, 平成時代のタレント（ものまね)。

山瀬まみ　やませまみ　1969生。昭和時代, 平成時代のタレント。

新井田豊　にいだゆたか　1978生。平成時代のプロボクサー。

浜崎あゆみ　はまさきあゆみ　1978生。平成時代の歌手。

10月2日

10月3日

○記念日○ 登山の日
○忌　日○ 蛇笏忌
　　　　　来山忌

スユーティー　1445生。エジプトのイスラム学者。1505没。

慶尭　きょうぎょう　1535生。戦国時代の浄土真宗の僧。1568没。

グレヴィル, フルク　1554生。イギリスの詩人, 劇作家, 政治家。1628没。

堯然入道親王　ぎょうねんにゅうどうしんのう　1602生。江戸時代前期の僧。1661没。

ドロルム, マリオン　1611生。フランスの官女。1650没。

杉生十右衛門　すぎゅうじゅうえもん　1765生。江戸時代後期の豊前小倉藩士。1830没。

池田定常　いけださだつね　1767生。江戸時代中期, 後期の大名。1833没。

岡本花亭　おかもとかてい　1767生。江戸時代中期, 後期の幕臣, 漢詩人, 勘定奉行。1850没。

国友藤兵衛　くにともとうべえ　1778生。江戸時代後期の鉄砲鍛冶, 科学技術者。1840没。

ポティンジャー　1789生。イギリスの植民地行政官。1856没。

モラサーン, フランシスコ　1792生。中央アメリカ連邦大統領（1830～40）。1842没。

レオポルト2世　1797生。最後のトスカナ大公。1870没。

バンクロフト, ジョージ　1800生。アメリカの歴史家, 政治家, 外交官。1891没。

ユエ, ポール　1803生。フランスの画家。1869没。

シュピース　1810生。ドイツの体操家, 体育学者。1858没。

ロカート（ロックハート）, ウィリアム　1811生。イギリスの中国医療伝道の開拓者。1896没。

ワグナー　1813生。ドイツの生物学者。1887没。

義観　ぎかん　1823生。江戸時代末期の天台宗の僧。1869没。

アルニム－ズコ, ハリ・クルト・エドゥアルト・カール・フォン　1824生。プロシアの外交官。1881没。

ポターニン　1835生。ロシアの探検家, 地理学者, 民族学者。1920没。

丸山作楽　まるやまさくら　1840生。明治時代の政治家, 歌人。貴族院議員。1899没。

マンソン, サー・パトリック　1844生。イギリスの寄生虫学者。1922没。

上野理一　うえのりいち　1848生。明治時代, 大正時代の新聞経営者。朝日新聞社社長。1919没。

ゴーガス, ウィリアム・クロフォード　1853生。アメリカの軍医。1920没。

ストルーベ, ヘルマン　1854生。ドイツの天文学者。1920没。

ドゥーゼ, エレオノーラ　1859生。イタリアの女優。1924没。

織田得能　おだとくのう　1860生。明治時代の仏教学者。真宗大谷派。1911没。

池辺義象　いけべよしかた　1861生。明治時代, 大正時代の国文学者, 歌人。1923没。

コズロフ, ピョートル　1863生。ソ連の軍人, 探検家。1935没。

ボナール, ピエール　1867生。フランスの画家。1947没。

上原真佐喜（初代）　うえはらまさき　1869生。明治時代－昭和時代の山田流箏曲家。1933没。

中田重治　なかだじゅうじ　1870生。明治時代－昭和時代のキリスト教伝道者。東京ホーリネス教会初代監督。1939没。

ストレウフェルス, ステイン　1871生。ベルギーの小説家。1969没。

津田左右吉　つだそうきち　1873生。明治時代－昭和時代の歴史学者, 思想史家。早稲田大学教授。1961没。

トマス　1874生。イギリスの政治家。1949没。

久村清太　くむらせいた　1880生。明治時代－昭和時代の化学者, 実業家。帝国人造絹糸社長, 化繊協会会長。1951没。

建川美次　たてかわよしつぐ　1880生。明治時代－昭和時代の陸軍軍人。1945没。

井上貞治郎　いのうえていじろう　1882生。明治時代–昭和時代の実業家。全国段ボール協同組合連合会理事長。1963没。

シマノフスキ, カロル　1882生。ポーランドの作曲家。1937没。

下村湖人　しもむらこじん　1884生。大正時代, 昭和時代の小説家, 教育者。台北高等学校校長。1955没。

宋哲元　そうてつげん　1885生。中国の軍人。1940没。

アラン-フルニエ, アンリ　1886生。フランスの作家。1914没。

キュヴィリエ　1887生。フランスの社会学者。1973没。

オシエツキー, カール・フォン　1889生。ドイツの著述家, 平和運動者。1938没。

比屋根安定　ひやねあんてい　1892生。大正時代, 昭和時代の宗教史学者, 牧師。東京神学大学教授, 日本ルーテル神学大学教授。1970没。

マレシャル, モリス　1892生。フランスのチェロ演奏家。1964没。

花柳寿輔(2代目)　はなやぎじゅすけ　1893生。大正時代, 昭和時代の振付師, 日本舞踊家。1970没。

エセーニン, セルゲイ・アレクサンドロヴィチ　1895生。ロシア, ソ連の詩人。1925没。

ギルシュマン, ロマン　1895生。フランスの考古学者。1979没。

ランドバーグ　1895生。アメリカの社会学者。1966没。

アラゴン, ルイ　1897生。フランスの詩人, 小説家, 評論家。1982没。

イェルムスレウ, ルイス　1899生。デンマークの言語学者。1965没。

山口華楊　やまぐちかよう　1899生。大正時代, 昭和時代の日本画家。日展顧問。1984没。

ウルフ, トマス　1900生。アメリカの作家。1938没。

大木正夫　おおきまさお　1901生。昭和時代の作曲家。1971没。

西田税　にしだみつぎ　1901生。大正時代, 昭和時代の国家主義運動家, 陸軍軍人。1937没。

真杉静枝　ますぎしずえ　1901生。昭和時代の小説家。1955没。

城戸又一　きどまたいち　1902生。昭和時代の社会学者, 評論家。東京大学教授, 日本新聞学会会長。1997没。

コスタ・イ・シルバ　1902生。ブラジルの軍人, 大統領。1969没。

村中孝次　むらなかたかじ　1903生。昭和時代の陸軍軍人。大尉。1937没。

平林たい子　ひらばやしたいこ　1905生。昭和時代の小説家。1972没。

緒方昇　おがたのぼる　1907生。昭和時代の詩人。毎日グラフ編集長。1985没。

オクラドニコフ, アレクセイ　1908生。ソ連の考古学者。1981没。

玉井正夫　たまいまさお　1908生。昭和時代, 平成時代の映画カメラマン。1997没。

北川敏男　きたがわとしお　1909生。昭和時代, 平成時代の数理統計学者。九州大学教授, 国際情報社会科学研究所長。1993没。

小川環樹　おがわたまき　1910生。昭和時代, 平成時代の中国文学者。京都大学教授, 京都産業大学教授。1993没。

福田信之　ふくだのぶゆき　1920生。昭和時代, 平成時代の物理学者。筑波大学教授。1994没。

ライヒ, スティーブ　1936生。アメリカの作曲家, ピアニスト, 打楽器奏者。

山本耀司　やまもとようじ　1943生。昭和時代, 平成時代のファッションデザイナー。

宮川大助　みやがわだいすけ　1950生。昭和時代, 平成時代の漫才師。

大沢誉志幸　おおさわよしゆき　1957生。昭和時代, 平成時代の音楽プロデューサー, 歌手。

星野知子　ほしのともこ　1957生。昭和時代, 平成時代の女優, エッセイスト。

石田ゆり子　いしだゆりこ　1969生。昭和時代, 平成時代の女優。

tetsu　てつ　1969生。平成時代のベース奏者(L'Arc〜en〜Ciel)。

ケビン　1971生。アメリカの歌手。

キャンベル, ネーブ　1973生。カナダの女優。

ラミレス, アレックス　1974生。ベネズエラのプロ野球選手(ヤクルト・外野手), 元・大リーグ選手。

蛯原友里　えびはらゆり　1979生。平成時代のモデル, 女優。

イブラヒモヴィッチ, ズラタン　1981生。スウェーデンのサッカー選手。

10月3日

10月4日

○記念日○ 104の日
　　　　　証券投資の日
○忌　日○ 素十忌

藤原延子　ふじわらのえんし　1016生。平安時代中期，後期の女性。後朱雀天皇の女御。1095没。

ルイ10世　1289生。フランス国王（在位1314～16）。1316没。

ベラルミーノ，聖ロベルト・フランチェスコ・ロモロ　1542生。イタリアの枢機卿，神学者，聖人。1621没。

カルル9世　1550生。スウェーデン王（在位1604～11）。1611没。

パーズマーニ，ペーテル　1570生。ハンガリーの宗教家。1637没。

東福門院　とうふくもんいん　1607生。江戸時代前期の女性。徳川秀忠の娘で，後水尾天皇の皇后。1678没。

ロハス-ソリーリャ，フランシスコ・デ　1607生。スペインの劇作家。1648没。

クロムウェル，リチャード　1626生。イギリスの政治家。1712没。

青木東庵　あおきとうあん　1650生。江戸時代前期，中期の医師，詩人。1700没。

ソリメーナ，フランチェスコ　1657生。イタリアの画家。1747没。

ミラボー　1715生。フランスの重農主義者。1789没。

リンド，ジェイムズ　1716生。イギリスの医師。1794没。

ピラネージ，ジョヴァンニ・バッティスタ　1720生。イタリアの版画家。1778没。

マローン，エドマンド　1741生。イギリスのシェークスピア学者，編者。1812没。

佐竹曙山　さたけしょざん　1748（閏10月）生。江戸時代中期の大名。1785没。

霊曜　れいよう　1760生。江戸時代中期，後期の浄土真宗の僧。1822没。

ゴットヘルフ，イェレミーアス　1797生。スイスの小説家。1854没。

小田又蔵　おだまたぞう　1804生。江戸時代，明治時代の電信技術研究者。1870没。

ハリス，タウンセンド　1804生。アメリカの外交官。1878没。

ラ・フォンテーヌ　1807生。カナダの政治家。1864没。

ミレー，ジャン・フランソワ　1814生。フランスの画家。1875没。

クリスピ，フランチェスコ　1819生。イタリアの政治家。1901没。

ヘイズ，ラザフォード・B（バーチャード）　1822生。アメリカ第19代大統領。1893没。

ピーサレフ，ドミートリー・イワノヴィチ　1840生。ロシアの社会評論家，革命的民主主義者。1868没。

メンデンホール　1841生。アメリカの物理学者。1924没。

パラシオ-バルデス，アルマンド　1853生。スペインの小説家。1938没。

ピューピン，マイケル（・イドヴォルスキー）　1858生。アメリカの物理学者。1935没。

ラウシェンブシュ，ウォールター　1861生。アメリカのバプテスト派の牧師，神学者。1918没。

ハルベ，マックス　1865生。ドイツの劇作家。1944没。

松本健次郎　まつもとけんじろう　1870生。明治時代–昭和時代の実業家。1963没。

太田政弘　おおたまさひろ　1871生。大正時代，昭和時代の内務官僚，政治家。新潟県知事。1951没。

松田源治　まつだげんじ　1875生。大正時代，昭和時代の政治家，弁護士。衆議院副議長。1936没。

新村出　しんむらいずる　1876生。明治時代–昭和時代の言語学者，国語学者，文化史学者，随筆家。1967没。

伊良子清白　いらこせいはく　1877生。明治時代の詩人，医師。1946没。

クーシネン　1881生。ソ連の革命家，政治家。1964没。

サルモン, アンドレ　1881生。フランスの詩人, 小説家, 美術評論家。1969没。

ブラウヒッチュ　1881生。ドイツの将軍。1948没。

善竹弥五郎　ぜんちくやごろう　1883生。明治時代–昭和時代の狂言師（大蔵流）。1965没。

ティトゥレスク　1883生。ルーマニアの政治家。1941没。

グアン　1884生。フランスの政治家, 弁護士。1977没。

辻潤　つじじゅん　1884生。大正時代, 昭和時代の評論家。1944没。

ラニヤン, デイモン　1884生。アメリカのジャーナリスト, 小説家。1946没。

中村武羅夫　なかむらむらお　1886生。大正時代, 昭和時代の小説家, 評論家。1949没。

大西克礼　おおにしよしのり　1888生。大正時代, 昭和時代の美学者。東京大学教授。1959没。

中原悌二郎　なかはらていじろう　1888生。明治時代, 大正時代の彫塑家。1921没。

ゴーディエ–ブルゼスカ, アンリ　1891生。フランスの彫刻家, 素描家。1915没。

内藤卯三郎　ないとううさぶろう　1891生。大正時代, 昭和時代の物理学者, 俳人。愛知学芸大学初代学長。1977没。

ドルフース, エンゲルベルト　1892生。オーストリアの政治家。1934没。

キートン, バスター　1895生。アメリカの喜劇俳優。1966没。

スタインハウス　1897生。アメリカの生理学者。1970没。

増田甲子七　ますだかねしち　1898生。昭和時代の政治家, 弁護士。衆議院議員, 防衛庁長官。1985没。

ヨナス　1899生。オーストリアの大統領。1974没。

河盛好蔵　かわもりよしぞう　1902生。昭和時代, 平成時代のフランス文学者, 文芸評論家。東京教育大学教授, 共立女子大学教授。2000没。

池田潔　いけだきよし　1903生。昭和時代の英語学者, 随筆家。慶応義塾大学教授。1990没。

ボス　1903生。スイスの精神医学者。1990没。

久保田豊　くぼたゆたか　1905生。昭和時代の農民運動家, 政治家。韮山村長。1965没。

中島斌雄　なかじまたけお　1908生。昭和時代の俳人。「麦」主宰, 日本女子大学教授。1988没。

森喜作　もりきさく　1908生。昭和時代のキノコ栽培研究者。森産業社長。1977没。

小山清　こやまきよし　1911生。昭和時代の小説家。1965没。

甲野礼作　こうのれいさく　1915生。昭和時代のウイルス学者。国立予防衛生研究所ウイルス中央検査部長, 京大教授。1985没。

宮之原貞光　みやのはらさだみつ　1917生。昭和時代の労働運動家。参院議員, 日教組委員長。1983没。

福井謙一　ふくいけんいち　1918生。昭和時代, 平成時代の理論化学者。ノーベル化学賞受賞。1998没。

モラレス, フランシスコ　1921生。ペルーの政治家, 軍人。

馬場正雄　ばばまさお　1923生。昭和時代の経済学者。京都大学経済研究所長, 理論計量経済学会長。1986没。

ヘストン, チャールトン　1924生。アメリカの俳優, 映画監督。

小林一博　こばやしかずひろ　1931生。昭和時代, 平成時代の出版評論家。2003没。

青木鈴慕（2代目）　あおきれいぼ　1935生。昭和時代, 平成時代の尺八奏者（琴古流）。

北島三郎　きたじまさぶろう　1936生。昭和時代, 平成時代の歌手, 俳優。

フラニツキ, フランツ　1937生。オーストリアの政治家。

サランドン, スーザン　1946生。アメリカの女優。

辻仁成　つじじんせい　1959生。昭和時代, 平成時代の小説家, ミュージシャン, 映画監督。

チェン, イーキン　1967生。香港の俳優, 歌手。

藤田俊哉　ふじたとしや　1971生。平成時代のサッカー選手。

梅沢由香里　うめざわゆかり　1973生。平成時代の棋士。

藤本敦士　ふじもとあつし　1977生。平成時代のプロ野球選手。

上田竜也　うえだたつや　1983生。平成時代のタレント, 歌手。

前田愛　まえだあい　1983生。平成時代の女優。

レナ　1984生。ロシアの歌手（t.A.T.u.）。

10月4日

10月5日

○記念日○　レモンの日
　　　　　　時刻表記念日
○忌　日○　達磨忌

宣陽門院　せんようもんいん　1181生。平安時代後期、鎌倉時代前期の女性。後白河法皇の皇女。1252没。

千葉胤綱　ちばたねつな　1208生。鎌倉時代前期の御家人。1228没。

武田信豊　たけだのぶとよ　1514生。戦国時代の武将。?没。

フレーミング, パウル　1609生。ドイツの抒情詩人。1640没。

モンテスパン, フランソワーズ・アテナイース・ド・ロシュシュワール, 侯爵夫人　1641生。フランスの貴婦人。1707没。

メアリ(モデナの)　1658生。イギリス国王ジェームズ2世の妃。1718没。

恵棟　けいとう　1697生。中国、清の学者。1758没。

エドワーズ, ジョナサン　1703生。アメリカの牧師、神学者。1758没。

岡田米仲　おかだべいちゅう　1707生。江戸時代中期の俳人。1766没。

ディドロ, ドニ　1713生。フランスの哲学者、文学者。1784没。

大江丸　おおえまる　1722生。江戸時代中期、後期の俳人、飛脚問屋。1805没。

エオン・ド・ボーモン　1728生。フランスの外交官、著作家。1810没。

オルロフ, アレクセイ　1737生。ロシアの軍人、政治家。1808没。

徳川家斉　とくがわいえなり　1773生。江戸時代後期の江戸幕府第11代の将軍。1841没。

デュピュイトラン, ギョーム, 男爵　1777生。フランスの外科医。1835没。

シャンポリオン　1778生。フランスの古代学、古文書学者。1867没。

ボルツァーノ, ベルナルト　1781生。オーストリアの哲学者、論理学者、数学者。1848没。

ヴァイトリング, ヴィルヘルム　1808生。ドイツの共産主義者。1871没。

トーロッドセン, ヨウン・ソウルザルソン　1818生。アイスランドの小説家。1868没。

ハイム, ルードルフ　1821生。ドイツの哲学者、文芸史家。1901没。

市川団十郎(8代目)　いちかわだんじゅうろう　1823生。江戸時代末期の歌舞伎役者。1854没。

亀井茲監　かめいこれみ　1825生。江戸時代、明治時代の伯爵、久留米藩主、津和野藩知事。1885没。

アーサー, チェスター・A　1830生。アメリカ第21代大統領(1881～85)。1886没。

シモンズ, ジョン・アディントン　1840生。イギリスの作家。1893没。

観世銕之丞(5代目)　かんぜてつのじょう　1843生。明治時代の能のシテ方。1911没。

カローニン, S.　1853生。ロシアの作家。1892没。

坂本直寛　さかもとなおひろ　1853生。明治時代の自由民権家、牧師。1911没。

リュミエール, ルイ　1864生。フランスの映画機械シネマトグラフの発明者。1948没。

シャヴァンヌ, エドワール　1865生。フランスの中国学者。1918没。

竹越与三郎　たけこしよさぶろう　1865生。明治時代–昭和時代の日本史家、政治家。1950没。

福田英子　ふくだひでこ　1865生。明治時代、大正時代の社会運動家。1927没。

藤井健次郎　ふじいけんじろう　1866生。明治時代–昭和時代の植物学者。東京帝国大学教授。1952没。

長田秋涛　おさだしゅうとう　1871生。明治時代、大正時代のフランス文学者、劇作家。1915没。

中尾都山(初代)　なかおとざん　1876生。明治時代–昭和時代の尺八奏者、作曲家。1956没。

馬場鍈一　ばばえいいち　1879生。大正時代、昭和時代の官僚、財政家、政治家。貴族院議員、日本勧業銀行総裁。1937没。

ラウス, フランシス・ペイトン　1879生。アメリカの病理学者。1970没。

桑田義備　くわたよしなり　1882生。大正時代，昭和時代の植物学者。京都大学教授。1981没。

ゴッダード，ロバート・ハッチングズ　1882生。アメリカの液体ロケットの開拓者。1945没。

佐々木喜善　ささききぜん　1886生。明治時代-昭和時代の民俗学者，作家。1933没。

徳川義親　とくがわよしちか　1886生。明治時代-昭和時代の政治家，植物学者。侯爵，貴族院議員。1976没。

秋葉隆　あきばたかし　1888生。昭和時代の文化人類学者。九州大学教授。1954没。

カールグレン　1889生。スウェーデンの中国語学者。1978没。

エートシュミット，カージミール　1890生。ドイツの作家。1966没。

大浜信泉　おおはまのぶもと　1891生。昭和時代の法学者。早稲田大学総長，プロ野球コミッショナー。1976没。

渋沢秀雄　しぶさわひでお　1892生。大正時代，昭和時代の実業家，随筆家。田園都市株式会社取締役。1984没。

甲賀三郎　こうがさぶろう　1893生。大正時代，昭和時代の推理小説家。1945没。

司忠　つかさただし　1893生。昭和時代の実業家。丸善社長，東京文化会館運営審議会会長。1986没。

国崎定洞　くにさきていどう　1894生。大正時代，昭和時代の社会医学者，社会運動家。東京大学助教授。1937没。

ビドー，ジョルジュ　1899生。フランスの政治家。1983没。

中山義秀　なかやまぎしゅう　1900生。昭和時代の小説家。1969没。

浦辺粂子　うらべくめこ　1902生。大正時代，昭和時代の女優。1989没。

スタンク，ザハリア　1902生。ルーマニアの小説家。1974没。

北畠八穂　きたばたけやほ　1903生。昭和時代の詩人，児童文学作家。1982没。

今竹七郎　いまたけしちろう　1905生。昭和時代，平成時代のグラフィックデザイナー，画家。2000没。

ヌルクセ　1907生。アメリカの経済学者。1959没。

市川段四郎　いちかわだんしろう　1908生。昭和時代の俳優。1963没。

ディック・ミネ　1908生。昭和時代，平成時代の歌手。1991没。

ローガン，ジョシュア　1908生。アメリカの演出家，劇作家，映画監督。1988没。

土屋清　つちやきよし　1910生。昭和時代の経済評論家。中東経済研究所会長，総合政策研究会理事長。1987没。

平木信二　ひらきしんじ　1910生。昭和時代の実業家。全日本計理士協会会長。1971没。

オブライエン，フラン　1911生。アイルランドの幻想作家。1966没。

ソン・サン　1911生。カンボジアの政治家。2000没。

富山清翁　とみやませいおう　1913生。昭和時代，平成時代の地唄箏曲家・作曲家（生田流）。

ダーゲルマン，スティーグ　1923生。スウェーデンの小説家，劇作家。1954没。

矢野徹　やのてつ　1923生。昭和時代，平成時代のSF作家，翻訳家。2004没。

ドノーソ，ホセ　1924生。チリの作家。1996没。

ナビエフ，ラフマン　1930生。タジキスタンの政治家。1993没。

ハヴェル，ヴァーツラフ　1936生。チェコの政治家，劇作家。

桂春蝶(2代目)　かつらしゅんちょう　1941生。昭和時代，平成時代の落語家。1993没。

西岡徳馬　にしおかとくま　1946生。昭和時代，平成時代の俳優。

やしきたかじん　やしきたかじん　1949生。昭和時代，平成時代の歌手，タレント。

辺見マリ　へんみまり　1950生。昭和時代，平成時代の歌手，女優。

山口祐一郎　やまぐちゆういちろう　1956生。昭和時代，平成時代の俳優。

黒木瞳　くろきひとみ　1960生。昭和時代，平成時代の女優。

橋本聖子　はしもとせいこ　1964生。昭和時代，平成時代のスピードスケート選手，自転車選手，政治家。

酒井雄二　さかいゆうじ　1972生。平成時代の歌手（ゴスペラーズ）。

ウインスレット，ケイト　1975生。イギリスの女優。

田臥勇太　たぶせゆうた　1980生。平成時代のバスケットボール選手。

10月5日

10月6日

○記念日○ 国際協力の日

敦貞親王　あつさだしんのう　1014生。平安時代中期の三条天皇の皇孫、式部卿。1061没。
抜隊得勝　ばっすいとくしょう　1327生。南北朝時代の臨済宗法燈派の僧。1387没。
キーズ, ジョン　1510生。イギリスの内科医。1573没。
リッチ, マッテーオ　1552生。イタリアのイエズス会士。1610没。
狩野尚信　かのうなおのぶ　1607生。江戸時代前期の画家。1650没。
マスケリン, ネヴィル　1732生。イギリスの天文学者。1811没。
ラムズデン, ジェス　1735生。イギリスの天文機械製造業者。1800没。
久世広民　くぜひろたみ　1737生。江戸時代中期の幕臣。1800没。
ヴェッセル, ヨハン・ヘアマン　1742生。ノルウェー生まれのデンマークの作家。1785没。
田安治察　たやすはるあき　1753生。江戸時代中期の人。三卿田安家の2代。1774没。
クリストフ, アンリ　1767生。北部ハイチの王（在位1806～20）。1820没。
ルイ-フィリップ　1773生。フランス国王（在位1830～48）。1850没。
芥川玉潭　あくたがわぎょくたん　1777生。江戸時代後期の越前鯖江藩士。1832没。
エルフィンストン　1779生。イギリスのインド行政官、歴史家。1859没。
マジャンディ, フランソワ　1783生。フランスの実験生理学者。1855没。
コンファロニエーリ　1785生。イタリアの愛国者。1846没。
フレデリク7世　1808生。デンマーク王（1848～63）。1863没。
デデキント,（ユリウス・ヴィルヘルム・）リヒャルト　1831生。ドイツの数学者。1916没。
ヴァルダイヤー-ハルツ, ハインリヒ・ヴィルヘルム・ゴットフリート・フォン　1836生。ドイツの解剖学者。1921没。
ウェスティングハウス, ジョージ　1846生。アメリカの発明家、事業家。1914没。

内藤魯一　ないとうろいち　1846生。明治時代の自由民権家。衆議院議員。1911没。
ヒルデブラント, アドルフ　1847生。ドイツの彫刻家。1921没。
ザハーロフ, サー・バジル　1849生。イギリスの実業家。1936没。
瀬木博尚　せきひろなお　1852生。昭和時代の実業家。博報堂創立者。1939没。
ベヴァリッジ　1862生。アメリカの政治家。1927没。
竹本越路太夫(3代目)　たけもとこしじだゆう　1865生。明治時代, 大正時代の義太夫節太夫。1924没。
フェッセンデン, レジナルド・オーブリー　1866生。アメリカの物理学者, 無線工学者。1932没。
土肥春曙　どいしゅんしょ　1869生。明治時代の俳優。1915没。
橘旭翁(2代目)　たちばなきょくおう　1874生。明治時代-昭和時代の筑前琵琶奏者。1945没。
村田省蔵　むらたしょうぞう　1878生。大正時代, 昭和時代の経営者, 政治家。日本国際貿易振興協会会長, 大阪商船社長。1957没。
香月清司　かづききよし　1881生。明治時代-昭和時代の陸軍軍人。1950没。
田中義麿　たなかよしまろ　1884生。大正時代, 昭和時代の遺伝学者。九州大学教授。1972没。
ネイデルマン, イーリー　1885生。ポーランド生まれのアメリカの彫刻家。1946没。
フィッシャー, エトヴィン　1886生。スイスのピアニスト, 指揮者。1960没。
グスマン, マルティン・ルイス　1887生。メキシコの小説家。1977没。
ル・コルビュジエ　1887生。スイスの建築家, 都市設計家。1965没。
李大釗　りだいしょう　1888生。中国, 民国の思想家。1927没。
ドンブロフスカ, マリア　1889生。ポーランドの代表的女流作家。1965没。

メルスマン, ハンス　1891生。ドイツの音楽学者。1971没。

菊池豊三郎　きくちとよさぶろう　1892生。大正時代, 昭和時代の文部官僚。横浜市立大学長。1971没。

サハ, メグナード　1894生。インドの天文学者。1956没。

千嘉代子　せんかよこ　1897生。大正時代, 昭和時代の茶道家。1980没。

アルトハイム, フランツ　1898生。ドイツの古代史家。1976没。

西松三好　にしまつみよし　1898生。昭和時代の実業家。西松建設社長, 西松不動産社長。1971没。

古野清人　ふるのきよと　1899生。昭和時代の宗教社会学者。九州大学教授。1979没。

杵屋六左衛門(14代目)　きねやろくざえもん　1900生。明治時代–昭和時代の長唄唄方。1981没。

安西浩　あんざいひろし　1901生。昭和時代の実業家。東京ガス会長, 東京都公安委員長。1990没。

ヴァイニング, エリザベス・ジャネット　1902生。アメリカの児童文学作家。1999没。

上林暁　かんばやしあかつき　1902生。昭和時代の小説家。1980没。

ウォルトン, アーネスト・トーマス・シントン　1903生。アイルランドの物理学者。1995没。

下程勇吉　したほどゆうきち　1904生。昭和時代の教育学者。京都大学教授。1998没。

瀬沼茂樹　せぬまもしげき　1904生。昭和時代の文芸評論家。(財)日本近代文学館専務理事, 日本大学教授。1988没。

ランゲ　1904生。ドイツの詩人, 小説家。1971没。

荒木巍　あらきたかし　1905生。昭和時代の小説家。1950没。

ムーディー, ヘレン・ウィルス　1905生。アメリカのテニス選手。1998没。

ゲイナー, ジャネット　1906生。アメリカの女優。1984没。

ロンバード, キャロル　1908生。アメリカの女優。1942没。

荘司雅子　しょうじまさこ　1909生。昭和時代の教育学者。広島大学教授, 日本保育学会会長。1998没。

牧野直隆　まきのなおたか　1910生。昭和時代, 平成時代の日本高校野球連盟名誉会長, カネボウ化成特別顧問。2006没。

カースル, バーバラ・アン　1911生。イギリスの政治家。2002没。

雪山慶正　ゆきやまよしまさ　1912生。昭和時代の経済学者。専修大学教授。1974没。

ヘイエルダール, トール　1914生。ノルウェーの人類学者, 海洋探検家。2002没。

沢木欣一　さわききんいち　1919生。昭和時代, 平成時代の俳人, 国文学者。東京芸術大学教授。2001没。

高島益郎　たかしまますを　1919生。昭和時代の外交官。最高裁判事, 駐ソ大使。1988没。

寺内大吉　てらうちだいきち　1921生。昭和時代, 平成時代の小説家, スポーツ評論家, 僧侶。

藤島桓夫　ふじしまたけお　1927生。昭和時代, 平成時代の歌手。1994没。

アサド, ハフェズ・アル　1930生。シリアの政治家, 軍人。2000没。

佐藤忠男　さとうただお　1930生。昭和時代, 平成時代の映画評論家, 映画史家。

海老名香葉子　えびなかよこ　1933生。昭和時代, 平成時代のエッセイスト。

江藤慎一　えとうしんいち　1937生。昭和時代, 平成時代の元・プロ野球選手。

山本邦山(2代目)　やまもとほうざん　1937生。昭和時代, 平成時代の尺八奏者(都山流), 作曲家。

中沢けい　なかざわけい　1959生。昭和時代, 平成時代の小説家。

目取真俊　めどるましゅん　1960生。昭和時代, 平成時代の小説家。

松田美由紀　まつだみゆき　1961生。昭和時代, 平成時代の女優。

シュー, エリザベス　1964生。アメリカの女優。

岡元あつこ　おかもとあつこ　1973生。平成時代のタレント。

伊調千春　いちょうちはる　1981生。平成時代のレスリング選手。

堀北真希　ほりきたまき　1988生。平成時代の女優。

TAKA　たか　平成時代のミュージシャン。

10月6日

10月7日

○記念日○　ミステリー記念日

ザハビー　1274生。シリアのトルコ系歴史家。1348没。

フレデリク1世　1471生。デンマーク王(在位1523～33)、ノルウェー王(在位25～33)。1533没。

ホルバイン、ハンス　1497生。ドイツの画家。1543没。

カンディドゥス、パンターレオン　1540生。ドイツの福音主義神学者、牧師。1608没。

ロード、ウィリアム　1573生。イギリスの聖職者。1645没。

マーストン、ジョン　1576生。イギリスの諷刺詩人、劇作家、牧師。1634没。

准尊　じゅんそん　1585生。江戸時代前期の浄土真宗の僧。1622没。

昭玄　しょうげん　1585生。安土桃山時代、江戸時代前期の浄土真宗の僧。1620没。

ル・ミュエ、ピエール　1591生。フランスの建築家。1669没。

カステレト　1592生。スペインのドミニコ会宣教師。1628没。

今井弘済　いまいこうさい　1652生。江戸時代前期の国学者、医師。1689没。

香月牛山　かつきぎゅうざん　1656生。江戸時代中期の医師。1740没。

吉永升庵　よしながしょうあん　1656生。江戸時代中期の洋方医。1735没。

カリエーラ、ロザルバ　1675生。イタリアの女流画家。1757没。

カゾット、ジャック　1719生。フランスの作家。1792没。

アバクロンビー、サー・ラルフ　1734生。イギリスの英雄的軍人。1801没。

カルル13世　1748生。スウェーデン王(在位1809～18)、ノルウェー王(在位14～18)。1818没。

樺島石梁　かばしませきりょう　1754生。江戸時代中期、後期の儒学者。1828没。

ゲシェル、カール・フリードリヒ　1784生。ドイツの法学者、哲学者、神学者。1861没。

パピノー、ルイ・ジョゼフ　1786生。カナダの政治家。1871没。

ミュラー、ヴィルヘルム　1794生。ドイツの詩人。1827没。

豊姫　とよひめ　1800生。江戸時代後期の女性。紀伊和歌山藩主徳川斉順の妻。1845没。

中村善右衛門　なかむらぜんえもん　1806生。江戸時代、明治時代の養蚕技術改良家。1880没。

押小路甫子　おしこうじなみこ　1808生。江戸時代後期、末期、明治時代の女性。1884没。

エルケル・フェレンツ　1810生。ハンガリーの作曲家、指揮者。1893没。

平岡円四郎　ひらおかえんしろう　1822生。江戸時代末期の幕臣。1864没。

ロイカルト、カール・ゲオルク・フリードリヒ・ルドルフ　1822生。ドイツの動物学者。1898没。

フォーサイス　1827生。イギリスのインド行政官。1886没。

ギューリック、オラメル・ヒンクリ　1830生。アメリカのプロテスタント宣教師。1923没。

富川盛奎　とみがわせいけい　1832生。江戸時代後期、末期、明治時代の琉球の政治家。1890没。

望月亀弥太　もちづきかめやた　1838生。江戸時代末期の土佐藩士。1864没。

トマス、ロバート・ジャーメイン　1840生。イギリスの宣教師。1866没。

ニコラ1世　1841生。モンテネグロ王(在位1910～18)。1921没。

富士田吉次(2代目)　ふじたきちじ　1845生。明治時代、大正時代の長唄唄方。1919没。

ライリ、ジェイムズ・ホイットコム　1849生。アメリカの詩人。1916没。

デ・ヴェット、クリスティアーン(・ルドルフ)　1854生。南アフリカの軍人。1922没。

フェーデラー　1866生。スイスの小説家。1928没。

クロル　1869生。ドイツの古典学者。1939没。

ノール, ヘルマン　1879生。ドイツの哲学者, 美学者, 教育学者。1960没。

片岡市蔵(4代目)　かたおかいちぞう　1880生。明治時代, 大正時代の歌舞伎役者。1926没。

長谷部鋭吉　はせべえいきち　1885生。大正時代, 昭和時代の建築家。1960没。

ボーア, ニールス・ヘンドリック・ダヴィド　1885生。デンマークの物理学者。1962没。

ウォレス, H.A.　1888生。アメリカの元副大統領。1965没。

牟田口廉也　むたぐちれんや　1888生。昭和時代の陸軍軍人。中将。1966没。

松嶋喜作　まつしまきさく　1891生。大正時代, 昭和時代の実業家, 政治家。参議院議員, 参院副議長。1977没。

セミョーノフ, セルゲイ・アレクサンドロヴィチ　1893生。ソ連の作家。1942没。

源豊宗　みなもととよむね　1895生。大正時代‐平成時代の美術史家。関西学院大学教授。2001没。

木下二介　きのしたじかい　1896生。昭和時代の挿絵画家。1968没。

ムハンマド, イライジャ　1897生。アメリカの黒人団体「黒人回教団」の指導者。1975没。

山田勝次郎　やまだかつじろう　1897生。大正時代, 昭和時代の経済学者。1982没。

伊藤廉　いとうれん　1898生。昭和時代の洋画家。1983没。

本多顕彰　ほんだあきら　1898生。昭和時代の英文学者, 文芸評論家。法政大学教授。1978没。

太田典礼　おおたてんれい　1900生。昭和時代の医師, 政治家。産婦人科, 衆議院議員。1985没。

バタフィールド, サー・ハーバート　1900生。イギリスの歴史家。1979没。

ヒムラー, ハインリヒ　1900生。ドイツの政治家。1945没。

坂本太郎　さかもとたろう　1901生。昭和時代の古代史学者。日本歴史学会会長, 東京大学教授, 国学院大学教授。1987没。

村野四郎　むらのしろう　1901生。大正時代, 昭和時代の詩人。理研電解工業社長, 日本現代詩人会会長。1975没。

ウェッブ, ジェイムズ・E(エドウィン)　1906生。アメリカの政治家。1992没。

井上晴丸　いのうえはるまる　1908生。昭和時代の経済学者。立命館大学教授。1973没。

ベラウンデ・テリ　1912生。ペルーの建築家, 大統領。2002没。

ベラウンデ・テリー, フェルナンド　1912生。ペルーの政治家。2002没。

杵屋正邦　きねやせいほう　1914生。昭和時代, 平成時代の長唄演奏家, 作曲家。1996没。

ピストン堀口　ぴすとんほりぐち　1914生。昭和時代のプロボクサー。1950没。

松本恵雄　まつもとしげお　1915生。昭和時代, 平成時代の能楽師(宝生流シテ方)。2003没。

ロストー, ウォルト・ウィットマン　1916生。アメリカの経済学者, ケネディ大統領の特別補佐官。2003没。

久保田一竹　くぼたいっちく　1917生。昭和時代, 平成時代の染色工芸家。2003没。

リオペル, ジャン‐ポール　1923生。カナダの画家。2002没。

レイン, ロナルド・デヴィド　1927生。イギリスの精神医学者, 精神分析者。1989没。

室田日出男　むろたひでお　1937生。昭和時代, 平成時代の俳優。2002没。

坂田利夫　さかたとしお　1941生。昭和時代, 平成時代の漫才師。

久田恵　ひさだめぐみ　1947生。昭和時代, 平成時代のノンフィクション作家, エッセイスト。

キクウェテ, ジャカヤ・ムリショ　1950生。タンザニアの政治家。

プーチン, ウラジーミル　1952生。ロシアの政治家。

マ, ヨーヨー　1955生。アメリカのチェロ奏者。

トービル, ジェーン　1957生。イギリスのフィギュアスケート選手。

氷室京介　ひむろきょうすけ　1960生。昭和時代, 平成時代のミュージシャン。

青田典子　あおたのりこ　1967生。昭和時代, 平成時代のタレント。

ピアース, ガイ　1967生。オーストラリアの俳優。

ブラクストン, トニ　1968生。アメリカの歌手, 女優。

生田斗真　いくたとうま　1984生。平成時代の俳優。

10月7日

10月8日

○記念日○　骨と関節の日
　　　　　　木の日

瑩山紹瑾　けいざんじょうきん　1264生。鎌倉時代後期の曹洞宗の僧。1325没。

トゥー, ジャック-オーギュスト・ド　1553生。フランスの歴史家, 司法官。1617没。

尊性法親王　そんしょうほうしんのう　1602生。江戸時代前期の後陽成天皇の第5皇子。1651没。

ツェーゼン, フィーリップ　1619生。ドイツの詩人, 作家。1689没。

榎本弥左衛門　えのもとやざえもん　1625生。江戸時代前期の武蔵国川越の豪商。1686没。

高泉性潡　こうせんしょうとん　1633生。江戸時代前期の渡来僧。1695没。

バロン　1653生。フランスの俳優。1729没。

細井広沢　ほそいこうたく　1658生。江戸時代前期, 中期の儒者, 書家。1736没。

フェイホー, ベニート・ヘロニモ　1676生。スペインの神学者, 文明批評家。1764没。

藤江熊陽　ふじえゆうよう　1683生。江戸時代前期, 中期の播磨竜野藩士, 儒学者。1751没。

松宮観山　まつみやかんざん　1686生。江戸時代中期の兵学者。1780没。

江村北海　えむらほっかい　1713生。江戸時代中期の漢詩人。1788没。

柿右衛門(8代目)　かきえもん　1734生。江戸時代中期の赤絵磁器の陶工。1781没。

カダルソ, ホセ　1741生。スペインの小説家, 軍人。1782没。

尾藤二洲　びとうじしゅう　1747生。江戸時代中期, 後期の儒学者。1814没。

田中玄宰　たなかはるなか　1748生。江戸時代中期, 後期の陸奥会津藩家老。1808没。

陽姫　ようひめ　1752生。江戸時代中期の女性。尾張藩主徳川宗勝の娘。1773没。

恒遠頼母　つねとおたのも　1803生。江戸時代末期の儒学者。1863没。

宮原潜叟　みやばらせんそう　1806生。江戸時代, 明治時代の儒者, 書家。1885没。

住江甚兵衛　すみのえじんべえ　1825生。江戸時代, 明治時代の熊本藩士。1876没。

間島冬道　まじまふゆみち　1827生。江戸時代, 明治時代の尾張藩士, 歌人。1890没。

諏訪甚六　すわじんろく　1829生。江戸時代末期, 明治時代の薩摩藩藩老。1898没。

ブラント　1835生。ドイツの外交官。没年不詳。

ヘイ, ジョン　1838生。アメリカの政治家。1905没。

ル・シャトリエ, アンリ　1850生。フランスの化学者。1936没。

名和靖　なわやすし　1857生。明治時代, 大正時代の昆虫学者。1926没。

ザウアー, エーミール・フォン　1862生。ドイツのピアニスト, 作曲家。1942没。

ヌシッチ, ブラニスラヴ　1864生。セルビアの小説家, 劇作家。1938没。

スレーフォークト, マックス　1868生。ドイツの画家。1932没。

ポイス, ジョン・クーパー　1872生。イギリスの小説家, 詩人。1963没。

ヘルツスプルング, エイナー　1873生。デンマークの天文学者。1967没。

島地大等　しまぢだいとう　1875生。明治時代, 大正時代の学僧。勧学。1927没。

シュティレ　1876生。ドイツの地質学者。1966没。

陳独秀　ちんどくしゅう　1879生。中国, 近代の思想家, 政治家。1942没。

ワールブルク, オットー・ハインリヒ　1883生。ドイツの生化学者。1970没。

吉井勇　よしいいさむ　1886生。明治時代-昭和時代の歌人, 劇作家, 小説家。1960没。

クレッチマー　1888生。ドイツの精神医学者。1964没。

千宗守(武者小路千家9代目)　せんそうしゅ　1889生。大正時代, 昭和時代の茶道家。1953没。

小酒井不木　こざかいふぼく　1890生。大正時代, 昭和時代の探偵小説家, 医師。東北帝国大学教授。1929没。

584

ウィルキンソン, エレン・シシリー　1891生。イギリスの婦人政治家。1947没。

ゾグ1世　1895生。アルバニアの最後の王(在位1928～39)。1961没。

ペロン, ホアン・ドミンゴ　1895生。アルゼンチンの軍人, 大統領。1974没。

デュヴィヴィエ, ジュリヤン　1896生。フランスの映画監督。1967没。

佐分真　さぶりまこと　1898生。大正時代, 昭和時代の洋画家。1936没。

マムーリアン, ルーベン　1898生。ロシア生まれのアメリカの演出家。1987没。

藤間勘十郎(7代目)　ふじまかんじゅうろう　1900生。大正時代, 昭和時代の振付師, 日本舞踊家。1990没。

田中栄一　たなかえいいち　1901生。昭和時代の官僚, 政治家。衆議院議員, 警視総監。1980没。

沖中重雄　おきなかしげお　1902生。昭和時代の医師。内科, 東京大学教授。1992没。

田村秋子　たむらあきこ　1905生。昭和時代の女優。1983没。

西村直己　にしむらなおみ　1905生。昭和時代の官僚, 政治家。防衛庁長官, 衆議院議員。1980没。

訓覇信雄　くるべのぶお　1906生。昭和時代, 平成時代の僧侶。真宗大谷派宗務総長。1998没。

冨田恒男　とみたつねお　1908生。昭和時代の生理学者。慶応義塾大学教授, エール大学教授。1991没。

中西武夫　なかにしたけお　1908生。昭和時代, 平成時代の劇作家, 演出家。大阪芸術大学教授。1999没。

野村良雄　のむらよしお　1908生。昭和時代, 平成時代の音楽学者。東京芸術大学教授, 東邦音楽大学長。1994没。

モールツ　1908生。アメリカの作家。1967没。

ヤロシェヴィチ　1909生。ポーランドの軍人, 政治家。1992没。

ホール　1910生。アメリカの政治家。2000没。

朝香孚彦　あさかたかひこ　1912生。昭和時代, 平成時代の皇族。1994没。

ポーター, ロドニー・ロバート　1917生。イギリスの医学者。1985没。

高杉早苗　たかすぎさなえ　1918生。昭和時代の女優。1995没。

中村輝夫　なかむらてるお　1919生。昭和時代の陸軍軍人。1979没。

宮沢喜一　みやざわきいち　1919生。昭和時代, 平成時代の政治家。首相。2007没。

山下菊二　やましたきくじ　1919生。昭和時代の洋画家。1986没。

ミルスタイン, セサル　1927生。アルゼンチンの分子生物学者。2002没。

若水ヤエ子　わかみずやえこ　1927生。昭和時代の女優。1973没。

岡崎令治　おかざきれいじ　1930生。昭和時代の分子生物学者。名古屋大学教授。1975没。

武満徹　たけみつとおる　1930生。昭和時代, 平成時代の作曲家, 評論家。1996没。

江成常夫　えなりつねお　1936生。昭和時代, 平成時代の写真家。

佐佐木幸綱　ささきゆきつな　1938生。昭和時代, 平成時代の歌人, 国文学者。

三田佳子　みたよしこ　1941生。昭和時代, 平成時代の女優。

ベネックス, ジャン・ジャック　1946生。フランスの映画監督。

ウィーバー, シガーニー　1949生。アメリカの女優。

成井豊　なるいゆたか　1961生。昭和時代, 平成時代の劇作家, 演出家。

ビオンディ, マット　1965生。アメリカの元・水泳選手。

吉井和哉　よしいかずや　1966生。平成時代のミュージシャン。

田口浩正　たぐちひろまさ　1967生。平成時代の俳優, 映画監督。

鈴木一真　すずきかずま　1968生。平成時代の俳優。

デイモン, マット　1970生。アメリカの俳優。

室伏広治　むろふしこうじ　1974生。平成時代のハンマー投げ選手。

中山エミリ　なかやまえみり　1978生。平成時代のタレント。

ウエンツ瑛士　うえんつえいじ　1985生。平成時代のタレント, 俳優, ミュージシャン。

10月8日

10月9日

○記念日○ 世界郵便デー
　　　　　万国郵便連合記念日
○忌　日○ 浪化忌

ソルボン，ロベール・ド　1201生。フランスの聖職者。1274没。
サリンベーネ・ダ・パルマ　1221生。イタリアのフランチェスコ派修道士，年代記作者。1287没。
月華門院　げっかもんいん　1247生。鎌倉時代前期の女性。後嵯峨天皇の第1皇女。1269没。
ディニス　1261生。ポルトガル国王（在位1279～1325）。1325没。
セルヴァンテス，ミゲール・デ　1547生。スペインの小説家。1616没。
シュッツ，ハインリヒ　1585生。ドイツの作曲家。1672没。
大村純信　おおむらすみのぶ　1618生。江戸時代前期の大名。1650没。
ヴェルビースト，フェルディナント　1623生。ベルギー出身のイエズス会士。1688没。
クレッシンベーニ，ジョヴァンニ・マリーア　1663生。イタリアの詩人，歴史家。1728没。
松平宣富　まつだいらのぶとみ　1680生。江戸時代中期の大名。1721没。
堀南湖　ほりなんこ　1684生。江戸時代中期の儒学者。1753没。
モースハイム，ヨーハン・ローレンツ・フォン　1694生。リュベック生まれのドイツ人ルター派神学者。1755没。
マケ，ピエール・ジョゼフ　1718生。フランスの化学者。1784没。
ロメニー・ド・ブリエンヌ，エティエンヌ・シャルル・ド　1727生。フランスの聖職者，政治家。1794没。
尊信女王　そんしんじょおう　1734生。江戸時代中期，後期の女性。閑院宮直仁親王の第3王女。1801没。
コーク，トマス　1747生。イギリスのメソジスト教会最初の主教。1814没。
シャルル10世　1757生。フランス王。1836没。
キャス，ルイス　1782生。アメリカの軍司令官，政治家，外交官。1866没。

稲葉正盛　いなばまさもり　1791生。江戸時代後期の大名。1819没。
ラ・リーブ，オーギュスト　1801生。スイスの物理学者。1874没。
トンマゼーオ，ニッコロ　1802生。イタリアの文学者。1874没。
千家尊朝　せんげたかとも　1820生。江戸時代後期の歌人。1840没。
バーブ・アッ・ディーン　1820生。バーブ教の開祖。1850没。
山内豊信　やまうちとよしげ　1827生。江戸時代末期，明治時代の大名。1872没。
近藤勇　こんどういさみ　1834生。江戸時代の武士。新撰組組長。1868没。
サン・サーンス，カミーユ　1835生。フランスの作曲家，ピアニスト，オルガン奏者。1921没。
パーカー　1837生。アメリカの教育家，進歩主義教育運動の創始者。1902没。
ミナーエフ　1840生。ロシアの東洋学者。1890没。
ローデ，エルヴィン　1845生。ドイツの古典学者，文献学者。1898没。
愛宕通旭　おたぎみちてる　1846生。江戸時代，明治時代の公家。1872没。
ドラックマン，ホルガー　1846生。デンマークの詩人。1908没。
フィッシャー，エミール・ヘルマン　1852生。ドイツの有機化学者。1919没。
コルデヴァイ，ローベルト　1855生。ドイツの古代学者。1925没。
江口三省　えぐちさんせい　1858生。明治時代の新聞記者，政治家。衆議院議員。1900没。
ウッド　1860生。アメリカの軍医。1927没。
服部金太郎　はっとりきんたろう　1860生。明治時代，大正時代の実業家。服部時計店社長。1934没。
天津風雲右衛門　あまつかぜくもえもん　1863生。明治時代の力士。1914没。

ボック, エドワード　1863生。アメリカの雑誌編集者。1930没。
後閑菊野　ごかんきくの　1866生。明治時代–昭和時代の教育者。本郷元町桜蔭高等女学校校長, 久迩宮邸内学問所教育主任。1931没。
島田墨仙　しまだぼくせん　1867生。大正時代, 昭和時代の日本画家。1943没。
シュヴァルツシルト, カール　1873生。ドイツの天文学者。1916没。
フレッシュ, カール　1873生。ハンガリーのヴァイオリン奏者。1944没。
新見吉治　しんみきちじ　1874生。明治時代–昭和時代の日本史学者。広島文理科大学教授。1974没。
飯沼剛一　いいぬまごういち　1877生。昭和時代の実業家。大正海上火災保険会長。1960没。
フォン・ラウエ, マックス・テオドール・フェリックス　1879生。ドイツの物理学者。1960没。
原霞外　はらかがい　1880生。明治時代, 大正時代の新聞編集者, 労働演芸家。名古屋新聞岡崎支局長。1926没。
石渡荘太郎　いしわたりそうたろう　1891生。大正時代, 昭和時代の官僚, 政治家。貴族院議員, 大蔵大臣。1950没。
水原秋桜子　みずはらしゅうおうし　1892生。大正時代, 昭和時代の俳人。「馬酔木」主宰, 俳人協会会長。1981没。
アンドラーデ, マリオ・デ　1893生。ブラジルの詩人, 小説家。1945没。
大仏次郎　おさらぎじろう　1897生。大正時代, 昭和時代の小説家。1973没。
長谷川仁　はせがわじん　1897生。昭和時代の画商。日動画廊創業者。1976没。
多田督知　ただとくち　1901生。大正時代, 昭和時代の陸軍軍人。大佐。1963没。
市川篤二　いちかわとくじ　1902生。昭和時代の泌尿器科学者。東京大学教授, 国立東京第一病院院長。1993没。
タウフィーク・アル・ハキーム　1902生。エジプトの代表的作家, 戯曲家。1987没。
ヨーヴィネ, フランチェスコ　1902生。イタリアの小説家。1950没。
天津乙女　あまつおとめ　1905生。昭和時代の日本舞踊家, 宝塚スター。1980没。
サンゴール, レオポルド・セダール　1906生。セネガルの政治家, 詩人, 言語学者。2001没。
ヴェッセル, ホルスト　1907生。ドイツのナチス突撃隊員。1930没。

タティ, ジャック　1908生。フランスの喜劇俳優, 監督。1982没。
チャンドラセカール, スブラマニヤン　1910生。アメリカの理論天文学者。1995没。
中村融　なかむらとおる　1911生。昭和時代のロシア文学者。明治大学教授。1990没。
角川源義　かどかわげんよし　1917生。昭和時代の出版人, 俳人, 国文学者。1975没。
北村久寿雄　きたむらくすお　1917生。昭和時代, 平成時代の水泳選手, 官僚。日本マスターズ水泳協会会長, 住友セメント専務。1996没。
ゼーフリート, イルムガルト　1919生。オーストリアのソプラノ歌手。1988没。
春日八郎　かすがはちろう　1924生。昭和時代の歌手。1991没。
野村修　のむらおさむ　1930生。昭和時代, 平成時代のドイツ文学者。京都大学教授, 梅花女子大学教授。1998没。
友竹正則　ともたけまさのり　1931生。昭和時代, 平成時代の声楽家, 詩人。1993没。
山本明　やまもとあきら　1932生。昭和時代, 平成時代の社会学者。同志社大学教授。1999没。
フィッシャー, ハインツ　1938生。オーストリアの政治家。
レノン, ジョン　1940生。イギリス人のロック歌手。1980没。
奥浩平　おくこうへい　1943生。昭和時代の新左翼運動家。1965没。
水前寺清子　すいぜんじきよこ　1945生。昭和時代, 平成時代の歌手。
小西良幸　こにしよしゆき　1950生。昭和時代, 平成時代のファッションデザイナー, 服飾評論家。
芝田山康　しばたやまやすし　1962生。昭和時代の元・力士(第62代横綱)。
安田忠夫　やすたただお　1963生。昭和時代, 平成時代のプロレスラー, 元・力士(小結)。
ソレンスタム, アニカ　1970生。スウェーデンのプロゴルファー。
長野博　ながのひろし　1972生。平成時代のタレント, 歌手, 俳優。
夏川りみ　なつかわりみ　1973生。平成時代の歌手。
レノン, ショーン　1975生。アメリカの歌手。

10月9日

10月10日

○記念日○　パソコン資格の日
　　　　　　目の愛護デー
○忌　日○　素逝忌

徽宗　きそう　1082生。中国, 北宋の第8代皇帝（在位1100～25）。1135没。

仲恭天皇　ちゅうきょうてんのう　1218生。鎌倉時代前期の第85代の天皇。1234没。

良尊　りょうそん　1279生。鎌倉時代後期, 南北朝時代の民間念仏僧。1349没。

三条実冬　さんじょうさねふゆ　1354（閏10月）生。南北朝時代, 室町時代の公卿。1411没。

アルミニウス, ヤコブス　1560生。オランダの神学者。1609没。

ティロットスン, ジョン　1630生。イギリスの聖職者, 説教家。1694没。

ラルジリエール, ニコラ・ド　1656生。フランスの画家。1746没。

アーガイル, ジョン・キャンベル, 2代公爵　1678生。スコットランドの貴族。1743没。

ヴァトー, ジャン-アントワーヌ　1684生。フランスの画家。1721没。

ベルヌーイ, ニコラス1世　1687生。スイスの数学者。1759没。

キャヴェンディッシュ, ヘンリー　1731生。イギリスの物理学者, 化学者。1810没。

ウェスト, ベンジャミン　1738生。アメリカの画家。1820没。

中山美石　なかやまうまし　1775生。江戸時代後期の三河吉田藩士, 儒学者。1843没。

ヴェルディ, ジュゼッペ　1813生。イタリアのオペラ作曲家。1901没。

ボイス・バロット, クリストフ・ヘンドリック・ディーデリック　1817生。オランダの気象学者。1890没。

工藤他山　くどうたざん　1818生。江戸時代, 明治時代の儒学者。1889没。

永機　えいき　1823生。江戸時代, 明治時代の俳人。1904没。

クリューガー, パウル　1825生。南アフリカ・トランスバール共和国大統領。1904没。

イサベル2世　1830生。スペインの女王（在位1833～68）。1904没。

清川八郎　きよかわはちろう　1830生。江戸時代末期の尊攘派志士。1863没。

キヴィ, アレクシス　1834生。フィンランドの小説家, 劇作家。1872没。

橘旭翁（初代）　たちばなきょくおう　1848生。明治時代, 大正時代の筑前琵琶演奏家。1919没。

原田二郎　はらだじろう　1849生。明治時代, 大正時代の実業家。1930没。

波多野敬直　はたのよしなお　1850生。明治時代, 大正時代の官僚。司法大臣, 貴族院議員。1922没。

ニコル, ウィリアム・ロバートスン　1851生。スコットランドのプロテスタント牧師, 著作家。1923没。

石塚重平　いしづかじゅうへい　1855生。明治時代の政治家, 民権運動家。衆議院議員。1907没。

ナンセン, フリチョフ　1861生。ノルウェーの北極地方探検家, 科学者, 政治家。1930没。

オーブルチェフ, ウラジーミル・アファナシエヴィチ　1863生。ロシアの地理学者, 地質学者。1956没。

高橋作衛　たかはしさくえ　1867生。明治時代, 大正時代の国際法学者。東京帝国大学教授, 貴族院議員。1920没。

頼母木桂吉　たのもぎけいきち　1867生。大正時代, 昭和時代の政治家。衆議院議員。1940没。

村岡伊平治　むらおかいへいじ　1867生。明治時代–昭和時代の女衒。1943没。

池貝庄太郎（初代）　いけがいしょうたろう　1869生。明治時代–昭和時代の実業家。池貝鉄工所社長。1934没。

石川照勤　いしかわしょうきん　1869生。明治時代, 大正時代の僧侶。成田山新勝寺住職。1924没。

クレイト, アルベルテュス・クリスティアーン　1869生。オランダの人類学者。1949没。

南弘　みなみひろし　1869生。明治時代-昭和時代の官僚，政治家。1946没。

桑原隲蔵　くわばらじつぞう　1870（閏10月）生。明治時代-昭和時代の東洋史学者。京都帝国大学教授。1931没。

スティード　1871生。イギリスのジャーナリスト。1956没。

ラヴジョイ，アーサー・O．　1873生。アメリカの哲学者。1962没。

ブロンデル　1876生。フランスの精神病学者，心理学者。1939没。

尾上菊次郎（3代目）　おのえきくじろう　1882生。明治時代，大正時代の歌舞伎役者。1919没。

児島喜久雄　こじまきくお　1887生。大正時代，昭和時代の美術史家，美術評論家。東京大学教授，長尾美術館館長。1950没。

国枝史郎　くにえだしろう　1888生。大正時代，昭和時代の小説家。1943没。

木村富子　きむらとみこ　1890生。大正時代，昭和時代の劇作家。1944没。

アイクシュテット　1892生。ドイツの人類学者。1965没。

アンドリッチ，イヴォ　1892生。ユーゴスラビアの作家。1975没。

荻江露友（5代目）　おぎえろゆう　1892生。昭和時代，平成時代の荻江節家元。1993没。

橘外男　たちばなそとお　1894生。大正時代，昭和時代の小説家。1959没。

林語堂　りんごどう　1895生。中国の文学者。1976没。

岩畔豪雄　いわくろひでお　1897生。昭和時代の陸軍軍人，評論家。陸軍少将，京都産業大学世界問題研究所所長。1970没。

ヘイズ，ヘレン　1900生。アメリカの女優。1993没。

田中千禾夫　たなかちかお　1005生。昭和時代，平成時代の劇作家，演出家。桐朋学園大学教授。1995没。

ナラヤン，R.K.　1906生。インドの小説家。2001没。

愛知揆一　あいちきいち　1907生。昭和時代の官僚，政治家。参議院議員，衆議院議員。1973没。

有賀美智子　ありがみちこ　1907生。昭和時代の官僚。国民生活センター会長，公正取引委員会委員。1999没。

宮川寅雄　みやがわとらお　1908生。昭和時代の美術史家。日中文化交流協会理事長，和光大学教授。1984没。

エルナンデス，ミゲル　1910生。スペインの詩人。1942没。

レ・ドゥック・ト　1911生。ベトナム社会主義共和国の政治家。1990没。

桂ゆき　かつらゆき　1913生。昭和時代の洋画家。1991没。

佐伯喜一　さえききいち　1913生。昭和時代，平成時代の国際政治評論家。野村総合研究所社長，防衛庁防衛研修所所長。1998没。

シモン，クロード　1913生。フランスの小説家。2005没。

横山利秋　よこやまとしあき　1917生。昭和時代の労働運動家，政治家。日ソ親善協会理事長，衆院議員。1988没。

アロン　1918生。イスラエルの軍人・政治家。1980没。

モンク，セロニアス　1920生。アメリカのジャズピアニスト，作曲家。1982没。

羽仁進　はにすすむ　1928生。昭和時代，平成時代の映画監督，評論家。

村上重良　むらかみしげよし　1928生。昭和時代の宗教学者。1991没。

野坂昭如　のさかあきゆき　1930生。昭和時代，平成時代の小説家。

ピンター，ハロルド　1930生。イギリスの劇作家，詩人，脚本家。

清元清寿太夫　きよもとせいじゅだゆう　1935生。昭和時代，平成時代の清元節太夫。

倉橋由美子　くらはしゆみこ　1935生。昭和時代，平成時代の小説家。2005没。

菅直人　かんなおと　1946生。昭和時代，平成時代の政治家。

宗次郎　そうじろう　1954生。昭和時代，平成時代のオカリナ奏者・製作者，作曲家。

高橋留美子　たかはしるみこ　1957生。昭和時代，平成時代の漫画家。

風見しんご　かざみしんご　1962生。昭和時代，平成時代のタレント。

Toshi　とし　1965生。昭和時代，平成時代の歌手。

中野大輔　なかのだいすけ　1982生。平成時代の体操選手。

栗山千明　くりやまちあき　1984生。平成時代の女優。

10月10日

10月11日

○記念日○ ウィンクの日
鉄道安全確認の日

細川忠利　ほそかわただとし　1586生。江戸時代前期の大名。1641没。

鍋島元茂　なべしまもとしげ　1602生。江戸時代前期の大名。1654没。

リオンヌ　1611生。フランスの外交官，政治家。1671没。

池田仲澄　いけだなかすみ　1650生。江戸時代前期，中期の大名。1722没。

ブーランヴィリエ，アンリ・ド　1658生。フランスの歴史家，哲学者。1722没。

ポリニャク，メルキュール・ド　1661生。フランスの貴族。1741没。

フレデリク4世　1671生。デンマーク，ノルウェー王（在位1699～1730）。1730没。

クラーク，サミュエル　1675生。イギリスの神学者，哲学者。1729没。

市川団十郎（2代目）　いちかわだんじゅうろう　1688生。江戸時代中期の歌舞伎役者。1758没。

岡部南岳　おかべなんがく　1733生。江戸時代中期，後期の越前福井藩家老，画家。1800没。

ロホー，フリードリヒ・エーバハルト　1734生。ドイツの教育改革者。1805没。

フィリップ，アーサー　1738生。イギリスの海軍軍人。1814没。

バリー，ジェイムズ　1741生。イギリスの画家。1806没。

オルバース，ハインリヒ　1758生。ドイツの天文学者，医者。1840没。

ウヴラール　1770生。フランスの企業家，金融業者。1846没。

ブリッカ，スティーン・スティーンセン　1782生。デンマークのロマン派詩人，小説家。1848没。

クラプロート　1783生。ドイツの東洋学者，中国学者。1835没。

ツルゲーネフ，ニコライ・イワノヴィチ　1789生。ロシアの経済学者，評論家。1871没。

シュトルーベ　1805生。ドイツの急進的民主主義者。1870没。

絵金　えきん　1812生。江戸時代，明治時代の浮世絵師。1876没。

田原直助　たはらなおすけ　1813生。江戸時代，明治時代の造艦技師。1896没。

斎藤竹堂　さいとうちくどう　1815生。江戸時代末期の儒学者。1852没。

ディレーン　1817生。イギリスの新聞人。1879没。

ウィリアムズ，サー・ジョージ　1821生。イギリスの〈Y.M.C.A〉創立者。1905没。

マイアー，コンラート・フェルディナント　1825生。スイスの小説家，詩人。1898没。

シュミーデベルク　1838生。ドイツの薬学者。1921没。

イェルザレム　1854生。オーストリアの哲学者。1923没。

田村怡与造　たむらいぞう　1854生。明治時代の陸軍軍人。中将，参謀次長。1903没。

武内桂舟　たけうちけいしゅう　1861生。明治時代の挿画家。1943没。

グライン，J.T.　1862生。オランダ人の劇作家，劇評家。1935没。

平井毓太郎　ひらいいくたろう　1865生。明治時代，大正時代の小児科学者。京都帝大医科大学教授，医学博士。1945没。

ヒンク，ハンス　1865生。ノルウェーの小説家。1926没。

鈴木喜三郎　すずききさぶろう　1867生。大正時代，昭和時代の司法官僚，政治家。検事総長，法相，内相。1940没。

コルネマン　1868生。ドイツの古代史家。1946没。

高木喜寛　たかぎよしひろ　1874生。明治時代－昭和時代の医学者。1953没。

満谷国四郎　みつたにくにしろう　1874生。明治時代－昭和時代の洋画家。1936没。

ラウファー，ベルトルト　1874生。ドイツ生まれのアメリカの東洋学者。1934没。

ル・フォール，ゲルトルート・フォン　1876生。ドイツの女流詩人，小説家。1971没。

エリオット，T.S. 1877生。イギリスの詩人，批評家，劇作家。1961没。

ホーファー，カール 1878生。ドイツの画家。1955没。

ケルゼン，ハンス 1881生。オーストリアの法哲学者。1973没。

ヤング，スターク 1881生。アメリカの劇評家。1963没。

リチャードソン，ルイス・フライ 1881生。イギリスの気象学者，数学者。1953没。

フェスパー，ヴィル 1882生。ドイツの小説家。1962没。

ベルギウス，フリードリヒ 1884生。ドイツの化学者。1949没。

ルーズヴェルト，アンナ・エレノア 1884生。F.ルーズベルト・アメリカ大統領の妻，著述家，外交官。1962没。

ルーズベルト，エレノア 1884生。アメリカの政治家，社会改革家，評論家。1962没。

モーリヤック，フランソワ 1885生。フランスの作家。1970没。

安井藤治 やすいとうじ 1885生。大正時代，昭和時代の軍人。国務大臣。1970没。

本間久雄 ほんまひさお 1886生。大正時代，昭和時代の文芸評論家，国文学者。早稲田大学教授，実践女子大学教授。1981没。

ジューヴ，ピエール-ジャン 1887生。フランスの詩人。1976没。

中村蘭台(2代目) なかむららんたい 1892生。昭和時代の篆刻家。1969没。

ピリニャーク，ボリス・アンドレーヴィチ 1894生。ロシア，ソ連の小説家。1937没。

由比忠之進 ゆいちゅうのしん 1894生。昭和時代のエスペランティスト，反戦運動家。1967没。

ヤコブソン，ロマン・オーシポヴィチ 1896没。ロシア生まれの言語学者。1982没。

トワイニング 1898生。アメリカの空軍軍人。1982没。

今道潤三 いまみちじゅんぞう 1900生。昭和時代の放送人，実業家。東京放送社長，民放連会長。1979没。

沢村田之助(5代目) さわむらたのすけ 1902生。明治時代−昭和時代の歌舞伎役者。1968没。

辻政信 つじまさのぶ 1902生。大正時代，昭和時代の陸軍軍人，政治家。大佐，衆議院議員。1968没。

ナーラーヤン 1902生。インドの政治家，社会運動家。1979没。

榎本健一 えのもとけんいち 1904生。昭和時代の喜劇俳優。日本喜劇人協会会長。1970没。

隈部英雄 くまべひでお 1905生。昭和時代の結核病学者。結核予防会結核研究所長。1964没。

田中ウタ たなかうた 1907生。昭和時代の社会運動家。1974没。

永田靖 ながたやすし 1907生。昭和時代の新劇俳優。1972没。

オールソップ 1910生。アメリカの政治評論家。1989没。

グレーコ，エミーリオ 1913生。イタリアの彫刻家。1995没。

ロビンズ，ジェローム 1918生。アメリカの舞踊家。1998没。

倉橋健 くらはしたけし 1919生。昭和時代，平成時代の演劇評論家，英米文学者。早稲田大学教授，演劇博物館長。2000没。

中桐雅夫 なかぎりまさお 1919生。昭和時代の詩人，英文学者。1983没。

ブレイキー，アート 1919生。アメリカのジャズドラマー。1990没。

ジョゼフィーヌ・シャルロット 1927生。ルクセンブルク大公妃。2005没。

チャールトン，ボビー 1937生。イギリスの元・サッカー選手。

砂川しげひさ すながわしげひさ 1941生。昭和時代，平成時代の漫画家，音楽エッセイスト。

川久保玲 かわくぼれい 1942生。昭和時代，平成時代のファッションデザイナー。

加藤沢男 かとうさわお 1946生。昭和時代，平成時代の元・体操選手。

ホール，ダリル 1948生。アメリカのミュージシャン。

高畑淳子 たかはたあつこ 1954生。昭和時代，平成時代の女優。

麻丘めぐみ あさおかめぐみ 1955生。昭和時代，平成時代の女優，歌手。

金城武 かねしろたけし 1973生。平成時代の俳優。

ケイン・コスギ 1974生。米国出身の俳優。

ウィー，ミシェル 1989生。アメリカのプロゴルファー。

10月11日

10月12日

○記念日○　石油機器点検の日
○忌　日○　芭蕉忌

ディミートリィ・ドンスコーイ　1350生。モスクワの公。1389没。
近衛尚通　このえひさみち　1472生。戦国時代の公卿。1544没。
二条尹房　にじょうただふさ　1496生。戦国時代の公卿。1551没。
エドワード6世　1537生。イングランド王（在位1547〜53）。1553没。
興意法親王　こういほっしんのう　1576生。安土桃山時代，江戸時代前期の誠仁親王の第5王子。1620没。
武野安斎　たけのあんさい　1597生。江戸時代前期の茶人。1656没。
朱舜水　しゅしゅんすい　1600生。中国，明末・清初期の学者。1682没。
チリングワース，ウィリアム　1602生。イギリスの神学者，論争家。1644没。
モア，ヘンリー　1614生。イギリスの哲学者。1687没。
コリアー　1680生。イギリスの哲学者。1732没。
河村秀根　かわむらひでね　1723生。江戸時代中期の国学者。1792没。
サマニエゴ，フェリス・マリア　1745生。スペインの寓話詩人。1801没。
ボナルド，ルイ-ガブリエル-アンブロワーズ・ド　1754生。フランスの哲学者，政治家。1840没。
ビーチャー，ライマン　1775生。アメリカの長老派教会の牧師。1863没。
ムラヴィヨフ　1796生。ロシアの政治家，伯爵。1866没。
ペドロ1世　1798生。ブラジル初代皇帝（在位1822〜31）。1834没。
コンシデラン，ヴィクトール　1808生。フランスの社会主義者。1893没。
ソブレロ，アスカーニオ　1812生。イタリアの化学者。1888没。
佐佐木高行　ささきたかゆき　1830生。江戸時代，明治時代の高知藩士，政治家。侯爵。1910没。

ウォッツ-ダントン，シオドア　1832生。イギリスの詩人，評論家，小説家。1914没。
安達安子　あだちやすこ　1835生。明治時代の女子教育家。1913没。
ケイブル，ジョージ・ワシントン　1844生。アメリカの小説家。1925没。
馬越恭平　まごしきょうへい　1844生。明治時代-昭和時代の実業家。日本工業倶楽部会長。1933没。
ラーネッド，ドワイト・ホウィットニ　1848生。アメリカのアメリカン・ボード派宣教師。1943没。
浅田信興　あさだのぶおき　1851生。明治時代，大正時代の陸軍人。大将，男爵。1927没。
ニキシュ，アルトゥール　1855生。ハンガリー生まれのドイツの指揮者。1922没。
ドネー，モーリス　1859生。フランスの劇作家。1945没。
スペリー，エルマー・アンブローズ　1860生。アメリカの発明家，電気技師。1930没。
ボヴェリ，テオドール・ハインリヒ　1862生。ドイツの動物学者。1915没。
クーラン　1865生。フランスの東洋学者。1925没。
ハーデン，サー・アーサー　1865生。イギリスの生化学者。1940没。
内田嘉吉　うちだかきち　1866生。明治時代，大正時代の官僚，政治家。台湾総督，貴族院議員。1933没。
マクドナルド，J.R.　1866生。イギリスの政治家。1937没。
大村西崖　おおむらせいがい　1868生。明治時代，大正時代の美術史家。東京美術学校教授。1927没。
ヴォーン・ウィリアムズ，ラーフ　1872生。イギリスの作曲家。1958没。
萱野長知　かやのながとも　1873生。明治時代-昭和時代の大陸浪人。1947没。
ユオン，コンスタンチン　1875生。ソ連の画家。1958没。

592

エモン，ルイ　1880生。フランスの作家。1913没。
朱執信　しゅしっしん　1885生。中国の革命家。1920没。
中島鉄蔵　なかじまてつぞう　1886生。大正時代，昭和時代の陸軍軍人。中将。1949没。
坂東彦三郎(6代目)　ばんどうひこさぶろう　1886生。明治時代-昭和時代の歌舞伎役者。1938没。
徳川武定　とくがわたけさだ　1888生。大正時代，昭和時代の造船工学者，軍人。1957没。
ドーソン，クリストファー　1889生。イギリスの宗教哲学者，宗教史家，文明評論家。1970没。
ハーン　1889生。ドイツの銀行家，経済学者。1968没。
プシュヴァラ(プシィヴァラ)，エーリヒ　1889生。ドイツの神学者，哲学者。1972没。
ラニエル　1889生。フランスの政治家。1975没。
村瀬直養　むらせなおかい　1890生。大正時代，昭和時代の官僚。1968没。
近衛文麿　このえふみまろ　1891生。昭和時代の政治家。貴族院議員，首相。1945没。
シュタイン，エーディット　1891生。ユダヤ人でドイツの女流哲学者。1942没。
深瀬基寛　ふかせもとひろ　1895生。大正時代，昭和時代の英文学者，評論家。1966没。
モンターレ，エウジェーニオ　1896生。イタリアの詩人。1981没。
セリヴィンスキー，イリヤ・リヴォーヴィチ　1899生。ソ連の詩人。1968没。
西田隆男　にしだたかお　1901生。昭和時代の実業家，政治家。衆議院議員，国務相。1967没。
彭真　ほうしん　1902生。中国の政治家。1997没。
増田渉　ますだわたる　1903生。昭和時代の中国文学者。関西大学教授。1977没。
角甘一圭　かくだんいつけい　1904生。昭和時代，平成時代の金工家。人間国宝，日本伝統工芸展鑑査員。1999没。
丁玲　ていれい　1904生。中国の女流作家。1986没。
渋谷定輔　しぶやていすけ　1905生。大正時代，昭和時代の詩人，農民運動家。思想の科学研究会長。1989没。
森脇大五郎　もりわきだいごろう　1906生。昭和時代の遺伝学者。東京都立大学教授，国立遺伝学研究所所長。2000没。
ヤーリング　1907生。スウェーデンの外交官。2002没。
西端行雄　にしばたゆきお　1916生。昭和時代の実業家。ニチイ社長。1982没。
白壁彦夫　しらかべひこお　1921生。昭和時代，平成時代の医師。早期胃癌検診協会理事長，順天堂大学教授。1994没。
松本英彦　まつもとひでひこ　1926生。昭和時代，平成時代のジャズサックス奏者。2000没。
石子順造　いしこじゅんぞう　1928生。昭和時代の美術・漫画評論家。1977没。
橋本昌樹　はしもとまさき　1928生。昭和時代の小説家。1973没。
竹内泰宏　たけうちやすひろ　1930生。昭和時代，平成時代の小説家，文芸評論家。1997没。
北村三郎　きたむらさぶろう　1932生。昭和時代，平成時代の演劇プロデューサー。コマ・スタジアム常務，ホリプロ常務。1999没。
三浦雄一郎　みうらゆういちろう　1932生。昭和時代，平成時代のプロスキーヤー，アドベンチャー・スキーヤー。
パヴァロッティ，ルチアーノ　1935生。イタリアのテノール歌手。
山根一真　やまねかずま　1947生。昭和時代，平成時代のノンフィクション作家。
島田荘司　しまだそうじ　1948生。昭和時代，平成時代の推理作家。
鹿賀丈史　かがたけし　1950生。昭和時代，平成時代の俳優。
東儀秀樹　とうぎひでき　1959生。昭和時代，平成時代の雅楽師，作曲家。
真田広之　さなだひろゆき　1960生。昭和時代，平成時代の俳優。
ジャックマン，ヒュー　1968生。オーストラリアの俳優。
ジョーンズ，マリオン　1975生。アメリカの陸上選手。
ともさかりえ　ともさかりえ　1979生。平成時代の女優，歌手。

10月12日

10月13日

○記念日○ サツマイモの日
　　　　　引越しの日
　　　　　麻酔の日
○忌　日○ 日蓮忌
　　　　　嵐雪忌

光仁天皇　こうにんてんのう　709生。奈良時代の第49代の天皇。782没。

アルベルティネッリ, マリオット　1474生。イタリアのフィレンツェ派の画家。1515没。

ウィルヘルム4世　1493生。バイエルン公（在位1508～50）。1550没。

烏丸光康　からすまるみつやす　1513生。戦国時代, 安土桃山時代の公卿。1579没。

カラッチョリ, フランチェスコ　1563生。イタリアの聖職者, 聖人。1608没。

モラレス, ディエゴ・デ　1604生。スペインのイエズス会宣教師, 司祭, 福者。1643没。

蜂須賀光隆　はちすかみつたか　1630生。江戸時代前期の大名。1666没。

松平重栄　まつだいらしげよし　1646生。江戸時代前期, 中期の大名。1720没。

前田東渓　まえだとうけい　1673生。江戸時代中期の儒者。1744没。

松平直常　まつだいらなおつね　1679生。江戸時代中期の大名。1744没。

堀直為　ほりなおゆき　1698生。江戸時代中期の大名。1743没。

ラムジー, アラン　1713生。スコットランドの肖像画家。1784没。

原双桂　はらそうけい　1718生。江戸時代中期の儒学者。1767没。

九条稙基　くじょうたねもと　1725生。江戸時代中期の公家。1743没。

田村三省　たむらさんせい　1734生。江戸時代中期, 後期の陸奥会津藩士。1806没。

東久世通武　ひがしくぜみちたけ　1748生。江戸時代中期の公家。1788没。

従姫　よりひめ　1757生。江戸時代中期, 後期の女性。紀伊和歌山藩主徳川宗将の娘。1804没。

増島蘭園　ますじまらんえん　1769生。江戸時代中期, 後期の漢学者。1839没。

石津亮澄　いしづすけずみ　1779生。江戸時代後期の歌人, 国学者。1840没。

ネイピア, W.J.　1786生。イギリスの海軍軍人。1834没。

レツィウス, アンデルス・アドルフ　1796生。スウェーデンの解剖学者, 人類学者。1860没。

ガベレンツ, ハンス・コノン・フォン・デア　1807生。ドイツの言語学者, 民族学者。1874没。

高杉小忠太　たかすぎこちゅうた　1814生。江戸時代末期, 明治時代の長州（萩）藩士。1891没。

赤木忠春　あかぎただはる　1816生。江戸時代末期の黒住教の高弟, 布教者。1865没。

佐々木太郎　ささきたろう　1818生。江戸時代, 明治時代の国学者。和歌山藩国学所総裁。1888没。

フィルヒョウ, ルドルフ・カール　1821生。ドイツの病理学者, 人類学者, 政治家。1902没。

田安慶頼　たやすよしより　1828生。江戸時代後期, 末期, 明治時代の人。三卿田安家の5代。1876没。

岡本健三郎　おかもとけんざぶろう　1842生。明治時代の実業家, 民権論者。太政権判事。1885没。

ライブル, ヴィルヘルム　1844生。ドイツの画家。1900没。

ラントリー, リリー　1853生。イギリスの女優。1929没。

隈川宗雄　くまがわむねお　1858生。明治時代, 大正時代の医学者。東京帝国大学医科大学長。1918没。

安広伴一郎　やすひろともいちろう　1859生。明治時代, 大正時代の官僚。1951没。

コモンズ, ジョン・ロジャーズ　1862生。アメリカの経済学者。1945没。

ラトー　1863生。フランスの技術家。1930没。

平山清次　ひらやまきよつぐ　1874生。明治時代-昭和時代の天文学者。東京帝国大学教授。1943没。

ミショット　1881生。ベルギーの心理学者。1965没。

石川武美 いしかわたけよし 1887生。明治時代-昭和時代の出版人。主婦の友社創業者,東京出版販売社長。1961没。

今村荒男 いまむらあらお 1887生。大正時代,昭和時代の医師。内科,大阪大学長,日本医学会総会会頭。1967没。

小出楢重 こいでならしげ 1887生。明治時代,大正時代の洋画家。二科会会員。1931没。

結城哀草果 ゆうきあいそうか 1893生。大正時代,昭和時代の歌人,随筆家。斎藤茂吉記念館初代館長。1974没。

田中冬二 たなかふゆじ 1894生。昭和時代の詩人。日本現代詩人会会長。1980没。

シューマッハー,クルト(・エルンスト・カール) 1895生。ドイツ社会民主党の指導者。1952没。

ディエゴ,ヘラルド 1896生。スペインの詩人。1987没。

伊藤大輔 いとうだいすけ 1898生。大正時代,昭和時代の映画監督。1981没。

竹本雛太夫(5代目) たけもとひなたゆう 1898生。大正時代,昭和時代の義太夫節太夫(歌舞伎)。1980没。

佐藤一英 さとういちえい 1899生。大正時代,昭和時代の詩人。中部日本詩人連盟委員長。1979没。

布川角左衛門 ぬのかわかくざえもん 1901生。昭和時代,平成時代の編集者,出版研究者。栗田書店社長,日本出版学会会長。1996没。

小林多喜二 こばやしたきじ 1903生。大正時代,昭和時代の小説家,左翼運動家。1933没。

吉満義彦 よしみつよしひこ 1904生。大正時代,昭和時代のカトリック哲学者。1945没。

徳田御稔 とくだみとし 1906生。昭和時代の動物学者。ミチューリン会副会長。1975没。

福田篤泰 ふくだとくやす 1906生。昭和時代の政治家。衆議院議員。1993没。

林和 りんわ 1908生。朝鮮のプロレタリア詩人,文芸評論家。1953没。

児玉博 こだまひろし 1909生。昭和時代,平成時代の染織家,型紙彫刻師。1992没。

ベルナーリ,カルロ 1909生。イタリアの小説家。1992没。

岸井明 きしいあきら 1910生。昭和時代の映画俳優。1965没。

榊原仟 さかきばらしげる 1910生。昭和時代の医師。心臓外科,東京女子医科大学教授。1979没。

テータム,アート 1910生。アメリカのジャズ・ピアニスト。1956没。

朝田静夫 あさだしずお 1911生。昭和時代,平成時代の官僚,実業家。運輸事務次官,日本航空社長。1996没。

ナヴァラ,アンドレ 1911生。フランスのチェロ奏者。1988没。

ミジエニ 1911生。アルバニアの詩人。1938没。

服部正也 はっとりまさや 1918生。昭和時代の銀行家,実業家。ルワンダ名誉総領事,シェラトン・グランデ・トーキョーベイ・ホテル社長。1999没。

塩川正十郎 しおかわまさじゅうろう 1921生。昭和時代,平成時代の東洋大学総長,関西棋院理事長。元・衆院議員(自民党),財務相,文相。

モンタン,イヴ 1921生。イタリア生まれのフランスのシャンソン歌手,映画俳優。1991没。

サッチャー,マーガレット 1925生。イギリスの元・首相,英国保守党党首。

寺門仁 てらかどじん 1926生。昭和時代,平成時代の詩人。1997没。

サイモン,ポール 1941生。アメリカのシンガー・ソングライター,プロデューサー。

樋口久子 ひぐちひさこ 1945生。昭和時代,平成時代のプロゴルファー。

大和田獏 おおわだばく 1950生。昭和時代,平成時代の俳優。

ローン,ジョン 1952生。アメリカの俳優,歌手。

森昌子 もりまさこ 1958生。昭和時代,平成時代の歌手。

生瀬勝久 なませかつひさ 1960生。昭和時代,平成時代の俳優,劇作家,演出家。

吉本多香美 よしもとたかみ 1971生。平成時代の女優。

松嶋菜々子 まつしまななこ 1973生。平成時代の女優。

鳥羽潤 とばじゅん 1978生。平成時代の俳優。

アシャンティ 1980生。アメリカのR&B歌手。

ソープ,イアン 1982生。オーストラリアの水泳選手。

10月13日

10月14日

○記念日○ 国際標準化デー
鉄道の日

- 日隆 にちりゅう 1385生。室町時代の日蓮宗の僧。1464没。
- バルド ヴィネッティ, アレッソ 1425生。イタリアの画家。1499没。
- 日泰 にったい 1432生。室町時代, 戦国時代の日蓮宗の僧。1506没。
- モラレス, フランシスコ・デ 1567生。スペイン出身のドミニコ会士, 殉教者, 福者。1622没。
- 久我通前 こがみちまえ 1591生。江戸時代前期の公家。1635没。
- ヤンセン, コルネリス 1593生。オランダの画家。1661没。
- ジェームズ2世 1633生。イギリス, スチュアート朝の国王(在位1685～88)。1701没。
- ペン, ウィリアム 1644生。イギリスのクェーカー教徒, ペンシルバニア植民地の建設者。1718没。
- シムソン 1687生。スコットランドの数学者。1768没。
- グレンヴィル, ジョージ 1712生。イギリスの政治家。1770没。
- クニャジニーン, ヤーコフ・ボリソヴィチ 1740生。ロシアの劇作家, 詩人。1791没。
- 田上菊舎尼 たがみきくしゃに 1753生。江戸時代中期, 後期の女性。俳人。1826没。
- 増山雪斎 ますやませっさい 1754生。江戸時代中期, 後期の大名。1819没。
- ソシュール 1767生。スイスの植物学者。1845没。
- フェルナンド7世 1784生。スペイン王(在位1808, 14～33)。1833没。
- ギゾー, フランソワ 1787生。フランスの政治家, 歴史家。1874没。
- セイビン, サー・エドワード 1788生。イギリスの陸軍軍人, 物理学者。1883没。
- 樺山資雄 かばやますけお 1801生。江戸時代, 明治時代の国学者。松原神社宮司。1878没。
- コリツォーフ, アレクセイ・ワシリエヴィチ 1809生。ロシアの詩人。1842没。
- モンティセリ, アドルフ 1824生。イタリア系のフランスの画家。1886没。
- ハーコート, サー・ウィリアム(・ジョージ・グランヴィル・ヴェナブルズ・ヴァーノン) 1827生。イギリスの政治家。1904没。
- マクレナン 1827生。スコットランドの社会人類学者。1881没。
- 小松帯刀 こまつたてわき 1835生。江戸時代, 明治時代の鹿児島藩士, 総務局顧問, 外国官副知事。1870没。
- コールラウシュ, フリードリヒ・ヴィルヘルム・ゲオルク 1840生。ドイツの物理学者。1910没。
- 上条嘉門次 かみじょうかもんじ 1847生。明治時代の登山ガイド。1917没。
- 中村甚右衛門(初代) なかむらかんえもん 1851生。明治時代, 大正時代の歌舞伎役者。名題。1919没。
- 陸羯南 くがかつなん 1857生。明治時代のジャーナリスト。日本新聞社主筆兼社長。1907没。
- ヘインズ, エルウッド 1857生。アメリカの発明家。1925没。
- カストロ 1858生。ベネズエラの独裁者, 大統領(1901～08)。1924没。
- フォークト 1858生。ノルウェーの岩石学者, 鉱床学者。1932没。
- ダールマン, ヨーゼフ 1861生。ドイツ人イエズス会司祭。1930没。
- ツェムリンスキ, アレクサンダー・フォン 1871生。オーストリア(ポーランド系)の作曲家, 指揮者。1942没。
- 塩田広重 しおたひろしげ 1873生。明治時代-昭和時代の医師, 外科学者。日本医科大学学長, 東京帝国大学教授。1965没。
- 松本烝治 まつもとじょうじ 1877生。明治時代-昭和時代の商法学者, 政治家。国務相, 貴院議員(勅選)。1954没。
- ベールイ, アンドレイ 1880生。ロシアの詩人, 小説家, 評論家。1934没。

橘樸　たちばなしらき　1881生。大正時代, 昭和時代のジャーナリスト, 中国問題研究家。1945没。

東恩納寛惇　ひがしおんなかんじゅん　1882生。大正時代, 昭和時代の歴史家。拓殖大学教授。1963没。

山本鼎　やまもとかなえ　1882生。大正時代, 昭和時代の洋画家, 版画家。1946没。

渡辺銕蔵　わたなべてつぞう　1885生。昭和時代の実業家。東宝社長。1980没。

マンスフィールド, キャサリン　1888生。ニュージーランドの女流小説家。1923没。

アイゼンハワー, ドワイト　1890生。アメリカの政治家, 軍人。1969没。

ギッシュ, リリアン　1893生。アメリカの女優。1993没。

カミングズ, e.e.　1894生。アメリカの詩人, 小説家, 画家。1962没。

栗林一石路　くりばやしいっせきろ　1894生。明治時代-昭和時代の俳人。新俳句人連盟初代委員長。1961没。

リュプケ, ハインリヒ　1894生。西ドイツの大統領。1972没。

ギッシュ, リリアン　1896生。アメリカの女優。1993没。

十一谷義三郎　じゅういちやぎさぶろう　1897生。大正時代, 昭和時代の小説家。1937没。

田保橋潔　たぼはしきよし　1897生。大正時代, 昭和時代の歴史学者。京城帝国大学教授。1945没。

マルトノ, モーリス　1898生。フランスの音楽教育家, 楽器発明家。1980没。

デミング　1900生。アメリカの数理統計学者。1993没。

西山善次　にしやまぜんじ　1901生。昭和時代の金属物理学者。大阪大学産業科学研究所教授。1991没。

木下保　きのしたたもつ　1903生。昭和時代の声楽家, 音楽教育者。洗足学園大学教授。1982没。

ペルブーヒン　1904生。ソ連の政治家。1978没。

ハーンパー, ペンティ　1905生。フィンランドの小説家。1955没。

アーレント, ハンナ　1906生。アメリカの女流政治哲学者。1975没。

高石勝男　たかいしかつお　1906生。大正時代, 昭和時代の水泳選手。大阪製鋼社長。1966没。

伊丹秀子　いたみひでこ　1909生。大正時代, 昭和時代の浪曲師。1995没。

河原崎国太郎(5代目)　かわらざきくにたろう　1909生。昭和時代, 平成時代の歌舞伎役者。1990没。

ウドゥン, ジョン　1910生。アメリカのバスケットボール・コーチ, 元・バスケットボール選手。

桃裕行　ももひろゆき　1910生。昭和時代の日本史学者。東京大学教授。1986没。

シェルスキ, ヘルムート　1912生。ドイツの社会哲学者。1984没。

トニー谷　とにーたに　1917生。昭和時代のボードビリアン。1987没。

月丘夢路　つきおかゆめじ　1922生。昭和時代, 平成時代の女優。

西尾出　にしおいずる　1924生。昭和時代, 平成時代の実業家。日本ナレッジインダストリ社長, 東海大学教授。1992没。

ムーア, ロジャー　1928生。イギリスの俳優。

モブツ・セセ・セコ　1930生。コンゴの政治家, 軍人。1997没。

宮田登　みやたのぼる　1936生。昭和時代, 平成時代の民俗学者。筑波大学教授。2000没。

ローレン, ラルフ　1939生。アメリカのファッションデザイナー。

松浪健四郎　まつなみけんしろう　1946生。昭和時代, 平成時代のプロレス評論家, 元・レスリング選手。

旭道山和泰　きょくどうざんかずやす　1964生。昭和時代, 平成時代のタレント, 元・力士(小結)。

加藤貴子　かとうたかこ　1970生。平成時代の女優。

永作博美　ながさくひろみ　1970生。平成時代の女優。

堺雅人　さかいまさと　1973生。平成時代の俳優。

海原やすよ　うなばらやすよ　1975生。平成時代の漫才師。

岩沢厚治　いわさわこうじ　1976生。平成時代のミュージシャン。

不動裕理　ふどうゆうり　1976生。平成時代のプロゴルファー。

10月14日

10月15日

○記念日○ たすけあいの日
人形の日
きのこの日

ウェルギリウス・マロ, ププリウス　前70生。ローマの叙事詩人。前19没。
源頼弘　みなもとのよりひろ　1091生。平安時代後期の武人。1143没。
レオポルト6世　1176生。オーストリア公(在位1198～1230)。1230没。
円爾　えんに　1202生。鎌倉時代前期の臨済宗の僧。1280没。
満田弥三右衛門　みつたやそうえもん　1202生。鎌倉時代前期の織工。1282没。
聖冏　しょうげい　1341生。南北朝時代, 室町時代の浄土宗の僧。1420没。
クラーナハ, ルーカス　1472生。ドイツの画家。1553没。
幡随意　ばんずいい　1542生。安土桃山時代, 江戸時代前期の浄土宗の学僧。1615没。
トリチェリ, エヴァンジェリスタ　1608生。イタリアの物理学者。1647没。
向井魯町　むかいろちょう　1656生。江戸時代前期, 中期の儒者, 俳人。1727没。
ラムジー, アラン　1686生。スコットランドの詩人。1758没。
ダンネッカー, ヨハン・ハインリヒ・フォン　1758生。ドイツ新古典主義の彫刻家。1841没。
ビュジョ・ド・ラ・ピコヌリ　1784生。フランスの軍人。1849没。
渋川景佑　しぶかわかげすけ　1787生。江戸時代後期の天文暦学者。1856没。
フリードリヒ・ヴィルヘルム4世　1795生。プロシア王(在位1840～61)。1861没。
カヴェニャック　1802生。フランスの将軍。1857没。
レールモントフ, ミハイル・ユーリエヴィチ　1814生。ロシアの詩人, 小説家。1841没。
ホール, アサフ　1829生。アメリカの天文学者。1907没。
モルレー　1830生。アメリカの教育家。1905没。

豊沢広助(5代目)　とよざわひろすけ　1831生。江戸時代, 明治時代の義太夫節三味線方。1904没。
歌沢寅右衛門(3代目)　うたざわとらえもん　1838生。江戸時代, 明治時代の邦楽家。うた沢寅派家元。1904没。
ニーチェ, フリードリヒ・ヴィルヘルム　1844生。ドイツの哲学者。1900没。
井上省三　いのうえしょうぞう　1845生。明治時代の農商務省官吏, 技術者。千住製絨所初代所長。1886没。
山本権兵衛　やまもとごんべえ　1852生。明治時代, 大正時代の海軍軍人, 政治家。大将, 伯爵, 内閣総理大臣。1933没。
サリヴァン, J.L.　1858生。アメリカのボクサー。1918没。
菊池恭三　きくちきょうぞう　1859生。明治時代-昭和時代の実業家。大日本紡績社長。1942没。
松村介石　まつむらかいせき　1859生。明治時代, 大正時代のキリスト教指導者, 牧師。1939没。
小錦八十吉　こにしきやそきち　1866生。明治時代の力士(第17代横綱)。1914没。
ラルゴ・カバリェロ　1869生。スペインの政治家。1946没。
安保清種　あぼきよかず　1870生。明治時代-昭和時代の海軍軍人。大将, 男爵。1948没。
尾上梅幸(6代目)　おのえばいこう　1870生。明治時代-昭和時代の歌舞伎役者。1934没。
相馬愛蔵　そうまあいぞう　1870生。明治時代-昭和時代の実業家。中村屋創業者。1954没。
フリーチェ, ウラジーミル・マクシモヴィチ　1870生。ソ連の評論家。1929没。
ヴォロフスキー, ワツラフ・ワツラヴォヴィチ　1871生。ソ連の評論家, 党活動家, 外交官。1923没。
岡本綺堂　おかもときどう　1872生。明治時代-昭和時代の劇作家, 小説家, 劇評家。

レノー, ポール　1878生。フランスの政治家。1966没。

ウッドハウス, P.G.　1881生。イギリスのユーモア作家。1975没。

テンプル, ウィリアム　1881生。イギリス国教会の聖職者。1944没。

早川徳次　はやかわとくじ　1881生。大正時代, 昭和時代の実業家。東京地下鉄道社長。1942没。

野村胡堂　のむらこどう　1882生。明治時代–昭和時代の小説家, 音楽評論家。1963没。

柳原白蓮　やなぎはらびゃくれん　1885生。大正時代, 昭和時代の歌人。1967没。

古田俊之助　ふるたしゅんのすけ　1886生。大正時代, 昭和時代の実業家。住友本社代表・総理事, 関西経済連合会顧問。1953没。

松永東　まつながとう　1887生。大正時代, 昭和時代の政治家, 弁護士。衆議院議員, 文部大臣。1968没。

生田花世　いくたはなよ　1888生。大正時代, 昭和時代の小説家, 詩人。1970没。

ヴァン・ダイン, S.S.　1888生。アメリカの推理小説家・美術批評家。1939没。

市川荒次郎(2代目)　いちかわあらじろう　1889生。明治時代–昭和時代の歌舞伎役者。1957没。

山口蓬春　やまぐちほうしゅん　1893生。大正時代, 昭和時代の日本画家。1971没。

天光軒満月(初代)　てんこうけんまんげつ　1898生。昭和時代, 平成時代の浪曲家。1949没。

阪本勝　さかもとまさる　1899生。昭和時代の政治家, 評論家。衆議院議員, 兵庫県立美術館館長。1975没。

春風亭柳橋(6代目)　しゅんぷうていりゅうきょう　1899生。大正時代, 昭和時代の落語家。1979没。

谷口善太郎　たにぐちぜんたろう　1899生。大正時代, 昭和時代の政治家, 小説家。衆議院議員。1974没。

村田徳次郎　むらたとくじろう　1899生。昭和時代の彫刻家。1973没。

池谷信三郎　いけたにしんざぶろう　1900生。昭和時代の小説家, 劇作家。1933没。

ル・ロイ, マーヴィン　1900生。アメリカの映画監督。1987没。

水上達三　みずかみたつぞう　1903生。昭和時代の経営者。日本貿易会会長, 三井物産社長。1989没。

スノー, C.P.　1905生。イギリスの小説家, 物理学者。1980没。

桑原万寿太郎　くわばらますたろう　1909生。昭和時代の動物生理学者。九州大学教授, 岡崎国立共同研究機構基礎生物学研究所所長。1998没。

ライシャワー, エドウィン　1910生。アメリカの東洋学者, 日本研究家。1990没。

ザヒル・シャー, モハメド　1915生。アフガニスタン国王。

シュレシンジャー, アーサー(Jr.)　1917生。アメリカの歴史家, 評論家。2007没。

カルヴィーノ, イータロ　1923生。イタリアの作家。1985没。

下村良之介　しもむらりょうのすけ　1923生。昭和時代, 平成時代の日本画家。大谷大学教授。1998没。

アイアコッカ, リー　1924生。アメリカの実業家。

フーコー, ミシェル　1926生。フランスの哲学者, 思想家。1984没。

マクベイン, エド　1926生。アメリカの小説家。2005没。

リヒター, カール　1926生。ドイツの指揮者, オルガン奏者。1981没。

渡部昇一　わたなべしょういち　1930生。昭和時代, 平成時代の英語学者, 文明批評家。

広瀬仁紀　ひろせにき　1931生。昭和時代, 平成時代の小説家。1995没。

小池聡行　こいけそうこう　1932生。昭和時代, 平成時代の実業家。オリコン会長・社長。2001没。

蜷川幸雄　にながわゆきお　1935生。昭和時代, 平成時代の演出家。

カーペンター, リチャード　1945生。アメリカの音楽プロデューサー, 歌手。

ベリシャ, サリ　1945生。アルバニアの政治家, 外科医。

清水国明　しみずくにあき　1950生。昭和時代, 平成時代のタレント。

松本紀保　まつもときお　1971生。平成時代の女優。

岡野昭仁　おかのあきひと　1974生。平成時代のミュージシャン(ポルノグラフィティ)。

10月15日

10月16日

○記念日○　ボスの日
　　　　　世界食糧デー
○忌　日○　国師忌

道助入道親王　どうじょにゅうどうしんのう　1196生。鎌倉時代前期の僧。1249没。
宣政門院　せんせいもんいん　1315生。鎌倉時代後期、南北朝時代の女性。光厳天皇の宮人。1362没。
ヴィスコンティ, ジャン・ガレアッツォ　1351生。ミラノ公。1402没。
ポイティンガー, コンラート　1465生。ドイツ人の人文主義者。1547没。
コンタリーニ, ガスパーロ　1483生。イタリアの政治家、学者、カトリック改革者。1542没。
尊純法親王　そんじゅんほっしんのう　1591生。江戸時代前期の天台宗の僧。1653没。
勝姫　かつひめ　1618生。江戸時代前期の女性。播磨姫路藩主本多忠刻の娘。1678没。
ピュジェ, ピエール　1620生。フランスの彫刻家、画家、建築家。1694没。
尭恕入道親王　ぎょうじょにゅうどうしんのう　1640生。江戸時代前期の天台宗の僧。1695没。
藤咲仙潭　ふじさきせんたん　1688生。江戸時代中期の水戸藩儒。1762没。
ハラー, アルブレヒト　1708生。スイスの解剖学者、生理学者、詩人。1777没。
ズルツァー, ヨハン・ゲオルク　1720生。ドイツの美学者、哲学者、心理学者。1779没。
アイヒホルン, ヨーハン・ゴットフリート　1752生。ドイツのプロテスタント神学者。1827没。
クニッゲ, アードルフ・フォン　1752生。ドイツの宮廷哲学者、作家。1796没。
ウェブスター, ノア　1758生。アメリカの辞典編集者。1843没。
喜多村信節　きたむらのぶよ　1783生。江戸時代後期の国学者。1856没。
詮海　せんかい　1786生。江戸時代後期の融通念仏宗の僧。1860没。
大原重徳　おおはらしげとみ　1801生。江戸時代、明治時代の公家。従三位右近権中納言、刑法官知事。1879没。

スティーヴンソン, ロバート　1803生。イギリスの技術学者。1859没。
曾国藩　そうこくはん　1811生。中国、清末の政治家。1872没。
ロンゲ, ヨハネス（ヨーハン）　1813生。ドイツの聖職者、社会改革家。1887没。
手島季隆　てしますえたか　1814生。江戸時代末期、明治時代の土佐藩士。1897没。
長野主膳　ながのしゅぜん　1815生。江戸時代末期の国学者、近江彦根藩士、号は桃廼舎。1862没。
阿部正弘　あべまさひろ　1819生。江戸時代末期の大名。1857没。
ドップラー, アルベルト・フランツ　1821生。ポーランド出身のフルート奏者、指揮者、作曲家。1883没。
上岡胆治　かみおかたんじ　1823生。江戸時代末期の医師。1864没。
ベックリン, アルノルト　1827生。スイスの画家。1901没。
黒田清隆　くろだきよたか　1840生。明治時代の政治家。総理大臣。1900没。
芳野桜陰　よしのおういん　1844生。江戸時代、明治時代の儒者。1872没。
カウツキー, カール・ヨーハン　1854生。ドイツのマルクス主義経済学者、政治家。1938没。
ワイルド, オスカー　1854生。イギリスの文学者。1900没。
岸沢式佐（7代目・8代目）　きしざわしきさ　1859生。明治時代－昭和時代の三味線奏者。1944没。
ビュリー, ジョン・バグネル　1861生。イギリスの古典学者、歴史学者。1927没。
チェンバリン, J.A.　1863生。イギリスの政治家。1937没。
ベントリー　1870生。アメリカの政治社会学者、哲学者。1957没。
ミューラー, オットー　1874生。ドイツの画家、版画家。1930没。

博恭王　ひろやすおう　1875生。明治時代–昭和時代の皇族。1946没。

伏見宮博恭　ふしみのみやひろやす　1875生。明治時代–昭和時代の皇族, 元帥。1946没。

大久保利賢　おおくぼとしかた　1878生。大正時代, 昭和時代の銀行家。1958没。

三井甲之　みついこうじ　1883生。明治時代–昭和時代の歌人, 国家主義者。1953没。

エイヘンバウム, ボリス・ミハイロヴィチ　1886生。ソ連邦の文芸学者, ロシア文学史家。1959没。

ベン-グリオン, ダヴィド　1886生。イスラエルの政治家。1973没。

ローデンヴァルト, ゲルハルト　1886生。ドイツの考古学者。1945没。

オニール, ユージン　1888生。アメリカの劇作家。1953没。

斎藤素巌　さいとうそがん　1889生。大正時代, 昭和時代の彫刻家。1974没。

コリンズ, マイケル　1890生。アイルランドの革命家。1922没。

ストランド, ポール　1890生。アメリカの写真家。1976没。

ファリナッチ, ロベルト　1892生。イタリアのファシスト政治家。1945没。

カロル2世　1893生。ルーマニア王(在位1930〜40)。1953没。

神田喜一郎　かんだきいちろう　1897生。昭和時代の中国学者。京都国立博物館長, 大阪市立大学教授。1984没。

ダクラス, W.D.　1898生。アメリカの裁判官。1980没。

郷司浩平　ごうしこうへい　1900生。昭和時代の財界人。日本生産性本部会長。1989没。

高崎正秀　たかさきまさひで　1901生。大正時代, 昭和時代の歌人, 国文学者。国学院大学教授。1982没。

岩津資雄　いわつもとお　1902生。昭和時代, 平成時代の歌人, 日本文学者。早稲田大学教授。1992没。

コッコ, ユリヨ　1903生。フィンランドの作家。1977没。

エルミーロフ, ウラジーミル・ウラジーミロヴィチ　1904生。ソ連の文芸批評家, ジャーナリスト。1965没。

是枝恭二　これえだきょうじ　1904生。昭和時代の社会運動家。1936没。

団勝磨　だんかつま　1904生。昭和時代, 平成時代の生物学者。東京都立大学学長, 日本発生生物学会会長。1996没。

ブッツァーティ, ディーノ　1906生。イタリアの小説家。1972没。

ブルックス, クリアンス　1906生。アメリカの文芸批評家。1994没。

ヴァイヤン, ロジェ　1907生。フランスの小説家。1965没。

ホッジャ, エンヴェル　1908生。アルバニアの革命運動指導者, 政治家。1985没。

二階堂進　にかいどうすすむ　1909生。昭和時代, 平成時代の政治家。衆議院議員。2000没。

銭三強　せんさんきょう　1913生。中国の原子核物理学者。1992没。

アルチュセール, ルイ　1918生。フランスの哲学者。1990没。

早川幸男　はやかわさちお　1923生。昭和時代, 平成時代の宇宙物理学者。名古屋大学学長, 日本天文学会理事長。1992没。

ケンプフェルト, ベルト　1924生。ドイツの楽団指揮者・作曲家。1980没。

山口光朔　やまぐちこうさく　1926生。昭和時代, 平成時代の歴史学者。神戸女学院大学教授。1993没。

グラス, ギュンター　1927生。ドイツの作家。

大山のぶ代　おおやまのぶよ　1936生。昭和時代, 平成時代の女優, 声優。

大島康徳　おおしまやすのり　1950生。昭和時代, 平成時代の野球解説者, 元・プロ野球選手。

阿川泰子　あがわやすこ　1951生。昭和時代, 平成時代のジャズ歌手。

ファルカン, パウロ・ロベルト　1953生。ブラジルのサッカー監督, 元・サッカー選手。

ロビンス, ティム　1958生。アメリカの俳優, 映画監督, 脚本家。

林寛了　はやしひろこ　1959生。昭和時代, 平成時代のタレント, 女優。

風間八宏　かざまやひろ　1961生。昭和時代, 平成時代のサッカー解説者, 元・サッカー選手。

藤田和之　ふじたかずゆき　1970生。平成時代の格闘家。

末吉里花　すえよしりか　1976生。平成時代のアナウンサー。

10月16日

10月17日

○記念日○ 沖縄そばの日
上水道の日
貯蓄の日

太宗（宋）　たいそう　939生。中国，北宋朝の第2代皇帝（在位976～997）。997没。

ゲーアハルト，ヨーハン　1582生。ドイツのルター派神学者。1637没。

度会延経　わたらいのぶつね　1657生。江戸時代中期の神官，神道学者。1714没。

宗栄女王　そうえいじょおう　1658生。江戸時代前期，中期の女性。後西天皇の第3皇女。1721没。

フリードリヒ・アウグスト2世　1696生。ザクセン選帝侯。1763没。

ウィルクス，ジョン　1727生。イギリスの急進主義政論家，政治家。1797没。

オルロフ，グリゴーリ伯　1734生。ロシアの貴族，軍人。1783没。

浅野重晟　あさのしげあきら　1743生。江戸時代中期，後期の大名。1813没。

サン-シモン，クロード・アンリ・ド・ルーヴロワ，伯爵　1760生。フランスの哲学者，経済学者。1825没。

メッケル，ヨハン・フリードリヒ　1781生。ドイツの解剖学者。1833没。

アラマン，ルーカス　1792生。メキシコの政治家，歴史家。1853没。

バウアリング，ジョン　1792生。イギリスの外交官，言語学者，著作家。1872没。

伊古田純道　いこたじゅんどう　1802生。江戸時代，明治時代の産科医。1886没。

オブライエン，ウィリアム・スミス　1803生。アイルランドの民族運動家。1864没。

デアーク・フェレンツ　1803生。ハンガリーの政治家。1876没。

ナデージジン，ニコライ・イワノヴィチ　1804生。ロシアの評論家，歴史家，民俗学者。1856没。

笠亭仙果　りゅうていせんか　1804生。江戸時代の戯作家。1868没。

セラノ・イ・ドミンゲス　1810生。スペインの軍人，政治家。1885没。

ビューヒナー，ゲオルク　1813生。ドイツの劇作家，医者。1837没。

ガイベル，エマーヌエル　1815生。ドイツの詩人，評論家。1884没。

アフマド・ハーン，サル・サイイッド　1817生。インドのイスラム教徒の学者，教育者，アリガール＝イスラム大学の創設者。1898没。

牧野康哉　まきのやすとし　1818生。江戸時代末期の大名，若年寄。1863没。

関鉄之介　せきてつのすけ　1824生。江戸時代末期の尊攘派水戸藩士。1862没。

ホフマン　1837生。ドイツの海軍軍医。1894没。

リデル，ハンナ　1855生。聖公会に所属のイギリス婦人宣教師。1932没。

横井時雄　よこいときお　1857生。明治時代，大正時代の牧師，政治家，教育家。同志社社長，衆議院議員。1927没。

斎藤恒三　さいとうつねぞう　1858生。明治時代，大正時代の実業家，紡績技術者。東洋紡績社長。1937没。

ランシング，ロバート　1864生。アメリカの政治家，国際法学者。1928没。

荒木寅三郎　あらきとらさぶろう　1866生。明治時代-昭和時代の生化学者。京都帝国大学総長，学習院長。1942没。

谷本富　たにもととめり　1867生。明治時代-昭和時代の教育学者。京都帝国大学教授。1946没。

岩崎卓爾　いわさきたくじ　1869生。明治時代-昭和時代の気象観測技師，民俗研究者。石垣島測候所所長，図書館館長。1937没。

ウッドワース　1869生。アメリカの心理学者。1962没。

前田三遊　まえださんゆう　1869生。明治時代，大正時代のジャーナリスト。1923没。

チャプイギン，アレクセイ・パーヴロヴィチ　1870生。ソ連の小説家。1937没。

タルヴィオ, マイラ　1871生。フィンランドの女流小説家。1951没。

福井直秋　ふくいなおあき　1877生。明治時代-昭和時代の音楽教育家。武蔵野音楽大学創立者。1963没。

田辺治通　たなべはるみち　1878生。昭和時代の官僚, 政治家。大阪府知事, 貴族院議員。1950没。

ニール, アレグザンダー・サザーランド　1883生。イギリスの教育家。1973没。

グッドパスチャー, アーネスト・ウィリアム　1886生。アメリカの病理学者。1960没。

鶴沢寛治(6代目)　つるさわかんじ　1887生。明治時代-昭和時代の浄瑠璃三味線方。1974没。

沢田廉三　さわだれんぞう　1888生。大正時代, 昭和時代の外交官。外務次官。1970没。

浪花亭綾太郎　なにわていあやたろう　1889生。大正時代, 昭和時代の浪曲師。1960没。

ハンフリー, ドリス　1895生。アメリカの舞踊家。1958没。

平塚運一　ひらつかうんいち　1895生。大正時代-平成時代の版画家, 洋画家。1997没。

橋本平八　はしもとへいはち　1897生。大正時代, 昭和時代の彫刻家。1935没。

鈴木鎮一　すずきしんいち　1898生。大正時代, 昭和時代のバイオリン教育指導者。(社)才能教育研究会会長。1998没。

フェストデイク, シモン　1898生。オランダの作家。1971没。

ウィンターズ, アイヴァ　1900生。アメリカの詩人, 批評家。1968没。

ウィグナー, ユージン・ポール　1902生。ハンガリー生まれのアメリカの物理学者。1995没。

松島庄五郎(4代目)　まつしましょうごろう　1902生。昭和時代の江戸長唄の三味線方。1980没。

ウェスト, ナサニエル　1903生。アメリカの作家。1940没。

グレーチコ　1903生。ソ連の軍人。1976没。

立野信之　たてののぶゆき　1903生。昭和時代の小説家, 評論家。1971没。

ヒューバーマン　1903生。アメリカのマルクス主義経済学者。1968没。

長谷健　はせけん　1904生。昭和時代の小説家, 児童文学者。東京作家クラブ事務局長。1957没。

アーサー, ジーン　1905生。アメリカの女優。1991没。

尾高邦雄　おだかくにお　1908生。昭和時代, 平成時代の社会学者。東京大学教授, 日本社会学会会長。1993没。

宮本顕治　みやもとけんじ　1908生。昭和時代, 平成時代の政治家, 評論家。2007没。

川島武宜　かわしまたけよし　1909生。昭和時代の民法学者, 法社会学者, 弁護士。東京大学教授。1992没。

ヨハネス・パウルス1世　1912生。ローマ教皇。1978没。

西条凡児　さいじょうぼんじ　1914生。昭和時代の漫談家, テレビ司会者。1993没。

殿山泰司　とのやまたいじ　1915生。昭和時代の俳優。1989没。

ミラー, アーサー　1915生。アメリカの劇作家, 脚本家。2005没。

杵屋栄蔵(4代目)　きねやえいぞう　1917生。昭和時代の長唄三味線方。1988没。

加藤道夫　かとうみちお　1918生。昭和時代の劇作家。1953没。

ヘイワース, リタ　1918生。アメリカの女優。1987没。

趙紫陽　ちょうしよう　1919生。中国の政治家。2005没。

クリフト, モンゴメリー　1920生。アメリカの映画俳優。1966没。

岸田森　きしだしん　1939生。昭和時代の俳優。1982没。

もたいまさこ　もたいまさこ　1952生。昭和時代, 平成時代の女優。

フロレス, フランシスコ　1959生。エルサルバドルの政治家。

マーシャル, ロブ　1960生。アメリカの振付師, 舞台演出家, 映画監督。

賀来千香子　かくちかこ　1961生。昭和時代, 平成時代の女優。

エルス, アーニー　1969生。南アフリカのプロゴルファー。

JIRO　じろう　1972生。平成時代のベース奏者。

武蔵　むさし　1972生。平成時代の格闘家。

今井翼　いまいつばさ　1981生。平成時代のタレント, 歌手。

谷村有美　たにむらゆみ　シンガー・ソングライター。

10月17日

10月18日

○記念日○　統計の日

ピウス2世　1405生。教皇(在位1458〜64)。1464没。

ノブレガ, マヌエル・ダ　1517生。ポルトガルの宣教師。1570没。

リプシウス, ユストゥス　1547生。ベルギーの人文学者。1606没。

マリーノ, ジャンバッティスタ　1569生。イタリアの詩人。1625没。

ラティーヒウス(ラトケ), ヴォルフガング・フォン　1571生。ドイツの教育家。1635没。

ウィンズロー, エドワード　1595生。ピルグリム・ファーザーズの一人。1655没。

毛利秀就　もうりひでなり　1595生。江戸時代前期の大名。1651没。

城間清豊　ぐすくませいほう　1614生。江戸時代前期の琉球の絵師。1644没。

自了　じりょう　1614生。江戸時代前期の琉球史上最初の画家。1644没。

ウィグルズワース, マイケル　1631生。アメリカの牧師, 詩人。1705没。

オイゲン, サヴォワ公爵　1663生。オーストリアの将軍, 政治家。1736没。

ナッシュ, リチャード　1674生。Beau Nashとして知られるイギリスの伊達者。1762没。

李瀷　り, よく《い, いく》　1681生。朝鮮, 李朝時代の実学者。1763没。

ダルジャンソン, ルネ-ルイ・ド・ヴォワイエ　1694生。フランスの貴族, 法律家。1757没。

カナレット　1697生。イタリアの画家, 銅版画家。1768没。

ガルッピ, バルダッサーロ　1706生。イタリアの作曲家, チェンバロ奏者。1785没。

ホドヴィエツキ, ダニエル　1726生。ドイツの画家, イラストレーター。1801没。

樋口道立　ひぐちどうりゅう　1738生。江戸時代中期, 後期の俳人, 儒者。1813没。

ラクロ, ピエール・コデルロス・ド　1741生。フランスの作家, 軍人。1803没。

カンバセレス, ジャン・ジャック・レジ・ド　1753生。フランスの法律家, 政治家。1824没。

仙寿院　せんじゅいん　1756生。江戸時代中期, 後期の女性。鶴岡藩主酒井忠徳の妻。1820没。

クライスト, ハインリヒ・フォン　1777生。ドイツの劇作家。1811没。

ピーコック, トマス・ラヴ　1785生。イギリスの小説家, 詩人。1866没。

シェーンバイン, クリスティアン・フリードリヒ　1799生。スイスの化学者。1868没。

尚成王　しょうせいおう　1800生。江戸時代後期の琉球の国王。1804没。

ラーマ4世　1804生。タイ, チャクリ朝の第4代王(在位1851〜68)。1868没。

浅野忠　あさのただし　1819生。江戸時代, 明治時代の広島藩士, 宮司。1892没。

原坦山　はらたんざん　1819生。明治時代の曹洞宗僧侶。1892没。

宇宿彦右衛門　うじゅくひこえもん　1820生。江戸時代末期の薩摩藩士。1863没。

バレーラ, フアン　1824生。スペインの小説家。1905没。

ダレー, クロード・シャルル　1829生。パリ外国宣教会所属のフランス人宣教師。1887没。

フリードリヒ3世　1831生。プロシア王, ドイツ皇帝(在位1888)。1888没。

モール, クリスチャン　1835生。ドイツの応用力学者。1918没。

フイエ　1838生。フランスの哲学者。1912没。

ルイシュ1世　1838生。ポルトガル王。1889没。

平福穂庵　ひらふくすいあん　1844生。明治時代の日本画家。1890没。

シュッケルト　1846生。ドイツの工業家。1895没。

マルティ　1847生。スイスの哲学者, 言語学者。1914没。

原亮三郎　はらりょうざぶろう　1848生。明治時代の出版業者。東京書籍出版営業組合初代頭取。1919没。

チェンバレン, バジル・ホール　1850生。イギリスの言語学者, 日本学者。1935没。

アンドレー　1854生。スウェーデンの技師, 北極探検家。1897没。

ベルクソン, アンリ　1859生。フランスの哲学者。1941没。

スミス, ローガン・ピアソール　1865生。アメリカ生まれのイギリスの評論家, 随筆家, 英語学者。1946没。

跡見李子　あとみももこ　1868生。明治時代–昭和時代の女子教育家。跡見学園初代理事長。1956没。

リンナンコスキ, ヨハンネス　1869生。フィンランドの小説家。1913没。

鈴木大拙　すずきだいせつ　1870生。明治時代–昭和時代の仏教哲学者, 禅思想家。大谷大学教授, 学習院大学教授。1966没。

城ノブ　じょうのぶ　1872生。大正時代, 昭和時代の社会事業家。1959没。

ボノーミ　1873生。イタリアの政治家。1951没。

アダムズ　1878生。アメリカの歴史家。1949没。

シンウェル, エマニュエル・シンウェル, 男爵　1884生。イギリス（ポーランド系）の政治家。1986没。

石原修　いしはらおさむ　1885生。大正時代, 昭和時代の衛生学者。大阪医科大学教授。1947没。

島袋源一郎　しまぶくろげんいちろう　1885生。大正時代, 昭和時代の教育者, 沖縄研究者。沖縄県立博物館初代館長。1942没。

守田勘弥（13代目）　もりたかんや　1885生。明治時代–昭和時代の歌舞伎役者。1932没。

酒井隆　さかいたかし　1887生。大正時代, 昭和時代の陸軍軍人。中将。1946没。

野口喜一郎　のぐちきいちろう　1887生。昭和時代の実業家。丸ヨ野口商店社長, 合同酒精社長。1972没。

伊藤正徳　いとうまさのり　1889生。大正時代, 昭和時代のジャーナリスト, 軍事評論家。1962没。

九津見房子　くつみふさこ　1890生。大正時代, 昭和時代の労働運動家。1980没。

陶行知　とうこうち　1891生。中国の社会教育家。1946没。

山川健　やまかわたける　1892生。昭和時代の官僚。貴族院議員, 社会教育局長。1944没。

ホランド, サー・シドニー・ジョージ　1893生。ニュージーランドの政治家。1961没。

梁漱溟　りょうそうめい　1893生。中国の社会運動家。1988没。

デーリ・ティボル　1894生。ハンガリーの小説家。1977没。

玉虫文一　たまむしぶんいち　1898生。大正時代, 昭和時代の物理化学者。東京大学教授。1982没。

壺井繁治　つぼいしげじ　1898生。大正時代, 昭和時代の詩人。1975没。

ヨルダン, エルンスト・パスクァル　1902生。ドイツの理論物理学者。1980没。

ウフエ-ボワニ, フェリックス　1905生。コートジボアールの大統領。1993没。

佐藤亮一　さとうりょういち　1907生。昭和時代, 平成時代の翻訳家。日本翻訳家協会会長, 共立女子短期大学教授。1994没。

花沢徳衛　はなざわとくえ　1911生。昭和時代, 平成時代の俳優。2001没。

トルードー, ピエール　1919生。カナダの政治家。2000没。

アリア, ラミズ　1925生。アルバニアの政治家。

阪田寛夫　さかたひろお　1925生。昭和時代, 平成時代の小説家, 詩人。2005没。

メルクーリ, メリナ　1925生。ギリシャの政治家, 女優。1994没。

ベリー, チャック　1926生。アメリカのロック歌手。

馬場のぼる　ばばのぼる　1927生。昭和時代, 平成時代の漫画家, 絵本作家。2001没。

チャモロ, ビオレタ・バリオス・デ　1929生。ニカラグアの政治家, 新聞人。

三谷礼二　みたにれいじ　1934生。昭和時代のオペラ演出家。1991没。

郷ひろみ　ごうひろみ　1955生。昭和時代, 平成時代の歌手, 俳優。

ナブラチロワ, マルチナ　1956生。アメリカのテニス選手。

バン・ダム, ジャン・クロード　1960生。アメリカの俳優。

石川亜沙美　いしかわあさみ　1977生。平成時代の女優。

京野ことみ　きょうのことみ　1978生。平成時代の女優。

川村ひかる　かわむらひかる　1979生。平成時代のタレント。

森泉　もりいずみ　1982生。平成時代のモデル。

10月18日

10月19日

○記念日○　バーゲンの日
　　　　　海外旅行の日

フィチーノ, マルシーリオ　1433生。イタリアのプラトン主義哲学者。1499没。

ブラウン, トマス　1605生。イギリスの医者, 作家。1682没。

オーモンド　1610生。アイルランド総督。1688没。

運敞　うんしょう　1614生。江戸時代前期の真言宗の僧。1693没。

酒井忠清　さかいただきよ　1624生。江戸時代前期の大名, 大老。1681没。

ニコル, ピエール　1625生。フランスのジャンセニスト神学者, 文法学者。1695没。

神代鶴洞　かみしろかくどう　1664生。江戸時代中期の水戸藩士, 儒学者。1728没。

チェセルデン　1688生。イギリスの外科医, 解剖学者。1752没。

証明院　しょうみょういん　1711生。江戸時代中期の女性。徳川家重の妻。1733没。

比宮培子　なみのみやますこ　1711生。江戸時代中期の女性。徳川家重の妻。1733没。

ウルマン, ジョン　1720生。アメリカのクェーカー伝道者。1772没。

ルニョー, ジャン-バティスト　1754生。フランスの画家。1829没。

藤江梅軒　ふじえばいけん　1758生。江戸時代中期, 後期の播磨竜野藩士, 儒学者。1823没。

牧野忠精　まきのただきよ　1760生。江戸時代後期の老中。1831没。

ハント, リー　1784生。イギリスの詩人, 批評家, ジャーナリスト。1859没。

オルロフ, アレクセイ公　1786生。ロシアの軍人, 外交官, 政治家。1861没。

レズリー, チャールズ・ロバート　1794生。イギリスの画家。1859没。

都筑峯重　つづきみねしげ　1803生。江戸時代末期の幕臣。1858没。

クレイ, カシアス・マーセラス　1810生。アメリカの奴隷廃止運動家。1903没。

マンロー　1819生。イギリスの古典学者。1885没。

メナール, ルイ-ニコラ　1822生。フランスの化学者, 詩人, 画家。1901没。

サヴァチエ　1830生。フランスの医師。1891没。

ベール, ポール　1833生。フランスの生理学者, 政治家。1886没。

モリス, ジェーン　1839生。ラファエロ前派のミューズ。ウィリアム・モリスの妻。1914没。

ホルンル　1841生。イギリスのインド学者, 言語学者。1928没。

末延道成　すえのぶみちなり　1855生。明治時代, 大正時代の実業家。東京海上会長, 貴族院議員。1932没。

ウィルソン, エドマンド・ビーチャー　1856生。アメリカの動物学者。1939没。

スミス, ジョージ・アダム　1856生。スコットランドの牧師, セム学者。1942没。

上遠野富之助　かどのとみのすけ　1859生。明治時代, 大正時代の実業家。名古屋商業会議所会頭。1928没。

ドレフュス, アルフレッド　1859生。ユダヤ系のフランス陸軍将校。1935没。

リュミエール, ルイニコラス　1862生。フランスの映画発明者。1954没。

フレンセン, グスタフ　1863生。ドイツの小説家, 新教の牧師。1945没。

キャノン, ウォルター・ブラッドフォード　1871生。アメリカの生理学者。1945没。

深田康算　ふかだやすかず　1878生。明治時代, 大正時代の美学者。京都帝国大学教授, 文学博士。1928没。

久邇倪子　くにちかこ　1879生。明治時代-昭和時代の皇族。1956没。

市川左団次(2代目)　いちかわさだんじ　1880生。明治時代-昭和時代の歌舞伎役者。1940没。

ボッチョーニ, ウンベルト　1882生。イタリアの画家, 彫刻家。1916没。

飯盛里安　いいもりさとやす　1885生。大正時代, 昭和時代の無機化学者。理化学研究所主任研究員。1982没。

岡山巌　おかやまいわお　1894生。大正時代，昭和時代の歌人，医師。三菱製鋼診療所長，八幡製鉄本社診療所顧問。1969没。

加藤常賢　かとうじょうけん　1894生。昭和時代の中国哲学者。東京帝国大学教授，二松学舎大学学長。1978没。

マンフォード，ルイス　1895生。アメリカの社会哲学者，文明批評家，都市計画家。1990没。

神崎三益　かんざきさんえき　1897生。昭和時代の医師。武蔵野赤十字病院院長，日本赤十字社常務理事。1986没。

アストゥリアス，ミゲル・アンヘル　1899生。グアテマラの小説家，詩人，外交官。1974没。

仁田勇　にったいさむ　1899生。大正時代，昭和時代の化学者。東京帝国大学教授，日本化学会会長。1984没。

山本豊市　やまととよいち　1899生。大正時代，昭和時代の彫刻家。東京芸術大学教授。1987没。

高橋荒太郎　たかはしあらたろう　1903生。昭和時代の実業家。松下電器産業会長。

坂東三津五郎(8代目)　ばんどうみつごろう　1906生。大正時代，昭和時代の歌舞伎役者。1975没。

アリー　1909生。パキスタンの外交官，政治家。1963没。

山田一雄　やまだかずお　1912生。昭和時代，平成時代の指揮者，作曲家。1991没。

プラトリーニ，ヴァスコ　1913生。イタリアの小説家。1991没。

ギレリス，エミール・グリゴリエヴィチ　1916生。ソ連のピアニスト。1985没。

ブロムダール，カール・ビリイェル　1916生。スウェーデンの作曲家。1968没。

千葉禎介　ちばていすけ　1917生。昭和時代の写真家。1965没。

安田元久　やすだもとひさ　1918生。昭和時代，平成時代の日本中世史学者。学習院大学教授，日本古文書学会会長。1996没。

ガーリチ，アレクサンドル・アルカジエヴィチ　1919生。ソ連の詩人，劇作家，シナリオ・ライター。1977没。

神風正一　かみかぜしょういち　1921生。昭和時代の相撲解説者，力士(関脇)。1990没。

アンダーソン　1922生。アメリカの評論家。2005没。

東恵美子　あずまえみこ　1924生。昭和時代，平成時代の女優(青年座)。

円山雅也　まるやままさや　1926生。昭和時代，平成時代の弁護士。

童門冬二　どうもんふゆじ　1927生。昭和時代，平成時代の小説家。

戸張智雄　とばりともお　1928生。昭和時代，平成時代のフランス文学者。中央大学教授。1994没。

堀場清子　ほりばきよこ　1930生。昭和時代，平成時代の詩人，女性史研究家。

ゴウォン，ヤクブ　1934生。ナイジェリアの軍人，政治家。

川田朝子　かわだともこ　1936生。昭和時代の舞踊家。1984没。

林家木久蔵　はやしやきくぞう　1937生。昭和時代，平成時代の落語家。

阿奈井文彦　あないふみひこ　1938生。昭和時代，平成時代の作家，エッセイスト。

メッジェシ・ペーテル　1942生。ハンガリーの元・首相。

藤田平　ふじたたいら　1947生。昭和時代，平成時代の元・プロ野球監督，元・プロ野球選手。

岡田可愛　おかだかわい　1948生。昭和時代，平成時代の女優。

高山巌　たかやまげん　1951生。昭和時代，平成時代の歌手。

野沢秀行　のざわひでゆき　1954生。昭和時代，平成時代のパーカッション奏者。

ラサール石井　らさーるいしい　1955生。昭和時代，平成時代のタレント，演出家。

ホリフィールド，イベンダー　1962生。アメリカのプロボクサー。

野村真美　のむらまみ　1964生。昭和時代，平成時代の女優。

ルグリ，マニュエル　1964生。フランスのバレエダンサー。

松田洋治　まつだようじ　1967生。昭和時代，平成時代の俳優。

立花理佐　たちばなりさ　1971生。昭和時代，平成時代の女優，歌手。

金子賢　かねこけん　1976生。平成時代の俳優，格闘家。

10月19日

10月20日

○記念日○　リサイクルの日
　　　　　新聞広告の日
　　　　　頭髪の日

後柏原天皇　ごかしわばらてんのう　1464生。戦国時代の第104代の天皇。1526没。

ルチェッラーイ，ジョヴァンニ　1475生。イタリアの詩人。1525没。

ビリングッチョ，ヴァンノッチョ　1480生。イタリアの冶金学者。1539没。

ギーズ，クロード・ド・ロレーヌ，初代公爵　1496生。フランスの武人。1550没。

バラッシ・バーリント　1554生。ハンガリー・ルネサンス期の詩人。1594没。

飛鳥井雅庸　あすかいまさつね　1569生。安土桃山時代，江戸時代前期の歌人，公家。1616没。

バルトリン　1616生。デンマークの解剖学者。1680没。

コイプ，アルベルト　1620生。オランダの画家。1691没。

レン，クリストファー　1632生。イギリスの建築家，科学者。1723没。

トラハーン，トマス　1637生。イギリスの詩人。1674没。

松平清武　まつだいらきよたけ　1663生。江戸時代中期の大名。1724没。

松平忠雄　まつだいらただお　1673生。江戸時代中期の大名。1736没。

ローガン，ジェイムズ　1674生。アメリカ，ペンシルバニア植民地の政治家，学者。1751没。

スタニスワフ1世　1677生。ポーランド国王(在位1704～11，33～36)。1766没。

アッヘンヴァール　1719生。ドイツの統計学者。1772没。

シャリエール夫人　1740生。スイスの女流作家。1805没。

馬詰親音　うまづめもとね　1748生。江戸時代中期，後期の財政家，歌人。1807没。

古賀精里　こがせいり　1750生。江戸時代中期，後期の儒学者。1817没。

佐藤一斎　さとういっさい　1772生。江戸時代後期の儒学者，林家塾頭，昌平坂学問所教官。1859没。

パーマストン(パーマストンの)，ヘンリー・ジョン・テンプル，3代子爵　1784生。イギリスの政治家。1865没。

キャンベル，サー・コリン，クライド男爵　1792生。イギリスの軍人。1863没。

ヘングステンベルク，エルンスト・ヴィルヘルム　1802生。ドイツのルター派神学者。1869没。

カーアーニー　1808生。ペルシアの頌詩，抒情詩人。1854没。

ハッパー，アンドルー・パットン　1818生。アメリカの長老派宣教師。1894没。

ヒューズ，トマス　1822生。イギリスの小説家，思想家。1896没。

清岡道之助　きよおかみちのすけ　1833生。江戸時代末期の勤王志士。1864没。

淵上郁太郎　ふちがみいくたろう　1837生。江戸時代末期の筑後久留米藩尊攘派志士。1867没。

河野敏鎌　こうのとがま　1844生。江戸時代，明治時代の政治家。子爵。1895没。

ゲディス，サー・パトリック　1854生。イギリスの植物学者，社会学者。1932没。

ランボー，アルチュール　1854生。フランスの詩人。1891没。

田中長兵衛(2代目)　たなかちょうべえ　1858生。明治時代，大正時代の実業家。1924没。

デューイ，ジョン　1859生。アメリカの哲学者，教育学者，心理学者。1952没。

ハルデン，マクシミーリアン　1861生。ドイツのユダヤ系ジャーナリスト，評論家。1927没。

ベルゲマン　1862生。ドイツの教育学者。1946没。

カッセル，グスタフ　1866生。スウェーデンの経済学者。1945没。

吉田文五郎　よしだぶんごろう　1869生。明治時代-昭和時代の文楽の人形遣い。1962没。

塩沢昌貞　しおざわまささだ　1870生。明治時代–昭和時代の経済学者。法学博士，早稲田大学総長。1945没。

アイヴズ，チャールズ　1874生。アメリカの作曲家。1954没。

河上肇　かわかみはじめ　1879生。明治時代–昭和時代の経済学者，社会主義者。京都帝国大学教授。1946没。

藤蔭静樹　ふじかげせいじゅ　1880生。明治時代–昭和時代の日本舞踊家。1966没。

バーナード　1881生。アメリカのシカゴ学派の社会学者。1951没。

ルゴシ，ベラ　1882生。アメリカの映画俳優。1956没。

セナナヤカ，ドン・スティーヴン　1884生。セイロンの政治家。1952没。

バートレット，サー・フレデリック　1886生。イギリスの心理学者。1969没。

九条武子　くじょうたけこ　1887生。大正時代の歌人。1928没。

チャドウィック，サー・ジェイムズ　1891生。イギリスの物理学者。1974没。

都築正男　つづきまさお　1892生。大正時代，昭和時代の医師，外科学者。東京大学教授，日本放射線影響学会初代会長。1961没。

ケニヤッタ，ジョモ　1893生。ケニアの初代首相，初代大統領。1978没。

竹内勝太郎　たけうちかつたろう　1894生。昭和時代の詩人。1935没。

瀬川清子　せがわきよこ　1895生。昭和時代の民俗学者。大妻女子大学教授。1984没。

納富寿童　のうとみじゅうどう　1895生。大正時代，昭和時代の尺八演奏家。日本三曲協会理事。1976没。

福田千里　ふくだちさと　1896生。昭和時代の実業家。大和証券社長，日本証券業協会連合会会長。1992没。

李垠　りぎん　1897生。朝鮮李王朝最後の皇太子。1970没。

赤堀四郎　あかほりしろう　1900生。昭和時代の生化学者。大阪大学教授，日本生化学会会長。1992没。

モース　1900生。アメリカの政治家。1974没。

芥田武夫　あくたたけお　1903生。大正時代，昭和時代のプロ野球監督。近鉄球団社長。1987没。

花柳芳兵衛　はなやぎよしべえ　1904生。大正時代，昭和時代の落語家，日本舞踊家。関西舞踊協会理事。1974没。

クイーン，エラリー　1905生。アメリカの推理小説家。1982没。

カンポリ，アルフレード　1906生。イタリア系イギリスのヴァイオリン奏者。1991没。

坂口安吾　さかぐちあんご　1906生。昭和時代の小説家。1955没。

杉山寧　すぎやまやすし　1909生。昭和時代の日本画家。日展顧問。1993没。

石津謙介　いしづけんすけ　1911生。昭和時代，平成時代のファッションコンサルタント・デザイナー，服飾評論家。2005没。

ルーツィ，マーリオ　1914生。イタリアの詩人，評論家，翻訳家。2005没。

メルヴィル，ジャン・ピエール　1917生。フランスの映画監督。1973没。

プロイスラー，オトフリート　1923生。ドイツの児童文学作家。

イエン・サリ　1924生。カンボジアの政治家。

野中広務　のなかひろむ　1925生。昭和時代，平成時代の全国土地改良事業団体連合会会長。元・衆院議員(自民党)，自民党幹事長。

高橋貞二　たかはしていじ　1926生。昭和時代の俳優。1959没。

李鵬　りほう　1928生。中国の政治家。首相。

マントル，ミッキー　1931生。アメリカの大リーグ選手。1995没。

勅使河原霞　てしがはらかすみ　1932生。昭和時代の華道家。草月流家元。1980没。

中邨秀雄　なかむらひでお　1932生。昭和時代，平成時代の実業家。吉本興業社長。

皇后美智子　こうごうみちこ　1934生。昭和時代，平成時代の皇族。

イェリネク，エルフリーデ　1946生。オーストリアの作家，劇作家。

中嶋常幸　なかじまつねゆき　1954生。昭和時代，平成時代のプロゴルファー。

モーテンセン，ビゴ　1958生。アメリカの俳優。

山口智子　やまぐちともこ　1964生。昭和時代，平成時代の女優。

山田孝之　やまだたかゆき　1983生。平成時代の俳優。

新垣里沙　にいがきりさ　1988生。平成時代の歌手(モーニング娘。)。

10月20日

10月21日

○記念日○ あかりの日
国際反戦デー

朱全忠　しゅぜんちゅう　852生。中国，五代後梁の初代皇帝（在位907〜912）。912没。

クラレンス，ジョージ，公爵　1449生。イギリスの貴族。1478没。

ドメニキーノ　1581生。イタリアの画家。1641没。

佐藤直方　さとうなおかた　1650（閏10月）生。江戸時代前期，中期の備後福山藩士，上野前橋藩士，儒学者。1719没。

シュタール，ゲオルク・エルンスト　1660生。ドイツの生理学者，化学者。1734没。

ムラトーリ，ロドヴィーコ・アントーニオ　1672生。イタリアの歴史家。1750没。

本多忠次　ほんだただつぐ　1679生。江戸時代中期の大名。1711没。

徳川吉宗　とくがわよしむね　1684生。江戸時代中期の江戸幕府第8代の将軍。1751没。

シェーネマン　1704生。ドイツの俳優，演出家。1782没。

ステュアート　1712生。イギリスの経済学者。1780没。

カトルメール・ド・カンシー，アントワーヌ＝クリゾストーム　1755生。フランスの考古学者，美術史家，政治家。1849没。

コールマン，ジョージ　1762生。イギリスの劇作家。1836没。

ダーンデルス　1762生。オランダの軍人，東インド総督（在職1808〜11）。1818没。

コールリッジ，サミュエル・テイラー　1772生。イギリスの詩人，批評家。1834没。

フォリエル，クロード・シャルル　1772生。フランスの歴史家。1844没。

ペリエ　1777生。フランスの政治家。1832没。

ラマルチーヌ，アルフォンス・ド　1790生。フランスの詩人，政治家。1869没。

ムラヴィヨーフ　1792生。ロシアの軍人，デカブリスト（十二月党員）の一人。1863没。

カンプハウゼン　1812生。ドイツの政治家。1896没。

ロッシャー　1817生。ドイツの経済学者。1894没。

ノーベル，アルフレッド・ベルンハルト　1833生。スウェーデンの化学者，事業家。1896没。

豊田芙雄　とよたふゆ　1845生。明治時代，大正時代の教育者。水戸初等女学校教諭。1941没。

ジャコーザ，ジュゼッペ　1847生。イタリアの劇作家。1906没。

湯浅治郎　ゆあさじろう　1850生。明治時代，大正時代のキリスト教社会事業家。衆議院議員。1932没。

マシア・イ・リュサ　1859生。スペインの軍人。1933没。

ヴァン・レルベルグ，シャルル　1861生。ベルギーの詩人，劇作家。1907没。

白仁武　しらにたけし　1863生。明治時代-昭和時代の官僚，実業家。日本郵船社長。1941没。

増田義一　ますだぎいち　1869生。明治時代-昭和時代の出版人，政治家。1949没。

グーチ　1873生。イギリスの歴史家。1968没。

金子喜一　かねこきいち　1875生。明治時代の社会運動家，編集者。米国社会民主党。1909没。

リャーシチェンコ　1876生。ソ連邦の経済学者。1955没。

アヴェリー，オズワルド・セオドア　1877生。アメリカの細菌学者。1955没。

カントループ，マリー＝ジョゼフ　1879生。フランスの作曲家。1957没。

山室宗文　やまむろむねふみ　1880生。大正時代，昭和時代の銀行家。三菱信託社長。1950没。

細川護立　ほそかわもりたつ　1883生。大正時代，昭和時代の美術収集家。東洋文庫理事長，国宝保存会会長，貴院議員（侯爵）。1970没。

森矗昶　もりのぶてる　1884生。大正時代，昭和時代の実業家，政治家。衆議院議員。1941没。

ヴェレス, エゴン・ヨーゼフ　1885生。オーストリアの音楽学者, 作曲家。1974没。

金性洙　きんせいしゅ　1891生。韓国の教育家, 政治家。1955没。

ショーン, テッド　1891生。アメリカの舞踊家。1972没。

孫科　そんか　1891生。中華民国の政治家。1973没。

木原均　きはらひとし　1893生。昭和時代の遺伝学者。国立遺伝学研究所所長, 京都大学教授。1986没。

江戸川乱歩　えどがわらんぽ　1894生。大正時代, 昭和時代の推理作家。日本推理作家協会理事長。1965没。

箕作秋吉　みつくりしゅうきち　1895生。昭和時代の作曲家。IMC国内委員会委員長。1971没。

シュワルツ, エヴゲーニー・リヴォヴィチ　1896生。ソ連の劇作家。1958没。

レルネト－ホレーニア, アレクサンダー　1897生。オーストリアの詩人, 小説家, 劇作家。1976没。

中司清　なかつかさきよし　1900生。昭和時代の実業家。鐘淵化学工業会長。1990没。

稲垣達郎　いながきたつろう　1901生。昭和時代の評論家, 日本文学者。早稲田大学教授, 日本近代文学館常務理事。1986没。

ストレイチー, (イーヴリン・) ジョン (・セント・ルー)　1901生。イギリスの政治家, 労働党の理論家。1963没。

長尾正人　ながおせいじん　1901生。昭和時代の育種学者。1986没。

岡義武　おかよしたけ　1902生。昭和時代の政治史学者。東京大学教授。1990没。

観世喜之 (2代目)　かんぜよしゆき　1902生。大正時代, 昭和時代の能楽師シテ方。1977没。

梅村蓉子　うめむらようこ　1003生。昭和時代の映画女優。1944没。

池内友次郎　いけのうちともじろう　1906生。昭和時代の作曲家, 俳人。日仏音楽協会会長。1991没。

八木義德　やぎよしのり　1911生。昭和時代, 平成時代の小説家。1999没。

ショルティ, ゲオルグ　1912生。イギリスの指揮者, ピアニスト。1997没。

榛葉英治　しんばえいじ　1912生。昭和時代, 平成時代の小説家。1999没。

田鍋健　たなべまさる　1912生。昭和時代, 平成時代の実業家。積水ハウス社長, プレハブ建築協会会長。1993没。

吉田善彦　よしだよしひこ　1912生。昭和時代, 平成時代の日本画家。日本美術院理事, 東京芸術大学教授。2001没。

殿内芳樹　とのうちよしき　1914生。昭和時代, 平成時代の詩人。「極」主宰。1993没。

ギレスピー, ディジー　1917生。アメリカのジャズトランペット奏者。1993没。

ル・グウィン, アーシュラ　1929生。アメリカのSF作家, ファンタジー作家。

大橋国一　おおしくにかず　1931生。昭和時代の声楽家。1974没。

山崎俊一　やまざきしゅんいち　1931生。昭和時代, 平成時代の国労委員長。1999没。

白川由美　しらかわゆみ　1936生。昭和時代, 平成時代の女優。

岸上大作　きしがみだいさく　1939生。昭和時代の歌人, 学生運動家。1960没。

五月みどり　さつきみどり　1939生。昭和時代, 平成時代の女優, 歌手。

ミハルコフ, ニキータ　1945生。ロシアの映画監督, 俳優。

呉智英　くれともふさ　1946生。昭和時代, 平成時代の評論家。

蛭子能収　えびすよしかず　1947生。昭和時代, 平成時代の漫画家, タレント。

大場政夫　おおばまさお　1949生。昭和時代のプロボクサー。1973没。

ネタニヤフ, ベンヤミン　1949生。イスラエルの政治家, 外交官。

永島敏行　ながしまとしゆき　1956生。昭和時代, 平成時代の俳優。

フィッシャー, キャリー　1956生。アメリカの女優, 作家。

渡辺謙　わたなべけん　1959生。昭和時代, 平成時代の俳優。

今井寿　いまいひさし　1965生。昭和時代, 平成時代のギタリスト。

西島千博　にしじまかずひろ　1971生。平成時代のバレエダンサー, 俳優。

高山樹里　たかやまじゅり　1976生。平成時代のソフトボール選手。

乙一　おついち　1978生。平成時代の小説家。

高野志穂　たかのしほ　1979生。平成時代の女優。

10月21日

10月22日

○記念日○　パラシュートの日

ギヨーム・ダキテーヌ　1071生。フランスの最古のトルバドゥール（宮廷抒情詩人）。1127没。

孝宗（宋）　こうそう　1127生。中国, 南宋の第2代皇帝（在位1162〜89）。1194没。

ラインホルト, エラスムス　1511生。ドイツの天文学者。1553没。

広橋兼勝　ひろはしかねかつ　1558生。安土桃山時代, 江戸時代前期の公家。1623没。

道鏡慧端　どうきょうえたん　1642生。江戸時代前期, 中期の臨済宗の僧。1721没。

吉田兼敬　よしだかねゆき　1653生。江戸時代前期, 中期の公家。1731没。

ナーディル・シャー　1688生。イランのアフシャール朝の創始者（在位1736〜47）。1747没。

ジョアン5世　1689生。ポルトガル王（在位1706〜50）。1750没。

三条季晴　さんじょうすえはれ　1733生。江戸時代中期の公家。1781没。

フランシス, サー・フィリップ　1740生。イギリスの政治家, 文筆家。1818没。

川合春川　かわいしゅんせん　1751生。江戸時代後期の儒者。1824没。

クーパー, トマス　1759生。アメリカの教育者, 化学者, 法律家, 政治哲学者。1839没。

キールマイアー　1765生。ドイツの比較解剖学者。1844没。

東坊城尚長　ひがしぼうじょうなおなが　1778生。江戸時代中期, 後期の公家。1805没。

ラッセン　1800生。ドイツの東洋学者, インド学者。1876没。

モルニ, シャルル・オーギュスト・ルイ・ジョゼフ, 公爵　1811生。フランスの政治家。1865没。

リスト, フランツ　1811生。オーストリアのピアニスト, 作曲家。1886没。

ファリーニ　1812生。イタリアの政治家, 歴史家, 医師。1866没。

池内大学　いけうちだいがく　1814生。江戸時代末期の儒者, 尊攘派志士。1863没。

櫛田北渚　くしだほくしょ　1815生。江戸時代, 明治時代の筑前福岡藩士。1872没。

セーヤー, アレグザンダー・ウィーロック　1817生。アメリカの音楽学者, 外交官。1897没。

斎藤高行　さいとうたかゆき　1819生。江戸時代, 明治時代の陸奥中村藩士, 農政家。1894没。

ハンティントン, コリス・P（ポーター）　1821生。アメリカの実業家。1900没。

児玉さだ　こだまさだ　1832生。明治時代の教育者。1893没。

サバティエ, ルイ・オギュスト　1839生。フランスのプロテスタント神学者。1901没。

ベルナール, サラ　1844生。フランスの女優。1923没。

戸川残花　とがわざんか　1855生。明治時代–昭和時代の詩人, 評論家。日本女子大学教授。1924没。

ムック, カール　1859生。ドイツの指揮者。1940没。

白井新太郎　しらいしんたろう　1862生。明治時代, 大正時代の大陸浪人, 政治家。衆議院議員。1932没。

牧野伸顕　まきののぶあき　1863生。明治時代–昭和時代の政治家。1949没。

チャドウィック　1870生。イギリスの人類学者。1947没。

ブーニン, イワン・アレクセーヴィチ　1870生。ロシアの詩人, 小説家。1953没。

アーダム, カール　1876生。ドイツのカトリック神学者。1966没。

トウォート, フレデリック・ウィリアム　1877生。イギリスの細菌学者。1950没。

若柳吉登代　わかやぎきちとよ　1877生。明治時代–昭和時代の日本舞踊家。正派若柳流総務。1954没。

ダヴィソン, クリントン・ジョゼフ　1881生。アメリカの物理学者。1958没。

コーラス, ヤクブ　1882生。白ロシアの詩人, 作家。1956没。

デュラック，エドマンド　1882生。イギリスの挿絵画家。1953没。

ヨッフェ　1883生。ソ連の革命家，外交官。1927没。

桑木崇明　くわきたかあきら　1885生。大正時代，昭和時代の陸軍軍人。中将。1945没。

長谷川かな女　はせがわかなじょ　1887生。大正時代，昭和時代の俳人。「水明」主宰。1969没。

リード，ジョン　1887生。アメリカのジャーナリスト，社会主義者。1920没。

梅蘭芳　ばいらんほう　1894生。中国，京劇の俳優。1961没。

キング，チャールズ・グレン　1896生。アメリカの生化学者。1988没。

彭湃　ほうはい　1896生。中国の革命家，農民運動指導者，中国最初のソビエト創設者。1929没。

杉浦啓一　すぎうらけいいち　1897生。大正時代，昭和時代の労働運動家。1942没。

アロンソ，ダマソ　1898生。スペインの詩人，評論家。1990没。

宮田聡　みやたあきら　1900生。昭和時代の電気化学者。理化学研究所研究員。1984没。

ビードル，ジョージ・ウェルズ　1903生。アメリカの遺伝学者。1989没。

コスマ，ジョゼフ　1905生。ハンガリー生まれのフランスの作曲家。1969没。

ジャンスキー，カール・ガス　1905生。アメリカのラジオ技師。1950没。

キングズリー，シドニー　1906生。アメリカの劇作家。1995没。

上野照夫　うえのてるお　1907生。昭和時代の美術史学者，美術評論家。京都大学教授。1976没。

ロワ，ジュール　1907生。アルジェリア出身のフランスの小説家。2000没。

影山三郎　かげやまさぶろう　1911生。昭和時代の評論家，新聞記者。曙光新聞編集長，立教大学教授，「朝日ジャーナル」編集長。1992没。

キャパ，ロバート　1913生。ハンガリー出身の報道写真家。1954没。

佐野猛夫　さのたけお　1913生。昭和時代，平成時代の染色家。京都市立芸術大学教授。1995没。

清水達夫　しみずたつお　1913生。昭和時代の雑誌編集者，俳人。マガジンハウス社長，淡淡美術館館長。1992没。

バオ・ダイ　1913生。ベトナム阮朝第13代皇帝（在位1925～45）。1997没。

今藤長十郎（3代目）　いまふじちょうじゅうろう　1915生。昭和時代の長唄三味線方。1984没。

山口勇子　やまぐちゆうこ　1916生。昭和時代，平成時代の作家。原水爆禁止日本協議会代表。2000没。

フォンテイン，ジョーン　1917生。アメリカの女優。

ザイツ，フランツ　1921生。ドイツの映画プロデューサー，映画監督，脚本家。2006没。

ブラッサンス，ジョルジュ　1921生。フランスのシャンソン歌手，作詞・作曲家。1981没。

小林禎作　こばやしていさく　1925生。昭和時代の物理学者，気象学者。北海道大学低温科学研究所教授。1987没。

ヤシン，レフ　1929生。ソ連のサッカー選手。1990没。

渋沢孝輔　しぶさわたかすけ　1930生。昭和時代，平成時代の詩人，フランス文学者。明治大学教授。1998没。

草笛光子　くさぶえみつこ　1933生。昭和時代，平成時代の女優。

シサノ，ジョアキム・アルベルト　1939生。モザンビークの政治家。

デ・ボン，ヤン　1943生。アメリカの映画監督。

ドヌーヴ，カトリーヌ　1943生。フランスの女優。

松金よね子　まつかねよねこ　1949生。昭和時代，平成時代の女優。

タケカワ・ユキヒデ　1952生。昭和時代，平成時代の作曲家，歌手，音楽プロデューサー。

三田村邦彦　みたむらくにひこ　1953生。昭和時代，平成時代の俳優。

ペプラー，クリス　1957生。平成時代のタレント。

石橋貴明　いしばしたかあき　1961生。昭和時代，平成時代のタレント。

勇利アルバチャコフ　ゆうりあるばちゃこふ　1966生。ロシア出身の元・プロボクサー。

キューティー鈴木　きゅーてぃーすずき　1969生。平成時代のタレント，元・女子プロレスラー。

イチロー　1973生。平成時代の大リーグ選手。

10月22日

10月23日

○記念日○ 津軽弁の日
　　　　　電信電話記念日
○忌　日○ 几董忌

- オットー1世　912生。ザクセン朝第2代ドイツ王（在位936〜973）。973没。
- 小笠原長時　おがさわらながとき　1514生。戦国時代，安土桃山時代の武将，信濃守。1583没。
- 土佐光起　とさみつおき　1617生。江戸時代前期の土佐派の画家。1691没。
- 牧野成春　まきのなりはる　1682生。江戸時代中期の大名。1707没。
- バルテンシュタイン　1690生。オーストリアの政治家。1767没。
- キュヴィエ，ジャン-フランソワ・ド　1695生。ドイツの建築家，室内装飾家。1768没。
- 林良適　はやしりょうてき　1695生。江戸時代中期の幕府医師。1731没。
- ガブリエル，ジャック・アンジュ　1698生。フランスの建築家。1782没。
- ピョートル2世　1715生。ロシアの皇帝（在位1727〜30）。1730没。
- 森忠洪　もりただひろ　1731生。江戸時代中期の大名。1776没。
- レティフ，ニコラ・エドム　1734生。フランスの風俗小説家。1806没。
- 前田重教　まえだしげみち　1741生。江戸時代中期の大名。1786没。
- 小野素郷　おのそごう　1749生。江戸時代後期の俳人。1820没。
- ピンクニー，トマス　1750生。アメリカの政治家，外交官。1828没。
- アペール，ニコラ・フランソワ　1752生。パリの料理人。1841没。
- 華岡青洲　はなおかせいしゅう　1760生。江戸時代中期，後期の漢蘭折衷外科医。1835没。
- グルーシ，エマニュエル，侯爵　1766生。フランスの将軍。1847没。
- コンスタン，バンジャマン　1767生。フランスの小説家，政治家。1830没。
- ジュノー　1771生。フランスの将軍。1813没。
- ジェフリ　1773生。スコットランド生まれの裁判官，文芸批評家。1850没。
- 福井棟園　ふくいていえん　1783生。江戸時代後期の医師。1849没。
- 関源吉　せきげんきち　1796生。江戸時代後期の常陸土浦藩士。1830没。
- ベストゥージェフ，アレクサンドル・アレクサンドロヴィチ　1797生。ロシアの作家，デカブリストの一人。1837没。
- ミルヌ・エドワール　1800生。フランスの動物学者。1885没。
- ロルツィング，アルベルト　1801生。ドイツの作曲家。1851没。
- シュティフター，アーダルベルト　1805生。オーストリアの作家。1868没。
- 青山延光　あおやまのぶみつ　1807生。江戸時代，明治時代の儒学者。彰考館編集総裁，弘道館教授。1871没。
- 田宮如雲　たみやじょうん　1808生。江戸時代，明治時代の名古屋藩士。1871没。
- ラヴェッソン・モリアン　1813生。フランスの哲学者。1900没。
- 小野友五郎　おのともごろう　1817生。江戸時代，明治時代の数学者，実業家。軍艦操練所教授方。1898没。
- ラルース，ピエール-アタナーズ　1817生。フランスの文法学者，辞書編纂者。1875没。
- 西有穆山　にしありぼくさん　1821生。江戸時代，明治時代の僧。総持寺独住三世貫首。1910没。
- カラコーゾフ　1840生。ロシアのテロリスト，革命家。1866没。
- ブランリ　1844生。フランスの物理学者。1940没。
- ブリッジズ，ロバート　1844生。イギリスの詩人，批評家。1930没。
- リエル，ルイ　1844生。カナダの反乱指導者。1885没。
- セインツベリー，ジョージ　1845生。イギリスの文学史家，批評家。1933没。
- 淡島寒月　あわしまかんげつ　1859生。小説家，随筆家，俳人，画家。1926没。

安達謙蔵　あだちけんぞう　1864生。明治時代–昭和時代の政治家。1948没。

武内作平　たけうちさくへい　1867生。大正時代, 昭和時代の政治家, 弁護士。大阪地裁検事局所属弁護士, 衆議院議員。1931没。

ランチェスター, フレデリック・ウィリアム　1868生。イギリスの技術者, 発明家。1946没。

宝生新　ほうしょうしん　1870生。明治時代–昭和時代の能楽師。1944没。

グッドスピード, エドガー・ジョンスン　1871生。アメリカのギリシア学者, 新約学者。1962没。

土井晩翠　どいばんすい　1871生。明治時代–昭和時代の詩人, 英文学者。第二高等学校教授。1952没。

クーリッジ, ウィリアム・D(デイヴィド)　1873生。アメリカの物理学者。1975没。

津田信夫　つだしのぶ　1875生。明治時代–昭和時代の鋳金家。1946没。

フィッセル　1875生。オランダの日本学者。1930没。

ルイス, ギルバート・ニュートン　1875生。アメリカの物理化学者。1946没。

森近運平　もりちかうんぺい　1880生。明治時代の社会主義者。1911没。

ボーリング　1886生。アメリカの心理学者。1968没。

ロバートソン　1890生。イギリスの経済学者。1963没。

福原麟太郎　ふくはらりんたろう　1894生。大正時代, 昭和時代の英文学者, 随筆家。東京教育大学教授。1981没。

加瀬俊一　かせしゅんいち　1897生。大正時代, 昭和時代の外交官。駐西ドイツ大使。1956没。

寿岳しづ　じゅがくしづ　1901生。昭和時代の翻訳家, 随筆家。1981没。

ブロッホ, フェリックス　1905生。アメリカの物理学者。1983没。

嵐三右衛門　あらしさんえもん　1906生。大正時代, 昭和時代の歌舞伎役者。1980没。

一条智光　いちじょうちこう　1907生。昭和時代, 平成時代の尼僧, 華道家。全日本各宗尼僧法団総裁, 全日本仏教婦人連盟会長。2000没。

フランク, イリヤ・ミハイロヴィチ　1908生。ソ連の物理学者。1990没。

関野準一郎　せきのじゅんいちろう　1914生。昭和時代の版画家。日本銅版画家協会創立者。1988没。

赤石英　あかいしすぐる　1919生。昭和時代, 平成時代の法医学者。東北大学教授。1999没。

藤田哲也　ふじたてつや　1920生。昭和時代, 平成時代の気象学者。シカゴ大学教授, シカゴ大学強風研究室室長。1998没。

ロダーリ, ジャンニ　1920生。イタリアの児童文学者。1980没。

キーンホルツ, エドワード　1927生。アメリカの美術家。1994没。

芹沢博文　せりざわひろふみ　1936生。昭和時代の棋士。将棋9段。1987没。

ペレ　1940生。ブラジルの元・サッカー選手。

クライトン, マイケル　1942生。アメリカの作家, 映画監督。

千容子　せんまさこ　1951生。昭和時代, 平成時代の元・皇族。

リー, アン　1954生。アメリカの映画監督。

坂口良子　さかぐちりょうこ　1955生。昭和時代, 平成時代の女優。

篠田節子　しのだせつこ　1955生。昭和時代, 平成時代の小説家。

渡辺真知子　わたなべまちこ　1956生。昭和時代, 平成時代のシンガーソングライター。

奥田英朗　おくだひでお　1959生。昭和時代, 平成時代の小説家。

ライミ, サム　1959生。アメリカの映画監督, 俳優。

矢部浩之　やべひろゆき　1971生。平成時代のコメディアン。

エミネム　1972生。アメリカのミュージシャン。

清水隆行　しみずたかゆき　1973生。平成時代のプロ野球選手。

はしのえみ　はしのえみ　1973生。平成時代のタレント。

松井稼頭央　まついかずお　1975生。平成時代の大リーグ選手。

磯山さやか　いそやまさやか　1983生。平成時代のタレント。

秋篠宮真子　あきしののみやまこ　1991生。平成時代の皇族。

10月23日

10月24日

○記念日○ 国連デー

ドミティアーヌス, ティートゥス・フラーウィウス　51生。ローマ皇帝(在位81〜96)。96没。

別源円旨　べつげんえんし　1294生。鎌倉時代後期, 南北朝時代の曹洞宗の禅僧。1364没。

築田晴助　やなだはるすけ　1524生。戦国時代, 安土桃山時代の地方豪族・土豪。1594没。

板倉重矩　いたくらしげのり　1617生。江戸時代前期の大名, 老中。1673没。

米川操軒　よねかわそうけん　1627生。江戸時代前期の儒学者。1678没。

レーウェンフック, アントニー・ファン　1632生。オランダの顕微鏡学者, 博物学者。1723没。

鉄心道胖　てっしんどうはん　1641生。江戸時代前期, 中期の黄檗僧。1710没。

島津綱貴　しまづつなたか　1650生。江戸時代中期の大名。1704没。

シャルルヴォワ, ピエール・フランソワ・グザヴィエ・ド　1682生。フランスの歴史家, 探検家。1761没。

三宅康徳　みやけやすのり　1683生。江戸時代中期の大名。1753没。

人見弥右衛門　ひとみやえもん　1729生。江戸時代中期の尾張藩士。1797没。

朱楽菅江　あけらかんこう　1738生。江戸時代中期, 後期の狂歌師。1799没。

アンナ・アマリア　1739生。ザクセン・ヴァイマル(ドイツ)の公妃。1807没。

コリンウッド, カスバート, 男爵　1748生。イギリスの海将。1810没。

シュレーゲル, ドロテーア　1763生。ドイツの女流作家。1839没。

マッキントッシュ　1765生。スコットランドの評論家, 政治家。1832没。

ラフィット　1767生。フランスの銀行家, 政治家。1844没。

徳川治紀　とくがわはるとし　1773生。江戸時代後期の大名。1816没。

バハードゥル・シャー2世　1775生。インドのムガル王朝最後の王(1837〜58)。1862没。

本如　ほんにょ　1778生。江戸時代後期の真宗の僧。1826没。

モンテフィオーレ, サー・モーゼズ(・ハイム)　1784生。イギリスのユダヤ人博愛主義者。1885没。

プラーテン, アウグスト・フォン　1796生。ドイツの詩人。1835没。

ダゼッリオ, マッシモ・タパレッリ　1798生。イタリアの小説家, 政治家。1866没。

邦家親王　くにいえしんのう　1802生。江戸時代, 明治時代の皇族。伏見宮貞敬親王の第一王子。1872没。

ヴェーバー, ヴィルヘルム・エドゥアルト　1804生。ドイツの物理学者。1891没。

ヒラー, フェルディナント・フォン　1811生。ドイツのピアニスト, 指揮者, 作曲家。1885没。

嘉納治郎作　かのうじろさく　1813生。江戸時代, 明治時代の廻船業者。1885没。

カレーラ, ラファエル　1814生。グアテマラの独裁者, 大統領(1847〜65)。1865没。

フロマンタン, ウージェーヌ　1820生。フランスの画家, 小説家, 美術批評家。1876没。

ザイデル　1821生。ドイツの数学者, 天文学者。1896没。

長野濬平　ながのしゅんぺい　1823生。江戸時代, 明治時代の養蚕・製糸家。1897没。

ドリール, レオポルド・ヴィクトール　1826生。フランスの歴史家, 古文書学者。1910没。

宇陀太郎　うだたろう　1838生。江戸時代, 明治時代の太政官。1890没。

ルエガー　1844生。オーストリアの政治家。1910没。

リュシェール　1846生。フランスの歴史家。1908没。

カステルノー, ノエル・マリー・ジョゼフ・エドゥアール, キュリエール子爵　1851生。フランスの軍人, 政治家。1944没。

野本恭八郎　のもときょうはちろう　1852生。明治時代−昭和時代の実業家, 社会事業家。長岡電灯会社取締役。1936没。

ラゲー, エミール 1852生。ベルギーの宣教師。1929没。

プランケット 1854生。アイルランドの農業協同組合運動の指導者, 政治家。1932没。

ローゼボーム, ヘンドリク・ウィレム・バクウィ 1854生。オランダの物理化学者。1907没。

コンダー, チャールズ・エドワード 1868生。イギリスの画家。1909没。

ラムステット, グスタフ 1873生。フィンランドの東洋語学者。1950没。

河井弥八 かわいやはち 1877生。昭和時代の官僚, 政治家。参議院議長, 侍従次長。1960没。

ペトロフ−ヴォトキン, クジマ・セルゲエヴィチ 1878生。ロシアの画家。1939没。

松下大三郎 まつしただいざぶろう 1878生。明治時代−昭和時代の国文学者。文学博士。1935没。

鈴木一平 すずきいっぺい 1887生。大正時代, 昭和時代の出版人。大修館書店創業者。1971没。

岡田完二郎 おかだかんじろう 1891生。昭和時代の実業家。富士通社長, 通信機械工業会会長。1972没。

トルヒージョ・モリナ 1891生。ドミニカの軍人, 大統領。1961没。

矢田部達郎 やたべたつろう 1893生。昭和時代の心理学者。早稲田大学教授。1958没。

奥むめお おくむめお 1895生。大正時代, 昭和時代の女性運動家。主婦連名誉会長, 参議院議員。1997没。

フルームキン 1895生。ソ連邦の物理化学者。1976没。

三島一 みしまはじめ 1897生。昭和時代の東洋史学者。二松学舎大学教授。1973没。

アッバース, フェルハト 1899生。アルジェリア民族主義運動の指導者。1985没。

佐藤武夫 さとうたけお 1899生。大正時代, 昭和時代の建築家, 建築学者。早稲田大学教授。1972没。

松前重義 まつまえしげよし 1901生。昭和時代の電気工学者, 政治家。東海大学教授, 衆院議員。1991没。

西川喜洲(2代目) にしかわきしゅう 1904生。昭和時代, 平成時代の日本舞踊家。正派西川流家元。1993没。

ハート, モス 1904生。アメリカの劇作家, 演出家。1961没。

真下信一 ましたしんいち 1906生。昭和時代の哲学者。名古屋大学教授, 多摩美術大学教授。1985没。

上田進 うえだすすむ 1907生。昭和時代のロシア文学者, 翻訳家。1947没。

阿部秋生 あべあきお 1910生。昭和時代, 平成時代の国文学者。東京大学教授, 実践女子大学教授。1999没。

ラヌー, アルマン 1913生。フランスの小説家。1983没。

ヤンソンス, アルヴィド 1914生。ソヴィエトの指揮者。1984没。

ゴッビ, ティート 1915生。イタリアのオペラ歌手(バリトン)。1984没。

正力亨 しょうりきとおる 1918生。昭和時代, 平成時代の読売新聞グループ本社社主, 読売巨人軍名誉オーナー。

レヴァトフ, デニーズ 1923生。イギリス生まれの詩人。1997没。

ベコー, ジルベール 1927生。フランスのシャンソン歌手。2001没。

高松英郎 たかまつひでお 1929生。昭和時代, 平成時代の俳優。2007没。

宇津井健 うついけん 1931生。昭和時代, 平成時代の俳優。

日浦勇 ひうらいさむ 1932生。昭和時代の昆虫学者。大阪市自然史博物館学芸課長。1983没。

上田五千石 うえだごせんごく 1933生。昭和時代, 平成時代の俳人。1997没。

渡辺淳一 わたなべじゅんいち 1933生。昭和時代, 平成時代の小説家。

ストロジャン, テオドル 1943生。ルーマニアの政治家。

クライン, ケビン 1947生。アメリカの俳優。

夏樹陽子 なつきようこ 1952生。昭和時代, 平成時代の女優。

及川光博 おいかわみつひろ 1969生。平成時代の歌手, 俳優。

いとうあいこ いとうあいこ 1980生。平成時代のタレント。

木村カエラ きむらかえら 1984生。平成時代の歌手, タレント。

10月24日

10月25日

○記念日○　民間航空記念日

- ルネ・ド・フランス　1510生。イタリア，フェララ公妃。1575没。
- 鷹司信房　たかつかさのぶふさ　1565生。安土桃山時代，江戸時代前期の公家。1658没。
- 五十川了庵　いそがわりょうあん　1573生。江戸時代前期の医師。1661没。
- 服部寛斎　はっとりかんさい　1675生。江戸時代中期の儒者。1721没。
- 尚益　しょうえき　1678生。江戸時代中期の琉球国王。1712没。
- イサベル・デ・ファルネジオ　1692生。スペインのフェリペ5世の王妃。1766没。
- 東坊城綱忠　ひがしぼうじょうつなただ　1706生。江戸時代中期の公家。1781没。
- ペロネ，ジャン・ロドルフ　1708生。フランスの土木技術家。1794没。
- ヘラスコフ，ミハイル・マトヴェーヴィチ　1733生。ロシアの詩人，小説家。1807没。
- ビーティ，ジェイムズ　1735生。イギリスの哲学者，詩人。1803没。
- 大河内正升　おおこうちまさのり　1742生。江戸時代中期，後期の大名。1804没。
- 樋口知足斎　ひぐちちそくさい　1750生。江戸時代後期の農政家。1826没。
- 内藤政脩　ないとうまさのぶ　1752生。江戸時代中期，後期の大名。1805没。
- グレンヴィル，ウィリアム・グレンヴィル，男爵　1759生。イギリスの政治家。1834没。
- 徳川家基　とくがわいえもと　1762生。江戸時代中期の第10代将軍徳川家治の継嗣。1779没。
- 宗淵　しゅうえん　1786生。江戸時代後期の天台宗大原流の声明家。1859没。
- シュヴァーベ，ハインリヒ・ザムエル　1789生。ドイツの天文学者。1875没。
- ケネディ，ジョン・ペンドルトン　1795生。アメリカの小説家，政治家。1870没。
- マコーリー，トマス・バビントン　1800生。イギリスの歴史家，政治家。1859没。
- ミーニュ，ジャーク・ポル　1800生。フランスのカトリック司祭，神学書の出版者。1875没。
- モール　1800生。ドイツの東洋学者。1878没。
- ボニントン，リチャード・パークス　1802生。イギリスの画家。1828没。
- シュティルナー，マックス　1806生。ドイツの哲学者。1856没。
- ガロワ，エヴァリスト　1811生。フランスの数学者。1832没。
- 芳村孝次郎(3代目)　よしむらこうじろう　1817生。江戸時代末期，明治時代の江戸長唄の唄方。1895没。
- 河田小竜　かわだしょうりょう　1824生。江戸時代末期，明治時代の土佐藩士，狩谷派画家。1898没。
- シュトラウス，ヨーハン　1825生。オーストリアの作曲家，指揮者，ヴァイオリン奏者。1899没。
- ベルテロー，ピエール・ウジェーヌ・マルスラン　1827生。フランスの化学者。1907没。
- 伊藤伝七(9代目)　いとうでんしち　1828生。江戸時代後期，末期，明治時代の実業家。1883没。
- ビゼー，ジョルジュ　1838生。フランスの作曲家。1875没。
- ウスペンスキー，グレープ・イワノヴィチ　1843生。ロシアの作家。1902没。
- 坂本俊篤　さかもととしあつ　1858生。明治時代，大正時代の海軍人。海軍大学校校長，貴族院議員。1941没。
- 大川平三郎　おおかわへいざぶろう　1860生。明治時代–昭和時代の実業家。1936没。
- グレチャニーノフ，アレクサンドル・チーホノヴィチ　1864生。ロシアの作曲家。1956没。
- 徳冨蘆花　とくとみろか　1868生。明治時代–昭和時代の小説家。1927没。
- ブリューヌ，ジャン　1869生。フランスの地理学者。1930没。
- 桃中軒雲右衛門(初代)　とうちゅうけんくもえもん　1873生。明治時代，大正時代の浪曲師。1916没。
- 浜田国太郎　はまだくにたろう　1873生。明治時代–昭和時代の労働運動家。日本海員組合

組合長。1958没。
黄興　こうこう　1874生。中国, 近代の革命家。1916没。
渋沢元治　しぶさわもとじ　1876生。明治時代–昭和時代の電気工学者。名古屋帝国大学総長。1975没。
ヤング　1876生。イギリスの詩人。1958没。
ラッセル, ヘンリー・ノリス　1877生。アメリカの天文学者。1957没。
ピカソ, パブロ　1881生。スペインの画家。1973没。
宮薗千寿(3代目)　みやぞのせんじゅ　1883生。明治時代–昭和時代の浄瑠璃太夫。1964没。
松山基範　まつやまもとのり　1884生。明治時代–昭和時代の地球物理学者。京都大学教授。1958没。
ストロング　1885生。アメリカの女流ジャーナリスト。1970没。
ポランニー, カール　1886生。ハンガリー生まれの経済学者, 歴史学者。1964没。
バード, リチャード・イヴリン　1888生。アメリカの極地探検家。1957没。
ガンス, アベル　1889生。フランスの映画監督, 劇作家, 俳優。1981没。
田中耕太郎　たなかこうたろう　1890生。大正時代, 昭和時代の政治家, 裁判官。参議院議員, 文部大臣。1974没。
久保松勝喜代　くぼまつかつきよ　1894生。大正時代, 昭和時代の囲碁棋士。1941没。
三遊亭金馬(3代目)　さんゆうていきんば　1894生。大正時代, 昭和時代の落語家。1964没。
エシュコル　1895生。シオニスト労働運動の指導者・イスラエルの政治家。1969没。
鳥山四男　とりやまよつお　1895生。大正時代, 昭和時代の電気工学者。北海道大学教授。1981没。
オリーベクローナ　1897生。スウェーデンの法哲学者, 民事法学者。1980没。
三浦光雄　みうらみつお　1902生。昭和時代の映画カメラマン。1956没。
ゴーキー, アーシル　1904生。アルメニア生まれのアメリカの画家。1948没。
大城のぼる　おおしろのぼる　1905生。昭和時代, 平成時代の漫画家。1998没。
土門拳　どもんけん　1909生。昭和時代の写真家。1990没。

香月泰男　かづきやすお　1911生。昭和時代の洋画家。九州産業大学教授。1974没。
花森安治　はなもりやすじ　1911生。昭和時代の編集者, 装幀家。「暮しの手帖」編集長。1978没。
ベリマン, ジョン　1914生。アメリカの詩人, 評論家。1972没。
後藤誉之助　ごとうよのすけ　1916生。昭和時代の官僚。経済安定本部調査官。1960没。
徳間康快　とくまやすよし　1921生。昭和時代, 平成時代の映画プロデューサー。徳間書店社長, 大映社長。2000没。
森田誠吾　もりたせいご　1925生。昭和時代, 平成時代の小説家。
バジェ, ホルヘ　1927生。ウルグアイの政治家。
吉田熙生　よしだひろお　1930生。昭和時代の近代文学研究者。大妻女子大学教授。2000没。
富島健夫　とみしまたけお　1931生。昭和時代, 平成時代の小説家。1998没。
日野皓正　ひのてるまさ　1942生。昭和時代, 平成時代のジャズ・トランペット奏者。
キートン山田　きーとんやまだ　1945生。昭和時代, 平成時代の声優。
山本浩二　やまもとこうじ　1946生。昭和時代, 平成時代の元・プロ野球選手, 野球日本代表コーチ。
宇都宮隆　うつのみやたかし　1957生。昭和時代, 平成時代のロック歌手。
大仁田厚　おおにたあつし　1957生。昭和時代, 平成時代の格闘技評論家, プロレスラー。
ラッキィ池田　らっきぃいけだ　1959生。昭和時代, 平成時代の振付師, タレント。
スミス, チャド　1962生。アメリカのロックドラム奏者。
恩田陸　おんだりく　1964生。昭和時代, 平成時代の小説家。
アーツ, ピーター　1970生。オランダの格闘家。
五嶋みどり　ごとうみどり　1971生。昭和時代, 平成時代のバイオリニスト。
吉田沙保里　よしださおり　1982生。平成時代のレスリング選手。

10月25日

10月26日

○記念日○　原子力の日

花山天皇　かざんてんのう　968生。平安時代中期の第65代の天皇。1008没。

洞院公敏　とういんきんとし　1292生。鎌倉時代後期の公卿（権大納言）。1352没。

エルコレ1世　1431生。フェララ公。1505没。

ブーフナー，ハンス　1483生。ドイツのオルガン奏者，作曲家。1538没。

河野通英　こうのみちひで　1612生。江戸時代前期の加賀大聖寺藩士，儒学者。1675没。

ランチージ，ジョヴァンニ・マリア　1654生。イタリアの医師，植物学者，衛生学者。1720没。

スカルラッティ，ドメーニコ　1685生。イタリアの作曲家，チェンバロ奏者。1757没。

水野元朗　みずのもとあきら　1692生。江戸時代中期の出羽庄内藩士。1748没。

徳川宗春　とくがわむねはる　1696生。江戸時代中期の大名。1764没。

ピンクニー　1757生。アメリカの政治家。1824没。

ラインホルト，カール・レーオンハルト　1758生。ドイツの哲学者。1823没。

ダントン，ジョルジュ・ジャック　1759生。フランス革命期における山岳党の指導者の一人。1794没。

北山寒巌　きたやまかんがん　1767生。江戸時代後期の画家。1801没。

カラジッチ，ヴーク・ステファノヴィチ　1787生。セルビアの文学者，民俗学者。1864没。

モルトケ伯，ヘルムート・カルル・ベルンハルト　1800生。プロシア，ドイツの軍人。1891没。

ミゲル　1802生。ポルトガル王位要求者。1866没。

ゴルスメット，メイア・アーロン　1819生。ユダヤ系デンマークの作家。1887没。

尾留川ひで女　びるかわひでじょ　1822生。江戸時代，明治時代の俳人。1897没。

鍋島直彬　なべしまなおてる　1832生。江戸時代後期，末期，明治時代の武士，士族。1883没。

オッポルツァー　1841生。オーストリアの理論天文学者。1886没。

ヴェレシチャーギン，ヴァシリー　1842生。ロシアの画家。1904没。

スコット，チャールズ・プレストウィッチ）1846生。イギリスのジャーナリズム経営者。1932没。

フロベニウス，フェルディナント・ゲオルク　1849生。ドイツの数学者。1917没。

堅田大和　かただやまと　1850生。長州（萩）藩家老，工部大学校教員。1919没。

正木直彦　まさきなおひこ　1862生。明治時代-昭和時代の美術教育家，行政家。帝国美術院院長。1940没。

ダシンスキ　1866生。ポーランドの政治家。1936没。

山座円次郎　やまざえんじろう　1866生。明治時代の外交官。1914没。

伊東忠太　いとうちゅうた　1867生。明治時代-昭和時代の建築家，建築史学者。1954没。

田川大吉郎　たがわだいきちろう　1869生。明治時代-昭和時代の政治家，ジャーナリスト。衆議院議員。1947没。

ハルム　1869生。ドイツの音楽学者。1929没。

トリルッサ　1871生。イタリアの詩人。1950没。

ガントレット恒　がんとれっとつね　1873生。明治時代-昭和時代のキリスト教婦人運動家。1953没。

スタウニング　1873生。デンマークの政治家。1942没。

吉田貞雄　よしださだお　1878生。大正時代，昭和時代の寄生虫学者。1964没。

トロツキー，レフ・ダヴィドヴィチ　1879生。ロシアの革命家。1940没。

阿部みどり女　あべみどりじょ　1886生。大正時代，昭和時代の俳人。「駒草」主宰。1980没。

二荒芳徳　ふたらよしのり　1886生。大正時代，昭和時代の内務官僚，社会教育家。伯爵，ボ

ーイスカウト日本連盟総コミッショナー。1967没。

緒方章 おがたあきら 1887生。大正時代,昭和時代の薬学者。東京帝国大学教授,日本内分泌学会会長。1978没。

ブールデ,エドワール 1887生。フランスの劇作家。1945没。

アルダーノフ,マルク 1889生。ロシア生まれの作家,評論家。1957没。

佐喜真興英 さきまこうえい 1893生。大正時代の民俗学者,裁判官。1925没。

高垣勝次郎 たかがきかつじろう 1893生。大正時代,昭和時代の経営者。東京商工会議所副会頭,三菱商事社長。1967没。

ツルニャンスキー,ミロシュ 1893生。ユーゴスラヴィアの小説家。1977没。

ヤング 1893生。アメリカの社会心理学者。1974没。

伊原宇三郎 いはらうさぶろう 1894生。大正時代,昭和時代の洋画家。東京美術学校助教授,日本美術家連盟委員長。1976没。

河合秀夫 かわいひでお 1895生。大正時代,昭和時代の社会運動家。1972没。

武居三吉 たけいさんきち 1896生。大正時代,昭和時代の農芸化学者。1982没。

ウォーナー,ウィリアム・ロイド 1898生。アメリカの社会人類学者。1970没。

山本政夫 やまもとまさお 1898生。大正時代,昭和時代の部落解放運動家。1993没。

ボイエ,カーリン 1900生。スウェーデンの女流小説家。1941没。

シャウプ 1902生。アメリカの租税学者。2000没。

鈴木澄子 すずきすみこ 1904生。大正時代,昭和時代の映画女優。1985没。

福本寿一郎 ふくもとじゅいちろう 1907生。昭和時代の農芸化学者。大阪市立大学教授。1985没。

前川文夫 まえかわふみお 1908生。昭和時代の植物学者。東京大学教授。1984没。

松田道雄 まつだみちお 1908生。昭和時代,平成時代の小児科医,評論家。1998没。

小尾十三 おびじゅうぞう 1909生。昭和時代の小説家。1979没。

ジャクソン,マヘリア 1911生。アメリカの黒人女性歌手。1972没。

織田作之助 おださくのすけ 1913生。昭和時代の小説家。1947没。

渡久地政信 とくちまさのぶ 1916生。昭和時代,平成時代の作曲家。日本作曲家協会常務理事。1998没。

ミッテラン,フランソワ 1916生。フランスの政治家。1996没。

三橋進 みつはしすすむ 1917生。昭和時代,平成時代の微生物学者。群馬大学教授。1997没。

パフラヴィー,モハンマド・レザー 1919生。イラン国王。1980没。

比江島重孝 ひえじましげたか 1924生。民話研究家,校長。1984没。

山田重雄 やまだしげお 1931生。昭和時代,平成時代のバレーボール指導者。1998没。

安藤元博 あんどうもとひろ 1939生。昭和時代のプロ野球選手。1996没。

尾上辰之助(初代) おのえたつのすけ 1946生。昭和時代の歌舞伎役者,日本舞踊家。1987没。

北方謙三 きたかたけんぞう 1947生。昭和時代,平成時代の作家。

クリントン,ヒラリー・ロダム 1947生。アメリカの政治家。

小倉久寛 おぐらひさひろ 1954生。昭和時代,平成時代の俳優。

モラレス,エボ 1959生。ボリビアの政治家。

野村義男 のむらよしお 1964生。昭和時代,平成時代のギタリスト。

大澄賢也 おおすみけんや 1965生。昭和時代,平成時代のダンサー,俳優。

岡田浩暉 おかだこうき 1965生。昭和時代,平成時代の俳優,歌手。

井森美幸 いもりみゆき 1968生。昭和時代,平成時代のタレント。

岡部孝信 おかべたかのぶ 1970生。平成時代のスキー選手。

原田龍二 はらだりゅうじ 1970生。平成時代の俳優,ロック歌手。

千秋 ちあき 1971生。平成時代のタレント,歌手。

LISA りさ 1974生。平成時代の歌手。

コーエン,サーシャ 1984生。アメリカのフィギュアスケート選手。

今井メロ いまいめろ 1987生。平成時代のスノーボード選手,ウエークボード選手。

10月26日

10月27日

○記念日○　世界新記録の日
　　　　　　読書の日
○忌　日○　源義忌

中山兼季　なかやまかねすえ　1179生。鎌倉時代前期の公卿(非参議)。?没。

カトリーヌ・ド・ヴァロワ　1401生。イングランド王ヘンリー5世の妃。1437没。

ペンブルック　1561生。イギリスの女流作家。1621没。

水無瀬氏成　みなせうじなり　1571生。安土桃山時代、江戸時代前期の公家。1644没。

酒井忠寛　さかいただひろ　1666生。江戸時代前期、中期の大名。1703没。

竹腰正武　たけのこしまさたけ　1685生。江戸時代中期の尾張藩士。1759没。

マクファーソン,ジェイムズ　1736生。スコットランド生まれの詩人。1796没。

荻野元凱　おぎのげんがい　1737生。江戸時代中期、後期の医師。1806没。

匹田定常　ひきたさだつね　1750生。江戸時代中期、後期の出羽秋田藩執政。1800没。

カジンツィ・フェレンツ　1759生。ハンガリーの作家。1831没。

グナイゼナウ,アウグスト(・ヴィルヘルム・アントン),ナイトハルト伯爵　1760生。プロシアの軍人。1831没。

ベイリー,マシュー　1761生。イギリスの医師,病理学者。1823没。

石塚確斎　いしづかくさい　1766生。江戸時代後期の儒者。1817没。

アシュバートン　1774生。イギリスの財政家,政治家。1848没。

冷泉為則　れいぜいためのり　1777生。江戸時代後期の歌人・公家。1848没。

パガニーニ,ニッコロ　1782生。イタリアのヴァイオリン奏者,作曲家。1840没。

菅井梅関　すがいばいかん　1784生。江戸時代後期の画家。1844没。

カンドル　1806生。スイスの植物学者。1893没。

シンガー,アイザック(・メリット)　1811生。アメリカの発明家,企業家。1875没。

ジョリッティ,ジョヴァンニ　1842生。イタリアの自由主義政治家。1928没。

外山光輔　とやまみつすけ　1843生。江戸時代,明治時代の公家。1872没。

アルヌルドソン　1844生。スウェーデンの政治家,作家,平和運動家。1916没。

可部赤迩　かべあかに　1844生。江戸時代,明治時代の神官。1881没。

有栖川宮貞子　ありすがわのみやさだこ　1850生。明治時代の皇族。1872没。

斎藤実　さいとうまこと　1858生。明治時代,大正時代の海軍軍人,政治家。海相,内閣総理大臣。1936没。

ローズヴェルト,シーオドア　1858生。アメリカの政治家,第26代大統領。1919没。

コミサルジェーフスカヤ　1864生。ロシアの女優。1910没。

ゲイ　1867生。アメリカの経済史学者。1946没。

ヴォッバミーン,エルンスト・グスタフ・ゲオルク　1869生。ドイツのプロテスタント神学者,宗教心理学者。1943没。

菊池幽芳　きくちゆうほう　1870生。明治時代-昭和時代の小説家,新聞記者。1947没。

パウンド,ロスコー　1870生。アメリカの法学者,司法行政改革の指導者。1964没。

ポスト,エミリー　1872生。アメリカの女流ジャーナリスト,小説家。1960没。

ヤング,O.D.　1874生。アメリカの法律家,財務家。1962没。

中島孤島　なかじまことう　1878生。小説家,評論家。1946没。

竹本大隅太夫(4代目)　たけもとおおすみだゆう　1882生。明治時代-昭和時代の浄瑠璃太夫。1952没。

デュ・ボス,シャルル　1882生。フランスの評論家。1939没。

高須四郎　たかすしろう　1884生。昭和時代の海軍軍人。1944没。

622

岩田富美夫　いわたふみお　1891生。明治時代–昭和時代の国家主義者。「やまと新聞」社長。1943没。

フローラ，フランチェスコ　1891生。イタリアの評論家。1962没。

杉野目晴貞　すぎのめはるさだ　1892生。昭和時代の化学者。1972没。

陳果夫　ちんかふ　1892生。中国の財閥・政治家。1951没。

ネステロフ　1892生。ソ連の政治家。1972没。

ラモス，グラシリアノ　1892生。ブラジルの作家。1953没。

木佐木勝　きさきまさる　1894生。大正時代，昭和時代の編集者。1979没。

レナード - ジョーンズ，サー・ジョン・エドワード　1894生。イギリスの化学者，物理学者。1954没。

袋一平　ふくろいっぺい　1897生。大正時代，昭和時代のソ連映画・文化研究者，ロシア文学者。1971没。

松尾玄次　まつおげんじ　1904生。昭和時代，平成時代の菓子工芸家。2000没。

大野一雄　おおのかずお　1906生。昭和時代，平成時代の舞踏家。

吉岡堅二　よしおかけんじ　1906生。昭和時代の日本画家。東京芸術大学教授。1990没。

ヴァルヒャ，ヘルムート　1907生。ドイツのオルガン奏者，チェンバロ奏者。1991没。

菊池五介　きくちごすけ　1909生。大正時代，昭和時代の工芸家。1991没。

カップ　1910生。スイスの経済学者。1976没。

ドゥーブ　1910生。アメリカの数学者。2004没。

渡辺はま子　わたなべはまこ　1910生。昭和時代，平成時代の歌手。1999没。

今堀誠二　いまほりせいじ　1914生。昭和時代，平成時代の東洋史学者，平和運動家。広島大学教授，広島女子大学長。1992没。

木下夕爾　きのしたゆうじ　1914生。昭和時代の詩人，俳人。1965没。

コット，ヤン　1914生。ポーランドの演劇学者，文芸評論家。2001没。

トマス，ディラン　1914生。イギリスの詩人。1953没。

タンボ，オリヴァー　1917生。南アフリカの黒人解放運動の指導者。1993没。

ライト，テレサ　1918生。アメリカの女優。2005没。

大屋政子　おおやまさこ　1920生。昭和時代，平成時代のタレント。1999没。

ナラヤナン，コチェリル・ラーマン　1920生。インドの政治家。2005没。

チェルニーク　1921生。チェコスロバキアの政治家。1994没。

ペレス，カルロス・アンドレス　1922生。ベネズエラの政治家。

井村寿二　いむらじゅじ　1923生。昭和時代の出版経営者。大和社長，勁草書房社長。1988没。

リヒテンスタイン，ロイ　1923生。アメリカの画家。1997没。

クリストファー，ウォーレン　1925生。アメリカの政治家，法律家。

高沢寅男　たかざわとらお　1926生。昭和時代，平成時代の政治家。衆議院議員，社会党副委員長。1999没。

星川清司　ほしかわせいじ　1926生。昭和時代，平成時代の小説家，元・シナリオライター。

プラス，シルヴィア　1932生。アメリカの女流詩人。1963没。

半村良　はんむらりょう　1933生。昭和時代，平成時代の小説家。2002没。

ルラ・ダ・シルバ，ルイス・イナシオ　1945生。ブラジルの政治家。

堀内孝雄　ほりうちたかお　1949生。昭和時代，平成時代のシンガーソングライター。

ベニーニ，ロベルト　1952生。イタリアの俳優，映画監督。

山村紅葉　やまむらもみじ　1960生。昭和時代，平成時代の女優。

渡辺いっけい　わたなべいっけい　1962生。昭和時代，平成時代の俳優。

高嶋政伸　たかしままさのぶ　1966生。昭和時代，平成時代の俳優。

田中実　たなかみのる　1966生。昭和時代，平成時代の俳優。

小西真奈美　こにしまなみ　1978生。平成時代の女優。

大菅小百合　おおすがさゆり　1980生。平成時代のスピードスケート選手，自転車選手。

塚本高史　つかもとたかし　1982生。平成時代の俳優。

10月27日

10月28日

○記念日○　速記記念日

ハインリヒ3世　1017生。ドイツ王(在位1028～56)，神聖ローマ皇帝(在位39～56)。1056没。

安禅寺宮　あんぜんじのみや　1434生。室町時代，戦国時代の女性。後花園天皇の第1皇女。1490没。

デッラ・ロッビア，アンドレーア　1435生。イタリアの彫刻家，陶芸家。1525没。

エラスムス，デシデリウス　1469生。オランダの人文主義者。1536没。

アラマンニ，ルイージ　1495生。イタリアの詩人。1556没。

守矢信実　もりやのぶざね　1533生。戦国時代，江戸時代前期の信濃国諏訪大社上社神長官。1622没。

守矢信真　もりやのぶまさ　1543生。戦国時代，江戸時代前期の神職。1623没。

鍋島勝茂　なべしまかつしげ　1580生。江戸時代前期の大名。1657没。

ヤンセン，コルネーリーユス・オットー　1585生。カトリック神学者，司教。1638没。

ベラン，ジャン　1637生。フランスの装飾図案家。1711没。

松平直矩　まつだいらなおのり　1642生。江戸時代前期の大名。1695没。

程順則　ていじゅんそく　1663生。江戸時代中期の琉球の政治家，儒者。1735没。

サックス，(ヘルマン・)モーリス，伯爵　1696生。フランスの軍人。1750没。

彭城百川　さかきひゃくせん　1697生。江戸時代中期の南画家。1752没。

藤堂高豊　とうどうたかとよ　1713生。江戸時代中期の大名。1785没。

クック，ジェイムズ　1728生。イギリスの探検家。1779没。

黒川亀玉(初代)　くろかわきぎょく　1732生。江戸時代中期の南蘋派の画家。1756没。

邦頼親王　くによりしんのう　1733生。江戸時代中期，後期の伏見宮貞建親王の第2王子。1802没。

沛姫　しげひめ　1745生。江戸時代中期の女性。陸奥仙台藩主伊達宗村の2女。1757没。

ファルク，ヨハン・ダニエル　1768生。ドイツの博愛家，著述家。1826没。

モナーガス　1784生。ベネズエラの軍人，政治家。1868没。

林桜園　はやしおうえん　1797生。江戸時代，明治時代の国学者。1870没。

高橋正作　たかはししょうさく　1803生。江戸時代，明治時代の篤農家。1894没。

マイゼンブーク　1816生。ドイツの女流作家。1903没。

崔済愚　さいせいぐ　1824生。朝鮮，東学の創始者。1864没。

ウロブレフスキ，ジーグムント・フロレンティ・フォン　1845生。ポーランドの物理学者。1888没。

ギュイヨー，ジャン-マリ　1854生。フランスの道徳宗教哲学者，詩人。1888没。

ミチューリン，イヴァン・ウラジーミロヴィチ　1855生。ソ連の園芸家，育種学者。1935没。

嘉納治五郎　かのうじごろう　1860生。明治時代-昭和時代の教育家。講道館柔道の開祖。1938没。

プロイス　1860生。ドイツの政治家。1925没。

井上十吉　いのうえじゅうきち　1862生。大正時代，昭和時代の英語学者。1929没。

ヴァルツェル　1864生。ドイツの文学史家。1944没。

徐載弼　じょさいひつ　1866生。朝鮮の独立運動家。1951没。

土橋八五太　つちはしやちた　1866生。明治時代-昭和時代の神父，天文学者。1965没。

ドリーシュ，ハンス・アドルフ・エドゥアルト　1867生。ドイツの生物学者，生命哲学者。1941没。

スキターレツ　1869生。ソ連邦の作家。1941没。

中沢臨川　なかざわりんせん　1878生。明治時代，大正時代の文芸評論家。1920没。

邑井貞吉(4代目)　むらいていきち　1879生。明治時代–昭和時代の講談師。1965没。

ヴォーリズ, ウィリアム・メリル　1880生。アメリカの宣教師, 建築家。1964没。

一柳米来留　ひとつやなぎめれる　1880生。明治時代–昭和時代のキリスト教伝道者, 社会事業家。近江兄弟社社長。1964没。

上野精一　うえのせいいち　1882生。大正時代, 昭和時代の新聞経営者。朝日新聞社長。1970没。

上野陽一　うえのよういち　1883生。大正時代, 昭和時代の産業心理学者。産業能率短期大学長。1957没。

ハンソン　1885生。スウェーデンの政治家。1946没。

オルジョニキーゼ　1886生。ソ連邦の政治家。1937没。

藤沢清造　ふじさわせいぞう　1889生。大正時代の小説家。1932没。

インゴルド, サー・クリストファー・ケルク　1893生。イギリスの化学者。1970没。

大金益次郎　おおがねますじろう　1894生。昭和時代の官僚。侍従長。1979没。

マーフィ　1894生。アメリカの外交官。1978没。

葉紹鈞　ようしょうきん　1894生。中国の文学者。1988没。

九条日浄　くじょうにちじょう　1896生。大正時代, 昭和時代の尼僧。瑞竜寺(日蓮宗)門跡, 村雲婦人会総裁。1962没。

ハンソン, ハワード　1896生。スウェーデン系のアメリカの作曲家, 指揮者。1981没。

ルヌー　1896生。フランスの東洋学者。1966没。

長野垤志　ながのてつし　1900生。昭和時代の鋳金家。1977没。

ウォー, イーヴリン　1903生。イギリスの小説家, 評論家。1966没。

ラーナー　1903生。アメリカ(イギリス生まれ)の経済学者。1982没。

佐藤敬　さとうけい　1906生。昭和時代の洋画家。1978没。

力久辰斎　りきひさたつさい　1906生。昭和時代の宗教家。善隣会教祖。1977没。

浅井十三郎　あさいじゅうざぶろう　1908生。昭和時代の詩人。1956没。

オッペンハイマー, ハリー(・フレデリック)　1908生。南アフリカの金鉱王。2000没。

フロンディシ, アルトゥーロ　1908生。アルゼンチンの大統領。1995没。

野田宇太郎　のだうたろう　1909生。昭和時代の詩人, 文芸評論家。明治村常任理事。1984没。

ベイコン, フランシス　1909生。イギリスの画家。1992没。

辻晋堂　つじしんどう　1910生。昭和時代の彫刻家。京都私立芸術大学教授。1981没。

保坂誠　ほさかまこと　1910生。昭和時代, 平成時代の経営者。東京ドーム社長。1996没。

シング, リチャード・ローレンス・ミリントン　1914生。イギリスの生化学者, 色層分析の研究で, ノーベル化学賞を受く(1952)。1994没。

ソーク, ジョナス・エドワード　1914生。アメリカのウイルス学者。1995没。

東富士謹一　あずまふじきんいち　1921生。昭和時代の力士(第40代横綱), プロレスラー。1973没。

今西祐行　いまにしすけゆき　1923生。昭和時代, 平成時代の児童文学作家。2004没。

竹本住大夫(7代目)　たけもとすみたゆう　1924生。昭和時代, 平成時代の義太夫節太夫(文楽)。

プロウライト, ジョーン　1929生。イギリスの女優。

蟹江敬三　かにえけいぞう　1944生。昭和時代, 平成時代の俳優。

清水義範　しみずよしのり　1947生。昭和時代, 平成時代の小説家。

立花ハジメ　たちばなはじめ　1951生。昭和時代, 平成時代の映像作家, アーティスト, ミュージシャン。

小池真理子　こいけまりこ　1952生。昭和時代, 平成時代の作家。

斉藤暁　さいとうさとる　1953生。昭和時代, 平成時代の俳優。

ゲイツ, ビル　1955生。アメリカの実業家。

ロバーツ, ジュリア　1967生。アメリカの女優。

フェニックス, ホアキン　1974生。アメリカの俳優。

Tama　たま　1980生。平成時代の歌手。

倉木麻衣　くらきまい　1982生。平成時代の歌手。

10月28日

10月29日

○記念日○　東佃の日

道喜　どうき　1503生。戦国時代の後柏原天皇の第4皇子。1530没。

申師任堂　しんしにんどう　1504生。朝鮮、李朝の女流画家。1551没。

アルバ, フェルナンド・アルバレス・デ・トレド, 公爵　1507生。スペインの将軍, 公爵。1582没。

アボット, ジョージ　1562生。カンタベリー大主教。1633没。

オウドンネル, ヒュー・ロウ　1572生。アイルランドのティルコーネルの首長。1602没。

山内忠豊　やまうちただとよ　1609生。江戸時代前期の大名。1669没。

ハリー, エドモンド　1656生。イギリスの天文学者。1742没。

内藤政樹　ないとうまさき　1703生。江戸時代中期の大名。1766没。

柳沢信鴻　やなぎさわのぶとき　1724生。江戸時代中期の大名。1792没。

ボズウェル, ジェイムズ　1740生。スコットランド生まれの弁護士, 著作家。1795没。

本庄資承　ほんじょうすけつぐ　1749生。江戸時代中期, 後期の大名。1800没。

田代忠国　たしろただくに　1757生。江戸時代中期, 後期の洋画家。1830没。

荒木田守訓　あらきだもりのり　1767生。江戸時代中期, 後期の神官, 国学者。1842没。

公澄　こうちょう　1776生。江戸時代後期の天台宗の僧。1828没。

ニッコリーニ, ジョヴァンニ・バッティスタ　1782生。イタリアの悲劇作家。1861没。

ディースタヴェーク, フリードリヒ・アードルフ・ヴィルヘルム　1790生。ドイツの教育家。1866没。

鈴鹿連胤　すずかつらたね　1795生。江戸時代後期の国学者。1870没。

カーペンター, ウィリアム・ベンジャミン　1813生。イギリスの生理学者。1885没。

井伊直弼　いいなおすけ　1815生。江戸時代末期の大名, 大老。1860没。

シトゥール, リュドヴィート　1815生。スロバキアの啓蒙家。1856没。

ペンローズ　1817生。イギリスの建築家, 考古学者, 天文学者。1903没。

昌仁親王　しょうにんしんのう　1819生。江戸時代後期, 末期, 明治時代の梨本宮家創立者。1881没。

守脩親王　もりおさしんのう　1819生。江戸時代, 明治時代の皇族。1881没。

大橋巻子　おおはしまきこ　1824生。江戸時代, 明治時代の勤王家, 歌人。1881没。

マーシュ, オスニエル・チャールズ　1831生。アメリカの古生物学者。1899没。

カイパー, アーブラハーム　1837生。オランダの改革派神学者, 政治家。1920没。

ゾーム, ルードルフ　1841生。ドイツの法学者。1917没。

高谷篤三郎　たかやとくさぶろう　1845生。江戸時代末期の農民。1865没。

ゴータイン　1853生。ドイツの歴史家。1923没。

川崎幾三郎　かわさきいくさぶろう　1855生。明治時代, 大正時代の実業家。1921没。

アヌカン　1856生。フランスの哲学史, 科学史家。1905没。

マイル　1856生。ドイツの森林学者。1911没。

エイデ, サムエル　1866生。ノルウェーの技術者。1940没。

バリェ-インクラン, ラモン・デル　1866生。スペインの小説家, 劇作家, 詩人。1936没。

鈴木孝雄　すずきたかお　1869生。明治時代, 大正時代の陸軍軍人。大将。1964没。

オーエンズ　1870生。アメリカの電気技術者, 化学者。1940没。

アッハ　1871生。ドイツの心理学者。1946没。

マッコイ　1874生。アメリカの軍人。1954没。

王国維　おうこくい　1877生。中国, 清末・民国の歴史家, 文学者。1927没。

パーペン, フランツ・フォン　1879生。ドイツの政治家, 外交官。1969没。

フラーケ, オットー　1880生。ドイツの小説家。1963没。

ペーア, エンリーコ　1881生。イタリアの詩人, 小説家。1958没。

ジロドゥー, ジャン　1882生。フランスの劇作家, 小説家, 外交官。1944没。

後藤慶二　ごとうけいじ　1883生。明治時代, 大正時代の建築家, 司法省技師。1919没。

ゴヴォーニ, コッラード　1884生。イタリアの詩人, 小説家。1965没。

田中良　たなかりょう　1884生。大正時代, 昭和時代の画家, 舞台美術家。1974没。

藤原咲平　ふじわらさくへい　1884生。明治時代–昭和時代の気象学者。1950没。

キダー, アルフレッド・V(ヴィンセント)　1885生。アメリカの考古学者。1963没。

山内秋生　やまのうちしゅうせい　1890生。児童文学者。1965没。

ホワイト　1892生。アメリカの財政金融の専門家。1948没。

イワーノフ, ゲオールギー・ウラジーミロヴィチ　1894生。亡命ロシア詩人。1958没。

長谷田泰三　はせだたいぞう　1894生。昭和時代の財政学者。1950没。

アグノエル　1896生。フランスの日本学者。1976没。

大塚高信　おおつかたかのぶ　1897生。昭和時代の英語学者。関西学院大教授, 甲南大学教授。1979没。

ゲッベルス, パウル・ヨーゼフ　1897生。ナチス・ドイツの宣伝相。1945没。

キルポーチン, ワレーリー・ヤコヴレヴィチ　1898生。ソ連邦の社会思想史家, 文芸批評家。1980没。

初井しづ枝　はついしづえ　1900生。大正時代, 昭和時代の歌人。1976没。

北園克衛　きたぞのかつえ　1902生。昭和時代の詩人, 評論家。「VOU」主宰。1978没。

グリーン, ヘンリー　1905生。イギリスの小説家。1973没。

渡辺良夫　わたなべよしお　1905生。昭和時代の政治家。厚相, 衆院議員。1964没。

ブラウン, フレドリック　1906生。アメリカの推理・SF作家。1972没。

エア, サー・A(アルフレッド)・J(ジュールズ)　1910生。イギリスの哲学者。1989没。

ルコーニン, ミハイル・クジミチ　1918生。ソ連邦の詩人。1976没。

アーティガン, アーメット　1923生。アメリカの企業家。2006没。

ヘルベルト, ズビグニェフ　1924生。ポーランドの詩人。1998没。

大野力　おおのつとむ　1928生。昭和時代, 平成時代の経済評論家。思想の科学社社長。2001没。

春風亭柳朝(5代目)　しゅんぷうていりゅうちょう　1929生。昭和時代, 平成時代の落語家。1991没。

サン-ファール, ニキ・ド　1930生。フランスの前衛美術家。2002没。

高畑勲　たかはたいさお　1935生。昭和時代, 平成時代のアニメーション映画監督。

加茂周　かもしゅう　1939生。昭和時代, 平成時代のサッカー指導者。

ドレイファス, リチャード　1947生。アメリカの俳優。

パルソン, トールスティン　1947生。アイスランドの政治家。

小倉一郎　おぐらいちろう　1951生。昭和時代, 平成時代の俳優。

中村福助(9代目)　なかむらふくすけ　1960生。昭和時代, 平成時代の歌舞伎俳優(女方)。

谷村志穂　たにむらしほ　1962生。昭和時代, 平成時代の作家。

高嶋政宏　たかしままさひろ　1965生。昭和時代, 平成時代の俳優。

金城一紀　かねしろかずき　1968生。昭和時代, 平成時代の小説家, 脚本家。

つんく♂　つんく　1968生。昭和時代, 平成時代のミュージシャン, 音楽プロデューサー。

ライダー, ウィノナ　1971生。アメリカの女優。

堀江貴文　ほりえたかふみ　1972生。平成時代の元・ライブドア社長。

前園真聖　まえぞのまさきよ　1973生。平成時代の元・サッカー選手。

横沢由貴　よこさわゆき　1980生。平成時代の柔道選手。

小川麻琴　おがわまこと　1987生。平成時代の元・歌手(モーニング娘。)。

10月29日

10月30日

○記念日○　初恋の日
○忌　日○　紅葉忌
　　　　　十千万堂忌

クローナカ　1457生。イタリア，ルネサンス期の建築家。1508没。

アミヨ，ジャック　1513生。フランスの古典学者，翻訳家。1593没。

ダヴィラ　1576生。イタリアの歴史家。1631没。

松平信綱　まつだいらのぶつな　1596生。江戸時代前期の大名，幕府老中。1662没。

久我惟通　こがこれみち　1687生。江戸時代中期の公家。1748没。

トローガー，パウル　1698生。オーストリアの画家。1762没。

伊藤錦里　いとうきんり　1710生。江戸時代中期の儒学者，越前福井藩儒。1772没。

アダムズ，ジョン　1735生。アメリカの初代副大統領，第2代大統領（1797～1801）。1826没。

シェニエ，アンドレ-マリ　1762生。フランスの詩人。1794没。

コッタ　1763生。ドイツの林学者。1844没。

吉田勝品　よしだかつしな　1809生。江戸時代後期，末期，明治時代の和算家。1890没。

コップ，ヘルマン・フランツ・モリッツ　1817生。ドイツの化学者。1892没。

石井修理　いしいしゅり　1820生。江戸時代，明治時代の広島藩士。1892没。

ドストエフスキー，フョードル・ミハイロヴィチ　1821生。ロシアの作家。1881没。

コンクリング，ロスコー　1829生。アメリカの法律家，政治家。1888没。

シスレー，アルフレッド　1839生。イギリスの画家。1899没。

サムナー，ウィリアム・グレイアム　1840生。アメリカの社会学者。1910没。

エヴァルト　1845生。ドイツの医者。1915没。

岡本則録　おかもとのりぶみ　1847生。明治時代-昭和時代の数学者，数学教育家。大阪数学会社社長。1931没。

ロジェストヴェンスキー　1848生。ロシアの提督。1909没。

井口在屋　いのくちありや　1856生。明治時代，大正時代の機械工学者。東京帝国大学教授。1923没。

アサトン，ガートルード（・フランクリン）　1857生。アメリカの女流作家。1948没。

山本秀煌　やまもとひでてる　1857生。明治時代-昭和時代の牧師。明治学院教授。1943没。

ブールデル，エミール-アントワーヌ　1861生。フランスの彫刻家，画家。1929没。

稲畑勝太郎　いなはたかつたろう　1862生。明治時代-昭和時代の実業家。大阪商業会議所会頭。1949没。

マイネッケ，フリードリヒ　1862生。ドイツの歴史学者。1954没。

ヴィーガント，テオドル　1864生。ドイツの考古学者。1936没。

ヴァレリー，ポール　1871生。フランスの詩人，思想家，評論家。1945没。

マデーロ，フランシスコ　1873生。メキシコの革命指導者，大統領（1911～13）。1913没。

上田敏　うえだびん　1874生。明治時代，大正時代の詩人，評論家，英文学者。1916没。

金山穆韶　かなやまぼくしょう　1876生。明治時代-昭和時代の高野山真言宗管長，仏教学者。1958没。

福田英助　ふくだえいすけ　1880生。大正時代，昭和時代の新聞経営者。1955没。

藤田尚徳　ふじたひさのり　1880生。明治時代-昭和時代の侍従長，海軍軍人。大将。1970没。

ヨッフェ　1880生。ソ連邦の物理学者。1960没。

クルーゲ，（ハンス・）ギュンター・フォン　1882生。ドイツの陸軍軍人。1944没。

佐藤尚武　さとうなおたけ　1882生。大正時代，昭和時代の外交官，政治家。駐ソビエト連邦共和国大使，参議院議員。1971没。

フォルスター，ルドルフ　1884生。ドイツの俳優。1968没。

パウンド，エズラ　1885生。アメリカの詩人。1972没。

ロバーツ，エリザベス・マドックス　1886生。アメリカの女流詩人・小説家。1941没。

ハイム，ゲオルク　1887生。ドイツの詩人。1912没。

森律子　もりりつこ　1890生。明治時代–昭和時代の舞台女優。1961没。

小茂田青樹　おもだせいじゅ　1891生。大正時代,昭和時代の日本画家。1933没。

ロメイン　1893生。オランダの歴史家。1962没。

ロスタン，ジャン　1894生。フランスの生物学者。1977没。

アンドレーエフ　1895生。ソ連の政治家。1971没。

住田又兵衛(4代目)　すみたまたべえ　1895生。昭和時代の歌舞伎囃子方。1968没。

ドーマク，ゲルハルト　1895生。ドイツの生化学者。1964没。

リチャーズ，ディキンソン・ウッドラフ　1895生。アメリカの医師。1973没。

ソーヤ，C.E.　1896生。デンマークの小説家,劇作家,詩人。1983没。

クンツェヴィチョヴァ，マリア　1899生。ポーランドの女流作家。1989没。

陶希聖　とうきせい　1899生。中国の政治家・経済史家。1988没。

友田恭助　ともだきょうすけ　1899生。大正時代,昭和時代の新劇俳優。1937没。

夏衍　かえん　1900生。中国の劇作家。1995没。

グラニット，ラグナル・アートゥル　1900生。スウェーデンの神経生理学者。1991没。

三宅正一　みやけしょういち　1900生。大正時代,昭和時代の農民運動家,政治家。衆院副議長。1982没。

ネドンセル　1905生。フランスの哲学者。1976没。

佐々木昴　ささきたかし　1906生。昭和時代の小学校教員。1944没。

須藤克三　すとうかつぞう　1906生。昭和時代の児童文学者,教育者。宮城学院大学講師,山形新聞論説委員。1982没。

氷見晃堂　ひみこうどう　1906生。昭和時代の木工芸家。1975没。

平野謙　ひらのけん　1907生。昭和時代の文芸評論家。明治大学教授。1978没。

今西中通　いまにしちゅうつう　1908生。昭和時代の洋画家。1947没。

ウスチーノフ　1908生。ソ連の政治家。1984没。

バーバー　1909生。インドの物理学者。1966没。

富士正晴　ふじまさはる　1913生。昭和時代の小説家,詩人。1987没。

ジョナサン　1914生。レソトの政治家。1987没。

森昭　もりあきら　1915生。昭和時代の教育学者。大阪大学教授。1976没。

香西照雄　こうざいてるお　1917生。昭和時代の俳人。俳人協会理事。1987没。

荻原賢次　おぎはらけんじ　1921生。昭和時代の漫画家。1990没。

宮田雅之　みやたまさゆき　1926生。昭和時代,平成時代の切り絵画家。1997没。

前原昭二　まえはらしょうじ　1927生。昭和時代,平成時代の数学者。放送大学教授。1992没。

松沢俊昭　まつざわとしあき　1927生。昭和時代の農民運動家,政治家。全日本農民組合連合会会長,衆議院議員。1985没。

ネイサンズ，ダニエル　1928生。アメリカの微生物学者。1999没。

マル，ルイ　1932生。フランスの映画監督。1995没。

クリストフ，アゴタ　1935生。ハンガリー出身のスイスの作家。

ルルーシュ，クロード　1937生。フランスの映画監督。

マラドーナ，ディエゴ　1960生。アルゼンチンの元・サッカー選手。

レッド吉田　れっどよしだ　1965生。昭和時代,平成時代のコメディアン。

清春　きよはる　1968生。平成時代のロック歌手。

ガルシア・ベルナル，ガエル　1978生。メキシコの俳優。

仲間由紀恵　なかまゆきえ　1979生。平成時代の女優。

真中瞳　まなかひとみ　1979生。平成時代の女優。

鬼束ちひろ　おにつかちひろ　1980生。平成時代のシンガーソングライター。

崔洪万　チェホンマン　1980生。韓国の格闘家,元・韓国相撲力士。

10月30日

10月31日

○記念日○　ガス記念日
　　　　　世界勤倹デー
　　　　　日本茶の日

バロニウス, カエサル　1538生。イタリアのカトリック教会史家。1607没。

ホールズ(アイフィールドの), デンジル・ホールズ, 男爵　1599生。イギリスの政治家。1680没。

イーヴリン, ジョン　1620生。イギリスの芸術愛好家。1706没。

ヴェルメール, ヤン　1632生。オランダの画家。1675没。

ホッベマ, メインデルト　1638生。オランダの画家。1709没。

ケリュス, アンヌ-クロード-フィリップ・ド・チュビエール・ド　1692生。フランスの考古学者。1765没。

クレメンス14世　1705生。教皇(在位1769～74)。1774没。

モーリッツ　1712生。アンハルト・デッサウ公, プロイセンの元帥。1760没。

ルーテルブール, フィリップ・ジェイムズ・ド　1740生。イタリアの画家。1812没。

キーツ, ジョン　1795生。イギリス・ロマン派の詩人。1821没。

フルネロン, ブノワ　1802生。フランスの技術者, 発明家。1867没。

ヴァイエルシュトラス, カール・ヴィルヘルム・テオドール　1815生。ドイツの数学者。1897没。

レミントン, ファイロ　1816生。アメリカの発明家。1889没。

グレーツ　1817生。ユダヤ系ドイツの歴史家。1891没。

ハヴリーチェク-ボロフスキー, カレル　1821生。チェコスロヴァキアのジャーナリスト。1856没。

ラヴィジェリ, シャルル・マルシャル・アルマン　1825生。フランスのカトリック聖職者。1892没。

スワン, サー・ジョゼフ・ウィルソン　1828生。イギリスの化学者, 写真感光材企業家。1914没。

ハント, リチャード・モリス　1828生。アメリカの建築家。1895没。

フォイト　1831生。ドイツの生理学者。1908没。

マンテガッツァ　1831生。イタリアの人類学者。1910没。

ウェルドン, ウォルター　1832生。イギリスの化学工業家。1885没。

バイヤー, ヨハン・フリードリヒ・アドルフ・フォン　1835生。ドイツの有機化学者。1917没。

デ・アミーチス, エドモンド　1846生。イタリアの小説家, 児童文学者。1908没。

ペールマン　1852生。ドイツの古代史家。1914没。

エルマン　1854生。ドイツのエジプト学者。1937没。

オルデンブルク　1854生。ドイツのインド学者。1920没。

スヴェルドルプ　1854生。ノルウェーの北極探検家。1930没。

ライト, ジョゼフ　1855生。イギリスの言語学者。1930没。

マカドゥー　1863生。アメリカの政治家。1941没。

ベネディクトソン, エイナル　1864生。アイスランドの詩人。1940没。

フィリップス, デイヴィッド・グレアム　1867生。アメリカのジャーナリスト, 小説家。1911没。

ベル　1870生。イギリスの植民的官吏, チベット学者。1945没。

マキントッシュ, ヒュー・ロス　1870生。スコットランドの自由教会派神学者, 牧師。1936没。

ラッセル, サー・エドワード・ジョン　1872生。イギリスの土壌学者。1965没。

寒川鼠骨　さむかわそこつ　1874生。明治時代-昭和時代の俳人, 写生文作家。1954没。

パテール　1875生。インドの政治家。1950没。

西尾寿造　にしおとしぞう　1881生。明治時代-昭和時代の陸軍軍人。東京都長官。1960没。

市川団十郎（10代目）　いちかわだんじゅうろう　1882生。明治時代-昭和時代の歌舞伎役者。1956没。

オールグッド，セアラ　1883生。アイルランドの女優。1950没。

藤川勇造　ふじかわゆうぞう　1883生。大正時代，昭和時代の彫刻家。1935没。

ローランサン，マリー　1885生。フランスの画家。1956没。

蒋介石　しょうかいせき　1887生。中華民国の軍人，政治家。1975没。

ウィルキンズ，G.H.　1888生。イギリスの探検家。1958没。

リデル・ハート，サー・バジル　1895生。イギリスの軍事評論家。1970没。

ウォーターズ，エセル　1896生。アメリカの黒人女優，歌手。1977没。

小林芳人　こばやしよしと　1898生。昭和時代の薬理学者。杏林学園顧問，東大教授。1983没。

宮田重雄　みやたしげお　1900生。昭和時代の医師，洋画家。チャーチル句会主宰。1971没。

ウォールド　1902生。アメリカ（ルーマニア生まれ）の数理経済学者，推計学者。1950没。

ロビンソン，J.V.　1903生。イギリスの女流経済学者。1983没。

藤間藤子　ふじまふじこ　1907生。大正時代，昭和時代の日本舞踊家。日本舞踊協会副会長。1998没。

白井常　しらいつね　1910生。昭和時代，平成時代の心理学者。東京女子大学教授，聖心女子大学教授。1999没。

檜垣徳太郎　ひがきとくたろう　1916生。昭和時代，平成時代の政治家。2006没。

加藤道子　かとうみちこ　1919生。昭和時代，平成時代の声優，女優。2004没。

ニュートン，ヘルムート　1920生。オーストリアのファッション写真家。2004没。

川井直人　かわいなおと　1921生。昭和時代の地球物理学者。1979没。

千葉治平　ちばじへい　1921生。昭和時代，平成時代の小説家。1991没。

モンタン，イヴ　1921生。フランスのシャンソン歌手，俳優。1991没。

粟谷菊生　あわやきくお　1922生。昭和時代，平成時代の能楽師（喜多流シテ方）。2006没。

シアヌーク，ノロドム　1922生。カンボジアの政治家。

ニミエ，ロジェ　1925生。フランスの作家。1962没。

ムア，チャールズ　1925生。アメリカの建築家。1993没。

岩間芳樹　いわまよしき　1929生。昭和時代，平成時代の脚本家。日本放送作家協会理事長。1999没。

渡辺文雄　わたなべふみお　1929生。昭和時代，平成時代の俳優。2004没。

灰谷健次郎　はいたにけんじろう　1934生。昭和時代，平成時代の児童文学作家。2006没。

浜木綿子　はまゆうこ　1935生。昭和時代，平成時代の女優。

ショーター，フランク　1947生。アメリカの元・マラソン選手，弁護士。

岡部幸雄　おかべゆきお　1948生。昭和時代，平成時代の元・騎手。

加藤健一　かとうけんいち　1949生。昭和時代，平成時代の俳優。

ジャクソン，ピーター　1961生。ニュージーランドの映画監督。

山本博　やまもとひろし　1962生。昭和時代，平成時代のアーチェリー選手。

ドゥンガ　1963生。ブラジルのサッカー監督，元・サッカー選手。

ファンバステン，マルコ　1964生。オランダのサッカー監督，元・サッカー選手。

飯島愛　いいじまあい　1972生。平成時代のタレント。

山本耕史　やまもとこうじ　1976生。平成時代の俳優。

中村勘太郎（2代目）　なかむらかんたろう　1981生。平成時代の歌舞伎俳優。

10月31日

11月
November
霜月

◎誕生石◎　トパーズ

◎星　座◎　さそり座／いて座

11月1日

○記念日○　犬の日
　　　　　自衛隊記念日
　　　　　点字記念日

土御門天皇　つちみかどてんのう　1195生。鎌倉時代前期の第83代の天皇。1231没。

ラス‐カサス，バルトロメ・デ　1484生。スペインの聖職者。1566没。

ラ・ボエシー，エチエンヌ・ド　1530生。フランスの法律家，哲学者。1563没。

松井康之　まついやすゆき　1550生。安土桃山時代，江戸時代前期の武将。1612没。

二条昭実　にじょうあきざね　1556生。安土桃山時代，江戸時代前期の公家。1619没。

吉川広家　きっかわひろいえ　1561生。安土桃山時代，江戸時代前期の毛利氏の武将。1625没。

近衛信尹　このえのぶただ　1565生。安土桃山時代，江戸時代前期の公家。1614没。

コルトーナ，ピエトロ・ダ　1596生。イタリアの画家，建築家。1669没。

ハルスデルファー，ゲオルク・フィーリップ　1607生。ドイツの詩人，学者。1658没。

智忠親王　としただしんのう　1619生。江戸時代前期の八条宮智仁親王の第1王子。1662没。

ボワロー，ニコラ　1636生。フランスの詩人，評論家。1711没。

ペレイラ，トマス　1645生。ポルトガルのイエズス会士。1708没。

武者小路実陰　むしゃのこうじさねかげ　1661生。江戸時代中期の歌人・公家。1738没。

理秀女王　りしゅうにょおう　1725生。江戸時代中期の臨済宗の尼僧。1764没。

カノーヴァ，アントニオ　1757生。イタリアの彫刻家。1822没。

グスタフ4世　1778生。スウェーデン王(1792～1809)。1837没。

セギュール，フィリップ・ポール　1780生。フランスの軍人，外交官。1873没。

菊池容斎　きくちようさい　1788生。江戸時代，明治時代の日本画家。1878没。

羽倉簡堂　はぐらかんどう　1790生。江戸時代末期の儒学者，代官。1862没。

新待賢門院　しんたいけんもんいん　1803生。江戸時代末期の女性。仁孝天皇の宮人。1856没。

小橋安蔵　こばしやすぞう　1808生。江戸時代末期，明治時代の志士。1872没。

ニェゴシュ，ペタル・ペトロヴィチ　1813生。モンテネグロ（ユーゴスラビア）の作家，国王（在位1830～51）。1851没。

桃節山　ももせつざん　1832生。江戸時代，明治時代の教育者。1875没。

ガスケル，ウォルター・ホルブルック　1847生。ドイツの法学者。1914没。

中江兆民　なかえちょうみん　1847生。明治時代の自由民権思想家，評論家。東京外国語学校校長，衆議院議員。1901没。

バスティアン‐ルパージュ，ジュール　1848生。フランスの画家。1884没。

セラーヤ　1853生。ニカラグアの独裁者，大統領（1893～1909）。1919没。

アードラー，グイード　1855生。オーストリアの音楽学者。1941没。

ジョリー，ジョン　1857生。アイルランドの地質学者。1933没。

元良勇次郎　もとらゆうじろう　1858生。明治時代の心理学者。帝大文科大学教授。1912没。

ジェロムスキ，ステファン　1864生。ポーランドの小説家。1925没。

村上浪六　むらかみなみろく　1865生。明治時代，大正時代の小説家。1944没。

クレイン，スティーヴン　1871生。アメリカの小説家。1900没。

富田幸次郎　とみたこうじろう　1872生。明治時代―昭和時代のジャーナリスト，政治家。衆議院議員。1938没。

高倉藤平　たかくらとうへい　1874生。明治時代，大正時代の実業家。堂島米穀取引所理事長。1917没。

小金井蘆洲（5代目）　こがねいろしゅう　1877生。大正時代，昭和時代の講談師。1961没。

サーベドラ・ラマス　1878生。アルゼンチンの法律家，外交官，政治家。1959没。
アッシュ，ショーレム　1880生。イディシュ文学作家。1957没。
萩原朔太郎　はぎわらさくたろう　1886生。大正時代，昭和時代の詩人。1942没。
ブロッホ，ヘルマン　1886生。オーストリアの作家。1951没。
ノエル - ベイカー(ダービー市の)，フィリップ - ノエル - ベイカー，男爵　1889生。イギリスの政治家，国際平和運動家。1982没。
高木惣吉　たかぎそうきち　1893生。大正時代，昭和時代の海軍軍人，軍事評論家。少将，内閣副書記官長。1979没。
池田遙邨　いけだようそん　1895生。大正時代，昭和時代の日本画家。青塔社主宰。1988没。
ジョーンズ，デイヴィッド　1895生。イギリスの詩人，画家。1974没。
ブランデン，エドマンド　1896生。イギリスの詩人，批評家。1974没。
富田健治　とみたけんじ　1897生。昭和時代の内務官僚，政治家。貴族院議員，衆議院議員。1977没。
橋本英吉　はしもとえいきち　1898生。昭和時代の小説家。1978没。
小原鉄五郎　おばらてつごろう　1899生。大正時代，昭和時代の実業家。城南信用金庫会長，全国信用金庫連合会会長。1989没。
シュトゥッケンシュミット，ハンス - ハインツ　1901生。ドイツの音楽評論家。1988没。
グリーグ，ノルダール　1902生。ノルウェーの詩人，劇作家。1943没。
ヨッフム，オイゲン　1902生。ドイツの指揮者。1987没。
タルデュー，ジャン　1903生。フランスの詩人。1995没。
天竜三郎　てんりゅうさぶろう　1903生。大正時代，昭和時代の相撲評論家，力士。関脇。1989没。
岩間正男　いわままさお　1905生。昭和時代の政治家，歌人。参議院議員。1989没。
佐藤朔　さとうさく　1905生。昭和時代，平成時代の詩人，翻訳家。慶応義塾大学教授，慶応義塾塾長。1996没。
西園寺公一　さいおんじきんかず　1906生。昭和時代の政治家。日中文化交流協会常任理事，参議院議員。1993没。
堀禄助　ほりろくすけ　1908生。昭和時代，平成時代の実業家。厚木ナイロン工業社長。1993没。
小林純　こばやしじゅん　1909生。昭和時代，平成時代の水質学者。岡山大学教授。2001没。
佐治敬三　さじけいぞう　1919生。昭和時代，平成時代の実業家。サントリー会長，TBSブリタニカ会長。1999没。
赤木由子　あかぎよしこ　1927生。昭和時代の児童文学作家。1988没。
いかりや長介　いかりやちょうすけ　1931生。昭和時代，平成時代のタレント。2004没。
大村崑　おおむらこん　1931生。昭和時代，平成時代の俳優。
サイード，エドワード　1935生。アメリカの文芸評論家。2003没。
水原弘　みずはらひろし　1935生。昭和時代の歌手。1978没。
亀井静香　かめいしずか　1936生。昭和時代，平成時代の政治家。
服部克久　はっとりかつひさ　1936生。昭和時代，平成時代の作曲家，編曲家。
アタリ，ジャック　1943生。フランスの評論家，作家。
逢坂剛　おうさかごう　1943生。昭和時代，平成時代の小説家。
阿川佐和子　あがわさわこ　1953生。昭和時代，平成時代のエッセイスト。
石丸謙二郎　いしまるけんじろう　1953生。昭和時代，平成時代の俳優。
ドノバン，アン　1961生。アメリカの元・バスケットボール選手。
キーディス，アンソニー　1962生。アメリカのロック歌手(レッド・ホット・チリ・ペッパーズ)。
ヤンセン，ファムケ　1964生。オランダ出身の女優・モデル。
古内東子　ふるうちとうこ　1972生。平成時代のシンガーソングライター。
小倉優子　おぐらゆうこ　1983生。平成時代のタレント。
福原愛　ふくはらあい　1988生。平成時代の卓球選手。

登場人物

キティちゃん　1974生。サンリオのキャラクター。

11月1日

11月2日

○記念日○　キッチン・バスの日
○忌　日○　永観忌
　　　　　　白秋忌

イブン・アルムータッズ　861生。アッバース朝の王子，詩人。908没。
中峰明本　ちゅうぼうみんぽん　1263生。中国，元の禅僧。1323没。
後醍醐天皇　ごだいごてんのう　1288生。鎌倉時代後期，南北朝時代の第96代（南朝初代）の天皇。1339没。
エドワード5世　1470生。イングランド王（在位1483.4.9～6.25）。1483没。
チェッリーニ，ベンヴェヌート　1500生。イタリア・ルネサンス期の彫刻家，金工家，作家。1571没。
ロティキウス　1528生。ドイツの新ラテン語詩人。1560没。
グレゴリウス14世　1535生。ローマ教皇。1591没。
ブーフナー，アウグスト　1591生。ドイツの詩人，詩学者。1661没。
北風六右衛門　きたかぜろくえもん　1602生。安土桃山時代，江戸時代前期の豪商。1670没。
アウラングゼーブ，ムヒー・ウッディーン・ムハンマド　1618生。インド，ムガル帝国第6代皇帝（在位1658～1707）。1707没。
後藤廉乗　ごとうれんじょう　1628生。江戸時代前期，中期の装剣金工。1708没。
シャルダン，ジャン・バティスト・シメオン　1699生。フランスの画家。1779没。
ブーン，ダニエル　1734生。アメリカの開拓者。1820没。
佐羽吉右衛門　さわきちえもん　1737生。江戸時代中期，後期の商賈。1816没。
ディッタースドルフ，カール・ディッタース・フォン　1739生。オーストリアの作曲家，ヴァイオリン奏者。1799没。
ピニョー・ド・ベエヌ，ジョゼフ・ジョルジュ・ピエール　1741生。フランス人の宣教師。1799没。
尊快入道親王　そんかいにゅうどうしんのう　1746生。江戸時代中期，後期の家仁親王の王子。1798没。
尊映法親王　そんえいほうしんのう　1748生。江戸時代中期の桂宮家仁親王の第3王子。1793没。
マリー-アントワネット　1755生。フランス国王ルイ16世の妃。1793没。
ラデツキー，ヨーゼフ，伯爵　1766生。オーストリアの軍人。1858没。
ケント　1767生。イギリスの軍人。1820没。
ランジート・シング　1780生。インド，シク教徒王国の王。1839没。
マウラー　1790生。ドイツの法制史家，政治家。1872没。
ポーク，ジェイムズ・ノックス　1795生。第11代アメリカ大統領。1849没。
松平斉典　まつだいらなりつね　1797生。江戸時代末期の大名。1850没。
バルベー・ドールヴィイ，ジュール-アメデ　1808生。フランスの小説家。1889没。
ブール，ジョージ　1815生。イギリスの数学者，論理学者。1864没。
肥田景正　ひたかげまさ　1817生。江戸時代，明治時代の鹿児島藩都城島津家家士。鹿児島藩民事奉行副役。1889没。
松平露　まつだいらつゆ　1817生。江戸時代後期の人。1823没。
ツィンメルマン　1824生。プラハ生まれのオーストリアの美学者，哲学者。1898没。
スミス，ヘンリー・ジョン　1826生。イギリスの数学者。1883没。
ラガルド，ポル・アントーン・ド　1827生。ドイツの聖書学者，東洋学者。1891没。
ナルバンジャン，ミカエル・ガザリ　1829生。アルメニアの詩人，思想家，評論家。1866没。
岡千仭　おかせんじん　1833生。江戸時代末期，明治時代の儒学者。1914没。
岡鹿門　おかろくもん　1833生。江戸時代，明治時代の漢学者。東京府学教授。1914没。
曽我常昌　そがつねまさ　1835生。江戸時代後期，末期，明治時代の歌人。1910没。

ソレル, ジョルジュ　1847生。フランスの社会思想家。1922没。

ブロンデル, モリース　1861生。フランスのカトリック哲学者。1949没。

リヴォフ, ゲオルギー・エヴゲニエヴィチ公爵　1861生。ロシアの政治家。1925没。

ハーディング, ウォレン・ガメイリエル　1865生。アメリカの政治家, 第29代大統領。1923没。

加藤咄堂　かとうとつどう　1870生。明治時代-昭和時代の仏教学者, 布教家。1949没。

武島羽衣　たけしまはごろも　1872生。明治時代-昭和時代の詩人, 国文学者。日本女子大学教授, 実践女子大学教授。1967没。

アガ・ハーン3世　1877生。イスラム, シーア派の指導者。1957没。

シャプリー, ハーロー　1885生。アメリカの天文学者。1972没。

コスミンスキー　1886生。ソ連の中世史家。1959没。

岸田国士　きしだくにお　1890生。明治時代-昭和時代の劇作家, 小説家, 翻訳家, 演出家。1954没。

西ノ海嘉治郎(3代目)　にしのうみかじろう　1890生。明治時代-昭和時代の力士(第30代横綱)。1933没。

マッティンソン, ムーア　1890生。スウェーデンの作家。1964没。

宮崎竜介　みやざきりゅうすけ　1892生。大正時代, 昭和時代の弁護士。1971没。

ギュルヴィチ, ジョルジュ　1894生。フランスの社会学者。1965没。

木村捨録　きむらすてろく　1897生。大正時代, 昭和時代の歌人。林間短歌会主宰。1992没。

ビャークネス, ヤコブ・アール・ボヌヴィー　1897生。ノルウェー系アメリカ人の気象学者。1975没。

太田綾子　おおたあやこ　1898生。大正時代, 昭和時代の声楽家。1944没。

ペロン, エドガル・デュ　1899生。オランダの小説家, 随筆家, 評論家。1940没。

胡風　こふう　1902生。中国の文芸評論家。1985没。

里見宗次　さとみむねつぐ　1904生。大正時代-平成時代のグラフィックデザイナー。1996没。

ヴィスコンティ, ルキーノ　1906生。イタリアの映画監督。1976没。

ベリガン, バニー　1908生。アメリカのジャズ・トランペッター。1942没。

三益愛子　みますあいこ　1910生。昭和時代の女優。1982没。

植村鷹千代　うえむらたかちよ　1911生。昭和時代, 平成時代の美術評論家。サロン・デ・ボザール会長。1998没。

エリティス, オジッセフス　1911生。ギリシアの詩人。1996没。

藤田若雄　ふじたわかお　1912生。昭和時代の労働法学者。国際基督教大学教授。1977没。

加藤守雄　かとうもりお　1913生。昭和時代の文芸評論家。1989没。

ランカスター, バート　1913生。アメリカの映画俳優。1994没。

三橋達也　みはしたつや　1923生。昭和時代, 平成時代の俳優。2004没。

タラル, ムハマド・ラフィク　1929生。パキスタンの政治家, 元・裁判官。

土岐八夫　ときはつお　1933生。昭和時代, 平成時代の舞台監督。日本舞台監督協会会長。1997没。

ローズウォール, ケネス　1934生。オーストラリアのテニス選手。

馬渕晴子　まぶちはるこ　1936生。昭和時代, 平成時代の女優。

流山児祥　りゅうざんじしょう　1947生。昭和時代, 平成時代のプロデューサー, 演出家, 俳優, 劇作家。

中島伊津子　なかしまいつこ　1951生。昭和時代のファッション・デザイナー。1988没。

平田満　ひらたみつる　1953生。昭和時代, 平成時代の俳優。

美木良介　みきりょうすけ　1957生。昭和時代, 平成時代の俳優。

アウィータ, サイド　1960生。モロッコの元・陸上選手。

中垣内祐一　なかがいちゆういち　1967生。昭和時代, 平成時代のバレーボール監督(堺ブレイザーズ)。

深田恭子　ふかだきょうこ　1982生。平成時代の女優, 歌手。

11月2日

11月3日

○記念日○ 文化の日

- ルカヌス, マルクス・アンナエウス 39生。ローマの詩人。65没。
- ジラルディ・チンツィオ, ジャンバッティスタ 1504生。イタリアの劇作家, 詩人。1573没。
- 武田信玄 たけだしんげん 1521生。戦国時代の武将。1573没。
- 足利義昭 あしかがよしあき 1537生。安土桃山時代の室町幕府の第15代将軍。1597没。
- カラッチ, アンニバル 1560生。イタリアの画家。1609没。
- パチェーコ・デル・リオ, フランシスコ 1564生。スペインの画家, 著作家。1654没。
- シャイト, ザームエール 1587生。ドイツの作曲家。1654没。
- 石谷貞清 いしがやさだきよ 1594生。江戸時代前期の旗本, 江戸の町奉行。1672没。
- アイアトン, ヘンリー 1611生。イギリスのピューリタン革命期の軍人, 政治家。1651没。
- ウォリス, ジョン 1616生。イギリスの数学者, 物理学者, 神学者。1703没。
- アパフィ・ミハーイ1世 1632生。トランシルバニア公。1690没。
- ラマッツィーニ, ベルナルディーノ 1633生。イタリアの医師。1714没。
- サンドウィッチ, ジョン・モンタギュー, 4代伯爵 1718生。イギリスの政治家。1792没。
- シュレーダー 1744生。ドイツの俳優。1816没。
- ラザフォード, ダニエル 1749生。イギリスの化学者。1819没。
- プレース 1771生。イギリスの急進的改革運動者。1854没。
- ゴフ 1779生。イギリスの軍人。1869没。
- ブライアント, ウィリアム・カレン 1794生。アメリカの詩人, ジャーナリスト。1878没。
- モチャーロフ 1800生。ロシアの悲劇俳優。1848没。
- ベッリーニ, ヴィンチェンツォ 1801生。イタリアのオペラ作曲家。1835没。
- 永井尚志 ながいなおのぶ 1816生。江戸時代, 明治時代の幕臣, 官吏。1891没。
- 小原鉄心 おはらてっしん 1817生。江戸時代, 明治時代の美濃大垣藩士。大垣藩大参事。1872没。
- メーリニコフ, パーヴェル・イワノヴィチ 1819生。ロシアの小説家。1883没。
- 村田新八 むらたしんぱち 1836生。江戸時代, 明治時代の鹿児島藩士, 軍人。宮内大丞。1877没。
- 田中正造 たなかしょうぞう 1841生。明治時代の政治家, 社会運動家。衆議院議員。1913没。
- 野津道貫 のづみちつら 1841生。明治時代の陸軍軍人。元帥, 侯爵。1908没。
- メフメット5世 1844生。オスマン・トルコ帝国の第35代スルタン(1909〜18)。1918没。
- 新島八重子 にいじまやえこ 1845生。明治時代–昭和時代の教育家。1932没。
- 高峰譲吉 たかみねじょうきち 1854生。明治時代, 大正時代の化学者。1922没。
- メネンデス-イ-ペラーヨ, マルセリーノ 1856生。スペインの文学史家, 評論家。1912没。
- 須藤南翠 すどうなんすい 1857生。明治時代の小説家, 新聞記者。1920没。
- 須貝快天 すがいかいてん 1861生。明治時代, 大正時代の農民運動家。1929没。
- 福来友吉 ふくらいともきち 1869生。明治時代–昭和時代の心理学者。1952没。
- 森下博 もりしたひろし 1869生。明治時代–昭和時代の実業家。1943没。
- 小泉策太郎 こいずみさくたろう 1872生。明治時代–昭和時代の新聞人, 政治家。経済新聞社社長, 衆議院議員。1937没。
- 三遊亭円馬(3代目) さんゆうていえんば 1882生。明治時代–昭和時代の落語家。1945没。
- 鹿子木員信 かのこぎかずのぶ 1884生。大正時代, 昭和時代の思想家。文学博士, ベルリン大学教授。1949没。
- 田中栄三 たなかえいぞう 1886生。大正時代, 昭和時代の映画監督, 脚本家。1968没。

大手拓次　おおてたくじ　1887生。大正時代, 昭和時代の詩人。1934没。

マルシャーク, サムイル・ヤーコヴレヴィチ　1887生。ソ連の詩人。1964没。

山川菊栄　やまかわきくえ　1890生。大正時代, 昭和時代の女性運動家, 評論家。労働省婦人少年局長。1980没。

桂文楽(8代目)　かつらぶんらく　1892生。大正時代, 昭和時代の落語家。落語協会会長。1971没。

早川徳次　はやかわとくじ　1893生。大正時代, 昭和時代の実業家。シャープ会長。1980没。

田所輝明　たどころてるあき　1900生。大正時代, 昭和時代の社会運動家。1934没。

秋元不死男　あきもとふじお　1901生。昭和時代の俳人。1977没。

手島右卿　てしまゆうけい　1901生。昭和時代の書家。日本書道専門学校長, 日展審査員。1987没。

マルロー, アンドレ　1901生。フランスの小説家, 政治家。1976没。

山口誓子　やまぐちせいし　1901生。大正時代-平成時代の俳人。「天狼」主宰。1994没。

レオポルド3世　1901生。ベルギーの国王(在位1934～51)。1983没。

丹野セツ　たんのせつ　1902生。大正時代, 昭和時代の社会運動家。1987没。

エヴァンズ, ウォーカー　1903生。アメリカの写真家。1975没。

大谷藤子　おおたにふじこ　1903生。昭和時代の小説家。1977没。

井上長三郎　いのうえちょうざぶろう　1906生。昭和時代, 平成時代の洋画家。1995没。

小林武　こばやしたけし　1906生。昭和時代の労働運動家, 政治家。日教組委員長, 参議院議員。1987没。

滑川道夫　なめかわみちお　1906生。昭和時代の児童文学者, 児童文化評論家。東京成徳短期大学教授, 日本児童文学学会会長。1992没。

高橋鉄　たかはしてつ　1907生。昭和時代の性風俗研究家, 小説家。1971没。

レオーネ, ジョヴァンニ　1908生。イタリアの大統領, 法学者。2001没。

レストン　1909生。スコットランド生まれのアメリカのジャーナリスト。1995没。

大来佐武郎　おおきたさぶろう　1914生。昭和時代, 平成時代のエコノミスト, 官僚。内外政策研究会会長, 国際大学総長。1993没。

宮川睦男　みやがわむつお　1916生。昭和時代の労働運動家。三井三池労組組合長。1979没。

フェラー, ボブ　1918生。アメリカの元・大リーグ選手。

ブロンソン, チャールズ　1921生。アメリカの俳優。2003没。

山崎豊子　やまさきとよこ　1924生。昭和時代, 平成時代の小説家。

山口瞳　やまぐちひとみ　1926生。昭和時代, 平成時代の小説家。1995没。

小島剛夕　こじまごうせき　1928生。昭和時代, 平成時代の劇画家。2000没。

手塚治虫　てづかおさむ　1928生。昭和時代の漫画家, アニメーション作家。1989没。

藤野節子　ふじのせつこ　1928生。昭和時代の舞台女優。1986没。

西村寿行　にしむらじゅこう　1930生。昭和時代, 平成時代の推理作家。

さいとう・たかを　さいとうたかお　1936生。昭和時代, 平成時代の劇画家, 漫画家。

小林旭　こばやしあきら　1938生。昭和時代, 平成時代の俳優, 歌手。

ミュラー, ゲルト　1945生。ドイツの元・サッカー選手。

柄本明　えもとあきら　1948生。昭和時代, 平成時代の俳優。

ホームズ, ラリー　1949生。アメリカの元・プロボクサー。

神取忍　かんどりしのぶ　1964生。昭和時代, 平成時代の女子プロレスラー。

シマブクロ, ジェイク　1976生。アメリカのウクレレ奏者。

武幸四郎　たけこうしろう　1978生。平成時代の騎手。

アイマール, パブロ　1979生。アルゼンチンのサッカー選手。

プルシェンコ, エフゲニー　1982生。ロシアのフィギュアスケート選手。

登場人物

速水真澄　はやみますみ　マンガ『ガラスの仮面』の登場人物。

11月3日

11月4日

○記念日○　ユネスコ憲章記念日
　　　　　消費者センター開設記念日

小笠原長朝　おがさわらながとも　1443生。室町時代, 戦国時代の武将。1501没。

サンデ, ドゥアルテ・デ　1531生。ポルトガルのイエズス会宣教師。1600没。

レーニ, グイード　1575生。イタリアの画家。1642没。

ホントホルスト, ヘリット・ファン　1590生。オランダの画家。1656没。

隠元　いんげん　1592生。江戸時代前期の来日明僧, 日本黄檗宗の開祖。1673没。

柿右衛門(2代目)　かきえもん　1620生。江戸時代前期の赤絵磁器の陶工。1661没。

ダルジャンソン, マルク・ルネ　1652生。フランスの貴族。1721没。

鳥山芝軒　とりやましけん　1655生。江戸時代前期, 中期の漢詩人。1715没。

後藤芝山　ごとうしざん　1721生。江戸時代中期の漢学者。1782没。

岡田寒泉　おかだかんせん　1740生。江戸時代中期, 後期の儒学者, 幕府代官。1816没。

ベルヌーイ, ヨハン3世　1744生。スイスの数学者。1807没。

シェリダン, リチャード・ブリンズリー　1751生。イギリスの劇作家, 政治家。1816没。

奥平昌高　おくだいらまさたか　1781生。江戸時代後期の大名。1855没。

ヴェルカー　1784生。ドイツの古代言語学者。1868没。

伊藤樵渓　いとうしょうけい　1791生。江戸時代末期の豊後岡藩士。1860没。

ロペス, カルロス・アントニオ　1792生。パラグアイの大統領。1862没。

ブラシス, カルロ　1795生。イタリアの舞踊家。1878没。

元田竹渓　もとだちくけい　1800生。江戸時代, 明治時代の儒学者。1880没。

モーア　1806生。ドイツの化学者, 薬学者。1879没。

アレアルディ, アレアルド　1812生。イタリアの詩人。1878没。

ロリマー　1818生。イギリスの法学者。1890没。

有馬新七　ありましんしち　1825生。江戸時代末期の志士。1862没。

堀真澄　ほりますみ　1826生。江戸時代後期, 末期, 明治時代の写真家。1880没。

平野不苦斎　ひらのふくさい　1827生。江戸時代, 明治時代の尾張常滑の愛陶家。1907没。

トピナール　1830生。フランスの人類学者。1911没。

フェアベアン, アンドルー・マーティン　1838生。イギリス組合教会の神学者。1912没。

タウジヒ, カロル　1841生。ポーランドのピアニスト。1871没。

稲田植誠　いなだたねのぶ　1844生。江戸時代末期の阿波徳島藩洲本城代。1865没。

盛宣懐　せいせんかい　1844生。中国の官僚資本家。1916没。

ダンロイター, エドワード　1844生。ドイツのピアニスト, 音楽学者。1905没。

順子内親王　よりこないしんのう　1850生。江戸時代末期の女性。孝明天皇の第1皇女。1852没。

ベンソン, サー・フランク(・ロバート)　1858生。イギリスの俳優。1939没。

フィルポッツ, イーデン　1862生。イギリスの小説家, 劇作家。1960没。

フェルヴォルン　1863生。ドイツの生理学者。1921没。

大石誠之助　おおいしせいのすけ　1867生。明治時代の医師, 社会主義者。1911没。

シューマッハー, フリッツ　1869生。ドイツの建築家。1947没。

泉鏡花　いずみきょうか　1873生。明治時代－昭和時代の小説家。1939没。

ムア, G.E.　1873生。イギリスの哲学者。1958没。

デスビオ, シャルル　1874生。フランスの彫刻家。1946没。

ロジャーズ, ウィル　1879生。アメリカの俳優。1935没。

田口亀三　たぐちかめぞう　1882生。大正時代,昭和時代の鉱夫,労働運動家。関東労働同盟会会長。1925没。

楠山正雄　くすやままさお　1884生。明治時代-昭和時代の演劇評論家,児童文学者。1950没。

酒井鎬次　さかいこうじ　1885生。大正時代,昭和時代の陸軍軍人。中将。1973没。

桜井祐男　さくらいすけお　1887生。明治時代-昭和時代の教育家。1952没。

クラーブント　1890生。ドイツの詩人。1928没。

ガルシア　1896生。フィリピンの大統領(1957〜61)。1971没。

水谷長三郎　みずたにちょうざぶろう　1897生。大正時代,昭和時代の政治家。衆院議員,商工相。1960没。

ベルマン　1899生。ロシア生まれのアメリカの画家,舞台美術家。1972没。

ブィリエフ,イワン　1901生。ソ連の映画監督。1968没。

マリナトス,スピリドン　1901生。ギリシアの考古学者。1975没。

李方子　りまさこ　1901生。朝鮮の皇太子李垠の妻。1989没。

上村松篁　うえむらしょうこう　1902生。大正時代,昭和時代の日本画家。京都市立芸術大学教授。2001没。

日高孝次　ひだかこうじ　1903生。昭和時代の海洋物理学者。日高海洋科学振興財団理事長,東京大学教授。1984没。

ラムジ,アーサー・マイケル　1904生。イギリスの第100代カンタベリー大主教。1988没。

スティーヴンズ,スタンリー・スミス　1906生。アメリカの心理学者。1973没。

アレグリア,シロ　1909生。ペルーの作家。1967没。

清水脩　しみずおさむ　1911生。昭和時代の作曲家。全日本合唱連盟会長,日本オペラ協会会長。1986没。

山崎正一　やまざきまさかず　1912生。昭和時代,平成時代の哲学者。東京大学教授,日本カント学会会長。1997没。

岩本博行　いわもとひろゆき　1913生。昭和時代,平成時代の建築家。竹中工務店常務。1991没。

ウィ・キムウィ　1915生。シンガポールの政治家。2005没。

折原脩三　おりはらしゅうぞう　1918生。昭和時代,平成時代の評論家。思想の科学研究会会長。1991没。

カーニー,アート　1918生。アメリカの俳優。2003没。

ロドリゲス・ララ,ギレルモ　1923生。エクアドルの軍人,政治家。

クレスティル,トーマス　1932生。オーストリアの政治家,元・外交官。2004没。

池内淳子　いけうちじゅんこ　1933生。昭和時代,平成時代の女優。

オジュク,C.　1933生。ナイジェリアの軍人,政治家。

ラチラカ,ディディエ　1936生。マダガスカルの政治家。

森瑤子　もりようこ　1940生。昭和時代,平成時代の小説家。1993没。

西田敏行　にしだとしゆき　1947生。昭和時代,平成時代の俳優。

トゥーレ,アマドゥ・トゥマニ　1948生。マリの政治家,軍人。

バセスク,トライアン　1951生。ルーマニアの政治家。

NOKKO　のっこ　1963生。昭和時代,平成時代の歌手。

リリー・フランキー　1963生。昭和時代,平成時代のイラストレーター,作家。

浅倉大介　あさくらだいすけ　1967生。昭和時代,平成時代のミュージシャン,音楽プロデューサー。

名倉潤　なぐらじゅん　1968生。昭和時代,平成時代のコメディアン。

マコノヒー,マシュー　1969生。アメリカの俳優。

フィーゴ,ルイス　1972生。ポルトガルのサッカー選手。

山本未来　やまもとみらい　1974生。平成時代の女優。

登場人物

アムロ・レイ　『機動戦士ガンダム』の登場人物。

11月4日

11月5日

○記念日○　縁結びの日
　　　　　雑誌広告の日
　　　　　電報の日

シドニウス・アポッリナリス，ガイユス・ソッリウス・モデストゥス　431生。ローマの詩人。487没。

サンジャール　1086生。イランにおける大セルジューク朝最後の主(1117〜57)。1157没。

ニコラウス5世　1397生。教皇(在位1447〜55)。1455没。

ザックス，ハンス　1494生。ドイツの職匠歌人，劇作家。1576没。

王世貞　おうせいてい　1526生。中国，明の文学者。1590没。

ソツィーニ，ファウスト・パオロ　1539生。ユニテリアン派の神学者。1604没。

デュ・プレッシ-モルネー，フィリップ　1549生。フランス，ユグノーの指導者。1623没。

西洞院時慶　にしのとういんときよし　1552生。安土桃山時代，江戸時代前期の公家。1640没。

コーニンク，フィリップス・デ　1619生。オランダの画家。1688没。

今村英生　いまむらえいせい　1671生。江戸時代中期のオランダ通詞。1736没。

カンテミール，ディミトリエ　1673生。ルーマニアの文学者，政治家。1723没。

面山瑞方　めんざんずいほう　1683生。江戸時代中期の曹洞宗の僧。1769没。

深見有隣　ふかみありちか　1691生。江戸時代中期の幕臣。1773没。

モンロー，アレクサンダー　1773生。スコットランドの医師。1859没。

オールストン，ワシントン　1779生。アメリカの画家，作家。1843没。

キルヒマン　1802生。ドイツの法律家，哲学者，政治家。1884没。

ドア　1805生。アメリカの法律家，政治家。1854没。

ベネジークトフ，ウラジーミル・グリゴリエヴィチ　1807生。ロシアの詩人。1873没。

葛城彦一　かつらぎひこいち　1818生。江戸時代末期，明治時代の志士。1880没。

黒田一葦　くろだいちい　1818生。江戸時代末期，明治時代の筑前福岡藩士。1885没。

バトラー，ベンジャミン・F　1818生。アメリカの弁護士，軍人，政治家。1893没。

榊原鍵吉　さかきばらけんきち　1830生。江戸時代，明治時代の剣術家。1894没。

バルボーザ，ルイ　1849生。ブラジルの法律家，政治家，作家。1923没。

緒方正規　おがたまさのり　1853生。明治時代，大正時代の医師，細菌学者。東京大学教授。1919没。

サバティエ，ポール　1854生。フランスの有機化学者。1941没。

テスラン・ド・ボー，レオン・フィリップ　1855生。フランスの気象学者。1913没。

デブズ，ユージン・ビクター　1855生。アメリカの労働運動指導者，社会主義者。1926没。

ターベル，アイダ・M　1857生。アメリカの女流伝記作家，評論家。1944没。

ベルナドット，フォルケ，伯爵　1859生。スウェーデンの政治家。1953没。

ダース　1870生。インド国民運動の指導者，スワラジ党首。1925没。

横山健堂　よこやまけんどう　1872生。明治時代-昭和時代のジャーナリスト，評論家。国学院大学教授。1943没。

市村羽左衛門(15代目)　いちむらうざえもん　1874生。明治時代-昭和時代の歌舞伎役者。1945没。

デュシャン-ヴィヨン，レモン　1876生。フランスの彫刻家。1918没。

松木直亮　まつきなおすけ　1876生。明治時代-昭和時代の陸軍軍人。大将。1940没。

アルツイバーシェフ，ミハイル・ペトローヴィチ　1878生。ロシアの作家。1927没。

ペーターゼン，ユーリウス　1878生。ドイツの文学史家。1941没。

サドヴャヌ，ミハイル　1880生。ルーマニアの小説家。1961没。

帆足理一郎　ほあしりいちろう　1881生。大正時代, 昭和時代の哲学者, 評論家。1963没。

フレッカー, ジェイムズ・エルロイ　1884生。イギリスの詩人, 劇作家。1915没。

石川一郎　いしかわいちろう　1885生。昭和時代の実業家。日産化学社長, 原子力研究所初代理事長。1970没。

マラン, ルネ　1887生。フランスの海外県マルティニーク(西インド諸島東部)出身の作家。1960没。

林家正蔵(6代目)　はやしやしょうぞう　1888生。大正時代, 昭和時代の落語家。1929没。

福士幸次郎　ふくしこうじろう　1889生。大正時代, 昭和時代の詩人。1946没。

矢代幸雄　やしろゆきお　1890生。大正時代, 昭和時代の美術史家, 美術評論家。大和文華館初代館長。1975没。

ホールデン, ジョン・バードン・サンダーソン　1892生。イギリスの生理学者, 遺伝学者, 生物統計学者。1964没。

ローウィ, レイモンド　1893生。アメリカのインダストリアル・デザイナー。1987没。

ギーゼキング, ヴァルター　1895生。ドイツのピアニスト。1956没。

鄒韜奮　すうとうふん　1895生。中国のジャーナリスト。1944没。

ヴィゴツキー, レフ・セミョーノヴィチ　1896生。ソ連邦の心理学者。1934没。

ヴィノクール, グリゴーリー・オーシポヴィチ　1896生。ソ連邦の言語学者, ロシア語学者。1947没。

木村亀二　きむらかめじ　1897生。大正時代, 昭和時代の法学者。東北大学教授, 日本刑法学会理事長。1972没。

片山敏彦　かたやまとしひこ　1898生。昭和時代の詩人, 評論家, ドイツ文学者。法政大学教授。1961没。

平野力三　ひらのりきぞう　1898生。大正時代, 昭和時代の農民運動家, 政治家。衆議院議員, 日刊農業新聞社長。1981没。

海音寺潮五郎　かいおんじちょうごろう　1901生。昭和時代の小説家。1977没。

シーボルド　1901生。GHQ外交局長。1980没。

入江泰吉　いりえたいきち　1905生。昭和時代の写真家。1992没。

松村博司　まつむらひろじ　1909生。昭和時代の日本文学者。名古屋大学教授。1990没。

小川竜彦　おがわたつひこ　1910生。昭和時代の版画家。1988没。

山田克郎　やまだかつろう　1910生。昭和時代の小説家。1983没。

リー, ヴィヴィアン　1913生。イギリスの女優。1967没。

トゥン・イスマイル　1915生。マレーシアの政治家。1973没。

西銘順治　にしめじゅんじ　1921生。昭和時代, 平成時代の政治家。衆議院議員(自民党), 沖縄県知事。2001没。

アウクシュタイン, ルードルフ　1923生。西ドイツのジャーナリスト, 出版社経営者。2002没。

佐藤愛子　さとうあいこ　1923生。昭和時代, 平成時代の小説家。

坂本藤良　さかもとふじよし　1926生。昭和時代の経営評論家。環境科学研究所会長, 日本ビジネススクール学長。1986没。

喜味こいし　きみこいし　1927生。昭和時代, 平成時代の漫才師。

平良とみ　たいらとみ　1929生。昭和時代, 平成時代の女優。

赤瀬川隼　あかせがわしゅん　1931生。昭和時代, 平成時代の作家。

ガーファンクル, アート　1941生。アメリカのシンガー・ソングライター, 俳優。

シェパード, サム　1943生。アメリカの作家, 劇作家, 俳優, 脚本家, 映画監督。

天地真理　あまちまり　1951生。昭和時代, 平成時代のタレント, 歌手。

今井清隆　いまいきよたか　1957生。昭和時代, 平成時代の俳優。

小林明子　こばやしあきこ　1958生。昭和時代, 平成時代のシンガー・ソングライター。

アダムス, ブライアン　1959生。カナダのミュージシャン。

オニール, タータム　1963生。アメリカの女優。

中川晃教　なかがわあきのり　1982生。平成時代のシンガー・ソングライター, 俳優。

田中聖　たなかこうき　1985生。平成時代のタレント, 歌手。

BoA　ぼあ　1986生。韓国の歌手。

11月5日

11月6日

○記念日○　お見合い記念日
　　　　　　アパート記念日
○忌　日○　桂郎忌

アグリッピナ　15生。大アグリッピナの娘。59没。
九条良通　くじょうよしみち　1167生。平安時代後期の公卿。1188没。
広橋兼宣　ひろはしかねのぶ　1366生。南北朝時代, 室町時代の公卿。1429没。
イブン・アラブシャー　1392生。アラブ系の歴史家。1450没。
経覚　きょうかく　1395生。室町時代の法相宗の僧, 興福寺別当。1473没。
文徴明　ぶんちょうめい　1470生。中国, 明代の画家, 書家, 詩人。1559没。
ファナ　1479生。スペインのカスティリャ女王（1504～55）。1555没。
柳原資定　やなぎはらすけさだ　1495生。戦国時代, 安土桃山時代の公卿。1578没。
青山宗俊　あおやまむねとし　1604生。江戸時代前期の大名。1679没。
カルロス2世　1661生。ハプスブルク家最後のスペイン王（在位1665～1700）。1700没。
シバー, コリー　1671生。イギリスの俳優, 劇作家。1757没。
長久保赤水　ながくぼせきすい　1717生。江戸時代中期, 後期の地図作者。1801没。
徳川治済　とくがわはるさだ　1751生。江戸時代中期, 後期の一橋家の第2代当主。1827没。
ボッタ　1766生。イタリアの歴史家, 政治家, 医師。1837没。
ゼーネフェルダー, アロイス　1771生。チェコスロバキア生まれの石版画の発明者（1796頃）。1834没。
東京極院　ひがしきょうごくいん　1780生。江戸時代後期の女性。光格天皇の宮人, 仁孝天皇の母。1843没。
シチェープキン, ミハイル・セミョーノヴィチ　1788生。ロシアの俳優。1863没。
島津斉興　しまづなりおき　1791生。江戸時代末期の大名。1859没。
ペリシエ　1794生。フランスの軍人。1864没。

平田銕胤　ひらたかねたね　1799生。江戸時代, 明治時代の国学者, 神道家。1880没。
オーウェン, ロバート・デイル　1801生。スコットランド生まれのアメリカの社会運動家, 作家。1877没。
ベルンハルディ　1802生。ドイツの歴史家, 外交官。1887没。
申在孝　しんざいこう　1812生。朝鮮, 李朝のパンソリ作家。1884没。
杉田仙十郎　すぎたせんじゅうろう　1820生。江戸時代, 明治時代の政治家。大庄屋, 県議会議員。1893没。
ガルニエ, シャルル　1825生。フランスの建築家。1898没。
毛利元純　もうりもとずみ　1832生。江戸時代, 明治時代の長門清末藩主。1875没。
リー, ヨナス　1833生。ノルウェーの小説家。1908没。
オールドリッチ, ネルソン・W　1841生。アメリカの政治家, 財政専門家。1915没。
ファリエール, クレメント　1841生。フランスの大統領（1906～13）。1931没。
歌川芳豊（2代目）　うたがわよしとよ　1844生。江戸時代後期, 末期の浮世絵師。?没。
ジェフリーズ, リチャード　1848生。イギリスの小説家, 随筆家。1887没。
マーミン・シビリャーク, ドミートリー・ナルキンヴィチ　1852生。ロシアの小説家。1912没。
スーザ, ジョン・フィリップ　1854生。アメリカの作曲家。1932没。
平山成信　ひらやまなりのぶ　1854生。明治時代, 大正時代の官吏。日本赤十字社社長, 貴族院議員, 男爵。1929没。
パデレフスキ, イグナツィ・ヤン　1860生。ポーランドの政治家, 作曲家, ピアニスト。1941没。
ブリュノ, フェルディナン・ウージェーヌ　1860生。フランスの言語学者。1938没。

644

ネイスミス, ジェイムズ・A　1861生。カナダ生まれのアメリカの体育家。1939没。

大矢正夫　おおやまさお　1863生。明治時代の自由民権家, 志士。1928没。

ヨアンセン, ヨハネス　1866生。デンマークの詩人。1956没。

サミュエル(マウント・カーメルとトックステスの), ハーバート・ルイス・サミェル, 初代子爵　1870生。イギリスの政治家。1963没。

中川末吉　なかがわすえきち　1874生。大正時代, 昭和時代の実業家。1959没。

西村五雲　にしむらごうん　1877生。大正時代, 昭和時代の日本画家。1938没。

川喜田半泥子　かわきたはんでいし　1878生。大正時代, 昭和時代の実業家, 陶芸家。1963没。

ゴルトシュタイン　1878生。ドイツ, アメリカの神経学者, 精神医学者。1965没。

ヴァルガ, エフゲニー　1879生。ハンガリー生まれのソ連の経済学者。1964没。

鮎川義介　あゆかわよしすけ　1880生。明治時代-昭和時代の実業家, 政治家。参議院議員。1967没。

ムージル, ローベルト　1880生。オーストリアの小説家。1942没。

山田乙三　やまだおとぞう　1881生。明治時代-昭和時代の軍人。関東軍総司令官。1965没。

インス, トマス・ハーパー　1882生。アメリカの映画制作者, 監督。1924没。

ハイルブロン　1886生。イギリスの化学者。1959没。

マルティ　1886生。フランスの政治家。1956没。

沢村訥子(8代目)　さわむらとっし　1887生。明治時代-昭和時代の歌舞伎役者。1963没。

ジョンソン, ウォルター　1887生。アメリカの大リーグ選手。1946没。

星島二郎　ほしじまにろう　1887生。大正時代, 昭和時代の政治家。衆議院議員, 衆議院議員(自民党)。1980没。

マンゴールド　1891生。ドイツの動物学者。1962没。

吉田奈良丸(3代目)　よしだならまる　1898生。大正時代, 昭和時代の浪曲師。1978没。

加茂儀一　かもぎいち　1899生。昭和時代の技術史家, 評論家。東京工業大学教授, 小樽商科大学学長, 日本科学史学会会長。1977没。

塩尻公明　しおじりこうめい　1901生。昭和時代の評論家, 哲学者。神戸大学教授。1969没。

今日出海　こんひでみ　1903生。大正時代, 昭和時代の小説家, 評論家, 演出家。1984没。

小唄勝太郎　こうたかつたろう　1904生。昭和時代の歌手。1974没。

江上波夫　えがみなみお　1906生。昭和時代, 平成時代の考古学者。2002没。

スチュワート, マイケル・スチュワート, 男爵　1906生。イギリスの政治家。1990没。

竹田道太郎　たけだみちたろう　1906生。昭和時代, 平成時代の美術評論家。女子美術大学教授。1997没。

東畑四郎　とうはたしろう　1908生。昭和時代の官僚。農政調査委員会理事長, 全国食糧事業協同組合連合会会長。1980没。

山本紫朗　やまもとしろう　1908生。昭和時代, 平成時代の演出家, プロデューサー。1995没。

寺中作雄　てらなかさくお　1909生。昭和時代の官僚。日本視聴覚教育センター理事長, 文部省社会教育局長。1994没。

鈴木俊一　すずきしゅんいち　1910生。昭和時代, 平成時代の東京国際交流財団会長。元・東京都知事。

趙基天　ちょうきてん　1913生。北朝鮮の詩人。1951没。

渡辺喜恵子　わたなべきえこ　1914生。昭和時代, 平成時代の小説家。1997没。

ジョーンズ, ジェイムズ　1921生。アメリカの作家。1977没。

桂米朝(3代目)　かつらべいちょう　1925生。昭和時代, 平成時代の落語家。

シャンカル, ラムセワク　1937生。スリナムの政治家。

千葉敦子　ちばあつこ　1940生。昭和時代のジャーナリスト。1987没。

フィールド, サリー　1946生。アメリカの女優。

伊原剛志　いはらつよし　1963生。昭和時代, 平成時代の俳優。

松岡修造　まつおかしゅうぞう　1967生。昭和時代, 平成時代のスポーツキャスター, 元・テニス選手。

ローミン・ステイモス, レベッカ　1972生。アメリカの女優, ファッションモデル。

小田茜　おだあかね　1978生。平成時代の女優。

11月6日

11月7日

○記念日○　国有財産の日
　　　　　知恵の日
　　　　　鍋の日

イブン・ハズム　994生。アラブ系のスペインの小説家, 神学者。1064没。

敦康親王　あつやすしんのう　999生。平安時代中期の一条天皇の第1皇子。1019没。

アブドゥル・ラッザーク　1413生。イラン, チムール朝の政治家, 歴史家。1482没。

ジャーミー, ヌーロッディーン・アブドッラフマーン　1414生。ペルシアの神秘主義詩人, 学者。1492没。

カンペッジョ, ロレンツォ　1474生。イタリアの教会政治家。1539没。

島津家久　しまづいえひさ　1576生。安土桃山時代, 江戸時代前期の大名。1638没。

毛利秀元　もうりひでもと　1579生。安土桃山時代, 江戸時代前期の大名。1650没。

仁祖　じんそ　1595生。朝鮮, 李朝の第16代王(在位1623～49)。1649没。

スルバラン, フランシスコ・デ　1598生。スペインの画家。1664没。

ランバート, ジョン　1619生。イギリスの清教徒革命の軍人, 護国卿政権の中心人物。1683没。

丹嶺祖衷　たんれいそちゅう　1624生。江戸時代前期, 中期の曹洞宗の僧。1710没。

奥村蒙窩　おくむらもうか　1627生。江戸時代前期の加賀藩家老。1687没。

藤堂高通　とうどうたかみち　1644生。江戸時代前期の大名。1697没。

大高坂維佐子　おおたかさかいさこ　1660生。江戸時代前期, 中期の女性。文筆家。1699没。

シュナーベル, ヨハン・ゴットフリート　1692生。ドイツの作家。1752没。

寒川辰清　さむかわたつきよ　1697生。江戸時代中期の近江膳所藩士, 儒学者。1739没。

島津重豪　しまづしげひで　1745生。江戸時代中期, 後期の大名。1833没。

シュトルベルク-シュトルベルク, フリードリヒ・レーオポルト・ツー　1750生。ドイツの詩人。1819没。

東条一堂　とうじょういちどう　1778生。江戸時代後期の儒学者。1857没。

メビウス, アウグスト・フェルディナント　1790生。ドイツの天文学者, 数学者。1868没。

新渡戸伝　にとべつとう　1793生。江戸時代, 明治時代の篤農家, 岡山藩士。1871没。

平塚飄斎　ひらつかひょうさい　1794(閏11月)生。江戸時代末期, 明治時代の儒者, 山陵研究家。1875没。

内山七郎右衛門　うちやましちろうえもん　1807生。江戸時代, 明治時代の越前大野藩士。1881没。

鷹司輔煕　たかつかさすけひろ　1807生。江戸時代, 明治時代の神祇官知事。1878没。

ロイター, フリッツ　1810生。ドイツの小説家。1874没。

エルベン, カレル・ヤロミール　1811生。チェコスロバキアのチェコの詩人, 民俗学者, 歴史学者。1870没。

デュ・ボワ-レモン, エーミール　1818生。ドイツの動物生理学者。1896没。

ボドリー, ポール・ジャック・エメ　1828生。フランスの画家。1886没。

ヴィリエ・ド・リラダン, オーギュスト・ド　1838生。フランスの小説家, 劇作家。1889没。

コヴァレフスキー, アレクサンドル・オヌフリエヴィッチ　1840生。ロシアの動物学者。1901没。

辺見十郎太　へんみじゅうろうた　1849生。江戸時代, 明治時代の陸軍軍人, 鹿児島藩士。1877没。

島田三郎　しまださぶろう　1852生。明治時代, 大正時代のジャーナリスト, 政治家。衆議院議員, 毎日新聞社社長。1923没。

林忠正　はやしただまさ　1853生。明治時代の美術商, 西洋美術蒐集家。1906没。

ホール, エドウィン・ハーバート　1855生。アメリカの物理学者。1938没。

ダイスマン, アードルフ　1866生。ドイツのルター派新約学者。1937没。

キュリー, マリー　1867生。フランスの物理学者, 化学者。1934没。

マイトナー, リーゼ　1878生。オーストリアの物理学者。1968没。

丸岡桂　まるおかかつら　1878生。明治時代, 大正時代の歌人, 謡曲文学研究家。1919没。

トロツキー, レフ　1879生。ソ連の革命家。1940没。

野口兼資　のぐちかねすけ　1879生。明治時代–昭和時代の能楽師シテ方。1953没。

坂東秀調(3代目)　ばんどうしゅうちょう　1880生。明治時代–昭和時代の歌舞伎役者。1935没。

リャシコー, ニコライ・ニコラエヴィチ　1884生。ソ連の小説家。1953没。

ナイト　1885生。アメリカの経済学者。1972没。

バーナード　1886生。アメリカの実業家, 経営学者。1961没。

ラマン, サー・チャンドラセカーラ・ヴェンカタ　1888生。インドの物理学者。1970没。

久保田万太郎　くぼたまんたろう　1889生。大正時代, 昭和時代の小説家, 劇作家, 演出家, 俳人。日本演劇協会会長。1963没。

フールマノフ, ドミートリー・アンドレーヴィチ　1891生。ソ連の作家。1926没。

秋谷七郎　あきやしちろう　1896生。昭和時代の生化学者, 法医学者。東京大学教授, 東京医科歯科大学教授。1978没。

難波大助　なんばだいすけ　1899生。明治時代, 大正時代の無政府主義者。1924没。

田中外次　たなかそとじ　1901生。昭和時代の実業家。住友金属鉱山社長。1992没。

北条秀司　ほうじょうひでじ　1902生。昭和時代, 平成時代の劇作家, 演出家。1996没。

陽翰笙　ようかんしょう　1902生。中国の劇作家。1993没。

ローレンツ, コンラート　1903生。オーストリアの動物心理学者。1989没。

徳川義寛　とくがわよしひろ　1906生。昭和時代の官僚。宮内庁侍従長。1996没。

旗田巍　はただたかし　1908生。昭和時代, 平成時代の東洋史学者。東京都立大学教授, 専修大学教授。1994没。

上原謙　うえはらけん　1909生。昭和時代の俳優。1991没。

山中貞雄　やまなかさだお　1909生。昭和時代の映画監督。1938没。

江副勉　えぞえつとむ　1910生。昭和時代の精神神経科学者。東京都立松沢病院長。1971没。

桑沢洋子　くわさわようこ　1910生。昭和時代のファッション・デザイナー。東京造形大学学長, 桑沢デザイン研究所長。1977没。

リーチ, エドマンド・ロナルド　1910生。イギリスの人類学者。1989没。

高田浩吉　たかだこうきち　1911生。昭和時代, 平成時代の俳優。1998没。

カミュ, アルベール　1913生。フランスの作家, 劇作家。1960没。

木下和夫　きのしたかずお　1919生。昭和時代, 平成時代の経済学者。大阪大学教授。1999没。

ハート, アル　1922生。アメリカのジャズトランペット奏者。1999没。

小林勝　こばやしまさる　1927生。昭和時代の小説家, 劇作家。1971没。

チャーリー浜　ちゃーりーはま　1942生。昭和時代, 平成時代のコメディアン。

寺田農　てらだみのり　1942生。昭和時代, 平成時代の俳優。

松平定知　まつだいらさだとも　1944生。昭和時代, 平成時代のアナウンサー。

福本豊　ふくもとゆたか　1947生。昭和時代, 平成時代の野球解説者, 元・プロ野球選手。

笑福亭笑瓶　しょうふくていしょうへい　1956生。昭和時代, 平成時代のタレント, 落語家。

松村雄基　まつむらゆうき　1963生。昭和時代, 平成時代の俳優。

伊集院光　いじゅういんひかる　1967生。昭和時代, 平成時代のタレント。

ホーク, イーサン　1970生。アメリカの俳優。

雅姫　まさき　1972生。平成時代のモデル, ファッションデザイナー。

小比類巻貴之　こひるいまきたかゆき　1977生。平成時代の格闘家。

長瀬智也　ながせともや　1978生。平成時代のタレント, 歌手, 俳優。

内山理名　うちやまりな　1981生。平成時代の女優。

片瀬那奈　かたせなな　1981生。平成時代の女優, 歌手。

11月7日

11月8日

○記念日○　レントゲンの日
　　　　　　世界都市計画の日

ネルウァ, マルクス・コッケイウス　30生。ローマ皇帝(在位96〜98)。98没。

高松院　たかまついん　1141生。平安時代後期の女性。二条天皇中宮。1176没。

フォレンゴ, テオーフィロ　1491生。イタリアの詩人。1544没。

カルル10世　1622生。スウェーデン王(在位1654〜60)。1660没。

清姫　きよひめ　1666生。江戸時代中期の女性。紀伊和歌山藩主徳川頼宣の二男頼純の娘。1727没。

伊達村豊　だてむらとよ　1682生。江戸時代中期の大名。1737没。

西村菊渓　にしむらきくけい　1682生。江戸時代前期, 中期の国学者。1757没。

性応法親王　しょうおうほうしんのう　1690生。江戸時代中期の霊元天皇の第11皇子。1712没。

バイロン　1723生。イギリスの提督。1786没。

松平直純　まつだいらなおすみ　1727生。江戸時代中期の大名。1764没。

ポルトハン, ヘンリーク・ガーブリエル　1739生。フィンランドの哲学者, 文学者, 歴史家。1804没。

ルーベル　1747生。フランスの政治家。1807没。

メーストル, グザヴィエ・ド　1763生。フランスの小説家。1852没。

石川大浪　いしかわたいろう　1765生。江戸時代後期の洋風画家。1817没。

デジレ　1777生。スウェーデン王カルル14世の妃。1860没。

プチャーチン　1803生。帝政ロシアの海軍将官, 幕末の日露和親・通商条約の締結使節。1886没。

渋江抽斎　しぶえちゅうさい　1805生。江戸時代末期の儒医, 考証学者。1858没。

樋口真吉　ひぐちしんきち　1815生。江戸時代, 明治時代の志士。1870没。

佐々木元俊　ささきげんしゅん　1818生。江戸時代, 明治時代の医師, 蘭学者。弘前藩藩医, 蘭学堂教授。1874没。

安藤直裕　あんどうなおひろ　1821生。田辺藩主, 田辺藩知事。1885没。

鷲津毅堂　わしづきどう　1825生。江戸時代, 明治時代の儒学者。1882没。

リットン,(エドワード・)ロバート・ブルワー-リットン, 初代伯爵　1831生。イギリスの外交官, 詩人。1891没。

木村利右衛門　きむらりえもん　1834生。明治時代, 大正時代の実業家。貴族院議員。1919没。

ツェルナー　1834生。ドイツの天文学者, 物理学者。1882没。

佐々木清七　ささきせいしち　1844生。江戸時代, 明治時代の実業家。帝室技芸員。1908没。

スミス, ウィリアム・ロバートスン　1846生。スコットランドの自由教会派牧師。1894没。

カジミール・ペリエ　1847生。フランスの大統領。1907没。

フレーゲ,(フリードリヒ・ルートヴィヒ・)ゴットロープ　1848生。ドイツの数学者, 論理学者, 哲学者。1925没。

井上光　いのうえひかる　1851生。明治時代の陸軍軍人。大将, 男爵。1908没。

岸本辰雄　きしもとたつお　1852生。明治時代の法律家, 教育家。司法省大審院判事。1912没。

リュードベリ, ヨハネス・ロベルト　1854生。スウェーデンの物理学者。1919没。

東条英教　とうじょうひでのり　1855生。明治時代, 大正時代の陸軍軍人, 戦史研究家。中将, 歩兵第30旅団長。1913没。

千頭清臣　ちかみきよおみ　1856生。明治時代の官僚, 政治家。貴族院議員。1916没。

ヴィヴィアニ, ルネ　1863生。フランスの政治家。1925没。

ハウスドルフ, フェリックス　1868生。ドイツの数学者。1942没。

ギッピウス, ジナイーダ・ニコラエヴナ　1869生。ロシアの女流詩人。1945没。

馬場孤蝶　ばばこちょう　1869生。明治時代–昭和時代の英文学者，翻訳家，随筆家。1940没。

ハッシンガー　1877生。オーストリアの地理学者。1952没。

デムース，チャールズ　1883生。アメリカの水彩画家。1935没。

バックス，アーノルド　1883生。イギリスの作曲家。1953没。

フェールスマン　1883生。ソ連邦の地球化学者，鉱物学者。1945没。

海野清　うんのきよし　1884生。大正時代，昭和時代の彫金家。東京芸術大学教授。1956没。

ロールシャッハ，ヘルマン　1884生。スイスの精神医学者。1922没。

クロース　1885生。ドイツの地質学者。1951没。

山下奉文　やましたともゆき　1885生。昭和時代の陸軍軍人。大将。1946没。

シャポーリン，ユーリー・アレクサンドロヴィチ　1887生。ソ連邦の作曲家。1966没。

ガン，ニール・ミラー　1891生。イギリス（スコットランド）の作家。1973没。

平林初之輔　ひらばやしはつのすけ　1892生。大正時代，昭和時代の文芸評論家，社会評論家，翻訳家。1931没。

池田種生　いけだたねお　1897生。大正時代，昭和時代の教育運動家。1974没。

藤林敬三　ふじばやしけいぞう　1900生。昭和時代の経済学者。中労委会長，慶應義塾大学教授。1962没。

ミッチェル，マーガレット　1900生。アメリカの女流小説家。1949没。

山内みな　やまうちみな　1900生。大正時代，昭和時代の社会運動家。1990没。

ゲオルギウ－デジ，ゲオルゲ　1901生。ルーマニアの労働運動家，国家指導者。1965没。

松本慎一　まつもとしんいち　1901生。昭和時代の社会運動家。全日本印刷出版労働組合書記長。1947没。

ワディントン，コンラッド・ハル　1905生。イギリスの動物学者，遺伝学者。1975没。

ウォルド，ジョージ　1906生。アメリカの化学者。1997没。

月山貞一(2代目)　がっさんさだいち　1907生。昭和時代，平成時代の刀匠。1995没。

ブレンナー　1907生。西ドイツの労働運動家。1972没。

ヘップバーン，キャサリン　1907生。アメリカの舞台，映画女優。2003没。

ブベンノーフ，ミハイル・セミョーノヴィチ　1909生。ソ連の小説家。1983没。

大後美保　だいごよしやす　1910生。昭和時代の産業科学評論家。成蹊大学教授。2000没。

島崎敏樹　しまざきとしき　1912生。昭和時代の精神医学者，エッセイスト。東京医科歯科大学教授。1975没。

団藤重光　だんどうしげみつ　1913生。昭和時代，平成時代の刑法学者。

フレイザー，G.S.　1915生。イギリスの詩人，批評家，レスター大学英文学講師。1980没。

ヴァイス，ペーター　1916生。ドイツの劇作家，小説家，画家。1982没。

野崎孝　のざきたかし　1917生。昭和時代，平成時代のアメリカ文学者。中央大学教授，東京都立大学教授。1995没。

三橋敏雄　みつはしとしお　1920生。昭和時代，平成時代の俳人。2001没。

バーナード，クリスティアン・ニースリング　1922生。南アフリカの心臓外科医。2001没。

山本太郎　やまもとたろう　1925生。昭和時代の詩人。法政大学教授，日本現代詩人会長。1988没。

寺村輝夫　てらむらてるお　1928生。昭和時代，平成時代の児童文学作家。2006没。

若尾文子　わかおあやこ　1933生。昭和時代，平成時代の女優。

ドロン，アラン　1935生。フランスの俳優。

樺美智子　かんばみちこ　1937生。昭和時代の学生運動家。東京大学文学部自治会副委員長。1960没。

イシグロ，カズオ　1954生。イギリスの小説家。

平田オリザ　ひらたおりざ　1962生。昭和時代，平成時代の劇作家，演出家。

時津海正博　ときつうみまさひろ　1973生。平成時代の力士（幕内）。

坂口憲二　さかぐちけんじ　1975生。平成時代の俳優。

カリミ，アリ　1978生。イランのサッカー選手。

11月8日

11月9日

○記念日○ 119番の日
歯ぐきの日
太陽暦採用記念日

ウェスパシアーヌス, ティトゥス・フラーウィウス　9生。ローマ皇帝(在位69〜79)。79没。
証空　しょうくう　1177生。鎌倉時代前期の浄土宗の僧。1247没。
ケムニッツ, マルティン　1522生。ドイツのプロテスタント神学者。1586没。
英勝院　えいしょういん　1578生。安土桃山時代, 江戸時代前期の女性。徳川家康の側室。1642没。
竹屋光長　たけやみつなが　1596生。江戸時代前期の公家。1659没。
黒田忠之　くろだただゆき　1602生。江戸時代前期の大名。1654没。
コンリング, ヘルマン　1606生。ドイツの学者。1681没。
松平義行　まつだいらよしゆき　1656生。江戸時代前期, 中期の大名。1715没。
尚仁親王　なおひとしんのう　1671生。江戸時代前期, 中期の後西天皇の第8皇子。1689没。
水足屏山　みずたりへいざん　1671生。江戸時代前期, 中期の儒者。1732没。
西園寺致季　さいおんじむねすえ　1683生。江戸時代中期の公家。1756没。
品姫　しなひめ　1685生。江戸時代中期の女性。長州(萩)藩主毛利吉元の妻。1761没。
エイキンサイド, マーク　1721生。イギリスの詩人, 医者。1770没。
レスピナス, ジュリ・ジャンヌ・エレオノール・ド　1732生。フランスの女性。1776没。
上河淇水　うえかわきすい　1748生。江戸時代中期, 後期の心学者。1817没。
近藤篤山　こんどうとくざん　1766生。江戸時代後期の儒学者。1846没。
金子霜山　かねこそうざん　1789生。江戸時代後期の儒学者。1865没。
加藤月篷　かとうげっぽう　1792生。江戸時代末期の儒者, 勤王家。1867没。
ラヴジョイ, エライジャ・パリシュ　1803生。アメリカの奴隷制廃止論者。1837没。

ツルゲーネフ, イワン・セルゲーヴィチ　1818生。ロシアの小説家。1883没。
ガボリヨ, エミール　1832生。フランス推理小説の先駆的作家。1873没。
エドワード7世　1841生。イギリス国王(在位1901〜10)。1910没。
ブリンクリー　1841生。イギリスの海軍士官。1912没。
原六郎　はらろくろう　1842生。明治時代, 大正時代の実業家。第百国立銀行・横浜正金銀行各頭取。1933没。
高島鞆之助　たかしまとものすけ　1844生。明治時代の陸軍軍人。中将, 子爵。1916没。
カスティリャーノ, アルベルト　1847生。イタリアの技術者。1884没。
ニコルソン　1850生。イギリスの経済学者。1927没。
上原勇作　うえはらゆうさく　1856生。明治時代-昭和時代の陸軍軍人。子爵, 元帥。1933没。
松川敏胤　まつかわとしたね　1859生。明治時代-昭和時代の陸軍軍人。大将, 満州軍総参謀長。1928没。
賽金花　さいきんか　1864生。中国, 清末・民国初期の妓女。1936没。
イパーチェフ, ウラジーミル・ニコラエヴィチ　1867生。アメリカ(ロシア生まれ)の工業化学者。1952没。
脇水鉄五郎　わきみずてつごろう　1867生。明治時代-昭和時代の地質学者, 土壌学者。東京帝国大学教授。1942没。
当山久三　とうやまきゅうぞう　1868生。明治時代の民権運動家。1910没。
アベッグ, リヒャルト　1869生。ドイツの化学者。1910没。
チェルノーフ　1873生。ロシアの革命家。1952没。
テュッセン　1873生。ドイツの工業家。1951没。
鹿子木孟郎　かのこぎたけしろう　1874生。明治時代-昭和時代の洋画家。関西美術院院長。

650

1941没。
ブレイクスリー，アルバート・フランシス　1874生。アメリカの植物学者，遺伝学者。1954没。
野口英世　のぐちひでよ　1876生。明治時代–昭和時代の細菌学者。1928没。
イクバール，ムハンマド　1877生。インドの詩人，哲学者。1938没。
安昌浩　あんしょうこう　1878生。朝鮮の独立運動家，教育者，思想家。1938没。
ヨフコフ，ヨルダン　1880生。ブルガリアの短篇小説家，劇作家。1937没。
平塚常次郎　ひらつかつねじろう　1881生。明治時代–昭和時代の実業家，政治家。衆議院議員，運輸大臣。1974没。
河崎蘭香　かわさきらんこう　1882生。明治時代，大正時代の日本画家。1918没。
中井猛之進　なかいたけのしん　1882生。明治時代–昭和時代の植物学者。国立科学博物館館長，東京帝国大学教授。1952没。
伊勢ノ浜慶太郎　いせのはまけいたろう　1883生。明治時代，大正時代の力士。大関。1928没。
ヴァイル，ヘルマン　1885生。ドイツ生まれの数学者。1955没。
フレーブニコフ，ヴェリミール　1885生。ロシア，ソ連の詩人。1922没。
モネ，ジャン　1888生。フランスの経済学者。1979没。
ガイガー　1891生。ドイツの社会学者。1952没。
アウアーバッハ，エーリヒ　1892生。ドイツの文芸学者。1957没。
小林英三　こばやしえいぞう　1892生。昭和時代の実業家，政治家。参議院議員，厚相。1972没。
島野初子　しまのはつこ　1895生。大正時代，昭和時代の婦人運動家，教育者。(学)館山白百合学園園長。1985没。
ノリッシュ，ロナルド・ジョージ・レイフォード　1897生。イギリスの化学者。1978没。
馮文炳　ふうぶんぺい　1901生。中国の小説家。1967没。
島津フミヨ　しまづふみよ　1902生。昭和時代の放射線医学者。東京女子医科大学教授。1967没。
矢部貞治　やべていじ　1902生。昭和時代の政治学者。東京帝国大学教授，拓殖大学総長。

1967没。
ラ・クール，ポール　1902生。デンマークの詩人。1956没。
宝井馬琴（5代目）　たからいばきん　1903生。昭和時代の講談師。講談協会会長。1985没。
吉田秀雄　よしだひでお　1903生。昭和時代の経営者。1963没。
湊守篤　みなともりあつ　1908生。昭和時代の経営者。日興リサーチセンター社長。1972没。
ビレンキ，ロマーノ　1909生。イタリアの小説家。1989没。
榊原政常　さかきばらまさつね　1910生。昭和時代，平成時代の劇作家，教育者。都立南葛飾高校校長，一橋高校校長。1996没。
田中敏文　たなかとしふみ　1911生。昭和時代の政治家。北海道知事，日本緑化センター理事。1982没。
加藤衛　かとうまもる　1914生。昭和時代，平成時代の演劇学者，演出家。横浜演劇研究所長，横浜市立大学教授。1992没。
アグニュー，スパイロ・シオドア　1918生。アメリカの政治家，副大統領。1996没。
ラカトシュ，イムレ　1922生。ハンガリー生まれのイギリスの科学哲学者。1974没。
江藤俊哉　えとうとしや　1927生。昭和時代，平成時代のバイオリニスト。
ケルテース・イムレ　1929生。ハンガリーの作家。ノーベル文学賞。
クリンチ，ニコラス　1930生。アメリカの登山家，法律家。
セーガン，カール・エドワード　1934生。アメリカの宇宙科学者，科学ジャーナリスト。1996没。
梅沢富美男　うめざわとみお　1950生。昭和時代，平成時代の俳優。
石田えり　いしだえり　1060生。昭和時代，平成時代の女優。
デルピエロ，アレッサンドロ　1974生。イタリアのサッカー選手。
栃東大裕　とちあずまだいすけ　1976生。平成時代の大相撲年寄，元・力士（大関）。
えなりかずき　えなりかずき　1984生。平成時代の俳優。

11月9日

11月10日

○記念日○　エレベーターの日
　　　　　　技能の日

- ルター, マルティン　1483生。ドイツの宗教改革者。1546没。
- 万里小路惟房　までのこうじこれふさ　1513生。戦国時代の公卿。1573没。
- カッツ, ヤーコプ　1577生。オランダの詩人, 政治家。1660没。
- ランクロ, ニノン・ド　1620生。フランスの貴婦人。1705没。
- 潮音道海　ちょうおんどうかい　1628生。江戸時代前期, 中期の黄檗僧。1695没。
- 稲葉正住　いなばまさゆき　1640生。江戸時代前期, 中期の大名。1716没。
- ル・コント・アロワシウス, ルイ　1655生。フランスのイエズス会士。1728没。
- クープラン, フランソワ　1668生。フランスの作曲家, オルガン奏者。1733没。
- ジョージ2世　1683生。イギリス, ハノーバー朝第2代国王(在位1727〜60)。1760没。
- ホガース, ウィリアム　1697生。イギリスの画家, 著作者。1764没。
- ゴールドスミス, オリヴァー　1728生。イギリスの詩人, 劇作家, 小説家。1774没。
- シラー, フリードリヒ　1759生。ドイツの劇作家, 詩人。1805没。
- ダーリ, ウラジーミル・イワノヴィチ　1801生。ロシアの作家, 辞書編纂者。1872没。
- ハウ, サミュエル　1801生。アメリカの教育家。1876没。
- ブルム　1804生。ドイツの政治家。1848没。
- 茂山忠三郎(初代)　しげやまちゅうざぶろう　1813生。江戸時代後期, 末期, 明治時代の能楽師狂言方。1887没。
- 和田一真　わだいっしん　1814生。江戸時代, 明治時代の装剣金工。1882没。
- ポベドノースツェフ, コンスタンチーン・ペトローヴィチ　1827生。ロシアの政治家, 法律家。1907没。
- エルナンデス, ホセ　1834生。アルゼンチンの詩人, 政治家。1886没。
- 桂文楽(4代目)　かつらぶんらく　1838生。明治時代の落語家。1894没。
- 外山脩造　とやましゅうぞう　1842生。明治時代の官僚, 銀行家, 実業家。阪神電気鉄道初代社長, 衆議院議員。1916没。
- バネルジー, サー・スレーンドラナート　1848生。インドの民族運動初期の指導者。1925没。
- バルフォア, フランシス・メイトランド　1851生。イギリスの動物形態学者。1882没。
- ロイス, ジョサイア　1855生。アメリカの哲学者, 教育家。1916没。
- スタンラン, テオフィル-アレクサンドル　1859生。スイス生まれのフランスの挿絵画家, 版画家。1923没。
- ブランシュヴィク, レオン　1869生。フランスの観念論哲学者。1944没。
- ロストフツェフ, ミハイル　1870生。ロシアの考古学者, 歴史学者。1952没。
- チャーチル, ウィンストン　1871生。アメリカの小説家。1947没。
- 阿部守太郎　あべもりたろう　1872生。明治時代, 大正時代の外交官。清国駐在一等書記官, 政務局長。1913没。
- 金成マツ　かんなりまつ　1875生。明治時代−昭和時代のユーカラ記録者。1961没。
- ピアース, パトリック・ヘンリー　1879生。アイルランドの独立を目指すフェニアン(共和)主義派の民族主義者。1916没。
- リンゼイ, ヴェイチェル　1879生。アメリカの詩人。1931没。
- エプスタイン, サー・ジェイコブ　1880生。イギリスの彫刻家。1959没。
- 村上武次郎　むらかみたけじろう　1882生。大正時代, 昭和時代の金属工学者。東北大学教授。1969没。
- メル, マックス　1882生。オーストリアの劇作家, 小説家。1971没。
- 橋本関雪　はしもとかんせつ　1883生。大正時代, 昭和時代の日本画家。1945没。
- ナウコフスカ, ゾフィア　1885生。20世紀ポーランドを代表する女流作家。1954没。

村上義一　むらかみぎいち　1885生。大正時代,昭和時代の官僚,政治家。運輸相,参院議員,貴族議員,日本通運社長,日本交通公社会長。1974没。

ツヴァイク,アルノルト　1887生。東ドイツのユダヤ人作家。1968没。

ツポレフ,アンドレイ　1888生。ソ連の空軍将校,航空機設計技術者。1972没。

レインズ,クロード　1889生。イギリスの俳優。1967没。

前大峰　まえたいほう　1890生。明治時代–昭和時代の漆芸家。1977没。

リシツキー,エル　1890生。ロシアの画家,デザイナー,建築家。1941没。

小田原大造　おだわらだいぞう　1892生。昭和時代の実業家。久保田鉄工所社長。1971没。

亀井貫一郎　かめいかんいちろう　1892生。昭和時代の社会運動家。衆議院議員（社会党）。1987没。

川口軌外　かわぐちきがい　1892生。大正時代,昭和時代の洋画家。1966没。

マーカンド,J.P.　1893生。アメリカの小説家。1960没。

石田茂作　いしだもさく　1894生。昭和時代の仏教史学者,仏教考古学者。奈良国立博物館館長。1977没。

上田庄三郎　うえだしょうぶろう　1894生。大正時代,昭和時代の教育評論家。1958没。

クーデンホーフ・カレルギー,リヒャルト　1894生。パン・ヨーロッパ運動家。1972没。

市川中車(8代目)　いちかわちゅうしゃ　1896生。大正時代,昭和時代の歌舞伎役者。1971没。

進藤英太郎　しんどうえいたろう　1899生。昭和時代の映画俳優。1977没。

近藤忠義　こんどうただよし　1901生。昭和時代の日本文学者。法政大学教授,和光大学教授。1976没。

サペーニョ,ナタリーノ　1901生。イタリアの評論家。1990没。

新庄嘉章　しんじょうよしあきら　1904生。昭和時代,平成時代のフランス文学者。早稲田大学教授。1997没。

勝田守一　かつたしゅいち　1908生。昭和時代の教育学者,哲学者。東京大学教授。1969没。

伏見直江　ふしみなおえ　1908生。大正時代,昭和時代の女優。1982没。

桶谷繁雄　おけたにしげお　1910生。昭和時代の評論家,金属工学者。東京工業大学教授。1983没。

春日由三　かすがよしかず　1911生。昭和時代の放送人。日本民謡協会理事長,NHK専務理事,十日町市長。1995没。

ケールディシュ,ムスチスラフ　1911生。ソ連の数学者,物理学者。1978没。

シャピロ,カール　1913生。アメリカの詩人,評論家。2000没。

内海重典　うつみしげのり　1915生。昭和時代,平成時代の演出家,劇作家。1999没。

チョンベ,モイズ　1919生。ザイールの政治家。1969没。

山城隆一　やましろりゅういち　1920生。昭和時代,平成時代のグラフィックデザイナー。1997没。

石崎一正　いしざきかずまさ　1923生。昭和時代,平成時代の劇作家。1997没。

バートン,リチャード　1925生。イギリスの俳優。1984没。

モリコーネ,エンニオ　1928生。イタリアの作曲家。

黒木和雄　くろきかずお　1930生。昭和時代,平成時代の映画監督。2006没。

三橋美智也　みはしみちや　1930生。昭和時代,平成時代の歌手。民謡三橋流家元。1996没。

山城新伍　やましろしんご　1938生。昭和時代,平成時代の俳優,タレント,映画監督。

糸井重里　いといしげさと　1948生。昭和時代,平成時代のコピーライター,エッセイスト。

芹沢信雄　せりざわのぶお　1959生。昭和時代,平成時代のプロゴルファー。

原日出子　はらひでこ　1959生。昭和時代,平成時代の女優。

川島なお美　かわしまなおみ　1060生。昭和時代,平成時代の女優。

清水宏次朗　しみずこうじろう　1964生。昭和時代,平成時代の俳優,ロック歌手。

伊藤一朗　いとういちろう　1967生。昭和時代,平成時代のギタリスト（Every Little Thing）。

デーモン小暮閣下　でーもんこぐれかっか　昭和時代,平成時代の歌手,タレント。

11月10日

11月11日

○記念日○ 鏡の日
　　　　　世界平和記念日
○忌　日○ 亜浪忌

ハインリヒ4世　1050生。叙任権論争時代のドイツ王（在位1054〜77）、神聖ローマ皇帝（56〜1106）。1106没。
ブーツァー, マルティン　1491生。ドイツのプロテスタント宗教改革者。1551没。
宣祖（李朝）　せんそ　1552生。朝鮮、李朝の第14代王（在位1567〜1608）。1608没。
スネイデルス, フランス　1579生。フランドルの画家。1657没。
ピッコローミニ　1599生。イタリア出身の軍人、外交官。1656没。
藤堂高次　とうどうたかつぐ　1601（閏11月）生。江戸時代前期の大名。1676没。
ハリファックス　1633生。イギリスの政治家。1695没。
ブール, アンドレ・シャルル　1642生。フランスの家具製作者。1732没。
ブーガンヴィル, ルイ・アントワーヌ・ド　1729生。フランスの航海者、軍人。1811没。
裏松光世　うらまつみつよ　1736生。江戸時代中期、後期の有職故実家。1804没。
トゥーンベリ, カール・ペール　1743生。スウェーデンの医師、植物学者。1828没。
カルロス4世　1748生。スペイン王（在位1788〜1808）。1819没。
オジュロー, ピエール・フランソワ・シャルル, カスティリオーネ公爵　1757生。フランスの軍人。1816没。
ブオナロッティ　1761生。イタリア生まれのフランスの革命家。1837没。
伊沢蘭軒　いざわらんけん　1777生。江戸時代後期の医師、考証家。1829没。
板倉勝明　いたくらかつあき　1809生。江戸時代後期の大名。1857没。
中山忠能　なかやまただやす　1809生。江戸時代、明治時代の公卿。侯爵。1888没。
古賀謹一郎　こがきんいちろう　1816生。江戸時代末期、明治時代の幕臣。1884没。
杉田成卿　すぎたせいけい　1817生。江戸時代末期の蘭学者。1859没。

林家正蔵（5代目）　はやしやしょうぞう　1824生。江戸時代、明治時代の落語家。1923没。
ゲード　1845生。フランスの社会主義者。1922没。
川上操六　かわかみそうろく　1848生。明治時代の陸軍軍人。参謀次官、大将。1899没。
デルブリュック　1848生。ドイツの軍事史家、政治家。1929没。
乃木希典　のぎまれすけ　1849生。明治時代の陸軍軍人。大将、伯爵。1912没。
バシキールツェワ, マリヤ・コンスタンチノヴナ　1860生。ロシアの女流画家、音楽家、作家。1884没。
渡瀬庄三郎　わたせしょうざぶろう　1862生。明治時代、大正時代の動物学者。東京帝国大学教授。1929没。
シニャック, ポール　1863生。フランス、新印象派の画家。1935没。
フリート　1864生。オーストリアの平和主義者。1921没。
人見一太郎　ひとみいちたろう　1865生。明治時代の評論家、実業家。1924没。
メイエ, アントワーヌ　1866生。フランスの言語学者。1936没。
山本条太郎　やまもとじょうたろう　1867生。明治時代–昭和時代の実業家、政治家。三井物産常務、貴族院議員。1936没。
ヴュイヤール, エドゥアール　1868生。フランスの画家。1940没。
ビットリオ・エマヌエレ3世　1869生。イタリア国王（在位1900〜46）。1947没。
上野直昭　うえのなおてる　1882生。明治時代–昭和時代の美学・美術史学者。東京芸術大学学長、愛知県立芸術大学学長。1973没。
織田一磨　おだかずま　1882生。明治時代–昭和時代の版画家。1956没。
グスタフ6世　1882生。スウェーデン国王。1973没。
ボルジェーゼ, ジュゼッペ・アントニオ　1882生。イタリアの小説家、評論家。1952没。

654

アンセルメ, エルネスト　1883生。スイスの指揮者。1969没。

ゲルハルト, エレナ　1883生。ドイツの女流歌手。1961没。

パットン, ジョージ・S　1885生。アメリカの陸軍軍人。1945没。

渡辺勇次郎　わたなべゆうじろう　1887生。明治時代–昭和時代のボクシング指導者。1956没。

イッテン, ヨハネス　1888生。スイスの画家, 美術教育家。1967没。

ムカジョフスキー, ヤン　1891生。チェコの美学者, 文芸理論家。1975没。

佐佐木茂索　ささきもさく　1894生。大正時代, 昭和時代の小説家, 出版経営者。文芸春秋社社長。1966没。

オールポート, ゴードン・ウィラード　1897生。アメリカの心理学者。1967没。

松本信広　まつもとのぶひろ　1897生。昭和時代の民族学者, 歴史学者。慶応義塾大学教授。1981没。

クレール, ルネ　1898生。フランスの映画監督。1981没。

奥野信太郎　おくのしんたろう　1899生。昭和時代の中国文学者, 随筆家。慶応義塾大学教授。1968没。

デ・ビーア, サー・ギャヴィン・ライランズ　1899生。イギリスの動物学者。1972没。

大浜英子　おおはまひでこ　1901生。昭和時代の社会評論家, 婦人運動家。中央選挙管理会委員長, 国民生活センター会長。1982没。

橘旭翁(3代目)　たちばなきょくおう　1902生。大正時代, 昭和時代の琵琶演奏家。1971没。

ヒス, アルジャー　1904生。アメリカの国務省官吏。1996没。

藤田圭雄　ふじたたまお　1905生。昭和時代, 平成時代の童謡詩人, 児童文学作家。日本児童文学者協会会長, 日本童謡協会会長。1999没。

沢村貞子　さわむらさだこ　1908生。昭和時代, 平成時代の女優, 随筆家。1996没。

小森和子　こもりかずこ　1909生。昭和時代, 平成時代の映画評論家。2005没。

マッタ, ロベルト　1911生。チリ出身の画家。2002没。

ファースト, ハワード・メルヴィン　1914生。アメリカの小説家。2003没。

石原吉郎　いしはらよしろう　1915生。昭和時代の詩人。1977没。

鳩山威一郎　はとやまいいちろう　1918生。昭和時代, 平成時代の官僚, 政治家。参議院議員。1993没。

ジェンキンズ(ヒルヘッドの), ロイ・ジェンキンズ, 男爵　1920生。イギリスの政治家, 評論家。2003没。

大庭みな子　おおばみなこ　1930生。昭和時代, 平成時代の小説家。2007没。

野村喬　のむらたかし　1930生。昭和時代, 平成時代の演劇評論家, 近代文学研究家。2003没。

養老孟司　ようろうたけし　1937生。昭和時代, 平成時代の解剖学者。

北川正恭　きたがわまさやす　1944生。昭和時代, 平成時代の元・政治家。

オルテガ, ダニエル　1945生。ニカラグアの政治家, 革命指導者。

吉幾三　よしいくぞう　1952生。昭和時代, 平成時代のシンガー・ソングライター。

ワンチュク, ジグメ・シンゲ　1955生。ブータン国王(第4代)。

田中美佐子　たなかみさこ　1959生。昭和時代, 平成時代の女優。

ダンプ松本　だんぷまつもと　1960生。昭和時代, 平成時代の女子プロレスラー, タレント。

ムーア, デミ　1962生。アメリカの女優。

中西圭三　なかにしけいぞう　1964生。昭和時代, 平成時代のシンガー・ソングライター。

フロックハート, キャリスタ　1964生。アメリカの女優。

マギー審司　まぎーしんじ　1973生。平成時代のマジック漫談師。

ディカプリオ, レオナルド　1974生。アメリカの俳優。

大畑大介　おおはただいすけ　1975生。平成時代のラグビー選手。

田中れいな　たなかれいな　1989生。平成時代の歌手(モーニング娘。)。

11月11日

11月12日

○記念日○ 皮膚の日

安徳天皇　あんとくてんのう　1178生。平安時代後期の第81代の天皇。1185没。
ピサネロ，アントニオ　1395生。イタリアの画家。1455没。
花山院家雅　かざんいんいえまさ　1558生。安土桃山時代，江戸時代前期の公家。1634没。
唐橋在村　からはしありむら　1592生。江戸時代前期の公家。1675没。
赤塚芸庵　あかつかうんあん　1613生。江戸時代前期の国学者。1692没。
三宅尚斎　みやけきょうかく　1614生。江戸時代前期の儒者。1675没。
鍋島直澄　なべしまなおずみ　1615生。江戸時代前期の大名。1669没。
バクスター，リチャード　1615生。イギリスの神学者。1691没。
堀田正俊　ほったまさとし　1634生。江戸時代前期の大名，大老。1684没。
クルス，フアナ・イネス・デ・ラ　1651生。メキシコの女流詩人。1695没。
毛利広寛　もうりひろのり　1733生。江戸時代中期の大名。1764没。
シャルル，ジャック・アレクサンドル・セザール　1746生。フランスの物理学者。1823没。
シャルンホルスト，ゲルハルト・ヨハン・ダーフィト・フォン　1755生。プロシアの軍人。1813没。
ムニエ　1758生。フランスの政治家。1806没。
岩本茂登子　いわもともとこ　1795生。江戸時代末期の女性。渡辺崋山の妹。1867没。
スタントン，エリザベス　1815生。アメリカの婦人参政権運動指導者。1902没。
ノッテボーム，マルティン・グスタフ　1817生。ドイツの音楽学者。1882没。
バハー・アッラー　1817生。イランの宗教家，バハーイー教の始祖。1892没。
モニエル・ウィリアムズ　1819生。イギリスの東洋学者，サンスクリット学者。1899没。
薗田守宣　そのだもりのぶ　1823生。江戸時代末期，明治時代の神官，神学者。1887没。
ボロディン，アレクサンドル・ボルフィリエヴィチ　1833生。ロシアの作曲家。1887没。
ロダン，オーギュスト　1840生。フランスの彫刻家。1917没。
レイリー，ジョン・ウィリアム・ストラット，3代男爵　1842生。イギリスの物理学者。1919没。
山崎一郎　やまざきいちろう　1846生。江戸時代，明治時代の祠官。1876没。
木村庄之助(16代目)　きむらしょうのすけ　1849生。江戸時代後期，末期，明治時代の相撲行司。1912没。
アウエルバッハ　1856生。ドイツの物理学者。1933没。
奥宮健之　おくのみやけんし　1857生。明治時代の社会運動家。1911没。
シュタイン　1859生。ドイツの哲学者。1930没。
ハーンソン，ウーラ　1860生。スウェーデンの作家。1925没。
シュタインドルフ　1861生。ドイツのエジプト学者。1951没。
ツィーエン　1862生。ドイツの哲学者，美学者，心理学者，精神医学者。1950没。
ワーナー　1864生。イギリスの外交官。1954没。
孫文　そんぶん　1866生。中国の革命家，思想家。1925没。
生江孝之　なまえたかゆき　1867生。明治時代-昭和時代の宗教家，社会事業家。日本女子大学教授。1957没。
シュリューター　1872生。ドイツの人文地理学者。1959没。
ブッセ，カール　1872生。ドイツの詩人，小説家，評論家。1918没。
プロヴァツェック　1875生。ドイツの細菌学者。1915没。
トリート　1879生。アメリカの歴史家。1972没。
東郷実　とうごうみのる　1881生。大正時代，昭和時代の農学者，政治家。衆議院議員。

1959没。
レーゲナー, エーリヒ　1881生。ドイツの物理学者。1955没。
塩入松三郎　しおいりまつさぶろう　1889生。大正時代, 昭和時代の農学者。東京大学教授。1962没。
ゼノ　1891生。ラテン教父, 聖人。1982没。
ニコルソン, セス・バーンズ　1891生。アメリカの天文学者。1963没。
牧野信一　まきのしんいち　1896生。大正時代, 昭和時代の小説家。1936没。
内村祐之　うちむらゆうし　1897生。昭和時代の精神医学者。東京大学教授, プロ野球コミッショナー。1980没。
宇野弘蔵　うのこうぞう　1897生。昭和時代の経済学者。東京大学教授。1977没。
池上鎌三　いけがみけんぞう　1900生。昭和時代の哲学者。東京大学教授。1956没。
伊東卓治　いとうたくじ　1901生。昭和時代の美術史家。神奈川大学教授, 東京国立文化財研究所美術部第一研究室長。1982没。
ロドリゴ, ホアキン　1902生。スペインの作曲家。1999没。
安西正夫　あんざいまさお　1904生。昭和時代の実業家。昭和電工社長, 日本東ドイツ経済委員長。1972没。
平良良松　たいらりょうしょう　1907生。昭和時代の社会運動家, 政治家。那覇市長。1990没。
吉田精一　よしだせいいち　1908生。昭和時代の日本文学者。東京大学教授。1984没。
リヒター, ハンス・ヴェルナー　1908生。西ドイツの小説家, 評論家。1993没。
芳武茂介　よしたけもすけ　1909生。昭和時代, 平成時代のクラフトデザイナー。武蔵野美術大学教授。1993没。
華羅庚　からこう　1910生。中国の数学者。1985没。
春日野八千代　かすがのやちよ　1915生。昭和時代, 平成時代の宝塚スター, 宝塚歌劇団理事。
串田孫一　くしだまごいち　1915生。昭和時代, 平成時代の随筆家, 詩人, 哲学者。2005没。
バルト, ロラン　1915生。フランスの批評家, 文学理論家, 記号学者。1980没。

ボロフスキ, タデウシュ　1922生。ポーランドの詩人, 小説家。1951没。
観世寿夫　かんぜひさお　1925生。昭和時代の能楽師 (観世流シテ方)。1978没。
リーザネク, レオニー　1926生。オーストリアのソプラノ歌手。1998没。
グレース王妃　1928生。モナコの女優。1982没。
ケリー, グレイス　1928生。アメリカの映画俳優, モナコ大公妃。1982没。
エンデ, ミヒャエル　1929生。ドイツの児童文学作家。1995没。
俵孝太郎　たわらこうたろう　1930生。昭和時代, 平成時代の政治評論家。
花井幸子　はないゆきこ　1937生。昭和時代, 平成時代のファッションデザイナー。
ムカパ, ベンジャミン・ウィリアム　1938生。タンザニアの政治家。
ポップ, ルチア　1939生。チェコスロヴァキアのソプラノ歌手。1993没。
ルコント, パトリス　1947生。フランスの映画監督。
山崎博昭　やまざきひろあき　1948生。昭和時代の学生運動家。1967没。
由美かおる　ゆみかおる　1950生。昭和時代, 平成時代の女優。
津森千里　つもりちさと　1954生。昭和時代, 平成時代のファッションデザイナー。
宮川青丸　みやがわあおまる　1954生。昭和時代, 平成時代の漫才師。
岩崎宏美　いわさきひろみ　1958生。昭和時代, 平成時代の歌手。
コマネチ, ナディア　1961生。ルーマニア出身の元・体操選手。
寺島進　てらじますすむ　1963生。昭和時代, 平成時代の俳優。
麻木久仁子　あさぎくにこ　1964生。昭和時代, 平成時代のタレント, 女優。
ソーサ, サミー　1968生。大リーグ選手。
ハサウェイ, アン　1982生。アメリカの女優。

11月12日

11月13日

○記念日○ うるしの日
○忌　日○ 空也忌

アウグスティヌス，アウレリウス　354生。初期西方キリスト教会最大の教父。438没。

マハムード・ガズナヴィー　970生。アフガニスタンのガズニー朝第7代の王（在位998〜1030）。1030没。

道法法親王　どうほうほっしんのう　1166生。平安時代後期，鎌倉時代前期の真言宗の僧。1214没。

エドワード3世　1312生。イングランド王（在位1327〜77）。1377没。

絶海中津　ぜっかいちゅうしん　1336生。南北朝時代，室町時代の臨済宗の僧，五山文学僧。1405没。

エック，ヨーハン・フォン　1486生。宗教改革期のドイツのカトリック聖職者。1543没。

フィリップ1世　1504生。ヘッセン方伯。1567没。

細川忠興　ほそかわただおき　1563生。安土桃山時代，江戸時代前期の武将，歌人。1646没。

ルカリス，キュリロス　1572生。ギリシア正教の神学者。1638没。

尚豊　しょうほう　1590生。江戸時代前期の琉家の王。1640没。

安積澹泊　あさかたんぱく　1656生。江戸時代前期，中期の儒学者。1738没。

浅井図南　あさいとなん　1706生。江戸時代中期の医師，本草家。1782没。

ファヴァール，シャルル・シモン　1710生。フランスの劇作家。1792没。

シェンストーン，ウィリアム　1714生。イギリスの詩人。1763没。

稲葉黙斎　いなばもくさい　1732生。江戸時代中期の儒学者。1799没。

ディキンソン，J.　1732生。アメリカの政治家。1808没。

ピンデモンテ，イッポーリト　1753生。イタリアの詩人，悲劇作家。1828没。

ムーア，サー・ジョン　1761生。イギリスの軍人。1809没。

テングネール，エサイアス　1782生。スウェーデンの詩人。1846没。

ラム，キャロライン　1785生。イギリスの女流作家。1828没。

トリローニ，エドワード　1792生。イギリスの冒険家。1881没。

カトコーフ，ミハイル・ニキフォロヴィチ　1818生。ロシアの政治評論家。1887没。

ブタシェーヴィチ-ペトラシェフスキー，ミハイル・ワシリエヴィチ　1821生。ロシアの革命家。1866没。

菅原白龍　すがわらはくりゅう　1833生。明治時代の日本画家。1898没。

ブース，エドウィン・トーマス　1833生。アメリカの俳優。1893没。

バラティエリ　1841生。イタリアの軍人。1901没。

長谷幸輝　ながたにゆきてる　1843生。江戸時代-大正時代の地唄三味線演奏家。1920没。

アルベール1世　1848生。モナコ君主，海洋学者。1922没。

スティーヴンソン，ロバート・ルイス　1850生。イギリスの小説家，詩人，随筆家。1894没。

ブランダイス，ルイス　1856生。アメリカの法律家。1941没。

田中智学　たなかちがく　1861生。明治時代-昭和時代の仏教者。1939没。

コットル・オットーリエンフェルト　1868生。ドイツの経済学者。1958没。

オンケン　1869生。ドイツの歴史家，ベルリン大学教授。1946没。

岩井重太郎　いわいじゅうたろう　1871生。大正時代，昭和時代の実業家。日興証券社長。1946没。

真島利行　まじまりこう　1874生。明治時代-昭和時代の有機化学者。1962没。

ロン，マルグリット　1874生。フランスの女流ピアニスト。1966没。

中山太郎　なかやまたろう　1876生。明治時代-昭和時代の民俗学者。1947没。

江渡狄嶺　えとてきれい　1880生。明治時代-昭和時代の農民，評論家。1944没。

野村芳亭　のむらほうてい　1880生。大正時代，昭和時代の映画監督。松竹蒲田撮影所所長兼監督。1934没。

布施辰治　ふせたつじ　1880生。明治時代–昭和時代の弁護士，社会運動家。1953没。

オラヤ・エレーラ　1881生。コロンビア大統領（1930～34）。1937没。

郷古潔　ごうこきよし　1882生。昭和時代の実業家。三菱重工業社長，兵器生産協力会会長。1961没。

俵田明　たわらだあきら　1884生。昭和時代の実業家。宇部興産社長。1958没。

ヴィグマン，マリー　1886生。ドイツの舞踊家。1973没。

太田正孝　おおたまさたか　1886生。昭和時代の政治家。衆議院議員。1982没。

前田河広一郎　まえだこうひろいちろう　1888生。大正時代，昭和時代の小説家。1957没。

古野伊之助　ふるのいのすけ　1891生。昭和時代の経営者。同盟通信社長。1966没。

ドイジー，エドワード・エーデルバート　1893生。アメリカの生化学者，生理学者。1987没。

岸信介　きしのぶすけ　1896生。昭和時代の政治家。首相，自主憲法制定国民会議会長。1987没。

松坂佐一　まつさかさいち　1898生。昭和時代の弁護士，法学者。名古屋大学教授，名古屋大学総長。2000没。

落合麒一郎　おちあいきいちろう　1899生。昭和時代の物理学者。東京帝国大学教授。1959没。

水野成夫　みずのしげお　1899生。昭和時代の経営者。フジテレビ社長，サンケイ新聞社長，国策パルプ社長。1972没。

ミルザ，イスカンダル　1899生。パキスタンの軍人，初代大統領。1969没。

八田元夫　はったもとお　1903生。昭和時代の演出家，劇作家。全国映画従業員組合東京支部委員長。1976没。

豊平良顕　とよひらりょうけん　1904生。昭和時代の新聞記者，実業家。県史編集審議会会長，沖縄文化財保護審議会会長。1990没。

久保喬　くぼたかし　1906生。昭和時代，平成時代の児童文学作家，小説家。1998没。

後藤鉀二　ごとうこうじ　1906生。昭和時代の教育者，卓球指導者。日本卓球協会会長。1972没。

滝沢修　たきざわおさむ　1906生。昭和時代，平成時代の俳優，演出家。2000没。

サバン・バッタナ　1907生。ラオス国王。

ジョバナ・ディサボヤ　1907生。ブルガリア国王ボリス3世王妃。2000没。

田木繁　たきしげる　1907生。昭和時代の詩人。大阪府立大学教授。1995没。

ウッドワード　1908生。アメリカの歴史学者。1999没。

西山夘二郎　にしやまうにろう　1908生。昭和時代，平成時代の機械工学者。京都帝国大学教授，大阪府立大学学長。2000没。

佐藤佐太郎　さとうさたろう　1909生。昭和時代の歌人。現代歌人協会理事。1987没。

杉浦敏介　すぎうらびんすけ　1911生。昭和時代，平成時代の銀行家。日本長期信用銀行頭取，日韓経済協会名誉会長。2006没。

清洲すみ子　きよすすみこ　1914生。昭和時代，平成時代の女優。劇団東京芸術座代表。1997没。

入野義朗　いりのよしろう　1921生。昭和時代の作曲家。桐朋学園大教授。1980没。

木村資生　きむらもとお　1924生。昭和時代，平成時代の遺伝学者。1994没。

朝潮太郎(3代目)　あさしおたろう　1929生。昭和時代の力士（第46代横綱）。1988没。

セバーグ，ジーン　1938生。アメリカの女優。1979没。

大原麗子　おおはられいこ　1946生。昭和時代，平成時代の女優。

由紀さおり　ゆきさおり　1948生。昭和時代，平成時代の歌手，女優。

ゴールドバーグ，ウーピー　1949生。アメリカの女優。

伊勢正三　いせしょうぞう　1951生。昭和時代，平成時代のシンガーソングライター。

野村将希　のむらまさき　1952生。昭和時代，平成時代の俳優，歌手。

木村拓哉　きむらたくや　1972生。平成時代のタレント，歌手，俳優。

倖田來未　こうだくみ　1982生。平成時代の歌手。

11月13日

11月14日

○記念日○　いい石の日
　　　　　ウーマンリブの日

六条天皇　ろくじょうてんのう　1164生。平安時代後期の第79代の天皇。1176没。

マウリッツ, オラニエ公爵, ナッサウ伯爵　1567生。ネーデルラント総督(1587～1625)。1625没。

貝原益軒　かいばらえきけん　1630生。江戸時代前期, 中期の儒学者, 博物学者。1714没。

ウィリアム3世　1650生。イギリスのスチュアート朝の王(在位1689～1702)。1702没。

西川正休　にしかわせいきゅう　1693生。江戸時代中期の天文家。1756没。

モーツァルト, レーオポルト　1719生。オーストリアの作曲家。1787没。

ティッシュバイン, ヨハン・ハインリヒ　1722生。ドイツ, ヘッセンの画家。1789没。

滋野井公麗　しげのいきんかず　1733生。江戸時代中期の公家。1781没。

ヒューソン　1739生。イギリスの外科医。1774没。

柳原紀光　やなぎはらもとみつ　1746生。江戸時代中期, 後期の公家。1801没。

菱田縫子　ひしだぬいこ　1750生。江戸時代中期, 後期の女性。歌人。1801没。

カラジョルジェ　1762生。セルビア国家の創建者。1817没。

フルトン, ロバート　1765生。アメリカの技術者。1815没。

ビシャ, マリー・フランソワ・クサヴィエ　1771生。フランスの解剖, 外科医学者。1802没。

スポンティーニ, ガスパーレ　1774生。イタリアの作曲家。1851没。

フォイエルバッハ　1775生。ドイツの刑法学者。1833没。

フンメル, ヨーハン・ネーポムク　1778生。オーストリアのピアニスト, 作曲家。1837没。

エーレンシュレーヤー, アーダム　1779生。デンマークの詩人。1850没。

海野幸典　うんのゆきのり　1794生。江戸時代後期の歌人。1848没。

松岡行義　まつおかゆきよし　1794生。江戸時代後期の有職故実家。1848没。

ライエル, サー・チャールズ　1797生。イギリスの地質学者。1875没。

アボット, ジェイコブ　1803生。アメリカの牧師, 児童文学者。1879没。

ローラン, オーギュスト　1807生。フランスの化学者。1853没。

高橋石霞　たかはしせっか　1808生。江戸時代, 明治時代の町人学者, 商人。町年寄, 広島藩綿座頭取。1883没。

バーリンゲーム　1820生。アメリカの政治家, 外交官。1870没。

フレシネ　1828生。フランスの政治家。1923没。

シェノア, アウグスト　1838生。クロアチア(ユーゴスラビア)の小説家。1881没。

ディニス, ジュリオ　1839生。ポルトガルの小説家。1871没。

モネ, クロード　1840生。フランスの画家。1926没。

佐藤昌介　さとうしょうすけ　1856生。明治時代-昭和時代の農政経済学者。東北帝国大学教授, 北海道帝国大学総長。1939没。

サムソノフ, アレクサンドル　1859生。ロシアの将軍。1914没。

月成勲　つきなりいさお　1860生。明治時代-昭和時代の社会運動家。玄洋社社長。1935没。

ターナー, フレデリック・ジャクソン　1861生。アメリカの歴史家。1932没。

ベークランド, レオ・ヘンドリック　1863生。アメリカの化学者。1944没。

原抱一庵　はらほういつあん　1866生。明治時代の小説家, 翻訳家。報知新聞記者, 仙台自由新聞主筆。1904没。

ショーバー　1874生。オーストリアの政治家。1932没。

シャフナー　1875生。スイスの小説家。1944没。

永井潜　ながいひそむ　1876生。明治時代-昭和時代の生理学者。1957没。

宇都野研　うつのけん　1877生。大正時代，昭和時代の歌人，医師。小児科。1938没。

スタッフ，レオポルド　1878生。ポーランドの抒情詩人。1957没。

菊池契月　きくちけいげつ　1879生。明治時代－昭和時代の日本画家。東京芸術大学教授，日本芸術院会員。1955没。

田子一民　たごいちみん　1881生。大正時代，昭和時代の政治家，内務官僚。衆議院議員，衆院議長。1963没。

マルクーシ，ルイ　1883生。ポーランドの画家。1941没。

観世華雪　かんぜかせつ　1884生。明治時代－昭和時代の能楽師（観世流シテ方）。観世流分家銕之丞家6代目。1959没。

ドローネー，ソニア　1885生。ロシア生まれの画家。1979没。

蘆谷蘆村　あしやろそん　1886生。明治時代－昭和時代の童話研究家，詩人。1946没。

バウムガルトナー，ベルンハルト　1887生。オーストリアの指揮者，音楽学者。1971没。

アールマン　1889生。スウェーデンの地理学者。1974没。

ターハー・フサイン　1889生。エジプトの文学者。1973没。

千葉あやの　ちばあやの　1889生。昭和時代の染織家。1980没。

ネルー，ジャワハルラール　1889生。インドの政治家。1964没。

淵上白陽　ふちがみはくよう　1889生。明治時代－昭和時代の写真家。1960没。

バンティング，サー・フレデリック・グラント　1891生。カナダの医師。1941没。

牧健二　まきけんじ　1892生。大正時代，昭和時代の法制史学者。京都大学教授，京都学芸大教授。1989没。

ガッダ，カルロ　エミリオ　1893生。イタリアの作家。1973没。

硲伊之助　はざまいのすけ　1895生。大正時代，昭和時代の洋画家，陶芸家。一水会創設者，日本美術会委員長。1977没。

コープランド，アーロン　1900生。アメリカの作曲家。1990没。

伊井弥四郎　いいやしろう　1905生。昭和時代の労働運動家。日本共産党中央委員。1971没。

リンドグレーン，アストリッド　1907生。スウェーデンの児童文学作家。2002没。

ソールズベリー　1908生。アメリカのジャーナリスト。1993没。

南条範夫　なんじょうのりお　1908生。昭和時代，平成時代の小説家，経済学者。2004没。

マカーシー，J.　1909生。アメリカの政治家。1957没。

平田寛　ひらたゆたか　1910生。昭和時代，平成時代の科学史家。早稲田大学教授，日本科学史学会会長。1993没。

ガリ，ブトロス・ブトロス　1922生。エジプトの政治家，政治学者。国連事務総長（第6代）。

安田武　やすだたけし　1922生。昭和時代の評論家。思想の科学研究会会長，日本戦没学生記念会常任理事。1986没。

コーガン，レオニード・ボリーソヴィチ　1924生。ソ連のヴァイオリニスト。1982没。

力道山光浩　りきどうざんみつひろ　1924生。昭和時代のプロレスラー。1963没。

イエペス，ナルシソ　1927生。スペインのギター奏者，作曲家。1997没。

毛綱毅曠　もづなきこう　1941生。昭和時代，平成時代の建築家。毛綱毅曠建築事務所代表，多摩美術大学教授。2001没。

阿藤快　あとうかい　1946生。昭和時代，平成時代の俳優。

萩原朔美　はぎわらさくみ　1946生。昭和時代，平成時代のエッセイスト，映像作家，演出家。

チャールズ皇太子　1948生。英国皇太子。

ド・ヴィルパン，ドミニク　1953生。フランスの外交官。

ライス，コンドリーザ　1954生。アメリカの国際政治学者。

中野浩一　なかのこういち　1955生。昭和時代，平成時代のスポーツ評論家，元・競輪選手。

ガッバーナ，ステファノ　1962生。イタリアのファッションデザイナー。

あめくみちこ　あめくみちこ　1963生。昭和時代，平成時代の女優。

シリング，カート　1966生。アメリカの大リーグ選手。

鈴木英哉　すずきひでや　1969生。平成時代のドラム奏者（Mr.Children）。

11月14日

11月15日

○記念日○　七五三
○忌　日○　貞徳忌

日華　にっけ　1252生。鎌倉時代後期の日蓮宗の僧。1334没。

竺仙梵僊　じくせんぼんせん　1292生。鎌倉時代後期，南北朝時代の臨済宗古林派の僧。1348没。

大内義隆　おおうちよしたか　1507生。戦国時代の武将。1551没。

典宗　てんそう　1543生。安土桃山時代，江戸時代前期の浄土宗の僧。1610没。

スキュデリー，マドレーヌ・ド　1607生。フランスの女流作家。1701没。

アンリエッタ・マリア　1609生。イギリス王チャールズ1世（在位1625〜49）の王妃。1669没。

聞証　もんしょう　1634生。江戸時代前期の浄土宗の学僧。1688没。

公慶　こうけい　1648生。江戸時代前期，中期の東大寺三論宗の僧。1705没。

前田利昌　まえだとしまさ　1684生。江戸時代中期の大名。1709没。

ピット，ウィリアム，初代チャタム伯爵　1708生。イギリスの政治家。通称"大ピット"。1778没。

佐藤信季　さとうのぶすえ　1724生。江戸時代中期の農政学者。1784没。

クーパー，ウィリアム　1731生。イギリスの詩人。1800没。

ハーシェル，ウィリアム　1738生。ドイツ生まれのイギリスの天文学者。1822没。

ラーヴァター，ヨハン・カスパル　1741生。スイスの神学者，新教の牧師。1801没。

加藤磯足　かとういそたり　1747生。江戸時代中期，後期の国学者。1809没。

エベール，ジャック・ルネ　1757生。フランスの政治家。1794没。

フェルナンデス-デ-リサルディ，ホセ・ホアキン　1776生。メキシコのジャーナリスト，小説家。1872没。

リング　1776生。スウェーデンの近代体育の先駆者。1839没。

杉田立卿　すぎたりゅうけい　1786生。江戸時代後期の蘭方医。1845没。

シャール，ミシェル　1793生。フランスの数学者，数学史家。1880没。

歌川国芳　うたがわくによし　1797生。江戸時代末期の浮世絵師。1861没。

シュタイン　1815生。ドイツの国家学者，社会学者。1890没。

松前崇広　まつまえたかひろ　1829生。江戸時代末期の大名。1866没。

坂本竜馬　さかもとりょうま　1835生。江戸時代末期の志士。1867没。

ミハイロフスキー，ニコライ・コンスタンチノヴィチ　1842生。ロシアの社会主義者，ナロードニキ運動の理論的指導者。1904没。

大槻文彦　おおつきふみひこ　1847生。明治時代，大正時代の国語学者，洋学史。1928没。

三浦梧楼　みうらごろう　1847生。江戸時代，明治時代の陸軍軍人，政治家，萩藩士。中将，子爵。1926没。

タウフィーク・パシャ，ムハンマド　1852生。エジプトのヘディーヴ（副王）（在位79〜92）。1892没。

アレクセーエフ，ミハイル・ヴァシリエヴィチ　1857生。ロシアの将軍。1918没。

伊藤大八　いとうだいはち　1858生。明治時代，大正時代の政治家，実業家。衆議院議員，満鉄副総裁。1927没。

今井五介　いまいごすけ　1859生。明治時代-昭和時代の家業家。1946没。

落合直文　おちあいなおぶみ　1861生。明治時代の歌人，国文学者。東京帝国大学講師。1903没。

ハウプトマン，ゲーアハルト　1862生。ドイツの劇作家，小説家，詩人。1946没。

志賀昂　しがしげたか　1863生。明治時代-昭和時代の地理学者。衆議院議員。1927没。

望月小太郎　もちづきこたろう　1866生。明治時代の政治家，ジャーナリスト。英文通信社社長，衆議院議員。1927没。

チェルマーク　1871生。オーストリアの植物学者。1962没。

武田五一　たけだごいち　1872生。大正時代, 昭和時代の建築家。京都帝国大学教授。1938没。

山本滝之助　やまもとたきのすけ　1873生。明治時代–昭和時代の社会教育家。1931没。

クローグ, シャック・アウグスト・ステーンベルク　1874生。デンマークの生理学者。1949没。

メリアム　1874生。アメリカの政治学者。1953没。

宇野哲人　うのてつと　1875生。明治時代–昭和時代の中国哲学者。実践女子大学学長, 国士舘大学教授。1974没。

ノアイユ, アンナ・エリザベス　1876生。フランスの女流詩人, 小説家。1933没。

塩野義三郎　しおのぎさぶろう　1881生。大正時代, 昭和時代の実業家。塩野義製薬社長。1953没。

野尻抱影　のじりほうえい　1885生。昭和時代の天文研究家, 随筆家。研究社編集部長, 五島天文博物館理事。1977没。

芦田均　あしだひとし　1887生。昭和時代の政治家。首相, 日本民主党総裁。1959没。

オキーフ, ジョージア　1887生。アメリカの女流画家。1986没。

ムア, マリアン　1887生。アメリカの女流詩人。1972没。

スヴェルドルップ　1888生。ノルウェーの海洋学者, 気象学者。1957没。

マヌエル2世　1889生。ポルトガル王(在位1908〜10)。1932没。

杵屋栄蔵(3代目)　きねやえいぞう　1890生。明治時代–昭和時代の長唄三味線方。1967没。

ニーグレン, アンデシュ・テーオードール・サーミュエル　1890生。スウェーデンの神学者。1978没。

和田清　わだせい　1890生。大正時代, 昭和時代の東洋史学者。東京大学教授。1963没。

ハリマン, ウィリアム・アヴァレル　1891生。アメリカの政治家。1986没。

ロンメル, エルヴィン　1891生。ドイツの軍人。1944没。

大下宇陀児　おおしたうだる　1896生。昭和時代の小説家。探偵クラブ会長。1966没。

シットウェル, サシェヴェレル　1897生。イギリスの詩人, 美術批評家。1988没。

ベヴァン, アナイリン　1897生。イギリスの政治家。1960没。

野溝勝　のみぞまさる　1898生。昭和時代の農民運動家, 政治家。衆議院議員, 参議院議員。1978没。

神西清　じんざいきよし　1903生。昭和時代の小説家, 評論家。1957没。

玉錦三右衛門　たまにしきさんえもん　1903生。大正時代, 昭和時代の力士(第32代横綱)。1938没。

星野立子　ほしのたつこ　1903生。昭和時代の俳人。「玉藻」主宰。1984没。

原民喜　はらたみき　1905生。昭和時代の小説家, 詩人。1951没。

マントヴァーニ, アヌンチョ　1905生。イタリア生まれのイギリスのポピュラー音楽指揮者。1980没。

庭野日敬　にわのにっきょう　1906生。昭和時代, 平成時代の宗教家。立正佼成会会長, 世界宗教者平和会議日本委員理事長。1999没。

ルメイ, カーティス　1906生。アメリカの軍人。1990没。

マキノ光雄　まきのみつお　1909生。昭和時代の映画プロデューサー。東映映画専務兼企画本部長。1957没。

宮口精二　みやぐちせいじ　1913生。昭和時代の俳優。1985没。

ホワイティング, ジョン　1917生。イギリスの劇作家。1963没。

鈴木治　すずきおさむ　1926生。昭和時代, 平成時代の陶芸家。京都市立芸術大学教授。2001没。

笹沢左保　ささざわさほ　1930生。昭和時代, 平成時代の小説家。2002没。

内田康夫　うちだやすお　1934生。昭和時代, 平成時代の推理作家。

肝付兼太　きもつきかねた　1935生。昭和時代, 平成時代の声優, 演出家。

小林久三　こばやしきゅうぞう　1935生。昭和時代, 平成時代の推理作家。2006没。

加藤みどり　かとうみどり　1939生。昭和時代, 平成時代の声優。

フリーダ　1945生。スウェーデンの歌手。

中島啓江　なかじまけいこ　1957生。昭和時代, 平成時代の声楽家, 女優。

エムボマ, パトリック　1970生。カメルーンの元・サッカー選手。

11月15日

11月16日

○記念日○ 国際寛容デー
　　　　　 幼稚園記念日
○忌　日○ 良弁忌

ティベリウス，ユーリウス・カエサル・アウグストゥス　前42生。ローマ皇帝(14〜37)。37没。
イブン・アル・ハティーブ　1313生。スペインのアラブの政治家，歴史家，詩人。1374没。
大石定仲　おおいしさだなか　1534生。戦国時代，安土桃山時代の北条氏照の臣。※没。
倪元璐　げいげんろ　1593生。中国，明末の政治家，画家。1644没。
後西天皇　ごさいてんのう　1637生。江戸時代前期の第111代の天皇。1685没。
シャルダン，ジャン　1643生。フランスの旅行家。1713没。
前田綱紀　まえだつなのり　1643生。江戸時代前期，中期の大名。1724没。
ヒルデブラント，ヨハン・ルーカス・フォン　1668生。オーストリアの建築家。1745没。
メンシコフ　1673生。ロシアの軍人，政治家。1729没。
ダランベール，ジャン-バチスト-ル-ロン　1717生。フランスの物理学者，数学者，哲学者。1783没。
油小路延子　あぶらこうじのぶこ　1731生。江戸時代中期，後期の女性。大納言隆典の女。1819没。
クロイツェル，ロドルフ　1766生。フランス（ドイツ系）のヴァイオリン奏者，教師。1831没。
エーヴァルト，ハインリヒ・ゲオルク・アウグスト　1803生。ドイツのプロテスタント神学者，東洋学者。1875没。
マーハ，カレル・ヒネック　1810生。チェコスロバキアのチェコの詩人。1836没。
ブライト，ジョン　1811生。イギリスの下院議員，演説家。1889没。
カヴェーリン　1818生。ロシアの歴史家，哲学者，ジャーナリスト。1885没。
シェフェル　1820生。フランスの東洋学者。1898没。

大山綱良　おおやまつなよし　1825生。江戸時代，明治時代の政治家，鹿児島県令。1877没。
ノートン，チャールズ・エリオット　1827生。アメリカの著述家。1908没。
ベルトラミ　1835生。イタリアの数学者。1900没。
オーヴァベク，フランツ・カミーユ　1837生。ドイツの教会史学者。1905没。
ド・モーガン，ウィリアム　1839生。イギリスの陶芸家，小説家。1917没。
フレシェット，ルイ　1839生。フランス系カナダの詩人，ジャーナリスト，政治家。1908没。
田辺安太郎　たなべやすたろう　1844生。明治時代-昭和時代の技師。大阪活版所。1930没。
岡部長職　おかべながもと　1855生。明治時代，大正時代の官僚。岸和田藩知事，外務次官。1925没。
スヴェンソン，ヨウン・ステファウン　1857生。アイスランドの童話作家。1944没。
ヤールネフェルト，アルヴィド　1861生。ソ連生まれのフィンランドの小説家。1932没。
森槐南　もりかいなん　1863生。明治時代の漢詩人。1911没。
悟道軒円玉（初代）　ごどうけんえんぎょく　1866生。明治時代-昭和時代の講談速記者。1940没。
ドーデ，レオン　1867生。フランスの小説家，評論家。1942没。
北村透谷　きたむらとうこく　1868生。明治時代の文学者，自由民権家。1894没。
ドナドーニ　1870生。イタリアの詩人，評論家。1924没。
菱刈隆　ひしかりたかし　1871生。明治時代-昭和時代の陸軍軍人。大将。1952没。
アルコス，ルネ　1881生。フランスの詩人。1959没。
ヒルデブランド，ジョエル・ヘンリー　1881生。アメリカの化学者。1983没。

櫛田民蔵　くしだたみぞう　1885生。大正時代，昭和時代の経済学者。同志社大学教授，東京帝国大学講師。1934没。

藤井林右衛門　ふじいりんえもん　1885生。大正時代，昭和時代の実業家。不二家社長。1968没。

石田退三　いしだたいぞう　1888生。昭和時代の実業家。トヨタ自動車工業社長。1979没。

小崎道雄　こざきみちお　1888生。大正時代，昭和時代の牧師。日本基督教団総会議長。1973没。

ボスコ，アンリ　1888生。フランスの小説家，詩人。1976没。

コーフマン，ジョージ・S.　1889生。アメリカの劇作家。1961没。

キリノ　1890生。フィリピンの大統領。1955没。

郭沫若　かくまつじゃく　1892生。中国の文学者，政治家。1978没。

幸祥光　こうよしみつ　1892生。明治時代-昭和時代の能楽囃子方（幸流小鼓方）。幸流小鼓宗家（16代目）。1977没。

中西悟堂　なかにしごどう　1895生。大正時代，昭和時代の僧侶，野鳥研究家。日本野鳥の会会長，天台宗権僧正。1984没。

バグリツキー，エドゥアルド・ゲオルギエヴィチ　1895生。ロシア，ソ連の詩人。1934没。

ヒンデミット，パウル　1895生。ドイツ生まれのアメリカの作曲家。1963没。

津川主一　つがわしゅいち　1896生。大正時代，昭和時代の合唱指揮者，牧師。東京バッハ・ヘンデル協会会長，関東合唱連盟名誉会長。1971没。

モーズリー，サー・オズワルド　1896生。イギリスの政治家。1980没。

原虎一　はらとらいち　1897生。大正時代，昭和時代の政治家，労働運動家。参議院議員，日本労働会館理事長。1972没。

ロッセッリ，カルロ　1899生。イタリアの政治家。1937没。

ポゴージン，ニコライ・フォードロヴィチ　1900生。ソ連の劇作家。1962没。

近藤鶴代　こんどうつるよ　1901生。昭和時代の政治家。参議院議員，衆議院議員。1970没。

ネイゲル，アーネスト　1901生。チェコスロバキア生まれのアメリカの哲学者。1985没。

伊東三郎　いとうさぶろう　1902生。大正時代，昭和時代のエスペランチスト，農民運動家。1969没。

アジキウェ，ヌナムディ　1904生。ナイジェリアの初代大統領。1996没。

豊口克平　とよぐちかつへい　1905生。昭和時代，平成時代のインダストリアル・デザイナー。豊口デザイン研究所会長，武蔵野美術大学教授。1991没。

岩下俊作　いわしたしゅんさく　1906生。昭和時代の小説家。1980没。

佐木秋夫　さききあきお　1906生。昭和時代の宗教学者，評論家。1988没。

小川太郎　おがわたろう　1907生。昭和時代の俳人，教育学者。神戸大学教授，日本福祉大学教授。1974没。

木下常太郎　きのしたつねたろう　1907生。昭和時代の文芸評論家。日本出版協会事務局長。1986没。

安藤鶴夫　あんどうつるお　1908生。昭和時代の演劇評論家，小説家。1969没。

大川一司　おおかわかずし　1908生。昭和時代の経済学者。経済企画庁経済研究所長，IDCJ理事。1993没。

ペイネ　1908生。フランスの漫画家。1999没。

牛場信彦　うしばのぶひこ　1909生。昭和時代の外交官。対外経済担当相，駐アメリカ大使。1984没。

まど・みちお　まどみちお　1909生。昭和時代，平成時代の詩人，童謡詩人。

メレディス，バージェス　1909生。アメリカの俳優。1997没。

サラマーゴ，ジョゼ　1922生。ポルトガルの作家，詩人。

ルネ，フランス・アルベール　1935生。セーシェルの政治家。

来生たかお　きすぎたかお　1950生。昭和時代，平成時代のシンガー・ソングライター。

オール巨人　オールきょじん　1951生。昭和時代，平成時代の漫才師。

国村隼　くにむらじゅん　1955生。昭和時代，平成時代の俳優。

ポポフ，アレクサンドル　1971生。ロシアの水泳選手。

内田有紀　うちだゆき　1975生。平成時代の女優，歌手。

11月16日

11月17日

○記念日○　将棋の日

ユリアヌス，フラウィウス・クラウディウス　332生。ローマ皇帝(在位361～3)。363没。
大井夫人　おおいふじん　1497生。戦国時代の女性。武田信玄の母。1552没。
ブロンツィーノ，イル　1503生。イタリアの画家，詩人。1572没。
ヤニツキ，クレメンス　1516生。ポーランドの詩人。1543没。
ヴォンデル，ヨースト・ヴァン・デン　1587生。オランダの詩人，劇作家。1679没。
ゲリブランド，ヘンリー　1597生。イギリスの天文学者，数学者。1636没。
ルメリ，ニコラ　1645生。フランスの化学者，薬学者。1715没。
ヴェランドリー，ピエール・ゴルティエ・ド・ヴァレンヌ，卿　1685生。カナダの探検家。1749没。
土井利延　どいとしのぶ　1723生。江戸時代中期の大名。1744没。
ザイラー，ヨーハン・ミヒャエル　1751生。レーゲンスブルクの司教(在位1829～32)。1832没。
ルイ18世　1755生。フランス国王(在位1814～15, 15～24)。1824没。
マクドナル　1765生。フランス(スコットランド系)の軍人。1840没。
栗田定之丞　くりたさだのじょう　1766?生。江戸時代後期の砂防植林功労者。1827没。
チョコナイ・ヴィテーズ・ミハーイ　1773生。ハンガリーの詩人。1805没。
シュロッサー　1776生。ドイツの歴史家。1861没。
花月庵鶴翁　かげつあんかくおう　1782生。江戸時代後期の茶人。1848没。
サルダニャ　1790生。ポルトガルの軍人，政治家。1876没。
イーストレイク，サー・チャールズ・ロック　1793生。イギリスの画家。1865没。
グロート　1794生。イギリスの歴史家。1871没。

フールド　1800生。フランスの政治家。1867没。
笹山篤興　ささやまあつおき　1813生。江戸時代，明治時代の京都の装金工。1891没。
伊能友鴎　いのうゆうおう　1817生。江戸時代，明治時代の伊予宇和島藩士。1875没。
オージエ，エミール　1820生。フランスの劇作家。1889没。
阪谷朗廬　さかたにろうろ　1822生。江戸時代末期，明治時代の儒学者。1881没。
岸本謙助　きしもとけんすけ　1825生。江戸時代，明治時代の篤行家。1892没。
吉川日鑑　きっかわにちかん　1827生。江戸時代，明治時代の日蓮宗僧侶。久遠寺74世，日蓮宗4代管長。1886没。
モレル　1841生。イギリスの鉄道技師。1871没。
ビールビー，サー・ジョージ・トマス　1850生。イギリスの工業化学者。1924没。
栗野慎一郎　くりのしんいちろう　1851生。明治時代の外交官。子爵，枢密顧問官。1937没。
ミシェル，アンドレ　1853生。フランスの美術史家。1925没。
リヨテ，ルイ・ユベール・ゴンザルヴ　1854生。フランスの陸軍元帥，植民地行政官。1934没。
大井才太郎　おおいさいたろう　1856生。明治時代，大正時代の電気工学者。1924没。
バビンスキー，ジョゼフ(・フランソワ・フェリックス)　1857生。ポーランド系フランスの精神医学者。1932没。
郡司成忠　ぐんじしげただ　1860生。明治時代の海軍軍人，開拓者。1924没。
ランプマン，アーチボルド　1861生。イギリス系カナダの詩人。1899没。
セルティヤーンジュ，アントナン・ジルベール　1863生。フランスの神学者，哲学者。1948没。
桑田熊蔵　くわたくまぞう　1868生。明治時代－昭和時代の社会政策学者。中京大学教授，貴族院議員。1932没。

666

政尾藤吉 まさおとうきち 1870生。明治時代,大正時代の法律家,外交官。法学博士,シャム特命全権公使。1921没。

大倉桃郎 おおくらとうろう 1879生。明治時代–昭和時代の小説家。万朝報記者。1944没。

中山太一 なかやまたいち 1881生。明治時代–昭和時代の実業家。産業経理協会理事,大阪実業クラブ理事長。1956没。

デュラック,ジェルメーヌ 1882生。フランスの女流映画監督,映画理論家。1942没。

マン 1885生。ベルギーの政治家,社会学者。1953没。

万鉄五郎 よろずてつごろう 1885生。明治時代,大正時代の洋画家。1927没。

モンゴメリー,B. 1887生。イギリスの軍人。1976没。

魚澄惣五郎 うおずみそうごろう 1889生。大正時代,昭和時代の日本史学者。関西大学教授。1959没。

村田周魚 むらたしゅうぎょ 1889生。大正時代,昭和時代の川柳作家。1967没。

キパス,ロバート(・ジョン・ハーマン) 1890生。アメリカの体育指導者。1967没。

トマシェフスキー,ボリス・ヴィクトロヴィチ 1890生。ソ連邦の文芸学者。1957没。

広瀬豊作 ひろせとよさく 1891生。昭和時代の官僚。大蔵大臣。1964没。

バフチン,ミハイル・ミハイロヴィチ 1895生。ソ連の文芸学者。1975没。

金倉円照 かなくらえんしょう 1896生。大正時代,昭和時代のインド哲学者。東北大学教授,宮城教育大学学長。1987没。

坂口謹一郎 さかぐちきんいちろう 1897生。昭和時代の農芸化学者。東京大学応用微生物研究所所長,農林省米穀利用研究所所長。1994没。

北村喜八 きたむらきはち 1898生。大正時代,昭和時代の演出家,演劇評論家。国際演劇協会日本センター理事長。1960没。

ヴィトラック,ロジェ 1899生。フランスの劇作家,詩人,評論家。1952没。

ストラスバーグ,リー 1901生。アメリカの俳優,演出家,俳優指導者。1982没。

ハルシュタイン,ヴァルター 1901生。ドイツ連邦共和国の法学者。1982没。

イサム・ノグチ 1904生。日系アメリカ人の彫刻家。1988没。

富樫凱一 とがしがいいち 1905生。昭和時代,平成時代の土木技師,官僚。海洋架橋調査会会長,日本道路公団総裁。1993没。

本田宗一郎 ほんだそういちろう 1906生。昭和時代の技術者,実業家。本田技研工業社長。1991没。

栗原安秀 くりはらやすひで 1908生。昭和時代の陸軍軍人。歩兵中尉。1936没。

鹿内信隆 しかないのぶたか 1911生。昭和時代,平成時代の実業家。サンケイ新聞社長。1990没。

北村太郎 きたむらたろう 1922生。昭和時代,平成時代の詩人,翻訳家。1992没。

ペレイラ,アリスティデス・マリア 1923生。カボベルデの政治家。

青木雨彦 あおきあめひこ 1932生。昭和時代,平成時代のコラムニスト,評論家。1991没。

井上ひさし いのうえひさし 1934生。昭和時代,平成時代の小説家,劇作家。

ザイラー,トニー 1935生。オーストリアの元・スキー選手(アルペン),元・俳優。

内田裕也 うちだゆうや 1939生。昭和時代,平成時代のロック歌手,俳優。

スコセッシ,マーティン 1942生。アメリカの映画監督,俳優。

シーバー,トム 1944生。アメリカの元・大リーグ選手。

星ルイス ほしるいす 1948生。昭和時代,平成時代の漫才師。2005没。

小野みゆき おのみゆき 1959生。昭和時代,平成時代の女優。

マルソー,ソフィー 1966生。フランスの女優。

大浦龍宇一 おおうらりゅういち 1968生。昭和時代,平成時代の俳優。

城島茂 じょうしましげる 1970生。平成時代のタレント,歌手,俳優。

ユン・ソナ 1976生。韓国の女優。

堂珍嘉邦 どうちんよしくに 1978生。平成時代の歌手。

亀田興毅 かめだこうき 1986生。平成時代のプロボクサー。

11月17日

11月18日

○記念日○ 音楽著作権の日
土木の日

エグモント伯　1522生。フランドルの政治家，軍人。1568没。
リドルフォ, ロベルト・ディ　1531生。イタリア生まれの陰謀家。1612没。
オルファネール, ヤシント　1578生。スペインのドミニコ会宣教師, 殉教者。1622没。
宗義真　そうよしざね　1639生。江戸時代前期, 中期の大名。1702没。
ベール, ピエール　1647生。フランスの懐疑論的哲学者。1706没。
グラフ, アントン　1736生。ドイツの肖像画家。1813没。
エーヴァル, ヨハネス　1743生。デンマークの詩人。1781没。
石黒信由　いしぐろのぶよし　1760生。江戸時代中期, 後期の算学者。1837没。
ルイス・フェルディナント　1772生。プロイセンの王子。1806没。
ウィルキー, サー・デイヴィド　1785生。スコットランドの風俗画家。1841没。
ヴェーバー, カール・マリーア・フォン　1786生。ドイツロマン派の作曲家。1826没。
ビショップ, サー・ヘンリー・ローリー　1786生。イギリスの作曲家, 指揮者。1855没。
タゲール, ルイ・ジャック・マンデ　1787生。フランスの画家。1851没。
ダービー, ジョン・ネルソン　1800生。イギリスの神学者。1882没。
グレイ, エイサ　1810生。アメリカの植物分類学者。1888没。
ノルデンショルド, ニールス・アドルフ・エリック　1832生。スウェーデンの科学者, 北極探検家。1901没。
桜間伴馬　さくらまばんま　1835生。明治時代, 大正時代の能役者。1917没。
ギルバート, W.S.　1836生。イギリスの劇作家。1911没。
ロンブローゾ, チェーザレ　1836生。イタリアの精神病学者, 法医学者。1909没。
クント, アウグスト・エドゥアルト・エーベルハルト・アドルフ　1839生。ドイツの物理学者。1894没。
渋谷伊予作　しぶやいよさく　1842生。江戸時代末期の下館藩士。1864没。
坂崎斌　さかざきびん　1853生。明治時代の新聞人, 小説家。維新史料編纂会常置編纂委員。1913没。
鈴木藤三郎　すずきとうざぶろう　1855生。明治時代の実業家。日本精糖社長, 日本醤油醸造社長。1913没。
ヘイベルグ, グルナル　1857生。ノルウェーの劇作家。1929没。
鈴木政吉　すずきまさきち　1859生。明治時代-昭和時代のバイオリン製作者。鈴木バイオリン製造社長。1944没。
加藤定吉　かとうさだきち　1861生。明治時代, 大正時代の海軍軍人。大将。1927没。
和田豊治　わだとよじ　1861生。明治時代, 大正時代の実業家。富士瓦斯紡績社長。1924没。
デーメル, リヒャルト　1863生。ドイツの抒情詩人。1920没。
恩田鉄弥　おんだてつや　1864生。明治時代-昭和時代の園芸学者。東京農業大学教授, 園芸学会会長。1946没。
福井久蔵　ふくいきゅうぞう　1867生。明治時代-昭和時代の国語学者。1951没。
丘浅次郎　おかあさじろう　1868生。明治時代-昭和時代の動物学者, 進化論啓蒙家。理学博士, 東京文理大学講師。1944没。
山田三良　やまださぶろう　1869生。明治時代-昭和時代の国際私法学者。1965没。
勝俣銓吉郎　かつまたせんきちろう　1872生。明治時代-昭和時代の英語学者。早稲田大学教授。1959没。
デイ, クラレンス　1874生。アメリカの随筆家。1935没。
カントロヴィッツ　1877生。ドイツの法学者。1940没。
ピグー　1877生。イギリスの経済学者。1959没。

荒川文六　あらかわぶんろく　1878生。明治時代–昭和時代の電気工学者。九州大学総長、貴族院議員。1970没。
ティリヤード, E.M.W.　1881生。イギリスの文学者。1968没。
ガリ‐クルチ, アメリータ　1882生。イタリアのソプラノ歌手。1963没。
マリタン, ジャック　1882生。フランスの哲学者。1973没。
ルイス, ウィンダム　1884生。イギリスの画家、小説家、批評家。1957没。
杉山元治郎　すぎやまもとじろう　1885生。大正時代、昭和時代の農民運動指導者、政治家。日本農民組合創立者、衆議院議員。1964没。
深尾須磨子　ふかおすまこ　1888生。明治時代–昭和時代の詩人。1974没。
尾瀬敬止　おせけいし　1889生。大正時代、昭和時代のソビエト文化研究家、ロシア文学者。1952没。
マイヤー, ハンネス　1889生。スイス生まれのドイツの建築家。1954没。
ドッジ　1890生。アメリカの銀行家、財政金融専門家。1964没。
ポンティ, ジオ　1891生。イタリアの建築家。1979没。
板垣直子　いたがきなおこ　1896生。大正時代、昭和時代の文芸評論家。国士舘大学教授。1977没。
中川善之助　なかがわぜんのすけ　1897生。昭和時代の民法学者。東北大学教授、金沢大学学長。1975没。
ブラケット, パトリック・メイナード・スチュアート　1897生。イギリスの物理学者。1974没。
イヴェンス, ヨリス　1898生。オランダの記録映画監督。1989没。
近衛秀麿　このえひでまろ　1898生。昭和時代の指揮者、作曲家。新交響楽団主宰。1973没。
石山脩平　いしやましゅうへい　1899生。昭和時代の教育学者、教育史家。東京教育大学教授、日本教育学会理事。1960没。
オーマンディ, ユージン　1899生。アメリカ(ハンガリー生まれ)の指揮者。1985没。
辻直四郎　つじなおしろう　1899生。大正時代、昭和時代の言語学者。東京大学教授、東洋文庫理事長。1979没。
ギャラップ, ジョージ・ホラス　1901生。アメリカの統計家。各種世論調査の方法を確立した。1984没。
対馬忠行　つしまただゆき　1901生。大正時代、昭和時代のトロツキスト。1979没。
石田一松　いしだいちまつ　1902生。昭和時代の演歌師、政治家。衆議院議員。1956没。
岩崎昶　いわさきあきら　1903生。昭和時代の映画評論家、映画プロデューサー。1981没。
ぬやまひろし　ぬやまひろし　1903生。昭和時代の詩人、社会運動家。1976没。
古賀政男　こがまさお　1904生。昭和時代の作曲家。1978没。
マン, クラウス　1906生。ドイツの小説家。1949没。
ねずまさし　ねずまさし　1908生。昭和時代の歴史学者。1986没。
羽黒山政司　はぐろやままさじ　1914生。昭和時代の力士(第36代横綱)。1969没。
酒巻和男　さかまきかずお　1918生。昭和時代の海軍軍人、実業家。1999没。
シュランツ, カール　1938生。オーストリアの元・スキー選手。
アトウッド, マーガレット　1939生。カナダの作家、詩人、批評家、児童文学者。
カブース・ビン・サイド　1940生。オマーン国王・首相・国防相・外相・財務相。
森進一　もりしんいち　1947生。昭和時代、平成時代の歌手。
斉木しげる　さいきしげる　1951生。昭和時代、平成時代のタレント、俳優。
城みちる　じょうみちる　1957生。昭和時代、平成時代のタレント、歌手。
SABU　さぶ　1964生。昭和時代、平成時代の映画監督、俳優。
ウィルソン, オーウェン　1968生。アメリカの俳優、映画プロデューサー。
渡辺満里奈　わたなべまりな　1970生。昭和時代、平成時代のタレント。
セビニー, クロエ　1074生。アメリカの女優。
岡田准一　おかだじゅんいち　1980生。平成時代のタレント、歌手、俳優。
斉藤慶太　さいとうけいた　1985生。平成時代の俳優。
斉藤祥太　さいとうしょうた　1985生。平成時代の俳優。

登場人物
ミッキーマウス　1928生。ディズニーのキャラクター。

11月18日

11月19日

○記念日○　農協記念日
　　　　　　緑のおばさんの日
○忌　日○　一茶忌
　　　　　　勇忌

性恵　しょうえ　1416生。室町時代の女性。後崇光太上天皇の第1王女。1441没。

エセックス，ロバート・デヴルー，2代伯爵　1566生。イギリスの貴族。1601没。

チャールズ1世　1600生。イギリス，スチュアート朝の国王（在位1625〜49）。1649没。

ル・シュウール，ウスタッシュ　1616生。フランスの画家。1655没。

明正天皇　めいしょうてんのう　1623生。江戸時代前期，中期の第109代の天皇。1696没。

土方雄豊　ひじかたかつとよ　1638生。江戸時代前期，中期の大名。1705没。

ツァハウ，フリードリヒ・ヴィルヘルム　1663生。ドイツのオルガン奏者，作曲家。1712没。

ノレ，ジャン・アントワーヌ　1700生。フランスの物理学者。1770没。

ロモノーソフ，ミハイル・ワシリエヴィチ　1711生。ロシアの言語学者，詩人。1765没。

ブロイ，ヴィクトル・フランソワ・ド　1718生。フランスの元帥。1804没。

アウエンブルッガー，レオポルト　1722生。オーストリアの医師。1809没。

クラーク，ジョージ・ロジャーズ　1752生。アメリカの測量技師，市民兵指揮官。1818没。

クルーゼンシュテルン　1770生。ロシアの探検家，海軍士官。1846没。

トルヴァルセン，ベアテル　1770生。デンマークの彫刻家。1844没。

園田一斎　そのだいっさい　1785生。江戸時代後期の儒者。1851没。

薗田守良　そのだもりよし　1785生。江戸時代後期の神道学者。1840没。

レセップス，フェルディナン（・マリー），子爵　1805生。フランスの外交官。1894没。

加藤千浪　かとうちなみ　1810生。江戸時代，明治時代の国学者，歌人。1877没。

ガーフィールド，ジェイムズ・エイブラム　1831生。第20代アメリカ大統領。1881没。

タイヒミュラー　1832生。ドイツの哲学者。1888没。

ディルタイ，ヴィルヘルム　1833生。ドイツの哲学者。1911没。

クヴィンケ　1834生。ドイツの物理学者。1924没。

アヴェナーリウス，リヒャルト　1843生。ドイツの哲学者。1896没。

奥保鞏　おくやすかた　1847生。明治時代の陸軍軍人。元帥，伯爵。1930没。

松岡梅太郎　まつおかうめたろう　1847生。江戸時代末期の長州（萩）藩士。1868没。

アノトー　1853生。フランスの歴史家，政治家。1944没。

オルトマンス，アルベルト　1854生。アメリカの改革派教会宣教師。1939没。

イッポリートフ-イワーノフ，ミハイール・ミハイーロヴィチ　1859生。ロシアの作曲家。1935没。

ランシマン，ロード・ウォルター・ランシマン，初代子爵　1870生。イギリスの政治家，実業家。1949没。

大野洒竹　おおのしゃちく　1872生。明治時代の医師，俳諧研究家。1913没。

カリーニン　1875生。ソ連の政治家。1946没。

ビンガム，ハイラム　1875生。アメリカの探検家。1956没。

厨川白村　くりやがわはくそん　1880生。大正時代の英文学者，評論家。京都帝国大学教授。1923没。

ベリマン，ヤルマル　1883生。スウェーデンの小説家，劇作家。1931没。

英太郎　はなぶさたろう　1885生。明治時代-昭和時代の舞台俳優。1972没。

クロムランク，フェルナン　1886生。ベルギーの劇作家。1970没。

ボイムラー，アルフレート　1887生。ドイツの哲学者。1968没。

カパブランカ，ホセ・ラウル　1888生。キューバのチェスの大家。1942没。

ラデツキー　1891生。ドイツの作家。1970没。
野田高梧　のだこうご　1893生。昭和時代のシナリオライター。シナリオ作家協会初代会長。1968没。
ホップフ，ハインツ　1894生。スイスの数学者。1971没。
寺島紫明　てらしましめい　1896生。大正時代，昭和時代の日本画家。1975没。
江上トミ　えがみとみ　1899生。昭和時代の料理研究家。江上料理学院理事長。1980没。
シェルドン　1899生。アメリカの心理学者。1977没。
ゼーガース，アンナ　1900生。東ドイツの女流作家。1983没。
プロコーフィエフ，アレクサンドル・アンドレーヴィチ　1900生。ソ連の詩人。1971没。
中本たか子　なかもとたかこ　1903生。小説家。1991没。
メッセレル，アサフ　1903生。ロシアの舞踊家。1991没。
ドーシー，トミー　1905生。アメリカのジャズ・トランペット，トロンボーン奏者。1956没。
柳致真　りゅうちしん　1905生。韓国の劇作家。1974没。
伊藤伝三　いとうでんぞう　1908生。昭和時代の実業家。伊藤ハム社長。1981没。
浪花千栄子　なにわちえこ　1908生。昭和時代の女優。1973没。
稲葉修　いなばおさむ　1909生。昭和時代，平成時代の弁護士，政治家。衆議院議員，法務大臣。1992没。
ドラッカー，ピーター　1909生。アメリカの経営学者，経営コンサルタント。2005没。
木内信蔵　きうちしんぞう　1910生。昭和時代の人文地理学者。東京大学教授，成城大学教授。1993没。
石原周夫　いしはらかねお　1911生。昭和時代の官僚。海外経済協力基金総裁，日本開発銀行総裁。1983没。
井上頼豊　いのうえよりとよ　1912生。昭和時代，平成時代のチェリスト。1996没。
アルヘンタ，アタウルフォ　1913生。スペインの指揮者。1958没。

広瀬夫佐子　ひろせふさこ　1914生。昭和時代の社会事業家。日本病院ボランティア協会会長。1981没。
若狭得治　わかさとくじ　1914生。昭和時代，平成時代の全日本空輸社長，運輸事務次官。2005没。
サザランド，アール　1915生。アメリカの医学者。1974没。
ストレイホーン，ビリー　1915生。アメリカのジャズ作曲家，ピアニスト。1967没。
姫田真左久　ひめだしんさく　1916生。昭和時代，平成時代の映画撮影監督。1997没。
ガンジー，インディラ　1917生。インドの政治家。1984没。
アンダ，ゲーザ　1921生。スイスのピアニスト，指揮者。1976没。
ムテサ2世　1924生。ウガンダ王国の国王，初代大統領。1969没。
ウェルチ，ジョン(Jr.)　1935生。アメリカの企業家。
小西政継　こにしまさつぐ　1938生。昭和時代，平成時代の登山家。クリエイター9000社長。1996没。
ターナー，テッド　1938生。アメリカの実業家。
コンスタンチネスク，エミル　1939生。ルーマニアの政治家，地質学者。
クライン，カルバン　1942生。アメリカのファッションデザイナー。
松崎しげる　まつざきしげる　1949生。昭和時代，平成時代の歌手，俳優。
松任谷正隆　まつとうやまさたか　1951生。昭和時代，平成時代の音楽プロデューサー，作曲家，編曲家。
安藤優子　あんどうゆうこ　1958生。昭和時代，平成時代のニュースキャスター。
ライアン，メグ　1961生。アメリカの女優。
フォスター，ジョディ　1962生。アメリカの女優，映画監督，映画プロデューサー。
水内猛　みずうちたけし　1972生。平成時代のスポーツキャスター，元・サッカー選手。
本多彩子　ほんだあやこ　1980生。平成時代のタレント。

11月19日

11月20日

○記念日○　ピザの日
　　　　　　ホテルの日
　　　　　　毛皮の日

保明親王　やすあきらしんのう　903生。平安時代中期の醍醐天皇の皇子。923没。

エドムンド（エドマンド），リッチ　1180生。イギリスの高位聖職者，神学者。1240没。

千葉頼胤　ちばよりたね　1239生。鎌倉時代前期の武将。1275没。

尼子経久　あまこつねひさ　1458生。戦国時代の出雲の武将。1541没。

証如　しょうにょ　1516生。戦国時代の真宗の僧，本願寺10世。1554没。

九条兼孝　くじょうかねたか　1553生。安土桃山時代，江戸時代前期の公家。1636没。

ゲーリケ，オットー・フォン　1602生。ドイツの政治家，物理学者。1686没。

ポッター，パウル　1625生。オランダの画家，銅版画家。1654没。

ヤブロンスキー，ダーニエル・エルンスト　1660生。ドイツのプロテスタント神学者。1741没。

永応女王　えいおうじょおう　1702生。江戸時代中期の女性。霊元天皇の第10皇女。1754没。

ラ・アルプ，ジャン-フランソワ・ド　1739生。フランスの劇作家，評論家。1803没。

チャタートン，トマス　1752生。イギリスの詩人。1770没。

ベルティエ，ルイ・アレクサンドル　1753生。フランスの元帥。1815没。

ピウス8世　1761生。教皇（在位1829～30）。1830没。

アイヒホルン，カール・フリードリヒ　1781生。ドイツの法学者。1854没。

小石元瑞　こいしげんずい　1784生。江戸時代後期の蘭方医。1849没。

ミークロシチ　1813生。スロベニア（現ユーゴスラビア）の言語学者。1891没。

高砂浦五郎(初代)　たかさごうらごろう　1839生。明治時代の力士。東京大角力協会正取締。1900没。

ローリエ，サー・ウィルフリッド　1841生。カナダの政治家。1919没。

相馬永胤　そうまながたね　1850生。明治時代の実業家，銀行家。横浜正金銀行重役。1924没。

中田清兵衛　なかだせいべえ　1851生。明治時代，大正時代の実業家，政治家。富山電灯重役，貴族院議員。1916没。

尾崎行雄　おざきゆきお　1858生。明治時代-昭和時代の政治家。1954没。

ラーゲルレーヴ，セルマ　1858生。スウェーデンの女流小説家。1940没。

日置益　ひおきえき　1861生。明治時代，大正時代の外交官。北京関税特別会議全権。1926没。

ヴェステルマルク，エドヴァルド　1862生。ヘルシンキ生まれの社会学者，社会人類学者。1939没。

渡辺霞亭　わたなべかてい　1864生。明治時代，大正時代の小説家。1926没。

尹致昊　いんちこう　1865生。朝鮮の開化派の政治家。1945没。

小笠原長生　おがさわらながなり　1867生。明治時代-昭和時代の軍人。1958没。

斎藤恂　さいとうまこと　1870生。明治時代，大正時代の実業家。日本興業銀行理事。1933没。

キルパトリック　1871生。アメリカの教育学者。1965没。

深井英五　ふかいえいご　1871生。大正時代，昭和時代の銀行家。日本銀行総裁，貴族院議員。1945没。

川村文子　かわむらふみこ　1875生。大正時代，昭和時代の女子教育家。川村女学院創立者。1960没。

西本省三　にしもとしょうぞう　1878生。明治時代-昭和時代のジャーナリスト，中国研究家。1928没。

青木月斗　あおきげつと　1879生。明治時代-昭和時代の俳人。1949没。

岡田信一郎　おかだしんいちろう　1883生。大正時代,昭和時代の建築家。東京美術学校教授。1932没。

トマス, ノーマン・マトゥーン　1884生。アメリカの政治家, 社会改革家。1968没。

フリッシュ, カール・フォン　1886生。オーストリアの動物心理学者。1982没。

土居市太郎　どいいちたろう　1887生。明治時代-昭和時代の棋士。将棋8段, 日本将棋連盟会長。1973没。

フートン, アーネスト・A　1887生。アメリカの自然人類学者。1954没。

小野竹喬　おのちくきょう　1889生。大正時代, 昭和時代の日本画家。京都美術専門学校教授。1979没。

ハッブル, エドウィン・パウエル　1889生。アメリカの天文学者。1953没。

末川博　すえかわひろし　1892生。大正時代, 昭和時代の民法学者, 随筆家。立命館大学総長。1977没。

永田衡吉　ながたこうきち　1893生。大正時代, 昭和時代の劇作家, 民俗芸能研究家。1990没。

神道寛次　じんどうかんじ　1896生。大正時代, 昭和時代の弁護士, 社会運動家。1971没。

林達夫　はやしたつお　1896生。昭和時代の評論家, 思想家。明治大学教授,「世界大百科事典」編集長。1984没。

藤原孝夫　ふじわらたかお　1896生。大正時代, 昭和時代の官僚, 政治家。神奈川県知事。1983没。

田嶋一雄　たしまかずお　1899生。昭和時代の実業家。ミノルタカメラ社長, 日本写真機工業会会長。1985没。

桐竹紋十郎（2代目）　きりたけもんじゅうろう　1900生。大正時代, 昭和時代の人形浄瑠璃の人形遣い。1070没。

大田洋子　おおたようこ　1903生。昭和時代の小説家。1963没。

ダニロヴァ, アレクサンドラ・ディオニシエヴナ　1904生。ロシアのバレエ・ダンサー。1997没。

クルーゾ, アンリ・ジョルジュ　1907生。フランスの映画監督。1977没。

二反長半　にたんおさなかば　1907生。昭和時代の児童文学者, 児童文学作家。1977没。

ディヴァイン, ジョージ　1910生。イギリスの俳優, 演出家。1966没。

水藤錦穣　すいとうきんじょう　1911生。大正時代, 昭和時代の琵琶楽(錦琵琶)演奏家。1973没。

ハプスブルク, オットー・フォン　1912生。オーストリアの汎ヨーロッパ主義運動指導者。

内藤知周　ないとうともちか　1914生。昭和時代の社会運動家。1974没。

市川崑　いちかわこん　1915生。昭和時代, 平成時代の映画監督。

胡耀邦　こようほう　1915生。中国の政治家。1989没。

庄野英二　しょうのえいじ　1915生。昭和時代, 平成時代の児童文学作家, 小説家。帝塚山学院大学学長。1993没。

萩野昇　はぎののぼる　1915生。昭和時代の医師。萩野病院院長。1990没。

今堀宏三　いまほりこうぞう　1917生。昭和時代, 平成時代の生物学者。大阪大学教授, 鳴門教育大学学長。2001没。

二本柳寛　にほんやなぎひろし　1917生。昭和時代の映画俳優。1970没。

石原八束　いしはらやつか　1919生。昭和時代, 平成時代の俳人。「秋」主宰。1998没。

ゴーディマ, ナディン　1923生。南アフリカの作家。

ケネディ, ロバート　1925生。アメリカの政治家, ケネディ大統領の弟。1968没。

プリセツカヤ, マイヤ　1925生。ロシアのバレリーナ, 振付師。

根本陸夫　ねもとりくお　1926生。昭和時代, 平成時代のプロ野球監督。1999没。

古林尚　ふるばやしたかし　1927生。昭和時代, 平成時代の文芸評論家。1998没。

萬屋錦之介　よろずやきんのすけ　1932生。昭和時代, 平成時代の俳優。1997没。

エトロ, ジーモ　1940生。イタリアの実業家, デザイナー。

浜美枝　はまみえ　1943生。昭和時代, 平成時代の女優, 農政ジャーナリスト。

猪瀬直樹　いのせなおき　1946生。昭和時代, 平成時代の作家。

篠塚建次郎　しのずかけんじろう　1948生。昭和時代, 平成時代のラリードライバー。

YOSHIKI　よしき　1965生。平成時代のミュージシャン, アーティストプロデューサー。

小池栄子　こいけえいこ　1980生。平成時代の女優, タレント。

11月20日

11月21日

○記念日○　インターネット記念日
○忌　日○　波郷忌
　　　　　　八一忌

藤原頼嗣　ふじわらのよりつぐ　1239生。鎌倉時代前期の鎌倉幕府第5代の将軍。1256没。
ベイル，ジョン　1495生。イギリスの聖職者，劇作家。1563没。
江月宗玩　こうげつそうがん　1574生。安土桃山時代，江戸時代前期の臨済宗の僧。1643没。
林読耕斎　はやしどっこうさい　1624生。江戸時代前期の儒学者。1661没。
松平頼常　まつだいらよりつね　1652生。江戸時代前期，中期の大名。1704没。
滋野井公澄　しげのいきんずみ　1670生。江戸時代中期の公家。1756没。
ヴォルテール　1694生。フランスの作家，啓蒙思想家。1778没。
叡仁入道親王　えいにんにゅうどうしんのう　1730生。江戸時代中期の僧。1753没。
牧野貞長　まきのさだなが　1733生。江戸時代中期の大名。1796没。
荒木田久老　あらきだひさおい　1746生。江戸時代中期，後期の国学者，歌人，伊勢内宮権禰宜。1804没。
シュライアーマッハー，フリードリヒ・ダーニエル・エルンスト　1768生。ドイツのプロテスタントの牧師，神学者，哲学者。1834没。
ホランド（フォックスリーとホランドの），ヘンリー・リチャード・ヴァッサル・フォックス，3代男爵　1773生。イギリスの政治家。1840没。
一橋斉敦　ひとつばしなりあつ　1780生。江戸時代中期，後期の三卿一橋家の3代。1816没。
ボーモント，ウィリアム　1785生。アメリカの軍医。1853没。
キュナード，サー・サミュエル　1787生。イギリスの船主。1865没。
岡本黄石　おかもとこうせき　1811生。江戸時代，明治時代の近江彦根藩士。1898没。
岩瀬忠震　いわせただなり　1818生。江戸時代末期の幕府官僚，外国奉行。1861没。

モーガン，L.H.　1818生。アメリカの法律家，民族学者。1881没。
リヒター，ヒエロニムス・テオドール　1824生。ドイツの化学者。1898没。
大村純熙　おおむらすみひろ　1825生。江戸時代末期，明治時代の大名，伯爵。1882没。
藤田呉江　ふじたごこう　1828生。江戸時代末期，明治時代の富士藩士。1885没。
スキート，ウォルター・ウィリアム　1835生。イギリスの言語学者。1912没。
ヴィクトリア　1840生。ヴィクトリア女王の長女。1901没。
川合清丸　かわいきよまる　1848生。明治時代の社会教育家。太一垣神社社掌。1917没。
メルシエ，デジレー・フェリシアン・フランソワ・ジョゼフ　1851生。ベルギーのローマ・カトリック哲学者，枢機卿。1926没。
タレガ，フランシスコ　1852生。スペインの作曲家，ギター奏者。1909没。
野田卯太郎　のだうたろう　1853生。明治時代，大正時代の政治家，実業家。三井紡績社長。1927没。
ベネディクツス15世　1854生。教皇（在位1914～22）。1922没。
エストラーダ・カブレーラ　1857生。グアテマラの政治家。1924没。
原田豊吉　はらだとよきち　1861生。明治時代の地質学者。男爵，理学博士。1894没。
クィラー‐クーチ，アーサー　1863生。イギリスの学者，作家。1944没。
長瀬富郎　ながせとみろう　1863生。明治時代の実業家。1911没。
フーシェ，アルフレッド　1865生。フランスの東洋学者。1952没。
オプストフェルデル，シーグビョルン　1866生。ノルウェーの詩人。1900没。
梅若万三郎（初代）　うめわかまんざぶろう　1869生。明治時代–昭和時代の能楽師。1946没。
前田曙山　まえだしょざん　1871生。明治時代，大正時代の小説家。1941没。

ドゥーン, オーラヴ 1876生。ノルウェーの小説家。1939没。

ラートブルッフ 1878生。ドイツの法学者。1949没。

絲原武太郎 いとはらぶたろう 1879生。明治時代–昭和時代の銀行家, 政治家。貴族院議員, 山陰合同銀行会長。1966没。

ニコルソン, ハロルド 1886生。イギリスの批評家。1968没。

徳永恕 とくながゆき 1887生。大正時代, 昭和時代の社会事業家。二葉保育園園長。1973没。

上野道輔 うえのみちすけ 1888生。大正時代, 昭和時代の会計学者。東京大学教授, 大蔵省企業会計審議会会長。1962没。

スターテヴァント, アルフレッド・ヘンリー 1891生。アメリカの動物学者。1970没。

阿部藤造 あべとうぞう 1893生。大正時代, 昭和時代の実業家。大阪商工会議所副会頭, 大阪中小企業投資育成会社社長, 又一社長。1985没。

関口存男 せきぐちつぎお 1894生。大正時代, 昭和時代のドイツ語学者。法政大学教授。1958没。

蝋山政道 ろうやままさみち 1895生。大正時代, 昭和時代の政治学者。東京都教育委員会委員長, お茶の水女子大学教授。1980没。

奥井復太郎 おくいふくたろう 1897生。昭和時代の社会学者。慶応義塾長。1965没。

真田穣一郎 さなだじょういちろう 1897生。昭和時代の陸軍軍人。少将。1957没。

マグリット, ルネ 1898生。ベルギーの画家。1967没。

麻生武治 あそうたけはる 1899生。大正時代, 昭和時代のスキー選手, 陸上選手。1993没。

榊山潤 さかきやまじゅん 1900生。昭和時代の小説家。1980没。

鳥居清忠(8代目) とりいきよただ 1900生。大正時代, 昭和時代の舞台美術家, 日本画家。鳥居派宗家。1976没。

高橋正雄 たかはしまさお 1901生。昭和時代, 平成時代の経済学者, 社会運動家。九州大学教授, 東北学院大学教授。1995没。

桑田忠親 くわたただちか 1902生。昭和時代の日本史学者。国学院大学教授。1987没。

スースロフ, ミハイル・アンドレエヴィチ 1902生。ソ連の政治家。1982没。

伊藤永之介 いとうえいのすけ 1903生。昭和時代の小説家。日本農民文学会会長。1959没。

シンガー, アイザック・バシェヴィス 1904生。アメリカのユダヤ系文学者。1991没。

ホーキンズ, コールマン 1904生。アメリカのジャズ・テナーサックス奏者。1969没。

長沼弘毅 ながぬまこうき 1906生。昭和時代の評論家, 推理小説研究家。大蔵事務次官, 日本コロムビア会長。1977没。

アメンドラ 1907生。イタリアの政治家。1980没。

江上不二夫 えがみふじお 1910生。昭和時代の生化学者。三菱化成生命科学研究所所長, 日本学術会議会長。1982没。

志田重男 しだしげお 1911生。昭和時代の社会運動家。1971没。

三原脩 みはらおさむ 1911生。昭和時代のプロ野球選手・監督。1984没。

佐野周二 さのしゅうじ 1912生。昭和時代の俳優。1978没。

カーシム, アブド・アル-カリーム 1914生。イラクの軍人政治家。1963没。

ジミャーニン 1914生。ソ連の外交官, 政治家。1995没。

斎藤昌美 さいとうまさみ 1919生。昭和時代, 平成時代の果樹園芸家。1991没。

ミュージアル, スタン 1920生。アメリカの元・大リーグ選手。

梶竜雄 かじたつお 1928生。昭和時代, 平成時代の推理小説家。1990没。

平幹二朗 ひらみきじろう 1933生。昭和時代, 平成時代の俳優。

吉田建 よしだけん 1949生。昭和時代, 平成時代のベース奏者, 音楽プロデューサー。

グレイシー, ヒクソン 1958生。ブラジルの柔術家。

ビョーク 1965生。アイスランドの歌手。

古賀稔彦 こがとしひこ 1967生。昭和時代, 平成時代の柔道家。

ドンワン 1979生。韓国の歌手, 俳優。

冨田洋之 とみたひろゆき 1980生。平成時代の体操選手。

池脇千鶴 いけわきちずる 1981生。平成時代の女優。

11月21日

11月22日

○記念日○　いい夫婦の日
　　　　　ペットたちに「感謝」する日
○忌　日○　近松忌

宗尊親王　むねたかしんのう　1242生。鎌倉時代前期の鎌倉幕府第6代の将軍。1274没。

ウォリック, リチャード・ネヴィル, 伯爵　1428生。イギリスの貴族(伯爵)。1471没。

オブレヒト, ヤコブ　1450生。フランドル楽派の代表的作曲家。1505没。

朝倉孝景　あさくらたかかげ　1493生。戦国時代の越前の大名, 貞景の子。1548没。

メアリ(ギーズの)　1515生。スコットランド王ジェームズ5世の妃, スコットランド女王メアリ・ステュアートの母。1560没。

エリザベト・ド・バロア　1545生。スペイン国王フェリペ2世の王妃。1568没。

太田資宗　おおたすけむね　1600生。江戸時代前期の大名。1680没。

上杉綱勝　うえすぎつなかつ　1638生。江戸時代前期の大名。1664没。

ラ・サール, ルネ・ローベル・カヴリエ, 卿　1643生。フランスの探検家。1687没。

賀茂清茂　かものきよしげ　1679生。江戸時代中期の神道家。1754没。

ベンダ, フランティシェク　1709生。ドイツのヴァイオリン奏者。1786没。

バッハ, ヴィルヘルム・フリーデマン　1710生。ドイツのオルガン奏者, 作曲家。1784没。

ダルジャンソン, マルク・アントアーヌ・ルネ　1722生。フランスの貴族。1787没。

ギュンター, イグナーツ　1725生。ドイツ, バリアの彫刻家。1775没。

エルコレ3世　1727生。モデナ=レッジオ公。1803没。

永皎女王　えいこうじょうう　1732生。江戸時代中期, 後期の女性。中御門天皇の第7皇女。1808没。

杉村直記　すぎむらなおき　1741生。江戸時代中期, 後期の対馬府中藩家老。1808没。

スチュワート, ドゥーガルド　1753生。イギリスの哲学者。1828没。

ホーファー, アンドレアス　1767生。チロルの愛国者。1810没。

ラスク, ラスムス　1787生。デンマークの言語学者。1832没。

海保漁村　かいほぎょそん　1798生。江戸時代末期の儒学者, 幕府医学館直舎儒学教授。1866没。

ルコント・ド・リール, シャルル-マリ-ルネ　1818生。フランスの詩人。1894没。

エリオット, ジョージ　1819生。イギリスの女流作家。1880没。

シルヴィス　1828生。アメリカの労働運動家。1869没。

ケッテラー　1853生。ドイツの外交官。1900没。

ギッシング, ジョージ　1857生。イギリスの小説家, 随筆家。1903没。

長沢亀之助　ながさわかめのすけ　1860生。明治時代, 大正時代の数学者。東洋和英女学校校長。1927没。

河野常吉　こうのつねきち　1863生。明治時代, 大正時代の歴史家。北海道史編纂主任, 小樽市立図書館長。1930没。

斉璜　せいこう　1863生。中国の画家。1957没。

マルシャン, ジャン・バティスト　1863生。フランスの軍人。1934没。

竹内栖鳳　たけうちせいほう　1864生。明治時代-昭和時代の日本画家。京都市立絵画専門学校教授。1942没。

平井六右衛門(12代目)　ひらいろくえもん　1866生。明治時代, 大正時代の実業家。衆議院議員, 貴族院議員。1921没。

オルブリヒ, ヨーゼフ・マリーア　1867生。オーストリアの建築家, デザイナー。1908没。

グレーナー　1867生。ドイツの軍人, 政治家。1939没。

ジッド, アンドレ　1869生。フランスの小説家, 評論家。1951没。

井口阿くり　いのくちあくり　1871生。明治時代, 大正時代の体操指導者。1931没。

エイメリー, リーオポルド・チャールズ・モーリス・ステネット　1873生。イギリスの政治家。1955没。

五十嵐力　いがらしちから　1874生。大正時代, 昭和時代の国文学者。文学博士, 早稲田大学教授。1947没。

アディ・エンドレ　1878生。ハンガリーの詩人。1919没。

キング, アーネスト　1878生。アメリカ海軍軍人。1956没。

野沢吉兵衛(7代目)　のざわきちべえ　1879生。大正時代, 昭和時代の文楽三味線方。1942没。

ヴィルドラック, シャルル　1882生。フランスの詩人, 劇作家。1971没。

兼常清佐　かねつねきよすけ　1885生。大正時代, 昭和時代の音楽学者, 音楽評論家。1957没。

玉井喬介　たまいきょうすけ　1885生。昭和時代の実業家。1956没。

村井れい　むらいれい　1887生。大正時代, 昭和時代の箏曲家。1958没。

ド・ゴール, シャルル　1890生。フランスの軍人, 大統領。1970没。

ポリット, ハリー　1890生。イギリスの共産党の指導者。1960没。

カガノヴィチ, ラザリ・モイセエヴィチ　1893生。ソ連の政治家。1991没。

谷口雅春　たにぐちまさはる　1893生。大正時代, 昭和時代の宗教家。1985没。

朱自清　しゅじせい　1898生。中国の詩人, 評論家。1948没。

ロビンズ(クレア・マーケットの), ライオネル・チャールズ・ロビンズ, 男爵　1898没。イギリスの経済学者。1984没。

大蔵貢　おおくらみつぎ　1899生。昭和時代の映画企業家。新東宝社長, 大蔵映画社長。1978没。

カーマイケル, ホーギー　1899生。アメリカのジャズ・ピアニスト, 作曲家, 俳優。1981没。

佐伯孝夫　さえきたかお　1902生。昭和時代の作詞家。日本音楽著作権協会理事。1981没。

フォイアマン, エマーヌエル　1902生。オーストリアのチェロ奏者。1942没。

丹羽文雄　にわふみお　1904生。昭和時代の小説家。2005没。

ネール, ルイ・ユージェーヌ・フェリックス　1904生。フランスの物理学者。2000没。

梅沢純夫　うめざわすみお　1909生。昭和時代, 平成時代の有機化学者。慶應義塾大学教授, 日本化学会会長。2000没。

斎藤英四郎　さいとうえいしろう　1911生。昭和時代, 平成時代の実業家。2002没。

フェドレンコ, ニコライ・トロフィモヴィチ　1912生。ソ連の文芸評論家, 外交官。2000没。

ブリテン, ベンジャミン　1913生。イギリスの作曲家。1976没。

戸田藤一郎　とだとういちろう　1914生。昭和時代のプロゴルファー。1984没。

カザレス, マリア　1922生。フランスの女優。1996没。

マンガネッリ, ジョルジョ　1922生。イタリアの小説家, 評論家。1990没。

岸朝子　きしあさこ　1923生。昭和時代, 平成時代のジャーナリスト。

青田昇　あおたのぼる　1924生。昭和時代, 平成時代のプロ野球選手, 野球評論家。大洋監督。1997没。

出井伸之　いでいのぶゆき　1937生。昭和時代, 平成時代のクオンタムリープ代表取締役。元・ソニー会長。

キング, ビリー・ジーン　1943生。アメリカの元・テニス選手。

尾藤イサオ　びとういさお　1943生。昭和時代, 平成時代の歌手, 俳優。

倍賞美津子　ばいしょうみつこ　1946生。昭和時代, 平成時代の女優。

中田喜子　なかだよしこ　1953生。昭和時代, 平成時代の女優。

カラックス, レオス　1960生。フランスの映画監督。

奥貫薫　おくぬきかおる　1970生。平成時代の女優。

aiko　あいこ　1075生。平成時代のシンガーソングライター。

田川寿美　たがわとしみ　1975生。平成時代の歌手。

遠野凪子　とおのなぎこ　1979生。平成時代の女優。

登場人物

サザエさん　『サザエさん』の主人公。

11月22日

11月23日

○記念日○　手袋の日
　　　　　　分散投資の日
○忌　日○　一葉忌

中原師遠　なかはらのもろとお　1070生。平安時代後期の官人。1130没。

アルフォンソ10世　1221生。レオン＝カスティリア王（在位1252〜84）。1284没。

竜山徳見　りゅうざんとくけん　1284生。鎌倉時代後期、南北朝時代の臨済宗黄竜派の僧。1358没。

デュノワ，ジャン・ドルレアン，伯爵　1402生。フランスの軍人、外交官。1468没。

足利義尚　あしかがよしひさ　1465生。室町時代、戦国時代の室町幕府第9代の将軍。1489没。

マロ，クレマン　1496生。フランスの詩人。1544没。

アクバル，ジャラール・ウッディーン・ムハンマト　1542生。インド、ムガル帝国第3代皇帝（在位1556〜1605）。1605没。

中山親綱　なかやまちかつな　1544生。安土桃山時代の公卿。1598没。

アルピーニ，プロスペロ　1553生。イタリアの植物学者。1616没。

メーロ，マヌエル・デ　1608生。ポルトガルの作家。1666没。

マビヨン，ジャン　1632生。フランスの文献学者。1707没。

ビロ―ン　1690生。ラトビア生まれのロシアの政治家。1772没。

蘆東山　あしとうざん　1696生。江戸時代中期の儒学者。1776没。

平敷屋朝敏　へしきやちょうびん　1700生。江戸時代中期の和文物語作者。1734没。

バブーフ，フランソワ－ノエル　1760生。フランスの革命家、共産主義者。1797没。

フーゴー　1764生。ドイツの法学者。1844没。

ピアース，フランクリン　1804生。第14代アメリカ大統領。1869没。

高橋俊璟　たかはしとしひさ　1808生。江戸時代末期の鷹司家諸大夫。1866没。

藤堂高聴　とうどうたかより　1810生。江戸時代後期の大名。1863没。

中山愛子　なかやまあいこ　1816生。江戸時代、明治時代の女性。明治天皇の母方祖母。1906没。

トドハンター　1820生。イギリスの数学史家。1884没。

マキシモヴィッチ　1827生。ロシアの植物学者。1891没。

シーボーム　1833生。イギリスの歴史家。1912没。

トムソン，ジェイムズ　1834生。イギリスの詩人。1882没。

ファン・デル・ワールス，ヨハネス・ディデリック　1837生。オランダの物理学者。1923没。

佐藤誠実　さとうじょうじつ　1839生。明治時代の国学者。1908没。

黒沢鷹次郎　くろさわたかじろう　1849生。明治時代、大正時代の銀行家。第十九国立銀行頭取。1919没。

ビリー・ザ・キッド　1859生。アメリカの無法者。1881没。

ブランティング，カール・ヤルマル　1860生。スウェーデンの政治家、ジャーナリスト。1925没。

パーカー　1862生。イギリス系カナダの冒険小説家。1932没。

国沢新兵衛　くにざわしんべえ　1864生。明治時代–昭和時代の実業家。1953没。

武田範之　たけだはんし　1864生。明治時代の僧。越後顕聖寺住職、韓国十三道仏寺総顧問。1911没。

パウルセン，ヴァルデマー　1869生。デンマークの電気技術者、発明家。1942没。

ライマン，セオドア　1874生。アメリカの物理学者。1954没。

ルナチャルスキー，アナトーリー・ワシリエヴィチ　1875生。ソ連の評論家。1933没。

デュフレーヌ，シャルル　1876生。フランスの画家。1938没。

ファリア，マヌエル・デ　1876生。スペインの作曲家。1946没。

エンヴェル・パシャ　1881生。オスマン・トルコ帝国末期の軍人，政治家。1922没。

オケリー，ショーン・T　1882生。アイルランドの政治家，エール共和国大統領。1966没。

小泉丹　こいずみまこと　1882生。大正時代，昭和時代の寄生虫学者，随筆家。慶応義塾大学教授。1952没。

オロスコ，ホセ・クレメンテ　1883生。メキシコの画家。1949没。

カーロフ，ボリス　1887生。アメリカの俳優。1969没。

モーズリー，ハリー　1887生。イギリスの物理学者。1915没。

広島晃甫　ひろしまこうほ　1889生。大正時代，昭和時代の日本画家。1951没。

富田砕花　とみたさいか　1890生。昭和時代，平成時代の歌人，詩人。1984没。

中村白葉　なかむらはくよう　1890生。大正時代，昭和時代のロシア文学者，翻訳家。日本ロシヤ文学会会長。1974没。

久米正雄　くめまさお　1891生。大正時代，昭和時代の劇作家，俳人。鎌倉文庫社長。1952没。

ロドチェンコ，アレクサンドル・ミハイロヴィチ　1891生。ロシアの画家，デザイナー。1956没。

マルクス，ハーポ　1893生。アメリカの喜劇映画俳優。没年不詳。

柳田謙十郎　やなぎだけんじゅうろう　1893生。昭和時代の哲学者。労働者教育協会会長，日中友好協会会長。1983没。

ゴットヴァルト，クレメント　1896生。チェコスロヴァキアの革命家，大統領。1953没。

常ノ花寛市　つねのはなかんいち　1896生。明治時代-昭和時代の力士。横綱，相撲協会理事長。1960没。

藤本二三吉　ふじもとふみきち　1897生。昭和時代の歌手。1976没。

マリノフスキー，ロジオン・ヤコヴレヴィチ　1898生。ソ連の軍人。1967没。

村井米子　むらいよねこ　1901生。大正時代，昭和時代の登山家，食生活研究家。1986没。

平林英子　ひらばやしえいこ　1902生。昭和時代，平成時代の小説家。2001没。

山口長男　やまぐちたけお　1902生。昭和時代の洋画家。武蔵野美術学園園長。1983没。

石井照久　いしいてるひさ　1906生。昭和時代の法学者。成蹊大学学長，東京大学教授。1973没。

ノーソフ，ニコライ・ニコラエヴィチ　1908生。ソ連の児童文学者。1963没。

三宅艶子　みやけつやこ　1912生。昭和時代，平成時代の小説家，評論家。1994没。

クリシャン・チャンダル　1914生。インドのウルドゥー語作家。1977没。

田村魚菜　たむらぎょさい　1914生。昭和時代の料理研究家。魚菜学園理事長，魚菜社長。1991没。

江崎真澄　えさきますみ　1915生。昭和時代，平成時代の政治家。衆議院議員。1996没。

メンデス・モンテネグロ　1915生。グアテマラの大統領，法学者。1996没。

南部正太郎　なんぶしょうたろう　1918生。昭和時代の漫画家。1976没。

ツェラーン，パウル　1920生。オーストリアのユダヤ系詩人。1970没。

小林桂樹　こばやしけいじゅ　1923生。昭和時代，平成時代の俳優。

白井義男　しらいよしお　1923生。昭和時代のプロボクサー，ボクシング評論家。2003没。

サイババ，サティア　1926生。インドの宗教家，哲学者，教育家，慈善事業家。

田中邦衛　たなかくにえ　1932生。昭和時代，平成時代の俳優。

たこ八郎　たこはちろう　1940生。昭和時代のタレント，元・プロボクサー。1985没。

栗本慎一郎　くりもとしんいちろう　1941生。昭和時代，平成時代の経済人類学研究者，法社会学研究者，評論家。

十朱幸代　とあけゆきよ　1942生。昭和時代，平成時代の女優。

小室等　こむろひとし　1943生。昭和時代，平成時代のシンガー・ソングライター。

シーナ　1954生。昭和時代，平成時代のロック歌手。

カッセル，ヴァンサン　1966生。フランスの俳優。

岩崎ひろみ　いわさきひろみ　1976生。平成時代の女優。

三瓶　さんぺい　1976生。平成時代のタレント。

11月23日

11月24日

○記念日○ オペラ記念日
鰹節の日
東京天文台設置記念日
○忌　日○ 天台大師忌

シャルル・ドルレアン，公爵　1394生。フランスの抒情詩人。1465没。

トリジャーノ，ピエトロ　1472生。イタリアの彫刻家。1528没。

中院通為　なかのいんみちため　1517生。戦国時代の公卿。1565没。

マシンジャー，フィリップ　1583生。イギリスの劇作家。1640没。

バリューズ（バリュシウス），エティエンヌ　1630生。フランスの歴史家。1718没。

スピノザ，バルフ・デ　1632生。オランダの哲学者。1677没。

平田職俊　ひらたもととし　1632生。江戸時代前期，中期の官吏，有職家。1711没。

トゥルヴィル，アンヌ・イラリオン・ド・コンタンタン，伯爵　1642生。フランスの提督。1701没。

カルル11世　1655生。スウェーデン王（在位1660～97）。1697没。

松前矩広　まつまえのりひろ　1659生。江戸時代前期，中期の大名。1720没。

スターン，ロレンス　1713生。イギリスの小説家。1768没。

セラ，フニペロ　1713生。スペインのフランシスコ会修道士，宣教師。1784没。

井上蘭沢　いのうえらんたく　1718生。江戸時代中期の儒者。1781没。

スヴォーロフ，アレクサンドル・ヴァシリエヴィチ　1730生。ロシアの将軍。1800没。

ベーコン，ジョン　1740生。イギリスの彫刻家。1799没。

カプマニ　1742生。スペインの政治家，歴史，言語学者。1813没。

ヴァインブレンナー，ヨハン・ヤーコブ・フリードリヒ　1766生。ドイツの建築家。1826没。

二川松陰　ふたがわしょういん　1767生。江戸時代後期の儒学者，歌人。1836没。

テイラー，ザカリー　1784生。アメリカ第12代大統領。1850没。

ブルクハルト，J.L.　1784生。スイスの東洋学者。1817没。

ベック　1785生。ドイツの古代学者。1867没。

リエゴ・イ・ヌニェス　1785生。スペインの革命家，軍人。1823没。

鳥居耀蔵　とりいようぞう　1796生。江戸時代末期，明治時代の幕臣。1873没。

ベヒシュタイン，ルートヴィヒ　1801生。ドイツの小説家，愛国詩人。1860没。

荒尾清心斎　あらおせいしんさい　1815生。江戸時代末期，明治時代の因幡鳥取藩家老。1878没。

藤川三渓　ふじかわさんけい　1816生。江戸時代，明治時代の高松藩士，実業家。1889没。

バックル　1821生。イギリスの歴史家。1862没。

コッローディ，カルロ　1826生。イタリアの児童文学者。1890没。

那珂梧楼　なかごろう　1827生。江戸時代，明治時代の思想家。1879没。

ガードナー　1846生。イギリスの考古学者。1937没。

三浦十郎　みうらじゅうろう　1847生。江戸時代後期，末期，明治時代の武士，官僚。1871年岩倉使節団に同行しアメリカに渡る。1914没。

レーマン，リリー　1848生。ドイツのソプラノ歌手。1929没。

バーネット，フランシス・ホジソン　1849生。イギリス系アメリカの女流小説家。1924没。

ギルバート，キャス　1859生。アメリカの建築家。1934没。

ビーヤ　1861生。ドイツの外科医。1949没。

トゥールーズ-ロートレック，アンリ-マリー-レイモン・ド　1864生。フランスの画家。1901没。

ジョプリン，スコット　1868生。アメリカの黒人作曲家，ピアニスト。1917没。

伊沢多喜男　いざわたきお　1869生。大正時代，昭和時代の内務官僚，政治家。枢密顧問官，

貴族院議員。1949没。
高野房太郎　たかのふさたろう　1869生。明治時代の労働運動家。1904没。
山元春挙　やまもとしゅんきょ　1871生。明治時代，大正時代の日本画家。1933没。
川合玉堂　かわいぎょくどう　1873生。明治時代–昭和時代の日本画家。1957没。
マルトフ　1873生。ロシアの政治家。1923没。
モンターギュー　1873生。アメリカの哲学者。1953没。
阿部信行　あべのぶゆき　1875生。明治時代–昭和時代の陸軍軍人，政治家。大将，首相。1953没。
バークリー，アルベン・W（ウィリアム）　1877生。アメリカ副大統領（1949〜53）。1956没。
小山東助　おやまとうすけ　1879生。明治時代，大正時代の思想家，政治家。衆議院議員。1919没。
ヘクシャー　1879生。スウェーデンの経済史学者。1952没。
クラーク　1884生。オランダの建築家。1923没。
ヴァントンゲルロー，ジョルジュ　1886生。ベルギーの画家，彫刻家，建築家。1965没。
吉田絃二郎　よしだげんじろう　1886生。大正時代，昭和時代の小説家，劇作家，随筆家。1956没。
マンシュタイン，（フリッツ・）エーリヒ・フォン　1887生。ドイツの軍人。1973没。
黒田長礼　くろだながみち　1889生。大正時代，昭和時代の動物学者。日本鳥学会会頭，日本生物地理学会会長。1978没。
大久保作次郎　おおくぼさくじろう　1890生。大正時代，昭和時代の洋画家。多摩美術大学教授。1973没。
パヴリコフスカ–ヤスノジェフスカ，マリア　1891生。ポーランドの女性詩人，劇作家。1945没。
原彪　はらひょう　1894生。昭和時代の政治家。衆議院議員，日中国交回復特別委員長。1975没。
松田恒次　まつだつねじ　1895生。昭和時代の実業家。東洋工業社長。1970没。
大塚万丈　おおつかばんじょう　1896生。昭和時代の実業家。経済同友会代表幹事，日本特殊鋼管社長。1950没。
劉少奇　りゅうしょうき　1898生。中国の政治家。1969没。
三宮吾郎　さんのみやごろう　1899生。昭和時代の実業家。いすゞ自動車社長。1961没。
聞一多　ぶんいった　1899生。中国の学者，文学者。1946没。
大橋武夫　おおはしたけお　1904生。昭和時代の政治家。衆議院議員。1981没。
鈴木真砂女　すずきまさじょ　1906生。昭和時代，平成時代の俳人。2003没。
大森忠夫　おおもりただお　1908生。昭和時代の商法学者。京都大学教授。1972没。
清川虹子　きよかわにじこ　1912生。昭和時代，平成時代の女優。2002没。
金東里　きんとうり　1913生。韓国の小説家。1995没。
尾崎宏次　おざきひろつぐ　1914生。昭和時代，平成時代の演劇評論家。サーカス文化の会代表理事。1999没。
チャドウィック，リン　1914生。現代イギリスの彫刻家。2003没。
トロヤノフスキー　1919生。ソ連の外交官。2003没。
リンゼー　1921生。アメリカの政治家。2000没。
加藤治子　かとうはるこ　1922生。昭和時代，平成時代の女優。
グエン・バン・ヒュー　1922生。南ベトナムの政治家。1991没。
シーガル，ジョージ　1924生。アメリカの彫刻家。2000没。
ナカムラ，クニオ　1943生。パラオの政治家。
ブヨヤ，ピエール　1949生。ブルンジの政治家，軍人。
湯浅卓　ゆあさたかし　1955生。昭和時代，平成時代の国際弁護士。
山本太郎　やまもとたろう　1974生。平成時代の俳優。
清水直行　しみずなおゆき　1975生。平成時代のプロ野球選手。
池内博之　いけうちひろゆき　1976生。平成時代の俳優。
yukihiro　ゆきひろ　ドラム奏者(L'Arc〜en〜Ciel)。

11月24日

11月25日

○記念日○　OLの日
　　　　　女性に対する暴力廃絶のための国際デー
○忌　日○　三島忌

後朱雀天皇　ごすざくてんのう　1009生。平安時代中期の第69代の天皇。1045没。

九条尚経　くじょうなおつね　1468生。戦国時代の公卿。1530没。

李滉　りこう　1501生。朝鮮，李朝中期の儒学者。1570没。

ベガ，ロペ・デ　1562生。スペインの劇作家。1535没。

狩野孝信　かのうたかのぶ　1571生。安土桃山時代，江戸時代前期の画家。1618没。

ゼンナート　1572生。ドイツの医者，自然哲学者。1637没。

前田利常　まえだとしつね　1593生。江戸時代前期の大名。1658没。

キャサリン　1638生。ポルトガル王女。1705没。

エペ，シャルル・ミシェル，アベ・ド・ラ　1712生。フランスの聾唖教育家。1789没。

有馬頼徸　ありまよりゆき　1714生。江戸時代中期の和算家，大名。1783没。

銭屋五兵衛　ぜにやごへえ　1773生。江戸時代後期の豪商，海運業者。1852没。

ランカスター，ジョゼフ　1778生。イギリスの教育者。1838没。

マイヤー，ユリウス・ロバート・フォン　1814生。ドイツの医師，物理学者。1878没。

安藤信正　あんどうのぶまさ　1819生。江戸時代末期，明治時代の大名。1871没。

河上彦斎　かわかみげんさい　1834生。江戸時代，明治時代の熊本藩士。1872没。

カーネギー，アンドルー　1835生。アメリカの実業家（鉄鋼王）。1919没。

ベンツ，カール・フリードリヒ　1844生。ドイツの技術者，発明家。1929没。

ケイロース，エッサ・デ　1845生。ポルトガルの小説家。1900没。

近藤廉平　こんどうれんぺい　1848生。明治時代，大正時代の実業家。日本郵船社長，貴族院議員。1921没。

タネーエフ，セルゲイ・イワーノヴィチ　1856生。ロシアの作曲家。1915没。

中村是公　なかむらこれきみ　1867生。明治時代，大正時代の官吏。東京市長，鉄道院総裁，貴族院議員。1927没。

新納忠之介　にいろちゅうのすけ　1868生。明治時代-昭和時代の古社寺の国宝修理に専念，神仏像2000余体を再生。帝室博物館学芸委員などを歴任。1954没。

ドニ，モーリス　1870生。フランスの画家。1943没。

堺利彦　さかいとしひこ　1871生。明治時代-昭和時代の社会主義者。東京市議会議員。1933没。

添田唖蝉坊　そえだあぜんぼう　1872生。明治時代-昭和時代の演歌師，社会派詩人。1944没。

グランヴィル-バーカー，ハーリー　1877生。イギリスの演出家，俳優，劇作家。1946没。

カイザー，ゲオルク　1878生。ドイツ表現主義の代表的劇作家。1945没。

宮田光雄　みやたみつお　1878生。大正時代，昭和時代の官僚，政治家。衆議院議員。1956没。

ヨハネス23世　1881生。教皇（在位1958〜63）。1963没。

菅礼之助　すがれいのすけ　1883生。大正時代，昭和時代の実業家，俳人。石炭庁長官。1971没。

ヴァヴィロフ，ニコライ・イヴァノヴィチ　1887生。ソ連邦の農学者，作物地理学者，作物学者。1943没。

ギュンテキン，レシャト・ヌリ　1889生。トルコの小説家，国会議員。1956没。

寺内万治郎　てらうちまんじろう　1890生。大正時代，昭和時代の洋画家。1964没。

ローゼンバーグ，アイザック　1890生。イギリスの詩人。1918没。

大錦卯一郎　おおにしきういちろう　1891生。明治時代，大正時代の力士（26代横綱）。

1941没。

羽仁路之 はにみちゆき 1891生。昭和時代の実業家。三菱金属鉱業社長，三菱鉱業社長。1980没。

米川正夫 よねかわまさお 1891生。大正時代，昭和時代のロシア文学者。1965没。

中沢不二雄 なかざわふじお 1892生。大正時代，昭和時代の野球評論家。パ・リーグ初代会長。1965没。

クルーチ，ジョーゼフ・ウッド 1893生。アメリカの劇評家，文芸評論家。1970没。

山岸徳平 やまぎしとくへい 1893生。昭和時代の日本文学者。東京教育大学教授，実践女子大学教授。1987没。

荘清彦 しょうきよひこ 1894生。昭和時代の実業家。三菱商事社長。1967没。

ケンプ，ヴィルヘルム 1895生。西ドイツのピアニスト。1991没。

スヴォボダ，ルドヴィーク 1895生。チェコスロヴァキアの軍人，大統領。1979没。

ミコヤン，アナスタス・イヴァノヴィチ 1895生。ソ連の政治家。1978没。

トムソン，ヴァージル 1896生。アメリカの作曲家，指揮者，音楽評論家。1989没。

小沢佐重喜 おざわさえき 1898生。昭和時代の政治家。衆議院議員。1968没。

酒井米子 さかいよねこ 1898生。明治時代–昭和時代の女優。1958没。

嘉納履正 かのうりせい 1900生。昭和時代の柔道家。講道館館長，国際柔道連盟（IJF）初代会長。1986没。

青野寿郎 あおのひさお 1901生。昭和時代の人文地理学者。東京文理大学教授，日本地理学会会長。1991没。

平田郷陽（2代目） ひらたごうよう 1903生。昭和時代の人形作家。1981没。

巴金 はきん 1904生。中国の作家，エスペラント学者。2005没。

大木よね おおきよね 1907生。昭和時代の成田空港反対運動家。1973没。

黒金泰美 くろがねやすみ 1910生。昭和時代の政治家。衆議院議員。1986没。

ディマジオ，ジョー 1914生。アメリカの大リーグ選手。1999没。

細郷道一 さいごうみちかず 1915生。昭和時代，平成時代の官僚，政治家。自治事務次官。1990没。

ピノチェト，アウグスト 1915生。チリの政治家，軍人。2006没。

河野健二 かわのけんじ 1916生。昭和時代，平成時代の経済史学者。京都大学教授，京都市立芸術大学教授。1996没。

ジャマルライル，サイド・プトラ 1920生。マレーシア国王。2000没。

中城ふみ子 なかじょうふみこ 1922生。昭和時代の歌人。1954没。

山本忠司 やまもとただし 1923生。昭和時代，平成時代の建築家。1998没。

マルコヴィチ，アンテ 1924生。ユーゴスラビアの政治家。

吉本隆明 よしもとたかあき 1924生。昭和時代，平成時代の文芸評論家，詩人。

成瀬桜桃子 なるせおうとうし 1925生。昭和時代，平成時代の俳人。2004没。

若羽黒朋明 わかはぐろともあき 1934生。昭和時代の力士。1969没。

冥王まさ子 めいおうまさこ 1939生。昭和時代，平成時代の小説家。1995没。

池内紀 いけうちおさむ 1940生。昭和時代，平成時代の文芸評論家。

関川夏央 せきかわなつお 1949生。昭和時代，平成時代の作家。

大地康雄 だいちやすお 1951生。昭和時代，平成時代の俳優。

岡田彰布 おかだあきのぶ 1957生。昭和時代，平成時代のプロ野球監督，元・プロ野球選手。

赤坂泰彦 あかさかやすひこ 1959生。昭和時代，平成時代のディスクジョッキー。

寺門ジモン てらかどじもん 1962生。昭和時代，平成時代のコメディアン。

オゾン，フランソワ 1967生。フランスの映画監督，脚本家。

高津臣吾 たかつしんご 1968生。平成時代のプロ野球選手，元・大リーグ選手。

ビトリチェンコ，エレーナ 1970生。ウクライナの元・新体操選手。

椎名林檎 しいなりんご 1978生。平成時代のシンガーソングライター。

伊藤淳史 いとうあつし 1983生。平成時代の俳優。

11月25日

11月26日

○記念日○　ペンの日

タウレルス, ニコラウス　1547生。ドイツの哲学者, 医学者。1606没。
富小路秀直　とみのこうじひでなお　1564生。安土桃山時代, 江戸時代前期の公家。1621没。
多久茂文　たくしげぶみ　1670生。江戸時代前期の肥前佐賀藩国老。1711没。
今村源右衛門　いまむらげんえもん　1719生。江戸時代中期のオランダ通詞。1773没。
大場景明　おおばかげあき　1719生。江戸時代中期の水戸藩士。1785没。
フォルスター, ゲオルク　1754生。ドイツの自然科学者。1794没。
辻蘭室　つじらんしつ　1756生。江戸時代中期, 後期の蘭学者。1836没。
黒住宗忠　くろずみむねただ　1780生。江戸時代後期の神道家, 黒住教の教祖。1850没。
足代弘訓　あじろひろのり　1784生。江戸時代後期の国学者。1856没。
グリムケ, セアラ・ムーア　1792生。アメリカの奴隷廃止運動家。1873没。
布田保之助　ふたやすのすけ　1801生。江戸時代後期の肥後熊本藩の水利功労者。1873没。
アームストロング, ウィリアム・ジョージ, 男爵　1810生。イギリスの発明家, 企業家。1900没。
鍋島茂真　なべしましげざね　1813生。江戸時代末期の肥前佐賀藩士。1866没。
ヴュルツ, シャルル・アドルフ　1817生。フランスの有機化学者。1884没。
喜多岡勇平　きたおかゆうへい　1821生。江戸時代末期の筑前福岡藩士。1865没。
観行院　かんぎょういん　1826生。江戸時代末期の女性。仁孝天皇の後宮, 和宮の母。1865没。
ケーニッヒ　1832生。ドイツの印刷技術者。1901没。
ニューランズ, ジョン・アレグザンダー・レイナ　1837生。イギリスの化学者。1898没。
マリア・フョードロブナ　1847生。ロシア皇帝アレクサンドル3世の妃。1928没。

浜田玄達　はまだげんたつ　1855生。明治時代, 大正時代の医学者。産婦人科, 東京帝国大学医科大学教授。1915没。
ソシュール, フェルディナン・ド　1857生。スイスの言語学者。1913没。
伊藤伝右衛門　いとうでんえもん　1861生。明治時代–昭和時代の実業家, 衆議院議員。1947没。
スタイン, オーレル　1862生。ハンガリー生まれのイギリスの考古学者, 東洋学者, 探検家。1943没。
ホルテル, ヘルマン　1864生。オランダの詩人。1927没。
梅屋庄吉　うめやしょうきち　1868生。明治時代, 大正時代の映画企業家。1934没。
ストゥルツォ, ルイージ　1871生。イタリアのカトリック司教, 社会学者, 政治家。1959没。
都鳥英喜　ととりえいき　1873生。明治時代–昭和時代の洋画家。京都高等工芸学校及び関西美術院教授。1943没。
一龍斎貞山(6代目)　いちりゅうさいていざん　1876生。明治時代–昭和時代の講談師。講談・落語協会会長。1945没。
長谷川天渓　はせがわてんけい　1876生。明治時代–昭和時代の文芸評論家, 英文学者。1940没。
有島生馬　ありしまいくま　1882生。大正時代, 昭和時代の洋画家, 小説家。1974没。
鈴木富士弥　すずきふじや　1882生。大正時代, 昭和時代の政治家。国会議員。1946没。
ニールセン, カイ　1882生。デンマークの彫刻家。1924没。
バビッチ・ミハーイ　1883生。ハンガリーの詩人, 小説家, 評論家。1941没。
林家トミ　はやしやとみ　1883生。明治時代–昭和時代の寄席の囃子方。1970没。
ブリューニング, ハインリヒ　1885生。ドイツの政治家, 政治学者。1970没。
カナロ, フランシスコ　1888生。アルゼンチンタンゴの楽団指揮者。1964没。

ミッタイス　1889生。ドイツの法制史家。1952没。

戴伝賢　たいでんけん　1890生。中国、国民党右派の政治家，理論家。1949没。

ウィーナー，ノーバート　1894生。アメリカの数学者。1964没。

加田哲二　かだてつじ　1895生。昭和時代の社会学者，経済学者。慶応義塾大学教授。1964没。

リンドブラッド，ベルティル　1895生。スウェーデンの天文学者。1965没。

テーラー　1897生。イギリスの科学史家。1956没。

ツィーグラー，カール　1898生。ドイツの有機化学者。1973没。

矢川徳光　やがわとくみつ　1900生。昭和時代の教育学者。ソビエト教育学研究会会長。1982没。

岩田誠　いわたまこと　1902生。昭和時代の裁判官。最高裁判事。1985没。

北村兼子　きたむらかねこ　1903生。大正時代，昭和時代のジャーナリスト。1931没。

平木二六　ひらきにろく　1903生。詩人。1984没。

キューサック，シリル　1910生。南アフリカ共和国生まれの俳優。1993没。

イヨネスコ，ウージェーヌ　1912生。フランスの劇作家。1994没。

石桁真礼生　いしけたまれお　1916生。昭和時代，平成時代の作曲家。東京芸術大学教授。1996没。

高安久雄　たかやすひさお　1916生。昭和時代，平成時代の泌尿器科学者。東京大学教授，山梨医科大学学長。1996没。

樫尾忠雄　かしおただお　1917生。昭和時代の実業家。カシオ計算機社長。1993没。

エイルウィン，パトリシオ　1018生。チリの政治家。

島袋光史　しまぶくろみつふみ　1920生。昭和時代，平成時代の琉球古典太鼓演奏者，琉球舞踊小道具制作者。2006没。

シュルツ，チャールズ・M．　1922生。アメリカの漫画家，漫画『スヌーピー』（原題はPeanutsで，Snoopyはそこに登場する犬の名）で世界的に有名。2000没。

堅山利文　たてやまとしふみ　1923生。昭和時代の労働運動家。連合会長。

イストミン，ユージン　1925生。アメリカのピアニスト。2003没。

奥田敬和　おくだけいわ　1927生。昭和時代，平成時代の政治家。衆議院議員。1998没。

伊ケ崎暁生　いがさきあきお　1930生。昭和時代，平成時代の教育学者。

飛鳥井雅道　あすかいまさみち　1934生。昭和時代，平成時代の文芸評論家，坂本龍馬研究家。京都大学教授。2000没。

長岡秀星　ながおかしゅうせい　1936生。昭和時代，平成時代のイラストレーター。

アブドラ・バダウィ　1939生。マレーシアの政治家。

ターナー，ティナ　1939生。アメリカのロック歌手。

琴桜傑将　ことざくらまさかつ　1940生。昭和時代の元・力士（第53代横綱）。

カルーセル麻紀　かるーせるまき　1942生。昭和時代，平成時代のタレント。

苅谷俊介　かりやしゅんすけ　1946生。昭和時代，平成時代の俳優。

下条アトム　しもじょうあとむ　1946生。昭和時代，平成時代の俳優。

保坂展人　ほさかのぶと　1955生。昭和時代，平成時代のジャーナリスト。

市川右近　いちかわうこん　1963生。昭和時代，平成時代の歌舞伎俳優。

Ryo　りょう　1972生。平成時代のミュージシャン（ケツメイシ）。

市川亀治郎（2代目）　いちかわかめじろう　1975生。平成時代の歌舞伎俳優。

大野智　おおのさとし　1980生。平成時代のタレント，歌手，俳優。

11月26日

11月27日

○記念日○　いい鮒の日
ノーベル賞制定記念日
更生保護記念日

順忍　じゅんにん　1265生。鎌倉時代後期の律宗の僧。1326没。
沈周　ちんしゅう　1427生。中国、明の画家、文学者。1509没。
上杉景勝　うえすぎかげかつ　1555生。安土桃山時代、江戸時代前期の大名。1623没。
勧修寺経広　かじゅうじつねひろ　1606生。江戸時代前期の公家。1688没。
マントノン, フランソワーズ・ドービニェ, 侯爵夫人　1635生。フランスの文人, 教育家。1719没。
アゲソー, アンリ・フランソワ・ド　1668生。フランスの大法官。1751没。
セルシウス, アンデシュ　1701生。スウェーデンの天文学者。1744没。
田安宗武　たやすむねたけ　1715生。江戸時代中期の田安家の初代当主。1771没。
酒井忠用　さかいただもち　1722生。江戸時代中期の大名。1775没。
プニャーニ, ガエターノ　1731生。イタリアのヴァイオリン奏者, 作曲家。1798没。
豊姫　とよひめ　1735生。江戸時代中期の女性。出羽米沢藩主上杉重定の正室。1757没。
リヴィングストン, R.R.　1746生。アメリカの政治家。1813没。
桜井梅室　さくらいばいしつ　1769生。江戸時代中期, 後期の俳人。1852没。
バルボ, チェーザレ　1789生。イタリアの政治家, 歴史家, 文芸評論家。1853没。
プレトリウス, アンドリース　1798生。オランダの植民地開発者, 軍人。1853没。
三宅友信　みやけとものぶ　1806生。江戸時代末期, 明治時代の蘭学者。1886没。
根岸友山　ねぎしゆうざん　1809生。江戸時代, 明治時代の志士。1890没。
宗諄女王　そうじゅんじょおう　1816生。江戸時代, 明治時代の尼僧。霊鑑寺権大教正。1890没。
ビール　1825生。イギリスの中国仏教学者。1889没。
宮坂はつ子　みやさかはつこ　1827生。江戸時代-大正時代の女性。宮坂伊兵衛の娘。1913没。
田内衛吉　たのうちえきち　1835生。江戸時代末期の志士。1864没。
ダイヴァース　1837生。イギリスの化学者。1912没。
ローランド, ヘンリー・オーガスタス　1848生。アメリカの物理学者。1901没。
小島龍太郎　こじまりょうたろう　1849生。明治時代の社会思想家。1913没。
呉文聡　くれぶんそう　1851生。明治時代の統計学者。1918没。
シェリントン, サー・チャールズ・スコット　1857生。イギリスの生理学者。1952没。
乃木静子　のぎしずこ　1859生。江戸時代-大正時代の女性。乃木希典の妻。1912没。
酒匂常明　さこうつねあき　1861生。明治時代の農学者, 農政家。帝国大学教授, 農商務省農務局長。1909没。
シルバ, ホセ・アスンシオン　1865生。コロンビアの詩人。1896没。
ケクラン, シャルル　1867生。フランスの作曲家。1950没。
パーシキヴィ, ユホ・クスティ　1870生。フィンランドの首相, 大統領。1956没。
樋口勘次郎　ひぐちかんじろう　1872生。明治時代の教育学者。1917没。
ビーアド, チャールズ・オースティン　1874生。アメリカの政治学者, 歴史学者。1948没。
ワイツマン, ハイム・アズリエル　1874生。イスラエルの化学者, 初代大統領。1952没。
真崎甚三郎　まざきじんざぶろう　1876生。大正時代, 昭和時代の陸軍軍人。大将, 教育総監。1956没。
桂三木助(2代目)　かつらみきすけ　1884生。明治時代-昭和時代の落語家。1943没。
宇野円空　うのえんくう　1885生。大正時代, 昭和時代の宗教学者。東洋文化研究所所長, 龍谷大学教授。1949没。

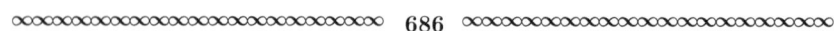

レブリャヌ, リヴィウ　1885生。ルーマニアの小説家。1944没。
藤田嗣治　ふじたつぐはる　1886生。大正時代, 昭和時代の洋画家。サロン・ドートンヌ審査員, 帝国芸術院会員。1968没。
本間雅晴　ほんままさはる　1887生。大正時代, 昭和時代の陸軍軍人。1946没。
豊島与志雄　とよしまよしお　1890生。大正時代, 昭和時代の小説家, 翻訳家。明治大学教授。1955没。
バック　1890生。アメリカの農業経済学者。1975没。
サリナス, ペドロ　1891生。スペインの詩人, 大学教授。1951没。
松下幸之助　まつしたこうのすけ　1894生。大正時代–平成時代の実業家。松下電器産業会長。1989没。
丸山千里　まるやまちさと　1901生。昭和時代, 平成時代の医師。1992没。
オンサーガー, ラース　1903生。アメリカの化学者, 物理学者。1976没。
福田豊四郎　ふくだとよしろう　1904生。昭和時代の日本画家。1970没。
群司次郎正　ぐんじじろうまさ　1905生。昭和時代の小説家。1973没。
嵯峨根遼吉　さがねりょうきち　1905生。昭和時代の物理学者。東京大学教授, 日本原子力研究所理事。1969没。
今里広記　いまざとひろき　1907生。昭和時代の実業家。日本精工社長, 経団連常任理事。1985没。
エイジー, ジェイムズ　1909生。アメリカの詩人, 小説家, 映画評論家。1955没。
サイヤン　1910生。フランスの労働運動家。1974没。
下村治　しもむらおさむ　1910生。昭和時代の経済評論家。日本経済研究所会長。1989没。
細川雄太郎　ほそかわゆうたろう　1914生。昭和時代, 平成時代の詩人, 童謡作詞家。「葉もれ陽」主宰。1999没。
俊藤浩滋　しゅんどうこうじ　1916生。昭和時代, 平成時代の映画プロデューサー。2001没。
沼田真　ぬまたまこと　1917生。昭和時代, 平成時代の生物学者。千葉大学教授, 日本自然保護協会会長。2001没。
金達寿　きむたるす　1919生。昭和時代, 平成時代の小説家。1997没。

金達寿　キムダルス　1919生。朝鮮慶尚南道の生まれの作家。1997没。
ドプチェク, アレクサンドル　1921生。チェコスロバキアの政治家。1992没。
大橋吉之輔　おおはしきちのすけ　1924生。昭和時代, 平成時代のアメリカ文学者。恵泉女学園大学教授, 慶応義塾大学教授。1993没。
アルマン, フェルナンデス　1928生。フランスの美術家。2005没。
マクシーモフ, ウラジーミル・エメリヤノヴィチ　1930生。ロシアの作家。1995没。
アキノ, ベニグノ(Jr.)　1932生。フィリピンの政治家。1983没。
カビラ, ローラン　1939生。コンゴの政治家。2001没。
近藤紘一　こんどうこういち　1940生。昭和時代のジャーナリスト, 作家。サンケイ新聞編集委員。1986没。
リー, ブルース　1940生。香港の俳優。1973没。
ヘンドリックス, ジミ　1942生。アメリカのロック・ギタリスト。1970没。
ゲレ, イスマイル・オマル　1947生。ジブチの政治家。
村田兆治　むらたちょうじ　1949生。昭和時代, 平成時代の元・プロ野球選手。
中井貴恵　なかいきえ　1957生。昭和時代, 平成時代の女優。
小室哲哉　こむろてつや　1958生。昭和時代, 平成時代の音楽プロデューサー, ミュージシャン。
土居裕子　どいゆうこ　1958生。昭和時代, 平成時代の女優。
チモシェンコ, ユリア　1960生。ウクライナの政治家。
カン・ジェギュ　1962生。韓国の映画監督, 脚本家。
杉田かおる　すぎたかおる　1964生。昭和時代, 平成時代の女優。
カミュ, セイン　1970生。米国出身のタレント。
浅野忠信　あさのただのぶ　1973生。平成時代の俳優。
田中達也　たなかたつや　1982生。平成時代のサッカー選手。

11月27日

11月28日

○記念日○ 　税関記念日
　　　　　　　太平洋記念日
○忌　日○ 　親鸞忌

中原師平　なかはらもろひら　1022生。平安時代中期, 後期の官人。1091没。

アルフォンソ2世　1533生。フェララ, モデナ, レッジオの公。1597没。

鍋島忠茂　なべしまただしげ　1584生。江戸時代前期の大名。1624没。

徳川義直　とくがわよしなお　1600生。江戸時代前期の大名。1650没。

雲山愚白　うんざんぐはく　1619生。江戸時代前期, 中期の曹洞宗の僧。1702没。

バニヤン, ジョン　1628生。イギリスの説教者, 宗教文学者。1688没。

リュリ, ジャン-バチスト　1632生。イタリア生まれのフランスの作曲家。1687没。

パルファン　1650生。フランスの解剖学者, 外科学者。1730没。

陶山鈍翁　すやまどんおう　1657生。江戸時代前期, 中期の儒学者。1732没。

細合半斎　ほそあいはんさい　1727生。江戸時代中期, 後期の書家, 漢詩人。1803没。

木村蒹葭堂　きむらけんかどう　1736生。江戸時代中期, 後期の文人, 商人, 好事家。1802没。

溝口直養　みぞぐちなおやす　1736生。江戸時代中期の大名。1797没。

ブレイク, ウィリアム　1757生。イギリスの詩人, 画家, 神秘思想家。1827没。

ハワード　1772生。イギリスの気象学者。1864没。

ゾルガー, カール・ヴィルヘルム・フェルディナント　1780生。ドイツ・ロマン主義の美学者。1819没。

クーザン, ヴィクトール　1792生。フランスの哲学者。1867没。

アルムクヴィスト, カール, ユーナス, ルーヴェ　1793生。スウェーデンの作家。1866没。

エンゲルス, フリードリヒ　1820生。ドイツの経済学者, 哲学者, 社会主義者。1895没。

徳大寺公純　とくだいじきんいと　1821生。江戸時代末期, 明治時代の公家。1883没。

ルビンシテイン, アントン・グリゴリエヴィチ　1829生。ロシアの作曲家, ピアニスト。1894没。

スティーヴン, レズリー　1832生。イギリスの批評家, 著作家。1904没。

ハイアット, ジョン・ウェズリー　1837生。アメリカの発明家。1920没。

市川九女ハ(初代)　いちかわくめはち　1847生。明治時代の歌舞伎役者。1913没。

桂太郎　かつらたろう　1848生。明治時代の政治家。陸軍大将。1913没。

手島精一　てじませいいち　1850生。明治時代, 大正時代の教育家。東京職工学校校長。1918没。

古橋源六郎　ふるはしげんろくろう　1850生。江戸時代, 明治時代の農村指導者。1909没。

林紓　りんじょ　1852生。中国, 清末民国初の文学者, 翻訳家。1924没。

ハーベルラント　1854生。ドイツの植物学者。1945没。

久原躬弦　くはらみつる　1856生。明治時代, 大正時代の有機科学者。東京大学教授。1919没。

アルフォンソ12世　1857生。スペイン王(在位1874〜85)。1885没。

マクマホン　1862生。イギリスの軍人, 政治家。1949没。

朝汐太郎　あさしおたろう　1864生。明治時代の力士。大関。1920没。

大砲万右衛門　おおずつまんえもん　1869生。明治時代の力士(第18代横綱)。1918没。

田岡嶺雲　たおかれいうん　1871生。明治時代の文芸評論家, 中国文学者。「中国民報」主筆。1912没。

筧克彦　かけいかつひこ　1872生。明治時代-昭和時代の公法学者, 神道思想家。東京帝国大学教授。1961没。

黒住宗子　くろずみむねちか　1876生。明治時代, 大正時代の教派神道家。黒住教の管長。1936没。

来馬琢道　くるまたくどう　1877生。明治時代–昭和時代の僧侶。曹洞宗宗会議長。1964没。

寺田寅彦　てらだとらひこ　1878生。明治時代–昭和時代の物理学者, 随筆家。東京帝国大学教授。1935没。

ブローク, アレクサンドル・アレクサンドロヴィチ　1880生。ロシア, ソ連の詩人。1921没。

ツヴァイク, シュテファン　1881生。オーストリアのユダヤ系作家。1942没。

ヴイシンスキー, アンドレイ・ヤヌアリエヴィチ　1883生。ソ連の法律家, 外交官。1954没。

サンソム, ジョージ　1883生。イギリスの外交官, 日本歴史研究家。1965没。

高橋里美　たかはしさとみ　1886生。大正時代, 昭和時代の哲学者。東北大学学長。1964没。

レーム, エルンスト　1887生。ドイツの軍人。1934没。

青木一男　あおきかずお　1889生。大正時代, 昭和時代の官僚, 政治家。貴族院議員, 参議院議員。1982没。

伊沢蘭奢　いざわらんじゃ　1889生。大正時代, 昭和時代の女優。1928没。

小穴隆一　おあなりゅういち　1894生。大正時代, 昭和時代の洋画家。1966没。

イトゥルビ, ホセ　1895生。スペインのピアニスト, 指揮者。1980没。

細迫兼光　ほそさこかねみつ　1896生。大正時代, 昭和時代の政治家, 弁護士。衆議院議員(社会党)。1972没。

室賀国威　むろがくにたけ　1896生。昭和時代の経営者。敷島紡績社長。1994没。

宇野千代　うのちよ　1897生。大正時代–平成時代の小説家。1996没。

イェイツ, フランセス・A.　1899生。イギリスの女流歴史学者。1981没。

勝木保次　かつきやすじ　1905生。昭和時代, 平成時代の生理学者。東京医科歯科大学教授, 国立生理学研究所教授。1994没。

モラーヴィア, アルベルト　1907生。イタリアの小説家, 評論家。1990没。

ランコヴィチ　1909生。ユーゴスラビアの政治家。1983没。

中村元　なかむらはじめ　1912生。昭和時代, 平成時代の印度哲学者, 仏教学者, 比較思想学者。1999没。

ルイス, モリス　1912生。アメリカの画家。1962没。

石田あき子　いしだあきこ　1915生。昭和時代の俳人。1975没。

シーモノフ, コンスタンチン・ミハイロヴィチ　1915生。ソ連の小説家, 劇作家。1979没。

マリー・リリアン　1916生。ベルギー王妃。2002没。

匠秀夫　たくみひでお　1924生。昭和時代, 平成時代の美術評論家。札幌大谷短期大学教授, 茨城県近代美術館長。1994没。

向田邦子　むこうだくにこ　1929生。昭和時代の脚本家, 小説家。1981没。

常陸宮正仁　ひたちのみやまさひと　1935生。昭和時代, 平成時代の皇族。

里見浩太朗　さとみこうたろう　1936生。昭和時代, 平成時代の俳優。

ハリス, エド　1950生。アメリカの俳優。

大貫妙子　おおぬきたえこ　1953生。昭和時代, 平成時代のシンガー・ソングライター。

松平健　まつだいらけん　1953生。昭和時代, 平成時代の俳優。

松木安太郎　まつきやすたろう　1957生。昭和時代, 平成時代のサッカー解説者, 元・サッカー監督。

キュアロン, アルフォンソ　1961生。メキシコの映画監督, 脚本家。

安田成美　やすだなるみ　1966生。昭和時代, 平成時代の女優。

原田知世　はらだともよ　1967生。昭和時代, 平成時代の女優, 歌手。

蓮舫　れんほう　1967生。昭和時代, 平成時代の元・ニュースキャスター。政治家。

堀内健　ほりうちけん　1969生。平成時代のコメディアン。

名波浩　ななみひろし　1972生。平成時代のサッカー選手。

松雪泰子　まつゆきやすこ　1972生。平成時代の女優。

長塚智広　ながつかともひろ　1978生。平成時代の競輪選手。

ken　けん　ギタリスト(L'Arc〜en〜Ciel)。

11月28日

11月29日

○記念日○　いい服の日
　　　　　議会開設記念日

イブン・アブド・ラッビヒ　860生。スペインのアラブ系文学者。940没。

マーガレット・チューダー　1489生。イングランド王ヘンリ7世の長女。1541没。

モルガ　1559生。スペインのフィリピン群島副総督（1595〜1603）。1636没。

中山慶親　なかやまよしちか　1566生。安土桃山時代, 江戸時代前期の公家。1618没。

亀井政矩　かめいまさのり　1590生。江戸時代前期の大名。1619没。

松浦隆信　まつらたかのぶ　1591生。江戸時代前期の大名。1637没。

松平光長　まつだいらみつなが　1615生。江戸時代前期, 中期の大名。1707没。

レイ, ジョン　1627生。イギリスの博物学者。1705没。

松平頼隆　まつだいらよりたか　1629生。江戸時代前期, 中期の大名。1707没。

花園公晴　はなぞのきんはる　1661生。江戸時代中期の公家。1736没。

岡昌名　おかまさな　1681生。江戸時代中期の大坂四天王寺の楽人。1759没。

喜知姫　きちひめ　1697生。江戸時代中期の女性。尾張藩主徳川綱誠の娘。1698没。

松平頼済　まつだいらよりすみ　1720生。江戸時代中期の大名。1784没。

中院通枝　なかのいんみちえだ　1722生。江戸時代中期の公家。1753没。

阿部正右　あべまさすけ　1723生。江戸時代中期の大名。1769没。

分部光庸　わけべみつつね　1737生。江戸時代中期の大名。1790没。

公延　こうえん　1762生。江戸時代後期の天台宗の僧。1803没。

ラトレーユ, ピエール・アンドレ　1762生。フランスの博物学者。1833没。

メーヌ・ド・ビラン　1766生。フランスの哲学者, 政治家。1824没。

グルーバー　1774生。ドイツの美学者, 文学史家。1851没。

ベリョ, アンドレス　1781生。ベネズエラの詩人, 法学者, 文法学者。1865没。

大国隆正　おおくにたかまさ　1792生。江戸時代, 明治時代の国学者。内国事務局権刑事。1871没。

ラウ　1792生。ドイツの経済学者。1870没。

ゲルハルト, エドゥアルト　1795生。ドイツの考古学者。1867没。

ドニゼッティ, ガエターノ　1797生。イタリアの作曲家。1848没。

オールコット, エイモス・ブロンソン　1799生。アメリカの教育家, 社会改革論者, 哲学者。1888没。

ハウフ, ヴィルヘルム　1802生。ドイツの詩人, 小説家。1827没。

ゼンパー, ゴットフリート　1803生。ドイツの建築家, 建築理論家。1879没。

ドップラー, クリスティアン・ヨハン　1803生。オーストリアの物理学者。1853没。

フィリプス　1811生。アメリカの法律家, 社会改革者。1884没。

大久保一翁　おおくぼいちおう　1817生。江戸時代, 明治時代の政治家。京都町奉行, 東京府知事, 子爵。1888没。

シャルコー, ジャン・マルタン　1825生。フランスの精神医学者。1893没。

ウォード　1831生。アメリカの軍人。1862没。

オールコット, ルイーザ・メイ　1832生。アメリカの女流作家。1888没。

毛利恭助　もうりきょうすけ　1834生。江戸時代末期の土佐藩士。?没。

西太后　せいたいこう　1835生。中国, 清朝の咸豊帝の側室。1908没。

アンツェングルーバー, ルートヴィヒ　1839生。オーストリアの劇作家, 小説家。1889没。

フレミング, サー・ジョン・アンブローズ　1849生。イギリスの電気技術者。1945没。

片倉兼太郎（初代）　かたくらかねたろう　1850生。明治時代, 大正時代の実業家。1917没。

ベートマン・ホルヴェーク, テオバルト・フォン　1856生。ドイツの政治家。1921没。

ハドフィールド，サー・ロバート・アボット 1859生。イギリスの冶金学者。1940没。
カール 1862生。ドイツの政治家。1934没。
伊藤篤太郎 いとうとくたろう 1865生。明治時代–昭和時代の植物学者。1941没。
ブラウン 1866生。アメリカの天文学者。1938没。
藤浪鑑 ふじなみあきら 1870生。明治時代，大正時代の病理学者。京都帝大医科大学教授，医学博士。1934没。
三矢重松 みつやしげまつ 1871生。明治時代，大正時代の国語学者。国学院大学教授。1923没。
バイコフ，ニコライ・アポロノヴィチ 1872生。ロシアの小説家，画家。1958没。
モークレール，カミーユ 1872生。フランスの文芸評論家，詩人，随筆家。1945没。
モニス 1874生。ポルトガルの神経学者，政治家。1955没。
西野元 にしのげん 1875生。明治時代–昭和時代の官僚，銀行家。勧業銀行総裁，枢密院顧問官。1950没。
藤井浩佑 ふじいこうゆう 1882生。明治時代–昭和時代の彫刻家。1958没。
堀場信吉 ほりばしんきち 1886生。大正時代，昭和時代の物理化学者。京都大学教授，大阪府立大学学長。1968没。
フリーズ 1887生。アメリカの言語学者。1967没。
ルッソ，ルイージ 1892生。イタリアの評論家。1961没。
タブマン 1895生。リベリアの法律家，大統領。1971没。
バークリー，バズビー 1895生。アメリカの映画監督。1976没。
ルーイス，クライヴ・ステイプルズ 1898生。イギリスの学者，作家。1963没。
プーレ，ジョルジュ 1902生。ベルギー生まれのフランス文学評論家。1991没。
レーヴィ，カルロ 1902生。イタリアの小説家。1975没。
相馬一郎 そうまいちろう 1903生。昭和時代の社会運動家。日本共産党中央委員候補。1939没。
手塚富雄 てづかとみお 1903生。昭和時代のドイツ文学者，評論家。東京大学教授，日本独文学会理事長。1983没。
福田清人 ふくだきよと 1904生。昭和時代，平成時代の小説家，児童文学作家。日本児童文芸家協会会長。1995没。
グロスマン，ワシーリー・セミョーノヴィチ 1905生。ソ連の小説家。1964没。
神保光太郎 じんぼこうたろう 1905生。昭和時代の詩人，ドイツ文学者。日本大学教授。1990没。
戸叶里子 とかのさとこ 1908生。昭和時代の政治家。衆議院議員，社会党代議士会長。1971没。
田中絹代 たなかきぬよ 1909生。昭和時代の女優，映画監督。1977没。
岩上二郎 いわがみにろう 1913生。昭和時代の政治家。衆議院議員，茨城県知事。1989没。
弟子丸泰仙 でしまるたいせん 1914生。昭和時代の僧侶。ヨーロッパ禅協会会長。1982没。
モリス，アイヴァン 1925生。日本研究家。1976没。
長谷川慶太郎 はせがわけいたろう 1927生。昭和時代，平成時代の経済評論家，エコノミスト。
古田足日 ふるたたるひ 1927生。昭和時代，平成時代の児童文学作家・評論家。
尾崎秀樹 おざきほつき 1928生。昭和時代，平成時代の文芸評論家，小説家。1999没。
勝新太郎 かつしんたろう 1931生。昭和時代，平成時代の俳優。勝プロダクション主宰。1997没。
シラク，ジャック 1932生。フランスの政治家。
倉俣史朗 くらまたしろう 1934生。昭和時代，平成時代のインテリアデザイナー。1991没。
柏戸剛 かしわどつよし 1938生。昭和時代の力士（第47代横綱）。1996没。
舛添要一 ますぞえよういち 1948生。昭和時代，平成時代の国際政治学者。
定岡正二 さだおかしょうじ 1956生。昭和時代，平成時代のタレント，元・プロ野球選手。
コーエン，ジョエル 1957生。アメリカの映画監督，脚本家。
尾崎豊 おざきゆたか 1965生。昭和時代，平成時代のロック歌手。1992没。
市川春猿(2代目) いちかわしゅんえん 1970生。平成時代の歌舞伎俳優。
林家ペー はやしやぺー 昭和時代，平成時代のタレント。

11月29日

11月30日

○記念日○　カメラの日

- グレゴワール・ド・トゥール　538生。フランクの歴史家, 聖職者, 聖人。594没。
- ベリー, ジャン・ド・フランス　1340生。フランスの貴族。1416没。
- カジーミエシュ4世, ヤギェロニチク　1427生。ポーランド国王(在位1447〜92)。1492没。
- ドリア, アンドレア　1466生。イタリアの傭兵隊長。1560没。
- パラーディオ, アンドレア　1508生。イタリアの建築家。1580没。
- サヴィル, サー・ヘンリー　1549生。イギリスの数学者。1622没。
- シドニー, フィリップ　1554生。イギリスの軍人, 政治家, 詩人, 批評家。1586没。
- ル・ナン・ド・チユモン, ルイ・セバスチャン　1637生。フランスの歴史家。1698没。
- ポッツォ, アンドレア　1642生。イタリアの画家。1709没。
- ヴェルクマイスター, アンドレーアス　1645生。ドイツのオルガン奏者, 音楽理論家。1706没。
- スウィフト, ジョナサン　1667生。イギリスの作家, 政治評論家。1745没。
- トーランド, ジョン　1670生。アイルランドの思想家。1722没。
- 樋口康煕　ひぐちやすひろ　1677生。江戸時代中期の公家。1723没。
- 照喜名聞覚　てるきなもんがく　1682生。江戸時代中期の沖縄古典音楽の演奏者。1753没。
- クラドニ, エルンスト・フロレンス・フリードリヒ　1756生。ドイツの物理学者。1827没。
- テナント, スミスソン　1761生。イギリスの化学者。1815没。
- 高橋至時　たかはしよしとき　1764生。江戸時代中期, 後期の暦算家。1804没。
- シェーンライン　1793生。ドイツの医師, 現代臨床医学の創始者。1864没。
- レーヴェ, カール　1796生。ドイツの作曲家。1869没。
- トレンデレンブルク, フリードリヒ・アードルフ　1802生。ドイツの哲学者。1872没。
- ルエル　1814生。フランスの政治家。1884没。
- モムゼン, テーオドア　1817生。ドイツの歴史家, 古典学者。1903没。
- フィールド, サイラス・W　1819生。アメリカの技術者。1892没。
- 西川鯉三郎(初代)　にしかわこいさぶろう　1824生。明治時代の振付師, 日本舞踊家。1899没。
- ニエーヴォ, イッポーリト　1831生。イタリアの小説家。1861没。
- マーク・トウェイン　1835生。アメリカの小説家。1910没。
- 冨田甚平　とみたじんぺい　1848生。明治時代–昭和時代の農事改良家。1927没。
- ヴィノグラードフ　1854生。ロシア生まれのイギリスの法律学者, 中世史学者。1925没。
- ボース, サー・ジャガディーシュ・チャンドラ　1858生。インドの物理学者。1937没。
- ボニファシオ　1863生。フィリピンの民族運動家。1897没。
- ブルーム, ロバート　1866生。イギリスの人類学, 古生物学者。1951没。
- ダレン, ニールス・グスタフ　1869生。スウェーデンの技術者。1937没。
- チャーチル, ウィンストン　1874生。イギリスの首相。第2次世界大戦下, 国際的に活躍。1965没。
- モンゴメリー, ルーシー・モード　1874生。カナダの作家, 児童文学者。1942没。
- 長谷川如是閑　はせがわにょぜかん　1875生。明治時代–昭和時代の評論家, ジャーナリスト。大阪朝日新聞社社会部長。1969没。
- 金子薫園　かねこくんえん　1876生。明治時代–昭和時代の歌人。1951没。
- ジョンソン　1878生。アメリカの地形学者。1944没。
- トーニー, リチャード・ヘンリー　1880生。イギリスの経済史家, 経済学者。1962没。
- クラーク, J.M.　1884生。アメリカの経済学者。1963没。

ケッセルリング, アルベルト　1885生。ドイツ陸軍軍人。1960没。
末弘厳太郎　すえひろいずたろう　1888生。大正時代, 昭和時代の民法学者, 労働法学者。中労委会長, 東京帝国大学教授。1951没。
マガウアン　1888生。アメリカの演出家。1963没。
エイドリアン, エドガー・ダグラス, エドガー男爵　1889生。イギリスの生理学者。1977没。
小竹無二雄　こたけむにお　1894生。昭和時代の化学者。大阪大学教授, 大阪市立大学教授。1976没。
柴山全慶　しばやまぜんけい　1894生。昭和時代の僧侶, 仏教学者。大谷大学教授。1974没。
矢野目源一　やのめげんいち　1896生。大正時代, 昭和時代の詩人, 小説家。1970没。
村田数之亮　むらたかずのすけ　1900生。昭和時代, 平成時代の西洋古代史学者。大阪大学教授。1999没。
荻須高徳　おぎすたかのり　1901生。大正時代, 昭和時代の洋画家。1986没。
中野実　なかのみのる　1901生。昭和時代の劇作家, 小説家。1973没。
向井潤吉　むかいじゅんきち　1901生。大正時代-平成時代の洋画家。1995没。
スティル, クリフォード　1904生。アメリカの画家。1980没。
加藤愛雄　かとうよしお　1905生。昭和時代の地球物理学者。東北大学教授, 仙台市教育委員会委員長。1992没。
伊藤信吉　いとうしんきち　1906生。昭和時代, 平成時代の詩人, 評論家。2002没。
カー, ジョン・ディクソン　1906生。アメリカの推理小説作家。1977没。
田村泰次郎　たむらたいじろう　1911生。昭和時代の小説家。1983没。
藻利重隆　もうりしげたか　1911生。昭和時代, 平成時代の経営学者。一橋大学教授。2000没。
森有正　もりありまさ　1911生。昭和時代のフランス文学者, 哲学者。パリ大学教授, パリ日本館館長。1976没。
玉ノ海梅吉　たまのうみうめきち　1912生。昭和時代の力士, 相撲解説者。1988没。
佐々木基一　ささききいち　1914生。昭和時代, 平成時代の文芸評論家, 小説家。中央大学教授。1993没。
熊谷典文　くまがいよしふみ　1915生。昭和時代, 平成時代の官僚, 実業家。産業公害防止協会会長。1999没。
藤田大五郎　ふじただいごろう　1915生。昭和時代, 平成時代の能楽囃子方(一噌流笛方)。
安養寺俊親　あんようじとしちか　1918生。昭和時代の労働運動家。日本労働組合総評議会副議長, ILO理事。1974没。
松橋忠光　まつはしただみつ　1924生。昭和時代の官僚。警察庁警視監。1998没。
うらべまこと　うらべまこと　1925生。昭和時代の服飾評論家。日本ユニホームセンター理事長。1990没。
林家三平　はやしやさんぺい　1925生。昭和時代の落語家, テレビタレント。1980没。
中根千枝　なかねちえ　1926生。昭和時代, 平成時代の社会人類学者。
小宮隆太郎　こみやりゅうたろう　1928生。昭和時代, 平成時代の理論経済学, 国際経済学者。
土井たか子　どいたかこ　1928生。昭和時代, 平成時代の政治家。
スコット, リドリー　1937生。イギリスの映画監督。
井上真樹夫　いのうえまきお　1940生。昭和時代, 平成時代の声優。
江戸家小猫　えどやこねこ　1949生。昭和時代, 平成時代のものまね芸人。
鹿島茂　かしましげる　1949生。昭和時代, 平成時代のフランス文学者, エッセイスト。
田口トモロヲ　たぐちともろお　1957生。昭和時代, 平成時代の俳優, ロック歌手。
杉浦日向子　すぎうらひなこ　1958生。昭和時代, 平成時代の江戸風俗研究家, 漫画家。2005没。
相島一之　あいじまかずゆき　1961生。昭和時代, 平成時代の俳優。
秋篠宮文仁　あきしののみやふみひと　1965生。昭和時代, 平成時代の皇族。天皇第二皇男子, 山階鳥類研究所総裁, 日本動物園水族館協会総裁。
スティラー, ベン　1965生。アメリカの俳優, 映画監督, 脚本家。
宮崎あおい　みやざきあおい　1985生。平成時代の女優。

11月30日

12月
December
師走

◎誕生石◎　トルコ石
　　　　　　ラピスラズリ

◎星　座◎　いて座／やぎ座

12月1日

○記念日○　映画の日
　　　　　世界エイズデー

アンナ・コムネナ　1083生。ビザンチン時代の歴史家。1148没。

後宇多天皇　ごうだてんのう　1267生。鎌倉時代後期の第91代の天皇。1324没。

立花直次　たちばななおつぐ　1572生。安土桃山時代、江戸時代前期の筑後国の大名。1617没。

沢庵宗彭　たくあんそうほう　1573生。安土桃山時代、江戸時代前期の臨済宗の僧。1646没。

狩野安信　かのうやすのぶ　1613生。江戸時代前期の画家。1685没。

木下俊長　きのしたとしなが　1648生。江戸時代前期、中期の大名。1716没。

ケール　1671生。スコットランドの数学者。1721没。

ファルコネ、エティエンヌ・モーリス　1716生。フランスの彫刻家。1791没。

木内石亭　きうちせきてい　1724生。江戸時代中期、後期の弄石家。1808没。

クラプロート、マルティン・ハインリヒ　1743生。ドイツの化学者、薬剤師。1817没。

伏屋素狄　ふせやそてき　1747生。江戸時代中期、後期の蘭方医。1812没。

佐竹蓬平　さたけほうへい　1750生。江戸時代後期の画家。1807没。

水野忠成　みずのただあきら　1762生。江戸時代中期、後期の大名。1834没。

狩谷棭斎　かりやえきさい　1775生。江戸時代後期の国学者、書家。1835没。

パーカー　1781生。イギリスの軍人。1866没。

ヴェレシュマルティ・ミハーイ　1800生。ハンガリーの詩人。1855没。

河野禎造　こうのていぞう　1817生。江戸時代、明治時代の蘭学医、農書著述家、福岡藩士。1871没。

古荘嘉門　ふるしょうかもん　1840生。明治時代の政治家。衆議院議員。1915没。

建野郷三　たてのごうぞう　1842生。江戸時代、明治時代の官僚、実業家。大阪府知事、駐米大使。1908没。

上野景範　うえのかげのり　1845生。江戸時代、明治時代の鹿児島藩士、外交官。元老院議員。1888没。

矢野龍渓　やのりゅうけい　1850生。明治時代の政治家、小説家。1931没。

高山甚太郎　たかやまじんたろう　1856生。明治時代の応用化学者。日本化学会・工業化学会会長。1914没。

湯本武比古　ゆもとたけひこ　1856生。明治時代、大正時代の教育学者。学習院教授。1925没。

植村正久　うえむらまさひさ　1858生。明治時代、大正時代の牧師。1925没。

箕作佳吉　みつくりかきち　1858生。明治時代の動物学者。東京大学動物学教授。1909没。

リース、ルートウィヒ　1861生。ユダヤ系ドイツ人の歴史学者。1928没。

松方幸次郎　まつかたこうじろう　1866生。明治時代–昭和時代の実業家、美術品収集家。1950没。

床次竹二郎　とこなみたけじろう　1867生。大正時代、昭和時代の政治家。鉄道院総裁、衆議院議員。1935没。

忽滑谷快天　ぬかりやかいてん　1867生。明治時代、大正時代の仏教学者、宗教家。駒沢大学学長。1934没。

小川平吉　おがわへいきち　1870生。明治時代–昭和時代の弁護士、政治家。衆議院議員、司法大臣。1942没。

松永安左エ門　まつながやすざえもん　1875生。明治時代–昭和時代の実業家。電気事業再編成審議会会長。1971没。

荻原守衛　おぎわらもりえ　1879生。明治時代の彫刻家。1910没。

山田わか　やまだわか　1879生。大正時代、昭和時代の婦人運動家。1957没。

キャドベリ、ヘンリ・ジョエル　1883生。アメリカの新約聖書学者。1974没。

内田清之助　うちだせいのすけ　1884生。明治時代–昭和時代の動物学者、随筆家。1975没。

696

シュミット-ロットルフ, カール　1884生。ドイツの画家, 版画家。1976没。
永田錦心　ながたきんしん　1885生。明治時代, 大正時代の琵琶楽演奏家, 作曲家。1927没。
飛田穂洲　とびたすいしゅう　1886生。明治時代–昭和時代の野球評論家。1965没。
林きむ子　はやしきむこ　1886生。大正時代, 昭和時代の日本舞踊家。林流創始者, 日本舞踊協会監事。1967没。
伊庭孝　いばたかし　1887生。大正時代, 昭和時代の演出家, 劇作家。1937没。
クレミュー, バンジャマン　1888生。フランスの評論家。1944没。
トビー, マーク　1890生。アメリカの画家。1976没。
福田啓二　ふくだけいじ　1890生。大正時代, 昭和時代の造船工学者, 海軍軍人。造船中将, 東京帝国大学教授。1964没。
石垣栄太郎　いしがきえいたろう　1893生。明治時代–昭和時代の洋画家。1958没。
トラー, エルンスト　1893生。ドイツのユダヤ系劇作家, 詩人。1939没。
嵐吉三郎(7代目)　あらしきちさぶろう　1894生。明治時代–昭和時代の歌舞伎役者。1973没。
ウィリアムソン, ヘンリー　1895生。イギリスの作家。1977没。
山田恵諦　やまだえたい　1895生。大正時代–平成時代の僧。天台座主253世, 延暦寺住職。1994没。
高尾平兵衛　たかおへいべえ　1896生。大正時代の社会運動家。1923没。
田畑政治　たばたまさじ　1898生。大正時代, 昭和時代の水泳界指導者, 新聞人。日本水泳連盟会長。1984没。
岸道三　きしみちぞう　1899生。昭和時代の実業家。日本道路公団総裁, 同和鉱業副社長。1962没。
鬼頭仁三郎　きとうにさぶろう　1900生。昭和時代の経済学者。東京商人附属商学専門部長, 東京商大商業教育養成所長。1947没。
田中百畝　たなかひゃっぽ　1901生。昭和時代の実業家。京浜急行電鉄社長。1964没。
松島清重　まつしまきよしげ　1901生。昭和時代の実業家。1990没。
ヴォズネセーンスキー　1903生。ソ連の経済学者, 政治家。1950没。
山本忠雄　やまもとただお　1904生。昭和時代, 平成時代の英語学者。神戸大学教授。1991没。

佐郷屋留雄　さごうやとめお　1908生。昭和時代の右翼運動家。1972没。
関川秀雄　せきがわひでお　1908生。昭和時代の映画監督。1977没。
マルコヴァ, デイム・アリシア　1910生。イギリスのバレリーナ。2004没。
寺井直次　てらいなおじ　1912生。昭和時代, 平成時代の漆芸家。石川県立輪島漆芸技術研修所所長。1998没。
ヤマサキ, ミノル　1912生。アメリカの建築家。1986没。
マーティン, メアリー　1913生。アメリカの歌手, ミュージカル女優。1990没。
八波むと志　はっぱむとし　1926生。昭和時代の俳優, コメディアン。1964没。
中村時蔵(4代目)　なかむらときぞう　1927生。昭和時代の歌舞伎役者。1962没。
藤子F・不二雄　ふじこえふふじお　1933生。昭和時代, 平成時代の漫画家。1996没。
アレン, ウディ　1935生。アメリカの映画監督, 脚本家, 俳優。
亀井忠雄　かめいただお　1941生。昭和時代, 平成時代の能楽囃子方(葛野流大鼓方)。
波乃久里子　なみのくりこ　1945生。昭和時代, 平成時代の女優。
富司純子　ふじすみこ　1945生。昭和時代, 平成時代の女優。
ミドラー, ベット　1945生。アメリカの歌手, 女優。
根津甚八　ねずじんぱち　1947生。昭和時代, 平成時代の俳優。
林家正蔵(9代目)　はやしやしょうぞう　1962生。昭和時代, 平成時代の落語家。
スキラッチ, サルバトーレ　1964生。イタリアのサッカー選手。
池谷直樹　いけたになおき　1973生。平成時代のタレント, 元・体操選手。
長谷川理恵　はせがわりえ　1973生。平成時代のモデル, タレント。
和田唱　わだしょう　1975生。平成時代のミュージシャン。
敬宮愛子　としのみやあいこ　2001生。平成時代の皇族。

登場人物

八谷良平(ハチベエ)　はちやりょうへい　那須正幹の『ズッコケ三人組』シリーズの主人公。

12月1日

12月2日

○記念日○　原子炉の日
　　　　　奴隷制度廃止国際デー
　　　　　日本人宇宙飛行記念日

真宗（宋）　しんそう　968生。中国，北宋の第3代皇帝（在位997〜1022）。1022没。

浄如　じょうにょ　1236生。鎌倉時代後期の浄土真宗の僧。1311没。

小槻孝亮　おづきたかすけ　1575生。安土桃山時代，江戸時代前期の公家。1652没。

高倉永慶　たかくらながよし　1591生。江戸時代前期の公家。1664没。

山内豊定　やまうちとよさだ　1638生。江戸時代前期の大名。1677没。

木村高敦　きむらたかあつ　1680生。江戸時代中期の幕臣，歴史考証学者。1742没。

有馬一準　ありまかずのり　1697生。江戸時代中期の大名。1757没。

喜連川茂氏　きつれがわしげうじ　1700生。江戸時代中期の大名。1767没。

アランダ，ペドロ・パブロ・アバルカ・イ・ボレア，伯爵　1719生。スペインの政治家，軍人。1798没。

ガリアーニ，フェルディナンド　1728生。イタリアの文筆家，経済学者。1787没。

モンゴメリー，リチャード　1736生。アメリカ独立戦争時代の軍人。1775没。

ヅーフ　1772生。オランダの長崎出島商館長。1835没。

大久保忠真　おおくぼただざね　1781生。江戸時代後期の大名。1837没。

ロバチェフスキー，ニコライ・イヴァノヴィッチ　1792生。ロシアの数学者。1856没。

後醍院真柱　ごだいいんみはしら　1805生。江戸時代末期，明治時代の薩摩藩士，国学者。1879没。

高田快清　たかだかいせい　1809生。江戸時代，明治時代の尾張犬山藩士。1875没。

内田政風　うちだまさかぜ　1815生。江戸時代，明治時代の鹿児島藩士。島津家家老，石川県令。1893没。

ジーベル　1817生。ドイツの歴史家。1895没。

マルモル，ホセ・ペドロ・クリソロゴ　1817生。アルゼンチンの詩人，小説家。1871没。

ペドロ2世　1825生。ブラジル第2代皇帝（在位1831〜89）。1891没。

来原良蔵　くるはらりょうぞう　1829生。江戸時代末期の志士，長州（萩）藩軍制家。1862没。

ヴェルニー　1837生。フランスの海軍技師。1908没。

川崎千虎　かわさきちとら　1837生。明治時代の日本画家。博物館御用掛，東京美術学校教授。1902没。

松本玄鷺　まつもとげんろ　1837生。江戸時代後期，末期，明治時代の俳人。1898没。

コブデン-サンダーソン，トマス・ジェイムズ　1840生。イギリスの製本家，装幀家。1922没。

沼間守一　ぬまもりかず　1844生。江戸時代，明治時代のジャーナリスト，政治家。東京横浜毎日新聞社長。1890没。

坂三郎　さかさぶろう　1845生。江戸時代–大正時代の政治家，茶商。静岡県議会議員。1921没。

ヴァルデク・ルソー　1846生。フランスの政治家。1904没。

本多錦吉郎　ほんだきんきちろう　1850生。明治時代，大正時代の洋画家。1921没。

フォッシュ，フェルディナン　1851生。フランスの軍人。1929没。

村松政克　むらまつまさかつ　1851生。江戸時代後期，末期，明治時代の武士，教員。1878没。

東海散士　とうかいさんし　1853生。明治時代，大正時代の政治家，小説家，ジャーナリスト。衆議院議員。1922没。

スーラ，ジョルジュ-ピエール　1859生。フランスの画家。1891没。

半井桃水　なからいとうすい　1861生。明治時代，大正時代の小説家，作詞家。1926没。

木村久寿弥太　きむらくすやた　1866生。明治時代–昭和時代の実業家。三菱合資総理事。1935没。

矢野恒太　やのつねた　1866生。明治時代–昭和時代の実業家。1951没。

ジャム, フランシス　1868生。フランスの詩人。1938没。

コーン　1869生。ドイツの哲学者, 美学者。1947没。

チチェリン, ゲオルギー・ワシリエビッチ　1872生。ソ連の政治家。1936没。

早田文蔵　はやたぶんぞう　1874生。明治時代, 大正時代の植物分類学者。東京帝国大学教授。1934没。

福田徳三　ふくだとくぞう　1874生。明治時代, 大正時代の経済学者。慶応義塾教授, 東京商科大学教授, 法学博士。1930没。

ヴィーゼ　1876生。ドイツの社会学者, 経済学者。1969没。

バルクハウゼン, ハインリヒ・ゲオルク　1881生。ドイツの物理学者, 電気学者。1956没。

江馬務　えまつとむ　1884生。大正時代, 昭和時代の風俗史家。京都女子大学教授, 日本風俗史学会会長。1979没。

ポーラン, ジャン　1884生。フランスの評論家, 小説家。1968没。

マイノット, ジョージ・リチャーズ　1885生。アメリカの医師。1950没。

ウォッシュバーン　1889生。アメリカの教育家。1968没。

ディクス, オットー　1891生。ドイツの画家, 版画家。1969没。

衣笠静夫　きぬがさしずお　1895生。昭和時代の実業家。丸見屋商店副社長, 全日本広告連盟理事長。1962没。

ジューコフ, ゲオルギー・コンスタンチノヴィチ　1896生。ソ連の軍人。1974没。

アリー, レーウィ　1897生。ニュージーランドの工業家。1987没。

バルビローリ, ジョン　1899生。イギリスのオーケストラ指揮者。1970没。

由起しげ子　ゆきしげこ　1900生。昭和時代の小説家。1969没。

赤城宗徳　あかぎむねのり　1904生。昭和時代の政治家。衆議院議員。1993没。

石丸雄吉　いしまるゆうきち　1904生。昭和時代の気象学者。1997没。

明日山秀文　あすやまひでふみ　1908生。昭和時代の植物病理学者。東京大学教授, 農林省植物ウイルス研究所長。1991没。

加藤陸奥雄　かとうむつお　1911生。昭和時代, 平成時代の昆虫学者。東北大学教授, 日本生態学会会長。1997没。

渡辺正毅　わたなべまさき　1911生。昭和時代の整形外科医。1994没。

大原栄一　おおはらえいいち　1912生。昭和時代の実業家。富士重工業社長。1998没。

フィリューン, マライス　1915生。南アフリカの政治家。2007没。

三笠宮崇仁　みかさのみやたかひと　1915生。昭和時代, 平成時代の皇族。

高峰三枝子　たかみねみえこ　1918生。昭和時代, 平成時代の女優。1990没。

池原季雄　いけはらすえお　1919生。昭和時代の法学者。東京大学法学部長, 国際私法学会理事長。2000没。

谷内六郎　たにうちろくろう　1921生。昭和時代の童画家。1981没。

ダンカン　1921生。アメリカの社会学者。1981没。

カラス, マリア　1923生。アメリカ生まれのギリシアのソプラノ歌手。1977没。

ヤコヴレフ, アレクサンドル　1923生。ロシアの政治家。2005没。

多田道太郎　ただみちたろう　1924生。昭和時代, 平成時代のフランス文学者, 文芸評論家。

ヘイグ, アレクサンダー　1924生。アメリカの政治家, 軍人。

宮本研　みやもとけん　1926生。昭和時代の劇作家。1988没。

中嶋正昭　なかじままさあき　1928生。昭和時代, 平成時代の牧師。日本基督教協議会議長。1996没。

山崎努　やまざきつとむ　1936生。昭和時代, 平成時代の俳優。

太地喜和子　たいちきわこ　1943生。昭和時代, 平成時代の女優。1992没。

リュー, ルーシー　1968生。アメリカの女優。

松嶋尚美　まつしまなおみ　1971生。平成時代のタレント。

セレシュ, モニカ　1973生。アメリカのテニス選手。

スピアーズ, ブリトニー　1981生。アメリカの歌手。

12月2日

12月3日

○記念日○　カレンダーの日
　　　　　　国際障害者デー
○忌　日○　天智天皇御国忌

シャルル6世　1368生。フランス王（在位1380～1422）。1422没。

アムスドルフ, ニーコラウス・フォン　1483生。ドイツのプロテスタント神学者。1565没。

黒田長政　くろだながまさ　1568生。安土桃山時代, 江戸時代前期の武将, 大名。1623没。

アマーティ, ニコラ　1596生。イタリア・クレモナの弦楽器製作家。1684没。

ホルベア, ルドヴィ　1684生。デンマークの劇作家, 歴史家。1754没。

堀平太左衛門　ほりへいたざえもん　1716生。江戸時代中期の肥後熊本藩大奉行, 家老。1793没。

クロンプトン, サミュエル　1753生。イギリスの発明家。1827没。

スチュアート, ギルバート　1755生。アメリカの画家。1828没。

ラム　1764生。イギリスの文筆家。1847没。

ヒル, サー・ローランド　1795生。イギリスの教育家, 改革者。1879没。

プレシェルン, フランツェ　1800生。ユーゴスラビアのスロベニアの詩人。1849没。

ギース, コンスタンタン　1805生。フランスの画家。1892没。

コンシェンス, ヘンドリック　1812生。ベルギーの小説家。1883没。

ペッテンコーフェル, マックス・ヨーゼフ・フォン　1818生。ドイツの衛生学者, 化学者。1901没。

マックレラン, ジョージ・B　1826生。アメリカの陸軍軍人。1885没。

レイトン, フレデリック　1830生。イギリスの画家, 彫刻家。1896没。

フィンレイ, カルロス・フアン　1833生。キューバの医師, 伝染病学者。1915没。

アッベ, クリーヴランド　1838生。アメリカの気象学者。1916没。

大矢透　おおやとおる　1851生。明治時代, 大正時代の国語学者, 国文学者。文学博士。1928没。

池田謙三　いけだけんぞう　1855生。明治時代, 大正時代の実業家, 銀行家。第百国立銀行頭取。1923没。

コンラッド, ジョーゼフ　1857生。イギリスの小説家。1924没。

片山潜　かたやません　1859生。明治時代-昭和時代の社会主義者, 社会運動家。万国社会党大会日本代表。1933没。

小河滋次郎　おがわしじろう　1864生。明治時代, 大正時代の監獄学者, 社会事業家。東京帝国大学法化監獄学授業嘱託。1925没。

鈴木文太郎　すずきぶんたろう　1864生。明治時代, 大正時代の解剖学者。京都帝国大学医科大学教授。1921没。

津田梅子　つだうめこ　1864生。明治時代, 大正時代の女子教育者。女子高等師範学校教授。1929没。

ハイエルマンス, ヘルマン　1864生。ユダヤ系オランダ人の劇作家, 小説家。1924没。

宮崎滔天　みやざきとうてん　1871生。明治時代, 大正時代の革命家。1922没。

権藤震二　ごんどうしんじ　1872生。明治時代, 大正時代の新聞人。日本電報通信社取締役。1920没。

木村庄之助（20代目）　きむらしょうのすけ　1876生。明治時代-昭和時代の大相撲立行司。1940没。

矢部長克　やべひさかつ　1878生。大正時代, 昭和時代の地質学者, 古生物学者。東北帝国大学教授。1969没。

永井荷風　ながいかふう　1879生。明治時代-昭和時代の小説家, 随筆家。1959没。

小島祐馬　おじますけま　1881生。大正時代, 昭和時代の中国哲学者。文学博士, 京都帝国大学教授。1966没。

種田山頭火　たねださんとうか　1882生。大正時代, 昭和時代の俳人。1940没。

ヴェーベルン, アントン　1883生。オーストリアの作曲家。1945没。

岡田八千代　おかだやちよ　1883生。明治時代–昭和時代の小説家，劇作家。1962没。

プラサード，ラージェーンドラ　1884生。インドの初代大統領。1963没。

シーグバーン，カール・マンネ・イエオリ　1886生。スウェーデンの物理学者。1978没。

東久邇稔彦　ひがしくにになるひこ　1887生。明治時代–昭和時代の皇族，陸軍軍人，首相。1990没。

恒藤恭　つねとうきょう　1888生。大正時代，昭和時代の法哲学者。大阪市立大学総長，日本法哲学会理事長。1967没。

水野仙子　みずのせんこ　1888生。明治時代，大正時代の小説家。1919没。

小汀利得　おばまとしえ　1889生。大正時代，昭和時代の経済評論家，ジャーナリスト。文化財保護委員，国語問題協議会代表。1972没。

佐藤惣之助　さとうそうのすけ　1890生。大正時代，昭和時代の詩人。1942没。

高木貞二　たかぎさだじ　1893生。大正時代，昭和時代の心理学者。東京大学教授，東京女子大学学長。1975没。

内田俊一　うちだしゅんいち　1895生。昭和時代の化学工学者。東京工業大学学長。1987没。

フロイト，アンナ　1895生。イギリスの精神分析学者。1982没。

オブライエン，ケイト　1897生。アイルランドのカトリック女流作家。1974没。

グロッパー，ウィリアム　1897生。アメリカの画家，版画家，諷刺画家。1977没。

マリー　1897生。フランスの政治家。1974没。

花山信勝　はなやましんしょう　1898生。昭和時代，平成時代の仏教学者，僧。東京大学教授，宗林寺住職。1995没。

藤谷虹児　ふきやこうじ　1898生。大正時代，昭和時代の挿絵画家，詩人。1979没。

池田勇人　いけだはやと　1899生。昭和時代の政治家。首相。1965没。

クーン，リヒャルト　1900生。ドイツの有機化学者。1967没。

岡本唐貴　おかもととうき　1903生。大正時代，昭和時代の洋画家，社会運動家。1986没。

ヤシパール　1903生。インドのヒンディー語小説家，編集者。1976没。

火野葦平　ひのあしへい　1906生。大正時代，昭和時代の小説家。1960没。

ボールチン，ナイジェル　1908生。イギリスの小説家。1970没。

ロータ，ニーノ　1911生。イタリアの指揮者，作曲家。1979没。

宮脇朝男　みやわきあさお　1912生。昭和時代の農協運動家。全国農業協同組合中央会会長。1978没。

ナスティオン　1918生。インドネシアの軍人，政治家。2000没。

カラス，マリア　1923生。ギリシャのオペラ歌手。1977没。

石坂公成　いしざかきみしげ　1925生。昭和時代，平成時代の免疫学者。

金大中　キムデジュン　1925生。韓国の政治家。

沈寿官（14代目）　ちんじゅかん　1926生。昭和時代，平成時代の陶芸家。

ゴダール，ジャン・リュック　1930生。スイスの映画監督，脚本家。

川淵三郎　かわぶちさぶろう　1936生。昭和時代，平成時代の元・サッカー監督，元・サッカー選手。

篠山紀信　しのやまきしん　1940生。昭和時代，平成時代の写真家。

今いくよ　いまいくよ　1947生。昭和時代，平成時代の漫才師。

イルカ　1950生。昭和時代，平成時代のシンガー・ソングライター，絵本作家。

長州力　ちょうしゅうりき　1951生。昭和時代，平成時代のプロレスラー。

ハンナ，ダリル　1960生。アメリカの女優。

ムーア，ジュリアン　1960生。アメリカの女優。

パンチ佐藤　ぱんちさとう　1964生。昭和時代，平成時代のタレント，元・プロ野球選手。

ヴィット，カタリーナ　1965生。ドイツの元・フィギュアスケート選手。

古田新太　ふるたあらた　1965生。昭和時代，平成時代の俳優。

フレーザー，ブレンダン　1968生。アメリカの俳優。

高岡早紀　たかおかさき　1972生。平成時代の女優。

12月3日

12月4日

○記念日○　破傷風血清療法の日

ペルシウス・フラックス, アウルス　34生。ローマの詩人。62没。

叡子内親王　えいしないしんのう　1135生。平安時代後期の女性。鳥羽天皇の第4皇女。1148没。

ガザン-ハン　1271生。イル・ハン国の第7代ハン（在位1295〜1304）。1304没。

源鸞　げんらん　1319生。南北朝時代の浄土真宗の僧。1347没。

小田孝朝　おだたかとも　1337生。南北朝時代, 室町時代の武将, 常陸国小田の領主。1414没。

アルバー, マテーウス　1495生。ドイツのヴュルテンベルクの宗教改革者。1570没。

本庄繁長　ほんじょうしげなが　1540生。安土桃山時代, 江戸時代前期の武将。1614没。

コットン, ジョン　1585生。イギリスの牧師。1652没。

シャプラン, ジャン　1595生。フランスの詩人, 評論家。1674没。

イブラヒム1世　1615生。オスマン・トルコ帝国第18代のスルタン（1640〜48）。1648没。

カンプラ, アンドレ　1660生。フランスの作曲家。1744没。

常子女王　つねこじょおう　1710生。江戸時代中期の女性。京極宮文仁親王の第1王女。1779没。

ゴッヅィ, ガスパロ　1713生。イタリアの詩人。1786没。

スマローコフ, アレクサンドル・ペトローヴィチ　1717生。ロシア古典主義の代表的劇作家。1777没。

武田三益　たけださんえき　1735生。江戸時代中期, 後期の儒学者。1813没。

唐衣橘洲　からごろもきっしゅう　1743生。江戸時代中期, 後期の狂歌師。1802没。

グレゴワール, アンリ　1750生。フランスの聖職者。1831没。

大島有隣　おおしまうりん　1755生。江戸時代中期, 後期の心学者。1836没。

植松有信　うえまつありのぶ　1758生。江戸時代後期の尾張藩士, 国学者, 板木師。1813没。

レカミエ, （ジャンヌ・フランソワーズ・）ジュリー（・アデレード）　1777生。フランスのサロン主催者。1849没。

渡部斧松　わたなべのまつ　1793生。江戸時代末期の和田藩の農政家。1856没。

カーライル, トマス　1795生。イギリスの著述家, 歴史家。1881没。

レイノー　1795生。フランスの東洋学者。1867没。

デュフォール　1798生。フランスの政治家, 弁護士。1881没。

ロー　1811生。イギリスの政治家。1892没。

船曳鉄門　ふなびきてつもん　1823生。江戸時代, 明治時代の神官, 歌人。1895没。

プレシチェーエフ, アレクセイ・ニコラエヴィチ　1825生。ロシアの詩人。1893没。

鍋島茂精　なべしましげあき　1834生。江戸時代後期, 末期, 明治時代の武士。1914没。

バトラー, サミュエル　1835生。イギリスの小説家, 画家, 音楽家。1902没。

島田文右衛門　しまだぶんえもん　1836生。江戸時代末期の農民。1865没。

デ-レーケ　1842生。オランダの土木技師。没年不詳。

深栖幾太郎　ふかすきたろう　1842生。江戸時代末期の近江膳所藩士。1865没。

美田村顕教　みたむらあきのり　1850生。明治時代-昭和時代の薙刀術家。師範, 薙刀術範士。1931没。

マラテスタ, エンリコ　1853生。イタリアの無政府主義者。1932没。

岸田俊子　きしだとしこ　1861生。明治時代の婦人運動家, 教師。1901没。

頭本元貞　づもともとさだ　1862生。明治時代の新聞経営者。Japan Times刊行, 主筆。1943没。

カンディンスキー, ヴァシリー　1866生。フランスの画家。1944没。

702

竹下勇　たけしたいさむ　1870生。明治時代, 大正時代の海軍軍人。大将。1949没。

藤村義朗　ふじむらよしろう　1871生。明治時代-昭和時代の実業家, 政治家。大正日日新聞社長, 男爵。1933没。

リルケ, ライナー・マリア　1875生。オーストリアの詩人。1926没。

稲葉岩吉　いなばいわきち　1876生。大正時代, 昭和時代の東洋史学者。満州建国大学教授。1940没。

木村重松(初代)　きむらしげまつ　1877生。明治時代-昭和時代の浪曲師。1938没。

坂西由蔵　さかにしよしぞう　1877生。明治時代-昭和時代の経済学者。神戸高等商業学校教授, 経済学博士。1942没。

八並武治　やつなみたけじ　1877生。大正時代, 昭和時代の弁護士, 政治家。衆議院議員。1947没。

ハーティ, ハミルトン　1879生。アイルランドの作曲家, 指揮者。1941没。

バーロス, ジョアン・デ　1881生。ポルトガルの歴史家。1570没。

曹晩植　そうばんしょく　1882生。朝鮮の政治家。没年不詳。

宮原清　みやはらきよし　1882生。昭和時代の経営者, 野球人。1963没。

プリチャード, キャサリン・スザンナ　1883生。オーストラリアの女流小説家。1969没。

ビーベルバッハ　1886生。ドイツの数学者。1982没。

曽我廼家十吾　そがのやとおご　1891生。明治時代-昭和時代の喜劇俳優, 脚本家。1974没。

フランコ・バアモンデ, フランシスコ　1892生。スペインの軍人, 政治家。1975没。

フランコ, フランシスコ　1892生。スペインの政治家, 軍人。1975没。

リード, ハーバート　1893生。イギリスの芸術批評家, 詩人。1968没。

赤松克麿　あかまつかつまろ　1894生。大正時代, 昭和時代の社会運動家, 政治家。衆議院議員, 社会民衆党書記長。1955没。

馮友蘭　ふうゆうらん　1895生。中国の哲学者。1990没。

チーホノフ, ニコライ・セミョーノヴィチ　1896生。ソ連の詩人。1979没。

青木あさ　あおきあさ　1897生。大正時代, 昭和時代の教育者。戸板学園理事長。1974没。

レッドフィールド, ロバート　1897生。アメリカの文化人類学者。1958没。

川崎長太郎　かわさきちょうたろう　1901生。大正時代, 昭和時代の小説家。1985没。

西浦進　にしうらすすむ　1901生。昭和時代の陸軍軍人, 戦史研究者。大佐。1970没。

ウルリッチ, コーネル　1903生。アメリカの推理小説家。1968没。

古賀忠道　こがただみち　1903生。昭和時代の獣医師。世界野生生物基金日本委員会長, 上野動物園長。1986没。

田村一男　たむらかずお　1904生。昭和時代, 平成時代の洋画家。光風会理事長。1997没。

ティーリケ, ヘルムート　1908生。西ドイツのプロテスタント神学者。1986没。

ハーシェイ, アルフレッド・デイ　1908生。アメリカの分子生物学者。1997没。

原島宏治　はらしまこうじ　1909生。昭和時代の宗教家, 政治家。参議院議員, 創価学会理事長。1964没。

望月衛　もちづきまもる　1910生。昭和時代, 平成時代の心理学者。千葉大学教授。1993没。

ロブスン, マーク　1913生。アメリカの映画監督, プロデューサー。1978没。

ダービン, ディアナ　1921生。アメリカの女優。

フィリップ, ジェラール　1922生。フランスの俳優。1959没。

盧泰愚　ノテウ　1932生。韓国の政治家, 軍人。

ブリッジズ, ジェフ　1949生。アメリカの俳優。

ブブカ, セルゲイ　1963生。ウクライナの元・棒高跳び選手。

トメイ, マリサ　1964生。アメリカの女優。

永井真理子　ながいまりこ　1966生。昭和時代, 平成時代の歌手。

浅香唯　あさかゆい　1969生。昭和時代, 平成時代のタレント。

中川家剛　なかがわけつよし　1970生。平成時代のコメディアン。

カビラ, ジョセフ　1971生。コンゴの政治家, 軍人。

田村淳　たむらあつし　1973生。平成時代のコメディアン。

井口資仁　いぐちただひと　1974生。平成時代の大リーグ選手。

12月4日

12月5日

○記念日○ 経済・社会開発のための国際ボランティアデー

ピルクハイマー, ヴィリバルト　1470生。ドイツの人文主義者。1530没。

鷹司兼煕　たかつかさかねひろ　1659生。江戸時代前期, 中期の公家。1725没。

永秀女王　えいしゅうじょおう　1677(閏12月)生。江戸時代中期の女性。霊元天皇の第5皇女。1725没。

ジェミニアーニ, フランチェスコ　1687生。イタリアのヴァイオリン奏者, 作曲家。1762没。

古賀穀堂　こがこくどう　1777生。江戸時代後期の儒学者。1836没。

慧澄　えちょう　1780生。江戸時代中期, 後期の天台宗の学僧。1862没。

ヴァン・ビューレン, マーティン　1782生。第8代アメリカ大統領。1862没。

サンタ・クルス, アンドレス　1792生。ボリビアの軍人, 大統領。1865没。

チュッチェフ, フョードル・イワノヴィチ　1803生。ロシアの詩人。1873没。

木内順二　きうちじゅんじ　1811生。江戸時代末期の勤王儒家。1867没。

正親町三条実愛　おおぎまちさんじょうさねなる　1820生。江戸時代, 明治時代の公家。議定・内国事務総監。1909没。

フェート, アファナシー・アファナシエヴィチ　1820生。ロシアの詩人。1892没。

ロセッティ, クリスティーナ　1830生。イギリスの女流詩人。1894没。

ランドルト, ハンス・ハインリヒ　1831生。ドイツの化学者。1910没。

姉小路公知　あねがこうじきんとも　1839生。江戸時代末期の公家, 宮廷政治家。1863没。

カスター, ジョージ・アームストロング　1839生。アメリカの軍人。1876没。

ヒルゲンドルフ　1839生。ドイツの動物学者。1904没。

ジェリコー, ジョン・ラシュワース・ジェリコー, 初代伯爵　1859生。イギリスの海軍軍人。1935没。

三好学　みよしまなぶ　1862生。明治時代-昭和時代の植物学者。帝国大学教授。1939没。

パンルヴェ　1863生。フランスの数学者, 政治家。1933没。

カンディンスキー, ワシーリー・ワシリエヴィチ　1866生。ロシア出身の画家。1944没。

アールネ, アンティ　1867生。フィンランドの民俗学者。1925没。

ピウスツキ, ユゼフ　1867生。ポーランドの独立運動家, 政治家, 国家元首, 元帥。1935没。

ゾンマーフェルト, アーノルト・ヨハネス・ヴィルヘルム　1868生。ドイツの理論物理学者。1951没。

ノヴァーク, ヴィーチェスラフ　1870生。チェコスロヴァキアの作曲家。1949没。

江木翼　えぎたすく　1873生。大正時代, 昭和時代の政治家, 官僚。貴族院議員, 法相。1932没。

山室機恵子　やまむろきえこ　1874生。明治時代, 大正時代の社会事業家。1916没。

二階堂トクヨ　にかいどうとくよ　1880生。大正時代, 昭和時代の女子教育者。1941没。

羽原又吉　はばらゆうきち　1882生。大正時代, 昭和時代の経済史学者。農林省水産講習所教授, 日本常民文化研究所常務理事。1969没。

セッラ, レナート　1884生。イタリアの評論家。1915没。

西川正治　にしかわしょうじ　1884生。大正時代, 昭和時代の物理学者。日本結晶学会初代会長, 日本数学物理学会会長。1952没。

河辺正三　かわべまさかず　1886生。大正時代, 昭和時代の陸軍軍人。大将。1965没。

吉本せい　よしもとせい　1889生。大正時代, 昭和時代の興行師。吉本興業創業者。1950没。

田代茂樹　たしろしげき　1890生。昭和時代の実業家。東レ会長, (財)東レ科学振興会会長。1981没。

メフメト・フアト　1890生。トルコの歴史家，政治家。1966没。

ラング，フリッツ　1890生。オーストリアの映画監督。1976没。

広津和郎　ひろつかずお　1891生。大正時代，昭和時代の小説家，評論家。1968没。

ダミア　1892生。フランスの女性シャンソン歌手。1978没。

コリ，カール・フェルディナント　1896生。アメリカの生理学者，生化学者，薬理学者。1984没。

ショーレム，ゲーアハルト・ゲルショム　1897生。イスラエルのユダヤ学者。1982没。

青木正　あおきただし　1898生。昭和時代の政治家。衆議院議員。1966没。

藤原義江　ふじわらよしえ　1898生。大正時代，昭和時代のテノール歌手。1976没。

古賀逸策　こがいっさく　1899生。昭和時代の電気通信工学者。東京大学名誉教授，KDD参与。1982没。

末延三次　すえのぶさんじ　1899生。昭和時代の法学者。東京大学教授。1989没。

伊藤好道　いとうこうどう　1901生。昭和時代の社会運動家，政治家。衆議院議員，日本社会党政策審議会長。1956没。

ディズニー，ウォルト　1901生。アメリカのアニメーション作家・製作者，大衆文化事業家。1966没。

ハイゼンベルク，ヴェルナー・カール　1901生。ドイツの物理学者。1976没。

サーモンド，ストロム　1902生。アメリカの政治家。2003没。

曽祢益　そねえき　1903生。昭和時代の政治家。衆院議員。1980没。

パウエル，セシル・フランク　1903生。イギリスの実験物理学者。1969没。

中野英治　なかのえいじ　1904生。昭和時代の俳優。

アブドゥッラー，シェイフ・ムハンマド　1905生。インドの政治家。1982没。

梅津八三　うめづはちぞう　1906生。昭和時代の心理学者。東京大学教授，関西大学教授。1991没。

プレミンジャー，オットー　1906生。アメリカの映画監督。1986没。

金素雲　きむそうん　1907生。朝鮮の詩人，児童文学者，随筆家。1981没。

林彪　りんぴょう　1907生。中国の軍人，政治家。1971没。

武蔵山武　むさしやまたけし　1909生。昭和時代の力士(第33代横綱)。1969没。

マネシエ，アルフレッド　1911生。フランスの画家。1993没。

木下恵介　きのしたけいすけ　1912生。昭和時代，平成時代の映画監督，脚本家。1998没。

森山重雄　もりやましげお　1914生。昭和時代，平成時代の日本文学者。東京都立大学教授。2000没。

宮崎義一　みやざきよしかず　1919生。昭和時代，平成時代の経済学者。京都大学教授。1998没。

テンドリャコーフ，ウラジーミル・フョードロヴィチ　1923生。ソ連の小説家。1984没。

ソブクウェ，ロバート・マンガリソ　1924生。南アフリカ共和国のアフリカ人解放運動指導者。1978没。

ソモサ・デバイレ　1925生。ニカラグアの軍人，大統領。1980没。

プミボン・アドゥンヤデート　1927生。タイ国王。

香川京子　かがわきょうこ　1931生。昭和時代，平成時代の女優。

リトル・リチャード　1932生。アメリカのロック歌手。

榎本喜八　えのもときはち　1936生。昭和時代，平成時代の元・プロ野球選手。

滝田栄　たきたさかえ　1950生。昭和時代，平成時代の俳優。

小林幸子　こばやしさちこ　1953生。昭和時代，平成時代の歌手。

水沢アキ　みずさわあき　1954生。昭和時代，平成時代の女優。

群ようこ　むれようこ　1954生。昭和時代，平成時代のエッセイスト。

川中美幸　かわなかみゆき　1955生。昭和時代，平成時代の歌手。

山田五郎　やまだごろう　1958生。昭和時代，平成時代の評論家，編集者。

奈良美智　ならよしとも　1959生。昭和時代，平成時代の現代美術家。

岩井志麻子　いわいしまこ　1964生。昭和時代，平成時代の小説家。

観月ありさ　みずきありさ　1976生。平成時代の女優，歌手。

12月5日

12月6日

○記念日○ 音の日
姉の日

一条家経　いちじょういえつね　1248生。鎌倉時代後期の公卿。1293没。

ヘンリー6世　1421生。イングランド王（在位1422〜61, 70〜71）。1471没。

尊伝法親王　そんでんほうしんのう　1472生。戦国時代の後土御門天皇の第2皇子。1504没。

カスティーリョーネ, バルダッサーレ, ノヴィラーラ伯爵　1478生。イタリアの詩人, 外交官。1529没。

袁宏道　えんこうどう　1569生。中国, 明末の文学者。1610没。

飛鳥井雅宣　あすかいまさのぶ　1586生。江戸時代前期の公家。1651没。

河辺精長　かわべきよなが　1601生。江戸時代前期の伊勢大宮司。1688没。

モンク　1608生。イギリスの軍人。1670没。

鷹司信平　たかつかさのぶひら　1636生。江戸時代前期の旗本。1689没。

尚貞王　しょうていおう　1646生。江戸時代前, 中期の琉球の国王。1709没。

鴻池道億　こうのいけどうおく　1655生。江戸時代前期, 中期の大坂商人, 茶人。1736没。

マルゼルブ, クレチャン-ギヨーム・ド・ラモワニョン・ド　1721生。フランスの政治家。1794没。

中西深斎　なかにししんさい　1724生。江戸時代中期, 後期の医師。1803没。

ラ・ロシュ, ゾフィー・フォン　1731生。ドイツの女流小説家。1807没。

ヘイスティングズ, ウォレン　1732生。イギリスの初代インド総督。1818没。

冷泉為泰　れいぜいためやす　1735生。江戸時代中期, 後期の歌人・公家。1816没。

ルブラン, ニコラ　1742生。フランスの化学者。1806没。

津阪東陽　つさかとうよう　1757生。江戸時代中期, 後期の漢学者。1825没。

島津斉宣　しまづなりのぶ　1773生。江戸時代後期の大名。1841没。

ゲー-リュサック, ジョゼフ・ルイ　1778生。フランスの化学者, 物理学者。1850没。

ウィレム2世　1792生。ネーデルラント国王（在位1840〜49）。1849没。

ムーディ, スザンナ　1803生。カナダの詩人, 作家, 随筆家。1885没。

オガリョーフ, ニコライ・プラトノヴィチ　1813生。ロシアの詩人, 評論家, 革命運動家。1877没。

堀秀成　ほりひでなり　1819生。江戸時代末期, 明治時代の古河藩士。1887没。

ミュラー, フリードリヒ・マックス　1823生。ドイツ生まれ, イギリスに帰化した東洋学者, 比較言語学者。1900没。

山本尚徳　やまもとひさのり　1827生。江戸時代末期, 明治時代の大洲藩家老。1871没。

フィッティヒ, ルドルフ　1835生。ドイツの化学者。1910没。

豊間源之進　とよまげんのしん　1836生。江戸時代末期の出羽秋田藩士。1868没。

ナズィール・アフマド　1836生。インドのウルドゥー語の小説家。1912没。

バジール, ジャン-フレデリック　1841生。フランスの画家。1870没。

マッケンゼン　1845生。ドイツの軍人。1945没。

ヘルマン, ヨーハン・ヴィルヘルム　1846生。ドイツのルター派神学者。1922没。

カレーエフ　1850生。ロシアの歴史家, 哲学者。1931没。

モーリッシュ　1856生。ドイツの植物学者。1937没。

ディアス　1861生。イタリアの軍人。1928没。

ホール, チャールズ・マーティン　1863生。アメリカの化学者, 冶金学者。1914没。

ノーデンショルド, N.O.　1869生。スウェーデンの探検家, 地質学者。1928没。

ハート, ウィリアム・S.　1870生。アメリカの映画俳優。1946没。

篠田鉱造　しのだこうぞう　1871生。明治時代-昭和時代の新聞記者, 風俗研究家。1965没。

アンダーヒル, イーヴリン　1875生。イギリスの詩人, 典礼学者。1941没。

安藤幸　あんどうこう　1878生。明治時代–昭和時代のバイオリニスト。東京音楽学校教授。1963没。

大河内正敏　おおこうちまさとし　1878生。大正時代, 昭和時代の応用化学者, 実業家。理化学研究所所長, 理研コンツェルン創始者。1952没。

内田信也　うちだのぶや　1880生。大正時代, 昭和時代の実業家, 政治家。衆議院議員。1971没。

クレーギー　1883生。イギリスの外交官。1959没。

シェーベリ, ビルイェル　1885生。スウェーデンの詩人。1929没。

水上滝太郎　みなかみたきたろう　1887生。明治時代–昭和時代の小説家, 評論家, 劇作家。1940没。

ラント夫妻　1887生。アメリカの女優。1983没。

小金井蘆洲(4代目)　こがねいろしゅう　1888生。明治時代–昭和時代の講談師。1949没。

仁科芳雄　にしなよしお　1890生。大正時代, 昭和時代の原子物理学者。理化学研究所所長, 科学研究所社長。1951没。

相川勝六　あいかわかつろく　1891生。明治時代–昭和時代の政治家, 内務官僚。小磯内閣厚相, 衆議院議員。1973没。

早坂一郎　はやさかいちろう　1891生。大正時代, 昭和時代の古生物学者。島根大学学長, 日本学術会議会員。1977没。

シットウェル, オズバート　1892生。イギリスの詩人。『輪』の新詩運動に参加。1969没。

小宮喬介　こみやきょうすけ　1896生。大正時代, 昭和時代の法医学者。名古屋帝国大学教授, 愛知医科大学教授。1951没。

坂西志保　さかにしほ　1896生。昭和時代の評論家。1976没。

ささきふさ　ささきふさ　1897生。大正時代, 昭和時代の小説家。1949没。

堀内敬三　ほりうちけいぞう　1897生。昭和時代の音楽評論家。音楽之友社会長。1983没。

アイゼンシュタット, アルフレート　1898生。ドイツ生まれのアメリカの写真家。1995没。

ミュルダール, グンナル　1898生。スウェーデンの経済学者, 社会学者。1987没。

ウーレンベック, ジョージ・ユージン　1900生。アメリカの物理学者。1988没。

時枝誠記　ときえだもとき　1900生。昭和時代の国語学者。東京大学教授, 早稲田大学教授。1967没。

脇村義太郎　わきむらよしたろう　1900生。昭和時代, 平成時代の経済学者。東京大学教授, 日本学士院会長, 経済史学会会長。1997没。

ヴィルター, ニコライ・エヴゲニエヴィチ　1906生。ソ連の小説家, 劇作家。1976没。

スピハルスキ　1906生。ポーランドの建築家, 政治家。1980没。

和田カツ　わだかつ　1906生。昭和時代, 平成時代のヤオハンジャパン最高顧問。1993没。

杉原荘介　すぎはらそうすけ　1913生。昭和時代の考古学者。明治大学教授。1983没。

ポーター, サー・ジョージ　1920生。イギリスの化学者。2002没。

グラハム, オットー　1921生。アメリカのプロフットボール選手。2003没。

鶴田浩二　つるたこうじ　1924生。昭和時代の俳優。1987没。

東久邇成子　ひがしくにしげこ　1925生。昭和時代の皇族。1961没。

キダ・タロー　1930生。昭和時代, 平成時代の作曲家, タレント。

山勢松韻(3代目)　やませしょういん　1932生。昭和時代, 平成時代の箏曲家(山田流)。

宍戸錠　ししどじょう　1933生。昭和時代, 平成時代の俳優。

マルセ太郎　まるせたろう　1933生。昭和時代, 平成時代のボードビリアン。2001没。

露木茂　つゆきしげる　1940生。昭和時代, 平成時代のニュースキャスター。

車だん吉　くるまだんきち　1943生。昭和時代, 平成時代のタレント。

星由甲子　ほしゆりこ　1943生。昭和時代, 平成時代の女優。

森恒夫　もりつねお　1944生。昭和時代の赤軍派運動家。連合赤軍最高幹部。1973没。

久石譲　ひさいしじょう　1950生。昭和時代, 平成時代の作曲家, プロデューサー。

市川海老蔵(11代目)　いちかわえびぞう　1977生。平成時代の歌舞伎俳優。

保田圭　やすだけい　1980生。平成時代の歌手。

12月6日

12月7日

○記念日○　クリスマスツリーの日
　　　　　国際民間航空デー

聖コルンバ　521生。スコットランドの使徒。597没。

アブー・サアイード・ブン・アビル・ハイル　967生。ペルシアの神秘主義者，詩人。1049没。

哲宗（北宋）　てっそう　1076生。中国，北宋第7代皇帝（在位1085～1100）。1100没。

ダーンリー，ヘンリー・スチュワート，卿　1545生。スコットランド女王メアリ・ステュアートの2度目の夫。1567没。

勧修寺光豊　かじゅうじみつとよ　1575生。安土桃山時代，江戸時代前期の公家。1612没。

ジャノネ　1577生。イタリア出身のイエズス会宣教師。1633没。

四辻季継　よつつじすえつぐ　1581生。江戸時代前期の公家。1639没。

ベルニーニ，ジョヴァンニ・ロレンツォ　1598生。イタリアの彫刻家，建築家。1680没。

良如　りょうにょ　1612生。江戸時代前期の僧。1662没。

玉木正英　たまきまさひで　1670生。江戸時代中期の神道家。1736没。

アンクティル-デュペロン，アブラアム・ヤサーント　1731生。フランスの東洋学者。1805没。

エッシェンブルク　1743生。ドイツの文学史家，小説家，シェークスピア翻訳家。1820没。

中島藤右衛門　なかじまとうえもん　1745生。江戸時代中期，後期の人。1825没。

諫早茂図　いさはやしげと　1747生。江戸時代中期，後期の武士。1815没。

タッソー，マリー　1761生。フランスの女流蝋人形作家。1850没。

春田横塘　はるたおうとう　1768生。江戸時代後期の儒者。1828没。

マニャン　1791生。フランスの軍人。1865没。

ネストロイ，ヨハン・ネーポムク　1801生。オーストリアの俳優，劇作家。1862没。

シュヴァン，テオドール　1810生。ドイツの生理学，解剖学者。1882没。

ヒルトル　1810生。オーストリアの解剖学者。1894没。

リントン　1812生。イギリスの木版画家，著述家，社会改良家。1898没。

鍋島直正　なべしまなおまさ　1814生。江戸時代，明治時代の大名。1871没。

川瀬太宰　かわせだざい　1819生。江戸時代末期の勤王志士，学者。1866没。

松根図書　まつねずしょ　1820生。江戸時代，明治時代の宇和島藩士。家老。1894没。

鯉江方寿　こいえほうじゅ　1821生。江戸時代，明治時代の常滑焼の祖，陶芸作家。1901没。

クロネッカー，レオポルト　1823生。ドイツの数学者。1891没。

クレモナ　1830生。イタリアの数学者。1903没。

松本奎堂　まつもとけいどう　1831生。江戸時代末期の三河刈谷藩士，尊攘派志士。1863没。

ポティエ，ジョゼフ　1835生。フランスの音楽理論家。1923没。

ブラー，サー・レドヴァーズ（・ヘンリー）　1839生。イギリスの将軍。1908没。

シュピッタ，フィーリップ　1841生。ドイツの音楽史学家。1894没。

アモン　1842生。ドイツの人類学者。1916没。

ポウツマ　1856生。オランダの英文法学者。1937没。

ドロ，ルイ（アントワーヌ・マリー・ジョゼフ）　1857生。ベルギーの古生物学者。1931没。

アダン，ポール　1862生。フランスの自然主義作家。1920没。

シアーズ，リチャード・ウォレン　1863生。アメリカの企業家。1914没。

マスカーニ，ピエートロ　1863生。イタリアのオペラ作曲家。1945没。

川島浪速　かわしまなにわ　1865生。明治時代-昭和時代の大陸浪人。1949没。

日野強　ひのつとむ　1866生。明治時代，大正時代の陸軍大佐。1920没。

ヒルン　1870生。フィンランドの美学者。1952没。

ハイジンハ, ヨハン　1872生。オランダの歴史家。1945没。

キャザー, ウィラ　1873生。アメリカの女流小説家。1947没。

木暮理太郎　こぐれりたろう　1873生。明治時代－昭和時代の登山家。1944没。

船田一雄　ふなだかずお　1877生。大正時代, 昭和時代の実業家。三菱本社理事長。1950没。

野間清治　のまきよじ　1878生。大正時代, 昭和時代の実業家, 出版人。1938没。

与謝野晶子　よさのあきこ　1878生。明治時代－昭和時代の歌人, 詩人。1942没。

フリムル, ルドルフ　1879生。チェコ生まれのアメリカの作曲家, ピアニスト。1972没。

ヤヒヤ・ケマル・ベヤトル　1884生。トルコ共和国の詩人。1958没。

川瀬新蔵　かわせしんぞう　1887生。大正時代, 昭和時代の農民運動家。1958没。

トッホ　1887生。アメリカ(オーストリア生まれ)の作曲家。1964没。

ケアリー, ジョイス　1888生。イギリスの小説家。1957没。

マルセル, ガブリエル　1889生。フランスの哲学者, 劇作家。1973没。

保高徳蔵　やすたかとくぞう　1889生。大正時代, 昭和時代の小説家。1971没。

ニーセン　1890生。ドイツの演劇学者。1969没。

鈴木朱雀　すずきすざく　1891生。大正時代, 昭和時代の日本画家。1972没。

デイヴィス, スチュアート　1894生。アメリカの代表的抽象画家。無没。

マルガイ　1895生。シエラ・レオネの政治家。1964没。

郁達夫　いくたっふ　1896生。中国の作家。1945没。

湯浅芳子　ゆあさよしこ　1896生。大正時代, 昭和時代のロシア文学者, 翻訳家。1990没。

羅隆基　ラりゅうき　1806生。中国の教育家, 政治家。1965没。

天野重安　あまのしげやす　1903生。昭和時代の病理学者。京都大学教授。1964没。

滝口修造　たきぐちしゅうぞう　1903生。昭和時代の美術評論家。美術評論家連盟会長。1979没。

カイパー, ジェラード・ピーター　1905生。アメリカの天文学者。1973没。

ギンスブルグ, エヴゲーニヤ・セミョーノヴナ　1906生。ソ連の作家。1977没。

フルツェワ　1910生。ソ連の女性政治家。1974没。

トマ, アンリ　1912生。フランスの詩人, 小説家, 翻訳家。1993没。

舟越保武　ふなこしやすたけ　1912生。昭和時代, 平成時代の彫刻家, エッセイスト。2002没。

アリゲール, マルガリータ・ヨシフォヴナ　1915生。ソ連の女流詩人。1992没。

小沢辰男　おざわたつお　1916生。昭和時代, 平成時代の政治家。改革クラブ代表。

原口幸隆　はらぐちゆきたか　1917生。昭和時代の労働運動家。1979没。

河竹登志夫　かわたけとしお　1924生。昭和時代, 平成時代の演劇研究家。

ソアレス, マリオ　1924生。ポルトガルの政治家。

栃折久美子　とちおりくみこ　1928生。昭和時代, 平成時代の製本工芸家。

俵萠子　たわらもえこ　1930生。昭和時代, 平成時代の評論家, エッセイスト, 陶芸家。

バースティン, エレン　1932生。アメリカの女優。

岡本公三　おかもとこうぞう　1947生。昭和時代の日本赤軍活動家。レバノンに亡命。

ベンチ, ジョニー　1947生。アメリカの元・大リーグ選手。

森下洋子　もりしたようこ　1948生。昭和時代, 平成時代のバレリーナ。

古舘伊知郎　ふるたちいちろう　1954生。昭和時代, 平成時代のキャスター, タレント。

バード, ラリー　1956生。アメリカのバスケットボール監督, 元・バスケットボール選手。

森博嗣　もりひろし　1957生。昭和時代, 平成時代の推理作家。

尾美としのり　おみとしのり　1965生。昭和時代, 平成時代の俳優。

香川照之　かがわてるゆき　1965生。昭和時代, 平成時代の俳優。

伊藤かずえ　いとうかずえ　1966生。昭和時代, 平成時代の女優。

いしだ壱成　いしだいっせい　1974生。平成時代の俳優, ミュージシャン。

12月7日

12月8日

○記念日○　成道会

- ホラティウス・フラックス, クゥイントゥス　前65生。古代ローマの詩人。前8没。
- スーフィー　903生。アラビアの天文学者, 占星術者。986没。
- 不聞契聞　ふもんかいもん　1302生。南北朝時代の臨済宗の僧。1369没。
- 瑞渓周鳳　ずいけいしゅうほう　1391生。室町時代の臨済宗の僧。1473没。
- メーリ・ステュアート　1542生。スコットランドの女王(在位1542〜67)。1587没。
- ミルトン, ジョン　1608生。イギリスの詩人。1674没。
- クリスティナ　1626生。スウェーデン女王(1644〜54)。1689没。
- 人見竹洞　ひとみちくどう　1637生。江戸時代前期の儒学者, 漢詩人。1696没。
- 蔡鐸　さいたく　1644生。江戸時代前期, 中期の琉球の久米村役人, 学者・文人。1725没。
- 柳沢吉保　やなぎさわよしやす　1658生。江戸時代前期, 中期の大名, 老中上座(大老格)。1714没。
- フランツ1世　1708生。神聖ローマ皇帝マリア・テレジアの夫, ロートリンゲン公。1765没。
- インヘンホウス, ヤン　1730生。オランダの医者。1799没。
- 皆川淇園　みながわきえん　1734生。江戸時代中期, 後期の儒学者。1807没。
- 本多忠籌　ほんだただかず　1739生。江戸時代中期, 後期の大名。1813没。
- 戸田氏教　とだうじのり　1754生。江戸時代中期, 後期の大名。1806没。
- ボアシ・ダングラース　1756生。フランスの政治家。1826没。
- 平山子竜　ひらやましりょう　1759生。江戸時代中期, 後期の兵学者。1828没。
- ウィットニー, イーライ　1765生。アメリカの発明家。1825没。
- 賢章院　けんしょういん　1791生。江戸時代後期の女性。薩摩藩主島津斉彬の母。1824没。
- ハンセン　1795生。デンマークの天文学者。1874没。
- カルロ2世　1799生。エトルリア王(在位1803〜07)。1883没。
- オドエフスキー, アレクサンドル・イワノヴィチ　1802生。ロシアの詩人。1839没。
- 塙忠宝　はなわただとみ　1807生。江戸時代末期の和学者。1863没。
- メンツェル, アドルフ・フォン　1815生。ドイツの画家, 版画家。1905没。
- 箕作秋坪　みつくりしゅうへい　1825生。江戸時代, 明治時代の洋学者, 教育指導者。1886没。
- ルヴァスール　1828生。フランスの経済学者。1911没。
- ブレジーヒン　1831生。ロシアの天文学者。1904没。
- ビョルンソン, ビョルンスチェルネ　1832生。ノルウェーの小説家, 劇作家。1910没。
- ソープ, サー・トーマス・エドワード　1835生。イギリスの化学者。1925没。
- ジャイルズ, ハーバート・アレン　1845生。イギリスの中国学者。1933没。
- 若尾幾造(2代目)　わかおいくぞう　1857生。明治時代, 大正時代の実業家。1928没。
- マイヨール, アリスティード　1861生。フランスの彫刻家。1944没。
- メリエス, ジョルジュ　1861生。映画の開拓者。1938没。
- ウィルケン　1862生。ドイツの古代史家, パピルス学者。1944没。
- フェードー, ジョルジュ　1862生。フランスの劇作家。1921没。
- クローデル, カミーユ　1864生。フランスの彫刻家。1943没。
- アダマール, ジャーク・サロモン　1865生。フランスの数学者。1963没。
- シベリウス, ジャン　1865生。フィンランドの作曲家。1957没。
- ダグラス, ノーマン　1868生。イギリスの小説家。1952没。

ウォルムス　1869生。フランスの社会学者。1926没。

井坂孝　いさかたかし　1870生。明治時代-昭和時代の実業家。東京瓦斯社長, 横浜商工会議所会頭。1949没。

児島惣次郎　こじまそうじろう　1870生。明治時代, 大正時代の陸軍軍人。中将, 陸軍次官。1922没。

滝川儀作　たきがわぎさく　1874生。明治時代-昭和時代の実業家。1963没。

本多熊太郎　ほんだくまたろう　1874生。明治時代-昭和時代の外交官。1948没。

野口米次郎　のぐちよねじろう　1875生。明治時代-昭和時代の詩人。1947没。

新井章治　あらいしょうじ　1881生。大正時代, 昭和時代の実業家。東京電力会長。1952没。

グレーズ, アルベール・レオン　1881生。フランスの画家。1953没。

コラム, パードリック　1881生。アイルランドの劇作家, 詩人。1972没。

エスコラ, ペンティ・エリアス　1883生。フィンランドの地質鉱物学者。1964没。

田中啓爾　たなかけいじ　1885生。大正時代, 昭和時代の地理学者。東京文理科大学教授, 立正大学教授。1975没。

ロバーツ, ケネス　1885生。アメリカのジャーナリスト, 歴史小説家。1957没。

リベラ, ディエゴ　1886生。メキシコの画家。1957没。

アレン, ハーヴェイ　1889生。アメリカの詩人, 小説家。1949没。

マルティヌー, ボフスラフ　1890生。チェコスロバキアの作曲家。1959没。

山崎種二　やまざきたねじ　1893生。昭和時代の実業家。山種証券会長。1983没。

サーバー, ジェイムズ・グローヴァー　1894生。アメリカのユーモア作家。1961没。

小寺融吉　こでらゆうきち　1895生。大正時代, 昭和時代の民俗芸能研究者, 舞踊研究者。1945没。

スペルビア, コンチータ　1895生。スペインのメゾ・ソプラノ歌手。1936没。

ヴィシネフスキー, フセヴォロド・ヴィタリエヴィチ　1900生。ソ連邦の劇作家。1951没。

嵐寛寿郎　あらしかんじゅうろう　1903生。昭和時代の俳優。1980没。

音丸　おとまる　1906生。昭和時代の歌手。1976没。

竹中英太郎　たけなかえいたろう　1906生。昭和時代の挿絵画家。山梨日日新聞論説委員長, 新聞労連副委員長。1988没。

今官一　こんかんいち　1909生。昭和時代の小説家, 詩人。1983没。

バラン　1910生。アメリカのマルクス主義経済学者。1964没。

シュウォーツ, デルモア　1913生。アメリカのユダヤ系詩人, 評論家。1966没。

藤原元典　ふじわらもとのり　1915生。昭和時代の医学者。京都府衛生公害研究所長, 京都大学教授。1994没。

レーマン, アーネスト　1915生。アメリカの脚本家, 作家。2005没。

前谷惟光　まえたにこれみつ　1917生。昭和時代の漫画家。1974没。

大石真　おおいしまこと　1925生。昭和時代, 平成時代の児童文学作家。1990没。

デービス, サミー(Jr.)　1925生。アメリカのエンターテイナー, 歌手, 俳優。1990没。

フォルラーニ, アルナルド　1925生。イタリアの政治家。

ルーマン　1927生。西ドイツの社会学者, 法社会学者。1998没。

皆川博子　みながわひろこ　1929生。昭和時代, 平成時代の小説家。

井上武吉　いのうえぶきち　1930生。昭和時代, 平成時代の彫刻家。武蔵野美術大学教授。1997没。

名古屋章　なごやあきら　1930生。昭和時代, 平成時代の俳優。2003没。

藤村俊二　ふじむらしゅんじ　1934生。昭和時代, 平成時代の俳優。

春日照代　かすがてるよ　1935生。昭和時代の漫才師。1987没。

土井正博　どいまさひろ　1943生。昭和時代, 平成時代のプロ野球コーチ, 元・プロ野球選手。

長谷川恒男　はせがわつねお　1947生。昭和時代, 平成時代の登山家。1991没。

ベーシンガー, キム　1953生。アメリカの女優。

長与千種　ながよちぐさ　1964生。昭和時代, 平成時代の女子プロレスラー, タレント。

和久井映見　わくいえみ　1970生。昭和時代, 平成時代の女優, 歌手。

稲垣吾郎　いながきごろう　1973生。平成時代のタレント, 歌手, 俳優。

12月8日

12月9日

○記念日○ 障害者の日
○忌　日○ 漱石忌

行明親王　ゆきあきらしんのう　925生。平安時代中期の宇多天皇の皇子。948没。

二条院　にじょういん　1026生。平安時代中期、後期の女性。後一条天皇第1皇女。1105没。

ペドロ　1392生。ポルトガル王ジョアン1世の子。1449没。

サンドズ　1561生。イギリスの政治家。1629没。

山崎闇斎　やまざきあんさい　1618生。江戸時代前期の儒学者、神道家。1682没。

中村国香　なかむらくにか　1710生。江戸時代中期の儒者。1769没。

ヴィンケルマン、ヨハン・ヨアヒム　1717生。ドイツの考古学者、美術史家。1768没。

ベルトレ、クロード・ルイ、伯爵　1748生。フランスの化学者。1822没。

マリア・ルイザ　1751生。スペイン王妃。1819没。

ヘイスティングズ、フランシス・ロードン-ヘイスティングズ、初代侯爵　1754生。イギリスの軍人、植民地行政官。1826没。

盛化院　せいかもんいん　1759生。江戸時代中期の女性。後桃園天皇の妃。1783没。

ホッグ、ジェイムズ　1770生。イギリスの詩人、小説家。1835没。

毛利斉熙　もうりなりひろ　1783生。江戸時代後期の大名。1836没。

松平乗全　まつだいらのりやす　1794生。江戸時代末期、明治時代の大名。1870没。

ディーツゲン　1828生。ドイツの社会主義者。1880没。

ヴァルトトイフェル、エミール　1837生。フランスの作曲家。1915没。

大関増裕　おおぜきますひろ　1837生。江戸時代末期の大名。1866没。

西村勝三　にしむらかつぞう　1837生。明治時代の実業家。1907没。

藤村太郎　ふじむらたろう　1839生。江戸時代末期の長州（萩）藩士、奇兵隊士。1865没。

ハリス、ジョーエル・チャンドラー　1848生。アメリカの小説家。1908没。

武富時敏　たけとみときとし　1855生。明治時代、大正時代の政治家。貴族院議員。1938没。

永岡鶴蔵　ながおかつるぞう　1863生。明治時代の労働運動家。1914没。

バーネット、ジョン　1863生。イギリスのギリシア哲学研究家。1928没。

ウッズ、ロバート・アーチ　1865生。アメリカの社会事業家。1925没。

中田錦吉　なかだきんきち　1865生。明治時代、大正時代の官吏。水戸地裁所長。1926没。

ハーバー、フリッツ　1868生。ドイツの化学者。1934没。

吉田白嶺　よしだはくれい　1871生。明治時代-昭和時代の彫刻家。1942没。

太田水穂　おおたみずほ　1876生。大正時代、昭和時代の歌人、国文学者。日本歯科大学教授。1955没。

板倉卓造　いたくらたくぞう　1879生。明治時代-昭和時代のジャーナリスト、国際法学者。慶應義塾大学教授、時事新報社長。1963没。

富田渓仙　とみたけいせん　1879生。大正時代、昭和時代の日本画家。1936没。

トゥリーナ、ホアキン　1882生。スペインの作曲家。1949没。

パパゴス　1883生。ギリシアの軍人、政治家。1955没。

黒田源次　くろだげんじ　1886生。大正時代、昭和時代の美術史家、生理学者。奈良国立博物館長、満州医科大学教授。1957没。

カウンツ　1889生。アメリカの進歩主義教育学者。1974没。

長谷川潔　はせがわきよし　1891生。大正時代、昭和時代の版画家。サロン・ドートンヌ版画部会員。1980没。

平戸廉吉　ひらとれんきち　1893生。大正時代の詩人、美術評論家。1922没。

浜田庄司　はまだしょうじ　1894生。大正時代、昭和時代の陶芸家。日本民芸協会会長、益子参考館理事長。1978没。

イバルリ, ドロレス　1895生。スペイン共産党議長。1989没。
ホグベン, ランスロット　1895生。イギリスの生物学者, 自然科学解説者。1975没。
池田亀鑑　いけだきかん　1896生。昭和時代の国文学者, 小説家。東京大学教授。1956没。
ニーダム, ジョゼフ　1900生。イギリスの生化学者, 科学史家。1995没。
ホルヴァート, エデン・フォン　1901生。ハンガリー系オーストリアの劇作家。1938没。
バトラー, リチャード・オースティン, バトラー男爵　1902生。イギリスの政治家。1982没。
宇佐美毅　うさみたけし　1903生。昭和時代の官僚。宮内庁長官, 東京都教育庁。1991没。
上田仁　うえだまさし　1904生。昭和時代の指揮者, ファゴット奏者。1966没。
種村佐孝　たねむらすけたか　1904生。大正時代, 昭和時代の陸軍軍人。陸軍大佐。1966没。
本郷新　ほんごうしん　1905生。昭和時代の彫刻家。日本美術家協会理事。1980没。
青木英五郎　あおきえいごろう　1909生。昭和時代の裁判官, 弁護士。1981没。
フェアバンクス, ダグラス, ジュニア　1909生。アメリカ出身の俳優。2000没。
中屋健一　なかやけんいち　1910生。昭和時代の歴史学者, 評論家。京都外国語大学教授, 東京大学教授。1987没。
クロフォード, ブロデリック　1911生。アメリカの俳優。1986没。
松岡英夫　まつおかひでお　1912生。昭和時代, 平成時代の政治評論家, 幕末史研究家。毎日新聞論説委員。2001没。
桑原甲子雄　くわばらきねお　1913生。昭和時代の写真家, 編集者, 評論家。
鶴沢友路　つるざわともじ　1913生。昭和時代の女義太夫節三味線方。
磯村哲　いそむらてつ　1914生。昭和時代, 平成時代の法学者。京都大学教授, 神戸学院大学教授。1997没。
ダグラス, カーク　1916生。アメリカの俳優, 映画プロデューサー。
ヒルデスハイマー, ヴォルフガング　1916生。西ドイツの小説家, 劇作家。1991没。
レインウォーター, レオ・ジェイムズ　1917生。アメリカの物理学者。1986没。

チャンピ, カルロ・アゼーリオ　1920生。イタリアの政治家。
古谷弘　ふるやひろし　1920生。昭和時代の経済学者。東京大学教授。1957没。
佐田啓二　さだけいじ　1926生。昭和時代の俳優。1964没。
宮脇俊三　みやわきしゅんぞう　1926生。昭和時代, 平成時代の作家, 編集者。2003没。
カサヴェテス, ジョン　1929生。アメリカの映画監督, 俳優。1989没。
ホーク, ロバート　1929生。オーストラリアの政治家, 政治評論家。
市川猿之助(3代目)　いちかわえんのすけ　1939生。昭和時代, 平成時代の歌舞伎俳優。
白石加代子　しらいしかよこ　1941生。昭和時代, 平成時代の女優。
ガンジー, ソニア　1946生。インドの政治家。
綾小路きみまろ　あやのこうじきみまろ　1950生。昭和時代, 平成時代の漫談家。
落合博満　おちあいひろみつ　1953生。昭和時代, 平成時代のプロ野球監督(中日)。
マルコビッチ, ジョン　1953生。アメリカの俳優。
ユンケル, ジャンクロード　1954生。ルクセンブルクの政治家。
渡辺裕之　わたなべひろゆき　1955生。昭和時代, 平成時代の俳優。
春風亭昇太(2代目)　しゅんぷうていしょうた　1959生。昭和時代, 平成時代の落語家。
レプセ, エイナルス　1961生。ラトビアの政治家。
皇太子妃雅子　こうたいしひまさこ　1963生。昭和時代, 平成時代の皇族。
勝恵子　かつけいこ　1966生。昭和時代, 平成時代のキャスター。
bird　ばーど　1975生。平成時代の歌手。
福永祐一　ふくながゆういち　1976生。平成時代の騎手。
ISSA　いっさ　1978生。平成時代の歌手。
上村愛子　うえむらあいこ　1979生。平成時代のスキー選手。
OLIVIA　おりびあ　1979生。平成時代の歌手。
岡本綾　おかもとあや　1982生。平成時代の女優。

12月10日

○記念日○　世界人権デー

- グァリーニ, バッティスタ　1538生。イタリアの詩人。1612没。
- ブラッドショー, ジョン　1602生。イギリスの裁判官。1659没。
- オスターデ, アドリアーン・ファン　1610生。オランダの画家, 版画家。1685没。
- 岡昌倫　おかまさとも　1658生。江戸時代前期, 中期の天王寺方楽人。1734没。
- 信培　しんばい　1675生。江戸時代中期の浄土宗律僧。1747没。
- 酒井田柿右衛門(6代目)　さかいだかきえもん　1691生。江戸時代中期の陶工。1735没。
- ホルクロフト, トマス　1745生。イギリスの劇作家, 著作家。1809没。
- 小田野直武　おだのなおたけ　1749生。江戸時代中期の洋風画家。1780没。
- セギュール, ルイ・フィリップ　1753生。フランスの外交官, 政治家。1830没。
- ギャラデット, トマス　1787生。アメリカの聾唖学校創設者。1851没。
- ゲルトナー, フリードリヒ・フォン　1792生。ドイツの建築家。1847没。
- 植松茂岳　うえまつしげおか　1794生。江戸時代, 明治時代の国学者。1876没。
- 小島成斎　こじませいさい　1796生。江戸時代末期の儒者, 書家, 備後福山藩士。1862没。
- 日高凉台　ひだかりょうだい　1797生。江戸時代末期の蘭方医。1868没。
- リコール　1800生。フランス(アメリカ生まれ)の皮膚泌尿器科医。1889没。
- ヤコービ, カール・グスタフ・ヤーコプ　1804生。ドイツの数学者。1851没。
- シュコダ, ヨーゼフ　1805生。チェコスロバキアの医師。1881没。
- ネクラーソフ, ニコライ・アレクセーヴィチ　1821生。ロシアの詩人。1878没。
- ダニレフスキー, ニコライ・ヤーコヴレヴィチ　1822生。ロシアの思想家, 社会学者。1885没。
- フランク, セザール-オーギュスト　1822生。フランスのベルギー生まれの作曲家, オルガン奏者。1890没。
- マクドナルド, ジョージ　1824生。スコットランドの小説家, 詩人。1905没。
- ディキンソン, エミリー　1830生。アメリカの女流詩人。1886没。
- 佐田白茅　さだはくぼう　1832生。江戸時代, 明治時代の筑後久留米藩士。1907没。
- エグルストン, エドワード　1837生。アメリカの作家。1902没。
- 芳川顕正　よしかわあきまさ　1842生。明治時代, 大正時代の官僚, 政治家。伯爵, 枢密顧問官。1920没。
- ボーデ, ヴィルヘルム・フォン　1845生。ドイツの美術史家。1929没。
- ポロック　1845生。イギリスの法学者。1937没。
- デューイ, メルヴィル　1851生。アメリカの図書館員。1931没。
- グロース　1861生。ドイツの美学者, 哲学者。1946没。
- 木内重四郎　きうちじゅうしろう　1866生。明治時代, 大正時代の官僚, 政治家。統監府農商工部長官, 貴族院議員。1925没。
- ルーセル, ケル・グザヴィエ　1867生。フランスの画家, 版画家。1944没。
- 小織桂一郎　さおりけいいちろう　1869生。明治時代-昭和時代の俳優。1943没。
- ルイス, ピエール　1870生。フランスの詩人, 小説家。1925没。
- ロース, アドルフ　1870生。オーストリアの建築家。1933没。
- 上野英三郎　うえのえいざぶろう　1871生。明治時代, 大正時代の農学者。農学博士, 東京帝国大学農科大学教授。1925没。
- クラーゲス, ルートヴィヒ　1872生。ドイツの哲学者, 心理学者。1956没。
- 結城素明　ゆうきそめい　1875生。明治時代-昭和時代の日本画家。1957没。
- 東郷茂徳　とうごうしげのり　1882生。大正時代, 昭和時代の外交官, 政治家。外相, 勅選貴院議員。1950没。

ノイラート，オットー　1882生。オーストリアの哲学者，社会学者。1945没。
安達潮花　あだちちょうか　1887生。大正時代，昭和時代の華道家。1969没。
杵家弥七(4代目)　きねいえやしち　1890生。大正時代，昭和時代の長唄三味線方。1942没。
アレグザンダー・オヴ・チュニス，サー・ハロルド・アレグザンダー，初代伯爵　1891生。イギリスの将軍。1969没。
ザックス，ネリー　1891生。ドイツの女流詩人。1970没。
ボストン，ルーシー・マリア　1892生。イギリスの児童文学作家。1990没。
手島栄　てしまさかえ　1896生。大正時代，昭和時代の官僚，政治家。参議院議員，日本郵便逓送顧問。1963没。
林武　はやしたけし　1896生。大正時代，昭和時代の洋画家。東京芸術大学教授。1975没。
ヴァッゲルル，カール・ハインリヒ　1897生。オーストリアの小説家。1973没。
鹿児島寿蔵　かごしまじゅぞう　1898生。大正時代，昭和時代の歌人，人形作家。1982没。
リベジンスキー，ユーリー・ニコラエヴィチ　1898生。ソ連の小説家。1959没。
服部敬雄　はっとりよしお　1899生。昭和時代の実業家。山形新聞社社長，山形商工会議所会頭。1991没。
上原真佐喜(2代目)　うえはらまさき　1903生。昭和時代，平成時代の箏曲家。1996没。
志賀健次郎　しがけんじろう　1903生。昭和時代の政治家。衆議院議員。1994没。
ノートン，メアリー　1903生。イギリスの児童文学作家。1992没。
プルーマー，ウィリアム　1903生。イギリスの詩人，小説家。1973没。
ノヴォトニー，アントニーン　1904生。チェコスロバキア大統領。1975没。
前尾繁三郎　まえおしげさぶろう　1905生。昭和時代の政治家。衆院議長，自民党幹事長。1981没。
伊東静雄　いとうしずお　1906生。昭和時代の詩人。1953没。
メシアン，オリヴィエ　1908生。フランスの作曲家。1992没。
平岡武夫　ひらおかたけお　1909生。昭和時代，平成時代の中国哲学者。京都大学教授，日本大学教授。1995没。
戸川エマ　とがわえま　1911生。昭和時代の評論家。映倫管理委員，東京都青少年健全育成審議会会長。1986没。
武智鉄二　たけちてつじ　1912生。昭和時代の演出家，演劇評論家，映画監督。1988没。
大木実　おおきみのる　1913生。昭和時代，平成時代の詩人。1996没。
グールド，モートン　1913生。アメリカの楽団指揮者，作曲家，編曲家。1996没。
ビアズリー，モンロー・カーティス　1915生。アメリカの哲学者，美学者。1985没。
マンリー，マイケル　1924生。ジャマイカの政治家。1997没。
リスペクトール，クラリッセ　1925生。ブラジルの女流作家。1977没。
鎌田茂雄　かまたしげお　1927生。昭和時代，平成時代の宗教史学者。国際仏教学大学院大学教授，東京大学教授。2001没。
テミン，ハワード・マーティン　1934生。アメリカの腫瘍学者，ウイルス学者。1994没。
寺山修司　てらやましゅうじ　1935生。昭和時代の劇作家，演出家，映画監督，歌人，詩人。1983没。
村山実　むらやまみのる　1936生。昭和時代，平成時代のプロ野球選手，監督。1998没。
坂本九　さかもときゅう　1941生。昭和時代の歌手，タレント。1985没。
桂文珍　かつらぶんちん　1948生。昭和時代，平成時代の落語家。
我修院達也　がしゅういんたつや　1950生。昭和時代，平成時代のタレント，作曲家，編曲家。
ダンカン，マイケル・クラーク　1957生。アメリカの俳優。
佐藤浩市　さとうこういち　1960生。昭和時代，平成時代の俳優。
ブラナー，ケネス　1960生。イギリスの映画監督，俳優，演出家。
有森也実　ありもりなりみ　1967生。昭和時代，平成時代の女優。
荻野目洋子　おぎのめようこ　1968生。昭和時代，平成時代の歌手，女優。
野村忠宏　のむらただひろ　1974生。平成時代の柔道選手。

12月10日

12月11日

○記念日○　タンゴの日
　　　　　ユニセフ創立記念日
　　　　　胃腸の日

エーベルハルト5世　1445生。ビュルテンベルク公。1496没。

レオ10世　1475生。教皇(在位1513〜21)。1521没。

有吉立行　ありよしたつゆき　1559生。安土桃山時代, 江戸時代前期の豊前中津藩家老。1608没。

堀田正盛　ほったまさもり　1608生。江戸時代前期の大名。1651没。

北村季吟　きたむらきぎん　1624生。江戸時代前期, 中期の俳人, 歌人, 和学者, 幕府歌学方。1705没。

徳川光貞　とくがわみつさだ　1626生。江戸時代前期, 中期の大名。1705没。

ロットマイア・フォン・ローゼンブルン, ヨハン・ミヒャエル　1654生。オーストリアの画家。1730没。

ゼーノ, アポストロ　1668生。イタリアの詩人, 評論家。1750没。

五条経子　ごじょうつねこ　1674生。江戸時代中期の女性。?没。

加藤枝直　かとうえなお　1692生。江戸時代中期の歌人。1785没。

アルガロッティ, フランチェスコ　1712生。イタリアの思想家, 小説家。1764没。

ツェルター, カール・フリードリヒ　1758生。ドイツの音楽教師, 作曲家。1832没。

沼田みね　ぬまのみね　1771生。江戸時代後期の女性。歌人。1828没。

錫姫　すずひめ　1781生。江戸時代後期の女性。備後福山藩主阿部正精の正室。1843没。

ブルースター, サー・デイヴィド　1781生。イギリスの物理学者。1868没。

シェンケンドルフ, マックス・フォン　1783生。ドイツの愛国詩人。1817没。

グラッベ, クリスティアン・ディートリヒ　1801生。ドイツの劇作家。1836没。

ベルリオーズ, エクトール・ルイ　1803生。フランス・ロマン主義の作曲家。1869没。

ミュッセ, アルフレッド・ド　1810生。フランスの詩人, 劇作家。1857没。

ウォディントン, ウィリアム・ヘンリ　1826生。フランスの考古学者, 政治家。1894没。

殿村平右衛門(8代目)　とのむらへいえもん　1833生。江戸時代後期, 末期, 明治時代の商人。1874没。

シュテッカー, アードルフ　1835生。ドイツのプロテスタント神学者。1909没。

ライマン　1835生。アメリカの地質学者。1920没。

ラテナウ　1838生。ドイツ(ユダヤ系)の電気技術者, 工業家。1915没。

コッホ, ハインリヒ・ヘルマン・ロベルト　1843生。ドイツの医師。1910没。

ケイ, エレン　1849生。スウェーデンの女流小説家, 思想家。1926没。

クロス, チャールズ・フレデリック　1855生。イギリスの有機化学者。1935没。

関谷清景　せきやきよかげ　1855生。明治時代の地震学者。帝国大学理科大学教授。1896没。

プレハーノフ, ゲオールギー・ワレンチノヴィチ　1856生。ロシアの革命家, 思想家。1918没。

ベヴァン, エドワード・ジョン　1856生。イギリスの工業化学者。1921没。

キャノン, アニー・ジャンプ　1863生。アメリカの女流天文学者。1941没。

ルブラン, モーリス　1864生。フランスの探偵作家。1941没。

大倉和親　おおくらかずちか　1875生。大正時代, 昭和時代の実業家。日本陶器社長。1955没。

瀬沼夏葉　せぬまかよう　1875生。明治時代, 大正時代の翻訳家。1915没。

近藤平三郎　こんどうへいざぶろう　1877生。明治時代–昭和時代の薬学者。乙卯研究所所長, 東京帝国大学教授。1963没。

実川延若(2代目) じつかわえんじゃく 1877生。明治時代-昭和時代の歌舞伎役者。1951没。

松本長 まつもとながし 1877生。明治時代-昭和時代の能役者。1935没。

バーラティ, スブラマンヤ 1882生。インドのタミル語の詩人。1921没。

ボルン, マックス 1882生。ドイツの理論物理学者。1970没。

ラ・ガーディア, フィオレロ・H 1882生。アメリカの政治家, 弁護士。1947没。

大塚惟精 おおつかいせい 1884生。大正時代, 昭和時代の内務官僚。広島県知事。1945没。

ガルデル, カルロス 1887生。アルゼンチンタンゴの歌手。1935没。

原邦道 はらくにみち 1890生。昭和時代の官僚, 実業家。日本長期信用銀行頭取。1976没。

佐々木弥市 ささきやいち 1892生。昭和時代の実業家。日本石油社長。1958没。

東海林太郎 しょうじたろう 1898生。昭和時代の歌手。日本歌手協会会長。1972没。

フェリーン, ニルス 1898生。スウェーデンの詩人。1961没。

山内健二 やまのうちけんじ 1899生。大正時代, 昭和時代の実業家。山之内製薬創業者, 日本製薬団体連合会理事。1969没。

青木市五郎 あおきいちごろう 1900生。昭和時代の農民, 社会運動家。砂川基地拡張反対同盟第一行動隊長。1985没。

笠信太郎 りゅうしんたろう 1900生。昭和時代のジャーナリスト。朝日新聞論説主幹。1967没。

クロイツベルク 1902生。ドイツの舞踊家。1968没。

永末ミツヱ ながすえみつゑ 1904生。昭和時代の教育者。1984没。

フィンク 1905生。ドイツの哲学者。1975没。

深沢晟雄 ふかざわまさお 1905生。昭和時代の地方自治体首長。沢内村(岩手県)村長。1965没。

湯浅年子 ゆあさとしこ 1909生。昭和時代の原子物理学者。1980没。

ブン・ウム・ナ・チャンパサク 1911生。ラオスの政治家。1980没。

マフフーズ, ナギーブ 1911生。エジプトの作家。2006没。

園田直 そのだすなお 1913生。昭和時代の政治家。衆議院議員(自民党), 衆議院副議長。1984没。

奈良本辰也 ならもとたつや 1913生。昭和時代, 平成時代の日本史学者。朝田教育財団理事長, 立命館大学教授。2001没。

マレー, ジャン 1913生。フランスの舞台, 映画俳優。1998没。

杵屋五三郎(3代目) きねやごさぶろう 1918生。昭和時代, 平成時代の長唄三味線方。

ソルジェニーツィン, アレクサンドル 1918生。ロシアの作家。

プラド, ペレス 1922生。キューバの楽団指揮者, 作曲家, ピアニスト。1983没。

エリクセン, スタイン 1927生。ノルウェーの元・スキー選手。

マクミラン, サー・ケネス 1929生。イギリスの舞踊家, 振付師。1992没。

モレノ, リタ 1931生。アメリカの女優, 歌手, ダンサー。

山本富士子 やまもとふじこ 1931生。昭和時代, 平成時代の女優。

山田道美 やまだみちよし 1933生。昭和時代の将棋棋士。1970没。

東敦子 あずまあつこ 1936生。昭和時代, 平成時代の声楽家。東京音楽大学教授。1999没。

山崎拓 やまさきたく 1936生。昭和時代, 平成時代の政治家。

加賀まりこ かがまりこ 1943生。昭和時代, 平成時代の女優。

谷村新司 たにむらしんじ 1948生。昭和時代, 平成時代のシンガーソングライター。

サモ・ハン・キンポー 1949生。香港の俳優, 映画監督・製作者。

原由子 はらゆうこ 1956生。昭和時代, 平成時代のミュージシャン。

宮崎美子 みやざきよしこ 1958生。昭和時代, 平成時代の女優。

ライ, レオン 1966生。香港の俳優, 歌手。

保阪尚希 ほさかなおき 1967生。昭和時代, 平成時代の俳優。

林家いっ平 はやしやいっぺい 1970生。平成時代の落語家, タレント。

黒谷友香 くろたにともか 1975生。平成時代の女優。

サビオラ, ハビエル 1981生。アルゼンチンのサッカー選手。

YOH よう 1983生。平成時代のミュージシャン。

12月11日

12月12日

○記念日○　バッテリーの日
　　　　　　漢字の日
○忌　日○　関山忌

北条貞時　ほうじょうさだとき　1271生。鎌倉時代後期の鎌倉幕府第9代の執権。1311没。
後円融天皇　ごえんゆうてんのう　1358生。南北朝時代の北朝第5代の天皇。1393没。
アン（デンマークの）　1574生。スコットランド王ジェームズ6世の妃、チャールズ1世の母。1619没。
中山元親　なかやまもとちか　1593生。江戸時代前期の公家。1639没。
公海　こうかい　1607生。江戸時代前期の天台宗の僧。1695没。
ルートベック，ウーロヴ　1630生。スウェーデンの医学者，植物学者。1702没。
加藤謙斎　かとうけんさい　1669生。江戸時代中期の医師。1724没。
道尊法親王　どうそんほうしんのう　1676生。江戸時代中期の後西天皇の第9皇子。1705没。
日相　にっそう　1688生。江戸時代中期の僧。1756没。
フッド（ウィトリーの），サミュエル・フッド，初代子爵　1724生。イギリスの軍人。1816没。
ヴェッリ，ピエートロ　1728生。イタリアの経済学者，文学者。1797没。
ダーウィン，エラズマス　1731生。イギリスの医師，博物学者，詩人。1802没。
ジェイ，ジョン　1745生。アメリカの政治家，外交官，裁判官。1829没。
ティラデンテス　1748生。ブラジルの独立運動の先駆者。1792没。
カラムジン，ニコライ・ミハイロヴィチ　1766生。ロシアの作家，歴史家，ジャーナリスト。1826没。
ヘンリー，ウィリアム　1775生。イギリスの化学者。1836没。
アレクサンドル1世　1777生。ロシア皇帝（在位1801～25）。1825没。
ホジスキン　1787生。イギリスの社会思想家，評論家。1869没。
マリー・ルイーズ　1791生。フランス皇帝ナポレオン1世の第2皇后。1847没。

イプシランディス　1792生。ギリシア独立戦争の指導者。1828没。
ブリュローフ，カルル・パヴロヴィチ　1799生。ロシアの画家。1852没。
ヨハン　1801生。ザクセン王（在位1854～73）。1873没。
ギャリソン，ウィリアム・ロイド　1805生。アメリカの奴隷制廃止論者。1879没。
フロベール，ギュスターヴ　1821生。フランスの小説家。1880没。
水郡善之祐　にごりぜんのすけ　1826生。江戸時代末期の庄屋。1864没。
グリーン　1837生。イギリスの歴史家。1883没。
コーン　1840生。ドイツの経済学者。1918没。
トリー，ハーバート・ビアボウム　1853生。イギリスの俳優，劇場支配人。1917没。
坪井九馬三　つぼいくめぞう　1858生。明治時代，大正時代の歴史学者。東京帝国大学教授。1936没。
シューベルト，ハンス・フォン　1859生。ドイツの神学者。1931没。
カスプロヴィッチ，ヤン　1860生。ポーランドの象徴主義詩人。1926没。
ムンク，エドヴァルト　1863生。ノルウェーの画家，版画家。1944没。
モア，ポール・エルマー　1864生。アメリカの批評家，古典学者。1937没。
ヴェルナー，アルフレート　1866生。アルザス地方生まれの化学者。1919没。
勝本勘三郎　かつもとかんざぶろう　1866生。明治時代，大正時代の刑法学者，弁護士。京都帝国大学教授。1923没。
ロス　1866生。アメリカの社会学者。1951没。
白川義則　しらかわよしのり　1869生。明治時代－昭和時代の陸軍軍人。陸軍大将，男爵。1932没。
斎藤七五郎　さいとうしちごろう　1870生。明治時代，大正時代の海軍軍人。中将，軍令部次長。1926没。

718

アレヴィ, ダニエル 1872生。フランスの歴史家, 随筆家。1962没。

別所梅之助 べっしょうめのすけ 1872生。明治時代–昭和時代の牧師, 文筆家。青山学院教授。1945没。

ルントシュテット, ゲルト・フォン 1875生。ドイツの軍人。1953没。

ザーポトツキー, アントニーン 1884生。チェコスロヴァキア大統領。1957没。

朱徳 しゅとく 1886生。中国の軍事指導者。1976没。

ジョーンズ, ロバート・エドモンド 1887生。アメリカの舞台装置家, 演出家。1954没。

江馬修 えまなかし 1889生。大正時代, 昭和時代の小説家。1975没。

井野碩哉 いのひろや 1891生。大正時代, 昭和時代の官僚, 政治家。参議院議員, 法相。1980没。

千葉省三 ちばしょうぞう 1892生。大正時代, 昭和時代の児童文学者。1975没。

西村貞 にしむらてい 1893生。昭和時代の美術史家。1961没。

ロビンソン, エドワード・G 1893生。ルーマニア生まれのアメリカの映画俳優。1973没。

リーガル万吉 りーがるまんきち 1894生。昭和時代の漫才師。1967没。

黒島伝治 くろしまでんじ 1898生。昭和時代の小説家。1943没。

浅野順一 あさのじゅんいち 1899生。昭和時代の牧師, 神学者。日本基督教団砧教会・同新泉教会牧師, 青山学院大学教授。1981没。

尾形亀之助 おがたかめのすけ 1900生。昭和時代の詩人, 画家。仙台市役所書記補。1942没。

木村伊兵衛 きむらいへえ 1901生。昭和時代の写真家。日本写真家協会会長, 日中文化交流協会常任理事。1974没。

小津安二郎 おづやすじろう 1903生。昭和時代の映画監督。1963没。

ダーリントン, シリル・ディーン 1903生。イギリスの植物学者。1981没。

アーナンド, M.R. 1905生。インドの小説家。2004没。

佐藤正彰 さとうまさあき 1905生。昭和時代のフランス文学者。明治大学教授。1975没。

三井為友 みついためとも 1911生。昭和時代, 平成時代の教育学者。東京都立大学教授。1998没。

アームストロング, ヘンリー 1912生。アメリカのプロボクサー。1988没。

石田博英 いしだひろひで 1914生。昭和時代の政治家。衆議院議員, 労働大臣。1993没。

シナトラ, フランク 1915生。アメリカの歌手, 俳優。1998没。

津村謙 つむらけん 1923生。昭和時代の歌手。1961没。

望月太左衛門(10代目) もちづきたざえもん 1923生。昭和時代の歌舞伎囃子方。1987没。

都一いき みやこいちいき 1926生。昭和時代, 平成時代の浄瑠璃太夫。1997没。

オズボーン, ジョン 1929生。イギリスの劇作家。1994没。

小林信彦 こばやしのぶひこ 1932生。昭和時代, 平成時代の作家。

デ・ラ・マドリ, ミゲル 1934生。メキシコの政治家。

アブリル, プロスペル 1937生。ハイチの政治家, 軍人。

ラバロマナナ, マルク 1949生。マダガスカルの政治家, 実業家。

西村雅彦 にしむらまさひこ 1960生。昭和時代, 平成時代の俳優。

オースティン, トレーシー 1962生。アメリカのテニス選手。

グレイシー, ホイス 1966生。アメリカの柔術家, 総合格闘家。

藤森夕子 ふじもりゆうこ 1968生。昭和時代, 平成時代のタレント。

コネリー, ジェニファー 1970生。アメリカの女優。

立花美哉 たちばなみや 1974生。平成時代の元・シンクロナイズドスイミング選手。

瀬戸朝香 せとあさか 1976生。平成時代の女優。

加藤あい かとうあい 1982生。平成時代の女優。

貫地谷しほり かんじやしほり 1985生。平成時代の女優。

12月12日

12月13日

○記念日○　ビタミンの日
　　　　　　双子の日

- 代宗（唐）　だいそう　726生。中国, 唐朝の第8代皇帝（在位762〜779）。779没。
- シクストゥス5世　1521生。教皇（在位1585〜90）。1590没。
- エーリック14世　1533生。スウェーデン王（在位1560〜68）。1577没。
- シュリー, マクシミリアン・ド・ベテューン, 公爵　1559生。フランスの政治家。1641没。
- ドラモンド（ホーソーンデンの）, ウィリアム　1585生。スコットランドの詩人。1649没。
- 相良頼寛　さがらよりひろ　1600生。江戸時代前期の大名。1667没。
- ヴランゲル　1613生。スウェーデンの提督, 元帥。1676没。
- 二条光平　にじょうみつひら　1624生。江戸時代前期の公家。1683没。
- ルサージュ, アラン・ルネ　1668生。フランスの小説家, 劇作家。1747没。
- ゴッヅィ, カルロ　1720生。イタリアの劇作家。1806没。
- ハミルトン, サー・ウィリアム　1730生。イギリスの外交官, 考古学者。1803没。
- ロマニョージ　1761生。イタリアの哲学者。1835没。
- バラー, マドレーヌ・ソフィー　1779生。フランスの聖女。1865没。
- ネッセリローデ, カルル・ヴァシリエヴィチ, 伯爵　1780生。ロシアの外交官, 政治家, 伯爵。1862没。
- 狩野邦信　かのうくにのぶ　1788生。江戸時代後期の画家, 狩野宗家の第14世。1840没。
- ペリュー　1789生。イギリスの海軍人。1861没。
- フィエスキ, ジュゼッペ・マリア　1790生。イタリアの無政府主義者。1836没。
- ハイネ, ハインリヒ　1797生。ドイツの詩人。1856没。
- ラモント, ヨハン・フォン　1805生。ドイツ（スコットランド生まれ）の天文学者, 地磁気学者。1879没。
- スタンリ, アーサー・ペンリン　1815生。イギリスの聖職者, 初代教会史の研究家。1881没。
- ジーメンス, エルンスト・ヴェルナー・フォン　1816生。ドイツの電気技術者, 電信事業経営者。1892没。
- レーンバッハ, フランツ・フォン　1836生。ドイツの画家。1904没。
- ローウェル, アボット・ローレンス　1856生。アメリカの政治学者, 教育家。1943没。
- ギトリー, リュシアン・ジェルマン　1860生。フランスの俳優。1925没。
- ガニベー, アンヘル　1865生。スペインの小説家, 随筆家。1898没。
- 田山花袋　たやまかたい　1871生。明治時代-昭和時代の小説家, 詩人。1930没。
- 田山花袋　たやまかたい　1872生。明治時代, 大正時代の小説家, 詩人。1930没。
- ブリューソフ, ワレーリー・ヤーコヴレヴィチ　1873生。ロシアの詩人, 評論家。1924没。
- 大谷竹次郎　おおたにたけじろう　1877生。明治時代-昭和時代の実業家, 演劇興行主。松竹社長。1969没。
- 白井松次郎　しらいまつじろう　1877生。明治時代-昭和時代の実業家, 演劇興行主。松竹創立者。1951没。
- シュトリッヒ　1882生。ドイツの文学史家。1963没。
- ランデ　1888生。ドイツの物理学者。1975没。
- コネリー, マーク　1890生。アメリカの劇作家。1980没。
- 高垣松雄　たかがきまつお　1890生。大正時代, 昭和時代の英米文学者。1940没。
- 高勢実乗　たかせみのる　1890生。大正時代, 昭和時代の映画俳優。1947没。
- 大村能章　おおむらのうしょう　1893生。大正時代, 昭和時代の作曲家。1962没。
- 伊藤武雄　いとうたけお　1894生。昭和時代の実業家。大阪商船社長。1966没。
- プリスニエ, シャルル　1896生。ベルギーの詩人, 小説家。1952没。

グーテンベルク　1897生。ドイツの経営経済学者。1984没。

堀越禎三　ほりこしていぞう　1898生。昭和時代の実業家。日本ウジミナス社長、東京ケーブルビジョン会長。1987没。

鈴木忠五　すずきちゅうご　1901生。昭和時代の弁護士。1993没。

妻木松吉　つまきまつきち　1901生。明治時代–昭和時代の説教強盗。1989没。

阪東妻三郎　ばんどうつまさぶろう　1901生。大正時代, 昭和時代の俳優。1953没。

河原崎長十郎（2代目）　かわらさきちょうじゅうろう　1902生。大正時代, 昭和時代の歌舞伎役者。1981没。

ジョーシー, イラーチャンドル　1902生。インド, ヒンディー語の小説家・編集者。1982没。

パーソンズ, タルコット　1902生。アメリカの社会学者。1979没。

屋良朝苗　やらちょうびょう　1902生。昭和時代の教育者, 政治家。沖縄県知事。1997没。

モントヤ, カルロス　1903生。スペインのギター奏者。1993没。

クートー, リュシアン　1904生。フランスのシュールレアリスムの代表的画家。1977没。

島田正吾　しまだしょうご　1905生。昭和時代, 平成時代の俳優。2004没。

ヴァン・デル・ポスト, ロレンス・ヤン　1906生。南アフリカ出身のイギリスの小説家。1996没。

溝口歌子　みぞぐちうたこ　1907生。昭和時代の科学情報処理技術者。国際医学情報センター顧問。1980没。

丸山博　まるやまひろし　1909生。昭和時代の衛生学者。大阪大学教授。1996没。

入矢義高　いりやよしたか　1910生。昭和時代, 平成時代の中国文学者。禅文化研究所教授, 京都大学教授。1998没。

クールソン, チャールズ・アルフレッド　1910生。イギリスの物理化学者。1974没。

藤原長作　ふじわらちょうさく　1912生。昭和時代, 平成時代の稲作指導家。1998没。

フォルスター, ジョン　1915生。南アフリカ共和国の法律家, 政治家。1983没。

清家清　せいけきよし　1918生。昭和時代, 平成時代の建築家。2005没。

カイソン・ポムヴィハン　1920生。ラオスの政治家。1992没。

シュルツ, ジョージ　1920生。アメリカの経済学者, 政治家。

アンダーソン, フィリップ・ウォーレン　1923生。アメリカの物理学者。1988没。

安川茂雄　やすかわしげお　1925生。昭和時代の登山家, 作家。四季書館社長。1977没。

城達也　じょうたつや　1931生。昭和時代, 平成時代の声優, 俳優。1995没。

仲代達矢　なかだいたつや　1932生。昭和時代, 平成時代の俳優, 演出家。

ローカル岡　ろーかるおか　1943生。昭和時代, 平成時代の漫談家。2006没。

山上龍彦　やまがみたつひこ　1947生。昭和時代, 平成時代の小説家, 漫画家。

浅田次郎　あさだじろう　1951生。昭和時代, 平成時代の小説家。

ミッキー吉野　みっきーよしの　1951生。昭和時代, 平成時代のミュージシャン。

井筒和幸　いずつかずゆき　1952生。昭和時代, 平成時代の映画監督。

ブシェミ, スティーブ　1957生。アメリカの俳優, 映画監督。

樋口可南子　ひぐちかなこ　1958生。昭和時代, 平成時代の女優。

hide　ひで　1964生。昭和時代, 平成時代のミュージシャン。1998没。

織田裕二　おだゆうじ　1967生。昭和時代, 平成時代の俳優。

フォックス, ジェイミー　1967生。アメリカの俳優。

妻夫木聡　つまぶきさとし　1980生。平成時代の俳優。

瑛太　えいた　1982生。平成時代の俳優。

横峯さくら　よこみねさくら　1985生。平成時代のプロゴルファー。

登場人物

青島俊作　あおしましゅんさく　1967生。TVドラマ『踊る大捜査線』の主人公。

12月13日

12月14日

○記念日○　四十七士討ち入りの日
　　　　　南極の日

ヨハネス8世　872生。教皇（在位872～82）。882没。

ジェルソン, ジャン　1363生。フランスの神学者。1429没。

理延女王　りえんじょうおう　1424生。室町時代の女性。?没。

ノストラダムス　1503生。フランスの占星家, 医者。1566没。

ティコ・ブラーヘ　1546生。デンマークの天文学者。1601没。

アンリ4世　1553生。フランス国王（在位1589～1610）。1610没。

カリクストゥス（カリクスト）, ゲオルク　1586生。ドイツのルター派神学者。1656没。

喜佐姫　きさひめ　1597生。江戸時代前期の女性。越前国北庄城主結城秀康の娘。1655没。

松平忠昌　まつだいらただまさ　1597生。江戸時代前期の大名。1645没。

エルベロ・ド・モランヴィユ　1625生。フランスの東洋学者。1695没。

林鳳岡　はやしほうこう　1644生。江戸時代前期, 中期の儒学者。1732没。

楢林鎮山　ならばやしちんざん　1648生。江戸時代前期, 中期のオランダ通詞, 紅毛流外科医。1711没。

メーザー, ユストゥス　1720生。ドイツの評論家, 歴史家。1794没。

石川雅望　いしかわまさもち　1753生。江戸時代中期, 後期の国学者, 狂歌師, 読本作者。1830没。

コクラン　1775生。イギリスの海軍大将。1860没。

ハイベア, ヨハン・ルドヴィ　1791生。デンマークの評論家, 劇作家。1860没。

長谷川宗右衛門　はせがわそうえもん　1803生。江戸時代末期, 明治時代の讃岐高松藩士。1870没。

カニング　1812生。イギリスの政治家。1862没。

ピュヴィス・ド・シャヴァンヌ, ピエール　1824生。フランスの画家。1898没。

マルティネス・デ・カンポス　1831生。スペインの政治家, 軍人。1900没。

ホイットマン　1842生。アメリカの動物学者。1910没。

ズラトヴラツキー, ニコライ・ニコラエヴィチ　1845生。ロシアのナロードニキ作家。1911没。

デ・レオン, ダニエル　1852生。アメリカの社会主義者, 労働運動家。1914没。

小金井良精　こがねいよしきよ　1859生。明治時代–昭和時代の解剖学者, 人類学者。帝国大学医科大学教授。1944没。

坂東蓑助（5代目）　ばんどうみのすけ　1860生。明治時代の歌舞伎役者。1910没。

横井時冬　よこいときふゆ　1860生。明治時代の歴史学者。1906没。

ザイダーン, ジュルジー　1861生。アラブ系の歴史家, ジャーナリスト。1914没。

林歌子　はやしうたこ　1865生。明治時代–昭和時代の社会事業家。1946没。

フライ, ロジャー　1866生。イギリスの画家, 美術評論家。1934没。

岡村司　おかむらつかさ　1867生。明治時代, 大正時代の民法学者。法学博士, 京都帝国大学法科大学教授。1922没。

竹本津太夫（3代目）　たけもとつだゆう　1870生。明治時代, 大正時代の義太夫節太夫。1941没。

レンナー, カール　1870生。オーストリアの政治家, 法社会学者。1950没。

ヨンゲン, ジョゼフ　1873生。ベルギーの作曲家。1953没。

秦逸三　はたいつぞう　1880生。昭和時代の実業家, 化学者。第二帝国人絹糸社長。1944没。

石丸藤太　いしまるとうだ　1881生。明治時代–昭和時代の海軍軍人, 軍事評論家。1942没。

植芝盛平　うえしばもりへい　1883生。明治時代–昭和時代の合気道家。1969没。

ウルマン　1884生。オーストリアの女流作家。1961没。

小松耕輔　こまつこうすけ　1884生。明治時代–昭和時代の作曲家，音楽教育家。お茶の水女子大学教授，東邦音楽短大教授。1966没。

東条操　とうじょうみさお　1884生。大正時代, 昭和時代の国語学者。広島高師教授, 学習院大教授。1966没。

ホール, シーグル　1890生。ノルウェーの作家。1960没。

エンゲリガールト　1894生。ソ連邦の生化学者。1984没。

エリュアール, ポール　1895生。フランスの詩人。1952没。

ジョージ6世　1895生。イギリス国王（在位1936〜52）。1952没。

ドゥーリトル, ジェイムズ・H　1896生。アメリカの飛行家で軍人。1993没。

シュシュニク, クルト・フォン　1897生。オーストリアの政治家。1977没。

スミス　1897生。アメリカの政治家。1995没。

倉本長治　くらもとちょうじ　1899生。昭和時代の商業評論家。「商業界」主幹。1982没。

シュナイダー, エーリヒ　1900生。ドイツの経済学者。1970没。

ダリエンソ, フアン　1900生。アルゼンチンのタンゴ楽団指揮者。1976没。

阪東妻三郎　ばんどうつまさぶろう　1901生。大正時代, 昭和時代の俳優。1953没。

猪熊弦一郎　いのくまげんいちろう　1902生。大正時代–平成時代の洋画家。1993没。

岩淵悦太郎　いわぶちえつたろう　1905生。昭和時代の国語学者。国立国語研究所所長。1978没。

八谷泰造　やたがいたいぞう　1906生。昭和時代の化学技術者, 経営者。日本触媒化学工業社長, 化学工学協会会長。1970没。

石井良助　いしいりょうすけ　1907生。昭和時代, 平成時代の法制史学者。東京大学教授, 新潟大学教授。1993没。

テータム, エドワード・ローリー　1909生。アメリカの生化学者。1975没。

塚本快示　つかもとかいじ　1912生。昭和時代, 平成時代の陶芸家。1990没。

中田ダイマル　なかだダイマル　1913生。昭和時代の漫才師。1982没。

河北倫明　かわきたみちあき　1914生。昭和時代, 平成時代の美術評論家。1995没。

戸板康二　といたやすじ　1915生。昭和時代, 平成時代の演劇評論家, 小説家。日本演劇協会常任理事, 「日本演劇」編集長。1993没。

甲田寿彦　こうだとしひこ　1917生。昭和時代の住民運動家。富士市公害対策市民協議会会長。1987没。

白井健三郎　しらいけんざぶろう　1917生。昭和時代, 平成時代の文芸評論家, フランス文学者。学習院大学教授。1998没。

ディトレウセン, トーヴェ　1918生。デンマークの女流詩人, 小説家。1976没。

サトクリフ, ローズマリー　1920生。イギリスの児童文学作家, 歴史小説家。1992没。

森正　もりただし　1921生。昭和時代の指揮者。桐朋学園大教授, NHK交響楽団正指揮者。1987没。

中西義雄　なかにしよしお　1922生。昭和時代の部落解放運動家。1984没。

バソフ, ニコライ・ゲンナジエヴィチ　1922生。ソ連の物理学者。2001没。

大木豊　おおきゆたか　1925生。昭和時代の演劇評論家。1976没。

西口彰　にしぐちあきら　1925生。昭和時代の死刑囚。佐木隆三の小説「復讐するは我にあり」のモデル。1970没。

浦山桐郎　うらやまきりお　1930生。昭和時代の映画監督。1985没。

前田陽一　まえだよういち　1934生。昭和時代, 平成時代の映画監督。1998没。

保阪正康　ほさかまさやす　1939生。昭和時代, 平成時代のノンフィクション作家, 評論家。

バーキン, ジェーン　1947生。フランスの女優, 歌手。

錦野旦　にしきのあきら　1948生。昭和時代, 平成時代のタレント。

世良公則　せらまさのり　1955生。昭和時代, 平成時代のミュージシャン, 俳優。

田中幸雄　たなかゆきお　1967生。平成時代のプロ野球選手。

Ryoji　リョウジ　1974生。平成時代のミュージシャン（ケツメイシ）。

オーエン, マイケル　1979生。イギリスのサッカー選手。

タタ・ヤン　1980生。アメリカの歌手。

12月14日

12月15日

○記念日○ 観光バス記念日
年賀郵便特別扱い開始

- ネロ, クラウディウス・カエサル・アウグストゥス・ゲルマニクス　37生。ローマ皇帝(在位54〜68)。68没。
- ウェルス, ルキウス　130生。ローマ皇帝(在位161〜169)。169没。
- 媞子内親王　ていしないしんのう　1001生。平安時代中期の女性。一条天皇の皇女。1008没。
- 千葉貞胤　ちばさだたね　1292生。鎌倉時代後期, 南北朝時代の武将, 千葉介, 下総守護, 胤宗の子。1351没。
- 一条経通　いちじょうつねみち　1317生。南北朝時代の公卿。1365没。
- 足利義澄　あしかがよしずみ　1480生。戦国時代の室町幕府第11代の将軍。1511没。
- 後陽成天皇　ごようぜいてんのう　1571生。安土桃山時代, 江戸時代前期の第107代の天皇。1617没。
- テニールス, ダヴィド　1610生。フランドルの画家。1690没。
- キンゴ, トーマス　1634生。デンマークの詩人。1703没。
- キング　1648生。イギリスの統計家, 系譜紋章学者。1712没。
- ドラランド, ミシェル・リシャール　1657生。フランスの作曲家。1726没。
- ラングハンス, カール・ゴットハート　1732生。ドイツの建築家。1808没。
- ロムニー, ジョージ　1734生。イギリスの肖像画家。1802没。
- ドヴリアン, ルートヴィッヒ　1784生。ドイツの俳優。1832没。
- ケアリー, H.C.　1793生。アメリカの経済学者, 社会学者。1879没。
- ボヤイ・ヤーノシュ　1802生。ハンガリーの数学者。1860没。
- 佐久間續　さくまつづき　1820生。江戸時代, 明治時代の数学者, 数学教育家。1896没。
- エッフェル, アレクサンドル-ギュスターヴ　1832生。フランスの建築家。1923没。
- ヤング　1834生。アメリカの天文学者。1908没。
- 河瀬秀治　かわせひではる　1840生。明治時代の官吏, 実業家。武蔵知事, 横浜同神社長。1928没。
- ベックレル, アントワーヌ・アンリ　1852生。フランスの物理学者。1908没。
- 鶴原定吉　つるはらさだきち　1857生。明治時代の政治家。衆議院議員, 大阪市長。1914没。
- ザメンホフ, ラザルス・ルードヴィク　1859生。ポーランドの眼科医。1917没。
- フィンセン, ニルス・リュベア　1860生。デンマークの医師。1904没。
- 関野貞　せきのただし　1868生。明治時代-昭和時代の建築・美術史家。東京大学教授。1935没。
- 上司小剣　かみつかさしょうけん　1874生。明治時代-昭和時代の小説家。読売新聞編集局長。1947没。
- ピルケ　1874生。オーストリアの小児科医。1929没。
- 吉住小三郎(4代目)　よしずみこさぶろう　1876生。明治時代-昭和時代の長唄唄方。1972没。
- カロッサ, ハンス　1878生。ドイツの詩人, 小説家。1956没。
- 豊竹山城少掾　とよたけやましろのしょうじょう　1878生。明治時代-昭和時代の義太夫節太夫(文楽)。1967没。
- ラバン, ルドルフ・フォン　1879生。オーストリア=ハンガリー生まれの舞踊理論家。1958没。
- マスペロ　1883生。フランスの中国学者。1945没。
- 山中峯太郎　やまなかみねたろう　1885生。昭和時代の小説家, 児童文学作家。1966没。
- 式守伊之助(19代目)　しきもりいのすけ　1886生。明治時代-昭和時代の相撲行司。1966没。
- アンダーソン, マックスウェル　1888生。アメリカの劇作家, 詩人。1959没。

常磐津文字兵衛(3代目) ときわづもじべえ 1888生。明治時代–昭和時代の浄瑠璃三味線方。1960没。

尾山篤二郎 おやまとくじろう 1889生。大正時代, 昭和時代の歌人, 国文学者, 書家。1963没。

牧野虎雄 まきのとらお 1890生。大正時代, 昭和時代の洋画家。1946没。

武藤章 むとうあきら 1892生。昭和時代の陸軍軍人。中将。1948没。

成田為三 なりたためぞう 1893生。大正時代, 昭和時代の作曲家。1945没。

三輪寿壮 みわじゅそう 1894生。大正時代, 昭和時代の政治家, 弁護士。衆院議員, 日本労農党書記長。1956没。

松原与三松 まつばらよそまつ 1895生。昭和時代の経営者。日立造船社長, 関西経営者協会長。1975没。

クレッシー 1896生。アメリカの地理学者。1963没。

嘉村礒多 かむらいそた 1897生。昭和時代の小説家。1933没。

ボルケナウ 1900生。ドイツの社会思想学者。1957没。

萩原吉太郎 はぎわらきちたろう 1902生。昭和時代の実業家。北海道炭砿汽船(北炭)社長, 札幌テレビ社長。2001没。

片岡仁左衛門(13代目) かたおかにざえもん 1903生。大正時代–平成時代の歌舞伎役者。1994没。

春風亭柳枝(8代目) しゅんぷうていりゅうし 1905生。大正時代, 昭和時代の落語家。1959没。

山室静 やまむろしずか 1906生。昭和時代, 平成時代の文芸評論家。日本女子大学教授。2000没。

クロスマン, リチャード 1907生。イギリスの政治家。1974没。

石井英子 いしいひでこ 1910生。昭和時代, 平成時代の寄席経営者。1998没。

ハモンド, ジョン 1910生。アメリカのレコード・プロデューサー, ジャズ評論家。1987没。

シュヒター, ヴィルヘルム 1911生。西ドイツの指揮者。1974没。

滝田実 たきたみのる 1912生。昭和時代, 平成時代の労働運動家。ゼンセン同盟名誉会長, 同盟会長。2000没。

伊東正義 いとうまさよし 1913生。昭和時代, 平成時代の政治家。衆議院議員。1994没。

ウィルキンズ, モーリス・ヒュー・フレデリック 1916生。イギリスの生物物理学者。2004没。

いわさきちひろ いわさきちひろ 1918生。昭和時代の童画家, 絵本作家。1974没。

大下弘 おおしたひろし 1922生。昭和時代のプロ野球選手。1979没。

麻生良方 あそうよしかた 1923生。昭和時代の政治評論家, 政治家。衆議院議員。1995没。

谷川俊太郎 たにかわしゅんたろう 1931生。昭和時代, 平成時代の詩人。

辻村寿三郎 つじむらじゅさぶろう 1933生。昭和時代, 平成時代の人形師, 舞台衣装家, アートディレクター。

小野茂樹 おのしげき 1936生。昭和時代の歌人。1970没。

横澤彪 よこざわたけし 1937生。昭和時代, 平成時代のテレビプロデューサー。

細川俊之 ほそかわとしゆき 1940生。昭和時代, 平成時代の俳優。

カレーラス, ホセ 1946生。スペインのテノール歌手。

立松和平 たてまつわへい 1947生。昭和時代, 平成時代の小説家。

近藤等則 こんどうとしのり 1948生。昭和時代, 平成時代のジャズ・トランペット奏者。

コックス, アレックス 1954生。イギリスの映画監督。

篠井英介 ささいえいすけ 1958生。昭和時代, 平成時代の俳優。

志村幸美 しむらゆきみ 1958生。昭和時代, 平成時代の女優。1998没。

松尾スズキ まつおすずき 1962生。昭和時代, 平成時代の演出家, 劇作家, 俳優。

高橋克典 たかはしかつのり 1964生。昭和時代, 平成時代の俳優, ミュージシャン。

茂森あゆみ しげもりあゆみ 1971生。平成時代の女優, 歌手。

ボナリー, スルヤ 1973生。フランスの元・フィギュアスケート選手。

12月15日

12月16日

○記念日○ 紙の記念日
電話の日

陽成天皇　ようぜいてんのう　868生。平安時代前期の第57代の天皇。949没。

脩子内親王　しゅうしないしんのう　996生。平安時代中期の女性。一条天皇の第1皇女。1049没。

李奎報　りけいほう　1168生。朝鮮、高麗中期の政治家、学者。1241没。

ヨアンネス8世　1391生。東ローマ皇帝(在位1425～48)。1448没。

キャサリン　1485生。イギリス国王ヘンリー8世の最初の妃。1536没。

英邵女王　えいしょじょおう　1569生。安土桃山時代の女性。陽光院の第1王女。1580没。

セルデン、ジョン　1584生。イギリスの法学者、政治家、歴史家。1654没。

良尚入道親王　りょうしょうにゅうどうしんのう　1622生。江戸時代前期の天台宗の僧。1693没。

遊佐木斎　ゆさぼくさい　1658(閏12月)生。江戸時代前期、中期の陸奥仙台藩儒。1734没。

マヤー、ジョゼフ・アン　1669生。フランスのイエズス会士。1748没。

一条兼香　いちじょうかねか　1692生。江戸時代中期の公家。1751没。

ウィットフィールド、ジョージ　1714生。イギリスの説教者。1770没。

ブリュッハー、ゲープハルト・レベレヒト・フォン、ヴァールシュタット公爵　1742生。プロシアの軍人。1819没。

ベートーヴェン、ルートヴィヒ・ヴァン　1770生。ドイツの作曲家。1827没。

オースティン、ジェイン　1775生。イギリスの女流作家。1817没。

ボワエルデュー、フランソワ・アドリアン　1775生。フランスの作曲家。1834没。

リッター、ヨハン・ヴィムヘルム　1776生。ドイツの物理学者。1810没。

立原杏所　たちはらきょうしょ　1785生。江戸時代後期の南画家。1840没。

ミットフォード、メアリー・ラッセル　1787生。イギリスの女流文学者。1855没。

レオポルド1世　1790生。ベルギーの初代国王(在位1831～65)。1865没。

五十嵐篤好　いがらしあつよし　1793生。江戸時代末期の国学者、歌人。1861没。

マイツェン　1822生。ドイツ農制史の研究家、統計学者。1910没。

ティーレ、コルネーリス・ペトリュス　1830生。オランダのプロテスタント神学者、宗教学者。1902没。

ワルラス、マリー・エスプリ・レオン　1834生。フランスの経済学者。1910没。

出口なお　でぐちなお　1837生。明治時代、大正時代の宗教家。1918没。

押川方義　おしかわまさよし　1852生。明治時代のキリスト教伝道者、政治家。東北学院院長、衆議院議員。1928没。

三遊亭小円朝(2代目)　さんゆうていこえんちょう　1857生。明治時代、大正時代の落語家。1923没。

バーナード、エドワード・エマーソン　1857生。アメリカの天文学者。1923没。

福羽逸人　ふくばはやと　1857生。明治時代、大正時代の園芸学者。農学博士、子爵。1921没。

下瀬雅允　しもせまさちか　1860生。明治時代の化学技術者。海軍下瀬火薬製造所所長。1911没。

サンタヤナ、ジョージ　1863生。アメリカの哲学者、詩人、評論家。1952没。

岸本能武太　きしもとのぶた　1866生。明治時代、大正時代の宗教学者。早稲田大学教授。1928没。

尾崎紅葉　おざきこうよう　1868生。明治時代の小説家。1903没。

坂西利八郎　ばんざいりはちろう　1871生。明治時代-昭和時代の陸軍軍人。中国政府顧問、貴族院議員。1950没。

デニキン、アントン・イヴァノヴィチ　1872生。ロシアの陸軍軍人。1947没。

726

野村吉三郎　のむらきちさぶろう　1877生。明治時代-昭和時代の海軍軍人，外交官。大将，参議院議員（自民党）。1964没。

今村紫紅　いまむらしこう　1880生。明治時代，大正時代の日本画家。1916没。

菊竹淳　きくたけすなお　1880生。明治時代-昭和時代の新聞記者。福岡日日新聞副社長。1937没。

久布白落実　くぶしろおちみ　1882生。大正時代，昭和時代のキリスト教婦人運動家，牧師。日本基督教婦人矯風会会頭。1972没。

コダーイ・ゾルターン　1882生。ハンガリーの作曲家，音楽学者。1967没。

ランデール，マックス　1883生。フランスの喜劇映画俳優，監督。1925没。

北村西望　きたむらせいぼう　1884生。明治時代-昭和時代の彫刻家。日展会長，日本芸術院第一部長。1987没。

タートリン，ヴラディミル・エヴグラフォヴィチ　1885生。ロシアの彫刻家，建築家。1953没。

アレクサンダル1世　1888生。ユーゴスラヴィア王（1921～34）。1934没。

ジュアン，アルフォンス　1888生。フランスの軍人。1967没。

鈴木貞一　すずきていいち　1888生。大正時代，昭和時代の陸軍軍人。中将，企画院総裁。1989没。

藪田貞治郎　やぶたていじろう　1888生。大正時代，昭和時代の農芸化学者。東京大学教授，科研化学会長。1977没。

妹尾義郎　せのおぎろう　1889生。大正時代，昭和時代の仏教家，社会運動家。社会党平和推進国民会議事務局長。1961没。

久松潜一　ひさまつせんいち　1894生。大正時代，昭和時代の日本文学者。東京大学教授，慶應義塾大学教授。1076没。

カワード，ノーエル　1899生。イギリスの劇作家，俳優。1973没。

高浜年尾　たかはまとしお　1900生。大正時代，昭和時代の俳人。1979没。

プリチェット，V.S.　1900生。イギリスの小説家，批評家。1997没。

牛場友彦　うしばともひこ　1901生。昭和時代の実業家。近衛文麿首相秘書官。1993没。

ミード，マーガレット　1901生。アメリカの人類学者。1978没。

アルベルティ，ラファエル　1902生。スペインの詩人。1999没。

中能島欣一　なかのしまきんいち　1904生。昭和時代の箏曲家。山田流中能島派家元（4代目），山田流箏曲協会会長。1984没。

高木健夫　たかぎたけお　1905生。昭和時代のジャーナリスト。読売新聞社論説委員，日本朝鮮文化交流協会理事長。1981没。

葦原邦子　あしはらくにこ　1912生。昭和時代の女優，元・宝塚スター。1997没。

大井広介　おおいひろすけ　1912生。昭和時代の評論家。1976没。

市川翠扇　いちかわすいせん　1913生。昭和時代の新派女優。1978没。

クラーク，アーサー・C.　1917生。イギリスのSF作家，科学評論家，電子工学者。

ディック，フィリップ・K.　1928生。アメリカのSF作家。1982没。

佐野美津男　さのみつお　1932生。昭和時代の児童文学作家。相模女子大学短期大学部教授。1987没。

山本直純　やまもとなおずみ　1932生。昭和時代，平成時代の指揮者，作曲家。2002没。

沢井忠夫　さわいただお　1937生。昭和時代，平成時代の箏曲家，作曲家。沢井箏曲院院長，高崎芸術短期大学教授。1997没。

ベニー　1946生。スウェーデンのミュージシャン。

森田健作　もりたけんさく　1949生。昭和時代，平成時代の俳優。

山下真司　やましたしんじ　1951生。昭和時代，平成時代の俳優。

ぼんちおさむ　ぼんちおさむ　1952生。昭和時代，平成時代の漫才師，俳優，タレント。

松山千春　まつやまちはる　1955生。昭和時代，平成時代のシンガーソングライター。

ガダルカナル・タカ　1956生。昭和時代，平成時代のコメディアン。

辺見えみり　へんみえみり　1976生。平成時代のタレント。

吉田健一　よしだけんいち　1979生。平成時代の津軽三味線奏者。

橘慶太　たちばなけいた　1985生。平成時代の歌手。

12月16日

12月17日

○記念日○　飛行機の日

パラツェルズス, フィリプス・アウレオールス　1493生。スイスの錬金術士, 医師。1541没。

良純入道親王　りょうじゅんにゅうどうしんのう　1603生。江戸時代前期の後陽成天皇の第8皇子。1669没。

鍋島直能　なべしまなおよし　1622生。江戸時代前期の大名。1689没。

酒井田柿右衛門(3代目)　さかいだかきえもん　1623生。江戸時代前期の陶工。1672没。

浪化　ろうか　1671生。江戸時代中期の僧, 俳人。1703没。

中御門天皇　なかみかどてんのう　1701生。江戸時代中期の第114代の天皇。1737没。

シャトレ-ロモン, ガブリエル・エミリー・ル・トヌリエ・ド・ブルトイユ, 侯爵夫人　1706生。フランスの女流数学者, 物理学者, 哲学者。1749没。

マリア1世　1734生。ポルトガル女王(在位1777〜1816)。1816没。

チマローザ, ドメーニコ　1749生。イタリアの作曲家。1801没。

メーコン　1758生。アメリカの法律家, 政治家。1837没。

宗恭女王　そうきょうじょおう　1769生。江戸時代後期の女性。閑院宮典仁親王の第2王女。1821没。

ブルーセ　1772生。フランスの医師。1838没。

デイヴィー, サー・ハンフリー　1778生。イギリスの化学者。1829没。

プルキニエ, ヨハネス・エヴァンゲリスタ　1787生。チェコスロバキアの生理学, 組織学, 発生学の先覚者。1869没。

ハリバートン, T.C.　1796生。カナダの諷刺作家。1865没。

ヘンリー, ジョセフ　1797生。アメリカの物理学者。1878没。

山本晴海　やまもとはるみ　1804生。江戸時代末期の砲術家。1867没。

ホイッティア, ジョン　1807生。アメリカの詩人, 奴隷廃止論者。1892没。

中御門経之　なかみかどつねゆき　1820生。江戸時代, 明治時代の公卿, 侯爵。1891没。

カー, ジョン　1824生。イギリスの物理学者。1907没。

河野鉄兜　こうのてっとう　1825生。江戸時代末期の漢詩人。1867没。

大石円　おおいしまどか　1830生。江戸時代末期, 明治時代の志士。1916没。

ゴンクール, ジュール　1830生。フランスの作家。1870没。

グァルディア　1832生。コスタリカの軍人, 大統領(1870〜76)。1882没。

ヴィルト　1833生。スイスの気象学者。1902没。

アガシ, アレグザンダー　1835生。アメリカの海洋学者, 自然科学者。1910没。

ラヴィス, エルネスト　1842生。フランスの歴史家, 教育家。1922没。

リー, ソフス　1842生。ノルウェーの数学者。1899没。

ファゲ, エミール　1847生。フランスの評論家。1916没。

ショット　1851生。ドイツの化学者。1935没。

ゲルトナー　1852生。ドイツのインド学者, 東洋学者。1929没。

ルー, ポール・エミール　1853生。フランスの細菌学者。1933没。

出羽重遠　でわしげとお　1856生。明治時代-昭和時代の海軍軍人。大将, 男爵。1930没。

シュタイシェン, ミシェル　1857生。フランスの宣教師。1929没。

平岩愃保　ひらいわよしやす　1857生。明治時代, 大正時代のキリスト教指導者。日本メソジスト教会二代監督。1933没。

芳村伊十郎(6代目)　よしむらいじゅうろう　1859生。明治時代-昭和時代の長唄唄方。1935没。

ケネリー, アーサー・エドウィン　1861生。イギリス系アメリカの電気技師。1939没。

ジェニー, フランソワ　1861生。フランスの法学者。1959没。

田中国重　たなかくにしげ　1870生。明治時代－昭和時代の陸軍軍人。大将。1941没。

フォード，フォード・マドックス　1873生。イギリスの小説家，詩人。1939没。

キング，W.L.M.　1874生。カナダの政治家。1950没。

島木赤彦　しまきあかひこ　1876生。明治時代，大正時代の歌人。1926没。

野間清治　のませいじ　1878生。明治時代－昭和時代の出版人。1938没。

有馬頼寧　ありまよりやす　1884生。明治時代－昭和時代の政治家，伯爵。1957没。

ラダ，ヨゼフ　1887生。チェコスロバキアの画家・童話作家。1957没。

胡適　こてき　1892生。中国の学者，教育家。1962没。

ピスカートア，エルヴィン　1893生。ドイツの演出家。1966没。

クラマース　1894生。オランダの理論物理学者。1952没。

フィードラー，アーサー　1894生。アメリカの指揮者。1979没。

森山鋭一　もりやまえいいち　1894生。昭和時代の官僚。貴院議員(勅選)，法制局長官。1956没。

ヤーン，ハンス・ヘニー　1894生。ドイツの小説家，劇作家。1959没。

近藤光正　こんどうみつまさ　1897生。昭和時代の実業家。東亜石油会長。1967没。

ブロニェフスキ，ヴワディスワフ　1897生。ポーランドの詩人。1962没。

駒井健一郎　こまいけんいちろう　1900生。昭和時代の実業家。日立製作所社長。1986没。

勅使河原蒼風　てしがわらそうふう　1900生。昭和時代の華道家。日本いけばな芸術協会理事長。1979没。

コールドウェル，アースキン　1903生。アメリカの小説家。1987没。

横沢三郎　よこざわさぶろう　1904生。昭和時代，平成時代のプロ野球監督・審判員。1995没。

ヴェリッシモ，エリコ　1905生。ブラジルの小説家。1975没。

ハルムス，ダニール・イワノヴィチ　1905生。ソ連の詩人。1942没。

湯浅佑一　ゆあさゆういち　1906生。昭和時代，平成時代の経営者。ユアサコーポレーション社長，湯川記念財団理事長。1994没。

リビー，ウィラード・フランク　1908生。アメリカの化学者。1980没。

飯島喜美　いいじまきみ　1911生。昭和時代の社会運動家。1935没。

宮原将平　みやはらしょうへい　1914生。昭和時代の物理学者。北海道大学教授，日本物理学会会長。1983没。

松島寿三郎(5代目)　まつしまじゅさぶろう　1920生。昭和時代，平成時代の長唄三味線方。

おおば比呂司　おおばひろし　1921生。昭和時代の漫画家，デザイナー。1988没。

小鶴誠　こづるまこと　1922生。昭和時代，平成時代のプロ野球選手。2003没。

柳家小三治(10代目)　やなぎやこさんじ　1939生。昭和時代，平成時代の落語家。

ブハリ，ムハマド　1942生。ナイジェリアの政治家。

有藤通世　ありとうみちよ　1946生。昭和時代，平成時代の野球解説者，元・プロ野球選手・監督。

夏目雅子　なつめまさこ　1957生。昭和時代の女優。1985没。

假屋崎省吾　かりやざきしょうご　1958生。昭和時代，平成時代の華道家。

池山隆寛　いけやまたかひろ　1965生。昭和時代，平成時代のプロ野球コーチ(楽天)。

有森裕子　ありもりゆうこ　1966生。平成時代のマラソンランナー。

西村知美　にしむらともみ　1970生。昭和時代，平成時代のタレント。

牧瀬里穂　まきせりほ　1971生。平成時代の女優。

ラドクリフ，ポーラ　1973生。イギリスのマラソン選手。

ジョヴォヴィッチ，ミラ　1975生。アメリカの女優，モデル，歌手。

緒方龍一　おがたりゅういち　1985生。平成時代の歌手。

TARAKO　たらこ　声優。

登場人物

景浦安武　かげうらやすたけ　1946生。水島新司のマンガ『あぶさん』の主人公。

12月17日

12月18日

○記念日○　東京駅の日

中山孝親　なかやまたかちか　1512生。戦国時代，安土桃山時代の公卿。1578没。

永寿女王　えいじゅじょおう　1519生。戦国時代の女性。後奈良天皇の第2皇女。1535没。

覚恕　かくじょ　1521生。戦国時代，安土桃山時代の天台宗の僧。1574没。

デュ・カンジュ，シャルル　1610生。フランスの歴史家，辞書編纂者。1688没。

バックホイセン，ルドルフ　1631生。オランダの海洋画家，版画家。1708没。

フェルデ，ヴィレム・ファン・デ　1633生。オランダの画家。1707没。

紀海音　きのかいおん　1663生。江戸時代中期の浄瑠璃作者，俳人，狂歌師。1742没。

日潮　にっちょう　1674生。江戸時代中期の日蓮宗の僧。1748没。

山脇東洋　やまわきとうよう　1705生。江戸時代中期の医師。1762没。

ウェズリー，チャールズ　1707生。イギリスの宗教家，讃美歌作者。1788没。

エステルハージ，ニコラウス　1714生。オーストリアの将軍。1790没。

ゼムラー，ヨーハン・ザーロモ　1725生。ドイツのルター派神学者。1791没。

ティラボスキ，ジローラモ　1731生。イタリアの文学者。1794没。

デーベライナー，ヨハン・ヴォルフガング　1780生。ドイツの化学者，薬学者。1849没。

飯田忠彦　いいだただひこ　1798生。江戸時代末期の有栖川宮家士，史家。1860没。

山田亦介　やまだまたすけ　1808生。江戸時代末期の長州(萩)藩士。1864没。

ヘッカー，アイザック・トマス　1819生。アメリカのカトリック司祭。1888没。

ポロンスキー，ヤーコフ・ペトローヴィチ　1819生。ロシアの詩人。1898没。

リュードベリ，ヴィクトル　1828生。スウェーデンの小説家，詩人。1895没。

ロエスレル　1834生。ドイツの法学者，経済学者。1894没。

リボー　1839生。フランスの心理学者。1916没。

ヒル，デイヴィド　1840生。イギリスの宣教師。1896没。

井上毅　いのうえこわし　1844生。明治時代の官僚，政治家：子爵，文相。1895没。

ブレンターノ，ルーヨ　1844生。ドイツの経済学者。1931没。

坂東家橘　ばんどうかきつ　1847生。江戸時代，明治時代の歌舞伎役者。1893没。

市村羽左衛門(14代目)　いちむらうざえもん　1848生。江戸時代末期，明治時代の歌舞伎役者，歌舞伎座本。1893没。

トムソン，サー・ジョゼフ・ジョン　1856生。イギリスの物理学者。1940没。

トムソン，フランシス　1859生。イギリスの詩人。1907没。

釈宗演　しゃくそうえん　1860生。明治時代，大正時代の臨済宗僧侶。1919没。

マクダウェル，エドワード　1860生。アメリカの作曲家。1908没。

フェルディナント大公　1863生。オーストリアの大公。1914没。

村井弦斎　むらいげんさい　1863生。明治時代，大正時代の小説家，新聞記者。1927没。

湯浅一郎　ゆあさいちろう　1868生。明治時代，大正時代の洋画家。1931没。

志賀潔　しがきよし　1870生。明治時代-昭和時代の細菌学者。1957没。

戸川秋骨　とがわしゅうこつ　1870生。明治時代，大正時代の英文学者，随筆家，評論家。慶応義塾大学教授。1939没。

志賀潔　しがきよし　1871生。明治時代-昭和時代の細菌学者。慶応義塾大学教授，京城帝国大学総長。1957没。

クレー，パウル　1879生。スイスの画家。1940没。

金山平三　かなやまへいぞう　1883生。明治時代-昭和時代の洋画家。1964没。

ティーグ，ウォルター　1883生。アメリカの工業デザイナー。1960没。

レーミュ, ジュール　1883生。フランスの俳優。1946没。
カッブ, タイ　1886生。アメリカの大リーグ選手。1961没。
熊沢寛道　くまざわひろみち　1889生。昭和時代の自称「皇統継承者」。1966没。
アームストロング, エドウィン・H　1890生。アメリカの電気技師。1954没。
岩崎民平　いわさきたみへい　1892生。大正時代, 昭和時代の英語学者。東京外国語大学学長, 神奈川大学教授。1971没。
観世左近(24代目)　かんぜさこん　1895生。明治時代-昭和時代の能楽師。観世流シテ方。1939没。
住谷悦治　すみやえつじ　1895生。昭和時代の経済学者。京都新聞社論説部長, 同志社総長。1987没。
河野密　こうのみつ　1897生。大正時代, 昭和時代の政治家, 弁護士。日本社会党副委員長, 衆議院議員。1981没。
ヘンダーソン, フレッチャー　1898生。アメリカのジャズ・ピアニスト, 楽団指揮者。1952没。
兼子一　かねこはじめ　1906生。昭和時代の民事訴訟法学者, 弁護士。東京大学教授。1973没。
フライ, クリストファー　1907生。イギリスの劇作家。2005没。
檜山広　ひやまひろ　1909生。昭和時代の経営者。2000没。
高田三郎　たかたさぶろう　1913生。昭和時代, 平成時代の作曲家, 指揮者。国立音楽大学教授。2000没。
ブラント, ウィリー　1913生。ドイツ連邦共和国の政治家。1992没。
ベスター, アルフレッド　1913生。アメリカのSF作家。1987没。
松村達雄　まつむらたつお　1914生。昭和時代の俳優。2005没。
キニム・ポンセーナー　1915生。ラオスの政治家。1963没。
広末保　ひろすえたもつ　1919生。昭和時代, 平成時代の演劇評論家, 日本文学者。法政大学教授。1993没。
シュトライヒ, リータ　1920生。ドイツのソプラノ歌手。1987没。
山本七平　やまもとしちへい　1921生。昭和時代の出版経営者, 評論家。山本書店店主。1991没。
岩田久利　いわたひさとし　1925生。昭和時代, 平成時代のガラス工芸家。日展理事, 光風会理事, 岩田工芸硝子会長。1994没。
小田島雄志　おだしまゆうし　1930生。昭和時代, 平成時代の英文学者, 演劇評論家, 翻訳家。
ジプシー・ローズ　1934生。昭和時代のストリッパー。1967没。
リチャーズ, キース　1943生。イギリスのロック・ギタリスト。
沢野ひとし　さわのひとし　1944生。昭和時代, 平成時代のイラストレーター, 作家。
原寮　はらりょう　1946生。昭和時代, 平成時代の作家。
ビーコ, スティーブ　1946生。南アフリカの政治活動家。1977没。
スピルバーグ, スティーブン　1947生。アメリカの映画監督, 映画プロデューサー。
布施明　ふせあきら　1947生。昭和時代, 平成時代の歌手。
伍代夏子　ごだいなつこ　1961生。昭和時代, 平成時代の歌手。
ピット, ブラッド　1963生。アメリカの俳優。
江角マキコ　えすみまきこ　1966生。昭和時代, 平成時代の女優。
武田真治　たけだしんじ　1972生。平成時代の俳優, サックス奏者。
レイザーラモンHG　1975生。平成時代のコメディアン。
小雪　こゆき　1976生。平成時代の女優。
ホームズ, ケイティ　1978生。アメリカの女優。
アギレラ, クリスティーナ　1980生。アメリカの歌手。
絢香　あやか　1987生。平成時代のシンガーソングライター。
安藤美姫　あんどうみき　1987生。平成時代のフィギュアスケート選手。

12月18日

12月19日

○記念日○　日本初飛行の日

- 貞常親王　さだつねしんのう　1425生。室町時代の伏見宮当主。1474没。
- オジアンダー, アンドレーアス　1498生。ドイツのルター派神学者。1552没。
- グスタフ2世　1594生。スウェーデン王(在位1611〜32)。1632没。
- 宮川松堅　みやかわしょうけん　1632生。江戸時代中期の俳人。1726没。
- 識名盛命　しきなせいめい　1651生。江戸時代前期, 中期の琉球の政治家, 和文学者。1715没。
- クレランボー, ルイ-ニコラ　1676生。フランスのオルガン奏者, 作曲家。1749没。
- フェリペ5世　1683生。スペイン王(在位1700〜24, 24〜46)。1746没。
- クレッテンベルク, ズザンナ・カタリーナ・フォン　1723生。ドイツのヘルンフート派の婦人。1774没。
- 脇坂安親　わきざかやすちか　1738生。江戸時代中期, 後期の大名。1810没。
- シェーレ, カール・ヴィルヘルム　1742生。スウェーデンの化学者。1786没。
- 韶仁親王　つなひとしんのう　1784生。江戸時代中期, 後期の織仁親王の王子。1845没。
- パリー, サー・ウィリアム・エドワード　1790生。イギリスの海軍軍人, 北極探検家。1855没。
- 鬼島広蔭　きじまひろかげ　1793生。江戸時代, 明治時代の国学者。三崎春日社社司。1873没。
- ブレトン-デ-ロス-エレロス, マヌエル　1796生。スペインの劇作家, 詩人。1873没。
- デルサルト　1811生。フランスの教育者。1871没。
- アンドリューズ, トマス　1813生。アイルランドの化学者。1885没。
- スタントン, エドウィン(・マクマスターズ)　1814生。アメリカの法律家, 政治家。1869没。
- 室桜関　むろおうかん　1818生。江戸時代, 明治時代の磐城平藩儒者。1885没。
- 竹林坊光映　ちくりんぼうこうえい　1819生。江戸時代, 明治時代の僧侶。1895没。
- リヴァーモア, メアリ・アシュトン　1821生。アメリカの婦選論者, 改革者。1905没。
- 豊島泰盛　とよしまやすもり　1822生。江戸時代末期の有栖川宮家諸大夫。1863没。
- 石河正竜　いしかわせいりゅう　1825生。江戸時代, 明治時代の紡績技術者。奉任4等技師。1895没。
- オッペル　1831生。ドイツの地質学者, 古生物学者。1865没。
- 川上直本　かわかみなおもと　1832生。江戸時代, 明治時代の高田藩士。1889没。
- 保田久成　やすだひさなり　1836生。江戸時代, 明治時代の英文学者, 印刷業者。沼津兵学校掛川支寮教授, 秀英舎社長。1904没。
- 安部信発　あんべのぶおき　1846生。大名。1895没。
- フリック, ヘンリー(・クレイ)　1849生。アメリカの実業家。1919没。
- マイケルソン, アルバート・エイブラハム　1852生。ポーランド生まれのアメリカの物理学者。1931没。
- トローベル, ホレス　1858生。アメリカのジャーナリスト, 社会主義者。1919没。
- スヴェーヴォ, イータロ　1861生。イタリアの小説家。1928没。
- 押川則吉　おしかわのりきち　1863生。明治時代, 大正時代の官僚, 政治家。貴族院議員, 製鉄所長官。1918没。
- 新井石禅　あらいせきぜん　1865生。明治時代, 大正時代の曹洞宗僧侶。1927没。
- ヒルト　1865生。ドイツの言語学者。1936没。
- 八角三郎　やすみさぶろう　1880生。大正時代, 昭和時代の軍人, 政治家。衆院議員。1965没。
- フベルマン, ブロニスラフ　1882生。ポーランドのヴァイオリン演奏家。1947没。
- ゴッツァーノ, グイード・グスターヴォ　1883生。イタリアの詩人, 小説家。1916没。

ボナール, アベル　1883生。フランスの詩人, 評論家。1968没。
大橋八郎　おおはしはちろう　1885生。昭和時代の逓信官僚, 俳人。日本放送協会会長, 日本電電公社総裁。1968没。
ライナー・フリッツ　1888生。ハンガリーの指揮者。1963没。
井上成美　いのうえしげよし　1889生。明治時代-昭和時代の海軍軍人。海軍大将。1975没。
ローゼンベルク, アルトゥーア　1889生。ドイツの歴史家。1943没。
谷崎精二　たにざきせいじ　1890生。大正時代, 昭和時代の小説家, 英文学者。早稲田大学教授。1971没。
ナイ　1892生。アメリカの政治家。1971没。
三田了一　みたりょういち　1892生。昭和時代の宗教家。1983没。
デッサウ, パウル　1894生。ドイツの指揮者, 作曲家。1979没。
森田たま　もりたたま　1894生。大正時代, 昭和時代の随筆家。参院議員。1970没。
吉田五十八　よしだいそや　1894生。明治時代-昭和時代の建築家。1974没。
国場幸太郎　こくばこうたろう　1900生。昭和時代の実業家。国場組社長, 沖縄県商工会議所連合会長。1988没。
中西利雄　なかにしとしお　1900生。大正時代, 昭和時代の洋画家。1948没。
最上英子　もがみひでこ　1902生。昭和時代の政治家。衆院議員, 参院議員, 自民党婦人局長。1966没。
リチャードソン, ラルフ　1902生。イギリスの俳優。1983没。
スネル, ジョージ・デーヴィス　1903生。アメリカの遺伝学者。1996没。
ペルー　1903生。フランスの経済学者。1987没。
沙汀　さてい　1904生。中国の小説家。1992没。
シュルムベルジェ, ダニエル　1904生。フランスの考古学者。1972没。
ブレジネフ, レオニード　1906生。ソ連の政治家。1982没。
埴谷雄高　はにやゆたか　1909生。昭和時代, 平成時代の小説家, 評論家。1997没。
ジュネ, ジャン　1910生。フランスの劇作家, 詩人, 小説家。1986没。
レサーマ-リマ, ホセ　1910生。キューバの詩人, 小説家。1976没。

堀江正規　ほりえまさのり　1911生。昭和時代の経済学者。日本福祉大教授。1975没。
井上清　いのうえきよし　1913生。昭和時代, 平成時代の歴史家。京都大学教授。2001没。
ピアフ, エディット　1915生。フランスのシャンソン歌手。1963没。
楠本憲吉　くすもとけんきち　1922生。昭和時代の俳人。「野の会」主宰, 日本近代文学館常任理事。1988没。
ヘレラー, ヴァルター　1922生。ドイツの詩人, 評論家。2003没。
小島慶四郎　こじまけいしろう　1932生。昭和時代の俳優。松竹新喜劇で活躍。
柳沢真一　やなぎさわしんいち　1932生。昭和時代の俳優。
森万紀子　もりまきこ　1934生。昭和時代, 平成時代の小説家。1992没。
鈴々舎馬風　れいれいしゃばふう　1939生。昭和時代, 平成時代の落語家。落語協会会長。
平野次郎　ひらのじろう　1940生。昭和時代, 平成時代のジャーナリスト, ニュースキャスター。
岡庭昇　おかにわのぼる　1942生。昭和時代, 平成時代の文芸評論家, 詩人。
ミルティノビッチ, ミラン　1942生。セルビア・モンテネグロの政治家。
金原亭馬の助　きんげんていうまのすけ　1945生。昭和時代, 平成時代の落語家。
渡辺とく子　わたなべとくこ　1949生。昭和時代, 平成時代の女優。
岡本麗　おかもとれい　1951生。昭和時代, 平成時代の女優。
中村扇雀(3代目)　なかむらせんじゃく　1960生。昭和時代, 平成時代の歌舞伎役者。
石井敏弘　いしいとしひろ　1962生。昭和時代, 平成時代の推理作家。
トンバ, アルベルト　1966生。イタリアのスキー・アドバイザー, 元・スキー選手。
反町隆史　そりまちたかし　1973生。平成時代の俳優, 歌手。
藤崎奈々子　ふじさきななこ　1977生。平成時代のタレント。
佐藤江梨子　さとうえりこ　1981生。平成時代のタレント。

12月19日

12月20日

○記念日○ シーラカンスの日
　　　　　霧笛記念日
○忌　日○ 石鼎忌

細川政元　ほそかわまさもと　1466生。戦国時代の武将, 室町幕府管領。1507没。

別伝宗分　べつでんそうぶん　1598生。江戸時代前期の臨済宗の僧。1668没。

ゼッケンドルフ, ファイト・ルートヴィヒ・フォン　1626生。ドイツの政治家, 歴史, 経済学者。1692没。

土佐光成　とさみつなり　1646生。江戸時代前期, 中期の土佐派の画家。1710没。

チェヴァ, トマス　1648生。イタリアの数学者。1736没。

野呂元丈　のろげんじょう　1693生。江戸時代中期の医師, 本草学者, 蘭学者。1761没。

ヴェルジェンヌ　1717生。フランスの外交官, 政治家。1787没。

クロディオン　1738生。フランスの彫刻家。1814没。

竹中文輔　たけなかぶんぽ　1766生。江戸時代後期の医師。1836没。

山口行厚　やまぐちこうこう　1773生。江戸時代後期の書家。1838没。

関政方　せきまさみち　1786生。江戸時代後期の音韻学者。1861没。

芳野金陵　よしのきんりょう　1802生。江戸時代末期, 明治時代の駿河田中藩儒。1878没。

レッグ, ジェイムズ　1815生。イギリスの宣教師, 中国学者。1897没。

三浦権太夫　みうらごんだゆう　1838生。江戸時代末期の陸奥二本松藩士。1868没。

ビュイッソン　1841生。フランスの教育家。1932没。

タンヌリ, ポール　1843生。フランスの科学哲学史家, 数学史家。1904没。

エミネスク, ミハイ　1849生。ルーマニアの詩人。1889没。

ウィクセル, ヨハン・グスタフ・クニュート　1851生。スウェーデンの経済学者。1926没。

北里柴三郎　きたさとしばさぶろう　1852生。明治時代-昭和時代の細菌学者, 男爵。1931没。

北里柴三郎　きたざとしばさぶろう　1853生。明治時代-昭和時代の細菌学者。慶応義塾大学医学部長。1931没。

片山東熊　かたやまとうくま　1854生。明治時代, 大正時代の建築家。工学博士。1917没。

トーロップ, ヤン　1858生。オランダの画家。1928没。

古在由直　こざいよしなお　1864生。明治時代-昭和時代の農芸化学者。東京帝国大学教授・総長。1934没。

アレッサンドリ・パルマ　1868生。チリの大統領(20〜24, 25)。1950没。

大塚保治　おおつかやすじ　1868生。明治時代, 大正時代の美学者。文学博士, 東京帝国大学。1931没。

三好伊平次　みよしいへいじ　1873生。明治時代-昭和時代の融和運動家。1969没。

ポーイス, T.F.　1875生。イギリスの小説家。1953没。

アダムズ, ウォルター・シドニー　1876生。アメリカの天文学者。1956没。

山川均　やまかわひとし　1880生。明治時代-昭和時代の社会主義者。1958没。

魚住為楽　うおずみいらく　1886生。昭和時代の鋳金家。1964没。

橋田東声　はしだとうせい　1886生。大正時代, 昭和時代の歌人。1930没。

後藤隆之助　ごとうりゅうのすけ　1888生。大正時代, 昭和時代の政治家。昭和研究会代表世話人。1984没。

早川孝太郎　はやかわこうたろう　1889生。大正時代, 昭和時代の民俗学者。全国農業会高等農事講習所講師, 農村更生協会主事。1956没。

ビューラー, シャルロッテ・ベルタ　1893生。ドイツ, オーストリア, アメリカの女性心理学者。1974没。

メンジーズ, サー・ロバート・ゴードン　1894生。オーストラリアの政治家。1978没。

ランガー, スーザン・K（クナウト） 1895生。アメリカの女流哲学者。1985没。

尾崎翠 おざきみどり 1896生。昭和時代の小説家。1971没。

呉茂一 くれしげいち 1897生。昭和時代の西洋古典文学者。東京大学教授, 名古屋大教授。1977没。

レーモン, マルセル 1897生。スイスの文芸評論家。1981没。

高田稔 たかだみのる 1899生。大正時代, 昭和時代の俳優。1977没。

ヴァン・デ・グラーフ, ロバート・ジェミソン 1901生。アメリカの物理学者。1967没。

保利茂 ほりしげる 1901生。昭和時代の政治家。建設相, 農相, 労相。1979没。

国領五一郎 こくりょうごいちろう 1902生。大正時代, 昭和時代の労働運動家。日本共産党中央委員。1943没。

橘家円太郎(7代目) たちばなやえんたろう 1902生。大正時代, 昭和時代の落語家。1977没。

出羽ケ嶽文治郎 でわがたけぶんじろう 1902生。大正時代, 昭和時代の力士。1950没。

フック, シドニー 1902生。アメリカの哲学者。1989没。

山田雄三 やまだゆうぞう 1902生。昭和時代の経済学者。一橋大学教授, 社会保障研究所所長。1996没。

今村嘉雄 いまむらよしお 1903生。昭和時代の体育学。東京女子体育大学教授, 専修大学教授。1997没。

藤本定義 ふじもとさだよし 1904生。昭和時代のプロ野球監督, 野球評論家。1981没。

正岡容 まさおかいるる 1904生。大正時代, 昭和時代の小説家, 演芸評論家。1958没。

竹内理三 たけうちりぞう 1907生。昭和時代, 平成時代の日本史学者。東京大学教授, 九州大学教授。1997没。

藤枝静男 ふじえだしずお 1907生。昭和時代, 平成時代の小説家。1993没。

山田坂仁 やまださかじ 1908生。昭和時代の哲学者。明治大学教授。1987没。

田中寿美子 たなかすみこ 1909生。昭和時代の評論家, 政治家。参議院議員。1995没。

神田秀夫 かんだひでお 1913生。昭和時代, 平成時代の国文学者。共立女子大学教授。1993没。

五十嵐顕 いがらしあきら 1916生。昭和時代の教育学者。東京大学教授。1995没。

リンナ, ヴァイノ 1920生。フィンランドの小説家。1992没。

五味康祐 ごみやすすけ 1921生。昭和時代の小説家。1980没。

ダッダ, モクタル・ウルド 1924生。モーリタニアの政治家。2003没。

マハティール・モハマド 1925生。マレーシアの政治家。

金泳三 キムヨンサム 1927生。韓国の政治家。

マレ 1927生。フランスの政治理論家。1973没。

関谷嵐子 せきやらんこ 1928生。昭和時代の社会政策学者。1986没。

パニッチ, ミラン 1929生。アメリカの政治家, 実業家。

堀内誠一 ほりうちせいいち 1932生。昭和時代のイラストレーター, 絵本作家。1987没。

嵐徳三郎(7代目) あらしとくさぶろう 1933生。昭和時代, 平成時代の歌舞伎役者。2000没。

豊崎光一 とよさきこういち 1935生。昭和時代のフランス文学者。学習院大学教授。1989没。

野口悠紀雄 のぐちゆきお 1940生。昭和時代, 平成時代の経済学者。

ヘイズ, ボブ 1942生。アメリカの陸上選手(短距離), プロフットボール選手。2002没。

野田秀樹 のだひでき 1955生。昭和時代, 平成時代の劇作家, 演出家, 俳優。

鈴木綜馬 すずきそうま 1960生。昭和時代, 平成時代の俳優。

荻原健司 おぎわらけんじ 1969生。平成時代の参院議員, 元・スキー選手。

荻原次晴 おぎわらつぎはる 1969生。平成時代のスポーツキャスター, 元・スキー選手。

片岡礼子 かたおかれいこ 1971生。平成時代の女優。

桜井幸子 さくらいさちこ 1973生。平成時代の女優。

増川弘明 ますかわひろあき 1979生。平成時代のミュージシャン。

12月20日

12月21日

○記念日○ 回文の日

ベケット, トマス　1118生。イギリスの聖職者, 政治家, 殉教者。1170没。
マサッチョ　1401生。イタリアの画家。1428没。
ミュンツァー, トーマス　1489生。ドイツの急進的宗教改革者, アナバプテスト。1525没。
カルチエ, ジャック　1494生。フランスの探検家, 航海者。1557没。
徳大寺実通　とくだいじさねみち　1513生。戦国時代の公卿。1545没。
ヨハン3世　1537生。スウェーデン王（在位1568～92）。1597没。
レニエ, マチュラン　1573生。フランスの諷刺詩人。1613没。
モギーラ, ピョートル　1596生。ロシアの聖職者。1646没。
ラシーヌ, ジャン　1639生。フランスの劇作家。1699没。
トゥルノン, シャルル・トマ・マヤール・ド　1668生。イタリア人の教皇庁枢機卿。1710没。
デシデーリ　1684生。イタリアのイエズス会士。1733没。
鍋島宗茂　なべしまうねしげ　1686生。江戸時代中期の大名。1754没。
オーグルソープ, ジェイムズ・エドワード　1696生。イギリスの軍人, 博愛事業家。1785没。
貞建親王　さだたけしんのう　1700生。江戸時代中期の伏見宮邦永親王の第3王子。1754没。
徳川家重　とくがわいえしげ　1711生。江戸時代中期の江戸幕府第9代の将軍。1761没。
殷元良　いんげんりょう　1718生。江戸時代中期の琉球の画家。1767没。
ヘルティー, ルートヴィヒ・クリストフ・ハインリヒ　1748生。ドイツの詩人。1776没。
伊達呈子　だてときこ　1773生。江戸時代後期の女性。陸奥仙台藩7代藩主伊達重村の娘。1836没。
ブラウン, ロバート　1773生。スコットランドの植物学者。1858没。
伊藤常足　いとうつねたる　1774生。江戸時代後期の国学者。1858没。

ランケ, レーオポルト　1795生。ドイツの歴史家。1886没。
ウィットワース, サー・ジョゼフ　1803生。イギリスの機械技術者。1887没。
ディズレイリ, ベンジャミン　1804生。イギリスの政治家。1881没。
グレアム, トマス　1805生。イギリスの化学者。1869没。
黒沢登幾　くろさわとき　1806生。江戸時代末期, 明治時代の女性。歌人。1890没。
ホーフマン, ヨーハン・クリスティアン・コンラート・フォン　1810生。ドイツのルター派神学者, 歴史家。1877没。
クーチュール, トマ　1815生。フランスの歴史, 風俗画家。1879没。
ウォラー, オーガスタス　1816生。イギリスの生理学者。1870没。
大院君　だいいんくん　1820生。朝鮮, 李朝末期の執政者。1898没。
ペローフ, ヴァシーリー・グリゴリエヴィチ　1833生。ロシアの画家。1882没。
ケマル, ナームク　1840生。トルコの民族主義思想家, 詩人, 小説家。1888没。
シューマン　1841生。ドイツの実験物理学者。1913没。
クロポトキン, ピョートル・アレクセーヴィチ　1842生。ロシアの地理学者, 無政府主義の革命家。1921没。
ジリエロン, ジュール　1852生。スイス生まれのフランスの言語地理学者。1926没。
クルツ, イゾルデ　1853生。ドイツの女流小説家, 詩人。1944没。
カーン, ギュスターヴ　1859生。フランスの象徴派の詩人, 小説家。1936没。
渡辺沙鴎　わたなべさおう　1864生。明治時代, 大正時代の書家。1916没。
住友友純　すみともともいと　1865生。明治時代, 大正時代の実業家。男爵。1926没。
井上通泰　いのうえみちやす　1866生。明治時代–昭和時代の歌人, 国文学者。医学博士。1941没。

736

大西良慶　おおにしりょうけい　1875生。明治時代−昭和時代の僧侶。清水寺貫主，北法相宗管長。1983没。

ルカシェーヴィチ　1878生。ポーランドの哲学者，論理学者。1956没。

スターリン，ヨシフ・ヴィサリオノヴィチ　1879生。ソ連共産党指導者。1953没。

斎藤五百枝　さいとういおえ　1881生。大正時代，昭和時代の挿絵画家。1966没。

ライト，シューアル　1889生。アメリカの遺伝学者。1988没。

マラー，ハーマン・ジョゼフ　1890生。アメリカの生物学者，遺伝学者。1967没。

ケードロフ　1893生。ソ連の演出家，俳優。1972没。

土屋喬雄　つちやたかお　1896生。大正時代，昭和時代の経済学者。東京大学教授。1988没。

ロコソフスキー，コンスタンチン　1896生。ソ連の軍人。1968没。

茅誠司　かやせいじ　1898生。昭和時代の物理学者。東京大学教授，日本学術会議初代会長。1988没。

灘尾弘吉　なだおひろきち　1899生。昭和時代の政治家，官僚。衆議院議員。1994没。

スンスネギ，ファン・アントニオ・デ　1901生。スペインの小説家。1982没。

竹内てるよ　たけうちてるよ　1904生。昭和時代の詩人，児童文学者。2001没。

バゼーヌ，ジャン・ルネ　1904生。フランスの画家。1975没。

ポーエル，アントニー　1905生。イギリスの小説家。2000没。

林竹二　はやしたけじ　1906生。昭和時代の教育哲学者。東北大学教授，宮城教育大学学長。1985没。

須田禎一　すだていいち　1908生。昭和時代のジャーナリスト，評論家。北海道新聞論説委員，日中友好協会正統本部理事。1973没。

森芳雄　もりよしお　1908生。昭和時代，平成時代の洋画家。武蔵野美術大学教授。1997没。

西村朝日太郎　にしむらあさひたろう　1909生。昭和時代，平成時代の文化人類学者。早稲田大学教授，海洋民族学研究会会長。1997没。

ボール　1909生。アメリカの国際弁護士。1994没。

松本清張　まつもとせいちょう　1909生。昭和時代，平成時代の小説家。1992没。

ギブソン，ジョッシュ　1911生。アメリカのプロ野球選手。1947没。

鈴木清一　すずきせいいち　1911生。昭和時代の経営者。ダスキン会長。1980没。

池田弥三郎　いけだやさぶろう　1914生。昭和時代の国文学者，民俗学者。1982没。

ベル，ハインリヒ　1917生。ドイツの小説家。1985没。

ワルトハイム，クルト　1918生。オーストリアの政治家，外交官。2007没。

森下泰　もりしたたい　1921生。昭和時代の経営者，政治家。森下仁丹社長，参議院議員。1987没。

フォンダ，ジェーン　1937生。アメリカの女優。

夏樹静子　なつきしずこ　1938生。昭和時代，平成時代の作家。

ザッパ，フランク　1940生。アメリカのロックミュージシャン。1993没。

汀夏子　みぎわなつこ　1945生。昭和時代，平成時代の女優。

ジャクソン，サミュエル・L.　1948生。アメリカの俳優。

神田正輝　かんだまさき　1950生。昭和時代，平成時代の俳優。

片岡鶴太郎　かたおかつるたろう　1954生。昭和時代，平成時代の俳優，タレント，画家。

関口和之　せきぐちかずゆき　1955生。昭和時代，平成時代のベース奏者。

ジョイナー，フローレンス　1959生。アメリカの陸上選手。1998没。

恵俊彰　めぐみとしあき　1964生。昭和時代，平成時代のタレント。

本木雅弘　もときまさひろ　1965生。昭和時代，平成時代の俳優。

草野マサムネ　くさのまさむね　1967生。昭和時代，平成時代のミュージシャン。

サアカシュビリ，ミハイル　1967生。グルジアの政治家。

はな　はな　1971生。平成時代のモデル，タレント，エッセイスト。

吉川ひなの　よしかわひなの　1979生。平成時代のタレント。

12月21日

12月22日

○記念日○　労働組合法制定記念日
○忌　日○　大燈忌

太宗（唐）　たいそう　598生。中国，唐朝の第2代皇帝（在位626〜49）。649没。

李存勗　りそんきょく　885生。中国，五代後唐の初代皇帝（在位923〜926）。926没。

ロジェール2世　1095生。シチリア王（在位1130〜54）。1154没。

王重陽　おうじゅうよう　1112生。中国，金の道士。1170没。

良胤　りょういん　1212生。鎌倉時代の真言宗の僧。1291没。

春屋妙葩　しゅんおくみょうは　1311生。南北朝時代の臨済宗の僧，五山文学僧。1388没。

ジェム・スルタン　1459生。オスマン・トルコ帝国の詩人，冒険者。1495没。

長野馬貞　ながのばてい　1672生。江戸時代中期の俳人。1750没。

ライマールス，ヘルマン・ザームエル　1694生。ドイツの哲学者。1768没。

リオタール，ジャン-エティエンヌ　1702生。スイスの画家。1789没。

アーベル，カール・フリードリヒ　1723生。ドイツのビオラ・ダ・ガンバ奏者，作曲家。1787没。

布施松翁　ふせしょうおう　1725生。江戸時代中期の心学者。1784没。

プリュール・デュヴェルノア　1763生。フランスの政治家。1832没。

クローム，ジョン　1768生。イギリスのノリッジ風景画派の画家。1821没。

川合小梅　かわいこうめ　1804生。江戸時代，明治時代の女性。一主婦の目で家事にいそしむかたわら膨大な日記を書き残す。1889没。

ヴェルハーヴェン，ヨーハン・セバスチアン　1807生。ノルウェーの詩人。1873没。

江木鰐水　えぎがくすい　1810生。江戸時代，明治時代の儒学者。1881没。

バッハオーフェン，ヨハン・ヤーコプ　1815生。スイスの法律家，民族学者。1887没。

ファーブル，ジャン-アンリ・カジミール　1823生。フランスの自然科学者，詩人。1915没。

大橋佐平　おおはしさへい　1836生。明治時代の実業家，出版業者。1901没。

大谷嘉兵衛　おおたにかひょうえ　1845生。明治時代，大正時代の実業家。1933没。

権田雷斧　ごんだらいふ　1847生。明治時代–昭和時代の密教学者。1934没。

ヴィラモーヴィッツ-メレンドルフ，ウルリヒ・フォン　1848生。ドイツの古典文献学者。1931没。

国沢新九郎　くにさわしんくろう　1848生。明治時代の洋画家。1877没。

東郷平八郎　とうごうへいはちろう　1848生。明治時代，大正時代の海軍軍人，元帥，東宮御学文所総裁，侯爵。1934没。

白根専一　しらねせんいち　1850生。明治時代の官僚，政治家。貴族院議員。1898没。

ケロッグ，フランク・B　1856生。アメリカの政治家。1937没。

快楽亭ブラック　かいらくていぶらっく　1858生。明治時代，大正時代の落語家。1923没。

プッチーニ，ジャーコモ　1858生。イタリアの作曲家。1924没。

グティエレス-ナヘラ，マヌエル　1859生。メキシコの詩人。1895没。

バローネ　1859生。イタリアの数理経済学者。1924没。

大幸勇吉　おおさかゆうきち　1866生。明治時代–昭和時代の化学者。京都帝国大学教授。1950没。

後藤宙外　ごとうちゅうがい　1866生。明治時代，大正時代の小説家，編集者，評論家。秋田時事新報社社長。1938没。

各務鎌吉　かがみけんきち　1869生。大正時代，昭和時代の実業家，財界人。東京海上火災保険会社会長。1939没。

ティラー，アルフレッド・エドワード　1869生。イギリスの哲学者。1945没。

ロビンソン，エドウィン・アーリントン　1869生。アメリカの詩人。1935没。

朝河貫一　あさかわかんいち　1873生。明治時代–昭和時代の歴史学者。エール大学教授。1948没。

マリネッティ, フィリッポ・トンマーゾ　1876生。イタリアの詩人。1944没。

野田九浦　のだきゅうほ　1879生。明治時代–昭和時代の日本画家。金沢美術工芸大学教授。1971没。

ヴァレーズ, エドガー　1883生。フランス生まれのアメリカの作曲家。1965没。

松野鶴平　まつのつるへい　1883生。大正時代, 昭和時代の政治家。衆議院議員, 参議院議長。1962没。

土井辰雄　どいたつお　1892生。大正時代, 昭和時代のカトリック枢機卿。東京大司教。1970没。

梶原緋佐子　かじわらひさこ　1896生。大正時代, 昭和時代の日本画家。日展参与。1988没。

フォック, ヴラディミール・アレクサンドロヴィチ　1898生。ソ連邦の理論物理学者。1974没。

貴司山治　きしやまじ　1899生。昭和時代の小説家。1973没。

グリュントゲンス, グスタフ　1899生。ドイツの俳優, 演出家。1963没。

アレグレ, マルク　1900生。フランスの映画監督。1973没。

スレーター　1900生。アメリカの理論物理学者。1976没。

コステラネッツ, アンドレ　1901生。ロシア生まれのアメリカの編曲家, 指揮者。1980没。

ハートライン, ホールダン・ケッファー　1903生。アメリカの神経生理学者。1983没。

ブラッスール, ピエール　1905生。フランスの俳優。1972没。

レクスロス, ケネス　1905生。アメリカの詩人。1982没。

アシュクロフト, ペギー　1907生。イギリスの女優。1991没。

片山博通　かたやまひろみち　1907生。昭和時代の能楽師(観世流シテ方)。1963没。

ブランショ, モーリス　1907生。フランスの作家, 文芸批評家。2003没。

ビル, マックス　1908生。スイスの建築家, 彫刻家, デザイナー。1994没。

マンズー, ジャコモ　1908生。イタリアの彫刻家。1991没。

池島信平　いけじましんぺい　1909生。昭和時代の雑誌編集者, ジャーナリスト。文芸春秋社社長。1973没。

正田篠枝　しょうだしのえ　1910生。昭和時代の歌人。1965没。

八切止夫　やぎりとめお　1916生。昭和時代の小説家。1987没。

三田純市　みたじゅんいち　1923生。昭和時代, 平成時代の劇作家, 芸能評論家。1994没。

高柳昌行　たかやなぎまさゆき　1932生。昭和時代のジャズ・ギタリスト。1991没。

神永昭夫　かみながあきお　1936生。昭和時代の柔道家。全日本柔道連盟専務理事。1993没。

渡辺みよ子　わたなべみよこ　1940生。昭和時代の家政学者。愛知教育大学教授。1984没。

ウォルフォウィッツ, ポール　1943生。アメリカの政治家。

山崎裕之　やまざきひろゆき　1946生。昭和時代, 平成時代の野球評論家, 元・プロ野球選手。

塚原光男　つかはらみつお　1947生。昭和時代, 平成時代の体操指導者, 元・体操選手。

ギブ, モーリス　1949生。オーストラリアのミュージシャン。2003没。

ギブ, ロビン　1949生。オーストラリアの歌手。

村上弘明　むらかみひろあき　1956生。昭和時代, 平成時代の俳優。

吉村明宏　よしむらあきひろ　1957生。昭和時代, 平成時代のタレント。

川村毅　かわむらたけし　1959生。昭和時代, 平成時代の演出家, 劇作家, 俳優。

ファインズ, レイフ　1962生。イギリスの俳優。

高知東生　たかちのぼる　1964生。昭和時代, 平成時代の俳優。

国生さゆり　こくしょうさゆり　1966生。昭和時代, 平成時代の女優。

パラディ, ヴァネッサ　1972生。フランスの歌手, 女優。

12月22日

12月23日

○記念日○ テレホンカードの日
　　　　　天皇誕生日
○忌　日○ 几董忌

後一条院中宮　ごいちじょういんのちゅうぐう　999生。平安時代中期の歌人。1036没。
藤原威子　ふじわらのいし　999生。平安時代中期の女性。後一条天皇の皇后。1036没。
光明天皇　こうみょうてんのう　1321生。南北朝時代の北朝第2代の天皇。1380没。
恵応　えおう　1424生。室町時代, 戦国時代の曹洞宗の僧。1504没。
後奈良天皇　ごならてんのう　1496生。戦国時代の第105代の天皇。1557没。
諏訪頼水　すわよりみず　1571生。安土桃山時代, 江戸時代前期の大名。1641没。
オーピッツ, マルティン　1597生。ドイツの詩人, 文学者。1639没。
バークリー, ロバート　1648生。イギリスのクエーカー教徒。1690没。
ギブズ, ジェイムズ　1682生。イギリスの建築家。1754没。
太田資晴　おおたすけはる　1696生。江戸時代中期の大名。1740没。
クローンステット, アクセル・フレドリック, 男爵　1722生。スェーデンの鉱物学者, 化学者。1765没。
アークライト, サー・リチャード　1732生。イギリスの発明家, 企業家。1792没。
ボグダノーヴィチ, イッポリート・フョードロヴィチ　1743生。ロシアの詩人。1803没。
フリードリヒ・アウグスト1世　1750生。ザクセン王(在位1806〜27)。1827没。
ベルシェ, ジョヴァンニ　1783生。イタリアの詩人。1851没。
シャンポリョン, ジャン-フランソワ　1790生。フランスの考古学者。1832没。
サント-ブーヴ, シャルル-オーギュスタン　1804生。フランスの評論家, 詩人, 小説家。1869没。
スミス, ジョゼフ　1805生。アメリカのモルモン教教祖。1844没。
レプシウス, カール・リヒャルト　1810生。ドイツのエジプト学者, 近代考古学確立者の一人。1884没。
スマイルズ, サミュエル　1812生。イギリスの著述家。1904没。
クレーデ　1819生。ドイツの産婦人科医。1892没。
堀達之助　ほりたつのすけ　1823生。江戸時代, 明治時代の英学者, 通訳。1894没。
渡辺洪基　わたなべこうき　1848生。明治時代の官僚。帝国大学総長, 貴族院議員。1901没。
マイノット　1852生。アメリカの解剖学者, 動物学者。1914没。
ウエルタ, ビクトリアーノ　1854生。メキシコの軍人, 大統領(1913〜14)。1916没。
大津淳一郎　おおつじゅんいちろう　1857生。明治時代-昭和時代の政治家。衆議院議員, 貴族院議員。1932没。
ネミローヴィチ-ダンチェンコ, ウラジーミル・イワノヴィチ　1858生。ソ連の劇作家, 劇評家, 演出家。1943没。
ピレンヌ, アンリ　1862生。ベルギーの歴史学者。1935没。
三宅花圃　みやけかほ　1868生。明治時代の歌人, 小説家。1943没。
マリン, ジョン　1870生。アメリカの画家。1953没。
徳田秋声　とくだしゅうせい　1871生。明治時代-昭和時代の小説家。1943没。
徳田秋声　とくだしゅうせい　1872生。明治時代-昭和時代の小説家。1943没。
滝精一　たきせいいち　1873生。大正時代, 昭和時代の美術史学者。東京帝国大学教授, 東方文化学院理事長。1945没。
和田英作　わだえいさく　1874生。明治時代-昭和時代の洋画家。東京美術学校教授。1959没。
速水滉　はやみひろし　1876生。明治時代, 大正時代の心理学者, 論理学者。京城帝国大学総長。1943没。
ヒメネス, フアン・ラモン　1881生。スペインの詩人。1958没。

江崎利一　えざきりいち　1882生。明治時代-昭和時代の実業家。江崎グリコ会長。1980没。
岡田茂吉　おかだもきち　1882生。大正時代,昭和時代の宗教家。世界救世教教組。1955没。
安倍能成　あべよししげ　1883生。明治時代-昭和時代の教育者,哲学者。文部大臣,学習院院長。1966没。
入沢宗寿　いりさわむねとし　1885生。昭和時代の教育学者。東京帝国大学教授。1945没。
清宮彬　せいみやひとし　1886生。大正時代,昭和時代の洋画家,版画家。1969没。
西田直二郎　にしだなおじろう　1886生。大正時代,昭和時代の日本史学者。京都帝国大学教授,京都女子大学教授。1964没。
ヴォルフ,フリードリヒ　1888生。東ドイツの劇作家,小説家。1953没。
森戸辰男　もりとたつお　1888生。大正時代,昭和時代の社会学者,政治家。広島大学初代学長,文部大臣。1984没。
ランク,ジョゼフ・アーサー・ランク,男爵　1888生。イギリスの映画企業家,制作者。1972没。
ブルンナー,エーミール・ハインリヒ　1889生。スイスのプロテスタント神学者。1966没。
田中一松　たなかいちまつ　1895生。大正時代,昭和時代の日本美術史家。東京国立文化財研究所所長。1983没。
坂信弥　さかのぶよし　1898生。大正時代,昭和時代の官僚,実業家。大商証券(現・新日本証券)社長。1991没。
大悟法利雄　だいごほうとしお　1898生。大正時代,昭和時代の歌人。若山牧水記念館館長。1990没。
藤田たき　ふじたたき　1898生。昭和時代の教育者,婦人問題研究家。津田塾大学学長,労働省婦人少年局長。1993没。
小林富次郎(3代目)　こばやしとみじろう　1899生。昭和時代の経営者。ライオン社長。1992没。
外村繁　とのむらしげる　1902生。昭和時代の小説家。1961没。
キャラウェー　1905生。沖縄の第3代高等弁務官。1986没。
カーシュ,ユーセフ　1908生。カナダの写真家。2002没。

中里恒子　なかざとつねこ　1909生。昭和時代の小説家。1987没。
グラインドル,ヨーゼフ　1912生。ドイツのバス歌手。1993没。
シュミット,ヘルムート　1918生。ドイツの政治家,エコノミスト。
金剛巌(2代目)　こんごういわお　1924生。昭和時代,平成時代の能楽師シテ方。京都能楽会会長。1998没。
高橋高見　たかはしたかみ　1928生。昭和時代の実業家。1989没。
天皇明仁　てんのうあきひと　1933生。第125代の天皇。
折笠美秋　おりかさびしゅう　1934生。昭和時代の俳人。東京新聞社特別報道部次長。1990没。
小林礼子　こばやしれいこ　1939生。昭和時代,平成時代の棋士。囲碁6段,女流本因坊。1996没。
シルビア王妃　1943生。スウェーデン王妃。
笑福亭鶴瓶　しょうふくていつるべ　1951生。昭和時代,平成時代の落語家,タレント。
庄野真代　しょうのまよ　1954生。昭和時代,平成時代の歌手。
綾辻行人　あやつじゆきと　1960生。昭和時代,平成時代の推理作家。
城之内ミサ　じょうのうちみさ　1960生。昭和時代,平成時代の音楽家。
宮部みゆき　みやべみゆき　1960生。昭和時代,平成時代の小説家。
山崎まさよし　やまざきまさよし　1971生。平成時代のミュージシャン,俳優。
柴田倫世　しばたともよ　1974生。平成時代のアナウンサー。
上野水香　うえのみずか　1977生。平成時代のバレリーナ。
ウォーレン,エステラ　1978生。カナダの女優,元・シンクロナイズドスイミング選手。
柏原収史　かしわばらしゅうじ　1978生。平成時代の俳優,ミュージシャン。
矢田亜希子　やだあきこ　1978生。平成時代の女優。
亀井絵里　かめいえり　1988生。平成時代の歌手(モーニング娘。)。

12月23日

12月24日

○記念日○ クリスマスイブ
学校給食記念日
締めの地蔵

ガルバ, セルウィウス・スルピキウス　前3生。ローマ皇帝(在位68〜69)。69没。
ジョン　1167生。イングランド王(在位1199〜1216)。1216没。
ムルナー, トマス　1475生。ドイツの諷刺詩人。1537没。
樋口信孝　ひぐちのぶたか　1599生。江戸時代前期の公家。1658没。
ジュリュー, ピエール　1637生。フランスのカルバン主義神学者。1713没。
藤木司直　ふじきかずなお　1684生。江戸時代中期の書家、賀茂社祠官。1738没。
プファフ, クリストフ・マテーウス　1686生。ドイツのルター派神学者。1760没。
高松重季　たかまつしげすえ　1698生。江戸時代中期の歌学者, 公家。1745没。
有馬孝純　ありまたかすみ　1717生。江戸時代中期の大名。1757没。
綾部富阪　あやべふはん　1720生。江戸時代中期の豊後杵築藩士。1782没。
ディーン, サイラス　1737生。最初のアメリカ使節。1789没。
賢子女王　さとこじょおう　1745生。江戸時代中期, 後期の女性。伏見宮貞建親王の第5女。1789没。
パターソン　1745生。アメリカの法律家, 政治家。1806没。
ラッシュ, ベンジャミン　1745生。アメリカの医師, 政治家。1813没。
クラッブ, ジョージ　1754生。イギリスの詩人。1832没。
セリム3世　1761生。オスマン・トルコ帝国第28代のスルタン(在位1789〜1807)。1808没。
富小路貞直　とみのこうじさだなお　1761生。江戸時代中期, 後期の歌人・公家。1837没。
ポン, ジャン・ルイ　1761生。フランスの天文学者。1831没。
ミツキエヴィッチ, アダム　1798生。ポーランドの詩人。1855没。

カーソン, キット　1809生。アメリカ人のガイド。1868没。
ジュール, ジェイムズ・プレスコット　1818生。イギリスの物理学者。1889没。
ガルシア・モレーノ, ガブリエル　1821生。エクアドルの政治家。1875没。
アーノルド, マシュー　1822生。イギリスの詩人, 評論家。1888没。
エルミート, シャルル　1822生。フランスの数学者。1901没。
コルネリウス, ペーター　1824生。ドイツの作曲家, 詩人, 著述家。1874没。
エリーザベト　1837生。オーストリア皇后, ハンガリー王妃。1898没。
マレース, ハンス・フォン　1837生。ドイツの画家。1887没。
モーリー, ジョン・モーリー, 初代子爵　1838生。イギリスの伝記作家, 政治家。1923没。
リネヴィッチ　1838生。ロシアの将軍。1908没。
大須賀筠軒　おおすがいんけん　1841生。明治時代の地方史研究家。第二高等学校教授。1912没。
三宮義胤　さんのみやよしたね　1844生。江戸時代, 明治時代の外務省, 宮内省官女。男爵。1905没。
ゲオルギオス1世　1845生。ギリシアの王(在位1863〜1913)。1913没。
エルスター, ユリウス　1854生。ドイツの実験物理学者。1920没。
珍田捨巳　ちんだすてみ　1857生。明治時代-昭和時代の外交官。東宮大夫。1929没。
中村清蔵　なかむらせいぞう　1860生。明治時代, 大正時代の実業家。中加貯蓄銀行会長, 倉庫銀行取。1925没。
片倉兼太郎(2代目)　かたくらかねたろう　1862生。明治時代-昭和時代の実業家。片倉組組長。1934没。
大瀬甚太郎　おおせじんたろう　1865生。大正時代, 昭和時代の教育学者。文学博士, 東京

742

文理科大学学長。1944没。
鈴木貫太郎　すずきかんたろう　1868生。明治時代–昭和時代の軍人，政治家。首相。1948没。
ネリガン，エミール　1879生。フランス系カナダの詩人。1941没。
橋本進吉　はしもとしんきち　1882生。大正時代，昭和時代の国語学者。東京帝国大学教授，文学博士。1945没。
吹田順助　すいたじゅんすけ　1883生。明治時代–昭和時代のドイツ文学者，随筆家。一橋大学教授。1963没。
斎藤博　さいとうひろし　1886生。大正時代，昭和時代の外交官。1939没。
ネヴェーロフ，アレクサンドル・セルゲーヴィチ　1886生。ソ連の小説家。1923没。
ジューヴェ，ルイ　1887生。フランスの舞台・映画俳優，演出家。1951没。
カーティス，マイケル　1888生。ハンガリー，のちアメリカの映画監督。1962没。
サウアー，カール・O　1889生。アメリカの地理学者。1975没。
本間憲一郎　ほんまけんいちろう　1889生。昭和時代の国家主義者。1959没。
安田銕之助　やすだてつのすけ　1889生。大正時代，昭和時代の陸軍軍人，国家主義運動家。中佐。1949没。
ヘイロフスキー，ヤロスロフ　1890生。チェコスロヴァキアの電気化学者。1967没。
山下陸奥　やましたむつ　1895生。大正時代，昭和時代の歌人。「一路」創刊者。1967没。
小川栄一　おがわえいいち　1899生。昭和時代の実業家。1978没。
トロル　1899生。ドイツの地理学者。1977没。
三橋鷹女　みつはしたかじょ　1899生。昭和時代の俳人。1972没。
ファジェーエフ，アレクサンドル・アレクサンドロヴィチ　1901生。ソ連の小説家。1956没。
ヒューズ，ハウアド　1005生。アメリカの企業家，飛行家，映画プロデューサー。1976没。
カイザー，ヴォルフガング　1906生。ドイツの文学史家。1960没。
ストーン，イシドア・ファインスタイン　1907生。アメリカのジャーナリスト。1989没。
ラパツキ　1909生。ポーランドの政治家。1970没。

南里文雄　なんりふみお　1910生。昭和時代のジャズトランペット奏者。1975没。
ラインハート，アド　1913生。アメリカの画家。1967没。
阿川弘之　あがわひろゆき　1920生。昭和時代，平成時代の小説家。
メシッチ，スティペ　1934生。クロアチアの政治家。
平尾昌晃　ひらおまさあき　1937生。昭和時代，平成時代の作曲家，歌手。
ストラスキー，ヤン　1940生。チェコの政治家。
ハロネン，タルヤ　1943生。フィンランドの政治家。
柏木由紀子　かしわぎゆきこ　1947生。昭和時代，平成時代の女優。
生島ヒロシ　いくしまひろし　1950生。昭和時代，平成時代のアナウンサー，司会者。
フィゲレス，ホセ・マリア　1951生。コスタリカの政治家。
カルザイ，ハミド　1954生。アフガニスタンの政治家。
福島瑞穂　ふくしまみずほ　1955生。昭和時代，平成時代の弁護士，女性問題評論家。社民党党首。
トミーズ雅　とみーずまさ　1959生。昭和時代，平成時代の漫才師。
アリエフ，イルハム　1961生。アゼルバイジャンの政治家。
北川悦吏子　きたがわえりこ　1961生。昭和時代，平成時代の脚本家。
長野智子　ながのともこ　1962生。昭和時代，平成時代のテレビキャスター。
カブレラ，アレックス　1971生。ベネズエラのプロ野球選手（西武・内野手），元・大リーグ選手。
マーティン，リッキー　1971生。アメリカの歌手。
相葉雅紀　あいばまさき　1982生。平成時代のタレント，歌手，俳優。
石原さとみ　いしはらさとみ　1986生。平成時代の女優。

| 登場人物 |

キキ　サンリオのキャラクター。
ララ　サンリオのキャラクター。

12月24日

12月25日

○記念日○ クリスマス
　　　　　スケートの日
　　　　　終い天神
○忌　日○ 蕪村忌

イエス・キリスト　前4頃生　キリスト教の始祖。
岐陽方秀　ぎょうほうしゅう　1361生。南北朝時代, 室町時代の臨済宗の僧。1424没。
前田利家　まえだとしいえ　1538生。安土桃山時代の大名。1599没。
ブルーマールト, アブラハム　1564生。オランダの画家, 版画家。1651没。
ギボンズ, オーランドー　1583生。イギリスの作曲家, オルガン奏者。1625没。
エルンスト1世　1601生。ザクセン・ゴータ・アルテンブルク公。1675没。
ホーフマン・フォン・ホーフマンスヴァルダウ　1617生。ドイツの詩人。1679没。
アンゲルス・ジレージウス　1624生。シレジアの神秘主義者, 詩人。1677没。
コワペル, ノエル　1628生。フランスの画家一族コワペル家の祖。1707没。
ニュートン, アイザック　1642生。イギリスの数学者, 物理学者, 天文学者。1727没。
白隠慧鶴　はくいんえかく　1685生。江戸時代中期の僧。1769没。
デファン夫人, マリー・ド・ヴィシー-シャンロン　1697生。フランスの女流文学者, 侯爵夫人。1780没。
ラ・メトリ, ジュリアン・オフロワ・ド　1709生。フランスの医者, 唯物論哲学者。1751没。
ユスティ　1720生。ドイツの経済学者, 官房学の集大成者。1771没。
コリンズ, ウィリアム　1721生。イギリスの詩人。1759没。
ヒラー, ヨハン・アダム　1728生。ドイツの作曲家, 指揮者。1804没。
本間四郎三郎　ほんましろうさぶろう　1732生。江戸時代中期, 後期の大地主, 豪商。1801没。
シュタイン, シャルロッテ・フォン　1742生。ワイマール大公国の公妃侍女。1827没。
ポーソン　1759生。イギリスの古典学者。1808没。
シャップ, クロード　1763生。フランスの技術家。1805没。
小谷三志　こだにさんし　1765生。江戸時代中期, 後期の不二道の開祖。1841没。
ワーズワス, ドロシー　1771生。イギリスの日記作者。1855没。
スクリーブ, ウージェーヌ　1791生。フランスの劇作家。1861没。
イプシランティ　1793生。ギリシア独立運動の志士。1832没。
ガバリェロ, フェルナン　1796生。スペインの女流作家。1877没。
ケッテラー, ヴィルヘルム・エマーヌエル・フォン　1811生。ドイツのマインツの司教。1877没。
バートン, クララ　1821生。アメリカ赤十字の創立者。1912没。
曽我祐準　そがすけのり　1844生。明治時代, 大正時代の陸軍軍人, 政治家。貴族院議員, 日本鉄道社長, 子爵。1935没。
清水誠　しみずまこと　1846生。明治時代の実業家。1899没。
西徳次郎　にしとくじろう　1848生。明治時代の外交官。フランス公使館書記官。1912没。
ボテフ, フリスト　1848生。ブルガリアの詩人, 革命家。1876没。
井上哲次郎　いのうえてつじろう　1855生。明治時代–昭和時代の哲学者。東京帝国大学教授, 大東文化学院総長。1944没。
志田林三郎　しだりんざぶろう　1856生。明治時代の電気工学者。工部大学校教授。1892没。
渡辺幽香　わたなべゆうこう　1856生。明治時代–昭和時代の洋画家。1942没。
曽山幸彦　そやまゆきひこ　1860生。明治時代の洋画家。1892没。
ウェストン, ウォルター　1861生。イギリスの登山家, 宣教師。1940没。
マーラヴィーヤ　1861生。インドの政治家, 教育家。1946没。

星一　ほしはじめ　1873生。明治時代-昭和時代の実業家, 政治家。星製薬創業者, 衆議院議員(政友会)。1951没。

ヴィンダウス, アドルフ・オットー・ラインホルト　1876生。ドイツの有機化学者。1959没。

岡本弥　おかもとわたる　1876生。明治時代-昭和時代の部落解放運動家。1955没。

ジンナー, ムハンマド・アリー　1876生。パキスタン建国の祖, 初代総督(1947〜48)。1948没。

苫米地義三　とまべちぎぞう　1880生。大正時代, 昭和時代の実業家, 政治家。衆議院議員, 日産化学社長。1959没。

倉田白羊　くらたはくよう　1881生。大正時代, 昭和時代の洋画家。1938没。

ユトリロ, モーリス　1883生。フランスの画家。1955没。

石井漠　いしいばく　1886生。大正時代, 昭和時代の舞踊家。1962没。

ヒルトン, コンラッド　1887生。アメリカのホテル経営者。1979没。

高木八尺　たかぎやさか　1889生。大正時代, 昭和時代のアメリカ研究家。東京大学教授, 津田塾大学理事長。1984没。

長沼妙佼　ながぬまみょうこう　1889生。昭和時代の宗教家。1957没。

堂本印象　どうもといんしょう　1891生。明治時代-昭和時代の日本画家。1975没。

水町京子　みずまちきょうこ　1891生。大正時代, 昭和時代の歌人。1974没。

ウェスト, レベッカ　1892生。イギリスの女流小説家, 評論家。1983没。

水谷まさる　みずたにまさる　1894生。大正時代, 昭和時代の童話作家。1950没。

金子光晴　かねこみつはる　1895生。明治時代-昭和時代の詩人。1975没。

尾崎一雄　おざきかずお　1899生。昭和時代の小説家。1983没。

土方定一　ひじかたていいち　1904生。昭和時代の美術評論家, 美術史家。神奈川県立近代美術館館長。1980没。

舟橋聖一　ふなばしせいいち　1904生。昭和時代の小説家, 劇作家。明治大学教授, 横綱審議委員会委員長。1976没。

ヘルツバーグ, ゲルハルト　1904生。カナダの化学者。1999没。

トイバー, アイリーン　1906生。アメリカの女性の人口学者。1974没。

ルスカ　1906生。ドイツの電子技術者。1988没。

小原菁々子　おはらせいせいし　1908生。昭和時代, 平成時代の俳人。2000没。

服部智恵子　はっとりちえこ　1908生。昭和時代の舞踊家。服部島田バレエ団主宰, 日本バレエ協会会長。1984没。

村山七郎　むらやましちろう　1908生。昭和時代, 平成時代の言語学者。九州大学教授。1995没。

中田博之　なかだひろゆき　1912生。昭和時代, 平成時代の箏曲家(山田流), 作曲家。2000没。

モチャール　1913生。ポーランドの政治家。1986没。

ルイス, オスカー　1914生。アメリカの文化人類学者。1970没。

本間正義　ほんままさよし　1916生。昭和時代, 平成時代の美術評論家。埼玉県立近代美術館館長。2001没。

サダト, アンワル　1918生。エジプトの政治家, 軍人。1981没。

前川康男　まえかわやすお　1921生。昭和時代, 平成時代の児童文学作家。2002没。

宮田輝　みやたてる　1921生。昭和時代のアナウンサー。参院議員, NHKアナウンサー。1990没。

谷川雁　たにがわがん　1923生。昭和時代, 平成時代の詩人, 評論家。1995没。

バジパイ, アタル・ビハリ　1924生。インドの政治家。首相, インド人民党(BJP)総裁。

宗谷真爾　そうやしんじ　1925生。昭和時代, 平成時代の小説家, 医師。小児科。1991没。

植木等　うえきひとし　1926生。昭和時代, 平成時代の俳優, 歌手。2007没。

江藤淳　えとうじゅん　1932生。昭和時代, 平成時代の文芸評論家。1999没。

岸田秀　きしだしゅう　1933生。昭和時代, 平成時代の評論家。

胡錦濤　こきんとう　1942生。中国の政治家。

谷中敦　やなかあつし　サックス奏者。

登場人物

ジャルジェ, オスカル・フランソワ・ド　1755生。『ベルサイユのばら』の登場人物。

バカボンのパパ　1926生。赤塚不二夫のマンガ『天才バカボン』の登場人物。

12月25日

12月26日

○記念日○　プロ野球誕生の日

アブー-アルアラーイ　973生。アラブの詩人。1057没。

敦文親王　あつぶみしんのう　1075生。平安時代後期の白河天皇の第1皇子。1077没。

フリードリヒ2世　1194生。ドイツ王（在位1212～50）、神聖ローマ皇帝（在位20～50）。1250没。

ミュコーニウス（メクム）、フリードリヒ　1490生。ドイツの宗教改革者。1546没。

徳川家康　とくがわいえやす　1542生。安土桃山時代、江戸時代前期の江戸幕府初代の将軍。1616没。

中御門資煕　なかみかどすけひろ　1635生。江戸時代前期、中期の公家。1707没。

ディングリンガー、ヨーハン・メルヒオール　1664生。ドイツの工芸家。1731没。

山井青霞　やまのいせいか　1708生。江戸時代中期の儒者。1795没。

グレイ、トマス　1716生。イギリスの詩人。1771没。

細川重賢　ほそかわしげかた　1720生。江戸時代中期の大名。1785没。

グリム、フリードリヒ-メルヒオール　1723生。ドイツ生まれの文芸評論家。1807没。

増山正賢　ましやままさよし　1726生。江戸時代中期の大名。1776没。

モンティヨン　1733生。フランスの法律家、慈善家。1820没。

竹垣直温　たけがきなおあつ　1741生。江戸時代中期、後期の代官。1814没。

ゴードン、ロード・ジョージ　1751生。イギリスの反カトリック運動指導者。1793没。

ラセペード、ベルナール・ド・ラヴィル、伯爵　1756生。フランスの自然科学者。1825没。

アルント、エルンスト・モーリッツ　1769生。ドイツの愛国詩人。1860没。

菊池袖子　きくちそでこ　1785生。江戸時代後期の女性。歌人。1838没。

バベッジ、チャールズ　1792生。イギリスの数学者。1871没。

東坊城聡長　ひがしぼうじょうときなが　1799生。江戸時代末期の公家。1861没。

佐久間種　さくまたね　1803生。江戸時代、明治時代の歌人。1892没。

ブーシコー、ダイオニシアス　1820生。アイルランドの劇作家、俳優。1890没。

ケアンズ　1823生。イギリスの経済学者。1875没。

ホッペ-ザイラー、エルンスト・フェリックス（・イマヌエル）　1825生。ドイツの医師、生化学者。1895没。

新井日薩　あらいにっさつ　1830生。江戸時代末期、明治時代の日蓮宗の僧。1888没。

新居日薩　あらいにっさつ　1831生。江戸時代、明治時代の日蓮宗僧侶。一致派管長。1888没。

五代友厚　ごだいともあつ　1836生。明治時代の実業家。1885没。

鶴田皓　つるたあきら　1836生。明治時代の官僚。1888没。

デューイ、ジョージ　1837生。アメリカの海軍軍人。1917没。

ヴィンクラー、クレメンス・アレクサンダー　1838生。ドイツの化学者。1904没。

プラーガ、エミーリオ　1839生。イタリアの詩人、画家。1875没。

片岡健吉　かたおかけんきち　1844生。江戸時代、明治時代の政治家。土佐藩士、衆議院議員。1903没。

牟田口元学　むだぐちげんがく　1845生。明治時代、大正時代の政治家、実業家。貴族院議員。1920没。

チャイコーフスキィ　1850生。ロシアの社会主義者。1926没。

デルプフェルト、ヴィルヘルム　1853生。ドイツの建築家、考古学者。1940没。

バザン、ルネ　1853生。フランスの小説家。1932没。

星野錫　ほしのしゃく　1854生。明治時代–昭和時代の実業家。東京印刷社長。1938没。

ヴィーヘルト　1861生。ドイツの地球物理学者。1928没。

ナドソン, セミョーン・ヤーコヴレヴィチ　1862生。ロシアの詩人。1887没。

岡倉天心　おかくらてんしん　1863生。明治時代の美術評論家, 思想家。東京美術学校校長。1913没。

山路愛山　やまじあいざん　1865生。明治時代の史論家。1917没。

バンダ, ジュリヤン　1867生。フランスの思想家, 評論家。1956没。

久保猪之吉　くぼいのきち　1874生。明治時代-昭和時代の歌人。福岡医科大学教授, 医学博士。1939没。

ボーマン, アイザイア　1878生。アメリカの地理学者。1950没。

メーヨー　1880生。オーストラリア生まれ, アメリカの産業心理学者。1949没。

ゲンベシュ・ジュラ　1886生。ハンガリーの政治家。1936没。

菊池寛　きくちかん　1888生。明治時代-昭和時代の小説家, 劇作家。1948没。

ミラー, ヘンリー　1891生。アメリカの作家。1980没。

毛沢東　もうたくとう　1893生。中国の革命家, 政治家, 国家主席, 中国共産党主席。1976没。

上原正吉　うえはらしょうきち　1897生。昭和時代の実業家, 政治家。大正製薬会長, 参議院議員。1983没。

海野十三　うんのじゅうざ　1897生。昭和時代の小説家。1949没。

北里善次郎　きたざとぜんじろう　1897生。昭和時代の化学者。北里研究所所長。1978没。

陶晶孫　とうしょうそん　1897生。中国の作家。1952没。

シチパチョーフ, ステパン・ペトローヴィチ　1898生。ソ連邦の詩人。1980没。

山田節男　やまだせつお　1898生。昭和時代の政治家。広島市長, 参院議員。1975没。

稲垣足穂　いながきたるほ　1900生。大正時代, 昭和時代の小説家, 詩人。1977没。

カルペンティエル, アレーホ　1904生。キューバの作家。1980没。

波多野勤子　はたのいそこ　1905生。昭和時代の児童心理学者。波多野ファミリー・スクール理事長, 国立音楽大学教授。1978没。

栗原百寿　くりはらひゃくじゅ　1910生。昭和時代の農業経済学者, 農民運動理論家。拓殖大学教授。1955没。

正野重方　しょうのしげかた　1911生。昭和時代の気象学者。東京大学教授。1969没。

高松宮喜久子　たかまつのみやきくこ　1911生。昭和時代, 平成時代の皇族。2004没。

スメリャコーフ, ヤロスラフ・ワシリエヴィチ　1912生。ソ連の詩人。1972没。

ジャンドロン, モーリス　1920生。フランスのチェロ奏者, 指揮者。1990没。

浅香鉄心　あさかてっしん　1926生。昭和時代, 平成時代の書家。日本書作院理事長。1997没。

藤沢周平　ふじさわしゅうへい　1927生。昭和時代, 平成時代の小説家。1997没。

エヤデマ, ニャシンベ　1937生。トーゴの政治家。2005没。

スペクター, フィル　1940生。アメリカの音楽プロデューサー。

セレソ, ビニシオ　1943生。グアテマラの政治家, 弁護士。

チッチョリーナ　1951生。イタリアの女優。

フェルナンデス, レオネル　1953生。ドミニカ共和国の政治家。

グレート義太夫　ぐれーとぎだゆう　1958生。昭和時代, 平成時代のタレント, ミュージシャン。

原田美枝子　はらだみえこ　1958生。昭和時代, 平成時代の女優。

金石昭人　かねいしあきひと　1960生。昭和時代, 平成時代の野球解説者, 元・プロ野球選手。

堤大二郎　つつみだいじろう　1961生。昭和時代, 平成時代の俳優。

石野卓球　いしのたっきゅう　1967生。昭和時代, 平成時代のミュージシャン。

バンナ, ジェロム・レ　1972生。フランスの格闘家。

中江有里　なかえゆり　1973生。平成時代の女優, 脚本家。

松中信彦　まつなかのぶひこ　1973生。平成時代のプロ野球選手。

田畑智子　たばたともこ　1980生。平成時代の女優。

小栗旬　おぐりしゅん　1982生。平成時代の俳優。

12月26日

12月27日

○記念日○　浅草仲見世記念日

万里小路時房　までのこうじときふさ　1394生。室町時代の公卿。1457没。
覚鎮女王　かくちんじょおう　1486生。戦国時代の女性。後柏原天皇の第1皇女。1550没。
アルント, ヨーハン　1555生。ドイツのプロテスタント神学者。1621没。
ケプラー, ヨハネス　1571生。ドイツの天文学者。1630没。
保科正経　ほしなまさつね　1646生。江戸時代前期の大名。1681没。
損翁宗益　そんのうそうえき　1649生。江戸時代前期、中期の曹洞宗の僧。1705没。
万里小路淳房　までのこうじあつふさ　1652生。江戸時代前期、中期の公家。1709没。
ベルヌーイ, ヤーコブ　1654生。スイスの数学者。1705没。
仲宗根喜元　なかずにきげん　1670生。江戸時代中期の琉球焼の陶工。1764没。
守恕法親王　しゅじょほうしんのう　1706生。江戸時代中期の京極宮文仁親王の第2王子。1729没。
卍海宗珊　まんかいそうさん　1706生。江戸時代中期の僧。1767没。
ピウス6世　1717生。教皇(在位1775～99)。1799没。
ヘムステルホイス　1721生。オランダの哲学者。1790没。
尊英法親王　そんえいほうしんのう　1737生。江戸時代中期の伏見宮貞建親王の第3王子。1752没。
宇田川玄随　うだがわげんずい　1755生。江戸時代中期の蘭方医。1798没。
松平定信　まつだいらさだのぶ　1758生。江戸時代中期、後期の大名、老中。1829没。
バルクライ・ド・トーリー, ミハイル・ボグダノヴィチ, 公爵　1761生。ロシアの軍人。1818没。
ケイリー, サー・ジョージ　1773生。イギリスの航空科学者。1857没。
石塚資元　いしづかすけもと　1778生。江戸時代末期の国学者、神職。1850没。

疋田松塘　ひきたしょうとう　1780生。江戸時代後期の出羽秋田藩老。1833没。
頼山陽　らいさんよう　1780生。江戸時代後期の儒学者。1832没。
近田八束　ちかたやつか　1785生。江戸時代後期の歌人。1863没。
シュタインメッツ　1796生。プロシアの軍人, 元帥。1877没。
ガーリブ, アサドゥッラー・ハーン　1797生。インドのウルドゥー語, ペルシア語詩人。1869没。
滝沢宗伯　たきざわそうはく　1798生。江戸時代後期の医師。1835没。
林復斎　はやしふくさい　1800生。江戸時代末期の儒学者。1859没。
カブレラ　1806生。スペインの軍人。1877没。
ボートキン, ワシーリー・ペトローヴィチ　1811生。ロシアの自由主義作家, 評論家。1869没。
パストゥール, ルイ　1822生。フランスの化学者, 細菌学者。1895没。
ヘルパー　1829生。アメリカの著述家。1909没。
ブラキストン　1832生。イギリスの軍人, 動物学者。1891没。
純信・お馬　じゅんしん・おうま　1839生。江戸時代末期の土佐の駆け落ち男女。1903没。
パンド　1848生。ボリビアの軍人, 大統領。1917没。
岩倉具定　いわくらともさだ　1852生。明治時代の政治家。公爵, 宮内大臣。1910没。
渡辺省亭　わたなべしょうてい　1852生。明治時代, 大正時代の日本画家。1918没。
ジョナール　1857生。フランスの政治家。1927没。
ハドー, サー・ウィリアム・ヘンリー　1859生。イギリスの音楽史家, 音楽理論家, 教育家。1937没。
クラマーシュ　1860生。チェコスロバキアの政治家。1937没。

天野為之　あまのためゆき　1861生。明治時代，大正時代の経済学者，政治家。『東洋経済新報』主幹，早稲田大学学長，衆議院議員。1938没。

遅塚麗水　ちづかれいすい　1866生。明治時代–昭和時代の新聞記者，紀行文家。1942没。

鈴木三郎助(2代目)　すずきさぶろうすけ　1868生。明治時代–昭和時代の実業家。昭和肥料社長，味の素創始者。1931没。

リュネ・ポー　1869生。フランスの俳優，演出家。1940没。

レガート，ニコライ　1869生。ロシアの舞踊家，舞踊教師。1937没。

大谷光瑞　おおたにこうずい　1876生。明治時代–昭和時代の僧侶，探検家。真宗本願寺派(西本願寺)第22世法主。1948没。

リット　1880生。ドイツの哲学者，教育学者。1962没。

高田保馬　たかだやすま　1883生。大正時代，昭和時代の社会学者，経済学者。京都大学教授，大阪大学教授。1972没。

清元梅吉(3代目)　きよもとうめきち　1889生。明治時代–昭和時代の清元節三味線方。1966没。

砂川捨丸　すながわすてまる　1890生。明治時代–昭和時代の漫才師。1971没。

岡崎義恵　おかざきよしえ　1892生。大正時代，昭和時代の国文学者，歌人。東北大学教授。1982没。

佐々木申二　ささきのぶじ　1896生。大正時代，昭和時代の化学者。東京大学教授，京都大学教授。1990没。

ツックマイアー，カール　1896生。ドイツの劇作家，小説家。1977没。

ブロムフィールド，ルイス　1896生。アメリカの小説家。1956没。

門司亮　もじりょう　1897生。昭和時代の政治家。衆院議員，民主社会党顧問。1993没。

山田穣　やまだみのる　1897生。昭和時代の鉱山学者。九州大学教授，九州共立大学学長。1985没。

浅沼稲次郎　あさぬまいねじろう　1898生。昭和時代の政治家。1960没。

三輪知雄　みわともお　1899生。昭和時代の生化学者。筑波大学教授。1979没。

小林太市郎　こばやしたいちろう　1901生。昭和時代の美術史家，中国文学研究者。神戸大学教授，大阪市立美術館主事。1963没。

ディートリヒ，マルレーネ　1901生。ドイツ生まれの映画女優。1992没。

長広敏雄　ながひろとしお　1905生。昭和時代の美術研究・評論家，音楽評論家。橘女子大学学長。1990没。

オッテルロー，ウィレム・ヴァン　1907生。オランダの指揮者，作曲家。1978没。

淡中忠郎　たんなかただお　1908生。昭和時代の数学者。東北大学教授。1986没。

西川鯉三郎(2代目)　にしかわこいさぶろう　1909生。昭和時代の日本舞踊家。1983没。

オルソン，チャールズ　1910生。アメリカの詩人。1970没。

ベルト，ジュゼッペ　1914生。イタリアの小説家。1978没。

マスターズ　1915生。アメリカの性科学者。2001没。

岡部冬彦　おかべふゆひこ　1922生。昭和時代，平成時代の漫画家。2005没。

佃実夫　つくだじつお　1925生。昭和時代の小説家。1979没。

トロボアダ，ミゲル　1936生。サントメプリンシペの政治家。

加藤登紀子　かとうときこ　1943生。昭和時代，平成時代のシンガー・ソングライター。

ドパルデュー，ジェラール　1948生。フランスの俳優，脚本家。

テリー伊藤　てりーいとう　1949生。昭和時代，平成時代のテレビプロデューサー，タレント，CM演出家。

奈美悦子　なみえつこ　1950生。昭和時代，平成時代の女優。

藤井尚之　ふじいなおゆき　1964生。昭和時代，平成時代のミュージシャン。

福田正博　ふくだまさひろ　1966生。平成時代のサッカー解説者。

浜田マリ　はまだまり　1968生。昭和時代，平成時代のタレント。

海原ともこ　うなばらともこ　1971生。平成時代の漫才師。

PES　ぺす　1976生。平成時代のミュージシャン。

12月27日

12月28日

○記念日○　シネマトグラフの日
　　　　　　身体検査の日

無住　むじゅう　1226生。鎌倉時代後期の臨済宗聖一派の僧。1312没。

覚如　かくにょ　1270生。鎌倉時代後期、南北朝時代の真宗の僧。1351没。

マルガレータ‐ド‐パルマ　1522生。パルマ公夫人。1586没。

エスピネル、ビセンテ・マルティネス・デ　1550生。スペインの小説家、詩人。1624没。

フュルチエール、アントワーヌ　1619生。フランスの小説家、辞書編纂者。1688没。

丹羽光重　にわみつしげ　1621生。江戸時代前期、中期の大名。1701没。

エリザヴェータ・ペトロヴナ　1709生。ロシアの女帝（在位1741～62）。1762没。

松平武元　まつだいらたけちか　1713生。江戸時代中期の大名、老中。1779没。

伊勢貞丈　いせさだたけ　1717生。江戸時代中期の和学者。1784没。

カンナビヒ、ヨーハン・クリスティアン　1731生。ドイツのヴァイオリン奏者、指揮者、作曲家。1798没。

宇田川玄真　うだがわげんしん　1769生。江戸時代中期、後期の蘭方医。1835没。

西島蘭渓　にしじまらんけい　1780生。江戸時代後期の儒学者。1853没。

ヘンダーソン、トマス　1798生。スコットランドの天文学者。1844没。

伊東玄朴　いとうげんぼく　1800生。江戸時代末期、明治時代の蘭方医、肥前佐賀藩士。1871没。

グレイ、ヘンリー・ジョージ・グレイ、3代伯爵　1802生。イギリスの政治家。1894没。

ローズ、サー・ジョン・ベネット　1814生。イギリスの農学者。1900没。

土井聱牙　どいごうが　1817生。江戸時代、明治時代の儒学者。1880没。

フレゼーニウス　1818生。ドイツの化学者。1879没。

南部利剛　なんぶとしひさ　1826生。江戸時代、明治時代の大名。1896没。

飯降伊蔵　いぶりいぞう　1834生。江戸時代、明治時代の宗教家。天理教本席。1907没。

有村次左衛門　ありむらじざえもん　1838生。江戸時代末期の志士、薩摩藩士。1860没。

工藤行幹　くどうゆきもと　1842生。明治時代の政治家。衆議院議員。1904没。

タマーニョ、フランチェスコ　1850生。イタリアの歌劇歌手。1905没。

ウィルスン、トマス・ウッドロウ　1856生。アメリカの28代大統領。1924没。

タウシッグ　1859生。アメリカの経済学者。1940没。

ダンネマン　1859生。ドイツの自然科学史家。1936没。

浮田和民　うきたかずたみ　1860生。明治時代‐昭和時代の政治学者。早稲田大学教授。1946没。

レニエ、アンリ・ド　1864生。フランスの詩人、小説家。1936没。

バローハ、ピオ　1872生。スペインの小説家。1956没。

ハーキンズ、ウィリアム・ドレイパー　1873生。アメリカの化学者。1951没。

田沢稲舟　たざわいなぶね　1874生。明治時代の小説家。1896没。

平福百穂　ひらふくひゃくすい　1877生。大正時代の日本画家、歌人。東京美術学校教授。1933没。

川崎克　かわさきかつ　1880生。大正時代、昭和時代の政治家。衆議院議員。1949没。

畠山一清　はたけやまいっせい　1881生。大正時代、昭和時代の実業家、政治家。貴族院議員。1971没。

エディントン、サー・アーサー・スタンリー　1882生。イギリスの天文学者、物理学者。1944没。

倉橋惣三　くらはしそうぞう　1882生。大正時代、昭和時代の教育家、幼児教育指導者。お茶の水女子大学教授、教育刷新委員会委員。1955没。

森恪　もりかく　1882生。大正時代, 昭和時代の政治家。衆議院議員, 書記官長。1932没。

アーヴィン, スン・ジョン　1883生。イギリス(アイルランド)の劇作家, 小説家。1971没。

松本学　まつもとがく　1886生。明治時代–昭和時代の官僚。世界貿易センター会長, 貴院議員。1974没。

ムルナウ, フリードリヒ・ヴィルヘルム　1888生。ドイツの映画監督。1931没。

ナット, イヴ　1890生。フランスのピアニスト, 作曲家。1956没。

ライト　1890生。アメリカの国際法・国際政治学者。1970没。

ロンギ, ロベルト　1890生。イタリアの美術評論家。1970没。

石田幹之助　いしだみきのすけ　1891生。大正時代, 昭和時代の東洋史学者。国学院大学教授, 日本大学教授。1974没。

邦枝完二　くにえだかんじ　1892生。大正時代, 昭和時代の小説家。1956没。

長谷川巳之吉　はせがわみのきち　1893生。大正時代, 昭和時代の出版人, 詩人。1973没。

ルーカス, F.L.　1894生。イギリスの文学者。1967没。

ローマー, アルフレッド・シャーウッド　1894生。アメリカの古生物学者。1973没。

セッションズ, ロジャー　1896生。アメリカの作曲家, 理論家, 教育者。1985没。

コネフ, イヴァン・ステパノヴィチ　1897生。ソ連の軍人。1973没。

吉田辰五郎(5代目)　よしだたつごろう　1897生。大正時代, 昭和時代の人形浄瑠璃の人形遣い。1973没。

ロスビー, カール-グスタフ・アーヴィド　1898生。スウェーデンの気象学者, 海洋学者。1957没。

筏井嘉一　いかだいかいち　1899生。大正時代, 昭和時代の歌人。1971没。

久保栄　くぼさかえ　1900生。昭和時代の劇作家, 演出家。1958没。

畦地梅太郎　あぜちうめたろう　1902生。昭和時代, 平成時代の版画家。1999没。

井植歳男　いうえとしお　1902生。昭和時代の実業家。三洋電機創設者。1969没。

沈従文　ちんじゅうぶん　1902生。中国の小説家。1988没。

フォン・ノイマン, ジョン　1903生。ハンガリー生まれのアメリカの数学者。1957没。

堀辰雄　ほりたつお　1904生。昭和時代の小説家。1953没。

ハインズ, アール　1905生。アメリカのジャズ・ピアニスト。1983没。

倉林誠一郎　くらばやしせいいちろう　1912生。昭和時代, 平成時代の演劇プロデューサー。俳優座劇場社長, 日本芸能実演家団体協議会(芸団協)常任理事。2000没。

上原げんと　うえはらげんと　1914生。昭和時代の作曲家。1965没。

茂山千作(4代目)　しげやませんさく　1919生。昭和時代, 平成時代の狂言師(大蔵流)。

オボテ, ミルトン　1924生。ウガンダの政治家。2005没。

穴井太　あないふとし　1926生。昭和時代, 平成時代の俳人。「天籟通信」代表。1997没。

プイグ, マヌエル　1932生。アルゼンチンの小説家。1990没。

石原裕次郎　いしはらゆうじろう　1934生。昭和時代の俳優, 歌手。1987没。

スミス, マギー　1934生。イギリスの女優。

渡哲也　わたりてつや　1941生。昭和時代, 平成時代の俳優。

ビレンドラ・ビル・ビクラム・シャー　1945生。ネパール国王。2001没。

クレイダーマン, リチャード　1953生。フランスのピアニスト。

藤波辰爾　ふじなみたつみ　1953生。昭和時代, 平成時代のプロレスラー。

ワシントン, デンゼル　1954生。アメリカの俳優。

藤山直美　ふじやまなおみ　1958生。昭和時代, 平成時代の女優。

山口香　やまぐちかおり　1964生。昭和時代, 平成時代の柔道家。

トータス松本　とーたすまつもと　1966生。昭和時代, 平成時代のミュージシャン。

雨宮塔子　あめみやとうこ　1970生。平成時代のキャスター, エッセイスト。

寺島しのぶ　てらじましのぶ　1972生。平成時代の女優。

12月28日

12月29日

○記念日○ シャンソンの日

- 覚法法親王　かくほうほっしんのう　1091生。平安時代後期の真言宗の僧。1153没。
- 能子内親王　よしこないしんのう　1200生。鎌倉時代前期の女性。高倉天皇皇子守貞親王の王女。1245没。
- イブン・アル・バンナ　1250生。モロッコ出身のアラブの数学者。1321没。
- 池田輝政　いけだてるまさ　1564生。安土桃山時代、江戸時代前期の大名。1613没。
- 喜安　きあん　1565生。安土桃山時代、江戸時代前期の僧。1653没。
- 島津久通　しまづひさみち　1604生。江戸時代前期の興産家。1674没。
- 村上光清　むらかみこうせい　1682生。江戸時代中期の富士行者。1759没。
- 花園実廉　はなぞのさねやす　1690生。江戸時代中期の公家。1761没。
- パテル, ジャン-バティスト　1695生。フランスの画家。1736没。
- 尊孝法親王　そんこうほうしんのう　1702生。江戸時代中期の伏見宮邦永親王の第4王子。1748没。
- ポンパドゥール, ジャンヌ・アントワネット・ポワソン, 侯爵夫人　1721生。フランス国王ルイ15世の愛妾。1764没。
- 山本春正(5代目)　やまもとしゅんしょう　1734生。江戸時代中期, 後期の蒔絵師。1803没。
- 徳富太多七　とくとみただしち　1739生。江戸時代中期, 後期の開拓者。1818没。
- 安倍季良　あべすえはる　1775生。江戸時代後期の雅楽家。1857没。
- ルブラン, ピエール-アントワーヌ　1785生。フランスの詩人, 劇作家。1873没。
- 承真　しょうしん　1786生。江戸時代後期の天台宗の僧。1841没。
- スマラカレギ　1788生。スペインの軍人。1835没。
- トムセン, クリスティアン・イェアゲンセン　1788生。デンマークの考古学者。1865没。
- 竹田榛斎　たけだしんさい　1793生。江戸時代後期の儒者。1829没。
- ポッゲンドルフ, ヨハン・クリスティアン　1796生。ドイツの物理学者, 科学史家。1877没。
- アコスタ　1800生。コロンビアの軍人, 政治家, 地理学者。1852没。
- グッドイヤー, チャールズ　1800生。アメリカの発明家。1860没。
- ジョンソン, アンドリュー　1808生。第17代アメリカ大統領。1875没。
- グラッドストン, ウィリアム・ユーアート　1809生。イギリスの政治家, 自由党内閣首相。1898没。
- パークス, アレグザンダー　1813生。イギリスの化学技術者, ゴムの冷加硫法のちのセルロイドの前身を発明。1890没。
- 長谷川昭道　はせがわあきみち　1815生。江戸時代, 明治時代の松代藩士。1897没。
- ルードヴィヒ, カール・フリードリヒ・ヴィルヘルム　1816生。ドイツの生理学者。1895没。
- 宇多左右衛門　うだたざえもん　1821生。江戸時代末期の肥前大村藩家老。1868没。
- 近藤忠直　こんどうただなお　1823生。江戸時代後期, 末期, 明治時代の神職, 歌人。1898没。
- 松平容保　まつだいらかたもり　1835生。江戸時代, 明治時代の会津藩主。日光東照宮宮司。1893没。
- シュバインフルト　1836生。ドイツの植物学者, アフリカ探検家。1925没。
- エリーザベト　1843生。ルーマニアの王妃, 女流作家。1916没。
- 村田保　むらたたもつ　1843生。明治時代, 大正時代の官吏, 政治家。大日本塩業協会会長, 貴族院議員。1925没。
- カニンガム　1849生。イギリスの歴史学派の経済学者。1919没。
- 松平昭訓　まつだいらあきくに　1849生。江戸時代末期の水戸藩公子。1864没。
- 吉川泰二郎　よしかわたいじろう　1851生。明治時代の実業家, 教育家。愛知県英語学校長。1895没。

752

津田三蔵　つださんぞう　1855生。明治時代の巡査。1891没。
スティールチェス　1856生。オランダ系フランスの数学者。1894没。
カランサ，ベヌスティアーノ　1859生。メキシコ革命の指導者，大統領（1917〜20）。1920没。
寺尾亨　てらおとおる　1859生。明治時代，大正時代の国際法学者。東京帝国大学教授。1925没。
川上俊彦　かわかみとしひこ　1862生。明治時代-昭和時代の外交官，実業家。北樺太鉱業社長。1935没。
ヒス　1863生。ドイツの解剖学者。1934没。
中村歌右衛門(5代目)　なかむらうたえもん　1866生。明治時代-昭和時代の歌舞伎役者。1940没。
ゲラン，シャルル　1873生。フランスの詩人。1907没。
小島烏水　こじまうすい　1873生。明治時代-昭和時代の登山家，銀行家。日本山岳会初代会長。1948没。
ジャイルズ　1875生。イギリスの中国学者。1958没。
カサルス，パブロ　1876生。スペインのチェリスト。1973没。
ミッチェル，ビリー　1879生。アメリカの軍人。1936没。
増田惟茂　ますだこれしげ　1883生。大正時代，昭和時代の心理学者。1933没。
相馬泰三　そうまたいぞう　1885生。大正時代，昭和時代の小説家。1952没。
信時潔　のぶときよし　1887生。大正時代，昭和時代の作曲家。東京音楽学校教授。1965没。
イリーン，M.　1895生。ソ連の作家。1953没。
シケイロス，ダビード・アルファロ　1896生。メキシコの画家。1974没。
三石巌　みついしいわお　1901生。児童文学者。1997没。
ポルティナーリ，カンディード　1903生。ブラジルの画家。1962没。
大谷東平　おおたにとうへい　1905生。昭和時代の気象学者。気象大学長，気象研究所長。1977没。
山本安英　やまもとやすえ　1906生。昭和時代の女優。1993没。
ウィーヴァー　1907生。アメリカの政治家。1997没。
小沼正　おぬましょう　1911生。昭和時代の右翼活動家。1978没。
ウェルナー，ピエール　1913生。ルクセンブルクの政治家。2002没。
イロイロ，ジョセファ　1920生。フィジーの政治家。
モンヘ，アルベルト　1925生。コスタリカの政治家。
飴山実　あめやまみのる　1926生。昭和時代，平成時代の俳人，農芸化学者。山口大学教授，朝日俳壇選者。2000没。
森川和子　もりかわかずこ　1931生。昭和時代の宗教音楽家。西南学院大学教授。1986没。
ガユーム，マウムーン・アブドル　1937生。モルディブの政治家。
小林章夫　こばやしあきお　1949生。昭和時代，平成時代の英文学者。
浜田省吾　はまだしょうご　1952生。昭和時代，平成時代のシンガーソングライター。
高円宮憲仁　たかまどのみやのりひと　1954生。昭和時代，平成時代の皇族。2002没。
桜金造　さくらきんぞう　1956生。昭和時代，平成時代のコメディアン，俳優。
早乙女愛　さおとめあい　1958生。昭和時代，平成時代の女優。
岸本加世子　きしもとかよこ　1960生。昭和時代，平成時代の女優。
越前屋俵太　えちぜんやひょうた　1961生。昭和時代，平成時代のコメディアン。
鶴見辰吾　つるみしんご　1964生。昭和時代，平成時代の俳優。
加勢大周　かせたいしゅう　1969生。平成時代の俳優。
ロー，ジュード　1972生。イギリスの俳優，映画監督。
佐藤ルミナ　さとうるみな　1973生。平成時代の格闘家。
ミーノ　1977生。平成時代の歌手。
荒川静香　あらかわしずか　1981生。平成時代のプロスケーター。
秋篠宮佳子　あきしののみやかこ　1994生。平成時代の皇族。

12月29日

12月30日

○記念日○ 地下鉄記念日
○忌　日○ 利一忌

- ティトウス, フラーウィウス・ウェスパシアーヌス　39生。ローマ皇帝(在位79～81)。81没。
- 法尊　ほうそん　1396生。室町時代の真言宗の僧。1418没。
- パーレウス(ヴェングラー), ダーフィト　1548生。ドイツの改革派神学者。1622没。
- ギーズ, アンリ, 3代公爵　1550生。フランスの将軍。1588没。
- フルテンバハ, ヨーゼフ　1591生。ドイツの建築家, 建築理論家。1667没。
- メフメット4世　1641生。オスマン・トルコ帝国の第19代スルタン(1648～87)。1692没。
- 敬法門院　けいほうもんいん　1657生。江戸時代前期, 中期の女性。霊元天皇の宮人。1732没。
- クロフト, ウィリアム　1678生。イギリスの作曲家, オルガン奏者。1727没。
- コッツェブー, オットー　1787生。ドイツの探検家。1846没。
- 青木錦鱗　あおきんそん　1817生。江戸時代後期, 末期, 明治時代の儒者・漢詩人。1874没。
- スティーヴンズ, アルフレッド　1817生。イギリス新古典主義の代表的彫刻家。1875没。
- ショルベ　1819生。ドイツの哲学者。1873没。
- フォンターネ, テーオドア　1819生。ドイツの詩人, 小説家, 劇評家。1898没。
- ロバーノフ・ロストーフスキィ　1824生。ロシアの政治家, 外交官。1896没。
- 藤井織之助　ふじいおりのすけ　1828生。江戸時代, 明治時代の十津川郷士, 尊攘派志士。1868没。
- アルトゲルト, ジョン・ピーター　1847生。アメリカの法律家, 政治家。1902没。
- ミルン, ジョン　1850生。イギリスの地震学者, 鉱山技師。1913没。
- メサジェ, アンドレ　1853生。フランスの指揮者, 作曲家。1929没。
- ハルト, ハインリヒ　1855生。ドイツの評論家, 小説家。1906没。
- キップリング, ラドヤード　1865生。インド生まれのイギリスの小説家, 詩人。1936没。
- 斎藤緑雨　さいとうりょくう　1868生。明治時代の小説家, 評論家。1904没。
- 田中王堂　たなかおうどう　1868生。明治時代, 大正時代の哲学者, 評論家。1932没。
- リーコック, スティーヴン　1869生。イギリス系カナダのユーモア小説家, 経済学者。1944没。
- スミス, アルフレッド・エマニュエル　1873生。アメリカの政治家。1944没。
- 沢村宗十郎(7代目)　さわむらそうじゅうろう　1875生。明治時代の歌舞伎俳優。1949没。
- アバハート, ウィリアム　1878生。カナダの政治家。1943没。
- 呉玉章　ごぎょくしょう　1878生。中国の教育家, 政治家。1966没。
- コルベンハイアー, エルヴィン・グイード　1878生。ドイツの小説家。1962没。
- ラマナ・マハリシ　1879生。インドの宗教家。1950没。
- アインシュタイン, アルフレート　1880生。ドイツ生まれのアメリカの音楽学者。1952没。
- 小杉放庵　こすぎほうあん　1881生。明治時代-昭和時代の画家, 歌人。1964没。
- サスーン　1881生。イギリスの銀行家。1961没。
- ブデル, モーリス　1883生。フランスの小説家, 随筆家。1954没。
- 東条英機　とうじょうひでき　1884生。昭和時代の陸軍軍人, 政治家。太平洋戦争開戦時の首相, 陸相, 内相。1948没。
- ブロード, チャーリー・ダンバー　1887生。イギリスの哲学者。1971没。
- フリング, ゲオルグ・フォン・デア　1889生。ドイツの詩人, 小説家。1968没。
- ピネー　1891生。フランスの政治家。1994没。
- ハートリー, L.P.　1895生。イギリスの小説家。1972没。

大川博　おおかわひろし　1896生。昭和時代の実業家。東映社長。1971没。

ノックス, ジョン　1900生。スコットランドにおける宗教改革の指導者, 歴史家。1572没。

加賀山之雄　かがやまゆきお　1902生。昭和時代の官僚, 政治家。国鉄総裁, 参議院議員。1970没。

天知俊一　あまちしゅんいち　1903生。昭和時代のプロ野球監督。1976没。

カバレーフスキー, ドミートリー・ボリーソヴィチ　1904生。ソ連の作曲家。1987没。

稲垣浩　いながきひろし　1905生。昭和時代の映画監督。1980没。

レヴィナス, エマニュエル　1905生。フランスのユダヤ人哲学者。1995没。

リード, キャロル　1906生。イギリスの映画監督。1976没。

ボールズ, ポール　1910生。アメリカの作曲家, 小説家。1984没。

沢野久雄　さわのひさお　1912生。昭和時代の小説家。1992没。

エドワーズ　1916生。イギリスの劇作家。1961没。

尹東柱　ゆんとんじゅ　1917生。朝鮮の詩人。1945没。

スミス, ユージン　1918生。アメリカの写真家。1978没。

西村進一　にしむらしんいち　1919生。昭和時代の高校野球監督。2006没。

チェルニー・ステファニスカ, ハリナ　1922生。ポーランドのピアニスト。2001没。

中江要介　なかえようすけ　1922生。昭和時代の外交官, バレエ台本作家。

リードマン, サーラ　1923生。スウェーデンの作家。

ログノフ, アナトリー　1926生。ロシアの物理学者。

陳昌鉉　ちんしょうげん　1929生。韓国のバイオリン製作者。

ニコルズ, バーバラ　1929生。アメリカの女優。1976没。

開高健　かいこうたけし　1930生。昭和時代, 平成時代の小説家。1989没。

ホートン, ジョン　1931生。イギリスの大気物理学者。

コーファックス, サンディ　1935生。アメリカの元・大リーグ選手。

ボンゴ・オンディンバ, オマル　1935生。ガボンの政治家。

小沼勝　こぬままさる　1937生。昭和時代, 平成時代の映画監督。

ストゥーキー, ノエル・ポール　1937生。アメリカのフォーク歌手(ピーター・ポール・アンド・マリー)。

雷峰　らいほう　1939生。中国, 人民解放軍の班長。1962没。

ブコフスキー, ウラジーミル　1942生。ロシアの評論家, 生物学者。

木場勝己　きばかつみ　1949生。昭和時代, 平成時代の俳優。

山本潤子　やまもとじゅんこ　1949生。昭和時代, 平成時代の歌手。

ゴンザレス三上　ごんざれすみかみ　1953生。昭和時代, 平成時代のギタリスト。

斎藤雅広　さいとうまさひろ　1958生。昭和時代, 平成時代のピアニスト, 作曲家。

ジョンソン, ベン　1961生。カナダの元・陸上選手(短距離)。

小川菜摘　おがわなつみ　1962生。昭和時代, 平成時代のタレント。

元木大介　もときだいすけ　1971生。平成時代の野球評論家, 元・プロ野球選手。

AIKO　あいこ　1973生。平成時代の歌手。

ウッズ, タイガー　1975生。アメリカのプロゴルファー。

椎名慶治　しいなよしはる　1975生。平成時代のミュージシャン。

taeco　たえこ　1975生。平成時代の歌手, 女優。

戸田和幸　とだかずゆき　1977生。平成時代のサッカー選手。

ジェームズ, レブロン　1984生。アメリカのバスケットボール選手。

12月30日

12月31日

○記念日○ 大晦日
大祓
追儺
○忌　日○ 一碧楼忌
寅彦忌

カリクスツス3世　1378生。教皇（在位1455～58）。1458没。

ブリースマン, ヨハネス　1488生。宗教改革期のドイツの神学者。1549没。

ヴェサリウス, アンドレアス　1514生。ベルギーの解剖学者。1564没。

ゾーン, ゲオルク　1551生。ドイツの改革派神学者。1589没。

ブールハーフェ, ヘルマン　1668生。オランダの医学者。1738没。

伊良子道牛　いらこどうぎゅう　1671生。江戸時代中期の蘭方医。1734没。

チャールズ・エドワード・ステュアート　1720生。イギリスの王位僭称者。1788没。

コーンウォリス, チャールズ・コーンウォリス, 初代侯爵　1738生。イギリスの軍人。1805没。

ビュルガー, ゴットフリート・アウグスト　1747生。ドイツの詩人。1794没。

ヴィルヌーヴ, ピエール・（シャルル・ジャン・バティスト・シルヴェストル・）ド　1763生。フランスの海軍司令官。1806没。

シモン　1814生。フランスの政治家, 哲学者。1896没。

ガル　1816生。イギリスの医師。1890没。

イスマーイール・パシャ　1830生。ムハンマド・アリー朝第4代の王（在位1836～79）。1895没。

ダルー, ジュール　1838生。フランスの彫刻家。1902没。

ルーベ, エミール・フランソワ　1838生。フランス大統領。1929没。

ハムディ・ベイ　1842生。トルコの画家, 考古学者。1910没。

パシチ　1845生。ユーゴスラビアの政治家。1926没。

ニーヴェンホイス　1846生。オランダの政治家。1919没。

アダムズ　1852生。アメリカの経済学者。1921没。

パスコリ, ジョヴァンニ　1855生。イタリアの詩人。1912没。

ベッケ　1855生。オーストリアの結晶学, 岩石学者。1931没。

パンツィーニ, アルフレード　1863生。イタリアの小説家, 評論家。1939没。

エイトケン, ロバート・グラント　1864生。アメリカの天文学者。1951没。

利光鶴松　としみつつるまつ　1864生。明治時代–昭和時代の実業家。衆議院議員, 小田急電鉄社長。1945没。

マックス, アドルフ　1869生。ベルギーの政治家。1939没。

マティス, アンリ　1869生。フランスの画家。1954没。

大沢豊子　おおさわとよこ　1873生。明治時代, 大正時代の速記者。1937没。

嵐璃徳　あらしりとく　1875生。歌舞伎役者, 映画俳優。1944没。

アーデン, エリザベス　1878生。アメリカの美容サロン経営者。エリザベス・アーデン創設者。1966没。

キローガ, オラシオ　1878生。ウルグアイの小説家。1937没。

マーシャル, G.C.　1880生。アメリカの軍人, 政治家。1959没。

アタテュルク, ムスタファ・ケマル　1881生。トルコの政治家, 軍人。1938没。

ペヒシュタイン, マックス　1881生。ドイツの画家。1955没。

ダヴィ　1883生。フランスの社会学者。1976没。

村山義温　むらやまよしあつ　1883生。大正時代, 昭和時代の薬学者。日本生薬会会長。1980没。

園田湖城　そのだこじょう　1886生。大正時代, 昭和時代の篆刻家。日本書道連盟理事, 京都

書道連盟会長。1968没。
エロシェンコ，ワシーリー・ヤーコヴレヴィチ　1889生。ロシアの盲目詩人，童話作家。1952没。
ネグリ，ポーラ　1889生。ポーランド出身の映画女優。1987没。
松村英一　まつむらえいいち　1889生。大正時代，昭和時代の歌人。「国民文学」主宰。1981没。
岩松三郎　いわまつさぶろう　1893生。昭和時代の裁判官。最高裁判事。1978没。
パウケル　1893生。ルーマニアの政治家。1960没。
ヴィノグラードフ，ヴィクトル・ウラジーミロヴィチ　1894生。ソ連邦の言語学者。1969没。
洪深　こうしん　1894生。中国の劇作家，演出家。1955没。
鈴江言一　すずえげんいち　1894生。昭和時代の社会運動家，中国研究者。1945没。
ジーゲル　1896生。ドイツの数学者。1981没。
ドビ　1898生。ハンガリーの政治家。1968没。
トンプソン　1898生。アメリカの考古学者。1975没。
林芙美子　はやしふみこ　1903生。昭和時代の小説家。1951没。
ミルスタイン，ネイサン　1904生。ロシアのヴァイオリニスト。1992没。
北島織衛　きたじまおりえ　1905生。昭和時代の実業家。大日本印刷会長。1980没。
スタイン，ジュール　1905生。アメリカの作曲家。1994没。
中沢茂夫　なかざわみちお　1905生。昭和時代の小説家。1985没。
ブレザ，タデウシュ　1905生。ポーランドの小説家，外交官。1970没。
細川ちか子　ほそかわちかこ　1905生。昭和時代の女優。1976没。
モレ，ギー（・アルシード）　1905生。フランスの政治家。1975没。
ヴィーゼンタール，シモン　1908生。ポーランド生まれのユダヤ人。2005没。
ガフーロフ　1908生。ソ連邦の党活動家，歴史・東洋学者。1977没。

久保卓也　くぼたくや　1921生。昭和時代の官僚，防衛評論家。防衛事務次官。1980没。
ヤメオゴ，モーリス　1921生。オートボルタの初代大統領。1993没。
ボー・クイー　1929生。ベトナムの鳥類学者。
坂田藤十郎(4代目)　さかたとうじゅうろう　1931生。昭和時代，平成時代の歌舞伎俳優。
倉本聰　くらもとそう　1934生。昭和時代，平成時代の脚本家。富良野塾主宰。
ホプキンス，アンソニー　1937生。イギリス出身の俳優。
ファーガソン，アレックス　1941生。イギリスのサッカー監督。
キングスレー，ベン　1943生。イギリスの俳優。
サマーズ，アンディ　1946生。イギリスのロックギタリスト。
スミス，パティ　1946生。アメリカの詩人，ロック歌手。
ハミルトン，トム　1951生。アメリカのロック・ベース奏者。
キルマー，バル　1959生。アメリカの俳優。
高樹澪　たかきみお　1959生。昭和時代，平成時代の女優。
俵万智　たわらまち　1962生。昭和時代，平成時代の歌人。
KONISHIKI　こにしき　1963生。昭和時代，平成時代のタレント，元・力士(大関)。
秋山エリカ　あきやまえりか　1964生。昭和時代，平成時代の元・新体操選手。
コン・リー　1965生。中国の女優。
江口洋介　えぐちようすけ　1967生。昭和時代，平成時代の俳優，歌手。
まこと　まこと　昭和時代，平成時代のミュージシャン。
東貴博　あずまたかひろ　1969生。平成時代のコメディアン。
ツィスカリーゼ，ニコライ　1973生。ロシアのバレエダンサー。
中越典子　なかごしのりこ　1979生。平成時代の女優。
村主章枝　すぐりふみえ　1980生。平成時代のフィギュアスケート選手。
大黒摩季　おおぐろまき　シンガーソングライター。

12月31日

人名索引

【あ】

アイアコッカ, リー *10.15*(1924)
アイアトン, ヘンリー *11.3*(1611)
アイアランド, ジョン *8.13*(1879)
アイアン *3.24*(1855)
アイアンズ, ジェレミー *9.19*(1948)
アイヴァゾーフスキー, イヴァン・コンスタンティノヴィチ *7.17*(1817)
アイヴズ, チャールズ *10.20*(1874)
アイヴズ, バール *6.14*(1909)
愛内里菜 *7.31*(1980)
相生五右衛門 *2.4*(1680)
相生由太郎 *4.28*(1867)
相川勝六 *12.6*(1891)
愛川欽也 *6.25*(1934)
哀川翔 *5.24*(1961)
相川七瀬 *2.16*(1975)
相川春喜 *8.15*(1909)
相川道之助 *7.21*(1900)
アイクシュテット *10.10*(1892)
アイケルバーガー *3.9*(1886)
AIKO *12.30*(1973)
aiko *11.22*(1975)
相沢三郎 *9.6*(1889)
会沢正志斎 *5.25*(1782)
相沢忠洋 *6.21*(1926)
藍沢弥八 *3.22*(1880)
相島一之 *11.30*(1961)
愛新覚羅慧生 *2.26*(1938)
愛新覚羅浩 *3.16*(1914)
愛新覚羅溥儀 *2.7*(1906)
愛新覚羅溥傑 *4.16*(1907)
アイスナー, クルト *5.14*(1867)
アイスラー *2.20*(1887)
アイスラー, ハンス *7.6*(1898)
アイゼンク, ハンス(・ユルゲン) *3.4*(1916)
アイゼンシュタイン *4.16*(1823)
アイゼンシュタット, アルフレート *12.6*(1898)
アイゼンハワー, ドワイト *10.14*(1890)
アイゼンハワー, ミルトン *9.15*(1899)
相田翔子 *2.23*(1970)
会田綱雄 *3.17*(1914)
相田二郎 *5.12*(1897)
相田みつを *5.20*(1924)
会田安明 *2.10*(1747)
会田雄次 *3.5*(1916)
愛知揆一 *10.10*(1907)
会津八一 *8.1*(1881)
アイディット *6.30*(1923)
アイネム, ゴットフリート・フォン *1.24*(1918)
相浦紀道 *6.23*(1841)
相葉雅紀 *12.24*(1982)
あいはら友子 *7.14*(1954)
アイヒェンドルフ, ヨーゼフ・フォン *3.10*(1788)
アイヒ, ギュンター *2.1*(1907)
アイヒホルン, カール・フリードリヒ *11.20*(1781)
アイヒホルン, ヨーハン・ゴットフリート *10.16*(1752)
アイヒマン, カール・アドルフ *3.19*(1906)
アイプ *8.24*(1420)
相武紗季 *6.20*(1985)
アイボリー, ジェームズ *6.7*(1928)
アイマー *6.22*(1843)
アイマール, パブロ *11.3*(1979)
靉光 *6.24*(1907)
アイメルト, ヘルベルト *8.4*(1897)
アイリング, ヘンリー *2.20*(1901)
アインシュタイン, アルフレート *12.30*(1880)
アインシュタイン, アルベルト *3.14*(1879)
アイントホーフェン, ヴィレム *5.21*(1860)
アウアー, カール, ヴェルスバッハ男爵 *9.1*(1858)
アウアーバッハ, エーリヒ *11.9*(1892)
アウアーバッハ, ベルトルト *2.28*(1812)
アウアー, レオポルド *6.16*(1845)
アウィータ, サイド *11.2*(1960)
アーヴィング, エドワード *8.4*(1792)
アーヴィング, ヘンリー *2.6*(1838)
アーヴィング, ワシントン *4.3*(1783)
アーヴィン, スン・ジョン *12.28*(1883)
アウヴェルス *9.12*(1838)
アウエーゾフ, ムフタル・オマルハノヴィチ *9.28*(1897)
アヴェドン, リチャード *5.15*(1923)
アヴェナーリウス, リヒャルト *11.19*(1843)
アヴェリー, オズワルド・セオドア *10.21*(1877)
アウエルバッハ *11.12*(1856)
アヴェンティーヌス, ヨハネス *7.4*(1477)
アウエンブルッガー, レオポルト *11.19*(1722)
アヴォガドロ, アメデオ *8.9*(1776)
アウクシュタイン, ルードルフ *11.5*(1923)
アウグスタ *9.30*(1811)
アウグスティヌス, アウレリウス *11.13*(354)
アウグスト1世 *7.31*(1526)
アウグストゥス, ガイユス・ユリウス・カエサル・オクタウィアヌス *9.23*(前62)
アウトナソン, ヨウン *8.17*(1819)
アウト, ヤコブス・ヨハネス・ピーテル *2.9*(1890)
アヴネル *6.2*(1855)
アウブ, マックス *6.2*(1903)
アウフレヒト *1.7*(1822)

アウラングゼーブ, ムヒー・ウッディーン・ムハンマド　*11.2*(1618)
アウレーリアーヌス, ルーキウス・ドミティウス　*9.9*(214)
アウレーン, グスターヴ・エマーヌエル・ヒルデブランド　*5.15*(1879)
アウン・サン　*2.13*(1915)
アウン・サン・スー・チー　*6.19*(1945)
饗庭篁村　*8.15*(1855)
青井鉞男　*8.10*(1872)
青池保子　*7.24*(1948)
あおい輝彦　*1.10*(1948)
蒼井優　*8.17*(1985)
青江三奈　*7.7*(1945)
青木あさ　*12.4*(1897)
青木雨彦　*11.17*(1932)
青木功　*8.31*(1942)
青木市五郎　*12.11*(1900)
青木英五郎　*12.9*(1909)
青木一男　*11.28*(1889)
青木均一　*2.14*(1898)
青木琴水　*8.10*(1856)
青木錦村　*12.30*(1817)
青木楠男　*7.23*(1893)
青木恵一郎　*5.17*(1905)
青木月斗　*11.20*(1879)
青木昆山　*8.6*(1805)
青木昆陽　*5.12*(1698)
青木定雄　*6.23*(1928)
青木貞伸　*8.1*(1929)
青木さやか　*3.27*(1973)
青木繁　*7.13*(1882)
青木茂　*3.30*(1897)
青木周弼　*1.3*(1803)
青木周蔵　*1.15*(1844)
青木新三郎　*6.26*(1833)
青木孝義　*1.19*(1897)
青木正　*12.5*(1898)
青木東庵　*10.4*(1650)
青木宣純　*5.19*(1859)
青木信光　*9.20*(1869)
青木宣親　*1.5*(1982)
青木治男　*4.27*(1931)
青木治親　*3.28*(1976)
青木日出雄　*2.8*(1927)
青木文一郎　*8.16*(1883)
青木文教　*9.28*(1886)
青木平輔　*8.24*(1820)
青木北海　*1.30*(1782)
青木正児　*2.14*(1887)
青木まゆみ　*5.1*(1953)
青木幹雄　*6.8*(1934)
青木龍山　*8.18*(1926)
青木鈴慕(2代目)　*10.4*(1935)
青島俊作　*12.13*(1967)
青島幸男　*7.17*(1932)
青田昇　*11.22*(1924)
青田典子　*10.7*(1967)
青地晨　*4.24*(1909)
青野季吉　*2.24*(1890)
青野寿郎　*11.25*(1901)
青柳種信　*2.20*(1766)
青柳瑞穂　*5.29*(1899)
青山熊治　*5.22*(1886)
青山小三郎　*9.3*(1826)
青山杉雨　*6.6*(1912)
青山二郎　*6.1*(1901)
青山杉作　*7.22*(1889)
青山忠俊　*2.10*(1578)
青山忠朝　*7.16*(1708)
青山忠良　*4.10*(1807)
青山忠成　*8.6*(1551)
青山忠裕　*5.8*(1768)
青山胤通　*5.15*(1859)
青山虎之助　*3.12*(1914)
青山延光　*10.23*(1807)
青山秀夫　*3.21*(1910)
青山宗俊　*11.6*(1604)
青山圭男　*1.9*(1903)
赤井景韶　*9.25*(1859)
赤石英　*10.23*(1919)
赤井陶然(3代目)　*7.19*(1818)
赤井英和　*8.17*(1959)
赤井米吉　*6.1*(1887)
アーガイル, ジョン・キャンベル, 2代公爵　*10.10*(1678)
赤岩栄　*4.6*(1903)
赤尾兜子　*2.28*(1925)
赤尾敏　*1.15*(1899)
赤尾好夫　*3.31*(1907)
赤尾可官　*5.18*(1764)
赤川次郎　*2.29*(1948)
赤木格堂　*7.27*(1879)
赤木圭一郎　*5.8*(1939)
赤木桁平　*2.9*(1891)
赤木忠春　*10.13*(1816)
赤木春恵　*3.14*(1924)
赤木正雄　*3.24*(1887)
赤城宗徳　*12.2*(1904)
赤城泰舒　*6.20*(1889)
赤木由子　*11.1*(1927)
赤木蘭子　*1.17*(1914)
赤坂晃　*5.8*(1973)
赤坂泰彦　*11.25*(1959)
アガシ, アレグザンダー　*12.17*(1835)
アガシ, アンドレ　*4.29*(1970)
明石海人　*7.5*(1901)
明石国助　*5.6*(1887)
明石順三　*7.1*(1889)
明石次郎　*1.16*(1620)
明石照男　*3.31*(1881)
明石元二郎　*8.1*(1864)
明石家さんま　*7.1*(1955)
赤地友哉　*1.24*(1906)
アガシ, ルイ　*5.28*(1807)
赤瀬川原平　*3.27*(1937)
赤瀬川隼　*11.5*(1931)
あがた森魚　*9.12*(1948)
赤塚芸庵　*11.12*(1613)
赤塚不二夫　*9.14*(1935)
上妻宏光　*7.27*(1973)
赤西仁　*7.4*(1984)
赤根武人　*1.15*(1838)
赤羽雲庭　*3.13*(1912)
赤羽末吉　*5.3*(1910)
赤羽一　*4.5*(1875)
アガ・ハーン3世　*11.2*(1877)
赤星憲広　*4.10*(1976)
赤星六郎　*6.10*(1901)
赤堀四郎　*10.20*(1900)
赤松明子　*9.27*(1902)
赤松克麿　*12.4*(1894)
赤松要　*8.7*(1896)
赤松月船　*3.22*(1897)
赤松小三郎　*4.4*(1831)
赤松宗旦　*7.14*(1806)
赤松常子　*8.11*(1897)
赤松俊秀　*4.28*(1907)
赤松麟作　*1.20*(1878)
赤間文三　*5.31*(1899)
阿川佐和子　*11.1*(1953)
阿川弘之　*12.24*(1920)
阿川泰子　*10.16*(1951)
秋岡芳夫　*4.29*(1920)
秋川リサ　*5.12*(1952)
秋草篤二　*7.7*(1909)
安芸皎一　*4.9*(1902)
顕子女王　*2.13*(1639)
光子女王　*4.27*(1819)

昱子内親王　*9.29*(1231)
秋篠宮佳子　*12.29*(1994)
秋篠宮紀子　*9.11*(1966)
秋篠宮悠仁　*9.6*(2006)
秋篠宮文仁　*11.30*(1965)
秋篠宮真子　*10.23*(1991)
秋田雨雀　*1.30*(1883)
秋田清　*8.29*(1881)
あき竹城　*4.4*(1947)
秋田貞夫　*6.24*(1909)
秋田実　*7.15*(1905)
秋月種殷　*6.9*(1817)
秋月種長　*2.7*(1567)
秋月悌次郎　*7.2*(1824)
秋月康夫　*8.22*(1902)
AKINA　*6.19*(1985)
アギナルド, エミリオ　*3.23*(1869)
安芸ノ海節男　*5.30*(1914)
アキノ, コラソン　*1.25*(1933)
秋野不矩　*7.25*(1908)
アキノ, ベニグノ(Jr.)　*11.27*(1932)
秋野暢子　*1.18*(1957)
秋葉隆　*10.5*(1888)
秋庭太郎　*5.19*(1907)
彰仁親王　*1.16*(1846)
アーキペンコ, アレグザンダー・ポルフィリエヴィチ　*5.30*(1887)
秋元正一郎　*1.1*(1823)
秋本新蔵　*6.24*(1812)
秋元寿恵夫　*3.13*(1908)
秋元不死男　*11.3*(1901)
秋元松代　*1.2*(1911)
秋元志朝　*3.8*(1820)
アキーモフ　*4.3*(1901)
秋谷七郎　*11.7*(1896)
秋山章　*7.3*(1723)
秋山逸生　*9.27*(1901)
秋山エリカ　*12.31*(1904)
秋山玉山　*6.29*(1702)
秋山清　*4.20*(1904)
秋山邦晴　*5.22*(1929)
秋山幸二　*4.6*(1962)
秋山さと子　*2.26*(1923)
秋山真之　*3.20*(1868)
秋山純　*6.4*(1980)
秋山庄太郎　*6.8*(1920)
秋山定輔　*7.7*(1868)
秋山登　*2.3*(1934)
秋山安三郎　*3.9*(1886)
秋山好古　*1.7*(1859)
アーキャロ, エディー　*2.19*(1916)
阿木燿子　*5.1*(1945)
秋好馨　*6.27*(1912)
秋吉久美子　*7.29*(1954)
Akira　*8.20*(1988)
秋良貞温　*9.4*(1811)
アギーレ・セルダ　*2.6*(1879)
アギレラ, クリスティーナ　*12.18*(1980)
アクアヴィーヴァ, クラウディウス　*9.14*(1543)
アークヴィラ(アドラー), カスパル　*8.7*(1488)
アクサーコフ, イワン・セルゲーヴィチ　*9.26*(1823)
アクサーコフ, コンスタンチン・セルゲーヴィチ　*4.10*(1817)
アクサーコフ, セルゲイ・チモフェーヴィチ　*10.1*(1791)
アクセルロッド, ジュリアス　*5.30*(1912)
芥川玉潭　*10.6*(1777)
芥川丹邱　*3.4*(1710)
芥川比呂志　*3.30*(1920)
芥川也寸志　*7.12*(1925)
芥川龍之介　*3.1*(1892)
芥田武夫　*10.20*(1903)
アクトン, ジョン・エマリチ・エドワード・ダルバーグ　*1.10*(1834)
アグニュー, スパイロ・シオドア　*11.9*(1918)
アグネス・チャン　*8.20*(1955)
アグネッタ　*4.5*(1950)
アグノエル　*10.29*(1896)
アグノン, シュムエル・ヨセフ　*7.17*(1888)
アクバル, ジャラール・ウッディーン・ムハンマド　*11.23*(1542)
阿久悠　*2.7*(1937)
アークライト, サー・リチャード　*12.23*(1732)
アグリコラ, ゲオルギウス　*3.24*(1494)
アグリーコラ, ヨハネス　*4.20*(1494)
アグリコラ, ルドルフス　*8.23*(1443)
アグリッパ・フォン・ネッテスハイム, ヘンリクス・コルネリウス　*9.14*(1486)
アグリッピナ　*11.6*(15)
暁烏敏　*7.12*(1877)
アゲソー, アンリ・フランソワ・ド　*11.27*(1668)
曙　*5.8*(1969)
明峰正夫　*1.12*(1876)
朱楽菅江　*10.24*(1738)
阿子島たけし　*8.30*(1940)
アコスタ　*12.29*(1800)
浅井十三郎　*10.28*(1908)
浅井愼平　*7.1*(1937)
浅井忠　*6.21*(1856)
浅井図南　*11.13*(1706)
浅井信雄　*6.23*(1935)
アーサー王子　*3.29*(1187)
アーサー王子　*9.19*(1486)
麻丘めぐみ　*10.11*(1955)
朝丘雪路　*7.23*(1935)
浅丘ルリ子　*7.2*(1940)
朝海浩一郎　*3.15*(1906)
安積艮斎　*3.2*(1791)
朝香孚彦　*10.8*(1912)
安積澹泊　*11.13*(1656)
浅香鉄心　*12.26*(1926)
朝香宮允子　*8.7*(1891)
浅香光代　*2.20*(1928)
朝香鳩彦　*10.2*(1887)
浅香唯　*12.4*(1969)
朝河貫一　*12.22*(1873)
朝川善庵　*4.8*(1781)
麻木久仁子　*11.12*(1964)
浅蔵五十吉　*2.26*(1913)
朝倉景衡　*4.25*(1660)
朝倉貞景　*2.5*(1473)
朝倉季雄　*6.29*(1909)
朝倉摂　*7.16*(1922)
浅倉大介　*11.4*(1967)
朝倉孝景　*4.19*(1428)
朝倉孝景　*11.22*(1493)
朝倉文夫　*3.1*(1883)
麻倉未稀　*7.27*(1960)
朝倉義景　*9.24*(1533)
浅越しのぶ　*6.28*(1976)
朝汐太郎　*11.28*(1864)
朝潮太郎(3代目)　*11.13*(1929)

浅茅陽子　*4.2*(1951)
朝青龍明徳　*9.27*(1980)
アーサー, ジーン　*10.17*(1905)
浅田彰　*3.23*(1957)
麻田剛立　*2.6*(1734)
朝田静夫　*10.13*(1911)
浅田次郎　*12.13*(1951)
朝田善之助　*5.25*(1902)
浅田宗伯　*5.22*(1815)
麻田鷹司　*8.8*(1928)
浅田長平　*4.15*(1887)
浅田信興　*10.12*(1851)
浅田真央　*9.25*(1990)
浅田美代子　*2.15*(1956)
アーサー, チェスター・A　*10.5*(1830)
安里清信　*9.20*(1913)
安里積千代　*8.22*(1903)
アサド, バッシャール・アル　*9.11*(1965)
アサド, ハフェズ・アル　*10.6*(1930)
アサトン, ガートルード(・フランクリン)　*10.30*(1857)
アサーニャ, マヌエル　*1.10*(1880)
浅沼稲次郎　*12.27*(1898)
あさのあつこ　*9.14*(1954)
浅野温子　*3.4*(1961)
浅野研真　*7.25*(1898)
浅野重晟　*10.17*(1743)
浅野順一　*12.12*(1899)
浅野史郎　*2.8*(1948)
浅野総一郎(初代)　*3.10*(1848)
浅野忠　*10.18*(1819)
浅野忠信　*11.27*(1973)
浅野長晟　*1.28*(1586)
浅野長武　*7.5*(1895)
浅野長矩　*8.11*(1667)
浅野長治　*3.26*(1614)
浅野長訓　*7.29*(1812)
浅野梅堂　*6.9*(1816)
浅野三千三　*9.18*(1894)
浅野ゆう子　*7.9*(1960)
浅野吉長　*7.1*(1681)
浅野良三　*8.28*(1889)
浅原源七　*9.1*(1891)
浅原健三　*2.28*(1897)
浅原六朗　*2.22*(1895)
朝日健太郎　*9.19*(1975)
朝日茂　*7.18*(1913)
朝日丹波　*2.17*(1705)
朝比奈宗源　*1.9*(1891)
朝比奈隆　*7.9*(1908)
朝比奈知泉　*4.25*(1862)
朝比奈泰彦　*4.16*(1881)
アサーフィエフ, ボリース・ウラジーミロヴィチ　*6.29*(1884)
朝吹英二　*2.18*(1849)
朝吹三吉　*2.7*(1914)
朝吹登水子　*2.27*(1917)
浅見絅斎　*8.13*(1652)
浅見淵　*6.24*(1899)
浅見光彦　*2.10*
浅見隆三　*9.26*(1904)
麻実れい　*3.11*(1950)
アザム, エーギット・クヴィリン　*9.1*(1692)
アザム, コスマス・ダミアン　*9.28*(1686)
朝山意林庵　*9.8*(1589)
朝山新一　*1.18*(1908)
浅利慶太　*3.16*(1933)
アザール, ポール　*8.30*(1878)
アジェンデ(・ゴーセンス), サルバドル　*7.26*(1908)
足利喜三郎　*4.18*(1842)
足利直義　*2.26*(1306)
足利政知　*2.1*(1435)
足利満詮　*5.29*(1364)
足利義昭　*11.3*(1537)
足利義詮　*6.18*(1330)
足利義量　*7.24*(1407)
足利義勝　*2.9*(1434)
足利義澄　*12.15*(1480)
足利義稙　*7.30*(1466)
足利義輝　*3.10*(1536)
足利義教　*6.13*(1394)
足利義晴　*3.5*(1511)
足利義尚　*11.23*(1465)
足利義政　*1.2*(1436)
足利義視　*1.18*(1439)
足利義満　*8.22*(1358)
足利義持　*2.12*(1386)
安治川正也　*7.6*(1960)
アジキウェ, ヌナムディ　*11.16*(1904)
芦田恵之助　*1.8*(1873)
芦田淳　*8.21*(1930)
芦田伸介　*3.14*(1917)
芦田泰三　*7.10*(1903)
芦田多恵　*7.3*(1964)
芦田均　*11.15*(1887)
葦津珍彦　*7.17*(1909)
蘆東山　*11.23*(1696)
蘆原英了　*1.9*(1907)
葦原邦子　*12.16*(1912)
芦原義信　*7.7*(1918)
芦部信喜　*9.17*(1923)
アシモフ, アイザック　*1.2*(1920)
アジャーエフ, ワシーリー・ニコラエヴィチ　*1.30*(1915)
芦屋雁之助　*5.29*(1931)
アジャ・コング　*9.25*(1970)
アジャーニ, イザベル　*6.27*(1955)
アシャール, フランツ　*4.28*(1753)
アシャール, マルセル　*7.5*(1900)
蘆谷蘆村　*11.14*(1886)
アシャンティ　*10.13*(1980)
アシュクロフト, ペギー　*12.22*(1907)
アシュトン　*1.11*(1889)
アシュトン, サー・フレデリック　*9.17*(1904)
アシュバートン　*10.27*(1774)
アシュフォード, エベリン　*4.15*(1957)
アシュモール, イライアス　*5.23*(1617)
アシュリー　*2.25*(1860)
アショフ, カール・アルベルト・ルードヴィヒ　*1.10*(1866)
足代弘訓　*11.26*(1784)
足代立渓　*9.2*(1703)
アスエラ, マリアノ　*1.1*(1873)
飛鳥井雅章　*3.1*(1611)
飛鳥井雅庸　*10.20*(1569)
飛鳥井雅宣　*12.6*(1586)
飛鳥井雅教　*9.22*(1520)
飛鳥井雅道　*11.26*(1934)
飛鳥田一雄　*4.2*(1915)
飛鳥涼　*2.24*(1958)
アスキス, ハーバート　*9.12*(1852)

アースキン，エビニーザー 6.22(1680)
アースキン，トマス・アースキン，男爵 1.10(1750)
アスゲールソン 5.13(1894)
梓みちよ 6.4(1943)
アスター，ジョン・ジェイコブ 7.17(1763)
アスター，ナンシー・(ウィッチャー・)アスター，子爵夫人 5.19(1879)
アステア，フレッド 5.10(1899)
アストゥリアス，ミゲル・アンヘル 10.19(1899)
アストベリー，ウィリアム・トマス 2.25(1898)
アストリュク，ジャン 3.19(1684)
アストルガ，エマヌエーレ，男爵 3.20(1680)
アストン，ウィリアム・ジョージ 4.9(1841)
アストン，フランシス・ウィリアム 9.1(1877)
アスビョルンセン，ペーテル・クリステン 1.15(1812)
アスプルンド，エリック・グンナル 9.22(1885)
アズベリー，フランシス 8.20(1745)
東敦子 12.11(1936)
東恵美子 10.19(1924)
東関大五郎 6.16(1944)
東貴博 12.31(1969)
東ちづる 6.5(1960)
東八郎 5.31(1936)
東富士謹一 10.28(1921)
東幹久 8.12(1969)
東家楽燕 2.3(1887)
東家楽遊(2代目) 6.3(1881)
東勇作 4.18(1910)
東龍太郎 1.16(1893)
安住敦 7.1(1907)
明日山秀文 12.2(1908)
アスラン 6.24(1882)
足羽敬明 1.25(1672)
アセーエフ，ニコライ・ニコラエヴィチ 6.28(1889)
畦地梅太郎 12.28(1902)
麻生磯次 7.21(1896)

麻生久美子 6.17(1978)
麻生慶次郎 6.24(1875)
麻生三郎 3.23(1913)
麻生太賀吉 9.29(1911)
麻生太吉 7.7(1858)
麻生武治 11.21(1899)
麻生太郎 9.20(1940)
麻生久 5.24(1891)
麻生豊 8.9(1898)
麻生祐未 8.15
麻生良方 12.15(1923)
麻生義輝 7.10(1901)
アソリン 6.8(1874)
安宅弥吉 4.25(1873)
アタースィー 9.5(1929)
安達生恒 1.14(1918)
足立巻一 6.29(1913)
足立源一郎 7.8(1889)
安達謙蔵 10.23(1864)
安達憲忠 8.4(1857)
足立康 7.10(1898)
安達清河 4.27(1726)
安達清風 3.23(1835)
足立正 2.28(1883)
安達潮花 12.10(1887)
安達瞳子 6.22(1936)
足立文太郎 6.15(1865)
安達峰一郎 6.9(1869)
安達安子 10.12(1835)
安達祐実 9.14(1981)
アダチ竜光 7.20(1896)
アタテュルク，ムスタファ・ケマル 12.31(1881)
アタベリー，フランシス 3.6(1663)
アダマール，ジャーク・サロモン 12.8(1865)
アダミ，エドワード・フェネク 2.7(1934)
アーダム，カール 10.22(1876)
アダム，ジェイムズ 7.21(1730)
アダムズ 10.18(1878)
アダムズ 12.31(1852)
アダムズ，アンセル 2.20(1902)
アダムズ，ウィリアム 9.24(1564)
アダムズ，ウォルター・シドニー 12.20(1876)

アダムズ，サミュエル 9.27(1722)
アダムズ，ジェイン 9.6(1860)
アダムズ，ジョン 10.30(1735)
アダムズ，ジョン・クインシー 7.11(1767)
アダムズ，ジョン・クーチ 6.5(1819)
アダムズ，チャールズ・フランシス 8.18(1807)
アダムズ，ブライアン 11.5(1959)
アダムズ，ブルックス 6.24(1848)
アダムズ，ヘンリー 2.16(1838)
アダムズ，ロジャー 1.2(1889)
アダムソン，ジョイ 1.20(1910)
アダム，ロバート 7.3(1728)
アダモフ，アルチュール 8.23(1908)
新規矩男 7.30(1907)
新貞老 9.18(1827)
アタリ，ジャック 11.1(1943)
アダン，アドルフ・シャルル 7.24(1803)
アダンソン，ミシェル 4.7(1727)
アダン，ポール 12.7(1862)
アチソン，エドワード・グッドリッチ 3.9(1856)
アチソン，ディーン・グッダラム 4.11(1893)
アーチャー，ウィリアム 9.23(1856)
アーチャー，ジェフリー 4.15(1940)
阿茶局 2.13(1554)
アチャンポン 9.23(1931)
敦明親王 5.9(994)
アッカーマン，コンラート・エルンスト 2.1(1710)
アッギェーエ，サッチダーナンド・ヒラーナンド・ヴァーツヤーヤン 3.7(1911)
akko 1.10(1973)
敦子女王 5.8(1907)

敦貞親王 *10.6*(1014)
アッザーム *3.8*(1893)
ATSUSHI *4.30*(1980)
アッジェ, ウージェーヌ *2.12* (1856)
アッシャー *1.13*(1883)
アッシャー, ジェイムズ *1.4*(1581)
アッシュ, アーサー(Jr.) *7.10* (1943)
アッシュ, ショーレム *11.1*(1880)
アッスマン *4.14*(1845)
アッセマーニ, ジュゼッペ・シモーネ *7.27*(1687)
アッテルボム, ペール・ダニエル・アマデウス *1.19*(1790)
アッテンボロー, リチャード *8.29*(1923)
敦儀親王 *5.19*(997)
アッハ *10.29*(1871)
アッバース1世 *1.27*(1571)
アッバース・ヒルミー2世 *7.16*(1874)
アッバース, フェルハト *10.24*(1899)
アッバス, マフムド *3.26*(1935)
アッバース・マフムード・アッカード *2.28*(1889)
アッピア, アードルフ *9.1*(1862)
アーツ, ピーター *10.25*(1970)
アップジョン, リチャード *1.22*(1802)
アップダイク, ジョン *3.18*(1932)
敦文親王 *12.26*(1075)
アップルトン, サー・エドワード・ヴィクター *9.6*(1892)
アップル, フィオナ *9.13*(1977)
アッベ, エルンスト *1.23*(1840)
アッベ, クリーヴランド *12.3*(1838)
アッヘンヴァール *10.20*(1719)
吾妻徳穂 *2.15*(1909)
吾妻ひな子 *8.21*(1924)

渥美かをる *7.20*(1911)
渥美清 *3.10*(1928)
渥美清太郎 *9.9*(1892)
渥美健夫 *7.24*(1919)
敦康親王 *11.7*(999)
アディ・エンドレ *11.22*(1878)
アーティガン, アーメット *10.29*(1923)
アディケス *6.29*(1866)
アディソン, クリストファー・アディソン, 初代子爵 *6.19*(1869)
アディソン, ジョーゼフ *5.1*(1672)
アディンセル, リチャード *1.13*(1904)
アデナウアー, コンラート *1.5*(1876)
アーデルマン, ベルンハルト *5.27*(1459)
アーデルング *8.8*(1732)
アーデン, イブ *4.30*(1912)
アーデン, エリザベス *12.31*(1878)
阿藤快 *11.14*(1946)
阿刀田高 *1.13*(1935)
アトウッド *10.1*(1873)
アトウッド, マーガレット *11.18*(1939)
アトキンソン, トマス・ウィットラム *3.6*(1799)
アトキンソン, ローワン *1.6*(1955)
阿閉吉男 *8.28*(1913)
跡部良顕 *2.12*(1658)
アードマン, ポール *5.19*(1932)
跡見花蹊 *4.9*(1840)
跡見李子 *10.18*(1868)
アードラー *6.24*(1852)
アドラー *1.15*(1873)
アドラー *5.28*(1863)
アドラー *7.9*(1879)
アドラー, アルフレート *2.7*(1870)
アードラー, グイード *11.1*(1855)
アドラー, ラリー *2.10*(1914)
アトリー, クレメント *1.3*(1883)

アドルノ, テーオドール・ヴィーゼングルント *9.11*(1903)
穴井太 *12.28*(1926)
阿奈井文彦 *10.19*(1938)
穴井夕子 *6.7*(1974)
穴沢喜美男 *3.22*(1911)
アナスタシア *9.17*(1973)
アナセン, ハンス・クリスチャン *4.2*(1805)
アナニアシヴィリ, ニーナ *3.28*(1963)
アナベラ *7.14*(1910)
阿南惟幾 *2.21*(1887)
アナン, コフィ・アッタ *4.8*(1938)
アーナンタマヒドン *9.20*(1925)
アーナンド, M.R. *12.12*(1905)
アナン・パンヤラチュン *8.9*(1932)
アニアンズ, チャールズ・トールバット *9.10*(1873)
アニェッリ *3.12*(1921)
アニストン, ジェニファー *2.11*(1969)
アニマル浜口 *8.31*(1947)
アヌイ, ジャン *6.23*(1910)
アヌカン *10.29*(1856)
アヌーチン *8.27*(1843)
姉小路公知 *12.5*(1839)
姉小路実紀 *3.29*(1679)
姉崎正治 *7.25*(1873)
阿野実顕 *3.13*(1581)
アノー, ジャン・ジャック *10.1*(1943)
アノトー *11.19*(1853)
アーノルド, エドウィン *6.10*(1832)
アーノルド, トマス *6.13*(1795)
アーノルド, ベネディクト *1.14*(1741)
アーノルド, マシュー *12.24*(1822)
アノン, シャルル・ルイ *7.2*(1819)
アバイ・クナンバーエフ *8.10*(1845)
アパカ *3.19*(1919)

アバクロンビー, サー・ラルフ *10.7*(1734)
アバクロンビー, ラッセルズ *1.9*(1881)
アーバス, ダイアン *3.14*(1923)
アバチャ, サニ *9.20*(1943)
アハティサーリ, マルティ *6.23*(1937)
アバディーン, ジョージ・ハミルトン・ゴードン, 4代伯爵 *1.28*(1784)
アハド・ハ-アム *8.5*(1856)
アバナシ, ラルフ・デイヴィド *3.11*(1926)
アバネシー, ジョン *4.3*(1764)
アバハート, ウィリアム *12.30*(1878)
アパフィ・ミハーイー1世 *11.3*(1632)
アハーン, バーティ *9.12*(1951)
アピアヌス *4.16*(1495)
アーピッツ, ブルーノ *4.28*(1900)
あびる優 *7.4*(1986)
アブー-アルアラーイ *12.26*(973)
アファナーシエフ, アレクサンドル・ニコラエヴィチ *7.12*(1826)
アフィノゲーノフ, アレクサンドル・ニコラエヴィチ *3.22*(1904)
アフェドソン *1.12*(1792)
アフォンソ3世 *5.5*(1210)
アフォンソ4世 *2.8*(1291)
アフォンソ5世 *1.15*(1432)
虻川美穂子 *9.11*(1974)
アブー・サアイード・ブン・アビル・ハイル *12.7*(967)
アブー・シャーマ *1.10*(1203)
アブズグ, ベラ *7.14*(1920)
アプセーカー, ハーバート *7.31*(1915)
アブデュル-アジズ *2.9*(1830)
アブデルハルデン *3.9*(1877)
アブドゥッラー, シェイフ・ムハンマド *12.5*(1905)
アブドゥッラー・ビン・アルズバイル *5.2*(624)
アブドゥル・ハック・ハミト *1.2*(1852)
アブドゥル・ハミト1世 *5.20*(1725)
アブドゥル・ハミト2世 *9.21*(1842)
アブドゥル・マジド1世 *2.23*(1823)
アブドゥル・ラッザーク *11.7*(1413)
アブドゥル・ラフマーン3世 *1.7*(891)
アブドラ・バダウィ *11.26*(1939)
アブドラ・ビン・フセイン *1.30*(1962)
アブドル・ジャバー, カリーム *4.16*(1947)
アブニー, サー・ウィリアム(・ド・ウィヴレズリー) *7.24*(1843)
アフマド・ハーン, サル・サイイッド *10.17*(1817)
アフマートワ, アンナ・アンドレーヴナ *6.23*(1889)
油小路延子 *11.16*(1731)
アブラーゼ, テンギス *1.31*(1924)
油小路隆真 *5.3*(1660)
アブラハム *3.26*(1875)
アブラハム・ア・ザンクタ・クラーラ *7.2*(1644)
アブラーモフ, フョードル・アレクサンドロヴィチ *2.29*(1920)
アブリル, プロスペル *12.12*(1937)
アブルッツィ *1.29*(1873)
アフル, ドニ・オギュスト *9.27*(1793)
アブール・フサイン・ビン・マトゥルーフ *7.7*(1196)
アブ・ル・ワファー *6.10*(940)
アフレック, ベン *8.15*(1972)
アフンドフ, ミルザ・ファタリ *6.30*(1812)
阿部秋生 *10.24*(1910)
阿部昭 *9.22*(1934)
安部磯雄 *2.4*(1865)
安部栄四郎 *1.14*(1902)
阿部興人 *9.5*(1845)
阿部薫 *5.3*(1949)
阿部勝雄 *4.18*(1891)
安倍源基 *2.14*(1894)
阿部行蔵 *2.25*(1908)
安部公房 *3.7*(1924)
阿部金剛 *6.26*(1900)
阿閉権之丞 *3.5*(1827)
阿部定 *5.28*(1905)
阿部重孝 *2.11*(1890)
安部譲二 *5.17*(1937)
阿部次郎 *8.27*(1883)
安倍晋三 *9.21*(1954)
安倍晋太郎 *4.29*(1924)
阿部慎之助 *3.20*(1979)
阿部真之助 *3.29*(1884)
安倍季良 *12.29*(1775)
安倍季尚 *6.7*(1622)
阿部進 *6.11*(1930)
阿部泰蔵 *4.27*(1849)
阿部忠秋 *7.19*(1602)
阿部知代 *7.23*
アベッグ, リヒャルト *11.9*(1869)
アベッツ *3.26*(1903)
阿部藤造 *11.21*(1893)
阿部知二 *6.26*(1903)
安倍なつみ *8.10*(1981)
阿部展也 *2.4*(1913)
阿部信行 *11.24*(1875)
安倍治夫 *4.2*(1920)
阿部寛 *6.22*(1964)
阿部房次郎 *1.18*(1868)
アベベ・ビキラ *8.7*(1932)
阿部牧郎 *9.4*(1933)
阿部正邦 *4.19*(1658)
阿部正右 *11.29*(1723)
阿部正喬 *4.28*(1672)
阿部正武 *6.15*(1649)
阿部正允 *3.11*(1722)
阿部正外 *1.1*(1828)
阿部正敏 *4.28*(1732)
阿部正福 *6.6*(1700)
阿部正弘 *10.16*(1819)
阿部正路 *9.20*(1931)
安部真知 *8.26*(1926)
阿部みどり女 *10.26*(1886)
阿部守太郎 *11.10*(1872)
阿部勇樹 *9.6*(1981)
阿部豊 *2.2*(1895)

安倍能成 *12.23*（1883）
アベラール, ピエール *7.9*（1072）
アーベル *6.20*（1875）
アーベル, カール・フリードリヒ *12.22*（1723）
アベル, ケル *8.25*（1901）
アーベルソン, フィリップ・ハウゲ *4.27*（1913）
アーベルト, ヘルマン *3.25*（1871）
アペール, ニコラ・フランソワ *10.23*（1752）
アーベル, ニルス・ヘンリック *8.5*（1802）
阿部六郎 *4.12*（1904）
アーベントロート, ヘルマン *1.19*（1883）
アホ, エスコ *5.20*（1954）
安保清種 *10.15*（1870）
アボット, ジェイコブ *11.14*（1803）
アボット, ジョージ *6.25*（1887）
アボット, ジョージ *10.29*（1562）
アボット, チャールズ・グリーリー *5.31*（1872）
アポニ, アルベルト・ゲオルク, 伯爵 *5.29*（1846）
アホ, ユハニ *9.11*（1861）
アポリネール, ギヨーム *8.26*（1880）
アーマー *5.16*（1832）
甘粕正彦 *1.26*（1891）
アマコスト, マイケル・ヘイドン *4.15*（1937）
尼子経久 *11.20*（1458）
尼子晴久 *2.12*（1514）
天沢退二郎 *7.31*（1936）
アマースト（アラカンの）, ウィリアム・ピット, 初代伯爵 *1.29*（1773）
アマースト, ジェフリー・アマースト, 男爵 *1.29*（1717）
天田愚庵 *7.20*（1854）
天知茂 *3.3*（1931）
天知俊一 *12.30*（1903）
天地真理 *11.5*（1951）
天津乙女 *10.9*（1905）
天津風雲右衛門 *10.9*（1863）
アマーティ, ジロラーモ2世 *5.26*（1649）
アマーティ, ニコラ *12.3*（1596）
アマデウス5世 *9.4*（1249）
アマデオ1世 *5.30*（1845）
アマート, ジュリアーノ *5.13*（1938）
アマード, ジョルジェ *8.10*（1912）
アマヌッラー・ハーン *6.1*（1892）
天沼俊一 *8.31*（1876）
天野清 *4.6*（1907）
天野信景 *9.25*（1663）
天野重安 *12.7*（1903）
天野末治 *1.21*（1901）
天野桑古 *5.21*（1828）
天野忠 *6.18*（1909）
天野辰夫 *2.22*（1892）
天野為之 *12.27*（1861）
天野貞祐 *9.30*（1884）
天野ひろゆき *3.24*（1970）
天野祐吉 *4.27*（1933）
天野芳太郎 *7.22*（1898）
天本英世 *1.2*（1926）
天谷直弘 *8.31*（1925）
アマーリ *7.7*（1806）
甘利明 *8.27*（1949）
あまんきみこ *8.13*（1931）
阿万鉄崕 *6.18*（1810）
アマン, ヨースト *6.13*（1539）
アミエル, アンリ‐フレデリック *9.27*（1821）
アミーチ, ジョヴァンニ・バッティスタ *3.23*（1786）
アーミテジ, ケネス *7.18*（1916）
アーミテージ, リチャード・リー *4.26*（1945）
網野菊 *1.16*（1900）
網野善彦 *1.22*（1928）
アミヨ, ジャック *10.30*（1513）
アミール‐アリー *4.6*（1849）
アミル・ハムザ *2.28*（1911）
アムスドルフ, ニーコラウス・フォン *12.3*（1483）
アームストロング, ウィリアム・ジョージ, 男爵 *11.26*（1810）
アームストロング, エドウィン・H *12.18*（1890）
アームストロング, ヘンリー *12.12*（1912）
アームストロング, ランス *9.18*（1971）
アームストロング, ルイ *8.4*（1901）
アムラン *7.22*（1856）
安室奈美恵 *9.20*（1977）
アムロ・レイ *11.4*
アムンゼン, ロアルド *2.16*（1872）
アムンゼン, ロアルド *7.16*（1872）
あめくみちこ *11.14*（1963）
雨宮敬次郎 *9.5*（1846）
雨森精翁 *5.22*（1822）
雨森芳洲 *5.17*（1668）
雨宮塔子 *12.28*（1970）
飴山実 *12.29*（1926）
アメリカ彦蔵 *8.21*（1837）
アメンドラ *11.21*（1907）
天羽英二 *8.19*（1887）
アモン *6.1*（1883）
アモン *12.7*（1842）
アーモンド *1.12*（1911）
アモントン, ギョーム *8.31*（1663）
絢香 *12.18*（1987）
綾川武治 *4.23*（1892）
綾瀬はるか *3.24*（1985）
綾辻行人 *12.23*（1960）
アヤ・デ・ラ・トーレ, ビクトル・ラウル *2.22*（1895）
綾戸智絵 *9.10*（1957）
綾小路きみまろ *12.9*（1950）
綾小路翔 *4.26*
文仁親王 *8.16*（1680）
綾部絅斎 *1.27*（1676）
綾部健太郎 *9.6*（1890）
綾部富阪 *12.24*（1720）
アユイ *1.11*（1745）
アユイ, ルネ・ジュスト *2.28*（1743）
鮎川哲也 *2.14*（1919）
鮎川信夫 *8.23*（1920）
鮎川誠 *5.2*（1948）
鮎川義介 *11.6*（1880）
アユーブ・カーン, ムハンマド *5.14*（1907）

荒井郁之助　*4.29*(1835)
荒井寛方　*8.15*(1878)
新井章吾　*2.12*(1856)
新井章治　*12.8*(1881)
新井石禅　*12.19*(1865)
新井泉　*5.3*(1902)
新井竹次郎　*8.18*(1839)
荒井竜男　*1.18*(1905)
荒井注　*7.30*(1928)
新井直之　*9.21*(1929)
新井日薩　*12.26*(1830)
新居日薩　*12.26*(1831)
新井白石　*2.10*(1657)
新井宏昌　*4.26*(1952)
荒井鳴門　*3.25*(1775)
新井素子　*8.8*(1960)
荒岩亀之助　*2.29*(1871)
アラウ, クラウディオ　*2.6*(1903)
荒尾精　*6.25*(1859)
荒尾清心斎　*11.24*(1815)
荒垣秀雄　*7.19*(1903)
新垣結衣　*6.11*(1988)
新垣弓太郎　*8.5*(1872)
荒川久太郎　*4.16*(1827)
荒川強啓　*5.16*(1946)
荒川静香　*12.29*(1981)
荒川豊蔵　*3.21*(1894)
荒川秀俊　*8.4*(1907)
荒川文六　*11.18*(1878)
新木栄吉　*4.24*(1891)
荒木古童(3代目)　*2.1*(1879)
荒木古童(4代目)　*8.15*(1902)
荒木貞夫　*5.26*(1877)
荒木十畝　*3.15*(1872)
荒木正三郎　*9.17*(1906)
荒木大輔　*5.6*(1964)
荒木巍　*10.6*(1905)
荒木田経雅　*9.4*(1742)
荒木田久老　*11.21*(1746)
荒木田久守　*3.1*(1779)
荒木田盛員　*9.9*(1632)
荒木田盛徴　*5.24*(1596)
荒木田守訓　*10.29*(1767)
荒木田麗　*3.10*(1732)
荒木俊馬　*3.20*(1897)
荒木とよひさ　*9.19*(1943)
荒木寅三郎　*10.17*(1866)
荒木経惟　*5.25*(1940)
荒木博　*5.30*(1931)
荒木万寿夫　*7.17*(1901)
荒木道子　*3.6*(1917)
安良城盛昭　*5.10*(1927)
アラクチェーエフ　*9.23*(1769)
アラコク, 聖マルグリート・マリー　*7.22*(1647)
アラゴ, ドミニク・フランソワ・ジャン　*2.26*(1786)
アラゴン, ルイ　*10.3*(1897)
嵐寛寿郎　*12.8*(1903)
嵐吉三郎(7代目)　*12.1*(1894)
嵐三右衛門　*10.23*(1906)
嵐徳三郎(7代目)　*12.20*(1933)
嵐山光三郎　*1.10*(1942)
嵐芳三郎(5代目)　*4.17*(1907)
嵐芳三郎(6代目)　*8.22*(1935)
嵐璃寛(5代目)　*3.11*(1871)
嵐璃徳　*12.31*(1875)
新珠三千代　*1.15*(1930)
荒田吉明　*5.22*(1924)
アラーニャ　*2.15*(1894)
アラニュ・ヤーノシュ　*3.2*(1817)
荒畑寒村　*8.14*(1887)
アラファト, ヤセル　*8.24*(1929)
アラファト, ヤセル　*8.27*(1929)
荒船清十郎　*3.9*(1907)
荒巻淳　*2.16*(1926)
荒正人　*1.1*(1913)
アラマンニ, コスモ　*8.30*(1559)
アラマンニ, ルイージ　*10.28*(1495)
アラマン, ルーカス　*10.17*(1792)
アラルコン - イ - アリーサ, ペドロ・アントニオ・デ　*3.10*(1833)
アラン　*3.3*(1868)
アラン-フルニエ, アンリ　*10.3*(1886)
アーランガー, ジョゼフ　*1.5*(1874)
アランダ, ペドロ・パブロ・アバルカ・イ・ボレア, 伯爵　*12.2*(1719)
アリー　*6.5*(1885)
アリー　*10.19*(1909)
アリアーガ　*8.6*(1840)
アリアス・サンチェス, オスカル　*9.13*(1940)
アリア, ラミズ　*10.18*(1925)
有泉亨　*6.10*(1906)
アリエフ, イルハム　*12.24*(1961)
アリエフ, ヘイダル　*5.10*(1923)
アリオスト, ルドヴィーコ　*9.8*(1474)
有賀長雄　*10.1*(1860)
有賀美智子　*10.10*(1907)
有川貞昌　*6.17*(1925)
有川恒槌　*1.13*(1846)
アリゲール, マルガリータ・ヨシフォヴナ　*12.7*(1915)
有坂来瞳　*9.21*(1979)
有坂鉊蔵　*1.11*(1868)
有坂成章　*2.18*(1852)
有坂秀世　*9.5*(1908)
有沢広巳　*2.16*(1896)
有島暁子　*8.22*(1911)
有島生馬　*11.26*(1882)
有島武郎　*3.4*(1878)
アリシャバナ　*2.11*(1908)
有末精三　*5.22*(1895)
有栖川有栖　*4.26*(1959)
有栖川宮貞子　*10.27*(1850)
有栖川宮威仁親王　*1.13*(1862)
有栖川宮董子　*5.12*(1855)
有栖川宮栽仁　*9.22*(1887)
有栖川宮慰子　*2.8*(1864)
アリスティド, ジャン・ベルトラン　*7.15*(1953)
アリソン　*4.7*(1905)
有田一寿　*1.1*(1916)
有田喜一　*4.30*(1901)
有田哲平　*2.3*(1971)
有田八郎　*9.21*(1884)
有田芳生　*2.20*(1952)
有地品之允　*3.15*(1843)
有藤通世　*12.17*(1946)
有野晋哉　*2.25*(1972)
阿利莫二　*9.1*(1922)
有馬朗人　*9.13*(1930)
有馬稲子　*4.3*(1932)
有馬一準　*12.2*(1697)
有馬誉純　*4.17*(1769)
有馬新一　*1.26*(1851)

有馬新七　*11.4*（1825）
有馬大五郎　*9.12*（1900）
有馬孝純　*12.24*（1717）
有松英義　*6.10*（1863）
有馬則頼　*2.23*（1533）
有馬慶頼　*7.17*（1828）
有馬頼義　*2.14*（1918）
有馬頼永　*3.23*（1822）
有馬頼徳　*6.22*（1797）
有馬頼旨　*6.3*（1685）
有馬頼寧　*12.17*（1884）
有馬頼僮　*11.25*（1714）
有村次左衛門　*12.28*（1838）
有村連寿尼　*6.10*（1809）
有本芳水　*3.3*（1886）
アリ, モハメド　*1.17*（1942）
有森也実　*12.10*（1967）
有森裕子　*12.17*（1966）
有山兼孝　*4.26*（1904）
有吉明　*4.15*（1876）
有吉佐和子　*1.20*（1931）
有吉立行　*12.11*（1559）
有吉忠一　*6.2*（1873）
有吉弘行　*5.31*（1974）
アリー, レーウィ　*12.2*（1897）
アリンガム, ウィリアム　*3.19*（1824）
アリンガム, マージェリー　*5.20*（1904）
アル・アンバーリー　*1.3*（885）
アルヴァレス, ルイス・ウォルター　*6.13*（1911）
アルヴァーロ, コッラード　*4.15*（1895）
アルヴェルデス, パウル　*5.6*（1897）
有賀喜左衛門　*1.20*（1897）
アルガロッティ, フランチェスコ　*12.11*（1712）
アルガン, ジャン‐ロベール　*7.18*（1768）
アルゲージ, トゥドル　*5.21*（1880）
アルゲダス, ホセ・マリア　*1.18*（1911）
アルゲランダー, フリードリヒ・ヴィルヘルム・アウグスト　*3.22*（1799）
アルコス, ルネ　*11.16*（1881）
アルジャー, ホレイショー　*1.13*（1832）
アルセーニエフ, ウラジーミル・クラヴジエヴィチ　*8.29*（1872）
アルソンヴァル, (ジャック‐)アルセーヌ・ド　*6.8*（1851）
アルダー, クルト　*7.10*（1902）
アルダーノフ, マルク　*10.26*（1889）
アルタミラ・イ・クレベア　*2.10*（1866）
アルチュセール, ルイ　*10.16*（1918）
アルツイバーシェフ, ミハイル・ペトローヴィチ　*11.5*（1878）
アルティガス, ホセ・ヘルバシオ　*6.19*（1764）
アルティン, エーミール　*3.3*（1898）
アルテフェルデ　*7.18*（1340）
アルテンベルク, ペーター　*3.9*（1859）
アルト, アルブレヒト　*9.20*（1883）
アルトー, アントナン　*9.4*（1896）
アルトゥング, ハンス　*9.21*（1904）
アルトゲルト, ジョン・ピーター　*12.30*（1847）
アールトーネン, ヴァイネ　*3.8*（1894）
アルトハイム, フランツ　*10.6*（1898）
アルトハウス, パウル　*2.4*（1888）
アールト, フーゴー・アルヴァー・ヘンリック　*2.3*（1898）
アルドロヴァンディ, ウリッセ　*9.11*（1522）
アルニム‐ズコ, ハリ・クルト・エドゥアルト・カール・フォン　*10.3*（1824）
アルニム, アヒム・フォン　*1.26*（1781）
アルニム, ベッティーナ・フォン　*4.4*（1785）
アルヌルドソン　*10.27*（1844）
アルヌール, フランソワーズ　*6.3*（1931）
アールネ, アンティ　*12.5*（1867）
アルノー, アントワーヌ　*2.5*（1612）
アルノルト, ゴットフリート　*9.5*（1666）
アルバ, ジェシカ　*4.28*（1981）
アルバース, ジョゼフ　*3.19*（1888）
アルバート公　*8.26*（1819）
アルバトフ, ゲオルギー　*5.19*（1923）
アルバーニ, フランチェスコ　*3.17*（1578）
アルバ, フェルナンド・アルバレス・デ・トレド, 公爵　*10.29*（1507）
アルバー, マテーウス　*12.4*（1495）
アルバレス‐キンテロ, セラフィン　*3.26*（1871）
アルバレス‐キンテロ, ホアキン　*1.21*（1873）
アルバレス, ホセ　*4.23*（1768）
アルピニー, アンリ　*7.28*（1819）
アルピーニ, プロスペロ　*11.23*（1553）
アルビーヌス, ベルンハルト・ジークフリート　*2.24*（1697）
アルピーノ, ジョヴァンニ　*1.27*（1927）
アルビノーニ, トマゾ　*6.14*（1671）
アルフィエーリ, ヴィットーリオ　*1.16*（1749）
アルフヴェン, ハンス・ウーラフ・イェースタ　*5.30*（1908）
アルフェルディ, アンドラーシュ　*8.27*（1895）
アルフォンソ1世(エステ家の)　*7.21*（1476）
アルフォンソ2世　*11.28*（1533）
アルフォンソ10世　*11.23*（1221）
アルフォンソ12世　*11.28*（1857）

アルフォンソ13世　5.17(1886)
アルブーゾフ, アレクセイ・ニコラエヴィチ　5.26(1908)
アルプ, ハンス　9.16(1887)
アルブレヒツベルガー, ヨハン・ゲオルグ　2.3(1736)
アルブレヒト　5.17(1490)
アルブレヒト　8.3(1817)
アルブレヒト2世　8.10(1397)
アルブレヒト2世(ブランデンブルク, またはマインツの)　6.28(1490)
アルブレヒト5世　2.29(1528)
アルベニス, イサーク　5.29(1860)
アルベール1世　4.8(1875)
アルベール1世　11.13(1848)
アルベール2世　6.6(1934)
アルベルティネッリ, マリオット　10.13(1474)
アルベルディ, フアン・バウティスタ　8.29(1810)
アルベルティ, ラファエル　12.16(1902)
アルベルティ, レオン・バッティスタ　2.18(1404)
アルベルト, ハインリヒ　7.8(1604)
アルベローニ, ジュリオ　5.31(1664)
アルヘンソーラ, バルトロメ・ルオナルド・デ　8.25(1562)
アルヘンタ, アタウルフォ　11.19(1913)
アルマ-タデマ, サー・ローレンス　1.8(1836)
アルマーニ, ジョルジョ　7.11(1934)
アールマン　11.14(1889)
アルマン, フェルナンデス　11.27(1928)
アルミニウス, ヤコブス　10.10(1560)
アルミランテ, ジョルジョ　6.27(1914)
アルムクヴィスト, カール, ユーナス, ルーヴェ　11.28(1793)
アルメイダ, フィアーリョ・デ　5.7(1857)

アルモドヴァル, ペドロ　9.25(1951)
アルラン, マルセル　7.5(1899)
アルレッティ　5.15(1898)
アルント, エルンスト・モーリッツ　12.26(1769)
アルント, ヨーハン　12.27(1555)
アレアルディ, アレアルド　11.4(1812)
アレアンドロ, ジローラモ　2.13(1480)
アレイクサンドレ, ビセンテ　4.26(1898)
アレヴィ　9.6(1870)
アレヴィ, ジャック・フロマンタル　5.27(1799)
アレヴィ, ダニエル　12.12(1872)
アレグザンダー・オヴ・チュニス, サー・ハロルド・アレグザンダー, 初代伯爵　12.10(1891)
アレグザンダー, サミュエル　1.6(1859)
アレグザンダーソン, エルンスト・F・W　1.25(1878)
アレグザンダー, フランツ　1.22(1891)
アレクサンダル1世　12.16(1888)
アレクサンダル・オブレノビッチ5世　8.2(1876)
アレクサンデル6世　1.1(1431)
アレクサンデル7世　2.13(1599)
アレクサンデル8世　4.22(1610)
アレクサンデル・セウェールス, マールクス・アウレーリウス　10.1(208)
アレクサンドラ・フョードロヴナ　6.6(1872)
アレクサンドリ, ヴァシーレ　6.14(1821)
アレクサンドル1世　4.5(1857)
アレクサンドル1世　12.12(1777)

アレクサンドル2世　4.29(1818)
アレクサンドル3世　3.10(1845)
アレクサンドル・ネフスキー　5.30(1220)
アレクサンドロフ, グリゴーリー　2.23(1903)
アレクサンドロフ, パーヴェル・セルゲエヴィチ　5.7(1896)
アレクシス, ヴィリバルト　6.29(1798)
アレクセイ1世　8.19(1629)
アレクセイ2世　2.19(1690)
アレクセーエフ　5.24(1843)
アレクセーエフ, ミハイル・ヴァシリエヴィチ　11.15(1857)
アレグリア, シロ　11.4(1909)
アレグレ, マルク　12.22(1900)
アレシウス, アレクサンデル　4.23(1500)
アレジ, ジャン　6.11(1964)
アレッサンドリ・パルマ　12.20(1868)
アレッサンドリ・ロドリゲス, ホルヘ　5.19(1896)
アレティーノ, ピエートロ　4.20(1492)
アレニウス, スヴァンテ・アウグスト　2.19(1859)
アレバロ, フアン・ホセ　9.10(1904)
アレマン・バルデス　9.29(1900)
アレマン, マテーオ　9.28(1547)
アレ, モーリス　5.31(1911)
アレン, イーサン　1.10(1737)
アレン, ウディ　12.1(1935)
アレン, エドワード　9.1(1566)
アレンカール, ジョゼ・デ　5.1(1829)
アレンスキー, アントン・ステパノヴィチ　8.11(1861)
アーレント, ハンナ　10.14(1906)

アレン, ハーヴェイ　*12.8*(1889)
アレンビー, エドマンド・ヘンリー・ハインマン・アレンビー, 初代子爵　*4.23*(1861)
アレン, ホリス・ニュートン　*4.23*(1858)
アロセメナ, カルロス・フリオ　*8.24*(1919)
アロヨ, グロリア・マカパガル　*4.5*(1947)
アロン　*10.10*(1918)
アロンソ, ダマソ　*10.22*(1898)
アロンソ, フェルナンド　*7.29*(1981)
アーロン, ハンク　*2.5*(1934)
アロン, レーモン　*3.14*(1905)
泡坂妻夫　*5.9*(1933)
淡路恵子　*7.17*(1933)
淡島寒月　*10.23*(1859)
淡島千景　*2.24*(1924)
淡島雅吉　*3.17*(1913)
粟辻博　*7.20*(1929)
安房直子　*1.5*(1943)
阿波野青畝　*2.10*(1899)
粟谷菊生　*10.31*(1922)
淡谷のり子　*8.12*(1907)
アン　*2.6*(1665)
アン(クレーヴズの)　*9.22*(1515)
アン(デンマークの)　*12.12*(1574)
アンヴィル, ジャン・バティスト・ブルギニョン・ド　*7.11*(1697)
アンカ, ポール　*7.30*(1941)
アンギアン　*8.2*(1772)
アンクティル-デュペロン, アブラアム・ヤサーント　*12.7*(1731)
アングルシー, ヘンリー・ウィリアム・パジェット, 初代侯爵　*5.17*(1768)
アングル, ジャン・オーギュスト・ドミニク　*8.27*(1780)
アングレーム　*4.28*(1573)
アングレーム, ルイ・アントワーヌ・ド・ブルボン, 公爵　*8.6*(1775)
アンゲルス・ジレージウス　*12.25*(1624)
安西篤子　*8.11*(1927)
安斎桜磈子　*2.7*(1886)
安西均　*3.15*(1919)
安西浩　*10.6*(1901)
安西冬衛　*3.9*(1898)
安西正夫　*11.12*(1904)
安西水丸　*7.22*(1942)
アンサーリー, アブドゥッラー　*5.4*(1006)
あんじ　*8.30*(1975)
アンジェイエフスキ, イエジィ　*8.19*(1909)
アンジェラ・アキ　*9.15*(1977)
アンジェリ, ピア　*6.19*(1932)
安重根　*9.2*(1879)
安昌浩　*11.9*(1878)
アンシヨン　*7.28*(1659)
安貞桓　*1.27*(1976)
聖アンスガール　*9.9*(801)
アンセルメ, エルネスト　*11.11*(1883)
安禅寺宮　*5.24*(1476)
安禅寺宮　*10.28*(1434)
アンソニー, スーザン・B　*2.15*(1820)
アンソール, ジェイムズ　*4.13*(1860)
アンソン, ジョージ・アンソン, 男爵　*4.23*(1697)
アンタイル, ジョージ　*7.8*(1900)
アンダウッド, ホリス・グラント　*7.19*(1859)
アンダ, ゲーザ　*11.19*(1921)
アンダション, ダーン　*4.6*(1888)
アンダーソン　*10.19*(1922)
アンダソン　*7.8*(1882)
アンダーソン, カール・デヴィッド　*9.3*(1905)
アンダーソン, シャーウッド　*9.13*(1876)
アンダーソン, スパーキー　*2.22*(1934)
アンダーソン, デイム・ジュディス　*2.10*(1898)
アンダーソン, トマス　*7.2*(1819)
アンダーソン, フィリップ・ウォーレン　*12.13*(1923)
アンダーソン, マックスウェル　*12.15*(1888)
アンダーソン, マリアン　*2.17*(1902)
アンダソン, リロイ　*6.29*(1908)
アンダーヒル, イーヴリン　*12.6*(1875)
アンチエタ, ホセ　*3.19*(1534)
アンチェルル, カレル　*4.11*(1908)
アンツァー, ヨーハン・バプティスト・フォン　*5.16*(1851)
アンツィロン, ヨーハン・ペータ・フリードリヒ　*4.30*(1767)
アンツェングルーバー, ルートヴィヒ　*11.29*(1839)
アンデルシュ, アルフレート　*2.4*(1914)
アンデルソン, ヨハン・グンナル　*7.3*(1875)
安藤伊右衛門　*3.17*(1751)
安藤一郎　*8.10*(1907)
安藤覚　*6.16*(1899)
安藤紀三郎　*2.11*(1879)
安藤幸　*12.6*(1878)
安藤更生　*6.10*(1900)
安東仁兵衛　*6.5*(1927)
安東省庵　*1.18*(1622)
安東聖空　*8.19*(1893)
安藤忠雄　*9.13*(1941)
安藤為章　*5.23*(1659)
安藤太郎　*4.8*(1846)
安藤継明　*2.14*(1747)
安藤鶴夫　*11.16*(1908)
安藤輝三　*2.25*(1905)
安藤東野　*1.28*(1683)
安藤直裕　*11.8*(1821)
安藤仲太郎　*8.14*(1861)
安藤楢六　*9.14*(1900)
安藤野雁　*3.4*(1815)
安藤希　*8.3*(1982)
安藤信正　*11.25*(1819)
安藤広太郎　*8.1*(1871)
安藤抱琴　*2.30*(1654)
安藤朴翁　*4.14*(1627)
安藤正純　*9.25*(1876)
安藤正次　*9.13*(1878)

安藤政信 5.19(1975)
安藤美姫 12.18(1987)
安藤美紀夫 1.12(1930)
安藤通故 2.30(1833)
安藤元雄 3.15(1934)
安藤元博 10.26(1939)
安藤百福 3.5(1910)
安藤優子 11.19(1958)
安藤良雄 7.12(1917)
安藤利吉 4.3(1884)
安藤嶺丸 4.10(1870)
安藤和風 1.12(1866)
安徳天皇 11.12(1178)
アントコリスキー, パーヴェル・グリゴリエヴィチ 6.19(1896)
アントニオ猪木 2.20(1943)
アントニオーニ, ミケランジェロ 9.29(1912)
アントニヌス 3.1(1389)
アントーニーヌス・ピウス, ティトゥス(・アエリウス・ハドリアーヌス) 9.19(86)
アントネスク, イオン 6.2(1882)
アントネッリ, ルイージ 1.22(1882)
アントーノフ, セルゲイ・ペトローヴィチ 5.3(1915)
アーン, トマス・オーガスティン 5.28(1710)
アンドラーシ・ジュラ 3.3(1823)
アンドラーシ・ジュラ 6.30(1860)
アンドラーデ, マリオ・デ 10.9(1893)
アンドリッチ, イヴォ 10.10(1892)
アンドリューズ, トマス 12.19(1813)
アンドリューズ, ロイ・チャップマン 1.26(1884)
アンドルーズ 2.22(1863)
アンドルース, ジュリー 10.1(1935)
アンドレー 10.18(1854)
アンドレーアス-ザロメ, ルー 2.12(1861)
アンドレーエフ 10.30(1895)
アンドレーエフ, レオニード・ニコラエヴィチ 8.21(1871)
アンドレーエ, ヤーコプ 3.25(1528)
アンドレーエ, ヨハン・ヴァレンティン 8.17(1586)
アンドレオッティ, ジュリオ 1.14(1919)
アンドレ・ザ・ジャイアント 5.19(1946)
アンドレス, シュテファン 6.26(1906)
アンドレッティ, マリオ 2.28(1940)
アンドロポフ, ユーリー 6.15(1914)
アントワーヌ, アンドレ 1.31(1858)
アンナ・アマリア 10.24(1739)
アンナ・イヴァノヴナ 1.25(1693)
アンナ・コムネナ 12.1(1083)
安奈淳 7.29(1947)
アンヌ・ドートリシュ 9.22(1601)
アンヌ・ド・ブルターニュ 1.25(1477)
アンネンコフ, パーヴェル・ワシリエヴィチ 6.19(1813)
阿武教子 5.23(1976)
庵野秀明 5.22(1960)
安野光雅 3.20(1926)
安野モヨコ 3.26(1971)
アンパンマン 2.6
アンプ 4.23(1876)
アンファンタン, バルテルミ-プロスペル 2.8(1796)
アンフィンセン, クリスチャン・ベーマー 3.26(1916)
アンブラー, エリック 6.28(1909)
アンブロス, アウグスト・ヴィルヘルム 9.17(1816)
アンベードカル, B.R. 4.14(1891)
安部信発 12.19(1846)
アンペール, アンドレ-マリー 1.22(1775)
アンベール, ロラン・ジョゼフ・マリー 3.23(1797)
アンマナーティ, バルトロメーオ 6.18(1511)
安養寺俊親 11.30(1918)
杏里 8.31(1961)
アンリ2世 3.31(1519)
アンリ3世 9.19(1551)
アンリ4世 12.14(1553)
アンリエッタ・アン, オルレアン公爵夫人 6.16(1644)
アンリエッタ・マリア 11.15(1609)
アンリ菅野 8.7(1948)
アンリ大公 4.16(1955)
アンリ, ティエリ 8.17(1977)
アン・ルイス 6.5(1956)
アーン, レイナルド 8.9(1875)

【い】

イアン, ジャニス 4.7(1951)
井伊詮子 9.7(1770)
飯尾常房 3.19(1422)
飯沢耕太郎 3.26(1954)
飯沢匡 7.23(1909)
飯島愛 10.31(1972)
飯島魁 6.17(1861)
飯島喜美 12.17(1911)
飯島清 2.21(1930)
飯島耕一 2.25(1930)
飯島正 3.5(1902)
飯島直子 2.29(1968)
飯島夏樹 8.19(1966)
飯島与志雄 9.30(1911)
飯田圭織 8.8(1981)
飯田旗軒 5.2(1866)
飯田譲治 3.1(1050)
飯田清三 8.22(1894)
飯田蛇笏 4.26(1885)
飯田忠彦 12.18(1798)
飯田蝶子 4.15(1897)
飯田徳治 4.6(1924)
飯田俊子 5.10(1817)
飯田栄彦 7.13(1944)
飯塚浩二 4.3(1906)
飯塚森蔵 6.2(1854)
飯塚琅玕斎 3.15(1890)

井伊直亮　*6.11*（1794）
井伊直興　*3.6*（1656）
井伊直定　*2.13*（1702）
井伊直弼　*10.29*（1815）
井伊直澄　*7.15*（1625）
井伊直孝　*2.11*（1590）
井伊直中　*6.11*（1766）
井伊直幸　*7.21*（1731）
井伊直政　*2.19*（1561）
飯沼剛一　*10.9*（1877）
飯沼正明　*8.2*（1912）
飯沼慾斎　*6.10*（1783）
飯干晃一　*6.2*（1924）
飯盛里安　*10.19*（1885）
飯守重任　*8.13*（1906）
伊井弥四郎　*11.14*（1905）
伊井蓉峰　*8.16*（1871）
イヴァーノフ，アレクサンドル・アンドレエヴィチ　*7.16*（1806）
イヴァン3世　*1.22*（1440）
井植歳男　*12.28*（1902）
イヴェンス，ヨリス　*11.18*（1898）
イーヴリン，ジョン　*10.31*（1620）
イェイイェル，エーリック・グスタヴ　*1.12*（1783）
イェイツ，W.B.　*6.13*（1865）
イェイツ，フランセス・A.　*11.28*（1899）
家城巳代治　*9.10*（1911）
イェシュケ，ハインリヒ・アウグスト　*5.17*（1817）
イエス・キリスト　*12.25*（前4頃生）
イェスナー　*3.3*（1878）
イェスペルセン，オットー　*7.16*（1860）
家永三郎　*9.3*（1913）
イェーネフェルト，エドヴァルト・アルマス　*8.14*（1869）
イエペス，ナルシソ　*11.14*（1927）
イェラビッチ，アンテ　*8.21*（1963）
イェリネク，エルフリーデ　*10.20*（1946）
イェリネック　*6.16*（1851）
イェーリング，ヘルベルト　*2.29*（1888）
イェーリング，ルドルフ・フォン　*8.22*（1818）
イェール，イライヒュー　*4.5*（1649）
イェルザレム　*10.11*（1854）
イェルサン，アレクサンドル・エミール・ジョン　*9.22*（1863）
イェルムスレウ，ルイス　*10.3*（1899）
イエン・サリ　*10.20*（1924）
イエンシュ　*2.26*（1883）
イェンゼン　*1.1*（1899）
イェンセン，ヨハネス・ヴィルヘルム　*1.20*（1873）
イェンゼン，ヨハネス・ハンス・ダニエル　*6.25*（1907）
猪飼敬所　*3.22*（1761）
猪飼道夫　*5.28*（1913）
伊ケ崎暁生　*11.26*（1930）
イカーサ，ホルヘ　*7.10*（1906）
筏井嘉一　*12.28*（1899）
伊上凡骨　*5.21*（1875）
五十嵐顕　*12.20*（1916）
五十嵐篤好　*12.16*（1793）
五十嵐淳子　*9.20*（1952）
五十嵐力　*11.22*（1874）
五十嵐文吉　*2.13*（1805）
いがらしみきお　*1.13*（1955）
五十嵐めぐみ　*9.18*（1954）
いかりや長介　*11.1*（1931）
井川慶　*7.13*（1979）
井川遥　*6.29*（1976）
イカンガー，ジュマ　*7.19*（1957）
生松敬三　*2.12*（1928）
イーキンズ，トマス　*7.25*（1844）
李光洙　*2.1*（1892）
生稲晃子　*4.28*（1968）
幾子女王　*8.21*（1737）
生島治郎　*1.25*（1933）
生島ヒロシ　*12.24*（1950）
生島遼一　*9.2*（1904）
生田耕作　*7.7*（1924）
生田浩二　*2.3*（1933）
生田春月　*3.12*（1892）
生田長江　*4.21*（1882）
生田蝶介　*5.26*（1889）
郁達夫　*12.7*（1896）
生田斗真　*10.7*（1984）
生田花世　*10.15*（1888）
井口省吾　*8.10*（1855）
井口新次郎　*6.7*（1904）
井口資仁　*12.4*（1974）
井口基成　*5.17*（1908）
イグナチエフ，ニコライ・パヴロヴィチ，伯爵　*1.29*（1832）
イグナトフ　*5.16*（1901）
イクバール，ムハンマド　*11.9*（1877）
郁芳門院　*4.5*（1076）
幾代通　*3.30*（1923）
イーグルバーガー，ローレンス　*8.1*（1930）
イグレシアス，エンリケ　*5.8*（1975）
イグレシアス，フリオ　*9.23*（1943）
池内紀　*11.25*（1940）
池内淳子　*11.4*（1933）
池内大学　*10.22*（1814）
池内一　*5.3*（1920）
池内宏　*9.28*（1878）
池内博之　*11.24*（1976）
池浦喜三郎　*4.21*（1916）
池貝庄太郎（初代）　*10.10*（1869）
池上季実子　*1.16*（1959）
池上鎌三　*11.12*（1900）
池上忠治　*7.30*（1936）
池上隼之助　*8.17*（1829）
池澤夏樹　*7.7*（1945）
池島信平　*12.22*（1909）
池尻胤房　*6.13*（1830）
池尻暉房　*7.5*（1762）
池田克　*5.23*（1893）
池田克己　*5.27*（1912）
池田亀三郎　*5.21*（1884）
池田亀鑑　*12.9*（1896）
池田菊苗　*9.8*（1864）
池田貴族　*5.8*（1963）
池田潔　*10.4*（1903）
池田謙三　*12.3*（1855）
池田健太郎　*5.19*（1929）
池田定常　*10.3*（1767）
池田成彬　*7.16*（1867）
池田重善　*7.25*（1915）
池田重治郎　*7.10*（1825）
池田蕉園　*5.13*（1886）
池田瑞仙（初代）　*5.22*（1735）
池田草庵　*7.23*（1813）

池田大伍　*9.6*（1885）
池田種生　*11.8*（1897）
池田恒雄　*5.3*（1911）
池田輝方　*1.4*（1883）
池田輝澄　*4.29*（1604）
池田輝政　*12.29*（1564）
池田敏雄　*8.7*（1923）
池田利隆　*9.7*（1584）
池田長発　*7.23*（1837）
池田仲澄　*10.11*（1650）
池田長溥　*5.28*（1803）
池谷信三郎　*10.15*（1900）
池谷直樹　*12.1*（1973）
池谷幸雄　*9.26*（1970）
池田勇人　*12.3*（1899）
池田治政　*1.9*（1750）
池田政香　*2.14*（1741）
池田満寿夫　*2.23*（1934）
池田光仲　*6.18*（1630）
池田光政　*4.4*（1609）
池田実　*4.20*（1920）
池田村子　*4.11*（1706）
池田弥三郎　*12.21*（1914）
池田遙邨　*11.1*（1895）
池田慶徳　*7.13*（1837）
池田蘭子　*9.10*（1893）
池田理英(2代目)　*2.26*(1906)
池波志乃　*3.12*（1955）
池波正太郎　*1.25*（1923）
池内友次郎　*10.21*（1906）
池内信嘉　*2.7*（1858）
池大雅　*5.4*（1723）
池乃めだか　*7.3*（1943）
池畑慎之介　*8.8*（1952）
池原季雄　*12.2*（1919）
池辺吉十郎　*1.11*（1838）
池辺陽　*4.8*（1920）
池辺三山　*2.5*（1864）
池辺義象　*10.3*（1861）
池見酉次郎　*6.12*（1915）
池山隆寛　*12.17*（1965）
池脇千鶴　*11.21*（1981）
伊古田純道　*10.17*（1802）
イサアクス, ホルヘ　*4.1*（1837）
イザイ, ウジェーヌ　*7.16*（1858）
井坂孝　*12.8*（1870）
井崎脩五郎　*7.23*（1947）
イサコフスキー, ミハイル・ワシリエヴィチ　*1.7*（1900）
諫早茂図　*12.7*（1747）
イザベイ, ウージェーヌ　*7.22*（1803）
イザベイ, ジャン・バティスト　*4.11*（1767）
イサベル1世　*4.22*（1451）
イサベル2世　*10.10*（1830）
イサベル・デ・ファルネジオ　*10.25*（1692）
IZAM　*4.23*（1972）
イサム・ノグチ　*11.17*(1904）
伊沢エイ　*5.28*（1885）
伊沢修二　*6.29*（1851）
伊沢多喜男　*11.24*（1869）
伊沢利光　*3.2*（1968）
伊沢蘭軒　*11.11*（1777）
伊沢蘭奢　*11.28*（1889）
石射猪太郎　*2.6*（1887）
石井一久　*9.9*（1973）
伊志井寛　*2.7*（1901）
石井菊次郎　*3.10*（1866）
石井研堂　*6.23*（1865）
石井幸之助　*3.2*（1916）
石井小浪　*3.15*（1905）
石井三朶花　*9.10*（1649）
石井十次　*4.11*（1865）
石井修理　*10.30*（1820）
石井庄八　*9.20*（1926）
石井四郎　*6.25*（1892）
石井進　*7.2*（1931）
石井琢朗　*8.25*（1970）
石井竜也　*9.22*（1959）
石井鶴三　*6.5*（1887）
石井照久　*11.23*（1906）
石井藤吉郎　*3.16*（1924）
石井敏弘　*12.19*（1962）
石井漠　*12.25*（1886）
石井柏亭　*3.28*（1882）
いしいひさいち　*9.2*（1951）
石井英子　*12.15*（1910）
石井ふく子　*9.1*（1926）
石井正則　*3.21*（1973）
石井光次郎　*8.18*（1889）
石井満　*2.9*（1891）
石井茂吉　*7.21*（1887）
石井桃子　*3.10*（1907）
石井亮一　*5.25*（1867）
石井良助　*12.14*（1907）
石井露月　*5.17*（1873）
石王塞軒　*4.18*（1701）
石尾芳久　*4.27*（1924）
石垣綾子　*9.21*（1903）
石垣栄太郎　*12.1*（1893）
石垣純二　*1.2*（1912）
石城南陔　*4.13*（1755）
石垣りん　*2.21*（1920）
石谷貞清　*11.3*（1594）
石川亜沙美　*10.18*（1977）
石川一郎　*11.5*（1885）
石川きぬ子　*3.11*（1915）
石川欣一　*3.17*（1895）
石川倉次　*1.26*（1859）
石川桂郎　*8.6*（1909）
石川謙　*4.29*（1891）
石川香山　*8.8*（1736）
石川興二　*5.16*（1892）
石川さゆり　*1.30*（1958）
石川三四郎　*5.23*（1876）
石川淳　*3.7*（1899）
石川準十郎　*6.1*（1899）
石川照勤　*10.10*（1869）
石河正竜　*12.19*（1825）
石川善助　*5.16*（1901）
石川台嶺　*1.1*（1843）
石川大浪　*11.8*（1765）
石川啄木　*2.20*（1886）
石川武美　*10.13*（1887）
石川忠雄　*1.21*（1922）
石川達三　*7.2*（1905）
石川潭月　*8.9*（1929）
石川千代松　*1.8*（1860）
石川輝　*4.17*（1904）
石川桃蹊　*5.13*（1756）
石川登喜治　*6.30*（1879）
石川知福　*8.5*（1891）
石川寅治　*4.5*（1875）
石川半山　*8.17*（1872）
石川栄耀　*9.7*（1893）
石川ひとみ　*9.20*（1959）
石川雅望　*12.14*（1753）
石川光男　*8.19*（1918）
石川光春　*9.14*（1884）
石川依平　*1.1*（1791）
石川梨華　*1.19*（1985）
石川理紀之助　*2.15*（1845）
石川利光　*2.3*（1914）
石倉小三郎　*6.15*（1881）
石樽千亦　*8.26*（1869）
石黒彩　*5.12*（1978）
イシグロ, カズオ　*11.8*(1954）
石黒敬七　*8.10*（1897）
石黒賢　*1.31*（1966）

石黒武重　*5.13*(1897)
石黒忠篤　*1.9*(1884)
石黒忠悳　*2.11*(1845)
石黒千尋　*9.16*(1804)
石黒信由　*11.18*(1760)
石黒宗麿　*4.14*(1893)
石桁真礼生　*11.26*(1916)
石子順造　*10.12*(1928)
イシコフ　*8.29*(1905)
石河正養　*8.2*(1821)
石坂公成　*12.3*(1925)
石坂浩二　*6.20*(1941)
石坂修一　*9.14*(1895)
石坂宗哲　*4.22*(1841)
石坂泰三　*6.3*(1886)
石坂昌孝　*4.22*(1841)
石坂公歴　*1.16*(1868)
石坂洋次郎　*7.25*(1900)
石崎一正　*11.10*(1923)
石沢英太郎　*5.17*(1916)
石島筑波　*8.8*(1708)
位子女王　*2.16*(1529)
石塚克彦　*8.4*(1937)
石塚英彦　*2.6*(1962)
石塚義之　*3.26*(1975)
石津謙介　*10.20*(1911)
イジー・ス・ポジェブラド　*4.23*(1420)
石田あき子　*11.28*(1915)
いしだあゆみ　*3.26*(1948)
石田郁夫　*7.8*(1933)
石田一松　*11.18*(1902)
いしだ壱成　*12.7*(1974)
石田衣良　*3.28*(1960)
石田英一郎　*6.30*(1903)
石田えり　*11.9*(1960)
石田和外　*5.20*(1903)
石田純一　*1.14*(1955)
石田退三　*11.16*(1888)
石田達郎　*7.18*(1918)
石立鉄男　*7.31*(1942)
石館守三　*1.24*(1901)
石田梅岩　*9.15*(1685)
石田波郷　*3.18*(1913)
石田ひかり　*5.25*(1972)
石田博英　*12.12*(1914)
石田幹之助　*12.28*(1891)
石田瑞麿　*6.25*(1917)
石田茂作　*11.10*(1894)
石田ゆり子　*10.3*(1969)
石田竜次郎　*1.4*(1904)
石田礼助　*2.20*(1886)
伊秩弘将　*4.26*(1963)
石塚英蔵　*7.23*(1866)
石塚確斎　*10.27*(1766)
石塚重平　*10.10*(1855)
石塚資元　*12.27*(1778)
石塚友二　*9.20*(1906)
石津亮澄　*10.13*(1779)
石堂清倫　*4.5*(1904)
石野信一　*3.13*(1912)
石野卓球　*12.26*(1967)
石野広通　*5.9*(1718)
石野真子　*1.31*(1961)
石ノ森章太郎　*1.25*(1938)
いしのようこ　*2.20*(1968)
石橋思案　*6.2*(1867)
石橋正二郎　*2.25*(1889)
石橋貴明　*10.22*(1961)
石橋辰之助　*5.2*(1909)
石橋湛山　*9.25*(1884)
石橋忍月　*9.1*(1865)
石橋凌　*7.20*(1956)
石橋蓮司　*8.9*(1941)
石橋和訓　*6.6*(1876)
石浜純太郎　*8.27*(1888)
石原修　*10.18*(1885)
石原周夫　*11.19*(1911)
石原莞爾　*1.18*(1889)
石原謙　*8.1*(1882)
石原広一郎　*1.26*(1890)
石原さとみ　*12.24*(1986)
石原忍　*9.25*(1879)
石原純　*1.15*(1881)
石原慎太郎　*9.30*(1932)
石原伸晃　*4.19*(1957)
石原まき子　*7.23*(1933)
石原正明　*2.6*(1764)
石原八束　*11.20*(1919)
石原裕次郎　*12.28*(1934)
石原良純　*1.15*(1962)
石原吉郎　*11.11*(1915)
井島勉　*6.5*(1908)
石丸謙二郎　*11.1*(1953)
石丸梧平　*4.5*(1886)
石丸藤太　*12.14*(1881)
石丸雄吉　*12.2*(1904)
石光真清　*8.30*(1868)
石母田正　*9.9*(1912)
石本新六　*1.20*(1854)
石本巳四雄　*9.17*(1893)
石森延男　*6.16*(1897)
イシャウッド, クリストファー　*8.26*(1904)
石山賢吉　*1.2*(1882)
石山脩平　*11.18*(1899)
石山徹郎　*8.18*(1888)
伊集院五郎　*9.28*(1852)
伊集院静　*2.9*(1950)
伊集院光　*11.7*(1967)
伊集院彦吉　*6.19*(1864)
イシュトバン・バトリ　*9.27*(1533)
井尻千男　*8.2*(1938)
井尻正二　*6.26*(1913)
石渡荘太郎　*10.9*(1891)
石原米太郎　*9.2*(1882)
石割松太郎　*1.24*(1881)
出井知恵子　*9.2*(1929)
泉井久之助　*7.2*(1905)
イスヴォルスキー, アレクサンドル　*3.17*(1856)
イスカンダル・シャー　*4.8*(1932)
井筒和幸　*12.13*(1952)
イーストウッド, クリント　*5.31*(1930)
イーストマン, ジョージ　*7.12*(1854)
イストミン, ユージン　*11.26*(1925)
イストラチ, パナイト　*8.11*(1884)
イーストレイク(イーストレーキ), フランク・ウォリントン　*1.22*(1858)
イーストレイク, サー・チャールズ・ロック　*11.17*(1793)
伊豆長八　*8.5*(1815)
イスマーイール1世　*7.17*(1487)
イスマーイール・パシャ　*12.31*(1830)
泉麻人　*4.8*(1956)
泉鏡花　*11.4*(1873)
泉甲二　*8.31*(1894)
泉重千代　*6.29*(1865)
泉茂　*1.13*(1922)
泉靖一　*6.3*(1915)
和泉宗章　*4.25*(1936)
いずみたく　*1.20*(1930)
泉浩　*6.22*(1982)
泉ピン子　*9.11*(1947)

泉豊洲　*3.26*（1758）
和泉雅子　*7.31*（1947）
和泉元秀　*7.18*（1937）
和泉元弥　*6.4*（1974）
泉谷しげる　*5.11*（1948）
イズメイ(ワーミントンの), ヘイスティングズ・ライオネル・イズメイ, 男爵　*6.21*（1887）
イスラエルス, ヨーゼフ　*1.27*（1824）
イスラ, ホセ・フランシスコ・デ　*4.24*（1703）
李承燁　*8.18*（1976）
井関隆子　*6.21*（1785）
伊勢貞興　*4.29*（1559）
伊勢貞丈　*12.28*（1717）
伊勢貞春　*8.9*（1760）
伊勢貞宗　*5.4*（1444）
伊勢正三　*11.13*（1951）
イゼトベゴビッチ, アリヤ　*8.8*（1925）
伊勢ノ浜慶太郎　*11.9*（1883）
伊勢谷友介　*5.29*（1976）
偉仙方裔　*8.15*（1334）
磯井如真　*3.19*（1883）
磯貝一　*4.19*（1871）
磯谷廉介　*9.3*（1886）
五十川了庵　*10.25*（1573）
磯崎新　*7.23*（1931）
磯崎叡　*8.16*（1912）
磯崎眠亀　*4.11*（1834）
磯田一郎　*1.12*（1913）
磯田光一　*1.18*（1931）
石上露子　*6.11*（1882）
磯野貴理　*2.1*（1964）
磯野長蔵　*3.12*（1874）
磯部浅一　*4.1*（1905）
磯部俶　*7.24*（1917）
磯村英一　*1.10*（1903）
磯村哲　*12.9*（1914）
磯村春子　*3.16*（1877）
磯村尚徳　*8.9*（1929）
磯山さやか　*10.23*（1983）
板尾創路　*7.18*（1963）
板垣征四郎　*1.21*（1885）
板垣直子　*11.18*（1896）
板垣聊爾斎　*7.3*（1639）
板倉勝明　*11.11*（1809）
板倉勝静　*1.4*（1823）
板倉勝宣　*2.12*（1897）
板倉勝正　*1.22*（1915）
板倉重矩　*10.24*（1617）
板倉卓造　*12.9*（1879）
伊谷純一郎　*5.9*（1926）
板野長八　*8.9*（1905）
伊丹十三　*5.15*（1933）
伊丹秀子　*10.14*（1909）
伊丹万作　*1.2*（1900）
板谷波山　*3.3*（1872）
イダルゴ・イ・コスティージャ, ミゲル　*5.8*（1753）
市井三郎　*6.18*（1922）
市川荒次郎（2代目）　*10.15*（1889）
市川右近　*11.26*（1963）
市川右太衛門　*2.25*（1907）
市川海老蔵（11代目）　*12.6*（1977）
市川猿翁　*5.10*（1888）
市川猿之助（2代目）　*5.10*（1888）
市川猿之助（3代目）　*12.9*（1939）
市川兼恭　*5.11*（1818）
市川亀治郎（2代目）　*11.26*（1975）
市河寛斎　*6.16*（1749）
市川九女八（初代）　*11.28*（1847）
市川厚一　*4.6*（1888）
市川小太夫（2代目）　*1.26*（1902）
市川崑　*11.20*（1915）
市川左団次（2代目）　*10.19*（1880）
市川左団次（3代目）　*8.26*（1898）
市河三喜　*2.18*（1886）
市川忍　*1.9*（1897）
市川寿海(3代目)　*7.12*(1886)
市川春猿（2代目）　*11.29*（1970）
市川正一　*3.20*（1892）
市川松蔦(2代目)　*9.23*(1886)
市川森一　*4.17*（1941）
市川新蔵(5代目)　*2.12*(1861)
市川翠扇　*12.16*（1913）
市川翠扇(2代目)　*8.21*(1881)
市川寿美蔵（7代目）　*4.1*（1902）
市川誠次　*7.11*（1872）
市川染五郎（7代目）　*1.8*（1973）
市川団十郎（2代目）　*10.11*（1688）
市川団十郎（8代目）　*10.5*（1823）
市川団十郎（10代目）　*10.31*（1882）
市川団十郎（11代目）　*1.6*（1909）
市川団十郎（12代目）　*8.6*（1946）
市川段四郎　*10.5*（1908）
市川団蔵(8代目)　*5.15*(1882)
市川団之助（6代目）　*7.1*（1876）
市川中車(7代目)　*2.27*(1860)
市川中車（8代目）　*11.10*（1896）
市川篤二　*10.9*（1902）
市川房枝　*5.15*（1893）
市河米庵　*9.6*（1779）
市川誠　*3.11*（1912）
市川正好　*8.27*（1679）
市川実日子　*6.13*（1978）
市川実和子　*3.19*（1976）
市川門之助（6代目）　*6.10*（1862）
市川門之助（7代目）　*9.7*（1928）
市川雄一　*1.25*（1935）
市川義雄　*4.6*（1894）
市川雷蔵(8代目)　*8.29*(1931)
市来乙彦　*4.13*（1872）
一木喜徳郎　*4.4*（1867）
市毛良枝　*9.6*（1950）
市島謙吉　*2.17*（1860）
一条昭良　*4.26*（1605）
一条家経　*12.6*（1248）
一乗院宮真敬法親王　*4.24*（1649）
一条内経　*7.17*（1291）
一条兼香　*12.16*（1692）
一条兼輝　*4.13*（1652）
一条兼良　*5.7*（1402）
一条実経　*10.2*（1223）
一条さゆり　*6.10*（1929）
一条忠香　*2.13*（1812）
一条忠良　*3.22*（1774）
一条智光　*10.23*（1907）

一条経通　*12.15*(1317)
一条輝良　*9.17*(1756)
一条天皇　*6.1*(980)
一条冬良　*6.25*(1464)
市田左右太　*7.16*(1843)
市田ひろみ　*7.10*(1932)
市野東谷　*4.27*(1727)
一戸兵衛　*6.20*(1855)
一宮長常　*4.5*(1721)
市野迷庵　*2.10*(1765)
市橋鐸　*3.19*(1893)
市橋長昭　*4.7*(1773)
市橋長義　*5.8*(1821)
市原悦子　*1.24*
市原豊太　*6.22*(1902)
一万田尚登　*8.12*(1893)
市丸　*7.16*(1906)
市村羽左衛門(14代目)　*12.18*(1848)
市村羽左衛門(15代目)　*11.5*(1874)
市村羽左衛門(16代目)　*1.15*(1905)
市村羽左衛門(17代目)　*7.11*(1916)
市村清　*4.4*(1900)
市村瓚次郎　*8.9*(1864)
市村正親　*1.28*(1949)
市村光恵　*8.5*(1875)
市山七十郎(5代目)　*8.5*(1889)
伊調馨　*6.13*(1984)
伊調千春　*10.6*(1981)
一楽照雄　*7.21*(1906)
一力健治郎　*9.25*(1863)
一力次郎　*8.12*(1893)
一龍斎貞山(5代目)　*2.3*(1864)
一龍斎貞山(6代目)　*11.26*(1876)
一龍斎貞山(7代目)　*6.2*(1907)
一龍斎貞丈(5代目)　*8.13*(1906)
イチロー　*10.22*(1973)
一路真輝　*1.9*(1965)
一華碩由　*3.4*(1447)
斎静斎　*1.1*(1729)
五木ひろし　*3.14*(1948)
五木寛之　*9.30*(1932)
一休宗純　*1.1*(1394)
いっこく堂　*5.27*(1963)
ISSA　*12.9*(1978)
佚斎樗山　*3.27*(1659)
一色紗英　*4.29*(1977)
一色次郎　*5.1*(1916)
一心　*4.2*(1771)
イッセー尾形　*2.22*(1952)
井筒俊彦　*5.4*(1914)
イッテン, ヨハネス　*11.11*(1888)
逸然　*8.1*(1601)
一遍　*2.15*(1239)
イッポリートフ‐イワーノフ, ミハイール・ミハイーロヴィチ　*11.19*(1859)
逸見政孝　*2.16*(1945)
五輪真弓　*1.24*(1951)
井出一太郎　*1.4*(1912)
出井伸之　*11.22*(1937)
井出謙治　*5.9*(1870)
出隆　*3.10*(1892)
井手俊郎　*4.11*(1910)
井手文子　*7.13*(1920)
井出孫六　*9.29*(1931)
出光佐三　*8.22*(1885)
イーデン, サー・アントニー　*6.12*(1897)
糸井重里　*11.10*(1948)
いとうあいこ　*10.24*(1980)
伊藤淳史　*11.25*(1983)
伊藤五百亀　*5.11*(1918)
伊藤一朗　*11.10*(1967)
伊藤逸平　*9.5*(1912)
伊藤卯四郎　*8.19*(1894)
伊藤永之介　*11.21*(1903)
伊藤かずえ　*12.7*(1966)
伊東貫斎　*6.24*(1826)
伊藤幾久造　*7.13*(1901)
伊藤熹朔　*8.1*(1899)
伊藤吉之助　*1.4*(1885)
伊藤清　*9.7*(1915)
伊藤錦里　*10.30*(1710)
伊藤憲治　*1.30*(1915)
伊藤謙二　*6.5*(1889)
伊東玄朴　*12.28*(1800)
伊藤好義斎　*8.21*(1658)
伊藤好道　*12.5*(1901)
伊藤佐喜雄　*8.3*(1910)
伊藤左千夫　*8.18*(1864)
伊東三郎　*11.16*(1902)
伊藤三郎　*3.29*(1920)
伊藤栄樹　*2.3*(1925)
伊東茂光　*7.4*(1886)
伊東静雄　*12.10*(1906)
伊藤若冲　*2.8*(1716)
伊藤樵渓　*11.4*(1791)
伊藤小坡　*4.24*(1877)
伊東四朗　*6.15*(1937)
伊藤次郎左衛門(14代目)　*6.14*(1848)
伊藤次郎左衛門(14代目)　*7.5*(1902)
伊藤信吉　*11.30*(1906)
伊藤仁斎　*7.20*(1627)
伊藤真乗　*3.28*(1906)
伊東深水　*2.4*(1898)
伊東祐兵　*1.15*(1559)
伊東祐相　*8.12*(1812)
伊東祐慶　*6.13*(1589)
伊藤整　*1.16*(1905)
伊藤整　*1.17*(1905)
伊藤整一　*7.26*(1890)
伊藤晴雨　*3.3*(1882)
いとうせいこう　*3.19*(1961)
伊藤誠哉　*8.7*(1883)
伊藤惣兵衛　*9.19*(1814)
伊藤大輔　*10.13*(1898)
伊藤大八　*11.15*(1858)
伊藤たかみ　*4.5*(1971)
伊東卓治　*11.12*(1901)
伊藤武雄　*8.2*(1905)
伊藤武雄　*12.13*(1894)
伊東たけし　*3.15*(1954)
伊藤武郎　*7.17*(1910)
伊藤坦庵　*9.29*(1623)
伊藤痴遊(初代)　*2.15*(1867)
伊東忠太　*10.26*(1867)
伊藤忠兵衛　*6.12*(1886)
伊藤常足　*12.21*(1774)
伊藤貞市　*9.27*(1898)
伊藤伝右衛門　*11.26*(1861)
伊藤伝七(9代目)　*10.25*(1828)
伊藤伝七(10代目)　*6.24*(1852)
伊藤伝三　*11.19*(1908)
伊藤東涯　*4.28*(1670)
伊東陶山(初代)　*4.10*(1846)
伊藤東所　*8.24*(1730)
伊藤東峯　*5.19*(1799)
伊藤東里　*3.23*(1757)
伊藤篤太郎　*11.29*(1865)

伊東俊夫　*8.5*(1904)
伊藤俊人　*2.16*(1962)
伊藤友司　*5.9*(1912)
伊東豊雄　*6.1*(1941)
伊東長詮　*5.19*(1736)
伊藤野枝　*1.21*(1895)
伊藤述史　*8.19*(1885)
伊藤梅宇　*8.19*(1683)
伊藤肇　*1.6*(1926)
井藤半弥　*9.14*(1894)
伊藤久男　*7.7*(1911)
伊藤英明　*8.3*(1975)
伊藤比呂美　*9.13*(1955)
伊藤不二男　*3.20*(1911)
いとうまい子　*8.18*(1964)
伊藤誠　*4.20*(1936)
伊藤正徳　*10.18*(1889)
伊藤正己　*9.21*(1919)
伊東正義　*12.15*(1913)
伊東美咲　*5.26*(1977)
伊藤道郎　*4.13*(1893)
伊藤みどり　*8.13*(1969)
伊東巳代治　*5.7*(1857)
伊東茂平　*9.5*(1898)
伊藤保次郎　*9.4*(1890)
伊藤裕子　*4.18*(1974)
伊藤雄之助　*8.3*(1919)
伊東ゆかり　*4.6*(1947)
伊東義五郎　*5.16*(1858)
伊藤快彦　*7.8*(1867)
伊藤蘭　*1.13*(1955)
伊藤蘭畹　*7.29*(1727)
伊藤蘭嵎　*5.1*(1694)
伊藤律　*6.27*(1913)
伊藤竜太郎　*1.1*(1835)
伊藤竜洲　*4.14*(1683)
イトゥルビデ, アグスティン・デ　*9.27*(1783)
イトゥルビ, ホセ　*11.28*(1895)
伊藤廉　*10.7*(1898)
糸賀一雄　*3.29*(1914)
糸川英夫　*7.20*(1912)
糸園和三郎　*8.4*(1911)
絲原武太郎　*11.21*(1879)
井戸泰　*9.8*(1881)
イドルス　*9.21*(1921)
イ・ドンゴン　*7.26*(1980)
稲尾和久　*6.10*(1937)
稲垣昭賢　*4.10*(1698)
稲垣栄三　*6.29*(1926)
稲垣吾郎　*12.8*(1973)
稲垣定穀　*6.29*(1764)
稲垣史生　*5.12*(1912)
稲垣示　*8.20*(1849)
稲垣潤一　*7.9*(1953)
稲垣達郎　*10.21*(1901)
稲垣足穂　*12.26*(1900)
稲垣稔次郎　*3.3*(1902)
稲垣浩　*12.30*(1905)
稲垣平太郎　*7.4*(1888)
稲垣満次郎　*9.26*(1861)
稲川淳二　*8.21*(1947)
稲毛金七　*6.5*(1887)
稲田三之助　*5.2*(1876)
稲田周一　*2.26*(1902)
稲田植誠　*11.4*(1844)
稲田正純　*8.27*(1896)
稲田竜吉　*3.18*(1874)
稲富栄次郎　*9.7*(1897)
伊奈信男　*3.31*(1893)
稲葉岩吉　*12.4*(1876)
稲葉迂斎　*9.17*(1684)
稲葉修　*11.19*(1909)
稲葉浩志　*9.23*
稲畑勝太郎　*10.30*(1862)
稲畑汀子　*1.8*(1931)
稲葉雍通　*5.8*(1776)
稲葉秀三　*4.9*(1907)
稲葉正則　*6.2*(1623)
稲葉正盛　*10.9*(1791)
稲葉正往　*11.10*(1640)
稲葉三千男　*3.10*(1927)
稲葉黙斎　*11.13*(1732)
イナマ・シュテルネック　*1.20*(1843)
稲嶺一郎　*9.23*(1905)
稲村順三　*9.30*(1900)
稲村隆正　*2.22*(1923)
稲本潤一　*9.18*(1979)
稲森いずみ　*3.19*(1972)
稲盛和夫　*1.30*(1932)
稲山嘉寛　*1.2*(1904)
イニャリトゥ, アレハンドロ・ゴンサレス　*8.15*(1963)
乾信一郎　*5.15*(1906)
乾新兵衛　*2.14*(1862)
乾孝　*8.19*(1911)
いぬいとみこ　*3.3*(1924)
犬養孝　*4.1*(1907)
犬養健　*7.28*(1896)
犬養毅　*4.20*(1855)
犬田卯　*8.23*(1891)
犬童一心　*6.24*(1960)
犬丸徹三　*6.8*(1887)
イネス, ジョージ　*5.1*(1825)
井上彩名　*4.30*(1967)
井上伊之助　*9.2*(1882)
井上宇右衛門　*7.18*(1820)
井上梅次　*5.31*(1923)
井上円了　*2.4*(1858)
井上薫　*5.13*(1906)
井上究一郎　*9.14*(1909)
井上京子　*4.22*(1969)
井上清　*12.19*(1913)
井上剣花坊　*6.3*(1870)
井上幸治　*7.10*(1910)
井上康生　*5.15*(1978)
井上五郎　*8.16*(1899)
井上毅　*12.18*(1844)
井上成美　*12.19*(1889)
井上十吉　*10.28*(1862)
井上順　*2.21*(1947)
井上準之助　*3.25*(1869)
井上省三　*10.15*(1845)
井上雄彦　*1.12*(1967)
井上長三郎　*11.3*(1906)
井上長次郎　*4.19*(1811)
井上通女　*6.11*(1660)
井上貞治郎　*10.3*(1882)
井上哲次郎　*12.25*(1855)
井上伝蔵　*6.26*(1854)
井上友一　*4.10*(1871)
井上友一郎　*3.15*(1909)
井上知治　*7.9*(1886)
井上なつゑ　*7.25*(1898)
井上日召　*4.12*(1886)
井上八郎　*9.16*(1816)
井上晴丸　*10.7*(1908)
井上晴美　*9.23*(1974)
井上光　*11.8*(1851)
井上ひさし　*11.17*(1934)
いのうえひでのり　*1.24*(1960)
井上浩　*3.30*(1932)
井上武吉　*12.8*(1930)
井上房一郎　*5.13*(1898)
井上文雄　*4.19*(1800)
井上真央　*1.9*(1987)
井上真樹夫　*11.30*(1940)
井上正夫　*6.15*(1881)
井上正鉄　*8.4*(1790)
井上正治　*2.11*(1920)

井上通泰　*12.21*（1866）
井上光貞　*9.19*（1917）
井上光晴　*5.15*（1926）
井上靖　*5.6*（1907）
井上保次郎　*10.2*（1863）
井上康文　*6.20*（1897）
井上八千代（4代目）　*5.14*（1905）
井上雪　*2.9*（1931）
井上陽水　*8.30*（1948）
井上翼章　*3.4*（1753）
井上芳雄　*7.6*（1979）
井上淑蔭　*4.10*（1804）
井上頼豊　*11.19*（1912）
井上蘭台　*1.1*（1705）
井上蘭沢　*11.24*（1718）
井上和香　*5.13*（1980）
伊能景晴　*5.29*（1808）
伊能嘉矩　*5.9*（1867）
稲生若水　*7.27*（1655）
伊能忠敬　*1.11*（1745）
伊能友鴎　*11.17*（1817）
井野川潔　*5.15*（1909）
井口阿くり　*11.22*（1871）
井口在屋　*10.30*（1856）
井之口政雄　*4.28*（1895）
猪熊功　*2.4*（1938）
猪熊弦一郎　*12.14*（1902）
猪熊葉子　*8.16*（1928）
猪野謙二　*4.2*（1913）
猪野省三　*7.20*（1905）
猪瀬直樹　*11.20*（1946）
猪瀬博　*1.5*（1927）
イノニュ, イスメト　*9.24*（1884）
井ノ原快彦　*5.17*（1976）
井野碩哉　*12.12*（1891）
イーノ, ブライアン　*5.15*（1948）
猪俣勝人　*6.27*（1911）
猪俣公章　*4.11*（1938）
猪俣浩三　*7.20*（1894）
猪俣津南雄　*4.23*（1889）
INORAN　*9.29*（1970）
イハ, ジェームス　*3.26*（1968）
伊庭孝　*12.1*（1887）
イパーチェフ, ウラジーミル・ニコラエヴィチ　*11.9*（1867）
伊波普猷　*3.15*（1876）
伊原宇三郎　*10.26*（1894）
井原応輔　*2.20*（1842）
茨木憲　*10.2*（1912）
茨木のり子　*6.12*（1926）
伊原青々園　*4.24*（1870）
伊原剛志　*11.6*（1963）
井原正巳　*9.18*（1967）
イバルボウロウ, フアナ・デ　*3.8*（1895）
イバルリ, ドロレス　*12.9*（1895）
イ・ビョンホン　*7.12*（1970）
井深梶之助　*6.10*（1854）
井深大　*4.11*（1908）
伊吹震　*8.3*（1888）
伊吹武彦　*1.27*（1901）
伊福部昭　*5.31*（1914）
伊福部隆輝　*5.21*（1898）
イプシランティ　*12.25*（1793）
イプシランディス　*12.12*（1792）
井伏鱒二　*2.15*（1898）
イプセン, ヘンリック　*3.20*（1828）
伊武雅刀　*3.28*（1949）
イブラヒム1世　*12.4*（1615）
イブラヒモヴィッチ, ズラタン　*10.3*（1981）
イフラント, アウグスト・ヴィルヘルム　*4.19*（1759）
飯降伊蔵　*12.28*（1834）
イブン‐タイミーヤ　*1.22*（1263）
イブン‐バシュクワール　*9.30*（1101）
イブン・アッ・ルーミー　*5.19*（836）
イブン・アブド・ラッビヒ　*11.29*（860）
イブン・アラブシャー　*11.6*（1392）
イブン・アル・アシール　*5.13*（1160）
イブン・アル・アラビー　*7.28*（1165）
イブン・アル・ハティーブ　*11.16*（1313）
イブン・アル・バンナ　*12.29*（1250）
イブン・アル・ファーリド　*3.12*（1182）
イブン・アルムータッズ　*11.2*（861）
イブン・イヤース　*6.10*（1448）
イブン・サイード　*2.5*（1208）
イブン・ジュバイル　*9.1*（1145）
イブン・スィーナー, アブー・アリー　*8.6*（980）
イブン・ハズム　*11.7*（994）
イブン・バットゥータ, ムハンマド・イブン・アブドゥッラー　*2.24*（1304）
イブン・ハッリカーン　*9.23*（1211）
イブン・ハルドゥーン, アブドゥル・ラフマーン　*5.27*（1332）
イベール, ジャック　*8.15*（1890）
井堀繁雄　*9.30*（1902）
イポリット, ジャン　*1.8*（1907）
今井絵理子　*9.22*（1983）
今井清隆　*11.5*（1957）
今井邦子　*5.31*（1890）
今いくよ　*12.3*（1947）
今井慶松　*3.25*（1871）
今井兼次　*1.11*（1895）
今井弘済　*10.7*（1652）
今井五介　*11.15*（1859）
今泉篤男　*7.7*（1902）
今泉今右衛門（12代目）　*9.25*（1897）
今泉今右衛門（13代目）　*3.31*（1926）
今泉嘉一郎　*6.27*（1867）
今泉雄作　*6.19*（1850）
今井田勲　*8.1*（1915）
今井誉次郎　*1.25*（1906）
今井田清徳　*2.2*（1884）
今井正　*1.8*（1912）
今井翼　*10.17*（1981）
今井登志喜　*6.8*（1886）
今井直一　*8.31*（1896）
今井寿　*10.21*（1965）
今井雅之　*4.21*（1961）
今井美樹　*4.14*（1963）
今井メロ　*10.26*（1987）
今井嘉幸　*5.25*（1878）
今江祥智　*1.15*（1932）
今岡誠　*9.11*（1974）
今尾清香　*5.28*（1805）
今尾景年　*8.12*（1845）

今北洪川　*7.10*（1816）
今くるよ　*6.17*（1947）
今里広記　*11.27*（1907）
今関天彭　*6.19*（1882）
今竹七郎　*10.5*（1905）
今田耕司　*3.13*（1966）
今田恵　*8.26*（1894）
今出川伊季　*5.29*（1660）
今出川実種　*6.4*（1754）
今中次麿　*4.9*（1893）
今中楓渓　*4.20*（1883）
今成拓三　*8.4*（1912）
今西錦司　*1.6*（1902）
今西祐行　*10.28*（1923）
今西中通　*10.30*（1908）
今西寿雄　*9.9*（1914）
今西龍　*8.15*（1875）
今西林三郎　*2.5*（1852）
今野賢三　*8.26*（1893）
伊馬春部　*5.30*（1908）
今藤長十郎（3代目）　*10.22*（1915）
今堀宏三　*11.20*（1917）
今堀誠二　*10.27*（1914）
今松治郎　*7.25*（1898）
今道潤三　*10.11*（1900）
イマーム‐アルハラマイン　*2.12*（1028）
今村明恒　*6.14*（1870）
今村荒男　*10.13*（1887）
今村英生　*11.5*（1671）
今村恵猛　*5.27*（1867）
今村源右衛門　*11.26*（1719）
今村成和　*7.20*（1913）
今村紫紅　*12.16*（1880）
今村太平　*8.21*（1911）
今村長賀　*5.23*（1837）
今村均　*6.28*（1886）
今村文吾　*2.5*（1808）
今村方策　*1.4*（1900）
今村正員　*7.10*（1628）
今村嘉雄　*12.20*（1903）
今村力三郎　*5.2*（1866）
忌野清志郎　*4.2*（1951）
イームズ，チャールズ　*6.17*（1907）
イムホフ　*8.8*（1705）
井村寿二　*10.27*（1923）
井本熊男　*5.1*（1903）
井本台吉　*4.3*（1905）
井本農一　*3.30*（1913）
井本稔　*7.11*（1908）
井元麟之　*1.16*（1905）
井森美幸　*10.26*（1968）
イヨネスコ，ウージェーヌ　*11.26*（1912）
イ・ヨンエ　*1.31*（1971）
伊良子清白　*10.4*（1877）
伊良子道牛　*12.31*（1671）
伊良子光顕　*6.2*（1737）
イラーセック，アロイス　*8.23*（1851）
伊良部秀輝　*5.5*（1969）
イリアルテ，トマス・デ　*9.18*（1750）
イリイチ，イヴァン　*9.4*（1926）
入江九一　*4.5*（1837）
入江相政　*6.29*（1905）
入江泰吉　*11.5*（1905）
入江たか子　*2.7*（1911）
入江長八　*8.5*（1815）
入江徳郎　*7.15*（1913）
入江波光　*9.26*（1887）
入江文郎　*4.8*（1834）
入江昌喜　*6.21*（1722）
入江美樹　*8.14*（1944）
イリゴージェン，イポリト　*7.12*（1852）
入沢恭平　*6.10*（1831）
入沢達吉　*1.5*（1865）
入沢宗寿　*12.23*（1885）
入野義朗　*11.13*（1921）
入矢義高　*12.13*（1910）
イーリ，リチャード・セアドア　*4.13*（1854）
イリーン，M.　*12.29*（1895）
イルカ　*12.3*（1950）
イールズ　*3.6*（1886）
イール，フィリップ・ド・ラ　*3.18*（1640）
ILMARI　*6.17*（1975）
イレチェク　*7.24*（1854）
イレムニツキー，ペテル　*3.18*（1901）
イロイロ，ジョセファ　*12.29*（1920）
色川幸太郎　*1.30*（1903）
色川武大　*3.28*（1929）
色川三中　*6.24*（1801）
五郎八姫　*6.16*（1594）
岩井章　*4.25*（1922）
岩井勝次郎　*4.11*（1863）
岩井志麻子　*12.5*（1964）
岩井重太郎　*11.13*（1871）
岩井俊二　*1.24*（1963）
岩井半四郎（8代目）　*10.2*（1829）
岩井半四郎（9代目）　*6.28*（1882）
岩生成一　*6.2*（1900）
巖垣東園　*7.11*（1774）
岩上順一　*1.2*（1907）
岩上二郎　*11.29*（1913）
岩川隆　*1.25*（1933）
岩城滉一　*3.21*（1951）
岩城準太郎　*3.12*（1878）
岩城吉隆　*1.14*（1609）
岩切章太郎　*5.8*（1893）
岩國哲人　*7.11*（1936）
岩隈久志　*4.12*（1981）
岩倉恒具　*7.24*（1701）
岩倉具定　*12.27*（1852）
岩倉具経　*6.17*（1853）
岩倉具選　*1.4*（1757）
岩倉具視　*9.15*（1825）
岩倉尚具　*4.20*（1737）
岩倉政治　*3.4*（1903）
岩畔豪雄　*10.10*（1897）
岩崎昶　*11.18*（1903）
岩崎潅園　*6.26*（1786）
岩崎恭子　*7.21*（1978）
岩崎憲　*7.11*（1891）
岩崎小弥太　*8.3*（1879）
岩崎卓爾　*10.17*（1869）
岩崎民平　*12.18*（1892）
いわさきちひろ　*12.15*（1918）
岩崎俊弥　*1.28*（1881）
岩崎久弥　*8.25*（1865）
岩崎ひろみ　*11.23*（1976）
岩崎宏美　*11.12*（1958）
岩崎弥之助　*1.8*（1851）
岩佐作太郎　*9.25*（1879）
岩佐東一郎　*3.8*（1905）
岩佐凱実　*2.6*（1906）
岩沢靖　*5.20*（1919）
岩沢健吉　*9.11*（1917）
岩沢厚治　*10.14*（1976）
イワシキエヴィッチ，ヤロスワフ　*2.10*（1894）
岩下志麻　*1.3*（1941）
岩下俊作　*11.16*（1906）
岩下清周　*5.28*（1857）

岩下壮一　*9.18*(1889)
岩瀬順三　*5.19*(1933)
岩瀬忠震　*11.21*(1818)
岩田一男　*4.23*(1910)
岩田専太郎　*6.8*(1901)
岩田宙造　*4.7*(1875)
岩田藤七　*3.12*(1893)
岩田久利　*12.18*(1925)
岩田富美夫　*10.27*(1891)
岩田誠　*11.26*(1902)
岩田義道　*4.1*(1898)
岩垂寿喜男　*4.25*(1929)
岩津資雄　*10.16*(1902)
岩永裕吉　*9.13*(1883)
岩波茂雄　*8.27*(1881)
岩浪洋三　*5.30*(1933)
岩野市兵衛(8代目)　*9.14*(1901)
イワーノフ, ヴァチェスラフ・イワノヴィチ　*2.28*(1866)
イワーノフ, ゲオールギー・ウラジーミロヴィチ　*10.29*(1894)
イワーノフ, フセヴォロド・ヴャチェスラヴォヴィチ　*2.24*(1895)
岩野平三郎(初代)　*7.30*(1878)
岩野泡鳴　*1.20*(1873)
岩橋英遠　*1.12*(1903)
岩橋武夫　*3.16*(1898)
岩淵悦太郎　*12.14*(1905)
岩淵辰雄　*1.10*(1892)
岩堀喜之助　*4.25*(1910)
岩松三郎　*12.31*(1893)
岩松昌純　*6.27*(1495)
岩松徳純　*7.30*(1777)
岩間正男　*11.1*(1905)
岩間芳樹　*10.31*(1929)
岩村忍　*9.26*(1905)
岩村清一　*9.14*(1889)
岩村透　*1.25*(1870)
岩村三千夫　*6.8*(1908)
岩村通世　*8.21*(1883)
岩本栄之助　*4.2*(1877)
岩本恭生　*4.3*(1952)
岩本公水　*6.4*(1975)
岩本素白　*8.17*(1883)
岩本博行　*11.4*(1913)
巌本真理　*1.19*(1926)
岩本茂登子　*11.12*(1795)
巌本善治　*6.15*(1863)
岩谷九十老　*6.28*(1808)
巌谷国士　*1.7*(1943)
巌谷小波　*6.6*(1870)
巌谷槇一　*9.12*(1900)
巌谷孫蔵　*8.2*(1867)
岩谷松平　*2.2*(1849)
イワン4世　*8.25*(1530)
イワン5世　*8.27*(1666)
イワン6世　*8.13*(1740)
インガソル, ロバート・グリーン　*8.11*(1833)
インガルデン, ロマン　*2.5*(1893)
イング, ウィリアム・ラーフ　*6.6*(1860)
イング, ジョン　*8.21*(1840)
イングラム　*7.7*(1823)
イングリッド皇太后　*3.28*(1910)
インゲマン, ベアンハート・セヴェリン　*5.28*(1789)
隠元　*11.4*(1592)
殷元良　*12.21*(1718)
インゴルド, サー・クリストファー・ケルク　*10.28*(1893)
インザーギ, フィリッポ　*8.9*(1973)
インジ, ウィリアム　*5.3*(1913)
インジロー, ジーン　*3.17*(1820)
インス, トマス・ハーパー　*11.6*(1882)
尹善道　*6.22*(1587)
尹致昊　*11.20*(1865)
イントルチェッタ, プロスペロ　*8.28*(1625)
印南丈作　*7.16*(1831)
インノケンチウス10世　*5.6*(1574)
インノケンチウス11世　*5.16*(1611)
インノケンチウス12世　*3.13*(1615)
インノケンチウス13世　*5.13*(1655)
殷夫　*6.11*(1910)
インフェルト　*8.20*(1898)
インベル, ヴェーラ・ミハイロヴナ　*7.10*(1890)
インヘンホウス, ヤン　*12.8*(1730)
インマーマン, カール・レーベレヒト　*4.24*(1796)

【う】

UA　*3.11*(1972)
ヴァイエルシュトラス, カール・ヴィルヘルム・テオドール　*10.31*(1815)
ヴァイゲル, ヘレーネ　*5.11*(1900)
ヴァイスコップ　*9.19*(1908)
ヴァイスハウプト, アーダム　*2.6*(1748)
ヴァイス, ペーター　*11.8*(1916)
ヴァイス, ベルンハルト　*6.20*(1827)
ヴァイスマン, アウグスト・フリードリヒ・レオポルト　*1.17*(1834)
ヴァイゼンボルン, ギュンター　*7.10*(1902)
ヴァイツゼッカー, リヒャルト・フォン　*4.15*(1920)
ヴァイツ, テオドール　*3.17*(1821)
ヴァイデンライヒ, フランツ　*6.7*(1873)
ヴァイトリング, ヴィルヘルム　*10.5*(1808)
ヴァイナー　*5.3*(1892)
ヴァイニンガー, オットー　*4.3*(1880)
ヴァイニング, エリザベス・ジャネット　*10.6*(1902)
ヴァイヤン, ロジェ　*10.16*(1907)
ヴァイル, クルト　*3.2*(1900)
ヴァイル, ヘルマン　*11.9*(1885)
ヴァインガルトナー, フェーリクス・パウル・フォン　*6.2*(1863)
ヴァインブレンナー, ヨハン・ヤーコプ・フリードリヒ　*11.24*(1766)

ヴァインヘーバー, ヨーゼフ 3.9(1892)
ヴァインベルガー, ヤロミール 1.8(1896)
ヴァヴィロフ, セルゲイ 3.24(1891)
ヴァヴィロフ, ニコライ・イヴァノヴィチ 11.25(1887)
ヴァウヴェルマン, フィリップス 5.24(1619)
ヴァエイコフ 5.10(1842)
ヴァグナー・ユアレック, ユリウス 3.7(1857)
ヴァーグナー, アードルフ・ハインリヒ・ゴットヒルフ 3.25(1835)
ヴァーグナー, ヴィルヘルム・リヒャルト 5.22(1813)
ヴァーグナー, オットー 7.13(1841)
ヴァーグナー, ジークフリート 6.6(1869)
ヴァーゲンザイル, ゲオルク・クリストフ 1.29(1715)
ヴァザーリ, ジョルジョ 7.30(1511)
ヴァザレリー, ヴィクトル 4.9(1908)
ヴァシレーフスキー 9.30(1895)
ヴァスネツォフ, ヴィクトル 5.3(1848)
ヴァゾフ, イヴァン 6.27(1850)
ヴァッゲルル, カール・ハインリヒ 12.10(1897)
ヴァッケンローダー, ヴィルヘルム・ハインリヒ 7.13(1773)
ヴァッサーマン, ヤーコプ 3.10(1873)
ヴァッセルマン, アウグスト・パウル・フォン 2.21(1866)
ヴァッテンバハ 9.22(1819)
ヴァディム, ロジェ 1.26(1928)
ヴァトー, ジャン・アントワーヌ 10.10(1684)
VERBAL 8.21(1975)
ヴァーベック(フルベッキ), ギード・ヘルマン・フリードリーン 1.23(1830)
ヴァラッハ, オットー 3.27(1847)
ヴァラドン, シュザンヌ 9.23(1865)
ヴァリスニエリ, アントニオ 5.3(1661)
ヴァリニャーノ, アレッサンドロ 2.9(1539)
ヴァルガ, エフゲニー 11.6(1879)
ヴァルキ, ベネデット 3.19(1503)
ヴァルザー, ローベルト 4.15(1878)
ヴァール, ジャン 5.25(1888)
ヴァルダイヤー・ハルツ, ハインリヒ・ヴィルヘルム・ゴットフリート・フォン 10.6(1836)
ヴァルター, ブルーノ 9.15(1876)
ヴァルター, ヨーハン・ゴットフリート 9.18(1684)
ヴァルツェル 10.28(1864)
ヴァルデク・ルソー 12.2(1846)
ヴァルデマール1世 1.4(1131)
ヴァールデン, ファン・デル, バルテル・レーンデルト 2.2(1903)
ヴァルトトイフェル, エミール 12.9(1837)
ヴァルヒャ, ヘルムート 10.27(1907)
ヴァールブルク 3.9(1846)
ヴァールブルク, アビー 6.13(1866)
ヴァルマー, バグワティ チャラン 8.30(1903)
ヴァレーズ, エドガー 12.22(1883)
ヴァレス, ジュール 6.11(1832)
ヴァレリー, ポール 10.30(1871)
ヴァレンシュタイン, アルブレヒト・ヴェンツェル・オイゼービウス・フォン 9.24(1583)
ヴァレンティニアヌス3世 7.2(419)
ヴァレンティノ 5.11(1932)
ヴァレンティノ, ルドルフ 5.6(1895)
ヴァレンティン, カール 6.4(1882)
ヴァロキエ, アンリ・ド 1.8(1881)
ヴァロトン, フェリックス 2.28(1865)
ヴァロ, マールクス・テレンティウス 2.18(1915)
ヴァン・ヴェクテン, カール 6.17(1880)
ヴァン・ヴォート, A.E. 4.26(1912)
ヴァン・ヴレック, ジョン・ハスブルーク 3.13(1899)
ヴァンクーヴァー, ジョージ 6.22(1757)
ヴァンケル, フェリックス 8.13(1902)
聖ヴァンサン・ド・ポール 4.24(1581)
ヴァン・ジェネップ, アルノルト 4.23(1873)
ヴァンシタート(デナムの), ロバート・ギルバート・ヴァンシタート, 男爵 6.25(1881)
ヴァンス, サイラス 3.27(1917)
ヴァン・スライク 3.29(1883)
ヴァン・ダイク, アントニー 3.22(1599)
ヴァン・ダイン, S.S. 10.15(1888)
ヴァンダービルト, コーニーリアス 5.27(1794)
ヴァンチュラ, ヴラジスラフ 6.21(1891)
ヴァン・デ・グラーフ, ロバート・ジェミソン 12.20(1901)
ヴァンデルヴェルデ 1.25(1866)
ヴァン・デル・ポスト, ロレンス・ヤン 12.13(1906)
ヴァンデンバーグ 1.24(1899)

ヴァンデンバーグ, アーサー・H　*3.22*(1884)
ヴァン・ド・ヴェルド, アンリ・クレマン　*4.3*(1863)
ヴァンドーム, ルイ・ジョゼフ, 公爵　*7.1*(1654)
ヴァンドリエス　*1.13*(1875)
ヴァン・ドーレン, カール・クリントン　*9.10*(1885)
ヴァン・ドーレン, マーク　*6.13*(1894)
ヴァントンゲルロー, ジョルジュ　*11.24*(1886)
ヴァン・ドンゲン, キース　*1.26*(1877)
ヴァン・ビューレン, マーティン　*12.5*(1782)
ヴァンピーロフ, アレクサンドル・ワレンチノヴィチ　*8.19*(1937)
ヴァンブラ, ジョン　*1.24*(1664)
ヴァン・ベイヌム, エドゥアルト　*9.3*(1900)
ヴァン・ヘイレン, エドワード　*1.26*(1957)
ヴァン・ルーン, ヘンドリック・ウィレム　*1.14*(1882)
ヴァン・レルベルグ, シャルル　*10.21*(1861)
ヴァンロー, ジャン・バティスト　*1.11*(1684)
ヴィアネー, 聖ジャン - バティスト - マリー　*5.8*(1786)
ウィーヴァー　*6.12*(1833)
ウィーヴァー　*12.29*(1907)
ヴィヴァルディ, アントーニオ　*3.4*(1678)
ヴィヴィアーニ, ヴィンチェンツォ　*4.5*(1622)
ヴィヴィアニ, ルネ　*11.8*(1863)
ヴィヴェーカーナンダ　*1.12*(1863)
ヴィエイラ, アントニオ　*2.6*(1608)
ヴィエニャフスキ, ヘンリク　*7.10*(1835)
ヴィエレ - グリファン, フランシス　*5.26*(1864)
ヴィオッティ, ジョヴァンニ・バッティスタ　*5.12*(1755)
ヴィオレ - ル - デュック, ウージェーヌ・エマニュエル　*1.27*(1814)
ヴィガーノ　*3.25*(1769)
ヴィーガント, テオドル　*10.30*(1864)
ウィ・キムウィ　*11.4*(1915)
ウィクセル, ヨハン・グスタフ・クニュート　*12.20*(1851)
ヴィクトリア　*5.24*(1819)
ヴィクトリア　*11.21*(1840)
ウィグナー, ユージン・ポール　*10.17*(1902)
ヴィグマン, マリー　*11.13*(1886)
ウィグモア, ジョン・ヘンリー　*3.4*(1863)
ウィグルズワース, マイケル　*10.18*(1631)
ヴィーゲラン, アドルフ・グスタヴ　*4.11*(1869)
ヴィーコ, ジャンバッティスタ　*6.23*(1668)
ヴイゴツキー, レフ・セミョーノヴィチ　*11.5*(1896)
ヴィーザー　*7.10*(1851)
ウィザー, ジョージ　*6.11*(1588)
ウィザースプーン, リーズ　*3.22*(1976)
ヴィジェ - ルブラン, エリザベト　*4.16*(1755)
ヴィジェ, レオン　*7.9*(1856)
ヴィシネフスキー, フセヴォロド・ヴィタリエヴィチ　*12.8*(1900)
ヴイシンスキー, アンドレイ・ヤヌアリエヴィチ　*11.28*(1883)
ヴィシンスキ, ステファン, 枢機卿　*8.3*(1901)
ヴィーズ, グスタヴ　*3.6*(1858)
ヴィスコンティ, ジャン・ガレアッツォ　*10.16*(1351)
ヴィスコンティ, ルキーノ　*11.2*(1906)
ウィスター, オーエン　*7.14*(1860)
ヴィスピャンスキ, スタニスワフ　*1.15*(1869)
ヴィース, ヨハン・ルドルフ　*3.4*(1782)
ウィスラー　*9.18*(1870)
ヴィスリツェヌス, ヨハンネス　*6.24*(1835)
ヴィーゼ　*12.2*(1876)
ヴィゼヴァ, テオドール・ド　*9.12*(1862)
ヴィーゼンタール, シモン　*12.31*(1908)
ウィーダ　*1.1*(1839)
ヴィダー, キング　*2.8*(1894)
ヴィターリ, ジョヴァンニ・バッティスタ　*2.18*(1632)
ヴィターリ, トンマーゾ・アントニオ　*3.7*(1663)
ヴィダル　*3.9*(1862)
ヴィダル・ド・ラ・ブラシュ, ポール　*1.22*(1845)
ウィチャリー, ウィリアム　*5.28*(1641)
ヴィッソーヴァ　*6.17*(1859)
ウィッテ　*6.17*(1849)
ウィッテンバッハ　*8.7*(1746)
ヴィット, カタリーナ　*12.3*(1965)
ウィットニー, イーライ　*12.8*(1765)
ウィットニー, ウィリアム・ドワイト　*2.9*(1827)
ウィットフィールド, ジョージ　*12.16*(1714)
ヴィットフォーゲル　*9.6*(1896)
ヴィットリオ・エマヌエーレ2世　*3.14*(1820)
ヴィットリーニ, エーリオ　*7.23*(1908)
ウィットル, サー・フランク　*6.1*(1907)
ウィットワース, サー・ジョゼフ　*12.21*(1803)
ヴィティヒ, ゲオルク　*6.16*(1897)
ウィテカー, フォレスト　*7.15*(1961)
ヴィデブラム, フリードリヒ・W　*7.4*(1532)
ヴィーデマン　*10.2*(1826)

ウィテリウス, アウルス 9.24 (15)
ヴィデルー, クロード・ド 8.22 (1656)
ヴィトキエヴィッチ, スタニスワフ・イグナツィ 2.24(1885)
ヴィトゲンシュタイン, ルートヴィヒ 4.26(1889)
ヴィトラック, ロジェ 11.17(1899)
ヴィドール, シャルル・マリー 2.24(1844)
ウィーナー 3.16(1907)
ウィーナー, ノーバート 11.26(1894)
ヴィニー, アルフレッド・ド 3.27(1797)
ヴィネ, アレクサンドル 6.17(1797)
ヴィノグラードフ 11.30(1854)
ヴィノグラードフ, イワン・マトレーヴィッチ 9.14(1891)
ヴィノグラードフ, ヴィクトル・ウラジーミロヴィチ 12.31(1894)
ヴィノクール, グリゴーリー・オーシポヴィチ 11.5(1896)
ウィーバー 7.21(1673)
宇井伯寿 6.1(1882)
ウィーバー, シガーニー 10.8(1949)
ヴィーヒェルト, エルンスト 5.18(1887)
ヴィーヒャーン, ヨーハン・ヒンリヒ 4.21(1808)
ヴィーヘルト 12.26(1861)
ヴィ, ミシェル 10.11(1980)
ウィムズハースト 4.3(1832)
宇井黙斎 4.12(1725)
ヴィヤン, ボリス 3.10(1920)
ヴィヨン(ヴィリオン), エメー(アマトゥス) 9.2(1843)
ヴィヨン, ジャック 7.31(1875)
ヴィラ・ロボス, エイトル 3.5(1887)
ウィラード, エマ 2.23(1787)

ヴィラモーヴィッツ・メレンドルフ, ウルリヒ・フォン 12.22(1848)
ウィーラー, モーティマー 9.10(1890)
ヴィラール, クロード・ルイ・エクトール, 公爵 5.8(1653)
ヴィラール, ジャン 3.25(1912)
ヴィーラント, クリストフ・マルティン 9.5(1733)
ヴィーラント, ハインリヒ・オットー 6.4(1877)
ウィリアム3世 11.14(1650)
ウィリアム4世 8.21(1765)
ウィリアム王子 6.21(1982)
ウィリアムズ 6.22(1876)
ウィリアムズ, ウィリアム・カーロス 9.17(1883)
ウィリアムズ, エリック 9.25(1911)
ウィリアムズ, サー・ジョージ 10.11(1821)
ウィリアムズ, サー・フレデリック(・キャランド) 6.26(1911)
ウィリアムズ, サミュエル・ウェルズ 9.22(1814)
ウィリアムズ, ジョン 6.29(1796)
ウィリアムズ, スティーブ 5.14(1958)
ウィリアムズ, セリーナ 9.26(1981)
ウィリアムズ, チャニング・ムーア 7.18(1829)
ウィリアムズ, チャールズ 9.20(1886)
ウィリアムズ, テッド 8.30(1018)
ウィリアムズ, テネシー 3.26(1911)
ウィリアムズ, バネッサ 3.18(1963)
ウィリアムズ, ハンク 9.17(1923)
ウィリアムズ, ビーナス 6.17(1980)
ウィリアムズ, レイモンド 8.31(1921)

ウィリアムズ, ロビン 7.21(1951)
ウィリアムソン, アレグザンダー・ウィリアム 5.1(1824)
ウィリアムソン, ヘンリー 12.1(1895)
ヴィリエ・ド・リラダン, オーギュスト・ド 11.7(1838)
ウィリス 5.31(1857)
ウイリス 5.1(1837)
ウィリス, トマス 1.27(1621)
ウィリス, ブルース 3.19(1955)
ウィリー, バジル 7.25(1897)
ウィルキー, ウェンデル 2.18(1892)
ウィルキー, サー・デイヴィド 11.18(1785)
ウィルキンズ, G.H. 10.31(1888)
ウィルキンズ, モーリス・ヒュー・フレデリック 12.15(1916)
ウィルキンズ, ロイ 8.30(1901)
ウィルキンソン, エレン・シシリ

ウィルソン, ジェームズ・ハロルド　*3.11*(1916)
ウィルソン, ジョン・ドーヴァー　*7.13*(1881)
ウィルソン, チャールズ・トムソン・リース　*2.14*(1869)
ウィルソン, リチャード　*8.1*(1714)
ヴィルター, ニコライ・エヴゲニエヴィチ　*12.6*(1906)
ヴィルタネン, アルットゥリ・イルマリ　*1.15*(1895)
ヴィルデンブルッフ, エルンスト・フォン　*2.3*(1845)
ヴィルト　*9.6*(1879)
ヴィルト　*12.17*(1833)
ヴィルトガンス, アントン　*4.17*(1881)
ヴィルドラック, シャルル　*11.22*(1882)
ヴィルヌーヴ, ピエール・(シャルル・ジャン・バティスト・シルヴェストル・)ド　*12.31*(1763)
ウィルバーフォース, ウィリアム　*8.24*(1759)
ウィルビー, ジョン　*3.7*(1574)
ウィルヘルミナ　*8.31*(1880)
ヴィルヘルム　*5.6*(1882)
ウィルヘルム1世　*3.22*(1797)
ウィルヘルム2世　*1.27*(1859)
ウィルヘルム4世　*10.13*(1493)
ヴィルヘルム5世(バイエルンの)　*9.29*(1548)
ヴィルマン, アベル-フランソワ　*6.11*(1790)
ヴィルマン, ミヒャエル・ルーカス・レーオポルト　*9.27*(1630)
ウィルモット, ジョン　*4.10*(1647)
ヴィルロア　*4.7*(1644)
ウィレム1世　*4.16*(1533)
ウィレム1世　*8.24*(1772)
ウィレム2世　*12.6*(1792)
ウィレム3世　*2.19*(1817)
ウィレム5世　*3.8*(1748)
ヴィレール　*4.14*(1773)
ウィロビー　*3.8*(1892)
ヴィーン, ヴィルヘルム・カール・ヴェルナー・オットー・フリッツ・フランツ　*1.13*(1864)
ヴィンクラー, クレメンス・アレクサンダー　*12.26*(1838)
ヴィンクラー, フーゴー　*7.4*(1863)
ヴィンクラー, ヨーゼフ　*7.6*(1881)
ウィンゲイト, オード　*2.26*(1903)
ヴィンケルマン, ヨハン・ヨアヒム　*12.9*(1717)
ヴィンケンティウス・フェレリウス　*1.22*(1350)
ウインスレット, ケイト　*10.5*(1975)
ウィンズロー, エドワード　*10.18*(1595)
ウィンスロップ, ジョン　*1.22*(1587)
ヴィンソン, フレデリック・ムーア　*1.22*(1890)
ヴィンダウス, アドルフ・オットー・ラインホルト　*12.25*(1876)
ヴィンター, クリスチャン　*7.29*(1796)
ウィンターズ, アイヴァ　*10.17*(1900)
ヴィンターハルター, フランツ・クサーファー　*4.20*(1805)
ウィンダム, ジョン　*7.10*(1903)
ヴィンディッシュ・グレーツ　*5.11*(1787)
ヴィンデルバント, ヴィルヘルム　*5.11*(1848)
ヴィントガッセン, ヴォルフガング　*6.26*(1914)
ヴィントシャイト　*6.26*(1817)
ヴィントホルスト, ルートヴィヒ　*1.17*(1812)
ウィントン, アンドルー　*2.3*(1350)
ウィンパー, エドワード　*4.27*(1840)
ヴィンプフェリング, ヤーコブ　*7.25*(1450)
ウヴラール　*10.11*(1770)
ウェイヴェル, アーチボルド・パーシヴァル・ウェイヴェル, 初代伯爵　*5.5*(1883)
ウェイガン, マクシム　*1.21*(1867)
ウェイクフィールド, エドワード・ギボン　*3.20*(1796)
ウェイデンボス, シュール　*5.2*(1941)
ウェイド, サー・トマス(・フランシス)　*8.25*(1818)
ヴェイマルン　*7.18*(1879)
ヴェイユ, アンドレ　*5.6*(1906)
ヴェイユ, シモーヌ　*2.3*(1909)
ウェイランド, フラーンシス　*3.11*(1796)
ウェイリー, アーサー　*8.19*(1889)
ウェイン, アンソニー　*1.1*(1745)
ウェイン, ジョン　*3.14*(1925)
ウェイン, ジョン　*5.26*(1907)
上河淇水　*11.9*(1748)
植木枝盛　*1.20*(1857)
植木等　*12.25*(1926)
植草克秀　*7.24*(1966)
植草圭之助　*3.5*(1910)
植草甚一　*8.8*(1908)
ヴェクスラー, ヴラディミール・ヨーソフィッチ　*3.4*(1907)
ヴェーゲナー, アルフレッド・ロタール　*1.11*(1880)
上真行　*7.2*(1851)
ヴェサリウス, アンドレアス　*12.31*(1514)
植芝吉祥丸　*6.27*(1921)
植芝盛平　*12.14*(1883)
上島竜兵　*1.20*(1961)
ヴーエ, シモン　*1.9*(1590)
ヴェショールイ, アルチョム　*9.29*(1899)
ウェース　*7.13*(1879)
上杉景勝　*11.27*(1555)
上杉和也　*6.16*(1968)
上杉謙信　*1.21*(1530)
上杉佐一郎　*4.16*(1919)
上杉重定　*7.6*(1720)
上杉慎吉　*8.18*(1878)

上杉達也 *6.16*(1968)
上杉綱勝 *11.22*(1638)
上杉斉定 *9.4*(1788)
上杉斉憲 *5.10*(1820)
上杉治憲 *7.20*(1751)
上杉藤王丸 *4.21*(1518)
ウェスティングハウス, ジョージ *10.6*(1846)
ヴェステルマルク, エドヴァルド *11.20*(1862)
ウェストウッド, ビビアン *4.8*(1941)
ウェストコット, ブルック・フォス *1.12*(1825)
ウェスト, ナサニエル *10.17*(1903)
ウェスト, ベンジャミン *10.10*(1738)
ウェスト, メイ *8.17*(1892)
ウェストモーランド, ウィリアム・C *3.26*(1914)
ヴェストリス *4.18*(1729)
ヴェストリス, オーギュスト *3.27*(1760)
ウェストレーク *2.4*(1828)
ウェスト, レベッカ *12.25*(1892)
ウェストン *5.9*(1850)
ウェストン, ウォルター *12.25*(1861)
ウェストン, エドワード *3.24*(1886)
ウェスパシアーヌス, ティトゥス・フラーウィウス *11.9*
ヴェスプッチ, アメリゴ *3.9*(1451)
ウェズリー, ジョン *6.17*(1703)
ウェズリー, チャールズ *12.18*(1707)
ヴェーソース, タリエイ *8.20*(1897)
上田秋成 *6.25*(1734)
上田有沢 *2.14*(1850)
上田円増 *9.26*(1827)
上田音市 *2.25*(1897)
上田万年 *1.7*(1867)
植竹春彦 *2.27*(1898)
植田謙吉 *3.8*(1875)
上田五千石 *10.24*(1933)
植田艮背 *8.24*(1651)
上田茂樹 *7.27*(1900)
植田寿蔵 *2.26*(1886)
殖田俊吉 *8.4*(1890)
上田庄三郎 *11.10*(1894)
植田正治 *3.27*(1913)
植田紳爾 *1.1*(1933)
上田晋也 *5.7*(1970)
上田進 *10.24*(1907)
植田清次 *7.18*(1902)
上田桑鳩 *5.11*(1899)
上田辰之助 *2.2*(1892)
上田竜也 *10.4*(1983)
上田貞次郎 *5.3*(1879)
植田敏郎 *1.17*(1908)
上田寅吉 *3.10*(1823)
上田英雄 *3.12*(1910)
上田広 *6.18*(1905)
上田敏 *10.30*(1874)
上田正樹 *7.7*(1949)
上田仁 *12.9*(1904)
植田まさし *5.27*(1947)
上田三四二 *7.21*(1923)
上田義彦 *9.16*(1957)
上地等 *6.23*(1968)
ヴェッカーリン *9.15*(1584)
ヴェッキョ *8.26*(1878)
ウェッジウッド, ジョサイア *7.12*(1730)
ヴェッセル, ホルスト *10.9*(1907)
ヴェッセル, ヨハン・ヘアマン *10.6*(1742)
ヴェッツェラ, マリー *3.19*(1871)
ウェッブ, ウィリアム *1.21*(1887)
ウェッブ, ジェイムズ・E(エドウィン) *10.7*(1906)
ウェッブ, シドニー *7.13*(1859)
ウェッブ, ビアトリス *1.22*(1858)
ウェッブ, フィリップ *1.12*(1831)
ウェッブ, マシュー *1.19*(1848)
ウェッブ, メアリー *3.25*(1881)
ヴェッリ, ピエートロ *12.12*(1728)
ヴェーデキント, フランク *7.24*(1864)
ウェデマイアー, アルバート *7.9*(1897)
上戸彩 *9.14*(1985)
ヴェーナー *7.11*(1906)
ヴェニング・マイネツ, フェリックス・アンドリエス *7.30*(1887)
ヴェーネルト *4.4*(1871)
上野英三郎 *12.10*(1871)
上野景範 *12.1*(1845)
上野清 *7.17*(1854)
上野樹里 *5.25*(1986)
上野次郎男 *3.29*(1905)
上野精一 *10.28*(1882)
上野千鶴子 *7.12*(1948)
上野照夫 *10.22*(1907)
上野俊之丞 *3.3*(1790)
上野直昭 *11.11*(1882)
上野英信 *8.7*(1923)
上野益三 *2.26*(1900)
上野水香 *12.23*(1977)
上野道輔 *11.21*(1888)
上野山清貢 *6.9*(1889)
上野陽一 *10.28*(1883)
上野理一 *10.3*(1848)
上野瞭 *8.16*(1928)
ウェーバー *3.10*(1806)
ウェーバー *7.30*(1868)
ヴェーバー, ヴィルヘルム・エドゥアルト *10.24*(1804)
ヴェーバー, エルンスト・ハインリヒ *6.24*(1795)
ヴェーバー, カール・マリーア・フォン *11.18*(1786)
ウェーバー, マックス *4.21*(1864)
ヴェーバー, マックス *4.18*(1881)
ヴェーバー, マックス *1.21*(1864)
植原悦二郎 *5.15*(1877)
上原謙 *11.7*(1909)
上原げんと *12.28*(1914)
上原浩治 *4.3*(1975)
上原さくら *3.31*(1977)
上原正吉 *12.26*(1897)
上原世美 *5.8*(1756)
上原専禄 *5.21*(1899)
上原多香子 *1.14*(1983)

上原卓　*5.6*(1926)
上原ひろみ　*3.26*(1979)
上原敏　*8.26*(1908)
上原真佐喜(初代)　*10.3*(1869)
上原真佐喜(2代目)　*12.10*(1903)
上原勇作　*11.9*(1856)
植原六郎左衛門　*7.1*(1816)
ウェブスター, ジーン　*7.24*(1876)
ウェブスター, ダニエル　*1.18*(1782)
ウェブスター, ノア　*10.16*(1758)
ヴェブレン　*6.24*(1880)
ヴェブレン, ソースタイン(・ブンデ)　*7.30*(1857)
ヴェーベルン, アントン　*12.3*(1883)
植松有信　*12.4*(1758)
植松茂岳　*12.10*(1794)
植松正　*1.21*(1906)
植松賞雅　*7.24*(1705)
上村愛子　*12.9*(1979)
上村淳之　*4.12*(1933)
植村家長　*5.21*(1754)
植村甲午郎　*3.12*(1894)
上村松園　*4.23*(1875)
上村松篁　*11.4*(1902)
植村諦　*8.6*(1903)
植村鷹千代　*11.2*(1911)
植村環　*8.24*(1890)
植村テイ　*5.17*(1840)
植村直己　*2.12*(1941)
植村正久　*12.1*(1858)
ヴェーラー, フリードリヒ　*7.31*(1800)
ヴェラーレン, エミール　*5.21*(1855)
ヴェランドリー, ピエール・ゴルティエ・ド・ヴァレンヌ, 卿　*11.17*(1685)
ヴェリッシモ, エリコ　*12.17*(1905)
ヴェリトマン, アレクサンドル・フォミチ　*7.8*(1800)
ウェリントン, アーサー・ウェルズリー, 初代公爵　*5.1*(1769)
ヴェルカー　*3.29*(1790)
ヴェルカー　*11.4*(1784)
ヴェルガ, ジョヴァンニ　*8.31*(1840)
ウェルギリウス・マロ, プブリウス　*10.15*(前70)
ヴェルクマイスター, アンドレーアス　*11.30*(1645)
ウェルクマイスター, ハインリヒ　*3.31*(1883)
ヴェルゲラン, ヘンリック　*6.17*(1808)
ヴェルコール　*2.26*(1902)
ヴェルジェンヌ　*12.20*(1717)
ウェルズ, H.G.　*9.21*(1866)
ウェルズ, オーソン　*5.6*(1915)
ウェルズ, ホレイス　*1.21*(1815)
ウェルズリー, リチャード(・コリー), 初代侯爵　*6.20*(1760)
ウェルス, ルキウス　*12.15*(130)
ウエルタ, ビクトリアーノ　*12.23*(1854)
ウェルチ, ジョン(Jr.)　*11.19*(1935)
ウェルツェル　*3.25*(1904)
ヴェルデ　*3.13*(1824)
ヴェルディ, ジュゼッペ　*10.10*(1813)
ウェルティ, ユードラ　*4.13*(1909)
ヴェルトハイマー, マックス　*4.15*(1880)
ヴェルトフ, ジガ　*1.12*(1896)
ウェルドン, ウォルター　*10.31*(1832)
ヴェルナー　*2.11*(1890)
ヴェルナー, アブラハム・ゴットローブ　*9.25*(1750)
ヴェルナー, アルフレート　*12.12*(1866)
ヴェルナツキー, ウラジーミル・イワノヴィチ　*3.12*(1863)
ヴェルナツキー, ゲオールギー・ウラジーミロヴィチ　*8.20*(1887)
ウェルナー, ピエール　*12.29*(1913)
ヴェルナー, マンフレート　*9.24*(1934)
ヴェルニー　*12.2*(1837)
ヴェルニョー, ピエール・ヴィクテュルニアン　*5.31*(1753)
ヴェルヌ, ジュール　*2.8*(1828)
ヴェルネイ, ルイス・アントニオ　*7.23*(1713)
ヴェルネ, オラース　*6.30*(1789)
ヴェルネ, カルル　*8.14*(1758)
ヴェルネ, クロード・ジョゼフ　*8.14*(1714)
ヴェルハーヴェン, ヨーハン・セバスチアン　*12.22*(1807)
ヴェルハウゼン, ユリウス　*5.17*(1844)
ヴェルビースト, フェルディナント　*10.9*(1623)
ヴェルフェル, フランツ　*9.10*(1890)
ヴェルフリン, ハインリヒ　*6.21*(1864)
ヴェルポー　*5.18*(1795)
ウエルマン, ウイリアム・A　*2.29*(1896)
ヴェルミーリ, ピエートロ・マルティーレ　*9.8*(1500)
ヴェルメール, ヤン　*10.31*(1632)
ヴェルレーヌ, ポール - マリ　*3.30*(1844)
ヴェレサーエフ, ヴィケンチー・ヴィケンチエヴィチ　*1.16*(1867)
ヴェレシチャーギン, ヴァシリー　*10.26*(1842)
ヴェレシュマルティ・ミハーイ　*12.1*(1800)
ヴェレス, エゴン・ヨーゼフ　*10.21*(1885)
ヴェンゲーロフ, セミョーン・アファナシエヴィチ　*4.5*(1855)
ヴェン, ジョン　*8.4*(1834)
ヴェンダース, ヴィム　*8.14*(1945)
ウエンツ瑛士　*10.8*(1985)
ヴェンツェル　*2.17*(1898)
ヴェントゥーリ, アドルフォ　*9.4*(1856)

ヴェントゥーリ, リオネッロ 4.25(1885)
ヴェントリス, マイクル 7.12(1922)
ウォー, アレック 7.8(1898)
ウォー, イーヴリン 10.28(1903)
ヴォーヴナルグ, リュック・ド・クラピエ・ド 8.6(1715)
ヴォギュエ, ウージェーヌ・メルキヨール・ド 2.24(1848)
ヴォクラン, ニコラ・ルイ 5.16(1763)
ウォーゲ, ペーター 6.29(1833)
ウォーケン, クリストファー 3.31(1944)
ヴォージュラ, クロード・ファーヴル・ド 1.6(1585)
ウォシントン, ブッカー・トリヴァー 4.5(1856)
ヴォストーコフ 3.18(1781)
ヴォズネセーンスキー 12.1(1903)
魚住為楽 12.20(1886)
魚住折蘆 1.27(1883)
魚澄惣五郎 11.17(1889)
ウォーターズ, エセル 10.31(1896)
ウォーターズ, ジョン 4.22(1946)
ウォーターズ, ロジャー 9.6(1944)
ウォッシュバーン 12.2(1889)
ウォッツ・ダントン, シオドア 10.12(1832)
ウォッツ, アイザック 7.17(1671)
ウォッツ, ジョージ・フレデリック 2.23(1817)
ウォットン, ヘンリー 3.30(1568)
ヴォッバミーン, エルンスト・グスタフ・ゲオルク 10.27(1869)
ウォディントン, ウィリアム・ヘンリ 12.11(1826)
ウォード 11.29(1831)
ウォード, L. 6.18(1841)
ウォトキンズ, ヴァーノン 6.27(1906)

ウォード, ジェイムズ 1.27(1843)
ウォトソン・ウォット, サー・ロバート・アレグザンダー 4.13(1892)
ウォトソン, ジョン・B 1.9(1878)
ウォード, メアリ・オーガスタ 6.11(1851)
ウォードロップ 8.4(1782)
ウォートン, イーディス 1.24(1862)
ウォートン, ジョーゼフ 4.22(1722)
ウォートン, トマス 1.9(1728)
ウォーナー, ウィリアム・ロイド 10.26(1898)
ウォーナー, ラングドン 8.1(1881)
ウォーナー, レックス 3.9(1905)
ウォーフ, ベンジャミン・リー 4.24(1897)
ウォーホル, アンディ 8.6(1928)
ウォラー, オーガスタス 12.21(1816)
ウォラストン, ウィリアム・ハイド 4.6(1766)
ウォラー, ファッツ 5.21(1904)
ヴォーリズ, ウィリアム・メリル 10.28(1880)
ウォリス, ジョン 11.3(1616)
ウォリス, バーンズ・ネヴィル 9.26(1887)
ウォリック, リチャード・ネヴィル, 伯爵 11.22(1428)
ヴォリンガー, ヴィルヘルム 1.31(1881)
ヴォルインスキー, A.L. 4.21(1861)
ヴォルケル, イジー 3.29(1900)
ウォルコット 5.9(1738)
ウォルコット, チャールズ・ドゥーリトル 3.31(1850)
ウオルシュ, ラオール 3.11(1887)
ヴォルス 5.27(1913)

ヴォルソー, イエンス・ヤコブ・アスムッセン 3.14(1821)
ヴォルタ, アレッサンドロ 2.18(1745)
ウォルター, トマス・アースティック 9.4(1804)
ヴォルテラ, ヴィト 5.3(1860)
ヴォルテール 11.21(1694)
ウォールド 10.31(1902)
ウォルド, ジョージ 11.8(1906)
ウォルトン, アイザック 8.9(1593)
ウォルトン, アーネスト・トーマス・シントン 10.6(1903)
ウォルトン, ウィリアム 3.29(1902)
ヴォルネー 2.3(1757)
ウォールバーグ, マーク 6.5(1971)
ヴォルフ, F. 2.15(1759)
ヴォルフ・フェラーリ, エルマンノ 1.12(1876)
ウォルフォウィッツ, ポール 12.22(1943)
ヴォルフ, カスパール・フリードリヒ 1.18(1734)
ヴォルフ, クリスティアン 1.24(1679)
ヴォルフ, フーゴー 3.13(1860)
ヴォルフ, フリードリヒ 12.23(1888)
ヴォルフ, マクシミリアン・フランツ・ヨーゼフ・コルネリウス 6.21(1863)
ヴォルフ, ヨハン・ルドルフ 7.7(1816)
ヴォルポーニ, パーオロ 2.6(1924)
ウォルポール, サー・ロバート, オーフォード伯爵 8.26(1676)
ウォルポール, ヒュー 3.13(1884)
ウォルポール, ホラス 9.24(1717)
ウォルムス 12.8(1869)
ウォレス, G. 8.25(1919)
ウォレス, H.A. 10.7(1888)

ウォレス, アルフレッド・ラッセル　*1.8*(1823)
ウォレス, ルー　*4.10*(1827)
ウォレン, アール　*3.19*(1891)
ウォーレン, エステラ　*12.23*(1978)
ウォレン, ロバート・ペン　*4.24*(1905)
ヴォローシロフ, クリメント・エフレモヴィチ　*2.4*(1881)
ウォロニン, ウラジーミル　*5.25*(1941)
ヴォロフスキー, ワツラフ・ワツラヴォヴィチ　*10.15*(1871)
ヴォロンコーワ, リュボーフィ・フョードロヴナ　*9.17*(1906)
ヴォロンスキー, アレクサンドル・コンスタンチノヴィチ　*8.19*(1884)
ヴォロンツォフ, アレクサンドル　*9.4*(1741)
ヴォロンツォーフ・ダーシコフ　*6.8*(1837)
ヴォロンツォフ, ミハイル　*5.30*(1782)
ヴォワチュール, ヴァンサン　*2.24*(1597)
ウォーン　*8.14*(1900)
ウォンウィチット　*4.6*(1909)
ヴォーン・ウィリアムズ, ラーフ　*10.12*(1872)
ウォン・カーウァイ　*7.17*(1958)
ヴォーン, サラ　*3.27*(1924)
ウォン, ジョイ　*7.31*(1967)
ヴォンデル, ヨースト・ヴァン・デン　*11.17*(1587)
ウォンビン　*9.29*(1977)
ヴォーン, ヘンリー　*4.17*(1622)
鵜飼吉左衛門　*2.12*(1798)
鵜飼称斎　*8.24*(1652)
鵜飼石斎　*1.15*(1615)
養鸕徹定　*3.15*(1814)
鵜飼信成　*3.9*(1906)
宇垣一成　*6.21*(1868)
宇垣纒　*2.15*(1890)
宇梶剛士　*8.15*(1962)
浮田和民　*12.28*(1860)
浮谷東次郎　*7.16*(1942)
ウクラインカ, レーシャ　*2.25*(1871)
宇崎竜童　*2.23*(1946)
ウサーマ・イブン・ムンキズ　*6.25*(1095)
宇佐美灊水　*1.23*(1710)
宇佐美誠次郎　*1.21*(1915)
宇佐美毅　*12.9*(1903)
宇佐美洵　*2.5*(1901)
鵜沢寿　*8.9*(1908)
宇沢弘文　*7.21*(1928)
鵜沢総明　*8.2*(1872)
氏家斉一郎　*5.17*(1926)
氏家寿子　*2.7*(1898)
潮恵之輔　*8.11*(1881)
潮田千勢子　*9.21*(1844)
潮みどり　*6.12*(1897)
うじきつよし　*9.18*(1957)
牛込ちゑ　*5.26*(1886)
宇治紫文(4代目)　*2.28*(1881)
宇治紫文(5代目)　*3.7*(1886)
宇治紫文(6代目)　*1.10*(1908)
宇治紫文(7代目)　*8.8*(1933)
牛島謹爾　*1.6*(1864)
牛島憲之　*8.29*(1900)
牛島秀彦　*1.27*(1935)
牛島満　*7.31*(1887)
宇治田一也　*7.2*(1925)
牛場友彦　*12.16*(1901)
牛場信彦　*11.16*(1909)
牛原虚彦　*3.22*(1897)
氏原正治郎　*8.2*(1920)
牛山純一　*2.4*(1930)
宇治山哲平　*9.3*(1910)
牛山充　*6.12*(1884)
牛山善政　*7.18*(1922)
宇宿彦右衛門　*10.18*(1820)
後宮淳　*9.28*(1884)
後宮虎郎　*4.22*(1914)
ウシンスキー　*3.2*(1824)
臼井吉見　*6.17*(1905)
臼田亜浪　*2.1*(1879)
ウスチーノフ　*10.30*(1908)
ウスペンスキー, グレープ・イワノヴィチ　*10.25*(1843)
歌川国芳　*11.15*(1797)
宇田川玄真　*12.28*(1769)
宇田川玄随　*12.27*(1755)
歌川広近(2代目)　*7.16*(1835)
宇田川文海　*2.24*(1848)
宇田川榕庵　*3.9*(1798)
歌川芳豊(2代目)　*11.6*(1844)
哥沢芝金(4代目)　*4.4*(1892)
哥沢芝金(5代目)　*2.16*(1934)
哥沢芝勢以(2代目)　*4.25*(1883)
歌沢寅右衛門(3代目)　*10.15*(1838)
歌沢寅右衛門(4代目)　*8.5*(1872)
歌沢寅右衛門(5代目)　*4.10*(1901)
宇田新太郎　*6.1*(1896)
宇田成一　*2.29*(1850)
宇多太左衛門　*12.29*(1821)
宇多田ヒカル　*1.19*(1983)
宇陀太郎　*10.24*(1838)
宇田荻邨　*6.30*(1896)
宇多天皇　*5.5*(867)
宇田道隆　*1.13*(1905)
ウ・タント　*1.22*(1909)
内ケ崎作三郎　*4.8*(1877)
打木村治　*4.21*(1904)
内柴正人　*6.17*(1978)
内田朝雄　*8.1*(1920)
内田巌　*2.15*(1900)
内田栄一　*7.31*(1930)
内田嘉吉　*10.12*(1866)
内田頑石　*6.19*(1736)
内田恭子　*6.9*(1976)
内田銀蔵　*1.25*(1872)
内田康哉　*8.10*(1865)
内田俊一　*12.3*(1895)
内田春菊　*8.7*(1959)
内田清之助　*12.1*(1884)
内田忠男　*6.9*(1939)
内田忠夫　*7.25*(1923)
内田常雄　*6.30*(1907)
内館牧子　*9.10*(1948)
内田亨　*8.24*(1897)
内田吐夢　*4.26*(1898)
内田信也　*12.6*(1880)
内田百閒　*5.29*(1889)
内田政風　*12.2*(1815)
内田康夫　*11.15*(1934)
内田裕也　*11.17*(1939)
内田有紀　*11.16*(1975)
内田祥三　*2.23*(1885)
内田義彦　*2.25*(1913)
内田良平　*2.11*(1874)
内田魯庵　*4.5*(1868)

内野聖陽　*9.16*（1968）
内村鑑三　*2.13*（1861）
内村健一　*6.15*（1926）
内村光良　*7.22*（1964）
内村直也　*8.15*（1909）
内村祐之　*11.12*（1897）
内山完造　*1.11*（1885）
内山愚童　*5.17*（1874）
内山七郎右衛門　*11.7*（1807）
内山信二　*9.25*（1981）
内山真竜　*1.1*（1740）
内山理名　*11.7*（1981）
内山竜雄　*8.28*（1916）
宇津井健　*10.24*（1931）
宇津木昆岳　*6.18*（1761）
ウッサイ，ベルナルド・アルベルト　*4.10*（1887）
ウッズ，タイガー　*12.30*（1975）
ウッズ，ロバート・アーチ　*12.9*（1865）
ウッズワース，ジェイムズ・シェイヴァー　*7.29*（1874）
ウッド　*10.9*（1860）
ウッド，イライジャ　*1.28*（1981）
ウッド，グラント・デヴォルスン　*2.13*（1892）
ウッド，ナタリー　*7.20*（1938）
ウッドハウス　*5.11*（1917）
ウッドハウス，P.G.　*10.15*（1881）
ウッド，ヘンリー　*3.3*（1869）
ウッド，ロバート・ウィリアムズ　*5.2*（1868）
ウッドワース　*10.17*（1869）
ウッドワード　*11.13*（1908）
ウッドワード，ジョアン　*2.27*（1930）
ウッドワード，ロバート・バーンズ　*4.10*（1917）
宇都野研　*11.14*（1877）
宇都宮隆　*10.25*（1957）
宇都宮太郎　*3.18*（1861）
宇都宮徳馬　*9.24*（1906）
宇都宮遯庵　*2.30*（1633）
宇都宮竜山　*3.12*（1803）
内海月杖　*3.27*（1872）
内海重典　*11.10*（1915）
内海忠勝　*8.19*（1843）
うつみ宮土理　*10.1*（1943）
内海好江　*2.23*（1936）
ウティッツ　*5.27*（1883）
ウーディノ　*4.25*（1767）
ウーデ，フリッツ・フォン　*5.22*（1848）
ウーテンボーハルト（アイテンボハールト），ヤン　*2.11*（1557）
有働由美子　*3.22*（1969）
ウドゥン，ジョン　*10.14*（1910）
ウド鈴木　*1.19*（1970）
ウドン，ジャン・アントワーヌ　*3.20*（1741）
海原ともこ　*12.27*（1971）
海原やすよ　*10.14*（1975）
ウナムノ，ミゲル・デ　*9.29*（1864）
ウー・ヌ　*5.25*（1907）
宇野亜喜良　*3.13*（1934）
宇野円空　*11.27*（1885）
宇野収　*5.29*（1917）
宇能鴻一郎　*7.25*（1934）
宇野浩二　*7.26*（1891）
宇野弘蔵　*11.12*（1897）
宇野重吉　*9.27*（1914）
宇野雪村　*1.23*（1912）
宇野宗佑　*8.27*（1922）
宇野宗甕（初代）　*2.7*（1888）
宇野千代　*11.28*（1897）
宇野哲人　*11.15*（1875）
宇野利泰　*4.21*（1909）
宇野信夫　*7.7*（1904）
宇野光雄　*4.10*（1917）
宇野明霞　*5.20*（1698）
ウー，バネス　*8.7*（1978）
ウフエ‐ボワニ，フェリックス　*10.18*（1905）
生方たつゑ　*2.23*（1905）
生方敏郎　*8.24*（1882）
馬詰親音　*10.20*（1748）
梅垣義明　*7.12*（1959）
梅ケ谷藤太郎（初代）　*2.9*（1845）
梅ケ谷藤太郎（2代目）　*3.11*（1878）
梅謙次郎　*6.7*（1860）
梅棹忠夫　*6.13*（1920）
梅崎春生　*2.15*（1915）
梅沢純夫　*11.22*（1909）
梅沢富美男　*11.9*（1950）
梅沢浜夫　*10.1*（1914）
梅沢博臣　*9.20*（1924）
梅沢由香里　*10.4*（1973）
楳図かずお　*9.3*（1936）
梅田雲浜　*6.7*（1815）
梅津其雫　*4.20*（1672）
梅辻規清　*5.19*（1798）
梅津忠宴　*3.12*（1643）
梅津梅叟　*7.9*（1637）
梅津八三　*12.5*（1906）
梅津美治郎　*1.4*（1882）
梅根悟　*9.12*（1903）
梅原末治　*8.13*（1893）
梅原猛　*3.20*（1925）
梅原北明　*1.15*（1900）
梅原龍三郎　*3.9*（1888）
梅宮アンナ　*8.20*（1972）
梅宮辰夫　*3.11*（1938）
梅村速水　*1.4*（1842）
梅村蓉子　*10.21*（1903）
楳茂都梅治　*9.15*（1927）
梅本克己　*3.25*（1912）
楳茂都陸平　*8.3*（1897）
梅屋庄吉　*11.26*（1868）
梅若万三郎（初代）　*11.21*（1869）
梅若万三郎（2代目）　*3.23*（1908）
梅若実（2代目）　*4.28*（1878）
梅若六郎（55代目）　*8.3*（1907）
梅若六郎（56代目）　*2.16*（1948）
ヴャーゼムスキー，ピョートル・アンドレーヴィチ　*7.12*（1792）
鵜山仁　*3.17*（1953）
ヴュイヤール，エドゥアール　*11.11*（1868）
ヴュータン，アンリ　*2.17*（1820）
ヴュルツ，シャルル・アドルフ　*11.20*（1817）
浦沢直樹　*1.2*（1960）
ウラジーミルツォフ　*7.20*（1884）
ウラジーモフ，ゲオールギー・ニコラエヴィチ　*2.19*（1931）
浦添朝憙　*7.4*（1805）
浦田長民　*1.28*（1840）
ウラーノヴァ，ガリーナ・セルゲエヴナ　*1.10*（1910）

浦野幸男 *1.14*(1914)
浦辺粂子 *10.5*(1902)
うらべまこと *11.30*(1925)
裏松光世 *11.11*(1736)
ヴラマンク,モーリス・ド *4.4*(1876)
浦山桐郎 *12.14*(1930)
浦靭負 *1.11*(1795)
ウランゲリ,ピョートル・ニコラエヴィチ,男爵 *8.15*(1878)
ウランゲリ,フェルジナンド・ペトロヴィチ,男爵 *1.9*(1796)
ヴランゲル *4.13*(1784)
ヴランゲル *12.13*(1613)
ウーラント, ルートヴィヒ *4.26*(1787)
ウーリ,チャールズ・レナード *4.17*(1880)
ウリベ・ベレ,アルバロ *7.4*(1952)
瓜生震 *6.11*(1853)
瓜生外吉 *1.2*(1857)
ウルキーサ,フスト・ホセ・デ *3.19*(1810)
ウルグ・ベグ *3.22*(1394)
ウルジーヌス,ツァハリーアス *7.18*(1534)
ウルストンクラーフト,メアリー *4.27*(1759)
ウルズリー,ガーネット・(ジョゼフ・)ウルズリー,初代子爵 *6.4*(1833)
ウルバーヌス7世 *8.4*(1521)
ウルフ,ジェイムズ *1.2*(1727)
ウルフ,トマス *10.3*(1900)
ウルフ,バージニア *1.25*(1882)
ヴルフリツキー,ヤロスラフ *2.17*(1853)
ウルプリヒト,ワルター *6.30*(1893)
ヴルーベリ,ミハイル・アレクサンドロヴィチ *3.5*(1856)
ウルマン *12.14*(1884)
ウルマン,ジョン *10.19*(1720)
ウルリッチ,コーネル *12.4*(1903)
ウルリヒ *2.8*(1487)
ウルワース,フランク・W(ウィンフィールド) *4.13*(1852)
ウーレンベック,ジョージ・ユージン *12.6*(1900)
ウロブレフスキ, ジーグムント・フロレンティ・フォン *10.28*(1845)
上井覚兼 *2.11*(1545)
ウンガレッティ, ジュゼッペ *2.8*(1888)
ウンガロ,エマニュエル *2.13*(1933)
雲華 *4.1*(1773)
雲居希膺 *1.25*(1582)
雲山愚白 *11.28*(1619)
雲室 *3.5*(1753)
雲岫宗竜 *7.3*(1394)
運敞 *10.19*(1614)
雲章一慶 *5.12*(1386)
ウンセット,シーグリ *5.20*(1882)
ヴンダーリヒ,カール・アウグスト *8.4*(1815)
ヴンダーリヒ,フリッツ *9.26*(1930)
ウンテル,マリエ *3.27*(1883)
ヴント *1.29*(1879)
ヴント,ヴィルヘルム *8.16*(1832)
ウンナ *9.8*(1850)
海野清 *11.8*(1884)
海野十三 *12.26*(1897)
海野勝珉 *5.15*(1844)
海野建夫 *6.15*(1905)
海野普吉 *8.29*(1885)
海野幸典 *11.14*(1794)
ウンベルト1世 *3.14*(1844)
ウンベルト2世 *9.15*(1904)
ウンルー, フリッツ・フォン *5.10*(1885)

【え】

エー *8.10*(1900)
エア,エドワード・ジョン *8.5*(1815)
エア,サー・A(アルフレッド)・J(ジュールズ) *10.29*(1910)
エアトン,ウィリアム・エドワード *9.14*(1847)
エアハルト,ルートヴィヒ *2.4*(1897)
エアリー,サー・ジョージ・ビッデル *7.27*(1801)
永応女王 *11.20*(1702)
永機 *10.10*(1823)
瑛九 *4.28*(1911)
エイキン,コンラッド *8.5*(1889)
エイキンサイド,マーク *11.9*(1721)
エイクボーン,アラン *4.12*(1939)
エイクマン,クリスティアーン *8.11*(1858)
栄倉奈々 *2.12*(1988)
エイクロイド,ダン *7.1*(1952)
永亨女王 *8.20*(1657)
永高女王 *5.17*(1540)
永皎女王 *11.22*(1732)
栄西 *4.20*(1141)
A.J. *1.9*(1978)
エイジー,ジェイムズ *11.27*(1909)
叡子内親王 *12.4*(1135)
永秀女王 *12.5*(1677)
永寿女王 *12.18*(1519)
英勝院 *11.9*(1578)
英邵女王 *12.16*(1569)
栄恕女王 *4.2*(1749)
エイゼンシテイン,セルゲイ・ミハイロヴィチ *1.23*(1898)
永宗女王 *5.2*(1609)
瑛太 *12.13*(1982)
英仲法俊 *5.21*(1340)
エイデ,サムエル *10.29*(1866)
エイトケン,ロバート・グラント *12.31*(1864)
エイドリアン,エドガー・ダグラス,エドガー男爵 *11.30*(1889)
エイナウディ,ルイジ *3.24*(1874)
叡仁入道親王 *11.21*(1730)
エイベル,サー・フレデリック・オーガスタス *7.17*(1827)

エイベル, ジョン・ジェイコブ *5.19*(1857)
エイヘンバウム, ボリス・ミハイロヴィチ *10.16*(1886)
エイミス, キングズリー *4.16*(1922)
エイメリー, リーオポルド・チャールズ・モーリス・ステネット *11.22*(1873)
エイリー, アルヴィン *1.5*(1931)
エイルウィン, パトリシオ *11.26*(1918)
永六輔 *4.10*(1933)
エインズワース, ウィリアム・ハリソン *2.4*(1805)
エヴァーツ, ウィリアム・マクスウェル *2.6*(1818)
エヴァット, ハーヴァート・ヴィア *4.30*(1894)
エヴァルト *10.30*(1845)
エーヴァルト, ハインリヒ・ゲオルク・アウグスト *11.16*(1803)
エーヴァル, ヨハネス *11.18*(1743)
エヴァレット *3.19*(1790)
エヴァレット, エドワード *4.11*(1794)
エヴァンズ-プリチャード, サー・エドワード・エヴァン *9.21*(1902)
エヴァンズ, アーサー・ジョン *7.8*(1851)
エヴァンズ, イーディス *2.8*(1888)
エヴァンズ, ウォーカー *11.3*(1903)
エヴァンズ, オリヴァー *9.13*(1755)
エヴァンス, キル *5.13*(1912)
エヴァンズ, ビル *8.16*(1929)
エヴァンズ, モーリス *6.3*(1901)
エーヴェルラン, アルヌルフ *4.27*(1889)
エヴェレスト, サー・ジョージ *7.4*(1790)
エウゼビオ *1.25*(1942)
エウテュキオス *8.17*(877)
エヴドキヤ *7.10*(1670)
エヴリヤ・チェレビィ *3.25*(1611)
エヴレイノフ, ニコライ・ニコラエヴィチ *2.26*(1879)
慧雲 *1.14*(1730)
恵応 *12.23*(1424)
エオン・ド・ボーモン *10.5*(1728)
江頭2:50 *7.1*(1965)
エカテリーナ1世 *4.15*(1684)
エカテリーナ2世 *5.2*(1729)
江上トミ *11.19*(1899)
江上波夫 *11.6*(1906)
江上信雄 *1.5*(1925)
江上フジ *4.27*(1911)
江上不二夫 *11.21*(1910)
江川卓 *5.25*(1955)
江川卓 *1.24*(1927)
江川達也 *3.8*(1961)
江川太郎左衛門(36代目) *5.13*(1801)
江川英文 *7.19*(1898)
江木鰐水 *12.22*(1810)
江木千之 *4.14*(1853)
江木翼 *12.5*(1873)
江木衷 *9.19*(1858)
江木理一 *7.13*(1890)
絵金 *10.11*(1812)
慧空 *5.15*(1644)
エクスタイン, ビリー *7.8*(1914)
エクスナー *8.23*(1876)
江口渙 *7.20*(1887)
江口三省 *10.9*(1858)
江口榛一 *3.24*(1914)
江口隆哉 *1.21*(1900)
江口寿史 *3.29*(1956)
江口朴郎 *3.19*(1911)
江口洋介 *12.31*(1967)
江國香織 *3.21*(1964)
江国滋 *8.14*(1934)
エークホフ, コンラート *8.12*(1720)
江熊要一 *7.29*(1924)
エークマン, ヴァグン・ヴァルフリッド *5.3*(1874)
エグモント伯 *11.18*(1522)
エグルストン, エドワード *12.10*(1837)
エーゲデ, ハンス *1.31*(1686)
エーケベリ, アンデルス・グスタフ *1.17*(1767)
慧極道明 *4.11*(1632)
江崎善左衛門 *5.5*(1593)
江崎悌三 *7.15*(1899)
江崎誠致 *1.21*(1922)
江崎真澄 *11.23*(1915)
江崎利一 *12.23*(1882)
江崎玲於奈 *3.12*(1925)
エシュコル *10.25*(1895)
エスコラ, ペンティ・エリアス *12.8*(1883)
エスティガリビア, ホセ・フェリックス *2.21*(1888)
エステーヴ, モーリス *5.2*(1904)
エステファン, グロリア *9.1*(1957)
エステルハージ, ニコラウス *12.18*(1714)
エステルハージ・ニコラウス2世 *9.12*(1765)
エステルリング, アンダシュ *4.13*(1884)
エストベリ, ラングナール *7.14*(1866)
エストラーダ・カブレーラ *11.21*(1857)
エストラダ, ジョセフ *4.19*(1937)
エスパルテロ *2.27*(1792)
エスピー, ジェイムズ・ポラード *5.9*(1785)
エスピナス *5.23*(1844)
エスピネル, ビセンテ・マルティネス・デ *12.28*(1550)
エスプロンセダ, ホセ・デ *3.25*(1808)
エスマルヒ *1.9*(1823)
江角マキコ *12.18*(1966)
エセックス, ロバート・デヴルー, 2代伯爵 *11.19*(1566)
エセーニン, セルゲイ・アレクサンドロヴィチ *10.3*(1895)
江副勉 *11.7*(1910)
江副浩正 *6.12*(1936)
江副孫右衛門 *2.6*(1885)
江田国通 *9.6*(1848)
江田三郎 *7.29*(1907)
穎田島一二郎 *4.23*(1901)

枝吉経種　*5.24*（1822）
エチェガライ, ホセ　*4.19*（1832）
エチェベリア, エステバン　*9.2*（1805）
越後正一　*4.26*（1901）
越前屋俵太　*12.29*（1961）
エチャンブル, ルネ　*1.26*（1909）
慧澄　*12.5*（1780）
恵鎮　*7.14*（1281）
悦翁建誾　*1.18*（1320）
エッカート, ジョン・プロスパー2世　*4.9*（1919）
エッカーマン, ヨハン・ペーター　*9.21*（1792）
エックハルト　*9.7*（1664）
エック, ヨーハン・フォン　*11.13*（1486）
エックルズ, サー・ジョン・カルー　*1.27*（1903）
エッケナー, フーゴ　*8.10*（1868）
エッケルト, フランツ　*4.5*（1852）
悦山道宗　*8.22*（1629）
エッシェンブルク　*12.7*（1743）
エッシャー, モーリス　*6.17*（1898）
エッジワース　*2.8*（1845）
エッジワース, マライア　*1.1*（1767）
エッツェリーノ・ダ・ロマーノ　*4.25*（1194）
エッフェル, アレクサンドル-ギュスターヴ　*12.15*（1832）
エティー, ウィリアム　*3.10*（1787）
エディソン, トマス・アルヴァ　*2.11*（1847）
エーティンガー, フリードリヒ・クリストフ　*5.6*（1702）
エディントン, サー・アーサー・スタンリー　*12.28*（1882）
エディンバラ公　*6.10*（1921）
エーデン, フレデリック・ファン　*4.3*（1860）
エトヴェシュ・ヨージェフ　*9.3*（1813）
エトヴェシュ・ロラーンド　*7.27*（1848）
江藤源九郎　*2.25*（1879）
江藤淳　*12.25*（1932）
江藤慎一　*10.6*（1937）
江藤俊哉　*11.9*（1927）
エトオ, サミュエル　*3.10*（1981）
江戸川コナン　*5.4*
江戸川乱歩　*10.21*（1894）
エートシュミット, カージミール　*10.5*（1890）
江渡狄嶺　*11.13*（1880）
江戸英雄　*7.17*（1903）
エドベリ, ステファン　*1.19*（1966）
エドムンド（エドマンド）, リッチ　*11.20*（1180）
江戸家小猫　*11.30*（1949）
江戸家猫八（2代目）　*7.6*（1911）
江戸家猫八（3代目）　*10.1*（1921）
エトロ, ジーモ　*11.20*（1940）
エドワーズ　*12.30*（1916）
エドワーズ, ガレス　*7.12*（1947）
エドワーズ, ジョナサン　*5.26*（1745）
エドワーズ, ジョナサン　*10.5*（1703）
エドワード8世（ウィンザー公）　*6.23*（1894）
エドワード1世　*6.17*（1239）
エドワード2世　*4.25*（1284）
エドワード3世　*11.13*（1312）
エドワード4世　*4.28*（1442）
エドワード5世　*11.2*（1470）
エドワード6世　*10.12*（1537）
エドワード7世　*11.9*（1841）
エドワード黒太子　*6.15*（1330）
江夏豊　*5.15*（1948）
えなりかずき　*11.9*（1984）
江成常夫　*10.8*（1936）
エネスコ, ジョルジュ　*8.19*（1881）
榎木孝明　*1.5*（1956）
榎本加奈子　*9.29*（1980）
榎本喜八　*12.5*（1936）
榎本健一　*10.11*（1904）
榎本滋民　*2.21*（1930）
榎本弥左衛門　*10.8*（1625）
江橋節郎　*8.31*（1922）
エバーズ, バーナード　*8.27*（1941）
エバート, クリス　*4.21*（1954）
エーバハルト, ヨーハン・ハインリヒ・アウグスト　*8.31*（1739）
江原素六　*1.29*（1842）
江原万里　*8.14*（1890）
エバリー, ジェームス　*5.31*（1927）
エバン, アッバ　*2.2*（1915）
エバンス, ジャネット　*8.28*（1971）
海老一染太郎　*2.1*（1932）
海老一染之助　*10.1*（1934）
海老沢泰久　*1.22*（1950）
エピスコピウス, シモン　*1.8*（1583）
蛭子能収　*10.21*（1947）
海老名香葉子　*10.6*（1933）
海老名弾正　*8.20*（1856）
蛯名正義　*3.19*（1969）
エピネー, ルイーズ・フローレンス　*3.11*（1726）
海老原喜之助　*9.13*（1904）
海老原博幸　*3.26*（1940）
蛯原友里　*10.3*（1979）
エビングハウス, ヘルマン　*1.24*（1850）
エプスタイン, サー・ジェイコブ　*11.10*（1880）
エプスタン, ジャン　*3.25*（1897）
エーブナー-エッシェンバッハ, マリー・フォン　*9.13*（1830）
エフナー, ヨーゼフ　*2.4*（1687）
エフレーモフ, イワン・アントノヴィチ　*4.22*（1907）
エフレーモフ, オレーグ　*10.1*（1927）
エーフロス, アナトーリー・ワシリエヴィチ　*6.3*（1925）
エフロン, ノラ　*5.19*（1941）
エペ, シャルル・ミシェル, アベ・ド・ラ　*11.25*（1712）
エベール, アンヌ　*8.1*（1916）
エベール, ジャック・ルネ　*11.15*（1757）

エーベルト　*9.21*(1835)
エーベルト, フリードリヒ　*2.4*(1871)
エーベルハルト5世　*12.11*(1445)
エベレット, ルパート　*5.29*(1960)
EPO　*5.12*(1960)
エボリ　*6.29*(1540)
江馬活堂　*3.24*(1806)
江馬元益　*3.24*(1806)
江馬細香　*4.4*(1787)
江間章子　*3.13*(1913)
エマソン, ラルフ・ウォルドー　*5.25*(1803)
江馬務　*12.2*(1884)
江馬修　*12.12*(1889)
エマニュエル, ピエール　*5.3*(1916)
江馬蘭斎　*9.27*(1747)
江見水蔭　*8.12*(1869)
エミネスク, ミハイ　*12.20*(1849)
エミネム　*10.23*(1972)
慧猛　*5.1*(1613)
エミン・パシャ　*4.29*(1840)
エムボマ, パトリック　*11.15*(1970)
江村北海　*10.8*(1713)
エムリ, ジャーク - アンドレー　*8.26*(1732)
エーメ, アヌーク　*4.27*(1932)
エーメ, マルセル　*3.29*(1902)
エメリヒ, アンナ・カタリナ　*9.8*(1774)
柄本明　*11.3*(1948)
江本孟紀　*7.22*(1947)
江守徹　*1.25*(1944)
エモン, ルイ　*10.12*(1880)
エヤデマ, ニャシンベ　*12.26*(1937)
エラストゥス, トマス　*5.7*(1524)
エラスムス, デシデリウス　*10.28*(1469)
エラール, セバスティアン　*4.5*(1752)
エリアーデ, ミルチャ　*3.8*(1907)
エリオ, エドゥアール　*7.15*(1872)
エリオット　*1.8*(1862)
エリオット, T.S.　*10.11*(1877)
エリオット, エベニーザー　*3.17*(1781)
エリオット, サー・ジョン　*4.11*(1592)
エリオット, ジョージ　*11.22*(1819)
エリオット, チャールズ・ウィリアム　*3.20*(1834)
エリオット, T.S.　*9.26*(1888)
エリオット, デンホルム　*5.31*(1922)
エリクセン, スタイン　*12.11*(1927)
エリクソン, エリック　*6.15*(1902)
エリクソン, ジョン　*7.31*(1803)
エリザヴェータ・ペトロヴナ　*12.28*(1709)
エリザベス1世　*9.7*(1533)
エリザベス2世　*4.21*(1926)
エリザベス皇太后　*8.4*(1900)
エリーザベト　*12.24*(1837)
エリーザベト　*12.29*(1843)
エリザベト・ド・バロア　*11.22*(1545)
エリス, アレグザンダー・ジョン　*6.14*(1814)
エリス, ハヴロック　*2.2*(1859)
エリセ, ヴィクトル　*6.30*(1940)
エリセーエフ, セルゲイ・グリゴリエヴィチ　*1.13*(1889)
エリソン, ラルフ　*3.1*(1914)
江利チエミ　*1.11*(1937)
エリチベイ, アブルファズ　*6.7*(1938)
エリツィン, ボリス　*2.1*(1931)
エーリック14世　*12.13*(1533)
エリック, フリッツ・フォン　*8.16*(1929)
エリティス, オジッセフス　*11.2*(1911)
エリュアール, ポール　*12.14*(1895)
慧林性機　*9.8*(1609)
エリントン, デューク　*4.29*(1899)
エリン・ペリン　*7.18*(1877)
エルヴィエム, コンラッド・アーノルド　*5.27*(1901)
エルヴィユ　*9.2*(1857)
エルヴェシウス, クロード - アドリヤン　*1.26*(1715)
エルウッド　*1.20*(1873)
エルガー, エドワード・ウィリアム　*6.2*(1857)
エルギン　*7.20*(1811)
エルクラーノ, アレシャンドレ　*3.28*(1810)
エルケル・フェレンツ　*10.7*(1810)
エルコレ1世　*10.26*(1431)
エルコレ2世　*4.4*(1508)
エルコレ3世　*11.22*(1727)
エルショーフ, ピョートル・パーヴロヴィチ　*3.6*(1815)
エルシリャ, アロンソ・デ　*8.7*(1533)
エルス, アーニー　*10.17*(1969)
エルスター, ユリウス　*12.24*(1854)
エルステッド, ハンス・クリスティアン　*8.14*(1777)
エルスハイマー, アダム　*3.18*(1578)
エルスラー　*6.23*(1810)
エルズワース, オリヴァー　*4.29*(1745)
エルズワース, リンカーン　*5.12*(1880)
エルツベルガー, マティアス　*9.20*(1875)
エルディ, ファニー　*2.29*(1888)
エルトマン　*5.30*(1851)
エルトマン　*6.13*(1805)
エールトマンスドルフ, フリードリヒ・ヴィルヘルム・フォン　*5.18*(1736)
エルトン　*6.3*(1861)
エルドン　*6.4*(1751)
エルトン, チャールズ・サザーランド　*3.29*(1900)
エルナンデス, アマド・V.　*9.13*(1903)

エルナンデス, ホセ *11.10*(1834)
エルナンデス, ミゲル *10.10*(1910)
エルネスティ, ヨーハン・アウグスト *8.4*(1707)
エルバン, オーギュスト *4.29*(1882)
エルフィンストン *10.6*(1779)
エルベロ・ド・モランヴィユ *12.14*(1625)
エルベン, カレル・ヤロミール *11.7*(1811)
エルー, ポール・ルイ・トゥサン *4.10*(1863)
エルマン *10.31*(1854)
エルマン, ミーシャ *1.20*(1891)
エルミート, シャルル *12.24*(1822)
エルミーロフ, ウラジーミル・ウラジーミロヴィチ *10.16*(1904)
エルモ *2.3*
エルランデル *6.13*(1901)
エールリヒ *5.16*(1896)
エールリヒ, パウル *3.14*(1854)
エルレンマイヤー, リヒァルト・アウグスト・カール-エミール *6.28*(1825)
エルンスト1世 *12.25*(1601)
エルンスト2世 *6.21*(1818)
エルンスト(告白公) *6.26*(1497)
エルンスト・アウグスト *6.5*(1771)
エルンスト, パウル *3.7*(1866)
エルンスト, マックス *4.2*(1891)
エレオノール(アキテーヌの, ギュイエンヌの) *2.3*(1122)
エーレンシュレーヤー, アーダム *11.14*(1779)
エーレンフェスト *1.18*(1880)
エーレンフェルス *6.20*(1859)
エレンブルグ, イリヤ・グリゴリエヴィチ *1.27*(1891)
エーレンベルク *2.5*(1857)
エーレンベルク, クリスティアン・ゴットフリート *4.19*(1795)
エロシェンコ, ワシーリー・ヤーコヴレヴィチ *12.31*(1889)
エロール, ルイ・ジョゼフ・フェルディナン *1.28*(1791)
エンヴェル・パシャ *11.23*(1881)
円観 *7.14*(1281)
エングラー, アドルフ *3.3*(1844)
エンケ, ヨハン・フランツ *9.23*(1791)
エンゲリガールト *12.14*(1894)
エンゲル *3.21*(1821)
エンゲル, エーリヒ *2.14*(1891)
エンゲルス, フリードリヒ *11.28*(1820)
袁宏道 *12.6*(1569)
エンコモ, ジョシュア(・ムカブコ・ニョンゴロ) *6.19*(1917)
エンジェル *5.8*(1869)
エンシナ, ファン・デル *7.12*(1468)
円珠庵羅城 *5.8*(1734)
円城寺次郎 *4.3*(1907)
袁世凱 *9.16*(1859)
エンダーズ, ジョン・フランクリン *2.10*(1897)
円地文子 *10.2*(1905)
円珍 *3.15*(814)
エンデ, ヘルマン *3.4*(1829)
エンデ, ミヒャエル *11.12*(1929)
エンデル, アウグスト *4.12*(1871)
遠藤新 *6.1*(1889)
遠藤清子 *2.1*(1882)
遠藤久美子 *4.8*(1978)
遠藤憲一 *6.28*(1961)
遠藤剛介 *5.9*(1921)
遠藤三郎 *4.15*(1904)
遠藤周作 *3.27*(1923)
遠藤章造 *7.13*(1971)
遠藤高璟 *2.15*(1784)
遠藤足穂 *8.5*(1814)
遠藤利貞 *1.15*(1843)
遠藤豊吉 *5.3*(1924)
遠藤波津子(初代) *5.8*(1862)
遠藤実 *7.6*(1932)
遠藤幸雄 *1.18*(1937)
遠藤嘉基 *5.31*(1905)
遠藤柳作 *3.18*(1886)
エントリヒャー, シュテファン *6.24*(1804)
円爾 *10.15*(1202)
円忍 *4.20*(1609)
エンネル, ジャン-ジャック *3.5*(1829)
エンプソン, ウィリアム *9.27*(1906)
エンフバヤル, ナンバリン *6.1*(1958)
エンベリ, フィリプ *9.1*(1728)
袁牧之 *3.3*(1909)
エンヤ *5.17*(1961)
塩谷鵜平 *5.30*(1877)
円融天皇 *3.2*(959)
エンライト, D.J. *3.11*(1920)
エンリケ *3.4*(1394)

【お】

オアナ, モーリス *6.12*(1914)
小穴隆一 *11.28*(1894)
オイエッティ, ウーゴ *7.15*(1871)
及川古志郎 *2.8*(1883)
及川貞 *5.30*(1898)
及川平治 *3.28*(1875)
及川正通 *4.4*(1939)
及川光博 *10.24*(1969)
オイケン *1.17*(1891)
オイゲン, サヴォワ公爵 *10.18*(1663)
オイケン, ルドルフ・クリストフ *1.5*(1846)
オイストラフ, ダヴィド・フョードロヴィチ *9.17*(1908)
種田健蔵 *1.11*(1878)

オイラー‐ケルピン, ハンス　*2.15*(1873)
オイラー, レオンハルト　*4.15*(1707)
オイレンブルク　*6.29*(1815)
オイレンブルク　*7.31*(1831)
オイレンベルク, ヘルベルト　*1.25*(1876)
オーヴァベク, フランツ・カミーユ　*11.16*(1837)
オーヴァベリー, トマス　*6.18*(1581)
オウィディウス・ナソ, プブリウス　*3.20*(前43)
応胤法親王　*9.26*(1521)
オヴェーチキン, ワレンチン・ウラジーミロヴィチ　*6.9*(1904)
オーウェル, ジョージ　*6.25*(1903)
オーヴェルベック, ヨハン・フリードリヒ　*7.3*(1789)
オーウェン, サー・リチャード　*7.20*(1804)
オーウェンズ, ジェシー　*9.12*(1913)
オーウェン, ロバート　*5.14*(1771)
オーウェン, ロバート・デイル　*11.6*(1801)
王翬　*2.21*(1632)
扇千景　*5.10*(1933)
扇谷正造　*3.28*(1913)
王原祁　*8.18*(1642)
王国維　*10.29*(1877)
逢坂剛　*11.1*(1943)
王貞治　*5.20*(1940)
王士禎　*8.28*(1634)
王時敏　*8.13*(1592)
王重陽　*12.22*(1112)
王世貞　*11.5*(1526)
汪兆銘　*5.4*(1885)
鶯亭金升　*4.8*(1868)
オウドンネル, ヒュー・ロウ　*10.29*(1572)
阿武松広生　*6.27*(1961)
近江俊郎　*7.7*(1918)
欧陽修　*6.21*(1007)
欧陽予倩　*5.1*(1889)
王魯彦　*1.9*(1902)
オーエン, ウィルフレッド　*3.18*(1893)
オーエンズ　*10.29*(1870)
オーエンス, ジェシー　*9.12*(1913)
オーエン, マイケル　*12.14*(1979)
大麻唯男　*7.7*(1889)
大井憲太郎　*8.10*(1843)
大井才太郎　*11.17*(1856)
大石定重　*6.1*(1467)
大石定仲　*11.16*(1534)
大石秀典　*9.24*(1903)
大石順教　*3.14*(1888)
大石誠之助　*11.4*(1867)
大石千引　*3.12*(1770)
大石久敬　*9.20*(1725)
大石真　*12.8*(1925)
大石正己　*4.11*(1855)
大石円　*12.17*(1830)
大石恵　*3.20*(1973)
大石芳野　*5.28*(1944)
大泉逸郎　*4.17*(1942)
大泉黒石　*7.27*(1894)
大泉洋　*4.3*(1973)
大出俊　*3.10*(1922)
大炊御門経光　*8.8*(1638)
大井広介　*12.16*(1912)
大井夫人　*11.17*(1497)
大炊御門家信　*6.8*(1818)
大内青巒　*4.17*(1845)
大内教弘　*3.20*(1420)
大内兵衛　*8.29*(1888)
大内政弘　*8.27*(1446)
大内持世　*2.21*(1394)
大内山平吉　*6.19*(1926)
大内義隆　*11.15*(1507)
大浦兼武　*5.6*(1850)
大浦みずき　*8.29*(1956)
大浦龍宇一　*11.17*(1968)
大江健三郎　*1.31*(1935)
大江季雄　*8.2*(1914)
大江スミ　*9.7*(1875)
大江千里　*9.6*(1960)
大江卓　*9.25*(1847)
大江宏　*6.14*(1913)
大江丸　*10.5*(1722)
大江美智子(初代)　*2.11*(1910)
大江満雄　*7.24*(1906)
大江巳之助(4代目)　*5.4*(1907)
大岡育造　*6.3*(1856)
大岡昇平　*3.6*(1909)
大岡忠光　*3.7*(1709)
大岡信　*2.16*(1931)
大賀一郎　*4.28*(1883)
大家友和　*3.18*(1976)
大金益次郎　*10.28*(1894)
大神いずみ　*6.10*(1969)
大川功　*5.19*(1926)
大川悦生　*7.6*(1930)
大川一司　*11.16*(1908)
大川慶次郎　*2.6*(1929)
大川周明　*2.6*(1886)
大川橋蔵　*4.9*(1929)
大川博　*12.30*(1896)
大川平三郎　*10.25*(1860)
大川豊　*2.14*(1962)
仰木彬　*4.29*(1935)
大木惇夫　*4.18*(1895)
大木遠吉　*8.5*(1871)
大木こだま　*4.26*(1951)
大来佐武郎　*11.3*(1914)
大木ひびき　*6.21*(1955)
大木正夫　*10.3*(1901)
大木正興　*6.20*(1924)
正親町公明　*3.25*(1744)
正親町公董　*1.24*(1839)
正親町公叙　*8.16*(1514)
正親町公通　*6.26*(1653)
正親町実正　*6.7*(1855)
正親町三条公仲　*4.20*(1557)
正親町三条公積　*9.3*(1721)
正親町三条実愛　*12.5*(1820)
正親町季俊　*9.18*(1586)
正親町天皇　*5.29*(1517)
大木実　*12.10*(1913)
大木豊　*12.14*(1925)
大木よね　*11.25*(1907)
大国隆正　*11.29*(1792)
大久保一翁　*11.29*(1817)
大久保清　*1.17*(1935)
大久保謙　*4.18*(1899)
大久保作次郎　*11.24*(1890)
大久保忠真　*12.2*(1781)
大久保利賢　*10.16*(1878)
大久保留次郎　*5.12*(1887)
大久保嘉人　*6.9*(1982)
大熊氏広　*6.13*(1856)
大熊信行　*2.18*(1893)

大熊喜邦 *1.13*(1877)
大倉和親 *12.11*(1875)
大倉喜七郎 *6.16*(1882)
大倉喜八郎 *9.24*(1837)
大蔵公望 *7.23*(1882)
大倉邦彦 *4.9*(1882)
大倉孝二 *7.18*(1974)
大倉桃郎 *11.17*(1879)
大蔵貢 *11.22*(1899)
大黒摩季 *12.31*
大黒将志 *5.4*(1980)
大河内一男 *1.29*(1905)
大河内存真 *8.12*(1796)
大河内輝高 *8.29*(1725)
大河内伝次郎 *2.5*(1898)
大河内奈々子 *6.5*(1977)
大河内秀元 *3.18*(1576)
大河内正敏 *12.6*(1878)
大河内正升 *10.25*(1742)
大越諄 *8.4*(1899)
大幸勇吉 *12.22*(1866)
大迫尚道 *7.25*(1854)
大沢在昌 *3.8*(1956)
大沢一郎 *6.9*(1910)
大沢啓二 *3.14*(1932)
大沢謙二 *7.3*(1852)
大沢昌助 *9.24*(1903)
大沢善助 *2.9*(1854)
大沢たかお *3.11*(1968)
大沢豊子 *12.31*(1873)
大沢樹生 *4.20*(1969)
大沢誉志幸 *10.3*(1957)
大塩平八郎 *1.22*(1793)
大鹿卓 *8.25*(1898)
大下宇陀児 *11.15*(1896)
大下常吉 *5.19*(1898)
大下藤次郎 *7.9*(1870)
大下弘 *12.15*(1922)
大下正男 *1.10*(1900)
大島宇吉 *3.6*(1852)
大島有隣 *12.4*(1755)
大島健一 *5.9*(1858)
大島貞益 *2.17*(1845)
大島さと子 *9.17*(1959)
大島贅川 *6.23*(1762)
大島高任 *5.11*(1826)
大島武雄 *4.25*(1947)
大島正 *4.11*(1918)
大島哲以 *3.2*(1926)
大島友之允 *6.23*(1826)
大島渚 *3.31*(1932)
大島伯鶴(2代目) *4.8*(1877)
大島浩 *4.19*(1886)
大島正健 *7.15*(1859)
大島正満 *6.21*(1884)
大島みちこ *2.3*(1942)
大島道太郎 *6.18*(1860)
大島康徳 *10.16*(1950)
大島弓子 *8.31*(1947)
大島亮吉 *9.4*(1899)
大路恵美 *9.27*(1975)
大城のぼる *10.25*(1905)
大須賀筠軒 *12.24*(1841)
大須賀乙字 *7.29*(1881)
大菅小百合 *10.27*(1980)
大須賀喬 *8.24*(1901)
大杉勝男 *3.5*(1945)
大杉栄 *1.17*(1885)
大杉漣 *9.27*(1951)
大砲万右衛門 *11.28*(1869)
大隅健一郎 *10.2*(1904)
大澄賢也 *10.26*(1965)
大角岑生 *5.1*(1876)
大関早苗 *6.28*(1925)
大関和 *4.11*(1858)
大関増裕 *12.9*(1837)
大関松三郎 *9.7*(1926)
大瀬甚太郎 *12.24*(1865)
大曽根辰夫 *7.15*(1904)
大空翼 *7.28*
大空真弓 *3.10*(1940)
太田亮 *7.1*(1884)
太田綾子 *11.2*(1898)
太田薫 *1.1*(1912)
太田垣士郎 *2.1*(1894)
太田垣蓮月 *1.8*(1791)
太田覚眠 *9.16*(1866)
大高坂維佐子 *11.7*(1660)
大高坂芝山 *1.23*(1647)
大高善兵衛 *9.2*(1822)
大高洋夫 *6.27*(1959)
大滝詠一 *7.28*(1948)
大滝秀治 *6.6*(1925)
太田玉茗 *5.6*(1871)
大田黒元雄 *1.11*(1893)
大竹貫一 *3.12*(1860)
大竹しのぶ *7.17*(1957)
大竹博吉 *3.8*(1890)
太田源三郎 *4.18*(1835)
太田健太郎 *8.24*(1845)
太田四州 *8.5*(1881)
太田静子 *8.18*(1913)
太田翠陰 *8.23*(1676)
太田資晴 *12.23*(1696)
太田資宗 *11.22*(1600)
太田資始 *7.28*(1799)
太田資愛 *9.28*(1745)
太田青丘 *8.28*(1909)
太田清蔵 *8.19*(1863)
大達茂雄 *1.5*(1892)
太田聴雨 *1.18*(1896)
太田典礼 *10.7*(1900)
大田南畝 *3.3*(1749)
大谷昭宏 *7.8*(1945)
大谷嘉兵衛 *12.22*(1845)
大谷紅子 *5.15*(1893)
大谷旧旅 *7.1*(1649)
大谷敬二郎 *9.7*(1897)
大谷光瑩 *7.27*(1852)
大谷光演 *2.27*(1875)
大谷光勝 *3.7*(1817)
大谷光瑞 *12.27*(1876)
大谷光尊 *2.4*(1850)
大谷光沢 *6.1*(1798)
大谷繞石 *3.22*(1875)
大谷尊由 *8.19*(1886)
大谷竹次郎 *12.13*(1877)
大谷暢順 *3.19*(1929)
大谷東平 *12.29*(1905)
大谷直子 *4.3*(1950)
大谷登 *3.26*(1874)
大谷武一 *5.14*(1887)
大谷藤子 *11.3*(1903)
大谷米太郎 *7.24*(1881)
太田半六 *9.26*(1874)
太田光 *5.13*(1965)
太田正孝 *11.13*(1886)
太田昌秀 *6.12*(1925)
太田政弘 *10.4*(1871)
太田水穂 *12.9*(1876)
太田洋子 *11.20*(1903)
太田六右衛門 *3.4*(1823)
大塚愛 *9.9*(1982)
大塚晶則 *1.13*(1972)
大塚惟精 *12.11*(1884)
大塚金之助 *5.15*(1892)
大塚楠緒子 *8.9*(1875)
大塚末子 *3.9*(1902)
大塚精斎 *8.30*(1729)
大塚高信 *10.29*(1897)
大塚孝綽 *7.28*(1719)
大塚武松 *8.2*(1878)
大塚寧々 *6.14*(1968)

大塚範一　*9.28*(1948)
大塚万丈　*11.24*(1896)
大塚久雄　*5.3*(1907)
大塚保治　*12.20*(1868)
大塚弥之助　*7.11*(1903)
大塚敬節　*2.25*(1900)
大槻玄幹　*9.9*(1785)
大槻ケンヂ　*2.6*(1966)
大槻玄沢　*9.28*(1757)
大槻如電　*8.17*(1845)
大槻健　*8.28*(1920)
大槻伝蔵　*1.1*(1703)
大槻磐渓　*5.15*(1801)
大槻文彦　*11.15*(1847)
大槻文平　*9.27*(1903)
大月みやこ　*4.23*(1946)
大槻義彦　*6.18*(1936)
大月履斎　*9.23*(1674)
大辻清司　*7.27*(1923)
大辻清司　*8.15*(1923)
大辻司郎　*8.5*(1896)
大津淳一郎　*12.23*(1857)
大津唯雪　*7.9*(1825)
大妻コタカ　*6.21*(1884)
大鶴義丹　*4.24*(1968)
大手拓次　*11.3*(1887)
大友克洋　*4.14*(1954)
大友康平　*1.1*(1956)
大友宗麟　*1.3*(1530)
大友よふ　*8.31*(1904)
大友能直　*1.3*(1172)
大鳥居理兵衛　*8.22*(1817)
鳳啓助　*3.16*(1923)
鳳蘭　*1.22*(1946)
大中寅二　*6.29*(1896)
大西愛治郎　*8.26*(1881)
大錦卯一郎　*11.25*(1891)
大錦大五郎　*3.22*(1883)
大西順子　*4.16*(1967)
大西滝治郎　*6.2*(1891)
大西民子　*5.8*(1924)
大西鉄之祐　*4.7*(1916)
大西俊夫　*8.18*(1896)
大西祝　*7.6*(1864)
大西結花　*7.6*(1968)
大西克礼　*10.4*(1888)
大西良慶　*12.21*(1875)
大仁田厚　*10.25*(1957)
大貫亜美　*9.18*(1973)
大貫妙子　*11.28*(1953)
大主耕雨　*5.19*(1835)
大野一雄　*10.27*(1906)
大野智　*11.26*(1980)
大野洒竹　*11.19*(1872)
大野昭和斎　*3.4*(1912)
多忠朝　*4.5*(1883)
大野力　*10.29*(1928)
大野誠夫　*3.25*(1914)
大野伴睦　*9.20*(1890)
大野雄二　*5.30*(1941)
大野豊　*8.30*(1955)
大野林火　*3.25*(1904)
大場磐雄　*9.3*(1899)
大場景明　*11.26*(1719)
大庭柯公　*7.27*(1872)
大場久美子　*1.6*(1960)
大庭さち子　*7.10*(1904)
大橋乙羽　*6.4*(1869)
大橋吉之輔　*11.27*(1924)
大橋巨泉　*3.22*(1934)
大橋国一　*10.21*(1931)
大橋光吉　*8.26*(1875)
大橋佐平　*12.22*(1836)
大橋純子　*4.26*(1952)
大橋新太郎　*7.29*(1863)
大橋武夫　*11.24*(1904)
大橋正　*3.31*(1916)
大橋八郎　*12.19*(1885)
大橋巻子　*10.29*(1824)
大橋保夫　*7.30*(1929)
大庭二郎　*6.23*(1864)
大畑大介　*11.11*(1975)
おおば比呂司　*12.17*(1921)
大場政夫　*10.21*(1949)
大浜信泉　*10.5*(1891)
大浜英子　*11.11*(1901)
大庭みな子　*11.11*(1930)
大林清　*4.25*(1908)
大林太良　*5.10*(1929)
大林宣彦　*1.9*(1938)
大林素子　*6.15*(1967)
大林芳五郎　*9.14*(1864)
大原栄一　*12.2*(1912)
大原重徳　*10.16*(1801)
大原総一郎　*7.29*(1909)
大原富枝　*9.28*(1912)
大原孫三郎　*7.28*(1880)
大原幽学　*3.17*(1797)
大原麗子　*11.13*(1946)
大姫　*5.23*(1627)
大平修三　*3.16*(1930)
大平正芳　*3.12*(1910)
大堀弘　*5.3*(1913)
大前研一　*2.21*(1943)
大町桂月　*1.24*(1869)
大間知篤三　*4.9*(1900)
大溝節子　*1.30*(1925)
大道憲二　*7.9*(1890)
大宮敏充　*4.13*(1913)
大村崑　*11.1*(1931)
大村純信　*10.9*(1618)
大村純熈　*11.21*(1825)
大村清一　*5.4*(1892)
大村西崖　*10.12*(1868)
大村直之　*2.13*(1976)
大村能章　*12.13*(1893)
大村益次郎　*5.3*(1824)
大牟羅良　*7.20*(1909)
大桃美代子　*5.29*(1965)
大森一樹　*3.3*(1952)
大森金五郎　*4.25*(1867)
大森鍾一　*5.14*(1856)
大森荘蔵　*8.1*(1921)
大森宗勲　*3.15*(1570)
大森忠夫　*11.24*(1908)
大森智弁　*3.31*(1909)
大森房吉　*9.15*(1868)
大森義太郎　*9.26*(1898)
大矢市次郎　*2.11*(1894)
大宅映子　*2.23*(1941)
大矢尚斎(2代目)　*3.11*(1765)
大屋晋三　*7.5*(1894)
大宅壮一　*9.13*(1900)
大矢透　*12.3*(1851)
大藪春彦　*2.22*(1935)
大山郁夫　*9.20*(1880)
大山加奈　*6.19*(1984)
大矢正夫　*11.6*(1863)
大屋政子　*10.27*(1920)
大山捨松　*2.24*(1860)
大山綱良　*11.16*(1825)
大山定一　*4.30*(1904)
大山のぶ代　*10.16*(1936)
大山平一郎　*7.31*(1947)
大山倍達　*6.4*(1923)
大山康晴　*3.13*(1923)
大山義年　*8.2*(1903)
大類伸　*2.22*(1884)
大和田建樹　*4.29*(1857)
大和田獏　*10.13*(1950)
大渡順二　*8.17*(1904)
丘浅次郎　*11.18*(1868)
岡綾　*3.20*(1908)

岡内重俊 *4.2*（1842）
岡江久美子 *8.23*（1956）
岡鬼太郎 *8.1*（1872）
岡潔 *4.19*（1901）
大加久の方 *5.11*（1803）
岡熊臣 *3.9*（1783）
岡倉古志郎 *5.6*（1912）
岡倉士朗 *9.24*（1909）
岡倉天心 *12.26*（1863）
岡倉由三郎 *2.22*（1868）
岡崎勝男 *7.10*（1897）
岡崎嘉平太 *4.16*（1897）
岡崎邦輔 *3.15*（1854）
岡崎清一郎 *9.19*（1900）
岡崎忠雄 *5.20*（1884）
岡崎朋美 *9.7*（1971）
岡崎文夫 *2.23*（1888）
岡崎友紀 *7.31*（1953）
岡崎義恵 *12.27*（1892）
岡崎令治 *10.8*（1930）
岡三郎 *3.5*（1914）
小笠原菊次郎 *7.8*（1875）
小笠原貞子 *4.20*（1920）
小笠原貞朝 *9.18*（1461）
小笠原貞宗 *4.12*（1292）
小笠原貞慶 *8.12*（1546）
小笠原真方 *4.20*（1652）
小笠原三九郎 *4.5*（1885）
小笠原忠真 *2.28*（1596）
小笠原忠雄 *5.20*（1647）
小笠原忠知 *7.21*（1599）
小笠原忠嘉 *2.29*（1839）
小笠原忠総 *8.22*（1727）
小笠原忠基 *7.4*（1682）
小笠原長清 *3.5*（1162）
小笠原長重 *5.7*（1650）
小笠原長胤 *2.9*（1668）
小笠原長次 *5.25*（1615）
小笠原長時 *10.23*（1514）
小笠原長朝 *11.4*（1443）
小笠原長生 *11.20*（1867）
小笠原長秀 *9.18*（1366）
小笠原長行 *5.11*（1822）
小笠原長棟 *3.19*（1492）
小笠原長基 *1.27*（1347）
小笠原長幹 *3.2*（1885）
小笠原日英 *3.20*（1914）
小笠原秀政 *3.21*（1569）
小笠原政長 *7.11*（1319）
小笠原克 *9.3*（1931）
小笠原満男 *4.5*（1979）
小笠原持長 *6.22*（1396）
岡鹿之助 *7.2*（1898）
岡繁樹 *8.24*（1878）
岡千仞 *11.2*（1833）
岡田彰布 *11.25*（1957）
緒方章 *10.26*（1887）
岡田朝太郎 *5.29*（1868）
岡田英次 *6.13*（1920）
緒方景俊 *9.1*（1913）
岡田克也 *7.14*（1953）
尾形亀之助 *12.12*（1900）
岡田可愛 *10.19*（1948）
岡田完二郎 *10.24*（1891）
岡田寒泉 *11.4*（1740）
岡田啓介 *1.21*（1868）
緒形拳 *7.20*（1937）
岡田謙三 *9.28*（1902）
緒方洪庵 *7.14*（1810）
岡田浩暉 *10.26*（1965）
岡田光玉 *2.27*（1901）
岡田紅陽 *8.31*（1895）
岡田呉陽 *8.31*（1825）
緒方貞子 *9.16*（1927）
岡田三郎助 *1.12*（1869）
岡田佐平治 *7.10*（1812）
岡田茂 *8.3*（1914）
岡田准一 *11.18*（1980）
緒方春朔 *8.18*（1748）
岡田信一郎 *11.20*（1883）
岡田誠三 *3.8*（1913）
岡田宗司 *8.12*（1902）
緒方宗哲 *8.3*（1645）
岡田隆彦 *9.4*（1939）
岡田武史 *8.25*（1956）
緒方竹虎 *1.30*（1888）
岡田武松 *8.17*（1874）
岡田忠彦 *3.21*（1878）
岡田為恭 *9.17*（1823）
岡田時彦 *2.18*（1903）
緒方知三郎 *1.31*（1883）
緒形直人 *9.22*（1967）
岡田奈々 *2.12*（1959）
緒方昇 *10.3*（1907）
岡田史子 *7.23*（1949）
岡田米仲 *10.5*（1707）
緒方正規 *11.5*（1853）
岡田正弘 *6.19*（1900）
岡田正之 *9.5*（1864）
岡田真澄 *9.22*（1935）
岡田茉莉子 *1.11*（1933）
岡田美里 *8.24*（1961）
岡田茂吉 *12.23*（1882）
岡田弥一郎 *6.24*（1892）
岡田八千代 *12.3*（1883）
岡田有希子 *8.22*（1967）
岡田謙 *9.19*（1906）
岡田温 *3.6*（1870）
岡田要 *8.11*（1891）
岡田嘉子 *4.21*（1902）
岡田義徳 *3.19*（1977）
緒方龍一 *12.17*（1985）
岡田良平 *5.4*（1864）
岡藤次郎 *7.9*（1908）
丘夏子 *7.22*（1950）
岡西為人 *8.3*（1898）
岡庭昇 *12.19*（1942）
岡野昭仁 *10.15*（1974）
岡野喜太郎 *4.4*（1864）
岡野清豪 *1.1*（1890）
岡野敬次郎 *9.21*（1865）
岡野俊一郎 *8.28*（1931）
岡野正道 *2.24*（1900）
岡野祐 *6.22*（1909）
岡野知十 *2.19*（1860）
岡谷瑳磨介 *7.29*（1807）
岡八朗 *4.16*（1938）
岡林辰雄 *1.7*（1904）
岡林信康 *7.22*（1946）
岡晴夫 *1.12*（1915）
岡治道 *5.2*（1891）
岡秀行 *4.11*（1905）
岡藤五郎 *9.30*（1924）
岡麓 *3.3*（1877）
岡部金治郎 *3.27*（1896）
岡部楠男 *3.27*（1894）
岡部孝信 *10.26*（1970）
岡部稠朶 *7.24*（1679）
岡部直三郎 *9.30*（1887）
岡部長景 *8.28*（1884）
岡部長慎 *2.29*（1787）
岡部長職 *11.16*（1855）
岡部南岳 *10.11*（1733）
岡部冬彦 *12.27*（1922）
岡部幸雄 *10.31*（1948）
岡正雄 *6.5*（1898）
岡昌倫 *12.10*（1658）
岡昌名 *11.29*（1681）
岡松甕谷 *1.14*（1820）
岡松和夫 *6.23*（1931）
岡松参太郎 *9.9*（1871）
岡実 *9.12*（1873）
岡稔 *8.31*（1924）

岡村昭彦　*1.1*(1929)
岡村金太郎　*4.2*(1867)
岡村柿紅　*9.14*(1881)
岡村孝子　*1.29*(1962)
岡村隆史　*7.3*(1970)
岡村司　*12.14*(1867)
岡村二一　*7.4*(1901)
岡村寧次　*5.15*(1884)
岡村靖幸　*8.14*(1965)
岡元あつこ　*10.6*(1973)
岡本綾　*12.9*(1982)
岡本綾子　*4.2*(1951)
岡本一平　*6.11*(1886)
岡本大蔵　*5.23*(1704)
岡本花亭　*10.3*(1767)
岡本かの子　*3.1*(1889)
岡本帰一　*6.13*(1888)
岡本綺堂　*10.15*(1872)
岡本喜八　*2.17*(1924)
岡本健一　*5.21*(1969)
岡本健三郎　*10.13*(1842)
岡本黄石　*11.21*(1811)
岡本公三　*12.7*(1947)
岡本潤　*7.5*(1901)
岡本甚左衛門　*7.10*(1774)
岡本忠成　*1.11*(1932)
岡本太郎　*2.26*(1911)
岡本唐貴　*12.3*(1903)
岡本豊彦　*7.8*(1773)
岡本則録　*10.30*(1847)
岡本文弥　*1.1*(1895)
岡本真夜　*1.9*(1974)
岡本保孝　*7.29*(1797)
岡本良雄　*6.10*(1913)
岡本柳之助　*8.14*(1852)
岡本良一　*4.29*(1913)
岡本麗　*12.19*(1951)
岡本弥　*12.25*(1876)
岡谷惣助　*2.7*(1851)
岡谷惣助　*8.19*(1887)
岡山巌　*10.19*(1894)
岡山たづ子　*4.30*(1916)
岡義武　*10.21*(1902)
オガリョーフ, ニコライ・プラトノヴィチ　*12.6*(1813)
岡鹿門　*11.2*(1833)
小川芋銭　*2.18*(1868)
小川栄一　*12.24*(1899)
小川鴎亭　*9.4*(1792)
小川和夫　*8.10*(1909)
小河一敏　*1.21*(1813)
小川一真　*8.15*(1860)
小川甲子　*7.8*(1942)
小川菊松　*3.25*(1888)
小川郷太郎　*6.9*(1876)
小河滋次郎　*12.3*(1864)
小川紳介　*6.25*(1935)
小川鈴之　*8.3*(1822)
小川泰山　*5.2*(1769)
小川竜彦　*11.5*(1910)
緒川たまき　*2.11*(1972)
小川環樹　*10.3*(1910)
小川太郎　*11.16*(1907)
小川鼎三　*4.14*(1901)
小川徹　*2.25*(1923)
小川知子　*1.26*(1949)
小川直子　*5.9*(1840)
小川直也　*3.31*(1968)
小川尚義　*2.9*(1869)
小川菜摘　*12.30*(1962)
小川宮　*6.28*(1404)
小川範子　*7.20*(1973)
小川平吉　*12.1*(1870)
小川麻琴　*10.29*(1987)
小川正子　*3.26*(1902)
小川正孝　*1.26*(1865)
小川未明　*4.7*(1882)
小川守中　*6.20*(1763)
荻江寿々　*6.18*(1876)
荻江ひさ　*1.29*(1852)
荻江露友(5代目)　*10.10*(1892)
荻須高徳　*11.30*(1901)
小木曽猪兵衛　*1.23*(1815)
沖ツ海福雄　*5.28*(1910)
興津要　*4.21*(1924)
冲中重雄　*10.8*(1902)
翁久允　*2.8*(1888)
奥菜恵　*8.6*(1979)
沖野岩三郎　*1.5*(1876)
荻野久作　*3.25*(1882)
荻野吟子　*3.3*(1851)
荻野元凱　*10.27*(1737)
沖野忠雄　*1.1*(1854)
荻野一　*5.28*(1898)
荻野目慶子　*9.4*(1964)
荻野目洋子　*12.10*(1968)
荻原賢次　*10.30*(1921)
小木博明　*8.16*(1971)
オキーフ, ジョージア　*11.15*(1887)
荻昌弘　*8.25*(1925)
沖雅也　*6.12*(1952)
荻村伊智朗　*6.25*(1932)
荻生徂徠　*2.16*(1666)
荻原雲来　*2.10*(1869)
荻原健司　*12.20*(1969)
荻原井泉水　*6.16*(1884)
荻原次晴　*12.20*(1969)
荻原規子　*4.22*(1959)
荻原守衛　*12.1*(1879)
奥愛次郎　*2.7*(1865)
奥井復太郎　*11.21*(1897)
奥浩平　*10.9*(1943)
奥繁三郎　*6.25*(1861)
オクジャワ, ブラート・シャルヴォヴィチ　*5.9*(1924)
オクス　*3.12*(1858)
オクセンシェルナ, アクセル・グスタフソン, 伯爵　*6.16*(1583)
奥田東　*8.19*(1905)
奥平謙輔　*1.21*(1841)
奥平棲遅庵　*5.9*(1769)
奥平昌章　*3.24*(1668)
奥平昌敦　*4.12*(1724)
奥平昌男　*6.14*(1763)
奥平昌鹿　*7.15*(1744)
奥平昌高　*11.4*(1781)
奥田瑛二　*3.18*(1950)
奥田鶯谷　*5.22*(1760)
奥田敬和　*11.26*(1927)
奥田三吉(モーちゃん)　*7.15*
奥田俊作　*7.11*(1971)
奥田民生　*5.12*(1965)
奥田艶子　*2.25*(1880)
奥田英朗　*10.23*(1959)
奥田義人　*6.14*(1860)
奥寺康彦　*3.12*(1952)
オグデン, C.K.　*6.1*(1889)
小国重年　*4.12*(1766)
オグニョーフ, ニコライ　*6.14*(1000)
奥貫薫　*11.22*(1970)
奥野信太郎　*11.11*(1899)
奥野誠亮　*7.12*(1913)
奥野健男　*7.25*(1926)
奥野史子　*4.14*(1972)
奥宮健之　*11.12*(1857)
奥宮慥斎　*7.4*(1811)
オグバーン　*6.29*(1886)
大熊正二　*7.22*(1951)
小熊秀雄　*9.9*(1901)

小熊捍 *8.24*(1885)
奥むめお *10.24*(1895)
奥村五百子 *5.3*(1845)
奥村喜和男 *1.4*(1900)
奥村甚之助 *7.28*(1874)
奥村チヨ *2.18*(1947)
奥村綱雄 *3.5*(1903)
奥村土牛 *2.18*(1889)
奥村得義 *8.18*(1793)
奥村蒙窩 *11.7*(1627)
奥保鞏 *11.19*(1847)
奥好義 *9.22*(1857)
小倉一郎 *10.29*(1951)
小倉金之助 *3.14*(1885)
小椋久美子 *7.5*(1983)
小椋佳 *1.18*(1944)
小倉謙 *4.21*(1911)
小倉実起 *8.2*(1622)
小倉三省 *4.8*(1604)
小倉武之助 *8.12*(1870)
オクラドニコフ, アレクセイ *10.3*(1908)
小倉智昭 *5.25*(1947)
小倉久寛 *10.26*(1954)
小倉正恒 *3.22*(1875)
小倉ミチヨ *9.14*(1894)
小倉優子 *11.1*(1983)
小倉遊亀 *3.1*(1895)
小倉謙 *6.26*(1895)
オークランド伯 *8.25*(1784)
小栗一雄 *7.8*(1886)
小栗旬 *12.26*(1982)
小栗広伴 *8.7*(1778)
小栗風葉 *2.3*(1875)
小栗虫太郎 *3.14*(1901)
オーグルソープ, ジェイムズ・エドワード *12.21*(1696)
奥劣斎 *5.28*(1780)
オケイシー, ショーン *3.30*(1880)
桶谷繁雄 *11.10*(1910)
桶谷秀昭 *2.3*(1932)
オケリー, ショーン・T *11.23*(1882)
オーケン, ローレンツ *8.1*(1779)
オコナー, フラネリ *8.12*(1925)
オコナー, フランク *9.17*(1903)
小此木啓吾 *1.31*(1930)
小此木彦三郎 *1.26*(1928)
オコンナー *7.18*(1796)
オコンネル, ダニエル *8.6*(1775)
小坂狷二 *6.28*(1888)
尾崎亜美 *3.19*(1957)
尾崎一雄 *12.25*(1899)
尾崎喜左雄 *5.30*(1904)
尾崎喜八 *1.31*(1892)
尾崎健三 *7.16*(1841)
尾崎紅葉 *12.16*(1868)
尾崎三良 *1.22*(1842)
尾崎庄太郎 *3.15*(1906)
尾崎士郎 *2.5*(1898)
尾崎陞 *7.31*(1904)
尾崎忠征 *6.18*(1810)
尾崎直道 *5.18*(1956)
尾崎宏次 *11.24*(1914)
尾崎放哉 *1.20*(1885)
尾崎秀樹 *11.29*(1928)
尾崎秀実 *4.29*(1901)
尾崎将司 *1.24*(1947)
小崎政房 *4.27*(1907)
尾崎翠 *12.20*(1896)
尾崎行雄 *11.20*(1858)
尾崎豊 *11.29*(1965)
長田新 *2.1*(1887)
尾佐竹猛 *1.20*(1880)
長田秋涛 *10.5*(1871)
小山内薫 *7.26*(1881)
小山内宏 *6.11*(1916)
オザナン, アントワーヌ - フレデリク *4.23*(1813)
小佐野賢治 *2.15*(1917)
長仁親王 *5.14*(1655)
大仏次郎 *10.9*(1897)
オサリバン, モーリーン *5.17*(1911)
小沢一郎 *5.24*(1942)
小沢栄太郎 *3.27*(1909)
小沢喜美子 *4.18*(1914)
小沢清 *4.26*(1922)
小沢健二 *4.14*(1968)
小沢佐重喜 *11.25*(1898)
小沢治三郎 *10.2*(1886)
小沢昭一 *4.6*(1929)
小沢征爾 *9.1*(1935)
小沢辰男 *12.7*(1916)
小沢なつき *4.19*(1972)
小沢仁志 *6.19*(1962)
小沢真珠 *1.3*(1977)
小沢和一 *1.30*(1931)
オザンファン, アメデ *4.15*(1886)
オジアンダー, アンドレーアス *12.19*(1498)
オージエ, エミール *11.17*(1820)
オジェシュコヴァ, エリザ *5.25*(1841)
オシエツキー, カール・フォン *10.3*(1889)
押尾コータロー *2.1*(1968)
小塩節 *1.10*(1931)
小塩力 *3.16*(1903)
押尾学 *5.6*(1978)
押川春浪 *3.21*(1876)
押川則吉 *12.19*(1863)
押川方義 *12.16*(1852)
押小路甫子 *10.7*(1808)
忍足亜希子 *6.10*(1970)
小島新一 *2.9*(1893)
小島祐馬 *12.3*(1881)
オシム, イヴィチャ *5.6*(1941)
オシュ *6.25*(1768)
オジュク, C. *11.4*(1933)
オジュロー, ピエール・フランソワ・シャルル, カスティリオーネ公爵 *11.11*(1757)
オスヴァルト・フォン・ヴォルケンシュタイン *5.2*(1367)
オスカル1世 *7.4*(1799)
オスカル2世 *1.21*(1829)
おすぎ *1.18*(1945)
オスターデ, アドリアーン・ファン *12.10*(1610)
オースティン, アルフレッド *5.30*(1835)
オースティン, ジェイン *12.16*(1775)
オースティン, ジョン *3.3*(1790)
オースティン, ジョン・ラングシャム *3.26*(1911)
オースティン, トレーシー *12.12*(1962)
オステルマン *6.9*(1686)
オストヴァルト, フリードリヒ・ヴィルヘルム *9.2*(1853)
オストス, エウヘニオ・マリア・デ *1.11*(1839)

オストロゴルスキー, ゲオルギイェ *1.19*（1902）
オストロフスキー, アレクサンドル・ニコラエヴィチ *4.12*（1823）
オストロフスキー, ニコライ・アレクセーヴィチ *9.29*（1904）
オストワルト *5.27*（1883）
オズーフ, ピエール・マリー *5.26*（1829）
オズボーン *8.5*（1859）
オズボーン *9.23*（1859）
オズボーン, ジョン *12.12*（1929）
オズボーン, ヘンリー・フェアフィールド *8.8*（1857）
オスマン1世 *5.9*（1258）
オスマン, ジョルジュ・ユージェーヌ, 男爵 *3.27*（1809）
オスメニア *9.9*（1878）
オスメント, ハーレイ・ジョエル *4.10*（1988）
オスラー, サー・ウィリアム *7.12*（1849）
尾瀬敬止 *11.18*（1889）
オーセン, イーヴァル *8.5*（1813）
オソウスキ *5.22*（1897）
小曽根真 *3.25*（1961）
オゾン, フランソワ *11.25*（1967）
小田茜 *11.6*（1978）
オーター, アル *9.19*（1936）
小平浪平 *1.15*（1874）
小田内通敏 *6.6*（1875）
尾高惇忠 *7.27*（1830）
尾高邦雄 *10.17*（1908）
尾高次郎 *2.17*（1866）
織田一磨 *11.11*（1882）
小田和正 *0.20*（1017）
尾高高雅 *6.8*（1812）
尾高朝雄 *1.28*（1899）
尾高尚忠 *9.26*（1911）
尾高豊作 *7.9*（1894）
織田完之 *9.18*（1842）
愛宕通旭 *10.9*（1846）
愛宕通致 *2.27*（1828）
オダギリ・ジョー *2.16*（1976）
小田切進 *9.13*（1924）
小田切武林 *7.28*（1897）

小田切秀雄 *9.20*（1916）
尾竹紅吉 *6.6*（1893）
織田作之助 *10.26*（1913）
小田成治 *6.22*（1449）
小田島雄志 *12.18*（1930）
織田純一郎 *5.22*（1851）
小田孝朝 *12.4*（1337）
小田岳夫 *7.5*（1900）
織田得能 *10.3*（1860）
小田朝久 *3.5*（1417）
男谷精一郎 *1.1*（1798）
小田野直武 *12.10*（1749）
織田信істика *7.14*（1843）
織田信恒 *8.3*（1889）
織田信長 *5.12*（1534）
織田信成 *3.25*（1987）
小田治久 *1.12*（1283）
小田実 *6.2*（1932）
小田又蔵 *10.4*（1804）
織田幹雄 *3.30*（1905）
小田稔 *2.24*（1923）
オーダム *5.24*（1884）
オーダム *9.17*（1913）
織田裕二 *12.13*（1967）
織田万 *7.4*（1868）
小田原大造 *11.10*（1892）
落合英二 *6.26*（1898）
落合麒一郎 *11.13*（1899）
落合京太郎 *9.26*（1905）
落合恵子 *1.15*（1945）
落合謙太郎 *2.21*（1870）
落合聡三郎 *3.14*（1910）
落合太郎 *8.13*（1886）
落合豊三郎 *2.29*（1861）
落合寅市 *9.17*（1850）
落合直亮 *8.26*（1827）
落合直文 *11.15*（1861）
落合信彦 *1.8*（1942）
落合博満 *12.9*（1953）
越智健三 *9.29*（1929）
オーチャードソン, サー・ウィリアム *3.27*（1832）
越智勇一 *9.12*（1902）
オチョア, セベロ *9.24*（1905）
乙一 *10.21*（1978）
小槻孝亮 *12.2*（1575）
尾津喜之助 *1.28*（1898）
乙骨淑子 *7.7*（1929）
オーツ, ジョン *4.7*（1949）
小津次郎 *3.22*（1920）
オーツ, タイタス *9.15*（1648）

オッテルロー, ウィレム・ヴァン *12.27*（1907）
オットー1世 *6.1*（1815）
オットー1世 *10.23*（912）
オットー, クリスティン *2.7*（1966）
オットー, ニコラウス *6.14*（1832）
オットー, フライ *5.31*（1925）
オットー, ベルトルト *8.6*（1859）
オットマン, フランソワ *8.23*（1524）
オットー, ルドルフ *9.25*（1869）
オッペル *12.19*（1831）
オッペンハイマー *3.30*（1864）
オッペンハイマー, サー・アーネスト *5.22*（1880）
オッペンハイマー, ジュリアス・ロバート *4.22*（1904）
オッペンハイマー, ハリー（・フレデリック） *10.28*（1908）
オッペンハイム *3.30*（1858）
オッポルツァー *10.26*（1841）
小津安二郎 *12.12*（1903）
オーディベルチ, ジャック *3.25*（1899）
オデッツ, クリフォード *7.18*（1906）
オーデブレヒト *3.9*（1883）
オーデュボン, ジョン・ジェイムズ *4.26*（1785）
オーデン, W.H. *2.21*（1907）
お伝の方 *2.1*（1658）
オトウェイ, トマス *3.3*（1652）
オトゥール, ピーター *8.2*（1932）
オドエフスキー, アレクサンドル・イワノヴィチ *12.8*（1802）
オドエフスキー, ウラジーミル・フョードロヴィチ *8.11*（1804）
乙川優三郎 *2.17*（1953）
乙竹岩造 *9.29*（1875）
乙武洋匡 *4.6*（1976）
オドネル, クリス *6.26*（1970）
乙葉 *1.28*（1981）

音仁親王 *8.11*(1729)
音丸 *12.8*(1906)
オトー, マルクス・サルウィウス *4.28*(32)
音丸耕堂 *6.15*(1898)
オードラン, クロード2世 *3.27*(1639)
オードラン, クロード3世 *8.25*(1658)
オードラン, ジェラール1世 *8.2*(1640)
オドール, フランク *3.4*(1897)
オートレッド, ウィリアム *3.5*(1575)
乙羽信子 *10.1*(1924)
オードワン, ジャン・ヴィクトール *4.27*(1797)
オドンネル *1.12*(1808)
小名木綱夫 *8.11*(1911)
オナシス *1.15*(1906)
オナシス, ジャクリーヌ・ケネディ *7.28*(1929)
鬼束ちひろ *10.30*(1980)
鬼貫 *4.4*(1661)
オニール, シャキール *3.6*(1972)
オニール, スーザン *8.2*(1973)
オニール, テータム *11.5*(1963)
オニール, ユージン *10.16*(1888)
小沼正 *12.29*(1911)
小沼靖 *7.4*(1909)
小沼丹 *9.9*(1918)
オネゲル, アルテュール *3.10*(1892)
オネッティ, ファン・カルロス *7.1*(1909)
小野梓 *2.20*(1852)
小野アンナ *3.14*(1896)
尾上菊五郎(6代目) *8.26*(1885)
尾上菊五郎(7代目) *10.2*(1942)
尾上菊次郎(3代目) *10.10*(1882)
尾上菊次郎(4代目) *9.29*(1904)
尾上菊之丞(初代) *1.31*(1909)
尾上菊之助(5代目) *8.1*(1977)
尾上柴舟 *8.20*(1876)
尾上松緑(2代目) *3.28*(1913)
尾上松緑(4代目) *2.5*(1975)
尾上多賀之丞(3代目) *9.21*(1887)
尾上辰之助(初代) *10.26*(1946)
尾上梅幸(6代目) *10.15*(1870)
尾上梅幸(7代目) *8.31*(1915)
尾上松助(5代目) *3.24*(1887)
尾上松助(6代目) *7.13*(1946)
尾上松之助(2代目) *9.12*(1875)
尾上松也(2代目) *1.30*(1985)
小野鵞堂 *2.11*(1862)
小野木学 *1.13*(1924)
小野金六 *8.18*(1852)
小野賢一郎 *7.2*(1888)
小野玄妙 *2.28*(1883)
小野光敬 *7.30*(1913)
小野さつき *6.14*(1901)
オノサト・トシノブ *6.8*(1912)
小野重賢 *9.29*(1776)
小野茂樹 *12.15*(1936)
小野正一 *9.30*(1933)
小野二郎 *8.18*(1929)
小野伸二 *9.27*(1979)
小野清一郎 *1.10*(1891)
小野素郷 *10.23*(1749)
小野素水 *1.14*(1814)
小野田勇 *1.22*(1920)
小野武夫 *8.3*(1883)
小野忠重 *1.19*(1909)
小野竹喬 *11.20*(1889)
おのちゅうこう *2.2*(1908)
小野塚喜平次 *2.17*(1871)
小野寺昭 *9.19*(1943)
小野寺直助 *5.31*(1883)
小野寺義道 *8.5*(1566)
小野十三郎 *7.27*(1903)
小野友五郎 *10.23*(1817)
小野秀雄 *8.14*(1885)
オノーフリ, アルトゥーロ *9.15*(1885)
小野正利 *1.29*(1967)
小野三千麿 *5.22*(1897)
小野宮吉 *4.27*(1900)
小野みゆき *11.17*(1959)
オノ・ヨーコ *2.18*(1933)
小野蘭山 *8.21*(1729)
小野リサ *7.29*(1962)
小幡景憲 *5.1*(1572)
小幡欣治 *6.12*(1928)
小幡謙三 *1.24*(1910)
小畑忠良 *3.16*(1893)
小畑敏四郎 *2.19*(1885)
小畑実 *4.30*(1923)
小幡酉吉 *4.12*(1873)
オーバネル, テオドール *3.26*(1829)
オハブ *8.16*(1906)
小汀利得 *12.3*(1889)
小汀良久 *1.27*(1932)
小原英一 *3.22*(1889)
小原国芳 *4.8*(1887)
オハーラ, ジョン *1.31*(1905)
小原菁々子 *12.25*(1908)
小原大丈軒 *4.18*(1637)
小原鉄五郎 *11.1*(1899)
小原鉄心 *11.3*(1817)
小原直 *1.24*(1877)
小原豊雲 *9.29*(1908)
オパーリン, アレクサンドル・イヴァノヴィッチ *3.2*(1894)
オヒギンス, ベルナルド *8.20*(1778)
小尾十三 *10.26*(1909)
オーピッツ, マルティン *12.23*(1597)
オピュルス, マックス *5.6*(1902)
オフェイロン, ショーン *2.22*(1900)
オフェンバック, ジャック *6.20*(1819)
オフシャニコ-クリコフスキー, ドミートリー・ニコラエヴィチ *1.23*(1853)
オプストフェルデル, シーグビョルン *11.21*(1866)
小布施新三郎 *2.14*(1845)
小淵恵三 *6.25*(1937)
オフト, ハンス *6.27*(1947)
オプノール, ジル-マリー *7.27*(1672)

オブライエン　*7.30*（1842）
オブライエン, ウィリアム　*10.2*（1852）
オブライエン, ウィリアム・スミス　*10.17*（1803）
オブライエン, ケイト　*12.3*（1897）
オブライエン, フラン　*10.5*（1911）
オブラスツォフ, セルゲイ・V.　*6.22*（1901）
オフラハティ, リーアム　*8.28*（1896）
オーブリー, ジョン　*3.13*（1626）
オーブルチェフ, ウラジーミル・アファナシエヴィチ　*10.10*（1863）
オブレゴン, アルバロ　*2.19*（1880）
オブレヒト, ヤコブ　*11.22*（1450）
オベール, ダニエル-フランソワ-エスプリ　*1.29*（1782）
オーベルト, ヘルマン・ユリウス　*6.25*（1894）
オベルラン, ジャン・フレデリク　*8.31*（1740）
O.ヘンリー　*9.11*（1862）
オボテ, ミルトン　*12.28*（1924）
小保内虎夫　*4.25*（1899）
オボリン, レフ　*9.11*（1907）
オボレンスキー　*4.20*（1798）
オーマル, アンリ-ユージェーヌ-フィリップ-ルイ・ドルレアン, 公爵　*1.16*（1822）
オマル・ハイヤーム　*5.15*（1048）
オーマンディ, ユージン　*11.18*（1899）
尾美としのり　*12.7*（1965）
オーム, ゲオルク・ジーモン　*3.16*（1787）
沢瀉久孝　*7.12*（1890）
沢瀉久敬　*8.7*（1904）
小茂田青樹　*10.30*（1891）
オーモンド　*10.19*（1610）
小山田圭吾　*1.27*（1969）
小山田与清　*3.17*（1783）
小山東助　*11.24*（1879）
尾山篤二郎　*12.15*（1889）
小山久二郎　*9.7*（1905）
お葉　*3.11*（1904）
オラフ5世　*7.2*（1903）
オラヤ・エレーラ　*11.13*（1881）
オーラル　*7.19*（1849）
オリアーニ, アルフレード　*8.22*（1852）
オリヴァー, キング　*5.11*（1885）
オリヴィエ　*7.2*（1825）
オリヴィエ, ローレンス　*5.22*（1907）
オリエ, ジャン-ジャーク　*9.20*（1608）
オリオル, ヴァンサン　*8.27*（1884）
折笠美秋　*12.23*（1934）
折口信夫　*2.11*（1887）
織子女王　*7.14*（1780）
オーリック, ジョルジュ　*2.15*（1899）
オリバー, ジェイミー　*5.27*（1975）
折原脩三　*11.4*（1918）
折原みと　*1.27*（1964）
オリバレス, ガスパル・デ・グスマン・イ・ピメンタル, 伯公爵　*1.6*（1587）
OLIVIA　*12.9*（1979）
オリファント, マーガレット　*4.4*（1828）
オリベイラ, ジョアン・カルロス・デ　*3.28*（1954）
オリーベクローナ　*10.25*（1897）
おりも政夫　*7.4*（1953）
おりょう　*6.6*（1841）
オリーン, ベルティル（ゴットハルド）　*4.23*（1899）
オール巨人　*11.16*（1951）
オールグッド, セアラ　*10.31*（1883）
オルグレン, ネルソン　*3.28*（1909）
オールコット, エイモス・ブロンソン　*11.29*（1799）
オールコット, ルイーザ・メイ　*11.29*（1832）
オルジョニキーゼ　*10.28*（1886）
オールストン, ワシントン　*11.5*（1779）
オルセン, アシュレイ　*6.13*（1986）
オルセン, メアリー・ケート　*6.13*（1986）
オルソー　*7.12*（1888）
オールソップ　*10.11*（1910）
オルソン, チャールズ　*12.27*（1910）
オルタ, ヴィクトル, 男爵　*1.6*（1861）
オールディントン, リチャード　*7.8*（1892）
オルテガ-イ-ガセー, ホセ　*5.9*（1883）
オルテガ, アリエル　*3.4*（1974）
オルテガ, ダニエル　*11.11*（1945）
オルテリウス, アブラハム　*4.14*（1527）
オルデリークス・ヴィターリス　*2.16*（1075）
オルデンバルネヴェルト　*9.14*（1547）
オルテンブルク　*9.26*（1863）
オルデンブルク　*10.31*（1854）
オールドカッスル, サー・ジョン　*2.3*（1378）
オールドマン, ゲーリー　*3.21*（1958）
オルトマンス, アルベルト　*11.19*（1854）
オールト, ヤン・ヘンドリック　*4.28*（1900）
オールドリッチ, ネルソン・W　*11.6*（1841）
オールドリッチ, ロバート　*8.9*（1918）
オルニー　*9.15*（1835）
オルバース, ハインリヒ　*10.11*（1758）
オルバーン・ヴィクトル　*5.31*（1963）
オール阪神　*3.7*（1957）
オールビー, エドワード　*3.12*（1928）

オルファネール，ヤシント　*11.18*(1578)
オルフ，カール　*7.10*(1895)
オールブライト，ウィリアム・フォックスウェル　*5.24*(1891)
オルブライト，マデレーン　*5.15*(1937)
オルブラフト，イヴァン　*1.6*(1882)
オルブリヒ，ヨーゼフ・マリーア　*11.22*(1867)
オルポート　*8.22*(1890)
オールポート，ゴードン・ウィラード　*11.11*(1897)
オルムステッド，フレデリック・ロー　*4.26*(1822)
オルランド，ヴィットリオ　*5.19*(1860)
オルレアン，ガストン　*4.25*(1608)
オルレアン，フィリップ2世　*8.2*(1674)
オルレアン，ルイ・フィリップ・ジョゼフ，公爵　*4.13*(1747)
オルロフ，アレクセイ　*10.5*(1737)
オルロフ，アレクセイ公　*10.19*(1786)
オルロフ，グリゴーリ伯　*10.17*(1734)
オレヴィアーヌス(オレヴィアーン)，カスパル　*8.10*(1536)
オレーシャ，ユーリー・カルロヴィチ　*2.19*(1899)
オロゴン，ボビー　*4.8*(1966)
オロスコ，ホセ・クレメンテ　*11.23*(1883)
オンガニア，ファン・カルロス　*3.17*(1914)
オングストレーム，アンデルス・ヨンス　*8.13*(1814)
オンケン　*4.10*(1844)
オンケン　*11.13*(1869)
オンサーガー，ラース　*11.27*(1903)
恩田鉄弥　*11.18*(1864)
恩田陸　*10.25*(1964)
恩地孝四郎　*7.2*(1891)
遠地輝武　*4.21*(1901)
恩地三保子　*2.12*(1917)

【か】

カー，E.H.　*6.28*(1892)
河相我聞　*5.24*(1975)
カーアーニー　*10.20*(1808)
カイエ　*9.19*(1799)
カイェターヌス，ヤコーブス　*2.20*(1469)
魁皇博之　*7.24*(1972)
甲斐大蔵　*5.24*(1838)
海音寺潮五郎　*11.5*(1901)
ガイガー　*6.26*(1880)
ガイガー　*11.9*(1891)
ガイガー，ハンス・ヴィルヘルム　*9.30*(1882)
懐玉斎正次　*9.13*(1813)
開高健　*12.30*(1930)
海後勝雄　*3.11*(1905)
海後磋磯之介　*5.7*(1828)
海後宗臣　*9.10*(1901)
カイザー　*3.16*(1853)
カイザー，H.J.　*5.9*(1882)
カイザー，ヴォルフガング　*12.24*(1906)
カイザー，ゲオルク　*11.25*(1878)
ガイザー，ゲルト　*9.15*(1908)
カイザー，ヤーコプ　*2.8*(1888)
カイザー，ラインハルト　*1.12*(1674)
カイザーリング，エードゥアルト・フォン　*5.14*(1855)
カイザーリング，ヘルマン　*7.20*(1880)
海山元珠　*9.1*(1566)
貝島太助　*1.11*(1845)
ガイスラー，ハインリヒ　*5.26*(1814)
艾青　*3.27*(1910)
ガイゼル，エルネスト　*8.3*(1908)
カイソン・ポムヴィハン　*12.13*(1920)
貝谷八百子　*3.15*(1921)
ガイダール，アルカージー・ペトローヴィチ　*1.9*(1904)
ガイタン　*1.23*(1898)
貝塚茂樹　*5.1*(1904)
海妻甘蔵　*8.17*(1824)
ガイテル　*7.16*(1855)
カイテル，ヴィルヘルム　*9.22*(1882)
カイテル，ハーベイ　*5.13*(1939)
海東要造　*5.4*(1887)
垣内松三　*1.11*(1878)
戒能通孝　*5.30*(1908)
カイパー，アーブラハーム　*10.29*(1837)
カイパー，ジェラード・ピーター　*12.7*(1905)
貝原益軒　*11.14*(1630)
貝原俊民　*8.24*(1933)
艾蕪　*6.2*(1904)
海部俊樹　*1.2*(1931)
海部ハナ　*8.11*(1831)
ガイベル，エマーヌエル　*10.17*(1815)
カイペルス，ペトルス・ヨゼフス・ヒュベルトゥス　*5.16*(1827)
海保漁村　*11.22*(1798)
海間十郎　*7.13*(1818)
開明門院　*7.18*(1717)
カイユテ，ルイ・ポール　*9.21*(1832)
カイユボット，ギュスターヴ　*8.19*(1848)
甲斐よしひろ　*4.7*(1953)
カイヨー，ジョゼフ　*3.30*(1863)
カイヨワ，ロジェ　*3.3*(1913)
快楽亭ブラック　*12.22*(1858)
ガイラー・フォン・カイザースベルク，ヨハネス　*3.16*(1445)
ガイ，リュウデヴィト　*7.8*(1809)
海量　*8.14*(1733)
カイルベルト，ヨーゼフ　*4.19*(1908)
カインツ　*7.4*(1897)
カインツ，ヨーゼフ　*1.2*(1858)
カヴァッリ，ピエル・フランチェスコ　*2.14*(1602)

カヴァフィス, コンスタンディノス　*4.29*(1863)
カヴァルカンティ, アルベルト　*2.6*(1897)
ガヴァルニ, ポール　*1.13*(1804)
カヴァントゥー, ジャン・ビアンエイム　*6.30*(1795)
ガーヴィン　*4.12*(1868)
ガーヴェイ, マーカス　*8.17*(1887)
カヴェニャック　*10.15*(1802)
カヴェーリン　*11.16*(1818)
カヴェーリン, ヴェニアミン・アレクサンドロヴィチ　*4.19*(1902)
カウエル, ヘンリー・ディクソン　*3.11*(1897)
ガウス　*1.12*(1887)
ガウス, カール・フリードリヒ　*4.30*(1777)
ガウチンスキ, コンスタンティ・イルデフォンス　*1.23*(1905)
カウツキー, カール・ヨーハン　*10.16*(1854)
ガウディ・イ・コルネ, アントニ　*6.25*(1852)
カウニッツ, ヴェンツェル・アントン, 公爵　*2.2*(1711)
カウフマン　*3.3*(1818)
カウフマン　*6.5*(1871)
カウリー, マルカム　*8.24*(1898)
カヴール, カミーロ・ベンソ, 伯爵　*8.10*(1810)
カウンダ, ケネス・デービッド　*4.28*(1924)
臥雲辰致　*8.15*(1842)
カウンツ　*12.9*(1889)
カエターニ　*9.12*(1869)
カエターノ, マルセロ　*8.17*(1906)
帰山教正　*3.1*(1893)
夏衍　*10.30*(1900)
カカ　*4.22*(1982)
加賀乙彦　*4.22*(1929)
かかずゆみ　*6.18*(1973)
鹿賀丈史　*10.12*(1950)
カガノヴィチ, ラザリ・モイセエヴィチ　*11.22*(1893)
加賀まりこ　*12.11*(1943)
鏡岩善四郎　*5.4*(1902)
加々美鶴灘　*8.8*(1704)
各務鎌吉　*12.22*(1869)
各務鉱三　*3.7*(1896)
鏡里喜代治　*4.30*(1923)
加賀美遠光　*2.28*(1143)
加賀美光章　*2.15*(1711)
加賀山之雄　*12.30*(1902)
ガガーリン, ユーリー　*3.9*(1934)
香川綾　*3.28*(1899)
香川景樹　*4.10*(1768)
香川景柄　*8.29*(1745)
香川京子　*12.5*(1931)
香川茂　*4.14*(1920)
香川修徳　*7.1*(1683)
香川進　*7.15*(1910)
香川照之　*12.7*(1965)
香川登枝緒　*8.23*(1917)
賀川豊彦　*7.10*(1888)
賀川南竜　*6.11*(1781)
柿内三郎　*8.14*(1882)
柿右衛門(2代目)　*11.4*(1620)
柿右衛門(4代目)　*4.5*(1641)
柿右衛門(5代目)　*9.1*(1660)
柿右衛門(7代目)　*2.15*(1711)
柿右衛門(8代目)　*10.8*(1734)
柿右衛門(9代目)　*5.16*(1776)
柿右衛門(10代目)　*8.1*(1805)
蛎崎波響　*5.26*(1764)
何其芳　*2.5*(1912)
柿本豊次　*7.4*(1893)
鍵谷幸信　*7.26*(1930)
郭威　*7.28*(904)
カークウッド　*5.30*(1907)
覚音女王　*5.21*(1506)
賀来惟熊　*9.28*(1796)
覚山尼　*7.4*(1252)
覚恕　*12.18*(1521)
覚乗　*7.6*(1221)
覚定　*3.23*(1607)
覚性法親王　*7.20*(1129)
覚深入道親王　*5.29*(1588)
角谷一圭　*10.12*(1904)
角田光代　*3.8*(1967)
賀来千香子　*10.17*(1961)
覚鎮女王　*12.27*(1486)
Gackt　*7.4*
覚道　*8.11*(1500)
覚如　*12.28*(1270)
カーク, ノーマン・エリック　*1.6*(1923)
カークパトリック, ラルフ　*6.10*(1911)
覚鑁　*6.17*(1095)
覚法法親王　*12.29*(1091)
郭沫若　*11.16*(1892)
加倉井駿一　*5.11*(1920)
神楽坂はん子　*3.24*(1931)
賀来竜三郎　*5.19*(1926)
筧克彦　*11.28*(1872)
筧利夫　*8.10*(1962)
景浦将　*7.20*(1915)
景浦安武　*12.17*(1946)
影佐禎昭　*3.7*(1893)
懸田克躬　*1.30*(1906)
花月庵鶴翁　*11.17*(1782)
梯明秀　*7.16*(1902)
掛布雅之　*5.9*(1955)
影万里江　*7.19*(1935)
蔭山和夫　*1.16*(1927)
影山光洋　*5.23*(1907)
影山三郎　*10.22*(1911)
影山庄平　*2.14*(1886)
景山民夫　*3.20*(1947)
陰山寿　*8.5*(1901)
影山ヒロノブ　*2.18*(1961)
影山正治　*6.12*(1910)
ガーゲルン　*1.25*(1766)
ガーゲルン　*8.20*(1799)
加古川周蔵　*2.6*(1747)
華国鋒　*2.16*(1921)
鹿児島寿蔵　*12.10*(1898)
加古隆　*1.31*(1947)
河西三省　*9.16*(1898)
葛西善蔵　*1.16*(1887)
葛西紀明　*6.6*(1972)
笠井彦乃　*3.29*(1896)
カサヴェテス, ジョン　*12.9*(1929)
笠置シヅ子　*8.25*(1914)
笠置山勝一　*1.7*(1911)
笠木良明　*7.22*(1892)
カザケーヴィチ, エマヌイル・ゲンリホヴィチ　*2.11*(1913)
カザコーフ, ユーリー・パーヴロヴィチ　*8.8*(1927)
カー, サー・ジョン(・ロバート)　*9.24*(1914)

カーザック, ヘルマン　*7.24*(1896)
カサット, メアリ　*5.22*(1844)
カサド, ガスパル　*9.30*(1897)
カザドシュ, ロベール　*4.7*(1899)
カサノーヴァ, ジョヴァンニ・ジャーコモ　*4.2*(1725)
風早八十二　*8.10*(1899)
笠原研寿　*5.5*(1852)
風間完　*1.19*(1919)
風巻景次郎　*5.22*(1902)
風間俊介　*6.17*(1983)
風間丈吉　*2.25*(1902)
風間トオル　*8.19*(1962)
風間道太郎　*6.6*(1901)
風間杜夫　*4.26*(1949)
風間八宏　*10.16*(1961)
風見章　*2.12*(1886)
カザミアン, ルイ　*4.2*(1877)
風見しんご　*10.10*(1962)
笠谷幸生　*8.17*(1943)
カサルス, パブロ　*12.29*(1876)
カザレス, マリア　*11.22*(1922)
ガザン - ハン　*12.4*(1271)
花山院家理　*9.7*(1839)
花山院家雅　*11.12*(1558)
花山院定誠　*2.26*(1640)
花山院忠長　*9.5*(1588)
カザン, エリア　*9.7*(1909)
カザンザキス, ニコス　*2.18*(1883)
花山天皇　*10.26*(968)
加地亮　*1.13*(1980)
カシアス公　*8.25*(1803)
カシアーン　*2.29*(1892)
梶井剛　*7.20*(1887)
香椎瑞穂　*1.4*(1912)
梶井基次郎　*2.17*(1901)
香椎由宇　*2.16*(1987)
カジェス, プルタルコ・エリーアス　*1.27*(1877)
樫尾忠雄　*11.26*(1917)
梶竜雄　*11.21*(1928)
梶谷善久　*3.28*(1911)
梶田半古　*6.25*(1870)
賀子内親王　*6.5*(1632)
楫西光速　*1.9*(1906)
梶野悳三　*1.29*(1901)
梶原正昭　*8.7*(1927)
柏淵蛙亭　*4.17*(1785)
鹿島一谷　*5.11*(1898)
鹿島卯女　*6.26*(1903)
鹿島茂　*11.30*(1949)
鹿島精一　*7.1*(1875)
鹿島房次郎　*9.21*(1869)
賀島松　*9.1*(1627)
鹿島鳴秋　*5.9*(1891)
鹿島守之助　*2.2*(1896)
鹿島保夫　*1.17*(1924)
カジーミエシュ1世　*7.25*(1016)
カジーミエシュ3世　*4.30*(1310)
カジーミエシュ4世, ヤギェロニチク　*11.30*(1427)
カジミール・ペリエ　*11.8*(1847)
カーシム, アブド・アル‐カリーム　*11.21*(1914)
梶村秀樹　*7.4*(1935)
梶芽衣子　*3.24*(1947)
樫山純三　*9.21*(1901)
梶山静六　*3.27*(1926)
梶山季之　*1.2*(1930)
カシャン　*9.20*(1869)
ガーシュイン, ジョージ　*9.26*(1898)
ガーシュウィン, ジョージ　*9.26*(1898)
我修院達也　*12.10*(1950)
賀集益蔵　*6.13*(1889)
勧修寺経広　*11.27*(1606)
勧修寺晴豊　*2.24*(1544)
勧修寺光豊　*12.7*(1575)
カシュニッツ, マリー・ルイーゼ　*1.31*(1901)
カーシュ, ユースフ　*12.23*(1908)
カジョリ　*2.28*(1859)
カー, ジョン　*12.17*(1824)
カー, ジョン・ディクソン　*11.30*(1906)
カション, メルメー・ド　*9.10*(1828)
嘉治隆一　*8.3*(1896)
柏井園　*6.24*(1870)
柏木貨一郎　*1.16*(1841)
柏木義円　*3.9*(1860)
柏木由紀子　*12.24*(1947)
柏扇之助(初代)　*6.7*(1868)
柏戸剛　*11.29*(1938)
柏葉幸子　*6.9*(1953)
柏原収史　*12.23*(1978)
柏原省三　*3.5*(1835)
柏原崇　*3.16*(1977)
柏原芳恵　*10.1*(1965)
柏村信雄　*6.5*(1907)
梶原一騎　*9.4*(1936)
梶原景山　*8.7*(1727)
梶原しげる　*7.26*(1950)
梶原緋佐子　*12.22*(1896)
カジンツィ・フェレンツ　*10.27*(1759)
春日一幸　*3.25*(1910)
春日井梅鶯(初代)　*2.22*(1905)
春日花叔　*3.26*(1774)
春日正一　*2.13*(1907)
春日庄次郎　*3.25*(1903)
春日潜庵　*8.3*(1811)
春日照代　*12.8*(1935)
春日とよ　*9.15*(1881)
春日野八千代　*11.12*(1915)
春日八郎　*10.9*(1924)
春日弘　*8.8*(1885)
春日政治　*4.5*(1878)
春日由三　*11.10*(1911)
ガスケル, ウォルター・ホルブルック　*11.1*(1847)
ガスコイン　*8.6*(1893)
カスー, ジャン　*7.9*(1897)
カスター, ジョージ・アームストロング　*12.5*(1839)
カスタニェーダ, ホルヘ　*5.24*(1953)
ガースチェフ, アレクセイ・カピトノヴィチ　*9.26*(1882)
カスティージャ, ラモン　*8.27*(1797)
カスティリャーノ, アルベルト　*11.9*(1847)
カスティリョーネ, ジュゼッペ　*7.19*(1688)
カスティーリョーネ, バルダッサーレ, ノヴィラーラ伯爵　*12.6*(1478)
カスティーリョ, フェリシアーノ・デ　*1.28*(1800)
カステラーニ　*9.8*(1878)

カステルヌオーヴォ-テデスコ, マリオ 4.3(1895)
カステルヌオヴォ, グイド 8.14(1865)
カステルノー, ノエル・マリー・ジョゼフ・エドゥアール, キュリエール子爵 10.24(1851)
カステレト 10.7(1592)
カステロ・ブランコ 9.20(1900)
カステーロ・ブランコ, カミーロ 3.16(1825)
ガズデン, ジェイムズ 5.15(1788)
カストナー, ハミルトン・ヤング 9.11(1858)
カストラー 5.3(1902)
カストレン 5.7(1813)
カストロ 2.27(1500)
カストロ 9.30(1527)
カストロ 10.14(1858)
カストロ, エウジェニオ・デ 5.24(1869)
カストロ, ギリェン・デ 2.24(1569)
カストロ, フィデル 8.13(1926)
カストロ, ロサリア・デ 2.24(1837)
カスナー, ルードルフ 9.11(1873)
和宮 5.10(1846)
カスプロヴィッチ, ヤン 12.12(1860)
ガスマン, ヴィットリオ 9.1(1922)
粕谷義三 8.15(1866)
ガスリー 1.9(1886)
ガスリ, ウィリアム 7.2(1900)
ガスリー, ウッディ 7.14(1912)
カースル, バーバラ・アン 10.6(1911)
カースルレイ, ロバート・スチュワート, 子爵 6.18(1769)
カズンズ, ジェイムズ・グールド 8.19(1903)
カズンズ, ノーマン 6.24(1915)
カズンズ, フランク 9.8(1900)
加瀬邦彦 3.6(1941)
かぜ耕士 7.13(1944)
加瀬俊一 10.23(1897)
加勢大周 12.29(1969)
カゼッラ, アルフレード 7.25(1883)
加瀬俊一 1.12(1903)
華叟正蕚 6.18(1412)
カゾット, ジャック 10.7(1719)
カソーナ, アレハンドロ・ロドリゲス 3.23(1903)
カゾーボン, イザーク 2.18(1559)
カーゾン(ケドルストンの), ジョージ・ナサニエル・カーゾン, 侯爵 1.11(1859)
カーソン, エドワード・ヘンリー 2.9(1854)
カーソン, キット 12.24(1809)
カーゾン, サー・クリフォード 5.18(1907)
カーソン, レイチェル 5.27(1907)
カターエフ, イワン・イワノヴィチ 5.14(1902)
カターエフ, ワレンチン・ペトローヴィチ 1.16(1897)
片岡篤史 6.27(1969)
片岡市蔵(4代目) 10.7(1880)
片岡健吉 12.26(1844)
片岡球子 1.5(1905)
片岡千恵蔵 1.20(1904)
片岡鶴太郎 12.21(1954)
片岡鉄兵 2.2(1894)
片岡徳 1.18(1785)
片岡直輝 7.3(1856)
片岡直温 9.18(1859)
片岡仁左衛門(12代目) 9.9(1882)
片岡仁左衛門(13代目) 12.15(1903)
片岡仁左衛門(15代目) 3.14(1944)
片岡安 6.4(1876)
片岡吉雄 5.27(1916)
片岡良一 1.5(1897)
片岡礼子 12.20(1971)
片上伸 2.20(1884)
片桐貞隆 7.3(1560)
片桐はいり 1.18(1963)
片桐竜次 8.14(1948)
賀田金三郎 9.16(1857)
片倉鶴陵 1.17(1751)
片倉兼太郎(初代) 11.29(1850)
片倉兼太郎(2代目) 12.24(1862)
片倉衷 5.18(1898)
カーター, ケビン 9.13(1960)
加太こうじ 1.11(1918)
カーター, ジミー 10.1(1924)
片瀬那奈 11.7(1981)
かたせ梨乃 5.8(1957)
堅田喜三久(3代目) 9.8(1935)
片多徳郎 6.24(1889)
堅田大和 10.26(1850)
加田哲二 11.26(1895)
荷田春満 1.3(1669)
荷田延次 1.22(1577)
カーター, ハワード 5.9(1873)
片平なぎさ 7.12(1959)
カーター, ベニー 8.8(1907)
ガーダマー, ハンス・ゲオルク 2.11(1900)
片山右京 5.30(1963)
片山恭一 1.5(1959)
片山国嘉 7.7(1855)
片山九郎右衛門(9代目) 8.26(1930)
片山さつき 5.9(1959)
片山晋呉 1.31(1973)
片山潜 12.3(1859)
片山哲 7.28(1887)
片山東熊 12.20(1854)
片山敏彦 11.5(1898)
堅山南風 9.12(1887)
片山博通 12.22(1907)
片山北海 1.10(1723)
片山正夫 9.11(1877)
カタリナ(シエーナの, 聖) 3.25(1347)
カタリーナ(リッチの) 4.23(1522)
ガダルカナル・タカ 12.16(1956)
カダルソ, ホセ 10.8(1741)

カーダール, ヤーノシュ *5.26*(1912)
カーター, ロン *5.4*(1937)
ガチャピン *4.2*
カチャーロフ *2.11*(1875)
華頂宮郁子 *8.5*(1853)
華頂宮博忠 *1.26*(1902)
鹿地亘 *5.1*(1903)
カチンスキ, レフ *6.18*(1949)
カツィール, エフライム *5.16*(1916)
香月牛山 *10.7*(1656)
香月清司 *10.6*(1881)
香月泰男 *10.25*(1911)
勝木保次 *11.28*(1905)
勝恵子 *12.9*(1966)
ガッサー, ハーバート・スペンサー *7.5*(1888)
月山貞一(2代目) *11.8*(1907)
ガッサンディ, ピエール *1.22*(1592)
葛飾北斎 *9.23*(1760)
カッシーニ, ジョヴァンニ・ドメニコ *6.8*(1625)
カッシュマン, ジョゼフ・オーガスティン *1.31*(1881)
カッシーラー, エルンスト *7.28*(1874)
勝地涼 *8.20*(1986)
カッシーリ, レフ・アブラモヴィチ *6.27*(1905)
勝新太郎 *11.29*(1931)
カッセル, ヴァンサン *11.23*(1966)
カッセル, グスタフ *10.20*(1866)
カッソーラ, カルロ *3.17*(1917)
ガッダ, カルロ・エミーリオ *11.14*(1893)
勝田守一 *11.10*(1908)
カッターネオ, カルロ *6.15*(1801)
ガッターマン, ルートヴィヒ *4.20*(1860)
カッチェン, ジュリアス *8.15*(1926)
カッツ *10.1*(1884)
ガッツ石松 *6.5*(1949)
カッツ, サー・バーナード *3.26*(1911)
カッツ, ヤーコプ *11.10*(1577)
カッテル *5.24*(1860)
カッテンディーケ, ウィレム *1.22*(1816)
ガット, アルフォンソ *7.17*(1909)
ガットリング, リチャード・ジョーダン *9.12*(1818)
勝沼精蔵 *8.28*(1886)
勝野洋 *7.27*(1949)
ガッバーナ, ステファノ *11.14*(1962)
カッパーフィールド, デービッド *9.16*(1956)
勝姫 *10.16*(1618)
勝姫君 *5.12*(1601)
カップ *7.24*(1858)
カップ *10.27*(1910)
カッフィエーリ, ジャン・ジャーコモ *4.29*(1725)
カップ, タイ *12.18*(1886)
カッポーニ, ジーノ *9.13*(1792)
勝正憲 *5.21*(1879)
勝俣州和 *3.12*(1965)
勝間田清一 *2.11*(1908)
勝俣銓吉郎 *11.18*(1872)
勝俣稔 *9.5*(1891)
勝見勝 *7.18*(1909)
勝村政信 *7.21*(1963)
勝目テル *7.6*(1894)
勝本勘三郎 *12.12*(1866)
勝本清一郎 *5.5*(1899)
桂あやめ *2.1*(1964)
桂歌丸 *8.14*(1936)
桂川甫三 *5.26*(1730)
葛城彦一 *11.5*(1818)
桂小枝 *5.25*(1955)
桂ざこば(2代目) *9.21*(1947)
桂三枝 *7.16*(1943)
桂枝雀(2代目) *8.13*(1939)
桂寿一 *6.16*(1902)
桂春蝶(2代目) *10.5*(1941)
カッラス, アイノ *8.2*(1878)
桂誉重 *9.2*(1817)
桂誉恕 *6.3*(1838)
桂田富士郎 *5.5*(1867)
桂田芳枝 *9.3*(1911)
桂太郎 *11.28*(1848)
桂千穂 *8.27*(1929)
桂宮宜仁 *2.11*(1948)
桂春団治(初代) *8.4*(1878)
桂春団治(2代目) *8.5*(1894)
桂久武 *5.28*(1830)
桂英澄 *6.26*(1918)
桂文枝(5代目) *4.12*(1930)
桂文治(8代目) *1.21*(1883)
桂文治(9代目) *9.7*(1892)
桂文珍 *12.10*(1948)
桂文楽(4代目) *11.10*(1838)
桂文楽(8代目) *11.3*(1892)
桂文楽(9代目) *9.21*(1938)
桂米朝(3代目) *11.6*(1925)
桂三木助(2代目) *11.27*(1884)
桂三木助(3代目) *3.28*(1902)
桂三木助(4代目) *3.29*(1957)
桂ゆき *10.10*(1913)
ガッレン - カッレラ, アクセリ *4.26*(1865)
カーティス, グレン(・ハモンド) *5.21*(1878)
カーティス, チャールズ(・ゴードン) *4.20*(1860)
カーティス, トニー *6.3*(1925)
カーティス, マイケル *12.24*(1888)
カティナ *7.1*(1637)
ガーディナー *5.29*(1879)
ガーディナー, サミュエル・ローソン *3.4*(1829)
カディロフ, アフマト *8.23*(1951)
ガーティン, トマス *2.18*(1775)
嘉手苅林昌 *7.4*(1920)
勘解由小路在富 *2.5*(1490)
勘解由小路資善 *5.28*(1778)
カー, デボラ *9.30*(1921)
ガーデン, メアリ *2.20*(1874)
加藤あい *12.12*(1982)
加藤敦善 *2.29*(1741)
加藤仡夫 *6.6*(1878)
加藤勇 *8.16*(1828)
加藤磯足 *11.15*(1747)
加藤一郎 *5.2*(1925)
加藤閲男 *9.5*(1900)
加藤枝直 *12.11*(1692)
加藤桜老 *7.28*(1811)
加藤介春 *5.16*(1885)

加藤景範 *5.4*(1720)
加藤一夫 *2.28*(1887)
加藤一彦 *5.26*(1937)
加藤和彦 *3.21*(1947)
加藤完治 *1.22*(1884)
加藤勘十 *2.25*(1892)
加藤木重教 *4.9*(1857)
加藤橘夫 *3.28*(1907)
加藤喜美枝 *6.28*(1913)
加藤九祚 *5.18*(1922)
加藤清正 *6.24*(1562)
加藤久仁彦 *9.19*(1956)
加藤敬三郎 *4.19*(1873)
加藤敬二 *3.7*(1962)
加藤月篷 *11.9*(1792)
加藤健一 *10.31*(1949)
加藤謙一 *5.28*(1896)
加藤謙斎 *12.12*(1669)
加藤玄智 *6.17*(1873)
加藤五一 *8.26*(1891)
加藤紘一 *6.17*(1939)
加藤浩次 *4.26*(1969)
加藤定吉 *11.18*(1861)
加藤沢男 *10.11*(1946)
加藤繁 *9.3*(1880)
加藤シヅエ *3.2*(1897)
加藤十千 *6.8*(1699)
加堂秀三 *4.11*(1940)
加藤楸邨 *5.26*(1905)
加藤常賢 *10.19*(1894)
加藤省吾 *7.30*(1914)
加藤条治 *2.6*(1985)
加藤治郎 *6.1*(1910)
加藤新平 *3.29*(1912)
賀藤清右衛門 *2.19*(1768)
加藤精神 *9.29*(1872)
加藤雪潭 *4.18*(1809)
加藤泰 *8.24*(1916)
加藤大治郎 *7.4*(1976)
加東大介 *2.18*(1911)
加藤鷹 *5.1*(1962)
加藤高明 *1.3*(1860)
加藤貴子 *10.14*(1970)
加藤隆義 *3.20*(1883)
加藤武男 *6.5*(1877)
加藤武雄 *5.3*(1888)
加藤武 *5.24*(1929)
加藤正 *2.11*(1906)
加藤建夫 *9.28*(1903)
加藤千蔭 *2.9*(1735)
加藤千浪 *11.19*(1810)
加藤茶 *3.1*(1943)
加藤恒忠 *1.22*(1859)
加藤東一 *1.6*(1916)
加藤唐九郎 *7.19*(1897)
加藤東郡 *7.30*(1732)
加藤登紀子 *12.27*(1943)
加藤時次郎 *1.1*(1858)
加藤徳成 *3.5*(1830)
加藤咄堂 *11.2*(1870)
加藤友三郎 *2.22*(1863)
加藤夏希 *7.26*(1985)
加藤土師萌 *3.7*(1900)
加藤治子 *11.24*(1922)
加藤晴彦 *5.13*(1975)
加藤英司 *5.24*(1948)
加藤寛治 *10.2*(1870)
加藤文太郎 *3.11*(1905)
加藤まさを *4.10*(1897)
加藤正治 *3.10*(1871)
加藤雅也 *4.27*(1963)
加藤将之 *7.3*(1901)
加藤正義 *2.23*(1854)
加藤正人 *8.24*(1886)
加藤衛 *11.9*(1914)
加藤道夫 *10.17*(1918)
加藤道子 *10.31*(1919)
加藤みどり *11.15*(1939)
加藤ミリヤ *6.22*(1988)
加藤陸奥雄 *12.2*(1911)
加藤守雄 *11.2*(1913)
加藤保男 *3.6*(1949)
加藤嘉 *1.12*(1913)
加藤愛雄 *11.30*(1905)
加藤芳郎 *6.25*(1925)
加藤鐐五郎 *3.11*(1883)
加藤ローサ *6.22*(1985)
角川源義 *10.9*(1917)
角川春樹 *1.8*(1942)
ガードギール *4.10*(1901)
カトコーフ, ミハイル・ニキフォロヴィチ *11.13*(1818)
門田博光 *2.26*(1948)
ガードナー *11.24*(1846)
ガードナー, A.G. *6.2*(1865)
ガードナー, アール・スタンリー *7.17*(1889)
ガードナー, エヴァ *1.24*(1922)
ガードナー, ジョン *7.21*(1933)
門野幾之進 *3.14*(1856)
角野栄子 *1.1*(1935)
門野重九郎 *9.9*(1867)
角野卓造 *8.10*(1948)
上遠野富之助 *10.19*(1859)
角松敏生 *8.12*(1960)
角屋七郎兵衛 *3.17*(1610)
カートライト, エドマンド *4.24*(1743)
カートライト, ジョン *9.17*(1740)
香取慎吾 *1.31*(1977)
楫取魚彦 *3.2*(1723)
カトリーヌ・ド・ヴァロワ *10.27*(1401)
カトリーヌ・ド・メディシス *4.13*(1519)
カトリノー, ジャック *1.5*(1759)
香取秀真 *1.1*(1874)
カトリン *7.29*(1896)
ガドリン, ヨハン *6.5*(1760)
カトルー, ジョルジュ *1.29*(1877)
カトルメール *7.12*(1782)
カトルメール・ド・カンシー, アントワーヌ-クリゾストーム *10.21*(1755)
佳那晃子 *3.8*(1956)
金井喜久子 *3.13*(1911)
金井寿平 *8.26*(1839)
金井直 *3.18*(1926)
金井延 *2.1*(1865)
金井寛人 *1.14*(1897)
カーナヴォン, ジョージ・エドワード・スタナップ・モリニュークス・ハーバート, 5代伯爵 *6.20*(1866)
ガーナー, エロール *6.15*(1921)
金岡幸二 *9.20*(1925)
金倉円照 *11.17*(1896)
金栗四三 *8.20*(1891)
金沢嘉市 *10.2*(1908)
金沢庄三郎 *5.7*(1872)
金島桂華 *6.29*(1892)
金谷晴夫 *2.3*(1930)
カナファーニー, ガッサーン *4.9*(1936)
金丸重嶺 *7.10*(1900)
要潤 *2.21*(1981)
金森馨 *9.3*(1933)

金森徳次郎　*3.17*（1886）
金森通倫　*8.15*（1857）
金山一彦　*8.16*（1967）
金山平三　*12.18*（1883）
金山穆韶　*10.30*（1876）
金山康喜　*4.16*（1926）
カナーリス, ヴィルヘルム　*1.1*（1887）
カナレット　*10.18*（1697）
カナレット, ベルナルド・ベッロット　*1.30*（1720）
カナレハス・イ・メンデス　*7.31*（1854）
カナロ, フランシスコ　*11.26*（1888）
カニア, カリン　*6.20*（1961）
カーニー, アート　*11.4*（1918）
蟹江一太郎　*2.7*（1875）
蟹江ぎん　*8.1*（1892）
蟹江敬三　*10.28*（1944）
カニグズバーグ, E.L.　*2.10*（1930）
カニーシウス, ペトルス　*5.8*（1521）
カニッツァーロ, スタニスラオ　*7.13*（1826）
ガニベー, アンヘル　*12.13*（1865）
カニャール・ド・ラ・トゥール, シャルル　*3.31*（1777）
カニンガム　*12.29*（1849）
カニンガム, アレグザンダー　*1.23*（1814）
カニンガム・グレアム, ロバート・ボンタイン　*5.24*（1852）
カニング　*12.14*（1812）
金石昭人　*12.26*（1960）
カーネギー, アンドルー　*11.25*（1835）
金子功　*7.15*（1939）
金子馬治　*1.10*（1870）
金子鷗亭　*5.9*（1906）
金子喜一　*10.21*（1875）
金子喜代太　*3.9*（1883）
金子薫園　*11.30*（1876）
金子賢　*10.19*（1976）
金子堅太郎　*2.4*（1853）
金子佐一郎　*2.1*（1900）
金子重輔　*2.13*（1831）
金子霜山　*11.9*（1789）
金子大栄　*5.3*（1881）
金子武蔵　*1.21*（1905）
金子嗣郎　*5.13*（1930）
兼子天聾　*9.18*（1759）
金子兜太　*9.23*（1919）
金子直吉　*6.13*（1866）
金子信雄　*3.27*（1923）
兼子一　*12.18*（1906）
金子文子　*1.25*（1902）
金子みすゞ　*4.11*（1903）
金子光晴　*12.25*（1895）
金子洋文　*4.8*（1894）
兼重寛九郎　*4.5*（1899）
兼重譲蔵　*6.4*（1817）
金重陶陽　*1.3*（1896）
金城一紀　*10.29*（1968）
金城武　*10.11*（1973）
兼高かおる　*2.28*（1928）
金田たつえ　*4.12*（1948）
金田徳光　*9.20*（1863）
金田正一　*8.1*（1933）
カネッティ, エリアス　*7.25*（1905）
ガーネット, デイヴィッド　*5.9*（1892）
兼常清佐　*11.22*（1885）
金原ひとみ　*8.8*（1983）
金平正紀　*2.10*（1934）
金正米吉　*8.8*（1892）
兼松熈太郎　*1.31*（1937）
兼松房治郎　*5.21*（1845）
金丸信　*9.17*（1914）
金光庸夫　*3.13*（1877）
金本知憲　*4.3*（1968）
カノ, アロンソ　*3.19*（1601）
カノーヴァ, アントニオ　*11.1*（1757）
狩野栄川　*8.16*（1696）
狩野永徳　*1.13*（1543）
狩野養信　*7.26*（1796）
狩野邦信　*12.13*（1788）
狩野亨吉　*7.28*（1865）
加納御前　*3.18*（1560）
加能作次郎　*1.10*（1885）
狩野貞信　*4.7*（1597）
叶敏　*3.24*（1925）
嘉納治五郎　*10.28*（1860）
嘉納治兵衛（5代目）　*6.16*（1821）
嘉納治郎右衛門　*7.3*（1853）
嘉納治郎作　*10.24*（1813）
狩野孝信　*11.25*（1571）
狩野探幽　*1.14*（1602）
狩野周信　*7.2*（1660）
狩野常信　*3.13*（1636）
加納典明　*2.22*（1942）
狩野直喜　*1.18*（1868）
狩野尚信　*10.6*（1607）
狩野栄信　*8.30*（1775）
狩野元信　*8.9*（1476）
狩野安信　*12.1*（1613）
嘉納履正　*11.25*（1900）
叶和貴子　*4.23*（1956）
鹿子木員信　*11.3*（1884）
鹿子木孟郎　*11.9*（1874）
カノバス-デル-カスティリョ, アントニオ　*2.8*（1828）
カノ, メルチョル　*1.6*（1509）
何礼之　*7.13*（1840）
カノン　*5.7*（1836）
カバエワ, アリーナ　*5.12*（1983）
カバコ・シルバ, アニバル　*7.15*（1939）
樺島勝一　*7.21*（1888）
樺島石梁　*10.7*（1754）
樺島礼吉　*4.22*（1876）
KABA.ちゃん　*6.19*（1969）
カバニス, ジョルジュ　*6.5*（1757）
カバネル, アレクサンドル　*9.28*（1823）
カパブランカ, ホセ・ラウル　*11.19*（1888）
椛山愛輔　*5.10*（1865）
樺山資雄　*10.14*（1801）
華原朋美　*8.17*（1974）
ガバリェロ, フェルナン　*12.25*（1796）
カバレーフスキー, ドミートリー・ボリーソヴィチ　*12.30*（1904）
カピストラヌス　*6.24*（1383）
カピーツァ, ピョートル・レオニードヴィチ　*7.8*（1894）
カヒミ・カリィ　*3.15*
川平慈英　*9.23*（1963）
カビラ, ジョセフ　*12.4*（1971）
カビラ, ローラン　*11.27*（1939）
カプアーナ, ルイージ　*5.28*（1839）

ガーファンクル, アート　11.5(1941)
カフィエリ, ジャック　8.25(1678)
ガーフィールド, ジェイムズ・エイブラム　11.19(1831)
ガーフィルド, レオン　7.14(1921)
カフカ, フランツ　7.3(1883)
ガフキー, ゲオルク・テオドール・アウグスト　2.17(1850)
カブース・ビン・サイド　11.18(1940)
カプタイン, ヤコブス・コルネリウス　1.19(1851)
カフタン, ユーリウス　9.30(1848)
カプマニ　11.24(1742)
鏑木清方　8.31(1878)
カプラーニカ, ドメーニコ　5.31(1400)
カブラル　9.12(1924)
カプリーヴィ, ゲオルク・レオ, 伯爵　2.24(1831)
ガブリエル, ジャック・アンジュ　10.23(1698)
カブレラ　12.27(1806)
カブレラ-インファンテ, ギリェルモ　4.22(1929)
カブレラ, アレックス　12.24(1971)
ガフーロフ　12.31(1908)
可部赤迩　10.27(1844)
カベ, エチエンヌ　1.2(1788)
カベソン, アントニオ・デ　3.30(1510)
カペー, リュシアン　1.8(1873)
ガベルスベルガー, フランツ・クサーファー　2.9(1789)
ガベレンツ, ハンス・コノン・フォン・デア　10.13(1807)
カーペンター, ウィリアム・ベンジャミン　10.29(1813)
カーペンター, エドワード　8.29(1844)
カーペンター, カレン　3.2(1950)
カーペンター, ジョン　1.16(1948)
カーペンター, ジョン・オールデン　2.28(1876)
カーペンター, メアリ　4.3(1807)
カーペンター, リチャード　10.15(1945)
カポ-ディストリアス　2.11(1776)
カポグロッシ, ジュゼッペ　3.7(1900)
カポーティ, トルーマン　9.30(1924)
ガボ, ナウム　8.5(1890)
カポネ, アル　1.17(1899)
ガボリヨ, エミール　11.9(1832)
ガーボルグ, アーネ・エヴェンソン　1.25(1851)
ガボール, デニス　6.5(1900)
ガポーン, ゲオールギイ・アポローノヴィチ　2.17(1870)
カーマイケル, ストークリー　6.21(1941)
カーマイケル, ホーギー　11.22(1899)
カーマ, セレツェ　7.1(1921)
鎌田出雲　4.15(1816)
鎌田栄吉　1.21(1857)
鎌田慧　6.12(1938)
鎌田茂雄　12.10(1927)
鎌田弥寿治　3.20(1883)
鎌田柳泓　1.1(1754)
カマチョ　4.24(1897)
釜本邦茂　4.15(1944)
カーマラージ　7.15(1903)
カマルゴ, マリア・アンナ・ド　4.15(1710)
上岡胆治　10.16(1823)
神尾光臣　1.11(1855)
神風正一　10.19(1921)
上川隆也　5.7(1965)
神川松子　4.28(1885)
紙恭輔　9.3(1902)
神木隆之介　5.19(1993)
上坂冬子　6.10(1930)
神島二郎　4.18(1918)
上条愛一　10.2(1894)
上条嘉門次　10.14(1847)
上条信山　9.20(1907)
上条恒彦　3.7(1940)
神代鶴洞　10.19(1664)
神近市子　6.6(1888)
上司小剣　12.15(1874)
神津恭介　9.25(1920)
上坪隆　9.3(1935)
神永昭夫　12.22(1936)
上沼恵美子　4.13(1955)
神野金之助(2代目)　1.4(1893)
上村一夫　3.7(1940)
上村進　1.23(1883)
上村智子　6.13(1956)
上村彦之丞　5.1(1849)
神谷明　9.18(1946)
神谷正太郎　7.9(1898)
神谷宗湛　1.1(1553)
神谷宣郎　7.23(1913)
神山茂夫　2.1(1905)
神山政良　4.17(1882)
上山草人　1.30(1884)
上山満之進　9.27(1869)
神谷美恵子　1.12(1914)
カミュ, アルベール　11.7(1913)
カミュ, セイン　11.27(1970)
神吉寿平(3代目)　6.28(1817)
カミルス　5.25(1550)
カミングズ, e.e.　10.14(1894)
ガムザートフ, ラスール・ガムザートヴィチ　9.8(1923)
カーム, ジョージ・オリヴァー　1.14(1860)
嘉村礒多　12.15(1897)
ガムラン, モーリス・ギュスターヴ　9.20(1872)
亀井絵里　12.23(1988)
亀井勝一郎　2.6(1907)
亀井貫一郎　11.10(1892)
亀井茲監　10.5(1825)
亀井茲満　7.18(1713)
亀井静香　11.1(1936)
亀井俊介　8.14(1932)
亀井小琴　2.19(1798)
亀井昭陽　8.11(1773)
亀井孝　6.3(1912)
亀井忠雄　12.1(1941)
亀井忠一　6.30(1856)
亀井南冥　8.25(1743)
亀井文夫　4.1(1908)
亀井政矩　11.29(1590)
亀井善之　4.30(1936)
亀尾英四郎　3.10(1895)

亀岡勝知 *5.29*(1823)
亀岡高夫 *1.27*(1920)
亀倉雄策 *4.6*(1915)
亀寿 *4.26*(1571)
亀田鶯谷 *5.3*(1807)
亀高文子 *7.8*(1886)
亀田興毅 *11.17*(1986)
亀田大毅 *1.6*(1989)
亀田和毅 *7.12*(1991)
亀田鵬斎 *9.15*(1752)
亀田綾瀬 *7.10*(1778)
亀梨和也 *2.23*(1986)
カーメネフ、レフ・ボリソヴィチ *7.22*(1883)
亀姫 *4.3*(1617)
亀山天皇 *5.27*(1249)
亀山直人 *5.19*(1890)
カメラリウス、ヨアヒム *4.12*(1500)
カメラリウス、ルドルフ・ヤーコプ *2.17*(1665)
カーメルリング・オンネス、ヘイケ *9.21*(1853)
カメンスキー、ワシーリー・ワシリエヴィチ *4.17*(1884)
カーメン、マーティン・デヴィッド *8.27*(1913)
鴨居羊子 *2.12*(1925)
鴨川清作 *1.23*(1925)
加茂儀一 *11.6*(1899)
加茂さくら *7.16*(1937)
鴨下晁湖 *2.25*(1890)
加茂周 *10.29*(1939)
鴨田勝雄 *8.27*(1939)
鴨武彦 *4.3*(1942)
加守田章二 *4.16*(1933)
鹿持雅澄 *4.27*(1791)
賀茂清茂 *11.22*(1679)
賀茂季鷹 *2.6*(1754)
賀茂真淵 *3.4*(1697)
蒲原稔治 *7.22*(1901)
ガモフ、ジョージ *3.4*(1904)
カモンイス、ルイース・ヴァズ・デ *2.5*(1524)
嘉門達夫 *3.25*(1959)
賀屋興宣 *1.30*(1889)
加舎白雄 *8.20*(1738)
茅誠司 *12.21*(1898)
萱野茂 *6.15*(1926)
萱野長知 *10.12*(1873)
茅原華山 *8.3*(1870)

香山彬子 *7.15*(1924)
香山滋 *7.1*(1909)
香山蕃 *2.9*(1894)
加山又造 *9.24*(1927)
加山雄三 *4.11*(1937)
香山美子 *1.1*(1944)
香山リカ *5.3*
香山リカ *7.1*(1960)
ガユーム、マウムーン・アブドル *12.29*(1937)
萱生由章 *4.18*(1717)
カーライル、トマス *12.4*(1795)
カラヴァッジョ、ミケランジェロ *9.28*(1573)
カラオスマンオール、ヤクブ・カドゥリ *3.27*(1889)
カラカラ、マールクス・アウレーリウス・セウェールス・アントーニーヌス *4.4*(186)
カラ、カルロ *2.11*(1881)
唐木順三 *2.13*(1904)
華羅庚 *11.12*(1910)
カラコーゾフ *10.23*(1840)
唐衣橘洲 *12.4*(1743)
唐崎常陸介 *5.19*(1737)
唐沢寿明 *6.3*(1963)
唐沢俊樹 *2.10*(1891)
カラジッチ、ヴーク・ステファノヴィチ *10.26*(1787)
辛島浅彦 *7.17*(1882)
唐島基智三 *1.1*(1906)
辛島美登里 *5.28*(1961)
カラジャーレ、イオン・ルカ *1.30*(1852)
唐十郎 *2.11*(1940)
カラジョルジェ *11.14*(1762)
カラス、ジャン *3.19*(1698)
烏丸せつこ *2.3*(1955)
カラス、マリア *12.2*(1923)
カラス、マリア *12.3*(1923)
烏丸資慶 *5.11*(1622)
烏丸光雄 *3.12*(1647)
烏丸光胤 *6.1*(1721)
烏丸光栄 *8.5*(1689)
烏丸光広 *4.27*(1579)
烏丸光康 *10.13*(1513)
カラスラヴォフ、ゲオルギ *1.12*(1904)
柄谷行人 *8.6*(1941)

カラックス、レオス *11.22*(1960)
カラッチ、アゴスティノ *8.15*(1557)
カラッチ、アンニバル *11.3*(1560)
カラッチョリ、フランチェスコ *10.13*(1563)
カラッチ、ルドヴィコ *4.21*(1555)
ガラティン、アルバート *1.29*(1761)
カラテオドリ *9.13*(1873)
カラトゥイーギン *2.26*(1802)
カーラー、パウル *4.21*(1889)
唐橋在久 *2.30*(1809)
唐橋在村 *11.12*(1592)
カラハン *2.1*(1889)
カラミティ・ジェイン *5.1*(1852)
カラムジン、ニコライ・ミハイロヴィチ *12.12*(1766)
カラ・ムスタファ・パシャ *7.27*(1634)
カラヤン、ヘルベルト・フォン *4.5*(1908)
カラワーエワ、アンナ・アレクサンドロヴナ *7.27*(1893)
ガラン、アントワーヌ *4.4*(1646)
カランサ、ベヌスティアーノ *12.29*(1859)
ガーランド、ジュディ *6.10*(1922)
ガーランド、ハムリン *9.14*(1860)
ガリ・クルチ、アメリータ *11.18*(1882)
ガリアーニ、フェルディナンド *12.2*(1728)
ガリェゴス、ロムロ *8.2*(1884)
ガリエニ、ジョゼフ・シモン *4.24*(1849)
カリエーラ、ロザルバ *10.7*(1675)
カリエール、ユージェーヌ *1.17*(1849)
カリオストロ、アレッサンドロ、伯爵 *6.8*(1743)

雁金準一 7.30(1879)
ガリグー・ラグランジュ, レジナル 2.21(1877)
カリクスツス3世 12.31(1378)
カリクストゥス(カリクスト), ゲオルク 12.14(1586)
カリグラ, ガーイウス・ユーリウス・カエサル・ゲルマーニクス 8.31(12)
カーリー西条 5.3(1949)
苅田久徳 1.19(1910)
ガーリチ, アレクサンドル・アルカジエヴィチ 10.19(1919)
カリッシミ, ジャーコモ 4.18(1605)
香里奈 2.21(1984)
カリーナ, アンナ 9.22(1940)
カリーニン 11.19(1875)
ガリバルディ, ジュゼッペ 7.4(1807)
ガーリブ, アサドゥッラー・ハーン 12.27(1797)
ガリフェ 1.23(1830)
ガリ, ブトロス・ブトロス 11.14(1922)
ガリマール 1.16(1881)
カリミ, アリ 11.8(1978)
カリモフ, イスラム 1.30(1938)
狩谷棭斎 12.1(1775)
假屋崎省吾 12.17(1958)
苅谷俊介 11.26(1946)
仮谷忠男 5.30(1913)
刈米達夫 8.19(1893)
ガリレーイ, ガリレーオ 2.15(1564)
ガリ, ロマン 5.8(1914)
ガーリン・ミハイロフスキー, ニコライ・ゲオルギエヴィチ 2.20(1852)
カール 11.29(1862)
ガル 12.31(1816)
カール1世 8.17(1887)
カール5世 2.24(1500)
カール16世 4.30(1946)
カール・アウグスト 9.3(1757)
ガルヴァーニ, ルイジ 9.9(1737)

カルヴァン, ジャン 7.10(1509)
カルヴィーノ, イータロ 10.15(1923)
カルヴィン, メルヴィン 4.7(1911)
カルヴェ, エンマ 8.15(1858)
カール, エリック 6.25(1929)
カルキン, マコーレー 8.26(1980)
カールグレン 10.5(1889)
カルコ, フランシス 7.3(1886)
カルザイ, ハミド 12.24(1954)
カルサヴィナ, タマーラ 3.10(1885)
ガルシア 11.4(1896)
ガルシア・グティエレス, アントニオ 7.5(1813)
ガルシア・ロルカ, フェデリコ 6.5(1898)
ガルシア, アラン 5.23(1949)
ガルシア, アンディ 4.12(1956)
ガルシア・ベルナル, ガエル 10.30(1978)
ガルシア・マルケス, ガブリエル 8.16(1928)
ガルシア・モレーノ, ガブリエル 12.24(1821)
ガルシラーソ・デ・ラ・ベーガ 4.12(1539)
ガルシン, フセヴォロド・ミハイロヴィチ 2.14(1855)
ガルストランド, アルヴァー 6.5(1862)
カルーセル麻紀 11.26(1942)
カルーソー, エンリコ 2.27(1873)
カールソン, チェスター・フロイド 2.8(1906)
カール, ダニエル 3.30(1960)
カルダーノ, ジロラモ 9.24(1501)
カルダレッリ, ヴィンチェンツォ 5.1(1887)
カルタン, エリー・ジョゼフ 4.9(1869)
カルダン, ピエール 7.2(1922)

カルチエ, ジャック 12.21(1494)
ガルッピ, パスクァーレ 4.2(1770)
ガルッピ, バルダッサーロ 10.18(1706)
カルティエ・ブレッソン, アンリ 8.22(1908)
カルティエ, サー・ジョルジュ・エティエンヌ 9.6(1814)
ガルティエリ, レオポルド・フォルトナト 7.15(1926)
カルティニ, R.A. 4.21(1879)
カルデナス, ラサロ 5.21(1895)
カルデリ, エドヴァルド 1.27(1910)
ガルデル, カルロス 12.11(1887)
カルデロン・デ・ラ・バルカ, ペドロ 1.17(1600)
カルデロン, ラファエル・アンヘル 3.14(1949)
カルドア, ニコラス 5.12(1908)
カルドゥッチ, ジョズエ 7.21(1835)
カルドゾ, フェルナンド・エンリケ 6.18(1931)
カルドーゾ, ベンジャミン(・ネイサン) 5.24(1870)
ガールドニ, ゲーザ 8.3(1863)
カールトン, ラリー 3.2(1948)
カルナップ, ルドルフ 5.18(1891)
ガルニエ, シャルル 11.6(1825)
ガルニエ, トニー 8.13(1869)
ガルニエ, フランシス 7.25(1839)
カルネ, マルセル 8.18(1909)
カルノー 4.13(1801)
カルノー, エクトール・ド・サン・ドニ 6.13(1912)
カルノー, ニコラ・レオナール・サディ 6.1(1796)
カルノー, マリー・フランソワ 8.11(1837)

カルノー, ラザール *5.13*(1753)
ガルバ, セルウィウス・スルピキウス *12.24*(前3)
カルパッチョ, ヴィットーレ *9.21*(1472)
カルプ *6.29*(1837)
カールフェルト, エーリック・アクセル *7.20*(1864)
カルプツォフ, ベーネディクト *5.24*(1595)
ガル, フランツ・ヨーゼフ *3.9*(1758)
カルフーン, ジョン・C *3.18*(1782)
ガルベス, マヌエル *7.18*(1882)
カルペンティエル, アレーホ *12.26*(1904)
カルボ *2.26*(1824)
ガルボ, グレタ *9.18*(1905)
カルポー, ジャン-バティスト *5.11*(1827)
カールマル, バブラク *1.6*(1929)
カルマン, テオドール・フォン *5.11*(1881)
カルメット, (レオン・シャルル・)アルベール *7.12*(1863)
カルル *9.5*(1771)
カルル1世 *4.2*(742)
カルル2世 *6.13*(823)
カルル4世 *5.14*(1316)
カルル6世 *10.1*(1685)
カルル7世 *8.6*(1697)
カルル9世 *10.4*(1550)
カルル10世 *11.8*(1622)
カルル11世 *11.24*(1655)
カルル12世 *6.17*(1682)
カルル13世 *10.7*(1748)
カルル14世 *1.26*(1763)
カルル15世 *5.3*(1826)
カルロ2世 *12.8*(1799)
カルロ-アルベルト *10.2*(1798)
カルロ・エマヌエレ1世 *1.12*(1562)
カルロス1世 *9.28*(1863)
カルロス2世 *11.6*(1661)
カルロス3世 *1.20*(1716)
カルロス4世 *11.11*(1748)
カルロタ *6.7*(1840)
カルロタ *8.25*(1775)
カレーエフ *12.6*(1850)
ガレ, エミール *5.4*(1846)
カレツキ, ミハウ *6.22*(1910)
ガレット, アルメイダ *2.4*(1779)
カレーニョ・デ・ミランダ, フアン *3.25*(1614)
カレピーノ, アンブロージョ *6.2*(1435)
カーレマン *7.8*(1892)
ガレ, ヨハン・ゴットフリート *6.9*(1812)
カレーラ-アンドラデ, ホルヘ *9.28*(1903)
カレーラス, ホセ *12.15*(1946)
カレーラ, ラファエル *10.24*(1814)
カレル, アレクシス *6.28*(1873)
カレン, ウィリアム *4.15*(1710)
カレン, カウンティー *5.30*(1903)
カレンダー, ヒュー・ロングボーン *4.18*(1863)
カーロイ・ミハーイ *5.4*(1875)
唐牛健太郎 *8.10*(1937)
カロザース, ウォーレス・ヒューム *4.27*(1896)
カロッサ, ハンス *12.15*(1878)
カローニン, S. *10.5*(1853)
カロ, ハインリヒ *2.13*(1834)
カーロフ, ボリス *11.23*(1887)
カーロ, フリーダ *7.6*(1907)
カロル1世 *4.20*(1839)
カロル2世 *10.16*(1893)
ガロワ, エヴァリスト *10.25*(1811)
カロンヌ *1.20*(1734)
川井郁子 *1.19*(1968)
河合栄治郎 *2.13*(1891)
河井寛次郎 *8.24*(1890)
川合玉堂 *11.24*(1873)
川合清丸 *11.21*(1848)
川合小梅 *12.22*(1804)
川合俊一 *2.3*(1963)
川合春川 *10.22*(1751)
河合新蔵 *5.27*(1867)
河井酔茗 *5.7*(1874)
河合寸翁 *5.24*(1767)
河井荃廬 *4.28*(1871)
河合武雄 *3.13*(1877)
川合千春 *4.22*(1973)
河井継之助 *1.1*(1827)
河合奈保子 *7.24*(1963)
川井直人 *10.31*(1921)
河井信太郎 *10.1*(1913)
河合隼雄 *6.23*(1928)
河合秀夫 *10.26*(1895)
河合屏山 *7.18*(1803)
河合雅雄 *1.2*(1924)
川相昌弘 *9.27*(1964)
河合操 *9.26*(1864)
河井道 *7.29*(1877)
河合美智子 *6.13*(1968)
河井弥八 *10.24*(1877)
川合義虎 *7.18*(1902)
河合良成 *5.10*(1886)
川勝伝 *7.12*(1901)
川上音二郎 *1.1*(1864)
川上貫一 *1.28*(1888)
河上清 *8.2*(1873)
川上源一 *1.30*(1912)
河上彦斎 *11.25*(1834)
川上憲伸 *6.22*(1975)
河上弘一 *6.14*(1886)
川上貞奴 *7.18*(1871)
川上三太郎 *1.3*(1891)
河上丈太郎 *1.3*(1889)
河上鈴子 *7.14*(1902)
川上澄生 *4.10*(1895)
川上宗薫 *4.23*(1924)
川上操六 *11.11*(1848)
川上多助 *8.21*(1884)
河上徹太郎 *1.8*(1902)
川上哲治 *3.23*(1920)
川上俊彦 *12.29*(1862)
川上直本 *12.19*(1832)
河上肇 *10.20*(1879)
川上眉山 *3.5*(1869)
川上弘美 *4.1*(1958)
川上不白(初代) *3.3*(1719)
川喜多かしこ *3.21*(1908)
川北朝鄰 *5.16*(1840)
川北禎一 *7.9*(1896)

川北朝鄰　*5.16*(1840)
川喜多長政　*4.30*(1903)
川喜田半泥子　*11.6*(1878)
河北倫明　*12.14*(1914)
河喜多能達　*8.2*(1853)
川喜田愛郎　*1.29*(1909)
川口一郎　*9.30*(1900)
河口慧海　*1.12*(1866)
かわぐちかいじ　*7.27*(1948)
川口和久　*7.8*(1959)
川口軌外　*11.10*(1892)
河口恭吾　*10.1*(1974)
河口信任　*5.9*(1736)
川口松太郎　*10.1*(1899)
川口光太郎　*3.20*(1911)
川口ゆり子　*9.27*(1950)
川口能活　*8.15*(1975)
川久保玲　*10.11*(1942)
川越茂　*1.14*(1881)
川崎幾三郎　*10.29*(1855)
川崎克　*12.28*(1880)
川崎九淵　*3.30*(1874)
川崎清厚　*4.21*(1788)
川崎定孝　*3.15*(1694)
川崎小虎　*5.8*(1886)
川崎正蔵　*7.10*(1837)
川崎大治　*3.29*(1902)
川崎卓吉　*1.18*(1871)
河崎董　*4.15*(1823)
川崎千虎　*12.2*(1837)
川崎長太郎　*12.4*(1901)
川崎寿彦　*3.30*(1929)
河崎なつ　*6.25*(1889)
河崎延貞　*8.1*(1634)
川崎のぼる　*1.28*(1941)
川崎秀二　*9.14*(1911)
川崎弘子　*4.5*(1912)
川崎洋　*1.26*(1930)
川崎麻世　*3.1*(1963)
川崎芳太郎　*1.7*(1869)
河崎蘭香　*11.9*(1882)
川路聖謨　*4.25*(1801)
河島醇　*3.6*(1847)
河島英五　*4.23*(1952)
川島順平　*6.29*(1903)
川島正次郎　*7.10*(1890)
川島甚兵衛(2代目)　*5.22*(1853)
川島武宜　*10.17*(1909)
川島忠之助　*5.3*(1853)
川島なお美　*11.10*(1960)
川島浪速　*12.7*(1865)
川島元次郎　*6.23*(1877)
川島雄三　*2.4*(1918)
川島芳子　*4.12*(1906)
川島義之　*5.25*(1878)
川島理一郎　*3.9*(1886)
川尻泰司　*6.15*(1914)
川路龍子　*8.23*(1915)
川路柳虹　*7.9*(1888)
河角広　*7.12*(1904)
川瀬一馬　*1.25*(1906)
川瀬里子　*9.3*(1873)
川瀬新蔵　*12.7*(1887)
川瀬太宰　*12.7*(1819)
川瀬智子　*2.6*(1975)
河瀬直美　*5.30*(1969)
川瀬巴水　*5.18*(1883)
河瀬英子　*5.9*(1855)
河瀬秀治　*12.15*(1840)
河田烈　*9.24*(1883)
川田琴卿　*4.28*(1684)
河竹繁俊　*6.9*(1889)
河竹登志夫　*12.7*(1924)
川田小一郎　*8.24*(1836)
河田重　*7.25*(1887)
川田順　*1.15*(1882)
河田小竜　*10.25*(1824)
河田嗣郎　*4.22*(1883)
川田信一郎　*4.17*(1918)
川田朝子　*10.19*(1936)
川谷拓三　*7.21*(1941)
川田晴久　*3.15*(1907)
川田保則　*7.13*(1796)
川田正子　*7.12*(1934)
川田竜吉　*3.4*(1856)
河内家菊水丸　*2.14*(1963)
川面凡児　*4.1*(1862)
河出孝雄　*4.20*(1901)
川手文治郎　*8.16*(1814)
カワード, ノーエル　*12.16*(1899)
川中美幸　*12.5*(1955)
川鍋秋蔵　*8.28*(1899)
河浪質斎　*5.3*(1672)
川西函洲　*4.9*(1801)
川西英　*7.9*(1894)
川西竜三　*2.20*(1892)
河野健二　*11.25*(1916)
川畑要　*1.28*(1979)
川端玉章　*3.8*(1842)
川端千枝　*8.9*(1887)
川端茅舎　*8.17*(1897)
川端実　*5.22*(1911)
川端康成　*6.11*(1899)
川端康成　*6.14*(1899)
川端龍子　*6.6*(1885)
川原亜矢子　*4.5*(1971)
川原泉　*9.24*(1960)
河原春作　*1.14*(1890)
河原雅彦　*7.7*(1969)
川原茂輔　*9.15*(1859)
河東碧梧桐　*2.26*(1873)
川淵三郎　*12.3*(1936)
河辺精長　*12.6*(1601)
河辺貞吉　*6.26*(1864)
河辺正三　*12.5*(1886)
川又克二　*3.1*(1905)
川俣晃自　*8.16*(1917)
川俣清音　*4.15*(1899)
川村迂叟　*5.17*(1822)
川村音次郎　*7.15*(1890)
川村カオリ　*1.23*(1971)
川村景明　*2.26*(1850)
川村華陽　*5.9*(1744)
川村花菱　*2.21*(1884)
川村驥山　*5.20*(1882)
川村清雄　*4.26*(1852)
河村殷根　*9.4*(1749)
川村毅　*12.22*(1959)
川村竹治　*7.17*(1871)
川村多実二　*5.4*(1883)
川村ひかる　*10.18*(1979)
河村秀根　*10.12*(1723)
川村文子　*11.20*(1875)
川村曼舟　*7.9*(1880)
河村隆一　*5.20*(1970)
川村麟也　*9.11*(1879)
河村黎吉　*9.1*(1897)
河目悌二　*8.6*(1889)
川本宇之介　*7.13*(1888)
川本淳一　*6.11*(1970)
川本輝夫　*8.1*(1931)
川本成　*7.13*(1974)
川本信正　*9.22*(1907)
川本ゆかり　*6.13*(1972)
河盛好蔵　*10.4*(1902)
河原崎国太郎(4代目)　*2.11*(1888)
河原崎国太郎(5代目)　*10.14*(1909)
河原崎権十郎(2代目)　*8.6*(1880)

河原崎権十郎(3代目) *2.11*(1918)
河原崎権之助(4代目) *1.7*(1735)
河原崎長一郎 *1.11*(1939)
河原崎長十郎(2代目) *12.13*(1902)
河原田稼吉 *1.13*(1886)
川原田政太郎 *8.7*(1890)
KAN *9.24*(1962)
カーン *2.15*(1922)
カーン, アルバート *3.21*(1869)
閑院純仁 *8.3*(1902)
閑院宮載仁 *9.22*(1865)
カーン, オリバー *6.15*(1969)
神吉敬三 *5.8*(1932)
神吉拓郎 *9.11*(1928)
神吉晴夫 *2.15*(1901)
カーン, ギュスターヴ *12.21*(1859)
観行院 *11.26*(1826)
岸駒 *3.15*(1756)
神崎愛 *5.30*(1954)
神崎清 *8.31*(1904)
神崎三益 *10.19*(1897)
神崎ひで *5.17*(1899)
菅茶山 *2.2*(1748)
ガンサー, ジョン *8.30*(1901)
関山慧玄 *1.7*(1277)
ガンジー, インディラ *11.19*(1917)
カン・ジェギュ *11.27*(1962)
カーン, ジェローム *1.27*(1885)
ガンジー, ソニア *12.9*(1946)
勧子内親王 *3.14*(899)
ガンジー, モハンダス *10.2*(1869)
咸錫憲 *3.13*(1901)
貫地谷しほり *12.12*(1985)
ガンス, アベル *10.25*(1889)
菅季治 *7.19*(1917)
観世華雪 *11.14*(1884)
観世清和 *5.21*(1959)
観世左近(24代目) *12.18*(1895)
韓雪野 *8.3*(1900)
観世銕之丞(5代目) *10.5*(1843)
観世銕之丞(7代目) *4.11*(1898)
観世銕之丞(8代目) *1.5*(1931)
観世寿夫 *11.12*(1925)
観世榮夫 *8.3*(1927)
観世元正 *7.25*(1930)
観世喜之(初代) *2.27*(1885)
観世喜之(2代目) *10.21*(1902)
苅田アサノ *6.21*(1905)
神田うの *3.28*(1975)
カンター, エディ *1.31*(1892)
神田喜一郎 *10.16*(1897)
神田沙也加 *10.1*(1986)
神田山陽(2代目) *8.31*(1909)
神田茂 *2.21*(1894)
神田松鯉(2代目) *9.8*(1885)
菅忠道 *4.18*(1909)
神田乃武 *1.27*(1857)
神田伯山(3代目) *7.20*(1872)
神田伯山(5代目) *4.28*(1898)
神田伯竜 *6.25*(1889)
神田伯竜(6代目) *6.23*(1926)
神田秀夫 *12.20*(1913)
神田正輝 *12.21*(1950)
神田鐳蔵 *8.29*(1872)
関通 *4.8*(1696)
カンディドゥス, パンターレオン *10.7*(1540)
ガンディー, ラジーヴ *8.20*(1944)
カンディンスキー, ヴァシリー *12.4*(1866)
カンディンスキー, ワシーリー・ワシリエヴィチ *12.5*(1866)
カンテッリ, グイード *4.27*(1920)
カンテミール, アンチオフ・ドミトリエヴィチ *9.10*(1708)
カンテミール, ディミトリエ *11.5*(1673)
カント, イマーヌエル *4.22*(1724)
カンドウ(カンドー), ソヴール *5.29*(1897)
ガントナー, ヨーゼフ *9.11*(1896)
カント, ミンナ *3.19*(1844)
ガン, トム *8.29*(1929)
香取繁右衛門 *6.2*(1823)
神取忍 *11.3*(1964)
カンドル *10.27*(1806)
カンドル, オーギュスタン・ピラム・ド *2.4*(1778)
カントール, ゲオルク *3.3*(1845)
カントール, タデウシュ *4.6*(1915)
カントルーブ, マリー - ジョゼフ *10.21*(1879)
カントル, モーリッツ *8.23*(1829)
ガントレット恒 *10.26*(1873)
カントロヴィチ, レオニード・ヴィタリエヴィチ *1.19*(1912)
カントロヴィッツ *11.18*(1877)
カントン, ジョン *7.31*(1718)
カンナヴァロ, ファビオ *9.13*(1973)
菅直人 *10.10*(1946)
漢那憲和 *9.6*(1877)
カンナビヒ, ヨーハン・クリスティアン *12.28*(1731)
金成マツ *11.10*(1875)
ガン, ニール・ミラー *11.8*(1891)
管野すが *6.7*(1881)
菅野八郎 *8.5*(1810)
菅野美穂 *8.22*(1977)
菅野和太郎 *6.20*(1895)
菅梅宇 *3.16*(1626)
カンバセレス, ジャン・ジャック・レジ・ド *10.18*(1753)
カンパーナ, ディーノ *8.20*(1885)
カンパネッラ, トンマーゾ *9.5*(1568)
樺美智子 *11.8*(1937)
上林暁 *10.6*(1902)
上林吾郎 *7.30*(1914)
上林猷夫 *2.21*(1914)
神原周 *9.22*(1906)
カンバーランド, リチャード *7.15*(1631)

カンバランド, リチャード *2.19*(1732)
カンバン, グヴュズムンドル・ヨウンソン *6.8*(1888)
カンピーリ, マッシモ *7.4*(1895)
カンプハウゼン *10.21*(1812)
カンプハウゼン, ゴットフリート *1.15*(1803)
カンプラ, アンドレ *12.4*(1660)
神戸挙一 *2.21*(1862)
カンペッジョ, ロレンツォ *11.7*(1474)
ガンベッタ, レオン・ミシェル *4.3*(1838)
神戸正雄 *4.19*(1877)
かんべむさし *1.16*(1948)
カンペ, ヨアヒム・ハインリヒ *6.29*(1746)
カンペル *5.11*(1722)
カンペン, ヤーコプ・ファン *7.16*(1595)
カンポアモル, ラモン・デ *9.24*(1817)
カンポマネス *7.1*(1723)
カンポラ *3.26*(1909)
カンポリ, アルフレード *10.20*(1906)
カンボン, ジョゼフ *6.17*(1754)
冠松次郎 *2.4*(1883)
ガーン, ヨハン・ゴットリーブ *8.19*(1745)
寛隆 *9.12*(1672)
韓竜雲 *7.12*(1879)
カーン, ルイス・イザドア *2.20*(1901)
甘露寺妍了 *5.22*(1800)
甘露寺伊長 *2.27*(1484)
カンロベール *6.27*(1809)

【き】

キアク, ハンス *1.11*(1898)
キアケゴー, セーレン *5.5*(1813)
キアブレーラ, ガブリエッロ *6.18*(1552)
ギア, リチャード *8.31*(1949)
キアレッリ, ルイージ *7.7*(1884)
キアロスタミ, アッバス *6.22*(1940)
喜安 *12.29*(1565)
規庵祖円 *1.8*(1261)
キイス, ダニエル *8.9*(1927)
キヴィ, アレクシス *10.10*(1834)
木内キヤウ *2.14*(1884)
木内重四郎 *12.10*(1866)
木内順二 *12.5*(1811)
木内四郎 *7.3*(1896)
木内信蔵 *11.19*(1910)
木内石亭 *12.1*(1724)
木内信胤 *7.30*(1899)
木内みどり *9.25*(1950)
キェシロフスキ, クシシュトフ *6.27*(1941)
キェプラ, ヤン *5.16*(1902)
ギエム, シルヴィ *2.23*(1965)
ギェレク, エドヴァルト *1.6*(1913)
義演 *8.20*(1558)
義延法親王 *6.29*(1662)
キオッソーネ, エドアルド *1.21*(1832)
其角 *7.17*(1661)
木川田一隆 *8.23*(1899)
義観 *10.3*(1823)
キキ *12.24*
樹木希林 *1.15*(1943)
木々高太郎 *5.6*(1897)
義尭 *3.23*(1505)
菊井維大 *2.19*(1899)
祇空 *4.23*(1663)
キクウェテ, ジャカヤ・ムリショ *10.7*(1950)
菊岡久利 *3.8*(1909)
菊川忠雄 *3.1*(1001)
菊川怜 *2.28*(1978)
菊玉 *5.19*(1704)
菊島隆三 *1.28*(1914)
菊田一夫 *3.1*(1908)
菊竹淳 *12.16*(1880)
菊田多利男 *5.28*(1893)
菊田昇 *5.31*(1926)
菊池秋雄 *1.28*(1883)
菊池勇夫 *6.21*(1898)
菊池海荘 *9.25*(1799)
菊池一雄 *5.3*(1908)
菊池寛 *12.26*(1888)
菊池貫平 *1.7*(1847)
菊池恭三 *10.15*(1859)
菊池教中 *8.17*(1828)
菊池契月 *11.14*(1879)
菊池衡岳 *6.7*(1747)
菊池耕斎 *8.6*(1618)
菊池五介 *10.27*(1909)
木口小平 *8.8*(1872)
菊池章一 *8.9*(1918)
菊池正士 *8.25*(1902)
菊池袖子 *12.26*(1785)
菊地武夫 *7.23*(1875)
菊池武夫 *7.28*(1854)
菊池淡雅 *7.28*(1789)
菊池知勇 *4.7*(1889)
菊池豊三郎 *10.6*(1892)
菊池芳文 *9.17*(1862)
菊池麻衣子 *7.19*(1974)
菊地昌典 *2.17*(1930)
菊池桃子 *5.4*(1968)
菊池安 *1.21*(1862)
菊池幽芳 *10.27*(1870)
菊池容斎 *11.1*(1788)
菊地凛子 *1.6*(1981)
聴濤克巳 *1.11*(1904)
喜久宮 *5.21*(1842)
菊原初子 *1.17*(1899)
菊村到 *5.15*(1925)
キケロ, オイゲン *6.27*(1940)
キケロ, マルクス・トゥッリウス *1.3*(前106)
季弘大叔 *8.25*(1421)
木越安綱 *3.25*(1854)
キサーイー *3.16*(953)
木佐木勝 *10.27*(1894)
喜佐姫 *12.14*(1597)
如月小春 *2.19*(1956)
岸朝子 *11.22*(1923)
岸井明 *10.13*(1910)
岸上大作 *10.21*(1939)
岸恵子 *8.11*(1932)
岸沢式佐(7代目・8代目) *10.16*(1859)
岸沢式佐(10代目) *4.28*(1909)
岸清一 *7.4*(1867)
岸盛一 *7.14*(1908)
岸田国士 *11.2*(1890)
岸田敏志 *4.18*(1953)

岸田繁　*4.27*(1976)
岸田秀　*12.25*(1933)
岸田森　*10.17*(1939)
岸田俊子　*12.4*(1861)
岸谷香　*2.17*(1967)
岸谷五朗　*9.27*(1964)
岸田日出刀　*2.6*(1899)
岸たまき　*7.28*(1882)
岸田劉生　*6.23*(1891)
岸輝子　*5.10*(1895)
岸俊男　*9.15*(1920)
熙子内親王　*2.16*(1205)
禧子内親王　*6.23*(1122)
岸信介　*11.13*(1896)
岸野雄三　*5.13*(1918)
岸部一徳　*1.9*(1947)
岸部四郎　*6.7*(1949)
岸辺福雄　*2.14*(1873)
木島則夫　*5.10*(1925)
木島始　*2.4*(1928)
鬼島広蔭　*12.19*(1793)
来島又兵衛　*1.8*(1817)
岸道三　*12.1*(1899)
岸本賀昌　*7.1*(1868)
岸本加世子　*12.29*(1960)
岸本謙助　*11.17*(1825)
岸本重陳　*3.7*(1937)
岸本水府　*2.29*(1892)
岸本忠三　*5.7*(1939)
岸本辰雄　*11.8*(1852)
雉本朗造　*1.11*(1876)
岸本能武太　*12.16*(1866)
岸本英夫　*6.27*(1903)
岸本武太夫　*7.7*(1742)
喜舎場永珣　*7.15*(1885)
貴司山治　*12.22*(1899)
キシュファルディ・カーロイ　*2.6*(1788)
岸洋子　*3.27*(1935)
キージンガー, クルト・ゲオルク　*4.6*(1904)
キーズ, アリシア　*1.25*(1981)
ギーズ, アンリ, 3代公爵　*12.30*(1550)
来生たかお　*11.16*(1950)
ギーズ, クロード・ド・ロレーヌ, 初代公爵　*10.20*(1496)
ギース, コンスタンタン　*12.3*(1805)
キース, サー・アーサー　*2.5*(1866)
キーズ, シドニー　*5.27*(1922)
キーズ, ジョン　*10.6*(1510)
ギーズ, フランソワ, 2代公爵　*2.17*(1519)
キースラー, フレデリック・ジョン　*9.22*(1896)
ギスランディ, ジュゼッペ　*3.4*(1655)
キスリング, モイーズ　*1.22*(1891)
ギーゼキング, ヴァルター　*11.5*(1895)
ギーゼブレヒト　*3.5*(1814)
キセリョフ, セルゲイ　*7.4*(1905)
徽宗　*10.10*(1082)
僖宗　*5.8*(862)
喜早清在　*2.9*(1682)
ギゾー, フランソワ　*10.14*(1787)
キダー, アルフレッド・V(ヴィンセント)　*10.29*(1885)
北一輝　*4.3*(1883)
亀台尼　*8.2*(1736)
北裏喜一郎　*3.14*(1911)
北浦定政　*3.30*(1817)
北浦千太郎　*2.25*(1901)
北大路欣也　*2.23*(1943)
北大路魯山人　*3.23*(1883)
北岡寿逸　*7.2*(1894)
喜多岡勇平　*11.26*(1821)
北尾光司　*8.12*(1963)
北尾次郎　*7.4*(1853)
北風六右衛門　*11.2*(1602)
北方謙三　*10.26*(1947)
北川えり　*6.11*(1975)
北川悦吏子　*12.24*(1961)
北川省一　*4.7*(1911)
北川民次　*1.17*(1894)
北川千代　*6.14*(1894)
北川敏男　*10.3*(1909)
北川冬彦　*6.3*(1900)
喜多川平朗　*7.15*(1898)
北川正恭　*11.11*(1944)
北川悠仁　*1.14*(1977)
北川義行　*5.11*(1907)
キタキ・マユ　*8.24*(1982)
喜田貞吉　*5.24*(1871)
北里柴三郎　*12.20*(1852)
北里柴三郎　*12.20*(1853)
北里善次郎　*12.26*(1897)
北沢敬二郎　*5.28*(1889)
北沢新次郎　*2.21*(1887)
北沢遜斎　*3.20*(1706)
北沢豪　*8.10*(1968)
北沢楽天　*7.20*(1876)
北山河　*7.28*(1893)
北島織衛　*12.31*(1905)
北島康介　*9.22*(1982)
北島三郎　*10.4*(1936)
北島多一　*6.21*(1870)
北島忠治　*2.23*(1901)
喜多嶋舞　*8.11*(1972)
北島正元　*8.7*(1912)
喜多嶋洋子　*5.28*(1950)
紀田順一郎　*4.16*(1935)
北白川宮富子　*8.7*(1862)
北白川宮成久　*4.18*(1887)
北住敏夫　*9.18*(1912)
北園克衛　*10.29*(1902)
北田薄氷　*3.14*(1876)
キダ・タロー　*12.6*(1930)
木谷実　*1.25*(1909)
北の湖敏満　*5.16*(1953)
北小路俊矩　*2.29*(1768)
北の富士勝昭　*3.28*(1942)
北野誠　*1.25*(1959)
北野大　*5.29*(1942)
北野善朗　*6.25*(1915)
北畠親房　*1.29*(1293)
北畠道龍　*9.16*(1820)
北畠八穂　*10.5*(1903)
北林トモ　*4.25*(1886)
北原亜以子　*1.20*(1938)
北原稲雄　*2.3*(1825)
北原怜子　*8.22*(1929)
北原千鹿　*5.16*(1887)
北原泰作　*1.1*(1906)
北原武夫　*2.28*(1907)
北原照久　*1.30*(1948)
北原白秋　*1.25*(1885)
北原遙子　*4.23*(1961)
北別府学　*7.12*(1957)
喜多又蔵　*9.11*(1877)
北見志保子　*1.9*(1885)
きだみのる　*1.11*(1895)
喜多実　*2.23*(1900)
北村治　*8.24*(1936)
北村一輝　*7.17*(1969)
北村兼子　*11.26*(1903)
北村季吟　*12.11*(1624)
北村喜八　*11.17*(1898)

北村季文 *5.27*(1778)
北村久寿雄 *10.9*(1917)
北村小松 *1.4*(1901)
北村三郎 *10.12*(1932)
北村サヨ *1.1*(1900)
北村四海 *2.12*(1871)
北村季晴 *4.16*(1872)
北村西望 *12.16*(1884)
北村総一朗 *9.25*(1935)
北村太郎 *11.17*(1922)
北村透谷 *11.16*(1868)
北村徳太郎 *5.9*(1886)
喜多村信節 *10.16*(1783)
北村有起哉 *4.29*(1974)
喜多村緑郎 *7.23*(1871)
キダー, メアリ・エディ *1.31*(1834)
北杜夫 *5.1*(1927)
北森嘉蔵 *2.1*(1916)
北山寒巌 *10.26*(1767)
北山茂夫 *3.3*(1909)
北昤吉 *7.21*(1885)
きたろう *8.25*(1951)
喜多郎 *2.4*(1953)
喜多六平太 *7.7*(1874)
北脇昇 *6.4*(1901)
喜知姫 *11.29*(1697)
キーチ, ベンジャミン *2.29*(1640)
吉川晃司 *8.18*(1965)
吉川祐輝 *8.9*(1868)
吉川忠行 *2.19*(1799)
吉川経幹 *9.3*(1829)
吉川日鑑 *11.17*(1827)
吉川秀男 *3.11*(1908)
吉川広家 *11.1*(1561)
吉川広嘉 *7.6*(1621)
吉川霊華 *5.4*(1875)
キッシュ, エーゴン・エルヴィン *4.29*(1885)
ギッシュ, リリアン *10.14*(1893)
ギッシュ, リリアン *10.14*(1896)
キーツ, ジョン *10.31*(1795)
ギッシング, ジョージ *11.22*(1857)
キッシンジャー, ヘンリー *5.27*(1923)
キッチナー(ハルツームとブルームの), ハーバート・キッチナー, 初代伯爵 *6.24*(1850)
キッティカチョーン *8.11*(1911)
キッテル, ゲーアハルト *9.23*(1888)
キッド *9.9*(1858)
キッドマン, ニコール *6.20*(1967)
ギッピウス, ジナイーダ・ニコラエヴナ *11.8*(1869)
ギッフォード(ギフォード), アダム *2.29*(1820)
キップハルト, ハイナー *3.8*(1922)
キップリング, ラドヤード *12.30*(1865)
喜連川茂氏 *12.2*(1700)
ギーディオン, ジークフリート *4.14*(1893)
キーディス, アンソニー *11.1*(1962)
キティちゃん *11.1*(1974)
ギディングズ *3.23*(1855)
鬼頭あゆみ *5.19*(1976)
義堂周信 *1.16*(1325)
鬼頭仁三郎 *12.1*(1900)
木戸幸一 *7.18*(1889)
木戸蓊 *5.5*(1932)
城戸四郎 *8.11*(1894)
城戸真亜子 *8.28*(1961)
城戸又一 *10.3*(1902)
城戸幡太郎 *7.1*(1893)
ギトリ, サッシャ *2.21*(1885)
ギトリー, リュシアン・ジェルマン *12.13*(1860)
キートン, ダイアン *1.5*(1946)
ギトン・ド・モルヴォー(男爵), ルイ・ベルナール *1.4*(1737)
キートン, バスター *10.4*(1805)
キートン山田 *10.25*(1945)
木梨憲武 *3.9*(1962)
喜納昌吉 *6.10*(1948)
キナフ, アナトーリー *8.4*(1954)
キーナン *1.11*(1888)
キニム・ポンセーナー *12.18*(1915)
衣笠祥雄 *1.18*(1947)
衣笠静夫 *12.2*(1895)
衣笠貞之助 *1.1*(1896)
杵家弥七(4代目) *12.10*(1890)
キネ, エドガール *2.17*(1803)
ギネス, アレック *4.2*(1914)
木根尚登 *9.26*(1957)
杵屋栄左衛門 *2.22*(1894)
杵屋栄蔵(3代目) *11.15*(1890)
杵屋栄蔵(4代目) *10.17*(1917)
杵屋勝三郎(4代目) *8.28*(1868)
杵屋勝三郎(6代目) *9.22*(1888)
杵屋勘五郎(5代目) *4.14*(1875)
杵屋五三郎(3代目) *12.11*(1918)
杵屋佐吉(4代目) *9.17*(1884)
杵屋佐吉(5代目) *3.7*(1929)
稀音家浄観(2代目) *3.4*(1874)
杵屋正邦 *10.7*(1914)
杵屋六左衛門(12代目) *3.14*(1839)
杵屋六左衛門(13代目) *5.13*(1870)
杵屋六左衛門(14代目) *10.6*(1900)
杵屋六三郎(4代目) *1.10*(1780)
杵屋六三郎(11代目) *9.7*(1890)
キーノ(キーニ), エウセビオ・フランシスコ *8.10*(1645)
木内克 *6.27*(1892)
紀海音 *12.18*(1663)
木下彰 *6.6*(1903)
木下逸雲 *8.1*(1800)
木下和夫 *11.7*(1919)
木下台定 *6.7*(1653)
木下恵介 *12.5*(1912)
木下謙次郎 *2.28*(1869)
木下二介 *10.7*(1896)
木下順庵 *6.4*(1621)
木下順二 *8.2*(1914)
木下孝則 *2.24*(1894)
木下竹次 *3.25*(1872)
木下保 *10.14*(1903)

木下常太郎 *11.16*(1907)
木下俊長 *12.1*(1648)
木下尚江 *9.8*(1869)
木下光三 *9.23*(1912)
木下杢太郎 *8.1*(1885)
木下夕爾 *10.27*(1914)
木下利玄 *1.1*(1886)
木下良順 *9.17*(1893)
紀上太郎 *1.8*(1747)
紀淑雄 *4.22*(1872)
キノ・トール *5.30*(1922)
キノトール *5.31*(1922)
キノー, フィリップ *5.5*(1635)
木の実ナナ *7.11*(1946)
木場勝己 *12.30*(1949)
キパス, ロバート(・ジョン・ハーマン) *11.17*(1890)
木原孝一 *2.13*(1922)
木原桑宅 *2.30*(1816)
木原均 *10.21*(1893)
ギヒテル, ヨーハン・ゲオルク *5.14*(1638)
紀平正美 *4.30*(1874)
キーフォーヴァー *7.26*(1903)
ギブズ, ジェイムズ *12.23*(1682)
ギブズ, ジョサイア・ウィラード *2.11*(1839)
ギブソン, アルシア *8.25*(1927)
ギブソン, ジョッシュ *12.21*(1911)
ギブソン, ジョン *6.19*(1790)
ギブソン, メル *1.3*(1956)
ギブ, バリー *9.1*(1947)
ギブ, モーリス *12.22*(1949)
キーブル, ジョン *4.25*(1792)
キプレンスキー, オレスト・アダモヴィチ *3.13*(1782)
ギブ, ロビン *12.22*(1949)
ギボン, エドワード *5.8*(1737)
ギボンズ, オーランドー *12.25*(1583)
ギボンズ, グリンリング *4.4*(1648)
ギボンズ, ジェイムズ *7.23*(1834)
木俣修 *7.28*(1906)
ギマランイス・ローザ, ジョアン *6.27*(1908)
ギマール, エクトール・ジェルマン *3.10*(1867)
喜味こいし *11.5*(1927)
君島誉幸 *3.19*(1965)
君島夜詩 *7.15*(1903)
君仁親王 *5.24*(1125)
金一 *3.20*(1910)
金日成 *4.15*(1912)
金芝河 *2.4*(1941)
金正日 *2.16*(1942)
金素雲 *12.5*(1907)
金達寿 *11.27*(1919)
金達寿 *11.27*(1919)
金大中 *12.3*(1925)
金梅子 *5.31*(1943)
金泳三 *12.20*(1927)
木村曙 *3.3*(1872)
木村功 *6.22*(1923)
木村伊兵衛 *12.12*(1901)
木村カエラ *10.24*(1984)
木村亀二 *11.5*(1897)
木村毅 *2.12*(1894)
木村禧八郎 *2.2*(1901)
木村京太郎 *6.19*(1902)
木村錦花 *5.16*(1877)
木村謹治 *1.2*(1889)
木村久寿弥太 *12.2*(1866)
木村蒹葭堂 *11.28*(1736)
木村健二郎 *5.12*(1896)
木村小左衛門 *2.2*(1888)
木村貞子 *8.21*(1856)
木村重友(初代) *9.15*(1882)
木村重松(初代) *12.4*(1877)
木村小舟 *9.12*(1881)
木村庄之助(16代目) *11.12*(1849)
木村庄之助(20代目) *12.3*(1876)
木村庄之助(26代目) *1.2*(1912)
木村荘八 *8.21*(1893)
木村捨録 *11.2*(1897)
木村昴 *6.29*(1990)
木村清四郎 *6.5*(1861)
木村泰賢 *8.11*(1881)
木村多江 *3.16*(1971)
木村高敦 *12.2*(1680)
木村鷹太郎 *9.18*(1870)
木村拓哉 *11.13*(1972)
木村健康 *2.26*(1909)
木村太郎 *2.12*(1938)
木村知石 *6.10*(1907)
木村忠太 *2.25*(1917)
木村長七 *5.22*(1852)
木村鐙子 *6.26*(1848)
木村篤太郎 *2.7*(1886)
木村俊左衛門 *7.26*(1797)
木村富子 *10.10*(1890)
木村友衛(初代) *9.6*(1900)
木村栄 *9.10*(1870)
木村秀政 *4.13*(1904)
木村浩 *3.8*(1925)
木村武山 *7.13*(1876)
木村文助 *6.26*(1882)
木村兵太郎 *9.28*(1888)
木村政彦 *9.10*(1917)
木村睦男 *7.29*(1913)
木村黙老 *4.3*(1774)
木村資生 *11.13*(1924)
木村素衛 *3.11*(1895)
木村守江 *4.6*(1900)
木村義雄 *2.21*(1905)
木村佳乃 *4.10*(1976)
木村利右衛門 *11.8*(1834)
木村廉 *7.17*(1893)
ギメ, エミール *6.2*(1836)
肝付兼太 *11.15*(1935)
木本誠二 *9.26*(1907)
義門 *7.7*(1786)
キャヴェンディッシュ, スペンサー・コンプトン, 8代デヴォンシャー公爵 *7.23*(1833)
キャヴェンディッシュ, ヘンリー *10.10*(1731)
キャグニー, ジェイムズ *6.17*(1899)
キャザー, ウィラ *12.7*(1873)
キャサリン *11.25*(1638)
キャサリン *12.16*(1485)
キャシー中島 *2.6*(1952)
ギャスケル, エリザベス *9.29*(1810)
キャス, ルイス *10.9*(1782)
キャッセル, ジョン *1.23*(1817)
キャット, キャリー・チャップマン *1.9*(1859)
キャップグレイヴ, ジョン *4.21*(1393)
キャドベリ, ヘンリ・ジョエル *12.1*(1883)

キャトリン, ジョージ *6.26*(1796)
キャナン *2.3*(1861)
キャニング, ジョージ *4.11*(1770)
ギャネンドラ・ビル・ビクラム・シャー・デブ *7.7*(1947)
キャノン, アニー・ジャンプ *12.11*(1863)
キャノン, ウォルター・ブラッドフォード *10.19*(1871)
キャバレロ *5.6*(1917)
キャパ, ロバート *10.22*(1913)
ギャバン, ジャン *5.17*(1904)
キャプラ, フランク *5.18*(1897)
キャベル, ジェイムズ・ブランチ *4.14*(1879)
木山捷平 *3.26*(1904)
キャムデン, ウィリアム *5.2*(1551)
キャメロン, ヴァーニー・ラヴィット *7.1*(1844)
キャメロン, ジェームズ *8.16*(1954)
キャメロン, ジュリア・マーガレット *6.11*(1815)
キャラウェー *12.23*(1905)
ギャラガー, ノエル *5.29*(1967)
ギャラップ, ジョージ・ホラス *11.18*(1901)
ギャラデット, トマス *12.10*(1787)
キャラハン, ジェイムズ *3.27*(1912)
キャラハン, モーリー *9.22*(1903)
キャラン, ダナ *10.2*(1948)
キャリー, ジム *1.17*(1962)
ギャリソン, ウィリアム・ロイド *12.12*(1805)
ギャリック, デイヴィッド *2.19*(1717)
キャリー, マライア *3.27*(1970)
キャリントン, リチャード・クリストファー *5.26*(1826)
キャルヴァートン, V.F. *6.25*(1900)
キャロライン(アンスバッハの), ヴィルヘルミーナ *3.1*(1683)
キャロライン(ブラウンシュヴァイクの), アメリア・エリザベス *5.17*(1768)
キャロル, ジェイムズ *6.5*(1854)
キャロル, ルイス *1.27*(1832)
喜屋武真栄 *7.25*(1912)
キャンデローロ, フィリップ *2.17*(1972)
キャントリル *6.16*(1906)
キャンピオン, 聖エドマンド *1.25*(1539)
キャンピオン, トマス *2.12*(1567)
キャンベル‐バナマン, サー・ヘンリー *9.7*(1836)
キャンベル, アレグザンダー *9.12*(1788)
キャンベル, ウィリアム *4.17*(1841)
キャンベル, キム *3.10*(1947)
キャンベル, サー・コリン, クライド男爵 *10.20*(1792)
キャンベル, ジョン *6.8*(1910)
キャンベル, トマス *7.27*(1777)
キャンベル, ナオミ *5.22*(1970)
キャンベル, ネーブ *10.3*(1973)
キャンベル, パトリック夫人 *2.9*(1865)
キャンベル, ロイ *10.2*(1901)
キュアロン, アルフォンソ *11.28*(1961)
キュイ, ツェザリ・アントノヴィチ *1.18*(1835)
ギュイヨー, ジャン‐マリ *10.28*(1854)
ギュイヨン, ジャンヌ・マリー・ド・ラ・モット *4.13*(1648)
キュヴィエ, ジャン‐フランソワ・ド *10.23*(1695)
キュヴィエ, ジョルジュ(・レオポルド・クレティアン・フレデリック・ダゴベール), 男爵 *8.23*(1769)
キュヴィリエ *10.3*(1887)
邱永漢 *3.28*(1924)
キューカー, ジョージ *7.7*(1899)
キューサック, シリル *11.26*(1910)
キュー・サムファン *7.27*(1931)
キュストナー *6.22*(1856)
Q太郎 *2.28*
ギュツラフ, カール・フリードリヒ・アウグスト *7.8*(1803)
キューティー鈴木 *10.22*(1969)
キュナード, サー・サミュエル *11.21*(1787)
キュニョー, ニコラ・ジョゼフ *9.25*(1725)
キューネ, ヴィルヘルム・フリードリヒ *3.28*(1837)
キューネマン *7.28*(1868)
キューネン *7.22*(1902)
キューブリック, スタンリー *7.26*(1928)
キュヘリベーケル, ヴィリゲリム・カルロヴィチ *6.21*(1797)
ギューリック, オラメル・ヒンクリ *10.7*(1830)
ギューリック, ジョン・トマス *3.13*(1832)
キュリー, ピエール *5.15*(1859)
キュリー, マリー *11.7*(1867)
ギュルヴィチ, ジョルジュ *11.2*(1894)
ギュルダン *6.12*(1577)
キュルペ *8.3*(1862)
キュレル, フランソワ・ド *6.10*(1854)
キューン *4.22*(1885)
ギュンター, イグナーツ *11.22*(1725)
ギュンター, ヨハン・クリスティアン *4.8*(1695)
ギュンテキン, レシャト・ヌリ *11.25*(1889)
ギュンデローデ, カロリーネ・フォン *2.11*(1780)
キュンメル *8.22*(1874)

ギヨー, アーノルド・ヘンリー *9.21*(1807)
京唄子 *7.12*(1927)
経覚 *11.6*(1395)
行観 *5.18*(1241)
慶尭 *10.3*(1535)
杏子 *8.10*(1960)
京極高朗 *4.24*(1798)
京極高琢 *8.7*(1811)
京極高通 *6.23*(1691)
京極高三 *3.17*(1607)
京極高或 *1.9*(1692)
京極為教 *3.20*(1227)
京極夏彦 *3.26*(1963)
行清 *4.15*(1229)
尭恕入道親王 *10.16*(1640)
暁台 *9.1*(1732)
京塚昌子 *3.16*(1930)
教如 *9.16*(1558)
巧如 *4.6*(1376)
教仁法親王 *4.27*(1819)
凝然 *3.6*(1240)
尭然入道親王 *10.3*(1602)
京野ことみ *10.18*(1978)
経範 *3.3*(1559)
京姫 *6.16*(1626)
恭愍王 *2.5*(1330)
岐陽方秀 *12.25*(1361)
京マチ子 *3.25*(1924)
京本政樹 *1.21*(1959)
京山幸枝若 *8.10*(1926)
恭礼門院 *2.4*(1743)
清浦奎吾 *2.14*(1850)
清岡治之助 *10.2*(1826)
清岡卓行 *6.29*(1922)
清岡長凞 *2.30*(1814)
清岡道香 *4.6*(1790)
清岡道之助 *10.20*(1833)
清川虹子 *11.24*(1912)
清川八郎 *10.10*(1830)
清川正二 *2.11*(1913)
旭天鵬勝 *9.13*(1974)
旭道山和泰 *10.14*(1964)
旭堂南陵(2代目) *9.15*(1877)
旭堂南陵(3代目) *1.25*(1917)
旭堂南陵(4代目) *9.4*(1949)
許広平 *2.12*(1898)
清崎敏郎 *2.5*(1922)
清沢冽 *2.8*(1890)
清沢満之 *6.26*(1863)
清棲敦子 *5.18*(1907)
清棲家教 *5.22*(1862)
清洲すみ子 *11.13*(1914)
清瀬一郎 *7.5*(1884)
清瀬保二 *1.13*(1900)
ギヨタン, ジョゼフ・イニャス *5.28*(1738)
許地山 *2.3*(1894)
玉岡慶琳 *1.18*(1410)
許南麒 *6.24*(1918)
清野謙次 *8.14*(1885)
清原和博 *8.18*(1967)
清原斉 *9.26*(1896)
清春 *10.30*(1968)
喜代姫 *7.8*(1818)
清姫 *11.8*(1666)
ギヨーマ *1.4*(1862)
清麿 *3.6*(1813)
ギヨーマン, アルマン *2.16*(1841)
清水六兵衛(3代目) *9.1*(1822)
清水六兵衛(5代目) *3.6*(1875)
清水六兵衛(6代目) *9.13*(1901)
ギヨーム, シャルル・エドゥアール *2.15*(1861)
ギヨーム・ダキテーヌ *10.22*(1071)
慶世村恒仁 *4.21*(1891)
清元梅吉(2代目) *5.20*(1854)
清元梅吉(3代目) *12.27*(1889)
清元栄三郎 *6.24*(1927)
清元栄寿郎 *4.21*(1904)
清元延寿太夫(5代目) *8.13*(1862)
清元延寿太夫(6代目) *9.27*(1926)
清元斎兵衛(4代目) *2.27*(1852)
清元志寿太夫 *4.25*(1898)
清元清寿太夫 *10.10*(1935)
許六 *8.14*(1656)
吉良富子 *6.21*(1643)
キラニン *7.30*(1914)
吉良義央 *9.2*(1641)
ギラン *9.4*(1908)
キリアン *6.2*(1860)
ギリェン - バティスタ, ニコラス *7.10*(1902)
ギリェン, ホルヘ *1.13*(1893)
キリグルー, トマス *2.7*(1612)
キリコ, ジョルジオ・デ *7.10*(1888)
桐島かれん *8.20*(1964)
霧島昇 *6.27*(1914)
桐島洋子 *7.6*(1937)
桐竹勘十郎(2代目) *1.5*(1920)
桐竹紋十郎(2代目) *11.20*(1900)
霧立のぼる *1.3*(1917)
キリノ *11.16*(1890)
桐原真二 *8.22*(1901)
桐原久 *3.17*(1925)
紀里谷和明 *4.20*(1968)
桐生悠々 *5.20*(1873)
キリレンコ *9.8*(1906)
キーリン, デイヴィド *3.21*(1887)
ギル, エリック *2.22*(1882)
ギールゲ *1.11*(1841)
ギル, サー・デイヴィド *6.12*(1843)
キルサーノフ, セミョーン・イサーコヴィチ *9.5*(1906)
ギルシュマン, ロマン *10.3*(1895)
キルション, ウラジーミル・ミハイロヴィチ *8.19*(1902)
ギルバート, W.S. *11.18*(1836)
ギルバート, ウィリアム *5.24*(1544)
ギルバート, キャス *11.24*(1859)
ギルバート, グローヴ *5.6*(1843)
ギルバート, サー・アルフレッド *8.12*(1854)
キルパトリック *11.20*(1871)
キルヒシュレーガー, ルドルフ *3.20*(1915)
キルヒナー, エルンスト・ルートヴィヒ *5.6*(1880)

キルピネン, ユルヨ *2.4*（1892）
キルヒホッフ, グスタフ・ロベルト *3.12*（1824）
キルヒホフ *1.26*（1826）
キルヒマン *11.5*（1802）
キルヒャー, アタナージウス *5.2*（1601）
ギルブレス, フランク・ *7.7*（1868）
ギルベール, イヴェット *1.20*（1867）
キルポーチン, ワレーリー・ヤコヴレヴィチ *10.29*（1898）
キールホルン *5.31*（1840）
ギルマー(ギルモア), ジェイムズ *6.12*（1843）
キールマイアー *10.22*（1765）
キルマー, バル *12.31*（1959）
ギルモア, デーブ *3.6*（1947）
ギルランダイオ, リドルフォ *1.4*（1483）
ギル, ルネ *9.27*（1862）
キレーエフスキー, イワン・ワシリエヴィチ *3.22*（1806）
キレーエフスキー, ピョートル・ワシリエヴィチ *2.11*（1808）
ギレスピ, ジョージ *1.21*（1613）
ギレスピー, ディジー *10.21*（1917）
ギレリス, エミール・グリゴリエヴィチ *10.19*（1916）
キローガ, オラシオ *12.31*（1878）
キーロフ, セルゲイ・ミロノヴィチ *3.27*（1886）
宜湾朝保 *3.5*（1823）
キーン, エドマンド *3.17*（1787）
金基鎮 *6.29*（1903）
金九 *7.11*（1876）
金玉均 *2.23*（1851）
キング *12.15*（1648）
キング, W.L.M. *12.17*（1874）
キング, アーネスト *11.22*（1878）
キング, スティーブン *9.21*（1947）
キングストン, ウィリアム・ヘンリ・ギルス *2.28*（1814）
キングズリー, シドニー *10.22*（1906）
キングズリー, チャールズ *6.12*（1819）
キングスレー, ベン *12.31*（1943）
キング, チャールズ・グレン *10.22*（1896）
キング, ビリー・ジーン *11.22*（1943）
キング, ベッツィ *8.13*（1955）
キング, マーティン・ルーサー *1.15*（1929）
キング, ルーファス *3.24*（1755）
金原亭馬の助 *4.9*（1928）
金原亭馬の助 *12.19*（1945）
キンゴ, トーマス *12.15*（1634）
金史良 *3.3*（1914）
キンスキー, ナスターシャ *1.24*（1961）
ギンズバーグ *5.14*（1889）
ギンズバーグ, アレン *6.3*（1926）
ギンスブルグ, エヴゲーニヤ・セミョーノヴナ *12.7*（1906）
キンゼイ, アルフレッド・チャールズ *6.23*（1894）
金正喜 *6.3*（1786）
金性洙 *10.21*（1891）
金素月 *8.6*（1902）
金大建 *8.21*（1821）
金田一京助 *5.5*（1882）
金田一一 *8.5*
金田一春彦 *4.3*（1913）
キンタナ, マヌエル・ホセ *4.11*（1772）
キーン, チャールズ *1.18*（1811）
ギンツブルグ, ナタリーア *7.14*（1916）
金東仁 *10.2*（1900）
金東里 *11.24*（1913）
キーン, ドナルド *6.18*（1922）
キン肉マン *4.1*（1960）
金原省吾 *9.1*（1888）
金原明善 *6.7*（1832）
公仁親王妃室子 *6.25*（1736）
公仁親王妃寿子 *3.11*（1743）
キーンホルツ, エドワード *10.23*（1927）
キンメル, ハズバンド・エドワード *2.26*（1882）
キーン, ロイ *8.10*（1971）

【く】

クァジーモド, サルヴァトーレ *8.20*（1901）
クアドロス *1.25*（1917）
グアリーニ, グアリーノ *1.17*（1624）
グァリーニ, バッティスタ *12.10*（1538）
グァルディア *12.17*（1832）
グァルディーニ, ロマーノ *2.17*（1885）
グアルディ, フランチェスコ *5.10*（1712）
グアルニエリ, ジュゼッペ *8.21*（1698）
グァレスキ, ジョヴァンニ *5.1*（1908）
グアン *10.4*（1884）
クイスト, アドリアン・カール *8.4*（1913）
クィスリング, ビドクン *7.18*（1887）
グィッチャルディーニ, フランチェスコ *3.6*（1483）
クイッデ *3.23*（1858）
クイビシェフ *6.6*（1888）
クイユ, アンリ *3.31*（1884）
クィラー - クーチ, アーサー *11.21*（1863）
グイラルデス, リカルド *2.13*（1886）
クイン, アンソニー *4.21*（1915）
クイーン, エラリー *1.11*（1905）
クイーン, エラリー *10.20*（1905）
クインシー, ジョサイア *2.4*（1772）

クヴァンツ, ヨーハン・ヨーアヒム *1.30*(1697)
クヴィストルプ, ヨーハン *8.18*(1584)
クヴィンケ *11.19*(1834)
グウィン, ネル *2.2*(1650)
空海 *6.15*(774)
空谷明応 *6.24*(1328)
空性 *9.2*(1140)
クーヴ・ド・ミュルヴィル, モーリス・ *1.24*(1907)
クエイド, デニス *4.9*(1953)
クエ, エミール *2.26*(1857)
グェッラッツィ, フランチェスコ・ドメーニコ *8.12*(1804)
クェネル, ピーター *3.9*(1905)
クェリヌス, アルテュス1世 *8.30*(1609)
グエン・ヴァン・ティユウ *4.5*(1923)
グエン・バン・ヒュー *11.24*(1922)
グエン・フウ・トオ *7.10*(1910)
クォールズ, フランシス *5.8*(1592)
陸井三郎 *6.28*(1918)
陸羯南 *10.14*(1857)
クガート, ザヴィア *1.1*(1900)
久我美子 *1.21*(1931)
九鬼周造 *2.15*(1888)
九鬼隆一 *8.7*(1852)
クーコリニク, ネストル・ワシリエヴィチ *9.8*(1809)
クーザ *3.20*(1820)
日下生駒 *2.9*(1712)
日下実男 *3.30*(1926)
草鹿外吉 *8.28*(1928)
日下武史 *2.24*(1931)
日下部伊三次 *4.7*(1815)
日下部四郎太 *5.5*(1875)
日下部鳴鶴 *8.18*(1838)
久坂葉子 *3.27*(1931)
草刈民代 *5.10*(1965)
草刈正雄 *9.5*(1952)
日柳燕石 *3.14*(1817)
草彅剛 *7.9*(1974)
草野清民 *4.6*(1869)
草野心平 *5.12*(1903)
草野仁 *2.24*(1944)
草野マサムネ *12.21*(1967)
草野満代 *2.4*(1967)
草場船山 *7.9*(1819)
草場佩川 *1.7*(1787)
草笛光子 *10.22*(1933)
草笛美子 *8.31*(1909)
草柳大蔵 *7.18*(1924)
クーザン, ヴィクトール *11.28*(1792)
クザン・モントーバン *6.24*(1796)
久慈あさみ *5.2*(1922)
具志堅宗精 *8.22*(1896)
具志堅用高 *6.26*(1955)
久慈次郎 *10.1*(1898)
串田和美 *8.6*(1942)
櫛田民蔵 *11.16*(1885)
櫛田フキ *2.17*(1899)
櫛田北渚 *10.22*(1815)
串田孫一 *11.12*(1915)
串田万蔵 *2.10*(1867)
クーシネン *10.4*(1881)
瞿秋白 *1.29*(1899)
クーシュ, ポリカープ *1.26*(1911)
九条兼孝 *11.20*(1553)
九条兼晴 *2.6*(1641)
九条輔実 *6.16*(1669)
九条武子 *10.20*(1887)
九条稙通 *1.11*(1507)
九条稙基 *10.13*(1725)
九条尚経 *11.25*(1468)
九条日浄 *10.28*(1896)
九条教実 *1.5*(1210)
九条尚忠 *7.25*(1798)
九条政基 *5.7*(1445)
九条道家 *6.28*(1193)
九条基家 *4.27*(1203)
九条師教 *5.27*(1273)
九条幸家 *2.19*(1586)
九条良輔 *9.20*(1185)
九条良通 *11.6*(1167)
鯨井恒太郎 *7.19*(1884)
鯨岡阿美子 *9.21*(1922)
葛生能久 *7.25*(1874)
城間正安 *8.19*(1860)
城間清豊 *10.18*(1614)
楠田枝里子 *1.12*(1952)
グスタフ1世 *5.12*(1496)
グスタフ2世 *12.19*(1594)
グスタフ3世 *1.24*(1746)
グスタフ4世 *11.1*(1778)
グスタフ5世 *6.16*(1858)
グスタフ6世 *11.11*(1882)
クストゥー, ギヨーム *4.25*(1677)
クストー, ジャック・イヴ *6.11*(1910)
クズネツォーフ, アナトーリー・ワシリエヴィチ *8.18*(1929)
クズネツォーフ, ヴァシリー *1.31*(1901)
クズネッツ, サイモン(・スミス) *4.30*(1901)
楠瀬喜多 *9.9*(1836)
楠瀬幸彦 *3.15*(1858)
葛原勾当 *3.15*(1812)
葛原しげる *6.25*(1886)
葛原繁 *8.25*(1919)
葛原妙子 *2.5*(1907)
楠部弥弌 *9.10*(1897)
グスマン, シャナナ *6.20*(1946)
グスマン・ブランコ, アントニオ *2.28*(1829)
グスマン, マルティン・ルイス *10.6*(1887)
久住小春 *7.15*(1992)
クズミーン, ミハイル・アレクセーヴィチ *9.23*(1875)
楠本イネ *5.6*(1827)
楠本憲吉 *12.19*(1922)
楠山正雄 *11.4*(1884)
クーセヴィツキー, サージ *7.13*(1874)
久世光彦 *4.19*(1935)
クセナキス, イアンニス *5.29*(1922)
久世広運 *7.5*(1799)
久世広民 *10.6*(1737)
久世広誉 *2.29*(1751)
グーセンス, サー・ユージェーヌ *5.26*(1893)
グーセンス, レオン *6.12*(1897)
クーゼンベルク, クルト *6.24*(1904)
グーセン, レティーフ *2.2*(1969)
グーチ *10.21*(1873)

朽木稙昌　*5.19*(1643)
クチマ, レオニード　*8.9*(1938)
クーチュール, トマ　*12.21*(1815)
クチーンスキー　*9.17*(1904)
朽木稙元　*3.27*(1664)
朽木玄綱　*9.11*(1709)
朽木昌綱　*1.27*(1750)
クック, サー・ウィリアム・フォザギル　*5.4*(1806)
クック, ジェイムズ　*10.28*(1728)
クック, スタンリー・アーサー　*4.12*(1873)
クックリット・プラーモート　*4.20*(1911)
グッゲンハイム, マイアー　*2.1*(1828)
グツコー, カール　*3.17*(1811)
クッシング, ケイレブ　*1.17*(1800)
クッシング, ハーヴィー・ウィリアムズ　*4.8*(1869)
クッシング, ピーター　*6.26*(1913)
クッチャー　*7.17*(1878)
グッチ裕三　*2.27*(1952)
クッツェー, J.M.　*2.9*(1940)
グッドイヤー, チャールズ　*12.29*(1800)
グットゥーゾ, レナート　*1.2*(1912)
グッドスピード, エドガー・ジョンスン　*10.23*(1871)
グッドノー　*1.18*(1859)
グッドパスチャー, アーネスト・ウィリアム　*10.17*(1886)
グッドマン, ベニー　*5.30*(1909)
グッドマン, ポール　*9.9*(1911)
久津見蕨村　*1.14*(1860)
九津見房子　*10.18*(1890)
グーツムーツ　*8.9*(1759)
グティエレス　*8.24*(1580)
グティエレス - ナヘラ, マヌエル　*12.22*(1859)
グティエレス, ルシオ　*3.23*(1957)
グデーリアン, ハインツ(・ヴィルヘルム)　*6.17*(1888)
グテレス, アントニオ　*4.30*(1949)
グテレス, アントニオ　*4.30*(1949)
グーテンベルク　*12.13*(1897)
グーテンベルク, ベーノ　*6.4*(1889)
クーデンホーフ・カレルギー, リヒャルト　*11.10*(1894)
クーデンホーフ光子　*7.16*(1874)
宮藤官九郎　*7.19*(1970)
工藤公康　*5.5*(1963)
工藤剛太郎　*5.24*(1833)
工藤三助　*10.2*(1661)
工藤静香　*4.14*(1970)
工藤昭四郎　*7.30*(1894)
クトゥーゾフ, ミハイル・イラリオノヴィチ, 公爵　*9.16*(1745)
工藤他山　*10.10*(1818)
工藤鉄男　*8.5*(1875)
工藤哲巳　*2.23*(1935)
愚堂東寔　*4.8*(1577)
工藤夕貴　*1.17*(1971)
工藤行幹　*12.28*(1842)
工藤好美　*1.26*(1898)
クートー, リュシアン　*12.13*(1904)
グナイスト　*8.13*(1816)
グナイゼナウ, アウグスト(・ヴィルヘルム・アントン), ナイトハルト伯爵　*10.27*(1760)
クーナウ, ヨーハン　*4.6*(1660)
クナッパーツブッシュ, ハンス　*3.12*(1888)
クナップ　*3.7*(1842)
邦家親王　*10.24*(1802)
邦枝完二　*12.28*(1892)
国枝史郎　*10.10*(1888)
国木田収二　*9.1*(1878)
国木田独歩　*7.15*(1871)
国崎定洞　*10.5*(1894)
国沢新九郎　*12.22*(1848)
国沢新兵衛　*11.23*(1864)
国司信濃　*6.15*(1842)
クニース　*3.29*(1821)
邦輔親王　*3.20*(1513)
邦高親王　*2.2*(1456)
久邇俔子　*10.19*(1879)
クニッゲ, アードルフ・フォン　*10.16*(1752)
クニッピング　*4.27*(1844)
クニッペル・チェーホワ　*9.21*(1868)
国友藤兵衛　*10.3*(1778)
国友与五郎　*8.23*(1801)
国仲涼子　*6.9*(1979)
邦房親王　*4.4*(1566)
久邇宮朝彦親王　*1.28*(1824)
久邇宮邦彦　*7.23*(1873)
久邇宮多嘉　*8.17*(1875)
国広富之　*4.23*(1953)
邦光史郎　*2.14*(1922)
国村隼　*11.16*(1955)
クーニャ, エウクリデス・ダ　*1.20*(1866)
クニャジニーン, ヤーコフ・ボリソヴィチ　*10.14*(1740)
邦彦王　*7.23*(1873)
国吉康雄　*9.1*(1889)
邦頼親王　*10.28*(1733)
クヌシェヴィツキー, スヴャトスラフ　*1.6*(1908)
クヌーセン　*2.15*(1871)
クヌッセン, ヤコブ　*9.14*(1858)
クヌート1世　*2.3*(995)
グネージチ, ニコライ・イワノヴィチ　*2.13*(1784)
クネラー, サー・ゴドフリー　*8.8*(1646)
クーノー　*7.2*(1876)
久野綾希子　*8.24*(1950)
クーノウ　*4.11*(1862)
久野収　*6.10*(1910)
グノー, シャルル・フランソワ　*6.17*(1818)
久野忠治　*2.27*(1910)
クノップ, アルフレッド　*9.12*(1892)
久野久　*1.7*(1910)
クノーベルスドルフ, ゲオルク・ヴェンツェスラウス・フォン　*2.17*(1699)
久野寧　*3.30*(1882)
クノー, レーモン　*2.21*(1903)
クーパー　*3.22*(1880)
クーパー　*8.16*(1809)

クーパー, アダム *7.22*(1971)
クーパー, アーチボルド・スコット *3.31*(1831)
クーパー, ウィリアム *11.15*(1731)
クーパー, ゲーリー *5.7*(1901)
クーパー, サー・アストリー *8.23*(1768)
クーパー, ジェイムズ・フェニモア *9.15*(1789)
クバス, ラウル・グラウ *8.23*(1943)
クーパー, トマス *10.22*(1759)
クーパー, ピーター *2.12*(1791)
久原房之助 *6.4*(1869)
久原躬弦 *11.28*(1856)
クパーラ, ヤンカ *6.25*(1882)
クビチェック(・デ・オリヴェイラ), ジュセリーノ *9.12*(1902)
クービン, アルフレート *4.10*(1877)
GooF *6.28*(1980)
グーフィー *5.25*(1932)
クプカ, フランチシェク *9.23*(1871)
久布白落実 *12.16*(1882)
クープラン, シャルル2世 *4.9*(1638)
クープラン, フランソワ *11.10*(1668)
クプリーン, アレクサンドル・イワノヴィチ *9.7*(1870)
クプレー, フィリップ *5.31*(1624)
クベリーク, ヤン *7.5*(1880)
クペールス, ルイス *6.10*(1863)
クーベルタン *1.1*(1863)
久保猪之吉 *12.26*(1874)
久宝留理子 *4.21*(1969)
久保角太郎 *1.7*(1892)
窪川鶴次郎 *2.25*(1903)
久保勘一 *9.25*(1910)
久保栄 *12.28*(1900)
久保貞次郎 *5.12*(1909)
久保純子 *1.24*(1972)
窪塚洋介 *5.7*(1979)
久保田一竹 *10.7*(1917)
窪田空穂 *6.8*(1877)
久保喬 *11.13*(1906)
久保卓也 *12.31*(1921)
久保田敬一 *4.13*(1881)
窪田静太郎 *9.22*(1865)
窪田章一郎 *8.1*(1908)
久保田宵二 *6.2*(1899)
久保竜彦 *6.18*(1976)
久保田利伸 *7.24*
久保田不二子 *5.16*(1886)
久保田米僊 *2.25*(1852)
久保田正文 *9.28*(1912)
久保田万太郎 *11.7*(1889)
久保田豊 *4.27*(1890)
久保田豊 *10.4*(1905)
久保太郎右衛門 *2.24*(1676)
久保天随 *7.23*(1875)
久保松勝喜代 *10.25*(1894)
久保亮五 *2.15*(1920)
熊井啓 *6.1*(1930)
熊王徳平 *6.15*(1906)
熊谷一弥 *9.10*(1890)
熊谷岱蔵 *7.19*(1880)
熊谷達也 *4.25*(1958)
熊谷直行 *6.4*(1843)
熊谷直好 *2.8*(1782)
熊谷尚夫 *7.11*(1914)
熊谷寛夫 *2.16*(1911)
熊谷真実 *3.10*(1960)
熊谷元一 *7.12*(1909)
熊谷守一 *4.2*(1880)
熊谷典文 *11.30*(1915)
熊川哲也 *3.5*(1972)
隈川宗雄 *10.13*(1858)
熊倉啓安 *5.22*(1927)
隈研吾 *8.8*(1954)
熊坂台洲 *4.23*(1739)
熊坂適山 *7.15*(1796)
熊沢光子 *8.9*(1911)
熊沢寛道 *12.18*(1889)
神代辰巳 *4.24*(1927)
熊田曜子 *5.13*(1982)
隈部英雄 *10.11*(1905)
熊谷五一 *3.17*(1818)
クマラトゥンガ, チャンドリカ・バンダラナイケ *6.29*(1945)
グミリョーフ, ニコライ・ステパノヴィチ *4.14*(1886)
久村清太 *10.3*(1880)
久米愛 *7.7*(1911)
久米井束 *5.19*(1898)
久米邦武 *7.11*(1839)
久米桂一郎 *8.8*(1866)
久米平内 *1.4*(1616)
久米宏 *7.14*(1944)
久米正雄 *11.23*(1891)
グメリン, レオポルト *8.2*(1788)
雲井竜雄 *3.25*(1844)
公文公 *3.26*(1914)
倉石武四郎 *9.21*(1897)
倉石忠雄 *7.2*(1900)
倉石典太 *8.17*(1815)
クライシュテルス, キム *6.8*(1983)
クライスキー, ブルーノ *1.22*(1911)
クライスト, ハインリヒ・フォン *10.18*(1777)
クライスラー, ウォルター *4.2*(1875)
クライスラー, フリッツ *2.2*(1875)
倉井敏麿 *6.12*(1895)
クライトン, ジェイムズ *8.19*(1560)
クライトン, マイケル *10.23*(1942)
クライトン, マンデル *7.5*(1843)
クライバー, エーリヒ *8.5*(1890)
クライバー, カルロス *7.3*(1930)
クライファート, パトリック *7.1*(1976)
クライフ, ヨハン *4.25*(1947)
クライブ, ロバート *9.29*(1725)
グライム, ヨハン・ヴィルヘルム・ルートヴィヒ *4.2*(1719)
クライン *9.15*(1895)
クライン, A.M. *2.14*(1909)
グライン, J.T. *10.11*(1862)
クライン, イーヴ *4.28*(1928)
クライン, カルバン *11.19*(1942)
クライン, ケビン *10.24*(1947)

グラインドル, ヨーゼフ　*12.23*(1912)
クライン, フランツ　*5.23*(1910)
クライン, メラニー　*3.30*(1882)
クラウ　*9.15*(1914)
クラヴェー, アントニ　*4.5*(1913)
クラウジウス, ルドルフ・ユリウス・エンマヌエル　*1.2*(1822)
クラウス　*7.24*(1872)
クラウス, ヴァツラフ　*6.19*(1941)
クラウス, ヴェルナー　*6.23*(1884)
クラウス, カール　*4.28*(1874)
クラウス, クレメンス　*3.31*(1893)
クラウス, ヨハネス・バプティスタ　*5.21*(1892)
クラウス, リリ　*4.3*(1905)
クラウゼヴィッツ, カルル・フォン　*6.1*(1780)
クラウゼ, カール・クリスティアン・フリードリヒ　*5.6*(1781)
クラウセン, ソーフス　*9.12*(1865)
クーラウ, ダニエル・フリーズリク　*9.11*(1786)
クラウディウス2世　*5.10*(219)
クラウディウス, ネロ・ゲルマーニクス・ティベリウス　*8.1*(前10)
クラウディウス, マティーアス　*8.15*(1740)
クラウベルク, ヨーハン・クリストフ　*2.24*(1622)
グラウン, カール・ハインリヒ　*5.7*(1704)
クラカウアー, ジークフリート　*2.8*(1889)
鞍懸寅二郎　*4.2*(1834)
鞍懸吉寅　*4.2*(1834)
倉金章介　*2.13*(1914)
倉木麻衣　*10.28*(1982)
クラーキン　*6.30*(1676)
クラーク　*1.27*(1847)
クラーク　*3.8*(1804)
クラーク　*8.17*(1884)
クラーク　*11.24*(1884)
クラーク, J.M.　*11.30*(1884)
クラーク, アーサー・C.　*12.16*(1917)
クラーク, ウィリアム・スミス　*7.31*(1826)
クラーク, ケネス　*7.13*(1903)
クラーク, サミュエル　*10.11*(1675)
クラクシ, ベッティーノ　*2.24*(1934)
クラーク, ジョージ・ロジャーズ　*11.19*(1752)
クラークスン, トマス　*3.28*(1760)
クラーク, フランク　*3.19*(1847)
クラーク, フラーンシス・エドワード　*9.12*(1851)
クラーク, マーク　*5.1*(1896)
クラーゲス, ルートヴィヒ　*12.10*(1872)
倉沢剛　*9.22*(1903)
グラシアン, バルタサル　*1.8*(1601)
クラシェフスキ, ユゼフ・イグナツィ　*7.28*(1812)
クラシツキ, イグナツィ　*2.3*(1735)
クラシンスキ, ジグムント　*2.19*(1812)
グラース　*7.18*(1884)
グラス, カーター　*1.4*(1858)
グラス, ギュンター　*10.16*(1927)
グラスゴー, エレン　*4.22*(1873)
グラズノーフ, アレクサンドル・コンスタンチーノヴィナ　*8.10*(1865)
クラース, ハインリヒ　*2.29*(1868)
グラス, フィリップ　*1.31*(1937)
グラスペル, スーザン　*7.1*(1882)
グラスマン, ヘルマン　*4.15*(1809)
倉田主税　*3.1*(1889)
倉田哲治　*6.19*(1926)
倉田白羊　*12.25*(1881)
倉田百三　*2.23*(1891)
倉田真由美　*7.23*(1971)
倉田令二朗　*3.25*(1931)
グラタン, ヘンリー　*7.3*(1746)
クラチコフスキー　*3.16*(1883)
グラツィアーニ, ロドルフォ, ネゲリ侯爵　*8.11*(1882)
クラックホーン, クライド・K・M　*1.11*(1905)
グラックマン, マックス　*1.26*(1911)
グラッシ, ジョヴァンニ・バティスタ　*3.27*(1854)
クラッセ, ジャン　*1.3*(1618)
グラッツィーニ, アントン・フランチェスコ　*3.22*(1504)
グラッデン, ウォシントン　*2.11*(1836)
グラッドストン, ウィリアム・ユーアート　*12.29*(1809)
クラッパートン, ヒュー　*5.18*(1788)
グラッフ, アントン　*11.18*(1736)
グラッブ, サー・ジョン・バゴット　*4.16*(1897)
クラッブ, ジョージ　*12.24*(1754)
グラッベ, クリスティアン・ディートリヒ　*12.11*(1801)
グラトコーフ, フョードル・ワシリエヴィチ　*6.21*(1883)
クラドニ, エルンスト・フロレンス・フリードリヒ　*11.30*(1756)
倉富勇三郎　*7.16*(1853)
グラナドス, エンリケ　*7.27*(1867)
クラーナハ, ルーカス　*10.15*(1472)
倉次亨　*6.28*(1829)
グラニット, ラグナル・アートゥル　*10.30*(1900)
グラネ, マルセル　*2.29*(1884)
蔵野孝洋　*6.16*(1963)
グラノフスキー, チモフェイ・ニコラエヴィチ　*3.21*(181

くら

グラバー　6.6(1838)
倉橋惣三　12.28(1882)
倉橋健　10.11(1919)
倉橋由美子　10.10(1935)
クラバム　9.13(1873)
グラハム, オットー　12.6(1921)
グラハム, ヘザー　1.29(1970)
グラハム, マーサ　5.11(1894)
倉林誠一郎　12.28(1912)
蔵原惟人　1.26(1902)
蔵原惟郭　7.6(1861)
蔵原惟繕　5.31(1927)
蔵原伸二郎　9.4(1899)
クラパレド, エドゥアール　3.24(1873)
クラビッツ, レニー　5.26(1964)
クラフ, アーサー・ヒュー　1.1(1819)
グラーフ, アルトゥーロ　1.19(1848)
グラーフ, オスカル・マリーア　7.22(1894)
グラフ, シュテフィ　6.14(1969)
クラフチンスキー, セルゲイ・ミハイロヴィチ　7.1(1851)
クラフト・エービング, リヒャルト, 男爵　8.14(1840)
クラプトン, エリック　3.30(1945)
グラフトン, オーガスタス・ヘンリー・フィッツロイ, 3代公爵　10.1(1735)
グラーブマン, マルティーン　1.5(1875)
クラプロート　10.11(1783)
クラプロート, マルティン・ハインリヒ　12.1(1743)
クラーブント　11.4(1890)
クラペイロン, ブノワ・ポール・エミール　2.26(1799)
クラベル, ペドロ　7.26(1580)
クラマーシュ　12.27(1860)
クラマース　12.17(1894)
倉俣史朗　11.29(1934)
クラーマー, ヨーハン・バプティスト　2.24(1771)

グラムシ, アントーニオ　1.23(1891)
クラムスコーイ, イヴァン・ニコラエヴィチ　5.27(1837)
グラム, ゼノブ・テオフィル　4.4(1826)
クラム, ドナルド　4.22(1919)
倉本聰　12.31(1934)
倉本長治　12.14(1899)
グラモン, アントワーヌ　8.14(1819)
クララ(アッシージの, 聖)　7.16(1194)
クラレンス, ジョージ, 公爵　10.21(1449)
クラレンドン, エドワード・ハイド, 初代伯爵　2.18(1609)
クーラン　10.12(1865)
グランヴィル　4.22(1690)
グランヴィル　5.11(1815)
グランヴィル・バーカー, ハーリー　11.25(1877)
グランヴェル, アントワーヌ・ペルノー・ド　8.20(1517)
クランコ, ジョン　8.15(1927)
グランディエ, アンドレ　8.26(1754)
グラント　4.24(1620)
グラント　7.22(1808)
グラント, ケーリー　1.18(1904)
グラント, ヒュー　9.9(1960)
グラント, ユリシーズ・S(シンプソン)　4.27(1822)
クーラント, リヒャルト　1.8(1888)
クランプトン, トマス・ラッセル　8.6(1816)
クランマー, トマス　7.2(1489)
クーリー　8.17(1864)
グリアーソン, ジョージ・エイブラハム　1.7(1851)
グリアソン, ジョン　4.26(1898)
グリアソン, ハーバート　1.16(1866)
グリヴァス, ゲオルギオス　5.23(1898)
クリウォビッチ　8.26(1895)

クリーヴランド, グローヴァー　3.18(1837)
クリーヴランド, ジョン　6.16(1613)
クーリエ, ポール・ルイ　1.4(1772)
グリエール, レインゴリド・モリツェヴィチ　1.11(1875)
栗木幹　7.26(1896)
クリーク　7.6(1882)
グリーグ, エドヴァルド・ハーゲループ　6.15(1843)
グリーグ, ノルダール　11.1(1902)
グリゴーリエフ, アポロン・アレクサンドロヴィチ　8.1(1822)
グリゴローヴィチ, ドミートリー・ワシリエヴィチ　5.19(1822)
クリザンダー, フリードリヒ　7.8(1826)
グリジ　6.28(1819)
栗島すみ子　3.15(1902)
クリシャン・チャンダル　11.23(1914)
クリシュナ・メノン, ヴェーンガリール・クリシュナン　5.3(1897)
グリシン　9.18(1914)
クリスタラー, ヴァルター　4.21(1893)
クリスタル, ビリー　3.14(1947)
CRYSTAL BOY　7.4(1977)
クリスチャン1世　5.21(1426)
クリスチャン・ジャック　9.4(1904)
クリスチャンセン, イングリッド　3.21(1956)
クリスティ, アガサ　9.15(1890)
クリスティアーノ・ロナウド　2.5(1985)
クリスティアン2世　7.1(1481)
クリスティアン3世　8.12(1503)
クリスティアン4世　4.12(1577)

クリスティアン8世　*9.8*(1786)
クリスティアン9世　*4.8*(1818)
クリスティアン10世　*9.26*(1870)
クリスティアン, チャーリー　*7.29*(1916)
クリスティー, ジュリー　*4.14*(1940)
クリスティナ　*12.8*(1626)
クリステル, シルビア　*9.28*(1952)
栗栖天山　*8.10*(1839)
クリステンセン, ヘイデン　*4.19*(1981)
クリストファー, ウォーレン　*10.27*(1925)
クリストフ, アゴタ　*10.30*(1935)
クリストフ, アンリ　*10.6*(1767)
クリストフォリ, バルトロメーオ　*5.4*(1655)
クリストフ, ボリス　*5.18*(1919)
クリスピ, フランチェスコ　*10.4*(1819)
グリス, フアン　*3.23*(1887)
グリース, ペーター・ヨハン　*9.6*(1829)
グリーゼ, フリードリヒ　*10.2*(1890)
栗田確也　*8.23*(1894)
栗田定之丞　*11.17*(1766)
栗田淳一　*5.17*(1888)
栗田健男　*4.28*(1889)
クリック, フランシス・ハリー・コンプトン　*6.8*(1916)
クーリッジ, (ジョン・)カルヴィン　*7.4*(1872)
クーリッジ, ウィリアム・D(デイヴィド)　*10.23*(1873)
クーリッジ, スーザン　*1.29*(1835)
クリップス, サー・スタッフォード　*4.24*(1889)
グリーナウェイ, ケイト　*3.17*(1846)
グリニャール, フランソワ・オーギュスト・ヴィクトル　*5.6*(1871)
グリニョン・ド・モンフォール, ルイ　*1.31*(1673)
栗野慎一郎　*11.17*(1851)
グリーノー, ホレイシオ　*9.6*(1805)
栗林一石路　*10.14*(1894)
栗林忠道　*7.7*(1891)
栗原一登　*5.24*(1911)
栗原玉葉　*4.10*(1883)
栗原小巻　*3.14*(1945)
栗原順平　*4.29*(1817)
栗原信充　*7.20*(1794)
栗原百寿　*12.26*(1910)
栗原はるみ　*3.5*(1947)
栗原恵　*7.31*(1984)
栗原安秀　*11.17*(1908)
グリフィス, アーサー　*3.31*(1872)
グリフィス, ウィリアム・エリオット　*9.17*(1843)
グリフィス, デイヴィッド・ウォーク　*1.23*(1875)
グリフェス, チャールズ・トムリンソン　*9.17*(1884)
クリフォード　*8.1*(1630)
クリフォード, ウイリアム　*5.4*(1845)
クリフト, モンゴメリー　*10.17*(1920)
グリボエードフ, アレクサンドル・セルゲーヴィチ　*1.15*(1795)
クリーマー, サー・ランダル　*3.18*(1838)
クリーマー, ポーラ　*8.5*(1986)
グリマルディ, フランチェスコ・マリーア　*4.2*(1618)
グリム　*1.6*(1828)
グリム, ヴィルヘルム・カール　*2.24*(1786)
グリムケ, セアラ・ムーア　*11.26*(1792)
クリムト, グスタフ　*7.14*(1862)
グリム, ハンス　*3.22*(1875)
グリム, フリードリヒ-メルヒオール　*12.26*(1723)
グリム, ヤーコプ・ルートヴィヒ・カール　*4.1*(1785)
栗本鋤雲　*3.10*(1822)
栗本慎一郎　*11.23*(1941)
栗本瑞見　*7.27*(1756)
栗本義彦　*7.18*(1897)
厨川白村　*11.19*(1880)
厨川文夫　*7.30*(1907)
栗山大膳　*1.22*(1591)
栗山千明　*10.10*(1984)
栗山英樹　*4.26*(1961)
栗山理一　*1.14*(1909)
クリャンガ, イオン　*3.1*(1837)
クリュイタンス, アンドレ　*3.26*(1905)
クリュヴィエ, ジャン　*2.9*(1791)
クリューエフ, ニコライ・アレクセーヴィチ　*9.27*(1884)
クリューガー, パウル　*10.10*(1825)
クリューガー, フェーリクス　*8.10*(1874)
クリューガー, ヨーハン　*4.9*(1598)
クリューゲル　*5.2*(1880)
クリュス, ジェームス　*5.31*(1926)
クリュチェフスキー, ワシーリー・オーシポヴィチ　*2.4*(1841)
グリューフィウス, アンドレーアス　*10.2*(1616)
グリューベル, フランシス　*3.15*(1912)
グリュミオー, アルチュール　*3.21*(1922)
グリューン, アナスタージウス　*4.11*(1806)
グリュンヴェーデル, アルバート　*7.31*(1856)
グリュントゲンス, グスタフ　*12.22*(1899)
グリーリー, アドルファス　*3.27*(1844)
グリーリー, ホラス　*2.3*(1811)
クリーリー, ロバート　*5.21*(1926)
グリルパルツァー, フランツ　*1.15*(1791)
グリーン　*12.12*(1837)

グリーン, アレクサンドル・ステパノヴィチ 8.11(1880)
クリンガー, フリードリヒ・マクシミーリアン 2.17(1752)
クリンガー, マックス 2.18(1857)
グリンカ, ミハイル・イワノヴィチ 6.1(1804)
グリーン, グレアム 10.2(1904)
グリーン, ジュリヤン 9.6(1900)
グリーン, ジョージ 7.14(1793)
クリンスマン, ユルゲン 7.30(1964)
グリーン, ダニエル・クロスビ 2.11(1843)
クリンチ, ニコラス 11.9(1930)
グリーン, トマス・ヒル 4.7(1836)
グリント, ルパート 8.24(1988)
クリントン, ジョージ 7.26(1739)
クリントン, デ・ウィット 3.2(1769)
クリントン, ヒラリー・ロダム 10.26(1947)
クリントン, ビル 8.19(1946)
グリーン, ナサニエル 8.7(1742)
グリーンバーグ, クレメント 1.16(1909)
グリーン, ヘンリー 10.29(1905)
グリーン, ポール 3.17(1894)
グリーン, ロバート 7.11(1558)
グルー 5.27(1880)
クルーアマン, ハロルド 9.18(1901)
クール, アントワーヌ 5.17(1695)
クルイーモフ, ユーリー・ソロモノヴィチ 1.6(1908)
クルイローフ, イワン・アンドレーヴィチ 2.13(1769)
クルヴェル, ルネ 8.10(1900)

クルーゲ 6.21(1856)
クルーゲ, (ハンス・)ギュンター・フォン 10.30(1882)
グルサ 5.21(1858)
クルシェネック, エルンスト 8.23(1900)
グルーシ, エマニュエル, 侯爵 10.23(1766)
久留島武彦 6.19(1874)
久留島秀三郎 9.11(1888)
来栖三郎 1.1(1912)
来栖三郎 3.6(1886)
グルーズ, ジャン・バティスト 8.21(1725)
クルス, 聖フアン・デ・ラ 6.24(1542)
栗栖赳夫 7.21(1895)
クルーズ, トム 7.3(1963)
クルス, フアナ・イネス・デ・ラ 11.12(1651)
クルス, ペネロペ 4.28(1974)
来栖良夫 1.14(1916)
クルス, ラモン・デ・ラ 3.28(1731)
クルーゼンシュテルン 11.19(1770)
クルーゾ, アンリ・ジョルジュ 11.20(1907)
クールソン, チャールズ・アルフレッド 12.13(1910)
クルチコフスキ, レオン 6.28(1900)
クルーチ, ジョーゼフ・ウッド 11.25(1893)
クルチャトフ, イゴール・ヴァシリェヴィッチ 1.12(1903)
クルチョーヌイフ, アレクセイ・エリセーヴィチ 2.9(1886)
クルツィウス, エルンスト・ローベルト 4.14(1886)
クルツ, イゾルデ 12.21(1853)
グルック, クリストフ・ヴィリバルト 7.2(1714)
クルックシャンク, ジョージ 9.27(1792)
クルックス, サー・ウィリアム 6.17(1832)
グルッセ 9.5(1885)

クルップ, アルフリート 8.13(1907)
クルップ, アルフレート 4.16(1812)
クルップ, グスタフ 8.7(1870)
クルップ, フリードリヒ 7.17(1787)
クルップ, フリードリヒ・アルフレート 2.17(1854)
クルティウス 4.12(1813)
クルティウス, エルンスト 9.2(1814)
クルティウス, ゲオルク 4.16(1820)
クルティウス, テオドール 5.27(1857)
クルーデン, アレグザンダー 5.31(1701)
クルト, エルンスト 6.1(1886)
グールド, グレン 9.25(1932)
グールド, ジェイ 5.27(1836)
グールドナー 7.29(1920)
グールド, ベンジャミン・アプソープ 9.27(1824)
グールド, モートン 12.10(1913)
クールトリーヌ, ジョルジュ 6.25(1858)
クールトワ, ベルナール 2.8(1777)
クールナン, アンドレ・フレデリック 9.24(1895)
グルニエ, ジャン 2.6(1898)
クルニコワ, アンナ 6.7(1981)
クルーニー, ジョージ 5.6(1961)
グルニツキー, ニコラス 4.5(1913)
クールノー 8.28(1801)
グルーバー 11.29(1774)
来原良蔵 12.2(1829)
クルプスカヤ 2.14(1869)
クールベ 7.26(1827)
クールベ, ギュスターヴ 6.10(1819)
訓覇信雄 10.8(1906)
グルベルグ, カトー・マキシミリアン 8.11(1836)

久留間鮫造　*9.24*（1893）
来馬琢道　*11.28*（1877）
車谷長吉　*7.1*（1945）
車だん吉　*12.6*（1943）
胡桃沢耕史　*4.26*（1925）
クルムス　*3.15*（1687）
クルムバハー, カール　*9.23*（1856）
グールモン, レミ・ド　*4.4*（1858）
グルリット, ヴィリバルト　*3.1*（1889）
グルリット, マンフレート　*9.6*（1890）
クルレジャ, ミロスラヴ　*7.7*（1893）
グルントヴィ, ニコライ・フレデリック・セヴェリン　*9.8*（1783）
グレー　*4.25*（1862）
クレア, ジョン　*7.13*（1793）
グレアム, ケネス　*3.8*（1859）
グレアム, サー・ジェイムズ・ロバート・ジョージ, 准男爵　*6.1*（1792）
グレアム, トマス　*12.21*（1805）
グレアム, マーサ　*5.11*（1894）
グレイ, イライシャ　*8.2*（1835）
グレイヴズ, モリス　*8.28*（1910）
グレイヴズ, ロバート　*7.26*（1895）
グレイヴズ, ロバート・ジェイムズ　*3.27*（1797）
グレイ, エイサ　*11.18*（1810）
クレイ, カシアス・マーセラス　*10.19*（1810）
クレイギー, サー・ウィリアム・アレグザンダー　*8.13*（1867）
クレイグ, ゴードン　*1.16*（1872）
グレイシー, ヒクソン　*11.21*（1958）
グレイシー, ホイス　*12.12*（1966）
グレイシャー, ジェイムズ　*4.7*（1809）
グレイ, ゼイン　*1.31*（1872）
クレイダーマン, リチャード　*12.28*（1953）
グレイ, チャールズ・グレイ, 2代伯爵　*3.13*（1764）
クレイト, アルベルテュス・クリスティアーン　*10.10*（1869）
グレイ, トマス　*12.26*（1716）
クレイトン, ジョン（・ミドルトン）　*7.24*（1796）
クレイ, ヘンリー　*4.12*（1777）
グレイ, ヘンリー・ジョージ・グレイ, 3代伯爵　*12.28*（1802）
クレイマー, スタンリー　*9.29*（1913）
クレイ, ルーシャス（・デュビニョン）　*4.23*（1897）
クレイロー, アレクシ・クロード　*5.7*（1713）
クレイン, スティーヴン　*11.1*（1871）
クレイン, ハート　*7.21*（1899）
グレヴィウス　*1.29*（1632）
グレヴィ, ジュール　*8.15*（1807）
グレヴィル, フルク　*10.3*（1554）
クレヴクール, セント・ジョン・ド　*1.31*（1735）
クレーギー　*12.6*（1883）
グレーコ, エミーリオ　*10.11*（1913）
グレコ, サム　*5.3*（1967）
グレゴリー, イザベラ・オーガスタ・レイディ　*3.5*（1852）
グレゴリウス13世　*1.1*（1502）
グレゴリウス14世　*11.2*（1535）
グレゴリウス15世　*1.9*（1554）
グレゴリウス16世　*9.18*（1765）
グレゴローヴィウス, フェルディナント　*1.19*（1821）
グレゴワール, アンリ　*12.4*（1750）
グレゴワール・ド・トゥール　*11.30*（538）
グレーザー, エルンスト　*7.29*（1902）
呉茂一　*12.20*（1897）
クレージュ, アンドレ　*3.9*（1923）
呉秀三　*2.17*（1865）
クレショフ, レフ　*1.1*（1899）
グレーズ, アルベール・レオン　*12.8*（1881）
グレース王妃　*11.12*（1928）
クレスティル, トーマス　*11.4*（1932）
クレスピ, ジュゼッペ・マリーア　*3.16*（1665）
クレスポ, エルナン　*7.5*（1975）
クレースル, メルヒオル　*2.19*（1552）
グレーチコ　*10.17*（1903）
グレチャニーノフ, アレクサンドル・チーホノヴィチ　*10.25*（1864）
グレーツ　*10.31*（1817）
クレツキ, パウル　*3.21*（1900）
クレッシー　*12.15*（1896）
クレッシンベーニ, ジョヴァンニ・マリーア　*10.9*（1663）
クレッソン, エディット　*1.27*（1934）
クレッチマー　*10.8*（1888）
クレッチュマー, ヘルマン　*1.19*（1848）
クレッテンベルク, ズザンナ・カタリーナ・フォン　*12.19*（1723）
クレッペリン, エーミール　*2.15*（1856）
クレーデ　*12.23*（1819）
クレティエン, ジャン　*1.11*（1934）
グレート義太夫　*12.26*（1958）
呉智英　*10.21*（1946）
グレトリー, アンドレ・エルネスト・モデスト　*2.8*（1741）
グレーナー　*11.22*（1867）
KREVA　*6.18*（1976）
クレー, パウル　*12.18*（1879）
クレビヨン, クロード・プロスペール・ジョリヨ・ド　*2.14*（1707）
クレビヨン, プロスペール・ジョリヨ・ド　*2.13*（1674）
グレーフェ　*3.8*（1787）
グレーフェ　*5.22*（1828）

クレプシュ　1.19(1833)
クレブス　8.29(1876)
クレブス　2.6(1834)
クレブス, サー・ハンス・アドルフ　8.25(1900)
グレープナー,（ロベルト・）フリッツ　3.4(1877)
呉文聡　11.27(1851)
グレーベ, カール　2.24(1841)
クレーベル, ジャン・バティスト　3.9(1753)
グレーボー　1.9(1870)
クレマジー, オクターヴ　4.16(1827)
クレーマー, ジョーイ　6.21(1950)
クレマンソー, ジョルジュ　9.28(1841)
クレマン, ルネ　3.18(1913)
クレミュー, バンジャマン　12.1(1888)
クレメンス7世　5.26(1478)
クレメンス8世　2.24(1536)
クレーメンス9世　1.28(1600)
クレーメンス10世　7.13(1600)
クレメンス11世　7.23(1649)
クレメンス12世　4.7(1652)
クレメンス13世　3.7(1693)
クレメンス14世　10.31(1705)
クレメンス, ロジャー　8.4(1962)
クレメンツ　9.16(1874)
クレメンティ, ムジオ　1.23(1752)
クレモナ　12.7(1830)
クレランボー, ルイ・ニコラ　12.19(1676)
クレリデス, グラフコス　4.24(1919)
クレルモン・ガノー　2.19(1846)
クレール, ルネ　11.11(1898)
クレレ, アウグスト・レオポルト　3.11(1780)
クレロン嬢　1.25(1723)
グレンヴィル, ウィリアム・グレンヴィル, 男爵　10.25(1759)
グレンヴィル, ジョージ　10.14(1712)

クーレンカンプ, ゲオルク　1.23(1898)
グレンジャー, パーシー・オールドリッジ　7.8(1882)
グレーンジ, レッド　6.13(1903)
クレンツェ, レオ・フォン　2.29(1784)
クレンペラー, オットー　5.14(1885)
グロ　2.8(1793)
グロ, アントワーヌ・ジャン, 男爵　3.16(1771)
黒井千次　5.28(1932)
クロイダー, エルンスト　8.29(1903)
黒板勝美　9.3(1874)
クロイツァー, レオニード　3.13(1884)
クロイツェル, ロドルフ　11.16(1766)
クロイツベルク　12.11(1902)
黒井悌二郎　5.22(1866)
黒岩彰　9.6(1961)
黒岩重吾　2.25(1924)
黒岩祐治　9.26(1954)
黒岩涙香　9.29(1862)
グローヴ, サー・ウィリアム・ロバート　7.11(1811)
クロウ, シェリル　2.11(1962)
グローヴ, ジョージ　8.13(1820)
グローヴズ, チャールズ　3.10(1915)
グローヴ, フレデリック・フィリップ　2.14(1871)
クロウ, ラッセル　4.7(1964)
黒鉄ヒロシ　8.3(1945)
黒金泰美　11.25(1910)
黒川亀玉（初代）　10.28(1732)
黒川紀章　4.8(1934)
黒川武雄　3.5(1893)
黒川利雄　1.15(1897)
黒川春村　6.9(1799)
黒川芽以　5.13(1987)
黒木和雄　11.10(1930)
黒木勘蔵　9.10(1882)
黒木清次　5.2(1915)
黒木為楨　3.16(1844)
黒木瞳　10.5(1960)
黒木メイサ　5.28(1988)

クローグ, クリスチャン　8.13(1852)
クローグ, シャック・アウグスト・ステーンベルク　11.15(1874)
クロケット, デイヴィー　8.17(1786)
黒崎幸吉　5.2(1886)
黒沢明　3.23(1910)
黒沢薫　4.3(1971)
黒沢覚介　2.25(1817)
黒沢鷹次郎　11.23(1849)
黒沢雉岡　2.8(1713)
黒沢登幾　12.21(1806)
黒沢年雄　2.4(1944)
黒沢酉蔵　3.28(1885)
黒沢準　8.19(1878)
黒島伝治　12.12(1898)
クロース　11.8(1885)
クロス　5.30(1823)
グロース　12.10(1861)
グロス　7.8(1805)
クロス, アンリ・エドモン　5.20(1856)
クロース, ウィレム　5.6(1859)
グロス, ゲオルゲ　7.26(1893)
グロスター, ギルバート　9.2(1243)
グロスター公爵, トマス・オブ・ウッドストック　1.7(1355)
グロスター, プリンス・ヘンリー, 公爵　3.31(1900)
クロス, チャールズ・フレデリック　12.11(1855)
グローステスト, ロバート　2.3(1168)
クロスビー, ビング　5.2(1904)
クロスビー, ファニー　3.24(1820)
クロスマン, リチャード　12.15(1907)
グロスマン, ワシーリー・セミョーノヴィチ　11.29(1905)
黒住宗忠　11.26(1780)
黒住宗子　11.28(1876)
黒住宗信　6.21(1822)
クロスランド, トニー　8.29(1918)

クローゼン, ジョージ 4.18(1852)
クロソウスキー, ピエール 8.9(1905)
黒田一葦 11.5(1818)
黒田喜夫 2.28(1926)
黒田清 2.15(1931)
黒田清隆 10.16(1840)
黒田源次 12.9(1886)
黒田三郎 2.26(1919)
黒田清子 4.18(1969)
黒田清輝 6.29(1866)
黒田孝富 1.9(1834)
黒田忠之 11.9(1602)
黒田辰秋 9.21(1904)
黒田知永子 6.3(1961)
黒田チカ 3.24(1884)
黒田継高 8.11(1703)
黒田綱政 8.11(1659)
黒田桃民 6.11(1838)
黒田俊雄 1.21(1926)
黒田直純 4.23(1705)
黒田長清 6.26(1667)
黒田長舒 9.27(1765)
黒田長徳 2.29(1848)
黒田長政 12.3(1568)
黒田長礼 11.24(1889)
黒田斉清 2.6(1795)
黒谷友香 12.11(1975)
黒田宣政 5.9(1685)
黒田寿男 4.14(1899)
黒田英雄 9.2(1879)
黒田福美 7.21(1956)
黒田正夫 7.2(1897)
黒田増熊 4.2(1807)
黒田光之 5.16(1628)
黒田孝高 1.29(1546)
黒田了 3.16(1911)
クローチェ, ベネデット 2.25(1866)
クーロチキン, ワシーリー・ステパノヴィチ 8.9(1831)
クローツ 6.24(1755)
クローツィウス, ヨーハン 7.28(1590)
グロッシ, トンマーゾ 1.23(1790)
グロッセ 7.29(1862)
グロッツ 2.17(1862)
グロッパー, ウィリアム 12.3(1897)
クロップシュトク, フリードリヒ・ゴットリープ 7.2(1724)
グロティウス, フーゴ 4.10(1583)
クロディオン 12.20(1738)
グローテヴォール, オットー 3.11(1894)
グローテフェント 6.9(1775)
クローデル, カミーユ 12.8(1864)
クローデル, ポール 8.6(1868)
グロート 6.23(1843)
グロート 11.17(1794)
クロード, アルベール 8.24(1899)
グロート, クラウス 4.24(1819)
クロード, ジョルジュ 9.24(1870)
グロトフスキ, イエジィ 8.11(1933)
クローナカ 10.30(1457)
クローニン, A.J. 7.19(1896)
クロネッカー 1.27(1839)
クロネッカー, レオポルト 12.7(1823)
クローネンバーグ, デービッド 3.15(1943)
クローバー, アルフレッド・ルイス 6.11(1876)
クロパトキン, アレクセイ・ニコラエヴィチ 3.29(1848)
グロピウス, ヴァルター 5.18(1883)
グローフェ, ファーデ 3.27(1892)
クローフォド, ジョーン 3.23(1906)
クロフォード, シンディ 2.20(1966)
クローフォド, トマス 3.22(1813)
クロフォード, ブロデリック 12.9(1911)
クロフト, ウィリアム 12.30(1678)
クロポトキン, ピョートル・アレクセーヴィチ 12.21(1842)
クローマー, イヴリン・ベアリング, 初代伯爵 2.26(1841)
クロマティ, ウォーレン 9.29(1953)
グロムイコ, アンドレイ・アンドレエヴィチ 7.6(1909)
クロムウェル, オリヴァー 4.25(1599)
クロムウェル, リチャード 10.4(1626)
クローム, ジョン 12.22(1768)
クロムランク, フェルナン 11.19(1886)
グロメール, マルセル 7.24(1892)
畔柳都太郎 5.17(1871)
畔柳二美 1.14(1912)
クロル 10.7(1869)
グロールマン 7.30(1777)
クローロ, カール 3.11(1915)
クーロン, シャルル・オーギュスタン・ド 6.14(1736)
クローンステット, アクセル・フレドリック, 男爵 12.23(1722)
クロンプトン, サミュエル 12.3(1753)
クワイン, ウィラード・ヴァン・オーマン 6.25(1908)
桑木彧雄 9.9(1878)
桑木厳翼 6.25(1874)
桑木崇明 10.22(1885)
桑沢洋子 11.7(1910)
桑島主計 3.4(1884)
桑田熊蔵 11.17(1868)
桑田佳祐 2.26(1956)
桑田次郎 4.17(1935)
桑田忠親 11.21(1902)
桑田真澄 4.1(1968)
桑田芳蔵 7.11(1882)
桑田義備 10.5(1882)
桑田立斎 7.10(1811)
桑名正博 8.7(1953)
桑野信義 4.4(1957)
桑野通子 1.4(1915)
桑原甲子雄 12.9(1913)
桑原隲蔵 10.10(1870)
桑原武夫 5.10(1904)
桑原万寿太郎 10.15(1909)
桑原幹根 8.29(1895)

久和ひとみ *9.25*(1960)
桑山正一 *8.16*(1922)
クワント, マリー *5.3*(1934)
クワン, ミシェル *7.7*(1980)
グンケル, ヘルマン *5.23*(1862)
郡司成忠 *11.17*(1860)
群司次郎正 *11.27*(1905)
郡司正勝 *7.7*(1913)
クンツェヴィチョヴァ, マリア *10.30*(1899)
クンツ, エーリヒ *5.20*(1909)
薫的 *1.28*(1625)
クンデラ, ミラン *4.1*(1929)
クント, アウグスト・エドゥアルト・エーベルハルト・アドルフ *11.18*(1839)
グンドゥリッチ, イヴァン *1.8*(1589)
クーン, トマス *7.18*(1922)
グンドルフ, フリードリヒ *6.20*(1880)
グンナルソン, グンナル *5.18*(1889)
クンバラジュ・アフメト・パシャ *7.14*(1675)
グンプロヴィッツ *3.9*(1838)
クンマー, エルンスト・エドゥアルト *1.29*(1810)
クーン, ヤン・ピーテルスゾーン *1.8*(1587)
クーン, リヒャルト *12.3*(1900)

【け】

ゲー‐リュサック, ジョゼフ・ルイ *12.6*(1778)
ケア, ウィリアムP. *8.30*(1855)
ケアド, エドワード *3.22*(1835)
ゲーアハルト, パウル *3.12*(1607)
ゲーアハルト, ヨーハン *10.17*(1582)
ケアリ(ケーリ), オウティス *4.20*(1851)
ケアリー, H.C. *12.15*(1793)
ケアリー, ウィリアム *8.17*(1761)
ケアリー, ジョイス *12.7*(1888)
ケアリ, マシュー *1.28*(1760)
ケアンズ *12.26*(1823)
ゲイ *10.27*(1867)
桂銀淑 *7.28*(1962)
ケイ, エレン *12.11*(1849)
倪元璐 *11.16*(1593)
KEIKO *8.18*(1972)
倪瓚 *1.17*(1301)
瑩山紹瑾 *10.8*(1264)
馨子内親王 *2.2*(1029)
ケイ, ジョン *7.16*(1704)
ゲイ, ジョン *9.10*(1685)
ケイシー, リチャード・ガーディナー・ケイシー, 男爵 *8.29*(1890)
ケイスメント, サー・ロジャー・デイヴィド *9.1*(1864)
ケイゼル, ヘンドリック・デ *5.15*(1565)
ケイ, ダニー *1.18*(1913)
ケイタ, モビド *6.4*(1915)
ゲイツケル, ヒュー *4.9*(1906)
ゲイツ, ビル *10.28*(1955)
ゲイツ, ホレイシオ *7.26*(1729)
恵棟 *10.5*(1697)
ゲイナー, ジャネット *10.6*(1906)
ゲイブル, クラーク *2.1*(1901)
ケイブル, ジョージ・ワシントン *10.12*(1844)
ケイペル, エドワード *6.11*(1713)
敬法門院 *12.30*(1657)
慶松勝左衛門 *9.21*(1876)
ゲイ, マービン *4.2*(1939)
ケイリー, アーサー *8.16*(1821)
ケイリー, サー・ジョージ *12.27*(1773)
ゲイル, ゾーナ *8.26*(1874)
ケイロース, エッサ・デ *11.25*(1845)
ゲイン *4.21*(1909)
ケイン・コスギ *10.11*(1974)
ケイン, ジェイムズ・M. *7.1*(1892)
ケインズ, ジョン・メイナード *6.5*(1883)
ゲインズバラ, トマス *5.14*(1727)
ケイン, ホール *5.14*(1853)
ケイン, マイケル *3.14*(1933)
ゲオルギウ‐デジ, ゲオルゲ *11.8*(1901)
ゲオルギウ, ヴィルジル *9.15*(1916)
ゲオルギエフ *8.11*(1882)
ゲオルギオス1世 *12.24*(1845)
ゲオルギオス2世 *7.19*(1890)
ゲオールギオス・トラペズーンティオス *4.4*(1395)
ゲオルク2世 *4.2*(1826)
ゲオルク3世(敬虔公) *8.13*(1507)
ゲオルク5世 *5.27*(1819)
ゲオルク(敬虔候) *3.4*(1484)
ゲオルク(髭公) *8.27*(1471)
ゲオルゲ, シュテファン *7.12*(1868)
ゲオン, アンリ *3.15*(1875)
劇団ひとり *2.2*(1977)
ケーグラー, イグナーツェ *5.11*(1680)
ケクラン, シャルル *11.27*(1867)
ケクレ・フォン・シュトラドニッツ, フリードリヒ・アウグスト *9.7*(1829)
ゲーゲンバウエル, カール *8.21*(1826)
ゲシェル, カール・フリードリヒ *10.7*(1784)
ケージ, ジョン・ミルトン(Jr.) *9.5*(1912)
ケージ, ニコラス *1.7*(1964)
ゲース, アルブレヒト *3.22*(1908)
ケステン, ヘルマン *1.28*(1900)
ケストナー, エーリヒ *2.23*(1899)
ケストラー, アーサー *9.5*(1905)

ゲスナー　*4.9*(1691)
ゲスナー, コンラート・フォン　*3.26*(1516)
ゲスナー, ザーロモン　*4.1*(1730)
ゲーゼ, ニルス・ヴィルヘルム　*2.22*(1817)
ゲゼル, アーノルド　*6.21*(1880)
ゲゼル, シルヴィオ　*3.17*(1862)
ケソン, マヌエル・ルイス　*8.19*(1878)
ゲタール, ジャン・エティエンヌ　*9.22*(1715)
ケチュケ　*7.8*(1867)
月庵良円　*4.8*(1348)
月華門院　*10.9*(1247)
月渓聖澄　*3.8*(1536)
月江宗澄　*2.8*(1639)
ケッコネン, ウルホ・カレヴァ　*9.3*(1900)
潔子内親王　*4.18*(1179)
月舟宗胡　*4.5*(1618)
月性　*9.27*(1817)
ケッセル, ジョゼフ　*2.10*(1898)
ケッセルリング　*6.21*(1902)
ケッセルリング, アルベルト　*11.30*(1885)
月僊　*1.1*(1741)
月泉性印　*1.20*(1408)
月庵宗光　*4.8*(1326)
ゲッツィ, B.フォン　*3.4*(1897)
ゲッツ, スタン　*2.2*(1927)
ゲッデス　*4.21*(1893)
ケッテラー　*11.22*(1853)
ケッテラー, ヴィルヘルム・エマーヌエル・フォン　*12.25*(1811)
ゲッベルス, パウル・ヨーゼフ　*10.29*(1897)
ケッヘル, ルートヴィヒ・リッター・フォン　*1.14*(1800)
ケッペン, ヴォルフガング　*6.23*(1906)
ケッペン, ヴラディミル・ペーター　*9.25*(1846)
ゲーデ　*5.25*(1878)
ゲディス, サー・パトリック　*10.20*(1854)
ゲーテ, ヨーハン・ヴォルフガング　*8.28*(1749)
ゲーデル, クルト　*4.28*(1906)
ケテルビー, アルバート・ウィリアム　*8.9*(1875)
ゲード　*11.11*(1845)
ケトレ, ランベール・アドルフ・ジャック　*2.22*(1796)
ケードロフ　*12.21*(1893)
ケナン, ジョージ　*2.16*(1904)
ケーニッヒ　*4.17*(1774)
ケーニッヒ　*11.26*(1832)
ケーニヒ　*7.5*(1906)
ケニヤッタ, ジョモ　*10.20*(1893)
ケネディ, ジョン・F.　*5.29*(1917)
ケネディ, ジョン・ペンドルトン　*10.25*(1795)
ケネディ, ロバート　*11.20*(1925)
ケネー, フランソワ　*6.4*(1694)
ケネリー, アーサー・エドウィン　*12.17*(1861)
ケネル, パーキエ　*7.14*(1634)
ゲーノ, ジャン　*3.25*(1890)
ゲバラ, エルネスト・チェ　*6.14*(1928)
ケビン　*10.3*(1971)
ケプラー, ヨハネス　*12.27*(1571)
ケプロン　*3.31*(1804)
ケベード, フランシスコ・ゴメス・デ　*9.17*(1580)
ゲーベル　*3.8*(1855)
ケーベル, ラファエル・フォン　*8.15*(1848)
食満南北　*7.31*(1880)
ケマル, ナームク　*12.21*(1840)
ケムズリー, ジェイムズ・ゴーマー・ベリー, 初代子爵　*5.7*(1883)
ケムニッツ, マルティン　*11.9*(1522)
煙山専太郎　*6.3*(1877)
ケメーニュ・ジグモンド　*6.12*(1814)
ケメラー　*6.29*(1875)
ケーラー, ヴォルフガング　*1.21*(1887)
ケラー, ゴットフリート　*7.19*(1819)
ゲラー, サラ・ミシェル　*4.14*(1977)
ゲラーシモフ, アレクサンドル・ミハイロヴィチ　*7.31*(1881)
ゲラーシモフ, セルゲイ　*5.21*(1906)
ゲラーシモフ, ミハイル・プロコフィエヴィチ　*9.30*(1889)
ゲラート, クリスティアン・フュルヒテゴット　*7.4*(1717)
ケラー, ヘレン　*6.27*(1880)
ケラーマン, ベルンハルト　*3.4*(1879)
ゲーラロップ, カール　*6.2*(1857)
ゲラン　*5.19*(1904)
ゲラン, ウージェニー・ド　*1.29*(1805)
ゲラン, シャルル　*12.29*(1873)
ゲラン, ピエール・ナルシス, 男爵　*3.13*(1774)
ゲラン, モーリス・ド　*8.5*(1810)
ケリー, エルスワース　*5.31*(1923)
ゲリー, エルブリッジ　*7.17*(1744)
ケリカー, ルドルフ・アルベルト・フォン　*7.6*(1817)
ケリー, グレイス　*11.12*(1928)
ゲーリケ, オットー・フォン　*11.20*(1602)
ケリー, ジーン　*8.23*(1912)
ゲーリッグ, ルー　*6.19*(1903)
ゲリブランド, ヘンリー　*11.17*(1597)
ケリュス, アンヌ - クロード - フィリップ・ド・チュビエール・ド　*10.31*(1692)
ゲーリンクス, アルノルド　*1.13*(1624)
ゲーリング, ヘルマン　*1.12*(1893)

ゲーリング, ラインハルト 6.23(1887)
ケール 12.1(1671)
ケルアック, ジャック 3.12(1922)
ゲルヴィーヌス, ゲオルク・ゴットフリート 5.20(1805)
ケルシェンシュタイナー 7.29(1854)
ケルゼン, ハンス 10.11(1881)
ゲルチーノ, イル 2.8(1591)
ゲルツェン, アレクサンドル・イワノヴィチ 4.6(1812)
ケールディシュ, ムスチスラフ 11.10(1911)
ケルテース・アンドレ 8.28(1929)
ケルテース, イシュトヴァーン 8.28(1929)
ケルテース・イムレ 11.9(1929)
ゲルトナー 3.12(1732)
ゲルトナー 4.18(1848)
ゲルトナー 12.17(1852)
ゲルトナー, フリードリヒ・フォン 12.10(1792)
ゲルトルーディス・マグナ 1.6(1255)
ゲルドロード, ミシェル・ド 4.3(1898)
ケルナー, テーオドア 9.23(1791)
ケルナー, ユスティーヌス 9.18(1786)
ゲルバー, カール 4.11(1823)
ゲルハルセン 5.10(1897)
ゲルハルト, エドゥアルト 11.29(1795)
ゲルハルト, エレナ 11.11(1883)
ケルビーニ, ルイージ・カルロ・ザノービオ・サルヴァトーレ・マリーア 9.8(1760)
ゲルラハ 2.2(1866)
ゲルラハ 8.1(1889)
ゲルラハ, レーオポルト・フォン 9.12(1790)
ケルロイター 4.27(1733)
ケルン 4.6(1833)
ゲレ, イスマイル・オマル 11.27(1947)
ケレク, マチュー 9.2(1933)
ケーレシ・チョマ・シャーンドル 4.4(1798)
ゲレス, ヨーゼフ 1.25(1776)
ケレーニー, カール 1.19(1897)
ケレルマン 5.28(1735)
ゲレーロ, ビセンテ 8.10(1783)
ゲーレン 1.29(1904)
ケレンスキー, アレクサンドル・フョードロヴィチ 5.4(1881)
ケーレン, ルドルフ・ファン 1.28(1540)
ケロッグ, フランク・B 12.22(1856)
ケロール, ジャン 6.2(1911)
ken 11.28
玄月 2.10(1965)
阮元 1.20(1764)
源氏鶏太 4.19(1912)
ケンジット, パッツィ 3.4(1968)
娟子内親王 9.13(1032)
元秀女王 7.3(1696)
賢章院 12.8(1791)
元敞女王 7.12(1750)
ゲンズブール, シャルロット 7.21(1971)
ゲンズブール, セルジュ 4.2(1928)
元政 2.23(1623)
玄宗(唐) 8.5(685)
顕尊 1.23(1564)
源田実 8.16(1904)
ケンタル, アンテーロ・デ 4.18(1842)
ゲンツ, フリードリヒ 5.2(1764)
ケント 7.31(1763)
ケント 11.2(1767)
ケンドリュー, サー・ジョン・カウドリー 3.24(1917)
ケンドール, エドワード・カルヴィン 3.8(1886)
ケンドル, ヘンリー 4.18(1839)
ケント, ロックウェル 6.21(1882)
ケントン, スタン 2.19(1912)
研ナオコ 7.7(1953)
顕如 1.6(1543)
元如尼 6.7(1680)
源翁心昭 2.19(1329)
剣木亨弘 9.3(1901)
ケンプ, ウィル 6.29(1977)
ケンプ, ヴィルヘルム 11.25(1895)
ケンプフェルト, ベルト 10.16(1924)
ケンブル 4.2(1807)
ケンブル, ジョン・フィリップ 2.1(1757)
ゲンベシュ・ジュラ 12.26(1886)
ケンペス, マリオ 7.15(1954)
ケンベル 9.16(1651)
ケンペ, ルドルフ 6.14(1910)
ケンペン, パウル・ヴァン 5.16(1893)
剣持勇 1.2(1912)
源鸞 12.4(1319)
乾隆帝 8.13(1711)

【こ】

ゴア, アルバート(Jr.) 3.31(1948)
ゴア, チャールズ 1.22(1853)
コーアン, ジョージ 7.3(1878)
呉偉 5.20(1459)
鯉江方寿 12.7(1821)
小池朝雄 3.18(1931)
小池岩太郎 2.22(1913)
小池栄子 11.20(1980)
小池国三 4.10(1866)
小池厚之助 3.16(1899)
小池滋 7.15(1931)
小池修一郎 3.17(1955)
小池聡行 10.15(1932)
小池張造 2.8(1873)
小池徹平 1.5(1986)
小池雅人 5.7(1828)
小池真理子 10.28(1952)
小池百合子 7.15(1952)

五井持軒　*2.22*（1641）
小石元俊　*9.16*（1743）
小石元瑞　*11.20*（1784）
小石中蔵　*7.23*（1817）
小泉一兵衛　*3.16*（1920）
小泉喜美子　*2.2*（1934）
小泉今日子　*2.4*（1966）
小泉孝太郎　*7.10*（1978）
小泉策太郎　*11.3*（1872）
小泉純一郎　*1.8*（1942）
小泉純也　*1.24*（1904）
小泉信三　*5.4*（1888）
古泉千樫　*9.26*（1886）
小泉親彦　*9.9*（1884）
小泉苳三　*4.4*（1894）
小泉信吉　*2.3*（1849）
小泉文夫　*3.29*（1927）
小泉文夫　*4.4*（1927）
小泉丹　*11.23*（1882）
小泉正夫　*3.16*（1910）
小泉又次郎　*5.17*（1865）
小磯国昭　*3.22*（1880）
小磯良平　*7.25*（1903）
後一条院中宮　*12.23*（999）
後一条天皇　*9.11*（1008）
肥塚龍　*1.10*（1848）
小出兼政　*8.27*（1797）
小出恵介　*2.20*（1984）
小出正吾　*1.5*（1897）
小出粲　*8.28*（1833）
小出楢重　*10.13*（1887）
小出義雄　*4.15*（1939）
小絲源太郎　*7.13*（1887）
小糸源六郎　*7.10*（1883）
小糸のぶ　*9.24*（1905）
コイプ, アルベルト　*10.20*（1620）
鯉淵要人　*1.7*（1810）
五井蘭洲　*1.8*（1697）
コイレ, アレクサンドル　*8.29*（1892）
小岩井浄　*6.9*（1897）
コーイング　*2.28*（1912）
コヴァチ, ミハル　*8.5*（1930）
幸阿弥（11代目）　*3.10*（1628）
コヴァレフスキー, アレクサンドル・オヌフリエヴィッチ　*11.7*（1840）
コヴァレーフスキィ　*9.8*（1851）
興意法親王　*10.12*（1576）
高栄女王　*7.1*（1661）
公延　*11.29*（1762）
黄炎培　*10.1*（1878）
ゴヴォーニ, コッラード　*10.29*（1884）
ゴウォン, ヤクブ　*10.19*（1934）
公海　*12.12*（1607）
光格天皇　*8.15*（1771）
甲賀源吾　*1.3*（1839）
甲賀三郎　*10.5*（1893）
鴻上尚史　*8.2*（1958）
康熙帝　*3.18*（1654）
公慶　*11.15*（1648）
江月宗玩　*11.21*（1574）
黄興　*10.25*（1874）
侯孝賢　*4.8*（1947）
高行健　*1.4*（1940）
江亢虎　*7.18*（1883）
皇后美智子　*10.20*（1934）
郷古潔　*11.13*（1882）
綱厳　*2.7*（1334）
光厳天皇　*7.9*（1313）
香西かおり　*8.28*（1963）
香西照雄　*10.30*（1917）
高坂正顕　*1.23*（1900）
高坂正堯　*5.8*（1934）
香坂みゆき　*2.7*（1963）
郷司浩平　*10.16*（1900）
功子内親王　*3.30*（1176）
香淳皇后　*3.6*（1903）
公紹入道親王　*9.12*（1815）
光緒帝　*8.14*（1871）
洪深　*12.31*（1894）
郷誠之助　*1.8*（1865）
高泉性潡　*10.8*（1633）
孝宗（宋）　*10.22*（1127）
高宗（宋）　*5.21*（1107）
高宗（唐）　*6.13*（628）
高宗（李氏朝鮮）　*7.25*（1852）
幸田文　*9.1*（1904）
皇太子徳仁　*2.23*（1960）
皇太子妃雅子　*12.9*（1963）
広大夫人　*6.18*（1773）
甲田栄佑　*7.10*（1902）
ゴウダ, H.D.デーベ　*5.18*（1933）
小唄勝太郎　*11.6*（1904）
合田清　*5.7*（1862）
倖田来未　*11.13*（1982）
江沢民　*8.17*（1926）
幸田成友　*3.9*（1873）
幸田シャーミン　*4.8*（1956）
後宇多天皇　*12.1*（1267）
郷田悳　*5.25*（1905）
甲田寿彦　*12.14*（1917）
甲谷道庵　*7.4*（1764）
幸田延　*3.19*（1870）
幸田露伴　*7.23*（1867）
幸地賢忠　*6.15*（1623）
河内全節　*8.3*（1834）
河内桃子　*3.7*（1932）
公澄　*10.29*（1776）
上月晃　*4.6*（1942）
神津専三郎　*3.5*（1852）
神津はづき　*8.31*（1962）
高津春繁　*1.19*（1908）
黄庭堅　*6.12*（1045）
幸徳井友親　*3.25*（1671）
幸徳秋水　*9.23*（1871）
光仁天皇　*10.13*（709）
河野安通志　*3.31*（1884）
鴻池道億　*12.6*（1655）
河野一郎　*6.2*（1898）
向野堅一　*9.4*（1868）
河野謙三　*5.14*（1901）
河野省三　*8.10*（1882）
河野多惠子　*4.30*（1926）
河野鷹思　*3.21*（1906）
河野通勢　*6.10*（1895）
河野常吉　*11.22*（1863）
河野禎造　*12.1*（1817）
河野鉄兜　*12.17*（1825）
河野敏鎌　*10.20*（1844）
河野南畦　*5.2*（1913）
幸野楳嶺　*3.3*（1844）
河野広中　*7.7*（1849）
河野通英　*10.26*（1612）
河野密　*12.18*（1897）
河野守弘　*6.16*（1793）
河野与一　*9.12*（1896）
河野洋平　*1.15*（1937）
甲野礼作　*10.4*（1915）
耕治人　*8.1*（1906）
郷ひろみ　*10.18*（1955）
高芙蓉　*3.15*（1722）
ゴウブル（ゴーブル）, ジョナサン　*3.4*（1827）
公弁法親王　*8.21*（1699）
光明天皇　*12.23*（1321）
神鞭知常　*8.4*（1848）
高村正彦　*3.15*（1942）

洪命熹　*5.23*(1888)
孝明天皇　*6.14*(1831)
河本大作　*1.24*(1882)
河本敏夫　*6.22*(1911)
甲本ヒロト　*3.17*(1963)
甲本雅裕　*6.26*(1965)
高山岩男　*4.18*(1905)
香山健一　*1.17*(1933)
康有為　*3.19*(1858)
幸祥光　*11.16*(1892)
高良とみ　*7.1*(1896)
高良斎　*5.19*(1799)
コエーリョ, パウロ　*8.24*(1947)
ゴエルグ, エドゥワール　*6.9*(1893)
コーエン　*5.31*(1918)
コーエン, M.R.　*7.25*(1880)
コーエン, アレクサンダー　*7.24*(1920)
コーエン, サーシャ　*10.26*(1984)
コーエン, ジョエル　*11.29*(1957)
顧炎武　*5.28*(1613)
コーエン, ヘルマン　*6.4*(1842)
後円融天皇　*12.12*(1358)
郡虎彦　*6.28*(1890)
郡場寛　*9.6*(1882)
古賀専　*10.1*(1908)
久我敦通　*8.21*(1565)
瑚海仲珊　*4.8*(1390)
古賀逸策　*12.5*(1899)
ゴガ, オクタヴィアン　*4.1*(1881)
古賀謹一郎　*11.11*(1816)
古賀穀堂　*12.5*(1777)
久我惟通　*10.30*(1687)
古賀了　*8.8*(1904)
後柏原天皇　*10.20*(1464)
ゴーガス, ウィリアム・クロフォード　*10.3*(1853)
古賀精里　*10.20*(1750)
古賀忠道　*12.4*(1903)
古賀侗庵　*1.23*(1788)
古賀稔彦　*11.21*(1967)
小金井喜美子　*1.29*(1871)
小金井良精　*12.14*(1859)
小金井蘆州(2代目)　*8.2*(1848)
小金井蘆洲(3代目)　*7.9*(1876)
小金井蘆洲(4代目)　*12.6*(1888)
小金井蘆洲(5代目)　*11.1*(1877)
古賀春江　*6.18*(1895)
古賀誠　*8.5*(1940)
古賀政男　*11.18*(1904)
久我通前　*10.14*(1591)
古賀峯一　*4.25*(1885)
古賀良彦　*7.24*(1901)
ゴーガルテン, フリードリヒ　*1.13*(1887)
ゴーカレー　*5.9*(1866)
コカレル, サー・クリストファー(・シドニー)　*6.4*(1910)
コカレル, チャールズ・ロバート　*4.28*(1788)
古賀廉造　*1.16*(1858)
呉晗　*9.24*(1909)
後閑菊野　*10.9*(1866)
虎関師錬　*4.16*(1278)
コーガン, ピョートル・セミョーノヴィチ　*6.1*(1872)
コーガン, ビリー　*3.17*(1967)
ゴーガン, ポール　*6.7*(1848)
コーガン, レオニード・ボリーソヴィチ　*11.14*(1924)
ゴーキー, アーシル　*10.25*(1904)
呉玉章　*12.30*(1878)
胡錦濤　*12.25*(1942)
国阿　*2.17*(1314)
コーク, サー・エドワード　*2.1*(1552)
黒正巌　*1.2*(1895)
国生さゆり　*12.22*(1966)
コクツェーユス(コッホ), ヨハネス　*8.9*(1603)
コクトー, ジャン　*7.5*(1889)
コーク, トマス　*10.9*(1747)
国場幸太郎　*12.19*(1900)
国分勘兵衛(10代目)　*1.19*(1883)
国分青厓　*5.5*(1857)
国府弘子　*8.26*(1959)
国分一太郎　*3.13*(1911)
国分太一　*9.2*(1974)
小久保喜七　*3.23*(1865)
コクラン　*12.14*(1775)
コクラン, サー・チャールズ・ブレイク　*9.25*(1872)
国領五一郎　*12.20*(1902)
木暮実千代　*1.31*(1918)
木暮理太郎　*12.7*(1873)
呉敬恒　*3.25*(1865)
顧頡剛　*5.8*(1893)
古月禅材　*9.12*(1667)
後光厳天皇　*3.2*(1338)
ココーヴツォフ, ウラディミール　*4.18*(1853)
後光明天皇　*3.12*(1633)
辜鴻銘　*7.19*(1857)
ココシュカ, オスカル　*3.1*(1886)
九重貢　*6.1*(1955)
後小松天皇　*6.27*(1377)
ゴーゴリ, ニコライ・ワシリエヴィチ　*4.1*(1809)
古今亭今輔(3代目)　*6.27*(1869)
古今亭今輔(4代目)　*5.21*(1886)
古今亭今輔(5代目)　*6.12*(1898)
古今亭志ん生(3代目)　*9.5*(1863)
古今亭志ん生(4代目)　*4.4*(1877)
古今亭志ん生(5代目)　*6.28*(1890)
古今亭志ん朝(3代目)　*3.10*(1938)
後西天皇　*11.16*(1637)
古在由重　*5.17*(1901)
古在由直　*12.20*(1864)
古在由秀　*4.1*(1928)
小堺一機　*1.3*(1956)
小酒井五一郎　*1.30*(1881)
小堺昭三　*5.24*(1928)
小酒井不木　*10.8*(1890)
後嵯峨院大納言典侍　*9.19*(1233)
小坂一也　*5.30*(1935)
小坂実信　*7.29*(1776)
小坂順造　*3.30*(1881)
小坂象堂　*9.26*(1870)
小坂善太郎　*1.23*(1912)
後嵯峨天皇　*2.26*(1220)
小坂徳三郎　*1.20*(1916)
小崎弘道　*4.14*(1856)

小崎道雄　*11.16*(1888)
後桜町天皇　*8.3*(1740)
小桜葉子　*3.4*(1918)
コサック, ゾフィア　*8.8*(1890)
ゴーサルズ, ジョージ・ワシントン　*6.29*(1858)
古沢平作　*7.16*(1897)
後三条天皇　*7.18*(1034)
コーサンビー　*7.31*(1907)
ゴーシェン　*8.10*(1831)
コーシー, オーギュスタイン・ルイ, 男爵　*8.21*(1789)
小鹿番　*6.18*(1932)
越路吹雪　*2.18*(1924)
コシチューシコ, タデウシュ　*2.4*(1746)
越野栄松(初代)　*3.19*(1887)
小柴昌俊　*9.19*(1926)
コージブスキー, アルフレッド　*7.3*(1879)
小島烏水　*12.29*(1873)
古島一雄　*8.1*(1865)
児嶋一哉　*7.16*(1972)
児島喜久雄　*10.10*(1887)
小島慶四郎　*12.19*(1932)
小島剛夕　*11.3*(1928)
小島省斎　*8.11*(1804)
小島成斎　*12.10*(1796)
児島善三郎　*2.13*(1893)
児島惣次郎　*12.8*(1870)
小島勗　*6.1*(1900)
小島徹三　*9.29*(1899)
児島虎次郎　*4.3*(1881)
小島直次郎　*8.22*(1846)
児島襄　*1.26*(1927)
小島聖　*3.1*(1976)
小島政二郎　*1.31*(1894)
小島麻由美　*9.30*(1972)
小島龍太郎　*11.27*(1849)
五社英雄　*2.26*(1929)
コー, ジャン　*7.8*(1925)
コシュタ・カブラル　*5.9*(1803)
コシュトニツァ, ボイスラフ　*3.24*(1944)
コシュート・ラヨシュ　*9.19*(1802)
呉春　*3.15*(1752)
古城管堂　*7.25*(1857)
呉昌征　*6.28*(1916)
呉昌碩　*8.1*(1844)
五条珠実(初代)　*2.6*(1899)
五条為適　*4.22*(1597)
五条経子　*12.11*(1674)
五条寛子　*3.19*(1718)
五条庸子　*4.19*(1660)
五所平之助　*2.1*(1902)
後白河天皇　*9.11*(1127)
コジンスキー, ジャージ　*6.14*(1933)
コージンツェフ, グリゴーリー・ミハイロヴィチ　*3.22*(1905)
コスイギン, アレクセイ・ニコラエヴィチ　*2.20*(1904)
ゴス, エドマンド　*9.21*(1849)
小杉勇　*2.24*(1904)
小杉天外　*9.19*(1865)
小杉放庵　*12.30*(1881)
コスグレーブ, リアム　*4.13*(1920)
小菅丹治　*4.27*(1882)
コスケンニエミ, ヴェイッコ　*7.8*(1885)
後朱雀天皇　*11.25*(1009)
コスタ, イサーク・ダ　*1.14*(1798)
コスタ・イ・シルバ　*10.3*(1902)
コスタ, ルシオ　*2.27*(1902)
コステラネッツ, アンドレ　*12.22*(1901)
コステロ, エルビス　*8.25*(1954)
コステロ, ジョン(・アロイシアス)　*6.20*(1891)
コストフ　*6.17*(1897)
コストラーニ・デジェー　*3.29*(1885)
コスナー, ケビン　*1.18*(1955)
コスマ, ジョゼフ　*10.22*(1905)
コスミンスキー　*11.2*(1886)
小鶴誠　*12.17*(1922)
コズローフ, イワン・イワノヴィチ　*4.11*(1779)
コズロフ, ピョートル　*10.3*(1863)
小関三英　*6.11*(1787)
古関裕而　*8.11*(1909)
五姓田芳柳(初代)　*2.1*(1827)
五姓田芳柳(2代目)　*8.7*(1864)
五姓田義松　*4.28*(1855)
ゴセック, フランソワ・ジョゼフ　*1.17*(1734)
ゴセット　*6.13*(1876)
巨勢利和　*6.20*(1767)
コー, セバスチャン　*9.29*(1956)
コセリウ　*7.21*(1921)
コーソー, グレゴリー　*3.26*(1930)
後醍院真柱　*12.2*(1805)
後醍醐天皇　*11.2*(1288)
コダーイ・ゾルターン　*12.16*(1882)
五代友厚　*12.26*(1836)
伍代夏子　*12.18*(1961)
五代裕作　*5.4*(1961)
小平邦彦　*3.16*(1915)
ゴータイン　*10.29*(1853)
後高倉院　*2.28*(1179)
小竹無二雄　*11.30*(1894)
古武弥正　*9.19*(1912)
古武弥四郎　*7.2*(1879)
ゴダード, ポーレット　*6.3*(1911)
小谷喜美　*1.10*(1901)
小谷三志　*12.25*(1765)
小谷剛　*9.11*(1924)
小谷古蔭　*4.19*(1821)
小谷真生子　*3.4*(1965)
小谷正雄　*1.14*(1906)
小谷正一　*7.31*(1912)
小谷実可子　*8.30*(1966)
児玉一造　*3.20*(1881)
児玉花外　*7.7*(1874)
児玉数夫　*4.30*(1920)
児玉清　*1.1*(1934)
児玉源太郎　*2.25*(1852)
児玉さだ　*10.22*(1832)
児玉次郎彦　*6.14*(1842)
児玉隆也　*5.7*(1937)
児玉秀雄　*7.19*(1876)
児玉博　*10.13*(1909)
児玉雄一郎　*3.4*(1832)
児玉誉士夫　*2.18*(1911)
ゴダール, ジャン・リュック　*12.3*(1930)
ゴダール, バンジャマン　*8.18*(1849)

ゴダン 1.26（1817）
ゴーチエ, ジュディット 8.25（1850）
ゴーチエ, テオフィル 8.31（1811）
コーチェトフ, フセヴォロド・アニシモヴィチ 1.22（1912）
コチャリャン, ロベルト 8.31（1954）
呉鎮 7.6（1280）
コーツ, アルバート 4.23（1882）
コーツ, エリック 8.27（1886）
コック, ウィム 9.29（1938）
コッククロフト, サー・ジョン・ダグラス 5.27（1897）
コックス 1.20（1566）
コックス 3.31（1870）
コックス, アレックス 12.15（1954）
コックス, デイヴィド 4.29（1783）
コッコ, ユリヨ 10.16（1903）
コッセル, アルブレヒト 9.16（1853）
コッセル, ヴァルター 1.4（1888）
ゴッセン 9.7（1810）
ゴッソン 4.17（1554）
コッタ 10.30（1763）
ゴッダード, ロバート・ハッチングズ 10.5（1882）
コッタ, ヨハン・フリードリヒ 4.27（1764）
後土御門天皇 5.25（1442）
ゴッツァーノ, グイード・グスターヴォ 12.19（1883）
ゴッツィ, ガスパロ 12.4（1713）
ゴッツィ, カルロ 12.13（1720）
コッツェブー, アウグスト 5.3（1761）
コッツェブー, オットー 12.30（1787）
コッテ, シャルル 7.12（1863）
ゴットヴァルト, クレメント 11.23（1896）
ゴットシェート, ヨハン・クリストフ 2.2（1700）
ゴットシャル 9.30（1823）

ゴットヘルフ, イェレミーアス 10.4（1797）
コットマン, ジョン・セル 5.16（1782）
コット, ヤン 10.27（1914）
ゴットリーブ, アドルフ 3.14（1903）
コットル・オットリーリエンフェルト 11.13（1868）
コットン, サー・ロバート・ブルース 1.22（1571）
コットン, ジョン 12.4（1585）
コッハー, エミール・テオドール 8.25（1841）
コッパース, ヴィルヘルム 2.8（1886）
ゴッビ, ティート 10.24（1915）
コップ, ヘルマン・フランツ・モリッツ 10.30（1817）
コッホ, ハインリヒ・ヘルマン・ロベルト 12.11（1843）
ゴッホ, フィンセント・ファン 5.30（1853）
コッポラ, ソフィア 5.14（1971）
コッポラ, フランシス 4.7（1939）
コッホレーウス（コッホラエウス）, ヨハネス 1.10（1479）
コツュビンスキー, ミハイロ・ミハイロヴィチ 9.5（1864）
コーツ, ロジャー 7.10（1682）
コッローディ, カルロ 11.24（1826）
コーディ, ウィリアム・フレデリック 2.26（1846）
ゴーディエ-ブルゼスカ, アンリ 10.4（1891）
ゴーティオ 6.13（1876）
ゴーディマ, ナディン 11.20（1923）
コティ, ルネ 3.22（1882）
ゴー・ディン・ジェム 1.3（1901）
古手川祐子 7.16（1959）
胡適 12.17（1892）
小寺菊子 8.7（1884）
小寺源吾 9.7（1879）
小寺融吉 12.8（1895）
ゴドイ, マヌエル・デ 5.12（1767）

後藤一乗 3.3（1791）
コトヴィッチ 3.20（1872）
ゴドウィン, ウィリアム 3.3（1756）
ゴドウィン, エドワード・ウィリアム 5.26（1833）
後藤格次 3.4（1889）
後藤清 3.24（1902）
後藤久美子 3.26（1974）
後藤慶二 10.29（1883）
五島慶太 4.18（1882）
悟道軒円玉（初代） 11.16（1866）
後藤鉀二 11.13（1906）
後藤艮山 7.23（1659）
後藤芝山 11.4（1721）
後藤松陰 1.8（1797）
後藤新平 6.4（1857）
五島清太郎 8.18（1867）
後藤碩田 2.20（1805）
伍堂卓雄 9.23（1877）
後藤武男 7.16（1893）
後藤田正晴 8.9（1914）
後藤宙外 12.22（1866）
後藤通乗 6.6（1663）
後藤程乗 2.19（1603）
後藤得三 1.17（1897）
五島昇 8.21（1916）
後藤文夫 3.7（1884）
小藤文次郎 3.4（1856）
後藤方乗 8.3（1816）
後藤真希 9.23（1985）
五嶋みどり 10.25（1971）
五島美代子 7.12（1898）
後藤明生 4.4（1932）
後藤守一 8.10（1888）
後藤靖 2.22（1926）
後藤夜半 1.30（1895）
後藤誉之助 10.25（1916）
後藤理沙 6.18（1983）
五嶋龍 7.13（1988）
後藤竜二 6.24（1943）
後藤隆之助 12.20（1888）
古東領左衛門 4.18（1819）
後藤廉乗 11.2（1628）
琴欧洲勝紀 2.19（1983）
琴桜傑将 11.26（1940）
後鳥羽天皇 7.14（1180）
コートープ 7.17（1842）
コトフスキー 6.12（1887）

ゴドフスキー, レオポルド 2.13(1870)
琴光喜啓司 4.11(1976)
コドリャヌ 9.13(1899)
コドリントン 4.27(1770)
コトン, チャールズ 4.28(1630)
ゴードン, チャールズ・ジョージ 1.28(1833)
ゴードン, ロード・ジョージ 12.26(1751)
コナーズ, ジミー 9.2(1952)
小浪義明 8.16(1912)
後奈良天皇 12.23(1496)
コナルスキ 5.30(1700)
コナント, ジェイムズ・ブライアント 3.25(1893)
小西篤好 2.22(1767)
KONISHIKI 12.31(1963)
小錦八十吉 10.15(1866)
小西得郎 7.10(1894)
小西得郎 7.10(1896)
小西博之 9.28(1959)
小西政継 11.19(1938)
小西真奈美 10.27(1978)
小西美帆 8.13(1977)
小西康陽 2.3(1959)
後二条天皇 2.2(1285)
小西良幸 10.9(1950)
小西六右衛門 8.4(1847)
コニンクスロー, ヒリス・ヴァン 1.24(1544)
コーニンク, フィリップス・デ 11.5(1619)
小沼文彦 3.21(1916)
小沼勝 12.30(1937)
コネフ, イヴァン・ステパノヴィチ 12.28(1897)
コネリー, ジェニファー 12.12(1970)
コネリー, ショーン 8.25(1930)
コネリー, マーク 12.13(1890)
コネンコフ, セルゲイ 6.28(1874)
コノウ 4.17(1867)
近衛篤麿 6.26(1863)
近衛家久 5.8(1687)
近衛家熙 6.4(1667)
近衛内前 6.22(1728)
近衛兼経 5.4(1210)
近衛忠熙 7.14(1808)
近衛忠房 8.6(1838)
近衛天皇 5.18(1139)
近衛信尹 11.1(1565)
近衛信尋 5.2(1599)
近衛尚通 10.12(1472)
近衛秀麿 11.18(1898)
近衛文麿 10.12(1891)
近衛政家 8.1(1444)
近衛基前 8.11(1783)
近衛基熙 3.6(1648)
近衛甯子 4.26(1944)
木島桜谷 3.6(1877)
コノート, プリンス・アーサー, 公爵 5.1(1850)
コノプニツカ, マリア 5.23(1842)
コノリー, ジェイムズ 6.5(1870)
コノリー, シリル 9.10(1903)
coba 4.29(1959)
ゴバ 5.21(1834)
呉佩孚 4.22(1874)
古波蔵保好 3.23(1910)
小橋賢児 8.19(1979)
小橋建太 3.27(1967)
小橋三四子 7.23(1883)
小橋安蔵 11.1(1808)
こはたあつこ 7.21(1960)
小葉田淳 4.24(1905)
木幡栄周 9.12(1825)
後花園天皇 6.18(1419)
小林章夫 12.29(1949)
小林明子 11.5(1958)
小林旭 11.3(1938)
小林亜星 8.11(1932)
小林中 2.17(1899)
小林綾子 8.11(1972)
小林勇 3.27(1903)
小林一三 1.3(1873)
小林一茶 5.5(1763)
小林丑三郎 6.12(1866)
小林英三 11.9(1892)
小林薫 9.4(1951)
小林一博 10.4(1931)
小林克也 3.27(1941)
小林久三 11.15(1935)
小林清親 8.1(1847)
小林樟雄 9.16(1856)
小林桂 5.9(1979)
小林桂樹 11.23(1923)
小林研一郎 4.9(1940)
小林光一 9.10(1952)
小林宏治 2.17(1907)
小林古径 2.11(1883)
小林幸子 12.5(1953)
小林聡美 5.24(1965)
小林純 11.1(1909)
小林俊三 6.3(1888)
小林躋造 10.1(1877)
小林太市郎 12.27(1901)
小林多喜二 10.13(1903)
小林武 11.3(1906)
小林武史 6.7(1959)
小林武治 8.28(1899)
小林正 8.21(1911)
小林千登勢 2.13(1937)
小林貞一 8.31(1901)
小林禎作 10.22(1925)
小林提樹 3.23(1908)
小林富次郎(3代目) 12.23(1899)
小林稔侍 2.7(1943)
小林信彦 12.12(1932)
小林ハル 1.24(1900)
小林久雄 6.4(1895)
小林秀雄 4.11(1902)
小林秀恒 4.17(1908)
小林麻央 7.21(1982)
小林正樹 2.14(1916)
小林正次 8.16(1902)
小林雅英 5.24(1974)
小林勝 11.7(1927)
小林美代子 3.19(1917)
小林行雄 8.18(1911)
小林陽之助 7.6(1908)
小林義兄 3.7(1743)
小林良典 3.28(1806)
小林芳人 10.31(1898)
小林義直 8.8(1844)
小林与三次 7.23(1913)
小林礼子 12.23(1939)
小林和作 8.14(1888)
コバーン, カート 2.20(1967)
コピタル, イェルネイ 8.21(1780)
コーピッシュ 5.26(1799)
小日向白朗 1.30(1900)
小日向文世 1.23(1954)
ゴビノー, ジョゼフ-アルチュール・ド 7.14(1816)

小日山直登 *4.26*(1886)
ゴビル, アントワーヌ *7.14*(1689)
小比類巻かほる *3.16*(1967)
小比類巻貴之 *11.7*(1977)
ゴフ *11.3*(1779)
コーファックス, サンディ *12.30*(1935)
胡風 *11.2*(1902)
コープ, エドワード・ドリンカー *7.28*(1840)
後深草天皇 *6.10*(1243)
コフカ, クルト *3.18*(1886)
小藤平蔵 *5.18*(1839)
後伏見天皇 *3.3*(1288)
コブデン - サンダーソン, トマス・ジェイムズ *12.2*(1840)
コブデン, リチャード *6.3*(1804)
ゴフマン, アーヴィング *6.11*(1922)
コーフマン, ジョージ・S. *11.16*(1889)
コープマンズ, チャリング・C *8.28*(1910)
コープランド, アーロン *11.14*(1900)
コープランド, スチュアート *7.16*(1952)
コプリー, ジョン・シングルトン *7.3*(1738)
コーブル, ヴィルヘルム・フォン *4.6*(1766)
コーブル, フェルディナント *6.7*(1740)
ゴベッティ, ピエーロ *6.19*(1901)
コベット, ウィリアム *3.9*(1763)
コペ, フランソワ *1.12*(1842)
コベリ, エンリコ *2.26*(1952)
コペルニクス, ニコラウス *2.19*(1473)
ゴベール, フィリップ *7.4*(1879)
吾宝宗璨 *4.8*(1388)
コポー, ジャック *2.4*(1879)
小堀杏奴 *5.27*(1909)
後堀河天皇 *2.18*(1212)
小堀桂一郎 *9.13*(1933)
小堀甚二 *8.28*(1901)
小堀鞆音 *2.19*(1864)
小堀誠 *3.6*(1885)
駒井和愛 *1.11*(1905)
駒井健一郎 *12.17*(1900)
駒井卓 *5.9*(1886)
駒井哲郎 *6.14*(1920)
駒井徳三 *6.10*(1885)
小牧近江 *5.11*(1894)
駒田好洋 *7.1*(1877)
駒田信二 *1.14*(1914)
駒田徳広 *9.14*(1964)
小松和彦 *7.13*(1947)
小松清 *6.13*(1900)
コーマック, アラン・マクラウド *2.23*(1924)
小松耕輔 *12.14*(1884)
小松崎邦雄 *9.2*(1931)
小松崎茂 *2.14*(1915)
小松左京 *1.28*(1931)
小松摂郎 *2.14*(1908)
小松帯刀 *10.14*(1835)
小松千春 *3.3*(1974)
小松宮彰仁親王 *1.16*(1846)
小松宮頼子 *6.18*(1852)
小松原英太郎 *2.16*(1852)
小松政夫 *1.10*(1942)
小松勇五郎 *9.18*(1920)
小松芳喬 *4.1*(1906)
コマネチ, ナディア *11.12*(1961)
駒野友一 *7.25*(1981)
駒村資正 *6.14*(1894)
ゴマルス, フランシスクス *1.30*(1563)
ゴーマン美智子 *8.14*(1936)
五味川純平 *3.15*(1916)
コミサージェフスキー, シオドア *5.23*(1882)
コミサルジェーフスカヤ *10.27*(1864)
後水尾天皇 *6.4*(1596)
小南又一郎 *7.27*(1883)
小峰元 *3.24*(1921)
小嶺麗奈 *7.19*(1980)
小宮悦子 *4.18*(1958)
小宮喬介 *12.6*(1896)
五味康祐 *12.20*(1921)
小宮豊隆 *3.7*(1884)
小宮山明敏 *2.10*(1902)
小宮山英蔵 *9.25*(1912)
小宮隆太郎 *11.30*(1928)
ゴムウカ, ヴワディスワフ *2.6*(1905)
小向美奈子 *5.27*(1985)
小村寿太郎 *9.16*(1855)
小村雪岱 *3.22*(1887)
小室三吉 *7.9*(1863)
小室信介 *7.21*(1852)
小室翠雲 *8.31*(1874)
小室哲哉 *11.27*(1958)
小室等 *11.23*(1943)
ゴメス - デ - ラ - セルナ, ラモン *3.7*(1888)
ゴメス, フランシスコ *6.30*(1914)
コメレル, マックス *2.25*(1902)
コメンスキー, ヤン・アモス *3.28*(1592)
コメンドーネ, ジョヴァンニ・フランチェスコ *3.17*(1524)
コモ, ペリー *5.18*(1912)
後桃園天皇 *7.2*(1758)
小森和子 *11.11*(1909)
小森邦夫 *6.6*(1917)
小森武 *6.10*(1912)
小森桃塢 *4.3*(1782)
小森敏之 *3.5*(1922)
コモンズ, ジョン・ロジャーズ *10.13*(1862)
コモンフォルト *3.12*(1812)
ゴヤ・イ・ルシエンテス, フランシスコ・ホセ・デ *3.30*(1746)
子安美知子 *9.5*(1933)
小柳司気太 *3.11*(1870)
小柳ゆき *1.26*(1982)
小柳ルミ子 *7.2*(1952)
胡也頻 *5.4*(1903)
小山いと子 *7.13*(1901)
小山清 *10.4*(1911)
小山敬三 *8.11*(1897)
小山健三 *6.13*(1858)
小山松寿 *1.28*(1876)
小山正太郎 *1.21*(1857)
小山冨士夫 *3.24*(1900)
小山正明 *7.28*(1934)
小山益太 *9.12*(1861)
小山松吉 *9.28*(1869)
小山祐士 *3.29*(1906)
小雪 *12.18*(1976)
胡愈之 *9.9*(1896)

後陽成天皇 12.15（1571）
胡耀邦 11.20（1915）
呉沃堯 5.29（1866）
コーラー 3.9（1849）
コライス, アザマンディオス 4.27（1748）
コーラス, ヤクブ 10.22（1882）
コラッツィーニ, セルジョ 2.6（1886）
コラディーニ 7.29（1865）
コーラ・ディ・リエンツォ 4.3（1313）
コラム, パードリック 12.8（1881）
ゴラール 3.1（1818）
コラール, ヤーン 7.29（1793）
コラン, ラファエル 6.17（1850）
ゴリ 5.22（1972）
コリアー 1.11（1789）
コリアー 10.12（1680）
コリア, ジェレミー 9.23（1650）
コリア, ジョン 5.3（1901）
コリア, チック 6.12（1941）
コリオリ, ギュスターヴ・ガスパール 3.21（1792）
コリ, カール・フェルディナント 12.5（1896）
ゴーリキー, マクシム 3.28（1868）
コリ, ゲルティ・テレザ・ラドニッツ 8.15（1896）
コーリス, ジョージ・ヘンリー 6.2（1817）
ゴリーツィン, ドミートリイ 6.13（1665）
ゴリーツィン, ボリス 7.30（1654）
コリツォーフ, アレクセイ・ワシリエヴィチ 10.14（1809）
コリツォーフ, ミハイル・エフィモヴィチ 5.31（1898）
コリニー, ガスパール2世, シャティヨン卿 2.16（1519）
コリーン 6.22（1869）
コリンウッド, カスバート, 男爵 10.24（1748）
コリングウッド, R.G. 2.22（1889）

コリングズ, ジェシー 1.9（1831）
コリンズ, ウィリアム 12.25（1721）
コリンズ, ウィルキー 1.8（1824）
コリンズ, ジョン・アンソニ 6.21（1676）
コリンズ, フィル 1.30（1951）
コリンズ, マイケル 10.16（1890）
コリント, ロヴィス 7.21（1858）
コリンバ, アンドレ 8.12（1936）
コール, G.D.H. 9.25（1889）
ゴル, イヴァン 3.29（1891）
コルヴィサール, ジャン・ニコラ 2.15（1755）
コルヴィッツ, ケーテ 7.8（1867）
コール, エミール 1.4（1857）
ゴルゴ松本 4.17（1967）
コルサコフ 2.3（1854）
ゴルジ, カミロ 7.7（1843）
ゴルシコフ, セルゲイ・ゲオルギエヴィチ 2.26（1910）
ゴルスツンスキー 6.2（1831）
ゴルスメット, メイア・アーロン 10.26（1819）
コールダー, アレクサンダー 7.22（1898）
コルダ, サー・アレグザンダー 9.16（1893）
コルタサル, フリオ 8.26（1914）
ゴルチエ, ジャン・ポール 4.24（1952）
ゴルチャコフ, アレクサンドル・ミハイロヴィチ公爵 7.5（1798）
コルチャック, ヤヌシュ 7.22（1878）
ゴルツ 7.10（1836）
ゴルツ 8.12（1843）
ゴルツ, フリードリヒ 8.14（1834）
コルディエ 8.8（1849）
コルディコット, ランドルフ 3.22（1846）

ゴールディング, ウィリアム 9.19（1911）
コルデヴァイ, ローベルト 10.9（1855）
コルデ, シャルロット 7.27（1768）
ゴールデンワイザー 1.29（1880）
コルトー, アルフレッド 9.26（1877）
ゴールドウィン, サムエル 8.17（1882）
コールドウェル, アースキン 12.17（1903）
ゴールドウォーター, バリー・モリス 1.1（1909）
ゴールト, サー・アレグザンダー・ティロッホ 9.6（1817）
コルト, サミュエル 7.19（1814）
ゴルトシュタイン 11.6（1878）
ゴルトシュタイン, オイゲン 9.5（1850）
ゴルトシュミット 5.30（1829）
ゴルトシュミット, ヴィクトール・モリッツ 1.27（1888）
ゴルトシュミット, ハンス 1.18（1861）
ゴルトシュミット, リヒャルト・ベネディクト 4.12（1878）
ゴールドスミス, オリヴァー 11.10（1728）
ゴールドスミス, ジェリー 2.29（1929）
ゴルトツィーハー・イグナーツ 6.22（1850）
ゴールド, トマス 5.20（1920）
コルトーナ, ピエトロ・ダ 11.1（1596）
ゴルドーニ, カルロ 2.25（1707）
ゴールドバーグ, アーサー・J 8.8（1908）
ゴールドバーグ, ウーピー 11.13（1949）
ゴルトベルク, シモン 6.1（1909）
コール, トマス 2.1（1801）
ゴルドマルク・カーロイ 5.18（1830）

ゴルドマン, リュシヤン *7.20*(1913)
コルトレーン, ジョン *9.23*(1926)
ゴルドン *3.31*(1635)
ゴールトン, サー・フランシス *2.16*(1822)
コール, ナタリー *2.6*(1950)
コール, ナット・キング *3.17*(1917)
コルニュ *3.6*(1841)
コルニロフ, ラヴル・ゲオルギエヴィチ *7.30*(1870)
コルネイチューク, アレクサンドル・エヴドキモヴィチ *5.12*(1905)
コルネイユ, トマ *8.20*(1625)
コルネイユ, ピエール *6.6*(1606)
コルネマン *10.11*(1868)
コルネリウス *9.27*(1863)
コルネリウス, ペーター *12.24*(1824)
コルネリウス, ペーター・フォン *9.23*(1783)
ゴルバチョフ, ミハイル *3.2*(1931)
ゴルバートフ, ボリス・レオンチエヴィチ *7.15*(1908)
コルバルト, L. *4.29*(1916)
コルビー *1.4*(1920)
コルビエール, トリスタン *7.18*(1845)
コルフ *4.3*(1882)
コールブルック *6.15*(1765)
コルベ, アドルフ・ヴィルヘルム・ヘルマン *4.27*(1818)
コルベ, ゲオルク *4.13*(1877)
コルベ, マクシミリアン・マリア *1.8*(1894)
コルベール, クローデット *9.13*(1905)
コルベール, ジャン・バティスト *8.29*(1619)
コール, ヘルムート *4.3*(1930)
コルベンハイアー, エルヴィン・グイード *12.30*(1878)
コールマン, ジョージ *4.18*(1732)
コールマン, ジョージ *10.21*(1762)
コールマン, ロナルド *2.9*(1891)
コルム *6.30*(1897)
コルモゴロフ, アンドレイ・ニコラエヴィチ *4.25*(1903)
コールラウシュ, フリードリヒ・ヴィヘルム・ゲオルク *10.14*(1840)
コールリッジ, (デイヴィド・)ハートリー *9.19*(1796)
コールリッジ, サミュエル・テイラー *10.21*(1772)
コルレッジョ, アントーニオ *8.30*(1494)
コルン *5.20*(1870)
コルンゴルト, エーリヒ・ヴォルフガング *5.29*(1897)
聖コルンバ *12.7*(521)
惟明親王 *4.11*(1179)
後冷泉天皇 *8.3*(1025)
是枝恭二 *10.16*(1904)
是枝柳右衛門 *3.15*(1817)
是川銀蔵 *7.28*(1897)
コレット(コレッタ), ニコレット・ボワレ *1.13*(1381)
コレット, カミッラ *1.23*(1813)
コレット, シドニー - ガブリエル *1.28*(1873)
コレッリ, フランコ *4.8*(1921)
惟康親王 *4.29*(1264)
コレリ, アルカンジェロ *2.17*(1653)
コレンス, カール・エーリヒ *9.19*(1864)
コレンゾー, ジョン・ウィリアム *1.24*(1814)
ゴロヴニーン, ワシーリー・ミハイロヴィチ *4.8*(1776)
コロー, ジャン - バティスト - カミーユ *7.16*(1796)
コロッケ *3.13*(1960)
ゴロデツキー, セルゲイ・ミトロファノヴィチ *1.5*(1884)
コロー・デルボワ, ジャン・マリー *6.19*(1749)
コロムビア・トップ *5.6*(1922)
コロル・デ・メロ, フェルナンド *8.12*(1949)
コロレフ, セルゲイ・パヴロヴィッチ *1.14*(1907)
コロレンコ, ウラジーミル・ガラクチオノヴィチ *7.27*(1853)
コロンタイ, アレクサンドラ・ミハイロヴナ *4.1*(1872)
コロンバス, クリス *9.10*(1959)
コロンブス, クリストファー *8.26*(1451)
コワズヴォックス, アントワーヌ *9.29*(1640)
コワペル, アントワーヌ *4.11*(1661)
コワペル, ノエル *12.25*(1628)
コワレフスカヤ, ソフィヤ・ワシリエヴナ *1.15*(1850)
コーン *9.15*(1891)
コーン *12.2*(1869)
コーン *12.12*(1840)
コンヴィチュニー, フランツ *8.14*(1901)
コンウェー *4.12*(1856)
コーンウォリス, チャールズ・コーンウォリス, 初代侯爵 *12.31*(1738)
ゴーン, カルロス *3.9*(1954)
今官一 *12.8*(1909)
コングリーヴ, ウィリアム *1.24*(1670)
コングリーヴ, サー・ウィリアム *5.20*(1772)
コンクリング, ロスコー *10.30*(1829)
ゴンクール, エドモン *5.26*(1822)
ゴンクール, ジュール *12.17*(1830)
金剛巌(初代) *3.25*(1886)
金剛巌(2代目) *12.23*(1924)
金光摂胤 *8.5*(1880)
金光房 *2.18*(1155)
コンコーネ, ジュゼッペ *9.12*(1801)
ゴンゴラ, ルイス・デ *7.11*(1561)

ゴンザーガ, ルイジ *3.9*(1568)
コンサルヴィ, エルコレ *6.8*(1757)
ゴンサルボ・デ・コルドバ *3.16*(1443)
ゴンサレス *6.18*(1833)
ゴンサレス, フリオ *9.21*(1876)
ゴンザレス三上 *12.30*(1953)
コンシェンス, ヘンドリック *12.3*(1812)
コンシデラン, ヴィクトール *10.12*(1808)
コンスタブル, ジョン *6.11*(1776)
コンスタンチネスク, エミル *11.19*(1939)
コンスタンチノス1世 *8.2*(1868)
コンスタンチノス2世 *6.2*(1940)
コンスタンチーン *4.27*(1779)
コンスタンティウス2世 *8.7*(317)
コンスタンティヌス1世 *2.17*(272)
コンスタンティヌス11世 *2.8*(1405)
コンスタン, バンジャマン *10.23*(1767)
KONTA *7.25*(1960)
コンダー, チャールズ・エドワード *10.24*(1868)
権田直助 *1.13*(1809)
権田保之助 *5.17*(1887)
権田雷斧 *12.22*(1847)
コンタリーニ, ガスパーロ *10.16*(1483)
ゴンチャロヴァ, ナタリヤ・セルゲエヴナ *6.4*(1883)
ゴンチャローフ, イワン・アレクサンドロヴィチ *6.18*(1812)
コンチャロフスキー, ピョートル *2.9*(1876)
コンティーニ, ジャンフランコ *1.4*(1912)
コンディヤック, エチエンヌ・ボノ・ド *9.30*(1715)
コンデ, ブルボンのルイ1世, 親王 *5.7*(1530)
コンデ, ブルボンのルイ2世, 親王 *9.8*(1621)
コンデ, ルイ・ジョゼフ *8.9*(1736)
近藤東 *6.24*(1904)
近藤勇 *10.9*(1834)
近藤栄蔵 *2.5*(1883)
近藤益雄 *3.19*(1907)
近藤経一 *4.12*(1897)
近藤啓太郎 *3.25*(1920)
近藤憲二 *2.22*(1895)
近藤玄瑞 *6.27*(1749)
今東光 *3.26*(1898)
近藤紘一 *11.27*(1940)
近藤浩一路 *3.20*(1884)
近藤貞雄 *10.2*(1925)
権藤震二 *12.3*(1872)
権藤成卿 *3.21*(1868)
近藤健男 *7.26*(1922)
近藤忠直 *12.29*(1823)
近藤忠義 *11.10*(1901)
近藤長次郎 *1.6*(1838)
近藤鶴代 *11.16*(1901)
近藤篤山 *11.9*(1766)
近藤等則 *12.15*(1948)
近藤富蔵 *5.3*(1805)
近藤南海 *7.16*(1807)
近藤信男 *7.5*(1903)
近藤典子 *9.22*(1957)
近藤日出造 *2.15*(1908)
近藤巨士 *4.15*(1930)
近藤房之助 *5.4*(1951)
近藤平三郎 *12.11*(1877)
近藤真柄 *1.30*(1903)
近藤真琴 *9.24*(1831)
近藤正臣 *2.15*(1942)
近藤真彦 *7.19*(1964)
近藤光正 *12.17*(1897)
近藤基樹 *3.11*(1864)
近藤芳樹 *5.25*(1801)
近藤陸三郎 *1.19*(1857)
近藤廉平 *11.25*(1848)
コント, オーギュスト *1.19*(1798)
コンドラーシン, キリール・ペトローヴィチ *3.6*(1914)
コンドル, ジョサイア *9.28*(1852)
コンドルセ, マリ‐ジャン‐アントワーヌ‐ニコラ・ド・カリタ・ド *9.17*(1743)
混沌軒国丸 *8.15*(1734)
紺野あさ美 *5.7*(1987)
紺野美沙子 *9.8*(1960)
紺野与次郎 *3.9*(1910)
コーンハイム, ユリウス・フリードリヒ *7.20*(1839)
ゴンパーズ, サミュエル *1.27*(1850)
コンバリュー, ジュール *2.3*(1859)
金春惣右衛門(22代目) *9.22*(1924)
金春惣右衛門国泰 *7.22*(1897)
金春八条 *9.30*(1886)
今日出海 *11.6*(1903)
コンブ *9.6*(1835)
コンファロニエーリ *10.6*(1785)
コーン, フェルディナント・ユーリウス *1.24*(1828)
コンフォート, アレックス *2.10*(1920)
コンプトン‐バーネット, アイヴィ *6.5*(1892)
コンプトン, アーサー・ホリー *9.10*(1892)
ゴンブリック, サー・エルンスト・ハンス・ヨーゼフ *3.30*(1909)
ゴンブローヴィッチ, ヴィトルド *8.4*(1904)
コンペーレ *1.2*(1843)
ゴンボツ・ゾルターン *6.18*(1877)
コンモドゥス, ルキウス・アウレリウス *8.31*(161)
金易右衛門 *5.7*(1776)
コンラッド, ジョーゼフ *12.3*(1857)
コンラーディ, ヘルマン *7.12*(1862)
コンラディーン *3.25*(1252)
コンラート4世 *4.26*(1228)
コンラート(ヘレスバハの) *6.2*(1496)
コンラド, ニコライ・ヨシフォヴィチ *3.1*(1891)

コン・リー *12.31*(1965)
コンリング, ヘルマン *11.9*(1606)
今和次郎 *7.10*(1888)

【さ】

サアカシュビリ, ミハイル *12.21*(1967)
西院皇后宮 *2.2*(1029)
柴栄 *9.24*(921)
蔡温 *9.25*(1682)
西園寺公一 *11.1*(1906)
西園寺公益 *4.20*(1582)
西園寺致季 *11.9*(1683)
斉木しげる *11.18*(1951)
賽金花 *11.9*(1864)
三枝博音 *5.20*(1892)
崔賢 *6.8*(1907)
蔡元培 *1.11*(1868)
済高 *1.3*(870)
西郷孤月 *9.23*(1873)
西郷四郎 *2.4*(1866)
西郷輝彦 *2.5*(1947)
西光万吉 *4.17*(1895)
細郷道一 *11.25*(1915)
蔡国器 *8.30*(1632)
西城秀樹 *4.13*(1955)
西条嫩子 *5.3*(1919)
西条凡児 *10.17*(1914)
西条八十 *1.15*(1892)
崔曙海 *1.21*(1901)
済深入道親王 *8.16*(1671)
ザイス-インクヴァルト, アルトゥル *7.22*(1892)
崔済愚 *10.28*(1824)
財前直見 *1.10*(1966)
蔡鐸 *12.8*(1644)
斎田明善 *6.11*(1827)
ザイダーン, ジュルジー *12.14*(1861)
最澄 *8.18*(767)
蔡暢 *5.14*(1900)
ザイツェフ, ボリス・コンスタンチノヴィチ *2.10*(1881)
財津和夫 *2.19*(1948)
ザイツ, フランツ *10.22*(1921)
ザイデル *10.24*(1821)
ザイデル, イーナ *9.15*(1885)
斎藤明夫 *2.23*(1955)
斎藤惇夫 *6.20*(1940)
斎藤五百枝 *12.21*(1881)
斎藤宇一郎 *5.18*(1866)
斎藤栄三郎 *6.19*(1913)
斎藤英四郎 *11.22*(1911)
斉藤和義 *6.22*(1966)
斎藤朔郎 *1.31*(1900)
斎藤喜博 *3.20*(1911)
斎藤清 *4.27*(1907)
斎藤邦吉 *6.26*(1909)
斉藤慶子 *7.14*(1961)
斉藤慶太 *11.18*(1985)
斉藤こず恵 *9.30*(1967)
斎藤定易 *2.29*(1657)
斉藤暁 *10.28*(1953)
西東三鬼 *5.15*(1900)
斎藤茂男 *3.16*(1928)
斎藤茂太 *3.21*(1916)
斎藤鎮男 *7.5*(1914)
斎藤静 *5.8*(1891)
斎藤七五郎 *12.12*(1870)
斎藤寿一 *3.19*(1931)
斎藤昌三 *3.19*(1887)
斉藤祥太 *11.18*(1985)
斎藤真一 *7.6*(1922)
斎藤進六 *3.30*(1919)
斎藤季治郎 *7.3*(1867)
斎藤惣一 *7.9*(1886)
斎藤素巌 *10.16*(1889)
さいとう・たかを *11.3*(1936)
斎藤隆夫 *8.18*(1870)
斎藤高行 *10.22*(1819)
斎藤勇 *2.3*(1887)
斎藤達雄 *6.10*(1902)
斎藤知一郎 *3.18*(1889)
斎藤竹堂 *10.11*(1815)
斎藤恒三 *10.17*(1858)
斎藤豊作 *6.22*(1880)
斎藤寅二郎 *1.30*(1905)
斎藤野の人 *4.14*(1878)
斎藤昇 *1.28*(1903)
斎藤晴彦 *7.30*(1940)
斎藤彦麿 *1.5*(1768)
斎藤秀雄 *5.23*(1902)
斎藤秀三郎 *1.2*(1866)
斎藤博 *12.24*(1886)
斎藤裕 *9.18*(1920)
斎藤実 *10.27*(1858)
斎藤恂 *11.20*(1870)
斎藤眞 *2.15*(1921)
斎藤雅樹 *2.18*(1965)
斎藤雅広 *12.30*(1958)
斎藤昌美 *11.21*(1919)
斎藤万吉 *3.6*(1862)
斎藤茂吉 *5.14*(1882)
斎藤弥九郎(初代) *1.13*(1798)
斎藤弥兵衛 *3.24*(1817)
斎藤佑樹 *6.6*(1988)
斎藤悠輔 *5.21*(1892)
斎藤友佳理 *7.29*(1967)
斉藤由貴 *9.10*(1966)
斎藤百合 *3.31*(1891)
斎藤陽子 *5.17*(1968)
斉藤洋介 *7.11*(1951)
斎藤義重 *5.4*(1904)
斎藤佳三 *4.28*(1887)
斎藤与里 *9.13*(1885)
斎藤瀏 *4.16*(1879)
斎藤隆介 *1.25*(1917)
斎藤隆三 *4.6*(1875)
斉藤了英 *4.17*(1916)
斎藤緑雨 *12.30*(1868)
サイード, エドワード *11.1*(1935)
サイドシラジュディン・サイドプトラ・ジャマルライル *5.16*(1943)
崔南善 *4.26*(1890)
サイババ, サティア *11.23*(1926)
サイフェルト, ヤロスラフ *9.23*(1901)
ザイペル, イグナーツ *7.19*(1876)
蔡万植 *6.17*(1902)
サイミントン, スチュアート *6.26*(1901)
サイモン, ジョン・サイモン, 初代子爵 *2.28*(1873)
サイモン, ニール *7.4*(1927)
サイモン, ハーバート *6.15*(1916)
柴門ふみ *1.19*(1957)
サイモン, ポール *10.13*(1941)
サイヤン *11.27*(1910)
崔庸健 *6.22*(1900)
ザイラー, トニー *11.17*(1935)

ザイラー, ヨーハン・ミヒャエル　*11.17*(1751)
ザウアー, エーミール・フォン　*10.8*(1862)
サウアー, カール・O　*12.24*(1889)
サヴァチエ　*10.19*(1830)
ザヴァッティーニ, チェーザレ　*9.20*(1902)
サヴァール, フェリックス　*6.30*(1791)
サヴァール, フェリックス-アントワーヌ　*8.31*(1896)
サーヴィス, ロバート・W.　*1.16*(1874)
ザヴィニー, フリードリヒ・カール・フォン　*2.21*(1779)
サヴィル, サー・ヘンリー　*11.30*(1549)
サヴィンビ, ジョナス　*8.3*(1934)
ザウエルブルフ　*7.3*(1875)
サヴォナローラ, ジローラモ　*9.21*(1452)
サヴォーリ　*7.31*(1794)
サウジー, ロバート　*8.12*(1774)
サウスウェル　*7.2*(1888)
サウスワース　*8.24*(1890)
サウード・ブン・アブド・アルアズィーズ　*1.15*(1902)
佐伯勇　*3.25*(1903)
佐伯梅友　*1.13*(1899)
佐伯喜一　*10.10*(1913)
佐伯彰一　*4.26*(1922)
佐伯定胤　*6.25*(1867)
佐伯孝夫　*11.22*(1902)
佐伯日菜子　*2.16*(1977)
佐伯祐二　*4.28*(1898)
佐伯米子　*7.7*(1897)
三枝成彰　*7.8*(1942)
早乙女愛　*12.29*(1958)
早乙女貢　*1.1*(1926)
小織桂一郎　*12.10*(1869)
サカ, アントニオ　*3.9*(1965)
酒井朝彦　*10.1*(1894)
酒井彩名　*5.16*(1985)
坂井泉水　*2.6*(1967)
境川浪右衛門　*4.8*(1841)
阪井久良伎　*1.24*(1869)
酒井鎬次　*11.4*(1885)
坂井三郎　*8.26*(1916)
酒井順子　*9.15*(1966)
酒井田円西　*8.2*(1574)
酒井田柿右衛門(初代)　*9.25*(1596)
酒井田柿右衛門(3代目)　*12.17*(1623)
酒井田柿右衛門(6代目)　*12.10*(1691)
酒井隆　*10.18*(1887)
酒井忠義　*7.9*(1813)
酒井忠勝　*6.16*(1587)
酒井忠清　*10.19*(1624)
酒井忠隆　*2.6*(1651)
酒井忠直　*3.23*(1630)
酒井忠寛　*10.27*(1666)
酒井忠正　*6.10*(1893)
酒井忠相　*1.23*(1667)
酒井忠用　*11.27*(1722)
酒井忠世　*6.5*(1572)
酒井忠能　*3.17*(1628)
酒井忠寄　*8.11*(1704)
堺為子　*1.19*(1872)
堺利彦　*11.25*(1871)
酒井寅吉　*9.8*(1909)
境野黄洋　*8.12*(1871)
境野求馬　*1.6*(1810)
酒井法子　*2.14*(1971)
酒井はな　*8.23*(1974)
酒井抱一　*7.1*(1761)
坂井真紀　*5.17*(1971)
堺正章　*8.6*(1946)
堺雅人　*10.14*(1973)
酒井美紀　*2.21*(1978)
堺屋太一　*7.13*(1935)
酒井雄三郎　*9.9*(1860)
酒井雄二　*10.5*(1972)
酒井ゆきえ　*7.24*(1954)
酒井米子　*11.25*(1898)
酒井和歌子　*4.15*(1949)
酒井若菜　*9.9*(1980)
坂上香織　*7.29*(1974)
坂上忍　*6.1*(1967)
坂上昭一　*1.4*(1927)
坂上二郎　*4.16*(1934)
榊莫山　*2.1*(1926)
榊俶　*8.28*(1857)
榊原郁恵　*5.8*(1959)
榊原鍵吉　*11.5*(1830)
榊原仟　*10.13*(1910)
榊原紫峰　*8.8*(1887)
榊原利彦　*7.27*(1969)
榊原政祐　*5.21*(1705)
榊原政常　*11.9*(1910)
榊原政令　*3.9*(1776)
榊原政岑　*5.19*(1715)
榊原るみ　*3.5*(1951)
榊英雄　*6.4*(1970)
彭城百川　*10.28*(1697)
榊山潤　*11.21*(1900)
坂口安吾　*10.20*(1906)
坂口謹一郎　*11.17*(1897)
坂口憲二　*11.8*(1975)
坂口昂　*1.15*(1872)
坂口良子　*10.23*(1955)
阪倉篤義　*5.23*(1917)
坂倉準三　*5.29*(1901)
坂崎乙郎　*1.1*(1928)
坂崎幸之助　*4.15*(1954)
坂崎斌　*11.18*(1853)
坂三郎　*12.2*(1845)
坂下千里子　*4.19*(1976)
坂上みき　*2.15*(1959)
サガスタ　*7.21*(1827)
佐賀潜　*3.21*(1909)
坂田明　*2.21*(1945)
坂田一男　*8.22*(1889)
坂田三吉　*6.3*(1870)
坂田昌一　*1.18*(1911)
坂田藤十郎(4代目)　*12.31*(1931)
坂田利夫　*10.7*(1941)
坂田虎之助　*4.21*(1866)
阪谷芳郎　*1.16*(1863)
阪谷朗廬　*11.17*(1822)
阪田寛夫　*10.18*(1925)
坂田道太　*7.18*(1916)
嵯峨天皇　*9.7*(786)
坂西志保　*12.6*(1896)
坂西由蔵　*12.4*(1877)
坂根進　*8.28*(1931)
嵯峨根遼吉　*11.27*(1905)
嵯峨信之　*4.18*(1902)
坂信弥　*12.23*(1898)
嵯峨の屋おむろ　*1.12*(1863)
酒巻和男　*11.18*(1918)
相模太郎(初代)　*4.28*(1898)
坂本市之丞　*3.15*(1736)
阪本越郎　*1.21*(1906)
坂本乙女　*1.1*(1832)
坂本嘉治馬　*3.11*(1866)
坂本九　*12.10*(1941)

坂本賢三 *3.16*(1931)
坂本孝三郎 *1.17*(1894)
阪本清一郎 *1.1*(1892)
坂本清馬 *7.4*(1885)
坂元雪鳥 *4.15*(1879)
坂本武 *9.21*(1899)
坂本太郎 *10.7*(1901)
坂本天山 *5.22*(1745)
坂本徳松 *9.8*(1908)
坂本俊篤 *10.25*(1858)
坂本直寛 *10.5*(1853)
坂本繁二郎 *3.2*(1882)
坂本藤良 *11.5*(1926)
坂本冬美 *3.30*(1967)
坂本真綾 *3.31*(1980)
坂本昌行 *7.24*(1971)
阪本勝 *10.15*(1899)
坂本龍之輔 *7.23*(1870)
坂本遼 *9.1*(1904)
坂本竜馬 *11.15*(1835)
相良亨 *5.23*(1921)
相良長毎 *5.4*(1574)
相良守峯 *4.14*(1895)
相良和子 *9.2*(1913)
相良義陽 *2.8*(1544)
相良頼福 *3.14*(1649)
相良頼寛 *12.13*(1600)
佐川英三 *9.4*(1913)
佐川清 *3.16*(1922)
寒川道夫 *2.25*(1909)
サガン, フランソワーズ *6.21*(1935)
佐木秋夫 *11.16*(1906)
向坂逸郎 *2.6*(1897)
向坂正男 *4.9*(1915)
鷺沢萠 *6.20*(1968)
佐喜真興英 *10.26*(1893)
向山周慶 *9.16*(1746)
佐木隆三 *4.15*(1937)
策彦周良 *4.2*(1501)
サクスコブルクゴツキ, シメオン *6.16*(1937)
ザクス, ユリウス・フォン *10.2*(1832)
ザクセン公フリードリヒ *1.17*(1463)
作宮 *6.27*(1689)
佐久間鼎 *9.7*(1888)
佐久間澄 *10.2*(1910)
佐久間象山 *2.28*(1811)
佐久間種 *12.26*(1803)
佐久間纉 *12.15*(1820)
佐久間勉 *9.13*(1879)
佐久間洞巌 *6.7*(1653)
佐久間信恭 *4.10*(1861)
佐久間良子 *2.24*(1939)
佐久良東雄 *3.21*(1811)
桜井淳子 *1.5*(1973)
櫻井敦司 *3.7*(1966)
桜井和寿 *3.8*(1970)
桜井幸子 *12.20*(1973)
桜井翔 *1.25*(1982)
桜井錠二 *8.18*(1858)
桜井祐男 *11.4*(1887)
桜井忠温 *6.11*(1879)
桜井ちか子 *4.4*(1855)
桜井梅室 *11.27*(1769)
桜井兵五郎 *8.8*(1880)
桜井賢 *1.20*(1955)
桜内幸雄 *8.14*(1880)
桜内義雄 *5.8*(1912)
桜木花道 *4.1*
桜金造 *12.29*(1956)
桜塚やっくん *9.24*
桜田一郎 *1.1*(1904)
桜田虎門 *4.23*(1774)
桜田武 *3.17*(1904)
佐倉常七 *1.7*(1835)
桜庭和志 *7.14*(1969)
桜間弓川 *5.18*(1889)
桜町天皇 *1.1*(1720)
桜間伴馬 *11.18*(1835)
桜間道雄 *9.14*(1897)
さくらももこ *5.8*(1965)
サクリング, ジョン *2.10*(1609)
ザ・グレート・サスケ *7.18*(1969)
酒匂常明 *11.27*(1861)
佐香ハル *6.6*(1874)
佐郷屋留雄 *12.1*(1908)
ザゴースキン, ミハイル・ニコラエヴィチ *7.25*(1789)
迫静二 *3.26*(1898)
佐古高郷 *6.18*(1830)
迫水久常 *8.5*(1902)
左近司政三 *6.27*(1879)
篠井英介 *12.15*(1958)
サザエさん *11.22*
佐々岡真司 *8.26*(1967)
小砂丘忠義 *4.25*(1897)
笹川良一 *5.4*(1899)
笹川臨風 *8.7*(1870)
佐々木主浩 *2.22*(1968)
佐々木基一 *11.30*(1914)
佐々木喜善 *10.5*(1886)
佐々木邦 *5.4*(1883)
佐々木蔵之介 *2.4*(1968)
佐々木月樵 *4.13*(1875)
佐々木元俊 *11.8*(1818)
佐々木健介 *8.4*(1966)
佐々木更三 *5.25*(1900)
佐々木駒之助 *7.6*(1873)
佐々木禎子 *1.7*(1943)
佐々木俊一 *9.27*(1907)
佐々木松雨 *8.16*(1752)
佐々木象堂 *3.14*(1882)
佐々木清七 *11.8*(1844)
佐々木惣一 *3.28*(1878)
佐々木隆興 *5.5*(1878)
佐々木昂 *10.30*(1906)
佐佐木隆 *4.4*(1909)
佐々木孝丸 *1.30*(1898)
佐佐木高行 *10.12*(1830)
佐々木直 *5.19*(1907)
佐々木たづ *6.28*(1932)
佐々木達三 *3.30*(1906)
佐々木太郎 *10.13*(1818)
佐々木池庵 *8.27*(1650)
佐々木忠次郎 *8.10*(1857)
佐々木哲蔵 *5.15*(1906)
佐々木到一 *1.27*(1886)
佐々木道求 *4.22*(1596)
佐左木俊郎 *4.14*(1900)
佐々城豊寿 *3.29*(1853)
佐々木申二 *12.27*(1896)
佐佐木信綱 *6.3*(1872)
ささきふさ *12.6*(1897)
佐々木文山 *3.22*(1659)
佐々木味津三 *3.18*(1896)
佐佐木茂索 *11.11*(1894)
佐々木弥市 *12.11*(1892)
佐々木安五郎 *1.17*(1872)
佐々木勇之助 *8.8*(1854)
佐佐木行忠 *7.26*(1893)
佐佐木幸綱 *10.8*(1938)
佐々木良作 *1.8*(1915)
笹沢左保 *11.15*(1930)
笹沢美明 *2.6*(1898)
笹野高史 *6.22*(1948)
笹淵友一 *9.30*(1902)
佐々部晩穂 *3.26*(1893)
笹村吉郎 *4.11*(1867)

さと

笹本玲奈 6.15(1985)
笹森儀助 1.25(1845)
笹森順造 5.18(1886)
笹屋騏六 6.4(1736)
笹山篤興 11.17(1813)
サザランド，アール 11.19(1915)
サザーランド，グレアム・ヴィヴィアン 8.24(1903)
サシー 9.22(1758)
サージェント，ジョン・シンガー 1.12(1856)
佐治敬三 11.1(1919)
サージソン，フランク 3.23(1903)
佐治賢使 1.1(1914)
サストロアミジョヨ 5.21(1903)
サーストン，ルイス・リーオン 5.29(1887)
ザスーリチ，ヴェーラ・イワノヴナ 7.27(1849)
サスーン 12.30(1881)
サスーン，シーグフリード 9.8(1886)
佐瀬稔 6.21(1932)
佐双左仲 4.15(1852)
サゾーノフ 8.10(1861)
サソーリット 7.12(1904)

佐多稲子 9.25(1904)
定岡正二 11.29(1956)
佐田介石 4.8(1818)
佐高信 1.19(1945)
佐田啓二 12.9(1926)
佐竹五三九 2.14(1918)
佐竹作太郎 3.15(1849)
佐竹曙山 10.4(1748)
佐竹晴記 9.6(1896)
佐竹蓬平 12.1(1750)
佐武安太郎 9.19(1884)
佐竹義昭 8.23(1531)
佐竹義篤 7.2(1507)
佐竹義重 2.16(1547)
佐竹義堯 7.27(1825)
佐竹義長 9.4(1655)
佐竹義宣 7.16(1570)
佐竹義和 1.1(1775)
佐竹義躬 8.1(1749)
貞子女王 2.27(1750)
貞子内親王 3.2(1607)

貞純親王 3.23(873)
貞建親王 12.21(1700)
貞常親王 12.19(1425)
サダト，アンワル 12.25(1918)
佐田の山晋松 2.18(1938)
佐田白茅 12.10(1832)
定姫 5.7(1655)
貞成親王 4.25(1372)
さだまさし 4.10(1952)
貞康親王 1.21(1547)
貞保親王 9.13(870)
貞致親王 5.27(1632)
佐多芳郎 1.26(1922)
サッカリー，ウィリアム・メイクピース 7.18(1811)
五月みどり 10.21(1939)
ザツキン，オシップ 7.14(1890)
サックヴィル・ウェスト，ヴィタ 3.9(1892)
ザックス 6.6(1877)
ザックス，(ヘルマン・)モーリス，伯爵 10.28(1696)
ザックス，クルト 6.29(1881)
ザックス，ネリー 12.10(1891)
ザックス，ハンス 11.5(1494)
サッケリ 9.5(1667)
ザッコーニ 6.11(1555)
佐々十竹 5.5(1640)
佐々醒雪 5.6(1872)
佐々友房 1.23(1854)
佐々弘雄 1.23(1897)
サッセッティ，フィリッポ 9.26(1540)
颯田琴次 7.24(1886)
サッター，ジョン・オーガスタス 2.15(1803)
薩埵徳軒 1.17(1778)
サッチャー，マーガレット 10.13(1925)
ザッパー 2.6(1866)
ザッハー・マゾッホ，レーオポルト・フォン 1.27(1836)
ザッパー，アグネス 4.12(1852)
ザッパ，フランク 12.21(1940)
サップ，ボブ 9.22(1974)
薩摩治郎八 4.13(1901)

薩摩忠 1.29(1931)
沙汀 12.19(1904)
サティ，エリック 5.17(1866)
サーティーズ，ロバート 5.17(1803)
サーデク・ヘダーヤト 2.17(1903)
佐戸井けん太 5.14(1957)
佐藤愛子 11.5(1923)
佐藤藍子 9.26(1977)
佐藤アツヒロ 8.30(1973)
サートウ，アーネスト・メイスン 6.30(1843)
佐藤一英 10.13(1899)
佐藤市郎 8.28(1889)
佐藤一斎 10.20(1772)
佐藤卯兵衛 10.2(1795)
佐藤栄作 3.27(1901)
佐藤江梨子 12.19(1981)
佐藤オリエ 3.25(1943)
佐藤寛次 1.26(1879)
佐藤観次郎 8.19(1901)
佐藤喜一郎 1.22(1894)
左藤義詮 6.3(1899)
佐藤義亮 2.18(1878)
佐藤欣治 4.9(1909)
佐藤敬 10.28(1906)
佐藤賢一 3.12(1968)
佐藤賢了 6.1(1895)
佐藤功一 7.2(1878)
佐藤浩市 12.10(1960)
佐藤垢石 6.18(1888)
佐藤紅緑 7.6(1874)
佐藤朔 11.1(1905)
佐藤佐太郎 11.13(1909)
佐藤さとる 2.13(1928)
サトウ・サンペイ 9.11(1929)
佐藤重臣 7.2(1932)
佐藤繁彦 9.24(1887)
佐藤誠実 11.23(1839)
佐藤昌介 11.14(1856)
佐藤尚中 4.4(1827)
佐藤次郎 1.5(1908)
佐藤助九郎(初代) 6.18(1847)
佐藤誠三郎 7.8(1932)
佐藤惣之助 12.3(1890)
佐藤琢磨 1.28(1977)
佐藤武夫 10.24(1899)
佐藤丈志 6.12(1947)
佐藤忠男 10.6(1930)

佐藤達夫　*5.1*(1904)
さとう珠緒　*1.2*(1974)
佐藤竹善　*5.5*(1963)
佐藤千夜子　*3.13*(1897)
佐藤中陵　*2.11*(1762)
佐藤朝山　*8.18*(1888)
佐藤鉄太郎　*2.7*(1866)
佐藤輝夫　*1.10*(1899)
佐藤藤佐　*1.7*(1894)
佐藤篤二郎　*3.14*(1898)
佐藤直方　*10.21*(1650)
佐藤尚武　*10.30*(1882)
佐藤信季　*11.15*(1724)
佐藤信淵　*6.15*(1769)
佐藤昇　*5.19*(1916)
サトウ・ハチロー　*5.23*(1903)
佐藤春夫　*4.9*(1892)
佐藤B作　*2.13*(1949)
佐藤弘　*4.21*(1897)
佐藤弘道　*7.14*
佐藤正彰　*12.12*(1905)
佐藤雅美　*1.14*(1941)
佐藤勝　*5.29*(1928)
サドヴャヌ, ミハイル　*11.5*(1880)
佐藤美子　*5.25*(1903)
佐藤義則　*9.11*(1954)
佐藤了　*9.11*(1923)
佐藤亮一　*10.18*(1907)
サドゥール, ジョルジュ　*2.4*(1904)
佐藤ルミナ　*12.29*(1973)
佐藤和三郎　*2.13*(1902)
サトクリフ, ローズマリー　*12.14*(1920)
賢子女王　*12.24*(1745)
里崎智也　*5.20*(1976)
SATOSHI　*8.27*(1977)
サド, ドナシヤン - アルフォンス - フランソワ・ド　*6.2*(1740)
里中満智子　*1.24*(1948)
ザトペック, エミール　*9.19*(1922)
里見勝蔵　*6.9*(1895)
里見岸雄　*3.28*(1897)
里見浩太朗　*11.28*(1936)
里見弴　*7.14*(1888)
里見宗次　*11.2*(1904)
里村欣三　*3.13*(1902)
里谷多英　*6.12*(1976)
サドレート, ジャーコポ(ヤーコポ)　*7.12*(1477)
サートン, ジョージ・アルフレッド・レオン　*8.31*(1884)
佐薙毅　*8.8*(1901)
真田重蔵　*5.27*(1923)
真田穣一郎　*11.21*(1897)
真田広之　*10.12*(1960)
真田増丸　*7.25*(1877)
真田幸貫　*9.2*(1791)
真田幸弘　*1.21*(1740)
ザナック, ダリル・F　*9.5*(1902)
真宮理子　*8.18*(1691)
佐成謙太郎　*5.23*(1890)
サニエ, リュディヴィーヌ　*7.3*(1979)
佐貫亦男　*1.1*(1908)
実方清　*7.9*(1907)
実藤恵秀　*5.13*(1896)
実仁親王　*2.10*(1071)
誠仁親王　*4.23*(1552)
佐野浅夫　*8.13*(1925)
佐野山陰　*6.30*(1751)
佐野周二　*11.21*(1912)
佐野史郎　*3.4*(1955)
佐野碩　*1.14*(1905)
佐野猛夫　*10.22*(1913)
佐野辰雄　*3.22*(1916)
佐野利器　*4.11*(1880)
サーノフ, デイヴィド　*2.27*(1891)
佐野文夫　*4.18*(1892)
佐野学　*2.22*(1892)
佐野美津男　*12.16*(1932)
佐野元春　*3.13*(1956)
ザハーヴァ　*5.12*(1896)
サーバ, ウンベルト　*3.9*(1883)
サーバー, ジェイムズ・グローヴァー　*12.8*(1894)
佐橋滋　*4.5*(1913)
サバタイ・ツビ　*7.23*(1626)
サバタ, ヴィクトル・デ　*4.10*(1892)
サバティエ, ポール　*11.5*(1854)
サバティエ, ポル　*8.3*(1858)
サバティエ, ルイ・オギュスト　*10.22*(1839)
サバーネエフ, レオニード・レオニドヴィチ　*10.1*(1881)
ザハビー　*10.7*(1274)
サハ, メグナード　*10.6*(1894)
サバレッラ　*9.5*(1533)
サハロフ, アンドレイ　*5.21*(1921)
ザハーロフ, サー・バジル　*10.6*(1849)
佐波亘　*4.24*(1881)
サバン・バッタナ　*11.13*(1907)
サピア, エドワード　*1.26*(1884)
サビオラ, ハビエル　*12.11*(1981)
ザヒル, アブドゥル　*5.3*(1910)
ザヒル・シャー, モハメド　*10.15*(1915)
SABU　*11.18*(1964)
サフォーク伯　*8.24*(1561)
サブリ, アリ　*8.30*(1920)
佐分利貞男　*1.20*(1879)
佐分真　*10.8*(1898)
サーベドラ・ラマス　*11.1*(1878)
サペーニョ, ナタリーノ　*11.10*(1901)
ザーポトツキー, アントニーン　*12.12*(1884)
ザボロツキー, ニコライ・アレクセーヴィチ　*4.24*(1903)
サマヴィル　*3.13*(1905)
サマーズ, アンディ　*12.31*(1946)
サマニエゴ, フェリス・マリア　*10.12*(1745)
ザマフシェリー　*3.8*(1075)
サマーリン　*4.21*(1819)
サマン, アルベール　*4.3*(1858)
サーマン, ユマ　*4.29*(1970)
ザミャーチン, エヴゲーニー・イワノヴィチ　*2.1*(1884)
サミュエル(マウント・カーメルとトックステスの), ハーバート・ルイス・サミュエル, 初代子爵　*11.6*(1870)
SAM　*1.13*(1962)
サムアーニー　*2.11*(1113)

寒川光太郎　*1.1*（1908）
寒川鼠骨　*10.31*（1874）
寒川辰清　*11.7*（1697）
寒川恒貞　*6.26*（1875）
サムソノフ, アレクサンドル　*11.14*（1859）
サムター, トマス　*8.14*（1734）
サムナー, ウィリアム・グレイアム　*10.30*（1840）
サムナー, チャールズ　*1.6*（1811）
鮫島実三郎　*7.3*（1890）
ザメンホフ, ラザルス・ルードヴィク　*12.15*（1859）
ザモイスキ　*4.1*（1541）
サモスード, サムイル　*5.2*（1884）
サモ・ハン・キンポー　*12.11*（1949）
サーモンド, ストロム　*12.5*（1902）
小夜福子　*3.5*（1909）
サラガート, ジュセッペ　*9.19*（1898）
サラクルー, アルマン　*8.9*（1899）
サラサーテ, パブロ・デ　*3.10*（1844）
サラザル, アントニオ・デ・オリヴェイラ　*4.28*（1889）
更科源蔵　*2.15*（1904）
サーラシ・フェレンツ　*1.6*（1897）
サラゼン, ジーン　*2.27*（1902）
沙羅双樹　*5.6*（1905）
サラフディン・アブドル・アジズ・シャー　*3.8*（1926）
サラマーゴ, ジョゼ　*11.16*（1922）
サラム, アブダス　*1.29*（1926）
サラン　*6.10*（1899）
サランドン, スーザン　*10.4*（1946）
サリヴァン, J.L.　*10.15*（1858）
サリヴァン, アーサー　*5.13*（1842）
サリヴァン, ハリ・スタック　*2.21*（1892）
サリヴァン, ルイス・ヘンリー　*9.3*（1856）
サリエリ, アントニオ　*8.18*（1750）
サリー, トマス　*6.8*（1783）
サリナス, ペドロ　*11.27*（1891）
サーリネン, エリエル　*8.20*（1873）
サーリネン, エーロ　*8.20*（1910）
ザーリン　*2.10*（1892）
サリンジャー, J.D.　*1.1*（1919）
サリンベーネ・ダ・パルマ　*10.9*（1221）
サルヴィオリ　*9.13*（1857）
サルヴィーニ　*1.1*（1829）
サルヴィ, ニッコロ　*8.6*（1697）
サルヴェミーニ　*9.8*（1873）
サルコジ, ニコラ　*1.28*（1955）
サル, サン・フランソワ・ド　*8.21*（1567）
サルターティ, リーノ・コルッチョ　*2.16*（1331）
サルダニャ　*11.17*（1790）
ザルツマン, クリスチャン・ゴットヒルフ　*6.1*（1744）
ザルテン, フェーリクス　*9.6*（1869）
サルト, アンドレア・デル　*7.16*（1486）
サルトゥイコフ-シチェドリン, ミハイル・エウグラフォヴィチ　*1.27*（1826）
サルドゥー, ヴィクトリヤン　*9.7*（1831）
サルトル, ジャン-ポール　*6.21*（1905）
サルピ, パーオロ　*8.14*（1552）
サルマシウス, クラウディウス　*4.15*（1588）
サルマン, ジャン　*1.13*（1897）
サルミエント, ドミンゴ・ファウスティノ　*2.14*（1811）
サルモン, アンドレ　*10.4*（1881）
ザルリーノ, ジョゼッフォ　*4.22*（1517）
ザレ　*6.22*（1865）
サロー, アルベール　*7.28*（1872）
サロイアン, ウィリアム　*8.31*（1908）
ザ・ロック　*5.2*（1972）
サロート, ナタリー　*7.18*（1902）
サロネン, エサ・ペッカ　*6.30*（1958）
沢井忠夫　*12.16*（1937）
沢木欣一　*10.6*（1919）
沢木興道　*6.16*（1880）
佐羽吉右衛門　*11.2*（1737）
沢口悟一　*3.19*（1882）
沢口靖子　*6.11*（1965）
沢崎梅子　*3.29*（1886）
沢尻エリカ　*4.8*（1986）
沢田亜矢子　*1.1*（1949）
沢田教一　*2.22*（1936）
沢田研二　*6.25*（1948）
沢田吾一　*9.23*（1861）
沢田茂　*3.29*（1887）
沢田正二郎　*5.27*（1892）
沢田政広　*8.22*（1894）
沢田清兵衛　*2.1*（1764）
沢田知可子　*8.4*（1963）
沢田雅美　*7.11*（1949）
沢田美喜　*9.19*（1901）
沢田頼徳　*6.4*（1823）
猿渡盛章　*1.22*（1790）
沢田廉三　*10.17*（1888）
沢田鹿鳴　*6.25*（1726）
猿渡盛道　*5.3*（1577）
沢近嶺　*5.17*（1788）
ザワツキー　*7.12*（1894）
沢野大地　*9.16*（1980）
沢野久雄　*12.30*（1912）
沢野ひとし　*12.18*（1944）
沢辺正修　*1.10*（1856）
沢穂希　*9.6*（1978）
沢村一樹　*7.10*（1967）
沢村栄治　*2.1*（1917）
沢村喜久子　*9.3*（1833）
沢村国太郎　*6.1*（1905）
沢村国矢　*6.9*（1978）
沢村源之助（4代目）　*3.14*（1859）
沢村源之助（5代目）　*1.13*（1907）
沢村貞子　*11.11*（1908）
沢村宗十郎（7代目）　*12.30*（1875）

沢村宗十郎(8代目)　*1.8*(1908)
沢村宗十郎(9代目)　*3.8*(1933)
沢村宗之助(初代)　*3.9*(1886)
沢村田之助(3代目)　*2.8*(1845)
沢村田之助(5代目)　*10.11*(1902)
沢村田之助(6代目)　*8.4*(1932)
沢村訥子(6代目)　*4.8*(1860)
沢村訥子(8代目)　*11.6*(1887)
沢村宏　*4.18*(1895)
沢村光博　*9.2*(1921)
沢柳大五郎　*8.23*(1911)
沢柳政太郎　*4.23*(1865)
沢山保羅　*3.22*(1852)
佐和隆研　*3.9*(1911)
サン-サーンス, カミーユ　*10.9*(1835)
サン-シモン, クロード・アンリ・ド・ルーヴロワ, 伯爵　*10.17*(1760)
サン-シモン, ルイ・ド・ルーヴロワ・ド　*1.15*(1675)
サン-ジュスト, ルイ・アントワーヌ・レオン・フロレル・ド　*8.25*(1767)
サン-タマン, アントワーヌ・ジラール・ド　*9.30*(1594)
サン-テヴルモン, シャルル・ド　*1.5*(1614)
サン-テグジュペリ, アントワーヌ・ド　*6.29*(1900)
サン-ピエール, シャルル・イレネ・カステル・ド　*2.18*(1658)
サン-ファール, ニキ・ド　*10.29*(1930)
サン-フォア, マリー-オリヴィエ-ジョルジュ・プーラン・ド　*3.2*(1874)
サン-マルタン, ルイ-クロード・ド　*1.18*(1743)
サン-レオン, (シャルル・ヴィクトール・)アルテュール　*4.17*(1821)
サン・ヴェナン, (バレ・ドゥ・セント・ヴェナン)　*8.23*(1797)
ザンキウス, ヒエローニムス　*2.2*(1516)
ザングウィル, イズレイル　*1.21*(1864)
サンクロフト, ウィリアム　*1.30*(1617)
サンゴール, レオポルド・セダール　*10.9*(1906)
棧敷芳子　*8.2*(1902)
サンジャール　*11.5*(1086)
三条公忠　*8.16*(1324)
三条公富　*1.2*(1620)
三条実顕　*5.29*(1708)
三条実万　*2.15*(1802)
三条実秀　*4.12*(1598)
三条実冬　*10.10*(1354)
三条季晴　*10.22*(1733)
三笑亭可楽(6代目)　*9.15*(1846)
三笑亭可楽(7代目)　*1.31*(1886)
三笑亭可楽(8代目)　*1.3*(1898)
三笑亭夢之助　*6.5*(1949)
三条天皇　*1.3*(976)
三条西公条　*5.21*(1487)
三条西実隆　*4.25*(1455)
三条西実世　*8.4*(1511)
三条西季知　*2.26*(1811)
サン・ジョン・ペルス　*5.31*(1887)
サン・ジョン・ペルス　*5.31*(1887)
サンズ　*5.19*(1844)
サンズ, ジョージ　*3.2*(1578)
サンソヴィーノ, ヤコポ　*7.2*(1486)
サンソム, ウィリアム　*1.18*(1912)
サンソム, ジョージ　*11.28*(1883)
サンタ・アナ, アントニオ・ロペス・デ　*2.21*(1794)
サンタ・クルース, アンドレス　*12.5*(1792)
サンタナ　*6.29*(1801)
サンタナ, カルロス　*7.20*(1947)
サンタヤナ, ジョージ　*12.16*(1863)
サンダランド　*8.4*(1640)
サンタンデル, フランシスコ・デ・パウラ　*4.2*(1792)
サンチェス・カントーン, フランシスコ・ハビエール　*7.14*(1891)
サンチェス, ゴンサロ　*7.1*(1930)
サンチェス, フィデル　*7.7*(1917)
サンチョ4世(勇猛王)　*5.12*(1258)
サンティリャナ侯爵　*8.19*(1398)
サン・テグジュペリ, アントワーヌ・ド　*6.29*(1900)
サンデ, ドゥアルテ・デ　*11.4*(1531)
サンテリーア, アントーニオ　*4.30*(1888)
サンテール　*3.16*(1752)
サンテール, ジャック　*5.18*(1937)
サント-クレール・ドヴィル, アンリ・エティエンヌ　*3.11*(1818)
サント-ブーヴ, シャルル-オーギュスタン　*12.23*(1804)
サンドウィッチ, エドワード・モンタギュー, 初代伯爵　*7.27*(1625)
サンドウィッチ, ジョン・モンタギュー, 4代伯爵　*11.3*(1718)
山東京山　*6.15*(1769)
山東京伝　*8.15*(1761)
サンド, ジョルジュ　*7.1*(1804)
サンドズ　*12.9*(1561)
サントス-ドゥモント, アルベルト　*7.20*(1873)
三都主アレサンドロ　*7.20*(1977)
ザンドナーイ, リッカルド　*5.30*(1883)
サンドバーグ, カール　*1.6*(1878)
サンドラー, アダム　*9.9*(1966)
ザントラルト, ヨアヒム・フォン　*5.12*(1606)
サンドラール, ブレーズ　*9.1*(1887)

サントリオ 3.29(1561)
サンナザーロ, ヤーコポ 7.28(1456)
サンネモーセ, アクセル 3.19(1899)
三宮吾郎 11.24(1899)
三宮四郎 9.14(1897)
三宮義胤 12.24(1844)
サンパイオ, ジョルジェ 9.18(1939)
ザンパ, ルイジ 1.2(1905)
サンプソン 8.3(1926)
サンプラザ中野 8.15(1960)
三瓶 11.23(1976)
三瓶孝子 1.30(1903)
サンペル・ピサノ, エルネスト 8.3(1950)
サンボーン, デービッド 7.30(1945)
サン・マルティン, ホセ・デ 2.25(1778)
サン・ユ 4.6(1919)
三遊亭円右(初代) 6.15(1860)
三遊亭円生(6代目) 9.3(1900)
三遊亭円馬(3代目) 11.3(1882)
三遊亭円馬(4代目) 1.18(1899)
三遊亭円遊(初代) 5.28(1850)
三遊亭円遊(3代目) 8.28(1878)
三遊亭円遊(6代目) 2.12(1902)
三遊亭円楽(5代目) 1.3(1933)
三遊亭歌笑(3代目) 9.22(1917)
三遊亭金馬(3代目) 10.25(1894)
三遊亭小円朝(2代目) 12.16(1857)
三遊亭小円遊(4代目) 8.3(1937)
三遊亭小遊三 3.2(1947)
三遊亭楽太郎 2.8(1950)
サーンレダム, ピーテル 6.9(1597)
サン・ローラン, イヴ 8.1(1936)
サン・ローラン, ルイ 2.1(1882)

【し】

シアーズ, アイザック 7.1(1730)
シアーズ, リチャード・ウォレン 12.7(1863)
ジアニーニ, アマデオ・ピータ— 5.6(1870)
シアヌーク, ノロドム 10.31(1922)
シアラー, アラン 8.13(1970)
シアラー, モイラ 1.17(1926)
椎尾弁匡 7.6(1876)
志位和夫 7.29(1954)
椎熊三郎 4.11(1895)
椎名悦三郎 1.16(1898)
椎名桔平 7.14(1964)
椎名へきる 3.12(1974)
椎名誠 6.14(1944)
椎名慶治 12.30(1975)
椎名林檎 11.25(1978)
椎名麟三 10.1(1911)
椎野悦朗 5.10(1911)
慈胤入道親王 3.13(1617)
シヴァージー 5.5(1627)
シーヴァッツ, シーグフリド 1.24(1882)
シウバ, ヴァンダレイ 7.3(1976)
似雲 1.2(1673)
慈雲 7.28(1718)
シェア 3.21(1846)
J 8.12(1970)
シェイクスピア, ウィリアム 4.26(1564)
ジェイ, ジョン 12.12(1745)
ジェイソン 6.13
ジェイムズ, ウィリアム 1.11(1842)
ジェイムズ, ヘンリー 4.15(1843)
ジェイムズ, ヘンリー 6.3(1811)
ジェイムソン, サー・リアンダー・スター 2.9(1853)
ジェインズ(ゼンス), リロイ・ランシング 3.27(1838)
ジェヴォンズ, ウィリアム・スタンリー 9.1(1835)
シェカール, チャンドラ 7.1(1927)
ジェーガン 3.22(1918)
ジエギス, カルロス 5.19(1940)
ジェーコブズ, マーク 4.9(1963)
シエース, エマニュエル・ジョゼフ, 伯爵 5.3(1748)
シェストーフ, レーフ・イサアーコヴィチ 1.31(1866)
ジェップ 8.27(1841)
シェッフェル, ヨーゼフ・ヴィクトーア 2.16(1826)
シェッフレ 2.24(1831)
ジェッリ, ジャンバッティスタ 8.12(1498)
ジェニー, ウィリアム・ル・バロン 9.25(1832)
シェニエ, アンドレ-マリ 10.30(1762)
ジェニー, フランソワ 12.17(1861)
ジェニングズ 5.16(1903)
ジェニングズ, エリザベス 7.18(1926)
シェーネマン 10.21(1704)
シェーネラー 7.17(1842)
シェノア, アウグスト 11.14(1838)
シェノン 5.16(1857)
シェパード, サム 11.5(1943)
シェパード, ジャック 3.4(1702)
シェバリン, ヴィサリオン・ヤコヴレヴィチ 6.11(1902)
シェーフ 1.10(1913)
シェーファー 5.16(1845)
シェーファー 5.16(1926)
シェーファー, ヴィルヘルム 1.20(1868)
ジェファーズ, ロビンソン 1.10(1887)
ジェファソン, ジョーゼフ 2.20(1829)

ジェファソン, トマス *4.13*(1743)
シェーファー, ピーター *5.15*(1926)
シェフェル *11.16*(1820)
シェフチェンコ, アンドレイ *9.29*(1976)
シェフチェンコ, タラス・フリホロヴィチ *3.9*(1814)
ジェフリ *10.23*(1773)
ジェフリーズ, サー・ハロルド *4.22*(1891)
ジェフリーズ, リチャード *11.6*(1848)
シェーベリ, ビルイェル *12.6*(1885)
シェーベルイ, アルフ *6.21*(1903)
ジェミエ, フィルマン *2.21*(1869)
ジェミニアーニ, フランチェスコ *12.5*(1687)
ジェームズ *4.27*(1880)
ジェームズ1世 *6.19*(1566)
ジェームズ2世 *10.14*(1633)
ジェームズ4世(スコットランド王) *3.17*(1473)
ジェームズ5世 *4.10*(1512)
ジェームズ, J. *9.5*(1847)
ジェームズ, ハリー *3.15*(1916)
ジェームス三木 *6.10*(1935)
ジェム・スルタン *12.22*(1459)
ジェームズ, レブロン *12.30*(1984)
シェーラー *4.26*(1841)
シェラー *2.3*(1890)
ジェーラス・レストレーポ *4.12*(1908)
シェーラー, マックス *8.22*(1874)
シエラ・メンデス, フスト *1.26*(1848)
ジェラール, シャルル・フレデリック *8.21*(1816)
ジェラルディ, ポール *3.6*(1885)
ジェラール, フランソワ *5.4*(1770)
ジェランドー, ジョゼフ・マリー・ド *2.29*(1772)
ジェリコー, ジョン・ラシュワース・ジェリコー, 初代伯爵 *12.5*(1859)
ジェリコー, テオドール *9.26*(1791)
シェリダン, フィリップ・H *3.6*(1831)
シェリダン, リチャード・ブリンズリー *11.4*(1751)
シェリー, パーシー・ビッシュ *8.4*(1792)
シェリフ, R.C. *6.6*(1896)
シェリー, メアリー *8.30*(1797)
シェリング, アルノルト *4.2*(1877)
シェリング, フリードリヒ・ヴィルヘルム・ヨーゼフ・フォン *1.27*(1775)
シェリング, ヘンリク *9.22*(1918)
シェリントン, サー・チャールズ・スコット *11.27*(1857)
シェール *5.20*(1946)
シェルシェル *7.21*(1804)
ジェルジンスキー, フェリクス・エドムンドヴィチ *9.11*(1877)
シェルスキ, ヘルムート *10.14*(1912)
ジェルソン, ジャン *12.14*(1363)
シェルダン, シドニー *2.11*(1917)
シェルドン *11.19*(1899)
シエルバ, フアン・デ・ラ *9.21*(1895)
シェルバーン, ウィリアム・ペティ・フィッツモーリス, 2代伯爵 *5.13*(1737)
ジェルビヨン, ジャン・フランソワ *6.11*(1654)
シェルピンスキ, ヴァツワフ *3.17*(1882)
シェルヘン, ヘルマン *6.21*(1891)
ジェルミ, ピエートロ *9.14*(1914)
シェール, ラインハルト *9.30*(1863)
シェーレ, カール・ヴィルヘルム *12.19*(1742)
シェレシェフスキー, サミュエル・アイザク *5.6*(1831)
シェレーピン, アレクサンドル・ニコラエヴィッチ *8.18*(1918)
シェロシエフスキ, ヴァツワフ *8.24*(1858)
ジェローム, ジェローム・K. *5.2*(1859)
ジェローム, ジャン・レオン *5.11*(1824)
ジェロムスキ, ステファン *11.1*(1864)
シェワルナゼ, エドアルド *1.25*(1928)
シェーン *1.20*(1772)
慈円 *4.15*(1155)
シェンキエヴィッチ, ヘンリク *5.5*(1846)
ジェンキンズ(ヒルヘッドの), ロイ・ジェンキンズ, 男爵 *11.11*(1920)
ジェンクス *2.20*(1861)
シェンケンドルフ, マックス・フォン *12.11*(1783)
シェンストーン, ウィリアム *11.13*(1714)
ジェンティーリ *1.14*(1552)
ジェンティーレ, ジョヴァンニ *5.30*(1875)
ジェンナー, エドワード *5.17*(1749)
シェンノールト, クレア *9.6*(1890)
シェーンバイン, クリスティアン・フリードリヒ *10.18*(1799)
シェーンヘル, カール *2.24*(1867)
シェーンベルク, アルノルト *9.13*(1874)
シェーンライン *11.30*(1793)
塩入松三郎 *11.12*(1889)
四王天延孝 *9.2*(1879)
汐風幸 *5.24*(1970)
塩川正十郎 *10.13*(1921)

ジオーク, ウィリアム・フランシス 5.12(1895)
塩沢昌貞 10.20(1870)
塩尻公明 11.6(1901)
塩田英二郎 1.26(1921)
塩田広重 10.14(1873)
塩田良平 5.25(1899)
潮田玲子 9.30(1983)
塩出英雄 4.6(1912)
シーオドマク, ロバート 8.8(1900)
塩野義三郎 11.15(1881)
塩野義三郎(初代) 3.17(1854)
塩野季彦 1.1(1880)
塩野七生 7.7(1937)
塩谷温 7.6(1878)
塩谷簣山 6.18(1812)
塩谷大四郎 6.14(1769)
塩谷宕陰 4.17(1809)
塩原又策 1.10(1877)
塩谷アイ 1.17(1912)
塩谷瞬 6.7(1982)
ジオンビー, ジェイソン 1.8(1971)
志賀暁子 6.17(1910)
志垣寛 5.31(1889)
志賀潔 12.18(1870)
志賀潔 12.18(1871)
志賀健次郎 12.10(1903)
志賀昂 11.15(1863)
志賀泰山 8.21(1854)
しかたしん 3.6(1928)
四方洋 5.26(1935)
志方益三 8.10(1895)
鹿内信隆 11.17(1911)
鹿内春雄 5.15(1945)
志賀直哉 2.20(1883)
シーガー, ピート 5.3(1919)
志賀勝 3.29(1892)
四賀光子 4.21(1885)
志賀義雄 1.12(1901)
シーガル, ジョージ 11.24(1924)
慈観 2.7(1334)
食行身禄 1.17(1671)
ジギスムント 2.12(1368)
識名盛命 12.19(1651)
式場隆三郎 7.2(1898)
式守伊之助(19代目) 12.15(1886)
式守蝸牛(7代目) 9.19(1875)
志喜屋孝信 4.19(1884)
シギュルドソン, ヨウン 6.17(1811)
ジーク 8.12(1866)
ジクヴァルト 3.28(1830)
シクスツス4世 7.21(1414)
シクストゥス5世 12.13(1521)
竺仙梵僊 11.15(1292)
シーグバーン, カール・マンネ・イエオリ 12.3(1886)
ジーグフェルド, フローレンツ 3.21(1869)
シーグフリード 4.21(1875)
ジグムント1世 1.1(1467)
ジグムント2世 8.1(1520)
ジグムント3世 6.20(1566)
時雨音羽 3.19(1899)
シクロフスキー, ヴィクトル・ボリソヴィチ 1.24(1893)
シケイロス, ダビード・アルファロ 12.29(1896)
重兼芳子 3.7(1927)
シゲティ, ヨーゼフ 9.5(1892)
重藤千秋 1.31(1885)
重藤文夫 4.13(1903)
滋野井公麗 11.14(1733)
滋野井公澄 11.21(1670)
重仁親王 9.2(1140)
沛姫 10.28(1745)
重政誠之 3.20(1897)
重松清 3.6(1963)
重松敬一 1.12(1924)
重光葵 7.29(1887)
重宗芳水 7.11(1873)
重宗雄三 2.11(1894)
茂森あゆみ 12.15(1971)
重森三玲 8.20(1896)
茂山千五郎(9代目) 5.17(1810)
茂山千作(2代目) 9.27(1864)
茂山千作(3代目) 8.30(1896)
茂山千作(4代目) 12.28(1919)
茂山忠三郎(初代) 11.10(1813)
シゲリスト 4.7(1891)
ジーゲル 12.31(1896)
シゲーレ 6.24(1868)
ジーコ 3.3(1953)
璽光尊 4.22(1903)
治五右衛門(9代目) 5.24(1787)
シコルスキー, イーゴー 5.25(1889)
鐚山矩幸 2.2(1963)
シサノ, ジョアキム・アルベルト 10.22(1939)
シサバン・ボン 7.14(1885)
シジウィック, ネヴィル・ヴィンセント 5.8(1873)
シジウィック, ヘンリー 5.31(1838)
シーシキン, イワン 1.13(1832)
獅子吼観定 6.2(1819)
シシコーフ, ヴァチェスラフ・ヤーコヴレヴィチ 9.21(1873)
宍戸左馬之介 8.13(1804)
宍戸錠 12.6(1933)
獅子文六 7.1(1893)
慈昌 1.10(1544)
四条隆謌 9.9(1828)
四条隆益 1.19(1531)
四条天皇 2.12(1231)
慈性法親王 8.26(1813)
ジスカール・デスタン, ヴァレリー 2.2(1926)
姿月あさと 3.14(1970)
シスモンディ 5.9(1773)
シスラー, ジョージ 3.24(1893)
シスレー, アルフレッド 10.30(1839)
始関伊平 4.7(1907)
四宮ヤエ 4.10(1904)
志田鉀太郎 8.20(1868)
志田重男 11.21(1911)
ジダ, アレック 6.26(1974)
志田順 5.28(1876)
ジダーノフ, アンドレイ・アレクサンドロヴィチ 2.26(1896)
下程勇吉 10.6(1904)
志田未来 5.10(1993)
志田林三郎 12.25(1856)
シダル, エリザベス 7.25(1829)

ジダン, ジネディーヌ　6.23(1972)
シチェープキン, ミハイル・セミョーノヴィチ　11.6(1788)
シチェルバツコイ　9.19(1866)
シチパチョーフ, ステパン・ペトローヴィチ　12.26(1898)
シチュールメル　6.28(1848)
慈澄　7.3(1489)
施肇基　4.10(1877)
シッカート, ウォルター・リチャード　5.31(1860)
シッカルト, ヴィルヘルム　4.22(1592)
実川延若(2代目)　12.11(1877)
実川延若(3代目)　1.3(1921)
ジッキンゲン, フランツ・フォン　3.2(1481)
シック　7.16(1877)
シッケレ, ルネ　8.4(1883)
室子女王　6.25(1736)
実相寺昭雄　3.29(1937)
ジッド, アンドレ　11.22(1869)
シットウェル, イーディス　9.7(1887)
シットウェル, オズバート　12.6(1892)
シットウェル, サシェヴェレル　11.15(1897)
実如　8.10(1458)
十返舎一九　2.8(1765)
シッランパー, フランス・エーミル　9.16(1888)
シデナム, トマス　9.10(1624)
幣原喜重郎　8.11(1872)
幣原坦　9.18(1870)
ジード　6.29(1847)
シトゥール, リュドヴィート　10.29(1815)
シト, テブロロ　8.25(1953)
シドニウス・アポッリナリス, ガイユス・ソッリウス・モデストゥス　11.5(431)
シドニー, フィリップ　11.30(1554)
シドマス, ヘンリー・アディントン, 初代子爵　5.30(1757)
シトレ, ヌダバニンギ師　7.21(1920)
シートン, アーネスト・トムソン　8.14(1860)
シドンズ, セアラ　7.5(1755)
シートン, 聖エリザベス・アン　8.28(1774)
シーナ　11.23(1954)
品川工　6.11(1908)
品川祐　4.26(1972)
シナースィ, イブラヒム　8.5(1826)
シナトラ, フランク　12.12(1915)
品姫　11.9(1685)
シナン　5.21(1489)
シーニアー　9.26(1790)
シニズガッリ, レオナルド　3.9(1908)
シニーズ, ゲーリー　3.17(1955)
シニャック, ポール　11.11(1863)
シニョレ, シモーヌ　3.25(1921)
ジーニン　8.13(1812)
篠崎かよ　7.23(1923)
篠崎小竹　4.14(1781)
篠沢秀夫　6.6(1933)
篠島秀雄　1.21(1910)
篠塚建次郎　11.20(1948)
篠田鉱造　12.6(1871)
篠田節子　10.23(1955)
篠田一士　1.23(1927)
篠田正浩　3.9(1931)
篠原助市　6.6(1876)
篠原ともえ　3.29(1979)
篠原鳳作　1.7(1906)
篠原涼子　8.13(1973)
信夫韓一郎　7.1(1900)
信夫淳平　9.1(1871)
四宮鉄男　5.30(1940)
篠山紀信　12.3(1940)
芝木好子　5.7(1914)
斯波孝四郎　1.24(1875)
シバー, コリー　11.6(1671)
柴五郎　5.3(1859)
柴咲コウ　8.5(1981)
斯波四郎　4.7(1910)
芝祐泰　3.19(1898)
芝全交(初代)　6.19(1750)
柴田亜衣　5.14(1982)
柴田勲　2.8(1944)
柴田勝治　1.26(1911)
柴田かよ　8.7(1884)
柴田鳩翁　5.5(1783)
柴田恭兵　8.18(1951)
柴田清　7.10(1887)
柴田敬　9.2(1902)
柴田桂太　9.20(1877)
新発田収蔵　6.26(1820)
柴田翔　1.19(1935)
柴田宵曲　9.2(1897)
柴田承桂　5.12(1849)
芝田進午　3.26(1930)
柴田是真　2.7(1807)
柴田洞元　8.26(1767)
柴田倫世　12.23(1974)
柴田花守　1.8(1809)
柴田道子　3.30(1934)
柴田南雄　9.29(1916)
柴田睦陸　3.23(1913)
芝田山康　10.9(1962)
柴田雄次　1.28(1882)
柴田侑宏　1.25(1932)
柴田拗斎　6.26(1820)
柴田理恵　1.14(1959)
柴田錬三郎　3.26(1917)
斯波忠三郎　3.8(1872)
斯波貞吉　8.17(1869)
柴俊夫　4.27(1947)
シーバー, トム　11.17(1944)
シハーブ　3.19(1903)
芝不器男　4.18(1903)
ジーハ, ボフミル　2.22(1907)
シハモニ, ノロドム　5.14(1953)
柴山兼四郎　5.1(1889)
芝山国豊　7.19(1781)
柴山全慶　11.30(1894)
芝山持豊　6.5(1742)
柴山矢八　7.13(1850)
司馬遼太郎　8.7(1923)
ジバンシー, ユベール・ド　2.21(1927)
シファー, クラウディア　8.25(1970)
ジファール, アンリ　1.8(1825)
渋井陽子　3.14(1979)

渋江抽斎　*11.8*(1805)
渋川景佑　*10.15*(1787)
渋川驍　*3.1*(1905)
渋川玄耳　*4.28*(1872)
ジフコフ, トドル　*9.7*(1911)
渋沢栄一　*2.13*(1840)
渋沢敬三　*8.25*(1896)
渋沢孝輔　*10.22*(1930)
渋沢龍彦　*5.8*(1928)
渋沢秀雄　*10.5*(1892)
渋沢元治　*10.25*(1876)
ジプシー・ローズ　*12.18*(1934)
渋谷すばる　*9.22*(1981)
シプトン, エリック　*8.1*(1907)
シーフナー　*7.18*(1818)
渋谷伊予作　*11.18*(1842)
渋谷琴乃　*6.9*(1975)
渋谷定輔　*10.12*(1905)
渋谷天外(2代目)　*6.7*(1906)
渋谷実　*1.20*(1907)
渋谷陽一　*6.9*(1951)
渋谷黎子　*6.24*(1909)
ZEEBRA　*4.2*(1971)
シベリウス, ジャン　*12.8*(1865)
ジーベル　*12.2*(1817)
ジーベル, カスパル　*6.9*(1590)
SHIHO　*6.6*(1976)
柴生田稔　*6.26*(1904)
シーボーグ, グレン・セオドア　*4.19*(1912)
シーボーム　*11.23*(1833)
シーボルト　*8.16*(1846)
シーボルド　*11.5*(1901)
ジーボルト, カール・テオドール・エルンスト・フォン　*2.16*(1804)
シーボルト, フィリップ・フランツ・フォン　*2.17*(1796)
島岡吉郎　*6.4*(1911)
島尾敏雄　*4.18*(1917)
島上勝次郎　*8.24*(1881)
島川文八郎　*3.10*(1864)
島木赤彦　*12.17*(1876)
島木健作　*9.7*(1903)
島倉千代子　*3.30*(1938)
島桂次　*8.30*(1927)
島耕作　*9.9*(1947)
島崎赤太郎　*7.9*(1874)
島崎藤村　*2.17*(1872)
島崎敏樹　*11.8*(1912)
島崎俊郎　*3.18*(1955)
島崎和歌子　*3.2*(1973)
嶋重宣　*6.16*(1976)
島津貴子　*3.2*(1939)
嶋津千利世　*5.9*(1914)
島薗順次郎　*3.12*(1877)
嶋大輔　*5.22*(1964)
島田嘉七　*8.14*(1895)
島田一男　*3.5*(1923)
島田一男　*5.15*(1907)
島田歌穂　*9.19*(1963)
島田翰　*1.2*(1879)
嶋田久作　*4.24*(1955)
島田謹二　*3.20*(1901)
島田啓三　*5.3*(1900)
島田賢一　*5.24*(1910)
島田虔次　*8.12*(1917)
島田三郎　*11.7*(1852)
嶋田繁太郎　*9.24*(1883)
島田修二　*8.19*(1928)
島田正吾　*12.13*(1905)
島田紳助　*3.24*(1956)
島田清次郎　*2.26*(1899)
嶋田青峰　*3.8*(1882)
島田荘司　*10.12*(1948)
島田武夫　*8.5*(1889)
島田俊雄　*6.18*(1877)
島田虎之助　*4.3*(1814)
島谷ひとみ　*9.4*(1980)
島田文右衛門　*12.4*(1836)
島田墨仙　*10.9*(1867)
島田雅彦　*3.13*(1961)
島田陽子　*5.17*(1953)
島田洋七　*2.10*(1950)
島田洋八　*2.13*(1951)
島田律子　*7.31*(1968)
島地大等　*10.8*(1875)
島地黙雷　*2.15*(1838)
島津家久　*11.7*(1576)
島津勝久　*8.18*(1503)
シマック, クリフォード　*8.3*(1904)
島津源蔵(2代目)　*6.17*(1869)
島津貞久　*4.8*(1269)
島津重豪　*11.7*(1745)
島津忠国　*5.2*(1403)
島津忠隆　*8.14*(1497)
島津忠承　*5.19*(1903)
島津忠長　*7.17*(1551)
島津忠良　*9.23*(1492)
島津籌峰　*2.7*(1824)
島津綱貴　*10.24*(1650)
島津天錫　*6.6*(1752)
島津斉彬　*9.28*(1809)
島津斉興　*11.6*(1791)
島津斉宣　*12.6*(1773)
島津久籌　*5.18*(1827)
島津久治　*4.25*(1841)
島津久通　*12.29*(1604)
島津久基　*4.16*(1891)
島津久本　*2.9*(1803)
島津フミヨ　*11.9*(1902)
島津光久　*6.22*(1616)
島津保次郎　*6.3*(1897)
島津以久　*6.20*(1550)
島津義弘　*7.23*(1535)
島富重　*8.5*(1753)
嶋中鵬二　*3.7*(1923)
嶋中雄作　*2.2*(1887)
嶋中雄三　*2.18*(1880)
島貫兵太夫　*7.9*(1866)
島野初子　*11.9*(1895)
シマノフスキ, カロル　*10.3*(1882)
嶌信彦　*5.5*(1942)
島原帆山　*9.16*(1901)
島秀雄　*5.20*(1901)
島秀之助　*6.21*(1908)
島袋源一郎　*10.18*(1885)
島袋光裕　*6.1*(1893)
シマブクロ, ジェイク　*11.3*(1976)
島袋光史　*11.26*(1920)
島村修　*7.26*(1912)
島村民蔵　*7.22*(1888)
島村俊広　*4.18*(1912)
島村速雄　*9.20*(1858)
島村抱月　*1.10*(1871)
島村光津　*3.18*(1831)
島本虎三　*6.20*(1914)
島本仲道　*4.18*(1833)
島本久恵　*2.2*(1893)
島本理生　*5.18*(1983)
島義勇　*9.12*(1822)
島善鄰　*8.27*(1889)
シミアン　*4.18*(1873)
ジミー大西　*1.1*(1964)
清水アキラ　*6.29*(1954)
清水晶　*8.27*(1916)

清水敦之助　*3.19*(1796)
清水幾太郎　*7.9*(1907)
清水市代　*1.9*(1969)
清水脩　*11.4*(1911)
清水金一　*5.5*(1912)
志水楠男　*4.29*(1926)
清水国明　*10.15*(1950)
清水圭　*6.24*(1961)
清水慶子　*8.20*(1906)
清水広一郎　*4.2*(1935)
清水宏次朗　*11.10*(1964)
清水崑　*9.22*(1912)
清水紫琴　*1.11*(1868)
清水純一　*7.23*(1924)
清水章吾　*2.15*(1943)
清水慎三　*10.1*(1913)
清水清太郎　*6.9*(1843)
清水晴風　*1.10*(1851)
清水善造　*3.25*(1891)
清水多嘉示　*7.27*(1897)
清水隆行　*10.23*(1973)
清水武雄　*7.12*(1890)
清水達夫　*10.22*(1913)
清水辰次郎　*4.7*(1897)
清水谷実任　*6.30*(1587)
清水谷実業　*3.4*(1648)
清水哲太郎　*2.1*(1948)
清水藤太郎　*3.30*(1886)
清水澄　*8.12*(1868)
清水登之　*1.1*(1887)
清水直行　*11.24*(1975)
清水南山　*3.30*(1875)
志水速雄　*9.15*(1935)
清水宏　*3.28*(1903)
清水博　*9.23*(1907)
清水宏保　*2.27*(1974)
清水誠　*12.25*(1846)
清水正健　*6.7*(1856)
清水美砂　*9.25*(1970)
清水ミチコ　*1.27*(1960)
清水由貴子　*9.7*(1959)
清水良雄　*8.4*(1891)
清水よし子　*6.29*(1960)
清水義範　*10.28*(1947)
シミティス, コンスタンティノス　*6.23*(1936)
ジミャーニン　*11.21*(1914)
慈妙　*4.8*(1291)
持明院基孝　*8.21*(1520)
シームア　*4.7*(1840)
シムズ, ウィリアム・ギルモア　*4.17*(1806)
シムソン　*10.14*(1687)
シムノン, ジョルジュ　*2.13*(1903)
志村けん　*2.20*(1950)
志村源太郎　*3.1*(1867)
志村喬　*3.12*(1905)
志村幸美　*12.15*(1958)
ジムロック, カール　*8.28*(1802)
シメオン, チャールズ　*9.24*(1759)
ジーメンス, エルンスト・ヴェルナー・フォン　*12.13*(1816)
シーメンズ, チャールズ・ウィリアム　*4.4*(1823)
下飯坂潤夫　*1.29*(1894)
霜川遠志　*4.10*(1916)
下川凹天　*5.2*(1892)
子母沢寛　*2.1*(1892)
下条アトム　*11.26*(1946)
下条康麿　*1.20*(1885)
下瀬雅允　*12.16*(1860)
下平正一　*1.10*(1918)
下田歌子　*8.8*(1854)
志茂田景樹　*3.25*(1940)
下田菊太郎　*5.2*(1866)
霜多正次　*9.5*(1913)
下田武三　*4.3*(1907)
下田天映　*7.21*(1900)
下田光造　*3.14*(1885)
下鳥富次郎　*3.2*(1745)
下中弥三郎　*6.12*(1878)
シーモノフ, コンスタンチン・ミハイロヴィチ　*11.28*(1915)
下総皖一　*3.31*(1898)
下村為山　*5.21*(1865)
下村治　*11.27*(1910)
下村海南　*5.11*(1875)
下村観山　*4.10*(1873)
下村湖人　*10.3*(1884)
下村定　*9.23*(1887)
下村善太郎　*4.28*(1827)
下村千秋　*9.4*(1893)
下村寅太郎　*8.17*(1902)
下村正夫　*8.23*(1913)
下村良之介　*10.15*(1923)
下山定則　*7.23*(1901)
下山順一郎　*2.18*(1853)
シモン　*12.31*(1814)
シモン, クロード　*10.10*(1913)
シモンズ, アーサー　*2.28*(1865)
シモンズ, ジュリアン　*5.30*(1912)
シモンズ, ジョン・アディントン　*10.5*(1840)
シモンズ, ジーン　*1.31*(1929)
シモンズ, ジーン　*8.25*(1949)
シモンソン　*6.26*(1888)
シモン, ニーナ　*2.21*(1933)
シモン, ピエール-アンリ　*1.16*(1903)
シモン, リシャール　*5.13*(1638)
ジャイアント馬場　*1.23*(1938)
シャイデマン, フィリップ　*7.26*(1865)
シャイト, ザームエール　*11.3*(1587)
シャイナー, クリストフ　*7.25*(1575)
ジャイルズ　*12.29*(1875)
ジャイルズ, ハーバート・アレン　*12.8*(1845)
シャイン　*6.9*(1902)
シャイン, ヨーハン・ヘルマン　*1.20*(1586)
シャヴァンヌ, エドワール　*10.5*(1865)
シャーウッド, ロバート　*4.4*(1896)
シャウディン, フリッツ・リヒャルト　*9.19*(1871)
シャウプ　*10.26*(1902)
シャウマン, ルート　*8.24*(1899)
ジャガー, ミック　*7.26*(1943)
ジャカール, ジョゼフ・マリー　*7.7*(1752)
シャガール, マルク　*7.7*(1887)
シャギニャン, マリエッタ・セルゲーヴナ　*3.21*(1888)
シャキーラ　*2.2*(1977)
寂厳　*9.17*(1702)
寂室堅光　*5.18*(1753)

寂室元光 5.15(1290)
ジャクスン, ウィリアム 5.29(1730)
釈宗演 12.18(1860)
ジャクソン 5.31(1912)
ジャクソン, アンドリュー 3.15(1767)
ジャクソン, グレンダ 5.9(1936)
ジャクソン, サミュエル・L. 12.21(1948)
ジャクソン, ジャネット 5.16(1966)
ジャクソン, ジョー 7.16(1889)
ジャクソン, ジョン・ヒューリングズ 4.4(1835)
ジャクソン, トマス・ジョナサン 1.21(1824)
ジャクソン, バリー 7.6(1879)
ジャクソン, ピーター 10.31(1961)
ジャクソン, マイケル 8.29(1958)
ジャクソン, マヘリア 10.26(1911)
ジャクソン, ミルト 1.1(1923)
寂如 6.28(1651)
綽如 3.15(1350)
釈由美子 6.12(1978)
シャクルトン, サー・アーネスト・ヘンリー 2.15(1874)
ジャコーザ, ジュゼッペ 10.21(1847)
ジャコトー, ジャン・ジョゼフ 3.4(1770)
ジャコブ, ジョルジュ 7.6(1739)
ジャコブ, マックス 7.12(1876)
シャー・ジャハーン 1.5(1592)
シャーストリー, ラール 10.2(1904)
シャスラー 8.26(1819)
シャセリオー, テオドール 9.20(1819)
ジャック-ダルクローズ, エーミール 7.6(1865)
ジャックソン 2.9(1862)
ジャックマン, ヒュー 10.12(1968)
シャッシャ, レオナルド 1.8(1921)
ジャッド 2.20(1873)
ジャッド, アシュレイ 4.19(1968)
ジャッド, ドナルド 6.3(1928)
シャップ, クロード 12.25(1763)
シャッフ, フィリップ 1.1(1819)
シャドウ, ヨハン・ゴットフリート 5.20(1764)
シャドゥルヌ 6.7(1890)
ジャドソン, アドナイラム 8.9(1788)
シャトーブリヤン, アルフォンス・ド 3.22(1877)
シャトーブリヤン, フランソワ-ルネ・ド 9.4(1768)
シャトレ-ロモン, ガブリエル・エミリー・ル・トヌリエ・ド・ブルトイユ, 侯爵夫人 12.17(1706)
ジャネ 4.30(1823)
ジャネット・リン 4.6(1953)
ジャネ, ピエール 5.30(1859)
シャネル, ココ 8.19(1883)
ジャノネ 12.7(1577)
シャノン, クロード・エルウッド 4.30(1916)
シャーパー, エツァルト 9.30(1908)
シャハト, ヒャルマー 1.22(1877)
謝花昇 9.28(1865)
シャーバン 1.1(1909)
シャバン-デルマス, ジャック 3.7(1915)
ジャハンギール 8.30(1569)
ジャヒッツ 5.18(1904)
ジャビル・アル・アハマド・アル・サバハ 6.16(1929)
シャピロ, カール 11.10(1913)
シャファーリク, パヴォル・ヨゼフ 5.13(1795)
シャープ, ウィリアム 9.12(1855)
シャープ, ジェイムズ 5.4(1618)
シャプタル, ジャン・アントワーヌ・クロード 6.4(1756)
シャフツベリー, アントニー・アシュリー・クーパー, 3代伯爵 2.26(1671)
シャフツベリー, アントニー・アシュリー・クーパー, 7代伯爵 4.28(1801)
シャフツベリー, アントニー・アシュリー・クーパー, 初代伯爵 7.22(1621)
シャプドレーヌ, オギュスト 1.6(1814)
シャフナー 11.14(1875)
シャプラン, ジャン 12.4(1595)
シャブリエ, エマニュエル 1.18(1841)
シャプリー, ハーロー 11.2(1885)
ジャベス, エドモン 4.16(1912)
シャポーリン, ユーリー・アレクサンドロヴィチ 11.8(1887)
シャマラン, M.ナイト 8.6(1970)
ジャマルライル, サイド・プトラ 11.25(1920)
ジャマン 5.30(1818)
シャーマン, ウィリアム・テカムサ 2.8(1820)
シャーマン, ジョン 5.10(1823)
シャーマン, ロジャー 4.19(1721)
シャミッソー, アーデルベルト・フォン 1.30(1781)
ジャーミー, ヌーロッディーン・アブドッラフマーン 11.7(1414)
シャムウーン 4.3(1900)
ジャームッシュ, ジム 1.22(1953)
ジャム, フランシス 12.2(1868)
ジャヤワナダナ, ジュニアス・リチャード 9.17(1906)
シャラー 7.13(1807)
シャラポワ, マリア 4.19(1987)

シャリアピン, フョードル・イヴァノヴィチ 2.13(1873)
ジャリ, アルフレッド 9.8(1873)
シャーリエ 4.1(1862)
シャリエール夫人 10.20(1740)
シャーリー, ジェイムズ 9.7(1596)
シャリフ, オマー 4.10(1932)
ジャルー, エドモン 6.19(1878)
シャルガフ, エルウィン 8.11(1905)
シャルク, フランツ 5.27(1863)
シャルコー, ジャン・マルタン 11.29(1825)
ジャルジェ, オスカル・フランソワ・ド 12.25(1755)
シャルダン, ジャン 11.16(1643)
シャルダン, ジャン・バティスト・シメオン 11.2(1699)
シャルドネ, イレール・ベルニョー, 伯爵 5.1(1839)
シャルドンヌ, ジャック 1.2(1884)
シャルパンティエ, ギュスターヴ 6.25(1860)
シャー・ルフ 8.20(1377)
シャル・フォン・ベル, ヨーハン・アーダム 5.1(1592)
シャール, ミシェル 11.15(1793)
シャルル3世 9.17(879)
シャルル5世 1.21(1338)
シャルル6世 12.3(1368)
シャルル7世 2.22(1403)
シャルル8世 6.30(1470)
シャルル9世 6.27(1550)
シャルル10世 10.9(1757)
シャルルヴォワ, ピエール・フランソワ・グザヴィエ・ド 10.24(1682)
シャルル, ジャック・アレクサンドル・セザール 11.12(1746)
シャルル・ドルレアン, 公爵 11.24(1394)
シャール, ルネ 6.14(1907)

シャルロッテ・エリザベト 5.27(1652)
シャルロット 1.23(1896)
シャルンホルスト, ゲルハルト・ヨハン・ダーフィト・フォ 11.12(1755)
ジャレル, ランダル 5.6(1914)
シャロウン, ハンス 9.20(1893)
シャロン, アリエル 2.26(1928)
ジャワラ, ダウダ 5.16(1924)
ジャン 5.28(1371)
ジャン2世 4.16(1319)
シャーンイェルム, イェオリ 8.7(1598)
シャンガルニエ, ニコラ 4.26(1793)
シャンカル, ラムセワク 11.6(1937)
ジャンケレヴィッチ, ヴラディミール 8.13(1903)
ジャンスキー, カール・ガス 10.22(1905)
ジャンセン 4.11(1922)
ジャンセン, ピエール・ジュール・セザール 2.22(1824)
ジャンソン 5.30(1872)
シャンソン, アンドレ 6.6(1900)
ジャン大公 1.5(1921)
シャンタル, ジャンヌ・フランソワ・フレミオー 1.23(1572)
シャン, ダレン 7.2(1972)
シャンツ 6.12(1842)
ジャンドロン, モーリス 12.26(1920)
ジャンヌ(フランスの, ヴァロワの) 4.23(1464)
聖ジャンヌ・ダルク 1.6(1412)
ジャンヌ・ダルブレー 1.7(1528)
ジャンノーネ, ピエートロ 5.7(1676)
ジャン・パウル 3.21(1763)
シャンフォール, セバスティアン・ロシュ・ニコラ 4.6(1740)

シャンプティエ・ド・リブ 7.30(1882)
シャンフルーリ 9.10(1821)
シャンペーニュ, フィリップ・ド 5.26(1602)
シャーン, ベン 9.12(1898)
ジャンボ鶴田 3.25(1951)
シャンポリオン 10.5(1778)
シャンポリヨン, ジャン・フランソワ 12.23(1790)
シャンボール 9.29(1820)
シューアル, サミュエル 3.28(1652)
シュアレス, アンドレ 6.12(1868)
ジュアン, アルフォンス 12.16(1888)
ジュアンドー, マルセル 7.26(1888)
ジューイット, セアラ・オーン 9.3(1849)
シュヴァイツァー 7.12(1833)
シュヴァイツァー, アルベルト 1.14(1875)
シュヴァーブ, グスタフ 6.16(1792)
シュヴァーベ, ハインリヒ・ザ

シュヴィント, モーリッツ・フォン　*1.21*(1804)
シュヴェーグラー, アルベルト　*2.10*(1819)
ジューヴェ, ルイ　*12.24*(1887)
宗淵　*10.25*(1786)
シュウォーツ, デルモア　*12.8*(1913)
シュウォブ, マルセル　*8.23*(1867)
周恩来　*3.5*(1898)
宗規　*1.16*(1285)
周作人　*1.16*(1885)
シュー, ウージェーヌ　*1.26*(1804)
脩子内親王　*12.16*(996)
充真院　*4.13*(1800)
柔石　*9.28*(1902)
周富徳　*3.11*(1943)
ジューヴ, ピエール‐ジャン　*10.11*(1887)
周仏海　*5.29*(1897)
周揚　*2.7*(1908)
周立波　*8.9*(1908)
シュヴルール, ミシェル・ユージェーヌ　*8.31*(1786)
シュー, エリザベス　*10.6*(1964)
シューエル, アナ　*3.30*(1820)
ジューエル, ジョン　*5.24*(1522)
ジューオー　*7.1*(1879)
朱家驊　*5.30*(1893)
寿岳章子　*1.2*(1924)
寿岳しづ　*10.23*(1901)
寿岳文章　*3.21*(1900)
寿岳文章　*3.28*(1900)
守覚法親王　*3.4*(1150)
朱川湊人　*1.7*(1963)
シュクシーン, ワシーリー・マカーロヴィチ　*7.25*(1929)
ジュグノート, アネルード　*3.29*(1930)
シュコダ, ヨーゼフ　*12.10*(1805)
ジューコフ, ゲオルギー・コンスタンチノヴィチ　*12.2*(1896)
ジュコーフスキー　*1.17*(1847)
ジュコフスキー, ワシーリー・アンドレーヴィチ　*2.9*(1783)
朱子　*9.15*(1130)
朱自清　*11.22*(1898)
朱執信　*10.12*(1885)
ジュシュー　*7.6*(1686)
ジュシュー, アントワーヌ‐ローラン・ド　*4.12*(1748)
シュシュニク, クルト・フォン　*12.14*(1897)
ジュシュー, ベルナール・ド　*8.17*(1699)
朱舜水　*10.12*(1600)
守恕法親王　*12.27*(1706)
守随憲治　*3.10*(1899)
ジュース, エドゥアルト　*8.20*(1831)
シュスター, サー・アーサー　*9.12*(1851)
ジュスティ, ジュゼッペ　*5.12*(1809)
シュステル, ルドルフ　*1.4*(1934)
ジュースミル　*9.3*(1707)
朱全忠　*10.21*(852)
シュタイガー, エーミル　*2.8*(1908)
シュタイシェン, ミシェル　*12.17*(1857)
シュタイナハ　*1.27*(1861)
シュタイナー, ヤーコプ　*3.18*(1796)
シュタイナー, ルドルフ　*2.27*(1861)
シュタイン　*11.12*(1859)
シュタイン　*11.15*(1815)
シュタイン, エーディット　*10.12*(1891)
シュタイン, シャルロッテ・フォン　*12.25*(1742)
シュタインタール　*5.16*(1823)
シュタインドルフ　*11.12*(1861)
シュタインメッツ　*12.27*(1796)
シュタウディンガー　*1.15*(1849)
シュタウディンガー, ヘルマン　*3.8*(1881)
シュタウト　*1.24*(1798)
シュタットラー, ベーネディクト　*1.30*(1728)
シュタードラー, エルンスト　*8.11*(1883)
シュタフィルス, フリードリヒ　*8.27*(1512)
シュターミツ, ヨハン・ヴェンツェル・アントン　*6.19*(1717)
シュタムラー　*2.19*(1856)
シュタルク, ヨハネス　*4.15*(1874)
シュタール, ゲオルク・エルンスト　*10.21*(1660)
シュタール, フリードリヒ・ユーリウス　*1.16*(1802)
シュターン, オットー　*2.17*(1888)
守澄入道親王　*7.11*(1634)
シュッケルト　*10.18*(1846)
シュッセル, ウォルフガング　*6.7*(1945)
シュッツ, アルフレッド　*4.12*(1899)
シュッツ, ハインリヒ　*10.9*(1585)
シュテーア, ヘルマン　*2.16*(1864)
ジュディ・オング　*1.24*(1950)
シュティーフェル, ミヒャエル　*4.19*(1487)
シュティフター, アーダルベルト　*10.23*(1805)
シュティルナー, マックス　*10.25*(1806)
シュティレ　*10.8*(1876)
シュティンネス　*2.12*(1870)
シュティンマー, トビアス　*4.17*(1539)
シュテッカー, アードルフ　*12.11*(1835)
シュテッセル, ヨーハン　*6.23*(1524)
シュテファニー　*5.21*(1864)
シュテファン, ハインリヒ・フォン　*1.7*(1831)
シュテファン, ヨーゼフ　*3.24*(1835)
シュテフェンス, ヘンリク　*5.2*(1773)

シュテラー, ゲオルク・ヴィルヘルム 3.10(1709)
シュテルン 4.29(1871)
シュテルン, カート(クルト) 8.30(1902)
シュテルンハイム, カール 4.1(1878)
シュトイアライン, ヨーハン 7.5(1546)
シュトイドリーン, カール・フリードリヒ 7.25(1761)
シュトゥッケンシュミット, ハンス・ハインツ 11.1(1901)
シュトゥルム, ヨハネス 10.1(1507)
シュトゥンプ 4.23(1500)
シュトゥンプフ, カルル 4.21(1848)
朱徳 12.12(1886)
シュトフ 7.9(1914)
シュトベーウス, ヨーハン 7.6(1580)
シュトライヒャー, ユリウス 2.12(1885)
シュトライヒ, リータ 12.18(1920)
シュトラウス 9.6(1915)
シュトラウス, エーミル 1.31(1866)
シュトラウス, オスカー 3.6(1870)
シュトラウス, ダーフィト・フリードリヒ 1.27(1808)
シュトラウス, ヨーゼフ 8.22(1827)
シュトラウス, ヨーハン 10.25(1825)
シュトラウス, ヨハン 3.14(1804)
シュトラウス, リヒャルト 6.11(1864)
シュトラスブルガー, エドゥアルト・アドルフ 2.1(1844)
シュトラースマン, フリッツ 2.22(1902)
シュトラッサー 9.10(1897)
シュトラッサー, グレーゴル 5.31(1892)
シュトラム, アウグスト 7.29(1874)
シュトリッヒ 12.13(1882)

シュトリュンペル 6.23(1812)
シュトルツ 7.29(1850)
シュトルツ, ローベルト 8.25(1880)
シュトルーベ 10.11(1805)
シュトルベルク=シュトルベルク, フリードリヒ・レーオポルト・ツー 11.7(1750)
シュトルム, テーオドア 9.14(1817)
シュトレーゼマン, グスタフ 5.10(1878)
シュトローベル, ハインリヒ 5.31(1898)
シュトローマイヤー, フリードリヒ 8.2(1776)
シュナイダー, エーリヒ 12.14(1900)
シュナイダー, クルト 1.7(1887)
シュナイダーハン, ヴォルフガング 5.28(1915)
シュナイダー, ラインホルト 5.13(1903)
シュナイダー, ロミー 9.28(1938)
シュナック, フリードリヒ 3.5(1888)
シュナーベル, アルトゥル 4.17(1882)
シュナーベル, ヨハン・ゴットフリート 11.7(1692)
シュニッツラー, アルトゥール 5.15(1862)
ジュネ 1.6(1878)
ジュネ, ジャン 12.19(1910)
シュネデル 3.29(1805)
ジュノー 5.14(1904)
ジュノー 10.23(1771)
シュノル・フォン・カロルスフェルト, ユリウス 3.26(1794)
シュバイツァー 5.29(1912)
シュバインフルト 12.29(1836)
シュバーラティーン, ゲオルク 1.17(1484)
シューバルト, クリスティアン・フリードリヒ・ダーニエル 3.24(1739)
シュパン, オトゥマル 10.1(1878)

シュパンゲンベルク, ツィーリアクス 6.7(1528)
ジュパンチッチ, オトン 1.23(1878)
シュピース 10.3(1810)
シュヒター, ヴィルヘルム 12.15(1911)
シュピッタ, フィーリップ 12.7(1841)
シュピッツァ, レオ 2.7(1887)
シュピッテラー, カール 4.24(1845)
シュピートホフ 5.13(1873)
シュピーリ, ヨハンナ 6.12(1829)
シュピールハーゲン, フリードリヒ 2.24(1829)
ジュフラール 9.19(1806)
シュプランガー, エードゥアルト 6.27(1882)
シュプリンガー, アクセル・ツェーザル 5.2(1912)
シュプリンガー, アントーン 7.13(1825)
シュプルング 6.5(1848)
シュフレーン 7.13(1729)
シュプレンゲル 9.22(1750)
シュプレンゲル, クルト 8.3(1766)
シュペーア, アルベルト 3.19(1905)
シュペーナー, フィーリップ・ヤーコプ 1.13(1635)
シュベー・フォン・ランゲンフェルト, フリードリヒ 2.25(1591)
シュペー, マクシミリアン(・ヨハネス・マリア・フーベルト), 伯爵 6.22(1861)
シュペーマン, ハンス 6.27(1869)
シュペルヴィエル, ジュール 1.16(1884)
ジュベール, ジョゼフ 5.7(1754)
シューベルト, ゴットヒルフ・ハインリヒ 4.26(1780)
シューベルト, ハンス・フォン 12.12(1859)
シューベルト, フランツ 1.31(1797)

ジュベール, ピート 1.20(1834)
シュペングラー, オスヴァルト 5.29(1880)
シュボア, ルイス 4.5(1784)
シューマッハー, E.F. 8.16(1911)
シューマッハー, クルト(・エルンスト・カール) 10.13(1895)
シューマッハー, フリッツ 11.4(1869)
シューマッハー, ミハエル 1.3(1969)
シューマッハー, ラルフ 6.30(1975)
シュマルゾー, アウグスト 5.26(1853)
シュマーレンバッハ 8.20(1873)
シューマン 2.22(1904)
シューマン 4.10(1911)
シューマン 12.21(1841)
シューマン・ハインク, アーネスティン 6.15(1861)
シューマン, ウィリアム 8.4(1910)
シューマン, エリーザベト 6.13(1885)
シューマン, クラーラ 9.13(1819)
シューマン, ロベール 6.29(1886)
シューマン, ローベルト 6.8(1810)
シュミット 3.13(1882)
シュミット 4.24(1761)
シュミット 7.13(1845)
シュミット 7.23(1860)
シュミット 7.29(1843)
シュミット 8.6(1864)
シュミット 9.30(1891)
シュミット・イッサーシュテット, ハンス 5.5(1900)
シュミット・ロットルフ, カール 12.1(1884)
シュミット, ヴィルヘルム 1.21(1883)
シュミット, ヴィルヘルム 2.16(1868)
シュミット, カルル 7.11(1888)
シュミット, フロラン 9.28(1870)
シュミット, ヘルムート 12.23(1918)
シュミット, ベルンハルト・フォルデマー 3.30(1879)
シュミットヘンナー 5.3(1887)
シュミットボン, ヴィルヘルム 2.6(1876)
シュミーデベルク 10.11(1838)
シューメーカー, ウィリー 8.19(1931)
シュメルリング 8.23(1805)
シュモラー 6.24(1838)
朱鎔基 10.1(1928)
シュライアーマッハー, フリードリヒ・ダーニエル・エルンスト 11.21(1768)
シュライデン, マティアス・ヤコプ 4.5(1804)
シュライナー, オリーヴ(・エミリー・アルバーティーナ) 3.24(1855)
シュライヒャー, アウグスト 2.19(1821)
シュライヒャー, クルト・フォン 4.7(1882)
シューラー, エーミール 5.2(1844)
シュラーギントヴァイト, ヘルマン 5.13(1826)
シュラッター, アードルフ 8.16(1852)
シュラ, ドン 1.4(1930)
シュラーフ, ヨハネス 6.21(1862)
シュランツ, カール 11.18(1938)
シュランベルジェ, ジャン 5.26(1877)
ジュリア 2.20(1985)
ジュリアーニ, ルドルフ 5.28(1944)
ジュリアン 9.20(1799)
シュリック, モーリッツ 4.14(1882)
ジュリーニ, カルロ・マリア 5.9(1914)
シューリヒト, カール 7.3(1880)
シュリーファー, ジョン・ロバート 5.31(1931)
シュリーフェン, アルフレート, 伯爵 2.28(1833)
シュリ・プリュドム, アルマン 3.16(1839)
シュリー, マクシミリアン・ド・ベテューン, 公爵 12.13(1559)
シュリーマン, ハインリヒ 1.6(1822)
シュリューター 11.12(1872)
シュリューター, アンドレアス 5.22(1664)
ジュリュー, ピエール 12.24(1637)
ジューリング 5.15(1866)
ジュール, ジェイムズ・プレスコット 12.24(1818)
シュルスヌス, ハインリヒ 8.6(1888)
シュルーズベリ 7.24(1660)
ジュルダン, ジャン・バティスト, 伯爵 4.29(1762)
シュルツェ 8.23(1761)
シュルツェ・デリッチ 8.29(1808)
シュルツェ, マックス・ヨーハン・ジギスムント 3.25(1825)
シュルツ, カール 3.2(1829)
シュルツ, ジョージ 12.13(1920)
シュルツ, チャールズ・M. 11.26(1922)
シュルツ, ブルーノ 7.12(1902)
シュルムベルジェ, ダニエル 12.19(1904)
シュレーカー, フランツ 3.23(1878)
シュレーゲル, アウグスト・ヴィルヘルム 9.5(1767)
シュレーゲル, カール・ヴィルヘルム・フリードリヒ・フォン 3.10(1772)

シュレーゲル, カロリーネ *9.2*(1763)
シュレーゲル, ドロテーア *10.24*(1763)
シュレーゲル, ヨハン・エリーアス *1.17*(1719)
シュレージンガー, アーサー・M *2.27*(1888)
シュレージンガー, ジョン *2.16*(1926)
シュレシンジャー, アーサー(Jr.) *10.15*(1917)
シュレシンジャー, ジェームズ *2.15*(1929)
シュレーダー *9.11*(1910)
シュレーダー *11.3*(1744)
シュレーダー, ゲアハルト *4.7*(1944)
シュレーダー, ルードルフ・アレクサンダー *1.26*(1878)
シュレーツァー *7.5*(1735)
シュレーディンガー, エルヴィン *8.12*(1887)
シュレンク *4.24*(1826)
シュレンマー, オスカー *9.4*(1888)
シュロッサー *11.17*(1776)
シュワルツ, エヴゲーニー・リヴォヴィチ *10.21*(1896)
シュワルツェネッガー, アーノルド *7.30*(1947)
春屋妙葩 *12.22*(1311)
ジュンケイロ, ゲーラ *9.17*(1850)
准秀 *4.5*(1607)
俊芿 *8.10*(1166)
俊聖 *1.1*(1239)
純信・お馬 *12.27*(1839)
ジュンス *1.1*(1987)
准尊 *10.7*(1585)
俊藤浩滋 *11.27*(1916)
順徳天皇 *9.10*(1197)
純名りさ *3.15*(1971)
准如 *7.19*(1577)
順忍 *11.27*(1265)
春風亭小朝 *3.6*(1955)
春風亭昇太(2代目) *12.9*(1959)
春風亭柏枝 *5.30*(1956)
春風亭柳橋(6代目) *10.15*(1899)
春風亭柳好(3代目) *4.24*(1888)
春風亭柳枝(3代目) *9.23*(1852)
春風亭柳枝(8代目) *12.15*(1905)
春風亭柳朝(5代目) *10.29*(1929)
シュンペーター, ジョーゼフ・アロイス *2.8*(1883)
ショー, アーウィン *2.27*(1913)
ショー, アーティー *5.23*(1910)
ジョアン1世 *4.22*(1357)
ジョアン2世 *5.3*(1455)
ジョアン3世 *6.6*(1502)
ジョアン4世 *3.18*(1604)
ジョアン5世 *10.22*(1689)
ジョアン6世 *5.13*(1767)
ジョアンヴィル, フランソワ *8.14*(1818)
徐渭 *2.4*(1521)
ジョイス, ジェイムズ *2.2*(1882)
ジョイナー, フロレンス *12.21*(1959)
ショインカ, ウォーレ *7.13*(1934)
翔 *6.8*(1958)
聖安女王 *6.22*(1668)
ジョーヴィオ, パーオロ *4.19*(1483)
尚育 *7.24*(1813)
常胤 *3.9*(1548)
性恵 *11.19*(1416)
照英 *4.4*(1974)
尚益 *10.25*(1678)
ジョヴォヴィッチ, ミラ *12.17*(1975)
性応法親王 *11.8*(1690)
定海 *1.3*(1074)
蒋介石 *10.31*(1887)
承快法親王 *2.14*(1591)
聖観 *2.18*(1414)
貞暁 *2.26*(1186)
貞鏡尼 *7.17*(1816)
松旭斎天勝(初代) *5.21*(1886)
荘清彦 *11.25*(1894)
証空 *11.9*(1177)
蕭軍 *7.3*(1907)
尚敬 *6.19*(1700)
性慶 *1.23*(1667)
聖冏 *10.15*(1341)
貞慶 *5.21*(1155)
蔣経国 *3.18*(1910)
勝賢 *2.18*(1138)
尚賢 *9.15*(1625)
尚元 *3.5*(1528)
昭玄 *10.7*(1585)
SHOGO *3.24*(1980)
省吾 *1.11*(1310)
蕭紅 *6.2*(1911)
尚灝王 *5.29*(1787)
蔣光慈 *9.11*(1901)
聖興女王 *4.13*(1590)
称光天皇 *3.29*(1401)
上甲米太郎 *4.16*(1902)
上西門院 *7.23*(1126)
城左門 *6.10*(1904)
聖珊女王 *9.18*(1721)
正司歌江 *8.13*(1929)
庄司乙吉 *5.18*(1873)
庄司薫 *4.19*(1937)
庄司勝富 *3.28*(1668)
庄司三朗 *7.22*(1945)
章士釗 *3.20*(1881)
東海林武雄 *1.14*(1900)
東海林太郎 *12.11*(1898)
尚質 *8.15*(1629)
正司照枝 *3.15*(1933)
承子内親王 *4.11*(948)
頌子内親王 *3.13*(1145)
東海林のり子 *5.26*(1934)
正司花江 *5.4*(1936)
庄司光 *8.29*(1905)
城島健司 *6.8*(1976)
荘司雅子 *10.6*(1909)
城島茂 *11.17*(1970)
聖秀女王 *8.8*(1552)
聖祝女王 *6.13*(1709)
尚純 *1.5*(1660)
尚順 *4.6*(1873)
向象賢 *5.4*(1617)
城彰二 *6.17*(1975)
性助入道親王 *7.23*(1247)
承真 *12.29*(1786)
性信 *8.1*(1005)
性真 *4.28*(1639)
尚成王 *10.18*(1800)
荘清次郎 *1.20*(1862)

聖聡 *7.10*（1366）
正田昭 *4.19*（1929）
上代タノ *7.3*（1886）
勝田主計 *9.15*（1869）
正田建次郎 *2.25*（1902）
正田篠枝 *12.22*（1910）
勝田竜夫 *2.22*（1912）
城達也 *12.13*（1931）
正田貞一郎 *2.28*（1870）
正田英三郎 *9.21*（1903）
荘田平五郎 *10.1*（1847）
城竹窓 *7.5*（1828）
尚貞王 *12.6*（1646）
勝道 *4.21*（735）
承道法親王 *8.20*（1408）
城夏子 *5.5*（1902）
証如 *4.5*（781）
証如 *11.20*（1516）
浄如 *12.2*（1236）
昌仁親王 *10.29*（1819）
城之内早苗 *5.17*（1968）
城之内ミサ *12.23*（1960）
庄野英二 *11.20*（1915）
生野幸吉 *5.13*（1924）
正野重方 *12.26*（1911）
生野祥雲斎 *9.10*（1904）
城ノブ *10.18*（1872）
庄野真代 *12.23*（1954）
笑福亭松鶴（6代目） *8.17*（1918）
笑福亭笑瓶 *11.7*（1956）
笑福亭松鶴（5代目） *9.5*（1884）
笑福亭鶴光 *1.18*（1948）
笑福亭鶴瓶 *12.23*（1951）
笑福亭仁鶴 *1.28*（1937）
笑福亭松之助 *8.6*（1925）
章炳麟 *1.12*（1869）
尚豊 *11.13*（1590）
尚穆 *3.26*（1739）
蕭万長 *1.3*（1939）
城みちる *11.18*（1957）
証明院 *10.19*（1711）
正力亨 *10.24*（1918）
正力松太郎 *4.11*（1885）
松嶺道秀 *2.3*（1330）
昭和天皇 *4.29*（1901）
ジョウンズ, ジョージ・ヒーバー *8.14*（1867）
ジョーエット, ベンジャミン *4.15*（1817）

ジョエル, ビリー *5.9*（1949）
徐謙 *7.26*（1871）
徐光啓 *3.20*（1562）
ショー・コスギ *6.17*（1948）
ショー, サー・（ウィリアム・）ネイピア *3.4*（1854）
徐載弼 *10.28*（1866）
ジョージ1世 *5.28*（1660）
ジョージ2世 *11.10*（1683）
ジョージ3世 *6.4*（1738）
ジョージ4世 *8.12*（1762）
ジョージ5世 *6.3*（1865）
ジョージ6世 *12.14*（1895）
ジョージ-ブラウン, 男爵 *9.2*（1914）
ジョーシー, イラーチャンドル *12.13*（1902）
ジョージ川口 *6.15*（1927）
ジョージ, ヘンリー *9.2*（1839）
徐志摩 *1.15*（1897）
ショー, ジョージ・バーナード *7.26*（1856）
ショスタコーヴィチ, ドミートリー・ドミトリエヴィチ *9.25*（1906）
ショーストレーム, ヴィクトル *9.20*（1879）
ジョスパン, リオネル *7.12*（1937）
ジョゼ1世 *6.6*（1714）
ジョゼフィーヌ・シャルロット *10.11*（1927）
ジョゼフィーヌ・ド・ボアルネ *6.23*（1763）
ショーソン, アメデ-エルネスト *1.20*（1855）
ショーター, フランク *10.31*（1947）
ジョーダン *1.19*（1851）
ショータン, カミーユ *2.1*（1885）
ジョーダン, ニール *2.25*（1950）
ジョーダン, マイケル *2.17*（1963）
如仲天誾 *9.5*（1365）
ショックレー, ウィリアム・ブラッドフォード *2.13*（1910）
ショッテル, ユウトゥス・ゲオルク *6.23*（1612）

ショット *2.3*（1802）
ショット *12.17*（1851）
ショットキー *7.23*（1886）
ジョナサン *10.30*（1914）
ジョナール *12.27*（1857）
ジョニー大倉 *9.3*（1952）
ショーバー *11.14*（1874）
ジョバナ・ディサボヤ *11.13*（1907）
ショー, バーノン *5.13*（1930）
ジョハル, サイド・モハメド *8.22*（1918）
ショパン, フレデリク・フランソワ *2.22*（1810）
ジョブズ, スティーブ *2.24*（1955）
ジョフラン *1.2*（1699）
ジョプリン, ジャニス *1.19*（1943）
ジョプリン, スコット *11.24*（1868）
ジョフル, ジョゼフ・ジャック・セゼール *1.12*（1852）
ジョフロア・プランタジュネ *8.24*（1113）
ジョフロワ・サン-ティレール, エティエンヌ *4.15*（1772）
ジョベルティ, ヴィンチェンツォ *4.5*（1801）
ショーペンハウアー, アルトゥーア *2.22*（1788）
ジョミニ, アントアーヌ・アンリ *3.6*（1779）
ショーミン, ヴィターリー・ニコラエヴィチ *6.12*（1927）
ショーメット *5.24*（1763）
ジョー山中 *9.21*（1946）
ショランダー, ドン *4.30*（1946）
ジョリー, アンジェリーナ *6.4*（1975）
ジョリヴェ, アンドレ *8.8*（1905）
ジョリエ *9.21*（1645）
ジョリオ-キュリー, イレーヌ *9.12*（1897）
ジョリオ-キュリー, フレデリック *3.19*（1900）
ジョリー, ジョン *11.1*（1857）
ショー, リチャード・ノーマン *5.7*（1831）

ジョリッティ, ジョヴァンニ 10.27(1842)
ジョルソン, アル 3.26(1886)
ジョルダーニ, ピエートロ 1.1(1774)
ジョルダーノ, ウンベルト 8.28(1867)
ジョルダン 9.5(1852)
ジョルダン, カミーユ 1.5(1838)
ショルツ, ヴィルヘルム・フォン 7.15(1874)
ショルティ, ゲオルグ 10.21(1912)
ショルベ 12.30(1819)
ショルレンマー 9.30(1834)
ジョレス, ジャン 9.3(1859)
ショレム・アレイヘム 2.18(1859)
ショーレム, ゲーアハルト・ゲルショム 12.5(1897)
ショーロウ, アーサー・レナード 5.5(1921)
ショー, ロバート 4.30(1916)
ショーロホフ, ミハイル 5.24(1905)
ショワズル(-アンボワーズ), エティエンヌ・フランソワ, 公爵 6.28(1719)
ジョン 12.24(1167)
ジョン, エルトン 3.25(1947)
ジョン, オーガスタス 1.4(1878)
ジョーンズ 1.26(1819)
ジョーンズ, イニゴー 7.15(1573)
ジョーンズ, イーライ・スタンリー 1.1(1884)
ジョーンズ, クインシー 3.14(1933)
ジョーンス, サー・ウィリアム 9.28(1746)
ジョーンズ, サー・ハロルド・スペンサー 3.29(1890)
ジョーンズ, ジェイムズ 11.6(1921)
ジョーンズ, ジョン・ポール 7.6(1747)
ジョーンズ, ダニエル 9.12(1881)
ジョーンズ, デイヴィッド 11.1(1895)
ジョーンズ, トミー・リー 9.15(1946)
ジョンストン, アルバート・シドニー 2.2(1803)
ジョンストン, サー・ハリー・ハミルトン 6.12(1858)
ジョンストン, ジョゼフ·E 2.3(1807)
ジョーンズ, ノラ 3.30(1979)
ジョーンズ, ハンク 7.31(1918)
ジョーンズ, ブライアン 2.28(1942)
ジョーンズ, ブリジット 3.21
ジョーンズ, ヘンリー・アーサー 9.28(1851)
ジョーンズ, ボビー 3.17(1902)
ジョーンズ, マリオン 10.12(1975)
ジョーンズ, ロバート・エドモンド 12.12(1887)
ジョンソン 11.30(1878)
ジョンソン, アービン 8.14(1959)
ジョンソン, アンドリュー 12.29(1808)
ジョンソン, ウォルター 11.6(1887)
ジョンソン, サミュエル 9.18(1709)
ジョンソン, ジェイムズ・ウェルドン 6.17(1871)
ジョンソン, パメラ・ハンスフォード 5.29(1912)
ジョンソン, ヒューレット 1.25(1874)
ジョンソン, フィリップ 7.8(1906)
ジョンソン, ベン 6.11(1573)
ジョンソン, ベン 12.30(1961)
ジョンソン, ランディ 9.10(1963)
ジョンソン, リンドン 8.27(1908)
ショーン, テッド 10.21(1891)
シラー 4.24(1911)
シラー 8.16(1864)
白井晃 5.21(1957)
白井遠平(初代) 4.29(1846)
白井織部 1.3(1820)
白井喬二 9.1(1889)
白井健三郎 12.14(1917)
白石勝巳 4.15(1918)
白石加代子 12.9(1941)
白石古京 3.18(1898)
白石正一郎 3.7(1812)
白石照山 8.10(1815)
白石凡 7.25(1898)
白石美帆 8.8(1978)
白石元治郎 7.21(1867)
白石廉作 7.20(1828)
白井新太郎 10.22(1862)
白井晟一 2.5(1905)
白井宣左衛門 9.4(1811)
白井貴子 1.19(1959)
白井常 10.31(1910)
白井鉄造 4.6(1900)
白井松次郎 12.13(1877)
白井光太郎 6.2(1863)
白井義男 11.23(1923)
白尾国柱 8.5(1762)
白神新一郎(初代) 5.25(1818)
白壁彦夫 10.12(1921)
白川顕成 6.5(1584)
白川渥 7.27(1907)
白河天皇 6.19(1053)
白川英樹 8.20(1936)
白川雅陳王 3.20(1592)
白川由美 10.21(1936)
白川義員 1.28(1935)
白川義則 12.12(1869)
白木茂 2.19(1910)
素木しづ 3.26(1895)
白木秀雄 1.1(1933)
白木みのる 5.6(1934)
シラク, ジャック 11.29(1932)
白崎秀雄 5.25(1920)
白洲次郎 2.17(1902)
白洲正子 1.7(1910)
白瀬矗 6.13(1861)
白滝幾之助 3.17(1873)
シーラー, チャールズ 7.16(1883)
シラッハ, バルドゥル・フォン 5.9(1907)
白土右門 2.13(1815)
白鳥英美子 3.16(1950)

しん

ジラード, リーオ 2.11(1898)
白鳥庫吉 2.4(1865)
白鳥省吾 2.27(1890)
白鳥敏夫 6.8(1887)
白鳥由栄 7.31(1907)
白仁武 10.21(1863)
不知火光右衛門 3.3(1825)
白根専一 12.22(1850)
シラノ・ド・ベルジュラック, サヴィニヤン・ド 3.6(1619)
白簱史朗 2.23(1933)
ジラヒ・ラヨシュ 3.27(1891)
シラー, フリードリヒ 11.10(1759)
白柳秀湖 1.7(1884)
白山松哉 9.22(1853)
ジラルダン, エミール・ド 6.21(1806)
ジラルディ・チンツィオ, ジャンバッティスタ 11.3(1504)
ジラルドン, フランソワ 3.17(1628)
ジラール, プリュダンス・セラファン・バルテルミー 4.5(1821)
しりあがり寿 1.1(1958)
ジリエロン, ジュール 12.21(1852)
シーリ, ジョン・ロバート 9.3(1834)
ジーリ, ベニアミーノ 3.20(1890)
シリマン, ベンジャミン 8.8(1779)
自了 10.18(1614)
シリング, カート 11.14(1966)
シリングス, マックス・フォン 4.19(1868)
シルヴィウス, フランシスクス 3.15(1614)
シルヴィス 11.22(1828)
シルヴェスター, ジェイムズ・ジョセフ 9.3(1814)
シルヴェストリ, コンスタンティン 5.13(1913)
シルエット, エティエンヌ・ド 7.5(1709)
シールズフィールド, チャールズ 3.3(1793)

シールズ, ブルック 5.31(1965)
ジルソン, エチエンヌ 6.13(1884)
シルバ, ホセ・アスンシオン 11.27(1865)
ジルバーマン, アンドレアス 5.16(1678)
ジルバマン, ゴットフリート 1.14(1683)
シルビア王妃 12.23(1943)
シルビアン, デビッド 2.23(1958)
ジルヒャー, フィーリップ・フリードリヒ 6.27(1789)
ジルー, フランソワーズ 9.21(1916)
ジルマン 7.6(1831)
ジルムンスキー, ヴィクトル・マクシモヴィチ 7.21(1891)
シーレ, エゴン 6.12(1890)
ジレット, ウィリアム 7.24(1853)
ジレット, キング・C 1.5(1855)
ジロー, アンリ・オノレ 1.18(1879)
JIRO 10.17(1972)
シロキ 5.31(1902)
ジロー, クロード 4.27(1673)
ジロデ・トリオゾン 1.29(1767)
ジロドゥー, ジャン 10.29(1882)
シローニ, マーリオ 5.12(1883)
シローネ, イニャツィオ 5.1(1900)
城間栄喜 3.4(1908)
城山二郎 8.18(1927)
シーワド, ウィリアム・H(ヘンリー) 5.16(1801)
神彰 6.28(1922)
シンウェル, エマニュエル・シンウェル, 男爵 10.18(1884)
心越興儔 8.21(1639)
シンガー, アイザック(・メリット) 10.27(1811)
シンガー, アイザック・バシェヴィス 11.21(1904)

シンガー, アイザック・バシェビス 7.14(1904)
新海竹蔵 6.12(1897)
新海竹太郎 2.5(1868)
シング, J.M. 4.16(1871)
新宮涼閣 5.14(1828)
新宮涼庭 3.13(1787)
シング, リチャード・ローレンス・ミリントン 10.28(1914)
シンクレア, アプトン 9.20(1878)
心月女王 7.6(1580)
シンケル, カール・フリードリヒ 3.13(1781)
神西清 11.15(1903)
申在孝 11.6(1812)
新朔平門院 2.25(1811)
神子栄尊 6.26(1195)
ジンジッチ, ゾラン 8.1(1952)
禛子内親王 4.17(1081)
申師任堂 10.29(1504)
申叔舟 6.13(1417)
信性 5.7(1723)
新上西門院 8.21(1653)
新城新蔵 8.20(1873)
新城常三 4.21(1911)
新庄剛志 1.28(1972)
新庄嘉章 11.10(1904)
ジーンズ, サー・ジェイムズ・ホップウッド 9.11(1877)
真盛 1.28(1443)
新清和院 1.24(1779)
仁祖 11.7(1595)
真宗(宋) 12.2(968)
神宗(宋) 4.10(1048)
仁宗(宋) 4.14(1010)
尋尊 8.7(1430)
新待賢門院 11.1(1803)
シン, ジハル 9.9(1965)
新中和門院 3.9(1702)
シンチンガー 2.8(1898)
ジンツハイマー 4.12(1875)
シンディング, クリスチャン 1.11(1856)
シンデウォルフ 6.7(1896)
進藤英太郎 11.10(1899)
新藤兼人 4.22(1912)
神道寛次 11.20(1896)

進藤純孝　*1.1*(1922)
新藤晴一　*9.20*(1974)
進藤晶子　*9.10*(1971)
陣内貴美子　*3.12*(1964)
新内志賀大掾　*5.23*(1907)
陣内孝則　*8.12*(1958)
陣内智則　*2.22*(1974)
新内仲三郎　*9.26*(1940)
ジンナー, ムハンマド・アリー　*12.25*(1876)
真仁法親王　*6.7*(1768)
ジンネマン, フレッド　*4.29*(1907)
神野美伽　*8.30*(1965)
シンパー, アンドレアス・フランツ・ヴィルヘルム　*5.12*(1856)
信培　*12.10*(1675)
榛葉英治　*10.21*(1912)
新橋遊吉　*3.29*(1933)
ジンバリスト, エフレム　*4.9*(1889)
シン, ビシュワナート・プラタプ　*6.25*(1931)
シンプスン, ジェイムズ・ヤング　*6.7*(1811)
シンプソン, ウォリス(ウィンザー公爵夫人)　*6.19*(1896)
シンプソン, O.J.　*7.9*(1947)
シンプソン, サー・ジョージ・クラーク　*9.2*(1878)
シンプソン, ジョージ・ゲイロード　*6.16*(1902)
シンプソン, トマス　*8.20*(1710)
真仏　*2.10*(1209)
神保格　*4.18*(1883)
神保光太郎　*11.29*(1905)
神保小虎　*5.17*(1867)
シンボルスカ, ビスワバ　*7.2*(1923)
陣幕久五郎　*5.3*(1829)
シーン, マーティン　*8.3*(1940)
シン, マンモハン　*9.26*(1932)
新見吉治　*10.9*(1874)
新見正路　*9.12*(1791)
新村出　*10.4*(1876)
新村猛　*8.2*(1905)
新室町院　*2.22*(1311)
新明正道　*2.24*(1898)
ジンメル, ゲオルク　*3.1*(1853)
真矢　*1.13*(1970)
親鸞　*4.1*(1173)
深励　*9.3*(1749)

【す】

スアレス, フランシスコ　*1.5*(1548)
スアン・トゥイ　*9.2*(1912)
随翁舜悦　*2.5*(1507)
瑞渓周鳳　*12.8*(1391)
瑞光女王　*1.19*(1674)
水前寺清子　*10.9*(1945)
吹田順助　*12.24*(1883)
水藤錦穣　*11.20*(1911)
水道橋博士　*8.18*(1962)
ズィヤ・ギョカルプ　*3.23*(1876)
随庸　*6.15*(1634)
スヴァンメルダム, ヤン　*2.12*(1637)
スウィート, ヘンリー　*9.15*(1845)
スウィナートン, フランク　*8.12*(1884)
スウィフト, グスターヴァス・フランクリン　*6.24*(1839)
スウィフト, ジョナサン　*11.30*(1667)
スウィンバーン, アルジャーノン・チャールズ　*4.5*(1837)
スヴェーヴォ, イータロ　*12.19*(1861)
スヴェシニコフ, アレクサンドル　*9.11*(1890)
スヴェーデンボリ, エマヌエル　*1.29*(1688)
スヴェードベリ, テオドル　*8.30*(1884)
スヴェトローフ, ミハイル・アルカジエヴィチ　*6.4*(1903)
スヴェルドルップ　*11.15*(1888)
スヴェルドルプ　*10.31*(1854)
スヴェルドロフ　*6.4*(1885)
スヴェンソン, ヨウン・ステファウン　*11.16*(1857)
スウォヴァツキ, ユリウシュ　*9.4*(1809)
スヴォボダ, ルドヴィーク　*11.25*(1895)
スヴォーロフ, アレクサンドル・ヴァシリエヴィチ　*11.24*(1730)
スウォンソン, グロリア　*3.27*(1898)
鄒韜奮　*11.5*(1895)
末岡精一　*6.20*(1855)
末川博　*11.20*(1892)
末続慎吾　*6.2*(1980)
末次信正　*6.30*(1880)
末永純一郎　*3.2*(1867)
末永雅雄　*6.23*(1897)
末延三次　*12.5*(1899)
末延道成　*10.19*(1855)
末弘厳太郎　*11.30*(1888)
末広鉄腸　*2.21*(1849)
陶弘護　*9.3*(1455)
末広恭雄　*6.4*(1904)
末松謙澄　*8.20*(1855)
末松保和　*8.20*(1904)
末吉里花　*10.16*(1976)
ズオン・ヴァン・ミン　*2.19*(1916)
須賀敦子　*2.1*(1929)
ズーカー, アドルフ　*1.7*(1873)
菅井一郎　*7.25*(1907)
須貝快天　*11.3*(1861)
菅井きん　*2.28*(1926)
菅井汲　*3.13*(1919)
菅井梅関　*10.27*(1784)
菅井覇陵　*8.4*(1747)
苞子女王　*7.20*(1798)
菅沢重彦　*4.2*(1898)
スガ・シカオ　*7.28*(1966)
菅楯彦　*3.4*(1878)
須賀直見　*7.4*(1742)
菅波惟縄　*5.30*(1810)
菅沼貞風　*3.10*(1865)
菅野序遊(5代目)　*3.26*(1886)
菅原通済　*2.16*(1894)
絓秀実　*4.1*(1949)
菅谷規矩雄　*5.9*(1936)
須賀勇介　*2.18*(1942)
スカリジェ, ユリウス・カエサル　*4.23*(1484)

スカリジェール, ジョゼフ-ジュスト *8.4*(1540)
スカルノ, アフマド *6.6*(1901)
スカルラッティ, アレッサンドロ *5.2*(1660)
スカルラッティ, ドメーニコ *10.26*(1685)
菅礼之助 *11.25*(1883)
スカロン, ポール *7.4*(1610)
菅原克己 *1.22*(1911)
菅原謙次 *3.14*(1926)
菅原卓 *1.15*(1903)
菅原道真 *6.25*(845)
菅原白龍 *11.13*(1833)
菅原文太 *8.16*(1933)
菅原通敬 *1.6*(1869)
菅原義正 *5.31*(1941)
杉浦国頭 *8.12*(1678)
杉浦国満 *5.11*(1715)
杉浦啓一 *10.22*(1897)
杉浦健一 *8.16*(1905)
杉浦茂 *4.3*(1908)
杉浦重剛 *3.3*(1855)
杉浦翠子 *5.17*(1885)
杉浦忠 *9.17*(1935)
杉浦非水 *5.15*(1876)
杉浦日向子 *11.30*(1958)
杉浦敏介 *11.13*(1911)
杉浦誠 *1.9*(1826)
杉浦明平 *6.9*(1913)
杉浦幸雄 *6.25*(1911)
杉贋阿弥 *3.10*(1870)
杉下茂 *9.17*(1925)
SUGIZO *7.8*(1969)
杉田かおる *11.27*(1964)
杉田玄端 *9.20*(1818)
杉田玄白 *9.13*(1733)
杉田成卿 *11.11*(1817)
杉田仙十郎 *11.6*(1820)
杉田定一 *6.2*(1851)
杉田伯元 *8.7*(1763)
杉田久女 *5.30*(1890)
杉田立卿 *11.15*(1786)
スキターレツ *10.28*(1869)
スキート, ウォルター・ウィリアム *11.21*(1835)
杉捷夫 *2.27*(1904)
スキナー, B.F. *3.20*(1904)
杉野喜精 *9.6*(1870)
杉野目晴貞 *10.27*(1892)
杉野芳子 *3.2*(1892)
スキーパ, ティート *1.2*(1889)
杉原荒太 *8.28*(1899)
杉原荘介 *12.6*(1913)
杉原千畝 *1.1*(1900)
杉原輝雄 *6.14*(1937)
杉真理 *3.14*(1954)
杉全直 *3.26*(1914)
杉道助 *2.20*(1884)
杉村春三 *3.11*(1910)
杉村楚人冠 *7.25*(1872)
杉村隆 *4.20*(1926)
杉村直記 *11.22*(1741)
杉村春子 *1.6*(1906)
杉村春子 *1.6*(1909)
杉村陽太郎 *9.28*(1884)
杉本章子 *5.28*(1953)
杉本彩 *7.19*(1968)
杉本栄一 *8.9*(1901)
杉本鉞子 *6.20*(1873)
杉本京太 *9.20*(1882)
杉本健吉 *9.20*(1905)
杉本苑子 *6.26*(1925)
杉本哲太 *7.21*(1965)
杉本春生 *3.21*(1926)
杉本良吉 *2.9*(1907)
杉森孝次郎 *4.9*(1881)
杉森久英 *3.23*(1912)
スキャッグス, ボズ *6.8*(1944)
スキャットマン・ジョン *3.13*(1942)
スキャパレリ, エルザ *9.10*(1896)
スキャパレリ, ジョヴァンニ・ヴィルジーニョ *3.14*(1835)
杉山愛 *7.5*(1975)
杉山金太郎 *9.19*(1875)
杉山茂丸 *8.15*(1864)
杉山宗立 *8.16*(1776)
杉山登志 *8.7*(1936)
杉山直治郎 *1.29*(1878)
杉山なつ *9.11*(1824)
杉山元 *1.2*(1880)
杉山長谷夫 *8.5*(1889)
杉山博 *8.4*(1918)
杉山平助 *6.1*(1895)
杉山誠 *5.1*(1907)
杉山元治郎 *11.18*(1885)
杉山寧 *10.20*(1909)
杉山熊台 *7.19*(1755)
杉生十右衛門 *10.3*(1765)
スキュデリー, マドレーヌ・ド *11.15*(1607)
スキラッチ, サルバトーレ *12.1*(1964)
杉良太郎 *8.14*(1944)
スーク, ユゼフ *1.4*(1874)
スクラム, アマーリー *8.22*(1846)
スクリップス *6.18*(1854)
スクリバ *6.5*(1848)
スクリーブ, ウージェーヌ *12.25*(1791)
スクリブナー, チャールズ *2.21*(1821)
村主章枝 *12.31*(1980)
スクリャービン, アレクサンドル・ニコラエヴィチ *1.6*(1872)
スクレ, アントニオ・ホセ・デ *2.3*(1795)
スクワイア, J.C. *4.2*(1884)
典仁親王 *2.27*(1733)
輔仁親王 *1.19*(1073)
崇光天皇 *4.22*(1334)
周郷博 *6.14*(1907)
スコセッシ, マーティン *11.17*(1942)
スコット *8.21*(1843)
スコット, ウィンフィールド *5.13*(1786)
スコット, ウォルター *8.15*(1771)
スコット, サー・ピーター *9.14*(1909)
スコット, シリル・マイア *9.27*(1879)
スコット, チャールズ・プレストウィッチ) *10.26*(1846)
スコット, トニー *6.21*(1944)
スコット, トマス *8.24*(1423)
スコット, リドリー *11.30*(1937)
スコフィールド, ポール *1.21*(1922)
スコベレフ *9.17*(1843)
スコールズ, パーシー・アルフレッド *7.24*(1877)
スゴンザック, アンドレ・デュノワイエ・ド *7.6*(1884)
朱雀天皇 *7.24*(923)

スーザ, ジョン・フィリップ *11.6*(1854)
調所広郷 *2.5*(1776)
鈴江言一 *12.31*(1894)
涼風真世 *9.11*(1960)
鈴鹿連胤 *10.29*(1795)
鈴木腺 *3.3*(1764)
鈴木亜久里 *9.8*(1960)
鈴木亜美 *2.9*(1982)
鈴木杏 *4.27*(1987)
鈴木杏樹 *9.23*(1969)
鈴木一平 *10.24*(1887)
鈴木いづみ *7.10*(1949)
鈴木梅四郎 *4.26*(1862)
鈴木梅太郎 *4.7*(1874)
鈴木永二 *5.29*(1913)
鈴木栄太郎 *9.17*(1894)
鈴木治 *11.15*(1926)
鈴木一真 *10.8*(1968)
鈴木貫太郎 *12.24*(1868)
鈴木喜三郎 *10.11*(1867)
鈴木久太夫 *5.25*(1829)
鈴木京香 *5.31*(1968)
鈴木清 *4.29*(1907)
鈴木御水 *1.25*(1898)
鈴木聖美 *7.20*(1952)
鈴木慶一 *8.28*(1951)
鈴木啓示 *9.28*(1947)
鈴木桂治 *6.3*(1980)
鈴木敬信 *5.12*(1905)
鈴木剛 *7.25*(1896)
鈴木光司 *5.13*(1957)
鈴木鼓村 *9.9*(1875)
鈴木早智子 *2.22*(1969)
鈴木佐内 *6.23*(1802)
鈴木三郎助 *6.23*(1890)
鈴木三郎助(2代目) *12.27*(1868)
鈴木紗理奈 *7.13*(1977)
鈴木砂羽 *9.20*(1972)
鈴木重胤 *5.5*(1812)
鈴木重吉 *6.25*(1900)
鈴木舎定 *2.13*(1856)
鈴木俊一 *11.6*(1910)
鈴木正三 *1.10*(1579)
鈴木昌司 *9.18*(1841)
鈴木章治 *8.16*(1932)
鈴木松年 *6.14*(1848)
鈴木史朗 *2.10*(1938)
鈴木鎮一 *10.17*(1898)
鈴木信太郎 *6.3*(1895)
鈴木信太郎 *8.16*(1895)
鈴木翠軒 *1.5*(1889)
鈴木朱雀 *12.7*(1891)
鈴木澄子 *10.26*(1904)
鈴木清一 *12.21*(1911)
鈴木善幸 *1.11*(1911)
鈴木泉三郎 *5.10*(1893)
鈴木惣太郎 *5.4*(1890)
鈴木綜馬 *12.20*(1960)
鈴木荘六 *2.19*(1865)
鈴木その子 *1.20*(1932)
鈴木大拙 *10.18*(1870)
鈴木大地 *3.10*(1967)
鈴木孝雄 *10.29*(1869)
鈴木隆行 *6.5*(1976)
薄田泣菫 *5.19*(1877)
鈴木竹雄 *5.23*(1905)
鈴木武雄 *4.27*(1901)
鈴木武樹 *8.11*(1934)
薄田研二 *9.14*(1898)
鈴木為次郎 *5.24*(1883)
鈴木主税 *3.12*(1814)
鈴木力 *7.8*(1867)
鈴木忠五 *12.13*(1901)
鈴木忠治 *2.2*(1875)
鈴木長翁斎(2代目) *7.14*(1824)
鈴木常司 *7.6*(1930)
鈴木貞一 *12.16*(1888)
鈴木藤三郎 *11.18*(1855)
鈴木東民 *6.25*(1895)
鈴木友二 *3.22*(1912)
鈴木朝英 *4.23*(1909)
鈴木虎雄 *1.18*(1878)
鈴木乃婦 *5.8*(1885)
鈴木白藤 *9.16*(1767)
鈴木英哉 *11.14*(1969)
鈴木均 *2.18*(1922)
鈴木百年 *5.28*(1825)
鈴木博文 *5.19*(1954)
鈴木ヒロミツ *6.21*(1946)
鈴木富士弥 *11.26*(1882)
鈴木文治 *9.4*(1885)
鈴木文史朗 *3.19*(1890)
鈴木文太郎 *12.3*(1864)
鈴木牧之 *1.27*(1770)
鈴木保奈美 *8.14*(1966)
鈴木ほのか *3.29*(1965)
鈴木政吉 *11.18*(1859)
鈴木正四 *2.11*(1914)
鈴木真砂女 *11.24*(1906)
鈴木正久 *8.7*(1912)
鈴木正文 *8.30*(1899)
鈴木馬左也 *2.24*(1861)
鈴木雅之 *9.22*(1956)
鈴木万平 *7.20*(1903)
鈴木三重吉 *9.29*(1882)
鈴木通夫 *10.2*(1926)
鈴木宗男 *1.31*(1948)
鈴木茂三郎 *2.7*(1893)
薄以緒 *8.9*(1494)
鈴木安蔵 *3.3*(1904)
鈴木義男 *1.17*(1894)
寿々木米若 *4.5*(1899)
鈴木蘭々 *8.4*(1975)
鈴木力衛 *5.1*(1911)
錫姫 *12.11*(1781)
数住岸子 *3.23*(1952)
スースロフ, ミハイル・アンドレエヴィチ *11.21*(1902)
スタイガー, ロッド *4.14*(1925)
スタイケン, エドワード *3.27*(1879)
須田一政 *4.24*(1940)
スタイン, ウィリアム・ハワード *6.25*(1911)
スタインウェイ, ヘンリー *2.15*(1797)
スタイン, オーレル *11.26*(1862)
スタイン, ガートルード *2.3*(1874)
スタイン, ジュール *12.31*(1905)
スタインハウス *10.4*(1897)
スタインバーグ, ソール *6.15*(1914)
スタインベック, ジョン *2.27*(1902)
スタインメッツ, チャールズ *4.9*(1865)
スタウニング *10.26*(1873)
スターク, ジョン *8.28*(1728)
須田国太郎 *6.6*(1891)
スタージズ, プレストン *8.29*(1898)
スタージョン, ウィリアム *5.22*(1783)
スタース, ジャン・セルヴェ *8.21*(1813)
須田清基 *8.21*(1894)

スターソフ, ウラジーミル・ワシリエヴィチ 1.14(1824)
スタッケンバーグ 1.6(1835)
スタッフォード, ジーン 7.1(1915)
スタッブズ, ウィリアム 6.21(1825)
スタッブズ, ジョージ 8.24(1724)
スタッフ, レオポルド 11.14(1878)
須田禎一 12.21(1908)
スターテヴァント, アルフレッド・ヘンリー 11.21(1891)
スタナップ, チャールズ・スタナップ, 3代伯爵 8.3(1753)
スタニスラフスキー, コンスタンチン・セルゲーヴィチ 1.17(1863)
スタニスワフ 7.26(1030)
スタニスワフ1世 10.20(1677)
スタニスワフ2世 1.17(1732)
スタハノフ, アレクセイ・グリゴリエヴィチ 1.3(1906)
スタフスキー, ウラジーミル・ペトローヴィチ 7.30(1900)
須田正巳 3.2(1915)
ズーダーマン, ヘルマン 9.30(1857)
スターリング, アーネスト・ヘンリー 4.17(1866)
スター, リンゴ 7.7(1940)
スターリン, ヨシフ・ヴィサリオノヴィチ 12.21(1879)
スタール, ニコラ・ド 1.5(1914)
スタルヒン, ビクトル 5.1(1916)
スタール夫人 4.22(1766)
スタローン, シルベスター 7.6(1946)
スターン, アイザック 7.21(1920)
スタンウィック, バーバラ 7.16(1907)
スタンク, ザハリア 10.5(1902)
スタンケーヴィチ, ニコライ・ウラジーミロヴィチ 9.27(1813)
スタンダール 1.23(1783)
スタントン, エドウィン(・マクマスターズ) 12.19(1814)
スタントン, エリザベス 11.12(1815)
スターンバーグ, ヨーゼフ・フォン 5.29(1894)
スタンフォード, チャールズ・ヴィリアーズ 9.30(1852)
スタンフォード, リーランド 3.9(1824)
スタンプ, サー・ローレンス・ダドリー 3.9(1898)
スタンボリースキ 3.1(1879)
スタンボロフ, ステファン 1.31(1854)
スタンラン, テオフィル・アレクサンドル 11.10(1859)
スタンリ, アーサー・ペンリン 12.13(1815)
スタンリー, サー・ヘンリー・モートン 1.28(1841)
スタンレー, ウェンデル・メレディス 8.16(1904)
スタンレー, ポール 1.20(1952)
スターン, ロレンス 11.24(1713)
スチュアート, ギルバート 12.3(1755)
スチュアート, ジェイムズ, 王子 6.10(1688)
スチュアート, ロッド 1.10(1945)
スチュワート, ジュリアン・H(ヘインズ) 1.31(1902)
スチュワート, ドゥーガルド 11.22(1753)
スチュワート, マイケル・スチュワート, 男爵 11.6(1906)
スチンダ・クラブラユーン 8.6(1933)
ズットナー, ベルタ, 男爵夫人 6.9(1843)
ズッペ, フランツ・フォン 4.18(1819)
スティーヴンズ 8.3(1821)
スティーヴンズ, アルフレッド 12.30(1817)
スティーヴンズ, アレグザンダー 2.11(1812)
スティーヴンズ, ウォレス 10.2(1879)
スティーヴンズ, シアカ・プロビン 8.24(1905)
スティーヴンズ, ジョージ 7.25(1904)
スティーヴンズ, スタンリー・スミス 11.4(1906)
スティーヴンソン, アドレー 2.5(1900)
スティーヴンソン, ジョージ 6.9(1781)
スティーヴンソン, ロバート 10.16(1803)
スティーヴンソン, ロバート・ルイス 11.13(1850)
スティーヴン, レズリー 11.28(1832)
スティーグリッツ, アルフレッド 1.1(1864)
スティード 10.10(1871)
スティムソン, ヘンリー・L 9.21(1867)
スティラー, ベン 11.30(1965)
スティリングフリート, エドワード 4.17(1635)
スティル 8.6(1828)
スティルウェル, ジョゼフ・W 3.19(1883)
スティル, クリフォード 11.30(1904)
スティールチェス 12.29(1856)
スティール, リチャード 3.12(1672)
スティレル, マウリッツ 7.17(1883)
スティング 10.2(1951)
ステヴァンス, アルフレッド 5.11(1823)
ステッグマイヤー, リサ 9.25(1971)
ステッド 7.5(1849)
ステッファーニ, アゴスティーノ 7.25(1654)
スデーヌ, ミシェル・ジャン 7.4(1719)

ステノ, ニコラウス　*1.1*(1631)
ステフェンズ, リンカーン　*4.6*(1866)
ステュアート　*10.21*(1712)
ステューアト, ジェイムズ　*5.20*(1908)
ステュアート, ダグラス　*5.6*(1913)
ステラ, ジョゼフ　*6.13*(1877)
スーテル, ジャック　*2.3*(1912)
ステンゲル, ケイシー　*7.30*(1890)
ステンゲル, ケーシー　*7.30*(1889)
ステーンストルプ, イェペトゥス　*3.13*(1813)
ステンマルク, インゲマル　*3.18*(1956)
ストイカ　*8.8*(1908)
ストイコビッチ, ドラガン　*3.3*(1965)
須藤克三　*10.30*(1906)
ストゥーキー, ノエル・ポール　*12.30*(1937)
須藤五郎　*9.14*(1897)
ストゥーチカ　*7.14*(1865)
須藤南翠　*11.3*(1857)
ストゥーベン, フレデリック・ウィリアム, 男爵　*9.17*(1730)
須藤理彩　*7.24*(1976)
ストゥルツォ, ルイージ　*11.26*(1871)
ストゥルム, (ジャック・)シャルル・フランソワ　*9.29*(1803)
ストークス, サー・ジョージ・ゲイブリエル　*8.13*(1819)
崇徳天皇　*5.28*(1119)
ストコフスキー, レオポルド　*4.18*(1882)
ストザード, トマス　*8.17*(1755)
ストックトン, フランク・リチャード　*4.5*(1834)
ストッパード, トム　*7.3*(1937)
ストーニー, ジョージ・ジョンストン　*2.15*(1826)
ストー, ハリエット・ビーチャー　*6.14*(1811)
ストヤノフ, ペータル　*5.25*(1952)
ストヤノフ, リュドミル　*2.6*(1888)
ストライサンド, バーブラ　*4.24*(1942)
ストラヴィンスキー, イーゴリ・フョードロヴィチ　*6.17*(1882)
ストラスキー, ヤン　*12.24*(1940)
ストラスバーグ, スーザン　*5.22*(1938)
ストラスバーグ, リー　*11.17*(1901)
ストラット　*7.28*(1726)
ストラデラ, アレッサンドロ　*10.1*(1644)
ストラビンスキー, イーゴリ　*6.17*(1882)
ストラフォード, トマス・ウェントワース, 初代伯爵　*4.13*(1593)
ストランド, ポール　*10.16*(1890)
ストーリー, ジョゼフ　*9.18*(1779)
ストリート, ジョージ・エドマンド　*6.20*(1824)
ストリープ, メリル　*6.22*(1949)
ストリンドベリ, アウグスト　*1.22*(1849)
ストルイピン, ピョートル・アルカジエヴィチ　*4.14*(1862)
ストルーヴェ, オットー　*8.12*(1897)
ストルーヴェ, ピョートル・ベルンガールドヴィチ　*1.26*(1870)
ストルーヴェ, フリードリヒ・ゲオルク・ヴィルヘルム　*4.15*(1793)
ストルーエンセ　*8.5*(1737)
ストルテンベルグ, イエンス　*3.16*(1959)
ストルーベ, オットー・ウィルヘルム　*5.7*(1819)
ストルーベ, ヘルマン　*10.3*(1854)
ストールベリ, カールロ・ユホ　*1.28*(1865)
ストルミーリン　*1.29*(1877)
ストレイチー, (イーヴリン・)ジョン(・セント・ルー)　*10.21*(1901)
ストレイチー, リットン　*3.1*(1880)
ストレイホーン, ビリー　*11.19*(1915)
ストレッフェルス, ステイン　*10.3*(1871)
ストレート, ウィラード　*1.31*(1880)
ストレーレル, ジョルジョ　*8.14*(1921)
ストロジャン, テオドル　*10.24*(1943)
ストローズ, ルイス　*1.31*(1896)
ストロング　*10.25*(1885)
ストーン, アーヴィング　*7.14*(1903)
ストーン, イシドア・ファインスタイン　*12.24*(1907)
ストーン, オリバー　*9.15*(1946)
ストーン, サー(ジョン・)リチャード(・ニコラス)　*8.30*(1913)
ストーン, シャロン　*3.10*(1958)
ストーントン　*4.19*(1737)
ストーントン　*5.26*(1781)
ストーン, ルーシー　*8.13*(1818)
スナイダー　*6.21*(1895)
須永慶　*6.23*(1943)
須永好　*6.13*(1894)
砂川しげひさ　*10.11*(1941)
砂川捨丸　*12.27*(1890)
砂沢ビッキ　*3.6*(1931)
砂田明　*3.7*(1928)
砂田重政　*9.15*(1884)
砂田弘　*5.26*(1933)
ズナニエツキ　*1.15*(1882)
砂原格　*4.3*(1902)
砂原茂一　*5.16*(1908)
砂原美智子　*2.19*(1923)
スナール　*3.26*(1847)
スニード, サム　*5.27*(1912)

スニャデッキー *8.29*(1756)
スヌーク・ヒュルフロニエ *2.8*(1857)
スヌビエ, ジャン *5.6*(1742)
スネイデルス, フランス *11.11*(1579)
スネル, ジョージ・デーヴィス *12.19*(1903)
スノー *5.9*(1914)
スノー, C.P. *10.15*(1905)
巣内式部 *4.26*(1818)
洲之内徹 *1.17*(1913)
スノー, エドガー *7.19*(1905)
スノーデン *7.18*(1864)
スパウェンタ *6.27*(1817)
スパーク *4.25*(1903)
スパーク, ポール・アンリ *1.25*(1899)
スパージョン, チャールズ・ハッドン *6.19*(1834)
スパーツ, カール *6.28*(1891)
スパヌウォン *7.13*(1907)
栖原豊太郎 *9.19*(1886)
スパランツァーニ, ラザロ *1.10*(1729)
スパルゴー *1.31*(1876)
スハルト *6.8*(1921)
ズバルバロ, カミッロ *1.12*(1888)
スピアーズ, ブリトニー *12.2*(1981)
スピアマン, チャールズ・エドワード *9.10*(1863)
スピーク, ジョン・ハニング *5.3*(1827)
スピーズ *7.16*(1715)
スピッツァー, ライマン, ジュニア *6.26*(1914)
スピッツ, マーク *2.4*(1950)
スピノザ, バルフ・デ *11.24*(1632)
スピハルスキ *12.6*(1906)
スー, ビビアン *3.19*(1975)
スピール, アンドレ *7.28*(1868)
スピルバーグ, スティーブン *12.18*(1947)
スピンガーン, J.E. *5.17*(1875)
スピンクス, マイケル *7.13*(1956)
スピンデン, ハーバート *8.16*(1879)
スーフィー *12.8*(903)
スフォルツァ *9.25*(1872)
スフォルツァ, ガレアッツオ・マリア *2.24*(1444)
スフォルツァ, ジャコムッツォ・アッテンドロ *4.10*(1369)
スフォルツァ, ルドヴィーコ *4.3*(1451)
周布政之助 *3.23*(1823)
スプランゲル, バルトロメウス *3.21*(1546)
スプリングスティーン, ブルース *9.23*(1949)
スフロ, ジャック・ジェルマン *7.22*(1713)
スペクター, デーブ *5.5*(1954)
スペクター, フィル *12.26*(1940)
スペーシー, ケビン *7.26*(1959)
スペランスキー, ミハイル・ミハイロヴィチ, 伯爵 *1.12*(1772)
スペリー, エルマー・アンブローズ *10.12*(1860)
スヘルテマ *2.26*(1877)
スペルビア, コンチータ *12.8*(1895)
スペルマン, フラーンシス・ジョウゼフ *5.4*(1889)
スペンサー *5.16*(1893)
スペンサー *5.30*(1782)
スペンサー, サー・スタンリー *6.30*(1891)
スペンサー, ハーバート *4.27*(1820)
スペンス *5.6*(1907)
スペンダー, スティーヴン *2.28*(1909)
スヘンデル, アルトゥール・ファン *3.5*(1874)
スホヴォー - コブイリン, アレクサンドル・ワシリエヴィチ *9.17*(1817)
スポック, ベンジャミン・マクレイン *5.2*(1903)
スーポー, フィリップ *8.2*(1897)
スホムリーノフ *8.16*(1848)
スホーレル, ヤン・ヴァン *8.1*(1495)
スポンティーニ, ガスパーレ *11.14*(1774)
スマイバート, ジョン *4.2*(1688)
スマイルズ, サミュエル *12.23*(1812)
スマーク, サー・ロバート *10.1*(1781)
すまけい *9.4*(1935)
スマッツ, ヤン・クリスティアーン *5.24*(1870)
スマート, クリストファー *4.11*(1722)
寿万宮 *3.22*(1859)
須磨弥吉郎 *9.9*(1892)
スマラカレギ *12.29*(1788)
スマローコフ, アレクサンドル・ペトローヴィチ *12.4*(1717)
住井すゑ *1.7*(1902)
住木諭介 *2.10*(1901)
スミス *2.9*(1808)
スミス *3.26*(1840)
スミス *5.4*(1914)
スミス *12.14*(1897)
スミス, アーサー・ヘンダスン *7.18*(1845)
スミス, アダム *6.5*(1723)
スミス, アルフレッド・エマニュエル *12.30*(1873)
スミス, ウィリアム *3.23*(1769)
スミス, ウィリアム・ロバートスン *11.8*(1846)
スミス, ウィル *9.25*(1968)
スミス, ゲリット *3.6*(1797)
スミス, シオボルド *7.31*(1859)
スミス, シドニー *6.3*(1771)
スミス, ジョージ・アダム *10.19*(1856)
スミス, ジョゼフ *12.23*(1805)
スミス, ジョン *1.9*(1579)
スミス, チャド *10.25*(1962)
スミス, デイヴィッド *3.9*(1906)
スミス, パティ *12.31*(1946)

スミス, ベッシー　*4.15*（1895）
スミス, ヘンリー・ジョン　*11.2*（1826）
スミス, ポール　*7.5*（1946）
スミス, マギー　*12.28*（1934）
スミス, ユージン　*12.30*（1918）
スミス, ローガン・ピアソール　*10.18*（1865）
住田正二　*5.26*（1922）
隅谷正峯　*1.24*（1921）
住田又兵衛（4代目）　*10.30*（1895）
住友友純　*12.21*（1865）
スミートン, ジョン　*6.8*（1724）
住江甚兵衛　*10.8*（1825）
角倉素庵　*6.5*（1571）
寿美花代　*2.6*（1932）
角盈男　*6.26*（1956）
住谷悦治　*12.18*（1895）
隅谷三喜男　*8.26*（1916）
スミルネンスキ, フリスト　*9.29*（1898）
スムルコフスキー　*2.26*（1911）
スメターチェク, ヴァーツラフ　*9.30*（1906）
スメタナ, ベドジヒ　*3.2*（1824）
スメリャコーフ, ヤロスラフ・ワシリエヴィチ　*12.26*（1912）
スモクトゥノフスキー, インノケンティ　*3.28*（1925）
スモール　*5.11*（1854）
スモルコフスキー　*5.28*（1872）
スモレット, トバイアス　*3.19*（1721）
須山計一　*7.17*（1905）
陶山鈍翁　*11.28*（1657）
スユーティー　*10.3*（1445）
スラヴェイコフ, ペンチョ　*4.27*（1866）
スラウエルホフ, ヤン　*9.15*（1898）
スーラ, ジョルジュ - ピエール　*12.2*（1859）
ズラータペル, シーピオ　*7.4*（1888）
スラッファ　*8.5*（1898）
ズラトヴラツキー, ニコライ・ニコラエヴィチ　*12.14*（1845）
スラーンスキー　*7.31*（1901）
スリオ　*4.26*（1892）
スーリコフ, ヴァシリー・イヴァノヴィチ　*1.12*（1848）
スリヤニングラット　*5.8*（1889）
スルコーフ, アレクセイ・アレクサンドロヴィチ　*10.1*（1899）
スールシュ・マーチャシュ　*9.11*（1933）
スルタン - ガリエフ　*7.13*（1892）
ズルツァー, ヨハン・ゲオルク　*10.16*（1720）
スルツカヤ, イリーナ　*2.9*（1979）
スルト, ニコラ・ジャン・ド・デュー　*3.29*（1769）
スルバラン, フランシスコ・デ　*11.7*（1598）
スレイター, サミュエル　*6.9*（1768）
スレザーク, レオ　*8.18*（1873）
スレサー, ケネス　*3.27*（1901）
スレーター　*12.22*（1900）
スレーフォークト, マックス　*10.8*（1868）
スレプツォーフ, ワシーリー・アレクセーヴィチ　*7.19*（1836）
スロアガ, イグナシオ　*7.26*（1870）
スロート　*7.26*（1781）
スローン, A.P.　*5.23*（1875）
スローン, ジョン　*8.2*（1871）
諏訪甚六　*10.8*（1829）
諏訪蘇山（初代）　*5.25*（1852）
諏訪忠恒　*4.4*（1595）
諏訪忠晴　*8.21*（1639）
スワデシュ, モリス　*1.22*（1909）
諏訪内晶子　*2.9*（1972）
諏訪博　*6.11*（1915）
諏訪優　*4.29*（1925）
諏訪頼水　*12.23*（1571）
スワンク, ヒラリー　*7.30*（1974）
スワン, サー・ジョゼフ・ウィルソン　*10.31*（1828）
スンスネギ, ファン・アントニオ・デ　*12.21*（1901）
スントーン・プー　*6.26*（1786）

【せ】

セー　*4.6*（1864）
盛胤法親王　*8.22*（1651）
誓海　*2.10*（1266）
盛化門院　*12.9*（1759）
静寛院宮　*5.10*（1846）
清閑寺共房　*5.27*（1589）
青綺門院　*8.24*（1716）
清家清　*12.13*（1918）
斉璜　*11.22*（1863）
成淳女王　*4.11*（1834）
誠拙周樗　*6.30*（1745）
清拙正澄　*1.3*（1274）
盛宣懐　*11.4*（1844）
西太后　*11.29*（1835）
清野善兵衛　*2.21*（1921）
セイバイン, ウォーレス・クレメント・ウェア　*6.13*（1868）
セイビン, サー・エドワード　*10.14*（1788）
セイフーリナ, リージヤ・ニコラエヴナ　*3.22*（1889）
成仿吾　*7.16*（1897）
清宮秀堅　*10.1*（1809）
清宮彬　*12.23*（1886）
セイヤーズ, ドロシー・L.　*6.13*（1893）
清和天皇　*3.25*（850）
セインツベリー, ジョージ　*10.23*（1845）
セヴィニェ, マリー・ド・ラビュタン - シャンタル, 侯爵夫人　*2.5*（1626）
セヴェーリ　*4.13*（1879）
セヴェリーニ, ジーノ　*4.7*（1883）
セウェルス, ルキウス・セプティミウス　*4.11*（146）
ゼーガース, アンナ　*11.19*（1900）

瀬川瑛子 *7.6*(1948)
瀬川菊之丞(6代目) *3.25*(1907)
瀬川清子 *10.20*(1895)
瀬川晶司 *3.23*(1970)
瀬川美能留 *3.31*(1906)
セーガン, カール・エドワード *11.9*(1934)
セガンティーニ, ジョヴァンニ *1.15*(1858)
関鑑子 *9.8*(1899)
セギエ, ピエール *5.29*(1588)
石屋真梁 *7.17*(1345)
関川夏央 *11.25*(1949)
関川秀雄 *12.1*(1908)
関喜内 *6.1*(1759)
関口和之 *12.21*(1955)
関口黄山 *3.6*(1718)
関口隆吉 *9.17*(1836)
関口存男 *11.21*(1894)
関口宏 *7.13*(1943)
関口鯉吉 *1.29*(1886)
関敬吾 *7.15*(1899)
石敬塘 *2.28*(892)
関源吉 *10.23*(1796)
関元洲 *5.24*(1753)
関三十郎(5代目) *7.2*(1879)
石叟円柱 *9.9*(1389)
関主税 *1.4*(1919)
関鉄之介 *10.17*(1824)
関淑子 *9.10*(1908)
関智一 *9.8*(1972)
関直人 *7.30*(1929)
関直彦 *7.16*(1857)
関長治 *9.6*(1657)
関根金次郎 *4.1*(1868)
関根正二 *4.3*(1899)
関根勤 *8.21*(1953)
関根弘 *1.31*(1920)
関根正雄 *8.14*(1912)
関根正直 *3.3*(1860)
関根矢作 *4.17*(1803)
関野準一郎 *10.23*(1914)
関野貞 *12.15*(1868)
関野英夫 *2.19*(1910)
関野克 *2.14*(1909)
関一 *9.26*(1873)
関橋守 *5.16*(1804)
関英雄 *1.24*(1912)
瀬木博尚 *10.6*(1852)
関寛治 *3.31*(1927)
関政方 *12.20*(1786)
関谷清景 *12.11*(1855)
関屋貞三郎 *5.4*(1875)
関屋敏子 *3.14*(1904)
関矢孫左衛門 *1.24*(1844)
関谷嵐子 *12.20*(1928)
セギュール, アンリ・フランソア *6.1*(1689)
セギュール, ソフィ・ド *7.19*(1799)
セギュール, フィリップ・ポール *11.1*(1780)
セギュール, ルイ・フィリップ *12.10*(1753)
関義長 *6.20*(1892)
ゼークト *4.22*(1866)
セグレ, エミリオ・ジーノ *2.1*(1905)
セクレタン, シャルル *1.19*(1815)
セゴヴィア, アンドレス *2.21*(1893)
世耕弘一 *3.30*(1893)
瀬越憲作 *5.22*(1889)
瀬古利彦 *7.15*(1956)
妹沢克惟 *8.21*(1895)
セザンヌ, ポール *1.19*(1839)
セジウィック, アダム *3.22*(1785)
セー, ジャン・バティスト *1.5*(1767)
セシュエ *7.4*(1870)
セシル *6.1*(1563)
セシル, E.A.R. *9.14*(1864)
セシル, ウィリアム, 初代バーリー男爵 *9.13*(1520)
セシル, デイヴィッド *4.9*(1902)
セゼル, アフメット *9.13*(1941)
ゼタ・ジョーンズ, キャサリン *9.25*(1969)
瀬田貞二 *4.26*(1916)
セーチェーニ・イシュトヴァーン *9.21*(1791)
絶海中津 *11.13*(1336)
セッキ, ピエトロ・アンジェロ *6.29*(1818)
ゼッケンドルフ *7.16*(1673)
ゼッケンドルフ, ファイト・ルートヴィヒ・フォン *12.20*(1626)
セッションズ, ロジャー *12.28*(1896)
ゼッターランド, ヨーコ *3.24*(1969)
摂津茂和 *7.21*(1899)
セッテンブリーニ, ルイージ *4.17*(1813)
ゼッフィレッリ, フランコ *2.12*(1923)
セッラ, レナート *12.5*(1884)
ゼーテ *9.30*(1869)
セディジョ, エルネスト *4.27*(1951)
セデス *8.10*(1886)
セーデルブロム, ナータン *1.15*(1866)
セーデルベリ, ヤルマル *7.2*(1869)
ゼーデルマイヤ, ハンス *1.18*(1896)
瀬戸朝香 *12.12*(1976)
瀬藤象二 *3.18*(1891)
瀬戸内寂聴 *5.15*(1922)
瀬戸英一(初代) *7.21*(1892)
瀬戸英一(2代目) *6.16*(1901)
瀬戸口藤吉 *5.10*(1868)
瀬戸山三男 *1.7*(1904)
セドリー, チャールズ *3.5*(1639)
瀬戸わんや *3.10*(1926)
セナ, アイルトン *3.21*(1960)
瀬長亀次郎 *6.10*(1907)
セナナヤカ, ドン・スティーヴン *10.20*(1884)
セナナヤケ *6.19*(1911)
銭屋五兵衛 *11.25*(1773)
セーニョボス *9.10*(1854)
瀬沼夏葉 *12.11*(1875)
瀬沼茂樹 *10.6*(1901)
ゼーネフェルダー, アロイス *11.6*(1771)
ゼノ *11.12*(1891)
ゼーノ, アポストロ *12.11*(1668)
妹尾河童 *6.23*(1930)
妹尾義郎 *12.16*(1889)
セバーグ, ジーン *11.13*(1938)
セバスティアン *1.20*(1554)

セビニー, クロエ *11.18*(1974)
セービン, アルバート・ブルース *8.26*(1906)
セフェリアデス, イオルゴス *2.29*(1900)
セフォー, レイ *2.15*(1971)
ゼーフリート, イルムガルト *10.9*(1919)
ゼブロウスキ *9.21*(1898)
ゼーベック, トマス・ヨハン *4.9*(1770)
ゼーマン, ピーテル *5.25*(1865)
ゼマン, ミロシュ *9.29*(1944)
セミョーノフ, セルゲイ・アレクサンドロヴィチ *10.7*(1893)
セミョーノフ・チャンシャンスキー *1.15*(1827)
セミョーノフ, ニコライ・ニコラエヴィチ *4.16*(1896)
セムズ, ラファエル *9.27*(1809)
ゼムラー, ヨーハン・ザーロモ *12.18*(1725)
セーヤー, アレグザンダー・ウィーロック *10.22*(1817)
セラーオ, マティルデ *3.7*(1856)
セラ, カミロ・ホセ *5.11*(1916)
世良修蔵 *7.14*(1835)
セラーズ, ピーター *9.8*(1925)
セラノ・イ・ドミンゲス *10.17*(1810)
セラノ, ホルヘ *4.26*(1945)
セラフィーヌ *9.2*(1864)
セラフィーム・サローフスキー *7.19*(1759)
セラフィモーヴィチ, アレクサンドル・セラフィーモヴィチ *1.7*(1863)
セラフィン, トゥッリオ *9.1*(1878)
セラ, フニペロ *11.24*(1713)
世良公則 *12.14*(1955)
セラーヤ *11.1*(1853)
セリヴィンスキー, イリヤ・リヴォーヴィチ *10.12*(1899)
セリエ, ハンス *1.26*(1907)
ゼーリガー *9.23*(1849)
セリグマン *4.24*(1861)
セリグマン, クルト *7.20*(1900)
芹沢銈介 *5.13*(1895)
芹沢光治良 *5.4*(1896)
芹沢信雄 *11.10*(1959)
芹沢博文 *10.23*(1936)
セリーヌ, ルイ-フェルディナン *5.27*(1894)
セリム3世 *12.24*(1761)
ゼルーアル, ラミン *7.3*(1941)
セルヴァンテス, ミゲール・デ *10.9*(1547)
セルヴァンドーニ, ジョヴァンニ・ニコロ *5.2*(1695)
ゼルウィガー, レニー *4.25*(1969)
セルウィン, ジョージ・オーガスタス *4.5*(1809)
セルヴェトゥス, ミカエル *9.29*(1511)
セルカンビ, ジョヴァンニ *2.18*(1347)
ゼルキン, ルドルフ *3.28*(1903)
セルゲーエフ *2.20*(1910)
セルゲーエフ-ツェンスキー, セルゲイ・ニコラエヴィチ *9.18*(1875)
セルゲル, ユーハン・トビアス *9.8*(1740)
セルシウス, アンデシュ *11.27*(1701)
セルジオ越後 *7.28*(1945)
セル, ジョージ *6.7*(1897)
ゼルジンスキー *4.21*(1909)
セルズニック, デイヴィド・O *5.10*(1902)
ゼルチュルナー, フリードリヒ・ヴィルヘルム・アダム・フェルディナント *6.19*(1783)
セルティヤーンジュ, アントナン-ジルベール *11.17*(1863)
セルデン, ジョン *12.16*(1584)
ゼルドーヴィチ *3.8*(1914)
ゼルニケ, フリッツ *7.16*(1888)
セルリオ, セバスティアーノ *9.6*(1475)
世礼国男 *7.20*(1897)
セレシュ, モニカ *12.2*(1973)
セレソ, ビニシオ *12.26*(1943)
セレーニ, ヴィットーリオ *7.27*(1913)
セーレンセン, ソーレン・ペーテル・ラウリッツ *1.4*(1868)
セローフ, アレクサンドル・ニコラーエヴィチ *1.23*(1820)
セローフ, ヴァレンティン・アレクサンドロヴィチ *1.7*(1865)
セロン, シャーリーズ *8.7*(1975)
詮海 *10.16*(1786)
全海 *6.8*(1602)
千嘉代子 *10.6*(1897)
銭杏邨 *2.6*(1900)
専空 *5.5*(1292)
ゼンクハース, ディーター *8.27*(1940)
膳桂之助 *7.21*(1887)
千家尊福 *8.6*(1845)
千家尊朝 *10.9*(1820)
千家哲麿 *8.19*(1907)
千家俊信 *1.16*(1764)
千家元麿 *6.8*(1888)
千玄室 *4.19*(1923)
銭玄同 *9.12*(1887)
千石興太郎 *2.7*(1874)
千石剛賢 *7.12*(1923)
仙石秀久 *1.26*(1551)
仙石政辰 *8.21*(1723)
仙石貢 *6.2*(1857)
善算 *1.15*(708)
銭三強 *10.16*(1913)
選子内親王 *4.24*(964)
仙寿院 *10.18*(1756)
千秋藤篤 *8.30*(1815)
千住真理子 *4.3*(1962)
宣政門院 *10.16*(1315)
宣祖(李朝) *11.11*(1552)
千宗左(表千家13代目) *1.27*(1901)

千宗室（裏千家14代目） *7.24*（1893）
千宗守（武者小路千家9代目） *10.8*（1889）
千宗守（武者小路千家10代目） *4.21*（1913）
銭大昕 *1.7*（1728）
千田夏光 *8.28*（1924）
千田是也 *7.15*（1904）
せんだみつお *7.29*（1947）
善竹幸四郎 *7.30*（1916）
善竹弥五郎 *10.4*（1883）
善仲 *1.15*（708）
センツィ・モルナール, アルベルト *8.30*（1574）
センデル, ラモン *2.3*（1902）
詹天佑 *4.26*（1861）
セント-ジョルジ, アルベルト・フォン・ナジラポルト *9.16*（1893）
セント-ジョン, ヘンリー *10.1*（1678）
セント・ヴィンセント, ジョン・ジャーヴィス, 伯爵 *1.9*（1735）
仙道敦子 *9.28*（1969）
全斗煥 *1.18*（1931）
セント・デニス, ルース *1.20*（1880）
センドリー, アルフレッド *2.29*（1884）
ゼンナート *11.25*（1572）
宣如 *2.21*（1604）
善如 *2.2*（1333）
ゼンパー *7.6*（1832）
ゼンパー, ゴットフリート *11.29*（1803）
釧姫 *7.24*（1843）
千姫 *4.11*（1597）
センプル *1.8*（1863）
銭穆 *6.9*（1895）
千昌夫 *4.8*（1947）
千容子 *10.23*（1951）
ゼンメリング *1.25*（1755）
ゼンメルヴァイス・イグナーツ・フィリップ *7.1*（1818）
宣陽門院 *10.5*（1181）

【 そ 】

ソアレス, マリオ *12.7*（1924）
ゾイゼ, ハインリヒ *3.21*（1295）
増吽 *3.5*（1366）
宋影 *5.24*（1903）
宗栄女王 *10.17*（1658）
宗恭女王 *12.17*（1769）
曹禺 *9.24*（1910）
宋慶齢 *1.27*（1893）
曾国藩 *10.16*（1811）
蔵山順空 *1.1*（1233）
宗諄女王 *11.27*（1816）
増賞入道親王 *4.13*（1734）
宗次郎 *10.10*（1954）
宗真女王 *9.4*（1715）
左右田喜一郎 *2.28*（1881）
宋鎮禹 *5.8*（1889）
宋哲元 *10.3*（1885）
曹晩植 *12.4*（1882）
宋美齢 *4.1*（1901）
藻壁門院 *5.22*（1209）
曾樸 *3.1*（1872）
相馬愛蔵 *10.15*（1870）
相米慎二 *1.13*（1948）
相馬一郎 *11.29*（1903）
相馬御風 *7.10*（1883）
相馬黒光 *9.12*（1876）
相馬泰三 *12.29*（1885）
相馬永胤 *11.20*（1850）
相馬半治 *7.8*（1869）
相馬充胤 *3.19*（1819）
相馬祥胤 *6.3*（1765）
宗谷真爾 *12.25*（1925）
宗義功 *2.29*（1773）
宗義真 *11.18*（1639）
宗義暢 *6.27*（1741）
宗義成 *1.15*（1604）
添田唖蝉坊 *11.25*（1872）
添田敬一郎 *8.28*（1871）
添田さつき *6.14*（1902）
添田寿一 *8.15*（1864）
曽我祐準 *12.25*（1844）
曽我常昌 *11.2*（1835）
曽我廼家五九郎 *4.12*（1876）
曾我廼家五郎 *9.6*（1877）
曽我廼家五郎八 *2.25*（1902）
曽我廼家十郎 *4.16*（1869）
曽我廼家十吾 *12.4*（1891）
曽我廼家明蝶 *6.3*（1908）
曽我量深 *3.20*（1875）
ゾグ1世 *10.8*（1895）
ソーク, ジョナス・エドワード *10.28*（1914）
即非如一 *5.14*（1616）
ソクラテス *2.19*（1954）
十河信二 *4.14*（1884）
十河親盈 *8.25*（1774）
ソコロフスキー *7.20*（1897）
ソーサ, サミー *11.12*（1968）
ゾーシチェンコ, ミハイル・ミハイロヴィチ *8.10*（1895）
ソシュール *10.14*（1767）
ソシュール, オラス・ベネディクト・ド *2.17*（1740）
ソシュール, フェルディナン・ド *11.26*（1857）
蘇軾 *1.8*（1037）
曽田長宗 *5.19*（1902）
曽田範宗 *4.28*（1911）
ソダーバーグ, スティーブン *1.14*（1963）
ソツィーニ, ファウスト・パオロ *11.5*（1539）
ソッフィチ, アルデンゴ *4.7*（1879）
ソディー, フレデリック *9.2*（1877）
蘇轍 *2.20*（1039）
袖山喜久雄 *6.20*（1902）
ソーデルグラーン, エディス *4.4*（1892）
ソテロ, ルイス *9.6*（1574）
素堂 *5.5*（1642）
曽禰荒助 *1.28*（1849）
曽祢益 *12.5*（1903）
曽野綾子 *9.17*（1931）
園井恵子 *8.6*（1913）
園田一斎 *11.19*（1785）
園田孝吉 *1.19*（1848）
園田湖城 *12.31*（1886）
園田直 *12.11*（1913）
薗田守宣 *11.12*（1823）
薗田守良 *11.19*（1785）
薗部澄 *2.14*（1921）
園部三郎 *9.25*（1906）
園部ひでを *3.18*（1870）
園正造 *1.1*（1886）

園まり　*4.12*(1944)
園基継　*1.14*(1526)
園基任　*1.11*(1573)
園山俊二　*4.23*(1935)
ソビエスキー, リーリー　*6.10*(1982)
ソービー, ヘンリー・クリフトン　*5.10*(1826)
ソフィア・アレクセーエヴナ　*9.27*(1657)
ソープ, イアン　*10.13*(1982)
祖父江寛　*1.9*(1904)
ソブクウェ, ロバート・マンガリソ　*12.5*(1924)
ソープ, サー・トーマス・エドワード　*12.8*(1835)
ソープ, ジム　*5.28*(1887)
ソブフザ2世　*7.22*(1899)
ソブール　*4.27*(1914)
ソブレロ, アスカーニオ　*10.12*(1812)
ソフローノフ, アナトーリー・ウラジーミロヴィチ　*1.6*(1911)
ソマーズ(イーヴシャムの), ジョン・ソマーズ, 男爵　*3.4*(1651)
蘇曼殊　*9.28*(1884)
曾宮一念　*9.9*(1893)
ゾムバルト　*1.19*(1863)
ゾーム, ルードルフ　*10.29*(1841)
染谷恭次郎　*4.15*(1923)
ソモサ(・ガルシア), アナスタシオ　*2.1*(1896)
ソモサ・デバイレ　*12.5*(1925)
ソーヤ, C.E.　*10.30*(1896)
曽山幸彦　*12.25*(1860)
ゾラ, エミール　*4.2*(1840)
反町隆史　*12.19*(1973)
ソリメーナ, フランチェスコ　*10.4*(1657)
ソリーリャ, ホセ　*2.21*(1817)
ソルヴェー, エルネスト　*4.16*(1838)
ゾルガー, カール・ヴィルヘルム・フェルディナント　*11.28*(1780)
ゾルゲ, ラインハルト・ヨハネス　*1.29*(1892)
ゾルゲ, リヒャルト　*4.10*(1895)
ソルジェニーツィン, アレクサンドル　*12.11*(1918)
ソールズベリー　*11.14*(1908)
ソールズベリ, ロバート　*2.3*(1830)
ソル, フェルナンド　*2.13*(1778)
ソルボン, ロベール・ド　*10.9*(1201)
ゾルマ, アグネス　*5.17*(1865)
ソレル, A.　*8.13*(1842)
ソレル, ジョルジュ　*11.2*(1847)
ソレンスタム, アニカ　*10.9*(1970)
ソロヴィヨフ, ウラジーミル・セルゲーヴィチ　*1.16*(1853)
ソロヴィヨフ, セルゲイ・ミハイロヴィチ　*5.5*(1820)
ソロウーヒン, ウラジーミル・アレクセーヴィチ　*6.14*(1924)
ソローキン, ピチリム・A(アレクサンドロヴィチ)　*1.21*(1889)
ソログープ, フョードル・クジミッチ　*3.1*(1863)
ソロー, ヘンリー・デイヴィッド　*7.12*(1817)
ソロリャ・イ・バスティダ, ホアキン　*2.27*(1863)
曽和博朗　*4.27*(1925)
ソーン, アンデシュ・レオナード　*2.12*(1860)
尊映法親王　*11.2*(1748)
尊英法親王　*12.27*(1737)
尊恵法親王　*7.22*(1164)
尊円城間　*3.26*(1542)
尊円入道親王　*8.1*(1298)
孫科　*10.21*(1891)
尊海　*9.7*(1472)
尊快入道親王　*4.2*(1204)
尊快入道親王　*11.2*(1746)
存覚　*6.4*(1290)
尊覚　*2.22*(1608)
孫基禎　*8.29*(1912)
存牛　*4.5*(1469)
ゾーン, ゲオルク　*12.31*(1551)
尊杲女王　*6.23*(1675)
尊光親王　*9.29*(1645)
尊孝法親王　*12.29*(1702)
ソーン, サー・ジョン　*9.10*(1753)
ソン・サン　*10.5*(1911)
尊純法親王　*10.16*(1591)
尊勝女王　*8.27*(1676)
尊乗女王　*2.17*(1730)
尊常法親王　*6.14*(1818)
尊性法親王　*10.8*(1602)
尊信女王　*10.9*(1734)
尊清女王　*6.21*(1613)
ソーンダイク, エドワード・L(リー)　*8.31*(1874)
ソンタグ, スーザン　*1.16*(1933)
尊超入道親王　*7.10*(1802)
尊朝法親王　*8.20*(1552)
尊鎮法親王　*4.21*(1504)
孫伝芳　*4.17*(1885)
尊伝法親王　*12.6*(1472)
尊道入道親王　*8.21*(1332)
ソーントン, ビリー・ボブ　*8.4*(1955)
ソンニーノ, (ジョルジョ・)シドニー, 男爵　*3.11*(1847)
存如　*7.10*(1396)
損翁宗益　*12.27*(1649)
ソーンヒル, サー・ジェイムズ　*7.25*(1675)
孫文　*11.12*(1866)
尊宝法親王　*6.17*(1804)
孫正義　*8.11*(1957)
ゾンマーフェルト, アーノルト・ヨハネス・ヴィルヘルム　*12.5*(1868)
尊梁女王　*9.18*(1711)

【 た 】

ダイアナ　*7.1*(1961)
大院君　*12.21*(1820)
ダイヴァース　*11.27*(1837)
ダイエル　*8.16*(1848)
太極　*1.16*(1421)
大工原銀太郎　*1.3*(1868)

タイクマン　*1.16*（1884）
大玄　*5.23*（1680）
醍醐天皇　*1.18*（885）
醍醐冬基　*6.14*（1648）
大悟法利雄　*12.23*（1898）
大後美保　*11.8*（1910）
ダイシー　*2.4*（1835）
大正天皇　*8.31*（1879）
戴震　*1.19*（1724）
ダイスマン, アードルフ　*11.7*（1866）
大清宗渭　*6.29*（1321）
大拙祖能　*3.3*（1313）
太宗（宋）　*10.17*（939）
太宗（唐）　*12.22*（598）
代宗（唐）　*12.13*（726）
大蘇芳年　*3.17*（1839）
タイソン, マイク　*6.30*（1966）
太地喜和子　*12.2*（1943）
大地真央　*2.5*（1956）
大地康雄　*11.25*（1951）
泰澄　*6.11*（682）
大潮元皓　*1.6*（1676）
戴伝賢　*11.26*（1890）
大道一以　*7.23*（1292）
タイナン, ケネス　*4.2*（1927）
諦忍　*6.22*（1705）
大寧了忍　*8.15*（1452）
大眉性善　*2.14*（1616）
タイヒミュラー　*11.19*（1832）
大鵬幸喜　*5.29*（1940）
大松博文　*2.12*（1921）
戴曼公　*2.19*（1596）
ダイムラー, ゴットリープ・ヴィルヘルム　*3.17*（1834）
DIAMOND・YUKAI　*3.12*（1962）
タイユフェール, ジェルメーヌ　*4.19*（1892）
タイラー, エドワード　*10.2*（1832）
平良幸市　*7.23*（1909）
タイラー, ジョン　*3.29*（1790）
平良新助　*9.4*（1876）
タイラー, スティーブン　*3.26*（1951）
平良辰雄　*4.6*（1892）
平胤満　*4.3*（1691）
平貞蔵　*8.7*（1894）
平良とみ　*11.5*（1929）
タイラー, マックス　*1.30*（1899）
タイラー, リブ　*7.1*（1977）
平良良松　*11.12*（1907）
タイーロフ, アレクサンドル・ヤーコヴレヴィチ　*6.24*（1885）
ダインズ　*8.5*（1855）
ダヴィ　*12.31*（1883）
ダヴィソン, クリントン・ジョゼフ　*10.22*（1881）
ダーヴィッツ, エドハー　*3.13*（1973）
タヴィッド, アルマン　*9.7*（1826）
ダヴィド, ジャック・ルイ　*4.30*（1748）
ダヴィド, ピエール・ジャン　*3.12*（1788）
ダヴィナント, ウィリアム　*3.3*（1606）
ダヴィラ　*10.30*（1576）
ダーウィン　*8.16*（1848）
ダーウィン, エラズマス　*12.12*（1731）
ダーウィン, サー・ジョージ・ハワード　*7.9*（1845）
ダーウィン, チャールズ　*2.12*（1809）
タウシッグ　*12.28*（1859）
タウジヒ, カロル　*11.4*（1841）
ダウソン, アーネスト　*8.2*（1867）
ダウティ　*7.19*（1793）
ダウテンダイ, マックス　*7.25*（1867）
タウト　*9.28*（1855）
タウト, ブルーノ　*5.2*（1880）
タウバー, リヒャルト　*5.16*（1891）
タウフィーク・アル・ハキーム　*10.9*（1902）
タウフィーク・パシャ, ムハンマド　*11.15*（1852）
ダウプ, カール　*3.20*（1765）
ダウ, ヘラルド　*4.7*（1613）
ダウ, ヘンリー　*2.26*（1866）
ダヴー, ルイ・ニコラ　*5.10*（1770）
タウレルス, ニコラウス　*11.26*（1547）
ダウン　*9.24*（1705）
タウンゼント, C.　*4.18*（1675）
タウンゼンド, サー・ジョン・シーリィ・エドワード　*6.7*（1868）
タウンゼンド, チャールズ　*8.27*（1725）
タウンゼント, ピート　*5.19*（1945）
taeco　*12.30*（1975）
田岡一雄　*3.28*（1913）
田岡俊三郎　*5.7*（1829）
田岡嶺雲　*11.28*（1871）
田尾安志　*1.8*（1954）
TAKA　*10.6*
高石勝男　*10.14*（1906）
高石真五郎　*9.22*（1878）
高泉淳子　*7.26*（1958）
高井節子　*6.11*（1929）
高岡早紀　*12.3*（1972）
高岡智照尼　*4.22*（1896）
高岡養拙　*3.11*（1753）
高尾蕉鹿　*6.12*（1779）
高尾平兵衛　*12.1*（1896）
高尾光子　*7.22*（1915）
高折宮次　*5.25*（1893）
高垣勝次郎　*10.26*（1893）
高垣眸　*1.20*（1898）
高垣松雄　*12.13*（1890）
高川格　*9.21*（1915）
高木彬光　*9.25*（1920）
高木市之助　*2.5*（1888）
高木兼寛　*9.15*（1849）
高木憲次　*2.9*（1888）
高木顕明　*5.21*（1864）
高木作太　*9.19*（1894）
高木貞二　*12.3*（1893）
高樹沙耶　*8.21*（1963）
高木史朗　*8.17*（1915）
高木仁三郎　*7.18*（1938）
高木惣吉　*11.1*（1893）
高木健夫　*12.16*（1905）
高木武　*8.9*（1883）
高木貞治　*4.21*（1875）
高木俊朗　*7.18*（1908）
高木虎之介　*2.12*（1974）
高木永年　*4.22*（1740）
高樹のぶ子　*4.9*（1946）
高木晴子　*1.9*（1915）
高木ブー　*3.8*（1933）
高樹澪　*12.31*（1959）

高木壬太郎　*5.20*(1864)
高木美保　*7.29*(1962)
高木守道　*7.17*(1941)
高木八尺　*12.25*(1889)
高木養根　*7.7*(1912)
高木喜寛　*10.11*(1874)
高楠順次郎　*5.17*(1866)
高倉健　*2.16*(1931)
高倉輝　*4.14*(1891)
高倉天皇　*9.3*(1161)
高倉藤平　*11.1*(1874)
高倉徳太郎　*4.23*(1885)
高倉永家　*1.1*(1496)
高倉永慶　*12.2*(1591)
高桑純夫　*6.4*(1903)
喬子女王　*6.14*(1795)
高崎五郎右衛門　*7.5*(1801)
高碕達之助　*2.7*(1885)
高崎正風　*7.28*(1836)
高崎正秀　*10.16*(1901)
高砂浦五郎(初代)　*11.20*(1839)
高沢信一郎　*6.21*(1908)
高沢寅男　*10.27*(1926)
高階枳園　*8.3*(1773)
高島菊次郎　*5.17*(1875)
高島秋帆　*8.15*(1798)
高島象山　*7.10*(1886)
高島善哉　*7.13*(1904)
高島忠夫　*7.27*(1930)
高嶋ちさ子　*8.24*(1968)
高島鞆之助　*11.9*(1844)
高島春雄　*3.20*(1907)
高島米峰　*1.15*(1875)
高島北海　*9.26*(1850)
高嶋政伸　*10.27*(1966)
高嶋政宏　*10.29*(1965)
高島益郎　*10.6*(1919)
高島礼子　*7.25*(1964)
高杉宮内　*8.2*(1783)
高杉小忠太　*10.13*(1814)
高杉左膳　*7.5*(1835)
高杉早苗　*10.8*(1918)
高杉晋一　*3.1*(1892)
高杉晋作　*8.20*(1839)
高須四郎　*10.27*(1884)
高須梅渓　*4.13*(1880)
高瀬清　*8.7*(1901)
高瀬荘太郎　*3.9*(1892)
高瀬文淵　*3.10*(1864)
高勢実乗　*12.13*(1890)
高田快清　*12.2*(1809)
高田賢三　*2.27*(1939)
高田畊安　*8.19*(1861)
高田好胤　*3.30*(1924)
高田浩吉　*11.7*(1911)
高田早苗　*3.14*(1860)
高田三郎　*12.18*(1913)
高田純次　*1.21*(1947)
高田聖子　*7.28*(1967)
高田慎吾　*5.1*(1880)
高田せい子　*9.13*(1895)
高田保　*3.28*(1895)
高田蝶衣　*1.30*(1886)
高田敏子　*9.16*(1914)
高田なほ子　*1.18*(1905)
高田の方　*5.12*(1601)
高田延彦　*4.12*(1962)
高田博厚　*8.19*(1900)
高田文夫　*6.25*(1948)
高田雅夫　*9.30*(1895)
高田万由子　*1.5*(1971)
高田みづえ　*6.23*(1960)
高田実　*3.19*(1871)
高田稔　*12.20*(1899)
高田屋嘉兵衛　*1.1*(1769)
高田保馬　*12.27*(1883)
高知東生　*12.22*(1964)
高津伊兵衛(初代)　*3.17*(1679)
鷹司和子　*9.30*(1929)
鷹司兼熙　*12.5*(1659)
鷹司輔熙　*11.7*(1807)
鷹司平通　*8.26*(1923)
鷹司信輔　*4.29*(1889)
鷹司信尚　*4.14*(1590)
鷹司信平　*12.6*(1636)
鷹司信房　*10.25*(1565)
鷹司房輔　*4.30*(1637)
鷹司政通　*7.2*(1789)
高辻長雅　*8.25*(1515)
高辻正己　*1.19*(1910)
高津臣吾　*11.25*(1968)
高津正道　*4.20*(1893)
高頭仁兵衛　*5.20*(1877)
高中正義　*3.27*(1953)
高梨豊　*2.6*(1935)
高野岩三郎　*9.2*(1871)
高野悦子　*1.2*(1949)
高野悦子　*5.29*(1929)
高野佐三郎　*6.13*(1862)
高野志穂　*10.21*(1979)
高野春華　*6.11*(1761)
高野松山　*5.2*(1889)
高野伸二　*7.19*(1926)
高野素十　*3.3*(1893)
高野辰之　*4.13*(1876)
高野長英　*5.5*(1804)
鷹羽雲淙　*8.16*(1796)
貴乃花光司　*8.12*(1972)
貴ノ花利彰　*2.19*(1950)
高野房太郎　*11.24*(1869)
高野実　*1.27*(1901)
高橋愛　*9.14*(1986)
高橋荒太郎　*10.19*(1903)
高橋栄清(初代)　*4.23*(1868)
高橋栄清(2代目)　*7.13*(1901)
高橋悦史　*8.2*(1935)
高橋治　*5.23*(1929)
高橋かおり　*8.29*(1975)
高橋和巳　*8.31*(1931)
高橋和也　*5.20*(1969)
高橋克典　*12.15*(1964)
高橋克実　*4.1*(1961)
高橋亀吉　*9.23*(1894)
高橋掬太郎　*4.6*(1901)
高橋くら子　*4.2*(1907)
高橋敬一　*7.13*(1836)
高橋恵子　*1.22*(1955)
高橋圭三　*9.9*(1918)
高橋源一郎　*1.1*(1951)
高橋健自　*8.17*(1871)
高橋健二　*9.18*(1902)
高橋剛　*8.31*(1921)
高橋浩一郎　*5.3*(1913)
高橋広湖　*6.18*(1875)
高橋幸八郎　*6.1*(1912)
高橋作衛　*10.10*(1867)
高橋作也　*6.10*(1825)
高橋貞樹　*3.8*(1905)
高橋貞次　*4.14*(1902)
高橋里美　*11.28*(1886)
高橋三吉　*8.24*(1882)
高橋俊乗　*5.23*(1892)
高橋正作　*10.28*(1803)
高橋ジョージ　*8.13*(1958)
高橋碩一　*1.15*(1913)
高橋新吉　*1.28*(1901)
高橋新五郎(2代目)　*1.5*(1791)
高橋新五郎(3代目)　*6.6*(1816)
高橋信次　*1.28*(1912)

高橋誠一郎　*5.9*(1884)
高橋石霞　*11.14*(1808)
高橋善蔵　*6.7*(1684)
高橋箒庵　*8.28*(1861)
高橋草坪　*4.5*(1804)
高橋大輔　*3.16*(1986)
高橋高見　*12.23*(1928)
高橋竹山　*6.17*(1910)
高橋忠弥　*4.25*(1912)
高橋貞二　*10.20*(1926)
高橋鉄　*11.3*(1907)
高橋俊璹　*11.23*(1808)
高橋尚子　*5.6*(1972)
高橋展子　*4.19*(1916)
高橋甫　*8.27*(1913)
高橋八郎　*7.3*(1914)
高橋尚成　*4.2*(1975)
高橋英樹　*2.10*(1944)
高橋等　*3.20*(1903)
高橋ひとみ　*8.23*(1961)
高橋正衛　*1.9*(1923)
高橋正雄　*11.21*(1901)
高橋政知　*9.4*(1913)
高橋昌也　*3.16*(1930)
高橋マリ子　*4.24*(1984)
高橋真梨子　*3.6*(1949)
高橋幹夫　*3.17*(1917)
高橋美智子　*7.30*(1939)
高橋宗直　*8.26*(1703)
高橋宗好　*5.8*(1589)
高橋元吉　*3.6*(1893)
高橋幸宏　*6.6*(1952)
高橋由美子　*1.7*(1974)
高橋義孝　*3.27*(1913)
高橋至時　*11.30*(1764)
高橋由伸　*4.3*(1975)
高橋慶彦　*3.13*(1957)
高橋竜太郎　*7.15*(1875)
高橋留美子　*10.10*(1957)
高畑淳子　*10.11*(1954)
高畑勲　*10.29*(1935)
高畠華宵　*4.6*(1888)
高畠達四郎　*10.1*(1895)
高畠素之　*1.4*(1886)
高浜虚子　*2.22*(1874)
高浜鉄之助　*9.30*(1843)
高浜年尾　*12.16*(1900)
高林武彦　*10.1*(1919)
高原滋夫　*4.29*(1908)
高原須美子　*6.16*(1933)
高原直泰　*6.4*(1979)
幟仁親王　*1.5*(1812)
高平小五郎　*1.1*(1854)
高間惣七　*7.25*(1889)
高松院　*11.8*(1141)
高松重季　*12.24*(1698)
高松次郎　*2.20*(1936)
高松豊吉　*9.11*(1852)
高松宮喜久子　*12.26*(1911)
高松宮宣仁　*1.3*(1905)
高松英郎　*10.24*(1929)
高円宮憲仁　*12.29*(1954)
高円宮久子　*7.10*(1953)
高見映　*5.10*(1934)
田上菊舎尼　*10.14*(1753)
高見盛精彦　*5.12*(1976)
高見沢潤子　*6.3*(1904)
高見沢俊彦　*4.17*(1954)
高見順　*1.30*(1907)
鷹見泉石　*6.29*(1785)
鷹見爽鳩　*8.21*(1690)
高峰譲吉　*11.3*(1854)
高峰筑風　*5.2*(1879)
高嶺秀夫　*8.15*(1854)
高峰秀子　*3.27*(1924)
高峰三枝子　*12.2*(1918)
貴水博之　*6.3*(1969)
高宮晋　*6.6*(1908)
高村薫　*2.6*(1953)
高村倉太郎　*4.6*(1921)
高村光雲　*2.18*(1852)
高村光太郎　*3.13*(1883)
高村象平　*8.2*(1905)
高村豊周　*7.1*(1890)
高群逸枝　*1.18*(1894)
高杢禎彦　*9.9*(1962)
多賀谷重経　*2.23*(1558)
多賀谷真稔　*1.5*(1920)
高安国世　*8.11*(1913)
高安月郊　*2.16*(1869)
高安久雄　*11.26*(1916)
高屋窓秋　*2.14*(1910)
高谷篤三郎　*10.29*(1845)
高柳健次郎　*1.20*(1899)
高柳賢三　*5.11*(1887)
高柳先男　*4.3*(1937)
高柳重信　*1.9*(1923)
高柳昌行　*12.22*(1932)
高柳光寿　*3.11*(1892)
高山英華　*4.20*(1910)
高山義三　*6.15*(1892)
高山厳　*10.19*(1951)
高山樹里　*10.21*(1976)
高山甚太郎　*12.1*(1856)
高山善右衛門　*2.30*(1863)
高山樗牛　*1.10*(1871)
高山みなみ　*5.5*
宝井馬琴(5代目)　*11.9*(1903)
宝山左衛門(2代目)　*3.21*(1835)
宝田明　*4.29*(1934)
財部彪　*4.7*(1867)
田河水泡　*2.10*(1899)
田川大吉郎　*10.26*(1869)
田川寿美　*11.22*(1975)
田川飛旅子　*8.28*(1914)
太川陽介　*1.13*(1959)
ダカン, ルイ‐クロード　*7.4*(1694)
滝井孝作　*4.4*(1894)
滝内礼作　*1.10*(1905)
滝川儀作　*12.8*(1874)
多岐川恭　*1.7*(1920)
滝川クリステル　*10.1*(1977)
滝川政次郎　*5.26*(1897)
滝川幸辰　*2.24*(1891)
多岐川裕美　*2.16*(1951)
滝口修造　*12.7*(1903)
滝口武士　*5.23*(1904)
滝崎安之助　*7.20*(1914)
滝沢英輔　*9.6*(1902)
滝沢修　*11.13*(1906)
滝沢克己　*3.8*(1909)
滝沢宗伯　*12.27*(1798)
滝沢馬琴　*6.9*(1767)
滝沢秀明　*3.29*(1982)
滝沢路　*6.6*(1806)
田木繁　*11.13*(1907)
滝精一　*12.23*(1873)
滝大作　*7.22*(1933)
滝田栄　*12.5*(1950)
滝田樗陰　*6.28*(1882)
滝谷善一　*6.30*(1883)
滝田実　*12.15*(1912)
滝田ゆう　*3.1*(1932)
滝正雄　*4.14*(1884)
滝本誠一　*9.27*(1857)
多紀元胤　*3.1*(1789)
滝廉太郎　*8.24*(1879)
タキン・コードーフマイン　*3.23*(1876)
ターキントン, ブース　*7.29*(1869)

沢庵宗彭 *12.1*(1573)
多久茂文 *11.26*(1670)
タクシン・シナワット *7.26*(1949)
ダークセン, エヴァレット(・マッキンリー) *1.4*(1896)
田口卯吉 *4.29*(1855)
田口運蔵 *5.1*(1892)
田口亀三 *11.4*(1882)
田口壮 *7.2*(1969)
田口トモロヲ *11.30*(1957)
田口信教 *6.18*(1951)
田口浩正 *10.8*(1967)
田口芳五郎 *7.20*(1902)
田口利八 *2.25*(1907)
田口泖三郎 *1.31*(1903)
田久保英夫 *1.25*(1928)
宅麻伸 *4.18*(1956)
田熊常吉 *2.8*(1872)
匠秀夫 *11.28*(1924)
TAKUYA *9.9*(1971)
ダグラス *3.26*(1892)
ダグラス *8.23*(1838)
ダクラス, W.D. *10.16*(1898)
ダグラス, カーク *12.9*(1916)
ダグラス, スティーブン *4.23*(1813)
ダグラス, ドナルド・ウィリス *4.6*(1892)
ダグラス, ノーマン *12.8*(1868)
ダグラス, マイケル *9.25*(1944)
TAKURO *5.26*(1971)
武井柯亭 *1.6*(1823)
武居三吉 *10.26*(1896)
武井大助 *4.25*(1887)
武井武雄 *6.25*(1894)
武井武 *7.15*(1899)
武井直也 *6.16*(1893)
竹内昭夫 *4.29*(1929)
竹内勝太郎 *10.20*(1894)
竹内久一 *7.9*(1857)
武内桂舟 *10.11*(1861)
武内作平 *10.23*(1867)
竹内茂代 *8.31*(1881)
竹内栖鳳 *11.22*(1864)
武内つなよし *2.26*(1926)
竹内てるよ *12.21*(1904)
武内享 *7.21*(1962)
竹内直一 *8.21*(1918)
竹内均 *7.2*(1920)
竹内まりや *3.20*(1955)
竹内実 *6.12*(1923)
竹内都子 *2.5*(1964)
竹内泰宏 *10.12*(1930)
竹内結子 *4.1*(1980)
武内義雄 *6.9*(1886)
竹内良知 *1.10*(1919)
竹内好 *10.2*(1910)
竹内力 *1.4*(1964)
竹内理三 *12.20*(1907)
武内竜次 *5.1*(1903)
武岡鶴代 *9.18*(1895)
竹垣直温 *12.26*(1741)
武川幸順 *1.30*(1725)
竹川竹斎 *5.25*(1809)
タケカワ・ユキヒデ *10.22*(1952)
武幸四郎 *11.3*(1978)
竹越与三郎 *10.5*(1865)
竹沢弥七(7代目) *8.14*(1831)
竹沢弥七(10代目) *9.12*(1910)
竹下勇 *12.4*(1870)
竹下景子 *9.15*(1953)
竹下しづの女 *3.19*(1887)
竹下登 *2.26*(1924)
武島羽衣 *11.2*(1872)
竹添進一郎 *3.15*(1842)
竹田儀一 *3.24*(1894)
竹田喜之助 *6.27*(1923)
武田久美子 *8.12*(1968)
武田五一 *11.15*(1872)
武田三益 *12.4*(1735)
武田繁太郎 *8.20*(1919)
武田二郎 *7.18*(1887)
武田信玄 *11.3*(1521)
竹田榛斎 *12.29*(1793)
武田真治 *12.18*(1972)
竹田省 *9.13*(1880)
武田泰淳 *2.12*(1912)
武田長兵衛(6代目) *4.29*(1905)
武田千代三郎 *4.24*(1867)
竹田恒徳 *3.4*(1909)
武田鉄矢 *4.11*(1949)
武田友寿 *1.16*(1931)
武田成章 *9.15*(1827)
武谷三男 *10.2*(1911)
武田信温 *7.4*(1776)
武田信豊 *10.5*(1514)
武田信虎 *1.6*(1494)
武田修宏 *5.10*(1967)
武田信光 *3.5*(1162)
武田信義 *8.15*(1128)
武田信吉 *9.3*(1583)
竹田宮恒久 *9.22*(1882)
竹田宮昌子 *9.30*(1888)
武田梅竜 *8.7*(1716)
武田範之 *11.23*(1864)
武田久吉 *3.2*(1883)
武田文吾 *2.19*(1907)
竹田道太郎 *11.6*(1906)
武田美保 *9.13*(1976)
竹田黙雷 *7.2*(1854)
武田祐吉 *5.5*(1886)
武田百合子 *9.25*(1925)
武田麟太郎 *5.9*(1904)
武市瑞山 *9.27*(1829)
武智鉄二 *12.10*(1912)
武知勇記 *7.10*(1894)
竹鶴政孝 *6.20*(1894)
武富時敏 *12.9*(1855)
竹友藻風 *9.24*(1891)
竹中郁 *4.1*(1904)
竹中英太郎 *12.8*(1906)
竹中労 *5.30*(1930)
竹中直人 *3.20*(1956)
竹中文輔 *12.20*(1766)
竹中平蔵 *3.3*(1951)
竹中靖一 *6.9*(1906)
武野安斎 *10.12*(1597)
竹内孝治 *3.18*(1586)
竹内武信 *6.14*(1784)
竹野内豊 *1.2*(1971)
竹腰正武 *10.27*(1685)
武林無想庵 *2.23*(1880)
武原はん *2.4*(1903)
竹久夢二 *9.16*(1884)
盛仁親王 *6.27*(1810)
建部賢明 *1.26*(1661)
武部勤 *5.1*(1941)
武部敏行 *4.6*(1811)
建部遯吾 *3.21*(1871)
建部政宇 *3.17*(1647)
武部六蔵 *1.1*(1893)
竹俣当綱 *9.17*(1729)
武見太郎 *8.7*(1904)
武満徹 *10.8*(1930)
竹宮惠子 *2.13*(1950)
竹村奈良一 *6.27*(1906)
武村正義 *8.26*(1934)

竹本綾之助(初代) *6.10*(1875)
竹本綾之助(2代目) *1.23*(1885)
竹本大隅太夫(4代目) *10.27*(1882)
竹本大隅太夫(5代目) *7.18*(1903)
竹本越路太夫(3代目) *10.6*(1865)
竹本越路大夫(4代目) *1.4*(1913)
竹本小津賀(初代) *4.20*(1899)
竹本小土佐 *4.23*(1872)
竹本駒之助 *9.23*(1935)
竹本住太夫(6代目) *9.11*(1886)
竹本住大夫(7代目) *10.28*(1924)
竹本染太夫(6代目) *8.4*(1797)
竹本孝之 *4.28*(1965)
竹本津太夫(3代目) *12.14*(1870)
竹本津大夫(4代目) *5.14*(1916)
竹本綱太夫(8代目) *1.3*(1904)
竹本土佐太夫(6代目) *9.15*(1863)
竹本土佐太夫(7代目) *9.27*(1894)
竹本土佐広 *7.9*(1897)
竹本長門太夫(3代目) *9.22*(1800)
嶽本野ばら *1.26*(1968)
竹本雛太夫(5代目) *10.13*(1898)
竹本素女 *8.12*(1885)
竹山隆範 *4.2*(1971)
竹山道雄 *7.17*(1903)
竹屋光長 *11.9*(1596)
武谷祐之 *4.2*(1820)
武豊 *3.15*(1969)
ダーゲルマン, スティーグ *10.5*(1923)
タゲール, ルイ・ジャック・マンデ *11.18*(1787)
竹脇昌作 *9.5*(1910)
竹脇無我 *2.17*(1944)
田子一民 *11.14*(1881)
たこ八郎 *11.23*(1940)
タゴール, ラビンドラナート *5.6*(1861)
太宰治 *6.19*(1909)
太宰春台 *9.14*(1680)
田坂具隆 *4.14*(1901)
田崎広助 *9.1*(1898)
田崎勇三 *7.5*(1898)
田沢稲舟 *12.28*(1874)
田沢義鋪 *7.20*(1885)
ダシコヴァ, エカテリーナ・ロマノヴナ *3.28*(1744)
田実渉 *3.25*(1902)
田島英三 *4.28*(1913)
田嶋一雄 *11.20*(1899)
田島錦治 *9.7*(1867)
田島震 *2.7*(1915)
田島征三 *1.9*(1940)
田島貴男 *4.24*(1966)
田島直人 *8.15*(1912)
田島ひで *1.24*(1901)
田島寧子 *5.8*(1981)
田嶋陽子 *4.6*(1941)
田島隆純 *1.9*(1892)
田尻稲次郎 *6.29*(1850)
田尻宗昭 *2.21*(1928)
田代三喜 *4.8*(1465)
田代茂樹 *12.5*(1890)
田代素魁 *5.3*(1913)
田代忠国 *10.29*(1757)
ダシンスキ *10.26*(1866)
ダース *11.5*(1870)
ダゼッリオ, マッシモ・タパレッリ *10.24*(1798)
田添鉄二 *7.24*(1875)
ターター *7.29*(1904)
多田等観 *7.1*(1890)
多田東渓 *5.29*(1702)
多田督知 *10.9*(1901)
多田駿 *2.24*(1882)
多田道太郎 *12.2*(1924)
タタ・ヤン *12.14*(1980)
タタールキエヴィチ *4.3*(1886)
立川清登 *2.15*(1929)
立作太郎 *3.15*(1874)
立花鑑賢 *7.8*(1789)
橘秋子 *6.17*(1907)
橘旭翁(初代) *10.10*(1848)
橘旭翁(2代目) *10.6*(1874)
橘旭翁(3代目) *11.11*(1902)
橘慶太 *12.16*(1985)
橘弘一郎 *1.9*(1904)
橘孝三郎 *3.18*(1893)
橘周太 *9.15*(1865)
橘樸 *10.14*(1881)
橘瑞超 *1.7*(1890)
橘外男 *10.10*(1894)
立花隆 *5.28*(1940)
立花忠茂 *7.7*(1612)
橘東世子 *9.5*(1806)
立花寛治 *9.5*(1857)
立花直次 *12.1*(1572)
橘南谿 *4.21*(1753)
立花ハジメ *10.28*(1951)
立花美哉 *12.12*(1974)
立花宗茂 *8.13*(1569)
橘守部 *4.8*(1781)
橘家円喬(4代目) *9.21*(1865)
橘家円蔵(7代目) *3.23*(1902)
橘家円蔵(8代目) *4.3*(1934)
橘家円太郎(7代目) *12.20*(1902)
立花家橘之助 *7.27*(1868)
立花理佐 *10.19*(1971)
立原杏所 *12.16*(1785)
立原翠軒 *6.8*(1744)
立原正秋 *1.6*(1926)
立原道造 *7.30*(1914)
太刀光電右エ門 *3.29*(1897)
舘ひろし *3.31*(1950)
太刀山峰右衛門 *8.15*(1877)
館柳湾 *3.11*(1762)
タッカー, クリス *8.31*(1973)
達川光男 *7.13*(1955)
ダッコ, デービッド *3.24*(1930)
タッソ, トルクァート *3.11*(1544)
タッソーニ, アレッサンドロ *9.28*(1565)
タッソー, マリー *12.7*(1761)
ダッダ, モクタル・ウルド *12.20*(1924)
ダット *6.19*(1896)
ダット *8.13*(1848)
ダット, マイケル・マドゥー・スダン *1.25*(1824)
ダッドリー *8.7*(1574)
立浪和義 *8.19*(1969)
辰野金吾 *8.22*(1854)

龍野周一郎　4.7(1864)
辰野隆　3.1(1888)
ダッハ, ジーモン　7.29(1605)
孝仁親王　5.28(1792)
巽聖歌　2.12(1905)
巽孝之　5.15(1955)
辰巳琢郎　8.6(1958)
辰巳柳太郎　4.20(1905)
辰吉丈一郎　5.15(1970)
ダッロンガロ, フランチェスコ　6.19(1808)
伊達秋雄　1.1(1909)
伊達惇子　9.2(1739)
立石一真　9.20(1900)
タティ, ジャック　10.9(1908)
立川志の輔　2.15(1954)
立川談志　1.2(1936)
立川談笑　9.23(1965)
建川美次　10.3(1880)
伊達公子　9.28(1970)
伊達謹子　7.26(1787)
蓼胡蝶(初代)　9.18(1869)
伊達三姫　5.18(1671)
伊達重村　4.19(1742)
伊達済子　6.16(1749)
伊達智恵　6.20(1675)
伊達千広　5.25(1802)
伊達綱宗　8.8(1640)
伊達綱村　3.8(1659)
伊達呈子　12.21(1773)
伊達得夫　9.10(1920)
伊達徳子　8.26(1710)
蓼沼丈吉　7.28(1863)
建野郷三　12.1(1842)
立野信之　10.17(1903)
建畠大夢　2.29(1880)
伊達昌子　8.6(1735)
伊達政宗　8.3(1567)
立松和平　12.15(1947)
伊達宗村　5.27(1718)
伊達村候　5.11(1725)
伊達村豊　11.8(1682)
伊達村良　4.29(1743)
伊達村和　8.25(1661)
竪山利文　11.26(1923)
伊達慶邦　9.6(1825)
伊達吉村　6.28(1680)
立入宗継　1.5(1528)
帯刀貞代　6.7(1904)
タトゥーロ, ジョン　2.28(1957)
田所太郎　8.6(1911)
田所輝明　11.3(1900)
タートリン, ヴラディミル・エヴグラフォヴィチ　12.16(1885)
ダート, レイモンド・アーサー　2.4(1893)
ターナー, J.M.W.　4.23(1775)
ダナウェイ, フェイ　1.14(1941)
田中阿歌麿　9.30(1869)
田中伊三次　1.3(1906)
田中市兵衛　9.6(1838)
田中一松　12.23(1895)
田中一光　1.13(1913)
田中稲城　1.6(1856)
田中ウタ　10.11(1907)
田中栄一　10.8(1901)
田中栄三　11.3(1886)
田中王堂　12.30(1868)
田中大秀　8.28(1777)
田中於菟弥　9.24(1903)
田中塊堂　2.10(1896)
田中薫　6.11(1898)
田中角栄　5.4(1918)
田中和将　1.15(1974)
田中勝雄　7.1(1898)
田中克己　8.31(1911)
田中寛一　1.20(1882)
田中寛次　8.23(1900)
田中義一　6.22(1864)
田中葵園　6.8(1782)
田中喜作　2.7(1885)
田中吉六　9.3(1907)
田中絹代　11.29(1909)
田中丘隅　3.15(1662)
田中恭吉　4.9(1892)
田中希代子　2.5(1932)
田中清玄　3.5(1906)
田中邦衛　11.23(1932)
田中国重　12.17(1870)
田中啓爾　12.8(1885)
田中健　3.6(1951)
田中源太郎　1.3(1853)
田中耕一　8.3(1959)
田中聖　11.5(1985)
田中耕太郎　10.25(1890)
田中貢太郎　3.2(1880)
田中小実昌　4.29(1925)
田中壌　7.28(1858)
田中完一　8.29(1923)
田中茂穂　8.16(1878)
田中静壱　10.1(1887)
田中彰治　6.18(1903)
田中正造　11.3(1841)
田中正平　5.15(1862)
田中二郎　7.14(1906)
田中新一　3.18(1893)
田中慎次郎　7.28(1900)
田中親美　4.9(1875)
田中萃一郎　3.7(1873)
田中澄江　4.11(1908)
田中寿美子　12.20(1909)
田中誠二　5.30(1897)
田中清助　9.27(1923)
田中仙樵　9.3(1875)
田中惣五郎　3.14(1894)
田中宗清　8.10(1190)
田中艸太郎　9.22(1923)
田中外次　11.7(1901)
田中卓志　2.8(1976)
田中武雄　6.26(1888)
田中竜夫　9.20(1910)
田中達也　11.27(1982)
田中館愛橘　9.18(1856)
田中館秀三　6.11(1884)
田中千禾夫　10.10(1905)
田中智学　11.13(1861)
田中千代　8.9(1906)
田中長兵衛(2代目)　10.20(1858)
田中適所　6.26(1725)
田中伝左衛門(10代目)　2.2(1880)
田中伝左衛門(11代目)　7.10(1907)
田中伝左衛門(11代目)　7.17(1907)
田中桐江　2.12(1668)
田中東馬　7.25(1902)
田中都吉　1.26(1877)
田中徳次郎　8.20(1894)
田中敏文　11.9(1911)
田中友幸　4.26(1910)
田中豊蔵　10.2(1881)
田中直樹　4.26(1971)
田中玄宰　10.8(1748)
田中久重(2代目)　9.1(1846)
田中比左良　8.25(1891)
田中英夫　1.13(1927)
田中英光　1.10(1913)

田中百畝　*12.1*(1901)
田中文雄　*7.29*(1910)
田中冬二　*10.13*(1894)
田中真紀子　*1.14*(1944)
田中誠　*8.8*(1975)
田中正玄　*6.18*(1613)
田中正巳　*6.12*(1917)
田中雅之　*6.30*(1951)
田中マルクス闘莉王　*4.24*(1981)
田中万逸　*9.23*(1882)
田中美佐子　*11.11*(1959)
田中美里　*2.9*(1977)
田中路子　*7.15*(1913)
田中美知太郎　*1.1*(1902)
田中光顕　*9.25*(1843)
田中美奈子　*9.12*(1967)
田中実　*10.27*(1966)
田中美保　*1.12*(1983)
田中泯　*3.10*(1945)
田中康夫　*4.12*(1956)
田中裕子　*4.29*(1955)
田中裕二　*1.10*(1965)
田中幸雄　*12.14*(1967)
田中好子　*4.8*(1956)
田中義剛　*3.13*(1958)
田中義能　*9.12*(1872)
田中義成　*3.15*(1860)
田中義麿　*10.6*(1884)
田中律子　*7.17*(1971)
田中隆吉　*7.9*(1893)
田中良　*10.29*(1884)
田中令子　*9.1*(1946)
田中れいな　*11.11*(1989)
田中麗奈　*5.22*(1980)
田中六助　*1.23*(1923)
ターナー, ティナ　*11.26*(1939)
ターナー, テッド　*11.19*(1938)
ターナー, ナット　*10.2*(1800)
棚橋絢子　*2.24*(1839)
棚橋源太郎　*6.8*(1869)
棚橋小虎　*1.14*(1889)
棚橋寅五郎　*9.4*(1866)
ターナー, フレデリック・ジャクソン　*11.14*(1861)
田辺五兵衛(14代目)　*3.18*(1908)
田辺繁子　*6.30*(1903)
田部重治　*8.4*(1884)
田辺晋斎　*6.16*(1692)
田辺誠一　*4.3*(1969)
田辺聖子　*3.27*(1928)
田辺竹雲斎(2代目)　*5.9*(1910)
田辺南鶴(12代目)　*8.2*(1895)
田辺南竜(5代目)　*3.9*(1878)
田辺元　*2.3*(1885)
田辺治通　*10.17*(1878)
田辺尚雄　*8.16*(1883)
田鍋健　*10.21*(1912)
田辺希賢　*2.9*(1653)
田辺三重松　*9.1*(1897)
田辺茂一　*2.12*(1905)
田辺安太郎　*11.16*(1844)
タナラット　*6.16*(1908)
谷内六郎　*12.2*(1921)
ダニエル-ロプス, アンリ　*1.19*(1901)
ダニエル, ジョン・フレデリック　*3.12*(1790)
ダニエルズ　*5.18*(1862)
谷岡ヤスジ　*8.29*(1942)
谷垣禎一　*3.7*(1945)
谷風梶之助(2代目)　*8.8*(1750)
谷克彦　*4.2*(1937)
谷勝馬　*5.24*(1919)
谷川雁　*12.25*(1923)
谷川浩司　*4.6*(1962)
谷川士清　*2.26*(1709)
谷川俊太郎　*12.15*(1931)
谷川徹三　*5.26*(1895)
谷川昇　*5.27*(1896)
谷口善太郎　*10.15*(1899)
谷口豊三郎　*7.29*(1901)
谷口尚真　*3.17*(1870)
谷口浩美　*4.5*(1960)
谷口雅春　*11.22*(1893)
谷口吉郎　*6.24*(1904)
谷啓　*2.22*(1932)
谷崎潤一郎　*7.24*(1886)
谷崎精二　*12.19*(1890)
谷崎松子　*9.24*(1903)
谷秦山　*3.11*(1663)
谷頭有寿　*5.22*(1820)
谷中安規　*1.18*(1897)
ダニノス, ピエール　*5.26*(1913)
谷隼人　*9.9*(1946)
谷原章介　*7.8*(1972)
谷文晁　*9.9*(1763)
谷正之　*2.9*(1889)
谷真潮　*1.3*(1729)
谷村志穂　*10.29*(1962)
谷村新司　*12.11*(1948)
谷村裕　*3.26*(1916)
谷村有美　*10.17*
谷本歩実　*8.4*(1981)
谷本富　*10.17*(1867)
谷桃子　*1.11*(1921)
谷山茂　*6.17*(1910)
谷洋子　*8.2*(1928)
谷佳知　*2.9*(1973)
谷亮子　*9.6*(1975)
ダニレフスキー, ニコライ・ヤーコヴレヴィチ　*12.10*(1822)
ダーニーロ1世　*5.21*(1826)
ダニロヴァ, アレクサンドラ・ディオニシエヴナ　*11.20*(1904)
田沼武能　*2.18*(1929)
タネーエフ, セルゲイ・イワーノヴィチ　*11.25*(1856)
種子島時尭　*2.10*(1528)
種子女王　*5.24*(1810)
種田山頭火　*12.3*(1882)
種姫　*7.5*(1765)
種村季弘　*3.21*(1933)
種村佐孝　*12.9*(1904)
田内衛吉　*11.27*(1835)
タノム・キッティカチョーン　*8.11*(1911)
田能村竹田　*6.10*(1777)
頼母木桂吉　*10.10*(1867)
頼母木真六　*1.26*(1899)
タパ, スーリヤ・バハドール　*3.20*(1928)
田畑佐文仁　*7.1*(1678)
田畑茂二郎　*3.22*(1911)
田畑忍　*1.10*(1902)
田畑修一郎　*9.2*(1903)
田畑智子　*12.26*(1980)
田畑政治　*12.1*(1898)
ターハー・フサイン　*11.14*(1889)
田原健一　*9.24*(1969)
田原総一朗　*4.15*(1934)
田原陶兵衛(12代目)　*6.19*(1925)
田原俊彦　*2.28*(1961)

田原直助 *10.11*（1813）
田原春次 *7.28*（1900）
ダービー *7.21*（1826）
ダービー1世 *4.14*（1678）
ダービー2世 *3.12*（1711）
ダビ, ウージェーヌ *9.21*（1898）
ダービー, エドワード・ジェフリー・スミス・スタンリー, 14代伯爵 *3.29*（1799）
ダービー, ジョン・ネルソン *11.18*（1800）
ダービン, ディアナ *12.4*（1921）
ターピン, ディック *9.15*（1705）
ダファリン *6.21*（1826）
ダフ, アレグザーンダ *4.26*（1806）
ダフィ, サー・チャールズ・ガヴァン *4.12*（1816）
田臥勇太 *10.5*（1980）
田淵幸一 *9.24*（1946）
田淵行男 *6.4*（1905）
タフト, ウィリアム・ハワード *9.15*（1857）
タフト, ロバート・アルフォンソ *9.8*（1889）
ダフ, ヒラリー *9.28*（1987）
タフマースプ1世 *2.22*（1514）
タブマン *11.29*（1895）
ダブルデイ, アブナー *6.26*（1819）
ターベル, アイダ・M *11.5*（1857）
ダベンポート, リンゼイ *6.8*（1976）
田保橋潔 *10.14*（1897）
ダ・ポンテ, ロレンツォ *3.10*（1749）
Tama *10.28*（1980）
玉井喬介 *11.22*（1885）
玉井潤次 *7.27*（1883）
玉井正夫 *10.3*（1908）
玉上琢弥 *3.24*（1915）
玉川勝太郎（2代目） *3.5*（1896）
玉川勝太郎（3代目） *5.20*（1933）
玉置明善 *8.8*（1908）
玉置浩二 *9.13*（1958）
玉城康四郎 *7.29*（1915）
環昌一 *4.12*（1912）
玉城徹 *5.26*（1924）
玉置成実 *6.1*（1988）
玉木宏 *1.14*（1980）
玉木文之進 *9.24*（1810）
玉木正英 *12.7*（1670）
玉木吉保 *7.8*（1552）
玉城朝薫 *8.2*（1684）
玉城千春 *4.17*（1977）
玉田圭司 *4.11*（1980）
玉田元康 *5.31*（1934）
玉塚栄次郎（2代目） *1.9*（1902）
玉錦三右衛門 *11.15*（1903）
タマーニョ, フランチェスコ *12.28*（1850）
玉野井芳郎 *1.23*（1918）
玉ノ海梅吉 *11.30*（1912）
玉の海正洋 *2.5*（1944）
玉乃世履 *7.21*（1825）
玉姫宮 *9.2*（1511）
玉袋筋太郎 *6.22*（1967）
玉松操 *3.17*（1810）
玉虫文一 *10.18*（1898）
玉山鉄二 *4.7*（1980）
タマヨ, ルフィノ *8.26*（1899）
玉利喜造 *4.25*（1856）
田丸慶忍 *9.27*（1816）
田丸卓郎 *9.29*（1872）
田丸秀治 *4.20*（1914）
田丸美寿々 *7.1*（1952）
ターマン, フレッド *7.7*（1900）
ターマン, ルイス・M *1.15*（1877）
ダミア *12.5*（1892）
ダミアン, ジョゼフ神父 *1.3*（1840）
田宮嘉右衛門 *8.29*（1875）
田宮如雲 *10.23*（1808）
田宮二郎 *8.25*（1935）
田宮高麿 *1.29*（1943）
田宮猛雄 *1.31*（1889）
田宮虎彦 *8.5*（1911）
田宮虎彦 *8.10*（1911）
田宮裕 *1.10*（1933）
タム, イーゴリ・エヴゲニエヴィチ *7.3*（1895）
ダム, カール・ペーター・ヘンリック *2.21*（1895）
ダムディンスレン, ツェンディーン *9.14*（1908）
田村秋子 *10.8*（1905）
田村明浩 *5.31*（1967）
田村淳 *12.4*（1973）
田村怡与造 *10.11*（1854）
田村栄太郎 *9.25*（1893）
田村一男 *12.4*（1904）
田村魚菜 *11.23*（1914）
田村邦夫 *5.11*（1913）
田村孝之介 *9.8*（1903）
田村貞彦 *9.26*（1802）
田村三省 *10.13*（1734）
田村実造 *5.25*（1904）
田村宗立 *8.20*（1846）
田村泰次郎 *11.30*（1911）
田村高広 *8.31*（1928）
田村建顕 *5.8*（1656）
田村孟 *1.5*（1933）
田村俊子 *4.25*（1884）
田村虎蔵 *5.24*（1873）
田村直臣 *8.9*（1858）
田村成義 *2.1*（1851）
田村文吉 *9.22*（1886）
田村正和 *8.1*（1943）
田村正敏 *1.8*（1947）
田村村顕 *5.24*（1707）
田村隆一 *3.18*（1923）
田村亮 *1.8*（1972）
田村亮 *5.24*（1946）
ダムロッシュ, ヴァルター *1.30*（1862）
ダムロン親王 *6.21*（1862）
為末大 *5.3*（1978）
為永春友 *6.12*（1826）
タモリ *8.22*（1945）
田安治察 *10.6*（1753）
田安宗武 *11.27*（1715）
田安慶頼 *10.13*（1828）
田山花袋 *12.13*（1871）
田山花袋 *12.13*（1872）
田山敬儀 *3.14*（1766）
田山涼成 *8.9*（1951）
田谷力三 *1.13*（1899）
ダヤン, モシェ *5.20*（1915）
田結荘千里 *4.4*（1815）
ダライ・ラマ（14世） *7.6*（1935）
TARAKO *12.17*
ダラディエ, エドゥアール *6.18*（1884）

ダラピッコラ, ルイジ 2.3(1904)
ダラム, ジョン, ジョージ・ラムトン, 伯爵 4.12(1792)
タラル, ムハマド・ラフィク 11.2(1929)
タランティーノ, クエンティン 3.27(1963)
ダランベール, ジャン・バチスト・ル・ロン 11.16(1717)
タリアヴィーニ, フェルッチョ 8.14(1913)
タリアン, ジャン・ランベール 1.23(1767)
ダーリ, ウラジーミル・イワノヴィチ 11.10(1801)
ダリエンソ, フアン 12.14(1900)
タリオーニ 4.23(1804)
ダリーオ, ルベン 1.18(1867)
ダリ, サルバドール 5.11(1904)
タリヒ, ヴァーツラフ 5.28(1883)
ダリュ, ピエール・アントワーヌ 1.12(1767)
ダリーン, ウーロヴ・フォン 8.29(1708)
ダーリントン, シリル・ディーン 12.12(1903)
樽井藤吉 4.14(1850)
タルヴィオ, マイラ 10.17(1871)
タルグレン 2.8(1885)
タルコフスキー, アンドレイ・アルセニエヴィチ 4.4(1932)
ダルゴムイシスキー, アレクサンドル・セルゲエヴィチ 2.14(1813)
ダルジャンソン, マルク・アントアーヌ・ルネ 11.22(1722)
ダルジャンソン, マルク・ピエール 8.16(1696)
ダルジャンソン, マルク・ルネ 11.4(1652)
ダルジャンソン, ルネ・ルイ・ド・ヴォワイエ 10.18(1694)

ダルー, ジュール 12.31(1838)
タルスキー, アルフレッド 1.14(1902)
タルティーニ, ジュゼッペ 4.8(1692)
タルデュー 9.22(1876)
タルデュー, ジャン 11.1(1903)
タルド, ガブリエル 3.12(1843)
タルノ, ヨーハン 4.19(1586)
ダルハウジー, ジェイムズ・アンドリュー・ブラウン・ラムジー, 初代侯爵 4.22(1812)
ダールバーグ, エドワード 7.22(1900)
ダルビッシュ有 8.16(1986)
熾仁親王 2.19(1835)
ダルブー, ジャン・ガストン 8.14(1842)
ダールベルク 2.8(1744)
ダールベルク, ヨハネス・フォン 8.14(1455)
タルマ, フランソワ・ジョゼフ 1.16(1763)
ダールマン 5.13(1785)
タルマン・デ・レオー, ジェデオン 10.2(1619)
ダールマン, ヨーゼフ 10.14(1861)
垂水広信 3.15(1260)
ダル・モンテ, トーティ 6.27(1898)
ダルラン, (ジャン・ルイ・グザヴィエ・)フランソワ 8.7(1881)
ダール, ロアルド 9.13(1916)
タレガ, フランシスコ 11.21(1852)
タレー, クロード・シャルル 10.18(1829)
ダレス, アレン・W 4.7(1893)
ダレス, ジョン・フォスター 2.25(1888)
タレフ, ディミタル 9.1(1898)
ダレーマ, マッシモ 4.20(1949)
タレラン・ペリゴール, シャルル・モーリス・ド 2.13(1754)

ダレル, ロレンス 2.27(1912)
ダレン, ニールス・グスタフ 11.30(1869)
ダロー, クラレンス(・シーワド) 4.18(1857)
タロー, ジェローム 3.18(1874)
タロー, ジャン 5.9(1877)
多和田葉子 3.23(1960)
俵国一 2.28(1872)
俵孝太郎 11.12(1930)
田原淳 7.5(1873)
俵田明 11.13(1884)
俵孫一 5.7(1869)
俵万智 12.31(1962)
俵萠子 12.7(1930)
田原良純 7.6(1855)
丹阿弥谷津子 6.25(1924)
団伊玖磨 4.7(1924)
団鬼六 9.1(1931)
湛海 2.1(1629)
檀一雄 2.3(1912)
団勝磨 10.16(1904)
ダンカン 7.1(1731)
ダンカン 12.2(1921)
ダンカン, イサドラ 5.27(1878)
ダンカン, マイケル・クラーク 12.10(1957)
ダンカン, ロナルド 8.6(1914)
タンギー, イヴ 1.5(1900)
段祺瑞 3.6(1865)
タングリー, ジャン 5.22(1925)
丹下キヨ子 1.2(1920)
丹下健三 9.4(1913)
丹沢豊子 4.12(1900)
丹山青海 7.19(1813)
タンサン大人 4.27(1682)
ダン, ジョン 1.4(1572)
湛水 6.15(1623)
ダンスト, キルスティン 4.30(1982)
タンスマン, アレクサンドル 6.12(1897)
弾誓 4.15(1552)
ダンセイニ, ロード 7.24(1878)
団琢磨 8.1(1858)

ダンタス　*5.19*（1876）
ダンダス　*4.28*（1742）
段田安則　*1.24*（1957）
団長安田　*4.26*（1974）
ダンディー, ウォルター　*4.6*（1886）
ダンディ坂野　*1.16*（1967）
タンディ, ジェシカ　*6.7*（1909）
ダンディ, ポール‐マリー‐テオドール・ヴァンサン　*3.27*（1851）
ダーンデルス　*10.21*（1762）
団藤重光　*11.8*（1913）
淡徳三郎　*8.15*（1901）
ダントン, ジョルジュ・ジャック　*10.26*（1759）
淡中忠郎　*12.27*（1908）
タンヌリ, ポール　*12.20*（1843）
ダンヌンツィオ, ガブリエーレ　*3.12*（1863）
ダンネッカー, ヨハン・ハインリヒ・フォン　*10.15*（1758）
ダンネマン　*12.28*（1859）
タンネル　*3.12*（1881）
丹野セツ　*11.3*（1902）
淡野安太郎　*7.2*（1902）
丹波修治　*6.15*（1828）
丹波哲郎　*7.17*（1922）
ダンバー, ポール・ロレンス　*6.27*（1872）
ダン, フィンリー・ピーター　*7.10*（1867）
ダーン, フェーリクス　*2.9*（1834）
ダンプ松本　*11.11*（1960）
檀ふみ　*6.5*（1954）
タンボ, オリヴァー　*10.27*（1917）
タンマン　*5.16*（1861）
ダーンリー, ヘンリー・スチュワート, 卿　*12.7*（1545）
檀れい　*8.4*（1971）
丹嶺祖衷　*11.7*（1624）
ダンロイター, エドワード　*11.4*（1844）
ダンロップ, ジョン・ボイド　*2.5*（1840）

【ち】

千秋　*10.26*（1971）
ちあきなおみ　*9.17*（1947）
千秋実　*4.28*（1917）
地井武男　*5.5*（1942）
チーヴァー, ジョン　*5.27*（1912）
チェイス, S.P.　*1.13*（1808）
チェイス, サミュエル　*4.17*（1741）
チェイニー, ディック　*1.30*（1941）
チェイン, サー・エルンスト・ボリス　*6.19*（1906）
チェインバーズ, E.K.　*3.16*（1866）
チェインバーズ, ロバート　*6.10*（1802）
チェヴァ, トマス　*12.20*（1648）
崔圭夏　*7.16*（1919）
チェケッティ, エンリコ　*6.21*（1850）
チェザルピーノ, アンドレア　*6.6*（1519）
チェザロッティ, メルキオッレ　*5.15*（1730）
チェ・ジウ　*6.11*（1975）
チェシャー, レナード・チェシャー, 男爵　*9.7*（1917）
チェスタトン, G.K.　*5.29*（1874）
チェスターフィールド, フィリップ・ドーマー・スタナップ, 4代伯爵　*9.22*（1694）
チェスティ, ピエトロ　*8.5*（1623）
チェスナット, チャールズ・W.　*6.20*（1858）
チェセルデン　*10.19*（1688）
チェッキ, エミーリオ　*7.14*（1884）
チェッリーニ, ベンヴェヌート　*11.2*（1500）
チェーピン　*2.3*（1888）
チェブイショフ, パフヌチー・リヴォヴィチ　*5.26*（1821）
チェフ, スヴァトプルク　*2.21*（1846）
チェーホフ, アントン・パーヴロヴィチ　*1.29*（1860）
崔洪万　*10.30*（1980）
チェ・ミンシク　*4.27*（1962）
チエリー, オーギュスタン　*5.10*（1795）
チェリビダッケ, セルジウ　*6.28*（1912）
チエール, アドルフ　*4.15*（1797）
チェルカーソフ, ニコライ　*7.27*（1903）
チェルニー, カール　*2.21*（1791）
チェルニーク　*10.27*（1921）
チェルニー・ステファニスカ, ハリナ　*12.30*（1922）
チェルニン　*9.26*（1872）
チェルヌイシェフスキー, ニコライ・ガブリーロヴィチ　*7.1*（1828）
チェルネンコ, コンスタンチン・ウスチノヴィチ　*9.24*（1911）
チェルノーフ　*11.9*（1873）
チェルノムイルジン, ヴィクトル　*4.9*（1938）
チェルピンスキー, ワルデマール　*8.3*（1950）
チェルベンコフ　*9.6*（1900）
チェルマーク　*4.19*（1836）
チェルマーク　*11.15*（1871）
チェルムスフォード, フレデリック・ジョン・ネイピア・セシジャー, 初代子爵, 3代男爵　*8.12*（1868）
チェレプニン, アレクサンドル　*1.21*（1899）
チェレーン　*6.13*（1864）
チェレンコフ, パーヴェル・アレクセイエヴィッチ　*7.28*（1904）
チェーン　*2.3*（1777）
智円　*9.28*（1486）
チェン, イーキン　*10.4*（1967）
チェン, ジャッキー　*4.7*（1954）
チェンバーズ, サー・ウィリアム　*2.23*（1723）

チェンバリン, A.N. *3.18*(1869)
チェンバリン, H.S. *9.9*(1855)
チェンバリン, J.A. *10.16*(1863)
チェンバリン, エドワード・ヘイスティングズ *5.18*(1899)
チェンバレン, ウィルト *8.21*(1936)
チェンバレン, ジミー *6.10*(1964)
チェンバレン, ジョゼフ *7.8*(1836)
チェンバレン, トーマス・クローダー *9.25*(1843)
チェンバレン, バジル・ホール *10.18*(1850)
チェン・ボーリン *8.27*(1983)
近喜代一 *6.10*(1917)
近角常観 *3.24*(1870)
近田春夫 *2.25*(1951)
近田八束 *12.27*(1785)
近松秋江 *5.4*(1876)
千頭清臣 *11.8*(1856)
千金良宗三郎 *7.27*(1891)
千種有文 *7.16*(1815)
チーク, サー・ジョン *6.16*(1514)
千草恒男 *7.30*(1908)
筑紫哲也 *6.23*(1935)
智久女王 *2.17*(1417)
竹林坊光映 *12.19*(1819)
チーゴリ, ロドヴィーコ・カルディ・ダ *9.21*(1559)
千阪高雅 *1.19*(1841)
千沢楨治 *9.23*(1912)
智泉 *2.14*(789)
千谷利三 *6.14*(1901)
チチェスター, サー・フランシス *9.17*(1901)
チチェリン, ゲオルギー・ワシリエビッチ *12.2*(1872)
秩父宮勢津子 *9.9*(1909)
秩父宮雍仁 *6.25*(1902)
チチ松村 *9.6*(1954)
遅塚麗水 *12.27*(1866)
チッチョリーナ *12.26*(1951)
チッペンデイル, トマス *6.5*(1718)
チトフ *9.11*(1935)
チトー, ヨシップ・ブロズ *5.25*(1892)
チニャーニ, カルロ *5.15*(1628)
知念栄喜 *5.25*(1920)
知念里奈 *2.9*(1981)
千之赫子 *2.9*(1934)
茅野蕭々 *3.18*(1883)
茅野雅子 *5.6*(1880)
千葉敦子 *11.6*(1940)
千葉あやの *11.14*(1889)
千葉氏胤 *5.11*(1337)
千葉兼胤 *7.21*(1392)
千葉亀雄 *9.24*(1878)
千葉邦胤 *3.22*(1557)
千葉貞胤 *12.15*(1292)
千葉茂 *5.10*(1919)
千葉治平 *10.31*(1921)
千葉周作 *1.1*(1794)
千葉省三 *12.12*(1892)
千葉真一 *1.22*(1939)
千葉すず *8.11*(1975)
千葉孝胤 *7.18*(1443)
千葉卓三郎 *6.17*(1852)
千葉胤綱 *10.5*(1208)
千葉胤正 *4.1*(1141)
千葉常重 *3.29*(1083)
千葉常胤 *5.24*(1118)
千葉禎介 *10.19*(1917)
ちばてつや *1.11*(1939)
千葉徳爾 *5.22*(1916)
千葉成胤 *3.2*(1155)
千葉真子 *7.18*(1976)
千葉勇五郎 *8.13*(1870)
千葉頼胤 *11.20*(1239)
茅原定 *9.19*(1774)
千葉良平 *8.6*(1826)
チフリー, ジョゼフ・ベネディクト *9.22*(1885)
チボーデ, アルベール *4.1*(1874)
チボー・ド・シャンパーニュ *5.30*(1201)
チーホノフ, ニコライ・アレクサンドロヴィチ *5.14*(1905)
チーホノフ, ニコライ・セミョーノヴィチ *12.4*(1896)
チマローザ, ドメーニコ *12.17*(1749)
チミリャーゼフ *6.3*(1843)
チモシェンコ, セミョーン・コンスタンチノヴィチ *2.18*(1895)
チモシェンコ, ユリア *11.27*(1960)
Char *6.16*(1955)
チャアダーエフ, ピョートル・ヤーコヴレヴィチ *5.27*(1794)
チャイコーフスキィ *12.26*(1850)
チャイコフスキー, ピョートル・イリイチ *5.7*(1840)
チャイルド, ゴードン *4.14*(1892)
チャヴァン *3.12*(1913)
チャヴェス, カルロス *6.13*(1899)
チャウシェスク, エレナ *1.7*(1919)
チャウシェスク, ニコラエ *1.26*(1918)
チャウ・シンチー *6.22*(1962)
千屋金策 *6.15*(1843)
CHAGE *1.6*(1958)
チャコフスキー, アレクサンドル・ボリソヴィチ *8.13*(1913)
チャスラフスカ, ベラ *5.3*(1942)
チャタートン, トマス *11.20*(1752)
チャーチ, リチャード・ウィリアム *4.25*(1815)
チャーチル, ウィンストン *11.10*(1871)
チャーチル, ウィンストン *11.30*(1874)
チャーチル, ロード・ランドルフ *2.13*(1849)
チャップマン, シドニー *1.29*(1888)
チャップリン, ジェラルディン *7.31*(1944)
チャップリン, チャールズ *4.16*(1889)
チャーディ, ジョン *6.24*(1916)
チャドウィック *10.22*(1870)

チャドウィック, サー・ジェイムズ　*10.20*(1891)
チャドウィック, リン　*11.24*(1914)
チャーニー, ジュール・グレゴリー　*1.1*(1917)
チャニング, ウィリアム・エラリー　*4.7*(1780)
チャーノ, ガレアッツォ, コルテラッツォ伯爵　*3.18*(1903)
チャプイギン, アレクセイ・パーヴロヴィチ　*10.17*(1870)
車範根　*5.22*(1953)
チャベス, ウゴ　*7.28*(1954)
チャベス, シーザー　*3.31*(1927)
チャペック, カレル　*1.9*(1890)
チャペック, ヨゼフ　*3.23*(1887)
チャーマーズ, トマス　*3.17*(1780)
チャモロ, ビオレタ・バリオス・デ　*10.18*(1929)
チャヤーノフ, アレクサンドル・ワシリエヴィチ　*1.17*(1888)
Chara　*1.13*(1968)
チャーリー浜　*11.7*(1942)
チャールズ1世　*11.19*(1600)
チャールズ2世　*5.29*(1630)
チャールズ・エドワード・ステュアート　*12.31*(1720)
チャールズ皇太子　*11.14*(1948)
チャールズ, ピエール　*6.30*(1954)
チャールズ, レイ　*9.23*(1930)
チャルトリスキ, アダム・イェルジ　*1.14*(1770)
チャールトン, ボビー　*10.11*(1937)
チャン, ケリー　*9.13*(1973)
チャンス, ブリトン　*7.24*(1913)
チャン・ツィイー　*2.9*(1979)
チャンドラセカール, スブラマニヤン　*10.9*(1910)
チャンドラー, セス・カルロ　*9.17*(1846)
チャンドラー, レイモンド　*7.23*(1888)
チャン・ドンゴン　*3.7*(1972)
チャンピ, カルロ・アゼーリオ　*12.9*(1920)
チャン, マギー　*9.20*(1964)
チャン, レスリー　*9.12*(1956)
チュアン・リークパイ　*7.28*(1938)
チュイコフ　*2.12*(1900)
智幽　*1.30*(1666)
中巌円月　*1.6*(1300)
仲恭天皇　*10.10*(1218)
中条静夫　*3.30*(1926)
中条精一郎　*4.18*(1868)
中尊寺ゆつこ　*5.28*(1962)
中峰明本　*11.2*(1263)
中馬庚　*2.9*(1870)
中馬庚　*2.9*(1867)
チュコフスカヤ, リージヤ・コルネーヴナ　*3.11*(1907)
チュコフスキー, コルネイ・イワノヴィチ　*3.31*(1882)
チューダー, アントニー　*4.4*(1909)
チュツオーラ, エイモス　*6.20*(1920)
チュッチェフ, フョードル・イワノヴィチ　*12.5*(1803)
チューディ　*2.5*(1505)
チュリゲーラ, ドン・ホセ　*3.21*(1665)
チューリング, アラン・マシソン　*6.23*(1912)
長勇　*1.19*(1895)
張栩　*1.20*(1980)
潮音道海　*11.10*(1628)
鳥海青児　*3.4*(1902)
張学良　*6.3*(1901)
蝶花楼馬楽(2代目)　*8.2*(1864)
張基栄　*5.2*(1916)
趙基天　*11.6*(1913)
張居正　*5.3*(1525)
張継　*8.31*(1882)
張謇　*7.1*(1853)
長州小力　*2.5*(1972)
長州力　*12.3*(1951)
趙樹理　*9.24*(1906)
趙紫陽　*10.17*(1919)
澄照良源　*1.18*(1354)
張人傑　*9.19*(1877)
長新太　*9.24*(1927)
趙治勲　*6.20*(1956)
長連弘　*8.13*(1815)
張天翼　*9.26*(1906)
奝然　*1.24*(938)
蝶野正洋　*9.17*(1963)
長梅外　*4.6*(1810)
長寿吉　*8.4*(1880)
張聞天　*8.30*(1900)
張勉　*8.28*(1899)
チョウ・ユンファ　*5.18*(1955)
チョカーノ, ホセ・サントス　*5.14*(1875)
チョコナイ-ヴィテーズ・ミハーイ　*11.17*(1773)
千代大海龍二　*4.29*(1976)
チョッケ, ハインリヒ・ダーニエル　*3.22*(1771)
千代の山雅信　*6.2*(1926)
チョー・ヨンピル　*3.21*(1950)
チョンベ, モイズ　*11.10*(1919)
チョン・ミョンフン　*1.22*(1953)
チラベルト, ホセ・ルイス　*7.27*(1965)
チーリコフ, エヴゲーニー・ニコラエヴィチ　*7.24*(1864)
知里真志保　*2.24*(1909)
知里幸恵　*6.8*(1903)
チリングワース, ウィリアム　*10.12*(1602)
チルバ, フレデリック　*4.30*(1943)
チルンハウゼン　*4.10*(1651)
陳雲　*6.13*(1905)
陳果夫　*10.27*(1892)
沈周　*11.27*(1427)
沈従文　*12.28*(1902)
沈寿官(14代目)　*12.3*(1926)
陳淳　*6.28*(1484)
陳舜臣　*2.18*(1924)
陳昌鉉　*12.30*(1929)
陳水扁　*2.18*(1951)
珍田捨巳　*12.24*(1857)
陳独秀　*10.8*(1879)

【つ】

ツァイジング　*9.24*(1810)

ツァイス, カール　*9.11*(1816)
ツァハウ, フリードリヒ・ヴィルヘルム　*11.19*(1663)
ツァラ, トリスタン　*4.16*(1896)
ツァンカル, イヴァン　*5.10*(1876)
ツィーエン　*11.12*(1862)
ツィオルコフスキー, コンスタンチン・エドゥアルドヴィチ　*9.17*(1857)
ツィグモンディー, リヒァルト・アドルフ　*5.1*(1865)
ツィーグラー　*4.30*(1881)
ツィーグラー, カール　*11.26*(1898)
ツィザルツ, ヘルベルト　*1.29*(1896)
堆朱楊成(20代目)　*8.28*(1880)
ツィスカリーゼ, ニコライ　*12.31*(1973)
ツイッギー　*9.19*(1949)
ツィック, ヤヌアリウス　*2.6*(1730)
ツィーテン　*5.24*(1699)
ツィランキエヴィチ, ユゼフ　*4.23*(1911)
ツィンクグレーフ, ユーリウス・ヴィルヘルム　*6.3*(1591)
ツィンツェンドルフ, ニコラウス・ルートヴィヒ・フォン　*5.26*(1700)
ツィンマーマン, ドミニクス　*6.30*(1685)
ツィンマーマン, ベルント・アーロイス　*3.20*(1918)
ツィンマーマン, ヨハン・バプティスト　*1.3*(1680)
ツィンメルマン　*11.2*(1824)
ツヴァイク, アルノルト　*11.10*(1887)
ツヴァイク, シュテファン　*11.28*(1881)
ツウィングリ, フルドライヒ　*1.1*(1484)
ツヴェターエワ, マリーナ・イワノヴナ　*9.26*(1892)
ツウェット, ミハイル・セミョーノヴィチ　*5.14*(1872)
ツヴォリキン, ウラディミール・コズマ　*7.30*(1889)
ツェーゼン, フィーリップ　*10.8*(1619)
ツェッペリン, フェルディナント(・アドルフ・アウグスト・ハインリヒ), 伯爵　*7.8*(1838)
ツェトキン, クララ　*7.5*(1857)
ツェムリンスキ, アレクサンダー・フォン　*10.14*(1871)
ツェラー, エードゥアルト　*1.22*(1814)
ツェラーン, パウル　*11.23*(1920)
ツェルター, カール・フリードリヒ　*12.11*(1758)
ツェルティス, コンラート　*2.1*(1459)
ツェルナー　*11.8*(1834)
ツェルメロ, エルンスト・フリードリヒ・フェルディナント　*7.27*(1871)
ツォイス, ヨハン・カスパー　*7.22*(1806)
つかこうへい　*4.24*(1948)
司忠　*10.5*(1893)
司葉子　*8.20*(1934)
塚田攻　*7.14*(1886)
塚田公太　*9.27*(1885)
塚田五郎右衛門　*2.1*(1768)
塚田十一郎　*2.9*(1904)
冢田大峯　*3.30*(1745)
塚田正夫　*8.2*(1914)
津金文左衛門　*9.9*(1727)
塚原健二郎　*2.16*(1895)
塚原渋柿園　*3.1*(1848)
塚原直也　*6.25*(1977)
塚原光男　*12.22*(1947)
塚本快示　*12.14*(1912)
塚本邦雄　*8.7*(1920)
塚本憲甫　*9.16*(1904)
塚本幸一　*9.17*(1920)
塚本里子　*8.6*(1843)
塚本重頼　*7.24*(1913)
塚本晋也　*1.1*(1960)
塚本善隆　*2.8*(1898)
塚本高史　*10.27*(1982)
塚本虎二　*8.2*(1885)
塚本ハマ　*6.20*(1866)
津軽采女正　*6.10*(1667)
津軽為信　*1.1*(1550)
津軽信明　*6.22*(1762)
津軽信建　*6.10*(1574)
津軽信寿　*5.24*(1669)
津軽信枚　*3.21*(1586)
津軽信政　*7.18*(1646)
津軽信寧　*3.27*(1739)
津軽寧親　*1.17*(1765)
津軽順承　*1.13*(1800)
津川主一　*11.16*(1896)
津川雅彦　*1.2*(1940)
月丘夢路　*10.14*(1922)
月岡芳年　*3.17*(1839)
月形洗蔵　*5.5*(1828)
月形龍之介　*3.18*(1902)
次田大三郎　*3.18*(1883)
月亭可朝　*3.10*(1938)
月亭八方　*2.23*(1948)
月成勲　*11.14*(1860)
月野うさぎ　*6.30*
月輪賢隆　*5.25*(1888)
津久井龍雄　*2.4*(1901)
韶子女王　*8.6*(1805)
佃十成　*3.15*(1553)
佃実夫　*12.27*(1925)
継仁親王　*6.28*(1279)
柘植葛城　*7.26*(1804)
柘植秀臣　*9.10*(1905)
津阪東陽　*12.6*(1757)
辻勲　*7.15*(1923)
辻井民之助　*6.3*(1893)
辻清明　*4.5*(1913)
辻邦生　*9.24*(1925)
辻静雄　*2.13*(1933)
辻潤　*10.4*(1884)
辻仁成　*10.4*(1959)
辻晋堂　*10.28*(1910)
辻靖剛　*6.27*(1892)
辻善之助　*4.15*(1877)
辻高房　*8.8*(1702)
辻昶　*3.22*(1916)
辻直四郎　*11.18*(1899)
辻希美　*6.17*(1987)
辻久子　*3.16*(1926)
辻永　*2.20*(1884)
津島恵子　*2.7*(1926)
辻まこと　*9.20*(1913)
辻政信　*10.11*(1902)
津島寿一　*1.1*(1888)
対馬忠行　*11.18*(1901)

ツジマン, フラニオ　*5.14*(1922)
辻村伊助　*4.22*(1886)
辻村寿三郎　*12.15*(1933)
辻村太郎　*6.12*(1890)
辻征夫　*8.14*(1939)
辻蘭室　*11.26*(1756)
津田梅子　*12.3*(1864)
津田寛治　*8.27*(1965)
津田吉之助　*2.7*(1827)
津田恭介　*2.10*(1907)
津田三蔵　*12.29*(1855)
津田信夫　*10.23*(1875)
津田信吾　*3.29*(1881)
津田青楓　*9.13*(1880)
津田左右吉　*10.3*(1873)
蔦文也　*8.28*(1923)
蔦屋重三郎　*1.7*(1750)
津田米次郎　*6.8*(1862)
土浦亀城　*6.29*(1897)
土川元夫　*6.20*(1903)
土子金四郎　*4.13*(1864)
土田杏村　*1.15*(1891)
土田国保　*4.1*(1922)
土田耕平　*6.10*(1895)
土田晃之　*9.1*(1972)
土田直鎮　*1.16*(1924)
土田麦僊　*2.9*(1887)
槌田竜太郎　*4.20*(1903)
土橋八千太　*10.28*(1866)
土橋寛　*2.27*(1909)
土御門天皇　*11.1*(1195)
土御門泰邦　*8.8*(1711)
土御門泰重　*1.8*(1586)
土御門泰福　*6.20*(1655)
土屋篤直　*6.20*(1732)
土屋アンナ　*3.11*(1984)
土屋清　*10.5*(1910)
土屋喬雄　*12.21*(1896)
土屋文明　*9.18*(1890)
土屋政直　*2.5*(1641)
土屋光春　*8.26*(1848)
土家由岐雄　*6.10*(1904)
筒井定次　*5.5*(1562)
筒井順慶　*3.3*(1549)
筒井政憲　*5.21*(1778)
筒井道隆　*3.31*(1971)
筒井村作兵衛　*2.10*(1688)
筒井康隆　*9.24*(1934)
ツッカーカンドル　*7.2*(1896)
ツッカーリ, タッデオ　*9.1*(1529)
都筑馨六　*2.17*(1861)
都築正男　*10.20*(1892)
都筑峯重　*10.19*(1803)
ツックマイアー, カール　*12.27*(1896)
堤磯右衛門　*2.2*(1833)
堤真一　*7.7*(1964)
堤清二　*3.30*(1927)
堤清六　*2.15*(1880)
堤大二郎　*12.26*(1961)
堤千代　*9.20*(1917)
堤康次郎　*3.7*(1889)
綱島梁川　*5.27*(1873)
韶仁親王　*12.19*(1784)
綱淵謙錠　*9.21*(1924)
綱淵昭三　*6.11*(1934)
都並敏史　*8.14*(1961)
恒明親王　*5.9*(1303)
常子女王　*12.4*(1710)
常子内親王　*3.9*(1642)
恒藤恭　*12.3*(1888)
恒遠頼母　*10.8*(1803)
常ノ花寛市　*11.23*(1896)
恒松隆慶　*5.11*(1853)
常光浩然　*5.12*(1891)
恒統親王　*7.10*(829)
角田喜久雄　*5.25*(1906)
角田儀平治　*7.29*(1906)
角田竹冷　*5.2*(1856)
つのだ☆ひろ　*8.1*(1949)
椿貞雄　*2.10*(1896)
椿繁夫　*5.13*(1910)
椿忠雄　*3.16*(1921)
椿椿山　*6.4*(1801)
椿本説三　*4.22*(1890)
ヅーフ　*12.2*(1772)
つぶやきシロー　*3.10*(1971)
円谷英二　*7.5*(1901)
円谷英二　*7.7*(1901)
円谷幸吉　*5.13*(1940)
円谷一　*4.23*(1931)
坪井九馬三　*12.12*(1858)
坪井玄道　*1.9*(1852)
壺井栄　*8.5*(1899)
壺井繁治　*10.18*(1898)
坪井正五郎　*1.5*(1863)
坪井信道　*1.2*(1795)
坪井誠太郎　*9.8*(1893)
坪井忠二　*9.9*(1902)
坪井洋文　*7.28*(1929)
坪井善勝　*5.27*(1907)
壷井義知　*2.9*(1657)
ツポウ4世　*7.4*(1918)
坪内逍遙　*5.22*(1859)
坪内寿夫　*9.4*(1914)
坪内ミキ子　*4.12*(1940)
坪田譲治　*3.3*(1890)
坪根哲郎　*9.4*(1927)
坪野哲久　*6.1*(1909)
ツポレフ, アンドレイ　*11.10*(1888)
妻木松吉　*12.13*(1901)
妻木頼黄　*1.21*(1859)
妻夫木聡　*12.13*(1980)
つみきみほ　*4.13*(1971)
津村紀三子　*8.16*(1902)
津村謙　*12.12*(1923)
津村重舎　*7.5*(1871)
津村信夫　*1.5*(1909)
頭本元貞　*12.4*(1862)
津本陽　*3.23*(1929)
津守国冬　*6.6*(1270)
津森千里　*11.12*(1954)
露木茂　*12.6*(1940)
鶴岡一人　*7.27*(1916)
鶴岡政男　*2.16*(1907)
鶴賀若狭掾　*7.11*(1938)
ツルゲーネフ, イワン・セルゲーヴィチ　*11.9*(1818)
ツルゲーネフ, ニコライ・イワノヴィチ　*10.11*(1789)
鶴沢寛治(6代目)　*10.17*(1887)
鶴沢清七(6代目)　*7.14*(1852)
鶴沢清六(4代目)　*2.7*(1889)
鶴沢道八(初代)　*6.17*(1869)
鶴沢友路　*12.9*(1913)
鶴沢友次郎(6代目)　*1.7*(1874)
都留重人　*3.6*(1912)
鶴田皓　*12.26*(1836)
鶴田錦史　*8.15*(1911)
鶴田浩二　*12.6*(1924)
鶴田知也　*2.19*(1902)
鶴田真由　*4.25*(1970)
鶴田義行　*10.1*(1903)
ツルニャンスキー, ミロシュ　*10.26*(1893)
弦念丸呈　*4.30*(1940)
つるの剛士　*5.26*(1975)

鶴原定吉　*12.15*(1857)
鶴見辰吾　*12.29*(1964)
鶴峯戊申　*7.22*(1788)
鶴見正夫　*3.19*(1926)
鶴見祐輔　*1.3*(1885)
鶴見良行　*4.28*(1926)
つんく♂　*10.29*(1968)
ツンツ　*8.10*(1794)

【て】

デ-レーケ　*12.4*(1842)
テーア　*5.14*(1752)
デアーク・フェレンツ　*10.17*(1803)
デ・アミーチス, エドモンド　*10.31*(1846)
デイ-ルイス, セシル　*4.27*(1904)
ディアギレフ, セルゲイ・パーヴロヴィチ　*3.31*(1872)
ディアス　*12.6*(1861)
ディアス・オルダス, グスタボ　*3.21*(1911)
ディアス, キャメロン　*8.30*(1972)
ディアス, ゴンサルヴェス　*8.10*(1823)
ディアズ・ド・ラ・ペーニャ, ナルシス・ヴィルジル　*8.20*(1807)
ディアス, ポルフィリオ　*9.15*(1830)
ディアベッリ, アントン　*9.6*(1781)
貞安　*3.7*(1539)
ディアンヌ・ド・ポワティエ　*9.3*(1499)
ディヴァイン, ジョージ　*11.20*(1910)
デイヴィー, サー・ハンフリー　*12.17*(1778)
デイヴィス, W.H.　*7.3*(1871)
デイヴィス, ウィリアム・モリス　*2.12*(1850)
デイヴィス, クレメント　*2.19*(1884)
デイヴィス, ジェファソン　*6.3*(1808)
デイヴィス, ジェローム・ディーン　*1.17*(1838)
デイヴィス, スチェアート　*12.7*(1894)
デイヴィス, ドワイト・F(フィリー)　*7.5*(1879)
デイヴィス, ベティ　*4.5*(1908)
ディウフ, アブド　*9.7*(1935)
鄭永寧　*8.11*(1829)
ディエゴ, ヘラルド　*10.13*(1896)
ティエトマール　*7.25*(975)
ティエポロ, ジョヴァンニ・バッティスタ　*4.16*(1696)
ディオプ, ダヴィッド・マンデシ　*7.9*(1927)
ティオムキン, ディミトリ　*5.10*(1899)
ディオリ, ハマニ　*6.16*(1916)
ディオール, クリスチャン　*1.21*(1905)
ディオン, セリーヌ　*3.30*(1968)
ティーガーデン, ジャック　*8.29*(1905)
ディカプリオ, レオナルド　*11.11*(1974)
ディーキン, アルフレッド　*8.3*(1856)
ディキンソン, J.　*11.13*(1732)
ディキンソン, エミリー　*12.10*(1830)
ティーグ, ウォルター　*12.18*(1883)
ディクス, オットー　*12.2*(1891)
ディクス, ドロシ・リンド　*4.4*(1802)
ディグビ, エヴェラード　*5.16*(1578)
ディグビー, サー・ケネルム　*7.11*(1603)
デイ, クラレンス　*11.18*(1874)
ティーク, ルードヴィヒ　*5.31*(1773)
鄭玄　*7.5*(127)
程硯秋　*1.1*(1904)
ディケンズ, チャールズ　*2.7*(1812)
ティコ・ブラーヘ　*12.14*(1546)
ディーコン, ジョン　*8.19*(1951)
ディーコン, ヘンリー　*7.30*(1822)
ティサ・イシュトヴァーン　*4.22*(1861)
ティザード, サー・ヘンリー(・トーマス)　*8.23*(1885)
丁若鏞　*6.16*(1762)
ディ・ジャーコモ, サルヴァトーレ　*3.12*(1860)
ティシュバイン, ハインリヒ・ヴィルヘルム　*2.15*(1751)
程順則　*10.28*(1663)
ディー, ジョン　*7.13*(1527)
ディースタヴェーク, フリードリヒ・アードルフ・ヴィルヘルム　*10.29*(1790)
ティーズデイル, セアラ　*8.8*(1884)
ディステファノ, アルフレッド　*7.4*(1926)
ディストラー, フーゴー　*6.24*(1908)
ディズニー, ウォルト　*12.5*(1901)
ティース, フランク　*3.13*(1890)
ディズレイリ, ベンジャミン　*12.21*(1804)
鄭成功　*7.14*(1624)
鄭成功　*7.14*(1624)
ティセリウス, アルネ・ヴィルヘルム・カウリン　*8.10*(1902)
ディーゼル, ビン　*7.18*(1967)
ディーゼル, ルドルフ・クリスティアン・カール　*3.18*(1858)
ディゾン, リア　*9.24*(1986)
ティチェナー　*1.11*(1867)
デイーツ　*9.14*(1914)
ディック, フィリップ・K.　*12.16*(1928)
ディック・ミネ　*10.5*(1908)
ディーツゲン　*12.9*(1828)
ティッシェンドルフ, コンスタンティーン・フォン　*1.18*(1815)

ティッシュバイン, ヨハン・ハインリヒ　11.14(1722)
ティッシュバイン, ヨハン・フリードリヒ・アウグスト　3.9(1750)
ディッタースドルフ, カール・ディッタース・フォン　11.2(1739)
ディッテンベルガー　8.31(1840)
ディッペル, ヨハン・コンラート　8.10(1673)
ティトゥス, フラーウィウス・ウェスパシアーヌス　12.30(39)
ティトゥレスク　10.4(1883)
テイ・トウワ　9.7(1964)
テイト, ピーター・ガスリー　4.28(1831)
ディドリクソン, ベイブ　6.26(1913)
ディートリヒ, マルレーネ　12.27(1901)
ディトレウセン, トーヴェ　12.14(1918)
ディドロ, ドニ　10.5(1713)
デイナ, ジェイムズ・ドワイト　2.12(1813)
デイナ, チャールズ・A　8.8(1819)
デイナ, リチャード・ヘンリー, 2世　8.1(1815)
ディニス　10.9(1261)
ディニス, ジュリオ　11.14(1839)
デイネーカ, アレクサンドル・アレクサンドロヴィチ　5.20(1899)
ティーネマン　9.7(1882)
貞把　9.20(1515)
鄭伯奇　6.11(1895)
ティファニー, チャールズ　2.15(1812)
ティファニー, ルイス・カムフォート　2.18(1848)
ディーフェンベイカー, ジョン・G　9.18(1895)
鄭秉哲　4.15(1695)
ディベリウス, カール・フリードリヒ・オットー　5.15(1880)

ティベリウス, ユーリウス・カエサル・アウグストゥス　11.16(前42)
ティボー, アントン・フリードリヒ　1.4(1772)
ティボー, ジャック　9.27(1880)
ディマジオ, ジョー　11.25(1914)
ディミートリィ・ドンスコーイ　10.12(1350)
ディミトリオス1世　9.8(1914)
ディミトロフ, ゲオルギ・ミハイロヴィチ　6.18(1882)
ティーミヒ, フーゴー　6.16(1854)
ティーミヒ, ヘレーネ　6.5(1889)
ティムール　4.8(1336)
貞明皇后　6.25(1884)
ティモシェンコ, アレクサンドラ　2.18(1972)
ディモフ, ディミタル　6.25(1909)
デイモン, マット　10.8(1970)
テイヤール・ド・シャルダン, ピエール　5.1(1881)
ティラー, アルフレッド・エドワード　12.22(1869)
テイラー, エリザベス　2.27(1932)
ティラク　7.23(1856)
テイラー, ザカリー　11.24(1784)
テイラー, サー・ジェフフリー・イングラム　3.7(1886)
テイラー, ジェイムズ・ハドスン　5.21(1832)
テイラー, ジェレミー　8.15(1613)
ディラック, ポール・エイドリアン・モーリス　8.8(1902)
ティラデンテス　12.12(1748)
テイラー, ブルック　8.13(1685)
テイラー, フレデリック・W　3.20(1856)
テイラー, ベイヤード　1.11(1825)

ティラボスキ, ジローラモ　12.18(1731)
テイラー, マクスウェル・D(ダヴンポート)　8.26(1901)
テイラー, ロジャー　7.26(1949)
テイラー, ロバート　8.5(1911)
ディラン, ボブ　5.24(1941)
ティリー　5.8(1818)
ティリー　5.14(1894)
ディーリアス, フレデリック　1.29(1862)
ディリクレ, ペーター・グスタフ・ルジューヌ　2.13(1805)
ティーリケ, ヘルムート　12.4(1908)
ティリヒ, パウル・ヨハンネス　8.20(1886)
ティリヤード, E.M.W.　11.18(1881)
デイ・ルイス, ダニエル　4.29(1957)
ディルク, サー・チャールズ・ウェントワース　9.4(1843)
ディルクセン　4.2(1882)
ディール, シャルル　7.4(1859)
ティールシュ　4.20(1822)
ディールス　5.18(1848)
ディールス, オットー　1.23(1876)
ディルタイ, ヴィルヘルム　11.19(1833)
ティルデン, サー・ウィリアム・オーガスタス　8.15(1842)
ティルデン, サミュエル・ジョーンズ　2.9(1814)
ティルデン, ビル　2.10(1893)
ティルトマン　2.2(1897)
ティルピッツ, アルフレート・フォン　3.19(1849)
丁玲　10.12(1904)
ティーレ, コルネーリス・ペトリュス　12.16(1830)
ティーレ, フリードリヒ・カール・ヨハンネス　5.13(1865)
ディレーン　10.11(1817)
ティロットスン, ジョン　10.10(1630)
ディロン　8.21(1909)
ディロン, マット　2.18(1964)

ディーン, クリストファー *7.27*(1958)
ディングリンガー, ヨーハン・メルヒオール *12.26*(1664)
ディンゲルシュテット, フランツ *6.30*(1814)
ディーン, サイラス *12.24*(1737)
ディーン, ジェイムズ *2.8*(1931)
ディンター, グスタフ・フリードリヒ *2.29*(1760)
ティンダル, ジョン *8.2*(1820)
ティントレット *9.29*(1518)
ティンバーゲン, ニコラース *4.15*(1907)
ティンバーゲン, ヤン *4.12*(1903)
ティンバーレイク, ジャスティン *1.23*(1981)
ティンメルマンス, フェリックス *7.5*(1886)
デーヴィス *7.16*(1795)
デヴィ・スカルノ *2.6*(1940)
デーヴィス, マイルズ *5.25*(1926)
デーヴィド2世 *3.5*(1324)
デ・ヴェット, クリスティアーン(・ルドルフ) *10.7*(1854)
デヴォート, バーナード *1.11*(1897)
デウバ, シェール・バハドル *6.13*(1946)
テオドシウス2世 *4.10*(401)
テオレル, アクセル・フーゴー・テオドール *7.6*(1903)
デ・ガスペリ, アルシーデ *4.3*(1881)
デカルト, ルネ *3.31*(1596)
出川哲朗 *2.13*(1964)
出来山双一 *5.31*(1951)
デクエヤル, ハビエル・ペレス *1.19*(1920)
出口王仁三郎 *7.12*(1871)
出口すみ *2.3*(1883)
出口なお *12.16*(1837)
出口保夫 *8.26*(1929)
デ・クーニング, ヴィレム *4.24*(1904)
出久根達郎 *3.31*(1944)
デクラーク, フレデリク *3.18*(1936)
テケイ・イムレ *9.25*(1657)
デコ *8.27*(1977)
デコブラ *5.26*(1885)
デザルグ, ジラール *2.21*(1593)
デ・サンクティス, フランチェスコ *3.28*(1817)
デ・サンティス, ジュゼッペ *2.11*(1917)
デ・シーカ, ヴィットーリオ *7.7*(1901)
勅使河原霞 *10.20*(1932)
勅使河原宏 *1.28*(1927)
勅使河原蒼風 *12.17*(1900)
デシデーリ *12.21*(1684)
手島栄 *12.10*(1896)
手島季隆 *10.16*(1814)
手島精一 *11.28*(1850)
手島堵庵 *5.13*(1718)
豊嶋弥左衛門 *5.1*(1899)
手島右卿 *11.3*(1901)
弟子丸泰仙 *11.29*(1914)
デシュ, シリル・ヘンリー *9.7*(1874)
デジレ *11.8*(1777)
手塚治虫 *11.3*(1928)
手塚理美 *6.7*(1961)
手塚とおる *6.27*(1962)
手塚眞 *8.11*(1961)
デスチュット・ド・トラシー, アントワーヌ・ルイ・クロード *7.20*(1754)
デスノス, ロベール *7.4*(1900)
デスピオ, シャルル *11.4*(1874)
テスラ, ニコラ *7.9*(1856)
テスリン・ド・ボー, レオン・フィリップ *11.5*(1855)
テーズ, ルー *4.24*(1916)
デソアール *2.8*(1867)
デゾルミエール, ロジェ *9.13*(1898)
デタディング *4.19*(1866)
テータム, アート *10.13*(1910)
テータム, エドワード・ローリー *12.14*(1909)
tetsu *10.3*(1969)
手塚岸衛 *7.13*(1880)
手塚富雄 *11.29*(1903)
手塚律蔵 *6.8*(1822)
鉄牛道機 *7.26*(1628)
鉄眼道光 *1.1*(1630)
デッサウアー, フリードリヒ *7.19*(1881)
デッサウ, パウル *12.19*(1894)
デッシ, ジュゼッペ *8.7*(1909)
鉄心道胖 *10.24*(1641)
テッシーン, ニコデムス *5.23*(1654)
哲宗(北宋) *12.7*(1076)
徹通義介 *2.2*(1219)
鉄翁祖門 *2.10*(1791)
デップ, ジョニー *6.9*(1963)
TETSUYA *6.17*(1962)
デッラ・カーサ, ジョヴァンニ *6.28*(1503)
デッラ・ロッビア, アンドレーア *10.28*(1435)
鉄腕アトム *4.7*(2003)
デディイェル, ヴラディミル *2.4*(1914)
デデキント, (ユリウス・ヴィルヘルム・)リヒャルト *10.6*(1831)
テーテンス *9.16*(1736)
テート *5.1*(1845)
テトマイエル, カジミェシュ・プシェルヴァ *2.12*(1865)
テトラッツィーニ, ルイザ *6.29*(1871)
テナール, ルイ・ジャック *5.4*(1777)
テナント, スミスソン *11.30*(1761)
テナント, チャールズ *5.3*(1768)
テニエス, フェルディナント *7.26*(1855)
テニエル, ジョン *2.28*(1820)
デニキン, アントン・イヴァノヴィチ *12.16*(1872)
デニス *9.27*(1729)
デニソン *5.11*(1846)
テニソン, アルフレッド *8.6*(1809)

デーニッツ, カール *9.16*(1891)
デーニフレ, ハインリヒ・ゾイゼ *1.16*(1844)
テニールス, ダヴィッド *12.15*(1610)
デ・ニーロ, ロバート *8.17*(1943)
テーヌ, イポリット - アドルフ *4.21*(1828)
テネント *4.7*(1804)
デノワイエ, フランソワ *9.30*(1894)
デバイ, ペーター・ジョゼフ・ウィリアム *3.24*(1884)
デハーネ, ジャン・リュック *8.7*(1940)
デ・ハビランド, オリビア *6.1*(1916)
テバルディ, レナータ *2.1*(1922)
デ・パルマ, ブライアン *9.11*(1940)
デバン・ナイア, C.V. *8.5*(1923)
デ・ビーア, サー・ギャヴィン・ライランズ *11.11*(1899)
デービス, サミー(Jr.) *12.8*(1925)
デービス, ジーナ *1.21*(1957)
デービス, ベティ *4.5*(1908)
デビット伊東 *8.12*(1966)
デファント *7.12*(1884)
デファン夫人, マリー・ド・ヴィシー - シャンロン *12.25*(1697)
デ・フィリッポ, エドゥアルド *5.24*(1900)
デフェンテル *3.16*(1651)
デーブ大久保 *2.1*(1967)
デ・フォレスト, リー *8.26*(1873)
デブズ, ユージン・ビクター *11.5*(1855)
出淵勝次 *7.25*(1878)
テプラー *9.7*(1836)
デーブリーン, アルフレート *8.10*(1878)
デフレッガー *4.30*(1835)
デプレーティス, アゴスティーノ *1.31*(1813)
デーベライナー, ヨハン・ヴォルフガング *12.18*(1780)
デ・ボーノ, エミリオ *3.19*(1866)
デボルド - ヴァルモール, マルスリーヌ *6.2*(1786)
デ・ボン, ヤン *10.22*(1943)
デマルコ, グイド *7.22*(1931)
デミル, セシル・B *8.12*(1881)
デミング *10.14*(1900)
テミン, ハワード・マーティン *12.10*(1934)
デムース, チャールズ *11.8*(1883)
デムビンスキ, ヘンリク *1.16*(1791)
デムーラン, カミーユ *3.2*(1760)
デーメル, リヒャルト *11.18*(1863)
デーモン小暮閣下 *11.10*
デュアー, サー・ジェイムズ *9.20*(1842)
デュアメル, ジョルジュ *6.30*(1884)
テュアヨン *9.7*(1862)
デュ・アルド, ジャン - バティスト *2.1*(1674)
デューイ, ジョージ *12.26*(1837)
デューイ, ジョン *10.20*(1859)
デューイ, トーマス・エドマンド *3.24*(1902)
デューイ, メルヴィル *12.10*(1851)
デュヴァリエ, フランソワ *4.14*(1907)
デュヴィヴィエ, ジュリヤン *10.8*(1896)
デュ・ヴィニョー, ヴィンセント *5.18*(1901)
デュ・ヴェール, ギヨーム *3.7*(1556)
デュエム, ピエール・モーリス・マリー *6.10*(1861)
デュカ, ポール *10.1*(1865)
デュ・カンジュ, シャルル *12.18*(1610)
デュギ *2.4*(1859)
デュークス *5.29*(1885)
デュクロ *2.24*(1817)
デュクロ *10.2*(1896)
デュコ *7.23*(1754)
デュシェーヌ, ルイ *9.13*(1843)
デュシェンヌ・ド・ブーローニュ *9.17*(1806)
デュシス, ジャン - フランソワ *8.22*(1733)
デュジャルダン, フェリクス *4.5*(1801)
デュシャン - ヴィヨン, レモン *11.5*(1876)
デュシャン, マルセル *7.28*(1887)
テューダー, ターシャ *8.28*(1914)
テュッセン *11.9*(1873)
デュトルイユ・ド・ランズ *1.2*(1846)
デュナン, ジャン・アンリ *5.8*(1828)
テューネン *6.24*(1783)
デュノアイエ *5.20*(1786)
デュノワ, ジャン・ドルレアン, 伯爵 *11.23*(1402)
デュ・バリー, マリー・ジャンヌ・ゴマール・ド・ヴォーベルニエ, 伯爵夫人 *8.19*(1743)
デュパルク, アンリ *1.21*(1848)
デュピュイトラン, ギヨーム, 男爵 *10.5*(1777)
デュビュフェ, ジャン *7.31*(1901)
デュフイ, ラウル *6.3*(1877)
デュ・フェイ, シャルル・フランソワ・ド・システルニ *9.14*(1698)
デュフォール *12.4*(1798)
デュプレクス *1.1*(1697)
デュ・プレ, ジャクリーヌ *1.26*(1945)
デュプレ, ジュール *4.5*(1811)
デュ・プレッシ - モルネー, フィリップ *11.5*(1549)
デュフレーヌ, シャルル *11.23*(1876)
デュプレ, マルセル *5.3*(1886)
デュフレンヌ *2.9*(1910)

デュ・ベレー, ジョアシャン 2.25(1522)
デュボア, マリー・ウジューヌ・フランソワ・トーマス 1.28(1858)
デュ・ボイス, ウィリアム・エドワード・バーガート 2.23(1868)
デュ・ボス, シャルル 10.27(1882)
デュボス, ルネ・ジュール 2.20(1906)
デュ・ボワ - レモン, エーミール 11.7(1818)
デュボワ, ギヨーム 9.6(1656)
デュボワ, フランソワ・クレマン・テオドール 8.24(1837)
デュポン・ド・ルール 2.27(1767)
デュポン, パトリック 3.14(1959)
デュマ 3.6(1866)
デュマ, アレクサンドル 7.24(1802)
デュマ, アレクサンドル 7.27(1824)
デュマ, ジャン・バティスト・アンドレ 7.14(1800)
テュミヒ 5.12(1697)
デュムーリエ, シャルル・フランソワ 1.25(1739)
デュメジル, ジョルジュ 3.4(1898)
デュ・モーリア, ダフネ 5.13(1907)
デュ・モーリエ, ジョージ 3.6(1834)
デュモン・デュルヴィル, ジュール・セバスティアン・セザール 5.23(1790)
デューラー, アルブレヒト 5.21(1471)
デュラス, マルグリット 4.4(1914)
デュラック, エドマンド 10.22(1882)
デュラック, ジェルメーヌ 11.17(1882)
デュラフォア, マルセル 8.3(1844)
デュラン, シャルル 5.8(1885)
デュリュイ 9.11(1811)
デューリング 1.12(1833)
デュルケム, エミール 4.13(1858)
デュルゴー, アンヌ・ロベール・ジャック 5.10(1727)
デュルタン, リュック 3.10(1881)
デュレ, ルイ 5.27(1888)
デュレンヌ, アンリ・ド・ラ・トゥール・ドーヴェルニュ, 子爵 9.11(1611)
デュレンマット, フリードリヒ 1.5(1921)
デュロン, ピエール・ルイ 2.12(1785)
テーラー 2.6(1890)
テーラー 9.11(1791)
テーラー 9.23(1783)
テーラー 11.26(1897)
デラー, アルフレッド 5.30(1912)
寺井直次 12.1(1912)
寺内健 8.7(1980)
寺内大吉 10.6(1921)
寺内タケシ 1.17(1939)
寺内寿一 8.8(1879)
寺内正毅 2.5(1852)
寺内万治郎 11.25(1890)
テラー, エドワード 1.15(1908)
寺尾聡 5.18(1947)
寺尾威夫 4.5(1905)
寺尾亨 12.29(1859)
寺尾寿 9.25(1855)
寺尾博 9.2(1883)
寺尾豊 1.23(1898)
寺門ジモン 11.25(1962)
寺門仁 10.13(1926)
寺崎広業 2.25(1866)
寺下力三郎 8.11(1912)
寺島健 9.23(1882)
寺島しのぶ 12.28(1972)
寺島紫明 11.19(1896)
寺島進 11.12(1963)
寺島珠雄 8.5(1925)
寺田恵子 7.27(1963)
寺田精一 5.13(1884)
寺田透 3.16(1915)
寺田寅彦 11.28(1878)
寺田ヒロオ 8.4(1931)
寺田正重 4.16(1618)
寺田農 11.7(1942)
寺田臨川 7.8(1678)
寺中作雄 11.6(1909)
寺西元栄 3.9(1782)
デ・ラ・マドリ, ミゲル 12.12(1934)
寺村輝夫 11.8(1928)
デ・ラ・メア, ウォルター 4.25(1873)
寺山修司 12.10(1935)
デラルア, フェルナンド 9.15(1937)
寺脇康文 2.25(1962)
デーリー 3.18(1871)
テリー伊藤 12.27(1949)
デーリヴィグ, アントン・アントノヴィチ 8.6(1798)
テリー, エレン 2.27(1847)
デリカット, ケント 3.3(1955)
デリダ, ジャック 7.15(1930)
デーリッチュ, フリードリヒ 9.3(1850)
デーリ・ティボル 10.18(1894)
デリンガー, ヨハン・イグナツ・フォン 2.28(1799)
テーリンク, ウィレム 1.4(1578)
デリンジャー 7.3(1886)
TERU 6.8(1971)
デルヴォー, ポール 9.23(1897)
暉峻義等 9.3(1889)
暉峻康隆 2.1(1908)
デルカッセ, テオフィル 3.1(1852)
照喜名朝一 4.15(1932)
照喜名聞覚 11.30(1682)
照国万蔵 1.10(1919)
デール, サー・ヘンリー・ハレット 6.9(1875)
デルサルト 12.19(1811)
デルジャーヴィン, ガヴリーラ・ロマノヴィチ 7.14(1743)
デルター 9.16(1850)
デルテイユ, ジョゼフ 4.20(1894)
デルピエロ, アレッサンドロ 11.9(1974)

デルフィーニ, アントーニオ 6.10(1907)
テルフォード, トマス 8.9(1757)
デルブフェルト, ヴィルヘルム 12.26(1853)
デルブリュック 4.16(1817)
デルブリュック 7.26(1842)
デルブリュック 11.11(1848)
デルブリュック, マックス 9.4(1906)
デル, フロイド 6.28(1887)
デルボス 5.7(1885)
デル・マー, ノーマン 7.31(1919)
テールマン 4.16(1886)
デル・モナコ, マリオ 7.27(1915)
照屋敏子 9.11(1915)
デルンブルク 3.3(1829)
デレオン・カルピオ, ラミロ 1.12(1942)
デ・レオン, ダニエル 12.14(1852)
テレーサ・デ・ヘスス, サンタ 3.28(1515)
テレサ・テン 1.29(1953)
テレーズ 1.2(1873)
デレッダ, グラツィア 9.27(1871)
テレマン, ゲオルク・フィリップ 3.4(1681)
デレル, フェリックス 4.25(1873)
出羽ケ嶽文治郎 12.20(1902)
出羽重遠 12.17(1856)
デン・アイル 8.9(1919)
天一坊 3.15(1705)
天海 1.1(1536)
田漢 3.12(1898)
田間 5.14(1916)
テングネール, エサイアス 11.13(1782)
天桂伝尊 5.5(1648)
田健治郎 2.8(1855)
天光軒満月(初代) 10.15(1898)
天真法親王 7.28(1664)
デーンズ, クレア 4.12(1979)
典宗 11.15(1543)
天中軒雲月(4代目) 3.31(1916)
天童よしみ 9.26(1957)
テンドリャコーフ, ウラジーミル・フョードロヴィチ 12.5(1923)
天皇明仁 12.23(1933)
天王寺屋五兵衛(初代) 7.12(1623)
田英夫 6.9(1923)
デンプシー, ジャック 6.24(1895)
デンプスター, トマス 8.23(1579)
テンプル, ウィリアム 10.15(1881)
テンプル, サー・ウィリアム 4.25(1628)
天鷹祖祐 3.8(1336)
天龍源一郎 2.2(1950)
天竜三郎 11.1(1903)
田亮 8.27(1979)

【と】

ド - ラバル 5.9(1845)
ドア 11.5(1805)
十朱幸代 11.23(1942)
土居明夫 6.30(1896)
土居市太郎 11.20(1887)
土井憲治 6.9(1913)
土井聱牙 12.28(1817)
土居光華 6.24(1847)
土居光知 8.29(1886)
ドイジー, エドワード・エーデルバート 11.13(1893)
土肥春曙 10.6(1869)
土井たか子 11.30(1928)
土井辰雄 12.22(1892)
戸板康二 12.14(1915)
戸板保佑 1.27(1708)
ドイティンガー, マルティーン 3.24(1815)
土井利勝 3.18(1573)
土井利忠 4.3(1811)
土井利位 5.22(1789)
土井利知 4.18(1674)
土井利延 11.17(1723)
トイバー, アイリーン 12.25(1906)
土肥原賢二 8.8(1883)
土井晩翠 10.23(1871)
トイプナー 6.16(1784)
ドイブラー, テーオドア 8.17(1876)
土井正治 5.1(1894)
土井正博 12.8(1943)
土井勝 1.5(1921)
土居まさる 8.22(1940)
土居裕子 11.27(1958)
ドイル, アーサー・コナン 5.22(1859)
トインビー, アーノルド 4.14(1889)
トインビー, アーノルド 8.23(1852)
トインビー, フィリップ 6.25(1916)
ド・ヴァロワ 6.6(1898)
ドゥイスベルク 9.29(1861)
東井義雄 4.9(1912)
ド・ヴィルパン, ドミニク 11.14(1953)
唐寅 2.4(1470)
ドヴィンガー, エトヴィン・エーリヒ 4.23(1898)
洞院公賢 8.13(1291)
洞院公定 1.26(1340)
洞院公敏 10.26(1292)
洞院実夏 6.1(1315)
ドゥヴィヴェーディー, ハザーリープラサード 8.19(1907)
ドゥヴィヴェーディー, マハーヴィールプラサード 5.9(1864)
トゥヴィム, ユリアン 9.13(1894)
ドゥーエ, ジュリオ 5.30(1869)
ドヴェリア, ジャン・ガブリエル 2.7(1844)
トウォート, フレデリック・ウィリアム 10.22(1877)
ドヴォルジャーク, アントニーン 9.8(1841)
ドヴォルジャーク, マックス 6.14(1874)
東海散士 12.2(1853)

ドゥカブニー, デービッド *8.7*(1960)
道喜 *10.29*(1503)
東儀兼頼 *3.4*(1632)
陶希聖 *10.30*(1899)
東儀哲三郎 *1.30*(1884)
東儀鉄笛 *6.16*(1869)
東儀秀樹 *10.12*(1959)
道鏡慧端 *10.22*(1642)
トゥーク *2.22*(1774)
洞口依子 *3.18*(1965)
峠三吉 *2.19*(1917)
道元 *1.2*(1200)
道玄 *1.4*(1237)
桃源瑞仙 *6.17*(1430)
湯顕祖 *8.14*(1550)
東郷茂徳 *12.10*(1882)
東郷青児 *4.28*(1897)
陶行知 *10.18*(1891)
東郷文彦 *8.18*(1915)
東郷平八郎 *12.22*(1848)
道晃法親王 *3.8*(1612)
東郷実 *11.12*(1881)
藤後惣兵衛 *1.21*(1908)
董作賓 *3.20*(1895)
ドヴジェンコ, アレクサンドル *9.12*(1894)
ドゥシーク, ヤン・ラジスラフ *2.12*(1760)
トゥー, ジャック - オーギュスト・ド *10.8*(1553)
藤舎呂船(初代) *2.5*(1909)
道周法親王 *1.16*(1613)
道昌 *3.8*(798)
東条一堂 *11.7*(1778)
東条琴台 *6.7*(1795)
陶晶孫 *12.26*(1897)
東条英機 *12.30*(1884)
東条英教 *11.8*(1855)
鄧小平 *8.22*(1904)
東条操 *12.14*(1884)
道助入道親王 *10.16*(1196)
ドゥジンツェフ, ウラジーミル・ドミトリエヴィチ *7.29*(1918)
道深法親王 *9.4*(1206)
トゥースィー, ナスィーロッディーン *2.18*(1201)
ドゥースブルフ, テオ・ファン *8.30*(1883)
ドゥーゼ, エレオノーラ *10.3*(1859)
ドゥゼ・ド・ヴェグー *8.17*(1768)
道増 *4.4*(1508)
道尊法親王 *12.12*(1676)
ドゥチッチ, ヨヴァン *2.17*(1871)
桃中軒雲右衛門(初代) *10.25*(1873)
ドゥチュケ *3.7*(1940)
堂珍嘉邦 *11.17*(1978)
藤貞幹 *6.23*(1732)
ドゥーデン *1.3*(1829)
藤堂明保 *9.20*(1915)
藤堂志津子 *3.14*(1949)
藤堂高堅 *2.14*(1650)
藤堂高嶷 *7.4*(1746)
藤堂高兌 *4.2*(1781)
藤堂高次 *11.11*(1601)
藤堂高豊 *10.28*(1713)
藤堂高虎 *1.6*(1556)
藤堂高久 *1.26*(1638)
藤堂高通 *11.7*(1644)
藤堂高泰 *4.27*(1828)
藤堂高猷 *2.9*(1813)
藤堂高吉 *6.1*(1579)
藤堂高聴 *11.23*(1810)
藤堂竜山 *8.30*(1770)
ドゥドック, ヴィレム・マリヌス *7.6*(1884)
ドゥトラ *5.18*(1885)
ドゥナエーフスキー, イサーク・オーシポヴィチ *1.30*(1900)
道仁 *7.29*(1689)
ドゥネール, ニルス・クリストフェル *5.21*(1839)
東野英治郎 *9.17*(1907)
東畑四郎 *11.6*(1908)
東畑精一 *2.2*(1899)
トゥハチェフスキー, ミハイル・ニコラエヴィチ *2.16*(1893)
唐飛 *3.15*(1932)
ドゥーブ *10.27*(1910)
東福門院 *10.4*(1607)
道法法親王 *11.13*(1166)
トゥホルスキー, クルト *1.9*(1890)
当間重剛 *3.25*(1895)
東松照明 *1.16*(1930)
藤間身加栄 *3.24*(1896)
東宮鉄男 *8.17*(1892)
百目鬼恭三郎 *2.8*(1926)
ドゥメール *8.22*(1857)
ドゥーメルグ, ガストン *8.1*(1863)
堂本暁子 *7.31*(1932)
堂本印象 *12.25*(1891)
堂本光一 *1.1*(1979)
堂本剛 *4.10*(1979)
童門冬二 *10.19*(1927)
当山久三 *11.9*(1868)
頭山秀三 *2.24*(1907)
頭山満 *4.12*(1855)
道祐入道親王 *9.27*(1670)
トゥーラ, コズメ *4.28*(1430)
戸浦六宏 *4.30*(1930)
ドゥランテ, フランチェスコ *3.31*(1684)
ドゥラン・バジェン, シクスト *7.14*(1921)
ドヴリアン, ルートヴィッヒ *12.15*(1784)
ドゥーリトル, ジェイムズ・H *12.14*(1896)
ドゥーリトル, ヒルダ *9.10*(1886)
トゥリーナ, ホアキン *12.9*(1882)
トゥルヴィル, アンヌ・イラリオン・ド・コンタンタン, 伯爵 *11.24*(1642)
トゥールーズ - ロートレック, アンリ - マリー - レイモン・ド *11.24*(1864)
ドゥルーズ, ジル *1.18*(1925)
トゥルヌフォール, ジョゼフ・ピトン・ド *6.5*(1656)
トゥルノン, シャルル・トマ・マヤール・ド *12.21*(1668)
トゥルバル, プリモジュ *6.8*(1508)
トゥルレッティーニ, ジャン・アルフォンス *8.24*(1671)
トゥルン *2.24*(1567)
トゥルンアイゼン, エードゥアルト *7.10*(1888)
トゥルンカ, イジー *2.24*(1912)
トゥルンバルト *9.18*(1869)

トゥーレ, アマドゥ・トゥマニ　*11.4*(1948)
トゥン・イスマイル　*11.5*(1915)
ドゥーン, オーラヴ　*11.21*(1876)
ドゥンガ　*10.31*(1963)
ドゥンクマン　*4.2*(1868)
ドゥンゲルスハイム, ヒエローニムス　*4.22*(1465)
トゥーンベリ, カール・ペール　*11.11*(1743)
遠野凪子　*11.22*(1979)
遠山景織子　*5.16*(1975)
遠山元一　*7.21*(1890)
遠山品右衛門　*5.18*(1851)
遠山友春　*6.6*(1661)
遠山一　*5.26*(1930)
遠山啓　*8.21*(1909)
渡海元三郎　*3.13*(1915)
ドガ, エドガー　*7.19*(1834)
十返肇　*3.25*(1914)
戸賀崎熊太郎(3代目)　*2.15*(1807)
富樫凱一　*11.17*(1905)
渡嘉敷勝男　*7.27*(1960)
渡嘉敷守良　*8.13*(1880)
トカチョーフ, ピョートル・ニキーチチ　*6.29*(1844)
栂尾祥雲　*9.30*(1881)
戸叶里子　*11.29*(1908)
戸川エマ　*12.10*(1911)
戸川残花　*10.22*(1855)
戸川秋骨　*12.18*(1870)
戸川純　*3.31*(1961)
戸川昌子　*3.23*(1931)
戸川幸夫　*4.15*(1912)
時枝誠記　*12.6*(1900)
時実利彦　*9.4*(1909)
土岐善麿　*6.8*(1885)
時津海正博　*11.8*(1973)
ドキッチ, エレナ　*4.12*(1983)
時任三郎　*2.4*(1958)
土岐八夫　*11.2*(1933)
ド・キャステラ, ロバート　*2.27*(1957)
時山直八　*1.1*(1838)
土岐雄三　*6.16*(1907)
土岐頼殷　*9.3*(1642)
常磐井厳戈　*7.14*(1819)
常盤新平　*3.1*(1931)
常盤大定　*4.8*(1870)
常盤貴子　*4.30*(1972)
常磐津松尾太夫(3代目)　*9.7*(1875)
常磐津文字太夫(7代目)　*2.2*(1897)
常磐津文字太夫(8代目)　*8.17*(1918)
常磐津文字兵衛(3代目)　*12.15*(1888)
徳井優　*9.28*(1959)
ド・クインシー, トマス　*8.15*(1785)
徳岡神泉　*2.14*(1896)
徳川家定　*4.8*(1824)
徳川家達　*7.11*(1863)
徳川家重　*12.21*(1711)
徳川家継　*7.3*(1709)
徳川家綱　*8.3*(1641)
徳川家斉　*10.5*(1773)
徳川家宣　*4.25*(1662)
徳川家治　*5.22*(1737)
徳川家正　*3.23*(1884)
徳川家光　*7.17*(1604)
徳川家茂　*5.24*(1846)
徳川家基　*10.25*(1762)
徳川家康　*12.26*(1542)
徳川家慶　*5.14*(1793)
徳川重好　*2.15*(1745)
徳川武定　*10.12*(1888)
徳川忠長　*5.7*(1606)
徳川綱条　*8.26*(1656)
徳川綱重　*5.24*(1644)
徳川綱教　*8.26*(1665)
徳川綱誠　*8.2*(1652)
徳川綱吉　*1.8*(1646)
徳川斉昭　*3.11*(1800)
徳川治済　*11.6*(1751)
徳川治紀　*10.24*(1773)
徳川治宝　*6.18*(1771)
徳川治保　*8.16*(1751)
徳川秀忠　*4.7*(1579)
徳川光圀　*6.10*(1628)
徳川光貞　*12.11*(1626)
徳川光友　*7.29*(1625)
徳川夢声　*4.13*(1894)
徳川宗勝　*6.2*(1705)
徳川宗尭　*7.11*(1705)
徳川宗尹　*7.16*(1721)
徳川宗睦　*9.20*(1733)
徳川宗直　*7.25*(1682)
徳川宗将　*2.30*(1720)
徳川宗春　*10.26*(1696)
徳川宗敬　*5.31*(1897)
徳川慶篤　*6.3*(1832)
徳川慶勝　*3.15*(1824)
徳川吉子　*9.25*(1804)
徳川義親　*10.5*(1886)
徳川好敏　*7.24*(1884)
徳川義直　*11.28*(1600)
徳川義寛　*11.7*(1906)
徳川吉宗　*10.21*(1684)
徳川頼宣　*3.7*(1602)
徳川頼房　*8.10*(1603)
得閑斎(初代)　*8.14*(1748)
独言性聞　*3.15*(1586)
ドクシアディス, コンスタンティノス　*5.14*(1913)
徳重聡　*7.28*(1978)
徳大寺公有　*2.5*(1422)
徳大寺公純　*11.28*(1821)
徳大寺公胤　*1.27*(1487)
徳大寺公俊　*1.7*(1371)
徳大寺公信　*7.15*(1606)
徳大寺公迪　*6.19*(1771)
徳大寺実淳　*5.17*(1445)
徳大寺実時　*4.14*(1338)
徳大寺実久　*8.16*(1583)
徳大寺実堅　*5.23*(1790)
徳大寺実通　*12.21*(1513)
徳大寺実盛　*8.5*(1400)
徳田球一　*9.12*(1894)
Dr.コパ　*5.5*(1947)
徳田秋声　*12.23*(1871)
徳田秋声　*12.23*(1872)
徳田御稔　*10.13*(1906)
独湛性瑩　*9.27*(1628)
渡久地政信　*10.26*(1916)
ドクチャエフ, ヴァシリィ・ヴァシリエヴィッチ　*3.1*(1846)
徳富蘇峰　*1.25*(1863)
徳富太多七　*12.29*(1739)
徳冨蘆花　*10.25*(1868)
徳永直　*1.20*(1899)
徳永英明　*2.27*(1961)
徳永正利　*8.25*(1913)
徳永恕　*11.21*(1887)
徳姫　*3.2*(1559)
徳本　*6.22*(1758)
独本性源　*3.24*(1618)
毒蝮三太夫　*3.31*(1936)
徳間康快　*10.25*(1921)

徳光和夫　*3.10*(1941)
徳安実蔵　*2.13*(1900)
徳山璉　*7.27*(1903)
徳山昌守　*9.17*(1974)
土倉庄三郎　*4.10*(1840)
徳力善雪　*6.25*(1599)
徳竜　*9.26*(1772)
ドクロリー, オヴィド　*7.23*(1871)
杜月笙　*8.12*(1888)
土光敏夫　*9.15*(1896)
床嶋佳子　*9.23*(1964)
床次竹二郎　*12.1*(1867)
ド・ゴール, シャルル　*11.22*(1890)
所ジョージ　*1.26*(1955)
所美都子　*1.3*(1939)
ドーザ　*7.4*(1877)
戸坂潤　*9.27*(1900)
土佐正道　*7.16*(1965)
土佐光章　*9.19*(1848)
土佐光起　*10.23*(1617)
土佐光貞　*7.9*(1738)
土佐光孚　*4.24*(1780)
土佐光成　*12.20*(1646)
土佐光芳　*6.5*(1700)
土佐礼子　*6.11*(1976)
戸沢正庸　*5.4*(1664)
Toshi　*10.10*(1965)
ドーシー, ジミー　*2.29*(1904)
智忠親王　*11.1*(1619)
ド・シッテル, ヴィレム　*5.6*(1872)
ドシテオス　*5.31*(1641)
ドーシー, トミー　*11.19*(1905)
敬宮愛子　*12.1*(2001)
智仁親王　*1.8*(1579)
利光鶴松　*12.31*(1864)
ドジンスカヤ　*8.21*(1912)
ドーズ, ウィリアム・ラター　*3.19*(1799)
トスカニーニ, アルトゥーロ　*3.25*(1867)
ドス・サントス, ジョゼ・エドゥアルド　*8.28*(1942)
ドーズ, チャールズ・G(ゲイツ)　*8.27*(1865)
トスティ, フランチェスコ・パオロ　*4.9*(1846)
ドストエフスキー, フョードル・ミハイロヴィチ　*10.30*(1821)
ドス・パソス, ジョン　*1.14*(1896)
ドズリー, ロバート　*2.13*(1703)
ドーセット, トニー　*4.7*(1954)
トゼリ, エンリーコ　*3.13*(1883)
ドゾー　*2.6*(1744)
ドーソン, クリストファー　*10.12*(1889)
戸田氏教　*12.8*(1754)
戸田海市　*5.8*(1871)
戸田和幸　*12.30*(1977)
戸田欽堂　*7.19*(1850)
戸田恵子　*9.12*(1957)
戸田三弥　*1.16*(1822)
戸田城聖　*2.11*(1900)
戸田正三　*4.9*(1885)
トータス松本　*12.28*(1966)
戸田忠至　*8.11*(1809)
戸田忠恕　*5.23*(1847)
戸田貞三　*3.6*(1887)
戸田藤一郎　*11.22*(1914)
戸田奈津子　*7.3*(1936)
戸田茂睡　*5.19*(1629)
戸田弥生　*3.29*(1968)
戸田芳実　*1.26*(1929)
栃東大裕　*11.9*(1976)
栃折久美子　*12.7*(1928)
栃木山守也　*2.5*(1892)
栃内曽次郎　*6.8*(1866)
栃錦清隆　*2.20*(1925)
栃ノ海晃嘉　*3.13*(1938)
戸塚文子　*3.25*(1913)
戸塚文卿　*2.11*(1892)
戸塚道太郎　*4.21*(1890)
戸塚洋二　*3.6*(1942)
十津川省三　*6.26*
トックヴィル, アレクシス・ド　*7.29*(1805)
ドッジ　*11.18*(1890)
トッツィ, フェデリーゴ　*1.1*(1883)
トッティ, フランチェスコ　*9.27*(1976)
トッド(トランピントンの), アレグザンダー・ロバータス・トッド, 男爵　*10.2*(1907)
トッド, ガーフィールド　*7.13*(1908)
ドッド, チャールズ・ハロルド　*4.7*(1884)
トッド, マイク　*6.22*(1907)
ドップラー, アルベルト・フランツ　*10.16*(1821)
ドップラー, クリスティアン・ヨハン　*11.29*(1803)
トッホ　*12.7*(1887)
ドーデ, アルフォンス　*5.13*(1840)
ドーデラー, ハイミート・フォン　*9.5*(1896)
ドーテル, アンドレ　*9.1*(1900)
ドーデ, レオン　*11.16*(1867)
都々逸坊扇歌(5代目)　*3.14*(1858)
トトゥ, オドレイ　*8.9*(1978)
トトネス伯　*5.29*(1555)
トドハンター　*11.23*(1820)
都鳥英喜　*11.26*(1873)
トートレーベン　*5.20*(1818)
轟武兵衛　*1.25*(1818)
轟悠　*8.11*
轟夕起子　*9.11*(1917)
ドナドーニ　*11.16*(1870)
十七巳之助　*7.11*(1910)
ドナルドダック　*6.9*(1934)
ドーニ, アントン・フランチェスコ　*5.16*(1513)
ドニケル　*3.6*(1852)
ドニゼッティ, ガエターノ　*11.29*(1797)
トニー谷　*10.14*(1917)
ドニ, モーリス　*11.25*(1870)
トーニー, リチャード・ヘンリー　*11.30*(1880)
トーニー, ロジャー・ブルック　*3.17*(1777)
ドヌーヴ, カトリーヌ　*10.22*(1943)
ドヌー, ピエール・クロード・フランソワ　*8.18*(1761)
利根川進　*9.5*(1939)
利根姫　*8.1*(1717)
ドネー, モーリス　*10.12*(1859)
利根山光人　*9.19*(1921)

殿内芳樹　*10.21*（1914）
殿木圭一　*7.28*（1909）
ドノーソ - コルテス, フアン　*5.9*（1809）
ドノーソ, ホセ　*10.5*（1924）
殿田保輔　*9.11*（1926）
ドノバン, アン　*11.1*（1961）
外村繁　*12.23*（1902）
殿村平右衛門（初代）　*8.13*（1680）
殿村平右衛門（8代目）　*12.11*（1833）
外村与左衛門（9代目）　*7.5*（1788）
殿村藍田　*8.2*（1913）
殿山泰司　*10.17*（1915）
ドノン, ドミニック・ヴィヴァン・ド　*1.4*（1747）
鳥羽一郎　*4.25*（1952）
土橋治重　*4.25*（1909）
鳥羽潤　*10.13*（1978）
鳥羽天皇　*1.16*（1103）
鳥羽屋里長（7代目）　*2.4*（1936）
戸張孤雁　*2.19*（1882）
登張竹風　*10.2*（1873）
戸張智雄　*10.19*（1928）
ド・バリー, ハインリヒ・アントン　*1.26*（1831）
ドパルデュー, ジェラール　*12.27*（1948）
ドビ　*12.31*（1898）
土肥慶蔵　*6.9*（1866）
土肥大作　*9.2*（1837）
飛田穂洲　*12.1*（1886）
トピナール　*11.4*（1830）
ドービニー　*9.6*（1802）
ドービニェ, アグリッパ　*2.8*（1552）
ドービニー, シャルル・フランソワ　*2.15*（1817）
ドービニャック, フランソワ・エドラン　*8.4*（1604）
トビー, マーク　*12.1*（1890）
ドビュクール, フィリベール - ルイ　*2.13*（1755）
ドビュッシー, クロード　*8.22*（1862）
ドビュロー, ジャン - バチスト - ガスパール　*7.31*（1796）
トービル, ジェーン　*10.7*（1957）
トービン, ジェイムズ　*3.5*（1918）
ド・フーイェ　*8.13*（1836）
ドブジャンスキー, テオドシウス　*1.25*（1900）
トフストノーゴフ, ゲオールギー・アレクサンドロヴィチ　*9.28*（1915）
ドプチェク, アレクサンドル　*11.27*（1921）
ド・フュネス, ルイ　*7.31*（1914）
ド・フリース, フーゴー　*2.16*（1848）
ドブレ　*1.15*（1912）
ドブレ, ガブリエル・オーギュスト　*6.25*（1814）
ドブロジーヌ・ゲレア　*5.21*（1855）
ドブロフスキー, ヨゼフ　*8.17*（1753）
ドブロリューボフ, ニコライ・アレクサンドロヴィチ　*2.5*（1836）
戸部一閑斎　*5.23*（1645）
トペリウス, サカリアス　*1.14*（1818）
ドーベルヴァル　*8.19*（1742）
ドホナーニ, エルンスト・フォン　*7.27*（1877）
トマ　*6.16*（1878）
トマ, アンブロワーズ　*8.5*（1811）
トマ, アンリ　*12.7*（1912）
ドーマク, ゲルハルト　*10.30*（1895）
トマージウス, クリスティアン　*1.1*（1655）
トマーシェク, フランティシェク　*6.30*（1899）
トマシェフスキー, ボリス・ヴィクトロヴィチ　*11.17*（1890）
トマス　*10.3*（1874）
トマス, R.S.　*3.29*（1913）
トマス, W.I.　*8.13*（1863）
トーマス, アイザイア　*4.30*（1961）
トマス, エドワード　*3.3*（1878）
トーマス, クルト　*5.25*（1904）
トーマス, シドニー・ギルクリスト　*4.16*（1850）
トマス, ジョージ・H（ヘンリー）　*7.31*（1816）
トマス, ディラン　*10.27*（1914）
トマス, ノーマン・マトゥーン　*11.20*（1884）
トマス, ロバート・ジャーメイン　*10.7*（1840）
富松正安　*9.13*（1849）
トーマ, ハンス　*10.2*（1839）
苫米地義三　*12.25*（1880）
トーマ, ルートヴィヒ　*1.21*（1867）
ドーマル, ルネ　*3.16*（1908）
ドマンジョン　*6.13*（1872）
富井政章　*9.10*（1858）
ドーミエ, オノレ　*2.20*（1808）
富岡定俊　*3.8*（1897）
富川盛奎　*10.7*（1832）
福子内親王　*9.14*（1676）
富崎春昇　*9.12*（1880）
富沢有為男　*3.29*（1902）
富沢赤黄男　*7.14*（1902）
富島健夫　*10.25*（1931）
トミーズ健　*5.26*（1959）
戸水寛人　*6.25*（1861）
トミーズ雅　*12.24*（1959）
冨田勲　*4.22*（1932）
富田礼彦　*2.29*（1811）
富田渓仙　*12.9*（1879）
富田健治　*11.1*（1897）
富田幸次郎　*11.1*（1872）
富田砕花　*11.23*（1890）
冨田甚平　*11.30*（1848）
富田隆　*4.2*（1949）
富田高慶　*6.1*（1814）
富田常雄　*1.2*（1904）
冨田恒男　*10.8*（1908）
冨田博之　*6.20*（1922）
冨田洋之　*11.21*（1980）
富田木歩　*4.14*（1897）
富田靖子　*2.27*（1969）
ドミティアーヌス, ティートゥス・フラーウィウス　*10.24*（51）
ドミトリク, エドワード　*9.4*（1908）

ドミトレフスキー　*2.28*（1734）
冨永愛　*8.1*（1982）
富永華陽　*8.9*（1816）
富永惣一　*9.18*（1902）
富永太郎　*5.4*（1901）
富永貢　*4.28*（1903）
冨永みーな　*4.3*（1966）
富小路貞直　*12.24*（1761）
富小路秀直　*11.26*（1564）
富小路禎子　*8.1*（1926）
鳥見迅彦　*2.5*（1910）
富本憲吉　*6.5*（1886）
富本豊前（初代）　*1.11*（1857）
富安風生　*4.16*（1885）
富山清翁　*10.5*（1913）
冨吉栄二　*7.6*（1899）
ドミンゲス, オスカル　*1.7*（1906）
ドミンゴ, プラシド　*1.21*（1941）
トムスン（タムソン）, デイヴィド　*9.27*（1835）
トムスン, ウィリアム　*6.26*（1824）
トムスン, ハンス・ペーテル・ヨルゲン・ユリウス　*2.16*（1826）
トムセン　*1.25*（1842）
トムセン, クリスティアン・イェアゲンセン　*12.29*（1788）
トムソン　*7.8*（1861）
トムソン, アンナ　*9.18*（1957）
トムソン, イライヒュー　*3.29*（1853）
トムソン, ヴァージル　*11.25*（1896）
トムソン, サー・ジョージ・ペイジェット　*5.3*（1892）
トムソン, サー・ジョゼフ・ジョン　*12.18*（1856）
トムソン, ジェイムズ　*9.11*（1700）
トムソン, ジェイムズ　*11.23*（1834）
トムソン, ジョゼフ　*2.14*（1858）
トムソン, チャールズ・ワイヴィル　*3.5*（1830）
トムソン, フランシス　*12.18*（1859）
トムソン, ロイ・トムソン, 男爵　*6.5*（1894）
戸村一作　*5.29*（1909）
トムリン, ブラッドレイ・ウォーカー　*8.19*（1899）
トム, ルネ・フレデリック　*9.2*（1923）
トメイ, マリサ　*12.4*（1964）
留岡清男　*9.16*（1898）
留岡幸助　*3.4*（1864）
ドメニキーノ　*10.21*（1581）
友枝喜久夫　*9.25*（1908）
ド・モーガン, ウィリアム　*11.16*（1839）
友国晴子　*2.7*（1858）
倫子女王　*1.20*（1738）
誠子内親王　*6.7*（1654）
ともさかりえ　*10.12*（1979）
友田恭助　*10.30*（1899）
友竹正則　*10.9*（1931）
友近　*8.2*（1973）
朝永三十郎　*2.9*（1871）
朝永振一郎　*3.31*（1906）
伴林光平　*9.9*（1813）
知仁親王　*7.11*（1265）
具平親王　*6.19*（964）
ドモフスキ　*8.9*（1864）
友松円諦　*4.1*（1895）
ド・モワヴル, アブラアム　*5.26*（1667）
土門拳　*10.25*（1909）
鳥谷部春汀　*3.3*（1865）
外山亀太郎　*9.26*（1867）
外山脩造　*11.10*（1842）
外山八郎　*5.22*（1913）
外山正一　*9.27*（1848）
外山光実　*5.19*（1756）
外山光輔　*10.27*（1843）
豊川悦司　*3.18*（1962）
豊川良平　*1.16*（1852）
豊口克平　*11.16*（1905）
豊子女王　*7.17*（1721）
豊崎光一　*12.20*（1935）
豊沢小住（2代目）　*9.23*（1885）
豊沢広助（5代目）　*10.15*（1831）
豊沢広助（6代目）　*1.1*（1842）
豊沢広助（7代目）　*2.4*（1878）
豊島泰盛　*12.19*（1822）
豊島与志雄　*11.27*（1890）
豊田英二　*9.12*（1913）
豊田喜一郎　*6.11*（1894）
豊竹古靭太夫（初代）　*1.15*（1827）
豊竹咲大夫　*5.10*（1944）
豊竹団司　*8.1*（1891）
豊竹山城少掾　*12.15*（1878）
豊竹呂昇　*8.4*（1874）
豊竹若太夫（10代目）　*5.17*（1888）
豊田行二　*5.11*（1936）
豊田佐吉　*2.14*（1867）
豊田三郎　*2.12*（1907）
豊田四郎　*1.3*（1906）
豊田副武　*5.22*（1885）
豊田貞次郎　*8.7*（1885）
豊田芙雄　*10.21*（1845）
豊田雅孝　*9.5*（1898）
とよた真帆　*7.6*（1967）
豊田実　*9.16*（1885）
豊田穣　*3.14*（1920）
豊臣秀頼　*8.3*（1593）
豊原功補　*9.25*（1965）
豊原英秋　*1.9*（1347）
豊原又男　*6.29*（1872）
豊姫　*10.7*（1800）
豊姫　*11.27*（1735）
豊平良顕　*11.13*（1904）
豊間源之進　*12.6*（1836）
豊増昇　*5.23*（1912）
ドライアー, カール・テオドア　*2.3*（1889）
トライコフスキ, ボリス　*6.25*（1956）
ドライサー, シオドア　*8.27*（1871）
ドライス　*4.29*（1785）
トライチュケ, ハインリヒ・フォン　*9.15*（1834）
ドライデン, ジョン　*8.9*（1631）
ドライバー, ミニー　*1.31*（1971）
トラヴァーズ, P.L.　*8.9*（1899）
トラヴァーズ, モリス・ウィリアム　*1.24*（1872）
トラウトマンスドルフ　*5.23*（1584）
トラウベ　*1.13*（1818）
ドラえもん　*9.3*（2112）

トラー, エルンスト　12.1(1893)
トラークル, ゲオルク　2.3(1887)
ドラクロワ, ウージェーヌ　4.26(1798)
トラサルディ, ニコラ　6.17(1942)
ドラッカー, ピーター　11.19(1909)
ドラックマン, ホルガー　10.9(1846)
トラハーン, トマス　10.20(1637)
トラフテンベールク　1.28(1883)
トラボルタ, ジョン　2.18(1954)
ドラモンド（ホーソーンデンの）, ウィリアム　12.13(1585)
トラヤヌス, マルクス・ウルピウス　9.18(52)
ドラランド, ミシェル・リシャール　12.15(1657)
ドラローシュ, ポール　7.17(1797)
ドラン, アンドレ　6.10(1880)
トーランド　5.29(1904)
トーランド, ジョン　11.30(1670)
トランブル, ジョン　4.24(1750)
ドリア, アンドレア　11.30(1466)
トリアッチ, パルミーロ　3.26(1893)
トリアー, ラルス・フォン　4.30(1956)
鳥居清忠(8代目)　11.21(1900)
鳥井駒吉　3.12(1853)
鳥井信一郎　1.22(1938)
鳥井信治郎　1.30(1879)
鳥居素川　7.4(1867)
鳥居ユキ　1.3(1943)
鳥居耀蔵　11.24(1796)
鳥居竜蔵　4.4(1870)
ドリーヴォ・ドブロヴォーリスキィ　1.2(1862)
鳥尾鶴代　5.12(1912)

鳥養利三郎　2.8(1887)
鳥潟右一　4.25(1883)
鳥潟隆三　8.20(1878)
ドリガルスキー, エーリヒ・ダゴベルト・フォン　2.9(1865)
トリクーピス　4.20(1788)
トリグラント, ヤーコービュス　7.22(1583)
鳥越俊太郎　3.13(1940)
トリゴー, ニコラ　3.3(1577)
ドリーゴ, リッカルド　6.30(1846)
トリジャーノ, ピエトロ　11.24(1472)
ドリーシュ, ハンス・アドルフ・エドゥアルト　10.28(1867)
トリチェリ, エヴァンジェリスタ　10.15(1608)
トリッシノ, ジャン・ジョルジョ　7.8(1478)
トリップ, ジュアン・テリー　6.27(1899)
トリテミウス, ヨハネス　2.1(1462)
トリート　11.12(1879)
トリー, ハーバート・ビアボウム　12.12(1853)
トリーフォノフ, ユーリー・ワレンチノヴィチ　8.28(1925)
ドリーブ, クレマン・フィリベール・レオ　2.21(1836)
トリホス　2.13(1929)
鳥山明　4.5(1955)
鳥山喜一　7.17(1887)
鳥山芝軒　11.4(1655)
鳥山四男　10.25(1895)
トリュフォー, フランソワ　2.6(1923)
トリュフォー, フランソワ　2.6(1932)
ドリュ・ラ・ロシェル, ピエール　3.1(1893)
トリヨレ, エルザ　9.25(1896)
トリリング, ライオネル　7.4(1905)
ドリール, ジャック　6.22(1738)
トリルッサ　10.26(1871)

ドリール, レオポルド・ヴィクトール　10.24(1826)
トリローニー, エドワード　11.13(1792)
ドーリン, アントン　7.27(1904)
ドリンクウォーター, ジョン　6.1(1882)
ドルー　7.29(1797)
トルヴァルセン, ベアテル　11.19(1770)
トルガ, ミゲル　8.12(1907)
トールキン, J.R.R.　1.3(1892)
ドール, サンフォード　4.23(1844)
トルシエ, フィリップ　3.21(1955)
ドルジーニン　1.13(1886)
ドルジュレス, ロラン　6.15(1886)
トルステンソン　8.17(1603)
トルストイ, アレクセイ・コンスタンチノヴィチ　9.5(1817)
トルストイ, アレクセイ・ニコラエヴィチ　1.10(1883)
トルストイ, レフ・ニコラエヴィチ　9.9(1828)
トルストフ, セルゲイ　1.12(1907)
ドルチェ, ドメニコ　8.13(1958)
ドルチ, カルロ　5.25(1616)
ドルーデ　7.12(1863)
ドルーテン, ジョン・ヴァン　6.1(1901)
トルードー, ピエール　10.18(1919)
トルトリエ, ポール　3.21(1914)
ドールトン,（エドワード・）ヒュー・(ジョン・ニール)ドールトン, 男爵　8.26(1887)
ドールトン, ジョン　9.6(1766)
トルナイ, カーロイ　5.27(1899)
ドルナー, イーザーク・アウグスト　6.20(1809)

ドルニエ, クロード 5.14(1884)
トルネ, シャルル 5.18(1913)
ドルノウシェク, ヤネズ 5.17(1950)
トルヒージョ・モリナ 10.24(1891)
ドルフース, エンゲルベルト 10.4(1892)
トルベッケ 1.14(1798)
トルベツコーイ, ニコライ・セルゲーヴィチ 4.16(1890)
トールベルク 9.16(1908)
トールボット, ウィリアム・ヘンリー・フォックス 2.11(1800)
トールマン, エドワード・C 4.14(1886)
トルーマン, ハリー・S 5.8(1884)
ドルメッチ, アーノルド 2.24(1858)
トルールストラ 4.20(1860)
ドルワール・ド・レゼー 4.27(1849)
トレイヴン, B. 5.3(1890)
トレイシー, スペンサー 4.5(1900)
ドレイバー, ジョン・ウィリアム 5.5(1811)
ドレイファス, リチャード 10.29(1947)
トレヴァー - ローパー, ヒュー 1.15(1914)
トレヴィシック, リチャード 4.13(1771)
トレヴェリアン, G.M. 2.16(1876)
トレヴェリアン, サー・ジョージ・オットー 7.20(1838)
トレ, エチエンヌ 8.3(1509)
ドレ, ギュスターヴ 1.6(1832)
ドレーク 3.29(1819)
トレジアコフスキー, ワシーリー・キリロヴィチ 2.22(1703)
トレーズ 4.28(1900)
トレス 5.5(1919)
トレス - ボデー, ハイメ 4.17(1902)
ドレース, ヴィレム 7.5(1886)
トレス・レストレーポ, カミーロ 2.3(1929)
トレチャコフ, セルゲイ・ミハイロヴィチ 6.8(1892)
ドレッサー, クリストファー 7.4(1834)
トレッリ, ジャーコモ 9.1(1608)
トレッリ, ジュゼッペ 4.22(1658)
トレニョーフ, コンスタンチン・アンドレーヴィチ 6.2(1878)
ドレーパー 8.10(1894)
ドレーフス, パウル・ゴットフリート 5.8(1858)
ドレフュス, アルフレッド 10.19(1859)
ドレフュス, ヘンリー 3.2(1904)
トレヤール 1.3(1742)
トレルチュ, エルンスト 2.17(1865)
トレンデレンブルク, フリードリヒ・アードルフ 11.30(1802)
ドロイゼン 7.6(1808)
トローガー, パウル 10.30(1698)
ドローゴ(メスの) 6.17(801)
ドロステ - ヒュルスホフ, アンネッテ・フォン 1.10(1797)
ドロステ・ツー・フィッシャリング, クレーメンス・アウグスト 1.21(1773)
トロツキー, レフ 11.7(1879)
トロツキー, レフ・ダヴィドヴィチ 10.26(1879)
トロッツェンドルフ, ヴァーレンティーン 2.14(1490)
トーロッドセン, ヨウン・ソウルザルソン 10.5(1818)
トーロップ, ヤン 12.20(1858)
ドローネー 4.9(1816)
ドローネー, ジュール - エリー 6.12(1828)
ドローネー, ソニア 11.14(1885)
ドローネー, ロベール 4.12(1885)
トローハ, エドゥアルド 8.27(1899)
トロピーニン, ヴァシーリイ 3.19(1776)
トローベル, ヘレン 6.20(1899)
トローベル, ホレス 12.19(1858)
トロボアダ, ミゲル 12.27(1936)
ドロミュ, デオダ・ギー・グラテ・ド 6.23(1750)
トロヤノフスキー 11.24(1919)
トロル 12.24(1899)
ドロ, ルイ(アントワーヌ・マリー・ジョゼフ) 12.7(1857)
ドロール, ジャック 7.20(1925)
ドロルム, マリオン 10.3(1611)
トロロップ, アントニー 4.24(1815)
トロワイヨン, コンスタン 8.28(1810)
ドロン, アラン 11.8(1935)
ド・ロング, ジョージ・ワシントン 8.22(1844)
ドロンド, ジョン 6.10(1706)
トロンプ, コルネリス(・マールテンスゾーン) 9.9(1629)
トロンプ, マールテン(・ハルペルスゾーン) 4.23(1598)
ドワイト, ティモシー 5.14(1752)
トワイニング 10.11(1898)
トワルドフスキー, アレクサンドル・トリフォノヴィチ 6.21(1910)
トーン, (シオボルド・)ウルフ 6.20(1763)
曇栄宗曄 7.1(1750)
ドン・カルロス 1.18(1818)
ドン・カルロス 3.29(1788)
ドン・カルロス 7.8(1545)
曇照 6.18(1187)
ドン, ジョルジュ 9.25(1947)
ドンスコイ, マルク 3.6(1901)

ドンデルス 5.27(1818)
トン・ドゥック・タン 8.19(1888)
ドンナー, ゲオルク・ラファエル 5.24(1693)
ドンナン, フレデリック・ジョージ 9.6(1870)
トンバ, アルベルト 12.19(1966)
ドン・ファン・デ・アウストリア 2.24(1547)
トンプソン 8.6(1820)
トンプソン 12.31(1898)
トンプソン, エマ 4.15(1959)
トンプソン, サー・ダーシー・ウェントウォース 5.2(1860)
トンプソン, サー・ベンジャミン, ランフォード伯爵 3.26(1753)
トンプソン, デイヴィド 4.30(1770)
ドンブロフスカ, マリア 10.6(1889)
ドンブロフスキ 8.29(1755)
ドンブロフスキー, ユーリー・オーシポヴィチ 4.29(1909)
トンボー, クライド・ウィリアム 2.4(1906)
トンマゼーオ, ニッコロ 10.9(1802)
呑竜 4.25(1556)
ドンワン 11.21(1979)

【な】

ナイ 12.19(1892)
ナイサー, アルベルト・ルートヴィヒ・ジークムン 1.22(1855)
ナイティンゲイル, フローレンス 5.15(1820)
ナイト 8.12(1759)
ナイト 11.7(1885)
内藤濯 7.7(1883)
内藤卯三郎 10.4(1891)
内藤清枚 8.6(1645)
内藤国夫 5.27(1937)
内藤湖南 8.17(1866)
内藤学文 9.16(1751)
ナイドゥ, サロウジニ 2.13(1879)
内藤大助 8.30(1974)
内藤剛志 5.27(1955)
内藤多喜夫 2.5(1900)
内藤忠興 2.1(1592)
内藤多仲 6.12(1886)
内藤忠太郎 7.9(1844)
内藤知周 11.20(1914)
内藤信成 5.5(1545)
内藤久寛 7.22(1859)
内藤風虎 9.15(1619)
内藤政樹 10.29(1703)
内藤正敏 4.18(1938)
内藤政脩 10.25(1752)
内藤鳴雪 4.15(1847)
内藤誉三郎 1.8(1912)
内藤頼博 3.12(1908)
内藤魯一 10.6(1846)
ナイト, ジョージ・ウィルソン 9.19(1897)
ナイトレイ, キーラ 3.22(1985)
ナイポール, ビディアダール・スーラジプラサド 8.17(1932)
ナヴァラ, アンドレ 10.13(1911)
ナヴィエ, クロード 2.15(1785)
ナウコフスカ, ゾフィア 11.10(1885)
ナウマン 5.13(1886)
ナウマン 9.11(1854)
ナウマン, フリードリヒ 3.25(1860)
直木三十五 2.12(1891)
NAOTO 5.8(1983)
尚仁親王 11.9(1671)
直仁親王 9.9(1704)
直良信夫 1.10(1902)
ナオロジー 9.4(1825)
中井亜希 8.21(1967)
長井雅楽 5.1(1819)
長井雲坪 2.2(1833)
長井勝一 4.14(1921)
永井荷風 12.3(1879)
中井貴一 9.18(1961)
中井貴恵 11.27(1957)
永井建子 9.8(1865)
永井幸太郎 4.4(1887)
中井甃庵 9.29(1693)
中井庄五郎 4.23(1847)
中井宗太郎 9.19(1879)
永井隆 2.3(1908)
中井猛之進 11.9(1882)
永井龍男 5.20(1904)
中井竹山 5.13(1730)
中井長居 7.19(1807)
永井尚志 11.3(1816)
長井長義 6.20(1845)
永井潜 11.14(1876)
中井英夫 9.17(1922)
中井広恵 6.24(1969)
長井真琴 7.28(1881)
中井正一 2.14(1900)
中居正広 8.18(1972)
永井大 5.20(1978)
永井松三 3.5(1877)
永井真理子 12.4(1966)
永井道雄 3.4(1923)
永井路子 3.31(1925)
永井美奈子 6.14(1965)
中井美穂 3.11(1965)
中井履軒 5.26(1732)
永井柳太郎 4.16(1881)
中内切 8.2(1922)
中江丑吉 8.14(1889)
永江純一 2.9(1853)
中江常省 7.4(1648)
中江兆民 11.1(1847)
中江藤樹 3.7(1608)
中江有里 12.26(1973)
中江要介 12.30(1922)
中尾彬 8.11(1942)
長尾雨山 9.18(1864)
長岡外史 1.13(1858)
長岡監物 2.11(1813)
長岡秀星 11.26(1936)
長岡春一 1.16(1877)
中岡慎太郎 4.13(1838)
永岡鶴蔵 12.9(1863)
長岡半太郎 6.28(1865)
永岡秀一 9.7(1876)
長岡弘芳 1.1(1932)
長岡正男 7.7(1897)
長岡護美 9.7(1842)
長沖一 1.30(1904)
仲尾権四郎 6.5(1886)
中尾佐助 8.12(1916)

仲尾次政隆 5.11(1810)
中尾進 5.27(1916)
長尾正人 10.21(1901)
中尾都山(初代) 10.5(1876)
中尾都山(2代目) 1.9(1944)
中尾ミエ 6.6(1946)
中垣内祐一 11.2(1967)
中垣謙斎 5.29(1805)
中上健次 8.2(1946)
中川晃教 11.5(1982)
中川安奈 8.30(1965)
中川一郎 3.9(1925)
中川一政 2.14(1893)
中川敬輔 8.26(1969)
中川家剛 12.4(1970)
中川家礼二 1.19(1972)
中川健蔵 7.16(1875)
中川幸庵 7.13(1874)
中川小十郎 1.4(1866)
中川自休 8.18(1778)
中川翔子 5.5(1985)
中川新一 1.9(1920)
中川末吉 11.6(1874)
中川善之助 11.18(1897)
中川信夫 4.18(1905)
中川久昭 4.4(1820)
中川久清 1.10(1615)
中川久恒 7.26(1641)
中川久盛 7.15(1594)
中河幹子 7.30(1895)
中川以良 1.29(1900)
中河与一 2.28(1897)
中川米造 3.23(1926)
中川李枝子 9.29(1935)
中勘助 5.22(1885)
中桐雅夫 10.11(1919)
長久保赤水 11.6(1717)
中越典子 12.31(1979)
那珂梧楼 11.24(1827)
長坂好子 5.29(1891)
長崎英造 8.13(1881)
長崎惣之助 6.25(1896)
長崎宏子 7.27(1968)
永作博美 10.14(1970)
中里介山 4.4(1885)
中里太郎右衛門(12代目) 4.11(1895)
中里恒子 12.23(1909)
長沢亀之助 11.22(1860)
長沢規矩也 5.14(1902)
長沢求吾 4.19(1710)
中沢けい 10.6(1959)
長沢節 5.12(1917)
中沢佑 6.28(1894)
中沢道二 8.15(1725)
中沢弘光 8.4(1874)
中沢不二雄 11.25(1892)
中沢弁次郎 7.7(1891)
長沢まさみ 6.3(1987)
中沢臥夫 12.31(1905)
中沢護人 7.27(1916)
中沢裕子 6.19(1973)
中沢佑二 2.25(1978)
中沢良夫 9.19(1883)
中沢臨川 10.28(1878)
中島梓 2.13(1953)
中島敦 5.5(1909)
中島幾三郎 8.8(1858)
中島伊津子 11.2(1951)
長嶋一茂 1.26(1966)
中島河太郎 6.5(1917)
中島宜門 7.9(1807)
中島潔 4.26(1943)
中島久万吉 7.24(1873)
中島啓江 11.15(1957)
中島慶次 9.20(1894)
中島今朝吾 6.15(1882)
中島健蔵 2.21(1903)
中島孤島 10.27(1878)
中嶋悟 2.23(1953)
長嶋茂雄 2.20(1936)
中島重 5.3(1888)
永島慎二 7.8(1937)
中島誠之助 3.5(1938)
中島斌雄 10.4(1908)
中島知久平 1.11(1884)
中嶋常幸 10.20(1954)
中島鉄蔵 10.12(1886)
中島董一郎 8.22(1883)
中島藤右衛門 12.7(1745)
永島敏行 10.21(1956)
中島知子 8.26(1971)
中嶋朋子 6.5(1971)
中島信行 8.15(1846)
中島治康 6.28(1909)
中島広足 3.5(1792)
中島啓之 6.7(1943)
中島史恵 6.14(1968)
中嶋正昭 12.2(1928)
中島ます 9.7(1815)
中島美嘉 2.19(1983)
中島みゆき 2.23(1952)
中島弥団次 6.13(1886)
中島らも 4.3(1952)
中島力造 2.21(1858)
中条きよし 3.4(1946)
中小路廉 7.3(1866)
中城ふみ子 11.25(1922)
永末ミツヱ 12.11(1904)
長洲一二 7.28(1919)
仲宗根喜元 12.27(1670)
永積安明 2.6(1908)
永瀬清子 2.17(1906)
長瀬富郎 11.21(1863)
長瀬智也 11.7(1978)
永瀬正敏 7.15(1966)
長瀬実夕 5.20(1988)
永瀬義郎 1.5(1891)
仲宗根政善 4.26(1907)
仲宗根美樹 6.23(1944)
中曽根康弘 5.27(1918)
中薗英助 8.27(1920)
仲代達矢 12.13(1932)
中田薫 3.1(1877)
中田錦吉 12.9(1865)
永田錦心 12.1(1885)
中田久美 9.3(1965)
永田耕衣 2.21(1900)
永田衡吉 11.20(1893)
中田浩二 7.9(1979)
永田貞雄 1.26(1904)
中田重治 10.3(1870)
中田清兵衛 11.20(1851)
中田大輔 3.2(1974)
中田ダイマル 12.14(1913)
永田敬生 9.1(1911)
中田孝 3.8(1908)
中田高寛 3.12(1739)
永田武 6.24(1913)
永田鉄山 1.14(1884)
中谷彰宏 4.14(1959)
永谷喬夫 9.10(1976)
中谷孝雄 10.1(1901)
中谷千代子 1.16(1930)
中谷美紀 1.12(1976)
長谷幸輝 11.13(1843)
永谷嘉男 5.16(1923)
永谷義弘 2.8(1681)
長田秀雄 5.13(1885)
永田秀次郎 7.23(1876)
中田英寿 1.22(1977)
永田広志 4.1(1904)
中田博之 12.25(1912)

永田雅一　*1.21*（1906）
長田幹彦　*3.1*（1887）
中田瑞穂　*4.24*（1893）
永田靖　*10.11*（1907）
永田裕志　*4.24*（1968）
中田喜子　*11.22*（1953）
中田喜直　*8.1*（1923）
中塚一碧楼　*9.24*（1887）
長塚京三　*7.6*（1945）
中司清　*10.21*（1900）
長塚節　*4.3*（1879）
長塚智広　*11.28*（1978）
中戸川吉二　*5.20*（1896）
長戸得斎　*6.3*（1802）
長門裕之　*1.10*（1934）
永富独嘯庵　*2.14*（1732）
長門美保　*6.23*（1911）
中西伊之助　*2.7*（1887）
中西圭三　*11.11*（1964）
中西功　*9.18*（1910）
中西悟堂　*11.16*（1895）
中西深斎　*12.6*（1724）
中西武夫　*10.8*（1908）
中西哲生　*9.8*（1969）
中西利雄　*12.19*（1900）
中西梅花　*4.1*（1866）
中西太　*4.11*（1933）
中西義雄　*12.14*（1922）
なかにし礼　*9.2*（1938）
長沼賢海　*3.26*（1883）
長沼弘毅　*11.21*（1906）
長沼妙佼　*12.25*（1889）
長沼宗敬　*5.28*（1635）
長沼守敬　*9.23*（1857）
仲根かすみ　*4.3*（1982）
中根千枝　*11.30*（1926）
中根雪江　*7.3*（1807）
中院通枝　*11.29*（1722）
中院通勝　*5.6*（1556）
中院通維　*7.19*（1738）
中院通茂　*4.13*（1631）
中院通為　*11.24*（1517）
中院通村　*1.26*（1588）
長野宇平治　*9.1*（1867）
中野英治　*12.5*（1904）
永野修身　*6.15*（1880）
中野嘉一　*4.21*（1907）
永野一男　*8.1*（1952）
中野金次郎　*5.20*（1882）
長野国助　*6.11*（1887）
中野梧一　*1.8*（1842）
中野浩一　*11.14*（1955）
中野孝次　*1.1*（1925）
長野重一　*3.30*（1925）
永野重雄　*7.15*（1900）
中野重治　*1.25*（1902）
中能島欣一　*12.16*（1904）
長野主膳　*10.16*（1815）
長野濬平　*10.24*（1823）
中野逍遙　*2.11*（1867）
中野二郎三郎　*3.4*（1853）
中野信治　*4.1*（1971）
中野鈴子　*1.24*（1906）
中野正剛　*2.12*（1886）
中野大輔　*10.10*（1982）
長野垤志　*10.28*（1900）
中野登美雄　*7.13*（1891）
長野智子　*12.24*（1962）
中野友礼　*2.1*（1887）
長野馬貞　*12.22*（1672）
中野秀人　*5.17*（1898）
長野博　*10.9*（1972）
中野武営　*1.3*（1848）
長野豊山　*7.28*（1783）
永野護　*9.5*（1890）
中野実　*11.30*（1901）
長野泰一　*6.22*（1906）
仲野安雄　*5.14*（1694）
中野好夫　*8.2*（1903）
中野与之助　*8.12*（1887）
中橋徳五郎　*9.10*（1861）
中畑清　*1.6*（1954）
中浜哲　*1.1*（1897）
中原邦平　*6.15*（1852）
長原孝太郎　*2.16*（1864）
中原俊　*5.25*（1951）
中原淳一　*2.16*（1913）
中原蕉斎　*4.17*（1753）
仲原善忠　*7.15*（1890）
中原中也　*4.29*（1907）
中原悌二郎　*10.4*（1888）
中原猶介　*4.8*（1832）
中原延平　*5.23*（1890）
中原師遠　*11.23*（1070）
中原ひとみ　*7.22*（1936）
中原師尚　*3.23*（1131）
中原師平　*11.28*（1022）
中原師光　*5.3*（1206）
中原師宗　*8.13*（1239）
中原師安　*8.29*（1088）
中原和郎　*9.14*（1896）
中平康　*1.3*（1926）
中平卓馬　*7.6*（1938）
長広敏雄　*12.27*（1905）
長渕剛　*9.7*（1956）
中部幾次郎　*1.4*（1866）
中部銀次郎　*2.16*（1942）
中部謙吉　*3.25*（1896）
長町竹石　*1.29*（1757）
仲間由紀恵　*10.30*（1979）
中丸精十郎　*1.1*（1840）
中御門資胤　*5.14*（1569）
中御門資熙　*12.26*（1635）
中御門経之　*12.17*（1820）
中御門天皇　*12.17*（1701）
中御門尚良　*8.7*（1590）
中御門宣胤　*8.29*（1442）
中御門宣治　*5.8*（1517）
中御門宣秀　*8.17*（1469）
中上川彦次郎　*8.13*（1854）
中村明石（5代目）　*4.9*（1873）
中村明人　*4.11*（1889）
中村敦夫　*2.18*（1940）
中村征夫　*7.1*（1945）
中村歌右衛門（3代目）　*3.3*（1778）
中村歌右衛門（5代目）　*12.29*（1866）
中村歌右衛門（6代目）　*1.20*（1917）
中村梅吉　*3.19*（1901）
中村英子　*3.23*（1951）
中村江里子　*3.11*（1969）
中村岳陵　*3.10*（1890）
中村一義　*2.18*（1975）
中村歌扇（初代）　*8.15*（1889）
中村歌六（4代目）　*7.15*（1925）
中村翫右衛門（初代）　*10.14*（1851）
中村翫右衛門（3代目）　*2.2*（1901）
中村勘三郎（17代目）　*7.25*（1909）
中村勘三郎（17代目）　*7.29*（1909）
中村勘三郎（18代目）　*5.30*（1955）
中村鴈治郎（初代）　*3.6*（1860）
中村鴈治郎（2代目）　*2.17*（1902）
中村勘太郎（2代目）　*10.31*（1981）
中村きい子　*3.20*（1928）

中村吉右衛門(初代)　*3.24*(1886)
中村吉右衛門(2代目)　*5.22*(1944)
中村吉蔵　*5.15*(1877)
中村精男　*4.18*(1855)
中村清　*6.1*(1913)
中村草田男　*7.24*(1901)
ナカムラ, クニオ　*11.24*(1943)
中村国香　*12.9*(1710)
中村久美　*5.30*(1961)
中村九郎　*8.3*(1828)
中村敬三　*6.10*(1896)
中村研一　*5.14*(1895)
中村憲吉　*1.25*(1889)
中村孝太郎　*8.28*(1881)
中村孝也　*1.2*(1885)
中村黒水　*6.2*(1820)
中村是公　*11.25*(1867)
中村三之丞　*9.18*(1894)
中村芝翫(7代目)　*3.11*(1928)
中村重勝　*4.21*(1775)
中村七三郎(5代目)　*8.28*(1879)
中村七之助(2代目)　*5.18*(1983)
中村獅童(2代目)　*9.14*(1972)
中村雀右衛門(3代目)　*1.20*(1875)
中村雀右衛門(4代目)　*8.20*(1920)
中村十作　*1.18*(1867)
中村修二　*5.22*(1954)
中村俊一　*1.4*(1926)
中村俊輔　*6.24*(1978)
中村順平　*8.29*(1887)
中村真一郎　*3.5*(1918)
中村進午　*7.21*(1870)
中村新太郎　*4.21*(1881)
中村震太郎　*7.1*(1897)
中村星湖　*2.11*(1884)
中村清二　*9.24*(1869)
中村清蔵　*12.24*(1860)
中村清太郎　*4.30*(1888)
中村善右衛門　*10.7*(1806)
中村仙巌尼　*8.9*(1849)
中村扇雀(3代目)　*12.19*(1960)
中村大三郎　*3.21*(1898)
中村泰士　*5.21*(1939)
中村高一　*7.31*(1897)
中村卓彦　*1.31*(1928)
中村武志　*1.15*(1909)
中村剛也　*8.15*(1983)
中村達也　*1.4*(1965)
中村太八郎　*2.20*(1868)
中村玉緒　*7.12*(1939)
中村地平　*2.7*(1908)
中村長八　*8.2*(1865)
中村彝　*7.3*(1887)
中村貞以　*7.23*(1900)
中村汀女　*4.11*(1900)
中村惕斎　*2.9*(1629)
中村輝夫　*10.8*(1919)
中村伝九郎(6代目)　*7.14*(1859)
中村融　*10.9*(1911)
仲村トオル　*9.5*(1965)
中村時雄　*6.12*(1915)
中村時蔵(3代目)　*6.6*(1895)
中村時蔵(4代目)　*12.1*(1927)
中村俊男　*1.7*(1910)
中村富十郎(3代目)　*5.10*(1859)
中村富十郎(4代目)　*6.11*(1908)
中村富十郎(5代目)　*6.4*(1929)
中村直勝　*6.7*(1890)
中村直三　*3.8*(1819)
中村伸郎　*9.14*(1908)
中村紀洋　*7.24*(1973)
中村梅玉(3代目)　*1.14*(1875)
中村白葉　*11.23*(1890)
中村橋之助(3代目)　*8.31*(1965)
中村元　*11.28*(1912)
中村八大　*1.20*(1931)
中村八朗　*4.16*(1914)
中村春二　*3.31*(1877)
中邨秀雄　*10.20*(1932)
中村秀吉　*7.29*(1922)
中村紘子　*7.25*(1944)
中村博直　*9.15*(1916)
中村福助(5代目)　*7.21*(1910)
中村福助(5代目・成駒屋)　*5.10*(1900)
中村福助(9代目)　*10.29*(1960)
中村不折　*7.10*(1866)
中村真衣　*7.16*(1979)
中村正人　*10.1*(1958)
中村雅俊　*2.1*(1951)
中村正也　*3.29*(1926)
中村正義　*5.13*(1924)
中村又五郎(初代)　*1.1*(1885)
中村又五郎(2代目)　*7.21*(1914)
中村光夫　*2.5*(1911)
中村美律子　*7.31*
中村武羅夫　*10.4*(1886)
中村メイコ　*5.13*(1934)
中村有志　*7.8*(1956)
中村雄次郎　*2.28*(1852)
中村幸彦　*7.15*(1911)
中村蘭台(2代目)　*10.11*(1892)
中村立行　*7.31*(1912)
中村良三　*7.26*(1878)
仲本工事　*7.5*(1941)
中本たか子　*11.19*(1903)
中森明菜　*7.13*(1965)
中谷宇吉郎　*7.4*(1900)
中屋健一　*12.9*(1910)
仲家太郎吉　*8.4*(1839)
仲谷昇　*5.4*(1929)
中山あい子　*1.9*(1922)
中山愛子　*11.23*(1816)
中山績子　*2.10*(1795)
中山伊知郎　*9.20*(1898)
中山岩太　*8.3*(1895)
中山美石　*10.10*(1775)
中山エミリ　*10.8*(1978)
中山兼季　*10.27*(1179)
中山義秀　*10.5*(1900)
なかやまきんに君　*9.17*(1978)
中山玄雄　*6.28*(1902)
中山省三郎　*1.28*(1904)
中山正善　*4.23*(1905)
中山晋平　*3.22*(1887)
中山太一　*11.17*(1881)
中山巍　*8.24*(1893)
中山孝親　*12.18*(1512)
永山武臣　*8.30*(1925)
永山武四郎　*4.24*(1837)
中山正　*7.26*(1912)
中山忠光　*4.13*(1845)
中山忠能　*11.11*(1809)
中山太郎　*8.27*(1924)
中山太郎　*11.13*(1876)
中山親綱　*11.23*(1544)

中山千夏 *7.13*(1948)
永山時雄 *2.11*(1912)
中山愛親 *5.25*(1741)
永山則夫 *6.27*(1949)
中山秀征 *7.31*(1967)
中山文甫(初代) *9.16*(1899)
中山平次郎 *6.3*(1871)
中山マサ *1.19*(1891)
中山正男 *1.26*(1911)
中山昌樹 *4.10*(1886)
中山雅史 *9.23*(1967)
中山みき *4.18*(1798)
中山美穂 *3.1*(1970)
中山元親 *12.12*(1593)
中山元成 *10.1*(1818)
長山洋子 *1.13*(1968)
中山慶親 *11.29*(1566)
中山蘭渚 *8.8*(1697)
中義勝 *8.25*(1921)
仲吉朝助 *4.6*(1867)
仲吉良光 *5.23*(1887)
仲吉良新 *8.18*(1931)
長与専斎 *8.28*(1838)
長与千種 *12.8*(1964)
長与又郎 *4.6*(1878)
長与善郎 *8.6*(1888)
半井桃水 *12.2*(1861)
ナーガル, アムリットラール *8.17*(1916)
仲村渠致元 *8.19*(1696)
ナギービン, ユーリー・マルコヴィチ *4.3*(1920)
ナギーブ, ムハンマド *2.20*(1901)
なぎら健壱 *4.16*(1952)
南雲忠一 *3.25*(1887)
名倉潤 *11.4*(1968)
名古屋章 *12.8*(1930)
名古屋玄医 *3.21*(1628)
ナザルバエフ, ヌルスルタン *7.6*(1940)
ナーザン, S.R. *7.3*(1924)
ナジ・イムレ *6.7*(1896)
ナジムッ・ディーン *4.7*(1894)
ナジモヴァ, アラ *6.4*(1879)
梨本伊都子 *2.2*(1882)
梨本守正 *3.9*(1874)
ナーシル・ウッディーン *7.17*(1831)
ナズィール・アフマド *12.6*(1836)
那須皓 *6.11*(1888)
那須辰造 *7.30*(1904)
ナスティオン *12.3*(1918)
那須正幹 *6.6*(1942)
ナズム・ヒクメト・ラン *1.20*(1902)
那須良輔 *4.15*(1913)
ナーセル, ガマール・アブド *1.15*(1918)
ナゾル, ヴラディミル *5.30*(1876)
灘尾弘吉 *12.21*(1899)
ナダール *4.5*(1820)
ナダル, ラファエル *6.3*(1986)
夏川嘉久次 *8.18*(1898)
夏川静枝 *3.9*(1909)
夏川結衣 *6.1*(1968)
夏川りみ *10.9*(1973)
夏樹静子 *12.21*(1938)
夏木マリ *5.2*(1952)
夏樹陽子 *10.24*(1952)
夏木陽介 *2.27*(1936)
ナッシュ, オグデン *8.19*(1902)
ナッシュ, ポール *5.11*(1889)
ナッシュ, リチャード *10.18*(1674)
ナッタ, ジュリオ *2.26*(1903)
ナット, イヴ *12.28*(1890)
夏堀正元 *1.30*(1925)
夏目成美 *1.10*(1749)
夏目漱石 *1.5*(1867)
夏目雅子 *12.17*(1957)
ナティエ, ジャン・マルク *3.17*(1685)
ナーディル・シャー *10.22*(1688)
ナデージジン, ニコライ・イワノヴィチ *10.17*(1804)
名東孝二 *6.26*(1919)
ナドソン, セミョーン・ヤーコヴレヴィチ *12.26*(1862)
ナードラー, ヨーゼフ *5.23*(1884)
名取裕子 *8.18*(1957)
名取洋之助 *9.3*(1910)
名取和作 *4.28*(1872)
ナートルプ, パウル *1.24*(1854)
ナーナク *4.15*(1469)
名波浩 *11.28*(1972)
難波田春夫 *3.31*(1906)
浪花千栄子 *11.19*(1908)
浪花亭綾太郎 *10.17*(1889)
ナハス・パシャ *6.15*(1876)
ナハティガル *2.23*(1834)
那波祐生 *6.3*(1772)
ナバレテ *9.21*(1571)
ナバロ, ガルシア *4.30*(1941)
ナビエフ, ラフマン *10.5*(1930)
ナヒモフ *7.5*(1803)
ナブーコ・デ・アラウージョ, ジョアキン *8.19*(1849)
ナブラチロワ, マルチナ *10.18*(1956)
ナーブル *7.16*(1883)
鍋井克之 *8.18*(1888)
なべおさみ *5.2*(1939)
鍋島勝茂 *10.28*(1580)
鍋島茂精 *12.4*(1834)
鍋島茂真 *11.26*(1813)
鍋島忠茂 *11.28*(1584)
鍋島直興 *6.18*(1730)
鍋島直堅 *4.28*(1695)
鍋島直茂 *3.13*(1538)
鍋島直澄 *11.12*(1615)
鍋島直紹 *5.19*(1912)
鍋島直鬗 *10.26*(1832)
鍋島直朝 *1.21*(1622)
鍋島直温 *5.7*(1766)
鍋島直英 *3.17*(1699)
鍋島直正 *12.7*(1814)
鍋島直能 *12.17*(1622)
鍋島治茂 *8.4*(1745)
鍋島光茂 *5.23*(1632)
鍋島宗茂 *12.21*(1686)
鍋島元茂 *10.11*(1602)
鍋島吉茂 *4.19*(1664)
なべやかん *8.22*(1970)
鍋山貞親 *9.1*(1901)
ナボコフ, ヴラジミル *4.23*(1899)
ナポレオン1世 *8.13*(1769)
ナポレオン2世 *3.20*(1811)
ナポレオン3世 *4.20*(1808)
生江孝之 *11.12*(1867)
生瀬勝久 *10.13*(1960)
浪江虔 *5.21*(1910)
奈美悦子 *12.27*(1950)
並河功 *5.20*(1892)

並河寒泉 *6.1*(1797)
並河天民 *5.28*(1679)
並木路子 *9.30*(1924)
波乃久里子 *12.1*(1945)
比宮培子 *10.19*(1711)
ナームギャル *5.22*(1923)
滑川道夫 *11.3*(1906)
ナモーラ, フェルナンド *4.15*(1919)
名寄岩静男 *9.27*(1914)
楢崎正剛 *4.15*(1976)
楢崎宗重 *6.26*(1904)
楢崎弥八郎 *7.12*(1837)
奈良専二 *9.13*(1822)
奈良武次 *4.6*(1868)
楢橋渡 *3.22*(1902)
楢林宗建 *3.18*(1802)
楢林鎮山 *12.14*(1648)
楢林博太郎 *9.4*(1922)
奈良原喜左衛門 *6.23*(1831)
楢原健三 *6.30*(1907)
奈良光枝 *6.13*(1923)
奈良宮司 *7.12*(1803)
奈良本辰也 *12.11*(1913)
ナラヤナン, コチェリル・ラーマン *10.27*(1920)
ナーラーヤン *10.11*(1902)
ナラーヤン, R.K. *10.10*(1906)
奈良美智 *12.5*(1959)
業合大枝 *8.25*(1792)
成田きん *8.1*(1892)
成田順 *8.16*(1887)
成田忠久 *9.22*(1897)
成田為三 *12.15*(1893)
成田童夢 *9.22*(1985)
成田知巳 *9.15*(1912)
成田三樹夫 *1.31*(1935)
ナリーニョ *4.9*(1765)
成宮寛貴 *9.14*(1982)
成石平四郎 *8.12*(1882)
成井豊 *10.8*(1961)
成島錦江 *1.15*(1689)
成島司直 *2.15*(1778)
成島柳北 *2.16*(1837)
成瀬桜桃子 *11.25*(1925)
成瀬仁蔵 *6.23*(1858)
成瀬正親 *3.11*(1639)
成瀬巳喜男 *8.20*(1905)
成瀬無極 *4.26*(1885)
ナルディーニ, ピエトロ *4.12*(1722)
鳴戸俊英 *9.29*(1952)
ナルバエス *8.4*(1800)
ナルバンジャン, ミカエル・ガザリ *11.2*(1829)
成海璃子 *8.18*(1992)
鳴山草平 *5.30*(1902)
名和統一 *6.18*(1906)
名和靖 *10.8*(1857)
名和好子 *1.22*(1920)
南宮大湫 *3.1*(1728)
南源性派 *8.23*(1631)
ナンシー梅木 *5.6*(1929)
ナンシー関 *7.7*(1962)
南条範夫 *11.14*(1908)
南条文雄 *5.12*(1849)
ナンセン, フリチョフ *10.10*(1861)
南都雄二 *4.26*(1923)
南日恒太郎 *9.30*(1871)
難波大助 *11.7*(1899)
難波田竜起 *8.13*(1905)
難波伝兵衛 *1.4*(1811)
難波利三 *9.25*(1936)
難波英夫 *2.5*(1888)
難波宗城 *8.7*(1724)
難波宗建 *7.15*(1697)
南原清隆 *2.13*(1965)
南原繁 *9.5*(1889)
南部あき *5.18*(1912)
ナンフィ, アンリ *10.2*(1932)
南部圭之助 *4.5*(1904)
南部五竹 *1.26*(1831)
南部正太郎 *11.23*(1918)
南部忠平 *5.24*(1904)
南部利敬 *9.29*(1782)
南部利直 *3.15*(1576)
南部利剛 *12.28*(1826)
南部直政 *5.6*(1661)
南里文雄 *12.24*(1910)
南里有鄰 *1.11*(1812)

【に】

新居格 *3.9*(1888)
新垣里沙 *10.20*(1988)
新島八重子 *11.3*(1845)
新関八洲太郎 *4.2*(1897)
新関良三 *8.4*(1889)
仁井田南陽 *6.6*(1770)
仁井田陞 *1.1*(1904)
新井田豊 *10.2*(1978)
新妻イト *8.5*(1890)
新妻実 *9.29*(1930)
新家孝正 *6.29*(1857)
新美卯一郎 *1.12*(1879)
新美南吉 *7.30*(1913)
新村忠雄 *4.26*(1887)
新納忠之介 *11.25*(1868)
ニーヴェンホイス *12.31*(1846)
ニヴン, デイヴィド *3.1*(1911)
ニエーヴォ, イッポーリト *11.30*(1831)
ニェゴシュ, ペタル・ペトロヴィチ *11.1*(1813)
ニエプス, ジョゼフ・ニセフォア *3.7*(1765)
ニェムツェーヴィチ *2.6*(1757)
ニェムツォヴァー, ボジェナ *2.4*(1820)
二岡智宏 *4.29*(1976)
二階堂進 *10.16*(1909)
二階堂トクヨ *12.5*(1880)
二階俊博 *2.17*(1939)
仁木悦子 *3.7*(1928)
ニキシュ, アルトゥール *10.12*(1855)
ニキーチン, イワン・サヴィチ *9.21*(1824)
ニクソン, リチャード *1.9*(1913)
ニクラウス, ジャック *1.21*(1940)
ニグリ *2.26*(1888)
ニクーリン, レフ・ヴェニアミノヴィチ *5.8*(1891)
ニーグレン, アンデシュ・テーオドール・サーミュエル *11.15*(1890)
日向 *2.16*(1253)
ニコラ1世 *10.7*(1841)
ニコライ *8.22*(1836)
ニコライ1世 *7.7*(1796)
ニコライ2世 *5.18*(1868)
ニコライ, オットー *6.9*(1810)

ニコライ, クリストフ・フリードリヒ　*3.18*(1733)
ニコラウス4世　*9.30*(1227)
ニコラウス5世　*11.5*(1397)
ニコラウス(フリューエの)　*3.21*(1417)
ニコラーエワ, ガリーナ・エヴゲニエヴナ　*2.18*(1911)
水郡善之祐　*12.12*(1826)
ニコル　*6.28*(1894)
ニコル, C.W.　*7.17*(1940)
ニコル, ウィリアム・ロバートスン　*10.10*(1851)
ニコル, シャルル・ジュール・アンリ　*9.21*(1866)
ニコルズ, バーバラ　*12.30*(1929)
ニコルズ, ピーター　*7.31*(1927)
ニコルズ, ロバート　*9.6*(1893)
ニコルソン　*11.9*(1850)
ニコルソン, ジャック　*4.28*(1937)
ニコルソン, セス・バーンズ　*11.12*(1891)
ニコルソン, ハロルド　*11.21*(1886)
ニコルソン, ベン　*4.10*(1894)
ニコル, ピエール　*10.19*(1625)
ニコン　*5.7*(1605)
ニザール, デジル　*3.20*(1806)
ニザン, ポール　*2.7*(1905)
西有穆山　*10.23*(1821)
西浦進　*12.4*(1901)
西尾出　*10.14*(1924)
西岡竹次郎　*5.28*(1890)
西岡常一　*9.4*(1908)
西岡徳馬　*10.5*(1946)
西岡虎之助　*5.17*(1895)
西尾幹二　*7.20*(1935)
西尾末広　*3.28*(1891)
西尾忠久　*6.9*(1930)
西尾寿造　*10.31*(1881)
西尾実　*5.14*(1889)
西垣脩　*5.19*(1919)
西川一草亭　*1.12*(1878)
西川嘉義　*1.18*(1864)
西川喜洲(2代目)　*10.24*(1904)
西川きよし　*7.2*(1946)
西川鯉三郎(初代)　*11.30*(1824)
西川鯉三郎(2代目)　*12.27*(1909)
西川光二郎　*4.29*(1876)
西川正治　*12.5*(1884)
西川正休　*11.14*(1693)
西川扇蔵(8代目)　*3.12*(1859)
西川扇蔵(10代目)　*6.22*(1928)
西川貴教　*9.19*(1970)
西川辰美　*6.30*(1916)
西川藤吉　*3.17*(1874)
西川のりお　*5.12*(1951)
西川正身　*9.15*(1904)
西川峰子　*5.23*(1958)
西川寧　*1.25*(1902)
西川義方　*6.28*(1880)
西川練造　*3.17*(1807)
錦織一清　*5.22*(1965)
錦織健　*1.23*(1960)
錦野旦　*12.14*(1948)
錦小路頼徳　*4.24*(1835)
西木正明　*5.25*(1940)
錦米次郎　*6.28*(1914)
西口彰　*12.14*(1925)
西口敏夫　*9.19*(1913)
西口文也　*9.26*(1972)
西阪専慶(16代目)　*6.21*(1897)
西崎英雄　*8.31*(1918)
西崎緑(初代)　*5.16*(1911)
西沢爽　*1.9*(1919)
西沢笛畝　*1.1*(1889)
西沢文隆　*2.7*(1915)
西沢道夫　*9.1*(1921)
西島千博　*10.21*(1971)
西島秀俊　*3.29*(1971)
西島蘭渓　*12.28*(1780)
西晋一郎　*3.29*(1873)
西田幾多郎　*4.19*(1870)
西竹一　*7.12*(1902)
西田公一　*2.27*(1925)
西田修平　*3.21*(1910)
西田隆男　*10.12*(1901)
西田天香　*2.10*(1872)
西田敏行　*11.4*(1947)
西田直養　*7.21*(1793)
西田直二郎　*12.23*(1886)
西田尚美　*2.16*(1972)
西谷啓治　*2.27*(1900)
西谷能雄　*9.8*(1913)
西田ハル　*7.8*(1905)
西田ひかる　*8.16*(1972)
西田税　*10.3*(1901)
西角井正慶　*5.22*(1900)
西出大三　*6.7*(1913)
西徳次郎　*12.25*(1848)
仁科亜季子　*4.3*(1953)
西永良成　*6.11*(1944)
仁科芳雄　*12.6*(1890)
西ノ海嘉治郎(初代)　*1.3*(1855)
西ノ海嘉治郎(2代目)　*2.6*(1880)
西ノ海嘉治郎(3代目)　*11.2*(1890)
西野和子　*4.13*(1938)
西野元　*11.29*(1875)
西野辰吉　*2.12*(1916)
西洞院時名　*2.1*(1730)
西洞院時慶　*11.5*(1552)
西洞院長子　*8.9*(1737)
西洞院信愛　*7.16*(1846)
西端行雄　*10.12*(1916)
西原一策　*4.18*(1893)
西原亀三　*6.3*(1873)
西原晁樹　*2.15*(1781)
西春彦　*4.29*(1893)
西広整輝　*6.24*(1930)
西堀栄三郎　*1.28*(1903)
西雅雄　*4.24*(1896)
西松三好　*10.6*(1898)
西宮弘　*5.14*(1906)
西村朝日太郎　*12.21*(1909)
西村伊作　*9.6*(1884)
西村栄一　*3.8*(1904)
西村英一　*8.28*(1897)
西村和彦　*8.21*(1966)
西村勝三　*12.9*(1837)
西村菊渓　*11.8*(1682)
西村京太郎　*9.6*(1930)
西村郡司　*9.23*(1814)
西村晃　*1.25*(1923)
西村五雲　*11.6*(1877)
西村七右衛門　*9.23*(1814)
西村寿行　*11.3*(1930)
西村進一　*12.30*(1919)
西村真次　*3.30*(1879)
西村総左衛門　*5.25*(1855)
西村貞　*12.12*(1893)

西村天囚　*7.23*(1865)
西村知美　*12.17*(1970)
西邑虎四郎　*7.5*(1830)
西村直己　*10.8*(1905)
西村秀雄　*5.17*(1912)
西村雅彦　*12.12*(1960)
西村陽吉　*4.9*(1892)
西銘順治　*11.5*(1921)
西本敦　*1.21*(1924)
西本省三　*11.20*(1878)
西本はるか　*4.21*(1978)
西本幸雄　*4.25*(1920)
西山夘三　*3.1*(1911)
西山夘二郎　*11.13*(1908)
西山志澄　*6.6*(1842)
西山翠嶂　*4.2*(1879)
西山拙斎　*8.17*(1735)
西山善次　*10.14*(1901)
西山英雄　*5.7*(1911)
西山弥太郎　*8.5*(1893)
西山志澄　*6.6*(1842)
西山嘉孝　*6.9*(1923)
二条昭実　*11.1*(1556)
二条院　*12.9*(1026)
二条尹房　*10.12*(1496)
二条綱平　*4.13*(1672)
二条天皇　*6.17*(1143)
二条斉通　*5.9*(1781)
二条斉敬　*9.12*(1816)
二条晴良　*4.16*(1526)
二条光平　*12.13*(1624)
二条宗基　*5.20*(1727)
二条持通　*5.6*(1416)
二条康道　*1.24*(1607)
二条吉忠　*6.20*(1689)
西義一　*1.1*(1878)
西脇順三郎　*1.20*(1894)
ニジンスカ, ブロニスラヴァ　*1.8*(1891)
ニジンスキー, ヴァツラフ　*2.28*(1888)
ニーセン　*12.7*(1890)
ニーソン, リーアム　*6.7*(1952)
二谷英明　*2.28*(1930)
ニーダム, ジョゼフ　*12.9*(1900)
二反長半　*11.20*(1907)
ニーチェ, フリードリヒ・ヴィルヘルム　*10.15*(1844)
日奥　*6.8*(1565)
日我　*9.16*(1508)
日侃　*3.21*(1525)
日寛　*8.8*(1665)
日輝　*3.26*(1800)
日護　*5.8*(1580)
日講　*7.23*(1626)
日什　*4.28*(1314)
日陣　*4.21*(1339)
日像　*8.10*(1269)
日目　*4.28*(1260)
日隆　*10.14*(1385)
日蓮　*2.16*(1222)
日朗　*4.8*(1245)
ニッカネン, マッチ　*7.17*(1963)
日経　*2.28*(1560)
ニック　*1.28*(1980)
ニックリッシュ　*7.19*(1876)
日華　*11.15*(1252)
日興　*3.8*(1246)
ニッコリーニ, ジョヴァンニ・バッティスタ　*10.29*(1782)
日秀　*4.8*(1383)
日審　*6.2*(1599)
日親　*9.13*(1407)
日辰　*8.26*(1508)
日相　*12.12*(1688)
日泰　*10.14*(1432)
仁田勇　*10.19*(1899)
新田恵利　*3.17*(1968)
新田潤　*9.18*(1904)
新田次郎　*6.6*(1912)
新田融　*3.12*(1880)
ニッチュ, カール・イマーヌエル　*9.21*(1787)
日朝　*1.5*(1422)
日潮　*12.18*(1674)
ニッツェ　*9.18*(1848)
ニッティ　*7.19*(1868)
二出川延明　*8.31*(1901)
ニデルメイエール, ルイ　*1.27*(1802)
新渡戸稲造　*8.8*(1862)
新渡戸伝　*11.7*(1793)
蜷川虎三　*2.24*(1897)
蜷川幸雄　*10.15*(1935)
二宮和也　*6.17*(1983)
二宮敬作　*5.10*(1804)
二宮尊徳　*7.23*(1787)
二宮忠八　*6.9*(1866)
二宮わか　*9.22*(1861)
ニーバー, ラインホルト　*6.21*(1892)
ニプコー, パウル　*8.22*(1860)
ニーブール, カルステン　*3.17*(1733)
ニーブール, バルトルト・ゲオルク　*8.27*(1776)
日保　*7.1*(1258)
二本柳寛　*11.20*(1917)
ニーマイアー, アウグスト・ヘルマン　*9.1*(1754)
ニミエ, ロジェ　*10.31*(1925)
ニミッツ, チェスター・W　*2.24*(1885)
ニーメラー, マルティーン　*1.14*(1892)
ニヤゾフ, サパルムラド　*2.19*(1940)
ニューカム, サイモン　*3.12*(1835)
ニュートン　*9.16*(1816)
ニュートン, アイザック　*12.25*(1642)
ニュートン, ジョン　*7.24*(1725)
ニュートン・ジョン, オリビア　*9.26*(1948)
ニュートン, ヘルムート　*10.31*(1920)
ニューマン, アルフレッド　*3.17*(1901)
ニューマン, ジョン・ヘンリー　*2.21*(1801)
ニューマン, バーネット　*1.29*(1905)
ニューマン, フランシス・ウィリアム　*6.27*(1805)
ニューマン, ポール　*1.26*(1925)
ニューランズ, ジョン・アレグザンダー・レイナ　*11.26*(1837)
ニューランド, ジュリアス・アーサー　*2.14*(1878)
如覚　*3.7*(1250)
如道　*4.8*(1253)
ニラーラー, スーリヤカーント・トリパーティー　*2.29*(1896)
ニール　*4.2*(1810)

ニール, アレグザンダー・サザーランド 10.17(1883)
ニール, サム 9.14(1947)
ニールゼン, アスタ 9.11(1883)
ニールセン, カイ 11.26(1882)
ニルセン, カール 6.9(1865)
ニールソン 6.22(1792)
ニルソン, マッティン・ベアション 7.12(1874)
ニルソン, ラルス・フレデリック 5.27(1840)
ニール, パトリシア 1.20(1926)
丹羽周夫 8.27(1895)
庭田重通 2.20(1547)
庭田重保 7.23(1525)
丹羽長重 4.18(1571)
庭野日敬 11.15(1906)
丹羽兵助 5.15(1911)
丹羽文雄 11.22(1904)
丹羽正雄 7.2(1834)
丹羽麻由美 9.12(1984)
丹羽光重 12.28(1621)
丹羽保次郎 4.1(1893)
ニン, アナイス 2.21(1903)
ニンク, カスパル 1.31(1885)
仁孝天皇 2.21(1800)
仁悟法親王 7.7(1482)
任助 7.22(1525)
忍性 7.16(1217)
忍澂 1.8(1645)
任弼時 4.30(1904)

【 ぬ 】

ヌヴー, ジネット 8.11(1919)
ヌヴー, ジョルジュ 8.25(1900)
額田六福 10.2(1890)
忽滑谷快天 12.1(1867)
温水洋一 6.19(1964)
ヌゲマ・テオドロ・オビアン 6.5(1942)
ヌシッチ, ブラニスラヴ 10.8(1864)
ヌジョマ, サム・ダニエル 5.12(1929)

ヌスバウム, アーサー 1.31(1877)
ヌティバンツンガニャ, シルベストゥル 5.8(1956)
沼波瓊音 10.1(1877)
布川角左衛門 10.13(1901)
沼正作 2.7(1929)
沼尻墨僊 3.15(1775)
沼田稲次郎 5.25(1914)
沼田多稼蔵 4.18(1892)
沼田真 11.27(1917)
沼田義明 4.19(1945)
沼知福三郎 5.4(1898)
沼野充義 6.8(1954)
沼野みね 12.11(1771)
沼間守一 12.2(1844)
ヌムール 9.14(1739)
ぬやまひろし 11.18(1903)
ヌルクセ 10.5(1907)
ヌルミ, パーヴォ 6.13(1897)
ヌレーエフ, ルドルフ 3.17(1938)

【 ね 】

ネアンダー, ヨーハン・アウグスト・ヴィルヘルム 1.17(1789)
ネイゲル, アーネスト 11.16(1901)
ネイサン, ジョージ 2.14(1882)
ネイサンズ, ダニエル 10.30(1928)
ネイサン, ロバート 1.2(1894)
ネイスミス, ジェイムズ 8.19(1808)
ネイスミス, ジェイムズ・A 11.6(1861)
ネイデルマン, イーリー 10.6(1885)
ネイピア, W.J. 10.13(1786)
ネイピア, サー・チャールズ 3.6(1786)
ネイマン 4.16(1894)
ネイミア, ルイス 6.27(1888)
ネ・ウィン 5.24(1911)
ネ・ウィン, ウー 5.14(1911)

ネーヴェルソン, ルイーズ 9.23(1899)
ネヴェーロフ, アレクサンドル・セルゲーヴィチ 12.24(1886)
根上淳 9.20(1923)
根岸主馬 7.8(1826)
根岸佶 8.9(1874)
根岸季衣 2.3(1954)
根岸友山 11.27(1809)
ネクセー, マーティン・アナセン 6.26(1869)
ネクラーソフ, ヴィクトル・プラトノヴィチ 6.17(1911)
ネクラーソフ, ニコライ・アレクセーヴィチ 12.10(1821)
ネーグリ, アーダ 2.3(1870)
ネグリ, ポーラ 12.31(1889)
ネグリン, ファン 2.13(1892)
ネグレスコ, ジーン 2.29(1900)
ネーゲリ, カール・ヴィルヘルム・フォン 3.17(1817)
猫田勝敏 2.1(1944)
猫ひろし 8.8(1977)
ネザーモル・モルク 4.10(1018)
ねじめ正一 6.16(1948)
ネズヴァル, ヴィーチェスラフ 5.26(1900)
ネスキオ 6.22(1882)
根津甚八 12.1(1947)
ネステロフ 10.27(1892)
ネストロイ, ヨハン・ネーポムク 12.7(1801)
ネズビット, イーディス 8.15(1858)
ねずまさし 11.18(1908)
ネスメヤーノフ 9.9(1899)
ネーター, エミー 3.23(1882)
ネタニヤフ, ベンヤミン 10.21(1949)
ネチャーエフ, セルゲイ・ゲンナジエヴィチ 9.20(1847)
根津嘉一郎(初代) 6.15(1860)
ネッケル, ジャック 9.30(1732)
ネッセリローデ, カルル・ヴァシリエヴィチ, 伯爵 12.13(1780)

根津一　*5.2*(1860)
ネト, アゴスティノ　*9.21*(1922)
ネドヴェド, パヴェル　*8.30*(1972)
ネトケ・レーヴェ, マルガレーテ　*6.27*(1884)
ネドンセル　*10.30*(1905)
ネフスキー, ニコライ・アレクサンドロヴィチ　*2.18*(1892)
ネベニウス　*9.29*(1784)
ネー, ミシェル, エルヒンゲン公爵　*1.10*(1769)
ネミローヴィチ-ダンチェンコ, ウラジーミル・イワノヴィチ　*12.23*(1858)
ネムチノフ　*1.14*(1894)
根本要　*5.23*(1957)
根本進　*1.1*(1916)
根本博　*6.6*(1891)
根本陸夫　*11.20*(1926)
根本竜太郎　*5.25*(1907)
ネラトン　*6.17*(1807)
ネリガン, エミール　*12.24*(1879)
ネーリ, 聖フィリッポ　*7.21*(1515)
ネルウァ, マルクス・コッケイウス　*11.8*(30)
ネルヴァル, ジェラール・ド　*5.22*(1808)
ネルヴィ, ピエール・ルイジ　*6.21*(1891)
ネルー, ジャワハルラール　*11.14*(1889)
ネルゾン　*7.11*(1882)
ネルソン, ホレイシオ　*9.29*(1758)
ネルーダ, パブロ　*7.12*(1904)
ネルダ, ヤン　*7.9*(1834)
ネルデケ, テーオドーア　*3.2*(1836)
ネルボ, アマード・ルイス・デ　*8.27*(1870)
ネルー, モーティーラール　*5.6*(1861)
ネール, ルイ・ユージェーヌ・フェリックス　*11.22*(1904)
ネルンスト, ヴァルター・ヘルマン　*6.25*(1864)
ネロ, クラウディウス・カエサル・アウグストゥス・ゲルマニクス　*12.15*(37)
拈笑宗英　*9.20*(1409)
ネンニ, ピエトロ　*2.9*(1891)

【の】

ノアイユ, アドリアン・モーリス　*9.19*(1678)
ノアイユ, アンナ・エリザベス　*11.15*(1876)
ノアイユ, ルイ・マリー・アントアヌ　*4.16*(1756)
ノイズ, アルフレッド　*9.16*(1880)
ノイトラ, リチャード・ジョーゼフ　*4.8*(1892)
ノイバー, フリデリーケ・カロリーネ　*3.9*(1697)
ノイマン　*5.1*(1904)
ノイマン　*5.22*(1897)
ノイマン　*5.23*(1900)
ノイマン, ヴァーツラフ　*9.29*(1920)
ノイマン, カール　*5.7*(1832)
ノイマン, スタニスラフ・コストカ　*6.5*(1875)
ノイマン, フランツ　*9.11*(1798)
ノイマン, ヨハン・バルタザール　*1.30*(1687)
ノイラート, オットー　*12.10*(1882)
ノイラート, コンスタンティン, 男爵　*2.2*(1873)
ノヴァーク, ヴィーチェスラフ　*12.5*(1870)
ノヴァーリス　*5.2*(1772)
ノヴィコフ-プリボイ, アレクセイ・シールイチ　*3.12*(1877)
ノヴィコフ, ニコライ・イワノヴィチ　*5.8*(1744)
ノヴェール, ジャン-ジョルジュ　*4.29*(1727)
ノヴェロ, ヴィンセント　*9.6*(1781)
ノヴォトニー, アントニーン　*12.10*(1904)
納富寿童　*10.20*(1895)
ノエル-ベイカー(ダービー市の), フィリップ・ノエル-ベイカー, 男爵　*11.1*(1889)
ノエル, フランソワ　*8.18*(1651)
野上運海　*3.11*(1829)
野上素一　*1.29*(1910)
野上俊夫　*5.2*(1882)
野上豊一郎　*9.14*(1883)
野上弥生子　*5.6*(1885)
野川由美子　*8.30*(1944)
乃木静子　*11.27*(1859)
乃木希典　*11.11*(1849)
野際陽子　*1.24*(1936)
野口雨情　*5.29*(1882)
野口援太郎　*9.14*(1868)
野口兼資　*11.7*(1879)
野口喜一郎　*10.18*(1887)
野口健　*8.21*(1973)
野口源三郎　*8.24*(1884)
野口五郎　*2.23*(1956)
野口遵　*7.26*(1873)
野口小蘋　*1.11*(1847)
野口二郎　*1.6*(1920)
野口達二　*3.8*(1928)
野口寧斎　*3.25*(1867)
野口久光　*8.9*(1909)
野口英世　*11.9*(1876)
野口冨士男　*7.4*(1911)
野口みずき　*7.3*(1978)
野口弥太郎　*10.1*(1899)
野口幽谷　*1.7*(1827)
野口幽香　*2.1*(1866)
野口悠紀雄　*12.20*(1940)
野口米次郎　*12.8*(1875)
ノゲイラ, アントニオ・ホドリゴ　*6.2*(1976)
ノーサウァン　*1.27*(1920)
野坂昭如　*10.10*(1930)
野坂参三　*3.30*(1892)
野坂龍　*9.28*(1896)
野崎清二　*4.28*(1897)
野崎孝　*11.8*(1917)
野崎武左衛門　*8.1*(1789)
ノサック, ハンス・エーリヒ　*1.30*(1901)
野沢喜左衛門　*6.27*(1891)

野沢喜左衛門（初代） 1.3（1860）
野沢吉兵衛（6代目） 9.6（1868）
野沢吉兵衛（7代目） 11.22（1879）
野沢吉兵衛（8代目） 9.20（1888）
野沢吉兵衛（9代目） 6.13（1903）
野沢節子 3.23（1920）
野沢直子 3.29（1963）
野沢那智 1.13（1938）
野沢尚 5.7（1960）
野沢秀行 10.19（1954）
野沢方嶺 6.22（1806）
野沢松之輔 1.25（1902）
野尻抱影 11.15（1885）
ノース 5.16（1641）
ノースクリフ 7.15（1865）
ノスケ 7.9（1868）
ノース，トマス 5.28（1535）
ノストラダムス 12.14（1503）
ノース，フレデリック，8代ノース男爵 4.13（1732）
ノースロップ，ジョン・ハワード 7.5（1891）
能勢朝次 4.1（1894）
能勢静太 6.3（1864）
能勢達太郎 4.14（1842）
野副鉄男 5.16（1902）
野添ひとみ 2.11（1937）
ノーソフ，ニコライ・ニコラエヴィチ 11.23（1908）
野田宇太郎 10.28（1909）
野田卯太郎 11.21（1853）
野田九浦 12.22（1879）
野田高梧 11.19（1893）
野田俊作 5.14（1888）
野田聖子 9.3（1960）
野田忠粛 7.20（1648）
ノダック，ヴァルター 8.17（1893）
野田笛浦 6.21（1799）
野田とせ 3.19（1844）
野田信夫 4.24（1893）
野田英夫 7.15（1908）
野田秀樹 12.20（1955）
野田律太 9.12（1881）
ノックス，P. 5.6（1853）
ノックス，ジョン 12.30（1900）
ノックス，ロナルド 2.17（1888）
NOKKO 11.4（1963）
ノッテボーム，マルティン・グスタフ 11.12（1817）
ノット 6.30（1856）
野津道貫 11.3（1841）
盧泰愚 12.4（1932）
ノーデンショルド，N.O. 12.6（1869）
ノートン，エドワード 8.18（1969）
ノートン，チャールズ・エリオット 11.16（1827）
ノートン，メアリー 12.10（1903）
野中至 8.22（1867）
野中兼山 1.21（1615）
野長瀬晩花 8.17（1889）
野中千代子 9.30（1871）
野中ともよ 6.18（1954）
野中広務 10.20（1925）
乃南アサ 8.19（1960）
野波麻帆 5.13（1980）
野宮定功 7.26（1815）
野宮定基 7.14（1669）
野宮初枝 1.24（1898）
野々村戒三 9.7（1877）
野々村一雄 3.10（1913）
野々村真 6.24（1964）
ノーノ，ルイジ 1.29（1924）
ノバク，キム 2.13（1933）
野原しんのすけ 5.5
野比のび太 8.7（1964）
野平祐二 3.20（1928）
ノビレ，ウンベルト 1.12（1885）
ノーフォーク公 3.10（1538）
允子内親王 8.7（1891）
野淵昶 6.22（1896）
信時潔 12.29（1887）
ノブレガ，マヌエル・ダ 10.18（1517）
野辺地勝久 3.14（1910）
野辺地慶三 5.11（1890）
ノーベル，アルフレッド・ベルンハルト 10.21（1833）
昇曙夢 7.17（1878）
野間寛二郎 2.10（1912）
野間口兼雄 2.14（1866）
野間省一 4.9（1911）
野間清治 12.7（1878）
野間清治 12.17（1878）
野間仁根 2.5（1901）
野間宏 2.23（1915）
ノーマン 9.6（1871）
ノーマン，グレッグ 2.10（1955）
ノーマン，ハーバート 9.1（1909）
野溝七生子 1.2（1897）
野溝勝 11.15（1898）
能見正比古 7.18（1925）
野見山朱鳥 4.30（1917）
盧武鉉 8.6（1946）
野村安趙 6.2（1805）
野村修 10.9（1930）
野村克也 6.29（1935）
野村兼太郎 3.20（1896）
野村吉三郎 12.16（1877）
野村謙二郎 9.19（1966）
野村光一 9.23（1895）
野村胡堂 10.15（1882）
野村沙知代 3.26（1932）
野村秋介 2.14（1935）
野村助作 6.8（1844）
野村宗十郎 5.4（1857）
野村喬 11.11（1930）
野村忠宏 12.10（1974）
野村徳七 8.7（1878）
能村登四郎 1.5（1911）
野村直邦 5.15（1885）
野村八良 3.14（1881）
野村秀雄 1.8（1888）
野村宏伸 5.3（1965）
野村平爾 6.1（1902）
野村芳亭 11.13（1880）
野村望東 9.6（1806）
野村将希 11.13（1952）
野村真美 10.19（1964）
野村萬斎（2代目） 4.5（1966）
野村万蔵（6代目） 7.22（1898）
野村万之丞（5代目） 8.26（1959）
野村美智子 8.18（1875）
野村実 2.16（1901）
野村無名庵 8.23（1888）
野村靖 8.6（1842）
野村佑香 3.20（1984）
野村祐人 5.2（1972）
野村義男 10.26（1964）

野村良雄　*10.8*（1908）
野村芳太郎　*4.23*（1919）
野村芳兵衛　*3.26*（1896）
野村龍太郎　*1.26*（1859）
野村玲子　*8.21*（1961）
野村隈畔　*8.5*（1884）
野本恭八郎　*10.24*（1852）
野本白巌　*3.6*（1797）
野茂英雄　*8.31*（1968）
野依秀市　*7.19*（1885）
野依良治　*9.3*（1938）
ノーラン, シドニー　*4.22*（1917）
ノーランド　*6.26*（1908）
ノリエガ, マヌエル・アントニオ　*2.11*（1940）
則子女王　*4.4*（1850）
憲子内親王　*3.21*（1669）
ノリス, G.W.　*7.11*（1861）
ノリス, フランク　*3.5*（1870）
乗竹東谷　*6.8*（1730）
ノリッシュ, ロナルド・ジョージ・レイフォード　*11.9*（1897）
ノリ, ファン・スティリアン　*1.6*（1882）
ノルヴィト, ツィプリアン・カミル　*9.21*（1821）
ノルダウ, マックス　*7.29*（1849）
ノルティ, ニック　*2.8*（1941）
ノルデ, エーミール　*8.7*（1867）
ノルデンショルド, ニールス・アドルフ・エリック　*11.18*（1832）
ノルトホフ　*1.6*（1899）
ノール, ヘルマン　*10.7*（1879）
ノレケンズ, ジョゼフ　*8.11*（1737）
ノレ, ジャン・アントワーヌ　*11.19*（1700）
野呂栄太郎　*4.30*（1900）
野呂介石　*1.20*（1747）
野呂景義　*8.26*（1854）
野呂邦暢　*9.20*（1937）
野呂元丈　*12.20*（1693）

【は】

バーアト, カール・フリードリヒ　*8.25*（1741）
ハイアット, ジョン・ウェズリー　*11.28*（1837）
バイアラム, ジョン　*2.29*（1692）
バイイ　*2.4*（1865）
バイイ, ジャン・シルヴァン　*9.15*（1736）
バイエ　*9.2*（1898）
ハイエク, フリードリヒ・A（アウグスト・フォン）　*5.8*（1899）
バイエル　*4.21*（1837）
バイエルス, サー・ルドルフ・エルンスト　*6.5*（1907）
ハイエルマンス, ヘルマン　*12.3*（1864）
バイコフ, ニコライ・アポロノヴィチ　*11.29*（1872）
売茶翁　*5.16*（1675）
バイジェッロ, ジョヴァンニ　*5.9*（1740）
禖子内親王　*8.19*（1039）
倍賞千恵子　*6.29*（1941）
倍賞美津子　*11.22*（1946）
ハイジンハ, ヨハン　*12.7*（1872）
パイス, エイブラハム　*5.19*（1918）
バイスゲルバー　*2.25*（1899）
ハイスマンス, コルネリス　*4.1*（1648）
ハイゼ, パウル　*3.15*（1830）
ハイゼラー, ベルント・フォン　*6.14*（1907）
ハイセンビュッテル, ヘルムート　*6.21*（1921）
ハイゼンベルク, ヴェルナー・カール　*12.5*（1901）
梅荘顕常　*5.9*（1719）
灰田勝彦　*8.20*（1911）
灰谷健次郎　*10.31*（1934）
バイダーベック, ビックス　*3.10*（1903）
梅中軒鶯童　*2.24*（1902）
ハイデガー, ヨーハン・ハインリヒ　*7.1*（1633）
ハイデッガー, マルティン　*9.26*（1889）
ハイデン, エリック　*6.14*（1958）
ハイド　*6.29*（1636）
ハイド, ダグラス　*6.17*（1860）
ハイトラー　*1.2*（1904）
ハイドリヒ, ラインハルト　*3.7*（1904）
ハイドン, フランツ・ヨーゼフ　*3.31*（1732）
ハイドン, ミヒャエル　*9.14*（1737）
ハイネ, クリスティアン・ゴットローブ　*9.25*（1729）
ハイネ・ゲルデルン　*7.16*（1885）
ハイネ, ハインリヒ　*12.13*（1797）
ハイネマン, グスタフ　*3.23*（1899）
灰原茂雄　*4.7*（1915）
ハイヒール・モモコ　*2.21*（1964）
ハイヒール・リンゴ　*8.9*（1961）
ハイフェッツ, ヤッシャ　*2.2*（1901）
バイフ, ジャン-アントワーヌ・ド　*2.19*（1532）
裴文中　*1.19*（1904）
ハイベア, ヨハン・ルドヴィ　*12.14*（1791）
梅峰竺信　*9.10*（1633）
ハイマンス　*3.23*（1865）
ハイマンス, コルネイユ・ジャン・フランソワ　*3.28*（1892）
ハイマン, フローラ　*7.29*（1954）
ハイム　*4.12*（1849）
ハイム, カール　*1.20*（1874）
ハイム, ゲオルク　*10.30*（1887）
ハイムゼート　*8.12*（1886）
ハイム, ルードルフ　*10.5*（1821）
ハイメ1世　*2.2*（1208）
ハイモア　*2.6*（1613）
ハイヤット　*4.5*（1838）

バイヤー, フェルディナント *7.25*(1803)
バイヤー, ヨハン・フリードリヒ・アドルフ・フォン *10.31*(1835)
ハイラー, フリードリヒ *1.30*(1892)
梅蘭芳 *10.22*(1894)
ハイリル・アンワル *7.22*(1922)
パイル, アーニー *8.3*(1900)
バイルシュタイン, フリードリヒ・コンラート *2.17*(1838)
ハイルブロン *11.6*(1886)
ハイレ・セラシエ1世 *7.23*(1892)
バイロン *11.8*(1723)
バイロン, ジョージ・ゴードン *1.22*(1788)
ハインケル, エルンスト *1.24*(1888)
バインケルスフーク *5.29*(1673)
馬寅初 *6.24*(1882)
ハインズ, アール *12.28*(1905)
ハインゼ, ヴィルヘルム *2.15*(1746)
ハインドマン *3.7*(1842)
ハインライン, ロバート・A. *7.7*(1907)
ハインリヒ2世 *5.6*(973)
ハインリヒ3世 *10.28*(1017)
ハインリヒ4世 *11.11*(1050)
ハインリヒ5世 *8.11*(1081)
ハイン, ルイス(・ウィックス) *9.26*(1874)
バウアー, オットー *9.5*(1881)
バウアー, グスタフ *1.6*(1870)
バウアー, ハンク *7.31*(1922)
バウアー, ブルーノ *9.6*(1809)
ハウアー, ヨーゼフ・マティーアス *3.19*(1883)
バウアリング, ジョン *10.17*(1792)
パヴァロッティ, ルチアーノ *10.12*(1935)
ハーヴィー, ウィリアム *4.1*(1578)
ハウィー・D *8.22*(1973)
ハウ, イライアス *7.9*(1819)
ハウ, ウィリアム・ハウ, 5代子爵 *8.10*(1729)
バーヴェー, ヴィノーバー *9.11*(1895)
パヴェーゼ, チェーザレ *9.9*(1908)
パヴェ・ド・クールチーユ *6.23*(1821)
ハヴェル, ヴァーツラフ *10.5*(1936)
パウエル, コリン *4.5*(1937)
パウエル, ジョン・ウェズレー *3.24*(1834)
ハウエルズ, ウィリアム・ディーン *3.1*(1837)
パウエル, セシル・フランク *12.5*(1903)
パウエル, バド *9.27*(1924)
パウエル, マイケル *9.30*(1905)
ハウエル, マーガレット *9.5*(1946)
ハウクウィッツ *6.11*(1752)
ハウゲ, ハーンス・ニルセン *4.4*(1771)
パウケル *12.31*(1893)
ハウザー, カスパー *4.30*(1812)
ハウ, サミュエル *11.10*(1801)
バウシュ, ピナ *7.27*(1940)
ハウ, ジュリア・ウォード *5.27*(1819)
ハウス, エドワード・M(マンデル) *7.26*(1858)
ハウスクネヒト *5.23*(1853)
パウストフスキー, コンスタンチン・ゲオルギエヴィチ *5.31*(1892)
ハウスドルフ, フェリックス *11.8*(1868)
ハウスホーファー *8.27*(1869)
ハウスマン, A.E. *3.26*(1859)
ハウスマン, マンフレート *9.10*(1898)
ハウスマン, ロレンス *7.18*(1865)
ハウゼンシュタイン, ヴィルヘルム *6.17*(1882)
バウディッチ, ヘンリー *4.4*(1840)
ハウトスミット, サムエル・アブラハム *7.11*(1902)
バウフ *1.19*(1877)
ハウフ, ヴィルヘルム *11.29*(1802)
ハウプトマン, カール *5.11*(1858)
ハウプトマン, ゲーアハルト *11.15*(1862)
ハウブラーケン, アルノルト *3.28*(1660)
バウマイスター, ヴィリー *1.22*(1889)
バウマー, ゲルトルーデ *9.12*(1873)
バウムガルテン, アレクサンダー・ゴットリープ *7.17*(1714)
バウムガルトナー, ベルンハルト *11.14*(1887)
パウラ *5.5*(347)
パウリ, アウグスト *5.9*(1796)
パウリ, ヴォルフガング *4.25*(1900)
パヴリコフスカ-ヤスノジェフスカ, マリア *11.24*(1891)
ハヴリーチェク-ボロフスキー, カレル *10.31*(1821)
ハウ, リチャード・ハウ, 初代伯爵 *3.8*(1726)
パウル *8.7*(1846)
パウルス2世 *2.23*(1417)
パウルス4世 *6.28*(1476)
パウルス5世 *9.17*(1552)
パウルス6世 *9.26*(1897)
パウルス, フリードリヒ *9.23*(1890)
パウルセン, ヴァルデマー *11.23*(1869)
パウルゼン, フリードリヒ *7.16*(1846)
バウル, フェルディナント・クリスティアン *6.21*(1792)

パヴレンコ, ピョートル・アンドレーヴィチ　*7.11*（1899）
パヴロヴァ, アンナ　*1.3*（1881）
ハヴロック（・アラン）, サー・ヘンリー　*4.5*（1795）
パヴロバ, エリアナ　*3.22*（1899）
パーヴロフ　*2.13*（1869）
パヴロフ, イヴァン・ペトロヴィチ　*9.26*（1849）
パヴロワ, アンナ　*1.31*（1881）
パウンド, エズラ　*10.30*（1885）
パウンド, ロスコー　*10.27*（1870）
バー, エアロン　*2.6*（1756）
パエス, ホセ・アントニオ　*6.13*（1790）
バオ・ダイ　*10.22*（1913）
パオリ　*4.20*（1726）
パオロッツィ, エデュアルド　*3.7*（1924）
ハーカー　*2.19*（1859）
バーガ　*6.28*（1501）
パーカー　*10.9*（1837）
パーカー　*11.23*（1862）
パーカー　*12.1*（1781）
バーガー, ウォレン・E　*9.17*（1907）
羽賀研二　*7.21*（1962）
バーカー, サー・アーネスト　*9.23*（1874）
バガザ, ジャン・バプチスト　*8.29*（1946）
パーカー, サラ・ジェシカ　*3.5*（1965）
パーカー, シオドア　*8.24*（1810）
バーカー, ジョージ・グランヴィル　*2.26*（1913）
パーカースト　*1.3*（1887）
葉加瀬太郎　*1.23*（1968）
垪和為昌　*5.23*（1856）
パーカー, チャーリー　*8.29*（1920）
ハガード, ライダー　*6.22*（1856）
パーカー, ドロシー　*8.22*（1893）
パガニーニ, ニッコロ　*10.27*（1782）
バガバンディ, ナツァギーン　*4.22*（1950）
パーカー, ピーター　*8.30*（1924）
芳賀日出男　*9.10*（1921）
バーガー, ヘルムート　*5.29*（1944）
バカボンのパパ　*12.25*（1926）
パーカー, マシュー　*8.6*（1504）
袴田里見　*8.11*（1904）
袴田吉彦　*7.16*（1973）
芳賀檀　*6.7*（1903）
芳賀矢一　*5.14*（1867）
バカラック, バート　*5.12*（1928）
バカン, ジョン　*8.26*（1875）
パキエ　*4.21*（1767）
パーキエ, エチエンヌ　*6.7*（1529）
バキエフ, クルマンベク　*8.1*（1949）
萩岡松韻（初代）　*2.10*（1864）
萩尾望都　*5.12*（1949）
萩野鳩谷　*5.29*（1717）
萩野昇　*11.20*（1915）
萩野由之　*4.17*（1860）
萩原延寿　*3.7*（1926）
萩本欽一　*5.7*（1941）
萩元晴彦　*3.7*（1930）
萩原吉太郎　*12.15*（1902）
萩原恭次郎　*5.23*（1899）
萩原健一　*7.26*（1950）
萩原健太　*2.10*（1956）
萩原朔太郎　*11.1*（1886）
萩原朔美　*11.14*（1946）
萩原正吟　*6.4*（1900）
萩原尊札　*5.11*（1908）
萩原智子　*4.17*（1980）
萩原流行　*4.8*（1953）
萩原広道　*2.19*（1815）
萩原聖人　*8.21*（1971）
萩原雄祐　*3.28*（1897）
萩原葉子　*9.4*（1920）
巴金　*11.25*（1904）
パキン, アンナ　*7.24*（1982）
パーキン, ウィリアム・ヘンリー2世　*6.17*（1860）
パーキン, サー・ウィリアム・ヘンリー　*3.12*（1838）
バーキン, ジェーン　*12.14*（1947）
ハーキンズ, ウィリアム・ドレイパー　*12.28*（1873）
ハギンズ, サー・ウィリアム　*2.7*（1824）
ハギンズ, チャールズ・ブレントン　*9.22*（1901）
バギンズ, ビルボ　*9.22*
パーキンズ, フランシス　*4.10*（1882）
バギンズ, フロド　*9.22*
パーキンソン, ジェイムズ　*4.11*（1755）
パーキンソン, シリル・ノースコート　*7.30*（1909）
バーク‐ホワイト, マーガレット　*6.14*（1906）
白隠慧鶴　*12.25*（1685）
バーク, エドマンド　*1.12*（1729）
璞巌衍曜　*3.28*（1767）
バーク, ケネス　*5.5*（1897）
パークス, アレグザンダー　*12.29*（1813）
パークス, サー・ヘンリー　*5.27*（1815）
バクスター, アン　*5.7*（1923）
バクスター, ジェイムズ・K.　*6.29*（1926）
バクスター, リチャード　*11.12*（1615）
バクスト, レオン　*5.10*（1866）
パクストン, サー・ジョゼフ　*8.3*（1801）
パークス, ハリー・スミス　*2.24*（1828）
ハクスレー, サー・ジュリアン・ソレル　*6.22*（1887）
パークス, ローザ　*2.4*（1913）
朴セリ　*9.28*（1977）
朴正熙　*9.30*（1917）
パク・トンハ　*6.28*（1974）
バクーニン, ミハイル・アレクサンドロヴィチ　*5.30*（1814）
白鵬翔　*3.11*（1985）
バグボ, ローラン　*5.31*（1945）

バーグマン、イングリッド 8.29(1915)
パーク, マンゴ 9.10(1771)
パークマン, フランシス 9.16(1823)
パク・ヨンハ 8.12(1977)
羽倉可亭 3.16(1799)
羽倉簡堂 11.1(1790)
バークラ, チャールズ・グラヴァー 6.27(1877)
バークリー, アルベン・W(ウィリアム) 11.24(1877)
バークリー, ジョージ 3.12(1685)
バークリー, ジョン 1.28(1582)
バグリツキー, エドゥアルド・ゲオルギエヴィチ 11.16(1895)
バークリー, バズビー 11.29(1895)
バークリー, ロバート 12.23(1648)
パーク, ロバート・E 2.14(1864)
羽黒山政司 11.18(1914)
馬君武 7.26(1881)
ハーゲスハイマー, ジョーゼフ 2.15(1880)
ハーゲドルン, フリードリヒ・フォン 4.23(1708)
ハーゲルシュタンゲ, ルードルフ 1.14(1912)
ハーゲンベック 6.10(1844)
パコ 7.4(1877)
バーゴイン, ジョン 2.24(1723)
ハーコート, サー・ウィリアム(・ジョージ・グランヴィル・ヴェナブルズ・ヴァーノン) 10.14(1827)
バーコフ, ジョージ・デヴィッド 3.21(1884)
ハサウェイ, アン 11.12(1982)
硲伊之助 11.14(1895)
間寛平 7.20(1949)
間重富 3.8(1756)
挾間茂 3.24(1893)
間秀矩 1.18(1822)
バザール 9.19(1791)

バザン, エルヴェ 4.17(1911)
バザン, ルネ 12.26(1853)
パーシー 5.20(1364)
パシ 5.20(1822)
パーシー, ウォーカー 5.28(1916)
橋浦時雄 6.21(1891)
橋浦はる子 1.4(1899)
ハーシェイ, アルフレッド・デイ 12.4(1908)
バジェ・イ・オルドニェス, ホセ 5.21(1856)
ハシェク, ヤロスラフ 4.24(1883)
バージェス 5.16(1886)
バージェス, アントニー 2.25(1917)
バージェス, ジェームズ 8.14(1832)
バジェット, サー・ジェイムズ 1.11(1814)
バジェ, ホルヘ 10.25(1927)
ハーシェル, ウィリアム 11.15(1738)
ハーシェル, キャロライン 3.16(1750)
ハーシェル, サー・ジョン・フレデリック・ウィリアム 3.2(1792)
パーシェン 1.22(1865)
橋岡久太郎 7.12(1884)
バジオーティズ, ウィリアム 6.11(1912)
橋川文三 1.1(1922)
パーシキヴィ, ユホ・クスティ 11.27(1870)
パシキールツェワ, マリヤ・コンスタンチノヴナ 11.11(1860)
橋口五葉 2.21(1880)
橋口隆吉 8.23(1914)
ハーシー, ジョン 6.17(1914)
橋爪功 9.17(1941)
土師清二 9.14(1893)
橋田邦彦 3.15(1882)
橋田東声 12.20(1886)
パシチ 12.31(1845)
橋戸信 3.10(1879)
パーシー, トマス 4.13(1729)
ハシナ, シェイク 9.28(1946)
はしのえみ 10.23(1973)

バジパイ, アタル・ビハリ 12.25(1924)
羽柴秀長 3.2(1540)
パシー, ポル 1.13(1859)
橋村正身 3.26(1714)
元ちとせ 1.5(1979)
橋本一至(初代) 6.1(1820)
橋本宇太郎 2.27(1907)
橋本英吉 11.1(1898)
橋本治 3.25(1948)
橋本関雪 11.10(1883)
橋本公亘 7.9(1919)
橋本凝胤 4.28(1897)
橋本欣五郎 2.19(1890)
橋本国彦 9.14(1904)
橋本圭三郎 9.23(1865)
橋本左内 3.11(1834)
橋本進吉 12.24(1882)
橋本真也 7.3(1965)
橋本聖子 10.5(1964)
橋本大二郎 1.12(1947)
橋本多佳子 1.15(1899)
橋本直香 9.2(1807)
橋本綱常 6.20(1845)
橋本経亮 2.3(1755)
橋本伝左衛門 7.11(1887)
橋下徹 6.29(1969)
橋本徳寿 9.15(1894)
橋本登美三郎 3.5(1901)
橋本虎之助 6.6(1883)
橋本平八 10.17(1897)
橋本昌樹 10.12(1928)
橋本増吉 6.12(1880)
橋本峰雄 9.1(1924)
橋本夢道 4.11(1903)
橋本明治 8.5(1904)
橋本芳郎 4.26(1920)
橋本龍太郎 7.29(1937)
橋本竜伍 6.2(1906)
バジャダレス, エルネスト・ペレス 6.29(1946)
バジャン, ミコラ 9.26(1904)
バジュー, オーギュスト 9.19(1730)
パシュカニス, エヴゲニー・ブロニスラヴォヴィチ 2.23(1891)
橋幸夫 5.3(1943)
ハージュー, キャマーロッディーン・アボル・アター・マフ

ムード・モルシェディー *2.7*(1281)
バシュラール, ガストン *6.27*(1884)
バジョット, ウォルター *2.23*(1826)
バジョーフ, パーヴェル・ペトローヴィチ *1.27*(1879)
バシリウ, ゲオルギオス *5.21*(1931)
バジール, ジャン - フレデリック *12.6*(1841)
パーシング, ジョン・J *9.13*(1860)
パス・エステンソロ, ビクトル *10.2*(1907)
パス, オクタビオ *3.31*(1914)
パスカル, ブレーズ *1.19*(1623)
ハスキッソン, ウィリアム *3.11*(1770)
葉月里緒奈 *7.11*(1975)
ハスキル, クララ *1.7*(1895)
パスキン, ジュール *3.31*(1885)
パスクアル・バイロン *5.24*(1540)
パスケーヴィチ *5.19*(1782)
ハースコヴィッツ, メルヴィル・J *9.10*(1895)
パスコリ, ジョヴァンニ *12.31*(1855)
バスコンセロス, ホセ *2.27*(1882)
バス, ソウル *5.8*(1920)
蓮田善明 *7.28*(1904)
パース, チャールズ・サンダーズ *9.10*(1839)
バスティア *6.29*(1801)
バスティアニーニ, エットーレ *9.24*(1922)
バスティアン - ルパージュ, ジュール *11.1*(1848)
バスティアン, アドルフ *6.26*(1826)
バースティン, エレン *12.7*(1932)
パステルナーク, ボリス・レオニードヴィチ *1.29*(1890)
パストーア, ルートヴィヒ・フォン *1.31*(1854)
ハースト, ウィリアム・ランドルフ *4.29*(1863)
ハースト, ウィリアム・ランドルフ(Jr.) *1.27*(1908)
パストゥール, ルイ *12.27*(1822)
パストラナ, アンドレス *8.17*(1954)
バスマイヤー, マルクス *9.9*(1963)
パーズマーニ, ペーテル *10.4*(1570)
蓮実重彦 *4.29*(1936)
荷見安 *4.6*(1891)
ハスラー, オットマル *9.28*(1953)
ハスラー, ハンス・レーオ *8.17*(1562)
バース, ランディ *3.13*(1954)
ハズリット, ウィリアム *4.10*(1778)
長谷川昭道 *12.29*(1815)
長谷川角行 *1.15*(1541)
長谷川一夫 *2.27*(1908)
長谷川かな女 *10.22*(1887)
長谷川勘兵衛(16代目) *3.8*(1889)
長谷川京子 *7.22*(1978)
長谷川きよし *7.13*(1949)
長谷川潔 *12.9*(1891)
長谷川清 *5.7*(1883)
長谷川敬 *1.13*(1808)
長谷川慶太郎 *11.29*(1927)
長谷川才次 *10.1*(1903)
長谷川佐太郎 *9.6*(1827)
長谷川三郎 *9.6*(1906)
長谷川時雨 *10.1*(1879)
長谷川滋利 *8.1*(1968)
長谷川秀治 *7.5*(1898)
長谷川集平 *4.19*(1955)
長谷川四郎 *6.7*(1909)
長谷川伸 *3.15*(1884)
長谷川仁 *10.9*(1897)
長谷川宗右衛門 *12.14*(1803)
長谷川素逝 *2.2*(1907)
長谷川保 *9.3*(1903)
長谷川恒男 *12.8*(1947)
長谷川テル *3.7*(1912)
長谷川天渓 *11.26*(1876)
長谷川利行 *7.9*(1891)
長谷川如是閑 *11.30*(1875)
長谷川昇 *5.11*(1886)
長谷川周重 *8.8*(1907)
長谷川初範 *6.21*(1955)
長谷川町子 *1.30*(1920)
長谷川巳之吉 *12.28*(1893)
長谷川好道 *8.26*(1850)
長谷川理恵 *12.1*(1973)
長谷川零余子 *5.23*(1886)
長谷川路可 *7.9*(1897)
長谷健 *10.17*(1904)
バセスク, トライアン *11.4*(1951)
馳星周 *2.18*(1965)
長谷田泰三 *10.29*(1894)
バセドー *3.28*(1799)
バーゼドー, ヨハン・ベルンハルト *9.11*(1723)
パゼーヌ, アシル *2.13*(1811)
バゼーヌ, ジャン・ルネ *12.21*(1904)
長谷場純孝 *4.1*(1854)
馳浩 *5.5*(1961)
長谷部鋭吉 *10.7*(1885)
長谷部言人 *6.10*(1882)
長谷部忠 *7.2*(1901)
長谷部文雄 *6.29*(1897)
パーセル, エドワード・ミルズ *8.30*(1912)
バーセルミ, ドナルド *4.7*(1931)
ハーゼンクレーヴァー, ヴァルター *7.8*(1890)
バソフ, ニコライ・ゲンナジエヴィチ *12.14*(1922)
パゾリーニ, ピエール・パーオロ *3.5*(1922)
パーソンズ, サー・チャールズ・アルジャーノン *6.13*(1854)
パーソンズ, タルコット *12.13*(1902)
パーソンズ, ロバート *6.24*(1546)
畑井小虎 *7.22*(1909)
畑井新喜司 *3.2*(1876)
秦逸三 *12.14*(1880)
バタイユ, アンリ *4.4*(1872)
バタイユ, ジョルジュ *9.10*(1897)
バタイユ, ニコラ *5.14*(1926)
畑英太郎 *7.25*(1872)

はたけ　*8.17*(1968)
畠山一清　*12.28*(1881)
畑山隆則　*7.28*(1975)
波多腰ヤス　*4.23*(1893)
秦佐八郎　*3.23*(1873)
畑俊六　*7.26*(1879)
秦真次　*4.6*(1879)
秦宗巴　*2.15*(1550)
パターソン　*12.24*(1745)
パターソン, フロイド　*1.4*(1935)
旗田巍　*11.7*(1908)
羽田孜　*8.24*(1935)
秦豊吉　*1.14*(1892)
秦豊助　*8.27*(1872)
畑中武夫　*1.1*(1914)
畑中政春　*9.1*(1907)
畑中蓼坡　*5.21*(1877)
波多野勤子　*12.26*(1905)
波多野鼎　*3.30*(1896)
波多野完治　*2.7*(1905)
波多野精一　*7.21*(1877)
波多野爽波　*1.21*(1923)
羽田野敬雄　*2.14*(1798)
波多野鶴吉　*2.13*(1858)
波多野伝三郎　*8.22*(1856)
波多野敬直　*10.10*(1850)
波多野善大　*4.22*(1909)
バタフィールド, ウィリアム　*9.7*(1814)
バタフィールド, サー・ハーバート　*10.7*(1900)
バーダー, フランツ・クサーヴァー・フォン　*3.27*(1765)
畑正憲　*4.17*(1935)
羽田美智子　*9.24*(1968)
畑山博　*5.18*(1935)
畑和　*9.29*(1910)
波田陽区　*6.5*(1975)
パタリロ・ド・マリネール8世　*4.1*
バーチ　*8.22*(1903)
パチェーコ・デル・リオ, フランシスコ　*11.3*(1564)
バチェラー, ジョン　*3.20*(1854)
バチェラー八重子　*6.13*(1884)
バチ, ガストン　*5.26*(1885)
八条院　*4.4*(1137)
蜂須賀重喜　*2.27*(1738)
蜂須賀寿代　*3.26*(1772)
蜂須賀綱矩　*5.28*(1661)
蜂須賀斉裕　*9.19*(1821)
蜂須賀光隆　*10.13*(1630)
蜂須賀宗英　*4.9*(1684)
蜂須賀至鎮　*1.2*(1586)
ハチソン, フランシス　*8.8*(1694)
バチッチア, イル　*5.8*(1639)
パチーノ, アル　*4.25*(1940)
ハチャトゥリャン, アラム・イリイチ　*6.6*(1903)
八谷良平(ハチベエ)　*12.1*
バーチュシコフ, コンスタンチン・ニコラエヴィチ　*5.29*(1787)
ハチンソン, サー・ジョナサン　*7.23*(1828)
初井言栄　*1.8*(1929)
初井しづ枝　*10.29*(1900)
八角信芳　*6.22*(1963)
バッキー白片　*4.16*(1912)
バッキンガム, ジョージ・ヴィラーズ, 2代公爵　*1.30*(1628)
バッキンガム, ジョージ・ヴィラーズ, 初代公爵　*8.28*(1592)
バック　*11.27*(1890)
バックス, アーノルド　*11.8*(1883)
ハックスリー, T.H.　*5.4*(1825)
ハックスリー, オールダス　*7.26*(1894)
バックハウス, ヴィルヘルム　*3.26*(1884)
バック, パール　*6.26*(1892)
バックホイセン, ルドルフ　*12.18*(1631)
ハックマン, ジーン　*1.30*(1930)
バックル　*11.24*(1821)
バッケッリ, リッカルド　*4.19*(1891)
バッサーニ, ジョルジョ　*3.4*(1916)
バッサーマン, アルベルト　*9.7*(1867)
ハッサン2世　*7.9*(1929)
バッジ, ドン　*6.13*(1915)
バッシュ　*8.18*(1865)
バッジョ, ロベルト　*2.18*(1967)
ハッシンガー　*11.8*(1877)
抜隊得勝　*10.6*(1327)
ハッセ　*8.25*(1898)
ハッセー, オリビア　*4.17*(1951)
ハッセル, オッド　*5.17*(1897)
ハッセンプフルーク　*2.26*(1794)
バッソンピエール, フランソワ・ド　*4.12*(1579)
八田一朗　*6.3*(1906)
八田知紀　*9.15*(1799)
八田元夫　*11.13*(1903)
ハッタ, モハマッド　*8.12*(1902)
八田嘉明　*9.14*(1879)
バッチャーニュ・ラヨシュ　*2.14*(1806)
ハッチンズ　*1.17*(1899)
ハッチンソン　*1.29*(1620)
ハッチンソン, T.　*9.9*(1711)
パッティ, アデリーナ　*2.19*(1843)
バッテル　*4.25*(1714)
パッテン, エドワード　*8.2*(1939)
服部安休　*4.8*(1619)
服部宇之吉　*4.30*(1867)
服部克久　*11.1*(1936)
服部寛斎　*10.25*(1675)
服部金太郎　*10.9*(1860)
服部公一　*4.24*(1933)
服部之総　*9.24*(1901)
服部正次　*5.28*(1900)
服部四郎　*5.29*(1908)
服部伸　*6.2*(1880)
服部蘇門　*4.16*(1724)
服部卓四郎　*1.2*(1901)
服部達　*2.13*(1922)
服部智恵子　*12.25*(1908)
服部中庸　*7.16*(1757)
服部南郭　*9.24*(1683)
服部撫松　*2.15*(1841)
服部正也　*10.13*(1918)
服部道子　*9.8*(1968)
服部敬雄　*12.10*(1899)
服部嘉香　*4.4*(1886)
服部栗斎　*4.27*(1736)

服部竜太郎　*7.15*(1900)
服部良一　*10.1*(1907)
ハッドン, アルフレッド・コート　*5.24*(1855)
ハットン, ジェイムズ　*6.3*(1726)
パットン, ジョージ・S　*11.11*(1885)
バッハ　*1.4*(1813)
ハッパー, アンドルー・パットン　*10.20*(1818)
バッハ, ヴィルヘルム・フリーデマン　*11.22*(1710)
バッハオーフェン, ヨハン・ヤーコブ　*12.22*(1815)
バッハ, カール・フィーリプ・エマーヌエル　*3.8*(1714)
バッハマン, インゲボルク　*7.25*(1926)
パッハマン, ヴラディミル・ド　*7.27*(1848)
八波むと志　*12.1*(1926)
バッハ, ヨーハン・クリスティアン　*9.5*(1735)
バッハ, ヨーハン・クリストフ・フリードリヒ　*6.21*(1732)
バッハ, ヨハン・ゴットフリート・ベルンハルト　*5.11*(1715)
バッハ, ヨハン・ゼバスティアン　*3.21*(1685)
パッパラー河合　*9.14*(1960)
初姫　*7.9*(1602)
パップ, ジョー　*6.21*(1921)
ハッブル, エドウィン・パウエル　*11.20*(1889)
パッヘルベル, ヨハン　*9.1*(1653)
パッペンハイム　*5.20*(1594)
初山滋　*7.10*(1897)
ハーディ, キア　*8.15*(1856)
ハーディ, ゴッドフリー・ハロルド　*2.7*(1877)
バティスタ(・イ・サルディバル), フルヘンシオ　*1.16*(1901)
ハーディ, トマス　*6.2*(1840)
パティーニョ　*6.1*(1867)
ハーティ, ハミルトン　*12.4*(1879)
ハティーブ・アルバグダーディー　*5.11*(1002)
ハーディング(ラホールの), ヘンリー・ハーディング, 初代子爵　*3.30*(1785)
ハーディング, ウォレン・ガメイリエル　*11.2*(1865)
バーディーン, ジョン　*5.23*(1908)
バーデ, ヴィルヘルム・ハインリヒ・ヴァルター　*3.24*(1893)
パテール　*10.31*(1875)
パテル, ジャン - バティスト　*12.29*(1695)
パデレフスキ, イグナツィ・ヤン　*11.6*(1860)
ハーデン, サー・アーサー　*10.12*(1865)
bird　*12.9*(1975)
ハート　*2.20*(1834)
ハート　*7.18*(1907)
バード2世　*3.28*(1674)
ハート, アル　*11.7*(1922)
ハート, ウィリアム　*3.20*(1950)
ハート, ウィリアム・S.　*12.6*(1870)
バトゥー, シャルル　*5.6*(1713)
ハドー, サー・ウィリアム・ヘンリー　*12.27*(1859)
バート, シリル・ロドヴィク　*3.3*(1883)
ハドソン, W.H.　*8.4*(1841)
ハドソン, ジェニファー　*9.12*(1981)
ハドソン, マンリー(・オトマー)　*5.19*(1886)
パトナム, イズレイアル　*1.7*(1718)
パトナム, ルーファス　*4.9*(1738)
パトーニ, ポンペオ・ジロラモ　*1.25*(1708)
ハートネット, ジョシュ　*7.21*(1978)
パトノートル　*4.20*(1845)
ハドフィールド, サー・ロバート・アボット　*11.29*(1859)
ハートフィールド, ジョン　*6.19*(1891)
ハート, ブレット　*8.25*(1836)
パトモア, コヴェントリー　*7.23*(1823)
ハート, モス　*10.24*(1904)
鳩山威一郎　*11.11*(1918)
鳩山一郎　*1.1*(1883)
鳩山和夫　*4.3*(1856)
鳩山邦夫　*9.13*(1948)
鳩山春子　*3.23*(1861)
鳩山秀夫　*2.7*(1884)
鳩山由紀夫　*2.11*(1947)
ハートライン, ホールダン・ケッファー　*12.22*(1903)
バトラー, サミュエル　*2.8*(1612)
バトラー, サミュエル　*12.4*(1835)
バトラー, ジョゼフ　*5.18*(1692)
バトラー, ジョゼフィーン・エリザベス　*4.13*(1828)
バトラー, ニコラス　*4.2*(1862)
バトラー, ベンジャミン・F　*11.5*(1818)
バード, ラリー　*12.7*(1956)
バトラー, リチャード・オースティン, バトラー男爵　*12.9*(1902)
バトラー, レッグ　*4.28*(1913)
ハートリー, L.P.　*12.30*(1895)
ハドリアヌス6世　*3.2*(1459)
ハドリアヌス, プブリウス・アエリウス　*1.24*(76)
バートリ, エリーザベト　*8.7*(1560)
バドリオ, ピエトロ　*9.28*(1871)
バトリ, ジャーヌ　*6.14*(1877)
ハートリー, ダグラス・レイリー　*3.27*(1897)
バード, リチャード・イヴリン　*10.25*(1888)
バトル, キャスリーン　*8.13*(1948)
バートレット, サー・フレデリック　*10.20*(1886)
バートレット, ジョン　*6.14*(1820)
バートン　*8.22*(1809)

バートン, クララ　12.25（1821）
バートン, サー・デレク・ハロルド・リチャード　9.18(1918)
バトン, ジェンソン　1.19(1980)
バートン, ティム　8.25(1958)
バートン, ミーシャ　1.24(1986)
バートン, リチャード　3.19(1821)
バートン, リチャード　11.10(1925)
バートン, ロバート　2.8（1577）
はな　12.21（1971）
花井卓蔵　6.12（1868）
花井幸子　11.12（1937）
花井蘭子　7.15（1918）
パナーエフ, イワン・イワノヴィチ　3.15（1812）
華岡青洲　10.23（1760）
花沢徳衛　10.18（1911）
花園公晴　11.29（1661）
花園実廉　12.29（1690）
花園天皇　7.25（1297）
花田清輝　3.29（1909）
花田圭介　1.22（1922）
花田大五郎　3.11（1882）
花田勝　1.20（1971）
バナッハ, ステファン　3.30（1892）
バーナード　1.24（1811）
バーナード　10.20（1881）
バーナード　11.7（1886）
バーナード, エドワード・エマーソン　12.16（1857）
バーナード, クリスティアン・ニースリング　11.8（1922）
花登筐　3.12（1928）
ハナ肇　2.9（1930）
花菱アチャコ　2.14（1897）
花菱アチャコ　7.10（1897）
英太郎　11.19（1885）
英百合子　3.7（1900）
ハナ, マーク　9.24（1837）
バーナム, P.T.　5.7（1810）
バーナム, ダニエル・ハドソン　9.4（1846）
バーナム, フォーブズ　2.20（1923）
花村四郎　8.30（1891）
花村仁八郎　3.30（1908）
花村萬月　2.5（1955）
花森安治　10.25（1911）
花柳寿輔(2代目)　10.3(1893)
花柳寿楽(2代目)　3.7(1918)
花柳章太郎　5.24（1894）
花柳寿美(初代)　2.11（1898）
花柳徳兵衛　1.16（1908）
花柳寿南海　9.14（1924）
花柳有洸　5.9（1924）
花柳芳兵衛　10.20（1904）
花柳禄寿　1.18（1891）
花山信勝　12.3（1898）
華山謙　6.30（1939）
バーナル, ジョン・デズモンド　5.10（1901）
はなわ　7.20（1976）
花輪莞爾　1.6（1936）
塙忠宝　12.8（1807）
塙保己一　5.5（1746）
パニアグア, バレンティン　9.23（1936）
バニェス, ドミンゴ　2.29（1528）
羽仁五郎　3.29（1901）
羽仁進　10.10（1928）
羽仁説子　4.2（1903）
バーニー, チャールズ　4.7（1726）
パニッカル　6.3（1895）
パニッチ, ミラン　12.20（1929）
パニッツィ, サー・アントニー　9.16（1797）
埴原正直　8.25（1876）
バーニー, ファニー　6.13（1752）
羽仁路之　11.25（1891）
羽仁もと子　9.8（1873）
埴谷雄高　1.1（1910）
埴谷雄高　12.19（1909）
バニヤン, ジョン　11.28（1628）
パニョル, マルセル　2.28（1895）
パーニン　9.29（1718）
ハネカー, ジェイムズ(・ギボンズ)　1.31（1860）
羽田健太郎　1.12（1949）
羽田亨　5.15（1882）
羽田春兔　5.12（1915）
バーネット, ギルバート　9.18（1643）
バーネット, サー・フランク・マクファーレン　9.3(1899)
バーネット, サミュエル・オーガスタス　2.8（1844）
バーネット, ジョン　12.9（1863）
バーネット, フランシス・ホジソン　11.24（1849）
パネット, フリードリヒ・アドルフ　8.31（1887）
ハーネマン, サムエル　4.10（1755）
バネール　7.3（1596）
バネルジー, サー・スレーンドラナート　11.10（1848）
パーネル, チャールズ・スチュワート　6.27（1846）
パノフスキー, エルヴィン　3.30（1892）
パノムヨン　5.5（1901）
パノーワ, ヴェーラ・フョードロヴナ　3.20（1905）
バーバー　10.30（1909）
馬場あき子　1.28（1928）
バハー・アッディーン　3.6（1145）
バハー・アッラー　11.12（1817）
ハーバ, アロイス　6.21(1893)
パパイヤ鈴木　6.29（1966）
馬場鍈一　10.5（1879）
ハーハ, エミル　7.12（1872）
馬場敬治　3.22（1897）
パパゴス　12.9（1883）
馬場孤蝶　11.8（1869）
バーバー, サミュエル　3.9（1910）
馬場辰猪　5.15（1850）
馬場恒吾　7.13（1875）
ハーバート, ヴィクター　2.1（1859）
バハードゥル・シャー2世　10.24（1775）
ハーバート, エドワード　3.3（1583）
ハーバート, ザヴィア　5.15（1901）

ハーバート, ジョージ *4.3*(1593)
パパドプーロス, ゲオルギオス *5.5*(1919)
馬場のぼる *10.18*(1927)
ハーバー, フリッツ *12.9*(1868)
馬場正雄 *10.4*(1923)
羽場裕一 *4.1*(1961)
バーバラ, アガタ *3.11*(1923)
羽原又吉 *12.5*(1882)
バーバンク, ルーサー *3.7*(1849)
パパン, ドニ *8.22*(1647)
パパンドレウ, アンドレアス *2.5*(1919)
パビア *8.2*(1827)
ハビエル, フランシスコ *4.7*(1506)
ババッチ・ミハーイ *11.26*(1883)
バビット, アイザック *7.26*(1799)
バビット, アーヴィング *8.2*(1865)
パピーニ, ジョヴァンニ *1.9*(1881)
パピノー, ルイ・ジョゼフ *10.7*(1786)
ハビビ, バハルディン・ユスフ *6.25*(1936)
バビンスキー, ジョゼフ(・フランソワ・フェリックス) *11.17*(1857)
バーブ・アッ-ディーン *10.9*(1820)
バフェット, ウォーレン *8.30*(1930)
バブンキン *1.15*(1873)
パープスト, ゲオルク・ヴィルヘルム *8.27*(1885)
ハプスブルク, オットー・フォン *11.20*(1912)
ハプスブルク, ツィタ・フォン *5.9*(1892)
バフチン, ミハイル・ミハイロヴィチ *11.17*(1895)
バブーフ, フランソワ-ノエル *11.23*(1760)
羽生善治 *9.27*(1970)
パフラヴィー, モハンマド・レザー *10.26*(1919)
パプリアス, カロロス *6.4*(1929)
バーブル, ザヒールッディーン・ムハンマド *2.14*(1483)
バーベス *7.24*(1854)
バベッジ, チャールズ *12.26*(1792)
ハーベマン, ロベルト *3.11*(1910)
バーベリアン, キャシー *7.4*(1928)
バーベリ, イサーク・エマヌイロヴィチ *7.13*(1894)
パーベル1世 *10.1*(1754)
ハーベルラント *11.28*(1854)
パーペン, フランツ・フォン *10.29*(1879)
バーホーベン, ポール *7.18*(1938)
バーボールド, アナ・レティシア *6.20*(1743)
パーマー *3.6*(1877)
パーマー *4.30*(1838)
パーマー, アーノルド *9.10*(1929)
ハマー, アーマンド *5.21*(1898)
浜井信三 *5.28*(1905)
浜尾新 *4.20*(1849)
浜岡光哲 *5.29*(1853)
浜尾四郎 *4.20*(1896)
浜口厳根 *9.21*(1897)
浜口雄幸 *4.1*(1870)
浜口雄彦 *8.24*(1896)
浜口儀兵衛(10代目) *4.24*(1874)
浜口京子 *1.11*(1978)
浜口庫之助 *7.22*(1917)
浜口梧陵 *6.15*(1820)
浜口優 *1.29*(1972)
浜口陽三 *4.5*(1909)
浜口隆一 *3.26*(1916)
浜崎あゆみ *10.2*(1978)
ハマザーニー *5.5*(969)
パーマー, サミュエル *1.27*(1805)
浜三嶺 *3.20*(1793)
パーマー, ジェフリー *4.21*(1942)
ハマーショルド, ダグ *7.29*(1905)
ハマースタイン2世, オスカー *7.12*(1895)
パーマストン(パーマストンの), ヘンリー・ジョン・テンプル, 3代子爵 *10.20*(1784)
浜田謹吾 *4.11*(1854)
浜田国太郎 *10.25*(1873)
浜田国松 *3.10*(1868)
浜田玄達 *11.26*(1855)
浜田幸一 *9.5*(1928)
浜田耕作 *2.22*(1881)
浜田省吾 *12.29*(1952)
浜田庄司 *12.9*(1894)
浜田紀政 *6.23*(1940)
浜田彦蔵 *8.21*(1837)
浜田広介 *5.25*(1893)
浜田雅功 *5.11*(1963)
浜田マリ *12.27*(1968)
浜田弥兵衛 *9.1*(1825)
ハマディ, サアドン *6.22*(1930)
ハマド・ビン・イサ・アル・ハリファ *1.28*(1950)
浜野あさり *9.27*
浜野卓也 *1.5*(1926)
浜美枝 *11.20*(1943)
浜村米蔵 *3.12*(1890)
浜本浩 *8.14*(1890)
浜谷浩 *3.28*(1915)
浜木綿子 *10.31*(1935)
ハーマン *5.29*(1879)
ハーマン, ウッディ *5.16*(1913)
ハーマン, ヨハン・ゲオルク *8.27*(1730)
ハミル, ドロシー *7.26*(1957)
ハミルトン, アレグザンダー *1.11*(1755)
ハミルトン, エマ, レイディ *5.12*(1765)
ハミルトン, サー・ウィリアム *3.8*(1788)
ハミルトン, サー・ウィリアム *12.13*(1730)
ハミルトン, サー・ウィリアム・ローワン *8.4*(1805)
ハミルトン, ジェイムズ *6.19*(1606)

ハミルトン, トム　*12.31*(1951)
ハムスン, クヌート　*8.4*(1859)
ハムディ・ベイ　*12.31*(1842)
ハムネット, キャサリン　*8.16*(1948)
葉室頼房　*4.7*(1527)
ハメット, ダシール　*5.27*(1894)
ハーメルリング　*3.24*(1830)
バー・モー　*2.8*(1893)
ハモンド, J.L.　*7.18*(1872)
ハモンド, ジョン　*12.15*(1910)
ハヤカワ　*7.18*(1906)
早川孝太郎　*12.20*(1889)
早川幸男　*10.16*(1923)
早川尚洞　*6.16*(1911)
早川二郎　*1.26*(1906)
早川雪洲　*6.10*(1886)
早川千吉郎　*6.21*(1863)
早川崇　*8.21*(1916)
早川種三　*6.6*(1897)
早川徳次　*10.15*(1881)
早川徳次　*11.3*(1893)
早川龍介　*8.12*(1853)
早坂暁　*8.11*(1929)
早坂一郎　*12.6*(1891)
早坂久之助　*9.14*(1883)
早坂文雄　*8.19*(1914)
早崎治　*5.7*(1933)
林伊佐緒　*5.11*(1912)
林一烏　*6.11*(1680)
林逸郎　*9.5*(1892)
林歌子　*12.14*(1865)
林桜園　*10.28*(1797)
林鶴梁　*8.13*(1806)
林要　*5.3*(1894)
林鵞峰　*5.29*(1618)
林癸未夫　*9.17*(1883)
林きむ子　*12.1*(1886)
林毅陸　*5.1*(1872)
林金兵衛　*1.1*(1825)
林敬三　*1.8*(1907)
林謙三　*5.1*(1899)
林賢徳　*9.8*(1838)
林権助　*3.2*(1860)
林倭衛　*6.1*(1895)
林子平　*6.21*(1738)
林述斎　*6.23*(1768)
林承賢　*3.19*(1929)
林譲治　*3.4*(1889)
林正之助　*1.23*(1899)
林晋軒　*4.7*(1654)
林銑十郎　*2.23*(1876)
林泰輔　*9.26*(1854)
林田亀太郎　*8.15*(1863)
林竹二　*12.21*(1906)
林武　*12.10*(1896)
林与　*6.14*(1843)
林董　*2.29*(1850)
林忠彦　*3.5*(1918)
林忠正　*11.7*(1853)
林達夫　*11.20*(1896)
林主税　*6.7*(1819)
林鶴一　*6.13*(1873)
林稉宇　*5.27*(1793)
林洞海　*3.3*(1813)
林読耕斎　*11.21*(1624)
林望　*2.20*(1949)
林梅洞　*8.11*(1643)
林原めぐみ　*3.30*(1967)
林百郎　*6.20*(1912)
林寛子　*10.16*(1959)
林孚一　*5.28*(1811)
林孚尹　*6.16*(1781)
林復斎　*12.27*(1800)
林房雄　*5.30*(1903)
林富士馬　*7.15*(1914)
林不忘　*1.16*(1900)
林文雄　*8.23*(1911)
林芙美子　*12.31*(1903)
林鳳岡　*12.14*(1644)
林雅子　*7.11*(1928)
林又七　*8.13*(1605)
林真理子　*4.1*(1954)
林諸鳥　*1.4*(1720)
林家いっ平　*12.11*(1970)
林家きくお　*9.29*(1975)
林家木久蔵　*10.19*(1937)
林家きく姫　*5.8*(1970)
林家小染(4代目)　*6.11*(1947)
林家こん平　*3.12*(1943)
林家三平　*11.30*(1925)
林家正蔵(5代目)　*11.11*(1824)
林家正蔵(6代目)　*11.5*(1888)
林家正蔵(7代目)　*3.31*(1894)
林家正蔵(8代目)　*5.16*(1895)
林家正蔵(9代目)　*12.1*(1962)
林家正楽(2代目)　*9.21*(1935)
林屋辰三郎　*4.14*(1914)
林家トミ　*11.26*(1883)
林家パー子　*8.13*
林家ペー　*11.29*
林勇蔵　*7.16*(1813)
林有造　*8.17*(1842)
早矢仕有的　*8.9*(1837)
林与一　*2.14*(1942)
林義郎　*6.16*(1927)
林頼三郎　*9.6*(1878)
林隆三　*9.29*(1943)
林良適　*10.23*(1695)
林リリ子　*1.1*(1926)
林霊法　*9.20*(1906)
早田文蔵　*12.2*(1874)
早野寿郎　*2.26*(1927)
早船ちよ　*7.25*(1914)
早山与三郎　*8.10*(1869)
葉山嘉樹　*3.12*(1894)
葉山レイコ　*7.13*(1969)
速水御舟　*8.2*(1894)
速水堅曹　*6.13*(1839)
速水けんたろう　*1.2*(1962)
早速整爾　*10.2*(1868)
速水滉　*12.23*(1876)
速水真澄　*11.3*
速水もこみち　*8.10*(1984)
早見優　*9.2*(1966)
速水行道　*9.6*(1822)
原阿佐緒　*6.1*(1888)
ハラー, アルブレヒト　*10.16*(1708)
原市之進　*1.6*(1830)
ハラウィ, エリアス　*9.4*(1925)
原霞外　*10.9*(1880)
原勝郎　*2.26*(1871)
ハラー, カール・ルートヴィヒ　*8.1*(1768)
バラカン, ピーター　*8.20*(1951)
バラキレフ, ミリー・アレクセエヴィチ　*1.2*(1837)
原勤堂　*4.18*(1825)
原口針水　*8.3*(1808)
原口鶴子　*6.18*(1886)
原口統三　*1.14*(1927)
原口幸隆　*12.7*(1917)
原邦造　*6.19*(1883)
原邦道　*12.11*(1890)
バラクラフ　*5.10*(1908)

バラゲール, ホアキン 9.1(1906)
原健三郎 2.6(1907)
原古処 9.29(1767)
原沙知絵 5.1(1978)
原三渓 8.23(1868)
バラ, ジェイムズ・ハミルトン 9.7(1832)
パラシオ‐バルデス, アルマンド 10.4(1853)
原島宏治 12.4(1909)
バラ, ジャコモ 8.18(1871)
バラージュ, エティエンヌ 1.24(1905)
原笙子 3.14(1933)
バラス, ポール・フランソワ・ジャン・ニコラ, 伯爵 6.30(1755)
原石鼎 3.19(1886)
原双桂 10.13(1718)
はらたいら 3.8(1943)
原敬 2.9(1856)
原田貴和子 5.21(1965)
原田熊雄 1.7(1888)
原卓也 7.3(1930)
原田慶吉 7.30(1903)
原田鋼 9.17(1909)
原田二郎 10.10(1849)
原田大二郎 4.5(1944)
原田泰造 3.24(1970)
原田大六 1.1(1917)
原田武一 5.16(1899)
原辰徳 7.22(1958)
原田伴彦 3.11(1917)
原田知世 11.28(1967)
原田豊吉 11.21(1861)
原田直次郎 8.30(1863)
原田夏希 7.7(1984)
原胤昭 2.2(1853)
ハラタマ 4.25(1831)
原田眞人 7.3(1949)
原田雅彦 5.9(1968)
原田美枝子 12.26(1958)
原民喜 11.15(1905)
原田三夫 1.1(1890)
原田芳雄 2.29(1940)
原田義人 8.5(1918)
原田淑人 4.5(1885)
原田龍二 10.26(1970)
原坦山 10.18(1819)
原千晶 4.27(1974)
原智恵子 1.1(1915)
パラツェルズス, フィリプス・アウレオールス 12.17(1493)
パラッキー 6.14(1798)
バラッシ・バーリント 10.20(1554)
パラッツェスキ, アルド 2.2(1885)
パラディ, ヴァネッサ 12.22(1972)
バラティエリ 11.13(1841)
パラーディオ, アンドレア 11.30(1508)
バーラティ, スブラマンヤ 12.11(1882)
バラデュール, エドゥアール 5.2(1929)
バラトゥインスキー, エヴゲーニー・アブラモヴィチ 3.2(1800)
原虎一 11.16(1897)
原南陽 6.12(1753)
バーラーニ, ロベルト 4.22(1876)
原信子 9.10(1893)
原久一郎 4.10(1890)
原ひさ子 8.6(1909)
原日出子 11.10(1959)
原彪 11.24(1894)
原ひろ子 6.11(1934)
原弘 6.22(1903)
原夫次郎 6.14(1875)
原文兵衛 4.29(1913)
原抱一庵 11.14(1866)
パラマス, コスティス 1.13(1859)
バラー, マドレーヌ・ソフィー 12.13(1779)
ハラム 7.9(1777)
原安三郎 3.1(1884)
原由子 12.11(1956)
原嘉道 2.18(1867)
原竜三郎 7.15(1888)
原寮 12.18(1946)
原亮三郎 10.18(1848)
バラール, アントワーヌ・ジェローム 9.30(1802)
原六郎 11.9(1842)
バラン 12.8(1910)
バランシン, ジョルジュ 1.9(1904)
バランス, ホリー 5.11(1983)
バランタイン, R.M. 4.24(1825)
バラント, ギヨーム・プロスペール・ブリュジエール 6.10(1782)
パリ 8.24(1838)
バリー, J.M. 5.9(1860)
バーリ, アドルフ・オーガスタス 1.29(1895)
バリー, アントワーヌ‐ルイ 9.24(1796)
バリーヴィ 9.8(1668)
バリェ‐インクラン, ラモン・デル 10.29(1866)
ハリー, エドモンド 10.29(1656)
バリェーホ, セサル・アブラム 3.16(1892)
バリエントトス 5.30(1919)
バリオス, フスト・ルフィーノ 7.17(1835)
パリー, サー・ウィリアム・エドワード 12.19(1790)
バリー, サー・チャールズ 5.23(1795)
バリー, ジェイムズ 10.11(1741)
バリシニコフ, ミハイル 1.27(1948)
ハリス, エド 11.28(1950)
パリス, ガストン 8.9(1839)
ハリス, ジョーエル・チャンドラー 12.9(1848)
ハリス, タウンセンド 10.4(1804)
針すなお 3.15(1933)
ハリス, フランク 2.14(1856)
ハリス, ロイ 2.12(1898)
ハリソン 4.18(1534)
ハリソン, ウィリアム・ヘンリー 2.9(1773)
ハリソン, ウォーレス・カークマン 9.28(1895)
ハリソン, ジョージ 2.25(1943)
ハリソン, ジョン 3.24(1693)
ハリソン, トニー 4.30(1937)

ハリソン, ベンジャミン 8.20(1833)
ハリソン, ルー 5.14(1917)
ハリソン, レックス 3.5(1908)
ハリソン, ロス・グランヴィル 1.13(1870)
バリチェロ, ルーベンス 5.23(1972)
バリー, チャールズ・ヒューバート・ヘースティングズ 2.27(1848)
バーリナー, イーミル 5.20(1851)
パリーニ, ジュゼッペ 5.23(1729)
ハリバートン, T.C. 12.17(1796)
ハリファックス 11.11(1633)
ハリファックス, エドワード・フレデリック・リンドリー・ウッド, 初代伯爵 4.16(1881)
ハリファックス, チャールズ・モンタギュー, 初代伯爵 4.16(1661)
バリー, フィリップ 6.18(1896)
ハリマン 2.25(1848)
ハリマン, ウィリアム・アヴァレル 11.15(1891)
バリモア, エセル 8.15(1879)
バリモア, ジョン 2.15(1882)
バリモア, ドリュー 2.22(1975)
バリモア, ライオネル 4.28(1878)
張本勲 6.19(1940)
バーリモント, コンスタンチン・ドミトリエヴィチ 6.15(1867)
バリューズ(バリュシウス), エティエンヌ 11.24(1630)
バーリン, アイザイア 6.6(1909)
バーリン, アーヴィング 5.11(1888)
バーリンゲーム 11.14(1820)
パリントン, ヴァーノン・ルイ 8.3(1871)

ハリントン, ジェームズ 1.7(1611)
バーリントン, リチャード・ボイル, 3代伯爵 4.25(1695)
ハルヴァックス 7.9(1859)
バルヴィーン・エッテサーミー 3.16(1907)
バルガス, ジェトゥリオ・ドルネーレス 4.19(1883)
バルガス・リョサ, マリオ 3.28(1936)
遙洋子 2.27(1961)
春木栄 5.23(1899)
バルクハウゼン, ハインリヒ・ゲオルク 12.2(1881)
バルーク, バーナード 8.19(1870)
バルクライ・ド・トーリー, ミハイル・ボグダノヴィチ, 公爵 12.27(1761)
ハル, クラーク 5.24(1884)
バルグレイヴ, フランシス・ターナー 9.28(1824)
バルケネンデ, ヤン・ペーター 5.7(1956)
治子女王 7.13(1720)
ハル, コーデル 10.2(1871)
バルザック, オノレ・ド 5.20(1799)
ハルシュタイン, ヴァルター 11.17(1901)
ハルステッド, ウィリアム・スチュワート 9.23(1852)
ハルスデルファー, ゲオルク・フィーリップ 11.1(1607)
パルソン, トールスティン 10.29(1947)
春田横塘 12.7(1768)
バルダッサーレ(シエーナの聖カタリーナの) 8.24(1597)
バルダン・ミューラー, フレリック 2.7(1809)
バルチェスク, ニコラエ 6.29(1819)
バルディ, ジョヴァンニ・デ 2.5(1534)
バルディヌッチ, フィリッポ 1.1(1624)
バルディーリ 5.28(1761)
バルデス・レアール, フアン・デ 5.4(1622)

バルテュス 2.29(1908)
バルテルミ・サンティレール, ジュール 8.19(1805)
バルテンシュタイン 10.23(1690)
ハルデンベルク, カール・アウグスト, 公爵 5.31(1750)
ハルデン, マクシミーリアン 10.20(1861)
バルト 8.1(1858)
バルド-バサン, エミリア 9.11(1851)
バルトゥー 8.25(1862)
バルドヴィネッティ, アレッソ 10.14(1425)
バルト, カール 5.10(1886)
バルトーク・ベーラ 3.25(1881)
ハルト, ハインリヒ 12.30(1855)
バルト, ハインリヒ 2.16(1821)
バルドー, ブリジット 9.28(1934)
ハルトマン, エードゥアルト・フォン 2.23(1842)
ハルトマン, ニコライ 2.20(1882)
バルトリ, ダニエッロ 2.12(1608)
バルトリ, チェチーリア 6.4(1966)
バルトリン 10.20(1616)
バルトリン, エラスムス 8.13(1625)
ハルトリンク, ポウル 8.14(1914)
バルトルディ, フレデリク-オーギュスト 4.2(1834)
ハルトレーベン, オットー・エーリヒ 6.3(1864)
バルトロウ, グウィネス 9.28(1972)
バルトロッツィ, フランチェスコ 9.21(1727)
バルトロメオ, フラ 3.28(1472)
バルトロメ, ポール・アルベール 8.29(1848)
バルト, ロラン 11.12(1915)

バルナーヴ, アントワーヌ 9.21(1761)
ハルナック, アードルフ・フォン 5.7(1851)
榛名由梨 8.19(1945)
バルナン, ドミニーク 9.1(1665)
春野鶴子 1.2(1915)
春野百合子(初代) 6.20(1900)
ハルバースタム, デービッド 4.10(1934)
バルバロ, エルモーラオ(小) 5.21(1454)
バルビュス, アンリ 5.17(1873)
バルビローリ, ジョン 12.2(1899)
バルファン 11.28(1650)
バルフォア, アーサー・ジェイムズ・バルフォア, 初代伯爵 7.25(1848)
バルフォア, フランシス・メイトランド 11.10(1851)
バル, フーゴー 2.22(1886)
バルフ, マイケル・ウィリアム 5.15(1808)
バルベー・ドールヴィイ, ジュール - アメデ 11.2(1808)
ハルベ, マックス 10.4(1865)
バール, ヘルマン 7.19(1863)
バルボ, イタロ 6.6(1896)
バルボーザ, ルイ 11.5(1849)
バルー, ホジーア 4.30(1771)
バルボ, チェーザレ 11.27(1789)
パルマ 7.9(1835)
バルマセダ, ホセ・マヌエル 7.19(1840)
バルマー, ヨハン・ヤーコプ 5.1(1825)
パルマ, リカルド 2.7(1833)
パルミエーリ, マッテーオ 1.13(1406)
パルミジャニーノ 1.11(1503)
バール, ミルトン 7.12(1908)
ハルム 10.26(1869)
ハルムス, ダニール・イワノヴィチ 12.17(1905)
パルメ, (スヴェン・)オーロフ 1.30(1927)
春山作樹 8.13(1876)
春山行夫 7.1(1902)
パルラース, ペーター・ジーモン 9.22(1741)
パル, ラダ・ビノード 1.27(1886)
バルラッハ, エルンスト 1.2(1870)
バール, レモン 4.12(1924)
パーレウス(ヴェングラー), ダーフィト 12.30(1548)
パレストリーナ, ジョヴァンニ・ピエールルイージ・ダ 2.3(1525)
バレス, モーリス 8.19(1862)
ハレツキ 5.26(1891)
ハーレック, ヴィーチェスラフ 4.5(1835)
バレッティ, ジュゼッペ 4.24(1719)
バレット, シド 1.6(1946)
パレート, ヴィルフレード 7.15(1848)
パレー, ポール 5.24(1886)
バレーラ, フアン 10.18(1824)
バレール(・ド・ヴュザック), ベルトラン 9.10(1755)
バレンシアーガ, クリストバル 1.21(1895)
バレンタイン, ボビー 5.13(1950)
馬連良 2.28(1901)
バロー 7.19(1791)
バロー, サー・ジョン 6.19(1764)
バロー, ジャン - ルイ 9.8(1910)
バーロー, ジョーエル 3.24(1754)
ハーロー, ジーン 3.3(1911)
バローズ, ウィリアム・S. 2.5(1914)
バローズ, エドガー・ライス 9.1(1875)
バーロス, ジョアン・デ 12.4(1881)
バロゾ, ジョゼ・マヌエル・ドゥラン 3.23(1956)
ハロッド, サー・ロイ 2.13(1900)
バロニウス, カエサル 10.31(1538)
バローネ 12.22(1859)
バロネス・オルツィィ 9.23(1865)
ハロネン, タルヤ 12.24(1943)
バローハ, ピオ 12.28(1872)
バロン 10.8(1653)
パワー 1.9(1889)
ハワース 7.1(1842)
ハワース, サー・ウォルター・ノーマン 3.19(1883)
ハワード 11.28(1772)
ハワード, サー・エビニーザー 1.29(1850)
ハワード, シドニー 6.26(1891)
ハワード, ジョン 7.26(1939)
ハワード, ジョン 9.2(1726)
ハワード, レズリー 4.3(1893)
ハワード, ロン 3.1(1954)
ハーン 8.7(1856)
ハーン 10.12(1889)
ハン 3.23(1839)
バーン - ジョーンズ, エドワード 8.28(1833)
パンヴィッツ, ルードルフ 5.27(1881)
バンヴィル, テオドール・ド 3.14(1823)
バンヴェニスト, エミール 5.27(1902)
ハーン, オットー 3.8(1879)
バング・カウプ 8.9(1869)
バンクス, サー・ジョゼフ 2.13(1743)
ハンクス, トム 7.9(1956)
パンクハースト, エミリーン 7.14(1858)
バング, バーンハー(・ラウリッツ・フレデリック) 6.7(1848)
バング, ヘアマン 4.21(1857)
バンクヘッド, タルーラ 1.31(1903)
パンクラーツィ, ピエートロ 2.19(1893)

パンクラートワ　*2.9*(1897)
バンクロフト, アン　*9.17*(1931)
バンクロフト, サー・スクワイア　*5.14*(1841)
バンクロフト, ジョージ　*10.3*(1800)
バンクロフト, リチャード　*9.12*(1544)
盤珪永琢　*3.8*(1622)
ハンケル　*2.14*(1839)
伴蒿蹊　*10.1*(1733)
ハンコック, ジョン　*1.12*(1737)
ハンコック, ハービー　*4.12*(1940)
坂西利八郎　*12.16*(1871)
パンサー, マーク　*2.27*(1970)
バン・サント, ガス　*7.24*(1952)
パンジェ, ロベール　*7.19*(1919)
伴淳三郎　*1.10*(1908)
バーンズ　*5.16*(1805)
バーンズ　*6.15*(1889)
バーンズ, アーサー・フランク　*4.27*(1904)
ハンス・アダム2世　*2.14*(1945)
幡随意　*10.15*(1542)
バーンズ, ジェイムズ・F(フランシス)　*5.2*(1879)
バーンスタイン, レナード　*8.25*(1918)
ハンスリック, エードゥアルト　*9.11*(1825)
バーンズ, ロバート　*1.25*(1759)
ハンゼマン　*7.12*(1790)
パンゼラ, シャルル　*2.16*(1896)
バンセル, ウゴ　*5.10*(1926)
ハンセン　*5.8*(1842)
ハンセン　*8.23*(1887)
ハンセン　*12.8*(1795)
ハンセン, アルマウエル・ゲルハルト・ヘンリク　*7.29*(1841)
ハンセン, クリスティアン・フレデリック　*2.29*(1756)
ハンセン, スタン　*8.29*(1949)
ハンセン, マーチン・A.　*8.20*(1909)
ハンソン　*10.28*(1885)
ハンソン, イーデス　*8.28*(1939)
ハーンソン, ウーラ　*11.12*(1860)
ハンソン, ドゥエイン　*1.17*(1925)
ハンソン, ハワード　*10.28*(1896)
ハンター, ウィリアム　*5.23*(1718)
バンダ, ジュリヤン　*12.26*(1867)
ハンター, ジョン　*2.13*(1728)
バンダ, ヘイスティングズ　*5.14*(1906)
ハンター, ホリー　*3.20*(1958)
バン・ダム, ジャン・クロード　*10.18*(1960)
バンダラナイケ, シリマボ　*4.17*(1916)
バンダラナイケ, ソロモン・ウェスト・リッジウェイ・ディアス　*1.8*(1899)
半田良平　*9.10*(1887)
バーンダールカル　*7.6*(1837)
パンチ佐藤　*12.3*(1964)
ハンチュ, アルトゥル・ルドルフ　*3.7*(1857)
范仲淹　*8.2*(989)
パンチョ伊東　*4.7*(1934)
バンチ, ラルフ(・ジョンソン)　*8.7*(1904)
パンツィーニ, アルフレード　*12.31*(1863)
パンツェッタ・ジローラモ　*9.6*(1962)
バンティ　*6.18*(1852)
バンティ, アンナ　*6.27*(1895)
パンディット, ヴィジャヤ・ラクシュミー　*8.18*(1900)
バンディ, マクジョージ　*3.30*(1919)
バンデイラ, マヌエル　*4.19*(1886)
バンティング, サー・フレデリック・グラント　*11.14*(1891)
ハンティントン　*9.16*(1876)
ハンティントン, コリス・P(ポーター)　*10.22*(1821)
ハンティンドン, セリーナ・ヘイスティングズ, 伯爵夫人　*8.24*(1707)
バンデラス, アントニオ　*8.10*(1960)
パンデル, フリスチアン・ゲンリヒ　*7.12*(1794)
パンド　*12.27*(1848)
ハント(ランフェア・ウォーターダインの), (ヘンリー・セシル・)ジョン・ハント, 男爵　*6.22*(1910)
伴洞庵　*6.27*(1806)
板東英二　*4.5*(1940)
坂東家橘　*12.18*(1847)
坂東吉弥(2代目)　*6.12*(1937)
坂東好太郎　*5.4*(1911)
坂東秀調(3代目)　*11.7*(1880)
坂東秀調(4代目)　*3.30*(1901)
坂東玉三郎(3代目)　*1.16*(1883)
坂東玉三郎(5代目)　*4.25*(1950)
阪東妻三郎　*12.13*(1901)
阪東妻三郎　*12.14*(1901)
坂東彦三郎(6代目)　*10.12*(1886)
坂東真砂子　*3.30*(1958)
坂東三津五郎(7代目)　*9.21*(1882)
坂東三津五郎(8代目)　*10.19*(1906)
坂東三津五郎(9代目)　*5.14*(1929)
坂東三津五郎(10代目)　*1.23*(1956)
坂東三津代(2代目)　*4.9*(1895)
坂東蓑助(5代目)　*12.14*(1860)
バントック, グランヴィル　*8.7*(1868)
ハント, ヘレン　*6.15*(1963)
ハント, ホルマン　*4.2*(1827)
ハント, マーク　*3.23*(1974)
ハント, リー　*10.19*(1784)
ハント, リチャード・モリス　*10.31*(1828)
坂内義雄　*7.3*(1891)

バンナ, ジェロム・レ　*12.26*(1972)
ハンナ, ダリル　*12.3*(1960)
伴信友　*2.25*(1773)
馬場伸也　*3.25*(1937)
ハーンパー, ペンティ　*10.14*(1905)
バンハーン・シンラパアーチャ　*8.19*(1932)
ハンプトン, ライオネル　*4.12*(1909)
パンフォーロフ, フョードル・イワノヴィチ　*10.2*(1896)
ハンフリー, ドリス　*10.17*(1895)
ハンフリー, ヒューバート・ホレイシオ　*5.27*(1911)
范文雀　*4.15*(1948)
パンペリー　*9.8*(1837)
バンベルガー　*7.22*(1823)
ハンマー‐プルクシュタル, ヨーゼフ　*6.9*(1774)
阪正臣　*3.23*(1855)
半村良　*10.27*(1933)
伴義雄　*4.15*(1921)
ハーン, ラフカディオ　*6.27*(1850)
万里集九　*9.9*(1428)
パンルヴェ　*12.5*(1863)

【ひ】

ピアジェ, ジャン　*8.9*(1896)
ピアース　*1.11*(1872)
ビアス, アンブローズ　*6.24*(1842)
ピアース, ガイ　*10.7*(1967)
ピアース, ジャン　*6.3*(1904)
ピアース, ジョン・ロビンソン　*3.27*(1910)
ピアース, パトリック・ヘンリー　*11.10*(1879)
ピアーズ, ピーター　*6.22*(1910)
ピアス, フィリッパ　*1.23*(1920)
ピアース, フランクリン　*11.23*(1804)
ビアズリー, オーブリー・ヴィンセント　*8.21*(1872)
ビアズリー, モンロー・カーティス　*12.10*(1915)
ピアスン, ジョン　*2.28*(1613)
ピアソラ, アストル　*3.11*(1921)
ピアソン, カール　*3.27*(1857)
ピアソン, レスター・ボールズ　*4.23*(1897)
ピアッツィ, ジュゼッペ　*7.16*(1746)
ピアッツェッタ, ジョヴァンニ・バッティスタ　*2.13*(1682)
ビーアド, チャールズ・オースティン　*11.27*(1874)
ビーアバウム, オットー・ユーリウス　*6.28*(1865)
ピアフ, エディット　*12.19*(1915)
ビアボウム, マックス　*8.24*(1872)
ビアリック, ハイム・ナフマン　*1.9*(1873)
ピアリー, ロバート　*5.6*(1856)
ビアンキ, ヴィターリー・ワレンチノヴィチ　*2.11*(1894)
ビーヴァーブルック(ビーヴァーブルックとチャークリーの), マックス・エイトケン, 男爵　*5.25*(1879)
ピウス2世　*10.18*(1405)
ピウス4世　*3.31*(1499)
ピウス5世　*1.17*(1504)
ピウス6世　*12.27*(1717)
ピウス7世　*8.14*(1742)
ピウス8世　*11.20*(1761)
ピウス9世　*5.13*(1792)
ピウス10世　*6.2*(1835)
ピウス11世　*5.31*(1857)
ピウス12世　*3.2*(1876)
ピウスツキ, ユゼフ　*12.5*(1867)
日浦勇　*10.24*(1932)
比江島重孝　*10.26*(1924)
ビエドゥー, フランソワ　*9.7*(1927)
ピエトラガラ, マリ・クロード　*2.2*(1963)
ヒェラン, アレクサンデル　*2.18*(1849)
ピエール滝　*4.8*(1967)
ビエルート, ボレスワフ　*4.18*(1892)
ピエール・ド・マンディアルグ, アンドレ　*3.14*(1909)
ピエルネ, ガブリエル　*8.16*(1863)
ピエロン　*7.18*(1881)
ピオヴェーネ, グィード　*7.27*(1907)
日置益　*11.20*(1861)
ビオー, ジャン・バティスト　*4.21*(1774)
ピオッツィ, ヘスター・リンチ　*1.16*(1741)
ビオンディ, マット　*10.8*(1965)
樋貝詮三　*4.3*(1890)
比嘉栄昇　*7.15*(1968)
比嘉和子　*8.5*(1924)
檜垣徳太郎　*10.31*(1916)
檜垣文市　*1.30*(1900)
檜垣麟三　*8.11*(1893)
日影丈吉　*6.12*(1908)
東尾修　*5.18*(1950)
東恩納寛惇　*10.14*(1882)
東京極院　*11.6*(1780)
東久世博子　*3.29*(1672)
東久世博高　*9.12*(1659)
東久世通廉　*6.15*(1630)
東久世通武　*10.13*(1748)
東久世通積　*9.6*(1708)
東久世通庸　*4.7*(1769)
東久邇成子　*12.6*(1925)
東久邇聡子　*5.11*(1896)
東久邇稔彦　*12.3*(1887)
東久邇盛厚　*5.6*(1916)
東久邇盛厚　*5.6*(1916)
東君平　*1.9*(1940)
東国原英夫　*9.16*(1957)
東園基賢　*9.23*(1626)
東野圭吾　*2.4*(1958)
東野幸治　*8.8*(1967)
東伏見宮依仁　*9.19*(1867)
東坊城資長　*6.4*(1679)
東坊城綱忠　*10.25*(1706)
東坊城聡長　*12.26*(1799)
東坊城尚長　*10.22*(1778)
東山魁夷　*7.8*(1908)

東山千栄子 *9.30*(1890)
東山天皇 *9.3*(1675)
東山紀之 *9.30*(1966)
比嘉秀平 *6.7*(1901)
東由多加 *5.12*(1945)
比嘉春潮 *1.9*(1883)
ピカーステス, エドワード *6.26*(1850)
ピカソ, パブロ *10.25*(1881)
ピカソ, パロマ *4.19*(1949)
干潟竜祥 *2.7*(1892)
ピカート *6.5*(1888)
ピカビア, フランシス *1.22*(1879)
氷上英広 *4.10*(1911)
干刈あがた *1.25*(1943)
ピカール, (シャルル・)エミール *7.24*(1856)
ピカール, オーギュスト *1.28*(1884)
ピカール, ジャン *7.21*(1620)
ピガル, ジャン・バティスト *1.26*(1714)
ピカール, ジャン・フェリックス *1.28*(1884)
氷川きよし *9.6*(1977)
氷川瓏 *7.16*(1913)
匹田定常 *10.27*(1750)
疋田松塘 *12.27*(1780)
引田天功(初代) *7.3*(1934)
引田天功(2代目) *6.29*(1959)
ピグー *11.18*(1877)
ピーク, ヴィルヘルム *1.3*(1876)
ピクセレクール, ルネ - シャルル・ギルベール・ド *1.22*(1773)
樋口一葉 *3.25*(1872)
樋口可南子 *12.13*(1958)
樋口勘次郎 *11.27*(1872)
樋口季一郎 *8.20*(1888)
樋口謙之亮 *5.7*(1825)
樋口真吉 *11.8*(1815)
樋口知足斎 *10.25*(1750)
樋口道立 *10.18*(1738)
樋口信孝 *12.24*(1599)
樋口久子 *10.13*(1945)
樋口寿康 *3.11*(1790)
樋口康熙 *11.30*(1677)
樋口宜康 *5.19*(1754)
樋口龍峡 *5.14*(1875)
ピクテー, ラウール・ピエール *4.4*(1846)
ピクーニャ・マケーナ *8.25*(1831)
ピーク, マーヴィン *7.9*(1911)
ピーコ *1.18*(1945)
肥後克広 *3.15*(1963)
ビゴー, ジョルジュ *4.7*(1860)
ビーコ, スティーブ *12.18*(1946)
ピーコック *4.9*(1791)
ピーコック, トマス・ラヴ *10.18*(1785)
ピーコ・デッラ・ミランドラ, ジョヴァンニ *2.24*(1463)
久明親王 *9.11*(1276)
久石譲 *12.6*(1950)
久板卯之助 *4.16*(1878)
久板栄二郎 *7.3*(1898)
久生十蘭 *4.6*(1902)
ピサカーネ, カルロ *8.22*(1818)
寿子女王 *8.6*(1742)
HISASHI *2.2*(1972)
久田恵 *10.7*(1947)
久富達夫 *10.2*(1898)
ピサネロ, アントニオ *11.12*(1395)
久松喜世子 *4.10*(1886)
久松真一 *6.5*(1889)
久松潜一 *12.16*(1894)
久松保夫 *6.6*(1919)
久本雅美 *7.9*(1958)
ピーサレフ, ドミートリー・イワノヴィチ *10.4*(1840)
ピサロ, カミーユ *7.10*(1830)
ビシエール, ロジェ *9.22*(1888)
土方雄豊 *11.19*(1638)
土方成美 *7.10*(1890)
土方巽 *3.9*(1928)
土方定一 *12.25*(1904)
土方歳三 *5.5*(1835)
土方久徴 *9.14*(1870)
土方寧 *2.12*(1859)
土方与志 *4.16*(1898)
土方義苗 *5.7*(1778)
菱刈隆 *11.16*(1871)
菱田春草 *9.21*(1874)
菱田縫子 *11.14*(1750)
菱田安彦 *8.23*(1927)
媄子内親王 *12.15*(1001)
菱沼五郎 *8.20*(1912)
菱山修三 *8.28*(1909)
ビシャ, マリー・フランソワ・クサヴィエ *11.14*(1771)
ビショップ, エリザベス *2.8*(1911)
ビショップ, サー・ヘンリー・ローリー *11.18*(1786)
ビショップ, ジョン・ピール *5.21*(1892)
ピション *8.10*(1857)
ヒス *12.29*(1863)
ヒス, アルジャー *11.11*(1904)
ヒス, ヴィルヘルム *7.9*(1831)
ヒース, エドワード *7.9*(1916)
ピスカートア, エルヴィン *12.17*(1893)
ピストン, ウォルター *1.20*(1894)
ピストン堀口 *10.7*(1914)
ビスマルク, オットー・エドゥアルト・レオポルト, 公爵 *4.1*(1815)
ビゼー, ジョルジュ *10.25*(1838)
ピーセムスキー, アレクセイ・フェオフィラクトヴィチ *3.23*(1821)
ヒーゼン, ブルース・チャールズ *4.11*(1924)
比田井天来 *1.23*(1872)
肥田景正 *11.2*(1817)
日高孝次 *11.4*(1903)
日高信六郎 *4.10*(1893)
日高壮之丞 *3.23*(1848)
日高第四郎 *2.16*(1896)
日高のり子 *5.31*(1962)
日高凉台 *12.10*(1797)
常陸宮華子 *7.19*(1940)
常陸宮正仁 *11.28*(1935)
常陸山谷右衛門 *1.19*(1874)
飛騨屋久兵衛(4代目) *8.22*(1765)
ピーター・ラビット *9.4*(1893)
左幸子 *6.29*(1930)

左時枝 *3.27*(1947)
左とん平 *5.30*(1937)
左卜全 *2.20*(1894)
ビーチィ *2.17*(1796)
ビーチャム, サー・トマス *4.29*(1879)
ビーチャー, ライマン *10.12*(1775)
ピッカリング, エドワード・チャールズ *7.19*(1846)
ヒックス, サー・ジョン・リチャード *4.8*(1904)
ピックフォード, メアリ *4.8*(1893)
ピッコローミニ *11.11*(1599)
ピッシェル *1.18*(1849)
ヒッチコック, アルフレッド *8.13*(1899)
ピッチーニ, ニッコロ *1.16*(1728)
ピッツェッティ, イルデブランド *9.20*(1880)
ヒッツェ, フランツ *3.16*(1851)
ピッツート, アントーニオ *5.14*(1893)
ピット-リヴァーズ, オーガスタス *4.14*(1827)
ピット, ウィリアム *5.28*(1759)
ピット, ウィリアム, 初代チャタム伯爵 *11.15*(1708)
ピット, トマス *7.5*(1653)
ピット, ブラッド *12.18*(1963)
ピットマン, サー・アイザック *1.4*(1813)
ビットリオ・アマデオ2世 *5.14*(1666)
ビットリオ・アマデオ3世 *6.26*(1726)
ビットリオ・エマヌエレ1世 *7.24*(1759)
ビットリオ・エマヌエレ3世 *11.11*(1869)
ヒットルフ, ヤーコプ・イグナーツ *8.20*(1792)
ヒットルフ, ヨハン・ヴィルヘルム *3.27*(1824)
hide *12.13*(1964)
ビーティ, ウォーレン *3.30*(1937)
ビーティ, ジェイムズ *10.25*(1735)
ピティスクス *8.24*(1561)
英子女王 *6.19*(1808)
秀村欣二 *6.19*(1912)
ビデラ, ホルヘ・ラファエル *8.2*(1925)
尾藤イサオ *11.22*(1943)
尾藤二洲 *10.8*(1747)
仁絵 *4.7*(1981)
ピトエフ *9.4*(1884)
ビドー, ジョルジュ *10.5*(1899)
ビートたけし *1.18*(1947)
ビドック *7.24*(1775)
一橋斉敦 *11.21*(1780)
一橋慶寿 *3.4*(1823)
一橋慶昌 *3.14*(1825)
一松定吉 *3.18*(1875)
一柳亀峰 *6.18*(1804)
一柳直治 *5.4*(1642)
一柳米来留 *10.28*(1880)
一柳頼寿 *5.26*(1733)
一青窈 *9.20*(1976)
hitomi *1.26*(1976)
人見一太郎 *11.11*(1865)
人見絹枝 *1.1*(1907)
人見竹洞 *12.8*(1637)
人見東明 *1.16*(1883)
人見弥右衛門 *10.24*(1729)
ヒトラー, アドルフ *4.20*(1889)
ピートリ, ウィリアム・マシュー・フリンダーズ *6.8*(1853)
ビトリチェンコ, エレーナ *11.25*(1976)
ビードル, ジョージ・ウェルズ *10.22*(1903)
ビドル, ジョン *1.11*(1615)
ビートン, セシル *1.14*(1904)
ビナイサ, ゴドフレー *5.30*(1920)
雛形あきこ *1.27*(1978)
日夏耿之介 *2.22*(1890)
ヒーニー, シェイマス *4.13*(1939)
ピニョー・ド・ベエヌ, ジョゼフ・ジョルジュ・ピエール *11.2*(1741)
ビニョーネ, レイナルド・ベニト *1.21*(1928)
ピニョン, エドゥワール *2.12*(1905)
ビニヨン, ロレンス *8.10*(1869)
日沼倫太郎 *7.3*(1925)
ピネー *12.30*(1891)
ビネ, アルフレッド *7.8*(1857)
ビーネック, ホルスト *5.7*(1930)
ピネル, フィリープ *4.20*(1745)
ピネロー, アーサー *5.24*(1855)
火野葦平 *1.25*(1907)
火野葦平 *12.3*(1906)
日野熊蔵 *6.9*(1878)
日野啓三 *6.14*(1929)
ビノシュ, ジュリエット *3.9*(1964)
火野正平 *5.30*(1949)
日野草城 *7.18*(1901)
ピノチェト, アウグスト *11.25*(1915)
日野強 *12.7*(1866)
日野皓正 *10.25*(1942)
ビーバー, ハインリヒ・イグナーツ・フランツ・フォン *8.12*(1644)
ビーハン, ブレンダン *9.2*(1923)
ビービ, (チャールズ・)ウィリアム *7.29*(1877)
ビビエーナ, ジュゼッペ *1.5*(1696)
ビビエーナ, フェルディナンド *8.18*(1657)
日比翁助 *6.26*(1860)
B・B・キング *9.16*(1925)
日比野士朗 *4.29*(1903)
日比谷平左衛門 *2.21*(1848)
ビビる大木 *9.29*(1974)
ピープス, サミュエル *2.23*(1633)
ピブーンソンクラーム *7.14*(1897)
ビーベス, フアン・ルイス *3.6*(1492)

ヒペーリウス, アンドレーアス *5.16*(1511)
ビーベルバッハ *12.4*(1886)
ピーボディ *5.16*(1804)
ピーボディ, ジョージ *2.18*(1795)
氷見晃堂 *10.30*(1906)
ヒムラー, ハインリヒ *10.7*(1900)
氷室京介 *10.7*(1960)
氷室冴子 *1.11*(1957)
姫神 *3.16*(1946)
姫田真左久 *11.19*(1916)
ヒメネス, フアン・ラモン *12.23*(1881)
ビーモン, ボブ *8.29*(1946)
ビーヤ *11.24*(1861)
百武兼行 *6.7*(1842)
百武源吾 *1.28*(1882)
百武三郎 *4.28*(1872)
ビャークネス, ウィルヘルム *3.14*(1862)
ビャークネス, ヤコブ・アール・ボヌヴィー *11.2*(1897)
ピャティゴルスキー, グレゴール *4.17*(1903)
比屋根安定 *10.3*(1892)
檜山広 *12.18*(1909)
檜山義夫 *4.1*(1909)
ビューイック, トマス *8.12*(1753)
ビュイッソン *12.20*(1841)
ヒューイット, ジェニファー・ラブ *2.21*(1979)
ヒューイット, ライトン *2.24*(1981)
ピュヴィス・ド・シャヴァンヌ, ピエール *12.14*(1824)
日向方斉 *2.24*(1906)
ヒューエル, ウィリアム *5.24*(1794)
ヒューゲル, フリードリヒ・フォン *5.5*(1852)
ピュージ, エドワード・ブーヴェリ *8.2*(1800)
ピュジェ, ピエール *10.16*(1620)
ビュシェ, フィリップ *3.30*(1796)
ピュジョ・ド・ラ・ピコヌリ *10.15*(1784)
ピュージン, オーガスタス・ウェルビー・ノースモアー *3.1*(1812)
ヒューズ, C.E. *4.11*(1862)
ヒューズ, W.M. *9.25*(1864)
ヒュースケン *1.20*(1832)
ヒューズ, デイヴィド(・エドワード) *5.16*(1831)
ヒューズ, テッド *8.17*(1930)
ヒューズ, トマス *10.20*(1822)
ヒューストン, アンジェリカ *7.9*(1951)
ヒューストン, サム *3.2*(1793)
ヒューストン, ジョン *8.5*(1906)
ヒューストン, ホイットニー *8.9*(1963)
ヒューズ, ハウアド *12.24*(1905)
ヒューズ, ラングストン *2.1*(1902)
ヒューズ, リチャード *4.19*(1900)
ヒューソン *11.14*(1739)
ヒュッケル, エーリヒ・アルマント・アルトゥル・ヨセフ *8.9*(1896)
ヒュッシュ, ゲルハルト *2.2*(1901)
ビュッチュリ *5.3*(1848)
ビュッヒャー *2.16*(1847)
ビュッフェ, ベルナール *7.10*(1928)
ビュデ, ギヨーム *1.26*(1467)
ビュート, ジョン・スチュアート, 3代伯爵 *5.25*(1713)
ビュノー-ヴァリーヤ, フィリップ・ジャン *7.26*(1859)
ヒューバーマン *10.17*(1903)
ビューヒナー, ゲオルク *10.17*(1813)
ビューヒナー, ルートヴィヒ *3.28*(1824)
ビューピン, マイケル(・イドヴォルスキー) *10.4*(1858)
ビュフォン, ジョルジュ-ルイ・ド *9.7*(1707)
ヒューム *6.6*(1829)
ヒューム, T.E. *9.16*(1883)
ヒューム, アレクサンダー *7.2*(1903)
ヒューム, ジョゼフ *1.22*(1777)
ヒューム, ジョン *9.12*(1722)
ヒューム, デイヴィッド *5.7*(1711)
ビューラー *5.27*(1879)
ビューラー *7.19*(1837)
ビューラー, シャルロッテ・ベルタ *12.20*(1893)
ビュリー, ジョン・バグネル *10.16*(1861)
ピュリッツァ, ジョーゼフ *4.10*(1847)
ビュルガー, ゴットフリート・アウグスト *12.31*(1747)
ビュルギ *2.28*(1552)
ビュルヌーフ *8.12*(1801)
ヒューレット, モーリス *1.22*(1861)
ビューロー *2.16*(1755)
ビューロー, ハンス・グイード・フォン *1.8*(1830)
ビューロー, ベルンハルト, 公爵 *5.3*(1849)
ビヨー・ヴァレンヌ *4.23*(1756)
兵頭精 *4.6*(1899)
兵藤ゆき *4.15*(1952)
ビョーク *11.21*(1965)
日吉小三八 *9.5*(1907)
ピョートル1世 *5.30*(1672)
ピョートル2世 *10.23*(1715)
ピョートル3世 *2.21*(1728)
ビョルリング, ユッシ *2.5*(1911)
ビョルン *4.25*(1945)
ビョルンソン, スヴェイン *2.27*(1881)
ビョルンソン, ビョルンスチェルネ *12.8*(1832)
ビヨンセ *9.4*(1981)
平井毓太郎 *10.11*(1865)
平井堅 *1.17*(1972)
平泉澄 *2.15*(1895)
平井太郎 *7.17*(1905)
平出修 *4.3*(1878)
平井照敏 *3.31*(1931)
平井道子 *9.9*(1935)

平井六右衛門(12代目)　*11.22*(1866)
平岩外四　*8.31*(1914)
平岩弓枝　*3.15*(1932)
平岩愃保　*12.17*(1857)
平尾収　*4.21*(1915)
平岡円四郎　*10.7*(1822)
平岡浩太郎　*6.23*(1851)
平岡武夫　*12.10*(1909)
平岡養一　*8.16*(1907)
平尾貴四男　*7.8*(1907)
平尾誠二　*1.21*(1963)
平生釟三郎　*5.22*(1866)
平尾昌晃　*12.24*(1937)
平尾魯仙　*3.3*(1808)
平垣美代司　*7.14*(1917)
平賀敏　*8.13*(1859)
平賀元義　*7.3*(1800)
平賀譲　*3.8*(1878)
平川唯一　*2.13*(1902)
平木信二　*10.5*(1910)
平木二六　*11.26*(1903)
平櫛田中　*1.15*(1872)
平沢和重　*9.14*(1909)
平沢計七　*7.14*(1889)
平瀬作五郎　*1.7*(1856)
平瀬露香　*9.19*(1839)
平田篤胤　*8.24*(1776)
平田オリザ　*11.8*(1962)
平田銕胤　*11.6*(1799)
平田清明　*8.17*(1922)
平田敬一郎　*9.5*(1908)
平田郷陽(2代目)　*11.25*(1903)
平田通典　*9.19*(1641)
平田東助　*3.3*(1849)
平田禿木　*2.10*(1873)
平田のぶ　*3.30*(1805)
平田満　*11.2*(1953)
平田職俊　*11.24*(1632)
平田森三　*2.10*(1906)
平田安吉　*4.22*(1857)
平田靭負　*8.12*(1704)
平田寛　*11.14*(1910)
平田義正　*5.30*(1915)
平塚運一　*10.17*(1895)
平塚武二　*7.24*(1904)
平塚常次郎　*11.9*(1881)
平塚直秀　*8.28*(1903)
平塚八兵衛　*9.22*(1913)
平塚飄斎　*11.7*(1794)
平塚益徳　*6.19*(1907)
平塚らいてう　*2.10*(1886)
平出鏗二郎　*8.21*(1869)
平出修甫　*4.20*(1809)
平戸廉吉　*12.9*(1893)
平沼騏一郎　*9.28*(1867)
平沼淑郎　*2.7*(1864)
平沼亮三　*2.25*(1879)
ピラネージ, ジョヴァンニ・バッティスタ　*10.4*(1720)
平野愛子　*1.4*(1919)
平野威馬雄　*5.3*(1900)
平野国臣　*3.29*(1828)
平野啓一郎　*6.22*(1975)
平野謙　*10.30*(1907)
平野三郎　*3.23*(1912)
平野小剣　*9.13*(1891)
平野次郎　*12.19*(1940)
平野長靖　*8.24*(1935)
平野利太郎　*4.18*(1904)
平野富二　*8.14*(1846)
平野万里　*5.25*(1885)
平野不苦斎　*11.4*(1827)
平野文　*4.23*(1955)
平野義太郎　*3.5*(1897)
平野力三　*11.5*(1898)
平畠啓史　*8.14*(1968)
平畑静塔　*7.5*(1905)
平林英子　*11.23*(1902)
平林たい子　*10.3*(1905)
平林初之輔　*11.8*(1892)
平原綾香　*5.9*(1984)
ヒラー, フェルディナント・フォン　*10.24*(1811)
平福穂庵　*10.18*(1844)
平福百穂　*12.28*(1877)
平松愛理　*3.8*(1964)
平松楽斎　*4.6*(1792)
平松政次　*9.19*(1947)
平幹二朗　*11.21*(1933)
平元梅隣　*5.8*(1660)
平山郁夫　*6.15*(1930)
平山清次　*10.13*(1874)
平山子竜　*12.8*(1759)
平山省斎　*2.19*(1815)
平山相太　*6.6*(1985)
平山雄　*1.1*(1923)
平山東山　*4.12*(1762)
平山成信　*11.6*(1854)
平山秀幸　*9.18*(1950)
ヒラー, ヨハン・アダム　*12.25*(1728)
ヒラリー, エドムント　*7.20*(1919)
ピラール, マルセーロ・H.デル　*8.30*(1850)
ピランデッロ, ルイージ　*6.28*(1867)
ビーリ-ベロツェルコフスキー, ウラジーミル・ナウモヴィチ　*1.9*(1885)
ビリー・ザ・キッド　*11.23*(1859)
ピリニャーク, ボリス・アンドレーヴィチ　*10.11*(1894)
ビリャエスペサ, フランシスコ　*6.5*(1878)
ビリングッチョ, ヴァンノッチョ　*10.20*(1480)
ヒル　*8.11*(1772)
ビール　*11.27*(1825)
ヒル, アーチボルド・ヴィヴィアン　*9.26*(1886)
尾留川ひで女　*10.26*(1822)
ピルクハイマー, ヴィリバルト　*12.5*(1470)
ピルケ　*12.15*(1874)
ヒルゲンドルフ　*12.5*(1839)
ピール, サー・ロバート　*2.5*(1788)
ヒル, サー・ローランド　*12.3*(1795)
ヒル, ジェイムズ(・ジェローム)　*9.16*(1838)
ヒルシュ, エマーヌエル　*6.14*(1888)
ヒルシュフェルト　*5.14*(1868)
ヒル, ジョージ　*3.3*(1838)
ピール, チャールズ・ウィルソン　*4.15*(1741)
ヒル, デイヴィド　*12.18*(1840)
ヒルティ, カール　*2.28*(1833)
ヒルデスハイマー, ヴォルフガング　*12.9*(1916)
ヒルデブラント　*3.6*(1812)
ヒルデブラント, アドルフ　*10.6*(1847)
ヒルデブランド, ジョエル・ヘンリー　*11.16*(1881)

ひる

ヒルデブラント・ヒルデブランズソン　8.19(1838)
ヒルデブラント、ヨハン・ルーカス・フォン　11.16(1668)
ビルデルデイク、ウィレム　9.7(1756)
ヒルト　4.16(1845)
ヒルト　12.19(1865)
ピール、ドミニク　2.10(1910)
ヒルトル　12.7(1810)
ヒルトン、コンラッド　12.25(1887)
ヒルトン、ジェイムズ　9.9(1900)
ヒルトン、パリス　2.17(1981)
ビールーニー、アブー・アル・ライハーン　9.4(973)
ビルヌーブ、ジャック　4.9(1971)
ビールビー、サー・ジョージ・トマス　11.17(1850)
ヒルファーディング　8.10(1877)
ビルフィンガー、ゲオルク・ベルンハルト　1.23(1693)
ヒルプレヒト、ヘルマン・フォルラート　7.28(1859)
ヒルベルト、ダヴィッド　1.23(1864)
ビル、マックス　12.22(1908)
ビルロート、クリスティアン・アルベルト・テオドール　4.26(1829)
ヒル、ローリン　5.26(1975)
ヒルン　12.7(1870)
鰭崎英朋　8.25(1881)
ピレス、ペドロ　4.29(1934)
ビレ、オーガスティン　1.19(1850)
ビレンキ、ロマーノ　11.9(1909)
ビレンドラ・ビル・ビクラム・シャー　12.28(1945)
ピレンヌ、アンリ　12.23(1862)
hiro　4.7(1984)
広井勇　9.2(1862)
広岡浅子　9.3(1849)
広岡久右衛門(9代目)　9.28(1844)
広岡達朗　2.9(1932)
広岡知男　8.24(1907)
弘兼憲史　9.9(1947)
広川弘禅　3.31(1902)
広川晴軒　5.20(1803)
広川松五郎　1.29(1889)
HIROKI　6.29(1983)
hiroko　7.24(1984)
広沢虎造(2代目)　5.18(1899)
広沢虎造(3代目)　9.29(1922)
広重徹　8.28(1928)
広島晃甫　11.23(1889)
広末保　12.18(1919)
広末涼子　7.18(1980)
広瀬久兵衛　8.2(1790)
広瀬旭荘　5.17(1807)
弘世現　5.21(1904)
広瀬香美　4.12(1966)
広瀬孝六郎　9.23(1899)
広瀬青邨　8.15(1819)
広瀬武夫　5.27(1868)
広瀬正　9.30(1924)
広瀬淡窓　4.11(1782)
広瀬豊作　11.17(1891)
広瀬仁紀　10.15(1931)
広瀬久忠　1.22(1889)
広瀬秀雄　8.14(1909)
広瀬夫佐子　11.19(1914)
広瀬政次　5.14(1894)
広瀬叔功　8.27(1936)
広田亀次　6.15(1840)
広田憲寛　6.10(1818)
広田弘毅　2.14(1878)
広田精一　6.28(1840)
弘田長　6.5(1859)
広田寿一　5.7(1899)
広田正方　7.8(1778)
弘田龍太郎　6.30(1892)
広田レオナ　3.7(1963)
広津和郎　12.5(1891)
広津柳浪　6.8(1861)
広中平祐　4.9(1931)
広橋兼顕　9.18(1449)
広橋兼賢　7.26(1595)
広橋兼勝　10.22(1558)
広橋兼宣　11.6(1366)
広橋兼秀　4.29(1506)
広橋国光　5.19(1526)
広橋綱光　6.13(1431)
広橋総光　8.7(1580)
広橋守光　3.5(1471)
広幡豊忠　6.26(1666)
広幡基豊　4.22(1800)
広松渉　8.11(1933)
ヒロミ　2.13(1965)
博恭王　10.16(1875)
ヒロ・ヤマガタ　5.30(1948)
弘山晴美　9.2(1968)
ビローン　11.23(1690)
ピンカートン、アラン　8.25(1819)
ビンガム、ハイラム　11.19(1875)
ヒンギス、マルチナ　9.30(1980)
ビング、ジョージ、初代トリントン子爵　1.27(1663)
ピンクニー　10.26(1757)
ピンクニー、チャールズ　2.25(1746)
ピンクニー、トマス　10.23(1750)
ヒンク、ハンス　10.11(1865)
ビーン、ジェフリー　8.30(1927)
ヒンシェルウッド、サー・シリル・ノーマン　6.19(1897)
ビンスヴァンガー、ルートヴィヒ　4.13(1881)
ビンダー、ヴィルヘルム　6.20(1878)
ピンター、ハロルド　10.10(1930)
ヒンチン、アレクサンドル・ヤコヴレヴィチ　7.19(1894)
ピンツァ、エツィオ　5.18(1892)
ヒンツェ　8.27(1861)
ビンディング　6.4(1841)
ビンディング、ルードルフ・ゲオルク　8.13(1867)
ヒンデミット、パウル　11.16(1895)
ピンデモンテ、イッポーリト　11.13(1753)
ヒンデンブルク、パウル・フォン　10.2(1847)

【ふ】

ファイインガー, ハンス *9.25*(1852)
ファイコー, アレクセイ・ミハイロヴィチ *9.7*(1893)
ファイサル1世 *5.20*(1885)
ファイサル2世 *5.2*(1935)
ファイズ, ファイズ・アフマド *2.13*(1911)
ファイティング原田 *4.5*(1943)
ファイト, コンラート *1.22*(1893)
ファイナー *2.24*(1898)
ファイニンガー, ライオネル *7.17*(1871)
ファイファー, ミシェル *4.29*(1958)
ファイヤーアーベント, パウル・カール *1.13*(1924)
ファイヨル *5.14*(1852)
ファインズ, ジョセフ *5.27*(1970)
ファインズ, レイフ *12.22*(1962)
ファインマン, リチャード・フィリップス *5.11*(1918)
ファヴァール, シャルル・シモン *11.13*(1710)
ファウラー *1.17*(1889)
ファウラー, ヘンリー・ウォトソン *3.10*(1858)
ファーヴル *3.21*(1809)
ファウルズ, ジョン *3.31*(1926)
ファーガスン, ジェームズ *1.22*(1808)
ファーガスン, デイヴィド *6.30*(1882)
ファーガソン, アダム *6.20*(1723)
ファーガソン, アレックス *12.31*(1941)
ファゲ, エミール *12.17*(1847)
ファジェーエフ, アレクサンドル・アレクサンドロヴィチ *12.24*(1901)
ファージョン, エリナー *2.13*(1881)
ファース *3.25*(1901)
ファース, コリン *9.10*(1960)
ファース, ジョン・ルパート *6.17*(1890)
ファースト, ハワード・メルヴィン *11.11*(1914)
ファスビンダー, ライナー・ヴェルナー *5.13*(1946)
ファッシ *9.2*(1906)
ファッブリ, ディエーゴ *7.2*(1911)
ファード1世 *3.26*(1868)
ファナ *11.6*(1479)
ファニング, ダコタ *2.23*(1994)
ファノン, フランツ *7.20*(1925)
ファーバー, エドナ *8.15*(1887)
ファーバンク, ロナルド *1.17*(1886)
ファビウス, ローラン *8.20*(1946)
ファーフィ, ジョーゼフ *9.26*(1843)
ファブリキウス, ヒエロニュムス *5.20*(1537)
ファブリキウス・ヒルダヌス *6.25*(1560)
ファブリツィウス, ダーヴィト *3.9*(1564)
ファブリティウス, カレル *2.27*(1622)
ファブリ, マリー・ポール・オーギュスト・シャルル *6.11*(1867)
ファーブル, ジャン - アンリ・カジミール *12.22*(1823)
ファーブル, リュシヤン *2.14*(1889)
ファーベル, ペトルス *4.13*(1506)
ファム・ヴァン・ドン *5.1*(1906)
ファヤンス, カシミル *5.27*(1887)
ファラガット, デイヴィド(・グラスゴー) *7.5*(1801)
ファラー, ジェラルディーン *2.28*(1882)
ファラダ, ハンス *7.21*(1893)
ファラデイ, マイケル *9.22*(1791)
ファリエール, クレメント *11.6*(1841)
ファリナッチ, ロベルト *10.16*(1892)
ファリーニ *10.22*(1812)
ファリャ, マヌエル・デ *11.23*(1876)
ファリントン *7.10*(1891)
ファルカン, パウロ・ロベルト *10.16*(1953)
ファルギエール, ジャン・アレクサンドル・ジョゼフ *9.7*(1831)
ファールーク1世 *2.11*(1920)
ファルクベルゲ, ヨーハン *9.30*(1879)
ファルク, ヨハン・ダニエル *10.28*(1768)
ファルグ, レオン - ポール *3.4*(1876)
ファルケンハイン, エーリヒ・(ゲオルク・アントン・セバスティアン・)フォン *9.11*(1861)
ファルコネ, エティエンヌ・モーリス *12.1*(1716)
ファルー・デュ・クドレー, フレデリク・アルベール・ピエール *5.11*(1811)
ファルネーゼ, アレッサンドロ *8.27*(1545)
ファルマン, アンリ *5.26*(1874)
ファルンハーゲン・フォン・エンゼ *2.21*(1785)
ファレス, ベニト・パブロ *3.21*(1806)
ファレール, クロード *4.27*(1876)
ファレル, コリン *5.31*(1976)
ファレル, ジェイムズ・T. *2.27*(1904)
ファレンタイン *4.17*(1666)
ファーレンハイト, ガブリエル・ダニエル *5.24*(1686)
ファロー, ミア *2.9*(1945)

フアン-デ-アビラ *1.6*(1500)
ファン・アールスト, ピーテル *8.14*(1502)
フアン・カルロス1世 *1.5*(1938)
ファン・ゴイエン, ヤン *1.13*(1596)
黄長燁 *2.17*(1923)
ファン・スウィーテン *5.7*(1700)
ファンタン-ラトゥール, アンリ *1.14*(1836)
ファン・デル・ワールス, ヨハネス・ディデリック *11.23*(1837)
ファン・デン・ボイナンツ, ポール *5.22*(1919)
ファンデンホーヘンバント, ピーター *3.14*(1978)
ファント・ホフ, ヤコブス・ヘンリクス *8.30*(1852)
ファンバステン, マルコ *10.31*(1964)
ファン・バン・ドン *5.1*(1906)
ファンファーニ, アミントーレ *2.16*(1908)
ファン・フン *6.11*(1912)
フアン・マヌエル, ドン *5.5*(1282)
ファン・ミーリス, フランス *4.16*(1635)
フイエ *10.18*(1838)
フイエ, オクターヴ *8.11*(1821)
フィエスキ, ジュゼッペ・マリア *12.13*(1790)
プイグ, マヌエル *12.28*(1932)
フィグル *10.2*(1902)
フィゲレス・フェレ, ホセ *9.5*(1906)
フィゲレス, ホセ・マリア *12.24*(1951)
フィーゴ, ルイス *11.4*(1972)
フィーザー *4.7*(1899)
フィスク *4.1*(1834)
フィスク, ジョン *3.30*(1842)
フィゾー, アルマン・イポリット・ルイ *9.23*(1819)
フィチーノ, マルシーリオ *10.19*(1433)
フィッカー *4.30*(1826)
フィッシャー *2.27*(1867)
フィッシャー *3.19*(1877)
フィッシャー *6.5*(1874)
フィッシャー *7.23*(1824)
フィッシャー, アンドリュー *8.29*(1862)
フィッシャー, エトヴィン *10.6*(1886)
フィッシャー, エミール・ヘルマン *10.9*(1852)
フィッシャー, エルンスト *7.3*(1899)
フィッシャー, キャリー *10.21*(1956)
フィッシャー, サー・ロナルド・エイルマー *2.17*(1890)
フィッシャー, ジョン・アーバスノット, 男爵 *1.25*(1841)
フィッシャー, テオドル *5.28*(1862)
フィッシャー, ハインツ *10.9*(1938)
フィッシャー, ハンス *7.27*(1881)
フィッシャー・フォン・エルラッハ, ヨーゼフ・エマヌエル *9.13*(1693)
フィッシャー, フォン・エルラッハ, ヨハン・ベルナルト *7.20*(1656)
フィッシャー, フリードリヒ・テーオドア *6.30*(1807)
フィッシャー, ヨシュカ *4.12*(1948)
フィッシュ, ハミルトン *8.3*(1808)
フィッセル *10.23*(1875)
フィッチ, ジョン *1.21*(1743)
フィッツウィリアム *5.30*(1748)
フィッツジェラルド, F.スコット *9.24*(1891)
フィッツジェラルド, エドワード *3.31*(1809)
フィッツジェラルド, エラ *4.25*(1918)
フィッツジェラルド, ジョージ・フランシス *8.3*(1851)
フィッツジェラルド, ゼルダ *7.24*(1900)
フィッティヒ, ルドルフ *12.6*(1835)
フィップス, サー・ウィリアム *2.2*(1651)
フィードラー, アーサー *12.17*(1894)
フィードラー, コンラート *9.23*(1841)
フィビガー, ヨハーネス・アンドレアス・グリブ *4.23*(1867)
フィヒテ, ヨハン・ゴットリープ *5.19*(1762)
プイマノヴァー, マリエ *6.3*(1893)
ブイヨー *9.16*(1796)
フィラートフ *4.16*(1847)
プィリエフ, イワン *11.4*(1901)
フィリップ1世 *11.13*(1504)
フィリップ2世 *1.17*(1342)
フィリップ2世 *8.21*(1165)
フィリップ3世 *4.30*(1245)
フィリップ3世 *7.31*(1396)
フィリップ, アーサー *10.11*(1738)
フィリップ, ジェラール *12.4*(1922)
フィリップ, シャルル-ルイ *8.4*(1874)
フィリップス, デイヴィッド・グレアム *10.31*(1867)
フィリップ, ライアン *9.10*(1974)
フィリドール, フランソワ・アンドレ *9.7*(1726)
フィリプス *7.28*(1864)
フィリプス *11.29*(1811)
フィリューン, マライス *12.2*(1915)
フィールカント *6.4*(1867)
フィールディング, ヘンリー *4.22*(1707)
フィールド, サイラス・W *11.30*(1819)
フィールド, サリー *11.6*(1946)
フィールド, マーシャル *8.18*(1834)
フィルヒナー, ヴィルヘルム *9.13*(1877)

フィルヒョウ, ルドルフ・カール *10.13*(1821)
フィルポッツ, イーデン *11.4*(1862)
フィルモア, ミラード *1.7*(1800)
フィールリンゲル *7.11*(1891)
フィレルフォ, フランチェスコ *7.25*(1398)
フィレンツオーラ, アーニョロ *6.27*(1493)
フィンク *6.26*(1867)
フィンク *12.11*(1905)
フィンセン, ニルス・リュベア *12.15*(1860)
フィンレイ, カルロス・フアン *12.3*(1833)
フーヴァー, J.E. *1.1*(1895)
フヴィエズドスラフ, パヴォル・オルシャーグ *2.2*(1849)
フヴィステク, レオン *1.31*(1884)
ブヴェー, ジョアシャン *7.18*(1656)
フウォピツキ, ユゼフ *3.24*(1772)
馮玉祥 *9.26*(1882)
馮雪峰 *6.2*(1903)
馮文炳 *11.9*(1901)
馮友蘭 *12.4*(1895)
フェアバンク, ジョン・K(キング) *5.24*(1907)
フェアバンクス, ダグラス *5.23*(1883)
フェアバンクス, ダグラス, ジュニア *12.9*(1909)
フェアファクス, ロバート *4.23*(1464)
フェアファックス(キャメロンの), トマス・フェアファックス, 3代男爵 *1.17*(1612)
フェアベアン, アンドルー・マーティン *11.4*(1838)
フェアベアン, サー・ウィリアム *2.19*(1789)
フェイホー, ベニート・ヘロニモ *10.8*(1676)
fayray *4.18*(1976)
フェーヴル, リュシヤン *7.22*(1878)
フェー, エルヴェ・オーギュスト・エティエンヌ *10.1*(1814)
笛木優子 *6.21*(1979)
フェザー(ブラッドフォード市の), ヴィク・フェザー, 男爵 *4.10*(1908)
フェージン, コンスタンチン・アレクサンドロヴィチ *2.24*(1892)
フェスカ *3.31*(1846)
フェスティンガー, リーオン *5.8*(1919)
フェストデイク, シモン *10.17*(1898)
フェスパー, ヴィル *10.11*(1882)
フェッセンデン, レジナルド・オーブリー *10.6*(1866)
フェッリーニ, フェデリーコ *1.20*(1920)
フェーデラー *10.7*(1866)
フェデラー, ロジャー *8.8*(1981)
フェデール, ジャック *7.21*(1885)
フェデルブ, ルイ・レオン・セザール *6.3*(1816)
フェート, アファナシー・アファナシエヴィチ *12.5*(1820)
フェードー, ジョルジュ *12.8*(1862)
フェドートフ, パーヴェル・アンドレエヴィチ *7.22*(1815)
フェドレンコ, ニコライ・トロフィモヴィチ *11.22*(1912)
フェニックス, ホアキン *10.28*(1974)
フェニックス, リバー *8.23*(1970)
フェヌロン, フランソワ・ド・サリニャック・ド・ラ・モット *8.6*(1651)
フェネティアン, ルナルド・ロナルド *6.18*(1936)
フェノッリオ, ベッペ *3.1*(1922)
フェノロサ, アーネスト *2.18*(1853)
フェヒナー *7.27*(1892)
フェヒナー, グスタフ・テオドール *4.19*(1801)
フェブロニウス *1.27*(1701)
フェラー, ウィリアム *7.7*(1906)
フェラス, クリスティアン *6.17*(1933)
フェラボスコ, アルフォンソ *1.18*(1543)
フェラー, ホセ *1.8*(1912)
フェラー, ボブ *11.3*(1918)
フェラーリ *3.7*(1811)
フェラリ *2.2*(1522)
フェランティ, セバスチャン・ジアーニ・ド *4.6*(1864)
フェリ *2.25*(1856)
フェリア, キャスリーン *4.22*(1912)
フェリ, アレッサンドラ *5.6*(1963)
フェリクス *4.19*(1127)
フェリクス5世 *9.4*(1383)
フェリー, ジュール *4.5*(1832)
フェリー, ブライアン *9.26*(1945)
フェリペ1世 *7.22*(1478)
フェリペ2世 *5.21*(1527)
フェリペ3世 *4.14*(1578)
フェリペ4世 *4.8*(1605)
フェリペ5世 *12.19*(1683)
フェーリング, ヘルマン・フォン *6.9*(1812)
フェリーン, ニルス *12.11*(1898)
フェルヴェイ, アルベルト *5.15*(1865)
フェルヴォルン *11.4*(1863)
フェルヴールト, ヘンドリック *9.8*(1901)
フェルスマン *11.8*(1883)
フェルゼンシュタイン, ヴァルター *5.30*(1901)
フェルディナント1世 *2.26*(1861)
フェルディナント1世 *3.10*(1503)
フェルディナント1世 *4.19*(1793)
フェルディナント1世 *8.24*(1865)

フェルディナンド1世 *1.12*(1751)
フェルディナント2世 *7.9*(1578)
フェルディナンド2世 *1.12*(1810)
フェルディナンド2世 *6.26*(1467)
フェルディナント3世 *7.13*(1608)
フェルディナンド3世 *5.6*(1769)
フェルディナンド4世 *6.10*(1835)
フェルディナント大公 *12.18*(1863)
フェルデ, ヴィレム・ファン・デ *12.18*(1633)
フェルドマン, モートン *1.12*(1926)
フェルドロス, アルフレート *2.22*(1890)
フェルナンデス-デ-リサルディ, ホセ・ホアキン *11.15*(1776)
フェルナンデス, エミリオ *3.26*(1904)
フェルナンデス, レオネル *12.26*(1953)
フェルナンデル *5.8*(1903)
フェルナンド3世 *6.24*(1198)
フェルナンド5世 *3.10*(1452)
フェルナンド6世 *9.23*(1713)
フェルナンド7世 *10.14*(1784)
フェルプス, マイケル *6.30*(1985)
フェルホフスタット, ヒー *4.11*(1953)
フェルマ, ピエール・ド *8.17*(1601)
フェルミ, エンリコ *9.29*(1901)
フェルラータ, ドメーニコ *3.4*(1847)
フェレ, ジャンフランコ *8.15*(1944)
フェレル, ウィリアム *1.29*(1817)
フェレ, レオ *8.26*(1916)
フェレーロ *7.21*(1871)
フェレンベルク *6.27*(1771)
ブエロ-バリェーホ, アントニオ *9.29*(1916)
プエンテ *4.20*(1925)
フォアマン, ミロス *2.18*(1932)
フォイアバハ, ルートヴィヒ・アンドレーアス *7.28*(1804)
フォイアマン, エマーヌエル *11.22*(1902)
フォイエルバッハ *11.14*(1775)
フォイエルバッハ, アンゼルム・フォン *9.12*(1829)
フォイト *10.31*(1831)
フォイヒトヴァンガー, リーオン *7.7*(1884)
フォガッツァーロ, アントーニオ *2.12*(1842)
フォーキン, ミハイル *4.26*(1880)
フォークス, ガイ *4.16*(1570)
フォークト *7.5*(1817)
フォークト *9.2*(1850)
フォークト *10.14*(1858)
フォークトヘル, ゲオルク *3.11*(1487)
フォークナー, ウィリアム *9.25*(1897)
フォークナー, ヒュー *2.29*(1808)
フォーク, ピーター *9.16*(1927)
フォーゲル, ヘルマン・カール *4.3*(1841)
フォーコンネ *3.13*(1874)
フォーサイス *10.7*(1827)
フォーサイス, ピーター・テイラー *5.12*(1848)
フォシヨン, アンリ *9.7*(1881)
フォスコロ, ウーゴ *2.6*(1778)
フォースター, E.M. *1.1*(1879)
フォスター, W. *2.25*(1881)
フォースター, ウィリアム・エドワード *7.11*(1818)
フォスター, ジョディ *11.19*(1962)
フォスター, スティーヴン・コリンズ *7.4*(1826)
フォズディク, ハリ・エスマン *5.24*(1878)
フォス, ヨハン・ハインリヒ *2.20*(1751)
フォスラー *9.6*(1872)
フォーセット, デイム・ミリセント *6.11*(1847)
フォッカー, アントニー・ヘルマン・ゲラルト *4.6*(1890)
フォック・イエネー *5.17*(1916)
フォック, ヴラディミール・アレクサンドロヴィチ *12.22*(1898)
フォックス *1.1*(1879)
フォックス, ジェイミー *12.13*(1967)
フォックス, チャールズ・ジェイムズ *1.24*(1749)
フォックス, ビセンテ *7.2*(1942)
フォックス, マイケル・J. *6.9*(1961)
フォッシー, ボブ *6.23*(1925)
フォッシュ, フェルディナン *12.2*(1851)
フォーテス *4.25*(1906)
フォード, H, II *9.4*(1917)
フォード, ジェラルド *7.14*(1913)
フォード, ジョン *2.1*(1895)
フォード, ジョン *4.17*(1586)
フォード, ダリル *3.16*(1902)
フォード, ハリソン *7.13*(1942)
フォード, フォード・マドックス *12.17*(1873)
フォード, ヘンリー *7.30*(1863)
フォートリエ, ジャン *5.16*(1898)
ブオナロッティ *11.11*(1761)
フォーブズ(フォービス), ジョン *5.2*(1593)
フォーブス-ロバートソン, ジョンストン *1.16*(1853)
フォラン, ジャン *8.29*(1903)
フォリエル, クロード-シャルル *10.21*(1772)

フォール, エドガール *8.18*(1908)
フォール, エリ *4.4*(1873)
フォルカード, テオドール・オギュスタン *3.2*(1816)
フォルケ *1.12*(1867)
フォルケルト *7.21*(1848)
フォルケル, ヨーハン・ニーコラウス *2.22*(1749)
フォールシ, オリガ・ドミトリエヴナ *5.16*(1873)
フォルスター, ゲオルク *11.26*(1754)
フォルスター, ジョン *12.13*(1915)
フォルスター, ルドルフ *10.30*(1884)
フォルスト, ヴィリ *3.7*(1903)
フォルストホフ *9.13*(1902)
フォルスマン, ヴェルナー *8.29*(1904)
フォルトゥニー・イ・マルサル, マリアーノ *6.11*(1838)
フォルトラーゲ *6.12*(1806)
フォール, フェリックス *1.30*(1841)
フォール, ポール *2.1*(1872)
フォルラーニ, アルナルド *12.8*(1925)
フォルラニーニ *6.11*(1847)
フォルレンダー *1.2*(1860)
フォーレ, ガブリエル *5.12*(1845)
フォレスター, C.S. *8.27*(1899)
フォレスタル, ジェイムズ *2.15*(1892)
フォレスト(バンベリーの), ジョン・フォレスト, 男爵 *8.22*(1847)
フォレスト, エドウィン *3.9*(1806)
フォレスト, ネイサン・ベッドフォード *7.13*(1821)
フォーレル *2.2*(1841)
フォレル, オーギュスト・アンリ *9.1*(1848)
フォレン, カール・テーオドーア・クリスティアン *9.5*(1795)
フォレンゴ, テオーフィロ *11.8*(1491)
フォローズ, ミーガン *3.14*(1968)
フォンヴィージン, デニス・イワノヴィチ *4.14*(1744)
フォン・オイラー, ウルフ・スヴァンテ *2.7*(1905)
フォン・シュトロハイム, エリッヒ *9.22*(1885)
フォンセカ, マヌエル・デオドロ・ダ *8.5*(1827)
フォンダ, ジェーン *12.21*(1937)
フォンターナ, ルーチョ *2.19*(1899)
フォンタネージ, アントーニオ *2.23*(1818)
フォンタネー, ジャン・ド *2.17*(1643)
フォンターネ, テーオドア *12.30*(1819)
フォンダ, ピーター *2.23*(1939)
フォンダ, ブリジット *1.27*(1964)
フォンダ, ヘンリー *5.16*(1905)
フォンテイン, ジョーン *10.22*(1917)
フォンテイン, マーゴット *5.18*(1919)
フォンテーヌ, シャルル *7.13*(1514)
フォンテーヌ, ピエール‐フランソワ‐レオナール *9.20*(1762)
フォントネル, ベルナール・ル・ボヴィエ・ド *2.11*(1657)
フォン・ノイマン, ジョン *12.28*(1903)
フォーンビー, ジョージ *5.26*(1905)
フォン・ブッフ, クリスティアン・レオポルト *4.25*(1774)
フォン・ブラウン, ヴェルナー *3.23*(1912)
フォン・ラウエ, マックス・テオドール・フェリックス *10.9*(1879)
フォン・リヒトホーフェン, フェルディナント *5.5*(1833)
深井英五 *11.20*(1871)
深尾須磨子 *11.18*(1888)
深尾隆太郎 *1.9*(1877)
深川正一郎 *3.6*(1902)
深川武 *6.10*(1900)
深作欣二 *7.3*(1930)
深沢邦之 *9.15*(1966)
深沢七郎 *1.29*(1914)
深沢晟雄 *12.11*(1905)
深代惇郎 *4.19*(1929)
深栖幾太郎 *12.4*(1842)
深瀬基寛 *10.12*(1895)
深田久弥 *3.11*(1903)
深田恭子 *11.2*(1982)
深田康算 *10.19*(1878)
深田祐介 *7.15*(1931)
深津絵里 *1.11*(1973)
深見有隣 *11.5*(1691)
深見玄岱 *2.15*(1649)
深見重助(13代目) *3.16*(1885)
布川敏和 *8.4*(1965)
ふかわりょう *8.19*(1974)
ブーガンヴィル, ルイ‐アントワーヌ・ド *11.11*(1729)
吹石一恵 *9.28*(1982)
吹越満 *2.17*(1965)
蕗谷虹児 *12.3*(1898)
ブキャナン, ジェイムズ *4.23*(1791)
ブキャナン, ジョージ *2.1*(1506)
フグ, アンディ *9.7*(1964)
福井久蔵 *11.18*(1867)
福井謙一 *10.4*(1918)
福井繁子 *1.21*(1874)
福井伸二 *1.4*(1908)
福井常右衛門 *1.11*(1753)
福井棣園 *10.23*(1783)
福井敏雄 *3.11*(1921)
福井直秋 *10.17*(1877)
福井盛太 *7.14*(1885)
福岡惣助 *5.23*(1831)
福沢朗 *9.14*(1963)
福沢一郎 *1.18*(1898)
福沢幸雄 *6.18*(1943)
福沢桃介 *6.25*(1868)
福士幸次郎 *11.5*(1889)
福嶋晃子 *6.29*(1973)

福島慶子　*5.11*（1900）
福島経人　*8.14*（1899）
福島繁太郎　*3.9*（1895）
福島敏行　*3.23*（1895）
福島正夫　*7.11*（1906）
福島正実　*2.18*（1929）
福島瑞穂　*12.24*（1955）
福島安正　*9.15*（1852）
福住検校　*8.10*（1806）
福住正兄　*8.21*（1824）
福田栄一　*4.30*（1909）
福田英助　*10.30*（1880）
福田勝治　*1.17*（1899）
福田行誡　*4.9*（1809）
福田清人　*11.29*（1904）
福田啓二　*12.1*（1890）
福武直　*2.12*（1917）
福武哲彦　*1.10*（1916）
福田須磨子　*3.23*（1922）
福田赳夫　*1.14*（1905）
福田千里　*10.20*（1896）
福田恆存　*8.25*（1912）
福田徳三　*12.2*（1874）
福田篤泰　*10.13*（1906）
福田豊四郎　*11.27*（1904）
福田信之　*10.3*（1920）
福田一　*4.1*（1902）
福田半香　*7.2*（1804）
福田英子　*10.5*（1865）
福田宏年　*8.31*（1927）
福田平八郎　*2.28*（1892）
福田正夫　*3.26*（1893）
福田昌子　*7.8*（1912）
福田雅太郎　*5.25*（1866）
福田雅之助　*5.4*（1897）
福田正博　*12.27*（1966）
福田康夫　*7.16*（1936）
福田蘭童　*5.15*（1905）
福地源一郎　*3.23*（1841）
福地泡介　*6.1*（1937）
福留孝介　*4.26*（1977）
福留功男　*1.28*（1942）
福永恭助　*3.11*（1889）
福永健司　*8.5*（1910）
福永十三郎　*3.14*（1721）
福永武彦　*3.19*（1918）
福永年久　*8.11*（1894）
福永光司　*7.26*（1918）
福永祐一　*12.9*（1976）
福西崇史　*9.1*（1976）
福羽逸人　*12.16*（1857）
福原愛　*11.1*（1988）
福原有信　*4.8*（1848）
福原越後　*8.28*（1815）
福原乙之進　*9.26*（1837）
福原信三　*7.25*（1883）
福原百之助（5代目）　*7.11*（1884）
福原鐐二郎　*6.25*（1868）
福原麟太郎　*10.23*（1894）
福藤豊　*9.17*（1982）
福見秀雄　*4.20*（1914）
福本和夫　*7.4*（1894）
福本寿一郎　*10.26*（1907）
福本日南　*5.23*（1857）
福本豊　*11.7*（1947）
福山雅治　*2.6*（1969）
福来友吉　*11.3*（1869）
袋一平　*10.27*（1897）
フーケ, ニコラ　*1.27*（1615）
フケー, フリードリヒ・ド・ラ・モット　*1.12*（1777）
ブーゲール, ピエール　*2.16*（1698）
ブーゲンハーゲン, ヨーハン　*6.24*（1485）
フーゲンベルク　*6.19*（1865）
フーゴー　*11.23*（1764）
フーコー, シャルル・ユージェーヌ, 子爵　*9.15*（1858）
フーコー, ジャン・ベルナール・レオン　*9.19*（1819）
ブコフスキー, ウラジーミル　*12.30*（1942）
フーコー, ミシェル　*10.15*（1926）
フサーク, グスタフ　*1.10*（1913）
プサン　*1.1*（1869）
ブサンゴー, ジャン・バティスト　*2.2*（1802）
プーサン, ニコラ　*6.15*（1594）
藤あや子　*5.10*（1961）
ふじいあきら　*3.4*（1967）
藤井乙男　*7.14*（1868）
藤井織之助　*12.30*（1828）
藤井健次郎　*10.5*（1866）
藤井較一　*8.18*（1858）
藤井浩佑　*11.29*（1882）
藤井真信　*1.1*（1885）
藤井甚太郎　*3.25*（1883）
藤井宣正　*3.2*（1859）
藤井隆　*3.10*（1972）
藤井隆　*8.4*（1909）
藤井高雅　*3.14*（1819）
藤井武　*1.15*（1888）
藤井種太郎　*6.16*（1870）
藤井竹外　*4.20*（1807）
藤井尚之　*12.27*（1964）
藤井日達　*8.6*（1885）
藤井能三　*9.21*（1846）
藤井斉　*8.3*（1904）
藤井フミヤ　*7.11*（1962）
藤井丙午　*2.23*（1906）
藤井方亭　*4.28*（1778）
藤井康男　*8.14*（1930）
藤井林右衛門　*11.16*（1885）
藤浦洸　*9.1*（1898）
フーシェ, アルフレッド　*11.21*（1865）
フーシェ, ジョゼフ, オトラント公爵　*5.21*（1759）
藤枝晃　*8.3*（1911）
藤枝静男　*12.20*（1907）
藤枝丈夫　*7.29*（1903）
藤江梅軒　*10.19*（1758）
ブジェフヴァ, ヤン　*8.15*（1900）
ブーシェ, フランソワ　*9.29*（1703）
ブシェミ, スティーブ　*12.13*（1957）
藤江熊陽　*10.8*（1683）
藤江竜山　*3.27*（1728）
藤岡市助　*3.14*（1857）
藤岡勝二　*8.12*（1872）
藤岡作太郎　*7.19*（1870）
藤岡琢也　*9.4*（1930）
藤岡弘、　*2.19*（1946）
藤岡由夫　*3.6*（1903）
藤蔭絃枝　*6.9*（1907）
藤懸静也　*2.25*（1881）
藤蔭静樹　*10.20*（1880）
プシカリ, エルネスト　*9.29*（1883）
藤川一秋　*9.14*（1914）
藤川三渓　*11.24*（1816）
富士川游　*5.11*（1865）
藤川勇造　*10.31*（1883）
藤木司直　*12.24*（1684）
藤木九三　*9.30*（1887）
藤木直人　*7.19*（1972）
藤木英雄　*2.20*（1932）

藤木悠　3.2(1931)
プーシキン, アレクサンドル・セルゲーヴィチ　5.26(1799)
藤圭子　7.5(1951)
藤子F・不二雄　12.1(1933)
ブーシコー, ダイオニシアス　12.26(1820)
藤子不二雄A　3.10(1934)
藤咲仙潭　10.16(1688)
藤崎奈々子　12.19(1977)
藤沢浅二郎　4.25(1866)
藤沢幾之輔　2.16(1859)
藤沢周平　12.26(1927)
藤沢清造　10.28(1889)
藤沢桓夫　7.12(1904)
藤沢友吉(2代目)　7.28(1895)
藤沢南岳　9.9(1842)
藤沢朋斎　3.5(1919)
藤沢利喜太郎　9.9(1861)
冨士茂子　5.22(1910)
藤島宇内　4.7(1924)
藤島桓夫　10.6(1927)
藤島武二　9.18(1867)
藤島武人　2.14(1972)
藤城清治　4.17(1924)
藤代禎輔　7.24(1868)
富司純子　12.1(1945)
富士田音蔵(5代目)　1.20(1874)
富士田音蔵(6代目)　4.12(1899)
藤田和之　10.16(1970)
富士田吉次(2代目)　10.7(1845)
藤田健治　3.8(1904)
藤田呉江　11.21(1828)
藤田小女姫　1.4(1938)
藤田五郎　7.8(1911)
藤田五郎　9.28(1915)
藤田権兵衛　1.20(1811)
藤田貞資　9.16(1734)
藤田大五郎　11.30(1915)
藤田平　10.19(1947)
藤田孝之　3.4(1812)
藤田たき　12.23(1898)
藤田武夫　2.27(1905)
藤田武雄　1.29(1891)
藤田圭雄　11.11(1905)
藤田嗣治　11.27(1886)
藤竜也　8.27(1941)
藤田哲也　10.23(1920)
藤田田　3.13(1926)
藤田伝三郎　5.15(1841)
藤田東湖　3.16(1806)
藤田藤太郎　9.13(1910)
藤田俊哉　10.4(1971)
藤田敏八　1.16(1932)
藤田斗南　9.30(1891)
藤田朋子　8.3(1965)
藤田豊八　9.15(1869)
藤谷為賢　8.13(1593)
藤谷美紀　9.15(1973)
藤谷美和子　3.10(1963)
藤田憲子　9.7(1947)
藤田尚徳　10.30(1880)
藤田文蔵　8.6(1861)
藤田まこと　4.13(1933)
藤田まさと　5.12(1908)
藤田元司　8.7(1931)
藤田元春　2.4(1879)
藤田幽谷　2.18(1774)
藤田弓子　9.12(1945)
藤田嘉言　6.19(1772)
藤田宜永　4.12(1950)
藤田亮策　8.25(1892)
藤田若雄　11.2(1912)
冨士月子　3.29(1898)
藤永元作　1.16(1903)
藤浪鑑　11.29(1870)
藤波収　2.27(1888)
藤波言忠　9.12(1853)
藤波辰爾　12.28(1953)
藤浪与兵衛(2代目)　2.5(1865)
藤浪与兵衛(3代目)　3.21(1891)
藤浪与兵衛(4代目)　6.9(1926)
傅斯年　3.26(1896)
藤野節子　11.3(1928)
藤野忠次郎　2.21(1901)
藤野天光　9.27(1903)
藤野真紀子　9.15(1949)
藤野正啓　5.9(1826)
藤林敬三　11.8(1900)
藤林普山　1.16(1781)
プシボシ, ユリアン　3.5(1901)
藤間勘右衛門(2代目)　2.12(1840)
藤間勘十郎(7代目)　10.8(1900)
藤巻卓次　4.19(1899)
藤巻亮太　1.12(1980)
富士正晴　10.30(1913)
富士松加賀太夫(7代目)　2.29(1856)
富士松加賀太夫(8代目)　2.29(1859)
富士松加賀太夫(9代目)　3.30(1889)
富士松薩摩掾(2代目)　5.22(1862)
富士松薩摩掾(3代目)　6.9(1870)
藤松博　7.12(1922)
冨士真奈美　1.15(1938)
藤間藤子　10.31(1907)
藤間紫　5.24(1923)
藤真利子　6.18(1955)
伏見晁　6.18(1900)
伏見天皇　4.23(1265)
伏見直江　11.10(1908)
伏見宮貞愛　4.28(1858)
伏見宮博恭　10.16(1875)
藤村俊二　12.8(1934)
藤村正太　1.9(1924)
藤村太郎　12.9(1839)
藤村作　5.6(1875)
藤村トヨ　6.16(1877)
藤村富美男　8.14(1916)
藤村義朗　12.4(1871)
藤本敦士　10.4(1977)
藤本義一　1.26(1933)
藤本定義　12.20(1904)
藤本真澄　7.15(1910)
藤本清兵衛(初代)　6.15(1841)
藤本鉄石　3.17(1816)
藤本英雄　5.10(1918)
藤本二三吉　11.23(1897)
藤本美貴　2.26(1985)
藤本能道　1.10(1919)
フジモリ, アルベルト　7.28(1938)
藤森栄一　8.15(1911)
藤森弘庵　3.11(1799)
藤森成吉　8.28(1892)
藤森夕子　12.12(1968)
普寂　8.15(1707)
藤山愛一郎　5.22(1897)

藤山一郎 *4.8*(1911)
藤山寛美 *6.15*(1929)
藤山直美 *12.28*(1958)
藤山雷太 *8.1*(1863)
ブーシャルドン, エドム *5.29*(1698)
プシュヴァラ(プシィヴァラ), エーリヒ *10.12*(1889)
不二洋子 *3.18*(1912)
藤吉久美子 *8.5*(1961)
ブーショル, エルンスト *6.2*(1886)
ブジョーンヌイ, セミョーン・ミハイロヴィチ *4.25*(1883)
藤原あき *8.10*(1897)
藤原清登 *8.31*(1953)
藤原銀次郎 *6.17*(1869)
藤原咲平 *10.29*(1884)
藤原定 *7.17*(1905)
藤原春鵲 *4.17*(1830)
藤原審爾 *3.7*(1921)
藤原孝夫 *11.20*(1896)
藤原忠朝 *6.22*(1820)
藤原竜也 *5.15*(1982)
藤原長作 *12.13*(1912)
藤原威子 *12.23*(999)
藤原延子 *10.4*(1016)
藤原嬉子 *1.5*(1007)
藤原娍子 *7.19*(1016)
藤原生子 *8.17*(1014)
藤原忠通 *1.29*(1097)
藤原時朝 *5.5*(1204)
藤原時朝 *5.5*(1204)
藤原長家 *8.20*(1005)
藤原済時 *6.10*(941)
藤原教通 *6.7*(996)
藤原通房 *1.10*(1025)
藤原師通 *9.11*(1062)
藤原頼嗣 *11.21*(1239)
藤原頼経 *1.16*(1218)
藤原紀香 *6.28*(1971)
藤原ヒロシ *2.7*(1964)
藤原弘達 *7.31*(1921)
藤原正彦 *7.9*(1943)
藤原松三郎 *2.14*(1881)
藤原道子 *5.26*(1900)
藤原元典 *12.8*(1915)
藤原保信 *9.4*(1935)
藤原雄 *6.10*(1932)
藤原義江 *12.5*(1898)
ブースィーリー *3.7*(1213)
ブース, ウィリアム *4.10*(1829)
ブース, エドウィン・トーマス *11.13*(1833)
プスカシュ・フェレンツ *4.2*(1927)
毒島章一 *1.14*(1936)
ブース, シャーリー *8.30*(1907)
ブース, ジューニアス・ブルータス *5.13*(1796)
ブース, ジョン・ウィルクス *5.10*(1838)
ブース, チャールズ *3.30*(1840)
ブステッリ, フランツ・アントン *4.12*(1723)
フスト *2.26*(1876)
ブスラーエフ, フョードル・イワノヴィチ *4.13*(1818)
布施明 *12.18*(1947)
フセイン, ウダイ *6.18*(1964)
フセイン, サダム *4.28*(1937)
布施松翁 *12.22*(1725)
布施健 *3.21*(1912)
布施辰治 *11.13*(1880)
ブゼック, イエジ *7.3*(1940)
ブセット, ヴィルヘルム *9.3*(1865)
伏原宣通 *8.25*(1667)
伏原宣幸 *5.6*(1637)
布施博 *7.10*(1958)
伏屋素狄 *12.1*(1747)
ブーゼンバウム, ヘルマン *9.19*(1600)
ブゾーニ, フェッルッチョ・ベンヴェヌート *4.1*(1866)
二川松陰 *11.24*(1767)
二木謙三 *1.10*(1873)
ブタシェーヴィチ - ペトラシェフスキー, ミハイル・ワシリエヴィチ *11.13*(1821)
二葉亭四迷 *2.28*(1864)
双葉山定次 *2.9*(1912)
二葉百合子 *6.23*(1931)
二村定一 *6.13*(1900)
布田保之助 *11.26*(1801)
二山伯養 *3.28*(1623)
二荒芳徳 *10.26*(1886)
ブーダン, ウージェーヌ *7.12*(1824)
淵上郁太郎 *10.20*(1837)
淵上白陽 *11.14*(1889)
フチーク, ユリウス *2.23*(1903)
プチャーチン *11.8*(1803)
プーチン, ウラジーミル *10.7*(1952)
ブーツァー, マルティン *11.11*(1491)
フッカー, サー・ジョゼフ・ドルトン *6.30*(1817)
フッカー, ジョン・リー *8.22*(1917)
フッカー, トマス *7.7*(1586)
フッガー, ヤーコプ2世 *3.6*(1459)
ブック *6.5*(1880)
フック, ジェイムズ *6.3*(1746)
フック, シドニー *12.20*(1902)
フックス, サー・ヴィヴィアン・アーネスト *2.11*(1908)
フックス, レオンハルト *1.17*(1501)
ブックマン, フランク・ネイサン・ダニエル *6.4*(1878)
フック, ロバート *7.18*(1635)
フッサール, エドムント *4.8*(1859)
ブッシェル *7.28*(1844)
ブッシュ *3.23*(1904)
ブッシュ, アドルフ *8.8*(1891)
ブッシュ, ヴァニーヴァー *3.11*(1890)
ブッシュ, ヴィルヘルム *4.15*(1832)
ブッシュ, ケイト *7.30*(1958)
ブッシュ, ジョージ *6.12*(1924)
ブッシュ, ジョージ(Jr.) *7.6*(1946)
ブッシュネル, ホラス *4.14*(1802)
ブッセ *9.27*(1862)
ブッセ, カール *11.12*(1872)
ブッダ *4.8*(前560)
プッチーニ, ジャーコモ *12.22*(1858)
ブッチャー *4.16*(1850)
ブッツァーティ, ディーノ *10.16*(1906)

フッテン, ウルリヒ・フォン *4.21*(1488)
フッド(ウィトリーの), サミュエル・フッド, 初代子爵 *12.12*(1724)
ブット, ズルフィカール・アリー *1.5*(1928)
フッド, トマス *5.23*(1799)
ブット, ベナジール *6.21*(1953)
プッフェンドルフ, サムエル, 男爵 *1.8*(1632)
プティ, アレクシ-テレーズ *10.2*(1791)
プティジャン, ベルナール・タデー *6.14*(1829)
プティパ, マリウス *3.11*(1819)
プティ, ローラン *1.13*(1924)
ブーテナント, アドルフ・フリードリヒ・ヨハン *3.24*(1903)
ブデル, モーリス *12.30*(1883)
不動裕理 *10.14*(1976)
プドフキン, フセヴォロド *2.6*(1893)
ブトルー, エティエンヌ・エミール *7.28*(1845)
ブトレロフ, アレクサンドル・ミハイロヴィチ *9.6*(1828)
フートン, アーネスト・A *11.20*(1887)
船木和喜 *4.27*(1975)
舟木重信 *7.27*(1893)
船木誠勝 *3.13*(1969)
船越英一郎 *7.21*(1960)
船越清蔵 *8.23*(1805)
舟越保武 *12.7*(1912)
舟崎克彦 *2.2*(1945)
船田一雄 *12.7*(1877)
船田中 *4.24*(1895)
船津辰一郎 *8.9*(1873)
船戸与一 *2.8*(1944)
舟橋聖一 *12.25*(1904)
船曳鉄門 *12.4*(1823)
船村徹 *6.12*(1932)
船山馨 *3.31*(1914)
船山信一 *7.29*(1907)
ブニャーニ, ガエターノ *11.27*(1731)
ブーニン, イワン・アレクセーヴィチ *10.22*(1870)
ブーニン, スタニスラフ *9.25*(1966)
ブノア *5.3*(1870)
ブノワ, ピエール *7.16*(1886)
フーバー *7.13*(1849)
フバイ・イェネー *9.15*(1858)
フーバー, ハーバート *8.10*(1874)
ブーバー, マルティン *2.8*(1878)
ブハーリー *7.19*(810)
ブハリ, ムハマド *12.17*(1942)
ブハーリン, ニコライ・イワノヴィチ *9.27*(1888)
プファフ, クリストフ・マテーウス *12.24*(1686)
プフィッツナー, ハンス *5.5*(1869)
プフェッファー, ヴィルヘルム・フリードリヒ・フィリップ *3.9*(1845)
フーフェラント *8.12*(1762)
フブォストフ *6.28*(1776)
ブブカ, セルゲイ *12.4*(1963)
風吹ジュン *5.12*(1952)
プフタ *8.31*(1798)
ブーフナー, アウグスト *11.2*(1591)
ブフナー, エドゥアルト *5.20*(1860)
ブーフナー, ハンス *10.26*(1483)
フーフ, リカルダ・オクターヴィア *7.18*(1864)
プフリューガー *6.7*(1829)
フーヘル, ペーター *4.3*(1903)
フーベルマン, ブロニスラフ *12.19*(1882)
ブベンノーフ, ミハイル・セミョーノヴィチ *11.8*(1909)
プホルス, アルバート *1.16*(1980)
プミポン・アドゥンヤデート *12.5*(1927)
ブーメディエン, ウアリ *8.23*(1927)
フメリョーフ *7.28*(1901)
不聞契聞 *12.8*(1302)
ブヤノビッチ, フィリップ *9.1*(1954)
冬柴鉄三 *6.29*(1936)
フュステル・ド・クーランジュ, ニュマ-ドニ *3.18*(1830)
フューゼリ, ヘンリー *2.7*(1741)
フュルチエール, アントワーヌ *12.28*(1619)
フョードル1世 *5.31*(1557)
フョードル3世 *6.9*(1661)
ブヨヤ, ピエール *11.24*(1949)
フラー *6.15*(1902)
フライアー *7.31*(1887)
プライアー, マシュー *7.21*(1664)
ブライアン *2.20*(1975)
ブライアン, ウィリアム・ジェニングズ *3.19*(1860)
ブライアント, ウィリアム・カレン *11.3*(1794)
ブライアント, コービー *8.23*(1978)
フライ, エリザベス *5.21*(1780)
フライ, クリストファー *12.18*(1907)
ブライジヒ *7.5*(1866)
フライシヤー, ディヴ *6.14*(1894)
ブライス, ジェームズ *5.10*(1838)
プライス, リチャード *2.23*(1723)
フライターク, グスタフ *7.13*(1816)
フライ, ダゴベルト *4.23*(1883)
ブライディ, ジェイムズ *1.3*(1888)
ブライティンガー, ヨーハン・ヤーコプ *4.19*(1575)
ブライティンガー, ヨハン・ヤーコプ *3.1*(1701)
ブライト, グレゴリー *7.14*(1899)
ブライト, ジョン *11.16*(1811)

ブライトマン, サラ *8.14*(1960)
ブライト, リチャード *9.28*(1789)
フライ, ノースロップ *7.14*(1912)
ブライプトロイ, カール *1.13*(1859)
ブライ, ヘルマン *7.11*(1929)
ブライヤー *7.4*(1841)
ブライユ, ルイ *1.4*(1809)
フライリヒラート, フェルディナント *6.17*(1810)
フライ, ロジャー *12.14*(1866)
ブライロフスキー, アレグザンダー *2.16*(1896)
ブラヴァツキー, ヘレナ・ペトロヴナ *8.12*(1831)
ブラウアー, デビッド *7.1*(1912)
ブラウアー, ロイツェン・エグベルトゥス・ヤン *2.27*(1881)
ブラウダー *5.20*(1891)
ブラウト, ウィリアム *1.15*(1785)
ブラウニング, エリザベス・バレット *3.6*(1806)
ブラウニング, ジョン・モーゼズ *1.21*(1855)
ブラウニング, ロバート *5.7*(1812)
ブラウ, ピーター *2.7*(1918)
ブラウヒッチュ *10.4*(1881)
ブラウワー, ディルク *9.1*(1902)
ブラウン *11.29*(1866)
ブラウン‐セカール, シャルル‐エドゥアール *4.8*(1817)
ブラウン, エヴァ *2.6*(1912)
ブラウン, エドワード・グランヴィル *2.7*(1862)
ブラウン, カール・フェルディナント *6.6*(1850)
ブラウン, ゴードン *2.20*(1951)
ブラウン, サミュエル・ロビンズ *6.16*(1810)
ブラウン, ジェームス *5.3*(1933)
ブラウン, ジョン *5.9*(1800)
ブラウンソン, オレスティーズ・オーガスタス *9.16*(1803)
ブラウン, チャールズ・ブロックデン *1.17*(1771)
ブラウン, トマス *1.9*(1778)
ブラウン, トマス *10.19*(1605)
ブラウン, ネイサン *6.22*(1807)
ブラウン, ハーバート・チャールズ *5.22*(1912)
ブラウン, フォード・マドックス *4.16*(1821)
ブラウン・ブランケ *8.3*(1884)
ブラウン, フレドリック *10.29*(1906)
ブラウン, ボビー *2.5*(1969)
フラウンホーファー, ヨーゼフ・フォン *3.6*(1787)
ブラウン, ルース *1.12*(1928)
ブラウン, ロバート *12.21*(1773)
プラーガ, エミーリオ *12.26*(1839)
ブラガ, テオフィロ *2.24*(1843)
ブラガ, ルチアン *5.9*(1895)
フラーキウス, マティーアス *3.3*(1520)
ブラキストン *12.27*(1832)
フラグスタート, ヒルステン *7.12*(1895)
ブラクストン, トニ *10.7*(1968)
フラクスマン, ジョン *7.6*(1755)
ブラーク, メンノー・テル *1.26*(1902)
フラーケ, オットー *10.29*(1880)
ブラケット, パトリック・メイナード・スチュアート *11.18*(1897)
ブラゴエフ *6.14*(1856)
フラゴナール, ジャン・オノレ *4.5*(1732)
ブラザウスカス, アルギルダス *9.22*(1932)
プラサード, ジャエシャンカル *1.10*(1889)
ブラザーTOM *2.23*(1956)
プラサード, ラージェーンドラ *12.3*(1884)
ブラザ, ピエール・サヴォルニャン・ド *1.26*(1852)
プラサ・ラソ, ガロ *2.17*(1906)
ブラー, サー・レドヴァーズ(・ヘンリー) *12.7*(1839)
ブラシス, カルロ *11.4*(1795)
ブラジヤック, ロベール *3.31*(1909)
フラシャリ, ナイム *5.25*(1846)
フラション *5.13*(1893)
フラー, ジョン・フレデリック・チャールズ *9.1*(1878)
ブラスコ‐イバニェス, ビセンテ *1.29*(1867)
プラス, シルヴィア *10.27*(1932)
ブラチアヌ, イオン・コンスタンチン *6.2*(1821)
ブラチアヌ, 小イオン *8.20*(1864)
ブラック *1.8*(1827)
ブラック *7.25*(1884)
ブラック *8.3*(1836)
ブラックウェル, エリザベス *2.3*(1821)
ブラックウッド, アルジャーノン *3.14*(1869)
ブラッグ, サー・ウィリアム・ヘンリー *7.2*(1862)
ブラッグ, サー・ウィリアム・ローレンス *3.31*(1890)
ブラック, シャーリー・テンプル *4.23*(1928)
ブラック, ジョゼフ *4.16*(1728)
ブラック, ジョルジュ *5.13*(1882)
ブラックストン, サー・ウィリアム *7.10*(1723)
ブラックマー, リチャード・P. *1.21*(1904)
ブラックモア, R.D. *6.7*(1825)

ブラックモン, フェリックス 5.22(1833)
ブラック, ユージン・ロバート 5.1(1898)
ブラッサンス, ジョルジュ 10.22(1921)
ブラッスール, ピエール 12.22(1905)
プラッター(プラーター), トーマス 2.10(1499)
ブラッタン, ウォルター・ハウザー 2.19(1902)
プラット 7.19(1827)
プラット, E.J. 2.4(1883)
ブラッドショー, ジョン 12.10(1602)
ブラッドフォード, W. 1.19(1722)
ブラッドフォード, W. 5.20(1663)
ブラッドフォード, ウィリアム 3.19(1590)
ブラッドベリー, レイ 8.22(1920)
ブラッドリー, A.C. 3.26(1851)
ブラッドリー, F.H. 1.30(1846)
ブラッドリー, O. 2.12(1893)
ブラッドロー, チャールズ 9.26(1833)
ブラッハー, ボリス 1.19(1903)
プラーツ, マーリオ 9.6(1896)
プラーティ, ジョヴァンニ 1.27(1814)
プラティニ, ミシェル 6.21(1955)
プラーテン, アウグスト・フォン 10.24(1796)
ブラトヴィチ, ミオドラグ 2.20(1930)
プラド・ウガルテーチェ 4.21(1889)
フラトコフ, ミハイル 9.1(1950)
ブラード, サー・エドワード・クリスプ 9.21(1907)
プラトーノフ, アンドレイ・プラトノヴィチ 9.1(1899)
プラトーノフ, セルゲイ・フョードロヴィチ 6.16(1860)
プラド, ペレス 12.11(1922)
プラトリーニ, ヴァスコ 10.19(1913)
ブラナー, H.C. 6.23(1903)
フラナガン, エドワード・ジョウゼフ 7.13(1886)
ブラナー, ケネス 12.10(1960)
フラニツキ, フランツ 10.4(1937)
フラー, バックミンスター 7.12(1895)
フラハティ, ロバート 2.16(1884)
フラーフ, レイニール・デ 7.30(1641)
フラー, マーガレット 5.23(1810)
ブラマ, ジョゼフ 4.13(1748)
ブラマン, アンナ 1.31(1905)
ブラーム, オットー 2.5(1856)
フラムスティード, ジョン 8.19(1646)
ブラームス, ヨハネス 5.7(1833)
ブラメル, ジョージ・ブライアン 6.7(1778)
ブラーラー(ブラウラー), アンブロシウス 4.12(1492)
フラー, ロイ 2.11(1912)
ブラン, アリス 10.2(1901)
ブーランヴィリエ, アンリ・ド 10.11(1658)
ブランカーティ, ヴィタリアーノ 7.24(1907)
ブランキ, オーギュスト 2.1(1805)
フランキー堺 2.13(1929)
フランク 3.19(1745)
フランク 8.25(1889)
フランク 9.10(1889)
ブランク 9.19(1905)
フランク, アンネ 6.12(1929)
フランク, イリヤ・ミハイロヴィチ 10.23(1908)
ブラングヴィン, サー・フランク 5.13(1867)
フランク, ジェイムズ 8.26(1882)
ブランクーシ, コンスタンティン 2.19(1876)
フランク, セザール - オーギュスト 12.10(1822)
フランク, ゼバスティアン 1.20(1499)
フランク, ハンス 5.30(1900)
フランクフォート, ヘンリ 2.24(1897)
プーランク, フランシス 1.7(1899)
プランク, マックス 4.23(1858)
フランクランド, サー・エドワード 1.18(1825)
フランクリン, サー・ジョン 4.16(1786)
フランクリン, ベンジャミン 1.17(1706)
フランクリン, ロザリンド 7.25(1920)
フランクル, ヴィクトル・エーミール 3.26(1905)
フランクル, パウル 4.22(1878)
フランクル, ピーター 3.26(1953)
フランク, レーオンハルト 9.4(1882)
フランケ, アウグスト・ヘルマン 3.22(1663)
プランケット 10.24(1854)
ブランケルス - クーン, ファニー 4.26(1918)
フランケンハイマー, ジョン 2.19(1930)
ブランコ - フォンボナ, ルフィノ 6.27(1874)
フランコ, イタマル 6.28(1931)
フランコ, イワン・ヤコヴィチ 8.15(1856)
フランコ・バアモンデ, フランシスコ 12.4(1892)
フランコ, フランシスコ 12.4(1892)
フランシア, ホセ・ガスパール・ロドリゲス 1.6(1766)

ブーランジェ, ジョルジュ *4.29*(1837)
フランシェスカッティ, ジノ *8.9*(1902)
ブランシェット, ケイト *5.14*(1969)
ブーランジェ, ナディア *9.16*(1887)
フランシス, サー・フィリップ *10.22*(1740)
フランシス, サム *6.25*(1923)
ブランシャール, エスプリ・アントワーヌ *2.29*(1696)
ブランシャール, ジャン・ピエール・フランソワ *7.4*(1753)
ブランシャール, ピエール *6.30*(1896)
ブランシュヴィク, レオン *11.10*(1869)
ブランショ, モーリス *12.22*(1907)
フランス, アナトール *4.16*(1844)
フランセ, ジャン *5.23*(1912)
フランソア *6.27*(1817)
フランソア1世 *9.12*(1494)
フランソア2世 *1.19*(1544)
フランソワ, サンソン *5.18*(1924)
ブランダイス, ルイス *11.13*(1856)
プランタウアー, ヤーコプ *7.15*(1660)
フランダン *4.12*(1889)
フランチェスコ2世 *1.16*(1836)
聖フランチェスコ(パオラの) *3.27*(1416)
フランチェスコ・ダ・ミラノ *8.18*(1497)
フランチェスコ・ディ・ジョルジョ *9.23*(1439)
フランツ1世 *12.8*(1708)
フランツ2世 *2.12*(1768)
フランツ・ヨーゼフ1世 *8.18*(1830)
フランツ・ヨーゼフ2世 *8.16*(1906)
フランツ, ローベルト *6.28*(1815)
ブランディス *2.13*(1790)
ブランディッジ, エイヴァリー *9.28*(1887)
ブランティング, カール・ヤルマル *11.23*(1860)
プランテ, ガストン *4.22*(1834)
ブランデス, ゲオウ・モリス・コーエン *2.4*(1842)
ブランデン, エドマンド *11.1*(1896)
ブランデンブルク *7.31*(1868)
ブラント *10.8*(1835)
ブラント, アンソニー・フレデリック *9.26*(1907)
ブラント, ウィリー *12.18*(1913)
ブラント, ウィルフリッド *8.17*(1840)
ブラント, ゲオルク(イェオリ) *7.21*(1694)
ブランド, マーロン *4.3*(1924)
フランドラン, イポリット *3.23*(1809)
プラントル, ルートヴィヒ *2.4*(1875)
プラント, ロバート *8.20*(1948)
ブランリ *10.23*(1844)
ブラン, ロジェ *3.22*(1907)
ブリアン, アリスティド *3.28*(1862)
ブリアン, エミル・フランティシェク *4.11*(1904)
ブリアンション, モーリス *1.11*(1899)
ブリヴィエ, テーオドア *2.12*(1892)
フーリエ, J.B.J. *3.21*(1768)
フーリエ, シャルル *4.7*(1772)
フリエス, エミール・オトン *2.6*(1879)
ブリエンヌ *7.9*(1769)
ブリーク, オーシプ・マクシモヴィチ *1.4*(1888)
ブリクセン, カーレン *4.17*(1885)
プリゴジン, イリヤ *1.25*(1917)
プリーシヴィン, ミハイル・ミハイロヴィチ *1.23*(1873)
フリーズ *11.29*(1887)
ブリス, アーサー *8.2*(1891)
プリーストリー, J.B. *9.13*(1894)
プリーストリー, ジョゼフ *3.13*(1733)
プリスニエ, シャルル *12.13*(1896)
ブリズベーン, アルバート *8.22*(1809)
ブリースマン, ヨハネス *12.31*(1488)
フリース, ヤーコプ・フリードリヒ *8.23*(1773)
プリセツカヤ, マイヤ *11.20*(1925)
ブリソー, ジャック・ピエール *1.15*(1754)
ブリソン *7.31*(1835)
フリーダ *11.15*(1945)
フリーチェ, ウラジーミル・マクシモヴィチ *10.15*(1870)
プリチェット, V.S. *12.16*(1900)
プリチャード, キャサリン・スザンナ *12.4*(1883)
プリチャード, チャールズ *2.29*(1808)
ブリッカ, スティーン・スティーンセン *10.11*(1782)
フリック, ゴットロープ *7.28*(1906)
フリック, ヘンリー(・クレイ) *12.19*(1849)
ブリッジウォーター公 *5.21*(1736)
ブリッジズ, ジェフ *12.4*(1949)
ブリッジズ, ロバート *10.23*(1844)
ブリッジマン, イライジャ・コウルマン *4.22*(1801)
ブリッジマン, パーシー・ウィリアムズ *4.21*(1882)
フリッシュ *3.3*(1895)
フリッシュアイゼン・ケーラー *7.19*(1878)
フリッシュ, カール・フォン *11.20*(1886)

フリッシュ, マックス　5.15（1911）
フリッシュリン, ニコデームス　9.22（1547）
フリッチャイ, フェレンツ　8.9（1914）
フリッチュ, グスタフ・テオドール　3.5（1838）
ブリッツスタイン, マーク　3.2（1905）
フリップ, ロバート　5.16（1946）
プリティ長嶋　10.2（1954）
フリーデル, シャルル　3.12（1832）
ブリテン, ベンジャミン　11.22（1913）
フリート　11.11（1864）
フリードキン, ウィリアム　8.29（1939）
フリードマン　5.13（1902）
フリードマン, ミルトン　7.31（1912）
フリードリヒ1世　7.11（1657）
フリードリヒ1世　8.11（1371）
フリードリヒ1世　9.9（1826）
フリードリヒ2世　1.24（1712）
フリードリヒ2世　6.9（1633）
フリードリヒ2世　12.26（1194）
フリードリヒ3世　2.14（1515）
フリードリヒ3世　9.21（1415）
フリードリヒ3世　10.18（1831）
フリードリヒ4世　3.5（1574）
フリードリヒ5世　8.26（1596）
フリードリヒ・アウグスト1世　5.12（1670）
フリードリヒ・アウグスト1世　12.23（1750）
フリードリヒ・アウグスト2世　5.18（1797）
フリードリヒ・アウグスト2世　10.17（1696）
フリードリヒ・ヴィルヘルム　2.16（1620）
フリードリヒ・ウィルヘルム1世　8.15（1688）
フリードリヒ・ウィルヘルム2世　9.25（1744）
フリードリヒ・ウィルヘルム3世　8.3（1770）
フリードリヒ・ウィルヘルム4世　10.15（1795）
フリードリヒ, カスパル・ダーヴィト　9.5（1774）
フリードリヒ, カール・J　6.5（1901）
フリートレンダー, マックス　6.5（1867）
ブリナー, ユル　7.11（1920）
ブリニョン, アントワネット　1.13（1616）
ブリネル, ヨハン・アウグスト　6.21（1849）
フリノー, フィリップ　1.2（1752）
プリマティッチオ, フランチェスコ　4.30（1505）
フリーマン　8.2（1823）
フリーマン, モーガン　6.1（1937）
フリムル, ルドルフ　12.7（1879）
プリムローズ, ウィリアム　8.23（1903）
プリモ・デ・リベラ, J.A.　4.24（1903）
プリモ・デ・リベラ, M.　1.8（1870）
フリーモント, ジョン・C（チャールズ）　1.21（1813）
ブリヤ - サヴァラン, ジャン - アンテルム　4.1（1775）
ブリュアン　8.7（1889）
ブリュー, ウージェーヌ　1.19（1858）
ブリュギエール, バルテルミー　2.12（1792）
ブリューソフ, ワレーリー・ヤーコヴレヴィチ　12.13（1873）
プリュッカー, ユリウス　6.16（1801）
ブリュックナー　7.26（1862）
ブリュッケ　6.6（1819）
ブリュッハー, ゲープハルト・レベレヒト・フォン, ヴァールシュタット公爵　12.16（1742）
ブリュッハー, フランツ　3.24（1896）
プリュドン, ピエール・ポール　4.4（1758）
ブリューニング, ハインリヒ　11.26（1885）
ブリューヌ, ジャン　10.25（1869）
ブリュノ, フェルディナン・ウージェーヌ　11.6（1860）
ブリュール, ダニエル　6.16（1978）
ブリュール・デュヴェルノア　12.22（1763）
ブリュローフ, カルル・パヴロヴィチ　12.12（1799）
ブリュンチエール, フェルディナン　7.19（1849）
ブリョイセン, アルフ　7.23（1914）
フリン, エロル　6.20（1909）
ブリンガー, ハインリヒ　7.18（1504）
フリング, ゲオルグ・フォン・デア　12.30（1889）
プリングスハイム, エルンスト　7.11（1859）
プリングスハイム, クラウス　7.24（1883）
ブリンクリー　11.9（1841）
プリングル　4.10（1707）
プリンス　6.7（1958）
プリンス, ハロルド　1.30（1928）
プリンセプ　8.20（1799）
フリンダーズ, マシュー　3.16（1774）
プリンツィプ, ガヴリロ　6.30（1894）
プリンツ, フレディ（Jr.）　3.8（1976）
ブリンナー, ユル　7.11（1914）
ブール　9.21（1924）
プール, アーネスト　1.23（1880）
ブール, アンドレ・シャルル　11.11（1642）
古市公威　7.12（1854）
ブルイユ, アンリ・エドゥアール・プロスペル　2.28（1877）
古井喜実　1.4（1903）

古内東子 *11.1*（1972）
古江綾子 *3.31*（1926）
古尾谷雅人 *5.14*（1957）
古垣鉄郎 *9.20*（1900）
ブルガーコフ, セルゲイ・ニコラエヴィチ *7.16*（1871）
ブルガーコフ, ミハイル *5.14*（1891）
ブルガーコフ, ミハイル・アファナシエヴィチ *5.2*（1891）
ブルガーニン, ニコライ・アレクサンドロヴィチ *6.11*（1895）
古河市兵衛 *3.16*（1832）
古川薫 *6.5*（1925）
古川進 *8.19*（1913）
古川泰龍 *8.23*（1920）
古川太四郎 *2.20*（1845）
古川竜生 *6.10*（1893）
古河虎之助 *1.1*（1887）
古川勝 *1.6*（1936）
古河力作 *6.14*（1884）
古川緑波 *8.13*（1903）
プルキニエ, ヨハネス・エヴァンゲリスタ *12.17*（1787）
ブルギバ, ハビブ *8.3*（1903）
ブルクハルト, J.L. *11.24*（1784）
ブルクハルト, カール・ヤーコプ *4.17*（1900）
ブルクハルト, ヤーコプ *5.25*（1818）
ブルークマン, カール *3.16*（1849）
フールクロワ, アントワーヌ・フランソワ・ド *6.15*（1755）
プルケリア, アウグスタ・アエリア *1.19*（399）
古沢岩美 *2.5*（1912）
古沢滋 *1.11*（1847）
プルジェヴァリスキー, ニコライ・ミハイロヴィチ *4.12*（1839）
プルーシェク *9.14*（1906）
ブールジェ, ポール *9.2*（1852）
プルシェンコ, エフゲニー *11.3*（1982）
フルシチョフ, ニキータ・セルゲーヴィチ *4.17*（1894）
古島敏雄 *4.14*（1912）
ブールジュ, エレミール *3.26*（1852）
ブールジョア *5.21*（1851）
古荘嘉門 *12.1*（1840）
古荘四郎彦 *7.18*（1884）
ブール, ジョージ *11.2*（1815）
ブルシロフ, アレクセイ・アレクセエヴィチ *8.19*（1853）
ブルース *4.14*（1814）
ブルース, サー・デイヴィド *5.29*（1855）
ブルース, ジャック *5.14*（1943）
ブルースター, サー・デイヴィド *12.11*（1781）
ブルース, デイヴィド・K・E *2.12*（1898）
プルースト, ジョゼフ・ルイ *9.26*（1754）
プルースト, マルセル *7.10*（1871）
プルス, ボレスワフ *8.20*（1847）
ブルーセ *12.17*（1772）
古田晁 *1.13*（1906）
古田敦也 *8.6*（1965）
古田新太 *12.3*（1965）
古田重二良 *6.23*（1901）
古田俊之助 *10.15*（1886）
古田大次郎 *1.1*（1900）
古田足日 *11.29*（1927）
古舘伊知郎 *12.7*（1954）
ブールダハ *5.29*（1859）
ブルダルー, ルイ *8.20*（1632）
プルーチェク *9.4*（1909）
プルチ, ルイージ *8.15*（1432）
フルツェワ *12.7*（1910）
ブルック, ジェームズ *4.29*（1803）
ブルックス, ヴァン・ワイク *2.16*（1886）
ブルックス, クリアンス *10.16*（1906）
ブルックナー, アントン *9.4*（1824）
ブルックナー, フェルディナント *8.26*（1891）
ブルック, ピーター *3.21*（1925）
ブルック, ルーパート *8.3*（1887）
ブルッフ, マックス *1.6*（1838）
ブールデ, エドワール *10.26*（1887）
ブールデル, エミール - アントワーヌ *10.30*（1861）
フルテンバハ, ヨーゼフ *12.30*（1591）
フールド *11.17*（1800）
フルトヴェングラー, アドルフ *6.30*（1853）
フルトヴェングラー, ヴィルヘルム *1.25*（1886）
フルード, ジェイムズ *4.23*（1818）
プルトニ *3.22*（1684）
ブルトマン, ルードルフ・カール *8.20*（1884）
フルドリチカ, アーレシュ *3.29*（1869）
ブルトン, アンドレ *2.18*（1896）
ブルートン, ジョン *5.18*（1947）
プルードン, ピエール - ジョゼフ *1.15*（1809）
フルトン, ロバート *11.14*（1765）
フルニエ, ピエール *6.24*（1906）
ブルーネル, イザンバード・キングダム *4.9*（1806）
ブルーネル, サー・マーク・イザンバード *4.25*（1769）
フルネロン, ブノワ *10.31*（1802）
古野伊之助 *11.13*（1891）
古野清人 *10.6*（1899）
ブルノンヴィル, オーギュスト *8.21*（1805）
古橋源六郎 *11.28*（1850）
古橋暉児 *3.23*（1813）
古橋暉皃 *3.23*（1827）
古橋広之進 *9.16*（1928）
古畑種基 *6.15*（1891）
古畑任三郎 *1.6*（1949）
古畑正秋 *9.18*（1912）
プールバッハ, ゲオルク・フォン *5.30*（1423）
ブールハーフェ, ヘルマン *12.31*（1668）
古林尚 *11.20*（1927）

フルビーン, フランチシェク *9.17*(1910)
ブルフィンチ, チャールズ *8.8*(1763)
フルブライト, ジェイムズ・ウィリアム *4.9*(1905)
ブルボン公, ルイ・アンリ *8.18*(1692)
ブルボン, シャルル・ド *2.17*(1490)
ブルーマー, アミーリア *5.27*(1818)
ブルーマー, ウィリアム *12.10*(1903)
フールマノフ, ドミートリー・アンドレーヴィチ *11.7*(1891)
ブール, マルセラン *1.1*(1861)
ブルーマールト, アブラハム *12.25*(1564)
ブルマン *7.6*(1668)
プルマン, ジョージ *3.3*(1831)
ブルム *11.10*(1804)
ブルーム, オーランド *1.13*(1977)
フルームキン *10.24*(1895)
ブルームハルト, ヨーハン・クリストフ *6.16*(1805)
ブルームフィールド, レナード *4.1*(1887)
ブルーム, ヘンリー・ピーター, ブルーム・アンド・ヴォクス男爵 *9.19*(1778)
ブルム, レオン *4.9*(1872)
ブルーム, ロバート *11.30*(1866)
ブルーメ, フリードリヒ *1.5*(1893)
ブルーメンバッハ, ヨハン・フリードリヒ *5.11*(1752)
フールモン *6.23*(1683)
ブルモン *9.2*(1773)
古谷一行 *1.2*(1944)
古屋竹原 *5.11*(1788)
古谷綱武 *5.5*(1908)
古谷綱正 *4.15*(1912)
古谷徹 *7.31*(1953)
古屋徳兵衛(3代目) *1.1*(1911)
古谷久綱 *6.17*(1874)
古谷弘 *12.9*(1920)
古山高麗雄 *8.6*(1920)
古屋能子 *7.29*(1920)
フルーラン, ジャン・ピエール・マリー *4.13*(1794)
フルーリー, アンドレ-エルキュール・ド *6.26*(1653)
ブルレ, ジゼル *3.6*(1915)
プール, レジナルド, 枢機卿 *3.3*(1500)
ブルワー・リットン, エドワード *5.25*(1803)
フールン *4.6*(1664)
ブルンク, ハンス・フリードリヒ *9.3*(1888)
ブルーンジー, ビッグ・ビル *6.26*(1893)
ブルンチュリ, ヨハネス・カスパル *3.7*(1808)
フルンツベルク *9.24*(1473)
ブルントラント, グロ・ハルレム *4.20*(1939)
ブルンナー *4.21*(1898)
ブルンナー *6.21*(1840)
ブルンナー, エーミール・ハインリヒ *12.23*(1889)
ブレア, トニー *5.6*(1953)
ブレア, ボニー *3.18*(1964)
ブレアル, ミシェル *3.26*(1832)
ブレア, ロバート *4.17*(1699)
ブレイエ *4.12*(1876)
フレイ, エドゥアルド *1.16*(1911)
ブレイキー, アート *10.11*(1919)
ブレイク, ウィリアム *11.28*(1757)
ブレイクスリー, アルバート・フランシス *11.9*(1874)
フレイザー, G.S. *11.8*(1915)
フレイザー, ジェイムズ *1.1*(1854)
ブレイザー, ドン *3.16*(1932)
プレイド, ウィンスロップ・マクワース *7.26*(1802)
プレイフェア(男爵), ライアン1世 *5.21*(1819)
プレイフェア, ジョン *3.10*(1748)
フレイム, ジャネット *8.24*(1924)
フレイレ, ジルベルト *3.15*(1900)
ブレイロック, アルフレッド *4.5*(1899)
ブレイン, ジェイムズ・G(ギレスピー) *1.31*(1830)
ブレイン, ジョン *4.13*(1922)
ブレイン, デニス *5.17*(1921)
プレヴァン *4.15*(1901)
プレーヴェ *4.20*(1846)
プレヴェール, ジャック *2.4*(1900)
プレヴォー, アントワーヌ・フランソワ *4.1*(1697)
プレヴォー, ジャン *6.13*(1901)
プレヴォー, マルセル *5.1*(1862)
ブレー, エティエンヌ-ルイ *2.12*(1728)
フレクス *7.6*(1887)
プレーグル, フリッツ *9.3*(1869)
ブレゲ *1.2*(1880)
ブレゲ *1.10*(1747)
フレーゲ, (フリードリヒ・ルートヴィヒ・)ゴットロープ *11.8*(1848)
ブレーゲン, カール・ウィリアム *1.27*(1887)
フレーザー, アントニア *8.27*(1932)
フレーザー, ジョン *5.21*(1930)
ブレザ, タデウシュ *12.31*(1905)
フレーザー, ドーン *9.4*(1937)
フレーザー, ブレンダン *12.9*(1968)
フレシエ, ヴァランタン・エスプリー *6.10*(1632)
フレシェット, ルイ *11.16*(1839)
プレシェルン, フランツェ *12.3*(1800)
プレシチェーエフ, アレクセイ・ニコラエヴィチ *12.4*(1825)

フレシネ *8.7*(1779)
フレシネ *11.14*(1828)
ブレジネフ, レオニード *12.19*(1906)
フレシネ, マリー・ユージェーヌ・レオン *7.13*(1879)
ブレジーヒン *12.8*(1831)
プーレ, ジョルジュ *11.29*(1902)
プレース *11.3*(1771)
プレスコット, ウィリアム・ヒックリング *5.14*(1796)
フレスコバルディ, ジロラモ *9.9*(1583)
プレス, タマラ *5.10*(1937)
ブレステッド, ジェイムズ・ヘンリー *8.27*(1865)
プレスナー, ヘルムート *9.4*(1892)
プレスリー, エルヴィス *1.8*(1935)
フレゼーニウス *12.28*(1818)
フレッカー, ジェイムズ・エルロイ *11.5*(1884)
ブレッキンリッジ, ジョン・キャベル *1.21*(1821)
フレックスナー, サイモン *3.25*(1863)
フレッシュ, カール *10.9*(1873)
ブレッソン, ロベール *9.25*(1907)
フレッチャー, ジョン・グールド *1.3*(1886)
プレッツォリーニ, ジュゼッペ *1.27*(1882)
ブレット, ジョージ *5.15*(1953)
ブレッヒェン, カール *7.29*(1798)
ブレッヒ, レオ *4.21*(1871)
フレーディング, グスタヴ *8.22*(1860)
フレデリク1世 *4.28*(1676)
フレデリク1世 *10.7*(1471)
フレデリク2世 *7.1*(1534)
フレデリク3世 *3.18*(1609)
フレデリク4世 *10.11*(1671)
フレデリク5世 *3.31*(1723)
フレデリク6世 *1.28*(1768)
フレデリク7世 *10.6*(1808)
フレデリク8世 *6.3*(1843)
フレデリク9世 *3.11*(1890)
フレデリック(・オーガスタス), ヨーク公爵 *8.16*(1763)
フレデリック・ヘンドリック *1.29*(1584)
フレデリック, レオン *8.26*(1856)
ブレーデル, ヴィリー *5.2*(1901)
ブレーデロー, ヘルブラント *3.16*(1585)
ブレトノー, ピエール・フィデール *4.3*(1778)
フレドホルム, エリック・イヴァル *4.7*(1866)
プレトリウス, アンドリース *11.27*(1798)
プレトリウス, ミヒャエル *2.15*(1571)
フレドロ, アレクサンデル *6.20*(1793)
ブレトン-デ-ロス-エレロス, マヌエル *12.19*(1796)
ブレナン, ウィリアム・J, ジュニア *4.25*(1906)
フレネー, ピエール *4.4*(1897)
フレネル, オーギュスタン・ジャン *5.10*(1788)
ブレハッチ, ラファウ *6.30*(1985)
プレハーノフ, ゲオールギー・ワレンチノヴィチ *12.11*(1856)
プレビッシュ *4.17*(1901)
ブレヒト, ベルトルト *2.10*(1898)
プレビン, アンドレ *4.6*(1929)
フレーブニコフ, ヴェリミール *11.9*(1885)
フレーベル, フリードリヒ *4.21*(1782)
プレマダサ, ラナシンハ *6.23*(1924)
プレマール, ジョゼフ・マリー・ド *7.17*(1666)
フレマール, ベルトレー *5.23*(1614)
フレミング, イアン *5.26*(1908)
フレミング, ヴァルター *4.21*(1843)
フレミング, サー・アレグザンダー *8.6*(1881)
フレミング, サー・サンドフォード *1.7*(1827)
フレミング, サー・ジョン・アンブローズ *11.29*(1849)
フレーミング, パウル *10.5*(1609)
フレミング, ペギー *7.27*(1948)
プレミンジャー, オットー *12.5*(1906)
プレームチャンド *7.31*(1880)
プレム・ティンスラノン *8.26*(1920)
ブレーメル, フレドリーカ *8.17*(1801)
ブレモン, アンリ *7.31*(1865)
ブレリオ, ルイ *7.1*(1872)
フレリヒス *3.24*(1819)
フレール・オルバン *4.24*(1812)
ブレル, ジャック *4.8*(1929)
プレログ, ヴラディーミル *7.23*(1906)
フレンケリ *2.10*(1894)
ブレンステズ, ヨハネス・ニコラウス *2.22*(1879)
フレンセン, グスタフ *10.19*(1863)
ブレンターノ, クレーメンス *9.8*(1778)
ブレンターノ, ゾフィー *3.28*(1770)
ブレンターノ, ハインリヒ・フォン *6.20*(1904)
ブレンターノ, フランツ *1.16*(1838)
ブレンターノ, ルーヨ *12.18*(1844)
フレンチ, ジョン, イープル伯爵 *9.28*(1852)
ブレンツ, ヨハン *6.24*(1499)
ブレンナー *11.8*(1907)

ブレーンビル　9.12(1777)
ブロイ, アルベール・ヴィクトル　6.13(1821)
ブロイ, ヴィクトル・フランソワ・ド　11.19(1718)
プロイス　10.28(1860)
プロイスラー, オトフリート　10.20(1923)
フロイト, アンナ　12.3(1895)
フロイト, ジグムント　5.6(1856)
ブロイ, モーリス　4.27(1875)
ブロイヤー, マルセル　5.22(1902)
ブロイラー, オイゲン　4.30(1857)
ブロイ, ルイ・ヴィクトル　8.15(1892)
フロイントリッヒ, ヘルベルト・マックス・フィンレ　1.28(1880)
プロヴァツェック　11.12(1875)
プロウライト, ジョーン　10.28(1929)
ブローカ, ピエール・ポール　6.28(1824)
ブローク, アレクサンドル・アレクサンドロヴィチ　11.28(1880)
プロクロス　2.8(412)
プローコシュ, フレデリック　5.17(1908)
プロコーフィエフ, アレクサンドル・アンドレーヴィチ　11.19(1900)
プロコーフィエフ, セルゲイ・セルゲーヴィチ　4.23(1891)
プロコポーヴィチ, フェオファーン　6.8(1681)
ブロー, ジョン　2.23(1649)
プロスト, アラン　2.24(1955)
フロスト, ロバート・リー　3.26(1874)
ブロスナン, ピアース　5.16(1953)
フロズニー　5.6(1879)
ブローダースト　4.13(1840)
ブロッカ, リノ　4.30(1939)
ブロツキー, ヨシフ・アレクサンドロヴィチ　5.24(1940)
ブロック　6.18(1907)
ブロック, サンドラ　7.26(1967)
ブロック, ジャン-リシャール　5.25(1884)
ブロックドルフ・ランツァウ　5.29(1869)
ブロックハウス, フリードリヒ・アルノルト　5.4(1772)
フロックハート, キャリスタ　11.11(1964)
ブロック, マルク　7.6(1886)
ブロック, ルー　6.18(1939)
ブロッケス, バルトルト・ハインリヒ　9.22(1680)
ブロッケルマン, カール　9.17(1868)
ブロッティ, アルド　7.19(1920)
プロップ, ウラジーミル・ヤーコヴレヴィチ　4.17(1895)
ブロッホ, アーネスト　7.24(1880)
ブロッホ, エルンスト　7.8(1885)
ブロッホ, コンラート・エミール　1.21(1912)
ブロッホ, フェリックス　10.23(1905)
ブロッホ, ヘルマン　11.1(1886)
ブロディ, エイドリアン　4.14(1973)
ブローティガン, リチャード　1.30(1935)
ブロディー, サー・ベンジャミン・コリンズ　6.8(1783)
ブロディ, レモン　5.28(1435)
ブローディ, ロマーノ　8.9(1939)
ブロデリック, マシュー　3.21(1962)
ブローデル, フェルナン　8.24(1902)
フロート　2.18(1854)
ブロード, チャーリー・ダンバー　12.30(1887)
フロトー, フリードリヒ, 男爵　4.26(1812)
ブロート, マックス　5.27(1884)
ブロニェフスキ, ヴワディスワフ　12.17(1897)
ブロニ, ガスパール・フランソワ・クレール・マリー・リッシュ, 男爵　7.11(1755)
ブロニャール　1.14(1801)
ブローフィ, ブリジッド　6.12(1929)
プロブス, マールクス・アウレーリウス　8.19(232)
フロベニウス, フェルディナント・ゲオルク　10.26(1849)
フロベーニウス, レーオ　6.29(1873)
フローベルガー, ヨハン・ヤーコプ　5.19(1616)
フロベール, ギュスターヴ　12.12(1821)
プロホロフ, アレクサンドル・ミハイロヴィチ　7.11(1916)
フロマートカ, ヨゼフ・ルクル　6.8(1889)
フロマンタン, ウージェーヌ　10.24(1820)
フロム, エーリッヒ　3.23(1900)
ブロムダール, カール-ビリイェル　10.19(1916)
ブロムフィールド, ルイス　12.27(1896)
フローラ, フランチェスコ　10.27(1891)
フローリー(アデレードの), サー・ハワード・ウォルター・フローリー, 男爵　0.31(1808)
フローリー, ポール・ジョン　6.19(1910)
フロリヤン, ジャン-ピエール・クラリス・ド　3.6(1755)
フローレス　7.19(1800)
フロレス, フランシスコ　10.17(1959)
フローレンツ　1.10(1865)
ブロワ, レオン　7.11(1846)
ブロンソン, チャールズ　11.3(1921)
ブロンツィーノ, イル　11.17(1503)

ブロンテ, アン *1.17*(1820)
フロンディシ, アルトゥーロ *10.28*(1908)
ブロンテ, エミリー *7.30*(1818)
ブロンテ, シャーロット *4.21*(1816)
ブロンデル *10.10*(1876)
ブロンデル, ジャック‐フランソワ *9.8*(1705)
ブロンデル, モリース *11.2*(1861)
フロントナック, ルイ・ド・ビュアド, 伯爵 *5.22*(1622)
ブロンニャール, アレクサンドル *2.5*(1770)
ブロンネン, アルノルト *8.19*(1895)
フワスコ, マレク *1.14*(1934)
不破哲三 *1.26*(1930)
聞一多 *11.24*(1899)
ブン・ウム・ナ・チャンパサク *12.11*(1911)
フンク, ヴァルター *8.18*(1890)
フンク, カジミエシュ *2.23*(1884)
フンク, ヨハネス *2.7*(1518)
文察女王 *7.22*(1654)
フン・セン *4.4*(1951)
ブンゼン(バンスン), クリスティアン・カール・ヨージアス・フォン *8.25*(1791)
ブンゼン, ロベルト・ヴィルヘルム *3.31*(1811)
ブーン, ダニエル *11.2*(1734)
文智女王 *6.20*(1619)
文徴明 *11.6*(1470)
文帝(隋) *6.13*(541)
文天祥 *5.2*(1236)
豊道春海 *9.1*(1878)
文如 *4.19*(1744)
文伯仁 *5.1*(1502)
フンパーディンク, エンゲルベルト *9.1*(1854)
フンボルト, アレクサンダー・フォン *9.14*(1769)
フンボルト, ヴィルヘルム・フォン *6.22*(1767)
フンメル, ヨーハン・ネーポムク *11.14*(1778)

【へ】

ベーア‐ホーフマン, リヒャルト *7.11*(1866)
ベーア, ヴィルヘルム *1.4*(1797)
ベーア, エンリーコ *10.29*(1881)
ベーア, カール・エルンスト・フォン *2.17*(1792)
ベアード, ジョン・ロージー *8.13*(1888)
ベアトリクス女王 *1.31*(1938)
ベアノ, ジュゼッペ *8.27*(1858)
ベアマン, S.N. *6.9*(1893)
ベーア, ヨハン *2.28*(1655)
ベアール, エマニュエル *8.14*(1965)
ベアンストーフ *8.28*(1735)
ヘイエルダール, トール *10.6*(1914)
ベイカー, サー・サミュエル(・ホワイト) *6.8*(1821)
ベイカー, ジョージ・ピアス *4.4*(1866)
ベイカー, ジョセフィン *6.3*(1906)
ベイキー, ウィリアム・バルフォア *8.27*(1825)
ヘイグ(ビマーサイドの), ダグラス・ヘイグ, 初代伯爵 *6.19*(1861)
ヘイグ, アレクサンダー *12.2*(1924)
ベイコン, フランシス *1.22*(1561)
ベイコン, フランシス *10.28*(1909)
ベイシー, カウント *8.21*(1904)
ペイジ, サチェル *7.7*(1906)
ペイジ, ジミー *1.9*(1944)
ペイジ, トマス・ネルソン *4.23*(1853)
ペイショート *4.30*(1839)
ヘイ, ジョン *10.8*(1838)
ベイジ, ロバート *2.29*(1728)
ヘイスティングズ, ウォレン *12.6*(1732)
ヘイスティングズ, フランシス・ロードン‐ヘイスティングズ, 初代侯爵 *12.9*(1754)
ヘイズ, ヘレン *10.10*(1900)
ヘイズ, ボブ *12.20*(1942)
ヘイズ, ラザフォード・B(バーチャード) *10.4*(1822)
平城天皇 *8.15*(774)
ペイター, ウォルター *8.4*(1839)
ベイツ, H.E. *5.16*(1905)
ベイツ, ヘンリー・ウォルター *2.8*(1825)
ベイデン‐パウエル, ロバート・スティーヴンソン・スミス・ベイデン‐パウエル, 男爵 *2.22*(1857)
ヘイデンスタム, ヴァーネル・フォン *7.6*(1859)
ベイトソン, ウィリアム *8.8*(1861)
ベイトソン, グレゴリー *5.9*(1904)
ペイトン, アラン *1.11*(1903)
ペイトン, ウォルター *7.25*(1954)
ペイトン, キャサリーン *8.2*(1929)
ペイネ *11.16*(1908)
ベイビーフェイス *4.10*(1958)
ヘイベルグ, グルナル *11.18*(1857)
ヘイリー, アーサー *4.5*(1920)
ヘイリー, アレックス *8.11*(1921)
ベイリス, サー・ウィリアム・マドック *5.2*(1860)
ベイリー, マシュー *10.27*(1761)
ヘイル, ジョージ・エラリー *6.29*(1868)
ベイル, ジョン *11.21*(1495)
ヘイルズ, ジョン *4.19*(1584)
ヘイルズ, スティーヴン *9.17*(1677)

ヘイロフスキー, ヤロスロフ 12.24(1890)
ヘイワース, リタ 10.17(1918)
ヘイワード, (エドウィン・)デュボーズ 8.31(1885)
ヘイワード, スーザン 6.30(1919)
ベイン, アフラ 7.10(1640)
ペイン, ジョン・ハワード 6.9(1791)
ヘインズ, エルウッド 10.14(1857)
ペイン, トマス 1.29(1737)
ベヴァリッジ 10.6(1862)
ベヴァリッジ, ウィリアム・ヘンリー・ベヴァリッジ, 男爵 3.5(1879)
ベヴァン, アナイリン 11.15(1897)
ベヴァン, エドワード・ジョン 12.11(1856)
ヘヴィサイド, オリヴァー 3.13(1850)
ベヴィン, アーネスト 3.9(1881)
ヘヴェシー, ゲオルク・カール・フォン 8.1(1885)
ヘヴェリウス, ヨハネス 1.28(1611)
ペヴスナー, アントワーヌ 1.18(1886)
ペヴスナー, ニコラウス 1.30(1902)
ベーカー 4.11(1869)
ベーカー, ジェームズ(3世) 4.28(1930)
ベーカー, ジョセフィン 6.3(1906)
ベーカー, ジンジャー 8.19(1939)
ベガ, ロペ・デ 11.25(1562)
ベガン, アルベール 7.17(1901)
ペギー, シャルル 1.7(1873)
ペキンパー, サム 2.21(1925)
ベギン, メナヘム(・ヴォルフォヴィチ) 8.16(1913)
ヘクシャー 11.24(1879)
ヘクト, ベン 2.28(1894)
ベークランド, レオ・ヘンドリック 11.14(1863)
ベーケーシ, ゲオルク・フォン 6.3(1899)
ベケット, サミュエル 4.13(1906)
ベケット, トマス 12.21(1118)
ヘーゲル 6.7(1813)
ヘーゲル, ゲオルク・ヴィルヘルム・フリードリヒ 8.27(1770)
ヘーゲロン, ペーダー・イェンセン 6.9(1542)
ベコー, ジルベール 10.24(1927)
ベーコン, ケビン 7.8(1958)
ベーコン, ジョン 11.24(1740)
ベーコン, ナサニエル 1.2(1647)
ペサーニャ, カミーロ 9.7(1867)
ベザント, アニー 10.1(1847)
ベザント, ウォルター 8.14(1836)
ベシェ, シドニー 5.14(1897)
ペシオン 4.2(1770)
平敷屋朝敏 11.23(1700)
ベジャール, モーリス 1.1(1927)
ベーシンガー, キム 12.8(1953)
ヘーシンク, アントン 4.6(1934)
PES 12.27(1976)
ヘーズ 5.16(1882)
ベズイメンスキー, アレクサンドル・イリイチ 1.19(1898)
ヘス, ヴァルター・リヒャルト・ルドルフ 4.26(1894)
ヘス, ヴァルター・ルドルフ 3.17(1881)
ヘス, ヴィクトル・フランシス 6.24(1883)
ベスコフ, エルサ 2.11(1874)
ヘス, ジェルマン・アンリ 8.8(1802)
ヘスス, ヘーリウス・エオバーヌス 1.6(1488)
ベスター, アルフレッド 12.18(1913)
ペスタロッチ, ヨハン・ハインリヒ 1.12(1746)
平秩東作(初代) 3.28(1726)
ヘス, デイム・マイラ 2.25(1890)
ベーズ, テオドール・ド 6.24(1519)
ペステリ 7.5(1793)
ベストゥージェフ, アレクサンドル・アレクサンドロヴィチ 10.23(1797)
ベストゥージェフ・リューミン 6.1(1693)
ベスト, ジョージ 5.22(1946)
ベスト, チャールズ・ハーバート 2.27(1899)
ヘストン, チャールトン 10.4(1924)
ヘス, ハリー・ハモンド 5.24(1906)
ヘス, モーゼス 1.21(1812)
裴洵勲 4.30(1943)
ヘゼッレ, ヒド 5.1(1830)
ペソア, フェルナンド 6.13(1888)
ペーターゼン 6.26(1884)
ペーダーセン, ホルガー 4.7(1867)
ペーターゼン, ユーリウス 11.5(1878)
ペタル1世 7.11(1844)
ベタンクール 2.22(1908)
ペタン, フィリップ 4.24(1856)
ベチューン, ノーマン 3.3(1890)
ベッカー 5.21(1785)
ベッカー 9.5(1889)
ヘッカー, アイザック・トマス 12.18(1819)
ベッカー, カール(・ロータス) 9.7(1873)
ベッカー, カール・ハインリヒ 4.12(1876)
ヘッカー, テーオドア 6.4(1879)
ペッカネン, トイヴォ 9.10(1902)
ベッカー, パウル 9.11(1882)

ベッカム, デービッド 5.2(1975)
ベッカム, ビクトリア 4.17(1975)
ベッカリーア, チェーザレ 3.15(1738)
ベッキー 3.6(1984)
戸次鑑連 3.17(1513)
ベーツ, キャシー 6.28(1948)
ベッキンセール, ケート 7.26(1974)
ベック 6.29(1880)
ベック 7.8(1970)
ベック 11.24(1785)
ベック, アレクサンドル・アリフレドヴィチ 1.3(1903)
ベック, アンリ 4.28(1837)
ベック, グレゴリー 4.5(1916)
別宮貞徳 3.28(1927)
ベック, ジェフ 6.24(1944)
ベック, ジュリアン 5.31(1925)
ベックフォード, ウィリアム 10.1(1759)
ベックマン 1.29(1832)
ベックマン 6.4(1739)
ベックマン, エルンスト・オットー 7.4(1853)
ベックマン, マックス 2.12(1884)
ベックリン, アルノルト 10.16(1827)
ベックレル, アントワーヌ・アンリ 12.15(1852)
ベッケ 12.31(1855)
ヘッケル, エーリヒ 7.31(1883)
ヘッケル, エルンスト・ハインリヒ 2.16(1834)
ベッケル, グスタボ・アドルフォ 2.17(1836)
ベッケル, ジャック 9.15(1906)
別源円旨 10.24(1294)
ベッケンバウアー, フランツ 9.11(1945)
鼈甲斎虎丸(3代目) 6.4(1885)
ベッサリオン, ヨハネス 1.2(1403)

ベッシェル, オスカー 3.17(1826)
別所梅之助 12.12(1872)
別所毅彦 10.1(1922)
別所哲也 8.31(1965)
ヘッセ 4.22(1811)
ヘッセ, ヘルマン 7.2(1877)
ベッセマー, サー・ヘンリー 1.19(1813)
ベッセラー, ハインリヒ 4.2(1900)
ベッセル, フリードリヒ・ヴィルヘルム 7.22(1784)
ベッソン, リュック 3.18(1959)
ペッチェイ 7.4(1908)
ベッチマン, ジョン 4.6(1906)
ベッティ, ウーゴ 2.4(1892)
ベッテルハイム, ブルーノ 8.28(1903)
ペッテンコーフェル, マックス・ヨーゼフ・フォン 12.3(1818)
別伝宗分 12.20(1598)
別当薫 8.23(1920)
ベットガー, ヨーハン・フリードリヒ 2.4(1682)
ヘッド, サー・ヘンリー 8.4(1861)
ヘットナー 8.6(1859)
ヘッド, ベッシー 7.6(1937)
ベーツ, ニコラース 9.13(1814)
ベッヒャー, ヨハネス・ローベルト 5.22(1891)
ベッヒャー, ヨハン・ヨアヒム 5.6(1635)
ヘップ, ドナルド(・オールディング) 7.22(1904)
ヘップバーン, オードリー 5.4(1929)
ヘップバーン, キャサリン 11.8(1907)
ヘップワース, バーバラ 1.10(1903)
ヘッベル, フリードリヒ 3.18(1813)
別役実 4.6(1937)
ベッリコ, シルヴィオ 6.25(1789)

ベッリーニ, ヴィンチェンツォ 11.3(1801)
ベディエ, ジョゼフ 1.28(1864)
ペティ, サー・ウィリアム 5.26(1623)
ペティフォード, オスカー 8.30(1922)
ヘディン, スヴェン・アンデシュ 2.19(1865)
ベーテ, ハンス・アルブレヒト 7.2(1906)
ペテーフィ・シャーンドル 1.1(1823)
ペーテルス 9.27(1856)
ペーテルマン 4.18(1822)
ベドー 9.26(1826)
ベートーヴェン, ルートヴィヒ・ヴァン 12.16(1770)
ベドーズ, トマス・ラヴェル 7.20(1803)
ベトッキ, カルロ 1.23(1899)
ベードヌイ, デミヤン 4.13(1883)
ベートマン・ホルヴェーク, テオバルト・フォン 11.29(1856)
ペトラルカ, フランチェスコ 7.20(1304)
ペトリ, エゴン 3.23(1881)
ペートリ, オラーヴス 1.6(1493)
ペドリヌ, ユベール 7.31(1947)
ベートリンク 6.11(1815)
ペトルッチ, オッタヴィアーノ 6.18(1466)
ペドレル, フェリペ 2.19(1841)
ペトレンコ, ヴィクトル 6.27(1969)
ペドロ 12.9(1392)
ペドロ1世 4.8(1320)
ペドロ1世 8.30(1334)
ペドロ1世 10.12(1798)
ペドロ2世 4.26(1648)
ペドロ2世 12.2(1825)
ペドロ5世 9.16(1837)
ペドロ・バプチスタ 6.24(1542)

ペトロフ-ヴォトキン, クジマ・セルゲエヴィチ 10.24(1878)
ペトローフ, イワン・イワーノヴィチ 2.23(1920)
ペトロフ, ウラジーミル 7.22(1896)
ベナベンテ, ハシント 8.12(1866)
ベナール, アルベール 6.2(1849)
ベニー 12.16(1946)
ベニオフ 9.14(1899)
ベーニグセン 2.10(1745)
ベニゼロス, エレフセリオス 8.23(1864)
ヘニー, ソニヤ 4.8(1912)
ヘーニッシュ 8.27(1880)
ベニーニ, ロベルト 10.27(1952)
ベニヒゼン 7.10(1824)
ベヌアー, アレクサンドル・ニコラエヴィチ 4.21(1870)
ベネーヴォリ, オラツィオ 4.19(1605)
ベネジークトフ, ウラジーミル・グリゴリエヴィチ 11.5(1807)
ベネシュ, エドヴァルト 5.28(1884)
ベネシュ, オットー 6.29(1896)
ベネー, スティーヴン・ヴィンセント 7.22(1898)
ベネックス, ジャン・ジャック 10.8(1946)
ベネット, アーノルド 5.27(1867)
ベネット, サー・ウィリアム・スターンデイル 4.13(1816)
ベネット, ジェイムズ・ゴードン 9.1(1795)
ベネット, リチャード・ベッドフォード・ベネット, 初代子爵 7.3(1870)
ベネッリ, セム 8.10(1877)
ベネディクツス13世 2.2(1649)
ベネディクツス14世 3.31(1675)
ベネディクツス15世 11.21(1854)
ベネディクトソン, エイナル 10.31(1864)
ベネディクト, ルース 6.5(1887)
ベネデク, ルートヴィヒ・フォン 7.14(1804)
ベネデッテイ, ジョヴァンニ 8.14(1530)
ベネデン, エドゥアール・ヴァン 3.5(1846)
ベネンソン, ピーター 7.31(1921)
ベノイト・サミュエルソン, ジョーン 5.16(1957)
ヘノッホ 7.16(1820)
ベハーゲル 5.3(1854)
ベヒシュタイン, フリードリヒ・ヴィルヘルム・カール 6.1(1826)
ベヒシュタイン, マックス 12.31(1881)
ベヒシュタイン, ルートヴィヒ 11.24(1801)
ペファー 6.30(1890)
ヘーフェレ, カール・ヨーゼフ・フォン 3.15(1809)
ヘフディング, ハーラル 3.11(1843)
ベーフテレフ, ウラジーミル・ミハイロヴィチ 1.20(1857)
ヘプバーン, キャサリン 5.12(1907)
ヘブラ 9.7(1816)
ペプラー, クリス 10.22(1957)
ペーペ 2.13(1783)
ベーベル, フェルディナント・アウグスト 2.22(1840)
ヘーベル, ヨハン・ペーター 5.10(1760)
ヘボン, ジェイムズ・カーティス 3.13(1815)
ヘマンズ, フェリシア 9.25(1793)
ヘミングウェイ, アーネスト 7.21(1899)
ベム 3.14(1794)
ベーム, カール 8.28(1894)
ベーム, ゲオルク 9.2(1661)
ヘムステルホイス 1.9(1685)
ヘムステルホイス 12.27(1721)
ベーム, テオバルト 4.9(1794)
ベーム・バヴェルク 2.12(1851)
ベーメ, ヤーコプ 4.24(1575)
ペ・ヨンジュン 8.29(1972)
ヘラー 3.27(1891)
ベラウンデ・テリ 10.7(1912)
ベラウンデ・テリー, フェルナンド 10.7(1912)
ヘラー, ジョーゼフ 5.1(1923)
ベラスケス, ディエゴ・ロドリゲス・デ・シルバ・イ 6.6(1599)
ベラスコ・アルバラード 6.16(1910)
ベラスコ・イバーラ 3.19(1893)
ベラスコ, デイヴィッド 7.25(1853)
ヘラスコフ, ミハイル・マトヴェーヴィチ 10.25(1733)
ベラスコ, ホセ・マリーア 7.6(1840)
ベラ, ステファノ・デラ 5.18(1610)
ベラフォンテ, ハリー 3.1(1927)
ベラミー, エドワード 3.26(1850)
ベラ, ヨギ 5.12(1925)
ベラール, クリスティアン 8.20(1002)
ベラルミーノ, 聖ロベルト・フランチェスコ・ロモロ 10.4(1542)
ベランジェ, ピエール・ジャン・ド 8.19(1780)
ベラン, ジャン 10.28(1637)
ベラン, ジャン・バティスト 9.30(1870)
ベーリー 9.11(1762)
ベリー 1.24(1287)
ベリ 7.3(1876)
ベリー 2.14(1850)
ベリエ 10.21(1777)

ベリオ, シャルル・オーギュスト・ド　*2.20*(1802)
ペリオ, ポール　*5.28*(1878)
ペリー, オリヴァー・ハザード　*8.23*(1785)
ベリガン, バニー　*11.2*(1908)
ヘリゲル　*3.20*(1884)
ペリシエ　*11.6*(1794)
ペリシェ, アーヴィッド　*2.7*(1899)
ベリシャ, サリ　*10.15*(1945)
ベリー, シャルル・フェルディナン, 公爵　*1.24*(1778)
ベリー, ジャン・ド・フランス　*11.30*(1340)
ペリー, ジョー　*9.10*(1952)
ベリ, ジョン・キューティング　*1.16*(1847)
ベリストレーム, スーネ・カール　*1.10*(1916)
ベリズフォード, ウィリアム・カー・ベリズフォード, 初代子爵　*10.2*(1768)
ベリズフォード, チャールズ・ウィリアム, 男爵　*2.10*(1846)
ベリー, チャック　*10.18*(1926)
ベリック, ジェイムズ・フィッツジェイムズ, 初代公爵　*8.21*(1670)
ヘリック, ロバート　*4.26*(1868)
ヘリック, ロバート　*8.24*(1591)
ペリー, ノエル　*8.22*(1865)
ベリー, ハル　*8.14*(1968)
ペリー, マシュー・ガルブレイス　*4.10*(1794)
ベリマン, ジョン　*10.25*(1914)
ベリマン, トルビョルン・オラフ　*3.20*(1735)
ベリマン, ヤルマル　*11.19*(1883)
ベリャーエフ, アレクサンドル・ロマノヴィチ　*3.4*(1884)
ペーリ, ヤーコポ　*8.20*(1561)
ペリュー　*12.13*(1789)
ベリュル, ピエール・ド　*2.4*(1575)
ベリョ, アンドレス　*11.29*(1781)
ベリール, シャルル・ルイ・フーケ, 公爵　*9.22*(1684)
ヘリング　*8.5*(1834)
ベーリング, エミール・アドルフ・フォン　*3.5*(1854)
ベリングスハウゼン, ファビアン・ゴットリープ・ベンヤミン・フォン　*9.20*(1778)
ベリンスキー, ヴィサリオン・グリゴリエヴィチ　*5.30*(1811)
ベール　*4.12*(1902)
ベル　*10.31*(1870)
ペルー　*12.19*(1903)
ベル, アレグザンダー・グレアム　*3.3*(1847)
ベル, アンドルー　*3.27*(1753)
ベールイ, アンドレイ　*10.14*(1880)
ベルイマン, イングマール　*7.14*(1918)
ベールヴァルト, フランス・アードルフ　*7.23*(1796)
ヘルヴェーク, ゲオルク　*5.31*(1817)
ベルガー, ハンス　*5.21*(1873)
ベルカンプ, デニス　*5.10*(1969)
ベルギウス, フリードリヒ　*10.11*(1884)
ベルグ　*2.14*(1876)
ベルク, アルバン　*2.9*(1885)
ベルクソン, アンリ　*10.18*(1859)
ヘルクナー　*6.27*(1863)
ベル, クライヴ　*9.16*(1881)
ベルグラーノ　*6.3*(1770)
ベール, クリスチャン　*1.30*(1974)
ベルゲーニュ　*8.31*(1838)
ベルゲマン　*10.20*(1862)
ベルゲングリューン, ヴェルナー　*9.16*(1892)
ヘルコマー, サー・ヒューバート・フォン　*5.26*(1849)
ベルゴーリツ, オリガ・フョードロヴナ　*5.16*(1910)
ペルゴレージ, ジョヴァンニ・バッティスタ　*1.4*(1710)
ペルシウス・フラックス, アウルス　*12.4*(34)
ベルシェ, オスカル　*8.11*(1946)
ペルシエ, シャルル　*8.22*(1764)
ベルシェ, ジョヴァンニ　*12.23*(1783)
ベルジェニ・ダーニエル　*5.7*(1776)
ペルシニ　*1.11*(1808)
ベルジャーエフ, ニコライ・アレクサンドロヴィチ　*3.6*(1874)
ベルジンシュ, アンドリス　*8.4*(1951)
ペルス, チーロ・ディ　*4.17*(1599)
ベルセーリウス, ヨンス・ヤーコブ, 男爵　*8.20*(1779)
ヘルダー, ヨハン・ゴットフリート　*8.25*(1744)
ベルタランフィー　*9.19*(1901)
ヘルダーリン, フリードリヒ　*3.20*(1770)
ベルツ　*1.13*(1849)
ペルツ　*3.28*(1795)
ペルツィヒ, ハンス　*4.30*(1869)
ヘルツォーク, ジェイムズ・バリー・マニク　*4.3*(1866)
ヘルツ, グスタフ　*7.22*(1887)
ヘルツスプルング, エイナー　*10.8*(1873)
ベルッチ, モニカ　*9.30*(1968)
ペルッツィ, バルダッサーレ　*3.7*(1481)
ヘルツ, ハインリヒ・ルドルフ　*2.22*(1857)
ヘルツバーグ, ゲルハルト　*12.25*(1904)
ヘルツフェルト, エルンスト　*7.23*(1879)
ヘルツベルク　*9.2*(1725)
ヘルツ, ヘンリック　*8.25*(1797)
ペルーツ, マックス・フェルディナント　*5.19*(1914)
ヘルツル, テオドール　*5.2*(1860)

ペルティエ, ジャン・シャルル・アタナーズ *2.22*(1785)
ペルティエ, ピエール・ジョゼフ *3.22*(1788)
ベルティエ, ルイ・アレクサンドル *11.20*(1753)
ペルティナクス *8.1*(126)
ベルティヨン, アルフォンス *4.24*(1853)
ヘルティー, ルートヴィヒ・クリストフ・ハインリヒ *12.21*(1748)
ベルテロー, ピエール・ウジェーヌ・マルスラン *10.25*(1827)
ヘルトヴィッヒ *4.21*(1849)
ヘルトヴィッヒ *9.23*(1850)
ベルト, ジュゼッペ *12.27*(1914)
ベルトラミ *11.16*(1835)
ベルトラム, エルンスト *7.27*(1884)
ベルトラメッリ, アントーニオ *1.11*(1879)
ベルトラン *5.17*(1867)
ベルトラン, アロイジウス *4.20*(1807)
ベルトラン, ルイ-マリ-エミール *3.20*(1866)
ヘルトリング, ゲオルク・フォン *8.31*(1843)
ベルトルッチ, ベルナルド *3.16*(1941)
ベルトレ, クロード・ルイ, 伯爵 *12.9*(1748)
ベルナデット・スビルー *1.7*(1844)
ベルナドット, フォルケ, 伯爵 *11.5*(1859)
ベルナノス, ジョルジュ *2.20*(1888)
ベルナーリ, カルロ *10.13*(1909)
ベルナール *1.17*(1866)
ベルナール, クロード *7.12*(1813)
ベルナール, サラ *10.22*(1844)
ベルナルダン・ド・サン-ピエール, ジャック-アンリ *1.19*(1737)
ベルナルディーノ(シエーナの, 聖) *9.8*(1380)
ベールナールト *7.24*(1829)
ベルナール, トリスタン *9.7*(1866)
ベルナーレ, エミール *4.28*(1868)
ベルニーニ, ジョヴァンニ・ロレンツォ *12.7*(1598)
ベルヌーイ, ダニエル *2.8*(1700)
ベルヌーイ, ニコラス1世 *10.10*(1687)
ベルヌーイ, ヤーコブ *12.27*(1654)
ベルヌーイ, ヨハン *8.6*(1667)
ベルヌーイ, ヨハン3世 *11.4*(1744)
ベルヌー, シメオン・フランソワ *5.14*(1814)
ベルネ, ルートヴィヒ *5.6*(1786)
ヘルパー *12.27*(1829)
ベル, ハインリヒ *12.21*(1917)
ヘルバルト, ヨハン・フリードリヒ *5.4*(1776)
ベール, ピエール *11.18*(1647)
ベルヒトールト *4.18*(1863)
ペールフィット *8.26*(1925)
ヘルフェリッヒ *7.22*(1872)
ヘルプスト *6.9*(1588)
ペルブーヒン *10.14*(1904)
ヘルプマン, ロバート *4.9*(1909)
ベルヘム, ニコラース・ピーテルスゾーン *10.1*(1620)
ヘルベルト, ズビグニェフ *10.29*(1924)
ベル, ヘンリー *4.7*(1767)
ベール, ポール *10.19*(1833)
ヘルマヌス・コントラクトゥス *7.18*(1013)
ベルマン *11.4*(1899)
ペールマン *10.31*(1852)
ベルマン, カール・ミカエル *2.4*(1740)
ヘルマンソン, スタイングミュール *6.22*(1928)
ヘルマン, ヨーハン・ヴィルヘルム *12.6*(1846)
ヘルマン, リリアン *6.20*(1905)
ヘルムホルツ, ヘルマン・ルートヴィヒ・フェルディナンド・フォン *8.31*(1821)
ペルメケ, コンスタント *7.31*(1886)
ヘルメス, ゲオルグ *4.22*(1775)
ベルメール, ハンス *3.13*(1902)
ベルモンド, ジャン・ポール *4.9*(1933)
ヘルモント, ヤン・バプティスタ・ヴァン *1.12*(1579)
ベルラーヘ, ヘンドリック・ペトルス *2.21*(1856)
ベルリオーズ, アレクサンドル *9.12*(1852)
ベルリオーズ, エクトール・ルイ *12.11*(1803)
ベルリンゲル, エンリコ *5.25*(1922)
ベルリンターニ, マッティーア・ダ・サロ *6.28*(1534)
ベルルスコーニ, シルヴィオ *9.29*(1936)
ペルルミュテール, ヴラド *5.26*(1904)
ベルンシュタイン, エドゥアルト *1.6*(1850)
ベルンシュタム, アレクサンドル *9.18*(1910)
ベルンシュトルフ *3.13*(1712)
ベルンスタン, アンリ *6.20*(1876)
ベルントゼン *8.29*(1855)
ベルンハイム *2.10*(1850)
ベルンハルディ *7.22*(1849)
ベルンハルディ *11.6*(1802)
ベルンハルディ, バルトロメーウス *8.24*(1487)
ベルンハルト, ヴァイマール公爵 *8.16*(1604)
ベルンハルト, トーマス *2.10*(1931)
ペレ *10.23*(1940)
ペレイラ *6.24*(1360)

ペレイラ, アリスティデス・マリア 11.17(1923)
ペレイラ, トマス 11.1(1645)
ペレ, オーギュスト 2.12(1874)
ペレス-ガルドス, ベニート 5.10(1843)
ペレス-デ-アヤーラ, ラモン 8.9(1881)
ペレス-デ-ゲバーラ, ルイス 7.27(1579)
ペレーズ, ヴァンサン 6.6(1964)
ペレス, カルロス・アンドレス 10.27(1922)
ペレス, シモン 8.16(1923)
ペレス-ヒメネス 4.25(1914)
ペレーダ, ホセ・マリア・デ 2.6(1833)
ペレ, バンジャマン 7.4(1899)
ヘレラー, ヴァルター 12.19(1922)
ベーレンス, ペーター 4.14(1868)
ベレンソン, バーナード 6.26(1865)
ペロー 8.10(1810)
ペロー, クロード 9.25(1613)
ペロー, ゲオルク 1.19(1858)
ペロー, シャルル 1.13(1628)
ベローズ, ジョージ・ウェスリー 8.12(1882)
ペロー, ソール 6.10(1915)
ベロック, ヒレア 7.27(1870)
ペロット, ベルナルド 1.30(1720)
ペロネ, ジャン・ロドルフ 10.25(1708)
ペローフ, ヴァシーリー・グリゴリエヴィチ 12.21(1833)
ヘロルト, ヨハン・グレゴール 8.6(1696)
ペロー, ロス 6.27(1930)
ペロン, エドガル・デュ 11.2(1899)
ペロン, ホアン・ドミンゴ 10.8(1895)
ペロン, マリア・エヴァ 5.7(1919)
ベン 4.23(1621)

ベン-イェフダ, エリエゼル 1.7(1858)
ベン-グリオン, ダヴィド 10.16(1886)
ベン-ハイム, パウル 7.5(1897)
ペン, アーサー 9.27(1922)
ベン-アリ, ジン・エル・アビディン 9.3(1936)
ペン, ウィリアム 10.14(1644)
ベンガル 8.17(1951)
ペンク 8.30(1888)
ヘングステンベルク, エルンスト・ヴィルヘルム 10.20(1802)
ベンゲル, ヨーハン・アルブレヒト 6.24(1687)
ベン, ゴットフリート 5.2(1886)
ペン, ショーン 8.17(1960)
ヘンストリッジ, ナターシャ 8.15(1974)
ベンスン, エドワード・ホワイト 7.14(1820)
ベンゼ, マックス 2.7(1910)
ヘンゼン, ウィクトル 2.10(1835)
ベンソン, サー・フランク(・ロバート) 11.4(1858)
ベンソン, ジョージ 3.22(1943)
ベンダ, イルジー・アントニーン 6.30(1722)
ヘンダーソン 6.10(1882)
ヘンダーソン 9.15(1865)
ヘンダーソン, ジョー 4.24(1937)
ヘンダーソン, トマス 12.28(1798)
ヘンダーソン, フレッチャー 12.18(1898)
ベンダ, フランティシェク 11.22(1709)
ベンタム, ジェレミー 2.15(1748)
ベンチ, ジョニー 12.7(1947)
ヘンチ, フィリップ・ショワルター 2.28(1896)
弁長 5.6(1162)

ベンツェスラウス4世 2.2(1361)
ベンツォルト, エルンスト 6.14(1892)
ベンツ, カール・フリードリヒ 11.25(1844)
ベンディクセン 9.30(1864)
ベンティンク, ウィリアム, 初代ポートランド伯爵 7.20(1649)
ベンティンク, ウィリアム・ヘンリー・キャヴェンディッシュ, 3代ポートランド伯爵 4.14(1738)
ベンティンク, ロード・ウィリアム 9.14(1774)
ベンティンク, ロード・ジョージ 2.27(1802)
ヘンデル, ゲオルク・フリードリヒ 2.23(1685)
ベントリー 2.9(1865)
ベントリー 10.16(1870)
ヘンドリックス, ジミ 11.27(1942)
ベントリー, リチャード 1.27(1662)
ベントン, トーマス・ハート 4.15(1889)
ベントン, トマス・ハート 3.14(1782)
ペン・ヌート 4.15(1903)
ベンファイ, テオドール 1.28(1809)
ペンフィールド, ワイルダー・グレイヴズ 1.26(1891)
ペンブルック 10.27(1561)
ベンボ, ピエートロ 5.20(1470)
ヘンミ 6.16(1747)
辺見えみり 12.16(1976)
逸見重雄 7.2(1889)
辺見十郎太 11.7(1849)
逸見梅栄 5.11(1891)
辺見マリ 10.5(1950)
逸見猶吉 9.9(1907)
ベンヤミン, ヴァルター 7.15(1892)
ヘンライン, コンラート 5.6(1898)
ヘンリー2世 3.5(1133)
ヘンリー3世 10.1(1207)

ヘンリー4世　4.3(1366)
ヘンリー5世　9.16(1387)
ヘンリー6世　12.6(1421)
ヘンリー7世　1.28(1457)
ヘンリー8世　6.28(1491)
ヘンリー, W.E.　8.23(1849)
ヘンリー, ウィリアム　12.12(1775)
ヘンリー王子　9.15(1984)
ヘンリー, ジョセフ　12.17(1797)
ヘンリー, パトリック　5.29(1736)
ヘンレ, フリードリヒ・グスタフ・ヤーコプ　7.19(1809)
ペンローズ　10.29(1817)

【ほ】

BoA　11.5(1986)
ホーア - ベリシャ, レズリー・ホーア - ベリシャ, 男爵　9.7(1895)
ホア, サー・サミュエル, チェルシーのテンプルウッド子爵　2.24(1880)
帆足杏雨　4.15(1810)
帆足計　9.27(1905)
ボアシ・ダングラース　12.8(1756)
帆足万里　1.15(1778)
帆足理一郎　11.5(1881)
ボアズ, フランツ　6.9(1858)
ボアゼイユ　4.22(1797)
ボアソナード・ド・フォンタラビー, ギュスターブ・エミール　6.7(1825)
ボーア, ニールス・ヘンドリック・ダヴィド　10.7(1885)
ボアルネ, アレクサンドル, 子爵　5.28(1760)
ボアルネ, オルタンス・ユージェニー・セシル　4.10(1783)
ボアルネ, ユージェーヌ・ローズ・ド　9.3(1781)
ホアン(聖トマスの)　7.9(1589)
ボイエ, カーリン　10.26(1900)
ボイエ, ハインリヒ・クリスティアン　7.19(1744)
ボイエル, ヨーハン　3.6(1872)
ボイエン　7.23(1771)
ボイコット, チャールズ・カニンガム　3.12(1832)
ボーイ・ジョージ　6.14(1961)
ポーイス, T.F.　12.20(1875)
ポーイス, ジョン・クーパー　10.8(1872)
ホイス, テオドール　1.31(1884)
ボイスト, フリードリヒ・フェルディナント, 伯爵　1.13(1809)
ボイス・バロット, クリストフ・ヘンドリック・ディーデリック　10.10(1817)
ボイス, ヨーゼフ　5.12(1921)
ホイスラー　8.10(1865)
ホイスラー　9.30(1834)
ポーイス, ルーエリン　8.13(1884)
ボイセン・イェンセン　1.18(1883)
穂井田忠友　1.23(1791)
ホイッスラー, ジェイムズ・マックニール　7.10(1834)
ホイッティア, ジョン　12.17(1807)
ホイットニー　7.5(1841)
ホイットマン　12.14(1842)
ホイットマン, ウォルト　5.31(1819)
ホイットラム, エドワード　7.11(1916)
ホイット, ロバート　9.6(1714)
ホイップル, ジョージ・ホイト　8.28(1878)
ホイップル, スクワイア　3.24(1804)
ポイティンガー, コンラート　10.16(1465)
ボーイト, アッリーゴ　2.24(1842)
ボイド, ウィリアム・クラウザー　3.4(1903)
ボイド・オア(ブリーヒン・マーンズの), ジョン・ボイド・オア, 男爵　9.23(1880)
ボーイネ, ジョヴァンニ　9.2(1887)
ホイヘンス, クリスティアーン　4.14(1629)
ホイ, マイケル　9.3(1942)
ボイムカー, クレーメンス　9.16(1853)
ボイムラー, アルフレート　11.19(1887)
ボイヤー, ポール　7.31(1918)
ホイーラー　1.13(1908)
ボイル, ケイ　2.19(1902)
ホイル, フレッド　6.24(1915)
ボイル, ロバート　1.25(1627)
ボーイング, ウィリアム・E　10.1(1881)
ポインティング, ジョン・ヘンリー　9.9(1852)
ホヴァネス, アラン　3.8(1911)
ボウイ, デビッド　1.8(1947)
ホヴェイダー　2.18(1919)
ボヴェ, ダニエル　3.23(1907)
ボヴェリ, テオドール・ハインリヒ　10.12(1862)
ボーウェン, ノーマン・L　6.21(1887)
鳳凰馬五郎　9.3(1866)
ボーヴォワール, シモーヌ・ド　1.9(1908)
法岸　5.4(1744)
宝月欣二　7.10(1913)
宝月圭吾　8.12(1906)
法眼晋作　2.11(1910)
芳志戸幹雄　9.19(1947)
法住　5.6(1723)
法守法親王　9.14(1308)
茅盾　7.4(1896)
芳春院　7.9(1547)
法助　3.5(1227)
房聖　5.23(1322)
北条有時　5.25(1200)
北条氏堯　3.15(1522)
北条氏朝　3.28(1669)
北条霞亭　9.5(1780)
宝生閑　5.15(1934)
宝生九郎(17代目)　7.2(1900)
北条貞時　12.12(1271)
北条重時　6.6(1198)
宝生新　10.23(1870)

坊城伸子 *2.14*(1830)
北条民雄 *9.22*(1914)
北条時輔 *5.28*(1248)
北条時宗 *5.15*(1251)
北条時頼 *5.14*(1227)
坊城俊逸 *2.23*(1727)
北条長時 *2.27*(1230)
北条秀司 *11.7*(1902)
北条浩 *7.11*(1923)
宝生舞 *1.29*(1977)
北条誠 *1.5*(1918)
北条政村 *6.22*(1205)
北条宗政 *1.28*(1253)
宝生弥一 *7.2*(1908)
彭真 *10.12*(1902)
ボウズンキット, バーナード *6.14*(1848)
朋誠堂喜三二 *3.21*(1735)
房仙 *2.26*(1288)
法尊 *12.30*(1396)
鳳潭 *2.15*(1659)
ポウツマ *12.7*(1856)
法然 *4.7*(1133)
豊年斎梅坊主 *1.1*(1854)
彭湃 *10.22*(1896)
法村牧緒 *8.1*(1945)
ホヴランド *6.12*(1912)
法蓮院宮 *8.4*(1484)
ポー, エドガー・アラン *1.19*(1809)
ポエリョ *8.27*(1802)
ポエール, アラン *4.17*(1909)
ポーエル, アントニー *12.21*(1905)
ボーエン, エリザベス *6.7*(1899)
ホーエンローエ *3.31*(1819)
ボカサ, ジャン・ベデル *2.22*(1921)
ホガース, ウィリアム *11.10*(1697)
ボガーダス *2.21*(1882)
ボガート *3.16*(1870)
ボガード, ダーク *3.28*(1921)
ボガート, ハンフリー *1.23*(1899)
ホーガン, ベン *8.13*(1912)
ボーガン, ルイーズ *8.11*(1897)
ホーキング, スティーブン *1.8*(1942)
ホーキンズ, コールマン *11.21*(1904)
ボー・クイー *12.31*(1929)
ホーク, イーサン *11.7*(1970)
朴泳孝 *6.12*(1861)
ボグザ, ジェオ *2.6*(1908)
ポーク, ジェイムズ・ノックス *11.2*(1795)
ホークス, ジョン *8.17*(1925)
ホークス, ハウアド *6.5*(1896)
朴世永 *7.7*(1902)
ボグダノーヴィチ, イッポリート・フョードロヴィチ *12.23*(1743)
ボグダノビッチ, ピーター *7.30*(1939)
ボグダーノフ, アレクサンドル・アレクサンドロヴィチ *8.22*(1873)
北斗晶 *7.13*(1967)
ホグベン, ランスロット *12.9*(1895)
ボー, クララ *7.29*(1905)
朴烈 *3.12*(1902)
ホーク, ロバート *12.9*(1929)
ポクローフスキー *8.29*(1868)
ポゴージン, ニコライ・フョードロヴィチ *11.16*(1900)
ボゴモーロフ, ウラジーミル・オーシポヴィチ *7.3*(1926)
ボゴリューボフ, ニコライ・ニコラエヴィッチ *8.21*(1908)
ホーコン7世 *8.3*(1872)
保阪尚希 *12.11*(1967)
保坂展人 *11.26*(1955)
保坂誠 *10.28*(1910)
保阪正康 *12.14*(1939)
ボーザージ, フランク *4.23*(1893)
ポサーダ, ホセ・グァダルーペ *2.2*(1851)
ホジー *1.16*(1853)
ホシウス, スタニスラウス *5.5*(1504)
星加要 *7.11*(1909)
星川清司 *10.27*(1926)
ホジキン, アラン・ロイド *2.5*(1914)
ホジキンソン, イートン *2.26*(1789)
ホジキン, トマス *8.17*(1798)
ホジキン, ドロシー・メアリ *5.12*(1910)
星島二郎 *11.6*(1887)
星襄一 *9.27*(1913)
星新一 *9.6*(1926)
ホジスキン *12.12*(1787)
ホジソン *2.1*(1800)
ホジソン, ラーフ *9.9*(1871)
保科孝一 *9.20*(1872)
保科善四郎 *3.8*(1891)
保科正貞 *5.21*(1588)
保科正経 *12.27*(1646)
保科正之 *5.7*(1611)
星野あい *9.19*(1884)
星野錫 *12.26*(1854)
星野仙一 *1.22*(1947)
星野立子 *11.15*(1903)
星野天知 *1.10*(1862)
星野知子 *10.3*(1957)
星野直樹 *4.10*(1892)
星野伸之 *1.31*(1966)
星野恒 *7.7*(1839)
星野真里 *7.27*(1981)
星野道夫 *9.27*(1952)
星野芳樹 *3.30*(1909)
星一 *12.25*(1873)
ボシャール, サミュエル *5.30*(1599)
ポジャールスキイ *4.20*(1578)
ボーシャン, アンドレ *4.24*(1873)
ボシュエ, ジャック-ベニーニュ *9.27*(1627)
星由里子 *12.6*(1943)
星ルイス *11.17*(1948)
ボース *3.15*(1886)
ボス *2.2*(1780)
ボス *10.4*(1903)
ボズウェル, ジェイムズ *10.29*(1740)
ボスコ, アンリ *11.16*(1888)
ボスコヴィチ, ルッジェーロ・ジュゼッペ *5.8*(1711)
ボスコフスキー, ヴィリー *6.16*(1909)
ボース, サー・ジャガディーシュ・チャンドラ *11.30*(1858)

ボース, サチェンドラ・ナス *1.1*(1894)
ボース, スバース・チャンドラ *1.23*(1897)
ホースト, アーネスト *7.11*(1965)
ポスト, エミリー *10.27*(1872)
ボストン, ルーシー・マリア *12.10*(1892)
ポスペーロフ *6.20*(1898)
ボズボーム・トゥーサン *9.16*(1812)
ボズマン, ハーマン *2.5*(1905)
穂積真六郎 *6.30*(1889)
穂積隆信 *7.20*(1931)
ホーズリー, サー・ヴィクター *4.14*(1857)
細合半斎 *11.28*(1727)
細井広沢 *10.8*(1658)
細井芝山 *4.6*(1656)
細井平洲 *6.28*(1728)
細井和喜蔵 *5.9*(1897)
細江英公 *3.18*(1933)
細川有孝 *5.23*(1676)
細川興文 *9.13*(1723)
細川嘉六 *9.27*(1888)
細川重賢 *12.26*(1720)
細川潤次郎 *2.2*(1834)
細川たかし *6.15*(1950)
細川忠興 *11.13*(1563)
細川忠利 *10.11*(1586)
細川ちか子 *12.31*(1905)
細川綱利 *1.8*(1643)
細川俊之 *12.15*(1940)
細川直美 *6.18*(1974)
細川斉護 *9.16*(1804)
細川一 *9.23*(1901)
細川宏 *6.17*(1922)
細川ふみえ *9.2*(1971)
細川政元 *12.20*(1466)
細川宗孝 *4.27*(1716)
細川護貞 *7.17*(1912)
細川護立 *10.21*(1883)
細川護熙 *1.14*(1938)
細川幽斎 *4.22*(1534)
細川雄太郎 *11.27*(1914)
細川行孝 *3.4*(1637)
細川頼有 *5.2*(1332)
細川隆元 *1.17*(1900)
細木原青起 *5.15*(1885)
細迫兼光 *11.28*(1896)
細田源吉 *6.1*(1891)
細田民樹 *1.27*(1892)
細野晴臣 *7.9*(1947)
細野三千雄 *3.22*(1897)
細見綾子 *3.31*(1907)
細谷源二 *9.2*(1906)
細谷恒夫 *7.6*(1904)
細谷松太 *5.31*(1900)
ポーソン *12.25*(1759)
ホーソーン, ナサニエル *7.4*(1804)
ポーター, キャサリン・アン *5.15*(1890)
ポーター, コール *6.9*(1893)
ポーター, サー・ジョージ *12.6*(1920)
ホダセーヴィチ, ウラジスラフ・フェリツィアノヴィチ *5.16*(1886)
ポターニン *10.3*(1835)
ポター, ビアトリクス *7.6*(1866)
ボータ, ルイス *9.27*(1862)
ポーター, ロドニー・ロバート *10.8*(1917)
ホー・チ・ミン *5.19*(1890)
ポチョムキン, グリゴリー・アレクサンドロヴィチ *9.24*(1739)
ボック, エドワード *10.9*(1863)
ホッグ, ジェイムズ *12.9*(1770)
ボッケリーニ, ルイージ *2.19*(1743)
ポッゲンドルフ, ヨハン・クリスティアン *12.29*(1796)
ホッジ, サー・ウィリアム・ヴァランス・ダグラス *6.17*(1903)
ホッジズ, ジョニー *7.25*(1906)
ホッジャ, エンヴェル *10.16*(1908)
ボッシュ, カール *8.27*(1874)
ボッシュ, フアン *6.30*(1909)
ポッジョ・ブラッチョリーニ, ジョヴァンニ・フランチェスコ *2.11*(1380)
ボッタ *11.6*(1766)
堀田庄三 *1.23*(1899)
ポッター, パウル *11.20*(1625)
ポッター, ハリー *7.31*(1980)
ホッター, ハンス *1.19*(1909)
堀田正亮 *1.6*(1712)
堀田正俊 *11.12*(1634)
堀田正虎 *7.19*(1662)
堀田正仲 *7.19*(1662)
堀田正信 *6.27*(1631)
堀田正盛 *12.11*(1608)
堀田正睦 *8.1*(1810)
堀田善衛 *7.17*(1918)
ボッチョーニ, ウンベルト *10.19*(1882)
ポッツォ, アンドレア *11.30*(1642)
ポッツォ・ディ・ボルゴ *3.8*(1764)
ボッティチェリ, サンドロ *3.1*(1444)
ポット, パーシヴァル *1.6*(1714)
ホッパー, エドワード *7.22*(1882)
ポッパー, サー・カール・ライムンド *7.7*(1902)
ポッパー, ダーヴィト *6.16*(1843)
ホッファ, ジミー *2.14*(1913)
ポップ, イギー *4.21*(1947)
ホッブズ, トマス *4.5*(1588)
ホップナー, ジョン *4.4*(1758)
ホップハウス *6.27*(1786)
ホップハウス *9.8*(1864)
ホップフ, ハインツ *11.19*(1894)
ポップ, ルチア *11.12*(1939)
ホッペ-ザイラー, エルンスト・フェリックス(・イマヌエル) *12.26*(1825)
ホッベマ, メインデルト *10.31*(1638)
穂積重遠 *4.11*(1883)
穂積重麿 *8.22*(1774)
穂積陳重 *7.11*(1856)
穂積八束 *2.25*(1860)
ポティエ *1.9*(1699)
ポティエ, ジョゼフ *12.7*(1835)

布袋寅泰 2.1(1962)
ポティンジャー 10.3(1789)
ボーテ, ヴァルター・ヴィルヘルム・ゲオルク・フランツ 1.8(1891)
ボーデ, ヴィルヘルム・フォン 12.10(1845)
ホテク, ゾフィー 3.1(1868)
ボテフ, フリスト 12.25(1848)
ボーデ, ヨハン・エラート 1.19(1747)
ボーデン, サー・ロバート(・レアード) 6.26(1854)
ボードイン 6.20(1820)
ボードゥアン・ド・クルトネ, ヤン・ニェツィスワフ 3.13(1845)
ホドヴィエツキ, ダニエル 10.18(1726)
ボートキン, ワシーリー・ペトローヴィチ 12.27(1811)
仏御前 1.15(1160)
ポドゴルヌイ, ニコライ・ヴィクトロヴィチ 2.18(1903)
ボドーニ, ジャンバッティスタ 2.26(1740)
ポトヒーテル, E.J. 6.27(1808)
ボードマー, ヨハン・ヤーコプ 7.19(1698)
ポートマン, ナタリー 6.9(1981)
ホドラー, フェルディナンド 3.14(1853)
ボドリー, サー・トマス 3.2(1545)
ボドリー, ポール・ジャック・エメ 11.7(1828)
ボードレール, シャルル 4.9(1821)
ボードワン1世 9.7(1930)
ボートン 5.14(1903)
ホートン, ジョン 12.30(1931)
ボナパルト, カロリーヌ 3.26(1782)
ボナパルト, シャルル 3.29(1746)
ボナパルト, ジョゼフ 1.7(1768)

ボナパルト, ナポレオン・ジョゼフ・シャルル・ポール 9.9(1822)
ボナパルト, マリー・ポーリーヌ 4.22(1780)
ボナパルト, リュシアン 5.21(1775)
ボナパルト, ルイ 9.2(1778)
ボナム・カーター, ヘレナ 5.26(1966)
ボーナム, ジョン 5.31(1948)
ボナリー, スルヤ 12.15(1973)
ボナール, アベル 12.19(1883)
ボナルド, ルイ‐ガブリエル‐アンブロワーズ・ド 10.12(1754)
ボナール, ピエール 10.3(1867)
ボナ, レオン・ジョゼフ‐フロランタン 6.20(1833)
BONNIE PINK 4.16(1973)
ボニファシオ 11.30(1863)
ポニャトフスキ, ユゼフ公 5.7(1763)
ボニントン, リチャード・パークス 10.25(1802)
ボネ 7.23(1889)
ボネ, シャルル 3.13(1720)
ホーネッカー, エーリヒ 8.25(1912)
ボノ 5.10(1960)
ポノマレンコ 8.9(1902)
ボノーミ 10.18(1873)
ホノリウス, フラウィウス 9.9(384)
ボノンチーニ, ジョヴァンニ 7.18(1670)
ボノンチーニ, ジョヴァンニ・マリア 9.23(1642)
ボハンバ, ヒフィケプニェ 8.18(1935)
ホービー, チャールズ 9.16(1925)
ホープ, A.D. 7.21(1907)
ホーファー, アンドレアス 11.22(1767)
ホーファー, カール 10.11(1878)

ポープ, アレグザンダー 5.21(1688)
ホープ, アントニー 2.9(1863)
ボーフォート, サー・フランシス 5.27(1774)
ボーフォート, レイディ・マーガレット, リッチモンド伯爵夫人 5.31(1443)
ホプキンス 3.20(1854)
ホプキンス, アンソニー 12.31(1937)
ホプキンズ, サー・フレデリック・ゴーランド 6.20(1861)
ホプキンズ, サミュエル 9.17(1721)
ホプキンズ, ジェラード・マンリー 6.11(1844)
ホプキンズ, ハリー 8.17(1890)
ホプキンソン, フランシス 10.2(1737)
ホーフスタッター, リチャード 2.15(1945)
ホーフスタッター, ロバート 2.5(1915)
ホブスン, ベンジャミン 1.2(1816)
ホブソン 7.6(1857)
ホーフト, P.C. 3.16(1581)
ホープ, ボブ 5.26(1904)
ホフマイスター, ヴィルヘルム・フリードリヒ・ベネディクト 5.18(1824)
ホフマン 2.16(1805)
ホフマン 10.17(1837)
ホフマン, アウグスト・ヴィルヘルム・フォン 4.8(1818)
ホフマン, エルンスト・テーオドア・アマデーウス 1.24(1776)
ホーフマンスタール, フーゴー・フォン 2.1(1874)
ホフマン, ダスティン 8.8(1937)
ホフマン, ハンス 3.21(1880)
ホフマン, フィリップ・シーモア 7.23(1967)
ホフマン・フォン・ファラースレーベン, アウグスト・ハインリヒ 4.2(1798)

ホーフマン・フォン・ホーフマンスヴァルダウ, クリスティアン　*12.25*(1617)
ホフマン, フリードリヒ　*2.19*(1660)
ホフマン, ヨーゼフ　*2.19*(1870)
ホーフマン, ヨーハン・クリスティアン・コンラート・フォン　*12.21*(1810)
ホフメーア　*7.4*(1845)
ボフラン, ガブリエル－ジェルマン　*5.7*(1667)
ボーフル　*1.25*(1902)
ボブロフスキー, ヨハネス　*4.9*(1917)
ポベドノースツェフ, コンスタンチーン・ペトローヴィチ　*11.10*(1827)
ボヘニスキ, ユゼフ　*8.30*(1902)
ホベリャノス, ガスパル・メルチョル・デ　*1.5*(1744)
ポポフ　*3.12*(1892)
ポポフ, アレクサンドル　*11.16*(1971)
ポポフ, アレクサンドル・ステパノヴィチ　*3.16*(1859)
ポポフ, ディミタル　*6.25*(1927)
ボボ・ブラジル　*7.10*(1924)
ホーマー, ウィンズロー　*2.24*(1836)
ポマー, エーリヒ　*7.20*(1889)
ボーマルシェ, カロン・ド　*1.24*(1732)
ボーマン, アイザイア　*12.26*(1878)
ボーマン, サー・ウィリアム　*7.20*(1816)
ホーマンズ, ジョージ　*8.11*(1910)
ホミャコーフ, アレクセイ・ステパノヴィチ　*5.1*(1804)
ポミャロフスキー, ニコライ・ゲラシモヴィチ　*4.23*(1835)
ボーム, ヴィッキ　*1.24*(1888)
ホームズ, アーサー　*1.14*(1890)
ホームズ, オリヴァー・ウェンデル　*8.29*(1809)
ホームズ, オリヴァー・ウェンデル, ジュニア　*3.8*(1841)
ホームズ, ケイティ　*12.18*(1978)
ホームズ, シャーロック　*1.6*(1854)
ホームズ, ラリー　*11.3*(1949)
ボーメ, アントワーヌ　*2.26*(1728)
ホメイニー, アーヤトッラー・ルーホッラー　*5.17*(1900)
ボーモント, ウィリアム　*11.21*(1785)
ボーヤイ・ファルカシュ　*2.9*(1775)
ボヤイ・ヤーノシュ　*12.15*(1802)
ポライウオロ, アントニオ　*1.14*(1433)
ボラー, ウィリアム・E(エドガー)　*6.29*(1865)
ホラー, ヴェンツェル　*7.13*(1607)
ホラティウス・フラックス, クゥイントゥス　*12.8*(前65)
ポラード, アルフレッド・ウィリアム　*8.14*(1859)
ボラニョス, エンリケ　*5.13*(1928)
ホラン, ヴラジミール　*9.16*(1905)
ボーランジェ, ロマーヌ　*8.14*(1973)
ポーラン, ジャン　*12.2*(1884)
ポランスキー, ロマン　*8.18*(1933)
ホーランド　*7.24*(1819)
ボラント　*6.9*(1854)
ホランド(フォックスリーとホランドの), ヘンリー・リチャード・ヴァッサル・フォックス, 3代男爵　*11.21*(1773)
ボランドゥス, ヨハネス　*8.13*(1596)
ホランド, サー・シドニー・ジョージ　*10.18*(1893)
ホランド, ジョン(・フィリップ)　*2.29*(1840)
ポランニー, カール　*10.25*(1886)
ポランニー, マイケル　*3.12*(1891)
ボラン, マーク　*9.30*(1947)
堀一郎　*3.19*(1910)
堀井利勝　*1.18*(1911)
堀内敬子　*5.27*(1971)
堀内敬三　*12.6*(1897)
堀内健　*11.28*(1969)
堀内元　*8.29*(1964)
堀内充　*8.29*(1964)
堀内寿郎　*9.17*(1901)
堀内誠一　*12.20*(1932)
堀内蘇斎　*7.19*(1701)
堀内孝雄　*10.27*(1949)
堀内干城　*3.7*(1889)
堀内恒夫　*1.16*(1948)
堀内正和　*3.27*(1911)
堀江帰一　*4.27*(1876)
堀江薫雄　*1.28*(1903)
堀江貴文　*10.29*(1972)
堀江正規　*12.19*(1911)
ホリオーク, サー・キース　*2.11*(1904)
ホリオーク, ジョージ(・ジェイコブ)　*4.13*(1817)
堀河天皇　*7.9*(1079)
堀河康胤　*9.9*(1592)
堀木鎌三　*3.17*(1898)
堀北真希　*10.6*(1988)
堀久作　*7.8*(1900)
堀杏庵　*5.28*(1585)
堀切善次郎　*9.2*(1884)
堀切善兵衛　*5.4*(1882)
堀口捨己　*1.6*(1895)
堀口大学　*1.8*(1892)
堀口由己　*9.15*(1885)
堀幸一　*4.2*(1969)
堀越二郎　*6.22*(1903)
堀越禎三　*12.13*(1898)
堀米庸三　*2.24*(1913)
ポーリー, サラ　*1.8*(1979)
保利茂　*12.20*(1901)
堀庄次郎　*8.6*(1830)
堀新　*7.8*(1883)
ボリス3世　*1.30*(1894)
堀辰雄　*12.28*(1904)
堀達之助　*12.23*(1823)
堀ちえみ　*2.15*(1967)
堀親寚　*8.5*(1786)

ポリツィアーノ, アンジェロ *7.14*(1454)
ポリット, ハリー *11.22*(1890)
堀悌吉 *8.16*(1883)
ホリデイ, ビリー *4.7*(1915)
ポリトコフスカヤ, アンナ *8.30*(1958)
堀利熙 *6.19*(1818)
堀直虎 *8.16*(1836)
堀直為 *10.13*(1698)
堀南湖 *10.9*(1684)
ポリニャク, メルキョール・ド *10.11*(1661)
ポリニャック, オーギュスト・ジュール・アルマン・マリー, 公爵 *5.4*(1780)
ポリニャック伯爵夫人 *9.8*(1749)
堀場清子 *10.19*(1930)
堀場信吉 *11.29*(1886)
ホリー, バディー *9.7*(1936)
ボリーバル, シモン *7.24*(1783)
堀秀成 *12.6*(1819)
堀ひろ子 *4.1*(1949)
ホリフィールド, イベンダー *10.19*(1962)
堀文平 *2.10*(1882)
堀平太左衛門 *12.3*(1716)
堀真澄 *11.4*(1826)
堀柳女 *8.25*(1897)
堀禄助 *11.1*(1908)
ホリー, ロバート・ウィリアム *1.28*(1922)
ポリワーノフ, エヴゲーニー・ドミトリエヴィチ *3.12*(1891)
ボーリング *10.23*(1886)
ボーリング, ライナス・カール *2.28*(1901)
ホール *7.18*(1896)
ホール *9.23*(1916)
ホール *10.8*(1910)
ボール *12.21*(1909)
ホール, アサフ *10.15*(1829)
ボール, アリ *4.12*(1880)
ボール, アリス *1.11*(1885)
ホルヴァート, エデン・フォン *12.9*(1901)

ポール, ウィリアム *7.22*(1852)
ホール, エドウィン・ハーバート *11.7*(1855)
ホル, エリアス *2.28*(1573)
ホル, カール *5.15*(1866)
ボルキア, ハサナル *7.15*(1946)
ホルクハイマー, マックス *2.14*(1895)
ボルグ, ビョルン *6.6*(1956)
ホール, グランヴィル・スタンリ *2.1*(1846)
ホルクロフト, トマス *12.10*(1745)
ボルケナウ *12.15*(1900)
ボルゲン, ヨーハン *4.28*(1902)
ボルコフ *2.20*(1729)
ホール, サー・ジェイムズ *1.17*(1761)
ボルジア, チェーザレ *9.13*(1475)
ボルジア, ルクレツィア *4.18*(1480)
ホール, ジェイムズ *9.12*(1811)
ボルジェーゼ, ジュゼッペ・アントーニオ *11.11*(1882)
ホール, シーグル *12.14*(1890)
ボルジヒ *6.23*(1804)
ボルジャー, ジェームズ *5.31*(1935)
ホルシュタイン *4.24*(1837)
ホール, ジョーゼフ *7.1*(1574)
ホールズ(アイフィールドの), デンジル・ホールズ, 男爵 *10.31*(1599)
ボールズ, チェスター *4.5*(1901)
ホールスト, グスターヴ *9.21*(1874)
ボールズ, ポール *12.30*(1910)
ボルタ, アントーニオ *9.9*(1935)
ホルタイ, カール・フォン *1.24*(1798)
ボルタ, カルロ *6.15*(1775)

ボルダ, ジャン・シャルル・ド *5.4*(1733)
ボルダベリー, フアン *6.17*(1928)
ポルタリス *4.1*(1746)
ホール, ダリル *10.11*(1948)
ホール, チャールズ・マーティン *12.6*(1863)
ボールチン, ナイジェル *12.3*(1908)
ボルツァーノ, ベルナルト *10.5*(1781)
ホルツ, アルノー *4.26*(1863)
ホルツマン, ハインリヒ・ユーリウス *5.17*(1832)
ボルツマン, ルートヴィヒ・エドゥアルト *2.20*(1844)
ポルティジョ, アルフォンソ *9.25*(1951)
ポルティナーリ, カンディード *12.29*(1903)
ホルティ・ミクローシュ *6.18*(1868)
ホールデイン(クローンの), リチャード・バードン・ホールデイン, 初代子爵 *7.30*(1856)
ボールディング *1.18*(1910)
ボールディング, ジェイムズ・カーク *8.22*(1778)
ホールデイン, ジョン・スコット *5.3*(1860)
ボルデー, ジュール・ジャン・バティスト・ヴァンサン *6.13*(1870)
ホルテル, コルネリウス *8.14*(1907)
ホルテル, ヘルマン *11.26*(1864)
ホールデン, ウィリアム *4.17*(1918)
ホールデン, ジョン・バードン・サンダーソン *11.5*(1892)
ポルト-リッシュ, ジョルジュ・ド *5.20*(1849)
ボルドー, アンリ *1.25*(1870)
ボールドウィン, S. *8.3*(1867)
ボールドウィン, ジェイムズ *1.12*(1861)
ボールドウィン, ジェイムズ *8.2*(1924)

ボルトウッド, バートラム・ボーデン 7.27(1870)
ボールト, エードリアン 4.8(1889)
ボルトキエーヴィチ 8.7(1868)
ボルドーネ, パリス 7.5(1500)
ホルト, ハロルド 8.5(1908)
ボルトハン, ヘンリーク・ガーブリエル 11.8(1739)
ボルトマン 5.27(1897)
ボールト, ロバート 8.15(1924)
ボールトン, マシュー 9.3(1728)
ホルネー, カレン 9.16(1885)
ボルノー, オットー・フリードリヒ 3.14(1903)
ホルバイン, ハンス 10.7(1497)
ホール, ハリー 9.30(1873)
ボルハ, ロドリゴ 6.19(1935)
ボルヒェルト, ヴォルフガング 5.21(1921)
ボルヒャルト, ルードルフ 6.9(1877)
ボル, フェルディナンド 6.24(1616)
ホルブルック, ジョゼフ(・チャールズ) 7.5(1878)
ホルベア, ルドヴィ 12.3(1684)
ボルヘス, ホルヘ・ルイス 8.24(1899)
ポル・ポト 5.19(1928)
ボルボラ, ニコラ 8.17(1686)
ポール・ボンクール 8.4(1873)
ポール牧 8.2(1941)
ホール, マーシャル 2.18(1790)
ボルマン, マルティン 6.17(1900)
ボルロメーオ, フェデリーゴ 8.18(1564)
ホルン・ジュラ 7.5(1932)
ホルンボステル, エーリヒ・モーリツ・フォン 2.25(1877)
ボルン, マックス 12.11(1882)
ホルンル 10.19(1841)
ポレヴォーイ, ニコライ・アレクセーヴィチ 6.22(1796)
ポレヴォーイ, ボリス・ニコラエヴィチ 3.17(1908)
ポレジャーエフ, アレクサンドル・イワノヴィチ 8.30(1804)
ボレスワフ3世 8.20(1085)
ホレリス, ハーマン 2.29(1860)
ボレル, フェリクス 1.7(1871)
ボレル, ペトリュス 6.30(1809)
BORO 3.11(1954)
ホロヴィッツ, ヴラディミア 10.1(1904)
ボロー, ジョージ 7.5(1803)
ポロック 12.10(1845)
ポロック, ジャクソン 1.28(1912)
ボロッシュ・ペーテル 8.28(1928)
ボロディン 7.9(1884)
ボロディン, アレクサンドル・ボルフィリエヴィチ 11.12(1833)
ボロフスキ, タデウシュ 11.12(1922)
ボロミーニ, フランチェスコ 9.25(1599)
ボロメオ, 聖カルロ 10.2(1538)
ボー, ローラ 5.31(1955)
ポロンスキー, ヤーコフ・ペトローヴィチ 12.18(1819)
ボワイエ, シャルル 8.28(1899)
ボワイエ, ジャン・ピエール 2.28(1776)
ホワイティング, ジョン 11.15(1917)
ホワイト 1.17(1891)
ホワイト 6.29(1590)
ホワイト 10.29(1892)
ホワイト, T.H. 5.29(1906)
ホワイト, ギルバート 7.18(1720)
ホワイト, パトリック 5.28(1912)
ホワイトヘッド 1.3(1823)
ホワイトヘッド, A.N. 2.15(1861)
ホワイトヘッド, ウィリアム 2.12(1715)
ホワイトマン, ポール 3.28(1890)
ホワイト, レズリー・A 1.19(1900)
ホワイトロー, ウィリアム・(スティーヴン・イアン・)ホワイトロー, 初代子爵 6.28(1918)
ボワエルデュー, フランソワ・アドリアン 12.16(1775)
ボワギルベール, ピエール・ル・プザン・ド 2.17(1646)
ポワソン, シメオン・ドニ 6.21(1781)
ポワティエ, シドニー 2.24(1924)
ボワデフル, ピエール・ド 7.11(1926)
ボワボードラン, ポール・エミール・ルコック・ド 4.18(1838)
ボワレーヴ, ルネ 4.14(1867)
ボワロー, ニコラ 11.1(1636)
ポワンカレ, アンリ 4.29(1854)
ポワンカレ, レモン 8.20(1860)
ボーン 4.17(1622)
本阿弥日洲 2.23(1908)
本因坊秀栄 9.20(1852)
本因坊秀哉 6.24(1874)
本因坊秀策 5.5(1829)
ボンヴァロ 7.13(1853)
ポンキエッリ, アミルカレ 8.31(1834)
ボンキャムチョンドロ・チョットパッダエ 6.27(1838)
本郷新 12.9(1905)
本郷猛 8.15
本郷房太郎 1.24(1860)
ボンゴ・オンディンバ, オマル 12.30(1935)
ポン, ジャン・ルイ 12.24(1761)
ポンジュ, フランシス 3.27(1899)

梵舜　*7.3*（1553）
本庄栄治郎　*2.28*（1888）
本庄繁長　*12.4*（1540）
本庄繁　*5.10*（1876）
本庄資承　*10.29*（1749）
本庄宗尹　*6.4*（1765）
本条秀太郎　*4.12*（1945）
本上まなみ　*5.1*（1975）
本庄道倫　*5.27*（1720）
本庄陸男　*2.20*（1905）
本庄宗武　*6.10*（1846）
本庄宗秀　*9.13*（1809）
ボン・ジョビ, ジョン　*3.2*（1962）
ボンズ, バリー　*7.24*（1964）
ホーンスビー, ロジャース　*4.27*（1896）
ホーンズフィールド, ゴドフリー・ニューボールド　*8.28*（1919）
ポンス, リリー　*4.12*（1898）
ポンスレ, ジャン‐ヴィクトール　*7.1*（1788）
ボンゼルス, ヴァルデマル　*2.21*（1881）
本多顕彰　*10.7*（1898）
本多彩子　*11.19*（1980）
本田延三郎　*7.11*（1908）
本多錦吉郎　*12.2*（1850）
本多熊太郎　*12.8*（1874）
本多光太郎　*2.23*（1870）
本多秋五　*9.22*（1908）
本多精一　*2.12*（1871）
本多静六　*5.20*（1866）
本田宗一郎　*11.17*（1906）
本田武史　*3.23*（1981）
本多忠籌　*12.8*（1739）
本多忠次　*10.21*（1679）
本多忠憲　*8.25*（1774）
本多忠統　*6.18*（1691）
本多俊之　*4.9*（1957）
ポンターノ, ジョヴァンニ　*5.7*（1429）
本多延嘉　*2.6*（1934）
本田美禅　*5.20*（1868）
本多政均　*5.8*（1838）
本多正珍　*7.8*（1710）
本田美奈子　*7.31*（1967）
本田実信　*3.29*（1923）
本田実　*2.26*（1913）
本田安次　*3.18*（1906）
本田靖春　*3.21*（1933）
ボンダルチュク, セルゲイ　*9.25*（1920）
ぼんちおさむ　*12.16*（1952）
ポンティ, ジオ　*11.18*（1891）
ボンデヴィック, ヒェル・マグネ　*9.3*（1947）
ボンテンペッリ, マッシモ　*5.12*（1878）
ポンテン, ヨーゼフ　*6.3*（1883）
ボンド, ジェームズ　*2.1*（1922）
ボンド, ジョージ・フィリップス　*5.20*（1825）
ポントピダン, ヘンリック　*7.24*（1857）
ボンドフィールド, マーガレット・グレイス　*3.17*（1873）
ホントホルスト, ヘリット・ファン　*11.4*（1590）
ポントリャーギン, レフ・セミョーノヴィチ　*9.3*（1908）
ポントルモ, ヤコポ・ダ　*5.24*（1494）
本如　*10.24*（1778）
ポンパドゥール, ジャンヌ・アントワネット・ポワソン, 侯爵夫人　*12.29*（1721）
ポンバル, セバスティアン・デ・カルヴァリョ, 侯爵　*5.13*（1699）
ポンピドゥー, ジョルジュ(・ジャン・レモン)　*7.5*（1911）
ボンフレール, ジャーク　*4.12*（1573）
ホーンブロワー, ホレイショ　*7.4*（1776）
ポンペ　*5.5*（1829）
ポンペーイウス・マグヌス, グナエウス　*9.29*（前106）
ボンヘッファー, ディートリヒ　*2.4*（1906）
ボンボナッツィ, ピエートロ　*9.16*（1464）
ボンボワ, カミーユ　*2.3*（1883）
ポンポン, フランソワ　*5.9*（1855）
本間憲一郎　*12.24*（1889）
ボーン, マシュー　*1.13*（1960）
本間順治　*4.16*（1904）
本間四郎三郎　*12.25*（1732）
本間久雄　*10.11*（1886）
本間雅晴　*11.27*（1887）
本間正義　*12.25*（1916）
洪明甫　*2.12*（1969）
ボンヤスキー, レミー　*1.10*（1976）
本理院　*5.7*（1602）
ホーン, リナ　*6.30*（1917）

【ま】

マイアー　*5.9*（1796）
マイアー　*8.24*（1883）
マイアー‐グレーフェ, ユーリウス　*6.10*（1867）
マイアー‐フェルスター, ヴィルヘルム　*6.12*（1862）
マイアー, アドルフ　*9.13*（1866）
マイアー, ヴィクトール　*9.8*（1848）
マイアー, エードゥアルト　*1.25*（1855）
マイア, エルンスト・ヴァルター　*7.5*（1904）
マイアー, コンラート・フェルディナント　*10.11*（1825）
マイアーベーア, ジャコモ　*9.5*（1791）
マイアーホーフ, オットー・フリッツ　*4.12*（1884）
舞出長五郎　*9.8*（1891）
マイエール, ルネ　*5.4*（1895）
マイ, エルンスト　*6.27*（1886）
マイェロヴァー, マリエ　*2.1*（1882）
マイ, カール　*2.25*（1842）
マイク真木　*4.27*（1944）
マイケル, ジョージ　*6.25*（1963）
マイケルソン, アルバート・エイブラハム　*12.19*（1852）
マイケル富岡　*8.5*（1961）
マイコフ, アポロン・ニコラエヴィチ　*6.4*（1821）
マイゼンブーク　*10.28*（1816）
マイツェン　*12.16*（1822）

マイトナー, リーゼ 11.7(1878)	マウロリーコ(マルルロ), フランチェスコ 9.16(1494)	前谷惟光 12.8(1917)
マイナルディ, エンリーコ 5.19(1897)	マウントバッテン, ルイス, 初代伯爵 6.25(1900)	前田亘輝 4.23(1965)
マイネッケ, フリードリヒ 10.30(1862)	前尾繁三郎 12.10(1905)	前田登 6.4(1970)
舞の海秀平 2.17(1968)	前川清 8.19(1948)	前田治脩 1.4(1745)
マイノット 12.23(1852)	前川国男 5.14(1905)	前田久吉 4.22(1893)
マイノット, ジョージ・リチャーズ 12.2(1885)	前川佐美雄 2.5(1903)	前田寿 3.16(1918)
マイノング, アレクシウス 7.17(1853)	前川正一 2.10(1898)	前田美波里 8.8(1948)
マイーフスキー 5.11(1823)	前川春雄 2.6(1911)	前田普羅 4.18(1884)
マイブリッジ, エドワード 4.9(1830)	前川文夫 10.26(1908)	前田孫右衛門 7.28(1818)
マイメロディ 1.18	前川文太郎 7.13(1808)	前田正甫 8.2(1649)
マイモニデス, モーセス 3.30(1135)	前川康男 12.25(1921)	前田正名 3.12(1850)
マイヤー 3.29(1846)	前倉温理 4.5(1828)	前田山英五郎 5.4(1914)
マイヤー 7.2(1875)	前嶋信次 7.20(1903)	前田夕暮 7.27(1883)
マイヤース, ウィリアム・フレデリック 1.7(1839)	前島密 1.7(1835)	前田陽一 12.14(1934)
マイヤーズ, マイク 5.25(1963)	前園真聖 10.29(1973)	前田義典 1.31(1906)
マイヤー, ハンネス 11.18(1889)	前田愛 4.20(1932)	前田吉徳 8.8(1690)
マイヤー, ユリウス・ロタール 8.19(1830)	前田愛 10.4(1983)	前田慶寧 5.4(1830)
マイヤー, ユリウス・ロバート・フォン 11.25(1814)	前田日明 1.24(1959)	前田米蔵 2.17(1882)
マイヨール, アリスティード 12.8(1861)	前大峰 11.10(1890)	前畑秀子 5.20(1914)
マイヨール, ジャック 4.1(1927)	前田慧雲 1.14(1857)	前原昭二 10.30(1927)
マイリンク, グスタフ 1.19(1868)	前田寛治 10.1(1896)	前原誠司 4.30(1962)
マイル 2.12(1841)	前田吟 2.21(1944)	マガウアン 11.30(1888)
マイル 10.29(1856)	前田健 6.14(1971)	間垣勝晴 4.8(1953)
マーヴェル, アンドルー 3.31(1621)	前田香雪 1.7(1841)	マカーシー, J. 11.14(1909)
マウラー 11.2(1790)	前田河広一郎 11.13(1888)	マカーシー, メアリー 6.21(1912)
マウラ, アントニオ 5.2(1853)	前田耕陽 8.16(1968)	マカダム, ジョン・ラウドン 9.23(1756)
マウラー, オーヴァル・ホウバート 1.23(1907)	前田三遊 10.17(1869)	マカドゥー 10.31(1863)
マウリッツ, オラニエ公爵, ナッサウ伯爵 11.14(1567)	前田重教 10.23(1741)	マカートニー 4.14(1737)
マウルベルチュ, フランツ・アントン 6.7(1724)	前田雀郎 3.27(1897)	マカートニー 5.24(1833)
マウレル 9.22(1902)	前田曙山 11.21(1871)	マカパガル, ディオスダド 9.28(1910)
	前田真三 6.3(1922)	真壁氏幹 8.2(1550)
	前田青邨 1.27(1885)	真壁仁 3.15(1907)
	前田多門 5.11(1884)	真壁治幹 7.16(1466)
	前田綱紀 11.16(1643)	真壁久幹 6.3(1522)
	前田東渓 10.13(1673)	真壁秀幹 9.8(1380)
	前田遥 9.16(1914)	真壁房幹 5.4(1569)
	前田利家 12.25(1538)	真壁政幹 9.3(1317)
	前田利興 5.27(1678)	真壁宗幹 5.5(1496)
	前田利次 4.29(1617)	真壁義幹 5.18(1552)
	前田利常 11.25(1593)	マカラーズ, カーソン 2.19(1917)
	前田利直 6.25(1672)	マーガリー 4.26(1846)
	前田利長 1.12(1562)	マカリオス3世 8.13(1913)
	前田利為 6.5(1885)	マカリスター 7.8(1870)
	前田俊彦 9.17(1909)	マカルト, ハンス 5.29(1840)
	前田利昌 11.15(1684)	マーガレット王女 8.21(1930)
	前田利意 6.17(1625)	
	前田利保 2.28(1800)	
	前田智徳 6.14(1971)	
	前田斉泰 7.10(1811)	

マーガレット・チューダー *11.29*（1489）
マカーレンコ, アントン・セミョーノヴィチ *3.13*（1888）
マカロック *3.1*（1789）
マカロフ *3.8*（1849）
マーカンド, J.P. *11.10*（1893）
マキアヴェッリ, ニッコロ *5.3*（1469）
牧阿佐美 *5.12*（1933）
槇有恒 *2.5*（1894）
真木和泉 *3.7*（1813）
真木菊四郎 *9.19*（1843）
牧口常三郎 *6.6*（1871）
牧健二 *11.14*（1892）
牧島象二 *5.25*（1907）
マキシモヴィッチ *11.23*（1827）
マギー司郎 *3.17*（1946）
マギー審司 *11.11*（1973）
牧伸二 *9.26*（1934）
牧瀬菊枝 *9.3*（1911）
牧瀬里穂 *12.17*（1971）
牧田環 *7.20*（1871）
牧野明成 *4.6*（1704）
牧野英一 *3.20*（1878）
牧野権六郎 *8.2*（1819）
牧野貞長 *11.21*（1733）
牧野貞喜 *8.6*（1758）
牧野貞通 *8.24*（1710）
牧野茂 *7.26*（1928）
牧野省三 *9.22*（1878）
牧野信一 *11.12*（1896）
牧野信之助 *4.23*（1884）
牧野忠精 *10.19*（1760）
牧野忠辰 *1.4*（1665）
牧野富太郎 *4.24*（1862）
牧野虎雄 *12.15*（1890）
牧野虎次 *7.3*（1871）
牧野直隆 *10.6*（1910）
牧野成春 *10.23*（1682）
マキノ・ノゾミ *9.29*（1959）
牧野伸顕 *10.22*（1863）
牧野英成 *9.11*（1671）
マキノ雅弘 *2.29*（1908）
マキノ光雄 *11.15*（1909）
牧野康重 *9.22*（1677）
牧野康哉 *10.17*（1818）
牧野良三 *5.26*（1885）
牧原俊幸 *7.26*（1958）
槇原敬之 *5.18*（1969）
槇原寛己 *8.11*（1963）
槇村浩 *6.1*（1912）
槇村正直 *5.23*（1834）
マーキュリー, フレディ *9.5*（1946）
牧羊子 *4.29*（1923）
マキントッシュ, ヒュー・ロス *10.31*（1870）
マークィス, ドン *7.29*（1878）
マクウィーン, スティーヴ *3.24*（1930）
マクガバン, ジョージ *7.19*（1922）
マグサイサイ, ラモン *8.31*（1907）
マクシミリアン *7.10*（1867）
マクシミリアン1世 *3.22*（1459）
マクシミリアン1世 *4.17*（1573）
マクシミリアン2世 *7.11*（1662）
マクシミリアン2世 *7.31*（1527）
マクシミリアン, フェルディナント - ヨーゼフ *7.6*（1832）
マクシム, サー・ハイラム *2.5*（1840）
マクシーモフ, ウラジーミル・エメリヤノヴィチ *11.27*（1930）
マクスウェル, ジェイムズ・クラーク *6.13*（1831）
マクストン *6.22*（1885）
マクダウェル, エドワード *12.18*（1860）
マクダウェル, デービッド *4.30*（1937）
マクディアミッド, ヒュー *8.11*（1892）
マーク・トウェイン *11.30*（1835）
マクドゥーガル, ウィリアム *6.22*（1871）
マクドナル *11.17*（1765）
マクドナルド *2.3*（1824）
マクドナルド *6.12*（1852）
マクドナルド, J.A. *1.11*（1815）
マクドナルド, J.R. *10.12*（1866）
マクドナルド, ジョージ *12.10*（1824）
マクドネル *5.11*（1854）
マクドネル, ジェイムズ・S *4.9*（1899）
マクドーマンド, フランシス *6.23*（1957）
マクナマラ, ロバート *6.9*（1916）
マクニース, ルイ *9.12*（1907）
マクファーソン, ジェイムズ *10.27*（1736）
マクベイン, エド *10.15*（1926）
マーク, ペーター *5.10*（1919）
マクマオン, マリー・エドム・パトリス・モーリス・ド, マジェンタ公爵 *6.13*（1808）
マクマスター, ジョン(・バック) *6.29*（1852）
マクマホン *11.28*（1862）
マクマホン, サー・ウィリアム *2.23*（1908）
マクミラン, エドウィン・マッティソン *9.18*（1907）
マクミラン, サー・ケネス *12.11*（1929）
マクミラン, ダニエル *9.13*（1813）
マクミラン, モーリス・ハロルド, 初代ストックトン伯爵 *2.10*（1894）
マクラウド *3.31*（1821）
マクラウド, ジェイムズ・リカード *9.6*（1876）
マクラレン, ノーマン *4.11*（1914）
マクリーシュ, アーチボルド *5.7*（1892）
マグリット, ルネ *11.21*（1898）
マクリーン, アリステア *4.28*（1922）
マクリン, チャールズ *5.1*（1690）
マクルーハン, マーシャル *7.21*（1911）
マクレイ, ロバート・サミュエル *2.7*（1824）

マクレガー, ユアン *3.31*(1971)
マクレナン *10.14*(1827)
マクレナン, サー・ジョン・カニンガム *4.14*(1867)
マクレナン, ヒュー *3.20*(1907)
マクレーン, シャーリー *4.24*(1934)
マグロウ, ハロルド *8.30*(1948)
マグロワール, ポール *7.19*(1907)
マグワイア, トビー *6.27*(1975)
マグワイア, マーク *10.1*(1963)
マーケット, ウィリアム・フレデリック *3.17*(1894)
マケ, ピエール・ジョゼフ *10.9*(1718)
マケール *8.26*(1859)
馬越恭平 *10.12*(1844)
まこと *12.31*(1968)
マコノヒー, マシュー *11.4*(1969)
マコーマック, ジョン *6.14*(1884)
マコーミック *7.30*(1880)
マコーリー, キャサリン *9.29*(1778)
マコーリ, ザカリ *5.2*(1768)
マコーリー, トマス・バビントン *10.25*(1800)
雅明親王 *4.13*(920)
マサイス, クエンティン *9.10*(1466)
政井マヤ *6.2*(1976)
マザー, インクリース *6.21*(1639)
マザーウェル, ロバート *1.24*(1915)
正岡容 *12.20*(1904)
正岡芸陽 *9.5*(1881)
正岡子規 *9.17*(1867)
政尾藤吉 *11.17*(1870)
雅姫 *11.7*(1972)
正木亮 *3.25*(1892)
正木清 *5.30*(1900)
真崎甚三郎 *11.27*(1876)
正木直彦 *10.26*(1862)
正木ひろし *9.29*(1896)
正木不如丘 *2.26*(1887)
正木良明 *3.16*(1925)
政子女王 *4.10*(1817)
マザー, コトン *2.12*(1663)
昌子内親王 *9.30*(1888)
正子内親王 *4.20*(1045)
雅尊親王 *5.28*(1254)
マサッチョ *12.21*(1401)
マザー・テレサ *8.27*(1910)
魔裟斗 *3.10*(1979)
正富汪洋 *4.15*(1881)
雅朝王 *1.17*(1555)
雅成親王 *9.11*(1200)
正宗得三郎 *8.22*(1883)
正宗白鳥 *3.3*(1879)
正村竹一 *9.5*(1906)
マザラン, ジュール *7.14*(1602)
マサリク, ヤン *9.14*(1886)
マサリック, トマーシュ・ガリッグ *3.7*(1850)
マシア・イ・リュサ *10.21*(1859)
マジェア, エドゥアルド *8.14*(1903)
マシコフ, イリヤ *7.17*(1881)
マシス, アンリ *3.21*(1886)
マシーセン, F.O. *2.9*(1902)
益田兼利 *9.17*(1913)
真下信一 *10.24*(1906)
マシーナ, ジュリエッタ *2.22*(1920)
マシニョン, ルイ *7.25*(1883)
マジノ, アンドレ *2.17*(1877)
馬島僩 *1.3*(1893)
摩島松南 *3.11*(1791)
間島冬道 *10.8*(1827)
真島昌利 *2.20*(1962)
真島利行 *11.13*(1874)
マシャド *7.28*(1851)
増山正同 *2.29*(1843)
増山正賛 *12.26*(1726)
マーシャル, A. *7.26*(1842)
マーシャル, G.C. *12.31*(1880)
マーシャル, サーグッド *7.2*(1908)
マーシャル, サー・ジョン・ヒューバート *3.19*(1876)
マーシャル, ジョン *9.24*(1755)
マーシャル, ロブ *10.17*(1960)
マジャンディ, フランソワ *10.6*(1783)
マーシュ, オスニエル・チャールズ *10.29*(1831)
マーシュ, ジェイムズ *9.2*(1789)
マシューズ, シェイラー *5.26*(1863)
マシューズ, ブランダー *2.21*(1852)
マーシュマン, ジョシュア *4.20*(1768)
マジュラニッチ, イヴァン *8.18*(1814)
マーシュ, レジナルド *3.14*(1898)
マシヨン, ジャン - バチスト *6.24*(1663)
マシーレ, クェット・ケトゥミレ・ジョニ *7.23*(1925)
マシンジャー, フィリップ *11.24*(1583)
マシーン, レオニード *8.9*(1896)
増井清 *9.14*(1887)
摩寿意善郎 *1.23*(1911)
増岡浩 *3.13*(1960)
マスカーニ, ピエートロ *12.7*(1863)
増川弘明 *12.20*(1979)
マスキー, エドマンド・S *3.28*(1914)
真杉静枝 *10.3*(1901)
マスケリン, ネヴィル *10.6*(1732)
益子内親王 *5.18*(1669)
益子直美 *5.20*(1966)
増沢洵 *5.5*(1925)
増島蘭園 *10.13*(1769)
増島澧水 *5.9*(1743)
弁添要一 *11.29*(1948)
増田明美 *1.1*(1964)
益田右衛門介 *9.2*(1833)
増田甲子七 *10.4*(1898)
増田義一 *10.21*(1869)
益田喜頓 *9.11*(1909)
増田恵子 *9.2*(1957)

ます　　　　　　　　　人名索引

升田幸三　*3.21*(1918)
増田惟茂　*12.29*(1883)
増田四郎　*10.2*(1908)
増田次郎　*2.26*(1868)
マスターズ　*12.27*(1915)
マスターズ, エドガー・リー　*8.23*(1868)
益田哲夫　*9.13*(1913)
益谷秀次　*1.17*(1888)
益田幹夫　*8.14*(1949)
増田渉　*10.12*(1903)
マーズデン, ジェームズ　*9.18*(1973)
マストリーリ　*9.14*(1603)
マストロヤンニ, マルチェロ　*9.28*(1924)
マーストン, ジョン　*10.7*(1576)
マスネ, ジュール　*5.12*(1842)
マスハドフ, アスラン　*9.21*(1951)
増原恵吉　*1.13*(1903)
マスプラット, ジェイムズ　*8.12*(1793)
マスペロ　*12.15*(1883)
マスペロ, ガストン　*6.23*(1846)
増穂残口　*4.8*(1655)
増見利清　*8.15*(1928)
増村益城　*7.1*(1910)
増村保造　*8.25*(1924)
増本量　*1.9*(1895)
増山江威子　*4.22*(1936)
増山雪斎　*10.14*(1754)
増山正弥　*1.22*(1653)
マース, ヨアヒム　*9.11*(1901)
マズロウ, エイブラハム・ハロルド　*4.1*(1908)
マズロフ　*4.7*(1914)
マセオ・イ・グラハレス　*6.14*(1845)
マセナ, アンドレ　*5.6*(1758)
マセレール, フランス　*7.30*(1889)
マゾヴィエツキ, タデウシ　*4.18*(1927)
マソン・ウルセル　*9.5*(1882)
マダーチ, イムレ　*1.21*(1823)
マタチッチ, ロヴロ・フォン　*2.14*(1899)
マタ・ハリ　*8.7*(1876)

マダリアガ, サルバドル・デ　*7.23*(1886)
町春草　*4.3*(1922)
町尻説久　*4.24*(1715)
町資将　*3.9*(1518)
マーチソン, サー・ロデリック・インピー　*2.19*(1792)
町田梅之進　*4.16*(1848)
町田嘉章　*6.8*(1888)
町田欣一　*8.1*(1925)
町田経宇　*9.3*(1865)
町田康　*1.15*(1962)
町田忠治　*3.30*(1863)
マーチ, フレドリック　*8.31*(1897)
町村金五　*8.16*(1900)
マーチャーシュ1世　*2.23*(1440)
マチャード, アントニオ　*7.26*(1875)
マチャード・イ・モラーレス　*9.29*(1871)
マチャード, マヌエル　*8.29*(1874)
マチョス　*6.9*(1871)
マーチン, ディーン　*6.17*(1917)
松井石根　*7.27*(1878)
松井稼頭央　*10.23*(1975)
松居一代　*6.25*(1957)
松井簡治　*5.18*(1863)
松井慶四郎　*3.5*(1868)
松井今朝子　*9.28*(1953)
松井元泰　*9.9*(1689)
松井茂　*9.27*(1866)
松石安治　*5.21*(1859)
松居松翁　*2.18*(1870)
松井如流　*3.31*(1900)
松井翠声　*4.9*(1900)
松井須磨子　*3.8*(1886)
松井須磨子　*7.20*(1886)
松井大輔　*5.11*(1981)
松居桃楼　*3.30*(1910)
松井直吉　*6.25*(1857)
松居直美　*1.14*(1968)
松井久吉　*3.22*(1913)
松井秀喜　*6.12*(1974)
松井等　*6.12*(1877)
松井康直　*5.26*(1830)
松井康之　*11.1*(1550)
松井やより　*4.12*(1934)

松井米太郎　*4.13*(1869)
松浦亜弥　*6.25*(1986)
松浦鎮次郎　*1.10*(1872)
松浦竹夫　*4.14*(1926)
松浦武四郎　*2.6*(1818)
松浦東渓　*7.19*(1752)
松浦勝人　*10.1*(1964)
松岡梅太郎　*11.19*(1847)
松岡映丘　*7.9*(1881)
松岡荒村　*5.8*(1879)
松岡駒吉　*4.8*(1888)
松岡修造　*11.6*(1967)
松尾和子　*5.17*(1935)
松岡仲良　*8.24*(1701)
松岡信夫　*1.29*(1932)
松岡寿　*2.5*(1862)
松岡英夫　*12.9*(1912)
松岡弘　*7.26*(1947)
松岡昌宏　*1.11*(1977)
松岡充　*8.12*(1971)
松岡康毅　*6.23*(1846)
松岡行義　*11.14*(1794)
松岡譲　*9.28*(1891)
松岡洋子　*4.20*(1916)
松岡洋右　*3.4*(1880)
松尾国三　*6.8*(1899)
松尾国松　*7.29*(1874)
松尾玄次　*10.27*(1904)
松尾臣善　*2.6*(1843)
松尾静磨　*2.17*(1903)
松尾スズキ　*12.15*(1962)
松尾貴史　*5.11*(1960)
松尾隆　*5.30*(1907)
松尾多勢子　*5.25*(1811)
松尾俊郎　*8.19*(1897)
松尾伴内　*1.9*(1963)
マッカーサー, アーサー　*6.2*(1845)
マッカーサー, ジョン　*9.3*(1767)
マッカーサー, ダグラス　*1.26*(1880)
マッカーサー, ロバート・ヘルマー　*4.7*(1930)
マッカーシー, ユージン　*3.29*(1916)
松方巌　*4.6*(1862)
松方幸次郎　*12.1*(1866)
松方三郎　*8.1*(1899)
松方弘樹　*7.23*(1942)

マッカートニー, ステラ *9.13*(1971)
マッカートニー, ポール *6.18*(1942)
松ケ根六男 *1.12*(1957)
松金よね子 *10.22*(1949)
マッカラン *8.8*(1876)
松川敏胤 *11.9*(1859)
松川弁之助 *4.9*(1802)
マッキーヴァー *4.17*(1882)
松木荘左衛門 *1.25*(1625)
マッギー, トマス・ダーシー *4.13*(1825)
松木直亮 *11.5*(1876)
マッキム, チャールズ・フォレン *8.24*(1847)
松木安太郎 *11.28*(1957)
マッキューアン, サー・ウィリアム *6.22*(1848)
マッキンダー, サー・ハルフォード・ジョン *2.15*(1861)
マッキントッシュ *10.24*(1765)
マッキントッシュ, チャールズ・レニー *6.7*(1868)
マッキンリー, ウィリアム *1.29*(1843)
マックィーン, アレクサンダー *3.17*(1969)
マックィーン, スティーブ *3.24*(1930)
マックス, アドルフ *12.31*(1869)
マック鈴木 *5.31*(1975)
マックブライド *1.26*(1904)
マックレラン, ジョージ・B *12.3*(1826)
マッグロー, ジョン *4.7*(1873)
マッケ, アウグスト *1.3*(1887)
マッケイ, スティール *6.6*(1842)
マッケラン, イアン *5.25*(1939)
マッケンジー *2.3*(1885)
マッケンジー, ウィリアム・ライアン *3.12*(1795)
マッケンジー, ジョン・スチュアート *2.29*(1860)
マッケンジー, ヘンリー *8.26*(1745)
マッケンゼン *12.6*(1845)
マッケンロー, ジョン *2.16*(1959)
マッコイ *10.29*(1874)
マッコーミック, サイラス *2.15*(1809)
マッコルラン, ピエール *2.26*(1882)
松坂慶子 *7.20*(1952)
松坂佐一 *11.13*(1898)
松坂大輔 *9.13*(1980)
松坂広政 *3.25*(1884)
松崎観海 *5.4*(1725)
松崎慊堂 *9.27*(1771)
松崎しげる *11.19*(1949)
松崎渋右衛門 *8.15*(1827)
松崎天民 *5.18*(1878)
松崎芳伸 *3.22*(1913)
松沢一鶴 *9.7*(1900)
松沢求策 *6.15*(1855)
松沢成文 *4.2*(1958)
松沢卓二 *7.17*(1913)
松沢俊昭 *10.30*(1927)
マッシー, ヴィンセント *2.20*(1887)
松重豊 *1.19*(1963)
松下井知夫 *4.21*(1910)
松下見林 *1.1*(1637)
松下浩二 *8.28*(1967)
松下幸之助 *11.27*(1894)
松下大三郎 *10.24*(1878)
松下正寿 *4.14*(1901)
松下由樹 *7.9*(1968)
松下芳男 *5.4*(1892)
松下竜一 *2.15*(1937)
松島詩子 *5.12*(1905)
松嶋喜作 *10.7*(1891)
松島清重 *12.1*(1901)
松島剛蔵 *3.6*(1825)
松島寿三郎(5代目) *12.17*(1920)
松島庄五郎(4代目) *10.17*(1902)
松島トモ子 *7.10*(1945)
松嶋菜々子 *10.13*(1973)
松嶋尚美 *12.2*(1971)
マッシー, レイモンド *8.30*(1896)
松瀬青々 *4.4*(1869)
松園尚巳 *7.15*(1922)
マッソン, アンドレ *1.4*(1896)
松田敦朝 *2.4*(1837)
松平昭訓 *12.29*(1849)
松平容貞 *8.16*(1724)
松平容頌 *1.9*(1744)
松平容大 *6.3*(1869)
松平容保 *12.29*(1835)
松平勝長 *8.14*(1737)
松平清武 *10.20*(1663)
松平清康 *9.7*(1511)
松平国十郎 *3.16*(1910)
松平君山 *3.27*(1697)
松平健 *11.28*(1953)
松平左近 *3.14*(1809)
松平定喬 *6.9*(1716)
松平定綱 *1.25*(1592)
松平定知 *11.7*(1944)
松平定功 *7.6*(1733)
松平定信 *12.27*(1758)
松平定英 *9.6*(1696)
松平定安 *4.8*(1835)
松平里子 *7.31*(1896)
松平重昌 *8.22*(1743)
松平重栄 *10.13*(1646)
松平隆政 *7.8*(1648)
松平健子 *8.25*(1839)
松平武元 *12.28*(1713)
松平忠雄 *10.20*(1673)
松平忠国 *8.17*(1597)
松平忠喬 *1.9*(1683)
松平忠周 *4.19*(1661)
松平忠輝 *1.4*(1592)
松平忠利 *1.16*(1582)
松平忠直 *6.10*(1595)
松平忠礼 *6.14*(1850)
松平忠昌 *12.14*(1597)
松平忠優 *7.11*(1812)
松平近貞 *9.16*(1733)
松平近禎 *7.24*(1665)
松平綱近 *9.29*(1659)
松平綱昌 *5.8*(1661)
松平恒雄 *4.17*(1877)
松平露 *11.2*(1817)
松平輝貞 *6.20*(1665)
松平輝綱 *8.5*(1620)
松平朝矩 *3.16*(1738)
松平直員 *4.21*(1695)
松平直純 *11.8*(1727)
松平直丘 *6.26*(1665)
松平直常 *10.13*(1679)

松平直哉　*2.29*(1848)
松平直矩　*10.28*(1642)
松平直政　*8.5*(1601)
松平直道　*8.26*(1724)
松平直基　*3.25*(1604)
松平長孝　*7.30*(1725)
松平長熈　*2.29*(1720)
松平斉貴　*3.18*(1815)
松平斉民　*7.29*(1814)
松平斉典　*11.2*(1797)
松平信明　*2.10*(1763)
松平信興　*8.11*(1630)
松平宣維　*5.18*(1698)
松平信綱　*10.30*(1596)
松平信庸　*6.1*(1666)
松平宣富　*10.9*(1680)
松平信康　*3.6*(1559)
松平乗邑　*1.8*(1686)
松平乗佑　*9.29*(1715)
松平乗寿　*1.12*(1600)
松平乗全　*12.9*(1794)
松平治郷　*2.14*(1751)
松平広忠　*4.29*(1526)
松平昌勝　*3.11*(1636)
松平光長　*11.29*(1615)
松平光通　*5.7*(1636)
松平宗衍　*5.28*(1729)
松平宗昌　*6.23*(1675)
松平基知　*7.28*(1679)
松平康哉　*4.19*(1752)
松平康任　*5.18*(1780)
松平康信　*2.9*(1600)
松平康尚　*6.3*(1623)
松平慶民　*3.13*(1882)
松平吉透　*7.16*(1668)
松平吉品　*4.11*(1640)
松平慶憲　*9.7*(1826)
松平義行　*11.9*(1656)
松平頼明　*5.11*(1691)
松平頼雄　*9.11*(1630)
松平頼邑　*8.19*(1732)
松平頼重　*7.1*(1622)
松平頼済　*11.29*(1720)
松平頼純　*1.4*(1641)
松平頼恭　*5.20*(1711)
松平頼隆　*11.29*(1629)
松平頼常　*11.21*(1652)
松平頼則　*5.5*(1907)
松平頼豊　*8.20*(1680)
松平頼升　*7.3*(1830)
松平頼寛　*2.7*(1703)
松平頼恕　*6.22*(1798)
松平頼道　*3.20*(1657)
松平頼元　*7.14*(1629)
松たか子　*6.10*(1977)
松田喜一　*2.20*(1899)
松田瓊子　*3.19*(1916)
松田源治　*10.4*(1875)
松田権六　*4.20*(1896)
松田翔太　*9.10*(1985)
松田聖子　*3.10*(1962)
松田竹千代　*2.2*(1888)
松田恒次　*11.24*(1895)
松田智雄　*5.22*(1911)
松田直兄　*8.3*(1783)
松田尚之　*9.4*(1898)
松谷みよ子　*2.15*(1926)
松谷与二郎　*6.4*(1880)
松田弘　*4.4*(1956)
松田正久　*4.12*(1845)
松田道雄　*10.26*(1908)
松田美由紀　*10.6*(1961)
松田優作　*9.21*(1950)
松田洋治　*10.19*(1967)
松田龍平　*5.9*(1983)
松田緑山　*2.4*(1837)
マッタ, ロベルト　*11.11*(1911)
マッツィーニ, ジュゼッペ　*6.22*(1804)
マッテイ　*4.29*(1906)
マッティンソン, ハリィ　*5.6*(1904)
マッティンソン, ムーア　*11.2*(1890)
マッテオッティ, ジャコモ　*5.22*(1885)
マッテゾン, ヨーハン　*9.28*(1681)
松任谷正隆　*11.19*(1951)
松任谷由実　*1.19*(1954)
松殿師家　*6.20*(1172)
松永健哉　*8.16*(1907)
松永東　*10.15*(1887)
松中信彦　*12.26*(1973)
松永浩美　*9.27*(1960)
松永藤雄　*5.12*(1911)
松永安左エ門　*12.1*(1875)
松永和風(4代目)　*2.18*(1874)
松濤明　*3.5*(1922)
松浪健四郎　*10.14*(1946)
松濤泰巌　*6.18*(1883)
松波酊斎　*8.26*(1718)
松根図書　*12.7*(1820)
松根東洋城　*2.25*(1878)
松野明美　*4.27*(1968)
松野勇雄　*3.29*(1852)
松野クララ　*8.2*(1853)
松野鶴平　*12.22*(1883)
松野友　*7.7*(1912)
松登晟郎　*7.20*(1924)
マッハ, エルンスト　*2.18*(1838)
松橋忠光　*11.30*(1924)
松林桂月　*8.18*(1876)
松原岩五郎　*8.6*(1866)
松原智恵子　*1.6*(1945)
松原のぶえ　*7.18*(1961)
松原治郎　*7.11*(1930)
松原誠　*1.13*(1944)
松原与三松　*12.15*(1895)
マッハル, ヨゼフ・スヴァトプルク　*2.29*(1864)
マッフェイ, シピオーネ　*6.1*(1675)
松前章広　*7.30*(1775)
松前重義　*10.24*(1901)
松前資広　*9.29*(1726)
松前崇広　*11.15*(1829)
松前矩広　*11.24*(1659)
松前徳広　*3.14*(1844)
松前慶広　*9.3*(1548)
松丸志摩三　*8.19*(1907)
松丸東魚　*9.8*(1901)
松宮観山　*10.8*(1686)
松村明　*9.3*(1916)
松村英一　*12.31*(1889)
松村介石　*10.15*(1859)
松村一人　*7.11*(1905)
松村勝男　*5.18*(1923)
松村九山　*7.23*(1743)
松村邦洋　*8.11*(1967)
松村景文　*9.5*(1779)
松村謙三　*1.24*(1883)
松村松年　*3.5*(1872)
松村任三　*1.9*(1856)
松村武雄　*8.23*(1883)
松村達雄　*12.18*(1914)
松村博司　*11.5*(1909)
松村文治郎　*3.2*(1839)
松村みね子　*2.10*(1878)
松村雄基　*11.7*(1963)
松村雄策　*4.12*(1951)

松村雄之進　*2.21*（1852）
松村理兵衛　*3.15*（1721）
松室仲子　*9.28*（1707）
松本明子　*4.8*（1966）
松本伊代　*6.21*（1965）
松本学　*12.28*（1886）
松本員枝　*9.26*（1899）
松本かつぢ　*7.25*（1904）
松本克平　*4.25*（1906）
松本紀保　*10.15*（1971）
松本恵子　*1.8*（1891）
松本奎堂　*12.7*（1831）
松本健次郎　*10.4*（1870）
松本謙三　*3.21*（1899）
松本玄鷺　*12.2*（1837）
松本剛吉　*8.8*（1862）
松本幸四郎（7代目）　*5.12*（1870）
松本幸四郎（8代目）　*7.7*（1910）
松本幸四郎（9代目）　*8.19*（1942）
松本治一郎　*6.18*（1887）
松本恵雄　*10.7*（1915）
松本重治　*10.2*（1899）
松本潤　*8.30*（1983）
松本俊一　*6.7*（1897）
松本潤一郎　*7.22*（1893）
松本竣介　*4.19*（1912）
松本烝治　*10.14*（1877）
松本慎一　*11.8*（1901）
松本清張　*12.21*（1909）
松本誠也　*2.27*（1929）
松本荘一郎　*5.23*（1848）
松本隆　*7.16*（1949）
松本孝弘　*3.27*
松本長　*12.11*（1877）
松本信広　*11.11*（1807）
松本昇　*5.27*（1886）
松本白鸚（初代）　*7.7*（1910）
松本英彦　*10.12*（1926）
松本人志　*9.8*（1963）
松本楓湖　*9.4*（1840）
松本正夫　*7.14*（1910）
松本亦太郎　*9.15*（1865）
松本良順　*6.16*（1832）
松本礼二　*6.15*（1929）
松山崇　*9.22*（1908）
松山千春　*12.16*（1955）
松山文雄　*5.18*（1902）
松山基範　*10.25*（1884）
松雪泰子　*11.28*（1972）
松浦篤信　*7.16*（1684）
松浦誠信　*3.11*（1712）
松浦鎮信　*3.13*（1622）
松浦静山　*1.20*（1760）
松浦棟　*9.24*（1646）
松浦隆信　*11.29*（1591）
マティアス　*2.14*（1557）
マティエ　*1.10*（1874）
マティス, アンリ　*12.31*（1869）
マディソン, ジェイムズ　*3.16*（1751）
マティソン, フリードリヒ　*1.23*（1761）
マーティノー, ジェイムズ　*4.21*（1805）
マーティノー, ハリエット　*6.12*（1802）
マーティン,（バジル・）キングズリー　*7.28*（1897）
マーティン, アーチャー・ジョン・ポーター　*3.1*（1910）
マーティン, ヴァイオレット・フローレンス　*6.11*（1862）
マーティン, ウィリアム・アレグザーンダ・パースンズ　*4.10*（1827）
マーティン, グレン・L　*1.17*（1886）
マーティン, ジョン　*7.19*（1789）
マーティン, ディーン　*6.17*（1917）
マーティン, ポール　*8.28*（1938）
マーティン, メアリー　*12.1*（1913）
マーティン, リッキー　*12.24*（1971）
マテジウス　*8.3*（1882）
万里小路充房　*6.24*（1562）
万里小路淳房　*12.27*（1652）
万里小路惟房　*11.10*（1513）
万里小路時房　*12.27*（1394）
万里小路博房　*6.25*（1824）
マデルナ, ブルーノ　*4.21*（1920）
マデーロ, フランシスコ　*10.30*（1873）
円広志　*8.21*（1953）
マードック　*9.27*（1856）
マードック, アイリス　*7.15*（1919）
マードック, ウィリアム　*8.21*（1754）
マードック, ジョージ・P　*5.11*（1897）
的場浩司　*3.28*（1969）
まど・みちお　*11.16*（1909）
マドラン　*5.9*（1871）
マドルッツォ, クリストーフォロ　*7.5*（1512）
マードル・フェレンツ　*1.29*（1931）
マートン, トマス　*1.31*（1915）
マドンナ　*8.16*（1959）
マートン, ロバート　*7.5*（1910）
マートン, ロバート　*7.31*（1944）
真中瞳　*10.30*（1979）
曲直瀬道三（初代）　*9.18*（1507）
間部詮勝　*2.19*（1804）
間部詮茂　*5.16*（1739）
間部詮言　*5.2*（1690）
間部詮房　*5.16*（1666）
真鍋かをり　*3.31*（1981）
曲直部寿夫　*9.28*（1921）
真鍋博　*7.3*（1932）
真鍋元之　*9.12*（1910）
マーニー（マニ, マネス）　*4.14*（216）
マニェルリ, アルベルト　*7.1*（1888）
マニャーニ, アンナ　*4.11*（1908）
マニャン　*12.7*（1791）
マニロウ, バリー　*6.17*（1946）
間庭末吉　*4.18*（1898）
マニン　*5.13*（1804）
マニング, パトリック　*8.17*（1946）
マニング, ヘンリー・エドワード, 枢機卿　*7.15*（1808）
マヌエル1世　*5.31*（1469）
マヌエル2世　*11.15*（1889）
マヌティウス, パウルス　*6.12*（1512）
マネ, エドゥアール　*1.23*（1832）

マネシエ, アルフレッド *12.5*(1911)
マネッティ, アントーニオ・ディ・トゥッチョ *7.6*(1423)
マネッティ, ジャンノッツォ *6.5*(1396)
真野あずさ *7.4*(1957)
真野毅 *6.9*(1888)
マーハ, カレル・ヒネック *11.16*(1810)
マハティール・モハマド *12.20*(1925)
マハムード・ガズナヴィー *11.13*(970)
マハーラノビス *1.29*(1893)
マハン, アルフレッド・セアー *9.27*(1840)
マビーニ *7.22*(1864)
マビヨン, ジャン *11.23*(1632)
マービン, リー *2.19*(1924)
マーフィ *10.28*(1894)
マーフィー, ウィリアム・パリー *2.6*(1892)
マーフィ, エディー *4.3*(1961)
マーフィ, ガードナー *7.8*(1895)
馬渕晴子 *11.2*(1936)
馬淵美意子 *3.16*(1896)
真船豊 *2.16*(1902)
マフフーズ, ナギーブ *12.11*(1911)
マフムト2世 *7.20*(1785)
マブリー, ガブリエル・ボノ・ド *3.14*(1709)
マヘーンドラ *6.30*(1920)
ママリー *9.10*(1855)
マーマン, エセル *1.16*(1909)
間宮精一 *1.17*(1899)
間宮茂輔 *2.20*(1899)
マーミン-シビリャーク, ドミートリー・ナルキソヴィチ *11.6*(1852)
マムーリアン, ルーベン *10.8*(1898)
マヤコフスキー, ウラジーミル・ウラジーミロヴィチ *7.19*(1893)
マヤー, ジョゼフ・アン *12.16*(1669)
真山青果 *9.1*(1878)
真山美保 *7.30*(1922)
真矢みき *1.31*(1965)
マヤール, ロベール *6.2*(1872)
黛ジュン *5.26*(1948)
黛敏郎 *2.20*(1929)
黛まどか *7.31*(1962)
真弓明信 *7.12*(1953)
マ, ヨーヨー *10.7*(1955)
マーラー, アルマ *8.31*(1879)
マーラヴィーヤ *12.25*(1861)
マラ, カミセセ *5.13*(1920)
マーラー, グスタフ *7.7*(1860)
マラーシキン, セルゲイ・イワノヴィチ *7.4*(1888)
マラー, ジャン・ポール *5.24*(1743)
マラッティ, カルロ *5.13*(1625)
マラテスタ, エンリコ *12.4*(1853)
マラドーナ, ディエゴ *10.30*(1960)
マラニョン, グレゴリオ *5.19*(1887)
マラー, ハーマン・ジョゼフ *12.21*(1890)
マラパルテ, クルツィオ *6.9*(1898)
マラーホフ, ウラジーミル *1.7*(1968)
マラマッド, バーナード *4.26*(1914)
マラ・ルスリ *8.7*(1889)
マラルメ, ステファーヌ *3.18*(1842)
マラン, ダニエル(・フランソワ) *5.22*(1874)
マラン, ルネ *11.5*(1887)
マリー *12.3*(1897)
マリー(メディシス, メディチの) *4.26*(1573)
マリー-アントワネット *11.2*(1755)
マリア1世 *12.17*(1734)
マリア2世 *4.4*(1819)
マリア・カロリーナ *8.13*(1752)
マリア・クリスティナ *4.27*(1806)
マリア・クリスティナ *7.21*(1858)
マリア・ジョゼ *8.4*(1906)
マリアット, フレデリック *7.10*(1792)
マリアテギ, ホセ・カルロス *6.14*(1894)
マリア・テレジア *5.13*(1717)
マリアナ, フアン・デ *4.2*(1536)
マリア・フョードロブナ *11.26*(1847)
マリア・ルイザ *12.9*(1751)
マリヴォー, ピエール・ド *2.4*(1688)
マリウス *1.20*(1573)
マリエット, オーギュスト *2.11*(1821)
マリエトア・タヌマフィリ2世 *1.4*(1913)
マリガン, ジェリー *4.16*(1927)
マリー, ギルバート *1.2*(1866)
マリク・シャー *8.6*(1055)
マリケン, ロバート・サンダーソン *6.7*(1896)
マリー, ジェイムズ *2.7*(1837)
マリー, ジョン・ミドルトン *8.6*(1889)
マーリス, ヤーコプ・ヘンリクス *8.25*(1837)
マリス, ロジャー *9.10*(1934)
マリタン, ジャック *11.18*(1882)
マリー・テレーズ *9.10*(1638)
マリナトス, スピリドン *11.4*(1901)
マリーニ, マリーノ *2.27*(1901)
マリネッティ, フィリッポ・トンマーゾ *12.22*(1876)
マリーノ, ジャンバッティスタ *10.18*(1569)
マリノフスキー, ブロニスロー・カスパー *4.7*(1884)
マリノフスキー, ロジオン・ヤコヴレヴィチ *11.23*(1898)
マリピエロ, ジャン・フランチェスコ *3.18*(1882)

マーリー, ボブ　2.5(1945)
マーリー, ボブ　4.6(1945)
毬谷友子　3.25(1960)
マリュス, エティエンヌ・ルイ　6.23(1775)
マリー・リリアン　11.28(1916)
マリー, リンドリー　4.22(1745)
マリー・ルイーズ　12.12(1791)
マリー・レシチンスカ　6.23(1703)
マリン, ジョン　12.23(1870)
マルイシキン, アレクサンドル・ゲオルギエヴィチ　3.9(1892)
マールヴィッツ　5.29(1777)
マール, エミール　6.2(1862)
丸岡明　6.29(1907)
丸岡桂　11.7(1878)
丸岡秀子　5.5(1903)
丸尾長顕　4.7(1901)
マルガイ　12.7(1895)
マルカム　5.2(1769)
マルガレータ・ド・パルマ　12.28(1522)
マルガレーテ・フォン・エステルライヒ　1.10(1480)
丸木位里　6.20(1901)
丸木俊　2.11(1912)
マルクグラーフ, アンドレアス・ジギスムント　3.3(1709)
マルクーシ, ルイ　11.14(1883)
マルクス・アウレリウス・アントニヌス　1.26(121)
マルクス, ヴィルヘルム　1.15(1863)
マルクス, カール　5.5(1818)
マルクス, グルーチョ　10.2(1895)
マルクス, シコ　3.22(1891)
マルクス, ゼッポ　2.25(1901)
マルクス, ハーポ　11.23(1893)
マルクーゼ, ヘルベルト　7.19(1898)
マルクーゼ, ルートヴィヒ　2.8(1894)

マルク, フランツ　2.8(1880)
マルグリット　3.23(1430)
マルグリット・ド・ナヴァール　4.11(1492)
マルグリット・ド・フランス　5.14(1553)
マルグレス　4.23(1856)
マルグレーテ2世　4.16(1940)
マルケ, アルベール　3.27(1875)
マルケーヴィチ, イーゴリ・ボリーソヴィチ　7.27(1912)
マルケージ・デ・カストローネ, マティルデ　3.24(1821)
マルケルス2世　5.6(1501)
マルコヴァ, デイム・アリシア　12.1(1910)
マルコヴィチ, アンテ　11.25(1924)
マルコヴィチ, スヴェトザル　9.21(1846)
マルコス, イメルダ　7.2(1929)
マルコス, フェルディナンド　9.11(1917)
マルコーニ, グリエルモ　4.25(1874)
マルコーニ, プリーニオ　9.11(1917)
マルコビッチ, ジョン　12.9(1953)
マルコフ, アンドレイ・アンドレエヴィチ　6.14(1850)
マルコム・エックス　5.19(1925)
マルサス, トマス・ロバート　2.14(1766)
マルシア　2.14(1969)
マルシアーノ, ロッキー　9.1(1923)
マルシェ, ジョルジュ(・ルネ・ルイ)　6.7(1920)
マルシャーク, サムイル・ヤーコヴレヴィチ　11.3(1887)
マルシャン, アンドレ　2.10(1907)
マルシャン, ジャン・バティスト　11.22(1863)
マルシュナー, ハインリヒ　8.16(1795)
マルセ太郎　12.6(1933)

マルセル, ガブリエル　12.7(1889)
マルゼルブ, クレチヤン・ギヨーム・ド・ラモワニョン・ド　12.6(1721)
マルソー, ソフィー　11.17(1966)
マルソー, マルセル　3.22(1923)
MALTA　9.19(1949)
マルタン, アンリ　8.5(1860)
マルタン・デュ・ガール, ロジェ　3.23(1881)
マルタン, ピエール・エミール　8.16(1824)
マルタン, フランク　9.15(1890)
マルチェロ, ベネデット　7.24(1686)
マルティ　10.18(1847)
マルティ　11.6(1886)
マルティアリス, マルクス・ウァレリウス　3.1(38)
マルティーニ, ジャン・ポール・エジッド　8.31(1741)
マルティーニ, ジョヴァンニ・バッティスタ　4.24(1706)
マルティーニ, フェルディナンド　7.30(1841)
マルティヌス5世　2.20(1368)
マルティヌー, ボフスラフ　12.8(1890)
マルティネス - シエラ, グレゴリオ　5.6(1881)
マルティネス・デ・ラ・ロサ, フランシスコ　3.10(1787)
マルティネス・デ・カンポス　12.14(1831)
マルティネス・モンタニェース, ファン　3.16(1568)
マルティノヴィチ・イグナーツ　7.20(1755)
マルティノン, ジャン　1.10(1910)
マルティ, ホセ　1.28(1853)
マルティン　7.1(1864)
マルテンス, ウィルフリート　4.19(1936)
マルトゥイーノフ, レオニード・ニコラエヴィチ　5.22(1905)

まる　　　　　　　　　　人名索引

マルドゥーン, サー・ロバート　9.25(1921)
マルトノ, モーリス　10.14(1898)
マルトフ　11.24(1873)
マルトンヌ　4.1(1873)
マール, ニコライ・ヤーコヴレヴィチ　1.6(1865)
マールバラ　5.29(1660)
マールバラ, ジョン・チャーチル, 初代公爵　5.26(1650)
マルピーギ, マルチェロ　3.10(1628)
マルブランシュ, ニコラ　8.6(1638)
マルベ　8.31(1869)
マルムスティーン, イングヴェイ　6.30(1963)
マルモル, ホセ・ペドロ・クリソロゴ　12.2(1817)
マルモンテル, ジャン=フランソワ　7.11(1723)
丸谷才一　8.27(1925)
円山応挙　5.1(1733)
円山応瑞　9.13(1766)
丸山薫　6.8(1899)
丸山和也　1.23(1946)
丸山幹治　5.2(1880)
丸山儀四郎　4.4(1916)
丸山邦男　6.15(1920)
丸山圭三郎　4.25(1933)
丸山作楽　10.3(1840)
丸山定夫　5.31(1901)
丸山茂樹　9.12(1969)
丸山静　7.12(1914)
丸山千里　11.27(1901)
丸山千代　5.27(1887)
丸山鶴吉　9.27(1883)
丸山晩霞　5.3(1867)
丸山尚　6.9(1936)
丸山博　12.13(1909)
丸山真男　3.22(1914)
円山雅也　10.19(1926)
丸山康雄　2.26(1926)
マルリチ, マルコ　8.18(1450)
マル, ルイ　10.30(1932)
マルルーニー, マーティン・ブライアン　3.20(1939)
マルロー, アンドレ　11.3(1901)
マレ　6.28(1754)

マレ　12.20(1927)
マレー　5.25(1886)
マレイ, サー・ジョン　3.3(1841)
マレーヴィチ, カジミール・ゼヴェリノヴィチ　2.11(1878)
マレー, エティエンヌ・ジュール　5.5(1830)
マレシャル, モリス　10.3(1892)
マレー, ジャン　12.11(1913)
マレース, ハンス・フォン　12.24(1837)
マレット, ロバート・ラナルフ　6.13(1866)
マレー, ビル　9.21(1950)
マレ, マラン　5.31(1656)
マレンコフ, ゲオルギー・マクシミリアノヴィチ　1.8(1902)
麿赤児　2.23(1943)
マロ, エクトール・アンリ　5.20(1830)
マロー, エド・R　4.25(1908)
マーロー, クリストファー　2.26(1564)
マロ, クレマン　11.23(1496)
マロッタ, ジュゼッペ　4.5(1902)
マロリー, ジョージ　6.18(1886)
マローン, エドマンド　10.4(1741)
マローン, カール　7.24(1963)
マワ, ジャミル　7.29(1949)
マン　6.17(1571)
マン　11.17(1885)
マン, アドリアン・アルベール・マリー・ド　2.28(1841)
マン, アンソニー　6.30(1906)
卍海宗珊　12.27(1706)
マンガネッリ, ジョルジョ　11.22(1922)
マンキアヴィチュ, ジョーゼフ・L.　2.11(1909)
マンギャン, アンリ　3.23(1874)
マン, クラウス　11.18(1906)
マンゴールド　11.6(1891)
マンサール, ジュール・アルドゥアン　4.16(1646)

マンサール, フランソワ　1.13(1598)
卍山道白　1.13(1636)
マンシーニ, ヘンリー　4.16(1924)
マンジャン　7.6(1866)
マンシュタイン, (フリッツ・)エーリヒ・フォン　11.24(1887)
万城目正　1.31(1905)
マンズー, ジャコモ　12.22(1908)
マンスズ, イルハン　8.10(1975)
マンスフィールド　3.16(1903)
マンスフィールド(カン・ウッドの), ウィリアム・マリー, 初代伯爵　3.2(1705)
マンスフィールド, キャサリン　10.14(1888)
マンスフィールド, ジェイン　4.19(1933)
マンスフェルト　2.28(1832)
マンスン, トマス・ウォールター　7.22(1893)
マンセル, ナイジェル　8.8(1954)
マンゾーニ, アレッサンドロ　3.7(1785)
マンゾーニ, ピエロ　7.13(1933)
マンソン, サー・パトリック　10.3(1844)
マンソン, マリリン　1.5(1969)
万代順四郎　6.25(1883)
萬田久子　4.13(1958)
マンツィーニ, ジャンナ　3.24(1896)
マンテガッツァ　10.31(1831)
マンデス・フランス, ピエール　1.11(1907)
マンデス, カチュル　5.20(1841)
マンデラ, ネルソン　7.18(1918)
マンデリシターム, オーシプ・エミリエヴィチ　1.15(1891)
マンデル　4.4(1923)

980

マントイフェル　*2.24*(1809)
マントイフェル, オットー　*2.3*(1805)
マントゥー　*4.14*(1877)
マントヴァーニ, アヌンチョ　*11.15*(1905)
マントー, サアーダット・ハサン　*5.11*(1912)
マントノン, フランソワーズ・ドービニェ, 侯爵夫人　*11.27*(1635)
マン, トーマス　*6.6*(1875)
マンドリコワ, ハナ　*2.19*(1962)
マントル, ミッキー　*10.20*(1931)
マンニネン, オット　*8.13*(1872)
マンネルハイム, カール・グスタヴ(・エーミル), 男爵　*6.4*(1867)
マンハイム, カール　*3.27*(1893)
マン, ハインリヒ　*3.27*(1871)
マンフォード, ルイス　*10.19*(1895)
マン, ホラス　*5.4*(1796)
マンリッヒャー, フェルディナンド・リッター・フォン　*1.30*(1848)
マンリー, マイケル　*12.10*(1924)
マンロー　*10.19*(1819)
マンロー, ハロルド　*3.14*(1879)

【み】

未唯　*3.9*(1958)
ミウォシュ, チェスワフ　*6.30*(1911)
美内すずえ　*2.20*(1951)
三浦明敬　*3.22*(1658)
三浦綾子　*4.25*(1922)
三浦按針　*9.24*(1564)
三浦知良　*2.26*(1967)
三浦義一　*2.27*(1898)
三浦謹之助　*3.21*(1864)
三浦一雄　*4.22*(1895)
三浦圭一　*4.21*(1929)
三浦梧門　*1.4*(1808)
三浦梧楼　*11.15*(1847)
三浦権太夫　*12.20*(1838)
三浦十郎　*11.24*(1847)
三浦朱門　*1.12*(1926)
みうらじゅん　*2.1*(1958)
三浦新七　*8.12*(1877)
三浦大知　*8.24*(1987)
三浦環　*2.22*(1884)
三浦友和　*1.28*(1952)
三浦梅園　*8.2*(1723)
三浦周行　*6.4*(1871)
三浦正次　*3.11*(1599)
三浦光雄　*10.25*(1902)
三浦光子　*1.17*(1917)
三浦守治　*5.11*(1857)
三浦雄一郎　*10.12*(1932)
三浦義質　*8.26*(1813)
三浦理恵子　*9.1*(1973)
三浦りさ子　*1.13*(1968)
ミーエン, アーサー　*6.16*(1874)
三尾公三　*1.3*(1924)
三笠宮崇仁　*12.2*(1915)
三笠宮寛仁　*1.5*(1946)
三笠宮信子　*4.9*(1955)
三笠宮百合子　*6.4*(1923)
三ケ島葭子　*8.7*(1886)
三門博　*5.5*(1907)
三上於菟吉　*2.4*(1891)
三上参次　*9.28*(1865)
三上是庵　*6.4*(1818)
三上千那　*4.17*(1651)
三上卓　*3.22*(1905)
三上次男　*3.31*(1907)
三上博史　*7.23*
三上誠　*8.8*(1919)
三上義夫　*2.16*(1875)
美川憲一　*5.15*(1946)
三木一平　*4.4*(1917)
三木清　*1.5*(1897)
三木栄　*7.25*(1903)
三岸好太郎　*4.18*(1903)
三木静次郎　*2.5*(1893)
三岸節子　*1.3*(1905)
三木淳　*9.14*(1919)
三木治朗　*4.16*(1885)
三鬼隆　*1.14*(1892)
三木武夫　*3.17*(1907)
三木竹二　*9.5*(1867)
右田年英　*6.17*(1863)
三木谷浩史　*3.11*(1965)
御木徳近　*4.8*(1900)
御木徳一　*1.27*(1871)
三木富雄　*1.18*(1938)
三木鶏郎　*1.28*(1914)
三木のり平　*4.11*(1924)
三木武吉　*8.15*(1884)
御木本幸吉　*1.25*(1858)
三木行治　*5.1*(1903)
三鬼陽之助　*8.3*(1907)
三木与吉郎(9代目)　*7.1*(1808)
美木良介　*11.2*(1957)
三木露風　*6.23*(1889)
汀夏子　*12.21*(1945)
ミクサート・カールマーン　*1.16*(1847)
三国一朗　*1.12*(1921)
三国連太郎　*1.20*(1923)
三雲英之助　*3.29*(1894)
三倉佳奈　*2.23*(1986)
三倉茉奈　*2.23*(1986)
ミクリッチ・ラデツキ　*5.16*(1850)
ミクルーハ・マクライ　*6.17*(1846)
ミークロシチ　*11.20*(1813)
ミケランジェロ・ブオナッローティ　*3.6*(1475)
ミケル　*2.19*(1828)
ミゲル　*10.26*(1802)
ミーゲル, アグネス　*3.9*(1879)
ミケルセン, クリスチャン　*3.15*(1857)
ミケルソン, フィル　*6.16*(1970)
ミコヤン, アナスタス・イヴァノヴィチ　*11.25*(1895)
ミコヤン, アルチョム・イヴァノヴィチ　*8.5*(1905)
ミコワイチク　*6.28*(1901)
三坂耿一郎　*5.26*(1908)
三崎嘯輔　*5.11*(1847)
三沢あけみ　*6.2*(1945)
見沢知廉　*8.23*(1959)
三沢富子　*5.2*(1821)
三沢光晴　*6.18*(1962)
ミジエニ　*10.13*(1911)

ミシェル, アンドレ *11.17*(1853)
ミシェル, ジェームス・アリックス *8.16*(1944)
ミシェル, ルイーズ *5.29*(1830)
三品彰英 *7.5*(1902)
三島海雲 *7.2*(1878)
三島霜川 *7.30*(1876)
三島徳七 *2.24*(1893)
三島一 *10.24*(1897)
三島雅夫 *1.2*(1906)
三島通陽 *1.1*(1897)
三島通良 *6.6*(1866)
三島由紀夫 *1.14*(1925)
MISIA *7.7*(1978)
ミシュレ, ジュール *8.21*(1798)
ミショー, アンリ *5.24*(1899)
ミショット *10.13*(1881)
ミジリー, トマス, ジュニア *5.18*(1889)
ミース, ヴァン・デル・ローエ, ルートヴィヒ *3.27*(1886)
水内猛 *11.19*(1972)
水上達三 *10.15*(1903)
水上勉 *3.8*(1919)
水川あさみ *7.24*(1983)
観月ありさ *12.5*(1976)
水木一郎 *1.7*(1948)
水木かおる *7.14*(1926)
水木京太 *6.16*(1894)
水木しげる *3.8*(1922)
水木洋子 *8.25*(1910)
水沢アキ *12.5*(1954)
水沢謙三 *6.13*(1907)
水沢澄夫 *8.14*(1905)
水島早苗 *8.31*(1909)
水島三一郎 *3.21*(1899)
水島新司 *4.10*(1939)
水島弘 *9.11*(1932)
三須宗太郎 *8.6*(1855)
水谷民彦 *3.16*(1818)
水谷長三郎 *11.4*(1897)
水谷豊文 *4.19*(1779)
水谷まさる *12.25*(1894)
水谷八重子 *8.1*(1905)
水谷八重子(2代目) *4.16*(1939)
水谷豊 *7.14*(1952)
水田政吉 *7.17*(1873)
Mr.マリック *1.1*(1949)
水田三喜男 *4.13*(1905)
水足屏山 *11.9*(1671)
水田わさび *8.4*(1974)
ミスタンゲット *4.5*(1875)
ミストラル, ガブリエラ *4.7*(1889)
ミストラル, フレデリック *9.8*(1830)
水夏希 *8.16*
水沼貴史 *5.28*(1960)
水沼辰夫 *4.25*(1892)
水之江忠臣 *7.16*(1921)
水野勝種 *5.9*(1661)
水野勝成 *8.15*(1564)
水野成夫 *11.13*(1899)
水野清一 *3.24*(1905)
水野仙子 *12.3*(1888)
水野惣平 *9.6*(1923)
水野忠成 *12.1*(1762)
水野忠邦 *6.23*(1794)
水野忠周 *1.25*(1673)
水野忠恒 *8.6*(1701)
水野忠友 *2.3*(1731)
水野忠直 *9.12*(1652)
水野忠央 *10.1*(1814)
水野忠誠 *7.25*(1834)
水野忠徳 *4.9*(1815)
水野忠春 *5.13*(1641)
水野忠之 *6.7*(1669)
水野年方 *1.20*(1866)
水野晴郎 *7.19*(1931)
水野広徳 *5.24*(1875)
水野真紀 *3.28*(1970)
水野美紀 *6.28*(1974)
水野元朗 *10.26*(1692)
水谷正村 *1.17*(1524)
水野葉舟 *4.9*(1883)
水野利八 *5.15*(1884)
水野錬太郎 *1.10*(1868)
水原紫苑 *2.10*(1959)
水原茂 *1.19*(1909)
水原秋桜子 *10.9*(1892)
水原弘 *11.1*(1935)
水町京子 *12.25*(1891)
水町袈裟六 *3.11*(1864)
三角寛 *7.2*(1903)
三隅研次 *3.2*(1921)
三角錫子 *4.20*(1872)
水守亀之助 *6.22*(1886)
ミス・ワカサ *5.5*(1921)
ミーゼス *9.29*(1881)
ミーゼス, リヒャルト・フォン *4.19*(1883)
三瀬真美子 *9.17*(1969)
溝口歌子 *12.13*(1907)
溝口健二 *5.16*(1898)
溝口重雄 *7.10*(1632)
溝口素丸 *8.26*(1713)
溝口直諒 *1.8*(1799)
溝口直温 *4.21*(1714)
溝口直治 *7.26*(1707)
溝口直養 *11.28*(1736)
御薗意斎 *8.17*(1557)
美空ひばり *5.29*(1937)
三田定則 *1.27*(1876)
三田純市 *12.22*(1923)
見田石介 *4.23*(1906)
三谷幸喜 *7.8*(1961)
三谷隆信 *6.17*(1892)
三谷隆正 *2.6*(1889)
三谷礼二 *10.18*(1934)
三田寛子 *1.27*(1966)
三田誠広 *6.18*(1948)
美田村顕教 *12.4*(1850)
三田村鳶魚 *3.17*(1870)
三田村邦彦 *10.22*(1953)
三田村四郎 *8.25*(1896)
三田村武夫 *6.11*(1899)
三田幸夫 *3.31*(1900)
三田佳子 *10.8*(1941)
御手洗毅 *3.11*(1901)
御手洗辰雄 *3.23*(1895)
三田了一 *12.19*(1892)
道重さゆみ *7.13*(1989)
道田信一郎 *8.7*(1924)
道場六三郎 *1.3*(1931)
通仁親王 *5.28*(1124)
ミチューリン, イヴァン・ウラジーミロヴィチ *10.28*(1855)
三井愛 *4.6*(1911)
三井甲之 *10.16*(1883)
三石巌 *12.29*(1901)
三井高陰 *4.22*(1759)
三井高公 *8.3*(1895)
三井高平 *4.27*(1653)
三井高房 *1.1*(1684)
三井高棟 *1.14*(1857)
三井高保 *5.26*(1850)
三井高喜 *9.21*(1823)
三井高福 *9.26*(1808)

三井為友 *12.12*(1911)
三井八郎次郎 *4.7*(1849)
三井ゆり *8.25*(1968)
三井礼子 *3.16*(1905)
光浦靖子 *5.20*(1973)
満川亀太郎 *1.18*(1888)
ミツキエヴィッチ，アダム *12.24*(1798)
ミッキー・カーチス *7.23*(1938)
三ツ木清隆 *5.30*(1953)
ミッキーマウス *11.18*(1928)
ミッキー吉野 *12.13*(1951)
箕作佳吉 *12.1*(1858)
箕作元八 *5.29*(1862)
箕作阮甫 *9.7*(1799)
箕作秋吉 *10.21*(1895)
箕作秋坪 *12.8*(1825)
箕作せき *5.20*(1823)
三越左千夫 *8.24*(1916)
光子女王 *9.14*(1699)
光子内親王 *7.1*(1634)
ミッシュ *4.5*(1878)
三塚博 *8.1*(1927)
光瀬竜 *3.18*(1928)
ミッタイス *11.26*(1889)
三津田健 *4.29*(1902)
光田健輔 *1.12*(1876)
満谷国四郎 *10.11*(1874)
密田博孝 *7.22*(1907)
満田弥三右衛門 *10.15*(1202)
密田林蔵(9代目) *9.24*(1837)
ミッチェナー，ジェイムズ *2.3*(1907)
ミッチェル *8.5*(1874)
ミッチェル，サイラス・ウィア *2.15*(1829)
ミッチェル，ジョン *9.5*(1913)
ミッチェル，ピーター・デニス *9.29*(1920)
ミッチェル，ビリー *12.29*(1879)
ミッチェル，マーガレット *11.8*(1900)
ミッチェルリッヒ，アイルハルト *1.7*(1794)
三土忠造 *6.25*(1871)
ミッチャム，ロバート *8.6*(1917)
ミッチャム，ロバート *8.6*(1917)

ミッテラン，フランソワ *10.26*(1916)
ミッデンドルフ，アレクサンドル *8.18*(1815)
ミットフォード，B.F. *2.24*(1837)
ミットフォード，メアリー・ラッセル *12.16*(1787)
光永星郎 *7.26*(1866)
三根山隆司 *2.7*(1922)
三橋一夫 *8.27*(1908)
三橋進 *10.26*(1917)
三橋節子 *3.3*(1939)
三橋鷹女 *12.24*(1899)
みつはしちかこ *1.30*(1941)
三橋敏雄 *11.8*(1920)
ミッフィー *6.21*(1955)
ミッヘルス *1.9*(1876)
三巻秋子 *9.18*(1907)
三矢重松 *11.29*(1871)
三屋裕子 *7.29*(1958)
三津理山 *5.21*(1799)
326 *2.28*(1978)
水戸巌 *3.2*(1933)
ミード，ジェイムズ・エドワード *6.23*(1907)
ミード，ジョージ・ハーバート *2.27*(1863)
ミード，シルビア・アール *8.30*(1935)
三戸部スエ *3.31*(1924)
ミード，マーガレット *12.16*(1901)
三富朽葉 *8.14*(1889)
水戸光子 *3.23*(1919)
ミドラー，ベット *12.1*(1945)
緑川洋一 *3.4*(1915)
緑魔子 *3.26*(1941)
ミトレ，バルトロメ *6.26*(1821)
美土路達雄 *5.1*(1917)
ミトロプロス，ディミトリ *3.1*(1896)
美土路昌一 *7.16*(1886)
ミーナ *12.29*(1977)
ミナーエフ *10.9*(1840)
南方熊楠 *4.15*(1867)
水上滝太郎 *12.6*(1887)
水上武 *6.20*(1909)
皆川理 *8.8*(1908)
皆川淇園 *12.8*(1734)

皆川月華 *6.4*(1892)
皆川博子 *12.8*(1929)
皆川睦雄 *7.3*(1935)
水口宏三 *7.21*(1914)
水無瀬氏成 *10.27*(1571)
ミナーチ，ヴラジミール *8.10*(1922)
湊守篤 *11.9*(1908)
男女ノ川登三 *9.17*(1903)
南梅吉 *5.10*(1877)
南果歩 *1.20*(1964)
南喜一 *2.19*(1893)
南薫造 *7.21*(1883)
南こうせつ *2.13*(1949)
南沙織 *7.2*(1954)
南次郎 *8.10*(1874)
三波伸介 *6.28*(1930)
南伸坊 *6.30*(1947)
南助松 *8.10*(1873)
南野陽子 *6.23*(1967)
三波春夫 *7.19*(1923)
南弘 *10.10*(1869)
南博 *7.23*(1914)
南美希子 *2.26*(1956)
南洋一郎 *1.20*(1893)
南佳孝 *1.8*(1950)
源豊宗 *10.7*(1895)
源有治 *8.30*(1139)
源実朝 *8.9*(1192)
源親治 *3.3*(1116)
源頼家 *8.12*(1182)
源頼弘 *10.15*(1091)
ミニエ *5.8*(1796)
ミーニー，ジョージ *8.16*(1894)
ミーニュ，ジャーク・ポル *10.25*(1800)
峰岸徹 *7.17*(1943)
峰地光重 *7.8*(1890)
峯村光郎 *6.26*(1906)
ミネリ，ヴィンセント *2.28*(1913)
峰竜太 *3.1*(1952)
ミネリ，ライザ *3.12*(1946)
ミノー *9.5*(1923)
箕浦勝人 *2.15*(1854)
ミノーグ，カイリー *5.28*(1968)
蓑田胸喜 *1.26*(1894)
美濃部達吉 *5.7*(1873)
美濃部亮吉 *2.5*(1904)

みのもんた 8.22(1944)
御法川直三郎 7.13(1856)
ミハイル・ロマノフ 7.22(1596)
ミハイロヴィチ,ドラゴリュブ 3.27(1893)
ミハイロフスキー, ニコライ・コンスタンチノヴィチ 11.15(1842)
ミハエリス,レオノール 1.16(1875)
三橋達也 11.2(1923)
三橋美智也 11.10(1930)
三原脩 11.21(1911)
三原じゅん子 9.13(1964)
三原スエ 9.1(1903)
ミハルコフ, ニキータ 10.21(1945)
ミヒャエーリス,ゲオルク 9.8(1857)
壬生照順 1.30(1908)
三淵忠彦 3.3(1880)
三船久蔵 4.21(1883)
三船敏郎 4.1(1920)
三船美佳 9.12(1982)
美保純 8.4(1960)
御堀耕助 7.7(1841)
美作太郎 9.17(1903)
三益愛子 11.2(1910)
三升家小勝(5代目) 6.6(1858)
三升家小勝(6代目) 8.3(1908)
三松正夫 7.9(1888)
ミムラ 6.15(1984)
三村陶伯 7.22(1929)
三村マサカズ 6.8(1967)
宮入行平 3.17(1913)
宮内善左衛門 4.6(1815)
宮負定雄 9.10(1797)
宮岡政雄 7.2(1913)
宮尾しげを 7.24(1902)
宮尾すすむ 3.8(1934)
宮尾登美子 4.13(1926)
宮川青丸 11.12(1954)
宮川淳 3.13(1933)
宮川一夫 2.25(1908)
宮川松堅 12.19(1632)
宮川大助 10.3(1950)
宮川竹馬 4.18(1887)
宮川経輝 1.17(1857)
宮川透 9.21(1927)
宮川寅雄 10.10(1908)
宮川花子 8.28(1955)
宮川曼魚 3.24(1886)
宮川睦男 11.3(1916)
宮城音弥 3.8(1908)
宮城喜代子 1.29(1905)
宮木高明 1.30(1911)
宮城仁四郎 1.10(1902)
宮城谷昌光 2.4(1945)
宮城長五郎 9.5(1878)
宮城能鳳 7.30(1938)
宮城まり子 3.21(1927)
宮城道雄 4.7(1894)
宮城山福松 2.27(1895)
宮城与徳 2.10(1903)
宮口しづえ 9.2(1907)
宮口精二 11.15(1913)
三宅一生 4.22(1938)
三宅おきう 8.4(1673)
三宅克己 1.8(1874)
三宅花圃 12.23(1868)
三宅寄斎 1.1(1580)
三宅鞏革 11.12(1614)
三宅健 7.2(1979)
三宅凰白 5.2(1893)
三宅周太郎 7.22(1892)
三宅正一 10.30(1900)
三宅尚斎 1.4(1662)
三宅嘯山 3.25(1718)
三宅正太郎 6.27(1887)
三宅正太郎 10.2(1907)
三宅晴輝 3.4(1896)
三宅石庵 1.19(1665)
三宅雪嶺 5.19(1860)
三宅恒方 5.21(1880)
三宅艶子 11.23(1912)
三宅董庵 4.23(1814)
三宅藤九郎(9代目) 3.18(1901)
三宅友信 11.27(1806)
三宅光治 5.22(1881)
三宅泰雄 4.17(1908)
三宅やす子 3.15(1890)
三宅康徳 10.24(1683)
三宅裕司 5.3(1951)
三宅米吉 5.13(1860)
都一いき 12.12(1926)
都一広(2代目) 3.18(1879)
都太夫一中(11代目) 9.4(1906)
ミヤコ蝶々 7.6(1920)
都はるみ 2.22(1948)
宮坂哲文 5.10(1918)
宮坂はつ子 11.27(1827)
宮崎あおい 11.30(1985)
宮崎市定 8.20(1901)
宮崎筠圃 8.21(1717)
宮崎輝 4.19(1909)
宮崎康平 5.7(1917)
宮崎湖処子 9.20(1864)
宮崎辰雄 9.3(1911)
宮崎民蔵 5.20(1865)
宮崎滔天 12.3(1871)
宮崎駿 1.5(1941)
宮崎道三郎 9.4(1855)
宮崎義一 12.5(1919)
宮崎美子 12.11(1958)
宮崎竜介 11.2(1892)
宮迫博之 3.31(1970)
宮里藍 6.19(1985)
宮沢和史 1.18(1966)
宮沢喜一 10.8(1919)
宮沢賢治 8.27(1896)
宮沢縦一 9.22(1907)
宮沢章二 6.11(1919)
宮沢俊義 3.6(1899)
宮沢りえ 4.6(1973)
宮下太吉 9.30(1875)
宮島栄太郎 9.4(1842)
宮地真緒 2.2(1982)
宮島幹之助 8.12(1872)
宮嶋茂樹 5.30(1961)
宮嶋資夫 8.1(1886)
宮島清次郎 1.20(1879)
宮島義勇 2.3(1910)
宮柊二 8.23(1912)
ミャスコフスキー, ニコライ・ヤコヴレヴィチ 4.20(1881)
宮薗千寿(3代目) 10.25(1883)
宮田聡 10.22(1900)
宮武外骨 1.18(1867)
宮武三郎 7.23(1907)
宮田重雄 10.31(1900)
宮田輝 12.25(1921)
宮田東峰 3.24(1898)
宮田登 10.14(1936)
宮田文子 7.21(1888)
宮田雅之 10.30(1926)
宮田光雄 11.25(1878)

宮地嘉六 *6.11*(1884)
宮地伝三郎 *1.26*(1901)
宮地直一 *1.24*(1886)
宮次男 *6.2*(1928)
宮津博 *3.22*(1911)
宮之原貞光 *10.4*(1917)
宮原清 *12.4*(1882)
宮原将平 *12.17*(1914)
宮原誠一 *8.26*(1909)
宮原潜叟 *10.8*(1806)
雅山哲士 *7.28*(1977)
宮部金吾 *3.7*(1860)
宮部みゆき *12.23*(1960)
宮本亜門 *1.4*(1958)
宮本小一 *2.30*(1836)
宮本研 *12.2*(1926)
宮本顕治 *10.17*(1908)
宮本三郎 *5.23*(1905)
宮本忍 *3.21*(1911)
宮本尚一郎 *5.15*(1793)
宮本忠雄 *3.11*(1930)
宮本常一 *8.1*(1907)
宮本恒靖 *2.7*(1977)
宮本信子 *3.27*(1945)
宮本英修 *5.17*(1882)
宮本浩次 *6.12*(1966)
宮本正清 *8.16*(1898)
宮本又次 *3.5*(1907)
宮本ミツ *4.14*(1900)
宮本百合子 *2.13*(1899)
宮本陽吉 *4.4*(1927)
宮脇朝男 *12.3*(1912)
宮脇俊三 *12.9*(1926)
宮脇睡仙 *7.21*(1815)
宮脇檀 *2.16*(1936)
ミューア *4.27*(1819)
ミュア, エドウィン *5.15*(1887)
ミュアヘッド *4.28*(1855)
ミュコーニウス(メクム), フリードリヒ *12.26*(1490)
ミュージアル, スタン *11.21*(1920)
ミュシャ, アルフォンス *6.24*(1860)
ミュッセ, アルフレッド・ド *12.11*(1810)
ミュッセンブルーク, ピーター・ファン *3.14*(1692)
ミュニヒ *5.19*(1683)
ミュラー *3.31*(1821)
ミュラー *5.18*(1876)
ミュラー *7.20*(1850)
ミュラー *8.28*(1797)
ミュラー, アーダム・ハインリヒ *6.30*(1779)
ミュラー, ヴィルヘルム *10.7*(1794)
ミュラー, エルウィン・ウィルヘルム *6.13*(1911)
ミューラー, オットー *10.16*(1874)
ミュラー, ゲルト *11.3*(1945)
ミュラ, ジョアシム *3.25*(1767)
ミュラー, ハイナー *1.9*(1929)
ミュラー, パウル・ヘルマン *1.12*(1899)
ミュラー・フライエンフェルス *8.7*(1882)
ミュラー, フリードリヒ *1.13*(1749)
ミュラー, フリードリヒ・ヴィルヘルム *1.21*(1863)
ミュラー, フリードリヒ・マックス *12.6*(1823)
ミュラー, ヨハネス・フォン *1.3*(1752)
ミュラー, ヨハネス・ペーター *7.14*(1801)
ミュラー・リアー *2.5*(1857)
ミュラー, レーオポルト・ベンヤミン・カール *6.24*(1824)
ミュルジェール, アンリ *3.24*(1822)
ミュルダール, アルヴァ *1.31*(1902)
ミュルダール, グンナル *12.6*(1898)
ミュレンホフ *9.18*(1818)
ミュロック *4.20*(1826)
ミュンシュ, シャルル *9.26*(1891)
ミュンスター, ゼバスティアン *1.20*(1488)
ミュンスターベルク *6.1*(1863)
ミュンツァー *4.22*(1868)
ミュンツァー, トーマス *12.21*(1489)
ミュンヒハウゼン *3.20*(1874)
ミュンヒハウゼン男爵, カール・フリードリヒ・ヒエロニムス *5.11*(1720)
ミュンヒンガー, カール *5.25*(1915)
明恵 *1.8*(1173)
妙清 *6.11*(1239)
明珍恒男 *8.19*(1882)
三好伊平次 *12.20*(1873)
三好十郎 *4.23*(1902)
三好晋六郎 *7.21*(1857)
三好退蔵 *5.7*(1845)
三好達治 *8.23*(1900)
三好徹 *1.7*(1931)
三好豊一郎 *8.25*(1920)
三好長慶 *2.13*(1522)
三好学 *12.5*(1862)
ミヨー, ダリユス *9.4*(1892)
ミラー, アーサー *10.17*(1915)
ミラー, グレン *3.1*(1904)
ミラー, ジョニー *4.29*(1947)
ミラー, ペリー *2.25*(1905)
ミラー, ヘンリー *12.26*(1891)
ミラボー *10.4*(1715)
ミラボー, オノレ・ガブリエル・リケティ, 伯爵 *3.9*(1749)
ミラー, ホワーキン *3.10*(1839)
ミラン・オブレノビッチ4世 *8.22*(1854)
ミランダ, サ・デ *8.28*(1481)
ミランダ, フランシスコ・デ *6.9*(1756)
ミリヴィリス, ストラティス *6.30*(1892)
ミリカン, ロバート・アンドリューズ *3.22*(1868)
ミリューコフ *1.27*(1859)
ミリューチン *6.18*(1818)
ミリューチン *7.10*(1816)
ミルコ・クロコップ *9.10*(1974)
ミルザ, イスカンダル *11.13*(1899)
ミル, ジェイムズ *4.6*(1773)
ミールジナー, ジョー *3.19*(1901)

ミル, ジョン・ステュアート *5.20*(1806)
ミルズ, ウィルバー(・デイ) *5.24*(1909)
ミルズ, ジョン *2.22*(1908)
ミルスタイン, セサル *10.8*(1927)
ミルスタイン, ネイサン *12.31*(1904)
ミルズ, チャールズ・ライト *8.28*(1916)
ミルティノビッチ, ミラン *12.19*(1942)
ミルトン, ジョン *12.8*(1608)
ミルナー, アルフレッド・ミルナー, 初代子爵 *3.23*(1854)
ミルヌ・エドワール *10.23*(1800)
ミルボー, オクターヴ *2.16*(1850)
ミルラン *2.10*(1859)
ミルン, A.A. *1.18*(1882)
ミルン, エドワード・アーサー *2.14*(1896)
ミルン, ジョン *12.30*(1850)
ミルンズ, モンクトン *6.19*(1809)
ミレイ, ジョン・エヴァレット *6.8*(1829)
ミレー, エドナ・セント・ヴィンセント *2.22*(1892)
ミレー, ジャン・フランソワ *10.4*(1814)
ミレス, カール *6.23*(1875)
ミレスク, ニコラエ・スパタール *6.1*(1636)
ミレル, レシェク *7.3*(1946)
ミレン, ヘレン *7.26*(1945)
ミロシェビッチ, スロボダン *8.20*(1941)
ミロ, ジョアン *4.20*(1893)
ミロス・オブレノビチ *3.19*(1780)
美輪明宏 *5.15*(1935)
三輪休和 *4.20*(1895)
三輪寿壮 *12.15*(1894)
三輪田真佐子 *1.1*(1843)
三輪常次郎 *5.9*(1886)
三輪知雄 *12.27*(1899)
三輪善雄 *6.8*(1920)
ミンガス, チャーリー *4.22*(1922)
ミンコフ, スヴェトスラフ *2.12*(1902)
ミンコフスキー *4.17*(1885)
ミンコフスキー, ヘルマン *6.22*(1864)
ミンスキー *1.27*(1855)
ミンゼンティ・ヨージェフ枢機卿 *3.29*(1892)
ミントー *4.23*(1751)
ミントー *7.9*(1845)

【む】

ムア, G.E. *11.4*(1873)
ムーア, サー・ジョン *11.13*(1761)
ムーア, ジェラルド *7.30*(1899)
ムーア, ジュリアン *12.3*(1960)
ムア, ジョージ *2.24*(1852)
ムーア, スタンフォード *9.4*(1913)
ムーア, ダッドリー *4.19*(1935)
ムア, チャールズ *10.31*(1925)
ムーア, デミ *11.11*(1962)
ムア, トマス *5.28*(1779)
ムア, ヘンリー *7.30*(1898)
ムーア, マイケル *1.28*(1949)
ムーア, マイケル *4.23*(1954)
ムア, マリアン *11.15*(1887)
ムーア, ロジャー *10.14*(1928)
ムウィニ, アリ・ハッサン *5.8*(1925)
向井元升 *2.2*(1609)
向井敏 *9.24*(1930)
向井潤吉 *11.30*(1901)
向井忠晴 *1.26*(1885)
向秀男 *3.1*(1923)
向山雅重 *7.6*(1904)
向井魯町 *10.15*(1656)
ムカジョフスキー, ヤン *11.11*(1891)
ムカパ, ベンジャミン・ウィリアム *11.12*(1938)
ムガベ, ロバート・ガブリエル *2.21*(1924)
椋鳩十 *1.22*(1905)
向田邦子 *11.28*(1929)
向山黄村 *1.13*(1826)
武蔵 *10.17*(1972)
武蔵川晃偉 *2.4*(1948)
武蔵野次郎 *3.14*(1921)
武蔵丸光洋 *5.2*(1971)
武蔵山武 *12.5*(1909)
虫明亜呂無 *9.11*(1923)
ムーシナック, レオン *1.19*(1890)
無著道忠 *7.25*(1653)
無著妙融 *2.25*(1333)
武者小路公共 *8.29*(1882)
武者小路実篤 *5.12*(1885)
武者小路実陰 *11.1*(1661)
武者小路実建 *2.30*(1810)
ムシャラフ, ペルベズ *8.11*(1943)
無住 *12.28*(1226)
無準師範 *6.5*(1177)
ムージル, ローベルト *11.6*(1880)
ムスタファ2世 *6.5*(1664)
ムスタファ3世 *1.28*(1717)
ムスタファ・レシト・パシャ *3.13*(1800)
ムスワティ3世 *4.19*(1968)
ムゼーウス, ヨハン・カール・アウグスト *3.29*(1735)
ムソルグスキー, モデスト・ペトローヴィチ *3.21*(1839)
務台光雄 *6.6*(1896)
務台理作 *8.8*(1890)
牟田口元学 *12.26*(1845)
牟田口廉也 *10.7*(1888)
牟田弘国 *8.29*(1910)
ムック *4.2*
ムック, カール *10.22*(1859)
ムッシュかまやつ *1.12*(1939)
ムッソリーニ, ベニト *7.29*(1883)
ムッファト, ゲオルク *6.1*(1653)
陸奥宗光 *7.7*(1844)
ムーディ, ウィリアム・ヴォーン *7.8*(1869)

ムーディ, スザンナ *12.6*(1803)
ムーディ, ドワイト・ライマン *2.5*(1837)
ムーディー, ヘレン・ウィルス *10.6*(1905)
ムテサ2世 *11.19*(1924)
ムテジウス, ヘルマン *4.20*(1861)
武藤章 *12.15*(1892)
武藤糸治 *5.1*(1903)
武藤清 *1.29*(1903)
武藤山治 *3.1*(1867)
武藤武雄 *3.20*(1916)
武藤貞一 *7.25*(1892)
武藤富男 *2.20*(1904)
武藤信義 *7.15*(1868)
武藤平道 *5.23*(1778)
武藤光朗 *3.17*(1914)
宗方小太郎 *7.5*(1864)
棟方志功 *9.5*(1903)
宗像誠也 *4.9*(1908)
ムニエ *11.12*(1758)
ムーニエ, エマニュエル *4.1*(1905)
ムーニエ, コンスタンタン *4.12*(1831)
ムーニ, ポール *9.22*(1895)
ムニャチコ, ラジスラウ *1.29*(1919)
ムネ‐シュリ *2.27*(1841)
宗尊親王 *11.22*(1242)
宗広力三 *4.25*(1914)
ムバラク, ムハンマド・ホスニ *5.4*(1928)
ムバ, レオン *2.9*(1902)
ムハンマド *8.29*(570)
ムハンマド5世 *8.10*(1909)
ムハンマド・アフマド(マフディー, 救世主) *8.12*(1844)
ムハンマド, イライジャ *10.7*(1897)
ムベキ, ターボ *6.18*(1942)
ムーベリ, ヴィルヘルム *6.5*(1896)
無文元選 *2.15*(1323)
村井吉兵衛 *1.22*(1864)
村井琴山 *7.16*(1733)
村井国夫 *9.20*(1944)
村井弦斎 *12.18*(1863)
村井見朴 *4.13*(1702)
村井中漸 *6.16*(1708)
邑井貞吉(4代目) *10.28*(1879)
村井知至 *1.19*(1861)
村井正誠 *3.29*(1905)
村井政礼 *6.29*(1835)
村井米子 *11.23*(1901)
村井れい *11.22*(1887)
ムラヴィヨーフ *7.30*(1796)
ムラヴィヨーフ *10.21*(1792)
ムラヴィヨフ *4.19*(1845)
ムラヴィヨフ *8.23*(1809)
ムラヴィヨフ *10.12*(1796)
ムラヴィンスキー, エフゲーニー・アレクサンドロヴィチ *6.4*(1906)
村岡伊平治 *10.10*(1867)
村岡嘉六 *6.16*(1884)
村岡典嗣 *9.18*(1884)
村岡花子 *6.21*(1893)
村岡良弼 *2.10*(1845)
村尾元融 *3.8*(1805)
村垣範正 *9.24*(1813)
村上勇 *4.7*(1902)
村上一郎 *9.24*(1920)
村上華岳 *7.3*(1888)
村上義一 *11.10*(1885)
村上鬼城 *5.17*(1865)
村上光清 *12.29*(1682)
村上三島 *8.25*(1912)
村上重良 *10.10*(1928)
村上秀一 *1.1*(1951)
村上淳 *7.23*(1973)
村上彰一 *5.23*(1857)
村上ショージ *5.28*(1955)
村上専精 *4.2*(1851)
村上武雄 *9.21*(1919)
村上武次郎 *11.10*(1882)
村上忠順 *4.1*(1812)
村上てつや *4.24*(1971)
村上天皇 *6.2*(926)
村上朝一 *5.25*(1906)
村上直次郎 *2.4*(1868)
村上浪六 *11.1*(1865)
村上信夫 *5.27*(1921)
村上範致 *7.11*(1808)
村上弘明 *12.22*(1956)
村上泰亮 *2.27*(1931)
村上里佳子 *3.30*(1966)
村上龍 *2.19*(1952)
村川堅太郎 *4.13*(1907)
村木忍 *9.2*(1923)
村雲日栄 *2.17*(1855)
村社講平 *8.29*(1905)
村崎義正 *3.7*(1933)
村治佳織 *4.14*(1978)
村下孝蔵 *2.28*(1953)
村島健一 *3.29*(1925)
村瀬興雄 *7.17*(1913)
村瀬栲亭 *5.21*(1744)
村瀬直養 *10.12*(1890)
村田壱岐 *1.4*(1781)
村田氏寿 *2.14*(1821)
村田嘉久子 *4.16*(1893)
村田数之亮 *11.30*(1900)
村田勝四郎 *8.10*(1901)
村田久造 *6.23*(1902)
村田周魚 *11.17*(1889)
村田省蔵 *10.6*(1878)
村田新八 *11.3*(1836)
村田清風 *4.26*(1783)
村田滝子 *1.24*(1807)
村田武雄 *9.30*(1908)
村田雄浩 *3.18*(1960)
村田保 *12.29*(1843)
村田兆治 *11.27*(1949)
村田徳次郎 *10.15*(1899)
村田英雄 *1.17*(1929)
村田峰次郎 *7.24*(1857)
村田実 *3.2*(1894)
ムラデノフ, ペタル *8.22*(1936)
ムラト5世 *9.21*(1840)
ムラトーリ, ロドヴィーコ・アントーニオ *10.21*(1672)
村中孝次 *10.3*(1903)
村野四郎 *10.7*(1901)
村野武範 *4.19*(1945)
村野常右衛門 *7.25*(1859)
村野藤吾 *5.15*(1891)
村松愛蔵 *3.2*(1857)
村松英子 *3.31*(1938)
村松梢風 *9.21*(1889)
村松喬 *5.22*(1917)
村松剛 *3.23*(1929)
村松貞次郎 *6.30*(1924)
村松友視 *4.10*(1940)
村松政克 *12.2*(1851)
村山槐多 *9.15*(1896)
村山古郷 *6.19*(1909)
村山七郎 *12.25*(1908)

村山伝兵衛(初代) 8.15(1683)
村山俊太郎 7.15(1905)
村山富市 3.3(1924)
村山知義 1.18(1901)
村山長挙 3.16(1894)
村山実 12.10(1936)
村山由佳 7.10(1964)
村山義温 12.31(1883)
村山リウ 4.1(1903)
村山龍平 4.3(1850)
ムリーリョ, バルトロメ・エステバン 1.1(1618)
ムルタトゥリ 3.2(1820)
ムルナウ, フリードリヒ・ヴィルヘルム 12.28(1888)
ムルナー, トマス 12.24(1475)
ムレトゥス 4.12(1526)
群ようこ 12.5(1954)
室生犀星 8.1(1889)
室桜関 12.19(1818)
室賀国威 11.28(1896)
室鳩巣 2.26(1658)
室谷賀親 6.3(1826)
室田日出男 10.7(1937)
室原知幸 9.10(1899)
室伏広治 10.8(1974)
室伏重信 10.2(1945)
室伏高信 5.10(1892)
ムワナワサ, レビ 9.3(1948)
ムンカーチ・ミハーイ 2.20(1844)
ムンク, エドヴァルト 12.12(1863)
ムンク, カイ 1.13(1898)

【め】

メアリー1世 2.18(1516)
メアリー2世 4.30(1662)
メアリ(ギーズの) 11.22(1515)
メアリ(モデナの) 10.5(1658)
メイ 5.27(1519)
メイエ, アントワーヌ 11.11(1866)
メイエルソン 2.12(1859)
メイエルホリド, フセヴォロド・エミリエヴィチ 1.28(1874)
冥王まさ子 11.25(1939)
明義門院 3.22(1217)
明治天皇 9.22(1852)
明正天皇 11.19(1623)
メイズ, ウィリー 5.6(1931)
メイスフィールド, ジョン 6.1(1878)
明宗(後唐) 9.9(867)
メイソン, A.E.W. 5.7(1865)
メイソン, ジェイムズ 5.15(1909)
メイダニ, レジェプ 8.17(1944)
メイチェン, ジョン・グレシャム 7.28(1881)
メイトランド, フレドリク・ウィリアム 5.28(1850)
メイ, ブライアン 7.19(1947)
メイヤー, マリア・ゲッパート - 6.28(1906)
メイヨー, ウィリアム・ジェイムズ 6.29(1861)
メイヨー, ジョン 5.24(1640)
メイラー, ノーマン 1.31(1923)
メイル, ゴルダ 5.3(1898)
メイン 8.15(1822)
メヴィッセン 5.20(1815)
目賀田種太郎 7.21(1853)
目加田誠 2.3(1904)
メガワティ・スカルノプトリ 1.23(1947)
MEGUMI 9.25(1981)
恵俊彰 12.21(1964)
メーコン 12.17(1758)
メサジェ, アンドレ 12.30(1853)
メーザー, ユストゥス 12.14(1720)
メシアン, オリヴィエ 12.10(1908)
メシエ, シャルル 6.26(1730)
メシッチ, スティペ 12.24(1934)
メージャー, ジョン 3.29(1943)
メシュトロヴィチ, イヴァン 8.15(1883)
メストリン 9.30(1550)
メーストル, グザヴィエ・ド 11.8(1763)
メーストル, ジョゼフ・ド 4.1(1754)
メスバウアー, ルドルフ 1.31(1929)
メスマー, フランツ・アントン 5.23(1734)
メーソン, ルーサー・ホワイティング 3.3(1818)
メタクサス, イオアンニス 4.12(1871)
メタスタージョ, ピエートロ 1.3(1698)
メータ, ズビン 4.29(1936)
メダワー, サー・ピーター・ブライアン 2.28(1915)
メチアル, ウラジミル 7.26(1942)
メチニコフ, イリヤ 5.16(1845)
メッケル, ヤコブ 3.28(1842)
メッケル, ヨハン・フリードリヒ 10.17(1781)
メッサーシュミット, ウィリー 6.26(1898)
メッジェシ・ペーテル 10.19(1942)
メッシ, リオネル 6.24(1987)
メッセル 7.22(1853)
メッセレル, アサフ 11.19(1903)
メッソニエ, ジャン-ルイ・エルネスト 2.21(1815)
メッタニヒ, クレーメンス・ヴェンツェル・フォン 5.15(1773)
メッツァンジェ, ジャン 6.24(1883)
メッツガー 7.22(1899)
メディチ, コジモ1世 6.11(1519)
メディチ, コジモ・デ 9.27(1389)
メーディチ, ロレンツォ・デ 1.1(1449)
メディナ・シドニア, アロンソ・ペレス・デ・グスマン, 公爵 9.10(1550)

人名索引　めん

メーテルランク, モーリス　8.29(1862)
メトカーフ, チャールズ・セオフィラス　1.30(1785)
メドハースト, ウォルター・ヘンリ　4.29(1796)
目取真俊　10.6(1960)
メーナ・イ・メドラーノ, ペドロ・デ　8.20(1628)
メナージュ, ジル　8.15(1613)
メナール, ルイ-ニコラ　10.19(1822)
メニューイン, ユーディ・メニューイン, 男爵　4.22(1916)
メニンガー(メニンジャー), カール・アウグストゥス　7.22(1893)
メーヌ・ド・ビラン　11.29(1766)
メネリク2世　8.18(1844)
メネル, アリス　9.22(1847)
メネンデス・イ・ペラーヨ, マルセリーノ　11.3(1856)
メネンデス-ピダル, ラモン　3.13(1869)
メネンデス・デ・アビレース　2.15(1519)
メビウス, アウグスト・フェルディナント　11.7(1790)
メービウス, カール・アウグスト　2.7(1825)
メフメット2世　3.30(1432)
メフメット4世　12.30(1641)
メフメット5世　11.3(1844)
メフメット6世　2.2(1861)
メフメト・フアト　12.5(1890)
メユール, エティエンヌ-ニコラ　1.22(1763)
メーヨー　12.26(1880)
メラー・ヴァン・デン・ブルック　4.23(1876)
米良東嶠　9.4(1811)
米良美一　5.21
メーラー, ヨーハン・アーダム　5.6(1796)
メランヒトン, フィーリップ　2.16(1497)
メリアム　11.15(1874)
メリアン, マトイス　9.25(1593)
メリエ, ジャン　6.15(1664)

メリエス, ジョルジュ　12.8(1861)
メーリケ, エードゥアルト　9.8(1804)
メーリ・ステュアート　12.8(1542)
メーリニコフ, パーヴェル・イワノヴィチ　11.3(1819)
メリメ, プロスペール　9.28(1803)
メーリング, ヴァルター　4.29(1896)
メーリング, フランツ　2.27(1846)
メルヴィル, G.　7.31(1841)
メルヴィル, アンドリュー　8.1(1545)
メルヴィル, ジャン・ピエール　10.20(1917)
メルヴィル, ハーマン　8.1(1819)
メルカトル, ゲラルドゥス　3.5(1512)
メルガレホ　4.18(1818)
メルキオー, ラウリッツ　3.20(1890)
メルク, ヨハン・ハインリヒ　4.11(1741)
メルクーリ, メリナ　10.18(1925)
メルケル　1.11(1836)
メルケル, アンゲラ　7.17(1954)
メルシエ, デジレー・フェリシアン・フランソワ・ジョゼフ　11.21(1851)
メルシエ, ルイ-セバスチヤン　6.6(1740)
メールス　5.4(1907)
メルスマン, ハンス　10.6(1891)
メルセンヌ, マラン　9.8(1588)
メルバ, デイム・ネリー　5.19(1861)
メルバーン, ウィリアム・ラム, 2代子爵　3.15(1779)
メル, マックス　11.10(1882)
メルル, ロベール　8.29(1908)
メルロ-ポンティ, モーリス　3.14(1908)

メレシコフスキー, ドミートリー・セルゲーヴィチ　8.14(1865)
メーレ, ジャン　5.10(1604)
メレス・ゼナウィ　5.9(1955)
メレディス, ジョージ　2.12(1828)
メレディス, バージェス　11.16(1909)
メロッツォ・ダ・フォルリ　6.6(1438)
メーロ, マヌエル・デ　11.23(1608)
メロン, アンドリュー・W(ウィリアム)　3.24(1855)
メンガー　2.23(1840)
メンガー　9.12(1841)
メンギスツ・ハイレ・マリアム　5.26(1937)
メンギン　4.19(1888)
メングス, アントン・ラファエル　5.22(1728)
メンゲルベルク, ヴィレム　3.28(1871)
メンゲレ, ヨーゼフ　3.16(1911)
メンケン, H.L.　9.12(1880)
面山瑞方　11.5(1683)
メンシコフ　8.26(1787)
メンシコフ　11.16(1673)
メンジーズ, サー・ロバート・ゴードン　12.20(1894)
毛受洪　7.17(1825)
メンツェル, アドルフ・フォン　12.8(1815)
メンツェル, ヴォルフガング　6.21(1798)
メンデス, セルジオ　2.11(1941)
メンデス・モンテネグロ　11.23(1915)
メンデル, グレゴール・ヨハン　7.22(1822)
メンデルスゾーン-バルトルディ, ヤーコプ-ルートヴィヒ・フェーリクス　2.3(1809)
メンデルスゾーン, モーゼス　9.6(1729)
メンデルゾーン, エーリヒ　3.21(1887)

メンデレーエフ, ドミトリー・イヴァノヴィチ 2.7(1834)
メンデンホール 10.4(1841)
面屋庄三 4.20(1910)

【も】

モーア 11.4(1806)
モアッサン, フェルディナン・フレデリック・アンリ 9.28(1852)
モア, トマス 2.7(1477)
モア, ハンナ 2.2(1745)
モア, ヘンリー 10.12(1614)
モア, ポール・エルマー 12.12(1864)
モイーズ, マルセル 5.17(1889)
モイセイヴィチ, ベンノ 2.22(1890)
モイッシ 4.2(1880)
モイニハン, ダニエル・パトリック 3.16(1927)
モイマン 8.29(1862)
毛沢東 12.26(1893)
毛利恭助 11.29(1834)
藻利重隆 11.30(1911)
毛利敬親 2.10(1819)
毛利輝元 1.22(1553)
毛利就隆 9.3(1602)
毛利斉広 5.16(1814)
毛利斉熙 12.9(1783)
毛利登人 7.6(1821)
毛利梅園 7.21(1815)
毛利秀就 10.18(1595)
毛利秀元 11.7(1579)
毛利広寛 11.12(1733)
毛利松平 7.16(1913)
毛利衛 1.29(1948)
毛利宗広 7.6(1717)
毛利元純 11.6(1832)
毛利元承 2.30(1833)
毛利元知 6.22(1631)
毛利元就 3.14(1497)
毛利師就 8.26(1706)
毛利吉広 1.13(1673)
毛利吉元 8.24(1677)
最上英子 12.19(1902)
最上義光 1.1(1546)
モーガン, C.L. 2.6(1852)
モーガン, J.P. 4.17(1837)
モーガン, L.H. 11.21(1818)
モーガン, ジョン・ピアポント, 2世 9.7(1867)
モーガン, チャールズ 1.22(1894)
モーガン, トマス・ハント 9.25(1866)
茂木啓三郎 8.5(1899)
茂木惣兵衛(3代目) 3.24(1893)
モーキ, フランチェスコ 7.29(1580)
モギーラ, ピョートル 12.21(1596)
モギレフスキー, アレクサンドル 1.27(1885)
木庵性瑫 2.3(1611)
黙子如定 5.23(1597)
モークリー, ジョン・ウィリアム 8.30(1907)
モークレール, カミーユ 11.29(1872)
モーゲンソー 2.17(1904)
モーゲンソー II, ヘンリー 5.11(1891)
モーザー, カール 8.10(1860)
モーザー, ハンス・ヨアヒム 5.25(1889)
モーザー, ヨーハン・ヤーコプ 1.18(1701)
モシェレス, イグナーツ 5.23(1794)
モジャーエフ, ボリス・アンドレーヴィチ 6.1(1923)
モシュコフスキー, モーリッツ 8.23(1854)
モショエショエ2世 5.2(1938)
門司亮 12.27(1897)
モース 5.31(1907)
モース 7.18(1855)
モース 10.20(1900)
モース, エドワード・シルヴェスター 6.18(1838)
モスカ 4.1(1858)
モス, キャリー・アン 8.21(1967)
モスクヴィーン 5.18(1874)
モース, ジェディディア 8.23(1761)
毛綱毅曠 11.14(1941)
モースハイム, ヨーハン・ローレンツ・フォン 10.9(1694)
モース, フリードリヒ 1.29(1773)
モース, マルセル 5.10(1872)
物集高見 5.28(1847)
物集高世 2.1(1817)
モーズリー, サー・オズワルド 11.16(1896)
モーズリー, ハリー 11.23(1887)
モーズリー, ヘンリー 8.22(1771)
モーゼズ, アンナ・メアリ 9.7(1860)
モーゼス, エドウィン 8.31(1955)
モーゼン, ユーリウス 7.8(1803)
山際七司 1.2(1849)
茂田井武 9.29(1908)
もたいまさこ 10.17(1952)
モーダーゾーン - ベッカー, パウラ 2.8(1876)
望月理恵 2.8(1972)
持田栄一 1.5(1925)
持田香織 3.24(1978)
持田真樹 1.11(1975)
持田盛二 1.26(1885)
望月カズ 8.3(1927)
望月亀弥太 10.7(1838)
望月圭介 2.27(1867)
望月小太郎 11.15(1866)
望月信亨 9.24(1869)
望月太左衛門(7代目) 3.16(1862)
望月太左衛門(8代目) 4.9(1891)
望月太左衛門(9代目) 2.20(1902)
望月太左衛門(10代目) 12.12(1923)
望月衛 12.4(1910)
望月優子 1.28(1917)
望月百合子 9.5(1900)
モチャール 12.25(1913)
モチャーロフ 11.3(1800)
モーツァルト, ヴォルフガング・アマデウス 1.27(1756)

モーツァルト, レーオポルト 1.14(1719)
モッセ 10.1(1846)
モット 8.20(1785)
モット, サー・ネヴィル・フランシス 9.30(1905)
モット, ジョン・ローリ 5.25(1865)
モット, ルクリーシア 1.3(1793)
モットル, フェーリクス 8.24(1856)
モディリアーニ, アメデオ 7.12(1884)
モディーン, マシュー 3.22(1959)
モーテンセン, ビゴ 10.20(1958)
モドゥーニョ 1.9(1928)
本居内遠 2.23(1792)
本居大平 2.17(1756)
本居清島 1.26(1789)
本居豊穎 4.28(1834)
本居長世 4.4(1885)
本居宣長 5.7(1730)
本居宣長の母 4.14(1705)
本居春庭 2.3(1763)
本仮屋ユイカ 9.8(1987)
本木庄左衛門 3.28(1767)
元木大介 12.30(1971)
本木雅弘 12.21(1965)
本木良永 6.11(1735)
泉二新熊 1.27(1876)
本島等 2.20(1922)
本島百合子 8.3(1907)
元田作之進 2.22(1862)
元田竹渓 11.4(1800)
元田肇 1.15(1858)
本野一郎 2.22(1862)
本野亨 6.27(1879)
モト冬樹 5.5(1951)
本宮ひろ志 6.25(1947)
本山荻舟 3.27(1881)
本山彦一 8.10(1853)
元良勇次郎 11.1(1858)
モードリング, レジナルド 3.7(1917)
モトレー 7.14(1912)
モートン 1.26(1799)
モートン, ウィリアム・トーマス・グリーン 8.9(1819)

モートン, サマンサ 5.13(1977)
モートン, ジェリー・ロール 9.20(1885)
モートン, リーヴァイ(・パーソンズ) 5.16(1824)
モナーガス 10.28(1784)
モニエ, アンリ・ボナヴァンテュール 6.6(1799)
モニエル・ウィリアムズ 11.12(1819)
モニス 11.29(1874)
モーニッケ 7.27(1814)
モネ, クロード 11.14(1840)
モネ, ジャン 11.9(1888)
モネータ 9.20(1833)
モノ 3.7(1844)
モノー, ジャック 2.9(1910)
もののべながおき 1.1(1916)
物部長穂 6.19(1888)
モハエ, フェスタス 8.21(1939)
モーパッサン, ギー・ド 8.5(1850)
モハメド6世 8.21(1963)
モープー 2.25(1714)
モファット, ジェイムズ 7.4(1870)
モブツ・セセ・セコ 10.14(1930)
モヘディン, ザカリヤ 5.7(1918)
モーベルチュイ, ピエール・ルイ・ド 9.28(1698)
モホイ・ナジ, ラースロー 7.20(1895)
モホロヴィチッチ, アンドリヤ 1.23(1857)
籾山政子 5.8(1918)
モミリアーノ, アッティーリオ 9.5(1908)
モーム, ウィリアム・サマセット 1.25(1874)
モムゼン, テーオドア 11.30(1817)
桃井かおり 4.8(1952)
桃川如燕(2代目) 9.26(1866)
モモ, ジョゼフ 1.26(1937)
桃節山 11.1(1832)
桃園天皇 2.29(1741)
百田宗治 1.25(1893)

桃井儀八 8.8(1803)
桃裕行 10.14(1910)
モライス, ヴェンセズラウ・デ 5.30(1854)
モラーヴィア, アルベルト 11.28(1907)
モラウタ, メケレ 6.12(1946)
モラサーン, フランシスコ 10.3(1792)
モーラス, シャルル 4.20(1868)
モラッツォーネ 8.3(1573)
モラティン, レアンドロ・フェルナンデス・デ 3.10(1760)
モーラ・フェレンツ 7.19(1879)
モラフチク, ヨゼフ 5.19(1945)
モラフチク, ヨゼフ 5.19(1945)
モラレス, エボ 10.26(1959)
モラレス, ディエゴ・デ 10.13(1604)
モラレス, フランシスコ 10.4(1921)
モラレス, フランシスコ・デ 10.14(1567)
モランディ, ジョルジョ 7.20(1890)
モランテ, エルサ 8.18(1915)
モーランド, ジョージ 6.26(1763)
モラン, ポール 3.13(1888)
森昭 10.30(1915)
森敦 1.22(1912)
モーリア, ポール 3.4(1925)
森有正 11.30(1911)
森梟 10.18(1982)
森岩雄 2.27(1899)
森内幸子 8.3(1937)
森絵都 4.2(1968)
モーリー, エドワード・ウィリアムズ 1.29(1838)
モリエール 1.15(1622)
森鴎外 1.19(1862)
森岡守成 8.9(1869)
守脩親王 10.29(1819)
森於菟 9.13(1890)
森尾由美 6.8(1966)
森槐南 11.16(1863)
森恪 12.28(1882)

森赫子 6.2(1914)
森克己 9.26(1903)
森且行 2.19(1974)
森川和子 12.29(1931)
森川哲郎 3.31(1924)
森川杜園 6.26(1820)
森川俊胤 4.12(1670)
森川由加里 4.12(1963)
森喜作 10.4(1908)
森恭三 9.24(1907)
森口多里 7.8(1892)
森口博子 6.13(1968)
森口瑤子 8.5(1966)
森久保作蔵 6.27(1855)
森公美子 7.22(1959)
モーリー, クリストファー 5.5(1890)
杜けあき 7.26(1960)
森宏一 8.21(1901)
森広蔵 3.24(1873)
モリコーネ, エンニオ 11.10(1928)
森暁 6.19(1907)
森しげ 5.3(1880)
森繁久弥 5.4(1913)
森重文 2.23(1951)
森下愛子 4.8(1958)
森下雨村 2.23(1890)
森下泰 12.21(1921)
森下博 11.3(1869)
森下正明 1.27(1913)
森下洋子 12.7(1948)
森島庫太 4.7(1868)
森嶋通夫 7.18(1923)
森島守人 2.16(1896)
モリー, ジャン・シフラン 6.26(1746)
森春涛 4.2(1819)
森尚謙 6.19(1653)
森正蔵 7.1(1900)
モーリー, ジョン・モーリー, 初代子爵 12.24(1838)
森進一 11.18(1947)
モリス 5.23(1901)
モリス, アイヴァン 11.29(1925)
モリス, ウィリアム 3.24(1834)
森末慎二 5.22(1957)
モリス, ガヴァヌーア 1.31(1752)

モリス, ジェーン 10.19(1839)
モリス, ジョン・フレドリク・デニスン 8.29(1805)
モリス, ロバート 1.31(1734)
モリスン, ロバート 1.5(1782)
モリセット, アラニス 6.1(1974)
森銑三 9.11(1895)
森荘已池 5.3(1907)
モリゾ, ベルト 1.4(1841)
モリソン 2.4(1862)
モリソン 7.9(1887)
モリソン, ジェイムズ(・アラン) 4.19(1905)
モリソン, トニ 2.18(1931)
盛田昭夫 1.26(1921)
森諦円 5.27(1901)
森泰吉郎 3.1(1904)
森高千里 4.11(1969)
守田勘弥(13代目) 10.18(1885)
守田勘弥(14代目) 3.8(1907)
森滝市郎 4.28(1901)
森田慶一 4.18(1895)
森田健作 12.16(1949)
森田剛 2.20(1979)
森田茂 8.17(1872)
森田思軒 7.20(1861)
森田子竜 6.24(1912)
森田誠吾 10.25(1925)
森田草平 3.19(1881)
森正 12.14(1921)
森忠洪 10.23(1731)
森田たま 12.19(1894)
森田恒友 4.9(1881)
森田智己 8.22(1984)
森谷司郎 9.28(1931)
森田正馬 1.18(1874)
森田正光 4.3(1950)
森田元子 2.11(1903)
森田優三 8.29(1901)
森田幸恒 5.2(1813)
盛田嘉徳 7.30(1912)
森田芳光 1.25(1950)
森近運平 10.23(1880)
モーリッツ・ジグモンド 7.2(1879)
モーリッシュ 12.6(1856)
モーリッツ 3.21(1521)

モーリッツ 10.31(1712)
モーリッツ, カール・フィーリップ 9.15(1756)
森恒夫 12.6(1944)
森毅 1.10(1928)
森戸辰男 12.23(1888)
森永太一郎 6.1(1865)
森永卓郎 7.12(1957)
森永太平 3.25(1900)
森永貞一郎 9.9(1910)
森長俊 9.8(1649)
盛永俊太郎 9.13(1895)
森長記 6.16(1687)
モリナーリ・プラデリ, フランチェスコ 7.4(1911)
モリーニ, エリカ 1.5(1906)
モリヌークス 4.17(1656)
モリノス, ミゲル・デ 6.29(1628)
森蟲昶 10.21(1884)
森野米三 8.31(1908)
森英恵 1.8(1926)
森博嗣 12.7(1957)
森部一 4.16(1926)
森万紀子 12.19(1934)
森祇晶 1.9(1937)
守正王 3.9(1874)
森昌子 10.13(1958)
森雅之 1.13(1911)
モーリー, マシュー・フォンテイン 1.14(1806)
森茉莉 1.7(1903)
森三千代 4.19(1901)
森みつ 3.20(1922)
森光子 5.9(1920)
森村桂 1.3(1940)
森村誠一 1.2(1933)
森本薫 6.4(1912)
森本毅郎 9.18(1939)
森本稀哲 1.31(1981)
森本レオ 2.13(1943)
森本六爾 3.2(1903)
守屋東 7.7(1884)
モーリヤック, クロード 4.25(1914)
モーリヤック, フランソワ 10.11(1885)
守矢信実 10.28(1533)
守矢信真 10.28(1543)
森谷均 6.2(1897)
守屋典郎 3.12(1907)

森山鋭一　*12.17*(1894)
森山欽司　*1.10*(1917)
森山啓　*3.10*(1904)
森山重雄　*12.5*(1914)
森山周一郎　*7.26*(1934)
森山多吉郎　*6.1*(1820)
森山達也　*3.30*(1956)
守山恒太郎　*4.27*(1880)
森山直太朗　*4.23*(1976)
森山未来　*8.20*(1984)
森山芳平　*1.23*(1854)
森山良子　*1.18*(1948)
守矢頼実　*5.25*(1505)
森瑤子　*11.4*(1940)
森芳雄　*12.21*(1908)
森喜朗　*7.14*(1937)
森律子　*10.30*(1890)
森亮　*6.7*(1911)
モリル　*4.14*(1810)
モーリー, ロバート　*5.26*(1908)
森脇健児　*2.5*(1967)
森脇大五郎　*10.12*(1906)
森脇将光　*1.17*(1900)
モール　*8.17*(1799)
モール　*10.25*(1800)
モルガ　*11.29*(1559)
モルガーニ, ジョヴァンニ・バッティスタ　*2.25*(1682)
モルガン, ジャック・ド　*6.3*(1857)
モルガン・ユキ　*8.7*(1881)
モール, クリスチャン　*10.18*(1835)
モルゲンシュテルン　*1.24*(1902)
モルゲンシュテルン, クリスティアン　*5.6*(1871)
モールス, サミュエル　*1.27*(1791)
モールズリース, メアリー・ルイーザ　*5.29*(1839)
モールツ　*10.8*(1908)
モルツァ, フランチェスコ・マリーア　*6.18*(1489)
モルティエ　*2.13*(1768)
モルティエ　*8.29*(1821)
モルトケ伯, ヘルムート・カルル・ベルンハルト　*10.26*(1800)
モルトケ, ヘルムート・フォン　*5.25*(1848)
モルナール・フェレンツ　*1.12*(1878)
モルニ, シャルル・オーギュスト・ルイ・ジョゼフ, 公爵　*10.22*(1811)
モルパ　*7.9*(1701)
モール, フーゴー・フォン　*4.8*(1805)
モルレー　*10.15*(1830)
モレアス, ジャン　*4.15*(1856)
モレ, ギー(・アルシード)　*12.31*(1905)
モレスコット　*8.9*(1822)
モレッティ, マリーノ　*7.18*(1885)
モレッリ, ドメーニコ　*8.4*(1826)
モレート, アグスティン　*4.9*(1618)
モレーノ, ヤーコプ・L.　*5.20*(1889)
モレノ, リタ　*12.11*(1931)
モレリ, ジョヴァンニ　*2.16*(1816)
モレル　*11.17*(1841)
モレーロス・イ・パボン, ホセ・マリア　*9.30*(1765)
モロ, アルド　*9.23*(1916)
諸井薫　*3.26*(1931)
諸井貫一　*1.11*(1896)
諸井三郎　*8.7*(1903)
モーロ, ヴァルター・フォン　*6.14*(1880)
モロー, ヴィクトール　*2.14*(1763)
モロー, ギュスターヴ　*4.6*(1826)
モロー, ジャンヌ　*1.23*(1928)
モロゾフ, ニコラーイ　*5.7*(1854)
諸岳奕堂　*1.1*(1805)
諸戸清六　*1.26*(1846)
モロトフ, ヴャチェスラフ・ミハイロヴィチ　*3.9*(1890)
諸橋轍次　*6.4*(1883)
諸星あたる　*4.13*
諸星和己　*8.12*(1970)
諸星静次郎　*3.24*(1914)
モーロワ, アンドレ　*7.26*(1885)
モーロワ, ピエール　*7.5*(1928)
モンカルム(・ド・サン・ヴェラン), ルイ・ジョゼフ・ド・モンカルム - グロゾン, 侯爵　*2.28*(1712)
モンク　*12.6*(1608)
モンク, セロニアス　*10.10*(1920)
モンゴメリー, B.　*11.17*(1887)
モンゴメリー, リチャード　*12.2*(1736)
モンゴメリー, ルーシー・モード　*11.30*(1874)
モンゴルフィエ, ジャック・エティエンヌ　*1.6*(1745)
モンゴルフィエ, ジョゼフ・ミシェル　*8.26*(1740)
モンジュ, ガスパール, ペリューズ伯爵　*5.9*(1746)
聞証　*11.15*(1634)
モンセー　*7.31*(1754)
モンターギュー　*11.24*(1873)
モンタギュー, エリザベス　*10.2*(1720)
モンタギュー, メアリー　*5.26*(1689)
モンタナ, ジョー　*6.11*(1956)
モンタランベール, シャルル・ド　*4.15*(1810)
モンタルボ, フアン　*4.13*(1832)
モンターレ, エウジェーニオ　*10.12*(1896)
モンタン, イヴ　*10.13*(1921)
モンタン, イヴ　*10.31*(1921)
モンティ, ヴィンチェンツォ　*2.19*(1754)
モンティセリ, アドルフ　*10.14*(1824)
モンティヨン　*12.26*(1733)
モンテヴェルディ, クラウディオ　*5.15*(1567)
モンテクッコリ　*2.21*(1609)
モンテスキュー, シャルル - ルイ・ド・スゴンダ・ド　*1.18*(1689)

モンテスパン, フランソワーズ・アテナイース・ド・ロシュシュワール, 侯爵夫人 *10.5*(1641)
モンテス, ローラ *2.17*(1821)
モンテッソリ, マリア *8.31*(1870)
モンテーニュ, ミシェル・ド *2.28*(1533)
モンテ, ピエール *6.27*(1885)
モンテフィオーレ, サー・モーゼズ(・ハイム) *10.24*(1784)
モンテリウス *9.9*(1843)
モンテルラン, アンリ・ド *4.21*(1896)
門田樸斎 *2.18*(1797)
モント *6.29*(1848)
モント *9.8*(1809)
モントゥー, ピエール *4.4*(1875)
モントヤ, カルロス *12.13*(1903)
モンドラーネ *6.20*(1920)
モンドリー *3.13*(1594)
モンドリアン, ピート *3.7*(1872)
モンドール, アンリ *5.20*(1885)
モンド, ルートヴィヒ *3.7*(1839)
モントロン, シャルル・トリスタン, 侯爵 *7.21*(1783)
モンパンシエ *7.31*(1824)
モンパンシエ, アンヌ・マリー・ルイーズ・ドルレアン, 女公爵 *5.29*(1627)
モンフォーコン, ベルナール・ド *1.16*(1655)
モンヘ, アルベルト *12.29*(1925)
モンベルト, アルフレート *2.6*(1872)
モンマス, ジェイムズ・スコット, 公爵 *4.9*(1649)
門馬直衛 *3.6*(1897)
モンモランシー, アン・リュク・ド *3.15*(1493)
モンロー, アレクサンダー *3.10*(1733)
モンロー, アレクサンダー *9.9*(1697)
モンロー, アレクサンダー *11.5*(1773)
モンロー, ジェイムズ *4.28*(1758)
モンロー, ビル *9.13*(1911)
モンロー, マリリン *6.1*(1926)

【や】

ヤイエル, ピエーロ *4.11*(1884)
矢井田瞳 *7.28*(1978)
ヤヴレーンスキイ, アレクセーイ・ゲオールギエヴィチ *3.25*(1864)
矢追純一 *7.17*(1935)
屋嘉比朝寄 *1.19*(1716)
矢川澄子 *7.27*(1930)
矢川徳光 *11.26*(1900)
八木亜希子 *6.24*(1965)
八木秋子 *9.6*(1895)
八木一男 *6.7*(1911)
八木一夫 *7.4*(1918)
八木重吉 *2.9*(1898)
ヤーキズ *5.26*(1876)
ヤギッチ, ヴァトロスラヴ *7.6*(1838)
八木沼純子 *4.1*(1973)
柳沼淳子 *6.2*(1978)
八木秀次 *1.28*(1886)
八木保太郎 *2.3*(1903)
八木義徳 *10.21*(1911)
柳楽優弥 *3.26*(1990)
八切止夫 *12.22*(1916)
八木隆一郎 *4.17*(1906)
薬師寺保栄 *7.22*(1968)
薬師丸ひろ子 *6.9*(1964)
役所広司 *1.1*(1956)
矢口史靖 *5.30*(1967)
矢口真里 *1.20*(1983)
ヤグディン, アレクセイ *3.18*(1980)
薬丸裕英 *2.19*(1966)
ヤコヴレフ, アレクサンドル *12.2*(1923)
ヤコービ *3.19*(1876)
ヤコービ *9.21*(1801)
ヤコービ, カール・グスタフ・ヤーコプ *12.10*(1804)
ヤコービ, ヨハン・ゲオルク *9.2*(1740)
ヤコブセン, J.P. *4.7*(1847)
ヤコプセン, アーネ *2.11*(1902)
ヤコブソン, ロマン・オーシポヴィチ *10.11*(1896)
矢崎源九郎 *3.26*(1921)
矢崎滋 *9.2*(1947)
矢崎美盛 *8.13*(1895)
矢沢あい *3.7*(1967)
矢沢永吉 *9.14*(1949)
矢沢頼尭 *7.29*(1796)
八塩圭子 *9.12*(1969)
やしきたかじん *10.5*(1949)
ヤシーヌ, カテブ *8.6*(1929)
ヤシパール *12.3*(1903)
矢島楫子 *4.24*(1833)
矢島祐利 *5.2*(1903)
矢島せい子 *4.6*(1903)
矢島敏彦 *1.21*(1763)
矢島信男 *7.24*(1928)
八嶋智人 *9.27*(1970)
八代亜紀 *8.29*(1950)
矢代秋雄 *9.10*(1929)
八代国治 *1.2*(1873)
屋代師道 *5.11*(1710)
矢代静一 *4.10*(1927)
矢代東村 *3.11*(1889)
矢代幸雄 *11.5*(1890)
八代六郎 *1.3*(1860)
ヤシン, レフ *10.22*(1929)
保明親王 *11.20*(903)
安井英二 *9.18*(1890)
安井郁 *4.25*(1907)
安井謙 *3.22*(1911)
保井コノ *2.16*(1880)
ヤズイーコフ, ニコライ・ミハイロヴィチ *3.4*(1803)
安井誠一郎 *3.11*(1891)
安井曽太郎 *5.17*(1888)
安井息軒 *1.1*(1799)
安井琢磨 *4.1*(1909)
安井てつ *2.23*(1870)
安井藤治 *10.11*(1885)
安井誠 *5.19*(1926)
安江良介 *8.26*(1935)
安岡章太郎 *5.30*(1920)

安岡正篤　*2.13*(1898)
安岡優　*8.5*(1974)
安岡力也　*7.19*(1946)
安川加寿子　*2.24*(1922)
安川敬一郎　*4.17*(1849)
安川茂雄　*12.13*(1925)
安川第五郎　*6.2*(1886)
安川雄之助　*4.4*(1870)
八杉貞利　*9.16*(1876)
八杉竜一　*9.6*(1911)
保高徳蔵　*12.7*(1889)
安田幾久男　*4.7*(1900)
保田圭　*12.6*(1980)
安田青風　*3.8*(1895)
安田武　*11.14*(1922)
安田忠夫　*10.9*(1963)
安田銕之助　*12.24*(1889)
安田徳太郎　*1.28*(1898)
安田成美　*11.28*(1966)
安田一　*4.14*(1907)
保田久成　*12.19*(1836)
安田元久　*10.19*(1918)
安田靫彦　*2.16*(1884)
安田義定　*3.10*(1134)
保田与重郎　*4.15*(1910)
保田竜門　*5.13*(1891)
安成貞雄　*4.2*(1885)
ヤスパース, カール　*2.23*(188
3)
安場保和　*4.17*(1835)
安原美穂　*1.2*(1919)
穏仁親王　*4.29*(1643)
安広伴一郎　*10.13*(1859)
八角三郎　*12.19*(1880)
八住利雄　*4.6*(1903)
安見晩山　*7.4*(1664)
安代　*4.19*(1680)
ヤセンスキー, ブルーノ　*7.17*
(1901)
八十島義之助　*8.27*(1919)
矢田亜希子　*12.23*(1978)
矢田明　*9.18*(1927)
八谷泰造　*12.14*(1906)
ヤーダスゾーン, ザロモン
8.13(1831)
矢田績　*8.9*(1860)
矢田挿雲　*2.9*(1882)
矢田津世子　*6.19*(1907)
矢田部達郎　*10.24*(1893)
矢田部良吉　*9.19*(1851)
八千草薫　*1.6*(1931)
八千代太夫　*5.1*(1635)
矢次一夫　*7.5*(1899)
谷津直秀　*9.8*(1877)
八並武治　*12.4*(1877)
矢動丸宏　*3.2*(1913)
矢内原伊作　*5.2*(1918)
矢内原忠雄　*1.27*(1893)
箭内亘　*7.17*(1875)
谷中敦　*12.25*
梁川剛一　*3.30*(1902)
梁川紅蘭　*3.15*(1804)
柳川春葉　*3.5*(1877)
梁川星巌　*6.18*(1789)
柳川平助　*10.2*(1879)
柳永二郎　*9.16*(1895)
柳兼子　*5.18*(1892)
柳沢敦　*5.27*(1977)
柳沢真一　*12.19*(1932)
柳沢慎吾　*3.6*(1962)
柳沢時睦　*6.12*(1696)
柳沢信鴻　*10.29*(1724)
柳沢保卓　*4.27*(1727)
柳沢吉保　*12.8*(1658)
柳田泉　*4.27*(1894)
柳田国男　*7.31*(1875)
柳田邦男　*6.9*(1936)
柳田謙十郎　*11.23*(1893)
柳田誠二郎　*9.2*(1893)
柳つる　*9.6*(1903)
柳葉敏郎　*1.3*(1961)
柳原淳光　*7.30*(1541)
柳原前光　*3.23*(1850)
柳原資定　*11.6*(1495)
柳原白蓮　*10.15*(1885)
柳原紀光　*11.14*(1746)
柳原義達　*3.21*(1910)
柳宗悦　*3.21*(1889)
柳本美雄　*3.26*(1912)
柳家花緑　*8.2*(1971)
柳家金語楼　*3.13*(1901)
柳家小さん(3代目)　*8.3*(185
7)
柳家小さん(4代目)　*4.18*(18
88)
柳家小さん(5代目)　*1.2*(191
5)
柳家小さん(6代目)　*7.21*(19
47)
柳家小三治(10代目)　*12.17*(1
939)
柳家紫朝(初代)　*9.9*(1873)
柳家つばめ(5代目)　*4.30*(19
29)
柳家三亀松(初代)　*9.1*(1901)
柳亮　*3.20*(1903)
柳原資廉　*6.30*(1644)
柳原愛子　*4.16*(1855)
梁瀬義亮　*3.5*(1920)
やなせたかし　*2.6*(1919)
柳瀬尚紀　*3.2*(1943)
柳瀬正夢　*1.12*(1900)
梁田蛻巌　*1.24*(1672)
梁田貞　*7.3*(1885)
簗田晴助　*10.24*(1524)
ヤナーチェク, レオシュ　*7.3*(1
854)
八名信夫　*8.19*(1935)
梁雅子　*4.22*(1911)
ヤニグロ, アントニオ　*1.21*(1
918)
ヤニツキ, クレメンス　*11.17*
(1516)
ヤニングス, エーミル　*7.23*(1
884)
矢野顕子　*2.13*(1955)
矢野一郎　*2.7*(1899)
矢野橋村　*9.8*(1890)
矢野健太郎　*3.1*(1912)
矢野絢也　*4.27*(1932)
矢野庄太郎　*1.10*(1886)
矢野仁一　*5.13*(1872)
矢野恒太　*12.2*(1866)
矢野徹　*10.5*(1923)
矢野暢　*4.17*(1936)
矢野峰人　*3.11*(1893)
矢野道也　*1.30*(1876)
矢野目源一　*11.30*(1896)
矢野龍渓　*12.1*(1850)
野坡　*1.3*(1662)
矢萩兼　*9.11*(1971)
谷萩那華雄　*8.9*(1895)
ヤヒヤ・ケマル・ベヤトル　*12.7*
(1884)
藪内清　*2.12*(1906)
矢吹慶輝　*2.13*(1879)
薮孤山　*3.27*(1735)
薮慎庵　*2.25*(1689)
藪田嘉一郎　*3.28*(1905)
藪田貞治郎　*12.16*(1888)
藪田義雄　*4.13*(1902)
薮嗣良　*1.16*(1593)
ヤブロチコフ　*9.14*(1847)

ヤブロンスキー, ダーニエル・エルンスト　*11.20*(1660)
矢部貞治　*11.9*(1902)
矢部長克　*12.3*(1878)
矢部浩之　*10.23*(1971)
矢部美穂　*6.7*(1977)
ヤーベルク　*4.24*(1877)
山内一弘　*5.1*(1932)
山内甚五郎　*7.19*(1828)
山内忠豊　*10.29*(1609)
山内得立　*6.12*(1890)
山内豊定　*12.2*(1638)
山内豊信　*10.9*(1827)
山内豊熈　*2.29*(1815)
山内豊敷　*6.8*(1712)
山内みな　*11.8*(1900)
山浦貫一　*3.20*(1893)
山岡荘八　*1.11*(1907)
山岡久乃　*8.27*(1926)
山岡孫吉　*3.22*(1888)
山岡万之助　*4.11*(1876)
山鹿清華　*3.12*(1885)
山鹿素行　*8.16*(1622)
山鹿泰治　*6.26*(1892)
山県周南　*5.3*(1687)
山県昌夫　*1.4*(1898)
山形由美　*5.17*(1959)
山上伊太郎　*8.26*(1903)
山上武雄　*8.12*(1881)
山上龍彦　*12.13*(1947)
山上正義　*7.10*(1896)
山川暁夫　*2.28*(1927)
山川恵里佳　*3.7*(1982)
山川菊栄　*11.3*(1890)
山川健次郎　*7.17*(1854)
山川静夫　*2.27*(1933)
山川秀峰　*4.3*(1898)
山川惣治　*2.28*(1908)
山川健　*10.18*(1892)
山川智応　*3.16*(1879)
山川登美子　*7.19*(1879)
山川均　*12.20*(1880)
山川方夫　*2.25*(1930)
山川葎園　*3.17*(1790)
山川良一　*6.5*(1891)
山岸映子　*5.30*(1948)
山岸外史　*7.16*(1904)
山岸徳平　*11.25*(1893)
山岸巳代蔵　*8.12*(1901)
山岸凉子　*9.24*(1947)
山木千賀(初代)　*6.30*(1846)
山際永三　*7.22*(1932)
山極勝三郎　*2.23*(1863)
山際淳司　*7.29*(1948)
山際俊夫　*7.26*(1931)
山際正道　*6.12*(1901)
山口修　*2.22*(1924)
山口二矢　*2.22*(1943)
山口香　*12.28*(1964)
山口薫　*8.13*(1907)
山口華楊　*10.3*(1899)
山口果林　*5.10*(1947)
山口喜一郎　*4.17*(1872)
山口喜久一郎　*5.11*(1897)
山口喜三郎　*1.31*(1874)
山口吉郎兵衛(4代目)　*4.25*(1883)
山口行厚　*12.20*(1773)
山口光朔　*10.16*(1926)
山口孤剣　*4.19*(1883)
山口重政　*2.25*(1564)
山口将吉郎　*3.30*(1896)
山口益　*1.27*(1895)
山口誓子　*11.3*(1901)
山口青邨　*5.10*(1892)
山口草堂　*7.27*(1898)
山口長男　*11.23*(1902)
山口武秀　*1.13*(1915)
山口達也　*1.10*(1972)
山口智子　*10.20*(1964)
山口智充　*3.14*(1969)
山口半六　*8.23*(1858)
山口瞳　*11.3*(1926)
山口文象　*1.10*(1902)
山口蓬春　*10.15*(1893)
山口牧生　*6.20*(1927)
山口正義　*6.5*(1906)
山口もえ　*6.11*(1977)
山口素臣　*5.15*(1846)
山口百恵　*1.17*(1959)
山口祐一郎　*10.5*(1956)
山口勇子　*10.22*(1916)
山口洋子　*5.10*(1937)
山口淑子　*2.12*(1920)
山口良忠　*1.11*(1913)
山口良一　*3.27*(1955)
山口玲熈　*5.23*(1894)
山座円次郎　*10.26*(1866)
山崎闇斎　*12.9*(1618)
山崎一郎　*11.12*(1846)
山崎巌　*9.16*(1894)
山崎栄治　*8.9*(1905)
山崎覚次郎　*6.15*(1868)
山崎覚太郎　*6.29*(1899)
山崎楽堂　*1.19*(1885)
山崎匡輔　*2.9*(1888)
山崎銀之丞　*5.16*(1962)
山崎圭次　*5.19*(1912)
山崎今朝弥　*9.15*(1877)
山崎謙　*3.2*(1903)
山崎紫紅　*3.3*(1875)
山崎俊一　*10.21*(1931)
山咲千里　*4.24*(1962)
山崎拓　*12.11*(1936)
山崎猛　*6.15*(1886)
山崎佐　*7.5*(1888)
山崎達之輔　*6.19*(1880)
山崎種二　*12.8*(1893)
山崎朝雲　*2.17*(1867)
山崎努　*12.2*(1936)
山咲トオル　*8.23*(1972)
山崎富栄　*9.24*(1919)
山崎富子　*8.23*(1827)
山崎朋子　*1.7*(1932)
山崎豊子　*11.3*(1924)
山崎直方　*3.10*(1870)
山崎延吉　*6.26*(1873)
山崎ハコ　*5.18*(1957)
山崎博昭　*11.12*(1948)
山崎浩子　*1.3*(1960)
山崎裕之　*12.22*(1946)
山崎弁栄　*2.20*(1859)
山崎邦正　*2.15*(1968)
山崎北華　*5.3*(1700)
山崎正一　*11.4*(1912)
山崎正和　*3.26*(1934)
山崎まさよし　*12.23*(1971)
山崎峯次郎　*6.11*(1903)
ヤマサキ, ミノル　*12.1*(1912)
山崎蘭洲　*8.25*(1733)
山里永吉　*8.18*(1902)
山路愛山　*12.26*(1865)
山下和夫　*8.7*(1928)
山下亀三郎　*4.9*(1867)
山下元利　*2.22*(1921)
山下菊二　*10.8*(1919)
山下清　*3.10*(1922)
山下久美子　*1.26*(1959)
山下源太郎　*7.13*(1863)
山下耕作　*1.10*(1930)
山下真司　*12.16*(1951)
山下新太郎　*8.29*(1881)
山下達郎　*2.4*(1953)

山下太郎　*4.24*(1889)
山下徳治　*1.15*(1892)
山下智久　*4.9*(1985)
山下奉文　*11.8*(1885)
山下英男　*5.21*(1899)
山下陸奥　*12.24*(1895)
山下泰裕　*6.1*(1957)
山下洋輔　*2.26*(1942)
山下りん　*5.25*(1857)
山階武彦　*2.13*(1898)
山科言緒　*2.21*(1577)
山科言国　*2.23*(1452)
山科言継　*4.26*(1507)
山科言綱　*4.1*(1486)
山科言経　*7.2*(1543)
山階宮菊麿　*7.3*(1873)
山階宮常子　*2.7*(1874)
山科教言　*6.8*(1328)
山階芳麿　*7.5*(1900)
山科李蹊　*1.4*(1702)
山路ふみ子　*3.13*(1912)
山城章　*5.3*(1908)
山城新伍　*11.10*(1938)
山城隆一　*11.10*(1920)
山勢松韻(3代目)　*12.6*(1932)
山瀬まみ　*10.2*(1969)
山田五十鈴　*2.5*(1917)
山田宇右衛門　*9.9*(1813)
山田詠美　*2.8*(1959)
山田恵諦　*12.1*(1895)
山田乙三　*11.6*(1881)
山高しげり　*1.5*(1899)
山田一雄　*10.19*(1912)
山田勝次郎　*10.7*(1897)
山田克郎　*11.5*(1910)
山田鬼斎　*5.6*(1864)
山田邦子　*6.13*(1960)
山田桂子　*2.26*(1925)
山田検校　*4.28*(1757)
山田耕作　*6.9*(1886)
山田孝野次郎　*2.25*(1906)
山田五郎　*12.5*(1958)
山田坂仁　*12.20*(1908)
山田三良　*11.18*(1869)
山田重雄　*10.26*(1931)
山田脩二　*5.7*(1939)
山田純大　*2.14*(1973)
山田昌作　*3.29*(1890)
山田常山(3代目)　*10.1*(1924)
山田抄太郎　*3.5*(1899)
山田精一　*6.19*(1908)
山田精吾　*3.18*(1930)
山田清三郎　*6.13*(1896)
山田節男　*12.26*(1898)
山田太一　*6.6*(1934)
山田隆夫　*8.23*(1956)
山田孝之　*10.20*(1983)
山田太郎　*5.5*
山田鼎石　*5.19*(1720)
山田典吾　*5.28*(1916)
山田徳兵衛　*5.14*(1896)
山田智彦　*3.23*(1936)
山田信夫　*7.11*(1932)
山田昇　*2.9*(1950)
山田花子　*3.10*(1975)
山田パンダ　*5.13*(1945)
山田久志　*7.29*(1948)
山田美妙　*7.8*(1868)
山田風太郎　*1.4*(1922)
山田文右衛門　*8.10*(1820)
山田方谷　*2.21*(1805)
山田麻衣子　*6.20*(1981)
山田亦介　*12.18*(1808)
山田守　*4.19*(1894)
山田まりや　*3.5*(1980)
山田道美　*12.11*(1933)
山田光成　*4.22*(1907)
山田穣　*12.27*(1897)
山田稔　*7.23*(1921)
山田無文　*7.16*(1900)
山田盛太郎　*1.29*(1897)
山田康雄　*9.10*(1932)
山田優　*7.5*(1984)
山田雄三　*12.20*(1902)
山田洋次　*9.13*(1931)
山田孝雄　*5.10*(1873)
山田わか　*12.1*(1879)
山手樹一郎　*2.11*(1899)
山寺宏一　*6.17*(1961)
山登検校(初代)　*1.12*(1782)
大和山甚左衛門(初代)　*5.19*(1677)
大和悠河　*8.4*
山名文夫　*3.17*(1897)
山中郁子　*4.19*(1932)
山中献　*9.2*(1822)
山中貞雄　*11.7*(1909)
山中正太郎(ハカセ)　*6.6*
山中惣左衛門　*7.13*(1836)
山中峯太郎　*12.15*(1885)
山中康雄　*10.2*(1908)
山梨勝之進　*7.26*(1877)
山梨稲川　*8.4*(1771)
山梨半造　*3.1*(1864)
山名持豊　*5.29*(1404)
山名義鶴　*9.17*(1891)
山西英一　*6.5*(1899)
山西きよ　*9.15*(1909)
山主敏子　*6.3*(1907)
山根一真　*10.12*(1947)
山根銀二　*1.27*(1906)
山根翠堂　*3.8*(1893)
山根基世　*3.22*(1948)
山根有三　*2.27*(1919)
山根良顕　*5.27*(1976)
山野愛子　*1.20*(1909)
山井青霞　*12.26*(1708)
山井基清　*8.29*(1885)
山内健二　*12.11*(1899)
山内秋生　*10.29*(1890)
山内清男　*1.2*(1902)
山内恭彦　*7.2*(1902)
山内俊之　*5.20*(1562)
山内義雄　*3.22*(1894)
山之口貘　*9.11*(1903)
山野千枝子　*3.11*(1895)
山端庸介　*8.6*(1917)
山葉寅楠　*4.20*(1851)
山花貞夫　*2.26*(1936)
山花秀雄　*3.22*(1904)
山彦節子　*2.7*(1920)
山藤章二　*2.20*(1937)
山辺健太郎　*5.20*(1905)
山村耕花　*1.2*(1885)
山村浩二　*6.4*(1964)
山村新治郎　*4.28*(1933)
山村聡　*2.24*(1910)
山村蘇門　*3.6*(1742)
山村暮鳥　*1.10*(1884)
山村美紗　*8.25*(1934)
山村紅葉　*10.27*(1960)
山村雄一　*7.27*(1918)
山室機恵子　*12.5*(1874)
山室軍平　*8.20*(1872)
山室静　*12.15*(1906)
山室民子　*9.19*(1900)
山室宗文　*10.21*(1880)
山本明　*10.9*(1932)
山本五十六　*4.4*(1884)
山本一力　*2.18*(1948)
山元一郎　*9.14*(1910)
山本一清　*5.27*(1889)
山本英一郎　*5.12*(1919)

山本英輔　*5.15*（1876）
山本嘉次郎　*3.15*（1902）
山本和夫　*4.25*（1907）
山本和行　*6.30*（1949）
山本鼎　*10.14*（1882）
山本寛斎　*2.8*（1944）
山本義一　*7.4*（1909）
山本“KID”徳郁　*3.15*（1977）
山本丘人　*4.15*（1900）
山元清多　*6.11*（1939）
山本渓愚　*1.9*（1827）
山本健吉　*4.26*（1907）
山本懸蔵　*2.20*（1895）
山本玄峰　*1.28*（1866）
山本幸一　*2.20*（1910）
山本浩二　*10.25*（1946）
山本耕史　*10.31*（1976）
山本コウタロー　*9.7*（1948）
山本権兵衛　*10.15*（1852）
山本薩夫　*7.15*（1910）
山本実彦　*1.5*（1885）
山本茂実　*2.20*（1917）
山本飼山　*7.23*（1890）
山本七平　*12.18*（1921）
山本周五郎　*6.22*（1903）
山本修二　*1.29*（1894）
山元春挙　*11.24*（1871）
山本潤子　*12.30*（1949）
山本春正（初代）　*1.25*（1610）
山本春正（5代目）　*12.29*（1734）
山本譲二　*2.1*（1950）
山本条太郎　*11.11*（1867）
山本紫朗　*11.6*（1908）
山本晋也　*6.16*（1939）
山本瑞雲　*9.13*（1867）
山本清二郎　*7.30*（1910）
山本宣治　*5.28*（1889）
山本荘毅　*5.1*（1914）
山元荘兵衛　*6.4*（1795）
山本貴司　*7.23*（1978）
山本孝　*3.12*（1920）
山本滝之助　*11.15*（1873）
山本猛夫　*3.5*（1921）
山本忠雄　*12.1*（1904）
山本忠興　*6.25*（1881）
山本忠司　*11.25*（1923）
山本達雄　*3.3*（1856）
山本達郎　*6.16*（1910）
山本為三郎　*4.24*（1893）
山本太郎　*11.8*（1925）
山本太郎　*11.24*（1974）
山本常朝　*6.11*（1659）
山本悌二郎　*1.10*（1870）
山本道斎　*5.2*（1814）
山本陶秀　*4.24*（1906）
山本東次郎（2代目）　*8.2*（1864）
山本東次郎（3代目）　*9.26*（1898）
山本豊市　*10.19*（1899）
山本直純　*12.16*（1932）
山本夏彦　*6.15*（1915）
山本日下　*6.3*（1725）
山本晴海　*12.17*（1804）
山本尚徳　*12.6*（1827）
山本秀煌　*10.30*（1857）
山本博　*10.31*（1962）
山本富士子　*12.11*（1931）
山本邦山(2代目)　*10.6*(1937)
山本芳翠　*7.5*（1850）
山本亡羊　*6.16*（1778）
山本政夫　*10.26*（1898）
山本政喜　*4.20*（1899）
山本昌広　*8.11*（1965）
山本正房　*8.30*（1898）
山本益博　*4.11*（1948）
山本美憂　*8.4*（1974）
山本未来　*11.4*（1974）
山本森之助　*4.2*（1877）
山本安英　*12.29*（1906）
山本有三　*7.27*（1887）
山本陽子　*3.17*（1942）
山本耀司　*10.3*（1943）
山本善雄　*6.20*（1898）
山本リンダ　*3.4*（1951）
山屋他人　*3.4*（1866）
山脇信徳　*2.11*（1886）
山脇東門　*8.18*（1736）
山脇東洋　*12.18*（1705）
山脇敏子　*6.14*（1887）
山脇房子　*6.4*（1867）
ヤミン　*8.23*（1903）
ヤメオゴ, モーリス　*12.31*（1921）
屋良朝苗　*12.13*（1902）
鑓田研一　*8.16*（1892）
ヤーリング　*10.12*（1907）
ヤルゼルスキ, ウォイチェフ　*7.6*（1923）
ヤールネフェルト, アルヴィッド　*11.16*（1861）
ヤロシェヴィチ　*10.8*（1909）
ヤン2世　*3.21*（1609）
ヤン3世　*6.2*（1624）
ヤーン, オットー　*6.16*(1813)
ヤング　*10.25*（1876）
ヤング　*10.26*（1893）
ヤング　*12.15*（1834）
ヤング, O.D.　*10.27*（1874）
ヤング, アーサー　*9.11*(1741)
ヤング, ヴィクター　*8.8*（1900）
ヤング, エドワード　*7.3*（1683）
ヤング, サイ　*3.29*（1867）
ヤング, ジェイムズ　*7.13*（1811）
ヤング, シャーロット　*8.11*（1823）
ヤング, スターク　*10.11*（1881）
ヤング, トマス　*6.13*（1773）
ヤングハズバンド, サー・フランシス・エドワード　*5.31*（1863）
ヤング, フランシス・ブレット　*6.29*（1884）
ヤング, ブリガム　*6.1*（1801）
ヤング, レスター　*8.27*(1909)
ヤング, ロレッタ　*1.6*（1913）
ヤンセン, コルネリス　*10.14*（1593）
ヤンセン, コルネーリーユス・オットー　*10.28*(1585)
ヤンセン, ファムケ　*11.1*（1964）
ヤンセン, ヨハネス　*4.10*(1829)
ヤンソンス, アルヴィド　*10.24*（1914）
ヤンソン, トーヴェ　*8.9*（1914）
ヤーン, ハンス・ヘニー　*12.17*（1894）
ヤーン, フリードリヒ・ルートヴィヒ　*8.11*（1778）
山家和子　*2.24*（1915）

【ゆ】

湯浅一郎 *12.18*(1868)
湯浅倉平 *2.1*(1874)
湯浅常山 *3.12*(1708)
湯浅治郎 *10.21*(1850)
湯浅卓 *11.24*(1955)
湯浅年子 *12.11*(1909)
湯浅半月 *3.30*(1858)
湯浅佑一 *12.17*(1906)
湯浅芳子 *12.7*(1896)
唯川恵 *2.1*(1955)
油井正一 *8.15*(1918)
由井正雪 *5.1*(1605)
ユイスマンス, ジョリス - カルル *2.5*(1848)
由比忠之進 *10.11*(1894)
ユーイング, ウィリアム・モーリス *5.12*(1906)
ユーイング, サー・ジェイムズ・アルフレッド *3.27*(1855)
ユーイング, ジュリアーナ *8.3*(1841)
ユヴァーラ, フィリッポ *3.7*(1678)
優香 *6.27*(1980)
融観 *1.8*(1649)
結城哀草果 *10.13*(1893)
結城昌治 *2.5*(1927)
結城信一 *3.6*(1916)
結城素明 *12.10*(1875)
結城豊太郎 *5.24*(1877)
裕木奈江 *5.12*(1970)
結城晴朝 *8.11*(1534)
結城秀康 *2.8*(1574)
結城孫三郎(10代目) *1.9*(1907)
遊義門院 *9.19*(1270)
結城令聞 *4.2*(1902)
祐子内親王 *4.21*(1038)
游錫堃 *4.25*(1948)
祐天 *4.8*(1637)
勇利アルバチャコフ *10.22*(1966)
ユエ, ピエール - ダニエル *2.8*(1630)
ユエ, ポール *10.3*(1803)
ユオン, コンスタンチン *10.12*(1875)
湯川寛吉 *5.24*(1868)
湯川秀樹 *1.23*(1907)
湯河元威 *5.18*(1897)
湯川れい子 *1.22*(1939)
YUKI *2.17*(1972)
行明親王 *12.9*(925)
由紀さおり *11.13*(1948)
由起しげ子 *12.2*(1900)
湯木貞一 *5.26*(1901)
行友李風 *3.2*(1877)
yukihiro *11.24*
雪村いづみ *3.20*(1937)
雪山慶正 *10.6*(1912)
ユクスキュル *9.8*(1864)
ユゴー, ヴィクトール *2.26*(1802)
兪国華 *1.10*(1914)
遊佐幸平 *7.25*(1883)
遊佐木斎 *12.16*(1658)
湯沢三千男 *5.20*(1888)
ユーシェンコ, ヴィクトル *2.23*(1954)
ユージン *9.7*(1899)
ユースケ・サンタマリア *3.12*(1971)
ユスティ *12.25*(1720)
ユスティニアヌス1世 *5.11*(482)
ユスティノフ, ピーター *4.16*(1921)
ユースフ・イドリース *5.19*(1927)
由谷義治 *3.11*(1888)
兪鎮午 *5.13*(1906)
ユデーニチ *7.30*(1862)
ユトケーヴィチ, セルゲイ *9.15*(1904)
ユドヨノ, スシロ・バンバン *9.9*(1949)
ユトリロ, モーリス *12.25*(1883)
ユナイタス, ジョニー *5.7*(1933)
柚木学 *6.22*(1929)
ユーバーヴェーク *1.22*(1826)
湯原元一 *8.12*(1863)
ユパンキ, アタウアルパ *1.30*(1908)
兪平伯 *1.8*(1900)
由美かおる *11.12*(1950)
夢路いとし *3.27*(1925)
夢野久作 *1.4*(1889)
夢枕獏 *1.1*(1951)
湯本武比古 *12.1*(1856)
由良君美 *2.13*(1929)
ユリアナ *4.30*(1909)
ユリアヌス, フラウィウス・クラウディウス *11.17*(332)
ユーリイ, ハロルド・クレイトン *4.29*(1893)
ユリウス3世 *9.10*(1487)
由利徹 *5.13*(1921)
百合山羽公 *9.21*(1904)
ユール *5.1*(1820)
ユール *7.9*(1917)
ユルスナール, マルグリット *6.8*(1903)
ユルバン, ジョルジュ *4.12*(1872)
ユンガー, エルンスト *3.29*(1895)
ユンカース, フーゴ *2.3*(1859)
ユンガー, フリードリヒ・ゲオルク *9.1*(1898)
ユング *3.6*(1894)
ユング - シュティリング, ヨハン・ハインリヒ *9.12*(1740)
ユング, カール・グスタフ *7.26*(1875)
ユンケル, アウグスト *1.27*(1870)
ユンケル, ジャンクロード *12.9*(1954)
ユン・ソナ *11.17*(1976)
ユーンソン, エイヴィンド *7.29*(1900)
尹東柱 *12.30*(1917)
ユン・ピョウ *6.27*(1957)

【よ】

ヨアネス(カンティの) *6.23*(1390)
ヨアネス(マタの) *6.23*(1160)
ヨアヒム1世 *2.21*(1484)

ヨアヒム2世　*1.9*(1505)
ヨアヒム, ヨーゼフ　*6.28*(1831)
ヨアンセン, ヨハネス　*11.6*(1866)
ヨアンネス8世　*12.16*(1391)
YOH　*12.11*(1983)
ヨーヴィネ, フランチェスコ　*10.9*(1902)
陽翰笙　*11.7*(1902)
葉剣英　*4.28*(1897)
楊朔　*4.28*(1913)
葉紹鈞　*10.28*(1894)
陽成天皇　*12.16*(868)
楊徳昌　*9.24*(1947)
陽姫　*10.8*(1752)
姚明　*9.12*(1980)
陽明門院　*7.6*(1013)
養老孟司　*11.11*(1937)
ヨウンソン, フィンヌル　*5.29*(1858)
ヨーカイ・モール　*2.18*(1825)
余貴美子　*5.12*(1956)
YO-KING　*7.14*(1967)
ヨーク, エドマンド　*6.5*(1341)
ヨーク, リチャード, 3代公爵　*9.21*(1411)
除村吉太郎　*2.10*(1897)
ヨーゲンセン, アンカー　*7.13*(1922)
横井庄一　*3.31*(1915)
横井小楠　*8.13*(1809)
横井玉子　*9.12*(1855)
横井千秋　*3.1*(1738)
横井時雄　*10.17*(1857)
横井時冬　*12.14*(1860)
横井英樹　*7.1*(1913)
横井豊山　*7.26*(1814)
横井也有　*9.4*(1702)
横尾竜　*7.21*(1883)
横川省三　*4.4*(1865)
横河民輔　*9.28*(1864)
横沢三郎　*12.17*(1904)
横澤彪　*12.15*(1937)
横沢由貴　*10.29*(1980)
横瀬夜雨　*1.1*(1878)
横田喜三郎　*8.6*(1896)
横田国臣　*8.9*(1850)
横田成年　*5.10*(1875)
横田千之助　*8.22*(1870)
横谷輝　*3.13*(1929)
横田秀雄　*8.29*(1862)
横田正俊　*1.11*(1899)
横溝正史　*5.25*(1902)
横路節雄　*1.2*(1911)
横路孝弘　*1.3*(1941)
横光利一　*3.17*(1898)
横峯さくら　*12.13*(1985)
横山エンタツ　*4.22*(1896)
横山剣　*7.7*(1960)
横山健堂　*11.5*(1872)
横山源之助　*2.21*(1871)
横山理子　*6.21*(1927)
横山大観　*8.19*(1868)
横山大観　*9.18*(1868)
横山利秋　*10.10*(1917)
横山ノック　*1.30*(1932)
横山秀夫　*1.17*(1957)
横山政孝　*2.7*(1789)
横山正彦　*4.20*(1917)
横山又次郎　*4.25*(1860)
横山松三郎　*2.9*(1890)
横山操　*1.25*(1920)
横山美智子　*7.27*(1905)
横山光輝　*6.18*(1934)
横山めぐみ　*9.2*(1969)
横山やすし　*3.18*(1944)
横山裕　*5.9*(1981)
横山猶蔵　*8.10*(1835)
横山蘭蝶　*7.14*(1795)
横山隆一　*5.17*(1909)
与謝野晶子　*12.7*(1878)
与謝野秀　*7.7*(1904)
与謝野鉄幹　*2.26*(1873)
与謝野礼厳　*9.13*(1823)
吉井勇　*10.8*(1886)
吉井和哉　*10.8*(1966)
吉幾三　*11.11*(1952)
吉井忠　*7.25*(1908)
吉井友実　*2.26*(1828)
吉井信発　*5.20*(1824)
吉井義次　*5.28*(1888)
吉植庄亮　*4.3*(1884)
吉江誠一　*1.29*(1911)
吉江喬松　*9.5*(1880)
ヨージェフ・アッティラ　*4.11*(1905)
吉岡金市　*7.26*(1902)
吉岡堅二　*10.27*(1906)
吉岡禅寺洞　*7.2*(1889)
吉岡隆徳　*6.20*(1909)
吉岡秀隆　*8.12*(1970)
吉岡実　*4.15*(1919)
吉岡弥生　*3.10*(1871)
吉雄圭斎　*5.8*(1822)
吉尾なつ子　*6.10*(1899)
吉賀大眉　*2.8*(1915)
芳川顕正　*12.10*(1842)
吉川英治　*8.11*(1892)
吉川幸次郎　*3.18*(1904)
吉川惟足　*1.28*(1616)
吉川泰二郎　*12.29*(1851)
吉川十和子　*5.30*(1966)
吉川ひなの　*12.21*(1979)
吉河光貞　*1.16*(1907)
吉川守圀　*2.18*(1883)
YOSHIKI　*11.20*(1965)
吉識雅夫　*1.20*(1908)
吉国一郎　*9.2*(1916)
吉国二郎　*6.11*(1919)
吉子内親王　*8.22*(1714)
善子内親王　*9.23*(1077)
能子内親王　*12.29*(1200)
吉阪隆正　*2.13*(1917)
芳沢謙吉　*1.24*(1874)
吉沢検校(2代目)　*10.2*(1808)
吉沢悠　*8.30*(1978)
吉沢ひとみ　*4.12*(1985)
吉沢義則　*8.22*(1876)
吉住小三郎(4代目)　*12.15*(1876)
吉住留五郎　*2.9*(1911)
吉田石松　*5.10*(1879)
吉田五十八　*12.19*(1894)
吉田一穂　*8.15*(1898)
吉田栄三(初代)　*4.29*(1872)
吉田栄三(2代目)　*9.9*(1903)
吉田栄作　*1.3*(1969)
吉田勝品　*10.30*(1809)
吉田兼雄　*1.14*(1705)
吉田兼右　*4.20*(1516)
吉田兼治　*3.9*(1565)
吉田兼敬　*10.22*(1653)
吉田甲子太郎　*3.23*(1894)
吉田熊次　*2.27*(1874)
芳武茂介　*11.12*(1909)
吉田建　*11.21*(1949)
吉田健一　*3.27*(1912)
吉田健一　*12.16*(1979)
吉田謙吉　*2.10*(1897)
吉田謙斎　*5.8*(1744)
吉田源十郎　*3.20*(1896)

吉田絃二郎 *11.24*(1886)
吉田耕作 *2.7*(1909)
吉田篁墩 *4.5*(1745)
吉田沙保里 *10.25*(1982)
吉田貞雄 *10.26*(1878)
吉田三郎 *5.25*(1889)
吉田茂 *9.2*(1885)
吉田茂 *9.22*(1878)
吉田修一 *9.14*(1968)
吉田松陰 *8.4*(1830)
吉田資治 *1.11*(1904)
吉田精一 *11.12*(1908)
吉田晴風 *8.5*(1891)
吉田善吾 *2.4*(1885)
吉田戦車 *8.11*(1963)
吉田草紙庵 *8.8*(1875)
吉田堯文 *9.20*(1908)
吉田拓郎 *4.5*(1946)
吉田武親 *9.29*(1827)
吉田忠雄 *9.19*(1908)
吉田正 *1.20*(1921)
吉田竜夫 *3.6*(1932)
吉田辰五郎(5代目) *12.28*(1897)
吉田玉五郎(2代目) *7.23*(1910)
吉田玉造(4代目) *5.18*(1885)
吉田忠三郎 *8.4*(1917)
吉田恒三 *2.3*(1872)
吉田鉄郎 *5.18*(1894)
吉田照美 *1.23*(1951)
吉田東伍 *4.10*(1864)
吉田とし *2.7*(1925)
吉田稔麿 *1.24*(1841)
吉田富三 *2.10*(1903)
吉田奈良丸(3代目) *11.6*(1898)
吉田白嶺 *12.9*(1871)
吉田秀雄 *11.9*(1903)
吉田日出子 *1.7*(1944)
吉田秀彦 *9.3*(1969)
吉田漱生 *10.25*(1930)
吉田博 *9.19*(1876)
吉田史子 *2.8*(1932)
吉田文五郎 *10.20*(1869)
吉田穂高 *9.3*(1926)
吉田益三 *8.21*(1895)
吉田瑞穂 *4.21*(1898)
吉田光邦 *5.1*(1921)
吉田満 *1.6*(1923)
吉田美和 *5.6*(1965)
吉田洋一 *7.11*(1898)
吉田瑶泉 *9.27*(1783)
吉田義男 *7.26*(1933)
吉田善彦 *10.21*(1912)
吉田良一郎 *7.26*(1977)
吉田ルイ子 *7.10*(1938)
吉利和 *9.27*(1913)
吉永小百合 *3.13*(1945)
吉永升庵 *10.7*(1656)
熙永親王 *3.29*(1362)
吉永みち子 *3.12*(1950)
芳野桜陰 *10.16*(1844)
吉野公佳 *9.5*(1975)
芳野金陵 *12.20*(1802)
吉野源三郎 *4.9*(1899)
吉野作造 *1.29*(1878)
吉野紗香 *5.14*(1982)
吉野信次 *9.17*(1888)
吉野せい *4.15*(1899)
吉野太夫 *3.3*(1606)
吉野秀雄 *7.3*(1902)
吉浜智改 *9.2*(1885)
吉葉山潤之輔 *4.3*(1920)
吉原幸子 *6.28*(1932)
吉原治良 *1.1*(1905)
能久親王 *2.16*(1847)
好仁親王 *3.18*(1603)
吉満義彦 *10.13*(1904)
吉見幸和 *9.15*(1673)
吉村証子 *7.3*(1925)
吉村明宏 *12.22*(1957)
吉村昭 *5.1*(1927)
芳村伊十郎(6代目) *12.17*(1859)
芳村伊十郎(7代目) *8.23*(1901)
吉村公三郎 *9.9*(1911)
芳村孝次郎(3代目) *10.25*(1817)
芳村五郎治(2代目) *7.25*(1901)
吉村作治 *2.1*(1943)
吉村順三 *9.7*(1908)
吉村信吉 *8.21*(1907)
吉村寅太郎 *4.18*(1837)
吉村仁 *9.27*(1930)
芳村真理 *4.3*(1935)
吉村万治郎 *3.22*(1886)
吉村雄輝 *2.2*(1923)
吉村由美 *1.30*(1975)
吉本せい *12.5*(1889)
吉本隆明 *11.25*(1924)
吉本多香美 *10.13*(1971)
吉本直志郎 *9.1*(1943)
よしもとばなな *7.24*(1964)
芳本美代子 *3.18*(1969)
吉屋信子 *1.12*(1896)
吉行エイスケ *5.10*(1906)
吉行和子 *8.9*(1935)
吉行淳之介 *4.13*(1924)
ヨース, クルト *1.12*(1901)
ヨースト, ハンス *7.8*(1890)
ヨーゼフ1世 *7.26*(1678)
ヨーゼフ2世 *3.13*(1741)
ヨセリン・デ・ヨング *3.13*(1886)
依田郁子 *9.30*(1938)
依田貞鎮 *3.13*(1681)
与田準一 *6.25*(1905)
依田義賢 *4.14*(1909)
四辻季継 *12.7*(1581)
四辻季遠 *7.7*(1513)
四辻季満 *3.15*(1566)
ヨッフェ *10.22*(1883)
ヨッフェ *10.30*(1880)
ヨッフム, オイゲン *11.1*(1902)
四谷シモン *7.12*(1944)
四家文子 *1.20*(1906)
ヨトゥニ, マリア *4.9*(1880)
淀川長治 *4.10*(1909)
ヨードル *8.23*(1849)
米内光政 *3.2*(1880)
ヨナス *10.4*(1899)
ヨーナス, ユストゥス *6.5*(1493)
米井源治郎 *9.16*(1861)
米川操軒 *10.24*(1627)
米川文子 *6.15*(1894)
米川正夫 *11.25*(1891)
米窪満亮 *9.16*(1888)
米倉斉加年 *7.10*(1934)
米倉昌晴 *4.22*(1728)
米倉涼子 *8.1*(1975)
米沢嘉圃 *6.2*(1906)
ヨネスケ *4.15*(1948)
米田功 *8.20*(1977)
米田庄太郎 *2.1*(1873)
米長邦雄 *6.10*(1943)
米原昶 *2.7*(1909)
米原雲海 *8.22*(1869)
米原万里 *4.29*(1950)

よね　　　　　　　　　　　人名索引

米山梅吉　*2.4*（1868）
ヨハネス8世　*12.14*（872）
ヨハネス23世　*11.25*（1881）
ヨハネス・パウルス1世　*10.17*（1912）
ヨハネ・パウロ2世　*5.18*（1920）
ヨハン　*1.20*（1782）
ヨハン　*12.12*（1801）
ヨハン3世　*12.21*（1537）
ヨハン（堅忍不抜公）　*6.30*（1468）
ヨハン（宏量公）　*6.30*（1503）
ヨハン（盲目王）　*8.10*（1296）
ヨハン・ゲオルク1世　*3.5*（1585）
ヨーハン・ゲオルク3世　*6.30*（1647）
ヨハンセン、ヴィルヘルム・ルードヴェイ　*2.3*（1857）
ヨハン・マウリッツ　*6.17*（1604）
呼出し太郎　*2.15*（1888）
ヨフコフ、ヨルダン　*11.9*（1880）
ヨー、ミシェル　*8.6*（1962）
ヨリー　*9.26*（1809）
順子内親王　*11.4*（1850）
依仁親王　*9.19*（1867）
職仁親王　*9.10*（1713）
頼仁親王　*7.22*（1201）
職仁親王妃淳子　*6.3*（1713）
従姫　*10.13*（1757）
ヨルガ、ニコラエ　*6.18*（1871）
ヨルク・フォン・ヴァルテンブルク　*9.26*（1759）
ヨルダン、エルンスト・パスクァル　*10.18*（1902）
ヨルダーンス、ヤーコプ　*5.15*（1593）
万鉄五郎　*11.17*（1885）
萬屋錦之介　*11.20*（1932）
万屋兵四郎　*3.28*（1818）
ヨンキント、ヨハン・バルトルト　*6.3*（1819）
ヨンゲン、ジョゼフ　*12.14*（1873）
ヨーンゾン、ウーヴェ　*7.20*（1934）
ヨンメッリ、ニッコロ　*9.10*（1714）

【ら】

ラ・アルプ　*4.6*（1754）
ラ・アルプ、ジャン・フランソワ・ド　*11.20*（1739）
ライ　*7.30*（1862）
ライアン　*2.28*（1797）
ライアンズ、ジョゼフ・アロイシアス　*9.15*（1879）
ライアン、ノーラン　*1.31*（1947）
ライアン、メグ　*11.19*（1961）
頼印　*4.14*（1323）
ライエ、カマラ　*1.1*（1928）
ライエル、サー・チャールズ　*11.14*（1797）
ライオネス飛鳥　*7.28*（1963）
ライカールト、フランク　*9.30*（1963）
ライク・ラースロー　*3.8*（1909）
頼山陽　*12.27*（1780）
ライシャワー、エドウィン　*10.15*（1910）
頼春水　*6.30*（1746）
ライス、エルマー　*9.28*（1892）
ライス、コンドリーザ　*11.14*（1954）
ライダー、アルバート・ピンカム　*3.19*（1847）
ライダー、ウィノナ　*10.29*（1971）
ライディッヒ　*5.21*（1821）
ライデン　*4.20*（1832）
ライト　*12.28*（1890）
ライト、ウィルバー　*4.16*（1867）
ライト、オーヴィル　*8.19*（1871）
ライト、サー・アルムロース・エドワード　*8.10*（1861）
ライト、シューアル　*12.21*（1889）
ライト、ジュディス　*5.31*（1915）
ライト、ジョゼフ　*9.3*（1734）
ライト、ジョゼフ　*10.31*（1855）

ライト、テレサ　*10.27*（1918）
ライトフット、ジョウゼフ・バーバー　*4.13*（1828）
ライト、フランク・ロイド　*6.8*（1867）
ライト、リチャード　*9.4*（1908）
ライナー・フリッツ　*12.19*（1888）
ライナルディ、カルロ　*5.4*（1611）
ライニス、ヤーニス　*9.11*（1865）
ライネッケ、カルル　*6.23*（1824）
頼梅麗　*8.29*（1760）
ライヒ、ヴィルヘルム　*3.24*（1897）
ライヒシュタイン、タデウシュ　*7.20*（1897）
ライヒ、スティーブ　*10.3*（1936）
ライヒ、フェルディナンド　*2.19*（1799）
ライプ　*9.22*（1893）
ライフアイゼン　*3.30*（1818）
ライプニッツ、ゴットフリート・ヴィルヘルム　*7.3*（1646）
ライブル、ヴィルヘルム　*10.13*（1844）
ライヘンバッハ、カール、男爵　*2.12*（1788）
ライヘンバッハ、ゲオルク・（フリードリヒ・）フォン　*8.24*（1772）
ライヘンバッハ、ハンス　*9.26*（1891）
雷峰　*12.30*（1939）
ライマールス、ヘルマン・ザームエル　*12.22*（1694）
ライマン　*12.11*（1835）
ライマン、セオドア　*11.23*（1874）
頼三樹三郎　*5.26*（1825）
ライミ、サム　*10.23*（1959）
ライムント、フェルディナント　*6.1*（1790）
ライリ、ジェイムズ・ホイットコム　*10.7*（1849）
ライル、ギルバート　*8.19*（1900）

ライル, サー・マーティン　*9.27*(1918)
ラ・イール, ロラン・ド　*2.26*(1606)
ライ, レオン　*12.11*(1966)
ライン　*9.18*(1843)
ライン, ヴィルヘルム　*8.10*(1847)
ラインケン, ヨーハン・アーダム　*4.27*(1623)
ライン, ジョゼフ・バンクス　*9.29*(1895)
ラインズドルフ, エーリヒ　*2.4*(1912)
ラインハート, アド　*12.24*(1913)
ラインハルト, ジャンゴ　*1.23*(1910)
ラインハルト, マックス　*9.8*(1873)
ラインベルガー, ヨーゼフ　*3.17*(1839)
ラインホルト, エラスムス　*10.22*(1511)
ラインホルト, カール・レーオンハルト　*10.26*(1758)
ラウ　*2.26*(1887)
ラウ　*11.29*(1792)
ラーヴァター, ヨハン・カスパル　*11.15*(1741)
ラ・ヴァリエール, ルイーズ-フランソワーズ・ド・ラ・ボーム・ル・ブラン, 女公爵　*8.6*(1644)
ラヴァル-モンモランシー, フランソワ・クサヴィエ　*4.30*(1623)
ラヴァル, カール・グスタフ・パトリック・ド　*5.9*(1845)
ラヴァル, ピエール　*6.28*(1883)
ラウ, アンディ　*9.27*(1961)
ラヴィジェリ, シャルル・マルシャル・アルマン　*10.31*(1825)
ラヴィス, エルネスト　*12.17*(1842)
ラヴィニャック, アルベール　*1.21*(1846)
ラヴェッソン・モリアン　*10.23*(1813)
ラヴェット　*5.8*(1800)
ラヴェラン, シャルル・ルイ・アルフォンス　*6.18*(1845)
ラヴェル, モーリス　*3.7*(1875)
ラヴェル, ルイ　*7.15*(1883)
ラヴォワジエ, アントワーヌ・ローラン　*8.26*(1743)
ラヴクラフト, H.P.　*8.20*(1890)
ラウシェンブシュ, ウォールター　*10.4*(1861)
ラヴジョイ, アーサー・O.　*10.10*(1873)
ラヴジョイ, エライジャ・パリシュ　*11.9*(1803)
ラウス, フランシス・ペイトン　*10.5*(1879)
ラウダ, ニキ　*2.22*(1949)
ラウターパハト, サー・ヘルシュ　*8.16*(1897)
ラウドルップ, ミカエル　*6.15*(1964)
ラウバル, アンゲラ　*6.4*(1908)
ラウファー, ベルトルト　*10.11*(1874)
ラウベ, ハインリヒ　*9.18*(1806)
ラウマー　*5.14*(1781)
ラウ, ヨハネス　*1.16*(1931)
ラウル　*6.27*(1977)
ラウール, フランソワ・マリー　*5.10*(1830)
ラヴレニョーフ, ボリス・アンドレーヴィチ　*7.17*(1891)
ラウレル　*3.9*(1891)
ラウレンティウス(ブリンディジの)　*7.22*(1559)
ラヴローフ, ピョートル・ラヴロヴィチ　*6.14*(1823)
ラウントリー, ベンジャミン・シーボーム　*7.7*(1871)
ラエンネック, ルネ・テオフィル・イアサント　*2.17*(1781)
ラオ, ナラシマ　*6.28*(1921)
ラカイユ, ニコラ・ルイ・ド　*3.15*(1713)
ラカジェ, ルイス　*7.13*(1941)
ラガーツ, レオンハルト　*7.28*(1868)
ラ・ガーディア, フィオレロ・H　*12.11*(1882)
ラカトシュ, イムレ　*11.9*(1922)
ラガルド, ポル・アントーン・ド　*11.2*(1827)
ラカン, オノラ・ド　*2.5*(1589)
ラカン, ジャック　*4.13*(1901)
ラーキン, フィリップ　*8.9*(1922)
ラグーザ, ヴィンチェンツォ　*7.8*(1841)
ラグーザ玉　*6.10*(1861)
駱賓基　*2.12*(1917)
ラ・グーマ, アレックス　*2.20*(1925)
ラグラン(ラグランの), ロード・フィッツロイ・ジェイムズ・ヘンリー・サマーセット, 男爵　*9.30*(1788)
ラグランジュ, ジョゼフ・ルイ, 帝政伯爵　*1.25*(1736)
ラクルテル, ジャック・ド　*7.14*(1888)
ラ・クール, ポール　*11.9*(1902)
ラクロア　*4.28*(1765)
ラクロ, ピエール・コデルロス・ド　*10.18*(1741)
ラクロワ, クリスチャン　*5.16*(1951)
ラゲー, エミール　*10.24*(1852)
ラーゲルクヴィスト, パール　*5.23*(1891)
ラーゲルレーヴ, セルマ　*11.20*(1858)
ラーコシ・マーチャーシュ　*3.14*(1892)
ラーコーツィ・フェレンツ2世　*3.27*(1676)
ラコルデール, アンリ・ドミニーク　*5.12*(1802)
ラコンダミン, シャルル・マリー・ド　*1.27*(1701)
ラザク, アブドゥル　*3.11*(1922)
ラザースフェルト, ポール　*2.13*(1901)
ラザフォード, アーネスト　*8.30*(1871)

ラザフォード, ダニエル *11.3*(1749)
ラザラス, エマ *7.22*(1849)
ラサール石井 *10.19*(1955)
ラ・サール, 聖ジャン・バティスト・ド *4.30*(1651)
ラサール, フェルディナント *4.11*(1825)
ラ・サール, ルネ・ローベル・カヴリエ, 卿 *11.22*(1643)
ラージー *8.28*(865)
ラシェーズ, ガストン *3.19*(1882)
ラシェーズ, フランソワ・デクス *8.25*(1624)
ラシェル *2.28*(1820)
ラジーシチェフ, アレクサンドル・ニコラエヴィチ *8.31*(1749)
ラシッヒ *6.8*(1863)
ラシーヌ, ジャン *12.21*(1639)
ラーシャロテー *3.6*(1701)
ラシュディ, サルマン *6.19*(1947)
ラシュリエ, ジュール *5.27*(1832)
ラシュリー, カール・S(スペンサー) *6.7*(1890)
ラス‐カサス, バルトロメ・デ *11.1*(1484)
ラーズィー *4.26*(888)
ラスウェル, ハロルド・ドワイト *2.13*(1902)
ラスカー‐シューラー, エルゼ *2.11*(1876)
ラス・カーズ, エマニュエル・ド *6.21*(1766)
ラスキーヌ, リリ *8.31*(1893)
ラスキ, ハロルド・J. *6.30*(1893)
ラスキン, ジョン *2.8*(1819)
ラスク *9.25*(1875)
ラスク, ディーン *2.9*(1909)
ラスク, ラスムス *11.22*(1787)
ラスパイユ *1.29*(1794)
ラスプーチン, グリゴーリイ・エフィーモヴィチ *1.23*(1871)
ラスムセン, ポール・ニュルップ *6.15*(1943)
ラスムッセン, クヌード(・ヨハン・ヴィクトア) *6.7*(1879)
ラースロー1世 *6.27*(1040)
ラースロー5世 *2.22*(1440)
ラセペード, ベルナール・ド・ラヴィル, 伯爵 *12.26*(1756)
ラーダークリシュナン, サー・サルヴェパリー *9.5*(1888)
ラダ, ヨゼフ *12.17*(1887)
ラチラカ, ディディエ *11.4*(1936)
ラツァルス *9.15*(1824)
ラッキィ池田 *10.25*(1959)
ラックスネス, ハルドゥル・キリヤン *4.23*(1902)
ラック, デヴィッド・ランバー *6.19*(1910)
ラッシャー板前 *6.15*(1963)
ラッシュ, ジェフリー *7.6*(1951)
ラッシュ, ベンジャミン *12.24*(1745)
ラッセル, ウィリアム *6.18*(1799)
ラッセル, ウィリアム, 卿 *9.29*(1639)
ラッセル, サー・ウィリアム・ハワード *3.28*(1821)
ラッセル, サー・エドワード・ジョン *10.31*(1872)
ラッセル, ジョージ・ウィリアム *4.10*(1867)
ラッセル, ジョン *8.18*(1792)
ラッセル, ジョン・スコット *5.8*(1808)
ラッセル, バートランド *5.18*(1872)
ラッセル, ヘンリー・ノリス *10.25*(1877)
ラッセル, モーガン *1.25*(1886)
ラッセン *10.22*(1800)
ラッタッツィ *6.29*(1810)
ラッツェル, フリードリヒ *8.30*(1844)
ラッツェンホーファー *7.4*(1842)
ラッド, アラン *9.3*(1913)
ラッハマン, カール *3.4*(1793)
ラップ *8.24*(1917)
ラッフルズ, トマス・スタンフォード *7.6*(1781)
ラップワース, チャールズ *9.30*(1842)
ラティガン, テレンス *6.10*(1911)
ラディゲ, レーモン *6.18*(1903)
ラティーヒウス(ラトケ), ヴォルフガング・フォン *10.18*(1571)
ラティモア, オーウェン *7.29*(1900)
ラデツキー *11.19*(1891)
ラデツキー, ヨーゼフ, 伯爵 *11.2*(1766)
ラテナウ *12.11*(1838)
ラーテナウ, ヴァルター *9.29*(1867)
ラーデマッハー *8.4*(1772)
ラトー *10.13*(1863)
ラトゥアレット, ケネス・スコット *8.9*(1884)
ラードヴィツ, ヨーゼフ・マリーア・フォン *2.6*(1797)
ラ・トゥール, ジョルジュ・ド *3.19*(1593)
ラ・トゥール, モーリス・カンタン・ド *9.5*(1704)
ラドクリフ, アン *7.9*(1764)
ラドクリフ, ダニエル *7.23*(1989)
ラドクリフ・ブラウン, アルフレッド・レジナルド *1.17*(1881)
ラドクリフ, ポーラ *12.17*(1973)
ラトケ, マルティン・H(ハインリヒ) *8.25*(1793)
ラードナー, リング *3.6*(1885)
ラドフォード, アーサー *2.27*(1896)
ラートブルッフ *11.21*(1878)
ラトル・ド・タシニー, ジャン・ド *2.2*(1889)
ラトレーユ, ピエール・アンドレ *11.29*(1762)

ラドロフ *1.17*(1837)
ラトローブ, ベンジャミン・ヘンリー *5.1*(1764)
ラーナー *10.28*(1903)
ラーナー, カール *3.5*(1904)
ラナリット, ノロドム *1.2*(1944)
ラニア王妃 *8.31*(1970)
ラニアー, シドニー *2.3*(1842)
ラニエル *10.12*(1889)
ラニヤン, デイモン *10.4*(1884)
ラヌー, アルマン *10.24*(1913)
ラヌッセ, アレハンドロ *8.28*(1918)
ラーネッド, ドワイト・ホウィットニ *10.12*(1848)
ラパツキ *12.24*(1909)
ラバディ, ジャン・ド *2.13*(1610)
ラバロマナナ, マルク *12.12*(1949)
ラバント *5.24*(1838)
ラバン, ルドルフ・フォン *12.15*(1879)
ラービ, イジドール・アイザック *7.29*(1898)
ラビッシュ, ウージェーヌ *5.5*(1815)
ラビノビッチ *4.27*(1901)
ラビーン, アブリル *9.27*(1984)
ラビン, イツハーク *3.1*(1922)
ラ・ファイエット侯, マリ・ジョゼフ・ポール・イブ・ロック・ジルベール・デュ・モティエ *9.6*(1757)
ラ・ファイエット夫人, マリー・マドレーヌ *3.18*(1634)
ラファエリ, ジャン - フランソワ *4.20*(1850)
ラファエルロ, サンティ *4.8*(1483)
ラ・ファージュ, ジョン *3.31*(1835)
ラファラン, ジャンピエール *8.3*(1948)
ラファルグ *1.15*(1842)
ラフィット *10.24*(1767)
ラ・フォッス, シャルル・ド *6.15*(1636)
ラフォルグ, ジュール *8.16*(1860)
ラ・フォレット, ロバート・M(マリオン) *6.14*(1855)
ラ・フォンテーヌ *10.4*(1807)
ラブ, コートニー *7.9*(1965)
ラフサンジャニ, アリ・アクバル・ハシェミ *8.25*(1934)
ラブソン *5.12*(1861)
ラフード, エミール *1.12*(1936)
ラフマニノフ, セルゲイ・ヴァシリエヴィチ *4.1*(1873)
ラフマーン, シェイク・ムジーブル *3.17*(1920)
ラプラス, ピエール・シモン, 侯爵 *3.28*(1749)
ラプラード, ピエール *7.19*(1875)
ラ・ブリュイエール, ジャン・ド *8.17*(1645)
ラブルースト, アンリ *5.11*(1801)
ラ・ブルドネ *2.11*(1699)
ラ・フレネー, ロジェ・ド *7.11*(1885)
ラブレー, フランソワ *3.2*(1496)
ラブロフスキー *6.5*(1905)
羅聘 *1.7*(1733)
ラーベ, ヴィルヘルム *9.8*(1831)
ラ・ペルーズ, ジャン・フランソワ・ド・ガロ, 伯爵 *8.22*(1741)
ラ・ボエシー, エチエンヌ・ド *11.1*(1530)
ラボー, ポル *1.29*(1718)
ラーマ2世 *2.24*(1767)
ラーマ4世 *10.18*(1804)
ラーマ5世 *9.20*(1853)
ラーマ6世 *1.1*(1881)
ラーマクリシュナ *2.20*(1834)
ラマッツィーニ, ベルナルディーノ *11.3*(1633)
ラマディエ, ポール *5.17*(1888)
ラマナ・マハリシ *12.30*(1879)
ラマルク, ジャン・バティスト・ピエール・アントワーヌ・ド・モネ, シュヴァリエ・ド *8.1*(1744)
ラマルチーヌ, アルフォンス・ド *10.21*(1790)
ラ・マルファ *5.16*(1903)
ラマン *4.30*(1851)
ラーマン, アブドゥル *2.8*(1903)
ラマン, サー・チャンドラセカーラ・ヴェンカタ *11.7*(1888)
ラミュ, シャルル - フェルディナン *9.24*(1878)
ラミレス, アレックス *10.3*(1974)
ラム *12.3*(1764)
ラム, キャロライン *11.13*(1785)
ラムザウアー *2.6*(1879)
ラムジ, アーサー・マイケル *11.4*(1904)
ラムジー, アラン *10.13*(1713)
ラムジー, アラン *10.15*(1686)
ラムージオ, ジョヴァン・バッティスタ *7.20*(1485)
ラムジー, サー・ウィリアム *10.2*(1852)
ラムジー, フランク *2.22*(1903)
ラムステット, グスタフ *10.24*(1873)
ラムズデン, ジェス *10.6*(1735)
ラームズドルフ *1.6*(1845)
ラムズフェルド, ドナルド *7.9*(1932)
ラム, チャールズ *2.10*(1775)
ラムネー, フェリシテ - ロベール・ド *6.19*(1782)
ラムルー, シャルル *9.28*(1834)
ラメ *7.22*(1795)
ラ・メトリ, ジュリヤン・オフロワ・ド *12.25*(1709)

ラーモア, サー・ジョゼフ *7.11*(1857)
ラモー, ジャン-フィリップ *9.25*(1683)
ラモス, グラシリアノ *10.27*(1892)
ラモス, フィデル *3.18*(1928)
ラモス瑠偉 *2.9*(1957)
ラモット・ウダール *1.18*(1672)
ラ・モット・ル・ヴァイエ, フランソワ・ド *8.1*(1588)
ラモン *9.30*(1886)
ラモン・イ・カハル, サンティアゴ *5.1*(1852)
ラモーン, ジョーイ *5.19*(1951)
ラモント, ヨハン・フォン *12.13*(1805)
ラヨシュ1世 *3.5*(1326)
ラヨシュ2世 *2.1*(1506)
ラヨール *3.4*(1492)
ララ *12.24*
ララ, マリアノ・ホセ・デ *3.24*(1809)
ラランド *7.19*(1867)
ラランド, ジョゼフ・ジェローム・ル・フランセ・ド *7.11*(1732)
ラリオノフ, ミハイル・フョードロヴィチ *5.22*(1881)
ラリック, ルネ *4.6*(1860)
ラ・リーブ, オーギュスト *10.9*(1801)
羅隆基 *12.7*(1896)
ラルー *9.3*(1889)
ラルゴ・カバリェロ *10.15*(1869)
ラルジリエール, ニコラ・ド *10.10*(1656)
ラルース, ピエール-アタナーズ *10.23*(1817)
ラールソン, カール *3.28*(1853)
ラルボー, ヴァレリー *8.29*(1881)
ラール, マルト *4.22*(1960)
ラレー *7.8*(1766)
ラレータ, エンリケ・ロドリゲス *3.4*(1875)
ラロ *2.24*(1877)
ラロ, エドゥアール *1.27*(1823)
ラ・ロシュジャクラン, アンリ *8.30*(1772)
ラ・ロシュ, ゾフィー・フォン *12.6*(1731)
ラ・ロシュフコー, フランソワ・ド *9.15*(1613)
ラ・ロシュフコー・リアンクール *1.11*(1747)
藺郁二郎 *9.2*(1913)
ランガー, スーザン・K(クナウト) *12.20*(1895)
ランカスター, ジョゼフ *11.25*(1778)
ランカスター伯 *1.16*(1245)
ランカスター, バート *11.2*(1913)
ランキン, ウィリアム・ジョン・マッコーン *7.5*(1820)
ラング, アンドルー *3.31*(1844)
ラング, ジェシカ *4.20*(1949)
ランク, ジョゼフ・アーサー・ランク, 男爵 *12.23*(1888)
ラングハンス, カール・ゴットハート *12.15*(1732)
ラング, フリッツ *12.5*(1890)
ラングミュア, アーヴィング *1.31*(1881)
ラングリー, サミュエル・ピアポント *8.22*(1834)
ラングレ *8.23*(1763)
ランクレ, ニコラ *1.22*(1690)
ラングロア *5.26*(1863)
ランクロ, ニノン・ド *11.10*(1620)
ランケ *8.23*(1836)
ランゲ *4.30*(1895)
ランゲ *7.27*(1904)
ランゲ *10.6*(1904)
ランゲ, クリスティアン・ロウス *9.17*(1869)
ランケスター, サー・エドウィン・レイ *5.15*(1847)
ランゲッサー, エリーザベト *2.23*(1899)
ランゲ, フリードリヒ・アルベルト *9.28*(1828)
ランゲルハンス *7.25*(1847)
ランケ, レーオポルト *12.21*(1795)
ランコヴィチ *11.28*(1909)
ランサム, アーサー *1.18*(1884)
ランサム, ジョン・クロー *4.30*(1888)
ランジート・シング *11.2*(1780)
ランシマン, ロード・ウォルター・ランシマン, 初代子爵 *11.19*(1870)
ランジュヴァン, ポール *1.23*(1872)
ランシング, シェリー *7.31*(1944)
ランシング, ロバート *10.17*(1864)
ランズダウン第5代侯爵, ペティ・フィッツモーリス *1.14*(1845)
ランズダウン, ヘンリー・ペティ-フィッツモーリス, 3代侯爵 *7.2*(1780)
ランズベリー, ジョージ *2.21*(1859)
ランセ, アルマン-ジャン・ル・ブチリエ・ド *1.9*(1626)
ランソン, ギュスターヴ *8.5*(1857)
ランダウ *2.14*(1877)
ランダウ, レフ・ダヴィドヴィチ *1.22*(1908)
ランチェスター, フレデリック・ウィリアム *10.23*(1868)
ランチージ, ジョヴァンニ・マリア *10.26*(1654)
ランツァ, マリオ *1.31*(1921)
ランデ *12.13*(1888)
ランディ, ベンジャミン *1.4*(1789)
ランデール, マックス *12.16*(1883)
ランドー, ウォルター・サヴェッジ *1.30*(1775)
ランド, エドウィン・ハーバート *5.7*(1909)
ラントシュタイナー, カール *6.14*(1868)
ランドスベルク, グリゴリー *1.22*(1890)

ランドバーグ 10.3（1895）
ラント夫妻 12.6（1887）
ランドフスカ, ヴァンダ 7.5（1879）
ラントリー, リリー 10.13（1853）
ランドルト, ハンス・ハインリヒ 12.5（1831）
ランドルフィ, トンマーゾ 8.9（1908）
ランドルフ, エドマンド 8.10（1753）
ランドルフ, ジョン 6.2（1773）
ランドルフ, トマス 6.15（1605）
ランナー, ヨーゼフ 4.12（1801）
ランヌ, ジャン 4.11（1769）
ランバート, クリストファー 3.17（1957）
ランバート, コンスタント 8.23（1905）
ランバート, ジョン 11.7（1619）
ランバート, デイム・マリー 2.20（1888）
ランバート, ヨハン・ハインリヒ 8.26（1728）
ランバル 9.8（1749）
ランバル, ジャン・ピエール 1.7（1922）
ランファン, ピエール・シャルル 8.2（1754）
ランプマン, アーチボルド 11.17（1861）
ランフランコ, ジョヴァンニ 1.26（1582）
ランプレヒト 2.25（1856）
ラーン, ヘルムート 8.16（1929）
ランボー 7.2（1842）
ランボー 7.13（1852）
ランボー, アルチュール 10.20（1854）
ラン・ボスィレク 9.26（1886）

【 り 】

リー 1.20（1732）
リー, T. 7.16（1896）
リア, エドワード 5.12（1812）
リアカト・アリー 10.1（1895）
リー, アン 2.29‖[50A]02:岩ケ（1736）
リー, アン 10.23（1954）
李煜 7.7（937）
リヴァーズ, ウィリアム・ホールス・リヴァーズ 3.12（1864）
リーヴァー, チャールズ 8.31（1806）
リーヴァーヒューム（ウェスタン・アイルズの), ウィリアム・ヘスキス・リーヴァー, 初代子爵 9.19（1851）
リヴァプール, ロバート・バンクス・ジェンキンソン, 2代伯爵 6.7（1770）
リヴァーモア, メアリ・アシュトン 12.19（1821）
リヴァロール, アントワーヌ 6.26（1753）
リヴィア, ポール 1.1（1735）
リー, ヴィヴィアン 11.5（1913）
リヴィエール, ジャック 7.15（1886）
リーヴィス, F.R. 7.14（1895）
リヴィングストン 5.28（1764）
リヴィングストン, R.R. 11.27（1746）
リヴィングストン, デイヴィド 3.19（1813）
リヴォフ, ゲオルギー・エヴゲニエヴィチ公爵 11.2（1861）
リエゴ・イ・ヌニェス 11.24（1785）
リエル, ルイ 10.23（1844）
理延女王 12.14（1424）
リオタール, ジャン・エティエンヌ 12.22（1702）

リオベル, ジャン・ポール 10.7（1923）
リオ, ベルナール・フェルディナン 2.27（1897）
リオラン 2.20（1580）
リオンヌ 10.11（1611）
リカーソリ, ベッティーノ 3.9（1809）
リカード, デイヴィド 4.19（1772）
リーガル千太 7.2（1901）
リーガル万吉 12.12（1894）
李煥 9.24（1916）
リーガン, ロナルド 2.6（1911）
李季 8.16（1922）
リーギ, アウグスト 8.27（1850）
李箕永 5.29（1895）
リキエル, ソニア 5.25（1930）
力道山光浩 11.14（1924）
力久辰斎 10.28（1906）
リーキー, ルイス・シーモア・バゼット 8.7（1903）
李垠 10.20（1897）
リー・クアンユー 9.16（1923）
リグオーリ, 聖アルフォンソ・マリア・デ 9.27（1696）
陸象山 2.24（1139）
陸游 5.17（1125）
リーグル, アーロイス 1.14（1858）
リクール, ポール 2.2（1913）
李奎報 12.16（1168）
李健吾 8.17（1906）
リゴー, イアサント 7.18（1659）
李滉 11.25（1501）
李鴻章 2.15（1823）
李広田 10.1（1906）
李克用 9.22（856）
リーコック, スティーヴン 12.30（1869）
リコール 12.10（1800）
リコルディ, ティート2世 5.17（1865）
LISA 10.26（1974）
リサジュー, ジュール・アントワーヌ 3.4（1822）
リーザネク, レオニー 11.12（1926）

リサール, ホセ *6.19*(1861)
リシエ, ジェルメーヌ *9.16*(1904)
リシェ, シャルル・ロベール *8.26*(1850)
リー, ジェット *4.26*(1963)
リシツキー, エル *11.10*(1890)
リージ, ニコーラ *4.11*(1893)
リシャール *9.29*(1860)
リシャール, モーリス *8.14*(1924)
理秀女王 *8.26*(1489)
理秀女王 *11.1*(1725)
リシュリュー, アルマン・ジャン・デュ・プレシ, 枢機卿, 公爵 *9.9*(1585)
理昌女王 *1.2*(1631)
李承晩 *3.26*(1875)
リージン, ウラジーミル・ゲルマノヴィチ *2.3*(1894)
リース, ジーン *8.24*(1894)
リスター, ジョゼフ *4.5*(1827)
リス・デーヴィッズ *5.12*(1843)
リスト *1.1*(1874)
リスト *3.2*(1851)
リスト *8.6*(1789)
リスト, フランツ *10.22*(1811)
リーズ, トマス・オズボーン, 公爵 *2.20*(1632)
リストーリ *1.29*(1822)
リー, スパイク *3.20*(1957)
リース, ハロルド *7.23*(1918)
リース, フリジェシュ *1.22*(1880)
リスペクトール, クラリッセ *12.10*(1925)
リースマン, デイヴィド *9.22*(1909)
リース, ルートウィヒ *12.1*(1861)
リース・ロス *2.4*(1887)
リーゼネル, ジャン・アンリ *7.11*(1734)
リーゼマン, ベルンハルト・オスカー・フォン *2.29*(1880)
李先念 *6.23*(1909)
リー, ソフス *12.17*(1842)
李存勗 *12.22*(885)
李大釗 *10.6*(1888)
リーチ, エドマンド・ロナルド *11.7*(1910)
リーチ, ジョン *8.29*(1817)
リーチ, バーナード *1.5*(1887)
リチャーズ, I.A. *2.26*(1893)
リチャーズ, キース *12.18*(1943)
リチャーズ, セオドア・ウィリアム *1.31*(1868)
リチャーズ, ディキンソン・ウッドラフ *10.30*(1895)
リチャード *1.6*(1209)
リチャード1世 *9.8*(1157)
リチャード2世 *1.6*(1367)
リチャード3世 *10.2*(1451)
リチャード, アナトーリー・コンスタンチーノヴィチ *5.11*(1855)
リチャードソン, エリオット *7.20*(1920)
リチャードソン, サー・オーウェン・ウィランズ *4.26*(1879)
リチャードソン, サミュエル *8.19*(1689)
リチャードソン, トニー *6.5*(1928)
リチャードソン, ドロシー *5.17*(1873)
リチャードソン, ヘンリー・ハンデル *1.3*(1870)
リチャードソン, ヘンリー・ホブソン *9.29*(1838)
リチャードソン, ラルフ *12.19*(1902)
リチャードソン, ルイス・フライ *10.11*(1881)
理忠女王 *8.22*(1641)
リーツ *4.28*(1868)
リッカティ, ヤコポ *5.28*(1676)
リッグズ, ボビー *2.25*(1918)
リックマン, トマス *6.8*(1776)
リッケルト, ハインリヒ *5.25*(1863)
リッコーヴァー, ハイマン・G *1.27*(1900)
リッジウェイ, マシュー・B *3.3*(1895)
リッター, カール *8.7*(1779)
リッター, ゲーアハルト *4.6*(1888)
リッダーブッシュ, カルル *5.29*(1932)
リッター, ヨハン・ヴィムヘルム *12.16*(1776)
リッチォーリ, ジョヴァンニ・バティスタ *4.17*(1598)
リッチ, クリスティーナ *2.12*(1980)
リッチ, クルバストロ *1.12*(1853)
リッチ, セバスティアーノ *8.1*(1660)
リッチ, バディ *6.30*(1917)
リッチ, マッテーオ *10.6*(1552)
リッチュル, アルブレヒト・ベンヤミン *3.25*(1822)
リッチョ *4.1*(1470)
リッチー, ライオネル *6.20*(1949)
リッツ *2.22*(1878)
リット *12.27*(1880)
リットル *4.18*(1838)
リットン, (エドワード・)ロバート・ブルワー-リットン, 初代伯爵 *11.8*(1831)
リットン, ビクター *8.9*(1876)
リッパ, マッテーオ *3.29*(1682)
鏵姫 *6.28*(1780)
リップス, テーオドア *7.28*(1851)
リップマン, ウォルター *9.23*(1889)
リップマン, ガブリエル *8.16*(1845)
リップマン, フリッツ・アルベルト *6.12*(1899)
リッペルト *4.12*(1839)
リッペルト, ペーター *8.23*(1879)
リッベントロープ, ヨアヒム・フォン *4.30*(1893)
リッポネン, パーボ *4.23*(1941)

リーツマン, ハンス *3.2*(1875)
リディール, サー・エリック・キートリー *4.11*(1890)
リデル, アリス *5.4*(1852)
リデル・ハート, サー・バジル *10.31*(1895)
リデル, ハンナ *10.17*(1855)
リデル, フェリークス・クレール *7.7*(1830)
リデル, ヘンリー・ジョージ *2.6*(1811)
リー, デレク *9.6*(1975)
リード *3.16*(1848)
リード *6.30*(1806)
李燾 *4.17*(1115)
リード, ウォルター *9.13*(1851)
李登輝 *1.15*(1923)
リード, キャロル *12.30*(1906)
リード, ジョン *10.22*(1887)
リード, チャールズ *6.8*(1814)
リード, トマス *4.26*(1710)
リード, ハーバート *12.4*(1893)
リトバルスキー, ピエール *4.16*(1960)
リトビノフ, マクシム・マクシーモビッチ *7.17*(1876)
リートフェルト, ヘリット・トマス *6.24*(1888)
リードマン, サーラ *12.30*(1923)
リード, メイン, 大尉 *4.4*(1818)
リード, ルー *3.2*(1942)
リトルウッド, ジョン・エンソリー *6.9*(1885)
リドルフォ, ロベルト・ディ *11.18*(1531)
リトル・リチャード *12.5*(1932)
リトレ, エミール *2.1*(1801)
リヌッチーニ, オッターヴィオ *1.20*(1562)
リネヴィッチ *12.24*(1838)
リバウド *4.19*(1972)
リバス公爵 *3.10*(1791)
リバダビア, ベルナルディーノ *5.20*(1780)
リパッティ, ディヌ *3.19*(1917)
リバルタ, フランシスコ *6.22*(1555)
リビー, ウィラード・フランク *12.17*(1908)
リヒター *7.30*(1838)
リヒター, アドリアン・ルートヴィヒ *9.28*(1803)
リヒター, カール *10.15*(1926)
リヒター, チャールズ・フランシス *4.26*(1900)
リヒター, ハンス *4.4*(1843)
リヒター, ハンス *4.6*(1888)
リヒター, ハンス・ヴェルナー *11.12*(1908)
リヒター, ヒエロニムス・テオドール *11.21*(1824)
リヒテル, スヴャトスラフ *3.20*(1915)
リーヒテンシュタイン *6.26*(1760)
リヒテンシュタイン, アルフレート *8.23*(1889)
リヒテンスタイン, ロイ *10.27*(1923)
リヒテンベルク, ゲオルク・クリストフ *7.1*(1742)
リヒトホーフェン, マンフレート, 男爵 *5.2*(1892)
リービヒ, ユストゥス, 男爵 *5.12*(1803)
リピンコット, ジョシュア *3.18*(1813)
リファール, セルジュ *4.2*(1905)
リーフェンシュタール, レニ *8.22*(1902)
リープクネヒト *3.29*(1826)
リープクネヒト, カール *8.13*(1871)
リーブ, クリストファー *9.25*(1952)
リプシウス, ユストゥス *10.18*(1547)
リプシッツ, ジャック *8.21*(1891)
リーブス, キアヌ *9.2*(1964)
リプソン *9.1*(1888)
リーフマン *2.4*(1874)
リープマン *2.25*(1840)
リー, ブルース *11.27*(1940)
李秉喆 *1.30*(1910)
リベイロ, アキリーノ *9.13*(1885)
リー, ペギー *5.26*(1920)
リベジンスキー, ユーリー・ニコラエヴィチ *12.10*(1898)
リーベック *4.21*(1619)
リベラ, チタ *1.23*(1933)
リベラ, ディエゴ *12.8*(1886)
リベーラ, ホセ・エウスタシオ *2.19*(1889)
リペール *4.22*(1880)
リーベルマン *2.23*(1842)
リーベルマン *10.2*(1897)
リーベルマン, マックス *7.20*(1847)
リボー *12.18*(1839)
李鵬 *10.20*(1928)
李宝嘉 *6.1*(1867)
理豊女王 *5.26*(1672)
リポン *9.24*(1827)
李方子 *11.4*(1901)
リーマーシュミット, リヒャルト *6.26*(1868)
リーマン, ゲオルク・フリードリヒ・ベルンハルト *9.17*(1826)
リーマン, フーゴー *7.18*(1849)
リー, ミッシェル *6.20*(1970)
リムスキー - コルサコフ, ニコライ・アンドレーヴィチ *3.18*(1844)
リモン, ホセ *1.12*(1908)
リャザノフ *3.10*(1870)
リャシコー, ニコライ・ニコラエヴィチ *11.7*(1884)
リャーシチェンコ *10.21*(1876)
リュイテリ, アルノルド *5.10*(1928)
柳亜子 *5.28*(1887)
リュヴィル, ジョゼフ *3.24*(1809)
隆円 *3.4*(980)
柳園種春 *9.12*(1800)
劉海粟 *3.16*(1896)

劉鶚　9.29 (1857)
隆尭　1.25 (1369)
隆慶　4.24 (1649)
隆慶一郎　9.30 (1923)
竜渓性潜　7.30 (1602)
隆光　2.8 (1649)
流山児祥　11.2 (1947)
竜山徳見　11.23 (1284)
劉師培　6.24 (1884)
劉少奇　11.24 (1898)
笠信太郎　12.11 (1900)
柳青　7.2 (1916)
柳成竜　10.1 (1542)
竜草廬　1.19 (1714)
龍胆寺雄　4.27 (1901)
劉知遠　2.4 (895)
笠智衆　5.13 (1904)
笠智衆　5.13 (1906)
柳致真　11.19 (1905)
柳亭燕枝(2代目)　2.25 (1869)
笠亭仙果　10.17 (1804)
柳亭種彦(初代)　5.12 (1783)
柳亭痴楽　5.30 (1921)
劉東閣　9.23 (1633)
劉復　5.27 (1891)
竜雷太　1.21 (1940)
リュエフ　8.23 (1896)
リュクサンブール, フランソワ・アンリ・ド・モンモランシー・ブートヴィル, 公爵　1.8 (1628)
リュシェール　10.24 (1846)
リュシエール, コリンヌ　2.11 (1921)
リュッケルス, アンドレーアス 2世　3.31 (1607)
リュッケルト, フリードリヒ　5.18 (1788)
リュッツォー　5.18 (1782)
リューディンガー, エスローム　5.19 (1523)
リュード, フランソワ　1.4 (1784)
リュードベリ, ヴィクトル　12.18 (1828)
リュードベリ, ヨハネス・ロベルト　11.8 (1854)
リュネ・ポー　12.27 (1869)
リューネン, フェオドル　4.6 (1911)

リュプケ, ハインリヒ　10.14 (1894)
リュミエール, ルイ　10.5 (1864)
リュミエール, ルイニコラス　10.19 (1862)
リュリ, ジャン=バチスト　11.28 (1632)
リュルサ, ジャン　7.1 (1892)
リュー, ルーシー　12.2 (1968)
RYO　10.1 (1985)
Ryo　11.26 (1972)
りょう　1.17 (1973)
了庵桂悟　2.5 (1425)
良胤　12.22 (1212)
良栄　5.17 (1342)
了翁道覚　3.18 (1630)
良応法親王　6.8 (1678)
良快　9.18 (1185)
了海房　7.15 (1239)
良寛　10.2 (1758)
良筠　4.15 (1458)
梁啓超　2.23 (1873)
了源　5.1 (1295)
良源　9.3 (912)
Ryoji　12.14 (1974)
良純入道親王　12.17 (1603)
良清　5.12 (1258)
廖承志　9.25 (1906)
良尚入道親王　12.16 (1622)
良助法親王　8.9 (1268)
竜粛　4.29 (1890)
梁漱溟　10.18 (1893)
了尊　7.26 (1582)
良尊　10.10 (1279)
良忠　7.27 (1199)
両津勘吉　3.3
良如　12.7 (1612)
良忍　1.1 (1073)
亮範　8.2 (1670)
李漼　10.18 (1681)
RYO-Z　7.15 (1974)
呂振羽　1.30 (1900)
リヨテ, ルイ・ユベール・ゴンザルヴ　11.17 (1854)
リー, ヨナス　11.6 (1833)
リーランド　9.7 (1850)
リリー　6.27 (1870)
リリウオカラーニ, リディア・カメケハ　9.2 (1838)

リリエフォルス, ブルーノ　5.14 (1860)
リーリエンクローン, デートレフ・フォン　6.3 (1844)
リリエンソール　7.8 (1899)
リリエンタール, オットー　5.23 (1848)
リーリー, サー・ピーター　9.14 (1618)
リリー・フランキー　11.4 (1963)
リール　4.27 (1844)
リール, ヴィルヘルム・ハインリヒ　5.6 (1823)
リルケ, ライナー・マリア　12.4 (1875)
李麗仙　3.25 (1942)
リロー, ジョージ　2.4 (1693)
リー, ロバート・E　1.19 (1807)
麟翁永祥　3.3 (1404)
梨花　5.21 (1973)
リンカルト, マルティーン　4.23 (1586)
リンカーン, エイブラハム　2.12 (1809)
リング　11.15 (1776)
リンクレーター, エリック　3.8 (1899)
リンゲルナッツ, ヨアヒム　8.7 (1883)
林語堂　10.10 (1895)
リンザー, ルイーゼ　4.30 (1911)
倫子女王　9.21 (1265)
林紆　11.28 (1852)
林森　3.4 (1868)
リンス・ド・レーゴ・カヴァルカンティ, ジョゼー　7.3 (1901)
リンゼー　3.29 (1889)
リンゼー　11.24 (1921)
リンゼイ, ヴェイチェル　11.10 (1879)
リンチ, デービッド　1.20 (1946)
リーン, デイヴィッド　3.25 (1908)
リンデ, カール・フォン　6.11 (1842)

リンデグレン, エーリック 8.5(1910)
リンデマン, カール・ルイ・フェルディナンド・フォン 4.12(1852)
リンド 9.26(1892)
リンドグレン 2.14(1860)
リンドグレーン, アストリッド 11.14(1907)
リンド, ジェイムズ 10.4(1716)
リンドバーグ, アン・モロー 6.22(1906)
リンドバーグ, チャールズ・A 2.4(1902)
リンドブラッド, ベルティル 11.26(1895)
リンド, ロバート 4.20(1879)
リントン 12.7(1812)
リントン, ラルフ 2.27(1893)
リンナ, ヴァイノ 12.20(1920)
リンナンコスキ, ヨハンネス 10.18(1869)
リンネー, カール・フォン 5.23(1707)
林彪 12.5(1907)
林和 10.13(1908)

【 る 】

ルイ8世 9.5(1187)
ルイ9世 4.25(1214)
ルイ10世 10.4(1289)
ルイ11世 7.3(1423)
ルイ12世 6.27(1462)
ルイ13世 9.27(1601)
ルイ14世 9.5(1638)
ルイ15世 2.15(1710)
ルイ16世 8.23(1754)
ルイ17世 3.27(1785)
ルイ18世 11.17(1755)
ルイ・フィリップ 10.6(1773)
ルイコフ, アレクセイ・イヴァノヴィチ 2.25(1881)
ルイシュ 3.23(1638)
ルイシュ1世 10.18(1838)

ルイス 4.12(1883)
ルイス, アラン 7.1(1915)
ルイス, ウィンダム 11.18(1884)
ルイス, オスカー 12.25(1914)
ルイス, カール 7.1(1961)
ルイス, ギルバート・ニュートン 10.23(1875)
ルーイス, クライヴ・ステイプルズ 11.29(1898)
ルイス, サー・アーサー 1.23(1915)
ルイス, ジュリエット 6.21(1973)
ルイス, ジョー 5.13(1914)
ルイス, ジョージ・ヘンリー 4.18(1817)
ルイス, ジョン・L 2.12(1880)
ルイス, シンクレア 2.7(1885)
ルイーズ・ド・サボア 9.11(1476)
ルイス, ピエール 12.10(1870)
ルイス・フェルディナント 11.18(1772)
ルイス, マシュー・グレゴリー 7.9(1775)
ルイス, メリウェザー 8.18(1774)
ルイス, モリス 11.28(1912)
ルイゼ 3.10(1776)
ルイセンコ, トロフィム・デニソヴィチ 9.29(1898)
ルイゾーン 5.30(1882)
ルイバコフ, アナトーリー・ナウモヴィチ 1.1(1911)
ルイ, ピエール・シャルル・アレクサンドル 4.14(1787)
ルイレーエフ, コンドラーチー・フョードロヴィチ 9.29(1795)
ルヴァスール 12.8(1828)
ルーヴィエ, ピエール 4.17(1842)
ルー, ヴィルヘルム 6.9(1850)
ルヴェリエ, ユルバン・ジャン・ジョゼフ 3.11(1811)
ルーウェリン 5.22(1893)

ルヴェルディ, ピエール 9.13(1889)
ルウォフ, アンドレ・ミシェル 5.8(1902)
ルヴォワ, フランソワ・ミシェル・ル・テリエ, 侯爵 1.18(1639)
ルエガー 10.24(1844)
ルエル 11.30(1814)
ルオー, ジョルジュ 5.27(1871)
ルカシェーヴィチ 12.21(1878)
ルカシェンコ, アレクサンドル 8.30(1954)
ルーカス, F.L. 12.28(1894)
ルーカス, エドワード・ヴェラル 6.12(1868)
ルーカス, ジョージ 5.14(1944)
ルカーチ, ジェルジュ 4.13(1885)
ルーガード(アビンジャーの), フレデリック・ジョン・デルトリー, 男爵 1.22(1858)
ルカニュエ, ジャン 3.4(1920)
ルカヌス, マルクス・アンナエウス 11.3(39)
ルカリス, キュリロス 11.13(1572)
ルカン 3.31(1729)
ル・グウィン, アーシュラ 10.21(1929)
ルクヴルール, アドリエンヌ 4.5(1692)
ルクセンブルク, ローザ 3.5(1870)
ルグラン, ミシェル 2.24(1932)
ルグリ, マニュエル 10.19(1904)
ルクリュ 3.15(1830)
ルクレール, シャルル 3.17(1772)
ルクレール, ジャン・マリー 5.10(1697)
ルグロ, アルフォンス 5.8(1837)
ルーゲ, アルノルト 9.13(1802)
ルゴシ, ベラ 10.20(1882)

ル・コック, アルバート・フォン 9.8(1860)
ルコーニン, ミハイル・クジミチ 10.29(1918)
ルゴネス, レオポルド 6.13(1874)
ルゴフスコーイ, ウラジーミル・アレクサンドロヴィチ 6.18(1901)
ル・コルビュジエ 10.6(1887)
ル・コント・アロワシウス, ルイ 11.10(1655)
ルコント・ド・リール, シャルル‐マリ・ルネ 11.22(1818)
ルコント, パトリス 11.12(1947)
ルーサー, ウォルター 9.1(1907)
ルサージュ, アラン・ルネ 12.13(1668)
ルジマートフ, ファルフ 6.26(1963)
ル・シャトリエ, アンリ 10.8(1850)
ル・シャプリエ 6.12(1754)
ル・ジャンドル 8.26(1830)
ルジャンドル, アドリアン‐マリ 9.18(1752)
ル・シュウール, ウスタッシュ 11.19(1616)
ルーシュ, ジャン 5.31(1917)
ルージュモン, ドニ・ド 9.8(1906)
ルシュール 8.12(1872)
ルシンチ, ハイメ 5.27(1924)
ルーズヴェルト, アンナ・エレノア 10.11(1884)
ルスカ 12.25(1906)
ルース, クレア・ブース 4.10(1903)
ルストレンジ 7.24(1854)
ルース, ベーブ 2.6(1895)
ルース, ベーブ 2.7(1894)
ルーズベルト, エレノア 10.11(1884)
ルーズベルト, フランクリン 1.30(1882)
ルース, ヘンリー 4.3(1898)
ルーセル, アルベール 4.5(1869)

ルーセル, ケル・グザヴィエ 12.10(1867)
ル・センヌ, ルネー 7.8(1882)
ルソー, アンリ・ジュリアン・フェリックス 5.21(1844)
ルソー, ジャン‐ジャック 6.28(1712)
ルソー, ジャン‐バチスト 4.6(1671)
ルソー, テオドール 4.15(1812)
ルター, マルティン 11.10(1483)
ルチェッラーイ, ジョヴァンニ 10.20(1475)
ルチツカ, レオポルト 9.13(1887)
ルーツィ, マーリオ 10.20(1914)
ルッサン, アンドレ 1.22(1911)
ルッス, エミーリオ 4.12(1890)
ルッソ, ルイージ 11.29(1892)
ルッソ, レネ 2.17(1954)
ル・テリエ 4.19(1603)
ルーテルブール, フィリップ・ジェイムズ・ド 10.31(1740)
ルーデン 4.10(1780)
ルーデンドルフ, エーリヒ・フォン 4.9(1865)
ルート, イライヒュー 2.15(1845)
ルートウィヒ1世 8.25(1786)
ルートウィヒ2世 8.25(1845)
ルートヴィヒ3世 1.7(1845)
ルートウィヒ4世 4.1(1287)
ルートウィヒ9世(富裕公) 2.21(1417)
ルートヴィヒ, エーミール 1.25(1881)
ルートヴィヒ, オットー 2.12(1813)
ルードヴィヒ, カール・フリードリヒ・ヴィルヘルム 12.29(1816)
ルドゥー, クロード・ニコラ 3.21(1736)

ルトスワフスキ, ヴィトルト 1.25(1913)
ルドニツキ, アドルフ 2.19(1912)
ルード, ビルゲル 8.23(1911)
ルートベック, ウーロヴ 12.12(1630)
ルドリュ・ローラン 2.2(1807)
ルドルフ 8.21(1858)
ルドルフ1世 5.1(1218)
ルドルフ2世 7.18(1552)
ルドルフ, ウィルマ 6.23(1940)
ルドン, オディロン 4.20(1840)
ルナチャルスキー, アナトーリー・ワシリエヴィチ 11.23(1875)
ルナール, ジュール 2.22(1864)
ル・ナン・ド・チユモン, ルイ・セバスチヤン 11.30(1637)
ルニャール, ジャン・フランソワ 2.8(1655)
ルニョー, アンリ・ヴィクトル 7.21(1810)
ルニョー, ジャン‐バティスト 10.19(1754)
ルヌー 10.28(1896)
ルヌヴィエ, シャルル 1.1(1815)
ルネ1世 1.16(1409)
ルネ・ド・フランス 10.25(1510)
ルネ, フランス・アルベール 11.16(1935)
ルーネベリ, ヨハン・ルードヴィグ 2.5(1804)
ルノ 5.21(1843)
ル・ノートル, アンドレ 3.12(1613)
ルノー, マドレーヌ 2.21(1903)
ルノルマン, アンリ‐ルネ 8.5(1846)
ルノワール, ジャン 9.15(1894)
ルノワール, ジャン・ジョゼフ・エティエンヌ 1.22(1822)
ルノワール, ピエール・オーギュスト 2.25(1841)

ルビッチ, エルンスト　*1.28*(1892)
ルービン　*7.14*(1938)
ルビン　*9.6*(1886)
ルビンシテイン, アントン・グリゴリエヴィチ　*11.28*(1829)
ルビンシテイン, ニコラーイ・グリゴリエヴィチ　*6.14*(1835)
ルビンシュタイン, アルトゥル　*1.28*(1887)
ルフィ　*5.5*
ルフェーヴル　*8.6*(1874)
ルフェーヴル, アンリ　*6.16*(1905)
ル・フォール, ゲルトルート・フォン　*10.11*(1876)
ルーブナー, マックス　*6.2*(1854)
ルブラン, アルベール　*8.29*(1871)
ル・ブラン, シャルル　*2.24*(1619)
ルブラン, ニコラ　*12.6*(1742)
ルブラン, ピエール‐アントワーヌ　*12.29*(1785)
ルブラン, モーリス　*12.11*(1864)
ルプレヒト1世　*5.5*(1352)
ル・プレー, フレデリク・ピエール・ギヨーム　*4.11*(1806)
ルーベ, エミール・フランソワ　*12.31*(1838)
ルベーグ, アンリ・レオン　*6.28*(1875)
ルーベル　*11.8*(1747)
ル・ベル, ジョゼフ・アシル　*1.21*(1847)
ルベルス, ルドルフス・フランス・マリー　*5.7*(1939)
ルーベンス　*3.30*(1865)
ルーベンス, ペーテル・パウル　*6.28*(1577)
ルボック, ジョン(エイヴベリー男爵初代公)　*4.30*(1834)
ル・ポートル, ジャン　*6.28*(1618)
ルー, ポール・エミール　*12.17*(1853)
ル・ボン　*5.7*(1841)
ルーマン　*12.8*(1927)
ルーマン, ジャック　*6.4*(1907)
ルーミー, ジャラーロッディーン・モハンマド　*9.30*(1207)
ルーミス, エライアス　*8.7*(1811)
ル・ミュエ, ピエール　*10.7*(1591)
ルームコルフ　*1.15*(1803)
ルムンバ, パトリス　*7.2*(1925)
ルメイ, カーティス　*11.15*(1906)
ルメートル, アッベ・ジョルジュ・エドゥアール　*7.17*(1894)
ルメートル, ジュール　*4.27*(1853)
ルメートル, フレデリック　*7.28*(1800)
ルメリ, ニコラ　*11.17*(1645)
ルモニエ, カミーユ　*3.24*(1844)
ルモール　*6.16*(1915)
ルラ・ダ・シルバ, ルイス・イナシオ　*10.27*(1945)
ルリア, サルヴァドール・エドワード　*8.13*(1912)
ルルー　*4.17*(1797)
ルルー, ガストン　*5.6*(1868)
ルルーシュ, クロード　*10.30*(1937)
ルルフォ, フアン　*5.16*(1918)
ルーロー　*9.30*(1829)
ル・ロイ, マーヴィン　*10.15*(1900)
ルロワ‐グーラン, アンドレ　*8.25*(1911)
ル・ロワ, エドゥアール　*6.18*(1870)
ルンゲ　*9.15*(1839)
ルンゲ, フィリップ・オットー　*7.23*(1777)
ルンゲ, フリードリープ・フェルディナント　*2.8*(1794)
ルンス　*8.28*(1911)
ルントシュテット, ゲルト・フォン　*12.12*(1875)
ルンマー, オットー　*7.17*(1860)
ルンメニゲ, カール・ハインツ　*9.25*(1955)

【れ】

レアンダー, リヒャルト　*8.17*(1830)
レイエス, アルフォンソ　*5.17*(1889)
霊巌　*4.8*(1554)
レイク, サイモン　*9.4*(1866)
霊元天皇　*5.25*(1654)
レイ, サタジット　*5.2*(1921)
レイザーラモンHG　*12.18*(1975)
令子内親王　*5.18*(1078)
レイ, ジョン　*11.29*(1627)
冷泉為景　*4.26*(1612)
冷泉為純　*2.8*(1530)
冷泉為理　*7.1*(1824)
冷泉為親　*9.28*(1575)
冷泉為則　*10.27*(1777)
冷泉為久　*1.11*(1686)
冷泉為満　*4.25*(1559)
冷泉為村　*1.28*(1712)
冷泉為泰　*12.6*(1735)
冷泉為頼　*4.18*(1592)
冷泉天皇　*5.24*(950)
霊潭魯竜　*7.13*(1746)
レイトン, フレデリック　*12.3*(1830)
レイノー　*12.4*(1795)
レイノ, エイノ　*6.6*(1878)
レイノルズ, オズボーン　*8.23*(1842)
レイノルズ, バート　*2.11*(1936)
レイハ, アントニーン　*2.26*(1770)
レイバーン, サー・ヘンリ　*3.4*(1756)
レイ, マン　*8.27*(1890)
レイマン, ロザモンド　*2.3*(1901)
レイ, ミコワイ　*2.4*(1505)
レイモンド, アントニン　*5.10*(1888)
レイモント, ヴワディスワフ・スタニスワフ　*5.7*(1867)

霊曜 *10.4*(1760)
レイリー, ジョン・ウィリアム・ストラット, 3代男爵 *11.12*(1842)
鈴々舎馬風 *12.19*(1939)
Rain(ピ) *6.25*(1982)
レインウォーター, レオ・ジェイムズ *12.9*(1917)
レイン, エドワード *9.17*(1801)
レイン, キャスリーン *6.14*(1908)
レインズ, クロード *11.10*(1889)
レイン, ダイアン *1.22*(1965)
レイン, ロナルド・デヴィッド *10.7*(1927)
レヴァトフ, デニーズ *10.24*(1923)
レーヴァルト, ファニー *3.24*(1811)
レヴィ *3.28*(1863)
レヴィ-ブリュール, リュシヤン *4.10*(1857)
レーヴィ, オットー *6.3*(1873)
レーヴィ, カルロ *11.29*(1902)
レヴィタン, イサク *8.30*(1860)
レヴィ・チヴィータ, トゥリオ *3.29*(1873)
レヴィット, ヘンリエッタ・スワン *7.4*(1868)
レーヴィッヒ, カール *3.17*(1803)
レーヴィト, カール *1.9*(1897)
レヴィートフ, アレクサンドル・イワノヴィチ *8.30*(1835)
レヴィナス, エマニュエル *12.30*(1905)
レーヴィ, プリーモ *7.31*(1919)
レヴィ, ラザール *1.18*(1882)
レヴィン *9.9*(1890)
レヴィーン, フェーブス・アーロン・テオドール *2.25*(1869)
レーヴェ, カール *11.30*(1796)
レヴェック, ルネ *8.24*(1922)
レーヴェンシュテルン, マテーウス・アペレス・フォン *4.20*(1594)
レーウェンフック, アントニー・ファン *10.24*(1632)
レオ4世 *1.25*(749)
レオ6世 *9.19*(866)
レオ9世 *6.21*(1002)
レオ10世 *12.11*(1475)
レオ11世 *6.2*(1535)
レオ12世 *8.22*(1760)
レオ13世 *3.2*(1810)
レオトー, ポール *1.18*(1872)
レオナルド・ダ・ヴィンチ *4.15*(1452)
レオニードフ *5.22*(1873)
レオーネ, ジョヴァンニ *11.3*(1908)
レオーノフ, レオニード・マクシモヴィチ *5.31*(1899)
レーオ, ハインリヒ *3.19*(1799)
レオパルディ, ジャーコモ *6.29*(1798)
レオポルト1世 *6.9*(1640)
レオポルト1世 *7.3*(1676)
レオポルド1世 *12.16*(1790)
レオポルト2世 *5.5*(1747)
レオポルト2世 *10.3*(1797)
レオポルド2世 *4.9*(1835)
レオポルド3世 *11.3*(1901)
レオポルト6世 *10.15*(1176)
レオミュール, ルネ・アントワーヌ・フェルショー・ド *2.28*(1683)
レオンカヴァロ, ルッジェーロ *3.8*(1857)
レオンチエフ, コンスタンチン・ニコラエヴィチ *1.13*(1831)
レオンティエフ, ヴァシリー *8.5*(1906)
レオン, トニー *6.12*(1962)
レガート, ニコライ *12.27*(1869)
レーガー, マックス *3.19*(1873)
レカミエ, (ジャンヌ・フランソワーズ・)ジュリー(・アデレード) *12.4*(1777)
レガリ, ファルーク *5.2*(1940)
レギーア *2.19*(1863)
レギオモンタヌス *6.6*(1436)
レ・クイ・ドン *8.2*(1726)
レクオーナ *8.7*(1896)
レクスロス, ケネス *12.22*(1905)
レクト, クラロ *2.8*(1890)
レクラム *6.28*(1807)
レグレンツィ, ジョヴァンニ *8.12*(1626)
レーゲナー, エーリヒ *11.12*(1881)
レコバ, アルヴァロ *3.17*(1976)
レザー・シャー・パーレビ *3.16*(1878)
レザノフ, ニコライ・ペトロビッチ *4.8*(1764)
レサビー, ウィリアム・リチャード *1.18*(1857)
レサーマ-リマ, ホセ *12.19*(1910)
レシェティツキー, テーオドル *6.22*(1830)
レシェートニコフ, フョードル・ミハイロヴィチ *9.5*(1841)
レジェ, フェルナン *2.4*(1881)
レジース, ジャン-バティスト *2.2*(1663)
レジース, ジャン・フランソワ *1.31*(1597)
レシミャン, ボレスワフ *1.12*(1878)
レジャーヌ *6.6*(1856)
レシーユス(レイス), レーオンハルト *10.1*(1554)
レスキーン *7.8*(1840)
レスコフ, ニコライ・セミョーノヴィチ *2.16*(1831)
レス, ジャン・フランソワ・ポル・ド・ゴンディ *9.20*(1613)
レスター, ロバート・ダドリー, 伯爵 *6.24*(1532)
レストン *11.3*(1909)
レズニチェク, エーミル・ニコラウス・フォン *5.4*(1860)
レスピーギ, オットリーノ *7.9*(1879)

レスピナス, ジュリ・ジャンヌ・エレオノール・ド *11.9*(1732)
レズリー, チャールズ・ロバート *10.19*(1794)
レセップス, フェルディナン(・マリー), 子爵 *11.19*(1805)
レーダー, エーリヒ *4.24*(1876)
レツィウス, アンデルス・アドルフ *10.13*(1796)
レツィエ3世 *7.17*(1963)
レッキー, ウィリアム・エドワード・ハートポール *3.26*(1838)
レッグ, ジェイムズ *12.20*(1815)
レッドグレイヴ, マイケル *3.20*(1908)
レッドグレイヴ, リチャード *4.30*(1804)
レッドフィールド, ロバート *12.4*(1897)
レッドフォード, ロバート *8.18*(1937)
レッドベター, ハディ *1.21*(1885)
レッドマン, ドン *7.29*(1900)
レッド吉田 *10.30*(1965)
レッペ *7.29*(1892)
レティクス *2.16*(1514)
レティフ, ニコラ・エドム *10.23*(1734)
レーディ, フランチェスコ *2.18*(1626)
レーデラー *7.2*(1882)
レ・ドゥック・ト *10.10*(1911)
レトキ, シオドア *5.25*(1908)
レナ *10.4*(1984)
レーナウ, ニコラウス *8.13*(1802)
レナード‐ジョーンズ, サー・ジョン・エドワード *10.27*(1894)
レナード, シュガー・レイ *5.17*(1956)
レナーヌス, ベアートゥス *8.22*(1485)
レーナル, ギヨーム・トマ・フランソワ *4.11*(1713)
レーナルト, フィリップ・エドゥアルト・アントン *6.7*(1862)
レーニエ3世 *5.31*(1923)
レニエ, アンリ・ド *12.28*(1864)
レニエ, マチュラン *12.21*(1573)
レーニ, グイード *11.4*(1575)
レニー, ジョン *6.7*(1761)
レーニン, ウラジーミル *4.22*(1870)
レーニン, ヴラジーミル・イリイチ *4.10*(1870)
レノ, ジャン *7.30*(1948)
レノー, ポール *10.15*(1878)
レノルズ, ジョシュア *7.16*(1723)
レノン, ショーン *10.9*(1975)
レノン, ジョン *10.9*(1940)
レーパチ, レオーニダ *8.23*(1898)
レハール, フランツ *4.30*(1870)
レヒネル・エデン *8.17*(1845)
レーピン, イリヤ・エフィモヴィチ *8.5*(1844)
レ・ファニュ, シェリダン *8.26*(1814)
レプシウス, カール・リヒャルト *12.23*(1810)
レフシェッツ, ソロモン *9.3*(1884)
レフスキ *7.18*(1837)
レプセ, エイナルス *12.9*(1961)
レプトン, ハンフリー *4.21*(1752)
レフラー, フリードリヒ・アウグスト・ヨハネス *6.24*(1852)
レブリャヌ, リヴィウ *11.27*(1885)
レーベジェフ‐クマーチ, ワシーリー・イワノヴィチ *7.27*(1898)
レベデフ, ピョートル・ニコラエヴィッチ *3.8*(1866)
レーベントロー, クリスチャン *3.11*(1748)
レーボヴィッツ, ルネ *2.17*(1913)
レーボラ, クレメンテ *1.6*(1885)
レーマー, オーレ・クリステンセン *9.25*(1644)
レマーク, ロベルト *7.30*(1815)
レマルク, エーリヒ・マリーア *6.22*(1898)
レーマン, アーネスト *12.8*(1915)
レーマン, ヴィルヘルム *5.4*(1882)
レーマン, リリー *11.24*(1848)
レーマン, ロッテ *2.27*(1888)
レーミゾフ, アレクセイ・ミハイロヴィチ *6.24*(1877)
レミューザ *9.5*(1788)
レーミュ, ジュール *12.18*(1883)
レミントン, ファイロ *10.31*(1816)
レーム, エルンスト *11.28*(1887)
レームケ *2.1*(1848)
レムゼン, アイラ *2.10*(1846)
レムニツァー *8.29*(1899)
レームブルック, ヴィルヘルム *1.4*(1881)
レモン, ジャック *2.8*(1925)
レーモン, マルセル *12.20*(1897)
レヤード, オーステン・ヘンリー *3.5*(1817)
レーリス, ミシェル *4.20*(1901)
レルケ, オスカル *3.13*(1884)
レルシュ *4.4*(1898)
レルシュ, ハインリヒ *9.12*(1889)
レルド・デ・テハーダ, ミゲル *7.6*(1812)
レルネト‐ホレーニア, アレクサンダー *10.21*(1897)
レルヒ *8.31*(1869)
レールモントフ, ミハイル・ユーリエヴィチ *10.15*(1814)
レレヴェル *3.22*(1786)

レロワール, ルイス・フェデリコ *9.6*(1906)
蓮教 *1.15*(1451)
レン, クリストファー *10.20*(1632)
蓮秀 *3.10*(1481)
連城三紀彦 *1.11*(1948)
レーンス, ヘルマン *8.29*(1866)
連戦 *8.27*(1936)
廉想渉 *8.30*(1897)
レンツ *6.13*(1850)
レンツ, ハインリヒ・フリードリヒ・エミール *2.12*(1804)
レンツ, ヤーコプ・ミヒャエル・ラインホルト *1.12*(1751)
レントゲン, ヴィルヘルム・コンラート・フォン *3.27*(1845)
レントゲン, ダーヴィト *8.11*(1743)
レンドル, イワン *3.7*(1960)
レンナー, カール *12.14*(1870)
蓮如 *2.25*(1415)
レンネップ, ヤーコプ・ファン *3.24*(1802)
レンネンカンプフ, パーヴェル・カルロヴィチ・フォン *4.29*(1854)
レーンバッハ, フランツ・フォン *12.13*(1836)
レンブラント, ハルメンス・ヴァン・レイン *7.15*(1606)
レンフロ, ブラッド *7.25*(1982)
蓮舫 *11.28*(1967)
レン, ルートヴィヒ *4.22*(1889)

【ろ】

ロー *4.16*(1671)
ロー *7.28*(1769)
ロー *9.8*(1790)
ロー *12.4*(1811)
ロアン *8.21*(1579)
ロー, アンドリュー・ボナー *9.16*(1858)
ロイカルト, カール・ゲオルク・フリードリヒ・ルドルフ *10.7*(1822)
ロイス, エデュワール(エードゥアルト) *7.18*(1804)
ロイス, ジョサイア *11.10*(1855)
ロイター *7.29*(1889)
ロイター, パウル・ユリウス, 男爵 *7.21*(1816)
ロイター, フリッツ *11.7*(1810)
ロイツェ, エマニュエル(・ゴットリーブ) *5.24*(1816)
ロイテル, ミヒール・アドリアーンスゾーン・デ *3.24*(1607)
ロイド *7.28*(1904)
ロイド・ウェバー, アンドルー *3.22*(1948)
ロイド・ジョージ, デビッド *1.17*(1863)
ロイド, ハロルド *4.20*(1893)
ロイヒリン, ヨハネス *2.22*(1455)
ロイーブ *4.2*(1844)
ロイマン *4.11*(1859)
ローウィ, レイモンド *11.5*(1893)
ロウィー, ロバート・ハリー *6.12*(1883)
ローウェル, アボット・ローレンス *12.13*(1856)
ローウェル, エイミー *2.9*(1874)
ローウェル, ジェイムズ・ラッセル *2.22*(1819)
ローウェル, パーシヴァル *3.13*(1855)
ローウェル, ロバート *3.1*(1917)
浪化 *12.17*(1671)
老舎 *2.3*(1899)
ロウマーニズ, ジョージ・ジョン *5.20*(1848)
蝋山政道 *11.21*(1895)
ロウルヴァーグ, オール・エドヴァート *4.22*(1876)
ロエスレル *12.18*(1834)
ローエンシュタイン, ダーニエル・カスパー *1.25*(1635)
ロカ *7.17*(1843)
ロカテッリ, アンドレーア *9.3*(1695)
ロカート(ロックハート), ウィリアム *10.3*(1811)
ローカル岡 *12.13*(1943)
ロカール, ミシェル *8.23*(1930)
ローガン, ジェイムズ *10.20*(1674)
ローガン, ジョシュア *10.5*(1908)
ロキタンスキ, カール, 男爵 *2.19*(1804)
六合新三郎(6代目) *3.15*(1859)
六条天皇 *11.14*(1164)
ログノフ, アナトリー *12.30*(1926)
ロコソフスキー, コンスタンチン *12.21*(1896)
ローザ *6.27*(1908)
ローザ, サルヴァトール *6.20*(1615)
ロサス, ホアン・マヌエル *3.30*(1793)
ロサ・デ・リマ *4.20*(1586)
ローザノフ, ワシーリー・ワシリエヴィチ *3.2*(1856)
ロザミア *4.26*(1868)
ロシェ *4.5*(1905)
ロジェストヴェンスキー *10.30*(1848)
ロジェストヴェンスキー, ロベルト・イワノヴィチ *6.20*(1932)
ロジェール2世 *12.22*(1095)
ロージー, ジョーゼフ *1.14*(1909)
ローシャ, グラウベル *3.14*(1938)
ロジャーズ, ウィリアム *6.23*(1913)
ロジャーズ, ウィル *11.4*(1879)
ロジャーズ, カール・ランサム *1.8*(1902)
ロジャーズ, サミュエル *7.30*(1763)
ロジャーズ, ジンジャー *7.16*(1911)

ロジャーズ, リチャード　6.28(1902)
ロシャンボー　7.1(1725)
ロー, ジュード　12.29(1972)
ロシュフォール, クリスチヤーヌ　7.17(1917)
ロシュミット, ヨハン・ヨゼフ　3.15(1821)
魯迅　9.25(1881)
ロジンスキー, アルトゥール　1.1(1894)
ローズ　5.1(1848)
ロス　12.12(1866)
ローズ, アクセル　2.6(1962)
ロース, アドルフ　12.10(1870)
ロス, ウィリアム・パーソンズ(ロス伯爵三代公)　6.17(1800)
ローズヴェルト, シーオドア　10.27(1858)
ローズウォール, ケネス　11.2(1934)
ロスコー, サー・ヘンリー・エンフィールド　1.7(1833)
ロスコ, マーク　9.25(1903)
ロス, サー・ジェイムズ・クラーク　4.15(1800)
ロス, サー・ジョン　6.24(1777)
ローズ, サー・ジョン・ベネット　12.28(1814)
ロス, サー・ロナルド　5.13(1857)
ローズ, セシル・ジョン　7.5(1853)
ロス, ダイアナ　3.26(1944)
ロスタン, エドモン　4.1(1868)
ロスタン, ジャン　10.30(1894)
ロスチャイルド, ネーサン・マイヤー　9.16(1777)
ロス, ティム　5.14(1961)
ロストー, ウォルト・ウィットマン　10.7(1916)
ロストプチーン　3.23(1763)
ロストフツェフ, ミハイル　11.10(1870)
ロストロポーヴィチ, ムスティスラフ　3.27(1927)
ロスバウト, ハンス　7.22(1895)
ロスビー, カール-グスタフ・アーヴィッド　12.28(1898)
ローズ, ピート　4.14(1941)
ローズ, ビリー　9.6(1899)
ローズベリー, アーチボルド・フィリップ・プリムローズ, 5代伯爵　5.7(1847)
ロスミーニ-セルバーティ, アントーニオ　3.24(1797)
ローゼ　8.6(1795)
ローゼガー, ペーター　7.31(1843)
ロセッティ, クリスティーナ　12.5(1830)
ロセッティ, ダンテ・ゲイブリエル　5.12(1828)
ロゼー, フランソワズ　4.19(1891)
ローゼボーム, ヘンドリク・ウィレム・バクウィ　10.24(1854)
ローゼン　2.24(1847)
露沾　5.1(1655)
ローセンスタイン, サー・ウィリアム　1.29(1872)
ローゼンストック, ジョゼフ　1.27(1895)
ローゼンバーグ, アイザック　11.25(1890)
ローゼンバッハ　1.4(1851)
ローゼンブッシュ　6.24(1836)
ローゼンベルク, アルトゥーア　12.19(1889)
ローゼンベルク, アルフレート　1.12(1893)
盧草拙　4.27(1675)
ロゾフスキー　3.28(1878)
ローソン, ヘンリー　6.17(1867)
ロータッカー, エーリヒ　3.12(1888)
ローダーデイル, ジョン・メイトランド, 公爵　5.24(1616)
ロータ, ニーノ　12.3(1911)
ロダーリ, ジャンニ　10.23(1920)
ロダン, オーギュスト　11.12(1840)
ロチ, ピエール　1.14(1850)
六角紫水　3.20(1867)
六角慎司　6.27(1972)
六角精児　6.24(1962)
ロッキアー, サー・ジョゼフ・ノーマン　5.17(1836)
ロッキンガム, チャールズ・ウォトソン・ウェントワース, 2代侯爵　5.13(1730)
ロック, ジョン　8.29(1632)
ロックハート, ジョン　7.14(1794)
ロックヒル　4.1(1854)
ロックフェラー2世　1.29(1874)
ロックフェラー, ジョン・デイヴィスン　7.8(1839)
ロックフェラー, ジョン・デビソン, III　3.21(1906)
ロックフェラー, デービッド　7.24(1941)
ロックフェラー, ネルソン・オールドリッチ　7.8(1908)
ロックフェラー, ローランス・S.　5.26(1910)
ロッシ　3.27(1829)
ロッジ　7.5(1902)
ロッシ, ヴァレンティーノ　2.16(1979)
ロッジ, サー・オリヴァー・ジョゼフ　6.12(1851)
ロッシ, ジョヴァンニ・バッティスタ・デ　2.22(1822)
ロッシ, ティノ　4.29(1907)
ロッシーニ, ジョアッキーノ　2.29(1792)
ロッシ, パオロ　9.23(1956)
ロッシ, ペルレグリーノ　7.13(1787)
ロッジ, ヘンリー・キャボット　5.12(1850)
ロッシャー　10.21(1817)
ロッシュ, レオン　9.27(1809)
ロッセッリ, カルロ　11.16(1899)
ロッセッリーニ, ロベルト　5.8(1906)
ロッセリーニ, ロベルト　5.8(1906)
ロッソ, フィオレンティーノ　3.8(1494)
ロッソ, メダルド　6.20(1858)

ロッチ *1.6*(1861)
ロッツェ, ルドルフ・ヘルマン *5.21*(1817)
ロットマイア・フォン・ローゼンブルン, ヨハン・ミヒャエル *12.11*(1654)
ロッドマン, デニス *5.13*(1961)
ロップス, フェリシアン *7.10*(1833)
ロティキウス *11.2*(1528)
ローデ, エルヴィン *10.9*(1845)
ロテック *7.18*(1775)
ローテ, リヒャルト *1.30*(1799)
ローデンヴァルト, ゲルハルト *10.16*(1886)
ロデンバック, ジョルジュ *7.16*(1855)
ロード, アレクサンドル・ド *3.15*(1591)
ロート, アンドレ *7.5*(1885)
ロード, ウィリアム *10.7*(1573)
ロート, オイゲン *1.24*(1895)
ロドチェンコ, アレクサンドル・ミハイロヴィチ *11.23*(1891)
ロトベルトゥス, ヨハン・カール *8.12*(1805)
ロドー, ホセ・エンリケ *7.15*(1872)
ロートマン, ユーリー・ミハイロヴィチ *2.28*(1922)
ロドリゲス, アマリア *7.23*(1920)
ロドリゲス・アルヴェス *6.7*(1848)
ロドリゲス, アルフォンソ *7.5*(1531)
ロドリゲス, アレックス *7.27*(1975)
ロドリゲス, エドゥアルド *5.2*(1956)
ロドリゲス・サパテロ, ホセ・ルイス *8.4*(1960)
ロドリーゲス・ティソン, ベントゥーラ *7.14*(1717)
ロドリゲス・ララ, ギレルモ *11.4*(1923)
ロドリゲス, ロバート *7.20*(1968)
ロドリゴ, ホアキン *11.12*(1902)
ロートレアモン, 伯爵 *4.4*(1846)
ロートン, チャールズ *7.1*(1899)
ロナウジーニョ *3.21*(1980)
ロナウド *9.22*(1976)
ロナルド, サー・ランドン *6.7*(1873)
ロニー *8.5*(1837)
ロー, ニコラス *6.20*(1674)
ロニー, セラファン・ジュスタン・フランソワ・ボエス *7.21*(1859)
ローハイム *9.12*(1891)
ローパー, シンディ *6.20*(1953)
ロハス *1.1*(1892)
ロハス - ソリーリャ, フランシスコ・デ *10.4*(1607)
ロバーズ, ジェイソン *7.26*(1922)
ロハス・ピニーリャ *3.12*(1900)
ロバチェフスキー, ニコライ・イヴァノヴィッチ *12.2*(1792)
ロバーツ(カンダハル, プレトリア, およびウォーターフォードの), フレデリック・スレイ・ロバーツ, 初代伯爵 *9.30*(1832)
ロバーツ, エリザベス・マドックス *10.30*(1886)
ロバーツ, ケネス *12.8*(1885)
ロバーツ, ジュリア *10.28*(1967)
ロバーツ, リチャード *4.22*(1789)
ロバート1世 *7.11*(1274)
ロバート2世 *3.2*(1316)
ロバートスン, ウィリアム *9.19*(1721)
ロバートスン, フレドリク・ウィリアム *2.3*(1816)
ロバートソン *1.9*(1829)
ロバートソン *10.23*(1890)
ロバートソン, クリフ *9.9*(1925)
ロバーノフ・ロストーフスキィ *12.30*(1824)
ローヒアー *3.23*(1910)
ロビケ *1.13*(1780)
ロビーニョ *1.25*(1984)
ロビネ *6.23*(1735)
ロビンズ(クレア・マーケットの), ライオネル・チャールズ・ロビンズ, 男爵 *11.22*(1898)
ロビンズ, ジェローム *10.11*(1918)
ロビンス, ティム *10.16*(1958)
ロビンズ, フレデリック・チャプマン *8.25*(1916)
ロビンソン *6.29*(1863)
ロビンソン, J.V. *10.31*(1903)
ロビンソン, エドウィン・アーリントン *12.22*(1869)
ロビンソン, エドワード *4.10*(1794)
ロビンソン, エドワード・G *12.12*(1893)
ロビンソン, サー・ロバート *9.13*(1886)
ロビンソン, ジャッキー *1.31*(1919)
ロビンソン, シュガー・レイ *5.3*(1921)
ロビンソン, ヘンリー・クラップ *3.13*(1775)
ロビンソン, メアリー *5.21*(1944)
ローブ, ジェイムズ *8.6*(1867)
ローブ, ジャック *4.7*(1859)
ロープシン, V. *1.19*(1879)
ローフス, フリードリヒ *6.19*(1858)
ロブスン, フローラ *3.28*(1902)
ロブスン, マーク *12.4*(1913)
ローブ, セバスチャン *2.26*(1974)
ロブソン, ポール *4.9*(1898)
ロフティング, ヒュー *1.14*(1886)

ローブリング　*5.26*(1837)
ローブリング, ジョン・オーガスタス　*6.12*(1806)
ロペス　*7.24*(1827)
ロペス, カルロス　*2.18*(1947)
ロペス, カルロス・アントニオ　*11.4*(1792)
ロペス, グレゴリオ　*7.4*(1542)
ロペス, ジェニファー　*7.24*(1970)
ロペス, ナンシー　*1.6*(1957)
ロベスピエール, マクシミリアン・フランソワ・マリ・イジドール・ド　*5.6*(1758)
ロペス・ポルティーヨ, ホセ　*6.16*(1920)
ロベス・マテオス　*5.26*(1910)
ロベルヴァル　*8.10*(1602)
ローベルト, カール　*3.8*(1850)
ロベルト・カルロス　*4.10*(1973)
ロベール, ユベール　*5.22*(1733)
露鵬幸生　*3.9*(1980)
ロホー, フリードリヒ・エーバハルト　*10.11*(1734)
ローマー, アルフレッド・シャーウッド　*12.28*(1894)
ロマショーフ, ボリス・セルゲーヴィチ　*6.18*(1895)
ローマックス, アラン　*1.31*(1915)
ロマッツォ, ジョヴァンニ・パーオロ　*4.26*(1538)
ロマニョージ　*12.13*(1761)
ロマーリオ　*1.29*(1966)
ロマン, ジュール　*8.26*(1885)
ロミリー, サー・サミュエル　*3.1*(1757)
ローミン・ステイモス, レベッカ　*11.6*(1972)
ロムニー, ジョージ　*12.15*(1734)
ロムロ　*1.14*(1901)
ロメイン　*10.30*(1893)
ロメニー・ド・ブリエンヌ, エティエンヌ・シャルル・ド　*10.9*(1727)
ロメール, エリック　*4.4*(1920)
ロモノーソフ, ミハイル・ワシリエヴィチ　*11.19*(1711)
ローラン, オーギュスト　*11.14*(1807)
ローランサン, マリー　*10.31*(1885)
ローランス, アンリ　*2.18*(1885)
ローランス, ジャン‐ポール　*3.28*(1838)
ローランド, ヘンリー・オーガスタス　*11.27*(1848)
ロラント・ホルスト, アドリアーン　*5.23*(1888)
ロラン・ド・ラ・プラティエール, ジャン・マリー　*2.18*(1734)
ロラン夫人　*3.17*(1754)
ロラン, ロマン　*1.29*(1866)
ROLLY　*9.6*
ローリエ, サー・ウィルフリッド　*11.20*(1841)
ロリース・メーリコフ　*1.1*(1826)
ローリー, ピーター　*6.26*(1904)
ロリマー　*11.4*(1818)
ローリング, J.K.　*7.31*(1965)
ローリングス, ジェリー　*6.22*(1947)
ローリングズ, マージョリー・キナン　*8.8*(1896)
ローリンソン, サー・ヘンリー・クレジック　*4.11*(1810)
ロル　*4.21*(1652)
ロールシャッハ, ヘルマン　*11.8*(1884)
ロルジュ, ベルナール　*9.9*(1908)
ロールズ, ジョン　*2.21*(1921)
ロールズ, チャールズ・スチュワート　*8.27*(1877)
ロルツィング, アルベルト　*10.23*(1801)
ロールフス, ゲルハルト　*4.14*(1831)
ロルフ, フレデリック　*7.22*(1860)
ローレンス, アーネスト・オーランドー　*8.8*(1901)
ローレンス, ガートルード　*7.4*(1898)
ローレンス, サー・トマス　*5.4*(1769)
ロレンス, デヴィッド・ハーバート　*9.11*(1885)
ローレンス, マーガレット　*7.18*(1926)
ローレン, ソフィア　*9.20*(1934)
ローレンツ, コンラート　*11.7*(1903)
ローレンツ, ヘンドリック・アントーン　*7.18*(1853)
ローレン, ラルフ　*10.14*(1939)
ロワイエ・コラール　*6.21*(1763)
ロワ, ガブリエル　*3.22*(1909)
ロワ, クロード　*8.28*(1915)
ロワジ, アルフレッド・フィルマン　*2.28*(1857)
ロワ, ジュール　*10.22*(1907)
ローン, アルブレヒト(・テオドール・エーミール), 伯爵　*4.30*(1803)
ロンギー, デイヴィド(・ラッセル)　*8.4*(1942)
ロンギ, ロベルト　*12.28*(1890)
ロング, ヒューイ(・ピアース)　*8.30*(1893)
ロングビル夫人　*8.29*(1619)
ロングフェロー, ヘンリー・ワッズワス　*2.27*(1807)
ロンゲ, ヨハネス(ヨーハン)　*10.16*(1813)
ロンゴ　*3.15*(1900)
ロンゴワルシト, ラデン・ンガベヒ　*3.14*(1802)
ロンサール, ピエール・ド　*9.11*(1524)
ローン, ジョン　*10.13*(1952)
ロンドレ　*9.27*(1507)
ロンドン, ジャック　*1.12*(1876)
ロンドン, フリッツ　*3.7*(1900)
ロンバーグ, シグマンド　*7.29*(1887)

ロンバード, キャロル　*10.6*（1908）
ロンバルド・トレダーノ　*7.16*（1894）
ロンブローゾ, チェーザレ　*11.18*（1836）
ロン, マルグリット　*11.13*（1874）
ロンム, ミハイル　*1.24*（1901）
ロンメル, エルヴィン　*11.15*（1891）
ロンルート, エリアス　*4.9*（1802）

【わ】

ワイアット, ジェイムズ　*8.3*（1746）
ワイス　*3.25*（1865）
ワイズマン, ニコラス・パトリク・スティーヴン　*8.2*（1802）
ワイズミューラー, ジョニー　*6.2*（1904）
ワイズミュラー, ジョニー　*6.2*（1904）
ワイズ, ロバート　*9.10*（1914）
ワイダ, アンジェイ　*3.6*（1926）
ワイツ, グレテ　*10.1*（1953）
ワイツマン, エゼル　*6.15*（1924）
ワイツマン, ハイム・アズリエル　*11.27*（1874）
ワイドマン, チャールズ（・エドワード）, ジュニア　*7.22*（1901）
和井内貞行　*2.15*（1858）
ワイラー, ウィリアム　*7.1*（1902）
ワイリ, アレグザーンダ　*4.6*（1815）
ワイリー, エリノア　*9.7*（1885）
ワイルダー, ソーントン　*4.17*（1897）
ワイルダー, ビリー　*6.22*（1906）
ワイルダー, ローラ・インガルズ　*2.7*（1867）
ワイルド　*3.27*（1870）
ワイルド, オスカー　*10.16*（1854）
ワインストック（バウデンの）, アーノルド, 男爵　*7.29*（1924）
ワインバーガー, キャスパー　*8.18*（1917）
若尾文子　*11.8*（1933）
若尾幾造(2代目)　*12.8*(1857)
若狭得治　*11.19*（1914）
若城希伊子　*4.4*（1927）
若槻千夏　*5.28*（1984）
若槻礼次郎　*2.5*（1866）
我妻栄　*4.1*（1897）
我妻洋　*6.17*（1927）
若乃花幹士（初代）　*3.16*（1928）
若羽黒朋明　*11.25*（1934）
若林強斎　*7.8*（1679）
若林豪　*9.5*（1939）
若林真　*4.3*（1929）
若林忠志　*3.1*（1908）
若林正旭　*6.4*（1767）
若松賤子　*3.1*（1864）
若松只一　*3.8*（1893）
若松勉　*4.17*（1947）
若水ヤエ子　*10.8*（1927）
若村麻由美　*1.3*（1967）
和歌森太郎　*6.13*（1915）
若柳吉蔵（初代）　*6.21*（1879）
若柳吉登代　*10.22*（1877）
若山喜志子　*5.28*（1888）
若山セツ子　*6.7*（1929）
若山富三郎　*9.1*（1929）
和歌山富十郎（初代）　*9.28*（1902）
若山牧水　*8.24*（1885）
脇愚山　*5.12*（1764）
脇坂文助　*6.16*（1842）
脇坂安宅　*2.15*（1809）
脇坂安清　*8.6*（1685）
脇坂安董　*6.5*（1768）
脇坂安親　*12.19*（1738）
脇坂安照　*3.20*（1658）
脇坂安政　*2.19*（1633）
脇坂安元　*3.4*（1584）
脇水鉄五郎　*11.9*（1867）
脇村義太郎　*12.6*（1900）
脇本楽之軒　*9.19*（1883）
和久井映見　*12.8*（1970）
ワクスマン, セルマン・アブラハム　*7.2*（1888）
ワグナー　*6.8*（1877）
ワグナー　*6.23*（1840）
ワグナー　*6.30*（1805）
ワグナー　*10.3*（1813）
ワグネル　*7.5*（1831）
ワグノリュス, ゲディミナス　*6.10*（1957）
ワーグマン, チャールズ　*2.3*（1834）
和栗明　*1.31*（1899）
分部光庸　*11.29*（1737）
ワーゲマン　*2.18*（1884）
鷲尾いさ子　*4.1*（1967）
鷲尾雨工　*4.27*（1892）
鷲尾真知子　*6.2*（1949）
鷲巣繁男　*1.7*（1915）
鷲津毅堂　*11.8*（1825）
輪島功一　*4.21*（1943）
和島誠一　*3.10*（1909）
輪島大士　*1.11*（1948）
ワシリエフ, ウラジーミル　*4.18*（1940）
ワシレフスカヤ, ワンダ・リヴォーヴナ　*1.21*（1905）
ワシントン　*1.15*（1867）
ワシントン　*6.2*（1731）
ワシントン, ジョージ　*2.22*（1732）
ワシントン, デンゼル　*12.28*（1954）
ワース　*8.28*（1897）
ワース, アイリーン　*6.23*（1916）
ワーズワス, ウィリアム　*4.7*（1770）
ワーズワス, ドロシー　*12.25*（1771）
和田アキ子　*4.10*（1949）
和田一真　*11.10*（1814）
和田巌　*7.9*（1898）
和田英　*8.21*（1857）
和田英作　*12.23*（1874）
和田垣謙三　*7.14*（1860）
和田カツ　*12.6*（1906）
和田完二　*6.12*（1896）
和田久太郎　*2.6*（1893）
和田小六　*8.5*（1890）

和田三郎 *6.22*(1871)
和田三造 *3.3*(1883)
和田秀豊 *1.24*(1854)
和田寿郎 *3.11*(1922)
和田唱 *12.1*(1975)
和田信賢 *6.19*(1912)
和田清 *11.15*(1890)
渡瀬庄三郎 *11.11*(1862)
渡瀬恒彦 *7.28*(1944)
渡瀬譲 *6.29*(1907)
和田泰沖 *5.13*(1766)
和達清夫 *9.8*(1902)
和田伝 *1.17*(1900)
和田毅 *2.21*(1981)
和田徹三 *8.4*(1909)
和田東郭 *8.12*(1744)
和田豊治 *11.18*(1861)
和田夏十 *9.13*(1920)
渡辺暁雄 *6.5*(1919)
渡辺いっけい *10.27*(1962)
渡部絵美 *8.27*(1959)
渡辺えり子 *1.5*(1955)
渡部斧松 *12.4*(1793)
渡辺海旭 *1.15*(1872)
渡辺崋山 *9.16*(1793)
渡辺一 *7.27*(1767)
渡辺一夫 *9.25*(1901)
渡辺霞亭 *11.20*(1864)
渡辺喜恵子 *11.6*(1914)
渡辺義介 *4.12*(1888)
渡辺清 *2.17*(1925)
渡辺邦男 *6.3*(1899)
渡辺国武 *3.3*(1846)
渡辺内蔵太 *2.3*(1836)
渡辺奎輔 *4.11*(1781)
渡辺謙 *10.21*(1959)
渡辺洪基 *12.23*(1848)
渡辺沙鴎 *12.21*(1864)
渡辺貞夫 *2.1*(1933)
渡辺慧 *5.26*(1910)
渡辺重名 *3.16*(1759)
渡辺茂 *8.12*(1918)
渡辺淳一 *10.24*(1933)
渡辺順三 *9.10*(1894)
渡部昇一 *10.15*(1930)
渡辺照宏 *2.10*(1907)
渡辺錠太郎 *4.16*(1874)
渡辺省亭 *12.27*(1852)
渡辺水巴 *6.16*(1882)
渡辺宗助 *2.27*(1837)
渡辺大濤 *4.20*(1879)
渡辺たか *7.9*(1807)
渡辺質 *4.27*(1777)
渡辺千秋 *5.20*(1843)
渡辺千恵子 *9.5*(1928)
渡辺千冬 *5.1*(1876)
渡辺勉 *5.9*(1908)
渡辺恒雄 *5.30*(1926)
渡辺銕蔵 *10.14*(1885)
渡辺徹 *5.12*(1961)
渡辺とく子 *12.19*(1949)
渡辺敏子 *8.26*(1916)
渡辺直己 *6.4*(1908)
渡辺典子 *7.22*(1965)
渡辺白泉 *3.24*(1913)
渡辺はま子 *10.27*(1910)
渡辺浩子 *9.25*(1935)
渡辺裕之 *12.9*(1955)
渡辺文雄 *10.31*(1929)
渡辺政香 *7.16*(1776)
渡辺正毅 *12.2*(1911)
渡辺政太郎 *7.17*(1873)
渡辺政之輔 *9.7*(1899)
渡辺正行 *1.24*(1956)
渡辺真知子 *10.23*(1956)
渡辺真理 *6.27*(1967)
渡辺満里奈 *11.18*(1970)
渡辺美里 *7.12*(1966)
渡辺美智雄 *7.28*(1923)
渡辺みどり *6.11*(1935)
渡辺美奈代 *9.28*(1969)
渡辺みよ子 *12.22*(1940)
渡辺守綱 *3.8*(1542)
渡辺幽香 *12.25*(1856)
渡辺祐策 *6.16*(1864)
渡辺又日庵 *1.9*(1792)
渡辺勇次郎 *11.11*(1887)
渡辺義雄 *4.21*(1907)
渡辺良夫 *10.29*(1905)
渡部義通 *7.15*(1901)
渡辺世祐 *3.13*(1874)
渡辺廉吉 *1.8*(1854)
綿貫民輔 *4.30*(1927)
和田春生 *3.15*(1919)
和田英夫 *7.4*(1918)
和田英松 *9.10*(1865)
和田博雄 *2.17*(1903)
渡部篤郎 *5.5*(1968)
和田勉 *6.3*(1930)
和田万吉 *8.18*(1865)
綿矢りさ *2.1*(1984)
和田雄治 *9.4*(1859)
和田芳恵 *4.6*(1906)
度会延経 *10.17*(1657)
度会延佳 *4.28*(1615)
度会益弘 *7.2*(1641)
渡哲也 *12.28*(1941)
和辻哲郎 *3.1*(1889)
ワッツ, ナオミ *9.28*(1968)
ワッド, アブドゥラエ *5.29*(1926)
ワット, ジェイムズ *1.19*(1736)
ワディントン, コンラッド・ハル *11.8*(1905)
ワトソン, エマ *4.15*(1990)
ワトソン, トム *9.4*(1949)
ワーナー *11.12*(1864)
ワナメイカー, サム *6.14*(1919)
ワナメーカー *7.11*(1838)
鰐淵晴子 *4.22*(1945)
ワヒド, アブドゥルラフマン *8.4*(1940)
ワフタンゴフ, エヴゲーニー・バグラチオノヴィチ *2.1*(1883)
ワルタリ, ミカ *9.19*(1908)
ワルデン, パウル *7.26*(1863)
ワルトハイム, クルト *12.21*(1918)
ワールブルク, オットー・ハインリヒ *10.8*(1883)
ワルラス, マリー・エスプリ・レオン *12.16*(1834)
ワレサ, レフ *9.29*(1943)
ワロン *6.15*(1879)
ワンダー, スティービー *5.13*(1950)
ワンチュク, ジグメ・ケサル・ナムゲル *2.21*(1980)
ワンチュク, ジグメ・シンゲ *11.11*(1955)
ワンチョペ, パウロ *7.31*(1976)
ワン・ワンタヤコーン *8.25*(1891)

【ん】

ンクルマ, クワメ *9.18*(1909)

367日誕生日大事典
―― データブック・同じ日生まれの有名人

2007年9月25日　第1刷発行

発 行 者／大高利夫
編集・発行／日外アソシエーツ株式会社
　　　　　〒143-8550 東京都大田区大森北1-23-8　第3下川ビル
　　　　　電話(03)3763-5241(代表)　FAX(03)3764-0845
　　　　　URL http://www.nichigai.co.jp/
発 売 元／株式会社紀伊國屋書店
　　　　　〒163-8636 東京都新宿区新宿3-17-7
　　　　　電話(03)3354-0131(代表)
　　　　　ホールセール部(営業)　電話(044)874-9657

電算漢字処理／日外アソシエーツ株式会社
印刷・製本／株式会社平河工業社

不許複製・禁無断転載　　《中性紙三菱クリームエレガ使用》
〈落丁・乱丁本はお取り替えいたします〉
ISBN978-4-8169-2067-7　　Printed in Japan, 2007

本書はディジタルデータでご利用いただくことができます。詳細はお問い合わせください。

新訂 全国地名駅名よみかた辞典
──平成の市町村大合併対応

A5・1,390頁　定価7,770円（本体7,400円）　2006.10刊

全国の市区町村名、郡名、町域名など12万件と、鉄道各路線の駅名9千件のよみ方辞典。難読地名はもちろん、町（まち・ちょう）、村（むら・そん）の区別も万全。

ぱそこん力をつけよう！
──御仁のためのパソコン活用塾

白鳥 詠士 著　四六判・230頁　定価1,680円（本体1,600円）　2007.6刊

"ワードはわかる、エクセルもなんとか…。でもそこから先へ進めない"。そんな初級者のために、Windowsの仕組みやパソコンの選び方、設定方法、インターネットの基本などをわかりやすく解き明かす。

アルファベットから引く 外国人名よみ方字典

A5・590頁　定価3,780円（本体3,600円）　2003.2刊

外国人の姓／名のアルファベット表記からよみ方を確認できる字典。古今の実在する外国人名に基づき、アルファベット表記9万件、よみ方13万件を収録。姉妹編『カタカナから引く外国人名綴り方字典』も好評発売中。

人物物故大年表

日本人編Ⅰ（古代～1945）	A5・1,310頁	定価16,800円（本体16,000円）	2005.12刊
日本人編Ⅱ（1946～2004）	A5・1,250頁	定価16,800円（本体16,000円）	2006.1刊
外国人編Ⅰ（古代～19世紀）	A5・1,110頁	定価16,800円（本体16,000円）	2006.5刊
外国人編Ⅱ（20世紀以降）	A5・1,150頁	定価16,800円（本体16,000円）	2006.6刊

あらゆる歴史上の人物を没年月日ごとに一覧できる本格的な人物大年表。政治家、軍人、科学者、文学者、芸術家など時代を彩った人物群像を一望でき、没後何周年かにあたる人物を簡単に調べることができる。延べ日本人111,415人、外国人66,544人収録。

お問い合わせは…　データベースカンパニー　日外アソシエーツ

〒143-8550 東京都大田区大森北1-23-8
TEL.(03)3763-5241　FAX.(03)3764-0845
http://www.nichigai.co.jp/